RÉPERTOIRE
DES
CONNAISSANCES USUELLES

LISTE DES AUTEURS QUI ONT CONTRIBUÉ A LA RÉDACTION DU 7ᵉ VOLUME DE CETTE ÉDITION.

MM.

Aicard (Jean).
Ancelot (Mᵐᵉ Virginie).
Arago (François), de l'Acad. des sciences.
Arago (Étienne).
Arago (Jacques).
Artaud, insp. gén. de l'enseign. prim.
Aubert de Vitry.
Audiffret (H.).
Ballanche, de l'Académie française.
Bandeville (l'abbé).
Bardin (le général).
Barré (Édouard).
Barrot (Odilon), ancien ministre de la justice.
Barthélemy (l'abbé).
Baudry de Balzac (docteur).
Bechem (Ch.).
Benoist (F.).
Berthet-Dupiney.
Berthier (Ferdinand), professeur sourd-muet à l'Institution des Sourds-Muets.
Bertsch (A.).
Berville, président à la Cour impériale de Paris.
Billot.
Boné (A.).
Bouillet, ancien proviseur.
Boulée (A.).
Bourdon (Dʳ Isid.), de l'Acad. de médec.
Bourée (P.).
Bradi (comtesse de).
Breton, de la *Gazette des Tribunaux*.
Bricheteau (docteur).
Briffault (Eugène).
Brunet (Gustave), à Bordeaux.
Buchon.
Castelnau (Dʳ H. de).
Castil-Blaze.
Chabrol-Chaméane (E. de).
Champagnac.
Champollion-Figeac.
Charbonnier (docteur).
Chasles (Philarète), professeur au Collège de France.
Chevalier (Auguste), député au Corps législatif.
Clarion, professeur à l'École de médecine de Paris.
Clermont (N.).
Colin.
Coquerel (Charles).
Cottereau (Dʳ P. L.).
Coupin (P. A.).
D'Alembert, de l'Académie des sciences.
Danjou (F.).
Darthenay.
Dehèque (F.).
Delaforest (A.).
Delamarche (A.), ingénieur hydrographe.
Delbare (Th.).
Delestre (J.-B.).

MM.

Démezil.
Denne-Baron.
Desclozeaux (Ernest), ancien secrétaire général du ministère de la justice.
Desiroys.
Despretz (C.), de l'Acad. des sciences.
Diderot.
Dubard, ancien procureur général.
Du Bois (Louis), ancien sous-préfet.
Duchesne aîné, conservateur de la Bibliothèque impériale.
Duckett (W. A.).
Dufey (de l'Yonne).
Dupin (baron Charles), de l'Académie des sciences.
Du Rozoir (Charles).
Dussieux (L.).
Duval (Jules).
Duval (Dʳ V.).
Fayot (Frédéric).
Ferry, ancien examinateur à l'École polytechnique.
Flaugergues (Pauline de).
Fondreton (docteur).
Forget, professeur à la Faculté de médecine de Strasbourg.
Fossati (docteur).
Français de Nantes (comte), ancien pair de France.
Gall Fr.
Gallois (Napoléon).
Garnier (Joseph).
Gaubert (Dʳ P.).
Gaultier de Claubry.
Gellé (N.).
Genevay (A.).
Gerbet (Philippe), évêque de Perpignan.
Gervais (Paul), professeur à la Faculté des sciences de Montpellier.
Golbéry (P. de), anc. procureur général.
Grangez (Ernest).
Grenier (C.).
Héreau (Edme).
Huet (F.).
Husson (Auguste).
Jamet.
Janin (Jules).
Jaucourt (chevalier de).
Joncières.
Kératry (de).
Labat (Dʳ Léon).
Labitte (Charles), professeur au collège de France.
Lacroix (Paul), *bibliophile Jacob*.
Lainé, anc. généalogiste des ordres du roi.
Latouche (Henri de).
Laurent (Dʳ L.), ancien chirurgien en chef de la marine.
Laurent (de l'Ardèche).
Lavigne (E.).
Lebas (Philippe), de l'Institut.

MM.

Legiay (Édouard).
Legoyt (A.).
Le Guillou (docteur).
Lemoine (Édouard).
Lemonnier (Charles).
Leroux de Lincy.
L'Hôte (Nestor).
Louvet (L.).
Mantz (Paul).
Marmier (Xavier).
Matter.
Maussion (Mᵐᵉ).
Merlieux (Ed.).
Millin, de l'Institut.
Moléon (V. de).
Monglave (Eugène G. de).
Munk (S.).
Nisard, de l'Académie française.
Nisard (Charles).
Olivier (G.).
Ortigue (Joseph d').
Ourry.
Paffe (C. M.), professeur de philosophie.
Page (Théogène), capit ine de vaisseau.
Pagès (de l'Ariége), ancien député.
Passy (Hippolyte), de l'Institut.
Pecqueur (G.).
Pelouze père.
Peulssier.
Plcikiewicz.
Poujoulat.
Reiffenberg (baron de).
Renouf (Sidney).
Richer (E.).
Roger (Dʳ Henri).
Romey (Charles).
Saint-Amour (Jules).
Saint-Marc-Girardin, de l'Acad. franç.
Saint-Prosper.
Saint-Prosper jeune.
Salverte (Eusèbe), de l'Institut.
Sandeau (Jules).
Sarrans (B.).
Saucerotte (docteur).
Savagner (Aug.).
Say (J.-B.), de l'Institut.
Sédillot.
Ségalas (docteur).
Ségur (comte de), de l'Acad. française.
Silvestre.
Teyssèdre.
Thibaud (Hippolyte).
Thoré (E.).
Tiby (Paul).
Tissot, de l'Académie française.
Tollard aîné.
Trigant (Théodore).
Vaudoncourt (général G. de).
Viennet, de l'Académie française.
Viollet-Leduc.
Virey (J. J.), de l'Académie de médecine.

Paris. — Typographie de Firmin Didot frères, rue Jacob, 56.

DICTIONNAIRE

DE LA

CONVERSATION

ET DE LA LECTURE

INVENTAIRE RAISONNÉ DES NOTIONS GÉNÉRALES LES PLUS INDISPENSABLES A TOUS

PAR UNE SOCIÉTÉ DE SAVANTS ET DE GENS DE LETTRES

SOUS LA DIRECTION DE M. W. DUCKETT

Seconde édition

ENTIÈREMENT REFONDUE

CORRIGÉE, ET AUGMENTÉE DE PLUSIEURS MILLIERS D'ARTICLES TOUT D'ACTUALITÉ

Celui qui voit tout abrège tout.
MONTESQUIEU.

TOME SEPTIÈME

PARIS

LIBRAIRIE DE FIRMIN DIDOT FRÈRES, FILS ET Cie
IMPRIMEURS DE L'INSTITUT, RUE JACOB, 56

8.5t43e(f)

DICTIONNAIRE

DE

LA CONVERSATION

ET DE LA LECTURE.

CUBA, la plus grande des Antilles, la plus belle des colonies que les Espagnols soient parvenus à sauver du naufrage de leur ancienne puissance, est située entre la mer du Mexique et l'ancien canal de Bahama, du 76° 30′ au 87° 18′ de longitude occidentale, et du 19° 48′ au 23° 11′ de latitude septentrionale. Sa plus grande étendue est de 100 myriamètres, avec une largeur moyenne de 11 myriamètres, et un développement de côtes d'environ 370 myriamètres, dont les points faisant le plus saillie sont : à l'ouest, le cap San-Antonio; au sud-est, le cap de la Cruz, et, tout à l'extrémité orientale, le cap Maysi. Le détroit de Yucatan sépare cette île de la terre ferme du Mexique; le détroit de la Floride la sépare de la presqu'île du même nom, dans l'Amérique septentrionale, et le canal du Vent de l'île d'Haïti. Elle est située à peu près à égale distance de ces trois contrées, et La Havane, dans la partie occidentale de sa côte septentrionale, où viennent aboutir diverses grandes voies commerciales, est l'entrepôt naturel entre Vera-Cruz et la Nouvelle-Orléans, et l'un des meilleurs ports de toute l'Amérique et l'une des premières places de commerce du monde.

Ses côtes, généralement plates et pourvues d'excellents ports, mais bordées aussi, en beaucoup d'endroits, de récifs, de bancs de sable et d'îlots, qui en rendent l'accès difficile, entourent une superficie totale d'environ 1177 myriamètres carrés, et même de 1238 myriamètres si on y comprend au sud l'île des Pins (*Pinos*) et les autres petites îles qui en dépendent. Les baies les plus considérables de Cuba sont celles de *Nipe* et de *Nuevitas*, sur la côte septentrionale, de *Guantanamo* et de *Cienfuegos* (Jagua), sur la côte méridionale. Les plus importants îlots qui l'avoisinent sont la suite d'écueils des *Colorados* et les îles *Romano* au nord, *Pinos* et les *Cayos de las doce leguas* au sud. A l'ouest, l'intérieur de l'île est une contrée montagneuse, que dominent quelques crêtes d'une certaine hauteur, par exemple le *Pico de Matanzas* (394 mètres), les *Tetas de Managua*, la *Mesa de Mariel* et le *Pico de Guayabon* (780 m.), et à l'extrémité occidentale des montagnes de la *Sierra de los Organos*. Dans la partie centrale de l'île, de hautes chaînes, telles que la *Sierra Camarioca*, les *Lomas de San-Juan* (666 m.), etc., avec leurs sommets dénudés, se rapprochent de la côte méridionale, et offrent sur leurs deux versants des parois déchirées par les nombreuses anfractuosités d'une masse calcaire, de formation récente, analogue au calcaire jurassique. A l'est de la plaine de *Principe*, ville située au centre de Cuba, le terrain va toujours en s'élevant davantage; et les plateaux proprement dits commencent avec la *Sierra de Carcamessas*, parallèle à la côte septentrionale. Cette contrée atteint son point culminant dans les sierras de la côte méridionale, entre le cap de la Cruz et le cap Maysi; sierras qui se composent, en allant de l'ouest à l'est, de la *Sierra de Tarquino* (2800 m.), de la *Sierra del Cobre* (Montagnes de Cuivre) et de la *Sierra de los Cuchillos*.

Le système d'irrigation de l'île est assez riche, mais sans de larges proportions. Parmi le petit nombre de cours d'eau navigables, le plus important est le *Rio Cauto*, qui prend sa source dans les Montagnes de Cuivre et traverse au sud-ouest la vallée de *Bayamo*; au nord, la *Sagua grande* et la *Sagua chica*.

Le climat d'une île montagneuse, voisine du tropique, ne peut en général qu'être fortuné. On indique comme température moyenne, à La Havane, 20° centigrades, et à Sant-Iago 21°,6. La température moyenne du plus chaud mois de l'année est pour la première de ces villes 22° et pour la seconde 23°5. La plus basse pour La Havane est de 17°1/2 et pour Sant-Jago de 18°,5. Les mois les plus chauds, juillet et août, seraient insupportables, à cause de la chaleur étouffante qu'on y éprouve, si elle n'était pas diminuée par les vents de mer. Les contrées voisines des côtes sont plus ou moins exposées à la fièvre jaune, qui s'attaque surtout aux étrangers; mais l'intérieur de l'île est fort sain. Les côtes méridionales sont plus exposées aux tremblements de terre et à de violentes tempêtes que les autres parties de l'île; cependant, ces fléaux y sont bien moins dévastateurs que dans le reste des Antilles. Si le sol n'est pas partout très-fécond, du moins l'humidité océanique et le soleil tropical y développent généralement la plus luxuriante végétation et y favorisent la culture des plus riches produits. Le sucre, le café, le coton, le tabac, le cacao, l'indigo, le maïs et le riz, les fruits de toutes espèces, les bois les plus précieux, tels que l'acajou, le cèdre, etc., y croissent en abondance. Le règne animal n'y offre point les hôtes dangereux des endroits déserts, mais, en revanche, tous les animaux domestiques de l'Europe; il y a cependant fort peu de moutons. On rencontre quelques caïmans à l'embouchure des cours d'eau; des tortues, des coquillages et des poissons de tout genre, sur les côtes. En fait de minéraux, l'or du sol d'alluvion a perdu son antique célébrité. On extrait peu d'argent, mais beaucoup de cuivre, surtout au sud. On rencontre de la houille à peu de distance de Guanabacao, et, en outre, diverses espèces de pierres précieuses. La présence de sources minérales, telles que celles de *San-Diego*, de *Madru-*

ga, de *Guanabacao*, etc., trahissent l'action de forces souterraines.

La population, si on réfléchit qu'une grande partie du sol de Cuba est inhabitable, ne laisse pas que de paraître considérable, quoique groupée sur certains points seulement. Le dernier recensement donne au département de l'ouest (chef-lieu, La Havane) 244,109 blancs, 61,694 hommes de couleur libres, et 227,813 esclaves : total, 533,616 ; au département central (chef-lieu, Puerto-Principe), 114,954 blancs, 34,115 hommes de couleur libres et 46,985 esclaves : total, 196,054 habitants; au département de l'est (chef-lieu, Sant-Iago), 66,704 blancs, 53,417 hommes de couleur libres, et 48,961 esclaves : total, 169,082 habitants. En y comprenant 40,000 soldats, matelots et étrangers de passage, la population totale de l'île est de 938,752 âmes, dont 425,767 blancs, 149,226 hommes de couleur libres, et 323,759 esclaves. Sur la population fixe, 311,435 habitants habitent 13 villes, 8 bourgs, 102 villages, 14 hameaux et 102 métairies isolées ; 587,316 sont répartis sur 1442 plantations de sucre, 1670 plantations de café et 102 plantations de tabac, ainsi que sur d'autres exploitations rurales. Il en résulte que les travaux agricoles et l'élève du bétail occupent la grande majorité de la population, surtout dans les fertiles contrées de l'ouest. Dans tout ce pays, jusqu'au sud-est de La Havane, on dirait d'un immense jardin.

Les habitants de Cuba consomment peu et ont peu de besoins; l'excédant de leur production sert donc à alimenter un commerce dont l'activité est l'une des principales causes de l'état florissant de leur agriculture, tandis que leur industrie, demeurée sans importance, est limitée aux seuls objets d'indispensable nécessité. D'après les dernières publications officielles, la valeur des marchandises importées en 1849, non compris celles laissées en entrepôt, avait été de 23,320,460 piastres; et l'exportation de 22,436,556 piastres. Cette dernière comprenait 1,099,884 $^1/_4$ caissons de sucre (à 200 kilog.), d'une valeur de 15,559,744 piastres; 246,570 $^1/_4$ tonnes de mélasse, d'une valeur de 1,470,202 piastres; 11,640 pipes de rhum, d'une valeur de 232,796 piastres; 877,636 arrobes de café, d'une valeur de 877,636 piastres; 4,019,133 livres de tabac en feuilles, d'une valeur de 501,055 piastres; 123,720 milliers de cigares, d'une valeur de 1,236,762 piastres; 583,310 $^7/_8$ quintaux de cuivre brut, d'une valeur de 1,459,981 piastres; 35,691 arrobes de cire, d'une valeur de 134,980 piastres; 253,367 gallons de miel, d'une valeur de 48,103 piastres; 2,946 arrobes de coton, d'une valeur de 7,366 piastres; produits divers, valeur de 367,896 piastres; métaux (vieux cuivre), or et argent monnayés et marchandises venues par mer, valeur de 540,029 piastres. Contrariée par une extrême sécheresse, la récolte de 1849 avait été bien moins abondante que de coutume. L'importation laissée à l'entrepôt de La Havane s'élevait à 1,869,481 piastres. Sur un mouvement total d'entrée et de sortie de 62,078,045 piastres, La Havane figurait pour 34,431,623 piastres; Matanzas pour 16,110,080 piastres; Sant-Iago de Cuba, pour 4,956,841; Trinidad, pour 1,792,846; Cienfuegos, pour 1,653,372; Cardenas, pour 997,795; et dix autres petits ports pour le reste. En 1849 le nombre total des navires entrés dans les seize ports de Cuba avait été de 3,213, dont 877 sous pavillon espagnol et 1,639 sous pavillon américain. Dans le courant de la même année il en était sorti 2,866, dont 87 espagnols et 1,471 américains.

Des services de bateaux à vapeur entretiennent des communications régulières entre les différents ports, et la construction de chemins de fer dans l'intérieur est en rapide progrès. Le plus important est celui qui conduit de La Havane par Guines jusqu'à l'Union, avec embranchements sur Batabano, ce qui met la côte septentrionale en communication avec la côte méridionale, et sur Guanajay. Celui-ci n'a pas moins de 14 myriamètres de développement. Des chemins de fer partent, en outre, des ports de Matanzas, Cardenas et Iucaro, dans différentes directions de l'intérieur, et se rattachent entre eux, de même qu'avec le chemin de fer principal, par des embranchements. La construction du chemin de fer conduisant de Nuevitas à Puerto-Principe avance, mais lentement. Le petit chemin de fer de Sant-Iago de Cuba aux mines de cuivre en a singulièrement facilité l'exploitation, de même que les autres sont d'un grand secours pour le transport des produits des plantations jusqu'aux ports d'embarquement. Au 1er janvier 1850 près de 40 myriamètres de chemins de fer étaient déjà livrés à la circulation, et il y en avait 11 en voie de construction, entre autres celui de Cienfuegos à Villaclara. L'emploi de la vapeur comme moteur va d'ailleurs toujours en augmentant : sur 1,422 sucreries, 288 marchaient à l'aide de machines à vapeur.

Ces faits et d'autres encore, qui sont le résultat des efforts du commerce, prouvent quels rapides progrès la civilisation a faits parmi les habitants de cette île; et que, doués d'un caractère plus vif et plus mobile, ils sont bien autrement avancés que la population de la mère-patrie. Ils se distinguent, en outre, par diverses autres bonnes qualités, entre autres par une grande hospitalité et par la manière humaine dont ils en agissent avec leurs nègres.

L'administration a pour chef le gouverneur de La Havane, en sa qualité de gouverneur ou de capitaine général de toute l'île, laquelle est diversement divisée, suivant les différents intérêts administratifs. Au point de vue civil, elle forme les deux provinces de La Havane et de Cuba; au point de vue militaire, elle est partagée en trois départements : ceux de l'est, du centre et de l'ouest; en ce qui est des finances, elle constitue les trois intendances de La Havane, de Puerto-Principe et de Sant-Iago-de-Cuba; pour la marine, on la partage en cinq provinces : La Havane, Trinidad, Remedios, Nuevitas et Cuba; enfin, en ce qui concerne le spirituel, elle forme l'évêché de La Havane et l'archevêché de Cuba. La situation financière de cette colonie s'est singulièrement améliorée dans ces dix dernières années. En 1849 les revenus publics s'y élevaient à 12,064,328 piastres, dont 5,238,094 pour droits d'entrée, 584,477 pour droits de sortie, et 606,687 piastres pour droits de tonnage. Après avoir, jusqu'au commencement de ce siècle, exigé constamment des sacrifices de la part de la mère-patrie, on calculait, en 1850 que le produit net annuel tiré de Cuba par le trésor d'Espagne n'était pas au-dessous de 37,500,000 fr. L'époque actuelle est surtout redevable de ce magnifique développement de prospérité aux efforts de l'intendant Panillos, comte de Villanueva, né à Cuba et placé depuis 1825 à la tête de l'administration financière de la colonie. Les changements de gouverneurs ou capitaines généraux sont d'ailleurs très-fréquents à Cuba.

Les principales villes de Cuba sont : *La Havane*, avec 129,994 habitants; *Sant-Iago-de-Cuba*, avec 24,005 habitants; *Puerto-Principe*, avec 19,168 habitants; *Matanzas*, avec 16,986 habitants; *Trinidad*, avec 13,222; *Santo-Espiritu*, 7,425; *Villaclara*, 5,837; *Guanabacoa*, 5,819.

L'île de Cuba (ainsi l'appelaient les naturels) fut aperçue pour la première fois le 28 octobre 1492, par Christophe Colomb. Il lui imposa le nom de *Janua*, qu'elle ne conserva pas plus que celui de *Fernandina*, que lui donna plus tard Vélasquez. En mourant, Christophe Colomb croyait encore qu'elle formait la saillie la plus orientale du continent américain; cette opinion ne fut détruite qu'en 1508, à la suite d'une expédition de circumnavigation entreprise par Sébastien Ocampo, sur l'ordre qu'il en reçut d'Ovando. En 1511, Diégo Colomb chargea Diégo Vélasquez, l'un des premiers compagnons de son père et alors gouverneur de la partie sud-ouest d'Hispaniola (Saint-Domingue), d'en faire la conquête, qui, après une courte résistance opposée par un chef d'Indiens nommé *Hatouey*, s'opéra sans autre obstacle. Vélasquez divisa toute l'île entre un certain nombre d'aventuriers espagnols, et y bâtit, en 1512, la ville de Baracoa. Dans l'espace de quelques années, il y fonda encore cinq ou six autres villes. Il y favorisa l'importation des nègres, établit des communications régulières avec le Mexique, obtint le titre de capitaine général de Cuba et de toutes les conquêtes qu'il pourrait faire ultérieurement, et était parvenu dès l'année 1520 à mettre l'île dans un état très-florissant. Après la mort de Vélasquez, arrivée en 1524, ses successeurs s'efforcèrent de développer la prospérité naissante de la colonie; et ils y réussirent, grâce surtout à la manière humaine dont ils continuèrent à traiter les Indiens. Il n'en fut plus de même lorsqu'en 1539 Ferdinand Soto eut été nommé capitaine général de Cuba, avec mission d'entreprendre la conquête de la Floride; et quoiqu'en 1538 il reconstruisît La Havane, détruite par des corsaires français, le changement opéré par lui dans les relations avec les indigènes porta un coup fatal à la colonie.

En effet, dès 1560 la race indienne en avait complètement disparu. L'admirable position de La Havane et l'excellence de son port purent seules préserver cette colonie du sort des autres Antilles, et y maintenir quelque peu de commerce et de culture. Mais la partie orientale de l'île alla toujours en dépérissant davantage. Sant-Iago, l'ancien chef-lieu, fut abandonné par toute la partie aisée de la population et par les fonctionnaires publics, qui vinrent successivement s'établir à La Havane. On entoura cette ville de fortifications; et en 1633 on finit même par en faire le siège d'un gouvernement particulier. Dans de telles circonstances, il était naturel que Cuba, jouissant de plus de prospérité que les autres Antilles, en proie pour la plupart à une misère toujours croissante, devînt plus particulièrement l'objet des déprédations des flibustiers, dont les entreprises étaient favorisées par les nombreux îlots et récifs qui bordent ses côtes. La Havane, place fortifiée, était sans doute à l'abri de leurs insultes; mais le reste de l'île dut beaucoup à en souffrir dans le cours du dix-septième siècle. C'est ainsi qu'en 1688 la ville del *Principe* fut complètement pillée et détruite.

L'établissement d'un impôt territorial à Cuba dès les premières années du dix-huitième siècle témoigne déjà d'une certaine aisance existant chez une population au sein de laquelle l'éloignement de la mère-patrie développait de plus en plus quelque chose d'individuel. Comme le petit nombre de plantations existantes appartenaient aux riches habitants des villes, l'éducation du bétail constitua longtemps la principale occupation des habitants des campagnes; ce ne fut donc qu'assez tard qu'ils entreprirent la culture du tabac, qui peut se faire sans esclaves. Cette industrie devint bientôt si productive, que dès 1717 le gouvernement s'attribuait le monopole de la vente du tabac. Cette mesure devint immédiatement le signal d'une suite de révoltes; mais elles furent comprimées, et le monopole triompha. Il en résulta que la contrebande, qui déjà se faisait avec la Jamaïque, prit alors des proportions immenses, de sorte qu'il fallut de nouveau sévir contre les fraudeurs. De là de fréquentes collisions avec les Anglais. La guerre de 1740 mit quelques entraves au commerce de la contrebande; mais la paix ne fut pas plus tôt rétablie qu'il reprit de plus belle : ce qui engagea le gouvernement à affermer, comme moyen terme, le monopole à quelques négociants de Cadix.

La reprise des hostilités entre l'Angleterre et l'Espagne détermina les Anglais, après la conquête de la Martinique, à entreprendre une expédition contre La Havane avec une flotte de 44 bâtiments aux ordres de l'amiral Pococke et 12 à 15,000 hommes de troupes de débarquement commandées par Albermale. Après un mois de résistance, le gouverneur Juan de Prado de Porto-Carrero dut capituler, le 13 août 1762. Les Anglais prirent possession de la ville et de la contrée environnante, et y proclamèrent la liberté du commerce; mais à la paix de 1763 ils échangèrent leur conquête contre la possession de la Floride. Cette courte occupation eut cependant les résultats les plus importants; il fut désormais impossible au gouvernement espagnol d'y rétablir l'ancienne législation commerciale. Il se vit forcé en 1765 d'accorder à La Havane la liberté du commerce avec l'Espagne; c'est à cette mesure qu'il faut attribuer le rapide développement que prit la colonie, La Havane surtout, qui à partir de 1773 devint le grand marché à esclaves de toute l'Amérique espagnole. Les progrès en tous genres de la population allant toujours croissant, en 1777 Cuba fut érigée en capitainerie générale particulière. Après la lutte soutenue pour leur indépendance par les colonies anglaises de l'Amérique du Nord, lutte à laquelle les Espagnols prirent aussi une part des plus actives, Nuevitas obtint l'autorisation de faire le commerce, et La Havane et Sant-Iago le droit de commercer librement avec les nations étrangères.

En 1790 le commerce des esclaves fut également proclamé libre; aussi, grâce à ces mesures et à quelques autres encore, inspirées par le même esprit, la situation de la colonie devint-elle plus prospère que jamais, quand éclata la Révolution française, qui eut pour Cuba les résultats les plus favorables. Beaucoup de royalistes y émigrèrent de Saint-Domingue; ils accrurent le nombre des esclaves, les connaissances et l'expérience des planteurs, qui pour la première fois essayèrent alors de cultiver le café. La cession d'Hispaniola attira aussi à Cuba un grand nombre de riches habitants, en même temps qu'elle détermina le gouvernement espagnol à transférer, en 1797, à Puerto-Principe le siège de l'audience de Santo-Domingo, c'est-à-dire le tribunal suprême des Antilles espagnoles. L'extension de plus en plus grande donnée à la culture du sol et au commerce avec les nations étrangères, de même que la prospérité toujours croissante de la colonie, en éveillant l'esprit d'indépendance au sein de la population, y développèrent aussi le germe déjà préexistant de discordes intérieures. Elles prirent pour la première fois un caractère menaçant quand les nègres ne craignirent plus d'affecter une attitude des plus hostiles vis-à-vis des blancs. En 1812 une grande insurrection éclata, sous la conduite d'Aponte, noir libre; et depuis lors les révoltes de nègres y ont été fréquentes. C'est ainsi que non-seulement en 1844, dans une insurrection des nègres aux environs de Matanzas, mais même en 1848, lorsque l'affranchissement des esclaves dans les colonies françaises des Indes occidentales eut par contrecoup provoqué une insurrection à Cuba, plusieurs milliers de nègres périrent victimes de la plus cruelle et de la plus impitoyable répression.

Depuis que l'Espagne a perdu ses colonies du continent américain, il est naturel qu'elle attache toujours plus de prix à la possession de Cuba. De là les nombreuses faveurs dont cette colonie a été l'objet de sa part. En 1816 le monopole du tabac y fut supprimé, et en 1818 on y proclama la liberté générale du commerce. On apporte d'ailleurs un soin extrême dans le choix des gouverneurs appelés à ce poste, aussi important que difficile. Il ne s'agit pas seulement en effet à Cuba de contenir une grande masse d'esclaves, excités, soutenus par l'Angleterre dans leurs aspirations à la liberté, mais encore de maintenir dans le devoir et la fidélité à la couronne les blancs, démoralisés par le système de l'esclavage, notamment une partie de la population créole. C'est là une tâche qui devient chaque année plus difficile, attendu que les créoles, animés pour la plupart de sentiments républicains, aspirent à l'indépendance, et en dépit de la différence de langue, de religion et d'origine, voudraient se réunir avec les États-Unis.

De leur côté aussi, les Américains du Nord appellent de leurs vœux l'annexion de l'île à l'Union, d'autant plus que l'Angleterre convoite aussi pour elle-même cette riche proie. Déjà en 1845 il avait été question dans le sénat, à Washington, d'acheter Cuba au gouvernement espagnol.

1.

En 1846 il se forma aux États-Unis une compagnie qui se chargea de réunir une somme de 200 millions de dollars pour acquérir Cuba. Ce ne furent pas des journalistes seuls qui s'y firent les avocats de cette annexion; il s'y constitua secrètement, mais d'accord avec les créoles de Cuba, des corps francs destinés à insurger la colonie et à la délivrer du joug espagnol. Déjà 1,500 hommes s'étaient réunis dans ce but à Round-Island, sous les ordres du colonel White, lorsque le gouvernement américain s'opposa à une entreprise si contraire au droit des gens. Malgré cela, il se forma à New-York une *Junta promovedera de los intereses politicos de Cuba*, qui manifesta l'intention d'employer tous les moyens licites pour assurer l'indépendance de l'île. Elle comptait au nombre de ses principaux membres le général Narciso Lopez (né en 1798), vénézuélien d'origine, qui avait commencé par se distinguer dans les rangs de l'armée espagnole employée contre Bolivar, et qui était allé ensuite combattre les carlistes en Espagne. Élu plus tard membre des Cortès, la protection d'Espartero lui avait fait obtenir le poste de gouverneur de la Trinidad, qu'il avait perdu lors de la chute de son patron. Lopez tenta alors d'organiser à Cuba une conspiration contre le gouvernement espagnol; mais, dénoncé aux autorités, il put se réfugier aux États-Unis. Condamné à mort par contumace, il prit ensuite part, de Rhode-Island, où il résidait, à l'entreprise projetée contre Cuba, conjointement avec plusieurs anciens officiers de l'armée des États-Unis, par exemple le général Ruitman, ex-gouverneur de l'État de Mississipi et autrefois employé dans la guerre du Mexique. Connaissant parfaitement les localités et espérant que sa popularité déterminerait de nombreuses désertions dans les rangs de la garnison espagnole de Cuba, Lopez débarqua dans cette île, à Cardenas, le 19 mai 1850, à la tête de 600 hommes. Mais force lui fut de se rembarquer. Traduit en justice d'abord à Savannah, en Géorgie, puis à la Nouvelle-Orléans, il fut deux fois acquitté, et prit alors le commandement d'une seconde expédition, forte de 450 hommes, à la tête de laquelle il s'embarqua le 3 août 1851. Il avait pour lieutenant le colonel américain Crittenden, et le colonel hongrois Tragay. Le 13 août 1851 Lopez débarqua à Chorilla, sans rencontrer dans la population l'appui sur lequel il avait compté. D'ailleurs, les Espagnols, parfaitement instruits des préparatifs faits pour cette seconde tentative, avaient réuni un effectif de 25,000 hommes. Aussi, immédiatement après le débarquement d'un détachement de tirailleurs commandés par le colonel Crittenden, les 52 hommes dont il se composait furent-ils mis en déroute, faits prisonniers par les Espagnols et fusillés plus tard à La Havane. Lopez lui-même perdit la plus grande partie de son monde dans des engagements livrés à Pinar del Rio, à Candelerias et à Fias, et s'enfuit avec le reste dans les montagnes, où le colonel Sanchez lui porta le dernier coup. Pendant plusieurs jours Lopez erra de côté et d'autre, ne sachant que devenir; reconnu par hasard, le 29 août, il fut aussitôt fait prisonnier. Deux jours après, le 31 août, il périssait à La Havane, du supplice de la garrotte.

Quoique le gouvernement américain ait lui-même désapprouvé cette expédition de flibustiers, la malheureuse issue qu'elle a eue semble avoir encore accru les sympathies de la population de l'Union pour le sort de Cuba. La possession de cette île donnerait aux États-Unis la domination complète du golfe du Mexique, et assurerait à leur commerce extérieur d'incalculables avantages. Consultez J. de la Pezuela, *Ensayo historico de la isla de Cuba* (New-York, 1842); Massé, *L'île de Cuba et La Havane* (Paris, 1825); Huber, *Aperçu statistique de l'île de Cuba* (Paris, 1826); Humboldt, *Essai politique sur l'île de Cuba* (Paris, 1826); Ramon de la Sagra, *Historia economica, politica y estadítisca de la isla de Cuba* (Paris, 1837), et l'extrait qui en a été publié en français sous le titre de *Histoire politique et physique de Cuba* (Paris, 1844); la comtesse Merlin : *La Havane* (Paris, 1844); *Notes sur Cuba* (Boston, 1844); d'Hespel d'Harponville, *La reine des Antilles* (Paris, 1850).

CUBAGE, action de *cuber*, ou de comparer à une mesure de solidité, d'évaluer en mètres cubes, par exemple, le volume d'un corps. Quand un solide, tel qu'un prisme, un cylindre, une pyramide, un cône, une sphère, est régulier, il est très-facile d'évaluer son volume. La géométrie nous apprend à faire ce calcul. Mais lorsque les corps, et ce sont les plus nombreux, ont une forme irrégulière, il est impossible d'en faire exactement le cubage par le calcul. Cependant, si le corps peut être mouillé sans inconvénient, on aura assez exactement son volume en s'y prenant ainsi : on plongera le corps dans un bassin rempli d'eau jusqu'aux bords; il est évident qu'il sortira du bassin une quantité de liquide égale en volume au corps qui l'aura déplacée; ayant recueilli cette eau répandue, on la mesurera, et, sachant que la capacité d'un litre équivaut à un décimètre cube, on comptera autant de décimètres cubes pour le volume du corps qu'on aura de litres d'eau. Si l'on connaît la densité d'un corps, il suffira de le peser pour connaître son volume, puisque l'on sait qu'un décimètre cube d'eau, pure pèse un kilogramme. Dans tous les cas où les dimensions et la nature des corps ne permettent pas d'employer le premier moyen, en même temps que son hétérogénéité s'oppose à l'application du second, on devra le décomposer par la pensée en plusieurs parties qui se rapprocheront plus ou moins des figures dont la géométrie apprend à calculer le volume. On aura ainsi le résultat cherché avec l'approximation voulue.

Le *cubage des bois* se faisait autrefois à la pièce; dans le système métrique, l'unité est le stère. Quand on mesure des bois en grume, on regarde un arbre comme un cône tronqué. Cette mesure des bois est souvent fautive au préjudice de l'acheteur, surtout dans les pays du Nord, où les arbres diminuent rapidement d'épaisseur jusqu'à la hauteur de deux mètres au-dessus du sol, et beaucoup plus lentement dans le reste de la tige; la seule inspection fait apercevoir que cette forme ne peut être assimilée au cône tronqué passant par les deux sections extrêmes, et que ce solide idéal laisserait entre sa surface et celle de l'arbre une assez grande capacité.

Le mot *cubage* est spécialement réservé aux applications des arts; l'opération théorique reçoit des géomètres le nom de *cubature*. La cubature des solides, dont les propriétés géométriques sont connues, peut toujours se ramener à la résolution d'une question de calcul intégral.

CUBATURE. Voyez CUBAGE.

CUBE (en grec κύβος). En géométrie, on nomme ainsi l'hexaèdre régulier, c'est-à-dire un solide compris sous six carrés égaux. Le cube occupe parmi les corps une place analogue à celle du carré parmi les surfaces : ainsi, l'on est convenu de prendre pour unité de volume un cube dont le côté est l'unité de longueur. Tous les énoncés de théorèmes relatifs à l'expression des volumes des corps sont subordonnés à cette convention. Le cube étant un cas particulier du parallélipipède rectangle, on obtient sa mesure en multipliant sa base par sa hauteur; c'est-à-dire que si son côté est égal à 7 mètres, par exemple, il faudra multiplier la base 7×7 par la hauteur 7, ce qui donnera, $7 \times 7 \times 7$ ou 343 mètres cubes pour le volume du cube proposé; d'où l'on voit que pour évaluer un tel volume, il suffit d'élever son côté à la troisième puissance. C'est pourquoi en arithmétique la troisième puissance d'un nombre est également nommée le *cube* : 64 est le cube de 4; réciproquement 4 est la *racine cubique* de 64.

Les dix premiers nombres,

1, 2, 3, 4, 5, 6, 7, 8, 9, 10,

ont pour cubes respectifs :

1, 8, 27, 64, 125, 216, 343, 512, 729, 1000.

Les remarques que nous avons faites sur l'extraction de

la racine carrée étant convenablement modifiées, s'appliquent encore ici. Nous dirons donc seulement que si l'on élève au cube un binome, $a + b$, on a
$$(a+b)^3 = a^3 + 3a^2b + 3ab^2 + b^3,$$
ce qui nous apprend (en supposant que a représente les dizaines et b les unités d'un nombre), que le cube de tout nombre formé de dizaines et d'unités se compose des quatre parties suivantes : 1° le cube des dizaines; 2° le triple produit du carré des dizaines par les unités ; 3° le triple produit des dizaines par le carré des unités; 4° le cube des unités. C'est de cette observation que résulte la règle suivante : Pour extraire la racine cubique d'un nombre donné, 45499293 par exemple, on le partage en tranche de trois chiffres en allant de droite à gauche, la dernière tranche à gauche pouvant n'avoir qu'un ou deux chiffres.

```
45.499.293 | 357
27         | 3² × 3 = 27    2700
184.99                       540
158 75                        36
 26 242.93                  3276 × 6 = 19656
 26 242 93
         0                  2700
                             450
                              25
                            3175 × 5 = 15875

            35² × 3 = 3675  367500
                              7350
                                49
                            374899 × 7 = 2624293
```

Le premier chiffre 3 de la racine s'obtient immédiatement parce qu'il est la racine du plus grand cube 27 contenu dans la première tranche à gauche 45. On retranche 27 de 45, et à côté du reste 18, on abaisse 499, première tranche à droite de 45. Séparant les deux derniers chiffres 99, on divise 184 par 27, triple du carré de la partie connue de la racine ; le quotient 6 indique le second chiffre de la racine ou un chiffre trop fort. Pour l'essayer, on pourrait faire le cube de 36 et voir si ce cube peut se retrancher de 45499 ; mais il vaut mieux remarquer que le cube des dizaines de 36 a déjà été retranché et que le reste 18499, ne contient plus que les trois autres parties constitutives du cube dont on cherche la racine ; alors, comme $3a^2b + 3ab^2 + b^3 = (3a^2 + 3ab + b^2)b$, on formera successivement les nombres $3a^2 = 3 \times 30^1 = 2700$, $3ab = 3 \times 30 \times 6 = 540$, $b^2 = 6^2 = 36$, et, en multipliant leur somme 3276 par le chiffre essayé 6, le résultat devra pouvoir se retrancher de 18499. Dans le cas des sommes placées, ce résultat est 19656; la soustraction est impossible ; donc 6 est trop fort. En essayant 5 de la même manière, on trouve que l'ensemble des trois dernières parties du cube de 35 est égal à 15875 qui peut se retrancher de 18499 : 5 est donc le second chiffre de la racine. On l'écrit à droite du 3 déjà obtenu ; on abaisse la tranche 293 à côté du reste 2624, et on continue l'opération de la même manière.

Quand les nombres sur lesquels on opère sont un peu grands, on voit combien le calcul est long. Aussi fait-on la plupart des extractions de racines cubiques à l'aide des logarithmes.   E. MERLIEUX.

CUBÈBE, fruit du *piper cubeba* (*voyez* POIVRE). Ce fruit est une petite baie brunâtre, ronde, sèche, de la grosseur d'un grain de poivre ordinaire, ridée et portée sur un petit pédicule de 5 à 8 millimètres; ce qui lui a fait donner le nom *poivre à queue*. Les baies sèches du cubèbe constituent aujourd'hui un des médicaments les plus employés dans presque toutes les parties du monde. En 1789, lorsque le commerce avec Java était la propriété exclusive de la Compagnie hollandaise des Indes orientales, l'importation en Europe de cette substance dépassa 5,000 kilogrammes. En 1830 elle s'est élevée pour l'Angeterre seulement à 9,270 kilogrammes.

Il n'y a guère que quarante ans que le cubèbe a pris en médecine une haute importance, par suite de son heureuse application au traitement des affections urétrales. Son efficacité dans la gonorrhée ne saurait être contestée aujourd'hui. Le cubèbe a sur le copahu cet immense avantage qu'il ne produit pas chez les malades l'extrême répugnance que détermine ce dernier médicament. On les allie souvent ensemble. D'autres fois le cubèbe se prend simplement en poudre, mêlé avec un peu d'eau, de bouillon ou de vin blanc. Mais ce mode d'administration est très-variable ainsi que la dose du médicament.

D'après Monheim, les baies de cubèbe présentent la composition suivante : Huile volatile verte, 2,5; huile volatile jaune, 1; cubébin, 4, 5; matière extractive, 6 ; résine céracée, 3 ; résine molle, 1,5; chlorure de sodium 1; fibre végétale, 6 5. Parmi ces substances, celle qui a reçu le nom de *cubébin*, et à laquelle on attribue les propriétés médicinales du cubèbe, a été regardée par plusieurs chimistes comme un corps particulier, et par Berzélius comme un simple mélange de résine et de chlorophylle.

Outre leur action spéciale, les baies de cubèbe ont encore des propriétés assez analogues à celles de la plupart des autres poivres; leur odeur est plus forte, mais plus agréable que celle du poivre noir; elles sont regardées comme un bon stomachique et comme un carminatif efficace.

CUBÉBIN. *Voyez* CUBÈBE.

CUBIÈRES (MICHEL, chevalier DE), qui se donna tour à tour les surnoms de *Dorat* et de *Palmézeaux*, est un de ces hommes auxquels est échu le triste bonheur d'échapper à l'odieux par le ridicule. On se rappelle plutôt à ce nom le fécond faiseur de drames burlesques et de poèmes bizarres que le courtisan de Chaumette, le panégyriste de Marat, et le membre de l'anarchique Commune de 1793. Né à Roquemaure (Gard), en 1752, et cadet d'une famille noble de ce pays, il avait, suivant l'usage du temps, été destiné à l'état ecclésiastique; mais quelques vers érotiques adressés par lui à l'*Almanach des Muses* motivèrent son renvoi du séminaire. Son frère aîné, écuyer du roi, le fit alors entrer, en la même qualité, chez la comtesse d'Artois. Mais sa passion pour la littérature le dégoûta bientôt de ses fonctions, et il obtint la permission de vendre sa charge. Ce fut chez lui l'époque d'un débordement d'ennuyeux romans, de soi-disant comédies, de prétendus recueils poétiques, dont l'un était burlesquement intitulé *Les Hochets de ma Jeunesse*. Pour achever sans doute de se créer un fâcheux renom, il publia une *Lettre sur la funeste influence de Boileau*. En revanche, on vit surgir alors une trinité littéraire, composée du prétentieux Dorat, du dramaturge Mercier, et du cynique Rétif de La Bretonne. Ce furent là pour lui les grands hommes du siècle. Aussi, Rivarol, qui fit une si plaisante justice des *grands hommes* de cette trempe, n'oublia-t-il pas le chevalier-poète dans son fameux *Almanach* ; de plus, il lança contre lui cette charade épigrammatique, qui n'était peut-être pas du meilleur goût, mais qui n'en divertit pas moins tout Paris aux dépens du pauvre *Cubières* :

Avant qu'en mon dernier mon tout se laisse choir,
Ses vers à mon premier serviront de mouchoir.

Le fait est qu'il suffisait bien souvent de nombre de vers plus que singuliers du chevalier pour le ridiculiser ; et comme on ne perd que s'en rit, quelque jaloux, un mauvais plaisant prétendit avoir trouvé dans son *Éloge de Voltaire* le distique suivant :

Il n'est point d'indigent, même d'homme si mal aise,
Qui n'ait La Henriade, et qui n'en soit bien aise.

Ce fut dans ce temps qu'il adopta le nom de *Palmézeaux*, d'abord pour écarter le souvenir de l'impertinente charade, puis pour narguer l'Académie Française et autres, qui lui avaient refusé, dans leurs concours, des *palmes* que, suivant lui, il avait si bien méritées.

Cubières était déjà à la tête d'une douzaine de volumes mort-nés, lorsque la Révolution devint pour lui une nouvelle Muse qui lui inspira une foule de mauvais poëmes, entre autres ses fades plaisanteries rimées ayant pour titres : *Les États généraux du Parnasse*, *de l'Église*, *de Cythère*, etc. ; heureux encore s'il ne leur avait pas fait succéder plus tard des odes en l'honneur de Carrier et l'*Éloge de Marat* ! A l'occasion de ce dernier, et comme il avait, suivant l'usage du temps, remplacé le nom de son patron par celui de *Dorat*, on annonça malignement qu'il allait, pour troisième métamorphose, se faire appeler *Marat-Cubières*. Un tort plus grave sans doute fut d'accepter une place dans cette Commune de Paris, de sanglante mémoire, dont il devint le secrétaire. Disons pourtant, avec justice, que, malgré les lignes acérées dont l'a stigmatisé Mme Roland dans ses Mémoires, Cubières n'était point un méchant homme; qu'il se fit, comme quelques autres, *terroriste* par terreur, et que dans cette assemblée il se borna à des discours et à des déclamations. On peut même supposer que le poëte musqué paraissait encore un peu *suspect* à ces rudes républicains par la réponse assez brusque de Chaumette, auquel il offrait de dédier un recueil de vers à sa femme : « Ma femme, lui dit-il, n'est pas une femme de lettres comme une autre : voilà ses œuvres dans ma commode. » C'était de vieux bas auxquels elle faisait des reprises.

Obligé plus tard, par la loi sur les ex-nobles, de donner sa démission, Cubières rentra pour toujours dans la vie privée, et l'on n'entendit plus guère parler de lui qu'en 1803, où il trouva un nouveau moyen d'amuser le public à ses dépens. Il imagina de refaire la *Phèdre* de Racine, qui pourtant n'*était pas mal*, suivant l'expression malicieusement plaisante d'un vaudeville de l'époque; et sa tragédie d'*Hippolyte* fut jouée sur un théâtre secondaire, au milieu des sifflets. Protégé de nouveau dans sa vieillesse par un frère qui avait suivi une ligne politique toute différente de la sienne, Dorat-Palmézeaux-Cubières obtint, sous la Restauration, malgré ses peccadilles révolutionnaires, un petit emploi dans les postes. Il l'a occupé jusqu'à sa mort, arrivée en août 1820. *Chamousset, ou la Poste aux Lettres*, poëme plus innocent que ceux qui lui avaient autrefois été inspirés par d'autres fonctions, fut son dernier ouvrage. OURRY.

CUBIÈRES (AMÉDÉE-LOUIS DESPANS DE), général, pair de France, ancien ministre, dont le nom restera tristement célèbre pour la part qu'il eut à l'affaire Teste, était fils du marquis de Cubières, premier page de Louis XV, écuyer de Louis XVI et de Louis XVIII. Né à Paris, le 4 mars 1786, il vit toute sa famille incarcérée à l'époque de la terreur, et son jeune âge n'eut d'autre refuge que la prison où la duchesse douairière d'Orléans était aussi détenue. Il en sortit pour faire nombre parmi les *enfants de la liberté*, que la république avait réunis à l'abbaye Saint-Martin. Recueilli et élevé dans la famille Jordan, il fut admis comme élève du gouvernement au prytanée de Saint-Cyr, et plus tard à l'école militaire de Fontainebleau. Nommé le 1er brumaire an XIII sous-lieutenant au 51e de ligne, il rejoignit à l'armée des côtes de l'Océan. Son premier fait d'armes eut lieu sur la prame *La Ville de Montpellier*, au combat de Midelbourg, où un détachement du 51e de ligne et du 7e de hussards enleva un brick anglais à l'abordage. Il fit la campagne de l'an XIV au troisième de la grande armée, et se trouva aux combats de Greiffenberg, de Germersheim, d'Elchingen, d'Ulm, de Marienzell, de Ried, et enfin à la célèbre bataille d'Austerlitz, où il fut légèrement blessé.

Blessé de nouveau à la bataille d'Auerstædt, il fut nommé lieutenant le 30 novembre 1806. Blessé encore d'un coup de baïonnette et un moment prisonnier à Eylau (1807), il fut du très-petit nombre d'officiers échappés comme par miracle au feu meurtrier qui renversa le 51e presque tout entier. Cubières combattait encore avec la même ardeur à Heilsberg et à Friedland. Le 7 juillet l'empereur le récompensa par la croix de la Légion d'Honneur; et le 20 décembre suivant le général Morand l'attacha à sa personne en qualité d'aide de camp. En 1809 il servit avec la même activité : au combat de Rohr, il pénétra avec quelques cuirassiers dans un carré ennemi, où un général autrichien lui rendit son épée. A Landshut, à Eckmuhl, à Ratisbonne, à Essling, il se conduisit de manière à mériter le grade de capitaine, que l'empereur lui accorda le 7 juin. Il assista le 6 juillet à la bataille de Wagram, et le 11 au combat de Znaïm. En 1812 il suivit son général en Russie. Pendant cette campagne, il se distingua à Ostrowno, à Smolensk, à Viazma, à la Moscowa, où il eut trois chevaux tués sous lui; à la seconde affaire de Smolensk, au passage de la Bérézina et au combat de Kowno, qui lui valut le grade de chef de bataillon. La campagne de 1813 fut pour lui l'occasion de nouveaux succès et de nouvelles récompenses. Le 2 mai, à Lutzen, il dirigea le mouvement du régiment croate d'Ogulin. Le 3, à la tête d'un escadron de lanciers napolitains, il se fit jour au travers d'une masse de cosaques, pour porter des ordres au grand parc d'artillerie, resté à deux myriamètres du champ de bataille. A Leipzig, à la défense de Lindenau, à l'enlèvement de Costheim, il gagna la croix d'officier de la Légion d'Honneur et le grade de colonel. En 1814 il reçut, le 2 février, le commandement du 18e léger, dont les débris se réunirent à Grenoble.

Après l'abdication de l'empereur, les régiments d'infanterie légère ayant été réduits à quinze, le colonel Cubières fut forcé de licencier le 18e. Renvoyé dans ses foyers, il dut à la protection du général Maison d'être placé, le 16 novembre, à la suite du régiment du roi, 1er d'infanterie légère. Au retour de l'île d'Elbe, Napoléon lui confia le commandement de ce corps. Quand l'armée eut à se prononcer sur l'Acte additionnel aux constitutions de l'empire, le colonel Cubières ne craignit pas de donner l'exemple patriotique d'un refus motivé. Au combat des Quatre-Bras, le 16 juin 1815, chargé d'attaquer une ligne d'infanterie écossaise, il adressa ce peu de mots à ses soldats : *Voilà les Anglais; souvenez-vous des pontons!* Et huit cents Écossais restèrent sur le champ de bataille. Quoique atteint de plusieurs coups de sabre à la tête, il ne quitta point son poste. A Mont-Saint-Jean, ayant pris le commandement de la 1re brigade, vacant par la mort du général Baudouin, il reçut l'ordre de contenir l'extrême droite de l'ennemi et d'essayer de la déloger d'Hougoumont, ferme crénelée, plusieurs fois inutilement attaquée à plusieurs reprises. Dès le commencement de l'action, il avait été atteint d'une balle à l'épaule gauche. Le colonel Cubières ramena le 1er léger et le 3e de ligne sous Paris : il les conduisit ensuite derrière la Loire, où leur licenciement s'opéra. Mis en non-activité le 25 août, il se retira dans le département de la Meuse, dont il dirigea la recette générale jusqu'en 1823. Le maréchal Maison lui fit obtenir le 3 mars le commandement du 27e régiment de ligne. Il rejoignit ce corps à Cadix, au mois de mai, et reçut la décoration de Saint-Ferdinand. En 1828 il mena son régiment en Morée. Nommé maréchal de camp le 22 février 1829, il revint en France le 20 juillet; mis en demi-solde à cette époque, il se retira à Bar-le-Duc.

Arrivé à Paris aussitôt après les événements de Juillet 1830, il devint membre de plusieurs commissions. En 1831 Louis-Philippe le nomma chef d'état-major de la première division militaire et commandeur de la Légion d'Honneur. Envoyé en mission à Ancône le 9 février 1832, il prit le commandement des troupes de débarquement. Élevé au grade de lieutenant général le 31 décembre 1835 et maintenu à la tête des troupes d'occupation d'Ancône, il fut mis en disponibilité le 3 novembre 1836, et arriva à Paris le 3 janvier 1837. Directeur du personnel et des opérations militaires au ministère de la guerre le 12 février suivant, et membre du comité de l'infanterie et de la cavalerie le 28 avril, le portefeuille de la guerre lui fut confié le 31 mars 1839 : il le garda jusqu'au 11 mai. On lui doit la décision du 4 avril, qui porte que l'histoire de chacun des régiments de l'armée française sera écrite de manière à rattacher aux numéros portés par les corps la série de leurs belles actions militaires, depuis François Ier jusqu'à nos jours. Le roi le nomma pair de France le 7 novembre 1839. Appelé de nouveau, le 1er mars 1840, au ministère de la guerre, il attacha son nom à la malencontreuse idée des fortifications de Paris, objet de si justes attaques, mit en état de défense les principales places frontières, créa de nouveaux régiments et organisa le nouveau corps des chasseurs à pied. Démissionnaire le 29 octobre 1840, il continua de faire partie du comité de l'infanterie et des inspecteurs généraux de cette arme. A la chambre des pairs, il prit plusieurs fois la parole, notamment sur les questions de chemins de fer et de douanes.

[Cependant, un jour un procès vint à faire scandale au palais ; on apprit que les dossiers d'une affaire contenaient des lettres de nature à révéler un crime de corruption commis par d'anciens ministres ; la chambre des pairs fut convoquée. MM. Teste, Cubières, Pellapra et Parmentier furent inculpés de corrruption et de tentative de corruption ; le général Cubières était, en outre, accusé d'escroquerie. Il résulta du procès que le général s'était entremis pour obtenir du ministre Teste la concession d'une exploitation minière à Gouhenans, moyennant une somme de 100,000 fr, que le ministre reçut à peu près par son intermédiaire et par les soins de M. Pellapra. L'affaire étant devenue mauvaise, M. Parmentier, feignant de pouvoir ne pas croire à la remise de la somme au ministre, n'avait pas voulu tenir compte de cette somme, et menaça de faire du scandale ; devant les sacrifices du général ; celui-ci se lassa enfin. M. Teste ne voulait rien restituer. Parmentier écrivit à Mme de Cubières pour l'engager à sauver l'honneur de son mari, et enfin par un procès il mit sa menace à exécution. Le général nia d'abord toute participation à la corruption ; mais dans ce cas il avait donc voulu tromper ses coassociés. Une révélation de Marrast découvrit le voile de cette affaire. M. Teste dut cesser de nier ; et la question d'escroquerie se trouva écartée ; mais le général fut condamné comme coupable de corruption d'un ministre, à la dégradation civique et à 10,000 fr. d'amende. M. Baroche s'était chargé de la défense du général. Il rappela l'affaire Hourdequin, et dit que dans ce procès celui qui avait fait les promesses ne fut pas seulement mis en accusation ; et cependant, disait le défenseur, dans cette affaire il s'agissait de choses dont un fonctionnaire avait disposé et qui appartenaient au public, tandis que dans l'affaire Teste ce qui a été donné, c'est-à-dire la concession de la mine, a été donné par un ministre qui pouvait l'accorder à telle ou telle personne indifféremment. En donnant comme il a donné, le ministre n'a fait de tort à personne. La cour des pairs n'admit pas ce système commode. M. Baroche appuyait sur ce point que le général n'avait pas pris l'initiative de la corruption. « Mais, pour répondre à cette assertion, disait le procureur général, il suffit de relire les lettres du général. Dans une de ces lettres il dit qu'il est puéril de compter sur le bon droit, parce que le gouvernement *est dans les mains avides et corrompues.* Par une autre lettre, il presse les réponses de Parmentier ; par une troisième, il renouvelle des instances plus fortes encore ; enfin, par une quatrième, il indique l'acte qui est à faire, et qui fut en effet rédigé comme il l'avait indiqué. Il faut être juste avec tout le monde, ajoutait M. Delangle ; l'idée première n'est pas venue à Parmentier. En 1842, c'est par le général Cubières que l'initiative est prise ; c'est lui qui demande avec instance que l'on fasse les fonds de la corruption, et c'est dans ses mains que ces fonds sont remis. Il est lié avec l'intermédiaire qui approche du ministre. On le voit *talonnant* sans cesse le ministre, si je puis m'ex-

primer ainsi. » Le défenseur du général le déclarait assez puni par les tortures que son complice Parmentier lui avait fait endurer. « Vous avez manqué à l'honneur, répondait le procureur général, vous ancien ministre, vous pair de France, vous général de l'armée française, placé dans une de ces situations où il faut que l'honorabilité réponde au rang ; vous devez être puni par une assemblée qui a aussi vivement le sentiment du véritable honneur. »

Après sa condamnation, le général Cubières alla vivre en province ; le 28 août 1852 il obtint un arrêt de réhabilitation de la cour d'appel de Rouen. Mais un an après, il mourut à peu près oublié.   L. Louvet.]

CUBIQUE (Racine). *Voyez* Cube.
CUBIT, mesure de Maroc. *Voyez* Coudée.
CUBITAL, qui a rapport au cubitus. On distingue une *artère cubitale*, deux *veines cubitales*, un *nerf cubital*, etc. (*voyez* Bras).
CUBITUS. Deux os entrent dans la composition de l'avant-bras : le *radius* en dehors et le *cubitus* en dedans. Celui-ci est un os long, prismatique et triangulaire, autour duquel pivote le radius dans les mouvements de pronation et de supination. Son extrémité supérieure, beaucoup plus grosse que l'inférieure, présente en arrière une saillie, l'apophyse olécrane, qui forme la partie pointue du coude ; en avant se trouve une autre saillie, l'apophyse coronoïde ; entre ces deux apophyses, l'on voit une grande échancrure appelée sygmoïde, qui est en rapport avec l'humérus. En bas, le cubitus s'articule avec le métacarpe, et présente en dedans une petite éminence, l'apophyse styloïde, que l'on peut sentir un peu au-dessus du poignet. Le cubitus est de plus en rapport avec le radius, au moyen d'une petite surface articulaire placée à chacune de ses extrémités. De nombreux muscles l'entourent ou s'y insèrent.
CUBOÏDE, os de la partie du pied nommée *tarse*. Son nom indique suffisamment sa forme. Cet os situé à la partie interne du pied s'articule en arrière avec le calcanéum, en avant avec les deux derniers os du métatarse, et en dedans avec le troisième os cunéiforme.
CUBOMANCIE (du grec κύβος, dé à jouer, et μαντεια, divination). *Voyez* Astragalomancie.
CUCUPHA ou **CALOTTE CÉPHALALGIQUE**. *Voyez* Calotte.
CUCURBITACÉES, famille de plantes ainsi nommée de *cucurbita*, nom latin du genre *courge*, que l'on peut en regarder comme le type. Les cucurbitacées sont des plantes dicotylédones, diclines, irrégulières, et presque toutes remarquables par leurs propriétés médicales ou alimentaires ; elles sont généralement herbacées, rampantes et grimpantes, et munies de vrilles qui naissent à l'aisselle des feuilles. Leurs fleurs sont pour la plupart unisexuelles et monoïques ; elles ont un calice et une corolle soudés entre eux par leur base : les mâles ont cinq étamines, dont quatre sont souvent réunies, deux à deux, par les filets ; les femelles ont un ovaire infère, couronné par un disque épigyne. Le fruit est un *pépon*, c'est-à-dire qu'il est charnu, qu'il renferme un grand nombre de graines aplaties, nichées dans la pulpe, et que son centre est occupé par une cavité.

Outre le *cucurbita*, dont nous avons parlé plus haut, nous devons citer encore au nombre de ceux qui appartiennent à cette famille, les genres *cucumis* (*voyez* Concombre et Melon) et *bryonia* (*voyez* Bryone).
CUCURBITE, partie basse ou chaudière d'un alambic. Ce mot dérive de *cucurbita*, nom latin de la courge à laquelle on avait primitivement emprunté la forme de la cucurbite. Après même que cette forme eut été changée, on en avait conservé le nom ; mais le mot *cucurbite* est assez généralement remplacé aujourd'hui par ceux de *chaudière* et de *bouilleur*.   Pelouze père.
CUDOWA ou **KUDOWA**, village du comté de Glatz (Silésie prussienne), à environ 7 kilomètres de la ville de

Nachod (Bohême), à 335 mètres au-dessus du niveau de la mer, est célèbre par sa source d'eau alcaline, ferrugineuse, dont la température est de 9° R. On l'emploie surtout, tant en boisson que sous forme de bains, contre l'aménorrhée, la chlorose, les scrofules, la leucorrhée, etc., contre les maladies nerveuses chroniques accompagnées de faiblesse générale et locale, l'hypochondrie nerveuse, l'hystérie, etc. On y a créé les établissements nécessaires pour donner des bains de douches, de pluie, etc., ainsi que tout ce que réclamait la commodité des baigneurs. Cette source était en renom dès 1622; ce ne fut toutefois qu'en 1772 qu'on s'avisa pour la première fois de recueillir ses eaux; et de cette époque datent les constructions dont l'agrandissement successif a donné à ce village l'aspect agréable qu'il a aujourd'hui. Les belles promenades qu'on trouve à peu de distance ajoutent aux charmes de ce séjour.

CUDWORTH (RALPH-RODOLPHE), philosophe et théologien anglais, né en 1617, à Aller, dans le comté de Sommerset, D'abord professeur au collége d'Emmanuel à Cambridge, où il compta au nombre de ses élèves le célèbre William Temple, puis principal du collége de Clare-Hall, dans la même université, où il eut sous sa direction le grand prédicateur Tillotson, devenu plus tard primat d'Angleterre, il passa en 1654 au collége du Christ, avec les mêmes fonctions, qu'il conserva jusqu'à sa mort. Il était en 1657 au nombre des théologiens choisis par un comité des Communes pour revoir la traduction anglaise de la Bible, travail devenu tout à fait inutile par la dissolution du parlement.

Nommé récemment prébendier de Glocester, il publia l'ouvrage sur lequel se fonde sa réputation : *The true intellectual System of the Universe* (Londres, 1678). Avant lui, Gale avait enseigné que la vraie philosophie était dès l'origine renfermée dans la parole de Dieu adressée à son peuple, et que depuis cette manifestation elle fut révélée aux autres peuples à diverses époques et de diverses manières. La philosophie, selon Gale, doit marcher constamment avec la théologie, et s'en aider en toute occasion. Cudworth adopta pleinement cette doctrine, et la professa plus savamment que celui à qui il l'avait empruntée. Dans l'ouvrage que nous avons cité, répertoire prodigieux de littérature ancienne, il affirme que l'idée de Dieu, comme l'être souverainement intelligent, puissant et juste, se trouve dans les écrits de presque tous les philosophes anciens, assertion qui le fit traiter de *latitudinaire* et même d'incrédule. Assurément il méritait plutôt d'être appelé l'esclave de Platon, puisque, dans le cours presque entier de sa carrière philosophique, il suivit servilement les traces de Platon. En effet, s'il veut prouver l'existence de Dieu, c'est principalement aux idées innées qu'il a recours; pour s'expliquer les formes et les proportions des corps, il fait intervenir une nature plastique, subordonnée à la Divinité, ce qui n'est point autre chose que l'âme du monde de Platon; l'origine première du bien moral et de la justice, il la trouve, sur l'indication de Platon, dans les idées morales, copies fidèles de la sagesse divine; et lorsqu'il soutient contre Descartes l'existence des causes finales, il se contente d'opposer à son antagoniste l'irrécusable autorité de Platon. Enfin, il résout la plupart de ses problèmes d'après les doctrines du père de la première académie.

Cudworth mourut à Cambridge, en 1688, avec la réputation d'un savant du premier mérite, d'un profond métaphysicien et d'un homme plein de modestie et de piété. Son *Système intellectuel du Monde* a été fort bien traduit en latin par Mosheim, et Thomas Wise en a donné un excellent abrégé.   E. LAVIGNE.

CUEILLETTE (Affrétement à la). *Voyez* AFFRÉTEMENT.

CUENÇA, chef-lieu de la province d'Espagne du même nom, dans le royaume de la Nouvelle-Castille (superficie totale : 292 myriamètres carrés, avec une population de 334,000 âmes). C'est une place forte, comptant environ 6,000 habitants; elle est bâtie sur un rocher nu et aride, au confluent de l'Huescar et du Huear, que l'on y traverse sur le pont de San-Pablo, long de 100 mètres et haut de 53 mètres, reposant sur treize piliers seulement. Le plus remarquable de ses édifices est sa cathédrale. Cette ville, siége d'évêché, possède un séminaire, un collége royal et deux hôpitaux. Le blanchissage et la teinture des laines, la fabrication des étoffes de laine et du papier, forment avec la culture des abeilles la principale industrie de ses habitants.

CUENÇA (SANTA-ANNA DE), chef-lieu de la province du même nom dans la république de l'Équateur (Amérique du Sud), est bâtie sur un plateau situé à 2,700 mètres au-dessus du niveau de la mer, au voisinage du golfe de Guayaquil, et compte 20,000 habitants, dont la fabrication des étoffes de laine et celle des chapeaux constituent la principale industrie.

CUEVA (JUAN DE LA), poëte espagnol du seizième siècle, naquit vers 1550, à Séville, et mourut après 1607. Il s'essaya dans presque tous les genres de poésie, et pour quelques-uns fut le premier à les faire connaître à ses compatriotes. Il ne manquait ni de talent ni de savoir ; il avait surtout une facilité toute particulière pour manier la langue et faire des vers ; mais il en abusa pour produire des œuvres manquant le plus souvent de maturité. Le temps où il vécut fut d'ailleurs pour la littérature espagnole une époque de transition du vieux style national au style classique moderne, circonstance qui a donné à ses ouvrages un caractère vague et incertain, encore bien que son goût particulier le portât à rester fidèle au vieux style national. Parmi ses nombreuses productions, nous citerons les *Obras* (Séville, 1582), contenant des poésies lyriques, des sonnets, des canzones, des élégies, des églogues et les Lamentations de Vénus au sujet d'Adonis, en octaves, dans le style classique italien; *Coro Febeo de romances historiales* (Séville, 1587-88), dix livres de romans historiques, la plupart ayant pour sujets des traditions empruntées à l'histoire et à la vieille mythologie classique, et le très-petit nombre seulement des traditions nationales, manquant dès lors à ce point de vue d'intérêt et de cachet propre, mais remarquables par le choix des formes nationales et par l'habileté avec laquelle le poète les manie; *Primera parte de las Comedias y Tragedias* (Seville 1583 et 1588, in-4°), contenant quatre tragédies et dix comédies, qui furent toutes représentées à Séville de 1579 à 1580, et qui lui assurent une place honorable dans l'histoire de la poésie espagnole, quoique ce ne soient encore, sous beaucoup de rapports, que des essais imparfaits annonçant du talent, mais ne pouvant point passer pour les œuvres d'un génie créateur; enfin, *La Conquista de la Betica* (Séville, 1603), poëme héroïque en vingt chants et en octaves, où il chante la conquête de Séville par le roi Ferdinand III de Castille, mais qui, en dépit de l'heureux choix du sujet et de la simplicité du plan au total bien ordonné, est exécuté si lourdement, si prosaïquement, qu'il s'élève bien rarement au-dessus du ton d'une chronique rimée.

CUFIQUE ou **COUFIQUE** (Écriture). C'est la plus ancienne forme de l'écriture des Arabes. Ce nom lui vient de la ville de *Kufa*, dans le pachalik actuel de Bagdad, de la province d'Irak et Arabi, où résidait le khalife Ali, et d'où elle paraît être originaire. Les anciens caractères cufiques ont tant d'analogie avec l'ancienne écriture syriaque, l'*estranghelo*, qu'il n'est guère permis de douter que les Arabes les empruntèrent aux Syriens; et des traditions historiques confirment cette présomption. Il est probable qu'ils ne furent introduits par les Arabes que peu de temps avant Mahomet. Bien que nous ne connaissions pas les caractères dont ils se servaient avant cette époque, et quoique le peu de renseignements que nous offrent à cet égard les écrivains turcs soient insuffisants pour baser une autre opinion, il est peu croyable que les Arabes soient restés jusqu'au sixième siècle de l'ère chrétienne sans avoir d'écriture. Peut-être les inscriptions phéniciennes et palmyréniennes et les caractères tracés sur les monnaies des Sassanides contiennent-ils des vestiges de cette antique écriture primitive. L'influence que l'école de Kufa exerça sur l'islamisme fit prévaloir l'écriture inventée dans son sein, et elle demeura en usage jusqu'à ce que le besoin d'une écriture plus commode et indiquant d'une manière plus claire différentes consonnes distinctives se fût fait sentir parmi les Arabes. Plus tard on ne l'employa plus que pour les monnaies et les inscriptions, tandis que l'écriture *neskhi* arrivait à la remplacer complétement dans l'usage ordinaire. Il n'y a que l'écriture des Arabes de Mauritanie qui ait encore conservé beaucoup de ce qu'il y a de rond et d'anguleux dans le cufique. Consultez Lindberg, *Sur quelques médailles cufiques et sur quelques manuscrits cufiques* (Copenhague, 1830), et Mœller, *Paléographie orientale* (Gotha, 1844).

CUFIQUES ou **COUFIQUES** (Monnaies). On comprend sous cette dénomination toutes les monnaies frappées par les premiers princes mahométans et portant des inscriptions en écriture *cufique*. Il en existe en or (*dinar*), en argent (*dirhom*), et en bronze (*feuls*). Elles ne portent d'ordinaire que des inscriptions contenues les unes dans un anneau, les autres dans un cordon qui règne tout autour, et se composent quelquefois de deux lignes. D'autres images, surtout des figures, sont beaucoup plus rares; et les dernières ne sont pour la plupart que des imitations d'un modèle préexistant, byzantin surtout, ainsi que le voulaient des intérêts particuliers, comme ceux du commerce. L'étude des monnaies cufiques est arrivée dans ces derniers temps à une perfection qui devra rattacher cette partie de la numismatique aux autres parties de la science. L'oubli dans lequel la connaissance des monnaies cufiques était restée jusqu'à ce jour tenait à l'extrême difficulté de l'étude de la langue. A cet égard nous avons de grandes obligations aux travaux d'Aler (*Museum Cuficum Borgianum*), des deux Tychsen, de Reiske, de Hallenberg, de Sylvestre de Sacy, de Castiglioni, etc., et dans ces derniers temps à ceux de Frœhn.

CUGNIÈRES (Pierre de), avocat contemporain de Philippe de Valois; le courage avec lequel il s'éleva contre les envahissements du clergé a rendu son nom célèbre. On a prétendu à tort qu'il était avocat du roi : cette charge n'existait pas de son temps. On lui a attribué aussi la fameuse lettre de dérision et d'insultes que Philippe le Bel écrivit à Boniface VIII. Quoi qu'il en soit, on le voit en 1330 porter la parole au nom des députés laïques, dans la cour que le roi avait convoquée en son palais pour juger leurs différends avec le clergé. Il commença son discours par ce texte de l'Évangile : « Rendez à César ce qui est à César et à Dieu ce qui est à Dieu. » Le 7 décembre 1335, il parla de nouveau devant le roi, au bois de Vincennes, et après avoir exposé tous ses griefs contre les ecclésiastiques, il conclut à ce que les prélats se contentassent du spirituel et à ce que le temporel appartînt au souverain et aux seigneurs laïques. Les successeurs de Philippe le Bel ont plus d'une fois emprunté aux vigoureuses et lucides plaidoiries de Pierre de Cugnières des arguments pour combattre les prétentions cléricales. De leur côté, pour se venger d'un adversaire qui avait tour à tour vaincus avec les armes de la raison, du savoir et du sarcasme, les prêtres cherchèrent à vouer sa mémoire au ridicule. Dubreuil, dans ses *Antiquités de Paris*, dit que l'on avait donné le nom de *Pierre du Cuignet* « à une petite et laide figure qui est à Notre-Dame, à un coin du jubé du midi, au-dessus de la figure d'enfer, » sur le nez de laquelle on éteignait les cierges de l'autel voisin. Une figure analogue, appelée du même nom, existe dans beaucoup d'autres églises. En outre, une longue et mauvaise chanson fut rimée par quelque clerc sur *la grimace de maistre Pierre du Cognet*.

Le lieu et l'époque de la mort de Pierre de Cugnières sont restés inconnus. W.-A. DUCKETT.

CUILLER ou **CUILLÈRE**, ustensile de table dont on se sert ordinairement pour manger le potage et d'autres aliments liquides ou de peu de consistance (*voyez* COUVERT). On lit dans quelques monuments latins du moyen âge qu'on nommait *cochlea* ou *cochlear*, d'où s'est formé *cuiller*, un instrument qui servait de mesure, et qui fut en usage parmi les ecclésiastiques pour retirer l'hostie du vase sacré. Flodoard compte douze cuillères parmi les ustensiles d'argent appartenant à l'église de Reims : ce fut même un usage consacré dans les premiers siècles de ne retirer l'hostie du calice qu'avec une cuillère. Du reste, ce meuble était généralement adopté vers le commencement du quatorzième siècle. L'usage des fourchettes fut introduit plus tard, et nous ne les trouvons mentionnées que dans un inventaire de la vaisselle du roi Charles V, daté de 1379. On voit dans le cabinet de quelques amateurs des fourchettes-cuillères curieusement travaillées : le dernier de ces meubles n'a pas de manche, il est fixé aux deux dents de la fourchette et s'enlève à volonté. Ces jolis bijoux en ivoire, en bois, et parfois en argent, ne remontent pas au delà du seizième siècle.

LE ROUX DE LINCY.

CUILLERON. Ce nom, dérivé de *cuillère*, signifie : 1° la partie creuse de la cuillère qu'on met dans la bouche en mangeant ; 2° pétale ou autre partie d'une fleur ou plante qui a la forme d'une cuillère ; 3° deux petites pièces membraneuses, disposées comme les deux valves d'une coquille, situées au-dessous de la racine des ailes des insectes diptères (mouches) et à la base des élytres de certains coléoptères. Les cuillerons des insectes, qu'on désigne aussi sous le nom d'*ailerons*, sont au nombre de deux sur chaque côté. Ils sont très-étendus chez les mouches, et rudimentaires chez les cousins et les tipules. Ils ne contribuent pas à produire le bourdonnement. Leurs fonctions se bornent à faciliter et à modifier le vol. L. LAURENT.

CUILLERS (Herbe aux). *Voyez* COCHLEARIA.

CUIR. On donne ce nom à la peau épaisse de certains animaux, et particulièrement à la peau de quelques animaux lorsqu'elle a été séparée de la chair, tannée et corroyée. La peau des bœufs, des vaches, des veaux, des chevaux, est généralement soumise au procédé du tannage. Le tannage des cuirs est précédé de bien des opérations préparatoires, comme le *lavage* ou la *trempe* des peaux, l'*écharnement* ou l'*écolage*, le *planage à la chaux*, la *dépilation* ou *débourrement*, enfin le *gonflement*.

Les peaux de bœuf, de buffle, etc., sont particulièrement propres pour la préparation des cuirs forts à semelles et grosses bottes ; avec les peaux de petites vaches, de veaux, de chevaux, etc., on prépare les cuirs doux pour tiges de bottes fines et les escarpins, pour certains ouvrages de sellerie, de carrosserie et d'ameublement ; en un mot, tout ce qui est connu sous le nom de *molleterie*.

On reconnaît qu'un cuir est suffisamment tanné à l'examen de la tranche nouvellement coupée : l'intérieur doit être luisant, comme marbré, et ne doit pas présenter dans le centre une raie blanche, qu'on nomme la *corne* ou *crudité des cuirs*. Ce dernier signe est toujours l'indice que le tannin n'a pas assez pénétré la peau : c'est alors un *cuir creux*, qu'il faut rejeter comme d'un mauvais emploi.

L'art du tanneur ne s'exerce pas seulement à la préparation des *cuirs forts*, mais aussi dans la fabrication des petits cuirs, dits *cuirs à œuvre*. Pour ceux-ci, on emploie les peaux de petites vaches, de veaux, etc. Ces cuirs, en général moins épais et moins solides que les cuirs forts, se distinguent par une plus grande souplesse. On prépare encore des *petits veaux* à l'usage des reliures par une méthode assez semblable. On y emploie de préférence et par économie les peaux de veau mort-né.

Le *cuir de Hongrie* est une peau qui n'a point été tannée : elle ne doit sa conservation et son inaltérabilité qu'aux matières salines et graisseuses dont elle a été imprégnée. Ce mode est prompt, et ne dure que quelques mois. Le cuir de Hongrie est d'un blanc sale. Chacun connaît l'usage qu'en font principalement les bourreliers. Les sels employés dans cette fabrication sont le muriate de soude et l'alun.

Le *cuir de Bohême* est du cuir de Hongrie imprégné d'alun, et ensuite imbibé de suif, ce qui lui donne une grande force.

On nomme *cuir de Russie* une peau préparée par un procédé qui lui communique une odeur forte et très-durable, d'un caractère facile à reconnaître, mais vive sans être précisément désagréable, et qui défend tout à fait ce cuir de la piqûre des insectes, qu'elle éloigne même des lieux où il est placé. Cette propriété, dont le cuir de Russie jouit au plus haut degré, en rend l'emploi précieux dans la reliure des livres, si sujets aux attaques des bruches et des vers de plusieurs espèces. Ce moyen de repousser les insectes nuisibles consiste dans l'imprégnation du cuir avec une huile extraite de l'écorce extérieure du bouleau par la distillation ; mais pour masquer l'odeur repoussante de cette huile, on a imaginé d'y mêler quelque essence odorante et suave. La principale difficulté qu'on éprouve dans la fabrication du cuir de Russie résulte de l'inégalité avec laquelle il s'imprègne de l'huile, qu'on a pour but de tenir seulement à la surface pour éviter les taches qui se manifesteraient si elle pénétrait profondément. On obtient cette uniformité dans l'imprégnation en conservant aux peaux qu'il s'agit d'huiler un degré voulu et constant d'humectation. L'eau, en s'évaporant, est remplacée par l'huile.

Les peaux en général sont susceptibles de recevoir toutes les couleurs qui réussissent sur la laine et la soie. Nous ne pouvons décrire toutes ces teintures. Celle des cuirs noirs a en général pour base la couperose verte.

Pour le lissage et le lustrage des peaux teintes, on se sert d'une espèce de pommelle en verre, de forme lenticulaire. La peau est d'abord étendue sur un chevalet en bois, recouvert d'une languette bien polie de bois de poirier, qui porte quelques millimètres de saillie. On suspend du côté de la peau un poids avec un hameçon fort délié qui la tire vers le bas, tandis que le lisseur la retient et la gouverne en s'aidant de sa cuisse, sur laquelle il fait couler la peau autant qu'il convient, à mesure qu'il avance dans son travail. On lisse deux fois chaque peau, c'est-à-dire qu'après en avoir parcouru la surface entière avec la lisse, on retourne sur ses pas, afin que les interstices et les raies qui auraient pu s'y faire soient effacés par le lissoir. Ceci est commun à toutes les peaux ; mais pour le maroquin, comme le grain, quand il est bien égal et bien uniforme, constitue une des principales qualités recherchées, on tâche de faire revenir ce grain par le moyen d'une pommelle de liége avec laquelle on frotte de nouveau la peau. PELOUZE père.

Le *cuir verni*, dont on fait aujourd'hui une grande consommation, possède des qualités qui justifient son succès. Il est brillant et toujours propre, car un simple lavage suffit pour le nettoyer. Quand il est bien préparé, on peut le froisser, le plier, sans que le vernis se détache ou s'écaille. Le cuir verni dure plus longtemps et conserve mieux sa fraîcheur que le cuir ordinaire. Bien entendu qu'il s'agit d'un cuir verni bien préparé ; car si le vernis est mal préparé ou mal appliqué, ce cuir s'écaille, se gerce, se déchire, et ne fait aucun usage.

Le vernissage des cuirs comprend deux opérations distinctes : l'*apprêtage* de la peau et le *vernissage* proprement dit. L'apprêtage a pour but de boucher tous les pores de la peau et de l'unir par des ponçages successifs, afin d'y faire, en termes de métier, un *fond* qui la mette en état de recevoir le vernis. L'apprêt le plus employé se compose d'un mélange d'un hectolitre d'huile de lin, de dix kilogrammes de blanc de plomb et d'autant de litharge, que l'on fait cuire jusqu'à consistance sirupeuse. Cet apprêt, mélangé soit avec des ocres, soit avec de la craie, suivant la finesse de la peau à garnir, est étendu sur cette peau avec une hachette en acier. Après un certain nombre de couches, données à des intervalles de plusieurs jours, on donne un ponçage, puis de nouvelles couches et de nouveaux ponçages, jusqu'à ce que l'on obtienne un résultat satisfaisant. Les peaux colorées ensuite avec du noir d'ivoire délayé dans de l'essence de térébenthine, sont portées à l'étuve. Quand elles en sortent, on donne un dernier ponçage ; puis on procède au vernissage. Le vernis est composé de dix kilogrammes de l'apprêt décrit ci-dessus pour cinq hectogrammes de bitume de Judée, cinq kilogrammes de vernis gras au copal, et dix kilogrammes d'essence de térébenthine. Après son application, il ne reste plus qu'à porter de nouveau à l'étuve.

Les *cuirs bouillis* sont des peaux qu'on a fait bouillir avec de la cire mêlée de quelques substances résineuses. On en fait des bouteilles, des tabatières, des écritoires de poche, etc. Un ministre de Louis-Philippe avait imaginé d'orner la tête de nos soldats d'un casque en cuir bouilli ; cette innovation n'a eu aucune suite.

CUIR se dit populairement d'une aberration de langage qui consiste à faire sonner à la fin des mots des lettres qui n'y sont pas ou à ne pas faire sonner les lettres qui y sont. *J'y ai-z' été, j'ai-z' évu, j'ai t-été, j'ai vu z'un lièvre, donne y en, l'argent z' est rare, donne moi-z'en, veux-tu z' un livre, des z'haricots*, sont autant de cuirs bien conditionnés.

Les gens comme il faut anathématisent en bloc ces façons de parler, qualifiées plaisamment de *liaisons dangereuses*. Peut-être ont-ils tort, après tout ; si la langue de la halle est moins grammaticale que celle de l'Académie, elle est souvent plus sonore et plus originale.

CUIR (Chapeaux de). *Voyez* CHAPELLERIE.

CUIR À RASOIR. La difficulté que présente généralement l'action de rendre le fil à un rasoir devait naturellement exciter le génie des inventeurs. C'est ordinairement en le faisant passer sur un cuir qu'on obtient ce résultat ; mais on a tour à tour proposé une foule de cuirs différents, et les uns les ont dressés en suivant, dans le sens de leur longueur, une ligne droite, les autres en leur faisant suivre une ligne concave, ce qui tend à arrondir le tranchant du rasoir, ou bien encore convexe, qui rend, au contraire, le tranchant trop faible. Toutefois la forme à laquelle on s'est plus généralement arrêté, et avec raison, est la forme plate. Quand le cuir dont on a fait choix a été collé sur une règle de bois, on l'enduit de pâtes, de pommades, dont les éléments de composition varient à l'infini, quoique l'émeri en soit presque toujours la base, et qui souvent enrichissent leur inventeur, mais pour l'appréciation du mérite respectif desquelles nous ne pouvons que renvoyer à l'expérience. Au reste, l'usage du cuir n'est pas absolument indispensable pour donner le fil à un rasoir : beaucoup de personnes se contentent d'une simple règle de bois bien polie, puis poncée avec soin, et elles affirment qu'elles s'en trouvent aussi bien que si elles se servaient de cuir le plus vanté et de la pâte la plus recommandée par les prospectus et par les annonces de journaux.

CUIRASSE, mot provenant de l'italien *corazza*, venu lui-même du latin *corium*. Depuis l'an 1300 environ le mot cuirasse donne en général l'idée d'une espèce de *corset* en métal battu, et consistant en deux plaques s'ajustant ensemble au moyen d'*épaulières*, de *fremaillets*, de *courroies* latérales ; l'une de ces plaques ou pièces se nommait *mamelière*, *pectoral*, *pancière* ou *plastron* ; l'autre s'appelait *dos*, *humeral* ou *musquin*. Le tout était couronné par le *hausse-col*. Le terme *cuirasse*, ou ses analogues en latin ou en bas latin, ont eu d'abord, et avant 1300, une signification tout autre, comme le témoigne le mot *cuir*, qui en est la racine. Les idiomes du midi, où abondent des dépréciatifs et des augmentatifs, ont fait du mot *corio*, cuir, le mot *coraccio*, gros cuir, cuir le plus commun, le plus

CUIRASSE

épais, pour signifier *chemise de cuir*, ou vêtement de guerre, ou *jacque*. Bientôt l'industrie a garni extérieurement ces vêtements de mailles de fer, de lames d'airain, d'écailles de métal. Les cuirasses à mailles s'appelaient *cuirasses annelées*, celles à écailles *crevisses* ou *écrevisses* : ainsi les cuirasses primitives ne ressemblaient à notre cuirasse actuelle que par une destination pareille.

La cuirasse est une arme défensive portative, de toute antiquité. Le père Amyot donne la description et trace la figure de celles que les Chinois portaient depuis des milliers d'années, et qu'ils ont conservées. La Grèce antique nommait la cuirasse *égide*. Les Perses se servaient de ce genre d'arme. Hérodote parle de cuirasses formées d'un tissu de diverses matières souples. Pausanias dit que dans les temps héroïques la cuirasse se composait de deux plaques d'airain, que le plastron se nommait *gyalon*, et l'huméral *proségon*. Homère donne à l'ensemble de ces deux parties le nom de *gyalothorax*, et c'est la même cuirasse que Valère-Maxime appelle *cuirasse double*, c'est-à-dire à dos et à plastron. Varron dit que les Gaulois inventèrent les cuirasses de fer. Avant eux, on ne les avait fabriquées qu'en peau, en tissus divers, en airain, en corne taillée en lames, ou en écailles minces, comme celles que décrit Ammien. Dion de Nicée prétend que la cuirasse d'Alexandre le Grand était de lin, et que de là était venue la désignation d'*Alexandrini* à une troupe cuirassée de même. Cet usage était commun à d'autres milices grecques. Suétone décrit la cuirasse de Galba. L'*Encyclopédie* croit que ce qu'on appelait *subarmale* était une cuirasse de dessous, en étoffe, servant de doublure à la cuirasse de métal; c'eût été ainsi un *gambeson*. Roquefort appelle *theumule* une cuirasse de général, et donne le nom de *panchière* à un plastron.

Les Romains, leurs vélites exceptés, eurent des cuirasses de plusieurs espèces, en peau grossière et en lin rembourré de feutre; elles s'appelèrent d'abord des noms grecs et latins *lorica*, *lareca*, *pectorale*, *corium*, parce qu'elles étaient faites de bandes de cuir nommées *lorei*. Les Romains se plastronnaient de cuir cru, d'après Varron ; Tacite en dit autant de l'armure des chefs de Sarmates. En se perfectionnant, les cuirasses des légions prirent le nom de *thorax*, de *pectoral*, de *ventrale*, de *cataphracta*, mots qui tous signifient plastron, ceinture, cataphracte. Les plus pesantes de ces cuirasses étaient de quarante mines, ou de dix kilogrammes. Les écrivains ont appelé *clibanarius* le soldat perse cuirassé de fer; cette désignation perse devint grecque ou chrétienne. Depuis les empereurs les cuirasses, qui étaient faites de bandes, ou de lames de fer poli, rangées horizontalement les unes sur les autres, s'appelèrent *loricæ leminiscatæ*; elles paraissent être les mêmes que celles que Végèce appelle *thoraconomachi*, et qui ne régnaient que depuis la poitrine jusqu'au ventre, tandis qu'il semblerait que le garde-cœur était une plaque qui garnissait les pectoraux (*pectoralia*). Sous Gratien, vers 380, les Romains byzantins abandonnent la cuirasse. Le colonel Carrion-Nisas prétend qu'ils la conservèrent jusqu'en 500; mais elle ne fut portée jusqu'à cette époque que par des corps de cavalerie.

La cuirasse était une pièce d'armure presque inconnue des Germains, suivant Tacite ; des Francs, suivant Agathias; et des Français, sous la première race. Leurs princes et leurs généraux avaient pourtant des *cottes de mailles*, comme nous l'apprend Grégoire de Tours. Faute de cuirasses, les Français coururent risque d'être vaincus à Poitiers en 732, dans la grande bataille livrée par Charles Martel. L'usage de la cuirasse se répandit lentement dans nos troupes; les capitulaires de la seconde race commencent à en faire fréquemment mention : c'étaient des cottes d'une matière souple. A partir de ces époques les guerriers français prennent généralement des cottes de mailles qui couvrent le corps et les cuisses, et qu'on nomme *broigne*, *brugne*, *brunie*. A mesure que l'art du forgeron et celui du ciseleur se perfectionnent, les chevaliers du moyen âge adoptent les cuirasses de métal plein. Celles qu'ils revêtirent d'abord furent d'une fabrication riche, parce qu'elles n'étaient portées que par un petit nombre de puissants seigneurs, qui ne les faisaient vêtir ou lacer par des écuyers exercés et adroits. Pour conserver le brillant à ces armes, on les tenait recouvertes ou cachées par la cape, excepté en parade, ou quand il faisait beau temps. Il y avait des cuirasses auxquelles le haume tenait par une chaîne. La cuirasse que décrit et dessine Carré, et qu'on attribue, mais sans beaucoup de vraisemblance, au paladin Roland, qui vivait dans le neuvième siècle, est en fer plein. Telle fut aussi la cuirasse qu'on croit avoir appartenu à Godefroi de Bouillon, dans le onzième siècle. Ces suppositions ne sont rien moins que fondées. Un capitulaire de Charlemagne avait défendu de vendre des cuirasses (*bruniæ*) aux Saxons, ce qui prouve que les cottes commençaient à devenir communes dans quelques-uns des lieux soumis à la domination de ce monarque. Les demi-cuirasses ou plastrons, nommées *plates* ou *platines*, se laçaient au moyen d'aiguillettes, ou se boutonnaient par-dessus le *gambeson*; elles étaient d'un travail et d'une matière simples, parce que la cotte d'armes ou l'armure à haubert cachait entièrement et habituellement cette cuirasse.

Au temps où la cotte de mailles était en usage, peut-être quelques princes, quelques chefs avaient-ils de riches cuirasses de fer plein; mais il paraît certain que le commun des guerriers ne s'en revêtit que depuis le quatorzième siècle, époque de l'abandon de la cotte de mailles. La cuirasse devint généralement *cuirasse pleine* vers le temps de Charles VII, parce qu'elle pouvait seule résister à des estocades et à des couteaux d'armes de nouvelle mode, qui étaient très-effilés, et propres à trouver le joint de la cuirasse ou l'interstice des mailles ; d'ailleurs, les arquebuses à feu se multipliant, le haubert ne pouvait résister à leurs coups. Ainsi, la poudre, qui devait un jour faire abandonner les armures, commença par concourir à faire inventer ou revivre l'armure plate.

Lorsque la cuirasse se mettait par-dessus un vêtement long, ou pourpoint, la partie inférieure et prolongée de l'habillement ou les basques du pourpoint se nommaient *girel* : ce nom était surtout usité en Italie. Quelquefois des *faltes* en métal cachaient le *girel*, le remplaçaient, ou le représentaient. Si le guerrier ne portait qu'un vêtement sans basques, les pans de la cuirasse répondaient en ce cas à des basques. Lorsque l'usage des cuirasses commença à devenir plus général, et qu'elles cessèrent d'être un droit exclusif de la chevalerie, quelques-unes de ces armes prirent le nom de *brigandines*. L'on disait indifféremment *une cuirasse* ou *un homme cuirassé*.

Aux quatorzième et quinzième siècles, la ville de Milan était renommée pour la fabrication des cuirasses. Autun l'avait devancée dans cette industrie ; mais Louis XI tirait des manufactures d'Italie les cuirasses, ou *coraces*, de son armée. Lorsque les écuyers, et surtout les infanteries des milices allemandes, en firent usage, ces armes prirent le nom de *halecrets* et de *corselets*. On appela *galèches* des cuirasses légères. A la bataille de Pavie, en 1515, François Ier reçut, dit Brantôme, « harquebusade en sa cuirasse ». Sous Henri III, les cuirasses de la cavalerie française cessèrent d'être accompagnées de cuissards et de brassards de fer plein. Depuis ce règne jusqu'à celui de Louis XIII, on voit dans toute l'Europe une fraise riche, ample et soigneusement plissée, enjoliver le haut de la cuirasse des militaires d'un rang élevé.

En 1628 on trouva à Paris, en faisant des fouilles dans l'emplacement où est située la rue Vivienne, et à proximité du Palais-Royal, neuf cuirasses de femme; deux proéminences arrondies, ménagées au haut de la partie antérieure de ces armures, ne permettaient pas de douter du sexe des guerriers à qui elles étaient destinées. Ce point d'antiquité, ou plutôt cette question d'antiquaire, paraît difficile à expliquer. Il est sûr que maintes femmes ont porté la cuirasse ; mais il faut se garder de croire aveuglément tout ce qu'on a écrit à ce sujet.

Depuis Louis XIII l'infanterie quitta la cuirasse pour le justaucorps. Louis XIV revêtait la cuirasse à toutes les tranchées; sous ce prince les enseignes et les sapeurs sont armés de cuirasses. L'ordonnance de 1703 donne la cuirasse à tous les officiers de grosse cavalerie ; ils la quittent bientôt ou négligent de la porter. L'ordonnance de 1733 leur ordonne de la reprendre, et elle la donne même aux officiers supérieurs d'infanterie. L'ordonnance de 1750 veut que les officiers de cavalerie la portent, même en temps de paix, dans tous les exercices et dans toutes les marches. Les généraux s'en emparent également à cette époque; elle forme avec leur habillement, leur fraise et leur perruque à la brigadière, une disparate grotesque. Dans la guerre de sept ans, la cuirasse de la cavalerie française ne consiste qu'en un plastron ; c'est également comme plastron qu'il faut concevoir le mot cuirasse, que mentionne le règlement d'exercice de 1766, qui dispose qu'en temps de guerre et sous les armes tous les officiers du grand état-major de l'infanterie doivent être en cuirasse; elle était une espèce de marque distinctive. Dans la guerre de 1775, les généraux français renoncent spontanément en Amérique à l'usage de la cuirasse. Vers le milieu de la guerre de la Révolution, la cuirasse devint l'arme défensive de presque toute la grosse cavalerie. Elle est aujourd'hui celle des deux régiments de carabiniers et des dix régiments de cuirassiers qui composent notre cavalerie de réserve. Gal BARDIN.

CUIRASSE (*Zoologie*). On se sert de ce mot pour désigner des revêtements formés par les écailles de certains poissons, qui, bien que distinctes, sont serrées et unies de manière à ne constituer qu'une seule pièce. M. Ehrenberg a étendu la signification de ce nom à toute enveloppe protectrice quelconque de ceux des animaux infusoires qui n'ont pas la peau nue. Les épithètes de *cuirassés*, *cataphractés* (du grec κατάφρακτος, couvert de toutes parts), *loriqués* ou *loricaires* (du latin *lorica*, cuirasse) ont été données à des animaux vertébrés, les uns mammifères, les autres reptiles, et surtout à des poissons, sans beaucoup de discernement, puisqu'on a confondu évidemment les sortes d'armures naturelles de ces animaux appelées *cuirasses* avec les boucliers, ceintures ou bandes, et même avec les carapaces. Il semble bien difficile, dans l'état actuel du langage zoologique, de nuancer la signification de tous ces noms, les uns empruntés au langage vulgaire, les autres purement scientifiques, de manière à dissiper complétement la confusion de leur synonymie. Néanmoins, nous ferons les remarques suivantes : les boucliers ne sont que des portions de la cuirasse, et nous pensons qu'on doit les distinguer la carapace, qui est formée non-seulement par un derme plus ou moins solidifié, mais encore par les voûtes osseuses dorsales, et les côtes du squelette, qui sont devenues plus ou moins sous-cutanées, ainsi qu'on le voit dans les tortues et les crapauds éphippifères. L. LAURENT.

CUIRASSIER, cavalier servant dans une troupe spéciale, et tirant son nom de la *cuirasse* qu'il porte. Il y a eu aussi des *cuirassiers à pied*. Ce mot a quelquefois été pris, dans les récits historiques, pour *gens d'armes*, *soldats à cheval*, ou *lance garnie*; c'est en ce sens que Hallam dit de certains aventuriers commandés par des *condottieri*, « qu'ils se composaient en grande partie de *cuirassiers* ». Les anciens cuirassiers portaient le casque comme le portent encore, dans notre armée, les cuirassiers de notre cavalerie de réserve ; mais le régiment français que l'on appelait spécialement des *cuirassiers*, dont le roi était mestre-de-camp, ne portait point le casque. Le nombre des régiments de cuirassiers s'est successivement élevé jusqu'à treize sous le premier empire. Il est aujourd'hui de dix (*voyez* CAVALERIE). Armés d'un demi-espadon et d'une paire de pistolets, nos cuirassiers portent l'habit bleu, la cuirasse et le casque d'acier à crinière flottante.
Gal BARDIN.

CUIR CHEVELU. La portion des téguments du crâne couverte de cheveux a été désignée sous ce nom, en raison de sa texture plus serrée et de sa densité, quoique n'ayant aucune autre analogie avec les peaux préparées qu'on appelle *cuirs*. La région de la peau du crâne dans laquelle s'implantent les cheveux s'étend ordinairement de la limite du front jusqu'à la partie supérieure de la nuque, et d'une oreille à l'autre. Les lignes qui sur chaque côté du crâne marquent la limite entre le cuir chevelu et la peau non chevelue sont onduleés; elles se réunissent en avant, en formant une pointe sur le milieu du haut du front. Le cuir chevelu se continue en arrière avec la peau velue du haut du cou, et au-devant de chaque oreille avec la partie des poils de la face qui, sous le nom de *favoris*, va se joindre à la barbe. Les parties qui entrent dans sa composition sont le derme, la couche vasculaire et nerveuse, siège de sa sensibilité, le pigment et l'épiderme, auxquels il faut joindre 1° les bulbes nombreux et très-serrés les uns contre les autres qui renferment la racine des cheveux, et 2° un tissu cellulaire très-serré, qui ne contient que peu ou point de graisse. Le cuir chevelu recouvre les muscles peaussiers du crâne et des oreilles et l'aponévrose qui les réunit.

Chez les individus de divers âges, des deux sexes et des diverses races, le cuir chevelu offre de nombreuses variétés, dont l'étude se rattache à celle des poils en général. Sous les points de vue physiologique et hygiénique, on doit avoir égard 1° à la transpiration ou sueur de cette partie de la peau, dont le résidu forme une couche plus ou moins épaisse, surtout dans le très-jeune âge; 2° à la quantité de cheveux qui forment le vêtement naturel et l'ornement de la tête de l'homme. Toutes les inflammations et éruptions cutanées qui ont leur siège au cuir chevelu sont plus douloureuses, en raison de la grande quantité de nerfs qui s'y ramifient, et de sa texture serrée. Les lésions physiques, plaies, contusions, piqûres, y sont fréquemment accompagnées d'érysipèle, et réclament des pansements faits avec soin, et un traitement convenable pour prévenir et combattre les maladies du cerveau ou du foie, qui peuvent les compliquer. Les loupes, les croûtes laiteuses, les teignes, la plique polonaise, sont d'autres maladies du cuir chevelu.
L. LAURENT.

CUIR DE LAINE. *Voyez* DRAP.

CUISINE, laboratoire domestique dans lequel on prépare les aliments et où l'on doit tâcher de réunir, autant que possible, toutes les conditions de commodité, de salubrité et d'économie désirables; car, comme l'a dit heureusement un chansonnier gastronome :

> . . . La cuisine est un temple
> Dont les fourneaux sont l'autel.

Elle doit être située de telle sorte que, sans nuire à la célérité du service, elle ne puisse incommoder les convives par les vapeurs diverses qui s'en exhalent. Une large croisée doit, à toute heure, favoriser l'accès de l'air et de la lumière, et il n'y a que des gens ne sachant pas vivre qui puissent consentir à manger ce qui se fabrique dans des antres sombres décorés du nom de cuisines par nos propriétaires ménagers-dans les appartements modernes. Il faut surtout que la *batterie de cuisine* soit l'objet d'une surveillance attentive.

On appelle vulgairement *latin de cuisine* (*latinitas culinaria*) une manière commune, le plus souvent vicieuse et anti-grammaticale, de s'exprimer dans la langue latine, ainsi que faisaient vraisemblablement à Rome les gens dépourvus d'éducation. Les Romains lui avaient donné le nom de *sermo vernaculus*, parce que c'était le dialecte habituel des *vernæ*, c'est-à-dire des esclaves nés dans la maison, qui différait de la véritable *latinitas*, et dans un sens plus élevé de l'*urbanitas*. C'est abusivement qu'on a plus tard appliqué ce terme au latin des moines du moyen âge, que les spirituelles railleries de Reuchlin et d'Ulrich de Hutten bannirent enfin des ouvrages et des entretiens scientifiques, mais qui reparaît encore de temps à autre, quelquefois par pure plaisanterie, quelquefois aussi faute d'instruction classique.

[Nous avons hâte d'arriver aux véritables *livres de cuisine*. En lisant chaque jour, dans les annonces auxquelles l'industrie est obligée d'avoir recours, le titre pompeux des ouvrages que nos modernes Vatel composent sur l'art culinaire, on pourrait croire que l'art de la cuisine proprement dit est une invention récente, imaginée le même jour que les chemins de fer ou les journaux à grand format. Il n'en est rien cependant : tout au plus si les Viard et les Beauvilliers peuvent revendiquer pour eux la division de la matière, qu'ils traitent *ex professo*, force nous est d'en convenir, dans des ouvrages parfaitement appropriés à chacune des branches de leur féconde industrie. Quant à ce livre fameux dont le nombre des lecteurs est incommensurable, à la *Cuisinière bourgeoise* enfin, puisqu'il faut bien l'appeler par son nom, il ne contient absolument rien de nouveau ni qui ne soit pratiqué depuis cinq cents années au moins, et peut-être la découverte de quelques manuscrits tout à coup révélés à la science nous forcera-t-elle de faire remonter plus loin encore l'origine de ces sortes d'ouvrages.

Le plus ancien qui nous soit connu date de la seconde moitié du quatorzième siècle, du règne du roi Charles V, surnommé *le Sage*. Ce traité manuscrit a pour titre le *Menagier de Paris*, et pour auteur un bon bourgeois de cette ville, qui n'a pas cru nécessaire de faire connaître son nom. Ayant rédigé son ouvrage pour l'instruction de sa femme, il mêle à des conseils de morale des exemples puisés dans l'histoire de son temps; on y trouve exposé l'art de tenir un ménage, la manière de donner et de faire servir un dîner, le devis d'un repas de noce, des détails sur le nombre des animaux tués par les bouchers de Paris, la consommation de viandes faite dans la maison du roi et des princes, enfin un traité de cuisine, très-ample et très-curieux.

Un autre livre de cuisine, composé quelques années plus tard, a joui jusqu'à la fin du seizième siècle d'une grande réputation. Imprimé pour la première fois avant l'année 1490, il avait obtenu en 1602 au moins huit éditions. Voici le titre exact de la plus ancienne : *Ci après s'ensuit le Viandier pour appareiller toutes manières de viande, que Taillevent, queulx du roy nostre sire, fit tant pour abiller et appareiller boully, rousty, poissons de mer et d'eaue doulce : saulces, espices et aultres choses à ce convenables et nécessaires, comme cy après sera dict.* (1 vol. petit in-4° gothique, sans lieu ni date). Longtemps les bibliographes et les bibliomanes s'ingénièrent à chercher quel pouvait être ce Taillevent, qui prenait le titre de cuisinier du roi de France. Un manuscrit de cuisine, acheté à Paris en 1392, faisait remonter ce maître queux au règne de Charles VI; mais un jeune érudit, en travaillant sur un registre du trésor des chartes, a découvert une pièce qui atteste que l'auteur cuisinier appartenait à la maison de Charles V, déjà même à l'époque où ce roi n'était encore que dauphin. En effet, au mois d'avril 1362, le duc de Normandie avait donné à *Guillaume Tirel*, dit *Taillevent*, son cuisinier, la somme de cent francs d'or, pour le récompenser de ses services et l'aider dans l'achat d'une maison à Paris, laquelle monseigneur lui avait commandé à acheter pour être plus près de lui pour le servir.

Une aventure arrivée dans le même temps à l'un des collègues de Taillevent atteste l'ardeur avec laquelle les Beauvilliers de cette époque exerçaient leurs fonctions. En 1362, Girard Rethel, cuisinier du roi, donna l'ordre à Jean Petit, potagier de la reine, de préparer la viande nécessaire au souper de cette princesse. Au moment de servir, il s'aperçut que la viande était encore sur la table de cuisine, mêlée avec les tripes et boyaux qui en avaient été séparés. Il réprimanda Jean Petit, qui répondit avec insolence ; Girard, outré de fureur, cassa sur la tête du délinquant la cuillère en bois qu'il tenait à la main ; il frappa si fort que ledit Jean saigna de la bouche ; cependant, il prit son repas accoutumé. Mais le lendemain Jean Petit tomba malade, et mourut. Girard, craignant d'être accusé d'un meurtre, se fit délivrer par son maître, au mois de septembre 1362, des lettres de rémission.

La lecture de Taillevent et de quelques autres livres de cuisine du quinzième siècle prouverait à nos modernes Vatel combien était difficile et varié l'art qu'ils cultivent, même à cette époque reculée. Ils y verraient, par exemple, que toutes les sortes de viandes, gibiers, volailles et autres, aussi bien que chaque espèce de poisson, se mangeaient avec une sauce différente. Voici le nom de ces sauces, qui sont au nombre de dix-sept : *Sauces cameline, jance, eau bénite, saupiquet, mostechan, galantine, à l'alose, à madame, au mont d'ail, au lait, dodine, froide, poitevine, rappée, Robert, rouge, verte.* A ces sauces il faut ajouter l'énumération de onze autres, d'une espèce et d'un nom différents, qui se trouvent indiquées dans un ouvrage que nous devons mentionner ici, bien que rigoureusement on ne puisse pas le compter au nombre des livres de cuisine. Ce sont les sauces appelées : *la percicienne, la poivrade jaune, la sauce muscade, la sauce jaune, la sauce blanche, la sauce à la rose, la sauce aux cerises, la sauce aux cormes, la sauce aux prunes, la sauce au raisin, la sauce aux mûres.* Le polygraphe italien Platine, dans un petit traité *De honesta Voluptate et Valetudine*, imprimé pour la première fois vers 1473, et traduit en français, nous a donné l'indication de ces sauces nouvelles. Le même auteur indique aussi les soupes aux raves, au fenouil, au coing, aux racines de persil, aux amandes, au millet, aux herbes, aux pommes, au verjus, à la fleur de sureau, à la citrouille, au chenevis, les potages jaunes au safran, les potages verts au jus d'herbes, les potages blancs au lait d'amande.

Plaçons encore parmi les anciens livres curieux de cuisine celui qui a pour titre : *Articles, statuts, ordonnances et règlements des jurés, anciens bacheliers et maîtres queulx, cuisiniers, porte-chapes et traiteurs de Paris*, 1663 (1714, 1 vol. in-4°). Ce recueil est nécessairement rempli de prescriptions relatives à l'art culinaire : « Quiconque s'emmettra de vendre sauce appelée *cameline*, y est-il dit, qu'il la fasse de bonne cannelle, bon gingembre, de bons clous de girofle, de bonne graine de paradis, de bon pain et de bon vinaigre. Quiconque fera sauce appelée *jance*, que il la fasse de bonnes et vives amandes, de bon gingembre, de bon vin et de bon verjus. » Un article curieux est là ajouté en 1704 aux anciens statuts, dont la rédaction remontait à l'année 1394 ; le voici : « Il y a toujours eu tant de respect pour les écuyers de cuisine, apprentis *(rôtisseurs)* et enfants de cuisine du roi, des reines, princes et princesses, que lorsqu'ils se présenteront pour être admis en la dite communauté, ils y seront reçus en faisant apparoir leurs lettres et certificats de leur emploi, sans qu'il soit besoin de formalité plus expresse. »

Voici, dans l'ordre chronologique, quelques autres ouvrages relatifs à l'art culinaire qui, suivant les époques où ils ont paru, ont joui d'une certaine réputation : *La Fleur de toute cuisine, contenant la manière d'habiller toutes viandes, tant chair que poisson, etc. ; composée par plusieurs Cuysiniers, revue et corrigée par Pierre Pidoux* (Paris, 1543, in-16, 1 vol.) ; *Le Pastissier françois* (Amsterdam, 1655, in-12); *Les Soupers de la Cour, ou l'Art de travailler toutes sortes d'aliments*, par Menon (Paris, 1768, 3 vol. in-12); *Le Cuisinier*, par A. Viard (Paris, 1808, in-8°) ; *L'art du Cuisinier*, par A. Beauvilliers (Paris, 1814, 2 vol.

in-8°); *Le Cuisinier parisien, ou l'art de la cuisine française au dix-neuvième siècle*, par Antonin Carême (Paris, 1828, in-8°); *Le Maître-d'Hôtel français*, par le même (1842, 2 vol. in-8°), etc., etc. Enfin nous serions le plus coupable des hommes si en terminant nous oublions l'ouvrage le plus spirituel et le plus amusant qui ait jamais été écrit sur cette matière, ouvrage qu'il suffit de nommer pour que chacun se souvienne de l'avoir lu : *La Physiologie du Goût*, par Brillat-Savarin.   Le Roux de Lincy.]

CUISINIERS (Corporation des). Aujourd'hui s'établit cuisinier, et par conséquent nous empoisonne impunément, qui veut. Il n'en était pas ainsi jadis, et vraiment il nous arrive si souvent de faire piètre chère, tout en dépensant gros, que nous nous sommes pris plus d'une fois à regretter égoïstement le bon vieux temps, « où nul ne pouvait tenir *estal* ou *fenestre à vendre cuisine*, qu'il ne sût convenablement préparer toutes sortes de viandes; où nul cuisinier ne pouvait prendre d'aides qui n'eussent deux ans d'apprentissage, ou qui, fils de maître, ne connussent parfaitement le métier, » ainsi que l'exigeaient les statuts donnés en 1260 à cette utile confrérie par Étienne Boileau, prévôt des marchands. Le fils de maître qui voulait exercer la profession de son père et n'avait pas les connaissances requises était tenu de s'adjoindre un aide habile et de le garder jusqu'à ce qu'il eût lui-même acquis l'instruction nécessaire. Nul maître ne pouvait avoir plus d'un apprenti. Si celui-ci rachetait une partie de son temps d'apprentissage, ou si son maître l'en tenait quitte, ce dernier ne pouvait le remplacer avant l'expiration des deux années pendant lesquelles il aurait dû rester chez lui.

A la bonne heure ! parlez-moi d'un homme comme cet Étienne Boileau. Il avait deviné, bien avant Grimod de la Reynière, que si l'on naît rôtisseur, absolument comme on naît poëte, on devient cuisinier. *Nascitur poeta, fit orator*. Au temps où ce Solon du tourne-broche et des fourneaux donnait aux cuisiniers de la bonne ville de Paris la charte dont nous venons de lire quelques articles fondamentaux, les membres de l'intéressante corporation qui nous occupe étaient appelés *cuisiniers-oyers* ou tout simplement *oyers*, parce que les oies, dont on faisait encore une plus grande consommation au treizième siècle que de nos jours, constituaient l'article le plus important de leur commerce. Suivant la coutume de cette époque, qui groupait dans un même quartier le plus grand nombre des industriels exerçant la même profession, ils habitaient principalement la *rue aux Oues*, communiquant de la rue Saint-Denis à la rue Saint-Martin, et devenue depuis, par une étrange corruption, la *rue aux Ours*. Ils ne tenaient pas boutique ouverte ; ils exposaient leurs marchandises sur des étaux en dehors de leurs maisons, ou bien ils passaient aux chalands par un guichet ; aucun d'eux ne devait acheter des oies que dans une vaste plaine qui s'étendait du Louvre, alors hors Paris, jusqu'au Roule et à Chaillot. Cette interdiction s'explique par la surveillance que la police d'alors entendait exercer sur les objets de première nécessité livrés à la consommation. Nous voyons en effet que différentes prescriptions et défenses avaient pour but d'offrir des garanties à la santé publique et de la mettre à l'abri des fraudes coupables du commerce. Ainsi, il était dit dans les statuts de la confrérie que nul cuisinier ne devait faire cuire ou rôtir oies, veaux, agneaux, chevreaux ou porcs, « s'ils ne sont sains, loyaux et suffisants pour manger et pour vendre, et aient bonne mouelle. » Il était en outre défendu de garder des viandes plus de trois jours, à moins qu'elles ne fussent salées, comme aussi, et sous peine d'amende et de confiscation, de faire des saucisses d'autres viandes que celle de porc, lesquelles devaient être saines et de bonne qualité. Outre les grosses viandes bouillies et rôties désignées dans les statuts, les cuisiniers vendaient encore les jours maigres des légumes et du poisson cuits. Avec le temps ils renoncèrent insensiblement à cette dernière branche de commerce, et se restreignirent d'eux-mêmes à la vente des chairs rôties, ce qui leur fit donner le nom de *rôtisseurs*, de sorte que celui de cuisinier se trouva ainsi effacé peu à peu, parce qu'il ne s'appliquait plus à rien.

Cependant, les membres de la communauté des *sauciers, moutardiers, vinaigriers, distillateurs en eau-de-vie et d'esprit de vin*, et *buffetiers*, trouvant qu'ils cumulaient trop de professions à la fois, imaginèrent la division du travail bien avant Adam Smith, et devinèrent les avantages de la *spécialité* bien avant les savants de nos jours. Les uns donc ne firent plus que de l'eau-de-vie et des liqueurs, les autres se vouèrent à la fabrication de la moutarde et du vinaigre, d'autres, enfin, eurent l'heureuse idée d'entreprendre chez eux et en dehors des repas et des festins pour le public et de se faire *traiteurs*. De là à l'invention sublime du *restaurateur* et des *dîners à la carte*, il n'y avait qu'un pas ; et cependant nos pères furent trois cents ans à la faire ! Quel est celui de nos lecteurs qui ne sache que ces deux titres de gloire du Paris civilisé ne datent que des dernières années du dix-huitième siècle ? Le *restaurateur* est un fils de la révolution ; sa carte, ornée de fleurons et de culs-de-lampe, si bien imprimée, si joliment reliée, qui vous offre un menu si abondant, si varié, que vous dînez rien qu'en la parcourant d'un œil distrait, est une invention de la Révolution ; et avant 1789, quand il arrivait à votre grand-père d'aller dîner *au cabaret*, il lui fallait commencer par se donner la peine et la fatigue de choisir et d'arrêter lui-même le menu de son repas en inspectant un tohu-bohu d'entrées, d'entremets, de rôts et de plats de dessert, rangés avec plus ou moins d'art et de symétrie sous une montre invariablement placée à l'entrée de l'établissement.

Mais revenons à nos cuisiniers. On les réunit en communauté en 1599, sous la dénomination de *maîtres queux, cuisiniers et porte-chape* : ce dernier nom vient de ce que pour porter en ville les mets commandés pour le dehors et apprêtés chez eux, ils les couvraient d'une *chape* ou couvercle en fer-blanc. En 1663 le grand roi ne dédaigna pas de donner à la communauté de nouveaux statuts, que le parlement enregistra l'année suivante. L'article 29 porte que les traiteurs établis dans les faubourgs et banlieue de Paris ne pourront se dire *maîtres* qu'autant qu'ils auront été *examinés et approuvés* par les jurés *ad hoc*, et cela « afin que ladite communauté demeure dans l'estime que l'on a conçue à son égard ». Nous recommandons, dans l'intérêt de l'hygiène publique, ce baccalauréat ès cuisine à M. le préfet de police. Puisque l'on prétend ressusciter le passé et dissimuler le présent à l'aide d'oripeaux empruntés à l'ancienne monarchie, qu'on l'imite au moins dans ce qu'elle avait de bon et de paternel. Chacun convient qu'il y a quelque chose à faire ici.

CUISSAGE (Droit de). *Voyez* Prélibation.

CUISSARDS, portion d'armure dont le nom explique l'emploi. Les cuissards remplacèrent les *chausses de mailles*, et furent en usage à partir de l'an 1300 environ. Cependant, le moine de Saint-Gall parle des cuissards en lames de fer dont se servait Charlemagne ; mais cet historien ajoute que les guerriers de la garde de ce prince n'avaient pas de cuissards, afin de monter plus aisément à cheval. Les cuissards formaient le prolongement antérieur de la cuirasse, et garnissaient le devant des grègues, ou longues culottes de peau. Quelquefois, ils étaient formés, en partie, d'une platine verticale ou d'une braconnière ; ils se joignaient aux *faltes*, se terminaient à la genouillère, et s'y unissaient à la jambière ou à la grève. D'autres étaient formés de lames cambrées et horizontales ; d'autres, enfin, n'étaient que demi-cuissards, sans genouillère. Les cuissards des armures pédestres régnaient devant et derrière la cuisse, et n'eussent pas permis de se tenir à cheval : tels étaient ceux de l'armure attribuée à Jeanne d'Arc. L'usage des cuissards a cessé en France vers le règne de Henri III; mais les Suisses qui servaient ses successeurs en portaient encore au commencement du dix-huitième siècle. Des corps entiers de cavalerie russe ont conservé, des derniers, les cuissards.

Gal Bardin.

CUISSE (du bas latin *cossa*, usité dans le moyen âge pour *coxa*, cuisse). Dans son acception la plus usuelle, ce nom signifie la partie du membre inférieur chez l'homme, et postérieur chez les autres vertébrés, qui est située entre la h a n c h e et la j a m b e. La cuisse est en général chez tous ces animaux pourvus de ces membres plus volumineuse en haut qu'en bas; la cuisse de l'homme a la forme d'un cône renversé et tronqué, légèrement déprimé de dehors en dedans. Ses limites sont : en haut et en avant le pli de l'aine, en arrière le pli qui circonscrit la région fessière, en dedans la région du périnée, en bas la saillie du genou, qui est en avant, et le creux du jarret qui est en arrière. On divise la cuisse en quatre régions ou faces distinguées entre elles, en *crurale antérieure*, *crurale postérieure*, *crurale interne* et *crurale externe*. Les contours arrondis de la cuisse ne permettent pas d'assigner des limites même artificielles à ces quatres régions.

Les parties qui entrent dans la composition de la cuisse sont : 1° un os unique, le plus long de tous ceux du corps humain, appelé *fémur* ou *l'os crural*; 2° la masse des chairs ou muscles qui s'implantent sur lui, soit pour le mouvoir, le porter en quatre directions principales, savoir : en avant (fléchisseurs), en arrière (extenseurs), en dedans (adducteurs), en dehors (abducteurs), et lui faire exécuter des mouvements de rotation en dehors ou en dedans sur son axe (rotateurs); soit pour y prendre leur point fixe, et fléchir ou relever la jambe sur la cuisse; quelques-uns de ces muscles correspondant plus ou moins à certains muscles du bras reçoivent des noms qui indiquent cette correspondance; tels sont les muscles *biceps crural*, *triceps crural*, comparables analogiquement au biceps et au triceps brachial, de même que le fémur correspond à l'humérus ou os du b r a s; 3° une couche fibreuse enveloppe tous ces muscles, les bride, la favorise dans leur mouvement, et fournit des insertions à leurs fibres : on lui donne le nom d'*aponévrose crurale*, et on reconnaît l'analogie de sa structure et de ses fonctions avec celles de l'*aponévrose brachiale*; 4° l'enveloppe aponévrotique de la cuisse, qui peut être tendue en dehors par un muscle particulier, est elle-même recouverte par les téguments communs ou la peau, qui est ordinairement plus blanche et plus fine en dedans et en arrière qu'en dehors et en avant; 5° toutes ces parties sont vivifiées par les *vaisseaux* et les *nerfs cruraux*, les uns allant à la cuisse et s'y terminant; les autres se prolongeant jusqu'à la jambe et ne s'y changent pas toujours. Les vaisseaux sont *l'artère* et la *veine crurales* et toutes leurs ramifications, plus la veine saphène, les vaisseaux lymphatiques, superficiels et profonds, et les ganglions situés dans l'aine. Des troncs de nerfs qui vont à la cuisse, celui qui est antérieur a seul reçu le nom de *nerf crural*; le deuxième, beaucoup plus grand, qui est situé en arrière, et se prolonge à la jambe, en se divisant en deux autres troncs, est appelé *grand nerf sciatique*; c'est celui dans lequel on ressent les douleurs connues sous le nom de *névralgies sciatiques*. Il existe entre l'aponévrose de la cuisse et celle de l'abdomen un espace appelé *canal crural*, que traversent les viscères dans les hernies crurales, qui sont bien plus fréquentes chez les femmes que chez les hommes. On donne le nom d'*arcade crurale* au rebord aponévrotique, qui forme en haut la limite antérieure de ce canal, sous lequel passent les vaisseaux et les nerfs, qui du bassin vont à la cuisse.

Les maladies nombreuses dont la cuisse est le siége réclament les secours de la médecine et de la chirurgie appropriés à leur nature, et de plus à la profession, à l'âge et au sexe des individus qui en sont atteints. C'est surtout dans le traitement des luxations, des fractures et du rachitis affectant les os de la cuisse, que l'art chirurgical et l'orthopédie déploient tout l'appareil de leurs moyens mécaniques pour prévenir ou pour guérir les difformités et la claudication, qui reconnaît pour cause l'une de ces maladies plus ou moins curables de la cuisse. En raison des nombreuses communications vasculaires et nerveuses de la cuisse avec le bas-ventre, on applique fréquemment des ventouses et des sangsues, des vésicatoires, des sétons et cautères sur la cuisse, dans les maladies abdominales aiguës et chroniques.

En anatomie comparée, après avoir exclu tous les animaux vertébrés entièrement dépourvus de membres (serpents et certains poissons), ceux qui n'ont point de membres postérieurs (cétacés et lamantins), on examine d'abord tous les animaux vertébrés, qui, ayant quatre membres (mammifères, oiseaux, tortues, crocodiles, sauriens, amphibiens), ont évidemment une cuisse et une jambe distinctes à leurs membres postérieurs, et on constate que ces deux parties (cuisse et jambe) n'existent point dans les nageoires abdominales des poissons, qui représentent les membres postérieurs des autres vertébrés. Après avoir indiqué l'existence ou le manque de la cuisse, dans les diverses classes de la série des animaux à vertèbres, il est utile de faire remarquer que quoique la cuisse existe dans tous les animaux articulés à membres articulés, tels que les insectes, les arachnides et les crustacés, on ne donne pas toujours à ce mot une acception aussi précise que chez les vertébrés et les insectes, puisqu'on désigne sous ce nom tantôt la deuxième et tantôt la troisième partie du membre, en procédant de la hanche vers l'extrémité.

L. Laurent.

CUISSON, action de cuire. On dit : la *cuisson du pain*, *des viandes*. Ce mot exprime aussi la manière dont une viande se rôtit et se cuit, ou la peine et le soin qu'on a pris de faire cuire. *Cuisson au caramel*, en termes de confiseur, signifie *sucre cuit* au degré nécessaire pour se casser sous la dent, sans qu'il s'attacher. Le pain de ménage que l'on fait chez soi est appelé *pain de cuisson*.

La sensation d'une chaleur douloureuse, d'abord plus incommode que vive, qui peut devenir une douleur brûlante plus ou moins forte, a été aussi désignée sous le nom de *douleur cuisante* et de *cuisson*, parce qu'on l'a comparée à celle produite par le contact des corps en ignition. Telles sont les douleurs occasionnées par la piqûre des orties, par le passage de l'urine sur une partie enflammée, par le contact de l'air sur une plaie, et celles qu'on éprouve dans le c h a r b o n et dans l'é r y s i p è le gangréneux.

L. Laurent.

CUIVRE. L'histoire des plus anciens peuples de la terre donne des preuves que ce métal était connu et employé par eux à un grand nombre d'usages; chez tous, son alliage avec l'étain servait à la confection d'armes et d'ustensiles divers, et ce n'est qu'à une époque plus rapprochée que le fer a commencé à lui être substitué dans beaucoup de cas.

Le cuivre existe très-rarement à l'état natif, tandis qu'on le rencontre abondamment à divers états de combinaison. Uni à l'oxygène, il forme un minerai riche et facile à traiter, que l'on ne rencontre qu'assez rarement, mais particulièrement dans les mines de Sibérie; à l'état de carbonate, il constitue deux variétés différentes : l'une bleue, appelée *azur de montagne* ou *bleu de cuivre*; l'autre verte, formant la *malachite*, recherchée pour la confection des meubles et d'objets d'arts, et que l'on ne rencontre encore abondamment que dans les mêmes localités. Pendant quelque temps, la mine de Chessy, près de Lyon, a fourni une assez grande quantité d'oxyde et de carbonate de cuivre; mais ces deux minerais sont aujourd'hui entièrement épuisés. Le cuivre combiné avec le soufre forme le minerai le plus abondant, mais qui existe rarement à l'état de pureté; le plus ordinairement, on rencontre une combinaison de sulfure de fer et de cuivre, d'où le métal est beaucoup plus difficile à extraire, par la présence du fer. Cette dernière combinaison se trouve presque toujours en amas dans des terrains primitifs, comme le gneiss ou le micaschiste; on l'observe cependant quelquefois en filons, comme en Suède, en Norvège et à Saimbel, près de Lyon ; elle existe aussi dans des terrains intermédiaires, comme les schistes argileux et la serpentine, et enfin dans les grès et les schistes bitumineux à empreintes de poissons, comme en Angleterre et dans l'Amérique méridionale.

[Les espèces minéralogiques que nous venons de citer sont à peu près les seules exploitées ; mais la nature en offre un nombre beaucoup plus considérable qui toutes ont reçu des noms particuliers. Les plus importants sont le *cuivre oxydulé* ou *ziguéline*, qu'on a rencontré dans les mines de l'Altaï et de Chessy; le *cuivre oxychloruré* ou *atokamite*, dont la formation paraît être due à l'action prolongée de la mer ou de l'atmosphère sur le cuivre ou le bronze, et qui entre dans la composition de l'espèce de rouille verte,qui recouvre les médailles et les statues antiques ; le *cuivre gris* ou *panabase*, qui contient quelquefois une proportion notable d'argent, comme à Freyberg (Saxe) et à Schemnitz (Hongrie), et toujours de l'antimoine et de l'arsenic, excepté dans la variété nommée *tennantite*, où l'antimoine manque; le *cuivre séléniuré* ou *berzéline*; le *cuivre phosphaté vert olive*, ou *aphérèse*; le *cuivre phosphaté vert d'émeraude*, ou *pseudomalachite*; plusieurs variétés de *cuivre arséniaté*, connues sous les noms d'*olivénite*, d'*euchroïte*, d'*érinite*, de *tiroconite*, et d'*aphanèse* ; le *cuivre hydrosilicaté* ou *diaptase*, silicate de cuivre hydraté, dont une variété, d'un vert bleuâtre compacte, à cassure conchoïdale et résineuse, porte le nom de *chrysocolle*; etc.]

Le traitement du minerai de cuivre est difficile pour procurer un métal pur, et quelquefois singulièrement compliqué, par la nature des substances qui l'accompagnent, comme le spath-fluor, l'oxyde d'étain, les pyrites arsénicales, les sulfures de plomb et d'antimoine, et quelquefois le sulfure d'argent. Si le cuivre ne se trouvait pas mêlé avec du fer, le traitement en serait beaucoup moins difficile ; mais la nécessité de séparer entièrement ce dernier, qui procurerait au cuivre des propriétés nuisibles, oblige à fondre le minerai, convenablement préparé, avec du quartz, qui doit être en quantité telle qu'il enlève tout le fer et n'entraîne pas sensiblement de cuivre dans les scories, ce à quoi on ne peut parvenir que par des dosages faits avec soin, et que l'on n'obtient bien qu'en traitant des minerais sensiblement de même nature ; mais comme ceux que l'on exploite offrent souvent des différences assez considérables dans leur composition, on a l'habitude en Angleterre de les jeter par couches horizontales, dont on fait ensuite des coupes verticales, qui représentent sensiblement la moyenne du tas.

Le traitement du cuivre oxydé ou du carbonate rentre dans celui des minerais pyriteux dont la séparation du fer a été effectuée, et se réduit à passer le minerai préparé dans le fourneau à manche, pour l'affiner ensuite. Le minerai pyriteux doit toujours être grillé, pour en séparer la plus grande partie du soufre : quelquefois on pratique cette opération dans les fours à réverbère, ce qui est indispensable quand il y existe des pyrites arsénicales ; d'autres fois le grillage s'opère entre des murs ; mais très-fréquemment il s'exécute sur des tas qui renferment jusqu'à cinq mille quintaux de matière. Sur un lit de bois on place des couches de minerai de grosseur décroissante, en ménageant des issues pour la flamme, et une cheminée centrale à laquelle elles aboutissent, et qui sert à la fois à allumer le combustible et à produire une ventilation. Après un certain temps, la masse s'embrase, et la conduite de l'opération consiste à couvrir de minerai en poudre les points où la combustion serait trop rapide, et à procurer, au contraire, des courants d'air dans les parties trop étouffées. Une partie du soufre brûle et se répand dans l'atmosphère sous forme d'acide sulfureux ; une autre se volatilise et vient se condenser dans des cavités disposées à cet effet sur la partie supérieure du tas, où elle est recueillie. Dans cette opération, les sulfures se transforment en oxydes.

Quand le minerai renferme des pyrites arsénicales ou du spath-fluor, le grillage ne peut avoir lieu à l'air libre, à cause du danger qui accompagnerait le dégagement des vapeurs : malgré les perfectionnements apportés aux appareils, cette opération offre encore de grands inconvénients, et les fabriques sont obligées de ne travailler que l'hiver, lorsque aucune moisson ne se trouve sur terre. L'appareil condensateur qui a procuré de véritables avantages consiste en un fourneau dont la cheminée horizontale communique avec des chambres divisées par des murs alternatifs, qui forcent les vapeurs à un grand contact avec l'eau qui tombe en pluie de la partie supérieure.

Quand le grillage a converti les sulfures en oxyde, on porte la matière dans un fourneau à manche, dont la température est élevée par de forts soufflets ; en y mêlant des quantités convenables de quartz, l'oxyde de fer se combine avec la silice pour former des scories, tandis que le cuivre se réduit ; mais pour arriver à cette séparation complète il faut griller une dizaine de fois la masse obtenue et la fondre alternativement avec du quartz ; on obtient enfin une matière qui porte le nom de *cuivre noir*, que l'on affine dans un fourneau à réverbère, en portant à la surface une grande quantité d'air par le moyen de soufflets puissants. La difficulté de l'opération consiste à bien saisir le point où l'affinage est opéré, et où le cuivre ne s'est point combiné, ni oxygéné, ni carboné. Pour juger de sa nature, le fondeur retire fréquemment des *gouttes* du bain, et par la manière dont elles se conduisent à divers essais, il détermine le moment où la coulée doit être faite, soit en petits lingots, soit en grenailles, en faisant tomber le métal dans l'eau, soit en rosette. Cette dernière opération offre un admirable spectacle. Deux bassins coniques, communiquant ensemble par un conduit, pour éviter les graves accidents qui pourraient survenir du déversement du métal, si l'un eût été trop rempli, sont chauffés jusqu'au rouge, et l'on y conduit par un canal découvert bifurqué le métal en fusion ; on enlève de la surface des bassins une petite quantité de scories, et après l'avoir un peu refroidi par une insufflation d'air, on y jette, au moyen d'un seau, une certaine quantité d'eau, qui produit la solidification d'une couche de métal qui se trouve criblée de boursouflures. Cette couche retirée avec des crochets et jetée dans l'eau, on en produit une nouvelle, et on continue ainsi jusqu'à épuisement. On se figure difficilement l'éclat que présente une coulée de 3,000 kilogrammes de cuivre, sortant alors d'un fourneau dans un espace de temps très-court, et se précipitant dans les bassins où il doit être recueilli ; c'est surtout la nuit qu'elle produit un effet surprenant.

Le cuivre est refondu pour divers usages, soit lorsqu'il doit être employé seul, soit quand il s'agit de l'allier avec divers métaux pour obtenir le bronze, le laiton, le packfong, etc. Dans un grand nombre de cas, particulièrement pour la chaudronnerie grande et petite, et le doublage des vaisseaux, il doit être laminé. Pour cela, après l'avoir coulé en lingots d'une dimension convenable, on le fait passer au laminoir pour lui donner les dimensions voulues.

À l'état de pureté, le cuivre est d'un jaune un peu rougeâtre ; il pèse un peu plus de huit fois autant que l'eau ; il donne une odeur désagréable au contact des doigts. Le métal est très-ductile, quoique moins que l'or et l'argent ; on peut cependant l'obtenir en fils assez fins; sa malléabilité est très-grande, et on peut, par les procédés qu'emploie le batteur d'or, le réduire en feuilles aussi minces que celles de l'or, et qui sont employées à beaucoup d'usages semblables. On emploie beaucoup dans les arts, sous le nom de *clinquant*, des feuilles de cuivre couvertes de vernis de diverses couleurs que l'on prépare de la manière suivante : le cuivre étant laminé à l'épaisseur voulue, toujours fort petite, on le fait tremper dans de l'eau contenant un vingtième d'acide nitrique, et on lave; on l'essuie avec un linge doux, et on y passe une couche de colle de poisson en gelée tremblante, puis on y donne la teinte cherchée. Le *bleu* se prépare en dissolvant du bleu de Prusse dans une partie et demie d'acide chlorhydrique, et étendant ensuite avec neuf à dix parties d'eau; le *vert*, avec du verdet ou acétate de cuivre cristallisé ; le *rouge*, avec une dissolution de cochenille ou de santal dans l'acool, obtenue en traitant la matière tinctoriale par l'eau, évaporant en extrait et reprenant par l'acool ; le *violet*, avec une décoction d'orseille ; le *lilas*, avec le résidu de l'orseille, ne donnant plus que du *rose*, que l'on fait bouillir avec de nouvelle eau; le *rubis*, avec le carmin dissous dans l'eau ammoniacale; le *rose*, avec la même teinte dégradée; le *ponceau*, en passant sur le *rubis* une couche de décoction de cartiame dans l'eau ; le *brun*, avec une couche de vert ou de bleu sur le lilas. On donne ensuite une couche de vernis à l'alcool très-siccatif, et souvent on passe les feuilles au laminoir pour leur procurer plus de poli.

A la température ordinaire, l'air sec n'a aucune action sur le cuivre; mais lorsqu'il est humide, le métal s'y altère promptement, et se recouvre d'une couche verdâtre, produite par l'absorption de l'oxygène et de l'acide carbonique. Les alliages de cuivre éprouvent la même altération, qui sur le bronze produit la *patine antique*, que l'on n'a pu imiter jusqu'ici qu'imparfaitement. Lorsqu'il est en contact avec les acides, même les plus faibles, le cuivre attire bientôt l'oxygène de l'air, et se dissout, quoique les acides ne soient pas susceptibles de l'attaquer directement; et cette propriété, il la conserve même dans l'état de combinaison avec un grand nombre de métaux, lors même que ceux-ci sont en grande proportion : ainsi, l'argent allié à un dixième de cuivre ne préserve pas ce métal de l'oxydation; c'est ce qui oblige à ne pas laisser séjourner de vinaigre, de moutarde et d'autres préparations alimentaires acides dans des vases d'argent de vaisselle, parce qu'il y entre du cuivre. L'acide nitrique et l'acide sulfurique sont les seuls qui agissent directement sur le cuivre, le premier même à la température ordinaire, le second seulement à celle de l'ébullition.

Le cuivre forme avec l'oxygène deux combinaisons : le protoxyde, qui est rouge, et ne forme directement aucun composé avec les acides; quand on le met en contact avec eux, il passe à l'état de deutoxyde, qui s'unit à l'acide, et il se précipite du cuivre. Cet oxyde est d'un assez beau rouge, et forme un hydrate jaune; c'est à lui qu'est due la belle teinte rouge des vitraux; un moyen simple d'obtenir cet oxyde consiste à chauffer de l'acétate de cuivre avec du sucre. Le deutoxyde est noir ; il se dissout facilement dans les acides, et donne des sels qui sont ordinairement bleus, mais qu'un excès d'acide rend souvent verts, et qui desséchés perdent ordinairement leur couleur. Lorsqu'on le précipite d'une dissolution, il se présente sous forme d'une gelée bleue, qui devient brun-noir à l'air au bout d'un certain temps, et qui prend immédiatement cette teinte au-dessous de 100°. L'ammoniaque le dissout en précipité gélatineux, et forme une superbe liqueur bleu violacé, dont les pharmaciens se servent fréquemment pour garnir les vases placés dans leurs officines. Cet oxyde colore le verre en vert. Nous ne dirons rien des *chlorures de cuivre*. Parmi les *chlorures*, il en est un que l'on trouve au Pérou sous forme de sel d'une belle couleur verte, que l'on imite en imprégnant des feuilles de cuivre avec de l'acide chlorhydrique et du sel ammoniac. Après quelque temps, on verse de l'eau dessus, et il s'en sépare une poudre d'une belle teinte.

Plusieurs sels de cuivre sont d'une grande importance pour les arts, à cause des usages auxquels ils peuvent être employés ; ils appartiennent aux genres *acétate*, *arsénite* (*voyez* ARSENIC), *carbonate* (*voyez* CENDRES BLEUES), et *sulfate* (*voyez* COUPEROSE). H. GAULTIER DE CLAUBRY.

Suivant M. Debette, la production moyenne annuelle du cuivre, pendant ces dix dernières années, a été d'environ 524,000 quintaux métriques, ainsi répartis :

Grande-Bretagne.	286,000 q. m.
Russie.	39,000
Autriche.	45,000
Suède et Norvège.	21,000
Zollverein.	15,000
Turquie.	20,000
France.	7,000
Espagne, Toscane, etc. . .	8,000
Amérique.	59,000
Japon.	24,000
Asie (pour mémoire). . . .	» »
Total.	524,000 q. m.,

qui, à raison d'un prix moyen de 237 fr. par quintal, représentent une valeur de 124,188,000 francs.

La France importe moyennement 85,000 quintaux de cuivre métallique, ce qui porte sa consommation totale à 92,000 quintaux, représentant une valeur de 21,804,000 fr.

CUJAS (JACQUES), naquit à Toulouse, en 1520 ou 1522, d'un père foulon. Son véritable nom était *Cujaus*, mais il supprima l'*u* pour l'adoucir ; plus tard même il ne signa plus que Jacques de Cujas. Sans le secours d'aucun maître il apprit le latin et le grec. Les premiers éléments du droit lui furent donnés par Arnoul Ferrier ; il se chargea ensuite de l'éducation des enfants du président Dufaur, dont l'un devint plus tard célèbre, sous le nom de Pibrac. En 1547 il commença à donner des leçons sur les *Institutes*. Étienne Pasquier, qui assistait à la première, dit « que chacun lui trouva dès lors un esprit fort clair, et qui ne promettait pas de moins de lui pour l'avenir ». Loisel avoue « que Cujas fut cause qu'il ne quitta point la science du droit, dont les autres docteurs le dégoûtaient par leur barbarie ». Son mérite ne fut cependant pas apprécié dans sa patrie, et Toulouse eut le tort de n'avoir pas su s'attacher à son école. La ville de Cahors fut mieux inspirée : une chaire de droit y étant devenue vacante, Cujas fut nommé pour la remplir. Presque tous ses élèves l'y suivirent ; mais il n'y resta guère qu'un an. Sur ces entrefaites, L'Hôpital fut chargé par Marguerite de Valois de choisir les professeurs de l'école de Bourges, chef-lieu de son apanage, dont elle voulait faire le sanctuaire de l'étude de la jurisprudence; il sut distinguer le mérite de Cujas, et lui donna une chaire à côté de Baudouin et de Duaren. Mais ce dernier ne tarda pas à devenir jaloux du nouvel arrivant, et souleva ses écoliers contre lui. Cujas dut céder à l'orage; il se retira à Valence, en Dauphiné. Rappelé à Bourges par ordre de la duchesse de Berry, il y professa jusqu'en 1567, époque où il retourna à Valence. En 1570 il fut élu professeur à l'université d'Avignon, et il y épousa la fille d'un médecin de cette ville ; mais sa femme étant venue à mourir, il continua de résider à Valence. En 1573 Charles IX le pourvut d'un office honoraire de conseiller au parlement de Grenoble, *créé*, portent les lettres patentes, *en reconnaissance de ses très-grands et très-recommandables labeurs*. L'année suivante Henri III réunit à l'office le traitement que recevaient les conseillers en exercice. Cependant Marguerite de Valois, devenue duchesse de Savoie, l'attira à Turin, où il ne resta que quelques mois. Ses élèves et les amis qu'il avait à Bourges le rappelèrent dans cette ville ; mais les troubles qui survinrent l'en éloignèrent de nouveau presque aussitôt. Des ordres du roi l'appelèrent alors à Paris pour y professer le droit romain à l'université, où ce genre d'études était alors interdit, parce que cette ville était régie par le droit coutumier. Cujas ne demeura qu'un an environ à Paris, et revint en 1577 se fixer à Bourges, qu'il ne quitta plus. Grégoire XIII voulut, en 1584, l'attirer à l'université de Bologne ; mais il résista aux instances du souverain pontife. Il mourut dans la ville de Bourges, le 4 octobre 1590. Pierre Pithou, son élève chéri, qu'il appelait son frère, lui fit son épitaphe.

Ceux qui ont écrit la vie de Cujas manquent rarement de parler de sa fille Suzanne, si fameuse par son inconduite. « J'ai appris, dit Guy-Patin, que quand les écoliers de ce grand homme allaient *badiner* avec sa fille, ils appelaient cela *commenter les œuvres de Cujas*. » Si ce mot n'a pas été fait à plaisir, à coup sûr il n'a pas été dit du temps de Cujas, car sa fille n'avait que trois ans lorsqu'il mourut, et il n'eut pas la douleur de voir ses égarements. C'est contre elle que Mérille fit cette épigramme :

> Ingenio haud poterat tam magnum aequare parentem,
> Filia quod potuit corpore fecit opus.

La chasteté ne fut pas du reste un héritage que Cujas transmit à ses enfants. De son premier mariage il avait eu un fils, nommé Jacques comme lui, qui donnait de grandes espérances, mais qui mourut fort jeune et fort débauché. Son père lui avait dédié, en 1573, ses quatre derniers livres sur Africain.

Avant Cujas, l'étude du droit romain n'était qu'un effrayant chaos, qu'un mélange confus de lois positives, de lois transitoires, de rescrits impériaux toujours arbitraires, de décisions du préteur, et des opinions si compliquées, si contradictoires, des praticiens romains. Que d'obstacles il eut à vaincre pour en interpréter consciencieusement l'esprit et la lettre, étudier, interroger la pensée de tant de législateurs, appartenant à toutes les époques, à toutes les phases politiques de Rome républicaine et de Rome empire; appliquer ces lois aux convenances, aux besoins d'un peuple d'un autre temps, d'un autre pays, et qui ne pouvait avoir ni les mêmes mœurs, ni la même organisation sociale, ni les mêmes relations politiques, religieuses ou privées!

La méthode de Cujas fut de s'attacher uniquement aux textes manuscrits des lois romaines et d'en rétablir les passages altérés par le temps ou l'ignorance des copistes. Les corrections qu'il fit ainsi sont en nombre immense. Il excellait surtout à renfermer dans de courts axiomes les principes fondamentaux du droit ; et c'est ainsi que dans ses sommaires sur le Digeste et le Code de Justinien (*Paratitla*), il donne des définitions d'une précision et d'une clarté admirables. François Hottoman, son rival et son ennemi, faisait le plus grand cas de ces Paratitles. On lui doit aussi la découverte d'une partie du Code Théodosien. « Cujas, dit d'Aguesseau, a mieux parlé la langue du droit qu'aucun moderne et peut-être aussi bien qu'aucun ancien. » Il ne dictait pas ses leçons, il les improvisait avec une extrême clarté. Ses élèves, et surtout les Allemands, écrivaient ce qu'ils pouvaient. Ils se communiquaient ensuite leurs cahiers, et rétablissaient ainsi le texte de chaque leçon. C'est sur ces extraits collationnés qu'ont été imprimés les *Cours de Cujas*. La moindre interruption lui était intolérable. Il exigeait de ses nombreux auditeurs le plus absolu silence. Au moindre bruit, il descendait de sa chaire, et se retirait chez lui. Il vivait dans la plus intime familiarité avec ses élèves, et allait souvent partager leur repas. Sa bourse et sa bibliothèque étaient ouvertes aux plus nécessiteux.

Comme tous les savants de son siècle, Cujas était pour la religion réformée ; mais, sans oser manifester son opinion, il répondait à ceux qui l'interrogeaient à cet égard, et lui proposaient quelques-unes de ces questions politico-religieuses alors si vivement controversées : *Nihil hoc ad edictum praetoris*. Malgré cette prudente réserve, il fut, au temps de la Ligue, traité d'ennemi de la religion parce qu'il avait publiquement exprimé son attachement pour Henri IV. « J'ai vu, rapporte Papire Masson, des lettres écrites par Cujas à un de ses amis (Antoine Loisel), dans lesquelles il disait : *Parum abfuit quin haec plebecula me confoderet!* » Cujas fut surnommé le grand Cujas, le Papinien de son siècle ; il inspirait partout une telle vénération, que les docteurs allemands ont longtemps eu l'habitude de se découvrir en invoquant son autorité. Une statue lui a été élevée à Toulouse, en 1850.

Les ouvrages de Cujas consistent en paratitles ou explications sur les *Institutes*, le *Digeste* et le *Code*; en réponses et définitions sur les questions de Papinien; en dissertations sur les décisions de Paulus, Modestinus, et autres jurisconsultes romains, et sur les décrétales de Grégoire IX ; en commentaires sur le Code et le Digeste. Ils comprennent aussi un appendice sur les divers points qu'il n'avait pas encore traités, des consultations, et des lettres. Il y en a eu plusieurs éditions.   W.-A. Duckett.

CUL-DE-LAMPE. On voit encore dans les églises de grandes lampes en métal, suspendues au moyen de trois chaînes, et qui offrent l'apparence d'un cône renversé, plus ou moins chargé d'ornements. Lorsque, dans les églises aussi, on a demandé à un sculpteur de faire, à la naissance d'une voûte en arête, un encorbellement pour servir de base à un arceau, il a dit qu'il ferait un ornement en cul-de-lampe, c'est-à-dire ayant une forme semblable à celle de la lampe qui brûlait sans cesse devant le sanctuaire.

Dès les premiers temps de l'imprimerie, au lieu de terminer les volumes, et même les chapitres, comme on le fait maintenant, on eut le singulier goût de diminuer graduellement chacune des lignes de la fin, de sorte que la dernière n'était composée que d'un seul mot, et quelquefois même il n'était pas entier. Cette disposition offrait à l'œil la figure d'un triangle, dont le sommet se trouvait placé au bas de la page. La gravure sur bois se trouvant appelée à embellir des ouvrages typographiques, fit pour les titres un fleuron composé quelquefois d'une simple fleur, ou bien d'un bouquet, puis même d'un arbre. En tête de chaque chapitre, on plaça une vignette, formée d'abord d'une petite branche de vigne, ou bien de tout autre enroulement d'arabesques, puis quelquefois de petits paysages avec des figures. Le triangle de la fin fut remplacé par un ornement dont la forme offrit quelque ressemblance avec celui déjà employé dans l'architecture sous le nom de *cul-de-lampe*, et ce nom prévalut, malgré tout ce qu'il présentait d'inconvénient. C'est avec raison que Voltaire a blâmé l'usage d'une expression aussi ridicule ; mais elle est facilement comprise par tout le monde, et on ne saurait par quoi la remplacer, pour que les *culs-de-lampe* ne soient pas confondus avec les *fleurons* et les *vignettes*.   Duchesne aîné.

Dans l'artillerie, on donne le nom de *cul-de-lampe* au renfort de métal qui constitue la culasse du canon (*voyez* tome IV, p. 369).

CULÉE, massif de pierres ou de briques qui dans un pont appliqué à un quai ou à une berge reçoit l'une des retombées de la première arche et en arc-boute la poussée. Les ponts en bois d'une certaine importance ont aussi des *culées* qui reçoivent le pied des fermes; les ponts suspendus en ont pareillement pour recevoir les scellements des amarres des chaînes. L'épaisseur en varie à l'infini ; elle dépend d'une foule de circonstances qu'un bon architecte doit savoir apprécier ; car les ingénieurs sont loin de suivre toujours dans la pratique les règles déduites des lois de la mécanique. On donne aussi le nom de *culée* à la palée des pieux qui retiennent les terres derrière le massif.

En termes de marine, *culée* désigne le mouvement du vaisseau, lorsqu'ayant touché sur la terre, sur la roche ou sur le sable, il donne des coups de sa quille contre le fond.

CULINAIRE (Art). Le *culinaire* est ce qui a rapport à la cuisine. L'*art culinaire* est donc l'art de la cuisine, art éminemment civilisateur, qui a eu de brillantes destinées à plusieurs époques de l'antiquité grecque et romaine, et n'a pas été certainement sans influence sur la marche rapide des sociétés anciennes. L'homme est un animal omnivore ; ses dents incisives tranchent facilement les fruits ;

ses dents molaires broient les graines ; ses dents canines déchirent les chairs. C'est dans l'Orient qu'ont été donnés les premiers grands festins. Les productions de ces belles contrées, patrie des épices, excitèrent les premières envies du palais et de l'imagination. Athènes en sortit, et devint dès sa naissance le point culminant d'où jaillirent les premières étincelles du véritable fourneau culinaire. Les premiers beaux dîners, les Grecs les donnèrent. C'étaient des fêtes. Les jours brillants et rapides d'Alcibiade, de Gorgias et de Périclès furent la première étape de l'art ancien, la première lueur de la cuisine savante. C'est dans ces réunions que naquit la conversation grecque, cette conversation que devaient copier tous les siècles policés. C'est de la table qu'elle prit son vol, au milieu de propos spirituels arrosés de vin de Corinthe. De jeunes et jolies femmes venaient à ces festins ; elles y arrivaient très-parées et les cheveux remplis de fleurs. Le poëte *Archestrate*, la fleur des cuisiniers athéniens, parcourut à pied les contrées les plus fertiles du monde ancien pour étudier les produits du sol sous toutes les latitudes. Sur ses traces marchèrent, comme préparateurs ou consommateurs célèbres, Numenius d'Héracléé, Hégémon de Thasos, Philoxène de Leucade, Actidès de Chio et Tyndaricos de Sicyone.

Malgré ces heureux essais, Athènes n'eut jamais la grande cuisine ; et la raison, c'est qu'elle sacrifia trop aux sucreries, aux fruits, aux fleurs ; c'est qu'elle n'eut ni les pains de farine fine de la Rome des Césars, ni ses épices italiennes, ni ses sauces savantes, ni ses vins blancs du Rhin. Rome mangea mieux, et souvent elle n'eut pas moins d'esprit. Les modèles grecs furent effacés. Au temps de Sylla, de Pompée, d'Apicius, de Lucullus, de César, de Mécènes, la gastronomie romaine brilla à l'avant-garde du progrès. Il fallait les voir à table, ces grands amateurs de faisans, de becs-figues, de haute graisse, de cailles, de pentrix d'août, d'huîtres, de murènes, de vins de Cécube et de Falerne, vins exécrables pourtant à côté de notre divin Laffitte ! Aux Romains les temps modernes doivent les échansons et les écuyers tranchants. Ceux de Lucullus n'avaient pas moins de vingt mille francs par an d'appointements, juste la solde de nos préfets. Bientôt Rome, après la cuisine grecque, reçut, avec tous les dieux étrangers, toutes les cuisines du globe. Le fils de Vespasien, le frère de Titus, Domitien, le maître du monde, assemble, en toute hâte, au milieu de la nuit, les sénateurs effrayés, pour les consulter sur la manière dont il doit faire cuire un turbot qui lui arrive d'Ischia. César incline l'initiative impériale devant la science culinaire. Après discussion profonde, le poisson est assaisonné, le lendemain, à la sauce piquante. Il est fâcheux seulement que l'histoire n'ait pas conservé la recette de cette sauce. Claude adorait les petits pâtés. Antoine, satisfait d'un dîner, donna une ville à son cuisinier. Il y avait autant, plus de profit alors à être cuisinier que ministre.

Au cinquième siècle, au temps de saint Jean Chrysostôme, cette cuisine qui a donné tant de beaux jours à l'empire, s'éteint ; sa fumée avait éveillé de loin l'appétit des barbares, et ils avaient investi Rome, mêlant à tout les affreux ragoûts de leurs contrées natales et des contrées qu'ils avaient traversées. Après les cohues du Nord vinrent les Arabes ; mais le Coran leur interdit le vin, ils ne purent tenir pied dans le midi de l'Europe, et s'en retournèrent chez eux. Heureusement la cuisine délaissée se retira alors, avec les manuscrits, dans les cloîtres. Là de bons moines l'attisent et allument de nouveaux phares. Gênes, Venise, Florence, Milan viennent y puiser la lumière pour ressusciter la belle gastronomie. La Méditerranée et l'Adriatique lui apportent leurs poissons, et la cuisine italienne est trouvée. Elle fleurit à l'ombre de l'éloquence, de la poésie, des beaux-arts, sous la protection des maisons d'Este et de Médicis, de Léon X et des cardinaux ; elle est cultivée avec amour par les Léonard de Vinci, les Tintoret, les Titien, les Paul Véronèse, les Bandinelli, les Raphael, les Guido Reni, etc., etc.

C'est sous Henri III que les élégantes délicatesses des tables italiennes apparaissent pour la première fois en France. La découverte du nouveau monde a compté pour beaucoup dans le développement de l'art culinaire. Non-seulement elle a accru le nombre de nos productions gastronomiques, mais elle nous a valu encore des épices supérieures aux anciennes. Grâce à elles, les mixtions ont eu des principes plus vifs, et sont devenues l'estomac d'une décomposition plus facile. Le schisme de Martin Luther a eu principalement pour cause les jeûnes infligés arbitrairement aux estomacs de l'Allemagne. Il ne fallait pas que le pouvoir spirituel de l'Église touchât au pouvoir temporel de la cuisine. Par suite de cette faute énorme, la face de l'Europe fut changée. Les découvertes qui enrichissent les sciences ne nous vinrent plus des Vénitiens, des Génois, des Florentins ; Bayonne, Mayence et Francfort nous envoyèrent leurs délicieux jambons ; Strasbourg fit fumer ses saucisses et son lard, et nous en approvisionna. Ostende nous expédia ses huîtres, Périgueux ses truffes, Chartres et Ruffec leurs pâtés. L'Angleterre se signala par le roastbeef, le beefsteack, le pudding, la venaison, le porter ; la Hollande, par le fromage, les harengs pecs et le bœuf salé ; l'Allemagne, par la choucroûte et les kneiffes ; la Russie, par le caviar ; la Turquie, par le pilau ; l'Italie, par la polenta et le macaroni ; l'Espagne, par les garbançes, le chocolat et l'olla-podrida.

Cependant l'aristocratie féodale commençait à s'affaiblir à mesure que croissait le sentiment confus de la faim universelle. Quand les contendants se mesurèrent plus près d'en venir aux mains, l'âme humaine de Henri IV s'émut ; et il vint proposer au peuple, comme un drapeau pacificateur, la *poule au pot des dimanches*. Le vilain n'y put croire. Pourtant, il y eut quelque soulagement dans le sort des classes nécessiteuses. Le cabaret, qui fut le café primitif, alors que le café lui-même n'était pas encore connu, ni comme boisson ni comme déjeuner, adoucit les mœurs et apprit aux Français à vivre en frères. On en sortit meilleur, plus sociable et plus instruit.

La cuisine de Louis XIV fut soignée, somptueuse ; assez belle et presque délicate, chez Condé. A la cour, on mangea bien et avec éclat. Vatel, dont on a tant parlé, n'eut après tout qu'un dévoûment mesquin. On ne peut voir scientieusement en lui que l'homme du devoir et de l'étiquette. Sa mort étonne et ne touche pas ; cet honnête serviteur n'était pas à la hauteur de son art. Jamais aucun de nos cuisiniers, élèves de Carême, ne fût tombé dans pareille faute. Il en est d'une fête gastronomique comme d'une armée, il faut s'assurer de splendides réserves ; on ne peut pas savoir qui vous tombera sur les bras.

C'est à la douce autorité de ce bon régent, qui gâta tout en France, c'est à l'éclat de ses petits soupers, c'est aux cuisiniers qu'il fit naître et qu'il paya si royalement, que la France dut l'exquise cuisine du dix-huitième siècle. Cette cuisine, à la fois savante et simple, que nous possédons perfectionnée, fut un développement immense, rapide, inespéré. Pleine de verve, elle éveilla les intelligences. Les petits soupers firent plus avancer l'esprit humain que toutes les séances académiques. L'exquise cuisine née chez l'illustre régent, passée ensuite aux Condé, aux Conti, aux Penthièvre, aux Soubise, aux Louis XV, aux Frédéric II, prêta souvent dans Paris une vivacité piquante à la parole de Montesquieu, de Voltaire, de Diderot, d'Helvétius, de D'Alembert, de Duclos, de Vauvenargues, etc. Mais leur génie paya son écot en immortalité. Depuis, la cuisine retrouva son éclat en Angleterre chez Locke, Adisson, Clarke, Hume, Gibbon, les lords Holland, Chatam et North, Addington et Peel lui-même ; en France chez Beaujon, Doucet de La Boulaye, de Laborde, Mirabeau, Danton, Barnavo, Cambacérès et d'Aigrefeuille, Grimod de la Reynière, Brillat-Savarin, Cobentzel, Talley-

2.

rand, la princesse Pauline, le prince Murat, le comte Pozzo di Borgo, le duc d'Abrantès, de Cussy, Gilbert des Voisins, Portalis, Duroc, de Beausset, de Fontanes, etc. Parmi les cuisiniers les plus illustres de ces derniers temps, après les maîtres immortels, Laguipierre et Carême, il faut citer Lacour, Mécilier, Sauvant, Sabatier, Daïgre, Mécier, Richaud, Venna, Legacq, Véry, Borel, Delaunay, Beauvilliers, Boucher, Véfour, Delaunay, Avice, Lasne, Le Sage, Richard, Robert, Riquette, Jay, Laiter, Philippe, etc., etc. Nous en oublions, sans doute, et peut-être des meilleurs. Que le bon Dieu nous le pardonne!   Eug. G. DE MONGLAVE.

CULLEN (WILLIAM), l'un des plus célèbres médecins qu'ait eus l'Angleterre, était né en 1712, de parents pauvres, dans un village du comté de Lanarck, en Écosse. Après avoir fait son apprentissage chez l'un de ses parents établi à Glasgow, il fut placé en qualité de chirurgien à bord d'un des bâtiments de la Compagnie des Indes orientales. Revenu quelques années après dans ses foyers, il y vécut longtemps dans un état voisin de la misère, mais constamment occupé à agrandir le cercle de ses connaissances. Une parité complète de goûts et de position ne tarda pas à établir une liaison des plus intimes entre lui et Hunter, l'anatomiste devenu depuis si célèbre. Afin de pouvoir suivre des cours de médecine à Édimbourg, les deux amis convinrent qu'un d'eux alternativement se rendrait dans cette ville pour y étudier à frais communs, tandis que l'autre resterait à Lanarck et soignerait la clientèle de son confrère. Hunter dut partir le premier; mais, au lieu d'aller à Édimbourg, il se rendit à Londres, où il trouva une place d'aide d'anatomie chez un professeur, et ne revint jamais en Écosse. Cullen, à son tour, put enfin se lancer dans une sphère plus élevée; il s'établit à Édimbourg, où le duc d'Argyle d'abord et ensuite le duc d'Hamilton lui fournirent libéralement les moyens de continuer ses études. Après avoir guéri ce dernier d'une grave maladie, il fut nommé, en 1746, à sa recommandation, professeur de chimie à Glasgow. L'éclat de son enseignement, à partir surtout de l'année 1751, époque où on lui confia la chaire de médecine, ne tarda pas à rejaillir sur l'université tout entière. Aussi l'appela-t-on dès 1756 à Édimbourg, où on lui donna en 1766 la chaire de médecine pratique; et plus tard il fut nommé premier médecin du roi d'Angleterre en Écosse. Il mourut le 5 février 1790, entouré de l'estime et de la bienveillance universelles. La publication de son *Treatise of the Materia medica* (2 vol., Londres, 1789, in-4°) eut pour résultat de bannir à tout jamais de la pharmacologie une foule d'erreurs. Son principal ouvrage, intitulé : *First Lines of the Pratice of Physic* (Édimbourg, 1789; dernière édition, Londres, 1816), a été traduit en espagnol, en portugais, en français, en italien et en allemand. Nous citerons encore parmi les ouvrages dont on lui est redevable la *Synopsis Nosologiæ methodicæ* (2 vol. in-4°, Édimbourg, 1772), et la *Physiology* (Édimbourg, 1785). On a publié de lui, après sa mort, *Nosology, or systematic arrangement of diseases* (Londres, 1800), et *The Edimburg Pratice of Physic, Surgery and Midwifery* (5 vol., Londres, 1805). Thomson a donné en 1827 une édition complète de ses œuvres; le même écrivain a publié un *Account of the Life, Lectures and Writings of William Cullen* (5 vol., Édimbourg, 1832).

CULLERIER (MICHEL), né à Angers, en 1758, commence avec Swediaur la liste des médecins distingués qui sauvèrent du charlatanisme et des préjugés l'histoire et le traitement des maladies secrètes. Ce fut une singulière destinée que la sienne : quittant la carrière du sacerdoce, que sa famille lui traçait, il se trouva jeté, mais sans s'y laisser corrompre, dans cette tourbe éhontée de libertinage et de cynisme dont le hasard et son choix personnel composaient exclusivement sa clientèle. C'est surtout grâce à ses études que la maladie syphilitique a pris son rang naturel dans le cadre nosologique, et que la thérapeutique de cette infirmité, délivrée de ses entraves et de ses mystères, a cessé de ressembler à un supplice. Après tout, le médecin n'est ni un juge ni un confesseur, et la pénitence et les tortures destinées à l'expiation des vices ne seraient pas de prudents moyens de guérison. Praticien honoré et chirurgien instruit, Michel Cullerier a composé, pour le *Dictionnaire des Sciences médicales*, quelques bons articles qui lui ont mérité d'être de l'Académie de Médecine. Il a été le premier chirurgien en chef de l'Hôpital du Midi ou des Capucins, les maladies spéciales qu'on y traite se trouvant jusque-là reléguées presque toutes à Bicêtre, parmi des criminels et des fous. C'est à lui qu'est due l'idée du traitement simultané des enfants infectés et de leurs nourrices. Il mourut en 1827, ayant dès longtemps perdu un œil en ouvrant un abcès virulent. Les médecins de la spécialité de Cullerier ont rarement une célébrité universelle et durable : on les cite, comme on les appelle presque toujours, incognito. Il semble que la honte du mal rejaillisse sur l'homme dévoué à le guérir, et cela n'est pas juste.

CULLERIER (FRANÇOIS-AIMÉ-GUILLAUME), neveu, gendre et successeur du précédent, naquit à Angers, comme lui. Il avait cinquante-neuf ans quand il mourut, en octobre 1841. On lui doit un ouvrage estimé qui a pour titre : *Recherches sur la Thérapeutique de la Syphilis* (Paris, 1836). Il a de même composé, en participation avec M. le docteur F. Ratier, auteur plus exercé que lui, quelques articles de dictionnaires sur sa spécialité. Sans se montrer ouvertement novateur, il a su prendre parti pour quelques innovations et quelques progrès, et assez tôt pour attacher son nom à la chute de quelques préjugés. Reconnaissant que la syphilis est certainement contagieuse, il n'est pas de ceux qui la déclarent incurable sans l'intervention du mercure. Bien plus, jamais il n'a recours à ce médicament pour aucune affection primitive. Il cautérise les récentes ulcérations, et traite tout symptôme primitif comme toute autre affection simple et inflammatoire, sans rien réserver de minéral pour terminer la cure. Plus de mercure, ni pour le bubon, ni pour l'uréthrite, ni pour les végétations et les excroissances, ni même pour les exostoses : c'est à peine s'il s'en permettait l'usage contre les syphilides, ou pustules cutanées. Cette manière de traiter, si universellement exclue il y a quelques années, est maintenant adoptée par la presque universalité des praticiens. Ceux-là seulement ont perdu leur procès qui avaient prétendu que le mal en question n'était pas deux fois contagieux, et qu'on pouvait l'inoculer sans conséquences regrettables à quiconque n'en avait déjà été atteint.   Dr Isidore BOURDON.

CULLODEN, village d'Écosse, dans le comté de Nairn, près d'Inverness, est célèbre dans l'histoire par la bataille qui y fut livrée le 27 avril 1746, et qui anéantit sans retour l'espérance que la famille des Stuarts avait pu jusque alors conserver de remonter quelque jour sur le trône que lui avait fait perdre la révolution de 1688. Le fils de Jacques III, Charles-Édouard, dans sa romanesque expédition de 1745, avait réussi à se maintenir en Écosse contre tous les efforts de l'Angleterre, avec des alternatives de revers et de succès; il avait même pu parvenir jusqu'à cinquante lieues de Londres. Un concours fortuit de circonstances défavorables l'ayant contraint à battre en retraite et à rentrer en Écosse, la fortune sembla alors vouloir lui sourire de nouveau. Il battit les forces anglaises à Falkirk; mais le duc de Cumberland, appelé sur ces entrefaites au commandement en chef des troupes du roi Georges, mit fin, par la victoire décisive qu'il remporta à Culloden, aux espérances qu'avaient pu concevoir ses ennemis, encore si nombreux, de sa dynastie.

Au commencement de l'action, les troupes de Charles-Édouard étaient déjà harassées de fatigues et depuis longtemps affamées. Elles n'en combattirent pas moins avec une admirable intrépidité, et tinrent ferme jusqu'au moment où, en dépit de leur bouillante valeur, les montagnards écossais se virent contraints de reculer devant le feu bien nourri des batteries de l'ennemi ; ce mouvement de recul se transforma bientôt en une débandade universelle. Charles-Édouard fut assez heureux pour échapper sain et sauf à cet immense et irréparable désastre ; mais la vengeance du vainqueur s'appesantit cruellement sur ses partisans. Les plus considérables d'entre eux montèrent sur l'échafaud ; et les lieux qui avaient été le foyer de l'insurrection furent horriblement dévastés. Comme l'attachement des montagnards écossais aux princes de l'ancienne maison royale, l'un des traits caractéristiques de la vie sociale et politique de ces populations, trouvait surtout son élément le plus puissant dans l'antique organisation de leur pays en clans, le gouvernement s'attacha alors à détruire une à une les diverses institutions qui en étaient la base.

CULM (en polonais *Chelmno*), ville chef-lieu de cercle, dans l'arrondissement de Marienwerder, province de la Prusse occidentale, bâtie sur la Vistule, compte une population d'environ 6,000 âmes. Il s'y trouve une école militaire et un gymnase. Son évêché fut fondé en 1243 ; mais en 1824 on a transféré la résidence de l'évêque et celle du chapitre à Pelplin, ancienne abbaye de l'ordre de Cîteaux. La fondation de la ville par les chevaliers de l'ordre teutonique remonte à l'année 1230. En 1454 elle se soumit avec sa banlieue, dite le *Culmerland*, au roi de Pologne ; et lors du premier partage de ce pays elle fut adjugée à la Prusse.

Sa Coutume est connue des jurisconsultes sous le nom de *Droit de Culm*. Lorsqu'au treizième siècle, les villes de l'Allemagne parvinrent à s'assurer le bienfait de la liberté civile et d'un ordre régulier et légal, celles qui étaient siéges d'évêchés adoptèrent une législation et une jurisprudence autant que possible uniformes. C'est ainsi que la Coutume de Magdebourg s'établit à Breslau et vint de Silésie à Culm. Dès l'an 1233, le grand-maître de l'ordre teutonique, Hermann de Salza, avait donné aux bourgeois de Culm des lettres d'affranchissement qui furent renouvelées en 1251. En 1394, on réunit en corps de lois le droit coutumier de Culm, qui s'introduisit de là peu à peu dans les autres villes de la Prusse et plus particulièrement dans celle de la Pologne prussienne. On l'imprima pour la première fois à Thorn en 1584, et sa dernière révision date de 1711. Consultez Bandtke, *Jus culmense* (Varsovie, 1814), et Prætorius, *Essais sur la Coutume de Culm, la plus ancienne loi fondamentale de la Prusse* (publié par Lohde, Thorn, 1842).

CULMINANT (de *culmen*, faîte d'un toit). Ce qualificatif s'applique au point le plus élevé d'une montagne, d'un édifice, etc. En termes d'astronomie, un astre est à son *point culminant* quand il passe au méridien.

Ce mot s'emploie figurément dans le langage ordinaire : ainsi, dire de la littérature romaine que sous Auguste elle arriva à son *point culminant*, signifie qu'elle jeta alors son plus vif éclat.

CULMINATION (de *culmen*, faîte, sommet). En astronomie, ce mot désigne le passage d'un astre par le méridien, parce qu'à ce moment il atteint le point le plus élevé, le point *culminant* de sa course. La culmination du soleil a toujours lieu à midi, temps vrai. Pour les étoiles fixes, le temps de culmination est toujours exactement dans le milieu entre le moment du lever et du coucher ; pour le soleil, la lune et les planètes, cette précision n'est qu'approximative. La connaissance du point culminant des astres est d'une haute importance pour les astronomes, parce que toutes les fois qu'on peut exactitude extrême est de rigueur dans la faire, la réfraction ayant alors bien moins de puissance.

CULOTTAGE DES PIPES, art sublime, qui a aujourd'hui de nombreux adeptes. Un jour, un individu questionné par le président d'un tribunal sur ses moyens d'existence déclara sérieusement qu'il était *culotteur de pipes* : cette réponse pouvait n'être pas aussi folle qu'elle le paraît au premier abord. En effet, il y a tel amateur de culottage toujours disposé à payer une assez forte somme à celui qui peut se soumettre à l'ennui de fumer pendant plusieurs mois à très-petites gorgées dans la même pipe, en observant une foule de minuties sans lesquelles on ne parvient jamais à produire une belle *culotte*. Ce ne sont pas seulement des pipes d'*écume de mer* qui sont dévolues à cette opération, on culotte beaucoup plus généralement des pipes de terre, dites de Belgique et que se fabriquent à Saint-Omer, et des pipes de Marseille. Pendant toute la durée du *culottage*, il faut les tenir enveloppées d'une étoffe de laine ; alors, la culotte offre cette belle et vive couleur, brun-aurore dans les pipes d'*écume de mer*, noir et gris cendré dans les pipes ordinaires, qui se dégrade à partir du fond de la pipe jusque vers la moitié du tube en remontant. Par exagération, on a qualifié du nom de *culotteur de pipe* un homme qui fume beaucoup, qui passe une grande partie de son temps au café, en un mot, un *pilier d'estaminet*.   PELOUZE père.

On offre des pipes culottées à ses amis et à eux seuls. Il est vraiment affreux que l'industrie vienne se jeter en travers de l'art et de l'amitié pour tuer l'une et enlever à l'autre un de ses plaisirs. Dans la liste des brevets d'invention et de perfectionnement pris au mois d'août 1853, on remarque avec douleur un brevet d'invention pour le *culottage industriel des pipes* !

CULOTTE. Ce vêtement masculin qui couvre depuis la ceinture jusqu'aux genoux et que la pruderie anglaise défend de nommer, cet *inexpressible*, comme on dit au bord de la Tamise, était à l'usage des anciens Gaulois, chez qui il avait la forme d'un caleçon, et portait le nom de *broeck*, d'où les Romains firent bracca, les Français b r a i e, brayette et braguette. Lampridius, Vopiscus, Ammien-Marcellin, parlent de ce *haut de chausses*, qui donna occasion d'appeler la Gaule Narbonnaise *Gallia braccata*. Une ancienne épigramme rapportée par Suétone, dans la Vie de Jules-César, contenait ce trait de satire :

Gallos Cæsar in triumphum ducit ; iidem in curia Galli braccas deposuerunt, latum clavum sumpserunt.
Le Gaulois, par César amené comme esclave,
Quitte au sénat sa braie et prend le laticlave.

Depuis, la culotte a subi de nombreuses révolutions, sous le rapport de la forme et de la matière. Pendant longtemps, les bas furent attachés à la braie. L'usage de les séparer s'établit en même temps que celui de distinguer la veste du justaucorps ; grande et importante révolution, qui paraît appartenir au seizième siècle. Sous François Iᵉʳ, les hauts de chausses n'allaient qu'au-dessus du genou, et l'on peut en prendre une idée dans la description de celui de *Gargantua* par Rabelais. Pendant le règne de Charles IX, ils étaient extrêmement bouffants, ornés de bandes ou taillades, et d'une forme tout-à-fait indécente. Les chausses ou bas couvraient les deux tiers de la cuisse, et demeuraient fixés en dessous de la *trousse* par des *canons* de rubans de différentes couleurs. A la braguette s'attachait un cornet ou tuyau qui remplaçait ce qu'on appela depuis le *pont-levis*, et sur lequel le luxe trouvait moyen de s'exercer d'une façon toute particulière. Les anciens portraits de Henri III montrent que son haut de chausses était extrêmement court, mais que les canons, aujourd'hui partie intégrante de la culotte, couvraient complètement les cuisses jusqu'au dessous du genou. Vers 1096, Shakspeare raillait l'exiguité de ces culottes françaises au milieu des scènes terribles de son *Macbet* : « Who's there ? faith, here's an english taylor, come hither for stealing out of a french hose. »

Les culottes, du temps de Henri IV, s'élargirent, s'enflèrent et se couvrirent d'une multitude de rubans et d'aiguillettes. Celles qu'on portait au commencement du règne de Louis XIII, étaient aussi fort larges et descendaient jusqu'au dessous du genou, où elles s'attachaient avec des rubans, dont les extrémités formaient des rosettes ; elles se boutonnaient des deux côtés en dehors, depuis la hanche jusqu'en bas. M. de Paulmy, initié à toutes ces coutumes, remarque que, pendant la minorité de Louis XIV, l'usage des grandes culottes subsista encore quelques temps, et que peu à peu on s'accoutuma à les porter très-étroites et seulement serrées par d'élégantes jarretières, d'abord au-dessus du genou, sur le bas même; ensuite au-dessous, le bas rentré dans les canons. La culotte fut assujettie sur les reins successivement par des lacets, des boucles et des bretelles. Le velours et le satin en formaient l'étoffe ordinaire au temps de Louis XV. Mme Geoffrin, en femme expérimentée, donnait chaque année une culotte de velours à chacune de ses *bêtes* (c'était le sobriquet dont elle gratifiait les gens de lettres qui composaient son cercle habituel). Un des amis de cette dame, l'abbé Galiani, de folâtre mémoire, appelait son *cher marquis aux culottes mouillées* ce bon M. de Croismare, qui donna créance entière à la fable de *La Religieuse* de Diderot. Ces sobriquets étaient alors du ton de la bonne compagnie.

Vers cette époque, la dynastie de Hanovre, qui régnait en Angleterre, et qui voulait mettre à la raison les montagnards d'Ecosse, crut trouver pour cela un moyen infaillible, en leur ordonnant de porter des culottes. L'ordre parut tyrannique aux compatriotes de Walter Scott; ils firent tout ce qu'ils purent pour l'éluder, et les moins récalcitrants, fidèles à la lettre des règlements, portèrent leurs culottes...... au bout d'un bâton. Sans doute que les révolutionnaires de 89 attachaient aussi à ce vêtement des idées de dépendance, puisque les plus intrépides champions de la liberté adoptèrent le nom de *sans-culottes*, expression heureuse, que l'on consacra dans le calendrier de la république par l'institution des *sans-culottides*! Plusieurs de ces Publicola, devenus courtisans de l'empire, ne se firent pas prier pour reprendre la culotte, qui, malgré les empiétements du *pantalon* doctrinaire, garde son caractère monarchique. Voilà où en est notre siècle. La culotte tiendra-t-elle ou faudra-t-il qu'elle disparaisse après avoir été inutilement *restaurée*? L'avenir a seul le mot de ces mystères : attendons !

La culotte a été chantée plus d'une fois par les poètes. Parmi les fabliaux publiés par Barbazan et Méon, et dont Legrand d'Aussy a fait des extraits, on lit celui des *Brates du Cordelier*. Ce sujet a été bien souvent reproduit, ainsi que l'observait l'ex-inspecteur général des études Noël, qui conserva toujours une innocente prédilection pour l'érudition érotique. Le *Brache di san Griffone* est un des plus jolis contes de Casti : il y a joint la naïveté de La Fontaine à la finesse de Voltaire. Avant lui, un poète de l'Allemagne, Euticius Cordus, avait tourné en vers latins cette anecdote tant soit peu grivoise, recueillie à ce titre par Henri Estienne, dans son *Apologie pour Hérodote*, dans les *Nouvelles* de François Sacchetti, de Sabadino et de Masuccio de Salerne, ainsi que dans les *Lettres Juives* du marquis d'Argens et le *Passe-Partout de l'Église romaine*. Le chevalier de la Tour, faisant un conte de morale à ses filles, n'oublie pas la même historiette, mise en œuvre plusieurs fois sous le titre de la *Culotte de saint Raymond de Pennafort*. Le fond de tous ces récits semble être pris du neuvième livre des *Métamorphoses* d'Apulée. Mais dans cet auteur c'est une *tunique*, et non d'une *culotte* qu'il est question.

On appelait autrefois *culottes d'Aristote* l'espèce d'épitoge que portaient sur l'épaule gauche les docteurs ès-arts, quand ils étaient en robes. Tout le monde sait ce que c'est qu'une *culotte de bœuf* ou de *pigeon*, la *culotte d'un pistolet*, la *culotte de chien*, la *culotte de suisse*, etc.

De REIFFENBERG.

A plusieurs époques les femmes ont voulu porter la *culotte*, non pas cette culotte *figurée* dont le sexe barbu a fait un insigne de sa prétendue prééminence : peu de femmes se sentent la force de la porter celle-là et parfois, convenons-en, il faut bien que la femme la revête, si l'on veut qu'il y en ait une dans le ménage; mais tout simplement ce vêtement à jambes qu'on nomme encore *caleçon* ou *pantalon*. Lorsque le beau sexe a l'esprit de cacher ses empiétements sous une jupe, les hommes ne trouvent rien à dire ; seulement ce que sexe jaloux ne peut supporter, c'est que ce vêtement nécessaire accuse au grand jour des formes arrondies. Les bloomeristes se sont tout dernièrement encore soulevées contre cette prétention du monopole des culottes, et l'on a vu des femmes se promener à Londres portant une espèce de veste justaucorps ou *caraco*, ouvert sur la poitrine, laissant voir un gilet boutonné, avec des manches plates, une jupe très-courte, des pantalons très-larges au genou, serrés à la cheville, bouffant sur des bottes hongroises, et une coiffure tenant le milieu entre le chapeau d'homme et le chapeau de femme. Il y en avait qui portaient la veste brodée et le col rabattu; d'autres, des souliers de maroquin avec des boucles. Nous avions eu à Paris en 1848 des Vésuviennes, qui portaient aussi la culotte, et les bals masqués nous ont toujours offert des titis féminins fort bien culottés. Les plus hardies des réformistes de Londres se mirent un jour en campagne, essayant de la propagande à la mode britannique, en cabriolet, se faisant descendre dans Piccadilly, se promenant dans le parc, et y distribuant de petits papiers, faisant appel *aux mères, aux femmes et aux filles*. Elles fondèrent même une société qui siégea à l'Institut Littéraire, près de Fitzroy-Square, où les Chartistes se réunissaient autrefois. Une dame Dexter, qui paraissait être à la tête de la ligue, expliqua une fois en séance publique la nécessité et l'utilité de la réforme du costume des femmes :

« On conviendra, dit-elle, que la toilette des femmes rentre entièrement dans le domaine de la femme. Et cependant, tout ce qui s'écarte de l'usage est regardé avec méfiance. Il fut un temps où une femme à la mode était obligée de s'amasser des édifices sur la tête. A une autre époque, elles se sont soumises à étendre leur circonférence naturelle avec des paniers qui les empêchaient de passer par les portes. Il était réservé à la nation anglaise de pousser à l'extrême l'absurdité d'un costume qui sacrifie annuellement des milliers des plus belles œuvres de la nature. Je veux parler de cette mode infernale des corsets.... Parlerai-je des longues jupes? Un jour de pluie, c'est un vrai panorama vivant ; cela nous donne plus de mal à porter qu'un *baby*. Et notez bien que c'est aussi incommode par le beau que par le mauvais temps; car, par un beau jour, nos longues jupes balaient la poussière. Qu'est-ce qui nous prive du libre exercice de nos membres ? Nos jupons. Nous ne pouvons pas nous aller promener librement dans la campagne. Pourquoi ne pourrions-nous pas aller prendre une baie sans l'assistance d'un mari ou d'un amant ? N'avons-nous pas assez d'élasticité dans notre constitution ? Figurez-vous Vénus offerte à l'admiration des hommes avec des formes soutenues par de la baleine ! La difformité est une conséquence de la civilisation. Les femmes grecques d'aujourd'hui portent des pantalons et des jupons courts. Tout notre mal vient de ce que nous empruntons nos notions de la beauté aux anciens. Nous en sommes toujours aux Grecs et à leurs imitateurs les Romains...... Les femmes de la Géorgie, de la Circassie et de l'Inde, la moitié des femmes du monde n'ont jamais vu que des pantalons ; et je suis bien sûre de n'être pas toute seule à en porter. En Amérique, on se demande de quel droit les hommes portent seuls des culottes. En Chine, les hommes qui portent des robes, et les femmes des pantalons... On pourra m'accuser de hardiesse ; mais la hardiesse n'est pas l'immodestie. Il y a des personnes qui se trouvent mal devant une araignée et qui avaleraient un chameau. J'en appelle à tout homme qui a eu l'occasion de marcher derrière une femme un jour de grand vent, et je lui demande si notre toilette actuelle a droit au monopole de la décence.

Jusqu'à l'âge de quatorze ans, le costume qu'on appelle immodeste est très-bien porté; mais le lendemain on le trouve inconvenant. Il est temps que les principes de philosophie qui caractérisent notre époque, soient appliqués à la toilette. Je pourrais prouver au besoin que le costume des hommes est absurde... »

A toutes ces belles choses que répondre? *Cedant arma togæ*. Que les hommes s'inclinent devant les jupes! Cependant la réforme n'a pas eu de succès. Il faut tant de temps pour détruire les abus!   L. LOUVET.

CULOTTES (Bill des). A l'époque de l'insurrection des colonies anglaises de l'Amérique du Nord, quelques *loyalistes* avisèrent qu'il était inconvenant de voir les soldats de Sa Majesté appartenant aux régiments d'infanterie écossaise et recrutés généralement dans les montagnes d'Écosse persister à n'avoir, comme c'est encore le cas aujourd'hui, pour tout habillement, depuis les hanches jusqu'aux pieds, que des brodequins à la grecque, et un tonnelet flottant autour de la ceinture. Interprètes fidèles de leurs regrets, des membres ministériels de la chambre basse, crurent devoir saisir les Communes d'une proposition ayant pour but de mettre un terme à ce scandale et que les plaisants nommèrent bien vite le *bill des culottes*. Depuis la fameuse discussion ouverte dans le sénat romain, pour savoir à quelle sauce on mettrait le turbot de Domitien, aucune assemblée délibérante ne s'était occupée d'un aussi grave objet. Seulement nous n'avons qu'un poëte satirique pour garant du fait, tandis que les journaux anglais attesteront l'autre à la postérité.

Sir Philips Jenning Clerke fut un des orateurs qui appuyèrent le plus fortement le bill proposé. Il rappela que déjà, sous le règne de Georges II, un autre bill avait ordonné aux montagnards écossais de porter des culottes; mais comme en Angleterre on n'est jugé sur la lettre de la loi, les montagnards portèrent leurs culottes sous le bras ou sur leur épaule, et bientôt le bill fut oublié. Sir Philips Clerke représenta vivement la nécessité de le remettre en vigueur. Il invoqua, dans sa péroraison, la morale, la décence, et demanda enfin que, « si l'on jugeait que l'habitude de voir des gens si peu vêtus mettait suffisamment à l'abri la pudeur des dames écossaises, du moins en-deçà de la Tweed (rivière qui sépare l'Écosse de l'Angleterre), rien ne devait blesser les plus chastes regards. »

L'avocat des culottes fut rigoureusement réfuté par le marquis Graham. Ce seigneur attaqua le bill comme contraire *au privilége acquis aux Calédoniens par la prescription la plus immémoriale*. Il fit valoir l'aversion innée de ce peuple fier pour toutes sortes d'entraves; il démontra combien cette mesure était impolitique, et quelles révoltes, dans beaucoup de pays, avaient suivi les changements qu'on avait voulu établir dans les costumes ou les vêtements de leurs habitants.

Cette fois, l'expérience des siècles ne fut point perdue, et, après plusieurs séances, où toutes les raisons pour ou contre furent mûrement examinées, au grand scandale des rigoristes, et malgré les vœux secrets des tailleurs, le *bill des culottes* fut rejeté et les montagnards écossais maintenus dans l'antique privilége de combattre presque *in naturalibus* les ennemis de la Grande-Bretagne.

CULOTTES DE PEAU, expression figurée que l'Académie n'a pas encore admise dans son Dictionnaire, mais qui ne peut manquer d'y trouver place un jour. Jadis comme aujourd'hui, certains corps privilégiés, composés de vieux soldats, tels que la maréchaussée, le guet à cheval, la gendarmerie, la garde de Paris, etc., etc., portaient la culotte de peau , blanche ou chamois. De là vint l'habitude de confondre cette partie de l'uniforme avec l'homme qui en était revêtu , et de dire indifféremment : un soldat de la maréchaussée, ou un soldat du guet, ou un gendarme, ou un garde de Paris, ou une culotte de peau, aucune apparence de raillerie ne s'attachant, du reste, en aucun temps, le ciel nous en est témoin , à cette très-innocente figure de rhétorique. Des gendarmes passa à tous les vieux soldats, qu'elle embrassa en bloc. On les appela *culottes de peau*, comme Napoléon le Grand les avait appelés *grognards*, et certes la première de ces dénominations est encore moins attentatoire peut-être à l'honneur de nos immortels héros que la seconde , dont il est sans cesse question.

Nous avons ri des voltigeurs de Louis XVI, nous avons ri des vieux grognards de Napoléon, rions aussi de ses vieilles culottes de peau, en attendant qu'à leur tour les fils et petits-fils des unset des autres prêtent à rire à ceux qui viendront après nous.

CULPABILITÉ (du latin *culpa*, faute). A la différence de la criminalité, qui caractérise le fait, la culpabilité ne s'attache qu'à l'homme, au prévenu ; seulement elle constitue, comme elle, l'un des points de la vérification criminelle.

La magistrature exercée par le jury se trouve résumée dans ce seul mot : la *culpabilité*. Or, la culpabilité réside tout entière dans l'intention de celui qui a agi ; ainsi, lorsqu'on pose au jury cette question : Tel prévenu est-il coupable de tel crime? on ne lui demande pas si le fait est en lui-même criminel, ou si le prévenu a commis le crime qui lui est imputé ; mais encore s'il l'a commis avec une intention criminelle, dans la plénitude de sa raison ; car si un individu commet un acte criminel sans qu'il y ait de sa part aucune intention coupable, il pourra bien y avoir un malheur à déplorer, il pourra même y avoir lieu à des réparations civiles ; mais il n'y aura point de coupable à frapper. C'est ainsi que la loi se refuse à regarder comme coupables les insensés, les enfants qui ont agi sans discernement, et qu'elle admet différentes excuses pour des actes en eux-mêmes criminels.

CULTE. On rend on *culte* à tout ce qui paraît vénérable : à ce titre, qui plus que la Divinité a droit à nos hommages? Nous nous sentons sous l'ascendant d'une puissance suprême, à qui tout dans la nature doit son origine : un instinct primitif lui rapporte l'ordre qui nous frappe dans l'univers, le bienfait de son existence, et tous ceux qui tendent à la conserver ou à l'embellir. Nous l'invoquons pour qu'elle nous délivre de tout ce qui nous fait souffrir. Ces sentiments sont inhérents à la nature de toute créature humaine. L'homme est une créature religieuse. Ce pieux instinct et la faculté de perfectionner sa raison, jusqu'à comprendre et pratiquer la loi du devoir, sont les attributs qui l'élèvent au-dessus des animaux. Sa beauté, son adresse, n'y sauraient suffire ; sa force morale seule fait sa prééminence et imprime à tous ces dons un sceau divin. Le culte de la Divinité est donc le premier de nos devoirs et de nos besoins. Ainsi, l'origine de tout culte est dans notre cœur ; l'amour et l'adoration sont des mouvements spontanés de notre âme.

On confond souvent, dans le langage, le *culte* et la *religion*. Ce sont cependant deux choses différentes : la religion, c'est la croyance, le *culte*, c'est l'hommage. On adore Dieu parce que l'on y croit; mais ces deux actes étant inséparables, ou du moins le plus souvent simultanés, l'usage qui les réunit par une expression commune n'a rien que de naturel et de légitime. L'adoration suppose la foi, et *vice versa*.

On a cherché bien loin l'origine des cultes, parce qu'on a voulu l'attribuer à des causes purement humaines; des poëtes et des philosophes ont prétendu que la crainte avait fait les dieux :

Primus in orbe deos fecit timor.......

Pour nier le sentiment religieux, pour repousser l'idée et l'instinct innés d'une puissance suprême, on a invoqué tour à tour toutes les maladies et les infirmités de l'esprit humain, les stupides hommages rendus par les noirs de l'Afrique, ou par des tribus sauvages et barbares de l'ancien et du nouveau monde, à des fétiches de toute espèce; les erreurs plus relevées du culte des astres (le sabéisme), les illusions plus nobles encore du culte professé par une reconnaissance aveugle pour les hommes d'un ordre supérieur (l'anthropolâtrie, trop souvent dégénérée en idolâtrie). Enfin, Dupuis n'a voulu voir que le sabéisme dans tout l'univers. Pour lui, l'astronomie est l'explication unique de toutes les croyances, et le Napoléon égyptien, Sésostris, devient le soleil. Sans doute, la superstition est une maladie de l'esprit humain, permise, comme les maux physiques, par l'ordre providentiel qui régit le monde. Que la barbarie soit une lèpre inhérente à l'enfance des sociétés, ou que, suivant les plus antiques traditions, les peuples soient tombés d'un état de prospérité et d'intelligence dans les ténèbres de l'ignorance et d'une grossièreté farouche, toujours est-il qu'à l'exception d'un seul, l'histoire nous les montre se débattant au milieu de ces ténèbres, ne s'arrachant qu'avec peine à de stupides et honteuses pratiques, et ne parvenant qu'à l'aide de progrès lents et pénibles, à épurer leurs croyances et leurs cultes. Mais, comme la maladie, toujours accidentelle et passagère, atteste l'état normal du corps humain, la santé, de même les infirmités de l'esprit et de l'âme, les superstitions, servent à la fois de preuves et de transition pour l'état régulier de l'homme normal, une religion pure et un culte raisonnable.

Au fond de chaque superstition il y a toujours, en effet, un sentiment religieux qui s'égare; c'est la Divinité dont les antiques peuplades de la Grèce et les Gaulois, nos ancêtres, croyaient sentir la présence lorsqu'ils adressaient leurs hommages aux montagnes, aux fleuves et aux forêts, quand ils plaçaient leurs dieux sur l'Olympe, le mont Ida, le mont Cyllène; quand ils écoutaient les chênes fatidiques de Dodone, les oracles d'Apollon au pied du Pinde; lorsque les navigateurs hellènes invoquaient le trident de Neptune, dominateur des mers, le vieux Protée, pasteur prophète des troupeaux marins, Amphitrite et Thétys, reine des eaux, les Tritons, les Néréides et tous ces dieux, toutes ces déesses, à qui l'imagination riante des Grecs donna des urnes d'où l'onde s'épanchait en fleuves et en rivières. Quand il implore son fétiche, le noir Africain ne fait aussi rien moins que lui attribuer la toute-puissance éternelle, dont il a l'instinct confus, et dont la protection est pour lui aussi un besoin de tous les moments. Tout au moins, cet instinct stupide décerne-t-il à son informe idole une part à l'omnipotence divine. Plus intelligent que le nègre, le sauvage de l'Amérique s'élève jusqu'à l'idée du grand esprit qui règle le monde. S'il est quelques tribus malheureusement placées au plus bas degré de l'échelle du genre humain, telles que les peuplades farouches de la Nouvelle-Hollande, et si ces agrégations de créatures déshéritées, rares et peu nombreuses, sont assez abruties par une férocité, compagne de l'extrême misère, pour n'avoir senti aucune étincelle de l'instinct religieux, ni éprouver le besoin d'aucun culte, comme le prétendent quelques voyageurs, que conclure de ces anomalies contre des sentiments universels, dans tous les âges, et chez tous les peuples connus? Ce n'est pas la pierre, le bois, la hache auxquels ils rendent un culte, qu'adorent encore les noirs et les sauvages, comme autrefois les Pélasges, les Germains et les Celtes. Le talisman dont l'Indou ou le Musulman croient s'approprier la vertu, la relique et l'amulette que le paysan portugais, espagnol ou calabrais vénère et conserve précieusement comme des préservatifs certains contre tous les dangers et tous les maux, ne sont pas les objets réels de leur foi, ni de leur culte. Ce qu'ils honorent dans ces impuissants simulacres, c'est la toute-puissance de la Divinité, dont leur faiblesse réclame l'appui, et que leur folle superstition a incorporée dans ces idoles. C'est toujours vers la Divinité que remonte le culte le plus grossier.

Par malheur, le fétichisme, ou l'adoration des objets inanimés, qu'un aveugle instinct rend dépositaires du pouvoir divin, n'est pas seulement une infirmité des sociétés dans leur enfance primitive. Ce culte, inventé par une crédulité insensée, s'est propagé jusqu'à nous. Il faut des miracles absurdes à qui ne comprend pas les merveilles de l'univers. Aussi, ce ridicule fétichisme maintient-il son empire au milieu des sociétés en apparence les plus civilisées; il s'y montre, au sein des classes livrées par l'ignorance et la peur à l'ascendant des vieilles traditions et des anciens préjugés. Sans parler des deux péninsules, où la lumière a encore fait si peu de progrès dans la multitude, combien de superstitions empreintes de cette lèpre se retrouvent aujourd'hui même en Allemagne, en France et dans la Grande-Bretagne? Qui ne connaît les pratiques demeurées en vigueur parmi nos cultivateurs bas-bretons? Ces pratiques d'un déplorable abrutissement ne sont pas plus rares parmi les paysans de l'Irlande, de la principauté de Galles et du comté de Cornouailles.

Quant au panthéisme, il ne fut d'abord que le rêve d'une philosophie encore dans l'enfance, puisqu'elle n'adresse réellement son hommage qu'à un effet sans cause; mais des peuples naissants ne marchent pas si vite. Ils s'arrêtent aux phénomènes qui les frappent davantage. Ils commencent par éparpiller, pour ainsi dire, la toute-puissance, et reconnaissent une divinité pour chaque phénomène dont ils n'aperçoivent pas la raison. Ainsi procédèrent l'antique Égypte, la Phénicie et ensuite la Grèce. Chaque œuvre éclatante, utile ou bienfaisante de la nature, eut, pour l'accomplir ou la diriger, un dieu ou une déesse: Apollon guida le char du soleil; Diane présida au cours de la lune; l'Aurore ouvrit les portes de l'Orient; Cérès, l'institutrice de Triptolème, régla les moissons; Pomone, les vergers; Bacchus, les vendanges; chaque fleuve s'écoula de l'urne d'un dieu, et chaque fontaine fut alimentée par sa naïade. Ainsi se constitua par des fables ingénieuses la gracieuse mythologie des Hellènes. Remarquons toutefois que les astres, les phénomènes, les œuvres de la nature, n'étaient pas, non plus, les vrais objets de leur culte. Ce furent les divinités à qui leur pensée en avait déféré la surveillance, qu'ils adorèrent. Si leur fantaisie créa des dieux qu'elle multipliait à l'infini, elle ne décerna la divinité qu'à l'intelligence, et elle lui donna la bienfaisance pour principal attribut. Ce peuple spirituel n'oublia pas, non plus, qu'à tant de puissances égales et secondaires il fallait un régulateur suprême, et Jupiter fut proclamé le père et le maître des dieux.

En vain Dupuis et d'autres savants se sont-ils épuisés en conjectures plus ou moins plausibles; en vain se sont-ils efforcés de rapporter les mythes et les cérémonies de tous les cultes anciens au cours du soleil et de la lune, à l'action incessante du soleil sur notre globe, et aux harmonies naturelles des phénomènes astronomiques avec les travaux de l'agriculture. Sans doute, on reconnaît dans les allégories phéniciennes, égyptiennes et grecques, dans les fêtes, les jeux et les actes d'adoration, institués en l'honneur des principales divinités de ces temps antiques, la vive empreinte de la vénération populaire pour les astres, dont la marche régulière dans l'espace, présidant à celle de l'année et des saisons, semble destinée à diriger les labeurs de notre vie, le soleil surtout, ce moteur puissant de notre système planétaire, cette immense fournaise d'où jaillissent le feu, et se répandent de toutes parts le feu, la chaleur et la lumière, sources fécondes et éléments vivificateurs de toute existence physique, devait être célébré par les peuples primitifs comme l'astre bienfaisant qui entretient la vie sur la terre par la fertilité qu'il y alimente. Mais si ces peuples décernaient des hommages aux sphères célestes, il ne s'ensuit nullement, comme on a voulu le faire croire, que la saison des chaleurs fût à leurs yeux le bien unique, et l'hiver le mal absolu. Leurs idées s'étendaient plus loin, et leurs allégories, comme les prescriptions de leurs cultes, avaient des relations bien plus intimes avec les grands mystères de la vie humaine, le bien et le mal moral, qu'avec le bien-être et les souffrances de la nature organique. La fable d'Osiris et du Typhon, chez les Égyptiens, les mythes de Pandore et de Prométhée, celui d'Apollon et du serpent Python, les Euménides, vengeresses des crimes, la résignation au Destin et à ses arrêts inflexibles, chez les Grecs, ont une tout autre portée que celle où prétend les renfermer un système d'interprétation qui ne séduit souvent par une apparence de clarté que parce qu'il s'arrête aux superficies.

Deux religions seules ont consacré le culte exclusif du soleil, ou plutôt le culte du feu, principe vivifiant du monde, et dont cet astre semble être la source. Ces religions sont celles de Zoroastre ou des Mages, et celles des Incas. Le culte du feu et du soleil, son emblème, fut adopté par les Perses, dont les descendants, vaincus et persécutés par les disciples de Mahomet, se sont disséminés dans l'Asie, et sous le nom de Guèbres et de Parsis, conservent encore les traditions de leurs ancêtres avec les livres et les préceptes de Zoroastre. Toutefois, le prophète législateur de l'antique Iran avait reconnu l'intelligence éternelle et suprême ordonnatrice de l'univers. La puissance d'Oromase, vainqueur d'Ahrimane, le génie du mal, était le fondement de sa loi. Le législateur du Pérou, Manco-Capac, s'annonçant à des peuples enfants, qu'il voulait civiliser, comme le fils du soleil, préparait ainsi des imaginations susceptibles de vives et douces émotions à recevoir ses bienfaits et à honorer dans le sceptre tutélaire de ses descendants une émanation du roi des sphères célestes, dont la chaleur féconde rend la terre prodigue de ses dons. Le culte donné aux Péruviens par les Incas consacrait en eux la double autorité du sacerdoce et de la royauté, en faisant remonter leur origine au soleil, qu'ils leur présentaient comme le père visible de la nature. Mais ce grand astre, chez les Péruviens, n'était l'objet des hommages populaires, ainsi qu'autrefois chez les Perses, que parce qu'il personnifiait aux yeux de ces peuples les principaux attributs de la Divinité : l'intelligence, la bonté et la toute-puissance éternelles.

Après avoir doué de l'omnipotence divine, d'abord, d'informes idoles, puis le soleil, les étoiles et les planètes, puis enfin la nature entière, il ne restait plus à l'homme, dans ses erreurs, qu'à diviniser l'homme même. Au moins, cette illusion nouvelle de la reconnaissance eut-elle un caractère de générosité et de noblesse. Qu'y a-t-il en effet qui se rapproche plus de la Divinité que la vertu et la bonté, et qui, après elle, a plus de droit à nos hommages? Le génie, la force, le courage, les talents, qui se dévouent pour le bien des peuples, n'ont-ils pas quelque chose de divin, et le culte décerné à ceux par qui la Divinité semble s'être fait représenter sur la terre, n'atteste-t-il pas un sentiment pieux? Les sages, les héros, les législateurs, les chefs des nations, instituteurs et protecteurs des sociétés humaines, n'ont-ils pas puisé dans leur commerce avec la Divinité ces inspirations sublimes, sources de lumières et de prospérités nouvelles? Si donc la toute-puissance divine a signalé à l'admiration du monde, en leur prodiguant ses dons les plus précieux, comment s'étonner de voir ces bienfaiteurs de l'humanité obtenir des autels? En outre, l'enthousiasme pour ces grandes âmes ne s'est pas toujours complètement égaré, et chez presque tous les peuples la raison universelle a su imposer des bornes à la reconnaissance. Rarement a-t-on confondu dans les hommages publics les bienfaiteurs des nations et la Divinité. Si, dans l'Inde et dans l'Égypte, des héros et des rois furent élevés au rang des dieux, la Grèce, plus éclairée jusque dans ses apothéoses, ne plaça qu'à un degré inférieur Hercule et ses émules de gloire : elle se contenta de les honorer comme des demi-dieux. Rome, tant qu'elle fut libre, chérit et vénéra la mémoire de ses grands citoyens, mais elle n'en déifia aucun. Les honneurs divins décernés aux empereurs furent l'œuvre de la flatterie, compagne de la servitude. La sagesse des Chinois, en consacrant un culte à Confucius pour avoir fondé parmi eux la morale et le respect des lois, ne l'a point proclamé l'égal du *Tien*. Mahomet, l'objet de la vénération des musulmans, n'est cependant à leurs yeux que le prophète inspiré par Allah, qui l'a choisi pour être l'interprète de ses volontés, comme autrefois Moïse avait été l'élu du Dieu d'Israël. Ce fut sous le même aspect que le Christ fut offert aux hommages des nations par Arius et Socin, et il s'en fallut de peu que cette croyance ne devînt celle de l'église. On sait pendant combien de temps la doctrine d'Arius partagea le monde chrétien. Quant au culte que les anciens rendaient à leurs demi-dieux, il est impossible d'en méconnaître l'analogie avec celui que les églises chrétiennes rendent aux saints.

Tandis que toutes les nations s'abandonnaient aux illusions de l'idolâtrie et du polythéisme, un peuple nous apparaît qui, dès la plus haute antiquité, s'élève à l'idée d'un seul Dieu créateur, ordonnateur et conservateur de l'univers. Selon les traditions de ce peuple, le premier de ses ancêtres, sorti de la Chaldée pour aller s'établir avec sa race dans le pays de Chanaan, a fait alliance avec l'Éternel. Le pacte s'est conclu entre le pasteur chaldéen et l'ange du Seigneur, organe des volontés divines. Ce père des Hébreux, qui le vénèrent sous le nom d'Abraham, et que tout l'Orient révère encore sous celui d'*Ibrahim*, a juré au Seigneur fidélité pour lui et ses descendants. L'ange, en retour, a promis, au nom du Seigneur, protection spéciale à Abraham et à son peuple. L'objet de ce pacte entre la toute-puissance divine et sa créature, c'est la foi à *celui qui est* (*ego sum qui sum*), au Dieu unique, éternel, à l'intelligence sans bornes et souveraine de la nature : c'est le culte pur et exclusif du Tout-Puissant, et la répudiation de tout culte idolâtre. La fidélité de la race d'Abraham, sa persévérance dans sa foi et dans ses hommages, sont les gages et les conditions de la protection divine. Ainsi, dans la religion des patriarches une foi la plus simple et en même temps la plus sublime des croyances. Elle se maintiendra désormais, et, triomphant de tous les obstacles, elle se perpétuera à travers les siècles. Par la volonté divine, la pureté, la simplicité de cette croyance, qui en fait la grandeur, est confiée à tout un peuple, et non pas, comme en Égypte et dans la Grèce, à un petit nombre d'initiés et à quelques sages. En Israël, là seulement, l'Éternel est le Dieu populaire, le Dieu des puissants et des faibles, des savants et des ignorants, et le culte des Hébreux est aussi simple que leur croyance. Des cantiques, des prières, l'offrande des prémices de l'agriculture, des sacrifices, qui ne sont que la consécration de la chair destinée à la nourriture de l'homme, voilà les rites, symboles de la foi et de la reconnaissance publique dans le culte patriarcal.

Le culte des Hébreux fut donc, dès la plus haute antiquité, destiné à une protestation perpétuelle contre les aberrations des autres peuples. Ce fut un monument conservateur des croyances nécessaires au genre humain, et des manifestations les plus simples de sa piété. Ce fut enfin le drapeau autour duquel toutes les nations devaient un jour se rallier dans leurs hommages à l'Éternel. L'ordre de ce monde ayant imposé pour condition à la découverte et à la propagation des plus hautes vérités, le progrès, qui ne s'accomplit qu'à l'aide de travaux et d'efforts pénibles, il fallait bien que le vrai par essence se rencontrât quelque part. Il était donc nécessaire, dans le système régulateur du genre humain, qu'un peuple reçût le dépôt d'une croyance pure et d'un culte admirable dans sa simplicité, qui fût offert en exemple aux autres peuples. L'esprit du culte patriarcal, rendu plus solennel et corroboré par la loi de Moïse, s'il ne put triompher constamment de la dureté native du peuple hébreu, lui donna au moins des hommes vertueux, de grands hommes et des prophètes dont le génie poétique a puisé dans des inspirations vraiment divines une sublimité de sentiments et d'idées, une grâce naïve et une touchante mélancolie qui l'élèvent autant au-dessus des autres poètes que le culte du cœur et de l'intelligence est au-dessus des cultes enfantés par les rêves d'une imagination en délire. Josué, David, Salomon, Isaïe, Daniel, Jérémie, se sont placés au premier rang entre les plus hautes renommées par leurs actions et par les œuvres de leur esprit.

Nous arrivons à la croyance et au culte les plus parfaits. La foi chrétienne, telle que nous la présente l'Évangile, se résume tout entière dans ces paroles du maître : « Aimez Dieu par-dessus toute chose, et votre prochain comme vous-même ; voilà la loi et les prophètes. » Et l'évangile du Samaritain nous apprend que notre prochain, c'est le genre humain tout entier. La Divinité est le premier objet de notre amour ; les hommes sont tous égaux devant elle, et tous solidaires les uns des autres. Voilà les lois de la nature morale, qu'aucune religion, aucune philosophie, n'étaient encore venues nous révéler d'une manière aussi précise et aussi complète. Nulle secte religieuse, nulle école de sages, n'avait encore prescrit ces lois avec autorité, comme les premières règles de notre vie, comme les conditions essentielles de notre moralité. Et quelle sanction le Christ donne-t-il à sa loi? la plus puissante de toutes, son exemple, une vie d'innocence, de bienfaisance et de dévouement : *Transiit bene faciendo* ; une abnégation complète de tout intérêt humain, une sagesse admirable, un courage inébranlable dans la prédication de la vérité et dans la censure des vices et des oppresseurs publics ; une patience à toute épreuve pour toute arme contre l'injustice, le dédain, les malédictions insensées, la persécution ; enfin la mort la plus ignominieuse et la plus cruelle, précédée de tous les genres de souffrances. Comment, à tous ces traits, ne pas reconnaître un caractère divin ? Après l'amour de la Divinité et de nos semblables, et comme corollaire, le dogme fondamental du christianisme est que l'ordre violé dans ce monde s'accomplit dans un autre. C'est la foi à l'immortalité de l'âme et à la nécessité de tous les sacrifices pour la purifier. Voilà la doctrine de l'Évangile, dégagée de toute controverse et d'accord avec la philosophie ; ainsi, le progrès de toute application loyale au régime des sociétés humaines doit être la mesure et l'instrument de tous les progrès. Il ne faut plus que le culte des chrétiens reste en dehors de la vie sociale ; il faut qu'il la pénètre et qu'il l'anime tout entière. Ce qui est nécessaire, c'est qu'il soit mieux compris et que la pratique en soit plus large et plus vraie.

A une croyance épurée il fallait un culte sincère. Aussi le Christ déclare-t-il qu'il est venu pour faire adorer Dieu *en esprit et en vérité*. C'est le culte du cœur qu'il recommande. Il poursuit de ses censures vigoureuses tous ceux qui croient satisfaire à la loi en s'attachant à la lettre et aux formes, sans s'inquiéter de l'esprit, et en négligeant les sentiments et les œuvres qu'elle exige. Il est des erreurs innocentes qui se lient à une foi sincère. Pourquoi envier aux cœurs simples des illusions qui ne portent aucune atteinte à la morale? Qui nous prouve d'ailleurs que tout, dans les croyances repoussées par une raison dédaigneuse, soit pure illusion? Que savons-nous de l'ordre établi hors de ce monde et de ses relations possibles avec celui-ci? Les chants religieux, les rites symboliques, la splendeur des temples, la richesse des ornements et des vêtements sacerdotaux, la pompe des cérémonies, tout ce qui agit puissamment sur les sens et sur l'imagination, tend sans doute à exalter la dévotion, quand tout cet appareil extérieur s'adresse à une multitude pénétrée d'une foi vive et sincère. Autrement, tout ce faste n'est plus qu'un vain spectacle. On a reproché aux communions chrétiennes dissidentes la sécheresse de leurs cultes ; et en effet, les temples sans ornements, le chant des psaumes, des dissertations morales, ou des improvisations pieuses, à la manière des quakers, lorsqu'ils se sentent inspirés, n'ont rien de ce qui peut produire des impressions fortes. Cependant, il faut d'abord prendre garde que l'exaltation causée par les pompes et par les cérémonies du culte ne devienne dangereuse en excitant le fanatisme, ou que l'accessoire, les formes du culte, n'en fassent oublier l'objet. Il ne faut pas, non plus, que les ministres du Seigneur s'emparent de l'attention et de l'esprit des fidèles, au point de leur faire perdre de vue l'hommage dû uniquement au maître de l'univers, et les croyances pour lesquelles le culte a été institué. Une autre condition essentielle, c'est que les fêtes et les cérémonies pompeuses ne soient, ni de trop longue durée, ni trop fréquentes. Trop longues, elles fatiguent l'attention des fidèles et les livrent aux distractions, ou ne sont plus elles-mêmes qu'une distraction ; trop fréquentes, elles les détournent du travail, la première des lois imposées à l'homme, et qui, suivant le grand apôtre Paul, prime même la prière.

Quant aux pratiques de dévotion, ou aux croyances évidemment superstitieuses, le culte, dirigé par un esprit vraiment religieux, rejette les premières, dès qu'elles veulent se substituer à la sincérité de la foi et à l'efficacité des œuvres. Il condamne également les autres, si elles tendent à égarer l'intelligence, à abrutir l'esprit, à inspirer de vaines terreurs et à pervertir la conscience. Il n'est pas rare de croire que les superstitions doivent être ménagées, parce qu'elles se confondent avec la religion, dans l'esprit d'une multitude ignorante. En arrachant l'ivraie, comme parle l'Évangile, on court, dit-on, le risque d'arracher, en même temps, le bon grain. Il est trop vrai que de la superstition à l'athéisme il n'y a souvent qu'un pas. Celui qui croyait à tout ce qu'il y a de plus absurde, si sa foi aveugle lui est ôtée, ne croira bientôt plus à rien. Ne lui enlevez pas, ajoute-t-on, le bandeau sur le bord du précipice, de peur que l'éclat d'une lumière trop soudaine ne l'y fasse tomber. Ici s'applique encore la distinction entre les illusions innocentes et celles qui faussent la conscience après avoir égaré la raison. Indulgence pour l'espoir et la confiance des faibles, leur croyance reposât-elle sur des fondements peu solides, mais sévérité inflexible pour les erreurs corruptrices ; car il n'y a rien à gagner avec celles-ci : il y a, au contraire, tout à perdre pour l'humanité. L'histoire est remplie des perfidies, des fureurs et des cruautés d'une superstition fanatique. Défiez-vous aussi d'une crédulité stupide ; elle incline au vice et au crime. Le paysan de l'une des deux péninsules que la peur de l'enfer empêchera de dérober l'argent du propriétaire de son champ, attendra le voyageur inconnu, ou son ennemi, dans un défilé, pour le poignarder, et se croira quitte envers la justice éternelle quand il aura récité son rosaire au pied d'une madone.

La grande œuvre qu'il faut accomplir, c'est l'union de la philosophie et de la morale avec le christianisme. Ce qui reste à faire, c'est de ramener le prêtre à la philosophie et le philosophe à la religion. Toutes les convictions sincères ont droit au respect les unes pour les autres. Il n'en faut excepter que les opinions qui mettent la main dans le sac et dans le sang. C'est sur ce droit des convictions sincères qu'est fondée la tolérance des cultes, ou plutôt la liberté de toute foi religieuse et de toute forme d'hommage et d'adoration en commun, qui respectent les lois fondamentales de la nature et de la société. L'appel à une croyance, à un culte, n'est légitime que par les voies de la conviction et de la persuasion. Tout moyen coërcitif, toute violence, sont réprouvés par la raison publique. A moins de perturbations effroyables, qui semblent peu à craindre aujourd'hui, l'on ne verra plus la flamme des bûchers dévorer des victimes humaines, ni la prison et les tortures tourmenter ou punir, dans l'intérêt d'un culte, la pensée et la conscience.

AUBERT DE VITRY.

Culte, comme le mot *cultus*, dont il dérive, peut exprimer toute espèce de vénération, de respect, d'amour ; mais il désigne plus spécialement les devoirs de l'homme envers Dieu.

Le culte est *intérieur*, s'il n'est que l'élévation de l'âme vers la Divinité; *extérieur*, s'il se produit au dehors par des actes; *public*, s'il est l'expression des sentiments de la société. Le culte *d'adoration* n'appartient qu'à Dieu seul; les théologiens l'expriment par le mot *de latrie* (de λατρεία, service); mais il y a une sorte de culte *d'honneur* rendu aux saints comme amis de Dieu; puis un culte *de relation* adressé aux images qui les représentent. Au culte des saints est affecté le mot *dulie* (de δουλεία, service, servitude); et au culte de la Vierge le mot *hyperdulie* (de ὑπέρ, au-dessus).

En France chacun professe sa religion avec une égale liberté, et obtient pour son culte la même protection. La loi constate en outre *l'existence de certaines religions qui sont dites alors reconnues par l'État*; elle salarie les ministres des cultes catholique, réformé et israélite.

Tout rassemblement de citoyens pour l'exercice d'un culte quelconque est soumis à la surveillance de l'autorité, surveillance qui se renferme dans des mesures de police et de sûreté. Le Code Pénal (articles 260 à 264) punit de peines plus ou moins sévères, selon les circonstances, ceux qui mettraient des entraves au libre exercice des cultes par voies de fait ou par menaces, ceux qui y apporteraient du trouble et du désordre, et ceux qui outrageraient par paroles, par gestes le ministre d'un culte dans l'exercice de ses fonctions ou les objets du culte dans les lieux destinés ou servant actuellement à son exercice. En cas de vol commis dans un édifice consacré à un culte légalement établi, soit la nuit, soit par deux ou plusieurs personnes, l'édifice est assimilé aux maisons habitées et la peine est la réclusion.

Culte catholique. La base de la législation qui régit actuellement le culte catholique en France est la loi du 10 germinal an X, organique du Concordat de 1801. A la suite de discussions entre le gouvernement français et le gouvernement temporel du pape, un nouveau concordat fut conclu à Fontainebleau en 1813; mais le pape protesta deux jours après contre sa validité. La Restauration conclut une convention qui avait pour but le rétablissement du concordat de François Ier; cette convention, qui détruisait les franchises de l'Église gallicane fut repoussée par les chambres. Mais, pour satisfaire la cour de Rome, une loi fut acceptée par les chambres, le 4 juillet 1821, qui créait trente nouveaux siéges épiscopaux. Cette loi fut ensuite abrogée par celle du 28 juin 1833 qui rétablit la circonscription de 1802. Depuis de nouveaux siéges ont été rétablis.

Le territoire français est divisé en diocèses dont la circonscription est fixée de concert par le saint-siége et le gouvernement, et dont l'administration spirituelle est confiée à des archevêques et à des évêques, qui sont nommés par le chef de l'État et qui reçoivent du pape *l'Institution canonique*; il est subdivisé en paroisses ou cures qui sont administrées par des curés. Les curés sont nommés par les évêques, après l'agrément de l'empereur. Il y a au moins une paroisse par justice de paix et autant de succursales que le besoin l'exige. Un décret du 30 septembre 1807 a fixé ce nombre à 30,000, dont les desservants sont salariés. De plus on peut obtenir l'autorisation d'établir des chapelles ou annexes dans les succursales trop étendues. Les chapelles domestiques et les oratoires particuliers ne peuvent être établis sans une permission expresse du gouvernement, accordée sur la demande de l'évêque. Les seuls établissements ecclésiastiques permis avec l'autorisation du gouvernement sont les chapitres cathédraux et les séminaires. Il est établi des fabriques pour veiller à l'entretien et à la conservation des temples et à la distribution des aumônes. Le même temple ne peut être consacré qu'à un même culte. Aucune cérémonie religieuse ne peut avoir lieu hors des édifices consacrés au culte catholique dans les villes où il y a des temples destinés à différents cultes. Aucune fête, à l'exception du dimanche, ne peut être établie sans la permission du gouvernement.

Culte protestant. C'est la loi du 18 germinal an X qui règle les dispositions organiques des cultes protestants.

Les *Églises réformées de France* ont des pasteurs, des conseils presbytéraux qui administrent les paroisses, des consistoires locaux, des synodes, et un conseil central à Paris, institué par le décret du 26 mars 1852. Les *Églises de la confession d'Augsbourg* ont des pasteurs, des conseils presbytéraux et des consistoires locaux soumis aux mêmes règles que ceux des Églises réformées, des inspections, un directoire et un consistoire supérieur.

Culte israélite. Il a un consistoire central, des consistoires départementaux, des grands rabbins, des rabbins communaux et des ministres officiants.

Outre les cultes ci-dessus mentionnés et le culte musulman reconnu par la loi dans nos départements d'Algérie, il existe encore en France beaucoup de cultes qui ne comptent qu'un petit nombre de sectateurs. Ils rentrent dans la catégorie des sociétés ou associations diverses, soumises aux règlements de police et d'ordre public.

CULTELLATION (de *cultellio*, mettre à plomb, unir au cordeau), terme de géométrie employé par quelques auteurs pour désigner une méthode usitée en arpentage pour mesurer les terrains. Cette méthode consiste à prendre uniquement les projections horizontales des surfaces inclinées au lieu de leurs développements. Elle est fondée sur ce que la pousse des végétaux, s'opérant de bas en haut verticalement, un terrain en pente ne produit pas plus, en général, que ne produirait sa projection horizontale elle-même.

CULTÉRANISME. *Voyez* CULTORISME.

CULTIVATEUR. Ce mot ne désigne point, comme on serait tenté de le croire, tout homme dont la profession est de cultiver la terre. S'il n'est pas propriétaire du sol qu'il cultive, il n'est tout au plus que *fermier*, lorsqu'il entreprend à ses frais une exploitation rurale pour laquelle il paye au propriétaire un revenu; et s'il donne son travail en échange d'un salaire, c'est un *journalier*, *manœuvre*, *laboureur*, *jardinier*, etc., mais ce n'est pas un *cultivateur*. Il y a plus : le propriétaire d'un petit terrain qui cultive lui-même ce sol nourricier, qui l'arrose de ses sueurs et recueille avec délices les fruits d'un labeur assidu, intelligent et pénible, n'a pas encore le droit de prétendre au titre de *cultivateur*; pour qu'il soit élevé à cette dignité, on exige qu'il puisse rétribuer le travail d'autrui, qu'il ne se réserve que la direction, sans se livrer aux opérations manuelles. Veut-il s'élever encore plus haut, et devenir *agronome*? qu'il renonce à toute pratique, même pour la diriger; qu'il généralise les préceptes, qu'il remonte aux principes et rédige des théories.

Partout ailleurs qu'en agriculture, l'ouvrier est désigné par le genre de travail auquel il se livre : par quelle bizarre exception l'homme qui cultive la terre n'est-il pas un *cultivateur*? Si on veut que sa profession soit honorée, qu'on ne le confonde pas avec les hommes dont le travail n'exerce que les bras et n'exige aucune instruction. L'agriculture est un art savant; on y réussit mieux à mesure que l'on possède une plus grande partie des connaissances dont elle profite. Si la plupart des hommes livrés à la culture des champs ne sont considérés que comme des manœuvres, rien ne leur inspirera le désir d'acquérir ces connaissances, à moins que l'intérêt privé, plus clairvoyant que la législation et l'autorité publique, ne leur en révèle l'utilité. En mettant l'enseignement agricole à la portée de tous ceux qui en ont besoin, on fera en même temps des cultivateurs plus habiles et des citoyens; on augmente la richesse et la force de l'État. Un simple coup d'œil jeté sur l'ensemble de nos institutions suffit pour faire apercevoir que l'on est encore loin d'avoir acquitté la dette de la société envers l'agriculture.

On a donné le nom de *cultivateur* à une charrue destinée à faire les binages. Elle est plus légère que celles qui servent à labourer, et le soc y est disposé de manière qu'il ne retourne pas la terre, mais la laisse retomber dans le sillon qu'il a creusé. Cette charrue est quelquefois munie de deux socs, et devient alors un *double cultivateur*, instrument qui peut *ameublir* la terre sur une largeur de 0^m,65 sans qu'il soit nécessaire d'y atteler plus d'un cheval. Quoique son emploi soit recommandé par d'imposantes autorités agronomiques, il est encore trop rare en France ; l'exemple de l'agriculture anglaise devrait engager à l'adopter dans tous les pays de *grande culture*.   Ferry.

CULTORISME ou CULTÉRANISME. C'est le nom qu'on donne en Espagne à une certaine secte littéraire, ou, si l'on veut, à un certain *romantisme* particulier à ce pays. Né vers 1600, après l'âge héroïque de la nation et en dépit de Cervantès, le style raffiné (*estilo culto*) y prospéra jusqu'à l'avènement des lettres françaises, intronisées assez stérilement à Madrid par Philippe V, avec l'étiquette de Versailles. Entre Cervantès et Calderón, entre le seizième siècle et le dix-septième siècle, il y a eu en Espagne le *cultorisme*; il y a l'explosion du romantisme espagnol; il y a Gongora.

Le développement de l'imagination espagnole au seizième siècle avait eu quelque chose de féerique et de miraculeux, d'éblouissant comme le ciel d'Andalousie. Mais le despotisme politique et religieux qui pesait sur l'Espagne ne laissait pas les écrivains se former librement sur les grands modèles de l'antiquité. En outre, l'esprit public s'étant bientôt énervé et l'âme même de la nation affaissée, le grand style tendait à disparaître avec les grandes vertus. La décadence de la langue et du goût castillan fut brusque comme un coup de foudre. Vers 1600, Cervantes n'était pas encore mort de misère et de faim, et le classique Mariana achevait sa noble Histoire nationale, d'abord écrite en latin, lorsqu'un esprit vain et fantasque, étourdi et licencieux, impuissant à suivre les traces des maîtres, se mit à les siffler, à les combattre à outrance, et osa rêver de détrôner la grandeur et la vérité à force d'extravagance et de clinquant.

Gongora ne manquait ni d'imagination ni d'une certaine verve désordonnée; bientôt, environné d'une bande d'écoliers à peine échappés à la férule de l'Université, il protesta contre le goût ridicule du simple et du naturel, et son schisme eut un plein succès. Il nomma lui-même cette espèce de cénacle l'École des *Cultos* ou des *Raffinés*. Sa recette littéraire, le *cultorisme* ou *cultéranisme*, consistait essentiellement à ne s'occuper jamais que du style, et dans le style uniquement des mots. Il recommandait particulièrement d'abuser, 1° des néologismes ; 2° des inversions difficiles à saisir ; 3° des métaphores ; 4° des antithèses ; 5° des hyperboles, surtout et partout des hyperboles. Après cela, si une page était encore trop naturelle ou seulement intelligible, avec quelques solécismes par-ci par-là, et une ou deux bonnes impropriétés d'expression dont on la saupoudrait, il était facile de l'élever au haut goût, de lui donner la perfection *raffinée* convenable. Le lendemain, le public se moqua de cette folie; mais, le surlendemain, quelques pédants ayant crié, non au ridicule, mais à l'impiété, au sacrilège, en invoquant au lieu du goût et du bon sens, les vieilles lois d'Aristote, il arriva que Gongora trouva des partisans.

L'histoire des littératures modernes offre d'autres exemples de cette affectation et de ces niaiseries sonores. En Angleterre, avant Shakspeare, l'*euphuisme*, inventé par Lilly, infecta aussi un moment la cour ; la France eut l'hôtel Rambouillet, mais le *langage précieux* disparut vite devant Molière et Corneille. Le caractère particulier du *cultorisme* fut d'arriver, comme en Italie la manière de Marini, le lendemain du triomphe des maîtres en face des modèles, quand il n'était plus permis de se tromper qu'avec préméditation. Or, comme on l'a dit : « Le mauvais goût qui précède le bon goût est préférable au mauvais goût qui le suit. » En Espagne, les grands vieillards protestèrent. Lope de Vega d'abord, averti par son génie, déclara une guerre à mort à ce qu'il appelait une nouvelle barbarie et aussi le jargon *cultidiablesco*. Puis, voyant qu'on ne l'écoutait pas, que le public, au contraire, applaudissait aux novateurs, Lope, fidèle à son système de préférer le succès à tout, oubliant tout soin de sa gloire, écrivit lui-même des poëmes entiers en vers *cultos*. Ce fut le dernier coup porté au goût et au vieux génie latin, ferme et sensé de la langue. À ce signal, le comte de Villamediana introduisit le *cultorisme* à la cour. Fraï Hortensio Paravicino lui donna accès dans la chaire sacrée ; et on vit le grand Calderón lui-même, pour plaire à la cour, l'introniser au théâtre dans d'interminables monologues. Un de ces monologues de Calderón, en *estilo culto*, attira à l'auteur une piquante raillerie de Philippe IV. C'était fête à la cour, et le roi n'avait pas dédaigné de prendre un rôle dans une pièce improvisée sur un canevas, à la manière italienne. Le sujet du drame était *la création*. Le roi jouait naturellement le rôle de Dieu, et Calderón celui d'Adam. Au milieu d'une description boursoufflée du premier homme, Dieu se prit à bâiller royalement. « Qu'avez-vous, Sire, demanda avec inquiétude le poëte courtisan. — *Vive Dieu ! non, vive moi !* dit le prince, *je me repens d'avoir créé un Adam aussi bavard.* » Mais il eût fallu plus que cette saillie pour tuer alors le cultéranisme.

Il n'y avait plus de digue contre le torrent. Pour juger de ce que devint le reste du temps la langue et le goût national, il suffira de dire que les écoliers de cette première génération d'écrivains raffinés exagérèrent tous les défauts des maîtres, et, comme il arrive, sans reproduire aucune de leurs qualités de verve et d'esprit. Cette seconde génération se divisa en deux sectes : l'une, des *cultoristes purs*, érudits avant tout, se consacrant presque entièrement à la gloire du maître, épousant scrupuleusement et à la lettre ses phrases et ses préceptes, écrivant des milliers de gloses et de commentaires sur ses écrits ; l'autre, qui, du maître admirant surtout les détestables *conceptos* et les imitant, prit le surnom de *conceptitos*.

Le cultorisme se tua par ses propres excès. On peut dire que c'est surtout la réaction contre la folie du cultorisme qui livra si vite l'imagination espagnole, pieds et poings liés, au sceptre légitime, mais lourd, du raisonnable Boileau.

Jean Aicard.

CULTURE. Le mot *cultivateur* ne peut-être employé métaphoriquement. Au contraire, on peut recommander la *culture* des sciences, des lettres, de l'esprit, de toutes les facultés de l'homme ; les expressions *culture* de l'amitié des hommes vertueux, de la bienveillance des hommes puissants, etc., ne sont pas admises, quoique dans ce cas on engage à *cultiver* ce dont on n'oserait prescrire la *culture*. Au reste, si ce mot est forcé de renoncer à quelques emplois qui lui appartiennent *grammaticalement*, il s'en dédommage dans son domaine spécial, où une plante peut recevoir plusieurs *cultures* successives, quoiqu'elle ne soit *cultivée* qu'une seule fois. Quelques-unes de ces opérations partielles ont reçu des noms particuliers ; mais lorsqu'on en parle collectivement, chacune n'est désignée que par le mot qui exprime leur ensemble, et l'incorrection du langage fait qu'une *culture* peut être la somme de cinq à six cultures.

En prenant le mot *culture* dans son acception la plus ordinaire, comme exprimant l'ensemble des travaux agricoles, on demandera s'il est utile que cet art soit exercé en grand, si le travail peut y être subdivisé comme dans les manufactures, et jusqu'à quel point cette division serait profitable? En posant ainsi la question, la réponse est toute prête : aucun résultat de l'expérience n'est mieux constaté que les avantages des travaux en grand et réduits, pour chaque travailleur, à la plus grande simplicité. Une manufacture bien ordonnée réunit au plus haut degré l'abondance et la bonté des produits à l'économie de la fabrication.

Mais si l'on cherche comment la terre sera mise en état de nourrir la population la plus nombreuse sans refuser aux arts les matières sur lesquelles ils s'exercent, la question ne peut être résolue que par d'autres séries d'observations dont on n'a qu'un petit nombre ; elles n'étaient sollicitées que par l'intérêt de l'humanité, passion des âmes généreuses et fortes, luttant sans cesse contre la foule immense des intérêts privés, et n'obtenant que des succès contestés et trop souvent douteux. Cependant, la vérité se laisse découvrir peu à peu ; on sait déjà qu'il s'agit d'obtenir le *maximum* de produits, quelle que soit la somme de travail employée pour élever le sol jusqu'à ce degré de fertilité ; que cette production excessive en apparence n'épuise point la terre, qu'une circulation bien dirigée répare toutes ses pertes. On sait aussi qu'aux lieux où les propriétés territoriales sont très-divisées, la population est ordinairement plus nombreuse, l'aisance plus générale, et la quotité de l'impôt plus grande, sans que la perception en devienne plus difficile. Si quelques localités ne présentent pas des résultats aussi satisfaisants, il est facile d'assigner les causes de cette différence, et la législation préparera les moyens de la faire disparaître ; la propagation des connaissances agricoles achèvera cet heureux changement.

FERRY.

Les termes *grande, moyenne* et *petite culture*, sont purement relatifs, et partout ne s'appliquent pas à des contenances territoriales identiques. Des cultures qualifiées de grandes, dans certains pays, seraient ailleurs considérées comme moyennes ou comme petites. De même, il y a dans les dimensions des fermes infiniment plus de variété que ne sauraient en exprimer les classifications habituelles. Pour nous, c'est d'après l'importance des moyens de production qu'elles concentrent aux mêmes mains que nous désignerons les diverses cultures. Nous nommerons *petites* celles qui n'occupent pas à elles seules une charrue attelée ; *moyennes* celles qui en exigent de une à deux ; et *grandes* toutes celles qui en nécessitent davantage.

Ce système, au reste, bien que conforme aux réalités rurales, ne saurait non plus atteindre le degré de précision désirable. La taille et la force des attelages, l'usage des bœufs ou des chevaux, la nature du sol, la succession plus ou moins continue des récoltes, le degré d'activité des travaux, l'inégale durée des chômages, toutes ces circonstances, diverses suivant les lieux, influent sur l'étendue des superficies auxquelles peut suffire une charrue. Néanmoins nous l'admettrons malgré son insuffisance, et nous tiendrons pour petites les cultures qui embrassent moins de 15 hectares ; pour moyennes celles dont la contenance est de 15 à 40, et pour grandes celles dont l'étendue est plus considérable.

Depuis l'époque où s'est engagé le débat relatif aux dimensions des fermes, les assertions à l'aide desquelles ont été défendus les différents systèmes sont demeurées les mêmes. Ce qui se disait il y a plus de soixante ans des grandes et des petites cultures, est ce qui se dit encore aujourd'hui ; et il est aisé de le résumer et de le reproduire.

Voici le thème des partisans de la grande culture. Plus les fermes sont grandes, plus l'importance des capitaux qu'en requiert l'exploitation contribue à n'appeler à leur direction que des hommes unissant la richesse aux avantages de l'éducation. Or, de tels hommes déploient naturellement dans l'exercice de leur industrie une habileté que ne sauraient avoir de petits fermiers moins aisés et moins instruits. Toutes les améliorations praticables trouvent en eux des promoteurs intelligents, et leur empressement à les effectuer est d'autant plus vif qu'ils tirent de leurs entreprises des bénéfices proportionnés à la superficie même des terrains sur lesquels s'étend leur travail. Les grandes fermes, d'ailleurs, sont les seules où se réunissent les avantages attachés à la séparation des tâches. Les ouvriers y ont leurs occupations distinctes, et, grâce à la spécialité de leurs labeurs, ils acquièrent une dextérité dont manquent toujours des hommes obligés de vaquer successivement à des soins qui, pour être bien remplis, demandent des aptitudes diverses. D'un autre côté, à l'économie de main-d'œuvre produite par la bonne répartition des travaux, se joint celle qui naît de la grandeur même des surfaces mises en labour. Il faut moins d'attelages, et l'économie obtenue sur leur nombre laisse plus de moyens de nutrition pour le bétail. Un autre point important, c'est que les grandes fermes peuvent entretenir des moutons en assez grande quantité pour couvrir les frais de garde et de conduite, et de là des engrais d'une abondance et d'une diversité qui assurent la richesse des récoltes. Enfin, il faut moins de capitaux pour les organiser, eu égard aux superficies en rapport. Maisons d'habitation, constructions rurales, bâtiments de service, tout se multiplie à mesure que les cultures se réduisent, et les moins grandes sont celles qui, proportionnément à leurs dimensions, exigent le plus de dépenses improductives ; aussi, l'exploitation en grand, par cela même qu'elle est celle qui épargne davantage les hommes, les animaux de service et les capitaux, a-t-elle les moindres frais de production à rembourser sur ses récoltes, et laisse-t-elle un excédant dont la supériorité offre aux classes étrangères aux soins agricoles de plus abondants moyens de subsistance.

A ces assertions, les partisans de la petite culture en opposent de tout autres. Les petits fermiers, disent-ils, portent dans les moindres détails de l'exploitation une attention féconde en avantages importants. Il n'est pas un coin de leurs champs dont ils ne connaissent toutes les particularités, et auquel ils ne sachent donner le genre d'amendements et de soins qu'il réclame. Des produits dont les cultivateurs en grand ne sauraient s'occuper suffisamment sont pour eux une source de bénéfices considérables, et ceux de basse-cour, nuls ou à peu près nuls dans les grandes fermes, d'ordinaire, leur assurent un supplément de revenu qui s'ajoute sensiblement à celui qu'ils tirent de la terre. Les petits fermiers emploient peu de journaliers ; c'est en famille qu'ils exécutent la majeure partie des travaux d'exploitation ; eux-mêmes mettent la main à l'ouvrage, et certes c'est avec une ardeur et une intelligence que ne déploient jamais, dans les grandes fermes, des serviteurs que l'intérêt du maître touche fort peu. Le reproche qu'on leur adresse de manquer des moyens d'améliorer leurs terres tombe à faux ; car, si les profits qu'ils réalisent sont restreints, les surfaces qu'ils ont à amender sont étroites et n'exigent que des avances en rapport avec leur faible contenance. Il n'est pas vrai que les petites cultures entretiennent moins d'animaux que les grandes ; si les bêtes à laine y sont peu nombreuses, en revanche le gros bétail y abonde ; et il faut bien qu'il en soit ainsi ; car les produits qui font leurs bénéfices, et qu'elles s'attachent à créer, sont en général ceux qui exigent le plus d'engrais. On dit qu'elles nécessitent et plus de bras et plus de dépenses de construction que les grandes ; mais qu'importe, si le surcroît de produit brut qu'elles donnent suffit pour couvrir tous les frais additionnels dont elles peuvent être passibles. C'est là, au contraire, un avantage, quand leur produit net n'est pas inférieur à celui des autres cultures ; car, entretenant alors avec autant de population manufacturière, plus de population rurale, elles contribuent davantage à la force et à la puissance de l'État.

Longtemps la moyenne culture demeura sans organes et sans défenseurs. Si Shaw, dans son *Essai sur les Pays-Bas*, en avait fait un éloge raisonné, ce ne fut pourtant qu'en 1823 qu'elle trouva dans M. Cordier un appréciateur habile et un partisan zélé. Cet écrivain n'hésita pas à regarder les fermes de 20 à 30 hectares de la Flandre française comme les plus productives, et il attribua à celles de l'arrondissement de Lille, un peu moins étendues encore, la supériorité sur les exploitations du reste de la France et de l'Angleterre. Parmi les motifs sur lesquels repose son opinion, les plus saillants sont l'économie des transports des champs à la ferme, l'occupation continue des hommes et des attelages, la variété des productions et des travaux dont la distribution régulière ne fait pas sentir la nécessité de recourir à ces ouvriers supplémentaires dont les grandes fermes ne peuvent se passer, et qu'elles sont forcées de payer à très-haut prix.

Telles sont les raisons données de part et d'autre en faveur des divers modes de culture. Ces raisons, nous les tenons, quant à nous, pour fondées toutes sur quelques portions de vérité : car il n'est pas de régime rural qui n'ait à la fois des inconvénients et des avantages ; mais ces inconvénients et ces avantages, quelle en est la mesure respective? Comment discerner si la prééminence de fortune et de savoir attribuée aux grands fermiers opère définitivement mieux et plus lucrativement que l'activité personnelle et les soins attentifs que les petits portent dans les moindres détails de leurs opérations? Comment savoir si les capitaux plus considérables des uns, appliqués à de vastes superficies, les fertilisent plus que les moindres capitaux des autres employés sur de moindres espaces? C'est là ce qui a embarrassé les observateurs les plus dégagés de préoccupations systématiques, et fait dire à l'un des plus éminents d'entre eux, à Sismondi, que « les questions de grande et de petite culture sont au nombre des plus épineuses et des plus compliquées, et n'ont jamais été bien résolues, quoiqu'un grand nombre d'écrivains des deux partis les aient décidées fort légèrement, en ne les considérant que d'un seul point de vue. »

Tout se réduit, au fond, à constater deux faits principaux : Quelle est la puissance spécifique des divers modes de culture? Quelle influence exercent-ils sur l'État, l'activité et le bien-être des populations? Or, quant au premier, nos recherches, consignées dans un mémoire lu à l'Académie des Sciences morales et politiques, dans sa séance du 4 janvier 1845, nos recherches ont montré que dans l'état présent des connaissances et des pratiques rurales, c'est la petite culture qui, déduction faite des frais de production, réalise, à surface et conditions égales, le produit net le plus considérable. Quant au second, c'est la petite qui, en peuplant davantage les campagnes, non-seulement ajoute le plus à la force que les États doivent à la densité de la population, mais à l'étendue des débouchés assurés aux produits dont la fabrication et l'échange stimulent la prospérité manufacturière. De telles conclusions peuvent ne pas se concilier avec les idées la plus généralement reçues; elles n'en sont pas moins le fruit d'observations d'une exactitude incontestable, et les seules qui soient d'accord avec les faits actuellement existants. Maintenant les faits demeureront-ils toujours les mêmes? La petite culture, qui de tout temps a prévalu dans le midi de l'Europe, mais qui ailleurs n'est parvenue à se développer avec succès que lentement et sur un certain nombre de points, continuera-t-elle sa marche ascendante? De nouvelles modifications dans les besoins de la consommation ou dans les procédés du travail ne rendront-elles pas à d'autres formes d'exploitation la supériorité qui déjà leur a appartenu? De telles questions ne sont pas susceptibles de solutions absolues; mais il est néanmoins des données qui autorisent à énoncer une opinion. Quelles que puissent être les transformations appelées par le mouvement progressif de l'ordre social, dans toutes les contrées de notre étendue subsisteront à la fois des modes divers de travail. Jamais les circonstances ne perdront leur influence naturelle, et les propriétés des différentes portions du territoire, en y fixant des genres particuliers de production, y détermineront la distribution des fermes. Mais les causes auxquelles est due la multiplication des petites cultures ne cesseront pas d'opérer, et le temps ne peut qu'en fortifier l'activité. En effet les populations continueront à augmenter en nombre et en aisance, et la hausse graduelle du prix des subsistances, en multipliant de plus en plus les emplois de main-d'œuvre, favorisera nécessairement les modes d'exploitation les mieux adaptés à la concentration du travail. D'un autre côté, avec la diffusion progressive du bien-être croîtront les demandes en produits que la petite culture seule recueille profitablement. Ainsi naîtront pour elle de nouvelles sources de bénéfices et de nouveaux motifs d'extension. Que l'on examine au surplus quels sont les changements réalisés sur les points où s'est concentrée la partie des populations la plus florissante, et l'on aura la mesure de ceux que l'avenir verra s'accomplir. Du voisinage des villes se sont retirées les grandes fermes, et à leur place en sont venues de plus aptes à satisfaire aux besoins variés et délicats que propagent les progrès de l'aisance. Eh bien, voilà l'effet qui s'étendra de proche en proche à mesure que la richesse répandra ses bienfaits. Aux consommations actuelles s'en joindront de plus recherchées, et de nombreuses cultures prendront peu à peu le caractère mixte qu'elles n'ont pas encore. Telles sont les innovations qui, suivant toutes les données fournies par l'expérience du passé, auront lieu dans la constitution rurale des pays dont la prospérité s'accroît. Dans tous les cas, ce qui importe, c'est que les transformations, quel qu'en puisse être le cours, ne rencontrent aucun obstacle. C'est l'essor même de la civilisation qui les détermine, et jamais elles ne s'accomplissent que sous l'impulsion de nécessités dont la satisfaction est d'un véritable intérêt social.

Hippolyte Passy, de l'Institut.

CUMANA, chef-lieu du département du même nom, dans la république de Vénézuéla (Amérique du Sud), sur une rivière appelée autrefois le *Rio Cumana* et aujourd'hui le *Manzanarès*, et à l'embouchure du golfe de Cariaco, entouré de montagnes rocheuses, fortement boisées, dont la hauteur varie entre 1,500 et 2,500 mètres, compte 30,000 habitants, créoles pour la plupart, et possède pour port une rade aussi vaste que sûre avec divers bons ouvrages. Le commerce du cacao, du sucre, du tabac, des noix de coco, du lard et autres produits bruts du pays, la pêche des perles, celle du poisson, etc., constituent les principales industries de cette ville, bâtie dans une situation fort saine, et dont la prospérité va toujours croissant.

Cumana fut fondé par les Espagnols, en 1521, sous le nom de *Nouvelle Tolède*, et depuis fut fréquemment ravagée par des tremblements de terre. En 1797, un désastre de ce genre la détruisit presque de fond en comble. Le 15 juillet 1853, un tremblement de terre anéantit encore à-peu-près Cumana; huit cents personnes y périrent, et la plupart des propriétés n'offriront plus que des monceaux de débris.

Le *département de Cumana* est divisé en neuf arrondissements et compte 52,000 habitants sur une superficie d'environ 440 myriamètres carrés. Des *llanos* occupent la plus grande partie de son sol; c'est ce qui explique la faiblesse de la population de cette province, où l'on trouve encore la ville de *Cumanaçoa*, avec 5,000 habitants, qui produisent un tabac de qualité tout à fait supérieure.

CUMANIE. *Voyez* Cumans.

CUMANS ou COMANS, peuple d'origine turque, vraisemblablement celui que les écrivains byzantins nomment les *Uzes* ou *Ouzes* et que les écrivains arabes désignent sous le nom de *Gousses*, appelé par les Hongrois *Couni*, par les Slaves *Polawci*, c'est-à-dire habitant des plaines, d'où les chroniqueurs allemands ont fait *Falawes*. Après avoir quitté les régions situées derrière le Volga et le Zaïk, vers le milieu du onzième siècle; après avoir vaincu et soumis les Chasares et les Petschénègues, races qui avaient la même origine, ils pénétrèrent en Europe, se répandirent sur les rives septentrionales de la mer Noire jusqu'à l'embouchure du Danube, et par leurs brigandages se firent également redouter des Byzantins, par les Hongrois et les Russes. Dans la première moitié du treizième siècle les Mongols anéantirent la plus considérable de leurs tribus, dont 10,000 têtes à peine parvinrent à se réfugier sur le territoire byzantin, et, unis aux Russes, tentèrent vainement de prendre leur revanche, en 1224, à la bataille de la Kalka, contre ces envahisseurs nouveaux.

Le nom de ce peuple s'est conservé jusqu'à nos jours, par suite de l'immigration de quelques-unes de ses tribus en Hongrie, dans les dénominations de *grande* et de *petite Cumanie*, qu'on continue à donner aux contrées qu'arrose la Theiss centrale. Ces Cumans, qui, à la suite des temps, ont complètement renoncé à leur nationalité primitive, pour adopter celle des Magyars, sont divisés, en ce qui touche le service militaire, en deux corps, dont les dénominations premières, dérivées du latin *Balistarii*, frondeurs, et du hongrois *Jaszok*, arbalétriers, se trouvent aujourd'hui bizarrement défigurés en celle de *Philistæi* et de *Jaziges*. Ce dernier nom était aussi jadis celui d'une peuplade Scythe.

Il n'est guère vraisemblable que les *Szeklers* du Transylvanie descendent également des Cumans, ainsi que le prétendent divers écrivains.

CUMBERLAND, comté situé à l'extrémité nord-ouest de l'Angleterre, qui comprend sous le titre de duché une superficie de 38 myriamètres carrés, et qui est borné à l'ouest par la mer d'Irlande et la baie de Solway, laquelle y forme une profonde échancrure, et du côté de la terre par le comté écossais de Dumfries, ainsi que par les comtés anglais de Northumberland, de Durham, de Westmoreland et de Lancaster. A l'exception de la côte nord-ouest, occupée par d'assez vastes plaines, et dont la température générale est singulièrement adoucie par le voisinage de la mer, le comté de Cumberland est l'un des plus élevés, des plus froids, mais aussi des plus sains de l'Angleterre. La partie sud-ouest abonde en plateaux abruptes s'élevant à 1000 mètres et plus au-dessus du niveau de la mer, et le printemps ne fait que fort tard sentir sa douce influence dans ces contrées montagneuses couvertes pendant toute la mauvaise saison d'une épaisse couche de neige. De petites mais profondes rivières, dont l'Éden est la plus considérable, et un grand nombre de petits lacs, appelés *lacs du Cumberland*, qu'une foule de voyageurs et de curieux viennent chaque année visiter, y forment un riche système naturel d'irrigation. Le sol des vallées est cultivé avec une extrême industrie, et les pâturages des montagnes favorisent particulièrement l'élève des moutons. Toutefois, c'est au sein de la terre que gisent les plus grandes richesses du comté de Cumberland, qui abonde en produits minéraux, notamment en houille, en plomb et en plombagine. Les mines de plomb situées sur la frontière du Nortumberland livrent annuellement 11 à 12 mille tonnes de ce métal à la consommation ; les houillères fournissent en grande partie le charbon nécessaire à l'Irlande, et la plombagine que l'on tire des mines de Borrowdale est incontestablement la meilleure que l'on connaisse ; elle sert à la fabrication des célèbres crayons de mine de plomb de Keswick et de Londres. On estime la population totale du comté à 180,000 âmes ; l'industrie y a pris de larges développements, et le commerce s'y fait sur une assez vaste échelle, notamment avec l'Irlande. La fameuse muraille élevée par Adrien pour protéger les possessions romaines dans la Bretagne contre les attaques des Pictes, traverse la partie septentrionale du comté de Cumberland, qui a pour chef-lieu Carlisle, et qui, entre autres villes dignes d'être mentionnées, possède encore Whitehaven, Keswick, Workington, Maryport et Penrith.

CUMBERLAND (William-Auguste, duc de), l'un des fils de Georges II, roi d'Angleterre, né le 26 avril 1721, fit ses premières armes sous les ordres de son père, et fut tout de suite blessé à la bataille de Dettingen, en 1743. Commandant en chef de l'armée anglaise en Flandre en 1745, il fut malheureux à Fontenoy, où il se fit battre par le maréchal de Saxe. L'opinion publique ne lui en fut que plus reconnaissante de la manière dont il dirigea les opérations militaires auxquelles donna bientôt lieu le débarquement du prétendant Charles-Édouard en Écosse, et qui se terminèrent par la fameuse affaire de Culloden, où il réussit à anéantir les dernières espérances des Stuarts, et à consolider la maison de Brunswick sur le trône d'Angleterre. Il dut d'ailleurs ce grand succès moins à ses talents comme général qu'au défaut de plan et d'unité dans les opérations stratégiques de ses courageux adversaires, et il le déshonora par le plus cruel abus de la victoire. Les atrocités de tout genre que commirent les troupes sous ses ordres contrastèrent d'autant plus vivement avec la conduite des insurgés, qui, en pénétrant sur le sol anglais par les basses terres de l'Écosse, avaient constamment observé la plus exacte discipline et donné de nombreuses preuves d'humanité.

Toujours malheureux dès qu'il avait à faire la grande guerre, le duc de Cumberland fut encore complètement battu en 1747 à Lawfeldt, par le maréchal de Saxe. Dix ans plus tard, chargé du commandement supérieur de l'artillerie en Allemagne, il fut de nouveau battu, en 1757, à Hastenbeck, par d'Estrées, et réduit à signer, le 8 septembre, l'humiliante convention de Kloster-Zeven. Là se termine la liste de ses hauts faits. Le gouvernement anglais se décida enfin à lui retirer un commandement signalé par tant de revers, et le duc Ferdinand de Brunswick fut mis à la tête de l'armée des confédérés. Il était tombé depuis longtemps dans l'oubli le plus profond, lorsqu'il mourut le 31 octobre 1765 à Windsor.

Ce titre de *duc de Cumberland*, emprunté au comté d'Angleterre du même nom, a été porté par divers autres princes anglais, et en dernier lieu par le feu roi de Hanovre, Ernest-Auguste.

CUMBERLAND (Richard), poëte comique anglais, était le fils d'un homme qui devint plus tard évêque de Clonfert en Irlande, et de la plus jeune des filles de Richard Bentley. Né en 1732 à Cambridge, il devint, à la fin de ses études, secrétaire particulier de lord Halifax ; et quand ce ministre eut été renversé du pouvoir, Cumberland consacra ses loisirs à des travaux littéraires. Mais son protecteur ayant été appelé au gouvernement d'Irlande, il le suivit à Dublin. Revenu ensuite en Angleterre, il obtint un emploi au ministère de commerce et pût dès lors s'adonner sans entraves à son goût pour la poésie dramatique. Il débuta au théâtre par son *Summer's tale* (1765), pièce qui obtint un grand succès, mais que ne tardèrent point à faire complètement oublier ses deux comédies intitulées *The brothers* et *The Westindian* (1769), regardées alors comme les meilleures pièces de style noble que possédât la scène anglaise. Ces succès encouragèrent Cumberland à continuer de travailler pour le théâtre, et il donna successivement plusieurs autres comédies, par exemple, *The fashionable lover*, *The Jew*, *The wheel of fortune* et quelques tragédies, comme *The battle of Hastings*. Ses romans *Arundel* (2 vol.), *John de Lancaster* (2ᵉ édit., 3 vol., 1809) et *Henry* furent moins bien accueillis, parce qu'on trouva qu'ils tendaient à la réhabilitation de l'adultère.

En 1780, Cumberland fut chargé d'une mission particulière près des cours de Madrid et de Lisbonne ; mais les ministres n'ayant pas tout à fait eu lieu d'être satisfaits des résultats qu'il avait obtenus, refusèrent de lui faire rembourser les frais qu'il avait dû faire, et il se trouva alors en proie à de grands embarras pécuniaires. Les *Anecdotes of Spanish painters* furent le fruit de cette tournée. Le ministère du commerce ayant aussi été désorganisé, Cumberland se retira à Tunbridge, où il vécut depuis dans un cercle agréable et tranquille. De tout ce qu'il écrivit ensuite, il n'y eut que ses *Mémoirs of his own life* (Londres, 1807) qui obtinrent du succès. Il mourut le 7 mai 1811.

Son *Observer* (3 vol., 1811) contient une suite d'intéressants articles, et offre même aux philologues un attrait tout particulier, parce qu'il est possible que les notices que Cumberland y a données sur la comédie grecque et sur la littérature grecque en général, il en ait trouvé le fonds dans les papiers laissés par Bentley.

[Richard Cumberland est un de ces écrivains d'un talent facile et souple, si communs dans toutes les littératures, propres à tout, réussissant dans tous les genres agréables, et ingénieux imitateurs, qui résument pour ainsi dire la fleur des esprits vulgaires, plaisent aux médiocrités, c'est-à-dire à la masse, doivent à cette sympathie du public une réputation aisément acquise, bientôt perdue, et, faute d'originalité, de nouveauté, de profondeur, tombent et disparaissent, emportés par le souffle du temps, qui jonche de ses feuilles mortes le sol de la forêt littéraire. Auteur comique sans verve, journaliste sans vivacité, moraliste sans vigueur propre et sans philosophie personnelle, auteur de Mémoires qui ne déchirent aucun voile et ne vont jamais au fond des choses, il a néanmoins porté dans ces diverses tentantatives de son talent un agrément, une douceur et une abondance d'excellent goût, qui doivent le protéger contre un oubli définitif. Sa comédie la plus populaire est une flatterie adressée à la bourgeoisie anglaise, intitulée *John Bull*, pièce d'ailleurs assez bien faite, et où se trouve une scène remarquable. Son meilleur drame, fondé sur une idée heureuse, la naïveté d'un jeune homme tombant des Grandes Indes au milieu de la civilisation de Londres, a pour titre *le Créole* (*West-Indian*), et a été imitée par Chamfort et par Andrieux. *Les Frères* sont un mélodrame intéressant.

L'amour du luxe, la prétention au génie et l'inquiétude secrète qu'il ressentait sur l'avenir et la réalité de son talent, firent de lui des hommes les plus malheureux de son époque. Il vivait au milieu de la plus haute société de Londres, à laquelle il tenait par son père et son grand-père, tous deux évêques protestants, qui ne lui avaient pas laissé de fortune. Se comparant sans cesse aux autres, avide de toutes les distinctions et de tous les succès, il offrit à la verve de Sheridan un type à la fois triste et ridicule. Ce dernier, le plus brillant satirique de l'Angleterre au dix-huitième siècle, plaça Cumberland et l'immola sous le titre de *sir Fretful Plagiary* dans ce petit chef-d'œuvre en un acte intitulé *le Critique*. Il en fit le type vraiment admirable de l'orgueil souffrant, de la susceptibilité fébrile, de la modestie affectée, de la jalousie secrète, de la vanité malade.

Bien que Cumberland fût père de famille et qu'il eût six enfants, nommé secrétaire du bureau de commerce, chargé d'une mission en Portugal et beau-père de lord Bentinck, il aurait pu tenir un rang élevé dans la société anglaise, si son ostentation n'eût dissipé et dépassé son revenu, et si ses prétentions diplomatiques n'avaient échoué par le fait de son amour-propre même. C'était dans sa vie privée un homme aimable et doux, mélancolique même, auquel il ne manquait pour être heureux que du calme, de la simplicité, et une ambition plus proportionnée aux forces de son esprit et à la nature de son talent.   Philarète Chasles.]

CUMBERWORTH (Charles), sculpteur distingué, naquit vers 1810. Élève de Pradier, il sut, à l'école de cet excellent maître, se faire une manière pleine de grâce et d'élégance. Sa *Lesbie*, ses deux groupes de *Paul et Virginie*, son *Amour fixé*, ses *Négresses*, ses *Indiennes*, obtinrent de grands succès à diverses expositions. En quittant l'atelier de Pradier, Cumberworth alla passer trois ans dans l'Amérique du sud, et il rapporta de ses voyages de curieuses études de la nature luxuriante et variée de ces riches contrées. C'est là qu'il puisa le goût de ces charmants bijoux de bronze où les oiseaux et les insectes se jouent au milieu des lianes et des plantes exotiques. Il tira un parti immense de ces combinaisons de la nature tropicale, qu'il transforma en encriers, en vases, en pendules, en candélabres, etc. Chaque année quelques-unes de ces petites merveilles allaient orner les collections des amateurs. Cumberworth fit aussi un certain nombre de statuettes. Après un hiver passé dans de cruelles souffrances, il s'établit près du lac d'Enghien, dans l'espoir de recouvrer la santé. A peine y était-il arrivé qu'il y succomba, en juin 1852, à l'affection du poitrine dont il était atteint. Presque en même temps la mort venait frapper son maître. Cumberworth laissait encore plusieurs œuvres dans son atelier, entre autres la statue du duc de Montpensier en officier d'artillerie, et une charmante statue en marbre représentant *l'Amour de soi*.   L. Louvet.

CUMES, ville d'une haute antiquité, dans la Campanie, sur la crête escarpée d'une montagne baignée par la mer, fut fondée plus de mille années avant notre ère par des habitants de Chalcis, la capitale d'Eubée (aujourd'hui Négrepont), partis sous la direction de Phérécyde, et fut la première colonie que les Grecs aient établie en Italie. Ce nom de Cumes lui fut donné en mémoire de cette ville de l'Asie Mineure sur les côtes de l'Éolide, dont quelques habitants s'étaient joints à Phérécyde pour fonder une colonie nouvelle. Elle ne tarda point à devenir une riche et puissante cité, possédant un port particulier, appelé *Puteoli*, qui abritait une flotte assez considérable et devint à son tour un centre de population non sans importance. Ses fondateurs n'avaient pas tardé cependant à s'apercevoir qu'à trois lieues plus loin était une baie riante et profonde, où une ville à l'abri des tempêtes, quoique au bord des flots, dominerait toute la mer de Tyrrhène; ils allèrent y jeter encore les fondements d'une ville qu'ils nommèrent dans leur langue *Nea-Polis Kumaion*, la nouvelle ville des Cuméens, aujourd'hui Naples, sans toutefois déserter entièrement Cumes, où les retenaient leurs pénates, leurs dieux et leurs temples. Attaquée à diverses reprises par les Étrusques et par les Ombriens, elle leur résista tantôt par ses propres forces, tantôt avec le secours de Hiéron, roi de Syracuse. Plus tard elle resta pendant quelque temps sous la domination du tyran Aristodème; puis, déchirée par des discordes intestines, elle finit par tomber au pouvoir des Campaniens, l'an 417 av. J.-C. Elle obtint ensuite, et les Romains le droit de cité; mais elle ne put pas pour cela échapper à une ruine, devenue complète au premier siècle de notre ère. Elle avait en effet été abandonnée peu à peu pour Baïes, qui venait de s'élever à quelques kilomètres plus loin. Baïes devenue bientôt le rendez-vous des riches et des voluptueux de la maîtresse du monde. Restée à peu près déserte, Cumes ne subsista plus dès lors que comme une petite ville sans aucune importance, et en 1203 les Napolitains la détruisirent de fond en comble. Les anciens donnaient le nom de *champs Phlégréens*, champs de feu, à ses environs, en raison de la nature volcanique du sol de toute cette contrée. Aujourd'hui encore on montre, entre le *lago di Patria* et *Fusaro*, des débris de murailles, des ruines de temples, de conduites d'eau et un arc de triomphe en marbre. C'est là, dit-on, que résidait la sibylle de Cumes à laquelle on attribue la vente des livres sibyllins à Tarquin. Cicéron possédait aussi aux environs de Cumes un domaine appelé *Cumanum*.

CUMIN, genre de la famille des ombellifères, ne renfermant que trois espèces, dont une seule mérite de fixer l'attention : c'est le *cuminum cyminum* de Linné, originaire de l'Égypte et du Levant, mais qui croit aussi naturellement dans les prairies sèches de la Thuringe, en Allemagne. Cette plante est haute d'environ trente centimètres et munie de quelques feuilles découpées très-menu, comme celles du fenouil. Les fleurs sont petites, blanches ou purpurines; les ombelles peu garnies, accompagnées, ainsi que les ombellules, d'un involucre à trois ou quatre folioles capillaires. Le fruit est ovale, oblong, strié, quelquefois un peu velu.

La culture du cumin a été introduite dans plusieurs contrées méridionales de l'Europe, particulièrement dans l'île de Malte. Cette plante est cultivée pour ses graines, dont l'odeur forte, mais agréable, et la saveur aromatique sont très-estimées par les peuples qui habitent ces contrées. Les Orientaux mettent des semences de cumin dans tous leurs ragoûts, et les Hollandais les font entrer dans la composition de leurs fromages. Dans toute l'Allemagne, ces semences font partie de la fabrication du pain. Bosc rapporte que dans l'Orient on en mêle les semences avec de la terre salpêtrée, dont on fait des masses qu'on place dans les colombiers pour y fixer les pigeons, qui en sont très-friands. Les bonnes graines de cumin doivent être verdâtres, bien nourries et d'une odeur forte; elles sont une des quatre semences chaudes. C. TOLLARD aîné.

CUMIN DES PRÉS. *Voyez* CARVI.

CUMUL. C'est la réunion de plusieurs fonctions publiques sur la même tête. Depuis 1789 notre législation a proscrit le cumul de certaines fonctions inconciliables à raison de leur nature; mais cette interdiction résulte plutôt de l'in co m pa t i b i l i t é s que de la question même du cumul. Ce que l'on appelle de ce nom, c'est précisément l'exercice par la même personne de fonctions qui n'ont rien d'incompatible. Si la peste donnait des pensions, disait Saadi, elle trouverait des flatteurs. Les panégyristes n'ont pas fait défaut au cumul. Il eut même tant de popularité parmi nous, que notre langue s'enrichit un beau jour d'un mot nouveau, celui de *Cumulard*, et l'on a pu dire d'un académicien qu'il était *le plus cumulard des savants et le plus savant des cumulards*.

Voici en substance ce que l'on a dit pour justifier le cumul : toute fonction n'exige pas que le titulaire y applique tout son temps et toutes ses facultés; cependant il est avantageux à l'État que les places soient remplies par des hommes éminents; par conséquent il faut permettre à ces hommes éminents d'en cumuler plusieurs, puisque leur activité y suffit, puisque d'ailleurs, les émoluments de chacune d'elles n'étant pas en rapport avec leur importance personnelle, sans cette faveur que dispense le gouvernement, ils abandonneraient les services publics pour embrasser des professions plus lucratives, et qu'en définitive les places cumulées sont quelquefois mieux remplies par un seul individu, par certaine capacité, qu'elles ne le seraient par divers hommes moins capables. A ces considérations on a répondu : si le salaire d'un emploi est trop faible pour faire vivre celui qui l'occupe, augmentez ses appointements ou donnez-lui un poste plus lucratif; car l'homme qui donne son temps à un travail a le droit d'en vivre, mais ne le dédommagez pas avec un second emploi. Est-il des places qui n'absorbent pas la moitié du temps de leur titulaire? C'est un abus : deux places de ce genre font une s i n é c u r e. Réunissez ces deux places en une seule et que l'homme qui la remplisse y trouve une existence honorable. Mais ces capacités dont la chose publique ne doit pas se priver, ces capacités perdront beaucoup de leur valeur si l'on éparpille ainsi leur mérite; le temps, ce maître du grand comme du petit, leur fera défaut et chacun des emplois qu'on leur aura confiés sera négligé à cause des autres. En réalité, par leur prétention à tout faire, elles n'équivaudront que à des médiocrités si même elles ne demeurent pas au-dessous d'elles pour les services qu'elles rendront. D'ailleurs le mérite n'est pas rare en France; le tout est de savoir le découvrir. Et quand même les industries privées attireraient l'élite des intelligences, croit-on que le gouvernement aurait à se plaindre du résultat? Au lieu de donner l'impulsion au pays, il la recevrait de lui. C'est ce qui a lieu aux États-Unis et même en Angleterre, et la prospérité de ces deux nations n'en est pas compromise.

Dans un ordre d'idées plus élevé, on a dit, pour défendre le cumul, que l'intérêt de l'État n'est pas de multiplier le nombre des gens qui dépendent de lui, car cela tendrait à augmenter sans mesure une classe d'hommes déjà beaucoup trop nombreux dans la société, à qui l'assurance d'un revenu modique, mais fixe, enlève toute énergie et toute activité. Mais cet argument n'est pas sérieux, et ce n'est pas le cumul qui doit débarrasser la France de cette lèpre sociale; un pareil remède serait pire que le mal.

Quant au cumul des traitements, que peut-on dire pour le défendre? Sous Napoléon Ier, l'abus en fut poussé très-loin. La plupart des hauts dignitaires, à la fois sénateurs, conseillers d'État, directeurs ou membres des administrations publiques, touchaient d'énormes appointements. Le cumul des pensions, ou le cumul des pensions avec des traitements d'activité devrait de même n'en par conséquence naturelle être rigoureusement interdit. Le cumul des fonctions gratuites et purement honorifiques serait peut-être le moins équitable et le plus dangereux dans une démocratie. En 1848 , une pétition fut présentée à l'assemblée nationale contre le cumul; cette pétition contenait une curieuse liste de 57 personnes qui occupaient 212 places pour lesquelles elles recevaient 881,200 francs de traitements. Un seul individu (un médecin) en cumulait 12. La même année, l'assemblée nationale, dans la discussion du budget, vota une proposition de M. Deslongrais qui limitait à 12,000 francs le chiffre des traitements que l'on pourrait cumuler, en faisant toutefois cette réserve expresse que l'indemnité allouée aux membres de l'Institut ne serait jamais considérée comme un traitement.

L'abus cependant n'a pas tardé à se reproduire et peut-être avec plus de violence que jamais; et ceux-là même qui l'attaquaient le plus vigoureusement sont les premiers à y participer, au mépris de leur passé et en foulant aux pieds leurs principes d'autrefois. Des principes! s'écrie confidentiellement un ancien adversaire du cumul, qui en a? Et il a raison.

Jadis on disait : Le cumul est la ressource des gouvernements odieux à l'esprit public; car, ne sachant à qui se fier et comptant peu d'amis, ils les placent partout à la fois. Le cumulard dépouille d'autres citoyens de leurs moyens d'existence; il prête son temps à l'État à un taux usuraire. La république avait tâché de réduire le nombre des cumulards; mais le n é p o t i s m e menaçait de prendre la place du cumul; il est vrai que de tout temps nous avons eu une infinité de *dynasties* administratives et politiques. Le nouvel empire aimant l'éclat, les grandes existences, voulant récompenser largement ses serviteurs, après avoir accru les traitements, est revenu sur la question du cumul. Dans le budget de 1852 on trouve les deux dispositions suivantes : « Article 27 : Les décrets des 13 mars et 12 août 1848, relatifs au cumul des traitements et pensions, sont abrogés. Art 28 : Les professeurs, les gens de lettres, les savants et les artistes peuvent remplir plusieurs fonctions et occuper plusieurs chaires rétribuées sur les fonds du trésor public. Néanmoins, le montant des traitements cumulés tant fixes qu'éventuels ne pourra dépasser 20,000 fr. » W.-A. DUCKETT.

CUMULUS, CUMULO-CIRRUS, CUMULO-STRATUS. *Voyez* NUAGE.

CUNAXA, village de la Babylonie, sur la rive orientale de l'Euphrate, à 8 myriamètres environ au nord-ouest de Babylone, et à quelques kilomètres au sud des murs ou portes médiques, est célèbre par la bataille qui s'y livra l'an 401 avant Jésus-Christ, entre les deux fils de Darius Nothus, A r t a x e r x è s Mnemon, héritier légitime du trône, et Cyrus le jeune. Le premier commandait une armée forte de 800,000 hommes, au dire des historiens; le second, qui avait levé l'étendard de la révolte dans les provinces dont son frère lui avait confié le gouvernement, était parti de Sardes à la tête de 13,000 Grecs commandés par C l é a r q u e, et avait recruté en route à peu près 100,000 Asiatiques. L'immense supériorité numérique d'Artaxerxès permettait à ce prince de borner sa tactique à essayer d'envelopper l'armée de Cyrus, et il y réussit. Dans la mêlée, les deux frères se rencontrèrent. Cyrus le jeune, apercevant Artaxerxès, lui lança deux traits, dont l'un abattit son cheval, tandis que l'autre le blessait lui-même assez grièvement. Artaxerxès, s'élançant alors sur un autre cheval, doubla, par son exemple, le courage de ses argyraspides, qui taillèrent en pièces le détachement d'élite à la tête duquel Cyrus avait tenté de faire une trouée sur le centre des Médo-Perses, afin de décider du sort de la journée. Cyrus le Jeune resta sur le champ de bataille, et quand, le lendemain, cette nouvelle ne pût pas être plus longtemps dérobée à la connaissance de son armée, les Asiatiques posèrent les armes et implorèrent la clémence du vainqueur. Le corps grec auxiliaire était réduit à 10,000 hommes, qui, plutôt que de se rendre à discrétion, comme l'exigeait Artaxerxès, préférèrent tenter de regagner leur patrie en s'engageant à travers environ 200 myriamètres de pays ennemi ; retraite demeurée à jamais mémorable dans l'histoire sous le nom de retraite des *dix mille*.

CUNDINAMARCA, l'un des départements de la Nouvelle Grenade, république de l'Amérique du sud, est composé de quatre provinces : *Bogota, Antioquia, Neyva* et *Mariquita*, et compte environ 400,000 habitants sur une superficie de près de 1,650 myriamètres carrés. Il comprend la vallée supérieure et la vallée centrale du fleuve *La Magdalena*, touche à l'ouest à la vallée de Cauca et s'étend à l'est jusqu'aux chaudes et humides plaines voisines des sources du Meta et du Gaviari, deux affluents de l'Orénoque. Tandis que, dans cette partie orientale, les nations des *Achaguas*, des *Chorotas*, des *Guyaboros*, etc., à peine atteintes par la civilisation, errent encore dans des forêts vierges presque impénétrables ; l'autre partie, la moitié occidentale du département, plateau présentant, en moyenne, une élévation de 2,700 mètres au-dessus du niveau de l'Océan, coupé par trois chaînes des Andes, parallèles les unes aux autres, et s'élevant toujours davantage en formant à l'ouest comme une suite de degrés, a de tout temps appartenu aux contrées les plus fertiles et les mieux cultivées de l'Amérique méridionale.

Cundinamarca, qui doit son nom à une vieille divinité américaine, formait, avant la conquête de ce territoire par les Espagnols aux ordres de Gonzalo Ximenès de Quesada, l'un des principaux foyers de la civilisation indienne. La tribu dominante était celle des *Muyscas*, nation puissante et populeuse. Les *Muyscas* obéissaient à deux souverains. L'un, espèce de grand prêtre, résidait à Iraca, où il était un objet de vénération et d'adoration. Tous les ans, des masses de dévots venaient en pèlerinage lui offrir des présents. L'autre souverain était le chef politique ou roi. Il portait le titre de *Zaqué*, et, entouré d'une garde, résidait à Tunja, alors ville riche et florissante. Les princes de Bogota, appelés *Zippas*, lui payaient un tribut annuel. Les *Muyscas* adoraient le soleil et avaient fait de tels progrès dans la civilisation qu'on peut à bon droit les regarder comme ayant été, après les Aztèques et les Péruviens, la nation la plus policée de l'Amérique. La barbarie des conquérants espagnols anéantit toute la civilisation des populations de Cundinamarca. Il n'en reste plus aujourd'hui que des ruines d'anciens édifices, quelques images d'idoles et autres monuments de ce genre, pour inviter les archéologues à se livrer à cet égard à des recherches plus approfondies.

CUNÉGONDE, fille de Sigefroi, comte de Luxembourg, épousa l'empereur d'Allemagne Henri II. Elle fut couronnée avec lui à Rome, par le pape Benoît VIII, en 1014. Après la mort de son mari, elle se retira dans l'abbaye de Kauflung, près de Cassel, qu'elle avait fondée, et y mourut en 1040. On prétend que son mariage avec Henri II ne fut jamais consommé, parce que les deux saints époux avaient fait vœu de continence. Le pape Innocent III le dit expressément dans la bulle de sa canonisation, de l'année 1201. Toutefois, cette particularité est révoquée en doute par quelques auteurs. Ceux-ci rapportent que Henri, dans une diète tenue à Francfort, se plaignit aux États de la stérilité de l'impératrice, comme s'il eût voulu les sonder sur un divorce projeté. Plus tard il l'accusa formellement d'adultère, et, pour se justifier, il fallut qu'elle se soumît au *jugement de Dieu*. La légende raconte qu'elle marcha pieds nus sur un soc de charrue rougi au feu ; que ce fer incandescent n'eut garde de brûler la sainte femme, et que l'empereur, honteux et confus, montra le plus sincère repentir d'avoir douté de sa vertu.
Auguste SAVAGNER.

CUNÉIFORME (Écriture). Elle tire ce nom du mot latin *cuneus*, qui signifie *coin* ou *clou*. Telle est en effet la forme du signe unique dont les nombreuses combinaisons la composent ; et c'est ce qui fait qu'on la désigne quelquefois aussi sous la dénomination d'*alphabet clou* ou *cunéiforme*. Ce signe unique, qui a la forme d'un coin ou d'un clou à tête, s'écrit verticalement, horizontalement et diagonalement ; il se combine par deux et au delà jusqu'à six, et chaque combinaison de ces signes représente une lettre qui est le signe d'un son de la langue parlée : telle est du moins l'opinion très-probable qui résulte clairement de la lecture de plusieurs noms propres de rois persans, écrits avec cette espèce de caractères.

Il n'existe aucun manuscrit en cette écriture, mais elle est employée dans un grand nombre d'inscriptions sculptées en creux sur des rochers, sur des édifices publics, des briques avec lesquelles ces édifices sont construits, sur des monuments de différentes grandeurs, fixes ou mobiles ; enfin, sur des cylindres, des pierres gravées et des amulettes antiques et de formes variées. Ces sculptures existent sur plusieurs points de l'Asie ; on les retrouve sur les antiques monuments de Persépolis et sur les autres ruines qui jonchent le sol de la Perse, sur les ruines de Babylone et de Ninive, et jusqu'en Égypte, où l'usage en fut introduit par les Perses lors de leur domination en ce pays à la suite de l'expédition de Cambyse ; mais on ne saurait préciser le pays où elle prit naissance. On indique, il est vrai, Babylone pour lieu de son invention, mais sans preuves directes ; et, pour trancher cette question, il faudrait être fixé sur la priorité de domination dans ces contrées entre les Perses, les Mèdes, les Babyloniens et les Ninivites. Il est certain que Sémiramis, vingt siècles avant l'ère chrétienne, transporta l'usage de cette écriture dans l'Arménie, dont elle fit la conquête, où elle fonda sur les bords du lac Van une ville dont on prétend reconnaître encore la ruines. Il faudrait aussi mettre en ligne de compte dans cet examen l'influence de l'antique Bactriane, dont nous paraît mériter une grande considération, malgré les obscurités de l'histoire en ce qui concerne les souverains de cet empire.

Mais, à défaut de renseignements certains sur l'inventeur et l'origine de l'écriture cunéiforme, nous en possédons d'abondants sur les lieux où elle était d'un usage public. Les principaux peuples qui firent partie de l'ancienne monarchie perse s'en servirent tous, mais chacun en combinant les éléments d'une manière différente, conformément au génie particulier de sa propre langue. Aussi connaît-on déjà cinq différentes écritures cunéiformes, dont l'une, et en même temps la plus simple, est une pure écriture par lettres, tandis que les autres paraissent être des écritures par syllabes, et passablement compliquées.

Les tentatives qu'on a faites depuis un demi-siècle pour découvrir l'alphabet cunéiforme ne sont pas encore couronnées d'un plein succès. Les savants qui s'y sont adonnés ne sont d'accord que sur la valeur phonétique d'un petit nombre de groupes cunéiformes. Trois systèmes d'alphabets ont été proposés successivement par Grotefend, Saint-Martin et Burnouf fils. Celui-ci, résumant les opinions des deux premiers, donne à son tour treize déterminations de signes qui sont différentes de celles qu'ils avaient adoptées. Le nombre des signes alphabétiques est porté par lui à trente : mais une question très-importante, c'est de savoir si dans l'écriture cunéiforme les voyelles sont ou non exprimées, et ce nouveau doute, manifesté par M. Lassen, ne peut que retarder encore la connaissance certaine et complète de ce système d'écriture.

Le hasard a cependant procuré pour l'écriture cunéiforme

deux éléments fondamentaux de toute découverte d'un alphabet inconnu, c'est-à-dire la transcription en un alphabet connu d'un ou plusieurs noms propres écrits aussi avec l'alphabet inconnu, et, par le plus inespéré des événements, c'est la découverte de l'alphabet des hiéroglyphes égyptiens qui doit aider à la découverte de l'alphabet cunéiforme. Deux vases égyptiens en fournirent l'occasion. Ces vases portaient tous deux une inscription égyptienne suivie d'une inscription cunéiforme : or, les deux inscriptions hiéroglyphiques, lues par l'alphabet de Champollion le jeune, contiennent les noms propres des rois *Xerxès* et *Artaxerxès*; ces deux noms propres se retrouvant dans les deux inscriptions cunéiformes, ils déterminent ainsi la valeur d'un certain nombre de signes alphabétiques de cette écriture. Ce premier pas, résultant de deux textes comparés et également authentiques, doit conduire à de plus complètes notions, et rendre enfin les textes cunéiformes utiles à l'histoire. Ce moment si désiré n'est peut-être pas encore près d'arriver, car une autre difficulté subsiste aussi dans cette étude, et la voici : on a reconnu que l'écriture clou a été employée pour écrire plusieurs idiomes asiatiques, analogues sans doute, mais toutefois assez différents pour que l'interprétation de l'un d'eux ne garantisse pas celle des deux autres; d'ailleurs, l'usage de cette écriture dura bien des siècles, et dans cette durée plusieurs empires s'abîmèrent, tandis que d'autres s'élevèrent sur leurs ruines. Si quelques-uns des textes cunéiformes connus appartiennent à la langue mède, où sont les moyens d'interprétation? Nulle part; et ce serait le motif d'un juste regret que de craindre que la découverte même de l'alphabet complet cunéiforme demeurât à peu près sans résultat, parce que l'application de cet alphabet donnerait une série de mots et de phrases appartenant à une langue perdue. Il en aurait été ainsi de la découverte de l'alphabet hiéroglyphique, si la langue égyptienne des monuments pharaoniques n'avait pas été conservée dans la langue copte. Faisons les mêmes vœux au sujet des monuments en écriture cunéiforme, et qu'ils nous rendent, dans toute leur certitude les grands souvenirs de Ninive, de Babylone et de Persépolis. Champollion-Figeac.

CUNÉIFORMES (Os), c'est-à-dire os en forme de coin (*cuneus*). On nomme ainsi trois os qui font partie de la deuxième rangée des os du tarse et qui sont situés à la partie externe du pied. On les distingue en *premier*, *second* et *troisième cunéiforme*, ou encore, relativement à leur volume, en *grand*, *moyen* et *petit cunéiforme*.

CUNEO. Voyez Coni.

CUNETTE, mot emprunté du bas latin et de l'italien *cunetta*, qui était un diminutif du latin *cuna*, *cunæ*, *cunarum*, berceau. Quelques auteurs ont, par corruption, écrit *cuvette* pour cunette. Ces noms ont été donnés à un canal large de six à sept mètres, profond de deux, et plein de cinq à six pieds d'eau. La cunette est pratiquée dans le fond d'un fossé de fortification, ordinairement fossé sec, ou bien destiné à devenir, au besoin, ou à être en tout temps fossé inondé; elle a pour objet de rendre d'autant plus difficile le passage du fossé vers l'ouvrage attaqué, de s'opposer au placement des échelles d'escalade, de mettre obstacle au cheminement de la mine vers la forteresse. Leblond approuve surtout l'usage de la cunette si elle peut être garantie et enfilée par des *caponnières*. Gal Bardin.

CUNIN-GRIDAINE (Laurent), ancien député, ancien ministre de l'agriculture et du commerce, né en 1778, est un peu le fils de ses œuvres, et surtout l'enfant gâté de la fortune. On assure que, simple ouvrier d'abord (ou peut-être simple employé) chez un riche fabricant de draps de Sedan, il se fit remarquer par une grande intelligence de la draperie ; le négociant ne tarda pas à lui faire une position meilleure dans sa fabrique ; il se l'associa bientôt, et enfin il lui donna sa fille en mariage. Devenu l'un des gros bonnets de son endroit, M. Gunin-Gridaine voulut tâter de la députa-

tion : il fut élu en 1827. Arrivé à la chambre, le gros marchand de draps se demanda pourquoi il ne monterait pas, lui aussi, à la tribune, non pour parler laines ou métiers à propos d'une loi de douanes, mais bien pour se poser en antagoniste des ministres. M. Gunin-Gridaine, libéral, était un chaud partisan de la liberté de la presse; M. Cunin parla donc contre une loi ministérielle ayant pour but de réglementer la liberté de la presse. Il trouva le principe sur lequel on fondait le cautionnement des journaux immoral, parce qu'il mettait aux mains du pouvoir « une prime d'encouragement aux attaques contre la presse périodique, et que la haine naturelle de celui-ci contre la publicité s'accroîtrait encore dans la tentation de spéculer sur les contraventions ». M. Cunin trouvait de plus ce principe odieux et tyrannique, puisqu'il exigeait qu'on fût riche pour avoir le droit d'écrire, et de plus il violait à ses yeux la liberté d'opinion dans l'homme qui avait la lumière sans la richesse. M. Cunin-Gridaine allait beaucoup plus loin : il était fort peu disposé à admettre que des lois eussent le pouvoir de réglementer la liberté de la presse.

Entre M. Cunin-Gridaine défenseur de la liberté de la presse en 1828, et l'un des 221 en 1830, et M. Cunin-Gridaine d'après la révolution de Juillet, il y a tout un abîme. A cette époque, le parti du mouvement demandait la réunion de la Belgique à la France : M. Cunin se jeta à corps perdu dans le parti de la résistance. Il fit du ministérialisme à la chambre comme au conseil général de son département. Le cens d'éligibilité n'eut pas de plus grand champion que lui. Loi sur les crieurs publics, contre les associations, code de septembre, projets de disjonction, de dotation, il vota tout les yeux fermés. L'industriel de Sedan présidait en 1839 les réunions des conservateurs les plus prononcés; il était devenu alors une notabilité parlementaire ; élu à la vice-présidence de la chambre des députés, il fit partie des cabinets du 15 avril et du 12 mai, et à la chute du ministère Thiers il rentra dans le ministère du 29 octobre 1840. Il votait auparavant comme un grand ministériel; depuis son intronisation, le drapier de Sédan, voué de plus en plus au système Guizot, vota comme un ministre : rien n'était changé pour lui. Napoléon Gallois.

Il ne fallut rien moins que la révolution de Février pour enlever à M. Cunin-Gridaine son portefeuille. Les derniers temps de son ministère n'avaient pas été heureux : il avait eu le malheur, en 1846, de mal juger la récolte des céréales, d'empêcher, par une circulaire, le commerce de se jeter dans l'achat des grains, et quand l'administration se décida à ouvrir les yeux, il était trop tard, le blé manquait. La crise de 1847 fut extrême. Le ministre eut du moins le courage, à la fin de l'année, de permettre aux boulangers de se servir de leur réserve, quand la spéculation maintenait les farines à un prix élevé malgré l'abondance de la nouvelle récolte, mesure devant laquelle le préfet de police avait reculé dans la crainte de troubler la liberté du commerce.

Un député ayant dit un jour à la chambre des députés qu'un ministre avait inscrit pour 500 actions définitives dans la souscription d'un chemin de fer, actions capables de procurer des primes immédiates, M. Duchâtel répondit par un démenti; cependant il fut prouvé que ces actions étaient inscrites au nom de MM. Cunin-Gridaine père et fils, de Sedan. M. Cunin-Gridaine déclara alors que depuis 1834 il avait abandonné la direction de son ancienne maison de commerce à ses deux fils; qu'il n'y avait conservé qu'un intérêt d'une médiocre importance dans les affaires relatives à la fabrication des draps, et qu'il était étranger à toute autre opération. Est-il donc défendu de s'enrichir en servant son pays, parce qu'on est fils de ministre? Et si la délicatesse interdit à un ministre de se livrer à des spéculations dans lesquelles l'État est intéressé, est-ce une raison pour priver ses enfants de bénéfices dont peuvent jouir tous les citoyens?

Poursuivi en 1848, avec tous les ministres, par arrêt d'évocation de la cour d'appel de Paris, comme ayant attenté aux droits des citoyens, et mis comme eux hors de cause par un arrêt de non-lieu, M. Cunin-Gridaine vit depuis lors dans la retraite. Son fils, *Charles* CUNIN, élu dans le département des Ardennes à l'assemblée législative, s'y fit remarquer par sa fougue réactionnaire.   L. LOUVET.

CUNNINGHAM (ALLAN), poëte né le 7 décembre 1784, à Blackwood, comté de Dumfries, en Écosse, appartient à ce groupe intéressant d'hommes heureusement doués par la nature, dont l'exemple de Robert BURNS, de James HOGG et d'autres encore, ainsi que la gloire qui s'attacha à leur nom, réveillèrent les facultés assoupies au sein des conditions obscures où les avait placées leur naissance. Son père, simple laboureur, lui fit apprendre l'état de maçon. La truelle à la main, il écoutait et répétait les chants nationaux, les ballades et les récits pathétiques de la vieille Écosse, dont la collection est si vaste et dont les variantes sont nombreuses. On sait que depuis les premiers temps de la civilisation écossaise, une école naïve et dramatique de poésie, fille du peuple et propriété exclusive des classes laborieuses, n'a pas cessé de se perpétuer en se perfectionnant. Après avoir mille fois répété ces chants traditionnels, Allan Cunningham essaya de faire aussi à son tour chanter les autres; et les *Chants et Légendes populaires* qu'il publia alors, notamment sa belle ballade intitulée *la Gentille Anna* (*Bonnie* [du mot français *bon*] *Anna*), éveillèrent tout aussitôt l'attention et lui valurent l'amitié et la protection de Walter Scott. Renonçant à l'idée de s'établir quelque jour maître-maçon, Cunningham vint de 1810 à Londres, où il gagna d'abord sa vie dans les journaux comme *reporter*. Mais en 1814, sur la recommandation de W. Scott, il fut admis dans l'atelier du sculpteur Chantrey avec l'emploi d'aide et de surveillant, qu'il conserva jusqu'à sa mort. Sans doute le goût et le penchant de Cunningham pour la poésie le portèrent à penser qu'il y avait en lui l'étoffe d'un grand artiste. Il se trompait ; il apprit plutôt la théorie que la pratique de la sculpture, et n'eut jamais le droit de se dire artiste. En revanche, il se fit connaître, comme poëte par la publication du *Sir Marmaduke Maxwell* (Londres, 1822), légende dramatique qui eut beaucoup de succès à la reproduction fidèle des mœurs de la vieille Écosse ; et plus particulièrement par une collection intitulée *The legend of Richard Falter and twenty Scottish songs* (1822), dont, il est vrai, de vieilles légendes et de vieux chants nationaux bien authentiques constituaient la partie la plus importante. Les *Traditional Tales of the English and Scottish Peasantry* (contes traditionnels des paysans d'Angleterre et d'Écosse [2 vol. 1822]), manifestèrent avec encore plus de force et de spontanéité ce qu'il y avait de grâce et de vigueur naturelle dans cette intelligence facile. Sans doute il est moins original et moins ardent que le *berger d'Ettrick* (James Hogg), il n'a pas la perfection puissante de Burns, ni la finesse variée d'observation de Scott ; mais on doit reconnaître que la pureté et la grâce sont le côté par où brille son talent de poëte et de prosateur. Il publia ensuite *The songs of Scotland, ancient and modern* (chansons anciennes et nouvelles d'Écosse [4 vol., Londres, 1825]), choix intéressant de chants écossais depuis l'époque de Marie jusqu'à nos jours, avec des notes caractéristiques et historiques, dans lesquelles malheureusement on trouve souvent à côté des idées et des sentiments du poëte les observations critiques du compagnon maçon. Il s'y permit d'ailleurs, sous le prétexte d'éviter de blesser les susceptibilités et le bon goût de ses contemporains, de faire subir aux textes originaux des modifications que rien ne justifie. Les romans qu'il publia plus tard, *Paul Jones* (3 vol. in 1826) et *Michel Scott* (3 vol. 1828) ne répondirent ni l'un ni l'autre à l'attente du public. L'unité de plan, la bonne distribution des parties et l'observation des caractères manquaient à ces œuvres dont l'auteur n'avait pas vécu dans un monde assez élevé pour y trouver les éléments de ces épopées de la vie privée. Revenant alors à ses études personnelles, il composa avec beaucoup plus de succès pour la Bibliothèque des Familles (*Family Library*) une Histoire des peintres, graveurs et architectes anglais (Londres, 1829). Son poëme, *The Maid of Elvar*, (1832) est encore la paraphrase d'une légende écossaise de l'époque de Marie Stuart. Il donna ensuite un autre ouvrage critique, son *Histoire critique et biographie de la Littérature Anglaise* depuis Samuel Johnson jusqu'à Walter Scott, ainsi qu'une édition des œuvres complètes de Robert Burns, avec une biographie de ce poëte, et enrichie d'un grand nombre d'anecdotes nouvelles et de détails jusqu'alors inconnus. Son dernier travail fut une vie du peintre Wilkie (*The Life of sir David Wilkie* [3 vol., Londres, 1842]).

Allan Cunningham mourut à Londres le 29 octobre 1842. La ballade et la chanson, tels sont les genres où il réussit le mieux. Car si d'autres ont plus de profondeur et d'originalité que lui, on peut dire que depuis Burns pas un poëte n'a aussi bien reproduit le ton particulier aux chants de l'Écosse.

Son fils, *Pierre* CUNNINGHAM, a donné une édition complète de ses *Poems and songs* (Londres, 1847), précédée d'une intéressante notice sur sa vie.

CUOCO (VICENZO), publiciste et homme d'État italien, né en 1770, à Camporiarano, province de Molise, dans le royaume de Naples, vint, à l'âge de dix-sept ans, à Naples pour y étudier le droit, et y suivit quelque temps la carrière du barreau, tout en se livrant avec ardeur à la culture des lettres et de la philosophie. Plein d'enthousiasme pour les principes mis en honneur par la révolution française, il embrassa la cause de la révolution démocratique de 1799, dont le résultat fut l'établissement de la république Parthénopéenne après l'entrée de Championnet à Naples (22 janvier 1799).

Cuoco fut l'un des acteurs de cette révolution, dont il se fit plus tard l'historien, et à laquelle prirent part les familles les plus riches et les plus considérées du royaume de Naples. Il travailla avec ardeur pendant toute la durée de la république à l'organisation du ministère de l'instruction publique selon les idées nouvelles. Les Napolitains capitulèrent (en juin 1799), et, au mépris d'une capitulation qui assurait la vie sauve et l'oubli à tous les citoyens qui avaient participé d'une manière quelconque à la révolution, Naples fut livrée aux bourreaux. Cuoco eut le bonheur de se soustraire à la mort, et vint chercher un asile en France, où, sous le titre de *Saggio sulla Rivoluzione di Napoli*, (Essai sur la Révolution de Naples) il publia le récit pathétique des événements qui venaient de frapper si cruellement sa patrie.

La république italienne ne tarda pas à être fondée au delà des Alpes, et Cuoco obtint du vice-président Melzi la charge de rédacteur en chef du *Giornale italiano*, publié à Milan. Ses articles de critique littéraire et philosophique furent surtout remarqués, et au milieu même de la rude pratique du métier de journaliste, il composa l'ouvrage qui est resté son plus solide titre de gloire. Cuoco le donna comme une traduction du grec : *Platone in Italia, traduzione del greco* (Milano, 1806, 3 vol. in-8°). Fréquemment réimprimé en Italie, il a été traduit en français par Bertrand Barère (Paris, 1807, 3 vol. in-8°).

Le séjour de Cuoco à Milan se prolongea de 1801 à 1806. Rentré dans sa patrie avec Joseph Bonaparte, en cette dernière année, Cuoco fut d'abord placé dans l'ancien conseil royal, et, après la nouvelle organisation du royaume de Naples, il fut successivement nommé membre de la cour de cassation et du conseil d'État, puis, par Murat, ministre des finances, poste qui ne convenait ni à ses goûts ni à ses travaux antérieurs, et dans lequel néanmoins il se distingua par une habile et probe administration. Il succédait à Roederer, qui avait organisé les finances, sous Joseph, d'après les principes de l'administration française.

Cuoco, après la restauration de Ferdinand sur le trône de Naples, en 1816, conserva quelque temps son portefeuille. Mais comme, dans son *Essai sur la Révolution de Naples*, il avait maltraité, sinon la personne, du moins la politique et l'attitude de Ferdinand en présence des sanglantes exécutions qui avaient accompagné l'éphémère restauration de juillet 1799, il se sentit mal à l'aise et se montra agité d'une vive et visible inquiétude toutes les fois que les fonctions de son ministère l'obligeaient à subir la présence du roi. Les paroles du prince Léopold, fils cadet du roi, qui témoigna devant lui le désir de lire son livre sur les événements dont le royaume de Naples avait été le théâtre en 1799, lui inspirèrent la plus noire mélancolie. Il quitta le ministère, et resta en proie à des maux de tête violents et à des tremblements nerveux, qui chaque jour s'aggravèrent. Cette sombre mélancolie amena bientôt le désordre de son esprit, et tous les efforts de l'art furent impuissants à le guérir.

Cuoco mourut le 13 décembre 1823, des suites d'une fracture de la cuisse gauche, où la gangrène se mit. Il avait survécu près de deux lustres à son être intellectuel.

C'est à Cuoco que l'on doit le réveil des études, je dirai presque des sciences historiques en Italie ; ce sont ses articles du *Giornale italiano* sur Vico qui ont fait revivre ce noble esprit méconnu et oublié ; c'est à lui qu'on doit peut-être Micali, l'auteur de l'*Italia avanti il dominio dei Romani*. On a dit que dans le *Platon en Italie*, Cuoco avait fait pour l'Italie méridionale de Pythagore ce que l'abbé Barthélemy avait fait pour la Grèce de Périclès dans son *Voyage du jeune Anacharsis*. Mais là se borne l'imitation. L'idée du cadre seul est empruntée. Charles ROMEY.

CUPIDITÉ, soif insatiable d'argent, maladie de notre époque et que tout tend à rendre générale : institutions politiques, mœurs et lois. La cupidité restera donc, en définitive, le cachet particulier de notre temps : c'est la tache indélébile qui le fera reconnaître. A part la naissance, la richesse et les emplois, il existait jadis une puissance devant laquelle quiconque avait une position était tenu de s'abaisser : nous voulons parler de la considération publique. Sans doute elle pouvait quelquefois se tromper, mais enfin elle exerçait une influence morale, toujours en action. Aujourd'hui, c'est l'intérêt personnel qui a remplacé la considération publique. On dédaigne ou honore, pour ne courir qu'après ce qui rapporte ; en un mot, la société est matérialisée. On ne la regarde plus que comme un vaste bazar, où il s'agit de s'enrichir au plus vite et de palper cette masse d'argent indispensable pour s'assurer de grossières jouissances. C'est le citoyen réduit aux proportions de la brute : ruse, perfidie, violence, la cupidité invente tout, pour engloutir tout. Sous son empire, les sentiments généreux, pure niaiserie ; les opinions indépendantes, fausse monnaie ; les richesses, toujours les richesses, voilà le but essentiel, le but unique de la vie. D'un autre côté, comme la hiérarchie des rangs n'existe plus pour la forme, et qu'à beaux deniers comptants on peut devenir tout ce que l'on veut, la cupidité s'est revêtue du manteau du patriotisme ; elle veut sauver la France pour mieux gonfler ses poches. Jadis, les maîtres du monde étaient retenus par la pudeur de leur propre élévation ; les artistes et les gens de lettres avaient l'instinct de la gloire ; ils vivaient plutôt pour la postérité que pour eux-mêmes ; ils battent monnaie avec leur génie. A leur suite est venue la race des *entrepreneurs*, qui, enrégimentant pêle-mêle la main d'œuvre et le talent, pressurent leur sueur, pour en tirer un lucre toujours croissant ; puis, artistes, gens de lettres, quittent et reprennent le joug, se vendent et se revendent au plus offrant et dernier enchérisseur. En dernière analyse, la cupidité règne, souveraine absolue, dans un pays qui a commencé, il y a soixante-quatre ans, la plus étonnante des révolutions par un désintéressement sans bornes.

SAINT-PROSPER.

CUPIDON. Cicéron, dans son livre *de la Nature des dieux*, distingue Cupidon de l'Amour, quoique tous deux fussent attachés à la suite de Vénus. Il prétend que le premier était fils de la Nuit et de l'Érèbe, et le second, fils de Jupiter et de Vénus. Les Grecs nommèrent l'un *Erós*, l'Amour, et l'autre *Imeros*, le Désir, que les Latins traduisirent par *Cupido*. L'Amour allumait dans l'âme des passions violentes, Cupidon échauffait les cœurs de sentiments tendres et modérés. Communément ces deux divinités étaient confondues, ainsi que leur culte : nous les confondrons aussi. Il n'en est pas de même de l'origine de ce dieu : chaque auteur de théogonie, chaque philosophe, chaque poète de l'antiquité varie sur ce point : ce n'est pas inconséquence ou bizarrerie de leur part, c'est raison ; car l'Amour est contemporain du Chaos, et par conséquent, sa naissance était difficile à débrouiller. Un poète a dit :

Amour, ange du ciel, principe, âme du monde,
Dès la création, sur la terre inféconde,
Tu descendis ; soudain, à tes germes brûlants,
Mère fidèle et tendre, elle entr'ouvrit ses flancs.

Ces vers expliquent une des opinions diverses que les anciens avaient sur l'origine de ce dieu, que quelques-uns regardent comme le premier né des immortels, et leur père à tous, ainsi que de tout ce qui respire. Hésiode le dit fils du Chaos et de la Terre ; Aristophane, qui semble adopter les idées du Phénicien Sanchoniaton sur le principe des êtres, dit, dans sa comédie des *Oiseaux*, que la Terre pondit un œuf qu'elle avait conçu de Zéphyre, et que l'Amour naquit de cet œuf : Zéphyre signifie en grec le souffle *qui porte la vie*. C'est là le *rouakh*, le vent, l'esprit de Dieu, qui était porté sur les eaux, dans Moïse, le premier jour de la création. L'Amour, toujours selon le poète comique, se mêla au Chaos, et les cieux, la terre et les dieux immortels naquirent de son souffle ardent. Orphée aussi le fait naître avant tous les êtres animés. Sapho, dont le cœur concevait et sentait toute l'immensité et toute la puissance de ce dieu de feu, l'a dit enfant du ciel et de la terre.

Ces opinions, qui remontent vers le berceau du monde, appartiennent à la cosmologie et à la haute théogonie ; celles qui vont suivre ne sont que des espèces d'allégories. Ainsi, le poète Alcée fait naître l'Amour de Zéphyre et d'Éris ou la Dispute ; Platon, de Pénia, la pauvreté, et de Poros, l'abondance, parce que cette passion rend égaux les deux cœurs qu'elle embrase, et que sa fougue ne lui donne pas le temps du choix ; Sénèque, de Vénus et de Vulcain, de la beauté et du feu générateur dont ce dernier est l'emblème ; Simonide, d'un adultère de Mars et de Vénus, la violence et la beauté : c'est l'opinion la plus généralement reçue. Jupiter, à l'aspect de ce dieu nouvellement né, aurait déjà vu dans les yeux de cet enfant tous les maux qu'il méditait contre les hommes et les immortels mêmes. Le maître du tonnerre l'eût anéanti si Vénus, qui lut dans l'âme du digne fils de Saturne, n'eût caché, nouvelle Rhéa, le fruit de son adultère dans l'épaisseur d'un bois. Là, ce petit dieu suça le lait des bêtes féroces, et, grandissant, se fit un arc de frêne et des flèches de cyprès, dont il perçait au cœur les monstres des forêts, adresse qu'il exerça depuis sur les hommes et les habitants de l'Olympe, où, toléré enfin par Jupiter, qu'il brûla de ses plus vives flammes, il se fit fabriquer par Vulcain un carquois et des traits d'or. Ovide a rempli ce carquois avec deux sortes de flèches, les unes, dorées et aiguës, qui allument dans l'âme une passion indomptable, et les autres, émoussées et armées de plomb, qui y laissent un froid glacial qui va jusqu'à l'antipathie. Cupidon conserva dans l'Olympe sa forme enfantine, quoique souvent il soit représenté sous celle d'un adolescent.

Ce n'est point un enfant, mais il sort de l'enfance.

Voici maintenant les principaux attributs qu'il reçut de l'antiquité : le plus beau d'entre les immortels et toujours nu, il a tantôt des ailes d'or, de pourpre, d'azur, tantôt des ailes de vautour et d'aigle : une cornaline à Rome, portant le nom du graveur Phrygillus, le représente avec ces dernières. Quelquefois il est peint aveugle, ou un bandeau sur les yeux ; il porte aussi un flambeau allumé, ou tient une lyre, et s'avance couronné de roses ; quelquefois il est à cheval sur un dauphin, ou sur une panthère, ou sur un lion, dont la crinière lui sert de rênes. Il joue avec la lance et le casque de Mars, son père ; il embrasse un bélier, qui regarde un autel flamboyant, ou baise un cygne, avec lequel il folâtre ; il est monté sur le dos d'un centaure, qu'il mène, ou sur les épaules d'Hercule. Le sens de ces allégories est trop clair pour avoir besoin d'être expliqué. Parfois, il tient d'une main une rose, et de l'autre, un dauphin, symbole de sa puissance sur les ondes et sur la terre.

Les temples de l'Amour étaient communs avec ceux de Vénus sa mère. Cependant, à Thespis et en quelques autres lieux, ce dieu en avait de particuliers.

Il y avait aussi un autre dieu, frère de l'Amour et fils aussi de Vénus et de Mars, qui se nommait *Antérôs*, contre-amour, pris dans l'acception d'amour mutuel et réciproque. Il était honoré et invoqué à Athènes et à Rome, comme le vengeur d'une passion méprisée. DENNE-BARON.

CUPULE (du latin *cupula*, diminutif de *cupa*, coupe), assemblage de bractées écailleuses ou foliacées, unies par leur base et formant une espèce de coupe qui enveloppe la fleur et persiste autour du fruit. La cupule entoure seulement la base du fruit dans le gland ; elle l'enveloppe en totalité dans la noisette. MM. Mirbel et Schubert donnent ce nom à l'enveloppe la plus extérieure de l'ovaire dans les cycadées et les conifères. On nomme encore *cupule* la partie creusée des champignons de la tribu des pézizées.

CURAÇAO, île rocheuse comprise dans les Grandes Antilles, à quelques myriamètres de la côte de Vénézuéla, compte une population de 15,000 habitants sur une superficie d'environ 385 kilomètres carrés. Ce rocher nu et stérile n'est pas recouvert, sur le plus grand nombre de points, de plus de 20 centimètres de terre végétale. Mais la patiente industrie des Hollandais a su le rendre fertile et lui faire produire du sucre, du tabac, du maïs, des figues, du cacao, des noix de cocos, des citrons, des oranges et la plupart des légumes d'Europe. Toutefois les produits un peu importants ne consistent guère qu'en sel et tabac. On y manque d'eau. Sur la côte sud on trouve *Santanabai*, port sûr mais d'un accès difficile. Près de là est située *Wilhelmstadt*, la seule ville qu'il y ait dans toute l'île. Elle est la résidence du gouverneur dont l'autorité s'étend aussi sur les îlots voisins, *Aruba*, *Buen Ayre* et le groupe d'*Aves*. Elle est bien bâtie et remplie de magasins. On ne trouve d'ailleurs à Curaçao qu'un très-petit nombre de villages et de plantations.

En 1527 les Espagnols prirent possession de cette île, dont les Hollandais s'emparèrent en 1634 et dont le traité de paix de Westphalie leur adjugea la possession définitive. Les Anglais, qui déjà, en 1804, avaient fait une tentative inutile contre Curaçao, s'en rendirent maîtres en 1807, et la restituèrent à la Hollande aux termes du traité conclu entre l'Angleterre et le royaume des Pays-Bas à la suite de la paix de Paris.

CURAÇAO. On nomme ainsi des zestes d'oranges et de citrons qu'on a fait dessécher, et qui sont employés pour aromatiser certaines bières et plusieurs liqueurs alcooliques, notamment celle qui porte elle-même le nom de *curaçao* ou *curaçao de Hollande*. Voici la recette que donne M. Raspail pour faire du curaçao : « Laissez macérer pendant quinze jours, au soleil, dans une bouteille bien bouchée, 50 grammes d'écorce sèche d'orange dans un litre d'eau-de-vie ordinaire, en ayant soin d'agiter la bouteille chaque jour. Ce terme passé, faites fondre au feu 500 grammes de sucre dans égale quantité d'eau, laissez un peu caraméliser, et versez le tout dans cette eau-de-vie saturée d'essence d'écorce d'orange. »

CURARE. Le curare est un poison violent préparé par les peuplades qui habitent les forêts qui bornent le haut Orénoque, le Rio-Negro et l'Amazone. Sa composition est encore un mystère. D'après M. de Humboldt, ce serait l'extrait aqueux d'une liane appartenant à la famille des strychnées ; suivant MM. Boussingault et Roulin, il renfermerait une substance toxique appelée *curarine*. M. Goudest, en confirmant l'opinion de M. de Humboldt, pense que les Indiens laissent tomber dans l'extrait quelques gouttes de venin de serpent. Le curare se présente sous la forme d'une masse noire, solide, d'un aspect résineux ; mais il présente une anomalie singulière, qui doit le faire classer parmi les venins : il peut être mangé et ingéré dans l'estomac, sans que sa présence incommode en rien celui qui a commis cette imprudence ; tandis que d'un autre côté, si par malheur on se pique aussi peu que possible avec une aiguille trempée dans une solution de curare, on meurt foudroyé à l'instant même. C'est du reste un poison fort agréable : aucune douleur apparente, pas la moindre convulsion ne signale son action. L'animal blessé va et vient quelques instants, paraît s'endormir, et tombe mort. Ainsi un chien peut manger du curare, en avoir plein l'estomac, le poison se dissout parfaitement sans que l'animal en semble le moins du monde incommodé, et s'il est piqué avec une pointe trempée dans le liquide qu'il porte impunément dans son ventre, il meurt immédiatement. C'est-à-dire que si par hasard une arête se trouvait dans son estomac, et qu'elle lésât sa muqueuse, ce chien périrait. Il en est de même de l'injection du poison dans la vessie. L'urine entière devient éminemment toxique, et l'animal qui la porte n'en semble nullement incommodé. Son action est d'une rapidité inouïe sur les oiseaux ; sur les mammifères, elle retarde de quelques secondes ; sur les reptiles elle ne se manifeste qu'au bout de plusieurs heures.

CURATEUR, CURATELLE. Le *curateur*, ainsi que l'indique son étymologie latine *curare*, est un homme commis par la justice ou par la loi pour prendre soin des biens et des intérêts d'autrui. Il y a entre les fonctions de *curateur* et celles de *tuteur* une grande analogie ; elle dérivent du même principe, de la même nécessité. L'intérêt de la société exige, en effet, que ceux qui ont besoin de secours pour guider leurs personnes et conserver leurs biens trouvent un appui et une protection dans le zèle de leurs proches, dans l'humanité même des étrangers, et qu'au besoin la loi contreigne à remplir ce devoir les personnes auxquelles la nature l'impose.

L'intervention d'un curateur est nécessaire dans un assez grand nombre de cas. Nous ne mentionnerons que les plus importants.

Le mineur émancipé ne peut recevoir le compte de tutelle sans être assisté d'un curateur, qui lui est nommé par le conseil de famille ; ce curateur doit encore l'assister lorsqu'il reçoit un capital mobilier ou en donne décharge ; il doit en surveiller l'emploi ; son assistance est encore nécessaire quand le mineur veut intenter une action immobilière ou qu'il y défend. A la différence du tuteur, le curateur n'agit pas au nom du mineur, il se borne à lui prêter son concours ; en revanche il n'a pas la même responsabilité que le tuteur, et n'a point de compte à rendre quand ses fonctions sont terminées. Du reste les mêmes motifs de dispense, d'incapacités, d'exclusion et de destitution s'appliquent aux curateurs et aux tuteurs.

Lorsqu'une succession est réputée vacante, le tribunal de première instance dans l'arrondissement duquel elle est ouverte, nomme à cette succession un curateur, sur la demande des personnes intéressées ou sur la réquisition du procureur impérial. Il a le devoir de faire constater l'état de la succession par un inventaire ; il répond aux demandes formées contre elle, en exerce et en poursuit les droits ; mais il ne peut faire que des actes de pure administration, sans qu'il lui soit permis de transiger, de compromettre, encore moins d'aliéner et d'hypothéquer. Il ne doit toucher aucuns deniers, mais les faire verser dans la caisse des consignations; il ne peut acquitter aucune dépense. Les formalités prescrites pour l'héritier qui accepte une succession sous bénéfice d'inventaire s'appliquent également à l'administration du curateur et au compte qu'il est tenu de rendre.

Il arrive assez souvent qu'une femme se trouve enceinte à la mort de son mari : dès ce moment, la loi prend sous son égide l'enfant qui doit naître; elle lui donne un protecteur qu'on appelle *curateur au ventre*, et qui doit veiller à ses intérêts. Quelquefois même les héritiers du mari défunt, lorsqu'ils ont de justes raisons de craindre une supposition de *part* qui les frustrerait de la succession, font créer ce curateur par le conseil de famille pour s'assurer tout à la fois de la naissance de l'enfant et de l'état où il se trouvera au moment de son arrivée au monde. Si cet enfant est né viable, la mère en devient tutrice, et le curateur lui rend compte de son administration pendant la grossesse; il est de plein droit subrogé-tuteur de l'enfant. C'est des Romains que nous est venu l'usage de nommer des *curateurs au ventre*.

Celui qui est condamné à une peine emportant mort civile, ne peut procéder en justice ni en demandant en défendant que sous le nom et par le ministère d'un curateur. On en donne également un à ceux qui sont condamnés aux travaux forcés à temps, ou à la réclusion, pour administrer leurs biens pendant la durée de la peine. Lorsqu'il y a lieu à la révision d'une condamnation pour homicide parce que l'identité et l'existence de la personne prétendue assassinée est reconnue et légalement constatée, si l'arrêt a été prononcé contre un individu mort civilement, la cour de cassation doit créer un *curateur à sa mémoire*, avec lequel se fait l'instruction et qui exerce tous les droits du condamné. Enfin, dans le cas d'absence, il est donné un administrateur ou curateur à l'absent qui n'a point laissé de procureur-fondé, lorsqu'il y a nécessité de pouvoir à l'administration de la totalité ou d'une partie de ses biens.

CURCUMA, genre de plantes de la famille des amomées, tribu des zingibéracées, ainsi caractérisé : calice tubuleux, trident; tube de la corolle dilaté supérieurement en deux lèvres; une seule étamine; quatre filets filiformes; anthère biloculaire; glandes épigynes. Ce genre renferme plus de trente espèces, dont une vingtaine ont été introduites dans nos jardins. Ce sont toutes d'élégantes plantes vivaces, acaules, à rhizomes tuberculeux, à feuilles herbacées, à pétioles engaînants, à fleurs jaunâtres, bractéolées, serrées, en épi. Elles appartiennent toutes à l'ancien continent, où on les rencontre dans les bois humides et chauds des Indes orientales, de la Chine, de Java, etc. Les rhizomes de la plupart d'entre elles contiennent un principe stimulant ou colorant. Ainsi le *curcuma aromatica*, aux feuilles ovales, lancéolées, à nervure moyenne pourpre, fournit la racine connue dans le commerce sous le nom de *zédoaire*, et qui, employée autrefois dans la pharmacie, sert encore dans la parfumerie. Mais l'espèce la plus importante pour l'industrie est le *curcuma longa* dont la racine est souvent désignée sous les noms de *terra merita* et de *safran des Indes*. Cette racine est fort employée en teinture, surtout dans celle des laines et des soies. Elle ne donne pas en général des teintures solides, mais elle est utile dans les couleurs composées. C'est principalement dans les *mordorages* qu'on en fait usage. La couleur est d'ailleurs fort abondante dans cette racine et facile à extraire; ce qui, joint au bas prix de cet ingrédient, agrandit beaucoup l'utilité qu'on en tire. C'est ainsi qu'on l'emploie à teindre les pommades et les onguents, soit en jaune lorsqu'on l'emploie seule, ou en vert lorsqu'on y mêle l'indigo finement pulvérisé. Le papier teint avec le curcuma est le meilleur des réactifs pour reconnaître la présence des alcalis, qui le font virer au brun; les acides le ramènent au jaune.

Il paraît que les racines de curcuma qui nous sont apportées ne proviennent pas seulement de la dernière espèce que nous venons d'indiquer. La racine de curcuma se trouve en effet dans le commerce en morceaux de la grosseur et de la longueur du petit doigt, cylindriques, quelquefois tubéreux, toujours contournés et articulés, quelquefois recouverts d'une écorce jaune, mince et chagrinée, et quelquefois d'une écorce grise, lisse, épaisse et présentant des anneaux circulaires peu apparents. Ces différences marquées dans l'aspect indiquent des espèces distinctes. Le curcuma se présente encore sous forme de racines tubéreuses, arrondies ou ovoïdes, d'une grosseur qui excède rarement celle d'une noix. L'écorce qui recouvre ces tubercules est grise ou jaunâtre, assez mince; les anneaux circulaires qu'elle présente sont plus apparents que dans les racines cylindriques, et on y remarque assez fréquemment quelques radicules. À l'intérieur, toutes les sortes sont d'un jaune rougeâtre, quelquefois pâle, quelquefois brun et même tirant sur le noir surtout dans les longues racines. La cassure est compacte, résineuse, grenue et présente l'aspect et le grain de la cire; l'odeur est forte, aromatique, et se rapproche un peu de celle du gingembre. Le curcuma, l'un des condiments les plus appréciés des naturels de Java et de Malacca, entre aussi dans la composition de cet assaisonnement, fortement épicé, que les Anglais appellent *curry*.

CURDES. *Voyez* KOURDES.

CURE (en latin *cura*, qui, d'après les étymologistes latins, serait une contraction des mots *cor urens*, cœur brûlant). Ce nom, dans son acception la plus générale, et d'après son origine, signifie soin. Cette signification originelle se nuance et se modifie ensuite pour exprimer tout ce qui a rapport aux soins, c'est-à-dire tout ce qui en résulte et toutes les idées accessoires qui s'y rattachent. Cette remarque générale se trouve confirmée par l'exposé de l'emploi de ce nom dans le langage usuel, dans celui des sciences médicales, et par l'indication de ses dérivés. *Cure* signifie encore : bénéfice ayant charge d'âmes et la conduite spirituelle d'une paroisse, et aussi logement du *curé*; en termes de fauconnerie, peloton de chanvre, de coton ou de plume, qu'on fait avaler à un oiseau pour le purger ou dessécher son flegme; en médecine, traitement ou guérison.

Suivant l'abbé Girard, « la *cure* ou *traitement* a plus de rapport au mal ou à l'action de celui qui traite; la *guérison* en a davantage à l'état du malade qu'on traite. » *Cure* entraîne toujours l'idée de soins, de traitement, et celle d'une solution quelconque, diminution, soulagement ou guérison plus ou moins difficile à obtenir. « Plus le mal est invétéré, plus la cure en est difficile. C'est souvent plus à la force du tempérament qu'à l'effet des remèdes qu'on doit sa guérison. On dit d'une cure qu'elle est belle; alors le succès fait honneur à celui qui l'a entreprise. On dit de la guérison qu'elle est prompte et parfaite; c'est tout ce qu'on doit désirer de la maladie. » En thérapeutique générale, on distingue plusieurs sortes de cures, savoir : 1° la *cure conservatrice* ou *vitale*, ou l'ensemble des soins nécessaires pour entretenir la santé; 2° la *cure préservative* ou *prophylactique*, c'est-à-dire l'emploi des moyens qui préviennent les maladies et nous en préservent; 3° la *cure palliative* ou *mitigative*, dans laquelle on se propose de soulager simplement, dans la crainte qu'une guérison complète n'entraînât des accidents plus fâcheux que la maladie que l'on traite; 4° la *cure radicale*, dont le but est de guérir complètement; cette dernière a été distinguée en 1° *directe*, *perturbatrice* et *spécifique*, c'est-à-dire consistant dans l'emploi de quelque remède dont l'effet est approprié au cas dont il s'agit, comme le quinquina pour les fièvres intermittentes, le mercure pour la syphilis, etc.; 2° *indirecte et générale*, dans laquelle le médecin se borne à observer la marche de la nature dans les maladies et à prévenir ou dissiper les accidents qui viendraient les compliquer, et qui seraient un obstacle à la tendance vers une issue favorable. L. LAURENT.

CURÉ, CURÉ. La *cure* est un bénéfice ecclésiastique du culte catholique, ayant territoire et charge d'âmes. Le *curé* est le titulaire de ce bénéfice. Sous un rapport, la cure est le territoire dans l'étendue duquel le curé exerce ses fonctions. Nommer les curés, c'est rappeler l'un des grands titres de la religion à la reconnaissance des peuples, et l'une des classes d'hommes qui ont le plus constamment servi et honoré l'humanité par leurs vertus. Leur institution remonte au temps des Apôtres. Ils représentent les disciples par qui les compagnons de Jésus-Christ se firent aider dans l'accomplissement de leur mission. A ce titre, ils sont donc de fondation divine. Plus tard, ils rendirent les mêmes services aux évêques, eux-mêmes représentants des apôtres. Au commencement de la prédication de l'Évangile, et dans les siècles qui suivirent la naissance du christianisme, les fidèles étaient encore trop peu nombreux pour que le territoire pût être réparti en fractions commises chacune aux soins d'un prêtre résidant et exclusivement consacré à desservir la circonscription qui lui avait été assignée. Les campagnes demeurèrent fort longtemps idolâtres. Les curés étaient alors des prêtres attachés dans chaque ville aux évêques, et les soulageant dans les travaux de leur apostolat. Plus tard, quand la religion se fut assise sur le sol, les curés se répandirent avec elle dans les champs. Alors se formèrent les **paroisses**, qui répondent aux cures d'aujourd'hui, et qui sont, dans l'ordre religieux, ce que sont les **communes** dans l'ordre civil. La mission du curé est l'administration des **sacrements**, l'enseignement des vérités de la foi, celui des principes de la morale et le soulagement des adversités temporelles : mission sainte, à laquelle la philosophie elle-même n'a jamais pu refuser son admiration !

On divisait autrefois les curés en deux classes : *curés primitifs* et *curés-vicaires perpétuels*, distinction qu'on retrouve souvent dans nos anciens annalistes, et qui se rattache à un point important de notre histoire. En voici l'origine : Dans les bas siècles, au milieu de l'anarchie féodale, la barbarie, avec la corruption et l'ignorance qu'elle manque rarement d'engendrer, avait atteint le clergé séculier. Entourés, chaque jour, de scènes de meurtre, de pillage, d'attentats violents aux mœurs, essayant en vain le plus fréquemment d'offrir à leurs ouailles, dans leurs églises, un asile contre la flamme, le fer et la brutalité des bandes des barons ou des aventuriers, comment les curés auraient-ils pu conserver les habitudes studieuses, calmes et retenues, qui constituent le caractère essentiel de leur ministère? Ils faillirent avec leur siècle et par lui. Alors on imagina de les remplacer par des prêtres tirés du sein de ces corporations religieuses que leur clôture et les remparts de leur couvents, transformés en forteresses, avaient préservées du contact trop immédiat des différents ordres. Durant un assez long espace de temps, une grande quantité de cures furent desservies par des moines de différents ordres. Lorsque ensuite le retour de la paix eut permis au clergé séculier de reprendre l'exercice de ses fonctions, les religieux se renfermèrent de nouveau dans leurs couvents. Mais ces monastères soutinrent qu'ils devaient être désormais titulaires des cures que leurs Pères avaient remplies pendant la période étendue des calamités publiques, qu'ainsi c'était à eux à les pourvoir de curés : concession qui leur fut faite et qui entraînait de grands avantages d'influence et d'argent, puisque le desservant nommé par eux était toujours acquis à leurs intérêts, et qu'ils jouissaient, en outre, de tous les revenus de la cure, moyennant un abonnement assez médiocre qu'ils faisaient, sous le nom de *portion congrue*, aux prêtres qu'ils avaient choisi. De là vint qu'il y eut des *curés primitifs*, savoir, ceux dont les cures n'avaient point subi cette occupation avec ses conséquences;

et des *curés vicaires perpétuels*, ou représentants de monastères.

On sait qu'autrefois les curés n'avaient point de traitement fixe, et ne recevaient rien de l'État. Ils vivaient du produit des dîmes, usage emprunté à la loi mosaïque, bon et même indispensable à cause de la rareté du numéraire au temps de son institution, mais qui avait fini par dégénérer en abus. On sait aussi comment la révolution supprima les dîmes et les fonctionnaires ecclésiastiques qui les percevaient. Le concordat rétablit les curés, qui furent partagés en deux classes : une première, dans laquelle on rangea les titulaires des cures des villes de 5,000 habitants et au-dessus; une seconde, qui comprit ceux des localités dont la population était inférieure à ce chiffre. A côté, ou, si l'on veut, au-dessous d'eux, se placèrent les desservants de succursales, véritables curés, moins l'inamovibilité et la confirmation du chef de l'État. Les curés sont nommés par l'évêque, mais sous l'approbation du gouvernement, qui est conséquemment le véritable collateur. Les succursalistes reçoivent exclusivement leur nomination de l'évêque, qui peut les révoquer *ad nutum*, tandis qu'il ne peut destituer un curé qu'après une information suivie dans les formes canoniques et une sentence qui doit être soumise à la sanction du souverain. C'est encore l'évêque qui nomme les vicaires ecclésiastiques, chargés d'assister le curé dans les paroisses trop étendues ou trop peuplées.

Les curés étaient autrefois officiers de l'état civil. C'étaient eux qui dressaient les actes de naissance, de mariages et de décès. Ces fonctions ont été transportées aux maires et adjoints, auxquels elles appartiennent plus naturellement. Les curés ont également perdu, non sans une juste raison, le droit de recevoir les testaments, droit qu'ils exerçaient dans de certains ressorts et à de certaines conditions. On a fait sagement de leur retirer une compétence étrangère à leur mission, et qui occasionnait quelquefois des abus dont la considération du clergé avait à souffrir. Réduite à ses limites naturelles, leur tâche est assez laborieuse et assez belle pour qu'on ne l'aggrave point en l'étendant. Il convient, d'ailleurs, que le prêtre ne soit que l'homme de la religion, et ne se mêle que le moins possible au maniement des intérêts temporels, dont il s'approche rarement sans dommages pour son caractère.   J.-J. JAMET.

CURÉE. C'est en termes de vénerie, la pâture qu'on donne aux chiens de chasse en leur faisant manger quelque partie du cerf, du lièvre ou de toute autre bête qu'ils ont prise. Dans le premier cas, dès que la curée a sonné, les valets de chiens mettent le cerf sur le dos et le dépècent. Ils commencent par ouvrir les *daintiers* ou rognons, puis ils ouvrent la *nappe* ou la peau, et la fendent depuis la gorge jusqu'en bas. Ils tiennent le pied droit en haut, découpent la peau autour de la jambe et la dépècent jusqu'au milieu de la poitrine; ils en font autant aux autres pieds et achèvent la dépouille. Cela fait, ils ouvrent le ventre, et l'on distribue l'animal par morceaux. On enlève la panse, qui est vidée et lavée, le membre, l'os ou cartilage du cœur, une partie du cœur, du foie, de la rate, que les valets de limiers distribuent à leurs chiens; les épaules, les petits filets, le cimier, les grands filets, les feuillets et les nombres. On conserve le sang; on s'est muni de deux ou trois sceaux de lait; on coupe la panse et les boyaux nettoyés, ainsi que le reste de la rate et du foie; on mêle le tout avec du sang, du lait et du pain. En hiver où l'on a peu de lait, on y substitue du saindoux. On verse, enfin, on remue, et la curée est prête.

Restent le coffre du cerf et les petits boyaux qu'on nomme le *forhu*. On étale le coffre sur l'herbe à peu de distance, et on arbore le *forhu* au bout d'une fourche; c'est le second service et le dessert des chiens, auxquels ils ne procèdent toutefois que lorsqu'on a sonné toutes ces manœuvres en bon ordre. Ne reste-t-il plus rien à dévorer, on sonne la retraite. Nos pères exécutaient point par point tous ces minutieux détails de la curée avec autant et plus de cérémonial que quoi que ce soit au monde ; et le chien le mieux méritant ne se montrait pas impunément sous leurs yeux trop *âpre à la curée*. Tant qu'elle durait, ils ne gardaient point leurs gants s'ils ne voulaient pas s'exposer à payer un pourboire extraordinaire à leurs valets de chiens. C'était la règle : les limiers avaient principalement droit au cœur et à la tête ; et les chiens courants au cou, qu'on dépouillait tout fumant, attendu que les curées chaudes sont les meilleures. Celles qui, au retour, avaient lieu au logis, consistaient en tranches de pain avec du fromage de Hollande arrosé de sang de cerf.

Faire curée se dit des chiens qui, sans attendre le veneur, dévorent gloutonnement la bête qu'ils ont prise. *Défendre la curée*, c'est les empêcher, à coups de fouet ou de gaule, d'en approcher. *Les mettre en curée*, c'est leur donner plus d'ardeur à la chasse par la curée qu'on leur sert. On dit dans un sens analogue *les chiens sont en curée*.

Suivant le Dictionnaire de l'Académie, *mettre en curée*, *être en curée* se disait figurément, familièrement, des personnes que le butin ou le profit qu'elles ont fait anime davantage à quelque entreprise ; et, dans ce sens, *être âpre à la curée* signifie être très-avide de lucre, de places, de butin. Cette acception s'est singulièrement élargie, depuis la révolution de juillet, à propos d'un coup de tête de jeune écolier, auquel on applaudit comme à un coup de maître : nous voulons parler de la *Curée* d'Auguste Barbier, l'auteur des *Iambes*, stygmatisant, comme de raison, cette meute d'intrigants et de poltrons qui ne manque jamais de se disputer, après la victoire, la récompense des plus honnêtes et des plus braves. Cette satire fougueuse, bien dessinée, étincelante de trivialités sublimes, a valu une nouvelle vie, une nouvelle acception au mot *curée*. Maintenant, dès qu'un pouvoir tombe et qu'un autre lui succède, la *curée* est ouverte, et ceux-là mêmes qui encensaient plus l'autorité d'hier accourent les premiers encenser l'autorité d'aujourd'hui, moins excusables cent fois dans leur *âpre curée* que les chiens d'une meute, qui au moins ne courtisaient pas la veille le cerf qu'ils dévorent le lendemain.

Eug. G. DE MONGLAVE.

CURÈTES, êtres mythologiques, contemporains de Saturne et dont le nom grec κυρήτες signifie les *tondeurs*. Peuple ou prêtres, on a lieu de croire qu'ils étaient venus de Phénicie, sous la conduite de Cadmus. Les uns se répandirent dans l'Étolie et l'Acarnanie, à l'occident du fleuve Achéloüs, et y prirent, de leurs cheveux courts, dans l'idiome du pays, un nouveau nom, qu'ils y laissèrent. Au temps de Méléagre, ils assistèrent à la chasse de Calydon ; Homère en parle comme d'un peuple des environs de cette ville. Plusieurs de ces aventuriers, qu'avait emmenés à sa suite le frère d'Europe, descendirent dans l'île d'Eubée, où ils travaillèrent le cuivre dans sa capitale, appelée depuis Chalcis, nom de ce métal en grec. Ceux-ci abordèrent à Imbros, dans la Samothrace, et à Rhodes, ile où ils s'appelèrent Telchines, et ceux-là à Lemnos, dans les antres de laquelle ils établirent des forges, ce qui les fit confondre, non sans raison, avec les Cyclopes. C'est à l'un des Curètes, nommé Hercule Idéen, que Pausanias attribue la fondation des jeux olympiques en Élide. Mais ce fut principalement dans la Crète aux cent villes, le centre de l'aurore de la civilisation en Europe, que le plus grand nombre des Curètes s'établirent. Il y en a qui prétendent que cette île leur doit son nom. Ce fut à eux que Jupiter, ou Zan, roi de Crète, dut son éducation. Avec eux, ils avaient apporté dans cette île la science de l'astronomie, originaire de la Chaldée, les arts de leur patrie, et celui surtout de travailler le fer, qu'ils tenaient par tradition de Tubaïcaïn, le premier forgeron avant le déluge. Ce fut sous Minos 1er, roi des Crétois, 1350 ans avant l'ère chrétienne, que l'Europe reçut d'eux cette invention si précieuse et si funeste ; car, si les Curètes forgèrent le soc qui nourrit, ils forgèrent l'épée qui égorge. Ils introduisirent aussi les systèmes religieux, les mystères, les pompes asiatiques. Ils apprirent encore aux Crétois à parquer les brebis et les chèvres errantes, et à élever les mouches à miel. Tant de services rendus aux hommes, tant d'inventions merveilleuses, qu'ils n'avaient fait que transplanter, persuadèrent aux uns que ce n'étaient que des enchanteurs, aux autres que c'étaient des génies, des puissances surnaturelles. Tels furent les druides dans les Gaules, les jongleurs en Amérique, en Laponie, et au Kamtchatka, si ce n'est que les Curètes étaient regardés comme des dieux. Dans la Messénie, ils eurent des autels où leur sacrifiait toutes sortes d'animaux. Dans les traités, on jurait par eux. Plusieurs érudits pensent que ce collége de prêtres n'est qu'une division des Dactyles et des Corybantes, et font venir l'étymologie du nom de ces ministres religieux du grec χρονω (je frappe, je fais du bruit), parce qu'à l'exemple des Corybantes, mais avec plus de modération, ils agitaient des javelines dont ils choquaient leurs boucliers. Ce qu'il y a, ce semble, de vraiment historique dans l'existence de ces prêtres, c'est que de l'Asie, alors dans la splendeur de la civilisation et des sciences, ils se répandirent, formant différentes sectes, dans la Grèce, à la suite de Cadmus et de Sésostris, qui laissa des colonies dans l'Asie-Mineure et la Thrace. Sur les marbres antiques, ils sont représentés le plus souvent nus, un bouclier long au bras, une épée à la main, le casque en tête et la chlamyde sur les épaules.

DENNE-BARON.

CURIACES. Voyez HORACES.

CURIAL (PHILIBERT-JEAN-BAPTISTE-JOSEPH, comte) naquit le 21 avril 1774, à Saint-Pierre d'Albigny, en Tarentaise, dans la Savoie. C'est en qualité de capitaine dans la légion des Allobroges qu'il embrassa la profession des armes. Il passa en Égypte, assista à presque tous les glorieux combats que les armées françaises livrèrent dans cette contrée, et fut fait chef de bataillon en 1799. Nommé en 1804 colonel du 88e de ligne, il se distingua d'une manière particulière à la bataille d'Austerlitz, et obtint le grade colonel-major des chasseurs à pied de la garde impériale ; il se fit encore si honorablement remarquer à Eylau, que l'empereur le nomma colonel-commandant, et le fit général de brigade après la journée de Friedland. Il était général de division lorsqu'eut lieu, en 1812, la funeste campagne de Russie ; il la fit à la tête des chasseurs de la garde, et y déploya autant de présence d'esprit que de courage. De retour de cette désastreuse expédition, l'empereur le chargea, en 1813, d'organiser douze nouveaux bataillons de jeune garde, dont le commandement lui fut confié, et après les batailles de Wachau et de Hanau, livrées la même année, et où il se couvrit de gloire, il fut envoyé aux frontières du nord pour les défendre contre les efforts des armées coalisées. Mais le moment était venu où les destinées de la France allaient changer ; et, les événements du 30 mars, Curial fut un des premiers officiers généraux qui firent leur soumission aux Bourbons.

Louis XVIII le créa chevalier de Saint-Louis, le conserva sur les cadres d'activité de l'armée, et le nomma bientôt commandant de la 19e division militaire et pair de France, ce qui ne l'empêcha pas de prendre du service dans les cent-jours et d'assister à la bataille de Waterloo. Cependant, à la seconde restauration, Louis XVIII lui ayant conservé toutes ses dignités civiles et militaires, il fut nommé inspecteur général d'infanterie. En 1823, lorsque l'armée française entra en Espagne pour y rétablir l'absolutisme, le comte Curial fut chargé du commandement de la 5e division employée en Catalogne, se distingua le 9 juillet à l'attaque de Molinos-del-Rey, sous Barcelone, et repoussa constamment la garnison de cette place dans ses fréquentes sorties. Le comte Curial mourut à Paris, le 30 mai 1829.

[CURIAL (Napoléon), fils du précédent, naquit en 1810. Élève de l'école de Saint-Cyr, il devint officier de cavalerie, et donna sa démission sous Louis-Philippe à cause de ses opinions légitimistes. Cependant, le 23 mars 1835, il se fit admettre à la chambre des pairs par droit d'hérédité. Maire d'Alençon en 1843, il reçut en cette qualité le duc et la duchesse de Nemours, et obtint que leur premier rejeton prendrait le nom de la ville qu'il administrait. Révoqué de ses fonctions de maire, au moment des élections d'avril 1848, par le commissaire général de la république, il fut néanmoins élu à l'Assemblée constituante, où il fit partie du comité de la guerre. Il y vota en général avec la réunion de la rue de Poitiers, et fut réélu à la législative, où il vota avec la droite. Lors de la dissolution de cette assemblée, il fit partie de la commission consultative et appartient aujourd'hui au sénat. L. LOUVET.]

CURIALES. *Voyez* CURIE.

CURIE (en latin *Curia*), l'une des divisions du peuple dans l'ancienne Rome, et vraisemblablement d'origine sabine. Ce mot s'employait aussi pour désigner le lieu même où la curie se réunissait. Chacune des trois plus anciennes tribus, était divisée en dix curies, aux délibérations desquelles ne pouvaient prendre part et voter que les patriciens, mais où on admettait leurs clients sans qu'ils eussent le droit d'y voter, et dont les plébéiens étaient strictement exclus. La curie fut à l'origine une famille complète avec ses dix sous-divisions (*gentes*). Les membres des trente Curies formèrent la plus ancienne représentation politique; c'est parmi eux qu'à l'origine on choisissait les sénateurs et les chevaliers. En tant que corporations, elles avaient chacune leur divinité tutélaire, dont le culte avait pour ministres le *curion* et le *flamen curialis*.

La plupart des 30 curies, jadis disséminées, furent réunies plus tard au *compitum Fabricii*. La décadence du patriciat eut pour résultat d'annihiler d'abord l'importance politique et ensuite jusqu'à l'importance religieuse des curies.

Dans les derniers temps de la république, le mot *curia* ne fut plus guère employé que pour désigner un lieu de réunion du sénat, par exemple la *curia Hostilia*.

Dans l'organisation municipale romaine, on appela *curie* une espèce de sénat à l'image de celui de Rome, et chargé de gouverner les villes. Dans ces villes, les habitants destinés à faire partie de ce conseil formaient un ordre particulier: on les nommait *curiales*. Cet ordre comprenait tous les habitants, soit qu'ils fussent nés dans la ville, soit qu'ils fussent venus s'y établir, possédant une propriété foncière de plus de vingt-cinq arpents. C'était parmi eux que l'on choisissait les *décurions* c'est-à-dire les membres qui composent la curie; et à la tête des magistrats se trouvaient ordinairement les duumvirs, dont l'autorité était annuelle, et qui présidaient. Aucune délibération de la curie n'était valable si les deux tiers des décurions n'étaient présents. Les affaires se décidaient à la majorité des voix. La curie nommait les magistrats et officiers municipaux; elle fixait le temps et le lieu des foires; elle accordait seule des récompenses, etc. Par une conséquence nécessaire des progrès du despotisme, le pouvoir impérial s'immisçait toujours davantage dans les affaires des municipes, et restreignait l'autorité des curies. Les curiales furent alors réduits à n'être plus que les derniers agents de l'autorité souveraine. Quant à la nomination aux magistratures municipales, elle fut longtemps, et resta réalité, entre les mains de la curie; mais ce droit lui-même devint bientôt illusoire par la faculté donnée au gouverneur de la province d'annuler les nominations de la curie, sur la réclamation des élus. Dans le principe, les *curiales* dans les cités étaient les seuls citoyens véritables, leur condition ne réveillait que des idées d'honneur, de dignité et de considération. Mais quand, pour satisfaire les besoins d'un luxe insatiable et pour acheter la fidélité toujours douteuse des armées, les empereurs furent obligés de multiplier les impôts, la contribution foncière, devenue excessive, entraîna l'abandon d'une grande partie des terres, et le fisc dont l'avidité allait toujours croissant, ayant pris le parti de reporter sur les champs fertiles la taxe des terres incultes, le sort des *curiales* devint déplorable. En effet dans tous les municipes, c'étaient les décurions et les *curiales*, administrateurs des revenus et des affaires de la cité, qui percevaient les impôts publics sous la responsabilité de leurs biens propres. Les sénateurs, les officiers du palais par leur dignité, les militaires par leur privilège, le clergé par l'honneur du sacerdoce, les *cohortales* et la plèbe par leur misère, échappaient à ces charges. Il ne restait pour les supporter que la classe moyenne. Aussi disparut-elle rapidement, *tributorum vinculis quasi prædonum manibus strangulata*, dit Salvien. En vain offre-t-on les terres désertes à qui veut les prendre; les lois, qui font entrer dans la curie le moindre plébéien dès qu'il possède vingt-cinq *jugera*, font refuser ces vastes domaines dont le fisc seul eût pris tous les revenus. En vain accorda-t-on divers privilèges du droit civil aux décurions pour les retenir dans la curie; en vain fit-on des lois pour légitimer les enfants naturels en les offrant à la curie, pour défendre aux décurions de s'expatrier chez les barbares ou de se faire colons des riches. On alla même jusqu'à punir de mort celui qui recevait un membre de la curie se dérobant à sa magistrature. La cité eut le droit de réclamer la fille d'un membre de la curie qui s'éloignait, afin que, par son mariage, elle soutint un ordre prêt à s'éteindre. Le fils du membre de la curie qui voulait entrer dans l'Église, s'il était clerc seulement, était obligé d'y renoncer pour servir sa municipalité; s'il était ordonné prêtre, il perdait la disposition de tout son bien, qui devait servir de garantie aux dettes de la curie. Mais là ne devait point s'arrêter l'abaissement de cet ordre; on alla jusqu'à condamner les criminels à devenir membres des *curiales*, bien que les lois impériales l'eussent d'abord défendu. Les juifs et les hérétiques y étaient admis: ce ne fut que depuis Justinien qu'ils furent soumis aux obligations de cette charge sans en avoir les prérogatives. Du reste, de nombreuses preuves attestent que l'organisation des curies survécut, dans plusieurs contrées, à la domination romaine. C'est de là que l'Église catholique a pris l'usage de désigner le siège de Rome sous le nom de *Curia Romana*, curie romaine, expression qui emporte une idée de suprématie spirituelle. De même, en Allemagne, on donne encore souvent le nom de *curies* aux tribunaux et aux autorités judiciaires. Les Allemands ont même créé le mot *curialia* pour désigner l'ensemble des formalités à observer devant les curies et les chancelleries, et ils appellent *style curial* les formules qu'il est d'usage d'employer dans les actes qu'on leur soumet.

CURIE ROMAINE. On désigne par cette expression l'ensemble des tribunaux pontificaux, et par extension le gouvernement pontifical lui-même, plus spécialement en ce qui touche les matières spirituelles ou les affaires de l'Église. L'organisation des autorités supérieures de l'empire byzantin servit de modèle à celle des autorités pontificales. Léon X, Pie IV, Innocent XI et Benoît XIV sont les papes qui lui firent subir les modifications les plus importantes. Un instant pourtant on put espérer de Pie IX qu'il confierait à des laïcs certaines branches de l'administration qui intéressent avant tout le pouvoir temporel, mais les événements de 1848 sont venus l'empêcher de réaliser ses bienfaisantes intentions.

La curie romaine forme aujourd'hui deux départements principaux: la *curia gratiæ*, pour les affaires politiques, et la *curia justitiæ*.

Le premier comprend: 1° la *cancellaria romana*, chargée de l'expédition des décisions rendues en consistoire par les cardinaux; 2° la *dataria romana* (voy. DATERIE); 3° la *Pœnitentiaria romana*, d'où émanent les dispenses et les absolutions accordées par le pape dans certains cas qui demeurent secrets; 4° la *camera romana*, chargée de l'administration des finances pontificales; et 5° le *cabinet du pape*, où se traitent les affaires politiques et où se tient la correspondance avec les puissances étrangères.

La *curia justitiæ* comprend : 1° la *rota romana*, cour suprême de justice, réorganisée sous le pontificat de Sixte IV, et qui jouissait d'une immense réputation à l'époque où elle était appelée à connaître de causes soumises de tous les pays du monde à sa décision ; ce qui fait qu'il existe de volumineuses collections de ses arrêts et décisions ; 2° la *signatura di giustizia*, chargée de connaître de la recevabilité des appels, délégations et récusations, et qui tire son nom de ce que c'est le pape lui-même qui signe ses décrets ; 3° la *Signatura di grazia*, pour les affaires juridiques dans lesquelles on sollicite une décision immédiate du pape par voie de grâce ; c'est le pape en personne qui la préside. Les affaires générales de l'Église, les mesures importantes à prendre, les béatifications, les fondations d'ordres se traitent dans des assemblées (*consistoires*) de cardinaux. Pour beaucoup d'affaires, des congrégations de cardinaux sont formées qui fonctionnent tantôt comme collèges permanents, tantôt comme commissions provisoires.

CURILES (Iles). *Voyez* KOURILES.
CURION. *Voyez* CURIE.
CURION (Caïus Scribonius), issu d'une famille consulaire, fut élu tribun du peuple en l'année 704, par le crédit de Pompée, qui comptait alors se servir de la haine qu'il portait à César. C'était un jeune homme d'un esprit vif et pénétrant ; d'ailleurs, plein d'activité, hardi, entreprenant, et, comme la plupart des Romains qui aspiraient aux grandes charges, nullement dépourvu de talents militaires ; mais prodigue, ambitieux, sans scrupule sur les moyens, n'épargnant ni intrigue ni argent pour arriver ou faire arriver ses amis. D'après l'opinion unanime des historiens, l'éloquence de ce jeune homme tint un moment la république suspendue entre César et Pompée. S'il y a de l'exagération dans l'importance que les historiens donnent à Curion, on ne peut nier qu'en achetant Curion, le vainqueur des Gaules n'ait fort avancé ses affaires. Les désordres de Curion, ses dettes, son ambition impatiente, le mettaient à la merci de l'homme qui depuis dix ans, selon le mot de Plutarque, conquérait les Gaules avec les armes des Romains, et les Romains avec les dépouilles des Gaules. A peine fut-il entré en charge, que cent mille sesterces le firent passer de Pompée à César. Le chiffre est sans doute inexact, et il est douteux que Curion se fût donné pour si peu ; Curion ne se déclara pas tout d'abord pour César. Afin de dissimuler sa défection sous une apparence d'impartialité, il proposa, sur des matières indifférentes, certaines lois à propos desquelles il s'attendait à trouver de l'opposition du côté de l'aristocratie et de Pompée. C'était une tactique habile que de se préparer par la contradiction amiable à des hostilités ouvertes.

Une occasion se présenta bientôt de se déclarer sans réserve contre Pompée, tout en paraissant n'être qu'équitable. L'un des consuls, C. Marcellus (l'autre, P. Æmilius, acheté par César, fit construire, dit-on, avec le prix de l'achat, une basilique, dite la basilique Émilienne), avait proposé de donner des successeurs à César. Curion, approuva la proposition, mais en ajoutant que Pompée devait également abandonner ses provinces et licencier son armée. Plusieurs sénateurs trouvant la condition injuste, parce que Pompée n'avait pas atteint le terme légal de ses commandements, Curion insista, disant que, puisque Pompée et César se suspectaient réciproquement, Rome ne serait en paix que par l'abdication de tous les deux : avis honnête et sage lui-même, que tous les gens de bien partagèrent, et qui fit le plus grand honneur à Curion, dont personne encore n'avait pénétré les motifs. Pompée était alors à la campagne, retenu par une longue convalescence. Il écrivit qu'il était prêt à résigner ses commandements. Rentré dans Rome, il en dit autant dans le sénat. Mais Curion le pénétra. Il répondit qu'il ne suffisait pas de faire des promesses, qu'il fallait les tenir ; que c'était à Pompée à commencer ; qu'il n'était pas juste que César, qui avait beaucoup d'ennemis, désarmât le premier ; puis, attaquant sans ménagement Pompée, il opina en dernier lieu que, s'ils n'obéissaient à l'autorité du sénat, tous deux fussent déclarés ennemis publics. Pompée se retira indigné. Quelques sénateurs voulaient que César s'exécutât le premier, y ayant, pensaient-ils, du danger pour Rome à ce que Pompée licenciât son armée, César gardant la sienne. Mais Curion retournait la chose, disant qu'il y avait plus de dangers à craindre du plus proche que du plus éloigné. Et il insistait pour que tous les deux eussent des successeurs. Le sénat n'osait prendre un parti si énergique, quoique secrètement le plus grand nombre l'approuvât. A la fin, Curion entraîna l'assemblée, et trois cent soixante-dix sénateurs opinèrent dans ce sens contre vingt-deux seulement qui furent de l'avis contraire. Là-dessus le consul Marcellus quitta Rome, et vint remettre le glaive à Pompée, pour combattre l'ennemi public. Curion protesta ; mais comme l'expiration de sa charge approchait, craignant pour sa propre sûreté, il se rendit auprès de César.

La guerre civile commencée, et Pompée passé en Grèce, César donna à Curion le commandement de quatre légions, avec la commission d'enlever la Sicile à Caton, lequel y commandait pour Pompée, et de passer en Afrique, où Varus avait deux légions, et pour auxiliaire Juba, roi de Mauritanie, et ennemi personnel de Curion. Pompée ne fit que paraître en Sicile. Caton n'essaya même pas de résister, et lui abandonna l'île. De Sicile, Curion partit pour l'Afrique, méprisant par avance, dit César, les forces de Varus, et ne prenant avec lui que deux légions des quatre qu'il avait. En deux jours et trois nuits il arrive en vue du rivage. Son approche met en fuite des vaisseaux qui croisaient pour Pompée le long de la côte africaine. A peine débarqué, il laissa ses légions se reposer ; pour lui, avec quelques cavaliers, il va visiter la place d'Utique, où commandait Varus, lequel était campé sous ses murs.

Malgré quelques premiers succès, la défiance s'empare des soldats ; le plus grand nombre avait servi sous les drapeaux de Pompée ; prisonniers à Corfinium, et enrôlés par César, ils avaient en face d'eux, dans le camp de Varus, des camarades. Quelques mots jetés par un officier de Varus, qui s'était approché du camp, et leur avait rappelé leur ancien général, ajoutaient à leurs incertitudes. Il n'y eut pourtant point de désertion, mais une sorte de stupeur et de découragement qui pouvaient le faire craindre. Curion tint conseil, où les uns voulaient attaquer Varus avant que le mal qui travaillait l'armée y fît de nouveaux progrès ; les autres conseillaient une retraite nocturne. Curion rejeta l'un et l'autre avis. Il harangua les troupes ; elles demandèrent le combat, et peu s'en fallut que dans une attaque elles n'enlevassent le camp de Varus et la ville. Curion y mit le siège. Pendant les travaux, on vint lui annoncer que Juba envoyait des secours à Varus. Il ne voulut pas d'abord le croire. Mais, apprenant que Juba s'approche, il prend une sage résolution : il lève le siège d'Utique, se rapproche de la mer, envoie chercher les deux légions restées en Sicile, et se fortifie dans un camp fortement autrefois par Scipion l'Africain. Là, il se proposait de traîner la guerre en longueur. Mais une fausse nouvelle lui fit changer de résolution. Des transfuges d'Utique, probablement envoyés par Varus, lui disent que Juba a été retenu dans l'intérieur de son royaume, et que son lieutenant Sabura vient seul, avec des forces peu considérables. Sans rien vérifier, il lance sa cavalerie la nuit dans la direction de Sabura, et part à la suite le lendemain à la pointe du jour. Un bon nombre de ces hommes est forcé de s'arrêter, l'éperon ne pouvant plus faire avancer les chevaux. Rien n'arrête Curion qui continue sa course à travers la plaine. Enveloppé tout à coup par les cavaliers de Sabura, à la suite duquel venait Juba lui-même, six mille pas plus loin, avec toutes ses forces, il songea enfin à faire retraite sur une colline, pour s'y retrancher. Il y est prévenu par la cavalerie numide. Il n'y avait plus qu'à mourir bravement. Toute l'armée périt, sauf les cavaliers restés en arrière, et qui regagnèrent le camp. Pour Curion, en vain le chef de cavalerie l'exhortait à fuir, lui promettant de ne point l'abandonner, Curion répondit qu'il ne reparaîtrait jamais devant César, après avoir perdu les légions qui lui avaient été confiées, et il se jeta sur le fer des ennemis.

D. Nisard, de l'Académie Française.

CURIOSITÉ, désir, besoin, volonté de connaître; c'est un mouvement de l'âme qui suffirait à prouver son existence, et qui naît de la croyance, de l'espoir, de la crainte d'un avenir, et révèle la prévoyance, faculté éminemment intellectuelle. C'est à la curiosité que l'homme doit toutes ses connaissances. Il fut créé avec un penchant à savoir si prononcé que les livres sacrés le montrent dès son origine aussi curieux qu'orgueilleux. Le travail, les maladies et la mort, résultats d'une connaissance obtenue, n'ont pu détruire cette inclination dont la direction est si importante. Désirer connaître pour faire une application utile des connaissances, c'est donner à la curiosité un but vraiment digne de l'homme, seule créature susceptible de perfectionnement. La vue, l'ouïe, le tact, ont un rapport avec nos facultés intellectuelles plus immédiat que l'odorat et le goût, et semblent destinés à satisfaire notre curiosité et nos besoins. C'est dans la jeunesse que l'on compare et que l'on juge. Pour s'assurer de la nature de la curiosité que l'on éprouve, il faut d'abord savoir l'usage que l'on se propose de faire de ses résultats : on peut alors la diviser en utile, superflue, et nuisible; et nous observerons que la première est ordinairement un préservatif des deux autres. On ne voit guère les gens qui se consacrent à des découvertes importantes s'inquiéter de ce qui est étranger à leurs travaux; et l'on n'est pas à la fois curieux de grandes et de petites choses. La curiosité ne peut être inutile sans être en même temps nuisible, ne fît-elle que nous dérober le temps, cet insatiable consommateur des pensées, des actions et de la vie, dont le prix ne nous est révélé qu'au jour où nous voulons en faire usage. La curiosité sans but n'est que le besoin d'une âme dépourvue d'affections, et d'un esprit vide d'idées; elle ne se satisfait guère qu'aux dépens de ceux qui l'éprouvent.

L'épouse de Loth veut voir, et elle meurt ; Dina veut voir, elle est déshonorée; David n'est mu d'abord que par la curiosité : après l'avoir satisfaite, il devient adultère et homicide. L'histoire est pleine d'exemples de curiosité sans cause avouable, dont le moindre mal est d'exposer à la raillerie, ainsi qu'il arriva à la mère de Papirius, quand elle voulut savoir de son fils ce qui se discutait au sénat de Rome. La Fable n'est pas moins fertile que l'histoire en exemples de curiosité dangereuse : Pandore désire connaître ce que renferme la boîte dont les dieux lui ont fait présent ; et sa curiosité satisfaite vaut à la terre tous les maux qu'une vengeance céleste peut y répandre. La curiosité d'Actéon n'est pas punie avec moins de rigueur par la sévère Diane. Si la défiance guide Sémélé et Psyché, la curiosité aussi a une grande part dans leurs actions : la première perd la vie pour avoir voulu voir Jupiter dans sa majesté; le bonheur de la seconde manque de lui échapper pour avoir vu l'Amour de trop près.

Tous les jours, dans la société, la curiosité se repent après s'être contentée. Si, quand elle naît de la défiance, on se décidait à se conduire d'après ce qu'elle a fait découvrir, elle serait conséquente, et deviendrait la voie la plus sûre pour rompre avec une épouse ou des amis perfides. Mais on voit presque toujours les curieux, désespérés du succès de leurs démarches, maudire les connaissances qu'ils ont acquises. La vanité est un des plus grands mobiles de la curiosité ; on veut savoir jusqu'où l'on est placé dans l'estime d'autrui; on veut surprendre le secret de l'admiration qu'on inspire, sans considérer qu'elle n'est jamais proportionnée à l'opinion qu'on a de son mérite. La curiosité naît aussi d'une conscience inquiète : les avares, les grondeurs, les intrigants, les coquettes, écoutent volontiers aux portes les jugements dont ils sont l'objet, quitte à recevoir des leçons dont aucun respect humain n'adoucit l'acerbité. La crainte se manifeste aussi par la curiosité chez les criminels ; et elle n'est alors qu'un moyen de plus de se soustraire au châtiment qu'ils appréhendent. La curiosité qui n'a pas pour objet le désir de s'instruire dans les sciences, dans les lettres ou dans les arts, rend les hommes importuns et les déconsidère ; elle les rend aussi dangereux, parce qu'elle est ordinairement accompagnée d'indiscrétion ; et comme, soit par impuissance, soit par hasard, le curieux ne parvient guère qu'à la connaissance imparfaite d'un secret, il peut, dans son erreur, compromettre les intérêts ou la vie de ceux qui lui sont les plus chers.

Les torts et les dangers de la curiosité ont été retracés de main de maître par Cervantes dans le Curieux impertinent, une des meilleures nouvelles de Don Quichotte ; par Mme de Genlis, dans sa comédie de La Curieuse ; et dans l'admirable livre de Godwin, Caleb Williams, où la curiosité est présentée comme une des plus violentes passions qui puisse s'emparer du cœur de l'homme.

Comtesse de Bradi.

CURIOSITÉS. Ce mot embrasse toutes les choses rares et singulières que la science, la manie et le luxe peuvent rassembler. Quoique l'importance que l'on attache à la possession de ces objets ait dû croître avec le développement des lumières et de la richesse publique, elle était déjà fort grande chez les anciens, surtout quand ils étaient sous la puissance des souvenirs qui relèvent ce qu'il y a de plus humble, et rendent précieux ce qui paraît le plus vil. (Voyez Bric-a-brac).

Quand je vins à Paris pour la première fois, comptant rencontrer un grand homme et une merveille monumentale à chaque pas, je me consolai de ma déconvenue par des visites fréquentes au bon et illustre Denon, qui accueillait ma jeunesse d'un air de bienveillance dont j'étais transporté. Parmi les curiosités qui encombraient sa somptueuse demeure, je remarquai sur sa cheminée l'écritoire du grand Frédéric, que Napoléon avait prise à Potsdam, et qu'il avait abandonnée ensuite au directeur de ses musées, à celui qui composait en médailles les fastes de son règne. On avait eu soin d'ouvrir à côté le volume où Voltaire, rendant compte de ses liaisons avec la cour de Berlin, ajoute avec causticité : « Il (le roi de Prusse) me traitait d'homme divin ; je le traitais de Salomon ; les épithètes ne nous coûtaient rien... Je pris la liberté de lui envoyer une très-belle écritoire de Martin ; il eut la bonté de me faire présent de quelques colifichets d'ambre, et les beaux esprits de Paris s'imaginèrent avec horreur que ma fortune était faite. » J'allai aussi saluer l'écritoire de Jean-Jacques Rousseau, dont était propriétaire le bon, le sentimental Louilly, qui eut la modestie de m'assurer, les larmes aux yeux, selon son habitude, qu'il ne s'en servait jamais. Au reste, cette écritoire en corne, comme celle des écoliers, attestait l'état voisin de la misère où s'était obstiné à rester l'auteur d'Émile.

Pour en revenir à M. Denon, c'était un homme qui faisait, avec une grâce charmante et toute moderne, les honneurs de l'archéologie. Les femmes étaient surtout l'objet de ses délicates attentions, et il les mettait aussi à l'aise au milieu de ses vieilleries qu'elles l'eussent été dans leur boudoir. Son cabinet n'était jamais fermé pour elles, et il l'avait rangé avec assez de coquetterie pour attirer leur attention. Sous verre était disposée galamment une multitude de bagues et de bijoux qui lui avaient été donnés par des souverains et de grands personnages. Le lit était d'une forme antique ; des hiéroglyphes y étaient incrustés ; une étoffe fabriquée au Mexique le couvrait, et une magnifique peau de lion à l'épaisse crinière servait de marche-pied. Le propriétaire me disait en riant, en présence d'Alexandre de Humboldt : « C'est la peau d'un lion de mes amis, qui eut la bonté de me la prêter au désert. » Denon n'est plus! Sa collection, fruit de tant d'années de laborieuses recherches et de sacrifices, est dispersée depuis longtemps. Il faut citer aussi celle de M. J. d'Huyvetter, de Gand, mort en 1833, et qui en a publié une description sous le titre de *Zeldzaamheden* (Gand, 1829, in-4°). M. d'Huyvetter avait un nombre prodigieux de vases, de coupes, de verres et de plats du moyen âge et de la renaissance, ainsi que de vitraux peints. Gabriel Peignot fit paraître en 1804 un *Essai de curiosités bibliographiques*; et T.-P. Bertin a traduit, en 1810, de l'anglais, de J. d'Israeli, les *Curiosités de la Littérature*. Ces sortes de mélanges, que les bibliophiles affectionnent, sont appelées en latin par les savants *amœnitates litterariæ*, titre qui rappelle un recueil intéressant de J.-G. Schelhorn, 1724-31; 14 tomes en 7 vol. in-8°. DE REIFFENBERG.

On nomme *curieux* ceux qui se complaisent à réunir ces sortes d'objets. Les sommes que les gouvernements consacrent aux collections leur permettent d'en faire de spéciales : c'est ainsi qu'ils forment des galeries de statues, de tableaux, d'armes, de productions naturelles, tandis que les particuliers n'arrivent guère qu'à former un cabinet de *curiosités* : encore voit-on fréquemment qu'ils n'y parviennent qu'en dérangeant leur fortune. Les connaissances, le bon goût et la prudence sont également nécessaires à un *curieux*, et sous tous ces rapports, le cabinet du riche orfèvre Odiot, au faubourg Saint-Honoré, a été longtemps un de ceux que l'on pouvait visiter avec le plus de satisfaction : entre une infinité d'objets rares et de grand prix, on ne trouvait que là le masque pris sur le visage de Cromwell mort.

Comtesse DE BRADI.

Dans les arts, le mot *curiosités* se prend pour désigner généralement ce que réunissent des amateurs dans leur cabinet, comme émaux, porcelaines, faïences, étoffes, armures, meubles et costumes de peuples sauvages, ou de peuples anciens, ainsi que coquilles ou échantillons d'histoire naturelle. Le commerce de ces curiosités a été fort étendu, il y a un siècle environ ; presque tous les amateurs de tableaux et de dessins avaient aussi des *curiosités* dans leur cabinet. Ce goût avait passé de mode et se trouvait presque oublié ; mais depuis une trentaine d'années il a pris de nouveaux développements. D'abord, on s'est contenté de rechercher les objets fabriqués lors de la renaissance ; ensuite on a recueilli ce qui tenait aux règnes de Henri IV et de Louis XIV; maintenant on admet aussi dans la *curiosité* des bronzes dorés, des chinoiseries et une foule d'objets plus remarquables par la bizarrerie de leur forme et de leurs couleurs que par tout autre chose. M. Durand à Paris et M. Revoil à Lyon avaient formé de riches cabinets de curiosités, qui, tous deux, furent acquis par le gouvernement pour être placés au Louvre. La belle collection de M. Dusommerard, déposée à l'hôtel de Cluny, est devenue, ainsi que ce vieux manoir, propriété de l'État depuis 1843. On a pu citer aussi le cabinet de M. Victor Hugo, riche en curiosités du moyen âge, et vendu depuis qu'il a été obligé de quitter la France. Enfin les salles de ventes des commissaires-priseurs offrent fort souvent de très-belles réunions d'objets de curiosités où les amateurs viennent avec empressement chercher ce qui leur manque.

DUCHESNE aîné.

CURIUS DENTATUS (MARCUS ou MANIUS), l'une des grandes illustrations plébéiennes de la Rome antique, non moins célèbre par son désintéressement que par ses talents militaires, trois fois consul, triompha deux fois dans la même année, honneur inouï jusqu'alors. Sa première élection eut lieu l'an de la fondation de cette ville 464, et avant J.-C. 290. Il termina alors la guerre contre les Samnites, et soumit les Sabins, qui s'étaient révoltés contre Rome. Forcés de demander la paix, les Samnites envoyèrent à cet effet des députés au sénat. Celui-ci les adressa au consul victorieux, Curius Dentatus, qui habitait une chaumière dans les champs de la Sabine, dont une partie restait encore à soumettre. Les députés, chargés d'or et de présents, prirent la route du pays sabin; ils y trouvèrent Curius assis devant son foyer, sur un banc grossier, et prenant dans une écuelle de bois un repas répondant de tous points à la simplicité de sa vaisselle. Voulant se rendre le consul favorable, ils lui offrirent leurs présents, mais bien inutilement. « Allez raconter aux Samnites, leur dit-il, que Curius préfère commander aux riches que d'être riche. Remportez vos présents et cet or estimé si précieux, et qui ne fut exploité que pour le malheur des hommes. »

La séduction devait avoir peu de prise sur un général qui, de toutes les opulentes dépouilles dont Pyrrhus, rejeté de l'Italie par la force des armes, sema dans sa fuite les plaines de Rome, ne garda qu'une aiguière de bois pour en faire des libations aux dieux, en remercîment de la victoire. Après la défaite de Pyrrhus, il s'opposa à ce que chaque citoyen reçût au delà des sept arpents qu'il était d'usage d'accorder à ceux qui avaient participé à une expédition heureuse; et il étouffa les murmures du peuple en disant « que c'était un mauvais citoyen celui qui ne se contentait pas de la quantité de terre suffisante pour le nourrir. » Vainement le sénat voulut lui faire accepter 500 arpents à prendre sur les terres nouvellement conquises ; il n'accepta rien de plus que ce qui était donné aux autres.

Nommé tribun du peuple, il défendit énergiquement les droits de ses concitoyens contre le patricien Appius Claudius, qui essayait de s'opposer à l'élection d'un consul plébéien. L'an 275, élu consul pour la seconde fois, il battit le roi Pyrrhus à la décisive affaire de Bénévent, par suite de laquelle ce monarque fut contraint de s'en retourner en Épire.

Dès le commencement du combat, l'aile gauche des Épirotes fut mise en déroute ; mais, à leur droite, leur roi se jetant avec ses éléphants à travers les légions romaines, les culbuta jusque dans leurs retranchements, où elles se rallièrent à la réserve. Là, s'armant de brandons, de torches et de dards enflammés, elles repoussèrent ces monstrueux animaux, qui, se tournant vers leurs propres phalanges, jetèrent une telle confusion dans cette armée de 80,000 hommes, qu'ils décidèrent du gain de la plus importante victoire que Rome eût remportée jusque là. Elle n'eut d'égales dans les fastes de la république que la magnificence et la nouveauté du triomphe dont Curius forme le contraste remarquable. Réveillé le matin sous un toit de chaume, le soleil du même jour le vit monté sur un char superbe montant au Capitole. Quatre monstrueux éléphants, que le peuple, en son ignorance, nommait *bœufs de Lucanie*, le précédaient, et autour marchaient, sur le front courbé sous le poids des chaînes d'or, et dans tout le luxe de leurs habits de guerre, les chef épirotes, macédoniens, thessaliens, et ceux de l'Apulie et de la Lucanie. Statues, tableaux meubles précieux, splendides vêtements, tissus de pourpre, vases d'or et d'argent, tout ce que jusque-là avaient inventé la mollesse asiatique pour ses monarques et la riche Tarente pour ses voluptés, étaient étalés sur des brancards et relevaient cette pompe jusqu'alors inconnue.

Toutefois, le nom seul de Pyrrhus remuait encore l'Italie; et l'année suivante le sénat crut utile d'élever pour la troisième fois Curius au consulat. Mais Pyrrhus, épuisé d'hommes et d'argent, ne pouvait renouveler la guerre, et ce héros alla, par une triste fatalité, chercher dans Argos une mort aussi malheureuse qu'obscure.

Curius Dentatus mourut en 272, revêtu des fonctions de censeur.

Le canal de Terni provient d'un canal de dérivation qu'il fit creuser, et qui servit à amener à Rome les eaux du lac Velinus. DENNE-BARON.

CUROPALATE, dignité de la cour de Constantinople, que, d'après son origine latine (*cura palatii*), on peut supposer avoir été dans l'origine attachée aux fonctions de l'intendant des palais impériaux, de l'inspecteur des bâtiments de la couronne. Par la suite, ce titre devint le premier après ceux de *césar* et de *nobilissime* ou princes du sang. Un historien byzantin, Jean Scylitzès, est souvent désigné sous le nom de *curopalate*, sans doute parce qu'il exerça auprès des empereurs cette charge, après avoir été d'abord *protovestiaire* ou intendant de la garde-robe.

CURRAN (John PHILPOT), né le 24 juin 1750, à Newmarket, bourg du comté de Cork, en Irlande, où son père occupait un modeste emploi judiciaire, fut un des avocats les plus justement célèbres de la Grande-Bretagne; et son nom se trouve pendant vingt années au moins intimement lié à la triste histoire de sa terre natale. Ses parents, nés dans la foi protestante, l'avaient élevé dans cette communion, et le destinaient à l'Église. Il essaya d'abord de leur complaire, mais bientôt, invinciblement entraîné vers le barreau, il résolut d'embrasser la carrière d'avocat. En 1773, Curran vint à Londres, où devaient se terminer ses études de droit; et ses premiers essais furent loin d'annoncer l'illustre orateur qu'il devait être. A un extérieur peu avantageux, il joignait une volubilité de parole qui allait jusqu'à la confusion; et l'extrême sensibilité qui plus tard fut un des éléments de son talent n'était au début qu'un obstacle que ses amis désespéraient de lui voir jamais surmonter. Les plus bienveillants eux-mêmes lui conseillaient de se borner à l'étude de la jurisprudence, lui promettant que, prix de ses efforts, il deviendrait un excellent avocat consultant (*lawyer*). Par bonheur, Curran ne se rendit pas à leur avis. Reçu membre du barreau de Dublin en 1775, il entra sans éclat dans la carrière où il devait s'illustrer.

La première occasion où il put déployer ses nobles facultés fut la défense d'un pauvre prêtre catholique, indignement outragé par un seigneur protestant. Se charger d'une telle cause, désertée déjà par plusieurs avocats, était un acte du plus haut courage. L'éloquence entraînante de Curran arracha au jury un verdict de condamnation contre son adversaire; mais quelque légère que fût la peine imposée au coupable, ce verdict fut considéré par les catholiques comme un véritable triomphe. A partir de ce jour, Curran, qui déjà avait prononcé le grand mot d'*émancipation*, vit se tourner contre lui une magistrature composée d'hommes vendus aux oppresseurs; mais le peuple des opprimés, l'Irlandais catholique et patriote, l'habituèrent à le considérer comme leur défenseur naturel; noble et sainte mission dont jamais on ne le vit décliner le dangereux exercice.

En 1793, Curran, devenu membre de la chambre des communes, s'asseyait dans Green-College entre Flood et Grattan. Des premiers, il réclama pour les catholiques l'égalité des droits civils, et ne tarda pas à susciter contre lui les haines des hommes du gouvernement. On n'aurait pu l'injurier à la tribune, on le fit insulter dans la rue, et ses adversaires, après l'avoir fait provoquer en duel par un spadassin qui se croyait sûr de le tuer, le poursuivirent dans sa profession. Ils firent répandre le bruit que Curran, mal vu de l'administration, perdrait sûrement toutes ses causes, et sans que sa réputation d'avocat fût en rien diminuée, sa clientèle, considérable à cette époque, fut aussitôt réduite. « J'aurais pu faire comme tant d'autres, a-t-il dit, traîner mes compatriotes au marché de la corruption et m'élever de la sorte au faîte de la richesse et du remords; mais je crus qu'il était plus beau de rester avec eux et de leur offrir quelques consolations. » La mission qu'il se donnait là ne laissait pas que d'être périlleuse pour lui. Dans une plaidoirie, il lui arriva un jour de tracer la profonde misère des classes pauvres en Irlande un de ces tableaux vrais et déchirants comme il en savait faire. Le président l'interrompit pour ordonner en termes vagues au shérif d'arrêter quiconque parlerait avec licence dans l'audience. « Obéissez, M. le shérif, s'écria Curran; préparez mon cachot! mon lit de paille! J'y dormirai bien plus tranquille que si j'occupais le siège avec la conviction de le déshonorer! » Mais l'heure approchait où son talent allait avoir à se déployer dans des causes tristement et noblement célèbres, dans des procès politiques, où il ne s'agissait pas seulement de sauver la tête d'un accusé, mais encore de revendiquer les imprescriptibles droits de sa nation et de flétrir l'odieux gouvernement qui, depuis six siècles, tenait l'Irlande sous le joug de la conquête.

C'est en 1794 que commença la série de ces procès dans lesquels l'Angleterre punissait la rébellion sans s'efforcer jamais d'en rechercher et d'en détruire les causes; où l'accusé et l'avocat, se sentant condamnés à l'avance, n'abandonnaient cependant ni l'un ni l'autre une défense qui ne leur laissait d'autre espoir que d'exposer des principes auxquels ils avaient consacré leur vie. Ce fut ainsi que Curran défendit Jackson, qui vint mourir au milieu de l'audience, enlevé par un poison violent qu'il avait pris pour échapper au bourreau. Et c'était ainsi qu'il devait encore défendre les patriotes Orr, Finnerty et Finney, quand allait éclater en Irlande l'insurrection de 1798.

A cette année fatale, inscrite en lettres de sang dans les annales d'Érin, ce pays voulut suivre le mouvement de notre révolution, et s'allier avec la république. Des troupes françaises furent appelées, mais une partie de ces troupes seulement put débarquer, et, les *rebelles*, pris les armes à la main, eurent à se défendre contre l'accusation de haute trahison, pour avoir introduit l'étranger au sein du pays. Curran entreprit la défense du plus chargé de tous les accusés, Wolfe-Tone, qui, après être allé en personne solliciter, au nom des Irlandais-Unis, les secours du Directoire, avait été pris les armes à la main, au milieu de la flotte française. Wolfe-Tone, paraissant à l'audience sous un uniforme d'officier français, déclinait comme tel la compétence de ses juges. Curran fit de vains et inutiles efforts ; l'accusé avouait tout héroïquement ; légalement, il avait encouru la peine de mort ; mais il demandait la mort du soldat, et cette requête dernière, il ne put même l'obtenir, Curran combattit pied à pied, d'une façon désespérée, pour arracher son client à une juridiction dont il niait la compétence, lorsqu'il apprit à l'audience que Wolfe-Tone venait de se couper la gorge. Ainsi se terminaient la plupart de ces procès d'État.

Ni Curran ni aucun membre de sa famille, nul de ses amis intimes même, n'avait été soupçonné d'être entré dans aucune conspiration, lorsqu'éclata l'insurrection ou plutôt l'émeute de 1803. Le gouvernement n'eut pas plus tôt saisi les fils de cette affaire que Curran vit sa maison fouillée comme suspecte. Il fut appelé devant les membres du conseil privé, et accusé d'avoir pris part au complot. Il apprit alors à la fois, dans l'interrogatoire qu'il subit, qu'un jeune homme qu'il avait particulièrement distingué, et qu'il avait reçu chez lui, Robert Emmett, était le chef de la conspiration, et que ce jeune homme, alors sous le poids d'une accusation capitale, s'était fait aimer de la fille chérie de l'avocat, Sarah Curran, qui ne se consola jamais de la mort de son amant, et à laquelle le dernier barde irlandais, Moore, a consacré une de ses plus touchantes mélodies. Curran fut, non le défenseur, mais le conseil d'un homme qui, par son imprudent amour, par son imprudente conduite, avait porté le deuil et la désolation dans une famille jusque là heureuse et paisible, et lorsque le malheureux Emmett mourut de la mort des traîtres (1803), son généreux ami lui avait complètement pardonné.

La mort de ce jeune homme frappa-t-elle assez rudement Curran pour bouleverser toute sa vie? ce triste événement le porta-t-il à abandonner à cinquante-trois ans une carrière suivie avec tant d'honneur et d'éclat? Ce qui est certain, c'est que, peu de temps après cet événement, les whigs, amis de Curran, étant arrivés au pouvoir, il accepta une place de judicature, qui n'était à proprement parler qu'une retraite honorable. Il devint aussi membre du conseil privé.

L'année 1806 vit l'Irlande perdre le dernier symbole d'indépendance nationale qu'elle eût conservé, son parlement. En échange du parlement national qu'on lui enlevait, l'Irlande dut envoyer un certain nombre de membres aux deux chambres de Westminster. Les amis de Curran désirèrent le voir entrer aussi dans le parlement britannique; mais à ce talent éminemment irlandais, il fallait un auditoire irlandais; il déclina donc toutes les offres qui lui furent faites à cet égard. D'ailleurs, sa santé déclinait visiblement, et le 14 août 1817, à l'âge de soixante-sept ans, il mourut à Londres, loin de cette Irlande qu'il avait si tendrement aimée.

CURRENCY. On appelle ainsi, en Angleterre, l'argent en circulation, mais plus particulièrement encore le papier-monnaie. On désigne également sous ce nom plusieurs signes représentatifs qui ont encore cours dans les colonies anglaises de l'Amérique.

CURRER-BELL. Voyez BRONTE (Charlotte).

CURRY. Voyez CURCUMA.

CURSEUR (du latin *cursor*, qui court), petit corps, petite lame, règle ou pointe de métal, qui glisse dans une fente ou coulisse pratiquée au milieu d'une lame ou d'une règle, qui coule ou *court* sur une autre, s'avance et se recule à volonté. La règle à calcul est pourvue d'un *curseur*.

En termes d'astronomie, on nomme *curseur* un fil mobile par le moyen d'une vis, qui dans un micromètre sert à renfermer les deux bords d'un astre, pour mesurer son diamètre apparent. En termes de marine, c'est un contre-poids mobile qu'on fait glisser à volonté sur un corps qu'on veut tenir en équilibre.

CURSIVE (de *cursare*, courir), écriture tracée avec quelque rapidité.

CURTIUS (MARCUS), héroïque et jeune Romain, de famille patricienne, s'est immortalisé par une des plus belles actions qu'ait inspirées l'amour de la patrie, action si sublime que les grandes âmes se défendent de la mettre au nombre des fables où force nous est bien de la ranger.

L'an de Rome 392 (362 avant J.-C.), il s'ouvrit tout à coup dans le Forum un abîme sans fond. Vainement essaya-t-on de le combler par une immense quantité de terre, de pierres et de décombres. On consulta les dieux : « Si vous voulez que Rome porte à jamais le nom de la ville éternelle, répondirent les aruspices, jetez dans le gouffre ce qui fait la principale force des Romains. » Et le peuple d'interroger de nouveau les dieux pour savoir ce qui faisait sa force. A ce moment on vit accourir vers le gouffre un jeune cavalier, couvert d'armes étincelantes, monté sur un cheval superbe et enharnaché comme en un jour de fête : c'était Curtius, qui, arrivé au bord de l'abîme, se dévouant à haute voix aux dieux Mânes, les bras tendus vers le ciel, aux yeux d'une multitude ravie d'admiration, se précipita dans le gouffre, qui se referma aussitôt. DENNE-BARON.

CURTIUS (Salon ou Cabinet de figures de). Curtius, dont le véritable nom était probablement *Curtz*, artiste allemand de naissance, se fit naturaliser en France, où il vint vers l'année 1770. Il se fixa à Paris, et il y a passé toute sa vie, sauf quelques excursions temporaires dans les provinces et dans les pays étrangers. Il paraît que c'est à lui que l'on doit, non l'invention, fort ancienne, mais le perfectionnement des figures sculptées en cire, ou en une composition particulière, et représentant, de grandeur naturelle, sous leur costume ordinaire, avec plus ou moins de ressemblance, les personnages non vivants, le plus souvent, en vogue. Curtius établit deux salons, l'un au Palais-Royal, l'autre sur le boulevard Saint-Martin, et plus tard sur celui du Temple, près du théâtre de Nicolet. Tous les ans il renouvelait ses deux salons, et tous les mois il y changeait quelque chose. Le premier était plus spécialement consacré aux grands hommes, aux illustres notabilités. Dans le second étaient rangés les grands scélérats, les individus qui s'étaient fait un nom dans les classes inférieures de la société. Comme il faisait les bustes de tout ce qu'il y avait de plus distingué à la cour et à la ville, il gardait une copie des têtes les plus remarquables par leur caractère ou leur beauté, et il les exposait dans ses salons. Il modelait les rois, les grands écrivains, les jolies femmes et les voleurs. On y vit Jeannot et Desrues, le Cte d'Estaing et Linguet, le grand Frédéric et Voltaire, Catherine II et J.-J. Rousseau, Hayder-Aly et l'aéronaute Blanchard, Franklin et Cagliostro, la comtesse de la Mothe-Valois et Mesmer, Buffon et Mlle Contat, la famille royale assise à un banquet, et Louis XVI à côté de son beau-frère Joseph II, la réception des ambassadeurs de Tippou-Saïb, etc. L'aboyeur criait à à la porte : *Entrez, messieurs et dames, venez voir le grand couvert ; entrez, c'est tout comme à Versailles.* Il n'en coûtait que deux sous; pour douze sous, on approchait, on circulait près des figures ; et, malgré la modicité des prix, Curtius faisait des recettes de 300 fr. par jour. On voyait aussi chez lui des objets précieux en peinture et en sculpture, des monuments antiques, des momies, des raretés telles que la chemise que portait Henri IV lorsqu'il fut assassiné, avec les certificats qui prouvaient l'authenticité de cette pièce; enfin, toutes les nouveautés qui avaient fait sensation à diverses époques.

Curtius se montra *patriote* dès le commencement de la Révolution : Il exposa les figures de Lafayette, Bailly, Mirabeau et autres députés de l'Assemblée constituante, celles des principaux détenus et vainqueurs de la Bastille, et deux modèles de cette forteresse-prison, l'un dans son état naturel, l'autre avec ses ruines. Mais Curtius devint girouette, comme bien des gens qui ne s'en vantent pas, et qui en ont fait comme lui un métier lucratif. Il offrit à l'hommage ou à l'horreur du public les grands hommes du jour, les grands hommes à la mode, triomphants ou victimes, et leur décernant l'apothéose ou le châtiment, suivant les circonstances. On vit ainsi tour à tour, dans ses salons, les girondins et les montagnards, Vergniaux et Danton, le duc d'Orléans et Philippe-Égalité, Marat et Charlotte Corday, le père Duchesne et Robespierre, Mme Roland et le capucin Chabot, Mme Tallien et Barras, Dumouriez et Talleyrand, Bonaparte, sa famille, ses maréchaux, ses favoris, et quelques-uns de ses chambellans et de ses sénateurs. Si sa mort ou celle de son héritier les a empêchés de nous montrer les effigies des rois, des héros de la restauration, des princes de la sainte-alliance, du roi Louis-Philippe et de sa famille, des colosses de la nouvelle république et du nouvel empire, ils ont été suppléés dans cette tâche par leurs successeurs ou imitateurs des boulevards, qui eux-mêmes, faute de curieux et de pratiques, ont aujourd'hui presque entièrement disparu de Paris pour aller s'établir, sur le tard, dans les mêmes échelles, dans quelques coins de barrières et se risquer à peine de loin en loin dans des foires de villages. H. AUDIFFRET.

CURTIUS RUFUS (QUINTUS). Voyez QUINTE-CURCE.

CURULE (Chaise ou Chaire), Voyez CHAISE CURULE. On l'appelait ainsi soit de *curvus*, courbé, parce que ses pieds étaient courbés en dedans, soit de *currus*, char, parce qu'on la plaçait sur un char.

CURVILIGNE (du latin *curvus*, courbe, et de *linea*, ligne), c'est-à-dire formé de lignes courbes (*voyez* FIGURE et ANGLE).

CURVINERVÉ (de *curvus*, courbe, et *nervus*, nerf). On appelle *feuilles curvinervées* celles qui ont les nervures courbées de manière à être à peu près parallèles au bord de la feuille. L'hémérocalle du Japon (*funkia subcordata*) en offre un exemple.

CURVIROSTRE (de *curvus*, courbe, et *rostrum*, bec), terme d'ornithologie, épithète des oiseaux dont le bec est courbé vers la pointe, tel que celui des perroquets. C'est aussi le nom spécifique d'un bec-croisé.

CUSA (NICOLAS DE) ou NICOLAUS CUSANUS, célèbre et savant cardinal de l'Église romaine, dont le véritable nom était *Khrypffs* ou *Écrevisse*, naquit en 1401 dans le pays de Trèves, sur les bords de la Moselle, en face de Berncastel, à *Kues*, d'où lui vient le nom sous lequel il s'est illustré. Fils d'un pauvre marinier, les secours du comte Ulrich de Manderscheid le mirent à même d'étudier le droit. Découragé par la perte du premier procès qu'il eut à plaider, il se consacra dès lors à la théologie. Possédant une connaissance approfondie des langues grecque, latine et hébraïque, et doué d'un remarquable talent d'improvisation, il ne tarda pas à se faire une grande réputation. Après avoir rempli différentes fonctions ecclésiastiques à Saint-Wendel et à Coblentz, il alla au concile de Bâle en qualité d'archidiacre de l'Église épiscopale de Liége, et y défendit, notamment dans un ouvrage intitulé : *De Concordantia catholica*, qu'il présenta aux Pères du concile, le principe que les décisions des conciles généraux en matière de foi sont obligatoires pour le pape lui-même. Peu après, Eugène IV réussit à le gagner aux intérêts du saint-siége, dont il devint dès lors l'un des plus habiles défenseurs. Il alla ensuite à Constantinople, chargé des pleins pouvoirs de la cour de Rome pour y tenter encore une fois, mais toujours aussi inutilement, la réunion des Églises grecque et latine. En 1448, Nicolas V lui donna le chapeau de cardinal, le nomma évêque de Brixen et le chargea de mettre en ordre les œuvres d'Archimède. C'est à la suite de cette mission que Nicolas de Cusa composa son traité *De Complementis mathematicis*. Déjà envoyé précédemment en Allemagne à l'effet d'y rétablir la discipline dans les couvents, il y retourna encore à diverses reprises avec le titre de légat, par exemple, en 1452, pour négocier avec les hussites. Plus tard, l'archiduc Sigismond d'Autriche ayant refusé de lui rendre hommage à titre de vassal pour ses domaines situés dans l'évêché de Brixen, il eut de nombreux et vifs démêlés avec ce prince, qui finit par le faire prisonnier, et qui ne lui rendit la liberté qu'à de très-dures conditions. Il mourut à Todi en Ombrie, le 11 août 1464, et fut enterré à Rome ; mais son cœur fut déposé dans la chapelle de l'hôpital qu'il avait fondé à Kues.

Ses connaissances, surtout en mathématiques, furent prodigieuses pour le temps où il vécut. Il admettait la pluralité des mondes, et soutint dans ses ouvrages la doctrine du mouvement de rotation de la terre autour du soleil (doctrine dont la démonstration devait valoir, deux siècles plus tard, tant de persécutions à Galilée). Il fut en outre un des premiers à démontrer la fausseté des décrétales d'Isidore et des donations de Constantin, et à en parler dans son ouvrage intitulé : *De Catholica veritate*. Une édition complète de ses œuvres a paru à Bâle en 1665 (3 vol. in-fol.).

CUSCUTE, genre de la famille des convolvulacées et de la tétrandrie digynie, qui renferme des plantes parasites d'un aspect singulier. Elles ont, en général, des tiges grêles, filiformes, rouges ou blanches, entièrement dépourvues de feuilles, qui s'enlacent autour des herbes voisines, sur lesquelles elles se cramponnent au moyen de petits suçoirs, et qu'elles ne tardent point à faire périr. La *cuscute d'Europe*, (*cuscuta europæa*) est commune dans les bois, les haies, les prairies, où on la trouve principalement sur les luzernes. La *cuscuta epithymum* s'attache à la bruyère, au chanvre, à la luzerne, au lin et plus communément au thym. Ces deux espèces indigènes se répandent sur de grands espaces avec une effrayante rapidité, causant ainsi de grands dégâts dans les champs cultivés. Ces plantes ont passé autrefois pour incisives, apéritives et légèrement purgatives ; mais elles sont aujourd'hui inusitées.

CUSPARIA, genre appartenant à la pentandrie monogynie, et à la famille des diosmées-cusparlées. On n'en connaît bien qu'une espèce, qui est indigène de l'Amérique du sud, où elle croit en abondance dans les bois, à 2 ou 3 myriamètres de la rive orientale du Carony, au pied des monts qui entourent les missions de Capassui, Upata et Alta Gracia. Elle prospère aussi à l'ouest de Cumana, dans le golfe de Santa-Fé, et, comme l'a observé M. de Humboldt, elle peut devenir un excellent article d'importation de la Nouvelle-Andalousie. Le *cusparia febrifuga*, ou *bonplandia*, est un arbre toujours vert, très-élégant, qui s'élève jusqu'à vingt et même vingt-sept mètres, dont le tronc cylindrique est couvert d'une écorce grise, et est très-rameux au sommet. Les branches sont alternes et les supérieures s'étendent presque horizontalement. Les feuilles, alternativement rangées sur les branches, ont jusqu'à 66 centimètres de long, sans y comprendre le pétiole ; elles sont composées de trois folioles ovales, oblongues, pointues aux extrémités, et attachées par leur base à un pétiole simplement canaliculé, de 30 à 33 centimètres de long. Ces folioles sont glanduleuses, et, à l'état de fraîcheur, elles exhalent une odeur aromatique agréable. L'inflorescence consiste en un racème terminal, consistant en pédoncules alternes, portant chacun depuis trois jusqu'à six fleurs : le calice est infère, persistant, tomenteux, à cinq dents. La corolle est infundibuliforme et composée de cinq pétales si étroitement réunis par le bas qu'ils semblent ne former qu'un seul tube étalé à cinq divisions. Le nectaire consiste en une agglomération de petits corps glandulaires. Les étamines, plus courtes que les pétales, ont des filaments blancs qui supportent des anthères jaunes oblongues. Le pistil est formé de cinq ovaires ovales, velus, du centre desquels s'élève un style simple, surmonté par cinq stigmates verts et charnus. Le fruit consiste en cinq capsules ovales, bivalves, enveloppant chacune une semence simple. L'écorce du *bonplandia*, connue dans le commerce de la droguerie sous le nom d'*angusture*, tient aujourd'hui un rang éminent dans la matière médicale.

PELOUZE père.

CUSSET-LÈS-VICHY. Voy. VICHY.

CUSTINE (ADAM-PHILIPPE, comte DE), général en chef, né à Metz, le 4 février 1740, fut, comme les enfants d'extraction noble, nommé officier dès son bas âge ; à sept ans il était lieutenant en second au régiment de Saint-Chamans. Il parut à la suite du maréchal de Saxe pendant la guerre des Pays-Bas. On le rappela du camp pour l'envoyer au collége à Paris. Ses études étant à peu près terminées, il entra dans le régiment du roi. Il fut successivement lieutenant-capitaine au régiment de Schomberg-Dragons, et à vingt et un ans colonel du régiment de Custine. Les voyages achevèrent son éducation militaire ; il visita les cours du nord, séjourna assez longtemps à Berlin, et, à son retour en France, introduisit dans son régiment la discipline allemande. Il partit spontanément pour l'Amérique du Nord, échangea son régiment de dragons contre celui de Saintonge infanterie, et gagna à la pointe de l'épée, au siége de New-York, le grade de maréchal de camp. A son retour en France, il fut fait gouverneur de Toulon, et en 1789 la noblesse de Lorraine le nomma député aux états généraux. Il se prononça pour le parti de la révolution.

Ses opinions politiques présentaient dès lors d'étranges contradictions. Il avait prôné l'établissement des gardes nationales et demandé une déclaration des droits de l'homme et du citoyen, de même qu'il s'était prononcé pour le principe de la souveraineté nationale ; et bientôt après on le vit contester à la nation le droit de disposer des biens du clergé, réclamer pour le roi le droit de paix et de guerre, la suppression des apanages, mais de fortes dotations pour en tenir lieu ; proposer de contraindre tous ceux qui avaient reçu des dons et gratifications de la cour à les restituer, s'opposer à tous les décrets contre les émigrés, et demander, dans le cas d'évasion du roi, la convocation d'une assemblée nationale. Admirateur du régime militaire des princes allemands, il en réclamait l'application aux troupes françaises, et était comme général modèle Laudon, qui dans un moment d'effervescence militaire avait tué deux soldats mutinés.

Nul général n'avait signalé son entrée dans le commandement par des faits d'armes plus brillants et plus rapides. Il se distingua encore dans la campagne de 1792, par la prise de Spire, de Worms, de Mayence, de Francfort-sur-le-Mein; mais, en 1793, il abandonna toutes ses conquêtes et se replia en Alsace. Il pouvait être plus malheureux que coupable. Néanmoins il y avait de sa part injustice et maladresse à accuser de ses revers et Kellerman et Beurnonville. Il avait de son chef ordonné l'évacuation des postes importants qu'occupait dans les Vosges l'armée qu'il commandait. Il fut dénoncé à la Convention comme l'un des chefs d'une faction qui prétendait rétablir la monarchie et placer le duc de Brunswick sur le trône de France. Custine repoussa avec succès cette grave accusation. La Convention lui conféra le commandement en chef de l'armée du Nord. Mais il avait plus d'ambition que de talent, plus de pétulance que de fermeté; et sa qualité de noble était alors un obstacle à son maintien à la tête d'une armée toute républicaine. C'était peut-être pour écarter cette funeste prévention qu'après la chute des girondins, il s'était hâté d'envoyer à la Convention les arrêtés, la correspondance de Wimpfen et autres chefs de ce parti. Il s'était fait beaucoup d'ennemis parmi les autres généraux par la légèreté de ses plaintes contre eux, et parmi les officiers et les soldats par sa hauteur et la dureté de ses procédés. Il n'épargnait pas même dans ses récriminations les représentants du peuple et le ministre de la guerre. Il crut n'avoir rien à craindre dès qu'il se vit rappeler par la Convention à un nouveau commandement. Cependant, à peine avait-il visité les postes, qu'il fut mandé à la barre de l'Assemblée pour rendre compte de sa conduite. Il obéit; mais, au lieu de répondre aux griefs qu'on lui opposait, il ne parla que de ses services, de son patriotisme, de son dévouement sans bornes à la république; il fut décrété d'accusation et traduit au tribunal révolutionnaire.

On lui reprochait d'avoir abandonné dans Francfort la garnison qu'il y avait mise, et qui fut massacrée par les habitants et par l'ennemi; d'avoir laissé bloquer et prendre Mayence sans rien tenter pour secourir cette place importante; et d'avoir enfin trahi la république : ce dernier grief se rattachait sans doute à ses relations avec le duc de Brunswick, sur lesquelles on n'avait que des soupçons. Quatre officiers de son armée durent se présenter comme témoins à décharge, et persistèrent dans leurs déclarations avec la plus courageuse persévérance. Mme de Custine, sa belle-fille, osa seule implorer les juges du terrible tribunal. Elle ne cessa de donner tous ses soins au père de son époux. L'instruction du procès dura longtemps; Fouquier-Tinville insistait pour faire venir les témoins, même ceux demandés par Custine, et notamment le général Houchard : ces témoins ne furent pas appelés. Custine, en présence de ses juges, soutint avec courage l'épreuve des débats; il paya longtemps. A l'instant où le jugement allait être prononcé, quelques murmures s'élevèrent dans l'auditoire. « Custine, dit le président, n'appartient plus à la république, mais à la loi qui va le frapper. Comme homme, on doit le plaindre d'avoir encouru par sa conduite un pareil sort. » Custine entendit l'arrêt fatal avec une émotion profonde : « Je meurs innocent », s'écria-t-il d'une voix brisée par la douleur. Dès ce moment le guerrier intrépide ne parut qu'un être faible et timide, luttant contre une mort inévitable. Il demanda un confesseur, qu'il voulut retenir toute la nuit, et qui ne l'abandonna pas un instant; il passa ses derniers instants en prières; il n'interrompit sa pieuse préoccupation que pour écrire à son fils la lettre suivante :

« 27 août 1793, dix heures. Adieu, mon fils, adieu. Conservez le souvenir d'un père ; je n'emporte qu'un regret, c'est celui de vous laisser un nom qu'un jugement fera croire un instant coupable de trahison par quelques hommes crédules. Réhabilitez ma mémoire quand vous le pourrez; si vous obtenez ma correspondance, ce sera une chose bien facile.

Vivez pour votre aimable épouse, pour votre sœur, que j'embrasse pour la dernière fois. Je crois que je verrai arriver avec calme ma dernière heure. Adieu! encore adieu! Votre père, votre ami, Custine. »

Il fut traîné au supplice le lendemain. Tout son courage l'avait abandonné; son malheureux fils, *Renaud-Philippe de Custine*, né en 1768, qui avait d'abord embrassé la carrière diplomatique, et qui devint ensuite l'aide-de-camp de son père, subit le même sort quelques mois après, et montra jusque sur l'échafaud le plus grand calme, la plus impassible résignation. Plus tard, le général Baraguay d'Hilliers fit paraître à Hambourg *Mémoires posthumes du général français comte de Custine, publiés par un de ses aide-des-camp*.   Dufey (de l'Yonne).

CUSTINE (Astolphe, marquis de), petit-fils du précédent, est né vers le temps où il eut le malheur de perdre son père. Élevé avec le plus grand soin par sa mère, le jeune Custine conserva dans son caractère l'empreinte de cette éducation maternelle, c'est-à-dire une sensibilité vive, mais tant soit peu contenue par une sorte de timidité souffrante. Il n'a pas échappé au malaise moral qui travaillait la jeunesse de son temps, à cette contemplation mélancolique et rêveuse, qui se complaît dans un monde idéal, faute de trouver à employer son activité dans le monde réel. Il se mit de bonne heure à voyager, et le premier de ses écrits est, sous le titre de *Mémoires et Voyages* (Paris, 1830), la relation d'un voyage qu'il fit, jeune encore, en Angleterre, en Écosse, en Suisse et en Calabre. Cet ouvrage, qui parut en 1829, annonçe déjà un talent remarquable et une véritable originalité. On y trouve un mélange d'observations fines, quelquefois même railleuses, avec des épanchements de tendresse filiale, une admiration sympathique pour la nature, et une rêverie habituelle, symptôme de la tendance à l'infini. Déjà, en 1828, l'auteur avait fait paraître sous le voile de l'anonyme une nouvelle, *Aloïs*.

Après avoir donné au théâtre un drame en vers, *Béatrice Cenci* (1833), qui n'eut qu'une seule représentation, M. de Custine se mit à écrire des romans. *Le Monde tel qu'il est* (1835) reproduit jusqu'à un certain point les qualités par lesquelles il s'était annoncé dans son premier ouvrage, mais déjà modifiées par une certaine amertume contre la société. C'est une plainte perpétuelle contre les jugements du monde, contre la calomnie, qui n'épargne pas les meilleures natures. On y sent les fruits amers de l'expérience et une sorte de misanthropie timide. Puis l'auteur, reprenant le goût des voyages, partit à parcourir l'Espagne, et son livre, qui a pour titre *L'Espagne sous Ferdinand VII* (4 vol., 1838), il en a tracé un tableau peu flatté, mais très-curieux. Passant ensuite du midi au nord de l'Europe, M. de Custine visita la Russie, et les observations qu'il a recueillies dans ce voyage et qu'il a publiées sous le titre de *La Russie en 1839* (Paris, 1843; 3e édit., 1846) jettent de vives lumières sur l'état réel de ce pays, encore trop peu connus. Son livre porte un cachet d'impartialité, car il y dit franchement le bien comme le mal. Mais sa franchise paraît avoir été peu goûtée dans certaines régions, et avoir excité de violents orages dans l'esprit d'un personnage très-haut placé. Quoi qu'il en soit, il faut féliciter M. de Custine d'avoir eu le courage de dire la vérité, et de l'avoir dite avec esprit. Ses différents ouvrages ont été traduits en diverses langues, et quelques-unes de ces traductions ont obtenu les honneurs de plusieurs éditions. On a encore de lui deux romans; *Ethel* (1839), et *Romuald, ou la Vocation* (4 vol., 1848).   Artaud.

CUSTODE. Ce terme appartient presque exclusivement au langage ecclésiastique, dans lequel il a plusieurs acceptions. Il se dit : 1° du saint ciboire, où l'on garde les hosties consacrées, et qui est couvert du petit pavillon ; 2° du pavillon même qui couvre le saint ciboire ; 3° des rideaux qui, dans quelques églises, servent d'ornements à côté du grand autel ; 4° de quelques supérieurs de certains ordres religieux, tels que les capucins, cordeliers, etc., qui faisaient l'office du provincial en son absence. Chez les récollets, le *custode* était supérieur d'une petite maison où il y avait peu de religieux. Au lieu de se servir du mot *custode*, on conservait le mot latin *(custos)*, pour désigner celui qui était pourvu de la *custodie* d'une église. Dans la seconde moitié du dix-huitième siècle, il y avait encore des églises collégiales dans lesquelles le *custos*, le sacristain ou le trésorier, à qui le droit attribuait presque les mêmes fonctions, était la première dignité du chapitre, quoique dans d'autres églises elle ne fût que la seconde, la troisième, quelquefois même la quatrième. A Rome, on nomme *custode* le président de l'académie des Arcades. Les anciens Romains appelaient *custodes* des officiers chargés de veiller à ce qu'il n'y eût point de fraude dans le vote pour l'élection des magistrats.

Custode, dans notre vieux langage, désignait quelquefois les rideaux des lits. C'est encore aujourd'hui, en termes de sellier, le chaperon ou le cuir qui couvre le fourreau des pistolets pour les empêcher de se mouiller. Pour le carrossier, c'est la partie garnie de crin qui est à chaque côté du fond d'un carrosse, et où l'on peut appuyer la tête et le corps.

On disait jadis donner le fouet *sous la custode* (*sub custodia*), pour dire en secret, afin d'épargner au criminel la honte d'un supplice public. Autrefois les confesseurs donnaient à leurs pénitents la discipline *sous la custode*.

CUSTODIE, subdivision des vicairies ou des provinces dans l'ordre des franciscains. A l'origine de l'ordre, on appelait *custodies* quelques couvents qui faisaient partie d'une province, laquelle, à cause de sa trop grande étendue, ne pouvant être gouvernée par un provincial, était divisée en plusieurs *custodies*, gouvernées par des custodes. Ceux-ci néanmoins dépendaient toujours d'un provincial, qui était obligé de les visiter tous les ans. Dans les derniers temps, les custodies avaient succédé aux vicairies, et celles qui ne dépendaient d'aucun provincial étaient immédiatement soumises au général. Il y avait aussi des *custodes* et des *custodies* dans le tiers-ordre de Saint-François. Dans un chapitre de cet ordre, tenu en 1603, il fut résolu de diviser les couvents de France en quatre *custodies*, gouvernées, la première par le gardien de Picpus près de Paris, la seconde par celui de Rouen, la troisième par celui de Lyon, et la quatrième par celui de Toulouse.

Custodie se disait encore d'un office et d'une espèce de supériorité établie en quelques églises. On l'appelait quelquefois *coutrerie*.

CUSTOZZA, village du pays vénitien, dans la délégation de Vérone, dépendant de la commune de *Somma-Compagna*, à trois kilomètres environ de Vérone, est devenu célèbre par la bataille décisive que l'armée autrichienne, commandée par Radetzky, y gagna, dans les journées des 23, 24 et 25 juillet 1848, sur les Italiens aux ordres du roi de Sardaigne Charles-Albert.

CUSTRIN ou **KUSTRIN**, place forte de 3ᵉ classe, dans l'arrondissement de Francfort-sur-l'Oder, province de Brandebourg (Prusse), bâtie dans une plaine, à l'embouchure de la Warte dans l'Oder, que l'on y traverse sur un pont de 292 mètres de long, est entourée d'un côté par la Warte, de l'autre par la Warte et l'Oder, et dans tous les sens par d'immenses marais. Cette ville compte une population de 9,000 âmes ; on y trouve un gymnase et plusieurs fabriques, et elle est le centre d'une navigation fluviale assez active. Peu de temps après sa fondation, elle devint la résidence du margrave Jean, fils de l'électeur de Brandebourg Joachim Iᵉʳ. Entourée d'abord de simples remparts en terre, on la ceignit ensuite de remparts en maçonnerie, sous lesquels ont été disposées des casemates de 4 mètres d'élévation sur 8 de largeur, et garnies de meurtrières.

En 1758, du 15 au 22 août, cette ville eut à souffrir de la part des Russes un effroyable bombardement, qui ne cessa qu'à l'arrivée de Frédéric le Grand, vainqueur des Russes à Zorndorf. En 1806, à la suite de la bataille d'Iéna, elle se rendit à discrétion à nos troupes, qui n'eurent qu'à paraître sous ses murs pour que le commandant, nommé *Ingerstiben*, demandât aussitôt à capituler. Peu de jours auparavant cet officier avait solennellement promis à son roi de se défendre à toute extrémité dans ce dernier boulevard de la monarchie, qui était abondamment pourvu de munitions et de tout ce qui était nécessaire pour une longue défense. Nos troupes gardèrent Custrin depuis cette époque jusqu'en 1814, et ne l'évacuèrent qu'en vertu de la désastreuse convention passée avec les alliés par le comte d'Artois, après la prise de Paris.

CUTANÉ (en latin *cutaneus*, fait de *cutis*, peau). Cette épithète, synonyme de *peaucier*, signifie qui a trait à la peau. On s'en sert fréquemment dans le langage des sciences médicales, pour désigner les diverses parties qui entrent dans la composition de la peau, soit les fonctions et les maladies de cette enveloppe générale du corps des animaux. Sous le nom de *tissus cutanés*, subdivisés en *tissus cutanés externes* et *tissus cutanés internes*, on comprend la combinaison des couches suivantes énumérées en procédant du dedans au dehors, savoir : 1° une couche charnue ou musculaire peaucière, plus ou moins adhérente au derme, ou plus ou moins confondue avec lui ; 2° la couche dermeuse ou le derme à mailles plus ou moins serrées ou lâches, et plus ou moins pénétrées de graisse ; 3° les couches vasculaire et nerveuse formées par les dernières extrémités des vaisseaux et des nerfs, qui se terminent dans la peau pour la vivifier ; 4° la couche de matière colorante, appelée *pigment de la peau* ; 5° la couche la plus superficielle de nature mucoso-cornée, connue sous le nom d'*épiderme*. Les parties annexées au tissu cutané et renfermées dans l'épaisseur de ces couches sont de petits organes distingués en ceux connus sous les noms de *cryptes* ou de *follicules*, qui sécrètent les uns du mucus, les autres l'humeur sébacée ; et en bulbes, qui servent à la pousse des poils ou à celle des dents.

En anatomie spéciale, on a égard aux veines superficielles, dont la couleur et la saillie sont plus ou moins apparentes. Ces veines sont dites *cutanées* ou *sous-cutanées*, pour les distinguer de celles situées plus ou moins profondément. Les vaisseaux et ganglions lymphatiques sous-cutanés ne sont ordinairement apercevables à l'œil ou sensibles sous le doigt que dans l'état pathologique.

Les nerfs, dont quelques-uns ont été appelés *musculo-cutanés* ou *cutanés*, où se distribuent à la peau, influent ; ainsi que les vaisseaux, non-seulement sur les divers genres de toucher et sur les mouvements d'expansion et de contraction, mais encore sur l'absorption et l'exhalation, sur les sécrétions cutanées, et sur les phénomènes des organes érectiles et électriques, qui sont aussi des modifications toutes spéciales du tissu cutané. En outre de ces fonctions cutanées, plus ou moins énergiques, ce même tissu est souvent recouvert à l'extérieur par des plaques cornées et des matières calcaires de diverses formes qui lui ont fait donner divers noms (*voyez* BOUCLIER, COQUILLE, CUIRASSE, ÉCAILLES), et alors il est devenu impropre à la sensation, mais très-favorable à la protection de l'animal.

On donne le nom de *maladies cutanées* à toutes celles qui attaquent l'enveloppe extérieure ou cutanée externe, et on désigne sous celui de *maladies des membranes muqueuses* toutes celles qui ont leur siège sur l'enveloppe intérieure ou cutanée interne. L. LAURENT.

CUTTER. Vous avez entendu parler des *smugglers*, ces audacieux contrebandiers de la Manche qui bravent les lois de la douane à la barbe des plus imposants navires de guerre ? Ils semblent se jouer des gros vaisseaux qui leur donnent la chasse, s'éloignent, s'approchent jusque sous le feu de leurs batteries, s'enfuient en bondissant contre des dauphins de vague en vague, et souvent, avant de disparaître, lancent à travers les mâts de leur ennemi un boulet, dont le

CUTTER — CUVIER

sifflement trace dans les airs le rire moqueur de l'heureux contrebandier. Ce léger navire, qui glisse sur les eaux, et que le vent emporte rapide comme l'écume de la mer, c'est le *cutter*. Semblable à l'alcyon, il étend ses larges voiles alors que gronde déjà la tempête, et, quand un ennemi redoutable est à ses trousses, il prend son *vol dans les dents du vent*, pour nous servir de l'expression du vieux matelot qui tient la barre de son gouvernail.

C'est qu'en effet nul navire n'est mieux construit et gréé pour la marche que le *cutter*. Ainsi que le *smack* du caboteur écossais, il n'a qu'un mât, mais ce mât est plus élevé et plus incliné sur l'arrière, et sa voilure, qu'il déploie comme d'immenses ailes, est bien plus haute et bien plus large. Outre les voiles carrées qu'il hisse en tête de son mât, il en porte encore trois grandes triangulaires qu'on nomme *focs*, et derrière, une plus grande que toutes les autres, en forme de trapèze : cette dernière, déjà presque démesurée, il l'augmente encore dans les beaux temps à l'aide d'allonges, ou *bouts dehors*, qui soutiennent de nouvelles voiles bien en dehors de la coque. Pour que le bâtiment ne soit pas submergé par la force que le vent exerce sur une pareille voilure, on donne beaucoup de creux à la carène ; elle plonge à une profondeur considérable sous l'eau ; et cette construction, combinée avec son système de voilure, lui permet de suivre une route très-rapprochée de la direction du vent. Tout dans ce joli navire est disposé pour lutter contre les éléments et l'ennemi. Il est extrêmement ras sur l'eau ; à la moindre brise, sa coque disparaît entre deux lames, et les boulets du garde-côte qui le chasse passent par-dessus son bois, ou ne rencontrent dans leur course qu'une voile au milieu de laquelle ils laissent une trace circulaire. Ses flancs sont armés de 6 ou 8 canons, et parfois encore il porte une longue couleuvrine qui tourne sur pivot, dangereuse quand il combat en fuyant, car ses coups se font sentir à grande distance.

L'Angleterre entretient sur ses côtes, aux frais de l'État, quelques *cutters* pour arrêter les contrebandiers : elle en affecte généralement un ou deux à chacune de ses flottes pour le service des dépêches ou pour les communications pressées. On conçoit quels avantages les corsaires peuvent retirer des *cutters* pour donner la chasse aux caboteurs : aussi, en temps de guerre, nos côtes en sont-elles infestées.

Il est difficile de se faire une idée de l'activité et de l'audace avec lesquelles se poursuit la contrebande entre nos côtes et celles de l'Angleterre. La Manche est pourtant une mer féconde en tempêtes en naufrages ; chaque jour y est signalé par quelque nouveau sinistre : eh bien ! quand les *smugglers* savent qu'un *cutter* de l'État croise dans quelque parage, ils s'aventurent dans un simple canot armé de douze ou seize avirons, au milieu d'une mer affreuse, qui menace à chaque instant de les engloutir. Leur canot est peint en blanc ; dès qu'ils découvrent à l'horizon la voile blanchâtre du navire qui les surveille, ils amènent leurs mâts et leurs voiles, et se laissent bercer au gré des flots : de loin on les prendrait pour la crête d'une vague écumante. Aussitôt que l'ennemi est éloigné, ils appareillent de nouveau leurs voiles et reprennent hardiment leur route.

Cutter appartient à la langue anglaise : le mot français est *côtre*. Théogène PAGE, *capitaine de vaisseau*.

CUVE (du latin *cupa*, ou du grec χύπος, creux). On appelle de ce nom des vases plus ou moins grands, en bois, terre ou métal. La forme des cuves est variable ; il y en a qui ressemblent à un tonneau placé debout, et auquel manquerait le fond supérieur. Les grandes cuves ont ordinairement cette forme. Il existe dans quelques brasseries d'Angleterre des cuves en fonte de fer d'une capacité telle que cinquante personnes peuvent s'asseoir autour d'une table dressée sur leur fond. Quant une cuve est d'une capacité extraordinaire, il est prudent de l'enterrer, du moins en grande partie : car on a vu de très-grandes cuves céder à la pression du liquide qu'elles contenaient, de sorte que ce dernier était entièrement perdu. Il serait trop long d'énumérer les arts, les professions qui font usage de cuves : c'est dans ces vases qu'on fait fermenter le vin, les matières qui doivent être distillées, etc., etc.

Les chimistes nommaient autrefois *cuve pneumatique*, un récipient, le plus ordinairement en fonte ou en pierre calcaire, servant à contenir le liquide sur lequel on doit recueillir les gaz. C'est l'un des instruments les plus indispensables à un laboratoire de chimie. Pour recueillir le gaz provenant d'une distillation, par exemple, on plonge une éprouvette dans la cuve, de manière à ce qu'elle se remplisse du liquide ; puis on la retire sans laisser pénétrer l'air et on la maintient ainsi presqu'au niveau de la cuve en même temps que l'on met en communication avec son intérieur l'extrémité ouverte d'un tube partant de l'appareil, où s'opère la distillation. Le liquide qui, en vertu de la pression atmosphérique remplissait d'abord l'éprouvette, cède peu à peu la place au gaz ; quand on en a ainsi recueilli une quantité suffisante, on retire le tube de communication. Comme le liquide que l'on met dans la cuve est tantôt de l'eau tantôt du mercure, on appelle plus communément ces cuves, *cuves à eau* ou *hydropneumatiques* et *cuves à mercure* ou *hydrargyropneumatiques* : les premières sont peu employées, parce que l'eau ne s'y conserve pas longtemps à un état de pureté satisfaisant. Priestley, à qui l'on doit la découverte des principaux gaz connus, est le premier qui se servit de l'une et de l'autre de ces cuves pour recueillir et transvaser les gaz.

CUVÉLIER DE TRYE (Jean-Guillaume-Auguste) surnommé le *Crébillon du boulevard*, rival souvent heureux du fameux dramaturge Guilbert de Pixérécourt, mort à Paris, en 1824, était né à Boulogne-sur-Mer, en 1766, et exerçait la profession d'avocat au commencement de la Révolution. Il entra alors dans l'administration, fut pendant quelque temps attaché aux armées, puis admis en 1806 dans les bureaux de la commission d'instruction, où il parvint aux fonctions de sous-chef. Cuvélier se fit bientôt une espèce de réputation comme ordonnateur de fêtes, de spectacles, de jeux et de cérémonies publiques, genre de talent que Louis XIV eût singulièrement prisé, et que l'empereur ne dédaigna pas ; car il comprenait l'importance réelle des machinistes et des entrepreneurs de succès dans le mélodrame à grand spectacle qu'il jouait aux yeux du peuple français. Inutile sans doute d'ajouter que pas une seule des 110 pièces de Cuvélier, drames, mélodrames, pantomimes, etc., qui firent verser tant de larmes sur le Boulevard du Crime, n'a échappé à l'oubli qui attend les chefs-d'œuvre dramatiques de nos jours.

CUVETTE, petit vase en faïence, porcelaine, métal, verre, etc. ; il y en a dont la forme est ovale, d'autres sont rondes.

On appelle aussi *cuvette* une espèce d'entonnoir en plomb, en fonte ou en zinc destiné à recevoir les eaux ménagères que l'on jette dans les tuyaux de descente. Ces cuvettes demandent de grands soins de propreté pour ne pas devenir des foyers d'infection. Au reste, leur nombre tend à disparaître de plus en plus : dans les nouvelles constructions chaque cuisine est pourvue d'un évier qui communique directement avec le tuyau de descente.

On donne encore ce nom : 1° à la boîte de cuivre dans laquelle est placée l'aiguille de la boussole ; 2° à la partie inférieure de certains baromètres.

CUVIAUX. *Voyez* CIBLE.

CUVIER, sorte de cuve ordinairement en bois, dont on fait usage pour la lessive.

CUVIER (Georges-Léopold-Chrétien-Frédéric-Dagobert, baron), naquit à Montbéliard, le 23 août 1769. Le père de Cuvier, après quarante ans de services distingués dans un régiment suisse à la solde de la France, n'avait reçu pour récompense que la croix de chevalier de l'Ordre du Mérite

4.

militaire, et une modique pension de retraite composait l'unique ressource de sa famille. Le jeune Cuvier montra dès la première enfance une aptitude parfaite aux travaux de l'esprit, une mémoire puissante, une ardeur extrême pour l'étude : à quatre ans, il savait lire, et son écriture était belle. Son père lui ayant donné quelques leçons de dessin, dès l'âge de dix ans il copiait les figures d'oiseaux de Buffon, et il lisait le texte de l'ouvrage avec avidité, afin d'enluminer naturellement ses desseins d'oiseaux. A quatorze ans et demi, il avait terminé toutes ses études classiques ; et, toujours le plus fort et le plus assidu, il avait presque constamment occupé la première place. Le duc Charles de Wurtemberg le fit entrer à l'académie de Stuttgard, où il étudia la littérature, la philosophie et les mathématiques, l'histoire de la nature et l'histoire des nations, la physique et les beaux-arts, les sciences administratives, la médecine et le droit. Il composa même dès cette époque un *Journal Zoologique*, d'où furent extraits en 1792, (l'auteur n'ayant alors que vingt-trois ans), ses deux premiers mémoires, l'un sur les *mouches*, l'autre sur les *cloportes*.

Sorti de l'École normale et militaire de Stuttgard, Cuvier commença modestement par être précepteur d'un jeune gentilhomme protestant, fils d'un riche propriétaire de Normandie, le comte d'Héricy. M. d'Héricy habitait ordinairement le château de Fiquainville, situé à quelques kilomètres de la mer, circonstance propice aux études favorites de Cuvier : ce fut, en effet, dans cette commode résidence qu'il ébaucha ses travaux sur les vers, sur les mollusques et les poissons. A cette époque, la petite ville de Valmont voisine du château de Fiquainville, possédait comme tant d'autres villes sa société populaire. Le jeune Cuvier, qui avait manifesté prudemment beaucoup de zèle lors de la formation de ce club champêtre, y eut bientôt acquis une grande prépondérance, et il usa de son ascendant pour transformer cette réunion d'origine démagogique en paisible société d'agriculture dont il fut à la fois le secrétaire nominal, le président réel et le principal orateur. L'abbé Tessier, qui s'était réfugié à Valmont en 1794, eut hâte d'assister aux séances de la société populaire que gouvernait Cuvier. Des relations d'intimité s'établirent entre ce savant et le jeune Cuvier. Tessier parla de ce jeune homme du ton le plus admiratif dans ses lettres à Jussieu et Parmentier, avec lesquels il le mit en correspondance ; il lui fit également connaître Olivier, Lamétherie, Millin et E. Geoffroy. Tous ces hommes recommandables à différents titres convièrent Cuvier à venir partager leurs travaux à Paris, tandis que l'abbé Tessier les sollicitait de créer près d'eux une position sortable pour son jeune ami. Quant à Cuvier, il avait signifié au digne abbé Tessier la détermination où il était de ne quitter le château de Fiquainville qu'autant qu'on lui assurerait à Paris une indépendance qui le mit à l'abri des sollicitations comme des sollicitudes. C'est, en effet, ce que firent ses amis, qui ne laissèrent ainsi à Cuvier aucun motif pour rester désormais éloigné d'eux.

Cuvier arriva à Paris en avril 1795, époque où l'on s'occupait de relever les établissements littéraires, que trois années de révolution avaient détruits. Alors plus que jamais il devait être facile à un homme comme Cuvier d'employer utilement ses facultés et de donner carrière à ses talents. Secondé par Millin de Grandmaison, le directeur du *Magasin Encyclopédique*, il fut bientôt nommé membre de la commission des arts, puis professeur à l'École centrale du Panthéon. Ensuite, grâce à d'autres amis, notamment par l'intervention d'Ét. Geoffroy et de Lacépède, l'incapable et vieux Mertrud, espèce de prosecteur émérite qu'on venait de nommer professeur d'anatomie comparée au Muséum d'Histoire Naturelle, eut le désintéressement très-méritoire d'agréer Cuvier en qualité d'adjoint. C'est alors que celui-ci commença cette magnifique collection d'organes d'animaux, ce musée incomparable quant à l'ostéologie, qui est devenu si utile aux savants de toutes les nations. Il prit soin, dit-il lui-même, d'aller chercher dans les mansardes du Muséum les vieux squelettes autrefois réunis par Daubenton, et que Buffon, dans un moment d'humeur, y avait fait entasser *comme des fagots*. C'est en poursuivant cette entreprise, « tantôt, dit-il, *secondé* par quelques professeurs, tantôt *arrêté* par d'autres, que Cuvier parvint à donner à cette collection assez d'importance pour que personne n'osât plus s'opposer à son agrandissement. »

Son cours à l'école centrale du Panthéon, ses leçons d'anatomie comparée au muséum, ses communications verbales, ses esquisses, ses feuilles volantes, et jusqu'à ses modestes cahiers d'étudiant, réceptacles précieux de tant de germes d'idées, riches filons d'où sortirent tant d'ouvrages, tout fut à la fois applaudi, également admiré ; et sa personne plut ; on l'aima. Il avait alors le corps si frêle, une santé si fragile, et sa douce urbanité tempérait si parfaitement les vives lumières de son esprit, qu'il se vit adopté dès les premiers jours par les élèves du Panthéon, comme Bichat le fut lui-même par ceux de la faculté, et Bonaparte par ses glorieux soldats. Malgré l'apparente froideur inhérente à son tempérament, peu d'hommes plus que lui excellèrent à captiver un jeune auditoire. On fut surtout enthousiasmé de sa première leçon au Jardin des Plantes. Il disait à ses élèves, après quelques lieux communs sur les hommes illustres qui l'avaient précédé dans cette chaire : « Peut-être, messieurs, avez-vous entendu parler du Pérugin ? c'est un peintre dont les œuvres eurent peu d'éclat, mais il fut le maître de Raphaël !... Sans doute, bientôt d'entre vos rangs sortira plus d'un homme illustre, et je serai fier de mes fatigues. » Hélas ! Cuvier avait devant lui le Pérugin en personne ! c'était le respectable Mertrud, présent à la séance, et qui, de ses mains tremblantes, applaudissait à Raphaël.

Un homme d'esprit a dit de Cuvier, voulant parler de son arrivée à Paris : « Qu'il devint à l'instant l'égal de ses maîtres et le maître de ses égaux. » Toutefois, il se montra d'abord si discret qu'il fit presque oublier sa supériorité et taire toute jalousie. Berthollet proposa à Cuvier de faire partie de la commission des savants d'Égypte ; mais ce dernier allégua ses travaux commencés, ses cours, et surtout sa santé, qui alors était assez chétive pour motiver toutes sortes de dispenses.

Lorsqu'il partit de Fiquainville, non-seulement Cuvier n'avait pas encore arrêté le plan définitif de ses travaux ultérieurs, mais il lui restait trop de choses à apprendre, trop de doutes à éclaircir, pour que ses connaissances d'alors formassent système. Mais à Paris, profitant avec zèle, avec habileté, de ce vaste enseignement mutuel de tant d'intelligences éclairées, les doutes de Cuvier furent bientôt dissipés, et les lacunes de son esprit bientôt remplies. Il put dès lors publier celles de ses recherches qui avaient échappé à ses devanciers, et ses confrères trouvaient nouvelles. Il s'essaya par quelques-uns des travaux fragmentaires qu'il avait composés dans sa retraite, et commença par des monographies relatives à ses études antérieures ou à ses devoirs nouveaux. Après quelques courtes descriptions d'insectes et de mollusques, il osa aborder l'anatomie. Son mémoire sur le *larynx inférieur des oiseaux* parut neuf et fut goûté : il l'avait presque entièrement composé au château d'Héricy, où, sans doute, on l'avait souvent questionné sur les causes du chant mélodieux du rossignol et de la fauvette. Il avait entendu crier, comme auparavant, des oiseaux bruyants, dont il avait coupé le tiers et la moitié du cou ; cela même lui donna à penser que ces animaux ont un double larynx ou *crioir*, et cette conjecture, son scalpel ensuite la justifia. En cela, Cuvier avait agi comme ces enfants curieux qui brisent une vielle ou un violon, afin d'en voir le mécanisme intérieur : plus heureux qu'eux, il l'avait découvert. Peu après, il publia avec son ami Geoffroy, doublement fier de son alliance avec un rival qu'il s'était donné, des considérations sur une *nouvelle classification des animaux*. Là se trouve l'ébauche de cette belle loi de subordination et de coexistence, ce principe essentiel de ses autres ouvrages et le nœud commun de ses découvertes. Il joignit à ce mémoire, et cette fois sans collègue, la nouvelle distribution en six classes des animaux inférieurs; Linné les avait presque tous entassés pêle-mêle sous le nom de *vers*. A ces premiers travaux de zoologie et de zootomie, il ajouta deux pages bien faites sur ce que des esprits inattentifs ont cru pouvoir appeler le *sixième sens des chauves-souris*, animaux dont le tact exquis et très-étendu offre toute la finesse d'une seconde vue. Un ingénieux abbé avait surabondamment démontré le même fait; mais Cuvier alors n'avait pas lu Spallanzani.

Quelques ossements fossiles qu'il dut comparer à des os récemment dénudés, donnèrent tout à coup à ses études une tendance précise vers un but déterminé. Des restes fossiles rassemblés sans ordre par Daubenton, réunis à d'autres ossements pétrifiés que Cuvier se fit apporter des carrières de Montmartre, furent confrontés attentivement avec les différents squelettes non fossiles de sa collection; et il put s'assurer qu'il existait entre ces débris pétrifiés et les os récents des espèces les plus analogues, des différences presque constantes et souvent capitales. Je ne sais si Cuvier s'attendait à ce résultat; je ne sais si c'était là l'un des sujets de ses méditations de jeune homme: mais il est certain que cette dissemblance des os pétrifiés et des os des espèces maintenant existantes firent une profonde impression dans son esprit. Toutefois il se garda bien de rien conclure de ces premières comparaisons, que Camper et Daubenton avaient faites avant lui; il sentait qu'elles étaient beaucoup trop bornées pour l'autoriser à asseoir sur elles un système.

Cuvier comprit aussitôt qu'il ne saurait pertinemment les ossements fossiles proviennent d'espèces aujourd'hui perdues, qu'autant qu'il connaîtrait toutes les espèces encore subsistantes, et non-seulement ces espèces, mais aussi leur structure exacte, leur anatomie. Aussi s'empressa-t-il de publier son *Tableau élémentaire des Animaux*, et ses *Leçons d'Anatomie comparée*. Le premier de ces ouvrages n'est qu'une esquisse assez imparfaite du *Règne Animal*, dernière composition qui ne parut que huit ans plus tard, en 1817. Quant à l'*Anatomie comparée*, cet ouvrage fut divisé comme celui de Bichat, d'après les fonctions de la vie; et, à l'occasion de chaque série d'organes, Cuvier passait en revue les différentes classes d'animaux. Toutefois, ce furent MM. Duméril et Duvernoy, ses disciples et ses amis, qui rédigèrent cet ouvrage; et tous les deux étant médecins, il en résulta pour l'anatomie de Cuvier une apparence presque médicale. Disons cependant que Cuvier se réserva quelques pages d'aperçus généraux, de même que les deux lettres servant de préliminaires au premier et au troisième volume: l'une de ces lettres s'adressait à Mertrud, l'autre au comte de Lacépède.

Le but essentiel de cet ouvrage était de faciliter les déterminations précises des ossements fossiles, aussi bien que de fournir à la zoologie de nouvelles bases de classification. La physiologie, quoiqu'elle parût présider à son ordonnance, avait peu d'acquisitions et de progrès à en espérer. Constant dans ses vues, Cuvier en effet insista toujours sur les dissemblances des organes beaucoup plus que sur leurs similitudes; lui en faire reproche, c'est ne l'avoir pas compris. Il semble que l'auteur se soit proposé dans ce livre si imparfait, quoique estimable, d'apprécier l'importance respective de chaque groupe des animaux, et de faire ainsi pour la zoologie ce qu'Adanson avait tenté pour la botanique. Semblable en effet était son but: il voulait distribuer naturellement les animaux comme Jussieu avait distribué les plantes, non des motifs frivoles et capricieux comme Linné, mais d'après l'état des organes les plus significatifs. Or, pour se donner le droit de ranger les animaux d'après leurs organes, il est obligé d'assigner à ces organes eux-mêmes un ordre de suprématie et de subordination. En conséquence, il assigne le premier rang à ceux qui sont les plus constants dans la chaîne animale, à ceux qui en ont d'autres manifestement sous leur dépendance, à ceux dont la soustraction serait mortelle et la lésion vivement sentie. La charpente osseuse tient la première place: les animaux sont vertébrés ou invertébrés. Les organes de la circulation viennent ensuite: l'animal a une circulation sanguine ou il en est privé; il respire par des poumons comme nous, ou par des branchies comme les poissons, par des trachées comme les insectes, ou par la peau nue comme les polypes. Après cela vient la reproduction: les animaux sont vivipares et mammifères, ou bien ils sont ovipares; il en est même qui naissent par bourgeons: les gemmipares. Après viennent les nerfs, réunis en un même centre chez les vertébrés, complexes et éparpillés chez les mollusques, plus simples dans les insectes, nuls dans les polypes. Les organes de la nutrition ont de même une grande importance aux yeux du classificateur: l'animal qui se nourrit de chair n'a ni les dents, ni l'estomac, ni les intestins disposés comme dans les animaux herbivores: il n'y a pas jusqu'à son crâne et jusqu'à ses pieds qui ne diffèrent assez pour faire reconnaître sa nature et ses besoins. Le vrai carnassier non-seulement a les intestins plus courts et moins complexes que l'herbivore, non-seulement il a l'estomac plus étroit et pourvu de parois moins épaisses mais ses mâchoires sont armées de dents propres à déchirer la chair récente; ses pattes ont des griffes pour le saisir et pour le déchirer; il a, outre ses membres, des muscles puissants pour la poursuivre et pour l'atteindre; il a de même des sens assez parfaits pour l'apercevoir de loin, sans parler de l'instinct de la patience et de la finesse, toujours joints en lui à l'instinct de la cruauté.

Tandis que Cuvier exécutait ses grands travaux, dont la plupart de ses confrères n'envisageaient que les menus détails sans en deviner ni le but ni l'admirable corrélation, il annonçait aux savants de tous les pays, dans un prospectus dont l'Institut avait ordonné l'impression, qu'il croyait avoir constaté que les ossements fossiles ont appartenu à des espèces qui n'existent plus de nos jours, races qui sans doute ont été détruites par une de ces catastrophes dont l'enveloppe de la terre encore les traces. Sans rien leur dire sur le principe dirigeant ses recherches, Cuvier invitait les savants à lui transmettre tous les documents qu'ils pourraient se procurer, promettant à son tour de leur envoyer l'exacte copie des pièces qu'il avait lui-même réunies. Ce prospectus fit sensation en Europe, et Cuvier dès lors eut commerce avec toutes les académies du monde: cette circonstance, qui profitait à ses lumières comme à sa renommée, eut pour résultat d'enrichir son musée. Rien alors ne se découvrait en Europe sans qu'il en reçût aussitôt la nouvelle; souvent même on lui fit hommage de l'objet découvert. Il se trouva ainsi possesseur de la collection de fossiles la plus riche qui existât. Cependant il y avait toujours d'extrêmes difficultés à préciser l'espèce ou même le genre des animaux dont Cuvier possédait les ossements fossiles. Les os de plusieurs espèces étaient souvent mêlés et confondus; souvent aussi il n'existait qu'un fragment de l'une, qu'une parcelle de l'autre: comment les distinguer ou les assimiler? il n'existe plus de poils, point d'écailles ni de plumes pour fixer les incertitudes; autant d'ossements, autant d'obscures énigmes que, sans Cuvier, personne n'eût peut-être jamais devinées.

C'est alors que pour sortir de ce labyrinthe, Cuvier recourut à cette belle loi de corrélation dont nous avons déjà parlé. Puisque chaque être organisé forme un système unique dont toutes les parties se correspondent mutuellement, puisque chaque animal offre un ensemble plein d'harmonie, aucun des organes ne saurait changer sans que les autres changent: par conséquent, on peut juger de tout un animal par un de ses organes, du tout ensemble par une de ses parties. Nous avons déjà dit comment on peut juger, d'après le seul examen des dents et des pieds, si un animal est carnassier ou herbivore : or, Cuvier possédant des squelettes de tous les quadrupèdes connus jusqu'à lui, il lui fut possible de vérifier de laquelle de ces espèces existantes tel ossement fossile paraissait le plus se rapprocher, en quoi il en différait. Si des griffes et des dents déchirantes désignent un animal carnassier, un pied à sabots et des dents à couronne plate doivent appartenir à un animal herbivore; plus occupé de soutenir sa lourde masse que de chercher sa pâture, ce dernier animal ne peut avoir ni les mêmes membres que le carnivore, ni les mêmes jointures, ni les mêmes mâchoires, ni des muscles aussi puissants pour mouvoir celles-ci, ni des empreintes aussi profondes pour attacher ces muscles : d'ailleurs, cet animal rumine, et dès lors sa mâchoire doit se mouvoir horizontalement, et le condyle en devra être aplati. Ainsi donc, il suffira de la dent meulière ou du pied fourchu d'un animal à sabots pour conclure que cet animal était herbivore, qu'il avait quatre estomacs, des cornes au front, et nulle dent incisive à la mâchoire supérieure. Et, comme tous les organes du même être se trouvent associés d'après des règles constantes et invariables, il suffira d'une seule facette osseuse de sa charpente pour découvrir à quel animal actuel cette espèce perdue ressemblait.

C'est par des moyens analogues, et grâce à beaucoup de patience et de sagacité que Cuvier sembla ressusciter et fit les histoires de plus de cent-soixante espèces d'animaux perdus. Cependant, pour répondre aux critiques de quelques savants, et pour ne conserver lui-même aucun doute, Cuvier résolut de faire visiter par des jeunes naturalistes élevés à son école les parties les moins connues du globe. Il était possible en effet que plusieurs des espèces qu'il décrivait comme perdues habitassent quelque île déserte ou peu visitée. Il projeta à cette occasion une école de jeunes naturalistes destinés à confirmer ses assertions, ou à corriger ses erreurs; et la protection que le gouvernement donna à ses desseins, Cuvier s'en montra reconnaissant par son concours et son infatigable dévouement. En même temps, et dans le même but, Cuvier reçut attentivement par de: procédés délicats et par de nobles séductions les voyageurs célèbres des autres pays; il visita les musées célèbres, étudia les médailles les plus anciennes, les momies et les hiéroglyphes de l'Égypte : il voulait ainsi s'assurer si quelqu'un n'avait pas rencontré sur un point du globe, peint ou décrit dans ses ouvrages les animaux qu'il avait crus perdus depuis le dernier déluge. Mais comme on objectait encore qu'il n'était pas impossible que ces espèces regardées par lui comme perdues eussent servi d'aïeux aux espèces actuelles que le temps et le climat auraient sensiblement modifiées, Cuvier fit de nouvelles recherches pour démontrer que les animaux des temps historiques ressemblaient parfaitement à ceux d'aujourd'hui. En effet, les espèces décrites par Aristote ou par Élien vivent encore absolument les mêmes sous nos yeux; l'ibis embaumé dans les tombeaux d'Égypte il y a environ deux ou trois mille ans ressemble bien à l'ibis qui vit à présent. Il est à la vérité certaines espèces, par exemple celle du chien, que l'ascendant de l'homme, c'est-à-dire l'esclavage, a extrêmement modifiées, mais comme on n'a trouvé aucun fossile humain mêlé aux fossiles des espèces que Cuvier croit perdues, tout semble démontrer que, bien loin d'avoir produit ces modifications de structure qu'on voudrait lui attribuer, l'homme, son espèce, n'existait même pas à l'époque, ou du moins dans les lieux où ces animaux furent détruits, puis pétrifiés.

Cependant, pour mieux juger des limites où s'arrêtent les variétés, ainsi que des obstacles que l'instinct de l'amour apporte naturellement à la confusion des espèces, Cuvier décrivit avec soin les animaux qui au temps de sa jeunesse se trouvaient réunis au Jardin des Plantes. A leur signalement extérieur, il joignit l'histoire de leurs mœurs, de leurs instincts, de leur structure; et il prit soin également de les comparer aux animaux d'espèces analogues que les anciens avaient décrits. Ce livre, qui portait pour titre : *La ménagerie de Paris*, le peintre Maréchal en composa les belles figures, ainsi que les dessins accessoires retraçant les caractères, le genre, la nourriture et la patrie de chaque animal décrit. Lacépède en composa la préface, Geoffroy Saint-Hilaire aussi y mit son nom, et Cuvier lui-même en écrivit presque toutes les descriptions. Si Cuvier s'adjoignit ainsi deux confrères pour un ouvrage utile, mais d'une exécution médiocre, ce fut sans doute dans la crainte judicieuse qu'on ne lui reprochât d'avoir composé seul un ouvrage populaire, ou peut-être par l'appréhension de paraître rivaliser Buffon sans l'atteindre. Certes, Cuvier avait trop de goût pour ignorer combien les magnifiques tableaux de Buffon sont inimitables : comme écrivain, il le reconnaissait pour maître; mais il songeait à substituer des vérités aux séduisantes erreurs qui déparent plusieurs de ses pages.

Quant à l'opinion sur les animaux détruits par quelque grande et soudaine catastrophe, Cuvier essaya d'abord de la justifier par l'étude approfondie des ossements fossiles d'éléphants. Or, il ne tarda pas à s'apercevoir que ces os énormes qui, même de nos jours, ont été si faussement attribués à des géants, et que les Russes croient encore la dépouille d'un animal souterrain qu'ils nomment *mammouth*, il s'assura, disons-nous, en rapprochant les recherches personnelles des savants travaux de Camper et de Blumenbach, que ces grands ossements fossiles ont appartenu à un ancien genre d'éléphants dont il croit l'espèce perdue. La seule inspection de cette masse d'ivoire dont les dents mâchelières sont formées le conduisit à penser que ces dents fossiles d'éléphant n'ont appartenu ni à l'espèce d'Afrique, dont l'ivoire est marbré en losanges, ni à l'espèce des Indes, dont les bandes d'ivoire sont moins nombreuses et moins serrées. Il conjectura aussi, d'après la longueur des alvéoles des défenses, que la trompe de cet éléphant fossile devait être énorme. Ensuite, examinant l'éléphant qu'Adams, dans le siècle dernier, trouva frais et entouré de glaçons sur les bords de la mer glaciale, Cuvier pense qu'il a dû appartenir à la même espèce, ajoutant que tous les deux, l'un imprégné de sucs calcaires endurcis, l'autre constamment environné d'eau glacée préservant ses chairs de toute putréfaction, durent à la même époque, selon Cuvier environ six mille ans avant nous, être témoins et victimes de la dernière révolution du globe. Et comme cette espèce fossile avait la peau couverte de poils et de laine, l'auteur en conclut que sans doute elle habitait sous un climat moins chaud que les climats actuellement familiers aux espèces encore vivantes : car, si Cuvier juge des besoins et des instincts d'après les instruments destinés à les satisfaire, s'il juge des fonctions d'après la charpente, des mouvements d'après les leviers, du régime alimentaire d'après la sature des pieds et des mâchoires, c'est de même d'après le pelage qu'il augure des climats. Et remarquez que ses conjectures sont si judicieuses qu'elles le conduisent presque toujours à des découvertes : plus d'une fois l'exhumation inattendue d'un squelette fossile entier n'a fait que confirmer l'exactitude de la description qu'il venait de faire de tout l'animal sur le simple examen de quelque fragment d'un de ses os.

Partant des faits qui précèdent, Cuvier ajoute : « Il n'y a donc dans les faits connus, rien qui puisse appuyer le moins du monde l'opinion que les genres nouveaux que j'ai découverts parmi les fossiles, non plus que ceux qui l'ont été par d'autres naturalistes, les *palæothériums*, les *anoplothériums*, les *mégalonyx*, les *mastodontes*, les *ptéro-dactyles*, les *ichtyausaures*, etc., aient pu être les souches de quelques-uns des animaux d'aujourd'hui, lesquels n'en différeraient que par l'influence du temps et du climat; et quand il serait vrai (ce que je suis loin encore de croire) que les éléphants, les rhinocéros, les élans, les ours fossiles, ne diffèrent pas plus de ceux d'à présent que les races des chiens ne diffèrent entre elles, on ne pourrait pas conclure de la les identités d'espèces, parce que les races des chiens ont été soumises à l'influence de la domesticité, que ces animaux n'ont ni subie ni pu subir. Au reste, continue Cuvier, lorsque je soutiens que les couches superficielles du globe contiennent les os de plusieurs genres et de plusieurs espèces qui n'existent plus, je ne prétends pas qu'il ait fallu une *création nouvelle* pour produire les espèces aujourd'hui existantes ; je dis seulement qu'elles n'existaient pas dans les mêmes lieux, et qu'elles ont dû y venir d'ailleurs. Supposons, par exemple, qu'une grande irruption de la mer couvre d'un amas de sable ou d'autres débris le continent de la Nouvelle-Hollande : elle y enfouira les cadavres des kanguroos, des phascolomes, des dasyures, des péramèles, des phalangers-volans, des échidnés et des ornithorhinques, et elle détruira entièrement les espèces de tous ces genres, puisqu'aucun d'eux n'existe maintenant en d'autres pays. Que cette même révolution mette à sec les petits détroits multipliés qui séparent la Nouvelle-Hollande du continent de l'Asie, elle ouvrira un chemin aux éléphans, aux rhinocéros, aux buffles, aux chevaux, aux chameaux, aux tigres, et à tous les autres quadrupèdes asiatiques, qui viendront peupler une terre où ils auront été auparavant inconnus. Qu'ensuite un naturaliste, après avoir bien étudié toute cette nature vivante, s'avise de fouiller le sol sur lequel il vit, il y trouvera les restes d'êtres tout différents. Ce que la Nouvelle-Hollande serait dans la supposition que nous venons de faire, l'Europe, la Sibérie, une grande partie de l'Amérique, le sont effectivement, et peut-être trouvera-t-on un jour, quand on examinera les autres contrées de la Nouvelle-Hollande elle-même, qu'elles ont toutes éprouvé des révolutions semblables, je dirais presque des échanges mutuels de productions ; car, poussons la supposition plus loin : après ce transport des animaux asiatiques dans la Nouvelle-Hollande, admettons une seconde révolution, qui détruise l'Asie, leur patrie primitive : ceux qui les observeraient dans la Nouvelle-Hollande, leur seconde patrie, seraient tout aussi embarrassés de savoir d'où ils seraient venus qu'on peut l'être maintenant pour trouver l'origine des nôtres... J'applique cette manière de voir, dit Cuvier, à l'espèce humaine. » Et remarquez que dans ces glorieuses études sur les ossemens fossiles, Cuvier a judicieusement choisi la partie la plus difficile, mais aussi la plus décisive du problème ; ses recherches, en effet, ne sont relatives qu'aux débris pétrifiés des animaux quadrupèdes ; et il ne s'occupe ni des poissons, ni des madrépores, ni des mollusques à coquilles. Cette préférence marquée pour les animaux de terre ferme ne provenait point de son ignorance quant aux habitans des eaux ; mais, aussi ingénieux à pressentir les objections qu'à découvrir des vérités, Cuvier avait parfaitement jugé que ce n'était point parmi des êtres aquatiques qu'il lui serait permis d'admettre des espèces éteintes ou détruites.

Cuvier se borna donc à l'étude des ossemens fossiles ayant appartenu à des quadrupèdes. Il en réunit, on lui en communiqua de toutes les parties du globe habitées ou visitées par des observateurs ; de sorte qu'il put tour à tour écrire et méditer sur le palæothérium et sur le didelphe trouvés à Montmartre, comme sur la baleine de la rue Dauphine, et l'éléphant du canal de l'Ourcq ; sur le mégalonyx de la Virginie, sur les tortues de Maëstricht et le pangolin de la Hesse, de même que sur le lézard d'Oxford (long de quinze mètres), et sur le fabuleux ichthyosaure, dernier animal aussi gigantesque que l'éléphant, et non moins paradoxal que le sphinx ou la chimère. Il réunit ainsi jusqu'à 170 espèces d'animaux perdus, et sur ce nombre de 170 espèces, il en existait pour le moins 60 qu'aucun naturaliste n'avait décrites. Plusieurs même appartenaient à des genres tellement différents des genres connus qu'elles eussent pu donner l'idée d'une autre création.

Cependant, encore peu satisfait de tant de découvertes, redoublant d'active curiosité, et toujours plein de zèle, après avoir éclairé l'histoire des fossiles par la zoologie et amélioré la zoologie par l'anatomie comparée, Cuvier forma le projet de faire servir la connaissance des fossiles aux progrès de cette partie de l'histoire de la terre qui a reçu le nom de *géologie*. Ce fut alors qu'après beaucoup de promenades et de recherches, il publia, conjointement avec son ami Alexandre Brongniart, l'important ouvrage sur les *Terrains des environs de Paris*. Là sont décrites et soigneusement représentées les couches les plus superficielles de la terre. Il a de plus indiqué dans ce livre lesquels de ces terrains superposés renferment tels ou tels ossemens fossiles. Si de pareilles études n'eussent été entreprises que pour le bassin de Paris, sans doute que Cuvier se serait abstenu de toute induction générale à leur sujet ; peut-être seulement en eût-il osé conclure que cette partie du globe avait dû être submergée alternativement, et à plusieurs reprises, par les eaux douces de fleuves ou de lacs et par les eaux salées de la mer, tant cette double circonstance semble attestée par les débris fossiles de corps organisés des deux espèces. Mais comme ses premières observations furent confirmées par les recherches ultérieures que Brongniart et Ménard de la Groye, imités depuis par d'autres, tentèrent pour diverses régions de l'Europe, cette analogie de résultats et ce concours de preuves autorisèrent toutes les inductions de Cuvier. D'autres savants, la plupart ses contemporains, avaient d'ailleurs facilité son travail par la publication de recherches antérieures aux siennes : Saussure et Deluc avaient déjà pour ainsi dire anatomisé les Alpes, et surtout le mont Blanc ; Pallas avait bien étudié la stratification des monts Ourals ; Werner avait soigneusement décrit la succession des couches incisées, mises en évidence dans les profondes minières du Harz ; et M. Alex. de Humboldt avait également scruté les Cordillères et le Chimborazo. Tant de matériaux tout prêts réunis, et beaucoup d'autres que j'omets, entre autres les beaux *Mémoires de Camper* sur les fossiles, permirent à Cuvier de poser les premiers principes de la géologie, science fort romanesque à l'époque dont nous parlons. Or, voici quelques-unes de ses idées à ce sujet.

Trois couches d'époques différentes, trois grandes classes de roches paraissent s'être déposées successivement pour former le globe terrestre tel qu'il est aujourd'hui. D'abord les *roches cristallines* ou *primordiales* : celles-là, selon lui, occupent le centre de la terre ; on les voit se relever en crêtes saillantes pour former le sommet des plus hautes montagnes. Le quartz ou cristal de roche, le mica ou poudre d'or, le feld-spath ou terre à porcelaine, voilà déjà trois substances qui s'associent diversement entre elles pour composer les différents granits, cette base essentielle de ces hautes chaînes de montagnes, formant en quelque sorte l'imposant squelette de la terre. A ces masses gigantesques de granit se trouvent adossés des schistes grossiers, du grès, des marbres à gros grain, du gneiss et du talc, dernière roche qui rend souvent si glissante la pente des grandes montagnes. Or, contrairement à l'opinion de ceux qui attribuent à ce noyau cristallin une origine ignée, Cuvier pense qu'il s'est primitivement précipité du sein des mers, et ces mers alors sans habitants ; puisque ces roches cristallines ne présentent nuls vestiges de corps organisés à l'état fossile. Et si elles ont reçu la désigne par le nom de *roches primitives*, c'est afin d'exprimer qu'elles durent préexister à toute création d'êtres vivants.

Remontant ensuite de ces roches de premier ordre ou de premier dépôt vers les couches moins profondes et plus modernes, on trouve le calcaire oolitique, le calcaire nommé jurassique, les bancs de craie, si superficiels à Meudon, etc. Ces derniers terrains, regardés comme *secondaires*, sont formés de couches ou de zones, et ces couches durent être-

parfaitement horizontales dans l'origine, toutes brisées et obliques qu'elles apparaissent maintenant en beaucoup de lieux. Ces zones, à en juger par leur arrangement, de même que par l'extrême différence de leur composition, furent sans doute déposées par une mer souvent tourmentée; les eaux de cette mer durent fréquemment changer de nature, ainsi que l'attestent les dépôts successifs qu'elles laissaient se précipiter; et des corps vivants fort différents des nôtres existaient certainement alors au sein de ces eaux, ainsi que le certifient les débris de zoophytes, de coquillages et de poissons, qu'on trouve répandus çà et là dans ces terrains. Cependant, on ne trouve encore dans les couches de cette époque ni végétaux compliqués ni quadrupèdes terrestres; nuls animaux vivipares, aucune plante dicotylédone; d'où Cuvier conclut que la création des êtres vivants a été successive et graduelle, de même que la composition du globe que ces êtres habitent. Néanmoins, il se garde bien de dire que la création ait commencé par les êtres les plus imparfaits, sachant bien que tout être vivant est parfait, puisqu'il a en soi tous les éléments d'existence et de conservation, autant d'organes, autant de facultés et d'instincts qu'en comportent ses besoins : Cuvier dit seulement que les premiers êtres furent les moins complexes, les plus simples.

Respectant toujours les traditions sacrées, les croyances bibliques, Cuvier rend compte de tout par l'irruption des eaux, par leur séjour et leur retraite, et c'est ainsi qu'il explique l'addition graduelle de terrains nouveaux, de même que la succession progressive d'êtres vivants de plus en plus complexes : il en revient toujours parcillement à la création suivant la Genèse, et s'il admet que cette création dut être graduelle et successive, c'est que des faits démonstratifs l'y contraignent. Quand, par exemple, il en vient à examiner les terrains de troisième ordre, le sable vert, le calcaire grossier ou pierre à bâtir, les lignites, le gypse ou plâtre, la pierre à meule, etc., ces divers terrains, plus horizontaux que les précédents, lui paraissent aussi plus modernes : les débris organiques fossiles qu'il y rencontre lui semblent appartenir à une création ultérieure, en même temps qu'ils témoignent à sa raison que tantôt les eaux douces et tantôt les eaux salées ont tour à tour submergé les terrains nouveaux qui les recèlent. Il remarque avec une prédilection complaisante que les débris fossiles des quadrupèdes dont l'espèce est perdue se trouvent dans les couches immédiatement superposées à la pierre à bâtir, tandis que les ossements pétrifiés d'espèces plus ressemblantes aux nôtres ne se rencontrent que dans des terrains plus irréguliers et beaucoup plus modernes. « Ainsi, dit Cuvier, les diverses catastrophes de notre planète n'ont pas seulement fait sortir par degrés du sein de l'onde les diverses parties de nos continents, mais il est arrivé aussi plusieurs fois que des terrains mis à sec ont été recouverts par les eaux, soit qu'ils aient été abîmés, ou que les eaux aient été seulement portées au-dessus d'eux ; et le sol particulier que la mer a laissé libre dans sa dernière retraite avait déjà été desséché une fois, et avait nourri alors des quadrupèdes, des oiseaux, des plantes, et des productions terrestres de tous les genres; il avait donc été envahi par cette mer, qui l'a quitté depuis. Les changements arrivés dans ces productions des couches terrestres n'ont pas seulement dépendu d'une retraite graduelle et générale des eaux, mais de diverses irruptions et retraites successives. Et ces irruptions, ces retraites répétées, n'ont point été lentes, ne se sont point faites par degrés ; la plupart des catastrophes qui les ont amenées ont été subites ; et cela est surtout facile à prouver pour la dernière de toutes, celle dont les traces sont les plus à découvert. »

Si maintenant vous osiez demander à Cuvier quelle a pu être la cause de ces cataclysmes, l'œil au ciel, il s'inclinerait en silence. Montrant la vanité de tous les systèmes, lui-même il n'en a fait aucun. Il se contente d'analyser les différentes causes qui agissent encore sur le globe pour le détruire ou le modifier; il passe successivement en revue les éboulements des montagnes, les alluvions des fleuves, les amas de sables marins qui ont reçu le nom de dunes, les rochers battus par les flots ou falaises, les sédiments des eaux mortes ou courantes, les lithophytes et les stalactites, les incrustations, les volcans, et aussi les révolutions astronomiques compatibles avec la durée de l'univers et le cours régulier des saisons; et parmi ces causes d'action lente, aucune ne lui paraît capable d'avoir relevé ou renversé les couches du globe, d'avoir revêtu de glace de grands quadrupèdes, ni d'avoir pétrifié d'anciens ossements, ou mis à nu des bancs entiers de coquillages. Surtout ne demandez pas à Cuvier quelle dut être l'époque où l'homme commença d'exister, ni s'il fait dater son origine de la dernière irruption des eaux, ni s'il pense qu'existant déjà, son génie lui ait suggéré des moyens de salut dans ce commun déluge ! A cet égard, Cuvier ne répondrait rien de précis.

Cependant, mille preuves diverses attestent le dernier déluge, et Cuvier voudrait préciser la date de ce grand événement; cette date, il la croit récente, mais comment l'établira-t-il ? Les astronomes ont bien franchi les limites de l'espace ! pourquoi ne franchirait-il point les limites du temps ! Le chronomètre dont il a besoin, il en trouvera l'équivalent dans les additions annuelles des atterrissements limoneux du Nil, dans la progression calculable des dunes, dans la retraite graduelle des mers loin de leurs anciens rivages, de même que dans les premiers établissements des peuples, dans les annales de l'antiquité, dans les poèmes, dans les religions; et afin de vérifier ces premiers résultats, il les compare l'un après l'autre avec la chronologie de chaque peuplade, avec la liste de ses rois ou la date de ses inventions, avec ses monuments astronomiques, ou le souvenir de ses conquêtes : or, tant de savants calculs sont merveilleusement confirmatifs du texte de la Genèse, ouvrage qui ne compte pas moins de trente trois siècles d'existence. Et comme cette œuvre de Moïse, d'après de vénérables traditions, serait d'environ vingt siècles postérieure au déluge, c'est, en conséquence, de cinq à six mille ans qu'il convient de dater l'époque la plus probable de cette grande catastrophe, et tel est précisément le terme auquel Cuvier s'arrête. A la vérité, il ne tient aucunement compte ni des soixante-dix siècles d'existence que Champollion assigne aux pyramides d'Égypte, ni des cent cinquante siècles au delà desquels Dupuis voudrait faire remonter l'origine du zodiaque de Denderah; il fait de même abstraction des quarante mille ans de durée dont certains observateurs s'imaginent trouver l'attestation dans les mines exploitées de l'île d'Elbe, et voici comment il énonce sa conclusion finale : « Je pense, dit-il, avec Deluc et Dolomieu, que s'il y a quelque chose de constaté en géologie, c'est que la surface de notre globe a été victime d'une grande et subite révolution, dont la date ne peut remonter beaucoup au delà de cinq à six mille ans; que cette révolution a enfoncé et fait disparaître les pays qu'habitaient les hommes et les espèces des animaux aujourd'hui les plus connus; qu'elle a, au contraire, mis à sec le fond de la dernière mer, et en a formé les pays aujourd'hui habités; que c'est depuis cette dernière révolution que le petit nombre des individus épargnés par elle se sont répandus et propagés sur les terrains nouvellement mis à sec, et par conséquent que c'est depuis cette époque seulement qu'on a repris une marche progressive, qu'elles ont formé des établissements, élevé des monuments, recueilli des faits naturels, et combiné des systèmes scientifiques. Mais ces pays aujourd'hui habités avaient déjà été habités avant la dernière révolution qui les a mis à sec, sinon par des hommes, du moins par des animaux terrestres; par conséquent, une révolution précédente, au moins, les avait mis sous les eaux; et si l'on peut en juger par les différents animaux dont on y trouve les dépouilles, ils avaient peut-être déjà subi jusqu'à deux ou trois irruptions de la mer. »

Tel est l'ensemble des grands travaux de Cuvier. La connexion en est si parfaite, qu'il semble avoir pris pour modèle une de ces créatures vivantes qu'il a classées et décrites. Pour résumer ses ouvrages, il faudrait passer en revue l'univers, de même que les sciences qui en exposent les merveilles.

A l'époque où Cuvier fut nommé membre de l'Institut (en 1796), Bonaparte faisait également partie de ce corps savant, et Cuvier occupait déjà les fonctions de secrétaire annuel de cette illustre assemblée alors que le général, à son retour d'Égypte, en fut nommé par scrutin le vice-président. Bonaparte l'année suivante eût donc été, par droit d'élection préalable, président titulaire de cette compagnie; mais cette année-là fut marquée par son avénement au consulat, et dès lors plus de loisirs littéraires. Cependant, le jeune général s'était assis assez longtemps près de Cuvier pour avoir pu apprécier les talents administratifs et la haute capacité du secrétaire, et voilà sans doute d'où vint primitivement la fortune politique de ce dernier. Une fois premier consul, Bonaparte se souvint de Cuvier; mais il voulut d'abord l'éprouver dans les rôles secondaires. Bonaparte comprit Cuvier parmi les six inspecteurs généraux auxquels il donnait mission d'établir des lycées dans trente des principales villes de la France; et Cuvier se trouva plus spécialement chargé des lycées de Marseille et de Bordeaux. Dès 1800, deux années plus tôt, Cuvier avait dû remplacer Daubenton au Collége de France, et faire son éloge funèbre à l'Institut, dont il ne devint le secrétaire perpétuel que trois années plus tard (en 1803). Échangeant ensuite son titre d'inspecteur général contre celui de conseiller de l'université, Cuvier fut successivement chargé par Napoléon d'organiser les académies de l'Italie et de la Hollande, de même que l'université de Rome; et comme récompense de tant de zèle, de tant de travaux, le grand rémunérateur d'alors le nomma maître des requêtes au conseil d'État, après lui avoir décerné le titre de chevalier de l'empire.

Ces diverses promotions, dont Cuvier n'était nullement ébloui, excitaient pourtant l'envie. On l'accusait dès cette époque de sacrifier les progrès de la science à son avancement personnel, à son ambition; mais ce tort si grave, il eu était innocent. En Italie comme en France, et à Amsterdam comme à Rome, Cuvier consacrait à l'histoire naturelle tous les instants que ses devoirs administratifs ne remplissaient pas. Libre d'une assemblée universitaire, il visitait les musées, les bibliothèques, les savants spéciaux, il se faisait apporter les animaux du pays, les poissons et les mollusques pêchés sur le prochain rivage, et vite il demandait à ses scalpels, à ses crayons, de le distraire de ses autres travaux. En outre, et comme noble vengeance envers les rivaux qui l'enviaient, il faisait connaître leurs travaux à l'Europe savante dans des analyses annuelles, qui depuis se sont associées à l'immortalité de l'ouvrage de Buffon, dont ils forment aujourd'hui, par ses soins, le plus digne supplément; et ces remarquables analyses, qu'il a régulièrement continuées durant trente ans, et qui maintenant ne le sont plus par personne, comprenaient les progrès de toutes les branches de l'histoire naturelle, depuis la météorologie jusqu'à l'art vétérinaire.

Cuvier présenta à l'empereur Napoléon, au sein même du Conseil d'État, un *Rapport historique sur les progrès des sciences depuis 1789 jusqu'à 1808*; travail immense autant qu'impartial, et pour la composition duquel les plus célèbres d'entre ses confrères lui avaient remis des notes spéciales. Napoléon écouta attentivement le discours général dans lequel Cuvier avait eu soin de résumer toutes les parties de son ouvrage; il prêta l'oreille à tout, et même à ces éloges magnifiques dont quelques personnes ont fait un reproche à l'historien, en les déclarant excessifs et trop imprégnés d'encens. Il est permis de croire que ce *Rapport de Cuvier* ne fut pas étranger à la création des prix décennaux, cette grande fièvre d'émulation qui sévit en 1810, et qui pour un seul accès exaspéra tant d'amours-propres et produisit tant d'inimitiés et tant d'injustices.

Il paraît certain que Napoléon destinait sérieusement son *Aristote* à diriger l'éducation du roi de Rome, et peut-être ce dessein, dès longtemps prémédité, influa-t-il sur le choix qu'il fit de lui, à plusieurs reprises, pour des missions en Italie. L'empereur voulait sans doute que le précepteur de son fils fût en état de lui faire connaître le pays et les peuples dont sa volonté, alors toute puissante, réservait à ce fils le gouvernement suprême. Déjà Cuvier étant à Rome, Napoléon l'avait chargé de dresser la liste des ouvrages qui devraient servir à l'instruction du jeune prince, liste précieuse! dont nous regrettons la perte. Mais à cette époque la retraite de Leipzig vint à sonner : d'affreux désastres succédèrent aux conquêtes; et telle était alors l'extrême disette d'hommes de mérite ailleurs qu'à l'armée, que Cuvier ayant écrit à l'empereur pour lui offrir son dévouement en toutes choses, Napoléon chargea l'illustre anatomiste d'organiser la défense des frontières menacées; et ce fut à cette occasion qu'il le nomma conseiller d'État.

Vint l'abdication de Fontainebleau, et Louis XVIII, roi philosophe, adopta la gloire de l'Institut comme la gloire des camps. Cuvier fut nommé par lui conseiller d'État, conseiller de l'université, et, beaucoup plus tard, grand-maître des cultes dissidents, puis baron et grand-officier de la Légion d'Honneur. Le gouvernement de la restauration lui offrit à plusieurs reprises l'intendance du Jardin des Plantes, ancien privilége des archiâtres, que Buffon avait si glorieusement usurpé. Mais, sans doute par prévoyance plutôt que par modestie, Cuvier refusa constamment les fonctions d'intendant ou de gouverneur, qu'au reste il pouvait chaque jour exercer sans brevet; et cet habile refus intéressait vivement ses successeurs, et peut-être aussi sa propre vieillesse, car les faveurs de cour sont bien versatiles ! il préservait ainsi le Muséum du sceptre rigide d'un autre Buffon, de l'ignorance impertinente d'un régent grand-seigneur, ou du joug importun d'un médecin favori du prince. Grâce donc à la prudence du Cuvier, le Jardin des Plantes est resté tel qu'il était en 1793. Ce refus, au reste, ne fut pas le seul qu'eut à exprimer Cuvier : il refusa également le ministère de l'intérieur, haute magistrature dont le duc de Richelieu le trouvait digne. Cependant, Louis XVIII n'avait point contredit cette candidature; mais quelques journaux l'eussent blâmée; le parti dévot, surtout, eût jeté les hauts cris; et voilà pourquoi Cuvier s'abstint.

Certes, Cuvier ne manquait point de cette ambition qui désire avec tempérance, et sait se produire ou s'effacer à propos. Quand arriva le gouvernement des cent jours, il quitta silencieusement le Conseil d'État, attendant pour y rentrer qu'une grande bataille eût tracé un code de droits et de devoirs; car, le lendemain d'une victoire, la fidélité des vaincueurs eût usurpé le nom de fidélité. A son retour Louis XVIII, trouvant Cuvier simple conseiller de l'instruction publique, lui rendit aussitôt ses autres emplois avec une confiance plus entière. Et à partir de ce jour Cuvier n'a jamais cessé de servir avec dévouement les Bourbons. Depuis 1815 jusqu'à 1820, peu de lois d'organisation intérieure furent présentées aux chambres délibérantes sans que le ministère ne chargeât Cuvier de soutenir ses projets, et d'en exposer les motifs comme commissaire du roi. A cette origine du gouvernement représentatif, marquée par tant d'orages, Cuvier eut tour à tour à défendre l'institution du Conseil d'État, les priviléges de l'Université, toutes les lois universitaires, des budgets, etc. : mais les projets de loi sur la censure, sur le sacrilége et sur les élections furent ceux qui excitèrent le plus contre lui l'animadversion publique, la loi électorale surtout. Voulant fonder l'enseignement sur les croyances la Restauration réunit l'administration des cultes à la direction de l'instruction publique. Jusqu'à l'avénement de M. de Frayssinous au ministère, ce fut Cuvier qui se trouva implicitement chargé de cette fusion, tantôt comme chancelier ou comme le membre en réalité le plus influent du conseil royal de l'instruction publique, et tantôt comme grand-maître de ce conseil. Certes, il fallait que le gouvernement eût une grande confiance en lui pour déposer ainsi entre ses mains protestantes l'avenir et les secrets d'une organisation qu'on regardait alors comme fondamentale. C'est qu'en effet Cuvier avait l'âme trop élevée, je ne dis pas pour trahir la confiance du monarque ou de ses ministres, mais pour ne pas respecter les croyances du pays. Il n'était pas homme à profiter de sa position et de son ascendant pour faire du prosélytisme personnel au détriment de la foi publique. Telle était même sa tolérance (et le gouvernement ne l'ignorait pas), que dans sa propre maison il laissait sa femme inculquer librement aux enfants nés de leur mutuelle union des principes religieux opposés aux siens.

Cuvier avait dans sa jeunesse un extérieur fort chétif; il était maigre, faible, et comme valétudinaire; il toussait et crachait le sang. Alors il avait les cheveux d'un blond roux, la voix quasi éteinte, le menton proéminent et les dents trop croisées. Mais quelques années après, une conduite régulière et l'exercice assidu de la déclamation et de l'équitation ayant fortifié sa santé, le caractère de sa figure changea jusqu'à le rendre méconnaissable. Ses cheveux même prirent une nuance plus foncée, et ils se conservèrent si bien dans la suite que Cuvier se trouvait être, dans les dernières années de sa vie, du petit nombre des membres de l'Institut dont la tête fût abritée de cheveux naturels. Ses yeux, d'un bleu céleste, n'étaient ni blessants, ni faux, ni distraits. Il les dirigeait vers vous, et souvent au-dessus de vous, mais plutôt pour saisir votre pensée actuelle sur vos lèvres ou dans vos regards, que pour chercher à pénétrer plus profondément. Son nez était fort grand et recourbé, et sa voix s'y engouffrait quelquefois d'une manière désagréable. Le volume de sa tête était énorme. Cuvier néanmoins ne croyait nullement au système de Gall, quelque flatterie qu'y trouvât son amour propre. En résumé, l'ensemble de sa figure était plein de noblesse, et digne en tout de sa haute intelligence; mais ses bras étaient trop longs, sa taille un peu épaisse, et sa démarche, toujours pénible et décelant la lassitude, n'avait nulle grâce.

A l'âge de trente-quatre ans (en 1803), venant d'être nommé secrétaire perpétuel de l'Institut, il avait songé au mariage. Il aurait pu choisir entre les plus jeunes et les plus belles. Mais sûr alors de son avenir, et le voulant sans nuages, il fixa son choix sur une femme raisonnable, veuve d'un de ces vingt-huit fermiers généraux dont la Convention avait décrété l'assassinat afin de s'attribuer leurs trésors. Mme Duvaucel connaissait le grand monde sans s'y plaire, l'infortune sans se l'être attirée, mais sans faiblir sous ses coups : elle avait trente ans, et pour dot quatre enfants en bas-âge. Heureusement, Cuvier attachait de prix à la sécurité qu'aux richesses; et d'ailleurs il avait dès cette époque seize mille francs de revenu : cinq mille francs au Muséum, cinq mille au Collège de France, et six à l'Institut, sans même compter le produit de ses ouvrages. C'était alors plus de fortune que de besoins. Cette famille étrangère, à laquelle Cuvier voua sa protection et sa tendresse, s'appliqua constamment à le rendre heureux, à le seconder, et surtout à le glorifier. Son attachement pour le grand homme semblait un culte.

On pense bien que Cuvier dut mettre un ordre admirable dans le classement de ses travaux et la distribution de son temps : jamais existence ne fut mieux ordonnée pour exclure l'oisiveté et l'ennui. Néanmoins je doute qu'il ait jamais existé d'homme plus accessible : il l'était partout, occupé des plus graves fonctions, comme dans le sanctuaire paisible de ses études. Plus d'une fois il quitta la présidence du conseil d'État pour aller écouter dans une pièce voisine un jeune homme qui, même sans alléguer de motifs, demandait à le voir! Toutes ses fonctions, il les remplissait avec ponctualité, avec amour, et toujours sans distraction; mais il était surtout inimitable à son secrétariat de l'Académie des Sciences. Aussi impartial qu'attentif, il lisait intrépidement les mémoires ou les lettres les plus illisibles, traduisait à la simple vue les textes étrangers, donnait l'équivalent de ce qu'un autre que lui aurait trouvé incompréhensible, écoutait chaque réclamation, et prenait note de toutes choses pour ses procès-verbaux comme pour ses analyses annuelles; de sorte qu'il écrivait ou lisait des yeux presque constamment durant les séances. Il agissait de même au conseil d'État, dans la conviction où il était que rien n'est plus vide et plus vain que la plupart des discussions et des discours. D'ailleurs, il n'écrivait nulle part aussi bien qu'en public; le bruit, la foule et l'apparat stimulaient avec efficacité son imagination.

Peut-être cette manière de travailler nuisit-elle à ses écrits : toute pensée profonde a besoin de réflexion; or sans repos et sans silence comment réfléchir? Certes, le style de Cuvier a de la clarté, du nombre, de la portée, de l'enchaînement surtout, et quelquefois beaucoup d'harmonie. Mais l'auteur est diffus quand il explique, obscur quand il abstrait, sans couleur dans ses descriptions, et ses peintures sont des esquisses plutôt que des tableaux. S'il est clair, c'est à force de mots, et il laisse dans l'oisiveté la pensée du lecteur en lui disant tout comme à un enfant. Trop habitué à un auditoire d'amphithéâtre auquel il laisse à deviner, il néglige cet art délicat qui consiste à choisir entre dix idées celle d'où découlent naturellement les neuf autres; et, tout peintre qu'il est, sa plume n'a point d'images. Il est d'ailleurs peu moraliste : on ne retrouve presque jamais l'homme dans ses écrits, et peu d'allusions à nos vices, à nos destinées. Surchargé de devoirs, et trop pressé pour approfondir, il a étudié les fibres du cœur humain sans en lire les mystérieuses tribulations. Cependant, Cuvier revoyait ses ouvrages; mais au lieu d'effacer ou d'améliorer, il ajoutait presque toujours. Enfin, et comme pour mieux contraster avec Buffon, il ne recopiait jamais.

Il dut résulter de ses défauts que les ouvrages de Cuvier comptèrent peu de lecteurs. Tout célèbre qu'il était, plus d'une fois il ne trouva que difficilement des libraires qui consentissent à l'éditer, et parmi ceux-ci plusieurs se repentirent. C'est qu'en effet le *Règne Animal*, l'*Anatomie Comparée* et l'*Histoire des Poissons* ne sont, pour ainsi dire, que des cahiers imprimés, des collections de notes moins utiles à l'instruction du gros public qu'à la confection du livre *Sur les Fossiles*, en vue duquel ses autres ouvrages furent tous composés. Ce dernier traité de Cuvier, de même que ses *Mémoires sur les Mollusques*, a le défaut capital d'être tissu de morceaux tous détachés, qui déjà même avaient paru isolément dans divers recueils, et de n'offrir ni progression de l'un à l'autre, ni lien d'unité : le premier de ces documents serait tout aussi convenablement placé en dixième ordre, et lorsqu'on en a étudié un, on pourrait sans scrupule se dispenser de lire les autres, tous n'étant que des pièces justificatives de la préface et méritant d'être crus sans examen. Cette préface elle-même est sans contredit le plus parfait des ouvrages de Cuvier, celui de tous qui obtint et mérita le plus de succès, le seul qui éternisera le nom de l'auteur; et pourtant elle offre encore en de certains endroits une surabondance de preuves, à la manière allemande, et des répétitions fatigantes.

Cuvier était par-dessus tout orateur, et il savait mieux que personne combien les vrais écrivains sont rares parmi ceux qui ont l'habitude de haranguer la foule assemblée pour les entendre. Sans posséder cette éloquence du cœur qui émeut la multitude et qui l'entraîne, Cuvier obtint de grands succès en public. Toujours lente et solennelle, sa parôle était continue, attachante et accentuée ; et il n'était personne dans l'auditoire qui ne l'écoutât et ne l'entendît, tant elle était harmonieuse et sonnante. Personne mieux que Cuvier ne sut tirer parti d'une longue période, en cadencer les repos, en nuancer les transitions et en graduer la marche, ni en lier entre eux tous les membres de manière à leur donner plus de puissance et plus de retentissement. Il était surtout admirable quand il lisait : sa forte voix, riche de tons variés et haute de plusieurs octaves, avait tantôt la douceur de l'adolescence, tantôt la gravité majestueuse de l'âge mûr, et d'autres fois les intonations glapissantes, de l'enfance, tant une *voix de tête*, dont il avait contracté l'habitude, le servait à souhait. Peu prodigue de gestes, sans doute à cause de sa froideur, qui en eût pu démentir la justesse, il se bornait à faire osciller l'un de ses bras à la manière de Talma, et c'en était assez pour donner à sa voix une émotion imitative des passions de l'âme les plus réelles. Comme il avait assez de mémoire pour retenir partiellement chaque discours, ses yeux ne restaient jamais servilement attachés sur son manuscrit, et l'air plein de noblesse dont il relevait la tête pour assister aux applaudissements aurait seul fait deviner qui il était, et mérité qu'on l'applaudît.

Ce fut sans doute à cet art de dire que les éloges de Cuvier durent en partie leur succès ; car il n'avait, il faut l'avouer, ni cette fécondité d'aperçus ni cette ingénieuse sagacité qu'on admire dans Fontenelle. Il n'était pas non plus aussi lucide peut-être que Vicq-d'Azir ; mais nous nous hâtons d'ajouter qu'il n'avait ni le style outré de Thomas, ni l'aridité de D'Alembert, ni le scepticisme décourageant de Condorcet. Il savait louer sans envie, mais sans complaisance ; blâmer sans injustice ni courroux, et espérer pour tous sans intolérance ni faiblesse. L'extrême facilité de ses discours fut appréciée dans maintes occasions, mais surtout dans les discussions politiques des deux chambres, dans ses allocutions au sein de l'Université ou du conseil d'État, et dans ses harangues à l'Académie. Son discours pour la réception de M. de Lamartine, sans approcher de celui de Buffon pour La Condamine, reçut toutefois d'unanimes applaudissements. Même ses procès-verbaux, on les écoutait en silence, genre de succès qu'assurément personne n'enviera, mais que nul ne partage. Quand il entendit Cuvier pour la première fois, Dupont de Nemours dit en souriant : « Enfin, nous avons donc un secrétaire qui sait lire et écrire ! » Éloge bizarre sans doute ! mais qui paraîtrait beaucoup moins banal, s'il n'était jamais accordé qu'à ceux qui le méritent.

Dans l'origine, Cuvier écrivait ses leçons, certain qu'il était de n'avoir besoin de son cahier que pour se mettre en haleine. Il se borna dans la suite à de simples notes, sorte de plan auquel il conformait toujours ses improvisations étudiées. S'il arrivait qu'il eût à décrire un animal, une plante, un organe, aussitôt il laissait courir sa craie sur le tableau, et tout en parlant, la représentation de l'objet devenait parfaite. Malheureusement, Cuvier négligea longtemps les deux cours publics qui avaient signalé ses débuts : la politique condamna à un triste et long veuvage les deux chaires qu'il avait illustrées en s'illustrant lui-même.

Il est donc vrai de dire que son accession à la politique nuisit à l'entier accomplissement de ses devoirs. Par bonheur, ses grands ouvrages étaient alors publiés, car peut-être ne leur eût-il pas prodigué les soins qu'en eût réclamés l'achèvement. Du moins peut-on remarquer qu'il effectua ses plus nombreux travaux depuis 1803 jusqu'à 1810, époque où il ne fut chargé d'aucun emploi étranger à ses études ; tandis qu'à dater de 1810, où commença sa carrière administrative et politique, jusqu'en 1830, où elle parut s'interrompre, peu d'ouvrages notables sortirent de ses mains. Différant pourtant en cela de tant d'autres hommes fameux, il ne laissa après lui nul grand ouvrage inachevé. Car son *Histoire des poissons*, M. Valenciennes l'a terminée tout aussi bien que lui. Les propres articles de Cuvier, on peut constater le fait, ne sont pas sensiblement supérieurs à ceux de son adjoint, toujours habile à l'imiter. Quant à son *Histoire des Sciences*, on aurait dû voir qu'il en avait lui-même publié les parties essentielles dans la préface des *Fossiles*, dans le rapport de 1808, et dans le premier volume des *Poissons*, ainsi que dans plusieurs discours académiques. Citera-t-on cette *grande Anatomie*, tant de fois promise ? Mais la seule partie importante a pris place dans *les Ossements fossiles*, puisqu'il est certain que Cuvier ne connaissait très-pertinemment que l'ostéologie. Cependant on en retrouve aussi quelques fragments détachés dans l'*Histoire des Poissons*, dans le *Règne Animal* et dans les *Mollusques*.

Le plus grand reproche qu'on lui ait adressé est d'avoir servi indistinctement tous les pouvoirs de son temps. Cuvier, en cela fort différent de Mme de Staël et de Châteaubriand, n'avait point la prétentieuse pensée de se croire *né pour l'opposition*. Moins riche en imagination qu'en bons sens, il prisait aussi peu les théories politiques que les autres systèmes : en toutes choses, il s'en tenait aux faits, à la réalité. Or, à ses yeux le point essentiel en politique, c'est la durée du pouvoir fondée sur sa force ; et afin que les gouvernements fussent plus forts et plus durables, il aurait voulu que tout homme capable leur donnât franchement le concours de ses lumières. D'ailleurs, Cuvier n'avait-il pas fait de vraies études administratives, et pourrait-on citer un emploi dans lequel il ne se soit montré supérieur à ses collègues et à ses devoirs ? En outre, ennemi du repos comme il l'était, la diversité des travaux lui tenait lieu de relâche ; et tel fut le motif qu'allégua Napoléon quand il appela Cuvier vers la politique. Cuvier, d'ailleurs, n'aurait pu se passer du pouvoir. L'indépendance est l'apanage des petits, mais la grandeur et la célébrité imposent de lourdes chaînes. Un savant comme Cuvier avait besoin de places, de puissance et de fortune : il lui fallait des aides, des livres, des collections, des voyageurs, des esclaves dociles : sa renommée même décuplait ses dépenses. Cependant, son zèle resta toujours loin de la servilité. Il s'exposa vers 1827 au vif courroux de Charles X, en repoussant les fonctions de censeur dont le *Moniteur* le déclarait investi. Mais il n'en condamna pas moins, comme inconvenantes, les réclamations que MM. Villemain, Lacretelle et Michaud, irrités contre le pouvoir, voulaient alors adresser au roi, au nom de l'Académie Française.

Jamais homme ne fut moins intéressé que lui. Généreux envers sa famille et ses amis, quand Louis XVIII le créa baron, il n'aurait su comment fonder son majorat, si ce prince libéral ne lui en eut fait don. A la vérité, il cumula dans la suite jusque par delà cinquante mille francs de places ; mais sa noble hospitalité l'induisait à de grandes dépenses ; ses collections lui étaient onéreuses, et les vingt mille volumes dont se composait cette belle bibliothèque que le gouvernement a depuis acquise au prix de 72,000 fr. absorbèrent longtemps ses épargnes. Il est vrai que l'*Histoire des Poissons* fut achetée 90,000 fr. : mais il avait destiné le tiers de la somme à son digne collaborateur et ami M. Valenciennes ; et les 60 autres mille francs auraient dû servir de dot à sa fille chérie, qu'il regretta jusqu'à la mort.

Tous les chagrins de Cuvier lui vinrent de sa famille, elle dont il avait espéré tant de bonheur ! Il avait eu quatre enfants, et tous moururent avant lui : sa femme perdit semblablement presque tous les siens. Sans étude, sans l'histoire naturelle et ses distractions consolantes, il eût partagé les tristesses de Mme Cuvier ; mais la science vint alléger ces douleurs, dissiper ses ennuis. Le jour même de la mort d'un de ses fils aînés, il composa sur les secours que l'histoire naturelle prête aux malheureux une page admirable que nous savons tous par cœur. On la trouve dans l'introduction du *Règne Animal*, et c'est le chef-d'œuvre de Cuvier.

Si la gloire tenait lieu de bonheur, la destinée de Cuvier eût été digne d'envie, car tel fut l'éclat de sa renommée qu'il n'eut lui-même rien à envier à la gloire des armes. Oracle des académies, et prince avoué des savants, ses discours furent applaudis durant quarante années, et alors même qu'ils contrariaient des passions. Malgré la partialité assez justement reprochée au siècle présent, l'opinion fut partout unanime quand on parla de son génie; et il fut loué par tous les journaux, lui qui n'en fit jamais. Ne critiquant personne, presque aucun ne le critiqua. Ses idées furent généralement adoptées de même que son langage; et son nom, cité par tous les auteurs, le fut même dans les œuvres posthumes d'étrangers célèbres morts avant le commencement de ses études. Les poètes vantèrent ses ouvrages; Delille les expliqua de manière à léguer des épigraphes aux éditions de Cuvier postérieures à son poème des *Trois Règnes*, et un évêque, M. Fayssinous, les cita en chaire évangélique, comme preuves de l'authenticité des Saintes Écritures. Fort près de l'époque où se termina sa vie, Cuvier reçut de nouveaux honneurs : la présidence de tout le Conseil d'État et la pairie; derniers et splendides remerciements de la France à l'un des hommes qui l'ont le plus illustrée.

Le plus digne auxiliaire de tous ses mérites fut son caractère plein de noblesse. Une modestie de bon goût induisait les plus susceptibles à lui pardonner ses rares talents. En toute occasion, sa conduite eut la même dignité, la justice et la franchise étant ses guides constants. Tantôt l'appréhension de desservir un homme de mérite, comme Blainville, l'empêchait d'influer en faveur de son propre frère ou d'un vieux camarade; tantôt, et uniquement pour servir la science et l'un de ses martyrs, il ne dédaignait point de consacrer de longues heures à traduire et à annoter les œuvres botaniques de Théophraste. D'autres fois il punissait l'ingratitude en accordant d'amples éloges aux travaux des ingrats, et plus d'une fois son généreux silence arrêta les scandales de l'envie. Personne plus constamment que lui ne respecta les suprêmes appuis de la faiblesse humaine : Dieu, les religions, le pouvoir souverain; et qu'il attaque la vertu, tiges jumelles d'un tronc sacré. Il marquait aussi beaucoup de vénération pour ses devanciers : il avait fait décorer son cabinet de dissections des portraits de tous les anatomistes ses prédécesseurs; et l'on voyait quelques contemporains dans ce musée d'hommes célèbres. Rien n'ulcérait son cœur autant que l'ingratitude. Il ne pardonna jamais à Desmoulins d'avoir dit que son *Anatomie comparée* n'était qu'un *Catalogue*, non que lui-même jugeât de ce livre plus complaisamment, puisqu'il le déclarait *tissu de simples énumérations*, mais parce qu'il apercevait un défaut de reconnaissance dans cette sévérité d'un élève qu'il avait comblé de bontés. F. Meckel le blessa aussi très-sensiblement en publiant avant lui l'image d'un squelette d'*aye-aye* dont Cuvier s'était réservé les prémices, ce que Meckel n'avait pu ignorer. D'autres soucis lui furent donnés par M. de Blainville, soit que celui-ci, de même que l'Allemand Ocken, devançât ses publications en usant de ses matériaux, soit qu'il déguisât certains larcins sous les noms d'une nouveauté singulière. Sans doute il a prouvé mieux que personne que le bonheur de l'étude peut, comme il le disait lui-même, tenir lieu de tous les autres ; mais de combien de tourments n'eût-il pas été préservé si tous ceux qui l'environnaient eussent limité le dévouement de Laurillard, l'auxiliaire et le confident de toute sa vie. Cuvier se délassait souvent de ses études par le soin qu'il apportait à en diversifier les sujets. Il était pas rare de le voir passer de la dissection à des lectures de législation et d'histoire, et de la zoologie au dessin, à la géographie ou au blason : car toutes ces connaissances lui étaient également familières.

A la fin, la santé de Cuvier s'altéra. A quarante cinq ans il prit de l'embonpoint, et quelques infirmités signalèrent sa cinquantaine. Vers cette dernière époque, des hémorroïdes volumineuses suscitèrent une fistule, et celle-ci l'obligea d'endurer une opération douloureuse. Cependant il conservait ses forces et vaquait religieusement à tous ses emplois et à ses travaux. Le 8 mai 1832 il rouvrit au Collége de France, pour la troisième fois depuis la Révolution, et après une interruption de quinze années, ce cours sur l'histoire des sciences naturelles où se résumaient toutes ses connaissances, et qui cimenta si solidement sa gloire. Ce jour-là il peignit avec calme et grandeur l'état présent de la terre, il en retraça les révolutions probables, les déluges, fit le dénombrement de ses habitants; et ce beau résumé de la création attira ses reregards vers le Créateur. Mais de cette cause suprême, mais de cette puissance infinie, de cette *durée sans bornes*, quand il vint à envisager sa propre faiblesse et sa fragilité, il parut comme saisi de la soudaine révélation du terme prochain de sa course. Sa voix alors, prenant tout à coup une expression de tristesse et d'incertitude, fit entendre le souhait qu'assez de force, de temps et de santé lui permissent d'achever cette histoire imposante dont plus de mille auditeurs enthousiasmés applaudissaient le sublime commencement. A peine sorti de cette dernière séance, il éprouva de l'engourdissement dans les membres. Le soir, il mangea avec quelque difficulté, l'œsophage et le pharynx agissaient péniblement; et le lendemain, à son réveil, Cuvier s'aperçut que ses bras était paralysés, et que sa voix, si retentissante la veille, était devenue presque muette. Ses membres continuaient d'être sensibles, et cependant ils n'obéissaient plus à sa volonté qu'avec réticence et lenteur. La maladie de Cuvier ne dura que cinq jours, pendant lesquels il montra un courage et une sérénité dignes de toute sa vie. Il se laissa approcher, jusqu'à son dernier moment, par tous ceux dont les rapports avec lui avaient eu quelque intimité. Quatre heures avant sa mort, il disait au baron Pasquier : « Vous le voyez, il y a loin de l'homme du mardi (ils s'étaient rencontrés ce jour-là) à l'homme du dimanche : et tant de choses cependant qui me restaient à faire! trois ouvrages importants à mettre au jour, les matériaux préparés ; tout était disposé dans ma tête; il ne me reste plus qu'à écrire. » Comme le baron Pasquier s'efforçait de trouver quelques mots pour lui exprimer l'intérêt général dont il était l'objet : « J'aime à le croire, reprit-il ; il y a longtemps que je travaille à m'en rendre digne. » A neuf heures du soir de ce dimanche 13 mai, il avait cessé de vivre, n'étant âgé que de soixante-trois ans. Quand on vint à ouvrir son crâne, on fut frappé du volume de son cerveau, et de la profondeur de ses sillons ou plicatures. Il pesait un peu plus de trois livres dix onces, c'est-à-dire environ un tiers au delà des cerveaux ordinaires.
Dr Isidore Bourdon.

CUVIER (Frédéric), frère du précédent, naquit comme lui à Montbéliard, le 28 juin 1773. Après avoir suivi le même collége où se distinguait son frère, Frédéric, moins favorisé par ses moyens naturels, et d'ailleurs pressé d'utiliser sa jeunesse, commença hâtivement son apprentissage chez un mécanicien de sa ville. Il était déjà expert dans l'état d'horloger, lorsque son frère, depuis deux ans à Paris, et déjà célèbre, l'appela près de lui, ainsi que son père ; on était alors à la fin de 1797. Sous l'influence de Georges Cuvier l'horloger Frédéric devint promptement naturaliste. Tout en suivant des cours de physique et de chimie, lui qui n'avait encore que vingt-quatre ans, il déféra à la volonté de son frère, et rédigea, de concert avec M. Duvernoy, leur cousin, le catalogue de la collection d'ostéologie, laquelle s'enrichissait de jour en jour. A cette occasion, Frédéric Cuvier composa sur des dents des mammifères un grand travail, qui n'a pas été sans utilité pour son frère et sans conséquences pour la classification des grands animaux. Il devint également l'auteur d'une *Histoire naturelle des Mammifères et des Cétacés*, in-folio, avec figures originales et coloriées. La seule partie des mammifères a été publiée en 70 livraisons. Indépendamment des nombreux articles qu'il fournit à plusieurs encyclopédies et dictionnaires, et plus particulièrement au *Dictionnaire des Sciences Naturelles* (Paris, Levrault), Frédéric a publié trente à quarante mémoires ou monographies, soit dans les *Mémoires* et les *Annales d'Histoire Naturelle du Muséum*, soit dans les *Transactions de la Société Zoologique de Londres*, ou dans les *Annales des Sciences Naturelles*.

Cet homme estimable était dans une telle dépendance à l'égard de son frère, ou plutôt il professait une telle admiration pour ses idées et déférait si docilement à ses conseils, qu'on ne sait au juste auxquels de ses travaux a plus particulièrement contribué son esprit. Cependant, on s'accorde à lui faire honneur de ses idées sur l'instinct et les qualités morales des animaux, espèce de *psychologie zoologique*, dont il a su plus particulièrement se faire un domaine personnel. Un de ses amis, homme de talent, a pris soin de réunir en un corps d'ouvrage les divers linéaments du travail dont nous parlons. Non-seulement Frédéric Cuvier a soin de distinguer nettement l'instinct d'avec l'intelligence, mais il met la même exactitude à distinguer l'intelligence des animaux de l'intelligence de l'homme; en un mot, outre l'instinct qui caractérise chacun d'eux, il reconnaît dans les animaux une espèce d'intelligence raisonnée, et jusqu'à un certain point progressive, à qui l'expérience paraîtrait profiter. Suivant lui, ce ne seraient donc plus des machines mues avec fatalité par un aveugle automatisme, ainsi que l'imaginait Descartes, ni des êtres irrésistiblement entraînés à la réalisation du songe persévérant qui les guide; mais ces êtres uniraient aux invariables entraînements de l'instinct la plupart des attributs d'une intelligence *éducable*, moins pourtant la réflexion. Si Frédéric Cuvier n'admet pas une âme dans les animaux, comme Bossuet en admet une, d'un genre à part, toutefois sa manière de voir ne diffère pas essentiellement de celle de Jacques-Bénigne Winslow, célèbre anatomiste, filleul de Bossuet, et par qui Bossuet s'était laissé influencer plus qu'il n'aurait dû en compensation des connaissances positives qu'il devait à son converti Winslow, devenu son ami et son médecin. C'est Frédéric Cuvier qui nous a prouvé que l'instinct d'architecture est si puissant chez le castor, que cet animal bâtit inutilement dans la cage où on le renferme, comme il bâtissait pour son usage au bord d'une rivière. Il a de même prouvé, contre l'opinion d'Helvétius, que la main n'était pas indispensable à l'intelligence, puisque le phoque, qui n'a que des nageoires au lieu de mains, paraît un des êtres les plus intelligents de la création. On lui doit également d'avoir de même démontré que les animaux naturellement sociables, ceux qui d'instinct vivent par troupes et de compagnie, sont les seuls que l'homme ait pu rendre domestiques, et dont il se soit fait des esclaves. En sorte que cette propension à la sociabilité, qu'on a coutume d'envisager comme une vertu, n'a quelquefois servi qu'à forger des chaînes. Il est vrai qu'avec de la patience et de l'art on parvient à apprivoiser par le feu et la faim les espèces les plus farouches, et même les animaux féroces qui vivent errants et solitaires; mais on ne les réduit jamais à l'état de domesticité.

Frédéric Cuvier était favorablement placé pour multiplier les observations de cette nature. Nommé directeur ou gardien en chef de la ménagerie nationale en 1804, c'est-à-dire dix ans après qu'elle eut été transférée de Versailles au Jardin des Plantes, on joignit en 1810 à ce premier titre, vers 1810, les fonctions d'inspecteur de l'université, ce qui lui permit de comparer l'intelligence d'un écolier avec l'instinct d'un animal, comparaison qui sembla plus d'une fois l'embarrasser. Il s'autorisait surtout de certaines remarques qu'il avait faites sur deux orangs-outangs pour admettre plus que de l'instinct dans quelques animaux. Mais nous, qui ne reconnaissons d'intelligence que là où il y a souvenir durable et distinct, raisonnement, prévoyance, invention ou progrès, nous nous refusons à en trouver des marques certaines dans un singe qui machinalement ou à l'imitation de l'homme ouvrira une porte ou montera sur une chaise pour s'exhausser jusqu'où il a besoin d'atteindre; et ce qui atteste que nous sommes dans le vrai, c'est que l'orang adulte qui a cessé d'imiter l'homme parce qu'il a cessé d'être son commensal et de lui servir de jouet, est un des êtres les plus stupides de la création.

Homme sérieux et poli, Frédéric Cuvier était d'une bonté rare. Il consacra sans se plaindre la plus belle partie de sa vie à suivre ses ordres ou à seconder les desseins de son frère, et il l'aimait d'une affection aussi tendre que s'il eût été, lui Frédéric, le protecteur de son glorieux parent. Sa modestie surtout était exemplaire : « Elle était si naturelle, a dit un de nos écrivains les plus ingénieux, qu'il semblait que son mérite n'eût pas percé jusqu'à lui. » Le gouvernement, en 1837, fonda pour Frédéric Cuvier, au Muséum, une chaire de physiologie comparée; mais cette fondation même hâta sa fin, à raison de l'activité nouvelle qu'elle imprima à ses pensées et à ses veilles. Il mourut à Strasbourg, le 24 juillet 1838, étant alors en tournée d'inspection. Il avait soixante-cinq ans, deux années de plus que son frère, mort six ans avant lui. Sa maladie, qui ne dura que quatre jours, offrit la plus grande analogie avec celle de Georges Cuvier. C'était apparemment une affection de la moelle épinière, organe qui supporte le moins les excès, et qui succombe des premiers aux fatigues de l'esprit. Son intelligence, et c'est un des caractères de cette maladie, resta présente et sereine jusqu'à ce que tout s'éteignit. Il demanda qu'on gravât sur sa tombe, modeste comme sa vie, *Frédéric, frère de Georges Cuvier*. Frédéric Cuvier était membre de l'Institut et de la Société Royale de Londres.

Dr Isidore BOURDON.

Un petit-cousin de Georges Cuvier, M. *Rodolphe* CUVIER, pasteur de l'Église luthérienne, est depuis longtemps président du consistoire de Paris.

M. *Frédéric-Georges-Constant-Fortuné-Marie* CUVIER, fils de Frédéric Cuvier, est né à Paris, le 9 octobre 1803. Après avoir terminé ses études en médecine, il devint conseiller d'État et chef de la section des cultes non catholiques au ministère de la justice et des cultes. Après la révolution de Février l'Assemblée constituante le choisit pour conseiller d'État, place qu'il a conservée après le coup d'État du 2 décembre 1851.

CUXHAVEN, village de 400 habitants, dans le bailliage hambourgeois de Ritzebuttel, sur la rive gauche de l'embouchure de l'Elbe, séparé seulement par un grand chemin du bourg de Ritzebuttel, possède un bon port, point de départ d'une ligne régulière de paquebots pour l'Angleterre. On y voit un établissement de quarantaine parfaitement organisé, et depuis 1816 un bel établissement de bains. Les pêcheurs et les pilotes côtiers, qui forment en grande partie la population de Cuxhaven, sont tenus d'entretenir constamment aux dernières bouées de sauvetage un bateau pour pouvoir immédiatement venir en aide aux navires qui entrent dans le fleuve. L'établissement de bains a été construit près du phare, sur une hauteur faisant face à l'Elbe et à la mer et incessamment battue par les vagues. A environ un kilomètre de là se trouve un fond de sable magnifique, où les baigneurs se font conduire dans de petits chariots. Pour ceux qu'effrayent la pleine mer, on a disposé un local particulier sur une digue placée entre deux étangs, dont chaque marée renouvelle l'eau.

Au moyen âge, Cuxhaven fut longtemps un nid de hardis pirates, qui infestaient l'embouchure du fleuve et causaient d'énormes pertes au commerce de Hambourg. Les bourgeois de cette ville hanséatique finirent par se lasser d'être ainsi exploités, et allèrent donner la chasse à ces effrontés voleurs. Le château fort, appartenant à une famille noble et servant d'abri aux écumeurs de mer, fut enlevé d'assaut; et la hanse s'assura, par un contrat d'acquisition en règle, la possession de ce petit territoire si important pour la sûreté de la navigation de l'Elbe.

CUYP ou **KUYP** (ALBERT), l'un des plus remarquables peintres de l'école hollandaise, naquit à Dordrecht, en 1606. Son père, *Jacques Guerits Cuyp*, bon peintre de portraits et de paysages, l'un des fondateurs de l'académie de peinture de Dordrecht, lui donna ses premières leçons de l'art dans lequel le fils eut bientôt surpassé le père. Cuyp, calviniste zélé, passa la plus grande partie de sa vie dans sa maison de campagne à Dordwyck, près Dordrecht, où l'on montre encore aujourd'hui sa chambre, tout ornée de tableaux de sa composition, car il eut rarement le bonheur de trouver des acheteurs pour les productions de son pinceau. Il mourut vraisemblablement vers l'année 1672, laissant une grande quantité de tableaux et de dessins, dont la valeur ne fut pleinement appréciée que plus tard, par les Anglais notamment, dont il est devenu le maître favori. Il serait difficile de citer un artiste qui ait aussi bien réussi que lui à peindre les différents objets susceptibles d'être reproduits par le pinceau. Tous ses tableaux historiques, batailles, vues de villes et d'églises, portraits ou paysages, portent le cachet de la plus étonnante vérité et d'un admirable talent; mais on donne encore plus particulièrement la préférence à ses chasses, à ses vues de rivière et à ses paysages des environs de Dordrecht, qu'il a animés en y plaçant quelques groupes d'animaux. Il a gravé aussi un choix de vaches, composé de huit feuilles, dont deux sont devenues d'une excessive rareté. Il en existe des copies, faites avec une perfection telle qu'on les prend facilement pour des originaux, et qu'on vend généralement comme tels. Les copies du capitaine hollandais Bagelaar ont moins de mérite. En tête des imitateurs de Cuyp, il faut placer Jacques Van Stry, lequel imitait les tableaux et les dessins de ce maître avec une telle perfection qu'il est souvent impossible aux connaisseurs les plus habiles et les plus exercés de distinguer les copies et les originaux.

CUZCO, chef-lieu du département du même nom, dans la république du Pérou (Amérique du Sud), autrefois la résidence des Incas, est situé dans l'une des plus délicieuses vallées de la chaîne des Cordillères, et compte 50,000 habitants, dont 15,000 de race indienne. Siège d'un évêché et d'une université, cette ville est le centre d'un commerce important. On y voit des édifices publics d'une belle architecture, et la plupart de ses maisons sont construites en pierre. Outre une magnifique cathédrale, on y compte neuf églises paroissiales et plusieurs couvents, dont quelques-uns sont fort riches. Les habitants fabriquent d'assez belles étoffes de laine et de coton, des toiles peintes, des cuirs et une foule d'objets en bois et en ivoire sculptés.

La tradition porte que cette ville fut fondée en l'an 1045, par le premier Inca, Manco-Capac. Les Espagnols, commandés par François Pizarre, s'en emparèrent en 1535. Les Péruviens la regardaient comme une ville sacrée. On y admirait un magnifique temple du Soleil, l'un des plus vastes et des plus riches qui aient jamais existé, et sur l'emplacement duquel s'élève aujourd'hui un couvent de dominicains. Le palais des Incas, la citadelle, la demeure des vierges du Soleil, étaient aussi de remarquables édifices. Dans les faubourgs de Cuzco habitaient les députés de tous les peuples soumis aux Incas : le quartier de chaque tribu était disposé, par rapport au centre de la ville, comme les provinces de l'empire l'étaient par rapport à la capitale. De Cuzco partaient deux chaussées célèbres, longues de plus 2,000 kilomètres, et dont l'une, connue sous le nom de *chaussée des Incas*, existe encore aujourd'hui, partiellement utilisée dans ses débris. Elles conduisaient toutes deux à Quito, l'une par les montagnes, l'autre par le pays plat.

CYANATE, combinaison de l'acide cyanique et d'une base. Les cyanates de potasse, de baryte, d'ammoniaque, et d'oxyde d'argent, sont fixes à la température de 100°, plus ou moins solubles et cristallisables. Traités par un acide aqueux, ces sels dégagent une odeur pénétrante d'acide cyanique; lorsqu'on ajoute de la chaux à la liqueur, il se produit une quantité considérable d'ammoniaque. Le *cyanate d'ammoniaque* est remarquable en ce qu'il constitue un produit artificiel de l'économie animale, l'*urée*. Dans les cyanates, l'oxygène de l'acide est à celui de la base comme 2 est à 1.

CYANÉE (du grec κυανός, bleu). Ce nom est usité dans les sciences naturelles. En zoologie, on le donne à un genre de la famille des méduses, établi par MM. Péron et Lesueur pour un certain nombre d'espèces, dont la plus remarquable, décrite par l'abbé Dicquemare sous le nom d'*ortie de mer*, présente un orbicule inférieur à seize pointes, du plus beau bleu d'outre-mer. Cette espèce se trouve sur les côtes du Havre. Cyanée est aussi le nom spécifique d'une couleuvre (*coluber cyaneus*, Linné), que Lacépède a appelée *verte et bleue*. Un certain nombre de plantes à fleurs bleues ont été groupées sous la dénomination de *cyanées*, et forment la première section du genre *nymphæa*, d'après de Candolle. Reneaulme avait aussi donné ce nom à un genre établi aux dépens des gentianées. En minéralogie, *cyanée* est considéré comme synonyme de *lazulite*. L. LAURENT.

CYANHYDRIQUE (Acide). *Voyez* PRUSSIQUE (Acide).

CYANIQUE (Acide). Cet acide se forme très-fréquemment par la décomposition des substances azotées à l'aide de la chaleur. C'est un liquide transparent, volatil; son odeur rappelle celle de l'acide formique très-concentré. Il produit sur la peau la sensation d'une forte brûlure. L'acide cyanique résulte de la combinaison d'un volume de cyanogène et de deux volumes d'oxygène.

CYANOFERRURE. *Voyez* CYANURE.

CYANOGÈNE (de κυανός, bleu, et γεννάω, j'engendre), combinaison gazeuse composée de deux volumes de vapeur de carbone et d'un volume de gaz azote, découverte en 1815 par Gay-Lussac, qui l'a ainsi nommée parce qu'elle entre dans la composition du bleu de Prusse. Plusieurs chimistes, plus rigoureux observateurs des règles de la nomenclature chimique, ont préféré le nom d'*azoture de carbone*, qui en effet indique clairement la composition de ce corps. Mais si Gay-Lussac s'est écarté de ces règles, c'est qu'il avait reconnu que la manière dont se comporte le cyanogène démontre que dans un grand nombre de circonstances un corps composé peut jouer le même rôle qu'un corps simple. L'ammonium avait déjà fait naître cette idée; mais ce radical hypothétique n'a pu encore être isolé, tandis que l'on prépare facilement le cyanogène. Ce sont ces considérations qui ont fait dire à M. Pelouze : « L'existence du cyanogène, son rôle analogue à celui d'un élément, ne sont mis en doute par aucun chimiste; et sans être aucunement en droit d'en conclure que les corps que nous considérons comme simples sont composés, il est bien difficile de ne pas voir dans l'immortelle découverte de M. Gay-Lussac un des faits les plus importants dont la philosophie chimique se soit jamais enrichie. »

On obtient le cyanogène en chauffant dans des vaisseaux fermés du cyanure de mercure neutre et parfaitement sec. Ce corps est gazeux, incolore, susceptible de se condenser à un très-haut degré de froid en un liquide blanc, d'une odeur vive et pénétrante, et d'une saveur très-piquante. Sa densité est 1,82. Il est décomposable par la chaleur sans le contact de l'air; mais on le brûle facilement dans ce fluide, et la flamme qui provient de cette combustion est violette. A 20° l'eau en absorbe quatre fois et demie son volume, et l'alcool vingt-trois fois. L'essence de térébenthine et l'éther sulfurique le dissolvent dans une proportion au moins égale à celle où il est absorbé par l'eau. Le cyanogène jouit d'une faible acidité, puisqu'il rougit la teinture de tournesol. Combiné à l'oxygène et à l'hydrogène, il engendre des acides d'une énergie terrible, les acides appelés *cyanique* et *cyanhydrique* ou *prussique*; et s'il prend naissance au contact des métaux, il s'y combine et donne lieu à un genre de sels, les *cyanures*, dont quelques-uns ont une très-grande importance.   E. MERLIEUX.

CYANOMÈTRE (de κυανός, bleu, et μέτρον, mesure), instrument propre à mesurer l'intensité du bleu du ciel. C'est à Bénédict de Saussure qu'est dû le plus simple de ces instruments. D'abord il teignit seize bandes de papier de seize nuances de bleu, depuis la teinte la plus foncée, qui porta le n° 1, jusqu'à la nuance la plus pâle, qui fut cotée 16; il divisa chacune de ces seize bandes en trois carrés égaux, de manière à en former trois séries parfaitement semblables entre elles. Une des séries était pour Sennebier, qui devait observer le ciel de Genève ; une autre était pour B. de Saussure lui-même, qui allait observer le Mont-Blanc, et la troisième pour son fils Théodore, que la tendresse paternelle forçait à garder le poste peu aventureux de Chamouny. Or, le 3 août 1787, à midi, le ciel, au zénith de Genève, était d'un bleu semblable à la septième nuance du cyanomètre, tandis qu'à Chamouny il tenait le milieu entre la cinquième et la sixième nuance, et sur le Mont-Blanc le milieu entre la première et la deuxième, c'est-à-dire tout près du bleu de roi le plus foncé.

Cependant le célèbre observateur s'aperçut bientôt que son cyanomètre retraçait un trop petit nombre de types pour qu'on pût y rapporter toutes les nuances du ciel, et ce fut alors qu'il le compléta en le composant de cinquante-et-une bandes graduellement nuancées de tous les tons de bleu, depuis le blanc le plus azuré (n° 1) jusqu'au bleu le plus foncé (n° 51). Saussure s'autorisait de cette longue gamme chromatique pour admettre que 52 nuances séparent le blanc du noir en parcourant toutes les nuances du bleu.

Un instrument plus savant est le *cyanomètre-polarimètre* qu'inventa Fr. Arago, vers l'époque où il terminait ses recherches sur la lumière. Cet instrument repose tout entier sur les lois de la polarisation, et il réunit les conditions de précision d'un instrument de physique. C'est à ce titre qu'il obtint les honneurs du bureau des longitudes, à l'Observatoire de Paris, où il a pour base inébranlable un théodolite de Gambey; il se compose d'une banderole de papier blanc et de miroirs qui, à la volonté de l'observateur, s'inclinent angulairement et par degrés l'un vers l'autre. Au moyen de cet instrument, qui, pour plus de précision, réunit en outre un cercle et un niveau, on obtient des rayons de lumière différemment colorés, à peu près comme on obtient une personne qui lit couchée au grand soleil, en tenant ouvert au-dessus de sa tête un livre diversement incliné.

Moins l'atmosphère contient de vapeurs, et plus le bleu du ciel paraît foncé. De même, plus est courte la colonne d'air à travers laquelle les rayons lumineux parviennent à l'observateur, plus la teinte bleue du ciel se rapproche de l'*embrunissement*, qui doit signaler la limite supérieure de l'atmosphère. Le ciel pur et parfaitement bleu des régions équatoriales tient à l'entière dissolution des vapeurs aqueuses dans l'air tiède de ces contrées. La lumière n'y trouve divisée par aucune vapeur éparse, en sorte que pour y voir scintiller les étoiles il faut être tout près de l'horizon. Si l'été à la température de 24° le cyanomètre de Saussure marque à Paris 16°, il marquerait dans les mêmes circonstances à la même élévation 23° sous les tropiques. B. de Saussure, parvenu sur le Mont-Blanc, à une élévation de 4,754 m, a vu le bleu du ciel correspondre au numéro 39 de son cyanomètre; M. A. de Humboldt a obtenu 41° au pic de Ténériffe, pourtant moins élevé d'un millier de mètres; dans les Andes, à une élévation de près de 6,000 m, la couleur du ciel correspondait au 46° numéro, tandis que Gay-Lussac, élevé par delà sept kilomètres au-dessus de Paris, obtenait à peine le même degré. Cela prouve que l'intensité du bleu tient au voisinage de l'équateur, à la pureté de l'air et à la température, non moins qu'à l'élévation des lieux : le beau ciel de l'Italie et de la Provence comparé au ciel grisâtre de la Bretagne et de la Normandie est un autre effet de la même cause.   Dr Isidore BOURDON.

CYANOSE (de κυανός, bleu). On a donné ce nom à une maladie rare, dont le symptôme le plus apparent est une *teinte bleue*, inégalement répandue sur toute la surface de la peau. De là les dénominations de *maladie bleue*, d'*ictère bleu* ou *violet*, (*morbus cæruleus*, *icteritia cælestina seu cyanea*, *morbus rarissimus*) ; de *cyanopathie* (de πάθος, douleur), et de *cyanodermie* ou *cyanodernose* (de δέρμα, peau). Cette dernière, tout incomplète qu'elle est, désigne mieux que les autres ce symptôme extérieur, provenant tantôt d'un vice de conformation du cœur ou de ses gros vaisseaux, tantôt d'une lésion considérable des poumons ou d'une aberration de leurs fonctions, et généralement de tous les obstacles qui gênent ou suspendent l'oxygénation du sang.

Lorsque la cyanose provient de naissance, il existe presque toujours une communication directe entre les cavités droites et les cavités gauches du cœur. Quoique la cyanose paraisse affecter plus spécialement l'enfance que toute autre époque de la vie, on l'a cependant vue survenir à un âge avancé, mais les exemples en sont rares.

Les causes qui peuvent donner lieu à la couleur bleue de la peau doivent se diviser en deux classes : à la première se rattachent tous les obstacles à la circulation susceptibles de diminuer ou de suspendre la conversion du sang veineux en sang artériel ; à la seconde se rapportent les nombreux vices de conformation du cœur, par suite desquels le mélange des deux espèces de sang a continuellement lieu. La coloration bleue de la peau, qui est le symptôme pathognomonique de la cyanose, est toujours très-foncée aux membranes muqueuses, tissus qui reçoivent une grande quantité de sang, ainsi qu'aux endroits de la peau où le derme est assez translucide pour laisser apercevoir les vaisseaux capillaires, comme, par exemple, aux paupières supérieures, aux lèvres, au nez, aux joues, aux oreilles, aux organes génitaux, et sous les ongles des doigts et des orteils. On observe que les mouvements actifs et toute stimulation susceptible d'accélérer la circulation excentrique augmentent principalement la coloration bleue et la rendent presque livide. Le contraire a lieu pendant le repos, et surtout durant le sommeil. Si la cyanose se déclare chez un jeune sujet, on s'aperçoit de la couleur bleuâtre de la peau augmente durant les efforts de succion; la respiration devient gênée, haletante, et l'haleine reste froide; souvent le repos n'est possible que dans la position assise; quelquefois même certains cyanoïques éprouvent de l'aversion pour la situation horizontale, par la crainte qu'ils ont d'être suffoqués. La température de leur peau étant presque toujours au-dessous de l'état normal, ils se plaignent d'une sensation désagréable de froid qui les oblige à se couvrir nuit et jour de flanelle, ou de tout autre vêtement non conducteur du calorique. La digestion se fait mal, et les accidents s'aggravent après chaque repas ; d'ordinaire l'appétit est bon, mais il est accompagné d'une soif continuelle, qui dénote une irritation congestive, habituelle, de l'estomac, donnant lieu quelquefois à une gastro-entérite avec une légère chaleur à la peau, fréquence du pouls, gêne douloureuse à l'épigastre, etc. Il est facile de comprendre que d'ordinaire la cyanose ne tarde point à se terminer par la mort, toujours hâtée par les désordres des voies digestives, qui compliquent constamment cette grave maladie, surtout à sa dernière période. Elle arrive quelquefois lentement et par degrés ; mais dans d'autres circonstances elle est si prompte que les malades ne vivent que quelques heures ou peu de jours. Dans certains cas, elle peut être subitement causée par une hémorrhagie foudroyante du nez, des poumons, de la vulve ou de l'anus.

Lorsque la cyanose provient d'un vice de conformation de l'appareil circulatoire, son traitement ne peut être que palliatif et presque entièrement basé sur l'hygiène ; mais il n'en est pas de même si la teinte cyanotique n'est que le résultat d'un trouble accidentel de la circulation, provenant d'une suppression de menstrues, de certaines affections spasmodiques du système pulmonaire, d'un épanchement considérable dans la poitrine, d'une forte compression déterminée sur l'aorte par une grossesse extra-utérine, etc., et la médecine offre alors d'autres ressources que les palliatifs. Dans l'un et l'autre cas, il faut prescrire le repos, lorsque le moindre mouvement augmente la suffocation ; un air pur et chaud, mais pas trop raréfié. Il faut conseiller aussi les frictions sèches, chaudes et aromatiques, des vêtements de laine, appliqués immédiatement sur la peau, un régime doux, nourrissant, et facile à digérer, des bains tièdes, préparés avec une décoction de plantes amères. Il convient de préserver autant que possible les cyanoïques de toute émotion triste, surtout après le repas. Il faut enfin leur faire éviter toutes les secousses, physiques ou morales, susceptibles de déterminer un ébranlement considérable du système nerveux. A tous ces moyens l'on peut adjoindre l'emploi d'une petite saignée, lorsque la suffocation est considérable, et les palpitations plus fortes que d'ordinaire. Ce genre d'évacuation sanguine est principalement applicable aux cyanoses compliquées de pléthore. Il ne faudrait pas balancer à appliquer quelques sangsues à l'épigastre s'il devenait douloureux. Il convient cependant d'en appliquer en petit nombre, à cause de la facilité avec laquelle les piqûres laissent couler le sang. Lorsque les accès de suffocation se renouvellent trop fréquemment pour qu'il soit possible de les combattre chaque fois par l'emploi de la saignée ou des sangsues, il faut alors se borner à faire prendre au malade des pédiluves et des manuluves chauds et sinapisés, lui faire conserver la position assise, l'exposer au grand air, tout en ayant soin de le couvrir de vêtements de laine fortement échauffés. Enfin, si la dyspnée persistait ou se renouvelait malgré l'application de ces moyens, et surtout si d'autres symptômes nerveux venaient s'y adjoindre, il ne faudrait pas balancer à administrer les antispasmodiques ; il faut entretenir le bas-ventre libre lorsqu'il est disposé à la constipation. C'est dans ce cas que M. Gintrac prétend avoir retiré quelques avantages de l'administration des eaux gazeuses de Spa, de Seltz, etc.

Quelques auteurs anglais et allemands ont conseillé l'emploi des purgatifs, et même des vomitifs ; mais ces moyens, le plus souvent inutiles, peuvent devenir d'une dangereuse application. Un agent thérapeutique plus rationnel, et dont on pourrait peut-être recueillir d'heureux résultats, serait de faire respirer du gaz oxygène, qui pour être convenablement affaibli n'aurait besoin que d'être dégagé en petite quantité dans l'appartement du malade.

Nous ne nous occuperons pour ici de la cyanose lorsqu'elle est le résultat d'une asphyxie, d'un empoisonnement narcotique, de la morsure de certains ophidiens, d'une attaque de choléra, etc. ; elle rentre alors dans l'histoire particulière de chacune de ces affections, dont l'état cyanique n'est d'ailleurs qu'un phénomène accessoire. Dr L. LABAT.

CYANOURINE. Voyez BLEU DE PRUSSE.

CYANURE. nom commun pour lequel on désigne les corps composés de cyanogène et d'un métal ou d'un oxyde métallique. On distingue ces corps en *cyanures métalliques* et en *cyanures alcalins*, c'est-à-dire d'oxydes ou d'alcalis ; on les spécifie ensuite par le nom du métal ou de l'alcali, et on dit *cyanure d'argent, de mercure, d'ammoniaque*, etc. Il y a aussi des cyanures doubles, résultant de la combinaison de deux cyanures simples. Les doubles sont beaucoup plus stables que les simples.

Si l'on fait agir le cyanogène sur du potassium, il se combinera avec ce dernier et formera du *cyanure de potassium*, dont les importantes propriétés ont été utilisées dans l'argenture par immersion. Ce sel est blanc ; il attire fortement l'humidité de l'air et possède la propriété de dissoudre, lorsqu'il est en grand excès, le *cyanure d'argent*, qu'on force ensuite à se déposer à l'état métallique sur les autres métaux qu'on veut argenter, à l'aide d'un faible courant électrique. C'est un poison presque aussi énergique dans ses effets que l'acide prussique lui-même : aussi demande-t-il à être manié avec précaution et par des hommes habitués à de pareilles opérations. Mais vient-on à faire agir ce sel, soit à l'aide de la chaleur, soit en solution, sur du fer métallique ou sur des composés de fer également en dissolution, alors ses propriétés vénéneuses disparaissent ; il n'est plus que purgatif, et on l'emploie comme tel en Allemagne.

Quand cette combinaison double de cyanogène, de potasse et de fer en dissolution est convenablement évaporée, on obtient des cristaux d'un beau jaune serin, de forme octaédrique. En cet état, il constitue ce que l'on nomme dans le commerce *prussiate de potasse*, ou *cyanoferrure de potassium*. Ce produit est sans contredit l'un des plus importants de la chimie organique, sous le rapport commercial et scientifique. Si on mélange une dissolution de ce sel dans l'eau avec une autre solution métallique, on obtient par une mutuelle décomposition des précipités dont la couleur varie avec chaque sel métallique employé. Ainsi, avec une dissolution de bismuth, on a un précipité jaune serin ; de cuivre, cramoisi ; de nickel et cobalt, vert ; de peroxyde de fer, bleu foncé. Dans cet état de précipité, il n'y a guère que le bleu dont l'usage soit bien répandu : aussi est-ce une des couleurs minérales les plus utiles (voyez BLEU DE PRUSSE).

Le cyanure de potassium est employé en médecine dans des cas de névralgie.

CYBÈLE (en grec Κυϐέλη), une des grandes divinités du paganisme, fille du Ciel et de la Terre, et femme de Saturne, était à l'origine une déesse nationale des Phrygiens, le symbole de la lune et de la fécondité de la terre ; aussi ne tarda-t-on pas à la confondre avec Rhéa, dont le culte naquit en Crète, et dans laquelle on adorait la personnification de la terre. Les Grecs ne reçurent point l'idée de Cybèle dans sa pureté primitive, mais embellie et arrangée par l'histoire. Suivant Diodore de Sicile, Cybèle était la fille d'un roi de Phrygie appelé Mæon, et de sa femme Dindyna. Irrité qu'il ne lui fût pas né un fils, son père la fit exposer sur le mont Cybélus, où elle fut d'abord allaitée par des lionnes et par des panthères, et plus tard élevée par des femmes de bergers. Douée d'une beauté et d'une sagesse éminentes, elle inventa le chalumeau, la cymbale et le tambour, instruments à l'aide desquels elle guérissait les maladies des hommes et des animaux ; ce qui lui valut de la part des gens de la campagne le surnom de *bonne mère de la Montagne*. Diodore ajoute que cette princesse apprit aux hommes à fortifier leurs villes au moyen des tours, dont elle porte toujours une couronne dans ses statues. A cette époque elle se lia d'une amitié intime avec Marsyas, et conçut ensuite le plus violent amour pour Atys. On lui donne encore pour amant Jasion, dont elle eut Corybas, qui donna son nom aux Corybantes. Plus tard elle fut découverte, et ses parents consentirent à l'accueillir à leur cour. Mais Mæon ne fut pas plus tôt instruit de sa passion pour Atys qu'il fit mutiler, puis égorger son amant. Cybèle, éperdue et désespérée, pleurant, battant du tambour, erra tout échevelée sur les montagnes à travers diverses contrées jusqu'au fond du Nord, où elle expira de faim et de douleur. Pendant son absence, il s'éleva en Phrygie une famine qui ne cessa que lorsque, par ordre de l'oracle, on eut rendu des honneurs divins à Cybèle, et qu'on eut enseveli l'image d'Atys, son corps, demeuré sans sépulture, n'ayant pu être retrouvé. Pessinunte, ville de Phrygie, devint le centre du culte de Cybèle, qui y eut un temple magnifique. Ce culte se célébrait au milieu d'un bruit étour-

CYBÈLE — CYCLADES

dissant d'instruments de toutes espèces, et consistait surtout en courses faites à travers les champs et les forêts en poussant les plus étranges hurlements. De Phrygie il passa en Crète, où il se confondit avec celui de Rhéa, de même qu'on le confondit plus tard avec le culte de l'antique divinité latine *Ops*. En mémoire d'Atys, les prêtres de Cybèle se dépouillaient des atributs de la virilité.

Le culte de Cybèle fut inconnu en Italie jusqu'au temps de l'invasion d'Annibal. A cette époque, vers l'an 550 de Rome, on consulta les dieux sur ce fléau; leur volonté se manifesta par un passage des livres de la Sibylle, que l'on feuilleta, et par une réponse de l'oracle de Delphes, qui conseilla aux Romains de demander à Attalus, roi de Pergame, la *mère Idéenne*. Ce prince opulent en fut quitte à bon marché : il fit donner aux envoyés une grosse pierre tombée du ciel, sans doute un aérolithe, que l'on conservait à Pessinunte, et que les habitants osaient appeler la *Mère des Dieux*; elle fut embarquée avec une grande pompe sur un vaisseau, qui, parvenu à l'embouchure du Tibre, s'engagea si avant dans un banc de sable, qu'aucune force humaine ne pouvait le mouvoir; la légère ceinture d'une vestale, de Claudia, fut, dit-on, le câble miraculeux qui le fit glisser à pleines voiles dans le port. Cette pierre fut placée dans le temple de la Victoire, sur le mont Palatin. Tite-Live, Suétone et Strabon ont raconté cet événement. Tous les ans on faisait des sacrifices à ce bloc; l'office en était confié à une prêtresse et à un prêtre phrygiens, habillés, selon l'usage de leur pays, avec des robes bigarrées; d'autres prêtres subalternes, se frappant la poitrine, promenaient dans Rome cet aérolithe en demandant l'aumône. On faisait dépendre la stabilité de l'empire de la conservation de cette pierre informe.

Le rite des mystères et des sacrifices de Cybèle, ainsi que ceux de Cérès et d'Isis à Éleusis, avec lesquelles on l'a souvent confondue, ayant toujours été enveloppés d'un secret inviolable, nous ne pouvons les rapporter. Tout ce qu'on sait, c'est qu'on lui sacrifiait une laie, à cause de sa fécondité, ou un taureau, ou une chèvre. Quand le prêtre frappait la victime, il touchait la terre, avec la main et se tenait assis, image de la stabilité du globe; on lui offrait le cœur des animaux, ce siége de la vie, dont la terre est l'emblème. Cybèle doit aux lieux où on l'adorait tous ses surnoms, qui sont : Bérécynthia, Dyndymène, Idéenne, Mygdouienne, Pessinuntienne, Phrygienne. Plusieurs médailles lydiennes portent Cybèle pour symbole.

Rarement on la représente sans une couronne de tourelles ou de créneaux, et sans une clé à la main, signes de sa puissance sur toutes les cités du monde. C'est toujours une femme robuste, fraîche et dans l'embonpoint; quelquefois on la peint enceinte avec plusieurs rangs de mamelles, couronnée de glands et de jeunes feuilles, premier aliment des humains, et vêtue d'une robe verte, comme celle de la nature. Sur des pierres antiques, on la voit assise, ou sur un trône ou sur un lion, et tenant un foudre, ou sur un char trahié par un couple de ces fiers animaux, image du respect et de l'amour que lui portent les bêtes les plus féroces, qu'elle nourrit ainsi que les hommes. Elle agite d'une main un tympanum ou tambour de basque, dont la forme circulaire est le symbole de la rondeur de la terre.

DENNE-BARON.

CYCLADES, groupe d'îles le plus fertile de l'archipel grec, ainsi nommées du mot κύκλος, cercle, parce qu'elles forment à peu près cette figure autour de Délos, qui en est appelée la reine, non-seulement par le poëte Callimaque, mais par les géographes eux-mêmes. On les oppose aux Sporades, ainsi nommées parce qu'elles sont éparses sur la côte d'Europe et d'Asie.

L'histoire primitive de ces îles n'a pas jusqu'à ce jour été l'objet d'investigations suffisantes. Dans le cours des siècles, diverses races se succédèrent dans les contrées baignées par la mer Égée, et s'établirent successivement dans les îles qu'elle

renferme. Les Hellènes furent ceux qui arrivèrent les derniers, et aussi ceux qui y exercèrent l'influence la plus durable. Ils y formèrent en effet peu à peu de petites républiques qui défendirent longtemps leur indépendance, et qui lorsque Athènes réussit enfin à les subjuguer partagèrent depuis ses destinées. Dès l'origine cinquante-trois îles de la mer Égée, de Ténédos à la Crète, furent mises au nombre des Cyclades. Elles s'appelèrent d'abord *Minoïdes*, parce que Minos, le fils de Jupiter et d'Europe, envoya de Crète, dont il était roi, des colonies sur leur sol, jusque alors inhabité, colonies qui leur laissèrent des noms également communs aux villes qu'elles y allaient bâtissant. Dans la suite, Miltiade soumit ces îles aux Athéniens.

Les anciens géographes, qui ne conviennent pas de leur nombre, s'accordent à y comprendre comme les principales: Andros, Naxos, Délos, Ténos, Myconos, Gyaros, Syros, Céos, Cithnos, Cimolos, Lebinthos, Ios, Sériphos, Mélos, Paros, Amorgos, Astypalæa, Oliaros ou Antiparos; Délos, la plus célèbre de toutes, en est le centre. Dans la mythologie, ces îles sont autant de nymphes que Neptune changea ainsi pour avoir refusé de lui sacrifier. Elles ressemblent à de nombreux écueils, qui surgissent de l'Archipel grec et qui en rendent la navigation périlleuse, attestant en cet endroit du globe une violente convulsion et un déchirement du continent. Les concrétions volcaniques, les marbres et le cristal de roche dont elles abondent, y annoncent un travail actif de la nature, surtout dans les temps reculés.

Les géographes modernes les divisent en Cyclades *méridionales*, *centrales* et *septentrionales*. A la première catégorie appartiennent Amorgos, Anafi, Stampalia et Santorin; à la seconde, Paros, Naxos, Kimoli, Sifanto, Polikandros, Nio, Siknos; à la troisième enfin, Andros, Tino, Mycone, Syra, Thermia, Sériphos et Zéa. Elles constituent aujourd'hui avec Syros un département du royaume de Grèce.

[Sous l'empire byzantin, ces îles étaient connues sous le nom de Dodécannèses, Δωδεκάννησον, et on retrouve déjà cette désignation pour les Cyclades dans une loi de Nicéphore, de l'an 802. Constantin Porphyrogénète, dans sa division de l'empire grec en thèmes, place l'Eubée, Égine et les Cyclades dans le cinquième thème d'Europe, tandis que les autres îles de la mer Égée sont placées dans le dix-septième thème d'Asie, et les îles Ioniennes dans le septième thème d'Europe. Dans le partage de l'empire fait par Constantin entre ses trois fils Constantin, Constantius et Constans, les Cyclades se trouvaient dans le lot de Constans, et, à l'exception des incursions dévastatrices, mais passagères, des Sarrasins à la fin du septième et au commencement du huitième siècle, elles restèrent constamment, jusqu'au grand choc des croisades, sous le sceptre des empereurs d'Orient. Un Vénitien, Marc Sanudo, qui avait accompagné le doge Henri Dandolo à Constantinople, s'empara, en 1207, de la plus belle des Cyclades, l'île de Naxie, à laquelle il adjoignit bientôt les îles voisines, Paros, Rhenea ou Délos, Miconi, Syra, puis Seriphos, Siphnos et toutes les autres petites îles, jusqu'à Milos et Santorin, faisant de Naxie le centre de sa domination, toujours soumise à la haute seigneurie des empereurs français de Constantinople. Pendant le congrès général tenu par l'empereur Henri à Ravennique, en 1210, pour régler définitivement les affaires de la conquête, et où assista Marc Sanudo, aussi bien que tous les autres feudataires de l'empire, l'empereur Henri lui conféra le titre de duc, comme le portait le seigneur de Lemnos, et il le plaça sous la suzeraineté des princes français d'Achaïe ou de Morée. Marc Sanudo, qui avait encore adjoint plusieurs îles à sa seigneurie, mourut en 1220, âgé de soixante-sept ans, laissant le duché à son fils Ange. Ses descendants se maintinrent quelque temps dans le duché. Une femme l'apporta dans la maison delle Carcere, puis il passa dans la maison Crispo, qui par les femmes se rattachait également aux Sanudo. Jean Crispo était maître de Naxie lorsque le capitan-pacha

Barberousse le prit et le pilla en 1537 ; il en laissa cependant la possession à Jean Crispo, mais comme tributaire de la Porte et sous sa protection. Jean laissa le duché à son fils Jacques ; mais l'attaque de Barberousse avait anéanti l'autorité, déjà chancelante, des ducs latins sur leurs sujets grecs. Ceux-ci envoyèrent des députés à la Porte pour se plaindre du gouvernement de leur duc. Jacques Crispo alla lui-même à Constantinople pour faire valoir ses droits à force d'argent. Le sultan Sélim répondit aux Naxiotes en prenant leur île pour lui et en la donnant à gouverner à un juif nommé Michez, et à Jacques Crispo en le faisant emprisonner. Il resta dans sa prison pendant plus de six mois, et se trouva heureux de pouvoir abandonner son duché et de trouver un asile à Venise avec sa famille.   BUCHON.]

CYCLE (de κύκλος, cercle), suite d'un nombre déterminé d'années, après l'expiration desquelles on recommence à compter : c'est ce qu'on appelle aussi quelquefois *période*. La plupart des cycles ont été imaginés pour coordonner les calendriers lunaires primitifs avec l'année solaire, en ajoutant le nombre de jours dont l'année solaire dépassait l'année lunaire au nombre de jours dont le calendrier fondé sur celle-ci se composait alors.

Cycles des Grecs. L'année lunaire attique était de 354 jours. Lorsque, par la suite, les Athéniens s'aperçurent qu'elle retardait de 11 jours sur le cours du soleil, ils intercalèrent tous les deux ans un treizième mois de 22 jours : deux années réunies ou ce cycle de deux ans s'appelait *diétéris*. Il formait 730 jours, somme égale à deux années solaires, en négligeant les fractions. Mais les Athéniens s'aperçurent bientôt que la différence entre l'année solaire et leur année civile ne faisait pas seulement un jour, mais près d'un quart en sus : ils ajoutèrent donc tous les quatre ans un 23e jour à leur mois intercalaire. Ce cycle de quatre ans est appelé *tétraétéris* : il était composé de 1461 jours, somme égale à quatre années juliennes, dont une bissextile. Cette manière d'intercaler éprouva un nouveau changement. Pour ne pas avoir des mois de 22 et 23 jours, on doubla la tétraétéris, et l'on adopta un cycle de 8 ans (*oktaétéris*), dans lequel à chaque troisième, cinquième et huitième année, on intercala un mois de 30 jours. Ce cycle forme 2,922 jours, comme 8 années juliennes, dont deux bissextiles. Dans ce calcul, on avait admis que l'année lunaire est de 354 jours, tandis qu'en effet elle est de 354 j. 8 h. 48' 38" 12''' : par conséquent, un cycle de 8 ans lunaires fait presque 2,923 1/2 jours. On doubla donc encore ce cycle, et on forma l'*hexkaidekaétéris*, ou le cycle de 16 ans. Dans celui-ci, on laissa la première octaétéris de 2,922 jours, mais on porta la seconde à 2,925, en intercalant 3 jours de plus que dans la première. Cette manière d'intercaler produisit un inconvénient : c'est qu'après dix hexkaidekaétérides, ou 160 ans, l'année civile anticipait de 30 jours sur l'année solaire. Pour rétablir l'égalité, on omettait, au bout de 160 ans, le mois intercalaire de 30 jours. Les auteurs parlent de trois corrections faites dans le calendrier attique par Méton, par Calippe et enfin par Hipparque. Ces corrections ne se rapportent qu'à la manière d'intercaler, opération pour laquelle ces astronomes établirent divers cycles, savoir : Méton un cycle de 19 ans (*ennéadécaétéris*), composé de 6,940 jours ; Calippe un cycle de 76 ans, composé de 4 cycles de Méton moins un jour, et ainsi de 27,759 jours ; Hipparque, enfin, un cycle de 304 ans, ou de 4 cycles de Calippe moins un jour, ou de 111,035 jours.

Cycle des générations, nom donné à la méthode de compter le temps d'après les générations. C'est d'après les générations seulement que les Grecs comptèrent pendant longtemps les années de leur histoire : Phérécyde et Cadmus de Milet ne connaissaient pas d'autre ère, et Hérodote calcule encore fort souvent d'après la suite des générations. Il a pour principe que trois générations forment un siècle. Denys d'Halicarnasse les compte quelquefois de 27 ans.

Cycle chinois. Les Chinois n'ont pas d'ère d'années consécutives, mais une ère cyclique à l'instar des olympiades grecques. Leur cycle est composé de 60 années, dont chacune, dans leur langue, porte un nom particulier. De Guignes place le commencement de ce cycle à l'année 2,697 avant J.-C., ce qui fait que la première année après J.-C. répond à l'année 58 du cycle 45.

Cycle des indictions. Voyez INDICTION.

Cycle lunaire. C'est le cycle de Méton ou nombre d'or, resté sous ce nom dans nos supputations modernes. Nous ne ferons qu'indiquer ici quelques autres périodes proposées par des anciens, et dont il ne nous reste presque que le souvenir : telles sont celles de 59 ans, inventée par Philolaüs et Œnopides ; de 83 ans, par Démocrite ; de 247, par Gamaliel, etc.

Cycle solaire. Il est composé de 28 ans, au bout desquels l'année recommence par les mêmes jours, et il est fondé sur le nombre des jours de la semaine, relativement à celui des jours de l'année et à l'intercalation qu'amènent les 7 années bissextiles en vingt-huit ans.

Le *cycle dionysien* ou *victorien*, attribué à Denys le Petit et à Victorius ou Victorianus, en 457, comprend 532 années : ce nombre est le produit des 19 ans du cycle lunaire multiplié par les 28 ans du cycle solaire. On l'appelle encore *grand cycle pascal*, parce qu'il ramène les nouvelles lunes et les fêtes de Pâques aux mêmes jours de l'année julienne. Cassini avait proposé une période qu'il appelait *cycle luni-solaire de Louis le Grand*, et contenant 11,600 ans, après lesquels les nouvelles lunes reviennent au même jour et presque à la même heure dans l'année grégorienne.

Pour le *cycle caniculaire* des Égyptiens, voyez SOTHIAQUE (Période). A. SAVAGNER.

CYCLIQUES (Poëtes). Les Grecs les ont ainsi nommés du mot κύκλος, cercle, révolution. Ils sont de deux sortes. Dans la première le poëte doit être rangé le poëte qui part d'une époque et, sans rompre la série des événements principaux, achève un *cercle* de faits jusqu'à une autre époque, plus ou moins éloignée, mais déterminée. Les *Métamorphoses* d'Ovide sont un poëme cyclique, admirable modèle, qu'il nomme *perpetuum*, perpétuel. « O Muses, dit-il dès son début, conduisez vous-mêmes mon poëme *perpétuel* depuis l'origine du monde jusqu'à nos jours ! » Dans l'autre catégorie de poëmes cycliques doit être rangé celui où l'auteur s'empare d'un seul sujet, d'une seule action, en y liant des épisodes, le tout d'une assez grande étendue : telle est l'*Iliade*, développée en 24 chants, qui remplit l'unique colère d'Achille ; telle est l'*Énéide*, où le héros n'a qu'un but, qu'il atteint, la fondation de Rome. Il y a même encore une troisième espèce de poëme cyclique, c'est celle dont l'auteur traite une histoire ou une fable depuis le commencement jusqu'à la fin, sans se permettre une seule omission de moindres événements qui tiennent à la vie de son héros. Telle est l'*Achilléide* de Stace, « poëte, dit Dacier, qui a chanté Achille *tout entier*, Homère en ayant laissé à dire plus qu'il n'en avait dit. » C'est cette dernière espèce de poëme que blâme avec justice Aristote, à cause du tissu interminable d'événements qu'il offre, et que ne peut excuser l'unité du héros. Le style seul du poëte peut sauver de l'ennui qu'apportent de semblables compositions.

On a également donné le nom de *poëtes cycliques* à une série de poëtes antérieurs à Homère, et qui récitaient leurs ouvrages sans jamais les transcrire ; la première série s'appelait *cycle mythique* ou fabuleux, et la seconde, *cycle historique* : l'une traitait de la généalogie des dieux, l'autre de la guerre de Troie, jusqu'au retour des combattants dans leurs foyers. On a osé même avancer que l'*Iliade* et l'*Odyssée* ne sont qu'un recueil de tous ces poëmes cycliques, conservés chez les Grecs par la tradition orale. DENNE-BARON.

CYCLOÏDE, courbe décrite par un point de la circonférence d'un cercle qui roule sur une ligne droite. On lui donna d'abord le nom de *roulette*, puis celui de *trochoïde* (de τρόχος, roue).

On peut se représenter aisément la forme d'une cycloïde si on imagine que le point générateur de cette courbe est d'abord le point de contact du cercle roulant avec la ligne droite directrice. Il y revient après une révolution complète, et alors la distance entre le départ et l'arrivée est la longueur de la circonférence du cercle roulant. On voit aussi que la plus grande distance du point générateur à la directrice est le diamètre du même cercle; que si le mouvement continue après la première révolution, une seconde courbe, parfaitement égale à la première, viendra se placer à la suite, etc. Si on essaye de tracer cette courbe mécaniquement d'après sa génération, on verra qu'elle est assez semblable à une demi-ellipse, dont un des axes serait la demi-circonférence génératrice rectifiée, et l'autre le diamètre du cercle roulant.

Le P. Mersenne fut le premier qui indiqua la cycloïde aux recherches des mathématiciens. On se mit à l'œuvre sur-le-champ, et presque toutes les questions purement géométriques relatives à la nouvelle courbe furent promptement résolues. En France, Descartes, Roberval, Fermat, Pascal, trouvèrent dans ces recherches l'occasion de perfectionner de plus en plus l'analyse et ses applications à la géométrie; Toricelli les secondait en Italie, Wren en Angleterre, etc. Lorsque l'analyse infinitésimale vint ouvrir de nouvelles voies dans la carrière des mathématiques, la cycloïde fut considérée sous un nouvel aspect : on découvrit ses propriétés mécaniques. Le célèbre Huygens en fit l'application aux horloges avec moins de succès qu'il ne l'avait espéré (*voyez* PENDULE), en démontrant que la cycloïde est la courbe tautochrone, et que la développée de cette courbe est une cycloïde égale, dont le sommet est placé sous le point de rebroussement de la première. Mais la fin du dix-septième siècle fut l'époque de la plus grande illustration de la cycloïde. Les géomètres se proposaient alors des problèmes sous la forme de défis scientifiques, où celui qui ouvrait la lice s'engageait à payer au vainqueur un prix qu'il avait fixé d'avance : c'était l'auteur d'une découverte importante qui avant de la publier proposait comme sujet d'un concours la question qu'il avait résolue. Au commencement de l'année 1697, Jean Bernoulli, professeur de mathématiques à Groningue, offrit aux géomètres, comme une *étrenne* qui devait leur plaire, de chercher la solution du problème suivant : *Deux points étant donnés sur une ligne droite inclinée, quelle route faut-il tracer à un corps pesant pour qu'il arrive dans le temps le plus court du point le plus haut jusqu'au plus bas? Ce n'est pas la ligne droite.* Bernoulli ajoutait : Je n'offrirai point d'argent à celui qui aura complétement résolu cette question; mais dans mon estime je le placerai à la tête des géomètres de notre temps. Plusieurs solutions furent envoyées : elles contenaient, sous diverses formes, l'équation de la ligne demandée, mais le professeur exigeait de plus que cette ligne fût nommée, si elle était déjà connue. Enfin, il reçut d'Angleterre une lettre sans signature et très-laconique : « La courbe dont il s'agit, disait le géomètre anonyme, est une cycloïde qui passe par les deux points donnés. » *Je reconnais Newton!* s'écria Bernoulli. En effet, c'était cet immortel génie qui, suivant son usage, avait écrit pour l'intérêt des sciences et non pour accroître sa renommée. Ainsi, la cycloïde ajouta le titre de *brachystochrone* (ligne du temps le plus court) à tous ceux dont elle était en possession. On s'en occupe beaucoup moins aujourd'hui, parce qu'elle n'est pas employée dans les arts, et que l'horlogerie même y a renoncé. Cependant, elle ne cessera point d'occuper une place distinguée parmi les courbes mécaniques, et les applications d'analyse dont elle est l'objet seront toujours recommandées comme un exercice très-utile pour l'étude des sciences mathématiques. On voit dans les cabinets de physique des instruments pour faire des expériences sur la propriété brachystochrone de la cycloïde : on prouve en effet par ce moyen que la ligne courbe, quoique plus longue, est parcourue en moins de temps que sa corde, quoique celle-ci soit plus courte. Mais les expériences n'ont pas le pouvoir de résoudre les questions de limites : cette fonction est exclusivement réservée à l'analyse mathématique, et nulle autre méthode ne peut la remplacer dans les recherches de cette nature. C'est à l'analyse que l'on doit la rectification et la quadrature de la cycloïde. Dans cette courbe, un arc quelconque compté à partir du sommet est égal au double de la corde correspondante du cercle générateur. Enfin l'aire totale de la cycloïde est triple de celle de ce cercle.

FERRY.

CYCLOPÉENS ou **PÉLASGIQUES** (Monuments dits). Les énormes dimensions des pierres en polyèdres irréguliers et l'absence totale de ciment sont les caractères principaux de ce genre de construction. On les retrouve dans les plus anciennes portions des murs des villes antiques de la Grèce et de l'Italie; si le même mur s'y voit quelquefois bâti d'après divers systèmes qui forment sa hauteur totale, la portion qui se compose de polyèdres irréguliers y est toujours en substruction, ou servant de fondation à tout le reste. Des constructions faites dans des systèmes opposés et exclusifs doivent appartenir à des colonies différentes, et les travaux indiqués comme les plus anciens par leur situation même doivent être attribués aux colonies les plus anciennes. Petit-Radel, qui dès 1804 signala ces monuments à l'attention du monde savant, en a conclu, avec toute raison, que ces constructions se retrouvant aux assises inférieures des murs des plus anciennes villes de la Grèce, et des plus anciennes bourgades de l'Italie, et étant les mêmes partout où on les a observées, elles doivent provenir de la même influence, et être l'ouvrage des antiques dynasties auxquelles les traditions recueillies par Denys d'Halicarnasse attribuent la civilisation de ces mêmes contrées. En effet, partout où des constructions de cet ordre sont retrouvées, l'histoire écrite rattache ces lieux à des colonies pélasgiques; dans l'Italie supérieure, par exemple, les limites du territoire où sont des monuments de ce genre sont rigoureusement tracées par celles mêmes que Denys d'Halicarnasse donne aux établissements des Pélasges dans cette contrée.

Aristote, ou l'auteur de l'ouvrage *De Mirabilibus*, qu'on lui attribue, parlait de constructions existant en Sardaigne qu'on qualifiait de grecques, et qu'on attribuait à ses anciens habitants. Diodore de Sicile rapportait ces monuments à Iolas, neveu d'Hercule : celui-ci y avait conduit une colonie, mais, selon ces mêmes rapports, cent vingt ans après une autre introduite par Aristée à la tête des Tyrrhéniens. A la suite de la polémique archéologique soulevée par Petit-Radel, on examina alors la chose de plus plus près, et dès 1821 on avait des dessins soignés et complets des monuments nommés les *nuraghes* ou *nuraphes* de Sardaigne. Ils ont 16 mètres de hauteur environ, dans leur intégrité; ils ont 30 mètres de diamètre. Le sommet, lorsqu'il est conservé, se termine en cône surhaissé ; l'état de ceux qui sont tronqués indique clairement la même disposition ; les matériaux tirés des roches voisines sont du calcaire, du porphyre trachytique, du granit ou des roches volcaniques cellulaires, et chaque bloc a 1 mètre cube environ; les architraves plates qui surmontent les portes et lucarnes en ont 2 de longueur sur 1 de hauteur ; la périphérie de chaque bloc est une ligne irrégulière, telle que doivent en produire les cassures faites par le marteau ; les parois sont sans ciment, tant à l'intérieur qu'à l'extérieur. Un mur, de $3^m,30$ de haut, et du même style de construction que l'édifice même, contient, comme un rempart, le terre-plein qui porte le nuraghe : ce mur a quelquefois 120 mètres de circuit. Quelques nuraghes sont flanqués de cônes au nombre de trois à sept, qui se groupent autour du cône principal : ce sont des espèces de casemates. Enfin, le mur d'enceinte est surmonté d'un parapet de 1 mètre de hauteur. Le mur des monuments coniques se compose de deux parements, dont les blocs s'ajustent par le simple approchement et sans ciment; une rampe en spirale est pratiquée dans l'épaisseur totale, et sert de communication entre les trois chambres, qui forment les trois étages de chaque nuraghe; la voûte de chaque chambre est en ogive ontivale. L'entrée se termine en architrave plate; quelquefois cette entrée est assez haute pour s'y introduire debout; quelquefois il faut se traîner à plat ventre, à cause de l'exiguité de l'ouverture, qui s'élargit cependant à mesure qu'on s'y avance.

« De toutes les conjectures qu'on a formées pour expliquer l'origine des monuments de la Sardaigne, dit Petit-Radel, et notamment celle des *nuraghes*, l'opinion qui les rapporte aux anciens Grecs est la plus probable, soit que, s'appuyant sur le seul reste des témoignages historiques, on examine de près les caractères de véracité qu'il porte, soit qu'on y joigne des considérations tirées de la nature des monuments existants, et qu'on les compare avec ceux des plus anciens temps historiques. » C'est donc à la colonie et aux temps d'Aristée que Petit-Radel s'arrête de préférence pour l'époque des nuraghes; les souvenirs historiques relatifs à Aristée, gendre de Cadmus, se renferment entre les années 1510 et 1470 avant J.-C. Une foule de considérations énoncées d'après les règles de la meilleure critique et de nombreux passages d'auteurs anciens appuient ces conclusions : c'est donc un procès jugé contre le scepticisme, plus commode que rationnel, de ceux qui ne veulent pas reconnaître des monuments contemporains du monde par des princes et de peuples dont l'histoire écrite rapporte les actions. L'histoire de l'Orient s'étend vers le commencement du monde par l'autorité des monuments, et l'histoire de l'Occident ne peut récuser un semblable héritage. CHAMPOLLION-FIGEAC.

CYCLOPES (en grec κύκλωψ, de κύκλος, cercle, et ὤψ, œil), mot à mot *ayant les yeux en cercle*. Ces êtres surnaturels revêtent trois formes différentes dans la mythologie grecque. Ceux d'Homère sont de sauvages, de barbares, de gigantesques habitants des côtes de la Sicile (Trinacrie), fils de Neptune et d'Amphitrite. Ce poète ne les dépeint pas comme n'ayant qu'un seul œil, mais il le dit expressément de Polyphème; et ce signe caractéristique a ensuite été prêté à tous les cyclopes indistinctement par les poètes postérieurs. Hésiode les fait enfants du Ciel et de la Terre, semblables aux autres immortels : Ce furent eux, dit-il, qui fournirent des armes à Jupiter lors de la guerre des Titans. Jupiter, épouvanté sans doute de leur force, sitôt leur naissance, les précipita dans le Tartare, d'où il les retira à la prière de Gæa (la Terre), leur mère, qui lui prédit le trône et l'empire de Saturne. Mais ni Hésiode ni Homère ne les représentent comme les forgerons de Vulcain : ce dieu du feu, appelé *Héphaïstos* dans *l'Iliade*, travaille seul à la forge, servi par des statues vivantes, toutes d'or; et sa forge est dans l'Olympe.

Depuis, les poètes antiques et les créateurs d'hiéromythes ont fait des cyclopes des dieux forgerons, occupés sous les ordres de Vulcain à fabriquer toutes les foudres célestes : leurs forges furent principalement établies dans les cavernes de l'Etna, dont les mugissements imitaient le bruit du marteau sur l'enclume sous des voûtes profondes, et dont le cratère, vomissant des flammes, ressemblait à la vaste cheminée d'une fournaise, expression de Pindare lui-même. Les principaux d'entre ces forgerons étaient *Brontès* (le tonnerre), *Stéropès* (l'éclair), *Pyracmon* (l'enclume enflammée), auxquels le poète Nonnus en ajoute six autres, en comptant Polyphème, le plus monstrueux d'entre eux. C'étaient ceux-ci qui donnaient la dernière main à la foudre, arme aérienne, qu'à chaque extrémité terminaient deux dards, sortant d'entre trois rayons tordus de grêle, de trois de pluie et de trois de vents, entremêlés d'éclairs, allusion aux phénomènes des orages : talent redoutable, qui leur coûta cher, car Apollon, irrité qu'ils eussent forgé la foudre avec laquelle Jupiter tua Esculape, dont il était père, les fit expirer sous ses flèches, quoiqu'ils fussent immortels; étrange contradiction, bien pardonnable aux poètes.

Les cyclopes fabriquèrent deux chefs-d'œuvre, le trident de Neptune et le casque de Pluton; il rendait invisible ce dieu, invisible comme la mort, invisible comme lui et qui frappe sa victime à l'improviste. Les Cyclopes forgeaient aussi des armes pour les mortels. Les déesses et les dieux confièrent souvent à leurs talents la trempe des armes des héros, leurs fils ou leurs favoris : témoins Thétis et Vénus, l'une mère d'Achille et l'autre d'Énée.

Callimaque, Virgile et Ovide placent les forges des Cyclopes dans l'île de Lipara, sur les côtes d'Italie, ainsi qu'à Lemnos, île de la mer Égée, où tomba Vulcain, précipité du ciel; là il établit encore des forges : idées de poètes qu'éveillait chaque cratère en activité dans la mer Méditerranée. Pline indique une île des Cyclopes sur la côte de l'Asie Mineure : allusion aux volcans de la Chimère en Lycie.

Considérons maintenant les Cyclopes sous le rapport historique et géographique. Il paraît très-probable qu'ils furent une colonie de quelque peuple demi-sauvage de la côte occidentale de l'Asie, doué d'une haute stature, et portant un casque dont la visière avait un trou circulaire dans le milieu. De là l'origine de leur nom et de leur œil unique. Homère les représente comme des anthropophages. Plusieurs compagnons d'Ulysse assouvirent l'horrible passion de ces insulaires pour la chair humaine, bons pères de famille, du reste, ne mangeaient que les enfants des autres.

De ce que nous venons de rapporter il résulte qu'on peut distinguer trois espèces de cyclopes : la première, celle d'Hésiode, êtres allégoriques), météores personnifiés comme l'iris ou l'arc-en-ciel. Ce sont les volcans résultant des combinaisons atmosphériques et terrestres. Voilà les enfants du Ciel et de la Terre selon l'auteur de la théogonie, ou de Neptune et d'Amphitryte selon Homère, allusion alors aux volcans sous-marins. Les cyclopes de cette famille passent aussi pour être fils de Neptune et d'Europe, à cause de la position physique de la Sicile, le lieu de leur demeure. Partout où il existait des volcans, les poètes, et avec eux les peuples de l'antiquité, ont placé des géants monstrueux et terribles, image de la violence des convulsions souterraines. La seconde espèce est celle du chantre de l'*Odyssée*, elle est purement historique. Quant à la troisième, c'est celle que Strabon fait venir de la Lycie; hommes robustes, qui élevèrent dans l'Argolide des monuments en superposant, à la force de leurs bras, des pierres que deux bœufs peuvent à peine ébranler, monuments appelés de leur nom *cyclopéens*, sans qu'on puisse d'ailleurs rapporter à cet égard d'autres preuves que des présomptions. Une ancienne tradition, rapportée par Strabon, attribuait à ces cyclopes la construction des forteresses de Tirynthe et de Nauplia, dont les débris subsistent encore. Ils datent de deux cents ans avant la prise de Troie, et sont dus à sept cyclopes, architectes d'Acrisius, aïeul de Persée.

Sur un bas-relief du Capitole sont représentés des cyclopes presque nus, et leurs deux yeux sont bien exprimés; à la villa Albani, on voit sur un bas-relief, Polyphème : outre ses deux yeux, il a encore son œil de Cyclope, très-caractérisé, au milieu du front. Les Cyclopes sont souvent le type des médailles de Corinthe, où ils avaient des autels.

Ottfried Müller pense que les cyclopes formaient une nation à part, gouvernée par des prêtres, se livrant à la pratique de l'agriculture dans la plaine pélasgique d'Argos, appelée le sol cyclopéen par excellence, et qui devint tributaire des Achéens. DENNE-BARON.

CYCLOSTOME (*Zoologie*), genre de mollusques de la famille des colimacées de Lamarck. Il a pour caractères : Animal rampant sur un pied allongé, étroit, épais en avant; tête proboscidiforme, portant en arrière une paire de tentacules coniques, obtus au sommet et pourvus d'yeux au côté externe de la base; coquille turbinée ou discoïde, à tours arrondis; ouverture circulaire (d'où le nom de *cyclostome*, formé de κύκλος, cercle, et στομα, bouche), fermée par un opercule calcaire ou corné, tourné en spirale. Tandis que dans la même famille on rencontre les hélices, qui sont hermaphrodites, les cyclostomes ont au contraire les sexes séparés, c'est-à-dire qu'il y a des individus mâles et des individus femelles.

M. Duméril donne le nom de *cyclostomes* à une famille de poissons cartilagineux, comprenant les genres *lamproie*, *myxime*, *heptatrame*, *gastrobranche* et *ammocèts*.

CYGNE. Les cygnes, qui pour plusieurs ornithologistes rentrent dans le genre *canard*, forment dans la classification de Cuvier un genre distinct de l'ordre des palmipèdes, famille des lamellirostres, sous le nom de *cygnus*. De tous les oiseaux, le cygne est celui dont le cou se compose du plus grand nombre de vertèbres : il en a 23; les dorsales sont au nombre de 11; il a, enfin, 14 sacrales et 8 caudales. Quant aux autres caractères anatomiques, ils n'offrent de différence avec ceux des canards qu'aux yeux exercés d'un naturaliste.

Cependant le *cygne domestique* a une élégance de forme qui ne permet à personne de le confondre avec l'oie ou le canard, qui le touchent de si près. Aussi les nomenclateurs lui auraient donné le surnom d'*élégant*, que nul ne s'en étonnerait. Mais comment expliquer l'appellation de *cygnus musicus* sous laquelle il figure dans les collections zoologiques? Il faut alors reconnaître que la science s'est inclinée devant cette fable antique qui attribue des sons si touchants au dernier *chant du cygne*, car on sait parfaitement aujourd'hui qu'à quelque époque que ce soit de leur vie les cygnes *crient* et ne *chantent* pas. Quoi qu'il en soit, le cygne est une ancienne conquête de l'homme, un des esclaves dont il s'est entouré; mais ce n'est pas le plus docile; il ne reste soumis qu'à certaines conditions : il lui faut une habitation conforme à ses habitudes, une pièce d'eau, surtout une grande sécurité. Cependant, il ne recherche pas la solitude; il paraît se plaire sur les bassins des promenades publiques, et lorsqu'elles sont bien fréquentées l'oiseau ne manque pas de venir faire des quêtes, qui ne sont jamais improductives. Il n'est peut-être aucun de nos lecteurs qui n'ait eu occasion de voir des cygnes, qui n'ait admiré leurs mouvements, où les grâces sont unies à la majesté. Mais ce que l'on voit rarement, ce sont les actes de vigueur dont au premier coup d'œil on ne soupçonnerait pas que cet animal fût capable. La violence de ses coups d'aile et les étreintes de son cou, nerveux autant que flexible, le font souvent triompher d'ennemis beaucoup plus forts et mieux armés : l'aigle même est quelquefois mis en fuite par ce paisible habitant des eaux, lorsqu'il ose l'attaquer pour en faire sa proie.

Il paraît qu'au temps de Virgile les cygnes étaient beaucoup plus communs en Italie qu'ils ne le sont aujourd'hui. La même observation peut être faite dans toute l'Europe, et surtout en France. La race de ces beaux oiseaux serait-elle condamnée à disparaître, quoique mise sous la protection spéciale de l'homme? Il est certain que le *cygne domestique* ne peut plus revenir à son indépendance primitive; il a perdu, dans les entraves de longue servitude, les moyens d'aller chercher une nouvelle habitation dans quelque contrée lointaine, dont la rare population ne trouble point le repos dont il ne peut se passer. Que peut-on observer durant la vie séculaire d'un couple de cygnes confiné sur un bassin dans une promenade publique ou dans un parc? Rien de plus uniforme que cette longue existence; elle peut s'achever sans que l'un ni l'autre des deux reclus ait jeté un seul cri. Aucun besoin, aucune passion ne les sollicite à transmettre au loin l'expression de ce qui les affecte; la voix leur est inutile, et ses organes demeurent inexercés. Il paraît que ces oiseaux, réunis en bandes un peu nombreuses sont moins silencieux; mais leur voix *rauque*, selon Virgile, qui avait pu les entendre, ne peut être celle que la croyance populaire attribue au cygne mourant. L'espèce qui a conservé son indépendance, et que par cette raison nous appelons *sauvage*, n'offense pas autant l'oreille lorsqu'elle fait retentir l'air de ses cris ou de ses *chants*. Quelques couples de cette espèce arrivés en France, durant un rigoureux hiver du siècle passé, s'étaient fixés à Chantilly, sur les grandes pièces d'eau alimentées par le ruisseau de Nonette : ils s'accoutumèrent très-bien à la vie sédentaire; mais sans changer les habitudes contractées au milieu des solitudes du nord de l'Europe et de l'Asie. Les *chants* du cygne sauvage entendus à Chantilly n'étaient point les derniers accents de l'un de ces oiseaux mourant, mais des appels d'amour, un dialogue entre le mâle et la femelle. Une même syllabe répétée sur les deux notes *mi fa* composait toute la phrase musicale du premier, et la seconde répondait par la même syllabe (couq, couq), répétée de même sur les deux notes *ré mi*. Nulle variation dans ces discours, qui, heureusement pour les voisins, n'étaient pas de longue durée, car on les entendait jusqu'à la distance de deux kilomètres. Quelques naturalistes ont assimilé les cris du cygne à ceux du paon : cette comparaison ne manque pas de justesse.

Les cygnes sauvages sont encore assez nombreux au nord de l'ancien continent, d'où ils se répandent quelquefois vers les régions tempérées, lorsque des hivers rigoureux les privent de subsistance dans leurs contrées natales. Les voyageurs ne manquent point de revenir au printemps, à l'exception de quelques jeunes couples, qui n'avaient pas encore fait choix d'une habitation d'été dans le Nord. Cette espèce diffère de celle du cygne domestique par la couleur du bec et de la *cire* ou peau qui couvre la base du bec : dans le cygne sauvage, ces deux parties sont jaunes, au lieu que le cygne domestique a la cire noire et le bec rouge. Les deux espèces sont d'humeur également sociable, instinct qui leur est commun avec toute la grande famille des oiseaux qui fréquentent les eaux douces.

C'est un beau spectacle que celui d'un cygne volant: l'aigle lui-même ne se montre pas dans les airs avec plus de grandeur et de majesté. Il paraît cependant que l'oiseau aquatique ne peut soutenir un vol prolongé durant plusieurs heures; il n'a point franchi les mers pour répandre son espèce dans tout l'univers. On trouve pourtant des cygnes dans l'Australie; cette terre de phénomènes zoologiques tout à fait imprévus, l'oiseau célèbre ici par son éclatante blancheur est tout noir, à l'exception des grandes pennes, qui sont blanches. L'Amérique méridionale possède une quatrième espèce, plus petite que celle d'Europe, dont le cou noir, ainsi qu'une partie du corps, sont les caractères spécifiques. Ces deux espèces étrangères à l'ancien continent sont encore peu connues; on n'a point d'observations sur leurs cris, leurs habitudes, leurs migrations, ni sur tout ce qu'il faudrait pour les comparer aux deux espèces que nous connaissons le mieux. FERRY.

CYGNE (Ordre du), ordre prétendu selon les uns, réel suivant les autres, auquel on prête dans tous les cas une origine fabuleuse. Favin dit qu'en 711 Théodoric ou Thierri, duc de Clèves, n'ayant qu'une fille unique, nommée Béatrix, lui laissa ses États en mourant, et que les grands seigneurs du pays ayant voulu s'en emparer, cette princesse se retira au château de Neubourg, près de Nimègue. Il ajoute qu'étant un jour à la fenêtre, triste et mélancolique, à cause des persécutions qu'on lui suscitait, elle vit sur le Rhin un navire qui venait à voiles déployées, et dans lequel se trouvait un chevalier, armé de toutes pièces, et qui avait pour cimier un cygne blanc, à la tête élevée et couronnée; d'autres, pour rendre la rencontre plus extraordinaire, disent que le navire était tiré par un cygne. L'inconnu, appelé Élie, ayant abordé au château, offrit à la princesse ses services, lui promettant de la défendre contre ses ennemis ; il obtint ainsi sa main, et à cause de son surnom de *Chevalier au Cygne*, institua l'ordre qui fait l'objet de cet article.

Les amateurs de fables ont trouvé à cet ordre une origine plus reculée encore. Ils racontent que Silvius ou Salucius Brabo, qui selon eux aurait donné son nom au *Brabant*, et qui vivait du temps de Jules César, voyant qu'il régnait une grande division entre les habitants de cette contrée et leurs voisins, et craignant qu'un jour ces fâcheuses dispositions ne vinssent à éclater, choisit quelques-uns des plus braves *seigneurs de sa cour*, auxquels il fit faire serment d'employer tous leurs soins à étouffer ces divisions, et qu'en cette considération il les fit chevaliers, et leur donna pour marque distinctive l'ordre du Cygne.

D'autres érudits font remonter sa création à l'an 500 de l'ère chrétienne. Les chevaliers, à leur réception, auraient prêté le serment de protéger la religion et d'empêcher les duels. Leur décoration aurait consisté en un cygne d'argent, suspendu à une chaine d'or, composée d'anneaux carrés, et l'ordre se serait éteint seulement vers le commencement du seizième siècle. Dans tous les cas, l'aventure du *Chevalier au Cygne* appartenait de droit aux romanciers. On y joignit l'histoire de Godefroi de Bouillon, et le tout forma un long poëme, d'environ trente mille vers, commencé par un certain Renax ou Renaus, et achevé par Gandor de Douai. En 1499, Pierre Desrey, natif de Troyes en Champagne, traita le même sujet en prose, en faisant usage, comme il le dit, du *Miroir historial* de Vincent de Beauvais. L'édition la plus recherchée de cet ouvrage est celle de Paris (Michel Le Noir, 1511, in-fol., gothique). On en a une version flamande, imprimée à Harlem, vers 1486, et une en anglais publiée par Caxton, en 1481. Cette tradition flattait l'orgueil de la maison de Clèves, dont les membres avaient adopté le cygne pour emblème.

En 1615, Charles de Gonzague de Clèves, duc de Nemours, voulut rétablir cet ordre du Cygne, qui n'avait vraisemblablement jamais existé ; mais ce projet n'eut pas de suite. Cependant, en 1780 il fut renouvelé d'une manière grotesque par un prêtre flamand, qui commença par se décorer de l'ordre ; puis il écrivit un livre assez curieux, malgré son énorme ridicule, intitulé : *Histoire de l'ordre héréditaire du Cygne*, dit *l'ordre souverain de Clèves, ou du Cordon d'Or*, par M. le comte DE BAR (2 vol. 1780-1782). Or ce comte de Bar était tout simplement curé de Laerne, en Flandre.
DE REIFFENBERG.

CYGNE (Pâté de), sorte de pâtisserie qui n'est pas de mode bien nouvelle, puisqu'on la trouve mentionnée dans un dispensaire wallon du quinzième siècle. Il est d'ailleurs souvent question du *pâté de cygne* dans les histoires de chevalerie. Ce noble comestible est prisé dans le Nord-Hollande et dans l'Oost-Frise. Dans ces contrées, on fait avec la chair du jeune cygne, et surtout avec celle du cygne sauvage, qui est plus tendre et plus savoureuse, d'excellents pâtés à la façon d'Amiens, c'est-à-dire enfermés dans une croûte de seigle et bien imbibés de lard fondu. Avis donc aux chasseurs qui, durant un rude hiver, auraient l'adresse d'abattre un cygne sauvage : au lieu de le donner en pâture à leurs chiens, comme cela ne manque jamais d'arriver en France, au mépris de l'autorité de Palmerin des Gaules et du comte Gaston de Foix, auteur d'un *Traicté des Chasses et nutrition giboyeuse*, qu'ils remettent ce beau volatile entre les mains de leur cuisinier, qui en fera un *pâté de cygne* digne des éloges d'une réunion de gastronomes.

CYGNE (*Astronomie*), constellation boréale, située entre Céphée, la Lyre et le Renard. Dans le catalogue de Flamstead, elle renferme 81 étoiles, dont 2 surtout sont remarquables. La 31ᵉ du Cygne est en effet une des étoiles périodiques les mieux observées, et la 61ᵉ du même astérisme doit sa célébrité à ce fait que c'est l'une des premières étoiles binaires dans le système desquelles on ait reconnu l'existence d'un mouvement elliptique soumis aux lois de la gravitation newtonienne qui régissent notre système. La 61ᵉ du Cygne a servi de thème à un beau travail de M. Bessel, qui a démontré que cette étoile possède en outre un mouvement annuel de translation d'environ 5",5.

CYLINDRE (*Géométrie*), en grec χύλινδρος. Le plus simple de tous les cylindres, celui dont s'occupe la géométrie élémentaire, peut être regardé comme un volume engendré par la révolution d'un rectangle tournant autour de l'un de ses côtés. Ce côté devient l'*axe* du cylindre ; le côté opposé en décrit la *surface latérale*, ainsi nommée pour la distinguer des surfaces circulaires qui terminent le cylindre à ses deux extrémités et qui en sont les *bases*. Comme la surface latérale de ce corps a pour génératrice une droite qui glisse sur une des circonférences des bases en restant parallèle à elle-même, toutes les surfaces également engendrées par une droite qui se meut parallèlement à elle-même en glissant sur une courbe, ont reçu le nom de *surfaces cylindriques*. Un cylindre peut donc être à base circulaire, ou elliptique, ou de toute autre forme ; il peut encore être *droit* ou *oblique*, suivant que la direction de la génératrice est perpendiculaire ou non au plan de la base. Dans tous les cas, la *hauteur* du cylindre est la distance de ses deux bases. Le cylindre dont nous avons parlé d'abord est le *cylindre droit à base circulaire*. Son volume est égal au produit de sa base par sa hauteur ; sa surface latérale, au produit de la circonférence de cette base par la hauteur. Si R représente le rayon de la base d'un tel cylindre, et H sa hauteur (qui n'est autre que son axe), on a :

pour le volume, $V = \pi R^2 \times H$,
pour la surface, $S = 2\pi R \times H$.

Ces deux résultats s'obtiennent immédiatement en remarquant que ce cylindre est la limite vers laquelle tend un prisme polygonal régulier dont le nombre des côtés va toujours en doublant.

Les surfaces cylindriques prises dans toute leur généralité sont représentées par des équations, dont le degré varie avec celui de la courbe directrice. Si cette courbe est du second degré, il en est de même de la surface cylindrique : on a ainsi des cylindres à base elliptique, hyperbolique et parabolique. Toute section plane d'un cylindre du second degré est une section conique. E. MERLIEUX.

CYLINDRE (*Technologie*). L'industrie a donné ce nom à plusieurs objets dont la forme est celle du corps qu'on appelle ainsi en géométrie élémentaire. Tels sont les cylindres du laminoir, ceux de la calandre, ceux dont on se sert dans l'impression typographique à la mécanique, dans l'imprimerie sur étoffes, dans la fabrication du papier, etc. ; ou trouve enfin des cylindres jusque dans les orgues de Barbarie, les serinettes, et autres instruments du même genre. Certaines cornues portent aussi le nom de *cylindres*.

Dans le commerce, on nomme aussi cylindres des globes de verre qui n'ont quelquefois aucun rapport avec la forme cylindrique, et qui servent à couvrir des pendules, des flambeaux, des objets d'art, des curiosités, etc., pour les préserver de la poussière et les soustraire à la vue. Ces cylindres ont remplacé les *cages*, qui étaient composées de plusieurs parties de verre assemblées sur leurs arêtes avec un mastic. Ce n'est que vers la fin du siècle dernier que la fabrication du verre à vitre *en manchons* permit de faire des *cylindres ronds*, et encore étaient-ils de petite dimension. Afin de pouvoir employer ces cylindres à couvrir des pendules, on pensa ensuite à les aplatir sur deux faces : pour cela le souffleur, après avoir fait le cylindre rond, le remettait chauffer, et, le tenant encore au bout de la canne, il le posait sur une table de bois uni, pendant qu'un aide appuyait une planche sur le cylindre parallèlement à la table. Les *cylindres ovales* ainsi obtenus étaient assez peu gracieux, et on arrivait difficilement à des mesures déterminées; mais l'usage de moules composés de deux madriers fixés parallèlement à la distance voulue, et surtout la grande habitude des ouvriers, amenèrent à de meilleurs résultats. On fabriqua ensuite les *cylindres carrés*, soufflés dans des moules composés de quatre madriers. Ces derniers couvrent les pendules carrées ou à colonnes avec bien moins de perte de place que les cylindres ovales; c'est de leur apparition que date l'abandon presque complet des cages. Si on se sert encore de celles-ci, ce n'est que pour couvrir des objets de très grandes dimensions.

La France, ou plutôt Paris, est le pays où l'on fabrique le plus de cylindres.

CYMAISE (en grec κυμάτιον, dérivée de κῦμα, flot, ondulation). C'est le nom que l'on donne à toute moulure ondulée qui termine une corniche. Cependant Vitruve n'appelle ainsi que celles dont le profil se compose de deux arcs de cercle présentant la figure de la lettre S : ces deux cymaises ne diffèrent entre elles que par la position ; l'une est la *doucine*, et l'autre le *talon*.

CYMBALES, instrument de percussion, composé de deux plaques circulaires d'airain, de 0^m,33 de diamètre et de 2 millimètres d'épaisseur, ayant chacune à leur centre une petite concavité, et un trou dans lequel on introduit une double courroie. Pour jouer de cet instrument, on passe les mains dans ces courroies, et l'on frappe les cymbales l'une contre l'autre, du côté creux. Le son qu'elles rendent, quoique très-éclatant, n'est point appréciable. On réunit les frappements des cymbales à ceux de la grosse caisse, pour marquer le rhythme ou seulement les temps forts de la mesure, dans les marches militaires, les airs de danse, les ouvertures, les finales d'opéra, dans les cavatines brillantes, etc.

CASTIL-BLAZE.

CYME. Ce mot, qu'il ne faut point confondre avec *cime*, vient du grec κῦμα, dont les Latins ont fait *cyma*, et désigne un mode d'inflorescence résultant de l'assemblage de deux pédoncules ou d'un plus grand nombre, qui partent d'un même point, comme dans l'ombelle, mais qui s'étalent presque horizontalement et se terminent par une ou deux rangées de fleurs.

CYMOPHANE (de κῦμα, flot, et φάνος, lumière) *Voyez* CHRYSOBÉRYL.

CYNARÉES, tribu de la famille des synanthérées, qui tire son nom du genre qui lui sert de type (le genre *cynara*, auquel appartient l'*artichaut*). La plupart des cynarées se distinguent par la saveur amère, souvent très-fort, contenu dans leurs tiges et dans leurs feuilles. Cette amertume paraît tenir à un principe amer avec la gomme, et qui dans quelques espèces est très-abondant, et les a fait employer comme stomachiques.

CYNAROCÉPHALES (de *cynara*, artichaut, et κεφαλή, tête), nom donné par de Jussieu à la tribu des cynarées.

CYNIPS, genre d'insectes hyménoptères, de la tribu des gallicoles, famille des pupivores, et que l'on reconnaît facilement à leur tête étroite, à leur thorax gros et bombé, qui les fait paraître comme bossus, à leurs antennes filiformes, non brisées, de dix à quinze articles, à leurs ailes inférieures, qui ne présentent qu'une seule nervure. A l'aide de leur tarière, armée de dents, ces petits insectes percent l'écorce et les feuilles des arbres pour y déposer leurs œufs. La sève, affluant vers la partie piquée, produit, en s'épanchant, des excroissances connues sous le nom de *galles*, que l'on voit si fréquemment sur les feuilles de chêne, sur les tiges d'osiers, etc. L'œuf se développe à l'intérieur de ces tumeurs, et la larve, qui y trouve à la fois sa subsistance et un abri, y subit ses diverses transformations ; puis, parvenue à l'époque de sa dernière métamorphose, elle perce sa demeure et s'envole. Quelques-unes toutefois quittent la galle, et s'enfoncent dans la terre immédiatement après leur naissance.

Parmi les espèces les plus remarquables de ce genre, nous citerons : le *cynips tinctorial*, qui dépose ses œufs sur une espèce de chêne du Levant, et détermine ainsi la formation des *noix de galle*, dont on fait usage pour la fabrication de l'encre et pour la teinture en noir ; le *cynips de l'églantier*, qui produit sur cet arbuste ces excroissances mousseuses connues sous le nom de *bédégars* ; le *cynips du figuier*, qui a donné lieu au procédé connu en Orient sous le nom de *caprification*.

Dr SAUCEROTTE.

CYNIQUE (Année). *Voyez* CANICULE.
CYNIQUE (Spasme). *Voyez* CANIN.
CYNIQUES (Philosophes). Ils tirent leur nom du mot grec κύων, chien, d'un lieu à Athènes, selon les uns, où ils tenaient leur école, et nommé *Cynosarge* (le Chien-Blanc), appellation dont l'origine est étrangère à cet article, lieu sacré cependant, sur lequel Hercule avait un temple ; et, selon d'autres, de leur impudence, semblable à celle de cet animal aboyeur. Leur secte était sortie de l'école de Socrate : Antisthène, zélé disciple de ce dernier, en fut le fondateur. La morale aisée du somptueux Platon déplut à ce philosophe d'une vertu rigide : il endossa le grossier *pallium*, ou plutôt le manteau double, jeta bas l'élégante tunique athénienne, et prit le bâton, la besace et les sandales. Il affecta la pauvreté, qu'il pratiqua le reste de ses jours, la préférant au gain que lui donnait sa première profession, de rhéteur. Il y avait bien cependant un peu d'orgueil dans cette barbe épaisse et inculte. Néanmoins, on ne peut reprocher à Antisthène que le fanatisme de la vertu, si l'on accepte cet adage d'un sage : *in medio virtus*. Diogène, son disciple, le plus spirituel des Athéniens, dégénéra quelque peu de son maître, car celui-ci, dont l'austérité seule et l'exemple foudroyaient le vice et l'insolence du riche, ne frappait pas de son bâton la populace athénienne.

La morale de ces deux philosophes, que nous nommerons les *cyniques purs*, était admirable : ils regardaient d'abord la vertu comme la véritable grandeur de l'homme : « Il y a, disaient-ils avec raison, un exercice de l'âme et un exercice du corps ; le premier est une source féconde d'images sublimes, qui naissent dans l'âme, qui l'enflamment et qui l'élèvent ; il ne faut pas négliger le second, parce que l'homme n'est pas en santé si l'une des parties dont il est composé est malade. » Cette maxime était une réfutation du spiritualisme absolu de Platon. Une de leurs belles pensées est celle-ci : « Il faut résister à la fortune par le mépris, à la loi par la nature, aux passions par la vertu. » Et cette autre, si forte et si concise : « On doit plus à la nature qu'à la loi. » De si nobles maximes ne supposent pas les mœurs impures et les habitudes dégoûtantes dont la médisance, fille de la jalousie, a voulu les déshonorer. La consommation du mariage du cynique Cratès, laid et bossu, avec la belle et jeune Hipparchia, follement éprise de lui, sous le Portique et à la vue des Athéniens, est une fable, sans doute inventée par leurs ennemis, car les deux époux, sur cet étrange lit nuptial, eussent été exposés à coups de pierres par la populace d'une ville aussi polie et aussi religieuse que l'était Athènes. Dans la suite, cette secte de philosophes dégénéra, comme toutes les autres : elle remplit toute la Grèce et toute l'Italie de si effrontés coquins, qu'on les rejetait à l'égal des mendiants.

La philosophie, la morale franche de Diogène, et surtout son esprit délié, lui firent un grand nombre de prosélytes dans toutes les villes de la Grèce. Un riche Corinthien, appelé Xéniade, confia à ce cynique l'éducation de ses enfants : ils apprirent de lui à pratiquer la vertu, à manger des oignons, à marcher les pieds nus et à se moquer de tout. Les lieux publics, les portiques, étaient le théâtre où cette secte enseignait la morale, vivait et logeait. Toujours le vice se cache : le peuple eût chassé du parvis de ses temples des hommes impurs. Concluons donc de là que les premiers cyniques furent de vrais sages. A cela près de leur esprit railleur et de l'ironie dont ils se faisaient une arme, avec leur abnégation des choses humaines, leur sobriété, leur manteau, leur besace et leur bâton, ils étaient en tout semblables aux cénobites chrétiens. Le cynique Antisthène semble les avoir dépeints dans cette maxime simple comme eux : « L'honnête homme seul est vraiment aimable. »

Nécessairement, les cyniques devaient mépriser les arts et les lettres : ce dédain ne contribua pas peu à les faire dédaigner eux-mêmes de l'élégante Athènes; mais l'esprit de Diogène le sauva du mépris du peuple le plus spirituel de la Grèce. Pouvait-il ne pas admirer un homme illettré, mais qui se servait de l'ironie avec tant de profondeur? Le dernier des cyniques de l'école ancienne fut Ménippe, philosophe indigne, mais écrivain plein de sel, qu'imita Lucien, et qui laissa le nom de *Ménippée* à un genre de composition satirique.

Après Diogène vint d'abord Xéniade, dont il avait été l'esclave, qui jeta les premiers fondements du scepticisme et soutenait « que tout était faux, que tout ce qui paraissait de nouveau naissait de rien, et que ce qui disparaissait retournait à rien; » puis Onésicrite, homme puissant et considéré d'Alexandre; Phocion, surnommé l'homme de bien, qui, un jour qu'il avait harangué le peuple et en avait été couvert d'applaudissements, demanda à ses amis s'il aurait dit des sottises; Stilpon de Mégare, homme d'État; Monyme de Syracuse, qui prétendait que nous étions trompés sans cesse par des simulacres; Cratès de Thèbes, dont nous avons parlé; Métroclé, frère d'Hipparchia, femme de Cratès ; Théombrote et Cléomène, disciples de Métroclé; Démétrius d'Alexandrie, disciple de Théombrote ; Timarque, de la même ville, et Echéclé d'Éphèse, disciple de Cléomène; Ménédème, disciple d'Echéclé, chez qui le cynisme dégénéra en frénésie, qui se déguisait en Tisiphone et courait dans les rues une torche à la main, au lieu d'une lanterne, pour discerner, par l'ordre du dieu des enfers, les bons d'avec les méchants, et enfin l'usurier Ménippe, qui se pendit de désespoir d'avoir perdu une forte somme d'argent. Là finit le cynisme ancien; il ne reparut que quelques années avant J.-C., mais entièrement dégradé et couvert de mépris. Dans cette secte moderne, les noms de Carnéade, de Musonius, de Démonax, de Démétrius, d'Œnomaüs, de Creccens, de Pérégrin, de Salluste, sont parvenus jusqu'à nous. Parmi eux, quelques-uns sont respectables, les autres sont infâmes. Julien a loué la patience de Musonius, qui, ayant bravé Néron, fut envoyé dans les travaux de l'isthme et y mourut. Démétrius fut admiré de Sénèque; il expira sur la paille, craint des tyrans et des méchants, et respecté des bons. Démonax vécut sous Adrien : il fut écouté, respecté et chéri pendant sa vie. Crescens, avare et rampant, fut couvert d'opprobre; Pérégrin, chrétien, apostat et fou, se brûla tout vif sur un bûcher; Salluste, le dernier de l'école moderne, combattit le vice avec son éloquence athénienne, ainsi que l'hypocrisie des faux cyniques; il argumentait aussi contre la philosophie de Platon. Concluons de ce tableau des mœurs et des actions des cyniques, que leur école fut pendant un temps respectable : ce n'était point une secte corrompue que celle qu'abandonna l'austère Zénon pour fonder sur les principes d'Antisthène l'école stoïcienne.

DENNE-BARON.

CYNISME. De l'école dégénérée des cyniques est resté dans nos langues modernes ce mot, si commun dans toutes les bouches, et qui est toujours pris en mauvaise part; il est synonyme d'*impudence*, d'*impudeur* dans les actions et les paroles. Le cynisme est chez nous le caractère dominant d'un homme qui s'est affranchi des bienséances; qui, comme Diogène chez Platon, salit de ses souliers boueux les plus beaux tapis; qui hait la périphrase; qui nomme tout par son nom; mais dans l'âme duquel la séduction, l'adultère, le viol, n'ont jamais pu trouver un asile. Ce restant grossier de l'école de Diogène a beau dire que rien n'est souillé dans la nature, que tout ce qu'elle permet peut être fait à la face du soleil; on leur répondra par la voix de la nature elle-même, qui nous dit que le sentiment de la pudeur est entré dans le cœur de l'homme du jour qu'il perdit son innocence. La nature elle-même a sa pudeur : c'est dans l'ombre, c'est dans le silence qu'elle se reproduit. L'hymen des fleurs est invisible; la tendre tourterelle et les oiseaux se cachent dans l'épaisseur des bois vers la saison des amours ; le lion rugissant et les bêtes sauvages s'enfoncent dans les antres les plus creux : l'amour est une religion qui a ses mystères; les dévoiler au grand jour, c'est être sacrilège. Le chien est le seul impudique, il est vrai ; mais pourquoi l'homme ferait-il parade de l'unique défaut qu'ait ce bon animal?

DENNE-BARON.

CYNOCÉPHALE (*Mythologie*). Parmi les animaux sacrés de l'Égypte, le *cynocéphale* (du grec κυνος, chien, et κεφαλη, tête) est un de ceux dont les images sont le plus multipliées sur les monuments d'ancien style ; il fut le symbole de deux des principales divinités de ce pays. La ressemblance de la tête de cette espèce de singe avec celle du chien le fit dénommer ainsi par les Grecs, qui peut-être en cette occasion traduisirent tout simplement le nom égyptien de cet animal. Le cynocéphale était l'un des emblèmes les plus connus du dieu Thôth, et il était consacré à ce dieu, l'Hermès égyptien, l'inventeur des lettres, parce que, disait-on, une certaine classe de ces animaux connaissait réellement l'usage des lettres. Cette croyance, quelque absurde qu'elle soit, semble s'être conservée fort longtemps en Égypte. On trouve, par exemple, parmi les sculptures qui décorent le grand temple d'Éfou un bas-relief représentant un cynocéphale assis, dans l'acte de tracer des caractères sur une tablette à l'aide d'un roseau. On crut trouver, outre cela, dans ce même animal des rapports marqués avec les individus composant la caste sacerdotale, puisque, comme ceux-ci, il était circoncis et s'abstenait surtout de manger du poisson. Cette espèce de singe dut ainsi nécessairement devenir l'emblème de Thôth, l'instituteur et le prototype de la caste sacerdotale. Ce dieu, créateur des sciences et des arts, est très-souvent figuré sous la forme même du cynocéphale, dans les bas-reliefs symboliques et les peintures des rituels funéraires. Un des plus beaux manuscrits hiéroglyphiques de la Bibliothèque Impériale offre un exemple curieux de cette particularité. Du reste, les figures de cynocéphale, en terre émaillée, en pierre ou en bronze, sont très-communes, le culte du dieu dont il était l'emblème étant très-répandu dans toutes les préfectures de l'Égypte.

Horapollon dit expressément que le cynocéphale représente la lune dans l'écriture sacrée, et il en donne pour raison que cette espèce de singe est douée d'une certaine sympathie avec le cours de cet astre, qui exerce sur lui une influence toute particulière. Un fait certain, c'est que le préjugé de l'influence lunaire sur certains animaux, et sur l'espèce des singes en particulier, ne fut point seulement répandu en Égypte, mais qu'il obtint quelque crédit en Grèce, et même en Italie. Enfin, le cynocéphale était aussi en rapport avec le soleil, régulateur de la division civile du temps, et on l'appelait *urinator*, parce qu'on croyait qu'il satisfaisait ce besoin naturel exactement à toutes les heures. Il nous est parvenu des momies de cynocéphales assez bien conservées; elles ne sont pas très-rares dans nos musées.

CHAMPOLLION-FIGEAC.

CYNOCÉPHALES. Les collines qui portaient ce nom, qui signifie têtes de chiens, se trouvent dans l'ancienne province de Thessalie ; elles naissent près de Thaumacie, et passent à l'orient de l'harsale pour former la limite orientale des vallons de l'*Apidanus*, descendent vers le Pénée et se terminent à quelques lieues de Larissa. Ces collines sont célèbres par la défaite qu'y essuya le roi de Macédoine Philippe V, battu par le général romain Flamininus.

CYNOCÉPHALES (*Mammalogie*). *Voyez* SINGES.

CYNOGLOSSE (de κύων, κυνός, chien, et γλῶσσα, langue), genre de la famille des borraginées et de la pentandrie monogynie, qui renferme un assez grand nombre de plantes herbacées de diverses parties du monde. Les cynoglosses, au lieu d'être, comme la plupart des borraginées, mucilagineuses, adoucissantes, diurétiques, ont des qualités presque délétères. Leur odeur est désagréable, leur saveur fade et nauséabonde.

Le *cynoglossum officinale*, appelé vulgairement *langue de chien*, à cause de la forme de ses feuilles, et qui a donné son nom au genre, est commun en Europe, où il se rencontre sur les bords des bois et des champs. Ses fleurs, qui paraissent en mai et en juin, sont petites, d'un rouge obscur, disposées en un épi terminal, un peu lâche. Il passe pour anodin et légèrement narcotique, et entre dans la composition des pilules auxquelles il a donné son nom.

Parmi les espèces de cynoglosse cultivées dans nos jardins, on remarque le *cynoglossum omphalodes*, encore nommé *petite bourrache*, et dont les fleurs, d'un bleu vif, rayées de blanc en dedans, sont en petites grappes lâches, latérales et terminales; le *cynoglossum linifolium*, qui produit un bel effet par ses longues grappes de fleurs blanches, etc.

CYNOREXIE (de κύων, chien, et ὄρεξις, faim, appétit), terme de pathologie, sous lequel on désigne une maladie nerveuse de l'estomac, caractérisée par une faim excessive et par le vomissement de tous les aliments après leur ingestion. C'est, dit-on, la même maladie qu'on désigne vulgairement sous le nom de *faim canine*, et en médecine sous celui de *boulimie*. Mais ce que les anciens médecins ont voulu signifier avec raison par le terme *cynorexie* est évidemment l'augmentation morbide de l'appétit, accompagnée de vomissement des aliments peu après qu'ils ont été portés dans l'estomac, tandis que dans la boulimie ou faim canine, ce vomissement n'a point lieu ordinairement. Il est facile de reconnaître dans ce nom l'allusion de l'appétit vorace d'un homme à celui du chien, qui vomit avec beaucoup de facilité après s'être gorgé d'aliments.
L. LAURENT.

CYNOSURE (du grec κύων, κύνος, chien, et οὐρά, queue). Ainsi s'appelait la nymphe du mont Ida, qui éleva Jupiter, et qui ensuite fut placée dans la constellation de la petite ourse. Les Phéniciens avaient coutume de se diriger d'après cette étoile dans leurs traversées. C'est de là que, dans un sens détourné, le mot *cynosure* était devenu chez les Grecs synonyme de *guide*.

CYNTHIE ou CYNTHIA, et CYNTHIUS ou CYNTHIEN, surnoms de Diane et d'Apollon, qu'ils doivent au mont Cynthus, qui s'élève non loin de la mer, vers le milieu de la côte orientale de Délos, où Latone, disent les poëtes, mit au monde ces deux divinités fameuses. Le *Cynthus* est remarquable, comme sont tous les rochers de l'Archipel, par sa formation; il est tout de granit. Plusieurs degrés de marbre conduisaient jadis au sommet. Au-dessus, jusqu'à la base, les autres étaient taillés dans le roc. La ville de Délos s'étendait au pied de cette montagne consacrée à Apollon.

CYNTHIE. *Voyez* PROPERCE.

CYPARISSE, adolescent de l'île de Céos, fils de Telephus, et favori d'Apollon, tua par mégarde un cerf qu'il affectionnait beaucoup, et à la suite du violent chagrin qu'il en éprouva, voulait s'ôter la vie; mais Apollon, touché de son désespoir, le métamorphosa en cyprès.

CYPÉRACÉES ou CYPÉROIDES. Ces deux noms, qui pourraient paraître s'appliquer à des plantes analogues au cyprès ou lui appartenir à lui-même, ont été donnés par les botanistes à une famille de végétaux tout à fait différents, appartenant à la classe des monocotylédones, et dont le type est le souchet, en latin *cyperus*. Le genre *papyrus* est des plus intéressants de cette famille.
P. GERVAIS.

CYPRE. *Voyez* CHYPRE.

CYPRÈS. Tout le monde connaît les cyprès, qui, suivant la fiction des poëtes grecs, naquirent des cendres de Cyparisse, métamorphosé par Apollon. Chez les anciens, les cyprès étaient consacrés au dieu des morts, parce que, comme l'a dit Théophraste, leur tige une fois coupée ne porte aucun rameau; à Rome, on plaçait, ainsi qu'on le fait encore chez nous, une branche de cyprès, ou le plus souvent un arbre entier de cette espèce, auprès des tombeaux; lorsqu'on brûlait les corps des guerriers, c'était sur un bûcher fait de ce bois, et lorsqu'on recueillait leurs cendres, on les plaçait dans une urne qui en était également faite. Aujourd'hui encore, ces arbres sont plantés dans les cimetières de préférence à tout autre, et bien qu'on ne voie aussi dans les jardins, leur aspect rappelle toujours quelque triste souvenir. Leur bois est dur et très-recherché, à cause de la résistance qu'il offre à l'humidité et aux autres causes de destruction, sa durée est, comme on l'a remarqué, sept fois plus grande que celle des chênes et des ormes.

Le cyprès, aujourd'hui répandu par toute l'Europe, paraît être originaire du Levant; c'est surtout dans cette partie, et principalement dans les îles de l'Archipel, qu'on s'adonne à sa culture. Il paraît qu'il était d'usage chez les habitants de l'île de Crète (aujourd'hui Candie) qu'un père, lorsqu'il mariait sa fille, lui donnât pour dot un certain nombre de ces végétaux, et ils portent encore aujourd'hui dans le pays-un nom vulgaire qui rappelle cette ancienne coutume. La culture du cyprès demande sous notre climat, et à plus forte raison dans les contrées du Nord, des soins nombreux et indispensables. On conseille de le semer sur couche, et on ne le plante qu'à la seconde année. Comme sa tige est encore tendre, on doit le préserver du froid, car il arrive souvent que pendant les hivers rigoureux il en périt un grand nombre, même de ceux que leur âge paraissait avoir placés hors d'atteinte.

Les fruits du cyprès ont été quelquefois employés en médecine comme astringents, mais ils paraissent aujourd'hui entièrement abandonnés; les fleurs sont mâles et femelles, les premières jaunâtres et longues de sept millimètres, les secondes plus rares, verdâtres, et apparaissant sur le bois âgé de deux années; elles sont arrondies, bosselées, et n'ont acquis toute leur maturité qu'au printemps, qui est aussi l'époque de la floraison.

Le cyprès est devenu pour les botanistes le type du genre *cupressus*, qui prend place dans la famille des conifères. Son nom systématique est *cupressus sempervirens*. Parmi les principales espèces qu'on lui a données par ses congénères, nous citerons le *cyprès glauque* (*cupressus glaucus*), qui croît naturellement en Asie, et se trouve acclimaté en Portugal; le *cyprès distique* (*cupressus disticha*), originaire d'Amérique, et le *cyprès à feuille de thuya* (*cupressus thuyoides*), qui tous acquièrent des dimensions considérables. Le dernier croît dans les terres humides du Canada, du Maryland et de la Pensylvanie. On dit que l'emplacement de Philadelphie était couvert d'une forêt de cette espèce de cyprès, qui a servi à la charpente des maisons de la ville.
P. GERVAIS.

Parmi les arbres célèbres on cite le *cyprès de Tesla*, fameux déjà du temps de Fernand Cortez, qui le considéra comme une grande merveille. Vénéré par les Indiens, qui l'appellent *Sabino*, cet énorme cyprès embellit le Mexique au cimetière de Sainte-Marie de Tesla, à 11 kilomètres d'Oaxaca. Sa hauteur est de 37 mètres et sa circonférence de 38.

CYPRIEN (Saint), fils d'un des principaux sénateurs de Carthage, se livra de bonne heure à l'étude des lettres, et enseigna longtemps la rhétorique dans sa patrie avec beaucoup de succès. Il avait été élevé dans les superstitions du paganisme; de fréquentes conversations avec un prêtre, nommé Cecilius, avec lequel il était lié d'amitié, l'amenèrent insensiblement à embrasser la religion chrétienne. Dans son livre à *Donat*, son prédécesseur sur le siége de Carthage, il décrit lui-même l'histoire de sa conversion, les combats qu'il eut à soutenir contre son propre cœur; difficultés qui s'évanouirent lorsqu'il eut reçu le baptême. Il ajouta, depuis ce moment, le nom de Cecilius au sien, en reconnaissance du service qu'il avait reçu de son ami. Devenu chrétien, il apporta à l'étude de la religion toute l'ardeur qu'il avait eue pour les sciences profanes; les livres saints, dont il dévorait les maximes, les récits de Tertullien, son compatriote, qu'il appelait son maître, devinrent sa lecture journalière. Il écrivit bientôt lui-même plusieurs ouvrages pour démontrer la vanité des idoles, et pour recueillir les preuves de la religion chrétienne. La réputation de ses talents jointe à l'éclat de ses vertus déterminèrent Donat à l'élever au sacerdoce, peu de temps après son baptême. Donat étant mort un an après cette ordination, Cyprien fut forcé de consentir à devenir son successeur. Cette élection, qui eut lieu en 248, rencontra quelques opposants; mais la bonté du nouveau prélat lui gagna une partie de ceux qui s'étaient déclarés contre lui.

L'avénement de Dèce à l'empire, en 249, ralluma le feu des persécutions, qui s'était ralenti depuis plusieurs années. Cyprien, personnellement menacé, se cacha pour échapper à l'orage; mais de sa retraite il ne cessa de pourvoir aux besoins de ses ouailles, en leur adressant de fréquentes lettres, pour les exhorter, les consoler et les reprendre. Tous les chrétiens ne montrèrent pas un égal courage dans cette persécution. Ceux qui avaient succombé devaient, pour rentrer dans l'Église, se soumettre à la pénitence canonique; cependant, sur l'intercession des défenseurs de la foi, on leur remettait parfois une partie de leur peine. Cyprien crut devoir réclamer le maintien de l'ancienne discipline, et reprocher aux confesseurs leur trop grande facilité. Félicissime prit de là occasion de déclamer contre ce qu'il appelait la sévérité de son évêque; et, profitant de l'absence de Cyprien, il fit donner le titre d'évêque à un nommé Novat, et il reçut de lui l'ordre du diaconat. La fermeté de Cyprien étouffa en peu de temps ces germes de discorde. Novat, abandonné, s'enfuit à Rome, et Félicissime, après de longs efforts pour perpétuer le schisme, se vit condamné par un concile que Cyprien convoqua à Carthage lorsque la fin de la persécution lui permit de quitter sa retraite. Novat, qui s'était montré si tolérant en Afrique, donna dans l'excès contraire à Rome, et soutint avec Novatien, contre le pape Corneille, qu'on ne devait ni absoudre ni même recevoir à la pénitence ceux qui avaient sacrifié, quelque douleur qu'ils fissent paraître : de là de nouvelles disputes, puis un nouveau schisme, à l'extinction duquel Cyprien contribua par son zèle et par ses écrits (*voyez* NOVATIENS). C'est à cette occasion qu'il fit paraître son livre *De l'Unité de l'Église*.

Vers le même temps éclata la peste qui, après avoir parcouru les diverses parties de l'empire, vint fondre sur l'Afrique et y exercer d'horribles ravages. Ce fléau fit périr des milliers de personnes et des familles entières. Alors, comme de nos jours, on cherchait par la fuite à se garantir de la contagion; les malades étaient abandonnés sans secours; les païens les chassaient de leurs maisons, croyant ainsi chasser la mort. Cyprien adressa de touchantes exhortations aux chrétiens, et, donnant lui-même l'exemple de la charité et du dévouement, procura d'abondantes ressources et de nombreux soulagements aux malheureux que l'égoïsme abandonnait. Cette peste put être regardée comme un double fléau, car elle ramena la persécution. Le superstitieux Gallus crut apaiser les dieux, qu'il supposait irrités, en immolant les chrétiens. Cet événement, que Cyprien avait prévu, lui dicta son *Exhortation au Martyre*, qu'il adressa à ses diocésains pour les préparer à cette épreuve. Il s'attendait lui-même à être enlevé par la persécution : « Que celui de nous qui sera le premier enlevé, écrivait-il au pape Corneille, continue d'aimer ses frères dans le ciel, et qu'il ne cesse d'offrir des prières pour eux! » Ce fut Corneille qui fut appelé à remplir cette mission de charité. Lucius, qui le remplaça, ne fit que paraître sur la chaire pontificale, et mourut en exil. En 253 fut élu Étienne, sous le pontificat duquel s'éleva la fameuse dispute sur le baptême. Cyprien, croyant pouvoir maintenir l'usage introduit dans son église par Agrippin, l'un de ses prédécesseurs, et suivi, d'après lui, par plusieurs évêques d'Afrique, réitérait le baptême donné par les hérétiques, qu'il regardait comme nul; Étienne, consulté, répondit qu'il ne fallait rien innover, mais s'en tenir à l'ancienne tradition, et par conséquent admettre le baptême des hérétiques, pourvu qu'il eût été conféré selon la forme usitée dans l'Église. Cyprien, et surtout les évêques qui soutenaient son opinion, montrèrent plus que de l'opiniâtreté dans cette dispute; les choses en vinrent au point que le pape pensait à les excommunier; mais, dit saint Augustin, la paix de Jésus-Christ l'emporta dans les cœurs. On voit dans le livre qu'il écrivit *Sur le Bien de la Patience*, que saint Cyprien se repentit de l'ardeur qu'il avait montrée dans cette occasion; et cette faute, si on doit la lui imputer, il l'effaça bientôt dans son sang. Arrêté dans la persécution de Valérien, il fut d'abord exilé à Curube. Ramené l'année suivante à Carthage, il y fut décapité, le 14 septembre 258.

Saint Cyprien a laissé plusieurs ouvrages qui l'ont fait placer parmi les docteurs de l'Église. Suivant Fénelon, le langage de ce Père se ressent du génie âpre des Africains, et n'est pas toujours exempt de cette sublimité recherchée qu'on reproche aux auteurs du même temps; mais pour la simplicité du style, ses lettres sont des modèles qu'on peut en toute sûreté admirer et imiter. L'abbé C. BANDEVILLE.

CYPRIN, CYPRINOÏDES. Le premier de ces mots a changé de signification depuis le commencement du siècle. Le genre *cyprin* d'Artédi et de Linné renfermait toutes les espèces de poissons dont Cuvier et Latreille ont formé la famille des *cyprinoïdes*. Les ichthyologistes modernes ont bien conservé un genre *cyprin*; mais il ne renferme plus que la carpe et ses variétés.

La famille des cyprinoïdes a pour caractères : une bouche peu fendue; des mâchoires faibles, le plus souvent sans dents, dont le bord est formé par les os intermaxillaires; des os pharyngiens fortement dentés, qui compensent le peu d'armure des mâchoires; des rayons branchiaux peu nombreux; un corps écailleux, sans dorsale adipeuse; estomac sans cul-de-sac et sans appendices cœcales. Les cyprinoïdes sont les moins carnassiers des poissons. Les genres *cyprin*, *barbeau*, *goujon*, *able*, *catastome*, *loche*, *pœcile*, etc., sont les principaux de cette famille.

L. LAURENT.

CYPRIS ou CYPRINE. C'était un des divers surnoms de Vénus chez les Grecs; elle le dut à l'île de Cypre ou Chypre, dans les parages de laquelle elle était née, de l'écume de la mer. Elle peut aussi avoir été surnommée *Cypris*, des temples fameux et des bocages sacrés qu'elle avait dans cette île, voisine de la Phénicie, où respirait l'objet de son aveugle passion. DENNE-BARON.

CYR ou CIRIQUE (Saint), fils de sainte Juliette, native d'Iconium, fut arraché d'entre les bras de sa mère lors de la persécution contre les chrétiens sous Dioclétien et Maximien, en 305. Comme il faisait tous ses efforts pour être rendu à sa mère soumise à la torture, le juge voulut le caresser; mais l'enfant continuant à crier : *Je suis chrétien!* le juge le jeta du haut de son siége contre terre, et lui brisa la tête. Cyr n'avait que trois ans. Il ne faut pas le confondre avec saint Cyr, médecin, qui fut martyrisé en Égypte, en 311.

CYRANO DE BERGERAC (SAVINIEN), naquit, vers 1620, à Bergerac, en Périgord. Il fit ses études chez un pauvre curé de campagne, s'y distingua par son humeur hargneuse, persécuta la *bonne* du curé, estropia plusieurs enfants du village; puis, ses études faites, vint à Paris, y mena quelque temps une vie folle et dissipée, et finit par entrer comme cadet dans le régiment des gardes, où la fougue et l'audace de son caractère lui acquirent une grande réputation de bravoure. A peine enrégimenté, il ne fut plus question que de ses duels et de ses aventures. Ses compagnons, tous braves comme leur épée, l'avaient surnommé le *Demon des braves*. Il était difficile en effet de saisir avec plus d'empressement qu'il ne le faisait toutes les occasions de mettre flamberge au vent, et de prêter avec plus d'habileté aux intentions les moins offensives toute la gravité de l'offense : il était à la piste d'un mot équivoque, d'un sourire hasardé, et quiconque osait considérer son nez, que des balafres innombrables avaient rendu étrangement difforme, se mettait dans le cas de ne plus le revoir à moins qu'avec une balafre de plus. Lorsqu'il ne trouvait pas à se battre pour lui, toujours trouvait-il à se battre pour les autres, et à ce propos on raconte de son intrépidité des faits d'armes qui feraient honneur aux héros de La Calprenède et du seigneur de Gomberville.

Ayant eu querelle avec le comédien Montfleury (il en avait avec tout le monde), il lui défendit de paraître sur le théâtre : « Je t'interdis pour un mois, lui dit-il. » Montfleury, n'en ayant tenu compte, s'avisa de paraître le lendemain sur la scène. Cyrano était au parterre : « Retire-toi, lui cria-t-il aussitôt qu'il l'aperçut, retire-toi, si tu ne veux que je t'assomme! » L'acteur se retira, et fit bien. C'est de ce même Montfleury qu'il disait : « Parce que ce coquin est si gros qu'on ne peut le bâtonner tout entier en un jour, il fait le fier. » Ayant reçu deux blessures graves à la tête, il se retira du service, et cultiva les lettres. Il mourut en 1655, des suites d'un coup qu'il s'était donné au front.

Boileau n'a parlé qu'une fois de Bergerac :

J'aime mieux Bergerac et sa burlesque audace
Que ces vers où Cotin se morfond et nous glace.

Ce jugement est faux et incomplet : « Ce qu'il convenait de voir et de juger dans Cyrano, a dit Ch. Nodier, c'était le contemporain de Corneille et le précurseur de Molière : *Agrippine* est antérieure aux chefs-d'œuvre de Corneille, qui s'en est souvenu plus d'une fois. Cyrano avait trop de titres et de prétentions à l'originalité pour être le plagiaire de personne; et il n'y avait pas de raison, au contraire, pour que Corneille se gênât plus avec Cyrano qu'avec Diamante, Guilhen de Castro et Calderon. *Agrippine* n'est pas une bonne tragédie, il s'en faut de beaucoup; c'est un tissu de méprises et de fausses ententes, qui touchent à la parodie. Racine aurait pu toutefois y dérober quelque chose de mieux que la scène aux *écoutes*, qui gâte *Britannicus*. Le principal défaut de Bergerac est celui de son temps, cette enflure espagnole, qu'on croyait romaine, et qui avait été en effet introduite chez les Romains par l'Espagnol Sénèque. Aucun de nos auteurs n'en était exempt, et Corneille pas plus qu'un autre. Si jamais poëte fut excusable de s'y abandonner, c'est Cyrano, l'homme de guerre, Cyrano, le duelliste, Cyrano, né à Bergerac. Quand il tombe dans l'enflure, il enchérit sur les hyperboles qu'on a tant reprochées à la première scène de *Pompée*; mais personne n'a mieux exprimé les idées simples, en les relevant par une sorte de magnificence naturelle qui lui est propre.

Cyrano fut soupçonné d'impiété, et ce soupçon n'avait pas d'autre fondement que sa tragédie d'*Agrippine*. Il y a en effet des passages d'une excessive hardiesse ; mais ils se trouvent dans la bouche de Séjan, dont Cyrano a fait un athée. Un jour qu'on jouait Agrippine, de bonnes gens, prévenus qu'il y avait des endroits dangereux, le laissèrent tous passer sans s'en apercevoir ; mais au moment où Séjan, décidé à immoler Tibère, dit :

Frappons, voilà l'hostie, et l'occasion presse,...

« Ah, le méchant! s'écria-t-on de toutes parts, ah, l'impie! ah, l'athée! comme il parle du Saint-Sacrement! »

L'ouvrage le plus connu de Cyrano, c'est *Le Pédant joué*, la première comédie qui soit écrite en prose, et où un paysan parle son jargon. Ce paysan, nommé *Gareau*, a servi de modèle aux Lubin et aux Pierrot que Molière a mis en scène. Molière a fait mieux encore ; il a pris à Cyrano les deux meilleures scènes des *Fourberies de Scapin*, le conte de la *galère turque*, le récit fait ensuite à Géronte lui-même du bon tour qu'on lui a joué. La plaisante répétition de *Que diable allait-il faire dans cette galère?* est toute dans *Le Pédant joué*. « Tant que la langue française subsistera, dit Ch. Nodier, on se souviendra de ce proverbe en action, si heureusement inventé, et répété avec tant de tact et de finesse : *Que diable allait-il faire dans cette galère?* » En général, l'homme qui donne un proverbe au peuple a fait preuve de génie. Une pareille sympathie d'esprit avec une nation entière n'est jamais du fait d'un écrivain médiocre. » Fontenelle dans ses *Mondes*, Voltaire dans *Micromégas* et Swift dans les *Voyages de Gulliver*, se sont approprié plusieurs idées du *Voyage dans La lune* et de l'*Histoire comique des États et Empire du Soleil*. Il semble qu'un homme qui a tant deviné, tant pressenti, qui, selon l'heureuse expression de Ch. Nodier, a dérobé Corneille et Molière à l'avance, devrait avoir attaché quelque gloire à son nom. JULES SANDEAU.

CYRÉNAÏQUE, vaste contrée de la côte septentrionale de l'Afrique, située entre la Marmarique et le désert, formant aujourd'hui la partie de l'État de Tripoli qui porte le nom de *Barkah*. Verdoyante et tout à la fois triste et fertile, cette lisière de l'aride Libye renfermait cinq villes grecques, qui lui firent donner le nom de *Libye Pentapole*, et parmi lesquelles on distinguait *Bérénice*, antérieurement *Hesperis*, aujourd'hui *Bernick*, située dans l'antiquité non loin d'un bosquet riant appelé *Jardin des Hespérides* ; *Barcé*, avec son port nommé *Ptolémaïs*, qui conserve encore le nom de *Tolométa*, enfin *Cyrène*, qui devint la métropole de la Libye. Hérodote, dans le quatrième livre de son histoire, comprend dans la Cyrénaïque une foule de peuples, dont la plupart avaient disparu au temps de Pline et de Strabon.

CYRÉNAÏQUE (École), l'une des plus anciennes branches de la grande école socratique, et celle de toutes qui porta davantage le caractère de la localité où elle était née. Quoique de vice, elle parvint à exercer, avec celle d'Épicure, sur les mœurs et la religion de la Grèce l'influence la plus profonde. Elle tirait son nom de la Cyrénaïque. D'ailleurs, comme toutes les autres écoles des *provinces* ou *des colonies grecques*, celle de Cyrène a peu duré. Ces écoles ont eu plus de liberté que celles d'Athènes, mais elles ont abusé de leur liberté, et l'abus a précipité leur ruine.

La philosophie d'*Aristippe* fut toute pratique. Sous ce rapport, elle était l'expression la plus pure de celle de Socrate. D'une famille distinguée et enrichie dans le commerce, estimant beaucoup la vie réelle, mais n'appréciant la fortune que par les jouissances qu'elle procure, le spirituel Cyrénaïcien goûta singulièrement le spirituel Athénien, descendant des nuages de la métaphysique où l'avaient élevé les esprits spéculatifs de l'Ionie et de la grande Grèce. Mais il exagéra les tendances justement pratiques de son maître, s'obstina à ne voir sa grande science, la morale appliquée à la politique, et n'en voulut faire que l'art de *bien vivre*. Or, l'art de bien vivre était pour lui l'art de vivre *le mieux* ou *le plus doucement possible*. C'était transformer la philosophie en une étude toute vulgaire. Aristippe ne la conçut jamais autrement. Après lui, Arété, sa fille, parait avoir tenu le premier rang parmi ces faciles métaphysiciens. Elle éleva dans les doctrines de son père son fils Aristippe (le *Metrodidactos*), qui fut l'auteur du développement un peu systématique de cet enseignement de famille. Il y a en effet chez lui une tendance plus scientifique que chez sa mère et son aïeul. A partir de cette époque, l'école cyrénaïque affecte plus de méthode et une distribution de matières plus conforme à celle des écoles d'Athènes, auxquelles Speusippe et Aristote, les deux principaux successeurs de Platon, avaient donné des cadres de doctrines. Cependant, les cadres d'Aristippe ne doivent pas être assimilés à ceux de ces deux chefs. Non-seulement les premiers cyrénaïciens aimaient peu les spéculations de métaphysique, mais ils aimaient aussi très-peu les études de physique. Ce qu'ils méditaient le plus, c'étaient les questions d'éthique et de logique. Leur doctrine se distinguait en cinq parties : 1° une théorie de ce qui est désirable et de ce qu'on doit fuir; 2° une théorie des états de l'âme; 3° une théorie sur les actions; 4° une physique, et 5° une logique. Mais au fond chez eux l'éthique dominait tout; encore cette éthique différait beaucoup de celle de Socrate, sa nourrice! Suivant eux, ce qu'on doit désirer, c'est le bien; ce qu'on doit fuir, c'est le mal; le bien, c'est la *volupté*; le mal, c'est la *peine*. La volupté est dans la vie *modérée* et *sensée* de l'âme; elle n'est pas un accident, elle est le but de la vie; le gouvernement de l'âme sur le plaisir est la sagesse; jouir c'est être sage; la *vertu* n'est pas un but en soi, mais un moyen d'arriver au bonheur; est vertu tout ce qui dans l'action est une voie de plaisir, etc., etc.

Aristippe II, le créateur d'un enseignement un peu plus systématique, eut pour élève Théodore *l'athée*, dont les travaux n'indiquent pas cette direction. Il est vrai que d'autres historiens font vivre plus tard ce grossier antagoniste d'une grossière doctrine religieuse. Une ère nouvelle, une ère de réforme commence dans l'école de Cyrène avec Antipatros; mais s'il y eut en effet une modification sensible dans cette espèce de doctrine à l'avénement du nouveau chef, cette modification peu connue mérite peu d'être célébrée. Ce que l'histoire des Cyrénaïciens offre de plus frappant, c'est sa prompte décadence. On conçoit d'ailleurs que dans une école fondée sur de pareils principes, et dans une contrée où régnaient des mœurs très-molles et très-dissolues, la dégénération fût rapide. Quand fut créée la savante école d'Alexandrie, elle pouvait devenir pour celle de la Cyrénaïque une rivale sérieuse. Mais, au lieu de l'exciter à l'émulation, les faveurs des Lagides la tuèrent : elles attirèrent dans la docte capitale quelques philosophes de la Cyrénaïque; mais elles ne rendirent l'école de cette contrée ni plus pure, ni plus réservée. Théodore *l'athée*, que nous venons de nommer, et qui fut contemporain des premiers Lagides, loin des tendances sérieuses que ces princes indiquaient aux Alexandrins, poussa celles des Cyrénaïciens à leurs conséquences dernières. Sa secte, dont Enhémère se fit l'organe le plus franc, s'attacha surtout à combattre les craintes religieuses, qui troublent la *tranquillité* de l'âme. Pour atteindre ce but, elle nia les dieux du polythéisme, et montra de toutes ces traditions sacerdotales n'étaient que des fables. C'était rejeter ensemble l'erreur et la vérité. Les vrais philosophes, les platoniciens et les stoïciens ne procédaient pas ainsi. Théodore changea quelques expressions de l'école : à la *volupté*, à la *peine*, il substitua la *joie* et l'*affliction*. Il disait que la raison conduit à la joie, la déraison à l'affliction, et que le sage se suffit à lui-même, puisque sa joie dépend de sa raison.

Les prédécesseurs de Théodore avaient prêché les vertus civiques; lui, il combattit l'amour de la patrie comme indigne du sage, et mit l'amitié au même rang que l'amour de la patrie. Il n'y a pas d'amitié, disait-il. On aime son ami pour son intérêt; mais qui aime d'une autre sorte est un insensé. Quant à la patrie, celle du sage, c'est le monde entier, et c'est petitesse que de préférer une partie au tout. D'ailleurs, rien n'est bon ni mauvais en soi; toute action est en elle-même indifférente. Donc le sage commettra *en temps opportun* ce qu'on appelle vol, adultère et sacrilège. Pour qui nie les dieux il n'y a pas de sacrilège, et pour qui nie les lois morales il n'y a pas d'immoralité; il n'y a pas de crimes, il n'y a que des fautes. Est *faute* ce qui est fait *dans un temps et dans un lieu inopportuns*.

Hégésias, disciple de Parébate, et qui vécut dans Alexandrie au temps d'Épicure, ne s'égara pas au même endroit, mais il s'égara au même degré que Théodore. Il ne trouva pour fuir la peine, rien de plus ingénieux ni de plus expéditif que le suicide. Les Lagides, qui étaient hommes de science et hommes d'État, interdirent son enseignement. Le condisciple de cet Hégésias, Anniceris, passe pour avoir été épicurien. Il est facile de commettre cette erreur. Mais le fait est que le Cyrénaïcien ne s'éleva pas *jusqu'aux épicuriens*! L'école cyrénaïque n'a jamais eu de science complète; elle n'a rien appris dans Athènes, rien appris dans Alexandrie, rien appris d'elle-même. Le grand œuvre de son fondateur était de fuir les sophistes, les courtisanes et les tyrans. Cela est parfait; mais cela ne suffit pas pour fonder une école. Ce n'est pas en fuyant quoi que ce soit qu'on exerce une grande influence, c'est en se jetant grand au milieu de ce qu'il y a de plus grand. Les Cyrénaïciens se jetèrent petits dans ce qu'il y avait de plus petit en leur temps, la morale facile et l'esprit d'irréligion. Mais là ils exercèrent, concurremment avec les épicuriens, une influence profondément désastreuse. MATTER.

CYRÈNE, capitale de la Cyrénaïque, aujourd'hui *Kuren* (en ruines), était située à quatre lieues de la mer, sur laquelle elle avait un port nommé *Apollonie*, qui servait de débouché aux marchandises de l'Afrique. Patrie d'Aristippe, chef de la secte cyrénaïque, de Callimaque, d'Ératosthène, de Carnéade, etc., elle avait été fondée par une colonie venue de Théra (631 avant J.-C.); Battus Ier, du sang de Mynias, qui avait été l'un des Argonautes, fut le fondateur de Cyrène. Les Battiades régnèrent à Cyrène pendant deux cents ans. Cette dynastie donna huit rois, quatre Battus et quatre Arcésilas. Arcésilas IV cessa de régner l'an 432. Son fils Battus alla finir ses jours dans le pays des Hespérides. Les Cyrénéens eurent d'abord pour rivaux les Égyptiens : la bataille d'Irasa, donnée l'an 573, décida à la fois de la supériorité des Cyrénéens et de la perte du roi d'Égypte Apriès. Sous Arcésilas II, surnommé *le Mauvais*, une partie des Cyrénéens révoltés fonda la ville de Barcé, qui devint le siége d'un royaume particulier. Lors de la conquête de l'Égypte par Cambyse, roi de Perse, Arcésilas III se déclara son tributaire, et cette soumission volontaire souleva contre lui ses sujets : Cyrène fut désormais comprise dans la grande satrapie d'Égypte. Le joug des Perses fut toujours peu pesant. Par l'activité de sa marine, cette cité rivalisait avec les plus commerçantes du monde; et tandis qu'en Asie Milet avait presque seule, entre toutes les villes grecques, le monopole du commerce de la mer Noire, et que son commerce intérieur suivait la grande route militaire que les Perses avaient tracée jusqu'en Susiane, Cyrène partageait avec Carthage le commerce des côtes et de l'intérieur de l'Afrique. Nous avons indiqué à l'article CARTHAGE combien la lutte entre les Carthaginois et les Cyrénéens, lutte nationale, lutte de commerce.

Cyrène demeura assez étrangère à l'histoire de la Grèce. Lorsque, l'an 401 avant J.-C., les Spartiates, après avoir détruit Messène, chassèrent les Messéniens de tout le territoire de l'antique Hellade, 3,000 proscrits firent voile vers la Cyrénaïque, seul pays qui fût hors d'atteinte de la puissance lacédémonienne. Les Cyrénéens, souvent déchirés par la guerre intestine, furent quelquefois opprimés par des tyrans. Quoique constamment exposés aux incursions des Carthaginois et des Lybiens indépendants, ils surent toujours conserver l'intégrité de leur territoire : jamais ils ne furent subjugués par aucun barbare, et, dit Gillies, leur liberté survécut aux républiques de leurs frères d'Europe, puisque leur premier acte de sujétion fut en faveur d'un des généraux d'Alexandre (Ptolémée Ier), qui dans le partage des conquêtes de ce chef, obtint pour sa part la riche et fertile Égypte. »

Cyrène sous les Lagides devint le siége d'un royaume détaché, jusqu'à ce que Ptolémée-Apion légua au peuple romain la Cyrénaïque, qui comprenait alors une très-vaste portion de la Libye. Le sénat déclara libre la Cyrénaïque grecque (97 avant J.-C.). C'est à cette époque qu'elle demanda des lois à Lucullus. Bien que les Cyrénéens eussent désiré d'avoir Platon pour législateur, il ne paraît pas qu'ils aient jamais eu une bonne constitution. Les avantages commerciaux que la fondation d'Alexandrie avait fait perdre à Cyrène furent compensés par la destruction de Carthage, sa rivale. Cyrène ne perdit rien de son éclat dans le moyen âge. Les conquêtes des Arabes la firent oublier. L'an 771 après J.-C., un lieutenant du khalife Moaviah bâtit, non loin de l'emplacement qu'occupait l'antique Cyrène, la ville nouvelle de Kaïrwan ou Caïroan. Les tribus africaines applaudirent à cet établissement; la sauvage Libye était enfin vengée de la colonie grecque.   Charles Du Rozoir.

CYRILLE (Saint), de Jérusalem, l'un des Pères de l'Église, né à Jérusalem vers l'an 315 après J.-C., fut ordonné diacre en 334, prêtre l'année suivante, et élu évêque de sa ville natale en 351, après la mort de saint Maxime. Des questions de prérogative amenèrent les plus violentes discussions entre lui et son métropolitain arien, Acacius de Césarée, qui alla jusqu'à l'accuser d'avoir vendu de riches étoffes appartenant à son église. Le fait était vrai; mais Cyrille n'avait agi de la sorte que pour pouvoir secourir les pauvres en un temps de disette. Un concile réuni par Acacius à Césarée, en 357, le déposa de son siége, que lui rendit dès 359 le concile de Séleucie, après avoir expulsé son persécuteur du siége qu'il occupait lui-même. L'année suivante, Acacius réussit cependant à le dépouiller encore de cette dignité; l'empereur Constance la lui ayant restituée à son accession au trône, l'empereur Valens la lui enleva pour la troisième fois; et ce ne fut qu'à la mort de ce prince qu'il put rentrer à Jérusalem. Le concile tenu à Constantinople en 381, et auquel il prit part, le confirma sur son siége, et en même temps le lava de l'accusation de semi-arianisme qui jusque alors avait pesé sur lui. Il mourut en 386. Nous avons encore de lui vingt-trois *Catéchèses*, ou instructions sur la religion, dont dix-huit ayant pour but de préparer à la parole de Dieu; et cinq *mystagogiques* (destinées à ceux qui ont déjà reçu le baptême). Le style en est simple, et on peut le considérer comme le plus ancien et aussi comme l'un des meilleurs exposés de la religion chrétienne. Touttée a donné une édition de ses œuvres (Paris, 1720, in-fol.).

CYRILLE (Saint), docteur de l'Église, fut élu, en 412, pour succéder à son oncle Théophile sur le siége patriarcal d'Alexandrie. Les commencements de son pontificat furent marqués par quelques actes d'intolérance qu'il serait difficile d'excuser. Il fit fermer l'église où s'assemblaient les novatiens, s'empara de leurs vases sacrés, et dépouilla leur évêque de ses biens. Quelque temps après, les juifs ayant massacré des chrétiens dans une émeute, Cyrille les fit attaquer dans leur synagogue, les chassa de la ville et livra leurs propriétés au pillage. On a dit pour expliquer cette conduite que les patriarches d'Alexandrie avaient reçu des empereurs un pouvoir extraordinaire en vue de protéger les chrétiens contre les violences des juifs et des païens, qui abondaient à Alexandrie. Cependant, Oreste, gouverneur de la ville, ne vit pas de bon œil des actes d'autorité qu'il regardait comme une atteinte à ses droits; il porta ses plaintes à l'empereur; Cyrille écrivit de son côté, et il paraît qu'il fut approuvé, puisque les juifs ne rentrèrent pas dans Alexandrie. Quoi qu'il en soit, Oreste rompit ouvertement avec le patriarche, et, quelques efforts que fit celui-ci pour amener une réconciliation, l'animosité s'accrut de jour en jour, et causa bientôt de graves désordres. Les habitants, prenant part à cette querelle, se divisèrent en deux partis. Oreste étant tombé au milieu d'un groupe de moines, fut insulté par eux, puis blessé d'une pierre que lui lança un certain Ammonius. Ce fanatique, saisi par les partisans du gouverneur, périt dans les tortures. Cyrille se compromit dans cette circonstance en voulant transformer Ammonius en martyr; il ne tarda pas à sentir le tort qu'il avait eu, et chercha à le faire oublier; mais le meurtre de la savante Hypatie lui ravit le fruit de ses efforts. Quelque étranger que fût le patriarche à cet horrible assassinat, ses ennemis ne manquèrent pas de le lui imputer; et l'historien Socrate, qui ne lui pardonnait pas l'expulsion des novatiens, a trop écouté son ressentiment en accréditant cette imputation calomnieuse.

Le reste du pontificat de saint Cyrille fut assez paisible, jusqu'au moment où l'hérésie de Nestorius commença à faire du bruit parmi les moines d'Égypte. Dans une lettre à ces solitaires, Cyrille réfute l'erreur, et expose la foi catholique; il écrivit plusieurs ouvrages dans le même but, sans condamner ni même nommer Nestorius; il s'adressa à l'hérésiarque lui-même, et tâcha de le ramener à la vérité par la douceur. N'en pouvant rien obtenir, il déféra la question au pape saint Célestin, auprès duquel Nestorius avait déjà cherché à se justifier. La nouvelle doctrine fut examinée et condamnée dans un concile que Célestin réunit à Rome : l'auteur fut menacé d'excommunication s'il ne se rétractait dans les dix jours. Cyrille, délégué par le pape pour faire exécuter cette sentence, proposa à Nestorius douze articles (*anathematismi*), que celui-ci devait souscrire pour prouver son orthodoxie. Tout fut inutile. Enfin, un concile général fut convoqué le 22 juin 431 à Éphèse, et Cyrille reçut la mission de le présider au nom du pape. Nestorius s'était rendu l'un des premiers dans cette ville; mais les évêques sur lesquels il comptait n'étant pas arrivés, il refusa de comparaître. Dans la première session, on condamna ses erreurs; dans la seconde on prononça contre lui la sentence de déposition et d'excommunication. Jean, patriarche d'Antioche, et les évêques de sa province n'arrivèrent au concile qu'après cette décision. Ils condamnèrent tout ce qui s'était fait sans eux, et à leur tour excommunièrent et déposèrent le patriarche d'Alexandrie, dans les écrits duquel ils prétendirent trouver l'hérésie contraire à celle de Nestorius. Ce fut à cette occasion que Cyrille écrivit l'explication de ses anathématismes, qui étaient spécialement attaqués. L'arrivée des légats du pape changea l'état des affaires : ils approuvèrent la conduite de Cyrille; Jean d'Antioche, reconnaissant qu'il avait été trompé, se réconcilia avec lui, et se réunit aux autres évêques pour condamner Nestorius.

De retour dans son diocèse, Cyrille écrivit contre l'erreur des anthropomorphites, travailla à réfuter les livres de Julien l'Apostat contre le christianisme, et s'occupa de divers autres ouvrages jusqu'à sa mort, qui arriva au mois de juin 444.

Les œuvres du saint docteur ne sont pas toutes des modèles de style, plusieurs gagneraient à être moins diffuses; mais toutes se recommandent par la justesse avec laquelle y sont expliquées les vérités de la foi. Celles qui paraissent écrites avec le plus de soin sont dirigées contre Nestorius. On cite avec éloge les dix livres de l'*Adoration en esprit et en vérité*; des *Lettres*, dont plusieurs ont été adoptées par des conciles généraux; des *Homélies sur la Pâque*, etc.   L'abbé C. Bandeville.

CYRILLE, l'apôtre des Slaves, descendait d'une famille considérable de Thessalonique, ville à moitié slave et à moitié grecque, et mérita, par la rare étendue de ses connaissances, d'être surnommé *le philosophe*. Ordonné prêtre sous le règne de l'empereur byzantin Michel III, il se rendit aussitôt chez les Chazares, peuplade riveraine de la mer Caspienne, parmi laquelle il fit de nombreux prosélytes, et dont il convertit le khan lui-même à la foi chrétienne.

Boris, prince des Bulgares et païen, ayant plus tard prié le patriarche grec de lui envoyer des prêtres chrétiens, Cyrille et son frère Méthode furent choisis pour cette mission et baptisèrent Boris vers l'an 860. Rastic, grand-prince de Moravie, ayant appris ces heureux résultats de la mission des deux frères, les invita à se rendre dans ses États. Ils y consentirent, et vinrent s'établir dans l'antique château fort de Welehrad. Ils y continuèrent et achevèrent, avec l'aide de leurs nombreux disciples, la traduction des Saintes Écritures, déjà commencée avant leur départ pour la Bulgarie. Ces ouvrages, dont se servent encore aujourd'hui tous les chrétiens du rite gréco-catholique (Russes, Bulgares et Suèves), sont rédigés dans la langue dite *ecclésiastique*. De Moravie, le christianisme d'après le rite slave se propagea aussi en Bohême, dont Cyrille baptisa les princes Boriwoi et Ludmilla. Mais l'introduction du rite slave valut aux deux frères la haine du clergé latin. Accusés et persécutés, on leur ordonna de venir se justifier devant le pape. Sur ces entrefaites, Cyrille mourut en 868 ; et son frère Méthode, consacré archevêque de Moravie, revint se fixer à Welehrad. Corter a publié à Vienne, en 1630, une édition des *Apologi morales* attribués à Cyrille. Consultez aussi l'ouvrage de Dobrowski, intitulé : *Cyrille et Méthode* (Prague, 1824), et celui de Ritter (Olmütz, 1825).

CYRILLIEN (Alphabet) ; fut, suivant la tradition, inventé par *Cyrille*, l'apôtre des Slaves, parce que, lorsqu'il entreprit de traduire la Bible à leur usage, les habitants de la Moravie n'avaient point encore de langue écrite. D'après une autre opinion, cet alphabet ne serait qu'une simplification de celui qu'on suppose avoir été inventé par saint Jérôme à l'usage du même peuple. Au reste, il existe encore un autre alphabet slave, qui a beaucoup d'analogie avec celui de Cyrille, et qui tout indique être évidemment d'une plus haute antiquité ; l'opinion qui en attribue l'invention à saint Jérôme ne repose d'ailleurs que sur des présomptions aussi invraisemblables qu'improbables. Cet alphabet *hiéronymitique* est aussi appelé *glagolitique*, d'après le nom de la quatrième lettre, *glagola*.

L'alphabet cyrillien est encore en usage dans la Bulgarie, la Servie, la Bosnie, la Moldavie et la Valachie ; l'alphabet hiéronymitique, dans la Croatie, la Dalmatie, la Carinthie et l'Istrie. Vers la fin du dix septième siècle, on imprimait encore à Rome pour la Carinthie un missel en caractères hiéronymitiques. Mais Primus Tauber ayant déjà fait imprimer dès le seizième siècle sa traduction du Nouveau Testament en dialecte carinthien avec des caractères romains, ceux-ci ont fini par remplacer l'usage des hiéronymitiques.

CYRILLIENNE (Littérature). On comprend quelquefois sous cette dénomination l'ensemble des divers travaux philologiques entrepris aux huitième et neuvième siècles pour traduire les Saintes Écritures dans les différents dialectes des peuplades d'origine slave, telles que les Bulgares, les Serbes, les Croates, les Moraves, etc., parmi lesquels Cyrille de Thessalonique alla le premier porter les lumières de l'Évangile ; travaux dans lesquels on lui attribue la principale part.

CYROGRAPHE. Voyez CHARTE.

CYROPÉDIE. C'est un traité de Xénophon sur l'éducation du grand Cyrus, qui en est le héros. Son titre signifie en grec *éducation de Cyrus*. Là, le disciple guerrier de Socrate s'est plu à exposer toutes ses idées sur l'éducation, la discipline militaire et la politique. On peut regarder cet ouvrage comme un roman où le fond est historique, et dont le Télémaque serait une imitation. Sur une trame historique et solide, Xénophon a brodé quelques détails et fait ressortir avec une éloquence tout athénienne les belles maximes de Socrate, son maître. DENNE-BARON.

CYRUS, l'un des plus illustres conquérants de l'antiquité, fut roi des Perses, des Mèdes et des Assyriens. Son nom, altéré par les Grecs, selon leur usage, était *Koresch*, en langue persique. Ctésias, auteur contemporain de Cyrus le jeune et son médecin, dit que ce mot signifie *soleil*. La naissance, la vie et la mort de ce prince sont entourées de ces fables et de ces merveilles dont les Orientaux sont si avides. L'opinion la plus raisonnable, celle de Xénophon, d'accord avec l'Écriture, est qu'il fut fils de Cambyse, roi des Perses, et de Mandane, fille d'Astyage. Il naquit l'an du monde 3405. Nous n'avons d'historiographes de ce conquérant que Ctésias, Hérodote et Xénophon. Tout rapprochés de son règne que soient ces auteurs, ils ne s'accordent pas. Ctésias, bien que près de la tradition historique, est encore plus merveilleux et moins digne de foi qu'Hérodote ; Xénophon, qui s'en éloignait davantage, est le plus croyable. Hérodote raconte qu'Astyage, aïeul de Cyrus, ayant été averti en songe que le fils de sa fille serait un jour roi des Mèdes, n'eut rien de plus pressé, aussitôt sa naissance, que de le faire secrètement enlever de son berceau, avec ordre de mettre fin à ses jours, mais qu'Harpalus, chargé de cette exécution, ayant horreur de baigner ses mains dans le sang de ses princes, l'abandonna à un berger, qui l'éleva. Dans la suite, Cyrus se serait mis à la tête des Perses, aurait détrôné Astyage son aïeul et réuni la Médie à son empire, jusque alors dans la dépendance des rois d'Ecbatane.

Abandonnons ce merveilleux, et acceptons la tradition de la Bible et de Xénophon : ils s'accordent à dire que Cyaxare, appelé dans l'Écriture, *Darius le Mède*, fils d'Astyage, frère de Mandane et oncle de Cyrus, n'ayant point d'enfants, céda son empire à son neveu, qui y ajouta l'Assyrie, qu'il conquit après avoir détrôné Balthazar, roi de cette riche contrée, dont la cour était à Babylone depuis la destruction de Ninive. Cet empire s'étendait alors fort avant dans la haute Asie. L'Asie Mineure vint s'offrir d'elle-même aux armes du conquérant ; mais Crésus, roi puissant de Lydie, à la tête de plus de 400,000 hommes, crut devoir lui présenter la bataille dans la plaine de Thymbrée, en Cappadoce ; l'agresseur fut battu, fait prisonnier, et passa, lui et ses provinces, sous la domination du vainqueur, après la prise de Sardes, capitale de son royaume, l'an 548 avant J.-C. L'empire de Cyrus finit par avoir pour bornes du côté de l'Orient la mer Rouge, au nord du Pont-Euxin, à l'Occident l'île de Cypre et l'Égypte, et au midi l'Éthiopie. Hérodote dit qu'il entreprit de soumettre les Massagètes, peuple scythe qui habitait les pays situés au delà de l'Araxe ; qu'il remporta plusieurs avantages sur eux, mais qu'il tomba dans une embuscade, où il périt avec toute son armée. Tamyris, reine des Massagètes, qui avait perdu son fils dans une des batailles précédentes, fit chercher le corps de Cyrus ; l'ayant trouvé, elle lui coupa la tête et la mit dans une outre remplie de sang, en disant : « Rassasie-toi de ce sang que tu as tant aimé ! » Ctésias assure qu'il mourut d'une blessure qu'il avait reçue à la cuisse. Diodore de Sicile le fait expirer en croix. Plutarque, Arrien et Aristobule, cité par Strabon, disent qu'il mourut tranquillement, à l'âge de soixante-dix ans, à Pasagarde en Perse, sa patrie. Alexandre, au rapport de Quinte-Curce, y trouva son tombeau ouvert et vide des richesses dont on l'avait rempli, et qu'on avait commises à la garde des Mages. Son cercueil était d'or massif, et le mausolée portait cette inscription : *Je suis Cyrus, fils de Cambyse, le fondateur de l'empire des Perses, le maître de l'Asie. Ne m'envie point le monument où reposent mes os.*

Cyrus eut de Cassandane Cambyse, qui épousa, dit-on, Nitétis, fille d'un pharaon d'Égypte ; ou, suivant une autre version, ce fut Cyrus qui épousa lui-même Nitétis, dont il eut Cambyse. Cyrus signala le commencement de son règne et son entrée à Babylone par le fameux édit en faveur des Juifs captifs, édit qu'on ne peut révoquer en doute. Il leur rendit Jérusalem et leurs vases d'or, et permit aux lévites de rebâtir le temple de Dieu.

CYRUS *le jeune* était le second fils de Darius Nothus et de Parysatis, et le frère aîné d'Arsace, appelé depuis Artaxerxès Mnémon. Dès l'âge de seize ans Darius lui donna la satrapie de l'Asie Mineure, où sa bonne grâce et son heureux naturel le firent chérir des Grecs. A la mort de son époux, Parysatis eût désiré faire monter sur le trône ce second fils, qu'elle aimait de prédilection ; mais l'ordre de successibilité appelait de droit Artaxerxès. Malgré ses rares qualités, Cyrus, dévoré d'ambition, se ménageait l'amitié des Grecs et surtout des Lacédémoniens, dans leur général Lysandre, trama un noir complot contre Artaxerxès, son frère et son roi. Il alla, dit-on, dans sa haine contre son propre sang, jusqu'à faire punir de mort deux de ses cousins qui s'étaient présentés devant lui sans se couvrir les mains, sentiment secret du respect anticipé dont il voulait entourât sa royauté future. Son père, irrité de cet assassinat, le fit mander près de lui. Cyrus, avant d'obéir, remit des sommes considérables à Lysandre, pour équiper une flotte, et arriva à la cour au moment même où son père venait de mourir. Il résolut de frapper de sa main son frère, au milieu de son sacre par les prêtres du Soleil. Son horrible dessein fut découvert ; les larmes et les prières de Parysatis sa mère le sauvèrent seules du dernier supplice. Le magnanime Artaxerxès alla jusqu'à le rétablir dans sa satrapie. Mais la haine contre son frère était innée dans l'âme de Cyrus : sous différents prétextes, sous celui surtout de la guerre contre Tissapherne, il équipa une flotte de soixante vaisseaux, rassembla cent mille barbares, solda treize mille Grecs, sortit de Sardes, et, à la tête de cette armée, pénétra dans la haute Asie. Artaxerxes ne douta plus des intentions de son frère ; il vint à sa rencontre à Cunaxa, dans la plaine de Babylone, avec huit cent mille combattants, et cent cinquante chariots armés de faux. La haine, l'ambition, non moins que son courage naturel, firent faire à Cyrus des prodiges de valeur ; déjà il avait pénétré jusqu'aux derniers rangs des six mille Perses, bataillon sacré qui entourait son frère, quand il s'écria : *Je le vois !* Se précipiter lui sur l'autre, le tuer à la main, fut l'instant d'un éclair. Le cheval du roi fut tué sous lui ; mais ce prince perça son frère au cœur d'un javelot ; et le jeune Cyrus, dont quelques belles qualités méritaient un meilleur sort, expira à ses pieds. Ce fait arriva vers l'an 401 avant J.-C. Tous ceux qui étaient près de sa personne se firent tuer sur son corps. Les Grecs le pleurèrent : si ce n'est la frénésie de l'ambition et sa haine inexplicable contre un frère si généreux, Cyrus était digne de leur amour et de l'amitié de Xénophon. Nul ne tenait plus religieusement sa parole, nul n'était plus libéral. Cléarque le suppliant de ne point s'exposer si près aux traits de l'ennemi : « Quoi ! lui répondit le jeune prince, quand j'aspire à devenir roi, tu veux que je me montre indigne de l'être ? »

DENNE-BARON.

CYSTITE (de κύστις, vessie), nom sous lequel les médecins désignent l'inflammation de la vessie. La cystite peut être superficielle ou profonde, être bornée à la membrane muqueuse de la vessie, ou bien s'étendre plus loin, au tissu cellulaire sous-muqueux, aux fibres musculaires et même jusqu'à la couche péritonéale. Elle est aiguë ou chronique ; mais dans les deux cas, et surtout dans le dernier, elle provoque ordinairement une abondante sécrétion de mucosités. De là le titre de *catarrhe vésical*, sous lequel elle est connue généralement. Toute rétention complète de l'urine, et même toute rétention incomplète, alors qu'elle dure longtemps, est une circonstance propre à amener l'inflammation de la vessie : partant, la paralysie et la faiblesse de cet organe, l'engorgement de la prostate, les rétrécissements inflammatoires ou organiques de l'urètre, doivent être rangés au nombre des causes de la cystite. L'urine peut être encore cause de l'inflammation de la vessie, par les principes irritants que l'absorption externe et les sécrétions morbides y mêlent accidentellement. C'est sans doute ainsi qu'opèrent, pour provoquer cette maladie, les cantharides appliquées sur la peau ou portées dans l'estomac, ainsi que les fluides purulents, sanieux ou autres, venant des reins, de la prostate et de l'urètre. Une autre cause de l'inflammation de la vessie, c'est la précipitation des matières salines contenues dans l'urine, c'est leur réunion en concrétions de forme et de volume divers ; c'est la gravelle, c'est la pierre. Ces corps agissent mécaniquement, et déterminent souvent des catarrhes qui durent autant que leur séjour dans la vessie. Il en est de même de tout corps étranger tombé ou porté dans cet organe, comme cela s'est vérifié bien des fois pour des balles, des bougies et des fragments d'instruments. Le froid et l'humidité exercent ici une influence analogue à celle qu'ils ont sur les autres affections catarrhales. Les excès de tout genre, et particulièrement les excès de table, ont une action qui s'explique facilement. Il en est de même de la suppression d'un exanthème, d'une dartre, par exemple, et de la disparition brusque d'une douleur rhumatismale. Ce sont là des causes connues de la cystite. Enfin les opérations pratiquées sur ou dans la vessie, telles que la taille et la lithotritie peuvent être souvent des causes de cystite.

La cystite s'annonce ordinairement par des douleurs dans la région de la vessie, douleurs qui augmentent dans les efforts faits pour vider cet organe, ainsi que par la pression exercée au-dessus du pubis. Mais quelquefois ces douleurs existent à peine, et ce n'est guère que sous une pression forte, et au moment où elle se vide, que la vessie se montre sensible. Le plus souvent les besoins d'excrétion sont bien plus rapprochés que dans l'état de santé, et le liquide qui sort est chargé de mucosités ; parfois il n'est que trouble ; les glaires se forment plus tard, au fond du vase. Le dépôt peut être blanc, verdâtre, puriforme, sanguinolent. Il peut constituer le quart et même le tiers du liquide émis. Je l'ai vu y entrer pour près de la moitié plusieurs jours de suite, puis diminuer peu à peu en quantité, et finir par disparaître tout à fait.

Cette affection est moins grave qu'on ne le croit communément. On peut dans la plupart des cas combattre sa cause avec succès, et une fois celle-ci enlevée, on voit la cystite céder très-promptement. Il faut donc commencer par enlever la cause du mal. Il faut combattre la rétention d'urine, si elle existe, en cela introduire une sonde dans la vessie, détruire les rétrécissements de l'urètre par le caustique, réveiller l'action musculaire par les rubéfiants. Il faut diviser et extraire la pierre, si c'est elle qui entretient l'inflammation ; il faut chercher à rappeler sur la peau les exanthèmes qui ont été supprimées, reproduire les suppurations externes qui ont été supprimées, remettre dans les conditions hygiéniques dont on s'est écarté. Il convient de faire concourir avec ces moyens l'emploi des boissons délayantes, d'un régime adoucissant, des lavements émollients, des bains chauds, des frictions sèches, des injections d'abord mucilagineuses, puis résolutives, et dans les cas rebelles l'application de la flanelle sur toute l'habitude du corps et l'établissement d'un ou plusieurs exutoires. Les cautères, les sétons et les moxas sont préférables ici aux vésicatoires. Ceux-ci, tels qu'on les emploie généralement, avec les cantharides, ont l'inconvénient d'irriter directement la vessie. Dans la pommade ammoniacale, cette action sur la vessie se retrouve encore, mais à un degré moindre. J'aimerais mieux faire usage de l'eau bouillante pour produire la vésication, et de la pommade au garou pour les pansements. Un moyen de révulsion qui répugne bien moins aux malades, et qui m'a réussi, c'est la pommade stibiée. Employée en frictions sur les parties voisines de la vessie, elle y fait promptement naître des boutons, et cette éruption, que l'on active ou modère à volonté, contribue à diminuer l'irritation intérieure. L'administration par les voies digestives de la térébenthine, sous différentes formes, a souvent un heureux effet. M. Dupuytren y avait recours fréquemment.

Les narcotiques, notamment l'opium et la belladone, sont des palliatifs fort utiles dans les cas, heureusement rares, de douleurs très-vives.
Dr Ségalas.

CYSTOTOMIE (de κυστις, vessie, et τομη, incision). Dans un temps on a employé ce mot pour indiquer l'incision de la vessie pratiquée dans le but d'en faire sortir le liquide qu'elle contient, et on se servait du mot *lithotomie* pour désigner l'incision de la vessie faite dans le but d'extraire la pierre. Plus tard, Deschamps a appliqué le mot *cystotomie* à l'incision de la vessie faite sans intéresser son col ni l'urètre, comme dans le haut appareil et dans l'appareil latéral. Aujourd'hui *cystotomie*, *lithotomie* et *taille*, sont considérés presque comme synonymes. Dr Ségalas.

CYTHÈRE, aujourd'hui Cerigo, île de l'Archipel, au sud-est du Péloponnèse, au nord-ouest de la Crète, et au midi du promontoire Malée. Dans cette situation, elle forme deux canaux qui donnent entrée dans l'Archipel, lorsqu'on vient de l'occident. Espèce de rocher bleu et rougeâtre, dont le pied, battu des vagues, est seul recouvert de terre, on y cherche vainement aujourd'hui ce séjour enchanté tant de fois décrit par les poëtes de l'antiquité, et que la déesse de la volupté préférait, disaient-ils, à Cypre même, dont le climat et les frais bocages faisaient une retraite délicieuse. Cependant, Héraclide de Pont assure que Cythère était fertile en miel et en vin, quoique les habitants ne s'y nourrissent que de fromage et de figues. Sans doute leur avarice était la seule cause de telles privations, car on ne peut concilier cette pauvreté de leur vie avec ce temple magnifique, le rendez-vous de toute la Grèce, dont il était le plus ancien, et où arrivaient de toutes parts tant de riches offrandes. Ce qu'il y a de certain, c'est que cette île abonde aujourd'hui en lièvres, en cailles, en faucons, et surtout en tourterelles, oiseaux dont la déesse des amours aimait, disent encore les poëtes, à atteler son char : preuve évidente du culte particulier qu'on lui rendit dans cette île, dont elle emprunta son surnom de *Cythérée* ou *Cyteris*. Ce culte y avait été apporté par les Phéniciens, qui adoraient Vénus de temps immémorial, sous le nom d'*Astarté*. Ce fut, selon la Fable, sur les rivages de cette île que, dans une conque d'une nacre éblouissante, elle aborda nue sitôt qu'elle fut née de l'écume des flots.

CYTISE. Le genre *cytise* appartient à la famille des légumineuses papilionacées, l'une des plus riches en belles fleurs.

On cultive comme arbuste d'ornement le *cytise des Alpes* (*cytisus laburnum*, L.), encore connu sous les noms d'*aupour* et de *faux ébénier*, indigène, s'élevant à une dizaine de mètres, et se couvrant chaque année d'une innombrable quantité de fleurs jaunes en grappes, elles-mêmes si nombreuses et tellement rapprochées que cet arbre en est tout couvert et produit un coup d'œil admirable. Cet arbre a pour variétés, le *cytise à larges feuilles*, le *cytise panaché*, le *cytise à feuilles de chêne*, le *cytise odorant*, dont les fleurs sont plus grandes et odoriférantes, les feuilles luisantes et plus larges que dans le cytise des Alpes. Le cytise des Alpes est non-seulement l'un des plus beaux arbres d'ornement, mais c'est encore un arbre de grande culture et forestier : on le cultive en grande superficie pour en obtenir des échalas et des cercles, qui sont les meilleurs connus, ou pour employer dans divers arts son bois flexible et très-dur, qui a servi autrefois à faire des arcs. Le cytise des Alpes se sème sur un labour au printemps ou à l'automne, dans la proportion de 15 à 20 kilogrammes par hectare.

Le *cytise à feuilles sessiles* (*cytisus sessilifolius*), connu sous le nom de *petit cytise* et de *trifolium* ou *trèfle des jardiniers*, à fleurs en épis jaunes, est une très-belle espèce qu'on voit partout, dans les massifs, soit franc de pied, soit en boule et greffé sur le cytise des Alpes. On doit posséder également dans les jardins le *cytise à fleurs en tête* (*cytisus capitatum*), dont les fleurs sont d'un jaune aurore et les feuilles persistantes, le *cytise d'Autriche* (*cytisus Austriacus*), à feuilles blanchâtres et à fleurs ou têtes jaunes; et le *cytise pourpre* (*cytisus purpureus*), à grandes fleurs rouges. Tous ces cytises sont de pleine terre, et se multiplient avec facilité par leurs graines ou par la greffe les uns sur les autres, et particulièrement sur le cytise des Alpes ordinaire.

Les auteurs grecs et romains parlent souvent du cytise; mais tout porte à croire qu'il ne s'agit pas d'un arbre du genre auquel nous avons donné ce nom, et que le cytise de Virgile est le *medicago arboris* ou *luzerne en arbre*.
C. Tollard aîné.

CYZIQUE, ville de la Mysie, bâtie à l'extrémité d'un promontoire de la Propontide, et sous les murs de laquelle Alcibiade battit les Lacédémoniens, l'an 410 avant J.-C., était justement renommée dans l'antiquité par la beauté de ses édifices, par ses temples, son prytanée, le second de la Grèce après celui d'Athènes; par ses gymnases, ses théâtres, ses stades, son port, ses arsenaux et ses fortifications. Elle avait été fondée par des Pélasges de Thessalie. Devenue puissante par l'adjonction de diverses colonies milésiennes, elle résista vaillamment à Mithridate, qui était venu l'assiéger à la tête de 300,000 hommes (an 74 avant J.-C.). Lucullus la dégagea l'année suivante par ses savantes manœuvres, et y remporta la victoire dite de Cyzique. Enfin, sous le règne de Tibère, elle perdit pour toujours son indépendance, que les Romains avaient d'abord respectée. Elle demeura longtemps encore le centre d'un commerce aussi actif qu'étendu, jusqu'à ce que divers tremblements de terre, notamment en l'an 443 de notre ère, puis la conquête des Arabes (au 675), ne lui laissassent même plus l'ombre de sa magnificence et de sa grandeur passées.

CZACKI (Tadeusz), célèbre littérateur polonais, né en 1765, à Poryck, en Volhynie, avait vingt ans à peine lorsque le roi de Pologne, Stanislas-Auguste, lui accorda une place au tribunal aulique de Varsovie, et lui confia en même temps le soin de mettre en ordre les archives secrètes de la couronne. Diverses propositions, qu'il fit relativement aux finances de la Pologne, engagèrent la diète de 1788 à le nommer membre de la commission du trésor, et il remplit ces fonctions pendant sept années. Pour mieux connaître les moyens de favoriser l'essor de l'industrie et de ranimer le commerce en Pologne, il en parcourut attentivement diverses parties, et l'un des fruits de ce voyage fut une belle carte des communications fluviales de son pays. Il s'occupa aussi beaucoup de la navigation du Dniester. Partisan zélé de la constitution du 3 mai 1791, ce fut sur lui que tomba le choix de la commission pour le rapport à lui en présenter au sénat.

Au milieu des multiples occupations que lui créait son amour du bien public, il trouvait encore le temps de se livrer à l'étude approfondie de l'histoire de son pays. Il réunit à Poryck une bibliothèque considérable, riche en manuscrits d'une haute importance et provenant de la bibliothèque particulière du roi Stanislas-Auguste. Lors du second partage de la Pologne, ses biens confisqués par le gouvernement russe ne lui furent restitués qu'après l'avénement de Paul Ier, au couronnement duquel il assista à Moscou en qualité de député de la Volhynie. Un plan qu'il conçut pour encourager l'instruction publique dans les anciennes provinces polonaises incorporées à la Russie ayant obtenu l'approbation de l'empereur Alexandre, il résolut de se consacrer désormais entièrement à l'éducation de la jeunesse. Il fonda à cet effet le gymnase de Krzeminiec, et dès l'année 1805 ce nouvel établissement était en pleine voie de prospérité. Mais comme il s'attachait surtout à inculquer à la jeunesse l'amour de la vieille nationalité polonaise, il ne tarda pas à exciter les défiances du gouvernement russe. Accusé d'avoir perverti l'esprit de la jeunesse, il fut amené à Saint-Pétersbourg en 1807, où un comité spécial fut établi pour le juger. Il réussit toutefois à se justifier aux yeux de l'empereur, qui le nomma adjoint au prince Czartoryiski comme curateur de l'instruction publique dans les gouvernements de l'ouest. Il revint alors à Krzeminiec ; mais il excita encore de nouveaux soupçons ; et bientôt les événements de 1812 le contraignirent à fermer son gymnase et à se retirer en Podolie. Il mourut à Dubno, le 8 février 1813. Ses ouvrages (nouvelle édition, Posen, 1843-1845) témoignent de l'étendue de son érudition. Le plus important traite des lois de la Lithuanie, *O Litewskich Polskich Prawach* (2 vol., Varsovie, 1800).

CZAJKOWSKI (Michel), romancier polonais, né vers 1808, en Ukraine, prit part en 1830 à la révolution de Pologne, se réfugia ensuite en France, et se fixa pendant quelques années à Paris, où il s'occupa de travaux littéraires et fournit un certain nombre d'articles à notre recueil. Envoyé plus tard par le gouvernement français à Constantinople comme agent, il parvint à jouir d'un grand crédit auprès de la Porte. La Russie en prit ombrage, et exigea que le gouvernement turc l'éloignât de son territoire. La France à son tour lui ayant retiré sa protection, Michel Czajkowski, pour être libre de continuer à résider en Turquie, se vit réduit, au commencement de l'année 1851, à embrasser l'islamisme, sous le nom de Mohamed-Sadik-Effendi.

Comme romancier, Czajkowski appartient à l'école fondée par Mickiewicz. Il a choisi l'Ukraine pour le théâtre de la plupart de ses récits, où brille un talent peu commun. Son *Powiesci Kosakié* (*Histoires de Kosaks*), son *Wernyhora*, son *Kirdzali*, publiés à Paris, dans les années 1837 à 1841, son *Ukrainki* et son *Hetman Ukrainy*, publiés à Berlin, en 1841, ont les uns et les autres obtenu en Allemagne les honneurs de la traduction.

CZAPSKA (prononcez *chapska*). Coiffure, ou bonnet carré, dont étaient primitivement coiffés les uhlans et lanciers polonais, et qui a été adopté depuis par quelques troupes de cavalerie légère moderne. Pendant les premières guerres de l'empire, Napoléon, ayant ordonné la création de plusieurs corps de *chevau-légers lanciers* polonais, leur conserva leur coiffure nationale, que garda aussi l'infanterie polonaise envoyée en Espagne. Le czapska est encore en usage dans les huit régiments de lanciers que compte aujourd'hui notre cavalerie. La couleur du feutre est *bleue* pour les huit régiments ; la soutache et le galon qui décorent cette coiffure sont de couleur *jonquille* pour les quatre premiers, *garance* pour les quatre autres. Le czapska est en outre garni d'un cordon *blanc* et d'un plumet tombant, de crin *rouge*. La cavalerie de la garde nationale parisienne porte aussi cette coiffure. Elle est également en usage dans plusieurs corps de cavalerie étrangère, notamment dans les uhlans, les cavaliers croates, et quelques troupes légères appartenant aux gardes russes et prussiennes.

CZAR. *Voyez* Tsar.

CZARNIECKI (Étienne), célèbre capitaine polonais, naquit en 1599, d'une famille ancienne, mais peu fortunée. Entré de bonne heure au service, il n'était encore parvenu, à l'âge de trente-trois ans, qu'au grade de lieutenant. Lorsqu'éclata, en 1648, la grande révolte des Cosaques, il marcha avec Étienne Potocki contre Chmelnicki ; mais fait prisonnier dans la déroute qu'essuyèrent les Polonais aux Eaux-Jaunes, il fut livré aux Tatars, et ne recouvra sa liberté que deux ans après. Il repartit aussitôt combattre les Cosaques, et prit part à la bataille de Beresteczko, dans laquelle ils furent complétement défaits. Les Cosaques, à leur tour, ayant anéanti à Batof l'armée polonaise commandée par l'hetman Kalinofski, Czarniecki fut envoyé en Ukraine pour y tenter une diversion ; mais cette entreprise échoua, par suite d'une grave blessure qu'il reçut au palais. En 1655, le roi de Suède Charles-Gustave envahit la Pologne, et força le roi Jean-Casimir à s'enfuir en Silésie. Czarniecki accourut alors au secours de la ville de Cracovie, dont il occupa la citadelle, où il opposa à l'ennemi la plus héroïque résistance,

jusqu'au moment où le manque de vivres le força à l'évacuer. La défense de Czenstochau sembla inspirer un nouveau courage aux Polonais ; et Czarniecki, réunissant des bandes de soldats dispersés, osa le premier reprendre l'offensive contre les Suédois dans une guerre d'escarmouches. Après la grande bataille qui se livra en 1656 sous les murs de Varsovie, et qui fut si fatale aux armes polonaises, Czarniecki continua seul la guerre à la tête de 5,000 Tatars qui avaient pris du service dans les rangs polonais, et ramena le roi de Dantzig en Pologne, au milieu de périls sans nombre. A l'effet de seconder le roi de Danemark, Frédéric III, qui pour contraindre Charles-Gustave à évacuer la Pologne avait envahi ses États allemands, Czarniecki fut envoyé en Danemark, en 1658, à la tête de 6,000 Polonais. Mais une invasion russe contraignit bientôt le roi de Pologne à rappeler Czarniecki pour défendre la patrie menacée. Il accourut en Lithuanie, où, après avoir opéré sa jonction avec l'hetman Sapieha, il battit une première fois, en 1660, les Russes, commandés par Chowanski, à Polonka, et une seconde fois sur les rives du Dnieper, dans une bataille où il avait Dolgorooki pour adversaire. La paix de 1661 fut le résultat de ces deux victoires.

Czarniecki rentra alors couvert de gloire dans sa patrie, et le roi le récompensa de ses services par le don de la starostie de Tykocin ; il était déjà woïwode de Reussen. Une nouvelle guerre contre la Russie et des troubles en Ukraine l'appelèrent encore une fois sous les drapeaux. Accompagné de treize cavaliers seulement, il ne craignit pas de s'engager à travers les steppes et de gagner ainsi la Crimée pour décider les Tatars à prendre fait et cause pour la Pologne. Mais il succomba alors aux fatigues de la guerre ; sa vie, si pleine, si agitée, se termina au milieu de ces heureuses entreprises pour le salut de son pays, dans le village de Sokolowko, en Volhynie. Une constante épreuve, une constance inébranlable et une ardeur infatigable dans la poursuite de ses projets, unis à un amour sans bornes pour sa patrie, telles furent les qualités les plus éminentes de ce guerrier.

CZARTORYISKI-SANGUSZKO. Illustre famille polonaise, issue de la race des Jagellons, et qui remonte à *Korygiell* de Tscheknicof, lequel reçut au moment de son baptême dans l'Église grecque le nom de *Constantin*, qu'en entrant plus tard dans la communion romaine il échangea contre celui de *Casimir*. Il mourut en 1300, à la bataille de Wilna. Son plus jeune frère, *Lubard*, qui, après son baptême, prit le prénom de *Théodore*, était seigneur de Luzk en Volhynie, et fut la souche des princes Sanguszko, qui prirent le nom de Czartoryiski, de la ville de Czartorysk, située au nord de Luzk, sur une rivière appelée le Stry, et qui au dix-septième siècle furent créés princes de l'Empire, puis, en 1808, magnats de Hongrie. Parmi les hommes célèbres qu'a produits la branche aînée des Czartoryiski-Sanguszko, encore aujourd'hui existante, nous citerons :

CZARTORYISKI (Michel-Frédéric), né en 1695, mort en 1775, grand-chancelier de Lithuanie. Quoique dans les troubles de la Pologne il eût embrassé le parti des Russes, il affranchit tous les serfs de ses domaines.

CZARTORYISKI (Adam-Casimir), général de Podolie, né le 1er décembre 1731, mort le 4 avril 1782, paraissait appelé par son illustre naissance, par ses immenses richesses, par la distinction de son esprit et l'étendue de ses connaissances, à exercer une prépondérante influence sur les orageuses destinées de son pays ; et cependant on ne le vit jamais figurer que sur le second plan dans les événements décisifs dont la Pologne fut le théâtre. A la mort d'Auguste III, il se porta l'un des compétiteurs au trône et sembla un instant devoir réunir la majorité des suffrages ; mais l'intervention toute-puissante de l'impératrice Catherine II valut la couronne à Stanislas Poniatowski, et à partir de ce moment une mésintelligence déclarée ne cessa de régner entre le nouveau roi et la famille Czartoryiski ainsi que son parti. Après le premier partage de la Pologne, Czartoryiski, par suite de la situation d'une grande partie de ses propriétés, entra au service de l'Autriche, qui le fit feld-maréchal. On ne l'en vit pas moins, lors de la diète de 1788-1791, se montrer l'un des plus chauds partisans de la constitution du 3 mai 1791. Il fut chargé à ce moment d'une mission extraordinaire à Dresde, pour déterminer l'électeur de Saxe à accepter la couronne de Pologne, et il se rendit ensuite à Vienne pour y solliciter l'intervention et l'appui de l'empereur contre les projets de la Russie. Ses efforts étant demeurés inutiles, et le roi Stanislas ayant adhéré à la confédération de Targowitza, que favorisait l'ambitieuse politique de la Russie, Czartoryiski se retira en Autriche, et séjourna alternativement dans ses terres et à Vienne pendant les troubles de 1794, et sans y prendre la moindre part. Nommé par Napoléon maréchal de la diète de Pologne, il organisa la confédération de 1812, et fut le premier à en signer l'acte. Lorsque le sort de la Pologne dut se décider au congrès de Vienne, Czartoryiski se rendit dans cette capitale à la tête d'une députation polonaise, et soumit un projet de constitution à l'empereur Alexandre, qui le créa sénateur palatin. A partir de ce moment il vécut constamment dans ses terres, et mourut le 19 mars 1823, a Sieniawa, en Gallicie.

Sa femme, *Élisabeth,* née comtesse DE FLEMMING, non moins célèbre par son patriotisme que par sa beauté, ainsi que par l'esprit tout poétique dont témoignent sa correspondance avec Delille et quelques ouvrages imprimés sous son nom, vécut jusqu'en 1831 à Pulawy, dont les magnifiques jardins sont en grande partie son ouvrage, et où elle fonda des écoles, des fabriques et la célèbre collection d'antiquités polonaises réunies dans un édifice spécial appelé le *Temple de la Sibylle.* Par suite des événements dont la Pologne fut le théâtre en 1830, elle se retira en Gallicie, à Wysock, propriété appartenant à sa fille, la duchesse de Wurtemberg, où elle mourut, le 17 juin 1835, à l'âge de quatre-vingt-onze ans.

Sa fille, *Marie-Anne*, née le 15 mars 1768, mariée en 1784 au duc Louis de Wurtemberg, dont elle se sépara en 1792, s'est fait connaître par la publication de *Malvina*, délicieux roman écrit en langue polonaise (Varsovie, 1818).

CZARTORYISKI (ADAM), fils d'Adam-Casimir, né le 14 janvier 1770, était avant la révolution de 1830 sénateur woïwode de Pologne, grand-chambellan de l'empereur de Russie, membre du sénat russe et du conseil d'administration du royaume de Pologne. Après avoir reçu dans la maison de son père une éducation des plus distinguées, il alla terminer ses études à l'université d'Édimbourg, puis à Londres. Après le partage de la Pologne, effectué en 1795, il fut, par ordre de l'impératrice Catherine II, envoyé comme otage avec son frère Constantin à Saint-Pétersbourg. Le jeune grand-duc Alexandre éprouva pour le caractère ardent et généreux de Czartoryiski une sympathie si vive, qu'il se lia avec lui de la plus intime amitié. Czartoryiski avait été nommé ambassadeur à Turin ; mais dès qu'il fut monté sur le trône, Alexandre l'appela auprès de lui, et lui confia le ministère des affaires étrangères, élévation qui lui valut beaucoup d'envieux, car les Russes se sentaient blessés de ce qu'un poste si important eût été donné à un Polonais. Czartoryiski, qui n'avait accepté ces fonctions que dans l'espoir de hâter la réalisation des plans que l'empereur avait conçus relativement à la Pologne, se conduisit avec tant de prudence et de loyauté, qu'il eut bientôt transformé ses envieux en autant d'amis. Par désintéressement lui fit refuser les émoluments attachés à sa place, et qu'il fit verser dans une caisse destinée à secourir des pauvres employés. Le 11 avril 1805 il signa au nom de la Russie un traité avec l'Angleterre. Czartoryiski donna alors sa démission ; mais dès le 2 décembre 1805 il se trouvait de nouveau aux côtés d'Alexandre, à la bataille d'Austerlitz, et il ne quitta pas ce prince un seul instant pendant toute la campagne de 1807. Après la paix de Tilsitt, le comte Romanzof étant venu à remplacer le baron de Budberg, successeur immédiat de Czartoryiski au ministère des affaires étrangères, celui-ci se retira presque complétement des affaires publiques, et n'assista plus que de loin en loin aux séances du conseil d'État. Mais comme particulier il eut plusieurs fois occasion de manifester que son attachement au trône de Russie tenait plus à la personne du monarque qu'à la haute position qu'on lui avait faite dans l'administration. Quand la guerre contre la France eut de nouveau éclaté en 1812, il fit constamment partie de l'entourage intime de l'empereur, qu'il accompagna, en 1814, à Paris. Néanmoins Zajonczek fut nommé gouverneur général de Pologne. En 1815 Czartoryiski fut élevé à la dignité de sénateur palatin du royaume, et en 1817 il épousa la jeune et spirituelle princesse *Anne* SAPIEHA. Il assista à la première diète comme membre de la chambre des sénateurs, et parla avec franchise des avantages du système constitutionnel ; mais toutes ses espérances s'évanouirent bientôt. En 1821, quelques étudiants de l'université de Wilna, dont Czartoryiski était le curateur, furent accusés de menées démagogiques. Czartoryiski, qui connaissait l'esprit de l'université, défendit chaudement ces jeunes gens, et contredit les accusations dont ils étaient l'objet. Nowosilzof, chargé de l'instruction de l'affaire, le ne ayant pas moins jeté en prison une soixantaine de ces étudiants (dont plusieurs, appartenant aux premières familles de Pologne, furent incorporés comme simples soldats dans des régiments russes, tandis que le plus grand nombre étaient envoyés en Sibérie ou dans les colonies militaires), Czartoryiski donna sa démission des fonctions de curateur de l'université. Czartoryiski vécut dès lors complétement retiré des affaires publiques et ne s'occupant plus que des sciences et des lettres, dans son château de Pulawy.

Quand éclata la révolution de Pologne en 1830, Czartoryiski mit de nouveau toute son activité au service de son pays. Lubecki l'invita, comme un de ceux qui possédaient le plus la confiance du peuple, à faire partie du conseil d'administration à Varsovie. Nommé peu de temps après président du gouvernement provisoire, il convoqua la diète pour le 18 décembre 1830. Appelé le 30 janvier 1831 à la présidence du gouvernement national, il fit à sa patrie le sacrifice de plus de la moitié de sa fortune. Après les déplorables journées des 15 et 16 août 1831, il résigna ses fonctions, et, pour prouver qu'il n'y avait point de sacrifice au-dessus de son dévoûment à son pays, il servit dans les derniers jours de la guerre de l'Indépendance comme simple soldat dans le corps d'armée du général Romarino, dont il fit partie jusqu'au moment où ce corps se réfugia sur le territoire autrichien. Il abandonna alors la Pologne, et depuis lors il habite Paris, où il se consacre avec le plus inaltérable dévoûment au soulagement des souffrances que l'exil fait à ses malheureux compatriotes, quoiqu'il ait eu à essuyer bien des désagréments par suite de sa position de chef du parti aristocratique de l'émigration, qui le considère et le traite jusqu'à un certain point comme le roi de la Pologne. Il fut formellement exclu de l'amnistie de 1831, et toutes les propriétés qu'il possédait en Pologne furent confisquées. A la suite de la tentative d'insurrection nouvelle qui éclata en Pologne en 1846, le gouvernement autrichien mit le séquestre sur les biens qu'il possédait en Gallicie, à savoir : les seigneuries de *Bukaczowce, Kalwarya, Jaroslaf, Oleszyce* et *Sieniawa* ; mais le séquestre fut levé au printemps de 1848.

Au mois de mars 1848 il adressa de Paris aux représentants de l'Allemagne une proclamation en français dans laquelle il les exhortait à faire cause commune avec les représentants de la France pour réclamer le rétablissement de la Pologne comme État indépendant. Au mois d'avril 1848 il abolit la corvée dans sa terre de *Sienawa* en Gallicie, et fit don aux paysans de ce domaine, de leurs terres en toute propriété.

Du mariage du prince Adam Czartoryiski avec la princesse Sapieha sont nés deux fils, le prince *Witold*, né le 6 juin 1826, aujourd'hui au service d'Espagne, marié en 1851 à Mlle Marie Grocholska, et le prince *Ladislas*, né le 20 juillet 1829, ainsi qu'une fille, la princesse *Isabelle*, née le 7 octobre 1832.

Le prince Czartoryiski a encore aujourd'hui vivants une sœur, *Marie-Anne*, né en 1768, et un frère, le prince *Constantin*, né le 28 octobre 1773. La ligne cadette, fondée par ce dernier, est représentée par ses quatre fils, le prince *Adam Constantin*, né le 24 juin 1804 ; le prince *Alexandre-Romuald*, né le 7 février 1811 ; le prince *Constantin-Marie-Adam*, né le 9 avril 1812, et le prince *Georges-Constantin*, né le 23 août 1829.

La seconde branche de la famille Czartoryiski, la ligne de *Korsek*, s'est éteinte en 1810, en la personne du prince *Joseph-Clément*, et n'est plus représentée (1853) que par deux filles, l'une veuve du prince Henri Lubomirski, l'autre mariée au comte Alfred Potocki.

CZASLAU (en langue bohème *Caslawa*), jusqu'en 1850 chef-lieu du cercle du même nom au sud-est de la Bohême, est situé à sept myriamètres environ à l'est de Prague, et compte une population de plus de 4,000 âmes, dont l'agriculture et la fabrication du salpêtre constituent les principales ressources. C'est dans cette ville que se trouve le tombeau de Ziska', le chef des hussites, mort en 1424. Mais elle est plus célèbre encore par la bataille qui se livra sous ses murs le 17 mai 1742, lors de la première guerre de Silésie, et qui est aussi appelée quelquefois *bataille de Chotusitz*, d'un village situé à quelques kilomètres au nord.

Frédéric II, abandonné par ses alliés français et saxons, s'étant vu forcé, dans les premiers jours d'avril, d'évacuer la Moravie, de prendre ses cantonnements en Bohême, entre l'Elbe et la Sassawa, et d'y opérer sa jonction avec les forces qu'il y avait laissées, se trouvait dans une position telle qu'il devait ardemment désirer une bataille, pour hâter par une victoire la conclusion avantageuse des négociations depuis longtemps entamées pour la paix. Il résolut donc de fermer la route de Prague au prince Charles de Lorraine, qui s'était mis à sa poursuite, et de le contraindre à accepter le combat. L'ennemi, s'avançant à marches forcées avec 21,000 hommes d'infanterie, 10,000 de cavalerie et 40 pièces de canon, réussit le 16 mai à séparer, au moyen de ses troupes légères, le prince héréditaire de Dessau du roi, mais sans savoir tirer parti de ce premier avantage, et lui livra bataille à l'improviste le 17 au matin. Le prince héréditaire avait pris position à Chotusitz. Le roi de Prusse opéra sa jonction avec lui au premier coup de canon, porta l'effectif de l'armée prussienne à 20,000 hommes d'infanterie et 8,400 chevaux, avec 84 bouches à feu ; et il prit de sa personne position à l'aile droite. Grâce à sa supériorité numérique, l'aile droite des Autrichiens enfonça l'aile gauche de l'armée prussienne, et la victoire fut infailliblement restée aux Impériaux si, au lieu de poursuivre ce premier succès, leur cavalerie d'abord, et ensuite leur infanterie, ne s'étaient pas mises à piller le camp prussien, ce qui donna au prince héréditaire de Dessau le temps de rétablir le combat, qui devint d'une opiniâtreté extrême, et dont le village de Chotusitz, que les Autrichiens finirent par incendier, sembla être le but unique. La cavalerie de l'aile gauche autrichienne ayant fléchi, le roi, en se portant sur Chotusitz, força l'infanterie, qui tenait encore bon, à lâcher pied. La bataille n'avait duré que jusqu'à midi, et cependant les pertes furent considérables de part et d'autre. Les Autrichiens eurent 6,000 hommes hors de combat, tant tués que blessés et prisonniers ; les Prussiens perdirent 4,000 hommes et 3,000 chevaux. Frédéric II resta en possession de Chotusitz et du pays d'alentour jusqu'à la fin de mai. La justesse de ses calculs se trouva complètement vérifiée : les préliminaires de la paix furent en effet signés le 11 juin à Breslau.

CZECHES ou **CZÈQUES**, dénomination sous laquelle se désigne lui-même le rameau de la grande famille des peuples slaves qui s'est le plus avancée vers l'ouest. Les Czèques abandonnant, dans l'intervalle de 451 à 495, le pays des Karpates, situé sur les rives de la haute Vistule, arrivèrent, sous la conduite d'un certain chef appelé *Czech*, dans les contrées qu'on appelle aujourd'hui la Bohême. La tradition veut que Czech ait établi son premier camp fortifié sur le mont Rib (*Georgberg*), près de Randnetz, sur l'Elbe. Les Czèques ne furent pas la seule tribu slave qui envahit la Bohême ; il y eut aussi les *Dudlebi*, les *Luczani*, les *Sedliczani*, les *Pschowani*, qui, comme eux, y pénétrèrent également à cette époque, sous la conduite de leurs chefs particuliers. Mais à la longue les Czèches finirent par acquérir une supériorité telle, qu'à partir du neuvième siècle leur nom fut employé comme appellation générale des diverses tribus slaves fixées en Bohême, pays qui en langue slave reçut le nom de *Czechy*.

CZENSTOCHAU ou **CZENSTOCHOWA**, couvent de l'ordre de Saint-Paul-l'Ermite, situé en Pologne, dans le gouvernement de Kalisch, est le lieu de pèlerinage le plus fréquenté de la Pologne et de tous les pays slaves. Il s'élève près des rives de la Wartha, sur une éminence qui domine au loin toute la contrée d'alentour, à peu de distance des frontières de Silésie.

C'est dans la chapelle, richement dotée, de ce monastère que se trouve un célèbre portrait de la sainte Vierge, d'un brun très-foncé, qui a donné lieu à la dévotion toute particulière de la nation polonaise pour la *madone noire*. Ce portrait est vraisemblablement d'origine byzantine ; mais la tradition porte qu'il fut peint par saint Luc, sur une table de bois faite par saint Joseph, aidé de l'enfant Jésus ; qu'il appartint à sainte Hélène, que le prince russinien Laon le fit transporter à Belz en Gallicie ; enfin, qu'en 1382 le duc d'Oppeln, Ladislas, fondateur du couvent de Czenstochau, le donna à ce monastère pour qu'il y fût à l'abri des Tatars. Une circonstance qui ajouta en grand renom cette miraculeuse image, c'est que les hussites l'ayant enlevée, et lui ayant fait subir quelques détériorations, encore visibles aujourd'hui, elle s'en revint quelque temps après, on ne sait comment, reprendre son ancienne place dans l'église du bienheureux couvent.

En 1620 le monastère de Czenstochan fut entouré de hautes et épaisses murailles et garni de pièces d'artillerie. En 1655 l'armée du roi de Suède Charles-Gustave, déjà maîtresse de la Pologne tout entière, vit tous ses efforts échouer contre cette citadelle, dont la garnison ne se composait que de 70 moines et de 150 soldats. Elle résista alors vaillamment, grâce, dit-on, à la protection toute spéciale de la sainte Vierge, pendant trente-huit jours à 10,000 Suédois, appuyés par une partie de l'armée polonaise elle-même ; et l'ennemi, découragé, dut lever le siège. Cette place forte perdit plus tard de son importance militaire ; et quand les événements de 1813 l'eurent fait tomber au pouvoir des Russes, l'empereur Alexandre en fit raser les fortifications.

Au pied de la hauteur sur laquelle s'élève le monastère se trouvent le vieux et le nouveau Czenstochau, deux petites villes dont le commerce consiste surtout en chapelets et images de saints.

CZERNICHEF. *Voyez* TSCHERNITSCHEFF.

CZERNOWITZ, chef-lieu du cercle du même nom ou de la Bukovine, dans la Gallicie autrichienne, à peu de distance du Pruth, qui y est navigable, compte 10,000 habitants, de race moldave et russiniaque, non compris 1,500 Juifs, un assez grand nombre d'Arméniens, et quelques centaines d'Allemands. Cette ville est le siège d'un évêque grec non-uni et des autorités administratives du cercle. Outre quelques autres établissements d'instruction secondaire, on y trouve un collège et une école de philosophie. L'industrie y a surtout pour objet la fabrication de différents meubles et ustensiles en bois et en métaux ; celle du cuir, l'orfévrerie, la joaillerie, etc., ne laissent pas non plus que d'avoir une certaine importance. Le commerce des produits du pays, presque exclusivement aux mains des Arméniens et des Juifs, est fort actif. Un château fort s'élevait autrefois sur le mont Czernowits, qui domine cette ville.

CZERNY (Charles), célèbre professeur de piano de Vienne, est né dans cette ville, le 21 février 1791. Il n'eut d'autres maîtres que son père, *Winceslas Czerny*, qui lui mit de bonne heure entre les mains les œuvres de J.-S. Bach, de Mozart, de Clementi et de Beethoven. Czerny se forma dans l'art d'écrire en étudiant les traités didactiques de Kinsberger et d'Albrechtsberger. Dès l'âge de quatorze ans il se voua à l'enseignement du piano, et il suit encore cette carrière. Parmi ses élèves, on compte Oury, Liszt et Dœhler. Czerny n'est pas seulement un professeur de piano extrêmement remarquable, et qui aurait pu devenir un virtuose de premier ordre, si les soins du professorat ne l'avaient absorbé; il est encore un compositeur aussi agréable que fécond, et l'on a peine à concevoir qu'il ait pu écrire le nombre incroyable de compositions qui portent son nom. Depuis l'âge de vingt-huit ans, époque à laquelle il a commencé ses publications, on connaissait de lui en 1851 huit cent vingt *œuvres*, grandes ou petites, pour le piano; et dans ce nombre ne sont pas comptés une multitude d'arrangements de symphonies, d'ouvertures d'opéras, etc., et près de deux cents *œuvres* manuscrites, parmi lesquelles se trouvent des symphonies, des messes, des concertos, des motets. Aussi, peu de carrières ont-elles été plus utiles et plus laborieuses que celle de cet artiste. J. D'Ortigue.

CZERNY (Georges), dont le véritable nom était *Kara-Djordje, Petrowicz*, ce qui veut dire *Georges le Noir, fils de Pierre*, chef des insurgés serbes dans leur lutte contre les Turcs au commencement de ce siècle, naquit en 1770, aux environs de Belgrade, et, encore adolescent, tua un musulman par haine pour les oppresseurs de sa patrie. Obligé de prendre la fuite pour échapper aux conséquences de ce meurtre, il entra au service autrichien, où il parvint au grade de sous-officier. Dans une querelle qu'il eut avec son capitaine, il le tua sur place, et par suite de ce crime fut encore obligé de s'enfuir. Il rentra alors en Servie, et y vécut dans un domaine qu'il possédait à Rainemika, village du district de Belgrade. Au mois d'août 1801, une bande de janissaires, excitée par l'espoir du riche butin que semblait promettre sa fortune, assez ronde, envahit sa maison et la mit au pillage. Contraint de fuir, il se mit peu de temps après à la tête d'une bande d'hommes armés, dont le nombre s'accrut de jour en jour, et qui arborèrent l'étendard de la révolte contre les autorités turques. Les plaintes que Czerny-Georges trouva moyen de faire connaître au sultan contre les janissaires, déjà l'objet des défiances et des craintes de ce prince, ainsi que contre le commandant turc de la province, eurent pour résultat de représenter au divan la prise d'armes des Serbes comme la conséquence forcée des avanies dont ils étaient constamment l'objet; et, favorisé à cet égard par la Porte elle-même, il ne tarda pas à porter son armée à 30,000 hommes. Il demanda alors au grand-seigneur de déclarer la Servie principauté indépendante, sous l'autorité d'un hospodar grec; et ayant échoué dans la négociation entamée à cet effet, il ne balança pas à engager directement la lutte avec la Porte elle-même. Au mois de décembre 1804 il enleva d'assaut la forteresse de Schabaz, investit Belgrade, puis, les négociations entamées avec la Porte, et qu'il dirigeait en même temps que les opérations militaires, ayant échoué au commencement de l'année 1806, il livra bataille, au confluent de la Drina et de la Marawa, à un corps considérable de Turcs entré en Servie, et lui fit essuyer une déroute complète. Secouru et appuyé de toutes façons par la Russie, il put en décembre de la même année se rendre maître de Belgrade. A la suite de l'armistice conclu à Slobosje (8 juillet 1808), il fut élu chef suprême par ses compatriotes, et la Porte le reconnut en qualité de prince de Servie, tandis que la Russie lui accordait le grade de lieutenant général. Grâce à l'appui de cette puissance, il réussit à se maintenir dans cette position jusqu'au moment où la déclaration de guerre de la France força le cabinet de Saint-Pétersbourg d'abandonner la Servie à son sort. En juillet 1813 une nouvelle lutte, plus acharnée que jamais, recommença avec des chances diverses entre les Serbes et les Turcs; mais au bout de quatre mois la supériorité numérique des Turcs réussit à la comprimer. Czerny-Georges se réfugia d'abord en Russie, puis alla pendant quelque temps résider en Autriche.

Cependant la nation serbe, dirigée par Milosch Obrenowicz, avait enfin réussi à être libre; et au mois de juillet 1817 Czerny-Georges ne craignit pas de rentrer dans sa patrie, suivant les uns pour y provoquer une nouvelle insurrection, mais suivant d'autres uniquement pour y venir chercher des trésors secrètement enfouis. Il paya cette témérité de sa vie; car le prince Milosch, qui le considérait comme un dangereux rival, le fit assassiner par ses propres compatriotes.

Son second fils, *Alexandre Kara-Djordjewicz*, né en 1806, fut élevé en Russie, et entra plus tard au service de cette puissance. Il n'est rentré en Servie qu'après la chute du prince Milosch, et devint alors aide-de-camp du prince Michel. Lors de l'expulsion de la famille Obrenowicz, les meneurs de ce mouvement appelèrent l'attention et les sympathies de la nation sur ce rejeton du véritable libérateur de la Servie, et réussirent, en septembre 1842, à le faire élire prince de Servie par l'assemblée nationale; mais la Porte ne voulut lui reconnaître d'autre titre que celui de Beg. La Russie, dont les défiances étaient vivement excitées, ayant élevé des réclamations au sujet de cette élection, elle fut confirmée en 1843 par une nouvelle assemblée (*voyez* Servie).

CZERSKI (Jean), prêtre catholique apostat, né vers 1813, de parents pauvres, à Werlubien, près de Nenenburg, dans la Prusse occidentale, fut ordonné prêtre à Posen en 1842. Nommé d'abord vicaire dans un petit village du grand-duché de Posen, il fut au mois de mars 1844 appelé en la même qualité à Schneidemuhl, en Silésie. Six mois après il abandonnait la communion romaine, et décidait sa paroisse à faire autant, tout en prétendant demeurer *catholique*. A la fin de cette même année 1844, il contracta un mariage qui fut béni par Ronge, autre apostat, qui essaya de jouer en Allemagne le même rôle que l'abbé Châtel en France, et qui trouva dans le gouvernement prussien un appui que les chefs de l'Église catholique française obtinrent aussi du gouvernement de Louis-Philippe, mais qui leur fit ensuite défaut dès que *l'ordre des choses* jugea utile de les sacrifier aux réclamations du clergé orthodoxe. Les démêlés de Czerski et de Ronge, au sujet du symbole définitif à adopter pour *l'Église catholique allemande* et sur la question de savoir qui y exercerait la suprématie spirituelle, rappellent ceux de l'abbé Châtel et de l'abbé Auzou.

CZETZ (Jean), connu par la part qu'il prit à l'insurrection hongroise, né en 1822, à Gidolfava, dans le pays des Szeklers, fils d'un capitaine de hussards szeklers, reçut dès sa plus tendre jeunesse une éducation toute militaire, qui se termina à l'école militaire de *Wiener-Neustadt*, et entra en 1842 avec le grade de lieutenant dans le régiment d'infanterie de Turszky. L'étude approfondie de l'histoire, et surtout de l'histoire de Hongrie, le conduisit à la prendre pour sujet de quelques ouvrages, et il débuta dans la carrière d'écrivain par la publication d'une *Introduction à la connaissance de la langue militaire hongroise*, à l'usage des officiers allemands. Attaché à partir de 1846 à l'état-major général de l'armée autrichienne, il consacra les heures de loisir que lui laissaient ses fonctions à se perfectionner dans les sciences, jusqu'à ce qu'au mois de juin 1848 un ordre de la direction de l'état-major général vint l'attacher au ministère de la guerre en Hongrie. La plupart des rapports sur la guerre qui éclata alors entre les Hongrois et les Serbes, de même que les instructions qu'elle nécessita, sont de sa plume. Plus tard il accompagna en qualité d'aide de camp le ministre de la guerre Meszaros au camp de Verbasz, et à son retour il fut nommé rapporteur au comité de défense nationale ; position qui le mit en rapport direct avec les principaux chefs de l'insurrection. Kossuth, appréciant ses talents, le nomma capitaine, et bientôt après chef de l'état-major général en Transylvanie. Après le rappel de Baldacci, il lui confia le commandement des débris de cette armée, qu'il eut bientôt réorganisée. Bem, qui prit le commandement en chef de l'armée de Transylvanie, plaça toute sa confiance en Czetz, et celui-ci montra qu'il en était digne, par la manière dont il s'acquitta des missions les plus difficiles, aux affaires de Sibor-Stolzenburg, Viz-Akna, Muhlenbach, Alvincz, Mediasch, Hermanstadt et Faketebalom. Il en fut successivement récompensé par les grades de lieutenant-colonel et de colonel ; et après la soumission de la Transylvanie, le gouvernement national, sur la proposition de Bem, le promut, en mai 1849, au grade de général, et l'appela au commandement supérieur de la Transylvanie. Une blessure au pied l'empêcha de prendre personnellement part aux opérations ayant pour but de repousser l'invasion des Russes. A la suite de la catastrophe de Vilagos, il se retira en Hongrie, où il resta caché chez des amis pendant tout l'hiver ; et au mois de février 1850 il réussit à gagner l'Angleterre par Hambourg. C'est là qu'il fit paraître ses *Mémoires sur la Campagne de Bem en Transylvanie dans les années 1848 et 1849* (Hambourg, 1850).

CZIRKNITZ (Lac de), ainsi nommé d'un bourg du ci-devant duché de Carniole, à sept kilomètres au sud-ouest d'Adelsberg, offre par ses intermittences l'un des plus curieux phénomènes du plateau de l'Illyrie, et dont il est déjà fait mention par Strabon. Les merveilleux rapports que firent divers voyageurs modernes, lesquels racontèrent que, suivant la saison de l'année on y pêchait, on y labourait, on y semait, on y récoltait et on y chassait, ont longtemps fait ranger parmi les fables les phénomènes naturels dont cette contrée est le théâtre.

Ce lac occupe le fond d'une vallée profondément encaissée et sans issue, au sud du mont Javornick, et au nord-est du mont Slivinza. Quand ses eaux atteignent leur plus grande élévation, sa superficie totale est au plus de 55 kilomètres carrés. Sa configuration est d'ailleurs fort irrégulière, et sa profondeur moyenne de cinq mètres. Il renferme quatre îlots, sur le plus grand desquels est bâti le village d'Ottok. On sait que tout le plateau de la Carniole se compose de masses calcaires crevassées, fendillées, formant même çà et là d'immenses cavernes naturelles. Le lit du lac de Czirknitz, placé dans des conditions analogues, compte une quarantaine de trous ou de crevasses par lesquelles, à certaines époques irrégulières, ses eaux s'écoulent et disparaissent tout à coup en temps de sécheresse, ou bien reviennent avec des pluies continues, entretenant toujours d'ailleurs des communications souterraines avec les localités voisines où l'eau du lac reparaît périodiquement. Des endroits obscurs, noirâtres, à la surface de l'eau, indiquent la présence de gouffres de cette espèce ; ils sont tous bien connus des habitants de la contrée, qui leur ont imposé des noms particuliers. On compte à peu près quarante de ces trous par lesquels s'écoulent les eaux du lac pour reparaître dans la vallée de Laybach sous les noms de Bistrizza et de Baronizza. A la suite des pluies violentes ou continues, le niveau du lac atteint les cavernes de Vela-Karlauza et de Mala-Karlauza, et par elle la vallée de Santa-Canzian, puis, après de nombreuses disparitions, l'Unz au-dessus de Planina. Mais quand le volume d'eau est trop considérable, les cavernes ne suffisent plus à le recevoir. Alors le lac déborde, submergeant campagnes et villages, et atteignant quelquefois jusqu'à sept mètres au-dessus de son niveau ordinaire. Ceci explique comment les intermittences du niveau de l'eau dépendent de l'état de la température, et comment on ne saurait leur assigner d'époque fixe. Ainsi, de 1707 à 1714 le lac n'éprouva qu'une seule fois de la diminution, tandis qu'il demeura complètement à sec depuis le mois de janvier 1834 jusqu'en février 1835. Quand les eaux abandonnent leur lit, on en profite pour mettre en culture une certaine partie du terrain ainsi mis à sec, pour y semer notamment du millet et du sarrasin ; le reste se couvre de prairies naturelles, qui fournissent les produits les plus avantageux. On se hâte aussi de pêcher à sec le poisson que les eaux n'ont point entraîné, et qui consiste surtout en brochets et en anguilles. La chasse des oiseaux aquatiques y est une source de profits tout aussi considérables, et vers la fin de juin les canards sauvages y deviennent tellement abondants que les paysans les tuent à coups de bâton dans les roseaux.

CZONGRAD. *Voyez* CSONGRAD.

CZUCZOR (Georges), écrivain hongrois, né le 17 décembre 1800, à Andod, dans le comitat de Neutra, entra en 1824 dans l'ordre des bénédictins, et remplit de 1825 à 1835 les fonctions de professeur aux gymnases de Raab et de Komorn. La *Bataille d'Augsbourg* (1824), l'*Assemblée d'Arad* (Pesth, 1828), et *Botornd* (1831), poèmes héroïques qu'il fit paraître dans cet intervalle, appelèrent sur lui l'attention. En 1835 il fut nommé secrétaire et archiviste de l'Académie hongroise. Il vint alors se fixer à Pesth, où en 1836 ses *Œuvres* poétiques furent réunies et publiées par Toldy. Leur contenu érotique et la vie assez libre que Czuczor menait dans le monde lui attirèrent l'animadversion du clergé, qui fit d'abord prohiber la vente de ses ouvrages, puis lui fit intimer l'ordre de ne plus écrire, et enfin le força de renoncer à ses fonctions à Pesth pour rentrer dans son couvent. Après avoir alternativement été appelé par les chefs de son ordre à des fonctions professorales et s'en être vu priver, il obtint en 1842 que toute sa conduite fût l'objet d'une enquête sévère, à la suite de laquelle il lui fut permis d'écrire de nouveau. Après avoir fait successivement paraître son *Johann Hunyadi* (2e édition, Pesth, 1843), une excellente traduction de Cornelius Nepos (1843), et une *Vie de Washington* (1845), l'Académie lui confia le soin de réunir les matériaux du grand dictionnaire qu'elle se proposait de publier. Il revint alors s'établir à Pesth, où il se livra tout entier à ce travail, qui en 1848 était déjà arrivé à la lettre J. Au mois de janvier 1849 Windischgraetz le condamna à six années d'emprisonnement dans une forteresse, avec les fers aux pieds, en raison de son poème *Riado* (Cri de Réveil), publié en décembre 1848 dans le *Kossuth Hirlapja*. Grâce à l'intervention du comte Jean Téleky, président de l'Académie, on ne tarda pas à lui ôter ses fers, et il lui fut permis de reprendre ses travaux littéraires. Rendu à la liberté à la suite de la prise d'Ofen par les Hongrois, il vint plus tard se livrer spontanément aux autorités autrichiennes, qui l'enfermèrent à Kufstein, où il s'occupa de nouveau de son dictionnaire ainsi que d'une traduction de Tacite. L'amnistie de 1850 l'a rendu à la liberté.

D

D, quatrième lettre de l'alphabet français et la troisième des consonnes; c'est aussi la quatrième lettre de l'hébreu, du chaldéen, du samaritain, du syriaque, du grec et du latin, et la quatrième encore des *sept lettres dominicales*. Elle est d'origine phénicienne, et son nom signifiait une porte. Les Arabes ont trois *d* dans leur langue; le premier se nomme *dal*; c'est la huitième des vingt-huit lettres de leur alphabet. La neuvième, qu'ils nomment *dhsal*, ne se distingue de la précédente, pour la forme, que par un point dont on la surmonte; quant au son, il participe de celui du *z*. Le troisième *d* des Arabes, qui tient la dix-septième place dans leur alphabet, se nomme *da*; il a le son de notre *d*, mais la figure du *ta* ou *t* arabe, dont il ne diffère pour la forme que par un point que l'on met dessus. Les Latins écrivaient le D comme nous, ainsi qu'on le voit sur toutes les médailles et toutes les inscriptions anciennes. Ce n'est d'ailleurs qu'une corruption de la forme grecque du Δ (delta), que les Russes ont conservé dans leur alphabet, où il occupe le cinquième rang, et qui a été pris du *daleth* de l'ancien alphabet hébreu, tel qu'on le voit sur les médailles hébraïques, communément appelées médailles samaritaines. Les Grecs en avaient retranché seulement une petite ligne, et l'avaient penché, en lui donnant ainsi la forme d'un triangle parfait. Quelques auteurs néanmoins prétendent que le Δ des Grecs leur est venu des Égyptiens, qui marquaient cette lettre par trois étoiles disposées également en triangle, hiéroglyphe qui chez eux désignait Dieu.

Le D dans la langue latine est souvent une lettre euphonique; on dit, par exemple, *prosum*, *profui*, etc., sans interposer aucune lettre entre *pro* et *sum*; mais quand ce verbe commence par une voyelle, on ajoute le *d* après *pro*. Ainsi, l'on dit *pro-d-es*, *pro-d-ero*, *pro-d-esse*. C'est le mécanisme des organes de la parole qui fait ajouter ces lettres euphoniques, sans quoi il y aurait un bâillement ou *hiatus*. Le D est une des consonnes les plus douces et les plus agréables de nos alphabets. Cependant il a manqué et manque encore à certaines langues, surtout dans le Nord. Dans la langue française, le D est regardé comme une lettre en partie dentale et en partie palatale. C'est le *t* affaibli, et elle se confond fréquemment avec ce dernier, non-seulement en allemand et dans d'autres langues germaniques, mais en français, par exemple à la fin d'un mot et devant un autre mot qui commence par une voyelle. En polonais, le *d* se confond avec le *j*, et en allemand avec le *z* ou *ts*.

Le D en chiffres romains représente *cinq cents*. Pour entendre cette destination du D, il faut savoir que l'M étant la première lettre du mot *mille*, les Latins ont pris d'abord cette lettre pour marquer ce dernier nombre par abréviation. Or, ils avaient une espèce d'M qu'ils faisaient ainsi CIƆ, en joignant la pointe inférieure de chaque C à la pointe de l'I. En Hollande, les imprimeurs autrefois marquaient communément, et quelques-uns marquent encore aujourd'hui *mille* ainsi CIƆ, et *cinq cents* par IƆ, qui est la moitié de CIƆ. Les imprimeurs français ont trouvé plus commode de prendre tout d'un coup un D, qui n'est autre chose, pour la forme, qu'un C retourné et rapproché de l'I. Cette manière de noter le nombre cinq cents par un D, ou la moitié d'un M en caractère gothique, avait donné lieu à ce vers latin:

Littera D velut Λ quingentos significabit.

Pour donner au D la valeur de *cinq mille*, il suffit de le surmonter d'une barre transversale. Chez les Grecs le δ signifiait 4, et avec une barre dessous *quatre mille*.

Sur les médailles antiques, la lettre D est l'initiale des mots *Dacia*, *Damascus*, *Delos*, ou autres villes et contrées, ainsi que de *Decurio*, *Dedit*, *Decimus*, *Designatus*, *Dictator*, etc., et de plusieurs noms propres. Sur les médailles de colonies romaines on lit D. D, qui signifie *Decreto Decurionum*. Dans les inscriptions et les manuscrits on trouve quelquefois *d* pour *b* et pour *l*; *dacrumæ* pour *lacrymæ*, *duellum* pour *bellum*. D. M. sur les pierres tumulaires signifie *Diis Manibus*, aux dieux Mânes. Sur les frontons des églises, D. O. M. *Deo optimo maximo* (au Dieu très-bon et très-grand). On trouve dans les inscriptions latines trois et quatre *d*: D. D. D. signifie *dat*, *donat*, *dedicat*, ou *datum decurionum decreto*, et D. D. D. D. *dono datum decurionum decreto*, ou encore, suivant quelques archéologues, *dignum Deo donum dicavit*.

Comme abréviation moderne, D signifie *Dominus*; D. N., *Dominus noster*; A. D., *anno Domini*; D., don ou dom (abréviations eux-mêmes de *Dominus*), titre d'honneur, le premier d'un seigneur espagnol, le second d'un prince portugais ou brésilien, ou d'un moine de l'ordre de Saint-Benoît dans tous les pays du monde. J. U. D., c'est *Juris utriusque doctor* ou *doctus*; V. D., *vir doctus*; V. V. D. D. *viri docti*. D. signifie encore ou *Dame* (N.-D., Notre-Dame), ou *Dixi*, etc. Il marque aussi le datif, le duel, le déponent, etc.

Avant l'introduction du système décimal, *d* marquait les deniers dans l'ancienne méthode de compter. C'est aussi par la majuscule D qu'on distingue la monnaie de Lyon. D. S., à la fin d'une formule pharmaceutique, signifient *detur et signetur* (c'est-à-dire que l'on donne et que l'on étiquette); D. D., *detur ad* (que l'on donne dans); et D. D. vitr., *detur ad vitrum* (que l'on donne dans un verre).

Edme HÉREAU.

D (*Musique*). Les Allemands et les Anglais désignent par cette lettre la note du deuxième degré. Les Italiens appellent encore cette note *D la sol ré*, conformément à l'ancienne nomenclature de Gui d'Arezzo. Les Français disent simplement *ré*. Il résulte de cette différence que lorsque nous voulons désigner le mode d'un ton, nous ajoutons seulement le mot *majeur* ou *mineur* au nom de la tonique: exemple, *ut majeur*, *ut mineur*; *ré majeur*, *ré mineur*. Les Italiens, au contraire, disent en employant un plus grand nombre de mots: *C sol fa ut terza maggiore*, *C sol fa ut terza minore*; *D la sol re terza maggiore*, *D la sol re terza minore*.

F. BENOIST.

DABSCHELIM est le nom d'un ancien roi de l'Indoustan, qui résidait à Soumenat, dans le Goudzerât, plusieurs siècles avant l'ère chrétienne, et qui fut le chef d'une dynastie dont tous les princes ont porté aussi le nom ou titre de *Dabschelim*, comme les rois d'Égypte portaient celui du

Pharaon. Ce fut pour un de ces princes que le brahmane Bidpal, son vizir, composa le livre fameux chez les Orientaux que nous connaissons sous le titre de *Fables de Bidpai*. C'est sous un autre Dabschelim que fut inventé, aussi par un vizir, le jeu des échecs. Mahmoud, le ghaznévide, ayant conquis une grande partie de l'Inde, au commencement du onzième siècle, donna le royaume de Soumenat ou de Goudzerât à un derviche, le seul descendant que l'on eût pu découvrir de la race de Dabschelim : c'était un homme sans capacité, qui, accoutumé à la vie retirée et contemplative, se rendit méprisable à ses sujets, et fut bientôt chassé du trône par un de ses parents. H. AUDIFFRET.

DA CALEPIO. *Voyez* CALEPIN.

DA CAPO, ou, par abréviation, D. C., signifie littéralement *de rechef, de nouveau*. Ce mot s'écrit à la fin d'une reprise, pour indiquer qu'il faut revenir au commencement du morceau, et continuer jusqu'au mot *fin*. F. BENOIST.

DACCA ou **DAKKA**, grande ville de la province du Bengale, admirablement située pour le commerce intérieur, située qu'elle est sur le principal bras du Gange et à environ 100 kilomètres de l'embouchure de ce fleuve. Des canaux viennent aboutir à Dacca de tous les points du pays. Quoique sa fondation soit toute récente, elle est déjà considérée comme la seconde ville de la province: On en évalue la population à plus de 200,000 âmes, dont la plus grande partie se compose de mahométans, ces derniers étant aux Indous comme trois sont à deux. On y trouve en outre un grand nombre de Grecs, d'Arméniens, de Portugais et d'Anglais. Les fabriques de Dacca, qui, de même que toutes celles de l'Inde, jouissaient autrefois d'une si grande réputation, ont beaucoup souffert par suite de la nouvelle direction qu'a prise le courant du commerce; et le bas prix de revient auquel, grâce à leurs machines, les manufacturiers anglais ont pu établir leurs produits, a, là comme ailleurs, porté un coup mortel à l'industrie indigène.

DACIE (*Dacia*). Comme province romaine, la Dacie comprenait les contrées situées entre la Theiss, le Danube, le Pruth, le Dniester supérieur et les Monts Karpathes, par conséquent la Hongrie orientale, la Transylvanie, la Valachie, la Moldavie occidentale et la Bukowine. Les habitants de ce pays, les Daces (*Daci*) formaient plusieurs peuplades, que d'ordinaire l'on comprend parmi les habitants de la Thrace, et qui dès avant l'époque d'Alexandre le Grand avaient abandonné les rives méridionales du Danube pour venir s'y établir. Les Jazyges les expulsèrent des contrées situées entre la Theiss et le Danube, où ils s'étaient fixés en premier lieu. Leurs fréquentes irruptions sur le territoire romain, notamment sous la conduite de leur roi ou chef Décébale, les firent redouter du peuple-roi, jusqu'à ce que Trajan les eut domptés à la suite de deux guerres faites en l'an 101 et en l'an 106 de l'ère chrétienne. Il s'empara du chef-lieu des Daces, appelé *Sarmizegethusa*, et introduisit de nombreux colons romains dans ce pays, érigé désormais en province romaine. Ce ne fut que dans la partie septentrionale et montagneuse du pays que les Daces réussirent à se maintenir indépendants.

Au troisième siècle, la Dacie fut inondée d'envahisseurs germains; aussi l'an 274 Aurélien se vit-il réduit à leur abandonner cette province et à transférer les colons romains sur l'autre rive du Danube, en Mésie, pays auquel il donna en conséquence le nom de *Dacia Ripensis*. Au quatrième siècle la partie orientale de la Dacie devint la proie des Goths et des Roxolans, la partie occidentale, celle des Sarmates. Ces deux derniers peuples restèrent parmi les anciens habitants du pays, les *Daces*, auxquels les Romains étaient parvenus à imposer leur langue. C'est du mélange de ces races diverses que descendent les Valaques actuels, population dont la langue est une langue romane.

DACIER (ANDRÉ), célèbre commentateur et philologue, et de plus garde des livres du cabinet du roi, membre de l'Académie Française et de celle des Inscriptions et belles-lettres, naquit à Castres, le 6 avril 1651, d'un avocat protestant de cette ville. Il y commença ses études, et les continua ensuite à l'académie du Puy-Laurens. Il prenait à Saumur des leçons du célèbre Tanneguy Lefebvre, quand il y fit la connaissance de la fille de ce savant, qu'il devait épouser un jour, et qui depuis s'est fait une réputation qui a éclipsé celle de son mari et celle de son père. Le duc de Montausier inscrivit Dacier sur la liste des interprètes chargés de traduire et commenter les anciens auteurs pour l'usage du dauphin, et le chargea de travailler sur Pomponius Festus, qui fut imprimé à Paris en 1681. Dans les dernières années du dix-septième siècle, il donna les œuvres d'Horace en latin et en français; les *Réflexions morales* de Marc-Aurèle ; la *Poétique* d'Aristote; l'*Œdipe* et l'*Electre* de Sophocle; la traduction des *Vies des Hommes Illustres* de Plutarque, et deux *Traités* d'Hippocrate, comme spécimen d'une traduction complète; quelques *Dialogues choisis de Platon*. En 1706 il publia la *Vie de Pythagore*, les *Symboles des Vers dorés*; la *Vie d'Hiéroclès et son commentaire sur les Vers dorés*; en 1715, le *Manuel d'Épictète*, et enfin, en 1721, il compléta son *Plutarque*. Il avait eu le malheur de perdre Mme Dacier l'année précédente, et mourut à son tour, le 18 septembre 1722. La Bibliothèque Impériale possède de lui des notes manuscrites sur Quinte-Curce.

DACIER (ANNE LEFEBVRE), femme du précédent, née à Saumur, en 1651. Nous avons dit qu'elle était fille de Tanneguy Lefebvre. On raconte qu'un jour qu'elle brodait à côté de son jeune frère, pendant qu'il recevait une leçon, elle lui suggéra les réponses qu'il avait à faire. Son père, charmé de la découverte, lui apprit promptement assez de grec et de latin pour qu'elle pût lire couramment Phèdre et Térence, Anacréon, Callimaque et Homère. La société du jeune Dacier fut pour elle un motif de plus de se vouer à l'étude des lettres. Elle vint à Paris en 1672, où elle fut chargée par le duc de Montausier de commenter, pour l'éducation du dauphin, Aurelius Victor, Florus, Eutrope, Dictys de Crète et Darès le Phrygien. Ce fut au milieu de ses travaux qu'elle épousa Dacier, en 1683, et deux ans après elle renonça, conjointement avec lui, à la religion protestante. Pendant quelques années Mme Dacier se voua tout entière à l'éducation de son fils et de ses deux filles; elle eut le malheur de voir mourir le fils à onze ans, l'une de ses filles à dix-huit ans; l'autre avait pris le voile à Longchamps. On avait dit de l'alliance de Mlle Lefebvre avec Dacier que c'était le mariage du grec et du latin : en effet, elle avait concouru à la publication des *Réflexions de l'empereur Antonin*, et publia séparément des éditions de Callimaque, Florus, Aurelius Victor, Anacréon et Sapho ; d'Eutrope, de l'*Amphitrion*, de l'*Épidicus* et du *Rudens* de Plaute; du *Plutus* et des *Nuées* d'Aristophane; de Dictys de Crète et de Darès le Phrygien; des comédies de Térence, avec une traduction et des notes. Elle publia aussi deux *Vies des Hommes Illustres* de Plutarque, un *Traité des Causes de la Corruption du Goût* : c'est une défense d'Homère contre Lamothe-Houdard. Elle défendit encore ce prince des poètes contre l'apologie de P. Hardouin. Enfin, elle traduisit l'*Iliade* et l'*Odyssée*. Boileau professait pour elle une haute estime. On dit que Mme Dacier était loin de faire parade de science, et même qu'elle évitait les conversations littéraires. Elle avait été nommée membre de l'académie des *Ricovrati* de Padoue, et on lui avait accordé la survivance de la place de bibliothécaire du roi, en cas de prédécès de son mari ; mais elle le précéda dans la tombe, et mourut le 17 août 1720. P. DE GOLBÉRY.

DACIER (BON-JOSEPH baron), naquit à Valognes (Manche), le 1er avril 1742. D'abord destiné à l'état ecclésiastique, il fit ses études au collège d'Harcourt, comme élève boursier, et reçut les ordres mineurs. Il fut admis au nombre des jeunes gens qui secondaient de leur travail les recherches des frères La Curne Sainte-Palaye, et bientôt le savant

Foncemagne le distingua et l'encouragea. Alors il partagea sa journée entre les études les plus profondes et les plaisirs de la bonne compagnie. On le recherchait à raison de ses qualités aimables, de son esprit caustique, bien que rigoureux observateur des convenances, et de son érudition, toujours épurée par le goût. Foncemagne, ayant perdu sa femme et son fils, reporta toutes ses affections sur le jeune Dacier, et le mit à même de renoncer à la carrière ecclésiastique. Le premier ouvrage qu'il donna au public fut sa traduction des *Histoires diverses d'Élien*. Il n'avait encore d'autres titres que ce livre, d'ailleurs excellent, lorsque le crédit de son protecteur le fit admettre à l'Académie des Inscriptions et belles-lettres. Il enrichit cette académie de nombreux mémoires, notamment sur l'ordre de l'Étoile, institué par le roi Jean; sur les Chroniques de Monstrelet; sur l'opinion qui attribuait à Jean Maillard l'honneur d'avoir mis fin à la rébellion du prévôt des marchands Marcel; sur l'usage observé en France quand les rois acquéraient des fiefs de la mouvance de leurs sujets. En 1777 il fit paraître une bonne traduction de *La Cyropédie*.

Toutefois, ses études se dirigeaient plus particulièrement vers l'histoire de France, et il collationnait et comparait déjà les divers manuscrits de Froissart. Douze années furent consacrées consciencieusement à nous doter d'un Froissart, comme il le dit lui-même, avec restitution des dates, du nom des personnes, *et presque neuf*; néanmoins, l'Europe savante n'en fut mise en possession qu'en 1824. Dès l'année 1782, et tandis qu'il se livrait à ces importantes recherches, l'Académie le nomma secrétaire perpétuel. La Révolution interrompit violemment le cours de ses occupations littéraires et scientifiques. Nommé membre du corps municipal de Paris, il renonça à ses goûts pour diriger l'établissement du nouveau système de contributions directes. Louis XVI lui offrit même alors le ministère des finances. Mais Dacier avait trop le sentiment de son impuissance à vaincre la tempête pour accepter un portefeuille. Après le 10 août 1792, protégé par Dussault, il parvint à quitter Paris, et se retira dans une maison de campagne qu'il possédait à Marly-la-Ville, où il passa tout le temps de la Terreur, s'occupant d'améliorations agricoles et devenant l'un des fondateurs de la Société d'Agriculture de Seine-et-Oise, puis commissaire du Directoire exécutif dans le canton de Louvres.

En 1795, lors de la première formation de l'Institut, on le comprit dans la classe des sciences morales et politiques. Il contribua beaucoup, sous le Consulat, à faire rétablir l'Académie des Inscriptions sous le nom de classe d'histoire et de littérature anciennes, et elle lui confia la direction de ses travaux. C'est dans le cours de cette longue carrière qu'il publia les six derniers volumes de l'ancien recueil des mémoires de ce corps savant et les premiers volumes du nouveau. En qualité de secrétaire perpétuel, il composa plus de cinquante éloges historiques, dans lesquels on admire la variété de ses connaissances, l'élégance de son style, la justesse de ses aperçus. Nommé en 1800 conservateur de la Bibliothèque Nationale, il a longtemps administré cet établissement. Comme membre du Tribunat, il fit des rapports très-étendus et très-remarquables. On applaudit surtout à celui qu'il adressa en 1808 au conseil d'État sur les progrès des sciences historiques depuis 1789, volume du plus grand intérêt, travail consciencieux, où la marche de la science est observée et comparée chez l'Europe entière, et où sont enregistrés les principaux ouvrages des savants qui ont illustré le siècle.

Le Tribunat ayant été supprimé, il ne demanda pour indemnité aucune fonction publique, car le désintéressement présidait à toutes ses résolutions. Nommé membre de la Légion d'Honneur en 1804, puis officier après la Restauration, il reçut en 1819 le cordon de l'ordre de Saint-Michel; enfin Charles X lui conféra le titre de baron. En 1823, l'Académie Française, ayant perdu le duc de Richelieu, appela Dacier dans son sein. La santé de cet illustre savant était affaiblie depuis longtemps : il passa les dernières années de sa vie dans son lit; mais rien ne pouvait ralentir la vivacité de son esprit, ni cette fraîcheur de souvenirs de sa jeunesse qui faisait le charme de sa conversation. Il cessa d'exister le 4 février 1833.   P. DE GOLBÉRY.

DACTYLE (*Prosodie*). C'est, dans la prosodie grecque et latine, un pied métrique composé d'une longue et de deux brèves. On pense que ce nom lui vient du grec, δάκτυλος, le doigt, qui est formé de trois phalanges, dont la première est la plus longue que les deux autres. C'est une étymologie ingénieuse et vraisemblable : ainsi, *tĕmpŏrā* est un dactyle, et *pĭĕtās* un dactyle renversé (ἀντιδάκτυλος), que l'on a nommé aussi *anapeste* (d'ἀνάπαιω). Voici un tableau complet de la modification du dactyle dans les mots latins qui vont jusqu'à six syllabes, exemple applicable à la prosodie grecque, mère de la prosodie latine. Donc nous compterons dans cette catégorie : parmi les quadrisyllabes, le *macrodactyle* (long dactyle), une longue et un dactyle : *fortissĭmus*; le *brachidactyle* (bref dactyle), une brève et un dactyle : *pŏtentiā*; parmi les pentésyllabes, des *spondeo-dactyles*, deux longues et un dactyle, *impĕrtĕrrĭtus*, et le *pyrrhico-dactyle*, deux brèves et un dactyle : *sĕptĕntĭā*; puis le *dactylo-trochée*, un dactyle suivi d'une longue et d'une brève : *exĭlĭŏsŭs*; puis deux espèces de *mésodactyle*, le premier un dactyle entre une brève et une longue, *dīmĭcitās*, et le second un dactyle entre deux longues, *commĭlĭtum*; et enfin le *didactyle* ou double dactyle : *innŭmĕrābĭlīs*.

Le dactyle est le plus ancien des pieds de la poésie grecque; on le fait remonter à Bacchus, qui avant Apollon rendait, dit-on, des oracles à Delphes en vers de cette mesure.   DENNE-BARON.

DACTYLE (*Malacologie*), nom vulgaire d'un mollusque du genre *pholade*; le *pholas dactylus*.

DACTYLES IDÉENS, prêtres du Ciel et de la Terre mis au rang des dieux, et regardés comme les *Lares* ou dieux domestiques. Les dactyles idéens, suivant Diodore de Sicile, passent pour avoir découvert l'usage du feu, du cuivre et du fer, et l'art de travailler ces métaux : c'est pour ce service important qu'ils ont mérité les honneurs divins. On a cherché à fixer l'époque de cette importante découverte du fer, dont tous les anciens s'accordent à attribuer l'invention aux dactyles, nés sur le mont Ida en Phrygie. Les commentateurs des marbres d'Oxford la placent à l'an 1432 avant J.-C., sous le règne de Pandion, roi d'Athènes, c'est-à-dire postérieurement à l'expédition de Sésostris dans l'Asie Mineure et dans la Thrace. Les dactyles furent donc, comme les Cabires, les Curètes et les Telchines, les premiers prêtres et les premiers instituteurs des peuples dans le pays de leur naissance. Non-seulement ils découvrirent les métaux, mais ils surent leur donner des formes diverses. Étant passés de Phrygie en Crète, à la suite de Minos, ils établirent les premiers mystères religieux dans la Grèce; ils y apportèrent aussi cette espèce de médecine et d'enchantements qui était accompagnée de formules magiques. Orphée fut, dit-on, profondément initié dans cette magie des dactyles. Suivant Plutarque, ils apprirent encore aux Grecs l'usage des instruments de musique, non-seulement à percussion, comme les *cymbales*, le *sistre*, etc., mais aussi à cordes, tels que la *cithare*, la *lyre*, etc. Les dactyles idéens, comme les Curètes, les Telchines, les Corybantes, étaient ministres de la mère des dieux. Ils sacrifiaient à cette déesse sous le nom de *Rhéa*, portant des couronnes de feuilles de chêne : c'est pour cela qu'ils étaient appelés ses *parèdres* ou *assistants*. Une tradition des Éléens, rapportée par Pausanias, dit que les hommes du temps qu'on appelle *âge d'or* érigèrent à Olympie un temple à Saturne, et que Jupiter étant venu au monde, Rhée le donna en garde aux dactyles. Hercule, l'aîné de ces dactyles, proposa à ses frères de s'exercer à la course et de couronner le vainqueur avec une branche d'olivier sauvage. Cet Hercule idéen était honoré à Olympie sous le nom de *Parastatés*, ce qui veut dire *Assistant*.

Ces traditions, comme on le voit, ont pour but d'établir que les dactyles, venus de Phrygie en Grèce, y apportèrent le nouveau culte de Jupiter. C'est pour cela, sans doute, que dans la suite on donna dans la Crète le nom de *dactyles* aux prêtres de ce dieu. Du reste, il règne sur les dactyles une grande variété de traditions. Sophocle dit qu'ils étaient au nombre de dix, cinq mâles, premiers-nés, qui eurent cinq sœurs, et ce nombre de dix les fit nommer *dactyles*, à cause des dix doigts de la main, ou à cause de l'adresse de la main ou des doigts, qui leur permit d'exécuter plusieurs ouvrages utiles inconnus jusqu'à eux. D'autres auteurs en comptent trois, quelques-uns quatre, d'autres vingt-cinq; Phérécyde dit qu'ils étaient cinquante-deux, dont trente-deux du côté gauche étaient des enchanteurs, et le reste du côté droit détruisaient leurs prestiges. Enfin, il y a des auteurs qui en ont compté jusqu'à cent. Nous ne devons pas oublier de dire ici que les prêtres appelés *dactyles*, chargés d'attiser continuellement le feu sacré qui brûlait en l'honneur de Jupiter ou du Soleil, dansaient autour de ce feu, et qu'on donna à leur danse le nom de *danse pyrrhique*.

Th. DELBARE.

DACTYLIOMANCIE (du grec δάκτυλος, bague, et μαντεία, divination), divination qui se fait au moyen d'un anneau. Elle consistait essentiellement à tenir un anneau suspendu par un fil délié au-dessus d'une table ronde, au bord de laquelle on posait diverses marques sur lesquelles étaient figurées les vingt-quatre lettres de l'alphabet; on faisait sauter l'anneau, qui venait enfin s'arrêter sur quelqu'une de ces lettres; et en les réunissant, on formait la réponse demandée. Cette opération était précédée et accompagnée de cérémonies superstitieuses. L'anneau était consacré auparavant, avec divers mystères. La personne qui le tenait n'était vêtue que de toile, de la tête aux pieds; elle était rasée autour de la tête et avait de la verveine à la main. Avant de commencer, on apaisait les dieux par des prières.

DACTYLIOTHÈQUE (de δάκτυλος, anneau, et θήκη, dépôt), collection d'anneaux. L'usage des anneaux, très-commun parmi les Grecs, soit comme ornement, soit comme cachet, paraît avoir de bonne heure suggéré l'idée aux personnes riches de faire des collections d'anneaux, ou des *dactyliothèques*. Plus tard on a conservé ce nom aux collections de pierres gravées. Aujourd'hui des dernières reçoivent plus rationnellement le nom de *glyptothèques*.

DACTYLOGRAPHE (du grec δάκτυλος, doigt, γράφειν, écrire), clavier destiné à transmettre, au moyen du toucher, les signes de la parole. Cet instrument, qui ne remonte qu'à 1818, est composé de vingt-cinq touches, représentant les vingt-cinq lettres de l'alphabet; chaque lettre, au moyen d'un léger mouvement imprimé à la touche correspondante, est exprimée par un petit cylindre de bois, qui s'élève au-dessus du niveau de la table, et se fait sentir sous la main de la personne avec qui l'on communique. Pour bien distinguer les vingt-cinq lettres, on en a placé cinq sous chaque doigt, une à la racine du doigt, une autre à l'extrémité, et les trois autres dans les intervalles des phalanges. Les lettres placées sous le pouce n'ont pas, comme on le pense bien, une division aussi bien marquée; elles sont cependant placées de manière à ne laisser aucune incertitude : ce sont d'ailleurs les lettres les moins usitées. La composition du dactylographe est très-simple : on peut en connaître l'usage à la première vue. Les deux tiges isolées à droite du clavier sont en réserve pour répondre aux mouvements vifs du discours, tels que *oui* et *non*, ou pour d'autres significations arbitraires, selon les conventions qu'on a jugé à propos d'établir. Le dactylographe peut être utile aux sourds-muets. Il offre surtout un moyen de correspondance entre un sourd-muet et un aveugle. Enfin, il peut mettre en rapport les sourds-muets avec les personnes qui ne connaissent ni la mimique ni même la dactylologie.

DACTYLOLOGIE (du grec δάκτυλος, doigt, et λόγος, discours). C'est proprement l'art de parler, de converser à l'aide de signes que font les doigts. Originaire d'Espagne, ainsi que l'art de faire parler le sourd-muet, la dactylologie, dont le nom a été donné, dit-on, primitivement à l'*alphabet manuel* par le célèbre instituteur portugais Pereira, consiste à représenter l'une après l'autre les lettres de chaque mot d'une langue écrite par diverses formes convenues, qui s'en rapprochent plus ou moins, et qu'exécutent successivement les doigts d'une main; habituellement la main droite. Son adoption date de l'abbé de l'Épée, qui s'était servi jusque là de l'alphabet à deux mains, qu'il savait dès sa plus tendre enfance, et dont il attribuait l'invention à l'instituteur espagnol Pedro Bonnet, qui vivait en 1620, ou à un autre, plus ancien encore. Modifiée depuis, la dactylologie, telle qu'elle existe de nos jours, s'est répandue partout où de nouveaux établissements se sont élevés en Europe et en Amérique, sur le modèle de celui de l'immortel instituteur français.

Cette réforme n'a pas été adoptée par les écoles d'Angleterre, où l'on persiste à faire parler à la fois les deux mains ou les deux bras. Quelques nouveaux systèmes créés dans le même but, tels, par exemple, que la *dactylologie syllabaire* de Recoing, père d'un sourd-muet, sont venus plus tard se briser contre la résistance de nos élèves, et n'ont pas survécu à leurs auteurs. C'est que ces essais, ou incomplets ou difficiles, ne pouvaient soutenir une concurrence sérieuse contre notre méthode, adoptée depuis si longtemps et si universellement, grâce au double avantage qu'elle offre de conserver, sauf de légères exceptions, une ressemblance parfaite avec les caractères de l'écriture et de la typographie, et d'être bien plus commode et par suite bien plus agréable que toutes les autres. A la rigueur, il ne faut pas une demi-heure pour l'apprendre. La rapidité dépend ensuite de l'habitude. Pour indiquer que chaque mot, chaque membre de phrase est terminé, la main s'arrête et trace une ligne horizontale de gauche à droite, les ongles dessus. L'habitude de cet exercice rend d'ailleurs cette précaution inutile. Quant à l'accentuation et à la ponctuation, elles sont tracées en l'air par l'index. Ce dernier peut jouer le même rôle relativement aux chiffres.

Ici surtout on ne saurait trop prémunir le public contre une erreur très-répandue, et dans laquelle on ne manque pas généralement de tomber toutes les fois qu'il s'agit des signes ou gestes des sourds-muets. On ne saurait trop se garder de confondre ce dernier instrument de la pensée humaine avec celui qui nous occupe. L'un n'est qu'un accessoire incomplet et terre-à-terre de l'autre; c'est un calque lettre à lettre d'un mot d'une langue dans cette seule langue, mot parfaitement incompréhensible comme celle-ci pour tous ceux qui ne la connaissent pas. La mimique, au contraire, est la langue commune de tous les peuples, la langue universelle des hommes, langue si vainement cherchée par tous les philologues. Elle ne reproduit pas des mots, elle peint des idées.

Ferdinand BERTHIER,
Professeur sourd-muet à l'École de Paris.

DACTYLOPTÈRES (de δάκτυλος, doigt, et πτερόν, aile). Ces poissons, que l'on nomme vulgairement *rougets volants*, *arondes*, *hirondelles de mer*, etc., appartiennent à l'ordre des acanthoptérygiens; ils sont remarquables par leurs nageoires, très-étendues et disposées de manière à leur servir d'ailes, d'où le nom de *dactyloptères*, que leur a donné Lacépède; c'est au moyen de ces appendices qu'ils peuvent s'échapper de l'eau et se maintenir pendant quelques instants dans les airs. Les anciens Grecs et les Latins ont bien connu ces animaux, qui sont communs dans la

Méditerranée, et ils leur ont donné des noms à peu près semblables à ceux qu'ils portent encore aujourd'hui sur les côtes. Les dactyloptères existent aussi dans l'Océan, mais ils paraissent y être beaucoup plus rares que dans la Méditerranée ; sur le rivage américain, ils se présentent plus fréquemment, et on les retrouve jusque auprès du banc de Terre-Neuve. Rien n'est plus célèbre dans les relations de tous les voyageurs que les *poissons volants*, qui, bien qu'armés de fortes épines, préfèrent cependant éviter le combat, et quittent leur séjour habituel ; mais dans l'atmosphère même où ils espéraient trouver quelques moments de sécurité, de nouveaux ennemis se présentent, les frégates, les albatros et tous les grands palmipèdes bons voiliers, qui leur font une chasse active. Les dactyloptères, autrefois réunis aux t r i g l e s , forment aujourd'hui un genre distinct.

L'espèce de dactyloptères répandue dans les parages que nous avons mentionnés est le *dactyloptère commun* (*trigla volitans*, L.), dont la longueur ordinaire est de 0^m,33 environ, et s'élève, mais rarement, jusqu'à 4 et même 5 décimètres. Tout le dos de ce poisson est d'un brun clair marbré ou tacheté de brun plus foncé ; la tête est verdâtre, à marbrures plus apparentes ; le dessous du corps est d'un rose pâle, et les côtés sont rougeâtres avec des reflets argentés. Une autre espèce du même groupe, déjà indiquée par Russel, Commerson et Renard, a été décrite et figurée par Cuvier dans son *Histoire naturelle des Poissons* : c'est le *dactyloptère tacheté* de la mer des Indes. Elle se tient sur la côte de Coromandel, à l'Ile de France, aux îles Waigiou, etc. P. GERVAIS.

DADA. Ce mot, par lequel nos marmots qui commencent à parler expriment d'une manière imitative l'idée qu'a fait naître chez eux la course d'un cheval, n'a longtemps appartenu qu'à leur langue enfantine, où il désignait le cheval lui-même. C'est un Anglais qui l'a fait passer en France dans la langue des hommes. Sterne, dans son ingénieux et bizarre *Tristram Shandy*, l'employa le premier d'une façon neuve et pittoresque pour peindre cette opiniâtreté de certains hommes, toujours à cheval sur une idée fixe. Le *dada* de l'oncle Tobie a fait fortune, et l'on en a vu depuis de nombreuses applications. En général, chacun de nous a son *dada*, car il y a toujours une idée, un projet que l'on caresse avec amour ; Kotzebue, dans un de ses romans, donne un exemple fort plaisant de la *dadamanie*, lorsqu'il met en scène un vieux châtelain qui, n'ayant assisté dans sa vie qu'à un seul combat, en recommence à tout propos la narration. Ses enfants et tous ceux qui l'approchent éloignent, autant qu'ils le peuvent, toute expression qui peut ramener sur le tapis l'inévitable bataille. Enfin, ne sachant plus par quelle transition y arriver, le terrible coureur s'écrie tout à coup : « N'ai-je pas entendu un coup de fusil ? — Non, non, lui disent-ils tous. — Pardonnez-moi, reprend le tenace vieillard, et ce coup de fusil me rappelle une fameuse bataille.... » Et le voilà, comme disait Werther-Pothier, à la *renarrer* pour la millième fois. Don Quichotte avait son *dada*, qui n'était pas Rossinante, quand, raisonnant au mieux sur tout autre sujet, il se mettait à divaguer sur la chevalerie errante. Tel homme politique, tel orateur, ont aussi le leur. En résumé, heureux celui qui n'a point de *dada* ; mais comme la chose est rare, heureux encore celui qui sait le maîtriser et le retenir dans l'occasion, au lieu de lui laisser la bride sur le cou ! OURRY.

DADIAN, titre que prend le souverain ou prince de la Mingrélie.

DADOUQUE (en grec δᾳδοῦχος, de δᾳς, flambeau, et ἔχειν, avoir). C'était l'un des quatre principaux ministres des mystères d'Eleusis. C'est à lui qu'appartenait le soin de purifier les adeptes avant l'initiation. Le dadouque marchait à la tête de tous les l a m p a d o p h o r e s , la cinquième nuit de la fête solennelle ; cette nuit était consacrée à la représentation des courses de Cérès, errant par toute la terre avec un flambeau allumé dans les feux de l'Etna. Le lendemain les fonctions de ce ministre étaient les mêmes dans le transport pompeux d'Iacchus à Eleusis. Les ornements du dadouque étaient magnifiques : image vivante du soleil, on le décorait de tous les attributs sous lesquels cet astre est représenté. Il avait aussi le droit de ceindre le diadème. La dignité de dadouque était perpétuelle, comme celle d'hiérophante, mais elle n'obligeait pas, comme cette dernière, au célibat. Le dadouque était aussi un des ministres des mystères de Bacchus, et l'on donnait dans Athènes le même nom au grand-prêtre d'Hercule. Comme sans doute il n'y avait point de fête où l'on ne portât plus ou moins de torches ou de flambeaux, les dadouques devaient être en grand nombre, et se trouver à presque toutes les cérémonies.
Edme HÉREAU.

DAENDELS (HERMAN-WILHELM), général hollandais, né en 1762, à Hattem, dans le pays de Gueldre, embrassa, lors des troubles qui éclatèrent en 1787 dans les Provinces-Unies, le parti *des patriotes*. Celui des *orangistes* ayant momentanément triomphé, il se réfugia en France. Commandant d'un corps franc, il rendit en 1793 d'importants services à Dumouriez, dans son expédition contre la Hollande, et fut élevé au grade de général de brigade. Quand, en 1794, Pichegru se fut rendu maître de toute la Hollande, Daendels entra au service de la république batave en qualité de général de division, et exerça une grand influence sur le gouvernement de son pays. Vers la fin de 1797, il parut favoriser les changements qui amenèrent la formation du directoire batave. Mais le parti démocratique s'étant accru sur ces entrefaites, et n'ayant choisi les agents du pouvoir que parmi ses partisans, Daendels, qu'on soupçonnait du parti aristocratique, et dont l'opposition donnait de l'ombrage, fut signalé comme ennemi du nouvel ordre de choses, et son arrestation fut décidée. Il vint alors à Paris porter plainte au directoire ; et, ayant reçu l'autorisation d'opérer une nouvelle révolution, il se rendit secrètement à La Haye, où, suivi de quelques compagnies de grenadiers hollandais, il fit investir le directoire batave en plein jour et garder à vue chacun de ses membres. Par cet acte d'audace, Daendels changea le gouvernement, qu'il organisa d'après un nouveau système.

Lors de la descente des Anglo-Russes sur les côtes de Hollande, il commandait l'armée batave, et montra beaucoup de valeur et de capacité. En butte à des accusations et à des attaques de tous genres, il donna sa démission en 1803. Mais en 1806 il fut remis en activité, fit contre la Prusse cette campagne où Napoléon témoigna aux troupes hollandaises, ou plutôt à son frère Louis, une défiance si insultante, s'empara de l'Oost-Frise au mois d'octobre, établit son quartier général à Embden, fut ensuite nommé gouverneur de Munster et colonel général de la cavalerie hollandaise. En février 1807 le nouveau roi de Hollande l'éleva au grade de maréchal de ses armées et de gouverneur général des Indes-Orientales. Il reçut à cette occasion le grand-cordon de l'ordre de *l'Union*. Son gouvernement dura trois ans et quatre mois, du 14 janvier 1808 au 16 mai 1811. Il avait pour but principal d'élever au plus haut degré la culture du café : plus de 47,000,000 de pieds furent plantés par ses ordres ; mais il n'y parvint que par les moyens les plus durs et les plus oppressifs. Remplacé par le général Janssens, Daendels revint en France, et fit la campagne de Russie sous les ordres du général Rapp, en qualité de général de division. A la défense de Modlin, il déploya la présence d'esprit et l'intrépidité qui l'avaient constamment distingué dans le cours de sa vie militaire.

Lorsque la Hollande eut recouvré son indépendance, en 1814, Daendels, attaqué par la presse, éprouva le besoin de rendre compte de sa conduite à Batavia, et publia, en quatre volumes in-folio, un *État des Possessions Hollandaises dans les Indes Orientales de 1808 à 1811* (4 vol., en hollandais) ; ce qui donna lieu à des *Observations impartiales*, imprimées sous le voile de l'anonyme, à la Haye, en 1815, et où Daendels n'était pas ménagé. Daendels reprit cependant du service, et fut chargé du gouvernement des possessions des Pays-Bas sur la côte de Guinée, poste dont l'importance minime était assez peu en rapport avec les hautes fonctions dont il avait jusque alors été investi, mais qu'il remplit avec autant d'énergie que de succès jusqu'à sa mort, qui arriva en juin 1818. DE REIFFENBERG.

DAGHESTAN (c'est-à-dire *Pays de montagnes*). C'est ainsi qu'on appelle le versant oriental du plateau de la Caucasie comprenant, comme province de la Russie asiatique, la contrée qui s'étend depuis le revers oriental du Caucase jusqu'aux rives de la mer Caspienne, bornée au nord par le Terek et au midi par la Grusie et le Schirvân. Il renferme le pays des Koumucks, le territoire du Schamchal de Tarkhou, celui de Derbent, celui de l'Ousmey d'Ekartak, la province de Thabasserân, le territoire d'Ekourah, le khanat d'Ekouba, le pays de Koura-Khamoutaï et d'autres petits territoires Lesghiens. Dans sa partie occidentale, le Daghestân est une contrée élevée et montagneuse, partout ailleurs plate, sablonneuse et en partie aride et déserte. La mer Caspienne, aux côtes généralement basses, reçoit les eaux de quelques petits fleuves, par exemple du Soulak, du Tourtourkali et du Soumanga. Là où l'eau ne fait pas défaut, le sol est fertile et assez bien cultivé. On y récolte du froment, du riz, du blé et du millet, des légumes de toutes sortes et du safran, indépendamment d'une grande quantité de fruits de toutes espèces, de vins et de bois de construction. L'élève du bétail donne des produits importants. Les chevaux, les chameaux, les ânes et les moutons à grosse queue y sont fort nombreux. Dans les parties montagneuses de la contrée, où abondent les forêts, on rencontre toute espèce de gibier, et quelques bêtes fauves. L'exploitation des mines fournit du plomb, du fer et du soufre; mais les procédés en sont encore bien arriérés.

La population du pays se compose en partie de montagnards, appartenant à la nation des Lesghiens et vivant pour la plupart indépendants des Russes, dont ils ont la domination en horreur; et en partie aussi de Turcs et de Tatares, groupe comprenant les Koumucks, les Trouchmènes ou Turcomans et les Nogais, ainsi que d'Arméniens et de Juifs. Les Koumucks habitent les basses et fertiles contrées situées au nord-est du Caucase, et s'étendant depuis le Terek jusqu'à la mer Caspienne; ils vivent de l'agriculture, de la pêche et de l'élève des bestiaux, et cultivent aussi quelque peu la soie et le coton. Les Nogais, sont nomades. Les Turcomans habitent le territoire d'Ekouba. Les Arabes du Daghestân vivent à l'état nomade, en été dans la montagne, et en hiver dans les pays de plaines qui longent les rivières et les lacs. La population totale est évaluée à deux millions d'âmes. Depuis 1812 cette contrée se trouve placée sous la domination nominale de la Russie. Précédemment elle dépendait de la Perse, dont elle formait l'extrême frontière au nord. Les localités les plus importantes sont Derbent, *Tarkhou*, ville forte de 10,000 habitants, dans le khanat du Schamchal, ou Tchamkal; *Barschly*, dans le khanat de l'Ousmey; *Jarassi*, sur le territoire de Thabasserân, et *Ekourah*, dans le pays des Lesghiens.

Dans ces dernières années la Russie a dû soutenir une lutte des plus acharnées contre les populations du Dahgestân. Plusieurs de leurs chefs, tels que Moullah-Mohamed, Ghasi-Mohamed, et l'iman Chamyl, refusant de se soumettre au joug russe, ont fait éprouver à leurs ennemis des pertes considérables, et ont par là attiré sur eux l'attention des nations de l'Occident. Ils ont fondé dans le Daghestân une nouvelle secte de l'islamisme, qui se rattache au soufisme. Consultez Bodenstedt, *Les Populations du Caucase* (en allemand, Francfort, 1848).

DAGOBERT. Trois princes de ce nom, de la race mérovingienne, ont régné en France.

DAGOBERT Ier, *le Grand*, roi d'Austrasie d'abord, puis de toute la Gaule mérovingienne, est de tous les princes de la première race le seul dont le nom soit resté populaire. *Dagobert*, dans le vieil idiome tudesque, signifie *brillant comme le jour*. Le prince qui le premier porta ce nom parmi nos vieux rois saliens naquit vers l'an 604. Il avait pour père Clotaire II, et pour mère Bertrude. En 622, avant la mort de son père, Dagobert avait été élu roi d'Austrasie par les leudes de ce pays, qui voulaient un souverain particulier pour mieux assurer leur indépendance. Pepin le vieux, leur chef, profita de la jeunesse de Dagobert pour étendre les prérogatives de la dignité de maire du palais, dont il était revêtu. En 625 il s'éleva entre Clotaire et son fils une grave contestation, au sujet des provinces dépendantes du royaume d'Austrasie, que Clotaire refusait de restituer. Les deux rois nommèrent pour arbitres douze seigneurs, parmi lesquels était Arnoul, évêque de Metz. Leur sentence fut favorable à Dagobert, et Clotaire rendit à l'Austrasie toutes les provinces contiguës qui lui avaient appartenu.

A la mort de son père (628), Dagobert, appuyé de toutes les forces de l'Autrasie, se fit aussitôt reconnaître en Neustrie et en Bourgogne; mais l'Aquitaine, qui ne perdait aucune occasion de se soustraire au joug des Francs, se déclara pour son frère Caribert, prince faible et incapable, sous lequel elle espérait jouir d'une complète indépendance. Dagobert ne chercha pas à conquérir cette province, mais il se débarrassa de Brodulphe, oncle maternel de son frère et l'âme de son parti, en le faisant assassiner. Bientôt Caribert mourut, et après s'être souillé d'un nouveau crime, le meurtre de son neveu Chilpéric, le roi des Francs, réunit sous son autorité tout l'empire mérovingien. C'est alors qu'il forma et exécuta avec vigueur et succès un vaste plan de réaction contre la puissance toujours croissante de l'aristocratie laïque et de l'aristocratie ecclésiastique. Il commença par annuler l'influence de Pepin en l'appelant à Paris, où il pouvait facilement le surveiller. Il exila dans les Vosges le puissant évêque de Metz, Arnoul. Frédégaire nous montre Dagobert parcourant la Neustrie et la Bourgogne et de tous côtés s'efforçant de rabaisser la puissance des grands et des évêques. Du reste, s'abandonnant sans frein à la luxure, il avait, à l'exemple de Salomon, trois reines et un grand nombre de concubines. Les reines étaient Nantechilde, Wulfegunde et Berchilde : « Quant aux noms des concubines, comme il y en avait beaucoup, dit Frédégaire, j'ai redouté la fatigue de les insérer dans cette chronique. »

L'empire de Dagobert s'étendait des Pyrénées jusqu'aux bords de l'Elbe, et de l'Océan occidental jusqu'à la Bohême et la Hongrie, occupées par les Vénèdes et les Avares. Prince pacifique, Dagobert fut l'allié de l'empereur Héraclius; il intervint dans les affaires des Lombards d'Italie et des Visigoths d'Espagne. A cette époque, les marchands francs faisaient par caravanes, partant de la frontière orientale de l'empire, un commerce très-actif d'étoffes de la Grèce, et d'épiceries du Levant, qu'ils répandaient dans la Germanie et dans la Gaule. Une de ces caravanes fut pillée sur les bords du Danube par les Vénèdes, qui s'étaient donné pour roi un Franc de naissance obscure, nommé Samo. Dagobert fit alors attaquer le pays des Vénèdes par les Lombards, les Allemands et les Austrasiens; mais son armée fut repoussée avec une perte immense, et les Vénèdes portèrent ensuite la dévastation dans la Thuringe et d'autres provinces de Germanie. Dans la même année 631, 9,000 guerriers bulgares, chassés de la Pannonie par les Avares, vinrent avec leurs femmes et leurs enfants demander à Dagobert de leur assigner quelque part des cantonnements dans le vaste empire des Francs. Le roi ordonna aux Bavarois de les recevoir dans leurs maisons. Au bout de six mois, Dagobert ne sachant que faire d'hôtes si nombreux, et craignant de se brouiller avec les Avares, commanda aux Bavarois de les massacrer tous en une seule nuit, ce qui fut exécuté. Le chroniqueur qui raconte cette atrocité ajoute que ce fut une sage détermination (*sapienti consilio*).

L'année suivante (632) nouvelle invasion des Vénèdes en Thuringe. Dagobert rassemble à Metz l'élite des guerriers neustriens et bourguignons et l'armée austrasienne; mais au moment de passer le Rhin, il conclut un traité avec les Saxons par lequel, moyennant la remise du tribut de cinq cents vaches qu'ils payaient depuis Clotaire Ier, ils s'engagent à résister seuls aux Vénèdes, et à défendre contre eux la frontière orientale de France. Aussitôt Dagobert revient en Neustrie se replonger dans les délices. Cependant, Samo continuait ses attaques, et les Saxons, malgré leurs serments, ne firent aucun effort pour les arrêter. Les leudes austrasiens eux-mêmes soutenaient la guerre avec mollesse. Ils se repentaient d'avoir aidé leur roi Dagobert à soumettre la Neustrie et la Bourgogne depuis que ce prince s'était appliqué à combattre leur autorité. Ils réclamaient un monarque indépendant, et Dagobert, n'osant se refuser à leur vœu, leur donna pour roi Sigebert, son fils unique; néanmoins le maire du palais d'Austrasie, Pepin, n'eut pas la permission de retourner à Metz. La sagacité de Dagobert pressentait sans doute les vues profondément ambitieuses de ce chef d'une famille si habile et si politique. Cependant, les prêtres et les leudes austrasiens, satisfaits, défendirent dès lors avec leur ancienne énergie les frontières de l'empire franc contre les Vénèdes.

La restauration du royaume d'Austrasie fut suivie de la naissance d'un second fils de Dagobert (634). Ce fut Clovis II. En 636, il réprima par ses lieutenants les Gascons, qui avaient dévasté la Novempopulanie. Amand, leur duc, qui avait donné asile à Boggis et Bertrand, fils de Caribert, fut vaincu en plusieurs rencontres, et réduit à venir en France prêter un nouveau serment au roi des Francs. Dagobert reçut aussi l'hommage de Judicaël, duc des Bretons, qui plus tard se fit moine, et fut révéré comme un saint. Entouré de ministres romains, du Neustrien Éga, de l'orfèvre saint Éloi, du référendaire saint Ouen, il s'occupa de fonder des couvents, et fit fabriquer des ornements d'église, s'efforçant de racheter ses péchés par ces dévotions somptueuses. Saint Denis était son patron; il lui bâtit aux portes de Paris l'église qui fut ensuite destinée aux tombeaux des rois; il l'orna avec profusion des matières et des ouvrages d'art les plus précieux, et même ne se fit point scrupule, pour enrichir l'abbaye de Saint-Denis, de dépouiller les églises et chapelles des autres saints. Il donna aux religieux de cette abbaye des domaines dans toutes les provinces de la Neustrie. Il ne fut pas moins prodigue envers l'église de Reims et celle de Saint-Martin de Tours. Aussi saint Ouen, dans la *Vie de saint Éloi*, n'hésite pas à dire que tant de munificence avait amplement compensé le scandale qu'il avait pu donner par ses débauches. Dagobert n'avait guère que trente-quatre ans lorsque étant à Épinay, il fut atteint d'une dyssenterie. Il se fit aussitôt transporter à Saint-Denis, pour obtenir l'assistance des prières des moines. Il mourut au milieu d'eux, le 19 janvier 638.

Les moines, qu'il avait comblés de bienfaits, annoncèrent au monde qu'ils étaient assurés de son salut. Un saint dont l'ermitage était situé non loin d'une des bouches de l'enfer, au volcan de Stromboli, avait vu passer une nacelle dans laquelle les diables emportaient aux tourments éternels l'âme de Dagobert, nue, chargée de fers et accablée de douleurs. Mais les trois saints auxquels il avait montré le plus de dévotion, Denis, Maurice et Martin, étaient accourus à son aide, et l'avaient délivrée. La représentation de cette légende est au nombre des bas-reliefs qui ornent le tombeau de ce roi. Il fut réparé sous saint Louis. Il a été longtemps l'objet de la curiosité publique au Musée des Monuments français, où il avait été transporté après la destruction des tombeaux de Saint-Denis, et il a maintenant repris sa place dans les caveaux de cette sépulture royale. On conserve à la Bibliothèque Impériale le *fauteuil de Dagobert*; mais des savants pensent que c'est tout simplement une ancienne chaise consulaire. Ce qui a surtout contribué à vulgariser ce nom mérovingien, c'est la chanson populaire du *bon Saint Éloi*.

Les faits et gestes de Dagobert n'ont pas manqué d'écrivains. Précieux dans sa sécheresse naïve et sincère, le chroniqueur Frédégaire est le seul que l'on puisse consulter avec confiance. Le biographe moine de Saint-Denis, qui vivait au neuvième siècle, a recueilli sur Dagobert les fables les plus absurdes. L'auteur des *Gestes des Rois francs*, qui écrivait vers l'an 720, se montre tout aussi crédule. C'est lui qui raconte que Dagobert, après une guerre contre les Saxons, fit massacrer tous les habitants dont la taille surpassait la hauteur de son épée : fable absurde, que Voltaire et Dulaure n'auraient pas dû admettre. De nombreuses vies des saints, dont les auteurs étaient souvent contemporains de Dagobert, ont servi à suppléer à la brièveté de Frédégaire; mais ils adoptent des contes populaires, et sont tout à fait étrangers à l'histoire générale de leur temps. « On doit regretter, dit Sismondi, de ne pas en savoir davantage sur un prince qui régna sur un empire presque aussi vaste que celui de Charlemagne, qui comme lui réforma la législation, car c'est par son ordre que les anciennes lois des Saliens furent publiées, aussi bien que celles des Bavarois et des Allemands; qui couvrit la France de monuments religieux, remarquables par le progrès des arts et de l'opulence qu'ils supposent, et par le goût nouveau qui présida à leur construction... Il est le dernier des rois de la race mérovingienne qui ait réellement pu soutenir le sceptre. »

Charles Du Rozoir.

DAGOBERT II, fils de Sigebert II et petit-fils de Dagobert Ier. Grimoald, maire du palais, lui fit raser la tête en 650, et l'envoya secrètement en Irlande. Il voulait mettre sur le trône son propre fils; mais les leudes austrasiens firent échouer ce projet. D'Irlande, Dagobert passa en Angleterre, où il fut adopté par saint Wilfrid, archevêque d'York. Il reparut en Austrasie en 674, et, misérable jouet des partis qui se disputaient le pouvoir, il y régna nominalement jusqu'en 679, époque où il fut assassiné.

DAGOBERT III, fils de Childebert III, lui succéda en 711, à l'âge de douze ans. La royauté mérovingienne n'était plus qu'un vain titre; la victoire de Testry avait assuré le triomphe de Pepin d'Héristal. En 714 il donna pour maire du palais à Dagobert III son petit fils Théodoal, qui avait six ans. « C'était, dit Montesquieu, mettre un fantôme sur un fantôme. » Dagobert III mourut l'année suivante, laissant un fils nommé Thierry.

DAGOE, île située à l'entrée du golfe de Livonie, et voisine de celle d'Œsel. Elle a environ cinq myriamètres de longueur et quatre dans sa plus grande largeur.

DAGON, divinité phénicienne ou syrienne, qui, selon l'Écriture, avait des temples dans plusieurs villes des Philistins. Le nom de Dagon est dérivé du mot hébreu *dag*, qui veut dire *poisson*, et cette divinité est sans doute la même que plusieurs auteurs grecs appellent *Derketo* (ou Derceto) et *Atergatis*, et qui dans le temple d'Ascalon était adorée sous une image moitié femme et moitié poisson. La Fable rapporte que Derketo ayant un jour offensé Vénus, celle-ci lui inspira un amour violent pour un jeune Syrien, et Sémiramis fut le fruit de leur union. Derketo, se sentant humiliée par ses amours, fit mourir son amant et exposer sa fille, se jeta elle-même dans un lac près d'Ascalon, et fut transformée en poisson.

Selon Sanchoniathon, Dagon est une divinité masculine, fils du Ciel et de la Terre. Tout ce que prouvent les traditions différentes rapportées par les anciens, c'est que l'origine du culte de Derketo ou de Dagon leur était inconnue, mais que généralement on voyait dans ces divinités le symbole de la fertilité, représentée tantôt sous l'image de l'homme, tantôt sous celle de la femme. S. MUNK.

DAGOP. C'est chez les Indous le nom du sanctuaire du temple de Bouddha, le symbole à chaque instant invoqué du bouddhisme. Dans les temples, le *dagop* est placé en avant de la clôture du point central; et sa forme consiste en un hémisphère un peu surélevé, reposant sur une base cylindrique. On prétend que ce n'est là qu'une représentation de la bulle d'eau, à laquelle, dans sa doctrine, Bouddha compare le corps humain dans sa fragilité.

D'ordinaire le *dagop* renferme quelque relique de Bouddha ou bien de quelque saint personnage. Il est très-vraisemblable que la couverture en forme de voûte du vaisseau principal des temples indiens, qui reproduit de même la forme sacrée, est une imitation du *dagop*.

DAGUE, espèce d'épée-poignard, usitée au moyen-âge, et qui se portait à droite, suspendue ou adaptée à l'épée. Les analogues de ce terme, fort ancien, se retrouvent dans le saxon et le bas-latin. On prétend qu'ils ont été empruntés du nom que portaient jadis les pointes des haches danoises et celles des hallebardes. Ces pointes servaient à frapper dans les mailles des cottes, à pénétrer dans le défaut de la cuirasse, à s'introduire dans la *vue* ou *visière* des casques. Un emploi pareil fit donner un nom semblable à un poignard de chevaliers qui a eu pour synonyme le mot *miséricorde*. La dague, considérée comme une arme à manche, comme un poignard de moyenne dimension, a été appelée *culter* par quelques historiens qui ont écrit en latin. Les plus petites dagues se nommaient *daguettes*. Guillaume Le Breton emploie maintes fois, en parlant de la bataille de Bouvines, le mot *daca*; mais veut-il parler d'une hache ou d'un poignard? Gassendi regarde la dague comme un petit javelot; c'est une assertion que nous n'avons retrouvée nulle autre part. Le colonel Carrion la considère comme une « épée courte et large, ou un grand poignard, que portaient les gens à pied qui suivaient les hommes d'armes ». Mais peut-être prend-il la dague pour la *coutille*, ou grande dague, dont étaient armés les c o u t i l i e r s. Les archers à pied, les cotereaux, les coulevriniers, les enfants perdus, les francs archers et les autres genres d'infanterie légère se servaient de la dague en même temps que de l'épée, ce qui donne lieu de croire que c'était une arme de peu de volume, semblable peut-être à celle qu'on portait dans les combats *à la mazza*, une arme, par conséquent, très-maniable et peu embarrassante. Le second concile de Pise défend de porter des dagues de plus d'une palme. Au temps de Charles VI, les grands seigneurs avaient la dague outre l'épée. C'était, en quelque sorte, une pièce de l'habillement. Les arbalétriers portaient l'épée sans dague, parce que la dague, ordinairement attachée à la droite de la ceinture, eût contrarié le maniement de l'arbalète. Parfois on mettait la dague à la bottine; il en fut ainsi dans le combat pernuis, en 1547, entre Jarnac et la Châtaigneraie. Carré regarde la dague comme différant de la *miséricorde* en ce que la dague avait la pointe plus aiguë; Gœtzman, au contraire, emploie comme synonymes *dague* et *miséricorde* : il assure qu'on s'est servi de l'une et de l'autre en des combats singuliers. Il y a eu des dagues dont la lame était à trois pans, comme celle d'une baïonnette de fusil; certains stylets d'Italie ont conservé cette forme. Le général Cotty prétend que *dague* et *drague* sont synonymes; mais nous n'avons nulle part le mot *drague* pris dans ce sens; il est venu probablement des quelques copies incorrectes, tant son admission renverserait toutes les suppositions étymologiques. De petites dagues qui se fabriquaient à Pistoia, en Italie, s'appelaient, à ce que dit Roquefort, *pistoliers*, ou *pistoyers*. Suivant d'autres auteurs, ce seraient les pistolets qui auraient reçu leur nom de cette ville.

Gal BARDIN.

DAGUERRE (LOUIS-JACQUES-MANDÉ), naquit à Cormeilles, en 1789. Alors qu'une danse brillante était un titre dans les salons de Paris, alors qu'on montait sur les chaises dans les jardins publics pour voir les *incroyables* de la capitale pirouetter, faire des flicflacs, des battements et des entrechats, Daguerre était demandé partout et partout applaudi. Jeune homme et artiste, il jouissait de ses triomphes avec plus de laisser-aller que de fatuité. Doué très-heureusement, il avait ajouté l'art à la nature; et d'une adresse extrême à tous les exercices corporels, il avait appris la danse de corde, et il était arrivé à un tel degré d'agilité et d'aplomb, qu'à l'exemple du comte d'Artois (plus tard Charles X), lequel faisait assaut avec le *fameux* Navarin, Daguerre pouvait sans désavantage lutter publiquement avec l'*incomparable* Forioso. Cependant un tel talent ne pouvait mener notre acrobate-amateur qu'à se casser jambes et bras, et ce n'était pas une fin avantageuse pour le jeune et brillant artiste, car déjà Daguerre maniait vigoureusement la brosse dans les ateliers.

Élevé sous les meilleurs maîtres, riche d'imagination et grand chercheur d'effets, il ne tarda pas à voler de ses propres ailes. Les diverses expositions de peinture s'enrichirent de ses compositions; mais c'est surtout dans la décoration théâtrale qu'il se fit un nom éclatant, et de fait les Bibiena, les Munich, les Dagotti, n'avaient pas obtenu de plus heureux résultats que ceux qu'il a réalisés. On se rappelle le magnifique décor du *Belvédère*, mélodrame de l'Ambigu-Comique; l'effet de clair de lune dans *Calas*, qui concourait si puissamment à la situation mélancolique de la pièce, et cette lune ambiante du *Songe*, qui amena au théâtre du boulevard toute la population parisienne. Les progrès qu'a fait faire Daguerre à l'art de la décoration théâtrale sont considérables. Il a aidé plus que personne avant lui à remplacer par des parties pleines et continues les feuillets ou châssis séparés, placés verticalement, et formant les c o u l i s s e s; nul n'avait comme lui étudié les effets de lumière, et ne l'avait distribuée avec autant de soin et de science. Mais constamment gêné par la routine et par les exigences de la scène, il rêvait sans cesse un mieux possible; enfin il éleva le *Diorama*, où il apporta pour exécuter ses merveilleux effets tout ce qu'il n'avait pas pu approprier au théâtre.

Constamment occupé à des recherches sur la lumière, il arriva bientôt à l'idée, alors incroyable, de fixer les images de la chambre obscure. A cette même époque (1826), un autre esprit chercheur, Niepce, était à Paris. Le hasard ayant réuni ces deux hommes occupés à résoudre le même problème, ils formèrent entre eux une association pour exploiter en commun les méthodes photographiques. Niepce mourut avant la belle découverte à laquelle Daguerre a donné son nom. Les premiers produits du *daguerréotype* furent soumis à François Arago, qui en les présentant à l'Institut émit le vœu que le gouvernement dédommageât directement l'inventeur des dépenses qu'il avait faites pour arriver à ses admirables résultats. Le savant secrétaire de l'Académie annonça qu'il demanderait une récompense nationale à la chambre des députés; et en effet un projet de loi ne tarda pas à être présenté, tendant à accorder à Daguerre une pension annuelle et viagère de 6,000 francs, et à M. Niepce fils une pension annuelle et viagère de 4,000 francs, pour la cession du procédé servant à fixer les images de la chambre obscure. Le rapport fut fait par Arago, et sur ses conclusions la chambre vota la récompense nationale. Daguerre s'occupait encore à perfectionner son instrument lorsqu'il mourut, en 1851. Inhumé à Petit-Bry-sur-Marne, un monument lui a été élevé par souscription. Étienne ARAGO.

DAGUERRÉOTYPE, appareil d'optique disposé de manière à fixer les images produites dans la chambre obscure.

En remontant à la source de l'admirable découverte à laquelle Daguerre a donné son nom, François Arago a reconnu que Fabricius trouva le premier, en 1566, la propriété possédée par les sels d'argent de changer de couleur par l'action de la lumière. Charles, vers la fin du dix-huitième siècle, fit, dans ses cours publics à notre Conservatoire, des applications de cette découverte; il se servait d'un papier enduit pour engendrer des silhouettes à l'aide de l'action lumineuse. Après lui, Wedgwood fit paraître un mémoire (1802) où il exposait son procédé pour copier les peintures des vitraux des églises avec des papiers enduits de chlorure ou de nitrate d'argent; mais il trouvait *les images de la chambre obscure trop faibles pour produire, dans un temps modéré, de l'effet sur du nitrate d'argent;* d'ailleurs, ses images noircissaient au contact de la lumière. En 1814, Niepce, de Châlons-sur-Saône, fut sur la voie de la photographie. Dans un voyage qu'il fit en Angleterre en 1827, il présenta un mémoire à la Société Royale de Londres sur ses travaux photographiques, et des échantillons sur métal qui attestent que *pour la reproduction des gravures* en faisant correspondre les ombres aux ombres, les demi-teintes aux demi-teintes, les clairs aux clairs, et pour rendre ces reproductions insensibles à l'action de la lumière, Niepce avait devancé tout le monde. Dès 1826, par suite de l'indiscrétion d'un opticien de Paris, Niepce apprit que Daguerre cherchait à fixer les images de la chambre obscure; et en 1829 il forma avec lui une association pour l'exploitation en commun des méthodes photographiques.

Daguerre ne tarda pas, entre autres perfectionnements, à reproduire les images avec soixante ou quatre-vingts fois plus de promptitude que par les procédés déjà appliqués. Au reste, Niepce renonçait à reproduire autre chose que des gravures, les enduits exposés aux rayons solaires se noircissant toujours ou se séparant par petites écailles. Voici le procédé qu'il employait : il couvrait, par tamponnement, une feuille métallique d'une légère couche de bitume de Judée, dissous dans de l'huile de lavande. Cette plaque soumise à une douce chaleur, restait couverte d'une couche adhérente et blanchâtre : c'était le bitume en poudre. Il plaçait alors la plaque au foyer de la chambre obscure, et au bout de quelque temps apparaissaient sur la poudre de faibles linéaments. Niepce renforça ces traits en plongeant sa plaque dans un mélange d'huile de lavande et de pétrole, et il reconnut que les régions de l'endroit qui avaient été exposées à la lumière restaient presque intactes, tandis que les autres se dissolvaient rapidement et laissaient ensuite le métal à nu. La plaque lavée alors avec de l'eau, on avait les clairs correspondant aux clairs et les ombres aux ombres; les premiers, formés par la lumière diffuse provenant de la matière blanchâtre et non polie du bitume, les dernières par les parties polies et dénudées du miroir. Mais ce contraste entre les clairs et l'ombre était peu marqué; aussi Niepce voulut-il noircir après coup les parties nues du métal, soit par le sulfate de potasse, soit par l'iode, sans songer que cette dernière substance exposée à la lumière éprouverait des changements continués. Il n'eut jamais non plus l'intention de l'employer comme *substance sensitive*, mais seulement comme substance noircissante : aussi de nombreux inconvénients, outre l'absence des demi-teintes, devaient-ils découler de ce procédé. Daguerre le perfectionna en employant, à la place du bitume de Judée, le résidu de la distillation de l'huile de lavande, en le dissolvant dans l'alcool ou dans l'éther, puis en le versant sur les plaques comme un vernis et non par tamponnement. Daguerre exposait, ainsi préparées, ses plaques au foyer de la chambre noire, puis il les plaçait au-dessus d'un vase contenant une huile essentielle à la température ordinaire. Alors la vapeur laissait intacte les particules de l'enduit pulvérulent qui avait reçu l'action d'une vive lumière; elle pénétrait partiellement les régions du même enduit correspondant aux demi-teintes, et pénétrait entièrement les parties restées dans l'ombre dans la chambre obscure. Il en résultait donc plus d'éclat, une plus grande variété de tons,

plus de régularité et une grande facilité de manipulation. Cette méthode prit le nom de *méthode Niepce perfectionnée.*

Nous voici arrivés au *daguerréotype*, et nous ne saurions mieux faire que d'emprunter quelques passages, puisque nous y sommes autorisé, à une analyse très-lucide qui en a été faite. « Dans le procédé auquel le public reconnaissant a donné le nom de *daguerréotype*, l'enduit de la lame de plaqué, *la toile du tableau* qui reçoit les images, est une couche *jaune d'or* dont la lame se recouvre lorsqu'on la place horizontalement, pendant un certain temps et l'argent en dessous, dans une boîte au fond de laquelle il y a quelques parcelles d'*iode* abandonnées à l'*évaporation spontanée*. Quand cette plaque sort de la chambre obscure, *on n'y voit absolument aucun trait*. La couche jaunâtre d'*iodure d'argent* qui a reçu l'image paraît encore d'une nuance parfaitement uniforme dans toute son étendue. Toutefois, si la plaque est exposée, dans une seconde boîte, au courant ascendant de la *vapeur mercurielle* qui s'élève d'une capsule où le liquide est monté, par l'action d'une lampe à esprit-de-vin, à 75° centigrades, cette vapeur produit aussitôt le plus curieux effet. Elle s'attache en abondance aux parties de la surface de la plaque qu'une vive *lumière a frappées*; elle laisse intacte les régions restées dans l'ombre; enfin elle se précipite sur les espaces qu'occupaient les demi-teintes, en plus ou moins grande quantité, suivant que, par leur intensité, ces demi-teintes se rapprochaient plus ou moins des parties claires ou des parties noires. En s'aidant de la faible lumière d'une chandelle, l'opérateur peut suivre pas à pas la formation graduelle de l'image; il peut voir la vapeur mercurielle, comme un pinceau de la plus extrême délicatesse, aller marquer du ton convenable chaque partie de la plaque. L'image de la chambre noire ainsi reproduite, il faut empêcher que la lumière ne jour ne l'altère. Daguerre arrive à ce résultat en agitant la plaque dans de l'*hyposulfite de soude*, et en la lavant ensuite avec de l'*eau distillée chaude*. Quand on cherche à expliquer le singulier procédé de Daguerre, il se présente naturellement à l'esprit l'idée que la lumière dans la chambre obscure détermine la vaporisation de l'iode, partout où elle frappe la couche dorée; que là le métal est mis à nu; que la vapeur mercurielle agit librement sur ces parties dénudées, pendant la seconde opération, et y produit un amalgame blanc et mat; que le lavage avec l'hyposulfite a pour but, chimiquement, l'enlèvement des parties d'iode dont la lumière n'a pas produit le dégagement; artistiquement, la mise à nu des parties miroitantes qui doivent faire les noirs. Mais, dans cette théorie, que seraient ces demi-teintes sans nombre et si merveilleusement dégradées qu'offrent les dessins de Daguerre? On fera des milliers de beaux dessins avec le *daguerréotype* avant que son mode d'action ait été bien complètement analysé. »

Peu de découvertes ont produit une aussi vive impression dans le public que celle du daguerréotype; une récompense nationale, sollicitée par Arago et votée par les deux chambres fut accordée à Daguerre : la communication faite à l'Institut fut accueillie avec enthousiasme. À aucune époque peut-être les amis des sciences et du merveilleux n'éprouvèrent une curiosité si impatiente qu'à l'occasion de ces étonnantes découvertes qui permettaient de reproduire tout ce qui s'offre à nos yeux, dans les moindres détails. Les brillants rapports qu'en avaient faits devant les deux chambres Arago et Gay-Lussac n'étaient pas de nature à refroidir ce vif sentiment de curiosité. Aussi le palais de l'Institut fut-il assailli d'une nuée de curieux, lors de la mémorable séance du 19 août 1839, où ces procédés furent enfin divulgués. Peu de jours après, les boutiques des opticiens étaient encombrées d'amateurs empressés autour d'un *daguerréotype*; on en voyait partout de braqués sur les monuments. Vis-à-vis, monuments, toits et cheminées, tout était copié; on s'extasiait devant une enseigne reproduite, devant des tuiles et des ardoises qu'on pouvait compter, devant des paratonnerres qu'on ne découvrait pas à la simple vue et que le daguerréotype venait révéler dans le lointain en les dessinant sur la plaque; mais on désespérait de pouvoir réussir à faire le portrait. Arago dès l'abord en établit la possibilité, et après des tâtonnements innombrables, après mille procédés savamment modifiés, on ne demanda plus des quarts d'heure d'immobilité aux personnes, mais de simples minutes; enfin, on n'exigea plus que des secondes, grâce à la découverte de *substances accélératrices*.

Différentes personnes se sont occupées de cette dernière recherche; il en est résulté une foule de composés, en tête desquels nous citerons, et d'après la date de l'invention : 1° le *chlorure d'iode*, par M. Claudet de Lyon ; 2° le *bromure d'iode*, par M. Gaudin; 3° *l'eau bromée*, par M. Fizeau. Une foule d'autres composés ont été modifiés, mais ils ont tous pour base l'iode, le brome et le chlore dans des proportions différentes. Au nombre des améliorations capitales apportées aux procédés photographiques, et que les comptes-rendus des séances académiques n'ont pas manqué de signaler, il faut mettre en première ligne le chlorure d'or de M. Fizeau. Ce chlorure d'or a pour résultat de fixer l'épreuve et d'augmenter de beaucoup sa vigueur.

L'objectif primitif de Daguerre était un objectif achromatique et périscopique. Dans le but d'opérer avec plus de rapidité, les opticiens aujourd'hui forment la tête de leurs daguerréotypes avec deux objectifs achromatiques. Depuis, M. Martens, graveur à Paris, a eu l'idée de donner à l'objectif un mouvement de rotation, et de le diriger successivement sur tous les points de l'horizon; l'objectif tournant sur un centre qui est également distant de tous les points d'une plaque qui a été courbée, il en résulte la reproduction de longs tableaux, de véritables panoramas. Si des améliorations notables sont dues aux substances accélératrices, et surtout au chlorure d'or, on ne saurait trop insister sur l'importance du perfectionnement qu'a subie la partie optique de l'instrument de Daguerre. C'est en effet à l'objectif que les épreuves doivent leur netteté et leur vigueur, et c'est par des améliorations successives apportées dans la disposition des verres que l'on a pu, même avant l'application de substances accélératrices, obtenir des résultats surprenants par leur netteté. L'emploi des châssis courbes, proposés par M. Lerebours et actuellement généralement adopté, n'a pas non plus peu contribué à amoindrir l'aberration qui existe plus ou moins dans tous les objectifs vers les limites du champ. L'heureuse idée de M. Martens, qui, comme artiste, avait concouru pour sa part au succès des *Excursions daguerriennes*, a ouvert un champ nouveau aux applications du daguerréotype. En effet, au moyen de son *appareil panoramique*, on peut non-seulement prendre des groupes composés d'un très-grand nombre de personnes, des vues d'une étendue immense et d'une netteté exquise, aux bords aussi bien qu'au centre, mais encore, par un mécanisme bien simple et très-ingénieux, on peut reproduire les ciels les plus lumineux, les montagnes couvertes de neige, et en un mot les tableaux les plus riches en opposition. Désormais les voyageurs et les artistes ne voudront plus que ce seul instrument, à l'aide duquel, au lieu de reproduire uniquement des tableaux circonscrits dans un cadre étroit, on parvient à dérouler aux yeux étonnés toute l'étendue d'un vaste panorama.

Arago avait prédit, lors de sa première communication à l'Académie, tout ce que l'invention du daguerréotype offrirait de ressources aux voyageurs, tout ce que l'on pourrait tirer des sociétés savantes et les simples particuliers pour la reproduction graphique des monuments d'architecture ; il ajouta que, loin de nuire à la classe des dessinateurs, et même des graveurs, elle leur rendrait des services signalés. Cette opinion s'est réalisée : les graveurs puisent des notions précieuses dans les bonnes épreuves daguerriennes, et l'histoire naturelle s'est emparée du procédé au point de vue économique et pour arriver à l'exactitude minutieuse de la reproduction.   Étienne ARAGO.

Le daguerréotype a fait plus que de créer des images et un passe-temps, il a donné naissance à une science nouvelle qui a pris le nom de *photographie*. Beaucoup de personnes, comme moyen d'économie et de commodité, ou par simplification, substituèrent aux plaques métalliques de Daguerre des papiers sensibles, comme M. Talbot, de Londres, et quelquefois du papier argenté. Bien certainement, la théorie de la lumière eut beaucoup à acquérir de tant d'actives recherches.

D'AGUESSEAU (HENRI-FRANÇOIS), issu d'une noble famille de Saintonge, naquit à Limoges, le 27 novembre 1668. Son père, magistrat savant, intègre et respecté, était conseiller d'État et intendant de Languedoc. Ce père vertueux l'éleva lui-même avec le plus grand soin, lui donna à la fois les plus utiles leçons et les meilleurs exemples. La nature avait doué le jeune D'Aguesseau d'un esprit juste, d'une imagination vive, d'une mémoire prodigieuse, d'un caractère ferme, d'une âme tendre et pure. Rien dans son enfance n'altéra, tout, au contraire, développa ses heureuses dispositions. Préservé, par une éducation laborieuse et grave, de la contagion des vices d'une cour brillante et voluptueuse, D'Aguesseau trouvait dans la maison paternelle un inviolable sanctuaire consacré à la vérité, à la justice, à l'amour de la patrie et aux bonnes mœurs : tout y respirait les vertus antiques. Les plus graves études ne purent empêcher D'Aguesseau de se sentir entraîné par un goût très-vif et même par une sorte de passion pour la poésie. Son père ne contraria pas ce sentiment, mais le modéra. Il savait sans doute que jamais on ne peut parvenir à écrire parfaitement en prose si l'on n'a pas connu le charme des vers. Le sort, voulant favoriser en tout D'Aguesseau, lui donna pour premiers amis Racine et Boileau, et soumit ainsi les élans de son génie naissant à la critique la plus sévère et au goût le plus délicat.

D'Aguesseau, formé à l'étude des lois par le savant magistrat auquel il devait le jour, et nourri de la lecture des chefs-d'œuvre de tous genres, anciens et modernes, qu'il avait lus, médités et retenus, annonça dès ses premiers pas dans la carrière du barreau tout ce qu'il devait être un jour. Lorsqu'il fut nommé, en 1691, avocat général, son début eut un tel éclat, que le célèbre Denis Talon lui rendit publiquement hommage : *Tout mon désir*, s'écria-t-il, *serait de finir comme ce jeune homme a commencé*.

Louis XIV, qui dut la plus grande partie de la gloire de son règne à la sagesse ou au bonheur de ses choix, avait préféré D'Aguesseau, quoique jeune, à ses rivaux, pour remplir la charge d'avocat général. D'Aguesseau justifia cette noble confiance : aucun nuage d'ambition, d'espérance, de partialité, ne se plaçait entre ses regards pénétrants et la vérité. Aussi les profondes questions paraissaient simples dès qu'il les traitait; il saisissait la mauvaise foi au milieu de ses plus subtils détours, rassurait l'innocence, la reconnaissait malgré ses erreurs, ses faiblesses, malgré les artifices de ses accusateurs, et lui prêtait pour la soutenir l'appui de son talent. La force de sa logique, la clarté et la simplicité de son style, la justesse de ses expressions, l'élégance de ses tournures, la variété de ses mouvements, joignaient dans ses plaidoyers, comme le dit Thomas, *la profondeur du raisonnement au charme de l'éloquence*.

D'Aguesseau fut nommé en 1700 procureur général, et sa renommée s'agrandit comme le cercle de ses devoirs. Chargé, jeune encore, d'un ministère si redoutable, il n'inspira point de craintes; le public comptait ses vertus, et non ses années. Son autorité sévère maintenait inviolablement l'ordre public venait troubler le repos privé par cette ardeur inquiète qui confond l'imprudence avec le crime, la pensée avec l'action, et devant laquelle on paraît coupable dès qu'on est soupçonné. La rigueur excessive est aussi dangereuse que la faiblesse, car elle augmente les périls, en multipliant les mécontents : jamais les exécutions ne furent plus rares que sous le ministère de cet illustre procureur général. « Je « regarde, disait-il, la condamnation d'un citoyen comme « une calamité publique. »

Soigneux de guérir les maux au lieu de les irriter par des remèdes violents, sa vigilance active prévoyait, éloignait ou calmait tous les désordres. Le gouvernement consultait souvent sa sagesse sur les parties les plus difficiles de l'administration. D'utiles règlements rédigés par lui adoucirent les malheurs dont une cruelle disette affligea la France, et la sauvèrent de malheurs plus grands encore. Livrée avec acharnement aux fureurs des discordes religieuses, la France se dégradait, en se déchirant, pour soutenir les opinions inexplicables de Jansénius et de Molina. Rome eut le tort et le roi la faiblesse de se déclarer pour l'un des deux partis, qui dès lors voulut persécuter l'autre. D'Aguesseau, attentif à défendre avec fermeté les libertés de l'Église gallicane, résista au monarque, au pape, au chancelier, et s'opposa hardiment à la publication de la bulle *Unigenitus*. On craignait qu'en s'exposant à cet orage, il n'en fût la victime ; sa femme, au lieu de partager cette crainte, affermissait son courage. « Quand vous parlerez au roi, lui dit-elle, oubliez vos intérêts, votre épouse, vos enfants : perdez tout, hors l'honneur. » Il ne perdit rien ; Louis XIV respecta sa rigidité. On crut même que le chancelier de Voisin serait disgracié, et que D'Aguesseau se verrait chargé des sceaux. « Jamais, dit-il, je n'occuperai la place d'un homme vivant. »

Après la révocation de l'édit de Nantes, D'Aguesseau, éclairé par une vraie piété et par les leçons ainsi que par les exemples de son père, employa toutes les ressources de ses lumières, tous les moyens de son autorité, pour amortir les coups que l'on portait aux infortunés protestants : il ne put les sauver ; mais au moins son nom vénéré resta pur de cette proscription. Dès les premiers jours de la régence, D'Aguesseau fut nommé pour succéder au chancelier, qui venait de mourir. Loin de briguer cette élévation, il cherchait à l'éviter, et ce ne fut pas sans doute que le régent triompha de sa résistance.

D'Aguesseau, avant même d'être chancelier, avait été assez ferme pour s'opposer aux projets de l'Écossais Law. Mais une sage prudence ne pouvait résister longtemps au brillant espoir offert à la cupidité. Law triompha. Le régent, irrité de la résistance du chancelier, la regarda comme une opiniâtreté coupable. D'Aguesseau voulait empêcher la ruine de l'État ; il fut traité comme un ennemi de la fortune publique. Le duc d'Orléans lui ôta les sceaux en 1718, et l'exila à Fresnes. En apprenant sa disgrâce, le chancelier, sans abattement et sans courroux, ne dit que ce peu de mots, à la fois modestes et fiers : « Je ne méritais ni l'honneur de recevoir les sceaux ni l'affront d'en être privé. » Rendu par l'exil aux champs et à la liberté, il se livra avec délices aux anciens penchants de sa jeunesse, à l'étude de l'histoire, de la géométrie et à la lecture des meilleures poètes, dont il se plaisait toujours à répéter et même à imiter les accords.

La raison publique avait disparu avec le chancelier, et semblait exilée comme lui. La cour et la ville ressemblèrent bientôt à une vaste maison de jeu. Ce délire violent eut l'extravagance et presque la courte durée d'un rêve ; l'édifice imaginaire d'une richesse factice tomba aussi promptement que ceux qui amusent la frivolité de l'enfance. Les esprits les plus exaltés quittèrent avec confusion les rives fantastiques du Mississipi pour déplorer sur les bords de la Seine la chute de leurs illusions. Des maux si graves s'irritaient encore par les remèdes violents qu'on croyait devoir y opposer. Le chancelier fut rappelé en 1720. D'Aguesseau n'avait point eu la faiblesse de demander son rappel, il ne céda point au vain orgueil qui pouvait lui conseiller de refuser le nouveau fardeau qu'on lui présentait. Insensible à la voix trompeuse de l'amour-propre, il n'écoutait que celle du devoir, et ses intérêts disparaissaient toujours devant l'intérêt public. Mais les hommes qui le jugeaient ne lui ressemblaient pas ; ils attribuèrent à l'ambition le sacrifice qu'il faisait à la vertu. On le blâma d'avoir reçu des mains de Law la lettre qui le rappelait. Il est vrai que, contre son avis, le parlement fut exilé à Pontoise, et qu'il le souffrit. Saint-Simon et Duclos prétendent qu'en cette circonstance il sacrifia sa gloire à sa place. Les malheurs qu'il avait voulu prévenir étaient arrivés ; le parlement s'opposait à des mesures rigoureuses, mais sages et indispensables. D'Aguesseau, rappelé au milieu d'un bouleversement total dans les mœurs et dans les fortunes, voyait la France en péril. Au moment d'une crise terrible, il n'était plus temps de déclamer contre la cause des maux publics ; il fallait les adoucir et sauver l'État, au lieu de perdre le gouvernement : voilà ce que pensa et fit D'Aguesseau.

Depuis cette époque la conduite du chancelier et la pureté de sa vie entière répondirent victorieusement aux injustes reproches de ses ennemis. Quelques années après, en 1722, lorsque le favori du régent, le méprisable abbé Dubois, dont les vices souillèrent la pourpre romaine et la toge française, fut nommé premier ministre, D'Aguesseau mérita par sa résistance l'honneur d'un second exil. Le parlement, qui lui rendait alors hommage et justice, se disposait à embrasser sa défense ; avant d'enregistrer les lettres du nouveau garde des sceaux, il envoya au chancelier une députation pour le consulter. D'Aguesseau répondit qu'il devait et voulait donner l'exemple de la soumission. Presque oublié par la cour, il en était dédommagé par l'empressement des hommes les plus distingués de l'Europe, qui venaient l'admirer dans sa retraite ; et quoiqu'il eût restreint le saint-siége dans ses limites temporelles, protégé les protestants, secouru les jansénistes, et défendu avec vigueur les libertés de l'Église gallicane, le nonce Quirini lui rendit visite dans son exil. Cet exil dura cinq ans. Rappelé en 1727, par le cardinal de Fleury, on le rendit à la liberté, mais non à l'État. Les sceaux ne lui furent restitués qu'en 1737.

Il faudrait entreprendre un travail immense si l'on voulait donner une fidèle analyse de la vie et des ouvrages de cet homme célèbre. Comment dans un court extrait donner une juste idée de ces mercuriales éloquentes, de ces nombreux plaidoyers, où le talent prête tant d'éclat à la vérité, d'élégance à la raison, et de force à la justice ! Il est impossible de passer sous silence cet ouvrage si touchant, monument d'une simplicité antique au milieu des temps modernes, cette histoire de la vie d'un père vertueux, dictée par l'amour filial, et ces savantes instructions qu'il adressait à ses fils pour les diriger dans leurs études législatives et littéraires ; ouvrage étonnant, qui seul suffirait pour faire admirer l'immensité de ses connaissances, la pureté de sa morale, la pénétration de son esprit, la finesse de son goût et la profondeur de son jugement. On ne devrait pas non plus oublier ces nombreuses lettres, dans lesquelles l'abandon du cœur et l'absence de tout art ne font rien perdre à son esprit de sa rectitude, à ses pensées de leur élévation. Il suffira sans doute ici, au lieu d'oser suivre le chancelier dans son immense carrière oratoire, ministérielle et littéraire, de dire que la France reçut et conserva de lui, comme des bienfaits, un grand nombre de lois, d'édits et de règlements par lesquels il rendit aux mères, suivant le vœu de la nature, la succession de leurs enfants, améliora le sort des curés et des vicaires, restreignit la juridiction des tribunaux prévôtaux, éclaircit la matière des donations, régla sagement la liberté de tester, mit des bornes aux évocations, abrégea l'instruction des affaires, et jeta quelques clartés dans le chaos de la procédure. Par d'autres édits, il porta des remèdes salutaires aux abus des substitutions, rassura la France en plaçant des bornes aux acquisitions trop nombreuses des gens de *main-morte*, diminua économiquement le nombre des tribunaux, encouragea l'industrie ; enfin il prévit de grands malheurs, et se montra l'appui du pauvre, en mettant un frein à l'avarice par une sage et sévère déclaration sur la police des grains.

Depuis longtemps, on gémissait de voir la monarchie soumise à une foule de lois gauloises, gothiques, romaines, saliques, féodales, et à un nombre prodigieux de coutumes diverses et opposées, qui retenaient à chaque pas la civilisation dans les liens de la barbarie ; on trouvait partout des entraves, et nulle part une justice éclairée, constante et uniforme ; cette justice avait *mille balances et mille poids différents*. On désirait généralement voir la nation régie par un seul code comme par un seul roi ; mais la difficulté d'accomplir cette vaste réforme avait toujours empêché de l'entreprendre. D'Aguesseau en conçut le premier l'audacieuse pensée. Son génie, trop grand pour n'être pas modeste, ne se confia point à ses seules lumières ; après avoir médité avec lenteur et tracé avec sagesse son nouveau plan de législation, il l'adressa à toutes les cours souveraines par une lettre dont l'éloquence s'élevait à la hauteur du sujet. Chaque nouvelle loi s'y trouvait présentée sous la forme de questions ; et pour s'éclairer il appelait à son secours la science et la liberté. Un autre siècle était destiné à recueillir le fruit de cette noble entreprise ; deux hommes célèbres en partagent l'honneur : D'Aguesseau l'avait commencé, Napoléon l'acheva.

La médiocrité est tranchante, parce que sa vue, resserrée dans un étroit horizon, ne mesure point la hauteur des obstacles qui frappent un esprit supérieur : quelques censeurs légers reprochaient à ce grand ministre sa sage lenteur ; *quand je pense*, répondit D'Aguesseau, *qu'une décision du chancelier a la force et l'effet d'une loi, il doit bien être permis d'y réfléchir longtemps.*

Pour le bonheur de sa patrie, la carrière de cet illustre ministre fut aussi longue que noblement remplie. Il conserva trente-quatre ans les sceaux ; la vigueur de ses facultés morales, qui avait commencé avant son adolescence, survécut à sa maturité. Il garda la même vivacité d'imagination, la même fidélité de mémoire. Une santé ferme et inaltérable fut l'heureux fruit d'une vie pure. Un an avant sa mort, averti par l'affaiblissement de ses forces que son terme approchait, il se démit de sa charge. La France le perdit le 9 février 1751.

C'est dans sa vie privée, dans ses foyers, au milieu de sa famille et de ses amis, c'est à Fresnes surtout, dans son noble exil, qu'il faut suivre D'Aguesseau pour l'aimer davantage. Là, cette main qui portait le sceptre de la justice, se plaît à tenir la bêche ; ce grand orateur, qui prononçait au Palais, sur le sort des humains, ses éloquents oracles, ne brille plus qu'au milieu d'un petit cercle de savants et d'amis, dont les graves et doux entretiens rappelaient à ceux qui en avaient été témoins ces dialogues ingénieux qu'inventait un philosophe romain pour animer et embellir les leçons morales qu'il nous a laissées. A la place du législateur et du magistrat, on ne voyait plus à Fresnes que le père de famille, bon, simple, tendre, gai, partageant les jeux, les études de ses enfants.

D'Aguesseau étonnait les hommes les plus savants par son érudition : l'étude des langues n'était pour lui qu'un amusement ; il savait à fond le latin, le grec, l'hébreu, l'arabe, l'anglais, l'italien, l'espagnol et le portugais. Les savants de la Grande-Bretagne, oubliant peut-être pour la première fois leur orgueil national, le consultèrent sur la réformation de leur calendrier. Il forçait à l'estime ceux-là même dont il ne pouvait se concilier l'amitié : Saint-Simon, le plus amer de ses ennemis, trace ainsi son portrait : « Il était bon, humain, d'un accès facile et agréable ; en particulier, il brillait par une gaieté douce et par une plaisanterie fine, qui ne blessait jamais personne ; pour devenir actif, il avait vaincu la nature, qui le rendait enclin à la paresse ; il était poli sans orgueil, noble sans prodigalité, économe sans avarice ; sa taille était médiocre, son corps assez gros ; sa figure, pleine et ouverte, conserva son agrément dans sa vieillesse comme dans sa disgrâce. »

Le sort lui avait donné dans la personne d'Anne Lefèvre d'Ormesson une épouse digne de lui ; *c'était*, dit-on, *l'alliance des grâces et de la vertu* : elle lui laissa six enfants. Quand il eut perdu en elle la moitié de son existence et l'excès de sa douleur lui permit encore de se livrer sans interruption aux travaux de son ministère : *Le public*, dit-il, *ne doit pas souffrir de mes malheurs domestiques.*

Comte DE SÉGUR, de l'Académie Française.

DAGUET. *Voyez* CERF.

DAHL (JEAN-CHRÉTIEN CLAUSEN), paysagiste distingué, né le 24 février 1788, à Bergen, en Norvège, avait été destiné à la carrière ecclésiastique ; mais une irrésistible vocation l'entraînait vers la peinture, et il y céda, bien qu'il n'eût aucune des ressources nécessaires pour étudier cet art. Admis en 1811 à l'école des beaux-arts de Copenhague, son talent pour le grand paysage s'y développa, et une série de tableaux représentant des scènes de Norvège témoigna bientôt de ses progrès. Il se rendit à Dresde en 1818, et l'année suivante il exposa une grande toile qui attira l'attention des connaisseurs, et qui représentait une chute d'eau au milieu de rochers, en Norvège. L'année d'après, il fut élu membre de l'Académie de Dresde, et après avoir passé avec le roi Christian VIII, alors prince héréditaire, près d'une année à Naples et à Rome, où Thorwaldsen, Brœnstedt et le consul général de Prusse lui confièrent différents travaux, il fut nommé en 1821 professeur à l'académie des beaux-arts de Copenhague.

En 1826, en 1834, en 1839, en 1844 et en 1850, Dahl est allé visiter la Norvège, le pays qui l'a vu naître ; et la dernière fois il y a été en compagnie de son fils, *Siegwald* DAHL, né à Dresde, le 16 août 1827, qui s'est consacré au portrait ainsi qu'aux tableaux de genre et d'animaux.

Les productions de Dahl ne brillent pas seulement par la vérité et le sentiment de la nature, mais encore par le don qu'il possède à un haut degré d'ennoblir et de poétiser les lieux qu'il choisit pour sujet de ses compositions. Nous citerons, parmi ses plus grands tableaux, une *Vue de la côte de Naples*, prise non loin de Castellamare ; un *Paysage d'hiver*, entre Prestoe et Wordenborg, en Séelande, effet de soir ; enfin, une *Vue des côtes de Bergen*. On lui doit aussi la publication des *Monuments les plus remarquables de l'architecture en bois* (3 livrais., Dresde, 1837), telle qu'on la pratiquait dans les anciens temps en Norvège. On y remarque surtout la représentation des églises de Borgund, d'Urnes et de Lidderdal, monuments vraiment curieux, dont l'un a été acheté par le roi de Prusse actuel pour être démonté, transporté pièce à pièce en Silésie, et rééedifié à l'usage d'une commune pauvre.

DAHL (WLADIMIR IWANOWITSCH), écrivain populaire russe, connu sous le pseudonyme de *Kosak Luganski*, fut élevé à l'école de marine de Saint-Pétersbourg, et attaché en 1819 au service de la flotte de la mer Noire. Il prit part aux diverses expéditions dont ses eaux furent successivement le théâtre, de même qu'à la campagne de Pologne, puis à une expédition contre Khiwa, et parcourut la plupart des provinces russes, pour y étudier les mœurs et la vie des diverses populations et en mieux saisir ce qu'elles pouvaient avoir de pittoresque ; grâce à ses recherches, la science possède aujourd'hui des renseignements aussi exacts que précieux sur l'ethnographie des parties les plus éloignées et les moins connues de la Grande Russie. C'est ainsi, par exemple, qu'il recueillit de la bouche même des gens du peuple environ quatre mille légendes populaires, plus de dix mille proverbes et un grand nombre de locutions en usage dans le peuple. Il réunit également beaucoup de dictionnaires des dialectes provinciaux et d'abondants matériaux pour l'histoire des mœurs nationales. Dans l'ouvrage intitulé : *Poltora slowa o russkim jàsikom* (Quelques mots sur la langue russe), il a démontré combien la langue écrite diffère souvent de la langue parlée, et indique les moyens de prévenir les inconvénients que pourrait avoir l'extension toujours plus grande de cette anomalie.

Comme littérateur, Dahl est un écrivain populaire, car c'est au cœur même de la nation, dans les basses classes, parmi les paysans, les serfs, dont il excelle à reproduire le caractère, qu'il va prendre ses héros. Outre des contes et des légendes populaires, il a publié des nouvelles et des récits, qui brillent par une habile disposition des plans, par la naïveté, la simplicité et surtout la rare pureté de style, de même que par les riches renseignements ethnographiques qu'on y trouve. Nous citerons parmi ses meilleures nouvelles : *Chmæl* (l'Ivresse), *Son u Jaw* (le Rêve et la Veillée), *Wakch sidorof tschaikin, njebułwało s bałom* (Ce qui n'a jamais existé et ce qui a été), *Skàska o Mishdæ, o Stschàstii i o Pràwda* (Récit de Misère, de Bonheur et de Vérité), *Dwornjk* (le Domestique), *Denschtschik* (le Valet d'officier), etc., etc., sont d'excellentes esquisses de mœurs. Il n'existe pas encore d'édition des œuvres complètes de Dahl; elles ont paru soit en volumes à part, soit en feuilletons dans les journaux.

DAHLBOM (Anders-Gustaf), entomologiste suédois distingué, né le 3 mars 1806, à Forssa, près de Skanninge, dans l'Ostrogothie, fut élevé à Wadstena, où son père était médecin de l'hôpital, et alla suivre en 1826 les cours de l'université de Lund. Le hasard l'ayant mis en rapport avec Zetterstedt, il passa dans sa maison les années de ses études universitaires, et fut initié par lui et Fallen à la connaissance de l'entomologie. Reçu docteur en philosophie dans l'été de 1829, il fut nommé l'année suivante professeur agrégé d'histoire naturelle et préparateur du musée zoologique de Lund. Indépendamment de plusieurs travaux insérés dans les Mémoires de l'Académie de Stockholm et d'articles imprimés dans divers recueils scientifiques, Dahlbom a publié un grand nombre de monographies entomologiques, par exemple : *Monographia Pompilorum Sueciæ* (Lund, 1829); *Exercitationes Hymenopterologicæ* (Lund, 1831-1833); *Bombi Scandinaviæ* (Lund, 1832); *Conspectus Tinthredonidum, Siricidum et Oryssinorum Scandinaviæ* (Copenhague, 1835); *Prodromus Hymenopterologiæ Scandinaviæ* (Lund, 1837); *De Crabonibus Scandinaviæ* (Lund, 1839), etc., etc. Il faut ajouter à cette énumération *Jakttagelser œfver Skandinaviens fjarillar* (Lund, 1837); *Underrættelse om Skandinaviska insekters allmænnare skada och nytta* (Lund, 1837), et le grand ouvrage intitulé *Hymenoptera Europæa præcipue Borealia*, dont le premier volume (Lund 1843-1845) contient le genre *Sphex*, et le second (Berlin, 1852) le genre *Chrysis*.

DAHLGREN (Charles-Jean), poëte suédois, né à Quillinge, près de Norrkœping, en Ostrogothie, le 28 juin 1791, et élevé à Upsal, où il étudia la théologie, fut dès 1824 attaché comme ministre à l'une des principales églises de Stockholm. Élu député de son ordre aux diètes de 1829, 1832 et 1840, il y a toujours siégé dans les rangs de l'opposition; cependant on a pu remarquer depuis que sur beaucoup de questions importantes il s'est rapproché du parti modéré. Ses premiers essais comme écrivain datent de 1813; ils parurent dans le *Poetisk Kalender* d'Atterbom, et depuis lors il s'est passé peu d'années sans qu'il ait donné au public quelque poëme de plus ou moins d'importance.

Dans ces dernières années, sa fécondité a fini peut-être par dégénérer en prolixité; mais dans les *Poésies* et *Nouvelles* de son bon temps il fait preuve d'une gaieté pleine de fraîcheur, de naturel, et d'une douce bonhomie, et il ne réussit jamais mieux que dans les scènes où il peut marier le ton burlesque à celui de l'idylle. Un très-grand nombre de ses ouvrages sont devenus tout à fait populaires en Suède. Dès 1818 la Société des sciences et belles-lettres de Gothembourg lui décerna un prix, et plus tard l'Académie de Stockholm lui accorda celui de la fondation Lundblad. Les deux collections intitulées : *Ungdomskrifter* (2 vol., Stockholm, 1829) et *Samlade skrifter* (1 vol., Stockholm, 1834) contiennent les œuvres les plus saillantes de ce poète, dont il nous faut encore citer l'*Odalgumman* (1829) et les *Angbatssonger* (1837). Une édition complète de ses œuvres a paru sous le titre de *Samlade arbeten* (6 vol., Stockholm, 1847-1849).

DAHLIA, genre de plantes de la famille des synanthérées, dont l'espèce la plus connue fait en automne l'un des plus beaux ornements des plates-bandes. On la dit originaire du Mexique : ce qui est certain, c'est qu'elle fut transportée de l'Amérique en Espagne, d'où elle s'est répandue dans l'Europe tempérée, et même assez loin vers le Nord. Elle fut ainsi nommée en l'honneur du botaniste Suédois André Dahl.

Est-il nécessaire de décrire le *dahlia variabilis*, souche de toutes les variétés que cultivent les fleuristes? Qui n'a vu ces grandes et fortes plantes, garnies d'amples feuilles pinnatifides d'un vert foncé, sur lesquelles ressortent ces larges et belles fleurs aux pétales en *cornet*, qui doivent beaucoup, il est vrai, aux soins assidus des horticulteurs. Quoi qu'en ait dit J.-J. Rousseau, tout en dégénère pas entre les mains de l'homme : les dahlias n'ont certainement rien perdu de leur beauté ni de la vigueur des dahlias depuis qu'ils sont admis dans nos jardins et soumis à nos méthodes de culture. Il est vrai que l'on a cherché à se procurer des variétés moins élevées, à multiplier les fleurs aux dépens du nombre et de la grandeur des feuilles; mais ces modifications, dont l'embellissement est le seul but, n'affectent pas l'espèce entière; car le jardinier sait aussi fortifier, agrandir, sans ôter au végétal aucun des ornements dont la nature l'embellit. Les dahlias à haute tige ont leur destination, une place convenable dans les jardins d'une grande étendue; mais il en fallait aussi pour des parterres moins spacieux, pour les petites cultures des citadins assez heureux pour joindre un jardinet à leur habitation, et même pour les campagnards qui savent associer l'agréable à l'utile. D'ailleurs, les variétés naines l'emportent en général sur les géants de leur espèce par une sorte de mérite qui est du goût de tout le monde : elles sont bien plus chargées de fleurs, et souvent les fleurs y sont plus grandes et plus belles. C'est par les semis que l'on obtient ces innombrables modifications de grandeur et de floraison, ainsi que les changements de couleur, qui dans cette plante se sont étendus à toutes les nuances du rouge, du violet, du jaune et du blanc. Seul le *dahlia bleu* semble devoir rester dans la région des songes.

Les graines semées de bonne heure sur couche donnent de jeunes pieds qui fleurissent ordinairement à l'automne, en sorte qu'à la rigueur les dahlias pourraient être cultivés comme des plantes annuelles. Mais cette méthode aurait l'inconvénient de ne point conserver les variétés intéressantes que les semis font découvrir : on préfère donc multiplier ces plantes par leurs racines tuberculeuses, en prenant soin de conserver à chaque tubercule une partie du collet et de l'ancienne tige. La conservation de ces racines exige des soins d'hiver; la gelée les ferait périr, une excessive humidité ne leur serait pas moins funeste : il faut donc dans nos contrées déterrer les tubercules à la fin de l'automne et les conserver dans un lieu sec, à l'abri de la gelée. Le déplacement annuel que les plantes ont à subir est un moyen de culture qui leur est très-profitable; il offre aux racines un sol mieux préparé et plus fécond, plus d'espace pour s'étendre. Aux lieux où il ne serait pas indispensable de déterrer les tubercules de dahlia pour les mettre en sûreté durant l'hiver, on ferait encore bien de les traiter de la même manière, afin de conserver à ces plantes toute leur vigueur et toute leur beauté. FERRY.

DAHLINE, nom donné par M. Payen à un principe amylacé semblable à l'inuline, et qu'il a extrait des tubercules du dahlia.

DAHLMANN (Frédéric-Christophe), professeur d'histoire et d'économie politique à l'université de Bonn, né à Wismar, le 17 mai 1785, d'une famille originaire de Suède, se consacra d'abord, en étudiant à Copenhague et à Halle, à la culture des sciences archéologiques. C'est ainsi que la thèse qu'il soutint à Copenhague pour prendre ses degrés traitait des origines et du développement de la comédie ancienne à Athènes, et était intitulée : *Primordia et successus veteris Comœdiæ Atheniensium*. C'est ainsi encore qu'il y fit en latin ses premiers cours publics sur Aristophane et son théâtre. Appelé en 1813 à Kiel en qualité de professeur agrégé, il devint en 1815 secrétaire de la députation permanente de la noblesse et des prélats de Schleswig-Holstein. Une discussion qui s'éleva entre une fraction des anciens états et le gouvernement à propos d'une question constitutionnelle, et dans laquelle il ne consentit jamais à s'écarter du terrain de l'histoire et du droit, lui fournit l'occasion de se livrer à une étude approfondie du droit public positif. Déjà il avait été amené à négliger l'archéologie pour l'étude du moyen âge; et sa *Vita Ansgarii*, insérée dans les *Monumenta Germ. historica*, ses *Recherches sur l'Histoire d'Allemagne* (2 vol., Altona, 1822-23), son édition de la *Chronique des Dithmarses* (2 vol., Kiel, 1827) et diverses autres publications témoignent suffisamment des consciencieux travaux auxquels il se livra dans cette nouvelle direction. Justement blessé de voir le gouvernement danois, pour le punir de ses liaisons avec l'opposition des duchés de Schleswig-Holstein, ne pas lui conférer une chaire de professeur titulaire à laquelle ses services et ses travaux lui donnaient d'incontestables droits, il accepta, en 1829, une chaire d'économie politique qu'on lui offrit à Gœttingue. Cet enseignement, auquel il se livra avec un grand éclat, ne l'empêcha point de continuer ses travaux historiques, comme le prouvent ses *Documents originaux pour l'Histoire d'Allemagne*, ouvrage tout à fait hors ligne, publié en 1830.

Les événements de 1831 lui fournirent l'occasion d'entrer de la manière la plus honorable dans la vie politique, et on le vit alors, fidèle aux principes qu'il avait toujours défendus dans ses livres, faire preuve d'autant d'attachement pour l'ordre que pour la liberté. En 1833 il prit une part importante à la rédaction de la nouvelle loi fondamentale promulguée par le gouvernement hanovrien d'alors, ne montrant pas moins d'aversion pour les idées réactionnaires que pour les principes démagogiques. Dans le premier volume de *La politique ramenée sur le terrain des faits*, on reconnaît le publiciste consciencieux, qui tout en combattant la théorie de la souveraineté du peuple, n'en est pas moins le chaleureux partisan des idées de liberté sage et progressive. Le roi de Hanovre, Ernest-Auguste, ayant supprimé en 1837 la constitution dont ce pays jouissait depuis quatre ans, M. Dahlmann protesta énergiquement contre ce coup d'État, et se vit par suite de cette démarche contraint de quitter le Hanovre avec six de ses collègues. Il se retira alors à Leipzig, où il consacra ses loisirs à composer une *Histoire de Danemark* (3 vol., Hambourg, 1840-1843), qu'on peut à bon droit considérer comme l'une des meilleures compositions historiques de notre époque. En 1842 il accepta la chaire d'histoire à l'université de Bonn. L'*Histoire de la Révolution d'Angleterre* (troisième édition, Leipzig, 1845) et l'*Histoire de la Révolution française* (1845), qu'il publia ensuite, n'obtinrent pas moins de succès.

La révolution de 1848 rejeta M. Dahlmann dans la politique active. Nommé l'un des *hommes de confiance* de la Prusse à la diète fédérale, il fut l'un des rédacteurs du projet de constitution des *dix-sept*, qu'on peut même considérer comme son œuvre propre. Élu membre de l'assemblée nationale allemande, il y devint l'un des chefs du parti constitutionnel et parlementaire, qui voulait faire de l'Allemagne un État fédératif ayant à sa tête le roi de Prusse comme empereur héréditaire. Il exerça d'ailleurs dans cette assemblée une influence prépondérante sur toutes les questions un peu importantes. Lui et ses amis se montrèrent opposés à la ratification de l'armistice de Malmoe; et sur leur motion l'assemblée nationale l'ayant rejeté, le ministère donna sa démission. M. Dahlmann fut alors chargé de constituer un nouveau cabinet; mais il ne put y réussir. La Prusse ayant refusé de sanctionner la constitution de l'Empire en date du 28 mars, Dahlmann partagea la retraite de tous ses collègues. Élu ensuite membre de la chambre des députés de Prusse, il s'y montra l'adversaire de la réaction monarchique; puis, quand tous les efforts pour donner à la confédération germanique de nouvelles bases eurent échoué, il renonça à la politique pour désormais se consacrer uniquement à sa chaire et aux devoirs qu'elle lui impose.

DAHOMEH, DAHOMEY ou DAHOMY, puissant État nègre, sur la côte de la Guinée supérieure; est borné au nord-ouest et à l'ouest par le territoire des Aschantis, au nord et au nord-est par le mont Kong et par le royaume d'Eyo, au sud-est et au sud par le Badagry, du côté du royaume de Benin et par la baie à laquelle il donne son nom. Sa profondeur à l'intérieur est d'environ 150 kilomètres; mais, en raison de ses nombreuses guerres avec les États qui l'avoisinent, il serait difficile de préciser ses limites en largeur. Au nord et au nord-ouest, le fleuve Zoa ou Lagos, dont les rives sont extrêmement boisées, lui sert de frontières naturelles. Le sol s'élève insensiblement dans l'intérieur jusqu'au mont Kong, et nulle part on n'y rencontre d'autre élévation, non plus que la moindre trace de rochers. Il se compose d'une terre argileuse et rougeâtre, et, à l'exception du voisinage immédiat de la capitale, il est bien arrosé.

En raison de sa situation tropicale, entre le 6° et le 10° de latitude septentrionale, le Dahomeh présente partout l'aspect de la plus énergique végétation. Tous les fruits de la zone torride, les oranges, les melons, les ignames, la canne à sucre, le maïs, le blé, le coton, l'indigo et le tabac y viennent admirablement. Beaucoup d'arbres y acquièrent des dimensions telles, qu'on en confectionne des canots d'une seule pièce pouvant contenir de 70 à 100 personnes. Le bétail de toute espèce, les chèvres, la volaille, y abondent; les chevaux, quoique aussi petits que des *ponies*, sont bien conformés. On y trouve aussi des éléphants, mais seulement à l'état sauvage. Les bêtes féroces y sont nombreuses et dangereuses. Les serpents y ont des dimensions énormes; mais il n'y a que le très-petit nombre d'entre eux qui soient vénéneux. Le climat est au total assez salubre. L'*harmattan*, ce vent si redoutable, et, dans la saison des pluies, d'effroyables orages, ne contribuent pas peu à purifier l'atmosphère. L'espèce d'éléphantiasis si commune sur toute la côte de la Guinée y est inconnue. Les habitants, qui appartiennent à la même race que les Ardrahs, et qui se distinguent de leurs plus proches voisins, par exemple des *Mahis*, par la teinte plus foncée de leur peau, sont bien proportionnés dans leur taille et doués de remarquables facultés intellectuelles. Ils sont bons agriculteurs, font bien la cuisine, et aiment beaucoup la vie sédentaire; et, contre l'habitude des autres populations africaines, le lait joue un grand rôle dans leur nourriture habituelle. Ils sont aussi très-industrieux; mais leur industrie manufacturière se borne à la fabrication d'étoffes de lin et de coton, et l'huile de palmier constitue leur principal article de commerce, tandis que l'ivoire, quoique fort recherché, ne parvient à la côte que par contrebande, en raison de l'exagération des droits qu'on prélève sur l'exportation de cette matière.

7.

Ce peuple ignore l'écriture phonétique, quoique les Ardrahs, qui parlent une langue analogue à la leur, manquant des nasales et des gutturales propres aux dialectes de la côte occidentale, possèdent déjà une espèce d'écriture. Quelques mahométans y propagent d'ailleurs l'islamisme, qui y est fort goûté, de même que dans tout l'intérieur de l'Afrique, et ils y introduisent aussi la connaissance de l'écriture. Le mariage à Dahomeh n'est qu'un contrat de vente; la condition des femmes y est des plus abjectes; et l'amour maternel un sentiment tout à fait inconnu. La forme du gouvernement est le despotisme le plus illimité. Le roi possède de trois à quatre mille femmes, dont une partie sont armées et exercées au maniement des armes et lui servent de gardes du corps. La police et la législation y sont d'une rigueur excessive; et le mode des supplices naguère encore en usage les rendait effroyables. C'est ainsi qu'en 1838, à l'occasion d'une fête royale, six cents individus furent décapités ou massacrés. Le souverain dispose de la vie de ses sujets comme bon lui semble. Le roi actuellement régnant, homme énergique et de noble intelligence, est le premier qui ait aboli ces hécatombes humaines; il a réduit les exécutions à ne plus être que l'effet d'une pénalité légalement encourue, et a introduit en outre un grand nombre d'autres améliorations. Les développements de l'agriculture, devenue d'obligation, et aussi les mesures de surveillance prises par les Anglais, y ont sensiblement diminué la traite des esclaves.

Vers l'année 1770, le royaume de Dahomeh était un État extrêmement puissant et florissant, faisant un vaste commerce avec les Européens, notamment avec les Portugais, les Hollandais et les Anglais. Des guerres malheureuses avec le royaume des Aschantis et avec celui d'Eyo portèrent un coup sensible à son commerce et à sa puissance; et il y eut même un intervalle assez long pendant lequel le Dahomeh se trouva soumis aux Aschantis. Mais dans ces derniers temps il lui a été donné de prendre sa revanche et de conquérir à son tour une partie du territoire de ce peuple.

La capitale du royaume, Abomey ou Bomey, compte au-delà de 20,000 habitants. On y voit le palais du roi, comprenant plusieurs cours intérieures, entouré de remparts et orné de crânes humains. Au sud de cette ville on trouve encore Canamina, avec plus de 10,000 habitants, et sur la côte, le Grand-Popoe et Whidah.

AUBERT DE VITRY.

DAHRA (Massacres du). Au mois de juillet 1845, le colonel Pélissier avait été détaché avec un corps de troupes françaises pour faire rentrer dans le devoir plusieurs tribus révoltées, notamment celle des Ouled-Rhia. Il devait descendre le Chéliff jusqu'à Oarizem, de là remonter chez les Béni-Zentes, puis prendre par l'ouest la chaîne de montagnes du Dahra, qu'un autre colonel, M. de Saint-Arnaud, était chargé d'investir du côté de l'est. Après une razzia engagée chez les Béni-Zentes, le colonel Pélissier somma les Ouled-Rhia de se soumettre; ils s'y refusèrent. Aussitôt la fusillade commença. Trop faible pour soutenir le choc de nos soldats, les Kabiles se retirèrent précipitamment, et se réfugièrent dans la caverne nommée Ghar-el-Frêcheh, où d'avance ils avaient envoyé leurs femmes, leurs enfants, leurs vieillards, leurs troupeaux et leur mobilier. « Le colonel Pélissier, dit un document officiel, fit l'investissement de la grotte. Cette opération lui coûta quelques hommes, Arabes et Français. Quand l'investissement fut complet, il tenta de parlementer au moyen des Arabes qui étaient dans son camp; on fit feu sur les parlementaires, et l'un d'eux fut tué. Cependant, on parvint à ouvrir des pourparlers; ils durèrent toute la journée, sans aboutir à rien. Les Ouled-Rhia répondaient toujours : « Que le camp français se retire, nous sortirons, nous nous soumettrons. » Ce fut en vain qu'on leur fit à plusieurs reprises la promesse de respecter les personnes et les propriétés, de n'en considérer aucun comme prisonnier, et de se borner au désarmement. De temps à autre, on les prévenait que toute résistance était inutile, et ne pourrait qu'amener une regrettable effusion de sang. De délai en délai, la nuit arriva... » Cela se passait le 17 juillet.

Le 18, dès le matin, on prit le parti d'allumer de grands feux, dans l'espoir que la fumée qui en résulterait, pénétrant dans la grotte, empêcherait les Arabes d'y rester plus longtemps sans se sentir étouffer, et qu'alors force leur serait de capituler. Les premiers essais tentés pour allumer ces feux ne réussirent point. Pendant la soirée, les tirailleurs s'approchèrent davantage et serrèrent de près les ouvertures de la grotte. Vers une heure on commença à jeter à l'ouverture de l'est des fagots qui cette fois prirent feu immédiatement, et dont les flammes et la fumée, poussées par le vent, pénétraient dans l'intérieur de la grotte. Les matières, du reste, ne manquaient pas. Cependant, des trois ouvertures de la grotte, une seule d'abord avait été bourrée de fascines. Alors les Arabes pouvaient encore sortir pour combattre à ciel ouvert ou pour se rendre. Mais ils persistèrent dans leur résistance. Bientôt après, le même jour, on alluma le feu devant les deux ouvertures du côté de l'ouest. Par une circonstance singulière, le vent poussait aussi les flammes et la fumée dans l'intérieur, sans qu'il en parût presque rien au dehors, de sorte, dit un témoin oculaire, que les soldats pouvaient introduire les fagots dans les ouvertures de la caverne comme dans un four. Les Arabes étaient donc ainsi enfermés de toutes parts dans d'infranchissables barricades de feu. L'œuvre de la flamme et de la fumée s'excitant, s'attirant d'un bout à l'autre, pénétrant à la fois des deux côtés, se heurtant et se condensant dans l'intérieur de la grotte, ne pouvait être différente.

On n'entendait plus aucun bruit. A minuit, quelques détonations avaient retenti dans l'intérieur de la grotte, ce qui avait fait penser qu'on s'y battait. A quatre heures et demie du matin, le 19, on voulut connaître le résultat de cet engin insolite de destruction. A l'entrée de la grotte se trouvaient des animaux morts déjà en putréfaction. On arrivait à la grotte intérieure par une traînée de cendre et de poussière, d'un pied d'épaisseur, et de là on pénétrait dans une grande cavité de trente pas environ dans tous les sens. La caverne était jonchée de cadavres. Tous étaient nus, dans des positions qui indiquaient les convulsions douloureuses qui avaient accompagné l'agonie et précédé la mort. Une multitude d'objets, toute la richesse des victimes, étaient épars çà et là dans la caverne. Malgré tous leurs efforts, les officiers ne purent empêcher les soldats de s'en emparer. Le nombre des morts s'élevait de huit cents à mille. Il n'y avait de vivants que la femme et le fils d'un kalifah et un petit nombre d'hommes, dont l'état était presque désespéré.

Le 23 le camp du corps expéditionnaire fut porté à une demi-lieue de la caverne, à cause de l'infection que répandaient tant de cadavres; on abandonna la place aux corbeaux et aux vautours, qui volaient depuis plusieurs jours autour de la grotte et que d'un nouveau campement on voyait emporter des lambeaux de chair, horribles débris humains.

Telle fut, et le tableau en est encore bien affaibli, cette effroyable tragédie. Au premier bruit qui s'en répandit en France, un cri de réprobation s'éleva de toutes parts. La presse et la tribune s'accordèrent pour exprimer la douleur et l'indignation publiques. Sur une interpellation de M. de la Moskowa à la chambre des pairs, le maréchal Soult n'hésita pas à exprimer un regret. Mais sa première expression ne paraissant pas assez sévère, la manifestation d'un sentiment général dans la chambre l'entraîna à déclarer qu'il déplorait le fait qui était signalé. Les seules réserves que faisait le maréchal étaient sur l'exactitude du fait en lui-même, dont il voulait encore douter en l'absence des rapports officiels. Mais le maréchal Bugeaud ayant écrit dans le *Moniteur Algérien* une longue apologie de cette terrible exécution, en revendiquant le mérite de l'initiative, le ministre trouva des excuses pour l'acte qu'il avait d'abord solennellement condamné. Sidney Renouf.

DAHURON (René), horticulteur allemand qui s'est fait un nom de l'autre côté du Rhin au commencement du siècle dernier. Le roi de Prusse Frédéric-Guillaume lui avait confié la direction de ses jardins. On a de lui un Cours complet d'horticulture (*Vollstændiger Gartenbau*), qui obtint un grand succès, car il s'en fit sept éditions. Il est aussi auteur d'un *Traité de la Taille des arbres*, dont il fut publié également plusieurs éditions.

DAIGNÉ (Guillaume), médecin dont on a un grand nombre de dissertations sur des questions d'hygiène et de thérapeutique, était né à Lille en 1732, et mourut à Paris en 1812. Après avoir été pendant longtemps attaché au service de l'armée, il prit sa retraite, et s'établit dans la capitale, où il acheta le titre de *médecin du roi*.

DAILLE (Jean), en latin *Dallæus*, savant ministre calviniste, né à Châtellerault, en 1594, fut d'abord gouverneur de deux petits-fils de Duplessis-Mornay, avec lesquels il visita différentes contrées de l'Europe. De retour en France, il remplit les fonctions du ministère évangélique, d'abord à Saumur, puis à Charenton. Daillé était un homme d'une grande érudition, d'une probité exemplaire. Balzac l'ancien faisait infiniment de cas de son amitié; il en parle dans plusieurs de ses lettres avec les plus grands éloges. Les protestants estiment beaucoup les ouvrages de Daillé, et des catholiques n'ont pas fait difficulté d'avouer qu'ils les jugent dignes de l'attention des controversistes. Le plus célèbre est celui qu'il a écrit en latin sur l'*Usage des Pères de l'Église*, et dans lequel il soutient, en brisant pour ainsi dire la chaîne de la tradition, qu'il ne faut point invoquer l'autorité des Pères pour terminer les disputes théologiques. Ce livre eut un très-grand succès parmi les calvinistes; plusieurs même, et des plus savants, ne balancent pas à en mettre l'auteur au-dessus de Calvin. Daillé était prévenu contre les voyages, et regrettait toujours les deux années qu'il avait passées à parcourir la Suisse, l'Italie l'Allemagne, les Pays-Bas et l'Angleterre. Il mourut à Paris, le 15 avril 1670. Champagnac.

D'AILLY (Pierre). *Voyez* Ailly (Pierre d').

DAIM. Cette espèce, voisine du cerf, prend place à côté de lui parmi les mammifères ruminants, dans le genre auquel il a donné son nom. Elle est généralement brune en dessus, fauve en dessous, avec la queue noire et blanche, mais elle est sujette à de nombreuses variations : c'est ainsi que l'on voit des individus entièrement noirs, et d'autres tout à fait blancs. Le bois du mâle a sa base ronde, un andouiller pointu, et dans tout le reste de son étendue il est aplati et denteté en dehors; après un certain âge, il rapetisse et se divise irrégulièrement en plusieurs lanières. La femelle ou *daine* n'a pas de bois; elle met bas, après une gestation de durée égale à celle de la biche, un seul petit, connu sous le nom de *faon*, lequel est fauve, tacheté supérieurement de blanc. Les daims sont plus nombreux dans le Midi que vers le Nord; il paraît qu'ils sont originaires de la côte de Barbarie; ils vivent par troupes ou hordes, comme la plupart des espèces de leur genre, et sont ordinairement conduits par quelque vieux mâle; leur taille est intermédiaire à celle du cerf ordinaire et du chevreuil; leur chair est assez recherchée comme aliment, et leur cuir est souvent employé dans les arts. Les anciens ont connu ces animaux sous le nom de *platiceros*. Leur *dama* est une espèce d'*antilope*, celle que Buffon appelle *nanguer*, à cause de ses poils aplatis, qui fournissent un bon caractère pour le distinguer du cerf. Le daim est devenu le type d'un petit sous-genre dans lequel se groupent deux espèces fossiles, l'une très-grande, et dont on a rencontré les débris dans les tourbières de l'Irlande, c'est le *cerf d'Irlande*; l'autre, plus petite, et que l'on trouve dans les sables de la vallée de la Somme près Abbeville : c'est le *cerf d'Abbeville*. P. Gervais.

Dans la cuisine anglaise; un dîner ne saurait être copieux, *confortable* et même *respectable*, s'il n'y figure une *jambe de venaison*, et c'est le daim qui fournit ce mets si estimé. C'est pour se procurer cette jouissance gastronomique que les Anglais font parquer leurs daims, après les avoir soumis à la castration. Aussi deviennent-ils quelquefois gras comme des moutons de Bazouges; pourtant ils ne valent pas nos daims du Nivernais, des Cévennes, ou des Alpes du Dauphiné. C'est néanmoins là ce que les Anglais appellent *venaison* par exclusion privative, et parce qu'on ne voit jamais dans leur pays ni sanglier, ni marcassin, ni chamois, ni cerf, ni biche. Le daim s'apprête absolument comme le chevreuil, à la broche, en civet, en pâtés froids, en escalopes, en crépinettes, en purées pour en garnir des croustades, etc. La femelle du daim est toujours plus tendre que le mâle; mais le faon de daim, cuit à la broche, en son entier et bien piqué de filets de tétine, est un rôti des plus éminemment aristocratiques.

DAIN (Olivier le). *Voyez* Le Dain.

DAIRI, ou plutôt DAILI, c'est-à-dire *en dedans*, ceux qui habitent en dedans du Palais. Tel est au Japon le titre qu'on donne aux souverains spirituels.

DAIS, couverture ornée mise au-dessus d'un siège environné de respect religieux. Dans quelques monarchies, le trône est sous un dais; à Rome, le souverain pontife est porté sous le dais dans les solennités où il doit parcourir des rues et des places publiques. On sait quel est l'emploi de cette même couverture dans les cérémonies du culte catholique; et comme elle est souvent mobile, sa forme et ses dimensions ont été déduites de cette destination. Les convenances exigeaient quatre porteurs; de là sans doute sa forme quadrangulaire, etc. Quant à l'origine de ce mode d'expression d'un respect religieux, on la chercherait vainement dans les religions et les mœurs des peuples occidentaux; on ne tirerait pas plus d'instruction des peuplades asiatiques, dont la chasse fut de tout temps l'occupation et le moyen de subsistance. Mais les peuples pasteurs nous aideront à éclaircir ce mystère. Ils eurent leurs divinités, et les logèrent comme eux-mêmes sous des tentes. Lorsqu'ils furent assez avancés en civilisation pour renoncer à la vie errante, ils bâtirent des maisons, et leurs dieux eurent des temples; mais ce grand changement ne put être brusque; il suivit nécessairement des gradations, et le souvenir de la tente ne se perdit que très-lentement : son simulacre reparut sous plusieurs formes, pour les hommes et pour les dieux. L'homme opulent se plut à placer sous une enveloppe de toile son lit et quelques meubles de prédilection, quoique le toit et les murs de sa maison y missent tout à couvert et en sûreté; ses fétiches furent traités avec le même luxe dans leur demeure solide : on leur construisit dans l'intérieur de ces grandes habitations des cases plus élégantes, des sanctuaires où ils devaient se plaire et recevoir avec plus de bienveillance les supplications qui leur seraient adressées. Si quelques circonstances exigeaient que les images de ces divinités fussent déplacées, il fallait au moins que des témoignages de respect, tels que la foi peut les inspirer, accompagnassent partout ces objets sacrés, et un dais les mettait à couvert. Ferry.

DAKKA. *Voyez* Dacca.

DA LAGOA (Baie). *Voyez* Lagoa.

DALAI-LAMA, nom du patriarche bouddhiste ou pape du Thibet. *Voyez* Lama.

DALAYRAC (Nicolas) naquit à Muret, en Languedoc, le 13 juin 1753. Dès son enfance un goût passionné pour la musique se manifesta en lui; mais son père, subdélégué de la province, qui n'aimait point cet art, et qui destinait le jeune Dalayrac au barreau, ne consentit qu'avec peine à lui donner un maître de violon. L'étude de cet instrument lui fit négliger le Code, le Digeste et ses commentateurs. Le père s'en aperçut, congédia le maître, et notre musicien n'eut d'autre ressource que de monter tous les soirs sur le toit de la maison pour étudier sans être entendu. Les religieuses d'un couvent voisin trahirent son secret ; alors ses parents, vaincus par tant de persévérance et craignant les dangers de cette manière d'étudier, laissèrent au jeune Dalayrac la liberté de suivre son penchant.

Le goût de la musique s'accorde peu avec les travaux d'un jurisconsulte : désespérant d'en faire un disciple de Cujas, son père l'envoya à Paris en 1774, où il fut admis dans les gardes du comte d'Artois. Arrivé dans cette ville à l'époque des triomphes de Grétry, il suivit les représentations des opéras de ce maître ; au sentiment d'admiration qu'il lui avait inspiré succéda bientôt le désir de l'imiter. Pour y parvenir, il apprit la composition de Langlé, élève de Caffaro. Ses premiers essais furent des quatuors de violon, qu'il publia sous le nom d'un compositeur italien. Poussé par un goût irrésistible vers la carrière du théâtre, il écrivit, en 1781, la musique de deux opéras comiques : *Le Petit Souper* et *Le Chevalier à la Mode*, que l'on représenta avec succès à la cour. Enhardi par cet heureux essai, il se hasarda sur le théâtre de l'Opéra-Comique, et débuta, en 1782, par *L'Eclipse totale*, qui fut suivie du *Corsaire*, en 1783. Dès lors il se livra entièrement à la scène française, et dans l'espace de vingt-six ans ses ouvrages, presque tous couronnés par le succès, s'élevèrent au nombre de cinquante-six.

Dalayrac avait le mérite de bien sentir l'effet dramatique et d'arranger sa musique avec art pour la scène. Son chant est gracieux et facile dans ses ouvrages comiques ; il est plein de chaleur et de passion dans les opéras sérieux. Nul n'a fait autant que lui de jolies romances et de petits airs devenus populaires, genre de talent nécessaire pour réussir auprès des Français, plus chansonniers que musiciens. Les premiers opéras de Dalayrac sont bien faibles sous le rapport de la composition ; mais *Camille* et *Léon* attestent les progrès que leur auteur fit en travaillant à côté des Chérubini et des Méhul. Il se régla sur de meilleurs modèles, et prit alors un rang très-honorable parmi les compositeurs français. Grétry termina sa carrière musicale au moment où notre musique prit un essor plus brillant et fut en quelque sorte régénérée par la nouvelle école ; la manière est par conséquent restée la même. Dalayrac fut assez heureux pour avoir le temps d'en changer ; et dans les opéras que je viens de citer on ne reconnaît plus l'auteur de *Nina*, de *Renaud d'Ast* et de plusieurs autres essais, dont le succès prodigieux ne doit être attribué qu'au jeu des acteurs et à l'inexpérience du public.

Léon est le chef-d'œuvre de Dalayrac : cet ouvrage, bien disposé pour la scène, abonde en inspirations heureuses ; la couleur en est parfaite et bien soutenue. On y trouve de la vigueur, de l'expression, de la grâce, surtout cet esprit que l'auteur a mis dans toutes ses compositions, et qui se montre avec plus d'éclat dans plusieurs scènes de *Léon*, où le retour de certaines mélodies rappelées à propos ajoute beaucoup à l'intérêt dramatique. Le duo, l'air de Laure, le trio, sont des morceaux très-remarquables : ce dernier est conçu et conduit avec art, et le chant en est délicieux. Le beau talent de Dalayrac était rehaussé par la noblesse de son caractère. En 1790, au moment où une faillite venait de lui enlever le fruit de dix ans de travaux et d'économie, il annula le testament de son père, qui l'instituait son héritier au préjudice d'un frère cadet. Il reçut en 1798, sans l'avoir sollicité, le diplôme de membre de l'Académie de Stockholm, et quelques années après il fut fait chevalier de la Légion d'Honneur, lors de l'institution de cet ordre. Il venait de finir *Le Poète et le Musicien*, opéra qu'il affectionnait, lorsqu'il mourut à Paris, le 27 novembre 1809, sans avoir pu mettre en scène ce dernier ouvrage. CASTIL-BLAZE.

DALBERG (Famille de), autrefois *Dalburg*, noble et ancienne maison d'Allemagne, qui au dix-septième siècle fut élevée au rang des barons de l'Empire, et dont les membres avaient de temps immémorial porté le titre de *chambellans héréditaires du chapitre de Worms*. A l'exemple de certains généalogistes évidemment complaisants, nous ne ferons pas descendre les Dalberg de Caius Marcellus, cousin de la vierge Marie, et l'un des lieutenants de Quintilius Varus ; car en disant cela nous risquerions de nous faire une mauvaise affaire avec la famille de Lévis, qui seule dans toute la chrétienté est en état de prouver qu'elle descend directement d'un petit cousin de la mère du Christ. Aussi bien les Dalberg, s'ils tiennent absolument à remonter si haut et si loin, peuvent se contenter d'une autre légende, qui leur donne pour souche le *capitaine Longin*, lequel perça traîtreusement de sa lance le côté de J.-C. Ce qui est moins contestable, c'est que cette famille produit une filiation suivie depuis Conrad, qui vivait en 969, et dont un des fils, Héribert, archevêque de Cologne, mis plus tard au rang des saints, couronna en l'année 1002 Henri II comme empereur. La ligne mâle des Dalberg étant venue à s'éteindre avec *Antoine DE DALBERG*, *Gréta DE DALBERG* continua la race en épousant le chevalier Gerhard, chambellan de Worms. Si la famille de Dalberg ne fut titrée qu'au dix-septième siècle, elle peut à bon droit invoquer le témoignage de l'histoire pour prouver sa haute noblesse et l'antiquité de son origine. En effet, au couronnement des empereurs, l'usage immémorial était qu'au milieu de la cérémonie le héraut impérial criât : *Y a-t-il ici un Dalberg ?* A quoi le Dalberg présent répondait en venant fléchir le genou devant la majesté nouvellement couronnée pour recevoir d'elle l'accolade en qualité de premier chevalier de l'empire.

Après avoir pendant longtemps fleuri en plusieurs lignes, qui s'éteignirent ensuite l'une après l'autre, la descendance mâle de la nouvelle maison de Dalberg n'était plus représentée en 1722 que par la famille de *Philippe-François Gerhard DE DALBERG*, membre du conseil aulique impérial. Elle forme aujourd'hui deux lignes différentes : les *Dalberg Hernsheim*, ainsi appelée d'une seigneurie située près de Worms, et où se trouvent les archives particulières de la famille de Dalberg ; les *Dalberg-Dalberg*, partagés eux-mêmes en trois branches depuis 1807.

Parmi les hommes célèbres qu'a produits la famille de Dalberg, nous mentionnerons :

DALBERG (JEAN DE), né en 1445, chambellan et depuis 1482 évêque de Worms, l'un des restaurateurs des études en Allemagne, et qui protégea R e u c h l i n persécuté. Il fut le président de la première académie allemande, établie à Heidelberg, en 1480, par Conrad Celtès, sous le nom de *Societas Litteraria Rhenana, seu sodalitas celtica*. Il contribua beaucoup à l'accroissement de la bibliothèque de cette ville, et donna l'exemple de l'application des recherches étymologiques à sa langue maternelle. Il entretenait un commerce de lettres avec Trithemius, Eitelwold vom Stein et Reuchlin, et mourut en 1503.

DALBERG (WOLFGANG, baron DE), chambellan de Worms, fut nommé en 1582 archevêque et électeur de Mayence, et mourut en 1601.

DALBERG (ADOLPHE, baron DE), prince-abbé de Fulda, fonda en 1734 l'université de Fulda.

DALBERG (WOLFGANG-HÉRIBERT DE), baron du Saint-Empire, frère aîné du grand-duc Charles de Dalberg, dont nous parlerons plus loin, né en 1749, se fit connaître par son goût pour l'art dramatique et par les services qu'il rendit au théâtre de Mannheim. Il mourut en 1806 à Mannheim, ministre d'État du grand-duc de Bade.

DALBERG (ÉMÉRIC-JOSEPH DE), fils du précédent, pair de France, né le 30 mai 1772 à Mayence, entra dans la vie publique sous les auspices de son oncle. D'abord au service de Bade, il vint à Paris en qualité de ministre du grand-duc. Il ne tarda pas à y gagner l'amitié de Talleyrand, et épousa ensuite *Pélina*, marquise de Brignoles, de Gênes, l'une des dames d'honneur de l'impératrice. A l'époque de la campagne de 1809, il remplit les fonctions de ministre des affaires étrangères à Bade. A la paix, il quitta le service du grand-duc, se rendit à Paris, où il se fit naturaliser Français, parce que ses propriétés, situées sur la rive gauche du Rhin, faisaient maintenant partie du territoire de l'empire français, et en 1810 Napoléon le créa duc en même temps qu'il l'appela à siéger au conseil d'État. Lors du mariage de l'empereur avec Marie-Louise, il obtint une dotation de quatre millions de francs dans la principauté de Baireuth, et la France dut ensuite lui en fournir l'équivalent aux termes des stipulations arrêtées au congrès de Vienne.

Quand Talleyrand encourut la disgrâce du maître, Dalberg se démit de ses divers emplois, et passa dans les rangs des mécontents. Puis, son protecteur ayant été placé en août 1814 à la tête du gouvernement provisoire qui présida à la restauration de la maison de Bourbon, il fut l'un des cinq individus appelés à en faire partie. Il assista ensuite au congrès de Vienne en qualité de plénipotentiaire de France, et signa en 1815 la mise hors la loi de Napoléon, qui de son côté le coucha sur sa liste de proscription. A la seconde restauration, il fut nommé ministre d'État, pair de France, et ambassadeur à Turin. Il passa les dernières années de sa vie dans son domaine d'Hernsheim, où il mourut, le 27 avril 1833.

DALBERG (CHARLES-THÉODORE DE), baron du Saint-Empire, chambellan de Worms, dernier électeur de Mayence et archi-chancelier de l'Empire; devenu plus tard prince primat de la confédération du Rhin, et grand-duc de Francfort, puis en dernier lieu archevêque de Ratisbonne et évêque de Worms et de Constance, né le 8 février 1744, à Hernsheim, était fils de François-Henri de Dalberg, conseiller intime de l'électeur de Mayence, maréchal de Worms et burgrave de Friedberg. Reçu docteur en droit à l'université de Heidelberg en 1761, il compléta ses solides études par des voyages à l'étranger, au retour desquels il prit la résolution de se consacrer à l'état ecclésiastique, et ne tarda pas à être nommé chanoine capitulaire de Worms et de Mannheim. En 1772 l'électeur le nomma son conseiller intime et gouverneur de la ville d'Erfurth. Pendant le long séjour qu'il fit dans cette ville, il fit preuve d'un zèle si consciencieux pour l'accomplissement de ses devoirs, d'un respect si louable pour les lois, et de principes si libéraux et si humains en matière d'administration, que l'on vit bientôt le petit territoire confié à sa sollicitude jouir d'une prospérité inouïe jusque alors, et qui donnait la mesure de ce qu'on pouvait attendre de lui si un champ plus vaste venait jamais à s'ouvrir pour son activité. Il aimait à encourager et à protéger les talents naissants, et sa maison était constamment ouverte aux artistes et aux hommes instruits, envers lesquels il exerçait la plus noble hospitalité. Il attira ainsi sur lui l'attention de l'empereur Joseph II et de Frédéric le Grand; et ce fut à leur protection qu'il dut, en 1787, sa nomination aux fonctions de coadjuteur de l'archevêque électeur de Mayence. Quelque temps après, en 1788 coadjuteur de Constance et archevêque de Tarse. En 1800 il parvint au gouvernement du chapitre de Constance; et en 1802 il succéda à Frédéric-Charles en qualité d'électeur de Mayence et archi-chancelier du Saint-Empire.

Les possessions de l'électorat, situées sur la rive gauche du Rhin, ayant été cédées à la France aux termes de la paix de Lunéville, et sécularisées à la suite de la nouvelle constitution politique que l'Allemagne reçut en 1803, Dalberg conserva le titre d'archi-chancelier de l'Empire, et reçut en échange de Constance, de Mayence et de Worms, placées désormais sous la domination française, Ratisbonne, Aschaffenburg et Wetzlar. En 1804 il vint à Paris conférer avec le pape Pie VII, au sujet des affaires de l'Église d'Allemagne. Il fut accueilli dans la capitale de la France avec la plus haute distinction, et l'Institut l'élut au nombre de ses membres correspondants, en remplacement de Klopstock, qui venait de mourir. Toutefois, ce voyage en France, le choix qu'il fit du cardinal Fesch pour coadjuteur, et la croyance qui s'accrédita qu'il avait activement contribué à la fondation de la confédération du Rhin, lui nuisirent beaucoup dans l'opinion en Allemagne.

La création de la confédération du Rhin lui fit perdre son titre d'archi-chancelier du Saint-Empire; mais il reçut en indemnité le titre et le rang de souverain et de princeprimat de la confédération, avec la présidence de l'assemblée, tout en conservant la jouissance de l'archevêché de Ratisbonne. On augmenta en outre ses États, de la ville de Francfort, du territoire des princes et des comtes de Lœwenstein-Wertheim, et du comté de Reinecke. En 1810 il reçut en échange de la principauté de Ratisbonne, qu'il fut forcé de céder à la Bavière, une grande partie des principautés de Fulda et de Hanau en suite de quoi Napoléon le nomma grand-duc de Francfort, mais en lui imposant l'obligation de désigner son fils adoptif, le prince Eugène Beauharnais, pour son successeur, au lieu du cardinal Fesch. Les événements de 1813 lui enlevèrent sa souveraineté, et l'obligèrent de rentrer dans la vie privée; et de toutes ses grandeurs passées il ne conserva que le titre et les droits d'archevêque de Ratisbonne, où il fixa dès lors sa résidence et où il mourut, le 10 février 1817. Son neveu, le duc de Dalberg, lui a fait élever, en 1824, un monument en marbre de Carrare, dans la cathédrale de Ratisbonne, où ses restes mortels ont été déposés.

Esprit fin, souple, étudié, étendu, éclairé, peut-être encore plus littéraire que politique, philosophe et tolérant, malgré son respect pour l'unité romaine, plein de droiture et quelquefois d'énergie, malgré ses faiblesses de courtisan, fortement attaché à l'Allemagne, malgré ses concessions à la France, il conserva jusqu'à la fin pour le héros qui l'avait comblé de ses faveurs une reconnaissance d'autant plus digne d'éloges que de brillantes récompenses attendaient alors les plus lâches apostasies. Jusqu'au dernier moment aussi on le vit, malgré son grand âge, exact à célébrer en personne l'office divin dans sa cathédrale, s'acquitter de tous les devoirs de son état, modèle constant de piété et de pureté de mœurs. Comme savant et comme écrivain, il appartient incontestablement aux hommes les plus distingués qu'ait produits l'Allemagne au dix-huitième siècle. Ses relations suivies avec Herder, Gœthe, Wieland, Schiller, etc., témoignent de l'élévation et de la distinction de son esprit; et la plupart de ses ouvrages ont pour sujet des questions de morale ou d'esthétique. Tous d'ailleurs se distinguent par une éloquence naturelle et par l'étude approfondie des questions qu'ils ont pour objet d'élucider. Nous citerons, entre autres: les *Considérations sur l'Univers* (Francfort, 1777; 6e édition, 1819); *Principes d'Esthétique* (Francfort, 1791); *De la Conscience ou du Fondement universel de la Sagesse* (Erfurth, 1793); *De l'Influence des Sciences et des Arts sur la Félicité publique* (Erfurth, 1806). Plusieurs de ces ouvrages furent composés en français. Quoique penseur profond, et à ce titre aimant à s'occuper d'abstractions, il leur préférait cependant les questions pratiques et pouvant avoir une influence directe et positive sur la vie sociale. Aussi, les mathématiques, la physique, la chimie, la botanique, la minéralogie et l'agriculture étaient-elles ses sciences favorites.

DALÉCARLIE ou DALARNE, c'est-à-dire *pays de vallées*. C'est ainsi que l'on appelait, dans l'ancienne division géographique et politique de la Suède, aujourd'hui encore en usage dans les classes populaires, la contrée montagneuse et sauvage, mais riche en paysages magnifiques, située entre les deux *Dalelfs* et le lac de Siljan, formant aujourd'hui le gouvernement (Lœn) de Falun, et comprenant une population d'environ 150,000 habitants, répartie sur une superficie de 291 myriamètres carrés. Les Dalécarliens, race brave et passionnée pour la liberté, ont quelque chose de particulier dans leur langue, leurs mœurs et leurs habitudes, et jouissent de nombreux privilèges. Maintes fois les attaques tentées par l'étranger contre l'indépendance et la liberté de la Suède sont venues échouer contre leur bravoure, par exemple à l'époque où Christian II de Danemark se fit proclamer roi de Suède. Le sol pauvre de cette contrée nourrissant à grande peine sa population, il n'est pas rare de voir des Dalécarliens l'abandonner pour aller se fixer dans les parties plus fertiles de la Suède.

DALÉCHAMPS (JACQUES), savant médecin et botaniste, né à Caen, en 1513, fut admis à la faculté de Montpellier en 1545, y obtint le grade de docteur en 1547, et vint exercer la médecine à Lyon, où il mourut en 1588. Il était très-versé dans la linguistique et les belles-lettres. On a de lui un assez grand nombre d'ouvrages, entre autres une traduction en latin des quinze livres d'Athénée, avec des notes; une traduction en français du sixième livre de Paul d'Égine, avec de savants commentaires et une préface sur la chirurgie ancienne et moderne; un traité de chirurgie, en français (Paris, 1610); un traité, en latin, sur la peste (Lyon, 1562); des notes sur l'*Histoire Naturelle* de Pline, et une traduction de onze livres des *Démonstrations anatomiques* de Galien. Pierre Bayle, en plusieurs passages, l'accuse d'avoir fait des *fautes d'omission et de commission* dans sa traduction latine d'Athénée, et plaint ceux qui le donnent pour caution à titre d'auteur; mais il le cite comme un médecin célèbre et fort en pratique. Plumier a consacré sous le nom de *Dalechampia* un genre à sa mémoire.

CHAMPAGNAC.

DALER-DENGHIS. *Voyez* AZOR.

DALELF, principal cours d'eau de la Dalécarlie (Suède), est formé par la jonction du *Dalelf oriental* et du *Dalelf occidental*. Ce dernier est le produit de la réunion du Lœra et du Foulon : l'un prenant sa source dans les montagnes de la Norvège, l'autre dans les lacs de Foulon. Le Dalelf oriental prend sa source dans le mont Salfjallet, situé aussi sur les frontières de la Norvège, et dans le lac de Grœfvelsjœ. Il forme ensuite, près de Mora, le délicieux lac de *Siljan*, qui a cinq myriamètres de long sur trois de large. Il rentre dans son lit à Lecksand, et confond à Djursœs ses eaux avec celles du Dalelf occidental. Le Dalelf traverse alors la partie méridionale de la Dalécarlie, formant sur son passage plusieurs cataractes, qui le rendent impropre à la navigation, et il se jette enfin dans le golfe de Bothnie, à Elfkarleby, un peu au-dessus de Gefle, après y avoir encore formé une imposante cataracte.

D'ALEMBERT (JEAN LE ROND) naquit à Paris, le 16 novembre 1717. Il était fils naturel d'un commissaire provincial d'artillerie, Destouches, surnommé *Canon*, pour le distinguer de son homonyme, l'auteur du *Glorieux*, et de la célèbre Mme de Tencin. Ses parents, voulant cacher sa naissance, l'exposèrent sur les marches de l'église Saint-Jean-le-Rond. Le commissaire de police à qui on le présenta, le trouvant trop faible pour être porté à l'hospice, le confia à la femme d'un pauvre vitrier de la paroisse. On croit qu'il en agit ainsi à la prière du chevalier Destouches, qui, sans pourtant jamais le reconnaître, veilla toujours sur l'enfant et fournit aux soins de son éducation. Quant à Mme de Tencin, elle ne songea à lui que lorsqu'il devint célèbre. Aussi celle que D'Alembert considéra comme sa véritable mère fut toujours la pauvre femme qui l'avait recueilli et aimé. « Les vrais aïeux de D'Alembert, a dit Condorcet, furent les maîtres qui l'ont précédé dans la carrière, et ses vrais descendants sont des élèves dignes de lui ».

Jusqu'à l'âge de douze ans D'Alembert suivit les leçons d'une petite école du voisinage. Il entra alors, comme élève de seconde, au collège des Quatre-Nations. Trois ans après, en philosophie, il écrivait sur quelques épîtres de Saint-Paul des commentaires qui firent grand bruit dans l'Université. Les écrivains de Port-Royal, croyant voir en lui un nouveau Pascal, le poussèrent vers l'étude de la géométrie. Il s'y livra avec une grande ardeur, et bientôt toute autre chose lui devint presque indifférente. Mais, sur l'observation de quelques amis, il comprit que cette étude n'était pas un état, et qu'il devait, pour sauvegarder son indépendance, en choisir un. Il essaya d'aborder le droit; mais bientôt lassé, il se tourna vers la médecine, par laquelle il espérait vaincre son trop grand amour de la géométrie. Après une lutte courageuse, il reconnut que sa vocation était irrésistible, et, déterminé à accepter franchement la pauvreté, il se livra tout entier à son étude favorite.

Après quelques années de travaux consciencieux et de veilles assidues, il présenta à l'Académie des Sciences deux mémoires très-remarquables, l'un sur le calcul intégral, l'autre sur une question qui devait être traitée d'une manière supérieure pour éviter le reproche de puérilité qu'on semblait en droit de lui adresser : il s'agissait d'expliquer les ricochets de la pierre lancée sur un bassin. D'Alembert le premier ramena ce phénomène à l'idée générale d'un mobile passant d'un fluide dans un autre plus dense, et dont la direction n'est pas perpendiculaire à la surface qui les sépare. Il avait alors vingt-deux ans. En 1741 l'Académie l'admit au rang de ses membres, quoiqu'il fût à peine âgé de vingt-quatre ans. Cette haute faveur ne ralentit point l'ardeur de ses études; en moins de deux ans il eut terminé son *Traité de Dynamique*, qui répandit son nom dans le monde savant. Cet ouvrage facilita la solution d'une foule de problèmes inexpliqués ou embrouillés jusque alors. D'Alembert publia ensuite diverses réflexions sur les questions soulevées dans le monde scientifique. En 1746 il concourut pour le prix proposé par l'Académie de Berlin sur *la théorie des vents*; son ouvrage obtint le prix, et le fit recevoir par acclamation membre de cette Académie. Bien que la question générale n'y fût pas tout à fait résolue, ce mémoire jeta une grande lumière sur ce thème d'une énorme importance, et donna l'éveil à de nouvelles recherches : D'Alembert montra le premier l'exemple, et publia un nouvel ouvrage, où il faisait l'application de ses propres idées à la théorie des cordes vibrantes (1748). Une année plus tard, dans ses *Recherches sur la précession des équinoxes*, il trouvait la solution d'un problème où Newton avait échoué. Il remit à l'Académie des Sciences sa solution du problème des trois corps le jour même où Clairaut donna aussi la sienne. Ce succès le tourna encore davantage vers l'astronomie, qu'il étudiait spécialement depuis 1747. Ces études amenèrent trois volumes pleins d'une véritable érudition et de conclusions logiques, qui parurent sous le titre de *Recherches sur différents points importants du système du monde* (1754-1756). Ces travaux furent, avec son *Essai sur la résistance des fluides* (1752), les derniers ouvrages de D'Alembert en géométrie.

Il avait toujours eu pour les belles-lettres un goût vif et sincère : elles étaient pour lui un délassement à des travaux plus arides. Parvenu à l'âge de quarante ans, il s'y abandonna plus complètement, sans pourtant jamais négliger sa science favorite ou celles qui, de près ou de loin, s'y rattachaient. Lorsque, par exemple, on commença à parler de l'inoculation de la petite vérole, D'Alembert traita cette question à un point de vue tout à fait nouveau : il aborda le sujet au nom des mathématiques, et y appliqua le calcul des probabilités en considérant le droit que possède la société sur la conservation de la vie de chaque individu. A peu près vers le même temps, il soutint contre Euler et Lagrange une discussion relative aux logarithmes des quantités négatives et à la discontinuité des fonctions arbitraires. Quoique ses travaux eussent appelé l'attention de toute l'Europe savante, D'Alembert était à peine connu de ses compatriotes; ce fut vers ce temps que Diderot conçut l'idée et le plan d'une E n c yclopédie, où pour la première fois fussent mises à la portée de tous les diverses branches de la science. Il en parla à D'Alembert, qui s'y associa volontiers et se chargea d'écrire le *discours préliminaire*. Ce travail, hardi dans les détails, harmonieux dans son ensemble, forme à lui seul un traité philosophique. Étudiant l'œuvre des grands philosophes, en commençant par Bacon, et passant par Descartes, Newton, Locke, Leibnitz, Pascal, Malebranche, etc., D'Alembert résuma et analysa dans ce discours les systèmes les plus controversés et les plus célèbres. Il aborda tous les sujets sans partialité, à un point de vue élevé, n'affirmant que lorsqu'il y avait pour lui une certitude en quelque sorte mathématique. Il précisa, en terminant, l'état des sciences en Europe au dix-huitième siècle, et fit des divers travaux des compagnies savantes une nomenclature qui est un des morceaux les plus clairs de notre héritage scientifique.

Cette préface fit un bruit extraordinaire : elle ameuta contre son auteur les obscurantistes de tous les bords : on vit les jansénistes eux-mêmes, oubliant leurs griefs, s'unir aux jésuites pour accabler l'ennemi commun. D'Alembert ne tint nul compte de toutes ces injures ; il continua à marcher dans sa voie, traitant tour à tour les mathématiques, la philosophie et la littérature. Entre autres articles, il fit dans l'Encyclopédie celui sur *Genève*, qui lui attira de la part de J.-J. Rousseau une si éloquente réponse. D'Alembert, louant d'ailleurs les constitutions politiques et l'esprit des lois de Genève, s'attaquait au rigorisme exagéré qui avait banni le théâtre de cette ville. Ici, comme dans tous ses écrits, il s'était armé d'une logique un peu froide et d'une certaine roideur géométrique ; Rousseau combattit ses arguments avec cette chaleur d'âme qu'il laissait déborder dans tous les sujets où il se croyait un peu en cause. L'article de D'Alembert restera comme un témoignage de son esprit juste et droit, celui de Rousseau est encore regardé comme un des beaux morceaux de notre langue.

En même temps que ses articles de l'Encyclopédie, D'Alembert publiait ses *Éléments de Philosophie et de Littérature* (1759), et un peu plus tard un *Essai sur les Gens de Lettres*. Le premier de ces ouvrages, où l'auteur développe avec un merveilleux esprit de méthode et une rare clarté de style les principes préliminaires des sciences et la gradation à suivre dans l'étude de chacune d'elles, souleva contre lui des haines implacables. On l'accusa d'athéisme et d'immoralité. Voulant se disculper du reproche d'athéisme, il publia sa brochure : *Éclaircissements des Éléments de Philosophie*, où il reconnaissait formellement l'existence de Dieu, quoiqu'il ne crût pas que par la raison seule l'homme pût aller beaucoup plus loin ; ces explications ne firent qu'exaspérer davantage ses adversaires, dont le nombre s'accrut encore par la publication de l'*Essai sur les Gens de Lettres*. Dans ce livre, l'auteur, s'attaquant à toute la valetaille écrivailleuse, flagellait tout à la fois les écrivains flagorneurs et les faux Mécènes qui acceptaient leurs dédicaces. On ne saurait se faire une idée de toutes les récriminations que souleva cet écrit d'un cœur honnête : tous ceux dont les turpitudes ou les lâchetés étaient ainsi fustigées se liguèrent contre l'auteur ; mais l'*Essai* n'en porta pas moins son fruit : à partir de ce jour on vit diminuer le nombre de ces épîtres dédicatoires où l'auteur s'avilissait dans l'espoir d'une pension ou d'une protection dégradante.

Les autres écrits de D'Alembert consistent, divers opuscules et brochures, dans un ouvrage *Sur la Destruction des Jésuites* ; écrit tellement impartial, qu'il souleva contre l'auteur les deux partis contraires. Les jésuites le mirent dans la disgrâce du ministre, qui refusa pendant six mois de reconnaître ses droits à la pension laissée vacante par la mort de Clairaut. Ses discours à l'Académie des Sciences sont aussi remarquables par leur érudition et leur clarté que par l'esprit d'indépendance et l'amour du bien qui éclatent à chaque page. Nommé secrétaire de l'Académie en 1772, il conçut le projet d'écrire la vie des académiciens morts pendant les douze premières années du dix-huitième siècle. Trois années lui suffirent pour l'achèvement de ce travail, qui forme six volumes in-12, et qui contient soixante-dix éloges. Ces éloges, tour à tour enthousiastes, sérieux, familiers, subtils ou caustiques, selon le sujet qu'ils traitent, sont restés des chefs-d'œuvre du genre. La correspondance de D'Alembert avec Frédéric II, Voltaire et les puissances du dix-huitième siècle, renferme sur les habitudes, les mœurs et les hommes de l'époque une série d'aperçus ingénieux, vrais, bien observés et bien déduits. C'est tout à la fois de l'histoire et une étude de mœurs.

Honnête, désintéressé, dévoué, D'Alembert sut garder ses amis jusque dans sa vieillesse, et faire respecter son indépendance par les grands. Il refusa l'offre que lui fit Frédéric II de la place de président de l'Académie de Berlin, qu'on croyait devoir être bientôt vacante par la mort présumée prochaine de Maupertuis : « 1700 livres de rente me suffisent, répondit D'Alembert ; je n'irai point recueillir la succession de Maupertuis de son vivant. Je suis oublié du gouvernement comme tant d'autres le sont de la Providence, persécuté autant qu'on peut l'être ; si un jour je dois fuir ma patrie, je ne demanderai à Frédéric que la permission d'aller mourir dans ses États, libre et pauvre. » Catherine II, impératrice de Russie, lui ayant fait proposer, en 1762, la direction de l'éducation du grand-duc son fils, D'Alembert refusa, malgré l'offre de cent mille livres de rente et de toutes les dignités de l'empire : « Monsieur, écrivit le grand-duc au philosophe à propos de son refus, voilà le seul mauvais calcul que vous ayez fait de votre vie. » Il allait peu dans le monde, où il apportait une gaucherie et une franchise qui n'y sont guère de mise ; en revanche, avec ses amis et dans l'intimité, il était gai, conteur, plein de malice, mais toujours sans fiel. Il garda jusqu'à la fin pour sa nourrice, la bonne femme du pauvre vitrier, une reconnaissance et une amitié vraiment touchantes, cachant si bien sa gloire dans sa familiarité, dit Condorcet, que sa nourrice, qui l'aimait beaucoup, qui était touchée de sa reconnaissance et de ses soins, ne s'aperçut jamais qu'il était un grand homme : « Allez, avait-elle coutume de lui dire, vous ne serez jamais qu'un philosophe. — Et qu'est-ce qu'un philosophe ? — C'est un fou qui se tourmente pendant sa vie pour qu'on parle de lui quand il n'y sera plus. » En quittant la mansarde qu'il avait toujours gardée chez la bonne nourrice depuis sa sortie du collège, il alla demeurer chez une femme d'un esprit charmant et distingué, d'un cœur dévoué et aimant, Mlle de l'Espinasse. Suivant M. Sainte-Beuve, elle et D'Alembert s'étaient aimés d'amour ; à cet amour avait succédé une amitié qui ne s'altéra jamais, et pendant vingt ans, jusqu'à la mort de Mlle de l'Espinasse, fut pour D'Alembert un refuge contre les ennuis de la vie et les injures de ses ennemis. La mort de cette femme fut pour le philosophe, déjà souffrant et épuisé, un coup fatal. Il souffrait depuis longtemps de la pierre, dont il n'avait pas voulu se faire opérer. Il mourut le 29 octobre 1783, âgé de soixante-six ans.

DESTNOYS.

DALEMINZIE, district considérable habité au moyen âge par les *Sorabes* et compris entre l'Elbe et la Mulde ; s'étendait à peu près dans Meissen jusqu'à Dahlen, et n'atteignait l'Elbe qu'au delà de Meissen. Dietmar estime que ce nom lui fut donné par les Allemands, et il ne peut y voir qu'une corruption du mot *Dalmatie*.

DALHOUSIE (JAMES-ANDREW RAMSAY, marquis DE), gouverneur général de l'Inde anglaise, chef d'une ancienne famille écossaise qui se prétend originaire d'Allemagne, et dont il est fait pour la première fois mention sous le règne de David Ier (vers 1140). L'histoire cite aussi sir *Alexander Ramsay* de DALWOLSEY ou DALHOUSIE, qui dans les guerres contre l'Angleterre survenues après la mort de Robert Bruce se distingua par sa bravoure, et périt en 1342, assassiné par le chevalier de Liddesdale. Ses descendants obtinrent du roi Charles I*er*, en 1633, la dignité de comtes écossais. *Georges*, comte DE DALHOUSIE, père du marquis actuel, né en 1770, fut général dans l'armée anglaise, servit en Espagne et en France, et fut nommé en 1815 pair des Royaumes-Unis.

James, aujourd'hui marquis de Dalhousie, est né le 22 avril 1812. A la mort de son frère ainé *Georges*, arrivée en 1832, il devint l'héritier du nom, et prit le titre de *lord Ramsay*. Le 21 janvier 1836 il épousa lady Susanne *Hay*, fille du lieutenant général marquis de Tweeddale, et succéda, le 21 mars 1838, à son père en qualité de *comte de Dalhousie*. Appartenant, comme son père, au parti tory, il fit preuve dès ses premiers débuts à la chambre haute d'un remarquable talent oratoire, et prit, notamment en 1841, une part importante à la discussion du bill relatif à l'Église d'Écosse, en soutenant le droit de patronat attaqué par la *général assembly*. Peel, à quelque temps de là, ayant été appelé à la direction des affaires, le nomma lord haut-commissaire près l'*assembly*; mais il échoua dans ses efforts pour mettre un terme à un différend d'où résulta la fondation d'une Église écossaise libre. En juin 1843 il fut nommé vice-président du bureau de commerce et membre du conseil privé, puis en 1845, après la retraite de M. Gladstone, président du bureau de commerce (*board of trade*). En cette qualité, il appuya, au mois de mai 1846, la suppression des droits d'entrée sur les grains, et donna sa démission au mois de juin suivant avec toute l'administration dont Peel était le chef. Tout en refusant l'offre que lui fit lord John Russell d'une place dans le cabinet qu'il s'occupait de former, il n'en resta pas moins l'un des défenseurs de sa politique, et, lors du rappel de lord Hardinge il fut désigné pour le remplacer en qualité de gouverneur général des Indes Orientales, pays où il avait déjà passé une partie de sa jeunesse, alors que son père y commandait les forces britanniques. Au mois de novembre 1847 il s'embarqua à Portsmouth. Peu après son arrivée éclata la seconde guerre contre le Pendjab, qui, après des alternatives diverses, tourna à l'avantage de l'Angleterre, par suite des victoires qu'elle remporta à Chillianwallah (13 janvier) et à Guzerate (21 février 1849), et qui se termina par la destruction de l'empire des Sikhs.

Bien qu'il n'eût qu'indirectement part à ces succès, puisque l'armée d'opération était placée sous le commandement en chef de lord Gough, le parlement ne lui en vota pas moins des remerciements publics, et la reine le créa marquis. En 1850 il fut une tournée d'inspection dans toutes les possessions anglaises aux Indes Orientales, et s'avança même jusqu'à Singapore, où jamais vice-roi n'était encore venu. On lui prête le projet de transférer le siège du gouvernement de Calcutta, contrée malsaine, à Simla, où déjà il a l'habitude de passer les mois d'été. Ses dernières entreprises ont été l'occupation de la vallée de Douar, dans le pays de Peschauer, et l'envoi d'une expédition contre l'empire Birman.

DALIBRAY (CHARLES VION, sieur), poëte français du seizième siècle, né à Paris, mena une vie très-aventureuse et fort dissipée. Il était fils d'un auditeur des comptes, et se fit soldat; mais la rigueur de la discipline le dégoûta de la gloire militaire. Il avait quelque fortune; il quitta le service, et consacra le reste de son existence aux Muses et aux plaisirs. Le cabaret devint son Parnasse : Saint-Amant, Faret et autres beaux esprits de son temps, furent ses compagnons habituels. Aussi parle-t-il souvent dans ses vers du plaisir de bien boire. On remarque du naturel et des saillies piquantes dans quelques-unes de ses productions. Il se peint en maint endroit comme un joyeux viveur, peu jaloux de se faire une autre réputation, ainsi qu'on peut en juger par ces vers :

Moquons-nous de cette fumée
Que l'on appelle renommée,
Et dont se moque l'esprit fort.
Un verre plein durant la vie
Est cent fois plus digne d'envie
Qu'un tombeau vide après la mort.

Les ouvrages de ce poëte *bon vivant* parurent d'abord en 1647, sous le titre de *Musette du S. D.*; puis en 1653, sous celui d'*Œuvres poétiques de Dalibray*. Il mourut en 1654. Ses épigrammes contre Montmaur sont vives et bien tournées. Il a traduit de l'italien l'*Aminta* et le *Torrismondo* du Tasse et plusieurs autres ouvrages. On lui doit également un grand nombre de traductions de l'espagnol.

CHAMPAGNAC.

DALILA. *Voyez* SAMSON.

DALLAGE, opération consistant à recouvrir, au moyen d'un système de *dalles*, une superficie quelconque. Le dallage peut être considéré comme une espèce de carrelage et de pavage. Une condition essentielle pour sa durée est de donner aux parties qui le composent le plus d'adhésion possible entre elles, de leur conserver à l'extérieur un niveau constant et invariable, et par conséquent de les faire reposer sur une surface de terrain fortement battu et parfaitement solide. Pour éviter les infiltrations, cause incessante de dégradation, il convient de remplir par un mastic, ciment ou autre matière imperméable, les interstices existant entre les dalles.

Ernest GRANGEZ.

DALLE ou **DALE**. L'étymologie de ce mot peut, suivant Ménage, dériver du mot anglais *deal*, qui signifie *portion*. Les dalles sont formées de tranches de marbre, de granit, de pierre de taille ou de liais, ou autres pierres dures, dont l'une des surfaces est unie et dont l'épaisseur varie le plus communément de 5 à 10 centimètres, suivant l'usage auquel elles sont destinées, quelles que soient d'ailleurs leurs autres formes ou dimensions.

Généralement réservé dans le principe au pavage de l'intérieur, des péristyles et abords des temples, des églises, des palais, des théâtres et autres monuments publics, l'usage des dalles s'est, dans ces derniers temps surtout, étendu aux terrasses, balcons, vestibules et diverses pièces des hôtels et maisons particulières. On les emploie avec avantage dans les établissements où le fréquent emploi d'eaux abondantes pour le service et les besoins des exploitations exige un écoulement facile et prompt. Depuis que des scieries mécaniques ont facilité les moyens de scier la pierre en tranches de très-mince épaisseur, les dalles peuvent s'approprier à une multitude d'usages. Plus que toute autre partie des édifices, les dalles, comme système de pavage, exposées à une facile détérioration, doivent être formées de matériaux les plus capables de résister à l'action d'un frottement pour ainsi dire continuel. Leur nature varie nécessairement suivant que la proximité des carrières ou la facilité des arrivages permettent l'emploi de matériaux plus ou moins avantageux. En Italie, en Espagne et dans quelques contrées méridionales de la France, le marbre sert généralement à la construction et au dallage des édifices. A Naples et dans les pays exposés aux éruptions des volcans, la lave qu'ils vomissent offre, à cause de son excessive dureté, un système de dallage et de pavage fort avantageux. On y emploie facilement en France au moyen des granits de diverses espèces, parmi lesquels on distingue ceux que l'on emploie depuis quelques années au pavage des galeries et passages, et à la construction des trottoirs de Paris.

Les *dalles à joints recouverts*, destinées à recouvrir la toiture des édifices, ne doivent avoir que 3 ou 4 centimètres au plus d'épaisseur et être munies sur l'un de leurs côtés d'une moulure en recouvrement, afin de s'adapter comme les tuiles à la toiture; mais ce procédé, dont beaucoup de constructions anciennes, et notamment le vieux château de Saint-Germain, offrent encore des traces, a cessé d'être employé depuis longtemps.

Ernest GRANGEZ.

DALLOZ (Victor-Alexis-Désiré), ancien député, ancien avocat à la cour de cassation, est né le 12 août 1795, à Septmoncel, département du Jura. Ses débuts au Palais furent brillants, et il plaida un grand nombre d'affaires politiques sous la Restauration. Comme jurisconsulte, M. Dalloz s'est placé au premier rang. Après avoir rédigé pendant plusieurs années le *Journal des Audiences*, il s'en rendit acquéreur, et refondit dans l'ordre alphabétique et doctrinal tous les volumes déjà publiés de cette collection, sous le titre de *Jurisprudence générale du Royaume*. En 1838 il vendit sa charge, et nommé député, il siégea dans les rangs du parti conservateur. Il attacha son nom aux travaux les plus importants de la chambre, en dehors de la politique. On remarqua ses rapports sur la responsabilité des propriétaires de navires, sur le rachat des actions de jouissance des canaux, sur les irrigations, sur le conseil d'État; dans ce dernier, il développait le principe de la délégation de la justice administrative substituée à l'omnipotence royale; principe qui ne fut cependant pas admis par la chambre. M. Dalloz est activement secondé par son frère, M. Armand Dalloz, dans la publication de la partie périodique de son recueil en même temps que pour la seconde édition de la *Jurisprudence générale*.

DALMATIE, contrée riveraine de l'Adriatique et formant avec les îles qui l'avoisinent l'extrémité méridionale de la monarchie autrichienne; est bornée au nord par l'Istrie et la Croatie, à l'est par la Bosnie et par l'Herzégowine. Son extrémité septentrionale est l'île d'Arbe, entre le canal de Quarnero et celui della Morlaca; et son extrémité méridionale le *Torre Boscovich*, sur les frontières de l'Albanie turque. Bordée presque partout de rochers à pic et protégée dans la direction du sud par une suite d'îles s'élevant de 6 à 700 mètres au-dessus des flots et séparées les unes des autres par des détroits et des canaux où l'œil découvre les points de vue les plus pittoresques et les plus ravissants, la côte offre une foule d'abris qui sont autant de ports et de lieux de débarquement excellents et sûrs. Derrière s'élèvent en chaînes, pour la plupart parallèles, les ramifications des Alpes Juliennes et Dinariques, par exemple le Mont Wellebith ou Velebich, haut de 1700 mètres, pic effrayant et sauvage, avec ses ramifications méridionales du même nom, toutes offrant les plus pittoresques découpures, et des flancs desquelles s'échappent différents cours d'eau qui vont se jeter dans la mer en belles cataractes, par exemple la *Zermagna*, la *Kerka*, la *Cettina*, la *Narenta*, etc. Les points extrêmes de ces montagnes calcaires, généralement déserts et arides, sont le *Dinara* (1,858 mètres), dans le cercle de Zara; le *Biocovo* ou *Viscovitsch*, près Macasca, dans le cercle de Spalatro (1,810 mètres); le *Parvo* (1,823 mètres), et l'*Orien* (1,945 mètres) dans le cercle de Cattaro. Les cavernes et les crevasses dans lesquelles l'eau vient s'engouffrer y sont très-nombreuses, et affectent les formes les plus accidentées. Les lacs intérieurs, à l'exception de celui de Wrana, sont périodiques, c'est-à-dire qu'ils se dessèchent en été et ne se remplissent d'eau que vers la fin de l'automne. Une grande partie du pays est couverte de marais et de marécages. Néanmoins la Dalmatie est un pays où l'on manque d'eau à boire. Il est assez probable que ses montagnes renferment dans leurs flancs d'immenses réservoirs; mais la pierre calcaire s'opposant à ce que cette eau arrive jusqu'à fleur de terre, il est vraisemblable qu'elle s'écoule à la mer par des canaux souterrains. La Dalmatie, domaine de la couronne, a une superficie de 127 myriamètres carrés, qu'une population de 411,000 âmes, répartie en 15 villes, 35 bourgs à marchés et 829 villages. Les causes principales de la faiblesse du chiffre des habitants d'une contrée si fertile, quoique mal cultivée, sont l'usage excessif des liqueurs fortes, les émanations délétères des marais, les fréquentes émigrations, le penchant aux actes de violence, et l'esprit de vengeance qui se transmet quelquefois dans une famille comme un devoir sacré pendant quatre et cinq générations. Sous le rapport des races, on y compte environ 30,000 Italiens, un millier d'Albanais et 4 à 500 juifs; le reste des habitants se compose de Slaves méridionaux, c'est-à-dire de Dalmates et de Morlaques.

Les Dalmates, belle race d'hommes d'ailleurs, sont de hardis marins, et quand ils sont bien commandés, de bons soldats. La puissance militaire de Venise reposait autrefois presque tout entière sur eux. Mais ce n'est pas à tort qu'on les accuse d'être fourbes et rapaces. Tous sont passionnés pour l'indépendance. La langue du pays est l'illyro-serbe, appelé aussi dialecte de l'Herzégowine; mais l'italien est la langue administrative, surtout à Spalatro. Les Morlaques, qui habitent l'intérieur du pays et les montagnes ainsi que le sandjack turc d'Hersek, font également d'excellents soldats; mais ils ont aussi un penchant inné au brigandage et à l'ivrognerie. En revanche, ils sont hospitaliers, bienfaisants, et religieux observateurs de leurs promesses. En raison de la répugnance que leur inspire toute espèce de sujétion, ils vivent encore à peu près dans l'état de nature; aussi ont-ils toujours formé de ce côté un excellent rempart contre les attaques des Turcs. En ce qui est des croyances religieuses, on compte en Dalmatie 330,830 catholiques et 860 grecs unis (avec un archevêché, à Zara, et cinq évêchés, à Spalatro, Raguse, Sebenico, Lesina et Cattaro), 78,860 grecs non unis (avec un évêché à Spalatro), et, outre les juifs déjà énumérés, un petit nombre de protestants. On y trouve cinq écoles de théologie, 26 gymnases, 1 école spéciale, et 251 écoles primaires, qui d'ailleurs sont peu fréquentées. Les habitants de la terre ferme se livrent à l'éducation du bétail ou bien embrassent la profession de marins, qu'ils préfèrent au commerce, peu estimé chez eux, à l'agriculture et à l'industrie. Les habitants des îles pratiquent surtout la pêche, et s'engagent comme valets de ferme sur le continent, soit comme matelots à bord des navires du commerce. Ces îles sont peu fertiles; mais quelques-unes offrent de bons ports. Elles fournissent d'ailleurs d'excellents bois de construction; aussi y construit-on beaucoup de vaisseaux. La superficie productive du sol s'élève en tout à environ dix millions d'hectares, dont un tiers en forêts. En 1846 on n'évaluait qu'à 9 millions ¹/₂ de florins la valeur totale de la production agricole; ce qui explique la pauvreté de la population, relativement à celle des autres provinces autrichiennes. On n'évalue la valeur annuelle des produits fabriqués et du travail des divers métiers qu'à 3,524,000 florins. En ce qui est du commerce, la terre ferme exporte : du suif, des peaux de lièvre, qui proviennent de la Bosnie, un peu d'huile, des figues, du vin, de l'eau-de-vie, de la cire et des poissons salés. On importe de la toile, des draps, du sucre, du café; mais en petites quantités, de sorte que l'avantage des échanges reste aux Dalmates. Les résultats du mouvement général du commerce ont été en 1848 : importations par terre, 364,000 florins; importations par mer, 2,851,000 fl.; exportations par terre, 146,000 fl.; exportations par mer, 3,155,000 fl. La marine commerciale dalmate comptait en 1847 cinq bâtiments de long cours, jaugeant ensemble 1,350 tonnaux, 246 grands et 1,128 petits bâtiments caboteurs, enfin 630 barques, jaugeant ensemble 19,250 tonnaux. Les mines d'or, de fer et de houille qui existent dans le pays demeurent inexploitées. Sous le rapport administratif la Dalmatie est divisée en quatre cercles : Zara, Spalatro ou Spalato, Raguse et Cattaro. Les villes principales sont : *Zara* (7,000 hab.), avec un bon port, siège du gouverneur, et où l'on voit un grand nombre de ruines de l'époque romaine; *Spalatro* (l'ancienne *Salonique*), *Raguse* et *Cattaro*. La partie turque de la Dalmatie, qui s'étend depuis la Bosnie jusqu'à l'Albanie, et qui fait partie de la Bosnie, comprend l'Herzégowine et les villes *Scardona* et *Trevigno*.

La Dalmatie était jadis un État puissant, qui ne fut soumis par les Romains, après de longs et infructueux efforts, que sous Auguste. Elle constitua ensuite l'extrémité méridionale de la province romaine appelée *Illyricum*. Après la décadence de l'empire d'Orient, elle fut conquise par les Goths, auxquels les Avares l'arrachèrent lors de leur expédition en Italie en 490; et ceux-ci la virent enlever vers l'an 620 par les Slaves. L'État qu'ils y fondèrent subsista jusqu'au commencement du onzième siècle, époque où le roi de Hongrie saint Ladislas en réunit une partie comme royaume à la Croatie et de la sorte à ses États. C'est pour cela que les rois de Hongrie prennent aussi le titre de rois de Dalmatie. L'autre partie de la Dalmatie se plaça sous la protection de la république de Venise, alors si puissante, à l'effet d'être protégée par elle contre les attaques des Turcs, et elle porta pendant quelque temps le nom de duché. Malgré cela, les Turcs finirent par enlever aux Vénitiens une partie de ce duché. Aux termes de la paix de Campo-Formio, la partie vénitienne de la Dalmatie et Venise elle-même furent adjugées, en 1797, à l'Autriche; et quand, en 1805, le traité conclu à Presbourg contraignit cette puissance à céder à Napoléon sa part de la Dalmatie, elle fut réunie au royaume d'Italie, puis incorporée en 1810 à l'Illyrie, tout en restant administrée par un *proveditore generale*. Depuis 1814 la Dalmatie, toujours sauf la partie turque, se trouve de nouveau réunie aux États autrichiens. En 1848, à la suite des événements qui bouleversèrent alors l'Europe, l'Autriche la plaça nominativement sous l'autorité du ban de Croatie, mais sans la réunir à la Croatie et à l'Esclavonie, parce que les Dalmates abhorrent les Croates, et préfèrent de beaucoup se trouver sous l'autorité immédiate de l'empereur d'Autriche. Dans ces derniers temps, la Dalmatie a beaucoup gagné d'importance par la création de la société commerciale du Lloyd de Trieste, qui l'a pour la première fois mise en rapport direct avec l'Europe. Le gouvernement autrichien n'a d'ailleurs rien négligé pour favoriser le développement de sa prospérité intérieure. C'est ainsi que de notables adoucissements ont été apportés au régime, jadis si sévère, des établissements de quarantaine, régime dont on abusait pour l'exclure systématiquement de tout contact avec l'étranger : aussi le commerce et l'industrie y sont-ils aujourd'hui singulièrement en progrès.

DALMATIE (Duc de). *Voyez* Soult.

DALMATIQUE, espèce de tunique à longues manches, dont l'usage, suivant Isidore, vint originairement de Dalmatie, et que Capitolin, en parlant des meubles et costumes de l'empereur Commode, désigne par les mots *chirodotæ Dalmatarum*. Lampride dit que les empereurs Commode et Héliogabale, en paraissant en public avec ce vêtement, se déshonoraient aux yeux des Romains, parce que ce peuple, à l'exemple des Grecs, regardait comme des efféminés les hommes qui cachaient leurs bras dans les longues manches de leur tunique. L'usage de ce vêtement caractérisait les peuples que les Grecs et les Romains désignaient sous le nom de *barbares*. Les manches des dalmatiques descendaient jusqu'aux poignets, comme on le voit par les récits de Capitolin et de Lampride, et mieux encore par le mot grec χειραδωτον (descendant jusqu'aux mains), latinisé en celui de *chirodotæ*. Alcuin distingue d'ailleurs ce vêtement du *colobium*, autre tunique, dont les manches étaient courtes, ou plutôt qui n'avait pas de manches, suivant sa définition : « *Colobium est vestis sine manicis.* »

On appelle encore aujourd'hui *dalmatique* l'ornement d'église que portent les diacres et sous-diacres lorsqu'ils assistent le prêtre à l'autel ou à quelque autre cérémonie. Selon Alcuin, ce fut le pape Sylvestre qui fit quitter aux diacres le *colobium*, ou la tunique à manches courtes, pour prendre la dalmatique, parce qu'il blâmait en eux l'usage d'avoir les bras nus. Les artistes ont coutume de représenter saint Étienne revêtu de la dalmatique : c'est un anachronisme, dont il ne leur est plus permis aujourd'hui de se rendre coupables, puisque saint Étienne, le premier diacre de l'Église, dut alors, et en cette qualité, porter le colobium à manches courtes, et non pas la dalmatique.

Lorsque la dalmatique fut devenue d'un usage plus général, on l'orna de *claves* ou bandes de pourpre, comme on en avait orné précédemment la tunique des sénateurs et des chevaliers. Ces claves paraissent encore aujourd'hui sur les dalmatiques des diacres et sous-diacres; ce sont les bandes de la même couleur ou de brocard appliquées en longueur sur cet ornement, et qu'on désigne sous le nom d'*orfrois*. La forme de ce costume est celle des plus anciens vêtements des peuples orientaux voisins de la Méditerranée, particulièrement ceux de l'Arabie et de l'Égypte. La dalmatique, comme la plupart des autres costumes en usage dans cette contrée, paraît s'y être perpétuée dès les temps les plus anciens; on la retrouve en effet dans le *bényeh* des Arabes, qui n'est lui-même qu'un perfectionnement du vêtement primitif des Égyptiens : c'est la chemise antique retrouvée fréquemment dans les cercueils des momies, et dont la forme est encore en usage parmi les Arabes. La coupe rudimentaire de ce vêtement consiste en une longue pièce d'étoffe ployée en deux, et ayant dans le milieu une ouverture par laquelle on passe la tête; cette pièce retombe ainsi le long du corps, une moitié devant et l'autre derrière. Plus tard, une couture latérale unit les bords de cette pièce et ferma les vêtements sur les côtés en ménageant deux ouvertures pour le passage des bras : ce dut être là le *colobium*, auquel il suffit d'adapter de longues manches tombantes pour avoir la dalmatique; celle-ci ne diffère du *bényeh* que par l'absence des coutures latérales, et se rapproche d'autant plus de la chemise primitive des Égyptiens. Nestor L'Hôte.

DALOUSI (Denis-Joachim). C'est le nom d'un simple sergent, qui en 1815, nommé à l'improviste général par ses camarades, organisa en un clin d'œil une révolte contre la Restauration, et sut pourtant mériter son pardon. L'Empire touchait à son terme ; les armées de la coalition foulaient pour la seconde fois le sol de la France, et le général Rapp s'était enfermé dans Strasbourg. Les généraux faisaient successivement leur soumission au roi. Quand on apprit qu'on allait licencier l'armée, sans même acquitter sa solde, et la désarmer, des airs de colère se firent entendre. Le mécontentement du cinquième corps, longtemps contenu, éclate tout à coup. C'était le 2 septembre 1815. Une soixantaine de sous-officiers de divers régiments de la garnison, réunis dans un des bastions de la place, rédigent une déclaration portant que l'armée du Rhin, officiers et soldats, ne se soumettrait à l'ordre de sa dissolution qu'après avoir reçu intégralement ce qui lui est dû, le prix de ses services et de son sang versé pour la France. Cette déclaration, mesurée, mais expresse, communiquée au général, le met en fureur; il ne parle que de sévir rudement contre les mutins. Alors les sous-officiers, assemblés sur la place, au nombre d'environ cinq cents, adressent à leur tour au général la même déclaration, mais sans plus de succès.

Les mesures de l'armée étaient prises : elle procède sur-le-champ à l'élection des nouveaux chefs qu'elle a résolu de se donner pour maintenir et faire respecter sa volonté. Tous les suffrages se réunissent pour confier le commandement en chef à un sergent du 7ᵉ régiment d'infanterie légère, nommé Dalousi, lequel, entré volontairement au service en 1805, avait fait toutes les campagnes jusqu'à 1813, et venait, après dix-huit mois de captivité parmi nos ennemis, de regagner son corps. Ses camarades appréciaient la droiture de son jugement et sa résolution; ils aimaient sa parole sans art, mais vive, franche et sensée. Aux acclamations unanimes qui accueillent son nom, Dalousi sort des rangs : « J'accepte, dit-il, l'honneur que vous voulez me faire. Vous demandez ce qui vous est dû : c'est juste. Jurez-moi de m'obéir; abstenez-vous de tout désordre, respectez les propriétés, protégez les personnes, et, sur ma tête, avant vingt-quatre heures vous serez satisfaits. » On ne lui répond que par un cri de joie. Il choisit aussitôt pour chef d'état-major le tambour-major du 58ᵉ régiment d'infanterie de ligne, et, pour commander les divers corps, d'autres sous-officiers, qui courent occuper dans la place les divers points marqués par le nouveau général. Rapp, surpris et inquiet, accourt ; il voit, dociles à leurs nouveaux chefs, toutes ses troupes déboucher en ordre sur la place du Palais, et faire halte devant lui ; il veut passer, toutes les baïonnettes se croisent tranquillement et l'arrêtent. On entendait bien dans les rangs quelques cris mal étouffés de vengeance et de mort ; quelques furieux en sortaient, et isolément faisaient mine d'apprêter leurs armes. Mais déjà, sur un signe du prudent Dalousi, qui veut rester maître de la tempête, et qui a craint de ne pas l'être longtemps, huit pièces d'artillerie accourent au galop : il les fait charger à mitraille et pointer sur le général. L'intrépide Rapp commandait, exhortait, menaçait, mais vainement. Dalousi lui envoie son gigantesque chef d'état-major, pour lui dire que le commandant provisoire répond de tout, pourvu que le véritable général cesse de s'obstiner à faire des menaces vaines et à compromettre plus longtemps son autorité. Rapp comprend alors la fatalité de sa situation. Il rentre au palais, dont toutes les avenues sont occupées par des forces imposantes.

Dalousi s'est emparé du télégraphe ; il a fait lever les ponts et interdire toute communication de la ville avec le dehors. Il envoie son chef d'état-major avec un trompette au quartier général des alliés, leur signifier que s'ils respectent la trêve conclue, la garnison de Strasbourg n'attaquera pas, mais que s'ils font la moindre démonstration hostile contre la place, le nouveau général de l'armée du Rhin saura bien repousser la force par la force et les faire repentir d'un manque de foi. Après avoir tout disposé pour prévenir au dehors une surprise de la part de l'étranger, au dedans toute tentative de résistance de la part de la ville ou de désordre de la part de la soldatesque, Dalousi créa deux commissions permanentes de finances et de subsistances, fit dresser un état des sommes en caisse et de celles qui étaient nécessaires pour mettre la solde au courant ; puis il convoqua le conseil municipal, et lui exposa nettement, avec beaucoup de calme, le motif qui avait déterminé l'armée à conserver ses armes. Enfin il conseilla au maire, avec toute la politesse compatible avec les circonstances, d'aviser aux moyens de trouver les fonds nécessaires pour solder l'arriéré de l'armée. Strasbourg présentait un spectacle étrange. Le premier bruit de l'insurrection avait plongé les habitants dans la consternation ; ils se rassurèrent en voyant que, pleines de confiance dans leur nouveau chef, et sûres maintenant d'arriver à leurs fins, les troupes en pleine révolte étaient parfaitement calmes ; sans communication avec les bourgeois, elles refusaient même de répondre à leurs questions. La place était silencieuse, et l'ordre y régnait plus sévère que jamais, grâce à la fermeté de Dalousi, qui, toujours suivi de ses généraux improvisés, tous en costume de sous-officiers, à cheval comme lui, veillait à tout, nuit et jour, avec un zèle infatigable, et allait, recevant partout de ses camarades de la veille, comme des simples soldats, tous les honneurs dus au commandement en chef.

Mais cet ordre même et ce silence avaient quelque chose d'effrayant. Le maire vit bien qu'une insurrection si parfaitement disciplinée était toute-puissante, et qu'il obéit à l'injonction de Dalousi. Le matin du troisième jour, quand la répartition des fonds fut terminée, on battit la générale, et l'armée se rassembla sur la place d'armes. Dalousi, *le général Garnison*, comme il s'appelait, accompagné de tout son état-major, fit mettre les troupes en bataille, et, dans une proclamation franche et brève, il leur commanda de rentrer de suite et sans réserve sous l'autorité de leurs chefs respectifs ; puis il les fit défiler devant lui, et on le vit lui-même donner l'exemple de la soumission. Deux jours après, toutes les armes étaient volontairement déposées à l'arsenal, et tous les corps licenciés.

Dalousi avait encouru la peine capitale comme chef de révolte ; mais la modération, l'intelligence, la sagesse et la fermeté qu'il avait déployées dans l'exercice de son pouvoir éphémère, surtout son désintéressement personnel, et la pensée des malheurs que son audace avait prévenus au péril de sa vie, le sauvèrent. Il trouva grâce devant l'opinion même des royalistes. Renvoyé dans ses foyers comme tous ses autres camarades, il fut, le 22 avril 1816, rappelé au service comme sergent et placé dans le 1ᵉʳ bataillon colonial, considéré à cette époque comme un corps de punition. Cependant, sa bonne conduite soutenue le fit admettre, un an après, avec son grade, dans la légion du Morbihan. Quand elle forma, en 1820, le 46ᵉ de ligne, il fut compris dans les cadres de ce corps ; mais le 22 mars 1822 il fut envoyé en congé illimité, par suite d'une dénonciation d'un colonel de gendarmerie ; cette injustice dura peu : le ministre de la guerre replaça Dalousi, comme sergent, dans les fusiliers vétérans sédentaires. Il fut nommé enfin en 1823 sous-lieutenant dans le bataillon de l'île Bourbon, et l'année suivante lieutenant dans les fusiliers vétérans. Après la révolution de Juillet, il devint lieutenant au 4ᵉ régiment d'infanterie légère, fut nommé chevalier de la Légion d'Honneur en 1832, et promu au grade de capitaine en 1835. Admis à la retraite en 1836, il se retira aux environs d'Orléans.

Jean AICARD.

DALRYMPLE, famille écossaise dont l'aïeul, *William* DE DALRYMPLE, acquit en 1450 par mariage la seigneurie de Stair-Montgomery, située dans le comté d'Ayr. Son arrière-petit-fils, *John* DALRYMPLE DE STAIR, fut l'un des premiers gentils-hommes écossais qui embrassèrent la religion réformée, et qui en 1544 se réunirent aux comtes de Lennox et de Glencairn pour combattre l'armée royale aux ordres d'Arran. C'est de lui que descendait *James* DALRYMPLE, premier vicomte S t a i r, dont le fils cadet, *David*, hérita du domaine d'Hailes, fut créé *baronet* en 1700, et fut le grand père de sir *David* DALRYMPLE, qui a laissé un nom célèbre comme jurisconsulte et comme historien. Né à Edimbourg le 28 octobre 1726, il fit ses études à Utrecht, et débuta comme avocat en 1748. En dépit d'un débit peu avantageux et d'une certaine sécheresse de style, la profondeur de ses connaissances juridiques lui eut bientôt acquis une grande réputation. En 1766 il fut nommé juge à la *court of session*, et en 1776 lord-commissaire à la *court of justiciary* ; et en cette qualité, suivant l'usage d'Écosse, il prit le titre de *lord Hailes*. Il conserva ces fonctions jusqu'à sa mort, arrivée le 29 novembre 1792. Comme écrivain, il s'est surtout fait connaître par ses *Annals of Scotland* (2 vol., Edinbourg, 1776), qui vont depuis l'avènement au trône de Malcolm III jusqu'à la mort de David II, de même que par sa polémique avec Gibbon, à l'occasion des opinions émises par celui-ci dans sa *Décadence de l'Empire Romain* sur l'origine du christianisme.

Alexander DALRYMPLE, frère du précédent, célèbre comme écrivain et comme voyageur, naquit en 1737, entra fort jeune au service de la Compagnie des Indes Orientales, et obtint en 1759 le commandement d'une expédition envoyée dans l'archipel Indien. Il consacra cinq années à cette mission, qui contribua beaucoup à mieux faire connaître ces lointains parages. Pour reconnaître ses services, la Compagnie le nomma son ingénieur hydrographe. A son retour en Angleterre, il donna la première idée des grands voyages de découvertes que Cook fut chargé d'exécuter à partir de 1768. Dalrymple obtint en outre le titre d'*hydrographe royal*, et consacra le reste de son existence aux progrès de la navigation et de la géographie. Il mourut le 19 juin 1808.

Sir *Hew Whiteford* DALRYMPLE, né en 1750, connu par la convention de Cintra, qu'il conclut, le 23 août 1808, avec les Français, à la suite de la défaite de Junot par Wellesley, et aux termes de laquelle ceux-ci durent s'embarquer sur des vaisseaux anglais pour être ramenés en France, appartenait à une autre branche de la famille Dalrymple. Il fut, en raison de cette convention, traduit devant un conseil de guerre et acquitté, mais sans pouvoir obtenir d'être remis en activité de service. Toutefois, en 1814, il fut créé *baronet*. Il mourut le 9 avril 1830. Son titre passa à son fils ainé, sir *Adolphus-John* DALRYMPLE, aujourd'hui lieutenant général et membre du parlement.

DAL SEGNO, ou, par abréviation, D. S., terme de musique emprunté à la langue italienne, et qui indique que l'exécutant doit reprendre le passage à l'endroit où est répété le même signe.

DALTENHEYM (Mme). *Voyez* ALTENHEYM.

DALTON (JOHN), l'un des plus remarquables chimistes et physiciens qu'ait produits l'Angleterre, né le 5 septembre 1766, à Eaglesfield, près Cockermouth, dans le Cumberland, était le fils d'un quaker, et fut élevé d'abord à l'école du lieu de sa naissance, puis à partir de 1781 à Kendal, dans le Westmoreland, dans une pension tenue par un de ses cousins. C'est là que se manifesta et se développa son ardeur toute particulière pour les études mathématiques et physiques. Dès cette époque il composa un grand nombre de dissertations sur les mathématiques; et à partir de 1788 il entreprit des observations météorologiques, qu'il continua ensuite pendant toute sa vie. En 1793 il obtint une chaire de mathématiques et d'histoire naturelle au collège de Manchester, ville qui a toujours été depuis sa principale résidence, même après que le collège eut été transféré ailleurs et bien qu'à partir de 1804 il ait successivement fait des cours de chimie dans la plupart des grandes villes de l'Angleterre. De 1808 à 1810, il publia son *New System of Chemical Philosophy* (2 vol., Londres), auquel il ajouta une 3e partie en 1827. En 1817 il fut nommé président de la *Literary and Philosophical Society* de Manchester. Il était en outre membre de la Société Royale de Londres et de l'Institut de France; et depuis 1833 il reçut une petite pension royale. En 1833 ses amis et ses concitoyens réunirent par souscriptions une somme de 2,000 liv. st. pour lui élever une statue, qui fut confiée au ciseau de Chantrey et placée à l'entrée de la *Royal Institution* à Manchester. Pour honorer son rare mérite, l'université d'Oxford lui décerna le diplôme de docteur en droit. Il mourut entouré de l'estime générale, le 27 juillet 1844, à Manchester.

Célèbre dans le monde savant, par le grand nombre d'expériences nouvelles qu'il fit en chimie et en physique, ainsi que par les ouvrages qu'il écrivit sur ces matières, Dalton démontra le premier que les gaz *permanents* (c'est-à-dire qu'on ne peut ramener à l'état liquide par des moyens physiques), solubles ou non solubles dans l'eau, se dilatent depuis 0° jusqu'à 100° centigrades dans le rapport de 100 à 137,5. On lui doit un tableau des chaleurs spécifiques des gaz dressé sur ce principe hypothétique que les plus petites molécules de tous les fluides aériformes ont la même quantité de chaleur sous la même pression et à la même température. Mais ce qui fait le plus d'honneur à la sagacité du laborieux professeur de Manchester, c'est d'avoir développé la théorie *atomistique*, dont Higgins avait eu la première idée. Outre un grand nombre de mémoires insérés dans le Journal de Nicholson et le *Philosophical Magazine*, nous avons de lui des *Observations et Essais de Météorologie* (1793, in-8°), et des *Élémens de Grammaire Anglaise* (1801).

DALTONISME. On a donné ce nom à une maladie des organes de la vue décrite autrefois par Dalton, étudiée depuis par Wartmann, Seebeck, Prévost de Genève, et M. Guéneau de Mussy, et qui consiste en ce que l'individu qui en est affecté ne distingue les couleurs différentes les unes des autres que comme des nuances de la même couleur, ou bien n'en distingue qu'un certain nombre sans pouvoir se rendre compte des autres. On nomme encore cette affection ou ses variétés: *achromatopsie, dyschromatopsie, pseudochromie, chromopsie*.

DAM. Ce mot a une double acception et une double origine. Il s'est dit autrefois dans le sens de *seigneur*, et il venait alors du latin *dominus*, dont nous avons fait depuis Dom et Don. On disait *Dam* Dieu, pour dire *seigneur Dieu*, comme les Italiens ont dit depuis *domine Dio*, et comme nous avons fait nous-mêmes *vidame* de *vice dominus*. On disait aussi *dam chevalier*, pour dire *seigneur chevalier*, d'où sont venus les noms de *Dammartin, Dampierre*, etc., et les mots Damoiseau, Damoisel, Damoiselle.

Dans le langage ordinaire, *dam* signifie perte, dommage, et vient du latin *damnum*. Il n'est plus guère usité aujourd'hui, mais on le trouve souvent dans les anciens auteurs, et surtout dans les poètes. L'expression latine *damno suo*, que l'on rendait littéralement autrefois par ces mots *à son dam*, s'exprime maintenant par ceux-ci : *à ses dépens*. *Dam* est encore en usage, en termes de théologie, dans l'acception de *peine*, de *souffrance*, consistant pour les âmes réprouvées dans la privation de la vue de Dieu (*voyez* DAMNATION). De là sont venus : *damner, condamner*, et tous leurs dérivés ; *dommage* et les siens ; *indemniser, danger*, etc.

Dam, en flamand, comme *damm* en allemand, exprime une levée de terre, une digue propre à retenir les eaux de la mer, d'une rivière, d'un canal. Il est entré en ce sens dans la composition de plusieurs noms de villes, tels qu'Amster*dam*, Rotter*dam*, etc.

DAMAN, genre d'animaux appartenant à la classe des mammifères, et qui n'ont été pendant longtemps connus en Europe que par la description qu'en a donnée Pallas d'après un individu envoyé du Cap à Vosmaër. D'abord, on les a placés parmi les rongeurs ; mais cette détermination, que la petite taille des damans, leur système tégumentaire, et en un mot tout leur *facies*, paraissait justifier, a bientôt été reconnue comme inexacte, lorsqu'on a eu l'occasion d'étudier de nouveaux individus et d'en faire une anatomie plus soignée. Cuvier a en effet reconnu, d'après l'inspection du squelette et du système dentaire des damans, que ces animaux devaient être rapportés à l'ordre des pachydermes, et prendre place à côté des rhinocéros. On n'admet généralement qu'une seule espèce dans le genre des animaux qui nous occupent ; mais il paraît aujourd'hui constaté, depuis les travaux de MM. Hemprich et Ehrenberg, qu'il en existe un plus grand nombre : ces savants voyageurs en ont reconnu jusqu'à quatre, lesquelles vivent en Afrique, dans toute la partie orientale de ce continent, ainsi qu'en Syrie ; ces quatre espèces sont : le *daman du Cap* des auteurs (*hyrax capensis*), lequel est le plus anciennement connu, et vit, comme l'indique son nom, au cap de Bonne-Espérance ; le *daman à tête rousse* (*hyrax ruficeps*), du Darfour et du Dongala ; le *daman d'Abyssinie* (*hyrax habessinicus*), qui vit dans le pays dont il porte le nom, dans les montagnes du littoral de la mer Rouge ; enfin, le *daman de Syrie* (*hyrax syriacus*). La taille des damans ne s'élève pas au-dessus de celle des lièvres, et varie peu dans les diverses espèces. Leur nourriture se compose de fruits et de racines, et leur pelage est susceptible d'être employé comme fourrure. L'une des espèces, celle d'Abyssinie ou peut-être celle de Syrie, était connue des Hébreux, et est mentionnée dans leurs livres sous le nom de *saphan*. Les Arabes la nomment encore aujourd'hui *agneau d'Israel*.   P. GERVAIS.

DAMAS, appelée par les Grecs *Damascus*, par les Arabes *El Châm* (la Syrie), parce qu'elle est la capitale de cette province, et par les Turcs *Dimeschk*, chef-lieu du pachalik du même nom, dans la province turque de Soristan (Syrie), formée de l'extrémité méridionale de l'ancienne Syrie, de la Phénicie et de toute la Palestine, et comprenant une population de 900,000 habitants au plus, sur une superficie d'environ 660 myriamètres carrés.

Cette ville est située sur le Barrady, dans une magnifique et fertile plaine qu'Abulféda, né à Damas, déclare être le premier des quatre paradis terrestres; et aujourd'hui encore elle compte plus de 200,000 habitants, dont environ 20,000 chrétiens et un grand nombre de juifs. Parmi ses 200 mosquées on distingue surtout celle des Omméiades, à cause de ses sept tours et de ses vastes proportions. Cette mosquée est une ancienne église chrétienne, construite par l'empereur Héraclius en l'honneur de saint Jean, et on y conserve l'exemplaire du Coran qui appartenait au khalife Othman. Les portes en sont en bronze et d'une grande beauté. Une tradition musulmane annonce qu'à la fin du monde saint Jean descendra dans la grande mosquée de Damas, comme Jésus, d'après la même tradition, descendra dans le temple d'Omar à Jérusalem, et Mahomet dans le temple de la Mecque. Un autre monument bien remarquable est un château garni de tours, que l'on dit dater de l'époque des croisades, et qui sert aujourd'hui de citadelle. Les chrétiens grecs ont aussi à Damas plusieurs églises, et on y trouve deux couvents catholiques. Plusieurs des bazars de Damas, aussi beaux que ceux de Constantinople, ont une grande célébrité, de même que ses 31 khans (lieux de réunion des marchands), dont l'un est un immense édifice surmonté de six coupoles. Les rues de Damas, étroites comme toutes celles de l'Orient, et n'étant pas pavées, sont généralement fort sales, bien moins cependant que les rues de Constantinople, de Smyrne, du Caire ou de Bagdad. La plus grande, la plus droite et la plus belle de toutes est celle de Saint-Paul. Les habitants avaient autrefois des manufactures célèbres, notamment pour la coutellerie et les armes blanches. Aujourd'hui encore ils fabriquent des étoffes de soie et de coton, des objets damasquinés, de la verroterie et des cuirs. Ils font aussi un grand commerce avec les produits de leur industrie, mais surtout en fruits secs et confits, en cotons, vins, huiles, etc. Il part chaque jour de Damas des caravanes pour tous les pays de l'Orient. La grande *prune de Damas*, aujourd'hui répandue dans toute l'Europe méridionale, a une immense réputation. Il en est de même de la *rose de Damas*, qu'on récolte sur une tige de deux à trois mètres de haut, d'un parfum délicieux, et qui sert à la fabrication de l'huile de rose; enfin, des vignes de Damas, dont les fruits séchés sur pied font les meilleurs raisins secs qu'on connaisse.

L'histoire de Damas remonte à l'époque la plus reculée, puisque certains historiens prétendent qu'elle fut fondée soit par Abraham, soit par un arrière-petit-fils de Noé, ou encore par tel ou tel autre patriarche des âges primitifs. Un fait mieux avéré, c'est qu'elle avait déjà au temps du roi David une certaine importance politique, comme capitale d'un des petits royaumes entre lesquels était alors divisée la Syrie. Elle fut conquise et soumise par ce monarque, en punition de ce que son souverain avait prêté aide et assistance au roi de Zoba. Mais dès le règne de Salomon elle s'était rendue indépendante du royaume de Juda, qu'elle secourut cependant plus tard dans sa lutte contre Israël. Sous le roi Hosael, Damas parvint à l'apogée de sa puissance et de sa prospérité. Ce prince fut heureux dans les guerres qu'il eut à soutenir contre les rois d'Israël et de Juda; cependant son fils Ben-Hadad III devint tributaire d'Israël. Vers l'an 800 avant J.-C., Damas fit de nouveaux efforts pour reconquérir son ancienne puissance, mais ils n'aboutirent qu'à la complète destruction de ce royaume. Cependant, même sous la domination des Assyriens, des Babyloniens et des Perses, Damas demeura toujours une ville assez importante, à cause de son commerce. A la suite de la victoire remportée à Issus par Alexandre le Grand, elle passa, comme toute la Syrie, sous la domination du conquérant, et après sa mort sous celle des Seleucides, qui établirent d'ailleurs leur résidence à Antioche.

Vers l'an 111 avant J.-C., lors du partage de la monarchie seleucido-syrienne, Damas devint pendant quelque temps la capitale du roi Antiochus de Cyzique. Après les troubles, les querelles intestines et les guerres civiles provoquées à diverses époques par les différents compétiteurs au trône de Syrie, la ville de Damas fut, l'an 64 avant J.-C., prise par Pompée; mais les Romains ne lui en laissèrent pas moins ses rois particuliers, sous l'autorité desquels elle parvint encore une fois à une grande prospérité. Plus tard elle devint le siège d'un évêché, et fut incorporée alors à l'empire d'Orient. Mais en l'an 632 de notre ère le khalife Omar s'en rendit maître après deux mois de siège, et il résida désormais alternativement dans cette ville et à la Mecque. C'est à Damas que son successeur Othman fut assassiné en portant le Coran. Mohawa, l'ancêtre des Omméiades, y transféra le siège de son empire, et ses descendants, les premiers Abassides, y résidèrent de l'an 660 à l'an 753, jusqu'à ce qu'Almansor transféra sa résidence à Bagdad. Damas fut alors administrée par des gouverneurs, dont plusieurs réussirent à s'y constituer des souverainetés presque indépendantes. C'est ainsi qu'au neuvième siècle elle fut la résidence des Toulounides, au dixième celle des Fatimides, et au onzième celle des Seldjoucides.

A l'époque des croisades, la possession de Damas donna lieu aussi aux luttes les plus acharnées. Conquise en 1154, par Noureddin, qui la réunit ainsi qu'Alep à l'Égypte, elle passa après la mort de Noureddin sous les lois de Saladin; et l'un et l'autre firent au royaume chrétien de Jérusalem la guerre la plus opiniâtre. Après la mort de Saladin, Damas partagea le sort d'Alep et de l'Égypte. En 1401 les Mongols, commandés par Timour, s'emparèrent de cette ville, et la livrèrent aux flammes. Le glaive des envahisseurs n'épargna qu'une seule famille, celle qui avait donné un tombeau aux cendres d'Ali, et un certain nombre d'artisans armuriers, qu'on envoya à Samarcande. C'est depuis ce temps que Damas perdit sa fabrique de lames tant vantées. Cependant l'importance de sa situation pour le commerce de l'Orient fit cause qu'on la reconstruisit aussitôt après. Quand plus tard les Mamelouks s'emparèrent de l'Égypte, leur domination s'étendit aussi sur Damas, jusqu'à ce que dans l'automne de l'année 1516 le sultan turc Selim Ier eût réussi à leur enlever cette ville et son territoire, qu'il incorpora à l'empire d'Osman. Damas est restée le chef-lieu d'un gouvernement turc et une partie importante de cet empire. En 1832 Ibrahim-Pacha, fils de Méhémet-Ali, vice-roi d'Égypte, s'en empara; et l'année suivante Damas fut détachée avec la Palestine et la Syrie de la domination turque au profit de Méhémet-Ali, qui en 1840 dut renoncer à sa conquête.

[Damas, l'une des villes saintes de l'islamisme, s'étend surtout en longueur; vue des montagnes environnantes, elle présente la forme d'une mandoline. Il faut marcher une heure et demie pour faire le tour de la cité. La ville est enfermée de murs ancienss, bâtis sur les fondements des anciens murs; sur quelques points, les murailles nouvelles menacent de tomber. Il n'y a point d'antiquités curieuses à Damas; la porte de Saint-Paul (Bab Boulos), à l'orient, est le débris le plus remarquable de la vieille cité. Les maisons et les palais de Damas, construits moitié en terre, moitié en briques, n'offrent à l'extérieur qu'une apparence grossière; toutes les habitations sont revêtues de terre ou de boue blanchâtre; quand on pénètre dans leur intérieur, on est tout surpris de trouver des cours pavées en marbre blanc, des appartements décorés avec luxe, de riches divans cramoisis, des lambris dorés ou peints à la manière orientale. Chaque maison a une cour, chaque cour a une fontaine et des arbres, tels que des orangers, des grenadiers, des citronniers.

La plaine de Damas est couverte de magnifiques jardins d'orangers, de citronniers, de cèdres, d'abricotiers, de vingt espèces différentes de pruniers, de cerisiers, de pêchers, de pommiers, de figuiers. Des maisons de plaisance sont répandues en grand nombre à travers les jardins ; les clôtures de chaque jardin sont faites avec de la terre mêlée à des cailloux et à de la paille hachée, et séchée au soleil. La rivière Barrady, appelée par les Grecs et les Romains *Chrysorrhoas*, abreuve Damas et ses jardins ; les voyageurs ont admiré la manière dont les eaux du Barrady sont partagées et distribuées dans les différents quartiers de la ville. La rivière se divise en sept branches : la première se nomme *Djaszté*, la seconde *Tora* ou *Toura*, la troisième *Banias*, la quatrième conserve le nom de *Barrady*, la cinquième se nomme *Canavat* ou *Kénovat*, la sixième *Akrabani*, la septième *Darari* ou *Deramy*. Toutes ces branches, après avoir abreuvé les habitants et la plaine dans toutes les directions, vont rejoindre à l'est de Damas le Barrady, qui leur a donné naissance, et, réunies en un seul fleuve, vont se perdre obscurément dans un abîme situé à sept heures à l'est de la ville, appelé par les Arabes *Bahr-el-Merj*, la mer du Pré. Le Barrady prend sa source au nord-ouest de Damas, à 44 kilomètres de distance ; l'eau de cette rivière est crue, et n'est bonne à boire qu'après sa jonction avec la rivière nommée *Figé*, dont la source est à cinq heures au nord de Damas.

Rien n'égale le fanatisme des musulmans de Damas : c'est probablement cet ardent fanatisme qui leur aura valu le proverbe arabe *Chámi choumi* (Damasquin méchant). Jusqu'à l'époque de l'expédition d'Ibrahim-Pacha, un voyageur ne pouvait pas entrer à Damas à cheval ; il se serait gravement exposé s'il avait paru dans la sainte ville musulmane avec le costume franc. Le pacha de Damas porte le titre d'*émirhaji* (prince du pèlerinage), parce qu'il est chargé d'accompagner à la Mecque la caravane musulmane. Les *hadji*, ou pèlerins de la Syrie, de l'Asie Mineure, de la Perse et de Constantinople, se donnent rendez-vous à Damas. Le voyage à la Mecque dure quatre mois ; on met quarante jours pour aller et quarante jours pour revenir ; la caravane ne se repose que toutes les vingt-quatre heures. Il meurt dans le voyage plus d'un tiers de pèlerins et de chameaux. Le pacha de Damas, chargé des frais de la route, hérite des dépouilles des hadjis qui laissent leurs os sur le chemin de la Mecque ; les dépouilles des morts lui payent amplement les frais du pèlerinage.

Le terrain à l'est de Damas, qui sert de lieu de campement à la caravane de la Mecque, a des souvenirs pour les chrétiens ; on remarque l'endroit consacré par la conversion de saint Paul. Cet endroit se trouve à un demi-mille de la ville, près du cimetière chrétien ; on voit dans le voisinage un massif de maçonnerie qui est peut-être un débris de quelque sanctuaire bâti en mémoire de la conversion de saint Paul. On montre près de la porte orientale, le mur par où le nouvel apôtre s'échappa, pour ne point tomber entre les mains des Juifs. Ceux-ci, ne pouvant tenir tête à Paul, qui prêchait dans les synagogues, avaient résolu de le perdre ; Paul, averti du complot, songea à prendre la fuite, et ses disciples le descendirent durant la nuit le long du mur dans une corbeille.

Nous aurions pu parler des cafés de Damas, si renommés dans tout l'Orient, et qui sont pour les musulmans oisifs une sorte d'introduction aux joies du paradis ; mais ce sont là des détails qui nous obligeraient à de trop longs récits. Nous n'ajouterons qu'un mot, c'est que nous n'avons fait ici que consigner le résultat d'observations personnelles recueillies pendant un voyage que nous avons fait, en 1831, à Damas et sur les rives du Barrady.   POUJOULAT.]

DAMAS, sabre persan, qui tire son nom de la ville de Damas, depuis longtemps célèbre par la perfection des armes de taille qu'on y fabrique. Sa lame se compose d'une étoffe d'acier de Golconde, dont la trempe est encore un secret. On reconnaît, dit-on, à l'odeur la qualité de cette trempe.   Gal BARDIN.

L'acier de Damas présente lorsqu'il est travaillé et transformé, surtout en lames de sabre, des veines noires, argentines, blanches, fibreuses, rubannées, parallèles ou croisées, etc. Il est, pour la trempe, d'une qualité supérieure ; et comme les instruments tranchants qu'on en fabrique sont excellents, on les recherche toujours, malgré l'élévation des prix et quoique la France soit parvenue à les imiter à s'y méprendre. Trois modes de fabrication donnent trois *damassés* différents : les lames *parallèles*, les lames de *torsion* et les lames *mosaïques*. Dans le premier mode, on réunit des lames minces pour le morceau d'étoffe qu'on veut travailler, et au moyen d'un burin on creuse les faces de ce morceau. Par un second travail, ces creux se remplissent, et on établit le niveau avec la surface extérieure. Le deuxième mode, plus généralement suivi, consiste à réunir en barre différentes baguettes d'acier qu'on soude, et que l'on corroie plusieurs fois avec beaucoup de soin. Cette barre est ensuite refendue dans la direction de son axe, et les deux morceaux sont ressoudés en les mettant dos à dos, d'où il résulte sur les deux faces des figures variées à l'infini. Le troisième mode s'exécute en suivant à peu près les procédés du deuxième : on coupe la barre en plusieurs bouts égaux, on les réunit pour les souder, mais on a soin de présenter à la surface de la lame les sections de chaque bout, ce qui reproduit les dessins variés de quelque tronçon.

Naguère M. Bréant, ancien vérificateur général des essais de la monnaie de Paris, était parvenu à trouver le véritable procédé employé par les Indiens pour *damasser* leurs lames, et il avait démontré que le *damas* oriental se fabriquait avec un acier fondu dans lequel il entrait une plus grande proportion de carbone que dans les nôtres.

DAMAS, étoffe de soie, ornée de dessins, ainsi nommée parce qu'on la tirait autrefois de Damas. Mais depuis longtemps, grâce aux perfectionnements introduits dans notre fabrication par Vaucanson, ce sont les villes de Lyon et de Nîmes qui fournissent la plus grande partie de ces tissus à notre consommation. On fait aussi des *damas de laine, de fil* et même *de coton*, ces deux dernières sortes de damas sont des variétés de linge ouvré. Dans toutes ces étoffes, les dessins sont formés en même temps que le tissu et par des fils que le métier de Jacquart fait soulever au moment voulu.

DAMAS (Famille de). Les historiens ont entouré de fables le berceau de la maison de Damas, comme celui de la plupart des grandes familles dont l'ancienneté se perd dans les ténèbres du moyen âge. Une tradition porte qu'un soudan de Damas, fait prisonnier des croisés et amené en France par Hugues III, duc de Bourgogne, a été la souche de cette maison ; d'autres racontent, au contraire, qu'un seigneur français, nommé Châtillon, ayant fait le voyage de la Terre Sainte avec Godefroi de Bouillon, changea de nom et d'armes à son retour en Occident, et fut appelé Damas, de la province d'Amasie, qu'il avait conquise. De nos jours ces récits, dénués de fondement, ont fait place à des systèmes sinon plus authentiquement établis, du moins plus vraisemblables. Dans les mémoires du treizième et quatorzième siècles on trouve cette famille déjà puissante en France par ses alliances et investie des premières charges de l'État. Ses membres, en possession de dignités, sont traités de *hauts et très-grands seigneurs*. Dans le huitième volume des Grands Officiers de la Couronne, on trouve à l'article *Gui de Damas*, seigneur de Cousan (premier fief du Forez), grand-maître de l'hôtel du roi et grand chambellan de France en 1386, des détails circonstanciés sur les ancêtres de la famille de Damas. Nous ne parlerons ici que des principaux membres de cette famille.

DAMAS (JEAN DE), écuyer, baron *de Crux*, le premier qu'on rencontre au seizième siècle, avait épousé Jeanne de Bar. Leur épitaphe se trouve dans l'église de Crux ; elle est ainsi conçue : « Ci-gît haut et puissant seigneur messire Jehan de Damas et puissante dame Jehanne de Bar, sa femme, seigneur et dame des baroneries d'Anlezi, Crux, Montigny-aux-Amoignes, Marcilli, Saint-Parize-le-Châtel, etc., et trespassa ledit seigneur le 27 juillet 1656, et ladite dame le 22 décembre 1662. » Le père de ce Jean de Damas portait les mêmes noms; il avait épousé Edmée de Crux; de là la distinction des *Damas* et des *Damas-Crux*.

DAMAS (CHARLES, comte, puis duc DE), premier gentilhomme de la chambre du roi, naquit en 1758. Il fit la guerre d'Amérique sous Rochambeau, et devint, à son retour, colonel du régiment des dragons de Monsieur. Chargé par le marquis de Bouillé de protéger la fuite du roi, il fut arrêté à Varennes, avec Louis XVI, et jeté dans les prisons de Verdun. De là transféré à Paris, il allait subir devant la haute cour d'Orléans un jugement d'accusation capitale, quand l'amnistie de septembre 1791 vint briser ses chaînes. En 1792, après avoir pris sa part de péril dans la campagne de l'armée des princes, il passa en Italie, d'où il se rendit, en 1794, en Angleterre. Bientôt il s'embarque à Hambourg, et vient se mettre à la tête de quatre compagnies qui se sont insurgées dans l'ouest de la France ; fait prisonnier devant Calais avec le duc de Choiseul-Stainville, il profite de la liberté que lui accorde le gouvernement consulaire pour rejoindre le comte d'Artois. Rentré en France en 1814 avec les Bourbons, il devient colonel de la garde nationale à cheval de Paris, pair de France, lieutenant général, commandant des ordres de Saint-Louis et de la Légion d'honneur, capitaine-lieutenant des chevau-légers. Il partage encore l'exil momentané du roi à Gand, et revient avec lui pour être promu au commandement de la 18ᵉ division militaire. Il avait reçu le titre de duc en 1827 ; il mourut à Paris en 1829.

DAMAS (ROGER, comte DE), frère puîné du précédent, lieutenant général, naquit en 1769. Dès l'âge de quatorze ans il servait comme sous-lieutenant dans le régiment d'infanterie du roi. La guerre de la Russie contre la Turquie offrant un aliment à son activité et à son ambition, il alla se ranger sous les drapeaux de la première des puissances, et enleva devant Otchakof le pavillon du vaisseau amiral ottoman. Le premier, en 1790, il escalada les remparts d'Ismail, suivi du duc de Richelieu et du comte de Langeron, ce qui lui valut une lettre flatteuse de Catherine II et la croix de commandeur de Saint-Georges, avec le grade de colonel. Attaché au comte d'Artois comme aide-de-camp, il le suivit à Saint-Pétersbourg et en Angleterre, d'où il revint sur le continent pour faire, avec le général Clerfayt, la campagne de 1793, et les suivantes jusqu'en 1798 avec le prince de Condé, qui lui avait confié en 1795 le commandement de la légion de Mirabeau. La guerre ayant éclaté entre la France et le roi de Naples, il courut aider ce dernier avec le général Mack ; mais ils furent mis tous deux en déroute par les soldats de la république. Blessé à la gorge dans une brillante retraite, il passe en Sicile, de là se rend à Vienne, hasarde quelques nouvelles entreprises en Italie, où il reçoit la grand'croix de Saint-Ferdinand, et arrive à temps, en 1814, aux Tulleries pour y arborer le drapeau blanc.

Le comte d'Artois lui remit le gouvernement des 4ᵉ et 5ᵉ divisions militaires, et l'envoya à Nancy en qualité de commissaire extraordinaire. Louis XVIII le combla d'honneurs et de dignités. Au retour de Napoléon, M. de Damas, qui commandait la 9ᵉ division militaire, se retira à Lyon, où Monsieur arriva douze heures plus tard. Ne pouvant résister à l'enthousiasme du peuple et de l'armée, ils revinrent à Paris, et prirent avec le roi la route de Belgique. A son retour de Gand, il fut chargé d'une mission en Suisse, porté à la députation en 1815 par les collèges de la Côte-d'Or et de la Haute-Marne, et employé en 1816 les troubles de Lyon et de Grenoble. Il mourut en septembre 1823, au château de Cirey.

DAMAS-CRUX (LOUIS-ETIENNE-FRANÇOIS, comte DE), né vers 1750, était maréchal-de-camp et commandait la province des Trois-Évêchés lorsque la révolution de 1789 éclata. Il émigra en 1792, et se distingua à la défense de Maestricht, à la tête d'une compagnie de gentils-hommes. Le comte d'Artois l'appela, en 1794, auprès de son fils, le duc de Berry, pour guider les pas du jeune prince dans la carrière militaire. A l'époque du mariage de la duchesse d'Angoulême, le comte de Damas-Crux fut nommé chevalier d'honneur de cette princesse. Il rentra en France, à la Restauration, avec le grade de lieutenant général. Louis XVIII, voulant récompenser les longs services et le dévouement du comte de Damas-Crux, qu'une maladie grave tenait au bord de la tombe, le créa pair de France le 2 juillet 1814. Le comte expira le lendemain.

DAMAS-CRUX (ÉTIENNE, chevalier, et plus tard duc DE), frère du précédent, pair de France, lieutenant général et premier menin du Dauphin, naquit en 1753. Mêlé aux dernières luttes de la France avec l'Angleterre dans l'Inde, il fut fait prisonnier, et resta dans les mains des Anglais jusqu'à la paix, où il prit le commandement du régiment de Vexin, dont les officiers émigrèrent avec lui pour faire la campagne de 1792. Il avait réussi en 1794 à former une légion à la tête de laquelle il passa en Angleterre, en Hollande, et qu'il amena à Quiberon, où elle fut écrasée. Ce fut à cette époque que Louis XVIII le créa maréchal de camp. L'année suivante, il allait grossir l'armée de Condé des débris de sa légion. Puis il suivit, en qualité de gentilhomme de la chambre, le duc d'Angoulême à Mitau, à Varsovie, en Angleterre. Revenu en France à la première restauration, il fut promu au grade de lieutenant général et nommé grand'croix de l'ordre de Saint-Louis. Au mois de mars 1815 il fut chargé par le duc d'Angoulême dans le Languedoc et la Provence de plusieurs missions délicates ayant pour but de préparer ce qu'on était convenu d'appeler la *campagne du midi*. Au second retour des Bourbons, il fut investi du gouvernement de la 23ᵉ division militaire, désigné pour le commandement du corps d'armée des Pyrénées-Occidentales, élevé à la pairie le 17 août 1815, et créé duc en 1816. Il présida plusieurs fois le collège électoral de Nevers, et fut, après la révolution de 1830, rayé de la liste des pairs pour refus de serment. Il se retira alors en son château de Menou, dans le Nivernais. Il n'a pas eu d'enfants de son mariage avec la fille du duc de Sérent ; et la branche de Damas-Crux, l'aînée de toute la maison, s'est éteinte avec lui, le 30 mai 1846.

DAMAS (ANGE-HYACINTHE-MAXENCE, baron DE) appartient à une branche éloignée de la famille de Damas, établie en Bourgogne, et naquit le 30 septembre 1785, à Paris. Lors de l'émigration, il suivit ses parents en Allemagne d'abord, et puis tard en Russie, où en 1795 il entra comme cadet à l'école d'artillerie de Saint-Pétersbourg. A partir de 1805 il fit comme officier dans l'armée russe toutes les campagnes contre les Français, en Allemagne, en Russie et en France, et obtint la faveur particulière de l'empereur Alexandre. La Restauration lui donna le grade de maréchal de camp, et peu de temps après celui de lieutenant général. C'est en cette qualité qu'il fut attaché à la personne du duc d'Angoulême, et qu'au retour de Napoléon, le 20 mars, il accompagna ce prince en Espagne quand ses efforts pour soulever le midi de la France contre *l'usurpateur* eurent échoué. Après la journée de Waterloo, il fut chargé du commandement de la 8ᵉ division militaire, dont le chef-lieu était à Marseille, où l'on accuse généralement d'avoir déployé à l'égard des partisans de Napoléon et des fonctionnaires de son gouvernement une sévérité excessive.

En 1823 on lui confia le commandement d'une division dans la campagne d'Espagne, et en 1824 le portefeuille de la guerre. Peu disposé à se prêter aux mesures injustes dont étaient victimes de la part du gouvernement royal les anciens militaires de l'empire, il échangea bientôt ce ministère contre celui des affaires étrangères, dont il resta titulaire depuis la fin de 1824 jusqu'au 4 janvier 1828, mais sans qu'on puisse en réalité lui imputer la responsabilité des actes d'un cabinet dont le chef réel était M. de Villèle. A la mort de M. de Rivière, M. de Damas fut nommé gouverneur du duc de Bordeaux, qu'en 1830 il suivit sur la terre d'exil. Partisan des jésuites, étroitement lié avec le cardinal de Latil et avec le duc de Blacas, il réussit à faire éloigner de la personne du jeune prince le sous-gouverneur, M. de Barande, ancien élève de l'École Polytechnique, coupable à ses yeux de pactiser avec les idées de progrès et de liberté. L'éducation de M. le comte de Chambord une fois terminée sous ces tristes influences, M. de Damas rentra en France, où depuis lors il vit paisible au fond de sa province et dans le cercle de sa famille.

DAMAS (N...), acteur du Théâtre-Français. Était-ce là son véritable nom? On ne le pense pas. Où et quand était-il né? On l'ignore. Les vieux amateurs de la Comédie-Française disaient qu'avant la première révolution Damas avait été garçon perruquier, et qu'il avait commencé à jouer la comédie au théâtre de la Cité, pendant les premières années révolutionnaires. Toujours est-il qu'on le voit pour la première fois figurer dans les fastes dramatiques en 1792, au théâtre que Mlle Montansier était venue créer à Paris après les événements de Versailles et la clôture du spectacle qu'elle exploitait dans cette dernière ville. A ce nouveau théâtre on jouait d'abord la tragédie, la comédie et l'opéra. Damas ne comptait que dans la troupe tragi-comique. Puis, lorsque de 1793 à 1794 s'établit définitivement le Théâtre de la République, avec quelques débris de l'ancienne Comédie-Française, des acteurs du théâtre Montansier et du théâtre du Marais, Damas fit partie de cette réunion, qui allait devenir en 1796 le noyau du Théâtre-Français tel qu'il existe aujourd'hui. Selon les règlements anciens, remis en vigueur par la nouvelle société, il était obligé de paraître concurremment dans la tragédie et dans la comédie. Il n'y avait d'exception faite que pour les comédiens transcendants de l'un ou l'autre genre. Damas, jeune encore, s'y conformait donc, et, à titre de simple pensionnaire et de *jeune premier*, jouait les amoureux tragiques et comiques, quoique sa taille, sa figure, sa voix et sa démarche ne le portassent pas naturellement vers ces sortes de rôles. Il fut reçu sociétaire le 17 avril 1799.

Aspirant à la succession de Fleury, Damas présentait à tous égards avec son chef d'emploi le contraste le plus complet. Autant Fleury, de haute taille médiocre, avait de bonne grâce, de distinction, de finesse, d'esprit, de délicatesse, de légèreté, de naturel dans la diction, le regard, le geste, la tournure, autant Damas était roide, lourd, empesé, pédant, vulgaire, ce qui n'empêchait pas cependant que dans le drame il ne déployât une chaleur, une énergie, une volubilité qui éblouissaient *le gros du public*. Si ce ne sont pas là les plus belles et les plus désirables qualités de l'art théâtral, si parfois elles peuvent être considérées comme des défauts quand elles sont poussées jusqu'à l'abus, ce qui arrivait souvent à Damas, néanmoins elles ne sont pas si communes qu'il ne faille pas en tenir compte. Chez Fleury tout respirait l'homme de cour, l'homme de qualité, l'homme bien élevé et de bonne compagnie; chez Damas, au contraire, tout était commun, apprêté, de mauvaise façon; tout sentait l'*endimanché*; et la dignité ou le persiflage qu'il voulait exprimer était de la bouffissure ou du mauvais ton. Ce qui complétait enfin le contraste entre ces deux contemporains, entre ce comédien hors ligne et cet acteur puissant, c'était la modestie privée de Fleury et son extrême timidité au théâtre, en regard de la hauteur et de l'aplomb de Damas, tant sur les planches que hors de la scène. C'est même à cet aplomb, à cette imperturbabilité scénique de Damas, joints à cette immense et sûre mémoire dont il était doué, ainsi qu'à la force et à l'entraînement de son jeu, qu'on doit attribuer sa longue et laborieuse carrière, les succès qu'il y obtint souvent et la confiance que les autres avaient en lui.

Damas, dont les habitudes, d'ailleurs, et les mœurs étaient douces et honnêtes, avait épousé une personne assez riche et distinguée, qui avait pris pour lui un attachement vif et réel. Il se retira du théâtre en 1825, pour vivre modestement, au sein de l'aisance, dans une fort jolie maison de campagne qu'il possédait à Saulx-les-Chartreux, près de Longjumeau, où il mourut, le 16 octobre 1834.

A. DELAFOREST.

DAMASCÈNE (Saint Jean). *Voyez* JEAN DAMASCÈNE.

DAMASE. Deux papes ont porté ce nom.

DAMASE Ier (Saint), pape, que plusieurs font Espagnol, d'autres Romain, exerça d'abord les fonctions du ministère dans l'église paroissiale de Saint-Laurent à Rome. Il fut en même temps archidiacre du pape Libère, qu'il suivit en exil à Bérée, en Thrace, lorsqu'il fut expulsé de son siège par l'empereur Constance, et auquel il succéda, en 366. Le siège de Rome, dont les richesses et l'éclat faisaient déjà des envieux, avait été convoité par un diacre nommé Ursin. Trompé dans son espoir, celui-ci sut se faire un parti dans la populace et trouver un évêque pour le sacrer. Le préfet de Rome, dont l'attention avait été éveillée par le tumulte de cette élection, crut mettre un terme au désordre en bannissant les principaux auteurs; mais leurs partisans, furieux, les arrachèrent à l'autorité, et les portèrent en triomphe dans la basilique libérienne, où s'était faite l'ordination. Assiégés dans cette église, ils y soutinrent un combat sanglant, dans lequel plus de cent personnes perdirent la vie. Ce schisme dura plusieurs années, et fut apaisé, bien moins par la barbare sévérité de Maxime, un des magistrats, que par la douceur et la longanimité de Damase.

L'Église, alors travaillée de tous côtés par le schisme et l'hérésie, offrait un vaste champ au zèle du pontife : de là ces conciles qu'il tint à Rome, en 368, contre Ursace et Valens, principaux soutiens de l'arianisme en Illyrie; en 369, pour arrêter les progrès des ariens, déposer Auxence de Milan et confirmer la doctrine de Nicée; en 378, contre les apollinaristes; en 382, pour approuver le second concile œcuménique et remédier au schisme qui désolait l'Église d'Antioche. Damase attira auprès de lui saint Jérôme, et le chargea du soin de corriger la Bible latine. Ce fut sous les yeux du pontife que cet illustre docteur fit la révision du Nouveau Testament sur le texte grec et la traduction des psaumes d'après la version des Septante. Damase mourut en 384, à l'âge de près de quatre-vingts ans. Son corps, enterré d'abord dans un oratoire qu'il avait fait bâtir sur la voie Ardéatine, fut depuis transféré dans l'église de Saint-Laurent, qu'il avait fait réparer et embellir, et à laquelle on donna par la suite le nom de Saint-Laurent *in Damaso*. Saint Jérôme, grand admirateur de ce pape, le met au nombre des écrivains ecclésiastiques. Nous n'avons de lui qu'un petit nombre d'ouvrages, dont les principaux sont : quelques petits poèmes, des épitaphes en vers, qu'il avait fait graver sur les tombeaux de plusieurs martyrs; des lettres, qu'il écrivit aux différentes églises, à la suite des conciles de Rome, et que l'on retrouve dans Sozomène et Théodoret. Divers écrits, entre autres un pontifical qui porte son nom, lui ont été faussement attribués.

L'abbé C. BANDEVILLE.

La première édition des œuvres complètes de Damase fut préparée par Sarrazini et publiée par Ubaldini, sous les auspices du cardinal François Barberini (Rome, 1638). Elles ont aussi été imprimées dans le tome VII de la *Bibliotheca Patrum* de Gailande.

DAMASE II, né en Bavière, mort à Palestrina, en 1408, des suites de l'excessive chaleur que Rome et ses environs eurent à supporter cette année-là. Son nom de famille était *Pappo*; et il était évêque de Brixen, lorsqu'il fut élu pape, en 1408, sur la recommandation de l'empereur Henri III. Son règne ne dura que vingt-trois jours; et sa mort si brusque donna lieu à des bruits d'empoisonnement, que rien ne justifie. Comme il n'avait été élu que par suite de l'abdication volontaire de Benoît IX, Platine n'hésite pas à dire que son élection avait été irrégulière.

DAMASQUINER. L'usage des armes couvertes de dessins faits avec des fils d'or ou d'argent est peu répandu maintenant; il est peut-être intéressant cependant de savoir comment ce travail était fait, d'autant plus qu'il est le même pour toute espèce de vases ou ornements. Pour damasquiner une lame de sabre ou d'épée, après qu'elle a reçu un poli, et avant qu'elle soit trempée, on la porte à une douce chaleur pour la *bleuir*; on trace alors directement sur la lame les dessins que l'on veut obtenir; ou bien on l'enduit d'une couche d'un vernis fait avec une partie et demie de cire blanche, une de mastic en larmes, une de spath en poudre bien fine, et après avoir noirci la surface en la tenant au-dessus de la flamme d'une lampe, on grave avec une pointe obtuse trempée dur, en découvrant bien l'acier. On environne la partie dessinée avec un ruban en mastic, et l'on y verse de l'acide nitrique faible, mêlé avec un peu de sel et de vinaigre : quand l'enduit a été enlevé et la pièce bien essuyée, on incise l'acier avec un burin très-vif, de manière à obtenir des traits assez profonds pour y placer les fils d'or ou d'argent, que l'on y enfonce fortement; la pièce est ensuite achevée de polir et trempée.

GAULTIER DE CLAUBRY.

DAMASSÉ (Linge). La fabrication des *nappes* et *serviettes damassées*, ainsi appelées à cause de leur ressemblance avec le *damas blanc*, est originaire de Flandre. On ne peut guère cependant la faire remonter au-delà du quinzième siècle. Le plus ancien document historique qui fasse mention de ce genre d'industrie est un octroi du prince, en date de 1496, permettant qu'une *nouvelle* manufacture de toile de lin *ouvragé* fût établie à Courtrai. Dans les années 1545, 1561, 1577, 1587, etc., le magistrat de cette ville porta des ordonnances pour régulariser les règlements de cette fabrique. Il est probable que dans le principe on n'y faisait encore que les dessins appelés en flamand *trek-werk*, et qu'on n'aura inventé que successivement la manière d'y tisser des fleurs ainsi que des figures. Louis Guichardin, qui écrivait en 1567, vante beaucoup le linge de table de Courtrai, lequel en effet avait reçu de grands perfectionnements au seizième siècle. En 1611, Gramale en fait un éloge plus explicite encore : « On fabrique ailleurs, dit-il en latin, des tissus aussi fins, aussi solides, d'une blancheur égale, mais nulle part on ne le fait avec tant d'art. En effet, on y représente non-seulement les armoiries des rois et des princes, des animaux, des fleurs, des édifices, des personnages, mais encore des scènes historiques, des chasses, des combats, des triomphes, et, ce qui surpasse tout ce que peut imaginer l'industrie humaine, des bois, des prés, des champs, des jardins, des collines, des plaines, le tout avec tant d'artifice qu'à peine le pinceau d'un autre Apelles pourrait l'emporter sur ces tableaux, etc., Jacques van Eyck s'exprime avec non moins d'admiration :

Nec mora : carbaseis teta ingeniosa figuris
Texitur, hostilis nuntia muta fugæ;
Quæ super Hesperii mensam exporrecta monarchæ,
Regia palladiis detinet ora notis.

Lorsque Albert et Isabelle firent leur entrée à Courtrai, en qualité de souverains des Pays-Bas, le magistrat de cette ville leur offrit dix-sept *paires* de nappes *damassées*, tissées avec une exquise délicatesse, et sur chacune desquelles étaient figurées les armes d'une des dix-sept provinces. Le père Lucari, jésuite, dans le récit qu'il fit en 1638, lequel, célébrant la naissance du prince Philippe-Prosper, fils du roi d'Espagne Philippe IV, il décrit en fort beaux vers la *layette* de damassé qu'il suppose avoir été donnée en présent à ce jeune prince par la déesse protectrice de la Belgique. M. Gœthals-Vercruysse, de Courtrai, conserve dans son cabinet une des serviettes distribuées par le magistrat aux plus considérables de ses administrés, lorsqu'à l'occasion de la levée du siège de Valenciennes, en 1656 il offrit à Don Juan d'Autriche un service de table tissé par Jean Quartier sur les dessins du peintre Pierre van Moerkerke. M. Voisin a eu soin de faire graver ce morceau précieux, qui donne la plus haute idée de l'habileté des artistes et des artisans belges à cette époque. Quoique la fabrique du damassé n'ait plus aujourd'hui à Courtrai la même extension qu'autrefois, ses tissus sont encore dignes de figurer au premier rang, et si les produits étrangers leur sont supérieurs, à cause de la modicité des prix et peut-être du goût des dessins, ils ne les égalent nullement en solidité.

De la Belgique cette industrie se répandit en France, en Hollande, en Saxe, etc. Un maître tisserand de Courtrai, nommé Pasquer Lammertin, dont le nom existe encore en cette ville, s'étant retiré en Hollande, à cause de ses opinions religieuses, en 1596, y obtint un octroi exclusif pour l'établissement d'une fabrique de damassé. La France s'appropria plus tôt ce genre de travail, et Reims semble s'y être signalé de bonne heure, car lorsque Charles VII y fit son entrée, cette ville lui présenta des serviettes *à ramage*, ce qui doit s'entendre, selon nous, de linge damassé. Quand Charles-Quint y passa, en traversant la France pour se rendre en Flandre, le corps municipal lui fit un présent du même genre, qui fut estimé mille florins. C'est donc à tort qu'on a placé le commencement de l'art de damasser le linge de table au dix-septième siècle, et qu'on en a fait honneur à la famille des Graindorge, de Caen en Normandie. André, dit-on, inventa la manière de faire sur toile des fleurs et des carreaux. Richard, son fils, en fit avec des personnages, des animaux et autres figures pareilles. Enfin, Michel, fils de Richard, établit plusieurs manufactures de linge damassé, ce qui, ajoute-t-on, en rendit l'usage commun en France, où l'on emploie cependant plus fréquemment les *liteaux* en toile simple. Dans un passage de l'*Isle des hermaphrodites*, où la table de Henri III est décrite, il est dit formellement que la nappe était *du linge mignonnement damassé*. Ce fait, bien antérieur aux Graindorge, ne prouve pas néanmoins que ce tissu fût d'origine française, quoique déjà au quinzième siècle nous ayons vu Reims se faire une réputation dans la fabrique du *damassé*. Les Français ne purent lutter longtemps contre les Belges sous ce rapport. Nous lisons dans une lettre de Mme de Maintenon, de l'année 1682, que lorsqu'elle eut acheté la terre de ce nom, ayant voulu y établir une manufacture de linge de table, ouvrée comme celui de Tournai, elle fut obligée de tirer des ouvriers de Flandre, et qu'elle en *débaucha vingt-cinq*.

Quand les armées impériales eurent conquis la Prusse, le ministre de l'intérieur fit venir de ce royaume un modèle des métiers en usage dans la Silésie, avec un ouvrier qui pût les monter et les manœuvrer. On déposa ce modèle au Conservatoire des Arts et Métiers, où l'on forma des élèves pour le tissage des toiles damassées. Ce nouveau genre d'industrie se répandit bientôt d'un bout à l'autre de la France, et les 1819 les départements des Basses-Pyrénées, du Doubs, de l'Aisne et du Nord, envoyèrent des produits qui furent distingués pour leur belle fabrication. En 1823, dit M. Charles Dupin, ces produits ont été surpassés encore. On a vu des toiles damassées qui avaient trois mètres deux tiers de large, et qui, sans égaler celles de Courtrai, n'étaient pas moins remarquables pour l'excellence des dessins que pour la finesse et l'égalité du tissu. Elles sont exécutées avec des métiers à la Jacquart.

DE REIFFENBERG.

DAMBRAY (CHARLES-HENRI), né en 1760, à Rouen, où sa famille avait donné au parlement de Normandie plusieurs présidents à mortier, fut appelé en 1779 à Paris par son cousin Hue de Miroménil, garde des sceaux, qui obtint pour lui, à dix-neuf ans, une place d'avocat général à la cour des Aides. Barentin, dont il devint le gendre en 1788, présidait alors cette cour avant de devenir chancelier. Le jeune Dambray ne tarda pas à s'y faire une réputation par ses réquisitoires, marqués au coin de la sagesse, de l'équité, de l'indépendance, alors même qu'il plaidait les intérêts du fisc. Sa capacité et ses protections lui firent obtenir la charge d'avocat général au parlement de Paris. En janvier 1788 il alla y occuper sa place, entre Séguier et Hérault de Séchelles, et se fit remarquer par le discours d'ouverture des audiences, que dès son entrée il fut chargé de prononcer. Parmi les causes brillantes et célèbres dans lesquelles il porta la parole, nous nous bornerons à citer l'affaire de Montgolfier et celle de Kornmann; cette dernière fameuse surtout à cause du nom de Beaumarchais. La révolution ne tarda pas à éclater, et la division à se mettre entre les deux jeunes avocats généraux Dambray et Hérault de Séchelles. Ce dernier, dont la fin fut si déplorable, embrassa le parti de la liberté; le gendre de Barentin dut être entraîné par le courant contraire; et l'affaire du parlement de Rouen contribua encore à l'affermir dans l'opposition; mais il y porta la mesure et la modération qui ont toujours honoré son caractère comme ses actions.

Après la suppression des parlements et des fonctions des avocats généraux, en 1790, Dambray, qui n'avait pas encore trente ans, se retira dans ses terres, en Normandie, qu'il quitta momentanément en juin 1791 pour aller à l'étranger favoriser l'évasion que Louis XVI tenta le 20 de ce mois, et qui eut une si malheureuse issue à Varennes. Dambray rentra en France, et regagna Rouen. Pendant la tourmente révolutionnaire, qui se fit, du reste, peu sentir en Normandie, il se retira à la campagne, et y vécut ignoré. Le conventionnel Alquier, qui, dit-on, eut une entrevue avec lui, le protégea de son silence dans le rapport qu'il fit sur sa mission à Rouen. Le calme ayant succédé aux orages, Dambray fut honoré des suffrages de ses concitoyens pour le conseil des Cinq-Cents. Il n'accepta pas cette mission, comme depuis il refusa les fonctions que lui fit proposer, par le préfet Beugnot, l'empereur Napoléon. Cependant, l'ancien avocat général au premier parlement de France ne dédaigna pas de remplir la place de juge de paix et d'accepter l'étoile de la Légion d'Honneur, avec les fonctions de membre du conseil général de la Seine-Inférieure.

La Restauration, que, comme beaucoup d'autres, Dambray avait crue impossible, vint le rappeler aux dignités et aux hauts emplois : à sa rentrée en France, Louis XVIII lui remit les sceaux, et le joignit comme chancelier, avec la présidence de la chambre des pairs. Mais que pouvait faire cet homme pieux, candide et débonnaire, jeté au milieu d'un ministère composé de telle sorte que ceux de ses membres qui n'étaient pas ineptes passaient pour des intrigants ou des fripons? Dambray, qui n'était ni fripon ni intrigant, et qui d'ailleurs pouvait passer plutôt pour orateur et jurisconsulte que pour homme d'État, n'était pas lui-même, à la hauteur des circonstances où il se trouvait placé dans un poste éminent. Quoiqu'il eût été à portée d'observer et d'apprécier la Révolution, il n'en jugeait sainement ni les principes, ni les conséquences. La seconde restauration lui laissa la présidence de la chambre des pairs; mais les sceaux ne lui furent pas rendus. C'est ainsi qu'il présida la cour des pairs, lors du jugement du maréchal Ney. Dambray termina sa carrière le 13 décembre 1829, à sa terre de Montigny, près de Dieppe. Il était chevalier des ordres du roi et membre libre de l'Académie des Inscriptions et Belles-Lettres.

Dambray a laissé deux filles, Mme de Sesmaisons et Mme la marquise de Gasville, dont le mari fut préfet durant la Restauration, et un fils, M. le vicomte Emmanuel DAMBRAY, né en 1784, promu à la pairie en 1815, d'abord maître des requêtes, puis conseiller d'État, ayant succédé à son père dans l'office de grand-maître des cérémonies des ordres du roi, ainsi que dans les fonctions de membre du conseil général de la Seine Inférieure. Après la révolution de 1830 il fut le premier, dans la chambre des pairs, à refuser le nouveau serment, et se retira dans le château paternel de Montigny.

Après la révolution de Février, il fut élu à l'assemblée législative par le département de la Mayenne. Il y vota avec les légitimistes.
Louis DU BOIS.

DAME, titre honorifique venant du latin *domina*, et qui distingua longtemps les femmes nobles des roturières. A la même source ont été puisés les mots *domnus* et *domna*, *domnulus* et *domnula*, *domicellus* et *domicella*, de la basse latinité; *dom* et *dons* de l'ancien provençal; *dam* et *dom* du bas breton; *donna* de l'italien; *don* et *doña* de l'espagnol; *dom* et *dona* du portugais; enfin les mots français *damoisel* ou *damoiseau*, *dampret*, *damoiselle* et *demoiselle*. Cependant le père Papebroeck prétend que le mot *dame* est un mot franc ou français d'origine. Guichard et Chorier veulent qu'il vienne du grec δαμαρ, qui signifie une femme mariée. Enfin Borel (et nous en demandons bien pardon aux dames pour lui) donne pour origine à ce titre le verbe hébreu *damon*, qui a pour équivalent en français les expressions *faire silence*, *se taire*, « parce que, dit-il, il est de la gravité de dames de *parler peu* ».
Edme HÉREAU.

Le titre féodal de *dame* est devenu bourgeois et presque populaire. Jadis la dame épouse du seigneur, ou dame de son chef, avait son écu et sa bannière, son palefroi, son écuyer et ses pages. Seule elle jouissait du droit de porter des fourrures d'hermine, de petit-vair, des joyaux d'or, des masques de velours, des souliers à la poulaine. On rompait dans les joûtes des lances pour elle; et ce fut en l'honneur de la reine, sa *dame*, que Henri II reçut à l'œil le coup dont il mourut. Mais si la *dame* jouissait des honneurs et des prérogatives attachés à son rang, elle devait aussi en remplir toutes les charges. Non mariée, ou tutrice, elle recevait la foi et l'hommage de ses vassaux, et la rendait en personne à son suzerain. Elle répondait au ban ou à l'arrière-ban, levait et équipait des hommes d'armes, et quelquefois marchait elle-même à leur tête. Celles que la présence d'un époux déchargeait de ces mâles fonctions devaient noblement gouverner leur maison, occuper avec dignité la première place à l'église, présider aux festins, encourager la vaillance des chevaliers et des pages, montrer aux demoiselles à faire de beaux ouvrages, les instruire surtout à se conformer aux lois sévères de la bienséance. Charitable par état, toute même que son cœur ne l'y eût point appelée, la *dame* vêtissait l'orphelin et nourrissait la veuve. L'église était enrichie de ses dons en parée de ses ouvrages, et son curé ou son évêque la trouvait toujours disposée à ouvrir cette bourse appelée de son emploi aumônière.

Sous la généreuse protection du code de la chevalerie, la dame dont l'époux n'était ni jaloux ni félon jouissait d'une honorable liberté, d'une flatteuse influence. Dans ce code, qui n'était pas écrit, la beauté était presque un rang, presque un droit, la faiblesse toujours un titre aux égards, la fidélité une religion. Après Dieu, le chevalier honorait et servait sa *dame*, toujours prêt à défendre sa gloire ou sa beauté au péril de ses jours; il jurait par elle-même comme sur l'Evangile. Les soins qu'il lui rendait étaient un culte, et l'inconstance prenait le caractère de l'apostasie. Les *dames* tenaient des cours d'amour où les chevaliers accusés de certains torts comparaissaient pour être absous ou condamnés. Dans les *tournois*, souvent donnés par les *dames*, un chevalier d'honneur, choisi par elles et portant au bout de sa lance quelque partie de leur vêtement, devenait le surintendant de ces jeux, dont elles distribuaient les récompenses. Ce respect, ce servage attachés au nom de *dame*, le firent donner par nos bons aïeux à la reine du ciel. *Notre Dame* est encore aujourd'hui la dénomination des anciennes églises dédiées à la Vierge.

La *dame* est un personnage historique, qui a cessé d'être. Les mœurs ont changé, les existences se sont rapprochées et confondues, les termes généralisés. Au quinzième siècle les bourgeoises étaient appelées *mademoiselle*. Il y avait cependant quelques exceptions à la règle : on trouve *madame Pitou*, la procureuse, et *madame Coulon*, la conseillère, dans les mémoires de Tallemant des Réaux ; *mesdames Robinet*, sage-femme, et *Régnier*, marchande, dans les lettres de Mme de Sévigné, quoiqu'on appelât *mademoiselle Molière* la femme de l'auteur du Misanthrope ; mais l'usage, qui a réservé ce titre aux personnes non mariées, ne l'avait remplacé par aucune appellation intermédiaire, alors même que les rangs étaient encore distincts. En 1793 les dénominations de *dame* et de *demoiselle* furent interdites, et celle de *citoyenne* les remplaça aussi longtemps que dura la Terreur. Tant bien que mal la république de 1848 a recrépi le *citoyen*, mais elle n'a pu parvenir à ressusciter la *citoyenne*. Aujourd'hui, *madame* et *monsieur* sont parmi nous des titres communs à toutes les classes de la société ; les exceptions, s'il en est encore, tiennent à quelque circonstance de localité ou de tenue, bien plus qu'à la naissance ou à la profession. MAUSSION, née FOUGERET.

Jadis une fille qui épousait un marquis devenait *dame*, et l'on disait qu'elle était *dame damée*, c'est-à-dire à bon titre. On appelait *dame à carreau* celle qui avait droit de se faire porter un carreau de velours à l'église ; elle avait également le droit de faire porter la queue de sa robe. Des rangs de la noblesse ce titre est descendu aux femmes des gens de robe, puis à celles des bourgeois, et enfin aux femmes du peuple : après les *dames de la cour* sont venues les *dames de la ville*, et nous avons même des *dames de la halle*, dévouées par état à tous les gouvernements, quels qu'ils soient. S'il y a eu abus de la part de ceux qui ont les premiers rendu aussi commun un titre d'abord entièrement honorifique, il y aurait de l'affectation aujourd'hui à éviter de l'employer, même avec les femmes des derniers rangs de la société, puisque ce titre ne tire plus à conséquence et est devenu un terme générique.

Par une de ces anomalies et de ces singularités dont l'histoire des mœurs offre plus d'un exemple, tandis que les femmes des bourgeois ne pouvaient porter encore que le titre de *mademoiselle*, les religieuses professes dans les abbayes et les chanoinesses avaient celui de *dames*, qui semblait ne devoir être accordé qu'aux femmes mariées. Il y a eu diverses congrégations de femmes qui ont porté ce titre : témoin les *dames* de Chelles, de Fontevrault, de Poissy, de Remiremont, etc. Plusieurs établissements ou localités ont reçu également d'elles ce nom, tels que le *Fort-aux-Dames*, ancienne prison du grand *Châtelet*, qui dépendait des *dames de Montmartre*. On distinguait les *dames du chœur* des sœurs converses ou *laies*. Les premières siégeaient à l'église dans les stalles hautes du chœur, et les autres dans les basses. Une communauté de religieuses de l'ordre de Sainte-Claire, qui suivait la règle de Saint-François, réformée dans la suite par Grégoire IX, avait reçu le nom spécial de *Pauvres Dames*.

Le mot *dame*, dans la conversation comme dans les auteurs, se prend généralement pour toutes les femmes, mariées ou non mariées d'une société, d'un cercle, d'une classe entière, et même de tout un État. Si les femmes de l'antiquité ont quelquefois montré un grand dévoûment à la patrie, les *dames* dans les temps modernes ont su souvent aussi faire de grands sacrifices à leur pays. Sans parler des actes innombrables de courage dus aux *dames françaises*, nous ne saurions passer sous silence les traits d'héroïsme, de grandeur d'âme et de générosité des *dames grecques*, hongroises et polonaises. Ces exemples valent le résultat d'une corruption et d'une dépravation amenées par un trop grand raffinement ou relâchement de mœurs.

Le nom de *dame* était et est encore aujourd'hui un titre d'office chez les reines, les impératrices et les princesses du sang. On appelle *dame d'honneur* la première dame de leur maison et de leur suite, et *dame d'atour* celle qui est chargée spécialement de la toilette. Quant aux *dames du palais*, titre générique de toutes celles qui vivent auprès des princesses, et qui ont mission de les accompagner selon l'ordre, la nature et le temps de leur service, l'origine en remonte à François Ier. Jusqu'à ce roi, de chevaleresque et galante mémoire, il n'y avait point eu de *dames* à la cour. Catherine de Médicis, par un raffinement de politique, avait établi la première auprès de sa personne des *filles d'honneur*, prises parmi les demoiselles du plus haut rang, moins pour lui tenir compagnie que pour les employer comme moyen propre à favoriser ses desseins, à amuser les grands et à découvrir leurs secrets. Mais en 1673 l'aventure malheureuse d'une fille d'honneur de la reine-mère (Anne d'Autriche) donna lieu à un nouvel établissement, celui des *dames du palais*. Ce malheur est connu par le *sonnet de l'Avorton*, attribué au président Hénault :

> Toi que l'Amour fit par un crime
> Et que l'Honneur défait par un crime à son tour ;
> Funeste ouvrage de l'Amour,
> De l'Honneur funeste victime...

« Les dangers attachés à l'état de fille dans une cour galante et voluptueuse, dit Voltaire dans le *Siècle de Louis XIV*, déterminèrent à substituer aux douze filles d'honneur qui embellissaient la cour de la reine douze dames du palais ; et depuis la maison des reines de France fut ainsi composée. »

Dame est aussi, si l'on s'en rapporte au *Dictionnaire de l'Académie*, une espèce d'adverbe qui sert à affirmer ou à marquer ce que la surprise ; mais ce que ne dit point ce dictionnaire ni aucun autre, c'est à quelle source il faut demander l'explication et l'étymologie de cet *adverbe*, qui doit être plutôt rangé parmi les *exclamations*. Charles Nodier en veut faire remonter l'origine au mot *dam*, pris dans le sens théologique de damnation. Ce serait ainsi un juron qui ressemblerait à celui des Anglais. Mais franchement il ne nous paraît pas plus applicable au génie de la langue française qu'au caractère du peuple qui la parle. Ne serait-il pas plus naturel d'y voir une manière de jurer par l'honneur et par la vertu des *dames*, se rattachant aux souvenirs de la chevalerie ; ou encore un serment fait sur le nom de la Vierge ? En effet, le mot *tredame*, usité encore en pareil cas dans nos campagnes, indiquerait bien évidemment une abréviation, une contraction des mots *notre dame*.

Nous avons dit à l'article DAM que l'on avait formé du flamand *dam* et de l'allemand *damm* un mot *dame*, auquel on avait conservé l'acception qu'il avait dans ces deux langues, et que par ce mot, dont on aurait dû au moins différencier l'orthographe, on entendait une digue, une chaussée, une levée de terre, qu'on ménage d'espace en espace pour avoir de l'eau à discrétion dans un canal. On donne aussi ce nom ou celui de *témoins*, en termes de métier ou de terrassier, à de petites langues de terre, couvertes de gazon, qu'on pratique de distance en distance, pour indiquer la hauteur des terres qu'on a fouillées, afin d'en toiser les cubes. Par analogie, on appelle encore *dames* les parties de terre qui restent isolées entre les fourneaux des mines qu'on a fait jouer, et dans les grosses forges, des pièces hautes de 30 à 35 centimètres, lesquelles servent à fermer la porte du creuset qui donne dans la chambre, à la réserve d'un espace qu'on appelle la *coulée*, par lequel passe la fonte quand on fond le creuset. Enfin, nous croyons que c'est encore par une analogie éloignée avec les parties de terre dont nous venons de parler que l'on a donné le nom de *dames* à ces petits disques de bois ou d'ivoire que l'on place sur les carreaux d'un *damier* pour jouer au *trictrac* ou au *jeu de dames* ; ces dames-là, n'ayant certainement aucun point de contact ou de ressemblance avec les *dames* du jeu des échecs, qui sont bien réellement, ainsi que les figures de nos jeux de c a r t e s, la représentation ou l'emblème de la dame noble.

et maîtresse, de la châtelaine enfin du bon vieux temps.
Edme HÉREAU.

DAME D'ONZE HEURES, autrement nommée *belle d'onze heures*. Voyez ORNITHOGALE.

DAME-JEANNE, très-grosse bouteille qui sert à garder ou à transporter le vin et d'autres liqueurs; souvent les bouteilles de cette sorte sont classées. Telles sont les bouteilles de grès dans lesquelles on transporte l'eau de javelle.

DAMER (ANNE SEYMOUR) mérite d'être comptée parmi le très-petit nombre de femmes qui se sont adonnées avec succès à la statuaire. Elle appartenait à la haute société britannique : elle était fille du général Conway, ami de Horace Walpole, et ce fut à elle que le spirituel collectionneur légua sa somptueuse *villa de Strawberry-Hill*. Lady Damer prit des leçons de l'infortuné Ceracchi. L'élève de l'ennemi du premier consul fit un assez long séjour au delà des Alpes, afin de se perfectionner dans l'art qu'elle cultivait avec une ardeur qui ne se démentit jamais. Parmi ses productions les plus remarquables, on a distingué une statue de Georges III, qui décore un des tribunaux d'Édimbourg; un buste de sir Joseph Banks, qu'elle offrit au musée britannique; deux têtes colossales de fleuves, placées sur le pont qui franchit la Tamise à Hemley; enfin un buste de l'amiral Nelson, dont elle fit hommage à un prince fort peu *accoutumé à de pareils présents*, au rajah de Tanjore. Le but de lady Damer en envoyant si loin l'œuvre de son ciseau était de donner aux Hindous une idée des arts de l'Europe. Persévérance, étude de la nature, intelligence des effets de la plastique, tels sont les principaux caractères du talent, un peu froid, de cette artiste. L'inspiration, le génie qui crée, l'originalité, lui manquent; et franchement pouvait-on les exiger d'une *lady* dont les jours s'écoulaient au milieu des entraves d'une société guindée et sous le ciel de la Grande-Bretagne? Lady Damer mourut le 28 mai 1828; sa fortune était considérable. Elle ne réclama et ne voulut jamais aucun émolument de ses travaux. G. BRUNET.

DAMERET, mot fait de dame. Il est synonyme de damoiseau, et sert surtout à peindre l'affectation dans les manières et une recherche extraordinaire dans la toilette et les discours, annonçant de la part d'un homme l'unique désir, la singulière prétention de plaire aux dames par l'imitation maladroite des qualités qui appartiennent plus spécialement à ce sexe, et qui sont, au contraire, des motifs de répulsion pour toute femme sensée :

Il est d'autres maris, volages, infidèles,
Fatigants *damerets*, tyrans nés des ruelles,

a dit un poëte. Boileau a employé ce mot fort à propos dans son *Art poétique*, où il offre aux auteurs de son siècle ce conseil si sage et applicable aux poëtes de tous les siècles et de tous les pays :

Gardez donc de donner, ainsi que dans Clélie,
L'art ni l'esprit français à l'antique Italie,
Et, sous des noms romains faisant notre portrait,
Peindre Caton galant et Brutus *dameret*.
Edme HÉREAU.

DAMES (Jeu de). L'origine de ce jeu se perd dans la nuit des temps. Le *diagrammisme* des Grecs et le *ludus latrunculorum* des Romains étaient des jeux du même genre, quoique ce dernier ait plus d'analogie avec le jeu des échecs. Aussi quelques auteurs font-ils honneur de son invention à Palamède, qui, ayant inventé les échecs, trouvant ce jeu trop savant pour les femmes, l'aurait simplifié exprès pour les loisirs des Troyennes; de là serait venu ce nom de *jeu de dames*; étymologie un peu forcée. D'autres l'attribuent à un sultan de Ceylan. Enfin, une autre opinion ne voit dans sa dénomination qu'une analogie éloignée entre la forme des disques de bois ou d'ivoire dont on se sert à ce jeu et les petites pièces de terre que, dans le langage de la métallurgie, on nomme également *dames*.

Quoi qu'il en soit, le jeu de dames a toute l'apparence d'être une simplification du jeu d'échecs; les pièces mobiles que l'on y emploie portèrent d'abord le nom de *pions*, qu'on leur donne encore de temps en temps, pour les distinguer de ceux qui, suivant les règles du jeu, sont érigés en *dames damées* ou simplement *damées*, et de là vient l'expression, très-peu correcte, *damer le pion à quelqu'un*; il serait plus exact de dire *contre quelqu'un*, car ce *pion* que l'on *dame* est un avantage décisif que l'on prend sur un adversaire.

Dans le jeu de dames, toutes les pièces sont de même valeur, et par conséquent de même forme. Le champ d'exercice ou de bataille prend le nom de *damier* : il est *échiquier* lorsqu'il sert au jeu d'échecs. C'est un carré dont chaque côté est divisé en huit ou dix parties égales, ce qui forme sur la surface soixante-quatre ou cent carreaux, dont la moitié sont blancs et les autres noirs. Le damier de soixante-quatre carreaux ou cases est destiné au jeu de *dames françaises*, tombé en désuétude; celui de cent cases est le *damier polonais*. Sur l'un et l'autre, les dames ou pions ne sont placés que sur une couleur, laissant deux rangs de cases d'intervalle entre les deux jeux. Ainsi, pour le jeu de *dames françaises* il ne fallait que douze pions de part et d'autre, et pour les dames polonaises le défi est entre deux troupes de vingt soldats chacune. Dans l'une et l'autre manière de jouer, les pions ne font qu'un seul pas en avant, sans changer de couleur, et par conséquent en suivant les lignes obliques du damier. Ceux des pions qui peuvent atteindre une case du dernier rang de l'adversaire sont *damés*, prennent définitivement le nom de *dames*, et dans le jeu français le privilège attaché à ce titre se réduisait à la faculté d'aller en arrière ou en avant. Dans le jeu polonais de plus grandes licences sont concédées; les dames peuvent être placées où le joueur jugé à propos de les mettre sur l'une des lignes dont elles occupent l'intersection, et passer d'une extrémité du damier à l'autre. Comme cette manière de jouer est susceptible de combinaisons plus variées, elle a généralement prévalu, en sorte que l'autre est à peu près oubliée. L'habileté des joueurs consiste à diriger leur petite troupe de manière à tenir les rangs bien serrés, car tout soldat qui n'est pas soutenu par derrière peut être fait prisonnier; malheur au chef qui disperse sa troupe et laisse entre chaque pion une case d'intervalle! Les règles de ce jeu sont très-simples, et devaient l'être : comme toutes les pièces sont parfaitement équivalentes, et en assez grand nombre, si leurs mouvements avaient été plus variés, il en serait résulté une confusion très-difficile à débrouiller, des combinaisons si multipliées que le jeu serait devenu une pénible étude plutôt qu'une distraction. Tel qu'il est, le jeu *polonais* paraît avoir atteint les limites qui conviennent à sa destination.

Le jeu des *dames rabattues* est une modification du tric trac, dont il diffère par la marche des dames.

Chez nos voisins d'outre-Manche, le *jeu de dames* s'appelle *draught*, les pions *men* et les dames *kings*. FERRY.

DAMES (Paix des), ou TRAITÉ DE CAMBRAI. Après le traité de Madrid, conclu entre Charles-Quint et François Ier, la guerre n'avait pas tardé à éclater de nouveau. Elle se continuait avec vigueur, et cependant chaque parti laissait voir le plus grand désir de la paix, et l'on ne cessait de négocier pour y parvenir; mais personne des deux côtés n'osait faire des avances formelles. Deux femmes entreprirent de satisfaire le vœu de l'Europe. Marguerite d'Autriche, douairière de Savoie et tante de l'empereur, et Louise, mère de François, convinrent d'une entrevue à Cambrai (1529). S'étant logées dans deux maisons contiguës, auxquelles on ouvrit une communication, elles s'y abouchèrent sans cérémonial ni formalités, et y tinrent seules des conférences journalières, où personne n'était admis. Comme elles étaient toutes deux très-versées dans les affaires, parfaitement instruites des secrets de leur cours respectives, et qu'elles avaient l'une pour l'autre une confiance sans réserve, elles firent bientôt des progrès rapides vers un accommodement définitif. Enfin, le traité particulier conclu le 20 janvier à Barcelone entre le pape Clément VII et l'empereur accéléra les négociations de Cambrai, et détermina Marguerite et Louise à conclure sur-le-champ (5 août). Le traité de Madrid servit de base à celui qu'elles firent, et dont l'objet fut d'adoucir la rigueur des conditions du premier. Les articles principaux furent que l'empereur ne demanderait pas pour le présent la restitution de la Bourgogne, se réservant cependant de faire valoir dans toute leur force ses droits et ses prétentions à ce duché; que François payerait deux millions d'écus pour la rançon de ses fils (qui étaient en Espagne comme otages depuis le traité de Madrid), et qu'avant leur élargissement il rendrait toutes les villes qu'il tenait encore dans le Milanais; qu'il céderait la souveraineté de la Flandre et de l'Artois; qu'il renoncerait à toutes ses prétentions sur Naples, Milan, Gênes, et sur toutes les autres villes situées au delà des Alpes; qu'aussitôt après le traité il épouserait, comme cela avait déjà été convenu, Éléonore, sœur de l'empereur. Ce fut ainsi que François, par l'excessive impatience qu'il avait de revoir ses enfants en liberté, sacrifia tout ce qui l'avait d'abord porté à prendre les armes et à continuer les hostilités pendant neuf années consécutives. Par ce traité, l'empereur devint le seul arbitre de l'Italie; il affranchit des domaines des Pays-Bas de la foi et hommage à la couronne de France. Les rigoureuses conditions que François Iᵉʳ fut obligé de subir ne furent pas ce qu'il y eut de plus mortifiant pour lui dans le traité de Cambrai; il perdit encore sa réputation et la confiance de toute l'Europe, en sacrifiant ses alliés à son rival. Comme il ne voulait pas entrer dans tous les détails nécessaires pour concilier leurs intérêts, et qu'il craignait peut-être d'être obligé d'acheter par de plus grands sacrifices de sa part ce qu'il aurait réclamé pour eux, il les abandonna tous également, et laissa sans aucune stipulation, à la merci de l'Empereur, les Vénitiens, les Florentins, le duc de Ferrare, et les barons napolitains qui s'étaient joints à son armée. Auguste SAVAGNER.

DAMES BLANCHES, espèces de fées, d'êtres surnaturels, ou des spectres attachés à la destinée de quelques familles illustres, suivant une ancienne croyance des peuples du Nord. L'auteur du *Moine* (Lewis) et celui du *Monastère* (Walter Scott) ont tiré un parti très-heureux de cette superstition, que la musique de Boïeldieu, adaptée à l'opéra de *La Dame blanche*, a rendue de nouveau populaire.

Erasme François, dans son livre des *Prodiges*, a inséré le passage suivant : « La chose la plus renommée peut-être dans notre Allemagne et en Bohême est la *femme blanche*, qui se fait voir quand elle est près de frapper à la porte de quelque prince. Elle est apparue jadis et apparaît encore dans la plupart des maisons des seigneurs de Neuhaus et de Rosenberg. Guillaume Slavata, chancelier de ce royaume, déclare qu'il ne peut être retirée du purgatoire tant que leur château sera debout; elle se montre non-seulement quand quelqu'un doit mourir, mais aussi quand il se doit faire un mariage ou qu'il doit naître un enfant, avec cette différence que lorsqu'elle apparaît avec des gants noirs, c'est signe de mort, et, au contraire, que c'est un témoignage de joie quand on la voit toute en blanc. Cependant, Gerlanius prétend avoir ouï dire au baron d'Ungenaden, ambassadeur de l'empereur auprès de la Porte, que cette *femme blanche* se montre toujours en habit noir lorsqu'elle prédit en Bohême la mort de quelqu'un de la famille de Rosenberg. Le seigneur Guillaume de Rosenberg s'étant allié successivement aux maisons souveraines de Brunswick, de Brandebourg, de Bade et de Bernstein, cette *femme blanche* s'est rendue familière non-seulement à ces quatre maisons, mais aussi à quelques autres maisons souveraines, de leur parenté. Elle passe quelquefois rapidement de chambre en chambre, comme une personne très-affairée, ayant à sa ceinture un trousseau de clés, avec lesquelles elle ouvre et ferme les portes, en pleine nuit comme en plein jour. S'il arrive que quelqu'un la salue, pourvu qu'on la laisse agir en liberté, elle prend le ton d'une veuve et la gravité d'une noble dame, et, après avoir salué légèrement de la tête, elle s'en va. Elle ne tient jamais d'outrageants discours à personne, et regarde, au contraire, tout le monde avec modestie et pudeur. Il est vrai cependant que parfois elle a fait la fâchée, qui n'a même jeté des pierres aux personnes qu'elle a entendu proférer des paroles indécentes ou blasphémer contre Dieu. En revanche, elle fait preuve de beaucoup de charité envers les pauvres. Elle a institué pour eux une bouillie, et se tourmente fort quand on ne la leur distribue pas. Les Suédois, après s'être rendus maîtres du château, ayant oublié de remplir ce devoir, elle fit un tel vacarme que les soldats de garde ne savaient où se cacher. Les chefs eux-mêmes eurent à souffrir de ses importunités, jusqu'à ce qu'enfin un d'eux eut rappelé aux autres la bouillie traditionnelle. La distribution en ayant été faite aux pauvres de la manière accoutumée, tout rentra dans le devoir.

Dans une de ses lettres, lord Byron feint de croire à l'existence de ces êtres surnaturels, et s'exprime ainsi : « La *dame blanche* d'Avenel ne vaut pas la véritable et bien authentique *dame blanche* de Colalto, ou le spectre de Marca Trivigiana, qui est apparu à diverses reprises. Il y a un homme, un chasseur, encore existant, qui l'a vu face à face. Je n'ai pas le plus léger doute moi-même sur la vérité du fait historique et *spectral*. Elle apparaissait toujours, dans de grandes occasions, avant la mort de quelqu'un de la famille. J'ai ouï dire à Mᵐᵉ Benzoni qu'elle avait connu un gentil-homme qui avait vu la *dona bianca* traverser la chambre qu'il occupait dans le château de Colalto. Hoppner a causé avec le chasseur, qui, l'ayant rencontrée à la chasse, n'a jamais chassé depuis. C'était une jeune fille au service de la comtesse de Colalto. Un jour qu'elle arrangeait les cheveux de sa maîtresse, celle-ci la vit dans la glace sourire au comte, son mari : elle la fit sceller vivante dans l'épaisse muraille du château, comme Constance de Beverley dans le *Marmion* de Walter Scott : toujours depuis, la mort l'a hantée, elle et tous les Colaltos. On dépeint la jeune fille comme très-belle et blonde. La chose est authentique, vous dis-je. »

Cardan raconte d'une famille noble de Parme que lorsqu'un de ses membres devait mourir, on voyait toujours une vieille femme assise sous la cheminée. Elle fut aperçue, dit-il, une fois qu'une jeune demoiselle de cette famille était malade, d'où l'on présagea qu'elle mourrait infailliblement; elle guérit toutefois, mais une autre personne de la maison mourut subitement. Si l'on admet le récit du poète Segrais, transcrit par Lenglet-Dufresnoy, le château d'Egmont, en Hollande, aurait eu aussi sa *dame blanche*; mais celle-là était invisible et se contentait de faire du bruit et de parler.

On a aussi appelé *dames blanches* d'autres êtres, d'une nature malfaisante, qui n'étaient pas spécialement dévoués à une race particulière : telles étaient les *witte wijven* de la Frise, dont parlent Corneil Van Kempen, Schott, T. Van Brussel et Des Roches. Du temps de l'empereur Lothaire, en 830, dit le premier de ces écrivains, beaucoup de spectres infestaient la Frise, particulièrement les *dames blanches*, ou nymphes des anciens. Elles habitaient des cavernes souterraines, et surprenaient les voyageurs égarés la nuit, les bergers gardant leurs troupeaux, ou encore les femmes nouvellement accouchées et leurs enfants, qu'elles emportaient dans leurs repaires, d'où l'on entendait sortir quantité de bruits étranges, des vagissements, quelques mots imparfaits, et toute espèce de sons musicaux. De REIFFENBERG.

DAMES DE LA HALLE. *Voyez* HALLE.
DAMIA. *Voyez* AUXESIA.
DAMIANI (PETRUS), non moins fameux pour avoir pratiqué les préceptes de l'ascétisme le plus rigoureux que

pour avoir été l'ami du fougueux Hildebrand, naquit vers l'an 990, et descendait d'une famille noble, mais pauvre. L'un de ses frères, appelé *Damianus*, après l'avoir tiré de la condition servile qu'il occupait dans la maison d'un autre frère, où il était réduit à garder des pourceaux, le fit élever à Florence et à Parme. C'est pour cela qu'il se fit appeler *Petrus Damiani*, ce qui veut dire : Pierre frère de Damien. Par la suite, il fonda à Parme une école; puis il entra comme moine dans le couvent de Fonte-Avellana, dont il devint abbé en 1041. Élu en 1051, malgré ses vives répugnances, cardinal évêque d'Ostie, il concourut comme légat à l'exécution des diverses mesures par lesquelles les papes Léon IX, Victor II et Nicolas II préparèrent les réformes ecclésiastiques de Grégoire VII; mais en 1061 il résigna son siége malgré les représentations de Hildebrand, et rentra dans son cloître. Cependant, Alexandre II l'employa encore à diverses reprises pour des missions spéciales. C'est ainsi qu'en 1069, il vint comme légat près de l'empereur Henri IV, à l'effet de contrecarrer son divorce dans un synode tenu à Mayence, et qu'en 1071 il alla à Ravenne examiner la conduite de l'archevêque de cette ville. Il mourut à Florence en 1072.

Quelque respect que Damiani témoignât en toute occasion pour l'intelligence supérieure de Hildebrand, il semble avoir pressenti en lui le despote de l'intelligence. On ne saurait trop louer le zèle avec lequel, dans son *liber Gomorrhianus*, il dénonça les vices dont était infecté de son temps le clergé italien ; le tableau qu'il en trace était si frappant de vérité, que le pape Alexandre II essaya de supprimer cet ouvrage. Il fut moins bien inspiré quand il s'avisa d'exalter les bienfaisantes suites de la flagellation (*voyez* FLAGELLANTS). Il établit pour cette absurde pratique un tarif formel, d'après lequel, par exemple, 3,000 coups de discipline et la récitation de trente psaumes équivalaient à une année de pénitence. Or il n'était pas rare alors de voir imposer à des pécheurs jusqu'à cent années de pénitence. Damiani ne se montra pas moins excentrique dans son adoration pour la sainte Vierge; c'est lui qui introduisit dans les couvents l'office de Marie, célébré en l'honneur de la Vierge les samedis.

Ses ouvrages, qui consistent en lettres, discours, traités et biographies de moines béatifiés, ont été réunis par le cardinal Cajétan, et ont eu les honneurs de plusieurs éditions (les meilleures sont celles de Paris, 1662 et 1663).

DAMIANICH, *Voyez* DAMJANICH.

DAMIANISTES, hérétiques qui tiraient leur nom d'un évêque du cinquième siècle, appelé *Damianus*, qui niaient les deux natures de Jésus-Christ, comme les acéphales.

On donna ce nom dans le treizième siècle aux premières religieuses de l'ordre de Sainte-Claire, établies d'abord dans le monastère de Saint-Damien (*voyez* CLARISSES).

DAMIEN (Saint). *Voyez* COSME.

DAMIENS (ROBERT-FRANÇOIS), régicide, né à Tieulloy, dans le diocèse d'Arras, en 1715, dans une condition très-obscure, se signala dans sa jeunesse par ses inclinations vicieuses, fut successivement domestique de plusieurs personnes et servit deux fois au collége Louis-le-Grand, d'où il sortit pour se marier. « C'était un homme, dit Voltaire, dont l'humeur sombre et ardente avait toujours ressemblé à la démence. » Il aimait à s'occuper des affaires publiques et était avide de nouvelles. La situation des esprits agités par la bulle *Unigenitus*, la misère générale au milieu d'une guerre qui embrasait l'Europe, exaltèrent cet homme et le fanatisèrent. La démission de cent quatre-vingts membres du parlement l'occupait surtout. Le 3 janvier 1757, il se rendit à Versailles. Le lendemain il attendit toute la journée le passage de Louis XV, et sur les six heures du soir, au moment où il montait en voiture pour quitter Trianon, Damiens le frappa d'un coup de canif au côté droit. Louis s'écria : « On m'a donné un coup de coude! » Mais ayant passé la main sous sa veste, il la retira ensanglantée, et dit : « Je suis blessé! » Puis, se retournant, il aperçut Damiens, qui avait gardé son chapeau. « C'est cet homme-là, dit-il, qui m'a frappé : qu'on l'arrête, et qu'on ne lui fasse pas de mal! » Damiens aurait pu se sauver; mais il se laissa prendre. On le fouilla; il avait sur lui une somme assez forte, un livre de prières et l'instrument de son crime. Il était composé de deux lames, l'une, large et pointue en forme de poignard, l'autre, en forme de canif, longue d'environ cinq pouces. Il s'était servi de cette dernière. Heureusement la blessure du roi n'était pas plus considérable qu'un coup d'épingle, dit Voltaire. Machault, garde des sceaux, pour faire montre de son dévouement, saisit lui-même l'assassin au collet, et, bourreau amateur, il le tenailla avec des pinces rougies au feu d'une cheminée, pour lui faire nommer ses complices. Tout porte à croire cependant que Damiens n'en avait pas. Gens du clergé, gens du parlement, se calomniant à l'envi, se rejetèrent mutuellement l'accusation d'avoir été les instigateurs de Damiens. Le prévôt de l'hôtel fit faire contre lui une première instruction. Damiens écrivit au roi une lettre singulière, que Voltaire a insérée dans son *Précis du Siècle de Louis XV*. Le dauphin, à qui durant quelques jours Louis XV avait abandonné la direction des affaires, se conduisit en cette occasion comme un prince judicieux et magnanime. Loin de saisir avec empressement l'occasion de perdre le parlement, il demanda et obtint que l'instruction du procès de Damiens fût confiée à la grand'chambre, la seule qui restait de ce corps. L'instruction était dirigée par le premier président Maupeou, par Molé, second président; le conseiller Pasquier et un autre étaient rapporteurs. On transporta Damiens à la Conciergerie avec des précautions inouïes. Un corps de garde de cent hommes y fut établi. Quatre soldats étaient nuit et jour dans la chambre de l'accusé; huit autres au-dessous. Damiens était couché sur un lit entouré d'une estrade matelassée, afin qu'il n'essayât pas de se briser la tête contre les murs. Les bras, l'estomac, les cuisses et les jambes étaient assujettis par de nombreuses courroies, qui se rattachaient à des anneaux scellés dans le plancher. Les plaies occasionnées par la brûlure des jambes faite à Versailles, obligèrent Damiens de rester couché pendant plus de deux mois. Un officier de la bouche du roi, chargé de sa nourriture, suivait le régime prescrit par les médecins; un chirurgien, qui couchait dans la prison, faisait l'essai de tous les aliments. Le médecin Boyer le visitait trois fois par jour. Enfin, les frais que nécessitait la détention de ce malheureux montaient à plus de six cents livres par jour. Son premier interrogatoire devant les commissaires du parlement commença le 18 janvier, et ne fut clos que le 18 mars. Les réponses de Damiens furent insignifiantes : on n'en saurait citer que deux ou trois, telles que celles-ci : « Je n'ai point eu l'intention de tuer le roi; je l'aurais tué si j'avais voulu. Je ne l'ai fait que pour que Dieu pût toucher le roi, le porter à remettre toutes choses en place et la tranquillité dans ses États. Il n'y a que l'archevêque de Paris seul qui est cause de ces troubles. » On imagine facilement avec quelle joie passionnée le parti janséniste accueillit cette insinuation contre le respectable mais fougueux Christophe de Beaumont.

Le 26 mars il comparut devant le parlement assemblé. Il regarda avec fermeté ses juges, parmi lesquels étaient cinq princes du sang et les ducs et pairs, en redoutant plusieurs pour avoir, disait-il, eu *l'honneur de les servir à table*. Lorsqu'on lui parlait des vols qu'il avait commis, loin d'en rougir, il en plaisantait : « J'étais, disait-il, un maladroit voleur. » Pressé par le maréchal de Biron de nommer ses complices : « Vous seriez bien embarrassé, lui dit-il avec flegme, si je déclarais que c'est vous. » Il feignait d'admirer l'éloquence du rapporteur de son affaire, Pasquier : « Le roi, disait-il, devrait vous faire son chancelier. » Le 18 mars on lui lut son arrêt : il l'écouta à genoux, avec attention et sans se troubler, et dit en se relevant : « La journée sera rude. » La sentence portait qu'il serait appliqué à la question ordinaire et extraordinaire : il avait été agité solennellement de quelle torture on ferait usage. Des mémoires furent demandés et fournis. Les chirurgiens de la cour décidèrent que de tous les genres de torture, le plus douloureux, mais en même temps le moins susceptible de compromettre la vie du patient, était ce qu'on appelait la *question des brodequins*. Damiens la subit avec fermeté. Sur l'échafaud, il considéra toutes les parties de l'horrible appareil de son supplice avec une curiosité singulière On lui brûla d'abord avec un feu de soufre sa main droite armée du couteau parricide. La douleur lui arracha un cri terrible ; on l'entendit hurler lorsqu'il fut tenaillé aux bras, aux jambes, aux cuisses, aux mamelles et qu'on jeta dans les plaies le plomb fondu, la résine, l'huile et la cire bouillante et le soufre enflammé. Il fut pendant cinquante minutes tiré de toute la force de quatre chevaux vigoureux sans que l'écartellement pût se produire. L'extension des muscles était incroyable ; les commissaires durent faire couper les muscles principaux. Le jour touchait à son déclin ; Damiens avait perdu deux cuisses et un bras, il respirait encore... Ce ne fut qu'au démembrement de son dernier bras qu'il expira. Le tronc et les membres épars furent brûlés aussitôt. « Dans le nombre immense des spectateurs qu'attira cet odieux spectacle, dit M. Lacretelle, il y en eut peu qui ne fussent indignés qu'on les forçât à éprouver quelque pitié pour un scélérat, par l'atrocité froide et prolongée de ses tourments. Le père, la femme et la fille de Damiens furent bannis du royaume à perpétuité. Ce châtiment exercé sur des personnes qui n'étaient point accusées donna lieu d'examiner un des préjugés les plus opiniâtres de nos mœurs et de notre législation. » La maison où il était né fut rasée. Le nom de Damiens était devenu exécrable, dit Voltaire. La ville d'Amiens, par une stupide adulation, présenta au roi une requête dans laquelle elle demandait à changer de nom. Charles Du Rozoir.

Le supplice de Damiens attira un immense concours de curieux. De plus de cent lieues à la ronde, tous les bourreaux en exercice et messieurs leurs aides se firent un devoir de venir y assister, dans l'intérêt de leur instruction et pour voir *travailler monsieur de Paris*. Ils eurent naturellement les places d'honneur, et furent admis à faire cercle autour de l'échafaud. Obéissant à cette passion de la curiosité qui le domina toute sa vie, le célèbre La Condamine, à force de jouer du coude dans la foule, réussit à se glisser dans les rangs de ces priviligiés, qui d'abord voulaient repousser l'intrus. M. Charlot, par bonheur, le reconnut. « Messieurs, dit-il avec la plus bienveillante politesse à ses collègues, place à M. de La Condamine ! C'est un amateur ! » Les ennemis de monsieur de Paris prétendirent que son attention aurait été scrupuleuse et n'aurait pas été gratuite.]

DAMIER. *Voyez* Dames (Jeu de).

DAMIER (*Histoire naturelle*). Ce nom a été plusieurs fois donné, en botanique et en zoologie, à des espèces ayant un système de coloration analogue à la disposition des carrés d'un damier. Nous indiquerons parmi les oiseaux une espèce de pétrel, le *procellaria capensis*, propre aux rivages du sud de l'Afrique, et parmi les mollusques un cône, le conus marmoreus de Linné, dont on distingue deux variétés assez répandues dans les collections, le *damier de la Chine* et le *faux damier*. Plusieurs espèces de papillons du genre *argynne* portent aussi ce nom.

En botanique, on appelle vulgairement *damier* une plante liliacée, cultivée dans les jardins : c'est la *fritillaire métégaride*. P. Gervais.

DAMIETTE ou DAMIAT, importante ville de commerce de la basse Égypte, située à l'embouchure orientale du Nil et sur le lac Menzaleh, dans une contrée fertile, siège d'un évêque copte, est à la vérité petite, généralement mal construite, attendu que les négociants riches habitent seuls de belles maisons construites au bord de l'eau, mais ne compte pas moins de 20,000 habitants. Elle est le centre d'une importante culture de riz et de canne à sucre, et on récolte aussi dans ses environs du lin magnifique, qui sert à fabriquer des toiles extrêmement recherchées et surtout du linge de table. Quoiqu'elle ait vu dans ces derniers temps sa prospérité quelque peu décroître, Damiette fait toujours un commerce des plus étendus en étoffes mi-soie, en toiles, en coton, en soie écrue de Syrie, en riz, café, sel ammoniac et céréales. C'est aussi le grand entrepôt de toutes les marchandises qui viennent de la Syrie par mer.

Conquise à diverses reprises par les Grecs, de l'an 738 à l'an 968, puis retombée au pouvoir des Sarrasins, Damiette fut maintes fois assiégée par les croisés de 1155 à 1169, et leur opposa toujours une résistance opiniâtre ; ce qu'elle fit encore en 1218, où les Sarrasins interceptèrent l'entrée du bras du Nil par une forte chaîne et par une tour qui en dominait le cours ; mais après dix-huit mois de siège les chrétiens réussirent à la prendre d'assaut. Toutefois, ils ne s'y maintinrent pas longtemps ; investis de toutes parts, ils furent obligés de la rendre au sulthan d'Égypte, en 1221. Vingt-huit années plus tard, en 1249, saint Louis reprit Damiette sans coup férir. Mais les musulmans réparèrent leurs désastres. La reddition de Damiette, un million de besants d'or et une trêve de dix ans furent alors les conditions auxquelles Louis IX et ses barons obtinrent leur liberté. Damiette fut livrée aux Sarrasins, qui tuèrent les malades, pillèrent les bagages, et faillirent massacrer tous les prisonniers. Néanmoins le traité s'exécuta, et saint Louis put quitter l'Égypte. Les Arabes détruisirent totalement Damiette, et la rebâtirent un peu plus loin.

L'ancienne ville fut rasée en 1250 ; il n'en resta point d'autres vestiges que la grande mosquée. On peut encore en distinguer les ruines au village d'Esbée, à une petite lieue de la mer. La ville de Damiette qui existe maintenant a donc été bâtie après la destruction de l'ancienne. Elle fut d'abord appelée *Menchieh*.

On y remarque différentes places, dont la plus considérable a conservé le nom de *Menchieh* ; les bazars sont remplis de marchands. On trouve dans les divers quartiers de la ville plusieurs mosquées surmontées de minarets très-élevés. Les bains publics ne le cèdent point à ceux du grand Caire, sous le rapport de la magnificence et de la propreté. Le port de Damiette est très-incommode, et cause beaucoup de préjudice au commerce de cette cité. La rade où les vaisseaux abordent étant exposée à tous vents, la moindre brise oblige les capitaines à couper leurs câbles et à se réfugier dans l'île de Chypre, ou à se relancer en pleine mer. Cependant, sans l'indolence des Turcs, il serait possible de remédier à la plupart de ces inconvénients.

La langue de terre sur laquelle Damiette est située, resserrée d'un côté par la rivière, et de l'autre par l'extrémité occidentale du lac Menzaleh, ne s'étend qu'à six milles de l'est à l'ouest. Elle est coupée par d'innombrables ruisseaux, qui coulent dans toutes les directions, ce qui la rend le plus fertile terrain de l'Égypte. Les fleurs, les fruits, les moissons s'y perpétuent dans toutes les saisons de l'année. L'hiver n'altère aucun de ces avantages, l'été même n'y flétrit aucune des beautés de la nature. Les chaleurs et les froids excessifs sont inconnus dans cet heureux climat ; le thermomètre varie seulement de 9 à 24° au-dessus de 0.

Lors de l'expédition d'Égypte, en 1798, nos troupes s'emparèrent de Damiette, et le 1er novembre de l'année suivante Kléber remporta sous les murs de cette ville une victoire signalée aux Turcs ; mais quelques mois plus tard Damiette tomba au pouvoir des Anglais, commandés par Sidney-Smith, qui la restitua aux Turcs ; et ceux-ci en demeurèrent en possession jusqu'en 1833, époque où ils durent l'abandonner au vice-roi d'Égypte.

DAMIRON (Jean-Philibert), né le 10 mai 1794, à Belleville (Rhône), entra à l'École Normale, au sortir de laquelle on l'envoya professer la philosophie dans divers collèges de province. Ancien condisciple et ami de M. Cousin, il fut admis à insérer dans *Le Globe*, journal officiel des doctrinaires, une série d'articles dans lesquels il passait en revue les doctrines des philosophes français modernes. On les a réimprimés depuis, sous le titre d'*Histoire de la Philosophie au dix-neuvième siècle*. La coterie à laquelle M. Damiron avait eu l'esprit de se rattacher, et qui a fait de lui successivement après la révolution de Juillet un professeur à l'École Normale et au Collège de France et un membre de l'Institut (Académie des sciences morales et politiques), prit ce livre sous son utile et influent patronage, encore bien qu'il laissât beaucoup à désirer, notamment sous le rapport de l'indépendance et de la critique. Le *Cours de Philosophie* du même écrivain (1re partie contenant la *Psychologie*, 1831; et 2e partie contenant la *Morale*, 1834 [2e édition, 1842]), donne d'ailleurs une assez pauvre idée de son enseignement. Il est même difficile de concevoir comment on a pu donner le nom de philosophie à cette phraséologie plate et vide sur des choses parfaitement inintelligibles. Il n'est pas douteux que l'auteur ne doive à l'amitié de M. Cousin, dont il s'est fait le séide et le thuriféraire, la position qu'il occupe aujourd'hui dans le monde universitaire. Chargé, en 1842, de publier un ouvrage posthume de Th. Jouffroy, son collègue, intitulé : *Nouveaux Mélanges*, il s'y est permis des suppressions et des interpolations qui lui ont valu les reproches les plus vifs et les plus mérités.

DAMJANICS (Johann), général à l'époque de l'insurrection hongroise, né en 1804, à Stasa, localité comprise dans le 2e *régiment* des Confins militaires du Banat, entra de bonne heure au service dans ce corps spécial, où de grade en grade il parvint jusqu'à celui de capitaine. La part active qu'il prit aux efforts de l'opposition hongroise contre le gouvernement autrichien lui attirèrent maintes fois des admonitions de ses supérieurs. Cette direction d'idées étant devenue bien plus prononcée encore à la suite des événements de mars 1848, le commandant de Temesvar se disposait à l'envoyer en Italie; mais le ministère hongrois s'y opposa. Celui-ci l'envoya à Szegedin, où il lui confia le commandement du troisième et plus tard aussi du neuvième bataillon de *honveds*. Sous l'énergique direction de Damjanics, ces deux bataillons, surnommés les *capes rouges*, à cause de la couleur de leurs capes, ne tardèrent pas à être considérés comme des corps d'élite. Promu au grade de colonel, Damjanics resta jusqu'à la fin de 1848 sur le théâtre de la guerre, au midi de la Hongrie, où, quoique Rascien lui-même d'origine, il lutta avec acharnement contre ses compatriotes, et remporta sur eux des avantages signalés à Lagerndorf (9 novembre) et à Alibunar (le 17 décembre).

Appelé, au commencement de l'année 1849, à faire partie du principal corps de l'armée hongroise, il reçut du comte Véczey avec le grade de général le commandement du troisième corps, dans lequel les *capes rouges* furent aussi incorporés, et à la tête duquel il fit la campagne du printemps. La prise d'assaut de Waitzens (14 avril) et la victoire de Nagysarlo (19 avril) furent principalement l'œuvre de Damjanics, de même que la délivrance de Comorn (24-27 avril). Mandé de Comorn à Debreczyn pour y prendre provisoirement le portefeuille de la guerre, il fit une chute de voiture en inspectant les travaux de fortification, se fractura le pied droit, et fut ainsi dans l'impossibilité de prendre part aux opérations de la campagne d'été. Transporté, non sans éprouver de vives douleurs, d'abord à Pesth, puis quand les Hongrois se virent contraints d'évacuer cette ville, dans les contrées de la basse Theiss, il reçut dans les premiers jours d'août le commandement de la forteresse d'Arad; et après la déroute de Vilagos (13 août), il rendit cette place aux Russes (17 août), sur l'ordre qui lui en fut intimé par Gœrgei.

Damjanics, plein de confiance jusqu'au dernier moment dans la loyauté de Gœrgei, fut livré par les Russes aux Autrichiens, et périt sur le gibet à Arad, le 6 octobre 1849,
après avoir dû préalablement assister au supplice et à l'agonie de douze de ses compagnons d'infortune. Patriote ardent, Damjanics fut le plus populaire de tous les chefs de la révolution hongroise. Sa taille herculéenne, sa bravoure à toute épreuve, l'avaient rendu l'idole des soldats et surtout la terreur des Rasciens.

DAMNATION, DAMNÉS. On appelle *damnés*, dans le christianisme, ceux qui seront *condamnés* au jour du jugement dernier pour avoir transgressé la loi de Dieu. On les appelle aussi *réprouvés*, parce qu'ils recevront cette sentence de réprobation : « Allez, maudits, au feu éternel, qui a été préparé à Satan et à ses anges depuis le commencement du monde. » *Réprouvé* est l'opposé de *Saint*. Aux élus en effet sera adressée cette sentence d'*approbation* : « Venez, vous qui êtes bénis de mon père. »

Toutes les religions ont eu et ont encore leurs *damnés*. On a retrouvé chez tous les peuples, même les plus sauvages, le dogme de l'existence de Dieu, et, comme conséquence rigoureuse de ce dogme, la croyance aux peines et aux récompenses de la vie future. Or, il ne faut pas dire qu'un Dieu qui se venge, qui *damne* et punit ses créatures est un Dieu fabriqué par l'homme qui lui a prêté ses passions, car ce qui révolte ici la raison vient uniquement de l'imperfection des langues humaines, qui peignent toujours mal une action spirituelle et divine. Ce n'est pas Dieu qui damne l'homme, c'est l'homme qui se damne lui-même. En vertu de la sanction donnée à ses lois par la sagesse éternelle, l'homme subit les tristes conséquences de son péché, sans qu'après la chute Dieu fasse rien pour les lui infliger ni pour l'y soustraire. Il les subit nécessairement en vertu de l'ordre établi, sans qu'il puisse accuser de son malheur un autre que lui-même. Dieu, en donnant une sanction à ses lois, n'a eu en vue que leur observation et les conséquences heureuses qui devaient en résulter pour l'homme. Toute l'économie de la religion, toutes les merveilles de la rédemption, toutes les grâces et les inspirations qui nous viennent du ciel témoignent assez du désir que Dieu a de sauver tous les hommes, en respectant leur liberté. Il est faux que personne ait été créé pour la *damnation*. C'est un vieux blasphème des manichéens, que saint Augustin a réfuté depuis longtemps, et qui a même été condamné par plusieurs conciles.

Ainsi, il y a des damnés, puisqu'il y a un Dieu juste et saint, et des hommes qui ne le sont pas. Ni la prescience ni la bonté divine ne sont un obstacle à leur existence. Quant aux peines qu'ils endurent, dès les premiers temps du christianisme on en a toujours distingué de deux espèces : les peines physiques et les peines morales, ou, pour parler le langage de l'école, la peine du *sens* et la peine du *dam*. La peine du sens entraînerait la matérialité de ce feu inextinguible dont il est parlé au Nouveau Testament. On y a toujours cru dans l'Église, et les objections par lesquelles on a prétendu attaquer son existence ne sont pas des raisons suffisantes pour ne pas l'admettre; car lorsqu'on demande comment un feu matériel pourrait agir sur des êtres incorporels comme les mauvais anges, on devrait aussi se demander comment la douleur peut se faire sentir à l'âme, lorsque le corps est blessé. C'est un mystère tout aussi inexplicable et aussi incompréhensible. Cependant, la peine des sens par le feu matériel n'est point un article de foi, et dès les premiers siècles quelques Pères de l'Église, comme Origène, Lactance et saint Jean Damascène, ont prétendu que le Sauveur dans la sentence de malédiction n'avait point entendu parler d'un feu physique et agissant sur le corps. Quant à la peine du *dam* ou de la *damnation*, elle consiste dans la perte de Dieu, que les damnés désireront de toute l'ardeur de leur âme, sans pouvoir le posséder jamais; dans la société des méchants, dans le remords et le désespoir, qui formeront ce ver rongeur qui ne doit point mourir.   L'abbé J. Barthélemy.

DAMOCLÈS, l'un des flatteurs de Denys l'Ancien, tyran de Syracuse, est connu par un fait qui assure à son nom une célébrité proverbiale. Damoclès se faisait remarquer entre les courtisans les plus éhontés, par l'emphase de ses adulations. Il affectait, en toute rencontre, de vanter la magnificence de son maître ; il exaltait les dons précieux que la fortune lui avait prodigués ; il s'extasiait surtout sur le bonheur dont il jouissait. Denys, pour prouver à Damoclès qu'il savait apprécier ses flatteries, lui offrit de lui céder sa place pour un jour, afin de lui faire goûter cette félicité si vantée. Il donna en même temps des ordres pour que Damoclès fût traité en roi, et pour qu'on lui servît un repas somptueux. Le courtisan prend place sur le lit d'honneur du festin. Son front est ceint du diadème. La table est couverte de mets exquis. Des gardes, des esclaves entourent Damoclès. Des parfums délicieux brûlent autour de lui ; son lit est jonché de fleurs ; son oreille est charmée par une musique ravissante. Des courtisans l'adulent, des suppliants implorent sa protection, des poètes chantent ses louanges. Il est enivré de son bonheur ; il le savoure à longs traits, lorsque tout à coup, levant les yeux, il aperçoit au-dessus de sa tête une épée nue, qui ne tient au plancher que par un crin de cheval. Pâle et tremblant, son œil s'égare, la coupe échappe de ses mains ; il se lève tout éperdu, et conjure Denys de faire cesser le danger qui le menace. « Voilà pourtant, lui dit son maître, l'image de cette vie que tu appelles heureuse ! » C'est par allusion à ce trait que l'*épée de Damoclès*, vieux lieu commun, a si longtemps servi, dans la conversation et dans les livres, à peindre l'instabilité des plus brillantes fortunes de cour.   CHAMPAGNAC.

DAMOISEAU, synonyme autrefois de damoisel, diminutif de da m. Ce nom répondait à celui de gentilhomme, et se donnait non-seulement aux fils des chevaliers et des barons, mais même aux fils des rois, qui le portaient, comme les autres, jusqu'à l'obtention du titre de chevalier. Depuis longtemps le titre de *damoiseau* ne s'emploie plus qu'ironiquement, en parlant d'un homme qui fait le beau, l'élégant, le galant auprès des femmes, et qui se donne pour homme à bonnes fortunes : témoin ces vers d'un ancien poëte, le chanoine Sanlecque, dont les poésies ont été publiées après sa mort, arrivée en 1714 :

Il est des *damoiseaux* dont l'œillade amoureuse
Accompagne toujours la phrase précieuse.

Molière, dans l'*École des Femmes*, peint un mari commode,

Qui, voyant arriver chez lui le *damoiseau*,
Prend fort honnêtement ses gants et son manteau.
                                          Edme HÉREAU.

DAMOISEAU (MARIE-CHARLES-THÉODORE, baron), membre de l'Académie des Sciences et du Bureau des Longitudes, né à Besançon, le 9 avril 1768, était un calculateur infatigable, un homme d'étude et de progrès, même à un âge où l'on ne devrait peut-être penser qu'au repos. Loin d'hériter de l'orgueilleuse sottise des anciens nobles, qui tenaient à honneur de ne pas savoir signer leur nom, le baron Damoiseau commença dès ses plus jeunes ans ses recherches en mathématiques, en astronomie, et on le vit toujours le front courbé sur les utiles ouvrages qui pouvaient le guider dans la carrière dont il voulait élargir les limites. Damoiseau, fils d'un officier général de l'ancien régime, émigra avec son père, et servit vaillamment dans l'armée de Condé. Les événements politiques le conduisirent à Lisbonne, où il fut momentanément sous-directeur de l'Observatoire. Damoiseau rentra en France après la capitulation de Cintra, avec le corps d'armée commandé par le général Junot. De retour à Paris, il reprit du service dans l'artillerie, et fut employé au Dépôt de la guerre. On a de lui des mémoires imprimés en portugais sur divers sujets d'astronomie, un très-curieux mémoire sur le retour de la comète de 1759, justement couronné par l'académie de Turin, des tables de la lune, calculées d'après la seule théorie, des tables des satellites de Jupiter, employées actuellement pour les calculs de toutes les éphémérides ; un travail considérable, dont il n'a paru encore que des fragments sur les petites planètes, et quelques autres précieux ouvrages, dont il serait trop long de donner ici la nomenclature. Membre du Bureau des Longitudes, Damoiseau fut également nommé membre de l'Institut en 1825. C'était un des hommes les plus laborieux et les plus modestes dont les sciences pussent s'honorer. Malgré son âge avancé, le baron Damoiseau ne manquait jamais à aucune des séances de l'Académie où sa parole pouvait jeter un nouveau jour dans une discussion scientifique, et l'on croyait en lui presque autant qu'à la logique des chiffres. Il mourut à Issy, le 10 août 1846.   F. ARAGO, de l'Académie des Sciences.

DAMOISEL (du latin *domicellus*, exprimant l'idée de *parvulus dominus*, petit seigneur), nom donné, dans les premiers temps du moyen âge, aux fils des rois ou des grands qui n'étaient point encore en état de porter les armes. Dans une histoire manuscrite, citée par Du Cange, finissant à Charles V, la dénomination de *damoisel* est donnée au fils du roi Philippe Ier, qui postérieurement régna sous le nom de *Louis le Gros*, ou *le Batailleur*. Dans le roman de *Garins le Loherans* on trouve ce vers :

Coronér firent *le damoisel* Pepin.

Froissart appelle le fils du prince de Galles, Richard, qui fut depuis roi d'Angleterre, *le jeune damoisel Richard*. Enfin, dans les lois d'Édouard le Confesseur il est dit que ce prince retint auprès de lui un jeune seigneur, qu'il fit élever comme son propre fils, et que, songeant à en faire son héritier, il l'appela *Ethelinge*, nom équivalent à celui de damoisel, que, par une sorte d'abus, on étendait alors en France aux fils des barons, mais que les Anglais n'accordaient qu'aux fils des rois. Plus tard, *damoisel* désigna indistinctement les fils de tous les chevaliers qui n'avaient pas encore eux-mêmes reçu l'ordre de la chevalerie, et dès lors les fils des rois et des grands ne portèrent plus ce nom.

Dès le commencement de la troisième race les hauts barons cherchèrent à imiter en tout la magnificence royale ; le faste de ce qu'ils appelaient leur cour rivalisa souvent avec l'éclat du trône ; et comme le roi conférait des dignités et des offices, ils voulurent aussi en distribuer à leurs parents et à des seigneurs subalternes, cherchant à s'attacher ainsi, par des bienfaits et des récompenses, tous ceux qui pouvaient les aider à se maintenir ou à s'agrandir dans leurs possessions légitimes ou dans leurs usurpations. D'un autre côté, l'intérêt personnel des petits seigneurs les mettait également dans la nécessité de s'appuyer sur ceux qui pouvaient les défendre contre la tyrannie d'autres seigneurs. Ce double intérêt explique l'empressement des pères à mettre leurs enfants sous la protection des grands, qui à leur tour se chargeaient de leur en faire un jour des moyens de puissance. Ainsi, l'on vit non-seulement les cours des princes, mais tous les châteaux, devenir des écoles où la jeune noblesse recevait l'éducation qui la préparait de bonne heure aux travaux de la guerre. Cette coutume se conserva longtemps ; elle existait encore à l'époque de Montaigne.

Les premières places qu'on donnait à remplir aux jeunes nobles qui sortaient de l'enfance étaient celles de *damoiseaux*, *pages* ou *varlets*, noms souvent employés les uns pour les autres, et même quelquefois, selon Lacurne de Sainte-Palaye, synonymes d'*écuyers*. Les fonctions du *damoisel* consistaient à rendre à son maître et à sa châtelaine tous les services ordinaires des domestiques. Il les accompagnait à la chasse, à la promenade, en voyage, dans leurs visites ; il faisait leurs messages, les servait à table et leur versait à boire. Quant à l'éducation morale que recevait le *damoisel*, elle se bornait à la religion et à la galanterie ; et, selon la chronique de *Jehan de Saintré*, c'étaient ordinairement les dames qui se chargeaient du soin de lui apprendre en même temps le catéchisme et l'art d'aimer. Pour mettre le jeune *damoisel* à même d'appliquer ces leçons de galanterie, on lui faisait choisir quelqu'une des plus nobles, des plus belles et des plus vertueuses dames de la cour ou du château où il était attaché : c'était à elle qu'il rapportait toutes ses actions, toutes ses pensées; les encouragements qu'elle lui donnait excitaient son émulation et développaient rapidement le germe des brillantes qualités qui lui méritaient bientôt les éperons d'or, attribut de la chevalerie. En effet, le *damoisel*, sans passer par aucun autre degré intermédiaire, était quelquefois fait *chevalier*. Il suffisait que, malgré son jeune âge, il eût assez de force et d'adresse pour porter et manier les armes.

Rappelons, en terminant, que le mot *damoisel* a été aussi employé par les gens d'église. On disait *domicellus abbatis, domicelli et servientes monasterii*.   P. PELLISSIER.

DAMOISELLE, vieux mot, titre que l'on donnait autrefois aux filles nobles, et que l'on ne trouve plus que dans les anciens actes publics, l'usage l'ayant fait remplacer depuis longtemps par celui de *demoiselle*. On réservait anciennement la qualification de *damoiselle* aux filles de qualité, aux filles des *dames*, ou bien aux femmes des gentils-hommes qui n'étaient ni princes, ni chevaliers, ni grands officiers de la couronne, ni ducs. Brantôme appelle son aïeule la *damoiselle* de Bourdeille. Puis ce titre, comme celui de *dame*, qui le dominait, descendit dans la robe et la bourgeoisie. Ce ne fut guère qu'au dix-septième siècle que le mot *dame* prévalut pour désigner toutes les femmes mariées. Les reines et les grandes dames aimaient jadis à s'entourer de *gentes damoiselles* pauvres, qu'elles élevaient et mariaient. On leur apprenait à filer, à faire de la tapisserie, de belles broderies, à panser les blessés, à préparer des breuvages, des baumes, à soigner les malades, quelquefois à chanter, à jouer des instruments, à danser. Elles désarmaient les chevaliers au sortir des tournois et aidaient les châtelaines à les bien recevoir; elles lavaient les pieds des pèlerins, travaillaient pour orner les églises et habiller les pauvres. Le reste de leur instruction se bornait à la connaissance du catéchisme, de quelques fabliaux et de ce qu'elles pouvaient recueillir dans la société de leur *dame*, de son aumônier, des chevaliers et troubadours qui étaient reçus dans le manoir féodal. Avec la chevalerie, la *damoiselle* disparaît, pour faire place à la *demoiselle*.

DAMON et **PYTHIAS** ou **PHINTHIAS**, philosophes pythagoriciens, célèbres par leur amitié, vivaient à Syracuse, 400 ans avant J.-C., sous le règne de Denys le jeune. Les courtisans de ce prince, ne pouvant croire à la vertu si vantée de cette secte, résolurent de la mettre à l'épreuve, et subornèrent quelques témoins, qui déclarèrent que Pythias avait conspiré contre Denys. Leurs dépositions ayant été unanimes, le prince se vit obligé de le condamner à mort. Les deux amis vivaient ensemble; mais Pythias, comme le plus âgé, avait l'administration des biens. Il demanda à Denys le temps de mettre ordre à leurs affaires communes, et offrit Damon pour ôtage durant son absence. Selon Aristoxène, dont le témoignage nous a été transmis par Jamblique, le prince lui accorda la journée; mais, suivant Diodore de Sicile, Valère-Maxime et les *Offices* de Cicéron, ce délai fut de plusieurs jours. Les courtisans qui avaient ourdi cette trame persiflèrent Damon, retenu dans les fers à la place de son ami. « Votre compagnon ne reviendra pas, » lui disaient-ils. Lui eût voulu partager leur erreur, mais il connaissait trop Pythias pour douter un instant de son exactitude ; cependant, le terme fatal approche, et Pythias ne paraît pas. Damon commence à concevoir l'espérance de mourir pour son ami. Enfin, la prison s'ouvre, l'échafaud attend. Le prisonnier s'élance au milieu des soldats, qu'il le conduisent au supplice. Le sacrifice va s'accomplir, lorsque Pythias, qui n'a pas perdu un moment, arrive exténué de fatigue, prêt à subir son arrêt. Un combat de générosité s'élève alors entre eux pour savoir qui mourra. Tous les spectateurs sont dans l'admiration ; Denys est si touché de ce qu'il voit, qu'il les laisse vivre tous deux, et leur demande d'être reçu en tiers dans leur amitié ; mais, malgré ses prières, il ne peut obtenir cette faveur.

C'est ainsi que cette histoire est racontée par Aristoxène; il la tenait de Denys lui-même, qu'il avait connu maître d'école à Corinthe.

DAMOREAU-CINTI (Madame). Une des biographies les plus justement favorables à cette ravissante cantatrice nous apprend que Mlle *Laure-Cinthie* MONTALANT est née à Paris, le 6 février 1802, rue Grange-Batelière, de M. Montalant, *professeur de langues étrangères*, et de Mme Montalant, *graveuse au burin*. Sauf la date de la naissance, qu'il est impossible de ne pas faire remonter à cinq ou six ans au delà, nous n'avons aucune velléité de contredire ces renseignements et de rappeler que jusqu'à l'on pensait généralement que le père et la mère de notre célébrité musicale remplissaient les fonctions de *concierges* au Conservatoire. C'était, ajoutait-on, dans ce temple de l'harmonie que la future rivale de Mlle Sontag avait contracté le goût précoce de l'art qu'elle devait un jour cultiver avec tant de succès. Quoi qu'il en soit, bien jeune encore, en quelque sorte tout enfant, Mlle Laure-Cinthie Montalant, après avoir traversé les classes de solfége, de piano, d'harmonie et d'accompagnement au Conservatoire, alors *impérial*, de Musique et de Déclamation, eut le bonheur d'être remarquée par Plantade, et d'être admise dans la classe de chant de ce professeur ; faveur qui ne lui avait point été primitivement accordée, en raison de la faiblesse de sa voix. Son admirable organisation musicale la fit bientôt distinguer, et la poussa dans le monde à des succès que devaient plus tard confirmer ses débuts au théâtre. M. Plantade, maître de chant de la reine Hortense, présenta sa jeune élève à cette belle-fille et belle-sœur de Napoléon, et le petit prodige se trouva de la sorte placé de bonne heure sous cet illustre patronage.

Lorsqu'en 1816 Mme Catalani vint prendre et transporter à l'Odéon la direction du *Théâtre-Italien*, Mlle Laure-Cinthie Montalant, qui pouvait bien compter une vingtaine de printemps, et dont la jolie figure, la taille mignonne, offraient une harmonie complète avec la nature de sa voix, dut apporter quelque modification dans l'orthographe d'un de ses noms. Afin de *s'italianiser* davantage, elle devint Mlle *Cinti*. Pendant de longues années elle ne brilla point au premier rang des virtuoses de l'Opéra Italien. Elle s'y faisait remarquer par la grâce, la pureté, la facilité de sa vocalisation ; mais ce n'était jamais que sur le second plan qu'elle paraissait et dans des rôles appropriés à la nature de ses moyens. Ainsi, le rôle du page dans les *Nozze di Figaro*, la *Molinara*, la *Pastorella nobile*, composaient à peu près tout le répertoire de Mlle Cinti, qui s'augmentait parfois de *Zerlina*, du *don Giovani*, et de *Carolina* du *Matrimonio segreto*, quand la *prima donna* ou la cantatrice plus favorisée ne voulait point, à de certaines occasions, paraître dans ces rôles. C'était plutôt comme musicienne que Mlle Cinti jouissait dans le monde d'une grande réputation : c'est que l'on pouvait dès lors dire de Mlle Cinti ce qu'on a dit plus tard, que cette artiste musicienne comme la musique, et que déjà elle offrait cette perfection de goût qui dans les fastes de l'art du chant sera son cachet ineffaçable. Particulièrement initiée dès sa plus tendre jeunesse, on pourrait presque dire dès son enfance, avec le ministre d'une cour étrangère, le bailli de Ferrette, grand amateur de musique, Mlle Cinti contracta cette fleur de bon goût et de bonnes manières sociales et musicales qu'on ne saurait trouver au même degré chez des artistes qui ont passé leurs premières années plutôt dans les écoles que dans les salons. Mlle Cinti, assez adonnée aux plaisirs et à la dissipation qu'elle rencontrait dans la société de son protecteur, était alors au moins autant une femme du monde qu'une femme de théâtre ; et c'est peut-être à cette existence élégante, dans un âge si tendre, qu'elle fut en partie redevable de cette distinction si remarquable de son chant et de son jeu au théâtre.

Quoique la direction du Théâtre-Italien eût plusieurs fois changé de mains, tantôt, après Mme Catalani et M. Valabrègue, son mari, confiée à M. Paër, tantôt unie à l'administration de l'Académie royale de Musique, Mlle Cinti resta toujours attachée à l'Opéra-Buffa. L'apparition du répertoire de Rossini, cette complète révolution dans le drame lyrique, la trouva dans la position secondaire qu'elle occupait alors à ce théâtre, où l'on vit successivement briller depuis cette époque Mmes de Begnis, Mainvielle, Pasta, Sontag, Malibran, dont la supériorité ne permettait point à Mlle Cinti de briller auprès de ces puissances lyriques. Elle s'y soutenait, et c'était déjà beaucoup. L'administration française qui dirigeait le Théâtre-Italien en 1822 voulut, par économie autant peut-être que par point d'honneur national, essayer de placer Mlle Cinti au premier rang des cantatrices italiennes, et la fit paraître dans quelques rôles plus importants que ceux qu'elle avait remplis jusque alors. Mlle Naldi (devenue depuis Mme la comtesse de Sparre) étant éloignée du théâtre, Mlle Cinti, qui n'avait rien à craindre de celle-ci, la remplaça avantageusement dans le personnage de Matilde, de l'opéra d'*Elisabetta*; la Rosina, d'*Il Barbiere*, convenait bien encore à la nature de la voix de Mlle Cinti, et, non toutefois sans quelque peine à cette époque, elle attaqua l'Aménaïde de *Tancredi*. On remarqua ses progrès, la pureté de l'organe vocalisateur ; on la loua, on l'encouragea beaucoup. Mais quand elle voulut se prendre au grand répertoire, et, entre autres, à Ninetta de *La Gazza*, les forces nécessaires manquèrent évidemment, et malgré l'augmentation certaine de son talent, malgré la bienveillance du public et la bonne et partiale volonté de l'administration, il fallut renoncer à lui faire tenir en chef un emploi qui exigeait des facultés et des moyens que Mlle Cinti ne possédait pas. N'ayant pas reçu de la nature cette force d'expansion, cette sensibilité profonde, cette expression grandiose qui dans la classe des soprani et avec d'autres qualités brillantes, ont fait de Mmes Mainvielle, Sontag, Malibran, Grisi, des cantatrices dramatiques du grand ordre, néanmoins Mlle Cinti aux talents acquis d'une méthode exquise, d'un goût parfait, d'une grâce charmante, joignait les dons naturels d'une telle pureté de sons, d'une telle agilité vocale, d'une expression si suave de la phrase musicale, qu'elle élevait ces ressources bornées d'un soprano léger à la hauteur d'une ravissante perfection.

En 1823, à l'Académie royale de Musique et à la représentation de retraite de Lois, Mlle Cinti parut dans le *Rossignol*, et les habitués de l'Opéra, qui n'avaient jamais entendu que les accents sévères et dramatiques de madame Branchu, d'une Armand ou de Mme Grassari, la méthode plus étudiée, les traits plus légers, mais moins agiles de Mme Albert-Himm, qui avait créé le rôle de Philis, furent confondus, stupéfaits, ravis de la vocalisation italienne et aérienne de Mlle Cinti. A qui la devait-elle, outre le don de la nature? Elle la devait à son séjour parmi les artistes italiens ; elle la devait surtout à son professeur, dont elle a fait en même temps la réputation et la fortune, à Bordogni, médiocre ténor scénique, mais excellent démonstrateur, artiste d'un goût excellent, et qui portait sur son élève les soins les plus tendres, les plus dévoués. Dès ce moment la direction de l'Académie royale de Musique, qui présidait en même temps à l'administration du Théâtre-Italien, chercha à attacher Mlle Cinti à l'Opéra Français; mais, s'il faut une cantatrice pour un répertoire, il faut aussi un répertoire pour une cantatrice. Or, c'est tout au plus si deux ou trois ouvrages pouvaient convenir aux moyens de Mlle Cinti dans le répertoire de l'Opéra, qui se composait principalement de tragédies lyriques. Il ne fallait donc rien moins que la révolution musicale opérée par Rossini pour que l'on commençât à chanter à l'Académie royale de Musique et pour que Mlle Cinti vînt y faire admirer les trésors de sa voix légère. Tout cela s'accomplit presque à la fois, en 1826, dans la représentation du *Siége de Corinthe*, œuvre italienne de Rossini (*Maometto*), dont on avait conservé toute la partition en traduisant les paroles en français. Encore, avant d'en venir là, un incident tout à fait imprévu manqua-t-il de rompre toutes les mesures qui avaient été prises. Après avoir signé ou sur le point de signer son engagement avec l'Opéra, au moment où l'on se croyait prêt à jouer *Le Siége de Corinthe*, Mlle Cinti, tourmentée, dit-on, de quelques embarras d'affaires dans lesquelles la garantie de Bordogni se trouvait même engagée, laissa là l'Opéra et Paris. La fauvette, le rossignol, se rendit en Belgique, suivie bientôt par Habeneck, que l'administration avait envoyé courir après la belle fugitive. Mlle Cinti ou plutôt l'Académie royale de Musique capitula avec les besoins et les exigences de la *prima donna*. Les intérêts de toutes les parties furent satisfaits, et Mlle Cinti fut définitivement acquise à l'Opéra Français.

A partir de cette époque, et, à l'exception de son mariage, survenu en 1827, avec Damoreau, grand, beau, assez médiocre jeune-premier de l'Opera-Comique, tout ne fut plus que succès pour notre admirable vocalisatrice. Chaque rôle nouveau était l'occasion d'un triomphe. Après la Pamyra du *Siége de Corinthe*, la comtesse dans *Le Comte Ory*, Ninon dans *La Muette*, Niela dans *Le Dieu et la Bayadère*, Thérésina dans *Le Philtre*, Mathilde dans *Guillaume Tell*, la jeune servante dans *Le Serment*, et même Isabelle dans *Robert le Diable*, n'ont rien de grandiose et de dramatique, et participent beaucoup plus du demi-genre que du grand style. Tant que Mme Damoreau occupa le premier rang à l'Opéra, ni les auteurs ne purent composer, ni les compositeurs ne purent écrire un rôle et une partition largement dramatiques pour voix de femme. Le poids du drame lyrique, dans ce que ce drame comporte d'effets scéniques et de style musical élevé, reposa exclusivement sur les hommes. Mme Cinti-Damoreau n'en fit pas moins les délices de Paris, de la France, de l'Europe, auprès de ceux-là même qui après le charme de l'avoir écoutée, après avoir goûté tout le plaisir que pouvait procurer la suavité, la pureté des sons, l'agilité de la plus parfaite vocalisation, allaient toujours chercher au Théâtre-Italien les grandes, nobles, profondes inspirations et expressions de la musique.

Après dix ans de succès multipliés, les moyens de Mme Damoreau s'affaiblissant, et l'Académie royale de Musique se vouant, avec raison, à un répertoire plus conforme à son institution et aux besoins du grand art lyrique, notre admirable rossignol entra dans la cage plus appropriée à sa voix de l'Opéra-Comique. Sur ce nouveau théâtre, si elle ne se montra pas comédienne remarquable, elle sut toujours se faire distinguer comme cantatrice charmante, et procura aux partitions que M. Auber savait disposer pour elle des succès dont le souvenir sera durable : *Actéon*, *L'Ambassadrice*, et par-dessus tout *Le Domino noir*. Il faut ajouter qu'elle est l'auteur de romances dont la vogue a été aussi complète que méritée. Elle s'est retirée du théâtre en 1844, et, nommée professeur de chant au Conservatoire, elle y a fait une classe assez brillante. Mais, par des motifs que nous n'avons point à apprécier, elle abandonna cette nouvelle carrière, et, accompagnée d'Artaud, le violoniste si distingué, Mme Damoreau alla courir encore aux lui la province et l'étranger, auxquels elle sut plaire encore par les derniers accents d'une voix toujours charmante. La mort inopinée et si regrettable de son compagnon de voyage a interrompu le cours de ses pérégrinations musicales. Rentrée en France, elle y vit dans la retraite, à quelques lieues de la capitale, oubliant, s'il se peut, une carrière dans laquelle elle n'a pas été moins distinguée par sa beauté et ses qualités personnelles que par l'éclat d'un gosier ravissant.   A. DELAFOREST.

DAMPIER (WILLIAM), célèbre voyageur anglais, l'un des plus hardis *découvreurs* du dix-septième siècle, naquit de parents pauvres, en 1652, à East-Coker, comté de Somerset. Orphelin de bonne heure, son éducation première fut des plus négligées. Engagé comme mousse à bord d'un bâtiment, il fit entre autres voyages de long cours celui de la terre de Labrador. Plus tard, simple soldat, il reçut une blessure par suite de laquelle il dut entrer à l'hôpital de Greenwich ; et quand il se trouva guéri, il obtint à la Jamaïque une place de *commandeur* ou de surveillant d'une plantation. Mais cette vie monotone et paisible était trop contraire à son caractère pour qu'il pût la mener longtemps. Six mois après il s'embarqua à tout hasard, et trouva à Kinstown un bâtiment qui le conduisit à la baie de Campêche. Il y passa trois années comme ouvrier et homme de peine, et s'en revint à Londres en 1683.

Il se rendait de nouveau à la baie de Campêche, quand, non loin de la Jamaïque, il fut pris par des flibustiers, dans la bande desquels il s'engagea, sous condition d'avoir part au butin. Il franchit avec eux l'isthme de Panama, et assista aux expéditions tentées quelquefois avec assez peu de succès par la flotte des flibustiers sur les côtes du Pérou. Il se sépara ensuite de ses compagnons, et se rendit alors en Virginie, où il s'associa avec d'autres flibustiers, avec lesquels il gagna enfin le grand Océan, où d'abord il guetta dans les eaux de Manille le galion d'Acapulco. Plus tard il fit la chasse aux caboteurs chinois, et découvrit à cette occasion beaucoup d'îles encore inconnues des Européens. Dégoûté depuis longtemps des habitudes féroces de ses compagnons, il crut pouvoir leur échapper, près des îles Nicobar, à l'aide d'une petite barque ; mais il fit naufrage, et fut jeté à moitié mort sur la côte de Sumatra.

Quand il eut recouvré la santé, il se mit à parcourir à l'aventure le sud de l'Asie, entra ensuite au service d'Angleterre, visita Madras, Bencoulen, Tonking, Malakka, et finit par s'embarquer secrètement pour l'Angleterre, où il arriva en 1691. Le récit qu'il fit de ses aventures presque incroyables, dans l'ouvrage intitulé : *New Voyage round the World* (3 volumes avec cartes ; Londres, 1697-1707), produisit une vive sensation. Il en parut une traduction à Amsterdam de 1701 à 1712 (5 vol. in-12), réimprimée à Rouen en 1727. Présenté au comte d'Oxford, lord de l'amirauté, par Charles Montagu, président de la Société Royale, il fut chargé d'entreprendre un voyage de découvertes à la Nouvelle-Hollande. Le 6 janvier 1699 il mit à la voile des Dunes. Le point de la Nouvelle-Hollande qu'il toucha en premier lieu fut *la côte stérile de la terre d'Union*, où il gagna Timor ; et se dirigeant à l'Est, il découvrit la Nouvelle-Bretagne, le détroit auquel on a donné son nom et une foule de petites îles et de ports. C'est à lui qu'on est redevable des premiers renseignements qu'on ait possédés sur ces mers si périlleuses ; et les observations qu'il recueillit sur la constitution physique des contrées que nous venons de nommer témoignent d'une rare sagacité. Mais les ouvrages dans lesquels il les consigna ont nécessairement perdu aujourd'hui l'importance et la valeur qu'ils avaient pour ses contemporains. A son retour en Europe, il fit naufrage sur les côtes de l'île de l'Ascension, et il était de retour à Londres en 1701. En 1704 et de 1708 à 1711, il entreprit encore comme simple pilote de nouveaux voyages dans le grand Océan. L'année de sa mort est restée inconnue. Un genre de plantes, *Dampiera*, institué par R. Brown, et plusieurs points de la Nouvelle-Hollande auxquels on a donné son nom perpétueront sa mémoire.

DAMPIERRE. Il y a en France plus de trente localités appelées de ce nom. On ne doit donc pas être surpris de voir qu'un grand nombre de familles l'aient emprunté aux fiefs qu'elles possédaient ; on cite entre autres :

DAMPIERRE, ancienne seigneurie de la Beauce, aujourd'hui département du Loir et, érigée en baronnie en 1598, en faveur de *François* DE COGNAC, à qui le roi accorda en même temps le titre de *premier baron du comté de Gien*, et dont le fils, *Antoine* DE COGNAC, fut en 1616 créé marquis de *Dampierre.*

DAMPIERRE, ancienne seigneurie de Normandie, aujourd'hui comprise dans le département de la Seine-Inférieure, érigée en baronnie en 1663, en faveur d'*Antoine* DE LANGAUNAY.

DAMPIERRE, seigneurie de l'ancien Hurepoix, aujourd'hui département de Seine-et-Oise, à quatre kilomètres de Chevreuse, où le cardinal de Lorraine fit bâtir, sur les dessins de J.-H. Mansard, un magnifique château, qui appartient à M. le duc de Luynes, et dont les peintures ont été confiées à M. Ingres.

DAMPIERRE-LE-CHATEAU, ancienne seigneurie de Champagne, aujourd'hui département de la Marne, érigée en comté en faveur de *Nicolas* DE BUSSUT, seigneur de Ham, dont la fille aînée le porta à *Jacques* DU VAL, maître d'hôtel de la reine Catherine de Médicis ; une de ses branches s'était fondue en 1272 dans la maison de France par le mariage d'*Agnès* DE DAMPIERRE, dame de Bourbon, avec Robert de France, fils puîné de saint Louis et auteur de la maison royale de Bourbon ; un des descendants de Jacques du Val, *Charles-Antoine-Henri* DU VAL DE DAMPIERRE, né en 1746, mort en 1833, fut grand-vicaire et chanoine de Paris, refusa en 1791 de prêter serment à la constitution civile du clergé, se vit incarcéré jusqu'en 1794, fut nommé par le premier consul évêque de Clermont, et appelé en 1811 au concile national qui eut lieu à Paris, n'en résista pas moins aux volontés de l'empereur, devint sous Louis XVIII membre de la commission pour les affaires de l'Église de France, et signa en 1828 le mémoire des évêques contre les ordonnances de juin. Un autre membre de cette famille, *Auguste-Philippe Henri* DU VAL DE DAMPIERRE, né le 3 juin 1786, est aujourd'hui général de division et grand officier de la Légion-d'Honneur.

DAMPIERRE-LE-VIEIL, ancienne seigneurie de Champagne, aujourd'hui dans le département de l'Aube, érigée en marquisat en 1649, en faveur de *François* DE L'AUBEPINE, lieutenant général des armées du roi, gouverneur de Breda.

DAMPIERRE-SUR-BOUTONNE, ancienne seigneurie du Poitou, aujourd'hui dans le département de la Charente-Inférieure, ayant donné son nom à une maison célèbre qui s'éteignit en 1603 dans la personne de *Catherine* DE CLERMONT, épouse en secondes noces d'Albert de Gondi, duc de Retz, maréchal de France.

DAMPIERRE-SUR-VINGEANNE, ancienne seigneurie de Bourgogne, aujourd'hui dans le département de la Côte-d'Or, donna son nom à la première maison de Dampierre, dont le personnage le plus célèbre fut Gui DE DAMPIERRE, comte de Flandre, à qui nous consacrons une notice particulière.

DAMPIERRE (GUI DE), comte de Flandre, né en 1225, était fils de Guillaume de Dampierre et de Marguerite II, dite *de Constantinople*, ou *la Noire*, comtesse de Flandre. Associé au gouvernement par sa mère en 1251, comte souverain de Namur à partir de 1263, il succéda sans obstacle à son père en 1280. Il avait marié l'une de ses filles à Florent V, comte de Hollande. Cette alliance ne l'empêcha point de se liguer contre lui avec la noblesse de Hollande, et même de le faire traîtreusement arrêter dans une conférence ménagée entre eux par le duc Jean Ier de Brabant. Florent ne recouvra sa liberté qu'en payant une grosse rançon. En 1294, Gui, sans demander l'agrément de son suzerain Philippe le Bel, fiança sa quatrième fille, Philippe, au prince de Galles, fils d'Édouard aux Longues-Jambes ; et le roi de France, mécontent de cette alliance, s'en vengea en faisant arrêter Gui et sa femme Élisabeth. Philippe le Bel ne consentit à leur rendre leur liberté que sous la condition que leur fille resterait en otage à sa cour. Une fois libre, Gui reprit ces négociations avec le roi d'Angleterre et voulut contraindre par la force des armes Philippe le Bel à lui rendre sa fille, qu'il persistait à faire épouser par le prince de Galles ; mais il eut le dessous dans cette lutte. Assiégé dans Gand par Charles de Valois, frère du roi de France, il dût se rendre à discrétion. Philippe le Bel réunit alors purement et simplement son comté à la couronne de France. Mais, en 1302, éclata une insurrection générale des populations flamandes, et la meurtrière bataille de Courtray (1302) leur rendit leur indépendance. Philippe, vivement pressé à son tour par les Flamands, essaya de traiter avec eux par l'intermédiaire de Gui, remis à cet effet en liberté sur parole ; mais le comte ayant échoué dans ses tentatives pour arriver à une transaction, revint noblement reprendre ses fers. Il fut transféré à Pontoise ; et c'est là qu'il mourut, en 1305, à l'âge de quatre-vingts ans, laissant dix-neuf enfants de ses deux mariages. S'il était très-facile pour accorder des priviléges de toutes espèces, il s'entendait à les faire payer ; et son avidité, aussi bien que sa rigide économie, était devenue proverbiale.

DAMPIERRE (Auguste-Henri-Marie PICOT DE), général sous la première république française, né à Paris, le 19 août 1756, était de la maison des *Dampierre* de Champagne et d'une branche qui fut anoblie en 1496 par une charge de secrétaire du roi. Admis dans les gardes françaises à l'âge de quinze ans, il ne quitta ce régiment que pour achever son éducation par d'utiles voyages ; il explora l'Angleterre et la Prusse, voulut ensuite faire ses premières armes dans la guerre de l'indépendance américaine, et ne put en obtenir la permission. Il ne fut pas plus heureux dans une seconde tentative lors du départ du comte d'Artois pour le siége de Gibraltar. Issu d'une ancienne et noble famille, il se montra au-dessus des préjugés de son temps en épousant une roturière, l'arrière-petite-fille de Lulli, et devint aide de camp du général Rochambeau, puis colonel des dragons de la colonnelle-générale. Ce régiment, comme tant d'autres, se faisait remarquer par son insubordination. Le nouveau colonel, sans recourir aux moyens de rigueur, y ramena le bon ordre et la discipline ; mais il ne put éteindre ce ferment de mutinerie qui s'y était perpétué par tradition, et qui s'y révéla à plusieurs reprises.

Élevé au généralat, il réclama contre l'insertion de son nom sur la liste des membres du club monarchique, fondé par le comte de Clermont-Tonnerre. Sa division faisait partie de l'armée de Dumouriez : intimement lié avec le général Valence et les princes d'Orléans, il ne dissimulait point son antipathie pour Dumouriez. Il s'était fait remarquer par son intrépidité et son sang-froid à la bataille de Jemmapes ; il enleva les positions de Bossut et de Frameries, défendues par les Autrichiens avec la plus opiniâtre intrépidité, s'élança, à la tête du régiment de Flandre et des bataillons parisiens, sur les deux premières redoutes, et, tournant par une audacieuse et rapide manœuvre l'artillerie ennemie, fit 1,600 prisonniers. La bataille d'Anderlek, la prise de Malines, couronnèrent ses premiers faits d'armes. Il sauva l'armée après la bataille de Nerwinde. Bientôt après éclata la trahison de Dumouriez : Dampierre prit le commandement en chef. Dumouriez avait tout disposé pour ouvrir nos frontières à l'ennemi : il avait éparpillé ses divisions ; Dampierre se hâta de les rallier, et toute l'armée se trouva réunie au camp de Famars. Attaqué sur tous les points, Dampierre, accourant à l'avant-garde sur le chemin de l'abbaye de Vicogne, eut la cuisse emportée par un boulet ; il ne survécut que deux jours à la blessure, et expira six heures après avoir subi l'amputation. Le 10 mai 1793, la Convention lui décerna les honneurs du Panthéon, et, par un autre décret du 25 juillet suivant, ordonna que le buste du général serait placé dans la salle de ses séances. Le 29 décembre de la même année, Couthon proposa de retirer les cendres de Dampierre du Panthéon ; mais, sur la motion de Danton, cette proposition fut rejetée. Dufey (de l'Yonne.)

De ses deux fils, l'aîné, qui avait été son aide de camp et qui se trouvait auprès de lui sur le champ de bataille où il reçut la mort, obtint sous le Consulat le grade d'adjudant général et fut employé dans l'expédition de Saint-Domingue, où il mourut, en 1802. Le puîné, Charles Picot, marquis de Dampierre, servit sous son beau-frère, le général Dessoles, en qualité d'aide de camp, dans la campagne de Russie, pendant les années 1814 et, 1815. La Restauration le trouva colonel, et il entra dans les gardes du corps. Le 5 mars 1819 il était créé pair de France, continuant de siéger sous Louis-Philippe, et ne quittait la chambre haute qu'à la révolution de Février.

DAMRÉMONT (Charles-Marie-Denys, comte DE), lieutenant général, pair de France, et gouverneur de l'Algérie, mort au siége de Constantine, naquit à Chaumont (Haute-Marne), le 8 février 1783. Admis à l'École militaire de Fontainebleau, il en sortit, à l'âge de vingt et un ans, en qualité de sous-lieutenant au 12ᵉ régiment de chasseurs à cheval. Parti du camp de Boulogne en 1805, il fit avec distinction les campagnes de l'an XIV, de 1806 et de 1807, époque à laquelle il fut promu au grade de lieutenant. Austerlitz, Iéna, Friedland, furent ses initiations guerrières. Le général De France et plus tard le maréchal Marmont se l'attachèrent ensuite en qualité d'aide de camp. Il fit en Dalmatie les campagnes de 1807 et de 1808, et gagna ses épaulettes de capitaine pendant la campagne d'Allemagne de 1809. En 1811 le jeune officier se distinguait encore sur d'autres champs de bataille : à Salamanque il prenait ou tuait, avec un seul escadron d'escorte, 200 hommes au corps espagnol de don Julian. L'année suivante, en Portugal, près de Garda, ayant été envoyé à la poursuite d'un corps nombreux de milice, commandé par Silviera, il le mit en déroute, fit 1,200 prisonniers, et prit trois drapeaux. Ces actions d'éclat lui méritèrent le grade de chef d'escadron et bientôt après celui de colonel, que Napoléon lui donna sur le champ de bataille de Lutzen. Lorsque, en 1814, le duc de Raguse, investi le 27 mars du commandement en chef des troupes couvrant la capitale, se résigna à capituler, les bases d'une suspension d'armes furent arrêtées, de concert avec les comtes Orlow et Plater, stipulant au nom de l'empereur de Russie, par les deux premiers aides de camp du maréchal, le lieutenant colonel Fabvier, depuis lieutenant général, et le colonel de Damrémont.

A la première restauration, le comte de Damrémont entra dans les gardes du corps en qualité de sous-lieutenant, grade correspondant à celui de colonel, et, lié par le serment particulier de cette garde qui l'attachait à la seule personne du roi et l'obligeait à ne s'en séparer jamais, il suivit Louis XVIII à Gand pendant les cent-jours. A la rentrée du roi, il obtint, à force d'instances, le commandement de la légion de la Côte-d'Or. En 1823, lors de la campagne d'Espagne, Damrémont, maréchal de camp depuis le 25 avril 1821, eut l'honneur d'être mis à l'ordre du jour de l'armée, parce que la brigade du 5ᵉ corps qu'il commandait à la tranchée devant Pampelune n'avait éprouvé que le tiers des pertes faites les jours précédents par chacune des autres brigades. Nommé inspecteur général d'infanterie en 1824, et successivement membre de la commission de révision de l'ordonnance sur les manœuvres, attaché à l'ambassade extraordinaire de Russie, puis grand officier de la Légion d'Honneur, il demanda en 1830 le commandement de la 1ʳᵉ brigade de la 2ᵉ division de l'armée d'Afrique, et il fut chargé de s'emparer de Bone. Cette expédition lui fit honneur ; mais presque aussitôt un bâtiment apporta l'ordre d'évacuer Bone, et en même temps la nouvelle de la révolution de Juillet. En février 1831 il rentra en France, après avoir occupé pendant quelque temps la ville d'Oran, où il arrêta les envahissements de l'empereur de Maroc. Il était lieutenant général. Bientôt il fut investi du commandement de la 8ᵉ division militaire à Marseille. Le 11 septembre 1835 le roi l'éleva à la pairie.

Après la malheureuse issue de l'expédition du maréchal Clausel contre Constantine, Damrémont, qui avait montré au roi un nouveau plan d'occupation de l'Algérie, fut chargé du gouvernement général de cette colonie. En même temps, le général Bugeaud avait un pouvoir absolu à Oran, et il en résulta des tiraillements fâcheux, qui aboutirent au fatal traité de la Tafna. Enfin le siège de Constantine fut décidé. Les négociations entamées avec le bey n'ayant pu aboutir, le duc de Nemours partit pour l'Algérie avec les généraux Valée et Fleury, chargés du commandement de l'artillerie et du génie. Le 1er octobre les troupes se mirent en marche ; le 6 on était devant Constantine. Le temps devint mauvais. On réclamait la retraite comme commandée par l'humanité. Le général Damrémont s'y opposa. La batterie de Nemours fut construite sur le plateau de Koudiat-Athy pour battre le rempart de la place. Une dernière sommation fut adressée à la ville. Enfin, le 11 octobre le revêtement en maçonnerie de la brèche s'écroula. « La brèche est en bon train, dit alors le général en chef au duc de Nemours, on y travaillera toute la nuit, et je veux qu'on monte à l'assaut demain à midi ! » Rentré à son bivouac de Sidi-Mabrouck, il arrêta, de concert avec son chef d'état-major, la composition des colonnes d'attaque. Le 12, ayant reçu du parlementaire de la ville l'orgueilleuse réponse des habitants de Constantine à son ultimatum, il s'écria : « Allons, tant mieux ! ce sont de braves gens ; l'affaire n'en aura que plus d'éclat ! » et, montant à cheval, il se dirigea, suivi de ses aides de camp, vers le Koudiat-Athy, où il mit pied à terre. Il s'avançait avec le duc de Nemours, lorsque le général Rulhières, accourant à lui, le prévînt que les boulets passaient où il se trouvait : « C'est égal, allons toujours ! » Répondit-il. Au même instant, il tombait, atteint au-dessous du cœur. Cette catastrophe ne changea rien aux dispositions prises ; aucune circonstance fortuite ne parvint à détruire les sages combinaisons du général en chef. Les ordres qu'il avait donnés furent suivis, et rien d'essentiel n'y fut ajouté. A midi, le drapeau français flottait sur les mosquées de la ville, et le général Valée, qui avait pris le commandement de l'armée, s'installait dans le palais du bey, recueillant ainsi le fruit des travaux de son prédécesseur. Cependant, le silence qu'il garda dans ses rapports officiels sur la part que M. de Damrémont avait prise à la conquête de Constantine témoigna peu en faveur de la générosité de ses sentiments. Cette belle mort fut un sujet de regrets et d'admiration pour l'armée entière ; le roi Louis-Philippe ordonna de déposer dans le caveau des Invalides, à côté du général Baraguay-d'Hilliers, son beau-père, les cendres du brave Damrémont.

DAMVILLE, bourg de France, chef-lieu de canton dans le département de l'Eure, à 17 kilomètres d'Évreux, sur l'Iton, avec 988 habitants, ancienne seigneurie qui, après avoir appartenu au fameux Pierre de Labrosse, passa ensuite dans la famille de Montmorency. En 1552 elle fut érigée en baronnie. Henri Ier de Montmorency, second fils du connétable Anne, porta longtemps le nom de Damville. En 1610 la baronnie de Damville fut érigée en duché-pairie. A la mort de Henri II de Montmorency, la duché-pairie s'éteignit ; mais elle fut renouvelée en 1648 en faveur de son neveu, François-Christophe de Lévis-Ventadour, qui mourut sans postérité, et une seconde fois, en 1694, pour le comte de Toulouse.

DAN, suivant les traditions juives, fils de Jacob et de Bilcha, servante de Rachel, fut la souche de la *tribu de Dan*, laquelle, déjà forte de 64,000 combattants avant la conquête de la terre de Canaan, reçut alors en partage, de Josué, le territoire situé entre la Méditerranée et ceux qu'il assigna aux tribus de Benjamin, de Juda, d'Ephraïm et de Siméon. Mais elle n'en devint complètement maîtresse qu'à la longue. Plus tard, une partie de la tribu de Dan s'empara de la ville phénicienne de Laïs ou Leschem, à laquelle elle imposa désormais le nom de *Dan*. Cette ville, bâtie sur l'un des affluents du Jourdain, et toujours siège de l'idolâtrie, était située à l'extrémité septentrionale de la Palestine. De là cette expression qu'on rencontre si souvent dans la Bible : « Tout Israel, depuis Dan jusqu'à Berseba », ce qui veut dire : De l'extrémité septentrionale à l'extrémité méridionale. Les Danites, qui trafiquaient et naviguaient avec les Phéniciens et les Philistins, disparaissent de l'histoire après l'exil. La tradition suivant laquelle cette tribu aurait été s'établir en Éthiopie, dès le règne de Jéroboam, n'est qu'une fable inventée au moyen âge.

DANAÉ, fille d'Acrisius, roi d'Argos, et d'Eurydice, fille de Lacédémon, fondateur de Lacédémone, était dans toute la fleur de la jeunesse et de la beauté lorsque son père, averti par un oracle que le fils de sa fille lui arracherait un jour et le trône et la vie, fit enfermer cette princesse dans une tour d'airain, ou plutôt, si nous en croyons Pausanias, dans une chambre souterraine couverte de lames de ce métal. L'historiographe ajoute que cette chambre subsistait encore sous le règne de Périlaüs, tyran d'Argos, qui en ordonna la destruction ; bien plus, il assure que de son temps encore il existait des vestiges d'un palais construit sous terre, dont cette salle de métal avait fait partie. Vaine précaution ! Jupiter descendit en pluie d'or de l'Olympe, perça ce toit d'airain, et rendit la fille d'Acrisius mère de Persée. A cette nouvelle, le roi d'Argos fit jeter dans un coffre l'enfant et la mère, qu'on abandonna à la merci des flots, qui les portèrent sur les plages de Sériphe, une des Cyclades, dont Polydecte était roi. Recueillis par un pauvre pêcheur, ils furent amenés à la cour de ce prince, qui fit élever Persée près de lui ; mais quand ce héros fut devenu grand, il l'éloigna sous quelques prétextes, craignant qu'il ne vengeât sur lui l'honneur de sa mère, dont il avait obtenu les faveurs, et que, dit-on, il épousa depuis. Vrai redresseur de torts, vrai type des chevaliers errants, Persée partit pour combattre les Gorgones, femmes sauvages et cruelles ; et à son retour, il tua Polydecte, l'époux de sa mère, son bienfaiteur, celui à qui il devait l'éducation et la vie. Ici finissent les aventures de Danaé : cette vieille héroïne retourna avec Persée, son fils, et Andromède, sa belle-fille, à Argos, et ne fit plus parler d'elle. DENNE-BARON.

DANAÏDE (*Hydrodynamique*). C'est sans doute d'après une analogie éloignée que, par rapport au tonneau des Danaïdes, Manoury d'Hectot, propriétaire du Calvados, inventeur de la danaïde, lui a donné son nom mythologique. Cette machine, qui offre de nombreux avantages dans son application, donne un moyen facile et sûr de convertir le mouvement rectiligne imprimé par l'eau, en un mouvement de rotation continue. Elle se compose d'un cylindre vertical en bois dont la capacité intérieure est creusé et divisée en deux parties par un diaphragme horizontal. L'eau arrive à la surface supérieure du diaphragme par un tuyau, et s'y répand en nappe ; de là elle s'échappe, et va frapper sur les parois de toute sa circulaire du cylindre ou cuve. Ce jet imprime au cylindre, mobile et supporté sur un pivot, un mouvement circulaire autour de l'arbre vertical qui le traverse en forme d'axe. La deuxième moitié ou capacité du cylindre, inférieure au diaphragme, reçoit à son tour, à travers un vide pratiqué au milieu du diaphragme, l'eau qui retombe après avoir frappé tangentiellement la paroi concave supérieure. D'autres diaphragmes verticaux, au nombre de neuf ordinairement, divisent cette capacité inférieure en huit segments égaux ou chambres. On a pratiqué également à l'entour d'eux un espace circulaire libre pour l'écoulement final de l'eau dans le bassin où on a placé la danaïde. Plus tard, l'inventeur a perfectionné sa découverte en substituant aux diaphragmes verticaux plans de la capacité inférieure des surfaces contournées en spirale. Cette modification a beaucoup ajouté à l'effet de la danaïde.

PELOUZE père.

DANAÏDES. Danaüs régnait en Libye, et Ægyptus, son frère, en Arabie depuis neuf années, lorsque le second, craignant les embûches que lui dressait le premier, et cherchant à cimenter leurs intérêts communs, offrit ses cinquante fils en mariage aux cinquante filles de Danaüs. Celles-ci, qu'on a appelé *Danaïdes*, du nom de leur père, regardant comme impie et incestueuse l'union projetée avec leurs cousins germains, s'enfuirent à Argos, où elles demandèrent asile à Pelasgus, qui les reçut favorablement. C'est ainsi du moins qu'Eschyle rapporte cette arrivée des Danaïdes à Argos, dont il a fait le sujet de sa tragédie des *Suppliantes*. D'autres disent que Danaüs, épouvanté par un oracle qui lui avait annoncé qu'il périrait de la main d'un de ses gendres, se retira avec ses filles à Rhodes, et ensuite à Argos, où il régna à l'exclusion de Gelanor, comme descendant d'Epaphus, fils d'Io, Argienne. Ægyptus, trouvant son frère plus redoutable de loin, par les alliances que les Danaïdes pouvaient contracter avec les princes grecs, envoya ses fils à la tête d'une puissante armée réclamer la main de leurs cousines. Danaüs et ses filles ne purent éluder cette galanterie, et se promirent toutefois d'y répondre d'une manière analogue. Les mariages furent célébrés; mais au repas de noces les Danaïdes reçurent de leur père chacune un poignard, avec ordre d'égorger dans la nuit les époux qu'elles venaient d'accepter, et de lui apporter leurs têtes au lever de l'aurore. Elles obéirent, à l'exception d'Hypermnestre, l'aînée, qui, formant le projet d'épargner les jours de son époux Lyncée, lui fournit secrètement les moyens de fuir, et, tranquille sur son sort, vint au milieu de ses sœurs se présenter hardiment devant son père, les mains pures de l'affreux trophée. Du reste, les autres filles de Danaüs donnèrent pieusement la sépulture à leurs maris; et comme elles n'avaient accepté les poignards que par obéissance, par amour pour leur père, et par crainte de l'oracle, Minerve et Mercure, par ordre de Jupiter, les purifièrent de ce meurtre, dans les eaux expiatoires du lac de Lerne. Cependant Danaus, transporté de colère, avait fait jeter Hypermnestre dans un cachot, et, selon Pausanias, l'avait accusée juridiquement de trahison; mais les Argiens la déclarèrent innocente, et elle fut rendue à Lyncée, qui justifia plus tard l'oracle en montant sur le trône d'Argos. Quant aux autres Danaïdes, elles se marièrent à des héros grecs, qui les obtinrent comme prix de leur victoire dans les jeux publics. Par la suite s'accrédita la tradition fabuleuse que Jupiter les avait condamnées à remplir éternellement dans le Tartare un tonneau sans fond; mais ce n'est qu'une allégorie, assez clairement expliquée par Strabon, qui nous montre les quarante-neuf sœurs creusant des puits nombreux, inventant des rigoles, des canaux, des pompes, qui fertilisent les plaines arides d'Argos.

DANAÏDES (*Histoire naturelle*). Linné établit sous ce nom l'une des six sections ou phalanges dont il composa son genre *papillon*, et il la divisa en deux petites tribus : celle des *danaïdes blanches* (*danai candidi*), correspondant aux piérides et aux colliades des entomologistes modernes (les papillons du choux, de la rave, du séné, aurore et marbré, en sont les principales espèces); la seconde tribu est celle des *danaïdes variées* (*danai festivi*), comprenant les genres *nymphale* et *satyre*; on y remarque la bacchante, le tristan, l'amaryllis, le tyrcis, le silene, etc.

Pour les botanistes, les *danaïdes* sont des plantes de la famille des rubiacées, à fleurs rougeâtres, et répandant une odeur agréable; on les trouve dans les bois des îles de France et Bourbon. P. GERVAIS.

DANAKIL ou **DANKALI** (le premier de ces mots est la forme arabe du pluriel, et le second celle du singulier). C'est la dénomination générique sous laquelle on désigne les nombreuses tribus de nomades et de pêcheurs qui habitent la côte d'Abyssinie appelée Samhara, sur la côte orientale de l'Afrique, depuis le détroit de Bab-el-Mandeb au nord jusqu'à Harkiko. Autrefois ces diverses tribus étaient réunies, et formaient ce *royaume de Danakil* qui joua un rôle important dans les guerres des Mahométans contre les Abyssins. Mais de nos jours, elles sont divisées, vivent indépendantes les unes des autres, obéissant chacune a un chef particulier. Toutes professent l'islamisme avec fanatisme, en-

core bien qu'on ne trouve point chez elles de mosquées, parce qu'elles sont trop pauvres pour pouvoir en construire. Les hommes mènent paître leurs troupeaux et fument tranquillement leur tabac, tandis que les malheureuses femmes sont réduites aux plus rudes travaux d'une agriculture d'ailleurs fort peu avancée. Le lait constitue la principale nourriture de ces diverses populations. Quelques tribus pratiquent aussi la pêche, et à cet effet ont pris possession de l'île de Dhalak, située dans la mer Rouge. Les habitants du continent exercent aussi l'industrie de conducteurs de caravanes. C'est la seule qu'ils connaissent; et à cet égard ils sont bien au-dessous des *Somalis*, peuplades dont l'origine est vraisemblablement la même, mais qui leur sont de beaucoup supérieures pour ce qui est du courage et de la résolution. Parmi ces tribus, dont on évalue le nombre total à quarante environ, les plus importantes sont les *Hadarems*, les *Damhoetas* et les *Taïemlas*. Elles parlent une langue répandue, sauf quelques légères différences de dialecte, depuis Bab-el-Mandeb jusqu'à Zecla, et qu'a fait connaître le vocabulaire publié par Isenberg (Londres, 1840).

DANAÜS, fils de Bélus et d'Anchinoé ou Achiroé, chef prétendu d'une colonie égyptienne qui serait venue s'établir, vers 1550 avant J.-C, à Argos, dont il fut, après Inachus, le fondateur, était frère d'Ægyptus, avec lequel il partagea la domination de son père. Mais, pour réunir tout l'héritage, ce frère força Danaüs à prendre la fuite, ou plutôt, suivant d'autres témoignages, offrit en mariage à ses cinquante filles les fils en pareil nombre qu'il avait eus d'Euryrroé, fille du Nil. Ces noms, ces chiffres, font assez voir qu'il ne s'agit point ici de faits positifs, mais de traditions mythiques et de personnifications plus ou moins heureuses. Soit avant, soit après le meurtre des fils d'Ægyptus, Danaüs, craignant les mauvais desseins de son frère, s'embarqua sur une galère à cinquante rames, passa à Rhodes, et partit de là pour Argos, où son origine (il descendait, par Epaphus-Apis, de la princesse argienne Io-Isis) lui faisait espérer un accueil favorable. Il débarqua dans un lieu que Pausanias appelle Ἀπόβαθμος; près de Thyrée; et son arrivée opéra une révolution parmi les Argiens, Pélasges d'origine. Gelanor, qui commandait dans la ville, laissa le trône à Danaüs, et les Ioniens du Péloponnèse ou d'Égialée prirent alors, en même temps que des mœurs nouvelles, le nom de *Danaens* (Δαναοί) ou *Danaïdes* (Δαναΐδαι), sous lequel Homère a coutume de désigner les Grecs en général. Lyncée, qui avait épousé Hypermnestre, l'aînée des Danaïdes, réconcilia son père avec celui de sa femme, et succéda à ce dernier sur le trône d'Argos, où régna ensuite sa race, qui devait donner le jour à Hercule.

DANCARVILLE (PIERRE-FRANÇOIS-HUGUES), et non d'Hancarville, comme on écrit quelquefois son nom à tort, savant aventurier, né à Marseille, le 1er janvier 1729, était le fils d'un marchand. Doué de connaissances étendues et d'un esprit vif, mais inconstant, il se rendit à Berlin, où il joua pendant quelque temps le rôle de grand seigneur, prenant le titre de comte et faisant des dettes, pour le payement desquelles on le mit en prison. Plus tard il réussit à obtenir les bonnes grâces et la confiance du duc Louis de Wurtemberg, qui lui fournit les moyens d'entreprendre le voyage de Rome, où il se fit passer pour un baron *du Han*. De cette ville il se rendit à Naples, où il fut chargé de diriger l'impression et la publication de l'ouvrage d'Hamilton sur les vases étrusques dont le roi d'Angleterre acheta la collection, et où il fit paraître en outre les *Antiquités Étrusques, Grecques et Romaines* (4 vol. in-fol., avec grav. color., Naples, 1766), ouvrage devenu rare aujourd'hui, et les *Veneres et Priapi uti observantur in gemmis antiquis* (2 vol., Leyde [Naples], 1771, in-4°, avec gravures).

Après s'être brouillé à Naples avec le marquis Tanucci, il se rendit à Florence, où le grand-duc lui confia la direction et la garde du musée Médicis, qu'il décrivit dans un ouvrage orné de 300 gravures. Il a en outre fait paraître, sans y attacher son nom, les *Monuments de la vie privée des douze Césars, d'après une suite de pierres gravées sous leurs règnes* (Caprée, 1780); *Mémoires du Culte sacré des Dames Romaines* (Caprée, 1784), et *Recherches sur l'origine, l'esprit et les progrès des Arts dans la Grèce* (Londres, 1785, 3 vol.). Plus tard, l'inquiétude naturelle de son esprit le conduisit à Padoue, puis à Venise, où il mourut, en 1800. Les gravures qui ornent ses ouvrages leur donnent une haute importance, encore bien que les textes explicatifs laissent beaucoup à désirer.

DANCHET (ANTOINE), né en 1671, à Riom, en Auvergne, mort à Paris, en 1748, membre de l'Académie des Inscriptions et de l'Académie Française.

> Je te vois, innocent Danchet,
> Écouter les vers que je chante,
> Comme un sot pris au trébuchet,
> Grands yeux ouverts, bouche béante.

C'était pourtant là, dessiné au vif par J.-B. Rousseau, le portrait de ce poète, qui pendant cinquante ans charma le public par la poésie molle et facile de ses opéras. Malgré son air bête, il déclamait si bien que les acteurs eux-mêmes l'écoutaient avec un enthousiasme qu'il ne fallait pas toujours attribuer au mérite de ses vers. « Ah, monsieur, que ne vous faites-vous comédien! » s'écria un jour l'acteur Ponteuil; Danchet, le regardant avec dédain, lui répondit par ces deux vers de Nicomède:

> Le maître qui prit soin d'instruire ma jeunesse
> Ne m'a jamais appris à faire de bassesse.

Et il poursuivit sa lecture; et Ponteuil se le tint pour dit. Au surplus, ce poète si méprisant pour ces pauvres excommuniés d'histrions, n'avait pas, en sa qualité d'auteur d'opéras, été mieux traité dans sa jeunesse par une famille à préjugés. Né pauvre, il fut obligé, pour pouvoir achever ses études à Paris, de se faire répétiteur de quelques écoliers pauvres. Une pièce de vers qu'il composa en 1691, sur la prise de Mons, lui valut une chaire de rhétorique à Chartres. En 1696 il revint à Paris pour faire l'éducation de deux enfants, dont la mère en mourant lui légua une rente de deux cents livres. Sans abandonner ses élèves, il fit un opéra, *Hésione*, qui eut un grand succès. La famille, indignée, lui retira ses élèves: elle en avait le droit; mais elle voulut aussi reprendre la rente. Danchet, quoique bon homme, plaida pour ses deux cents livres, et il gagna son procès.

Danchet a composé quatre tragédies: *Cyrus* (1706), *Les Tyndarides* (1708), *Les Héraclides* (1719), *Nitétis* (1724). Ces productions, dans lesquelles l'auteur s'est montré le pâle imitateur de la manière de Racine, sont empreintes de tout les défauts de l'école fadement amoureuse qui exploitait alors le domaine tragique. Elles sont à peine comparables aux plus froides compositions de Crébillon: c'est du Campistron affaibli. Les opéras de Danchet sont moins mauvais que ses tragédies, dit Voltaire, qui se montre souvent trop sévère envers lui. Ils sont au nombre de sept, dont voici les titres: *Hésione* (1700); *Tancrède* (1702); *Alcine* (1705); *Idoménée*, (1712); *Téléphe* (1713); *Camille reine des Volsques* (1717); *Achille et Déidamie* (1735). Il est en outre l'auteur de quatre ballets: *Aréthuse, ou la Vengeance de l'Amour* (1701); *les Muses* (1703); *Les Fêtes Vénitiennes* (1710); et *Les amours de Mars et de Vénus* (1712). La musique de tous ces poèmes est de la composition de Campra, avec lequel il mit encore au théâtre, en les arrangeant et retouchant, diverses pièces anciennes. La plupart des opéras de Danchet ont obtenu les honneurs de la parodie, ce qui atteste leur succès. De tant de productions, dont la plupart eurent la vogue au théâtre pendant un demi-siècle, les hommes de goût n'ont conservé la mémoire que du seul opéra d'*Hésione*, drame bien conçu, bien conduit et

bien versifié, et de quelques scènes de *Tancrède*. La Harpe donne à l'*Hésione* de Danchet la palme sur tous les opéras de Campistron, de Duché et de Fontenelle.

J.-B. Rousseau, qui ne pouvait pardonner à Danchet ses succès dans le genre lyrique, a fait sur lui de sanglantes épigrammes. Danchet lui répondit une seule fois, comme on peut le voir dans ses œuvres complètes, où l'on ne trouve que trois épigrammes. L'auteur d'*Hésione* était du commerce le plus doux et le plus sûr; il eut beaucoup d'amis, qu'il conserva toujours, et sa carrière fut aussi paisible que celle de J.-B. Rousseau a été malheureuse et agitée.

Charles Du Rozoir.

DANCOURT (FLORENT CARTON D'ANCOURT, plus généralement appelé), naquit à Fontainebleau, le 1ᵉʳ novembre 1661, de Florent Carton, sieur d'Ancourt, écuyer, et de Louise de Londé, tous deux de la religion réformée, qu'ils abjurèrent plus tard pour embrasser la croyance catholique. Il fit ses études à Paris, sous la direction du P. De la Rue, jésuite habile, qui ne négligea rien pour attacher à son ordre un élève brillant dont il avait remarqué de bonne heure la vivacité d'intelligence et la rare pénétration. Mais les soins du bon père furent inutiles: à la solitude du cloître Dancourt préféra le barreau. Dès qu'il eut fait sa philosophie, il étudia le droit, et se fit recevoir avocat en 1678. Il aurait suivi cette carrière, où tout porte à croire qu'il se serait non pas illustré, mais distingué, en devenant avocat s'il n'était aussi devenu passionnément amoureux de la fille du comédien La Thorillière. Malgré les remontrances du noble écuyer son père et la vive opposition de sa mère, l'élève du révérend père De la Rue osa épouser sa maîtresse (1680), et par suite de ce mariage il embrassa bientôt après la profession dramatique. Comme il avait toutes les qualités nécessaires pour réussir au théâtre, il y parut avec éclat, et s'y fit un grand nom, surtout dans les rôles de jaloux, de misanthrope, d'hypocrite.

Dancourt ne se contenta pas de briller au théâtre comme acteur; il écrivit aussi bon nombre de comédies, dont plusieurs eurent alors un grand succès. La collection complète de ses pièces, la plupart de circonstance, et par conséquent d'un intérêt fugitif, a été publiée pour la première fois en 1729, et ne forme pas moins de 8 vol. in-12. *Le Chevalier à la Mode, Les Trois Cousines, Le Mari retrouvé, les Bourgeoises de qualité, Le Galant Jardinier*, sont à peu près les seules qu'on puisse aujourd'hui lire d'un bout à l'autre avec un intérêt soutenu. Une fécondité inépuisable, une rare aptitude à composer des scènes plaisantes, mais rarement comiques, beaucoup d'aptitude à saisir le côté ridicule de tous les petits travers de la société, l'art d'exposer naturellement un sujet dès la première scène, telles sont les qualités qui distinguent Dancourt. Le dialogue de ses pièces est en général léger, vif, rapide, plein de gaieté et de saillies; mais l'auteur s'y permet parfois des plaisanteries qui s'écartent beaucoup trop de l'objet de la scène. Il se plaisait surtout à peindre les mœurs rustiques: ce qui lui a valu de Palissot le surnom de *Téniers de la Comédie*.

Des pensées sérieuses vinrent enfin dégoûter Dancourt du théâtre, qu'il quitta entièrement à Pâques de l'année 1718, pour se retirer à sa terre de Courcelle-le-Roi, en Berri. Depuis on ne voit pas qu'il ait jamais été tenté de reparaître sur la scène, pas même pour s'y faire applaudir encore une fois comme Baron, son rival, ou pour y mourir comme Molière, leur maître à tous deux. Loin de là, Dancourt ne s'occupa plus que de son salut; il composa même dans sa retraite une traduction des *Psaumes de David*, en vers, et une tragédie sainte, qui n'ont pas été imprimées. Aussi lorsqu'il mourut, le 6 décembre 1725, âgé de soixante-sept ans, ses restes obtinrent sans peine ce qu'on avait voulu refuser à Molière, un peu de terre pour les couvrir. Il paraît du reste que Dancourt avait toujours tenu à aller en Paradis. On rapporte qu'étant allé de la part de ses collègues porter aux administrateurs de l'Hôtel-Dieu les rétributions de la Comédie, il leur fit un discours où il s'efforça de prouver que le secours annuel donné aux pauvres aurait dû le mettre lui et ses collègues à l'abri de l'excommunication, à quoi le premier président de Harlay répondit prudemment : « Dancourt, nous avons des oreilles pour vous entendre, des mains pour recevoir vos aumônes, mais nous n'avons point de langue pour répondre à vos propositions. »

Jean AICARD.

DANCOURT (L......-R......), auteur et comédien, joua longtemps à l'étranger et dans les provinces. Parvenu à un âge avancé, il revint à Paris, où il se lia intimement avec Favart, et mourut aux Incurables de la rue de Sèvres, le 29 juillet 1861. Il excellait dans les rôles d'Arlequin, et s'y fit surtout une réputation à Berlin et à Vienne. Le meilleur de ses ouvrages est celui qui a pour titre : *L.-R. Dancourt, arlequin de Berlin, à J.-J. Rousseau, citoyen de Genève* (1759). C'est une apologie de la comédie et des comédiens, en réponse au discours de Rousseau contre les spectacles. Le titre d'*Arlequin de Berlin* est pris par Dancourt pour parodier celui de *citoyen de Genève*. Ce livre est le plus estimé sans contredit de ceux qui parurent en réplique à la lettre de Rousseau ; il est de beaucoup supérieur à l'*Apologie du Théâtre* par Marmontel.

On doit encore à notre spirituel arlequin *Les Deux Amis*, comédie en trois actes et en prose, jouée en 1762, au Théâtre Italien ; *Le Mariage par Capitulation*, pièce en un acte, mêlée d'ariettes, représentée en 1764, sur la même scène ; *Ésope à Cythère*, un acte, en prose, avec ariettes, au même théâtre ; sans compter *Diogène fabuliste*, et beaucoup d'autres ouvrages, joués dans diverses villes de l'étranger et de France. On lui attribue, en outre, la *Lettre de l'Arlequin de Berlin à Fréron sur la retraite de M. Gresset* (1760).

D'ANDELOT (FRANÇOIS DE COLIGNY), né en 1521, à Châtillon-sur-Loing, mort le 27 mai 1559, à Saintes, était le frère de l'amiral de Coligny, et le plus jeune des quatre fils de Châtillon et de Louise de Montmorency, sœur du connétable. Armé chevalier à la bataille de Cérisoles, par le duc d'Enghien, il fut plus tard envoyé en Écosse, à la tête d'une armée destinée à soutenir Marie Stuart. Fait prisonnier dans une sortie, au siège de Parme, il lut pendant sa captivité des ouvrages de théologie qui l'attachèrent aux idées de la réforme. En 1547 lui et son frère Gaspard s'allièrent à deux proches parentes de la maison de Laval. Bientôt il obtint la charge de colonel général de l'infanterie, dont son frère se démit en sa faveur. Au milieu d'une cour corrompue, il sut, comme l'amiral, conserver une pureté de mœurs antique, et résister aux moyens mis en œuvre par l'astucieuse Catherine de Médicis afin de le gagner. C'est lui qui fit adopter à son frère l'amiral et à son autre frère cadet, Odet de Châtillon, évêque de Beauvais, les principes des protestants ; et quand les guerres de religion éclatèrent, il n'hésita pas à se mettre bravement à la tête de ses coreligionnaires, combattant pour la défense de la liberté de conscience. Pendant la première guerre, il assista à la bataille de Dreux et défendit Orléans. Dans la seconde, il conduisit avec tant d'habileté les opérations du siège de Chartres, que Catherine de Médicis, dans la crainte de voir cette place importante tomber au pouvoir des protestants, dut demander la paix. Lors de la troisième prise d'armes, il assista à la bataille de Jarnac, et, après la défaite des protestants et la mort du prince de Condé, il recueillit les débris de l'armée, et les conduisit à Saintes, où, quelques mois après, il rendait son âme à Dieu. D'Andelot est incontestablement une des plus grandes et des plus nobles figures qu'offre l'histoire si malheureuse du seizième siècle.

DANDIN. « C'était, dit Rabelais, un bon laboureur, bien chantant au lutrin, appointant plus de procès qu'il n'en était vidé en tout le palais de Poitiers ; ce qui le faisait vénérable en tout le voisinage. Aussi était-il presque tous les jours de banquet, de festin, de noces, de commérage, de relevailles, et en la taverne pour faire quelque appointement, entendez, car jamais n'appointait les parties qu'il ne les fit boire ensemble par symbole de réconciliation, d'accord parfait et de nouvelle joie. Il eut un fils, Tenot Dandin, qui voulut aussi s'entremettre d'appointer les plaidoyants ; mais tant fut malheureux qu'au lieu d'appointer les procès, il les irritait et agressait davantage. Un jour, il s'en plaignait à son père et référait les causes de ce mesbaing en la perversité des hommes de son temps. — Dandin, mon fils, lui dit Perrin Dandin, tu n'appointes jamais les différends ; pourquoi ? tu les prends dès le commencement, étant encore verts et crus ; je les appointe tous ; pourquoi ? Je les prends sur leur fin, bien mûrs et digérés. Quand les bourses de nos plaidoyants étaient vides, manquait seulement quelqu'un qui fût comme paranymphe et médiateur, qui ôtât à l'une et à l'autre partie cette pernicieuse honte qu'on eût dit : cestui premier s'est rendu. Là, Dandin, je me trouve à propos comme lard en pois : c'est mon heure, c'est mon gain, c'est ma bonne fortune. »

Ainsi, Dandin accommodait les procès, siégeant sur une pierre, sur un escabeau, où, par contenance et faute de marche-pied, il donnait à ses jambes un branle imitant le son des cloches, lorsqu'elles font *din, dan, din*. De là sont venus les deux mots *dandiner* et *dandinement*, exprimant l'action de balancer son corps en marchant, ou ses jambes quand on est assis. C'est pour cela qu'on appelle aussi quelquefois un *dandin* ou *grand dandin* un homme dont les gestes sont gauches et embarrassés. On voit que Perrin était un fin matois, habile à remplir sa panse aux dépens d'autrui. La Fontaine s'est emparé de ce caractère sans le dénaturer. Rien n'est plus plaisant que Dandin intervenant entre deux hommes se disputant une huître :

Perrin fort gravement ouvre l'huître et la gruge,

et ne leur laisse que les écailles. Molière, de son côté, a imposé ce nom à un paysan enrichi, poussé par la vanité à s'unir à une fille noble, qui le trahit et le dédaigne tout à la fois. Cependant, Georges Dandin n'est ni dupe ni sot : il lutte de ruse contre deux femmes, déjoue leurs tromperies, et peu s'en faut qu'il ne réussisse à les démasquer. On rit de lui sans le mépriser ; il advient même qu'on le plaint. Mais un autre grand poète, Racine, s'est avisé de transporter sur notre scène *Les Guêpes* d'Aristophane ; et affublant du nom de *Dandin* le principal personnage de sa pièce, il en a fait le type du juge inepte, ridicule et cupide. Son stigmate est resté indélébile.

SAINT-PROSPER jeune.

DANDOLO (Famille des). Les Dandolo étaient au nombre de ces familles de Venise qui faisaient remonter leur origine jusqu'aux Romains : ils ont donné quatre doges à leur patrie.

DANDOLO (ENRICO ou ARRIGO), le premier et le plus grand de ceux qui devaient illustrer ce nom, naquit vers l'année 1110. Il se mêla de bonne heure aux affaires publiques, et se distingua par son habileté, sa bravoure et son éloquence. Parmi les républiques italiennes, Venise occupait alors le premier rang ; elle osait prétendre au monopole de tout le commerce de l'Europe avec l'Inde par Alexandrie et Constantinople ; mais ses orgueilleux sénateurs humilièrent par leurs insolentes prétentions l'empereur Manuel Comnène. Ce prince s'en vengea en faisant arrêter tous les Vénitiens qui se trouvaient dans ses États, et en confisquant leurs propriétés. Une galère de la république ramena à Venise l'ambassadeur Dandolo, qu'elle avait envoyé à Constantinople. Le peuple accourut sur le rivage pour le saluer ; mais un cri d'effroi l'accueillit lorsqu'il mit pied à terre : le malheureux était aveugle : Comnène lui avait fait brûler les yeux. Il y eut alors de féroces imprécations et des hurlements de vengeance. Mais les flottes vénitiennes ne furent pas

D.

heureuses; la raison d'État imposa bientôt silence à la haine, et la paix se fit. Les successeurs de Manuel, à leur tour, persécutèrent les Vénitiens, les chassèrent de toute l'étendue des terres de leur domination, et convièrent les Pisans à hériter du monopole de la grande république : c'était porter un rude coup à la puissance de Venise; elle crut le parer en élisant pour doge Dandolo, alors âgé de quatre-vingt-deux ans, et en déclarant la guerre aux Pisans, qu'elle vainquit en deux batailles navales. Mais ce double succès n'amena qu'un compromis avec l'ennemi, sans l'anéantir; il fallut consentir à le laisser trafiquer dans le Levant; seulement on frappa ses marchandises d'une redevance considérable; et jusqu'à la fin du siècle Dandolo ne servit plus sa patrie que par de sages et utiles règlements.

Le treizième siècle s'ouvrit, et ralluma la fureur des croisades : en 1201, les chevaliers de la Croix vinrent supplier Venise de leur noliser des navires de transport; le vieux doge, à la fois marchand, Vénitien zélé et guerrier chrétien, détermina son pays à promettre les munitions et les flottes au prix de 85,000 marcs d'argent; il offrit même la coopération de cinquante galères armées, sous la condition que la république aurait la moitié des conquêtes que les croisés feraient en Orient. Au jour assigné pour le départ, l'argent manqua aux chevaliers; Dandolo, toujours ardent pour l'agrandissement de sa patrie, leva la difficulté en leur proposant de s'emparer de Zara et de la livrer à Venise en déduction de leur dette. C'était une ville chrétienne, mais elle avait osé insulter la république : les foudres du Vatican ne purent la sauver. Dandolo lui-même avait pris la croix et le commandement de la flotte. Alors arriva au milieu des croisés le fils d'Isaac, détrôné et chassé de Constantinople par son oncle Alexis; il venait supplier les héros francs de lui rendre son empire. Dandolo sentit se réveiller la soif de vengeance qu'il avait jurée contre les Grecs; il souffla le feu de sa haine au cœur des seigneurs qui l'accompagnaient, et la flotte, en ce moment réunie à Corfou, reçut pour mot de ralliement : *Constantinople!* Le ciel sembla applaudir à cette résolution soudaine : une brise favorable poussa rapidement vers le Bosphore les trois cents navires de la Croix. A l'aspect de la ville impériale, il n'y eut si hardi à qui le cœur ne frémît : « vingt larges galères et une énorme chaîne de fer défendaient l'entrée du port..... » Dandolo seul resta impassible; il connaissait l'ignominie des Grecs, il décida l'attaque, poussa ses galères vers le port, lança sur la chaîne son plus gros navire, dont l'étrave était armée de ciseaux d'acier qu'ouvrait et fermait alternativement une puissante machine, coupa la chaîne, écrasa les galères grecques, et serra la muraille, tandis que ses transports débarquaient les croisés sur l'autre rive. Le côté de la mer était le vrai point d'attaque; Dandolo proposa aux chevaliers de venir combattre sur ses vaisseaux; mais ils refusèrent ce terrain, laissèrent les Vénitiens ouvrir seuls la brèche du port, et coururent vers une autre porte. Malgré les pierres, les flèches, le feu grégeois, si terrible, que les assiégés faisaient pleuvoir du haut des créneaux, le doge dressa ses tours flottantes, battit les murailles avec ses béliers, lança ses ponts, et le drapeau du lion de Saint-Marc se déroula le premier sur vingt-cinq bastions de la grande ville.

Pendant la nuit, l'empereur, frappé d'épouvante, s'enfuit; et, le lendemain l'armée des croisés campa sous le parvis de Sainte-Sophie. Bientôt la discorde éclata entre les chevaliers et le nouvel empereur; les soldats vainqueurs le déposèrent, et voulurent proclamer pour empereur des Grecs Henri Dandolo : les républicains de Venise qui avaient suivi leur doge s'y opposèrent ; le doge, maître de la Grèce, de Constantinople, d'une partie de l'Orient, eût été un tyran. Ils prononcèrent un refus formel et unanime. A sa place, Baudouin, comte de Flandre, fut assis sur la pourpre, et pendant quelques jours Constantinople ne fut plus qu'un vaste marché où les vainqueurs se partagèrent les dépouilles et les débris de l'empire grec. Dandolo plaida puissamment en faveur de sa patrie; il était éloquent, vénéré; les Francs le nommaient *le prudent des prudents*. Il fit adjuger à Venise les Cyclades, les Sporades, les îles de la côte orientale de l'Adriatique, les côtes de la Propontide et du Pont-Euxin, tout le littoral de la Thessalie, etc. Henri Dandolo revint dans sa patrie, à laquelle, outre sa gloire et les titres de sa nouvelle grandeur, il offrit encore en hommage beaucoup de reliques saintes, des chefs-d'œuvre des arts, tels que ces fameux *chevaux de Venise*, attelés jadis au quadrige d'un empereur romain. La mort ne lui laissa qu'une année pour jouir en paix de ses glorieux souvenirs : il mourut en 1205.

Théogène PAGE, capitaine de vaisseau.

DANDOLO (JEAN) fut doge de 1280 à 1289. Il eut une longue guerre à soutenir en Istrie contre le patriarche d'Aquilée, qui s'était déclaré pour les habitants de Trieste révoltés. Cette guerre épuisa les finances de la république.

DANDOLO (FRANÇOIS) fut doge depuis le 8 janvier 1328 jusqu'au 31 octobre 1339. Avant d'être élevé à cette dignité, il avait été envoyé, en 1313, en ambassade auprès de Clément V pour obtenir que ce pape retirât l'excommunication qu'il avait lancée contre la république. Il se jeta aux pieds du pontife, avec une chaîne de fer au cou, déclarant qu'il ne se relèverait qu'après avoir obtenu l'absolution de sa patrie. Clément V se laissa toucher, et réconcilia Venise avec l'Église. Cette aventure valut à Dandolo le sobriquet *de chien*, qu'il garda toute sa vie. Pendant son administration, les Vénitiens, enfermés jusque alors dans leurs lagunes, étendirent leur domination sur la terre ferme, enlevèrent Trévise, Cénéda et Conégliano à la maison de la Scala, et prirent sous leur protection les Carrares, seigneurs de Padoue, dont ils assurèrent l'indépendance.

DANDOLO (ANDRÉ), né en 1307, mort le 9 septembre 1354, fut élu doge de Venise, après le court règne de Barthélemy Gradenigo, en 1343. La même année les Vénitiens prirent part à la croisade prêchée par Clément VI contre les Ottomans. Cette guerre, qui dura trois ans, finit par un traité avantageux. Venise eut ensuite à réduire Zara, révoltée à l'instigation du roi de Hongrie. En 1348, une guerre désastreuse éclata encore avec les Génois. Mais Dandolo réussit à conclure une alliance entre l'empereur d'Orient, le roi d'Aragon et ses compatriotes; et le 29 août 1349 les flottes combinées des trois puissances anéantirent la flotte génoise dans les eaux de Cagliari. Gênes confia alors l'autorité suprême à Jean Visconti, qui sollicita la paix. Pétrarque, chargé de la négocier, fit preuve de peu d'habileté diplomatique dans cette mission; et Dandolo déclara formellement la guerre à Visconti, en 1354. Mais il mourut la même année. C'est le dernier doge de Venise qui ait eu l'honneur d'être enterré dans l'église de Saint-Marc. On a de lui une *chronique* latine, le plus ancien monument de l'histoire de Venise. Il est aussi l'auteur d'un *code* qui porte son nom.

Ce n'est pas à cette famille qu'appartenait le comte *Vincent* DANDOLO, né à Venise en 1759, mort dans sa belle retraite de Varèse, en 1819, chimiste distingué, créé en 1809 sénateur par l'empereur, puis membre de l'Institut, administrateur général de la Dalmatie, traducteur de Lavoisier, de Guyton-Morveau, de Fourcroy, de Berthollet ; non plus que son fils, qui s'est fait un nom par ses *Lettres sur Rome et Naples*, et par son *Été à Varèse*; ni un autre comte DANDOLO, amiral autrichien, qui a longtemps commandé la station entretenue par cette puissance dans la Méditerranée.

DANDY. Ce mot, aujourd'hui passé de mode, fut il y a quelque vingt ans, une importation de la langue anglaise dans la nôtre. Mais le dandy britannique était fort au-dessus du *fashionable*, terme que nous avions aussi emprunté à nos voisins d'outre-mer. Ce dernier suivait la mode, le premier la créait ou la bravait ; le *fashionable* pénétrait tout au plus aux bals d'Almack et dans quelques *routs* de l'aristocratie; le *dandy* y donnait le ton, et avait sa place partout, jusque sur les siéges du parlement. Les dandies anglais réclament comme un des leurs le célèbre poëte Byron, dont les bizarreries un peu affectées lui donnaient quelques droits à ce titre ; le héros de son poëme original, *Don Juan*, est aussi, dans plus d'un passage, le représentant du *dandysme* de Londres. Le dandy français ne s'éleva jamais à la hauteur de ses modèles; sa physionomie était moins tranchée, moins spéciale : c'était, sous un autre nom, le *petit-maître* de nos aïeux, l'*élégant* du dernier siècle, l'*incroyable* d'une époque plus récente, *le lion* de nos jours. En vain il hantait le balcon de l'Opéra, la Bourse, le boulevard; en vain il bâillait ou censurait, colportait ou écoutait les bruits du matin, accaparait à lui seul deux ou trois chaises, critiquait la toilette ou la démarche des femmes, s'aventurait même le premier à leur lancer sous le nez la fumée des meilleurs havanes : il y perdait son latin, perte peu regrettable du reste, chacun le sait. Il n'a pas mieux réussi en échangeant sa peau contre celle du lion. L'*excentric man* est un produit des bords de la Tamise : jamais on ne l'acclimatera chez nous. A la Grande-Bretagne seule les oracles et les lois du *dandysme*.   OURRY.

DANEBROG (Ordre du), le second des ordres de chevalerie qui existent en Danemark; il fut, dit-on, institué en 1219 par le roi Waldemar. Dans l'ancienne langue danoise, *brog* veut dire drap, étoffe ; *Danebrog* est par conséquent l'équivalent de drap, c'est-à-dire *bannière des Danois*. Cet ordre n'est donc que la glorification de l'ancien étendard danois, qui, à l'instar de l'oriflamme française, fut pendant longtemps porté en tête des armées danoises, et qui fut perdu lors de la malheureuse invasion du pays des Dithmarses, en 1500. Au quinzième siècle, cet ordre de chevalerie tomba complétement en désuétude; mais le roi Christian IV le renouvela à l'occasion de son sacre, le 12 octobre 1671 ; et en 1693 ce prince lui donna de nouveaux statuts, qui demeurèrent en vigueur jusqu'en 1808, époque où Frédéric VI réforma complétement cet ordre. D'après les derniers statuts, il est divisé en quatre classes, dans lesquelles tous les sujets danois sont admissibles : les *grands-commandeurs* (formant le chapitre de l'ordre), les *grands-croix*, les *commandeurs* et les *chevaliers*. La croix de quatrième classe, en argent, est donnée aussi comme récompense honorifique, à des individus ne réunissant pas les conditions voulues pour être admis dans l'ordre proprement dit. On désigne sous le nom d'*Hommes du Danebrog* ceux qui portent cette dernière décoration, et qui peuvent jusqu'à un certain point être considérés comme formant la cinquième classe de l'ordre. Les chevaliers des deux premières classes portent, indépendamment de la décoration, une plaque sur la poitrine, et dans les cérémonies d'apparat ils revêtent un costume renouvelé du moyen âge.

La décoration consiste en une croix pattée d'émail blanc, bordée rouge et or, surmontée du chiffre du roi régnant et une couronne d'or; sur les branches on lit : *Gud og kongen* (Dieu et le roi), et au revers, le chiffre des deux fondateurs Waldemar II et Frédéric VI, avec les dates 1219, 1671 et 1808, qui marquent les trois grandes époques de l'histoire de l'ordre. Le ruban est moiré blanc avec un liséré rouge.

DANEGELD. Lorsque les invasions des Danois en Angleterre furent devenues fréquentes et redoutables, l'usage s'établit, tantôt de déterminer à prix d'argent ces aventuriers à renoncer au pillage et à quitter le pays, tantôt de solder constamment et de conserver un corps considérable de troupes pour défendre les côtes et les préserver des attaques de ces dangereux ennemis. Pour subvenir à cette dépense, on établit, avec le consentement du *Wettena gemot*, vers l'an 990, sur chaque *hide* de terre une taxe spéciale, qu'on nomma *danegeld* ou *taxe danoise*. A l'origine elle n'était que d'un shelling saxon par *hide* de terre ; mais plus tard elle fut portée à deux et même à sept shellings, et elle continua à être levée longtemps après que la cause pour laquelle elle avait été établie eut cessé d'exister. Tant que les invasions des Danois se renouvelèrent, pour ainsi dire, périodiquement chaque année, les rois d'Angleterre tirèrent peu de profit de cette taxe, qui était entièrement employée à gagner ou à combattre ces envahisseurs; mais après que des princes danois furent montés sur le trône anglais, elle devint une des principales branches du revenu royal. Elle fut ensuite réduite à quatre shellings par *hide*, taux auquel elle paraît être restée jusqu'au moment où elle fut entièrement abolie, environ soixante-dix ans après la conquête des Normands. Les maisons des villes étaient assujetties à cette taxe, et une maison d'une certaine valeur payait la même somme qu'un *hide* de terre.   Aug. SAVAGNER.

DANEMARK, le plus petit des trois royaumes du nord ou scandinaves, forme, sous le rapport géographique, une partie tantôt compacte, tantôt divisée et brisée de la grande plaine du nord de l'Europe. La presqu'île danoise qu'on appelle le Jutland, et qui sépare la Baltique de la mer du Nord, est la continuation de cette plaine ; et entre la Baltique et le golfe du Cattégat sont situées la plupart des îles danoises, notamment la Fionie et la Séelande, avec les petites îles groupées à l'entour, et qui, par leur situation, leur configuration et leur constitution géologique, indiquent qu'elles ne formaient toutes autrefois avec elles qu'une masse compacte reliée non-seulement au Jutland, mais encore à la Norvège et à la Suède. On peut dès lors les considérer comme autant de parties d'une large et basse digue à travers laquelle la mer, à la suite de quelque cataclysme dont le souvenir s'est perdu, mais dont les traces subsistent encore, s'est frayé jadis passage sur divers points, quoique ces ruptures aient dû avoir lieu successivement à des époques très-diverses. Les petites îles détachées de cette digue sont situées dans le Cattégat ou sur la côte méridionale de la presqu'île ; et les monuments historiques de même que la géologie nous enseignent que c'est à une époque de beaucoup postérieure que ont dû être séparées de la terre ferme de la presqu'île par la fureur des flots.

Indépendamment des duchés de Holstein et de Lauenbourg, qui font partie de la confédération germanique (le dernier depuis 1816 seulement), époque où le roi de Danemark le reçut de la Prusse en échange de la Poméranie suédoise), ce royaume se compose du Danemark proprement dit, à savoir : des îles de Séelande, Fionie, Langeland, Laaland, Falster, Bornholm, Mœn et Samsœ ; de la presqu'île du Jutland et (abstraction faite de la question politique en litige qui s'y rattache) de sa partie méridionale, le duché de Schleswig, appelée quelquefois aussi Jutland méridional ; enfin, des îles Faroe et de l'Islande. Le Danemark possède en outre, hors de l'Europe, la côte occidentale du Groënland ; aux Indes Occidentales, les Antilles Sainte-Croix, Saint-Thomas et Saint-Jean ; en Asie, les îles Nicobar, dont on ne tire aucun parti. La plus grande des îles danoises, la Séelande, est séparée de la Suède par le Sund ; l'île de Fionie, de la Séelande par le Grand-Belt, du Jutland et du Schleswig par le Petit-Belt. La superficie totale des États danois complexes est d'environ 2,700 myriamètres carrés, ainsi répartis : le royaume de Danemark proprement dit (y compris même le Schleswig), 850; les duchés de Holstein et de Lauenbourg, 175; l'Islande, approximativement, 1408 ; les îles Faroe, aussi approximativement, 40. Enfin on évalue à 200 myr. l'étendue des possessions danoises sur la côte du Groënland. Les colonies danoises aux Indes occidentales comprennent une superficie de 8 1/2 myr. carrés; en Asie, 10 myr. carrés. Le sol du Danemark proprement dit contient diverses couches calcaires, qui, en forment même la base essentielle. On admet qu'elles s'étendent sur tout le pays quoique recouvertes de formations plus récentes n'appartenant pas aux formations calcaires. Ce territoire est généralement plat, entremêlé de vallées et de collines, et doué d'une médiocre fertilité. Les côtes sont basses; cependant la côte occidentale a seule besoin d'être protégée par des ouvrages d'art contre les empiétements successifs des flots. Le pays renferme un grand nombre de lacs et de cours d'eau; de là de vastes marécages, contenant beaucoup de tourbe, et de forêts dans lesquelles l'essence dominante est celle du hêtre, mais qui ne suffisent pas à la consommation du chauffage. Autrefois les côtes septentrionales et nord-ouest du Jutland étaient également bien boisées; mais le mauvais aménagement de ces forêts a eu ce résultat, sur beaucoup de points, que de vastes superficies ont été envahies par les sables transportés au loin par les vents. Cependant il y a déjà longtemps qu'on est en voie d'y porter remède à l'aide d'un bon système de reboisement. Après l'Elbe, fleuve qui lui sert de limites au sud, il faut mentionner l'Eider, fleuve qui sépare le Holstein du Schleswig, et parmi les nombreux lacs, ceux de Ratzebourg dans le Lauenbourg, de Ploen et de Westen dans le Holstein; parmi les golfes, le Cattégat, relié à la Baltique par le Sund et par les deux Belts, et le Lymfiord au nord du Jutland, sont les plus importants. En Jutland, le sol arable est dans la proportion de 5 à 1. On admet toutefois que, dans l'ensemble des États danois, près des deux tiers de la superficie totale se composent de terre arable. Aussi la population semble-t-elle avoir été appelée par la nature à être essentiellement agricole. En dépit de la situation septentrionale du Danemark, le climat est beaucoup moins rude qu'on ne serait porté à le penser : il est d'ailleurs sain, bien que peu agréable en raison de l'humidité dont l'air y est presque constamment chargé et des nuages dont le ciel y est le plus souvent couvert. L'hiver, proprement dit, ne commence d'ordinaire qu'après Noël, et se prolonge jusqu'à la fin de mars. Les parties nord-ouest et septentrionales du Jutland sont seules exception à cette douceur du climat.

La population, eu égard à la totalité de la superficie des États danois, est assez clair-semée; il n'y a que celle du Holstein dont on puisse dire qu'elle est nombreuse et compacte. Suivant le recensement de 1845, elle s'élevait en tout à 1,350,327 habitants. En 1769, elle n'était que de 814,238 hab.; en 1787, de 840,045; en 1801, de 925,680; en 1834, de 1,223,797; en 1840, de 1,283,027. Le chiffre moyen, par myriamètre carré, est de 1355. De cette population, 260,062 âmes appartiennent aux villes, et 1,022,965 aux campagnes. La côte occidentale et septentrionale du Jutland est la contrée la moins peuplée. On compte dans le royaume de Danemark proprement dit 68 villes, dont 42 dans les îles et 26 dans le Nord-Jutland. Copenhague, capitale du royaume, est la seule à laquelle on puisse donner le nom de grande ville. Située en Séelande, elle renfermait au commencement de 1853 plus de 126,000 habitants; chiffre que les ravages du choléra avaient réduit de 122,000 à la fin de cette même année. Viennent ensuite : Odensée, chef-lieu de la Fionie, avec environ 13,000 habitants; Elseneur, sur les bords du Sund; Aalborg, Aarhuus et Randers en Jutland, avec de 7 à 10,000 habitants; Horsens, avec 5,000. Les chiffres vont ensuite toujours en décroissant jusqu'à 800. Toutes les villes situées sur les bords de la mer ou d'un golfe, les plus petites même, font un commerce quelquefois important, en même temps que leurs habitants se livrent à l'exploitation du sol. À l'exception des colonies, on peut dire que la population de tous les États danois est de race germanique; car les Danois appartiennent à la grande famille des nations germaines. Quant à l'Islande et aux îles Faroe, c'est le Danemark et la Norvège qu'elles furent peuplées, vers le milieu du neuvième siècle. La race Slave ne pénétra jamais plus loin que le duché de Lauenbourg, et elle finit par s'y fusionner complètement avec la race germaine. Les Juifs, qui sur le continent danois et dans les îles habitent généralement les villes, sont la seule race qui y soit venue par immigration.

Les classes agricoles occupent le premier rang sous le rapport numérique; et si à ceux qui ne font que cultiver le sol on ajoute encore les habitants des villes et des campagnes qui cumulent cette occupation avec quelque autre industrie, on peut dire que plus de la moitié de la population vit de l'agriculture, genre de travail auquel se prêtent le mieux et la nature du sol et le climat du pays. Viennent ensuite les classes industrielles, puis les classes commerçantes, et enfin celles qui s'occupent de pêche et de navigation. Les ouvriers de métiers sont encore plus nombreux dans les campagnes que dans les villes. La population des campagnes est quatre fois plus considérable que celle des villes. De toutes les classes d'artisans la plus nombreuse est celle des tisserands. À partir de 1784, époque où le gouvernement entreprit l'émancipation de la classe des paysans, l'industrie agricole a pris en Danemark un développement des plus remarquables. Les corvées y étaient abolies dès la fin du siècle dernier et remplacées par des prestations en nature. Depuis les modifications introduites en 1831 dans la constitution politique, l'ordre des paysans ne laisse pas que d'exercer une influence réelle sur la direction des affaires politiques intérieures. Dans la production des matières premières, les céréales occupent le premier rang. Elles fournissent, année commune, à la consommation environ 6,000,000 de tonnes de froment, de seigle, d'orge, de sarrasin, etc.; chiffre qui est le double de celui qu'atteignait la production au commencement de ce siècle. Aussi l'exportation des grains s'élève-t-elle aujourd'hui à environ 3,000,000 et demi de tonnes : il y a dix ans elle allait à peine à 1,700,000 tonnes. La production des pommes de terre prend de plus en plus d'extension; cependant on n'en exporte guère encore aujourd'hui qu'environ 50,000 tonnes. Depuis une vingtaine d'années, la culture du colza a pris dans quelques îles très-peu remarquables développements. Le Danemark produit à peine la moitié du lin nécessaire à sa consommation, et trois quarts seulement de ce qu'il lui faut de houblon. Le chanvre, le tabac, etc., sont peu cultivés. L'horticulture n'a quelque importance que dans l'île d'Amak, en raison du voisinage de Copenhague. Dans les forêts, autrefois très-mal aménagées, mais qu'on s'est occupé de reboiser dans ces derniers temps seulement, l'essence dominante est le hêtre. On peut calculer qu'il n'y a guère que la seizième partie du sol qui soit exploitée en bois; aussi tire-t-on de Suède et de Norvège beaucoup de bois de construction. L'élève du bétail a pris dans ces derniers temps beaucoup d'extension; et l'exportation des viandes salées et fumées est aujourd'hui du double plus considérable que ce qu'elle était naguère. On peut évaluer entre 12 et 14,000,000 de rixdales la valeur totale des exportations annuelles, dont la moitié en grains et le reste en beurre, bétail, chevaux, cuirs, peaux, poissons secs ou salés, huile de baleine, suifs, laines, etc. La production chevaline s'élève année commune à 24,000 têtes. Par suite de l'insuffisance de son industrie, quoiqu'elle ait remarquablement progressé depuis une cinquantaine d'années (il n'y a d'ailleurs toujours guère qu'une cinquième de la population qui en vive), le Danemark exporte encore à l'état brut de notables quantités des produits que nous venons de mentionner; et dans ces dernières années, surtout en 1850, l'Angleterre et la Norvège ont été les principaux débouchés de cette exportation. Le Danemark ne possède qu'un petit nombre de fabriques; la plupart sont situées à Copenhague ou aux environs. Il faut citer entre autres 5 fabriques de draps (livrant annuellement 25,000 aunes de drap, à peu près la moitié de la consommation du pays), 15 fabriques de papier, 5 raffineries de sucre montées sur la plus large échelle, 17 grandes fonderies de fer et beaucoup de petites. Le commerce occupe environ un vingt-quatrième de la population; celui de l'intérieur a surtout pris de remarquables développements dans ces dernières années. Le mouvement général du commerce est d'environ 40 millions de rixdales, à peu près également partagés entre l'importation et l'exportation. A la fin de 1847, la flotte commerciale comprenait 1,916 bâtiments, jaugeant ensemble 41,878 lasts de commerce; à quoi, il fallait encore ajouter 14 bateaux à vapeur et 400 grandes barques. Le commerce avec l'étranger se fait pour les deux tiers sous pavillon national, et pour l'autre tiers sous pavillon étranger. En 1830 le nombre des bâtiments de commerce danois n'était que de 1,558, jaugeant 32,712 lasts; en 1850, il était arrivé au chiffre de 2,018 bâtiments, jaugeant 45,559 lasts. Un chemin de fer met aujourd'hui Copenhague en relation avec Roeskilde et Corsoer. On en construit un autre, qui reliera avant peu la capitale à Elseneur. Prochainement aussi la Fionie aura le sien; de même que celui d'Altona à Rendsbourg sera continué à travers le duché de Schleswig, et viendra se raccorder à celui de la Fionie. Des télégraphes électro-magnétiques existent déjà entre les points les plus importants du royaume.

La culture intellectuelle a fait en Danemark les plus remarquables progrès; et le gouvernement danois a acquis une gloire réelle et impérissable par la protection aussi généreuse qu'éclairée que depuis bientôt trois quarts de siècle il a constamment accordée aux sciences, aux lettres et aux arts. L'instruction publique n'a jamais cessé d'être l'objet de sa plus vive sollicitude, et il en a favorisé les développements par un grand nombre d'excellentes institutions. En fait de moyens employés pour atteindre ce but, il faut mentionner en première ligne l'université de Copenhague, dans le Danemark proprement dit, et celle de Kiel en Holstein. La première comprend 5 chaires de théologie, 5 chaires de jurisprudence, 8 de médecine, 19 de belles-lettres, indépendamment d'un grand nombre d'agrégés et de professeurs particuliers. Année commune, le nombre des jeunes gens qui en fréquentent les cours est de 1,100. On compte dans le royaume 20 écoles supérieures, non compris celle de Sorœ et l'*Académie Holberg*. Dans les 64 villes provinciales on trouve environ 130 écoles communales et écoles supérieures, et dans les campagnes 2,504 écoles primaires fréquentées d'obligation par environ 160,000 enfants. Aussi voilà déjà plus d'un demi-siècle qu'on ne trouve plus en Danemark un seul individu adulte qui ne sache parfaitement lire et écrire! A ce propos, il est difficile de ne pas faire un triste rapprochement entre ce magnifique résultat obtenu par un despotisme sage et éclairé, et le déplorable état où, malgré les belles promesses de chacune de nos dix ou douze révolutions politiques, se trouve encore aujourd'hui l'instruction primaire en France. En effet, les statistiques officielles constatent dans notre pays l'existence de plus de huit millions d'individus croupissant dans la plus crasse ignorance, à l'instar des populations du moyen âge et de celles qui végètent dans les péninsules italique et ibérienne sous le despotisme monacal. Il existe en outre en Danemark cinq séminaires destinés à former des maîtres d'école.

L'Église évangélique luthérienne est celle qui domine en Danemark, et le roi est tenu d'en professer les doctrines. Cette église compte aujourd'hui, non compris les colonies, 9 évêques (diocèses: Séelande, Laaland, Fionie, Ripen, Aarhuus, Viborg, Alsen, Aalborg et Skalhott en Islande), 62 prévôts, 1,677 ministres et 1,907 paroisses avec un grand nombre de succursales. Cependant le Danemark, sous le rapport spirituel et administratif, est plutôt divisé en cercles ou grands bailliages, dont trois comprennent les îles : la Séelande, avec Ama«, Bornholm, Samsœ et Moen ; la Fionie, avec Langeland et Taasing; Laaland, avec Falster ; et les quatre grands bailliages du Jutland septentrional, Aalborg, Viborg, Aarhuus et Ripen. Le Schleswig et le Holstein sont administrés chacun par un gouverneur général, et le Lauenbourg par un d r o s s a r t. Les îles Faroe ont leur bailli particulier, et l'Islande un grand bailli. L'armée danoise sur le pied de paix comprend un effectif de 24,000 hommes, et la réserve environ 28,000. En 1848, la marine se composait de 7 vaisseaux de ligne, portant 566 canons ; 9 frégates, portant 408 canons ; 4 corvettes, portant 86 canons ; 5 bricks, portant 70 canons ; 3 schooners, avec 24 canons ; 3 cutters, avec 12 fauconneaux ; et une flottille de bateaux à rames, armés de 85 bouches à feu ; plus six bâtiments à vapeur, dont le plus grand, l'*Hécla*, de la force de 200 chevaux. Les équipages appartenant à la flotte active, y compris les matelots et les ouvriers, comprenaient environ 2,300 hommes ; à quoi il faut ajouter les soldats d'infanterie et d'artillerie de marine nécessaires pour les compléter et que fournit l'armée. Dans les différents arrondissements maritimes (comprenant seulement les côtes et les petites îles), on compte environ 20,000 hommes astreints au service de mer et toujours à la disposition de la flotte. En ce qui est du mouvement monétaire, il existe pour le royaume une *banque nationale* à Copenhague, avec une administration privée, mais placée sous le contrôle du gouvernement. Elle a des succursales à Aarhuus et à Flensbourg, et, d'après le bilan publié en juillet 1849, elle avait alors pour 20 millions de rixdales de billets en circulation. Suivant ce même document, son actif s'élevait à 11,527,405 rixdales, et son capital en actions à 13 millions. Les actions, réputées autrefois sans valeur, rapportaient 6 trois quarts d'intérêt. Il était pourvu alors à l'amortissement et au service des intérêts de la dette publique moyennant une somme annuelle de 5,249,382 rixdales. Avant la guerre avec les duchés, qui nécessairement amena une profonde modification de l'état ordinaire des recettes et des dépenses, il existait à la fin de 1847 un encaisse d'environ 10 millions de rixdales Le Schleswig contribuait dans les recettes du trésor pour environ 2,500,000 rixdales, et le Holstein pour à peu près 2,700,000. En 1847 la recette totale était de 17,916,164 rixdales, et la dépense (y compris le service de l'amortissement et des intérêts de la dette publique) de 17,413,071 rixdales. A la fin de 1849 la dette publique s'élevait à 106,314,520 rixdales ; et le 1er avril 1851, par conséquent la guerre terminée, à 125,300,000 rixdales. Six dixièmes de cette dette sont dus à l'intérieur et les 4 autres dixièmes à l'étranger. Les différentes taxes produisent annuellement 8 millions de rixdales, dont 3 et demi fournis par l'impôt direct et 4 et demi par l'impôt indirect. Les autres revenus de l'État provenaient des droits du Sund, des produits par diverses valeurs actives, et de l'excédant du produit des postes et des douanes sur les dépenses auxquelles donnent lieu ces deux services publics. Aux termes de la loi de finances de 1852-1853, telle qu'elle fut présentée à la diète, les recettes s'élevaient à 13,500,000 rixdales, non compris la taxe de guerre ni la contribution du Schleswig, dont le chiffre n'était pas encore arrêté ; la dépense annuelle était de 18,630,000 rixdales. Le ministre des finances déclarait d'ailleurs que le déficit n'était qu'apparent, attendu qu'il fallait encore porter en ligne de compte 1 million dû par le Schleswig et un encaisse de 4,500,000 rixdales. Le fonds de réserve se composait d'un million de rixdales en valeurs facilement réalisables. Pour le service de la dette publique et la dotation de la caisse d'amortissement, le gouvernement réclamait une somme annuelle de 8,100,000 rixdales.

Depuis la loi fondamentale du 15 mai 1834, la constitution du pays était monarchique, avec des assemblées d'états provinciaux distinctes pour les îles, pour le Jutland, pour le Schleswig et pour le Holstein ; mais aux termes de la nouvelle constitution sanctionnée par le roi le 5 juin 1849, une monarchie constitutionnelle a été instituée. Depuis le 1er janvier 1820, le roi prend le titre de roi de Danemark, des Wendes et des Goths, duc de Schleswig-Holstein, de Stormarn, des Dithmarses, d'Oldenbourg et de Lauenbourg. D'après la loi royale, la couronne est héréditaire dans la ligne masculine directe, et, quand celle-ci vient à manquer, dans la ligne féminine qui s'y rattache immédiatement, les lignes mâles collatérales demeurant exclues par cela seul qu'elles se trouvent plus éloignées du rameau régnant sontinuant en ligne directe la souche commune. Cette loi (*lex regia*), devenue plus tard la cause de si grandes contestations, fut rendue en 1660, sous le règne de Christian IV, à la suite de la chute du parti de la noblesse. En 1665 elle fut érigée en loi fondamentale de l'État; et, tandis que le droit de succession allemand, en d'autres termes la *loi salique*, demeurait en vigueur dans les duchés, non-seulement la loi du roi introduisait en Danemark le droit de successibilité des femmes et de leur descendance, mais encore elle mettait à néant l'antique constitution aristocratique et féodale, et elle attribuait au roi la *pleine puissance*, c'est-à-dire le pouvoir absolu.

Il existe en Danemark deux ordres de chevalerie : l'ordre de l'Éléphant, fondé au commencement du quinzième siècle, puis renouvelé en 1458, et l'ordre du Danebrog.

Le conseil d'État du roi se compose d'un premier ministre, d'un ministre des affaires étrangères, d'un ministre de l'intérieur, d'un ministre des finances, de la justice, des cultes, de la guerre et de la marine, d'un ministre pour le Schleswig et d'un ministre pour le Holstein. La liste civile, votée par la diète de 1851, s'élève à 600,000 rixdales. Les apanages de la famille royale montaient à 278,991 rixdales. Le conseil d'État figurait au budget pour 46,000 rixdales, et la diète pour 60,000.

Histoire.

Les plus anciens habitants du Danemark étaient d'origine germanique, race d'hommes pleins de courage et d'audace, vivant de la mer et sur mer, et qui conservèrent pendant longtemps toute la vigueur et toute l'énergie qui caractérisaient leurs ancêtres. Les Cimbres de la presqu'île du Jutland devinrent pour la première fois redoutables aux Romains par la grande expédition que, de concert avec les Teutons, ils entreprirent dans les provinces de la Gaule. Plus tard, sous la conduite du mythique Odin, les Goths pénétrèrent dans les pays scandinaves, et donnèrent au Danemark, de même qu'à la Norvège et à la Suède, des souverains sortis de leur nation. *Skiold* fut, dit-on, le premier qui régna sur le Danemark, et les rois de danemark furent ensuite appelés d'après lui *Skioldunger* (Descendants de Skiold). Tout ce qu'on sait d'ailleurs sur ces temps-là, c'est que le Danemark était alors divisé en plusieurs petits États, et que la piraterie constituait le principal moyen de subsistance de ses populations. Quand la puissance de Rome déclina, le nom de Normands (on désignait de la sorte les Danois et les Norvégiens) devint plus connu. L'histoire fabuleuse du Danemark, pour laquelle les ouvrages de Snorro et de Saxon le Grammairien sont les sources à consulter, finit au neuvième siècle. Des Normands débarquèrent en l'an 832 en Angleterre, et y fondèrent deux royaumes. En l'an 911, des Normands, sous la conduite de Rollon, vinrent s'établir dans la partie de la France qu'on appela d'eux désormais *Normandie*, peuplèrent les Faroe, les Orcades, les îles Shetland, l'Islande et une partie de l'Irlande, puis se répandirent en Espagne, en Italie, en Sicile. Partout où ils arrivaient, la gloire de leurs armes les avait précédés en même temps que la terreur profonde inspirée par la férocité de leurs mœurs et par leurs habitudes de brigandage. Ces expéditions ne modifièrent que faiblement leur constitution nationale, qui demeura un système fédératif de plusieurs clans ou tribus, ayant chacun un chef particulier. Ce ne fut que lorsque les rois allemands de la race des Carlovingiens tentèrent d'intervenir dans les affaires intérieures des Normands, que ceux-ci reconnurent la nécessité de former des groupes plus compactes; et alors les Norvégiens et les Danois se séparèrent pour former deux nations distinctes.

Dan Mykillati, c'est-à-dire *le Magnifique*, réunit la Séelande et les autres îles danoises à la Scanie (*Skaane*), et le premier donna à ce royaume le nom de Danemark. *Gorm le Vieux* soumit en l'an 863 le Jutland, et réunit jusqu'en 920 tous les différents petits États danois sous son sceptre. Son petit-fils, *Sven* (Suénon), prince belliqueux, conquit en l'an 1000 une partie de la Norvége, et en outre l'Angleterre en 1012. Son célèbre fils *Knut* (Canut) non-seulement acheva en l'année 1016 la conquête de l'Angleterre, mais soumit aussi une partie de l'Écosse, et en 1030 toute la Norvége. La politique le détermina à embrasser la religion chrétienne et à introduire le christianisme en Danemark, après les tentatives de conversion faites inutilement dans ce pays au neuvième siècle par Ansgar, et qui n'y avaient pas laissé de traces durables. Sous les successeurs de Knut, à partir de l'an 1036, le puissant empire qu'il avait fondé, en proie désormais à d'incessantes divisions intestines, s'affaiblit rapidement, et finit par tomber dans une complète décadence. Dès l'année 1042 le Danemark perdait sa domination sur l'Angleterre, et la Norvége se détachait de lui en 1044. La dynastie de Knut s'éteignit aussi cette même année, et une dynastie nouvelle monta sur le trône de Danemark en la personne de *Sven Magnus Estritson*. Mais le système féodal, introduit à la suite des guerres précédentes, eut pour résultat d'affaiblir toujours davantage le royaume sous cette dynastie, qui ne donna au trône aucun prince digne de l'occuper, à l'exception du grand *Waldemar* (1175-1182) et de ses deux fils et successeurs, *Knut VI* (mort en 1202) et *Waldemar II* (mort en 1241), lequel jusqu'en 1223 régna sur toute la côte méridionale de la Baltique, depuis le Holstein jusqu'en Esthonie. A partir de l'an 1320, en vertu d'une capitulation particulière, les rois à leur avénement durent reconnaître et confirmer expressément les droits et priviléges de l'aristocratie. La descendance mâle des Estrisides s'éteignit en 1373 en la personne de *Waldemar III*. Sa fille *Marguerite*, quand elle eut perdu son fils *Olav* (Olaüs) *IV*, prit les rênes du gouvernement en 1387, et fit preuve d'une grande habileté politique. Elle plaça sur sa tête les couronnes de Suède et de Norvège, et constitua en 1397 l'union de Calmar, qui avait pour objet la perpétuelle réunion des trois royaumes du Nord en un seul et même État.

A l'extinction des souverains de la race de Skiold, en 1448, les États du royaume choisirent pour roi *Christian I*er, comte d'Oldenbourg. Ce prince descendait, par sa mère, de l'ancienne famille royale de Danemark, et devint la tige de la maison royale qui a continué sans interruption d'occuper le trône jusqu'aujourd'hui. Il réunit de nouveau au Danemark la Norvége, qui s'en était séparée, et fut librement élu souverain des duchés de Schleswig et de Holstein par les états de ces contrées, sous la condition, pour lui et ses successeurs, de respecter leurs lois et priviléges particuliers, et notamment leur *indivisibilité*. Il accrut donc singulièrement le territoire sur lequel les rois de Danemark étaient appelés à régner; mais il engagea les Orcades et le Shetland à l'Écosse. La capitulation qu'il avait dû consentir lorsque l'aristocratie danoise l'avait élu pour souverain l'enchaînait d'ailleurs tellement qu'il semblait plutôt le chef du sénat que le roi d'un peuple libre. Son fils *Jean* dut en 1481 souscrire en Danemark une capitulation qui restreignait encore davantage son autorité. Il partagea avec son frère cadet Frédéric le Schleswig et le Holstein, où, à la différence du Danemark, subsista longtemps encore ce fatal usage introduit et consacré par la féodalité. Ce partage eut lieu d'ailleurs de la manière la plus bizarre en apparence, mais ayant pour but de conserver du moins intacte la nationalité des duchés. Les deux frères ne s'attribuèrent pas, en effet, exclusivement la souveraineté sur telle ou telle partie, au nord ou au sud, à l'est ou à l'ouest du pays, formant désormais un groupe compacte et uni. Ils *éparpillèrent* au contraire leurs possessions, et découpèrent en quelque sorte (qu'on nous passe la comparaison) le sol en cases d'échiquier, dont chacun à son tour s'adjugea une. Les maisons collaté-

DANEMARK

rales issues de ses princes pratiquèrent aussi pendant longtemps entre elles l'usage des partages ; de là l'inextricable confusion qui semble régner entre toutes les branches issues d'un tronc commun (la maison d'Oldenbourg), quand celui qui étudie l'histoire de Danemark omet de tenir compte de ce point de départ des divers partages successivement opérés dans les duchés, alors que le Danemark proprement dit demeurait un État unitaire.

Christian II, fils de Jean, essaya de s'affranchir de la dépendance dans laquelle il était tenu par les états ; mais il y perdit la Suède, qui en 1523 brisa l'union de Calmar, et, peu de temps après, ses deux autres royaumes, dont le choix des états attribua la souveraineté au frère de son père, à ce Frédéric qu'on vient de voir opérer avec son frère aîné Jean le partage des duchés de Schleswig-Holstein, à la mort de leur père Christian 1er. Il prit le nom de Frédéric 1er. Sous le règne de ce prince, l'aristocratie prit complétement la haute-main en même temps que le servage de la glèbe était rendu légal. En 1527 il introduisit la Réformation dans ses États, sans contrainte aucune, rien qu'en proclamant la liberté de conscience. *Christian III*, l'aîné de ses fils et son successeur, partagea le Schleswig et le Holstein avec ses frères Jean et Adolphe, dont le dernier devint la tige de la maison de *Holstein-Gottorp*. Il eut pour successeur, en 1559, le roi *Frédéric II*, qui subjugua les Dithmarses, et se trouva, à propos de la Livonie, entraîné dans une guerre contre la Suède, à laquelle la paix de Stettin mit fin en 1570. L'apanage particulier qu'il constitua à son frère cadet Jean, souche de la maison de *Holstein-Sonderbourg*, est devenu pour sa descendance l'origine de longues contestations intestines. Son fils aîné, *Christian IV*, qui lui succéda en 1588, est incontestablement le souverain le plus remarquable qu'ait jamais eu le Danemark, quoique dans la guerre de trente-ans il n'ait recueilli que fort peu de gloire, et bien que sa rupture avec la Suède ait eu pour lui des résultats si fâcheux, qu'aux termes de la paix signée en 1645 à Brœmsebrœ il se soit vu forcé d'abandonner en toute possession à cette puissance les provinces d'Iæmptland, d'Ilerjedalen-ès-Monts, de Gothland et d'Œsel, que le Danemark avait encore conservées en partie depuis la rupture de l'Union, et la province de Halland pour un espace de trente années. Les vices de la forme de gouvernement en vigueur en Danemark et la dépendance dans laquelle la couronne se trouvait placée vis-à-vis de ses grands vassaux, furent la principale cause du mauvais succès des armes danoises. Leurs revers continuèrent encore sous le règne de *Frédéric III*, successeur de Christian IV. En effet, après avoir commencé en 1657 à guerroyer contre la Suède, ce prince se vit enlever par les traités de Rœskilde et de Copenhague, de 1658 et 1660, les provinces de Scanie, de Blekingen, de Halus, et la propriété de celle de Halland. Ces désastres eurent pour résultats le renversement de la constitution aristocratique des états et la création d'un pouvoir monarchique absolu, en vertu de la loi du roi (*lex regia*) rendue cette même année 1660.

Cette loi, qui donna, en Danemark, au roi et à ses successeurs à tout jamais, la puissance souveraine, absolue et sans autres limites que l'obligation de ne point changer la religion du pays, fut le produit des nécessités mêmes de cette époque. Une orgueilleuse aristocratie n'avait pas seulement alors en mains tous les leviers du pouvoir, elle prescrivait encore au roi les termes mêmes de la capitulation par laquelle il était tenu de garantir solennellement et de maintenir les différents droits et priviléges de la noblesse, sans qu'il fût fait le moins du monde mention de ceux du reste de la nation. Les priviléges exclusifs dont la noblesse était investie causaient les plus grands dommages au commerce, à l'industrie, à l'agriculture ; l'administration de la justice était complétement concentrée aussi entre ses mains. La noblesse seule composait le sénat, et elle était parvenue à mettre à néant les droits des autres ordres, de même qu'elle possédait tous les fiefs de la couronne, sans autre obligation que d'acquitter une modique redevance. Les calamités engendrées par un tel état de choses amenèrent l'ordre du clergé et celui de la bourgeoisie à se coaliser lors de la diète tenue à Copenhague le 8 septembre 1660 ; à ce moment, l'intérêt du pouvoir royal, incessamment tenu en échec par l'aristocratie, était de faire cause commune avec eux. Les habiles meneurs des deux ordres, l'évêque Svane et le bourgmestre Nansen, en donnant au roi la puissance suprême, avaient espéré que la royauté protégerait désormais les développements de la liberté politique dans le pays. Mais, en même temps que la couronne obtenait tout ce qu'elle voulait, à la longue tout esprit public finissait par s'éteindre dans la nation, sous la pression du pouvoir, et bientôt on vit entièrement cesser toute action commune entre le peuple et son gouvernement. Il est vrai que, sous le successeur de Frédéric III, *Christian V* (1670 - 1699), une vie nouvelle et des plus actives se manifesta dans l'administration civile et judiciaire par l'introduction du code danois (1683) et du code norvégien (1687), ouvrage du célèbre Peter Griffinfeld. Plus tard, sous *Frédéric IV* (1699 - 1730), le servage proprement dit fut virtuellement aboli (1702) ; mais on en maintint encore pendant près de trois générations la forme qui attachait le paysan à la glèbe et servait de base au recrutement pour le service militaire. Il faut d'ailleurs reconnaître que les rois de Danemark firent le plus souvent usage de leur puissance souveraine dans une direction d'idées tout à fait favorable aux intérêts des classes inférieures, et que, à l'instar du très-populaire Frédéric V (1746 - 1766), ils introduisirent même des dispositions législatives limitant l'exercice de leur propre autorité.

Tel était l'état des choses sous, le règne du roi Christian VII, après la chute du ministère Struensée, en 1772, et après la dissolution du cabinet présidé par Guldberg, en 1784 ; le prince royal vint siéger lui-même au conseil, le 14 avril 1784, en qualité de co-régent de son père frappé d'aliénation mentale, auquel il succéda comme roi, sous le nom de Frédéric VI, en 1808. C'est de cette époque que date, à bien dire, la régénération intérieure du Danemark ; et, dans l'intervalle de 1784 à 1797, elle fut surtout favorisée par le ministre Bernstorff, si justement célèbre par ses sages vues administratives et par ses idées libérales. Le premier fruit de cette impulsion éclairée fut la direction des affaires fut l'abolition complète du servage en Danemark (1788), suivie de près de la transformation du service militaire en une corvée immédiatement personnelle, et des corvées en redevances de travail déterminé. En même temps, on s'occupa d'arriver au rachat des corvées ; mais, en raison de leur pauvreté, la plupart des paysans furent hors d'état de s'en affranchir. Dans les duchés de Schleswig-Holstein, où les descendants des Slaves immigrés jadis languissaient sous l'oppression du servage, cette institution, ou pour mieux dire cette sanglante insulte à la dignité humaine, disparut en 1804 ; et des milliers de familles se trouvèrent dès lors en garanties dans la paisible jouissance de leur liberté et de leurs biens. Ensuite l'égalité de tous les ordres devant la loi fut proclamée ; en 1809, on posa des limites au droit de patronat ecclésiastique, en même temps qu'on améliorait la condition civile des israélites. L'abolition de la traite des nègres, préparée dans les colonies danoises dès 1792, fut accomplie en 1803. Au Danemark en effet, on ne l'oublie jamais, appartient l'éternel honneur d'avoir le premier donné à cet égard l'exemple d'une politique animée de sentiments philanthropiques ; ce ne fut que plusieurs années après, que l'Angleterre l'adopta et proclama le commerce infâme un crime contre les lois divines et humaines. Dans cette période, l'administration de la justice fût aussi l'objet de nombreuses améliorations. En 1795, on institua les commissions dites *de conciliation*, lesquelles ont mission de diminuer et d'éviter dans les contestations de minime importance des frais inutiles et ruineux. La loi rédigée en 1796 par Ch. Colbjernsen, et destinée à assurer une prompte et équitable distribution de la justice, soumit les tribunaux inférieurs à un contrôle qui a eu pour résultat d'empêcher désormais les nombreux abus qui avaient existé jusqu'alors. En 1789, la législation criminelle fut notablement améliorée par une nouvelle loi sur le vol. Des mesures postérieures établirent encore une plus juste proportion entre les pénalités et les crimes ou délits. Quand la partie ducale du Holstein, c'est-à-dire celle qui avait jusqu'alors appartenu en toute souveraineté à la maison de Holstein-Gottorp, fut réunie au Danemark, on y abolit tout aussitôt la torture; et plus tard la suppression de la question, de la marque avec un fer chaud, et de la bastonnade, furent autant de preuves nouvelles de l'esprit éclairé du gouvernement. L'armée, qui, jusqu'à plus de la moitié du dix-huitième siècle, n'avait guère été composée que de mercenaires allemands, fut aussi l'objet de nombreuses améliorations. Le racolage fut supprimé; on réduisit à trois années la durée du service militaire pour ceux qui y étaient astreints, et on élargit les bases de l'enseignement donné dans les écoles militaires. L'instruction publique, on ne saurait trop le répéter à l'honneur du gouvernement danois, fut constamment l'objet de toute sa sollicitude. Dès 1789 une commission spéciale avait été chargée d'indiquer les meilleures mesures à prendre sur cette matière. C'est ainsi qu'on fonda successivement plusieurs séminaires pédagogiques ou écoles normales primaires, dont le nombre a fini par être réduit à cinq (ces établissements sont situés à Jonstrupp, à Skaarup, à Snedsted, Lyngbye, et à Jellinge), et qu'on établit des écoles primaires partout où le besoin s'en fit sentir. Les écoles secondaires furent réorganisées d'après les avis émis par une commission spéciale créée à cet effet en 1790. L'ordonnance du 7 novembre 1809, tout en maintenant les belles-lettres comme base de l'enseignement donné dans ces établissements, porta remède à une foule d'abus provenant soit des anciennes écoles ecclésiastiques, soit de la mauvaise application du principe qui doit servir de règle à l'enseignement supérieur.

L'ancienne académie noble de Sorœ, dont le bâtiment principal était devenu la proie des flammes en 1815, fut réorganisée en 1822. L'Académie de chirurgie, fondée en 1785, fut rattachée à la faculté de médecine. Au nombre des institutions scientifiques créées par le gouvernement danois, il faut plus particulièrement mentionner ici le Muséum des antiquités du nord (1807), qui, sous la direction habile du conseiller de chancellerie Thomson, en est devenu plus tard le dépôt central; la Société royale d'Archéologie du Nord, et la Société pour la propagation des sciences naturelles. Un grand nombre d'entreprises scientifiques trouvèrent un utile appui dans la destination vraiment libérale donnée aux fonds *ad usus publicos*. C'est ainsi que les ressources nécessaires furent mises à la disposition d'un grand nombre de jeunes savants et artistes, afin de les mettre à même de perfectionner et d'augmenter leurs connaissances par des voyages à l'étranger. La législation de la presse subit à cette époque de fréquentes modifications. Aux principes professés sur cette matière par le ministère Guldberg succédèrent, sous l'administration de Bernstorff, des idées bien plus libérales. Le rescrit royal du 3 décembre 1790 affranchit la presse de toutes les entraves auxquelles elle avait été soumise depuis 1773. Tous les délits de presse devinrent justiciables des tribunaux ordinaires, et durent être jugés d'après les lois existantes. C'est ainsi que pendant longtemps le Danemark jouit d'une grande liberté de la presse; mais la fermentation politique et religieuse qui se manifesta dans les dix dernières années du dix-huitième siècle détermina le gouvernement à revenir sur ces concessions. La réaction commença par une série de procès de presse; puis, deux ans après la mort de Bernstorff, parut l'ordonnance du 27 septembre 1799, qui imposa à tous les auteurs l'obligation de signer leurs écrits et rendit la censure préalable obligatoire pour tout écrivain déjà frappé de condamnation. Les plus remarquables d'entre ces procès de presse furent ceux qu'on intenta à P.-A. Heiberg et à Maltebrun, qui tous deux furent exilés du pays. Plus tard, l'ordonnance ci-dessus mentionnée reçut de nouvelles aggravations; c'est ainsi que tous les écrits politiques furent soumis à la censure. On peut dire que la presse périodique ne reprit une vie nouvelle en Danemark qu'à partir de 1831. On en revint alors, en effet, au principe de la responsabilité personnelle des écrivains, et la connaissance de tous les délits commis par la voie de la presse fut de nouveau attribuée aux tribunaux ordinaires, chargés d'appliquer la loi commune, et qui plus d'une fois firent preuve d'une noble indépendance, notamment dans les procès intentés, d'abord au professeur David, et plus tard à M. Hage.

A la fin du dix-huitième siècle, la dette publique du Danemark s'élevait à 28 millions de rixdales courant, et la dette en papier monétaire à 10 millions et demi. Par suite de la guerre de 1801 et des armements extraordinaires qu'on continua de faire, tant par terre que par mer, pendant les six années suivantes, en raison des hostilités ouvertes dont les pays voisins étaient le théâtre, la première de ces dettes monta à 41 millions, et la seconde à 26. Dans les guerres malheureuses qui suivirent, les besoins de l'État s'étant accrus en proportion exacte avec la diminution des produits de l'impôt, on eut recours à l'expédient souvent employé auparavant (depuis qu'en 1772 la banque avait cessé d'être un établissement particulier), de créer du papier-monnaie sans posséder les ressources nécessaires pour en assurer en tout temps le remboursement en espèces. En 1788, les duchés de Schleswig-Holstein avaient obtenu un système monétaire particulier, au moyen de la banque d'espèces fondée à Altona; ils échappèrent ainsi dans cette occasion à la création de la banque de papier courant fut la cause pour le Danemark. La masse des billets mis en circulation par cet établissement finit par s'élever à 142 millions de rixdales, en même temps que la dette publique, au 1er janvier 1814, atteignait le chiffre de 100 millions de rixdales. Plusieurs emprunts qu'on fut dans la nécessité de faire, l'accrurent encore; et en 1841 elle s'élevait à 119 millions de rixdales. Une des suites forcées de cette émission exagérée de papier-monnaie avait été sa forte dépréciation. Alors, dans l'espoir de remédier à un état de choses qui devenait de plus en plus déplorable, on eut recours à une triste et inefficace mesure, à la dépréciation de la valeur de l'argent. Aux termes de l'ordonnance royale du 5 janvier 1813, qui détruisit pour longtemps toute espèce de crédit public, il fut créé un nouveau signe représentatif de valeur appelé *monnaie de la banque du royaume*, avec la réduction de 6 rixdales, valeur nominale, à 1 rixdale, valeur réelle, et circulation forcée. Puis, la représentation de ce papier monnaie n'existant point en métaux précieux dans les caisses de la banque, on lui assigna pour garantie toute la propriété foncière du pays. Les propriétaires de terres furent astreints à verser à la banque 6 pour cent de la valeur de leurs propriétés, qu'elle qu'en fût la nature, versements dont la banque devait leur fournir l'intérêt à 6 et demi pour cent, jusqu'à ce qu'elle eût pu les rembourser en totalité. Pour mieux garantir encore ce système de papier-monnaie, la banque royale fut transformée, le 4 juillet 1818, en banque privée (dite *banque nationale*), avec des administrateurs indépendants du gouvernement; et bientôt, grâce à une direction aussi sage que loyale, les billets de cette banque, naguère encore profondément dépréciés, atteignirent le pair. Un différend entre la banque et le ministère des finances, connu sous le nom de *question des 12 millions*, et qui avait pour origine l'interprétation différente donnée par le ministère à un paragraphe de la charte de fondation de la banque en 1818, interprétation en vertu de laquelle il contestait à la banque le payement d'une somme de 12 millions de rixdales environ que le trésor s'était obligé à lui faire, fut terminé à l'amiable. Le ministère des finances paya à la banque 9,300,000 rixdales, et toute discussion relative à la garantie du papier-monnaie se trouva close. En 1845, les billets de la banque furent déclarés remboursables en espèces à la volonté des porteurs, et cessèrent dès lors d'être soumis aux variations des cours. Le système du papier-monnaie qui circule aujourd'hui en Danemark a donc pour base un encaisse métallique qui en assure toujours le remboursement au pair.

A partir de l'année 1784 jusqu'au commencement du dix-neuvième siècle, le gouvernement danois avait incontestablement toujours précédé la nation dans les voies du progrès, et s'était toujours efforcé de l'y entraîner à sa suite; cependant il était impossible que rien de véritablement national fût le résultat d'une telle impulsion. La réaction tentée contre les suites de la révolution française; les dangers, les commotions de toute espèce qu'elle provoqua, réussirent bien mieux à éveiller et à exciter dans les masses le sentiment national. C'est dans la période de neuf années qui s'écoula entre la mort de Bernstorff et l'établissement du système continental (1806), qu'en présence des irrésolutions du gouvernement dans sa politique extérieure on voit l'amour de la patrie et l'esprit public se manifester de plus en plus visiblement au sein des populations. Le combat naval dont la rade de Copenhague fut le théâtre le 2 avril 1801 fut aussi malheureux que glorieux pour la marine danoise.

Il y eut là cependant une victoire incontestable : ce fut celle que l'amour de la patrie remporta sur l'indifférence et la mollesse, seuls sentiments qu'on eût encore pu remarquer dans les masses. La nécessité où l'on se trouva placé dès lors de toujours suivre d'un œil vigilant les évolutions de la politique européenne et de se tenir prêt à repousser toute attaque, de quelque côté qu'elle pût venir, développa et surexcita les forces morales de la nation. C'est à bon droit que, dans l'histoire de Danemark, la période de 1806 à 1815 est signalée comme calamiteuse entre toutes. Le gouvernement manqua et de résolution pour agir et de sûreté de coup d'œil pour juger et apprécier, c'est-à-dire de ces deux qualités qui sont le plus impérieusement requises dans des temps de crise. En revanche, le cercle immédiat d'action et d'influence de l'esprit public alla toujours en s'élargissant davantage. On peut dire avec toute exactitude que dans ces neuf années si malheureuses une grande révolution s'opéra au sein de la nation danoise. Le déplorable état des finances ne contribua pas peu d'ailleurs au réveil de l'opinion publique. Les dangers de la patrie provoquèrent et mirent en saillie tout ce qu'il y avait d'actif et d'entreprenant dans le génie de la nation. La guerre maritime devint une espèce de guerre de *guerillas*; les succès si nombreux qui couronnèrent leurs efforts dans une foule de petits engagements de détail apprirent aux populations des côtes que les énormes vaisseaux de ligne de l'ennemi pouvaient quelquefois être réduits à l'impuissance. On vit aussi alors quelques vieillards, pour combattre l'ennemi à leur manière, renoncer à consommer aucun des articles de luxe dont l'étranger avait jusqu'alors approvisionné le pays, et dont la consommation constituait une grande partie de sa richesse; en même temps, une jeunesse enthousiaste en arrivait à professer que chacun doit au besoin faire à sa patrie le sacrifice de sa vie.

La nouvelle poésie nationale, dont la muse d'Œhlenschlæger devint le modèle, ne contribua pas peu à ce réveil de la nationalité danoise; et d'ailleurs la royauté ne méconnut point la hauteur à laquelle le sentiment national était ainsi parvenu. Le libéralisme qui présida désormais à la collation de l'ordre de Danebrog, devenu accessible maintenant à tout homme de mérite, quel qu'il fût; la fondation en Norvège de l'université de Frédéric (1814), depuis longtemps objet des vœux les plus ardents de la population de ce pays; l'ordre donné par le roi à l'administration supérieure de rendre public chaque année, par la voie de l'impression, le budget des dépenses et des recettes de l'État, furent autant de mesures qui prouvèrent que, fidèle à sa mission d'initiateur, le pouvoir persistait à vouloir guider la nation dans les voies du progrès. Mais, en 1815, la sainte-alliance enleva la Norvège au Danemark; et on perdit de vue, ou du moins on donna une autre interprétation à la loi de finances ci-dessus mentionnée. Au rétablissement de la paix, le commerce, l'industrie et par suite le bien-être des populations prirent sans doute un nouvel essor; mais il faut bien reconnaître aussi que dans la période de 15 années qui s'écoula entre 1815 et 1830, il y eut atonie complète de l'esprit public par suite de la tendance à la compression que manifesta en toute circonstance une administration bien moins disposée que par le passé à favoriser la participation du peuple à la vie politique. La première preuve qu'elle donna de son mauvais vouloir à cet égard fut à propos des réclamations des duchés de Schleswig-Holstein.

Le congrès de Vienne promit à tous les états de l'Allemagne, par conséquent aussi au Holstein, des institutions représentatives sous forme d'assemblées d'états. A l'exemple de ses prédécesseurs, le roi Frédéric VI confirma les priviléges de la noblesse des duchés, réitéra la promesse de l'octroi prochain d'une constitution d'états; et dégagea les deux duchés de leurs rapports forcés avec la banque nationale. Ces mesures furent jugées insuffisantes; les habitants du Schleswig pensèrent à cet égard comme ceux du Holstein; et leurs pétitions incessantes à l'effet d'obtenir la réalisation des promesses de 1815 et une constitution en rapport avec les besoins du temps n'ayant produit aucun résultat, la noblesse de Holstein adressa ses réclamations à la diète de Francfort, en même temps que les droits du pays étaient défendus assez vivement dans la presse. Le gouvernement danois n'en persista pas moins dans son système de résistance; mais, pour se le faire pardonner, il donna toute son attention aux intérêts matériels, vint énergiquement au secours de l'agriculture par diverses mesures financières, en même temps que des traités conclus avec l'étranger ouvraient au commerce de nouveaux débouchés; sa politique, en un mot, consista à faire autant que possible oublier l'absence d'institutions représentatives par une administration libérale et éclairée.

Malgré le calme profond dont le pays avait joui jusqu'alors, l'ébranlement général produit en Europe par le contre-coup de la révolution de juillet se fit aussi sentir en Danemark; où se manifesta alors le besoin profondément senti d'institutions politiques plus précises et plus populaires. Cette direction nouvelle donnée aux idées des masses portait, à l'origine, des duchés de Schleswig-Holstein, où Uwe Lornsen se posa en défenseur de la cause libérale, rappela la promesse d'une constitution faite par le roi à ses sujets en 1815, et excita bientôt ainsi, même en Danemark, les plus vives sympathies. Frédéric VI finit par consentir à exécuter ses engagements; et, par une ordonnance en date du 28 mai 1831, il accorda des assemblées délibérantes d'états provinciaux, non-seulement aux duchés, mais encore au Danemark. Après avoir pris l'avis des *hommes éclairés*, espèce d'assemblée de notables spécialement convoquée à cet effet dans l'été de 1832, le gouvernement fit paraître, le 15 mai 1834, la loi contenant et établissant les nouvelles institutions. Il y était dit que le roi soumettrait aux délibérations des états provinciaux tous les projets de loi ayant pour but d'introduire des modifications dans les droits personnels et de propriété, ou encore relatifs soit aux impôts, soit aux charges publiques, avant de leur donner force de loi, que ces assemblées auraient le droit de prendre des arrêtés en matière d'affaires communales, sauf la sanction royale, et d'adresser à la couronne des propositions, des demandes et des doléances sur les affaires générales du pays. Les états, convoqués régulièrement tous les ans, se réunissaient, pour les îles, à Rœskilde, et pour le Jutland à Viborg. L'assemblée de Rœskilde se composait de soixante membres, et celle de Viborg de cinquante. Sur ce nombre, dix membres étaient à la nomination de la couronne pour la première de ces assemblées, et sept pour la seconde. Le reste était élu directement par les propriétaires fonciers des divers districts électoraux. Partout les populations accueillirent ces concessions royales avec la plus grande faveur. Des publicistes traitèrent dans des ouvrages originaux les questions les plus importantes de la politique; les journalistes exercèrent bientôt sur l'opinion des masses une influence jusqu'alors inconnue en Danemark, et la presse devint dès ce moment une puissance avec laquelle il fallut compter. La mort du roi Frédéric VI, arrivée le 3 décembre 1839, modifia peu cet état de choses. Son successeur, Christian VIII, maintint énergiquement le principe *conservateur* contre tous les efforts ultérieurement tentés par le parti du progrès. Quelque limitées que fussent ces institutions constitutionnelles, un coup d'œil jeté sur les questions dont des assemblées d'états furent appelées à s'occuper suffit pour apprécier l'importance qu'avait déjà leur activité. C'est ainsi qu'elles donnèrent leur avis sur le nouveau règlement intérieur des villes, sur la loi communale spéciale à la ville de Copenhague, sur le nouveau tarif de douanes, sur la loi relative à la contrefaçon des œuvres d'art, sur un règlement déterminant d'une manière précise les limites de la liberté de la presse, règlement qui soumettait du moins à l'appréciation des tribunaux toutes les poursuites entamées pour délits de presse; sur une excellente loi relative au rachat des corvées, rachat qui put désormais se faire au moyen de conventions amiablement intervenues entre les parties intéressées; sur diverses dispositions législatives ayant pour but d'améliorer la procédure criminelle; sur la recommandation directe aux écoles civiles supérieures; sur une loi qui, à partir de 1841, rendit obligatoire la présentation annuelle, détaillée et non plus sommaire, du budget des dépenses et des recettes publiques.

Bientôt cependant on pensa que c'était là une insuffisante satisfaction donnée aux besoins du temps; on comprit qu'il n'y avait là que l'ombre d'institutions constitutionnelles; et le mécontentement général produit par la résistance du pouvoir aux vœux de l'opinion contribua beaucoup, à partir surtout de 1840, à donner une importance toute particulière à la question, si grave déjà par elle-même, de la succession dans les duchés de Schleswig-Holstein; question qui bientôt eut le privilège de préoccuper exclusivement tous les partis.

Depuis la perte de la Norvège, on sentait parfaitement en Danemark qu'il n'y avait plus désormais d'indépendance politique possible pour ce pays qu'à la condition d'y incorporer d'une manière ou d'une autre, totalement ou partiellement, les riches duchés de Schleswig-Holstein; terre essentiellement allemande, qui n'avait jusqu'alors été unie au Danemark que parce que la famille régnant dans l'un et l'autre pays était la même, c'est-à-dire la famille d'Oldenbourg, laquelle, comme il a déjà été dit plus haut, y tenait ses droits de deux élections faites au quinzième siècle, à dix années de distance l'une de l'autre. C'est ce complexe état de choses que les publicistes contemporains se sont efforcés d'élucider en le qualifiant *d'union personnelle*; expression qu'il faut entendre en ce sens qu'elle désigne l'union de deux pays ayant la même *personne* pour souverain. La nécessité de résoudre cette question devint plus urgente, que l'extinction prochaine de la ligne mâle et aînée de la maison royale paraissait désormais inévitable; et que, ce jour-là même venant une fois à se réaliser, *l'union personnelle* du Danemark et des duchés devait se trouver détruite. En effet, la *loi du roi* avait bien pu, en 1665 et du consentement des états du royaume, abolir en Danemark la loi salique, et y substituer un ordre de succession appelant à la couronne les représentants des branches féminines de la ligne directe de la maison royale, si jamais elle venait à s'éteindre, et ce au détriment des représentants des lignes mâles collatérales plus éloignées de la tige régnante; la loi salique n'en était pas moins demeurée toujours en vigueur dans les duchés, où le droit romain, le *jus imperii*, n'avait jamais cessé d'être la loi politique et civile du pays. Dès lors, la souveraineté des duchés passait à une branche cadette mâle de la maison royale, représentée par le duc Christian-Auguste de Schleswig-Holstein-Sonderbourg-Augustenbourg, prince directement issu d'un fils puîné du roi Frédéric II, d'ailleurs petit-fils de Christian VII par sa mère, neveu du feu roi Frédéric VI, et beau-frère de Christian VIII; tandis que, en vertu de la *loi du roi*, la couronne de Danemark sortait désormais de la maison d'Oldenbourg pour passer dans une *famille étrangère* et devenir l'héritage d'un prince représentant une branche cadette de la maison électorale de Hesse.

Appelé déjà à hériter un jour de la souveraineté sur la Hesse-Électorale, où la branche aînée de sa famille se trouvait désormais incapable de succéder, parce qu'elle ne devait plus être prochainement représentée que par des descendants issus de mariages morganatiques, ce prince de Hesse représentait en outre, en Danemark, du chef de sa mère, sœur de Christian VIII, la branche *féminine* de la ligne aînée de la maison royale; branche qui, comme plus rapprochée du tronc, excluait les lignes mâles cadettes, par conséquent la maison d'Augustenburg.

Indépendamment de l'antagonisme de nationalité que la politique maladroite du gouvernement danois avait constamment provoqué entre la population des duchés (allemande par ses mœurs, par ses lois, par sa langue) et la population des états danois, l'opinion générale dans les duchés voyait avec joie arriver l'époque où *l'union personnelle* serait détruite, parce que depuis trop longtemps on affectait en Danemark de considérer les duchés comme une terre conquise, et que l'amour-propre de la population de cette contrée se révoltait contre un mensonge historique si flagrant. En Danemark, comme dans les duchés, le parti libéral rattachait d'ailleurs à cette importante question l'espoir de la voir tranchée un jour à son profit par l'octroi d'une constitution conçue dans des idées vraiment larges et progressives, répondant mieux dès lors aux besoins de liberté de l'époque que les institutions bâtardes introduites dans le pays à la suite de la révolution de juillet 1830. Mais Christian VIII résista opiniâtrément à ce vœu de l'opinion, et le gouvernement danois employa maintenant toute son habileté à créer en Danemark un parti dit *national*, tout a fait distinct du parti libéral et faisant constituer le *patriotisme* à réclamer à grands cris l'incorporation immédiate et sans conditions, aux états danois, du duché de Schleswig, qui pourtant avait toujours été considéré depuis plusieurs siècles comme l'annexe du duché de Holstein, et qui toujours avait eu avec celui-ci une législation et une administration communes. Le parti national prétendait, en d'autres termes, reculer jusqu'à l'Eider les frontières du Danemark. Cette prétention ne pouvait que soulever la plus vive opposition dans les duchés, et envenima toujours davantage une question déjà hérissée de tant de complications. En 1844 on vit à l'assemblée des états tenue à Rœskilde le député libéral Uessing présenter une motion tendant à faire proclamer que le Danemark n'avait jamais formé avec les duchés de Schleswig-Holstein et de Lauenbourg qu'un seul et même état, et à considérer désormais coupables du crime de haute trahison quiconque oserait, sur le territoire de la monarchie danoise, soutenir la thèse contraire.

En 1846, Christian VIII croyant que *l'idée danoise* avait maintenant acquis assez de forces, pressé d'ailleurs par les exigences de plus en plus impérieuses du parti *national*, se décida à publier sa fameuse *lettre patente*, dans laquelle il déclarait le duché de Schleswig *tout entier* et *certaines parties* du duché de Holstein (on se gardait d'ailleurs de les préciser) à jamais inséparables du royaume de Danemark. C'était implicitement avouer que la maison d'Augustenburg avait des droits à la souveraineté tout au moins *sur certaines autres parties* du Holstein, encore bien que d'un trait de plume on prétendit détruire à tout jamais ceux que, la ligne mâle et directe de la maison d'Oldenbourg venant à s'éteindre, elle pouvait à bon droit faire valoir pour être appelée à régner sur la totalité des deux duchés. Cette déclaration royale provoqua la plus vive irritation en Schleswig-Holstein, mais n'en fut pas moins considérée par les ultras du *parti national* danois comme une demi-mesure marquée au coin de l'hésitation et de la faiblesse et ne répondant en rien aux nécessités de la situation. La force même des choses conduisait Christian VIII au point prévu par le parti libéral comme devant amener le triomphe de ses idées. Dans l'impasse où ce prince se trouvait engagé, il reconnaissait enfin que le seul moyen de maintenir l'intégrité de la monarchie était de confondre désormais les intérêts des populations allemandes et danoises de ses états dans de communes institutions politiques; et déjà l'on annonçait l'octroi prochain d'institutions franchement constitutionnelles et représentatives, quand la mort vint le frapper le 20 janvier 1848. Il laissait ses différentes couronnes, en même temps que la difficile tâche de conjurer les tempêtes amassées par l'imprévoyance et l'impéritie de ses conseillers, à un fils unique, privé de tout espoir de perpétuer jamais sa maison.

Le nouveau roi inaugura son arrivée au trône par une autre *lettre patente* qui développait la théorie de l'*indivisibilité* des différentes parties de la monarchie. Ce manifeste causa la joie la plus vive en Danemark, et par contre un grand mécontentement dans les duchés. Huit jours après le changement de souverain parut un rescrit royal qui annonçait officiellement la constitution déjà préparée par le prédécesseur du nouveau roi, et qui en indiquait à l'avance les dispositions principales. La future constitution, était-il dit dans ce document, avait pour but le maintien de l'*indépendance* de chacune des parties intégrantes de la monarchie, en même temps que leur *union intime*, afin d'en constituer *un tout régulier*. A cet effet, le roi se proposait d'introduire une assemblée d'états commune au Danemark et aux duchés de Schleswig-Holstein, composée en nombre égal de représentants des deux pays, et devant se réunir alternativement dans l'un et dans l'autre. Les droits de cette assemblée devaient consister à coopérer virtuellement à toutes les modifications à introduire dans les impôts et l'administration des finances, de même qu'à participer à la confection des lois relatives aux intérêts communs du royaume et des duchés. Cette constitution d'états ne devait d'ailleurs apporter aucun changement à la situation résultant des ordonnances royales du 28 mai 1831 et du 15 mai 1834, qui avaient institué diverses assemblées d'états provinciaux, *non plus qu'à l'union des duchés maintenant existante*. Enfin, le rescrit royal annonçait que la constitution future contiendrait les dispositions nécessaires pour protéger l'usage des langues danoise ou allemande là où elles étaient en vigueur. Il était dit encore qu'avant de recevoir force de loi, les différentes dispositions de la nouvelle constitution seraient soumises à l'examen en commun d'hommes *prudents et éclairés*. Le choix de ces hommes serait abandonné aux différentes classes de membres des états provinciaux, ainsi qu'aux consistoires des universités de Copenhague et de Kiel; mais le roi se réservait en outre la faculté de leur adjoindre huit hommes à son choix pris en Danemark et autant dans les duchés. L'assemblée de ces hommes *prudents et éclairés* devait se réunir à Copenhague deux mois au plus tard après qu'ils auraient été désignés, et commencer ses travaux sous la présidence d'un fonctionnaire à la nomination de la couronne.

On s'occupait déjà de ces choix dans les duchés, quoique avec une certaine réserve, quand éclata à Paris la révolution de février, à la suite de laquelle l'Europe tout entière se trouva en proie à une agitation révolutionnaire qui, en Danemark comme dans les duchés, mit aussitôt les partis politiques en présence. Des ordonnances restrictives de la liberté de la presse parurent d'abord à Copenhague contre les duchés. Mais tandis que la population de ces contrées songeait à profiter de cette circonstance pour accroître la somme de ses libertés, à Copenhague le parti du mouvement, prenant une attitude des plus menaçantes, insistait impérieusement pour une prompte et énergique solution de la question de l'incorporation des duchés au royaume, et refusait d'avance toute conciliation amiable. Cependant ce parti se divisait en deux grandes fractions bien tranchées : les libéraux et les radicaux. La première de ces fractions, désignée aussi sous le nom de *parti du Casino*, avait principalement en vue dans ses efforts l'*indépendance nationale*; tandis que la seconde, attachant bien autrement de prix encore au triomphe des principes de *liberté* et d'*égalité*, se prononçait, à cette condition, en faveur des plans du gouvernement et de l'idée d'un État unitaire. Le 11 mars, une grande assemblée populaire se tint au Casino; mais il s'y produisit une telle divergence de vues et d'opinions, qu'il fut impossible de s'entendre sur les demandes à adresser au gouvernement. Les libéraux et les radicaux organisèrent en conséquence pour le lendemain, à l'Hippodrome, une grande réunion populaire, à l'effet de s'entendre sur l'extension à donner aux bases de la loi électorale; mais ils n'y parvinrent qu'à grand'peine, et seulement après que le *parti national* eut adopté le principe d'égalité qu'on lui imposait. Une nouvelle réunion au Casino était indiquée pour le 21 mars, quand le bateau à vapeur de Kiel apporta à Copenhague la nouvelle du commencement de soulèvement des duchés et des différentes résolutions qui y avaient été prises dans des assemblées populaires (convocation d'une diète des duchés de Schleswig-Holstein, à l'effet de délibérer sur un projet de constitution; adjonction du duché de Schleswig à la confédération germanique, renvoi immédiat de M. de Scheel, président de la régence, etc., etc.). La réunion du Casino se tint, dès le 20 au soir, sous la présidence du conseiller d'État Hvidt. Il y fut décidé que le peuple danois ne pouvait pas consentir aux prétentions des duchés; mais que l'union permanente du Danemark et du Schleswig ne serait assurée qu'au moyen d'une constitution commune ayant pour base une loi électorale populaire. On admettait d'ailleurs que l'*indépendance provinciale* du duché de Schleswig et l'égalité des droits des deux nationalités distinctes qui se trouvent juxta-posées sur ce territoire devaient être garanties par une *diète provinciale* particulière et par des *institutions provinciales* répondant à un tel but. Enfin, on y émit l'avis que le bien du Danemark exigeait que le roi entourât immédiatement son trône d'hommes en possession de la confiance du pays. L'assemblée résolut en outre de se réunir encore le lendemain sur la place du Vieux-Marché pour, de là, accompagner à Christiansborg les commissaires de la ville, chargés de présenter au roi l'adresse et les vœux des habitants de Copenhague. Dans la matinée, une procession innombrable, ayant en tête le président supérieur, le conseil municipal et les commissaires de la ville, se rendit au château de Christiansborg, où Hvidt, en qualité de président d'une députation, présenta au roi l'adresse contenant les vœux du peuple. Le roi accorda tout ce qu'on lui demandait, et déclara que déjà il avait prévenu le vœu public; que l'ancien ministère était dissous. Le même jour, en effet, parut la liste des nouveaux ministres; on y remarquait MM. Hvidt, directeur de la banque, et l'avocat Lehmann (pour les duchés), le capitaine Tscharning (guerre), le pasteur Monrad (cultes), considérés comme les chefs des *Danois de l'Eider* ou parti du Casino, le comte

Moltke (président du conseil et finances), Bardenfleth (justice), le comte Knuth (affaires étrangères). Le jour suivant, arriva aussi de son côté la députation des duchés de Schleswig-Holstein chargée de faire connaître au roi des vœux de leurs populations; mais il ne lui fut répondu que par un refus. Sous l'influence de ce ministère essentiellement danois et composé d'hommes d'opinions extrêmes, les événements se développèrent rapidement dans les duchés, et bientôt on en appela de part et d'autre à la force des armes. C'est à l'article SCHLESWIG-HOLSTEIN que se place naturellement le récit des événements qui signalèrent cette lutte, comme aussi les détails ultérieurs relatifs à la *question des duchés*: nous y renvoyons donc le lecteur.

Mais les charges extraordinaires résultant de l'état de guerre, surtout quand la Prusse eut pris fait et cause pour les duchés, déterminèrent le ministère à conclure l'armistice du 2 juillet 1848; mesure qui lui aliéna les sympathies de son propre parti. Le 5 octobre seulement eurent lieu, d'après une loi électorale des plus libérales, les élections pour une nouvelle assemblée constituante; et à cette occasion les démocrates se coalisèrent avec l'ancien parti gouvernemental, à l'effet de faire perdre aux hommes *du Casino* toute leur influence. La diète s'ouvrit enfin le 23 octobre 1848. Elle s'occupa d'abord des mesures financières les plus urgentes, puis du projet de constitution présenté par le gouvernement. Les relations extérieures, notamment les propositions de paix faites par l'Angleterre (le partage du Schleswig), provoquèrent dès le 18 novembre un changement de cabinet; et les différents portefeuilles se trouvèrent alors répartis comme il suit: Comte Moltke, outre la présidence du conseil, les affaires étrangères par intérim; Bardenfleth, justice; comte Sponneck, finances; Madvig, cultes; Bang, intérieur; Zahrtmann, l'intérim de la marine; Hansen, la guerre; et Claussen, ministre sans portefeuille. La nouvelle administration continua d'ailleurs complétement la politique de celle qui l'avait précédée aux affaires; et la guerre recommença avec enthousiasme au mois d'avril 1849, en dépit des tristes éventualités que semblait réserver au Danemark la part prise à la lutte par l'Allemagne. La diète ayant adopté le projet de constitution à la presque unanimité des voix, le 25 mai 1849, le roi lui donna sa sanction comme loi fondamentale de l'État; après quoi, la diète fut dissoute. Dans cette constitution qui, jusqu'à la décision de la lutte avec les duchés, ne devait régir que le Danemark, le suffrage universel est consacré de la manière la plus large. La diète se compose du *Folkething* et du *Landsthing*. La première de ces assemblées est le produit direct de l'élection, et se renouvelle tous les trois ans. Tout citoyen âgé de vingt-cinq ans est éligible dans chaque district électoral. Les députés au *Landsthing* doivent être âgés de quarante ans, payer 200 rixdales d'impôt, ou justifier d'un revenu de 1,200 rixdales. Tout homme honorable âgé de quarante ans a le droit de prendre part aux élections pour le *Landsthing*. La diète se réunit chaque année au mois d'octobre; mais sa session ne peut pas se prolonger au delà de deux mois sans l'autorisation du roi. A la diète appartient le droit de voter les impôts et d'en contrôler l'emploi, de même que de prendre part à la confection des lois ou d'en proposer. Une cour suprême, composée de seize membres élus pour quatre ans, moitié par le *Folkething* et moitié par le *Landsthing*, connaît des accusations portées par le *Folkething* contre les ministres responsables, ainsi que des accusations de crimes de haute trahison déférées par le roi et approuvées par le *Folkething*. En ce qui touche l'administration de la justice, la constitution stipule la publicité des débats, la procédure orale et le jugement par jury. Le domicile des citoyens est inviolable, et les visites domiciliaires ne peuvent avoir lieu qu'en vertu d'un ordre régulièrement émané d'un magistrat compétent. La presse est libre et responsable seulement devant la justice des délits qu'elle peut commettre. Le droit de réunion est posé en principe; seulement on réserve à la police la faculté d'interdire les réunions en plein air. Le service militaire est obligatoire pour tous les citoyens sans distinction; l'enseignement pour les pauvres est gratuit; tous les privilèges nobiliaires sont abolis. Le roi partage avec la diète la puissance législative, mais exerce exclusivement, par l'intermédiaire de ses ministres, le pouvoir exécutif, de même qu'il a seul le droit de déclarer la guerre ou de faire la paix. La liste civile est fixée et votée de nouveau au commencement de chaque règne. La loi de succession en vigueur peut subir des modifications, si elles sont proposées par le roi et votées par les trois quarts des membres présents de la diète. Les cultes sont libres; mais la confession luthérienne est déclarée église nationale, et le roi doit la professer.

Ce fut la situation critique dans laquelle se trouvait le Danemark qui hâta et facilita essentiellement le bon accord au sujet de cette constitution. Mais l'opposition contre le ministère (où, depuis le mois de septembre 1849, M. de Rosencorn tenait le portefeuille de l'intérieur) prit déjà le caractère le plus tranché lors de la réouverture de la diète, le 30 janvier 1850. Les discussions y roulèrent en grande partie sur les affaires des duchés et sur les finances, dont la situation inspirait les plus vives inquiétudes. L'ancien parti du gouvernement, les libéraux et les radicaux eux-mêmes souhaitaient un accommodement amiable avec les duchés et demandaient qu'on se rapprochât de l'Allemagne. Les hommes du *parti national*, au contraire, insistaient pour qu'on continuât la guerre contre les duchés, que, dans l'intervalle, l'Allemagne et la Prusse avaient fini par abandonner, et recommandaient l'alliance avec la Suède. La diète fut close le 1er juillet, peu de temps après que le parti de la guerre, encouragé par l'accord des puissances à Londres, eut décidément pris le dessus. Le ministère, qui se compléta le 10 août par l'accession du baron de Reedtz (affaires étrangères), formait à la vérité deux partis: les hommes de l'*État-unitaire* et les partisans de la politique du *Casino*; mais, sans avoir à bien dire de programme à lui, il était du moins tombé d'accord sur ce point qu'il fallait tâcher de faire obtenir au Danemark autant d'avantages que possible des puissances étrangères; et il réussit à se maintenir aux affaires en dépit des efforts de l'opposition, parce que la question extérieure était alors celle qui primait toutes les autres. Tandis que, dans les duchés, la lutte touchait à son terme et que la paix entre la Prusse et le Danemark était ratifiée à Francfort, la diète se réunit de nouveau le 5 octobre 1850. Après la question si vitale des duchés, ce furent les finances surtout qui jusqu'à la fin de la session, en février 1851, furent le sujet des luttes parlementaires. En dépit de l'habileté et de la ténacité dont les ministres danois firent preuve dans leurs rapports avec la diplomatie étrangère, à l'effet d'amener les puissances à se prononcer définitivement en faveur du maintien du *statu quo* en Danemark, ils échouèrent dans leurs efforts pour amener la décision principale de la grande question du nord dans un intérêt purement danois.

Depuis la fin d'octobre 1851 la diète s'occupait de la discussion du budget, quand les représentants des grandes puissances tombèrent enfin d'accord sur les bases à donner à la reconstitution de la monarchie danoise. De là une crise des plus graves dans la direction des affaires en Danemark, et, près d'un mois plus tard, la retraite du ministère Moltke en entier, qui déjà s'était modifié à diverses reprises. Dans un message royal en date du 28 janvier 1852, la nouvelle organisation des États du roi-duc fut communiquée à la diète. Aux termes de ce document, le royaume de Danemark forme en lui-même un tout politique, a ses départements de la justice, de l'intérieur, de l'instruction publique et des affaires ecclésiastiques, ses ministres particuliers, lesquels sont responsables de leurs actes dans les limites fixées par la constitution. Le duché de Schleswig est placé sous l'autorité d'un ministre unique, responsable de ses actes seulement au roi-duc. Il en est de même des duchés de Holstein et de Lauenbourg, réunis sous la même administration. D'ailleurs des assemblées d'états provinciaux particulières sont promises au duché de Holstein comme à celui de Schleswig. Les ministres des affaires étrangères, de la guerre, de la marine et des finances sont désormais communs à toutes les provinces dont se compose la monarchie. En outre, tous les ministres forment, sous la présidence du roi et avec le concours du prince héréditaire, un conseil intime qui naturellement n'est point responsable de ses actes vis-à-vis de la diète. Le même document contenait encore une nouvelle mais incomplète liste de ministres : le conseiller privé de Blome y était inscrit comme président du conseil et ministre des affaires étrangères ; MM. Hansen, Sponnenk et Steen-Bille, comme ministres de la guerre, des finances et de la marine. M. Bang était ministre par intérim des cultes et de l'intérieur pour le Danemark spécialement. L'administration particulière du Schleswig fut confiée au comte Charles Moltke ; et celle des duchés de Holstein et de Lauenbourg au comte Reventlaw-Criminil. Le parti danois, dit *national*, fut, il est vrai, vivement désappointé d'un tel arrangement ; il s'empressa de crier bien haut que le Danemark se trouvait par là abaissé à l'état de province ; mais il ne se trouva pas assez en forces pour provoquer de la part de la diète une démonstration hostile.

Le triomphe remporté partout en 1852 par la réaction sur l'idée révolutionnaire devait nécessairement avoir pour résultat en Danemark de faire modifier la constitution de 1849. Un nouveau pacte social fut donc publié en 1853 ; et tout homme sans prévention sera d'ailleurs forcé de reconnaître qu'une part aussi large qu'il est raisonnable de le souhaiter y a été faite aux idées de progrès et de liberté, en ce qu'elles ont de conciliable avec l'unité et la fixité du pouvoir.

Restait cependant une dernière question, et la plus irritante de toutes, à vider : la question de succession. Ici le gouvernement danois n'était pas, à beaucoup près, libre dans son action et ses mouvements ; et, avant de rien résoudre, il lui fallait préalablement obtenir l'assentiment des grandes puissances. Les événements de 1848 avaient rendu impossible le maintien de la *loi du roi* de 1660, appelant les branches féminines directes de la maison royale à succéder, au détriment des lignes mâles collatérales. La diplomatie européenne, non sans peine toutefois, finit par comprendre que les nécessités de la situation exigeaient que le prince de Hesse renonçât pour lui et les siens aux droits que cette *loi du roi* lui avait faits en Danemark. Ce point une fois réglé, on se trouvait alors dans ce pays en présence d'une déshérence absolue et plus ou moins prochaine du trône, et il y avait urgence d'y pourvoir au plus tôt, en même temps que de décider ce qu'il adviendrait des duchés de Schleswig-Holstein replacés par la force des armes et plus encore par la volonté des grandes puissances sous l'autorité du Danemark. Du moment où s'était cru en droit d'attenter à l'antique nationalité et à l'indivisibilité politique de ces deux provinces allemandes, il n'en coûtait guère plus de déclarer nulles et non avenues les maximes de droit public qui depuis un temps immémorial y étaient en vigueur, et auxquelles le roi Christian VIII lui-même, en 1848, avait encore implicitement rendu hommage en reconnaissant que les droits du Danemark ne s'étendaient que sur une *certaine partie* du Holstein. En conséquence, non-seulement on mit hors de cause la maison d'Augustenburg, mais, en confisquant leurs propriétés et en les exilant à tout jamais de la terre où reposent les ossements de leurs pères, on punit en outre le duc Christian Auguste et tous les membres de sa famille de l'attachement dont ils avaient fait preuve pour les droits et les libertés de leurs concitoyens des duchés. Il y a évidemment là plus qu'une injustice, il y a une faute politique dont tôt ou tard le Danemark portera la peine ; et le jour n'est peut-être pas éloigné où les grands cabinets de l'Europe en seront aux regrets d'avoir toléré et même provoqué cet attentat au principe de la légitimité.

C'est dans ces circonstances que, de l'assentiment des puissances, fut enfin rendue publique la combinaison à laquelle on s'était tout d'abord arrêté dès 1849, à la suggestion de la mère même du prince de Hesse, qui venait de renoncer à ses droits éventuels. Sœur de Christian VIII, par conséquent petite-fille, elle aussi, de l'astucieuse et ambitieuse Juliane-Marie, seconde femme de Frédéric V, cette princesse habile entre toutes et tenace dans ses desseins n'a pas voulu qu'un trône si ardemment convoité par son aïeule pour sa race échappât à sa descendance. Ne pouvant plus l'assurer à son fils, elle a fait en sorte du moins que les enfants de sa fille en héritassent. En conséquence, le choix du gouvernement danois s'est définitivement arrêté, ainsi que le constate une proclamation royale en date du 31 juillet de la présente année 1853, sur le prince Christian de Schleswig-Holstein - Sonderbourg - Glucksbourg, mari de la princesse Louise-Wilhelmine-Frédérique de Hesse, sœur du prince de Hesse, héritier présomptif mais renonciataire de la couronne de Danemark. Le prince ainsi appelé à recueillir un jour, non pas seulement la couronne royale de Danemark, mais encore la couronne ducale de Schleswig-Holstein-Lauenbourg, est le dernier né de *quatre* frères représentant aujourd'hui une branche *cadette* de la maison d'Augustenbourg. Son aîné a épousé la fille du feu roi Frédéric VI, la princesse Wilhelmine de Danemark, après son divorce d'avec le roi actuel Frédéric VII, alors prince héréditaire.

Langue et Littérature, Sciences et Arts.

La langue danoise formait originairement un dialecte de ce qu'on appelle l'ancienne langue du Nord, désignée aussi plus tard, quand les Danois furent devenus la nation prépondérante de la Scandinavie, sous le nom de *Dœnsk Tonga*, c'est-à-dire langue danoise. C'est de tous ceux qui ont pour origine commune l'ancienne langue du Nord, le plus dégénéré ; de même que l'islandais est celui qui en a le plus fidèlement gardé l'empreinte ; viennent ensuite le norvégien et le suédois. Les relations politiques des Danois avec les Anglo-Saxons, à partir du règne de Knut (Canut) le Grand, sur lesquels les deux peuples exercèrent mutuellement l'un sur l'autre, contribuèrent à accélérer la décomposition des anciennes formes scandinaves et à séparer plus tôt comme dialecte le Danois des autres langues de la Scandinavie, lesquelles, du reste, présentent entre elles les plus grandes analogies. Mais les rapports des Danois avec les Allemands à la suite des expéditions de Waldemar contribuèrent encore bien autrement à développer leur langue d'une manière plus indépendante. Entre autres causes, il faut aussi citer l'influence exercée par les cours des différents princes Allemands appelés au trône de Danemark, les relations multiples de ce pays avec les villes hanséatiques, les voyages entrepris et les études faites par les Danois dans les hautes écoles et les universités de l'Allemagne. De la réformation date une ère nouvelle pour la langue danoise. D'une part, les études que les théologiens danois allèrent faire en Allemagne, notamment à Wittemberg, eurent pour résultat d'introduire avec des idées nouvelles des éléments nouveaux dans la langue danoise ; et de l'autre, la traduction de la Bible en langue vulgaire, à l'usage de tous, mit à la base d'une langue danoise populaire et écrite. Les cantiques spirituels composés vers la fin du dix-septième siècle caractérisent la seconde époque de la langue danoise. De même qu'en Allemagne, l'influence prépondérante de goût français eut pour résultat d'introduire dans la langue une foule de gallicismes. Aussi Holberg, quoique chez lui la pensée porte si éminemment une empreinte toute septentrionale, pèche-t-il par la bigarrure de son style. Quand cependant la civilisation allemande exerça à son tour une toute-puissante influence en Danemark, on vit des poëtes nationaux, tels que Ewald, lutter jusqu'à la fin du dix-huitième siècle pour briser le joug de l'imitation française. A partir du siècle actuel, la résurrection des études relatives à l'archéologie du Nord, et les ouvrages d'écrivains devenus classiques, tels que Baggesen, Œhlenschlæger, Grundtvig et autres contribuèrent à fixer la langue écrite et à lui imprimer un caractère national et indépendant.

En dehors du Danemark proprement dit (les îles danoises, le Jutland et la partie septentrionale du Schleswig), le danois a été transporté depuis une centaine d'années, comme langue employée pour la célébration du culte, chez les Esquimaux du Groënland, et comme langue usuelle et d'affaires, à Sainte-Croix, à Saint-Thomas et à Saint-Jean, dans les Indes occidentales; et il en est encore ainsi aujourd'hui dans les ci-devant factoreries danoises de la côte de Guinée. A partir de la réunion de la Norvège au Danemark, c'est-à-dire depuis la fin du quatorzième siècle à peu près, le danois est devenu aussi la langue écrite des populations de la Norvège; et il en est encore ainsi aujourd'hui, quoique depuis une trentaine d'années il se manifeste visiblement dans ce pays une tendance à transformer l'idiome populaire en langue écrite propre à la Norvège. La langue populaire norvégienne, en usage pour les relations ordinaires de la vie dans les grandes villes et leurs environs, a été profondément modifiée par l'influence de la langue danoise écrite. On sait les efforts tentés dans ces derniers temps pour introduire l'usage de la langue danoise dans les parties purement allemandes de la monarchie danoise.

Indépendamment de la langue danoise écrite, il existe aussi plusieurs idiomes. On les distingue en deux groupes : les idiomes danois proprement dits et les idiomes jutlandais. Le premier groupe comprend l'idiome de la Séelande (base de la langue danoise écrite), l'idiome de Fionie et celui de l'île de Bornholm (avec l'idiome de Scanie, transformé depuis 1600 en dialecte suédo-gothique), les uns et les autres divisés en plusieurs dialectes différents. Quant à la langue jutlandaise, qui présente encore des traces nombreuses du saxon, langue en usage dans cette contrée avant l'immigration des Danois, elle se divise en deux idiomes principaux : celui du Jutland septentrional ou le *normannojotique*, qu'on parle au nord et à l'ouest de la péninsule; et celui du Jutland méridional ou *danojotique*, en usage dans le Schleswig le long des rives du Petit-Belt.

La première grammaire danoise fut composée par Erick Pontoppidan (Copenhague, 1668). Vinrent ensuite celles de Peder Syv (1685) et de Hoysgard (1743 et 1747), puis celles de J. Baden, de Lange, de Tode, de Tobiesen (2ᵉ édit., 1813), de Nissen (1808), enfin celle de Bloch (1818); liste à laquelle il convient d'ajouter les ouvrages sur la grammaire publiés plus récemment par Petersen, Birch, Hjert, Bojesen, Jacobsen, Oppermann, Sœrensen et autres. Dès 1510 Christiern Pedersen publia un *Vocabularium in usum Dacorum*. A ce dictionnaire latin-danois et à d'autres encore qui parurent dans le cours du seizième siècle se joignirent plus tard les dictionnaires d'Aphelen, de Baden, de Reisler, de Muller (1800; refondu par Guldberg, Kiel, 1807). Le *Danske Ordbog* (tomes 1 à 6; Copenhague, 1793-1849), publié par l'Académie danoise, et qui contient beaucoup trop de matières hétérogènes, est sous bien des rapports inférieur au *Danske Ordbog* de Molbech (Copenhague, 1833, 2 vol.). Ce savant a publié en outre un excellent *Danske Dialectlexicon* (1833-1841). En fait d'ouvrages précieux sur les synonymes, nous devons mentionner : *Eenstydige danske Ords Bermærkelse* (nouv. édit, 1807) de Sporon, et surtout la *Danske Sinonymik* (2 vol., 1829) de Muller. Les anciennes prosodies danoises de Peder Jensen Roeskilde (1627), Hans Mikkelsen Ravn, Sœren, Poulsen (1671), ont été singulièrement dépassées par celle de Thortsen, qui a pour titre *Forsæg til en dansk Metrik*

(2 vol., 1834). L'histoire de la langue a été l'objet de travaux remarquables, au nombre desquels il faut surtout citer : *Det danske, norske og svenske Sprogs Historie* de Petersen (2 vol., 1830), et *Det danske Sprogs historiske Udvikling* de Molbech (1846), ouvrage qui n'est point entré dans le commerce. En fait de livres relatifs au danois et à l'allemand parlés en Schleswig, citons : Werlauff et Outzen, *Preischrift, die dænische Sprache im Herzogthum Schleswig betreffend* (1819), et Kohl, *Bemerkungen über die Verhaeltnisse der deutschen und dænischen Nationalität und Sprache im Herzogthum Schleswig* (Stuttgard, 1847). Worsaae, dans ses *Minder om de Danske og Normandens i England, Skotland og Irland* (Copenhague, 1841), a suivi les traces laissées en Angleterre par les Danois et les Normands.

Quoique, rigoureusement parlant, il ne puisse être question d'une littérature nationale danoise qu'à partir du dix-huitième siècle, on en trouve cependant le point de départ dès l'époque de la réformation. Les plus anciens monuments de la langue danoise proprement dite ne remontent pas au delà du douzième siècle, et consistent dans les lois des anciens rois. Ce sont, par exemple, les *Vitherlags Ret* du roi Knut le Grand, le *Skaanske Lov* pour la Scanie, datant du règne de Waldemar Iᵉʳ, le droit canon de 1162, le *Sjellandske Lov* de 1171, attribué ordinairement à Erik VI (publié par Kolderup-Rosenvinge; Copenhague, 1821), le *Rigens Ret* de 1180, et surtout la vieille loi jutlandaise, *Jydske Lovbog*, publiée en 1240 par la diète de Wordinborg (publiée et annotée par Kofod Ancher; Copenhague, 1783). Mais les ouvrages historiques de Saxo Grammaticus et du chevalier jutlandais Svend Aagesen sont bien autrement glorieux pour le Danemark, que ces différents recueils de lois nationales. En effet, quoiqu'ils aient rédigé leurs chroniques en langue latine, le génie particulier des nations du Nord apparaît visible encore à travers cette traduction, chez le premier surtout des écrivains que nous venons de nommer, homme qui devança de beaucoup son siècle. C'est aussi jusqu'au treizième siècle que remontent, en ce qui est de leur forme actuelle, les plus anciens chants héroïques (*Kjæmpeviser*) danois, dont le plus grand nombre cependant, en tant que chants historiques, datent du quatorzième, du quinzième et du seizième siècle. Ces chants, production commune de toute la nation danoise, dont les racines remontent jusqu'aux *sagas* des temps les plus reculés du Nord, et où la direction romantique du moyen âge se marie avec l'élément mythique du Nord, ont été recueillis à une époque où ils retentissaient encore à la bouche du peuple, et publiés avec la plus grande fidélité par A.-S. Vedel (*Et Hundret udvalgte danske Viser* [1591]), et souvent réimprimés depuis. Peder Syv en a publié une collection plus complète (1595), qui, de même que la Bible, pénétra jusque dans les plus humbles chaumières. La plus riche est celle qu'on est donnée Nyerup, Abrahamson et Rahbek, avec un commentaire critique et historique, sous le titre de *Udvalgte danske Viser fra Middelalderen* (5 vol. Copenhague, 1810-1814). Elle a été complétée par le recueil de Rasmussen et de Nyerup, intitulé : *Udvalg of danske Viser fra Midten of det 16 Aarh.* (2 vol. 1821). Grundtvig en annonce une autre qui contiendra tout ce que ses devanciers avaient cru devoir négliger.

En fait d'autres monuments anciens de la langue danoise, on peut encore citer, indépendamment d'un livre de médecine par Henrik Harpestreng (publié par Molbech, 1821) qu'on prétend dater du treizième siècle, la chronique rimée de Frère Njel de Sorœe (publié par Molbech, 1825), qui fut vraisemblablement achevée vers l'an 1478, ainsi qu'une traduction en langue danoise de l'Ancien Testament datant de la même époque (publiée par Molbech, 1828). A la fin du quinzième siècle, messire Mikkel, prêtre à Odensée, composa aussi ses poésies, *Om Ifr. Mariæ Rosenkrands* (Copenhague, 1515), *Om Skabelsen* et *Om det Menneskelige Levnet* (publiées par Molbech, 1836), où, à côté de beaucoup de détails de mauvais goût, on ne laisse pas que de trouver quelques lueurs du véritable génie poétique. La collection de proverbes et de sentences danois faite au commencement du quinzième siècle par Peder Lolle (*Petrus Legista*), resta jusqu'à l'époque de la réformation un livre populaire dans les écoles. Il fut pour la première fois imprimé en 1526; la meilleure édition est celle que Nyerup en a donnée en 1828.

Quoique la langue latine, dont l'étude prit encore de nouveaux développements à la suite des travaux littéraires dont la réformation donna le signal, exclusivement employée par les savants, n'ait laissé que bien peu de place aux progrès de la langue populaire jusque dans le dix-septième siècle, il était cependant tout à fait dans la nature du mouvement religieux jusqu'au dix-septième siècle, que les réformateurs s'adressassent au peuple dans sa langue. En Danemark comme en Allemagne ils furent les véritables créateurs de la langue nationale écrite. Christiern Pedersen (1480-1554) est le plus grand écrivain que le Danemark compte à l'époque de la réformation; on peut dire qu'il fut pour la langue danoise ce que Luther fut pour la langue allemande. Outre les livres populaires *Keiser Carl's Krœnike* (Copenhague, 1501) et *Olger Danske's Krœnike* (Paris, 1514), il donna entre autres le livre de prières *Vor Frue Tider* (Paris, 1514), et surtout l'ouvrage intitulé *Iertergns Postill* (Paris, 1515), qui témoignent de son zèle à satisfaire les besoins spirituels du peuple. Tous ses écrits furent multipliés par de nombreuses éditions. Comme la traduction du Nouveau Testament de Hans Mikkelsen (Leipzig, 1524) était insuffisante au point de vue de la langue, Pedersen en donna une traduction nouvelle, faite sur le texte original du Nouveau Testament (Anvers, 1529), et des psaumes (Anvers, 1529). Après Pedersen, il faut citer parmi ceux qui contribuèrent le plus aux progrès de la réformation en Danemark Paul Eliæ, dit *Vendekaabe*, Peder Lille de Roeskilde, Hans Tausen, Petrus Palladius et Niels Hemmingsen. Dans le nombre des premiers réformateurs danois, il y en eut aussi beaucoup qui composèrent des cantiques et des hymnes. Comme ouvrage complet dans lequel se trouvent rassemblés et réunis les fruits de tous les efforts précédents, et qui prépara le succès des tentatives ultérieures, il faut surtout citer la traduction complète de la Bible entreprise par ordre de Christian III (Copenhague, 1550), ouvrage vraiment national, en même temps que, au point de vue de la langue, on peut à bon droit le considérer comme un chef-d'œuvre. Le pasteur Hans Thomæson (mort en 1573) réunit dans son *Danske Psalmebog* (Copenhague, 1569) tous les plus anciens cantiques composés en langue danoise.

La réformation imprima aux sciences, en Danemark, une direction aussi religieuse que diverse dans ses voies; elle y favorisa et développa d'une manière particulière le goût pour les travaux historiques qui paraît inné dans cette nation, et qui y fut cultivé d'une manière si brillante depuis Saxo Grammaticus. C'est ainsi que dans le cours du seizième et du dix-septième siècle une foule d'ouvrages de la plus haute importance et relatifs à l'histoire nationale furent écrits, soit en latin, soit en danois, par Hans Svaning l'ancien, par l'excellent Anders Sœffrensen Vedel (né en 1482, mort en 1516), par Arild Hvitfeld (*Danmarks Riges Krœnika* [10 vol., Copenhague, 1595-1604]), par Niels Krag, par Claus Christopher Lyschander (*Danske Kongers Slægtebog*; Copenhague, 1622), par Jean Isaac Pontanus, Vitus Bering, Hans Svaning le jeune, Erik Olsen Torm, Jonas Ramus et autres. L'étude de la philologie et de l'archéologie en général et de celle du nord en particulier correspondit alors complétement à cette direction des idées. Dès le seizième siècle on vit des investigateurs tels que Gudmund Andreæ, Runolf Johnson, Arngrim Johnson, dit *Vidalin*, et plus tard Olaüs Worm, Th. Bartholin le jeune, Peder Rosen, Thom. Broder Birkerod,

Othon Sperling, Thorlak Skuleson, et surtout Peder Syv, préparer les voies qui dans les siècles suivants devaient conduire à de si précieux résultats.

C'est de l'époque qui suivit immédiatement la réformation que datent les premiers essais de la poésie moderne danoise. En général ce fut la Bible qui fournit les sujets des hymnes, des récits édifiants et des essais dramatiques composés à cette époque. Il est grand le nombre de ceux qui au dix-septième siècle traitèrent des sujets dramatiques empruntés à la Bible, à l'imitation des drames souvent réimprimés de H. Justesen Raach (mort en 1669), *Kong Saloman's Hylding* (Copenhague, 1585), *Samson's Fængsel* (Aarhuus, 1633), et *Karrig Nidding* (1633), ou de la *Susannah* (Copenhague, 1578) de Peder Hegelund (mort en 1614). Erik Pontoppidan l'ancien (mort en 1678) en clôt la liste avec sa *Comœdie om Tobia Giftermaal* (Copenhague, 1635). Anders Arreboe (mort en 1678) fut le premier qui, dans son *Hexameron* (Copenhague, 1641 et 1661), essaya de l'épopée sérieuse. Anders Bording (mort en 1677) réussit particulièrement dans les poésies lyriques de circonstance (*Poetiske Skrifter* [1733]). La poésie danoise moderne atteignit pour la première fois son point culminant avec Thomas Kingo (né en 1634, mort en 1723), qui, dans son *Aandelige Sjungechor* (2 vol., 1774, et souvent réimprimé depuis) et dans son *Kircke Psalmebog* (1689; dernière édition, 1847) offre quantité des plus magnifiques chants religieux qu'on puisse imaginer, ainsi qu'avec son contemporain Jœrgen Sorterup (mort en 1722), qui fit revivre dans le véritable génie du nord le vieux chant héroïque (*Nye Heltesange*; Copenhague, 1716). Après lui le Norvégien Peder Dass (mort en 1708) composa des chants bibliques et populaires (*Norsk Dalevise* [1713], *Tidsfordriv* [1711] etc.); Jens Sten Sehested (mort en 1695) et Povel Juul (mort en 1723) se consacrèrent à la poésie didactique et descriptive. Les *Poetiske Skrifter* (1769) de Tœger Reenberg, se distinguent par une versification facile, par la grande pureté du style, et par de l'esprit, qui jamais n'est entaché de recherche ni d'affectation.

Une époque nouvelle pour la littérature danoise commence avec le célèbre Ludwig de Holberg. Sans doute il ne forma point d'école poétique particulière; en revanche, il ne fut pas seulement le créateur du théâtre danois, il donna en outre par tous ses autres ouvrages en vers ou en prose au caractère national danois une impulsion et une mobilité qui durent encore aujourd'hui, bien qu'elles suivent des voies différentes. Holberg, et dans la seconde moitié du même siècle J. Ewald, non moins important comme poète lyrique que comme poète dramatique, constituent l'âge d'or de la littérature danoise. Vers la même époque Joachim Wieland (mort en 1730), dans ses *De lœrde Tidender* (1720-1730) ouvrit l'arène à la critique scientifique. La Société royale des sciences, fondée en 1742, de même que la Société danoise, fondée en 1745 par Langebek pour la culture des langues et de l'histoire du Nord, n'exercèrent point une médiocre influence sur le perfectionnement de la langue. La société fondée avec la protection royale pour favoriser le développement des lettres et du goût, proposa en 1755 des prix pour de bons ouvrages en vers ou en prose, et rendit publics les travaux qu'elle couronna (7 volumes, Copenhague, 1764-1779). En ce qui touche la critique appliquée aux beaux-arts, Jens Schielderup Sneedorff et Jacob Baden (mort en 1804), l'un dans l'ouvrage périodique intitulé : *Den patriotisk Tilskuer* (Sorœ, 1761-1765), l'autre avec son *Kritiske Journal*, lui donnèrent des organes aussi accrédités que bien conduits. Jacob Baden ne se montra pas seulement critique impartial et plein de goût dans la revue trimestrielle intitulée : *Kiœbenhavn's universitæts Journal* (1793-1801), mais encore, comme grammairien et traducteur (de Tacite, entre autres), il contribua beaucoup à enrichir et à épurer la langue nationale. Le critique J. Elias Schlegel était à la tête du parti allemand, et introduisit dans la littérature danoise un ferment, au total bienfaisant, en faisant apprécier et admirer K lo ps tock. Il faut encore citer, comme critique, Adolf Gotthard Karsten (mort en 1795) et comme philologue, Werner Hans F. Abrahamsen, mort en 1812. Plus tard Levin Christian Sander et Knud Lyne Rahbek (mort en 1830) exercèrent, comme critiques, une grande et salutaire influence sur la formation du goût national. La *Minerva* (1795) et le *Danske Tilskuer* (1791-1801), journaux rédigés par ce dernier avec un remarquable talent, provoquèrent de nombreuses imitations, par exemple l'*Iris* de Poulsen.

Après Holberg, on voit apparaître, comme poètes et au nombre de ses imitateurs, Christian Falster (mort en 1752) qui, dans ses mordantes satires, l'emporta sur les *Poetiske Skrifter* de W. Helf; Braumann Tullin (mort en 1765), qui dans ses *Samtlige Skrifter* (3 vol., Copenhague, 1770-1773), s'efforça de gravir les hauteurs escarpées de la poésie lyrique et descriptive.

Sous Christian VI vécut le second des grands poètes danois d'église, Hans Adolf Brorson (mort en 1764), qui, dans ses *Psalmer og aandelige Sange* (2ᵉ édition, 1758), l'emporta de beaucoup par son ingénieux contemporain, Ambrosius Stub (mort en 1758). Jean Herman Wesse, mort en 1785, arriva à une grande et durable célébrité par son unique mais remarquable drame comique intitulé *Kjerlighed uden Strømper* (1772), non moins que par ses amusants récits poétiques. Parmi les poètes de cette époque, Jean de Wibe (mort en 1782), avec son *De nysgjerrige Mandvolk* (1783); P. W. Wiwet (mort en 1793), avec son *Datum in Blanco* (1777); le second J. Clemens Tode (mort en 1806), avec ses *Sæofficererne* (1782) et *Ægteskabsdjevlen*; enfin, Enevold Falsen (mort en 1808), Christian Olufsen (mort en 1822) avec sa *Gulddaasen* (1793), méritèrent une place durable dans l'histoire du drame comique, quoique Peder Andreas Heiberg les ait relégués les uns et les autres au second plan. Ewald, dans son *Rolf Krage*, créa la première tragédie dont le sujet soit véritablement national. Ole Johan Samsøe (mort en 1796), avec sa *Dyveke* (elle est imprimée dans ses *Efterladte digteriske Skrifter* [2 vol., Copenhague, 1796, et souvent réimprimés depuis]); Levin Christian Sander (mort en 1819), avec son *Niels Ebbesen* (1799), où il traite un sujet éminemment patriotique; et Thomas Thaarup (mort en 1821), qui dans ses opéras sut si bien faire vibrer les cordes du sentiment national, enrichirent tous les trois le drame danois de remarquables productions. Indépendamment des écrivains déjà mentionnés, nous devons encore citer comme poètes lyriques distingués les deux frères Claus et Peder Harbœ Friman, Johann Nordahl Brun (mort en 1816), auteur de chants patriotiques, Jens Zetlitz, auteur de chants gais et plaisants, et Edouard Storm (mort en 1794), imitateur heureux de l'ancien poème héroïque. Dans les satires et les chansons plaisantes des frères Peder Magnus Trojel (mort en 1793) et Peder Kofod Trojel (mort en 1784) brillent un génie tout à fait original et une aimable causticité. Christian Pram, dans son épopée romantique *Stærkodder* (Copenhague, 1785), chercha à reconstituer toute la vie ancienne du Nord et découvrit un filon aboutissant à une mine d'une inépuisable richesse. Tous ces poètes, cependant, sont éclipsés, en ce qui est de la gloire et de la fécondité, par Jens Baggesen, le poète favori de la nation danoise.

La venue de Holberg inaugura une ère nouvelle dans la littérature scientifique du Danemark aussi bien que dans sa littérature poétique. Ce que nous disons là est surtout vrai des études ayant pour but l'histoire, l'archéologie et la langue nationales. Dans toute la durée du dix-huitième siècle, on voit se perpétuer une grande et remarquable école historique, qui commence à Thormod Torfæus, créateur de la critique historique en Danemark, et qui se termine avec P. F. Suhm, Jakob Langebek Suhm, Gerhard Schønning,

les trois illustres élèves du savant investigateur Hans Gram, et qui, vers la fin du dix-huitième siècle, constituaient une espèce de triumvirat pour les investigations historiques du Nord, préparèrent et recueillirent, avec Thorkelin, dans leurs recueils de documents historiques, les plus riches matériaux à l'usage des écrivains qui se consacreront désormais à l'étude des antiquités scandinaves. On commença aussi à cette époque à donner des éditions critiques des anciennes Sagas du Nord, Halfdan Einersen, John Erichsen, Hans Finsen, Finn Johnsen, Bjœrn Haldersen, Stephan Bjœrnsen, John Olavsen, Skule Thorlacius (mort en 1815), Grim Johnsen Thorkelin (mort en 1829) se firent un nom en commentant différents ouvrages appartenant à l'antique littérature scandinave. Kolderup Rosenvinge, fondateur d'une école nationale de jurisprudence historique, se consacra, de même que ses disciples, à la mise en ordre et à l'interprétation des anciens ouvrages scandinaves relatifs au droit. Erik Pontoppidan (mort en 1764), Andreas Hoyer, L. Holberg, Ove Høegh Guldberg, Tyge Rothe, Ove Malling, Joh. H. Schlegel, etc., furent les historiens nationaux les plus importants du dix-huitième siècle. Si la tâche de ces écrivains fut en général de recueillir et de commenter les monuments historiques et philologiques des temps anciens, ceux du dix-neuvième siècle eurent surtout pour mission de tirer de ces différents trésors toute l'utilité possible, et de rafraîchir la vie du présent par la connaissance du passé. C'est la direction que suivirent Finn Magnussen, Rask, Muller, Rafn, et tout récemment encore Thomsen et Petersen pour la publication d'anciens monuments philologiques du Nord, et Nyerup et Morbech pour la publication de monuments philologiques spécialement danois. La collection de légendes populaires danoises de Thiele (4 vol., Copenhague, 1816-1820; 2ᵉ édit, 1843) les reproduit sans commentaire dans toute leur généreuse naïveté. Parmi ceux qui ont aussi exploité avec succès le domaine des investigations historiques, nous mentionnerons encore P.-C. Muller, Petersen, Engelstoft, Mœlier, Molbech, Vedel Simonsen, Werlauff, Knudsen, Estrup, Worsaa, etc. Grundtvig est un véritable historien. On est aussi redevable d'excellentes dissertations historiques à Bader, Jahn, L. Muller, Allen, Nathauson, Wegner. Comme publicistes le baron Dirckinck-Holmfeldt et Orswald se sont tout récemment fait une réputation méritée.

Adam Œhlenschlæger (né en 1779), dont les tragédies nationales et les poëmes épiques ne sauraient être bien sentis et appréciés que par celui qui peut les lire dans la langue où ils furent primitivement écrits, imprima une direction nouvelle à la littérature poétique des Danois. Après lui, Schack Staffeldt (né en 1770, mort en 1826) occupe le premier rang comme poëte lyrique. Les débuts lyriques de B. Severin-Ingemann remontent déjà à 1811; plus tard cet écrivain s'est occupé du drame, et enfin du roman historique, dont les traditions nationales sont le sujet. J. L. Heiberg, à qui la scène a dû dans ces derniers temps un grand nombre d'ouvrages, et notamment de vaudevilles, genre que le premier il introduisit sur le théâtre danois, annonça tout d'abord des tendances poétiques libres et hardies. Précédemment il s'était beaucoup occupé de littérature, et surtout de philosophie; direction dans laquelle il s'était rattaché à l'école de Hegel. On cite après lui Overskou, qui préside avec lui à la direction du théâtre de Copenhague, et, en fait de jeunes vaudevillistes danois, Erik Bøgh, Chievitz, Hostrup, Rosenhof. Comme chansonniers, la foule a adopté de préférence Hertz, Heiberg, Andersen, Sten Stensen Blicher, Hœist et Rosenhof. C'est à Heiberg qu'on est redevable des débuts, dans le genre du roman, de l'auteur d'*Une Histoire de tous les jours*, écrivain devenu bientôt si populaire, et dont en 1851 les contes et nouvelles ont obtenu les honneurs d'une nouvelle édition. Sten Stensen Blicher, Torkel Trane et Carit Etlar sont aussi d'excellents conteurs. Pareille justice doit être rendue à l'écrivain qui se cache sous le pseudonyme de *Karl*

Bernhard. Christian Winther, romancier moins habile, est plus poëte. Carstens de Hauch est un poëte de talent. Henrik Hertz, en publiant en 1831 ses *Gjengangerbreve*, s'est tout de suite fait un nom, et plus tard on l'a vu s'occuper du drame de préférence à tout autre genre. Frédéric Paludan-Muller est aujourd'hui l'un des premiers poëtes que l'on compte en Danemark. Son plus grand ouvrage et en même temps sa création la plus importante, est son poëme satirique en 2 volumes *Adam Homo* (2ᵉ édit., 1851). Citons encore P.-L. Mœller, Boye aîné et Henrik Buchwaldt.' Christian Molbech a tout récemment fait preuve d'un grand talent lyrique dans son poëme intitulé *Le Crépuscule* (1852). Dès 1829 Andersen avait publié *L'Amour dans la tour de l'église Saint-Nicolas*, livre qui tient à la fois du poëme et du vaudeville, ainsi que divers romans originaux; mais le genre dans lequel il a le mieux réussi est celui des petits contes. Waldemar Thisted, connu dans les lettres sous le pseudonyme d'*Emmanuel saint Hermidad*, a fondé sa réputation par sa *Sirène*. La publication de la nouvelle édition des poésies et des œuvres en prose d'Œhlenschlæger (1849-1852), de *L'esprit dans la nature* d'Œrsted, de ses œuvres complètes et de ses œuvres posthumes, fait époque dans les dernières années de l'histoire littéraire du Danemark.

Il n'existe pas encore de bonne histoire de la littérature danoise. Cependant de bonne heure Alb. Bartholin (mort en 1663), Albert Thura, Sibbern, et surtout J. Moller dans sa *Cimbria Litterata* (3 vol., 1744) recueillirent de précieux matériaux biographiques et bibliographiques. R. Nyerup, à qui, outre un grand nombre de monographies, on est redevable d'excellentes dissertations relatives à l'histoire littéraire du Danemark, par exemple : *Historisk-Statistik Skildring af Tilstanden i Danmark og Norge* (1803), *Almindeling Mærskabslæsning i Danmark og Norge* (1816), et, en société avec Rahbek, *Den danske Digtekunsts Middelalder, fra Arreboe til Tullin* (1805), *Udsigt over den danske Digtekunst under Frederik V* (1819), et *Bidrag til en Udsigt over danske Digtekunst under Christian VII* (1828), peut être considéré comme le père de l'histoire littéraire du Danemark. Le *Forsøg til et Lexicon over danske, norske og islandske laerde Mænd* (1771-1784), de Jens Worm, a été continué avec beaucoup de bonheur par Kraft et Nyerup dans leur *Almindeligt Literaturlexicon for Danmark, Norge og Island* (1820). Cependant ces deux ouvrages sont bien inférieurs à l'excellent *Almindeligte Forfatter Lexicon for Danmark* (3 vol., 1842-1851) d'Erslew. Thortsen dans son *Historisk Udsigt over den dansk litteratur* (1839; 2ᵉ édit., 1846), donne un aperçu de l'histoire littéraire du Danemark jusqu'en 1814. L'*Almindeligt Dansk-Norsk Forlagscatalog* (Copenhague, 1841-1850), publié par l'association des libraires de Copenhague, contient de précieux renseignements sur les publications de la littérature moderne du Danemark. La *Dansk Bibliographie*, qui paraît mensuellement depuis 1845, a le même but. Suivant ce dernier recueil, il était sorti des presses danoises pendant l'année 1848 (non compris le Holstein) 515 ouvrages, publiés par 40 éditeurs; en 1849 le nombre de publications nouvelles ne fut que de 330, réparties entre 42 éditeurs. La plus grande partie des libraires qu'il y ait en Danemark (et dont les plus considérables sont celles de Hoest, libraire de l'université, et de Reitzel), sont situées à Copenhague. La société pour favoriser la littérature danoise, dont le siège est à Copenhague, remplit sa mission de la manière la plus digne d'éloges.

En ce qui est des *beaux-arts* en Danemark, leur histoire y date seulement du dix-huitième siècle, époque où des Italiens et des Français en propagèrent le goût. La musique nationale des Danois a un caractère particulier de mélancolie, et la pensée en demeure presque toujours obscure. Le premier qui choisit ses sujets dans les mœurs nationales même fut Schulze de Lunebourg, dans ses opéras : *Les Moissonneurs*, et *Le Mariage de Pierre*. Kuntzen composa la musique du *Secret*, des *Vendanges* et de *Dragedukken*. Weyse fut plus heureux qu'eux dans ses partitions de *L'Assoupi* (paroles d'Œhlenschlæger), de *La Caverne de Ludlam*, de *Faruk*, de *Floribella*, etc. La musique déjà plus moderne de Kuhlau a un caractère tout allemand et se distingue par sa facture élégante en même temps que par la richesse de ses motifs. Hartmann a composé des airs nationaux pleins d'enthousiasme; il aime surtout à mettre en musique les chants héroïques. Henrik Rung s'est fait un nom de bonne heure, en composant la musique d'un grand nombre de romances. Parmi les compositeurs les plus nouveaux on cite surtout avec éloge Gade, Lumbye et Saloman.

Le *théâtre danois*, dont l'époque brillante fut celle de Holberg, nous présente parmi les artistes aujourd'hui vivants, ou morts seulement depuis peu, Ryge, Winslow, Frydendahl, Hage, Nielsen, Holst, Rosenkilde, Pfister, Wiehe, Knudsen, Kragh, et mesdames Kragh, Heiberg, Nielsen, Holst, Pfister, etc.

Parmi les sculpteurs célèbres qu'a produits le Danemark, il faut nommer J. Wiedewelt (mort en 1802), et le géant de la statuaire, l'orgueil du Danemark, Bertel Thorwaldsen, et Freund, qui se forma à Rome sous sa direction. En fait de sculpteurs aujourd'hui vivants, nous citerons surtout Bissen et Jerichau. Il y a longtemps déjà que le premier est en possession de représenter les dieux et les héros scandinaves; les œuvres les mieux réussies du second sont: *L'Ange de la Résurrection* et *Adam et Ève*.

En fait de peintres, les noms les plus importants à citer sont ceux de Lund, Eckersberg, Abildgaard, qui, en sa qualité de professeur à l'Académie, exerça une si heureuse influence sur le talent de Thorwaldsen, enfin Juel et Pavelsen. Parmi les peintres d'une époque antérieure, on trouve les noms de Krock et d'Ismaël Mengs, père du célèbre Raphael Mengs. Aujourd'hui Copenhague possède une école de peinture, qui, prenant ses maîtres pour modèles, demande ses sujets à la nature. Nous citerons, comme peintres d'histoire : Marstran, Simonsen et Sonne; comme peintres de genre, Monies et Schleisner; comme peintre de marine, Sœrensen et Melby; comme paysagistes, Kierskow, Skovgaard et Rump, enfin madame Élisabeth Baumann, polonaise, qui a récemment épousé le sculpteur Jerichau.

Pour être complet, nous dirons enfin que l'art de la danse est également représenté à Copenhague par le maître de ballets Bournonville, compositeur distingué, d'origine française comme l'indique son nom, et à qui on est redevable en outre de quelques essais littéraires qui ne sont pas sans mérite.

DANEMORA ou **DANNEMORA**, village et paroisse de Suède, jadis propriété de la famille Wasa, avec 1,200 habitants, dans le *Læn* (département) d'Upsal, à quatre myriamètres au nord de cette ville, est célèbre parce que c'est là que se trouve la plus riche et la meilleure mine de fer de ce pays si riche en fer. Dans une contrée assez plate, où l'on ne rencontre pas de collines, s'ouvre tout à coup une fosse à ciel découvert, ce qu'en Suède on appelle une *pinge*, effrayant abîme de 175 mètres de profondeur, avec de noires parois coupées à pic, où de loin en loin des entrées plus noires encore conduisent à un labyrinthe de cavernes et de fosses souterraines. Sur beaucoup de points, de gigantesques masses font saillie, et de quelques crevasses du sol on voit s'élever des flammes provenant d'immenses brasiers encore en usage pour désagréger la roche et rendre plus facile le travail du mineur. Indépendamment de cet antique procédé, on a aussi recours à l'emploi de la poudre à canon; et tous les jours à midi, au moment où les ouvriers quittent leurs travaux pour aller prendre leurs repas, on met le feu à toutes les mines pratiquées la veille et dans la matinée; et l'explosion formidable qui en résulte produit une commotion aualogue à celle d'un tremblement de terre. Le bord supérieur du gouffre, qui a près d'une demi-lieue de circuit, est occupé par des échafaudages garnis d'innombrables engins servant à descendre et à remonter les tonneaux à l'aide desquels on tire le minerai ou bien descendent et remontent les ouvriers mineurs. Au milieu du bruit étourdissant produit par les machines, retentit au fond du gouffre le son strident produit par des milliers de marteaux. Dans sa nouvelle intitulée *Arwed Gyllenstierna*, Van der Velde a tracé le plus intéressant tableau de cette mine et de son monde souterrain. On a évalué à 280,000 quintaux par an la quantité de fer qu'on tire de la mine de Danemora, et que 600 ouvriers affinent à la forge de l'Œsterby, située à 2 kilomètres de là, à l'aide de deux gigantesques fourneaux et de deux forges à faire du fer en barre. Le fer de Danemora est le meilleur qu'on trouve sur la terre; il est indispensable pour la fabrication de l'acier fin; aussi le prix en est-il fort élevé. Les deux villages de Danemora et d'Œsterby sont situés dans le bailliage d'Oland, de même que la paroisse de Skafthammar, avec une mine de fer, et Lœfsta, gros bourg à marché, avec une population de 4,000 habitants, dont la moitié est employée à la fabrication du fer en barres, et où se trouvent de hauts fourneaux bien plus considérables encore. La grande forge de Sædorfors, où se fabriquent les ancres de vaisseaux, est située, au contraire, dans le bailliage d'Œderbyhus, sur les bords de la Daleif, à 7 myriamètres au nord-ouest d'Upsal.

DANEWERK ou DANEVIRKE (c'est-à-dire ouvrage des Danois). C'est le nom donné par les historiens à un rempart construit jadis par les Danois, sur la frontière méridionale du Jutland, pour mettre ce pays à l'abri de l'invasion des Allemands. Vers l'an 934 ou 936, l'empereur d'Allemagne Henri 1er entreprit une expédition contre le Danemark, parce que Gorm le Vieux avait fait irruption sur le territoire des Saxons, avec des Wendes, populations encore païennes, et s'empara des contrées situées au nord de l'Eider. Rendue prévoyante par cette conquête des Allemands, la femme de Gorm le Vieux, la reine Thyre, fit élever, de 936 à 950 environ, à l'extrémité sud du Danemark, ce rempart destiné à protéger le royaume contre les tentatives d'invasion des Allemands. Les habitants de la Scanie, de la Séelande et de la Fionie s'enrôlèrent, dit-on, volontairement pour travailler à ce grand ouvrage, qui exigea trois années à peine, et les habitants du Jutland n'y contribuèrent qu'en se chargeant de fournir gratuitement aux travailleurs les vivres qui leur étaient nécessaires. Le *Danewerk* était construit en terre, en pierre et en bois; il avait entre 10 et 15 mètres de largeur sur autant d'élévation, et était pourvu d'une porte en fer. Dès l'année 974, le *Danewerk* fut l'objet d'une attaque de la part de l'empereur Othon III, venu à la tête d'une armée considérable pour convertir le Danemark à la foi chrétienne. Le rempart fut vaillamment défendu par Harald Blaatand (*aux dents bleues*). Othon dut battre en retraite après avoir essuyé des pertes considérables; et, reconnaissant alors l'impossibilité de se rendre maître du *Danewerk*, il se contenta d'en incendier ce qu'il put. Les Danois le réparèrent plus tard. En 1157, Waldemar le Grand consolida la face extérieure du *Danewerk* au moyen d'une muraille de revêtement, qui aujourd'hui encore présente sur certains points plus de 5 mètres de hauteur. Ce prince prolongea en outre ce rempart jusqu'à Hollingsted. Knut VI acheva de réparer ce rempart, derrière lequel il put impunément braver l'empereur Frédéric Barberousse. Quand plus tard des ducs furent établis dans le Jutland méridional, le *Danewerk* perdit son importance comme retranchement de frontières. La reine Marguerite (probablement vers l'an 1261) le fit encore une fois remettre en état et agrandir; mais depuis, les ducs le laissèrent tomber en ruines parce qu'il avait alors perdu toute espèce d'importance; et jusqu'à ce jour le temps et la main des hommes ont fait à l'envi de leur mieux pour achever de le détruire. Le mur de revêtement a été démoli; le rempart est tombé en ruines, à tel point que tout vestige a fini par en disparaître, et que le laboureur conduit aujourd'hui sa charrue sur une foule de points où il s'élevait jadis orgueilleusement. Cependant dans quelques endroits, par exemple à Burstorff et près du lac du *Danewerk*, il a conservé encore de 12 à 15 mètres d'élévation. C'est seulement à l'occasion de la récente guerre du Schleswig-Holstein, lors de la bataille livrée près de Schleswig le 23 avril 1848, que le Danewerk a de nouveau acquis une certaine importance historique (*voy.* SCHLESWIG-HOLSTEIN).

DANGEAU (PHILIPPE DE COURCILLON, marquis DE), naquit le 21 septembre 1638. Il était par sa mère arrière-petit-fils de Du Plessis-Mornay. Protestant de naissance, il se convertit assez jeune à la religion catholique. Capitaine de cavalerie sous Turenne, il se fit remarquer dans la campagne de Flandre en 1658. Après la paix des Pyrénées, comme l'Espagne faisait la guerre au Portugal, qu'elle voulait reconquérir, et que plusieurs officiers français, avides de gloire et de fatigues, allaient combattre pour l'indépendance du Portugal, le marquis de Dangeau eut le mauvais goût de préférer le service de la couronne de Madrid. Du reste, il s'y signala par ses talents et par sa bravoure, et le roi d'Espagne voulut se l'attacher; mais trop passionné pour sa patrie, comme nous l'apprend Fontenelle, il refusa les offres brillantes de la cour étrangère, et revint en France. « Il avait, dit encore Fontenelle, une figure fort aimable et beaucoup d'esprit naturel, qui allait même jusqu'à faire agréablement les vers. De retour en France, le marquis eut tant d'esprit et fit tant de vers agréables que la reine-mère et la reine Marie-Thérèse, charmées de son esprit et de sa muse, surtout de l'entendre parler, dans la langue de leur patrie, de ses voyages, de ses aventures et de la cour de Madrid, se prirent d'une grande passion pour ses discours et pour ses manières, et le mirent de leur jeu, qui était alors le reversi. » Fontenelle nous apprend encore que ce fut pour la marquis de Dangeau la source d'une fortune considérable. Outre cet esprit naturel, qui allait jusqu'à faire des vers agréables, le marquis en avait un autre moins brillant, mais plus productif: c'était l'esprit du jeu, qu'il possédait souverainement, comme nous l'apprend toujours Fontenelle. Combinant avec infiniment d'art et de bonheur ces deux genres d'esprit, à la table du reversi, le marquis dut avoir en effet un grand succès au jeu des reines; les reines perdaient toujours, mais les saillies de Dangeau égayaient leurs pertes. Cependant, comme ces pertes s'élevaient à des sommes assez considérables, Colbert en parla au roi, et jeta dans l'esprit de Louis XIV des doutes sur l'honneur et sur la probité du marquis. Le roi s'assura bientôt que ses doutes n'étaient point fondés, et que le marquis n'avait pas besoin de corriger la fortune, il l'enleva pourtant au jeu des reines; mais ce fut pour le mettre au sien. L'esprit et le succès n'abandonnèrent point Dangeau. Un jour qu'il allait se mettre au jeu du roi, il demanda à Sa Majesté un appartement dans Saint-Germain, où était la cour. La grâce était difficile à obtenir, parce qu'il y avait peu de logements dans ce lieu-là. Le roi lui répondit qu'il la lui accorderait, pourvu qu'il la lui demandât en cent vers qu'il ferait pendant le jeu. Après le jeu, et il y avait sans aucun doute aussi peu occupé qu'à l'ordinaire, Dangeau récita les cent vers au roi.

Dangeau fut à la cour le protecteur de Boileau, qui lui adressa sa satire sur la noblesse. En 1655 colonel du régiment des gardes royales, il fit la campagne de Lille en 1667. En 1672 il suivit le roi dans ses campagnes, en qualité d'aide-de-camp. Il refusa l'ambassade de Suède, pour ne pas s'éloigner de la personne de Louis. Envoyé extraordinaire vers les électeurs du Rhin en 1673 et 1674, il conclut, revêtu du même caractère, le mariage du duc d'York avec la princesse de Modène. Il est peu d'hommes qui aient obtenu plus de grâces et de dignités : il en est peu, à la vérité, qui en aient mérité davantage. Il a été gouverneur de Touraine, le premier des six menins que Louis XIV donna à monseigneur, chevalier d'honneur des deux dauphines de Bavière et de Savoie, conseiller d'État d'épée, chevalier des ordres du roi, grand-maître des ordres royaux et militaires de Notre-Dame du Mont-Carmel et de Saint-Lazare. Quand il fut revêtu de cette dernière dignité, il songea aussitôt à relever un ordre extrêmement négligé depuis longtemps. Il fonda plus de vingt-cinq commanderies nouvelles ; il employait les revenus et les droits de sa grande-maîtrise à faire élever en commun, dans une grande maison réservée pour cet usage, douze jeunes gentilshommes des meilleures noblesses du royaume. On y admettait pourtant des roturiers, et Duclos, qui a dit que la noblesse n'était point un mérite, mais un avantage, a été élevé dans cette maison. Cet établissement dura près de dix ans : le mauvais état des finances ne permit pas de le soutenir. Dangeau remplaça le marquis de L'Hôpital à l'Académie des sciences et à l'Académie française. Marié en 1682 avec la fille d'un fermier-général, remarié en 1686 avec Sophie de Lœwenstein, nièce du cardinal de Furstemberg, le marquis de Dangeau mourut le 9 septembre 1720.

Il a laissé en manuscrit un journal de la cour de Louis XIV, commençant en 1684 et finissant en 1720. Voltaire, qui, dans sa *Dissertation sur la mort de Henri IV*, porte le nombre de ces mémoires à 18 volumes in-folio, ajoute : « Ce n'était point M. de Dangeau qui faisait ces malheureux mémoires : c'était un vieux valet de chambre imbécile, qui se mêlait de faire à tort et à travers des gazettes manuscrites de toutes les sottises qu'il entendait dans les antichambres. » Malgré le mépris souverain qu'il affiche pour ces mémoires, Voltaire, qui, Dieu merci, n'a jamais refusé son mépris à tout talent qui n'était pas le sien, les a consultés plus d'une fois, et en a même donné un résumé sous le titre de *Journal de la cour de Louis XIV, depuis 1684 jusqu'en 1715, avec des notes fort intéressantes*. La marquise de Pompadour possédait une copie des manuscrits de Dangeau, en 58 vol. in-4° : la bibliothèque de l'Arsenal en a une partie.

DANGEAU (Louis DE COURCILLON, abbé DE), frère du marquis de Dangeau, naquit en janvier 1643. Élevé, comme son frère, dans la religion calviniste, ce fut Bossuet qui, après plusieurs conférences, le fit entrer dans le sein de l'église romaine. L'éloquence de l'évêque de Meaux, qui avait déjà converti Turenne, ne fut pas moins puissante sur Dangeau ; elle pressa son abjuration, et Dangeau, rassuré désormais pour ce monde et pour l'autre, entra dans l'état ecclésiastique. Envoyé extraordinaire en Pologne, l'abbé Dangeau, de retour en France, fut nommé lecteur du roi. En 1687, il revendit sa charge de lecteur, en conservant ses entrées à la cour. Il avait, en 1680, obtenu l'abbaye de Fontaine-Daniel. Il eut, en 1710, celle de Clermont. L'abbé de Livare lui avait donné, en 1787, le prieuré de Gournay-sur-Marne ; et le cardinal de Bouillon, celui de Crespy en Valois. Clément X le nomma son camérier d'honneur, et Innocent XII lui en conserva le titre. Voici bien des dignités et bien des bienfaits pour cet homme qui, dans les premiers moments de sa conversion et de sa ferveur catholique, avait formé la résolution édifiante de n'avoir qu'un seul bénéfice et de repousser avec courage toutes les dignités de ce monde. L'abbé Dangeau remplaça à l'Académie. Voltaire dit quelque part qu'il fut un excellent académicien. Est-ce un éloge ou une ironie ? nous ne savons. Il s'appliqua surtout à l'étude de la grammaire, et il s'y adonna avec une passion réelle. Quelqu'un lui racontait un jour des nouvelles qui occupaient fort les politiques : « Il arrivera tout ce qu'il pourra, répondit l'abbé de Dangeau, mais j'ai dans mon portefeuille 2,000 verbes français bien conjugués. » L'abbé de Dangeau mourut en 1723. La liste des ouvrages qu'il a laissés est si longue, et ces ouvrages sont d'un si mince intérêt, que nous n'en citerons même pas le catalogue. Il a écrit des in-octavo sur les *particules*, des in-folio sur le mot *quelqu'un*, et des bibliothèques sur le mot *quelque*. Il a publié un in-8° de 24 pages, ayant pour titre *Lettre sur l'ortografe*. On voit qu'ici l'orthographe est un peu extraordinaire ; il est vrai de dire que l'abbé de Dangeau savait le grec, le latin, l'italien, le portugais, le chinois, l'histoire, la géographie, la généalogie, le blason, et une foule d'autres connaissances, qui ne lui laissaient que le temps d'enseigner l'orthographe, et ne lui permettaient même pas de l'apprendre.   Jules SANDEAU.

D'ANGENNES (JULIE). *Voyez* ANGENNES.

DANGER. Ménage et Huet font venir ce nom du latin *damnum*, dommage, dont on a fait dans la basse latinité *diumniarum*, et successivement *damjarium*. D'après cette étymologie, le mot *danger* signifierait le dommage ou le mal qui peut arriver, tandis que *péril* et *risque* se rapporteraient au bien qu'on peut perdre. La synonymie de ces trois noms offre donc des différences faciles à reconnaître dans les expressions et les locutions suivantes, qui sont d'un usage familier : *En danger de mort ; au péril de la vie ; sauf à en courir les risques*. Le sentiment de l'honneur fait qu'on ne craint pas le *danger*, qu'on s'expose *au péril*, et qu'on court tous *les risques* des fonctions qu'on est appelé à remplir dans l'ordre social. Un général, dit Roubaud, court le *risque* d'une bataille pour se tirer d'un mauvais pas ; il est en *danger* de la perdre si ses soldats l'abandonnent dans le *péril*. On craint le *danger*, et on le fuit ; on redoute le *péril*, et on se sauve ; on court le *risque*, et on se promet un bon succès.

Danger a été originairement employé à désigner : 1° une terre sujette à confiscation ; 2° des droits imposés sur une chose ; 3° des amendes ; 4° un homme qui n'était pas libre. *Dangers-seigneurie* était un terme de droit, signifiant les défenses, les douanes, les exactions, confiscations, etc., que les seigneurs exerçaient sur les marchands qui traversaient leurs domaines, ou sur les navires qui faisaient naufrage sur leurs côtes. On disait dans le même sens : un bois sujet au *tiers* et au *danger* ; un *fief de danger*, c'est-à-dire celui dont on ne pouvait prendre possession sans avoir fait hommage et payé ses droits au seigneur, sous peine de confiscation.

Envisagé dans sa signification la plus générale, *danger* doit exprimer en même temps : 1° la perte de tout ce qui est utile à l'existence et de l'existence elle-même ; 2° le sentiment pénible causé par l'idée de cette perte dont on est menacé de près ou de loin. Les êtres inanimés, plus ou moins susceptibles de destruction, tels que les corps inorganiques et les végétaux, ne connaissent donc point le danger, du moins dans l'état actuel de nos croyances scientifiques. Mais les animaux, depuis les plus inférieurs jusqu'à l'homme, étant doués de divers degrés d'instinct pour se procurer tout ce qui est nécessaire à leur existence et pour fuir leurs ennemis naturels, possèdent d'une manière très-remarquable l'intelligence du danger qui menace leur vie. Aussi les voit-on tendre des pièges à ceux qui doivent être leur proie et se pratiquer des retraites pour se dérober aux attaques de leurs destructeurs. Les progrès toujours croissants de la domination de l'homme sur le globe diminuent chaque jour le danger de voir sa vie menacée par les bêtes féroces et par les espèces venimeuses. Beaucoup de races d'animaux nuisibles sont en danger de disparaître pour toujours. Aux dangers qui environnent chaque individu dans l'ordre social, à ceux qui menacent les sociétés humaines, les hommes ajoutent ceux qui ont fait disparaître un grand nombre d'espèces, et qui pourraient agir sur tous les êtres animés.   L. LAURENT.

DANGER (F.-P.), chimiste habile, physicien ingénieux et inventif, est connu depuis longtemps comme constructeur d'instruments de précision. Il est né au Mans, le 17 novembre 1802. Comme il excelle principalement dans la fabrication des instruments délicats, tels que thermomètres, aréomètres, chalumeaux, pneumatomètres, etc., ceux qui dans notre siècle voulurent s'initier aux finesses de la science expérimentale s'adressèrent à lui, dont ils sollicitèrent des leçons intimes. Des jeunes gens riches et curieux acquirent ainsi, comme à la dérobée, des connaissances précieuses qu'ils auraient malaisément puisées en Sorbonne. Plusieurs durent à ces conférences de peu d'apparat, et d'ailleurs peu dispendieuses, une célébrité rapide et une route plus que frayée vers l'Institut. Au rang de ses élèves les plus distingués, on doit placer M. H. Walferdin, membre de l'Assemblée constituante, et le docteur Ch. Flandin, auteur d'une nouvelle *Toxicologie* en trois volumes, qui, l'un et l'autre se sont fait connaître par des découvertes remarquables. M. Walferdin est l'inventeur du *thermomètre à déversement*. Mais, à qui M. Walferdin a-t-il dû la première idée de cette invention, si ce n'est à son maître dans l'art de souffler le verre, à son démonstrateur d'instruments, à son professeur de physique, M. Danger? M. Danger avait dès longtemps inventé un thermomètre à déversoir et à ampoule, comme celui de M. Walferdin, thermomètre *a maxima* comme ce dernier. Si donc l'instrument de M. Walferdin l'a emporté sur celui de M. Danger, c'est que M. Walferdin a plus d'entregent, une position qui commande et promet davantage, un son de voix plus accentué, plus de relations, et des manières plus entrantes. Il faut dire aussi que le thermomètre de Danger était à *ampoule mobile*, et c'était un inconvénient. Cette ampoule s'articulant avec le tube et s'en détachant aisément, ne pouvait se prêter à ce que le même tube rebutât mercure débordé, ce qu'effectue le tube à ampoule continue de l'instrument Walferdin. D'ailleurs, M. Walferdin a joint à son thermomètre *a maxima* un thermomètre *a minima* dont l'idée ingénieuse est tout à fait sienne.

M. Danger a produit beaucoup d'autres travaux malheureusement peu connus. Tout ce qu'il a fait sans collaborateurs est à peu près ignoré. Les expériences récentes qu'il a tentées avec M. Flandin sur l'arsenic, sur l'antimoine et le mercure, ont eu du retentissement et à peu près sans qu'il s'en mêlât. Les épreuves sur l'arsenic ont surtout fait du bruit, à cause du médecin célèbre dont elles divulgaient une grave méprise. M. Orfila, inspiré en cela par M. Couerbe, avait professé, puis publié dans les *Mémoires de l'Académie de Médecine* (1840), qu'il existait naturellement dans les tissus humains, principalement dans les os et les muscles, de l'*arsenic* qu'il nommait *normal*. Ce fait surprenant et si tardivement découvert éveilla, comme de raison, l'attention publique. S'il existe dans le corps humain originellement de l'arsenic, comment reprocherait-on avec une sûreté constante l'arsenic que des mains coupables y auraient introduit? Telle est la question que se posèrent avec inquiétude les esprits judicieux. A cela, M. Orfila répondait : « Prenez le foie, analysez la rate ou les poumons, qui ne renferment point d'arsenic normal! Toute erreur alors sera éludée. » — On répliqua à M. Orfila; nous lui disions : « Comment n'y aurait-il jamais d'arsenic dans les poumons et dans le foie, s'il en existe toujours dans les os? Le corps est un, la vie est une par les nerfs, par les vaisseaux et par le sang, par le sang surtout. Le sang est la source commune et le réceptacle final de tout ce qui constitue le corps humain, qu'il abreuve et qu'il nourrit. Comment existerait-il dans les os et les muscles une matière dont le sang ne contint pas le germe ou les débris? Le même sang, pénétrant quatre mille fois par heure, mille fois par jour dans les os et dans le foie, comment ne déposerait-il jamais dans le foie quelques atomes de ce qui subsisterait dans les os? » Ces arguments irrésistibles de la physiologie n'auraient cependant rien obtenu dans ce premier moment, si les expériences de MM. Danger et Ch. Flandin ne leur eussent donné la consécration de l'évidence. Mais ces deux chimistes parvinrent à prouver, 1° qu'il n'existe point naturellement de l'arsenic dans le corps humain ; 2° que les taches qu'on prenait pour arsenicales n'étaient que des taches organiques, c'est-à-dire provenant de la matière des organes; 3° que ces taches en effet disparaissent alors qu'on a calciné complètement ces organes et charbonné cette matière. L'Académie des Sciences, ayant pour rapporteur M. Regnault, vint ensuite confirmer les expériences de M. Danger, avec une autorité non récusable et une signification non équivoque. A partir de ce moment, le nom de M. Danger est devenu célèbre.   D' Isidore BOURDON.

DANGEREUX (Archipel) ou *Mer dangereuse*, appelé aussi *archipel Pomotou*, du nom que lui donnent les naturels, le plus grand de la Polynésie après celui des Carolines, est situé à l'est de Taïti, et reçut de Bougainville la dénomination sous laquelle nous le mentionnons ici. Il s'étend entre les 13° 30' et 29° 50' de latitude sud, et les 135° 30' et 151° 30' de longitude, depuis l'île Ducie jusqu'à l'île Lazaref.

Les îles ou plutôt les groupes d'îles qui composent cet archipel sont toutes des terres très-basses, d'une nature madréporique, à l'exception de Pitcairn et du groupe de Gambier, où l'intérieur des îles hautes, telles que Peard et quelques autres, est d'origine volcanique. Quelques-unes présentent des formes bizarres qui leur ont valu les noms de l'*Arc*, de la *Chaîne*, de la *Harpe*, etc. Plusieurs sont entièrement désertes, et les autres ne sont que médiocrement peuplées, car feu notre savant collaborateur Domeny de Rienzi n'en évaluait la population totale qu'à 20,000 habitants, dont quelques-uns, dit-il, sont anthropophages. Le plus grand nombre ressemblent beaucoup à ceux de l'archipel de Taïti, sans cependant être aussi avancés dans la civilisation, ni sans avoir autant de douceur dans les mœurs.

DANGEVILLE (MARIE-ANNE BOTOT, *dite* Mlle), actrice française, née à Paris, en 1714, et morte à Vaugirard, en 1796, était, on peut le dire, née sur les planches, puisque son père était danseur à l'Opéra, et que sa mère, son oncle et son frère remplissaient divers emplois à la Comédie-Française, où elle débuta elle-même à l'âge de huit ans, dans un divertissement, et où elle remplit longtemps avec grâce de petits rôles. A seize ans, elle y prit l'emploi des soubrettes, et fut tout de suite admise à doubler, dans ces rôles, la célèbre Mlle Quinault. Elle ne tarda pas à s'élever, comme comédienne, au premier rang, non-seulement dans l'emploi des soubrettes, mais encore dans tous les rôles qui exigent de la vivacité, de la grâce, ou de la finesse. Ses qualités personnelles étaient égales à son beau talent; aussi, pendant une carrière théâtrale de trente-trois années, la faveur publique ne lui fit-elle jamais défaut. Lorsqu'en 1763, elle renonça à la scène pour vivre désormais dans un tranquille retraite à Vaugirard, elle emporta les regrets unanimes du public. Là elle vécut environnée d'une sorte de cour, où l'on briguait l'avantage d'être admis, et où l'on rencontrait assidûment les principaux auteurs dramatiques de l'époque, Sainte-Foix, Lemierre, Dorat, etc. Elle jouissait de beaucoup d'aisance par les diverses pensions qui lui avaient été accordées; elle en faisait, du reste, un honorable usage, et c'est chez elle que trouva un asile la petite-fille du grand comédien Baron, tombée dans l'indigence. C'est à Vaugirard, chez Mlle Dangeville, que, dix ans après sa retraite, fut représentée pour la première fois *La Partie de Chasse de Henri IV* de Collé, qu'une stupide censure interdisait encore au Théâtre-Français.

DANICAN (AUGUSTE), né en 1763, d'une famille noble, mais pauvre, fut d'abord soldat dans le régiment de Barrois infanterie, et entra ensuite dans la gendarmerie à Lunéville; il se prononça pour la Révolution, et obtint un avancement rapide ; car dans l'espace de quelques mois il était nommé colonel d'un régiment de hussards et général de brigade. Il commanda dans la Vendée en 1793, et fut battu par les royalistes, le 15 juillet 1794, près de *Marigné-Bernard*. Envoyé, au mois de décembre suivant, à Laval, pour y combattre les premiers rassemblements de chouans, il se vit forcé de s'enfermer dans Angers; mais, soupçonné d'avoir voulu livrer cette ville aux rebelles, il fut destitué. Remis en activité en l'an III, il prit un commandement à Rouen. A peine arrivé à son poste, il dénonça presque tous les généraux qui avaient fait avec lui les campagnes de la Vendée, combattit au 13 vendémiaire à la tête des sections réactionnaires, parvint à s'échapper, et fut condamné à mort par contumace. Il avait passé à l'étranger et pris parti dans les corps émigrés en Suisse. Il s'attacha plus tard au général Villot, et fit tous ses efforts pour organiser une autre Vendée dans le midi. Ayant échoué, il revint en Suisse et de là en Allemagne; il était en Angleterre à l'époque de la Restauration. De retour en France, il essaya vainement de se faire réintégrer dans son grade de général de division. Il parut comme témoin en 1816 dans l'affaire Perlet et Fauche-Borel. Revenu en Angleterre, il s'y maria, et y est mort dans un âge avancé. Assez généralement accusé d'avoir participé à l'assassinat des plénipotentiaires de Rastadt, il avait constamment protesté de son innocence.   DUPEY (de l'Yonne).

DANIEL, prophète, vivait vers l'an 600 avant J.-C. Contemporain d'Ézéchiel, il était issu d'une famille juive de distinction, et fut, dans sa première jeunesse, sous le règne du roi Joachim, emmené captif à Babylone et élevé là, comme ses amis Anania, Mischaël et Asaria, à la cour et au service du roi Nabuchodonosor. Au bout de trois années, il entra en fonctions, et, par son habileté à interpréter les songes, il devint bientôt tellement en faveur auprès du roi, que celui-ci appela Daniel et ses amis aux plus hautes fonctions. Mais plus tard les amis de Daniel ayant refusé d'obéir aux ordres de Nabuchodonosor et d'adorer un veau d'or, le roi irrité les fit jeter dans une fournaise ardente où cependant ils ne brûlèrent point. Daniel lui-même parvint ensuite à la dignité de gouverneur de la province de Babylone et de chef du collège des mages. Quand les Mèdes s'emparèrent de Babylone, Daniel fut nommé ministre; puis, à la suite d'intrigues de cour, il fut précipité dans la fosse aux lions et sauvé par miracle. Daniel vécut tout au moins jusqu'à la quatrième année du règne de Cyrus. Peut-être l'influence qu'il exerçait à la cour de Perse contribua-t-elle à déterminer Cyrus à permettre aux Hébreux captifs de s'en retourner dans leur pays. Ézéchiel fait déjà mention de Daniel comme d'un modèle de sagesse et de piété. La tradition postérieure s'occupe beaucoup des circonstances de la vie de cet homme célèbre; mais les renseignements qu'on a sur sa mort et sur son tombeau sont des plus contradictoires. Au dire des rabbins, il serait revenu de l'exil à Babylone; et au rapport du faux Épiphane, il y serait mort et y aurait été inhumé dans le caveau sépulcral des rois.

Daniel est rangé au nombre de ceux qu'on appelle *les grands prophètes*. Le livre de l'Ancien Testament qui porte son nom contient en partie des renseignements historiques sur lui (chap. 1-6), et en partie des visions et des prophéties (chap. 7-12), quelques-unes en dialecte chaldéen. A l'exactitude des détails historiques qu'elles contiennent, on reconnaît dans ces dernières des descriptions faites après coup; tandis que la singularité des faits qui y sont racontés prouve que c'est une des traditions postérieures. Si on réfléchit en outre que le contenu n'en est pas rédigé dans la langue des prophéties juives ordinaires; que le dialecte en est très-corrompu; qu'en général le livre présente, tant dans le style que dans les expressions, une grande analogie avec les Apocryphes, surtout avec les Épîtres des Machabées; enfin qu'on y rencontre une foule de contradictions, on sera induit à en conclure que toutes ces circonstances réunies indiquent que le livre ne fut point écrit par Daniel ni même de son temps. Aujourd'hui il y a presque unanimité parmi les théologiens protestants pour le regarder comme apocryphe. Porphyre, au troisième siècle, l'avait déjà dit. L'ouvrage qui porte le nom de Daniel paraît dater de l'époque des Machabées, encore bien que ses deux parties soient de la même main. L'auteur aura placé comme prophéties, dans la bouche de Daniel les espérances qui animaient au temps de la persécution sous le règne d'Antiochus Épiphane, et aura raconté sa vie pour la consolation de ses compatriotes. Il est vraisemblable que la première partie du livre fut écrite pendant la suppression du culte juif par Antiochus Épiphane; et la seconde, après le rétablissement de ce culte par Judas Machabée ou peu de temps après la mort d'Antiochus (vers l'an 149 avant J.-C.).

On chercherait en vain dans le *Livre de Daniel* cette sublime énergie qui caractérise les autres prophètes : son style, d'une noble simplicité, est plutôt celui d'un historien que d'un prophète. Ce livre peut être partagé en deux parties : l'une, historique, contient les principaux événements de sa vie à la cour de Babylone; l'autre, prophétique, prédit l'ordre et la succession des empires qui doivent s'élever sur les ruines de celui des Chaldéens et préparer l'empire universel du christianisme; la venue et la mort du Messie; la ruine de Jérusalem; la dispersion des Juifs, etc.

La plus importante des prophéties de Daniel est celle des soixante-dix semaines d'années (période de 490 ans), qui doivent s'écouler depuis l'ordre du rétablissement des murs de Jérusalem jusqu'au temps du Messie. Les historiens ne sont pas d'accord sur le commencement de cette semaine; mais les opinions les plus éloignées diffèrent au plus de vingt ans. Cette prophétie comprend trois périodes distinctes : la première, de sept semaines (49 ans), pendant laquelle la ville et les murs de Jérusalem doivent se rebâtir; la deuxième, de soixante-deux semaines (434 ans), qui doivent précéder l'apparition du Messie; la troisième, d'une semaine (7 ans), au milieu de laquelle doivent cesser les sacrifices, abrogés par la mort du Christ. L'ordre donné pour la reconstruction des murs de Jérusalem date, selon Néhémias, de la vingtième année du règne d'Artaxercès-Longue-Main; la prédication de J.-C. est indiquée par l'Évangile dans la quinzième année de l'empire de Tibère. Il est facile, en suivant la chronologie d'Usser, plus généralement adoptée, de fixer toutes ces époques. Xerxès étant mort en la quatrième année de la 78e olympiade, qui répond à l'an 280 de la fondation de Rome, la vingtième année du règne de son successeur, Artaxerce, doit être la quatrième de la 81e olympiade, ou l'an 300 de Rome; les quarante-neuf ans du rétablissement de Jérusalem et les quatre cent trente-quatre autres qui suivent nous mènent à l'an 783 de Rome, précisément à la quinzième année de l'empire de Tibère; alors commence la dernière semaine, et dans la quatrième année, qui en fait la moitié, le Christ meurt et scelle de son sang la nouvelle alliance.

Il est évident que les deux derniers chapitres de Daniel sont transposés : l'histoire de Suzanne, au treizième, a trait à la jeunesse du prophète, et les événements rapportés dans le quatorzième doivent précéder le règne de Balthazar. Ces deux chapitres ni la plus grande partie du troisième ne se trouvent point dans le texte hébreu; ils ont été traduits dans la Vulgate sur la version grecque de Théodotion, ce qui les a fait regarder longtemps comme apocryphes. Mais le sentiment de la plupart des saints Pères, la tradition de l'église, le décret du concile de Trente, qui approuve *toutes* ces parties de la Vulgate, ne font ranger parmi les livres *canoniques*. L'abbé C. BANDEVILLE.

DANIEL (SAMUEL), historien et poëte anglais, né en 1561 à Taunton, dans le comté de Sommerset, poëte lauréat sous Élisabeth, suivant l'opinion commune, et plus tard chambellan de la reine femme de Jacques Ier, se fit une réputation dans son pays comme poëte historique par son

History of the Civil Wars between the houses of York and Lancaster (1599), où il trace le tableau des guerres civiles des maisons d'York et de Lancastre. Le mérite de cette composition poétique consiste dans un style harmonieux, où les fleurs de la rhétorique sont employées à embellir des événements véritables. Samuel Daniel contribua beaucoup à la formation d'une langue poétique en Angleterre; ses Stances, imitation habile et patiente des *ottave italiennes* ont plus d'élévation et de nombre qu'on n'en trouve dans la plupart des productions analogues de la littérature anglaise de cette époque. Il laissa aussi des épîtres poétiques, des sonnets et quelques pièces de théâtre. Sous le règne d'Élisabeth, il composa une esquisse de l'histoire d'Angleterre jusqu'à Édouard III; ouvrage écrit sans emphase ni prétention, instructif et clair, dans lequel se trouvent quelques aperçus qui ne manquent pas de profondeur, le premier livre d'histoire peut-être écrit en anglais où le récit simple et concis des faits n'exclut pas une certaine noblesse de style. Dans les dernières années de sa vie, Samuel Daniel vécut retiré à la campagne. Il mourut en 1619. Une édition de ses *Poetical Works* parut à Londres en 1718 (2 vol.), et sa *Collection of the history of London* avait été publiée dès 1621 (5e édit., 1685).

DANIEL (GABRIEL), jésuite, naquit à Rouen en 1649. Entré comme novice dans l'ordre en 1667, il prononça ses vœux à Rennes en 1683, et professa la théologie dans cette ville. Il fut ensuite appelé à la maison professe à Paris, et obtint de Louis XIV le titre d'historiographe, avec une pension de 2,000 francs. Cet écrivain, l'un des plus distingués de son ordre par la facilité de sa plume et par son savoir, s'est fait remarquer à la fois dans la triple carrière des discussions philosophiques, de la théologie controversiste et de l'histoire; mais c'est surtout comme historien qu'il est connu. Il publia en 1690 une réfutation du fameux système des tourbillons, sous le titre de *Voyages du Monde de Descartes*, auquel il donna une suite en 1696. Ses écrits théologiques ont été recueillis en trois volumes in-4° : le principal est une réponse aux célèbres lettres de Pascal, sous le titre d'*Entretiens de Cléandre et d'Eudoxe sur les Lettres provinciales*. Il fut publié en 1694 à Rouen, avec la fausse indication de Cologne. Une critique de ces entretiens donna lieu à une réplique anonyme qu'y fit l'auteur, en 1699, dans sa *Lettre de l'abbé*** à Eudoxe, touchant la Nouvelle Apologie des Lettres provinciales*. Les jésuites eurent beau vanter cette prétendue réfutation et la faire traduire dans les principales langues de l'Europe, l'oubli en a fait justice. C'est par son *Histoire de France*, publiée en 1713 (3 vol. in-f°), que le père Daniel a fondé sa renommée. Il avait prélude à ce grand travail, en 1696, par deux dissertations préliminaires et un premier volume qui ne contenait que le règne de Clovis, et, en 1700, par des *Observations critiques sur l'Histoire de France de Mézeray*. Il y juge sévèrement ses prédécesseurs, et cependant les recherches de Dubaillan, d'Étienne Pasquier, de Cordemoy, de Valois, de Dupleix et de Le Gendre ne lui ont point été inutiles. Son principal mérite est d'avoir consulté soigneusement les sources, négligées par Mézeray, et d'écrire clairement, méthodiquement. Il reproduit en général avec exactitude et fidélité l'aspect des mœurs, des usages, de la législation sous les deux premières races et au commencement de la troisième, et cette vérité de couleur locale a bien assurément son prix. Mais ce n'est pas comme peintre de genre que l'historien doit exercer sa haute mission. « Malheureusement le père Daniel n'est, dit Dingé, que panégyriste qui caresse la vanité des dominateurs, et outrage, pour leur complaire, le pauvre et l'infortuné. C'est un sectaire qui ne manque jamais d'omettre ou de pallier, de dénaturer même tout ce qui pourrait compromettre son parti; sa partialité se montre dès les premières pages de son histoire. »

La meilleure édition de l'*Histoire de France* de Daniel est celle qu'a donnée, en 17 vol. in 4° (Paris, 1755-1760), ou 24 vol. in 4° (Amsterdam, 1758), le père Griffet, qui y a joint le règne de Louis XIII et le journal du règne de Louis XIV. Daniel lui-même avait publié en 9 vol. in-12, et en 1724, un abrégé de sa grande histoire, réimprimée, en 1751, en 12 vol. in-12, avec la continuation du père Dorival. On a, en outre, du P. Daniel une *Histoire de la Milice française*(2 vol. in-4°, 1721), estimée pour les recherches, malgré d'importantes omissions, et louée par le chevalier Folard sous le rapport de l'exactitude des faits militaires. Alletz en a donné un abrégé en 2 vol. in-12 (Paris 1773 et 1780).

Le P. Daniel mourut à l'âge de soixante-dix-neuf ans, d'une attaque d'apoplexie, le 23 juin 1728. AUBERT DE VITRY.

DANISCHMEND, du persan *danisch*, science, *mend*, possesseur (littéralement *docteur, savant*). C'est le nom qu'on donne dans les pays musulmans, non-seulement aux *khodjadhs* (directeurs), et aux *mudériss* (docteurs ou professeurs) des *medressehs* ou colléges, aux instituteurs et aux maîtres d'écoles subalternes, mais encore à tous les hommes qui exercent quelques fonctions judiciaires, et à tous les ministres de la religion. Cependant la véritable acception de ce mot, en Turquie est celle d'*étudiant*; aussi l'applique-t-on spécialement aux jeunes gens qui étudient dans les colléges, et parmi lesquels sont pris tous les sujets qui parviennent aux différentes charges des *oulémas*. On apprend à ces *danischmends* la grammaire, la théologie musulmane, la tradition arabe, le Coran et ses nombreux commentaires, la science des allégories, qui leur tient lieu de rhétorique, la philosophie, la logique, la morale et la jurisprudence. Dans quelques *medressehs*, on ajoute à ces études la langue arabe et la poésie.

Danischmend est aussi le nom ou le surnom du fondateur d'une dynastie turque appelée *danischmendli*, qui a régné dans les onzième et douzième siècles sur une partie de la Cappadoce. H. AUDIFFRET.

DANKALI. *Voyez* DANAKIL.

DANNECKER (JEAN-HENRI DE), l'un des plus célèbres sculpteurs modernes, naquit à Waldenbourg, dans le bailliage de Stuttgart, le 15 octobre 1748. Son père était valet d'écurie du duc régnant de Wurtemberg. De bonne heure, le jeune Dannecker sentit se développer en lui le goût du dessin et de la sculpture. Il y avait auprès de la demeure de son père un sculpteur dont il visitait souvent l'atelier, et sous les yeux duquel il s'essayait à dessiner. Il avait déjà treize ans lorsque, par une faveur spéciale, il fut admis dans l'école militaire que le duc venait de fonder. Dannecker ne trouva pas à cette école tout le bonheur qu'il avait imaginé. Ses condisciples, qui étaient ou d'une naissance plus distinguée ou plus riches que lui, le traitèrent toujours avec un grand dédain. L'éducation n'y était pas non plus dirigée comme le duc l'aurait souhaité, et Dannecker ne fit de progrès que dans le dessin. Mais il y avait là un homme dont l'amitié pouvait comprimer bien des souffrances. C'était Schiller. Schiller et Dannecker se comprirent tout de suite. Le poëte et l'artiste s'unirent par cette parenté d'idées qui se développa en eux, peut-être même par le pressentiment de leur gloire future. Leur liaison dura toute la vie. Schiller mort, Dannecker lui donna un dernier témoignage d'affection en faisant ce buste magnifique qui se trouve maintenant à la bibliothèque de Weimar.

Quand il quitta l'école militaire où sa vocation pour la sculpture était devenue de plus en plus manifeste, Dannecker fut nommé par le duc de Wurtemberg son sculpteur ordinaire, et trois ans plus tard ce prince lui fournit les moyens d'entreprendre le voyage de Paris, où il eut dans Payou un excellent maître, mais où il se livra bien plus à l'étude de la nature, qu'à celle des formes de l'antique. En 1785, il partit pour Rome. Il y fut reçu avec amitié par Canova, dont la réputation commençait alors à grandir, et par deux de ses plus célèbres compatriotes, Herder et Gœthe. Il y composa pour Stuttgard une *Cérès* et un *Bacchus*. Ces deux statues remarquables le firent nommer membre de l'académie de Bologne et de celle de Milan. Après cinq ans de séjour en Italie, il revint en Wurtemberg avec une certaine renommée, et le duc le nomma alors professeur de sculpture à cette même école militaire où il avait été élevé. Le premier ouvrage qu'il y exécuta en modèle fut une jeune fille pleurant la mort de son oiseau. Son occupation principale était d'ailleurs de faire des esquisses et des ébauches pour le duc Charles. Ce ne fût qu'en 1796 qu'il recommença à travailler le marbre, et qu'il exécuta entre autres une *Sapho* (qu'on voit aujourd'hui au château de *Monrepos*), et deux *Sacrificatrices* en plâtre, qui ornent la *Favorite* à Ludwigsburg. Mais la première œuvre d'où date à proprement parler sa haute réputation est le monument du comte de Zeppelin. Ce monument, qu'on voit dans le parc de Ludwigsburg, fut élevé en 1804. Peu de temps après, il se mit à travailler à son *Ariadne*, que l'on peut regarder comme un de ses chefs-d'œuvre. Elle fut achevée en 1809 et en 1816 vendue au banquier Bethmann, de Francfort. L'artiste n'a pas représenté Ariadne comme elle nous apparaît le plus souvent, Ariadne abandonnée et plongée dans le désespoir, mais Ariadne souriant à la vie, Ariadne aimée de Bacchus, et enivrée encore de son triomphe. C'est une figure de grandeur plus que naturelle, appuyée sur la croupe d'une panthère; d'une main, elle caresse la crinière de l'animal, l'autre tombe nonchalamment; et la grâce de ses formes et la beauté de son visage contrastent avec les formes colossales et l'air féroce de la panthère.

En 1808, le roi de Bavière essaya d'attirer Dannecker à sa cour; mais l'artiste refusa les offres brillantes qui lui étaient faites, pour ne pas quitter son pays. En 1812, le roi Frédéric de Wurtemberg voulut avoir une statue de l'Amour. Dannecker entreprit à regret ce travail. La piété commençait à faire tourner ses idées vers des sujets plus graves; il se repentait déjà d'avoir donné à son Ariadne une figure et des formes toutes voluptueuses, et il s'effrayait de sculpter l'Éros des anciens. Cependant il se mit à l'œuvre; mais, au lieu d'un de ces fades Amours, d'un de ces Amours de convention, comme il en apparaît chaque jour dans nos musées, il représenta l'*Amour* au moment où il se sent brûlé par la goutte d'huile qui lui tombe sur l'épaule. De ce premier travail, qui fut très-admiré, naquit l'idée de la *Psyché*, dont il voulut faire l'emblème de l'innocence. Cependant une grande pensée l'occupait depuis longtemps, une pensée qui répondait à tous les besoins de son âme éminemment religieuse. Il rêvait une image du Christ; et le jour et la nuit cette image l'occupait tellement, qu'il se crut poussé à cette grande œuvre par une puissance surnaturelle. Enfin, après huit ans d'études, de méditations, d'essais, il produisit une statue du Christ. Une première esquisse de ce beau travail avait paru en 1816, mais la statue en marbre ne fut achevée qu'en 1824, et fut achetée par l'impératrice de Russie, Maria Feodorowna, à l'artiste, qui en fit aussi une copie pour le prince de la Tour et Taxis. Il y a dans cette statue une grande délicatesse de formes et quelque chose de mélancolique. Le Christ est debout, le corps couvert d'une robe qui tombe négligemment à longs plis. Une de ses mains est placée sur son cœur; l'autre est étendue, comme s'il parlait à la foule. Dannecker, en travaillant à cet ouvrage, ne cessait de lire la Bible et l'Évangile, et, à mesure que ces livres lui révélaient un nouveau trait caractéristique, il se hâtait de corriger sa statue ou d'y ajouter. C'est ainsi qu'après avoir vu dans l'Évangile que le Christ ne pouvait porter sa croix, il enleva la barbe touffue qu'il lui avait d'abord donnée, et la remplaça par une barbe plus légère et plus courte. En y travaillant de nouveau, il parvint aussi à donner aux yeux plus d'expression et aux lèvres plus d'éloquence. Aussi, l'on peut dire que c'est une œuvre, non-seulement d'étude, de patience, de génie, mais encore de piété.

Ce grand artiste est mort le 8 décembre 1841. Dans les dernières années de sa longue et noble existence, ses facultés intellectuelles avaient un peu faibli.   X. MARMIER.

DANNESKJOLD-SAMSOE (Famille de). Cette maison, la plus considérable de la noblesse danoise, jouit en Danemark d'un rang tout exceptionnel, dont elle est redevable à sa haute origine, qui la rapproche de la famille régnante. La couronne royale et le chiffre de Christian V qui ornent ses armoiries indiquent assez qu'elle descend de ce prince.

C'était le temps où Louis XIV régnait en Europe autant par l'éclat de ses victoires que par les mœurs élégantes et polies de sa cour, devenue le modèle de toutes les autres. Les souverains étrangers ne se piquaient pas seulement alors de contrefaire le faste et la magnificence du grand roi; quand ils ne pouvaient pas reproduire ses grandes qualités, ils le copiaient dans ses travers et dans ses vices. Toutes les cours de l'Europe eurent donc alors leur *tendre* La Vallière et leur *altière* Montespan.

Christian V n'eut garde de ne pas vouloir faire, pour les cinq enfants issus de ses amours avec la belle Sophie-Amélie Math (née en 1654, morte en 1719), qu'il avait créée *comtesse de Samsœ* (nom d'une île voisine du Jutland, constituée en majorat en faveur de sa descendance), une partie de ce que Louis XIV avait fait pour Mlle de Blois, pour M. du Maine et pour M. de Toulouse. Si, à l'instar du grand roi, il ne déclara pas ses bâtards, qui portèrent tout d'abord le nom de *Güldenlœve*, princes du sang, et, comme tels, aptes à succéder à la couronne, il les légitima tout au moins, en leur assurant la prééminence sur la noblesse de son royaume, et décida que tous leurs descendants mâles recevraient dès le baptême la qualification d'*Excellence* et prendraient le titre de *comtes de Danneskjold*, qu'avaient déjà porté les enfants naturels de ses prédécesseurs, en y ajoutant, pour se distinguer entre eux, le nom des terres formant leurs majorats. Le parallélisme entre les enfants naturels de Louis XIV et ceux de Christian V ne s'arrête pas là. Si Mlle de Blois épouse le duc de Chartres, neveu du roi, premier prince du sang; si M. du Maine se marie avec la fille du prince de Condé, alliances qui consacrent le rang que le grand roi a voulu assurer aux enfants de Mme de Montespan, en Danemark aussi le premier prince du sang, Christian-Auguste, duc de Schleswig-Holstein-Augustenburg, s'unit, en 1720, en mariage, à Frédérique-Louise, née en 1699, et fille de Christian GULDENLŒVE, général feld-maréchal, vice-roi de Norvège, l'aîné des fils de Christian V et de la *comtesse de Samsœ*.

Christian Güldenlœve, né en 1674, et mort en 1703, avait été, à la cour de Versailles et de la part de Louis XIV, l'objet des plus délicates attentions, que le morose Saint-Simon, dans sa haine contre les princes légitimés, attribue au désir constant du roi de ne rien négliger pour rehausser dans l'opinion le rang qu'il avait accordé à ses enfants naturels. Güldenlœve obtint la permission de faire dans l'armée française les premières campagnes de la guerre de Succession, et jusqu'à Louis XIV poussa la courtoisie à son égard jusqu'à lui faire don d'un régiment, qui reçut la dénomination de *royal-danois*.

Un siècle plus tard, des alliances nouvelles ont encore eu lieu entre la famille de Danneskjold-Samsœ et la maison de Schleswig-Holstein-Sonderburg-Augustenburg. En 1820, Christian-Auguste, duc d'Augustenburg, épousait *Louise-Sophie*, comtesse de Danneskjold-Samsœ; et, en 1829, le prince Frédéric de Schleswig-Holstein-Sonderburg-Augustenburg, frère puîné du duc Christian-Auguste, s'unissait à *Henriette*, sœur cadette de Louise-Sophie.

Le chef actuel de la famille de Danneskjold est *Frédéric-Christian*, né en 1798, chevalier grand-croix de l'ordre du

Danebrog. Comme il n'a pas d'enfants, à sa mort, les titres et le majorat de la famille passeront à son frère puîné, *Christian-Conrad-Sophus*, né en 1800, grand-écuyer du roi de Danemark, grand-croix des ordres de Danebrog, de L'Aigle rouge de Prusse et de la Légion-d'Honneur.

DANOIS. Deux races de chiens de la famille des mâtins portent ce nom, on ne sait trop pourquoi, puisque ces chiens ont toujours été des raretés en Danemark.

Le *grand danois* de Buffon (*canis danicus major*) est le plus grand de tous les chiens. Il tient un peu du mâtin ordinaire; mais il a les formes plus épaisses, le museau plus gros et plus carré, les lèvres un peu pendantes. Son pelage est constamment d'un fauve noirâtre, rayé transversalement de bandes à peu près disposées comme celles du tigre. Quoique très-fort et bon pour la garde, c'est peut-être de tous les chiens le plus paresseux et le plus inoffensif. Croisé avec le mâtin, il produit une variété très-robuste, très-courageuse, qu'on emploie à la chasse du loup et du sanglier.

Le *danois moucheté* (*canis danicus*, Desm.); le *coachdog* des Anglais, est plus mince et plus léger que le mâtin. Son pelage est ordinairement blanc, marqué de taches arrondies, petites et nombreuses ; sa queue est grêle, relevée, recourbée ; ses yeux ont souvent une partie de l'iris d'un blanc bleuâtre de porcelaine. Son naturel est à peu près le même que celui du mâtin. Il aime les chevaux. Purement de luxe, il était de mode autrefois de le faire courir devant les carrosses. Le *petit danois* en est une variété, plus petite, trapue, à front plus bombé et à museau plus pointu.

DANRÉMONT. *Voyez* Danrémont.

DANSE. Chez tous les peuples connus, même les plus sauvages, la danse a été de tous les arts le premier à se manifester. La danse précéda en Grèce les représentations scéniques. En effet, l'homme n'a que deux moyens d'exprimer ses sensations, la parole et le geste. De même qu'il y a dans la voix humaine des accents de plaisir et de douleur, on reconnaît dans les mouvements du visage et dans ceux qui agitent le corps l'expression des sentiments de l'homme. Or, de ces accents divers est née la musique, comme la danse du geste. Ces deux arts ont donc naturellement précédé tous les autres, et, le premier sentiment de l'homme ayant dû être l'expression de sa reconnaissance envers le Créateur, la première musique, comme la première danse, a dû être sacrée.

En effet, chez les Hébreux, qui pensaient que Dieu même leur avait donné les lois et les cérémonies religieuses qu'ils observaient, la danse fut introduite dans leurs fêtes. Moïse et Marie sa sœur, après le passage de la mer Rouge et le désastre de l'armée égyptienne, dansèrent, en conduisant l'un un chœur d'hommes, l'autre un chœur de femmes, dont les paroles chantées nous ont été transmises par l'*Exode*. Les filles de Silo dansaient durant la fête des Tabernacles, quand elles furent enlevées par les jeunes gens de la tribu de Benjamin. Les Hébreux infidèles à Dieu dansaient autour du veau d'or. David dansa devant l'arche sainte, quand les lévites la conduisirent de la maison d'Obédédon à Bethléem ; et dans plusieurs de ses psaumes il invite le peuple à former des chœurs de danse pour honorer Dieu. Il est à présumer que le nom de *chœur* est demeuré à cette portion de nos églises où le clergé se borne aujourd'hui à chanter, des danses qui s'y célébraient autrefois. S'il faut en croire Scaliger, les premiers évêques ne furent nommés *præsules* que parce qu'ils menaient la danse dans les fêtes solennelles. Au onzième siècle, les fidèles formaient des rondes en chantant l'hymne : *O filii!* Cette coutume s'est conservée jusqu'au douzième ; car, à cette époque, Odon, évêque de Paris, recommande aux prêtres, en ses constitutions synodales, d'en abolir l'usage dans les églises, les cimetières et les processions. A Limoges, au seizième siècle, le peuple et le clergé dansaient en rond dans l'église Saint-Léonard, le jour de Saint-Martial, accompagnant leurs ébats d'un refrain limousin, dont le sens était :

« Saint-Martial, priez pour nous, et nous danserons pour vous. » Enfin, le jésuite Ménétrier, dans son traité des ballets, publié en 1682, dit avoir vu en quelques églises, le jour de Pâques, les chanoines prendre par la main les enfants de chœur en chantant des cantiques de réjouissance et danser. Cet usage s'est perpétué en Espagne jusqu'au dernier siècle dans les *autos sacramentales*.

Les danses les plus solennelles de l'antiquité furent inventées pour rendre un hommage constant et procurer un divertissement agréable à l'animal ruminant et cornu qu'adorait l'Égypte : les prêtres gambadaient autour du bœuf Apis. Nous savons que les danses que célébra ce peuple dans ses mystérieuses initiations figuraient les mouvements célestes et l'harmonie de l'univers ; qu'on dansait en rond autour des autels, pour imiter la marche des astres autour du soleil ; et les savants commentateurs des tragiques grecs ont prétendu que ce fut l'origine des *strophes* et des *antistrophes* des odes de Pindare, et de celles que chantait le chœur des tragédies, en *tournant* et *retournant*, tandis que l'*épode* représentait l'immobilité de la terre. Lucien ne nous aurait pas appris dans son dialogue de la danse qu'il n'existait chez les Grecs aucune fête ni cérémonie religieuse où cet exercice n'eût quelque part, que l'opinion de Pythagore, qui croyait que Dieu était un nombre et une harmonie, nous ferait comprendre comment les Grecs ont cru honorer la Divinité par des marches ou imitations en cadences mesurées. Platon, dans sa *République*, veut que le législateur y introduise des fêtes et des danses, non comme simples amusements, mais parce qu'il considérait la danse comme nécessaire pour donner de la grâce aux actions et aux mouvements du corps, auquel on doit penser avant même que de songer à orner l'esprit.

Quand les représentations scéniques s'établirent à Athènes, cette imitation embellie des événements de la vie et des passions humaines put rappeler aux Grecs qu'il leur en manquait une nouvelle forme au théâtre, laquelle ne pourrait qu'ajouter au charme du spectacle : et la danse y fut introduite d'abord comme accessoire. Mais on sentit bientôt qu'elle pourrait à elle seule représenter une action. L'expression du visage, en harmonie avec le geste, fut pour le danseur ce que les couleurs sont au peintre, ce que la parole est au poète. De même, dit Plutarque, que la combinaison des sons et des intervalles constitue l'harmonie, de même la danse n'est qu'un assemblage varié de gestes et d'attitudes, la suspension des mouvements étant dans celle-ci ce que les pauses ou silences sont dans la musique, qu'il nomme une *danse parlante*, tandis que la danse est, dit-il, une *musique* ou une *poésie muette*.

La danse une fois reconnue comme résultant du principe imitatif, qui lui est commun avec les autres arts, cette imitation devint le fondement, l'objet essentiel de la danse. C'est l'imitation qui anime, qui vivifie cet art. Sans elle la danse n'aurait été chez les anciens, comme elle n'est en effet parmi nous trop souvent, qu'une suite de mouvements inexpressifs, de pas arbitraires, qui peuvent à émouvoir le spectateur, et qui ne peut l'intéresser que par le mérite de la difficulté vaincue. Ainsi, à cette danse allégorique ou en vent, représentant le cours et la marche circulaire des astres autour du soleil, selon l'opinion des anciens, on substitua la représentation d'une action : Thésée sortant du labyrinthe, les Euménides tourmentant Oreste, etc., etc.

Il y a quelque ridicule à prétendre, que la danse des Grecs n'était point une danse, parce qu'elle ne ressemblait peut-être pas à l'exercice symétrique et conventionnel que nous honorons aujourd'hui de ce nom, ou bien parce que ce seraient les Romains qui les premiers auraient pratiqué cet art. Socrate et Platon, dans leurs dialogues, ont parlé chacun de la danse d'action, de ce que nous appelons aujourd'hui *ballet-pantomime*, de manière à ne pas permettre aux plus ignorants de douter que cet art ne fût connu bien avant eux. Socrate, déjà vieux, termine son cours d'études en prenant des leçons d'Aspasie, baladine très-renommée. Pyrrhus avait inventé la danse pyrrhique, et Mérion reçut un éloge des plus flatteurs d'Homère, qui l'appela bon danseur. On dansait dans l'Aréopage, et les membres de cette grave assemblée s'avançaient en cadence pour venir déposer leur boule ou leur coquille dans l'urne. Les historiens vantent l'agilité merveilleuse d'Empuse, et la comparent à celle d'un fantôme. Aristote, dans sa *Poétique*, fait une mention expresse des danseurs, dont les mouvements réglés par la musique imitaient, dit-il, les mœurs, les passions et les actions des hommes.

Ce fut à Rome que Pylade et Bathylle, dans le siècle d'Auguste, portèrent cet art à une perfection qui nous paraît aujourd'hui merveilleuse. Le premier, né en Cilicie, inventa le ballet noble, tendre et pathétique. Le second, qui avait vu le jour à Alexandrie, se distingua par des compositions vives, légères, pleines de gaieté. Réunis d'abord, ils bâtirent un théâtre à leurs frais, et représentèrent ensemble des tragédies et des comédies, sans autres secours que ceux de la pantomime, de la danse et de la symphonie. Ce spectacle nouveau fut reçu avec enthousiasme; Pylade et Bathylle jouirent quelque temps en commun de leur fortune et de leur gloire. Mais la jalousie altéra leur amitié et rompit leur union. Ils se séparèrent, et l'art y gagna. Les talents de ces deux rivaux pour l'exécution répondaient à la hardiesse, à la beauté du genre qu'ils osaient porter sur la scène. Pylade surtout, qui en était l'inventeur, avait une imagination féconde, qui lui donnait chaque jour quelque nouveau moyen de plaire à ses admirateurs. Il augmenta le nombre des instruments, forma les chœurs de danse, qu'il joignit à ses représentations, et régla leurs pas et leurs figures selon les diverses situations du drame. Il habilla ses acteurs avec magnificence, et ne laissa rien à désirer pour faire naître, entretenir, et porter à son dernier période le charme de l'illusion.

Ce genre nouveau, composé avec des éléments connus, formé par le génie, adopté avec passion par les Romains, fut appelé *danse italique*; et dans les transports de plaisir qu'il causait, on donna aux acteurs le titre de pantomimes (*tout comédiens*), qui n'était qu'une expression vive et point exagérée de leur action. Dans toutes ses tragédies, Pylade arrachait des larmes aux plus insensibles. Les pleurs, les sanglots interrompirent plusieurs fois la représentation du ballet de *Glaucus*, dont le pantomime Plancus jouait le rôle principal. Bathylle, en peignant les amours de Léda, avait toujours causé à plusieurs dames romaines, de mœurs irréprochables, des distractions qui passaient les bornes de la sensibilité. Les divisions des pyladiens et des bathyllins, des partisans de Pylade et de ceux d'Hylas quand Bathylle fut mort, ensanglantèrent souvent les théâtres. A la fin du spectacle, les acteurs, enorgueillis ou bien irrités de la diversité de leurs succès, se battaient, s'égorgeaient derrière la scène; leurs partisans et les soldats même envoyés pour séparer les combattants portaient et recevaient des coups. Tibère chassa de Rome les pantomimes; Caligula, Néron, les rappelèrent, et rétablirent les spectacles publics. Un roi de Pont appelé à Rome par cet empereur, voyant pour la première fois une pantomime dansée par un mime célèbre, supplia le tyran de lui accorder ce danseur, pour lui servir d'interprète auprès des nations barbares, ses voisines, dont il ne savait pas la langue, persuadé que le danseur, par la seule puissance de ses gestes, s'en ferait facilement comprendre. Cet exemple suffit pour indiquer que la danse était alors autre chose que l'exercice auquel nous donnons aujourd'hui ce nom, autre chose même que ce qui compose chez les nations modernes les *entrées de ballets*, ces mouvements uniformes et réguliers des bras et des jambes, ces *pas* insignifiants, remarquables seulement par la perfection plus ou moins grande de leur exécution. Messaline se prit de belle passion pour le danseur Mnester, que Claude fit décapiter. Cette impératrice aimait prodigieusement les ballets. Tacite parle du magnifique bal masqué, des courses de femmes et de bacchantes qui eurent lieu dans les jardins de Messaline, quand elle épousa publiquement et en grande cérémonie son ami Silius, du vivant de l'empereur Claude. Les acteurs de la fête nuptiale adoptèrent le costume de Vénus sortant de l'onde; ils n'avaient de voilé que le visage. Cette singulière fredaine causa la mort des nouveaux mariés et de tous leurs compagnons de plaisirs : danseurs et danseuses, satyres et bacchantes, tout fut immolé sans pitié. Plusieurs impératrices, une infinité de dames romaines firent des folies pour les pantomimes.

Après ce que nous venons de dire, l'histoire des baladins sous les nombreux successeurs des Césars ne présenterait qu'un intérêt bien faible. La danse fut toujours cultivée; mais elle dégénéra comme les autres arts, et finit par se perdre dans les temps de barbarie. Nous ferons seulement remarquer, en passant, que l'empereur Constance exila de Rome tous les philosophes, sur le prétexte d'une disette prochaine, et conserva trois mille danseurs, dont le plus grand nombre étaient sans talent. Les pantomimes employaient quelquefois des moyens violents pour représenter au naturel la mort, l'assassinat, le supplice d'un personnage. Un criminel, vêtu des habits et la figure couverte du masque de l'acteur qu'il remplaçait au dénouement, était réellement empoisonné, torturé, poignardé, brûlé devant une multitude de spectateurs assez féroces pour contempler avec joie des horreurs dont nous paraîtraient incroyables si les auteurs contemporains ne les attestaient pas.

Il ne paraît pas que les Gaulois aient connu, comme la plupart des peuples de l'antiquité, les danses religieuses et sacrées. Voilés à la fois par les ombres de la nuit et celles des forêts, les mystères du culte druidique n'étaient pas de nature à admettre la poétique concours de la danse. Elle ne figurait qu'aux réjouissances du jour de l'an, à la fête du *Dieu inconnu*, quand les jeunes gens déguisés allaient par les bourgades, formant des chœurs de musique et de danse. Sous la domination romaine, les danses scéniques brillèrent particulièrement sur les théâtres de Metz, d'Autun, de Lyon, de Toulouse.

En envahissant les Gaules à leur tour, les Francs et les Goths y introduisirent leurs danses nationales, qui avaient beaucoup de rapport avec la pyrrhique grecque. Des mimes y représentaient des scènes guerrières en dansant au bruit de petites clochettes d'airain. L'historien de ces peuples du Nord, l'évêque suédois Olaüs Magnus, nous apprend que dans ces jeux les jeunes gens sautaient par-dessus des épées nues et exécutaient leurs pas au milieu d'armes aiguisées, éparses à terre. Au solstice d'été et à l'équinoxe, le peuple se réunissait pour danser des danses autour de grands feux, en chantant des airs nationaux, au son des harpes et des flûtes. On retrouve les traces du ballet à la cour de Caribert, roi de Paris. Ce prince ne se montrait passionné que pour la chasse ; la reine Ingoberge voulut le retenir auprès d'elle, des jeux des fêtes galantes et pastorales, embellies par la danse et la symphonie, le charmeraient. Caribert y assista : il y prit goût, et ne songea plus à poursuivre les hôtes des forêts. Deux sœurs d'une beauté ravissante, chantant comme des sirènes, filles d'honneur par-dessus le marché, avaient touché vivement son cœur. Méroflède et Marcovère remplissaient les principaux rôles dans les divertissements préparés par la reine. Cette princesse vertueuse s'aperçut trop tard que le remède était pire que le mal : Caribert la répudia pour épouser les deux sœurs, l'une après l'autre.

Aux danses pieuses entre chanoines et enfants de chœur, dont nous avons parlé plus haut, ne tardèrent pas malheureusement à se joindre les *danses baladoires*, mélange grossier des cérémonies du paganisme et des fêtes chrétiennes. Quelques restes de ces étranges institutions se sont conservés dans les danses du 1er mai, de la Saint-Jean, et des brandons qui existent encore dans certaines localités. La première perpétua parmi nous une des plus joyeuses fêtes de la Rome païenne. Il ne faut pas confondre la seconde avec cette danse de Saint-Jean dont Mézeray parle comme d'une frénésie qui s'empara du peuple en 1373. On vit alors, dit cet historien, une foule de gens qui, tout nus, des couronnes de fleurs sur la tête et se tenant par la main, allaient par bandes, en dansant dans les rues, dans les églises, chantant et tournoyant avec tant de fureur qu'ils tombaient hors d'haleine. On eut recours à l'exorcisme pour faire cesser cette étrange épidémie. La danse des brandons, fort en vogue dans la Franche-Comté et l'Orléanais, paraît être d'origine gauloise. Elle s'exécutait le soir du premier dimanche de carême. Les jeunes gens allaient, tenant des torches de bois résineux ou de paille, danser sous les fenêtres des plus jolies filles, non sans marquer leur passage par de galantes indiscrétions. Les désordres qui s'y mêlèrent attirèrent enfin les foudres de l'Église : une bulle, lancée par le pape Zacharie en 744, défend les *danses baladoires* des calendes de janvier et du 1er mai ; l'évêque Oddon interdit les danses nocturnes qui avaient lieu dans les cimetières de Paris. Enfin, le mal devint si violent qu'il fallut qu'en 1667 un arrêt du parlement ordonnât la suppression de toutes les *danses baladoires*.

A ces danses se rattachent les *danses ambulatoires*, d'origine portugaise. On donnait ce nom à un spectacle de marches, de danses, de machines, exécuté successivement sur la mer, le rivage, les promenades, les places publiques. C'était une imitation de la pompe tyrrhénienne, décrite par Appian Alexandrin. La canonisation du cardinal Charles Borromée fut célébrée à Lisbonne par un ballet de ce genre, ainsi que la béatification d'Ignace de Loyola ; cette dernière fête eut pour sujet la représentation de la prise de Troie. La procession de la Fête-Dieu que le roi René d'Anjou, comte de Provence, établit à Aix en 1462, était un ballet ambulatoire, composé d'un grand nombre de scènes allégoriques, appelées *entremets*. Dans le nord et le centre de la France, les *danses ambulatoires* étaient de longues processions, parcourant les villes et les campagnes, en y promenant, d'abord la représentation, puis la parodie des principales scènes de la vie de Jésus-Christ. Telles étaient les fêtes des Fous de Sens, de Noyon, etc., celle de la Mère-Folle de Dijon, etc. Quant aux danses macabres, qui datent aussi du quinzième siècle, c'étaient bien encore des mascarades et des parodies ; mais elles avaient un caractère particulier.

A peu près bannie des villes, la danse se réfugia dans les campagnes, et elle devint le délassement des vilains, nécessairement exclus des chevaleresques divertissements des seigneurs. C'est alors que prirent naissance ces pittoresques danses de paysans que la cour revint plus tard emprunter au village, comme au mariage de Charles VI, où l'on vit six Béarnais exécuter un pas de leurs montagnes, et à la fête donnée par Catherine de Médicis au duc d'Albe à Bayonne, où il y eut des troupes de bergers et de bergères, exécutant chacune une danse particulière à son pays, au son de l'instrument qui y était en usage ; les Bretons, un *passepied* et un *branle-gai* ; les Provençaux, une volte avec cymbales ; les Poitevins avec la cornemuse ; les Bourguignons avec le petit hautbois, le tambourin et le dessus de viole.

La même reine apporta les ballets poétiques à la cour de France. Bientôt cependant le chant l'emporta chez nous sur la danse, qui ne fut plus qu'un accessoire ; et c'est sous cette forme que l'opéra se montre nous à la protection de Richelieu. La danse n'y tient plus de place que dans quelques *entrées*, où plusieurs *quadrilles* de danseurs, jaloux de développer leurs grâces, cherchent moins à intéresser à l'action de la pièce qu'à se poser dans de belles attitudes. Enfin, Mazarin s'imagine de faire danser Louis XIV en public, et le grand monarque qui devait dire : l'*État, c'est moi*, régale ses sujets de ses ronds de jambe et de ses entrechats royaux jusqu'en 1669.

Hors du théâtre, la danse néanmoins n'apparaissait généralement dans les fêtes de cour que comme un spectacle qui servait à remplir l'intervalle du dîner au souper, et qui reçut pour cela le nom d'*entremets*, changé plus tard en celui d'*intermèdes*. Les salons armoriés avaient déjà cependant par intervalles leurs danses à eux : telle était la *pavane* espagnole, fière et bravache comme un *hidalgo*, dans laquelle excellait Marguerite de Valois, et dont le nom indique parfaitement le caractère ; telle était encore la *courante*, danse roide et lente, au contraire, en dépit de son nom ; venaient ensuite les *villanelles* napolitaines, les *padouanes*, les *gaillardes*, les canaries et *vottes*, le *passo-mezzo*, le *matacin*, espèce de ballet armé, que Molière a introduit dans son *Pourceaugnac*, qu'en 1735 on dansait encore à Bordeaux, Marseille, Strasbourg, et que rappelait la *danse des Machabées*, populaire jadis dans le comté de Namur. C'était là la danse noble, qu'on appelait aussi danse basse ou danse *terre à terre*, pour la distinguer de la danse théâtrale, dite danse haute. Le *menuet* et l'*allemande* avaient été introduits dans les bals sous Catherine de Médicis. La première de ces deux danses, originaire du Poitou, où elle était fort populaire, plut à la cour par sa vivacité relative, et donna naissance à la *gavotte*, qui n'en était qu'une variante. La contre-danse, danse des campagnes en Angleterre (*country dance*), vint chez nous détrôner le menuet. Le Vestris des salons, Trénitz, l'enrichit d'une figure à laquelle il donna son nom. Quant au *cotillon*, revenu nouvellement à la mode, et qui valut au beau Lauzun sa singulière fortune, il est d'origine française. On sait que nos guerriers triomphants ont importé la *valse* d'Allemagne. Le *galop*, dont l'apparition date de 1829, est la danse favorite des paysans en Hongrie ; c'est à ce peuple et à la Pologne que nous avons emprunté récemment la *polka*, la *mazourka*, la *redova*, la *cracowiak*, la *schotish*, etc., dont le célèbre Cellarius a été chez nous le Vestris. Les *branles*, autrefois si fort en vogue dans la Bretagne et dans plusieurs autres provinces françaises, avaient un caractère analogue à celui de l'*hormus* des Grecs. Elles consistaient principalement dans l'imitation des mouvements propres à certaines professions. Nous retrouvons leur caractère naïf dans le vieux *carillon de Dunkerque* et l'antique *boulangère*. Nos autres danses populaires les plus remarquables sont les *montagnardes* et les *bourrées de l'Auvergne*, le *saut de Basque* qu'on essaya avec succès à la scène de l'Opéra sous Louis XV, les impétueuses *farandoles* et les gracieux *bails* du Languedoc, la grave *pamperruque* bayonnaise, enfin la *périgourdine* et la *provençale*, dont les noms indiquent assez l'origine.

Après avoir régné trop longtemps en France, la *Country-dance* anglaise s'en va, et elle est même déjà en pleine retraite. Les tournoiements hongrois et polonais essaient en vain d'accaparer le sceptre qui s'échappe de ses mains. Pourquoi ne pas implorer, de préférence, le secours de nos danses provinciales, qui, un peu nettoyées et rajeunies, seraient susceptibles de quelques succès ? Pourquoi ne pas essayer aussi de la *gigue* écossaise, de la *modinha* portugaise, du *bolero*, du *fandango*, de la *jota*, de la *cachucha* d'Espagne, danses si sautillantes et si pleines d'entrain ?

Nous ne parlerons pas ici de la *chahut* et du *cancan*, que nos salons repoussent. La véritable danse nationale en France, c'est la simple *ronde*, joyeuse image de l'union qui fait la force. C'est par des rondes que nos paysans célèbrent, chaque année, l'heureux achèvement de la moisson et des vendanges ; que nos enfants s'épanouissent, par un beau temps, au grand soleil du bon Dieu, comme c'était par des rondes que jadis, à la fédération, le peuple célébrait l'anniversaire de son triomphe, sous les portiques de feuiliage dont on avait couvert l'emplacement de la Bastille.

La profession de *danseur* fut honorée d'un acte législatif en 1658, époque où nous voyons Mazarin accorder des lettres patentes à une communauté de maîtres de danse et de joueurs d'instruments, dont le chef prenait le titre de *roi des violons* et faisait ses réceptions dans le cabaret de l'*Épée de bois*. Ce qu'il y a de bien certain pourtant, c'est que le plus habile maître de danse, celui qui enseignait jadis les *jetés-battus*, les *entrechats*, les *queues du chat*, les *gargouillades*, les *flicflacs*, au son de la pochette, et qui se borne aujourd'hui à montrer à faire des pas et à donner des leçons de *bonnes grâces*, n'est pas plus un danseur que le maître d'écriture qui apprend à arrondir des panses d'*a* n'est un écrivain; et cependant ces gens-là se sont rendus dernièrement redoutables, non-seulement en France, mais en Allemagne; à tel point même que le journal de Francfort annonçait dernièrement que l'autorité de Magdebourg venait de décider, dans l'intérêt des bonnes mœurs, qu'à l'avenir, les maîtres de danse ne pourraient plus enseigner leur art à des enfants qui n'auraient pas encore reçu la confirmation. L'enseignement de la danse était aussi défendu dans les auberges et les hôtels. Toutefois, nos compatriotes n'en semblent pas moins continuer d'exercer le droit, pour ainsi dire, exclusif, de cet enseignement à l'étranger, où l'exploitation de ce monopole a peut-être plus contribué que l'on ne pense à établir l'imputation de légèreté qui y pèse, bien à tort hélas! sur notre caractère national.

La musique des ballets était jadis restreinte aux cadres uniformes de certains airs de danse, tels que les chaconnes, les passe-pieds, les menuets, les gavottes, les gigues. Les airs de danse ne sont plus calqués sur un modèle connu: le compositeur s'accorde avec le chorégraphe pour les formes, le caractère et l'extension qu'il convient de leur donner. Le pas des Scythes, d'*Iphigénie en Tauride*, de Gluck, celui des Africains, de *Sémiramis*, de Catel, sont des modèles dans le style énergique; l'air des Sauvages, des *Indes galantes*, de Rameau, est encore admiré; les gavottes d'*Orphée* et d'*Armide* se font remarquer par une grâce charmante, une délicieuse suavité.

Dans un ballet pantomime, la symphonie destinée à peindre l'action et les sentiments des personnages diffère beaucoup des airs destinés aux pas exécutés par les danseurs. Ces airs représentent les cavatines, les duos, les trios des chanteurs placés au milieu des récitatifs. Des fragments de symphonies, des ouvertures tout entières, des airs connus, sont placés quelquefois avec bonheur dans un ballet. La musique règne en souveraine dans un opéra; elle n'a que le second rang dans le ballet: le danseur est l'objet intéressant, et l'on fait peu d'attention à la mélodie qui règle ses pas. Plusieurs compositeurs ont excellé particulièrement dans les *airs de danse*. Le comte de Galemberg leur doit sa réputation; il n'a écrit que des partitions de ballets. Les musiciens français ont réussi dans cette partie de l'art d'une manière d'autant plus remarquable qu'ils ont échoué plus souvent dans les airs de chant vocal. On peut citer une infinité de jolis airs de danse parmi les productions de tel musicien français qui n'a jamais donné un air, une cavatine, un duo d'opéra passables. Cette différence dans le mérite de ces compositions vocales et chorégraphiques vient de la mauvaise coupe des vers; l'auteur des paroles ne sert pas toujours les inspirations du musicien. Les airs de ballet de *Guillaume Tell* sont admirables; ceux de *La Muette*, de *Gustave*, de *Robert-le-Diable*, sont très-remarquables.

La contredanse s'exécute sur un air, un rondeau à deux-quatre ou six-huit *allegretto*, composé le plus souvent de trois reprises de huit mesures chacune; elle se joue quatre fois de suite, pour que ceux qui la dansent puissent exécuter à leur tour les figures d'après le dessin du chorégraphe. La valse est un air à trois temps. Le galop est un deux-quatre fort animé, dont la cadence doit faire sentir vivement le frappé et le levé de la mesure, etc. On arrange en contredanses, valses, galops, polkas, rédovas, etc., les airs d'opéra: il serait difficile de faire autre chose avec la musique de la plupart des opéras français. CASTIL-BLAZE.

Parmi les danses du seizième siècle, la *danse aux flambeaux* mérite une mention particulière. Elle ne se trouve pas désignée, du moins de cette façon, dans le long catalogue de danses donné par un imitateur de Rabelais, au chapitre seizième des *Navigations de Panurge*, et répété par de l'Aulnaye dans son commentaire sur l'auteur de *Gargantua* et de *Pantagruel*. Cette liste, en effet, ne marque les différentes danses que par les premiers mots de la chanson que l'on chantait, ou que l'on jouait en les exécutant.

Marguerite de Valois, épouse de Henri IV, qui dansait si merveilleusement, que les conteurs d'anecdotes font partir don Juan des Pays-Bas, dont il était gouverneur, et où se développait une grande révolution, pour venir *incognito* à Paris surprendre cette reine dans un bal. Marguerite excellait au *branle de la torche* ou *du flambeau*, de même que dans toutes les danses sérieuses. « Je me souviens, dit Brantôme, qu'une fois, étant à Lyon, au retour du roi de Pologne (Henri III), aux noces de Besne, l'une de ses filles, elle dansa le branle devant force étrangers de Savoie, de Piémont, d'Italie et autres, qui dirent n'avoir rien vu de si beau que cette reine si belle, et de si grave que cette danse comme certes elle e-t. » DE REIFFENBERG.

DANSE DE SAINT-GUY. On appelle ainsi, ou autrement *chorée*, une maladie nerveuse qui tient à la fois du spasme et de la paralysie. Les Allemands la nomment *danse de Saint-Weit*, du nom d'une chapelle située près d'Ulm en Souabe, parce qu'on s'y rendait tous les ans dans le mois de mai pour y être guéri de ce mal, dont, suivant une tradition, le saint lui-même avait été affecté. C'est à l'illustre Sydenham que nous devons la première description complète de cette singulière affection, et la plupart des auteurs qui en ont traité après lui ont largement mis à contribution l'Hippocrate anglais. Cette maladie est commune aux deux sexes, quoique la plupart du temps les jeunes filles de dix à quinze ans en soient presqu'exclusivement atteintes, avant la puberté et l'éruption des règles; les autres âges y sont très-rarement sujets.

La danse de Saint-Guy, qu'on peut attribuer à des causes diverses, comme une extrême irritabilité, les habitudes vicieuses que les enfants contractent dans l'isolement, l'accroissement trop rapide, etc., débute presque toujours par une faiblesse, une sorte de claudication dans laquelle l'un des membres inférieurs seulement est agité de mouvements convulsifs involontaires, irréguliers et *traînants*, comme dans la paralysie. Le membre supérieur du même côté participe communément aux mêmes mouvements désordonnés, qui ont lieu quelque effort que fasse le malade pour s'y opposer. De ce désaccord entre la volonté qui commande et les membres qui exécutent résulte une série de mouvements bizarres, de gestes ridicules, lorsque le malade se livre aux actes les plus communs de la vie, comme celui de marcher, de boire, de manger. Il serait bien impossible d'ailleurs de faire connaître les gestes insolites qui accompagnent parfois cette maladie toute spasmodique, gestes auxquels participent souvent la tête, la figure, la parole, etc., et qui varient presque dans chaque individu. Les mouvements irréguliers de la danse de Saint-Guy se font d'abord avec lenteur, puis se convertissent dans la suite en une mobilité extrême, presque perpétuelle; un certain degré de lésion dans les facultés intellectuelles vient quelquefois s'associer au dérangement du système musculaire, particulièrement affecté dans cette maladie. La danse de Saint-Guy s'est quelquefois propagée par imitation dans des lieux où se réunissaient un grand nombre de malades, comme on l'a observé à Ulm lors de la fête de Saint-Weit : c'est cette particularité qui la fait considérer à tort comme épidémique. La durée de cette affection nerveuse est presque toujours longue, et sa terminaison complète coïncide souvent avec l'éruption des menstrues, la révolution opérée par le mariage, etc. La danse de Saint-Guy n'est point dangereuse.

On sait que la méthode curative de Sydenham dans la danse de Saint-Guy consistait dans l'emploi alternatif des saignées et des purgatifs. Des auteurs ont recommandé les antispasmodiques, l'électricité, etc. Cullen se louait beaucoup des toniques; mais il n'en fait pas moins la remarque judicieuse que la maladie continue souvent plusieurs mois malgré les remèdes de toute espèce. C'est, il faut le dire, le résultat le plus commun de la pratique. Au reste, on conçoit très-bien que les mêmes moyens ne peuvent être invoqués dans tous les cas, et que c'est particulièrement contre la cause du mal qu'il est essentiel de les diriger. Dans certains cas, on a vu réussir l'emploi des sangsues le long de la colonne vertébrale, combiné avec celui des bains ; dans d'autres, les bains sulfureux ont seuls suffi pour obtenir la guérison.

On a aussi donné le nom de *chorée* à une espèce de fureur de danser ou sauter qui se propageait sans doute par imitation à un grand nombre d'individus. Cette maladie (si c'en était une) a été observée dans les temps d'ignorance et de superstition ; elle semblait être un reste des danses bachiques du paganisme, où des corybantes, des prêtres saliens, célébraient les solstices et les équinoxes par des orgies et des saturnales. Les chrétiens, qui ont souvent imité les païens dans leurs cérémonies religieuses, se livraient aussi avec fureur à des danses à l'occasion des grandes fêtes, telles que *Noël*, les *Rois*, et principalement la *Saint-Jean d'été*. Alors on allumait de grands feux autour desquels on dansait ou on sautait en chantant, et en commettant toutes sortes d'extravagances. Ces réjouissances abusives furent portées au point que, dans le cinquième siècle de l'ère chrétienne, elles furent prohibées par saint Augustin. Selon le docteur Huker, qui a publié sur la chorée épidémique de savantes recherches, dont l'authenticité n'est pas toujours bien établie, la fureur de la danse fut le caractère de certaines maladies convulsives du moyen âge, qu'on observa principalement en Allemagne. La plus remarquable régna en 1374, immédiatement après la cessation de la *peste noire*. Ces danseurs frénétiques, venus du fond de l'Allemagne, parurent d'abord à Aix-la-Chapelle, d'où ils se rendirent en Belgique, et dansaient en rond, la tête couronnée de fleurs, jusqu'à ce qu'ils tombassent par terre épuisés de fatigue, en proie à des mouvements convulsifs, ne cessant de supplier saint Jean de leur donner de nouvelles forces, etc. En 1418, dit l'auteur d'un article sur l'ouvrage de Huker, la chorée fut observée à Strasbourg, où elle prit le nom de *danse de Saint-Guy*, parce que les reliques de ce saint, conservées non loin de cette ville, étaient célèbres pour la guérison de ce mal. Les danseurs, d'abord considérés comme des possédés, dont on avait en conséquence confié la guérison aux prêtres, tombèrent avec le temps dans le domaine de la médecine, et ce fut Paracelse qui, l'un des premiers, les considéra comme de vrais aliénés, et leur prescrivit un traitement propre à calmer l'effervescence des sens, traitement dans lequel on voit figurer les bains froids, une diète sévère, le jeûne, les mortifications et quelques pratiques superstitieuses qu'on doit considérer comme une concession faite aux idées du temps. Cette espèce de *chorée*, qu'on peut comparer au tarentisme, de même que l'affection convulsive de saint Médard et des ursulines de Loudun, ne se propage plus aussi rapidement à la multitude, que dans les temps d'ignorance et de superstition, heureusement déjà loin de nous : on n'en observe plus que des cas isolés. BRICHETEAU.

DANSE DES BRANDONS. Voyez BRANDON.

DANSE DES MORTS ou DANSE MACABRE. Il est des idées si naturelles à l'homme et si inévitables, qu'il semble qu'elles ne devraient point avoir leurs jours de vogue et leurs jours d'oubli. L'idée de la mort me semble, entre toutes, une de ces idées inévitables. Il y a des siècles cependant où l'on pense beaucoup à la mort, et d'autres où l'on y pense fort peu. Dans le moyen âge, l'idée de la mort était sans cesse présente aux esprits ; de nos jours on ne meurt pas moins, ni moins soudainement, mais on s'occupe beaucoup moins de cette idée. Pensé-je, sinon en l'écrivant, qu'il n'y aurait rien d'impossible dans ce que je mourusse avant de finir la ligne que j'écris ?

Pourquoi pensons-nous moins à la mort qu'on ne faisait au moyen âge ? C'est que la mort pour la plupart d'entre nous, a perdu ce qui en faisait une idée si vive et si inquiète. Nous oublions, ou ne croyons plus, que la mort est un compte à rendre. Quand, au moyen âge, le chrétien croyait que d'un instant à l'autre il pouvait être appelé à rendre compte de sa vie devant Dieu, la mort était pour lui une pensée et une inquiétude de tous les moments, et, loin d'en écarter l'image, il pensait qu'il fallait qu'il l'eût sans cesse devant les yeux, afin que sa conscience fût toujours prête à subir le terrible examen. De là ces peintures de la mort que nous retrouvons dans la littérature et dans les monuments du moyen âge. En Italie, le Dante fait de la mort le sujet de son poème ; l'idée de la mort plane sur la *Divine Comédie*, comme elle planait sur les nombreuses visions qui ont précédé le poème du Dante, et qui l'ont inspiré. Orcagna et les peintres du Campo-Santo font des *Jugements derniers* ; Michel-Ange attache aux murs de la chapelle Sixtine le plus beau et le plus grand de ces poèmes, que remplit l'idée de la mort. En deçà des Alpes, l'idée de la mort a, outre les Jugements derniers, une autre forme plus populaire, une forme bizarre et grotesque ; c'est ce qu'on appelle la *Danse des Morts*.

L'idée de cette danse est juste et vraie : ce monde-ci est un grand bal où la Mort donne le branle. On danse plus ou moins de contredanses, avec plus ou moins de joie ; mais cette danse finit, c'est toujours la Mort qui la mène, et ces danseurs de tous rangs et tous états, que sont-ils ? Des mourants à qui on compte un moment plus long terme. Voici un enfant qui vient au monde, bien attendu, bien désiré, bien chéri. Vous appelez cela *naître*, mot charmant aux oreilles maternelles, en dépit des douleurs de l'enfantement : si vous comprenez la poésie de la *Danse des Morts*, il ne naît pas, il entre dans cette longue chaîne de danse qui traverse le monde d'un abîme à l'autre, de l'abîme qui précède la vie à l'abîme qui la suit, danse immense qui s'agite, qui tourbillonne, qui se replie sur lui-même sans pouvoir échapper, quels que soient ses replis et à quoi qu'il se cramponne en passant, à l'élan terrible et inexorable que son conducteur lui imprime. Dansez donc ; qui que vous soyez, rois, capitaines, prêtres, courtisanes, savants. Mais ma couronne qui va tomber ! Mais mon épée qu'il va falloir quitter ! Mais ma soutane qui se déchirer ! Mais ma beauté qui va se passer à mener cette danse rapide ! Mais mes livres que je ne pourrai plus lire ! Pauvres rois, comme si leur couronne n'était pas faite pour tomber ; pauvres capitaines, comme si leur épée devait rester toujours attachée à leur flanc pour qu'ils se croient invincibles et immortels ; pauvres prêtres, comme si le linceul n'était pas là pour remplacer leur soutane usée ; pauvres filles de joie, comme si leur beauté n'était pas faite pour être flétrie ; pauvres savants, comme si savoir l'ordre et le train de ce monde pouvait l'arrêter ! Telle est la poésie de la *Danse des Morts*, poésie sublime et grotesque, qui respire une si profonde douleur, sous une forme si gaie et si ironique.

Je connais deux *Danses des Morts*, l'une à Dresde, dans le cimetière au delà de l'Elbe, l'autre en Auvergne, dans l'admirable église de la Chaise-Dieu. Cette dernière est une fresque que l'humidité ronge chaque jour. Dans ces deux

Danses des Morts, la Mort est en tête d'un chœur d'hommes d'âges et d'états divers : il y a le roi et le mendiant, le vieillard et le jeune homme, et la Mort les entraîne tous après elle. Ces deux Danses des Morts expriment l'idée populaire de la manière la plus simple. Le génie d'Holbein a fécondé cette idée dans sa fameuse *Danse des Morts* du cloître des Dominicains à Bâle. C'était une fresque, et elle a péri comme périssent peu à peu les fresques. Il en reste au musée de Bâle quelques débris et des miniatures coloriées. La danse d'Holbein n'est pas, comme celles de Dresde et de la Chaise-Dieu, une chaîne continue de danseurs menés par la Mort ; chaque danseur a sa Mort costumée d'une façon différente selon l'état du mourant. De cette manière, la danse d'Holbein est une suite d'épisodes réunis dans le même cadre, et il y a quarante et une scènes dans le drame d'Holbein, et dans ces quarante et une scènes une variété infinie. Dans aucun de ces tableaux vous ne trouverez la même pose, la même attitude, la même expression. Holbein a compris que les hommes ne se ressemblent pas plus dans leur mort que dans leur vie, et que comme nous vivons tous à notre manière, nous avons tous aussi notre manière de mourir. Holbein costume le laid et vilain squelette sous lequel nous nous figurons la Mort, de la manière la plus bouffonne ; exprimant, par les attributs qu'il lui donne, le caractère et les habitudes du personnage qu'il veut représenter. Chacun de ces tableaux est un chef-d'œuvre d'invention. J'en citerai quelques-uns. On se rappelle sans doute le *portement du pape* de M. Vernet. Holbein a fait aussi dans sa danse un portement de pape : comme dans le tableau de M. Vernet, le pape est placé sur la chaise triomphale (*sella gestatoria*) ; il a la triple couronne sur la tête ; il a les trois doigts de la main droite levés pour bénir le peuple. Pourquoi donc le saint-père a-t-il le visage pâle et défait ? C'est qu'il a vu sans doute quels sont ceux qui portent son triomphe. Quatre morts en habits sacerdotaux et la mitre en tête soutiennent les bâtons de la chaise, et deux autres morts, équipés de pied en cap en suisses de la garde pontificale, marchent à ses côtés. Il faut voir l'air tranquille et béat des morts-prêtres, et l'air fanfaron des morts-soldats : en même temps, sous ces airs de béatitude et de fanfaronade, un air de profonde ironie vraiment digne de la Mort conduisant le triomphe d'un pape.

Il est incroyable avec quel art Holbein donne l'expression de la vie et du sentiment à ces squelettes hideux, à ces figures décharnées. Toutes ces Morts vivent, pensent, respirent ; toutes ont le geste, la physionomie, j'allais presque dire les regards et les couleurs de la vie. Pendant longtemps, j'ai cru que cet air de vie répandu sur ces *Morts* était un trait d'imagination d'Holbein ; depuis que j'ai visité à Bordeaux les caveaux de l'église Saint-Michel, et que j'ai vu les momies rangées autour des murailles, je sais qu'Holbein n'a point créé cet air d'homme et de vivant qu'ont ses squelettes : c'est dans l'étude même des squelettes humains et de leurs attitudes qu'il a trouvé cette indéfinissable expression. Je ne doute pas qu'Holbein, qui avait étudié l'homme avec un détail infini, et qui a donné à ses portraits une expression de vie qui les distingue entre tous, n'eût étudié aussi le squelette humain, ses attitudes, ses poses, ses grimaces, sa physionomie. Il peignait sa Danse des Morts sur les murs d'un cloître, où dans tout il y avait, comme dans le cloître de la cathédrale de Bâle, des sépultures, les unes anciennes, les autres récentes encore. Qui sait si cette terre pleine d'ossements ne montrait pas quelquefois à Holbein, dans les fouilles qui s'y faisaient, la contenance d'un squelette à moitié découvert, son rire décharné, sa grimace ironique ? et le peintre transportait sur sa muraille ces traits de physionomie de la mort.

Holbein avait ajouté à l'idée populaire de la Danse des Morts ; le peintre inconnu du pont de Lucerne a ajouté aussi à la Danse d'Holbein. Ce ne sont pas des peintures de prix que les peintures du pont de Lucerne, mais elles ont un mérite d'invention fort remarquable. Le peintre a présenté, dans les triangles que forment les poutres qui soutiennent le toit du pont, les scènes ordinaires de la vie, et comment la Mort les interrompt brusquement. Dans Holbein, la Mort prend le costume et les attributs de tous les états, montrant par là que nous sommes tous soumis à la nécessité. Au pont de Lucerne, la Mort vit avec nous. Faisons-nous une partie de campagne, elle s'habille en cocher, fait claquer son fouet ; les enfants rient et pétillent : la mère seule se plaint que la voiture va trop vite. Que voulez-vous ? C'est la Mort qui conduit ; elle a hâte d'arriver. Allez-vous au bal, voici la Mort qui entre en coiffeur, le peigne à la main. Hâtez-vous, dit la jeune fille, hâtez-vous ! Je ne veux point arriver trop tard. — Je ferai vite ! Elle fait vite : car à peine a-t-elle touché du bout de son doigt décharné le front de la danseuse que ce front de dix-sept ans se dessèche aussi bien que les fleurs qui devaient le parer. Le pont de Lucerne nous montre la Mort à nos côtés et partout : à table, où elle a la serviette autour de son cou, le verre à la main et porte des santés ; dans l'atelier du peintre, où, en garçon barbouilleur, elle tient la palette et broie les couleurs ; dans le jardin, où, vêtue en jardinier, l'arrosoir à la main, elle mène le maître voir si ses tulipes sont écloses ; dans la boutique, où, en garçon marchand, assise sur des ballots d'étoffe, elle a l'air engageant et appelle les pratiques ; dans le corps de garde, où, le tambour en cou, vêtue en soldat, elle bat le rappel ; dans le carrefour, où, en faiseur de tours, elle rassemble les badauds ; au barreau, où, vêtue en avocat, elle prend des conclusions : le seul avocat, dit la légende en mauvais vers allemands placés au bas de chaque tableau, qui aille vite et qui gagne toutes ses causes ; dans l'antichambre du ministre, où en solliciteur, l'air humble et le dos courbé, elle présente une pétition qui sera écoutée ; dans le combat enfin, où elle court en tête des bataillons, et, pour se faire suivre, elle s'est saisi du drapeau autour du cou. Toutes ces scènes, imaginées avec esprit, sont peintes sans beaucoup d'art ni de soin, ce qui montre que c'étaient des idées populaires, qui appartenaient à tout le monde ; des espèces de caricatures destinées à amuser le peuple, des caricatures qui ne s'adressaient à personne, mais où chacun pouvait se reconnaître.

SAINT-MARC-GIRARDIN, de l'Académie Française.

La plus ancienne Danse des Morts que l'on connaisse est celle de Minden en Westphalie, exécutée vers 1380. En 1424 Paris avait, au cimetière des Innocents, une danse macabre sculptée. On cite encore celles de la cathédrale de Lucerne, du palais de Sainte-Marie de Lubeck (1463), du château de Dresde (1534), d'Anneberg (1525), de Leipzig, de la cathédrale d'Amiens, etc. Ces compositions, qui, dans le principe, n'étaient destinées qu'à la décoration des lieux funèbres, ne tardèrent pas, en effet, à prendre une telle extension, qu'on les retrouve jusque dans les palais des rois, les ponts couverts et les marchés. La miniature les reproduisit sur les marges des heures et des missels ; vers le seizième siècle elles devinrent l'ornement obligé des gardes d'épée et des fourreaux de poignard. Il reste encore aujourd'hui une quantité fort grande de vieux livres dont les marges sont couvertes de ces peintures. Quant aux fresques et aux sculptures, on n'en retrouve plus. Heureusement la gravure a sauvé de l'oubli les plus remarquables de ces compositions et surtout celle qui porte le nom d'Holbein, quoique quelques archéologues aient prétendu que cette œuvre ne lui appartenait pas.

DANSE DES PANTINS. Cette expérience de physique est basée sur le principe qu'un corps léger, qui d'abord est attiré par un autre corps électrisé, est repoussé ensuite par ce dernier, puis attiré de nouveau quand les circonstances le permettent. Pour répéter l'expérience, on dispose deux plateaux, l'un au-dessus de l'autre : une petite distance les sépare; on place de petits bouchons de moelle de sureau sur le plateau inférieur; on électrise le plateau supérieur; les bouchons sont attirés par ce dernier, se chargent d'électricité de même espèce que la sienne, sont repoussés sur le plateau inférieur, où, ayant perdu leur électricité, ils sont attirés de nouveau par le plateau supérieur, et ainsi de suite (*voyez* ÉLECTRICITÉ). La Danse des pantins a été imaginée pour expliquer la formation de la g r ê l e.

TEYSSÈDRE.

DANSE DES TABLES. *Voyez* TABLES TOURNANTES.
DANSE PYRRHIQUE, sorte de danse militaire animée et bruyante; les soldats des milices grecques l'exécutaient en deux bandes ou comparses, vêtues de tuniques écarlates, pourvues d'armes innocentes, d'épées de buis, de lances courtes et de boucliers de bois; elle avait lieu au son des instruments et d'une musique vive. C'était le simulacre dramatique de quelque action de guerre, un apprentissage des évolutions de la phalange, une suite de quadrilles et de figures convenues, sous la direction d'un maître de ballets.

Cet exercice gymnastique, généralement cultivé, passa des Grecs aux Romains. Son nom venait, suivant les uns, de Pyrrhus, fils d'Achille, qui en était l'inventeur ou en avait modifié les règles, et suivant d'autres, d'un certain Pyrrhicus, de la ville de Cydon, dans l'île de Crète. Une troisième version l'attribue aux prêtres appelés d a c t y l e s, qui, chargés d'attiser continuellement le feu consacré à Jupiter ou au Soleil, l'auraient exécutée autour de ce feu, ce qui aurait fait appeler cette danse *pyrrhique*, du grec πυρ, signifiant *feu*. Sous d'autres noms, il fut assigné à cette danse une origine différente. Platon parle de la danse armée des anciens C u r è t e s, qui florissaient dans l'île de Crète avant la naissance de Jupiter; d'autres en font honneur à Castor et Pollux. La danse des Grecs au siège de Troie se nommait *memphitique*: elle était de l'invention de Minerve, et avait lieu avec l'épée, le javelot, le bouclier. Dans ses récits, Xénophon entremêle aux cérémonies religieuses des danses militaires. Platon et Socrate nous entretiennent l'un et l'autre de la *pyrrhique*. Suivant eux, l'oubli où elle tomba entraîna la corruption de la discipline grecque. Elle se divisait, du reste, en quatre parties : le *podisinus*, ou art des pas; le *xiphismus*, ou art d'entrelacer les boucliers et les sarisses; le *comus*, ou art des sauts; le *tetracomus*, ou art des figures. Homère, dans la description du bouclier d'Achille, fait figurer une *pyrrhique*.

Gal BARDIN.

Les sauvages de l'Amérique exécutent aussi des danses guerrières avant le festin du départ, qui a lieu solennellement au moment de l'entrée en campagne. On commence par la *danse de la découverte*. Un Indien s'avance seul et à pas lents au milieu des spectateurs; il représente le départ des guerriers; on les voit marcher, puis camper au déclin du jour. L'ennemi est-il découvert, on se traîne sur les mains pour arriver jusqu'à lui : attaque, mêlée, prise de l'un, mort de l'autre, retraite précipitée ou tranquille, retour douloureux ou triomphant, telles sont les scènes diverses que l'Indien s'évertue à reproduire dans sa pantomime. Quand il a fini, il entonne un chant en son honneur et à la gloire de sa famille. Ses compagnons l'imitent; plus ils se vantent, plus ils reçoivent de félicitations; rien n'est aussi beau, rien n'est aussi noble qu'eux. Mais laissons achever cette description à Châteaubriand; le grand peintre de mœurs des tribus sauvages de l'Amérique : « Peu à peu, dit-il, tous les guerriers quittent leur place pour se mêler aux danses; on exécute des marches au bruit du tambourin, du fifre et du chichikoué. Le mouvement augmente; on imite les travaux d'un siége, l'attaque d'une palissade : les uns sautent comme pour franchir un fossé; les autres semblent se jeter à la nage; d'autres présentent la main à leurs compagnons pour les aider à monter à l'assaut. Les casse-tête retentissent contre les casse-tête; le chichikoué précipite la mesure; les guerriers tirent leurs poignards; ils commencent à tourner sur eux-mêmes, d'abord lentement, ensuite plus vite; et bientôt avec une telle rapidité, qu'ils disparaissent dans le cercle qu'ils décrivent. D'horribles cris percent la voûte du ciel; les poignards que ces hommes féroces se portent à la gorge avec une adresse qui fait frémir, leur visage noir ou bariolé, leurs habits fantastiques, leurs longs hurlements, tout ce tableau d'un genre sauvage inspire la terreur. Épuisés, haletants, couverts de sueur, les acteurs terminent la danse, et l'on passe à l'épreuve des jeunes gens. » On procède ensuite au dernier banquet du chien sacré, qui ne dure qu'une demi-heure; et la troupe se forme dans l'ordre militaire pour se mettre en marche.

DANSEUR, DANSEUSE. Ces noms désignent, en général, toutes les personnes des deux sexes qui se livrent à l'exercice de la danse; mais ils s'appliquent surtout à celles qui la cultivent comme art et en font profession. C'est sur la scène magique de l'Opéra que brillèrent nos plus célèbres danseurs et danseuses de toutes les époques. Il est assez remarquable que, dans le privilége de *non-dérogeance* accordé par Louis XIV aux personnes de famille noble qui chanteraient à l'Académie royale de musique, les sujets de la danse n'aient point été compris. Cet oubli ou omission s'expliquerait d'autant moins que le monarque avait lui-même, non pas *chanté*, mais *dansé* avec ceux de ce spectacle sur le théâtre de sa cour. Mais Lully, qui sollicita et obtint ces lettres-patentes, prenait beaucoup plus d'intérêt aux exécutants de ses airs, de ses duos et de ses chants, qu'aux danseurs et figurants dans les *divertissements*, qu'on regardait alors comme la moindre partie de ces représentations. Au reste, le goût de Louis XIV pour la danse théâtrale a été partagé par des personnages qui, à d'autres titres, auraient semblé aussi devoir faire peu de cas d'un pareil amusement. On dit que, dans le siècle dernier, le philosophe Helvétius dansa en amateur sur le théâtre de l'Opéra, en sauvant à la vérité, au moyen d'un masque, le *décorum* de la philosophie moderne. On prétend encore que, dans ces derniers temps, quelques jeunes *fashionables* de notre haute société ont aussi voulu prendre part au bal masqué de *Gustave*; leur âge et leur dissipation habituelle rendaient la chose plus facile à concevoir.

Jusqu'à la fin du dix-huitième siècle, la danse, malgré quelques grandes renommées, telles que celles des Pécourt, des Sallé, des Camargo, n'avait tenu à l'Opéra qu'un rang très-secondaire. En 1754, son personnel ne s'y composait encore que de huit premiers danseurs et six premières danseuses; les danseuses figurantes n'étaient qu'au nombre de quatorze. Il y a loin de là à la nombreuse troupe dansante de nos jours. Les compositions des Noverre et des Gardel commencèrent à placer la danse sur la même ligne que sa sœur, par le talent mimique qu'elles exigeaient des danseurs et des danseuses, et que nombre d'entre eux ont porté depuis au plus haut degré. Une opinion assez répandue n'attribue pas, en général, aux danseurs une grande somme d'esprit. Les naïvetés d'amour-propre de Marcel, de Vestris le père et de quelques autres ont pu contribuer à cette croyance. Il faut convenir aussi que la tête doit être un peu négligée pour les pieds dans un art qui exige un exercice continuel de ces derniers, pour ne pas perdre leurs avantages. Telle grisette qui porte envie à l'heureux sort d'une première danseuse, si elle la voyait se fatiguer pendant de longues heures à répéter chez elle, devant sa psyché, des ronds de jambe, des battements, etc., trouverait peut-être ces travaux-là plus pénibles que les siens.

Depuis un quart de siècle environ, une sorte de révolution s'est opérée dans la danse théâtrale, au désavantage des hommes et au profit des femmes. Jadis la rivalité des deux danseurs Vestris et Duport occupa toute la capitale, et fournit le sujet d'un poëme. Aujourd'hui, malgré le talent de nos premiers sujets mâles, la danse masculine est peu goûtée à l'Opéra, et la faveur publique adopte exclusivo-

DANSEUR — DANSEUR DE CORDE

ment les danseuses. Nous ne savons trop, en vérité, si les appointements de ces dames doivent, ainsi qu'on l'a vu jusqu'ici, s'accroître en proportion des progrès de l'art, comment pourront y suffire les directeurs futurs. Heureusement le budget est là pour combler les déficits! Au temps de la *Sallé* et de la *Camargo* (car cet article incivil, *la*, était toujours joint à leur nom, malgré la bonne renommée de toutes les deux et la noble origine de la seconde), 2,500 ou 3,000 fr. au plus formaient le total des rétributions accordées à une première danseuse; il est douteux qu'une danseuse de troisième ligne voulût aujourd'hui s'en contenter.

Dès les premières années après l'époque où le monopole de la danse théâtrale fut enlevé aux hommes, quelques chutes malencontreuses, qui avaient alarmé la pudeur publique, firent prescrire aux danseuses l'utile précaution du pantalon ou caleçon de tricot, que l'invention de la *pirouette* rendit ensuite plus indispensable encore. Un *amateur* du siècle dernier conseillait, pour soutenir l'existence d'un opéra plus ennuyeux que l'usage ne le comportait, d'*allonger* les ballets et de *raccourcir* les jupes. On sait quels brocards accueillirent sous la restauration un grand seigneur chargé de diriger les beaux-arts, pour avoir voulu prendre le contre-pied de la dernière partie de cet avis. Sur ce point, et dans quelques autres mesures du même genre, appliquées à ce que les plaisants nommèrent alors l'Académie *morale* de musique, il n'avait fait pourtant que remettre en vigueur d'anciens règlements. De nos jours, où l'opposition ne va-t-elle pas se nicher!

Tous nos contemporains se rappellent cette époque où l'amour des plaisirs réagit si puissamment chez nous contre la *Terreur* de 1793, qui l'avait comprimé. On sait que les derniers soupirs de la frivolité française s'y exhalèrent gaiement au son des instruments dans les fameux *bal des Victimes*. Par suite de la même influence, la société attacha un prix exagéré au mérite d'une danse élégante. Quelques jeunes gens, quelques dames du grand monde, se firent les émules des Vestris et des Clotilde; on fit cercle autour d'eux, on retint ses places dans nos salons pour regarder et applaudir leurs pas. L'un de ces *beaux danseurs*, Trénitz, finit par en perdre la tête, et mourut dans une des asiles de la folie. D'autres, tels que feu Charles Dupaty le statuaire, ont fait oublier par de glorieux travaux ces frivoles succès. La mode en a passé: dans les bals aujourd'hui l'on *marche* ou l'on polke, ou l'on *schottiche*, ou l'on rédowe: un *danseur de salon* d'autrefois y serait une anomalie.
OURRY.

DANSEUR DE CORDE, celui qui, avec ou sans balancier dans les mains, marche, danse, voltige sur une corde, ordinairement attachée à deux poteaux opposés, et quelquefois tendue en l'air, et plus ou moins lâche ou bien bandée. Des auteurs ont écrit que l'art de danser sur la corde fut inventé peu de temps après les *jeux corniques*, institués en l'honneur de Bacchus (1345 avant J.-C.), et dans lesquels les Grecs dansaient sur des outres de cuir. Quoi qu'il en soit de l'origine de cet exercice, on ne peut douter qu'il ne soit fort ancien, et que les Grecs n'en aient fait un art très-périlleux, qu'ils portèrent au plus haut point de variété et de raffinement. De là les noms de *neurobates*, *schœnobates*, *acrobates*, qu'avaient chez eux les danseurs de corde, suivant la diverse manière dont ils exécutaient leur art. Ils avaient encore des *cremnobates* et des *oribates*, c'est-à-dire des gens qui couraient avec confiance et habileté sur les bords des précipices. Mercurial nous a donné dans sa *Gymnastique* cinq figures de danseurs de corde, gravées d'après des pierres antiques.

Les Romains appelaient leurs danseurs de corde *funambuli*, terme composé des deux mots latins, *funis*, corde, et *ambulare*, marcher; qui ferait penser qu'ils n'étaient pas très-experts dans cet art, si on n'avait des preuves certaines du contraire. Ce genre d'artistes parut chez eux en-

viron cinq cents ans après la fondation de Rome. Ce vers de la septième satire du second livre d'Horace:

Qui jam contento jam laxo fune laborat,

a été entendu, par quelques interprètes, de ceux qui dansaient tantôt sur la corde tendue, tantôt sur la corde lâche, mais Dacier n'adopte pas ce sens, et ne voit dans ce *funis* qu'un jeu d'enfants très-estimé des Grecs. Térence fait mention des *funambules* dans le prologue de son *Hécyre*. Les Cyzicéniens firent frapper, en l'honneur de l'empereur Caracalla, une médaille qui, insérée et expliquée par Spon dans ses *Recherches d'antiquités*, prouve que les danseurs de corde faisaient dans ce temps-là un des principaux amusements des grands et du peuple. Suétone, Sénèque et Pline parlent aussi d'éléphants auxquels on apprenait à marcher sur la corde. Quant aux funambules bipèdes, ils exerçaient leur art, chez les anciens, de quatre différentes manières. Les premiers voltigeaient autour d'une corde, comme une roue autour de son essieu, et s'y suspendaient par les pieds ou par le cou. Les seconds y volaient de haut en bas, appuyés sur l'estomac, ayant les bras et les jambes étendus. Les troisièmes couraient de haut en bas sur la corde tendue, en droite ligne, ou du haut en bas. Les derniers enfin, non-seulement marchaient sur une corde, mais ils faisaient aussi des sauts périlleux et plusieurs tours de force. On voit dans le cabinet secret du roi de Naples à Porticci des représentations antiques d'acrobates exécutant des tours incroyables d'adresse et de lubricité. Ce sont de véritables priapées, et l'on a peine à comprendre tant d'impudence, d'aplomb et de vigueur.

La danse de corde a passé des anciens chez la plupart des peuples modernes. Sous la première et sous la seconde race, quand nos rois célébraient des fêtes, ils donnaient au peuple des représentations de bouffons, de pantomimes et de *danseurs de corde*. Ce sont là les premiers spectacles qu'aient eus nos pères. Sous Charles VI et Charles VII, il y eut des funambules étonnants: Christine de Pisan en parle avec admiration. Un d'eux voltigeait sur une corde tendue depuis les tours de Notre-Dame jusqu'au Palais. On l'appelait le *Voleur*. Le fameux *Forioso*, sous le règne de l'empereur Napoléon, poussa le voyage jusqu'au Pont-Neuf. A l'entrée de la reine Isabeau de Bavière, un Génois tendit une corde d'une des tours de Notre-Dame à une maison du Pont-Notre-Dame, descendit pendant la nuit sur cette corde en dansant, un flambeau à la main; vint, au moment où cette reine passait sur le pont, lui poser une couronne sur la tête, et remonta aussitôt à la tour d'où il était parti. Sous Louis XII, un funambule nommé Georges Menustre faisait des tours pareils. Lors du baptême de Charles-Quint à Gand, en 1499, une galerie de cordes fut jetée entre le beffroi et la flèche de Saint-Nicolas, et éclairée de torches et de lanternes de papier. Un saulteur la parcourut d'un bout à l'autre sur les aisselles et y fit rouler une roue de chariot. On prétend que les danseurs de corde de l'Orient font des sauts et des tours cent fois plus extraordinaires et plus curieux que les nôtres.

Mais ce n'est pas assez de la pratique: l'art n'est véritablement art que lorsqu'il a sa théorie. Archange Tuccaro, *saltarin* de l'empereur Maximilien II et des rois de France Charles IX, Henri III et Henri IV, a écrit un traité complet des règles de la *Funambulie* (Paris, 1599, et Tours, 1616, in-4°). On ne fera pas mal de consulter aussi, sur l'origine et la pratique de cet exercice chez les anciens, une dissertation publiée à Dantzig, en 1702, par le savant philologue Groddeck.

Depuis longtemps les *danseurs de corde* ont quitté cette dénomination par trop vulgaire pour se ranger dans la classe des *artistes* et prendre les noms plus relevés et plus sonores d'*acrobates* et de *funambules*. Sous le règne du grand Napoléon, Mme Saqui (que nous avons eu le plaisir de voir reparaître dans ces derniers temps, à plus de soixante-dix ans, sur la corde tendue), écrivait sur ses fourgons *Première Acrobate de l'empire*, titre que lui contestaient cependant Forioso et Ravel. Sous la Restauration et le règne de Louis-Philippe, les danseurs de corde ont eu à Paris deux théâtres spéciaux, sur le boulevard du Temple, les *Acrobates* et les *Funambules*, le dernier illustré par l'inimitable pierrot Debureau. Dépossédés par le drame et le vaudeville, ces deux grands envahisseurs de l'époque, ils se sont réfugiés dans les fêtes champêtres et dans les jardins publics, et il ne s'élève plus maintenant d'aérostat dans les airs, à l'Hippodrome ou aux Arènes impériales, sans l'accessoire obligé de quelque équilibriste en renom. L'un d'eux, encore en 1853, à la fête de Chauny, perdait la vie par le fait d'une corde qui se brisait sous ses pas.

DANTAN. Deux frères, statuaires, portent ce nom avec distinction.

DANTAN (ANTOINE-LAURENT), né à Saint-Cloud le 8 décembre 1798, l'aîné, élève de Bosio, remporta le premier prix de sculpture à l'Académie des Beaux-Arts, ce qui lui valut d'aller passer cinq années à Rome. Malgré un remarquable talent, il faut bien reconnaître que cet artiste doit une grande partie de la célébrité de son nom à son frère, dont les œuvres, d'un ordre moins élevé, susceptibles d'être appréciées par tous, arrêtent encore les curieux à la devanture des boutiques. Mais, en revanche, Dantan aîné laissera des traces plus durables de son passage; la statue de Villars au musée de Versailles, celle de Juvénal des Ursins à l'hôtel de ville de Paris, celle de Duquesne inaugurée à Dieppe en 1844, etc., sont autant de témoignages de la pureté du ciseau de l'artiste, dont on se rappelle aussi une des plus gracieuses productions, *La Jeune Fille napolitaine jouant du tambourin*, exécutée en bronze pour le salon de 1838.

[DANTAN (JEAN-PIERRE) est né à Paris le 25 décembre 1800. Élève aussi de Bosio, il alla, au sortir de l'école, visiter l'Italie. De retour en France en 1830, *Dantan jeune* ne tarda pas à prendre possession d'un droit de contrôle piquant par son originalité; droit qu'il exerce, ainsi que le faisait Rabelais, de joyeuse mémoire, en vertu d'une aptitude rare à découvrir tout ce qui peut servir d'aliment à une plaisanterie de bon aloi. Dantan a le gai privilége de livrer aux malicieuses interprétations d'un public railleur les personnages assez haut placés sur l'échelle sociale pour n'avoir pas à s'offenser du sourire involontaire que fait naître, à la vue de leur image travestie, le développement exclusif du point vulnérable rattachant chacun d'entre eux à la masse commune de la fragile humanité.

Dantan est le premier qui, de nos jours, se soit servi de l'ébauchoir pour rendre sa mordante hyperbole. Il n'a pas, comme Hogarth, attaqué les mœurs actuelles pour les flageller dans le corps social tout entier; il a décimé la société, pour ainsi dire, en choisissant, au gré de son caprice, parmi les sommités diverses qui la composent; c'est par l'individu qu'il atteint la généralité; chaque figurine de Dantan est une page incisive de l'histoire du présent. Allez voir cette collection si riche de détails, cette scène animée, où l'acteur n'apparaît qu'en raccourci, où les géants de la civilisation sont devenus nains, parce qu'on a suffi à les dépouiller de ce qui faisait leur grandeur : ce n'est pas seulement l'homme physique qui pose devant vous, c'est l'être moral qui se place sous vos yeux, momentanément désenchantés, et qui, par compensation de l'envie excitée par l'immensité de sa gloire, semble provoquer le rire, comme autrefois un martyr bienheureux croyait devoir expier sa supériorité en livrant aux lanières du flagellateur la portion périssable de lui-même. Que de contrastes dans l'expression de ces masques grotesques, dans ces allures, dans ces symboles distinctifs qui nous révèlent une existence, une profession, un caractère! Là , près d'une tête dont la vocation est indiquée par des portées de musique, vides encore, on voit le célèbre compositeur *Berton*, étalant avec un certain sentiment de juste satisfaction intérieure son habit d'institut tout brodé de notes musicales. *Ponchard*, s'abandonnant à toute l'expansibilité de sa voix, se trouve à côté de *Paganini*, concentrant toutes les facultés de son âme dans un accord inspiré par une volonté puissante, la conscience de soi-même et la confiance où il est que le secours de ses doigts intelligents ne lui manquera pas. Voilà *Ciceri* sur sa brosse habile, *Carle* et *Horace Vernet*, *Habeneck*, *Ligier* dans son rôle de Louis XI, *Martin*, *Lablache*, *Santini*, *Tamburini*, *Rubini*, *Ivanof*. C'est bien là *Vestris* aux ailes de Zéphyre. *Castil-Blaze* est ici sur les épaules de *Rossini*, dont la statuette en pied rappelle l'embonpoint merveilleux. On reconnaît sans peine *Caraffa*, *Musard*, *Monpou*, et une infinité d'autres hommes aimés du public, tels que *Perlet*, *Bouffé*, *Odry* et *Vernet*, l'un portant le costume de madame *Gibou*, et l'autre celui de madame *Pochet*; ils sont en la compagnie de *Frédérik* et de *Serres*, représentés dans l'*Auberge des Adrets*. *Arnal*, *Dabadie*, *Levasseur* et *Nourrit* figurent auprès d'une serinette surmontée des trois têtes de *Ferréol*, *Lemonier* et *Thénard*, jouant dans *Le Pré aux Clercs*. Que l'on ne pense pas que les types de ces burlesques copies soient scandalisés de se voir traiter ainsi : beaucoup ont sollicité l'avantage d'occuper une petite place dans cet intéressant musée. Mme *Malibran*, entre autres, a offert de la meilleure grâce du monde sa tête à notre caricaturiste.

Dantan ne s'est pas contenté de la moisson qu'il avait à recueillir dans notre pays; il est allé deux fois chez nos voisins d'outre-mer chercher des sujets nouveaux. Lors de son premier voyage à Londres, il a rapporté les figures singulièrement ressemblantes de *Wellington*, de lord *Brougham* assis sur le sac de laine; du *marquis de Clanricarde*, gendre de Canning, de *Samuel Rothschild*, nageant avec délices sur les monceaux d'or; du poëte banquier, *sir Rogers*, de lord *Selton* et du *comte d'Orsay*. La charge de *Talleyrand*, qui provient de cette expédition, est tellement frappante de vérité, qu'elle a toujours été regardée comme un portrait exact. A son second voyage dans la capitale de l'Angleterre, Dantan s'est principalement attaché au soin d'imprimer à ses personnages la physionomie la plus significative, afin de nous initier à leurs mœurs nationales. Le ton arrogamment dédaigneux qu'affecte l'insouciance aristocratique est rendu avec bonheur dans les manières du *duc de Cumberland*, frère du roi, et dans celles du *duc de Glocester* : cette indication paraît plus saillante lorsque l'on oppose ces deux éminentes nullités aux gestes véhéments d'*O'Connell*, ainsi qu'à la mise simple de cet orateur populaire, debout, en avant de *Cobbett*, négligemment assis et sans prétention dans sa toilette. Il y a entre ces deux compositions ronde-bosse la nuance qui sépare la chambre des lords de celle des communes. Le corps allongé de *lord Grey*, élevant la tête de l'ex-ministre, et laissant dominer toute la capacité du crâne de celui qui dirigea le cabinet anglais; la démarche guindée du roi dans son costume; la tournure de l'*évêque*, frère de lord Grey, retraduisent parfaitement les modèles. On peut, à la simple inspection de leurs traits, constater le caractère particulier des *lords Selton* et *Allen*, de *Georges Hemwel* et du *fils du roi*, blasé sur toutes choses, et ne cachant point son ennui dans la loge où Dantan l'a placé, au *King's theatre*, au milieu des puissants seigneurs que nous venons de nommer.

Les bornes de cet article ne nous permettent point de citer tout ce qui nous a frappé dans l'atelier de Dantan, à qui l'on doit plusieurs bustes recommandables pour l'exécution et le naturel du modelé : les portraits de *Boieldieu*, de *Jean Bart* et de *Julia Grisi* sont de ce nombre. Il a aussi montré, en 1838, par sa statue de Boieldieu, qui orne le cours de ce nom, à Rouen, que chez lui le *caricaturiste* n'a pas absorbé le statuaire. Il en a donné de nouvelles preuves au salon de 1844, en exposant la statue de la tragédienne anglaise Adélaïde Kemble et les bustes de MM. Thalberg et Bentick.   J.-B. DELESTRE.]

DANTE. Ce nom illustré par l'auteur de la *Divina Commedia* (voyez DANTE ALIGHIERI) a été porté par plusieurs autres personnages qui, à divers titres, méritent ici une mention.

DANTE, *da Majano*, contemporain, mais non point parent de l'auteur de la *Divina Commedia*, jouissait, de son vivant, d'une grande réputation poétique, qui s'est considérablement amoindrie en venant jusqu'à nous. Il était natif de Majano, en Toscane. Ses sonnets inspirèrent une passion très-vive à une jeune Sicilienne nommée Nina, et éveillèrent en elle le génie de la poésie. C'est la première femme poète qui soit nommée dans la littérature d'Italie. Elle prenait plaisir à se faire appeler *Nina di Dante*. On trouve les poésies de Dante de Majano dans le recueil donné par les Junte (Florence, 1527, in-8°).

DANTE (PIETRO-VICENTE), de la famille des Rainaldi, croyait avoir si bien imité la facture de son illustre homonyme, qu'il prit le nom du chantre Florentin, et le légua à ses descendants. Il était né à Pérouse. Ses vers se distinguent par une délicatesse qui n'est pas sans charme. Son goût pour la poésie s'alliait à une certaine supériorité comme mathématicien et comme architecte. On lui doit l'invention de plusieurs machines ingénieuses et un commentaire sur le traité de Sacrobosco : *De Sphœra mundi*. Il mourut en 1512 dans un âge fort avancé.

DANTE (IULIO), fils du précédent, mort en 1575, fut renommé comme architecte. C'est à lui qu'on doit la construction de la belle église de Saint-François d'Assise, à Pérouse. Il a laissé aussi un ouvrage intitulé : *De Alluvione Tiberis*.

DANTE (VICENTE), petit-fils de Vicente Dante, né à Pérouse en 1530, fut comme lui mathématicien et architecte, et de plus peintre et sculpteur. A vingt ans, il élevait à Jules III la statue en bronze qui orne la place de Pérouse. Philippe II, roi d'Espagne, lui fit faire les offres les plus séduisantes pour l'engager à venir achever les peintures de l'Escurial; mais il ne put les accepter à cause de la faiblesse de sa santé, qui ne lui permettait pas de quitter l'air natal. Il mourut à Pérouse en 1576 à quarante-six ans. Il a écrit une *Biographie* des statuaires qui ont excellé dans le dessin. Jérôme, son frère, né à Pérouse, cultiva la peinture, et fut aussi bon dessinateur qu'excellent coloriste. Malheureusement, il fut enlevé à son art à l'âge de trente-trois ans.

DANTE (EGNAZIO), religieux dominicain, né à Pérouse en 1537, était fils de Julio Dante. L'architecture, la peinture, les mathématiques et la littérature le réclamaient également. Il fut architecte de Cosme III, grand-duc de Florence, et Grégoire XIII le chargea de peindre la galerie papale. Il traduisit la *Sphère* de Proclus et le *Traité de Perspective* d'Euclide. On lui doit encore une *Vie* de Vignole, avec la traduction de ses règles d'architecture. Il mourut évêque de Vellétri, en 1586.

DANTE (JEAN-BAPTISTE), peut-être de la même famille que les précédents, florissait à Pérouse vers la fin du quinzième siècle. C'était un excellent mécanicien. Il avait trouvé le moyen de construire des ailes artificielles, et en était servi pour voler dans les airs. Sa réussite fut démontrée par plusieurs expériences qu'il fit sur le lac de Pérouse. Mais, ayant voulu donner ce spectacle à la population de sa ville natale, au moment où il s'élevait très-haut, planant au-dessus de la place, le ressort de l'une de ses ailes se rompit; il tomba sur l'église Notre-Dame, heureux de ne s'être cassé qu'une cuisse. Le moderne Icare, guéri de sa blessure, alla professer les mathématiques à Venise, où il mourut à quarante ans.   CHAMPAGNAC.

DANTE ALIGHIERI ou DURANTE ALDIGHIERI, poète florentin, qu'il suffit de nommer pour ressusciter tout un siècle en rappelant un génie puissant et créateur, un caractère noble et passionné, une grande infortune et une plus grande renommée. Il n'y a que la plus minime partie des circonstances de sa vie et de ses aventures sur lesquelles on possède des renseignements précis. Boccace, il est vrai, a écrit sa biographie, puis Philippe Villani, et, plus tard, Leonardo Bruni, Gianozzo Manetti, Filelfo, etc. ; mais leurs œuvres ne font que reproduire les traditions; elles manquent généralement de critique. Le premier écrivain qui ait publié une biographie de Dante ayant pour base des recherches exactes et consciencieuses est Pelli (1758). Après lui, Dionisi, Orelli, Abeken, Missirini, ont fourni à l'histoire du poète de précieux matériaux. Parmi les travaux le plus récemment publiés à ce sujet en Italie, l'ouvrage de Balbo (1839) occupe le premier rang.

La famille de Dante, une des plus illustres de sa ville natale, prétendait tirer son origine de Rome, et portait le nom d'*Élisei*. Le premier rameau de son arbre généalogique remontait à un certain *Caccioguida*, qui avait épousé une *Aldighieri* ou *Allighieri* de Ferrare; il voulut perpétuer le nom de sa femme, en le donnant à l'un de ses deux fils, et celui-ci pour petit-fils un second *Allighiero*, qui fut le père de Dante. Celui-ci reçut, en naissant, le nom de *Durante*; on s'habitua, dès son enfance, à l'appeler, par abréviation, *Dante*, et ce petit nom est devenu l'un des plus grands de l'histoire littéraire moderne.

Dante naquit à Florence au mois de mai 1265. Il était encore enfant lorsqu'il perdit son père, qui était jurisconsulte. Sa première éducation n'en fut pas moins soignée; sa mère, *Bella*, le confia au poète Brunetto Latini. Dans sa dixième année, un jour de printemps et de fête populaires Dante vit pour la première fois une jeune personne de son âge, fille de *Folco Portinari*, dont le nom était *Beatrice* et le petit nom *Bice*; et tout aussitôt il l'aima d'un amour religieux et mystique. Cette impression put bien s'affaiblir dans la suite, mais ne s'effaça plus. Ce fut pour Béatrix qu'il composa ses premiers vers. Le développement de cette étrange passion est décrit par lui dans un de ses ouvrages en prose, la *Vita nuova*, qui est aussi un commentaire de plusieurs pièces lyriques, commentaire parfois pédantesque, mais qui nous explique merveilleusement comment l'amour, la science, la religion, la patrie se confondaient dans son âme, et comment l'ensemble de ces affections faisait de Dante un poète accompli. Mais c'est là surtout qu'on voit poindre l'histoire de leurs innocentes amours, auxquelles il devait ériger un monument plus durable encore dans sa magnifique épopée, qui est tout empreinte du souvenir de Béatrix.

Il ne borna pas ses études à la poésie et à la littérature agréable : la philosophie de Platon et celle d'Aristote, l'histoire, la scolastique, les Pères de l'Église, la théologie, qui tenait alors une grande place dans les connaissances humaines, les sciences physiques enfin, l'occupèrent tour à tour ; il savait parfaitement le latin, le provençal et même un peu le grec, ce qui était à cette époque très-rare. Il cultiva aussi la musique, le dessin, et prit soin de se former une belle écriture, circonstance qu'il est bon de remarquer dans un homme de génie, pour ôter toute excuse aux gens d'esprit qui se croient dispensés du même soin. Rien n'échappait, du reste, à sa conception avide ; et son grand poème a conservé des traces profondes de son érudition. La lecture d'un livre nouveau élevait son âme, dit Boccace, à une espèce d'extase qui le rendait insensible aux impressions extérieures. Les œuvres les plus remarquables de la poésie française, provençale, italienne, lui étaient familières ; il y puisait même quelquefois, mais en s'appropriant par la force des choses d'autrui.

Depuis sa vingtième jusqu'à sa vingt-sixième année, il composa beaucoup de vers élégiaques, tout en écrivant un latin des lettres poétiques aux cardinaux et aux princes *de la terre*; il poursuivit aussi ses études au travers des vicissitudes d'une passion dont la délicatesse n'émoussait pas la force. Depuis 1287 au moins, sa Béatrix était mariée à Simone de Bardi. « Rien ne nous fait soupçonner, dit M. Tommaseo, que le poète eût obtenu d'elle, avant ou après le mariage, autre chose que de ces démonstrations d'amour timide, d'autant plus éloquentes qu'elles sont plus douteuses. Cet amour était trop religieux dans son âme pour ne pas rester dans la sphère de la contemplation pure. S'il en eût franchi les limites, nous n'aurions pas la *Divina Commedia*. »

Les lois de la république de Florence prescrivaient à tout citoyen qui aspirait aux emplois publics de se faire inscrire sur les registres de l'un des *arts* entre lesquels la ville se partageait. Il y en eut d'abord 14, et plus tard 21. Le sixième était celui des médecins et des pharmaciens; Dante s'y fit admettre, soit qu'il y eût quelqu'un de cette profession dans sa famille, soit qu'il éprouvât quelque velléité de se faire recevoir médecin. Il paya aussi en 1289 la dette imposée à tout citoyen d'un pays libre, en prenant les armes dans une expédition de guelfes de Florence et de Bologne contre les gibelins d'Arezzo. Il y servit dans la cavalerie, et contribua beaucoup par sa bravoure au gain de la bataille de Campaldino. L'animosité des deux partis était extrême, et Dante, né dans une famille guelfe, en avait épousé les opinions avec toute la fougue de son caractère. On le retrouve l'année suivante dans une autre expédition contre les Pisans, qui se termine par le siège et la prise du Château de Caprona. Mais ses talents l'appelaient plutôt aux ambassades, ou aux missions politiques, si le terme d'ambassade est trop ambitieux. Il en remplit jusqu'à quatorze, et réussit dans presque toutes, particulièrement à Naples et en Toscane.

Au mois de juin 1290, Béatrix mourut, laissant le pauvre Dante en proie à un désespoir si poignant que, si l'on s'en rapporte à Boccace, il erra longtemps comme un fou. Ce fut sans doute à cette époque qu'il songea à se faire moine, circonstance, du reste, très-vaguement indiquée par les commentateurs contemporains. Peut-être se borna-t-il simplement à prendre le froc de *tertiaire*, que portaient ceux qui continuaient à vivre dans le monde quoique affiliés à l'ordre de Saint-François, et sous lequel nous le verrons mourir. Revenu de ce premier ébranlement, mais la tête toujours pleine du souvenir de celle qu'il nomme sa *bienheureuse*, il écrit la *Vita nuova*, dont nous avons parlé, et où l'on voit germer déjà l'idée de son grand poëme, quand il prend l'engagement solennel d'essayer quelque chose d'extraordinaire en l'honneur de *son ange*. Il existe même de lui une pièce lyrique de ce temps (*Donna pietosa e di novella etate*), où le nom de Béatrix commence à se mêler aux idées de ciel, d'enfer, d'ange et de Dieu.

Cédant enfin aux instances de ses parents et de ses amis, il épouse en 1292 Gemma Donati, de cette illustre famille dont le chef, Corso, *le baron superbe*, deviendra bientôt son mortel ennemi. Les déclamations de Boccace ont donné lieu de supposer que ce mariage n'avait pas été heureux, quoiqu'il en fût résulté plusieurs enfants. Mais rien ne confirme cette allégation; Alighieri n'en dit mot. Suivant lui, il y a faiblesse et vanité à trop parler de soi-même. Ce qu'il y a de certain, c'est que dans son exil il s'attacha à d'autres femmes, ainsi qu'il en convient lui-même : d'abord à une jeune personne de Lucques, puis à une dame de Padoue, enfin à une villageoise du Casentino, à laquelle Arrivabene (*Amori di Dante*) prête, à tort ou à raison, un goitre ou quelque chose d'approchant. Sa femme, du reste, n'avait pas tardé à le quitter; et, quelle qu'ait été la cause de cette résolution, elle ne voulut jamais revenir auprès de lui.

Les soins de la vie publique occupèrent le poëte pendant huit à neuf ans. Il commença alors à écrire sa *Divina Commedia* en latin. Si les vers qui nous en restent (*Infera regna canam...*) sont lourds et pâles, est-ce une raison pour les ensevelir dans un éternel oubli, pas plus que les autres échantillons de sa poésie latine, qui ne valent guère mieux? N'y faut-il pas chercher, au contraire, l'espace immense que son génie a eu à franchir pour s'élever au point culminant où il est parvenu.

Cependant, de funestes rivalités venaient d'éclater entre la famille des *Cerchi* et celle des *Donati*, à la quelle il était allié, et, pour envenimer encore ces haines, les factions des *Blancs* et des *Noirs* qui s'étaient formées à Pistoie avaient pris les Florentins pour arbitres. Leurs députés, à peine arrivés à Florence, y soufflèrent leurs passions. Il n'y eut pas seulement entre des guelfes et des gibelins dans la ville, mais les guelfes eux-mêmes se divisèrent en Blancs et en Noirs. Le chef des premiers était Vieri de Cerchi, homme nouveau dans les affaires; celui des seconds, Corso Donati, qui, par une popularité fastueuse et princière, aspirait au souverain pouvoir de la république. Boniface VIII soutenait les Noirs et fomentait les discordes. Dante appartenait au parti des Blancs, peut-être parce que la famille de sa femme était de celui des Noirs. Le 15 juin 1300, il est nommé un des six prieurs des arts qui forment le magistrature suprême · de là datent tous ses malheurs. Les Blancs, enorgueillis de cette élection, engagent la lutte; le sang coule. Les prieurs, se plaçant en dehors de tout esprit de parti, condamnent à un exil temporaire, non-seulement les Noirs qui conspirent, mais encore tous les Blancs qui ont pris part au tumulte. De ce nombre est Guido Cavalcanti, l'ami du poëte, poëte lui-même et savant d'un rare mérite. Quant aux Noirs, leur châtiment est plus rude encore : leur chef Corso Donati est condamné à un exil perpétuel, et ses biens sont confisqués.

A cette nouvelle, les plus puissants d'entre eux courent à Rome pour intriguer auprès du pape contre leurs adversaires et surtout contre Dante, dont le prieuré expire le 15 août. Mais lui, non plus, ne perd pas de temps, et, afin de déjouer leurs manœuvres, il part pour la ville éternelle avec d'autres ambassadeurs de sa faction. Là il est témoin du jubilé, et c'est de cette grande solennité chrétienne qu'il date sa vision, non pas seulement à cause de l'impression qui lui restera de ce magnifique spectacle, mais parce que l'année 1300 est la trente-cinquième de sa vie, et que le prophète a dit : *In dimidio dierum meorum vadam ad portas inferi*.

Les Noirs voulaient appeler à Florence Charles de Valois, qui venait de passer les Alpes. Les Blancs, qui s'y opposaient de tout leur pouvoir, envoient de nouveau Dante à Rome ; mais Charles est déjà chargé par Boniface de pacifier la Toscane. Le pape congédie tous les ambassadeurs, à l'exception de Dante, et presse l'expédition des Français, qui entre dans Florence le 2 novembre 1301, avec des paroles de conciliation et de paix sur les lèvres. Mais le 5 la scène change; il demande la dictature, et on la lui abandonne. Aussitôt la ville est inondée d'aventuriers en armes. Corso Donati y pénètre la rage au cœur; les Blancs courbent la tête; leurs propriétés sont livrées au pillage. Les Noirs promulguent une loi qui autorise le podestat à instruire *proprio motu* le procès des prieurs absents, lors même qu'ils auraient été acquittés par la justice. Aussi, dès les premiers jours de 1302, Dante est-il accusé de s'être opposé à l'avènement de l'étranger et d'avoir fait de sa charge une source de profits illicites, double inculpation qu'il traite dans son *Enfer* avec une dédaigneuse ironie, comme étant au-dessus de calomnies aussi impudentes. Il n'en est pas moins condamné, d'abord à un bannissement perpétuel et à la confiscation de ses biens, puis, par une seconde sentence, à être brûlé vif avec tous les siens, s'il tombe entre les mains des vainqueurs. Ces jugements existent encore rédigés en un latin barbare.

Il était à Rome quand le premier de ces arrêts lui est signifié, et aussitôt il se rend à Sienne pour s'informer de plus près de l'état de ses affaires. Là l'attendaient encore de plus douloureuses nouvelles ! La sanguinaire perfidie de Charles de Valois avait multiplié les proscriptions et les pillages : la maison du poëte avait été livrée aux flammes, et ses métairies dévastées. Parmi ses compagnons d'exil on remarque le père de Pétrarque; mais il ne s'y trouve aussi que trop de cœurs bas et vils. Au milieu d'eux apparaît haute de cent coudées la belle figure de Dante : il vit presque toujours seul, il voyage, il écrit, il conspire; son âme déborde de haine, mais il ne prend part à aucun acte de mesquine

DANTE ALIGHIERI

vengeance, encore moins à aucun acte de lâche cupidité.

Enfin, les bannis, croyant pouvoir compter sur l'appui de quelques villes et sur l'assistance sympathique de plusieurs seigneurs toscans, établissent à Arezzo un gouvernement provisoire, dont le poëte fait partie, et commencent à se préparer à la guerre. Mais le podestat du lieu les en expulse, sur une injonction du pape. Alors, ils se retirent en Romagne, et de là lancent sur le territoire florentin six mille hommes d'infanterie et huit cents chevaux, qui sont battus et repoussés avec perte. Sur ces entrefaites survient la mort terrible de Boniface VIII. Il avait été l'ennemi personnel de Dante, qui se borne cependant dans sa *Divina Commedia* à laisser tomber sur sa mémoire l'aumône d'une dédaigneuse pitié.

Benoît XI, son successeur, dépêche à Florence le cardinal de Prato, avec mission d'apaiser les troubles de la république. Le légat a une entrevue avec Dante et avec le père de Pétrarque, représentants des exilés. Mais, comme il entrait dans les instructions du cardinal de pacifier l'État par le sens des intérêts populaires, il est fort mal accueilli par les Noirs et obligé de s'en retourner à Rome sans avoir rien obtenu. De nouveaux troubles, de nouvelles proscriptions augmentent les forces des bannis, qui réussissent à mettre encore sur pied neuf mille fantassins et six cents chevaux. Ils marchent pleins d'ardeur à la conquête de la patrie, et déjà ils ont forcé une des portes de la ville, lorsqu'après un léger engagement, ils battent lâchement en retraite. Indigné de tant de pusillanimité, Dante, découragé, se réfugie à Vérone, où il reçoit un accueil flatteur de Bartolomeo de la Scala. En 1306, on le retrouve à Padoue, l'année suivante près de Sarzane, et vers le même temps dans le Casentino, composant dans ses moments de loisir son *Convito*, commentaire en prose sur ses *Canzoni*, dans lequel il sème à pleines mains des idées de philosophie platonique, d'astronomie et de plusieurs autres sciences, cherchant à habituer insensiblement le lecteur à regarder Béatrix comme l'emblème de la sagesse et de la vérité. Dans ce travail, la manie du symbolisme est généralement poussée jusqu'à l'extravagance; et pourtant, par-ci par-là, à travers un épais nuage de citations incohérentes, brillent de fréquents éclairs de talent, et belles pages même, inspirées par ces sentiments de foi, d'amour, de douleur, de noble indignation, qui feront de la *Divina Commedia* un des plus remarquables chefs-d'œuvre de l'esprit humain.

Dans le traité *De Vulgari Eloquentia*, qui doit remonter à la même époque, Dante se propose d'examiner dans quel état se trouvait la langue italienne un siècle et peu près avant sa naissance, lequel des dialectes en était presque à la fois dans les différentes parties de la péninsule devait prévaloir, quelles sont enfin les diverses compositions où ce langage a été employé avec plus de bonheur, et quels écrivains y ont acquis le plus de renommée. Ces dialectes, il les critique comme une exubérance de vie municipale, comme la maladie plutôt que le salut de son époque. Il soutient que, pour avoir une langue littéraire sérieuse et progressive, il faut un type arrêté. L'ouvrage devait avoir quatre livres : Dante ne dépassa pas le second; il mourut même avant d'avoir pu l'achever. Ce qu'il en avait laissé resta inédit et inconnu pendant deux siècles. Ce fut Trissino qui le traduisit en italien, et cette version parut à Vicence en 1529.

Certaines expressions de *Dante* indiquent assez clairement l'époque où ces divers ouvrages furent commencés. Quant au temps où ils furent repris et continués, on ne saurait rien avancer de positif à cet égard, ni garantir même ce que dit Boccace des sept premiers livres de la *Divina Commedia*, qu'un neveu du poète aurait retrouvés enfouis dans de vieilles paperasses, et qu'il lui aurait fait parvenir, lui suggérant ainsi l'envie de continuer son travail, comme si un pur hasard avait pu suffire à lui faire reprendre cette œuvre, pensée de sa vie entière. Du reste, ses études littéraires ne l'arrachaient pas un instant à ses espérances, fomentées et accrues sans cesse par des événements nouveaux,

que l'inertie, la désunion et le manque de courage de ses compagnons d'exil faisaient sans cesse avorter. En 1307, une nouvelle armée réunie par le cardinal des Ursins, légat du pape, attaque les Noirs; mais elle est battue, et Dante se retire dans la Lunisiane, au sein d'une branche gibeline des Malaspina, dont il est parent éloigné.

On était alors à la veille de grands événements. Au mois de mai 1308, l'empereur Albert est tué, et Henri VII, qui lui succède, se prépare à descendre en Italie. Ce Henri de Luxembourg n'était pas plus un méchant prince qu'un grand homme. Dante lui écrit une lettre où fermente une vertueuse indignation contre le parti qui opprime depuis trop longtemps sa malheureuse patrie; il l'invite à ne faire aucun quartier à ces indignes enfants d'une mère infortunée, lui demande une entrevue, qui lui est accordée en Lombardie, et va l'attendre en Toscane. Pour ce prince, il prépare son traité *De Monarchia*, car c'est de lui qu'il attend sa rentrée dans le foyer de ses pères; il tient, avant tout, à la noblesse de son origine, il tient à la distinction des rangs, à la concentration du pouvoir dans un nombre restreint de familles; il pense, en effet, avec Aristote, qu'il y a des hommes faits pour commander et d'autres qui ne sont propres qu'à obéir. Son but est de poser la limite qui sépare le sacerdoce de l'empire universel, qui est, selon lui, de droit divin. A l'empereur la haute surveillance des nations, tout en respectant les libertés de chaque province, de chaque ville. Le style de cet ouvrage est généralement dépourvu d'élégance, mais il ne manque pas d'une certaine vigueur. Après sa mort, il fut brûlé par un cardinal, et peu s'en fallut que les cendres de l'auteur ne fussent déterrées et jetées au vent.

C'est vers ce temps-là que le poëte apparut soudain à Paris, dont il fréquenta l'université et principalement les écoles de théologie. On assure même qu'il y soutint une thèse brillante : ce que l'étude profonde qu'il avait faite de cette science rend, du reste, fort croyable. Il ne négligeait pas non plus, durant son séjour, les cours publics et particuliers en renom. Il fréquenta, entre autres, sans doute, ceux d'un certain Sigier, dont il parle avec éloge dans le dixième chant de son *Paradis*, et qui logeait, dit-il, dans la rue du Fouarre ou Foure, mot français qui signifie *fourrages* (strami), *nel vico degli Strami*, mais dont on cherche en vain le nom dans l'histoire de l'université. Il visita ensuite l'Angleterre, et revint en Italie, où il reprit sa vie errante.

Cependant, Henri VII était arrivé sous les murs de Florence, qu'il investissait par une apparence de blocus dont la manifestation devenait de jour en jour plus ridicule. Dante, de retour de France, n'était pas dans le camp allemand, soit qu'il désespérât d'une entreprise trop tardive, soit qu'il lui répugnât, en dépit de ses griefs, de se joindre à l'étranger menaçant sa patrie. Tout à coup, l'empereur expire le 24 août 1313. Malgré ses fautes, qui l'entraînèrent souvent à des cruautés et à des extorsions inutiles, le poète ne cessa de l'honorer comme le sauveur prédestiné de l'ingrate Italie. Il se retira, pour sa mort, à Ravenne, chez Guido Novello, parent de Françoise de Rimini; puis, en 1314, à Lucques, où il était toléré par Uguccione, seigneur de Pise, qui l'avait chassé d'Arezzo. En 1315, on lui offre de rentrer dans sa belle Florence, mais il faut qu'il fasse plier sa fierté, qu'il s'avoue coupable, qu'il se soumette à des conditions humiliantes de repentir, à une amende, à une cérémonie religieuse, sorte d'absolution réservée aux criminels et réputée infamante. « Non, ce n'est pas là, pour moi, la voie qui doit me ramener dans ma patrie, répond Dante. Si, pour retourner à Florence, il n'y a pas d'autre chemin que celui qui m'est ouvert, je ne retournerai jamais à Florence. »

Les adversaires du poëte se vengèrent bassement en confirmant l'acte de bannissement de l'illustre proscrit. Il se réfugia alors chez Can Grande, frère de son ancien protecteur Bartolomeo de la Scala, qui lui fit d'abord un gracieux accueil, mais qui, bientôt refroidi, soit par ses malheures, soit par son caractère hautain et morose, se départit des égards dus à la majesté du génie. On le retrouve, en effet, quelque temps après errant de nouveau dans le Tyrol et le Frioul, à Gubbio et à Ravenne, envenimant ses passions politiques, mais purifiant son génie, continuant son grand poëme, qu'il achèvera quelques jours seulement avant sa mort, voyant accourir près de lui ses deux fils et sa fille Béatrix, qu'il a parée, sur les fonts baptismaux, de ce nom si doux à son oreille. Deux autres de ses enfants n'étaient plus; et sa femme paraît lui avoir été enlevée en 1308. Sur les dernières années de la vie de Dante, la publication d'une grande partie de sa *Divina Commedia* avait considérablement accru sa renommée. Guido Novello da Polenta, redevenu son hôte à Ravenne, lui offrit la couronne de laurier du poëte. Il lui répondit qu'il irait la chercher à Florence. Vain espoir ! Le 14 septembre 1321, à son retour de Venise, où Guido l'avait envoyé pour affaires politiques, une maladie subite l'enleva.

Le prince, son ami, lui fit faire des funérailles honorables, et prononça dans son palais, après la cérémonie, l'éloge du grand écrivain qu'il avait tant aimé. Il fut enterré *en habit de poëte*, dit la chronique, dans l'église des Frères-Mineurs de Saint-François, sous une simple tombe de marbre, sans inscription, parce que les malheurs de Guido Novello commencèrent quelque temps après et l'obligèrent à quitter Ravenne, où il ne rentra plus. Cent soixante-deux ans s'écoulèrent avant qu'un monument plus digne de lui fût érigé à Alighieri. Bernardo Bembo, père du célèbre cardinal, et préteur de Ravenne en 1483 pour la république de Venise, lui consacra celui que l'on voit encore dans l'église de ce monastère. On y lit des vers assez médiocres, attribués à Bembo et à Dante lui-même. Celui-ci eût suffi :

Hic claudor Dantes . patriis extorris ab oris.
Dante repose ici banni de sa patrie.

Le cardinal-légat Corsi restaura en 1692 ce monument, auquel le cardinal Gonzaga fit donner en 1780 sa configuration actuelle.

La taille de Dante était moyenne; il avait la démarche grave, l'air bienveillant, mais triste ; ses traits étaient nobles et très-marqués ; il avait le nez aquilin, les yeux très grands, la figure longue, le menton proéminent, la lèvre inférieure un peu saillante, la charpente osseuse très-prononcée, le teint brun et bilieux, la barbe et les cheveux noirs et crépus. L'expression de ses yeux et de sa bouche indiquait des passions fortes et profondes. Du reste, tous les portraits qu'on a de lui se ressemblent, ce qui ferait croire qu'ils lui ressemblaient aussi. On dit que, quoique habituellement silencieux et préoccupé, il recherchait la société des femmes, et qu'il y montrait beaucoup de politesse, parfois même, mais rarement, de la gaîté. Dans les cours où il fut reçu pendant son long exil, peut-être parut-il de temps à autre plus libre dans son maintien et dans ses discours qu'il n'eût convenu aux courtisans des princes qui l'accueillaient, mais pas plus qu'il ne convenait à l'un des prieurs de la république de Florence, malheureux et injustement opprimé. On lui attribue des réparties amères, mais provoquées généralement par des questions déplacées.

Après sa mort, Florence, qui avait rejeté et proscrit si longtemps sans pitié son plus grand citoyen, envoya Boccace porter des secours à sa fille, retirée dans un couvent. Le même Boccace et d'autres après lui expliquèrent la *Divina Commedia* dans les églises, et jamais l'idée ne leur serait venue de tronquer les passages où le poëte fulmine l'anathème contre son ingrate patrie : ils les commentaient en termes non moins véhéments qu'il les avait conçus, et les Florentins les écoutaient avec admiration. Un siècle après la mort de Dante, en 1429, ses concitoyens redemandaient ses cendres aux habitants de Ravenne, qui les leur refusaient. Ces tentatives furent renouvelées au seizième siècle; Michel-Ange lui-même avait promis de contribuer à la décoration du monument que Florence lui destinait; mais toutes les démarches furent inutiles, et Ravenne refusa obstinément de se dessaisir du précieux dépôt dont elle était redevable à son hospitalité. Enfin, de guerre lasse, la patrie du grand poëte a essayé, en 1830, de payer un tribut d'admiration et de reconnaissance à sa mémoire, en lui faisant élever un cénotaphe en marbre dans l'église de *Santa-Croce*.

Ce n'est pas par de froides et symétriques analyses qu'on peut espérer de faire connaître un poëme, surtout lorsqu'il ressemble à celui de la *Divina Commedia*, auquel le ciel et la terre, comme le dit l'auteur lui-même, semblent avoir mis la main. « Venu deux siècles et demi avant Shakspeare, Dante, ajoute Chateaubriand, ne trouva rien en arrivant au monde. La société latine expirée avait laissé une langue belle, mais d'une beauté morte; langue inutile à l'usage commun, parce qu'elle n'exprimait plus le caractère, les idées, les mœurs et les besoins de la vie nouvelle. La nécessité de s'entendre avait fait naître un idiome vulgaire employé des deux côtés des Alpes du midi et aux deux versants des Pyrénées-Orientales. Dante adopta ce bâtard de Rome, que les savants et les hommes du pouvoir dédaignaient de reconnaître; il le trouva vagabond dans les rues de Rome, nourri au hasard par un peuple républicain dans toute la rudesse plébéienne et démocratique. Il communiqua au fils de son choix sa virilité, sa simplicité, son indépendance, sa noblesse, sa tristesse, sa sublimité sainte, sa grâce sauvage. Dante tira du néant la parole de son esprit; il donna l'être au verbe de son génie; il fabriqua lui-même la lyre dont il devait obtenir des sons si beaux, comme ces astronomes qui inventèrent les instruments avec lesquels ils mesurèrent les cieux. L'italien et la *Divina Commedia* jaillirent à la fois de son cerveau; du même coup l'illustre exilé dota la race humaine d'une langue admirable et d'un poëme immortel. »

« Le plan de son poëme est difficile à saisir et à rendre, dit Ginguené. L'intelligence parfaite des détails a ses difficultés qui naissent principalement des fréquentes allégories et des traits d'histoire contemporaine dont il est semé. Témoin de la plupart de ces événements et victime de plusieurs, Dante n'a point deviné qu'ils perdraient un jour de leur importance. Il les jette tous, non pas confusément, mais avec un ordre, et l'on dirait presque une économie admirable, dans un plan qui est au-dessus des plus vastes proportions. L'enfer, le purgatoire et le paradis, dont toutes les imaginations étaient alors préoccupées, s'ouvrent devant son génie, l'un ses supplices sans fin et sans espérance, l'autre ses peines expiatoires, et le troisième son éternelle félicité, pour punir et récompenser ses ennemis et ses amis, les oppresseurs, les soutiens de la liberté de sa patrie, et en général les méchants et les bons qui avaient influé sur les affaires et les destinées de l'Italie. La structure imposante de cette triple machine, la communication extraordinaire de l'une à l'autre des trois parties qui la composent, leurs subdivisions créées par le poëte, la variété prodigieuse des tableaux qu'il y trace et des couleurs dont il les peint ; l'inimitable énergie des uns, la douceur, la grâce des autres, leur précieuse simplicité, leur teinte originale et primitive, la création continuelle d'une langue qui n'existait pas avant lui et qui depuis n'a presque plus changé qu'à sa perte, voilà ce qui assure à l'œuvre de Dante une place que, ni les défauts dont elle est remplie, ni les variations du goût, ni les caprices de la mode ne pourront lui ôter. »

Il a été fait de nombreuses éditions de la *Divina Commedia* dès les premières années de l'invention de l'imprimerie. Les meilleures sont celles qui suivent le texte de la Crusca. On en a une traduction française en prose par M. Artaud. L'*Enfer* avait déjà été traduit par Rivarol en 1783. Viennent ensuite les traductions en vers de M. de Gourbillon (1832) et de M. Louis Ratisbonne (1852).

Deux des enfants que Dante avait eus de son mariage

montrèrent du goût pour les lettres. L'aîné, Pierre, jurisconsulte à Vérone, gagna dans sa profession une fortune considérable, et mourut à Trévise, en 1361, laissant des poésies inédites et un commentaire sur le poëme de son père. L'autre, *Jacopo*, écrivit aussi des notes ou gloses sur l'*Enfer*, et un *Compendio* en *terza rima* du poëme entier.

Eug. G. DE MONGLAVE.

DANTINI (MAUR-FRANÇOIS), bénédictin, qui a laissé un nom comme antiquaire et comme palæographe, était né en 1688 près de Liége, et mourut à Paris, en 1746, d'apoplexie. Fils d'un cultivateur aisé, il étudia à Douay et fit profession à vingt-quatre ans. D'abord professeur à Reims, il dut quitter ce diocèse pour avoir refusé de souscrire à la bulle *Unigenitus*. Appelé alors par ses supérieurs à l'abbaye Saint-Germain-des-Prés, il continua la collection des Décrétales de dom Constant et de dom Mopinot, et prépara une nouvelle édition du *Glossarium* de Du Cange. Cinq volumes en avaient paru, lorsque ses opinions notoirement jansénistes le firent exiler pendant quelque temps à Pontoise, où il continua à se livrer à des travaux d'érudition. Quand, en 1737, il put revenir à Paris, il entreprit avec dom Bouquet le *Recueil des historiens des Gaules et de la France*, puis il travailla à l'*Art de vérifier les dates*, dont il avait terminé la plus grande partie, lorsque la mort vint le frapper. Clémencet et Durand achevèrent ce grand ouvrage, dont Fortia d'Urban a donné la quatrième édition de 1818 à 1844.

DANTOINE (JEAN-BAPTISTE), avocat au parlement, né vers 1680, et qui pratiquait à Lyon, a publié : 1° *Règles du droit civil, traduites en français* (Lyon, 1720) ; 2° *Règles du droit canon, dans le même ordre qu'elles sont disposées au dernier titre du cinquième livre des Decrétales, traduites en français, avec des explications et des commentaires sur chaque règle* (Lyon, 1720).

DANTON (GEORGES-JACQUES), né à Arcis-sur-Aube, le 28 octobre 1759, fut, trente ans après, à l'époque de la grande révolution, un des plus terribles ennemis de l'autorité monarchique, à laquelle il semblait avoir attaché sa fortune, puisqu'il était avocat au conseil du roi. L'orage réveillait en ce moment tous les esprits impatients du passé et ardents pour l'avenir, que le présent les condamnait à l'inapuissance. Danton parut des premiers sur la scène; et comme il n'avait été ni l'homme des notables ni l'homme des électeurs, il se fit l'homme du peuple. Les faubourgs furent d'abord le théâtre des menées et de son éloquence. Il y porta les intrigues d'un esprit subtil, les éclats de sa voix tonnante. Sa stature vulgaire, mais colossale, son visage, d'où l'expression et l'audace chassaient la laideur, ses paroles de colère, de fierté, d'incrimination et de vengeance, lui donnèrent dès l'abord une immense popularité. Son langage insolent, ses images gigantesques, ses sentiments généreux, sa prévision de l'avenir, excitaient le peuple et l'animaient de l'incandescence qui bouillonnait dans la poitrine de l'orateur. Danton était le Mirabeau de la rue; Mirabeau, le Danton de l'assemblée. Une sympathie de vertus et de vices, d'audace et de talent, de patriotisme et de vénalité, rapprocha ces deux hommes; et leur réunion enfanta cette panique de 1790, qui frappa d'effroi jusqu'au dernier village, qui fit lever la France comme un seul homme, et qui sut la tenir debout et armée. La cour acheta Mirabeau ; et, à son exemple, mélange bizarre de corruption et de témérité, l'homme de l'anarchie se vendit à la cour. Alors Mme Élisabeth disait à ses amis : « J'espère que nous n'avons plus rien à craindre : M. Danton est à nous. » Le tribun craignit toujours que sa vénalité ne fût publique. Il exagéra, pour la cacher, ses idées révolutionnaires; et il ne faillit jamais à la révolte, pour avoir une fois failli à la probité. Mais si la part que Danton a prise à tous les événements sous l'Assemblée constituante et l'Assemblée législative pouvait rendre fameux un révolutionnaire obscur, c'est la Convention nationale qui nous montrera l'agitateur populaire, l'orateur politique,

l'ennemi de l'étranger, avec tout ce qu'il a de grandeur et d'atrocité, de vertus et de corruption, de courage surhumain et de monstruosité satanique.

Entré dans la garde nationale, il fut élu l'un de ses chefs ; mais les séductions lentes et tardives du corps de garde dégoûtèrent le tribun. Il porta ses harangues populaires au Palais-Royal; il fonda le club des Cordeliers. Partout où la foule était rassemblée, Danton, avec ses formes athlétiques et sa voix dominatrice, se présentait comme orateur. Il proposa la pétition du Champ-de-Mars ; il y poussa le peuple, le harangua sur l'autel de la patrie, lui demanda la déchéance du roi, et lorsque la force publique parut, il fut l'un des derniers à fuir devant elle. Cette audace qui ne daignait pas se déguiser, qui suscitait le désordre contre l'ordre et la révolte contre les pouvoirs établis, fit décréter d'accusation ce chef de l'insurrection. Poursuivi par la justice, Danton se présente aux élections. Un huissier, porteur du mandat d'arrêt, veut s'emparer de lui, et l'huissier est arrêté lui-même par le peuple comme coupable d'attentat envers la souveraineté nationale. Danton fut nommé substitut du procureur de la Commune de Paris. Il se servit de ses fonctions pour organiser le désordre et l'insurrection. Mais l'exagération n'est pas susceptible de constance. Mirabeau n'avait pu survivre à cette vie mélangée de luttes de tribune, de veilles de salon et d'orgies nocturnes; et Danton éprouvait à son tour une insurmontable lassitude de cette existence d'action, de parole et de débauche ; il allait réparer ses forces abattues et son audace éteinte dans sa propriété d'Arcis-sur-Aube. Il y dépouillait le révolutionnaire, et y vivait seul avec sa femme, occupé de soins champêtres et de loisirs domestiques.

L'émeute du 20 juin avait dégradé la personne du roi. On tramait une révolte qui perdit la royauté même. Barbaroux avait écrit dans le midi : « Envoyez-nous des hommes qui sachent mourir » ; et les Marseillais étaient venus, et ils s'étaient placés sous la direction des Cordeliers, et Danton apparait et s'écrie : « Le corps politique est impuissant; le peuple doit en appeler à sa force. Il ne reste que vous pour nous sauver vous-mêmes : Aux armes! » Et l'insurrection du 10 août éclata, la suspension du roi fut prononcée, et l'Assemblée législative restait chancelante, mais debout, dernière ruine des pouvoirs légitimes. Au-dessus d'elle planait la Commune, pouvoir usurpateur, né de la révolte, et voulant dominer par la révolte. Il fallait, pour y parvenir, contraindre l'Assemblée à se dissoudre elle-même, et susciter à sa place une puissance révolutionnaire et républicaine. Danton parut à la barre : « La Commune, dit-il, ne reconnait d'autre juge de ce qu'elle a fait que le peuple français, notre souverain et le vôtre, réuni en assemblées primaires. » En présence de la Commune, des Cordeliers et des Jacobins, l'Assemblée législative n'était plus rien : elle décréta une Convention nationale. Dès lors il se forma un triumvirat : Marat s'empara de la presse et du comité de surveillance de la Commune; Robespierre, de l'Assemblée et des Jacobins; et Danton, appelé au ministère de la justice, dirigea le pouvoir exécutif et les Cordeliers. On ne parla que de la nécessité de venger le peuple, d'emprisonner les suspects; et Danton fit décréter des visites domiciliaires et l'arrestation des royalistes. Il arma les indigents; les prisons s'encombrèrent ; et à la veille du 2 septembre : « Reculer, c'est nous perdre, s'écria Danton ! Il faut nous sauver par l'audace; il faut faire peur aux royalistes, et c'est dans Paris surtout qu'il faut nous frapper. » Ces terribles paroles étaient le tocsin de la révolte et le glas de la mort. Une députation des sections vint annoncer à la Commune que « le peuple, à qui l'on refusait justice, forcerait les prisons et obtiendrait vengeance. » Les massacres de septembre s'accomplirent. L'ennemi s'était emparé de Longwy. Les révolutionnaires éprouvèrent à leur tour la terreur qu'ils inspiraient. Danton propose une levée en masse; il veut « que tout citoyen soit contraint, sous peine de mort, d'aller mourir pour la patrie; que la France entière coure au pas de la charge sur les ennemis. Que faut-il pour les vaincre? *de l'audace, encore de l'audace, toujours de l'audace!* »

Danton était dévoré d'une fièvre révolutionnaire. Sa témérité donnait du courage aux plus timides. Il poussait, avec une violence égale, à la gloire, à la mort, au meurtre, au pillage; et, à travers les vices, les fureurs et les crimes qui sillonnent encore cette grande figure satanique, apparaissent une puissance de patriotisme, une haine de l'étranger, une ardeur pour la liberté, qui souvent cachent de leurs rayons lumineux ce qu'il y avait d'or, de boue et de sang dans cette âme de feu. Son idée fixe, celle qui fut la sienne, et qui domina la France de 1792 à 1815, cette grande idée qui périt à Waterloo, qui voulait sauver la liberté française du despotisme européen, et placer la France à la tête de la rénovation du monde, cette idée noble et sainte à laquelle Danton sacrifia sa vie et sa mémoire, est celle qui le perdit lui-même.

Il suffisait à Danton des Cordeliers pour insurger Paris, et de sa parole à la Convention pour pousser la France entière sur l'ennemi. Mais Robespierre avait une autre ambition : il voulait dominer la France. Pusillanime, ombrageux, habile et calme, il maîtrisait les Jacobins; il les établit dans toutes les communes de France, les affilia entre eux, les assujettit à la direction de la société parisienne; et les clubs, comme un vaste réseau, emprisonnèrent la république entière; de là la force de Robespierre. Les Cordeliers étaient solitaires : Danton s'y trouvait isolé; de là sa faiblesse au jour fatal.

La Convention était réunie. « On a agité le peuple, lui dit Danton; il fallait lui donner l'éveil contre les tyrans ; il a été terrible en foudroyant la tyrannie. Les amis ardents de la liberté pourraient nuire à l'ordre social en exagérant leurs principes. Abjurons ici toute exagération. » De ce moment, les hommes qui ne voulaient point abjurer l'exagération prirent place à la *Montagne*; les *Girondins* restèrent au *Marais*; et la *Plaine* fut occupée par le centre; gens pusillanimes par honnêteté, et qui votèrent par crainte toutes les mesures de terreur et de sang. Danton servit longtemps d'intermédiaire entre les Montagnards et les Girondins. Mais il passait pour l'instigateur des journées de septembre, et les Girondins demandaient justice des massacres, pour en répudier la responsabilité. Cette division entraîna plus tard des haines et la perte de la Gironde.

Marat, être ignoble, que les révolutions, qui grandissent le crime même, n'ont pu tirer de sa sanguinaire abjection, Marat avait inspiré, réchauffé, défendu les égorgements de septembre. Danton dédaignait Marat; mais les hommes se lient par les forfaits comme par les vertus : tous les deux étaient attachés au poteau sanglant de septembre, et Danton ne put jamais publiquement désavouer la hideuse créature qu'il méprisait. Les Girondins attaquaient Marat, et le souvenir complice de septembre contraignait Danton à lui prêter l'égide de sa parole. Robespierre, par la Commune et les Jacobins, était déjà parvenu à l'arbitraire, déjà à la tyrannie. Mais son génie sombre, soupçonneux, atrabilaire, induisait la Gironde à lui supposer les vues ambitieuses et usurpatrices d'un autre Cromwell. Une immense popularité, des mœurs austères, un caractère incorruptible et une renommée de vertu attiraient à lui tous les fanatiques de liberté, tous les puritains de république, tous les superstitieux de révolution. Seul, Danton faisait un colosse; élevé sur son parti, Robespierre était une puissance. Les Girondins attaquèrent Robespierre, et Danton le galvanisait de son courage et l'électrisait de son ardeur. Mais pour Robespierre, l'animosité naissait de la défiance; elle enfantait la haine, elle amassait la vengeance.

Les Girondins étaient maîtres de l'assemblée. La majorité leur appartenait : c'est dire qu'ils tenaient dans leurs mains les destinées de la France. Marat les appelait *des hommes d'État*, et Marat se trompait. Ce n'étaient que des *hommes de parole*. Ils attaquèrent le journal l'*Ami du Peuple* et les journées de septembre, Marat et Robespierre. Robespierre veut se défendre, les murmures couvrent sa voix : « Parle, parle, lui crie Danton; les bons citoyens t'écoutent. » Et lui-même, s'élançant à la tribune : « Si quelqu'un connaît des députés coupables, qu'il les accuse sur des preuves, et qu'on les punisse à l'instant! » L'accusateur Louvet séparait habilement Danton des autres Montagnards, et, à chaque incrimination, Danton lui criait : « Appuie et mets le doigt dans la blessure! » Robespierre, plus habile que les Girondins, creuse devant eux un abîme; il demande le jugement de Louis XVI. « Nous ne le jugerons pas, dit Danton, nous le tuerons. » Il veut que la sentence soit rendue à la simple majorité, et il repousse l'appel au peuple; et les tribunes, les couloirs, les rues, les places publiques, regorgent de jacobins qui demandent la tête de Louis, et qui menacent de mort ceux qui tenteraient de sauver la victime. Aussi, lorsque l'arrêt est mis aux voix, la haine interroge et la terreur répond. Le jour même, Sieyès dit avoir voté par peur; Vergniaud dit avoir voté par peur.

Le procès de Louis XVI divisa l'assemblée. Les Montagnards avaient voté contre le sursis et l'appel. Les Girondins avaient voté pour, et la majorité, complice du vote le plus cruel, passa des Girondins aux Montagnards. Dès lors, ceux-ci furent les républicains sans peur et les grands patriotes. La Gironde inspirait des défiances, et elle était minorité ! On voit l'avenir qui l'attend. Accusée jusque-là, la Montagne, transformée en majorité, devient accusatrice; elle attaque Pétion. Danton, qui avait défendu les Montagnards contre les Girondins, se hâte de protéger la Gironde contre la Montagne, et il fait rejeter un nouveau projet de visites domiciliaires. La Convention l'envoie en Belgique : il y vit de concussions et de débauches. Sa rapacité, son libertinage et des larmes qu'il donne à sa femme morte durant son absence, forment tout son proconsulat. Mais nos armées sont battues. La république est en péril. Il accourt à Paris, et s'élance à la tribune : « Le caractère français retrouve son énergie dans le danger. Eh bien ! ce moment est venu. Que Paris donne à la France l'impulsion qui l'année dernière a enfanté nos triomphes ! Faites de lois avec maturité, on ne fait la guerre qu'avec l'enthousiasme ! Que les commissaires se rendent ce soir dans toutes les sections de Paris; que les citoyens soient convoqués, qu'ils prennent les armes, qu'ils volent à la défense de la Belgique, et la France suivra cette impulsion. N'accusez pas Dumouriez : l'histoire jugera ses talents, ses passions, ses vices; mais il est intéressé à la splendeur de la république. »

A chaque péril nouveau, la Convention répondait par une terreur nouvelle. Le tribunal *extraordinaire* fut proposé, et Danton fit décréter qu'aucun citoyen ne serait arrêté pour dettes. Robespierre voulut destituer la Commune de son pouvoir révolutionnaire, et le concentrer dans la Convention, mais Danton ne voyait de tous les ennemis menaçant le territoire. « Donnez la main aux peuples qui sont las de tyrannie, et la France est sauvée, et le monde est libre. Que vos commissaires, pleins de votre énergie, partent cette nuit; qu'ils disent à la classe opulente : Le peuple n'a que du sang, il le prodigue; vous, misérables, prodiguez vos richesses! Quoi ! nous avons une nation entière pour levier, la raison pour point d'appui, et nous n'avons point encore bouleversé le monde! Je n'ai de passion que celle du bien public : je ne connais que l'ennemi ! vous battrons l'ennemi ! Vous me fatiguez de vos dissensions ; je vous répudie tous comme traîtres. Eh, que m'importe ma réputation ? Que la France soit libre, et que mon nom soit flétri ! Que m'importe d'être appelé buveur de sang ! conquérons la liberté, et la patrie est sauvée, et nous irons glorieux à la postérité ! » Quelque horrible terreur qu'inspirent ces paroles, il y a du patriotisme dans cette rage, et je ne sais quoi grandiose satanique dans ce dégoût de la renommée et ce mépris pour le sang humain. Alors Danton revient au tribunal révolutionnaire. Il ose le demander sans jurés et dans son effroyable nudité. Il ose le demander au nom de l'humanité! « Arrachez, dit-il, les accusés à la vengeance populaire ! Que des lois prises hors de l'ordre social épouvantent les rebelles ! Le peuple veut des mesures terribles. Soyons terribles pour dispenser le peuple de l'être, et que le glaive des lois pèse sur la tête de tous ses ennemis. Organisez le tribunal révolutionnaire séance tenante, et que demain vos commissaires soient partis; que la France se lève, coure aux armes, marche à l'ennemi; que la Hollande soit envahie; que la Belgique soit libre; que le commerce de l'Angleterre soit ruiné, et que le monde soit vengé ! »

A son tour, il voulut centraliser l'autorité, et que les membres du pouvoir exécutif pussent être aussi membres de la Convention. « Moi, dit-il, je ne calomnierai jamais personne. Je suis sans fiel, non par vertu, mais par tempérament. La haine est étrangère à mon caractère; je n'en ai pas besoin. » Ces paroles signalent toute la distance qui séparait Danton de Robespierre. Toute foi manquait à cet homme. Pour lui, la religion était un pouvoir terrestre, « commencé par des apôtres, et continué par des prêtres »; la politique, un instrument de domination et de fortune; la parole, un levier pour soulever les passions. Tout en lui était matérialiste. Aussi son éloquence étonne-t-elle et ne séduit-elle pas : elle effraie ou enivre les sens, sans émouvoir le cœur. L'âme est absente de cette éloquence : Dieu s'était retiré de l'orateur. Son patriotisme était sans humanité, et ses passions populaires affectaient pour le peuple un insolent mépris. « Le peuple, dit-il à la Convention, veut un tribunal révolutionnaire; il est prêt à se lever en masse; la révolution ne peut marcher qu'avec lui. *Le peuple est l'instrument, c'est à vous de vous en servir.* Une nation en révolution est comme l'airain qui bout dans le creuset : la statue de la liberté n'est pas encore fondue, le métal bouillonne; si vous ne surveillez le fourneau, vous en serez tous brûlés. »

La Gironde ose attaquer Danton comme ministre concussionnaire et proconsul rapace. « J'appelle sur moi toutes les accusations, répond-il; j'ai résolu de tout dire. Soyez francs, soyez Français jusque dans vos haines : je les attends. » Et cet homme, qui jusqu'à ce jour avait protégé la Gironde contre la Montagne, fut, par une inconcevable accusation, contraint d'appeler la Montagne à son secours contre la Gironde. « Ralliez-vous, leur dit-il, vous qui avez prononcé l'arrêt du tyran, contre les lâches qui ont voulu l'épargner; appelez le peuple en armes, écrasez les ennemis du dedans. » On le voit, la Gironde avait fait un nouveau pas vers l'abîme. Sur sa demande, le Comité de salut public est formé. Il veut que dans les révolutions « le peuple dépasse toujours son but par la force de projection qu'il se donne; » et ce gladiateur, dont l'humanité, la morale, la politique, ne sauraient arrêter l'audace, est encore incriminé par Guadet.

« Ah! tu m'accuses, moi! » s'écrie-t-il; tu ne connais donc pas ma force? » et toutefois, son incandescente colère ne peut soustraire Marat au décret d'accusation. Mais bientôt il exige des représailles; et Rousselin, jeune ami de Danton, vient au nom des sections réclamer l'expulsion de vingt-deux Girondins. Fonfrède demande que son nom soit ajouté à celui de ses amis. « Et nous aussi! tous, tous! » s'écrient les membres du côté droit et de la plaine. Aussitôt les immortels orateurs de la Gironde s'emparent de la tribune, et leur éloquence y jeta tant d'éclat, tant de raison, une vérité si puissante, que l'accusation fut écartée, et que Lassource, celui-là même qui avait accusé Danton, fut élu président de l'assemblée. Danton resta muet. Il sentait que, s'il avait besoin des Montagnards contre les Girondins, il pourrait plus tard recourir aux Girondins contre les Montagnards.

Il fait décréter le *maximum* et la loi des suspects. Mais bientôt il retombe dans son apathie. Ivre de joie d'avoir contracté un second mariage, il conduit sa nouvelle épouse à Arcis-sur-Aube. Durant son absence, les Girondins prennent leur ascendant; ils font décréter la commission des *Douze*, et de ce moment la réaction de la Gironde contre la Montagne commence. Quelques fonctionnaires sont arrêtés. Danton accourt, et paraît à la tribune : « Si la commission des Douze conserve son pouvoir, si les citoyens ont à craindre des arrestations arbitraires, alors nous passerons nos ennemis en audace et en vigueur révolutionnaire! S'ils ont ici la majorité contre nous, nous avons dans la République une immense majorité contre eux. » Il provoque une insurrection, et la révolte vient, les armes à la main, demander la suppression du Comité des Douze. Danton veut qu'on en fasse justice sur-le-champ, pour que Paris ne fasse pas une insurrection tout entière. Le Comité de salut public, appuyé par 40,000 insurgés, demande que cette commission soit cassée. La Gironde fut vaincue par ces violences coalisées; accusatrice jusqu'alors, elle fut dès lors accusée. Toujours face à face avec une insurrection en permanence, les vingt-deux Girondins furent proscrits. Danton, qui disait des Girondins : « Ils ne sont pas dangereux; ils ne peuvent l'être, » veut qu'on envoie comme otage un nombre égal de conventionnels aux départements dont les députés étaient détenus. Et toutefois, c'étaient les Cordeliers; c'était lui, Danton, qui avaient fomenté la révolte. « L'insurrection fera la gloire de Paris, disait-il à la tribune; sans les canons du 31 mai, la contre-révolution triomphait. Que ce crime retombe sur nous, et s'il y a dans la Convention cent hommes qui me ressemblent, nous fondrons sur les bases inébranlables. »

Les Girondins périrent : éloquentes victimes, holocauste de liberté dévoré par le Moloch révolutionnaire! Marat tomba sous le poignard de Charlotte Corday, et Danton, qui avait tant méprisé ce démagogue, parut à ses obsèques avec tout le faste d'une douleur hypocrite. Il reste seul face à face avec Robespierre. Aussitôt les Jacobins viennent le dénoncer. « On accuse Danton, dit Robespierre; voudrait-on le rendre suspect? Pourquoi chercher un délit où il existe à peine une erreur légère? » L'erreur sera bientôt un crime dans l'esprit ombrageux de Robespierre; et de ce moment, Danton, toujours accusé, toujours contraint de se défendre, ne fut plus pour la Montagne qu'un pusillanime *modéré*. L'audacieux révolutionnaire sentit qu'il buvait déjà la lie de la coupe politique. Le découragement s'empara de son âme à l'aspect d'une assemblée où le crime était prouvé par le soupçon, et où le soupçon naissait de la peur. Lui-même s'effrayait de l'insolente audace de ses paroles. Il les entendait d'avance accuser sa mémoire à l'équitable tribunal de l'avenir. « On me calomniera, je le prévois, dit-il; si mon nom être flétri, je sauverai la liberté. » Il jure, par la liberté de la patrie, de n'accepter jamais de fonctions et de ne pas entrer dans le Comité de salut public. Il se livre ainsi sans défense, et fait le premier pas vers l'échafaud. La Providence mène les hommes par des voies inconnues. Robespierre fit partie de ce comité, que Danton s'était interdit, et lui-même n'en sortit que pour aller à la mort. Les mesures révolutionnaires suivaient la route des choses humaines; elles allaient toujours croissant, et l'horreur des faits était encore surpassée par la fureur du langage. « Si la liberté est en danger, s'écrie Danton, nous surpasserons les tyrans en audace, nous dévasterons le sol français. Les riches, ces égoïstes, seront la première proie de la rage populaire. La Convention tient la foudre dans ses mains. » Bientôt il demande de grands établissements nationaux où les enfants soient instruits, nourris et logés gratuitement, aux dépens des riches. » Il réclame une rétribution pour le citoyen pauvre qui assiste aux assemblées politiques, et il fait décréter la division en plusieurs sections du tribunal révolutionnaire. Mais ces gages qu'il jette à la révolution, le plus audacieux des athlètes révolutionnaires est accusé de modération à la tribune des Jacobins. Robespierre le défend encore, et Danton, également dédaigneux de ses adversaires et de ses protecteurs, se retire avec sa femme et quelques amis à Arcis-sur-Aube.

Cependant, la santé de Danton s'éteignait comme celle de Mirabeau ; mais, durant son absence, Robespierre, qui ne voulait pas de grandeurs rivales, préparait sa domination ennemie. On disait à Danton : « Le tyran t'attaquera bientôt. — Il n'oserait ! » répondait le tribun, et cette réponse signalait plus de courage que de prévision. Le pouvoir n'avait de durée qu'en revenant à l'unité. Deux factions le divisaient : Danton, la Commune et les Cordeliers avaient pour adversaires Robespierre, le Comité de salut public et tous les Jacobins de France. La majorité de la Convention était juge entre les deux partis ; et le centre livra la dictature à Robespierre. Le 13 mars, Saint-Just et Couthon viennent dénoncer une conjuration. Le 24, les chefs de la Commune sont arrêtés, jugés et exécutés, et la même proclamation annonce leur complot, leur arrêt et leur mort. Le sort de Danton était écrit dans le sang des Cordeliers. Soit que, lassé de révolutions, il dédaignât la vie, soit qu'épuisé de débauches, il n'eût plus le courage de la défendre, rien ne put l'arracher à son état de mollesse et d'apathie. Le 31 mars 1794, il est arrêté dans son lit et conduit au Luxembourg, où il trouve Lacroix, son ami, arrêté la nuit même. Il dit aux prisonniers : « J'espérais vous faire sortir d'ici ; m'y voilà moi-même avec vous, et je ne sais comment ceci finira. »

Le 4, il fut traduit au tribunal révolutionnaire avec Chabot, Bazire, Lacroix, Camille Desmoulins, Hérault de Séchelles, Fabre d'Églantine et plusieurs Cordeliers. Les juges eurent peur des accusés. Le Comité de salut public conseilla au tribunal révolutionnaire de les mettre hors des débats. Danton et ses amis furent condamnés sans être entendus. Le tribun, jetant à ses juges un sourire moqueur et des boulettes qu'il avait façonnées dans ses mains : « Danton , leur dit-il, appartient au néant, mon nom est déjà dans la postérité. » Et , rentré avec ses amis dans la salle des condamnés : « C'est moi, s'écria-t-il, c'est moi qui ai fait instituer ce tribunal infâme ; j'en demande pardon à Dieu et aux hommes. Je laisse tout dans un gâchis épouvantable ; il n'y en a pas un qui s'entende en gouvernement. Au surplus, ce sont tous des frères Caïn : Brissot m'aurait fait guillotiner comme Robespierre. » Ses amis du dehors espéraient encore qu'il serait sauvé par Robespierre. « Je le connais mieux que vous : n'espérez rien, » leur faisait-il répondre. Ses amis du dedans attendaient leur salut commun d'une émeute populaire. « Vous ne connaissez pas le peuple, répondait Danton ; ces f... bêtes, en me voyant aller à l'échafaud, crieront : vive la liberté ! » Le courage des condamnés ne faiblit point dans le trajet. Arrivé au pied de l'échafaud, Danton parut un instant absorbé. « Ô ma femme ! dit-il , je ne te verrai donc plus ! Allons ! Danton, point de faiblesse. » Il monte et dit au bourreau : « Tu montreras ma tête au peuple. » Robespierre était au Pont-Tournant ; il vit tomber cette tête, se frotta les mains de joie, et se perdit dans la foule. C'était le 5 avril 1794. Danton était âgé de trente-cinq ans.

Danton domine toute son époque, et cependant, n'ayant fait partie que du Comité de constitution, la responsabilité des actes politiques ne saurait peser sur sa mémoire. Homme d'insurrection et de gouvernement, c'est au Champ-de-Mars, au 20 juin, au 10 août, au 2 septembre, au 31 mai, à rendre contre lui un témoignage du seul, de désordre et de frénésie. Ces journées pèsent de tout leur poids sur la tombe du terrible révolutionnaire. Il possédait cette nature d'éloquence excentrique et gigantesque qui fait bouillonner toutes les passions, dresse les masses, fascine les esprits et les pousse au délire. Sa figure, belle dans son horreur, ses formes herculéennes, l'insolence de sa pose, l'audace de son geste, la puissance de son regard, les mugissements de sa voix tonnante, tout faisait de Danton le tribun d'un peuple toujours en émeute et l'orateur d'une révolution toujours attaquée et toujours menaçante. Ange déchu, il s'entourait de morts et de ruines. Son cœur était vide, sa conscience muette : il n'avait pas de Dieu, pas de vertu. Le pouvoir même n'était pour lui qu'un instrument de fortune, et l'or un moyen de payer la débauche et l'orgie.

Et toutefois, nous le répétons, il eut une noble passion qui fit de lui par intervalles un orateur populaire, un vrai Français, c'est son fanatisme pour le sol de la patrie, sa colère contre l'étranger qui le menaçait d'un manifeste insolent, ou le foulait d'un pied vainqueur. Sa voix alors trouvait de l'écho en France, et cette voix retentira dans l'avenir, chez tous les peuples assez courageux pour préférer la mort à la honte. J.-P. PAGÈS (de l'Ariége).

Danton a laissé deux fils. En 1851, les journaux nous ont appris qu'ils jouissaient à Arcis-sur-Aube d'une fortune de 30,000 fr. de rente, dont l'origine remonte à l'indemnité qu'ils reçurent, sous la restauration, en vertu de la loi du 27 avril 1825, dite loi d'*indemnité aux émigrés*.

DANTZIG, place forte et importante ville commerciale bâtie sur la rive occidentale de la Vistule, à un myriamètre de la Baltique, chef-lieu du cercle de régence du même nom, dans la province de Prusse, jadis Prusse occidentale, avec *Neufahrwasser* son port, que protègent les forts dits *Westerschanze* et *Weichselmunde*, est très-agréablement située dans une belle contrée, et est traversée, par la Motlau, qui va se jeter dans la Radaune ; mais les rues n'en sont ni bien construites ni régulières. Elle forme différents quartiers appelés *Alt-*, *Recht-*, *Nieder-* et *Vor-stadt*, *Langgarten* et *Spenherinsel*, et, sans y comprendre ses neuf faubourgs, a près de huit kilomètres de circuit. Place forte de premier ordre, Dantzig est entourée d'un rempart et de fossés à sec ; son système de fortification tient tout à la fois du système autrefois en usage en Allemagne, du système de Cœhorn et de celui de Vauban. Outre ses fortifications proprement dites, elle est encore défendue par les forts de *Bischufsberg*, de *Hagelsberg* et de *Zigankenberg*. Elle est le siège de diverses autorités supérieures, d'un tribunal de cercle et d'un tribunal de ville , ainsi que d'un collège d'Amirauté. On y trouve aussi une école de navigation. En fait d'édifices publics, on y remarque surtout : la cathédrale de Sainte-Marie, l'une des plus vastes églises qui existent en Europe, et où l'on admire un tableau du jugement dernier attribué aux frères Van Eyck ; l'église Sainte-Catherine, où se trouve le tombeau du célèbre astronome Hével ; le grand hôtel de ville, l'hôtel de la régence, l'ancien arsenal, l'hôtel du gouvernement, les trois synagogues, et le *Junkerhof* ou *Arthushof* (la bourse). On compte d'ailleurs à Dantzig douze églises protestantes, neuf églises catholiques et deux églises réformées. Cette ville possède en outre un gymnase, une école de commerce (depuis 1832), deux écoles civiles supérieures, plusieurs collections scientifiques et divers établissements de bienfaisance ou d'utilité publique. Il y existe aussi depuis 1742 une Société d'histoire naturelle. Le nombre des habitants de la ville et des faubourgs s'élève à 63,000, dont 15,700 catholiques, 2,600 juifs et 600 mennonites. Indépendamment de quelques manufactures assez importantes de passementeries d'or et d'argent, de draps, d'étoffes de laine et de maroquin, ils possèdent de grandes teintureries, sucreries et fabriques de produits chimiques. Le commerce des céréales et des bois arrivant de l'intérieur de la Pologne par la Vistule avait autrefois à Dantzig bien plus d'importance qu'aujourd'hui. Les immenses exportations de grains dont elle est le centre pour l'Angleterre, la Hollande et les villes hanséatiques, l'ont depuis longtemps fait surnommer le grenier du Nord. Les autres objets d'exportation de son commerce consistent en bois, cuirs, laines, fourrures, beurres, potasse, chanvre, lin, plumes et une liqueur excellente connue en France sous le nom d'*eau-de-vie de Dantzig*, mais qu'on appelle en Allemagne *Goldwasser* (eau d'or). Le beau port et l'admirable situation de cette ville lui donnent une grande influence sur le commerce tant de mer que de terre; aussi, jadis l'un des membres les plus importants de la ligue hanséatique, est-elle de nos jours la première place commerciale qu'il y ait en Prusse. Toutefois, le système rigoureux de prohibition et de clôture adopté dans ces derniers temps par la Russie n'a pas laissé que de beaucoup lui nuire. Au midi de Dantzig, entre la Vistule et le Nogat, on trouve le Werder, île d'une grande fertilité formée par les bras de la Vistule. Consultez Lœschin, *Dantzig et ses environs* (1836).

Il est fait mention dès le dixième siècle de Dantzig, sous le nom de *Getanum* ou *Dantiscum*, en polonais *Gdansk*. Les Danois et les Suédois, les Poméraniens et les chevaliers de l'ordre Teutonique s'en disputèrent longtemps la possession, et elle changea souvent de maîtres. Après être passée en 1310, sous la domination de l'ordre Teutonique, l'activité de sa population eut bientôt arrêté la diminution de prospérité que des guerres fréquentes lui avaient causée; et ses bourgeois en vinrent à avoir si bien le sentiment de leurs forces qu'en 1454 ils secouèrent le joug de l'ordre, et se placèrent sous la protection des rois de Pologne, tout en étant reconnus par la république polonaise comme indépendants. La ville avait son code particulier et un territoire de près de 16 myriamètres carrés. Elle frappait sa propre monnaie à l'effigie du roi de Pologne, se faisait représenter à Varsovie par un secrétaire, et votait à la diète lors de l'élection des rois. Rendue à peu près inaccessible du côté de la Vistule par des forêts et des marais, en même temps que les basses plaines qui l'entourent pouvaient être facilement inondées; défendue du côté de la terre par un ensemble de fortifications des plus vastes; en possession d'un territoire comprenant trente-trois villages avec la petite ville d'Héla, située à l'extrémité de la presqu'île du même nom et formant une langue de terre sablonneuse, elle n'etait pas moins importante jadis au point de vue militaire qu'au point de vue politique. Il cessa d'en être ainsi quand la Prusse recula ses frontières jusqu'aux confins de son territoire.

Complètement enclavée, à partir de 1772, dans le territoire de la Prusse, devenue maîtresse de la Vistule et du *Fahrwasser*, elle ne tarda pas à déchoir de son ancienne prospérité. Le roi Stanislas ayant déclaré que force lui était d'abandonner Dantzig à son sort, et la Prusse ayant exigé la soumission de cette ville, il intervint une convention à la suite de laquelle, le 28 mai 1793, les Prussiens prirent possession des ouvrages extérieurs de la place. Mais le peuple courut aux armes, et il en résulta une lutte qui se termina cependant au bout de quelques jours par une soumission absolue. Sous la domination prussienne, la prospérité de Dantzig ne tarda pas à refleurir; mais quand éclata la guerre de 1806 contre la France, elle fut frappée de nouvelles calamités. Investie le 7 mars 1807 par le corps aux ordres du maréchal Lefebvre, elle se trouva le 20 privée de toute espèce de communications, quand l'ennemi se fut rendu maître de la langue de terre appelé *Frische Nehrung*. Quoique dans les sorties qu'elle opéra le 21 et le 26 la garnison eût fait preuve de beaucoup de courage, ses efforts ne purent pas empêcher l'ennemi de s'établir le 1er avril sur le *Zigankenberg*. Le bombardement commença dans la nuit du 23 au 24 avril, et continua, sauf divers intervalles, jusqu'au 21 mai. En vain le général Kamenskoï chercha à se jeter dans la place avec 8,000 hommes. Une corvette anglaise, chargée de transporter sur la Vistule les approvisionnements nécessaires, de l'argent, etc., toucha le fond et fut prise par les assiégeants. Le manque de munitions et l'imminence d'un assaut déterminèrent le gouverneur comte de Kalkreuth à conclure, le 24 mai, une capitulation ayant les mêmes bases que celle aux termes de laquelle le général français D'Oyré lui avait rendu à lui même Mayence le 22 juillet 1793. Le 27 mai, la garnison sortit de la place avec tous les honneurs de la guerre, sous l'engagement de ne point porter de toute une année les armes contre la France; mais les vainqueurs imposèrent à la ville une contribution de guerre de vingt millions de francs payable à diverses époques. Le maréchal Lefebvre, en récompense de la prise de cette ville, fut créé par Napoléon *duc de Dantzig*.

La paix de Tilsitt érigea de nouveau Dantzig en ville libre avec un territoire de deux lieues, qu'une déclaration postérieure de Napoléon augmenta arbitrairement de tout ce qui avait constitué l'ancien territoire de la ville, laquelle fut en outre placée sous la protection de la France, de la Prusse et de la Saxe. Mais, transformée en place d'armes de la France, elle ne jouit jamais d'une véritable liberté, puisqu'il y résida constamment un gouverneur français, le général Rapp, à la tête d'une nombreuse garnison française; l'établissement du système continental eut d'ailleurs pour résultat de porter un coup fatal à la plus importante source de sa prospérité, son commerce avec l'Angleterre.

A la suite de la campagne de Russie, Dantzig fut déclarée en état de siège le 31 décembre 1812. Les débris du 10e corps, composé de troupes françaises et polonaises, parvinrent à s'y jeter lors de la retraite de Russie; et elle reçut encore des renforts de Spandau et de Magdebourg : de sorte que la garnison présentait un effectif de 30,000 hommes environ, dont un tiers blessés et malades, lorsqu'à la fin de janvier 1813 arriva devant la place un corps de 6,000 cosaques, qui ne tarda pas à être renforcé par 7,000 hommes d'infanterie et 2,500 chevaux, avec 60 pièces de campagne, aux ordres du général de Lœwis. De sanglantes sorties et attaques eurent lieu le 4 février, le 5 mars, le 27 avril, et, après que les assiégeants eurent encore reçu un nouveau renfort de 8,000 Prussiens, le 9 juillet. A l'expiration de l'armistice de Plesswitz, le duc de Wurtemberg vint prendre le commandement de l'armée assiégeante, qui livra alors les combats les plus vifs dans les journées des 28 et 29 août, 1er, 7 et 17 septembre et 1er novembre, tant à l'occasion de sorties tentées par les assiégés que dans des attaques dirigées contre la ville. Ce ne fut que lorsqu'une escadre anglaise se fut approchée de Dantzig par mer et eut commencé, le 1er septembre, à la canonner de concert avec les batteries de terre, employant à cet effet des fusées à la congrève, et quand la seconde parallèle se trouva ouverte, que fut signée, le 17 septembre, une capitulation aux termes de laquelle la garnison s'engagea à mettre les armes le 1er janvier 1814 et à ne pas servir de toute une année contre les coalisés, à la condition d'être ramenée en France. L'empereur Alexandre ayant refusé d'approuver cette convention, le général Rapp, qui dans l'intervalle avait probablement anéanti une grande quantité de munitions et de provisions, se trouvant dans l'impossibilité de prolonger plus longtemps sa défense, fut réduit à rendre la place sous la condition que tous les Polonais et Allemands faisant partie du corps sous ses ordres seraient renvoyés dans leurs foyers le 1er janvier, et que le lendemain les Français évacueraient la place pour être transportés dans l'intérieur de la Russie comme prisonniers de guerre.

Pendant ce siège, qui dura onze mois, 309 maisons de la ville furent incendiées et détruites, 1115 furent plus ou moins gravement endommagées, et un grand nombre d'hommes périrent de faim. Le 3 février 1814 Dantzig rentra sous la domination de la Prusse; elle eut encore considérablement à souffrir, le 6 décembre 1815, de l'explosion d'une poudrière, en 1829 d'un débordement de la Vistule, et en 1831 du choléra. Consultez Lœschin, *Histoire de Dantzig* (en allemand; 2 volumes, 1822).

DANTZIG (Duc de). *Voyez* LEFEBVRE.

DANUBE (en allemand *Donau*), appelé par les anciens *Danubius*, et, dans son cours inférieur (la seule partie qu'ils en connussent), *Ister*; après le Volga, celui de tous les fleuves de l'Europe qui a le cours le plus étendu et le volume d'eau le plus puissant, formant la grande voie de communication fluviale entre le centre et l'est de cette partie de la terre, prend sa source à environ 850 mètres au-dessus du niveau de l'Océan, en pleine Forêt-Noire, dans le grand duché de Bade, entre les monts Rosseck et Brigirain, à la chapelle Saint-Martin, à 10 kilomètres environ au nord-ouest de Furtwangen, et, jusqu'à Donaueschingen, porte le nom de *Brege*. Ce n'est qu'après avoir reçu là les eaux de la Brigach, qui a sa source à 8 kilomètres au sud-ouest de saint-George, dans la Forêt-Noire, qu'il prend le nom de *Danube*. A Danaueschingen, il est encore à 708 mètres au-dessus du niveau de l'Océan.

Le Danube est le seul grand fleuve de l'Allemagne qui dans son cours principal se dirige vers l'est; obéissant à une pente des plus rapides, coulant entre des rives escarpées et rocheuses, dans un lit généralement étroit, et plus tard entre des plaines aux riches pâturages, il se fraye un passage à travers les montagnes calcaires désignées sous le nom de *Rauhen Alp*, atteint non loin de Sigmaringen les contrées plus unies du plateau supérieur de la Souabe et de la Bavière, et coule dans la direction de l'est-nord-est jusqu'à Ulm, où il acquiert 80 mètres de largeur et devient navigable, conservant encore une altitude de 474 mètres au-dessus du niveau de l'Océan. Il continue à suivre cette direction, à travers le plateau de la Bavière et, borde souvent de bas-fonds marécageux, par Donauwœrth, Neuburg et Ingolstadt jusqu'à Ratisbonne et Donaustauf. Dérangé alors dans son cours par le *Bairischewald*, il se détourne à l'est-sud-est, en passant devant Straubing, jusqu'à Passau. C'est en ce lieu que finit ce qu'on appelle le *haut Danube*. Il devient alors un fleuve de plateaux, avec une pente proportionnément moindre qui est en moyenne de 3 mètres 66 centimètres par myriamètre. A partir de Passau, où il n'est plus guère qu'à 273 mètres au-dessus du niveau de la mer, et où l'Inn, puissant cours d'eau prenant sa source dans les Alpes, vient notablement le grossir, le Danube, qui a atteint alors le sol autrichien, abandonne la région des plateaux pour la région moyenne. Se frayant passage à travers le *Bœhmerwalde*, le *Greinerwalde* et le *Manhartswalde* d'une part, et les versants des Alpes Noriques de l'autre, il traverse une vallée romantique offrant tantôt des défilés encaissés par de gigantesques rochers, tantôt de petits bassins semblables à des lacs, dans un lit dont la largeur varie entre 200 et 1200 mètres, divisé souvent en plusieurs bras; et son courant, d'abord modéré, puis devenant de plus en plus rapide, notamment entre Grein et Krems, présente alors un grand nombre de tourbillons et de remoûs des plus dangereux. Après avoir traversé ensuite au-dessous de Krems le dernier bassin jusqu'à Kloster-Neuburg, il arrive au-dessus de Vienne, où il ne se trouve plus qu'à 155 mètres au-dessus du niveau de la mer, et atteint les plaines de la basse Autriche. On pourrait faire commencer ici le bas Danube, s'il n'avait pas encore à franchir deux rangées de montagnes. En effet, il rencontre d'abord aux frontières de la Hongrie les monts Leitha au sud et les prolongements des petites Carpathes au nord. Après avoir franchi ce passage entre Fischamend et Presbourg, et avoir formé dans son cours un grand nombre d'îles, notamment la grande île de Schutt, qui a 11 myriamètres environ de longueur sur 3 de largeur, et la petite île de Schutt, longue de 6 myriamètres, il atteint les plaines de la haute Hongrie. A Wiszegrad, il franchit de nouveau les hauteurs du *Bakonyerwald*, qui s'avancent en venant du sud, et les derniers prolongements des Carpathes de Néograd, qui se trouvent au nord. Après quoi, à partir de Waitzen, il gagne la grande plaine de la Hongrie à travers les steppes uniformes et dénudées de laquelle il coule lentement, formant avec ses innombrables méandres une foule d'îles et de bras divers, entre des rives basses, dépourvues d'arbres, sablonneuses, entremêlées de marais pestilentiels, de fondrières remplies de joncs, et de forêts marécageuses. Ce n'est qu'après avoir reçu les eaux de la Drave, qu'il commence à couler de nouveau à travers des contrées riantes, jusqu'aux cimes sourcilleuses des montagnes granitiques du Banat au nord et des montagnes calcaires de Servie au sud, lesquelles forment ce qu'on appelle le second passage ou la seconde Porte du Danube.

Jusqu'alors la largeur du fleuve avait varié entre 500 et 650 mètres; elle se rétrécit ici pour ne plus être guère que de 200 à 250 mètres, et plus loin, encore moindre. Le passage le plus étroit et le plus dangereux est celui qui se trouve au-dessus d'Orsova, à ce qu'on appelle la Porte de Fer (*Demir Kapi*). A Kladowa, le Danube abandonne cette voie étroite, pleine de sinuosités et encaissée entre des rochers, formant sa dernière Porte. C'est là que commence son cours inférieur; et, à partir de Widdin jusqu'à Rassowa, il coule en se dirigeant vers l'est le plus généralement d'un cours tranquille à travers les plaines de la Valachie, lesquelles renferment des bas-fonds marécageux, souvent de plusieurs myriamètres de largeur et que des joncs et des roseaux recouvrent entièrement, entrecoupées en outre par de nombreux bras du fleuve, qui y forment de grandes flaques d'eau stagnante. A Rassowa et à une distance d'environ 9 myriamètres de la mer, la direction du cours du fleuve change tout à coup. Il coule alors au nord jusqu'au point où le Séreth vient s'y déverser, et reprend à ce moment sa direction première, en se grossissant en route des nombreux cours d'eau qui viennent s'y jeter. Enfin à Tulcza commence le delta du Danube, qui se divise en trois bras principaux, larges chacun de cent à deux cents mètres, sans compter plusieurs petits bras. Les trois bras principaux sont appelés *Kilia*, *Sulina* et *Georgiewskoi*, et vont se jeter dans la mer Noire. Le développement total du Danube est de 380 myriamètres, et son bassin occupe une superficie de 14,600 myriamètres carrés. Parmi ses nombreux affluents, les plus importants sont, sur la rive droite : l'Iller, le Lech, l'Isar, l'Inn, la Trawn, l'Ens, la Leitha, le Raab, le Sarvitz, la Drave, la Save et la Morawa ; sur la rive gauche : la Brentz, la Wernitz, l'Altmühl, le Nab, le Regen, l'Itz, le March, la Waag, le Gran, la Theiss, l'Aluta, l'Ardachisch, la Jalomitza, le Sereth et le Pruith. Le Danube est très-poissonneux, surtout en Hongrie, où l'on pêche des carpes et des esturgeons d'une rare délicatesse; ses eaux, très-pures à sa source, se mêlent bientôt à celles de divers courants venant des Alpes et tenant en dissolution du sel à base terreuse. Plus loin, des eaux amenées de même sur l'une et l'autre de ses rives en tretiennent les mauvaises qualités de toute la masse liquide, qui ne s'améliore pas jusqu'à son entrée dans la mer Noire.

L'état de la navigation du Danube laisse beaucoup à désirer, comme celui de tous les autres fleuves de l'Allemagne, à l'exception du Rhin, qui se charge de faire lui-même ce qu'ailleurs on doit attendre de la main des hommes. Il réclame donc d'importantes améliorations : des sables, tantôt apparentes et tantôt cachées sous les eaux, y rendent la navigation périlleuse en maints endroits. Ce lit, encore embarrassé d'obstacles, peut être nettoyé. Les travaux qui le rendront complètement navigable sur tout le développement de son parcours ne sont pas au-dessus des forces que chaque gouvernement peut employer à cette belle entreprise. On redoute aussi les inondations subites et excessives, surtout vers l'embouchure d'affluents torrentueux, comme ceux qui descendent des Alpes dans les royaumes de Wurtemberg et de Bavière. Cet inconvénient ne peut être évité ; mais l'industrie peut y remédier. Il serait étrange que l'on fût arrêté, en Europe, au dix-neuvième siècle, par des difficultés que l'indigène américain savait surmonter même avant l'invasion des Européens dans le nouveau monde. Le Danube ne devient navigable qu'à Ulm, quoiqu'il fût possible de le rendre déjà tel à partir de Biedlingen. D'Ulm à Ratisbonne, on a beaucoup fait pour améliorer son cours ; mais de Ratisbonne jusqu'à Linz, il reste encore beaucoup à faire. Les bas-fonds qu'on rencontre à Orsova rendent en cet endroit la navigation très-dispendieuse. La seule de ses embouchures qui soit encore praticable, la *Sulina*, est dans un état déplorable. Comme les autres bouches du Danube, elle se trouve placée, depuis la paix d'Andrinople, sous la domination russe. Une convention intervenue en 1840 entre la Russie et l'Autriche stipulait que la première de ces puissances exécuterait les travaux d'art nécessaires pour faire disparaître les obstacles qu'y rencontre la navigation; mais jusqu'à ce jour rien n'a été entrepris dans ce but. Tout au contraire, les obstacles se sont accrus. En effet, au temps de la domination turque, cette embouchure présentait encore 14 pieds de profondeur, tandis qu'elle n'en a plus aujourd'hui que 9. Tous les navires qui ont un plus fort tirant d'eau, doivent en conséquence décharger une partie de leur cargaison sur des allèges, puis les recharger une fois qu'ils ont franchi cette barre et gagné la région du fleuve où ses eaux acquièrent plus de profondeur. De là des risques de plus d'un genre, une perte de temps fâcheuse et un notable accroissement de frais. Il est tel, que le fret ne donne lieu à aucune espèce de bénéfices. Que si l'on réfléchit que les contrées arrosées par le Danube dans son cours inférieur dépendent (outre la Russie, assez mal disposée à cet égard) de la Valachie et de la Turquie, qui n'entreprennent absolument rien pour en améliorer le cours; que le commerce et la navigation y sont exposés à l'arbitraire, à des déprédations et à des obstacles de toute nature, on comprendra comment ont été déçues, jusqu'à ce jour, les espérances que l'Allemagne méridionale avait basées dans ces derniers temps sur les développements de la navigation de ce fleuve pour l'extension de son commerce avec le Levant et avec la Perse.

Le commerce auquel le Danube sert de grande voie de communication, est par conséquent resté fort peu important eu égard à l'étendue des distances parcourues et à la fertilité des contrées que baignent les eaux de ce fleuve. Ce n'est, à bien dire, qu'un simple commerce intérieur. On ne pourrait attendre les développements dont il est évidemment susceptible, que de grands changements politiques dont le bas Danube viendrait à être le théâtre, et qui auraient pour résultat de remédier aux différents inconvénients dont il vient d'être fait mention.

La navigation du Danube se fait à la voile ou plutôt à l'aide du halage, et avec des bâtiments à vapeur. Le premier de ces modes est surtout employé pour descendre le fleuve, en raison de l'extrême rapidité de son courant; aussi les bâtiments sans voiles, construits à cet effet sont-ils en général si légers, qu'une fois arrivés au terme de l'unique voyage pour lequel on les emploie l'usage est ordinairement de les dépecer. Que si, par exception, on leur fait remonter le fleuve, on ne peut se servir à cet effet ni de la rame ni de la voile, et il faut les faire haler par des chevaux. La navigation offre d'une difficulté extrême en Hongrie, où, en raison du peu d'élévation du rivage, on ne peut pas en beaucoup d'endroits établir de chemin régulier de halage, et où, en guise de chevaux, on est réduit à employer des hommes pour remorquer les diverses embarcations. Placée dans de telles conditions, la navigation du Danube ne pouvait naturellement pas progresser autrefois; aussi une ère nouvelle date-t-elle pour ce fleuve de l'emploi de la vapeur comme force motrice. C'est en 1830 que des bâteaux à vapeur parurent pour la première fois sur le Danube. Le premier service régulier qu'on monta fut établi entre Vienne et Pesth. Sur le haut Danube, la navigation à vapeur a eu pendant longtemps à lutter contre les plus grandes difficultés. La Compagnie bavaroise et wurtembergeoise pour la navigation à vapeur créée en 1838, se vit réduite dès 1846 à abandonner son exploitation au gouvernement bavarois. La Société bavaroise, dont le siège est à Ratisbonne, entretient un service régulier depuis cette ville jusqu'à Linz, et possédait, en 1850, 11 bâteaux à vapeur. La Société wurtembergeoise qui existe à Ulm depuis 1843, en-

tretenait depuis 1847 un service régulier jusqu'à ce point, quoique les basses eaux vinssent souvent l'interrompre. La Société autrichienne, créée à Vienne en 1835, est autrement puissante que celles que nous venons de mentionner. En 1840, son capital réalisé était de 3,780,000 florins; et deux ans plus tard, on l'augmentait encore d'un million de florins. En 1845, cette compagnie transportait déjà annuellement 555,864 voyageurs et 1,983,355 quintaux de marchandises. Elle fait le service entre Linz et Galacz. Jusqu'en 1844, elle avait aussi desservi la mer Noire; mais à cette époque elle vendit ses bateaux à vapeur à la Compagnie du Lloyd autrichien de Trieste, qui depuis lors dessert les lignes de Galacz à Trébisonde, à Salonique, à Smyrne, mais surtout à Constantinople. De Galacz à Odessa, le service se fait à bord de vapeurs russes.

En 1849, 1724 navires franchirent la *Sulina* pour entrer dans le Danube, et 1496 pour entrer dans la mer Noire. Sur ce nombre, 31 seulement étaient sous pavillon autrichien; chiffre bien inférieur, il est vrai, au résultat des années 1846 et 1847. Le *Ludwigscanal*, construit en Bavière pour mettre le Rhin en communication avec le Danube, devra, dès que la régularisation du cours du Mein permettra d'y établir des services réguliers, contribuer à accroître le mouvement de la navigation du Danube.

L'importance stratégique du Danube est prouvée par le grand nombre de places fortes qui s'élèvent sur ses rives; par exemple : Ulm, Ingolstadt, Passau, Linz, Komorn, Ofen, Peterwardein, Neu-Orsova, Widdin, Nikopoli, Roustchouk, Silistria, Braïla, Ismaïl. Dans tous les mouvements de migration des peuples, dans toutes leurs grandes guerres depuis Darius et Alexandre, sous la domination romaine depuis Auguste, sous Marc-Aurèle et Trajan, depuis l'invasion des Barbares, depuis Attila, Charlemagne, les expéditions des Avares, des Magyares et des Mongols, depuis les Croisades, Rodolphe de Habsbourg, Jean Hunyades et Soliman, depuis le prince Eugène jusqu'à Napoléon et à Kossuth, et en ce moment encore (novembre 1853), dans la lutte qui commence entre la Russie et la Turquie, le Danube a toujours joué un rôle principal dans l'histoire de la guerre.

D'ANVILLE. *Voyez* ANVILLE.

DAOURIE, grande contrée montagneuse et sauvage, qui a pour limites le lac Baïkal, la Léna et la Mongolie, et qui forme l'extrémité sud-ouest du gouvernement d'Irkoutsk (Russie asiatique), à savoir le cercle de Nertschinsk. Elle tire son nom des *Daouris*, peuplade tongouse qui l'habitait autrefois et qui exploitait ses mines d'argent. Ce pays comprend plusieurs groupes de montagnes, à savoir celles qui sont limitrophes de la Mongolie, et qu'on appelle *Khan-Oola*, et au centre et à l'intérieur, les montagnes *Daouriennes*. Toute cette chaîne est d'ailleurs entrecoupée de plateaux dénudés, de steppes, de forêts, de marais et de vallées. Les montagnes de Khan-Oola sont des masses granitiques, extrêmement escarpées, coupées presque à pic du côté du nord, et dont les versants, jonchés de débris de rochers, offrent les points de vue les plus sauvages. Des blocs gigantesques de granit couvrent partout le sol, dans les steppes comme sur les cimes des montagnes, dont les pics, couverts de neige, dérobent leurs têtes dans la région des nuages. Les rochers qu'on prendrait de loin pour des ruines ou pour des fortifications, couronnent toutes ces montagnes; et les nuages qui les enveloppent constamment les font ressembler à des volcans en ignition. Les cours d'eau y sont très-fréquents, et les nombreuses sources que recèlent ces montagnes dans leurs flancs alimentent surtout les différents affluents de l'Amour; de même qu'une foule de ruisseaux et de torrents portent leurs eaux à la Léna. Le climat de ces contrées est des plus âpres. L'élève des bestiaux, la chasse, l'exploitation des bois et celle des mines avec le commerce de transit et d'expédition pour les provinces septentrionales de la Chine, les principales industries de la population, généralement plus aisée qu'on ne le supposerait, et qui se compose de Russes, de Bourètes, qui sont à la fois agriculteurs et pasteurs ; de Tongouses, qui errent dans les montagnes avec leurs chevaux, leurs bestiaux et leurs chameaux, et enfin de Mongols. Après Nertschinsk, son chef-lieu administratif, on peut encore citer comme points importants Stretinsk, sur la Schilka, Doroninsk, sur l'Ingoda, et Zourouehaïtou, forteresse frontière, poste de douanes et dernière étape de la route conduisant en Chine par la Mandschourie.

DAPHNÉ. Selon les fictions des poëtes et les légendes de la Grèce antique, c'était une nymphe, fille de Pénée, roi et fleuve de la Thessalie. Apollon, exilé de l'Olympe, et berger à la solde d'Admète, en devint vivement épris ; mais un mortel, le jeune Leucippe, était préféré au dieu déchu. Comme le premier la poursuivait sur les bords du fleuve paternel, la nymphe, hors d'haleine, et près de tomber dans les bras du dieu, tendit les mains vers le Pénée, qui la changea en un arbuste auquel il conserva le nom de cette fille chérie. Ce fut l e l a u r i e r (en grec δαφνη). Apollon pressa sur son sein l'écorce encore chaude, où la sève remplaçait déjà le sang de cette infortunée. Pour immortaliser en vain amour, il voulut que les branches de cet arbre toujours vert couronnassent le front des vainqueurs et des poëtes, et les préservassent de la foudre, et de l'oubli, plus craint d'eux que le tonnerre ; lui-même il forma d'une de ses branches son diadème terrestre. DENNE-BARON.

DAPHNÉ (*Botanique*), de δαφνη, laurier, genre de plantes ainsi nommé de la forme de ses feuilles. Ce genre, type de la famille des *daphnacées*, renferme plus de cinquante espèces. Ce sont toutes des sous-arbrisseaux d'un port élégant et à feuilles simples ; le plus grand nombre sont indigènes à l'Europe, et les autres croissent en Asie, en Afrique et en Amérique. Elles ont pour caractères génériques : périgone à 4 lobes ; 8 étamines ; style terminal et court ; fruit bacciforme, uniloculaire et monosperme.

Le *daphne mesereum* ou *bois gentil* a une tige droite, rameuse, à écorce cendrée et haute de 0^m,60 à un mètre ; les feuilles sont lancéolées, aiguës, glabres et tombantes ; les fleurs, odorantes, latérales, sessiles, ternées, se développent avant les feuilles ; elles sont purpurines, blanches dans une variété ; le tube du périgone est velu ; les baies sont rouges dans les individus à fleurs purpurines, et jaunes dans la variété à fleurs blanches. Ce sous-arbrisseau croît dans les vallées et les bois des montagnes, où il produit un bel effet, et qu'il parfume par l'odeur suave de ses fleurs. Il fleurit à la fin de l'hiver ou au commencement du printemps. On le cultive pour orner et embellir les parterres, les massifs et les parcs. Cependant, il possède des propriétés vénéneuses : les fleurs, si on en respire trop longtemps l'odeur, et surtout dans des chambres fermées, occasionnent des maux de tête et même des syncopes ; toutes les parties de la plante sont âcres, irritantes, et produisent sur la peau une rubéfaction très-prononcée ; l'écorce est, comme celle du *garou*, employée pour produire des exutoires. Les gens de la campagne se purgent quelquefois avec ses fruits, qu'ils avalent entiers ; mais ils éprouvent souvent des superpurgations accompagnées de violentes tranchées.

Le *daphne laureola*, ou *daphné-lauréole*, a les feuilles coriaces, lancéolées, glabres, aiguës, restant vertes et vivantes tout l'hiver ; les fleurs sont verdâtres, inodores, axillaires, pédicellées et quinées. Il croit dans les bois et fleurit en février et mars. Dans cette espèce encore toutes les parties de la plante sont très-âcres et très-caustiques. L'écorce est aussi employée pour produire des exutoires. Le *decoctum* des feuilles a été essayé contre les maladies cutanées et syphilitiques ; mais leur action énergique est très-irritante et exige beaucoup de prudence de la part du médecin. Les paysans se servent également des fruits (trois ou quatre) pour se purger, mais leur action drastique est encore plus énergique que celle des fruits du *bois gentil*.

Le *daphne cnorum*, ou *camelée*, a des tiges nombreuses, grêles, étalées, rameuses et hautes de 0^m,15 à 0^m,30 ; des feuilles elliptiques lancéolées, obtuses avec une petite pointe, coriaces et glabres ; des fleurs à odeur très-suave, sessiles, terminales, fasciculées au sommet des rameaux et d'un beau rouge, le tube du périgone pubescent. Ce petit sous-arbrisseau croît sur les basses montagnes, dans les endroits découverts et exposés au sud-ouest ; il fleurit au printemps et quelquefois encore en automne. On le cultive dans les jardins et les parterres, à cause de son élégance et du parfum de ses fleurs. On le greffe sur le *bois gentil* ou sur le daphné-lauréole, afin de l'avoir à tige plus élevée. Cette espèce est très-peu vénéneuse ; l'odeur de ses fleurs n'est point sensiblement malfaisante.

Le *daphne gnidium* ou *garou* a pour caractères particuliers : tige très-rameuse, s'élevant à 0^m,60 ou 0^m,90 ; feuilles coriaces, linéaires, lancéolées, glabres, acuminées ; fleurs sessiles en petites grappes au sommet des rameaux ; tube du périgone tomenteux. Cet arbuste, encore nommé *sainbois*, croit dans les endroits arides et exposés au sud-ouest, en Provence surtout. L'écorce en est fréquemment employée pour composer des vésicatoires et pour préparer la pommade au garou. Elle est couverte d'un épiderme demi-transparent, d'un gris foncé, marqué de distance en distance de taches blanches tuberculeuses ; elle est formée de fibres longitudinales très-tenaces. L'intérieur est jaune paille ; son odeur est nauséabonde, sa saveur âcre et corrosive. Les anciens, d'après le témoignage de Dioscoride et de Pline, employaient les fruits, au nombre de vingt environ, pour se purger ; c'est cependant un toxique très-violent.

On remarque encore le *daphne odora*, originaire de la Chine et du Japon ; le *daphne collina* indigène à l'Italie, qui sont des plantes d'ornement recherchées, mais qui doivent être rentrées dans l'orangerie l'hiver ; et enfin le *daphne cannabina*, qui croît dans les forêts de la Cochinchine, dont les habitants emploient l'écorce pour faire du papier. Il est certain que toutes les espèces de daphné d'Europe, dont l'écorce et les fibres du bois sont tenaces, fines, soyeuses et comme satinées, donneraient un très-beau papier. CLARION.

DAPHNÉPHORIES. Sous ce nom il se célébrait, le dixième mois de chaque année, à Thèbes et dans toute la Béotie, une fête astronomique : un riche, beau et jeune daphnéphore (porteur de laurier), vêtu d'une robe éblouissante, la tête ceinte d'un diadème à rayons d'or, et doué d'une haute taille, élevée encore par la chaussure majestueuse appelée *iphicratide*, portait, en marchant en pompe vers le temple d'Apollon isménien, une tige d'olivier, d'où pendaient des feuilles de laurier, des fleurs et trois cent soixante-cinq petites couronnes, symbole des trois cent soixante-cinq révolutions annuelles de la terre sur son axe. Au sommet de cette tige brillait une sphère de cuivre dorée, au bas de laquelle s'en balançaient d'autres plus petites. La première était l'emblème de l'astre du jour, la seconde celui de la lune, et les autres celui des étoiles. Les hymnes que chantaient une troupe de jeunes filles à ces fêtes étaient appelées *parthénies*. Alcman, Pindare, Simonide et Bacchylide, au rapport de Plutarque, étaient chargés de composer ces divines pièces, magnifique liturgie païenne que nous avons perdue. Ces fêtes voluptueuses ne cessèrent qu'après le règne de Julien l'Apostat. DENNE-BARON.

DAPHNIE, genre de crustacés établi par Müller aux dépens du genre *monocle* de Linné. Le corps des daphnies est protégé par deux valves de substance calcaire ou cornée, en forme de coquille ; leurs yeux sont sessiles et réunis en un seul ; leurs antennes sont rameuses ; leur têt ne protège ces animaux qu'en partie, car du côté dos leur corps forme une sorte de ligne saillante qui simule une charnière, et la tête se montre à l'une des extrémités. A l'aide de leurs antennes en rames frangées, et qui semblent destinées à la natation, les daphnies s'avancent sur l'eau par saccades ou par bonds; ce qui a fait donner à quelques espèces les noms vulgaires de *puce aquatique*, de *puceron branchu*. Ces crustacés de très-petite taille se trouvent communément dans les mares de toute l'Europe. Le *daphnie-puce* (*daphnia pulex*), qu'on rencontre dans les environs de Paris, est quelquefois si abondant que sa couleur rouge paraît être celle des eaux qu'il habite.

DAPHNIS, berger et poète fameux de Sicile dans les siècles anciens, naquit, selon Diodore, son compatriote, dans le pays de Syracuse. Élien, qui en parle, l'appelle aussi *Daphnis le Syracusain*. Les chants des bergers avant Daphnis étaient grossiers; il les perfectionna, en fit un art : de là l'invention de la poésie bucolique, qu'on lui attribue. Ajoutez à cela le merveilleux qui entoura son berceau, une origine royale ou divine, un bois de lauriers dans lequel il fut exposé tout enfant, et d'où il prit son nom, un essaim d'abeilles de l'Hybla, qui accourut le nourrir de son miel, des nymphes qui l'élevèrent, puis une beauté ravissante, et vous ne serez point surpris de l'apothéose qu'en a faite Virgile et d'autres avant lui. Les uns veulent que ce berger célèbre ait été fils d'une fille de roi, qui l'aurait exposé pour cacher sa faiblesse avec un amant inconnu; d'autres, qu'il ait été fils de Mercure, et quelques-uns (parmi lesquels on compte Théocrite), son favori. Le bocage où il fut exposé était dans une vallée délicieuse des monts Héréens, sur l'un desquels était appuyée la petite ville d'Hybla, à laquelle on avait donné pour cette cause le surnom d'*Héra*. Ce vallon, au rapport de Diodore de Sicile, était plein de sources fraîches et vives; ses sommets étaient ombragés de chênes verdoyants, dont les glands surpassaient le moitié les glands ordinaires, et leurs versants étaient festonnés de vignes entremêlées d'arbres à fruits, et surtout d'une quantité prodigieuse de pommiers.

Daphnis, disent les uns, épris de la solitude, n'aimait que l'aspect des flots bleus de la mer de Sicile, que les antres frais de l'Etna, que le murmure de la fontaine Aréthuse; et, chaste comme Hippolyte, ne sacrifiait qu'à Diane, et faisait ses délices de la chasse, quand tout à coup, surpris d'un désir vague, d'une passion sans aliment, il mourut consumé dans ses propres feux : c'est le sujet d'une belle idylle de Théocrite. Daphnis, disent les autres, épousa dans toute la fleur de sa jeunesse et de sa beauté une femme à laquelle ils donnent tour à tour les noms de *Thalie*, d'*Échénais* et de *Nomie*. Le poète Théocrite en fait une nymphe-naïade. Celle-ci, éprise jusqu'au délire des charmes de son nouvel époux, lui fit jurer que, s'il lui était infidèle, il consentirait à être sur-le-champ frappé d'aveuglement : l'imprudent Daphnis jura. Depuis longtemps naïades, oréades, dryades, nymphes de tout rang, avaient mis sa constance à l'épreuve, quand une simple princesse usa d'un autre moyen : elle lui fit boire du vin, et l'ivresse du berger fut bientôt celle de l'amour. L'épouse de Daphnis survint et lui arracha les yeux. Selon d'autres, il fut soudain frappé d'un aveuglement surnaturel. Le berger traîna quelque temps ses ennuis et sa douleur, qu'il termina un jour dans les flots de la mer de Sicile. Quelques-uns disent qu'il s'éprit d'une vaine et folle passion pour une nymphe ou dédaigneuse jeune fille. Une vieille légende mythologique raconte que Daphnis implora Mercure, son père, contre la barbarie de son épouse; que ce dieu l'enleva sur un nuage dans l'Olympe, et qu'au lieu où tout à l'heure gémissait l'immortel berger, il fit jaillir une fontaine, qui s'appela *Daphnis*, à laquelle tous les ans les Siciliens adressaient des vœux et des sacrifices. C'est dans cette légende que Virgile a puisé l'apothéose de Daphnis; car Théocrite fait passer l'Achéron à cet ami des Muses, et laisse ses gouffres affreux l'engloutir à jamais.

Une autre légende ferait croire qu'il y a eu deux Daphnis. Suivant cette version, ce berger aurait passé en Phrygie pour y reprendre une maîtresse nommée *Poplœa* ou *Italia*, qu'on lui aurait enlevée. Des pirates l'avaient, dit-on, vendue à Lithyersès, fils de Midas, homme cruel et roi de Célènes en Phrygie. Agriculteur infatigable, ce prince forçait les étrangers à l'aider à moissonner une plaine dans un temps donné; sinon, il leur coupait la tête avec sa faulx. Le faible Daphnis fut mis à la tâche : il allait succomber, quand Hercule Phrygien vint à son secours, tua le tyran, dont il lui donna les palais et les terres, après l'avoir uni à sa nymphe. De là sans doute l'épithète d'*Idéen* qu'Ovide donne quelquefois à Daphnis : l'Ida était la principale montagne de la Phrygie. L'histoire de ce voyage est racontée par Athénée : elle devint le sujet d'une tragédie de l'ancien poète Sosibius, intitulée *Daphnis*, dont il nous reste un fragment où sont détaillées les cruautés du barbare fils de Midas.

DENNE-BARON.

DAPHNOMANCIE (de δάφνη, laurier et, μαντεια, divination), sorte de divination qui se faisait par le moyen du laurier. On pratiquait la daphnomancie de deux manières : d'abord en jetant dans le feu une branche de laurier : si, en brûlant, elle pétillait et faisait un certain bruit, on en tirait un heureux présage ; c'était, au contraire, un mauvais signe quand elle brûlait tout simplement et sans produire aucun son, comme dit Properce :

Si tacet extincto laurus adusta foco.

L'autre manière consistait à mâcher des feuilles de laurier, qui inspiraient, disait-on, le don de prophétie : aussi les pythies, les sibylles et les prêtres d'Apollon n'omettaient-ils jamais cette cérémonie; ce qui faisait regarder le laurier comme le symbole caractéristique de la divination.

Edme HÉREAU.

DAPIFER (du latin *dapis*, mets, et *fero*, je porte, c'est-à-dire *porteur de mets*, *maître-d'hôtel*, *intendant*). Mais ce mot a eu un sens bien plus relevé, et le témoignage de son importance se trouve dans la quantité de termes latins qu'il a eus pour synonymes. Depuis Charlemagne, créateur en France de cet office, jusqu'à Robert, on voit exister le *dapifer*, qu'on a nommé ensuite *sénéchal*, *grand-sénéchal*, *grand-maître de la maison*; c'était un grand-officier de la couronne, dont le rang répondait à celui des Domestiques militaires de Byzance ou des modernes aides de camp de souverain. Il fut un temps où les rois d'Angleterre, en leur qualité de comtes d'Anjou et de gardiens et défenseurs de l'abbaye de Saint-Julien de Tours, s'honoraient du titre de *dapifer* dans la maison des rois de France. Les monarques anglais eurent ensuite, à notre imitation, leur propre *dapifer*; il figure encore chez eux dans les grandes cérémonies de cour. Ainsi, au couronnement de Georges IV, un dignitaire, monté sur un cheval et armé de toutes pièces, vint dans la salle du festin servir le roi. Depuis 1623 l'électeur de Bavière, *archi-dapifer* de l'Empire, devait de même servir à cheval les premiers plats du dîner de l'empereur, le jour de son couronnement. Le *dapifer* de France avait eu d'abord un pareil emploi; mais sa dignité domestique se transforma bientôt en un grade éminent; il eut charge de porter la chape de saint Martin, ou probablement de la faire porter, de la lever, comme on disait, et, dès le temps du roi Robert, le dapiférat de la maison royale, ou la charge qui a précédé celles de *grand sénéchal* et de *connétable*, donnait la direction supérieure de la justice de la milice française, le commandement de chef des armées, et une haute primauté sur le maréchal de France.

Les princes et les particuliers avaient aussi des *dapifers* ou officiers de bouche.

G.al BARDIN.

D'AQUIN (N...), premier médecin de Louis XIV, initié à tous les petits mystères de ses amours avec M.me de Montespan, et comblé, à la sollicitation de cette favorite, dont il était en quelque sorte la créature, des faveurs du roi, devait nécessairement perdre cette haute position du jour où une rivale remplacerait dans le cœur blasé du monarque une maîtresse dont le règne avait duré près de vingt longues années. Mᵐᵉ de Maintenon, avait trop de rouerie dans l'esprit et le cœur pour ne pas attacher une importance immense à être assurée d'un dévoûment absolu à ses intérêts de la part de l'homme chargé du soin de la santé du prince qu'elle avait fasciné. Les détails cités par Saint-Simon relativement à l'intrigue d'alcôve qui perdit D'Aquin sont trop curieux pour qu'on ne nous sache pas gré de les citer ici : « D'Aquin était grand courtisan, mais retiré, avare, avide, et qui voulait établir sa famille en toute façon. Son frère, médecin ordinaire, était moins que rien ; et le fils du premier médecin, qu'il poussait par le conseil et par les intendances, valait encore moins. Le roi peu à peu se lassait de ses demandes et de ses importunités. Lorsque M. de Saint-Georges passa de Tours à Lyon, par la mort du frère du premier maréchal de Villeroy, D'Aquin avait un fils abbé, de très-bonnes mœurs, de beaucoup d'esprit et de savoir, pour lequel il osa demander Tours de plein saut, et en pressa le roi avec la dernière véhémence. Ce fut l'écueil où il se brisa. Mᵐᵉ de Maintenon profita du dégoût où elle vit le roi d'un homme qui demandait sans cesse et qui avait l'effronterie de vouloir faire son fils tout d'un coup archevêque *al dispetto* de tous les abbés de la première qualité et de tous les évêques du royaume... Mᵐᵉ de Maintenon, qui voulait tenir le roi par toutes les avenues, et qui considérait celle d'un premier médecin habile comme une des plus importantes, à mesure que le roi viendrait à vieillir et sa santé à s'affaiblir, sapait depuis longtemps D'Aquin, et saisit le moment de la prise si forte qu'il donna sur lui et de la colère du roi ; elle le résolut à le chasser, et en même temps à prendre Fagon en sa place. Ce fut un mardi, jour de la Toussaint, qui était le jour du travail chez M. de Pontchartrain, qui, outre la marine, avait Paris, la cour et la maison du roi en son département. Il eut donc ordre d'aller le lendemain, avant sept heures du matin, chez D'Aquin, lui dire de se retirer sur-le-champ à Paris ; que le roi lui donnait 6,000 livres de pension, à son frère, médecin ordinaire, 3,000 livres pour se retirer aussi, et défense au premier médecin de voir le roi et de lui écrire. *Jamais le roi n'avait tant parlé à D'Aquin que la veille, à son souper et à son coucher, et n'avait paru le mieux traiter.* Ce fut donc pour lui un coup de foudre qui l'écrasa sans ressource. La cour fut fort étonnée, et ne tarda pas à s'apercevoir d'où cette foudre partait, quand on vit, le jour des morts, Fagon déclaré premier médecin par le roi même, qui le lui dit à son lever, et *qui apprit par là la chute de D'Aquin à tout le monde*, et qu'il n'y avait pas deux heures que D'Aquin lui-même l'avait apprise. Il n'était point malfaisant, ne laissa pas, à cause de cela, d'être plaint et même visité, dans le court intervalle qu'il mit à s'en aller à Paris. » D'Aquin ne put pas longtemps survivre à sa disgrâce. Il alla chercher des distractions à Vichy, et mourut en y arrivant. Un autre frère de D'Aquin était évêque de Fréjus, siége où il eut pour successeur le timide et modeste abbé Fleury, devenu plus tard cardinal et premier ministre.

DAQUIN (Louis-Claude), organiste célèbre, né à Paris, le 4 juillet 1694, mort le 15 juin 1772. Il n'avait que six ans lorsqu'il joua du clavecin devant Louis XIV, qui l'encouragea et le récompensa. Daquin étudia la composition sous la direction de Bernier, l'un des meilleurs musiciens du temps ; à l'âge de huit ans, il écrivit un *Beatus vir* à grand orchestre. Pour conduire l'exécution de ce morceau, on plaça Daquin sur une table, d'où il était vu de tous les musiciens. En 1727, Daquin concourut pour l'orgue de Saint-Paul, alors église des Jésuites, et eut la gloire de l'emporter sur Rameau. On raconte que Hændel, après avoir entendu Daquin, ne voulut pas jouer de l'orgue devant lui. Malgré les éloges que Daquin a reçus de ses contemporains et l'enthousiasme qu'excitait son talent, nous ne croyons pas qu'il pût réellement rivaliser avec Rameau et intimider Hændel. Les ouvrages que Daquin a publiés sont mal écrits, et l'on n'y trouve que des idées triviales. Comme la plupart des organistes français, Daquin était sans doute un habile improvisateur ; la vivacité de son imagination, le brillant de son exécution, lui avaient valu de son vivant une renommée qui eût dû être fondée sur d'autres titres pour être durable.   F. Danjou.

DARANDELI (Mehemet-Effendi) est du petit nombre d'astronomes turcs dont l'histoire a conservé le nom. Il vivait vers l'an 1669, et est l'auteur du *Rousnameh*, espèce de calendrier perpétuel que les astronomes du Grand Seigneur lui présentent avec beaucoup de solennité au renouvellement de chaque année. Cet ouvrage a été imprimé en langue turque et publié avec une dissertation de Velchius (Augsbourg, 1666). On y trouve les époques de nouvelle et de pleine lune indiquées avec une exactitude qui étonne quand on réfléchit au temps et au pays où vivait l'auteur.

DARARIENS, secte musulmane, née en Perse ; et qui tire son nom d'un certain Mohamed-Ebn-Somael, surnommé *Darari*, vers le milieu du onzième siècle. Un autre Mohamed, qui l'avait devancé de cinquante ans, aurait mérité de faire souche de cette extravagance. Il était surnommé *Shamalgani*, de Shamalgan, sa ville natale, et trouva fort commode de rejeter tout ce que la religion du prophète imposait aux croyants de privations, d'austérités et de cérémonies. Il abolit le culte divin, et, considérant même que les privautés du sérail étaient trop bornées, il admit les copulations les plus criminelles, enseignant, non-seulement la métempsycose, mais encore la mutation des âmes pendant la vie, et prétendant que, par cette transfusion, les hommes les plus parfaits communiquaient leurs lumières et leurs vertus à ceux qui l'étaient moins. Une religion pareille devait prospérer chez les peuples voluptueux de l'Asie ; mais les docteurs de la loi n'en reconnurent point l'orthodoxie, et Mohamed-Shamalgani fut pendu et brûlé.

Son sort n'effraya point Mohamed Darari. Après avoir prêché la même doctrine en Perse, il passa en Égypte, et s'empara de l'esprit du khalife fathimite Hakem-Ben-Hillah, qui résolut de se faire adorer comme dieu. Darari lui procura seize mille imbéciles qui admirent cette divinité nouvelle, et dont les noms furent inscrits sur un catalogue, enrichi de brillants. Darari se contenta du titre de *Moïse*, ressuscité des Hébreux, et publia partout que le khalife Hakem était en effet le créateur de l'univers ; bien entendu que ce créateur permettait à ses fidèles toutes les abominations que le libertinage pouvait inventer. Un Turc fanatique vint mettre un terme aux voluptueuses prédications du débauché Darari. Il le poignarda sur le chariot même du khalife, qui n'eut point la force d'empêcher, non-seulement cet assassinat, mais le massacre d'une grande partie des darariens. Hakem ne renonça point pour cela à sa divinité. Il laissa passer le torrent de sang, et trouva en un nouveau *Moïse* dans un disciple de Darari. Celui-ci se nommait Hamza ; il rassembla les darariens échappés au massacre, et, après avoir reconnu le dieu Hakem, toujours à condition de pratiquer librement la débauche et le libertinage, il le transporta en Syrie, s'établit dans les montagnes du Liban, et prit le titre d'*al-hadi* ou le directeur. Il ajouta une licence de plus à cette religion étrange en permettant aux frères d'épouser leurs sœurs et aux pères de se marier avec leurs filles. Le khalife-dieu ayant été assassiné à son four sur le mont Mokkatam, Hamza et ses sectateurs, privés pendant quelque temps de protection, s'attachèrent plus tard, vers 1090 de l'ère chrétienne, à un chef nommé Hassan-Sabah, qui, les ayant réunis aux Carmathes, forma une espèce de royaume dans une province de la Perse.

Des auteurs orientaux prétendent que ces deux sectes réunies prirent le nom d'*Ismaéliens*, puis celui de *Bathéniens* ; qu'ils furent surnommés *Melahada*, c'est-à-dire les méchants, et enfin *Hasasikin*, d'où nous avons tiré le mot *Assassins*. Ils arrivent ainsi au peuple de ce nom et au terrible Vieux de la montagne.

VIENNET, de l'Académie Française.

D'ARCET (JEAN) naquit en 1725, à Douazit, en Guienne. A une époque où la chimie commençait à devenir une science, et où, se dépouillant chaque jour de l'enveloppe semi-mystérieuse qu'elle avait reçue des alchimistes, elle commençait à se signaler par une marche plus raisonnée, J. D'Arcet, que son amour pour les sciences avait porté à refuser les avantages que lui offrait la position de son père, auquel il devait succéder dans la magistrature, et qui préféra voir passer à un autre de ses frères son droit d'aînesse, pour s'occuper de ses études favorites, se consacra d'une manière plus particulière à l'étude de la chimie. Il terminait sa médecine à Bordeaux lorsqu'il fut présenté à Montesquieu, qui, reconnaissant en lui des talents et de précieuses qualités morales, lui confia l'éducation de son fils. Ce fut pour le jeune D'Arcet l'occasion de venir se fixer à Paris, en 1742. Admis dans l'intimité de Rouelle, qui occupait en ce moment le rang le plus distingué parmi les chimistes, il puisa près de lui une exactitude qui caractérisa tous les travaux auxquels il se livra, et que nous indiquerons ici brièvement.

Les notions fournies par un jésuite, le P. d'Entrecolles, sur la fabrication de la porcelaine au Japon, avaient conduit Réaumur à d'utiles recherches sur ce sujet; mais la fabrication de cet important produit était encore très-peu avancée en France, quand D'Arcet s'occupa des moyens de l'améliorer, et c'est à ses travaux qu'on doit en grande partie les excellents procédés que l'on suit maintenant pour la porcelaine dure. Chargé de la direction de la magnifique fabrique de porcelaine de Sèvres, il fut à même, sur un si grand théâtre, de compléter les recherches qu'il avait commencées, et d'appliquer tous les résultats qu'il avait obtenus dans la suite de ses longs travaux. Jusqu'à lui, les grandes pièces étaient cuites en plusieurs parties, que l'on réunissait ensuite : D'Arcet parvint à les porter au four entièrement terminées; et en joignant à ce fait important le perfectionnement dans la préparation des couleurs, on s'aperçoit facilement de l'importance des améliorations que ce bel art doit à ses constantes recherches.

Occupé pendant beaucoup d'années de l'action de la chaleur sur les substances minérales, D'Arcet fournit pour l'époque où il travaillait des documents précieux à la minéralogie, à la chimie et aux arts; dans la suite de ses recherches, il démontra que le diamant, que l'on n'était encore parvenu à brûler que par l'action de fortes lentilles, se détruisait complètement au feu du fourneau d'essayeur, comme aurait pu le faire le charbon lui-même, et que des substances que leur dureté en avait fait rapprocher, comme le saphir, le rubis, la topaze, l'émeraude, en différaient essentiellement. On lui est redevable de la composition de l'alliage qui porte son nom, et qui est bien connu si utile par son emploi dans les soupapes de sûreté des machines à vapeur. Chargé de l'inspection des ateliers de teinture des Gobelins, D'Arcet s'occupa d'en perfectionner plusieurs des procédés, et quoiqu'il ait dans ce genre produit moins de travaux marquants que relativement à la fabrication de la porcelaine, on lui doit cependant des résultats utiles. Appelé à la chaire de chimie du collège de France, il fit pendant vingt-sept ans dans cet établissement des cours plus remarquables encore par leur solidité que par leur éclat. Adjoint, pendant un assez grand nombre d'années, de Tillet, alors inspecteur général des essais de monnaies, il lui succéda dans ses fonctions. A la mort de Macquer, qu'il avait déjà remplacé à la manufacture de porcelaine de Sèvres, il fut nommé membre de l'Académie royale des Sciences, où son talent ne pouvait manquer de le faire entrer. Lors de la création du sénat conservateur, D'Arcet fut appelé à faire partie de ce corps. Il mourut le 13 février 1801.

D'ARCET (JEAN-PIERRE-JOSEPH), fils du précédent, né à Paris, en 1777, fut conduit à suivre la carrière brillante dans laquelle son père l'avait initié, et se signala jeune encore par d'utiles travaux. Occupé d'une manière particulière des applications de la chimie, on lui doit la création de plusieurs arts qu'il a portés à un degré de perfection qu'il n'a pas été possible d'outre-passer.

L'art de fabriquer artificiellement la soude est l'un de ceux qui ont exercé le plus d'influence sur notre industrie, par l'essor qu'il a procuré à un grand nombre d'autres. Le service rendu à la France par sa découverte est un titre de gloire pour son inventeur; mais D'Arcet, qui est parvenu à lui procurer un usage général, n'a pas rendu un moindre service. Des recherches d'un grand intérêt sur l'emploi des alliages fusibles pour le stéréotypage avaient été faites à l'occasion de la fabrication des assignats, et avaient conduit à des résultats importants; en les continuant, D'Arcet a publié sur le clichage des faits qui ont été d'une grande utilité pour tous les travaux subséquents. Par leur moyen il est parvenu à obtenir des objets très-remarquables par la facilité de leur préparation et le fini de leurs détails. La teinture des divers tissus exige l'emploi de quantités très-considérables d'alun. Pendant longtemps celui qui provient des environs de Rome, et qui est connu sous ce nom, était le seul mis en usage, et malgré le perfectionnement extraordinaire des arts chimiques, le sel que l'on fabriquait à Liège, et que la France fournissait aussi en grande abondance, était rejeté par les teinturiers, à cause de la petite quantité de fer qu'il renfermait, et dont la présence déterminait le changement de teinte de quelques couleurs. Pendant beaucoup d'années, dans l'une des fabriques de produits chimiques qu'il dirigeait, D'Arcet a fabriqué des aluns de Rome parfaitement semblables à ceux que fournit l'Italie, et satisfait à toutes les exigences du commerce. Maintenant on peut réellement se passer du produit étranger. La fabrication de l'acide sulfurique, du savon et d'un grand nombre de produits, qu'il serait trop long de signaler, doit à D'Arcet d'importantes améliorations.

A une époque où la nature de la potasse et de la soude n'était pas encore connue, D'Arcet fit voir que ces deux alcalis, à l'état de pureté le plus grande possible à laquelle on peut les obtenir, renfermaient de l'eau de combinaison, dont il démontra la présence en les calcinant avec du fer. Quelques modifications de ce procédé conduisirent Gay-Lussac et Thénard à obtenir le potassium et le sodium en quantité, et permirent de mieux étudier les propriétés si remarquables. Nous serions obligés de donner à cet article une étendue trop considérable si nous voulions faire connaître en détail tous les travaux que l'on doit à D'Arcet; nous signalerons seulement ici les principaux. Ses tables indiquant les quantités d'acide sulfurique réel dans les acides du commerce et les proportions de plomb nécessaires pour les essais d'argent sont d'un usage habituel, qui en prouve l'importance.

Membre du conseil d'administration de la société d'encouragement pendant de longues années, D'Arcet coopéra de la manière la plus active aux travaux de cette société. Au comité consultatif des arts et manufactures, au conseil général des manufactures, au jury des expositions des produits de l'industrie, dont il fut nommé un grand nombre de fois membre, il rendit d'importants services aux arts. Au conseil de salubrité de la ville de Paris, il fut chargé d'un grand nombre de rapports du plus haut intérêt, dont beaucoup ont été publiés : nous citerons particulièrement ceux qui sont relatifs à l'affinage des matières d'or et d'argent, aux soufroirs salubres, aux fosses d'aisances inodores, etc., etc.

Le luxe toujours croissant chez les peuples civilisés entraîne fréquemment des conséquences terribles pour un grand nombre d'hommes; l'usage des bronzes dorés, comme les pendules, les candélabres, et beaucoup d'autres objets semblables exige un travail qui compromet au plus haut degré la santé et même la vie des malheureux ouvriers employés à ce genre de fabrication. Un de nos fabricants les plus distingués, Ravrio, avait légué en mourant une somme de 3,000 francs pour la fondation d'un prix à décerner par l'Institut pour un procédé propre à préserver les ouvriers des accidents auxquels ils sont exposés. Ce prix fut accordé à D'Arcet, qui a résolu de la manière la plus complète cette importante question, par des moyens simples, faciles à employer, ne changeant nullement les habitudes des ouvriers, et ne leur occasionnant aucune dépense, conditions du plus haut intérêt pour assurer l'efficacité de son usage. Ce service est l'un des plus grands que la chimie ait rendus aux arts (voyez DORURE).

Nous terminerons cette notice en signalant l'un des travaux les plus utiles du savant dont nous n'avons pu indiquer ici qu'un petit nombre. Papin avait découvert le procédé propre à extraire une assez grande quantité de gélatine des os, en se servant de la machine qui porte son nom; Herissant avait fait connaître le moyen de séparer des mêmes parties des animaux un tissu membraneux susceptible de se convertir en gélatine; D'Arcet père, Cadet de Vaux, Proust et beaucoup d'autres avaient recherché et modifié les moyens de retirer des os la gélatine; reprenant tous ces travaux, D'Arcet parvint, par deux procédés distincts, à obtenir des os la gélatine, pouvant procurer des colles d'une qualité supérieure à toutes celles que l'on avait fabriquées jusque là et un produit alimentaire d'une grande importance.

Après avoir été successivement essayeur des monnaies, vérificateur des essais, D'Arcet fut nommé commissaire général des monnaies. Sa place était marquée dans l'Académie des Sciences, où il succéda à Berthollet, en 1823. Le savant chimiste fut enlevé à la science au mois d'août 1844.

H. GAULTIER DE CLAUBRY.

Son fils, *Félix* D'ARCET, qui était allé à Rio-Janeiro, chargé d'une mission de l'Académie des Sciences, y périt dans un incendie, en 1846, à peine âgé de trente-deux ans.

DARD, arme dont l'usage est de toute antiquité : les bas-reliefs de Thèbes, en Égypte, en représentent de toutes dimensions. Borel et Roquefort regardent comme autant de variétés du dard ou javelot de la milice française le *carreau*, l'*esclavine*, l'*espare*, le *gourgon*, le *groffe*, le *passadour*, la *sajette*, etc.; et ils décrivent les *pétails* comme des dards à grosse tête, au lieu d'être à pointe. Carré dit que les Latins faisaient une différence entre *telum* et *dardus*; mais il a négligé d'indiquer ce qui distinguait une de ces deux armes de l'autre, le voici : Le *telum* a été le dard des Romains au temps de la bonne latinité; ils remplacèrent cette expression, depuis la corruption de leur langue, par le mot *dardus*, terme barbare latinisé. Il y avait des dards qui étaient à fer dentelé; d'autres, à fer englagié, c'est-à-dire à plusieurs crochets ou piquants; d'autres dont le fer, au lieu d'être à deux crochets, était en forme d'olive, taillée en pointe. Il y avait des dards à hampe empennée, ou emplumée; d'autres à hampe unie, ou nue. Les recherches sur les coutumes des Gaulois témoignent l'usage du *gèse*, ou dard des Gezates, y était commun en certaines contrées, comme la *cateie* l'était en d'autres. D'Espagnac regarde comme le plus ancien dard à main l'*aclide* (*actis*, *aclidis*), qui avait une coudée et demie, et s'attachait au poignet par une courroie qui servait à faire revenir l'arme après qu'elle avait frappé : c'était visiblement, en ce cas, une arme projectile, d'origine orientale, un bois d'haste, une zagaie, un dard de cavalerie, probablement pareil ou analogue à ce que les Romains appelaient *ansate* (*ansata*), dard à anse, à manche, à poignée; telle était aussi la lance de la première race. Le *pile* (*pilum*) des Romains était un dard de dimension moyenne; parmi leurs armes de parapet, le *spare* (*sparus*, *sparum*), était un petit dard.

La langue poétique a confondu le dard et la flèche;

ils diffèrent cependant en ce que, ordinairement le dard ne devenait qu'accidentellement une arme de déclic : c'étaient le *carreau* et le *matras* qui étaient surtout des armes lancées par le déclic des machines. Au treizième siècle, le dard était une arme de bedeau. De nos jours, le *djerid* est encore un dard, et cette arme orientale figurait dans nos carrousels; il était long d'un mètre; sa hampe était garnie de clous qui indiquaient le point où il fallait la saisir pour qu'elle fût en équilibre. Les Allemands, par suite de leurs guerres avec les Turcs, avaient pris goût à l'exercice de ce dard et à la course des têtes; la dextérité consistait à atteindre de loin le simulacre d'une tête de Maure, coiffée d'un turban. De là l'usage des têtes noires qu'en France on courait à la lance, à l'épée et au pistolet, dans les manèges, pendant les derniers siècles. De là aussi les têtes noires et les dards que la science héraldique range au nombre des meubles de *blason*. Gal BARDIN.

DARD (*Architecture*). On appelle ainsi cette partie taillée, dans la forme du bout d'une flèche, qui divise les oves que l'on sculpte sur les quarts de rond ou autres membres des profils de l'architecture.

DARD (*Histoire naturelle*). Ce nom est souvent employé comme synonyme d'*aiguillon* en botanique et en zoologie. On le donne quelquefois aux poils piquants de l'ortie et de plusieurs autres plantes. Parmi les armes ou instruments divers dont les animaux sont pourvus, ceux qui ont été désignés sous le nom de *dard* ne doivent être considérés comme tels que lorsqu'on l'applique à une sorte de trait qui, d'abord adhérent au corps de l'animal, s'en sépare et est lancé au dehors. Tel est le dard à quatre arêtes, très-pointu, de nature calcaire, dont est pourvue l'hélice terrestre ou colimaçon, et qui est contenu dans une bourse annexe des organes de la génération. C'est donc à tort que le vulgaire appelle communément *dard* la langue des serpents, qu'il croit à tort être l'organe par lequel ces animaux répandent leur venin. C'est également à tort que quelques zoologistes se servent de ce nom pour désigner la pointe crochue qui termine la queue des scorpions et la partie essentielle de l'aiguillon des hyménoptères.

Plusieurs serpents des genres *acontias*, *couleuvre* et *vipère*, et la *vaudoise*, espèce de poisson du genre *able*, ont été aussi appelés vulgairement *dards*. L. LAURENT.

DARDANELLES (Canal ou Détroit des), appelé aussi *détroit de Gallipoli*. Ce nom de *Dardanelles*, dérivé vraisemblablement de l'antique ville de Dardanus, située dans la Troade, est celui qu'on donne à quatre châteaux forts situés en face l'un de l'autre sur l'Hellespont des anciens, étroit bras de mer qui sépare l'Europe de l'Asie en unissant la mer de Marmara (la Propontide des anciens) à la Méditerranée, si célèbre par la mort de Léandre et le passage de l'armée de Xerxès. L'entrée même de l'Hellespont est défendue par les deux *châteaux neufs*, éloignés d'environ 3,000 mètres, le *Koum-Kalessi* sur la côte d'Asie, et le *Fortil-Bahr-Kalsski* sur la côte d'Europe, construits tous deux vers le milieu du dix-septième siècle, sous le règne de Mahomet IV, pour mettre la flotte turque à l'abri des insultes des Vénitiens. Ils sont armés d'environ quatre-vingts bouches à feu de gros calibre et soutenus par un grand nombre de batteries établies sur la côte. A environ 20 kilomètres plus au nord, on rencontre les *vieux châteaux* ou vieilles Dardanelles, dont le plus fort, le *Sultanieh-Kalessi*, est situé sur la rive d'Asie, construits tous deux par Mahomet II immédiatement après la prise de Constantinople. A environ 3 kilomètres des vieux châteaux, distants de 1750 mètres, le canal est encore rétréci par deux longues langues de terre; et c'est là que commence à bien dire le détroit des Dardanelles dont la longueur totale est d'environ 50 kilomètres. Il conduit à la mer de Marmara, à l'extrémité de laquelle, environ 50 myriamètres plus loin, on trouve Constantinople, capitale de l'empire Ottoman, bâtie sur un autre détroit qui met la mer de Marmara en communication avec la mer Noire.

Le canal des Dardanelles occupe le fond d'une vallée de moyenne grandeur. La côte asiatique est riante et contraste avec celle d'Europe qui est nue et vivement accidentée.

On a prétendu que la surabondance des eaux fluviales dans la mer Noire entretenait un écoulement constant par le canal de Constantinople dans la mer de Marmara, et de celle-ci dans la mer de l'Archipel par le canal des Dardanelles : cette assertion n'est pas fondée sur des mesures qui auraient seules le droit de la faire admettre comme un fait géographique. On s'est borné jusqu'à présent à des observations à la surface des eaux, sans chercher à connaître les mouvements de la masse liquide à ses diverses profondeurs. La question est donc encore indécise ; mais ce que l'on sait bien, c'est que des vents violents déterminent, pour le temps de leur durée, des courants que les vaisseaux ne peuvent remonter ; ce qui empêche, pour tout ce temps, l'entrée ou la sortie des bâtiments qui ont à traverser le canal des Dardanelles ou celui de Constantinople. La force des vents du Sud suffit quelquefois pour communiquer aux navires engagés dans ces passages étroits une vitesse de dix à douze lieues à l'heure, sans le secours de leurs voiles.

Fermement convaincue que les châteaux des Dardanelles étaient inexpugnables et rendaient impossible l'accès de la mer de Marmara aux vaisseaux ennemis qui oseraient entreprendre de forcer le passage du détroit, la Porte les laissa pendant longtemps dans le plus complet abandon. Aussi le 26 juillet 1770, une escadre russe aux ordres de l'amiral Elphinstone, composée de trois vaisseaux de ligne et de quatre frégates, en pourchassant deux vaisseaux de ligne turcs, put-elle impunément passer devant les deux *châteaux-neufs* sans être atteinte par un seul projectile. Il est vrai que, faute de munitions, les batteries turques ne purent faire qu'une seule décharge. Avertie par cet incident, la Porte accepta alors les propositions qui lui furent faites par le baron de Tott pour remettre les Dardanelles sur un pied de défense respectable. Mais les travaux qu'on y fit exécuter se dégradèrent promptement, faute d'entretien suffisant ; et M. de Choiseul-Gouffier, dans son *Voyage*, les décrivait déjà comme des ruines. Aussi, le 19 février 1807, l'amiral anglais Duckworth, avec huit vaisseaux de ligne, quatre frégates et un certain nombre de chaloupes canonnières et de brûlots, put-il sans grands dommages forcer le passage des Dardanelles ; et le lendemain 20 février, une flotte ennemie paraissait pour la première fois dans les eaux de Constantinople. L'amiral n'avait fait cette démonstration que pour donner plus de poids aux négociations alors suivies par l'Angleterre avec le gouvernement turc ; mais il échoua. Tout au contraire de l'effet qu'on s'était promis, pendant que ces négociations se poursuivaient, le général Sébastiani, ambassadeur de France, réussissait à réveiller au plus haut degré le sentiment de la nationalité chez les Turcs, qui déployèrent une activité sans pareille dans les travaux entrepris à l'effet de mettre Constantinople à l'abri d'une attaque, de même que pour fortifier les châteaux des Dardanelles. Aussi le 2 mars Duckworth jugea-t-il prudent de s'éloigner et de rentrer dans la Méditerranée. Il ne put même effectuer ce mouvement de retraite sans éprouver des avaries assez graves ; et il convint ensuite que, s'il avait seulement tardé huit jours de plus, il lui eût été impossible de forcer de nouveau le passage.

Depuis lors, le gouvernement turc a ajouté, pour compléter le système de défense des Dardanelles, des ouvrages construits suivant toutes les règles de l'art moderne et hérissés de bouches à feu. Aussi les vaisseaux qui voudraient aujourd'hui forcer le passage ne pourraient le faire impunément qu'à l'aide d'un vent très-favorable, et en se tenant exactement à égale distance des deux forts, afin d'être le plus loin possible de chacun. Mais à la portée de plus de trois quarts de lieue de distance, le canon ne peut plus être très-redoutable ; et les châteaux des Dardanelles, quoique beaucoup améliorés, n'empêcheraient point qu'une flotte conduite par un chef aussi habile qu'audacieux ne passât de la Méditerranée dans la mer Noire. Ces forteresses sont donc réellement sans utilité, si ce n'est pour s'opposer à un débarquement, au cabotage de contrebande, à quelques opérations de détail, et sans grande importance pour le succès d'une guerre telle qu'on la fait aujourd'hui : ce sont des postes dont l'ennemi ne tiendra pas compte, et qu'à plus forte raison il est inutile d'occuper constamment en paix comme en guerre.

Aux termes du traité de paix intervenu en 1809 entre la Porte et l'Angleterre, il fut concédé en principe au gouvernement turc, comme il avait déjà fait longtemps auparavant, que l'entrée du détroit des Dardanelles demeurerait en tout temps interdite aux bâtiments de guerre.

En 1829, une flotte russe vint, du consentement du gouvernement anglais, bloquer l'entrée du détroit. En 1833, lors de la guerre de la Turquie contre l'Égypte, le Divan ne permit point aux flottes anglaise et française de franchir les Dardanelles, tandis qu'une flotte russe avait reçu la permission de venir mouiller devant Bujukdéré.

Par le traité conclu en 1841 avec la Porte par les cinq grandes puissances, elles s'engagèrent de nouveau à ne pas faire entrer de bâtiments de guerre dans les Dardanelles, non plus que par le détroit de la mer Noire ; mais au mois d'octobre 1853 un firman du grand seigneur autorisa les flottes française et anglaise à franchir les Dardanelles, vu l'état de guerre amené par les actes du cabinet de Saint-Pétersbourg et l'occupation des principautés danubiennes par l'armée russe. Le passage fut fort difficile, malgré le secours des bateaux à vapeur. Le vent était contraire ; il fallut plusieurs jours aux vaisseaux pour arriver dans le Bosphore. La flotte française l'emporta dans cette lutte contre les éléments ; mais elle n'eut pas à se louer de la courtoisie des Anglais, dont les premiers vaisseaux, après l'avoir fait attendre quarante heures, cherchèrent ensuite à passer les premiers.

DARDANUS, DARDANIE. La *Dardanie* était une province qui occupait l'angle nord-ouest de cette vaste péninsule qui s'appela plus tard l'*Asie-Mineure*. Ce nom de *Dardanie* céda la place à celui de *Troade*, et son territoire devint par la guerre de Troie la contrée la plus célèbre de l'univers. Selon l'usage de ces temps héroïques, où l'histoire n'existe pas encore, c'est à quelque prince, véritable nécessité chronologique et sans physionomie individuelle, que se rattache toujours le nom d'un peuple ; et l'origine de ce prince remonte invariablement jusqu'à une divinité de l'Olympe, au-delà de quoi on ne peut raisonnablement rien demander. Telle est l'origine des *Dardaniens*.

Dans les plaines de l'Arcadie ou de l'Élide, au Péloponèse, une princesse appelée Électre eut de Jupiter deux fils, Dardanus et Jasion. Dardanus épousa Chrysa, fille de Pallas, fils de Lycaon, et en eut deux enfants. Par la suite, Dardanus abandonna cette contrée à Dymas, l'un de ses fils, et, accompagné d'une partie des habitants, se dirigea vers la Thrace, d'où il passa dans l'île de Samé, appelée, d'après lui, *Dardanie*, et depuis Samothrace. La mort de son frère Jasion, frappé de la foudre, lui fit, dit-on, prendre en aversion le séjour de cette île. Dardanus revint à sa vie nomade, poussa son expédition plus loin vers l'orient de la Thrace, et traversa l'Hellespont. Arrivé en Phrygie, il épousa la fille de Teucer, aventurier crétois, acquit assez de puissance, d'autorité et de territoire pour fonder une cité qu'il nomma Dardane, et qui dut être une des plus considérables de cette province, puisque cette partie de la Phrygie emprunta son nom à la ville nouvelle, et s'appela *Dardanie*. Enfin, deux générations après Dardanus, Tros, son petit-fils, fonda Troie, dont l'importance envahissante fit perdre à Dardane sa suprématie et le privilège de donner son nom à la contrée.

François GAIL.

DARÈS, le *Phrygien*, est désigné comme l'auteur du livre intitulé *De Excidio Trojæ*, qui, suivant une prétendue lettre de Salluste, aurait été traduit du grec par Cornélius Népos, mais qui est évidemment l'œuvre d'une époque de beaucoup postérieure, quoiqu'il soit possible que le contenu en soit tiré en partie de sources antiques aujourd'hui perdues. Le plus récent éditeur, Dederich, suppose que cet ouvrage, dont le style est assez vicieux, date du sixième ou du septième siècle et fut écrit par quelque Romain illettré. Ce qui lui donne de l'importance, c'est qu'il a servi de base aux nombreux travaux dont la légende troyenne fut l'objet au moyen âge, tant en latin que dans les langues romane et allemande. Il fut imprimé pour la première fois, en un même volume avec D i c t y s, à Milan (1477). La première édition critique qui en ait été donnée est celle de Mercerus (Paris, 1618). Il faut aussi mentionner celle de Mme Dacier (Paris, 1680), et surtout celle de Dederich (Bonn, 1835).

DARFOUR, ou mieux DAR-EL-FOUR, c'est-à-dire *pays de Four*, l'une des plus grandes oasis du désert de la Lybie ou de la partie orientale du Sahara, en Afrique, le dernier groupe d'oasis qu'on rencontre au sud. Ce pays est situé à peu près entre 11° et 16° de latitude septentrionale. Son étendue est d'environ 49 à 50 journées de marche du nord au sud, sur une largeur de 15; on n'a pas à cet égard de renseignements plus précis. Le centre de cette espèce d'île du désert est occupé par une chaîne de montagnes, le *Marrah*, qui se dirige du nord au sud. Un grand nombre de cours d'eau y prennent leur source, et vont ensuite se perdre et disparaître dans les sables du désert. Avec les pluies abondantes qui tombent régulièrement chaque année pendant la saison de juin à septembre, ils suffisent à l'arrosement du sol; aussi l'agriculture et l'élève du bétail y semblent-elles favorisées par la nature. La contrée est riche en minéraux de tout genre, surtout en cuivre d'une excellente qualité, dont les mines de Fertit, situées tout à l'extrémité méridionale, fournissent des quantités considérables, et en fer. Quand la sécheresse ne devient pas excessive, la végétation y est puissante; et on y récolte notamment beaucoup de riz, de tabac, de coton et de poivre. Les riches pâturages des versants de la chaîne du Marrah nourrissent une grande quantité de gros bétail, de moutons, de chèvres, de chevaux et d'ânes. Mais les lions, les rhinocéros, les éléphants et les panthères sont, par leurs déprédations et leur férocité, la terreur du pays. Les habitants sont de race berbère. Ils parlent une langue fortement mélangée d'éléments arabes, et répandue aussi dans le Kordofan, professent l'islamisme, qui s'est établi parmi eux seulement vers le milieu du dix-huitième siècle, se livrent à l'agriculture ainsi qu'à l'éducation des bestiaux, possèdent quelques fabriques de lainages et de cuirs, et font aussi un peu de commerce. De grandes caravanes partent de là pour le Soudan d'Égypte et la Nubie, où les principaux articles de leur trafic sont les esclaves, l'ivoire, la gomme, les plumes d'autruche.

En outre, le Darfour est devenu le grand entrepôt du Soudan, par suite de l'immigration de tribus du Sud et de l'arrivée d'une quantité considérable de mahométans d'Égypte. On évalue la population à 250,000 âmes; cependant d'autres données, évidemment exagérées, la portent à plus d'un million. Elle obéit à un sultan héréditaire, investi du pouvoir le plus absolu, et qui prend les titres de *Buffle des buffles*, *Taureau des taureaux*, *gros Éléphant*. Le sultan Abd-er-Raman-er-Raschid, qui eut quelques relations diplomatiques avec Bonaparte, général en chef de l'expédition française en Égypte, à propos d'esclaves, a sa place dans l'histoire contemporaine. Le sultan du Darfour a une armée forte d'à-peu-près 30,000 hommes, un tiers libres, recevant pour solde des parties de terrain à cultiver, les autres esclaves. Chaque année il est fait une *razzia*, ou chasse aux esclaves, dans la partie sud-ouest ou dans la suite d'oasis existant de ce côté.

La principale résidence du sultan et le centre du commerce de caravanes venant de l'ouest est *Kôbeyh* (ordinairement appelé *Kobbé*), avec 6,000 habitants. *El-Faschir*, au sud-est, est sa seconde résidence. Il faut encore mentionner *Swaini*, lieu où viennent se réunir les caravanes partant pour l'Égypte; et *Koubkalia*, clef de la route de l'ouest, centre d'un commerce important, surtout en étoffes de coton. Consultez le cheick Mohammed-Ebn-Omar-el-Tounsy, *Voyage au Darfour* (texte français par Perron [Paris, 1845], texte arabe [1850]).

D'ARGENSON. *Voyez* ARGENSON.

DARIEN (Golfe de), dans la mer des Antilles, appelé aussi *golfe d'Uraba*, situé sur la côte septentrionale de la république de la Nouvelle-Grenade, entre Carthagène et Porto-Bello, en face le golfe de Panama, dont il est séparé par *l'isthme de Darien* où *de P a n a m a*, pénètre au sud à environ 20 myriamètres dans l'intérieur du continent, reçoit les eaux du Rio Atrado ou Choco, et avait autrefois donné son nom à une des provinces de la Nouvelle-Grenade.

DARIOLE, ancienne pâtisserie d'entremets, dans laquelle il entre de la farine, du sucre en poudre, d'excellent beurre, de la fleur d'oranger pralinée et de l'écorce de citron hachée. On mêle le tout, en y joignant du jaune d'œuf, une pincée de sel et un verre de crème. On verse ensuite tout ce mélange dans de petites timbales, qu'on met au four. Quand les darioles sont cuites, il faut, après les avoir tirées de leurs moules et les avoir mises sur un plat, les saupoudrer de sucre blanc. C'est ainsi que se font les darioles à la *pâtissière*. Les darioles à la *duchesse* exigent du cuisinier des recherches plus savantes. Quoi qu'il en soit, la vraie dariole ne doit pas faire beaucoup de volume à la cuisson. Cet effet distingue les bons faiseurs. Les des darioles au café moka, au chocolat, au rhum et au thé. Celles qu'on assaisonne au fromage de Brie prennent le nom de *talmouses*.

DARIQUE. On désignait par ce mot une ancienne monnaie des Perses, ainsi nommée du roi qui le premier la fit frapper. Les auteurs ne sont pas d'accord sur le prince auquel ces pièces doivent leur nom, mais on pense généralement que ce fut Darius le Mède. L'or de ces dariques était extrêmement pur, et l'abbé Barthélemy, qui en fit essayer une du cabinet de la Bibliothèque impériale, y reconnut le titre de 23 karats. Paucton, dans sa *Métrologie*, évalue cette monnaie à 25 francs de la nôtre. Quelques passages des anciens semblent indiquer que les dariques étaient toutes d'or; mais Plutarque, dans la *Vie de Cimon*, et Élien, dans ses *Histoires diverses*, parlent seulement de *dariques d'argent*. Xénophon, dans son *Histoire de l'expédition de Cyrus*, parle aussi de *demi-dariques*. Les guerres continuelles des Grecs avec les Perses et leurs relations commerciales en avaient fait passer en Grèce un grand nombre, et de là on y prit insensiblement l'habitude de donner le nom de *darique* à l'or très-pur qui se trouvait au titre de ces monnaies.

Les dariques qui se voient dans les collections, où elles sont généralement rares, se reconnaissent à un archer décochant une flèche, et agenouillé suivant l'usage des archers anciens. Ce type leur a fait aussi donner le nom de *sagittaires*. C'est au nom *sagittaires* ou *archers* donné à ces pièces qu'Agésilas fit allusion lorsque, rappelé de la guerre de Perse par les Éphores de Sparte pour défendre sa patrie, il dit que le roi de Perse l'avait chassé de l'Asie avec 30 mille archers : ce monarque avait distribué aux Grecs 30 mille dariques pour les soulever contre les Lacédémoniens et forcer ceux-ci à rappeler leurs troupes.

Nestor L'HÔTE.

DARIUS, nom qui a été porté par plusieurs rois de Perse.

DARIUS 1er, fils d'Hystaspe, de la famille des Achéménides, naquit l'an 549 ou 550 avant J.-C. Son père était gouverneur de la Perse proprement dite. Lorsque Cambyse mourut, le faux Smerdis s'empara du pouvoir, et Darius accourut pour le chasser ; mais déjà six autres grands avaient conspiré la perte de ce Smerdis. Darius se joignit à eux, et ce fut lui qui le tua. Le peuple à son tour massacra tout ce qui s'était déclaré du parti du mage. La journée fut depuis connue dans l'histoire sous le nom du *Massacre des Mages*. Alors s'éleva un grand débat sur la forme de gouvernement à adopter, Otane voulant la démocratie, Megabyse l'aristocratie, et Darius la monarchie : ce parti l'emporta. Restait à choisir le roi. Les sept conjurés se promirent de s'en rapporter aux dieux et de conférer la couronne à celui dont le cheval hennirait le premier au lever du soleil. On rapporte que, pour assurer le trône à Darius, son écuyer avait dès la veille amené son cheval au lieu du rendez-vous, et y avait placé une cavale, dont le souvenir fit hennir l'animal dès qu'il y revint. Déjà marié à la fille de Gobryas, Darius épousa encore deux filles de Cyrus, Atossa et Artystone. La première avait été femme de Cambyse, puis de Smerdis le Mage ; la seconde eut toute l'affection de Darius. Il s'unit aussi à Parmys, fille du véritable Smerdis. Il organisa un système de finances et de revenus publics, et divisa tout l'empire en vingt satrapies ou gouvernements, qui payèrent un tribut et fournirent des troupes dans la proportion de leurs richesses et de leur population. Immédiatement après, les Babyloniens voulurent secouer le joug des Perses. Darius les assiégea et prit leur ville, l'an 517 avant J.-C., après l'avoir réduite en un tel désespoir, qu'ils avaient massacré femmes et enfants, ne laissant à chacun qu'une seule femme à sauver du carnage. La captivité des Juifs finit par la prise de Babylone.

Il régnait beaucoup d'incertitude sur ces rapprochements, mais Clavier a parfaitement prouvé que c'est bien Darius, fils d'Hystaspe, qui, dans Daniel, est appelé *Darius le Mède*. C'est à ce siège aussi qu'on rattache le barbare dévouement de Zopyre, qui, s'étant fait couper le nez et les oreilles, alla trouver les assiégés, comme s'il eût éprouvé ce traitement de la part de Darius, et se fit confier le commandement de Babylone, qu'il livra à son roi. Pour conclusion, le vainqueur, dit-on, aurait fait pendre 3,000 habitants et repeuplé la ville de 50,000 femmes. Quoi qu'on doive penser de ce singulier genre d'amnistie, Darius revint de Babylone pour aller combattre les Scythes, malgré les avertissements de son frère Artaban. On parle d'une expédition de 700,000 hommes et 600 vaisseaux. Darius passa le Bosphore de Thrace sur un pont de bateaux, vint sur les bords de l'Ister, et pénétra dans la Scythie ; mais les Scythes déclinèrent toujours le combat. C'est alors qu'il reçut ce présent symbolique d'une souris, d'un oiseau et de cinq flèches. Les difficultés des lieux et la famine firent périr une grande partie de l'armée, qui manquait d'eau. On lui renonça enfin à cette expédition désastreuse. Quand il fut de retour dans ses États, les Ioniens se révoltèrent par les conseils d'Histiée de Milet. Dans cette occasion, les Athéniens secoururent les Grecs de l'Asie Mineure, et Sardes fut brûlée. Pour s'en venger, Darius, en la vingt-huitième année de son règne, envoya Mardonius, fils de Gobryas et son gendre, pour châtier les Grecs. Mais ce chef était sans expérience : il perdit plus de 300 vaisseaux près du mont Athos par une tempête, et l'armée de terre fut surprise la nuit par les Thraces, ce qui l'obligea de retourner en Asie. Alors Darius envoya Datis avec une nouvelle armée, et se munit d'un grand nombre de chaînes, comme pour en charger les Grecs. Les petites îles de la mer Égée et Érétrie, ville de l'Eubée, furent prises. De là on marcha contre Athènes, qui n'avait que 10,000 hommes à opposer à 500,000 ; mais Miltiade était l'un de ces dix mille. En général habile, il sut choisir sa position, commanda une vigoureuse attaque, et remporta la victoire la plus célèbre des annales humaines : les Perses s'enfuirent dans leurs vaisseaux. Darius ne renonça point encore à soumettre la Grèce. Il fit des préparatifs immenses pendant trois ans ; mais il fut détourné de ce projet par la révolte de l'Égypte, où il se rendit lui-même. La mort le surprit ensuite, en 485 avant J.-C., après un règne de 36 ans. Selon Ussérius, il est l'Assuérus de l'Écriture Sainte, et Vasthi est la même qu'Atossa. Il avait désigné pour son successeur son fils Xerxès, au préjudice d'Artabazane, l'aîné de ses fils.

DARIUS II, appelé, avant son avénement au trône, *Ochus*, l'un des fils naturels d'Artaxerxès Longue-Main (d'où son surnom de *Nothus*, qui veut dire *bâtard*), ne prit le nom de Darius que quand il eut fait périr Sogdianus, également fils naturel d'Artaxerxès, qui s'était emparé du trône au détriment de l'héritier légitime, Xerxès II, qu'il avait assassiné. Il fit également périr son frère Arsès, qui s'était révolté contre lui, puis Pissuthnès, satrape de Lydie. Ce règne fut signalé par de nombreuses révoltes de Mèdes et d'Ioniens, et finit en l'an 405 avant J.-C., après avoir duré dix-neuf ans. La plupart des cruautés de Darius Nothus lui avaient été inspirées par Parysatis, sa sœur et en même temps sa femme. Il eut pour successeur Artaxerxès II, l'aîné de ses fils. La fille de celui-ci, Sisygambis, fut la mère du dernier roi de Perse.

DARIUS III, arrière-petit-fils de Darius II, appelé, avant son avénement au trône, *Codoman*. Les empoisonnements dont Bagoas l'eunuque se rendait coupable envers tous ses maîtres ouvrirent l'accès du trône à ce prince, qui passait pour le plus brave des Perses. Menacé lui aussi de poison, il força Bagoas d'avaler la coupe préparée pour lui-même, et s'en défit. Son avénement coïncide, à peu de chose près, avec celui d'Alexandre le Grand. Il songeait à porter la guerre en Macédoine, quand ce grand capitaine le prévint. Il passa en Asie vers la fin de l'an 335 avant J.-C., et Darius apprit presque en même temps son arrivée et la défaite des Perses au passage du Granique. Il confia alors le commandement de ses forces à Memnon de Rhodes, qui voulait porter la guerre en Macédoine, mais la mort de Memnon empêcha l'exécution de ce plan. Darius avait près de lui Charidème d'Orée, Grec qui avait autrefois commandé sous Philippe, et qui offrait de conduire son armée. Il se chargeait de terminer la guerre ; mais cette proposition ayant blessé l'orgueil des Perses, ils l'accusèrent de vouloir livrer l'armée à Alexandre ; et Charidème leur ayant reproché avec amertume leur lâcheté, Darius le fit mourir, et prit lui-même le commandement. Deux batailles, celles d'Issus et d'Arbèles, décidèrent du sort de son empire. Obligé de fuir, le roi de Perse fut fait prisonnier dans sa fuite vers la Bactriane par Bessus et par deux autres satrapes, qui cherchaient à s'emparer de l'empire. Alexandre força de marches pour rejoindre ces rebelles, et Darius espérait de lui son salut ; mais, avant qu'il pût être délivré, Bessus et ses complices le percèrent de traits : on le retrouva mourant dans un lieu écarté. Alexandre étant survenu au moment où il expirait, après avoir prononcé de touchantes paroles, ne put s'empêcher de verser des larmes. Il renvoya son corps à Sisygambis pour que celle-ci le fît inhumer avec tous les honneurs en usage pour les rois de Perse. Darius mourut la troisième année de l'olympiade 112, l'an 330 avant J.-C., après avoir vécu près de cinquante ans et en avoir régné six.

Il y eut encore d'autres Darius : l'un régna dans la Médie, au temps où Pompée faisait la guerre à Mithridate ; un second, fils d'Artabane, fut donné en otage à Caligula ; enfin, le dernier était officier du roi Agrippa, arrière-petit-fils d'Hérode le Grand.   P. DE GOLBÉRY.

DARLINGTON, bourg important et industrieux du comté de Durham (Angleterre), situé à peu de distance de la Tee et de son affluent le Skern, qu'on y traverse sur un pont en pierres, de deux arches, compte environ 8,000 habitants, dont l'industrie principale consiste dans la fabrication des toiles, des étoffes de laine et des cuirs. On y voit une belle église gothique, dont la construction remonte au douzième siècle, avec un clocher de soixante mètres d'élévation, un moulin à tailler et polir les verres d'optique, et une source minérale en grand renom pour la guérison du scorbut. Depuis 1825, un chemin de fer met en communication Darlington avec Stockton.

DARMA était fils d'un roi des Indes et le vingt-huitième successeur de Bouddha ou Budhu, fondateur de la secte de ce nom. Il vivait vers l'an 519 de l'ère chrétienne. Les Chinois en ont fait une sorte de mythe, auquel se rattache la découverte ou plutôt la création miraculeuse de l'arbrisseau qui leur donne le thé. Ce chef des bouddhistes se distinguait par des extravagances et des austérités qui, dans le pays des fakirs et des derviches, donnaient à ses prédications une autorité presque divine : il vivait de racines et d'herbes, à la façon de nos premiers anachorètes; et, se croyant assez fort pour dompter la nature, il avait fait vœu de ne jamais dormir. La nature l'ayant emporté sur le fanatisme, cet insensé, honteux d'avoir cédé au sommeil, comme le commun des mortels, se coupa les paupières pour les empêcher une autre fois de se fermer. Voici le miracle : ces paupières devinrent le lendemain des arbrisseaux. Darma, qui les reconnut malgré une transformation aussi étrange, se mit à en goûter quelques feuilles et éprouva des sensations nouvelles, une agréable agitation de nerfs, un dégagement de tête, qui le disposa merveilleusement à la contemplation. Il en fit part à ses disciples, qui se mirent à mâcher les mêmes feuilles et devinrent d'une gaieté charmante. Voilà comme le thé est venu au monde ! De grands monuments ont été élevés à cette découverte. Ils s'étendent depuis la Chine jusqu'au Japon, où Darma alla le propager. On le représente sans paupières, ayant sous ses pieds un roseau miraculeux, au moyen duquel il passait à pied sec les rivières et les mers.

VIENNET, de l'Académie Française.

DARMAING (JEAN-ACHILLE-JÉRÔME), né en 1798, à Pamiers, département de l'Ariège, mort à Paris, le 30 juillet 1830, s'est fait un nom comme fondateur de la *Gazette des Tribunaux*. Son aïeul avait péri en 1793, victime de la tourmente révolutionnaire, et tous ses biens, immédiatement confisqués et vendus, n'avaient pu être restitués à sa famille. Darmaing, père de celui à qui nous consacrons cet article, employa une grande partie de sa vie à d'inutiles efforts pour faire prononcer la nullité de cette vente, comme ayant eu lieu par une violation monstrueuse des lois mêmes de l'époque, et il n'obtint par la loi de 1825, après la Restauration, qu'une chétive indemnité, parce que l'immeuble avait été aliéné pour une somme minime en assignats. On lui avait donné une place de conseiller dans une cour de justice criminelle et spéciale du temps de l'empire, mais elle fut supprimée par la mise en activité du Code Criminel de 1811. Si à la Restauration il embrassa avec ardeur la cause du royalisme, il n'en fut pas ainsi du jeune Darmaing. Celui-ci, élève de l'École Normale de Paris, abandonna volontairement les fonctions de professeur agrégé à l'École Militaire de Saint-Cyr, se jeta dans la carrière périlleuse du journalisme. Ses opinions politiques étaient diamétralement opposées à celles de son père et de son aïeul. Il publia une feuille périodique intitulée *Le Surveillant*; la hardiesse de ses articles ne fit traduire en police correctionnelle; et comme il se défendit avec une chaleur qui n'atténuait pas à beaucoup près le délit, il dut s'estimer heureux de n'être condamné qu'à 200 francs d'amende. Chargé de la rédaction de la chambre des députés dans *Le Constitutionnel*, il s'en acquitta avec succès, quoiqu'il ne fût pas sténographe.

Pendant plusieurs mois de l'année 1833, les propriétaires du *Constitutionnel* choisirent Darmaing comme rédacteur en chef. Il est vrai qu'il s'était fait une réputation par la création et la vogue prodigieuse de la *Gazette des Tribunaux*. Ce n'est pas que le titre fût neuf : il existait sous l'ancien parlement une gazette de tribunaux, rédigée par M. Breton, qui fut depuis bibliothécaire de la cour de cassation, et M. Darmaing père travailla à ses derniers numéros. C'est une chose singulière que cette coïncidence de deux noms qui furent ceux des deux premiers gérants de la *Gazette des Tribunaux* actuelle. Le plan de ces deux publications n'était pas du tout le même. Ce fut Darmaing qui eut le premier l'heureuse idée de la fusion regardée longtemps comme impossible des dissertations graves et abstraites de la jurisprudence avec les sombres récits des cours d'assises et les comptes-rendus, sémillants, parfois grivois ou burlesques, de la police correctionnelle. Ainsi que *Le Constitutionnel*, la *Gazette des Tribunaux* s'était formée à peu près sans capitaux. Sur les 3,000 francs de mise sociale, il eût été facile, avec un peu plus de prévoyance et de parcimonie, d'économiser au Darmaing de n'avoir pas fait ses combinaisons de manière à s'enrichir tout seul, au lieu de partager avec vingt ou trente autres un bénéfice considérable, il répondait en riant qu'il n'avait jamais songé à la fortune. Il mourut en 1830, laissant une veuve, un fils et une fille, et pour toute fortune les deux actions qu'il s'était réservées dans la société de la *Gazette des Tribunaux*.

BRETON.

DARMÈS (MARIUS-EDMOND). Le 15 octobre 1840, vers six heures du soir, au moment où Louis-Philippe partait pour Saint-Cloud, un coup de feu fut dirigé sur lui. A la place d'où le coup était parti, était resté, immobile et comme stupéfié, un homme dont la main gauche était fracassée, et dont le sang coulait avec abondance ; car son arme, trop fortement chargée, avait éclaté dans ses mains. Un soldat du poste auquel il était adossé l'arrête. On trouve sur lui deux pistolets chargés, destinés, disait-il, à tuer ceux qui tenteraient de l'arrêter ; un poignard, et trois francs et quelques sous. Les jours qui avaient précédé sa tentative de régicide, Darmès était venu sur la place de la Concorde pour, disait-il, prendre son point de mire. Il y avait donc longtemps qu'il méditait le projet qu'il venait ainsi de mettre à exécution. Quel était cet homme? Le fils d'un tailleur d'habits de Marseille, qui n'avait pu, tant il était pauvre, le faire participer aux bienfaits de l'instruction : pour vivre, Darmès s'était fait domestique. Depuis quelque temps, il était frotteur, et trouvait à peine dans son travail de quoi se substanter. En 1834 seulement il avait commencé à s'occuper de politique, et peu à peu son exaltation méridionale l'avait poussé à méditer un régicide.

La blessure de Darmès était si grave, qu'on dut lui amputer trois doigts. L'instruction de son affaire fut bien plus longue que sa convalescence, puisque l'arrêt de mise en prévention ne fut rendu que le 11 mai. De nombreuses arrestations avaient eu lieu à la suite du 15 octobre ; le parquet affectait de voir dans l'action de Darmès le résultat d'un concert entre plusieurs personnes appartenant à une société secrète ; deux co-accusés comparurent avec lui devant la cour des pairs. Il fit bon marché de lui-même, mais il revendiqua pour lui seul l'idée du régicide. C'est ainsi que, rendant compte de l'emploi de sa journée dans l'après-midi du 15, il dit : « Je suis rentré vers une heure et demie.... J'ai convoqué pour quatre heures mon tribunal révolutionnaire, composé de Rousseau, Mably et moi. Après avoir examiné la position de la France, tant à l'intérieur qu'à l'extérieur, je me suis décidé, armé, et je suis parti à cinq heures moins un quart. A cinq heures, j'étais sur la place de la Concorde. » Darmès vit s'ouvrir, le 24 mai, les débats de son procès. Ses réponses furent laconiques ; son calme ne se démentit pas un instant. Malgré leur brièveté, ses explications furent claires et lucides ; elles ne dénotaient pas un homme sans intelligence. Darmès fut condamné à mort par arrêt de la cour des pairs du 29 mai 1841 ; il fut prévenu le dimanche 30 que son exécution aurait lieu le lendemain matin. Il ne montra ni forfanterie ni faiblesse ; son défenseur essaya vainement de l'engager à former une demande en grâce : « A quoi bon? répondit-il ; je ne me plains pas de ce que l'on va faire : cela est tout simple. Il n'y a que les morts qui ne reviennent pas. Si je demandais grâce, je ferais une lâcheté ; si on me l'accordait, on ferait une sottise. » Il s'endormit tranquillement. Le lundi à cinq heures du matin Darmès se confessa ; à sept heures du matin il montait sur l'échafaud, pieds nus, en chemise, et la tête couverte d'un crêpe noir. Quelques minutes après, l'arrêt de la cour des pairs avait reçu son exécution.

Napoléon GALLOIS.

DARMSTADT (Grand-duché de Hesse-). *Voyez* HESSE.

DARMSTADT, capitale du grand duché de Hesse-Darmstadt, située dans la province de Starkenburg, sur les bords d'une petite rivière appelée *Darms*, est le siège des autorités supérieures du grand-duché et de la province.

La *vieille ville* est irrégulièrement construite, et les rues en sont étroites pour la plupart. La *ville neuve*, au contraire, possède de beaux édifices et des rues larges et régulièrement tracées, par exemple la *Rheinstrasse*, la *Neckarstrasse*, et de grandes places, entre autres le *Luisenplatz*, octogone régulier où viennent aboutir six rues, et orné de la statue de Louis 1ᵉʳ.

Des quatre églises qu'on compte à Darmstadt, la seule qui mérite une mention est l'église catholique, construite en forme de rotonde par l'architecte Moller. En fait d'édifices, on distingue surtout le château du grand-duc dont la partie neuve a été construite en 1717 dans l'ancien sytle français. Il contient une bibliothèque riche de 300,000 volumes et de 4,000 manuscrits, une galerie de tableaux, une galerie d'histoire naturelle où se trouvent des fossiles extrêmement curieux, une collection d'antiquités, d'objets du moyen âge, d'armes, de médailles, un cabinet de gravures, un cabinet de physique, etc., etc. Il faut encore mentionner le théâtre de la cour, construit en 1829, par Moller; l'arsenal, l'un des plus vastes qu'il y ait en Allemagne, utilisé autrefois comme local d'exercice ; le Palais des États ; le Casino; les collèges, etc. Le nombre des habitants (non compris la garnison) est de 29,000, en tenant compte de la population du village de Bessungen, rattaché à Darmstadt, sans solution de continuité, par des rues. En 1794 Darmstadt ne comptait pas encore au delà de 7,000 habitants. Cette ville possède un gymnase, une école supérieure d'arts et métiers, une école professionnelle et diverses autres excellentes institutions communales ou privées, ainsi que des sociétés scientifiques, littéraires et artistiques. La population de Darmstadt est très-industrieuse, et fabrique notamment des papiers peints, des papiers communs, des voitures, de l'orfèvrerie, des bougies, des produits chimiques, de l'amidon, du tabac, etc.

Il est pour la première fois fait mention de Darmstadt dans des documents datant du onzième siècle; mais au commencement du quatorzième siècle ce n'était encore qu'un village appartenant aux comtes de Katzenelnbogen, qui en 1380 lui firent accorder par l'empereur le droit de ville et de place forte. Peu à peu ses progrès furent tels qu'en 1403 la noblesse du *Rheinland* pouvait y célébrer un grand tournoi. A l'extinction de la branche mâle de la famille de Katzenelnbogen, Darmstadt passa sous la souveraineté de la Hesse. Lors de la guerre de Schmalkalde, la ville fut prise par les troupes impériales, qui firent sauter son vieux château. A la suite du partage qui eut lieu après la mort de Philippe le Magnanime, Darmstadt échut à son fils cadet, Georges, qui y établit sa résidence, et devint la souche de la famille de Hesse-Darmstadt. Les landgraves Louis V et Louis VI contribuèrent encore plus que lui à l'agrandissement de la ville, dont l'époque la plus prospère fut cependant le règne du grand-duc Louis 1ᵉʳ.

DARNLEY (HENRI STUART, lord), cousin de Marie-Stuart, fils du comte Lenox, et petit-fils, par sa mère, du comte d'Angus et de Marguerite, veuve du roi d'Écosse Jacques V, était à peine âgé de dix-neuf ans, lorsque, le 29 juillet 1565, Marie Stuart, veuve du roi de France François II, et reine d'Écosse, lui donna sa main, déterminée surtout à cette union par le musicien Rizzio. Darnley avait les qualités extérieures les plus brillantes; mais il était dépourvu de sagacité, de prudence et d'énergie; et quoique très-violent dans ses passions, il ne montrait qu'un courage équivoque. Il ne cessait d'importuner Marie pour obtenir ce qui était appelé en Écosse la *couronne matrimoniale*, c'est-à-dire le partage égal de l'autorité royale. Tant qu'il n'obtenait pas cette prérogative, il n'était pas roi, il n'était que le mari de la reine. Marie Stuart ne voulait pas la lui donner sans le consentement du parlement. Il crut que Rizzio lui nuisait, accusa la reine d'entretenir avec lui un commerce criminel, forma une conspiration avec les nobles, que la hauteur du parvenu avait irrités, et alla assassiner Rizzio dans l'appartement même et sous les yeux de Marie. Pourtant, un rapprochement parut se faire entre les deux époux; mais il ne dura pas longtemps, et de nouvelles dissensions éclatèrent avec plus de force. Bothwell exerçait sur Marie Stuart une grande influence. On engageait cette princesse à faire prononcer son divorce avec Darnley, dont elle avait un fils; elle résista. Une conspiration se forma pour faire périr Darnley. La reine habitait alors un château près d'Édimbourg. Darnley était tombé malade à Glasgow; elle se rendit auprès de lui, et ils se réconcilièrent en apparence. Ils revinrent ensemble. Marie faisait de fréquentes visites à son époux : ils ne parurent jamais mieux ensemble qu'au moment où la conspiration allait éclater. Un soir Marie s'était retirée de meilleure heure qu'à l'ordinaire, sous prétexte d'assister à une noce, lorsque la maison habitée par Darnley sauta par l'effet de la poudre que Bothwell et ses complices étaient parvenus à placer dans les caves. Le corps de Darnley fut trouvé dans un verger voisin (10 février 1569). Quelque temps après, Marie Stuart épousait Bothwell.

A. SAVAGNER.

A la mort du second époux de Marie Stuart, le titre de *lord* DARNLEY passa à une branche cadette de la famille Lenox, laquelle s'éteignit en 1672, en la personne de *Charles Stuart*, sixième duc de Lenox et troisième duc de Richmond. Alors le roi Charles II, en sa qualité de plus proche parent dans la ligne mâle, créa le fils naturel qu'il avait eu de la duchesse de Portsmouth duc de Richmond et Lenox, comte de March et de Darnley. Ce Charles Stuart avait cependant laissé une sœur, *Catherine*, lady IBAKAN, dont la petite-fille, *Théodosie*, fille d'Édouard Hyde, et comte Clarendon, épousa John Bligh, écuyer, lequel, en considération de ce mariage, fut créé, en 1722, vicomte de Darnley, et en 1725 comte de Darnley (dans la pairie irlandaise).

La famille Bligh descendait d'un marchand de Londres, qui avait fait une grande fortune en achetant, à la suite de la rébellion irlandaise de 1641, des domaines confisqués, qui se fit élire membre du parlement par le bourg d'Athboy, et qui mourut en 1666.

A la mort du cardinal d'York, *John*, quatrième comte DE DARNLEY, en sa qualité de dernier héritier mâle de la maison de Lenox (1807), obtint l'expectative de ce duché, et fit valoir ses prétentions en 1829 devant la chambre des lords, qui toutefois ne les reconnut pas pour valables.

Le comte actuel de Darnley, *John* STUART BLIGH, né le 16 avril 1827, succéda, le 11 février 1835, à son père, cinquième comte. Il est aussi pair d'Angleterre sous le titre de *lord Clifton*.

DARTOIS DE BOURNONVILLE (ARMAND, ACHILLE, THÉODORE), trois têtes dans un même bonnet, trois intelligences dans la même cervelle ou plutôt une intelligence supérieure chez les trois frères qu'un même sentiment semblait animer. *Achille* Dartois a fait un grand nombre d'ouvrages dramatiques où l'esprit foisonne, où la bonne éducation se dévoile à chaque pas; *Armand* et *Théodore* sont morts depuis quelques années, après s'être longtemps occupés d'œuvres scéniques, mais pourtant avec moins de zèle que par le passé. Il fut une époque où le nom d'*Armand* s'étalait, impérieux, chaque soir sur les affiches de tous les théâtres : *Armand Dartois et Théaulon*, *Théaulon et Armand Dartois* étaient les vrais marquis de Carabas du Vaudeville et de l'Opéra-Comique. Les *flonflons* s'en allaient, les couplets bachiques avaient fait place à des refrains aussi joyeux, mais sentant un peu moins la taverne. Désaugiers, ce génie de la chanson, se reposait de sa gloire, toujours jeune et forte; Merle, Gentil, Brazier, Dumersan et quelques autres, rappelaient encore, par leur joyeuseté, l'époque brillante des Piis, des Barré, des Radet et des Desfontaines; un genre plus coquet, plus endimanché, allait envahir la scène du Vaudeville, où Scribe, notre maître à tous, posait pour la première fois son pied victorieux..... Armand Dartois prit un terme moyen avec Théaulon, son inséparable collaborateur. Il jeta dans ses heureux tableaux la verve des créateurs du genre et les manières élégantes d'un monde en jabot et dentelles. Ce qu'on remarquait tout d'abord dans ses pièces, c'était une grande facilité, du sentiment, de la grâce, du trait dans le dialogue, de l'esprit de salon dans les couplets; et dès les premières scènes vous pouviez, avec un peu de tact, placer le nom du père sur l'enfant qui se débattait devant la rampe au milieu des bravos et des applaudissements de la foule. L'Opéra-Comique eut son tour; Boieldieu, cette lyre savante qui a doté l'Europe de tant de chefs-d'œuvre, Boieldieu et les maîtres les plus habiles de cette époque demandaient des poëmes à M. Armand Dartois, comme les Aubert, les Meyerbeer et les Halévy en sollicitent aujourd'hui d'Eugène Scribe, et je ne saurais vous dire le nombre des actes qui de Paris s'élançaient vers la province et propageaient les triomphes de Dartois.

Parler d'Armand, le dernier mort, c'est parler de ses deux frères. Il était bon, serviable, hospitalier, si nous osons nous exprimer ainsi, point jaloux des triomphes de ses rivaux, point envieux de leur gloire, et s'effaçant volontiers au profit du jeune débutant qui l'appelait à lui. On le reconnaissait à la douceur de sa parole, à l'aménité de son langage, à la bienveillance de sa physionomie, encore plus qu'au ruban rouge qui parait sa poitrine. Auteur ou directeur, il ne s'était jamais fait d'ennemis que parmi ces écrivassiers acariâtres et personnels qui maigrissent de l'embonpoint des autres, et qui, reptiles venimeux, sifflent quand la foule applaudit : l'estime des honnêtes gens et des hommes de cœur consolait les Dartois de ces haines sans puissance, auxquelles ils pardonnaient parce que leur âme était sans fiel, parce qu'ils avaient toujours compris les faiblesses humaines.

Armand et Achille Dartois firent jouer à la Comédie-Française une tragédie en cinq actes et en vers, intitulée : *Gracchus*, dont le succès fut prodigieux ; l'énergie de Beauvallet s'y révéla pour la première fois. Plus tard, l'Odéon joua triomphalement aussi *Le Père et le Tuteur*, comédie en cinq actes, née de la verve fraternelle d'Armand et d'Achille; Samson s'y distingua comme de coutume : il est des faits qu'on pourrait se dispenser de constater. Ce que nous ne devons pas oublier, non plus, c'est que Hérold, cet admirable lyrique, cette vivante élégie de l'âme, si tôt et si fatalement descendue à la tombe, fit son premier ouvrage avec Théaulon et Armand Dartois; c'était *Charles de France*, pièce en trois actes, qui enrichit à cette époque tous les directeurs de province. Dartois était à Longchamps; il coudoya rudement un piéton qui lui rendit sa bourrade; le premier questionna le second avec un hémistiche, celui-ci finit le vers; Armand fit la rime et le vers suivant; Théaulon riposta ..... et deux chaudes et ferventes amitiés naquirent de ce commencement de duel. Les Dartois, qui avaient commencé leur éducation dans une école secondaire de Noyon, en Picardie, étaient gardes du corps; ils quittèrent l'épée pour la plume, et celle-ci ne leur fit pas défaut, comme vous allez voir : Achille a écrit *cent douze pièces*, le nombre de celles d'Armand dépasse *deux cent cinquante*, et nous en avons là sous la main *deux cent trente-quatre* imprimées, dont quelques-unes font époque dans les annales du théâtre.... Décidément, pour nous et pour leur pays, les Dartois ont bien fait de se créer hommes de lettres.

Jacques Arago.

DARTRE (de δαρτός, écorché), maladie de la peau, qui tire son nom de ses caractères les plus saillants, lesquels consistent dans une démangeaison qui porte à se gratter jusqu'à s'écorcher, et dans une tendance à se propager successivement par une sorte de mouvement de *reptation*. Il n'est personne à qui ce mot ne représente ces infirmités si variées qui se manifestent par des rougeurs, des productions farineuses, écailleuses, pustuleuses, croûteuses, ulcéreuses, de durée souvent opiniâtre, existant sans fièvre ni trouble général autre qu'une douleur plus ou moins incommode. Cette extrême variété dans la forme des dartres a conduit quelques pathologistes à proscrire cette dénomination comme vague et insignifiante, proposant de lui substituer des dénominations basées sur les différents caractères anatomiques de ces affections; mais l'habitude prévaut encore, et nous devons nous y conformer.

Les dartres sont dans la société un objet de honte pour ceux qui en sont affectés et de dégoût pour ceux qui les approchent, sentiments exagérés sans doute, car il n'y a dans ces affections rien de dégradant ni de dangereux pour personne. Par le fait même de la délicatesse de son enveloppe cutanée, l'homme est très-sujet à ces affections, comme à toutes les autres maladies de la peau ; car en général la multiplicité des maladies d'un organe est en rapport avec le degré de sa sensibilité et l'activité de ses fonctions. Quelle que soit la prédilection de certaines affections dartreuses pour certaines régions de la peau, il n'est cependant point des tégments qui ne puisse en être affecté. Elles se manifestent à tous les âges et dans toutes les conditions de la vie. On les attribue généralement à la violation des règles de l'hygiène, aux écarts de régime et à une nourriture dépravée, aux exercices violents et aux habitudes sédentaires, à la malpropreté, à l'habitation des lieux malsains, aux suppressions d'évacuations habituelles, et il est vrai de dire pourtant que souvent elles apparaissent dans des circonstances qu'il est difficile d'apprécier, et alors on accuse la transmission héréditaire, les alliances suspectes, puis certaines dispositions de l'individu, certaines conditions de la peau, des germes, des virus, etc., toutes causes dont le vague proclame notre ignorance sur l'origine précise, la cause formelle d'une foule de maux. Des écrivains misanthropes ont attribué la fréquence des dartres aux progrès, aux raffinements de la civilisation actuelle, comme si les vices inhérents à notre espèce n'étaient pas contemporains des premiers âges de l'humanité. Ces écrivains se fondent sur ce que les historiens de l'antiquité, Homère, Hésiode, Hérodote, Thucydide, Diodore de Sicile, Hippocrate lui-même, parlent à peine de ces maladies. Au dire de quelques-uns, les seuls esclaves en étaient affectés dans l'ancienne Rome; les stigmates de la débauche furent les fruits impurs du luxe asiatique auquel l'art cosmétique vint ajouter sa pernicieuse influence. Ces sortes d'éruptions, ajoute-t-on, semblent s'être multipliées depuis quelques siècles, en proportion des progrès de notre corruption... Il est temps d'en finir avec ces déclamations surannées, et nous demanderons à tout historien de bonne foi si les vices sont aujourd'hui plus multipliés, plus hideux que dans ce moyen âge, époque de crimes, de dissolution et d'esclavage, que paraissent oublier ceux qui prennent à tâche de calomnier le présent. Disons donc, pour rester dans le vrai, que si ces maladies n'ont point été décrites par les anciens, c'est que ceux-ci ne savaient ni les observer ni les décrire. Nous prenons à témoin les relations des voyageurs sur les peuplades sauvages, sur ces habitants primitifs des îles de la mer du Sud que Péron, Lesson et autres nous dépeignent comme chétifs et dégradés par les maladies lépreuses, espèces dégénérées, qui proclament au contraire les bienfaits de la civilisation.

Les dartres, considérées en général, revêtent, nous l'avons dit, une foule de formes diverses : les unes affectent à peine l'épiderme, et se manifestent par de légères desquammations furfuracées; d'autres se dessinent en écailles épaisses, apparaissent sous forme de croûtes hideuses, de pustules d'où suinte une matière purulente, de gerçures profondes, d'ulcères sordides, dont les progrès incessants dévorent les tissus, font du malade un objet d'horreur et de pitié, et peuvent le conduire lentement au tombeau, si l'art ne vient lui prêter secours. Un préjugé trop généralement répandu fait considérer les dartres comme contagieuses : on refuse de séjourner avec ceux qui en sont affectés, on n'ose se servir des objets à leur usage, on craint même de toucher leur vêtement; cependant l'expérience a prononcé sur le caractère non transmissible de ces affections. Un autre préjugé fait considérer ces maladies comme salutaires en quelque sorte, comme des émonctoires nécessaires à la santé et qu'il faut bien se garder de tarir; erreur fatale, eu égard aux dangers qu'il peut y avoir à leur laisser exercer leurs ravages, ce qui n'exclut pas certaines précautions à prendre lorsqu'il s'agit de les guérir.

L'histoire scientifique des dartres est, comme nous l'avons fait pressentir, à peu près toute moderne. Depuis les travaux de Lorry, qui en a systématisé l'étude, Alibert, Biett, Rayer, en France, Willan, Bateman, S. Plumbe, en Angleterre, sont ceux qui en ont le plus éclairé le diagnostic et le traitement. Ces habiles médecins en ont spécifié les formes, le siège, les conséquences, et rationalisé la cure, si bien que la connaissance complète de ces maladies nécessite aujourd'hui des études spéciales, malheureusement trop négligées. Indépendamment de leurs particularités de forme, d'étendue, de prédilection pour tel âge, tel sexe, telle région de la peau, chacune détermine un mode de douleur caractéristique. Tantôt cette douleur est presque nulle ou simplement prurigineuse; tantôt elle est pongitive, lancinante, brûlante, dilacérante, et fait subir au malade un martyre sans relâche. Sous le point de vue du traitement, il y a sans doute des indications générales et communes, mais il existe aussi des procédés spéciaux en grand nombre, qui nécessitent de la part du médecin beaucoup de sagacité, et qui proclament les dangers du charlatanisme, avec lequel tant de médicastres exploitent la crédulité publique.

Nous ne pouvons ici esquisser l'histoire complète d'un groupe d'affections si variées; nous nous bornons à en esquisser les traits principaux d'après la classification établie par Alibert dans son traité des dermatoses.

La classe des *dermatoses dartreuses* comprend les quatre genres *herpes, varus, melitagre* et *esthiomène*.

Le genre *herpes* (dartre proprement dite) comprend : 1° la *dartre furfuracée*, dans laquelle l'épiderme se détache sous forme pulvérulente, c'est la *dartre farineuse* des gens du monde; 2° la *dartre squammeuse*, dans laquelle l'épiderme s'enlève sous forme d'écailles, reposant sur une surface ordinairement enflammée, ce qui lui fait donner vulgairement le nom de *dartre vive* : ces deux espèces présentent diverses formes secondaires.

Le genre *varus* est vulgairement connu sous les noms de *coupe-rose* ou *goutte-rose*, noms qui retracent à chacun ces taches, ces pustules, ces tubercules rougeâtres, lesquels affectent si désagréablement le visage, et qui passent généralement pour le résultat d'habitudes dont les malades sont souvent fort innocents. Parmi les nombreuses espèces du *varus*, nous nous bornerons à signaler, 1° la *coupe-rose* proprement dite, caractérisée par des pustules rosées, ainsi que son nom l'indique, pustules qui affectent particulièrement le front, le nez et les joues; 2° la *mentagre*, constituée par des tubercules occupant les parties du visage que recouvre la barbe, c'est-à-dire le menton chez l'homme. Cette affection paraît avoir été très-commune chez les Romains, au point qu'elle avait imposé son nom à certaines familles :

Varus, rends-moi mes légions.

Ce genre de dartres fait, par son opiniâtreté, le désespoir des personnes qui en sont affectées; il est vrai qu'il en est peu qui consentent à se soumettre aux privations et au régime nécessaires pour s'en débarrasser. Cette affection résulte aussi bien des habitudes tristes et sédentaires que de celles qui constituent la vie joyeuse.

Le genre *mélitagre, croûte dartreuse* du vulgaire, résulte du dessèchement d'un fluide qui s'écoule de quantité de petites pustules, et se présente sous forme de croûtes jaunes ou brunâtres, semblables à de la gomme ou à du miel concret : 1° la *mélitagre aiguë* ou *flavescente*, ainsi nommée à cause de la couleur jaune et transparente des croûtes, affecte, en général, les sujets lymphatiques, surtout les enfants, chez lesquels on la nomme *croûte de lait*, et se manifeste de préférence au visage; 2° la *mélitagre chronique* ou *nigricante*, caractérisée par des croûtes grises ou noirâtres, affecte plus spécialement les adultes et les vieillards, et occupe de préférence les membres.

L'*esthiomène lupus, dartre rongeante*, est la forme la plus terrible de ces maladies : 1° l'*esthiomène térébrant* s'étend principalement en profondeur, et attaque de préférence les ailes et le lobe du nez; 2° l'*esthiomène ambulant* sillonne successivement la peau, l'ulcération laissant à sa suite des cicatrices inégales et luisantes. Il peut se montrer sur toutes les parties du corps, et s'attaque de préférence aux sujets scrofuleux.

Nous avons décrit en quelques colonnes un genre de maladies dont l'histoire remplit des volumes. Autant les formes des dartres sont variées, autant leur traitement nécessite de modifications qui ne peuvent être spécifiées et appliquées que par un médecin habile. Nous ne pouvons ici mentionner que quelques préceptes généraux, tels que la propreté, la sobriété, la tempérance en toute chose, et l'emploi des topiques émollients, oléagineux, qui conviennent dans la plupart des cas pour prévenir ou modérer l'irritation dont la plupart des dartres sont accompagnées. Nous terminerons en prémunissant nos lecteurs contre ces spécifiques de charlatans, ces cosmétiques fastueux et menteurs : *eaux, pommades, onguents, sirops dépuratifs*, etc., dont le moindre défaut est d'être parfaitement inertes, et qui souvent, au contraire, peuvent entraîner les suites les plus fâcheuses.

Dr FORGET.

DARU (PIERRE-ANTOINE-NOEL-BRUNO, comte), naquit à Montpellier, le 12 janvier 1767, d'une famille distinguée. Il fit ses premières études à l'École Militaire de Tournon, dirigée par les Oratoriens, et il ne tarda pas à se faire remarquer de ses maîtres. De bonne heure, il avait compris qu'ouvrier de toutes les facultés que donne la nature, un travail ardent et la persévérance de chaque instant font seuls les hommes supérieurs. Aussi sa jeunesse fut-elle consacrée avec ferveur à l'étude des lettres et à la culture des sciences. On le destinait à l'état militaire, et la nature forte et mâle du jeune homme s'y était volontiers prêtée. A seize ans, en 1783, il prit du service, et fut successivement lieutenant, commissaire des guerres, et commissaire ordonnateur. Quand la Révolution éclata, il sentit qu'il se devait à la régénération sociale qui s'opérait; il comprit que sa place était dans les camps, et que lui aussi il devait descendre dans cette arène où, brisant en une heure une monarchie de plusieurs siècles, le peuple avait jeté à la royauté absolue le gant du défi. Mais pendant le régime de la terreur il fut dénoncé par les comités révolutionnaires. On l'arrêta, et on le laissa pendant dix mois dans les cachots. Il n'y perdit rien de la fermeté de son caractère, et la liberté lui fut rendue après le 9 thermidor. Élu bientôt chef de division au ministère de la guerre, il ne craignit pas de donner sa démission au 18 fructidor an v. Cette noble conduite ne l'empêcha pas d'être envoyé quelques temps après à l'armée comme commissaire ordonnateur en chef. Mais au milieu des agitations militaires, comme au sein des préoccupations administratives et politiques, il nourrissait toujours l'amour des lettres; c'est en les cultivant sous la tente, au bruit des salves de la victoire, qu'il donnait à la France la meilleure traduction qui eût été faite jusqu'à lui des *Poésies d'Horace*.

Appelé bientôt aux fonctions, alors si importantes, de secrétaire général du ministère de la guerre, avec rang d'inspecteur aux revues, il s'y distingua par une grande profondeur de vues, un jugement rapide et sûr, une équité sévère, enfin par cette ardeur infatigable qui révélèrent en lui le génie si rare et si utile de l'administration publique. Les talents qu'il montra dans ce poste éminent, les services qu'il avait rendus aux armées de Sambre-et-Meuse, du Danube, de l'Helvétie, de l'Italie et de l'Ouest, lui concilièrent l'estime générale et lui valurent, en l'an x, l'honneur d'être élu tribun. Quand Bonaparte, abdiquant son rôle glorieux, et cédant à une ambition effrénée, voulut s'asseoir sur tous les trônes de l'Europe, Daru fut plus que jamais investi de la confiance et de l'amitié du conquérant. Aussi est-il difficile de suivre Daru au milieu des emplois nombreux et des fonctions importantes qu'il lui fallut remplir à cette époque. Tour à tour conseiller d'État, intendant général de la liste civile, intendant général de la maison militaire de l'empereur, intendant général des pays conquis, ministre secrétaire d'État, commissaire du gouvernement pour l'exécution des traités de Marengo, de Presbourg, de Vienne et de Tilsitt, plénipotentiaire à Berlin, on ne comprend pas que ses facultés aient pu suffire à remplir avec tant de succès des rôles si différents. Ce fut en qualité de ministre de l'administration de la guerre qu'il partit pour la campagne de Russie. L'intendant général de l'armée, comte Mathieu Dumas, étant tombé malade le jour où commença la retraite, Daru fut nommé à sa place.

Cependant, l'homme d'État dont l'esprit puissant soutenait une bonne partie du poids de l'omnipotence européenne venait, comme historien, orateur et poëte, recevoir à l'Académie Française la juste récompense de ses travaux littéraires. Il publiait tour à tour des poésies pleines sinon d'inspiration, du moins de sens, de grâce, de charme et de bon goût, d'excellents rapports d'économie politique, une *Histoire des Ducs de Bretagne*, où l'intérêt du sujet n'a malheureusement pas assez servi le talent de l'écrivain, et enfin une *Histoire de Venise*, l'un des beaux monuments de notre époque, et qui sera l'un des titres de gloire les plus durables de son auteur. Il ne connut des lettres que les délices réservées à celui qui ne les cultive que pour elles-mêmes. Daru n'éprouva jamais l'envie : il devenait l'apologiste et bientôt l'ami de tous les littérateurs qui se distinguaient; il semblait jaloux de leurs succès, lors même qu'ils avaient réussi dans une carrière qui les rendait ses émules et ses rivaux. Quand M. Léon Halévy publia une version poétique des *Odes d'Horace*, Daru s'empressa le premier de faire remarquer la supériorité de la nouvelle traduction sur la sienne. C'est le même sentiment de justice qui l'attacha à l'interprète de *Lucrèce* (M. de Pongerville), qui venait de rendre à la poésie philosophique le même service que le traducteur des *Géorgiques* avait rendu à la poésie descriptive.

Un tempérament de fer le fit longtemps résister aux excès d'un travail ardent. On se rappelle ses excellents rapports législatifs au Tribunat et ces séances du conseil d'État qui duraient souvent douze heures. Dès qu'il eut remplacé en 1813, à Moscou, Mathieu Dumas, dans l'intendance générale de l'armée, il se fit remarquer de tous par cette inflexibilité du devoir et cette force de caractère qui l'ont toujours distingué. Lorsque enfin Napoléon s'aperçut qu'il était tombé dans le piège où ses ennemis l'avaient attiré, il prit la résolution tardive de s'éclairer des conseils de ses amis. Daru, qui à Paris s'était opposé de tout son pouvoir à la guerre de Russie, Daru de qui l'empereur a dit depuis qu'au travail du bœuf il joignait le courage du lion, s'écria, quand vint son tour de parler : « Restons à Moscou ; je réponds sur ma tête de pourvoir aux subsistances de l'armée pendant l'hiver : » Napoléon médita longtemps, et répondit : « Daru, vous me donnez-là un conseil énergique; nous verrons,..... » Mais l'inquiétude reportait toutes les idées de l'empereur sur Paris; il voulait revoir Paris. Trois cents lieues de déserts glacés étaient l'abîme qui l'en séparait; il tenta de le franchir : il s'y engloutit. Marchant souvent à pied, à la tête de l'armée, bravant un froid de 18°, Daru employa toutes les ressources de son courage et de ses talents à secourir une armée qui, dénuée de tout appui, désorganisée par la fatigue, la disette et l'âpreté du climat, ne comptait plus que sur son courage et l'exemple de l'intrépidité de ses chefs.

Quand l'épée du conquérant, à force de frapper, se fut brisée, quand un nouveau gouvernement, faible et bigot, se fut élevé sur les ruines du despotisme impérial, Daru ne crut pas devoir refuser son concours aux Bourbons, qui lui donnèrent la croix de Saint-Louis et le nommèrent intendant général de l'armée. Pourtant, quand Napoléon revint de l'île d'Elbe, il ne put balancer à venir prendre place parmi les défenseurs de l'empire. Cette conduite lui attira quelques persécutions de la part des alliés, lorsque leurs armées ramenèrent la royauté de son second exil. Toutefois, les lettres vinrent au secours du comte Daru, interné à Bourges et déchiré jusqu'au fond de l'âme par la vue des uniformes étrangers. Elles le soutinrent contre le malheur, contre l'injustice, contre le spectacle douloureux de l'invasion de la France. Il ne quitta plus l'*Histoire de Venise*. « Sans ce « travail, qui m'occupe nuit et jour, écrivait-il à un de ses « amis, je me mangerais le foie à voir ce que je vois. » Mais l'exil de l'historien, dit M. Viennet, ne dura pas autant que son travail. Avant la fin de 1816 il lui fut permis d'habiter la terre qu'il possédait auprès de Meulan, et dont le séquestre venait d'être levé.... De meilleurs temps s'offrirent à lui. Il put rentrer à Paris, et rien ne fut plus pressé que de prendre part aux travaux de l'Académie. On regretta bientôt de laisser un pareil homme dans l'inaction. Le plus puissant ministre de cette époque lui écrivit que le roi Louis XVIII appréciait ses talents, ses vertus, sa rare probité; qu'il pensait même à l'appeler à la chambre des pairs; mais qu'il fallait faire *oublier le passé* en se présentant aux Tuileries. « Je n'ai rien à désavouer de mon passé, répondit Daru; « je m'en fais honneur. Ce que j'ai fait, je le ferais encore; je « n'ai à me repentir de rien, je n'ai rien à faire oublier. » La fierté de cette réponse plut au roi et au ministre; elle ne fit qu'accroître une estime qu'aurait atténuée peut-être une transaction ou une faiblesse; et le 5 mars 1819 le confident, le secrétaire d'État de Napoléon fut élevé à la dignité de pair de France par le monarque au nom duquel il avait proscrit quatre ans auparavant. A cette nomination se rattache une singulière anecdote. Les ordonnances qui peuplaient la chambre des pairs classaient les nouveaux élus dans les différentes catégories de la noblesse; et en annonçant à Daru cette faveur royale, le ministre de Serre l'avait titré de baron. « Le roi m'a fait pair, répondit Daru, et je l'en re- « mercie. Vous m'appelez baron, et je n'en suis pas choqué; « mais je croyais être comte. Après tout, rien si vous voulez. » Le titre napoléonien lui fut maintenu, et Louis XVIII lui manifesta de plus en plus une bienveillance particulière. Il affectait de lui adresser la parole dans les réceptions officielles, et se plaisait à lui réciter des vers d'Horace. On sait quelle était l'érudition littéraire de ce roi, dont la mémoire avait retenu des vers de tous les poëtes anciens et modernes. Un jour que Daru demeurait sans répondre à une citation qu'il n'avait pas entendue, Louis XVIII lui dit : « Comment! comte Daru, vous n'entendez plus Horace? Eh « bien! je vais vous le traduire en beaux vers français. » Et il lui récita avec une grâce extrême des vers de sa traduction, dont la septième édition venait de paraître. On a raconté dans le temps une conversation du duc de La Châtre et du roi, qui, passant en revue les différents hommes d'État de son époque, et sur la plupart desquels s'exerçait sa royale malice, en était arrivé au comte Daru. Il en louait l'esprit, le jugement, la probité, les vastes connaissances ; et le duc de La Châtre demandait tout naturellement à S. M. pourquoi elle ne faisait pas un ministre d'un homme dont elle disait tant de bien. « Pourquoi? aurait répondu Louis XVIII, « c'est qu'il est de l'opposition ; sans cela, je le nommerais » demain ministre de la guerre. » Il y songea en effet en 1822; mais le comte Daru refusa, parce qu'il ne voulait point dévier de la ligne de conduite qu'il s'était tracée en rentrant dans la vie politique. »

Daru, vivant au milieu de nos savants les plus illustres, avait pris quelque goût à l'étude des sciences, et surtout de l'astronomie. La Place lui conseilla de composer un poëme sur les grandes scènes offertes par les révolutions des astres, et d'accomplir en beaux vers français ce que Manilius avait tenté en vers latins. Le grand astronome inspira le poëte, et Daru, après dix ans de travaux, allait publier le poëme de *L'Astronomie*, lorsque la mort le frappa presque subitement. Il recommanda son travail à ses amis. Son fils et M. de l'Ongerville publièrent le poëme, qui joint à de grandes beautés le mérite d'enrichir le domaine littéraire en poétisant le langage de la science.

« Le portefeuille du comte Daru, dit encore M. Viennet, n'a pas été publié tout entier ; il y reste de nombreux fragments en vers et en prose, des traductions de Térence et des *Animaux parlants* de Casti, les matériaux d'une histoire de Hollande, et le poëme inachevé de *La Fronde*, épopée héroï-comique de dix syllabes. Le 5 septembre 1829 la mort vint l'enlever, dans sa terre de Bécheville, près de Meulan. »
Charles LABITTE.

Le comte Daru a laissé deux fils : L'aîné, *Napoléon*, comte DARU, né en 1802, entra à l'École Polytechnique et passa dans le corps de l'artillerie, où il obtint le grade de capitaine en 1836. Il servit en Afrique. En 1832 il entra à la chambre des pairs, par droit d'hérédité; il y prit une grande part à la discussion et souvent même à la préparation des projets de loi concernant les travaux publics. Le gouvernement l'appela à faire partie de différentes commissions importantes, notamment des commissions relatives aux chemins de fer. Il en présida même quelques-unes. Élu par le département de la Manche à l'Assemblée constituante en remplacement de M. Lempereur, il y fit partie du comité des travaux publics. Membre du comité électoral de la rue de Poitiers, il fut réélu à l'Assemblée législative, et y vota avec cette majorité factice composée des différents partis monarchiques qui, ne pouvant s'unir pour l'action, se neutralisèrent et conduisirent la république à sa perte. Membre actif de cette majorité, M. Napoléon Daru fut constamment réélu vice-président de l'Assemblée législative. Il fit partie de cette fameuse commission parlementaire dite des *Burgraves*, chargée de réviser la loi électorale après l'élection de MM. Eugène Sue et de Flotte à Paris. Le coup d'État du 2 décembre le rendit à la vie privée. On assure qu'il eût pu aspirer à une position élevée sous le gouvernement nouveau ; mais que des scrupules consciencieux l'en ont éloigné.

Son frère, M. *Victor-Paul* DARU, né en 1810, servit aussi en Afrique, et remplit sous Louis-Philippe une mission diplomatique et militaire en Syrie et en Perse. Député de Saint-Germain-en-Laye, de 1842 à 1848, il se présenta inutilement aux électeurs du Bas-Rhin le 10 mars 1850.
L. LOUVET.

DARVAND. C'est dans la religion des Parsis le nom des mauvais génies qui obéissent à Ahrimane et sont opposés aux Amchaspands. On les nomme aussi *Devs*.

DARWIN (ÉRASME), médecin naturaliste et poëte didactique anglais, né le 12 décembre 1731, à Elton, près de Newark, dans le comté de Nottingham, étudia à Cambridge et à Édimbourg, et vécut ensuite à Derby, où il mourut le 10 avril 1802. Son système médical fut longtemps en grand crédit, puis on finit par reconnaître tout ce qu'il avait d'irrationnel et de contradictoire, et il tomba alors dans l'oubli qui attend ici-bas les systèmes les plus vantés, quand ils n'ont pas pour bases la logique et l'expérience. Parmi les nombreux ouvrages de Darwin nous mentionnerons sa *Zoonomia, or the laws of organic life* (Londres, 1794), ouvrage dans lequel il classe les maladies de l'homme d'après une méthode analogue à celle adoptée par Linné pour les plantes, et où il les explique toutes, comme Brown, par l'incitabilité; *Phytonomia, or the philosophy of agriculture and gardening* (1800); *The Botanic Garden*, etc. (1788 ; 4e édition 1799), poëme rempli d'idées philosophiques, et où brille la plus riche imagination; la 2e partie en a été traduite par Deleuze (1779); enfin, un poëme didactique non moins original, *The Temple of Nature, or the origin of society* (1803). Ces deux poëmes ont été réunis dans une nouvelle édition, publiée en trois volumes, sous le titre de *Poetical Works* (1806). Rudge a immortalisé le nom de Darwin en le donnant à un genre de plantes, *darwinia*, et miss Seward a écrit sa vie en 1804.

DASCHKOF (CATHERINA-ROMANOFNA, princesse), née comtesse *Woronzof*, noble et célèbre femme, qui dès sa plus tendre enfance reçut une éducation scientifique, et qui s'efforça, par une étude continuelle des Grecs et des Romains, de bien saisir et comprendre le génie de l'antiquité. Née en 1744, elle fut veuve à l'âge de dix-huit ans, et fut l'amie intime de l'impératrice Catherine II, à l'avénement au trône de laquelle elle prit une part des plus actives. Elle était à la tête de la conspiration dirigée contre Pierre III, et on la vit alors, à cheval et en uniforme, entraîner les troupes par son exemple et ses exhortations, puis les conduire à l'impératrice, qui en prit le commandement. Cette princesse s'étant ensuite refusée à lui accorder le commandement personnel, avec titre de *colonel*, d'un des régiments de la garde impériale, la princesse Daschkof s'éloigna de la cour pour se consacrer uniquement à la culture des sciences. Ce ne fut qu'après une longue absence qu'elle revint à Saint-Pétersbourg, où, en 1782, elle fut nommée *directeur* de l'Académie des Sciences, puis, en 1784, *président* de la nouvelle académie russe. En 1796 elle donna sa démission de ses divers emplois, et mourut en 1810, à Moscou. Indépendamment de plusieurs comédies et d'autres petits ouvrages en langue russe qu'elle publia sous son nom, elle contribua beaucoup à la rédaction et à la publication du Dictionnaire de l'Académie russe. Ses *mémoires*, qui ont un intérêt tout particulier, ont été publiés d'après le manuscrit original, par son amie mistress W. Beadford (2 vol., Londres, 1841).

D'ASSOUCY. *Voyez* ASSOUCY.

D'ASTROS (JEAN-GUILLAUME), poëte gascon, vivait dans un village de Lomagne, vers le commencement du dix-septième siècle. Il a écrit plusieurs gracieux poëmes. Le tour harmonieux du style, la fraîcheur des pensées lui donnent une place distinguée dans cette foule de poëtes méridionaux qui ont pris aux rayons du soleil et à l'éclat de leur ciel ardent la chaleur de leurs vers et des couleurs si vives. Les poésies de D'Astros furent imprimées à Toulouse, en 1643, et réimprimées en 1700, sous ce titre :

Lou trimfe de la lengouo gascono, aous playdeiats de las quoüate sasous è deous quoüate elemens daoüant lou pastou de Loumaigno (Le triomphe de la langue gasconne, avec le plaidoyer des quatre saisons et des quatre éléments devant le berger de Lomagne).   **T. Silvestre.**

D'ASTROS (Cardinal). *Voyez* Astros.

DASYCÈRE (de δασύς, velu, et κέρας, antenne), genre de coléoptères classé par Latreille dans les xylophages et par Dejean parmi les trimères fongicoles. La seule espèce qu'on y rapporte existe dans les environs de Paris, où on la rencontre sur certains agarics.

DASYME (en grec δασύμα, de δασύς, rude, épais, dense, velu), sorte de dartre ou de maladie des paupières, plus légère que le *trachoma*, dont elle n'est qu'une variété.

DASYPOGON (de δασύς, épais, et πώγων, barbe), genre de diptères appartenant presque tous aux contrées chaudes du globe. Ces diptères sont généralement d'assez grande taille, et vivent de proie, en saisissant d'autres insectes au vol. On peut citer comme type le *dasypogon punctatus*, qui est assez commun dans le midi de la France.

En botanique, R. Brown a donné ce nom à un genre de la famille des joncées, ne renfermant qu'un sous-arbrisseau de la Nouvelle-Hollande.

DASYPODE (en grec δασύπους, de δασύς, velu, et πούς, pied), genre d'insectes hyménoptères, de la famille des mellifères, dont les pattes sont garnies de poils très-épais.

Aristote donne le nom de δασύπους à un animal que les uns supposent être le lapin, et d'autres le lièvre.

DASYURE, groupe de mammifères didelphes, exclusivement propres à la Nouvelle-Hollande, et ainsi caractérisés : Pattes de devant à cinq doigts libres; celles de derrière à quatre seulement, avec un rudiment de pouce au même trace extérieure de pouce; ongles aigus; queue toujours velue dans toute son étendue, d'où leur est venu le nom qu'ils portent (de δασύς, velu, et ούρα, queue); dents incisives au nombre de quatre paires en haut et trois en bas ; canines plus ou moins saillantes; molaires plus ou moins carnassières, surtout les dernières.

Les dasyures sont essentiellement carnassiers; ils semblent remplacer, à la Nouvelle-Hollande, nos loups, nos fouines et nos belettes. Ils sont nocturnes. Les femelles ont toutes une poche abdominale.

DATE. Le mot *date* désigne l'annotation du lieu et du temps où les diplomes, les actes, les lettres, etc., ont été donnés ou écrits sous la formule ordinaire, *donné* ce etc., *en*, etc. Ce mot *date* est venu du latin *data* ou *datum*. On sous-entendait toujours *epistola, charta, edictum*, ou *diploma*. A lui seul il compose la chronologie tout entière, car la chronologie n'est que la science des dates; et une autre science, la diplomatique, lui doit une bonne partie de ses développements. Les dates de temps sont vagues ou indéterminées lorsqu'elles n'annoncent qu'une suite indéfinie d'années; par exemple : *regnante Domino nostro Jesu-Christo*, pour désigner que l'acte a été fait depuis l'établissement du christianisme. Cette formule ne devint ordinaire qu'au troisième siècle, dans les actes des martyrs; elle devint aussi d'un usage commun dans les chartes depuis le septième siècle jusqu'au douzième ; mais alors il était rare qu'elle ne fût accompagnée d'aucune autre note chronologique. On datait également d'une manière un peu moins vague dans les chartes du moyen âge : *sous le règne d'un tel... sous le pontificat d'un tel...* Les dates spéciales de temps déterminent l'année, le mois, la semaine, le jour, quelquefois même, bien qu'assez rarement, l'heure et le moment de la confection des actes. Les dates sont fort souvent extrêmement difficiles à déterminer, et elles ont donné lieu à de fréquentes discussions.

Il y a des chartes qui se trouvent datées du mois sans l'être du jour, mais la date du jour est constamment accompagnée du mois. Depuis le onzième jusque vers le quinzième siècle, on eut en Italie et en quelques autres contrées une manière assez singulière de dater du mois : on partageait chaque mois de trente jours en deux parties égales, et chaque mois de trente et un jours en deux parties inégales, de sorte que dans ceux-ci la première partie était de seize jours et la seconde de quinze. On caractérisait la première partie d'un mois quelconque par ces mots : *intrante* ou *introeunte mense*; et la seconde par ceux-ci : *mense exeunte; stante, instante, astante, restante*. Les jours de la première portion du mois étaient marqués 1, 2, 3, etc., selon l'ordre direct; ceux de la seconde suivaient l'ordre rétrograde, à la romaine : ainsi, la date XV *die exeunte januario* était le 17 janvier ; XIV *die exeunte*, le 18 ; XIII *exitus januarii*, le 19, et ainsi de suite. Sans être constante, la date du mois se rencontre dans tous les siècles : on la suit aujourd'hui rigoureusement. Il est rare que les semaines entrent dans la date des chartes; au moins on n'en connaît pas d'exemples, à moins que l'on ne mette de ce nombre les dates des dimanches et des fêtes. Les différentes manières de commencer le jour, ou à minuit ou à midi, ou au lever ou au coucher du soleil, peuvent faire que deux chartes datées du même quantième l'aient été en deux jours différents ; mais elles ne peuvent pas opérer dans des dates une différence de plus d'un jour.

Les dates romaines des *calendes*, des *nones* et des *ides* ont été les plus communes jusqu'au treizième siècle. Vers ce temps on y substitua généralement notre mode simple et naturel. Il est cependant nécessaire de remarquer qu'au lieu de compter à rebours, par exemple, le 4 des nones de janvier, le 2 des ides, le 19 des calendes, pour le 2, le 6 et le 14 de ce mois, on disait quelquefois le 1er des nones de janvier, et ainsi jusqu'à 4 ; le 1er des ides, et ainsi jusqu'à 8 ; le 1er des calendes, et ainsi jusqu'à 10. La date des fêtes, dimanches et féries se rencontre de temps en temps dans les chartes, même avant le neuvième siècle. Depuis cette époque, et surtout depuis le onzième siècle, où l'on commence à étudier avec ardeur le calcul ecclésiastique, on trouve des dates du jour de la lune, des fêtes mobiles et d'autres notes chronologiques, qui ne sont point assez spécifiées pour faire connaître tout de suite le quantième qu'elles doivent indiquer : il faut alors recourir à cet admirable ouvrage d'érudition historique que les Bénédictins de Saint-Maur ont publié sous le titre d'*Art de vérifier les Dates*. Primitivement en un volume in-4°, cet ouvrage, dont le principal créateur fut dom Maur-Fr. Dantine, parut en 1750. Dom Clémencet, dom Durand, dom Clément, y travaillèrent successivement. Le marquis de Fortia d'Urban en a donné une nouvelle édition, qui brille peu sous le rapport de la méthode.

La date du lieu apprend dans quelle ville, dans quelle place, dans quel château, un diplôme a été dressé. Avant le douzième siècle il était rare qu'après avoir daté d'une ville on spécifiât le palais où la pièce avait été donnée; mais dans ce siècle on détermina le lieu précis de la confection de l'acte. Au treizième, on porta l'exactitude jusqu'à marquer la salle dans laquelle on l'avait passé. Au reste, la date du lieu n'était pas exigée par les lois romaines, et ne fut requise que depuis l'ordonnance de 1462, confirmée par celle de Blois, qui ordonne que les notaires mettront le lieu et la maison où les contrats sont passés. Avant le neuvième siècle, les dates du pontificat des papes et des évêques étaient rares ; mais depuis l'érection des grands fiefs en souverainetés les évêques se crurent en droit d'aspirer à la même élévation et d'affecter le même honneur; ils datèrent de leur épiscopat, et on vit des rois même se servir de cette nouvelle manière de dater, qui avait déjà passé en coutume dès le onzième siècle. Comme dans le treizième, on faisait parade d'une foule de dates; on y mit quelquefois jusqu'à celle des abbés, des archidiacres, etc. Quoique de toutes les notes chronologiques la date du règne des souverains soit peut-être la plus ancienne, comme le prouvent les médailles, cependant ce fut Justinien qui le premier, profitant du long espace de temps qui s'écoula sans consuls, établit la mode de dater du règne des empereurs, et ordonna de marquer dans tous les actes publics l'année de son empire, sans préjudice des autres dates. Les rois barbares qui s'étaient établis sur les débris de l'empire romain, et en particulier les chefs francs, l'avaient toutefois précédé dans cet usage. On possède, du reste, peu de titres qui remontent jusqu'aux premiers rois de la première race. Ce qu'on en peut dire en général, c'est que ces princes dataient leurs actes selon les années de leur règne, du jour, du mois et du lieu où ils les expédiaient ; ils y ajoutaient très-rarement l'indiction, ou autres caractères chronologiques.

Les dates de temps, de lieux et de personnes, ne sont pas les seules notes chronologiques que les anciens aient employées pour fixer l'âge des pièces qu'ils devaient laisser à la postérité ; ils y ont joint des notes historiques qui à l'avantage de la date unissaient celui de rappeler des faits intéressants. Au onzième et au douzième siècle, et dans les suivants, les dates historiques ne sont pas rares. On connaît une charte de 1105, qui date de l'apparition d'une comète ; une autre date bien plus ancienne est conçue en ces termes : *anno quo infideles Franci regem suum Carolum inhonestaverunt*. Elle marque l'époque de la déposition de Charles le Simple, et fait voir que le Languedoc n'obéissait pas au roi de France, et que les colons de la Septimanie ne se regardaient pas comme Français : c'était vers 920. L'époque des donations, des confirmations, des augmentations, était quelquefois notée sur le même acte en forme de date.

Les dates étaient et sont encore presque toujours exprimées en chiffres romains ou arabes. Le pape Urbain VIII ordonna que les lettres apostoliques énonceraient le jour du mois tout au long, et non par chiffres. Depuis le neuvième siècle, on omit quelquefois dans les dates le millième et les centièmes, et cela jusqu'au seizième siècle inclusivement. On trouve un nombre de titres sans dates, ou qui n'en ont que d'imparfaites ; mais ce n'est pas une raison suffisante de réprobation, s'il n'y en a pas d'autre. L'erreur dans les dates des diplômes ou chartes ne doit pas non plus les faire regarder toujours comme faux ou supposés : il ne faut pas confondre l'erreur avec les variations. La place des dates dans les actes quelconques fut toujours variable, tantôt après, tantôt avant la signature : rien de moins fixe, surtout depuis l'invasion des barbares.

Aug. SAVAGNER.

Dans les actes privés, la date doit indiquer le jour, le mois et l'année. Requise à peine de nullité dans les actes notariés, cette indication n'est pas, en général, indispensable dans les actes sous seing privé, à l'exception toutefois des testaments olographes, des lettres de change, billets à ordre, contrats et polices d'assurance. Les actes authentiques et publics font foi par eux-mêmes de la date qui y est énoncée. Celle des actes sous seing privé ne devient certaine à l'égard des tiers et ne peut leur être opposée que du jour où ils ont été enregistrés, du jour de la mort de celui ou de l'un de ceux qui l'ont souscrit, ou du jour où leur substance est constatée dans des actes reçus pas des officiers publics, tels que procès-verbaux de scellé, d'inventaire, etc. La facilité que les particuliers auraient d'*antidater* ces sortes d'actes au préjudice des tiers a commandé cette disposition législative. Cette règle n'est pas rigoureusement applicable en matière de commerce, car les tribunaux qui ont la faculté d'admettre la preuve testimoniale, même de conventions écrites excédant 150 francs, pourraient à plus forte raison l'admettre pour établir la vérité et la fausseté de la date d'un acte sous seing-privé. La date des actes de l'état civil doit toujours être écrite en toutes lettres, et jamais en chiffres ni par abréviations. Il en est de même des actes reçus par les notaires et autres officiers publics.

DATERIE. La daterie et la chancellerie de Rome ne formaient d'abord qu'une seule et même institution ; la multiplicité des affaires les a fait partager en deux tribunaux. On distinguait, en matière bénéficiale, les *grandes* et les *petites dates*, les *dates de retenue, de supplique, d'expédition*, etc., qui concernent encore aujourd'hui la daterie, c'est-à-dire le lieu où s'exercent les fonctions du cardinal *dataire* (ou *prodataire*), l'officier le plus considérable de la chancellerie romaine, celui par les mains duquel passent tous les bénéfices vacants. Pour l'expédition d'une bulle ou d'une dispense qui ne doit pas être tenue secrète, comme lorsqu'il s'agit de mariages, de vœux, de serments, c'est à lui qu'il faut s'adresser par une supplique ou requête ; et en marge il écrit : *Annuit sanctissimus*. On dresse une seconde requête, avec les clauses et les restrictions à insérer dans la bulle, et on la présente au *soudataire* (*sous-dataire*), qui écrit au bas le sommaire de ce qui y est contenu, et la repasse au dataire. Celui-ci présente la supplique au pape, qui la signe, en accordant la grâce par ces mots : *Fiat ut petitur*. Le titre de *prodataire* paraît pour la première fois dans les bulles de Sixte-Quint.

DATI (CARLO), écrivain et philologue italien, né à Florence en 1619, reçut dans sa jeunesse des leçons de Galilée, et s'occupa de recherches sur les mathématiques, la physique et l'astronomie. C'est à ses travaux sur la langue toscane et à la biographie des artistes grecs qu'il dut sa réputation ; elle fut si grande, que la reine Christine l'appela auprès d'elle à Rome, et que Louis XIV l'invita à venir à Paris. Mais à toutes les avances des souverains étrangers il préféra le séjour de sa patrie, où dès 1647 on lui avait confié une chaire des langues grecque et latine et d'archéologie, où l'Académie de la Crusca le choisit pour l'un de ses membres, et où il mourut, en janvier 1675. Il avait entrepris une collection des modèles de la langue, sous le titre de *Prose florentine*, mais dont il ne publia que le premier volume de la première partie, contenant les *Orazioni di varj Autori* (Florence, 1661), et d'autres continuèrent jusqu'au 17e volume. Il travailla sans relâche, avec le marquis Capponi et avec Francesco Redi, à augmenter et revoir le Dictionnaire de la Crusca. Ses *Vite de'* (*quattro*) *Pittori antichi* (Zeuxis, Parrhasius, Apelles et Protogènes), dédiées à Louis XIV, en 1667, ont été maintes fois réimprimées, et en dernier lieu dans la *Biblioteca Enciclopedica* (14e vol., Milan, 1831). Moreni a publié à Florence, 1825 un choix de ses lettres.

Ce nom de Dati a été porté avec distinction par d'autres écrivains célèbres à divers titres dans la littérature italienne. Au quinzième siècle, un *Goro* DATI composa un poëme sur l'astronomie, et son frère, *Leonardo* DATI, dominicain, des poésies latines. L'*Histoire de la Passion et de la Résurrection de Jésus-Christ*, par *Giuliano* DATI, représentée en 1450 dans le Colysée de Rome, appartient aux premiers et encore informes essais de la poésie dramatique italienne. *Agostino* DATI, dont Alessandro Bandiera a écrit la vie (Rome, 1733), est l'auteur d'une histoire en latin de la ville de Sienne, que son fils, *Nicolo* DATI, publia en 1503. Les *Elegantiæ* du même Agostino Dati furent imprimées en 1470, lors des premiers essais typographiques tentés en Italie ; peu de livres eurent alors autant d'éditions.

DATIF (du latin *dativus*, qui peut donner, qui sert à donner). *Voyez* CAS.

DATION (du latin *datio*, action de donner). La dation diffère de la *donation* en ce que celle-ci indique une libéralité, tandis que la dation emporte l'idée d'une simple remise, à quelque titre que ce soit. Ainsi on appelle *dation en payement* l'acte par lequel un débiteur donne à son créancier, qui consent à l'accepter, une chose en payement d'une autre qu'il devait ; mais il faut que le créancier veuille bien accepter ce mode de libération ; car, aux termes de l'art. 1243 du Code Napoléon, le créancier ne peut pas être contraint de recevoir une autre chose que celle qui lui est due, quoique la valeur de la chose offerte soit égale ou même supérieure. Si la chose donnée en paiement est un immeuble ou un meuble, l'acte n'est en réalité qu'une *vente*, et c'est un *transport* si le débiteur donne une créance.   L.-N. GELLE.

DATISCINE, substance voisine de l'inuline, extraite par Braconnot des racines du *datisca cannabina* ou chanvre de Crète.

DATIVE (Tutelle), celle qui est conférée par le conseil de famille, par opposition à la tutelle *légale* ou *testamentaire*. (*Voyez* TUTELLE.)

DATOLITHE, nom donné par les minéralogistes à la chaux boratée siliceuse. Quand elle est concrétionnée, quelques-uns en font une espèce particulière sous le nom de *botryolithe*. (*Voyez* BOTRYOÏDE.)

DATTES. *Voyez* DATTIER.

DATTES (Pays des.) *Voyez* BELUD-EL-DJÉRID.

DATTIER. Ce genre d'arbres, de la nombreuse famille des palmiers et de la diœcie triandrie, renferme trois espèces.

Le *dattier commun* (*phœnix dactylifera*) est pour certaines contrées sèches et chaudes un bienfait signalé de la nature. Ce bel arbre croît dans les terrains sablonneux et un peu humides des pays chauds, particulièrement en Afrique, dans cette partie de la Barbarie connue sous le nom de Belud-el-Djérid, ou pays des dattes, où il est cultivé avec beaucoup de soins. Il se trouve aussi dans le Levant, la Syrie, l'Italie, dans les départements méridionaux de la France, et surtout en Espagne. La culture du dattier offre un des nombreux exemples de l'antériorité des conceptions utiles, des applications raisonnées, même chez les peuples que nous qualifions de *barbares*. Le système sexuel des plantes, obscurément entrevu par les anciens, et qui n'a reçu de développement que dans les temps modernes, entrait donc déjà dans les vues des peuples de l'Afrique ! car nous voyons de temps immémorial ces Africains procéder à la fécondation de la fleur femelle du dattier en secouant sur son *régime* le pollen des anthères de la fleur mâle. Cette opération, réservée pour une époque fixe et prévue, constituait en divers lieux une solennité religieuse : c'était la fête de l'Hymen. Les jeunes garçons et les jeunes filles suivaient les vieillards, et, parés à leur manière, assistaient, au son de leur musique, à la célébration de la noce. Le dattier, que l'on appelle communément palmier-dattier, a les plus grands rapports, pour le mode de croissance et l'aspect, avec le cocotier. Les nombreux services que rend ce dernier arbre se retrouvent encore avec le dattier. Les habitants des lieux où il croît en tirent un grand parti pour se procurer toutes les commodités qu'offrent les diverses parties de cette plante ; ils trouvent une boisson agréable et nourrissante dans la sève, qu'ils retirent du tronc par incision ; ce tronc est lui-même travaillé comme bois de construction, et en séparant les fibres, on en fait des nattes, des paniers et des cordages. On peut employer à des usages analogues les feuilles et leurs longs pétioles. Le tronc produit encore à la carbonisation un combustible très-ardent et durable ; enfin, à son sommet on recueille une espèce de chou ou panicule de feuilles non encore déroulées et épanouies, qui offre un aliment savoureux et sain. Jusqu'ici on aperçoit les plus grands rapports avec les produits du cocotier. Mais le fruit est tout à fait différent. Plus de tasses à en faire, plus de lait, de beurre ou d'amande tirée du noyau. C'est le drupe qui est ici le produit utile. Le noyau, ou semence, est osseux, presque corné, excessivement dur, oblong, profondément canaliculé ou sillonné d'un côté et convexe de l'autre ; ses rapports de configuration avec le grain de froment sont remarquables. Cette semence cornée est nichée dans une pulpe solide, d'un goût vineux, sucrée, aigrelette et légèrement visqueuse, parfumée, recouverte d'un épiderme mince rouge jaunâtre. L'épi ou pédoncule floral, multiple, consiste en un grand nombre d'ovaires qui mûrissent à l'état de dattes. Cet épi, à sa naissance, était contenu dans une spathe déhiscente latéralement.

Le dattier s'élève jusqu'à 18 et même 20 mètres. Sa tige est nue, cylindrique et formée des débris des feuilles, dont les plus inférieures tombent chaque année, et sont remplacées par un égal nombre qui croissent au sommet. C'est à cette sorte de tronc, qui a le plus grand rapport avec la tige souterraine des fougères d'Amérique, que Linné a imposé le nom de *stipes*. Le feuillage est penné, et ses folioles sont confuses et ensiformes. Comme l'indique le nom de la classe dans laquelle Linné a rangé le dattier, il est *dioïque*, c'est-à-dire que toutes les fleurs mâles se trouvent sur un individu, et toutes les fleurs femelles sur un autre. Les Africains ne cultivent que le dattier femelle, qu'ils fécondent, comme nous l'avons dit, avec les épis floraux mâles qu'ils vont couper dans les bois du voisinage.

On pourrait multiplier le dattier en semant les noyaux ; mais dans ce cas il serait trop lent à produire : on préfère donc mettre en terre et nourrir par d'abondantes irrigations les œilletons qui naissent des racines ou aux aisselles des feuilles. La culture du dattier consiste à bêcher la terre autour du tronc et à y former une espèce de bassin, pour recevoir les pluies rares qui tombent dans ces climats et conserver plus longtemps les eaux de l'irrigation. Ces petits bassins communiquent ensemble par une rigole : voilà pour les plantations de l'intérieur du pays ; mais sur les bords de la mer, il suffit aux dattiers de pomper l'humidité du sable baigné par la vague. Chaque dattier femelle produit en automne ordinairement huit à dix *régimes* (panicules floraux), dont chacun à l'état de maturité pèse de 12 à 15 kilogrammes. On a soin de relever ces régimes et de les attacher à la base des feuilles, pour empêcher qu'ils ne soient froissés et meurtris par la violence des vents. Il en est des dattes qui nous sont apportées, comme des oranges, des citrons et de tous les fruits exotiques : nous ne les connaissons pas dans la perfection de leur maturité ; si elle était attendue, les fruits ne seraient pas de garde. Après la cueillette des dattes non encore mûres, on les expose au soleil en les étendant sur des nattes faites avec les feuilles de l'arbre. Elles y prennent presque la consistance de pruneaux, et se rident plus ou moins suivant l'espèce et le degré de la maturité.

Ces fruits secs sont la source d'un commerce considérable, qui forme une des principales richesses des pays de production. Les naturels en font aussi une farine qui leur offre un aliment agréable, sain, approprié à leur climat et à leur constitution sèche. Quant aux dattes fraîches et bien mûres, le goût en est délicieux. Au moyen de la pression on peut en extraire un suc sirupeux, épais, qui sert à confire d'autres dattes, qu'on enterre dans des pots. Avec cette espèce de miel, on prépare des gelées et d'excellentes pâtisseries. Les dattes mises dans l'eau donnent, par la fermentation, un vin très-fort, et dont on extrait un alcool suave. Quelque dur que soit le noyau, au moyen de l'action longtemps continuée de l'eau chaude, les habitants du pays le rendent propre à la nourriture des bestiaux. Le *vin de dattier* est le suc de l'arbre convenablement fermenté ; on peut également en extraire une eau-de-vie suave. On se procure ce suc en pratiquant à la base de la feuillaison une entaille annulaire, et en recueillant la sève qui distille. Mais comme cette opération fait périr l'arbre, elle n'est pratiquée ordinairement que sur les vieux plants devenus improductifs.

C'est principalement de l'Afrique, par la voie de Tunis, que nous recevons les dattes sèches ; et les meilleures, celles qui se conservent le mieux, les dattes du Levant, qui arrivent à Marseille et sont connues dans le commerce sous le nom mal appliqué de *dattes de Provence*, ont été récoltées dans un état trop voisin de la maturité ; elles sont très-belles, succulentes et agréables, mais de mauvaise garde ; elles ne tardent pas à éprouver une fermentation, et sont sujettes à la piqûre des vers. Les dattes de Tunis sont grosses comme le pouce, un peu moins longues et elliptiques. Les dattes qui nous sont apportées de *Salé*, port du royaume de Fez, sont blanchâtres, petites, sèches, peu sucrées, et par conséquent peu estimées. Les dattes en général, à l'état de dessiccation où nous les connaissons, offrent peu d'attrait à la gourmandise; aussi ne les voit-on que bien rarement figurer sur nos tables; l'usage en est restreint à la matière médicale, pour la confection des sirops rafraîchissants, indiqués dans les maux de gorge, etc., pour tenir le ventre libre. On les associe ordinairement aux jujubes pour les tisanes, etc.

Les deux autres espèces de ce genre ont des fruits beaucoup plus petits; ce sont le *dattier arqué* (*phœnix declinata*), du cap de Bonne-Espérance, et le *dattier nain* (*phœnix pusilla*), qui s'élève au plus à un mètre de haut. Cette dernière espèce demande beaucoup d'eau; on l'a observée dans la Cochinchine et sur la côte de Coromandel.
PELOUZE père.

DATURA. Ce nom, qui est le même en latin qu'en français, est celui d'un genre de plantes dicotylédones appartenant à la famille des solanées. Les espèces du genre *datura* ne sont pas très-nombreuses : on en connaît douze environ, répandues en Asie, en Afrique et en Amérique, sous les zones les plus chaudes; plusieurs d'entre elles sont depuis longtemps acclimatées en Europe, et s'y reproduisent sans culture. Ce sont pour la plupart des plantes herbacées, à feuilles simples et alternes, et à fleurs axillaires, très-grandes, exhalant le plus souvent une odeur forte et nauséabonde; il en est cependant qui ont un parfum assez délicat. Les propriétés dominantes des daturas sont éminemment délétères; elles agissent d'une manière toute particulière sur l'économie animale, qu'elles jettent dans un état profond de stupeur.

Le *datura en arbre* (*datura arborea*, Lin.), la plus belle espèce de tout ce groupe, est originaire du Pérou; elle est aujourd'hui assez commune en France, où elle a été apportée par Dombey. Sa hauteur s'élève jusqu'à environ trois mètres; sa tige est ligneuse, grisâtre et lisse extérieurement; les fleurs sont blanches, très-grandes, pédonculées; naissant à l'aisselle des feuilles supérieures; leur forme évasée leur a fait donner le nom de *trompette du jugement* : elles répandent vers le soir une odeur agréable, mais trop forte, et qui peut devenir nuisible si on y reste exposé trop longtemps, ou dans un lieu espacé.

Une autre espèce de *datura* qu'il est important de connaître est la *stramoine* (*datura stramonium*), vulgairement *pomme épineuse, endormie, herbe aux sorciers, herbe au diable*, etc. C'est une plante herbacée, annuelle, et dont les fleurs blanches ou violacées sont très-grandes et portées sur un calice pubescent; la corolle a environ huit centimètres. La pomme épineuse est fort commune dans les lieux incultes, au pied des vieilles murailles, dans les décombres, etc. On assure qu'elle est originaire d'Amérique : le fait est qu'elle est aujourd'hui répandue dans une grande partie de notre continent. Cette plante atteint de 1 mèt. à 1^m,30 de haut; elle fleurit pendant les mois de juin et de juillet. Ses graines, qui paraissent jouir au plus haut degré des propriétés délétères qu'on lui connaît, ont été souvent recherchées par les malfaiteurs, qui en versaient la poudre dans les aliments des personnes tombées entre leurs mains pour les dépouiller plus facilement. Les principaux remèdes que l'on doit administrer à ceux que la stramoine a incommodés sont les vomitifs, et ensuite des boissons acidulées. On a souvent conseillé d'employer en médecine les propriétés de cette plante, surtout contre les spasmes, les convulsions, et toutes les maladies occasionnées par l'excitation du système nerveux; mais il paraît plus sage d'avoir recours en toutes circonstances à la belladone et à l'opium, dont le mode d'action est analogue et de plus bien mieux connu.
P. GERVAIS.

DATURINE. Cet alcaloïde, dont on doit la découverte à Brandes, est le principe actif du *datura stramonium*. La daturine est très-vénéneuse. Sa composition est inconnue.

DAUBE, préparation d'une viande grasse et charnue, qu'on peut manger chaude ou froide. La noix de bœuf et le filet d'aloyau, le gigot de mouton, la longe de veau, le carré de porc frais, les oies, les dindes, les chapons et les poules grasses, sont les substances qu'on met ordinairement en *daube*. La pièce qu'on veut faire cuire ainsi doit être bien lardée et assaisonnée de sel, poivre, épices fines, aromates pilés, persil et ciboules hachés. On fonce ensuite une braisière de grandeur convenable de quelques bardes de lard, de débris de veau, de lames de jambon; on y ajoute un morceau de jarret de veau. C'est sur ce fond qu'est posée la pièce à cuire, que l'on entoure de légumes, carottes et oignons; puis on la mouille avec du bouillon et de la bonne eau-de-vie, et l'on couvre la braisière de son couvercle, avec feu dessous et dessus. Ainsi entourée de cendres rouges, la daube mijote pendant quatre heures. Ce temps suffit pour sa parfaite cuisson, à moins que le sujet ne soit une volaille bien vieille, ce dont Dieu vous garde.

DAUBENTON (LOUIS-JEAN-MARIE), membre de l'Académie des Sciences, garde et démonstrateur du Cabinet, et professeur de minéralogie au Muséum d'Histoire Naturelle, etc., naquit le 29 mai 1716, à Montbard, dans le département de la Côte-d'Or. Son père, qui le destinait à l'état ecclésiastique, l'avait envoyé à Paris pour y faire en théologie des études plus approfondies que ne peuvent l'être celles des séminaires de province. Le jeune homme profita de son séjour dans la capitale pour acquérir d'autres connaissances, surtout en histoire naturelle et en anatomie. La mort de son père lui permit de ne consulter que son goût pour le choix d'une profession; il se livra sérieusement à l'étude de la médecine, se fit recevoir docteur à Reims, et revint dans sa ville natale pour y exercer sa profession. Des relations d'amitié l'unissaient à un ancien camarade d'enfance, l'illustre Buffon, né comme lui à Montbard, et qui venait d'être nommé intendant du Jardin du Roi. Le grand naturaliste avait conçu le projet de l'ouvrage le plus complet que l'on eût encore publié sur l'histoire naturelle; mais pour l'exécuter il lui fallait des aides : la faiblesse de sa vue lui interdisait les observations anatomiques un peu délicates, et le docteur Daubenton avait des yeux de lynx : il fut appelé, et vint à Paris en 1742. Trois ans plus tard il fut nommé garde et conservateur du Cabinet d'Histoire Naturelle.

Lorsque les deux naturalistes furent arrivés à la description des animaux, le travail de Buffon devint facile en comparaison de celui que Daubenton devait fournir; les mesures de détail, les descriptions anatomiques et les observations qu'elles exigent étaient sans contredit la partie la plus laborieuse de l'entreprise. Daubenton y mit tant de zèle et de soin que, suivant l'assertion des anatomistes les plus instruits, aucune erreur ne lui est échappée, et que dans le nombre prodigieux de faits exposés dans ses écrits, la plupart n'étaient point connus et doivent être considérés comme autant de découvertes dont la science lui est redevable, sans qu'il le soupçonnât. Il semble que tout devait resserrer l'union des deux collaborateurs jusqu'à l'achèvement de l'œuvre commune: il n'en fut pas ainsi. Quoique Daubenton n'eût réellement point d'autre passion que celle de la science, et que sa modestie fût l'appréciation désintéressée qu'en esprit juste sait faire de toute chose, il connaissait la valeur des procédés, et fut offensé lorsque Buffon publia séparément ce qui lui appartenait dans le grand ouvrage rédigé en commun. Cette conduite a été appréciée de différentes manières. Quoi qu'il en soit, Daubenton cessa de contribuer à la publication de l'Histoire Naturelle, et se renferma dans les fonctions dont il était chargé; elles étaient compliquées, souvent pénibles, mais la constance et le zèle ne manquaient pour aucun des devoirs qu'elles imposaient. Par les soins de notre estimable savant, la collection du Muséum d'Histoire Naturelle est devenue la plus complète et la mieux ordonnée que l'on ait formée jusque ici.

Daubenton n'était pas tellement absorbé par ses occupations, qu'il ne lui restât point de temps pour écrire ; de nombreux mémoires insérés dans le recueil de l'Académie des Sciences et plusieurs articles de l'*Encyclopédie* sont les fruits de ses veilles. En 1778 il obtint que l'histoire naturelle serait enseignée au Collége de France, afin que cette institution présentât une réunion plus complète des connaissances humaines, et l'une des chaires de médecine que l'on y avait établies fut consacrée au nouvel enseignement ; Daubenton en fut chargé. En 1783 un autre enseignement lui fut confié à l'École Vétérinaire d'Alfort. L'économie rurale commençait à prendre la forme régulière des sciences, et le professeur d'Alfort contribua beaucoup à la faire placer au rang qu'elle occupe aujourd'hui. Il avait déjà bien mérité de cette science et des agronomes français ; car il fit en France les premiers essais de l'amélioration des laines par l'introduction de mérinos espagnols, et publia en 1782 une instruction pour les bergers chargés de conduire ces précieux animaux. En 1784 tout fut prêt pour rendre compte des résultats de cette importante acquisition : Daubenton publia un écrit intitulé : *Mémoire sur le premier drap de laine superfine du crû de la France*. La même année il fit paraître son *Tableau méthodique des Minéraux*.

Les orages de la Révolution ne troublèrent presque pas la vie paisible de Daubenton ; car on ne l'empêcha point de travailler comme à son ordinaire et de s'occuper des mêmes objets. Lorsqu'on put songer enfin à réorganiser l'instruction publique, un des naturalistes de cette époque fut chargé de quelques leçons à l'École Normale et nommé ensuite professeur de minéralogie au Muséum d'Histoire Naturelle. Ce n'est pas ainsi que l'on devait honorer sa vieillesse ; la science dont on lui confiait l'enseignement avait fait des progrès qu'il n'avait pas suivis : le professeur fut bientôt jugé par ses auditeurs.

Après la contre-révolution du 18 brumaire et la chute du gouvernement républicain, il fallut, selon les vues du nouveau gouvernement, que le sénat *conservateur* fût une réunion des plus hautes renommées : la place de Daubenton y était marquée. Il y fut appelé vers la fin de 1799 ; mais cette fortune, qu'il n'ambitionnait point, fut le terme de sa carrière. A l'une des premières séances auxquelles il put assister, il fut frappé d'apoplexie, et quatre jours après n'était plus : c'était dans la nuit du 31 décembre 1799 au 1er janvier 1800. Sa longue vie fut toute pour les sciences ; les passions n'y obtinrent aucune place : l'heureuse tranquillité dont il jouit constamment fut la juste récompense de la douceur de son caractère, de la pureté de ses mœurs simples et pures. Uni d'assez bonne heure à une compagne digne de lui, passant ainsi des délices d'un bon ménage à des occupations pleines d'attraits pour lui, on conçoit sans peine comment il put pousser aussi loin sa carrière, quoique sa constitution ne fût nullement vigoureuse. Il croyait sincèrement à la médecine, et s'appliquait à lui-même les préceptes de l'art qu'il avait exercé dans sa ville natale. Ce fut comme médecin qu'il fit, et publia ses *Recherches sur les Indigestions*, où il soutient que le corps humain ne subirait aucune altération de ses diverses fonctions si l'estomac était toujours en état de remplir les siennes. Pour quelques unes des forces de cet organe essentiel, il conseillait l'usage des pastilles d'ipécacuanha, ce qui donna pendant tout un temps une vogue prodigieuse à ce médicament, qui porte encore aujourd'hui le nom de *pastilles de Daubenton*. Ferry.

Mme *Marguerite* Daubenton, née à Montbard, le 30 décembre 1720, morte à Paris, en 1778, est connue par la publication d'un roman intitulé *Zélie dans le désert*, composition faible, mais non sans intérêt. De son union avec Daubenton naquit une fille, qui épousa le fils de Buffon.

DAUBERVAL (Jean Bercher, *dit*), célèbre danseur et chorégraphe, naquit le 19 août 1742, à Montpellier. Élève de Noverre, il débuta en 1761 à l'Académie royale de Musique, où il obtint tant de succès, qu'il y fut reçu au bout d'un mois. Le genre de Dauberval était la danse comique, vive et légère, la pantomime gaie, folâtre, naturelle, et il y excellait tellement qu'on l'avait surnommé le *Préville* de la danse. Il devint bientôt un des quatre premiers danseurs de l'Opéra ; mais il ne se rendit pas moins fameux par son faste que par ses talents. Il avait fait construire dans sa maison un salon vaste et magnifique, qui lui coûta 45,000 fr., et qui fut l'objet de la curiosité de tout Paris. Il y donnait par souscription des bals, où les seigneurs et les dames de la cour allèrent préluder aux fêtes qui eurent lieu, en 1770, à l'occasion des fêtes du mariage du dauphin (Louis XVI). Au moyen d'une mécanique, ce salon pouvait se changer en salle de théâtre. Il y avait aussi un vestibule qui en dix minutes pouvait être monté et démonté dans la cour, pour y mettre à couvert la valetaille. De telles prodigalités dérangèrent bientôt les affaires de Dauberval, quoiqu'il fût depuis 1773 adjoint au maître des ballets. Il espérait être nommé maître des ballets de la cour ; mais le traité qu'il avait fait avec le premier gentil-homme de la maison du roi fut déchiré, par suite des intrigues de Gardel aîné et de Vestris père. Poursuivi par ses créanciers, et forcé de se cacher, il songeait à se retirer en Russie, où des offres brillantes lui étaient faites par l'impératrice Catherine II ; il alma mieux rester en France ; grâce à la bienveillance de la sultane favorite de Louis XV. En effet ce fut la Du Barry qui, au moyen d'une collecte qu'elle fit à la cour, et dont la quotité ne pouvait pas être au-dessous de cinq louis, remit à Dauberval 50,000 fr., à l'aide desquels il put payer ses dettes, en 1774. Il lui en témoigna sa reconnaissance par une lettre aussi pleine d'aisance et de familiarité que celle qu'il lui avait écrite pour refuser la main de Mlle Dubois, actrice de la Comédie-Française. Ces lettres, conservées dans les *Mémoires de Bachaumont*, prouvent qu'on ne pouvait pas dire de Dauberval qu'il était *bête comme un danseur*. Il refusa aussi d'épouser Mlle Raucourt, qui s'en consola comme avait fait Mlle Dubois. Mais une jolie danseuse, Mlle Duperey, qui n'avait pas été plus heureuse, se retira par désespoir dans un couvent, où elle prit le voile.

Dauberval fut moins cruel envers une autre danseuse, Mlle Théodore, sans doute parce qu'elle était dédommagée de sa laideur par beaucoup d'esprit, et il l'épousa quelques années après. En 1776 il fut enfin nommé compositeur et maître de ballets, en survivance de Noverre. Il fut aussi membre de l'Académie de la Danse, de 1766 à 1778. Dans cette dernière année, le directeur de l'Opéra, de Vismes, le fit injustement descendre au rang d'aide du maître des ballets, Gardel aîné, qui avait, par faveur, remplacé Noverre, et dont il devint l'adjoint en 1779. Ce passe-droit provoqua une scission parmi les artistes de l'Opéra, et excita un grand mécontentement dans le public, qui, idolâtre de Dauberval, lui avait témoigné le plus vif intérêt pendant une grave maladie. Un jour qu'il dînait chez la Guimard, il fut arrêté avec Vestris père, et on les conduisit, comme chefs de cabale, à For-l'Évêque, d'où ils sortirent quelques jours après. Quoique Dauberval eût été nommé, en 1781, l'un des membres du comité qui avait remplacé la direction, les intrigues, les querelles, ne discontinuèrent pas. Dégoûté enfin de tant de tracasseries, il abandonna le champ de bataille à son rival, et quitta l'Opéra, à la clôture de 1783, avec une pension de retraite de 3,500 fr., tant comme maître de ballets que comme premier danseur. Il se rendit avec sa femme à Bordeaux, où il fut maître des ballets au grand théâtre jusqu'en 1791. Il y composa plusieurs ballets, entre autres *La Fille mal gardée*, *Le Déserteur*, *L'Épreuve villageoise*, *Télémaque*, et *Le Page inconstant*. Le rôle de Mentor, qu'il jouait dans le quatrième, aurait suffi pour le placer parmi les plus célèbres chorégraphes. Ces ballets, ayant été joués à Paris avec quelques changements, donnèrent lieu à des accusations de plagiat entre Dauberval d'une part, et Gardel jeune et Aumer de l'autre. Dauberval mourut à Tours, le 14 février 1806, en se rendant de Paris à Bordeaux, où il s'était fixé. H. AUDIFFRET.

D'AUBIGNAC. *Voyez* AUBIGNAC.

D'AUBIGNÉ. *Voyez* AUBIGNÉ.

DAULATABAD, chef-lieu de l'arrondissement du même nom dans la province d'Aurengabad, était autrefois, à l'époque de la domination mongole, une grande et florissante cité; mais elle est bien déchue de son ancienne importance, et est aujourd'hui presque déserte. Sa situation la rend cependant toujours remarquable comme place forte. Le château qui la domine et la protège est construit sur un rocher granitique d'environ 165 mètres d'élévation et taillé pour ainsi dire à pic; entouré d'un fossé de 10 mètres de profondeur et rempli d'eau, il n'a d'autre entrée qu'une longue voûte de 4 mètres de hauteur taillée dans le roc vif. Dans les environs de Daulatabad, on trouve le village d'Elora, avec ses célèbres pagodes, qui, taillées en plein dans le roc, contiennent plusieurs milliers de figures assez grossièrement sculptées, antiques monuments de la religion des Indous.

Daulatabad s'appelait primitivement *Déoghie* ou *Tagara*, et fut la résidence d'un puissant prince indien, jusqu'à ce qu'en l'année 1293 elle eut été prise et pillée par les musulmans. Plus tard, en 1595, elle fut prise d'assaut par Ahmed-Nizam, schah d'Ahmednagar, à la mort duquel elle passa sous l'autorité de Malik-Amber, dont la famille s'y maintint jusqu'en 1634. Les Mongols s'en rendirent maîtres ensuite, et transportèrent le siége du gouvernement à Aurengabad.

Dans le courant du dix-huitième siècle, Daulatabad tomba avec Aurengabad au pouvoir de Nizam-el-Moulk, dont les descendants, les Nizam d'Hyderabad, s'en sont maintenus jusqu'à ce jour en possession.

DAULNOY (Mme). *Voyez* AULNOY.

DAUMESNIL (PIERRE, baron), né à Périgueux, le 14 juillet 1777, fit ses premières armes comme simple soldat dans les guerres d'Italie et d'Égypte. Au siége de Saint-Jean-d'Acre, un acte de dévoûment antique le signala pour la première fois aux regards du général de l'armée d'Orient. Bonaparte visitant la tranchée, une bombe vient tomber à ses pieds; aussitôt deux soldats se précipitent à ses côtés, le placent entre eux, et, élevant les bras pour mieux couvrir le héros, attendent froidement l'explosion. Elle a lieu en effet; mais, par un bonheur providentiel, elle respecte ces grands courages. Daumesnil était l'un des deux grenadiers qui s'étaient héroïquement dévoués pour immoler la destinée du siècle. Le général en chef le fit passer aussitôt dans le régiment des guides, où il déploya en vingt circonstances la plus rare intrépidité. Cependant, Daumesnil, dont l'instruction était moins avérée que la bravoure, resta quelque temps encore dans les rangs inférieurs, et ce ne fut qu'en 1806 qu'il parvint au grade de capitaine dans les chasseurs de la garde impériale. Appelé en Espagne en 1808, il fit cette campagne en qualité de chef d'escadron; et lorsque, le 2 mai, Madrid tout entier se souleva contre les troupes de Murat, il se jeta tête baissée au milieu des insurgés, et contribua puissamment à comprimer le soulèvement de cette capitale. Il reçut le grade de major dans la garde, égal alors à celui de colonel dans la ligne. En 1809 Daumesnil fit la campagne d'Autriche. Mais là devait finir sa vie militante. A Wagram, après plusieurs charges dans lesquelles il fit des prodiges, il fut atteint d'un boulet, qui lui emporta la jambe.

Rentré en France après l'armistice de Znaïm, il épousa une des filles de Garat, gouverneur de la banque, et fut comblé de marques de bienveillance par l'empereur, qui le nomma général de brigade le 21 février 1812. Quelques semaines plus tard Napoléon, voulant lui donner une nouvelle preuve de son estime, lui offrit pour retraite le gouvernement du château de Vincennes. On se rappelle les événements de 1814 et l'étonnement de l'Europe à la vue de ce soldat mutilé, refusant de rendre Vincennes alors que la capitale de l'empire était occupée depuis plusieurs semaines par toutes les armées alliées. Il n'était bruit dans tout Paris que de la réponse de Daumesnil aux sommations réitérées de l'ennemi : « Quand vous me rendrez ma jambe, leur disait-il, je vous rendrai la place. » Et telle était l'estime qu'inspirait tant de courage, que le drapeau tricolore flotta assez longtemps sur les tours de Vincennes en face du drapeau blanc arboré sur les édifices de Paris. La Restauration elle-même crut devoir honorer ce beau caractère : elle retira à Daumesnil le gouvernement de Vincennes, mais elle lui donna en échange celui de Condé et la croix de Saint-Louis. L'apparition de Napoléon sur les côtes de Provence devait naturellement rendre le vieux soldat à toute l'ardeur de ses affections pour l'empereur. Cependant, fidèle à ses nouveaux serments, Daumesnil n'arbora les couleurs nationales sur la citadelle de Condé que le 22 mars, c'est-à-dire après le départ des Bourbons. Alors il fut appelé une seconde fois au commandement de Vincennes, où il déploya en 1815 la même énergie et le même patriotisme qu'en 1814. Cependant, si les fureurs de la réaction n'avaient pas osé frapper ce brave soldat, sa droiture était devenue importune à la Restauration, qui en septembre 1815 le condamna à la retraite, quoique dans la force de l'âge.

Après quinze années d'un repos prématuré, la révolution de 1830 rendit à Daumesnil le commandement de Vincennes, fonctions dans lesquelles il devait encore déployer une admirable fermeté, non plus contre les Russes et les Prussiens, mais contre l'émeute en fureur. On sait les événements qui avaient conduit les ministres de Charles X au donjon de la forteresse, en attendant que la cour des pairs prononçât sur leur sort. Impatient des lenteurs d'une justice équivoque, le peuple demandait à grands cris la tête des coupables. Un jour, la foule rugissante se présente aux portes de Vincennes, et réclame impérieusement des hommes qu'elle appelle ses bourreaux, et qu'une intrigue coupable veut soustraire à la vengeance nationale. Daumesnil fait baisser le pont-levis, et, s'avançant seul vers le peuple furieux : « Que voulez-vous? lui dit-il. — La tête des accusés. — Mais vous ne savez donc pas qu'elle n'appartient qu'à la loi, et que vous ne l'aurez qu'avec ma vie; retirez-vous, et ne souillez pas votre gloire. » Ces mots suffirent pour ramener ces hommes exaspérés; les cris de *Vive Daumesnil! honneur à la jambe de bois!* succédèrent aux clameurs d'une haine fanatique. Lorsqu'il fallut transférer les ministres à la maison d'arrêt de la chambre des pairs, on craignit une nouvelle tentative contre leur vie. L'un d'eux était malade. Daumesnil, en grand uniforme, le place à ses côtés, dans sa voiture, et, aussi intrépide que généreux, il traverse la foule silencieuse et menaçante qui afflue sur son passage; il se dirige au pas vers le Luxembourg, et remet, sain et sauf, au commandant du palais le proscrit confié à sa garde.

Daumesnil venait d'être promu au grade de lieutenant général, et il allait jouir enfin d'un repos acheté par de longs et loyaux services, lorsque, le 17 août 1832, une attaque de choléra mit un terme à sa glorieuse carrière. Il mourut à l'âge de cinquante-cinq ans seulement. B. SARRANS.

DAUMIER (HENRI) est né en 1810, à Marseille, pays où un soleil presque vertical chauffe les têtes. S'il le voulait, il se bâtirait un immense palais à l'aide seul des pierres lithographiques auxquelles il a donné la vie. Daumier fait-il des caricatures comme Granville, ou des charges comme Calot? est-il l'imitateur de l'un ou de l'autre? Point. Daumier est le Paul-Louis Courier de la lithographie; il y a de la pensée dans son dessin, mais une pensée caustique, acerbe; et cependant il fait rire celui-là même contre qui il décoche ses traits. Malheur à vous si vous êtes livré à son crayon et si la plus légère imperfection désharmonise votre figure! Le nez pointu deviendra une aiguille, la verrue un melon, les cheveux droits une brosse, la lèvre forcée un boudin, les joues creuses une vallée.... et vous serez d'une ressemblance dévorante!

Quand parurent ses premières esquisses, toutes les illustrations tremblèrent : on leur faisait peur de Daumier comme aux petits enfants de *Croquemitaine*; elles cachaient leur figure en passant sur les boulevards, en se promenant sous une ombreuse allée : elles voyaient Daumier partout; elles couraient le lendemain au *Charivari*, et quand elles ne s'y retrouvaient pas, elles bénissaient la bienfaisance du ciel, ou plutôt la générosité de Daumier. Que de victimes, bon Dieu, n'a-t-il pas livrées à la risée publique! Pairs de France, ministres, députés, savants, littérateurs, il a tout maculé, tout tympanisé, tout immolé à sa causticité, à son caprice; et le misérable, n'ayant plus personne à traîner sur la claie, s'y est cloué lui-même, je crois, afin de se faire pardonner ses sacrilèges. Quant à son faire, il est un peu lâché, un peu fait façon, mais cela est large, cela est artiste des pieds à la tête, cela ne sent ni la gêne ni le travail : il y a là-dessous, ou plutôt là-dessus, un homme de talent, un homme d'esprit, un philosophe. Le malheur de cet état de choses, c'est que Daumier est intarissable. On avait cru tout d'abord qu'après deux ou trois années de sarcasmes, sa verve s'affaiblirait, et qu'il renoncerait enfin à faire grimacer le monde. Hélas! il n'en a pas été ainsi : loin de s'attiédir, la tête de Daumier grandit tous les jours en malice; elle trouve sans cesse de nouveaux éléments à la caricature; elle immole quotidiennement quelque vieille célébrité, quelque jeune réputation, et vous êtes bien sot de vous croire à l'abri de Daumier, vous, et vous, dont quelques journaux soldés viennent d'élever le mérite équivoque sur le pavois : l'obscurité seule peut vous arracher à la pointe de fer de Daumier, dont Dieu vous sauve, au nom du Père, du Fils et du Saint-Esprit. Ainsi soit-il.
Jacques Arago.

DAUN (Léopold-Joseph-Marie, comte de), feld-maréchal d'Autriche, naquit à Vienne, en 1705. Son père, *Wirich-Philippe-Laurent de Daun*, dont la famille était originaire du pays de Trèves, après avoir servi avec honneur dans la guerre de la succession d'Espagne, fut, en 1711, créé grand d'Espagne et prince de Tiano par Charles III, le compétiteur malheureux de notre duc d'Anjou, puis vice-roi de Naples, fonctions qu'il conserva jusqu'en 1719. Il mourut à Vienne, en 1741.

Destiné d'abord à l'Église, le jeune Daun montra de bonne heure tant de dispositions pour la carrière des armes, que son père consentit à ce qu'il l'embrassât. Il commença à se distinguer dans les campagnes de 1737 à 1739 contre les Turcs. Puis il prit part à la conquête de la Bavière, et concourut à rejeter les Français au delà du Rhin. Il était grand-maître de l'artillerie lorsque éclata la guerre de sept ans, qui a inscrit son nom dans l'histoire, et à laquelle il a dû la gloire de tenir tête au plus grand capitaine du dix-huitième siècle, à Frédéric II, et même de le battre en quelques rencontres.

Le roi de Prusse, par une marche savante, avait fait une soudaine irruption dans la Bohême, et avait mis le siège devant Prague. Daun, à la tête de son armée, court au-devant de Frédéric, le joint près de Kollin, où il remporte sur lui une victoire complète, qui le fit proclamer le sauveur de la patrie. Frédéric fut contraint, non-seulement de lever le siège de Prague, mais d'évacuer toute la Bohême et d'abandonner l'une après l'autre toutes ses positions dans les États autrichiens. L'impératrice Marie-Thérèse fonda un ordre militaire auquel elle donna son nom en souvenir de cette victoire, et Daun en reçut le premier la décoration.

Cependant il essuya à son tour plusieurs échecs, et fut battu à Leuthen avec le prince Charles de Lorraine, puis à Torgau, où il fut blessé, le 3 novembre 1760. Précédemment, à Hochkirchen, dans la nuit du 31 octobre 1758, il avait si bien pris ses mesures et si bien combiné ses mouvements, que l'armée prussienne aurait pu être détruite sans les funestes lenteurs du prince de Durlach; la victoire lui fut disputée par le général Ziethen avec un rare acharnement.

Daun avait en Frédéric un redoutable adversaire, qui suppléait au nombre de ses soldats par l'extrême rapidité de ses mouvements. De plus, Frédéric, maître absolu de son armée et de ses résolutions, pouvait à tout moment modifier son plan de campagne, tandis que Daun devait conformer ses opérations à la marche qui lui était prescrite par la chancellerie de Vienne. Par là s'expliquent la lenteur de ses mouvements et l'extrême circonspection qu'il apportait en présence de l'ennemi. Toutefois, Frédéric lui a rendu pleine justice dans ses Mémoires, et il en parle toujours comme d'un adversaire dont il avait beaucoup à craindre.

Daun mourut en 1766, comblé des faveurs de son gouvernement et honoré pour son caractère personnel autant que pour son mérite comme capitaine.
Artaud.

DAUNIE (*Daunia*), contrée maritime d'Italie, qui faisait partie de l'Apulie. On disait l'Apulie daunienne, *Apulia daunia*, ou les Apuliens dauniens, *Apuli daunii*. Cette contrée fut ainsi nommée de Daunus, qui, selon Festus, était un personnage illustre de la nation illyrienne. Obligé de quitter sa patrie, il vint s'emparer du pays auquel il donna son nom. Tzetzès dit que Daunus régnait sur les Dauniens lorsque Diomède aborda en Italie. Il lui fit épouser sa fille, et, étant assiégé par ses ennemis, il promit de lui donner une partie de ses terres s'il lui amenait du secours. Il l'obtint, et tint parole. De là vient qu'une partie de la Daunie était nommée *les champs de Diomède*.

La Daunie était au nord-ouest de la Peucétie. Elle était bornée au nord et à l'est par la mer Adriatique; par le Biferno, les Samnites et les Hirpins au couchant; et enfin au midi, par le Cervaro, qui la séparait en partie des Peucétiens.

DAUNOU (Pierre-Claude-François), né à Boulogne-sur-Mer, le 18 août 1761, mourut le 20 juin 1840, à Paris. C'est une des existences les plus honorables, les plus singulières et les plus curieuses de ces derniers temps. Type rigoureux de régularité et de sévérité, ses habitudes et ses opinions furent mises à l'épreuve par les troubles publics quand il devint acteur sur la scène politique : conventionnel en 1793, résistant à Napoléon au temps de l'empire, simple spectateur en 1830, il joua un rôle énergique dans toutes les circonstances où il se trouva; cependant jamais il n'a été chef de parti décidé, maître d'une grande situation. Toujours regardé comme un homme rare, caractère marqué d'un cachet particulier, nous le verrons partout représenter l'exact bon-sens et la justice. Entré au collège des oratoriens de Boulogne, puis admis, à l'âge de seize ans, dans la congrégation, il y apporta un esprit d'analyse et d'examen qui modifia chez lui les croyances religieuses et l'amena à un demi-scepticisme malicieux et calme. Daunou passa par les divers degrés de l'enseignement à Troyes, à Soissons, à Boulogne, à Montmorency, où il fut professeur de philosophie, puis de théologie. C'est à cette époque qu'il remporta le prix sur cette question : *Quelle a été l'influence de Boileau sur la littérature française ?* Son esprit était fait pour bien juger l'auteur de l'*Art poétique*, des *Épîtres* et des *Satires*; et ce premier succès, avec un accessit qu'il obtint l'année suivante à l'Académie de Berlin, sur ce sujet : *De l'origine, de l'étendue et des limites de l'autorité paternelle*, mit en réputation l'écrivain : la révolution de 1789 devait dessiner l'homme politique. En effet, il l'adopta, et avança assez résolument avec elle : il devait être dépassé par les circonstances.

Après quelques écrits obscurs, et quelques discours hardis, il entra à la Convention, où son rôle fut tout de répression et de modération. Il s'opposa aux excès de la révolution, et réclama généreusement justice pour Louis XVI, acte très-marquant dans la vie de Daunou. Il publia plus tard son *Essai sur l'Instruction publique*, en opposition au plan de Robespierre; œuvre plus curieuse surtout au point de vue littéraire, et qui renferme une infinité de petites méthodes exposées, analysées et creusées avec toute la puissance fine et étroite du jugement de Daunou. Il se renferma ensuite dans des travaux législatifs souvent utiles et toujours de circonstance, publia un *Essai sur la Constitution*, et des *Remarques sur le projet proposé par le Comité de salut public*. Interrompu dans ses études et compris dans l'arrestation des 71 signataires qui avaient protesté contre les violences, il rentra néanmoins à la Convention, et fit rendre un décret relatif à l'envoi des lois et à l'Imprimerie du gouvernement. Nommé membre de la commission des onze, chargée des lois organiques de la constitution, il présenta un *rapport sur les moyens de donner plus d'intensité au gouvernement*. Nous le voyons bientôt président de la Convention, puis membre du Comité de salut public, sans cesser de faire partie de la commission des onze et de mettre en avant une foule de petits projets de réforme et de législation, toujours proposés avec lucidité, netteté, calme et force. Nous le voyons encore figurer comme président du Conseil des Cinq-Cents, comme président de l'Institut national, organiser la cour de cassation, et tenir un rang des plus honorables. C'est lui qu'on choisit pour prononcer au Champ-de-Mars l'éloge du général Hoche, et ensuite pour organiser la nouvelle république romaine. A cet effet il se rendit à Rome, et remplit très-activement les fonctions de commissaire. Réélu président du Conseil des Cinq-Cents, Daunou se trouva devoir répondre à Bitaubé, président de l'Institut, qui vint à la barre lire le compte-rendu des travaux de ce corps pendant la troisième année. Après avoir brillé encore quelque temps comme homme politique, il se retira peu à peu, tout en résistant de côté à Bonaparte, qu'il taquinait et inquiétait. Il faillit être consul avec ce dernier. Celui-ci, préoccupé de l'empire, impatienté de la demi-puissance de cette homme de logique et de principes, l'écarta définitivement.

Daunou rentra dans sa sphère propre; reprit ses fonctions de garde de la bibliothèque du Panthéon, publia de savantes dissertations, devint garde des archives du Corps législatif, et fit paraître la continuation de *l'Histoire de l'Anarchie de Pologne*. C'est surtout à partir de 1809 que Daunou développa ses facultés si puissantes dans leur ordre. Deux choses surtout marquent cette époque de sa vie : d'abord une excellente édition des œuvres de Boileau, puis son entrée à l'Institut, à l'Académie, au Collège de France : vaste champ ouvert sur tous les sujets, dans tous les genres, à son génie d'analyse, de critique et d'appréciation rigoureuse. Il avait publié en 1810, sous le voile de l'anonyme, son *Essai historique sur la Puissance temporelle des Papes*; et en 1811 une bonne *Notice sur M.-J. Chénier*. Plus tard il suppléa Dacier, secrétaire perpétuel de la classe d'histoire et de littérature à l'Institut. Son *Essai sur les garanties individuelles que réclame l'état actuel de la société* fut publié en 1819. Citons encore ses *Notices sur Ginguené*, sur *La Harpe*, ses travaux législatifs, les articles qu'il donna à plusieurs publications, ceux, entre autres, dont il a enrichi le *Dictionnaire de la Conversation*.

Personnage singulier, simple, froid, peu communicatif, plutôt répulsif qu'attrayant dans ses rapports, mais ami sûr lorsqu'une fois on se l'était acquis, l'oratorien demi-sceptique, le républicain gardant la régularité du moine, offrait un remarquable phénomène. Sur ses vieux jours, le législateur, le conventionnel, l'oratorien, le tribun inquiétude du premier consul, se fondirent en un savant rigide, aristarque impitoyable pour les hardiesses. Sa vie est comme sa phrase. Tous les matins, à quatre heures, en quelque lieu qu'il soit, sa bougie s'allume et sa chambre s'éclaire. La pensée chez lui n'est pas une de ces nobles aventurières qui se hasardent sérieusement et rapportent parfois une bonne prise : sa pensée est ingénieusement judicieuse et circonscrite dans sa justesse. Il voit juste, parce qu'il voit de près; mais à ce prix, plus d'horizons, et par conséquent point de nouveauté à espérer ni de pas à faire. De même, dans sa vie, homme de droiture, d'équité, ferme de principes et persévérant vers son but, il n'a rien de violent et de téméraire; il admet tard une innovation, et la quitte tard. Il se restreint avant tout; replié sur lui-même dans sa vie, dans ses actes, dans sa conversation, dans son style, ses amis savent que sur son front, déjà un peu bas, il abaissait encore sa perruque. Ce singulier caractère est marqué d'un cachet unique. Après nous avoir laissé, ces dernières années, des pages précieuses dans la *Collection des Historiens de France* et dans celle de l'*Histoire Littéraire de la France*, il termina, au milieu de l'estime et des hommages publics, une carrière littéraire et politique honorablement remplie.

Philarète CHASLES.

Daunou avait été envoyé à la Convention par le département qui l'avait vu naître. Élu député du département du Finistère en 1818, il ne cessa de faire partie de la Chambre qu'après les élections de 1834. En 1815 il avait perdu sa place de garde des Archives du royaume. La révolution de 1830 la lui ayant rendue, il crut, par un rare désintéressement, devoir se démettre de la chaire d'histoire et de morale qu'il occupait au Collège de France depuis 1819. Il avait été nommé pair de France le 7 novembre 1839.

DAUPHIN (*Histoire naturelle*), genre de mammifères cétacés, se distinguant des autres genres par l'existence de dents aux deux mâchoires; ces dents varient beaucoup par leur nombre dans les diverses espèces, et tombent d'assez bonne heure. Les évents sont réunis dans un seul orifice situé au sommet de la tête. La couleur de la peau est noire ou d'un brun foncé sur les parties dorsales et latérales, où elle présente quelquefois des plaques d'un blanc opaque; sous le ventre elle est blanche. La taille des dauphins généralement petite, et atteignant à peine celle des moindres baleines, n'est pas un caractère générique. Deux espèces sont fluviatiles, savoir : le dauphin du Gange et celui de l'Orénoque; toutes les autres habitent la mer ou l'embouchure des fleuves.

Les dauphins ont des formes plus agréables à la vue que celles des autres cétacés; ils ne ressemblent nullement à ceux que l'on voit ainsi non ailés sur des médailles grecques et romaines, ni à ceux que les peintres et les sculpteurs représentent; leur queue ne peut se redresser, et leur tête, qui n'est pas si horriblement monstrueuse, n'a ni lèvres pendantes, ni les yeux protégés par un énorme sourcil que le caprice seul des artistes leur a prêté.

Le dauphin n'est propre à aucun usage; il ne fournit pas, comme la baleine, des fanons au commerce et à l'industrie, de la graisse, comme le cachalot, ni de la chair aux navigateurs, comme le marsouin. Néanmoins, il a attiré sur lui l'attention des naturalistes anciens et des poètes, lesquels sont allés jusqu'à lui accorder un goût délicat pour la musique et la poésie; ce qui est bien en contradiction avec l'organisation de ses appareils sensitifs, regardés par les anatomistes comme très-imparfaits. Les récits anciens ne tarissent pas de fables au sujet de cet animal; nous ne les rapporterons pas ici, puisqu'elles n'ont pour appui que le prisme trompeur de l'imagination qui a enfanté la mythologie, et qui fut souvent le résultat de faits mal observés. Qui ne connaît d'ailleurs l'aventure du poète Arion, menacé de la mort par les féroces matelots du navire sur lequel il était

13.

monté, et forcé de se précipiter dans la mer? Un dauphin le recueillit, et le transporta jusqu'au port voisin. Qui ne sait combien de fois les dieux, et surtout Apollon, se sont plu à se métamorphoser en dauphin? Aristote, Pline, et d'autres après eux, racontent que des dauphins apprivoisés accouraient à la voix de celui qui les nourrissait, et lui servaient de moyen de transport pour une course maritime avec plus de docilité qu'on n'en trouve dans le cheval.

« Quel objet, dit Lacépède, a dû frapper d'admiration plus que le dauphin! Lorsque l'homme parcourt le vaste domaine que son génie a conquis, il trouve le dauphin à la surface de toutes les mers; il le rencontre, et dans les climats heureux des zones tempérées, et sous le ciel brûlant des mers équatoriales, et dans les horribles vallées qui séparent ces énormes montagnes de glace que le temps a élevées à la surface de l'océan polaire comme autant de monuments funéraires de la nature qui y expire; partout il le voit, léger dans ses mouvements, rapide dans sa natation, étonnant dans les bonds, se plaire autour de lui, charmer par ses évolutions vives et folâtres l'ennui des calmes prolongés, animer les immenses solitudes de l'Océan, disparaître comme l'éclair, s'échapper comme l'oiseau qui fend l'air, reparaître, s'enfuir; se montrer de nouveau, se jouer dans les flots agités, braver les tempêtes, et ne redouter ni les éléments, ni la distance, ni les tyrans des mers. » Des troupes de poissons, d'autant plus nombreuses que les vaisseaux ont eux-mêmes des équipages plus nombreux, escortent constamment les navires et les flottes en marche. Ces légions de poissons sont attirés par les débris de cuisine et les vidanges des vaisseaux. Les dauphins, attachés sans cesse à la poursuite de ces poissons, se tiennent continuellement autour des vaisseaux, qu'ils précèdent souvent comme les chiens danois précèdent un équipage. Or, quoique très-carnassiers, les dauphins n'attaquent que les proies d'un petit volume, et un homme tombé à la mer n'a rien à redouter de leur part.

Les habitudes des dauphins sont assez intéressantes. Leur course est tellement rapide, qu'on les a nommés *flèches de la mer*; elle a aussi donné lieu à ce proverbe : *lier un dauphin par la queue*, pour indiquer une chose impossible. Lorsqu'ils sont tourmentés par des insectes qui pénètrent dans les replis de leur peau, ils deviennent furieux; alors, rapprochant leurs deux extrémités, ils forment une espèce de cercle, qui, se roidissant comme un bâton ou tout autre objet plié de force, produit l'effet d'un ressort qui se débande; l'eau est frappée violemment et l'animal élevé tout à coup à une telle hauteur, qu'on en a vu retomber sur le tillac des vaisseaux, et quelquefois très-avant sur le rivage. La gestation dure dix mois. Le plus souvent la femelle met bas pendant l'été; elle ne porte jamais qu'à un ou deux petits, qui à dix ans ont atteint un accroissement complet. L'attachement de la mère est sans égal; elle les allaite avec soin, les porte sous ses bras pendant qu'ils sont languissants et faibles, les exerce à nager, veille sans cesse sur eux, et ne les quitte pas même lorsqu'ils sont déjà assez forts pour pourvoir à leurs besoins.

Parmi les principales espèces, nous citerons le *dauphin commun* (*delphinus delphis*, Linn.), long de 2 mètres à 2^m,30, ayant de 42 à 47 dents de chaque côté. Nos matelots le nomment *oie de mer*, à cause de l'aplatissement de son museau : c'est le plus commun le long de nos côtes, dans l'Océan et la Méditerranée. C'est l'espèce que les naturalistes croient être le dauphin des anciens. Cette supposition n'a d'autre fondement que l'aplatissement que présente le museau dans les figures de cet animal qui nous ont été conservées sur les monuments antiques. En effet, des peintures de poissons exécutées avec une grande fidélité ont été trouvées dans les fouilles d'Herculanum, tandis que les dauphins n'ont jamais été peints avec exactitude; ce qui fait croire que Pline a décrit d'autres animaux sous ce nom.

Le *grand dauphin* (*delphinus tursio*, Fabric.), le *souffleur des Normands*, est long de 3 mètres à 3^m,30. On en a vu remonter la Seine jusqu'à Rouen. Le *dauphin de Breda*, le *dauphin couronné*, celui *du Gange*, remarquable par la longueur de son bec, enfin le *dauphin douteux*, sont d'une taille moins considérable.

Quelques naturalistes ont fait des dauphins une famille comprenant, outre les dauphins proprement dits, les belugas, les marsouins, les delphinorhynques, etc.

Le nom de *dauphin* est employé vulgairement par les marins pour désigner les *coryphènes*, espèce de poissons; c'est aussi le nom vulgaire d'un coquillage autrement appelé *dauphinule*.   N. CLERMONT.

DAUPHIN (*Art militaire*). *Voyez* CORNEAU.
On a aussi donné ce nom aux anses de canons.

DAUPHIN. C'était le titre que portait l'aîné des enfants de France, l'héritier présomptif de la couronne. L'origine de cette dénomination, empruntée, suivant quelques historiens, à un dauphin gravé sur un écu ou portant un casque, remonte à la cession du Dauphiné, faite en 1349 par le Dauphin de Viennois, Humbert *aux blanches mains*, à Charles (depuis Charles V), petit-fils du roi de France Philippe VI. Une assemblée solennelle eut lieu le 16 juillet à Lyon : le *dauphin* Humbert, le duc de Normandie, fils de Philippe de Valois et son successeur sous le nom de Jean II, son fils Charles, et les principaux seigneurs du Dauphiné et des provinces voisines, étaient présents. Humbert remit lui-même à Charles le drapeau des *dauphins* et les insignes de la souveraineté. Il délia ses sujets du serment de fidélité, et les engagea à en prêter un nouveau à Charles, qui, de son côté, jura d'observer les priviléges de la province. Quelque temps auparavant, Humbert avait publié une ordonnance, connue sous le nom de *statut delphinal*, pour augmenter les franchises et libertés de ses peuples. Il ne fut nullement convenu, à l'occasion de la cession faite par Humbert, que le Dauphiné dût toujours passer au fils aîné du roi de France. Ce fut seulement en vertu d'une ordonnance spontanée de Philippe de Valois, en 1356, et cet usage s'établit lorsque le nouveau dauphin Charles devint roi à son tour. Ce titre n'impliquait point d'ailleurs chez le prince héréditaire de France la souveraineté réelle du Dauphiné.

On connaît dans l'histoire sous le nom de *grand dauphin* le fils de Louis XIV, Louis, né en 1661 et mort avant son père, en 1711; et sous celui de *Second Dauphin*, Louis, fils du *grand dauphin*, né en 1682 et mort en 1712, aussi avant Louis XIV. Le fils de Louis XVI, mort à la prison du Temple, avait aussi porté le titre de *dauphin*. Le comte de Provence le proclama dans l'exil roi de France, sous le nom de Louis XVII. Plusieurs imposteurs se sont donnés pour ce personnage (*voyez* DAUPHINS [Faux]).

Le 25e et dernier dauphin qu'ait eu la France est Louis-Antoine, duc d'Angoulême, qui avait pris ce titre en 1824, à la mort de son oncle Louis XVIII et à l'avénement de son père Charles X. Après l'abdication de ce monarque, en 1830, le dauphin, devenu Louis XIX, abdiqua en faveur de son neveu le duc de Bordeaux, reconnu dès lors pour roi, sous le nom de Henri V, par les partisans de la légitimité.

Delphinus, princeps Galliæ natu major : tel était en latin le titre du dauphin, qui dans ses lettres patentes se qualifiait : *Par la grâce de Dieu, fils aîné de France, dauphin de Viennois*. Il ne le cédait qu'aux têtes couronnées. Au moment où le roi de France mourait, le *dauphin* était reconnu pour roi et légitime successeur, quoiqu'il ne fût sacré ni couronné.

Le titre de Dauphin fut pareillement porté par les seigneurs de la branche aînée de la maison d'Auvergne, du douzième au quinzième siècle, à cause de leur affinité avec les dauphins de Viennois.

Dans l'ancien régime, le titre de *dauphin* était devenu proverbial. « On appelait figurément chez les bourgeois un *dauphin* le fils unique de la maison, ou celui de la personne duquel on a grand soin. » (*Journal de Trévoux*).

Dauphin, en termes de bibliothèque et de librairie, signifie les éditions d'auteurs latins avec commentaires, entreprises par ordre de Louis XIV, *ad usum Delphini*, pour l'usage du dauphin, son fils, par le conseil du duc de Montausier, son gouverneur, et sous la direction de Bossuet et Huet, ses précepteurs. Les critiques *dauphins*, quoiqu'en arrière aujourd'hui des progrès de l'érudition, sont d'une grande utilité pour ceux qui commencent à étudier les lettres latines. La dépense des *dauphins* coûta 400,000 livres au roi.

Dauphine était le titre que portait en France l'épouse du dauphin, et qu'elle conservait même après la mort de son mari, s'il décédait avant d'avoir été roi. Il y eut deux dauphines à la mort du fils de Louis XIV, le dauphin Louis, *Monseigneur* : en même temps que sa veuve, Marie-Anne-Christine-Victoire de Bavière, conservait ce titre, il passait, avec les honneurs y attachés, à Adélaïde de Savoie, femme du nouveau dauphin, Louis duc de Bourgogne, petit-fils de Louis XIV. Les plus célèbres *dauphines* destinées à être reines ont été Jeanne de Bourbon, épouse de Charles V, Catherine de Médicis, épouse de Henri II, Marie-Antoinette, épouse de Louis XVI. Parmi celles qui n'ont point occupé le trône, on peut citer la dauphine duchesse de Bourgogne, princesse aimable, qui charma la vieillesse de Louis XIV; Marie-Thérèse de Saxe, digne en tous points d'être l'épouse du sage et savant dauphin fils de Louis XV; enfin, Madame, duchesse d'Angoulême.

Charles Du Rozoir.

DAUPHINÉ, ancienne province de France; elle avait pour limites : à l'est les Alpes et le Piémont; à l'ouest le Rhône, le Lyonnais et le Vivarais; au midi la Provence; et au nord la Bresse. Sa superficie était de 2,006,983 hectares. On divisait cette province en *haut Dauphiné*, comprenant le Grésivaudan, le Gapençois, le comté d'Embrun, le Briançonnais, le Royannais, les baronies; et en *bas Dauphiné*, contenant le Viennois, le Valentinois, le Diois et le Tricastin. La capitale du Dauphiné était Grenoble, les principales villes Vienne, Gap, Embrun, Briançon, Valence, Montélimart; il forme aujourd'hui les départements des Hautes-Alpes, de la Drôme et de l'Isère. C'est un pays montagneux : plusieurs ramifications des Alpes s'y étendent jusque sur le Rhône, en s'abaissant peu à peu. Dans le haut Dauphiné elles présentent des sommets très-élevés, les monts Viso, Genèvre, Pelroux et Ventoux; ce dernier est souvent couvert de neige même en été. Ses principaux fleuves ou rivières sont la Durance, l'Isère, le Drac, le Rhône et la Drôme. On y voit aussi un grand nombre de torrents rapides qui descendent des Alpes. Les montagnes sont en partie couvertes de belles forêts; et offrent au bétail de gras pâturages; elles abondent en minéraux de toutes espèces. Dans le voisinage du Rhône, le pays, âpre et pittoresque dans les montagnes, devient très-fertile en blé, en chanvre, en vins, et permet la culture de l'olivier et des mûriers. Quant aux habitants, ils passent pour avoir de l'intelligence et de la finesse; les montagnards dauphinois ont toute l'activité et l'industrie ordinaires aux habitants des lieux élevés.

Comment parler de cette province sans rappeler ses *sept merveilles*, dont Louis XI se glorifiait, comme égales en nombre aux merveilles du monde? Ces merveilles, réelles ou prétendues, étaient : la *Tour sans venin*, bâtie, disait-on, par Roland, à quatre kilomètres de Grenoble, dans la commune du Pariset, et que fuyaient, suivant la tradition, tous les animaux venimeux; la *Montagne inaccessible* ou *Mont Aiguille*, à neuf kilomètre: de Die : on en a cependant plusieurs fois atteint la cime; la *Fontaine ardente*, située dans la commune de Gua, à 24 kilomètres de Grenoble, ainsi nommée parce qu'il s'en échappe, après les temps de pluie, un gaz inflammable; la *Grotte de Notre-Dame de la Balme*, près de Crémieux et du Rhône : elle a plusieurs salles ornées de belles stalactites, de cascades, de canaux et d'un petit lac portant bateau; la *Fontaine vineuse*, ainsi nommée à cause du goût vineux de son eau minérale, et le *Pré qui tremble*, au milieu du lac de Pelhotiers. N'oublions pas de mentionner parmi les localités les plus remarquables du Dauphiné le fameux monastère de la Grande-Chartreuse, les *Cuves* ou grottes de Sassenage, village où se fabriquent d'excellents fromages; la sombre vallée de la *Romanche*, sur la route de Vizille au bourg d'*Oysans*, renommée par ses aspects dignes du pinceau d'un Salvator-Rosa.

Cette province, jadis comprise dans la Gaule celtique, forma, après la conquête des Romains, celle qu'ils appelèrent la *Viennoise*; elle était habitée par les Allobroges. Lors de l'invasion des tribus germaniques, les Burgondes s'en emparèrent et l'incorporèrent au royaume de Bourgogne, dont elle partagea les destinées jusqu'à ce qu'elle fut envahie, au huitième siècle, par les Arabes; mais Charles Martel la reconquit presque aussitôt. Le Dauphiné fut englobé sous les Carlovingiens dans le second royaume de Bourgogne, ou d'Arles, originairement fondé par Boson; il se divisa ensuite en petits États, dont le comté d'Albon devint le plus puissant. Le premier comte, Guy ou Guigues 1er, gouvernait comme prince souverain dès le neuvième siècle. L'un de ses descendants, et le plus renommé par sa bravoure, fut, au moins suivant le récit le plus généralement adopté, le premier des comtes d'Albon, que l'on appela *dauphin de Viennois*, à cause du poisson dont son casque portait l'emblème. En 1349, Humbert II, l'un de ses successeurs, ayant perdu un fils, son unique héritier, céda sa principauté, moyennant 120,000 florins, à Charles, fils aîné de Jean, duc de Normandie, lui-même fils de Philippe VI de Valois, roi de France. Il fut plutôt entendu que stipulé que la principauté formerait une souveraineté particulière qui ne pourrait être réunie au royaume. On sait que Louis XI, investi du titre, comme héritier présomptif de la couronne, y affecta longtemps une autorité indépendante de celle de Charles VII, son père. Le Dauphiné eut cruellement à souffrir durant les guerres de religion du seizième siècle; ce fut le champ des exploits du baron des Adrets. Cette province montra toujours un grand esprit d'indépendance et de patriotisme. En 1788 le parlement de Grenoble refusa l'enregistrement des édits du timbre et de la subvention territoriale. La cour envoya des troupes chargées d'arrêter les membres du parlement; mais le peuple s'opposa à l'exécution des lettres de cachet lancées contre les magistrats. Cette journée du 7 juin 1788 fut appelée *journée des tuiles*, à cause des projectiles que l'on employa contre les troupes; elle fut suivie de la convocation des trois ordres de la province à Vizille. Cette assemblée, qui élut Mounier pour secrétaire, se tint ensuite à Romans, et ces deux villes ont pu se considérer comme le berceau de notre grande révolution.

Le Dauphiné était pays d'états et de droit écrit. On y suivait les lois romaines, et la maxime : *Nulle terre sans seigneur* n'y était pas reçue. Il renfermait deux archevêchés, celui de Vienne et celui d'Embrun, cinq évêchés, sept commanderies de l'ordre de Malte et deux universités, un présidial, sept bailliages, trois sénéchaussées, un bureau de finances, six élections et quatre judicatures royales. Il était au nombre des provinces *réputées étrangères*, c'est-à-dire qui n'étaient point soumises au tarif établi par Colbert, en 1664, pour les *droits de traite*. Il n'y avait point de droits d'aides, sauf ceux de courtiers, jaugeurs et inspecteurs aux boissons. Les *vingtièmes* étaient abonnés. Les travaux des chemins se faisaient par corvées, et ils étaient considérables.

Aubert de Vitry.

DAUPHINS (Faux). Il est assez singulier que la France, vierge jusqu'à la fin du dix-huitième siècle de ces impostures audacieuses qui ont agité tant d'autres pays, ait attendu le dix-neuvième pour en donner à son tour le spectacle. Il est vrai que les dix ou douze aventuriers qui ont successivement tenté, depuis plus de cinquante ans, de se faire passer pour le dernier fils de Louis XVI, n'ont point levé d'armée, point livré de bataille, point noué de ces vastes intrigues qui menacent sérieusement le repos d'un peuple et la stabilité du pouvoir. Ambitieux timides, ils ne sont parvenus, dans leurs plus grands succès, qu'à tromper tout bas un petit nombre d'esprits crédules, qu'à faire saluer à huis clos leur royauté vagabonde, qu'à récolter dans l'ombre les offrandes pieuses de quelques courtisans du malheur, ne différant d'ailleurs les uns des autres que par le nombre des dupes et le chiffre de la recette : rôle vulgaire, qui sentait plus l'escroc de bas étage que le prétendant; véritable *vol au dauphin*, qu'il suffisait de deux gendarmes et de l'article 405 du Code Pénal pour réprimer et punir.

Nous n'avons pas le dessein de faire ici l'histoire de tous les intrigants de ce genre, dont les archives de la police possèdent seules la liste exacte. D'autres, plus à plaindre qu'à blâmer, étaient de pauvres fous, dont les facultés mentales avaient été dérangées peut-être par la douleur de voir tomber le rejeton royal. Les partisans de tous ces Louis XVII se sont prévalus de ce que le fils de Louis XVI ne serait pas mort au Temple. Le procès-verbal des docteurs Pelletan et Dumangin constate, il est vrai, le décès d'un enfant, à la date du 8 floréal an III (1795); et l'on y lit : « On nous a présenté un cadavre, qu'*on nous a dit* être celui de Charles-Louis, duc de Normandie; » mais rien ne prouve l'identité de cet enfant avec le dauphin. Dumangin même a cru avoir été induit en erreur à ce sujet, et l'a soutenu à Pelletan, qui pensait le contraire. Un honnête homme, Lasne, gardien du Temple, a attesté, de son vivant, avoir vu mourir le dauphin et avoir assisté à son enterrement. Mais Lasne est venu au Temple après Simon et d'autres geôliers; la substitution pouvait, à toute force, avoir été faite déjà. Il a trouvé un enfant malade : était-ce le dauphin? Ce qui est plus grave, c'est qu'à la date du 16 du même mois de floréal an III, on lit dans les actes de la Convention un décret qui ordonne de poursuivre sur toutes les routes de France le fils de Capet, et qu'à cette époque, Charette, s'adressant à son armée sous les murs des Sables-d'Olonne, lui dit : « Voulez-vous laisser périr l'enfant miraculeusement sauvé du Temple? »

Ainsi, d'une part, un acte authentique et légal; de l'autre, des indications, des suppositions, des autorités morales qui tendent à infirmer cet acte. Ce qui reste, dans tous les cas, démontré, c'est que l'enfant royal était malade, anéanti, qu'il ne pouvait désormais vivre longtemps, et ce qu'il y a de positif, c'est qu'on ne le voit apparaître nulle part d'une manière certaine, ni en Vendée, ni à l'armée des princes, ni dans aucune cour d'Europe; c'est que personne n'est venu depuis revendiquer sérieusement l'honneur de l'avoir, ou sauvé, ou conservé, ou aidé d'une manière quelconque. Beaucoup de personnages considérables partagent cependant l'opinion qu'il n'est pas mort au Temple, qu'il a été retiré vivant de ce tombeau; l'évêque d'Uzès, M. de Béthisy, n'en doutait pas. Une partie de l'émigration a vécu dans cette pensée. Néanmoins, tout bien considéré, on arrive à cette alternative : ou le dauphin est vraiment mort au Temple, et quand le docteur Pelletan présentait à la duchesse d'Angoulême le cœur de l'enfant dont il avait fait l'autopsie, il lui offrait bien le cœur de son malheureux frère; ou bien quelque dévouement obscur, et d'autant plus admirable, l'a arraché à sa prison. Mais les sources de la vie étaient taries en lui; il est mort entre les mains de gens, ou qui ignoraient qui il était, ou qui, le sachant, se sont bien gardés de le publier; car leurs soins envers l'enfant les eussent compromis et conduits peut-être à l'échafaud.

La mort du dauphin est donc infiniment probable, si ce n'est certaine, à l'époque où on la rapporte légalement. Mais passons en revue les individus qui ont prétendu à l'auguste filiation de Louis XVI et de Marie-Antoinette; ce sera une autre démonstration que le comte de Normandie ne compte plus parmi les vivants.

Nous trouvons d'abord Mathurin Bruneau, puis Hervagault. La justice les a authentiquement et contradictoirement flétris de la qualification de faussaires.

Nous ne nous arrêterons pas à *Jean-François* Dufresne, jeune homme d'une famille honorable, qui se présenta en 1818 aux Tuileries pour voir le roi et se faire reconnaître à certaines marques et cicatrices pour Charles de Navarre. Celui-ci était sujet à des accès d'aliénation mentale; sa famille elle-même fit justice de ses prétentions.

Ce fut aussi sa famille qui éclaira le public sur les hallucinations d'un nommé *Victor* Persat, qui lança des proclamations aux États-Unis, où il était, et promit des mémoires; c'était un ancien militaire, qui avait fait la campagne de Russie, et à qui ses blessures et le froid avaient dérangé le cerveau.

En 1830 apparaît à Lyon un nouveau prétendant sous le nom de Fontolive; mais il disparut de la scène presque aussitôt; et si plus tard un de ses concurrents ne l'avait nommé et accusé dans ses écrits, on saurait à peine qu'il a existé. A la fin de 1831 Fontolive reparaît cependant en Franche-Comté; le tribunal de police correctionnelle de Pontarlier connaît de ses prétentions, et y met un terme. « Oh abomination des abominations! s'écrie M. Gisquet dans ses *Mémoires*. On le condamne à quatre mois de prison pour *vagabondage*; l'on prouve qu'il a été tour à tour *dragon*, *maçon* et *garçon de salle à l'hospice de Bicêtre*. » Attaché au service des fous en cette maison, il avait sans doute gagné quelque chose de leur maladie; l'indulgence du tribunal de Pontarlier sembla le prouver, puisqu'il ne fut condamné qu'à quatre mois de prison.

Silvio Pellico raconte, dans les mémoires qu'il a publiés sous le titre de *Mes Prisons*, qu'arrêté à Milan, en octobre 1820, et enfermé dans la prison de Sainte-Marguerite, il eut quelque temps pour voisin de détention un personnage qui se donnait, lui aussi, pour le *duc de Normandie*. Silvio n'est pas menteur : il faut donc croire ce qu'il nous atteste du langage décent, de l'instruction littéraire de ce faux dauphin, qui, ayant habité naguère la chambre où Silvio se trouvait, avait laissé sur les murs, pour monument de son passage, quelques stances françaises, empreintes d'une élégante tristesse. Son histoire, qu'il raconta à Silvio, et qui nous a été laissée doublement, tout au long, dans des mémoires publiés à Paris après 1830, par Naundorff, d'une part, et par le baron de Richemont, de l'autre, se donnant tous les deux pour le fils de Louis XVI, est passablement romanesque et d'un bout à l'autre incroyable. On y voit qu'il fut sauvé du Temple par des émissaires du prince de Condé, à l'aide d'un cheval de carton, dans lequel on avait introduit l'enfant destiné à prendre sa place, et qui n'était autre que Mathurin Bruneau; qu'il fut conduit d'abord en Vendée, auprès de Charette, puis à l'armée de Condé; qu'il rentra en France, fut mené en Égypte par Kléber, qui avait le secret de sa naissance, revint avec Desaix, et le suivit à Marengo en qualité d'aide de camp; qu'après la mort de ce nouveau protecteur, il passa en Amérique, sur le conseil de Fouché, qui avait été mis dans la confidence par Desaix; qu'il en revint à la chute de Fouché; mais que, retenu à Bologne par une grave maladie au moment où il aurait pu faire reconnaître ses droits, il rentra en France pour y subir l'injure de la hautaine méconnaissance de toute sa famille; qu'ayant failli être victime d'une tentative d'assassinat, il sortit de Paris et retourna en Italie, où il ne tarda pas à être arrêté par ordre de l'empereur d'Autriche et à l'instigation de Louis XVIII; qu'après être resté six ans en prison, et avoir inutilement sollicité la remise des papiers qui établissaient son identité, et que retenait la police autrichienne, il se réfugia dans les Pays-Bas et y resta jusqu'en 1830, époque où il revint en France pour tenter de nouveaux efforts, auxquels la révolution de Juillet vint mettre fin. Au reste, en nous occupant plus tard de Naundorff et du baron de Richemont, nous aurons à chercher auquel de ces deux personnages peut s'appliquer ce qui précède, ou si même le compagnon de captivité de Silvio Pellico n'est pas un troisième intrigant dont on perd ici la trace.

Mais voici qui est un peu plus relevé. Le comte Diebitsch-Sabalkanski, feld-maréchal des armées russes, avait la louable habitude de parler peu de lui-même et de sa famille; de là pour plusieurs une sorte de mystère sur sa naissance. On ne tarda pas à faire des romans sur son compte: on le métamorphosa en Louis XVII. Les gazettes étrangères accueillirent cette version; d'honnêtes gens en France la répétèrent et y crurent. Mais le comte Diebitsch n'était point le complice de ces rêveries, et, malgré sa réserve habituelle sur tout ce qui le concernait, il ne manqua pas l'occasion de faire connaître qu'on n'est pas un être extraordinaire et mystérieux parce qu'on se tait sur ses ancêtres; qu'on n'est pas le dauphin de France parce qu'on est né la même année que lui. Il dut alors permettre et faire que l'on sût qu'il était né en Silésie, au village de Gross-Lews, d'une des plus anciennes familles de cette province.

Voici encore quelques individus qui se sont portés, ou qu'on a voulu faire passer pour les héritiers légitimes et directs du trône de saint Louis. Un grand et colossal jeune homme, des environs de Béthune, apparaît en 1814, vêtu d'une blouse, portant sur son chapeau le nom de *Louis XVII* écrit en gros caractères. A la tête d'un parti assez considérable de conscrits réfractaires, il suivait et accompagnait les Cosaques, que commandait le comte de Weimar, et qui poussèrent avec audace, plusieurs semaines avant l'invasion, une reconnaissance à travers les départements du Pas-de-Calais et de la Somme. Il est vrai que ce pays portait jusqu'au fanatisme son antipathie pour l'empire, que ses bois étaient remplis de bandes organisées et formées de ceux qui refusaient, ou l'impôt d'argent, ou celui de la conscription. C'était une résistance fort sérieuse; on fit marcher des canons contre ces rassemblements, souvent fort nombreux, et contre les villages qui les soutenaient et les approvisionnaient. Il paraît que l'individu dont nous parlons en était l'âme et le chef, du moins en Artois. Mais il est probable qu'il n'y avait aucune prétention personnelle dans le nom qu'il arborait. Ce nom de Louis XVII qu'il prenait était simplement pour prouver que ni lui ni les siens ne voulaient plus de l'empereur.

Poursuivant la nomenclature des prétendus Louis XVII, ce serait du temps perdu que de s'arrêter au nommé V., que tout Paris a connu. Écrivain de quelque valeur, il a dans la *Revue Encyclopédique* publia dans le temps plusieurs de ses travaux philosophiques et critiques; mais, affligé de la même maladie que Dufresne et Persat, il arriva au même but. Il n'avait, du reste, aucune prétention extérieure, il n'appelait point les hommages, il ne convoitait point un trône. Son idée lui suffisait, il s'y complaisait, il la caressait, il était essentiellement content de lui-même et de ses idées. Longtemps on l'a vu se promener chaque jour dans les allées du Luxembourg avec son air réjoui, bien convenable et qui témoignait de l'affection avec laquelle on le soignait malgré sa monomanie. Un beau jour, il disparut, et depuis on n'en entendit plus parler.

En 1850 paraissait à Philadelphie un journal quaker, intitulé *The Friend* (*L'Ami*). Dans un de ses numéros il rendait compte d'une visite faite par quelques hommes de sa secte aux Indiens Ménominés, chez lesquels ils avaient trouvé le fils de Louis XVI, chef indien et missionnaire de l'Église épiscopale, nommé Éliézer Williams, homme de soixante-trois à soixante-cinq ans, ayant $1^m,70$, l'air franc et ouvert, annonçant l'intelligence et la bonté, le teint brun, les yeux de couleur foncée, et non pas noirs, une cicatrice au-dessus du sourcil gauche, le nez aquilin, la lèvre supérieure saillante, trait distinctif de la maison d'Autriche. On le disait très-versé dans les lettres et les sciences. Le journal ajoutait que quelques années auparavant un Français âgé était mort à la Nouvelle-Orléans, après avoir déclaré, en présence de témoins dignes de foi, que le missionnaire Éliézer Williams n'était autre que le fils légitime de Louis XVI, le dauphin de France.

En 1832 on vit paraître en France un nouveau duc de Normandie, qui s'appelait réellement Naundorff, et dont la véritable biographie ressemblait peu à celle qu'il s'était fabriquée pour faire des dupes.

Enfin, nous arrivons au baron de Richemont. Jusque alors, l'origine des pseudo-dauphins avait été connue; elle était pour presque tous la même : le bas de l'échelle sociale. Un sabotier, un tailleur, un maçon, un pauvre horloger, voilà les gens qui ont eu l'effronterie de se présenter pour réclamer la succession de Louis XVI. Ici la scène change, on n'a pu remonter à l'origine de celui dont nous parlons; on n'a pas même su au juste son nom; car il en a pris successivement un grand nombre.

Presque tous les faux dauphins sont morts aujourd'hui. Au besoin, on pourrait bien retrouver leur postérité.

D'AURE (Famille). *Voyez* AUNE.

DAUW, espèce du genre *cheval*, qui habite le cap de Bonne-Espérance. Elle semble tenir le milieu entre le zèbre et le couagga. Quoiqu'elle ne soit pas connue depuis aussi longtemps, on suppose qu'elle pourrait être réduite en domesticité.

La taille du dauw (*equus montanus*, Burchell) est à peu près de $1^m,08$ au garrot; sa longueur de $1^m,51$. Le fond du pelage est isabelle sur les parties supérieures, blanc aux parties inférieures. Tout le dessus du corps est rayé de rubans noirs ou bruns, transversés en avant et obliques en arrière, se ramifiant et s'anastomosant, surtout dans le milieu du corps. Le bout du museau est noir; de ce point partent quatorze rubans noirs. Sept, se dirigeant en dehors, se réunissent aussi à angle droit avec d'autres bandes venant de dessus les mâchoires. Les rubans noirs du cou se prolongent sur la crinière, qui est ainsi alternativement noire et blanche. Le dernier ruban du cou se divise sur le bras en un chevron dans lequel s'inscrivent trois ou quatre autres. La queue est toute blanche. Tout le pelage est ras, excepté à la queue et à la crinière. Celle-ci est roide, et ne paraissant pas comme dans le cheval sur les côtés du cou.

Le mâle diffère de la femelle en ce qu'il est plus petit et que ses rubans sont moins teintés de brun. L'un et l'autre ne portent de châtaignes qu'aux membres antérieurs.

DAVE (*Davus* et quelquefois *Davos*), personnage de la comédie latine, type des esclaves rusés et pervers, et, par suite, de tous les valets anciens et modernes, il aide, dans des vues intéressées, un fils à tromper son père, un pupille à duper un oncle, etc.; il favorise leurs amours par tous les moyens que lui fournissent l'adresse et la ruse : menteur et gourmand, spirituel et moqueur, victime des caprices de son maître, ou incessamment menacé de le devenir, mais s'en dédommageant amplement par le sarcasme et la médisance, on pourrait le considérer comme une personnification du peuple, pliant sous la main qui l'opprime, se soumettant au joug, mais le secouant quelquefois, et manifestant, au moins hors de la présence des grands, des sentiments tout autres que ceux dont il veut que ses maîtres le croient animé. Le personnage de *Dave* n'est nulle part mieux dessiné que dans l'*Andrienne* de Térence. Il y a encore un *Dave* dans le *Phormion*; il n'en existe pas dans les pièces de Plaute. Horace, dans le passage de son *Art poétique* où il expose les règles du style qui convient à la comédie, dit :

> Intererit multum Davus ne loquatur an heros.
> De Dave et d'un héros distinguer le langage.

Ailleurs, en deux endroits de ses satires (au Ier et au IIme livre), il donne le nom de *Dave* à son esclave. On croit que ce nom est dérivé, comme celui de *Syrus* ou celui de *Geta*, d'un nom de peuple, et que les Daves étaient autrefois appelés *Davi*. D'autres commentateurs y voient une étymologie osque : *Davus* serait, à les en croire, la syncope de *dativum*, insensé, extravagant.
Edme Héreau.

DAVENANT (William), directeur de théâtres sous Charles Ier et Charles II, était le fils d'un cabaretier d'Oxford, et naquit dans cette ville en 1605. Quelques biographes médisants ont rapporté que sa mère avait eu des relations intimes avec Shakspeare. Quoi qu'il en ait pu être, Davenant vint jeune à la cour comme page de la duchesse de Richemond, et en 1628 il était déjà assez connu pour faire jouer *Albovine*, sa première tragédie. Ses succès comme courtisan et comme poëte le firent admettre dans l'intimité du souverain; il fit des pièces dans lesquelles jouaient le roi, la reine et les nobles de la cour. Débauché comme la plupart des beaux esprits de cette époque, Davenant paya ses excès d'une partie notable de son visage : il perdit son nez; irréparable désastre qui fut pour ses rivaux un continuel sujet de sarcasmes. En 1637, à la mort de Ben Johnson, il le remplaça comme poëte lauréat. Son attachement pour la cause royaliste, dont il fut l'agent actif et zélé en France, lui fit courir beaucoup de dangers. Il se distingua dans les guerres civiles, et fut créé chevalier au siège de Gloucester, en 1643.

Quand la cause royale fut irrémissiblement perdue, sir William Davenant se retira en France, où il embrassa la religion catholique. Ce fut à Paris, et au Louvre, qu'il composa le plan de son *Gondibert*, poëme héroïque. L'inquiétude naturelle de son esprit lui inspira le dessein de passer en Virginie. Pris en mer par un des vaisseaux du parlement, il resta quelque temps prisonnier à l'île de Wight, et c'est là qu'il composa presque en entier le troisième chant de *Gondibert*. En octobre 1650, notre poëte fut conduit à Londres, et dut alors, à ce qu'il paraît, la vie à la protection de Milton. Il passa deux années à la Tour de Londres; cependant il avait tellement le goût des entreprises qu'il voulut restaurer le théâtre sous le *protectorat*, et qu'il fit jouer des comédies sous les yeux de Cromwell lui-même. A la restauration de Charles II, il dirigea la troupe des comédiens, dite du *duc*, dans Lincoln's-Inn-Fields. Il monta les pièces *à la française*, et rendit ses représentations attrayantes par la magnificence du spectacle. Sir William Davenant, à son tour, usa de son crédit pour protéger Milton contre les vengeances de la réaction royaliste. Ses dernières années se passèrent au sein de la richesse et des honneurs littéraires. Il continua pourtant à écrire des drames, et son dernier travail fut d'arranger pour le théâtre *La Tempête* de Shakspeare. Or, si l'on en devait croire le bruit rapporté plus haut, c'était là un véritable parricide. Il mourut au mois d'avril 1668, à l'âge de soixante-six ans. Aucune de ses pièces n'est restée au théâtre, et son poëme de *Gondibert*, qui eut une grande réputation, est à peine lu aujourd'hui. Mais l'homme était supérieur à ses écrits. Sa vie, plus dramatique que ses pièces de théâtre, ses actions, plus hardies que ses compositions poétiques, firent sa grande réputation.

Son fils, *Charles* Davenant (né en 1656, mort en 1714), devint un écrivain politique distingué et un membre influent du parlement.
Ernest Desclozeaux.

DAVID, roi d'Israël, le plus jeune des fils d'Isaï, homme considéré à Bethléem, de la tribu de Juda, avait vraisemblablement été instruit dans quelque école de prophète ou de *voyant*, et se distinguait tellement par ses talents, son courage et sa bravoure, qu'il avait prouvés entre autres dans son combat avec Goliath, que le grand prêtre Samuel, du vivant même de Saül, le consacra en qualité de roi futur. Saül, le considérant comme son rival, le persécuta; et il en résulta une guerre civile qui dura jusqu'à la mort de Saül.

David monta alors sur le trône de Juda. Les autres tribus avaient élu pour roi *Isboseth*, fils de Saül, et ce ne fut qu'après qu'il eut été assassiné, que David se trouva en possession de tout le royaume, qu'il gouverna de l'an 1055 à l'an 1015 avant J.-C. Sa première entreprise fut une guerre contre les Jébusites, qui habitaient le centre de la Palestine. Il s'empara de la forteresse de Sion, fit de Jérusalem sa capitale et sa résidence, et du château fort de cette ville le centre du culte de Dieu. Ensuite il subjugua les Philistins, les Amalécites, les Édomites, les Moabites, les Ammonites et, après une longue guerre contre Hadadisar de Zoba, la Syrie damascénienne. Son royaume s'étendait depuis l'Euphrate jusqu'à la Méditerranée, et depuis la Phénicie jusqu'au golfe d'Arabie, avec une population de plus de cinq millions d'habitants. Il favorisa la navigation et le commerce, surtout avec Tyr, et s'efforça de civiliser son peuple par les beaux-arts, notamment par l'architecture. Il organisa en outre le culte, en répartissant les prêtres et les lévites en classes distinctes, de même qu'en établissant des chantres et des poëtes sacrés. Dans l'administration de la justice il introduisit deux ordres de juges; enfin il fut le créateur d'une armée permanente. Beaucoup de poëmes composés par lui témoignent de son génie poétique, par exemple l'élégie sur Jonathan et celle sur Abner, de même que divers psaumes.

Mais les excès dans lesquels l'entraîna plus d'une fois sa passion pour les femmes lui firent souvent commettre des actes de cruauté (*voyez* Nathan); et la jalousie qui divisa les fils qu'il eut de différentes mères finit par provoquer au sein de sa propre famille des révoltes contre son autorité. Son fils Absalon tenta de lui enlever le trône, et périt dans la guerre qui fut le résultat de cette tentative. La révolte postérieure d'Adonia, fils aîné de David, fut heureusement comprimée. Sur son lit de mort, David désigna son fils Salomon pour lui succéder sur le trône.

DAVID (Georges). *Voyez* Davidiques.

DAVID (Jacques-Louis), peintre d'histoire, né à Paris, le 30 août 1748, était fils d'un marchand de fer qui perdit la vie dans un duel. Il fit ses études au collége des Quatre-Nations. Lorsqu'elles furent terminées, sa mère et M. Buron, son oncle, le pressèrent d'adopter la profession d'architecte; mais David, comme tous les hommes doués d'un génie particulier et transcendant, avait dès ses premières années manifesté un penchant irrésistible pour la peinture; il ne se livra donc à l'étude de l'architecture qu'avec regret, et ce fut Boucher qui le fit rentrer dans la carrière qu'il devait illustrer. La mère de David l'envoya un jour porter cette lettre chez le peintre, qui était son parent. Boucher était dans son atelier; il quitte son pinceau pour lire cette lettre; lorsqu'il a fini, il se retourne et voit le jeune messager absorbé devant le tableau qui était sur son chevalet, dans une sorte de contemplation que son âge rendait encore plus remarquable. Après l'avoir considéré en silence, il lui adressa quelques questions auxquelles David répondit avec une émotion et un accent qui décelaient une vocation véritable. Sur les instances de Boucher, sa mère et son oncle se décidèrent enfin à lui laisser suivre son penchant. Ce fut encore Boucher qui exigea que David fût placé, non chez lui, ainsi que le désirait sa mère, mais chez Vien, dont il suivit les leçons pendant plusieurs années. David concourut cinq ans de suite pour obtenir le grand prix; la seconde fois il eut le second prix, mais il ne fut couronné qu'à la cinquième tentative ; il avait alors vingt-sept ans. Pendant ces concours, David fut chargé de faire des peintures pour le salon d'une fort belle maison que Ledoux avait bâtie pour Mlle Guimard. Un jour, elle s'aperçut que David était triste ; l'ayant pressé de lui en faire connaître la cause, et celui-ci lui ayant avoué qu'il manquait d'argent pour pouvoir courir les hasards d'un nouveau concours, Mlle Guimard s'empressa de lui en donner.

L'année même où David obtint le grand prix, en 1775, Vien fut nommé directeur de l'École de Rome ; il emmena son élève avec lui. Jusque là il ne s'était nourri, pour ainsi dire, que des peintures de l'école française ; mais à Parme il fut frappé d'admiration à la vue des admirables peintures dont Le Corrège a décoré la coupole de la cathédrale. Parvenus à Rome, Vien exigea que son élève s'occupât exclusivement la première année à dessiner d'après l'antique et les grands maîtres. Les nombreux dessins qu'il a laissés prouvent qu'il suivit avec docilité les conseils de son maître. Pendant ce premier séjour à Rome, David fit successivement une copie de *La Cène* de Valentin, et *La Peste de saint Roch*. Ce dernier tableau est au lazaret de Marseille. A son retour à Paris (1780), David exécuta successivement *Bélisaire*, dont on voit une répétition réduite au Musée ; puis, *Andromaque pleurant la mort d'Hector*. Le premier de ces deux tableaux le fit admettre, comme agréé, à l'Académie royale de Peinture, dont il devint membre après l'apparition du second. Il fit aussi vers cette même époque *Un Christ* pour l'église des Capucines de Paris.

David avait épousé la fille de M. Pécoul, architecte, entrepreneur des bâtiments du roi. Il éprouvait le besoin de retourner dans la capitale des arts ; M. Pécoul lui en tournit les moyens, et il partit, emmenant avec lui sa femme et Drouais, son élève, qui venait de remporter le grand prix d'une manière si brillante, comme, quelques années avant, il était parti lui-même avec son maître Vien. Ce fut pendant ce second voyage qu'il exécuta un tableau qui lui avait été commandé pour le roi, et dont il avait arrêté la composition et l'ensemble à Paris. *Le Serment des Horaces* obtint à Rome le succès le plus complet ; le vieux Batoni dit à l'auteur, après avoir considéré ce tableau : *Tu ed io, soli, siam pittori*. Il voulait le retenir à Rome ; mais David résista à ses instances, et le peintre et le tableau furent reçus avec transport à Paris. Cette belle production eut une prodigieuse influence sur l'école et même sur les usages : les costumes et les ameublements changèrent de style ; cette fois, ce fut le génie qui donna une direction nouvelle à la mode. Après *Le Serment des Horaces*, David exécuta successivement *La Mort de Socrate* et *Les Amours de Pâris et Hélène*. Ces deux tableaux lui avaient été demandés, le premier par M. de Trudaine, qui périt, ainsi que son frère, dans la Révolution, qui était sur le point d'éclater ; et le second par le comte d'Artois, devenu depuis Charles X. Il fit ensuite *Brutus rentrant chez lui après avoir condamné ses fils*. Ce tableau, commandé par le roi, fut terminé en 1789.

On voit, par le sujet des principaux tableaux de David, quelle était la nature de ses inspirations ; on ne sera donc pas étonné qu'il ait pris une part très-active au grand mouvement social qui s'opéra à cette époque ; malheureusement, il montra une exaltation qui tint du délire, et il se mit bientôt dans les rangs des démagogues les plus outrés. La première production dont il puisa le sujet dans les événements contemporains fut *Le Serment du Jeu de Paume*, et l'on peut reconnaître dans un épisode presque inaperçu de cette composition la direction des idées du peintre : le tableau de l'une des fenêtres de la salle où ce serment célèbre fut prononcé, violemment agité par le vent, laisse voir un ciel couvert de nuages d'où la foudre s'échappe et vient frapper la chapelle royale. Il faut se hâter d'ajouter que dans cette composition le peintre n'est pas resté au-dessous de la scène qu'il voulait reproduire, et qu'il était impossible d'en rendre d'une manière plus énergique l'élan et la grandeur. Par un décret du 28 septembre 1791, l'Assemblée constituante avait ordonné que ce tableau, dont David n'avait fait qu'un dessin, serait exécuté aux frais du trésor public et placé dans le lieu de ses séances ; le tableau fut commencé, mais il ne fut pas achevé : d'autres événements vinrent l'arracher à ses études et à ses travaux. David avait été nommé député par la ville de Paris à la Convention, qu'il présida pendant quatorze jours. Il fit partie de la majorité dans toutes les questions relatives au procès de Louis XVI. Lepelletier de Saint-Fargeau, qui avait voté dans le même sens, fut assassiné par un nommé Pâris, ancien garde constitutionnel du roi. David reprit ses pinceaux ; il représenta *Lepelletier étendu sur son lit de mort* ; un sabre ensanglanté suspendu au-dessus de lui, n'est retenu que par un cheveu et traverse un papier sur lequel est écrit : *Je vote pour la mort du tyran*.

Lors de la mort de Marat, une députation, dont Guirault était l'orateur, vint exprimer les regrets du peuple à la Convention ; après avoir déploré la perte de l'ami du peuple en termes qui feraient croire, si l'histoire n'était là, qu'il s'agissait du plus grand citoyen de la France ou du plus grand bienfaiteur de l'humanité, il ajouta : « Où es-tu David ? Tu as transmis à la postérité l'image de Lepelletier mourant pour sa patrie : il te reste encore un tableau à faire..... — Oui ! je le ferai ! » s'écria David d'une voix émue. David tint sa promesse : le 24 brumaire an II il vint également faire hommage à la Convention de ce nouveau portrait, comme il l'avait fait à l'occasion de Lepelletier. Ces deux portraits furent exposés au milieu de la cour du Louvre, sur une espèce d'estrade fort élevée à cette occasion. La Convention ordonna qu'ils seraient gravés aux frais de la république, mais celui de Lepelletier seul a été gravé par M. Tardieu, par l'ordre qu'il en reçut de David, et la planche a été brisée sous la Restauration. David a laissé en outre un portrait de Marat au crayon, fait d'après nature quelques instants après qu'il eut expiré : il est d'une effrayante vérité. Le dernier ouvrage qui appartienne à cette époque est une ébauche de Barra au moment où, frappé à mort, il tombe en mettant la cocarde tricolore sur son cœur. C'était la traduction des éloges qu'il avait fait entendre à la tribune à l'occasion de sa mort et de celle de Viala.

Après le 9 thermidor, David fut attaqué avec une violence extrême. Goupilleau de Fontenai, entre autres, lui reprocha d'avoir embrassé Robespierre au moment où il descendait de la tribune, en lui disant : « Si tu bois la ciguë, je la boirai avec toi. « David nia qu'il eût embrassé Robespierre ; mais il convint qu'il lui avait dit qu'il boirait la ciguë. Par suite de cette réaction, il fut emprisonné deux fois. Le décret d'amnistie du 4 brumaire an IV lui rendit la liberté. Rentré dans son atelier, David s'occupa exclusivement de son art ; il termina en 1799 le tableau des *Sabines*, dont il avait fait l'esquisse pendant son dernier emprisonnement au Luxembourg. Ce tableau peut être regardé comme le point culminant de son talent.

Bonaparte, pendant ses campagnes d'Italie, avait fait proposer à David de venir à son camp, loin des agitations politiques, peindre les combats qu'il rendait immortels ; David refusa. Après le traité de Campo-Formio, le général désira voir le peintre. Dans cette entrevue, il fut question de faire son portrait ; mais ce projet ne fut réalisé qu'après la bataille de Marengo. Bonaparte lui avait demandé de le montrer calme sur un cheval fougueux ; David, puisant dans la dernière campagne du général une circonstance remarquable qui lui permettrait de réaliser son vœu, le représenta effectivement calme, sur un cheval fougueux, gravissant le mont Saint-Bernard. Sur le rocher sont écrits les noms d'Annibal et de Charlemagne : l'histoire s'est chargée du soin d'y graver celui du vainqueur de l'Europe. David a fait plusieurs répétitions de ce portrait, destinées au roi d'Espagne, au Musée, etc. ; l'original avait été placé à Saint-Cloud : il fut enlevé en 1814 par les Prussiens, et placé dans le musée de Berlin. La copie qui en existe au musée de Versailles est due à Langlois.

Proclamé empereur, Bonaparte, qui voulait récompenser et honorer tous les genres de mérite, avait fait entrer Vien au sénat ; il nomma David son premier peintre : c'est à ce titre qu'il exécuta plusieurs grands ouvrages, tels que *Le Couronnement* et *La Distribution des Aigles*. En 1814 il termina et exposa *Léonidas aux Thermopyles*. Cet ouvrage eut un succès plus grand peut-être qu'aucun des autres du même peintre, et ce fut le dernier qu'il exécuta sur la terre natale : en 1815 il fut forcé de s'exiler, et il se retira à Bruxelles. La réaction qui poursuivait le conventionnel ne respecta pas le grand artiste, et il fut éliminé de l'Institut. Le roi de Prusse lui fit faire les invitations les plus pressantes de venir à Berlin, et il lui offrit de le charger de la direction des arts. Le frère du roi vint en personne lui réitérer cette proposition ; mais David voulut rester libre à Bruxelles, où il était recherché et considéré. Dans cette retraite, il exécuta plusieurs nouveaux ouvrages, entre autres : *L'Amour quittant Psyché; Télémaque et Eucharis; Mars et Vénus; la Colère d'Achille*, etc., que l'on peut considérer comme les dernières lueurs d'un feu près de s'éteindre. Il mourut le 29 décembre 1825. Ses cendres reposent à Bruxelles ; mais son cœur a été déposé au cimetière de l'Est, où sa famille lui a élevé un monument.

C'est moins par le mérite de l'invention que par celui du beau uni au vrai que le génie de David se fait remarquer ; mais à cette dernière qualité, qu'il possédait à un haut degré, il joignit une exécution admirable. Sa manière de faire n'a pas été con tamment la même. Si l'on excepte ses premiers essais, dans lesquels il n'était pas encore complètement lui-même, le reste de ses productions peut se diviser en trois classes, qui ont chacune un caractère particulier. La première, de laquelle toutefois il faut excepter le *Socrate*, comprend depuis *La Peste de Saint-Roch* jusqu'au *Brutus*: là brille un dessin vrai, vigoureux ; mais les tons de chair manquent souvent de vérité ; les draperies ne sont pas toujours bien ajustées. Le tableau des *Sabines* forme à lui seul la seconde classe ; le pinceau n'est plus conduit de la même manière ; le dessin, aussi pur, est peut-être encore plus élevé, sans cesser d'être aussi vrai. Ce tableau manque de couleur, mais on ne voit plus ce faux coloris qui dans quelques parties dépare ses premières peintures. La troisième classe comprend depuis *Le Couronnement* jusqu'à *Mars et Vénus*. Dans ces derniers ouvrages les teintes sont plus empâtées, les figures ont plus de ressort, la couleur brille davantage, mais le peintre a souvent pris pour modèle une nature commune.

David n'a jamais fait ce que l'on appelle des figures de convention ; il a toujours cherché à être vrai. Il recommandait à ses élèves de bien étudier la nature, il ne leur imposait pas de système ; et c'est ainsi que les plus célèbres, tels que Drouais, Girodet, Gérard, Gros, Fabre, Ingres, etc., ont conservé une individualité très-marquée, tout en devenant de grands maîtres à leur tour. Il en est qui ont cru qu'ils continueraient leur maître, si l'on peut s'exprimer ainsi, en puisant comme lui leurs sujets dans l'histoire grecque ou romaine ; mais la nature ne leur avait pas donné le moyen de les animer, et l'on a voulu faire remonter jusqu'à David les reproches que l'on pouvait adresser à ses imitateurs. Le temps a déjà fait et fera plus complétement encore raison de cette injustice, et David restera ce qu'il est réellement : le *Corneille* de la peinture. Le grand artiste qui a fait *La Mort de Socrate*, *Les Horaces*, *Le Serment du Jeu de Paume*, le *Portrait de Marat*, *Les Sabines*, le *Portrait de Pie VII*, est sûr d'être placé au premier rang des hommes qui ont honoré leur pays par leur génie.

P.-A. COUPIN.

David a laissé deux fils. Le plus jeune, *Eugène* DAVID, officier sous l'empire, est mort vers 1840. L'aîné, M. *Jules* DAVID, helléniste distingué, a été pendant longtemps professeur à la Faculté des Lettres de Paris.

DAVID *d'Angers* (PIERRE-JEAN), sculpteur, né à Angers, le 12 mars 1789, montra de bonne heure un goût très-vif pour son art. Il puisa les premières notions du dessin aux leçons de l'école centrale de sa ville natale. Fils d'un sculpteur sur bois, David était pauvre ; et quand, en 1805, il vint à Paris, il eut à lutter quelque temps contre une position difficile. Cependant, ses heureuses dispositions intéressèrent l'illustre peintre son homonyme, qui l'accueillit gratuitement dans son atelier. D'un autre côté, la ville d'Angers fit au jeune statuaire une pension annuelle de 500 francs, qui lui fut continuée jusqu'à son départ pour Rome comme pensionnaire de l'Académie de France, en 1811. David s'est bien acquitté depuis de sa dette, en dotant le chef-lieu de Maine-et-Loire d'un grand nombre d'ouvrages dus à son ciseau.

De retour à Paris, en 1816, David partit aussitôt pour Londres, dans le désir de voir les marbres célèbres dont lord Elgin a dépouillé le Parthénon. C'est pendant son séjour dans la capitale de l'Angleterre, lorsqu'il luttait déjà contre le besoin, qu'on vint lui offrir d'exécuter un monument commémoratif de notre désastre de Waterloo. Malgré son dénûment, David repoussa cette proposition avec mépris, et revint en France. Du reste, sa riche carrière d'artiste devait être signalée par cet amour ardent d'immortalité qui soumet tous les obstacles, et aussi par une indépendance de caractère contre laquelle toutes les protections viendraient échouer. Ainsi, il était alors à David adolescent, il ciselait les modillons sur une des corniches du Louvre, vis-à-vis le Pont-des-Arts. « David ! David ! cient ses camarades, viens vite, descends, l'empereur est dans les allées ; viens le saluer avec nous. — Quand j'aurai fini, » répondit l'artiste. Et il resta sur son échafaudage, sans détourner la tête. « Il faut que vous fassiez la statue de mon mari, lui dit un jour Mme Murat ; mettez un prix à votre œuvre. » « J'en mets un plus haut, lui répondit l'austère républicain, ne pas faire la statue d'un homme qui a porté les armes contre son pays. » Quels sont donc les travaux de David ? Ceux qu'il se donne lui-même, car il sait bien qu'on lui demanderait souvent le sacrifice de sa pensée. « Si j'attendais que le gouvernement m'appelât à lui, disait-il un jour à M. de Rambuteau, le ciseau mourrait stérile dans mes mains ; mais je suis mon ministre de l'intérieur, je veux repeupler mon pays des illustrations éteintes, et, grâce à Dieu ! l'ouvrage ne me fait point défaut. »

Une des principales qualités du talent de David, c'est de faire de l'antique avec le moderne, c'est d'être exact et poétique à la fois. Le costume de notre époque ne le gêne point, il lui donne de l'ampleur, de la noblesse ; l'habit ne couvre point son héros, il le revêt, il le pare, et, si je peux ainsi m'exprimer, il le fait ce qu'il est ; on voit le sang généreux glisser sous l'étoffe, on devine le cœur battant fort dans la poitrine.

L'étonnante fécondité de David ne nous permet pas de citer tous ses ouvrages. Plus de quarante statues en marbre, en bronze, en pierre, un grand nombre de bas-reliefs, plusieurs monuments funéraires, parmi lesquels on cite celui de Marco-Botzaris comme un chef-d'œuvre, l'immense fronton du Panthéon ; telles sont ses principales productions. Parmi ses statues, nous citerons celles du général Foy, au cimetière du Père-Lachaise ; du maréchal Gouvion-Saint-Cyr, et le groupe du général Gobert, au même cimetière ; Talma, au Théâtre-Français ; Philopœmen, aux Tuileries ; Cuvier, au Jardin des Plantes ; le grand Condé, à Versailles, cour d'honneur ; Fénelon, à Cambrai ; Racine, à la Ferté-Milon ; un *Jeune berger*, au musée d'Angers ; Sainte Cécile, dans la cathédrale d'Angers ; Joseph Barra ; Corneille, à Rouen; Cuvier, à Montbéliard; Ambroise Paré, à Laval; P.-P. Riquet, à Béziers; Guttemberg, à Strasbourg; Bichat, à Bourg; Armand Carrel, à Saint-Mandé; Cardinal de Cheverus, à Mayenne; Le Christ, dans la cathédrale d'Angers; Jean-Bart, à Dunkerque; Jefferson à New-York; le baron Larrey, au Val-de-Grâce; Casimir Delavigne, et Bernardin de Saint-Pierre, au Havre; Saint Jean; une Vierge au pied de la croix, dans la cathédrale d'Angers; la Prudence, le Dévoûment, la Résignation, la Valeur, décorant l'arc de triomphe de Marseille. Pour rendre cette liste complète, il faudrait citer les bustes ou les médaillons en marbre ou en bronze de presque toutes les célébrités contemporaines.

Après l'esquisse de l'homme de talent, quelques mots de l'homme de cœur. David d'Angers a deux joies dans le monde : sa gloire et le bonheur de tendre une main amie aux artistes qui commencent et qui l'appellent à eux. Sa porte, fermée aux protecteurs, dont il ne veut point, est toujours ouverte au protégé qui le cherche; ses conseils, sa bourse, son amitié, il donne tout, et, s'il le pouvait, il donnerait une portion de sa renommée. A la suite de la révolution de Février, ses concitoyens lui conférent le mandat de représentant du peuple. Il siégea à la gauche de l'Assemblée constituante, et resta continuellement fidèle à ses convictions politiques. Cependant il ne fut pas réélu lors de la formation de l'Assemblée législative.

DAVID (CHRISTIAN-GEORGES-NATHAN), journaliste et professeur d'économie politique danois, est né le 16 janvier 1793, à Copenhague. Son père, négociant israélite, lui fit donner l'éducation la plus distinguée. Après avoir embrassé le christianisme, le jeune David entra en 1809 à l'université de Copenhague, où il se livra plus particulièrement à l'étude des sciences philosophiques et politiques. Après avoir voyagé à l'étranger, il fut admis, à son retour en Danemark, au nombre des professeurs agrégés de l'université de Copenhague, et ne tarda pas à se faire un cercle étendu de lecteurs comme écrivain, ainsi que par la tendance toute pratique de ses travaux d'économie politique. Quand, en 1834, le roi Frédéric VI accorda à ses sujets un semblant d'institutions représentatives, sous la dénomination d'états provinciaux, le professeur David fonda le *Fœdrelandet*, journal destiné à la discussion des intérêts intérieurs du pays, et notamment à la vulgarisation des idées et des principes sur lesquels devaient s'appuyer les nouvelles institutions. Mais quelques mois après le pouvoir s'alarmait déjà des tendances de cette feuille, et enlevait à son rédacteur la chaire qu'il avait jusque alors occupée avec éclat. M. David n'en continua pas moins la publication de son recueil, dont l'influence sur l'esprit public a depuis été toujours croissant. En même temps on le vit pendant quelques années faire partie du conseil d'administration de la Banque. En 1840 les bourgeois de Copenhague l'élurent pour leur représentant et député aux états provinciaux siégeant à Roeskilde. L'année suivante il fut nommé membre du conseil municipal de la capitale, et en 1842 il accepta du gouvernement de Christian VIII la mission d'aller examiner aux frais du trésor public l'état et le système des prisons en Angleterre, en Belgique, en France, en Suisse et en Allemagne. Plus tard, il lui fut donné de prendre une part des plus importantes aux événements qui ont inauguré une nouvelle ère dans son pays. Membre de la diète constituante de 1848-1849, il fut du petit nombre des membres de cette assemblée qui s'abstinrent lors du vote définitif sur la constitution qu'elle donna au pays. De même que MM. Algren-Ussing et Œrsted, il protesta par écrit contre le système de représentation nationale que consacrait cette constitution. Réélu dans les derniers mois de 1849 membre de la diète, il combattit en toute occasion, comme représentant de la capitale, les tendances démagogiques du parti dit des *amis du paysan*, lequel trouva constamment en lui l'adversaire le plus redoutable. M. David n'a pas joué un rôle moins important dans les diètes de 1851, 1852 et 1853.

DAVID (FÉLICIEN) est né à Cadenet (Vaucluse), le 8 mars 1810. Son père, amateur de musique distingué, cultiva de bonne heure ses rares dispositions musicales. F. David avait sept ans et demi lorsqu'il entra à la maîtrise de Saint-Sauveur d'Aix, où sa famille était venue se fixer. Il ne tarda pas à se faire remarquer par sa belle voix et l'intelligence avec laquelle il chantait les compositions des grands maîtres. Il était d'usage que le chapitre de la métropole subvînt aux dépenses d'éducation des enfants de chœur qui avaient fait leur temps à Saint-Sauveur. F. David fut placé chez les jésuites d'Aix, et comme dans cet établissement on faisait beaucoup de musique aux solennités religieuses, il se trouva à même d'y cultiver ses brillantes dispositions. Il y tenait habituellement la partie de premier violon, et il eut l'occasion de s'y faire remarquer par quelques-uns de ces prodigieux tours de force de mémoire dont quelques grands maîtres, Mozart, entre autres, ont donné de célèbres exemples.

A dix-huit ans, David quitta les jésuites; il était devenu orphelin. En attendant mieux, il trouva à se placer chez un avoué. Après avoir été second chef d'orchestre au théâtre d'Aix, il obtint, en 1829, la place de maître de chapelle de Saint-Sauveur, devenue vacante. L'année suivante il arrivait à Paris. Un oncle, dans un moment d'entraînement, lui avait fourni les moyens de faire ce voyage. Parmi les nombreux morceaux qu'il avait composés à Aix pour le service de la métropole se trouvait un motet sur les paroles du *Beatus vir*. David présenta cet essai à Cherubini, alors directeur du Conservatoire, et Cherubini, dont le goût était difficile, n'hésita pas à admettre le courageux jeune homme au nombre des élèves de l'établissement. Entré dans la classe de Lesueur, David suivit plus tard celle de M. Fétis, pour passer ensuite dans celle de M. Benoît, qui lui enseigna l'orgue et l'improvisation. Néanmoins, impatient de terminer au plus tôt ses études, il avait pris un autre maître en ville, M. H. Reber.

David sortit du Conservatoire le 8 de décembre 1831, pour s'enrôler sous la bannière des saints-simoniens, dont les doctrines l'avaient séduit. Ceux-ci le chargèrent de composer de leurs hymnes religieux, qui étaient exécutés dans leur retraite de Ménilmontant. C'est de ce recueil que sont sortis *Le Sommeil de Paris*, *La Danse des Astres*, et plusieurs autres morceaux qui ont partagé plus tard la brillante fortune de la symphonie du *Désert*. On sait qu'à la dispersion des saints-simoniens, plusieurs membres de cette association formèrent le projet d'aller en Orient. David fit partie de cette phalange. En passant à Lyon, un facteur lui fit présent d'un piano, qu'il emporta avec lui et qui le suivit dans tous ses voyages. En 1835 David quitta le Caire, que dévastait la peste; il arriva à Marseille au mois de juin. De Marseille il se rendit à Aix, sa patrie adoptive; mais il en fut chassé par le choléra, et se retira au petit village de Peyrolles. Cependant, impatient de regagner la capitale, il y arriva pour la seconde fois au mois d'août. Son premier soin fut de faire graver ses *Mélodies orientales*, espèce d'album musical composé des chants qu'il avait recueillis en Orient, et dont l'arrangement faisait pressentir déjà les formes si séduisantes du *Désert*. Toutefois, ces *Mélodies orientales* n'obtinrent pas toute le succès que David attendait. Cet état de lutte dura dix ans. Quelques tentatives faites en 1838 et 1839 chez Valentino et chez Musard lui valurent des succès honorables, sans doute, mais non de ces triomphes qui décident de la fortune d'un auteur. Enfin, après bien des traverses, des efforts inutiles, des travaux infatigables, d'amères déceptions, le 8 décembre 1844 les portes du Conservatoire s'ouvrirent en faveur du jeune artiste, qui se révéla au public de la façon la plus éclatante. Jamais œuvre musicale n'obtint, en dehors des conditions de la scène, un succès pareil. Le Théâtre-Italien s'empara de la symphonie du *Désert* et les nombreuses exécutions de cette œuvre n'en diminuèrent pas la vogue. Montée dans toutes les villes qui possèdent un orchestre et des chœurs disciplinés, la partition du *Désert*, a fait le tour de l'Europe. Nous reconnaîtrons dans M. David une nature musicale extrêmement distinguée, italienne par la facilité de mélodie, l'abondance, la grâce, l'élégance; française par la clarté et l'ordonnance; allemande même quant à la couleur mystique et au caractère idéal. Néanmoins il nous semble peu fait pour les grands développements. En revanche, il possède au plus haut degré l'art de réunir des tableaux de petite dimension, de styles divers, tous remarquables par l'arrangement, le fini, la délicatesse des détails, et présentés néanmoins dans un cadre qui ne manque pas d'unité.   J. d'ORTIGUE.

Depuis, M. Félicien David n'est pas resté inactif. Ses principales productions dans ces derniers temps ont été *Moïse au mont Sinaï*, oratorio (21 mars 1846); *Christophe Colomb*, ode symphonie (7 mars 1847); l'*Éden*, mystère (août 1848); *La Perle du Brésil* (1852), opéra. La première a été l'objet de nombreuses critiques; mais le succès de la seconde ne peut se comparer qu'à celui du *Désert*.

DAVID BRUCE. *Voyez* BRUCE.

DAVIDIQUES, partisans ou sectateurs d'un fanatique nommé *Georges* DAVID, peintre vitrier de la ville de Gand, qui, vers l'an 1525, s'imagina qu'il était le véritable Messie. Contemporain de Luther et de Calvin, il fut emporté par le mouvement général des esprits vers une réforme religieuse, et voulut jouer aussi son rôle de prophète. Prétendant que personne avant lui n'avait trouvé le véritable chemin du ciel, et qu'il avait mission de le montrer aux hommes, il permettait de renier Jésus-Christ et d'apostasier. C'était une conséquence naturelle de sa folie. Mais ce qui était plus rationnel, au point de vue de sa prétendue mission, c'était de briser les liens du mariage, de persuader à ses disciples que l'âme ne pouvait être souillée par le péché, et qu'à la fin des siècles elle n'aurait point à comparaître devant le grand Juge pour rendre compte de ses actions. Avec des immunités de cette espèce on est toujours sûr de faire des prosélytes; mais les magistrats de la ville de Gand ne trouvèrent pas que de pareils principes pussent contribuer au bon ordre et à la paix publique; ils exilèrent le prophète, qui se réfugia d'abord en Frise, puis à Bâle, où il échangea son nom de George David contre celui de *Jean Bruch*, sans changer pour cela de doctrine. Le menu peuple de Bâle prit goût à ses prédications; mais comme les messies et les prophètes sont soumis à la loi commune, David voulut prévenir les effets de sa mort en annonçant publiquement qu'il ressusciterait le troisième jour, quoiqu'il eût formellement nié la résurrection pendant sa vie. Les magistrats de Bâle prirent le moyen le plus efficace pour faire avorter cette parodie sacrilège : au troisième jour, ils firent déterrer le cadavre du prétendu Messie, l'exposèrent aux regards de ses disciples, et le firent brûler devant eux. David mourut en 1556, dix ans après Luther et huit ans avant Calvin. Mais sa secte n'eut pas le succès de celles de ses deux concurrents. *Habent sua fata prophetæ.* VIENNET, de l'Académie Française.

DAVID JONES. Les marins de toutes les nations aiment les contes merveilleux, et les matelots de la vieille Angleterre ne le cèdent pas aux autres sous ce rapport. Dans leurs fables, David Jones est un démon qui commande à tous les esprits malfaisants de la mer. C'est le Neptune des temps modernes. Cet être fantastique se rend visible sous différentes formes, pour avertir de leur malheur les victimes dévouées à la mort. David Jones est quelquefois enveloppé d'un ouragan, ou incrusté dans une colonne d'eau. Si on le personnifie, on lui donne de grands yeux, trois rangées de dents aiguës, des cornes, une taille gigantesque et de larges narines, qui jettent un feu bleuâtre.   A. SAVAGNER.

DAVIDSON (LUCRETIA-MARIA), auteur de poésies pleines de charme et de sentiment, mais dont le nom ne fut divulgué qu'après sa mort prématurée, naquit en septembre 1808, à Plattsburg, sur les bords du lac Champlain, d'une famille honorable, mais peu fortunée, et composait à quatre ans à peine des vers qu'elle fixait au moyen d'une écriture hiéroglyphique de son invention. Son secret lui ayant été surpris, elle jeta elle-même son album au feu. Quelques vers, empreints de l'enthousiasme le plus vrai et de la sensibilité la plus profonde, qu'elle composa à l'âge de onze ans, à l'occasion de la commémoration de la mort de Washington, attirèrent sur son précoce talent l'attention de ses parents, qui voulurent d'abord n'en faire honneur qu'à la force de sa mémoire. Lucretia triompha de ce soupçon, en composant de nouvelles poésies; mais le feu intérieur dont elle était animée eut bientôt dévoré cette frêle nature. Lucretia Davidson, qui aux charmes de l'esprit joignait une beauté remarquable, mourut le 27 août 1825, âgée de dix-sept ans à peine. S.-F. B. Morse a publié ses poésies sous le titre de : *Amir Khan and other poems, the remains of Lucretia-Maria Davidson, with a biographical sketch* (New-York, 1829). Miss Sedgwick en a donné une autre édition, à Londres en 1843; et l'on peut dire que, malgré les défauts de forme qu'on y remarque, la majeure partie des morceaux ainsi réunis s'élèvent beaucoup au-dessus de l'ordinaire.

Sa sœur, *Marguerite Miller* DAVIDSON, née le 26 mars 1823, douée d'une égale beauté et des mêmes dispositions pour la poésie, la suivit prématurément aussi dans la tombe, succombant comme elle, et plus tôt encore (le 25 novembre 1838, à l'âge de quinze ans seulement), dans la lutte qui chez ces natures poétiques s'établit bientôt entre un corps frêle et délicat et les surexcitations d'un esprit ardent et enthousiaste. Washington Irving a publié sur elle une Notice biographique d'un touchant intérêt.

DAVIER, pinces droites ou courbes dont on se sert pour extraire les dents, mais plus particulièrement celles qui n'ont qu'une racine.

DAVILA (HENRI-CATHERIN), fils du dernier connétable héréditaire de Chypre, naquit le 30 octobre 1576, à Sacco, village voisin de Padoue. Il reçut ses deux prénoms en l'honneur de Catherine de Médicis, protectrice de sa famille, et en celui du roi Henri III. Il n'avait pas atteint sa septième année lorsque son père l'amena en France, où il fut élevé au château de Villars en Normandie, auprès du maréchal Jean d'Hémery, à qui Catherine de Médicis avait fait épouser une sœur du jeune Davila. A dix-huit ans, Henri-Catherin entra au service, et se distingua dans la guerre civile : il eut un cheval tué sous lui au siège de Honfleur (1594), et fut blessé d'un coup de pertuisane au siège d'Amiens (1597). Rappelé à Padoue par son père, en 1599, il y revint chargé de notes et de mémoires sur les événements de France pendant les quarante dernières années. Un duel qu'il eut à Parme le força de se rendre à Venise, en 1606. A la tête d'un corps de 300 hommes d'infanterie, que lui-même avait levés, il servit cette république pendant vingt cinq ans, dans l'île de Candie et en Dalmatie. Ses exploits lui valurent une pension de 150 ducats, réversible à ses enfants, et une place au sénat immédiatement après celle du doge, comme en avaient joui ses ancêtres, en leur qualité de connétables de Chypre. Cette vie active ne détourna pas Davila de la culture des lettres, et il venait de publier depuis un an son *Histoire des guerres civiles de France*, lorsqu'il fut assassiné, au mois de juillet 1631, par un paysan du mont Saint-Michel, près de Vérone, comme il se rendait dans la ville de Crême, dont la république lui avait donné le commandement. Le sénat de Venise prit soin de sa veuve et des neuf enfants qu'il laissait.

Le nom de Davila, de cet Italien qui nous a laissé une belle histoire de notre patrie, offre au moins une compensation à cette foule d'aventuriers qu'amena après elle Catherine de Médicis, et qui propagèrent en France leurs vices et les turpitudes ultramontaines. L'ouvrage de Davila, écrit en italien, est divisé en 15 livres, et contient l'histoire des guerres civiles de France de 1559 jusqu'en 1598, sous les règnes de François II, Charles IX, Henri III et Henri IV. Plusieurs libraires refusèrent d'abord de l'imprimer, bien que Davila ne réclamât aucun honoraire. On en vendit la première année 15,000 exemplaires. Après avoir eu en Italie et en France nombre d'éditions italiennes, l'histoire de Davila fut traduite en français par J. Baudoin, en 1642, puis en 1657 par l'abbé Mallet. Mme de Sévigné, qui, dans ses lettres, juge certains auteurs un peu mieux qu'elle n'a jugé Racine, a proclamé Davila un historien *admirable*. Cet enthousiasme a été partagé par tous les écrivains du siècle de Louis XIV. Bayle parle toujours de Davila avec une singulière estime. Gardons-nous de lui reprocher d'avoir quelque peu flatté Catherine de Médicis, sa bienfaitrice; d'avoir peint en beau François Ier : la reconnaissance, poussée même un peu loin, ne saurait être une tache pour l'historien ; c'est au lecteur judicieux à apprécier et l'auteur et son héros. Davila n'a pas toujours été juste pour les protestants ; mais ce n'est pas à cause de la différence de religion : il les hait parce qu'ils ne sont pas royalistes.

Ch. Du Rozoir.

DAVIS (John), célèbre navigateur anglais, né à Sandbridge, près de Darmouth, fut envoyé avec deux bâtiments, en 1585, à la recherche d'un passage au nord-ouest du continent américain. Empêché par les glaces de prendre terre à l'extrémité du Groënland, il se dirigea vers le nord-ouest, et découvrit au nord-est, par 64° 15' de latitude septentrionale, une terre entourée d'îles verdoyantes dont les habitants lui donnèrent à entendre qu'il y avait au nord et à l'ouest une grande mer. Il atteignit ensuite par 66°40' de latitude septentrionale une terre complétement dégagée de glaces, dont il suivit la côte jusqu'à son extrémité méridionale, et qu'il appela le *Cap de la Miséricorde*. Il entra alors dans un détroit large de dix myriamètres environ et il supposait devoir rencontrer le passage objet de ses recherches ; mais des vents constamment contraires le forcèrent à s'en retourner en Angleterre. C'est à ce détroit que plus tard on a donné en son honneur le nom de *détroit de Davis*; il est situé entre la côte sud-ouest du Groënland et la côte sud-est de la terre de Baffin. Postérieurement il entreprit encore des voyages dans le même but ; mais les glaces l'empêchèrent toujours de l'atteindre.

John Davis périt le 27 décembre 1605, non loin de la côte de Malacca, dans un engagement contre des pirates japonais.

DAVOUST (Louis-Nicolas), prince D'ECKMUHL, duc d'AUERSTÆDT, maréchal de France, et l'un des généraux les plus célèbres de Napoléon, naquit en 1770, à Annoux (Yonne). Sa famille était noble ; il avait été élevé à l'École de Brienne, un peu avant Bonaparte. A quinze ans Davoust avait été nommé sous-lieutenant au régiment de Royal-Champagne-cavalerie. Lorsque la Révolution éclata, il adhéra pleinement à ses principes et à son but. Il fut envoyé à l'armée du nord comme chef du 3e bataillon de *volontaires de l'Yonne*; Dumouriez la commandait. Davoust s'y conduisit avec dévouement et intelligence ; il se sépara du général lorsque celui-ci abandonna l'armée, et retint dans le devoir son bataillon ébranlé. Nommé général de brigade, il fit avec ce grade, de 1793 à 1795, la guerre dans les armées de la Moselle et du Rhin. Davoust défendit Manheim, et aida avec une remarquable habileté au passage du Rhin, le 28 avril 1797. Après la paix de Campo-Formio, le gouvernement l'envoya à Toulon, où il organisa secrètement avec Desaix, l'armée de réserve, l'expédition d'Égypte. On fit voile ensuite pour l'Afrique.

Le 3 janvier 1798 Davoust repoussa dans la haute Égypte, à Souagny, des masses d'Arabes et de Mameluks ; le 8 il défendit et sauva les bâtiments qui portaient les approvisionnements des Français. Attaqué deux semaines après, sous *Samanhout*, par Mourad-Bey, commandant de la cavalerie arabe, il le repoussa complétement, et dissipa toutes ces hordes barbares. Peu de temps avant son départ pour la France, Bonaparte l'appela dans la basse Égypte, il s'y montra avec sa bravoure habituelle ; et, très-actif, très-prudent, y rendit des services notables, particulièrement à la bataille d'Aboukir. A la suite de la convention d'El-Arich, signée en mars 1800, il s'embarqua pour la France avec Desaix. Le hasard les fit tomber dans les mains des Anglais, qui les considérèrent d'abord comme prisonniers, malgré la convention. Davoust et Desaix envoyés à Livourne, y furent retenus pendant un mois. La liberté leur ayant été rendue, ils rentrèrent en France.

Le premier consul nomma Davoust, en 1802, commandant en chef des grenadiers de la garde du gouvernement. Lorsque Bonaparte eut passé de sa première magistrature politique à l'empire, il lui donna, ainsi qu'aux plus illustres de ses officiers, le bâton de maréchal (19 mai 1804). Il avait pris une part dévouée à la fondation du nouveau gouvernement. En 1805 il parut au camp de Boulogne; l'empereur lui confia le commandement du 3e corps de la grande armée, et justifia cette faveur à Ulm, à Austerlitz et à Iéna. Le maréchal commandait la droite à Auerstædt ; il soutint avec trois divisions tout le choc d'une grande partie de l'armée prussienne, conduite par le roi. Les Prussiens voulaient franchir le ravin d'Auerstædt ; il courut s'y placer, et s'y tint inébranlablement, ne cédant pas un pouce de terrain. Friant arriva à son secours, et bientôt l'armée prussienne fut mise en fuite. Davoust fut véritablement admirable durant cette journée. Dans le premier moment, l'empereur osait à peine croire à ce qu'on lui annonçait. Sept mille Français avaient été blessés ou tués. Les Prussiens furent poursuivis toute la nuit. Résultat en notre faveur : 40,000 prisonniers, 300 pièces de canon, vingt généraux tués, blessés ou pris. Davoust, à la tête de trois divisions, entra le premier à Berlin. Napoléon paya noblement sa belle victoire.

A Eylau, le 9 février 1807, Davoust décida la journée en débordant les Russes sur le plateau et en les mettant en déroute. Il se battit également très-bien à Friedland, le 14 juin. Ce fut lui qui déboucha de Lobau, tomba sur l'arrière-garde russe et lui fit plusieurs milliers de prisonniers. Il avait reçu après la bataille d'Auerstædt le titre de duc de ce nom : c'était un blason bien acquis. Il fit en 1809 la campagne d'Autriche, et exécuta sous les yeux de l'empereur d'admirables manœuvres à Abensberg et à Eckmühl. Il contribua également au gain de la bataille de Wagram, sublime combat de neuf jours, qui ne fut gagné qu'à force de persévérance et de génie. Cette campagne accrut encore sa réputation, et prouva une fois de plus combien il était propre à la grande guerre. Napoléon, qui l'avait créé prince d'Eckmühl, l'envoya en Pologne, et l'y chargea d'une grande partie de l'administration. Mais ses mesures acerbes firent plus d'une fois ses administrés ; et à ce sujet des plaintes graves furent portées à l'empereur : cependant, rien ne put ramener le maréchal à des voies plus conciliantes. Il est vrai que Napoléon, content de l'administration et des services du duc d'Auerstædt, fermait les yeux, et n'écoutait pas sérieusement ce qu'on lui disait de son maréchal.

En 1812 il reçut le commandement du premier corps de l'armée de Russie. Il avait rejoint Napoléon à Marienbourg ; il marcha un des premiers à l'ennemi, et battit le prince Bagration à Mohilof et à la journée de la Moskowa, où il eut plusieurs chevaux tués sous lui. Pendant notre marche sur Moscou, il avait eu quelques altercations très-vives avec Murat et Bessières ; mais elles étaient restées sans suites, l'empereur étant intervenu. Quand Napoléon dut songer à la retraite, Davoust fut appelé, et soumit quelques idées, que ses camarades rejetèrent comme trop temporisantes. Il revint patiemment avec l'armée, redoublant encore de froide énergie pour conserver les cadres de son corps. Il s'arrêta en deçà de Krasnoï, pour y attendre Ney, commandant l'arrière-garde, qu'il avait fait prévenir, et qui ne voulut pas venir, ayant « à faire reposer ses troupes épuisées ». Davoust avait été forcé, en conséquence, d'interrompre ses communications avec l'arrière-garde et de suivre l'armée; circonstance que Ney ne pardonna pas à Davoust, quoiqu'elle ne puisse lui être reprochée. Celui-ci ne quitta pas un instant le commandement de son corps, faisant face avec un admirable sang-froid aux calamités qui l'assiégeaient de toutes parts. Lorsque le prince de la Moskowa, parvint, par une marche prodigieuse, à rejoindre l'arrière-garde d'Eugène, près d'Orcha, il s'emporta, en arrivant, en plaintes véhémentes contre Davoust, qui, disait-il, l'avait abandonné. Personne, l'empereur lui-même, ne put l'en dissuader. Davoust ramena son corps sur l'Elbe, et établit, le 30 mai 1813, son quartier général à Hambourg : il rentra dans la place quand nous eûmes des revers. Sa défense fut très-belle, mais son administration très-dure, très-despotique. Il était, il est vrai, en pays ennemi : on avait ravagé les terres de nos alliés, et on menaçait déjà de ravager nos départements. Davoust résista avec pleine vigueur à toutes les attaques des Suédois, des Prussiens et des Russes, et rejeta toutes leurs offres.

Lorsqu'il connut les événements de 1814, il remit la place au général Gérard, depuis maréchal, qui était arrivé pour le relever avec des ordres du gouvernement provisoire français. Davoust partit aussitôt pour Paris. Il se retira immédiatement dans sa terre de Savigny-sur-Orge. C'est là que l'événement du 20 mars 1815 vint le prendre. Nommé ministre de la guerre le 1er mai, il travailla à la réorganisation de l'armée, se remit avec ardeur à l'œuvre, envoya le décret de l'empereur aux préfets et aux généraux, en même temps qu'il leur retraçait avec vivacité les fautes de la Restauration. Il entra à la chambre des pairs des Cent-Jours. Le 24 juin, quand les nouvelles de Waterloo arrivèrent, les députés l'appelèrent pour lui demander des explications plus étendues sur les événements. Il affaiblit le tableau du mal, exprima des espérances, et ajouta : « Si la chambre prend de fortes mesures, et qu'elle déclare traître à la patrie tout garde national ou tout militaire qui abandonnerait ses drapeaux, nous pouvons résister. » Messieurs, tant que j'aurai un commandement, aucun Français n'aura à craindre la trahison. » Malgré ces paroles, plusieurs députés accusèrent, et ce n'était pas sans motif. L'un d'eux, qui pressentait sa conduite, soutint qu'il y avait assez de faits pour motiver sa mise en jugement. On ne crut pas à ces dénonciations, et le commandement général de l'armée sous les murs de Paris lui fut déféré.

Davoust se mit à la tête des troupes. Malgré une apparence de décision et de patriotisme, il ne songea pas sérieusement à combattre; au contraire, il négocia, mais sans trahir, les mains pures, et seulement pour sauver des intérêts. Il paralysa dans des déplacements l'ardeur de cent mille hommes qui demandaient à en venir aux mains; il fit éloigner l'empereur du théâtre des événements. Pour arriver à ce but, il signa à Saint-Cloud, le 3 juillet 1815, une convention militaire par laquelle il s'engageait à se retirer immédiatement de l'autre côté de la Loire. Cette suspension d'armes, signée aussi par Wellington et Blücher, portait que « personne ne pourrait être recherché ni pour ses opinions ni pour sa conduite politique ». Cette situation du maréchal Davoust ne pouvait durer : à la suite d'un conseil de guerre, il fit sa soumission. Le 4 juillet il en informa l'armée par un ordre du jour : elle en fut consternée. L'empereur, ayant envoyé M. de Flahaut auprès de Davoust pour l'informer de ce qu'il songeait à faire et de ce qui était immédiatement possible contre l'ennemi, lui redemandait le commandement de l'armée. Au premier mot du message, Davoust arrêta le brave officier avec fureur : « Quoi! s'écria-t-il devant les commissaires, c'est encore lui! Dites à votre Bonaparte que je vais aller l'arrêter, s'il ne part pas sur-le-champ. » Quelques jours après, cette convention de Saint-Cloud était foulée aux pieds.

Macdonald vint relever Davoust, et des listes portant la proscription des chefs les plus illustres de l'armée furent insérées dans le *Moniteur*. C'est alors que Davoust eut des regrets. Il écrivit courageusement à Gouvion-Saint-Cyr, qui avait été nommé ministre de la guerre, pour protester contre l'inexécution de la convention de Saint-Cloud, en demandant que son nom vint remplacer sur la liste du 24 juillet les noms couverts de gloire des généraux Gilly, Gronchy, Exelmans, Clausel, Delaborde, Alix, Lamarque, Drouot, Dejean et du colonel Marbot. Ces chefs n'avaient fait, disait-il, qu'obéir aux ordres que lui-même leur avait donnés comme ministre de la guerre. Pour toute réponse, Louis XVIII maintint les listes de proscription, ne reconnut la convention que pour les choses qui lui convenaient, et fit enlever le portrait de Davoust de la salle des maréchaux. Lorsqu'au mois de décembre on traduisit le maréchal Ney devant la chambre des pairs, Davoust vint y rappeler l'esprit de la convention du 3 juillet, et prononcer de nobles et fermes paroles; mais il ne fut pas écouté : il était trop tard. Retiré d'abord à Savigny-sur-Orge, il revint à Paris en 1816. On a publié qu'il avait cherché à se réconcilier avec la cour; il y reparut en effet en 1818, et fut nommé pair de France en 1819. Le prince d'Eckmühl se renferma dès lors dans l'intérieur de sa famille, et mourut le 4 juin 1823.

Frédéric FAYOT.

Il avait laissé un fils unique, *Napoléon-Louis Davoust*, prince d'Eckmühl, duc d'Auerstædt, né en 1810, qui lui succéda à la chambre des pairs, où il prit séance en 1836, et qui était entré dans la carrière illustrée par son père. En 1831 il avait pris part à la courte expédition de Belgique, et s'était distingué en 1832 au siége de la citadelle d'Anvers comme sous-officier attaché à l'état-major du maréchal Gérard. Il fut à cette occasion décoré de l'ordre de Léopold et nommé officier au 1er régiment de lanciers. Il est mort le 13 août 1853, à l'âge de quarante-trois ans, à la suite d'une longue et douloureuse maladie, contre laquelle il luttait depuis six ans. En lui s'est éteint un des grands noms de l'empire.

DAVY (Humphry), célèbre chimiste, président de la Société royale de Londres, membre des principales académies de l'Europe, naquit le 17 décembre 1778, à Penzance, petite ville à l'extrémité occidentale du comté de Cornouailles. Les dons de la fortune ne favorisèrent pas le développement des heureuses dispositions du jeune Humphry Davy. Son père ne possédait qu'une très-petite ferme près de Penzance, et il fallait que le produit de son travail suppléât à la modicité de son revenu. Après des essais infructueux, il perdit l'espérance et le courage; ses forces déclinèrent, et en 1794 il laissa sa veuve chargée de cinq enfants. Cette digne mère ne se laissa pas accabler par le fardeau qu'elle avait à porter seule; elle rassembla toutes ses ressources pour tenir une maison garnie et recevoir comme pensionnaires les étrangers attirés, dans ce petit coin de l'Angleterre par la douceur du climat, la salubrité de l'air et la beauté du pays; l'éducation des enfants ne fut pas interrompue; Humphry, qui était l'aîné, continua d'étudier à sa manière.

Se piquant peu de régularité scolastique, il avait toujours passé plus de temps en courses dans le pays et à la pêche que dans les classes, ce qui n'empêchait pas que ses progrès ne fissent l'étonnement de ses maîtres et de ses condisciples. Il remplissait avec tant de facilité sa tâche d'écolier, qu'il ne manquait jamais de loisir pour se livrer à ses amusements de prédilection. Ces habitudes de son enfance et la mystérieuse influence des lieux qu'il parcourait produisirent certainement des effets que l'on peut-être attribués à d'autres causes : les instituteurs d'un enfant aussi remarquable le citèrent comme une preuve de l'exellence de leurs méthodes d'enseignement ; mais suivant le disciple, qui dans ce cas est un juge sans appel, il ne devait rien à ceux qui s'imaginaient avoir dirigé ses premières études. La poésie eut ses premiers hommages, et ses chants, comme ceux de Haller, furent d'abord consacrés au pays natal, aux objets qu'il avait sous les yeux ; mais un Homère tombé entre les mains du poète de quatorze ans dévoila subitement à son imagination des objets plus imposants ; il fallut entrer dans cette nouvelle carrière à la suite du guide qui l'avait ouverte. Cependant aucune occasion d'acquérir des connaissances d'un autre ordre n'était perdue ; de l'histoire naturelle, de la physique, quelques notions de chimie, venaient se classer dans la tête du jeune successeur d'Homère. Quelques moments d'une rapide lecture, quelques conversations, étaient les seuls moyens d'instruction qu'il pût trouver à Penzance ; mais il en profita si bien, qu'il pouvait transmettre aux autres avec une extrême précision les connaissances qu'il avait acquises d'une manière en apparence si imparfaite. Dès qu'il en parlait, ses condisciples se réunissaient pour l'écouter ; revenait-il d'une pêche ou d'une course dans quelque site peu connu, un groupe d'auditeurs se formait, se condensait autour de lui, et l'enthousiasme du narrateur était communiqué à tous les assistants.

Les sciences ne peuvent être dans une petite ville une profession lucrative ; le jeune Davy dut choisir, après la mort de son père, une occupation qui pût le faire subsister et lui fournir quelques moyens d'aider sa famille. Il fut mis en apprentissage chez un pharmacien qui exerçait la médecine et la chirurgie et prescrivait lui-même aux malades les remèdes qu'il leur préparait comme apothicaire. L'apprenti était souvent chargé de porter dans des campagnes assez éloignées les médicaments envoyés par son maître, commission qui lui plaisait beaucoup, parce que c'étaient autant d'occasions de promenade et de pêche. Cette passion de son enfance fut un goût de toute sa vie, dans toutes les situations où il se trouva. Nous ne pouvons nous en plaindre, car c'est à ce goût du célèbre chimiste pour la pêche que nous sommes redevables de l'un de ses ouvrages intitulé *Salmonia*, où l'art de pêcher à la ligne, tel qu'on le pratique en Angleterre, est exposé avec un savoir si profond et en même temps si aimable, qu'on se livre à cette lecture avec un irrésistible entraînement. Cette production, véritablement originale, ne peut se comparer à rien de ce que l'on avait écrit jusque alors sur les divers procédés de l'art du pêcheur.

L'apprenti pharmacien, plus occupé de ses pensées, de tout ce qui pouvait les étendre et les diriger vers des vérités nouvelles, que de s'exercer aux manipulations de l'art auquel il se destinait, n'avait pas gagné l'estime de son maître, et paraissait peu jaloux de la mériter. Le jeune Humphry ne savait pas encore à quelle science il s'attacherait spécialement, et il eût voulu les cultiver toutes avec une ardeur égale, lorsqu'une circonstance fortuite vint le diriger vers la chimie. Un chimiste renommé, le fils de l'illustre Watt, vint loger chez sa mère. Le timide jeune homme ambitionnait l'honneur de s'entretenir avec un hôte aussi savant ; mais il fallait se mettre en état de lui parler de chimie. Le traité de Lavoisier, traduit en anglais, fut mis entre ses mains : en deux jours l'ouvrage entier fut appris, commenté, modifié suivant des vues nouvelles, et l'apprenti, qui savait à peine préparer un opiat, se présenta comme un hardi novateur dans une science que l'on regardait comme peu susceptible de perfectionnements ultérieurs. La discussion fut vive. M. Watt ne démêla point ce que l'on pouvait attendre d'un homme qui à dix-huit ans, loin des sources d'instruction, avait appris tant de choses, qu'il exposait avec une admirable clarté. Humphry ne trouva donc pas dans l'hôte de sa mère un Mécène disposé à seconder l'élan de son génie ; mais l'impulsion était communiquée : elle ne demeura point sans résultat, et la carrière du jeune chimiste va commencer. Le voilà qui fait provision d'instruments, d'appareils, de creusets, c'est-à-dire de pipes cassées et de vieux tubes de verre ; il parvient même à faire l'acquisition d'une seringue, qui entre ses mains est transformée en machine pneumatique. Son laboratoire ainsi monté, il procède à l'analyse du gaz renfermé dans les vésicules des fucus, et démontre que l'air atmosphérique contenu dans l'eau de la mer est modifié par les plantes marines, précisément de la même manière que par les végétaux qui vivent dans l'air.

A cette époque, le docteur Beddoes, professeur de chimie à l'université d'Oxford, ayant quitté sa chaire à la suite de quelques démêlés politiques, alla s'établir à Bristol, et fonda dans cette ville une *institution pneumatique*. Le jeune Davy lui fit hommage de ses expériences sur le gaz des fucus, et le docteur en fut tellement satisfait, qu'il résolut d'attacher cet habile chimiste à son nouvel établissement. Il s'agissait de dégager l'apprenti pharmacien des liens du contrat d'apprentissage ; l'apothicaire de Penzance se prêta volontiers à tous les arrangements, et ne demandait pas mieux, disait-il, que d'être *débarrassé d'un aussi pauvre sujet*. A peine installé à Bristol, Davy débuta par une découverte qui fit beaucoup de bruit, celle du protoxyde d'azote, que l'une de ses propriétés a fait nommer *gaz hilarant*. Le jeune professeur de l'institution pneumatique fit sur lui-même une série d'expériences pour bien connaître la sorte d'ivresse qu'il produit, et il la décrivit avec l'énergie d'expression, l'éloquence des gens inspiré. Toute la ville de Bristol, et ensuite toute l'Angleterre voulut aussi s'enivrer de gaz, et connaître la singulière exaltation qui en est l'effet. Les éminentes facultés de Davy furent peut-être modifiées par l'usage qu'il fit beaucoup de son étrange découverte ; il devint plus métaphysicien qu'il n'était auparavant. Un ami l'ayant surpris un jour pendant qu'il était occupé à vider un bocal de gaz, arracha de ses mains ce vase dangereux, et lorsque l'extase fut assez calmée pour que Davy pût parler, il s'écria : *Rien n'existe que la pensée ; l'univers n'est composé que d'impressions et d'idées de plaisir et de souffrance* : expression très-exacte de la doctrine de l'idéalisme. Après les expériences sur le gaz hilarant, vinrent d'autres essais plus pénibles sur la respiration de plusieurs gaz, et le courage du jeune professeur ne tenait aucun compte du péril lorsqu'il s'agissait d'arriver à des vérités importantes et nouvelles. On pense que ses recherches sur les gaz, suivies avec persévérance, altérèrent la constitution du jeune professeur et contribuèrent à diminuer le nombre des années dont il eût fait un si bon usage au profit des sciences.

On s'était adressé au comte de Rumford pour transporter à Londres, dans l'*Institution royale* établie par le célèbre philanthrope, les leçons données avec tant d'éclat et de succès à l'*Institution pneumatique* du docteur Beddoes. Rumford voulut avant tout connaître le professeur. Davy fut donc amené à Londres et présenté par ses patrons au juge difficile, qui ne s'en rapportait qu'à ses propres observations. Elles ne furent point favorables à Davy ; Rumford ne vit en lui qu'un jeune homme à peine sorti de l'adolescence, intimidé par l'accueil glacial d'un homme opulent et d'une haute renommée : il ne fut pas accepté. Tout ce que ses patrons purent obtenir pour lui, ce fut la permission de donner quelques leçons dans une chambre, devant un petit nombre d'auditeurs, qui se résignèrent à l'écouter par complaisance pour le fondateur de l'institution royale. Une première séance eut donc lieu, et fut presque secrète ; à la seconde, il fallut une chambre plus spacieuse, et la troisième fut tenue au grand amphithéâtre, dont toutes les banquettes étaient occupées. La vogue du nouveau professeur était prodigieuse, et certes tout concourait à la justifier : Davy n'avait alors que vingt-deux ans, et paraissait même encore plus jeune qu'il n'était ; il réunissait à une belle figure une voix qui se prêtait merveilleusement aux expressions de sensibilité et de forte conviction, un débit animé, une clarté d'exposition qui savait se mettre à la portée de toutes les intelligences. Davy devint indispensable à toutes les réunions brillantes, à toutes les fêtes ; il était hors de son pouvoir de suffire aux pressantes invitations qui lui étaient adressées : les sciences y firent quelques pertes, et le bonheur de l'homme si ardemment recherché n'y gagna rien. Enfin, sa vie et ses occupations prirent un cours plus régulier, et depuis 1802 on n'y voit plus qu'une succession de travaux et de succès, les progrès de sa renommée et de sa fortune.

En 1803 la Société royale de Londres l'admet au nombre de ses membres ; trois ans après il est nommé secrétaire de cette société savante, et chargé d'enseigner l'application de la chimie à l'agriculture. En 1807 il reçoit hors de sa patrie l'hommage le plus flatteur : un prix lui est décerné par l'Institut de France, au milieu des feux d'une guerre acharnée entre les gouvernements anglais et français, mais que les passions politiques avaient rendue nationale. En 1812 il put goûter les douceurs d'une heureuse union conjugale ; il trouva une épouse riche, et, ce qui vaut beaucoup mieux, d'un esprit élevé et digne de lui. La même année le prince régent le nomma chevalier ; et lorsque le prince monta sur le trône, en 1818, Davy fut élevé à la dignité de baronnet. Enfin, en 1820 il remplaça le célèbre Joseph Banks à la présidence de la Société royale.

La liste des mémoires et des ouvrages qu'a publiés Davy suffirait pour donner une idée de ce qu'il a fait pour les progrès de la chimie ; mais on ne peut citer ici que les plus importants, qui sont *Chemical and philosophical Researches chiefly concerning nitrous oxide and its respiration* (Londres, 1800), et ses deux remarquables manuels : *Elements of Chemical Philosophy* (Londres, 1812) et *Elements of Agricultural Chemistry* (Londres, 1813).

Les découvertes des propriétés du chlore et de la décomposition des terres par le galvanisme ont opéré dans les sciences chimiques la plus étonnante des révolutions qu'elles aient subies. Le hasard, qui peut si souvent réclamer une forte part dans les inventions de l'homme, ne contribua nullement à celle de la lampe de sûreté ; la théorie de la propagation et de la distribution de la chaleur rendit seule cet éminent service aux arts et à l'humanité. Davy fit à sa manière des recherches sur le doublage des vaisseaux ; après des épreuves dans son laboratoire, il voulut être témoin de celles que l'on aurait en mer, et s'embarqua sur le vaisseau qui allait soumettre ses procédés à l'action des mers du Nord. Mais pour suffire à tant de travaux il fallait une constitution plus robuste que la sienne. Le dépérissement de sa santé l'avait déjà contraint à suspendre ses recherches scientifiques et à faire un voyage en Italie. Le même motif l'y avait ramené en 1828 ; mais il était trop tard : l'influence du climat ne put arrêter les progrès du mal, et le malade ne songea plus qu'à revoir encore une fois sa chère patrie. En retournant en Angleterre, il prit quelque repos à Genève, après le passage des Alpes. Ce fut le terme de sa carrière : il expira presque subitement, le 29 mai 1829, entre les bras de sa femme et de son frère, le docteur John Davy.

Avant de s'éloigner du tombeau de son époux, Mme Davy a fondé un prix à décerner tous les deux ans par l'Académie de Genève à l'auteur de l'expérience *la plus neuve et la plus féconde*. FERRY.

DAWYDOF (DENIS WASSILEWITSCH), lieutenant général, l'un des meilleurs écrivains et poëtes militaires de la Russie, né à Moscou, en 1784, entra dès 1801 dans l'un des régiments de cavalerie de la garde impériale. Son père était colonel de cavalerie légère.

Après avoir rempli auprès du général Bagration les fonctions d'aide de camp, il prit part en 1808 à la campagne de Finlande, puis en 1809 à celle du Danube, sous les ordres du même chef ; et en 1810 il fut de nouveau employé en Finlande. Dans la guerre de 1812 il organisa un corps franc, et à la tête de 700 cosaques il exécuta alors quelques coups de main heureux, qu'il a racontés ensuite dans les *Souvenirs patriotiques de Swinin*. Il ne se distingua pas moins dans les campagnes de 1813 en Allemagne et de 1814 en France, où il se trouva placé sous les ordres de Blücher comme commandant du régiment des hussards d'Achtürski. Promu en 1814 au grade de colonel, il fut nommé l'année d'après général-major. De 1825 à 1827 il prit part aux campagnes contre la Perse ; et en 1831, dans la campagne de Pologne, sous les murs de Varsovie ainsi qu'à l'affaire de Lisbik, il se comporta de façon à mériter les épaulettes de lieutenant général.

Dawydof est mort en 1839, dans une terre qu'il possédait aux environs de Moscou. Ses chants militaires, presque tous composés au bivouac, en présence de l'ennemi, respirent la naïve et joviale insouciance du soldat russe. Le style en est facile, énergique et mélodieux. Le plus célèbre est celui qui est intitulé *Polusoldat* (le demi-soldat) ; il le composa dans les gorges du Caucase. Dans ses satires, ses élégies, ses dithyrambes et ses épîtres, Dawydof fait preuve d'un remarquable talent poétique, quoique son genre d'occupation ne lui ait pas laissé le temps de le perfectionner. On regarde comme ses meilleurs ouvrages militaires ceux qui ont pour titre : *Wospominânije o srashénii pri Preussisch-Ellau* (souvenirs de la bataille de Preussisch-Eylau) ; et *Opût téorii partisânskawo dœistwija* (essai d'une théorie sur l'emploi pratique des partisans). Le second de ces ouvrages comprend dans sa première partie une histoire complète des partisans ; dans la seconde et la troisième, une exposition systématique sur leur emploi en campagne. Smirdin a publié une édition très-complète de ses œuvres, avec une intéressante notice biographique (Pétersbourg, 1848).

DAX (autrefois *Acqs*), ville de France, chef-lieu d'arrondissement et siège d'un tribunal de première instance dans le département des Landes, à 62 kilomètres au sud-ouest de Mont-de-Marsan, avec une population de 5,842 habitants. Sa vieille enceinte de murailles du moyen âge, sans portes, ne pourrait opposer de nos jours aucune résistance, et son petit château démantelé, avec sa faible garnison, n'arrêterait pas l'ennemi. Dax possède un collège, une école normale primaire départementale et deux typographies. On exploite dans les environs les mines de Bastennes et de Gaujac, qu'on mélange avec les roches asphaltites de France et de l'étranger. La source minérale qui alimente le grand bassin au centre de la ville a une température de 73°. Dax, entrepôt des marchandises qui s'expédient de France pour l'Espagne, fait un commerce considérable de productions du pays, goudron, brai, et résine, planches de sapin et de liége, eaux-de-vie, maïs, bêtes à cornes, mules et chevaux, etc. Parmi ses constructions, on ne peut guère citer que son beau pont sur l'Adour. Sa cathédrale, plusieurs fois réparée et reconstruite, est sans aucun intérêt pour l'archéologie.

Dax était avant la conquête romaine la capitale des *Tarbelli* ; les Romains y envoyèrent une colonie, et lui donnèrent le nom de *Aquæ Tarbellicæ Augustæ*. Elle tomba successivement au pouvoir des Goths, des Francs et des Basques ou Vascons. Prise et saccagée en 910 par les Sarrasins, elle fut ensuite gouvernée par des vicomtes particuliers, dont le premier, Arnauld Loup ou Lopès, vivait au dixième siècle. En 1104 les vicomtes de Béarn s'en rendirent maîtres, et les Anglais la réunirent à la Guyenne en 1177. Ils s'y maintinrent jusqu'au quinzième siècle. Sous l'ancienne monarchie, Dax était le siège d'un évêché suffragant d'Auch, d'un présidial, d'une sénéchaussée, et le chef-lieu d'une élection.

DAYAKS, nom de la plus nombreuse, de la plus puissante et de la plus féroce des peuplades aborigènes de Bornéo. Une force indomptable et la supériorité physique sont aux yeux des Dayaks les seules qualités de l'homme. Pour être admis, parmi eux, à contracter mariage, il faut pouvoir posséder quelques crânes d'ennemis qu'on a égorgés, ou tout au moins un. Ces sauvages se pratiquent sur le corps des incisions, dont le nombre s'accroît comme chez nous celui des croix et autres décorations honorifiques, en proportion du mérite, c'est-à-dire du nombre d'individus qu'on a réussi à tuer. Ils sacrifient aux méchants esprits, des hommes, des porcs et des volatiles, pour détourner d'eux tout fâcheux accident; ce qui n'empêche pas qu'on ne puisse remarquer parmi eux quelques traces d'un contact avec une civilisation étrangère. Indépendamment de leur dieu, qui est invisible, et qu'ils appellent *Touppa*, ils adorent aussi le *Battara* ou *Awadara* des Hindous. Les Dayaks sont parfaitement pourvus d'armes à feu, et envoient aussi à leurs ennemis des traits empoisonnés, à l'aide d'une espèce de sarbacane qu'ils appellent *sampitán*. De temps à autre ils se livrent à la piraterie; et quand ils veulent entreprendre quelque expédition de ce genre, un appel est fait dans tous le pays à l'aide de *gongs* (tambours) chinois. Chaque commune fournit alors son contingent, ou paye une indemnité pour ceux qui manquent à l'appel. Déjà les Anglais ont fait essuyer aux Dayaks quelques sanglantes corrections.

DAYAS. *Voyez* BAYADÈRES.

DAZINCOURT (Joseph-Jean-Baptiste ALBOUIS, dit). Ce comédien célèbre, fils d'un négociant de Marseille, naquit dans cette ville, le 11 décembre 1747. Son père, s'apercevant aisément que l'esprit et les goûts du jeune homme n'étaient point tournés vers le négoce, consentit à ce qu'il entrât chez le maréchal de Richelieu, qui prenait intérêt à leur famille. Celui-ci lui confia le soin de disposer les divers papiers, notes et documents qui devaient servir de matériaux aux mémoires de sa vie. L'occupation aurait pu sembler agréable au jeune Albouis; mais d'abord l'insouciant grand seigneur songeait fort peu aux appointements de son secrétaire-archiviste; puis ce dernier, fort épris du théâtre, négligeait un peu ses fonctions pour les rôles qu'il remplissait dans un spectacle de société. Ses succès dans ce genre fortifièrent son penchant; et pendant une absence du maréchal Albouis partit pour Bruxelles, où il s'engagea dans la troupe de Dhaunetaire, directeur plein de talent, dont les conseils lui furent très-utiles pour perfectionner son jeu. Ce fut là que, par égard pour sa famille et pour suivre un usage presque général alors, il quitta son nom de famille et prit celui de Dazincourt.

Appelé à Paris en 1776, Dazincourt débuta au Théâtre-Français par le Crispin des *Folies Amoureuses*. Il y fut accueilli avec une faveur méritée, pour être sociétaire l'année suivante. Sa réputation était déjà faite dans l'emploi des valets lorsque Beaumarchais lui donna l'occasion de la porter au plus haut degré, en le chargeant du rôle de Figaro dans le fameux *Mariage*. De son côté, en donnant à l'auteur des conseils pleins de goût et de tact, l'acteur ajouta de plus d'une manière au prodigieux succès de l'ouvrage. L'année suivante, Dazincourt fut choisi par la reine Marie-Antoinette pour diriger son petit théâtre de Trianon; il eut même l'honneur de l'avoir écolière dramatique. Lors de la détention des acteurs de la Comédie-Française, en 1793, Dazincourt partagea le sort de ses camarades, ce qui honore sa mémoire, il le partagea volontairement; car, prévenu à temps par un ami, il aurait pu s'y soustraire. Plus tard il contribua beaucoup à la réorganisation du Théâtre-Français, où il créa un grand nombre de rôles, et même un type qui n'existait point encore sur notre scène, *le valet honnête homme*. Entré comme professeur au Conservatoire dès sa formation, il eut la gloire d'y former plusieurs élèves distingués. Napoléon le nomma, en 1807, directeur des spectacles de la cour. Cette faveur toutefois lui devint funeste. Sa santé était gravement attaquée à l'époque où les acteurs de notre premier théâtre durent réaliser le vœu du grand Condé pour Corneille, et aller jouer ses tragédies à Erfurth, devant un *public de rois et d'hommes d'État*. Le zèle de Dazincourt triompha de sa maladie pour préparer et diriger ces représentations solennelles; mais à son retour dans la capitale le mal fit des progrès rapides, et la scène française perdit un de ses ornements, le 25 mars 1809.

Quoique Dazincourt eût montré dans *Figaro* et d'autres rôles toute la verve qu'ils exigeaient, son jeu, surtout dans ses dernières années, avait plus de finesse que de force; et ceux qui préféraient la manière plus chargée de Dugazon mirent en circulation ce mot sur le premier, attribué à tort à Préville: « Excellent comique, *plaisanterie à part*. » Dans la société, Dazincourt avait toute l'élégance, le langage et les manières de l'homme du monde le mieux élevé; ce n'était plus même un acteur de bon ton, comme Fleury et quelques autres: le comédien avait entièrement disparu. Quelque temps après la mort de Dazincourt, on publia ses *Mémoires*, où quelques lettres seulement et quelques réflexions sur son art sont de lui. Ils ont reparu avec une notice sur cet acteur dans la *Collection des Mémoires sur l'Art Dramatique*.

OURRY.

DE (du latin *de*). C'est peut-être le mot qui s'emploie le plus souvent dans notre langue, où il remplit à la fois les fonctions d'article, de préposition, et même d'adverbe. Considérés comme articles, *de* et ses dérivés *du*, *des*, remplacent en français non-seulement le génitif et l'ablatif, mais aussi le nominatif et l'accusatif des Latins. Comme prépositions, ils servent à marquer une multitude de rapports différents.

Comme particules nobiliaires, *de*, *du*, *de la*, *des*, devant un nom propre, indiquent en France, sinon la noblesse, du moins la prétention à la noblesse. On doit dire M. *de* Châtillon, M. *de* Brissac, M. *de* Luxembourg; mais quand on retranche le titre de monsieur ou de monseigneur, ou tout autre, on retranche également la particule *de*, et l'on dit: Châtillon, Montmorency, Luxembourg, etc. On conserve la particule *de* devant les noms nobiliaires formés d'une seule syllabe, comme *de Thou*. On ne retranche jamais le *d'* de noms nobiliaires commençant par une voyelle.

Sous l'ancien régime, bien des gens usurpaient le *de*, comme *M. de la Souche*, de *L'École des Femmes*, ou souffraient qu'on le leur donnât, depuis

Monsieur de Petit-Jean, ah! gros comme le bras,

jusqu'à *monsieur du Corbeau* de la fable. Le roi, pour anoblir un vilain, n'avait en lui parlant qu'à lui donner du *de*, et sa bouche royale avait aussitôt fait un gentil-homme. On connaît l'anecdote de ce concierge dont Louis XV, mourant de soif à la chasse, fit un noble en lui disant : *merci, monsieur de Vinfrais*. Bien que rien ne soit moins avéré que la noblesse de l'auteur de *La Henriade*, on ne dirait jamais *M. Voltaire*, mais bien *M. de Voltaire*, comme aussi *M. de La Harpe*; mais de tous ces anoblissements de contrebande, nul pour le comique ne vaut assurément ce bon monsieur de Robespierre.

Au reste, grammaticalement parlant, *de* n'exprime qu'un rapport d'extraction, et c'est par extension qu'il est devenu une particule indiquant la noblesse. Il n'a nullement la même valeur ni en Hollande, ni en Écosse, ni en Irlande, ni en Espagne, ni en Portugal, ni dans les pays du Nord, où bien des roturiers le portent. L'abus qu'on en a fait chez nous n'est pas une des moindres causes qui ont discrédité en France la caste privilégiée. Tel va-nu-pieds, arrivant de son village, en a pris le nom, et, semblable au *mulet se vantant de sa généalogie*, s'est donné un vernis de noblesse. Ainsi avait fait sous l'ancien régime le notaire de la comtesse Du Barry, Le Pot, qui s'intitulait *Le Pot d'Auteuil*,

Pendant notre première révolution, maint député du tiers avait pris le nom de sa ville ou de son département : Garnier *de Saintes*, Boulay *de la Meurthe*, Fabre *de l'Aude*, Regnault *de Saint-Jean-d'Angély*, Merlin *de Thionville*, et enfin le littérateur François, connu dès 1773 au Parnasse sous le nom ronflant de *Neufchâteau*, avant de figurer parmi les membres les plus estimables de nos assemblées. Ces noms ainsi accolés au nom propre se transmettent ensuite de père en fils.   Charles Du Rozoir.

DÉ, JEU DE DÉS. L'origine de ce jeu remonte à la plus haute antiquité, s'il est vrai, comme on l'a prétendu, que les Grecs l'aient inventé, ainsi que le *jeu des échecs* (et probablement aussi le *jeu de l'oie*), pour se désennuyer pendant le siége de Troie. Quant au premier, on ne peut révoquer en doute son ancienneté, attestée par un grand nombre d'auteurs, entre autres par Sophocle, Pausanias et Suidas, qui en attribuent l'invention à Palamède, tandis qu'Hérodote le rapporte aux Lydiens, qu'il regarde comme les auteurs de tous les jeux de hasard. Les dés antiques étaient, comme le sont les nôtres, de petits cubes ayant six faces marquées de points depuis l'*as* ou *un* jusqu'à *six*, comme le prouve ce vers d'une épigramme de Martial :

Hic mihi bis seno numeratur tessera puncto,

(c'est-à-dire le tour des dés m'apporte deux fois six points) ; ce qui s'entend des deux dés avec lesquels on jouait quelquefois ; car le jeu le plus ordinaire était à trois dés, suivant le proverbe grec : ἢ τρεῖς ἓξ, ἢ τρεῖς κύϐοι (c'est-à-dire trois six, ou trois as, tout ou rien).

Il y avait plusieurs manières de jouer aux dés chez les anciens ; nous ne parlerons que des deux principales, d'après l'*Encyclopédie* : « La première, qui fut toujours à la mode, était la *rafle*, que nous avons adoptée. Celui qui amenait le plus de points emportait ce qu'il y avait. Celui-ci même parmi nous *rafle de six*, mot dérivé de ῥάφος, ὠφελῶν. On le nommait *Vénus*, qui désignait dans le jeu de hasard le coup le plus favorable. Les Grecs avaient donné les premiers les noms des dieux, des héros, des hommes illustres, et même des courtisanes fameuses, à tous les coups différents des dés. Le plus mauvais coup était trois as : c'est sur cela qu'Épicharme a dit que dans le mariage, comme dans le jeu de dés, on amène quelquefois trois six et quelquefois trois as. Outre ce qu'il y avait sur le jeu, les perdants payaient encore pour chaque malheureux : ce n'était pas un moyen qu'ils eussent imaginé pour doubler le jeu, c'était une suite de leurs principes sur les gens malheureux, *qu'ils méritaient des peines par cela même qu'ils étaient malheureux*. Au reste, comme les dés ont six faces, cela faisait cinquante-six combinaisons de coups, savoir : six rafles, trente coups où il y a deux dés semblables, et vingt où les trois dés sont différents. La seconde manière de jouer aux dés, généralement pratiquée chez les Grecs et chez les Romains, était celle-ci : Celui qui tenait les dés nommait avant que de jouer le coup qu'il souhaitait ; quand il l'amenait, il gagnait le jeu ; ou bien il laissait le choix à son adversaire de nommer ce coup, et si pour lors il arrivait, il subissait la loi à laquelle il s'était soumis. C'est de cette seconde manière de jouer aux dés que parle Ovide, dans son *Art d'aimer*, quand il dit :

Et modo tres jactet numeros, modo cogitat apte
Quam subeat partem callida, quamque vocet.

Comme le jeu s'accrut à Rome avec la décadence de la république, celui des dés eut d'autant plus faveur que les empereurs en donnèrent l'exemple. Quand les Romains virent Néron risquer jusqu'à 4,000 sesterces dans un seul coup, ils mirent bientôt une partie de leurs biens à la merci des dés. »

Quant à l'introduction en France de ce jeu, il paraît qu'elle eut lieu sous Philippe-Auguste. Les dés tenant fort peu de place, et les chances qu'ils amènent étant plus rapides à ce jeu qu'à aucun autre, ils ont dû longtemps avoir la préférence sur tout autre mode de tenter la fortune. Aussi sont-ils devenus comme l'emblème, la personnification de l'aveugle déesse, et ont-ils donné lieu à plusieurs façons de parler tirées de leur emploi. *Avoir le dé, tenir le dé*, expressions qui signifient avoir la main, le tour, la passe, le privilége de jeter le premier ou plusieurs fois de suite les dés, s'emploient au figuré pour désigner les personnes qui veulent primer en quelque chose que ce soit, principalement dans la conversation ; témoin ce vers de Mme Pernelle à Elmire, dans *Tartufe* :

...Madame à jaser *tient le dé* tout le jour.

Flatter le dé, c'est le jeter, le pousser doucement pour amener un point favorable ; c'est en quelque sorte aider à la fortune par l'adresse : ce qui n'est point licite dans les jeux de hasard ; au figuré, c'est déguiser ou adoucir quelque nouvelle fâcheuse par des termes choisis et calculés à dessein. *Rompre le dé*, c'est *brouiller le dé*, le changer de côté, de face, avant que la partie adverse ait pu constater le point qu'il portait ; au figuré, c'est interrompre quelqu'un, lui couper la parole, la prendre de force et le contredire. *Quitter le dé*, c'est cesser de jouer, ou ne pas vouloir tenir l'enjeu de sa partie adverse, ou ce qu'elle propose de jouer ; au figuré, c'est quitter la partie, se regarder comme vaincu et céder la victoire ou l'avantage à celui avec lequel on était en contestation.

Nous n'avons parlé ici que du jeu de dés proprement dit. Le *passe-dix*, le *krabs*, le *quinquenove*, se jouent également avec des dés. Les dés servent encore dans le jeu de *trictrac* et ses dérivés ; mais ils n'en sont pas les uniques instruments. Enfin, le jeu de *dominos* fait usage de *dés* dont la forme diffère de celle des dés qui nous occupent.

Ducange fait remonter l'étymologie du mot *dé* à cette vieille expression gauloise *jus de De*, faite du latin *judicium Dei*, c'est-à-dire le jugement de Dieu, du sort, du hasard, de la Providence. D'autres étymologistes veulent que le mot *dé* (*dadus*, dans la basse latinité) ait été fait des mots latins *a digitis*, parce que, disent-ils, les dés se jouent avec les doigts ; mais ce n'est pas le seul jeu où l'emploi des doigts soit nécessaire, et cette étymologie conviendrait mieux au dé considéré comme instrument de travail, au *dé à coudre*, auquel on a donné le nom latin de *digitale*, c'est-à-dire doigtier, qui appartient au doigt.   Edme Héreau.

Le calcul des **probabilités** s'applique aux jeux de dés. Si l'on joue avec deux dés, par exemple, chaque face du premier pouvant être amenée successivement avec les six faces du second, il y a 36 coups possibles. Mais ces 36 coups ne donnent pas 36 résultats différents. Ainsi, tandis que l'on ne peut amener 2 que d'une seule manière (1 et 1), on a 3 de 2 manières (1 et 2, ou 2 et 1, le premier de ces nombres indiquant la face amenée d'un dé, et le second la face de l'autre), 4 de 3 manières (1 et 3, 2 et 2, 3 et 1) 5 de 4 manières (1 et 4, 2 et 3, 3 et 2, 4 et 1), 6 de 5 manières (1 et 5, 2 et 4, 3 et 3, 4 et 2, 5 et 1), 7 de 6 manières (1 et 6, 2 et 5, 3 et 4, 4 et 3, 5 et 2, 6 et 1), 8 de 5 manières (2 et 6, 3 et 5, 4 et 4, 5 et 3, 6 et 2), 9 de 4 manières (3 et 6, 4 et 5, 5 et 4, 6 et 3), 10 de 3 manières (4 et 6, 5 et 5, 6 et 4), 11 de 2 manières (5 et 6, 6 et 5), et enfin 12 d'une seule manière (6 et 6). Sur 36 chances, il y a donc 6 pour amener 7, 5 pour les nombres 6 et 8, 4 pour 5 et 9, 3 pour 4 et 10, 2 pour 3 et 11, et une seule pour 2 et 12. Quand on jette deux dés, si quelqu'un parie pour 6 tandis qu'un autre parie pour 8, il y a donc chance égale. Mais si l'un parie pour 6 et l'autre pour 4, la chance du premier est double de celle du second. On établirait de même les chances qu'offre la sortie d'un nombre donné amené par trois dés, quatre dés, etc.   E. Mérilieux.

DÉ (*Architecture*), parallélipipède rectangle à base carrée, qui sert ordinairement de support soit à des objets

DÉ — DÉBACLE

isolés, comme des statues, des vases dans un jardin, etc., soit à des parties d'un édifice, telles que des colonnes ou des pilastres. La partie d'un piédestal qui occupe tout l'espace compris entre sa base et sa corniche est un dé. Quelques architectes ont assigné à cette forme une autre destination, qui ne lui convient pas aussi bien ; les anciens Égyptiens en ont fait des chapiteaux de colonnes dans quelques-uns de leurs temples, et des novateurs ont cru multiplier les ressources de l'art en composant des fûts de colonnes de *dés* et de *tambours* ou tronçons de cylindre alternativement superposés : les bâtiments de l'octroi de plusieurs barrières de Paris nous donnent une idée de ce disgracieux assemblage. De quelque manière que l'on ait varié l'emploi des dés et leur combinaison avec d'autres formes, on n'a trouvé rien de mieux que de les faire servir de supports, et cette décision du goût est généralement reconnue dans tous les arts dont la décoration est l'objet.   FERRY.

DEÁK (FRANÇOIS), chef de l'opposition dans la diète de Hongrie avant la révolution de 1848, puis ministre de la justice dans le cabinet présidé par Batthyani, est né en 1803, à Kehida, comitat de Szalad, et étudia le droit au collège de Raab. A son retour dans son pays, il ne tarda pas à acquérir une grande considération par son talent oratoire et par son patriotisme, et fut élu membre de la diète dans son comitat. Dans cette assemblée, il devint le chef du parti libéral ; et lors de la longue session de 1832-1836, de même que dans celle de 1839-1840, il fit preuve d'autant d'habileté que d'énergie, notamment dans ses efforts pour faire émanciper l'ordre des paysans. Deák prit aussi une part importante aux travaux de la commission instituée en 1840 par la diète pour rédiger un projet de code pénal, projet qui fut soumis aux délibérations de la diète de 1843. Cependant, à partir de 1840 Deák cessa de faire partie de la diète, parce que son comitat ne réélut point l'homme qui s'était attaché à rendre évidentes la justice et la nécessité de faire supporter à la noblesse sa part dans les charges publiques. Il n'en continua pas moins, toutefois, à seconder tous les efforts de son parti, notamment ceux qui eurent pour but la constitution d'une association de défense.

Appelé, à la suite des événements de mars 1848, à prendre le portefeuille de la justice, il conçut le projet de totalement réorganiser l'ordre judiciaire en Hongrie ; mais la guerre qui éclata bientôt l'empêcha de réaliser ces sages vues. Exempt de passions et strictement attaché aux formes légales, Deák sur toutes les questions politiques opina avec le président du conseil Batthiany, s'efforçant d'arriver à un arrangement amiable avec l'Autriche. Quand, le 17 septembre 1848, Kossuth parvint à la direction des affaires, Deák abandonna son portefeuille, et ne prit plus part aux travaux de la diète que comme simple député. A l'approche de Windischgrætz ; à la fin de 1849, Deák fut de ceux qui opinèrent pour qu'on ouvrit des négociations, et fit partie de la députation chargée d'aller porter au prince des propositions de paix. Cette démarche étant demeurée inutile, Deák se retira aux lieux qui l'avaient vu naître, et rentra dans la vie privée.

DEAL, ville maritime de la côte orientale du comté de Kent (Angleterre), qui compte une population de 10,000 âmes. Elle forme deux quartiers bien distincts. La *ville basse*, adossée à la mer du Nord et protégée par les châteaux de Deal et de Walmer-Castle, a des rues sales et étroites ; la *ville haute*, au contraire, que défend le fort Sandown, est généralement bien bâtie, et offre quelques larges rues. On voit à Deal un beau bâtiment de la douane, un grand hôpital et de vastes magasins pour les besoins de la marine. Cette ville ne possède pas de port, à proprement parler, mais une rade abritée par des *dunes*, assez vaste pour contenir quatre cents bâtiments de tous genres, et lieu de rassemblement ordinaire des flottes marchandes, qui s'y réunissent quelquefois au nombre de plusieurs centaines de bâti-

ments en même temps, et viennent y compléter leurs approvisionnements en tous genres avant d'entreprendre un voyage de long cours.

Cette circonstance seule suffirait pour donner une grande animation à cette ville. Mais elle n'est pas moins célèbre par ses pilotes-lamaneurs. Les dunes forment une longue chaîne depuis Ramsgate jusqu'au cap Dunge-Ness. Entre la première de l'une et de l'autre, elles sont précédées d'un dangereux banc de sable (*the Good-wind sands*), où sont continuellement placés six bâtiments légers. Indépendamment des phares de Nord-Foreland et de Ramsgate au nord, et du rocher de craie de South-Foreland au sud, on a tout récemment, après bien des essais infructueux, réussi à élever sur le banc de sable même un phare de sûreté (*safety beacon*) en fer fondu et de 20 mètres d'élévation, ayant pour point d'appui un triangle enfoncé dans le sable et atteignant la couche sous-marine de craie.

C'est à Deal, suivant la version la plus accréditée, que Jules César prit terre lors de sa première expédition en Bretagne ; c'est là aussi que débarqua Perkin Warbeck en 1495. Les châteaux forts de Deal, Sandown et Walmer furent construits vers 1540, par Henri VIII, pour protéger toute cette côte. Le dernier est la résidence officielle du *lord Warden des cinque Ports*, fonctions remplies naguère par le duc de Wellington.

DEALBATION (du latin *albus*, blanc, d'où le verbe *dealbare*, blanchir), action de blanchir. Ce terme de chimie servait autrefois à exprimer le changement de la couleur noire ou couleur blanche opéré par l'action du feu. On s'en servait aussi en parlant des cosmétiques qui ont la propriété de donner de la blancheur aux dents et aux cicatrices, ou de conserver et entretenir cette blancheur. Il est à peu près inusité aujourd'hui.

DÉBACLE, rupture subite des glaces dont se trouve couverte, par suite d'un froid rigoureux, la surface d'un fleuve, d'une rivière ou d'un lac. Lorsque le dégel qui produit cette rupture est lent et régulier, la débâcle a lieu souvent sans graves inconvénients ; mais lorsque les vents chauds du midi viennent à souffler tout à coup, et surtout lorsqu'il s'opère un relâchement subit dans les parties extérieures du terrain, par une sortie plus abondante des vapeurs terrestres, les glaces, venant à se rompre violemment, se détachent par parties plus ou moins considérables, et, charriées par le courant devenu plus rapide, elles s'accumulent les unes sur les autres, finissent par former des masses énormes qui, élevant les eaux à une grande hauteur devant les obstacles qu'elles rencontrent, produisent sur tout ce qui les entoure de désastres affreux.

L'hiver de 1608, pendant lequel, au rapport de Mézerai, il se forma sur la Saône, devant l'église de l'Observance à Lyon, une montagne de glaces, ceux de 1784, 1789, et généralement tous les hivers rigoureux, furent témoins de ces épouvantables dévastations dont les fortes débâcles laissent après elles des traces si difficiles à effacer. Il n'y a guère plus de vingt ans, en 1831, n'a-t-on pas vu presque tous les ouvrages d'art élevés au milieu des rivières ou sur leurs rives se ressentir de ces tristes effets ? Sur le Rhin, la Loire, la Seine et la plupart de leurs affluents, plusieurs ponts furent entièrement détruits, et sur beaucoup d'autres la circulation fut longtemps interrompue par suite de dégradations qui pouvaient compromettre la sûreté publique. Près de la capitale même, où les moyens de secours sont plus prompts et mieux organisés, où, par de sages règlements d'administration publique, on cherche à l'avance à conjurer des événements si faciles à prévoir, les arches de plusieurs ponts, entre autres ceux du Pecq, de Bezons, etc., s'écroulèrent, et même une vaste et solide estacade en charpente, nouvellement construite à la pointe de la gare de Grenelle, fut renversée par l'effort des glaces, des bateaux et de tous les corps étrangers, entraînés par les eaux dont la plaine fut couverte, à une très-grande distance.

C'est au vice de construction des anciens ponts qu'il serait important de remédier d'abord pour obvier, autant que le peuvent permettre les faibles moyens des hommes, aux désastres que les grandes inondations et la débâcle des glaces entraînent toujours à leur suite. Lorsque l'art de l'ingénieur était encore dans l'enfance, et que l'exécution des grands travaux publics était abandonnée sans surveillance à des architectes et à des constructeurs moins habiles encore, on ne voyait dans l'ouverture d'un pont qu'un moyen de passage, sans trop s'inquiéter souvent des autres conditions importantes auxquelles il doit satisfaire. Aussi, combien n'en voit-on pas où l'arche marinière offre seule aux eaux un débouché à peine suffisant dans les inondations ordinaires et ne laisse souvent point de passage aux corps flottants qu'elles charrient avec elles. Ainsi, malgré l'usage généralement adopté de former en angle aigu, pour diviser les glaces, les avant-becs ou la partie des piles opposée au courant, on n'en avait pas moins d'accidents à déplorer, parce qu'ils étaient le résultat moins du défaut de solidité des maçonneries que de l'obliquité de quelques ponts par rapport à l'axe de la rivière et du peu d'espace donné à l'écoulement des eaux, qui, gênées dans leur cours, tendent à renverser par leur effort tous les obstacles qu'elles rencontrent.

On s'applique aujourd'hui à faire disparaître peu à peu ces inconvénients, que l'on évite dans les constructions nouvelles. Ainsi, l'administration supérieure, avant d'autoriser le projet d'un pont, commence par fixer la largeur qu'il convient de laisser libre entre le nu des culées, pour l'écoulement facile des eaux, sans y comprendre l'épaisseur des piles, et oblige en outre d'élever les voûtes des arches ou le plancher des ponts, dans leur milieu, à deux mètres au-dessus des plus hautes eaux connues, de manière à livrer passage aux corps flottants lors des grandes inondations. Si ces dispositions ne parviennent pas à s'opposer entièrement aux ravages des eaux, on ne peut se dissimuler qu'adaptées aux constructions anciennes, s'il était possible d'arriver en peu de temps à ce perfectionnement, elles auraient pour but de mettre ces ouvrages à couvert et pourraient, dans la plupart des cas, empêcher le retour des sinistres qui chaque année reviennent affliger les populations riveraines.
E. Grangez.

DÉBARDEURS ou **DÉCHIREURS DE BATEAUX.** Paris reçoit par la Seine une grande partie de ses approvisionnements en bois. Ces bois arrivent ou en trains ou par bateaux; les premiers, terme moyen, font un nombre de 6,600 par an, dont 4,500 de bois de chauffage, et les 2,100 autres de bois de construction et de charpente. Les 4,500 trains de bois de chauffage fournissent jusqu'à 810,000 stères de bois. Les bateaux sont au nombre de 3 à 4,000, qui sont détruits à Paris, par suite du haut prix auquel reviendrait leur remontage jusqu'à la haute Loire ou l'Allier, et qui le rend impossible. Des mariniers, qui portent le nom de *déchireurs de bateaux* ou *débardeurs*, sont occupés à ce travail très-pénible, constamment dans l'eau jusqu'à la ceinture, et obligés de transporter des planches d'un poids très-considérable, puisqu'un mètre cube de bois de chêne, qui, abandonné à l'air pendant seize à dix-huit mois, pèse 416 kil., en pèse alors 500.

Le déchirage des bateaux occupe à Paris, terme moyen, six cents ouvriers, qui travaillent toute l'année, à l'exception des moments de gelée, et qui sont soumis par conséquent à l'action presque continuelle de l'eau dans laquelle ils sont plongés, et au refroidissement par leur passage dans l'air, conditions qui exercent généralement une influence défavorable sur la santé. Depuis très-longtemps les hygiénistes ont admis que les débardeurs sont sujets à des maladies nombreuses, que semble devoir provoquer le travail de ces ouvriers. Il paraît cependant résulter des recherches de Parent-Duchâtelet qu'une grande exagération a présidé à ce qui a été dit à ce sujet, et que les débardeurs sont en général sujets à très-peu d'accidents; ce qu'il attribue à ce que le haut prix de leurs journées leur permet de se procurer des aliments plus nutritifs et plus de vin qu'un grand nombre d'autres ouvriers.
H. Gaultier de Claubry.

On a aussi donné le nom de *débardeur* à un costume de bal masqué, composé d'un pantalon de velours et d'un bourgeron entré dedans, avec ceinture flottante et petit bonnet de police. G a v a r n i a *illustré* les débardeurs dans une suite de dessins.

DÉBARQUEMENT. Ce mot, dont le sens n'a pas besoin d'explication, est employé spécialement lorsqu'il s'agit de personnes mises à terre après une navigation. Lorsque l'on parle du matériel qui compose la *charge* du vaisseau, le transport et le placement à bord est le *chargement*, et l'extraction suivie du transport à terre est le *déchargement*. On ne fait point cette distinction, peu nécessaire, entre les *personnes* et les objets *matériels* lorsque ces objets sont considérés comme inséparables de ceux qui en font usage. Ainsi, une expédition scientifique *débarque* avec les instruments nécessaires à ses opérations, un corps de troupes avec ses armes, ses équipages, ses munitions, etc. Dans ces cas, le lieu de débarquement doit être bien connu, et satisfaire à deux conditions essentielles, la facilité du transport à terre et l'efficacité de la protection dont ce travail ne peut se passer. Si les combinaisons stratégiques d'un plan de campagne exigent qu'un corps armé soit transporté sur une côte ennemie, d'autres conditions viennent se joindre aux deux premières pour le choix du lieu de débarquement : on a besoin de connaissances locales plus étendues; on ne peut se dispenser de préparer des moyens de rembarquement, en cas de non-succès, et s'apprêter pour des combats entre les vaisseaux et l'ennemi placé sur la côte pour la défendre. Il n'y a donc sur un littoral très-étendu qu'un petit nombre de points où l'on puisse débarquer une armée expéditionnaire.

Quant à la manière d'opérer le débarquement, avec ordre et célérité, elle dépend de la nature des lieux et des obstacles qu'ils peuvent opposer; des préceptes généraux sont inutiles pour diriger ces opérations, où l'habileté consiste surtout en dispositions faites d'après l'inspection des lieux et l'inspiration des circonstances.
Ferry.

DÉBATS. Bien que cette expression s'applique aux discussions de la politique et de la littérature, elle est plus spécialement réservée aux débats judiciaires, et parmi ceux-ci surtout aux débats criminels, car dans les affaires civiles ils prennent plus généralement le nom de *discussion*. En droit criminel, on peut définir les débats, cette partie de l'instruction qui comprend la lecture de l'acte d'accusation, l'interrogatoire de l'accusé, l'audition des témoins à charge et à décharge, la plaidoirie de la partie civile, le réquisitoire du ministère public et la défense de l'accusé. Les débats sont terminés au moment où le président prend la parole pour prononcer son résumé. Le président dirige les débats; il doit renfermer la discussion dans son objet, et la ramener toujours au point précis qui constitue l'accusation, empêcher les écarts et les divagations des témoins et de l'accusé; c'est dans ce but que le pouvoir discrétionnaire lui est accordé. Une fois commencés, les débats doivent être continués sans interruption; le président ne doit les suspendre que pendant les intervalles nécessaires pour le repos des juges, des jurés, des témoins et de l'accusé. Les débats sont toujours publics, sauf le cas où leur publicité serait dangereuse pour les mœurs; ce qui doit être déclaré par un jugement préalable. On dit alors que les débats ont lieu à *huis-clos*.

On se sert encore du mot *débats* en matière de comptes pour désigner les contestations élevées par celui à qui le compte est rendu, contre les articles dont il se compose.

DÉBATS (Journal des). Nous esquiverions complétement, et même toutes apparences décemment sauvegardées, les difficultés de la tâche assez délicate qui nous incombe en ce moment (par suite de l'engagement, peut-être trop témérairement pris ailleurs, d'apprécier successivement chacun des *quatre grands journaux de Paris* et le rôle qu'ils jouent dans notre état social actuel), si à propos du *Journal des Débats* nous nous bornions à renvoyer le lecteur à l'article que notre collaborateur Jules Janin a déjà consacré dans ce Dictionnaire à la famille Bertin. Qui ne sait en effet que le *Journal des Débats* et la dynastie Bertin, c'est tout un? Dès lors qui nous saurait mauvais gré de les avoir confondus sous une seule et même rubrique? Mais le *Journal des Débats* n'ayant jamais eu de puissance plus réelle que depuis qu'il a cessé d'être l'organe semi-officiel du pouvoir, il y a peut-être aujourd'hui quelque mérite à ne pas craindre de lui dire nettement son fait.

La presse quotidienne est condamnée par la législation actuelle à une contrainte d'allures bien pénible pour les journalistes, qui naguère usaient et abusaient du droit de tout dire que leur garantissait la loi du pays. Mais nous aimons à rendre ici aux écrivains du *Journal des Débats* la justice de reconnaître que, grâce au ton calme et digne qui de tout temps régna dans leur polémique, rien de leur part n'indique qu'ils se considèrent comme moins libres maintenant qu'ils ne pouvaient l'être avant le coup d'État du 2 décembre 1851, sans doute parce que jamais, au milieu même des plus irritants débats provoqués par l'anarchie parlementaire, il ne leur arriva de perdre le respect d'eux-mêmes, de leurs lecteurs et des convenances sociales. La clientèle des *Débats*, moins nombreuse, mais en revanche autrement choisie et intelligente que celle des autres *grands journaux* en possession d'exploiter ce tohu-bohu d'erreurs, de préjugés et de passions qu'on appelle *l'opinion publique*, leur a toujours su gré de la réserve et de la prudence, du savoir et de l'habileté qu'ils apportent d'ordinaire dans la discussion des intérêts généraux. Le plus souvent aussi c'est au *Journal des Débats* que revient l'honneur d'aborder le premier et le plus résolument les questions d'économie sociale les plus vitales; les autres journaux se bornant à paraphraser tant bien que mal, et chacun à son point de vue particulier, les idées, presque toujours simples, fécondes, progressives et facilement applicables, que celui-ci met en circulation. Nous constatons là sans phrases un fait à propos duquel rien ne nous serait plus facile que d'employer des expressions propres à nous rendre sinon sympathiques, du moins indulgents, des écrivains qui peuvent être appelés à nous juger nous-mêmes. Or, qui plus que nous a sous tous les rapports besoin de la sympathique indulgence de la critique!

La fiction politique constituée en 1814 sous la dénomination de *régime constitutionnel* était censée s'appuyer sur trois pouvoirs indépendants l'un de l'autre et se faisant exactement contre-poids; mais les inventeurs de ce parangon des gouvernements ne prirent pas garde qu'en faisant du journalisme, dans ce système politique, un gros et profitable monopole, ils avaient en réalité créé dans l'État un quatrième pouvoir, complétement irresponsable, placé entre les mains de quelques individus que la force même des choses condamnait soit à rester de vulgaires mais incommodes intrigants, soit à devenir forcément de dangereux ambitieux; enfin, un quatrième pouvoir, dans la nature duquel il était de vouloir tôt ou tard se substituer aux trois autres. C'est au journalisme, ne l'oublions jamais, que la France doit son retour au régime du bon plaisir....

L'attitude prise et gardée par le *Journal des Débats* pendant toute la durée du système parlementaire et du règne du journalisme, l'influence qu'il exerça à cette époque sur la marche des affaires, ne sont ignorées de personne parmi les contemporains. Nous devons d'ailleurs hautement reconnaître que dans le plus grand nombre de circonstances vraiment décisives on le vit prendre franchement la défense du principe de liberté contre les défiances ou le mauvais vouloir du pouvoir, surtout à partir du moment où une rupture complète éclata entre M. de Villèle et Chateaubriand. De la *défection du Journal des Débats*, jusqu'alors l'avocat zélé des idées royalistes, date, à bien dire, *le commencement de la fin* de la Restauration. L'opposition qu'il fit dès ce moment à M. de Villèle, et plus tard à M. de Polignac, contribua plus au renversement de la branche aînée de la maison de Bourbon que tous les efforts de la presse dite *libérale*, que toutes les conspirations et machinations des sociétés secrètes. Il n'eut pas plus tôt, en 1824, passé avec armes et bagages dans les rangs de l'opposition, que le premier prince du sang, M. le duc d'Orléans, s'y ménagea bien vite d'utiles intelligences. Aussi, après la victoire du peuple en juillet 1830, l'élu des *deux cent vingt et un* n'eut-il pas de défenseur plus dévoué qu'un journal où Louis-Philippe avait eu l'habileté de faire entrer comme rédacteurs la plupart des précepteurs de ses nombreux enfants.

Pendant les dix-huit années qui s'écoulèrent de 1830 à la révolution de Février, le *Journal des Débats* se montra constamment fidèle aux intérêts de la branche cadette de la maison de Bourbon. Son attachement, basé avant tout sur des convictions et des sympathies respectables, fut-il complétement désintéressé? On ne nous croirait pas quand bien même nous l'affirmerions; or, nous sommes trop sceptique pour cela. D'ailleurs, à ce propos il serait peut-être utile de bien s'entendre sur ce qu'on peut appeler *désintéressement* en politique. En effet, étaient-ils donc plus *désintéressés* que les rédacteurs du *Journal des Débats*, tous ces incorruptibles écrivains, tous ces grands citoyens, tous ces éloquents députés, qui, si on veut aller au fond des choses, faisaient en réalité métier et marchandise d'opposition au pouvoir, puisqu'ils trouvaient moyen de vivre fort agréablement? Ne les avons-nous pas vus pendant dix-huit ans pousser au renversement de l'ordre de choses établi en juillet 1830, pour trôner ensuite à leur tour, au nom de la république une et indivisible, ou encore démocratique, dans les hôtels ministériels, où ils se montrèrent encore plus insolents et plus faquins que leurs devanciers; pour distribuer, comme eux, des sinécures et des croix d'Honneur à leurs suppôts; pour peupler, encore comme eux, les administrations de leurs parents et de leurs créatures; pour se prélasser, de plus qu'eux, dans les loges et dans les carrosses de l'excour? Leur opposition était-elle réellement *désintéressée*? De quel droit dès lors s'étonner que dans son bon temps le *Journal des Débats*, lui aussi, ait tiré tout le parti possible de sa position et ait accepté pour lui et les siens sinécures, croix, pensions et subventions? Ce gros mot vient de nous échapper, nous ne l'effacerons pas; et certes nous n'avons pas la prétention d'apprendre quelque chose de nouveau à nos lecteurs en ajoutant que sur les trois autres *grands journaux de Paris* il n'en est toujours au moins un qui jusqu'au dernier moment de la royauté de Juillet n'eut guère d'autre ambition que celle de se faire admettre de gre ou de force au partage exact des faveurs de tous genres qu'une administration trop partiale dans sa reconnaissance entendait réserver presque exclusivement au *Journal des Débats*.

Quelle que soit la forme du gouvernement à laquelle la France obéisse désormais: *despotisme*, aussi éclairé et aussi intelligent que faire se pourra; *démocratie*, aussi insensée et aussi furieuse que de coutume; *constitutionnalisme* ou *parlementarisme*, aussi hâbleur et aussi corrupteur qu'on voudra, il n'y a de durée possible pour chacun de ces différents régimes qu'à la condition que la presse soit libre; surtout, qu'à la condition que la presse quotidienne ne soit pas, comme elle l'a toujours été jusqu'à présent, grâce à des artifices de tarif employés par le machiavélisme imprévoyant des gouvernants, autre chose que la mise en régie intéressée soit de la bêtise des masses, soit des vices et des faiblesses du pouvoir. Nous ne craignons pas de le dire : la démocratie américaine elle-même n'existerait plus au bout de dix ans s'il arrivait un jour que, par des mesures plus ou moins adroitement (nous devrions plutôt dire *bêtement*) combinées, le gouvernement de l'Union substituât, à l'intérêt d'une douzaine de *hauts barons de la presse*, aux deux mille journaux quotidiens et plus qu'on compte aujourd'hui aux États-Unis une exploitation privilégiée de cette force latente, toujours méconnue mais irrésistible, qui résulte de *l'opinion*.

Le *Journal des Débats*, le jour où la presse politique deviendrait enfin une vérité chez nous, n'aurait pas à redouter la perte ou seulement la diminution quelque peu sensible de sa clientèle, toute recrutée dans les classes lettrées de la société européenne. En effet, c'est bien moins de l'habileté de ceux de ses rédacteurs chargés des questions politiques, que la supériorité incontestée et incontestable de sa partie littéraire, qui a toujours fait la grande force de ce journal. Ceux-là même à qui ses idées en politique sont le plus antipathiques le lisent pour les appréciations critiques qu'ils sont toujours sûrs d'y rencontrer lors de l'apparition des productions nouvelles de la littérature et des arts. A cet égard nous ne serons pas l'écho affaibli de tout ce qui se dit dans le public du tact infini dont sa direction a constamment et traditionnellement fait preuve, depuis plus d'un demi siècle, dans le choix des écrivains qu'elle appelait soit à juger les œuvres d'art, de littérature et de science, soit à traiter les questions qui s'y rapportent.

Aujourd'hui que le *Journal des Débats* marche indépendant d'un pouvoir qui n'avait pas ses vœux et n'a pas ses sympathies, mais auquel il obéit avec une silencieuse résignation, comme doit faire tout bon citoyen, par respect pour la formidable majorité de suffrages qui lui a confié les destinées du pays, c'est par la supériorité évidente de sa rédaction littéraire et scientifique qu'il se maintient à l'état de puissance avec laquelle tout gouvernement, à moins d'être un gouvernement de sots en soutane ou à moustaches (cela s'est vu et se verra encore), sera toujours obligé de compter. Les efforts tentés à diverses reprises pour lui susciter un rival ont toujours démontré la radicale impuissance de l'industrialisme appliqué à la littérature. A lui la politique, rien de mieux, mais *ne sutor ultra crepidam!*

En ce qui touche les questions d'économie politique, la supériorité de la rédaction du *Journal des Débats* n'est pas moins manifeste. Depuis bientôt six ans MM. Michel Chevalier, Armand Bertin et Chemin-Dupontès y font rude guerre aux monopoles et aux privilèges partout où ils existent, et démontrent de la façon la plus claire que notre industrie ne peut plus aujourd'hui soutenir avantageusement, sur les différents marchés du monde, la concurrence étrangère qu'à la condition d'être en état de se procurer ses matières premières au plus bas prix possible. Ils prouvent que la prime payée par le consommateur sur les différents produits fabriqués doit finir par ruiner le travail national, qu'on la prétend appelée à protéger. Ces avocats habiles autant que passionnés du libre-échange plaident surtout, avec une chaleur de conviction qui les rend facilement persuasifs, l'abaissement des droits perçus sur les houilles, les fers et les cotons filés étrangers, droits énormes, injustifiables, et qui ont constitué les plus oppressifs monopoles en faveur de quelques gros industriels *privilégiés*. Au moment où nous écrivons, les divers intérêts si gravement compromis par cette croisade des *libres-échangistes* essayent tant bien que mal de se défendre. « Vous nous qualifiez de *monopoleurs*, s'écrient, par exemple, les filateurs; singulier monopole, en vérité, que celui dont vous parlez, puisque nous ne sommes pas moins de 700 en France! » A quoi le *Journal des Débats* (n° du 19 décembre 1853) répond fort pertinemment : « Le nombre ne fait rien

« à la chose. En votre qualité de filateurs, vous demandez
« le maintien d'une prohibition qui vous investit en droit
« et en fait d'un monopole; d'une prohibition qui vous a
« permis de réaliser, depuis 1848 surtout, *des bénéfices dont*
« *le taux extraordinaire est de notoriété publique*....
« Un des plus beaux aspects du patriotisme, voyez-vous,
« c'est de ne vouloir aucune espèce de *privilége* sur ses
« concitoyens et de ne rien demander qui ne soit accordé
« *à tous*.... Le patriotisme encore, c'est de rendre hommage en toute occasion à ce grand principe du droit public moderne, *qu'on ne doit d'impôt qu'à l'État, qu'on
« n'en doit pas à ses concitoyens*... » Assurément, voilà qui s'appelle parler d'or; et nous sommes convaincu que dans sa guerre au monopole et au privilège le *Journal des Débats* ne s'en tiendra pas aux fers, aux houilles et aux cotons filés. Au premier jour, vous le verrez démontrer avec la même supériorité de dialectique tout ce qu'il y a d'odieux et d'intolérable dans le monopole et le privilège constitués par la loi en faveur des *grands journaux de Paris*, alors que le commun des martyrs doit payer au fisc dix centimes de timbre pour une affiche de la proportion de leur quatrième page, frappée seulement d'un timbre de six centimes; alors encore que *vingt-cinq numéros* de l'un de ces mêmes grands *Journaux de Paris* (pliés in-16, et équivalant juste à un volume de même format et étendue que le *Dictionnaire de la Conversation*) sont transportés par la poste sur tous les points de l'empire moyennant *un franc*, tandis que l'administration exige, et cela en vertu de la loi, QUATRE FRANCS CINQUANTE CENTIMES pour transporter précisément ce même volume du *Dictionnaire de la Conversation* que nous prenions tout à l'heure pour exemple. En l'invitant à faire cause commune avec lui afin d'obtenir du pouvoir qu'il traite enfin le simple citoyen obligé de recourir à la publicité pour les besoins de son commerce, au moins favorablement que le journaliste transformant sa quatrième page en affiche *et réalisant ainsi*, surtout depuis 1848, *des bénéfices dont le taux extraordinaire est de notoriété publique*, afin d'obtenir que la librairie ou toute autre industrie analogue puissent désormais faire transporter par l'État leur marchandises à aussi bon marché que les entrepreneurs des *grands journaux* sont déjà autorisés à faire transporter les produits de leur fabrication; en invitant, disons-nous, ses trois confrères à prendre part à sa mémorable croisade contre le privilége et le monopole, nous nous attendons bien à l'entendre leur dire : « O mes frères! le vrai patriotisme, comprenez-le donc enfin, c'est de ne vouloir aucune espèce de *privilége* sur ses concitoyens et de ne rien demander qui ne soit accordé à *tous*! » Donc, que la librairie, que les commerçants forcés de recourir à la publicité et impitoyablement rançonnés par le fisc, au très-grand profit des journaux, prennent leur mal en patience! Grâce au patriotisme du *Journal des Débats*, le si fructueux monopole constitué par la loi en faveur des entrepreneurs des *grands journaux*, au grand détriment de tous tant que nous sommes, aura bientôt vécu!

DÉBATS PARLEMENTAIRES, manière de discuter et de statuer sur les affaires et sur les lois dans un parlement national. La publicité des débats n'est point légale en Angleterre; la loi (statut de 1650) y est même contraire. La présence des étrangers dans le lieu des séances, le compte-rendu de ces séances par la voie de la presse, ne sont que *tolérés*, et le secret des discussions peut toujours être légalement réclamé. Les règlements pour les assemblées des États-Unis (*rules and orders*) sont modelés sur les usages de l'ancienne mère-patrie. Les différences principales consistent dans le droit d'opiner et de voter dont jouit le *speaker*, ou président de la chambre des représentants au congrès de l'Union; dans la présidence du sénat, attribuée au vice-président des États-Unis, au lieu de l'être au lord chancelier, chef de la justice, comme dans la chambre des pairs de la Grande-

Bretagne ; mais surtout dans l'institution des comités permanents, au nombre de 29, ou au moins de 24, qui instruisent, expédient les affaires, et constituent réellement, avec le président des États, le gouvernement de l'Union.

Sous notre première Assemblée constituante, c'étaient par les rapports des comités, ou à l'aide de pétitions, que les discussions étaient introduites. D'après la constitution de 1791, le Corps législatif, composé d'une seule chambre, délibérait de deux manières : ou en séance publique, ou en comité général, c'est-à-dire en séance secrète; 50 membres avaient le droit de l'exiger. Pour éviter la précipitation, un projet de décret ne pouvait, comme en Angleterre et aux États-Unis, être adopté qu'après trois lectures, avec un intervalle de huit jours au moins d'une lecture à l'autre. Chaque lecture pouvait être suivie d'une discussion, et dès la première le projet pouvait être ajourné ou rejeté, puis cependant reproduit durant la session. Il devait être imprimé et distribué avant la seconde lecture. S'il était rejeté après la troisième, on ne pouvait plus le reproduire durant la session. C'était lors de cette dernière lecture que l'assemblée avait à se prononcer pour l'adoption, le rejet ou l'ajournement jusqu'à plus ample informé. Toutefois, on éludait ces trois lectures par une déclaration d'urgence. La formalité des trois lectures, mais cette fois de dix en dix jours, fut maintenue par la constitution de l'an III (1795), dans les deux chambres qu'on avait instituées, le Conseil des Cinq-Cents et celui des Anciens. Mais si le premier de ces deux Conseils avait déclaré l'urgence, et que le Conseil des Anciens ne l'eût pas reconnue, la résolution n'y était pas discutée, et elle demeurait non avenue. Sous ce régime l'initiative ou la proposition des lois appartenait encor aux membres de la première section du Corps législatif. Il n'avait réservé au pouvoir exécutif que la faculté d'appeler l'attention des législateurs sur les objets qui lui paraissaient la réclamer.

Sous le premier empire, les débats du sénat furent occultes ; ceux du corps législatif étaient sans importance. Un conseiller d'État soutenait le projet présenté à l'adoption de l'assemblée, qui votait sans discussion. Un membre du Tribunat avait seul, au commencement, le droit de répondre, et encore cette apparence d'opposition fut-elle bientôt rayée du code parlementaire. Sous la Restauration, les débats de la chambre des pairs ne furent pas publics ; elle publiait seulement les procès-verbaux de ses séances ; les débats de la chambre des députés furent publics. Les projets étaient en général élaborés par des commissions que nommaient les bureaux. Un président, choisi par le roi parmi les candidats élus dans l'assemblée, dirigeait les débats. La révolution de 1830 fit passer l'omnipotence dans le parlement. Les débats de la chambre des pairs devinrent publics comme ceux de la chambre des députés. La chambre des députés choisit elle-même son président. L'initiative fut donnée aux deux chambres, et les projets de loi furent élaborés par des commissions qui étaient choisies par les bureaux. En 1848 le pouvoir souverain se résuma tout entier dans la Constituante, dont le bureau fut renouvelé tous les mois. Les membres usèrent largement de leur droit d'initiative; les débats furent souvent orageux, et rien ne gênait leur publicité. La Législative fit un règlement plus sévère ; de grands pouvoirs disciplinaires furent accordés au président. Le système des trois lectures reparut, sauf les déclarations d'urgence dont on abusa. Enfin, toute initiative fut enlevée au corps législatif par le coup d'État du 2 décembre. Rien ne transpire des séances du sénat; le corps législatif n'a plus de tribune, ce qui ne l'exempte pas de débats ; mais ces débats ne peuvent amener le rejet pur et simple des projets, sans modification. Les amendements proposés par des membres ou par les commissions nommées dans les bureaux ne peuvent être adoptés qu'avec l'agrément du conseil d'État. Enfin, le président est nommé par l'empereur.

Dans les temps d'agitation politique, un double inconvénient menace les assemblées nombreuses : d'abord la scission de ces corps en partis divisés d'intérêts et d'opinions, puis leur propension à se laisser entraîner par les préventions et les passions du moment. Un homme habile, un orateur éloquent, en flattant les préoccupations d'un parti puissant, parviendra bientôt à dominer l'assemblée, et se servira des défiances, des craintes et des animosités d'une majorité aveugle pour emporter des décisions favorables à ses vues cachées. Ainsi procédèrent avec des intentions diverses Cromwell, Robert Walpole, les deux Pitt, et parmi nous Barnave, Mirabeau, les chefs de la Gironde, et les farouches tribuns de la Convention. C'était à cet aveuglement des partis, à l'entraînement des assemblées législatives, que l'on avait voulu opposer ces précautions et ces formalités imaginées pour assurer la maturité des délibérations. Vaine prévoyance, toujours également impuissante contre la fureur des passions politiques et contre l'égoïsme intraitable des intérêts sans conscience! Que de décrets d'urgence, vrais fléaux pour le pays, et qui n'avaient d'autre but que d'exercer d'implacables vengeances, que de faire passer ou de concentrer le pouvoir dans des mains avides de domination ou de richesses ! Les précautions et les formes qui tendent à ralentir la fougue des discussions n'ont d'application possible et d'utilité réelle qu'aux époques où les corps délibérants et les diverses classes de la société elle-même sont en état d'écouter la voix de la justice et de la raison. Dans les temps d'effervescence générale, lorsque des conflits d'intérêts et d'opinions excitent une fermentation universelle, il n'y a plus de place pour les conseils de la prudence, et les règlements les plus sages sont à chaque instant violés; jamais les prétextes ne manquent aux infractions.
AUBERT DE VITRY.

DÉBAUCHE. Ce terme, selon quelques étymologistes, dérive de *debacchari*, comme les *bacchanalia* de Bacchus ; suivant d'autres, il aurait pour origine *bauger*, se vautrer dans une *bauge*, comme les cochons et les sangliers. Il n'y a donc point d'équivoque sur le sens donné à cette expression pour signifier l'abus des jouissances corporelles. Si l'on appelle aussi *débauches d'esprit* certaines productions libres, comme les *juvenilia*, qu'on avouent pas les auteurs, mais que leur amour-propre revendique, c'est parce qu'elles retracent les joyeusetés ou les folies du bel âge.

Les animaux, en cela plus raisonnables que nous, ne se livrent jamais à des débauches; ils ne sortent point, dans leurs jouissances, des bornes de la nature, des besoins de l'instinct ; à la vérité, selon la remarque d'une femme spirituelle, *ce sont des bêtes*. Mais c'est précisément à cause de cette sensibilité exorbitante dont l'espèce humaine a été dotée, que nous sommes plus disposés ou exposés à en abuser. Sous certains rapports, on pourrait soutenir que l'inaptitude à des excès chez les animaux dénonce une médiocrité radicale, une impuissance innée de s'élancer au delà des limites étroites dans lesquelles ils sont confinés. Par cette sorte d'emprisonnement, sans doute ils vivent moins d'erreurs, mais leur sagesse n'a point de mérite, puisqu'elle est contrainte et nécessitée, et par cela même qu'ils ne peuvent se dégrader au-dessous d'eux, ils ne peuvent aussi se transporter au-dessus de leur nature. L'homme, s'il a le triste privilège de descendre au-dessous de la brute dans ses plus honteux excès, a reçu le don transcendant de s'élever aux plus sublimes conceptions du génie et de la vertu par la même puissance de sensibilité qui parfois le précipite dans le vice et le crime.

Sans contredit, une existence régulière, toujours sage ou modérée, serait le meilleur *viatique* pour prolonger notre carrière ; et la sobriété pusillanime de Cornaro a pu lui faire traverser près d'un siècle. Mais dans tous les temps comme dans tous les pays, qui peut se promettre assez de fortune, de tranquillité de corps et d'esprit pour végéter heureusement à l'abri de toutes les tempêtes ? Il faut faire, dans nos âges de révolutions surtout, provision de courage et s'endurcir aux privations, si l'on aspire à résister à tant d'événements qui soulèvent et abaissent les flots du grand océan du monde. Or, le joug même d'une sagesse trop stricte devient nuisible. L'homme qui ne serait habitué qu'à cette uniformité du manger et du boire deviendrait incapable de surmonter les irrégularités d'une vie tumultueuse, soit en guerre, soit en voyage, etc. Pour se rendre capable de supporter la faim, il faut soutenir aussi une alimentation parfois surabondante et réparatrice. Celse recommandait à quiconque veut rester sain de ne s'astreindre à aucune règle de vie trop étroite. Hippocrate permettait de s'enivrer une fois par mois. Sans accepter ce précepte, il est manifeste que l'organisation s'allanguit, se débilite, sous un régime constamment salubre d'ailleurs, parce qu'elle n'exerce jamais ses forces en trop et en moins. Il ne faut pas dormir dans cette ornière. Nous ne conseillerons pas la débauche, mais il est évident que les constitutions seraient moins robustes en suivant les préceptes trop sévères de la tempérance et de la continence.

Les peuples du Nord ont, dit-on, l'estomac chaud, à cause de la froidure extérieure, qui refoule la force vitale au dedans ; ils sont adonnés, en général, aux débauches de table. Le paradis d'Odin et des anciens Scandinaves leur promettait les jouissances de l'ivresse et des grands festins. Au contraire, les peuples méridionaux préfèrent les délices voluptueuses de l'amour, témoin le paradis de Mahomet, qui réserve aux vrais croyants des houris toujours jeunes et d'une beauté ravissante, que les siècles même n'altéreront jamais. Ainsi, les débauches consistent dans l'exercice vicieux de deux principales fonctions, celle de nutrition et celle de reproduction. L'une est l'excès de réplétion d'estomac (dans le boire et le manger), l'autre l'excès de déperdition des organes reproducteurs ; toutes deux usant ou détruisant l'organisme d'une manière diverse. L'abus des aliments, et surtout des liqueurs fortes, produit la crapule, l'ivresse, les indigestions et de dangereuses pléthores ; il ruine l'appareil digestif, abrutit les facultés, surtout celle de l'intelligence. C'est pourquoi ce vice est principalement repoussé par les hommes les plus adonnés aux fonctions de l'esprit ; la sobriété, la frugalité, tant recommandées par les diverses religions qui ont institué les carêmes, les jeûnes, et par les philosophes, tels que les pythagoriciens, sont indispensables à l'exercice le plus parfait du génie ; aussi, le travail à jeun est-il le plus lucide. Plutarque dit qu'aucun homme illustre, si ce n'est Antoine, ne s'abandonna aux excès de table. Lorsqu'on cite l'ivresse d'Alexandre, qui lui fit commettre tant de fautes, on prouve qu'il n'était point grand par ce vice. Ce n'est pas toutefois qu'une légère excitation intellectuelle, à l'aide de boissons spiritueuses, ne puisse échauffer des génies :

Horace a bu son saoul quand il voit les Ménades.

De plus, l'ivrognerie même chez les habitants des climats froids n'est pas incompatible avec la générosité, la bravoure et la franchise du caractère ; elle ouvre le cœur, elle peut exalter l'héroïsme et lui dérober les périls dans les combats ; elle a moins d'inconvénients que sous des cieux ardents, car la sensibilité, déjà trop enflammée des méridionaux, s'exalterait chez eux jusqu'à la frénésie par les boissons alcooliques : l'excès des aliments y deviendrait mortel. Rien de plus ignoble que ce genre de débauche dévorante des Vitellius, obligés de rendre gorge, puis retournant à table se salir des mêmes turpitudes, *sicut canis ad vomitum*. Tel est le vice de la basse canaille, de ces coureurs (*ventrigoulus*) de franche lipée, qui se remplissent jusqu'à crever d'apoplectiques indigestions. L'esprit périt étouffé sous les pâtés et les truffes. Marmontel dit qu'en vivant à la table succulente du financier La Popelinière, il ne pouvait pas retrouver le quart de ses facultés, comme lorsqu'il dînait chétivement avec un morceau de fromage. On se rappelle toutes les plaisanteries faites, du temps de la Restauration, sur les dîners ministériels et sur les députés du *ventre*. Qui n'a répété, en effet, avec Casimir Delavigne :

Et c'est par des dîners qu'on gouverne les hommes.

Oh ! que ce temps était bien nommé *restauration*, principalement sous le règne de Louis XVIII ! Il s'est formé, il est vrai, contre ce penchant à l'ivresse et à la crapule, des sociétés dites de *tempérance*, aux États-Unis et dans la Grande-Bretagne. Elles se vantent d'avoir converti un grand nombre de personnes, et force est d'avouer que l'usage habituel du thé et du café dans ces contrées y a diminué l'emploi des liqueurs fortes et les excès de table. Cependant, voici un exemple de la *tempérance* du comité de cette société à Londres : Dans un repas composé de vingt membres, il a été bu 200 bouteilles de Champagne, 40 bouteilles de punch et 10 bouteilles de rhum !

De tout temps, les voluptés, surtout parmi les peuples des climats brûlants, ont excité aux plus brutales débauches et jusqu'à l'abus des espèces et des sexes. L'histoire des peuples de l'antiquité nous en offre assez d'exemples : les Sardanapales et ces monstres de lubricité couronnés sous le nom de Césars dans Rome dégénérée, ces ignobles mannequins d'empereurs du Bas-Empire, sous la pourpre souillée de leurs palais, au milieu des prostituées et des eunuques, présentent de non moins honteux excès que ceux dont Tacite et Suétone font la peinture dans la vie de Tibère à Caprée, ou de Néron et de Messaline à Rome. Que ne raconte pas notre propre histoire des débordements de la régence et du règne de Louis XV ? Ces débauches, sans affecter d'abord au même degré l'intelligence, deviennent bien autrement énervantes que celles de la table et de l'ivresse. Soit que l'individu s'abandonne à des voluptés solitaires, d'autant plus funestes qu'elles sont répétées sans frein ; soit que les rapports multipliés entre les sexes suscitent sans cesse de nouvelles causes de déperdition, rien ne ruine et n'atrophie davantage l'économie animale. Tout l'appareil nerveux succombe, appauvri, desséché par une vieillesse anticipée. Les orientaux polygames tombent bientôt dans cette impuissance radicale qui leur fait solliciter sans cesse des excitants. Les femmes deviennent de bonne heure stériles, ou perdent la faculté de concevoir. Les générations humaines se rapetissent en avortons, telles que les génies se rétrécissent. Une incurable faiblesse, résultat de l'épuisement, avilit les caractères ; rien ne les rend plus lâches, puisque cette débilitation, semblable à celle des eunuques, équivaut à l'éviration, à la castration. Tous les observateurs ont en effet remarqué que l'impudicité chez les Tibère, les Caligula, les Néron, les Domitien, etc., comme chez les Messaline, les Faustine, etc., était toujours la compagne de la cruauté, de la duplicité, de la perfidie.

La morale, qui répudie toutes les débauches, et les cultes, qui leur attachent l'anathème du crime, sont des garanties de vigueur, d'intelligence et de santé pour les peuples comme pour les individus. Au contraire, tout ce qui attente aux mœurs publiques ou privées, immole les générations à venir à de vaines jouissances, vieillit, énerve le génie et la valeur dans la race humaine, tarit la source sacrée des fortes vertus. Ainsi, la morale relâchée d'Épicure ébranla, selon Montesquieu, le vaste empire romain ; et le sobre Parthe, le chaste Germain, renversèrent bientôt, avec les autres enfants du Nord, ce colosse, pourri de vices, qui écrasait l'univers,   J.-J. VIREY.

Le Code Pénal français punit d'un emprisonnement de six mois à deux ans, et d'une amende de 50 francs à 500 francs les personnes qui excitent, favorisent ou facilitent habituellement la corruption ou la débauche de la jeunesse de l'un ou de l'autre sexe au-dessous de l'âge de vingt et un ans. La peine est de deux ans à cinq ans d'emprisonnement et de 300 francs à 1,000 francs d'amende, lorsque la corruption a été excitée, favorisée ou facilitée par les père, mère, tu-

DÉBAUCHE — DÉBILITÉ 217

teur ou autres personnes chargées de la surveillance des jeunes gens. Les coupables de ce délit sont, en outre, interdits de toute tutelle ou curatelle et de toute participation aux conseils de famille pendant un temps plus ou moins long, selon leur qualité. Ils peuvent être mis, par l'arrêt ou le jugement qui les condamne, sous la surveillance de la haute police. Les père et mère sont de plus privés des droits et avantages qui leur sont accordés sur la personne et les biens de l'enfant en vertu de la puissance paternelle.

DEBELLEYME (Louis-Marie), président du tribunal civil de première instance de la Seine, est né à Paris, le 15 janvier 1787, d'une famille issue du Périgord. L'école centrale des Quatre-Nations le compta parmi ses meilleurs élèves. Plus tard, il suivit les cours de l'académie de législation, et fut reçu avocat le 17 juillet 1807. Dès cette époque, quoique fort jeune encore, M. Debelleyme se distinguait par l'éclat et la facilité de ses improvisations, par la solidité de son jugement et cette parfaite connaissance des convenances qui n'est pas une des moindres qualités de l'orateur. Successivement procureur du roi à Corbeil (28 novembre 1814), conseiller auditeur à la cour royale de Paris (1815), procureur du roi au tribunal de Pontoise (24 janvier 1816), à celui de Versailles (21 avril 1819), juge d'instruction à Paris (1er août 1821), vice-président du tribunal de première instance (6 août 1822), et enfin procureur du roi près le même siège, l'estime, la confiance de tous le suivirent dans ces fonctions diverses. Le 17 janvier 1828, M. Debelleyme succéda à M. Delavau en qualité de préfet de police. Aussitôt qu'il fut entré en fonctions, il suivit la marche la plus propre à faire estimer son administration. Il fit respecter les lois par ses agents et ses employés, donna un uniforme particulier aux agents de police, pour, en quelque sorte, les réhabiliter et, en leur enlevant ce que leur mission, jusqu'alors occulte, avait d'odieux, les forcer à se respecter eux-mêmes. Des améliorations de tous genres signalèrent son administration. Paris lui doit l'extinction de la mendicité, une maison de refuge et une foule d'institutions utiles. Démissionnaire lors de l'arrivée de M. de Polignac au ministère, M. Debelleyme résista aux instances de Charles X, et quitta la préfecture le 8 août 1829. Cinq jours plus tard il était nommé président du tribunal de première instance de la Seine, fonctions qu'il occupe encore aujourd'hui.

Plusieurs fois honoré du mandat électoral, M. Debelleyme a montré partout une intelligence supérieure, un esprit juste, éclairé, un caractère loyal, toujours énergique, et toujours des intentions droites et le désir de faire le bien. Son fils, *Pierre-Louis-Charles* DEBELLEYME, né en 1815, juge au tribunal de première instance de la Seine, a été député de Vendôme sous Louis-Philippe.

DÉBET, mot latin qui signifie *il doit*. Cette expression est à peu près synonyme de *reliquat*. On dit le *débet* d'un compte comme on dit le *reliquat*. Il ne faut donc pas confondre dans les comptes le *débet* avec le *débit*. Le débet n'est que le résultat de la balance du débit et du crédit, dans le cas où le premier l'emporte sur le second. En matières de timbre et d'enregistrement on dit que les actes sont *en débet* lorsque les droits ne sont pas exigés à l'instant même où se remplit la formalité, mais seulement à la fin de la procédure, si la partie a été condamnée aux frais. Tous les exploits signifiés en matière criminelle ou correctionnelle, à la requête du ministère public, sont dans ce cas, ainsi que les actes de procédure faits au nom de l'État dans des instances civiles.

DÉBILITANTS. On désigne par cet adjectif l'ensemble des causes qui produisent la débilité du corps ainsi que de l'esprit, ou, en d'autres termes, qui diminuent la mesure normale de la vitalité. On ne doit pas attacher un sens absolu à cette dénomination collective, mais un sens relatif. Au premier rang des causes de *débilitation* on distingue l'insuffisance des excitants qui sont indispensables pour l'entretien de la vie : tels sont la lumière, la chaleur, l'air, les aliments, l'exercice, etc., etc. On remarque ensuite les pertes de sang, les excrétions excessives par les urines, les selles, les sueurs, etc. Certaines passions exercent sur l'homme une influence notablement *débilitante* : la crainte, le chagrin, agissent de cette manière; aussi a-t-on remarqué que toute affliction un peu vive force l'homme à prendre la position horizontale.

Si l'insuffisance de ces excitants est une cause manifeste de débilité, leur excès produit un effet semblable : ainsi, l'excitation de la lumière, trop longtemps soutenue, affaiblit les yeux ; une chaleur trop forte accable; une alimentation surabondante alourdit ; la surcharge de sang amoindrit l'empire du cerveau, et par conséquent la faculté de penser, comme celle d'exercer des mouvements musculaires, etc. Quand l'affaiblissement est le résultat de la surexcitation, la privation ou la diminution des mêmes excitants qui sont des conditions de la vie produit une action qui est tonique, au lieu d'être débilitante, comme on l'a vu dans les premiers cas. Par exemple, l'obscurité rend aux yeux leur faculté normale; le sommeil rend la liberté et la facilité de penser ou de marcher. D'après ces derniers effets, les *débilitants* sont pour les médecins des moyens propres à restaurer les forces, et ils en font un emploi très-fréquent, parce que ces maladies proviennent en majeure partie d'un excès d'excitabilité, qui est l'élément de la vie, dans l'état actuel des connaissances physiologiques. Ces moyens sont d'ailleurs les plus efficaces et les moins dangereux.

Comme on le voit, le sens de ce mot devient contradictoire selon les circonstances, puisque les débilitants peuvent devenir des toniques, comme ceux-ci peuvent affaiblir. Rappelons à ce sujet ce mot d'un de nos bons amis d'enfance, *il signor* Arlequin, qui disait en battant les murailles, quoiqu'il eût pris du réconfortant : « C'est drôle ! on dit qu'un verre de vin soutient l'homme, en voilà dix que je bois, et mes jambes ne peuvent plus me porter ! » Dr CHARBONIER.

DÉBILITÉ, DÉBILITATION (de *debilitare*, affaiblir, priver de l'*habilité* ou de l'aptitude à l'action). La diminution des forces de la sensibilité physique et morale, comme de la puissance contractile des fibres musculaires ou autres, constitue la *débilité*, le déchet plus ou moins notable de l'énergie vitale. Tout être organisé, la plante comme l'animal, peuvent naître *débiles* ou le devenir. La débilité signale plus encore l'impuissance que l'affaiblissement, puisque ce dernier peut n'être que temporaire ; toutefois, la *débilitation* n'est pas toujours essentiellement radicale ni incurable ; cependant elle reste plus profonde qu'une simple faiblesse, et d'ordinaire atteint la vigueur du tempérament.

La débilité peut être innée. Un enfant issu de parents faibles, d'une mère trop jeune ou trop âgée, ou épuisée et phthisique ou mal nourrie, et dans un utérus étroit, surtout s'il arrive au monde avant terme, s'il n'a point sucé la mamelle assez longtemps, sera toute sa vie peut-être débile et maladif. Toutefois, si son existence est bien soignée, il peut parcourir une longue carrière, et même se distinguer dans le monde. Un médecin contemporain, Fouquier, a traité *des avantages d'une constitution débile*. Plusieurs hommes de lettres plus célèbres, tels que Voltaire, Fontenelle, naquirent extrêmement délicats, et furent malingres pendant leur jeunesse ; ce qui ne les empêcha ni de vivre longtemps ni d'être placés au rang des plus spirituels de leur siècle. En effet, cette finesse des tissus organiques des personnes débiles, cette douce flexibilité des parties, rend leurs fonctions plus faciles, leurs habitudes plus souples, comme on l'observe chez le sexe féminin ; les maladies sont fréquentes, sans doute, mais passent moins violentes chez ces individus : leur constitution plie et ne se rompt pas, tandis que les robustes tempéraments, comme le chêne, peuvent en être cassés s'ils résistent avec trop de violence aux grands maux. D'ailleurs, cette débilité native suppose la modération ou la tempérance; elle l'exige pour sa conservation; il en résulte une vie ménagée, prudente, avec l'exercice de la réflexion, et cette finesse d'aperçus qui manque aux complexions athlétiques. Celles-ci, comptant trop sur leur vigueur, périssent parfois jeunes et victimes de leur témérité. Au contraire, *plus fait douceur que violence*. Il n'y a donc rien à désespérer des enfants débiles, si surtout leur constitution n'est pas viciée : chez eux la variété, la mobilité, remplacent ce qui manque en constance et en énergie.

C'est surtout l'inertie du système nerveux qui détermine la débilité; aussi la paresse, la lâcheté, résultats de la faiblesse, deviennent des causes à leur tour d'une débilitation plus accablante encore, indépendamment des autres moyens qui énervent l'économie. Bientôt les forces de la vie croupiraient dans un profond anéantissement par cet abandon du physique et du moral, comme on l'observe chez les individus stupides et les crétins. Les *causes débilitantes* de l'économie animale sont de plusieurs ordres. Les principales appartiennent à toutes celles qui soustraient au corps vivant les éléments réparateurs, ou qui les appauvrissent et les énervent. Ainsi, une faible nourriture, l'exténuation d'une longue diète, un régime purement végétal, des aliments trop aqueux, débilitent les animaux les plus féroces, domptent les criminels robustes et méchants dans les prisons pénitentiaires, assouplissent ou châtient les caractères; ainsi, diverses religions recommandent les carêmes et les jeûnes aux peuples pour les rappeler dans les voies de la piété et du respect de la morale. Le défaut de respiration suffisante ou d'un air libre cause également une débilitation singulière à l'économie animale ou végétale, surtout avec la privation de la lumière; de là naît l'étiolement, cette pâleur, cette molle inertie des tissus qui peuvent à peine remplir les fonctions de l'organisme. Les plantes étiolées ne fructifient pas, les animaux étiolés sont incapables, pour la plupart, d'engendrer. La sanguification ne s'opère pas dans les poumons : c'est ainsi que dans les villes manufacturières, comme Lyon, Manchester ou Birmingham, etc., on voit sortir ces figures hâves et blafardes, ces êtres chétifs, difformes et rabougris, des étroites cellules, caves et autres réduits où la misère, le travail, les contraignent de s'entasser.

D'ailleurs, tout excès de fatigue, soit de corps, soit d'esprit, comme tout autre genre de déperdition, devient pour l'organisme une source puissante d'énervation et de débilité. Nous voyons que de fréquentes hémorrhagies ou des évacuations alvines abondantes, par les selles (diarrhées, dyssenteries), ou de liqueur séminale principalement; un allaitement excessif chez les nourrices, ou l'expuition chez les phthisiques, la salivation par l'hydrargyrose, etc., des sueurs multipliées, le diabète, ne peuvent qu'épuiser le corps. Entre toutes ces causes débilitantes, il faut distinguer celles qui permettent des restaurations, et celles, au contraire, qui portent une atteinte profonde à la force nerveuse. Ainsi, des nourritures analeptiques réparent les pertes de sang, de lait ou des évacuations alvines, sans doute, mais la débilitation qui succède aux jouissances attaque plus directement la vigueur nerveuse ou les forces radicales de l'organisme. Il en résulte souvent une consomption lente, comme les fièvres hectiques, ou des névroses, telles que les paralysies. La complexion la plus ardente se refroidit et passe promptement de l'été à son automne. C'est ainsi qu'on observe tant de tempéraments énervés dès leur jeunesse. Les Orientaux, qui se marient trop jeunes, ou qui abusent de la polygamie, tombent presque tous dans cette débilité; ils sollicitent sans cesse des médicaments aphrodisiaques qui les relèvent de cet état d'engourdissement. Au contraire, le moyen le plus efficace contre les causes débilitantes consiste à conserver le *baume de la vie* ou la puissance génératrice. C'est par le vœu de chasteté ou la continence que beaucoup d'hommes et de femmes sont parvenus à une extrême vieillesse, malgré des complexions chétives. Il en est de même pour les animaux; vérité déjà connue du temps de Virgile.

Sed non ulla magis vires industria firmat
Quam Venerem et cœci stimulos avertere Amoris;
Sive boum, sive est cui gratior usus equorum, etc.

Les passions vives ont aussi le singulier privilège d'énerver l'économie par la déperdition des seules forces de l'économie. Combien l'ambition rongeante, qui fait veiller, méditer, tourmenter sans cesse l'esprit et le cœur, ne vieillit-elle pas l'organisme? Il y a des ambitieux usés, blanchis ou chauves, ou cassés, à quarante ans. Napoléon, tant qu'il fut maigre et actif, employa sa prodigieuse énergie à parvenir au faîte des grandeurs humaines. Après l'avoir atteint, il prit de l'embonpoint, et quoique son génie restât à toute sa hauteur, le corps ne lui prêtait plus autant de vigueur d'action, des veilles aussi prolongées, une attention aussi profonde et soutenue dans ses dernières campagnes. Il commençait à s'user. C'est en effet ce qu'on observe chez tous les hommes qui engraissent beaucoup à certain âge. Il en est de même pour les femmes à cette époque dite *l'âge de retour*. L'embonpoint spontané résulte de la débilitation des systèmes musculaire et nerveux, qui se détendent et laissent prédominer le tissu cellulaire graisseux. C'est donc une décadence qui succède aux soucis et à l'activité bouillante de l'âge viril. Pareillement, les excrétions immodérées, l'abus des excitants, des spiritueux, ou même des remèdes énergiques, affaiblissent la contractilité, épuisent la sensibilité. La vie, ayant perdu son ressort primitif, tombe dans une sorte de pesanteur paresseuse : cette inertie ou cette mollesse des mouvements organiques, qui en est la suite, amasse dans les tempéraments une surabondance lymphatique, comme chez les vieillards. Leur complexion se refroidit, la circulation se ralentit, le pouls baisse, la digestion languit, parce que les membres inactifs n'appellent plus désormais autant de réparation. Aussi la plupart des complexions muqueuses sont débiles, comme la débilitation rend les corps lymphatiques. On trouve ces dispositions principalement dans le sexe féminin et dans les corps efféminés, ruinés, énervés. Cet affaiblissement s'accompagne souvent encore d'une extrême mobilité nerveuse. On sait combien les femmes et les hommes qui leur ressemblent sont exposés aux spasmes, aux convulsions, pour peu qu'ils éprouvent des impressions fortes, des contrariétés, des affections vives de douleur ou de plaisir; ils succombent sous les moindres chocs, et leur vie inconstante paraît sans cesse cahotée par milles secousses. Voltaire, qui se disait toujours mourant jusqu'à quatre-vingt-quatre ans, passait de l'anéantissement à l'exaltation; il avait toujours, comme il le dit : *un pied dans la fosse et l'autre faisant des gambades*. Cela nous explique les singulières contradictions des opinions et de son caractère : mobilité, du reste, nécessaire jusqu'à certain point aux poëtes dramatiques, afin de représenter tous les rôles et ce de se pénétrer tour à tour de leurs personnages.

La débilité relative du système musculaire chez les hommes studieux, adonnés au repos du cabinet, pendant que l'appareil nerveux encéphalique se fortifie par cet exercice intellectuel, est un fait constaté; comme le travail exclusif des muscles chez les hommes de peine, les manœuvres, les forts de halle ou les individus athlétiques, atrophie, débilite à l'excès les fonctions de la pensée. On en voit chaque jour des preuves, soit par l'effet des diverses occupations de la vie sociale, qui condamnent les uns aux œuvres manuelles ou purement mécaniques, et les autres aux tourments de l'esprit dans les sciences, les lettres ou les arts, soit que la nature inspire à chacun la vocation qui convient à sa constitution, celui-ci au fait d'armes, celui-là aux carrières non moins épineuses des affaires et de la diplomatie, où il faut plus de dextérité que de force.

L'homme, par sa constitution éminemment excitable et

intelligente, par sa longue et pénible enfance, est un animal débile, en comparaison de la brute endurcie aux frimas, à l'aspérité d'une vie sauvage. L'homme aussi devient l'être le plus maladif, le plus délicat, avec sa peau nue, et sensible aux plus légères impressions. Mais cette susceptibilité est une source toujours nouvelle de réactions, et la dépression des forces devient souvent une cause puissante de leur ressort. Ainsi, dans certaines inflammations, la débilité n'est qu'apparente ; ce n'est qu'une oppression des forces vitales, à tel point que la vigueur renaît après une saignée ou une hémorrhagie naturelle ou d'autres évacuations. Si cette débilité par prostration, par accablement sous la cause morbifique, était traitée à l'aide de remèdes excitants, de restaurants et de toniques, on ne ferait que l'aggraver jusqu'à écraser la puissance vitale avec danger. Ce n'est donc qu'en éloignant au contraire le fardeau qui l'opprime qu'on fait ressusciter la force. Mais si la faiblesse est réelle ou directe, par suite d'épuisements trop considérables ou de pertes accablantes, c'est alors que réussissent les moyens de restauration, les toniques et les excitants, appropriés au degré de faiblesse de l'individu.

Le grand froid, en débilitant les organes extérieurs du corps, refoule la force vitale vers le centre, ou les organes de digestion, de circulation. C'est le contraire sous les cieux brûlants, car la sensibilité, appelée vers la circonférence aux organes de la vie de relation, débilite extrêmement les viscères intérieurs. Aussi use-t-on de beaucoup d'aromates et d'épices dans les aliments, sous les climats ardents de la Zone torride. Les parfums sont aussi un excitant nécessaire pour ranimer l'affaissement du système nerveux. Sous des cieux glacés, les boissons spiritueuses deviennent également un besoin pour réchauffer l'économie. La sobriété, qui est une facile vertu des pays chauds, produirait une débilitation mortelle sous les rigueurs d'un climat polaire. Aussi les religions, les mœurs, se sont accommodées à ces nécessités de la nature humaine, puisqu'il y a des vices et des vertus dépendant des latitudes géographiques, selon la débilité ou la force de nos constitutions. J.-J. VIREY.

DÉBIT, DÉBITER (de *debitum*, ce qui est dû). Ces mots ont plusieurs acceptions en français : *débit* signifie vente en détail (*débit* de tabac) ; un orateur *débite* (dit) bien ou mal son discours ; un menuisier *débite* (divise), le plus souvent au moyen de la scie, les planches, les membrures, etc., dont il extrait les parties qui entrent dans la composition de ses ouvrages. Un robinet *débite* (laisse couler) tant d'eau par heure.

Dans la tenue des livres, on appelle le *débit*, ou animent *doit*, la page qui est à la main gauche, lorsqu'on ouvre le grand livre d'un négociant, où l'on porte toutes les sommes ou toutes les parties ou natures que l'on a payées ou fournies pour un compte quelconque, par opposition à la page de droite, appelée d'*avoir*, où l'on inscrit tout ce que l'on a reçu ou encaissé à l'avantage ou au profit de ce compte. *Débiter* une partie, c'est la porter à cette page ou sur ce côté gauche du livre que nous venons de signaler ; *débiter un compte*, c'est porter une somme, un article quelconque au débit de ce compte ; on dit aussi *débiter quelqu'un*, pour dire porter un article, une dette à son compte.

En matière de petit commerce *débit* veut dire vente facile et fréquente d'une marchandise : une marchandise est de facile *débit*, un magasin a un grand *débit* ; le bon marché d'un objet en facilite le *débit*. Comme le meilleur moyen de faciliter une vente est de vendre à crédit, telle a dû être la signification première du mot *débit*, qui aura amené nécessairement celle de vente en détail, et aura donné par conséquent au verbe *débiter* l'acception de *détailler*.

Si les mots *débit* et *débiter* se prêtent également à toutes les façons de parler, soit propres, soit figurées, que nous avons citées, il n'en est pas de même du mot *débitant*, dont la destination exclusive est de signaler le marchand qui vend en détail les marchandises que d'autres vendent en gros, qui ne fait en quelque sorte que le métier d'entreposeur. Edme HÉREAU.

En musique, on nomme *débit* une manière hâtée de rendre un rôle de chant. Le débit était autrefois très-dominant dans le chant français scénique, même dans le chant italien, où le récitatif abondait. C'est une déclamation notée et chantée, monotone et à peu près sans modulation. Dans le débit, l'expression et le geste sont d'un grand secours ; c'est là que le véritable acteur doit développer tout son jeu, pour faire passer l'uniformité de son chant. Il faut cinq minutes, dit un auteur, pour débiter en expression trente vers. Enfin, il faut que le débit anime la langueur du récitatif, qu'il ne soit pas trop lent, et soit surtout très-articulé, pour être bien entendu de l'auditeur, qui par ces passages presque parlés suit le fil de l'action que quelquefois les chants, les ariettes et les chœurs interrompent. De plus, ce débit, comme le débit oratoire, est subordonné aux lieux, aux circonstances, et doit se modifier avec les différents genres de passions, d'impressions et de sentiments. C'est la trempe de l'âme et la puissance de l'organe de l'acteur chantant, qui font le bon ou le mauvais débit.

Dans l'art oratoire, le débit est la manière, la méthode même de prononcer à haute voix à la tribune, au barreau, dans la chaire, dans une académie, une phrase, une période, tout un discours. On dit communément : Cet homme a le débit facile, aisé, brillant, clair, rapide, plein ; et de cet autre : Son débit est lent, monotone, lourd. Quoi qu'en ait dit le fameux acteur tragique de Rome, Roscius, qui ne parlait cependant que de la déclamation ou du débit théâtral : « Caput artis est decere (le premier principe de cet art est la décence), » nous soutenons qu'il faut que le débit oratoire soit modérément accentué, selon la prosodie de l'idiome de l'orateur. Cicéron a dit avec justesse : « In ore sunt omnia (tout est dans la bouche de l'homme) ; en effet, la voix humaine est merveilleusement organisée pour tous les tons les plus expressions de l'âme ; comme un clavier, elle a plusieurs octaves. Certains animaux même ont dans la voix une prosodie variée, selon la mobilité de leurs sentiments : on sait qu'un printemps le rossignol débite, sans jamais se répéter, ses chants délicieux. Cicéron a observé que « chaque voix d'homme a son *medium*, et que c'est dans ce ton moyen que l'orateur doit commencer pour s'élever ensuite ou s'abaisser, selon que l'exige l'accent de la nature et celui de la langue. » Aussi, l'orateur Gracchus employait-il dans ses études une flûte qui lui servait de diapason pour les intonations. Homère, le maître universel, nous donne dans l'*Iliade* un des principes de débit oratoire, quand il nous montre l'éloquent Ulysse commençant ses discours les yeux baissés, d'une voix humble, qui par degrés, comme une vague lointaine, presque inentendue, grandit et vient battre la plage avec le bruit de tonnerre.

On trouve dans Marmontel cette phrase étrange, commentaire bien faux, à notre avis, du *caput artis est decere* de Roscius : « Oreste furieux doit l'être avec décence et ne pas sortir de la dignité de son état. » Peut-on assigner et mesurer à un homme agité des Furies, à un possédé, à un illuminé, à un enthousiaste, tel ou tel débit ? Heureusement ce précepte si ridicule est racheté par l'observation suivante de l'académicien : « L'orateur souffre pour son client, mais l'acteur est de justesse tirer la ligne de démarcation entre le débit oratoire et le débit théâtral. Quant au débit de l'orateur sacré, l'onction et souvent le ton prophétique doivent le distinguer de celui de la tribune et du barreau. C'est quelquefois l'huile et le miel de l'Évangile, quelquefois les flèches et le tonnerre de Jéhovah. Les raisons qu'on a voulu donner pour justifier la modération, disons la froideur et la monotomie du débit du barreau et de la chaire, c'est que la simple exposition des faits, une logique guidée par la vérité, une morale sainte et nue, une instruction toute pastorale, doivent dominer ceux-ci dans les plaidoyers, ceux-là dans les sermons, et que tout autre moyen ne serait qu'artifice, ce qui pourrait indisposer les juges, ou scandaliser les auditeurs. Mais, ô savants professeurs, pour que l'orateur suivît ce précepte d'une manière absolue, il faudrait paralyser ses nerfs, suspendre le cours du sang dans ses veines, glacer son cœur et tarir dans ses yeux la source des larmes. La logique est dans le cerveau, l'éloquence est dans le cœur; le débit se refroidit ou se rallume selon les impressions de ce dernier; laissez aller votre âme, quelle qu'elle soit, et réglez votre langue; voilà les meilleurs maîtres de débit oratoire.

Gardez-vous de perdre votre temps à vous maniérer dans les plis étudiés de la robe d'Hortensius; mais pour acquérir la perfection du débit, s'il le faut, faites comme Démosthène, mettez des cailloux dans votre bouche, et haranguez les flots tumultueux, images des émeutes populaires. Toutefois, il est des règles générales établies par la nature. Elles consistent dans les différents mouvements de l'âme, tantôt précipités comme la foudre, tantôt solennels et tristes, graves et froids, énergiques et éclatants, tantôt coupés, et comme suspendus. Pour avoir un débit pur, il faut rendre les articulations faciles, glisser sur celles qui sont rudes, et dissimuler à l'oreille le concours odieux des mauvais sons, surtout quand les nasales se heurtent. Il faut observer la ponctuation, de peur de manquer d'haleine dans les longues périodes et de rester court sur une incise. Il faut quelquefois, pour rendre différents effets, que le débit ait une gradation ascendante et descendante : c'est le *rinforzando* des musiciens. L'accent français, qui se fait à peine sentir dans la conversation, doit selon l'état de l'âme monter de plusieurs tons dans le débit oratoire. La joie, la douleur, l'effroi, le calme, la pitié, le dédain, l'indignation, le ravissement, ont des cordes cent fois plus multipliées qu'aucune de nos harpes. C'est l'organe de la voix, modifiée de mille façons, qui les fait vibrer. Si un débit trop lent est insupportable, si un débit saccadé est ridicule, un débit trop précipité présente ce double défaut. Le débit ne doit pas être confondu avec la déclamation : il est moins accentué, moins chantant, plus conforme aux habitudes de la vie réelle. La déclamation a toujours quelque chose de convenu.

Le père Gaichiés donne d'excellents préceptes sur le débit oratoire dans ses *Maximes sur le Ministère de la Chaire*: « On doit, dit-il, s'étudier à une prononciation distincte et articulée, qui fasse sonner toutes les syllabes; l'essentiel, le principal soin, est de se faire entendre exactement et entièrement. Dans un sermon la voix doit être plus haute et plus harmonieuse que dans l'entretien familier; sans s'asservir scrupuleusement aux règles de la musique, il faut néanmoins avoir un sentiment naturel des tons. Prêcher d'un air froid une forte morale, c'est donner à croire qu'on n'est pas persuadé ou qu'on s'embarrasse de laisser l'auditeur tel qu'il est. La parole simple et unie fait entendre la pensée, mais la parole véhémente et figurée communique les sentiments. La meilleure prononciation est celle qui n'a rien d'affecté. Ce n'est pas tomber dans l'affectation que d'appuyer sur les dernières syllabes. Pour bien articuler, il faut savoir la valeur des consonnes, le vrai son des voyelles, leur élision, la quantité des syllabes, l'accent où il faut, aspirer à propos, doubler ou adoucir certaines lettres. La volubilité de la langue a ses grâces, pourvu qu'elle ne soit point outrée; mais une trop grande rapidité de débit nuit au prédicateur et à son auditoire. Comment persuader et instruire ceux à qui on ne donne pas le loisir d'entendre ? Les éclairs ne servent qu'à augmenter les ténèbres, et l'on ne se mire pas dans les torrents. » Nous finirons par cette dernière maxime, qui peut passer pour un excellent apophthegme sur le débit oratoire : « Le ton de déclamation étourdit; celui de la conversation s'insinue. On peut crier au village, mais dans la ville il faut parler. »
Denne-Baron.

DÉBITEUR. Le débiteur est celui qui est tenu de livrer, de faire ou de ne pas faire une chose, et plus particulièrement celui qui est obligé au payement d'une somme d'argent. Les créanciers peuvent exercer les droits des débiteurs qui ne sont pas exclusivement attachés à leur personne; ils peuvent aussi faire annuler les actes qu'ils auraient passés en fraude de leurs droits. Le débiteur qui ne se libère pas à l'échéance stipulée est par cela même en faute; mais tant que le créancier garde le silence, il est présumé accorder une prorogation, un délai, un terme. En sorte que le dommage ne commence pour celui-ci que du jour où par des poursuites judiciaires il a mis son débiteur en demeure de se libérer. A partir de ce moment des dommages-intérêts sont dus à raison du retard apporté au payement de la dette, et le tribunal les ajoute au montant. Quant au débiteur, non-seulement il reste maître d'opposer toutes les exceptions dont il peut faire usage; mais encore, en considération de sa position, il peut obtenir du tribunal des délais modérés pour s'acquitter, pourvu que ses biens ne soient pas vendus à la requête d'autres créanciers, qu'il ne soit pas en état de faillite, de contumace, qu'il ne soit pas emprisonné, qu'il n'ait pas diminué par son fait les sûretés qu'il avait données à son créancier. Les voies d'exécution contre le débiteur se restreignent généralement à ses biens tant mobiliers qu'immobiliers et n'affectent que rarement sa personne, la contrainte par corps n'ayant lieu que par exception, sauf en matière de commerce, où elle est de règle générale.

DÉBLAI, DÉBLAYER. Ces mots ont été faits du verbe *bladare* ou *bladiare*, employé dans la basse latinité pour exprimer l'action de moissonner le blé (*bladum*). De là était venu le vieux terme de coutumes *déblaver*, puis *déblaer*, qu'on trouve dans les *Établissements de France* avec la signification de ce qu'on vient de voir (dans d'autres coutumes, on lit *bléer* et *débléer*). Le temps et peut-être aussi les fautes des copistes auront transformé le mot *déblaver* en celui de *déblayer*, qui est resté, et que l'on a d'abord appliqué, par extension, aux marchands de blé lorsqu'ils s'étaient défait du grain amassé dans leurs greniers; puis, par analogie, on s'est servi du même verbe pour exprimer l'action qui consiste à se défaire soit d'un importun, soit d'une chose onéreuse, incommode ou inutile. Le verbe *déblayer* est encore employé aujourd'hui dans l'acception générale comme synonyme de *débarrasser*. Dans le sens propre et direct, il sert surtout à exprimer le transport des terres qu'on est obligé de fouiller pour la construction des fondements d'un édifice, la construction d'un canal, le creusement d'une tranchée, d'un fossé, le passage d'un chemin de fer au-dessous du niveau du terrain, etc. On prononce le trouver en ce sens dans les *Mémoires de Feuquières*. (*Voyez* Terrassement.)
Edme Héreau.

DÉBLATÉRER, parler longtemps et avec violence contre quelqu'un, mot formé du latin *déblaterare*, employé par divers auteurs, particulièrement par Plaute, dans le sens de causer, babiller, caqueter, parler avec indiscrétion. En s'introduisant parmi nous, il a pris, on le voit, une signification beaucoup plus défavorable. Les révolutions si fréquentes qui ont passé sur nos têtes avaient suffi pour en établir l'usage : il fallait aux situations exceptionnelles des termes en dehors du langage ordinaire; et le parlementarisme nous en offrait tous les jours des exemples. Aujourd'hui il n'est pas prudent de *déblatérer* tout son saoûl en public; et les journaux nous prouvent chaque matin combien il est dangereux de ne pas se défaire de cette vilaine habitude, trop commune parmi nous, mais dont, grâce à Dieu, on nous corrigera.

DÉBOIRE. Ce mot, dont l'étymologie est assez claire, s'emploie dans le langage direct pour indiquer ce goût désagréable que laisse dans la bouche une liqueur amère, aigre, ou corrompue; mais on en fait un plus fréquent usage encore dans le style figuré, où il est synonyme de *chagrin, dégoût, mortification, déplaisir*, causé, soit par le non-succès d'une affaire, soit par les caprices et les retours de fortune auxquels l'homme est exposé dans les différentes carrières de la vie. Les amants, les ambitieux et les courtisans sont plus que d'autres sujets à de fâcheux déboires. Les plaisirs eux-mêmes ont aussi leur déboire, lorsqu'au lieu d'effleurer la coupe, ou de s'y désaltérer modérément, on l'épuise jusqu'à la lie. Le précepte de la sagesse nous dit qu'il faut *user* de tout, mais n'*abuser* de rien ; ajoutons qu'il est des choses dont il faut même savoir s'abstenir si l'on ne veut éprouver des déboires continuels : ce sont les honneurs et le pouvoir.   Edme Héreau.

DÉBOISEMENT, destruction des bois, ou diminution plus ou moins considérable de l'espace qu'ils occupent dans un domaine, un canton, un pays. Quels peuvent être les avantages ou les inconvénients de cette diminution des bois, et quelles limites faut-il lui prescrire? On ne peut faire à cette question que des réponses particulières, d'après un ensemble de données où rien ne doit être omis. Suivant une ancienne prédiction, la France est destinée à périr faute de bois. S'il fallait croire à cette effrayante prophétie, le plus urgent de nos besoins serait celui d'un bon code forestier, d'une administration forestière bien pourvue de moyens conservateurs. Mais on prétend aussi que la destruction des forêts adoucit la rigueur des hivers; d'où il faudrait conclure que l'on conserve ce grave inconvénient en même temps que la cause qui le produit. Nous voilà donc contraints à choisir entre deux maux, mais notre choix ne peut être douteux, puisqu'on nous présente d'un côté une mort inévitable, quoique éloignée, et de l'autre des souffrances qui ne peuvent être mortelles. Cependant, avant de prendre un parti, quel qu'il soit, examinons si les périls dont on nous épouvante sont bien réels, ou du moins aussi grands qu'on nous le dit.

Quand on a dit que la France périrait un jour faute de bois, on ne considérait de l'un des emplois de cette matière, il ne s'agissait que du chauffage; on ne tenait pas compte du combustible fossile dont la France n'est certainement pas dépourvue (*voyez* Houille). Quand même le bois deviendrait aussi rare en France qu'il l'est actuellement dans la Grande-Bretagne, notre situation ne serait pas plus déplorable que celle des Anglais; nous aurions comme eux tout ce qui est nécessaire pour l'économie domestique et pour l'activité du travail manufacturier. Mais nous sommes loin d'avoir à redouter une destruction complète des arbres; on en remarque encore quelques plantations, et en devenant plus rares, ils exciteront sans doute l'agriculture à s'en occuper plus activement; des arbres exotiques sont naturalisés; les forêts, entretenues avec une prévoyance éclairée, suffisent aux divers emplois que l'on fait de leurs produits, et s'embellissent même par les soins qu'on leur donne, par la variété que l'on sait y introduire. Ainsi, quant au danger de manquer de bois, nous voilà parfaitement rassurés; mais ne devons-nous pas craindre que notre pays toujours *boisé* ne reste constamment plus froid, toutes choses d'ailleurs égales, que les contrées voisines que les cultivateurs auront déboisées? Les faits à recueillir pour répondre à cette question ne peuvent rien décider, parce qu'ils n'ont pas été suffisamment analysés, non plus que les autres causes qui influent aussi sur les températures locales. Ce que l'on sait très-bien, et depuis longtemps, c'est que le thermomètre descend plus bas sur le bord septentrional de la mer Noire, contrée dépourvue de bois, qu'aux mêmes latitudes en France et en Allemagne, dans des cantons couverts de forêts. On sait aussi que l'Asie centrale est sans arbres, et que le froid y est plus rigoureux que ne le comportent la latitude et l'élévation du sol au-dessus du niveau de l'Océan.

Voilà donc des observations qui contredisent formellement l'opinion des partisans du déboisement comme moyen de réchauffer un pays, de le faire jouir d'une température plus douce et plus favorable aux travaux du cultivateur. Dans l'état d'imperfection où nos connaissances météorologiques sont encore, il nous est impossible d'assigner la part qui appartient dans la production d'une température locale aux causes diverses qui concourent à cet effet.   Ferry.

On a aussi accusé le déboisement des montagnes de tarir les sources en laissant couler l'eau des pluies en torrents au lieu de les retenir dans leur rapport normal, et les **défrichements** en général de rendre les pluies plus rares en n'arrêtant plus les nuages que les bois attirent. Mathieu de Dombasle a établi que c'est la culture des montagnes et non point leur déboisement qui diminue à la longue le nombre des sources, en comblant peu à peu les vallées avec les débris des lieux élevés : les sources alors demeurent souterraines : on les croit perdues parce qu'elles sont cachées. Néanmoins le code forestier français continue d'interdire aux propriétaires de bois la faculté de défricher sans autorisation.

DÉBOITEMENT. On désignait autrefois par ce mot la lésion dans laquelle les surfaces articulaires des os cessent d'être dans leur rapport normal. Comme on dit en mécanique qu'une partie est *emboîtée* quand elle a une extrémité reçue dans une cavité creusée sur une autre pièce, on a employé la même expression pour désigner la jointure des os par un mode d'union analogue : telle est l'articulation de l'os de la cuisse appelé *fémur* avec un des os qui concourent à former le bassin, et celle du bras avec l'épaule. Ayant ainsi adopté le mot *emboîtement*, il était naturel de se servir de celui de *déboîtement*, quand le rapport des os est détruit, et, par la même conséquence, l'opération qui consiste à rétablir ce rapport fut appelée *remboîtement* et l'opérateur *remboîteur*. Aujourd'hui le mot *déboîtement* n'est plus usité que dans le vocabulaire vulgaire et dans celui des vétérinaires. Dans le langage des chirurgiens, il est remplacé par celui de *luxation*.   Dr Charbonnier.

DÉBONNAIRE. Il n'est donné qu'à un très-petit nombre d'hommes de parvenir à se faire craindre : c'est ce qui sauve et conserve la dignité de l'espèce humaine; hors ceux qui disposent du pouvoir, nous devrions tous chercher à nous faire aimer, car c'est déjà un premier genre de bonheur dont nous serions assurés. Être pourvu en naissant d'un caractère plein de *débonnaireté*, c'est donc une bonne fortune que nous envoie la Providence, et dont nous ne saurions trop lui savoir gré. Ce n'est pas qu'on ne profite des avantages et même des agréments que, dans les rapports ordinaires de la vie, on recueille d'un homme débonnaire; certes on s'estime très-heureux de le rencontrer. Mais, d'un autre côté, comme on veut avant tout s'enrichir aujourd'hui, et qu'un caractère véritablement débonnaire s'oublie pour être utile à qui lui demande secours, on sent que c'est là un écueil dont il faut savoir se défendre. Enfin, nous sommes tous en proie à une soif de domination perpétuelle; c'est à qui imposera ses opinions à son voisin : on se fait alors *terrible* à volonté. Ce serait perdre tout son ascendant auquel on vise, si l'on disait de vous : *il est débonnaire.*

Dans la société antérieure à 1789, où la réputation d'esprit était la première de toutes les puissances, une teinte de ridicule avait été attachée à la débonnaireté, qu'on avait fait beaucoup trop voisine de l'imbécillité. Sur ce point on se trompait : on peut être débonnaire avec beaucoup d'esprit ; c'est affaire de caractère et non d'intelligence : La Fontaine en est la preuve. Sans doute, il en coûte pour jouir de sa débonnaireté native; c'est à qui tirera lucre d'une qualité dont il est difficile de se défendre; mais elle offre aussi des compensations, et souvent elles sont bien douces. L'homme débonnaire, étranger à l'amour-propre et à toutes ces petites vanités qui nous désolent, se sent toujours bien avec les autres; comme il ne blesse personne, il ne s'imagine pas qu'on veuille le blesser. Sous ce rapport, il est à l'abri d'une foule de petites misères quotidiennes; il est même au-dessus. Le sentiment de la vengeance ne le tourmente jamais; son cœur surabonde toujours de pardons; pour le mal qu'on lui fait, il a toujours du bien à rendre; on peut, par position, être son ennemi, mais il est impossible de le contraindre à vous haïr. Enfin, il y a une véritable séduction dans la débonnaireté; aussi sa présence répand-elle partout un charme indicible. Sans doute elle n'est pas indispensable aux plaisirs bruyants de la société; mais pour qu'on s'y plaise on a besoin que dans toute réunion elle se glisse dans un coin du salon : la place n'y fait rien, toutes sont bonnes pour elle.

SAINT-PROSPER.

DÉBORA, prophétesse et héroïne juive de la période des Juges, était la femme de Lapidoth, et habitait la montagne d'Éphraïm, entre Bethel et Rama, où sous une tente de branches de palmier elle exerçait les fonctions de *juge*. Pour délivrer ses compatriotes de l'oppression que depuis vingt ans le roi des Cananéens, Jabin, et son général d'armée, Sisara, faisaient peser sur eux, elle détermina Barak à réunir une armée composée d'hommes des tribus de Nephtali et de Sébulon et à marcher à sa tête contre l'ennemi. Débora fit elle-même partie de l'expédition. Le combat s'engagea près du mont Thabor. Sisara, complétement battu, prit la fuite, et une femme étrangère, nommée Jaël, lui donna traîtreusement la mort, comme la prophétesse l'avait annoncé et prédit.

[Débora célébra la victoire et la délivrance d'Israel par un sublime cantique, qui nous est conservé dans la Bible (*Juges*, chap. v). Après un pompeux exorde, où elle rappelle la sortie d'Égypte et la révélation de Jéhova sur le mont Sinaï, la prophétesse trace un rapide tableau de la triste situation d'Israel sous le juge précédent; elle invite les Hébreux de toutes les conditions à chanter avec elle la grande victoire, fait l'éloge des braves tribus qui l'ont suivie dans le combat, et voue à la honte celles qui sont restées en arrière. Elle nous dit ensuite le combat miraculeux où l'intervention du ciel était si manifeste; et jusque ici tout est digne de l'héroïne et de la prophétesse; les derniers vers nous révèlent la femme triomphante; elle quitte le champ de bataille, nous montre la mère de Sisara et ses femmes attendant le retour du héros victorieux chargé de butin, et le chant finit par une ironie amère. Le cantique de Débora est le plus ancien chant de guerre que l'antiquité nous ait légué; nous ne craignons pas de dire qu'il est un des plus beaux et des plus accomplis, comme il est aussi un des plus difficiles. Les difficultés du texte hébreu sont loin d'être toutes suffisamment éclaircies.

S. MUNK.]

DÉBORDEMENT. Ce mot, dérivé de *bord*, admis aujourd'hui dans le langage vulgaire pour désigner une ou plusieurs évacuations alvines subites et très-abondantes : *débordement* de bile, *débordement* d'humeurs, etc., s'emploie plus fréquemment encore pour désigner en physique la crue et l'élévation subite des eaux d'un fleuve, d'une rivière, d'un lac, au-dessus des bords de leur lit. Lorsque, par suite d'une circonstance quelconque, les eaux d'un fleuve, d'une rivière ou d'un lac s'élèvent de manière à franchir les rives qui l'encaissent, cette élévation des eaux doit produire une *inondation* ou un *débordement*. Il est difficile d'assigner une limite exacte entre ces deux significations, quoique, dans l'acception générale, le mot *débordement* s'applique à l'action des eaux et celui d'*inondation* au terrain situé au delà des bords qu'elles couvrent en s'étendant.

Au figuré, *débordement* sert à peindre l'irruption d'un peuple barbare dans un pays civilisé, on devient en morale le synonyme des mots *débauche* et *dissolution*. On le trouve aussi dans Balzac employé dans le sens favorable d'épanchement, d'effusion de cœur : « Je serais au désespoir, dit-il, d'avoir perdu tant de paroles passionnées que M. Saint-Cyran appelait des effusions de cœur et des *débordements* d'amitié. »

Le *débordement* en morale est l'état d'une société où chacun se dégage de ses devoirs, soit comme homme, soit comme citoyen, pour se précipiter dans tous les genres de désordres. Évidemment, d'après cette définition, il doit être rare, presque impossible, chez les peuples modernes, qu'il y ait à la fois débordement complet dans toutes les classes, ou que du moins il persévère; autrement, la civilisation disparaîtrait asphyxiée. On ne rencontre donc un véritable débordement que dans tel ou tel rang de la société. À cet égard, les historiens sont tombés dans une commune erreur : confondant la partie avec le tout, ils ont appliqué à un peuple entier ce qui n'était que la difformité de quelques-uns.

DÉBOUCHÉS. Ce sont les moyens d'écoulement, les moyens d'échange, les moyens de vente pour un *produit*.

Un acheteur ne se présente d'une manière effective qu'autant qu'il a de l'argent pour acheter, et il ne peut avoir de l'argent qu'au moyen des produits qu'il a créés, ou qu'on a créés pour lui; d'où il suit que c'est la production qui favorise les débouchés.

Il faut prendre garde que la *production* n'est réelle qu'autant que la *valeur* des produits est égale pour le moins aux frais qu'ils ont occasionnés, et que pour que les produits vaillent leurs frais il faut que le consommateur en sente assez le besoin pour y mettre le prix. Quand le consommateur n'éprouve pas ce besoin, il ne prend la peine de produire ni pour consommer immédiatement ses produits, ni pour les employer à en acheter d'autres; et c'est encore le défaut de sa production qui prive de débouchés les produits qu'on lui offre.

Le défaut de production, et par suite de débouchés, vient quelquefois de ce que la production est rendue trop chère par des *impôts* excessifs ou une *industrie* imparfaite; quelquefois il vient d'une force majeure qu'il est impossible de surmonter. Quand les récoltes manquent, les produits des manufactures ne se vendent pas bien, parce qu'une partie du produit des manufactures est acheté avec le produit des récoltes.

J.-B. SAY.

Le *débouché* est pour le vendeur le moyen de placer sa marchandise : ce moyen est nécessaire à tout commerce de valeurs échangeables, depuis le trafic du cultivateur, qui vend l'excédant de ses récoltes, du fabricant, qui cherche des acheteurs pour les produits élaborés dans sa manufacture, du débitant, qui s'approvisionne d'une certaine quantité des mêmes denrées pour les revendre avec bénéfice, jusqu'aux négociants, qui spéculent pour faire profits sur des masses de produits bruts ou fabriqués, accumulées dans des magasins pour être vendues en parties moins considérables, ou transportées à l'étranger, et enfin, jusqu'aux nations considérées *in globo* dans leurs relations commerciales. Pour les individus comme pour les peuples, l'essentiel est de trouver à vendre le plus que possible avec profit, afin d'accumuler les moyens d'acheter et de reproduire et revendre encore. Il est donc évident que les débouchés ou l'étendue du marché règlent la consommation, et doivent aussi par conséquent régler la production; car celle-ci sans l'échange est en pure perte, dès qu'elle excède les besoins des producteurs. Aussi les commerçants en grand ou en détail sont-ils en rivalité constante pour se procurer des débouchés, c'est-à-dire des acheteurs. Il en est de même des nations entre elles, depuis que des navires ont commencé à sillonner les mers pour chercher des lieux d'approvisionnements, d'achat et de débit. C'était pour mettre à profit des débouchés déjà trouvés que Tyr et Carthage allaient chercher l'étain dans la Grande-Bretagne, l'argent et l'or dans la Bétique, ou sur les côtes de l'Afrique. Les débouchés que leur offraient l'Espagne, la Sicile et la Sardaigne, mirent aux prises l'ambition des Romains et l'avidité carthaginoise. Les mêmes rivalités pour l'exploitation des débouchés ouverts à leur commerce allumèrent des guerres acharnées entre Venise et Gênes, et ces querelles sanglantes pour les profits du négoce menacèrent successivement ces deux républiques d'une ruine complète. Pendant trois siècles, l'Espagne, jalouse de se réserver exclusivement les débouchés de ses magnifiques colonies en Amérique, les a tenues fermées aux autres peuples. C'est pour nous ravir nos débouchés aux Indes et ailleurs que l'Angleterre nous a fait des guerres si cruelles. A l'aide de sa puissante marine, de ses innombrables machines, de l'habileté de son industrie, du bon marché de ses produits et des discordes qui ont toujours divisé les autres nations, elle s'est assuré pour débouché le monde entier. C'est le défaut de débouchés qui contribue à entretenir une fermentation continuelle parmi les peuples de l'Europe, et qui les fera périr de misère ou s'entre-tuer, soit dans des querelles intestines, soit dans des guerres sans but et sans terme, s'ils ne trouvent pas les moyens d'affranchir leur industrie des charges qui l'accablent, des entraves qui la gênent, et s'ils ne savent pas lui ouvrir une carrière plus vaste et plus féconde en profits, pour le débit de ses produits.

AUBERT DE VITRY.

DEBOUT. Cet adverbe, formé du substantif *bout*, exprime pour l'homme la station verticale, ou l'action de se tenir droit sur ses pieds, et pour les choses, celle d'être d'à plomb sur un de leurs *bouts* ou sur une de leurs extrémités. Mettre du bois *debout*, c'est l'appuyer contre un autre corps dans le sens de sa hauteur ; mettre un tonneau *debout*, c'est le mettre sur un de ses *bouts*. Par extension, ou plutôt par un léger détournement du sens, on dit que des marchandises passent *debout* par une ville, lorsqu'elles y passent sans décharger ; elles payent moins de droit que les autres.

Il y a pour les personnes une différence marquée entre les expressions *droit* et *debout* : « On est droit, dit l'abbé Girard, lorsqu'on n'est ni courbé ni penché ; on est *debout* lorsqu'on est sur ses pieds. La bonne grâce veut qu'on se tienne *droit* ; le respect fait quelquefois tenir *debout*. » Les Juifs étaient obligés de manger l'agneau pascal *debout*. On a dit qu'un empereur devait mourir *debout*, pour exprimer que la vigilance et l'activité sont des qualités indispensables à ceux qui sont chargés du gouvernement d'un État.

Debout est diamétralement opposé à *couché*. On dit d'un homme qui relève de maladie, ou que des infirmités ont tenu longtemps alité et qui se rétablit, qu'il est *debout*. Dans les longues marches, on a vu des soldats, empêchés de s'arrêter et de se coucher pour se livrer au repos, se laisser aller au sommeil, dormir *debout* en marchant ; un faux pas, le choc des armes, etc., les réveillait en sursaut, mais la nature avait repris un instant ses droits. Un *conte à dormir debout* est un récit ennuyeux, ou invraisemblable, qui endort l'un et l'autre à la fois. *Debout ! debout !* sont des expressions dont on se sert pour éveiller quelqu'un à la hâte.

Debout s'entend aussi de tout ce qui existe, par opposition à ce qui a cessé d'être. La Fontaine finit sa *Matrone d'Éphèse* par ce vers :

Mieux vaut goujat *debout* qu'empereur enterré.

On le dit non-seulement des personnes mais des choses. Les ouvrages de l'homme ont le privilége de subsister plus longtemps que lui. Les fameuses pyramides d'Égypte sont encore *debout*, et le souvenir du peuple qui les avait élevées existe à peine aujourd'hui dans la mémoire des savants.

Le mot *debout* s'emploie d'une manière spéciale dans plusieurs locutions maritimes. Un vaisseau complétement démâté n'a plus un mât *debout*. On appelle *debout à la lame* la position d'un vaisseau évité (qui se répand sur son câble à l'appel de l'ancre) dans la direction de la houle, et dont l'avant se présente aux flots, qui le font balancer. *Prendre la lame debout*, c'est cingler contre la lame. Un vaisseau est *debout au vent* quand il présente le devant à l'impulsion du vent, ce qui arrive presque toujours lorsqu'il est à l'ancre, et ce qui a lieu aussi dans les évolutions. On se trompe souvent sur l'expression *vent debout*. Le vent peut être contraire et n'être pas *debout*. Pour être *debout*, il faut qu'il souffle du point de l'horizon où l'on voudrait gouverner ; et cependant, un usage vicieux veut qu'on prenne l'un pour l'autre, c'est-à-dire qu'on donne à ces deux expressions différentes la même valeur. Enfin, on appelle une *amarre debout* une amarre qu'on prend par devant, et qui est allongée dans la direction du grand axe du vaisseau.

Debout se dit, en termes de blason, des animaux qu'on représente tout droits et posés sur les pieds de derrière. En termes de vénerie, *mettre une bête debout*, c'est la lancer.

Le mot *debout* est entré aussi dans quelques façons de parler figurées et proverbiales. On disait autrefois, par exemple : *on est plus couché que debout*, pour dire que la vie est bien plus courte que l'éternité. On disait aussi de celui qui était tellement appuyé de parents et d'amis qu'il était toujours sûr de trouver des ressources, qu'il ne pouvait *tomber que debout*, c'est-à-dire que, quoi qu'il pût arriver, il se retrouverait toujours *sur ses pieds*. Edme HÉREAU.

DEBOUT (Pierres). *Voyez* PIERRES DEBOUT.

DÉBOUTÉ, terme de pratique, dont on se sert pour exprimer que celui qui avait formé une demande en justice y a succombé, que le tribunal devant lequel elle était portée a jugé qu'elle ne devait pas être accueillie. On dit : Il a été *débouté* de sa demande, de ses prétentions, la cour l'a *débouté* de sa demande.

DEBRAUX (PAUL-ÉMILE). Sa vie fut courte. Né en 1798, à Ancerville (Moselle), il mourut à Paris, à peine âgé de trente-trois ans. Sa biographie pourrait se réduire à ces seuls mots : il naquit, chanta et mourut. Chanter en effet fut la grande et pour ainsi dire l'unique affaire de sa vie. Doué d'une gaieté native qui ne l'abandonna jamais, d'une insouciance qui ne savait s'affliger de rien, il ne vécut que pour chanter : il chanta même sous les verrous, où des créanciers, qu'on ne se payaient pas de chansons apparemment, le firent mettre deux fois. Son heureux naturel et sa vie, qui s'effeuilla si vite, ont été admirablement esquissés dans ces jolis vers de Béranger :

Toujours enfant, gai jusqu'à faire envie,
En étourdi vers le plaisir poussé,
Pouffant de rire à voir couler sa vie,
Comme la vie d'un tonneau défoncé.
. . . .
Mais, direz-vous, il avait donc des rentes ?
Eh, non, messieurs ! il logeait au grenier.
Le temps, au bruit des fêtes enivrantes,
Râpait, râpait l'habit du chansonnier.
Venait l'hiver, le bois manquait à l'âtre,
Sa vitre au nord étincelait de fleurs :
Il grelottait, mais sa muse folâtre
Du pauvre peuple allait sécher les pleurs.

Émile Debraux était né poète, et à peine savait-il écrire, qu'il griffonnait déjà des chansons. Occupant, en 1816 et 1817, un emploi à la bibliothèque de l'École de Médecine, il s'en démit bientôt pour rendre à sa muse la liberté d'allure dont elle avait besoin. Les malheurs et les gloires de l'empire lui inspirèrent ses premiers chants, qui obtinrent aussitôt une popularité jusque là sans exemple. *T'en souviens-tu*, *Le Mont Saint-Jean*, *Le Prince Eugène*, *La Colonne*, furent à peine sortis de sa plume qu'ils étaient dans toutes les bouches. Des salons où vibrait encore la fibre nationale, ils descendirent bien vite dans la rue, et la voix d'un peuple immense les adopta avec empressement, comme un écho des sentiments de regret et de colère qui bouillonnaient au fond de son cœur. Ce début promettait un poète patriote. Debraux le fut toute sa vie. Comme Béranger, qu'il aimait à prendre pour modèle, il se plut à chanter, sous toutes les formes et sur tous les tons, la gloire et la liberté ; à poursuivre de ses refrains moqueurs la platitude de la nouvelle noblesse, la morgue imbécile de l'ancienne, la servilité gloutonne des députés, les intrigues audacieuses des jésuites. Quand elle s'inspirait d'un noble sujet, sa poésie s'élevait parfois à toute la hauteur du dithyrambe. *Séjan, Bajazet et Tamerlan, Marengo, La Veuve du Soldat*, sont presque des odes. Cependant, ce n'est pas là le genre qui convenait le mieux au talent naturel de Debraux. Il aimait trop à rire, il était trop pressé de vivre et de jouir, pour se plaire de préférence dans le genre grave et élevé. Sa muse vagabonde se sentait mal à l'aise quand il lui fallait *vingt fois sur le métier remettre son ouvrage* : elle n'était pas d'humeur à réfléchir longtemps devant une lampe qui fume, pour chercher le mot propre ou la tournure la plus poétique; toute *princesautière*, elle haïssait ce qui sent la gêne : il lui fallait l'espace et le soleil, le parfum des fleurs, les agaceries de deux jolis yeux, ou les bougies d'un gai souper, pour s'inspirer et chanter. Aussi les négligences sont-elles fréquentes dans les poésies de Debraux; on voit que ses chansons ne lui coûtaient ni beaucoup de recherches ni beaucoup de travail. Mais il y a tant d'esprit au milieu de ces négligences, qu'on les lui pardonne aisément; son allure, toute désinvolte qu'elle est, a tant de grâce qu'on s'aperçoit à peine des faux pas qu'elle lui fait faire : il plaît souvent malgré ses défauts, et quelquefois il plaît à cause de ses défauts mêmes. Aussi le genre simple et sans prétention est-il, avec le genre grivois, celui où il a le plus constamment réussi. *Le Perce-Neige*, petit chef-d'œuvre de grâce; *Alice*, heureuse imitation de Byron; *Quelqu' chos' comme ça*, délicieuse malice, sont des chansons dont on gardera toujours le souvenir.

Épicurien ardent, il aima tous les plaisirs, et les chanta tous avec une verve souvent heureuse. Ses chansons de table sont pour la plupart d'une bonne facture, et respirent la vieille gaieté française. Avons-nous besoin d'ajouter que de tous les chansonniers de la Restauration Debraux fut le plus véritablement populaire, celui qui entra le mieux en communion d'idées et de langage avec les masses, celui dont les refrains furent le plus répétés dans la mansarde du travailleur, qui oubliait en les chantant sa misère et sa fatigue? Est-il beaucoup de chansons qui aient obtenu une vogue pareille à celle de *Fanfan la Tulipe* ? Cependant, malgré sa grande insouciance et son amour du plaisir, Debraux avait l'âme tendre et aimante; les sentiments délicats qu'elle contenait s'épanchaient souvent au milieu des éclats de sa gaieté la plus vive. Il est une foule de ses couplets qui en gardent la trace heureuse. Aimé de sa femme, pour laquelle il avait une affection vraie, regretté de tous ceux qui le connaissaient, il s'éteignit le 12 février 1831. On a publié en 1836 les œuvres complètes de Debraux. Elles forment trois petits volumes. Hippolyte THIBAUD.

DEBRECZIN, après Pesth la plus grande et la plus peuplée des villes de la Hongrie, ville libre royale depuis 1715, dans le comitat de Bihar et le cercle d'au delà de la Theiss, située dans une plaine sablonneuse et extrêmement pauvre en eau. A voir ses rues non pavées, poudreuses ou boueuses, suivant la saison, se prolongeant indéfiniment entre deux rangées de maisons petites et d'un aspect misérable, on dirait un grand village ou plutôt une agglomération de villages, et on y reconnaît bien vite le véritable type des villes hongroises. La ville proprement dite, fermée par huit portes, n'est séparée de ses faubourgs que par une simple palissade. Elle contient cependant quelques édifices d'une architecture passable, entre autres la belle église réformée, l'église des franciscains, le collège réformé, le couvent des piaristes, l'hôtel de ville, etc.

Debreczin est le siége d'un *surintendant* (évêque) de l'Église réformée, et on y trouve un collège très-fréquenté du culte protestant, le plus ancien et le mieux organisé qu'il y ait dans la Hongrie, un collège de piaristes avec un gymnase, une grande école catholique, une bibliothèque publique, riche de plus de 40,000 volumes, et bon nombre d'établissements de charité. Les habitants, au nombre de 61,233 et d'origine magyare, professent la religion réformée, à l'exception d'environ 2,000 catholiques, et se distinguent par leur esprit éminemment industrieux. Ils fabriquent notamment des étoffes de laine, des manteaux, des cuirs, des chaussures, des peignes et une foule d'objets de bimbeloterie et de quincaillerie. On trouve en outre à Debreczin d'importantes fabriques de salpêtre, distilleries et brasseries, des manufactures de savon et de têtes de pipe dont les amateurs hongrois font grand cas en raison de leurs qualités toutes particulières. Il s'y tient chaque année quatre grandes foires, qui attirent un grand nombre d'étrangers dans ses murs, et où il se fait d'immenses affaires en grains, chevaux, porcs, poix, cire et miel.

La ville de Debreczin eut beaucoup à souffrir dans les guerres entre les Turcs et les Hongrois, et plus tard dans les luttes religieuses, lorsqu'à la suite d'un synode qui s'y tint en 1567 les habitants se furent décidés à embrasser les opinions de la réforme. On a surtout conservé le souvenir des excès de tous genres qui y commit en 1696 le comte Caraffa, général en chef des armées impériales.

Dans le courant de la récente révolution, Debreczin acquit une grande célébrité, parce qu'en 1849 elle devint le refuge de la diète et du gouvernement national, quand les troupes autrichiennes les eurent forcés à abandonner Pesth. La diète y demeura depuis le 9 janvier jusqu'au 30 mai.

DÉBRIDEMENT. Les chirurgiens donnent ce nom à une opération douloureuse, consistant, suivant les circonstances, dans des incisions ou des cautérisations, et à l'aide de laquelle on parvient à faire cesser l'étranglement de certaines parties du corps à la suite des plaies, des hernies, etc. Les cas les plus fréquents où l'on soit obligé d'y avoir recours sont les blessures produites par des armes à feu. On prévient ainsi des accidents graves.

DÉBRIS. Ce mot s'entend généralement des morceaux d'une chose brisée, fracassée, ou détruite en grande partie. L'*Encyclopédie* établit une différence entre *débris* et ses synonymes *décombres* et *ruines*. « Ces trois mots, dit-elle, signifient en général les restes dispersés d'une chose détruite, avec cette différence que les deux derniers ne s'appliquent qu'aux édifices, et que le troisième suppose même que l'édifice ou les édifices détruits sont considérables. On dit les *débris d'un vaisseau*, les *décombres d'un bâtiment*, les *ruines d'un palais* ou *d'une ville*. *Décombres* ne se dit jamais qu'au propre, *débris* et *ruines* se disent souvent au figuré; mais *ruine* en ce cas s'emploie plus souvent au singulier qu'au pluriel. Ainsi, l'on dit les *débris*, l'une fortune brillante, la *ruine* d'un particulier, de l'État, de la patrie, du commerce; on dit aussi quelquefois en parlant de la vieillesse d'une femme qui a été belle, que son visage offre encore de belles *ruines*. »

Débris a passé du sens propre et direct au sens figuré. On dit fort bien dans ce sens les *débris des peuples* et *des nations*. « Si vous vous élevez sur les ruines d'autrui, dit Fléchier, un plus puissant que vous s'élèvera à son tour sur les *débris* de votre grandeur. » Il ne serait pas correct de dire les *débris* (au lieu des *ruines*) d'une ville, comme l'application de ce mot aux personnes ne paraît ni convenable ni heureuse. C'est cependant ce qu'a fait Delille dans ces vers du poëme des *Jardins*, si fréquemment cités et si souvent attribués à d'autres :

...... Telle jadis Carthage
Vit sur ses murs détruits Marius malheureux :
Et ces deux grands *débris* se consolaient entre eux.

Mais on dit familièrement les *débris d'un souper*, les *débris d'un pâté*, au lieu de dire les *restes*, expression qui emporte avec elle une idée de dédain et de défaveur.

Edme HÉREAU.

DE BROSSE (JACQUES), architecte de la reine Marie de Médicis. On ignore le lieu et l'année de sa naissance, ainsi que le nom de son maître. C'est lui qui donna le plan du palais que la reine fit construire pour elle, et qui est connu sous le nom de *Luxembourg*. Ce vaste palais fut commencé en 1615 et terminé en 1620. On a dit que De Brosse l'avait fait à l'imitation du palais Pitti à Florence, mais le plan et les élévations n'ont aucune ressemblance avec lui ; le seul rapport que peuvent offrir ces deux monuments, c'est que les colonnes sont de l'ordre toscan, avec des bossages alternatifs, ce qui rend cet ordre encore plus lourd et moins convenable à la décoration d'un palais.

De Brosse construisit en même temps le portail de l'église Saint-Gervais. En 1622 il rétablit la grande salle du Palais de Justice, qui avait été brûlée en 1618, et l'année suivante il donna les dessins du temple que les protestants firent construire à Charenton, et qui, dit-on, pouvait contenir 14,000 personnes. Le 21 octobre 1685, jour de la révocation de l'édit de Nantes, on commença la démolition de cet édifice, dont il ne restait aucune trace cinq jours après. De Brosse fut aussi chargé de bâtir la partie de l'aqueduc d'Arcueil qui traverse le vallon de la Bièvre, et que ses belles proportions ont fait regarder comme digne des Romains.

On a de De Brosse un ouvrage intitulé : *Règle générale d'Architecture des cinq manières de colonnes* (Paris, 1619, in-fol.). DUCHESNE aîné.

DE BROSSES (CHARLES). *Voyez* BROSSES.

DE BRY (THÉODORE), libraire et graveur, né à Liége, en 1561, mort en 1623, est surtout célèbre pour avoir publié la collection connue sous le nom de *Grands et Petits Voyages de De Bry*, mais dont le véritable titre est : *Peregrinationes in Indiam orientalem et Indiam occidentalem* (Francfort, 1590-1634 ; 39 vol. in-fol.), ouvrage devenu aujourd'hui d'une rareté extrême.

DE BRY (ANTOINE-JOSEPH-JEAN), né à Vervins, en 1760, était avocat et publiciste, quand la révolution de 1789 éclata. Le département de l'Aisne l'envoya, en 1791, siéger à l'Assemblée législative. Il se rangea sous la bannière des Girondins, et les propositions les plus hostiles à la royauté furent hardiment jetées par lui du haut de la tribune. C'est ainsi qu'il fit déclarer *Monsieur* (depuis Louis XVIII) déchu de ses droits à la régence, pour n'avoir pas obéi à l'injonction de rentrer en France. C'est ainsi encore que, le 8 août 1792, il demanda la mise en accusation de Lafayette pour être venu à la barre, au nom de son armée, présenter une pétition contre les auteurs de la journée du 20 juin. Il proposa ensuite la création d'un corps de 1,200 *tyrannicides*, destinés à aller attaquer individuellement et jusque sur leurs trônes les rois qui menaçaient la France. Envoyé en mission dans les départements de l'Oise et de l'Aisne, après le 10 août, Jean De Bry résuma en ces termes son court rapport : « Le peuple est fait pour la liberté : il la veut, il l'aura. Partout où nous avons passé, nous avons trouvé des volontés de Romains et des cœurs de Brutus ! »

Nommé à la Convention, Jean De Bry s'y sépara des Girondins, et siégea sur les bancs de la Plaine. Il voulait un mode d'impôt progressif, d'après lequel le nécessaire ne serait grevé d'aucune contribution, tandis que le taux de l'impôt croîtrait en raison de l'échelle des fortunes et du superflu ; en outre, il proposait l'établissement d'ateliers de charité, pour lesquels il voulait faire voter cinq millions, et la création d'un *tribunal d'État*, auquel eussent été attribués les faits de trahison, conspiration ou attentat contre la république. Le 12 novembre il fit décider que le lendemain on ouvrirait sans délai la discussion sur le mode du jugement de Louis XVI, dont il vota la mort sans appel et sans sursis. Depuis lors jusqu'au 9 thermidor il ne reparut que rarement à la tribune, une fois entre autres pour faire décréter la translation des cendres de Rousseau au Panthéon. Tour à tour membre du comité de sûreté générale, du comité diplomatique, président de la Convention, membre de la commission de salut public, puis du premier comité de salut public, il fut de ceux qui protestèrent contre les journées du 21 mai et du 2 juin. Chargé, après le 9 thermidor, d'une mission dans les départements de la Drôme, de l'Ardèche et de Vaucluse pour y combattre le *terrorisme*, il revint bientôt après prendre part à la discussion de la constitution, où il fit insérer cet article : « Tout traitement qui aggrave la peine déterminée par la loi est un crime. »

À l'expiration de la session conventionnelle, De Bry fut nommé au Conseil des Cinq-Cents, qu'il présida à deux reprises. On l'y vit voter une loi prohibitive de la liberté de la presse, puis demander la conservation des assemblées populaires et l'expulsion de tous les nobles du territoire de la république. Jean De Bry était, avec Roberjot et Bonnier, l'un des trois plénipotentiaires de la France au congrès de Rastadt, en l'an VI. Le 9 floréal an VII, les envoyés français, après avoir rompu des conférences qui duraient inutilement depuis plus d'une année, partirent à neuf heures du soir pour rentrer en France. À une demi-portée de fusil de Rastadt, ils furent assaillis par un détachement de hussards autrichiens de Szekler. Nos ambassadeurs se nommèrent : ce fut leur arrêt de mort. Roberjot et Bonnier furent massacrés sous les yeux de leurs femmes et de leurs filles ; Jean De Bry tomba percé de coups. Grâce à l'épaisseur de ses vêtements, il échappa à cet infâme guet-apens, et parvint à se traîner jusqu'à un fossé, d'où il réussit à gagner un bois voisin, et le lendemain Rastadt. Cette abominable violation du droit des gens commise par l'Autriche inspira en France une indignation générale. Le jour où Jean De Bry, renvoyé par ses compatriotes au Conseil des Cinq-Cents, parut à la tribune, le bras gauche en écharpe, la figure pâle et défaite, et qu'il prononça d'une voix altérée son serment et un discours dans lequel il demandait vengeance contre la maison d'Autriche, ce jour-là même (1er prairial an v), il fut porté à la présidence par 345 suffrages. Depuis lors la vie de Jean De Bry s'écoula dans une demi-obscurité. Membre du Tribunat en l'an VIII, le républicain de 1793 et 1794 accepta de Napoléon les fonctions de préfet du Doubs et la décoration de la Légion d'Honneur. Aux cent-jours, l'empereur le fit préfet du Bas-Rhin. La seconde restauration fit pour Jean De Bry le signalde l'exil ; la révolution de 1830 seule lui rouvrit les portes de la France. Il mourut à Paris en 1834. Son fils est actuellement préfet de la Côte-d'Or. Napoléon GALLOIS.

DE BURE (Famille). Pendant deux siècles environ des membres de cette famille exercèrent à Paris avec distinction la profession de libraires, et plusieurs d'entre eux publièrent des ouvrages de bibliographie qui les classent au nombre des savants français remarquables dans ce genre.

Nicolas DE BURE, le premier de ce nom qui se soit fait inscrire dans le commerce de la librairie, exerçait en 1660, et mourut avant 1694. Depuis cette époque jusqu'en 1753, le catalogue alphabétique des libraires de Paris indique cinq personnages de la même famille, sans compter plusieurs veuves qui exercèrent, les unes après les autres, la même profession.

Guillaume-François DE BURE, fils aîné de *François*, mort l'année précédente, entra en 1753 dans les affaires, et se fit bientôt connaître par la rédaction de quelques catalogues de vente, mais surtout par la publication d'un ouvrage assez étendu, qui aujourd'hui encore est justement apprécié : *Museum Typographicum, seu Collectio in qua omnes fere libri rarissimi notatuque dignissimi accurate recensentur* (*Parisiis*, 1755, in-12). Il expliquait dans cet opuscule le plan d'une bibliographie à la fois curieuse et choisie. En 1763 parut le premier volume de cet ouvrage, sous le titre de : *Bibliographie instructive, ou traité de la connaissance des livres rares et singuliers*, etc., in-8°. Dans cet ouvrage, auquel il ajouta six volumes, qui parurent de 1763 à 1768, G.-F. De Bure ne se contenta pas de donner le titre exact des livres, il fit connaître l'histoire de leur publication, les particularités qui distinguent les éditions différentes, les anecdotes singulières qui se rapportent à leurs auteurs. Bien que le septième volume (le tome II des *Belles-Lettres*) fût terminé par une table des matières, il y manquait encore l'indication des ouvrages anonymes, qui se trouvent en assez grand nombre. Le libraire Néé de la Rochelle combla cette lacune en publiant cette table sous le titre de : *Bibliographie instructive, tome dixième, contenant une table destinée à faciliter la recherche des livres anonymes qui ont été annoncés par Du Bure le jeune dans sa Bibliographie instructive et dans le Catalogue de Gaignat*, etc. (1782, in-8°).

En 1783 l'auteur eut le projet d'ajouter un onzième volume à son ouvrage, avec ce sous-titre : *Partie estimative du prix des livres rares et précieux*. On regrette, en lisant le prospectus, que ce volume n'ait pas été publié. Comme tous les ouvrages d'une véritable importance, la *Bibliographie instructive* a été l'objet de critiques nombreuses. Mercier de Saint-Léger, Capperonnier et d'autres savants ont publié à ce sujet plusieurs lettres auxquelles De Bure a répondu. Quelques curieux ajoutent ces lettres et ces réponses, dont il existe des tirages à part, aux exemplaires toujours recherchés de la *Bibliographie*. De Bure mourut le 15 juillet 1782.

Guillaume De Bure, son cousin, lui succéda dans le commerce. Il acquit bientôt la réputation de bibliographe distingué, en publiant de nombreux catalogues de vente qui aujourd'hui sont encore très-recherchés. Les catalogues de Gayot (Paris, 1770); Lauraguais (1772); Lavallière, (1772 et 1777); Chevalier Lambert (1780); Mel de Saint-Céran (1780); Baron d'Heiss (1782); Lavallière (1783); Camus de Limarre (1786); D'Ennery (1786); D'Horbach (1789), Loménie de Brienne (1792); Mercier de Saint-Léger (1799); et plusieurs autres, ont mérité les suffrages universels. Le plus remarquable par tous ces travaux est sans contredit le troisième, portant le nom de Lavallière. Guillaume De Bure le rédigea en compagnie du savant bibliographe Van Praet, qui se chargea de la description des ouvrages manuscrits. Ce catalogue, en outre des livres rares et précieux qu'il fait connaître, est resté un excellent travail, utile à consulter. Guillaume De Bure mourut à Paris, en 1820.

Ses deux fils, *Jean-Jacques* et *Marie-Jacques*, lui succédèrent. Libraires de la Bibliothèque Royale jusqu'en 1839, ils consacrèrent à ce vaste établissement leurs soins et leurs lumières. Ils sont auteurs de plus de cent catalogues de vente, parmi lesquels on doit surtout remarquer ceux de Larcher (1813); du comte Mac-Carthy-Reagh (1815); de La Porthe-Dutheil (1816); Millin (1819); Morel de Vindé (1823); Chardin (1824). Après une carrière honorablement remplie, les frères De Bure se retirèrent du commerce en 1840. On regrette qu'aucun héritier de leur nom ne puisse continuer cette réputation acquise par le mérite et le travail.

LE ROUX DE LINCY.

Les deux frères De Bure sont morts maintenant. « Ces derniers représentants de l'ancienne librairie française, dit M. Silvestre de Sacy fils, si loyaux, si simples, jouissant avec tant de modestie d'une fortune noblement acquise par leur travail et par celui de leur père, aimaient les livres pour leur propre compte, comme s'ils n'en avaient jamais fait un objet de commerce. Je les ai vus bien souvent dans ce magasin ou plutôt dans ce salon de la rue Serpente, n° 7, où mon père allait tous les jours, où les Larcher, les Villoison, les Du Theil, les Sainte-Croix s'étaient si souvent réunis. Comme ils représentaient bien cette vieille bourgeoisie de Paris enrichie par un honorable commerce, ces familles qui se transmettaient la même profession de père en fils, comme une noblesse, avec le magasin souvent noir et enfumé de l'aïeul et l'antique enseigne, armoirie qu'en valait bien une autre! Quelle franche et gracieuse bonhomie éclatait dans leur accueil! quel air de candeur et de loyauté parfaite était peint sur leur visage! Le bon vieux temps respirait en eux tout entier. Point de prétention, point de morgue! rien qui sentît dans leurs manières l'humilité du gain ou l'orgueil de la fortune acquise. MM. De Bure représentaient aussi l'antique fraternité des libraires et des savants. Leurs clients étaient leurs amis. Souvent ils faisaient les frais coûteux de l'impression d'un livre d'érudition, uniquement sur le nom et sur le mérite de l'auteur, et avec peu d'espoir de rentrer dans leurs avances. Il leur était honorable que le livre parût chez eux, et cela leur suffisait. Il est vrai que, de leur côté, les savants se faisaient un plaisir et un honneur d'avoir MM. De Bure pour libraires. C'était chez eux que l'abbé Barthélemy avait fait paraître son *Voyage du jeune Anacharsis*, Larcher sa traduction d'Hérodote, Dacier sa traduction de *La Cyropédie*. »

Leur bibliothèque était une collection du bon vieux temps, solide par le fond, choisie avec un goût sûr, amassée pendant plus de soixante ans, une bibliothèque de famille enfin. Quelques-uns de leurs plus beaux livres leur avaient été donnés par leur mère, qui les avait reçus elle-même de son mari Guillaume De Bure. Aussi remarquable par son esprit que par sa beauté, elle était elle-même bibliophile. Deux classes de livres composaient surtout sa précieuse collection, les livres de piété et les livres espagnols. Le premier fonds les De Bure ajoutèrent, pendant leur longue carrière, tantôt un volume, tantôt un autre, emprunté aux plus riches et aux plus belles bibliothèques. « Rarement, dit encore M. S. de Sacy, ils revenaient de la vente sans en rapporter leur butin particulier, sans s'être fait une petite part qui allait grossir leur trésor. Il fallait que le livre fût d'une condition excellente et qu'il ne fût pas trop cher, car ils n'admettaient rien que de bon dans leur bibliothèque, et ils étaient trop modestes et trop sages pour faire ce que nous appelons une folie. Mais aussi quelles occasions n'ont-ils pas eues! quelles rencontres n'ont-ils pas dû faire! » Toutefois, leur bibliothèque se composait plutôt d'admirables volumes que d'un ensemble de livres. Les De Bure n'étaient pourtant pas de ces bibliophiles qui ne lisent pas. Tous les moments qu'ils avaient de libres, ils les passaient dans leur chère bibliothèque, dans ce sanctuaire où l'on n'était pas admis sans difficulté. Et maintenant tous ces trésors passent dans des mains étrangères! La vente en a eu lieu en décembre 1853. Elle se composait de 1853 articles, occupa 18 vacations et produisit un total de 141,700 fr. Les enchères y furent poussées avec une vivacité extrême, et le prix des livres a dépassé tout ce qu'on avait ouï dire et vu jusque alors. Nous nous contenterons de citer ici le chiffre auquel furent adjugées certaines curiosités bibliographiques : *La Sainte Bible*, traduite par Lemaistre de Sacy, 8 vol. in-12, 550 f.; les *Confessions de saint Augustin*, traduites par Arnauld d'Andilly, 1 vol. in-8°, 361 fr.; les *Lettres de saint Augustin*, traduites par Dubois, 6 vol. in-8°, 600 fr.; l'*Imitation de Jésus-Christ*, traduite par Lemaistre de Sacy, exemplaire ayant appartenu à Henriette d'Angleterre, 700 fr.; les *Offices*, de Cicéron (Mayence, 1466), 1010 fr.; la fameuse *Guirlande de Julie*, 2,905 fr.; l'*Introduction à la vie dévote*, de saint François de Sales, exemplaire d'Anne d'Autriche, 605 f.; l'*Explication des Maximes des Saints*, par Fénelon, aux armes de Jacques II, 500 f.; l'*Exposition de la doctrine chrétienne*, par Bossuet, édition dite des *Amis*, 470 f.; le *Rusticum des profits ruraux*, manuscrit du quinzième siècle, 2,600 f.; les dessins originaux de J.-B. Oudry, pour les fables de La Fontaine, 1,800 fr.; l'*Homère*, de madame Dacier, 6 vol. in-12°, 750 f.; l'*Astrée*, de d'Urfé, 820 f.; l'*Heptameron*, de Marguerite de Valois, 600 f.; les *Contes des Fées*, de Perrault, 1 vol. in-12, papier de Hollande, 400 fr.; la chronique du Cid, en espagnol, 1030 fr.; *Œuvres de Cyrano de Bergerac*, exemplaire aux armes de Mme Chamillart, 299 f.; *Abrégé chronologique de l'Histoire de France*, par Mézeray, 4 vol. in-4°, 315 fr.; un *Missel* in-folio, manuscrit italien du seizième siècle, 3,655 fr.; les *Heures* du duc de Saint-Aignan, écrites à la main par Jarry, 3,999 fr.; l'*Office de la sainte Vierge*, manuscrit italien avec 12 miniatures, 4,850 fr.; *Livre d'Heures*, manuscrit de la fin du quinzième siècle, 8,100 fr ; enfin les *Grands et Petits Voyages* de De Bry, 11,500 f.

DÉBUREAU (Jean-Baptiste-Gaspard) naquit en Bohême, à Neukolin, près de Prague, de parents français, le 31 juillet 1796. Son père était un vieux soldat, qui avait servi plus de trente ans. Il avait douze enfants et peu d'aisance. Mis au monde pour courir le monde, jeté sur terre pour y cabrioler, Débureau a accompli sa mission. La première moitié de sa vie fut errante. Tour à tour attaché à diverses troupes, il parcourut l'Italie, l'Allemagne et la Turquie. Recevant des coups, moitié comme conséquence de l'emploi de paillasse qu'il avait accepté, moitié pour sa maladresse. S'étant lancé dans l'escamotage, il n'y réussit que médiocrement. Dès lors on ne le crut propre à rien dans les troupes de saltimbanques et sur les tréteaux forains. Erreur ! c'est que Débureau n'avait encore rencontré ni sa place ni les rôles qui lui étaient propres. Adieu Paillasse et ses turbulents propos, adieu les grossières maladresses et les lourdes facéties !.... Débureau ressuscite tout à coup le Pierrot des Romains, qui l'avaient pris des Osques, et il va porter sa figure enfarinée sur un théâtre de boulevard, où le funambulisme régnait encore en souverain. A son arrivée, tout changea de face, et la pantomime triompha. Débureau jouissait tranquillement depuis quelques années des coups de batte d'Arlequin et des applaudissements de son public, quand il prit fantaisie à quatre ou cinq hommes d'esprit, Charles Nodier à leur tête, de trouver dans le Pierrot des Funambules un artiste supérieur, un mime digne des beaux jours de Pylade et de Bathyle. Ils se firent, trois ou quatre fois par semaine, les complaisants spectateurs de ses lazzi; et après avoir commencé, ainsi que les menteurs, par savoir qu'ils ne disaient pas la vérité, ils finirent aussi, comme eux, par se persuader leurs inventions. Alors, les moutons de Panurge sautèrent à leur exemple. On devint fou, sérieusement fou, des Funambules et de Débureau ; chacun fit ses délices de ce théâtre infime, pauvre petit chien écrasé entre deux maisons ; on s'engouffrait dans les couloirs, on humait les gaz méphitiques du parterre, trop heureux quand, arrivé trop tard, on était admis à la banquette des musiciens de l'orchestre, ou qu'on vous faisait passer sous le théâtre pour aller occuper la loge de M. le directeur (privilège spécial, accordé seulement aux intimes de la maison). Alors, on voyait se dérouler la longue série des aventures carnavalesques de Pierrot, et dans les entr'actes, on se plaisait à un autre spectacle : la bière pétillant dans la salle, le sucre d'orge passant de main en main, et quelquefois de bouche en bouche ; puis on respirait savoureusement l'odeur du beignet, arrivant tout chaud de la poêle, cuisine ambulante sur le boulevard.

Débureau devint alors le Pierrot par excellence, le grand, le populaire, l'universel Débureau. De fait, Débureau était un farceur imperturbable, et d'une physionomie spirituelle, d'un sourire narquois, d'un regard fin, d'une adresse peu commune, et d'une certaine intelligence. Jadis, les médecins avaient conseillé à leurs malades d'aller voir Carlin et la Comédie Italienne ; on ordonna alors Débureau et les Funambules. C'était une mode, une fureur, une rage. Et Charles Nodier d'applaudir, et les journalistes de brocher des articles à la louange de Pierrot, et l'incomparable Paris élégant d'accourir, traversant une forêt de marchands de coco et de marchandes d'oranges !

Jules Janin, qui a presque inventé Débureau, fit alors son livre sur le Paillasse, où il raconta de là, d'après les confidences de son héros, mêlées aux fantaisies de son imagination. Il le montra dans toutes les phases de sa vie et sous toutes ses formes multipliées par le caprice. Lisez ce livre, paradoxe amusant ; mais ne croyez guère qu'à l'esprit de l'auteur ! Un jeune peintre, sous le nom de Bouquet, illustra aussi le héros du jour ; il fit son portrait de grandeur naturelle, et ce portrait devint une des curiosités d'un Salon de peinture. Il revenait de droit au biographe de l'original : M. Janin l'acheta.

Rien ne manquait au triomphe de Débureau. Mais hélas ! la roche Tarpéienne n'était pas loin ! Dans ce temps-là un directeur de théâtre de vaudevilles crut pouvoir spéculer sur la réputation du mime des Funambules et sur l'enthousiasme de ses thuriféraires. Le 12 octobre 1832 il tenta l'épreuve de ses talents au centre de Paris, au théâtre du Palais-Royal, dans une représentation à bénéfice. L'engagement devait être signé après le succès. Débureau fut annoncé dans *Le Lutin femelle*, ni plus ni moins que *Le Diable à quatre* de Sedaine. On accourut à cette solennité ;.... mais un désappointement général en fut le résultat. Débureau fit rire sans doute ; mais non de ce rire franc, communicatif, inextinguible, qui électrisait les habitués de son théâtre. On s'aperçut alors de tout ce qu'il y avait d'exagéré, de ridicule dans les ovations dont il avait été l'objet. Un petit théâtre de boulevard, telle était sa sphère ! Débureau le comprit : il renonça aux succès de vaudevilles, il redevint lui, il recommença à se montrer le Débureau sans prétention, le Débureau enfariné. le Débureau-Pierrot enfin, ayant pour sceptre le bâton classique, pour trône une échelle, pour couronne son serre-tête de percale blanche.

Un jour... (on ne parlait plus guère de lui) un bruit étrange se répandit par la ville : « Débureau avait tué un homme ! c'était impossible !.... » Voici pourtant comment ce malheur trop réel était arrivé. Dans une belle journée d'avril 1836, Débureau, attiré par les premiers rayons du soleil, se dirigeait du côté de la campagne. Il était déjà à Belleville, la canne à la main. En passant près d'un groupe, il est reconnu et regardé avec la curiosité qui s'attache en tous lieux aux gens de théâtre. Un gamin de Paris, ou plutôt un jeune ouvrier, le nomme d'abord à haute voix. Débureau, qui sous le costume de Pierrot souffrait toutes les avanies et acceptait tant de coups de pied, sans que son visage témoignât jamais rien de ce qui se passait derrière lui, Débureau était peu endurant sous sa forme humaine. Il apostropha l'assaillant en termes énergiques. Celui-ci, qui se sent soutenu par les rires de la foule, s'écrie Eh ! *Pierrot, ohé !* Débureau répond à cette insulte par un coup de poing comme il a appris à les appliquer là où l'on ne procède que par gestes ; et après cette vengeance, il continue son chemin. A quelques heures de là, la fatalité ramène le provocateur et le provoqué en face l'un de l'autre. L'ouvrier, pour se venger du coup qu'il avait reçu, recommence ses quolibets ; il poursuit Pierrot, le taquine, il l'irrite au point que, poussé à bout, le malheureux se retourne et porte un coup de sa canne plombée sur la tête du jeune imprudent, qui tombe pour ne plus se relever...

Le meurtrier passa de la colère à l'abattement le plus complet ; c'est à peine s'il put répondre à l'interrogatoire qu'il eut à subir. Dès le lendemain, ses camarades, ses amis, ses directeurs, sollicitèrent pour lui, et les soldats et officiers de la compagnie de la garde nationale dont il faisait partie signèrent une requête dans laquelle on disait « qu'il avait dû nécessairement être attaqué et poussé à bout pour arriver à se défendre, » et qu'il « n'était pas dans la compagnie un homme plus doux et plus rangé que Débureau ; » qu'enfin « sa moralité, sa bonne conduite, son dévouement à sa femme et à ses enfants excluaient toute idée de crime ». Cette spontanéité d'intérêt fut très-utile à Débureau. On instruisit rapidement son affaire ; Débureau attendit à Sainte-Pélagie un arrêt qui lui fut favorable. Après son acquittement, il reprit son service, et ne porta plus de canne.

Unefois, on menaça de fermer le théâtre des Funambules ; on trouvait qu'il y avait trop de petits théâtres, et puis celui-là n'était pas dans les conditions réglementaires de la police. George Sand prit la défense de Pierrot. Le théâtre ne fut pas fermé ; mais le 18 juin 1846 Pierrot mourut, des suites d'une chute faite à son théâtre. Habile bâtoniste,

15.

Débureau dessinait les combats pour le théâtre du Cirque. Son fils lui a succédé dans le haut emploi de Pierrot aux Funambules; mais au théâtre comme sur le trône un grand nom est un lourd fardeau. Étienne ARAGO.

DÉBUT, DÉBUTANTS, DÉBUTANTES. Dans son acception générale, le mot *début* s'applique au commencement de toute entreprise, au premier pas fait dans une carrière quelconque. On *débute* au barreau, dans la chaire, dans les lettres, etc ; on *débute* même dans le crime, comme l'a dit énergiquement Boileau, et élégamment l'auteur de *Phèdre*. Enfin, toute composition de quelque étendue a son *début*, sur lequel elle est souvent jugée. Toutefois, c'est au théâtre que ce mot est de l'usage le plus habituel; et ceux de *débutants* et *débutantes* sont presque spécialement réservés aux personnes qui s'y montrent pour la première fois. Les débuts sur les grands théâtres de la capitale étaient beaucoup moins nombreux autrefois que de nos jours. D'abord, une seule saison y était consacrée; ensuite, cette faveur n'était accordée, en général, qu'à des sujets qui avaient déjà fait preuve de talent sur des théâtres de province. Cependant, comme MM. les gentilshommes de la chambre du roi en étaient les dispensateurs, il y avait bien de temps en temps, à l'égard des *débutantes* surtout, quelque partialité. Mais attendu que c'était alors le véritable public qui jugeait les débuts, ainsi que les pièces, la médiocrité était bientôt contrainte à la retraite. Quelquefois même, d'heureuses dispositions, mais non encore assez développées, n'obtenaient pas au débutant une admission immédiate, et il lui fallait, avant un second essai, continuer en province son noviciat dramatique. Cette rigueur fut exercée envers Préville lui-même et quelques autres qui ont été l'honneur de la scène française. Il n'en est plus ainsi de nos jours. Certains de l'approbation d'un parterre composé en grande partie par leurs soins, les directeurs et les administrations de nos spectacles ne font guère débuter que la forme les acteurs et actrices qu'ils ont engagés d'avance; ils doutent même si peu de la ratification de leur choix, que presque toujours ce début a lieu dans une pièce composée exprès pour le nouveau sujet. Que pourrait-on craindre en effet? L'un et l'autre ne sont-ils pas *assurés* par de prudentes précautions? Ce système n'a pas encore reçu une application aussi générale dans les théâtres des départements : là souvent les débuts des acteurs nouvellement arrivés éprouvent une forte opposition et excitent de violents orages. Les autorités s'en sont mêlées; on a voulu réglementer les modes d'approbation ou d'improbation ; on a voulu défendre les sifflets.

La nombreuse phalange des débutants parisiens se recrute actuellement de trois manières : parmi les élèves du Conservatoire de Musique et de Déclamation, dans les spectacles des provinces, et chez les jeunes gens qui ont fait leurs premières armes sur des théâtres de société. Les premiers, tout imbus encore des leçons d'habiles professeurs, ne peuvent être bien appréciés que lorsqu'ils abordent d'autres rôles que ceux auxquels ils ont un *styles* ; les seconds nous apportent souvent des défauts de diction ou de jeu, que réforme aisément le séjour de la capitale, lorsqu'ils ont un talent véritable; l'inexpérience de la troisième sorte de débutants est peut-être la position la plus favorable pour un sujet doué du feu sacré : il aura toujours plus facilement ce grand avantage d'être *soi*, source précieuse de succès dans tous les arts.

D'après les anciens règlements relatifs aux débuts sur nos théâtres principaux, le débutant avait droit d'indiquer un certain nombre d'ouvrages, et de jouer trois fois le rôle qu'il avait choisi dans chacun d'eux. L'active jalousie des coulisses était déjà ici bien connue que, dans un des règlements, d'une date fort ancienne, nous lisons ce qui suit :

« Les acteurs et actrices dans des rôles dans ces pièces ne peuvent se dispenser d'y jouer, sous peine de cent livres d'amende, et d'autre punition plus grave contre ceux ou celles qui, par haine ou par cabale, chercheraient à rebuter les débutants ou à leur nuire. » Aujourd'hui „comme chacun sait, nos *artistes* sont trop bonnes gens pour avoir de la *haine* et former des *cabales* contre un débutant; tout au plus se permettent-ils le sourire sardonique ou le petit mot épigrammatique à demi-voix. Cependant, cette bienveillance ne s'étendant pas encore chez les *chefs d'emploi* jusqu'à laisser jouer à l'acteur aspirant leurs rôles favoris au delà des trois essais concédés par le règlement, nos puissances dramatiques aussi ont trouvé un moyen d'éluder la loi : on a en premier lieu étendu son bénéfice à tout le temps des débuts; puis on les a prolongés tant qu'ils étaient fructueux pour la caisse : c'est ainsi que l'affiche a fait débuter pendant des années entières telles ou telles actrices vivement accueillies par la faveur publique. Le beau sexe, au surplus, a en pareille occasion un élément de réussite de plus que le nôtre : le trouble, l'embarras, inséparables d'un *début*, ne peuvent que nuire au *débutant* : ils intéressent dans la jolie *débutante*; et, comme un couplet de vaudeville l'a dit du parterre :

S'il veut des acteurs tout formés,
Il aime à former les actrices.

A l'époque où on s'occupait encore avec chaleur de tout ce qui tient au théâtre, les débuts donnaient lieu à de vives discussions dans la Société et dans les journaux. Sous l'ancien régime, celui de Mlle Raucourt fut un événement ; sous l'Empire encore, la rivalité de deux débutantes (Mlles Duchesnois et George) fit presque autant de bruit qu'une grande nouvelle politique. Maintenant les *débuts* nous trouvent plus froids; nous avons dit plus haut l'une des causes de cette indifférence en matière dramatique; heureux les *débutants* et *débutantes* qui sauront en triompher! OURRY.

DÉCADE (du grec δέκας, dizaine). Ce mot a été employé pour désigner des ouvrages dont les sections étaient subdivisées en dix chapitres. C'est ainsi qu'on dit les *Décades de Tite-Live*, les œuvres de cet historien étant composées de parties dont chacune contient dix livres. Un recueil moderne portait aussi le titre de *Décade Philosophique*.

Dans le calendrier républicain, le mois était divisé en trois parties de dix jours chacune, et qu'on appela *décades*. L'année complète se trouvait ainsi contenir trente-six décades et demie ou soixante-treize demi-décades. Le dixième jour de la décade se nommait *décadi*. Il fut pris pendant la Révolution pour le jour du repos au lieu du septième. La Convention espérait sans doute par là abolir le dimanche et contribuer à détruire le christianisme. L'Église constitutionnelle examina si on pouvait transporter au décadi la célébration du culte, et tous les évêques réunis protestèrent contre ce changement, déniant même à une grande Église nationale le pouvoir de transférer le jour septénaire du repos chrétien au décadi.

DÉCADENCE (de *decadere*, tomber). Cette expression peut être considérée comme synonyme de *déclin*, *dégénération*; néanmoins, on ne dit pas que des animaux, des plantes, ni qu'un homme qui vieillit, sont en décadence, pour faire entendre qu'ils ont *dégénéré*, ou qu'ils sont en *déclin*, mais on dit bien qu'une langue, un art, un peuple, sont en décadence. Si quelqu'un demandait pourquoi les Grecs, les Italiens, les Égyptiens, les Africains, etc., de nos jours ne sont plus ce qu'étaient leurs glorieux ancêtres, un batailleur de politique répondrait que la faute en est aux gouvernements qui régissent maintenant les habitants de ces contrées ; une telle raison ne saurait satisfaire le philosophe qui aurait lu et médité les histoires anciennes et modernes. En effet, les sujets du pape ou du roi de Naples sont infiniment plus libres que ne l'était la masse des populations turbulentes de l'antique Italie, que ne l'étaient les Romains, entre autres, société de brigands, obéissant à des lois qui seraient de nos jours intolérables. L'empire que les tyrans ou les gouvernements républicains exerçaient sur les populations de la Grèce n'était ni plus équitable, ni moins inhumain, ni moins violent que celui des anciens Osmanlis, bien différents des Turcs modernes. Quel pacha de ce temps-là commit plus d'injustices, plus de crimes que les Athéniens ou les Lacédémoniens ? Y a-t-il eu un sultan plus scélérat que les rois Philippe et Alexandre ? Périclès lui-même, qu'on nous offre comme un modèle de conduite dans le gouvernement d'un État, ne fit-il pas saccager l'île de Samos pour complaire à une prostituée ? Qui voudrait avoir vécu sous l'empire des Carthaginois, peuple avide, fourbe, atroce ? Mais quelles sont donc les véritables causes qui font qu'un peuple parvenu, malgré les plus grands obstacles, à un certain degré de prospérité, tombe ensuite en décadence, comme l'homme vieillit ? Il serait téméraire à nous de prétendre les connaître toutes, mais nous pensons que les institutions, les lois bonnes ou mauvaises contribuent peu à la prospérité ou à la décadence d'une nation. Est-ce que le Bas-Empire a manqué de lois ? N'est-ce pas dans le sixième siècle (533) que fut compilé le plus beau recueil de lois (les Pandectes, etc.) ? Qui après la mort de Caligula empêchait les Romains de rétablir l'ancienne république ? Certes ce n'était pas le manque de bonnes lois. Il est permis d'avancer qu'en général les peuples ont les institutions qui leur conviennent le mieux ; il peut se faire à la vérité qu'un événement extraordinaire, un génie puissant, impriment un certain degré de vitesse à la marche progressive d'un peuple, mais il faut qu'il y soit préparé ; deux ou trois siècles plus tôt Pierre le Grand eût fait de vains efforts pour civiliser sa nation ; ses prédécesseurs avaient disposé les esprits à recevoir les réformes qu'il eut la gloire de leur faire adopter.

Nous pensons que les principales causes de la décadence d'un peuple se réduisent à deux : la dégradation du sol qu'il habite, et la reproduction des individus sans mélange avec des étrangers. La nature d'un pays exerce la plus grande influence sur la taille, la force de corps, les facultés d'esprit des races qui l'habitent. Cela est évident. Si la contrée est trop neuve, trop boisée, trop humide, les hommes et les animaux qu'elle nourrit sont faibles et généralement de médiocre stature : voyez la plus grande partie du continent américain. Mais il arrivera un jour où les peuples de cette contrée, qui sans les recrues qui leur viennent d'Europe ne seraient guère au-dessus des Mexicains et des Péruviens indigènes, parviendront au plus haut degré de prospérité dont ils seront capables, pour dégénérer ensuite ; à cette époque nos descendants seront pour les nations américaines ce que les Chinois, les Indiens, les peuples de l'Asie, etc., sont aujourd'hui pour nous. Mais si une contrée trop *jeune* est impropre à nourrir des hommes et des animaux vigoureux et bien constitués, un *vieux* pays a les mêmes inconvénients, par des causes contraires. Comment voulez-vous que l'Égypte, l'Asie, la Grèce, l'Italie, etc., produisent les hommes de Sésostris, de Cyrus, des Spartiates, des Crotoniates, des Romains, etc., à une époque où le Xante et le Simois sont à sec ; où l'Hèbre coule dans un lit de trois pieds de large ; où la fontaine de Dircé est tarie ; où l'Eurotas roule à peine assez d'eau pour arroser les lauriers qui croissent dans son lit ; où les sables ont envahi les rues de la ville aux cent portes ; où toute la Grèce est déboisée ; où enfin le sol qui nourrissait autrefois Crotone et Sybaris est une plaine brûlée et presque stérile ? Dira-t-on que la tyrannie des gouvernements a dépeuplé ces diverses contrées ? s'il en était ainsi, elles devraient nourrir les mêmes animaux qu'autrefois, et en bien plus grand nombre. On trouverait donc en Italie, en Grèce, dans l'Asie Mineure, des lions, des bœufs sauvages : or, il n'y en a pas un seul.

La seconde cause de décadence, c'est le défaut de croisement de races. Un peuple qui, par exemple, habiterait une île sans avoir aucun commerce avec des étrangers finirait par dégénérer, indépendamment de toute autre cause, car toute race d'hommes a des vices d'organisation qui lui sont particuliers. Or, ces vices vont en augmentant à mesure que les générations de la même race d'hommes se succèdent ; voilà pourquoi les législateurs ont défendu les alliances entre les frères et les sœurs. Dans le siècle dernier, on trouva dans les mers du Sud une île peuplée de quatre à cinq cents hommes et de quarante femmes seulement. Il est bien entendu que le pays habité par une même race s'étendait sous des climats différents, les modifications que les différences de température, de nourriture, etc., produiraient dans la constitution et le caractère des naturels en feraient des races différentes.

Les peuples en décadence sont aux peuples en progrès ce qu'un homme vieux est à un homme jeune. Les caractères physiques de décadence sont la faiblesse des membres. Un soldat romain portant une charge de 30 kilogr. faisait jadis aisément cinq kilomètres à l'heure. Les Italiens de nos jours, quelque bien exercés qu'ils fussent, n'en pourraient jamais faire autant. La décadence se manifeste aussi par la corruption du langage, l'affaiblissement des croyances religieuses, la superstition, l'infidélité à la parole jurée, le mépris du serment, l'amour des richesses, et le peu d'estime pour les nobles travaux de l'esprit. Les peuples en décadence sont loquaces, disputeurs, difficiles à gouverner, à cause de leur versatilité ; et comme ils ont plus de finesse que de bonne foi, il faut une multitude de règlements pour les contenir dans le devoir. Au rapport d'Ammien-Marcellin, les Romains de son temps (quatrième siècle) ne lisaient que *Juvénal* et l'histoire d'un certain Marius-Maximus. On ne jouait plus à cette époque les comédies de Plaute et de Térence ; mais la ville avait force cochers, force musiciens et trois mille danseuses. Dans le Bas-Empire, on se querellait pour les cochers de la faction *bleue*, ou pour leurs adversaires de la faction *verte* ; on changeait la dynastie impériale souvent plusieurs fois dans moins d'un quart de siècle ; les querelles religieuses se soutinrent avec le même acharnement jusqu'à la prise de Constantinople par les Turcs. Nous laissons à nos lecteurs le soin d'appliquer ces observations à d'autres peuples. TEYSSÈDRE.

DÉCADI. *Voyez* DÉCADE *et* CALENDRIER RÉPUBLICAIN.

DÉCAGONE (de δέκα, dix, et γωνία, angle), polygone ayant dix côtés et, par suite, dix angles. Comme tous les polygones réguliers, le *décagone régulier* (celui dont les côtés ainsi que les angles sont égaux) peut toujours être inscrit et circonscrit au cercle.

On a souvent besoin d'inscrire un décagone régulier dans un cercle donné. La géométrie élémentaire nous apprend que le côté de ce polygone est égal au plus grand segment du rayon divisé en moyenne et extrême raison. On peut donc déterminer ce côté, soit par une construction graphique, soit par le calcul. En employant ce dernier moyen, on sait que c désignant le côté cherché et r le rayon, on trouve

$$c = r \left(\frac{\sqrt{5}-1}{2} \right), \text{ou approximativement} = r \times 0{,}61803...,$$

résultat suffisant pour la pratique. Si l'on veut construire un décagone régulier dont le côté est donné, il suffit de savoir que la somme des dix angles d'un tel polygone étant égale à huit fois deux angles droits ou 1440°, chacun de ces angles est de 144°.

Pour évaluer la surface S d'un décagone régulier, on mesure son côté c, puis on applique la formule

$$S = \frac{5c^2}{2} \sqrt{5 + 2\sqrt{5}} \text{ ou } S = c^2 \times 7{,}694209...,$$

c'est-à-dire que l'on multiplie le carré du côté par le nombre constant 7,694209... E. MERLIEUX.

DÉCAGRAMME, DÉCALITRE, DÉCAMÈTRE. *Voyez* GRAMME, LITRE, MÈTRE *et* MÉTRIQUE (Système).

DECAISNE (HENRI), peintre contemporain, naquit en 1799, à Bruxelles, d'une famille de Picardie retirée en Belgique pendant les troubles de la Révolution. Destiné par son père à la magistrature, il entra au lycée ; mais tout enfant la peinture avait été l'objet de ses rêves. Doué d'une intelligence heureuse, il entreprit bravement ses études scolastiques ; non sans orner ses livres de nombreux dessins qui lui valurent plus d'une punition. Envisageant la fin de sa vie de collège comme le moment où devait s'ouvrir pour lui une existence nouvelle, Decaisne travaillait sans relâche. N'ayant qu'un faible patrimoine et quatre enfants à élever, son père avait dû s'alarmer du goût du jeune homme pour les arts. Cependant il fallut céder. Decaisne voulait être peintre. Sorti du lycée, il entra chez un vieux peintre flamand nommé François. Là ses progrès furent rapides ; son maître, qui s'en attribuait tout le mérite, montra non sans orgueil à David, alors exilé, plusieurs dessins de son élève. David y reconnut les germes d'un beau talent, prit le jeune artiste en affection, l'encouragea de ses conseils, et l'engagea, dans l'intérêt de ses études, à quitter Bruxelles pour se rendre à Paris. Dès ce moment Decaisne rêva ce voyage avec ardeur. Son père y consentit enfin.

Arrivé dans la capitale de la France au commencement de 1818, Decaisne entra chez Girodet, et devint bientôt un de ses plus forts élèves. Après un an d'études, ne pouvant supporter la pensée que pour lui sa famille s'imposait peut-être les plus durs sacrifices, il s'en revint tristement à Bruxelles. Son père, qui mourut à peu de temps de là, eut néanmoins le bonheur d'assister à ses premiers succès de son fils. A vingt-deux ans, Decaisne, devenu pour ainsi dire père de famille, détermina sa mère à se fixer à Paris. Il était à peine entré chez Gros, que sa mère perdit en un jour toutes les ressources qu'elle possédait. Son frère puîné avait dix-sept ans, le plus jeune quatorze. Ces deux jeunes gens manifestaient pour les sciences quelque aptitude ; à force de démarches, il obtint pour eux deux places de simples jardiniers au Jardin des Plantes. L'un d'eux est devenu docteur en médecine ; l'autre, professeur de culture au Muséum et membre de l'Académie des Sciences, s'est acquis par des travaux remarquables un nom distingué dans la science.

De son côté, Decaisne, interrompant ses études avec résignation, fit des dessins et des vignettes pour le commerce, et travailla avec tant d'ardeur que bientôt sa mère oublia le triste changement survenu dans son existence. Au bout d'un an, Decaisne put reprendre la peinture avec fruit, et bientôt ses succès vinrent apporter plus d'aisance dans sa famille. *Milton dictant le Paradis perdu à ses filles* et *La Mort de Louis XIII* lui valurent de la part des artistes les plus sévères de sincères éloges ; son nom fut connu du public, et l'avenir ne dut plus lui inspirer d'inquiétudes. Il fit pour la galerie de Trianon *Henriette d'Angleterre reçue au Louvre par Anne d'Autriche*, et pour celle du Luxembourg, *L'Ange gardien près du berceau d'un enfant*. Sa première patrie ne l'oublia pas : la ville de Bruxelles lui commanda un tableau représentant *La Belgique distribuant des couronnes à ceux de ses enfants qui l'ont illustrée*, œuvre capitale de l'artiste. Le prix de cette toile permit à Decaisne de visiter l'Italie, et peu d'artistes ont su tirer profit d'un voyage qui pour lui fut très-court. En moins de sept mois, il sut se faire une des plus remarquables collections de dessins. Grâce à l'étude des maîtres italiens, la manière de Decaisne gagna de la force et de la hardiesse ; excellent coloriste et dessinateur correct, peu de peintres ont autant de grâce et de distinction. Un reflet de sa jeunesse, une sorte de mélancolie douce et un sentiment profond animent ses toiles ; nous citerons encore, dans un genre différent, *Les quatre Évangélistes*, peints sur mur dans l'église Saint-Paul, et *Le Christ aux enfants*, peint de la même manière à Saint-Denys du Saint-Sacrement, à Paris. Henri Decaisne est mort le 26 octobre 1852.

DÉCALOGUE (de δέκα, dix, et de λογος, parole). Ce code sacré, qui résume en dix articles tous les devoirs de l'homme, ne mérite pas seulement, à raison de la source d'où il émane, la vénération de la foi ; considéré d'une manière purement philosophique, il excite encore la plus haute admiration. Chrétiens, nous savons qu'il est dans l'ordre des vérités morales un grand fait divin ; mais nous pouvons dire aussi à ceux qui méconnaissent sa céleste origine qu'il serait toujours le plus grand des faits humains dans l'histoire morale de l'ancien monde. Le peuple hébreu, qui nous l'a transmis, apparaît dans le chaos de l'univers païen comme une sublime exception. Seul, au milieu du polythéisme et de l'idolâtrie universelle, il conserva un culte fondé sur le pur m o n o t h é i s m e. Le p o l y-t h é i s m e matérialisa la religion, et ses effets sous ce rapport se développèrent pleinement dans la Grèce. Quelquefois il se rattacha à un spiritualisme panthéiste, comme on le voit dans quelques monuments indiens. Quoique placé entre ces deux pôles de l'erreur, le peuple hébreu fut préservé à la fois et du matérialisme grec, et du p a n t h é i s m e spiritualiste de l'Inde. Cette observation conduit déjà à penser que son code moral doit refléter la supériorité de sa croyance religieuse. En outre, c'est du sein du peuple juif qu'est sorti le christianisme. Le Décalogue, expliqué et développé par le Christ, est devenu le code des codes de l'univers chrétien, dont la civilisation tend à conquérir et à s'assimiler le reste du genre humain. Pourquoi les lois morales de Minos, de Lycurcus, de Numa, ne sont-elles plus que de vieilles ruines ? Pourquoi celles de Confucius, de Sammonocodon, de Buddha, sont-elles demeurées immobiles et pétrifiées entre les limites de quelques degrés de latitude, tandis que le code de Moïse brille, à l'ombre de la croix, des grands caractères de la permanence et de la généralité, d'une antique jeunesse qui perpétuellement se renouvelle et d'une puissance qui étend incessamment son empire ?

Nous n'entreprendrons pas d'instituer ici une comparaison de détails entre la loi morale de Moïse et celles des autres législateurs antiques : nous ne ferons qu'effleurer un sujet sur lequel on a écrit beaucoup de livres, et sur lequel, comme sur tout ce qui est divin, on peut en écrire beaucoup encore. La simple exposition des matériaux qui devraient faire partie de cette comparaison demanderait un trop large espace : plusieurs sont déjà réunis dans une belle note du *Génie du Christianisme*, que chacun peut consulter. Nous nous bornerons à cette remarque générale : c'est qu'en un sens le Décalogue est aux autres codes moraux de l'antiquité ce que le premier chapitre de *la Genèse* est aux c o s m o g o-n i e s consignées dans les livres plus célèbres nations du monde antique. Prenez ces cosmogonies : vous verrez que l'histoire de la c r é a t i o n du monde s'y présente sous l'une ou l'autre de ces formes, ou même sous toutes deux en même temps, la forme mythologique et la forme physique. Elles font intervenir l'action des divinités particulières, objets du culte national, ou elles substituent à l'action divine l'opération des causes secondes, conçues suivant les données d'une mauvaise physique : dans le premier cas, elles *ajoutent* à l'acte divin du Créateur ; dans le second cas, elles le *diminuent*, elles en retranchent quelque chose. Dans *la Genèse* de Moïse, au contraire, l'action créatrice, l'action de la cause première et souveraine apparaît seule, dans toute sa puissance et dans toute sa simplicité. La cosmogonie hébraïque se place au-dessus de tous les mythes, comme au-dessus de toutes les spéculations physiques sur les causes secondes. De même, les résumés de la morale antique, qu'on trouve chez les autres peuples, *retranchent* quelque partie des principes fondamentaux de la morale, ou y *ajoutent* des préceptes particuliers, exclusivement relatifs aux mœurs et aux usages de chaque peuple. Le Décalogue pose *toutes* les bases de la morale, et les pose pour *tous* les hommes : c'est la morale universelle, dégagée de toute prescription d'une utilité purement locale. Cette comparaison des cosmogonies aux codes moraux ne doit pas toutefois être entendue dans un sens qui en détruirait la justesse en l'exagérant, et, pour la renfermer dans ses véritables termes, on ne doit pas méconnaître que les principes de la morale ont été généralement moins altérés dans la conscience des hommes que l'histoire de la création ne l'a été dans leurs souvenirs.

Si maintenant nous considérons le Décalogue en lui-même, la première chose qui nous frappera, c'est qu'il se divise en deux parties, l'une relative aux devoirs directs de l'homme envers Dieu, l'autre comprenant les devoirs de l'homme envers l'homme. Cette division fut figurée matériellement : la loi fut écrite sur deux tables de pierre. Sur la première table, les devoirs de l'homme envers Dieu brillaient seuls, et cet isolement avait une signification sublime; la seconde table présentait le reste du Décalogue, les devoirs envers l'homme. Il y eut deux tables pour marquer la distinction de ces deux genres de préceptes, pour montrer que les premiers subsistent par leur propre force, se manifestent par leur propre lumière, comme Dieu est par lui-même la lumière, la vie, l'être; les seconds ne subsistent qu'à l'appui des premiers; ils n'ont qu'une force dérivée, une lumière réfléchie, parce qu'on ne peut concevoir que l'homme doive quelque chose à l'homme, si l'on ne remonte jusqu'à son obligation primordiale envers Dieu, source unique de toute obligation; de même qu'on ne peut concevoir l'existence de l'homme et de tous les êtres finis qu'en remontant jusqu'à l'être des êtres, cause suprême de toute existence. Mais, bien qu'il y eût deux tables distinctes, ces deux tables furent jointes ensemble; elles furent présentées toutes deux à la vénération du peuple de Dieu; elles furent placées toutes deux, l'une à côté de l'autre, dans l'arche d'alliance, parce qu'elles offraient toutes deux l'expression de la volonté divine. On ne trouve dans le symbolisme religieux des nations païennes rien qui approche de cet enseignement si haut et si profond, rendu sensible par la distinction matérielle et l'union des deux tables du Décalogue; et nous ne concevons pas qu'il pût y avoir un moyen plus simple et plus efficace de graver, par l'intermédiaire des sens, dans la raison des hommes, l'unité de la loi divine, sans leur laisser oublier la distinction que cette unité renferme, à cause de la subordination des devoirs envers l'homme aux devoirs directs envers Dieu, et d'imprimer en même temps dans leur esprit cette distinction essentielle, sans obscurcir l'unité également essentielle de la loi.

La première table contient trois préceptes. Le premier ordonne de n'adorer que Dieu, et proscrit les idoles. L'idolâtrie détruit l'adoration due à la majesté suprême et incommunicable du vrai Dieu; elle lui donne des rivaux, elle le détrône. Ce premier précepte promulgue donc les droits de Dieu comme *puissance* souveraine, à qui toute créature doit hommage et obéissance. Par le second précepte il est prescrit de ne pas prendre le nom de Dieu en vain, c'est-à-dire qu'il défend tout serment faux ou inutile, toute profanation du nom de Dieu, considéré comme *vérité* suprême, source et garantie de toute vérité, qui est contenue essentiellement dans l'intelligence infinie. Le troisième précepte se rapporte en général au culte, et spécialement à la *sanctification* du jour du Seigneur. Dans le culte, Dieu est vénéré particulièrement sous la notion de *sainteté* infinie, comme étant, par sa grâce, l'auteur de la sanctification de l'homme. En suivant ces indications, il nous semble difficile de ne pas entrevoir une corrélation, voilée sans doute, mystérieuse, esquissée, mais néanmoins frappante, entre les trois préceptes de la première table et les idées qui se rattachent au dogme fondamental du christianisme, la Trinité. Sous ce rapport, comme sous beaucoup d'autres, l'Ancien Testament renfermait les linéaments significatifs, les figures des vérités que le Verbe divin a enseignées : le *Christ, qui est hier, aujourd'hui et dans tous les siècles*, projetait déjà sur le tabernacle antique son ombre lumineuse.

La seconde table se compose de sept préceptes. Remarquez d'abord comment ils embrassent tous les devoirs fondamentaux de l'homme envers l'homme, et dans quel ordre admirable ils sont rangés. Le premier lie d'une manière spéciale la société humaine, objet des lois de la seconde table, à la société divine, constituée par les trois préceptes qui sont les lois de la première table. Tous les hommes, ou, pour mieux dire, tous les êtres intelligents forment une grande société, une famille universelle, dont Dieu est le monarque et le père. Mais dans la société humaine, en tant qu'elle est divisée en familles et en nations, le Père universel, le Monarque suprême, qui est dans les cieux, est représenté par le père de chaque famille et par l'autorité souveraine qui préside au gouvernement de chaque nation; car, de quelque manière qu'on la conçoive, la souveraineté participe nécessairement à quelques-uns des caractères de la paternité. Or, suivant l'interprétation commune, le précepte qui ordonne à chacun d'honorer son père et sa mère s'applique non-seulement à l'autorité paternelle, mais encore à toute autorité légitime. Et puisque toute autorité divine dans sa source représente dans la société humaine l'autorité de Dieu même, ce précepte a dès lors pour objet de constituer le lien qui unit à la société primordiale de l'homme avec Dieu la société subordonnée des hommes entre eux. Après avoir établi dans les trois premiers préceptes la société primordiale, l'ordre naturel de l'enchaînement des vérités voulait donc que les préceptes relatifs à la société subordonnée commençassent par ce précepte, qui exprime dans son sens général l'union des deux sociétés : *tu honoreras ton père et ta mère*. Cette logique divine est merveilleuse.

Poursuivons : la base de la société humaine étant posée, le Décalogue entre dans le détail des préceptes fondamentaux. Sur quel point devra tomber la première prescription? Elle devra tomber sur ce qu'il y a de primitif dans l'homme, elle devra protéger contre l'injustice le droit que supposent tous les autres droits, le droit à la vie, à l'existence : *tu ne tueras point*. Mais l'homme n'a pas seulement une existence purement individuelle : par l'union qu'établit le mariage et que Dieu a bénie à l'origine du genre humain, l'homme vit dans un autre être, dans un autre lui-même. Après avoir été protégé dans son existence individuelle, il doit donc aussi être protégé dans son existence conjugale : donc après le précepte : *tu ne tueras point*, devait venir le précepte : *tu ne commettras point d'adultère*. Ce n'est pas que cette défense ait pour motif unique l'obligation de ne pas attenter aux lois de l'union conjugale : non; cette défense a, comme nous l'indiquerons tout à l'heure, une autre racine et une autre étendue. Mais en proscrivant d'abord les actes extérieurs de la débauche, le Décalogue les considère ici spécialement comme étant une tendance à l'adultère, ou comme étant la consommation de ce crime, qui est une espèce de meurtre de la famille. Voilà donc déjà deux préceptes qui protègent l'homme dans sa double existence. Mais l'homme n'existe pas sans moyens de vivre : il possède ou peut posséder ; à son existence se rattache, comme moyen de conservation, la propriété. Or, comme l'homme est un être à la fois physique et moral, il a aussi une propriété double. Les biens matériels, qui servent à l'entretien de son organisme, voilà la propriété physique; sa réputation, qui est le fondement de ses relations sociales avec les autres hommes, est sa propriété morale. De là deux autres préceptes : *tu ne voleras pas*, précepte relatif à la propriété physique : *tu ne porteras pas faux témoignage contre ton prochain*, précepte relatif à la propriété morale. Les docteurs chrétiens ont interprété cette prescription en ce sens qu'elle ne prohibe pas seulement la calomnie, mais encore la médisance. Ce qu'on n'a aucun motif légitime de déclarer contre comme s'il n'était pas. La médisance n'a pas la fausseté de fait, mais on peut dire qu'elle est fausse de droit, parce qu'elle affirme ce que nulle affirmation ne doit atteindre.

En proscrivant tous les actes extérieurs qui peuvent violer

la double existence et la double propriété de l'homme, le Décalogue proscrit implicitement toutes les injustices possibles envers l'homme, car elles ne peuvent, en dernière analyse, avoir une autre matière que l'existence et la propriété conçues dans toute leur extension. Mais après avoir défendu les actes extérieurs, il fallait les attaquer dans leur source interne, dans les penchants radicalement vicieux d'où ils procèdent en un mot, dans la concupiscence, qui tourmente l'homme depuis sa chute. Tel est l'objet des deux derniers préceptes, lesquels sont à la fois le résumé de toutes les prescriptions précédentes, qui établissent les devoirs d'homme à homme, et le complément nécessaire de ses prescriptions, parce qu'ils descendent dans l'intérieur de l'âme humaine, pour y condamner les désirs, principes de tous les désordres. Et ici indiquons encore les admirables et intimes analogies qui existent entre la loi morale, promulguée sur le Sinaï, et les dogmes profonds que le christianisme a révélés. L'apôtre saint Jean a dit que tous les péchés procèdent d'une triple concupiscence, la concupiscence d'orgueil, la concupiscence des yeux, qui désigne le désir immodéré des biens de ce monde, et la concupiscence de la chair. La concupiscence d'orgueil est attaquée radicalement, d'abord par les trois premiers préceptes du Décalogue, qui abaissent et humilient l'homme devant la souveraine majesté de Dieu, et ensuite par le précepte qui prescrit d'honorer d'une manière vraie, c'est-à-dire à la fois extérieure et intérieure, toute autorité qui représente l'autorité divine. La concupiscence ou le désir déréglé de la richesse est proscrite dans le dernier précepte, qui défend de désirer ce qui appartient au prochain : le même précepte frappe aussi de ses rapports avec la concupiscence de la chair. L'adultère et les actes qui s'y rapportent ne sont pas vicieux seulement parce qu'ils troublent les lois de la société humaine, mais ils sont vicieux dans leur racine, ils sont vicieux parce qu'ils sont le résultat d'une prédominance essentiellement désordonnée de la vie des sens sur la vie spirituelle, parce que, dans le fond de la corruption humaine, la chair viole l'ordre de ses rapports avec l'esprit, en aspirant à assujettir l'esprit à l'empire de ses convoitises, par l'abus d'elle-même. Par là se manifeste l'étendue des préceptes du Décalogue qui concernent ce genre de désordres, qui ont pour but de remédier, avec le secours de la grâce divine, à cette troisième concupiscence, comme les autres préceptes s'opposent à la seconde et à la première; de sorte que le Décalogue, pris dans son ensemble, correspond exactement, par ses injonctions salutaires, à la triple maladie qui dévore dans l'homme tombé les débris de l'image de Dieu.

En jetant un autre coup d'œil sur son ensemble, on voit que, considéré numériquement, il porte à la fois sur le nombre ternaire et sur le nombre septénaire : le nombre ternaire se révèle dans les préceptes directement relatifs aux devoirs envers Dieu ; le nombre septénaire, dans les préceptes qui expriment les devoirs qui ont l'homme pour objet spécial. Plusieurs des anciens philosophes avaient attaché une grande importance aux mystères des nombres; plusieurs Pères de l'Église se sont livrés à des spéculations sur les harmonies des nombres avec les lois de la nature ou avec celles de la grâce. On a pu abuser de cet ordre d'idées : on l'a fait descendre quelquefois à des applications fausses et à des rapprochements peu satisfaisants; mais, au lieu de chercher à éviter ces abus, la plupart des philosophies modernes ont rejeté cet ordre d'idées lui-même, quoiqu'elles aient souvent rencontré, mêlées dans les ornières du plus grossier empirisme, des apparitions qui pouvaient leur faire entrevoir qu'il y avait de profondes vérités à découvrir. Il est arrivé aussi que quelques théologiens, qui n'ont pas échappé complétement à l'influence du rationalisme, ont parlé avec un étonnant dédain des considérations de ce genre, éparses dans les écrits des Pères de l'Église. Mais la philosophie commence à se débarrasser de ces préjugés étroits ;

le nombre ternaire et le nombre septénaire sont trop visiblement empreints et répétés dans l'univers, dans les grands phénomènes de la nature, tels, par exemple, que la lumière et le son, dans la constitution physique de l'homme, et, d'autre part, ils reviennent trop souvent dans les doctrines révélées qui nous expliquent l'ordre de la Providence relativement aux communications de l'homme avec Dieu et au gouvernement temporel du genre humain, pour que la curiosité légitime de la raison ne soit pas excitée par ces puissantes analogies. Lorsqu'on se place dans ce point de vue, on ne s'étonne pas que le mystère du nombre ternaire et du nombre septénaire nous laisse entendre aussi, dans le Décalogue, loi divine donnée à l'homme, un retentissement de ce rythme universel, de cette harmonie mathématique du monde. C'est une chose admirable que les lois inflexibles du nombre s'adaptent et s'entrelacent, sans les détruire, aux lois du monde moral, qui dirigent ce qu'il y a de plus essentiellement libre de toute nécessité mathématique, la volonté, la vertu, l'amour.

Le caractère sublime du Décalogue se manifeste jusque dans ce qui semble, au premier coup d'œil, former une exception à ce caractère même. Tous les articles de cette loi expriment les principes immuables de la loi morale : un seul implique un élément qui appartient à un autre ordre. Le précepte qui oblige à sanctifier le jour du Seigneur est fondé, en tant qu'il renferme le devoir général du culte, sur les rapports essentiels de la créature au Créateur. Il a aussi sa base dans les nécessités de notre nature et les lois naturelles de la société humaine, en tant qu'il suppose qu'un jour déterminé doit être spécialement consacré au culte, surtout au culte public ou social. Mais le choix du jour du sabbat ou du septième jour n'est point déterminé par des raisons prises dans les relations essentielles de l'homme avec Dieu. Ce choix néanmoins n'est point arbitraire : il a ses raisons dans un ordre de choses plus étendu que la sphère du monde humain. L'homme dut sanctifier le jour du sabbat en mémoire du septième jour de la création, le jour du repos divin après la création achevée. Mais pourquoi sept jours, sept époques, à l'origine des choses ? Cette raison ultérieure, invisible actuellement à nos regards, se cache dans les lointaines profondeurs du plan divin de l'univers. Mais du moins nous voyons que le seul point du Décalogue qui se distingue des principes universels et invariables de la morale remonte, de raisons en raisons, jusqu'aux lois les plus générales de la création. Lorsque le christianisme substitua au *sabbatum* juif le *sabbatum* évangélique, au jour qui conservait le souvenir de l'accomplissement de la création, le dimanche où le Christ avait accompli, en ressuscitant, l'œuvre de la régénération, et s'était reposé du travail, du douloureux travail qui réforma l'homme, il y eut bien, par le fait même de cette substitution de jour, une variation en un certain sens; mais dans un sens supérieur il n'y en eut point, ou plutôt il n'y eut variation que comme il y en a dans tout développement. L'œuvre du Christ était une création nouvelle, une création réparatrice : la raison qui avait déterminé le samedi pour le jour saint de l'ancien peuple voulait donc qu'il fût remplacé par le dimanche dans la sainte chronologie du peuple nouveau. Le dimanche est le véritable *sabbatum* complet, il est la mémoire des deux repos divins, des deux grands accomplissements, parce que l'œuvre de la régénération implique elle-même le souvenir de la génération première ou de la création. Cette substitution n'a pas été un changement dans l'essence intime du précepte; elle en a été, au contraire, l'achèvement, la perfection. Il y eut variation dans le cadran où les aiguilles mesurent les jours de l'homme dans le monde des sens, mais l'aiguille éternelle et invisible qui indique les divisions de la durée d'après les actes de Dieu continua, sous ce changement apparent, de marquer à l'œil de l'âme le même jour divin agrandi.

Ph. GERBET, évêque de Perpignan.

DÉCALOGUE DU DIEU DU GOUT. En apercevant une pièce sous ce titre dans les *Mémoires secrets* de Bachaumont, on s'attendrait à trouver sinon les purs préceptes d'un art poétique, du moins de gracieuses observations sur l'art, telles qu'on devait les faire au siècle de Voltaire. Il n'en est pas ainsi ; ce Décalogue n'est ni un code de lois, ni un travail de fine critique : ce n'est qu'une lourde épigramme en vingt mauvais vers, qui sentent d'une lieue l'intolérance d'une époque qui appelait à grands cris toutes les tolérances. Voici ce morceau :

I. — Au dieu du goût immoleras
Tous les écrits de Pompignan.
II. — Chaque jour tu déchireras
Trois feuillets de l'abbé Le Blanc.
III. — De Montesquieu ne médiras,
Ni de Voltaire aucunement.
IV. — L'ami des sots point ne seras,
De fait ni de consentement.
V. — La Dunciade tu liras
Tous les matins dévotement.
VI. — Marmontel le soir tu prendras,
Afin de dormir languement.
VII. — Diderot tu n'achèteras,
Si ne veux perdre ton argent.
VIII. — Dorat en tous lieux honniras
Et Colardeau pareillement.
IX. — Lemierre aussi tu siffleras
A tout le moins une fois l'an.
X. — L'ami Fréron n'applaudiras
Qu'à l'écossaise seulement.

DÉCALQUE. Le calque étant nécessaire pour reproduire avec une parfaite exactitude le dessin que l'on veut graver, l'artiste est obligé, pour le retracer sur sa planche ou sur sa pierre lithographique, de faire une seconde opération, à laquelle on donne le nom de *décalque*. Le calque terminé, on passe un peu de sanguine en poudre sur le côté qui doit être placé sur la planche vernie ou sur la pierre préparée, et on repasse avec une pointe sur chacun des traits, qui se trouvent ainsi *décalqués* en rouge sur la planche ou la pierre. Quelquefois, au lieu de décalquer à la pointe, on lait passer ces calques avec la planche sous le rouleau de la presse d'imprimeur en taille-douce. Cette opération, quoique donnant le même résultat, est une *contre-épreuve* plutôt qu'un *décalque*. DUCHESNE aîné.

DÉCAMÉRON (de δέκα, dix, et ἡμέρα, jour, journée), titre du fameux ouvrage de Boccace, ainsi nommé parce qu'il contient les actions ou les entretiens, les récits de dix jours. Le Décaméron a été non-seulement admis, mais imité par plusieurs auteurs (*voyez* CONTE).

DÉCAMPEMENT, action par laquelle une armée agissante lève le camp : le mot s'applique ici à un camp de tentes. Il est peu ancien, puisque l'*Encyclopédie* fait la remarque qu'au lieu de dire *décamper*, on disait *déloger*. Le décampement est annoncé par le premier signal ou la première batterie, appelée *la générale*, qui donne l'ordre préparatoire du départ de la troupe campée ; à ce signal, on se dispose à détendre et à atteler. La seconde batterie de décampement, nommée *assemblée*, indique l'instant où doivent être arrachés les piquets de tente, et elle est terminée par un roulement, aux derniers coups duquel tous les mâts des tentes doivent s'abattre à la fois ; on plie les tentes et les couvertes, on charge les équipages, on attelle. La troisième batterie, nommée *aux drapeaux*, équivaut à un ordre d'éteindre les feux, de répartir les outils et les objets à transporter, de prendre les armes pour le départ, etc. Telles sont les dispositions que prescrivent les règlements, mais que nous n'avons jamais vu s'exécuter. Autrefois la batterie *aux champs* était la quatrième batterie de décampement. Un des soins importants, lors du décampement, est de veiller à ce que personne ne s'écarte sans ordre, et à ce que tous les objets épars et susceptibles de se perdre soient rassemblés. Ce soin, connu déjà des anciens, avait produit l'expression : *vasa colligere* (c'est-à-dire rassembler les ustensiles de cuisine), locution qui était synonyme de notre mot *décamper*. Gal BARDIN.

DECAMPS (ALEXANDRE-GABRIEL), paysagiste et peintre de genre, né à Paris, en 1803, et élève de l'académicien Abel de Pujol, dont il oublia bientôt les leçons, pour suivre ses propres inspirations. C'est incontestablement un peintre maniéré ; mais il n'en est pas moins pour cela l'un des talents les plus originaux de l'école française moderne. Tout ce qui provient de son pinceau porte un cachet particulier et offre une expression caractéristique. Son pinceau sait donner à la nature une empreinte intéressante. Les objets les plus vulgaires offrent de l'attrait dès qu'il les représente ; il sait les ennoblir par un style qui ne prend pas sa source dans la nature, que l'artiste tourmente à dessein, ni dans la tradition, qu'il dédaigne, par un style qui lui est propre, qui est son cachet, sa signature. On reconnaît ses ouvrages de loin, alors même qu'on ne se sent pas attiré par le caractère bizarre de ce maître, et force est de rendre hommage à ce qu'il a d'énergie et d'originalité. La vigueur des effets lumineux de Decamps frappe de surprise, et constitue la qualité dominante de ses tableaux. D'ailleurs une multitude de tons chatoyants et ardents s'allie à cet énergique emploi de la lumière. Decamps excelle à manier la couleur, et on peut à bon droit le proclamer le premier coloriste de l'école. Sa peinture, tantôt ferme, rude et recrépie comme une muraille, tantôt fine, délicate et transparente comme la plus pure atmosphère, est une véritable alchimie, dont on ne peut pénétrer les mystères. Les couleurs sont appliquées grasses, corporelles, et quelquefois travaillées comme de petits cristaux irréguliers. Une teinte générale, couleur de chaux, qui semble confusément jetée, un glacis et un vernis savamment étendus, tout concourt à l'effet. Avant que le tableau soit achevé, les tons ont été plusieurs fois modifiés, les sous-teintes maintes fois couvertes et découvertes, et à travers ces nuances multiples, la couleur, d'abord pure, fraîche, puis mêlée et confondue, n'en demeure pas moins vive, vigoureuse et attrayante. Cette manière d'empâter, introduite par Decamps, qu'il emploie avec un extrême bonheur, a trouvé de nombreux imitateurs, mais qui ont fait plus usage de la boîte que du pinceau, et sont tombés dans des exagérations dont le maître lui-même n'est pas d'ailleurs toujours exempt.

Decamps habite d'ordinaire la campagne, aux environs de Paris, où il vit dans les bois avec les garde-chasses et les paysans. Chasseur passionné, il ne sort presque jamais sans ses chiens, qu'il peint souvent dans ses tableaux. Ses sujets sont en général des plus simples : Un enfant jouant avec une tortue, Un pacha fumant sa pipe, Un invalide en tenue du dimanche, Un garde-chasse en costume officiel, etc., etc. Pendant longtemps il ne peignit que des singes, mais avec une originalité de talent, avec un persiflage de la nature humaine, qu'on ne saurait décrire. Le plus célèbre de ses tableaux de singes est celui des *Experts*, satire excessivement spirituelle, mais mordante, de l'ancien jury de l'Adémie de Peinture, qui a souvent refusé l'admission de ses tableaux aux expositions annuelles.

Decamps affectionne les sujets empruntés à la vie des champs et aux mœurs des peuples orientaux. Il fut le premier à exploiter le côté pittoresque de l'Orient, qu'il visita pendant les dernières années de la Restauration. Ses toiles principales sont la célèbre *Ronde de Nuit du cadji-bey, chef de la police de Smyrne* (1831), qui rappelle à beaucoup d'égards *Le Guet* de Rembrandt (Musée d'Amsterdam) ; le *Corps de garde turc* (1834), l'*Ecole turque*, deux sujets que le peintre affectionne particulièrement, et qu'il a maintes fois traités ; le *Supplice des Crochets*, en usage dans la Turquie asiatique (1839).

On a aussi de Decamps des compositions historiques de grand style ; par exemple : *Le Siége de Clermont* (1842) ; la *Défaite des Cimbres* (1843), et neuf scènes de la *Vie de*

Samson (1845); de grands dessins exécutés au fusain, rehaussés de blanc et recouverts de couleur à l'huile; de même qu'une foule de portraits, d'aquarelles, de dessins et même de lithographies, qui sont fort recherchés et atteignent dans les ventes des prix élevés. Alphonse Masson, Louis Marvy et C. Carey ont gravé sur cuivre divers tableaux et dessins de Decamps. Beaucoup d'autres compositions de ce maître ont été également reproduites par la lithographie avec un grand succès; et sous ce rapport les noms de Leroux et de J. Laurens ne doivent pas être oubliés ici.

DÉCAN (du latin *decanus*, qui est à la tête de dix hommes). Ce mot a des acceptions assez nombreuses, et sert à désigner dans l'histoire des fonctions très-diverses. Dans l'armée romaine, selon Végèce, un *décan* était une espèce de caporal, qui commandait à dix soldats et portait une baguette pour marque distinctive de son grade. A Constantinople, où la domesticité du palais formait une population nombreuse, il y avait un emploi dont le titulaire portait le nom de *décan*, parce qu'il avait sous sa direction dix autres personnes. Les *décans* dépendaient du grand chambellan, dont ils étaient pour ainsi dire la milice. L'Église elle-même adopta cette forme d'organisation, et obtint de Constantin la permission d'instituer dans sa nouvelle capitale une communauté composée de près de mille personnes, chargées de rendre aux morts de toutes les conditions les devoirs de la sépulture. Les membres de cette confrérie furent déchargés des impôts ordinaires : on les appelait *decani* et *lecticarii* (porteurs), ou encore *copiates* (fossoyeurs), ce qui indique toute l'étendue de leurs fonctions. Ils étaient divisés en escouades de dix hommes; à chacune de ces escouades était confiée une bière pour l'accomplissement de leur pieux ministère. Ils tenaient cependant un rang honorable dans la hiérarchie de l'Église, et passaient même avant les chantres. Ils se tenaient à la gauche du chœur, où ils remplissaient l'office de maîtres des cérémonies, désignant aux prêtres les places qu'ils devaient occuper. Les *décans* ou *copiates* parurent si utiles qu'ils furent établis par la suite à Rome, ainsi que dans les Gaules. A Constantinople, les appariteurs ou licteurs portaient aussi ce titre.

Les moines, à leur origine, se multiplièrent si rapidement qu'il fallut songer à introduire une règle nouvelle dans les monastères, dont la population s'élevait quelquefois à plusieurs centaines d'hommes. On les partagea en groupes de dix religieux ayant chacun pour chef un *décan* ou *dizainier*. Le même mode fut suivi dans les diocèses de quelque étendue, où furent établis des *décans*, qui prirent plus tard le titre de *doyens*, et reçurent le droit d'inspection sur dix prêtres ou dix paroisses. Établis en Espagne et en Italie, les Visigoths et les Lombards empruntèrent à la société romaine cette classification, en créant des juges inférieurs qui avaient chacun dix villages sous leur juridiction. Quelques siècles plus tard, Alfred le Grand, affermi par ses victoires sur le trône de la Grande-Bretagne, ne crut pouvoir arrêter les désordres publics que par une mesure semblable. Toute la population fut divisée en dizaines, ayant à leur tête un chef de famille responsable de tous les délits commis par les siens. Exécuté avec rigueur, ce règlement ne tarda pas à ramener la sécurité. De nos jours, les passions religieuses et politiques ont essayé de se servir de ce principe comme d'un levier capable de tout ébranler, et c'est sur ce plan qu'étaient souvent organisées les congrégations instituées par le clergé, et les sociétés politiques, qui ont joué un rôle si actif parmi nous depuis quelques années. Nous signalerons, dans la même série d'idées, la création des *décurions* dans les États Romains, imaginées il y a une vingtaine d'années par la cour pontificale pour combattre ses ennemis avec les mêmes armes. SAINT-PROSPER jeune.

DÉCANAT. On exprime par ce mot la qualité, la fonction du doyen d'une compagnie. Malgré cette définition, il ne faut pas confondre le *doyenné* et le *décanat*; le premier mot s'applique à la qualité de doyen d'un chapitre, et représente une véritable dignité; le second désigne la qualité de *doyen* d'une compagnie et d'une société laïque, et n'emporte en général d'autre idée que celle de la supériorité d'âge et des honneurs de pure forme qu'on accorde au plus âgé. Quoique le *décanat* du sacré collège ne donne que des privilèges honorifiques, ce fut pour en prendre possession que le célèbre cardinal de Bouillon risqua de désobéir à Louis XIV en prolongeant son séjour à Rome. Disgracié à son retour, il finit par renoncer à sa patrie. Depuis 1724, d'après un décret de Benoît XIII, le *décanat* appartient de droit au cardinal dont la promotion est la plus ancienne, pourvu que, s'il n'est pas à Rome au moment de la vacance, il prouve qu'il y résidait alors dans son diocèse.

SAINT-PROSPER jeune.

DECANDOLLE (AUGUSTIN-PYRAME), un des plus illustres botanistes modernes, associé étranger de l'Académie des Sciences de l'Institut de France, directeur du jardin botanique de Genève, professeur d'histoire naturelle à l'académie de cette ville, naquit à Genève, le 4 février 1778. Il était originaire d'une des plus anciennes familles nobles de Provence, et comptait parmi ses aïeux plusieurs personnages remarquables, entre autres un savant typographe, fondateur de l'imprimerie *caldorienne*. Decandolle fit d'excellentes études au collège de Genève. Il se distingua d'abord par une mémoire prodigieuse et un goût passionné pour la poésie. Florian, qui fréquentait la maison de Decandolle père, prédisait au jeune poète de brillants succès dans la carrière dramatique; mais celui-ci était appelé à une tout autre illustration. Dès l'âge de seize ans il s'adonna à l'étude des sciences. Il suivit à la faculté de philosophie les cours du célèbre De Saussure, et Vaucher lui donna les premières leçons de botanique. A l'âge de dix-huit ans, Decandolle vint à Paris, où il fut accueilli avec bonté par Dolomieu et Desfontaines, qui l'encouragèrent dans ses débuts. Dans les cinq années qui suivirent son arrivée à Paris, il publia son *Histoire des Plantes Grasses* (4 vol. in-4°), son *Astragalogie*, et divers mémoires sur la physique végétale; il suppléait à cette époque la chaire de Cuvier au Collège de France. Les Genevois, glorieux des premiers succès de leur jeune compatriote, lui déférèrent le titre de professeur honoraire d'histoire naturelle à l'académie de leur ville.

En 1803, à la suite d'un voyage qu'il fit en Belgique et en Hollande, Decandolle publia un mémoire intéressant *sur la fertilisation des dunes*. L'année suivante, il reçut le grade de docteur à la faculté de médecine de Paris. La thèse qu'il présenta a été traduite en allemand par Hanau; elle porte pour titre : *Essai sur les Propriétés médicales des Plantes*. Le duc de Cadore, ministre de l'intérieur, le chargea, en 1806, de parcourir tout le territoire de l'empire français, pour y observer l'état de l'agriculture. Decandolle consacra six années à ce travail, et justifia par son zèle la confiance que le gouvernement avait placée en lui. Il écrivit alors six rapports sur *ses voyages agronomiques et botaniques*. Ces rapports ont été consignés dans les Mémoires de la Société d'Agriculture du département de la Seine : ils présentent une foule d'excellentes vues d'amélioration. Pour juger la difficulté et l'importance de ce travail, il faut se rappeler qu'à cette époque le territoire français avait été considérablement augmenté par les conquêtes de Belgique, de Savoie et des provinces rhénanes. Vers l'année 1808, la chaire de botanique à la faculté de médecine de Montpellier était vacante : Decandolle s'étant présenté au concours éloigna tous les autres candidats, et remporta cette place avec la direction du jardin botanique, en remplacement de Broussonet. Il professa aussi le cours de botanique à la faculté des sciences de la même ville, et remplit ce triple emploi jusqu'en 1815. En 1813 il fit paraître la première édition de sa *Théorie élémentaire de la Botanique*, ouvrage très-remarquable par son esprit de méthode.

DECANDOLLE — DECAPITATION

Ce fut en 1815 que Decandolle publia le 5ᵉ volume de la 3ᵉ édition de la *Flore française*. Depuis dix ans il travaillait à ce grand ouvrage, dont la rédaction lui avait été confiée par Lamarck. Ce professeur célèbre, occupé d'études spéciales sur les animaux invertébrés, n'avait plus assez de temps pour s'occuper de botanique, et cependant on demandait de toutes parts la nouvelle édition de la *Flore française*. Decandolle l'a augmentée de six mille espèces et d'excellents principes élémentaires. L'illustre botaniste, nommé pendant les cent-jours recteur de l'académie de Montpellier, ne conserva ce poste que peu de temps. La Restauration lui ayant fait un crime d'avoir été en faveur sous le gouvernement impérial, il fut obligé de quitter la France et de retourner à Genève, dont les habitants créèrent pour lui, en 1817, une chaire d'histoire naturelle et un jardin botanique, dans la direction duquel il s'adjoignit plus tard son fils. Ses compatriotes le nommèrent en outre membre du conseil représentatif de la république genevoise et député à la diète helvétique.

Après la publication de son *Vegetabilium Systema naturale*, Decandolle donna deux volumes in-8° de son *Organographie végétale*, qu'il considère comme la base de la science, et trois volumes in-8° de sa *Physiologie végétale*. Nous aurions encore à citer un grand nombre d'ouvrages, tels que des mémoires réunis en collection, des articles détachés, etc.; mais il faudrait un volume entier pour faire l'éloge des immenses travaux de Decandolle, qui n'était pas seulement savant profond, mais encore grand écrivain, et qui sut faire adopter ses théories nouvelles dans toutes les écoles. Quoiqu'on l'ait accusé de n'avoir pas rendu assez de justice aux travaux de Linné, l'*Académie des Curieux de la Nature*, la plus ancienne société savante de l'Europe, et qui est dans l'usage de donner à ses membres des noms en rapport avec leur réputation, l'avait surnommé *Linneus*. La plupart des sociétés savantes du monde entier se sont fait une gloire de le compter parmi leurs membres.

Decandolle est mort à Genève, le 9 septembre 1841.

N. CLERMONT.

Peu d'hommes ont plus fait, dans ces derniers siècles, après le grand Linné (mort l'année de la naissance de Decandolle), pour l'histoire naturelle des végétaux. Sans rappeler ici tous les titres, nous devons signaler surtout ses remarquables travaux, soit sur l'influence de la lumière sur la veille ou le sommeil des plantes et la direction des tiges, soit sur la géographie botanique, soit sur divers points importants d'*organographie* et de *physiologie*, développés dans des traités spéciaux. Sa curieuse dissertation sur les *Propriétés médicales des Plantes*, d'après leurs familles naturelles, quoiqu'en partie devancée par quelques profondes vues de Linné et de Laurent de Jussieu, n'en est pas moins belle et ingénieuse. Il a établi des recherches fort remarquables sur la hauteur barométrique de l'habitation des plantes, observations imitées depuis par M. de Humboldt sous les tropiques. Il a ainsi constaté que la température, la sécheresse et surtout la lumière accroissent l'élément ligneux. Mais Decandolle excella surtout dans ce qu'il nomme la *taxonomie*, ordonnance qui le conduisit par la subordination des caractères à une classification naturelle, à la *phytographie*. Celle-ci est fondée sur la considération des fonctions de végétation et de reproduction. Ces deux genres d'examen, rattachés par une *glossologie* exacte, qui en constitue la langue, forme sa *Théorie élémentaire de la Botanique*, œuvre à laquelle il attacha une grande partie de sa gloire et qui prouve le plus de méditations personnelles. Ce livre a mérité déjà trois éditions.

Decandolle adopta ensuite, d'après l'illustre Gœthe, le principe fondamental que *tous les êtres organisés sont réguliers dans leur nature intime*, mais que des adhérences, des divisions, des multiplications ou des avortements, des dégénérescences, causent des monstruosités qui troublent la symétrie naturelle selon les circonstances. De là résulteraient les aberrations et peut-être les diversités des espèces, genres et familles qui se rattachent par des groupes naturels : telle serait la philosophie de la science. Les végétaux se partagent ainsi en cellulaires (*acotylédonés*) et en vasculaires (*cotylédonés*). Ceux-ci se subdivisent en *monocotylédones* ou endogènes et en *dicotylédones* ou exogènes.

Decandolle était de stature moyenne, assez replet, à cheveux bruns, gai, aimable en société, possédant une mémoire prodigieuse, une intelligence très-méthodique, coordinatrice et surtout classifiante. Il se laissait entraîner parfois à des vivacités ou susceptibilités que réparait son bon cœur. Il ne fallait pas en sa présence mettre la métaphysique ou même la philosophie au-dessus des sciences d'observation, ni les *a priori* avant les faits constatés. C'est ainsi qu'il niait d'abord jusqu'aux causes finales, qu'il reconnut plus tard comme concordant avec les résultats des lois de l'organisme, d'après les vues émises par Linné, Jussieu, Gœthe, pour le plan primordial et la cause formatrice du grand système des êtres vivants. En lui la science brillait plus que le génie. Il avait la conception prompte, un style clair, infiniment d'ordre et d'activité, sans manquer d'esprit de généralisation, quoiqu'il excellât dans les monographies et les spécialités. Né à l'époque où les grandes bases de l'histoire naturelle étaient posées ou découvertes, après Linné, Jussieu, Lamarck; contemporain de Cuvier, d'Étienne Geoffroy Saint-Hilaire pour la zoologie, il sut se placer bientôt dans la noble phalange de ces hommes illustres, à peu de distance. Que s'il n'a pas été aussi inventeur qu'eux, c'est qu'il préférait la description à la recherche des causes philosophiques; s'il n'a point dans ses œuvres l'éclat poétique et pittoresque de Linné, la science lui doit du moins les immenses progrès qui l'ont surtout popularisée. J.-J. VIREY.

En mourant, Decandolle a légué ses collections, entre autres son bel herbier, contenant plus de soixante-dix mille espèces de plantes, à son fils *Alphonse* DECANDOLLE, sous la condition de le mettre gratuitement à la disposition du public et de continuer le *Prodromus*. M. Alphonse Decandolle, qui a succédé à la chaire de son père, a surtout fondé sa réputation scientifique par la publication d'une *Introduction à l'étude de la Botanique* (2 vol., Paris, 1835). Parmi ses autres ouvrages, il faut encore mentionner sa *Monographie des Campanules* (Paris, 1835) et le texte des *Icones selectæ Plantarum*, magnifique publication due aux soins de M. Delessert.

DÉCANDRIE, nom donné par Linné à sa dixième classe, dans laquelle nous trouvons presque toutes les caryophyllées. Les étamines sont, comme l'indique le mot *décandrie*, toujours au nombre de dix (*voyez* BOTANIQUE).

DÉCANTATION (de*canthus*, bec de cruche), opération qui a pour objet la séparation d'un liquide d'avec des matières solides déposées ou précipitées, et qui se fait à l'aide d'un siphon, d'un robinet ou d'un simple chalumeau. Le résultat de cette opération est analogue à celui de la filtration. La décantation est souvent mise en usage pour séparer la partie claire de la partie trouble d'un fluide, et pour séparer des fluides d'avec des solides qui sont spécifiquement plus pesants, spécialement dans les opérations de grande, ou lorsque les solides sont en molécules tellement ténues qu'elles pourraient passer à travers la plupart des substances qu'on emploierait à la filtration, ou tellement corrosifs qu'ils pourraient les détruire.

DÉCAPER, terme de chimie qui signifie enlever au moyen d'un acide ou de toute autre manière les oxydes, les crasses qui recouvrent un métal.

Ce verbe exprime aussi, en termes de marine, l'action de sortir d'entre des caps, de passer un cap, de s'éloigner d'un cap.

DÉCAPITATION, séparation de la tête du corps, opérée par le glaive, la hache ou par une machine. C'est un des supplices dont l'usage est le plus universel. On le retrouve chez presque tous les peuples, quel que soit leur état de civilisation. Cependant, les Grecs ne le connaissaient pas; les Romains, au contraire, tranchaient la tête des criminels. Les citoyens seuls étaient mis à mort par la hache des licteurs, tandis que les sujets du peuple-roi périssaient par l'épée du bourreau. Aussi le supplice tuait les premiers sans les déshonorer, tandis qu'il marquait d'infamie les seconds. Dans tout l'Orient la décapitation a lieu par le sabre : les souverains ne dédaignent pas d'exercer eux-mêmes l'office d'exécuteur. Muley-Ismael, empereur de Maroc, s'amusait à couper des têtes tous les vendredis en se rendant à la mosquée, et apportait dans cet exercice une adresse surprenante. A la même époque, un prince moitié héros, moitié tigre, le tsar Pierre, n'était pas moins habile en ce genre. Quand il eut vaincu les strélitz révoltés contre lui, on le vit plus d'une fois, à la suite de quelque orgie, trancher de sa propre main la tête de plusieurs de ces malheureux, pour faire parade de sa dextérité. En France, la décapitation était réservée aux nobles, privilège qui n'était pas sans influence sur l'esprit du vulgaire, témoin le mot de ce bourreau qui, après avoir coupé le cou du chevalier de Rohan, condamné sous Louis XIV pour crime de haute trahison, dit, en se tournant vers ses valets, avec un geste de mépris : « Vous autres, pendez celui-là. » C'était un roturier.

A la Chine, les gens du peuple subissent seuls la peine de la décapitation ; aussi imprime-t-elle une tache d'ignominie, mais d'après le singulier motif que le criminel ne conserve pas en quittant la vie son corps tel qu'il l'a reçu en naissant. L'histoire des républiques italiennes témoigne que l'on mettait à mort par le glaive les condamnés ; le même mode subsiste encore dans quelques parties de l'Allemagne. En Angleterre, où le bourreau a été si souvent appelé à terminer les querelles politiques, on se servait exclusivement de la hache. Le patient, couché à plat sur l'échafaud, plaçait sa tête sur un billot, élevé seulement de quelques pouces. Ainsi périrent Jane Grey, Marie Stuart, Charles Ier, et tant d'illustres victimes des fureurs des partis. La révolution de 1789, qui a bouleversé de fond en comble les mœurs ainsi que les institutions du passé, a aboli tous les anciens supplices en les remplaçant par la décapitation, qui s'exécute au moyen de la guillotine. SAINT-PROSPER jeune.

DÉCAPODES (de δέκα, dix, et πούς, ποδός, pied). C'est le nom d'un ordre établi par Latreille dans la classe des crustacés, pour recevoir la plupart des espèces du grand genre *cancer* de Linné, qui toutes ont dix paires de pattes. Cet ordre renferme, dit M. Milne Edwards, tous les crustacés qui viennent se grouper immédiatement autour des crabes et des écrevisses ; c'est la division la plus nombreuse en espèces et une de celles dont les limites sont les plus tranchées et la composition la plus homogène. Il comprend tous les crustacés dont l'organisation est la plus compliquée, et dont les facultés paraissent être les plus parfaites ; aussi est-ce indubitablement en tête de la série qu'il doit prendre place. L'organisation des décapodes a surtout été étudiée par M. Milne Edwards et par son collaborateur Audouin : ces travaux, joints à ceux de plusieurs autres observateurs, ont rendu l'histoire de ces animaux bien plus complète que celle de la plupart des autres groupes de la même classe. Si l'on fait attention à la forme générale des crustacés de l'ordre que nous étudions, on voit bientôt qu'elle se rapporte à deux types différents. Chez un grand nombre d'espèces, la queue ou plutôt l'abdomen est court et replié sous le thorax ; celui-ci est uni à la tête et ne forme avec elle qu'une seule pièce, dont la face supérieure porte le nom de *carapace*. Les animaux qui offrent cette particularité ont été nommés brachyures, c'est-à-dire à courte queue. Chez d'autres, au contraire, cette partie est très-allongée, d'où le nom de *macroures*, où à grande queue, qui leur a été donné ; le test ou carapace est plus étroit, plus allongé, et ordinairement terminé en pointe au milieu du front.

Les décapodes brachyures ont été subdivisés par Latreille en plusieurs tribus caractérisées par la forme du thorax ; ils sont généralement marins ; quelques-uns cependant quittent fréquemment les eaux pour se répandre en grande abondance sur les côtes, et il en est plusieurs qui se livrent à de grands voyages, pendant lesquels ils pénètrent assez avant dans l'intérieur des terres. Comme leur respiration est aquatique, il est probable que chez ces derniers les branchies, qui d'ailleurs sont toujours dans des cavités qu'ils savent parfaitement fermer, ont la faculté de conserver de l'eau pendant un assez longtemps. Les principaux genres sont les *crabes*, si communs sur nos côtes, et dont on connaît tant d'espèces ; les *pinnothères* ou *crabes des moules* ; les *ocypodes*, dont la vitesse dépasse, au rapport de Bosc, celle d'un cheval ; enfin les *grapses*, les *mythrax*, etc. Parmi les décapodes macroures, nous citerons les *écrevisses*, les *pagures* et les *cénobites*, vulgairement connus sous le nom de Bernard-l'ermite, les *palémons*, les *squilles*, les *langoustes*, les *homards*, etc.

De Blainville fait des décapodes une classe distincte. Desmarest, qui les a étudiés avec soin, a reconnu que chez beaucoup d'entre eux la carapace présente des éminences séparées entre elles par des lignes enfoncées et correspondant à certains organes importants du thorax ; il a nommé ces éminences des *régions*, en les distinguant par les noms de *régions branchiale, génitale, hépatique, stomacale*, etc., selon qu'elles correspondent aux branchies, aux organes génitaux, au foie, à l'estomac, etc. On pense qu'elles se dessinent pendant que les crustacés sont en mue, alors que leur test, n'ayant qu'une faible consistance, se moule pour ainsi dire sur les parties qu'il recouvre.

Les décapodes sont de tous les animaux les seuls qui aient dix paires de pattes, et bien que quelques mollusques aient reçu le même nom, on ne doit pas considérer les organes locomoteurs qui les ont fait nommer ainsi comme de véritables membres. Ces mollusques, qui n'ont d'ailleurs que dix pattes en tout, ou plutôt dix tentacules, appartiennent à la classe des céphalopodes ; ce sont les *calmars*, les *seiches*, etc. P. GERVAIS.

DÉCARCHIE, DÉCARQUE. *Voyez* DÉCURIE.

DÉCASYLLABIQUE (du grec δέκα, dix, et συλλαβή, syllabe), mot ou vers composé de dix syllabes. Ce mot est le plus souvent employé pour qualifier notre vers de dix syllabes, qui a son hémistiche à la quatrième. Quant aux mots décasyllabiques, ils sont fort rares dans tous les idiomes.

DÉCATIR, DÉCATISSAGE, action d'enlever, d'ôter le *cati* à une étoffe. Avant d'employer les draps, les tailleurs les décatissent toujours. Pour cela, il suffit de les laisser vingt-quatre heures dans une cave où tout autre lieu humide. Quelquefois, pour obtenir ce résultat plus rapidement, on mouille légèrement l'étoffe ou on l'expose à la vapeur de l'eau bouillante. On la brosse ensuite, et on l'étire bien pour lui rendre un peu de la longueur que le décatissage lui a fait perdre. Presque toutes les étoffes se décatissent, excepté la soie.

DECAUX (LOUIS-VICTOR BLACQUETOT, vicomte), né à Douai, en 1775, d'une famille comptant déjà bon nombre de notabilités militaires dans l'arme du génie, entra en 1793 comme lieutenant dans ce corps, et fut envoyé tour à tour aux armées des Ardennes, du Rhin et de Rhin-et-Moselle, où il fit preuve d'habileté et de courage, notamment au passage du Danube. En 1799 il était parvenu au grade de chef de bataillon, lorsque Moreau l'employa dans les négociations qui s'ouvrirent entre lui et le général autrichien Bubna, pour la conclusion d'une suspension d'armes. Appelé ensuite successivement à l'armée des côtes de l'Océan, puis à la grande armée, il fut en 1806 nommé chef d'état-major du génie ; investi l'année suivante de l'emploi important de chef du personnel et du matériel de son arme au ministère de la guerre, il contribua beaucoup, par son acti vité et par sa prudence, à la défaite des Anglais à l'île de Walcheren. Napoléon l'en récompensa en le nommant colonel en 1810 et en lui conférant en 1812 le titre de baron. Lors de l'occupation du territoire français par les armées des puissances coalisées, ce fut lui qu'on chargea de s'entendre avec le duc de Wellington pour tout ce qui se rapportait au cantonnement des contingents alliés ; et les sages mesures qu'il fit adopter pour la rentrée des contributions de guerre et pour leur emploi épargnèrent au trésor public des pertes considérables. En reconnaissance de ces utiles services, Louis XVIII le nomma maréchal de camp et chevalier de Saint-Louis; et en 1817 il lui conféra les fonctions de conseiller d'État. En 1821 Decaux fut privé de l'emploi qu'il occupait depuis plus de quinze ans au ministère de la guerre ; mais cette disgrâce ne fut que passagère, et dès l'année 1823 il était nommé directeur général de l'administration dans ce même ministère, lieutenant général et grand officier de la Légion d'Honneur. En 1827 il fut envoyé par le département du Nord à la chambre des députés, où il fit preuve de connaissances profondes dans toutes les discussions relatives à sa spécialité. Lors de la formation du cabinet Martignac, le général Decaux, alors vicomte, obtint le portefeuille de la guerre, qu'il conserva jusqu'à l'avénement du ministère Polignac, époque où il fut remplacé par le général Bourmont. Il reçut en dédommagement la grand'-croix de Saint-Louis et le titre de ministre d'État. Après la révolution de Juillet, il se tint d'abord à l'écart, et refusa la députation qui lui fut encore une fois offerte. Mais en 1832 il consentit à entrer dans la chambre des pairs. En 1836 il fut question de lui confier de nouveau le portefeuille de la guerre ; mais l'affaiblissement de sa santé le porta à décliner les ouvertures qui lui furent faites à cet égard. Il mourut le 6 juin 1845.

DECAZES (Élie, d'abord comte, puis *duc*), ex-secrétaire des commandements de Madame, mère de l'empereur, ex-conseiller à la cour d'appel de Paris, ex-volontaire royal, ex-préfet de police, ex-ministre de la police générale, ex-ministre de l'intérieur, ex-président du conseil, ex-ambassadeur de France à Londres, ex-pair de France, ex-grand référendaire de la chambre des pairs, chevalier de l'ordre du Saint-Esprit, grand officier de la Légion d'Honneur, et grand'-croix d'une foule d'ordres étrangers, créé dès 1818, par le roi de Danemark, duc de *Glucksbjerg* (1), est né à Saint-Martin-de-Laye, près de Libourne (Gironde), le 8 septembre 1780. Son père, modeste procureur, se vit un beau jour officiellement transformé en *avoué de première instance*; mais il paraît que le bonhomme, obstiné dans ses vieilles habitudes, ne voulut jamais prendre ce travestissement au sérieux, et qu'il persévéra si bien dans les cauteleuses pratiques qui de tout temps avaient été particulières aux gens de sa sorte, que jusque dans les dernières années de sa vie, ses concitoyens, pour le distinguer de ses enfants, devenus des personnages, voire de hauts et puissants seigneurs, ne le désignèrent jamais dans le patois local que par ces mots : *Decazes lou couqui*, sobriquet que le vieil avoué retiré des affaires acceptait de fort bonne grâce et dont il était même, dit-on , le premier à rire avec ses intimes.

Doué d'un extérieur avantageux et surtout de cet aplomb,

---

(1) C'était là un de ces noms de convention tels qu'on en fabrique tous les jours au Gymnase et au Vaudeville, en même temps qu'une gracieuseté ayant pour but de faire par avance du ministre de Louis XVIII, encore simple comte, un duc d'aussi bon aloi que le duc le plus fieffé qui pût se rencontrer de la rue de Varennes à la rue de Bourbon. L'octroi en avait lieu à la charge, par l'impétrant, d'acquitter des droits de sceau montant à une vingtaine de mille francs, de verser et d'immobiliser à la *banque nationale* de Copenhague une somme de 200,000 f., dont les intérêts à 3 0/0 formeraient le revenu du majorat attaché à ce titre de *duc*, jusque alors inconnu en Danemark, et enfin de consentir, en qualité de dernier venu, à ne prendre rang qu'après le plus récemment créé des loyaux et fidèles barons du royaume.

de cette confiance en eux-mêmes qui d'ordinaire sont le propre des enfants de la Gascogne, et trop souvent constituent tout leur mérite, le jeune Élie Decazes ne tarda pas à se sentir trop à l'étroit dans l'étude enfumée de son père, où pourtant il trônait déjà comme *maître clerc*. Dès lors son parti fut bientôt pris. Un beau jour il déserta avec armes et bagages pour accourir à Paris, comme tant d'autres ont fait avant et après lui , à la poursuite de cette fortune aveugle qui prend si rarement la peine d'aller chercher les gens chez eux. Adroit et encore fluet alors, ses succès dans la capitale n'eurent d'ailleurs d'abord , en dépit de sa bonne mine, rien de bien extraordinaire. On prétend même , sur la foi de feu M. de Soleines, le collectionneur, qu'il fut pendant quelque temps réduit à jouer les rôles de jeune premier au théâtre du Marais, qui existait encore à cette époque rue Culture-Sainte-Catherine. Quoi qu'il en ait été , après plusieurs années d'actives démarches, d'ardentes sollicitations, il parvint enfin à se faire admettre au nombre des expéditionnaires attachés au ministère de la justice ; si humble qu'elle fût, c'était toujours là une position qu'il eut grandement raison de ne pas dédaigner, car l'occuper, c'était en réalité avoir gravi le premier degré de l'échelle conduisant aux places lucratives et aux honneurs. Cela est si vrai, que dès 1805 nous voyons M. Decazes revêtu du titre de secrétaire des commandements de Mme Lætitia Bonaparte, mère de l'empereur.

Au reste, il ne semble pas qu'à la petite cour de Madame mère M. Decazes ait fait preuve de cette habileté de conduite qu'on est bien forcé de lui reconnaître à diverses autres époques de sa vie. Sans cela, assurément, il eût manœuvré de façon à ne pas s'exposer à être brutalement mis à la porte de la maison de la princesse, comme cela lui arriva en 1807, sur un ordre exprès de l'empereur. Les causes réelles de ce coup si imprévu sont jusqu'à ce jour restées un mystère, dont l'explication donna lieu dans le temps aux rumeurs les plus diverses. La plus favorable est celle qui l'attribuait à une intrigue galante dans laquelle se trouvait compromis le nom d'une grande dame, aussi belle que lascive, de la nouvelle cour, où , de fait, on menait assez joyeuse vie pendant que le grand empereur jouait les destinées de l'Europe sur les champs de bataille de l'Allemagne. Un tel échec eût à jamais brisé l'avenir de tout autre que notre sémillant Girondin. Il n'en fut pas ainsi pour lui. Ce qui avait causé a perte fut précisément l'origine première de la brillante fortune qui l'attendait ; car aussitôt les femmes de prendre à l'envi sous leur protection cette victime si résignée , si discrète, disait-on , d'une tendre liaison. Les habitudes grossières et soldatesques des hommes qui donnaient alors le ton à la société ne les avaient pas habituées à tant de délicatesse dans les affaires de sentiment ! Les torts dont on accusait le jeune secrétaire de Madame mère devaient précisément le rendre plus intéressant encore à leurs yeux, et ce fut parmi elles à qui s'emploierait pour réparer le malheur amené par un mouvement de trop vive irascibilité chez l'empereur.

A quelques années de là , M. Decazes épousait la fille de M. Muraire, premier président de la cour de cassation. Les contemporains nous dépeignent cette jeune femme comme rachetant ce qui lui manquait sous le rapport des charmes de la figure encore plus par les qualités du cœur que par les agréments de l'esprit. Le bonheur qu'elle avait rêvé fut d'ailleurs de courte durée : une année à peine s'était écoulée depuis cette union contractée sous les plus heureux auspices, que l'impitoyable mort en brisait les nœuds.... M. Decazes se montra vivement frappé de ce nouveau malheur, et sa douleur si légitime ne trouva qu'une bien faible expression dans les magnifiques funérailles qu'il fit faire à sa jeune épouse. On lui sut gré dans le monde de cette pieuse manifestation, dont le faste dépassait d'ailleurs de beaucoup les convenances de sa condition , parce qu'on y vit la preuve qu'il avait su apprécier son bonheur et rendre justice à cette compagne si modeste et si méritante. Les liens qui le rattachaient à M. Muraire ne furent pas rompus par ce coup fatal; au contraire, le premier président, dont la protection avait déjà assuré à son gendre un siége au tribunal civil de la Seine, intervint encore de sa toute-puissante influence pour faire arriver l'homme que sa fille avait si tendrement aimé, à un degré supérieur dans la hiérarchie judiciaire; et dès 1810 M. Decazes était conseiller à la cour d'appel de Paris. Ce qui, soit dit en passant, prouve ou que l'empereur avait oublié jusqu'à son nom, ou qu'il ne lui avait pas bien longtemps gardé rancune. Il n'en fut pas de même de M. Decazes, qui ne pardonna jamais à Napoléon un affront que ni les joies ni les triomphes de la robe rouge et du chaperon d'hermine ne purent lui faire oublier. Quand donc l'heure fatale eut sonné pour le colosse, quand l'Europe coalisée eut enfin raison du soldat heureux qui pendant si longtemps l'avait tenue courbée sous ses pieds, M. Decazes se distingua entre tous par l'ardeur de son zèle à renier les grandeurs et les gloires de l'empire, à en faire litière pour les princes *légitimes* que l'ennemi nous ramenait dans ses fourgons, enfin à insulter aux malheurs de l'homme dont un regard le faisait ramper naguère. Il ne paraît pas toutefois qu'on lui ait su alors grand gré de cette ardeur *royaliste*; 1814 ne lui valut pas la moindre grâce, pas le plus léger avancement. Cette ingratitude du pouvoir nouveau s'explique et par l'impossibilité matérielle où il était de satisfaire toutes les ambitions qui se ruaient sur ses faveurs, et par l'énorme concurrence qui se faisait à ce moment autour des dispensateurs des places et des richesses publiques.

La dépêche télégraphique qui annonça le débarquement de Cannes fut un véritable coup de foudre pour ces exploiteurs éhontés du gouvernement royal, et tout aussitôt la débandade se mit dans leurs rangs. Seuls, les plus avisés réfléchirent que c'était là un de ces moments critiques où le plus sûr est encore de faire son *va-tout*. Alors leur dévouement pour l'*auguste famille de nos rois* devint une véritable frénésie. M. Decazes, lui aussi, voulut donc défendre et couvrir de son corps la royauté des petits-fils de Henri IV; il s'enrôla dans les *volontaires royaux*, et tenta de mobiliser la compagnie de gardes nationaux à laquelle il appartenait. Il fit plus encore : il protesta publiquement, six jours après l'entrée de Napoléon à Paris, contre ce triomphe de la *force*, faisant des réserves formelles en faveur du *droit*. Les chambres de la cour s'étaient réunies pour l'installation d'un nouveau premier président et aussi pour voter une adresse de félicitations à l'empereur, dont un des conseillers présents essayait de démontrer la *légitimité*, en invoquant comme preuve la rapidité avec laquelle il avait pu en une quinzaine franche débarquer à Cannes et revenir s'installer sans coup férir aux Tuileries. « *Je ne savais pas encore que la légitimité dût être le prix de la course !* » s'écria M. Decazes, qui le jour même reçut, moins pour cette saillie, fort ordinaire, que pour sa protestation contre la révolution du 20 mars, l'ordre de s'éloigner à quarante lieues de Paris. Il était naturel qu'il choisît pour résidence, pendant l'exil temporaire auquel on le condamnait, un lieu assez rapproché de la frontière et des camps ennemis pour qu'il pût entretenir d'utiles correspondances avec Gand. Il n'y manqua pas non plus, et devint l'un des émissaires les plus actifs de la contre-révolution, qui s'y préparait sous la protection des baïonnettes de l'étranger. Le mot si médiocre de M. Decazes avait fait une prodigieuse fortune ; on le répétait, on le commentait partout. Dès lors la petite cour de Gand ne douta pas un instant qu'une répartie de cette force ne prouvât, de la part de celui qui en était l'auteur, une immense capacité et une aptitude à toutes choses : de pleins pouvoirs lui furent donc octroyés pour agir, suivant les circonstances, au mieux des intérêts de son roi. C'était là au reste, soit dit en passant, une marque de confiance plus que banale, car elle avait été indistinctement accordée à plusieurs milliers d'autres dévouements, plus ou moins intelligents.

Les funérailles de Waterloo, ce fatal cri de *sauve qui peut !* proféré par quelques traîtres au milieu de la mêlée, et qui malheureusement trouva de l'écho jusqu'au sein de la représentation nationale, rendirent à M. Decazes toute sa liberté d'action. Il rompit son ban, revint à Paris ; et le 7 juillet, vingt-quatre heures avant la rentrée de Louis XVIII dans la capitale, il courut de son autorité privée, mais avec l'assentiment du traître Fouché, qui dans ce moment de débâcle générale s'estima heureux d'avoir ainsi sous la main un homme ayant donné à la coalition et à la maison de Bourbon d'incontestables preuves de dévouement et prêt à tout ; le 7 juillet, disons-nous, M. Decazes courut s'installer à la préfecture de police, cette sentine de la grande ville, qui lorsque nos gouvernements croulent appartient toujours au premier occupant, et qui devint alors le rendez-vous obligé de tous les coupe-jarrets politiques. Il y présida à la délibération et à la mise à exécution des diverses mesures violentes qui durent être prises alors pour opérer la transition d'un régime à l'autre.

Nous voici enfin arrivés au moment où commence l'importance politique de M. Decazes, dont le nom reste désormais inséparable de l'histoire de la Restauration, de ce gouvernement qui eût pu être *réparateur* et qui ne fut que violemment *réacteur* ; qui après avoir pris pour devise les mots *union et oubli*, ne sut que réveiller et enflammer les haines, attiser soigneusement les discordes, et surtout implacablement punir les générations nouvelles des torts de celles qui les avaient *précédées* ; gouvernement lâche et hypocrite, qui s'appuya de force sur des bourreaux, et qui ce moyen une fois usé entre ses mains, n'imagina rien de mieux pour se servir d'eunuques et de bedeaux. Le passage de M. Decazes aux affaires appartient à la première ère de ce déplorable régime. En qualité de préfet de police, il fut chargé de veiller à l'exécution de tous les arrêts de proscription portés alors contre les hommes qui avaient joué un rôle pendant les cent-jours ; et il déploya dans cette mission toute l'ardeur, tout le zèle qu'il crut propres à assurer sa fortune.

L'inexorable histoire ne manquera pas de rappeler que c'est lui qui, le 7 juillet, envoya un détachement de soldats prussiens briser la représentation nationale et fermer le local de ses séances ; que nommé député de la Seine au mois d'août, il figura tout aussitôt parmi les membres les plus fougueux de la *chambre introuvable*, et que devenu ministre de la police générale dès le 25 septembre, en remplacement de Fouché, qui avait définitivement fait son temps, il présenta à cette assemblée de forcenés tous ces projets de loi préalablement discutés en conseil, qu'elle adoptait par acclamations ; lois de proscription et de vengeance, dont le pouvoir s'armait ensuite bien vite pour frapper impitoyablement tout ce qui portait ombrage à sa politique, et qui ont fait si justement appliquer à ce lugubre épisode de l'histoire contemporaine le nom de TERREUR DE 1815. Les exécutions capitales, les arrestations arbitraires, les compressions violentes, furent naturellement à l'ordre du jour à une époque où, pour faire fonctionner plus rapidement et surtout plus facilement la réaction dont il était l'âme, le pouvoir créait à son usage un ordre judiciaire exceptionnel, et, comme réminiscence du tribunal révolutionnaire d'exécrable mémoire, établissait les cours prévôtales.

M. Decazes fut, avec le garde des sceaux, le seul des ministres de Louis XVIII qui lors du procès du maréchal Ney occupa la petite cour réservée dans la cour des pairs aux secrétaires d'État pendant la durée de cette mémorable affaire. Il avait promis de la mener à bonne fin, et il tint parole. Ney fut condamné et fusillé, juste à quelques pas des fenêtres de l'appartement que le grand référendaire occupait naguère au Luxembourg... Une protestation solennelle du maréchal contre la sincérité des procès-verbaux des premiers interrogatoires que lui avait fait subir le préfet de police restera éternellement pour flétrir la conduite tenue par M. Decazes dans cette procédure. Aussi en 1834, lors du procès d'*avril*, l'avons-nous vu, malgré tout son aplomb, pâlir et chanceler sur son siège de juge en entendant le loyal Exelmans s'écrier tout à coup, après un défenseur à qui le président voulait interdire l'appréciation rétrospective de l'affaire Ney : *Moi aussi, je le pense et je le dis : ce fut un infâme assassinat !* — Conscience, tu n'es donc pas un vain nom !

Nous dépasserions de beaucoup les limites assignées à cet article, s'il nous fallait suivre pas à pas M. Decazes dans une carrière où, comme l'a dit si énergiquement Châteaubriand, *le pied lui a glissé dans le sang*. Force nous est cependant, quelque dégoût que nous en ayons, de faire encore mention ici de l'affaire Didier et des troubles de Grenoble en mai 1816.

Il y eut là une de ces conspirations comme on en a vu et comme on en verra sous tous les régimes; conspiration où, suivant l'usage, la police fut pour une bonne moitié, mais dont l'autre moitié est restée jusqu'à présent, quant à son but véritable, un mystère ou tout au moins une énigme dont on aura bien quelque jour le mot. La répression fut aussi prompte que terrible. Une commission militaire trouva *vingt et un* coupables; dans le nombre étaient un enfant de *treize ans*, un vieillard de *soixante-quinze*, et plusieurs individus recommandés d'ailleurs à la clémence royale par l'admission de quelques circonstances atténuantes! Le général commandant la division militaire, chargé de pourvoir à l'exécution de l'arrêt de mort indistinctement prononcé par le conseil de guerre contre tous ces accusés, hésite à l'aspect de l'espèce de mitraillade renouvelée des noyades de Carrier, qu'il lui faut ordonner. Il fait demander de nouvelles instructions à Paris par le télégraphe; et sur-le-champ le ministre de la police générale lui répond par cette dépêche dont le laconisme peint l'homme et l'époque : *Fusillez-les tous sur-le-champ; vingt mille francs de récompense à qui livrera Didier*. Signé : DECAZES. L'impitoyable ministre fut obéi, et Didier, le chef du complot, livré quelques jours après, le 8 juin, par un traître, était fusillé le 9! Il n'y eut d'un bout de la France à l'autre qu'un cri d'horreur quand on y apprit l'immolation de cette véritable hécatombe humaine, alors que l'on pouvait espérer que le pouvoir, fatigué de ses propres violences, entrerait enfin dans les voies d'indulgence et de modération. L'unanimité de l'indignation publique frappa le ministère de stupeur; et M. Decazes, lui qui avait mené toute l'affaire, lui qui avait pu tracer sans frémir, sans hésiter, cette ligne : *Fusillez-les tous !* s'efforça de rejeter la responsabilité de cet épouvantable drame sur le général Donnadieu, qui n'avait fait, après tout, qu'obéir aux ordres rigoureux, absolus, du ministre. D'infernales intrigues furent bien vite nouées pour répandre sur cet atroce épisode de l'histoire de la Restauration la plus mystérieuse incertitude; et aujourd'hui encore le sang versé dans cette effroyable boucherie crie inutilement vengeance...

Le poëte a eu grandement raison de dire que si la peste distribuait des pensions et des places, la peste trouverait des courtisans et des flatteurs, puisque, malgré de tels précédents, M. Decazes, devenu bientôt, grâce à la faveur toujours croissante de Louis XVIII, l'arbitre des destinées de notre pays, eut aussi les siens. C'est ce qui explique comment il est représenté dans tant d'ouvrages contemporains comme n'ayant jamais cessé de recommander le système de modération qui finit par l'emporter dans les conseils du vieux roi, comme ayant été l'inspirateur de la célèbre ordonnance du 5 septembre 1816, espèce de coup d'État légal qui rendait enfin force de loi à la Charte, et dissolvait la chambre introuvable. Dans leur lyrisme, certains écrivains ne sont-ils pas allés jusqu'à proclamer un *second Sully* ce

Céladon qui ne parvint jamais qu'à être un intrigant officiel; ministro qui ne sut rien créer, rien organiser, esprit étroit et vaniteux, cœur dur, sec et égoïste, de l'administration de qui il n'est resté d'autre souvenir que celui d'un projet de *prison spéciale pour les écrivains !* En 1819 ce projet reçut même un commencement d'exécution, ainsi que le témoigne un mur digne de la Bastille qu'on peut encore voir aujourd'hui rue de La Harpe, devant une partie des bâtiments du lycée de Saint-Louis, auxquels il sert de clôture. On ne doit nullement savoir gré à M. Decazes de ce tardif retour à la Charte. S'il se décida à rompre en visière avec les hommes dans les rangs desquels il avait conquis sa position, et à faire rentrer le pouvoir dans les voies de la légalité, après avoir tant contribué lui-même à l'en faire sortir, il y fut poussé bien plus par le besoin de sa propre conservation ministérielle que par son respect pour les lois ou par son amour pour les libertés publiques.

La faveur inouïe dont il était parvenu à jouir auprès de Louis XVIII, grâce à sa bonne mine, à ses manières insinuantes, et surtout à la toute-puissante séduction qu'exerçait sur l'esprit du vieux roi, en dépit de son nom bourgeois et de sa naissance roturière, la propre sœur de M. Decazes, femme non moins remarquable par sa grâce et sa beauté que par tous les dons de l'intelligence, Mme Princeteau, mariée à un modeste receveur des contributions indirectes de Libourne, et à laquelle dès son arrivée au pouvoir M. Decazes s'était empressé de faciliter l'accès des petits appartements, où elle régnait maintenant en souveraine; cette faveur sans bornes, qui le rendait le dispensateur de toutes les grâces, eut bientôt soulevé contre lui, à la cour et parmi les hommes de 1815, les ressentiments les plus violents. On ne pardonnait point à ce favori sans mérite sa morgue, sa suffisance, sa prétention à gouverner et à discipliner le parti qui l'avait fait ce qu'il était. Ces intrigues, des cabales de toutes espèces se formèrent pour le renverser; et la petite cour de *Monsieur*, qui fut depuis Charles X, se distingua surtout par son système d'opposition taquine à l'égard d'un ministre dans lequel elle ne voyait qu'un rénégat du principe monarchique, du moment où, sûr de son crédit et de son pouvoir, il essaya de s'affranchir du joug de plomb que tous les partis imposent aux hommes qu'ils font arriver aux affaires.

Cette situation de M Decazes explique son fameux coup d'État du 5 septembre 1816. On ne saurait toutefois disconvenir qu'il y ait quelque habileté dans les manœuvres à l'aide desquelles il réussit à tromper un instant l'opinion publique et à se faire regarder comme le restaurateur désintéressé des libertés publiques, comme le représentant de la modération et de la légalité dans les conseils de la couronne, enfin comme entièrement étranger au système exécrable qui pendant quinze mois avait pesé sur le pays. Il est vrai que la presse restait encore bâillonnée et muette comme auparavant : aussi les quelques mois de liberté que M. Decazes, entraîné par le courant même de la position qu'il avait prise, fut obligé de lui rendre, vers la fin de 1819, eurent-ils bientôt percé à jour le machiavélisme et les rouerles de cette politique gasconne.

Quand l'assassinat du duc de Berry vint renverser sans retour la puissance et la fortune de ce parvenu, on peut dire qu'il était depuis longtemps apprécié à sa juste valeur par les hommes de la gauche comme par ceux de la droite, et complétement dépopularisé dans la nation. Le parti de 1815 exploita admirablement cette douloureuse catastrophe, pour arracher le pouvoir à un ministre détesté. On voulut que tout lien fût brisé entre le vieux roi et son jeune favori, et Mme du Cayla eut bientôt remplacé dans les affections inconstantes du monarque la sœur de M. Decazes. Louis XVIII, il faut le reconnaître à l'éloge de son cœur, ne se sépara pourtant pas sans regrets d'un homme à qui dans l'intimité il s'était habitué à donner le doux nom de *fils*, qu'il pouvait, qu'il devait considérer comme sincèrement dévoué quand même à sa personne et à sa race, puisqu'il s'était plu à combler lui et les siens de ses bienfaits. Indépendamment des deux terres immenses des *Gibeaux* et de *la Grave*, ses libéralités manuelles envers son favori avaient été d'une importance de plusieurs millions; il avait en outre facilité son mariage avec une riche héritière de grande et noble maison, Mlle de Saint-Aulaire, petite-fille de M. de Montbarey, arrière-petite-nièce d'une princesse de Nassau-Saarbruck; et il avait exigé de l'auguste fille de Louis XVI, de Madame, duchesse d'Angoulême, que, malgré ses profondes répugnances, elle tînt avec lui sur les fonts baptismaux le premier fruit de cette union aristocratique destinée à dorer cette souche essentiellement bourgeoise, dont il avait résolu de faire désormais une des grandes maisons de sa fidèle noblesse. Obligé de résigner, le 17 février 1820, devant l'unanimité de l'opposition des diverses fractions de la chambre, son portefeuille de ministre de l'intérieur et la présidence du conseil, M. Decazes reçut encore des bontés de son vieux maître, une fiche de consolation, 800,000 fr. de gratification, le cordon du Saint-Esprit, l'ambassade de Londres et ce brevet de *duc et pair*, que le favori avait tant convoité pendant son passage aux affaires, dont le titre de duc de *Glucksbjerg* n'avait été qu'un ridicule succédané, mais que jusque là Louis XVIII n'avait pu se décider à lui octroyer, dans la crainte de trop violemment blesser par cette faveur, d'un prix inestimable aux yeux de son cour, l'envie et la jalousie, déjà surexcitées par une élévation si rapide et si peu justifiée.

M. Decazes ne remplit pas les fonctions d'ambassadeur à Londres pendant plus de six mois. Il fut peu goûté par l'aristocratie anglaise, dont la morgue insolente lui fit maintes fois sentir qu'elle ne pouvait oublier son anoblissement si récent. Aussi bien les hommes qui entouraient Monsieur, protégés désormais par Mme du Cayla, réussirent à faire oublier au vieux roi une amitié qui, pour conserver sa première ferveur, aurait eu besoin de se retremper sans cesse dans les relations journalières du prince et du ministre. M. Decazes, rappelé de Londres, se retira donc dans ses terres, où il chercha à se consoler de sa chute en jouant le rôle de grand seigneur protecteur de l'agriculture et de l'industrie; rôle qui lui coûta fort cher et qui lui réussit assez mal, puisqu'il était notoirement ruiné au moment où éclata la révolution de Juillet.

En présence d'un événement qui brisait si fatalement l'avenir de la branche aînée d'une maison à laquelle il devait tant de reconnaissance, M. Decazes eut bientôt pris son parti. Il offrit avec empressement à la branche cadette son dévouement si peu désintéressé, ainsi que le concours si peu utile de son zèle, et jura à la dynastie nouvelle cette fidélité éternelle qu'il avait déjà jurée à l'ancienne. On ne s'explique pas très-facilement comment le pouvoir issu des barricades crut avoir besoin du concours d'un homme sans aucune valeur personnelle, sans le moindre crédit sur l'opinion, et put lui accorder une des plus magnifiques sinécures, que le système constitutionnel mit à sa disposition, alors que, pour la moralité du fait, il aurait dû tout au moins la réserver à un de quelques dévoûments éprouvés qui au moment décisif n'avaient pas hésité à se compromettre pour contribuer à son établissement. Des primes offertes à la trahison et à l'ingratitude ne pourront jamais consolider une dynastie sur un sol aussi mouvant, mais en revanche aussi généreux que celui de notre pays.

M. Decazes et ses nombreux parents (on en a toujours tant quand on a du crédit!) eurent sous Louis-Philippe, dans la curée des emplois publics et des faveurs officielles, une part aussi large que celle à laquelle ils eussent pu prétendre si Louis XVIII eût encore régné. C'est ainsi qu'on vit dès 1841 M. le duc de *Glucksbjerg*, fils aîné de M. Decazes, jeune homme alors tout fraîchement échappé des bancs du collège,

nommé à un des postes les plus importants de notre diplomatie. Dans les négociations que, à la surprise de tout ce qu'il y a d'hommes politiques en Europe, il fut chargé de suivre avec l'empereur du Maroc, cet ex-secrétaire de M. Guizot fit preuve d'un manque de talent, de tact et de prévoyance qui lui valut de la part de la presse la qualification de *nullité précoce*. Il n'en fut pas moins envoyé fort peu de temps après à Madrid en qualité de ministre plénipotentiaire; poste qu'il occupait encore au moment où la révolution de Février vint mettre fin à son mandat, et dans lequel les bontés particulières du roi Louis-Philippe étaient venues plus d'une fois le tirer de pénibles embarras.

La révolution de Février chassa aussi M. Decazes du confortable logement qu'il occupait au Luxembourg, en même temps qu'elle lui fit perdre les 80,000 fr. de traitement attachés à son titre de *grand référendaire*. Comme nous n'avons pas vu jusqu'à ce jour figurer son nom, non plus que celui de monsieur son fils, parmi ceux des hommes auxquels le gouvernement actuel accorde sa confiance et distribue ses faveurs, nous aimons à penser que M. Decazes, conservant au fond de son cœur le religieux souvenir de toutes les grâces dont lui et les siens furent comblés pendant dix-huit ans par le gouvernement de Juillet, a déjà déploré plus d'une fois que son état valétudinaire l'empêchât d'entreprendre de temps à autre le pèlerinage de Claremont ou d'Eisenach (à défaut de celui de Frohsdorf, qui lui est absolument interdit par la Faculté), et qu'il le contraignît, au contraire (comme cela lui est arrivé tout à la fin de l'arrière-saison de cette présente année 1853), à aller prendre les bains de mer à Dieppe, précisément au moment où l'empereur et l'impératrice venaient de s'y rendre. Si à l'époque où le général Cavaignac était chef du pouvoir exécutif, les salons de l'hôtel de la rue de Varennes n'eurent pas de visiteur plus assidu que l'ex-grand référendaire, il nous a été affirmé que M. Decazes n'avait été conduit là que par le désir de recommander à la bienveillance du général les intérêts des producteurs de fers. Ce sera uniquement le même motif, sans aucun doute, qui aura fait de lui quelques semaines plus tard un des habitués de l'Élysée.

DECAZEVILLE, bourg du département de l'Aveyron, dans l'arrondissement et à 30 kilomètres au nord-est de Villefranche, dans une vallée près du Lot, avec une population d'environ 8,000 habitants.

Cette localité se réduisait il y a vingt-cinq ans à une simple grange, qui donnait son nom à la vallée. La renommée disait pourtant qu'il existait par là des couches de houille d'une puissance inouïe, et dans le terrain houiller lui-même, comme sur les points les plus favorisés de l'Angleterre, des couches épaisses de minerai de fer. On montrait le Lot coulant à deux pas comme une voie navigable, facile à améliorer, qui devait porter sur le marché de Bordeaux et au loin les produits de l'usine de fer une fois établie. C'était un *Eldorado*, disait-on, qui attendait un conquérant; ce conquérant fut M. le duc Decazes. Il attira dans le pays des ingénieurs, des mécaniciens et des ouvriers; on se mit à l'œuvre, et l'on constata tout d'abord que la déesse aux cent voix n'avait rien exagéré. D'innombrables couches de houille furent découvertes, parmi lesquelles une de 30, 50 et en quelques endroits même de 75 mètres d'épaisseur. Le minerai de fer dit *des houillères* se rencontrait en grande abondance, ainsi que d'autres minerais, du fer oligiste, du fer hydraté, du fer oolithique, de la castine et des matières réfractaires pour la construction de l'intérieur des fourneaux. L'usine fut construite par un habile ingénieur, M. Cabrol, qui en prit la direction. A quelque temps de là, les chambres votèrent plusieurs millions pour l'amélioration du Lot; on y prit la main à l'œuvre, et l'entreprise demeura plus de dix ans sans donner aucun produit.

Les forges de Decazeville sont adossées à un vaste plateau qui les domine et où s'opère les préparations préliminaires des matières premières telles que la fabrication du coke, le grillage, le cassage, la trituration et le mélange des minerais. Les transports s'effectuent par un ensemble de petits chemins de fer débouchant d'innombrables galeries ou partant de l'orifice de puits desservis par des machines à vapeur. Au moyen de chemins de fer de niveau, de viaducs, de plans inclinés, de puits, de souterrains, on arrive à tous les gisements, à toutes les galeries d'exploitation, quel que soit le niveau où ils se trouvent situés dans les montagnes voisines. Ces divers travaux ont un tel développement, qu'il ne faut pas moins de 70 kilomètres de chemin de fer pour les desservir, et que l'on pose tous les jours des voies nouvelles. Ils amènent tous les jours à Decazeville cinq cents tonnes de houille et deux cent cinquante tonnes de minerai cru. Decazeville possède six hauts fourneaux ; la branche la plus importante de sa production consiste dans la fabrication des rails ; elle s'élève jusqu'à mille deux cents tonnes par mois, sans compter une assez grande quantité de fers en feuilles et en barres de tous échantillons. La force qu'on y utilise peut s'estimer à six ou sept cents chevaux vapeur. C'est sans contredit par sa puissance mécanique et la variété de ses produits une des plus importantes et des plus complètes usines de fer que possède la France.

DÉCÉ. Voyez Décius.

DÉCÉBALE, roi de Dacie, célèbre par la guerre qu'il soutint contre les Romains, sous le règne de Domitien. Il commença par une invasion en Mœsie, où il battit et tua le gouverneur, Appius Sabinus. Cornelius Fuscus, qui dirigea ensuite les opérations militaires, pénétra sur le territoire des Daces ; mais il y trouva la mort. Julien, qui lui succéda, avait été plus heureux dans une seconde campagne, quand une victoire des Marcomans contraignit l'empereur à implorer la paix de Décébale, moyennant un tribut annuel. Trajan n'était pas homme à accepter une telle honte ; il recommença la guerre, et remporta plusieurs victoires signalées en Dacie, pendant les années 101 à 103 après J.-C. Décébale à son tour fut réduit à demander la paix ; mais dès que Trajan se fut éloigné il recommença les hostilités. Trajan reparut presque aussitôt ; un pont en pierre qu'il fit jeter sur le Danube, à peu près à l'endroit où se trouve aujourd'hui la ville de Czernetz (Valachie), lui permit d'effectuer en sûreté le passage de ce fleuve. Il battit Décébale, lui enleva sa capitale, et bientôt le serra de si près, que ce prince, poussé au désespoir, se donna lui-même la mort (an 106). Après quoi, ses États furent transformés en une province romaine.

DÉCEMBRE, en latin *december*, fait de *decem* (dix), nom du dernier mois de l'année, qui lui fut donné d'après le rang qu'il occupait dans le calendrier romuléen, dont il était le *dixième*, mais qui, de même que celui des trois précédents, n'est plus en concordance avec l'ordre dans lequel il s'est trouvé placé depuis que Jules César transporta au 1ᵉʳ janvier le commencement de l'année, qui s'ouvrait antérieurement au mois de mars. Cette espèce d'anomalie avait frappé l'empereur Commode ; aussi essaya-t-il de substituer ses noms à la dénomination de ces mois ; mais le peuple ne consacre que les noms dont il aime à garder le souvenir, et ceux d'un tyran abhorré devaient être après lui repoussés promptement.

Le mois de décembre était placé sous la protection de Vesta ; on y célébrait plusieurs fêtes, dont les principales étaient en l'honneur de Faune et de Saturne. La première tombait le 5, ou aux nones, et se chômait principalement dans les villages. On lit dans Horace :

Quum tibi nonæ redeunt decembres
Festus in pratis vacat otioso
Cum bove pagus.

Les **Saturnales**, fêtes bruyantes que les modernes ont remplacées par celles du carnaval, commençaient le 17. Le 25 décembre, jour du solstice d'hiver, était un jour de grande fête pour la plupart des anciens peuples, comme il l'est encore chez tous les modernes. Ce concours unanime s'explique par le retour du soleil, qui commence, en entrant dans le capricorne, à remonter dès lors vers nos climats. Le 25 décembre fut donc célébré sous les différents noms qui étaient attribués au Soleil, comme étant le jour de sa naissance. Les Perses y plaçaient celle de *Mythra*, les Égyptiens y voyaient celle d'*Osiris* ; les Grecs appelaient la nuit du solstice *la triple nuit*, et c'est à cette nuit qu'ils marquaient la naissance d'*Hercule* ; les Romains la consacraient au *soleil invincible* ; les peuples du Nord l'appelaient *la mère des nuits*, et la célébraient sous le nom d'*Iul*, qui signifie *conversion, retour* ; enfin, c'est au même jour que l'Église chrétienne place la naissance de Jésus, *le Soleil de justice*, invincible et triomphant, et dont un agneau est le symbole. PELLISSIER.

DÉCEMBRE 1851 (Journée du 2). L'appréciation morale de cet immense événement trouvera naturellement sa place à l'article que nous devons consacrer dans ce livre à l'homme dont il transmettra le nom à la postérité la plus reculée. Il nous serait cependant dès à présent facile de démontrer que déjà trois années auparavant le 10 décembre 1848, en appelant Louis-Napoléon Bonaparte à la présidence de la république, la France, elle aussi, avait fait, et par avance, son *coup d'État*, ou tout au moins le plus énergique, le plus éloquent *pronunciamento* contre les hommes de Février et les malheureuses institutions qu'ils avaient imposées au pays. A ce moment en effet six millions de suffrages librement, spontanément donnés au neveu du grand empereur, à l'héritier du prestige qui se rattachait à ce glorieux nom, et cela en dépit des menées de tous genres propres à combattre cette candidature employées par un des pouvoirs les moins scrupuleux dans le choix de tous voies et moyens de même que dans leurs actes, qui aient jamais existé, certes n'était-ce pas là la protestation la plus solennelle que la France pût faire entendre contre l'anarchie, ses principes et ses fauteurs. De sa part, choisir dans de telles circonstances Louis-Napoléon pour magistrat suprême, n'était-ce pas lui remettre des pleins pouvoirs *en blanc* et l'autoriser à agir désormais sous sa responsabilité personnelle au mieux des intérêts de tous ?

L'impartiale histoire dira dans quel déplorable état Louis-Napoléon prit la France, et la merveilleuse amélioration qui tout aussitôt après son entrée en fonctions se manifesta dans la situation générale du commerce et de l'industrie, dans le crédit public et privé, rien que parce que ce nom était aux yeux de tous la réhabilitation du principe d'ordre et d'autorité. Le retour de la confiance et de la sécurité ne faisait pas les affaires d'aucun des trois partis bien tranchés en présence dans l'Assemblée nationale constituante ; tous également hostiles à l'homme porté, contrairement à leurs attente et par acclamation, à l'exercice du pouvoir exécutif ; tous n'ayant en vue que le triomphe égoïste de leurs intérêts particuliers, et d'ailleurs ne pouvant non plus se rien reprocher l'un l'autre, puisque tous avaient successivement manié le pouvoir et n'avaient su s'en servir que pour, à trois reprises, conduire la France aux bords de l'abîme. Les *Montagnards* n'étaient peut-être ni les plus ardents ni les plus perfides dans leur lutte systématique contre l'élu de la France ; les deux partis dynastiques, celui de la branche aînée comme celui de la branche cadette de la maison de Bourbon, le poursuivaient d'encore plus d'insultes et de calomnies. Les pouvoirs du prince-président expirant le 2 mai 1852, c'est à cette époque que communistes, socialistes, républicains bleus et rouges, henriquinquistes et orléanistes remettraient la lutte décisive qui, dans l'espoir secret de chacune de ces factions, devait lui assurer à tout jamais la victoire sur ses rivales. Menacée de retomber dans toutes les angoisses de l'anarchie, la France voyait avec un effroi bien légitime cette date fatale s'approcher, et réclamait de l'Assemblée législative avec une insistance toujours plus grande la prolongation des pouvoirs du président, pour échapper ainsi aux périls de tous genres qui devaient résulter pour elle de nouvelles élections générales, puisque déjà les factions annonçaient hautement que, le cas échéant, elles ne tiendraient aucun compte de la majorité, si immense qu'elle pût être, qui voterait le maintien de Louis-Napoléon à la présidence. Déjà, dans le but de rendre la réélection du président plus difficile, l'Assemblée, par la loi du 31 mai 1850, avait apporté de notables restrictions au droit de suffrage universel, inscrit pourtant au fronton de la constitution même en vertu de laquelle elle existait. En outre, une presse monopolisée de longue main au profit des factions, et instrumentale docile et commode de leurs projets plus ou moins avoués, leur venait puissamment en aide pour irriter les esprits et enflammer les passions dans certains grands centres de population où la démagogie comptait le plus d'adhérents, mais surtout pour constituer une opinion publique factice imposant ses volontés à l'immense majorité de la nation. Organes des partis qui espéraient trouver dans de nouvelles commotions sociales une occasion favorable pour ressaisir le pouvoir, les journaux en étaient venus à provoquer ouvertement l'Assemblée à prendre des mesures dites de *salut public*, et consistant à suspendre, en vertu d'un décret, le président de la république de ses fonctions pour se substituer à lui dans l'exercice du pouvoir exécutif. Il y avait d'ailleurs conspiration flagrante dans l'Assemblée; seulement, cette conspiration était en partie triple. Les *rouges* se préparaient à un de ces audacieux coups de main qui leur avaient déjà quelquefois réussi; et en même temps, sous certaines conditions, ils offraient sans trop marchander leur concours à Louis Napoléon pour lui aider à déjouer les complots tramés contre sa personne par les orléanistes et les henriquinquistes coalisés. De leur côté, les partisans de chacune des deux branches de la maison de Bourbon, après avoir refusé de se prêter à une *fusion*, prenaient leurs mesures pour se duper mutuellement, tout en se débarrassant au préalable du président, dont la présence aux affaires les gênait singulièrement dans leurs plans de contre-révolution et de restauration. Et ce n'est pas là, qu'on le sache bien, une supposition gratuite de notre part, puisque dans les papiers saisis au domicile de M. Baze, questeur de l'Assemblée en même temps que l'un des meneurs du parti orléaniste, on trouva déjà tout préparés les décrets d'organisation du gouvernement nouveau que ce parti comptait établir une fois qu'il aurait réussi à envoyer le président à Vincennes, ainsi que la liste de la répartition des portefeuilles et des emplois lucratifs à partager après la victoire entre ceux qui se flattaient de l'avoir préparée.

La situation était trop tendue pour que l'anxiété publique ne fût pas à son comble; sur tous les points de la France les transactions commerciales étaient devenues d'une extrême difficulté et toutes les spéculations de quelque importance ajournées à des temps plus calmes. En présence de tant d'incertitudes et de périls, le travail national était donc à la veille de s'arrêter court une fois de plus. Après s'être si miraculeusement relevé à l'arrivée de Louis-Napoléon à la présidence, le crédit public baissait maintenant avec une effrayante rapidité. Le 5 pour 100, tombé à 50 f. sous le règne des hommes de Février, remonté de près quand le pouvoir s'était trouvé placé entre les mains de l'homme élu magistrat suprême le 10 décembre 1848, subissait de nouveau une baisse désastreuse, et était coté le 1er décembre 1851 à 91 francs.

Le lendemain, 2 décembre, en se réveillant, la population de Paris lut avec une surprise mêlée de sentiments divers sans doute, mais parmi lesquels celui de la satisfaction et de vœux pour le succès final prédominait incontestablement, le décret et la proclamation dont la teneur suit, placardés à profusion sur tous les points de la capitale. Ces pièces appartiennent désormais à l'histoire, et nous ne ferons que devancer son jugement en signalant dès à présent l'énergique éloquence de la proclamation à la nation française, si remarquable en outre par sa loyale franchise, par la netteté, la clarté et en même temps par la concision de sa rédaction. On croirait en vérité entendre parler le grand empereur lui-même :

AU NOM DU PEUPLE FRANÇAIS
Le Président de la République
Décrète :

Art. 1er. L'Assemblée nationale est dissoute.
Art. 2. Le suffrage universel est rétabli. La loi du 31 mai est abrogée.
Art. 3. Le peuple français est convoqué dans ses comices, à partir du 14 décembre jusqu'au 21 décembre suivant.
Art. 4. L'état de siège est décrété dans l'étendue de la première division militaire.
Art. 5. Le conseil d'État est dissous.
Art. 6. Le ministre de l'intérieur est chargé de l'exécution du présent décret.

Fait au palais de l'Élysée, le 2 décembre 1851.
LOUIS-NAPOLÉON BONAPARTE.
Le ministre de l'intérieur, MORNY.

La proclamation à la nation française était ainsi conçue :

Français !

La situation actuelle ne peut durer plus longtemps ; chaque jour qui s'écoule aggrave les dangers du pays. L'Assemblée, qui devait être le plus ferme appui de l'ordre, est devenue un foyer de complots. Le patriotisme de trois cents de ses membres n'a pu arrêter ses fatales tendances. Au lieu de faire des lois dans l'intérêt général, elle forge des armes pour la guerre civile ; elle attente au pouvoir que je tiens directement du peuple ; elle encourage toutes les mauvaises passions, elle compromet le repos de la France : je l'ai dissoute, et je rends le peuple entier juge entre elle et moi.

La constitution, vous le savez, avait été faite dans le but d'affaiblir d'avance le pouvoir que vous alliez me confier. Six millions de suffrages furent une éclatante protestation contre elle, et cependant je l'ai fidèlement observée. Les provocations, les calomnies, les outrages m'ont trouvé impassible. Mais aujourd'hui que le pacte fondamental n'est plus respecté de ceux-là même qui l'invoquent sans cesse, et que les hommes qui ont déjà perdu deux monarchies veulent me lier les mains, afin de renverser la république, mon devoir est de déjouer leurs perfides projets, de maintenir la république, et de sauver le pays, en invoquant le jugement solennel du seul souverain que je reconnaisse en France, le peuple !

Je fais donc un appel loyal à la nation tout entière, et je vous dis : Si vous voulez continuer cet état de malaise qui nous dégrade et compromet notre avenir, choisissez un autre à ma place, car je ne veux plus d'un pouvoir qui est impuissant à faire le bien, me rend responsable d'actes que je ne puis empêcher, et m'enchaîne au gouvernail, quand je vois le vaisseau courir vers l'abîme.

Si, au contraire, vous avez encore confiance en moi, donnez-moi les moyens d'accomplir la grande mission que je tiens de vous.

Cette mission consiste à fermer l'ère des révolutions, en satisfaisant les besoins légitimes du Peuple et en le protégeant contre les passions subversives. Elle consiste surtout à créer des institutions qui survivent aux hommes, et qui soient enfin des fondations sur lesquelles on puisse asseoir quelque chose de durable.

Persuadé que l'instabilité du pouvoir, que la prépondérance d'une seule Assemblée sont des causes permanentes de trouble et de discorde, je soumets à vos suffrages les bases fondamentales suivantes d'une constitution que les Assemblées développeront plus tard :

1° Un chef responsable nommé pour dix ans ;
2° Des ministres dépendant du pouvoir exécutif seul ;
3° Un conseil d'État formé des hommes les plus distingués, préparant les lois et en soutenant la discussion devant le corps législatif ;
4° Un corps législatif discutant et votant les lois, nommé par le suffrage universel, sans scrutin de liste qui fausse l'élection ;
5° Une seconde assemblée, formée de toutes les illustrations du pays, pouvoir pondérateur, gardien du pacte fondamental et des libertés publiques.

Ce système, créé par le premier consul au commencement du siècle, a donné à la France le repos et la prospérité ; il les lui garantirait encore.

Telle est ma conviction profonde. Si vous la partagez, déclarez-le par vos suffrages. Si, au contraire, vous préférez un gouvernument sans force, monarchique ou républicain, emprunté à je ne sais quel passé ou à quel avenir chimérique, répondez négativement.

Ainsi donc, pour la première fois depuis 1804 vous voterez en connaissance de cause, en sachant bien pour qui et pourquoi.

Si je n'obtiens pas la majorité de vos suffrages, alors je provoquerai la réunion d'une nouvelle assemblée, et je lui remettrai le mandat que j'ai reçu de vous.

Mais si vous croyez que la cause dont mon nom est le symbole, c'est-à-dire la France régénérée par la révolution de 89 et organisée par l'empereur, est toujours la vôtre, proclamez-le, en consacrant les pouvoirs que je vous demande.

Alors, la France et l'Europe seront préservées de l'anarchie, les obstacles s'aplaniront, les rivalités auront disparu, car tous respecteront dans l'arrêt du peuple le décret de la Providence.

Fait au palais de l'Élysée, le 2 décembre 1851.

LOUIS-NAPOLÉON BONAPARTE.

Bientôt on sut qu'à la suite de mesures prises et exécutées avec un merveilleux ensemble et une rapidité tenant du prodige, le prince président avait pu faire occuper par des forces imposantes tous les points de Paris qu'il importait de mettre à l'abri d'un coup de main, les deux préfectures, les ministères, le local des séances de l'Assemblée, maintenant dissoute, la Banque, etc.; enfin, que la plupart des hommes regardés comme les meneurs des différents partis ou comme les chefs des agitateurs populaires avaient été momentanément placés dans l'impuissance de rien tenter pour s'opposer à la réalisation de ce franc et loyal appel adressé à la France, juge suprême du conflit survenu entre le pouvoir législatif et le pouvoir exécutif. Quatre cents arrestations environ avaient été opérées de quatre à six heures du matin, sans qu'aucune résistance eût été opposée ni même tentée par les individus objets de ces mesures, extra-légales sans doute, mais impérieusement commandées par les nécessités mêmes de la situation.

Il serait oiseux aujourd'hui de citer les noms de tous ceux que le pouvoir exécutif, en se saisissant d'une dictature temporaire, dut alors faire arrêter et même éloigner de Paris; on est du moins heureux de pouvoir ajouter que ces hommes ont bien pu alors pousser les plus violentes clameurs, crier à la *trahison*, à l'*usurpation*, mais que pas un seul n'a osé avancer qu'il eût été victime des moindres sévices, voire de simples violences et voies de fait. Tous, au contraire, ont été obligés de rendre aux différents officiers de police judiciaire chargés de procéder à l'exécution des mandats d'arrestation décernés à cette occasion, la justice de reconnaître qu'ils apportèrent dans leur mission un flegme, un sang-froid, une intrépidité et en même temps une politesse qui imposèrent aux plus violents d'entre les énergumènes dont chaque parti avait eu soin de s'assurer le concours. Tous obéirent avec plus ou moins de résignation et se laissèrent conduire dans les diverses prisons désignées pour les recevoir, en se bornant à protester contre l'*attentat* dont la représentation nationale était victime en leur personne. Le fameux Ch. Lagrange, « l'homme généralement accusé d'avoir, dans la soirée du 23 février, tiré sur le poste de l'hôtel du ministère des affaires étrangères ce coup de pistolet par suite duquel la force armée dut faire feu sur la foule, d'où la déplorable et sanglante collision qui fournit aux émeutiers les cadavres dont ils avaient indispensablement besoin pour leur première mise en scène; le fameux Ch. Lagrange, disons-nous, l'un des Montagnards les plus exaltés, n'opposa pas plus de résistance qu'un autre, et répéta plusieurs fois pendant le trajet de son domicile à la prison de Mazas : *Le coup est hardi, mais c'est bien joué!* La première figure de connaissance qu'il y rencontra fut son collègue à l'ex-Assemblée le général Lamoricière. « Eh bien, général, lui dit-il encore, nous voulions le f... dedans , mais c'est lui qui nous y f...! »

Voilà de ces mots que l'histoire est bien forcée d'enregistrer, quelque grossiers qu'ils puissent être et quelque dégoût qu'elle en ait, car ils peignent admirablement ceux qui les prononcent, et, à la rigueur, résument toute une situation donnée.

Nous nous montrerons d'ailleurs généreux en taisant les nombreuses preuves de défaillance et de couardise que donnèrent alors bon nombre de ceux qui naguère, quand il s'agissait d'arracher à leurs collègues une déclaration de mise hors la loi contre le président, faisaient montre de plus d'audace en parole.

Revenus de la première stupeur dans laquelle les avaient jetés la lecture du décret et de la proclamation rapportés plus haut, ainsi que la nouvelle de l'arrestation de leurs chefs et meneurs, les partis essayèrent cependant de résister. A dix heures les *Montagnards* se réunissaient, sous la présidence de M. Crémieux, dans une maison particulière de la rue des Petits-Augustins, à l'effet d'aviser aux mesures à prendre pour défendre et sauver la république en péril. Informé du fait, le ministre de l'intérieur, M. de Morny, qui avait pris le portefeuille à six heures et demie du matin, fit cerner cette maison et arrêter tous les ex-représentants qu'on y rencontra. A la même heure deux cents autres représentants appartenant aux opinions légitimiste et orléaniste se rassemblaient au local de la mairie du 10ᵉ arrondissement, sous la protection d'un bataillon de gardes nationaux de la 10ᵉ légion, convoqué la veille au soir à domicile par ordre de M. Baze, questeur de l'Assemblée.

La déchéance du président fut votée à l'unanimité dans cette réunion, qui, si nombreuse qu'elle fût, ne comprenait cependant pas même le tiers des membres de l'Assemblée législative, et qui appela aussi le général Oudinot à prendre le commandement en chef de la garde nationale. Au milieu d'un désordre et d'une confusion dont on se rend facilement compte en réfléchissant au désarroi dans lequel devait naturellement se trouver cette mêlée confuse de législateurs et de conspirateurs prévenus de vitesse par l'homme qu'ils voulaient décréter d'accusation et loger à Vincennes, on commençait déjà à voter d'acclamation les mesures les plus urgentes réclamées par les circonstances, quand quatre commissaires de police pénétrèrent dans le local où se tenait la conciliabule. Le président affecta de les accueillir comme s'ils venaient se mettre à la disposition du pouvoir législatif et prendre ses ordres; mais les commissaires déclarèrent nettement qu'ils étaient chargés de disperser une réunion illégale, et qu'au besoin ils n'hésiteraient point à recourir, pour l'exécution de leur mandat, à l'assistance de la force armée dont ils s'étaient fait accompagner. Toute résistance cessa alors; et les ex-représentants, placés au fond de quatre profondes files de soldats, furent conduits de la mairie du 10ᵉ arrondissement à la caserne du quai d'Orsay, sans que des rangs compactes des curieux qui encombraient toutes les rues sur leur passage partît un seul appel à la résistance......

On a dit que le silence des peuples était la leçon des rois. Quelle éloquente leçon aussi, mais dans un autre genre, que cette profonde indifférence de la foule en voyant ainsi défiler devant elle entre des gendarmes, comme de vulgaires malfaiteurs, tous ces législateurs qui, enivrés de leur ridicule importance, la fatiguaient depuis vingt et plus de leurs déclamations; tous, à des degrés divers sans doute, complices des irréparables fautes commises par les deux branches de la maison de Bourbon, l'une après l'autre; mais dont les grandes phrases, les petites idées et les égoïstes préoccupations n'avaient pas tardé à être appréciées par leur juste valeur; tartufes politiques, le plus grand nombre du moins, pour qui le système constitutionnel n'avait jamais été que l'exploitation des faiblesses et des nécessités du pouvoir au grand profit de leur fortune particulière ou de celle de leurs proches, et de l'inquiète activité desquels les masses, si longtemps dupes mais maintenant désabusées, se réjouissaient d'être enfin débarrassées.

En même temps que ceci se passait sur la rive gauche de la Seine, la haute cour de justice instituée par la constitution de 1848, et pour la plus grande partie composée d'hommes dévoués à la république du *National* et de la *Réforme*, tentait, elle aussi, de se réunir au Palais de Justice ; et même elle y réussissait. Déjà, en vertu des pouvoirs qu'elle tenait d'un pacte social devenu maintenant lettre-morte, et seulement sur la rumeur publique annonçant que le règne des hommes de 1848 allait finir, elle venait de rédiger un arrêt en vertu duquel elle se déclarait saisie de la connaissance des événements du jour, quand deux commissaires de police, appuyés par un bataillon de garde municipale, entrèrent dans la salle où elle siégeait, et, exhibant les ordres dont ils étaient porteurs, sommèrent les membres de la cour d'avoir à se séparer à l'instant même, s'ils ne voulaient s'exposer à être arrêtés et conduits en prison. Pas un n'essaya de résister ou de protester ; tous s'empressèrent au contraire de se retirer, sans même, dans leur précipitation, songer à emporter avec eux les papiers assez compromettants placés devant le président, et parmi lesquels se trouvait notamment l'arrêt en question, déjà minuté, mais qu'aucun des membres de la haute cour n'avait encore eu le temps de signer.

Un fait qui frappe avant tout, et sur lequel force nous est bien de revenir, c'est l'ensemble parfait des mesures prises pour obtenir ainsi sur-le-champ la dissolution des pouvoirs devenus un obstacle à la marche régulière des affaires, la rapidité inouïe apportée et en définitive l'incroyable facilité rencontrée dans leur mise à exécution. Qu'on ne s'y trompe pas cependant : un tel résultat eût été impossible si dans ce conflit l'opinion générale n'avait pas été favorable au président ; c'est dans cet assentiment hautement donné par l'opinion au coup d'État du 2 décembre 1851 que l'armée trouva la force nécessaire pour sauver la patrie. Ce jour-là, on peut le dire, l'armée, par son admirable discipline et par sa patriotique obéissance aux ordres qui lui étaient hiérarchiquement transmis, épargna à la France les calamités sans nombre qu'eussent infailliblement entraînées pour elle des tentatives de résistance que les partis n'auraient pas manqué d'essayer, s'ils n'avaient pas tout de suite reconnu qu'ils ne devaient pas compter sur son concours, pas même sur sa neutralité, et qu'elle repousserait avec mépris toute provocation à la désertion et à l'insurrection. Chefs et soldats furent inébranlables, impassibles et modérés, parce que, en contribuant à la victoire de l'ordre sur l'anarchie, ils avaient le sentiment d'un devoir envers le pays noblement accompli. Une éloquente proclamation de Louis-Napoléon, lue le matin aux différents régiments de la garnison de Paris, avait été accueillie dans tous les rangs avec le plus vif enthousiasme ; une revue passée par ce prince la porta à son comble. L'attitude de la population de Paris en présence des événements qui venaient de s'accomplir avec un si merveilleux ensemble, ainsi que le calme régna toute cette journée dans la capitale, en témoignant de la sympathie que rencontrait dans les masses la mesure à laquelle le président ne s'était décidé à recourir qu'à la dernière extrémité, permirent aux troupes de regagner ce soir-là leurs casernes respectives sans qu'on jugeât utile de leur faire garder les positions stratégiques qu'elles avaient prises dans la matinée.

On devait cependant s'attendre à ce que les enfants perdus de la démagogie, sans se laisser décourager par le succès à chaque instant plus grand et plus formidable qu'obtenait dans l'opinion publique l'appel si franc et si loyal adressé par le président à la nation, tenteraient de jouer leur va-tout et mettraient à profit la tranquillité relative de cette journée du 2 pour réunir leurs forces et leurs moyens d'action, se concerter sur le plan d'attaque à adopter, et se partager les postes à occuper au début de la prise d'armes. Des barricades s'élevèrent donc le 3 de grand matin sur divers points de la capitale, et plus particulièrement dans les quartiers populeux, comme au faubourg Saint-Antoine, rues Saint-Martin et Saint-Denis ; et, comme toujours, le hideux drapeau rouge y fut arboré. Sur la barricade élevée à l'entrée du faubourg Saint-Antoine, le représentant du peuple Baudin fut tué par une décharge de la troupe répondant à la mousqueterie des insurgés, et un autre Montagnard, le représentant Madier de Montjau, y fut en même temps grièvement blessé. Mais toutes ces tentatives de résistance échouèrent, quelque furieuses qu'elles fussent ; les barricades furent successivement emportées et détruites par la troupe, dont une moitié à peine dut ce jour-là quitter ses casernes, tant le danger de voir l'insurrection grandir et se développer parut encore alors peu sérieux. C'est le 4 que les anarchistes tentèrent leur suprême effort ; des barricades nouvelles s'élevèrent encore sur la plupart des points où on les avait détruites la veille, notamment sur le boulevard, à la hauteur des faubourgs Montmartre et Poissonnière. La vigueur et l'ensemble avec lesquels elles furent attaquées par la troupe eurent bientôt rendu impossible toute plus longue résistance. A quatre heures du soir, la force armée était maîtresse de tous les points de Paris. L'anarchie était définitivement vaincue, et les efforts impuissants qu'elle fit encore le 5 pour relever la tête achevèrent de prouver que sa défaite était irréparable. A la bourse du 6 les fonds publics haussèrent de 4 francs. Le 16 ils avaient de nouveau atteint le pair. Deux mois plus tard la situation générale inspirait déjà une telle confiance aux capitalistes, qu'avec leur concours le prince président de la république pouvait réaliser une immense amélioration vainement réclamée depuis plus de vingt-cinq ans par l'opinion : la réduction de l'intérêt de la dette publique. Les créanciers de l'État furent mis en demeure d'avoir à opter entre le remboursement immédiat de leurs titres *au pair*, ou la réduction de l'intérêt que leur servait le trésor public, de 5 à 4 ¼. Pour mener promptement et à bon terme cette opération, déclarée *impossible* par les trois gouvernements précédents, il aurait suffi de garantir aux capitalistes que de dix ans la rente ne subirait pas de nouvelle réduction.

On ne saurait dire avec quel sentiment de joie la France accueillit la nouvelle du coup d'État, avec quelle sympathique anxiété elle en suivit l'exécution dans tous ses détails, et combien vivement elle applaudit à la chute du déplorable gouvernement qu'une poignée d'aventuriers politiques lui avaient imposé par surprise le 24 février.

Comme si ce n'était pas assez du sang dont ils avaient provoqué l'effusion dans les rues de la capitale, le socialisme et le communisme, écrasés à Paris, tentèrent encore dans un certain nombre de départements d'en appeler à la force des armes contre la volonté de l'immense majorité de la nation ; leur défaite n'y fut ni moins complète ni moins facile, et elle aurait dû leur enlever définitivement tout espoir de jamais plier la France à leurs lois, si ce n'étaient pas là de ces partis que l'expérience est impuissante à corriger. A l'appel si digne que le président avait adressé à la nation, les comices convoqués le 21 décembre répondirent par une adhésion aux faits accomplis tellement unanime, que Louis-Napoléon se trouva dès lors investi d'un mandat qui lui donna le droit de réaliser seul cette foule d'améliorations administratives, politiques et sociales qui assurent à ce prince, en même temps qu'une belle place dans l'histoire, la reconnaissance des masses, constamment adulées par les ambitieux qu'on avait vus se disputer le pouvoir depuis trente ans, mais toujours oubliées, dédaignées, par des gouvernements qui une fois établis n'avaient plus jamais eu d'autre préoccupation que de donner satisfaction aux intérêts privés d'un parti, souvent même d'une simple coterie, dans l'espoir de se maintenir et de se consolider de la sorte ; mais n'y réussissant jamais, parce que de nos jours il n'y a de gouvernements possibles et durables que ceux qui s'appuient sur une nation tout entière ; que ceux qui, après avoir rendu à un grand pays l'ordre et la sécurité, savent aussi donner satisfaction à ce noble besoin des intelligences : la LIBERTÉ, liberté qui peut bien consentir momentanément à laisser couvrir d'un voile sa statue alors que le salut commun exige la concentration de toutes les forces actives d'une nation aux mains d'un seul, mais qui revendiquerait bientôt impérieusement ses imprescriptibles droits si, le péril social une fois conjuré, on ne s'empressait pas de lui en rendre l'usage.

La Journée du 2 décembre 1851 n'a été que la préface du rétablissement de l'empire en France; c'est donc ailleurs que nous aurons à raconter la suite d'une révolution qui était prévue depuis longtemps par tous ceux qui savent comparer et réfléchir.

DÉCEMVIRAT, DÉCEMVIRS, magistrature temporaire établie à Rome pour donner à la république des lois écrites, et composée de dix hommes (*decemviri*). Elle ne dura que trois années, de l'an de Rome 303 à l'an 305.

Au nombre des griefs de la plèbe contre la caste patricienne, on pouvait mettre en première ligne l'inégalité du droit, arme aristocratique entre les mains des nobles, et l'ignorance même de ce droit, dans laquelle on la laissait à dessein. Aussi poursuivit-elle avec ténacité, sous la direction de ses tribuns, la rédaction et la promulgation de lois positives pour la république. L'un d'eux, Terentilus Arsa, attacha son nom à cette proposition qui ne visait à rien moins qu'à égaliser les deux ordres. La résistance des patriciens se prolongea pendant dix ans; mais en l'an 300, au dire des historiens, trois membres du sénat furent envoyés en Grèce pour recueillir la législation de ce peuple brillant, père des arts et de la civilisation. A leur retour, deux ans après, ils auraient rapporté les lois des Athéniens, et Hermodore, exilé d'Éphèse, les aurait expliquées aux Romains, qui lui élevèrent une statue. Des critiques modernes ont révoqué en doute l'envoi de cette légation en Grèce; mais ce point n'a pas été suffisamment éclairci, et l'on ne peut nier l'influence des lois grecques sur la rédaction des lois des Douze Tables, malgré le caractère si profondément original du droit romain. Quoi qu'il en soit, en 303 dix magistrats, choisis par les comices dans l'ordre des sénateurs, reçurent la mission de rédiger les lois civiles de la république.

Ces magistrats, nommés *décemvirs*, furent investis d'un pouvoir absolu, à peu près tel que l'exerçait le dictateur: toutes les charges furent suspendues; les consuls, les questeurs, les tribuns et les édiles déposèrent leur autorité. Le peuple lui-même se départit du droit de juger les affaires capitales. La toute-puissance fut remise dans leurs mains pour le cours d'une année. Dans cet intervalle, ils gouvernèrent avec sagesse la république, et rédigèrent dix tables de lois qui, après avoir été exposées sur la place publique, furent confirmées dans les comices par centuries. Cependant l'année était expirée: elle devait servir de terme à la magistrature nouvelle; mais la législation ne paraissait pas complète, et l'on choisit de nouveau pour l'année suivante dix décemvirs, parmi lesquels (selon Denys d'Halicarnasse, contredit en cela par Tite-Live) se trouvaient quelques plébéiens. Loin d'imiter la modération de leurs prédécesseurs, ils firent peser sur Rome une tyrannie capricieuse et arbitraire. Pendant deux ans ils se maintinrent par la force au pouvoir. Le crime de l'un d'eux, Appius Claudius, mit fin à leur autorité; le corps sanglant de Virginie, immolée par son propre père, rappela dans tous les esprits le souvenir de Lucrèce; et Rome dut une seconde fois la liberté à l'honneur outragé d'une femme. Les soldats qui étaient en campagne marchèrent sur la ville, et dressèrent leurs tentes sur le mont Sacré; le peuple se souleva dans la cité. Les décemvirs tombèrent: deux d'entre eux périrent dans les prisons; les huit autres s'exilèrent. Les anciennes magistratures reparurent, et le gouvernement reprit sa forme ordinaire.

Les derniers décemvirs avaient composé deux tables de lois supplémentaires: elles furent adoptées comme les premières; ce qui en porta le nombre total à douze. Telle fut l'origine de cette *loi des Douze Tables*, monument primitif du droit romain.

Le nom de *décemvirs* servit encore par la suite à désigner différents magistrats. Il y eut des décemvirs pour la garde des livres sybillins (*decemviri sybillini*), d'autres qui présidaient aux festins en l'honneur des dieux (*decemviri epuleones*), etc. W.-A. DUCKETT.

DÉCENCE. Ce mot, dans son acception la plus étendue, s'entend de cette harmonie, de cette concordance parfaite qu'à l'extérieur nous gardons avec tels ou tels usages, telles ou telles coutumes dominantes, et qui en général ont pour but le règlement et l'honnêteté des mœurs. La décence, même celle qui ne parle qu'aux yeux, se modifie avec les localités et les personnes: ainsi, la décence qui est propre aux saints lieux n'est pas celle qu'on exige dans les cercles. Quoique cette précieuse qualité doive avoir pour mission de tendre à l'honnêteté, il arrive maintes fois qu'elle est vaincue par la mode. Il y aura une manière de s'habiller qui outragera les mœurs, et à laquelle les jeunes femmes céderont. Dans ce cas, la délicatesse qui les caractérise adoucit ce que la mode a de trop libre, et l'on a vu des femmes avoir l'air si décent qu'elles voilaient en quelque sorte la nudité de leurs vêtements. La simple tournure produit aussi des merveilles dans ce genre. Pour les femmes, le siége principal de la décence est dans les yeux; à cet égard, les nuances sont infinies. Il faut reconnaître qu'une très-grande ligne de démarcation existe entre la décence des jeunes filles et celles des jeunes femmes: la décence des premières ne saurait être trop craintive, trop étendue; la décence des secondes a quelque chose de plus assuré, de moins restreint. La qualité d'épouse, surtout celle de mère, leur laissent un certain laisser-aller, qui n'est tenu de s'arrêter qu'à ce que la décence a d'essentiel; elles tolèrent des conversations qui sans être libres doivent cependant rester étrangères à de jeunes filles; bref, les unes ont la décence de leur âge, les autres celle de leur position. Au reste, si la décence extérieure aux bonnes mœurs, c'est beaucoup, ce n'est pas tout. Il est des femmes qui à l'extérieur sont irréprochables, et qui dans le mystère manquent à leurs devoirs: le monde n'a rien à leur reprocher; il ne leur reste plus qu'à compter avec leur conscience. Il faut cependant dire que les femmes qui dans leurs vêtements, leurs discours ou leurs attitudes, s'écartent de la décence, entrent dans une route semée d'abîmes; elles peuvent être sages, mais elles ne recueilleront pas les avantages de la considération. Il nous reste à ajouter que pour le beau sexe la décence est une véritable séduction; sans être au-dessus de la beauté, elle lie et attache sans retour quand elle est portée très-loin; enfin, la décence est inhérente à la splendeur des peuples civilisés, et sert à les classer avant eux. Une révolution violente fait-elle pencher du côté de la barbarie, ce qui disparaît le plus vite, c'est la décence: 1793 en est la preuve. Aujourd'hui la décence parmi nous est assez grande dans tout ce qui concerne le vêtement et la tournure; mais elle laisse à désirer dans le langage; les hommes, même en présence des femmes, ont la parole beaucoup trop *franche*. SAINT-PROSPER.

DÉCENNALES (Fêtes). C'était le nom des fêtes que les empereurs romains célébraient chaque dixième année de leur règne. La politique d'Auguste les avait instituées, afin de ménager ce qui pouvait rester de susceptibilité républicaine aux Romains. Pendant que l'on rendait grâce aux dieux des dix années de bonheur et de prospérité dues à l'administration de l'empereur, il feignait d'abdiquer l'empire; et le peuple, transporté d'enthousiasme, lui confirmait par acclamation le pouvoir suprême qu'il semblait ne reprendre que par une sorte de contrainte de la volonté nationale.

DÉCENNAUX (Prix). *Voyez* PRIX DÉCENNAUX.

DÉCENTRALISATION, opération réparatrice par laquelle un gouvernement serait ramené à la seule action qu'il doive exercer, et cesserait d'intervenir dans les affaires qui peuvent être faites sans lui beaucoup mieux, ou tout au moins aussi bien que lorsqu'il s'en mêle. La France a grand besoin de cette sorte de réparation; car elle n'est pas débarrassée de l'extrême centralisation dont elle subit le régime sous l'empire de Napoléon; elle en éprouve encore la gêne et les inconvénients, quoiqu'elle ait perdu ce qui l'aidait à supporter la pesanteur excessive de ce fardeau. Le premier soin du maître qu'elle eut le malheur de se donner fut de s'assurer l'entière possession de sa conquête, de mettre entre ses mains la direction de tous les mouvements, l'emploi de toutes les forces. Plus de mouvements spontanés ; il fallut même demander et obtenir la permission de faire du bien, si le maître n'en était pas le distributeur. Les *restaurations* ne changèrent presque rien à cet état de choses, dont tout pouvoir s'accommode volontiers ; mais pour le maintenir sans altération il ne fallait rien moins que l'activité d'un chef tel que Napoléon. On se permet aujourd'hui d'agir avant l'autorisation légale, lorsqu'elle viendrait trop tard ou dans un temps moins favorable ; on ose changer, pour les améliorer, des projets approuvés par des préfets qui ne les comprenaient point ; on a même quelquefois l'audace de faire à bon marché ce que des devis très en règle et munis de toutes les formalités administratives portaient à des prix beaucoup plus élevés. Voilà des *contraventions* dont les administrés profitent, que la raison ne peut blâmer, et qui cependant affaiblissent l'action morale du gouvernement, en le dépouillant de la considération dont il ne peut se passer. Chez un peuple qui fait quelque usage de son intelligence, il ne suffit pas que *force demeure à la loi* ; si cette loi est sotte ou sottement appliquée, ceux qui l'ont faite ou qui l'appliquent ne peuvent compter sur l'appui de l'estime publique. Que sera-ce si le législateur ou l'organe des lois a blessé le tact moral de la nation ? Une aversion méritée sera son partage, la réprobation nationale le suivra partout.

Le gouvernement qui fait trop sentir son action commet inévitablement beaucoup de fautes qui éloignent de lui le respect et l'affection ; il sape lui-même la base de sa puissance. Outre le mal que font ses bévues, on lui reproche à bon droit d'opposer des obstacles au bien qui serait fait si les mouvements spontanés ne le rencontraient point sur toutes leurs directions.

Napoléon, toujours dominé par la plus ruineuse de toutes les passions, celle de la guerre, dont l'argent est, comme on dit, le *nerf*, concentra les caisses publiques, afin de les avoir continuellement et sur le champ à sa disposition. Ce motif de centralisation ne subsiste plus, mais le régime n'a pas changé. Aucune partie, aucun détail de l'administration publique n'avait échappé à la surveillance universelle, à l'unité de direction. Il fallait une activité prodigieuse, la volonté la plus ferme et des bras de fer pour maintenir un grand pays dans cet état de tension et de gêne. Après la chute de Napoléon, quelques ressorts se sont détendus ; mais la centralisation n'a perdu qu'une faible partie de ses conquêtes, et menace encore de les reprendre. Cependant, elle peut être abattue par une succession de défaites dont chacune serait jugée peu importante ; il n'est pas nécessaire, pour renverser ce colosse, d'en venir à une bataille qui ébranlerait l'État. Des réformes partielles et successives opéreraient paisiblement la *décentralisation* de la France. Il faudrait peut-être commencer par restituer aux nominations populaires le choix des juges de paix, afin que cette magistrature pût recouvrer son influence morale. Ce fut en s'emparant de ces nominations que le despotisme impérial effaça les derniers vestiges du gouvernement démocratique et termina l'œuvre de ses usurpations. Tout usurpateur est ombrageux : Napoléon ne se crut affermi sur son trône qu'après l'anéantissement de toutes nos libertés, et même de ce qui n'en avait que l'apparence. Quant aux autres fonctions de l'ordre judiciaire, il semble que rien ne doit être changé, et que les tribunaux, quoique distribués équitablement entre toutes les divisions territoriales de l'État, n'appartiennent exclusivement à aucune, et que par conséquent l'autorité qui leur est confiée doit émaner du pouvoir central.

Les administrations départementales et communales feraient aussi de nombreuses réclamations, si leur voix parvenait à se faire entendre. Elles demanderaient qu'on leur témoignât plus de confiance dans les affaires qui les concernent seules, que les mouvements inutiles fussent supprimés ainsi que les rouages qui les produisent ; elles rappelleraient l'organisation que l'Assemblée constituante leur avait donnée ; elles exprimeraient le regret de l'avoir perdue, parce qu'elles furent alors plus populaires, plus économiques et non moins compatibles avec la monarchie que la forme dont Napoléon les revêtit. S'il est encore possible que l'intérêt public soit voulu sincèrement, si les cœurs palpitent de nouveau pour la patrie, on réalisera plusieurs conceptions de cette Assemblée constituante, qui eut malheureusement le tort très-grave de n'avoir pas su consolider son ouvrage. Mais, tout en signalant ses erreurs et ses fautes, on reconnaîtra qu'elle fut éminemment française, qu'elle ennoblit le caractère national, que tous ses actes tendent à rappeler à l'homme la haute dignité de son être. La génération actuelle ne peut espérer de voir renaître ces beaux temps de notre législation ; mais les inévitables progrès de la raison publique les ramèneront infailliblement ; rien ne peut empêcher que la France soit *décentralisée*, et alors le gouvernement y sera plus fort qu'il ne peut l'être aujourd'hui, car il pourra disposer réellement de toutes les forces nationales.

On ne peut dissimuler non plus que la France ne tient plus le sceptre de la littérature, et qu'elle est menacée de perdre celui des sciences et des arts de perfectionnement ; en tout, elle descend au rôle d'imitatrice. D'où lui vient cette humble résignation ? L'organisation actuelle de l'enseignement public y aurait-elle contribué, quoiqu'on n'ait certainement pas eu le projet d'amener ce résultat ? En France, l'enseignement est distribué comme le travail dans un grand atelier ou les rations à un équipage ; chacun fait ou consomme la part qui lui est échue sans s'occuper de ses voisins ; point de motifs d'émulation, point de communications entre les parties éloignées, si ce n'est par l'administration centrale.

Nous ne pousserons pas plus loin l'examen des vices et des fâcheuses conséquences de la *centralisation* ; il suffit d'avoir prouvé que le mal n'est pas irréparable, si on a le courage et la volonté de renoncer à la portion d'autorité qu'on ne peut exercer utilement ni pour soi ni pour son pays.   FERRY.

N'oublions pas de mentionner ici qu'une série de décrets présidentiels rendus en janvier 1852 ont apporté de notables améliorations au déplorable état de choses signalé par feu notre honorable collaborateur.

DÉCEPTION (du latin *decipere*, tromper), tromperie, séduction, dit l'Académie. Ce mot usité jadis au barreau seulement, a passé dans le langage ordinaire.

Les *déceptions* entourent pendant toute sa vie l'homme bon, simple et confiant ; elles le prennent à l'entrée de ce monde, qu'on lui a peint dans son enfance tel qu'il devrait être et non tel qu'il est en effet. Il voit les actions des hommes continuellement en désaccord avec leurs paroles. Il voit enfreindre à son détriment toutes les lois de la justice et de la morale, qu'on lui a tant appris à respecter à l'égard des autres. Les *déceptions* lui viennent de toutes parts, et souvent des choses et des personnes sur lesquelles il s'était cru le plus en droit de compter. Il est trompé tour à tour dans ses sentiments les plus doux et les plus chers. Chaque pas qu'il fait dans la vie lui enlève une de ses illusions, et il arrive ainsi au terme où il vont toutes choses, désabusé de tout, après avoir été la victime de ses propres scrupules et le jouet continuel de ceux qui n'en ont plus ; car ceux-là savent s'arranger de manière à corriger les torts de la fortune et à faire tourner à leur profit tout ce qui nuit aux autres. Pour eux, il peut y avoir des *mécomptes* : l'amour-propre et l'ambition en procurent si fréquemment ! mais ils n'éprouvent point de *déceptions*, parce qu'ils apprécient les choses ce qu'elles valent, et qu'ils ont appris à capituler en toute occasion avec leur conscience.

On se servait autrefois des qualificatifs *décepteur* et *déceptif* ; aujourd'hui on n'emploie plus guère que *décevant* que le *Dictionnaire de Trévoux* regardait comme passé de mode. De nos jours ce mot a repris faveur, et l'on dit fort bien le charme *décevant* de la gloire ; le calme *décevant* de la mer. Plusieurs poëtes en ont fait un heureux emploi. Cette faveur s'est étendue à *décevoir* et à son participe *déçu*.

DÉCÈS (du latin *decessus* ou *decessio*, départ). Ce mot sert à désigner le terme de la vie de l'homme. Il est donc synonyme de m o r t, mais il est surtout employé dans le langage juridique. Le décès d'une personne donne ouverture à certains droits (*voyez* SUCCESSION). Il ne délie que des obligations attachées à la personne (*voyez* MANDAT, SOCIÉTÉ). Il rompt le m a r i a g e, et donne au survivant des époux le droit de convoler en secondes noces en accomplissant certaines formalités et en observant certains délais légaux. Le décès d'une personne engagée dans une i n s t a n c e influe sur la marche de la procédure. Le décès du criminel éteint l'action, mais n'efface pas toujours les suites du crime.

Lorsqu'une personne vient à mourir, la loi veut que son décès soit constaté ; cette constatation a lieu suivant les formes par elle indiquées. L'*acte de décès* est dressé par l'officier de l'état civil sur la déclaration de deux témoins. La déclaration doit être faite dans les vingt-quatre heures ; les témoins sont, s'il est possible, les deux plus proches parents ou voisins, ou, lorsqu'une personne est décédée hors de son domicile, l'individu chez lequel elle est décédée et un parent ou autre. L'acte de décès doit contenir les nom, prénoms, âge profession et domicile des déclarants, et, s'ils sont parents, leur degré de parenté ; il doit énoncer de plus, autant qu'on peut le savoir, les nom, prénoms, profession et domicile des père et mère du décédé et le lieu de sa naissance. Il ne doit être rédigé qu'après que l'officier de l'état civil s'est assuré du décès, soit en se transportant lui-même au domicile de la personne, soit en confiant ce soin à un homme de l'art. Lorsque le cadavre d'un enfant dont la naissance n'a pas été enregistrée est présenté à l'officier de l'état civil, cet officier ne doit pas exprimer qu'un tel enfant est décédé, mais seulement qu'il lui a été présenté sans vie, afin qu'il n'en résulte aucun préjugé sur la question de savoir si l'enfant a eu vie ou non. Lorsque le décès a lieu dans les hôpitaux ou autres établissements publics, les directeurs de ces maisons sont tenus d'en donner avis dans les vingt-quatre heures à l'officier de l'état civil, qui s'y transporte et dresse l'acte sur les déclarations qui lui sont faites et sur les renseignements qu'il a pris ; cet acte sert immédiatement transcrit sur les registres de ces maisons. S'il y a des signes de mort violente, il en est dressé procès-verbal par un officier de police assisté d'un docteur en médecine. Ces renseignements sont par lui envoyés à l'officier de l'état civil du lieu, qui dresse l'acte d'après eux. En cas d'exécution à mort, le greffier criminel doit, dans les vingt-quatre heures, envoyer à l'officier de l'état civil du lieu les renseignements nécessaires à la rédaction de l'acte. Dans les trois cas ci-dessus, l'officier qui a dressé l'acte en envoie une expédition à celui du domicile du défunt. Dans les cas d'exécution à mort, de mort violente et de décès dans une prison, il ne doit pas être fait mention de ces circonstances dans l'acte.

Quand un individu a péri dans un incendie, une inondation ou toute autre circonstance dans laquelle il est impossible de retrouver son corps, on en fait dresser procès-verbal par un officier de police. Ce procès-verbal est transmis au procureur impérial, à la diligence duquel il est, sur l'autorisation du tribunal, annexé au registre de mort.

En cas de décès en mer, l'acte est dressé dans les vingt-quatre heures, en présence de deux témoins, par l'officier d'administration sur les bâtiments de l'État, et par le capitaine sur les autres, à la suite du rôle de l'équipage. Aussitôt que le navire a touché terre, il faut que cet acte soit déposé en double expédition au bureau de l'inscription maritime, si c'est un port français, ou au consulat si c'est un port étranger. L'une de ces expéditions est envoyée au ministre de la marine, qui en fait parvenir copie à l'officier de l'état civil du domicile de la personne décédée. Lorsque c'est au port de désarmement qu'on est arrivé, c'est le préposé à l'inscription maritime qui fait lui-même cet envoi.

A l'égard des armées hors du territoire, chaque corps de troupes a dans son quartier-maître un officier de l'état civil, qui est chargé de tenir les registres et de constater les décès, sur l'attestation de trois témoins et sous la condition d'envoyer dans les dix jours une expédition de l'acte à l'officier de l'état civil du dernier domicile de la personne décédée. Pour les officiers sans troupes et les employés, c'est l'intendant militaire qui remplit le rôle d'officier de l'état civil. Une loi du 13 janvier 1817 permettrait de constater sur des présomptions graves, et dans des formes qu'elle déterminait, le décès des soldats qui avaient disparu pendant les guerres de la révolution et de l'empire.

L'acte de décès fait preuve par lui-même, et les extraits qui en sont délivrés font foi jusqu'à inscription de faux. Dans le cas où les registres de l'époque seraient perdus, la preuve testimoniale est admise pour y suppléer. Elle peut être faite aussi lorsque les registres sont inexacts et incomplets : ce qui est entièrement laissé à la prudence des juges.

DÉCHAINEMENT. C'est, au propre, l'action d'ôter, d'enlever, de rompre des chaînes : *déchaîner* un captif, un galérien, un être vivant quelconque (*ex catena solvere*), c'est le rendre à la liberté. On dit figurément des vents et des éléments, qu'ils sont *déchaînés*, lorsqu'ils soufflent avec violence, ou qu'ils sortent de leurs limites.

Déchaînement, en morale, est synonyme d'excitation, emportement, irritation, fureur. Se *déchaîner* contre quelqu'un ou contre quelque chose, c'est agir et parler avec violence, sans retenue, c'est donner un libre cours à sa colère, à son indignation, à sa haine ; ce qui est le propre de la passion, et non de la justice ni de la raison. Aussi, ce mot se prend-il toujours en mauvaise part. Edme HÉREAU.

DECHAMPS (ADOLPHE), homme d'État belge, né le 17 juin 1807, à Melle, dans la Flandre orientale, s'occupait avant la révolution de 1830 de travaux philosophiques, et par ses tendances quasi-républicaines se rapprochait de l'école du fameux abbé de La Mennais ; mais insensiblement il en vint à prendre place parmi les publicistes pratiques de l'école orthodoxe et catholique. Sa collaboration au *Journal des Flandres* de Gand et à l'*Émancipation* de Bruxelles popularisa son nom, et le fit élire membre de la seconde chambre par la ville d'Ath en 1834. Il s'y montra orateur habile en même temps qu'homme d'affaires parfaitement versé dans toutes les questions commerciales et industrielles se rattachant aux intérêts de son pays. Il prit une part des plus importantes à la rédaction de la loi de 1835 sur l'instruction supérieure et de celle de 1836 sur l'organisation des communes. En 1841, sous le ministère De Theux, il fut nommé gouverneur de la province de Luxembourg ; et deux années plus tard, parvenu à jouir dans l'opinion de la plus haute considération en raison de sa participation à la loi sur l'instruction primaire, ainsi que de la manière dont il s'était acquitté d'une mission commerciale à Paris, il fut appelé à prendre le portefeuille des travaux publics dans le cabinet présidé par M. Nothomb. Comme ministre il contribua en même temps qu'homme politique il se montrait le partisan particulière à l'achèvement du grand réseau des chemins de fer belges, en même temps que comme homme politique il se montrait le partisan décidé du système de fusion, c'est-à-dire de la coalition des éléments libéraux et catholiques. Après la chute de M. Nothomb et l'arrivée aux affaires de M. Van de Weyer, en 1845, M. Dechamps prit la direction des relations extérieures ; poste qu'il conserva encore après le retour de M. De Theux en 1846, et comme membre d'un cabinet catholique homogène jusqu'à la victoire définitive remportée en 1847 par les libéraux. Comme ministre des relations extérieures, c'est lui qui a négocié et signé les traités conclus successivement, en 1847 avec le *Zollverein*, en 1845 avec les États-Unis et avec la France, en 1846 avec Naples et la Hollande. Avant qu'il quittât le ministère, la population, en grande majorité libérale, de Charleroi, reconnaissante des nombreux avantages qu'il avait fait obtenir à ce pays, notamment par la concession du chemin de fer de Sambre-et-Meuse, l'avait élu pour représentant; et depuis il a continué de siéger en cette qualité sur les bancs de l'opposition catholique. En 1837, il avait fondé, de concert avec M. Dedecker, la revue de Bruxelles, recueil catholique, qui continua de paraître jusqu'en 1851, et auquel il fournit des articles rédigés avec beaucoup de talent à son point de vue.

DECHAMPS (Victor), le plus célèbre des orateurs sacrés qu'il y ait aujourd'hui en Belgique, frère du précédent, né en 1811, embrassa avec ardeur les principes de l'abbé de La Mennais, et écrivit dans ce sens un grand nombre d'articles de journaux. En 1831 il prit subitement le parti de se consacrer à l'état ecclésiastique. Après avoir terminé ses études théologiques, il entra dans l'ordre des Rédemptoristes de Saint-Trond. Les sermons de mission qu'il prêcha dans diverses villes de la Belgique, notamment à Liège et à Bruxelles, l'eurent bientôt placé sur la même ligne que les Ravignan, les Lacordaire, les Dupanloup et autres prédicateurs français célèbres. Après un pèlerinage à Rome, il se chargea de la direction d'un des couvents de son ordre à Tournay.

DÉCHANT ou DISCANT (du latin *discantus*), terme de musique employé dans le moyen âge pour expliquer l'accompagnement d'une ou plusieurs parties sur un chant donné. Le déchant répond exactement à ce qu'on avait d'abord nommé *organum*, et que nous appelons aujourd'hui *contre-point*. Voici quelles étaient au treizième siècle les règles de ce genre de musique : « *Quisquis* veut *déchanter* doit regarder si le chant monte ou avale (descend) : se (si) il monte, nous devons prendre la double note, se il avale, nous devons prendre la quinte. » Il résultait de cette théorie une succession monotone et barbare de quintes et d'octaves de suite, que le bon goût a proscrites plus tard. Cependant, le déchant était employé dans toutes les grandes fêtes, et faisait partie de l'enseignement de la musique. DANJOU.

DÉCHARGE. Ce mot, opposé à celui de charge, venu de la basse latinité *carricato*, fait de *carrus*, char, voiture, indique proprement l'action de débarrasser quelqu'un ou quelque chose d'une charge, d'un poids, et figurément d'une obligation quelconque. Il s'applique également au poids, à la charge qu'il s'agit de déplacer et à la personne ou à la chose que l'on veut en débarrasser. Ce mot et le verbe *décharger*, qui en est formé, s'appliquent encore, au propre, aux armes à feu, que l'on débarrasse, en les tirant, de la charge de poudre et de plomb que contenait leur tube. Par extension, on a dit familièrement *décharger* un coup de poing, un coup de bâton, un coup de sabre, etc. On appelle aussi *décharge* l'endroit, le tuyau, la grille, par lesquels l'eau d'une fontaine, d'un étang, d'un canal *se décharge*, s'écoule. On appelle encore la *décharge*, dans une maison, le lieu ou l'on serre les choses qui ne sont pas d'un usage habituel.

En termes de marine, *décharger les voiles*, c'est exécuter une évolution très-fréquente dans le *virement de bord*, c'est changer la position des voiles qui est, lorsqu'étant coiffées, elles demandent à être présentées de manière à recevoir le vent dans leur face postérieure ; ce qui se fait en contre-brassant toutes ces voiles en même temps. Enfin, on dit qu'une rivière *se décharge* dans une autre, pour dire qu'elle s'y jette, qu'elle s'y mêle.

Au figuré, la *décharge* est l'action par laquelle on libère, on délivre quelqu'un d'une obligation, d'une redevance, d'une chose dont il était moralement chargé. Donner à quelqu'un *bonne et valable décharge* équivaut à ces mots : *donner bonne et valable quittance*. On donne donc, en droit, le nom de *décharge* à l'acte sous seing privé ou notarié qui constitue cette libération ; mais la *décharge* n'a pas toujours besoin d'être prouvée par écrit ; elle résulte suffisamment de la remise volontaire du titre original sous signature privée, faite par le créancier au signataire. Elle se présume, sauf la preuve contraire, par la remise volontaire de la grosse du titre authentique. La *décharge* résultant de la convention libère non-seulement le débiteur principal, mais tous les co-débiteurs solidaires et les cautions. Le mineur émancipé ne peut consentir aucune *décharge* sans l'assistance de son curateur, et celui à qui la loi donne un conseil, sans l'assistance de ce conseil. Les *charges d'une accusation* sont les preuves qui résultent de l'information faite contre un accusé, et les *témoins à charge* ceux qui sont admis à faire ces preuves ; les *témoins à décharge*, au contraire, sont ceux que la personne accusée appelle à témoigner en faveur de sa non-culpabilité (*voyez* TÉMOINS).

On dit, par analogie, *la décharge* pour l'acquit de la conscience ; on *décharge* sa conscience d'un grand poids quand on a satisfait à son devoir ou à ce que l'on considère comme une obligation. *Décharger* son cœur, c'est se montrer les plaies de son âme, confier ses douleurs à quelqu'un, ou lui exposer ses griefs. *Décharger* quelqu'un d'un soin, d'une commission pénible et délicate, c'est le débarrasser, le délivrer d'une obligation pesante. *Se décharger sur quelqu'un* du soin d'une affaire, c'est lui en confier la poursuite, l'exécution. *Décharger sa bile, sa colère* sur quelqu'un, c'est lui faire sentir les effets de son ressentiment fondé ou non fondé ; c'est se débarrasser enfin d'un poids qui était à *charge*, en satisfaisant, aux dépens d'autrui, à une loi de la nature qui ordonne l'expansion des sentiments, sous peine d'un danger réel pour l'être qui chercherait continuellement à les renfermer en lui-même. Edme HÉREAU.

La *décharge des armes à feu* est un ensemble de coups d'armes à feu, ou feu réglé. Quand il ne s'agit que de la déflagration d'une seule charge, le mot *décharge* n'est pas usité ; le mot *déchargement* devrait être le substantif du verbe *décharger* un fusil. Il y a aurait ainsi une nuance entre *décharge* et *déchargement*. L'expression *décharge* est à l'égard des petites armes à feu ce que le mot *volée* est à l'égard des grandes. Une *décharge* diffère d'une *salve* en ce que la première a lieu soit dans des cérémonies funèbres, soit dans les actions de guerre, tandis que les salves se tirent en général dans des fêtes, dans des cérémonies, ou à titre d'obséquiosité. Pourtant, on exécute quelquefois des feux de salve, des feux en salve, dans des combats ou des sièges offensifs. Dans une action de feu, les décharges de l'infanterie, à mesure qu'elles se multiplient, rendent impossible d'ajuster ; de là habituellement le peu d'effet du feu, et surtout le danger qu'il y a pour l'infanterie à tirer de trop loin, lorsqu'elle a à repousser une charge de cavalerie. Gᵃˡ BARDIN.

DÉCHAUSSEMENT. état des plantes dont une partie des racines est mise à nu par l'enlèvement ou la condensation de la terre qui les recouvrait. Cet état peut être produit, dans les terres légères, sablonneuses ou tourbeuses, par le dégel, qui en amène l'affaissement, ou par des ondées violentes, etc.

C'est aussi le résultat d'une opération de jardinage qui se pratique par différents motifs : un arbre est-il malade, languissant, on découvre ses racines, pour les visiter, les rafraîchir et leur donner du terreau ou de la terre d'une meilleure qualité. La greffe d'un arbre fruitier est-elle enterrée, on déchausse le sujet pour préserver cette partie du contact de l'humidité prolongée. Les cultivateurs pratiquent au printemps le déchaussement de quelques arbres fruitiers ; ils pensent avec raison que ce procédé, en ralentissant la végétation dans les sujets trop vigoureux, est utile à la fructification, et qu'il amène plus tôt les fruits à maturité.

Que cet état arrive par des accidents, tels que le dégel, les inondations, ou qu'il soit le résultat d'une opération de l'homme, il doit être suivi du *rechaussement*, nouvelle opération, toujours utile et souvent nécessaire, excepté lorsqu'on déchausse la greffe enterrée d'un arbre fruitier pour l'empêcher de pourrir.   P. GAUBERT.

En pathologie, on donne le nom de *déchaussement* à l'état où sont les dents séparées des gencives, qui ont cessé d'être collées et adhérentes à leurs racines; affection que l'on observe chez les vieillards ou chez les personnes atteintes de scorbut ou de maladies qui ont nécessité l'emploi du mercure. Trop de soin, ou plutôt des soins de propreté mal entendus, et l'emploi de poudres dentifrices trop chargées d'acides, ou de brosses trop dures, peuvent contribuer aussi à déchausser les dents.

Le déchaussement des dents est encore une légère opération chirurgicale nécessaire dans certains cas, tels que celui où il s'agit d'arracher une dent, et qui consiste à séparer avec un instrument nommé *déchaussoir* les gencives qui adhèrent au collet de la dent.

DÉCHÉANCE. Dans l'ordre politique, on appelle ainsi l'acte par lequel on exclut un souverain du trône, par opposition à l'abdication, qui est une démission volontaire. Les déchéances sont fréquentes dans l'histoire; parmi les plus célèbres il faut compter celle de Charles de Lorraine, oncle et successeur légitime de Louis V, le dernier Carlovingien; celle de la maison des Stuarts, prononcée en 1688 par les communes réunies en convention; celle de Louis XVI, prononcée par la Convention nationale dans sa première séance; celle de Napoléon 1er, déclarée le 3 avril 1814 par le sénat conservateur et le corps législatif; celle de Charles X, prononcée le 7 août 1830 par la chambre des députés et la chambre des pairs, etc.

En droit, la *déchéance* est la perte d'un droit ou d'une faculté faute d'en avoir usé dans les délais déterminés par la loi, ou d'avoir rempli les formalités prescrites. C'est une fin de non recevoir qui ne permet plus la discussion même de la réclamation la plus légitime. On voit une renonciation dans le silence de l'homme qui, ayant des droits à faire valoir, est demeuré inactif. Telle est la base de toute prescription; mais la déchéance se rapporte plus spécialement à des délais de procédure: ainsi l'on encourt la déchéance de l'appel; ainsi encore, dans une foule de procédures spéciales, des déchéances particulières sont établies, soit pour se présenter en justice, soit pour produire des titres, soit pour élever des contestations. Aucune de ces déchéances n'est *comminatoire*; elles doivent être rigoureusement appliquées par le juge dans tous les cas expressément prévus. On reproche avec quelque raison au contentieux administratif d'user trop largement du droit de déchéance; car c'est souvent en cette monnaie que l'on paye les créanciers les plus légitimes de l'État.

Depuis le décret du 1er mars 1852 la déchéance peut être prononcée contre les juges et les membres de la cour des comptes, après la suspension.

DÉCHIFFREMENT, ART DE DÉCHIFFRER. *Voyez* CHIFFRES (Art d'écrire en).

DÉCHIFFRER (*Musique*). Il fut un temps, et ce temps n'est pas éloigné, où l'art de lire la musique à première vue était le partage exclusif d'un très-petit nombre d'adeptes; pour la multitude, c'étaient lettres closes. Les signes qui représentent les sons, leur durée, leurs altérations, les silences, etc., semblaient au vulgaire autant d'hiéroglyphes, de caractères cabalistiques, de chiffres mystérieux, dont la fatigante étude n'offrait que des obstacles à surmonter. De là le mot *déchiffrer*, qui pris figurément signifie expliquer ce qui est obscur ou caché; et l'on conçoit facilement, sans qu'il soit nécessaire de nous y arrêter, combien est frappante l'analogie existant entre l'objet et le nom. Mais aujourd'hui que le goût des beaux-arts se répand de plus en plus, aujourd'hui qu'il n'est pas au Conservatoire un enfant qui, après un an d'un travail assidu, ne lise à première vue une leçon de solfège à changement de clés aussi facilement qu'il lirait une fable de La Fontaine, le mot *déchiffrer* n'a plus aucun sens, et ne subsiste encore que comme une preuve irréfragable du peu de penchant qu'avaient nos pères pour l'étude approfondie de la musique.

On peut considérer quatre degrés de difficultés dans la lecture de la musique, en passant du simple au composé: 1° le degré le plus simple est la lecture d'une seule partie, soit qu'on la chante en nommant les notes, ce qui s'appelle *solfier*, soit qu'on l'exécute sur un instrument, comme la flûte, le violon, le violoncelle, etc.; 2° la lecture d'une seule partie avec des paroles, ce qui exige une double opération de l'esprit, puisqu'il faut remplacer le nom de la note par la syllabe placée au-dessous; 3° la lecture de deux, trois ou quatre parties, ce qui a lieu quand on exécute un morceau de piano; 4° enfin la lecture d'une partition, c'est-à-dire la traduction exacte sur le piano des effets principaux d'un morceau écrit à grand orchestre. Ce dernier mode exige, indépendamment de plusieurs qualités dont il est inutile de parler ici, une longue habitude pour saisir, embrasser d'un seul coup d'œil toutes les parties enfermées dans les deux barres de la mesure, opération qui augmente de difficulté en raison de la rapidité du mouvement. Toutefois, l'usage d'arranger ou de réduire pour le piano toutes les partitions nouvelles nous semble ne pas devoir concourir à l'extension de cette faculté, si rare encore aujourd'hui. Au reste, on a si bien senti qu'on ne pouvait mériter ni obtenir le titre de bon musicien si l'on n'était pas excellent lecteur, qu'au Conservatoire un élève qui ne se soumettrait pas à cette épreuve décisive ne serait point admis aux concours annuels de l'établissement.   F. BENOIST.

DÉCHIREMENT, action de déchirer, c'est-à-dire de rompre, ou mettre en pièces, sans user d'instruments tranchants, en parlant des étoffes, de la toile, du papier, etc. Gattel fait dériver le verbe déchirer du latin *dilacerare*, d'où il semble indiquer qu'on aurait dit, en contractant, *dicerare*, et rapporte à ce mot, suivant Caseneuve, on disait anciennement *descirer*. D'après Roquefort, ce mot, qu'on écrivait *deschirer*, vient du latin *scissus*, participe de *scindere*, dérivé du grec σχίζω, couper.

Le mot *déchirement* et tous les noms dérivés du même radical sont le plus souvent employés au propre dans le langage usuel; mais on dit aussi figurément *déchirement d'entrailles*, *déchirement de cœur*, pour exprimer une douleur vive et amère. On dit: cet état est *déchiré* par les factions; *déchirer son prochain*, *déchirer sa réputation*, et populairement *sa robe*. Les femmes, les auteurs, *se déchirent* les uns les autres. En hydraulique, qu'une nappe d'eau *se déchire* ou se divise avant de tomber dans le bassin d'en bas.

En chirurgie, on entend par *déchirement* une division ou solution de continuité d'un ou de plusieurs tissus vivants, mous et flexibles, dans laquelle les bords de la division sont frangés et inégaux. Le déchirement est produit tantôt par des causes internes, telles que l'irruption des fluides dans les tissus délicats (apoplexie) et la contraction musculaire (rupture de fibres musculaires, de tendons); tantôt par des causes externes, qui emportent et arrachent des portions plus ou moins considérables du corps des animaux. Ces *déchirures*, dites avec perte de substance, sont appelées *plaies par arrachement*, ou *plaies d'armes à feu avec ablation*, selon la nature des corps animés d'une grande vitesse qui ont arraché ou emporté des parties plus ou moins volumineuses du corps. En observant ces plaies caractérisées par le déchirement des parties molles, on a remarqué que, malgré la gravité des blessures, l'hémorrhagie était légère et la guérison prompte. On a reconnu par la dissection que les tuniques internes des vaisseaux déchirés, et principalement des artères, éprouvaient plusieurs ruptures, pendant que la tunique externe s'allonge et s'effile comme un tube de verre qu'on tire à la lampe d'émailleur. C'est aux ruptures des tuniques intérieures et à l'effilement de l'externe qu'il faut attribuer l'obstacle à l'effusion du sang. En effet, l'artère déchirée se rétracte, l'hémorrhagie, légère au moment même de la blessure, s'arrête et ne reparaît plus, parce que le sang accumulé, stagnant à l'extrémité effilée du vaisseau, s'y coagule et forme un caillot qui remplit l'office d'un bouchon. Les phénomènes du déchirement des autres tissus simples, composés ou complexes, se réduisent en général à une rétraction plus ou moins grande, en raison de leur élasticité ou de leur contractilité naturelle et à l'effusion des fluides sanguins de leurs vaisseaux, qui s'accumulent et se coagulent dans une cavité, si la déchirure est interne, ou coulent en dehors si elle est extérieure.

Envisagé sous le point de vue thérapeutique, le *déchirement* est de tous les modes de division celui auquel on a le moins fréquemment recours dans les opérations chirurgicales, en raison de l'irritation et des douleurs plus fortes qu'il détermine. On est cependant forcé de l'employer, même de préférence, dans les cas où l'on craint de blesser avec l'instrument tranchant des vaisseaux, des nerfs ou d'autres organes essentiels, et sur le trajet desquels sont situées des tumeurs qu'il faut extirper. Il y a *déchirement* des tissus dans l'extirpation des polypes, dans l'arrachement des dents, lorsqu'on perce avec l'ongle la poche des eaux pour terminer l'accouchement, et dans certaines opérations de taille et de hernies, où l'on dilate et l'on débride par déchirures lentes les ouvertures pratiquées pour extraire la pierre ou faire rentrer l'intestin ou autres parties étranglées.
L. LAURENT.

DÉCHIREURS DE BATEAUX. Voyez DÉBARDEURS.

DÉCIATINE, mesure agraire russe, équivalant à 1 hectare 9 ares 25 centiares. La déciatine comprend 2,400 sagènes carrées.

DÉCIGRAMME, DÉCILITRE, DÉCIME, DÉCIMÈTRE. Voyez GRAMME, LITRE, FRANC, MÈTRE et MÉTRIQUE (Système).

DÉCIMAL. Cet adjectif sert à qualifier le système de numération dont la base est 10, certaines fractions écrites dans ce système convenablement étendu, et le calcul de ces fractions. Tout chiffre faisant partie d'une fraction décimale est dit *chiffre décimal* ou simplement *décimale*, ce mot devenant alors un substantif. Enfin, on nomme *nombres décimaux*, les nombres accompagnés de fractions décimales.

La partie du système décimal relative à la numération parlée des nombres entiers remonte à la plus haute antiquité, et on a pensé avec raison qu'il fallait attribuer au nombre de nos doigts la préférence qui lui avait été donnée : avant le phalanstérien Charles Fourier, personne, croyons-nous, n'avait imaginé que nos mains étaient *exclusivement conformées pour la numération duodécimale!* Quant à notre numération écrite des nombres entiers, les érudits discutent encore son origine (*voyez* CHIFFRES). Mais l'histoire de la notation des fractions décimales est aujourd'hui connue, grâce aux recherches de M. Quételet et de M. Terquem. Une notice publiée par ce dernier dans les *Nouvelles Annales de Mathématiques* nous apprend que tout l'honneur de cette invention revient à Simon Stevin, né à Bruges, vers 1548, et que Régiomontanus proposa seulement d'appliquer la division décimale aux calculs des sinus. Seulement Stevin s'embarrasse d'*apices*, c'est-à-dire de signes distinctifs des différents ordres de décimales. Appelant *primes*, *secondes*, *tierces*, etc., ce que nous nommons *dixièmes*, *centièmes*, *millièmes*, etc., il désigne la partie entière d'un nombre par [0], les primes par [1], les secondes par [2], les tierces par [3], etc., de sorte que 527 [0] 3 [1] 7 [2] 5 [3] 9 [4] représente 527 entiers 3 primes 7 secondes 5 tierces 9 quartes.

Stevin considérait donc les fractions décimales comme des nombres complexes dont le calcul était aussi simple que celui des nombres entiers ; il employait des signes incommodes et qui n'indiquaient pas assez la liaison intime de toutes les parties du système décimal. La gloire d'établir cette liaison était réservée à une femme française, Marie Crous, qui la première, dans un livre publié en 1641, supprima les *apices* de Stevin et substitua un point au [0], de sorte que le nombre donné comme exemple ci-dessus, s'écrit 527. 3759. Elle conserve encore le nom de *prime*, *seconde*, etc., mais elle remplace par des zéros, qu'elle appelle des *nuls*, les unités décimales manquantes. « Ce changement fondamental, dit M. Terquem, a donné au calcul décimal sa véritable forme, encore conservée, excepté que le point a été remplacé assez récemment par une virgule ; ce qui est peu de chose. »

Stevin émettait le vœu que les mesures, poids et monnaies, fussent ramenés à la division décimale. Marie Crous insiste également sur ce point. Il a fallu la révolution française pour obtenir ce résultat et substituer à nos anciennes mesures le système métrique, dont la concordance avec notre numération rend l'emploi d'une si grande simplicité.
E. MERLIEUX.

DÉCIMATEUR. On désignait autrefois sous ce nom non pas celui qui avait charge de percevoir les *décimes*, mais celui au profit duquel une *dîme*, soit ecclésiastique, soit inféodée, était perçue. On appelait *gros décimateurs* ceux qui profitaient des grosses dîmes ; *décimateur ecclésiastique*, le prêtre qui, à cause de son bénéfice, avait droit de dîme, *décimateur laïque*, le seigneur direct qui tenait en fief d'un autre seigneur des dîmes inféodées.

DÉCIMATION, mot formé du latin *decem*, dix, indiquant une peine qui était usitée dans la milice romaine ; elle s'infligeait à la lâcheté et à l'insubordination : Cicéron en parle dans son *Oratio pro Cluentio*. Le premier emploi de la décimation est attribué par Tite-Live au consul Appius Claudius. La forme consistait à désigner à la hache du licteur chaque *dixième* homme, dont le nom tombait au sort. Ce châtiment barbare, qui souvent atteignait l'innocent et épargnait le coupable, a eu ses apologistes. « Par ce supplice, dit Lessac, la discipline des Romains, aussi sage que forte, ne privait point la patrie d'une troupe utile ; elle l'épurait, en versant une partie de son sang : ce sang répandu naissaient des victoires. » La décimation a été fréquemment appliquée aux troupes romaines, comme on le voit dans Polybe ; la discipline y eut surtout recours depuis l'expulsion des rois jusqu'au règne des empereurs ; elle punissait ainsi des corps qui avaient lâché pied ou qui s'étaient mutinés. Le tribun rassemblait les soldats qui avaient forfait au devoir ; le général ou le consul faisait mettre dans un casque leurs noms inscrits par bulletins séparés, et, suivant la nature de la faute, 1 sur 5, 10, 15, 20 noms, etc., le 5e, 10e, 15e ou 20e homme, etc., était passé au fil de l'épée, ou frappé de la hache, ou écrasé de pierres. Le reste des criminels en était quitte pour le blâme et la menace d'un sort pareil. Dans la milice de Charlemagne, la décimation était pratiquée à l'imitation des Romains ; les Capitulaires en fournissent la preuve. Depuis longtemps, nos mœurs ne s'accommodent plus d'un tel moyen de répression ; cependant, on lit dans Schiller que dans l'avant-dernier siècle on appliquait encore ce genre de supplice. En 1642, l'archiduc Léopold, s'étant laissé battre à Leipzig par Torstenson, se jette en Bohême pour y réparer ses pertes ; arrivé à Rackonitz, il retire à un régiment de cavalerie ses armes et ses chevaux, le déclare infâme, fait déchirer ses étendards, punit de mort une partie des officiers, et fait décimer les soldats. On voit aussi, dans la milice française, un exemple de décimation, appliqué, en 1675, à la garnison mutinée de la ville de Trèves, où commandait le maréchal de Créqui. Il était réservé au dix-neuvième siècle, qu'on proclame celui des lumières, de la civilisation et surtout de l'humanité, de voir reparaî-

tre cette *justice* aveugle et barbare, et de la voir employée par un de ces hommes qui se décoraient du titre de *libéraux*. Les exécutions ordonnées par Mina dans la Péninsule hispanique furent dignes des temps les plus barbares, et soulevèrent d'indignation tous les cœurs généreux de cette époque.
Gal Bardin.

DÉCIME (du latin *decima*, dixième). On désignait ainsi autrefois un droit ou secours de deniers que les rois levaient sur leurs sujets, tant ecclésiastiques que laïques, pour les besoins extraordinaires de l'État. Plus tard ce terme demeura propre aux subventions annuelles ou extraordinaires payées au roi par les ecclésiastiques.

Ce mot *décime* a longtemps été synonyme de d î m e, quoique ce fussent deux choses très-différentes, puisque la dîme se payait à l'église, au lieu que les décimes étaient fournies au roi par le clergé. Cela tenait à ce que dans l'origine ces levées étaient, l'une comme l'autre, du dixième des fruits et des revenus.

Depuis la d î m e s a l a d i n e, presque toutes les levées que l'on fit sur le clergé, soit pour des guerres saintes, soit pour d'autres besoins de l'État, furent généralement désignées sous le nom de *décimes*, quoiqu'elles fussent souvent au-dessous du dixième des revenus. Les papes prélevaient aussi sur les États des princes chrétiens et ceux-ci partageaient ordinairement avec eux le profit de ces impositions. La dernière décime papale fut imposée en France en 1469, sous Louis XI, à la recommandation du cardinal Balluë; elle monta à 127,000 livres. Quant aux décimes royales et autres subventions payées par les ecclésiastiques, elles furent toujours levées d'autorité par les rois, et sans attendre le consentement du clergé, jusqu'au règne de Charles IX. Il est vrai que jusqu'à Philippe le Bel les papes s'étaient arrogé le droit de sanctionner par une bulle ces sortes de contributions; de leur côté les rois, pour en faciliter le recouvrement, autorisaient la publication de ces bulles dans leurs États, et, en retour, partageaient le produit avec le souverain de Saint-Pierre ou lui accordaient une décime papale. P h i l i p p e l e Bel, qui ne se souciait pas de donner à un autre que lui le droit de pressurer son pays, s'opposa aux prétentions de Boniface VIII, et c'est à cette occasion que fut lancée contre lui la fameuse bulle *Clericis laicos*. Du reste, les gens d'église évitèrent toujours de paraître contraints, et acquittèrent ces impositions sous le nom de *dons gratuits et charitatifs*. Les rois faisaient bon marché des mots, pourvu qu'ils eussent la chose. Les congrégations attachées au service des hôpitaux n'étaient pas comprises dans les rôles de décimes ordinaires. Les décimes commencèrent à devenir à peu près annuelles sous François 1er.

En 1561 les prélats assemblés au colloque de Poissy firent, au nom de tout le clergé, un contrat avec le roi, par lequel ils s'engagèrent à lui payer 1,600,000 livres par an pendant six années et à racheter dans dix ans 630,000 livres de rente au principal de 7,560,000 livres, dont l'hôtel de ville de Paris était chargé envers des créanciers de l'État. Ce fut là l'origine des rentes sur le clergé. Dès lors les assemblées du clergé furent plus fréquentes, tant pour l'exécution de ce contrat que pour consentir de nouvelles subventions; et au commencement du dix-septième siècle il fut réglé que les réunions pour le renouvellement du contrat de Poissy seraient décennales.

En outre de ces décimes du contrat de Poissy, il y avait encore des *décimes extraordinaires*, qui se payaient tous les cinq ans, ou sans termes fixes, suivant les besoins de l'État.

La répartition des décimes sur chaque diocèse se faisait dans l'assemblée générale du clergé, et la répartition sur chaque bénéficier du diocèse était l'œuvre du *bureau diocésain*, nommé aussi *bureau des décimes*, *chambre des décimes*, *chambre ecclésiastique*, et composé de l'évêque, du syndic et des députés des chapitres, de ceux des curés et des monastères. Quant à leur perception, à leur levée, ce ne fut que par exception que les évêques purent d'abord la faire faire eux-mêmes dans leur diocèse. Henri II fut le premier qui, par édit de juin 1557, créa dans chaque ville d'archevêché et d'évêché un receveur en titre d'office des décimes. Mais ces officiers furent plus d'une fois supprimés, sur les instances du clergé, puis rétablis de nouveau. En 1789 ils ne comptaient plus, comme autrefois, leurs recettes à la chambre des comptes, mais ils en donnaient tous les six mois un état à l'évêque et aux députés du diocèse. Le *receveur général* du clergé rendait tous les cinq ans compte de sa gestion aux députés ecclésiastiques.

Décimes sur les spectacles. La loi du 7 frimaire an v établit des décimes sur les s p e c t a c l e s, concerts, etc., au profit des indigents. Cette taxe de bienfaisance, qu'on appelle plus généralement *droit des pauvres*, établie dans l'origine pour six mois, a toujours été maintenue depuis. On en a attribué le produit aux administrations des hospices.

Décime de guerre. Encore une *subvention* extraordinaire établie temporairement, qui devait cesser avec les circonstances, et qui néanmoins s'est perpétuée quoique les circonstances n'existent plus. La loi du 6 prairial an VII avait imposé, à titre de subvention extraordinaire de guerre pour cette même année, un décime par franc en sus des droits d'enregistrement, de timbre, hypothèque, droits de greffe, droits de voitures publiques et d'autres objets soumis aux contributions indirectes, de garantie sur les matières d'or et d'argent, amendes et condamnations pécuniaires, ainsi que sur les droits de douane. Cet impôt a été maintenu d'année en année jusqu'à présent, et tout porte à croire que nos arrière-petits-neveux le supporteront encore. Quelques objets ont même été frappés d'un *double décime* à l'entrée des villes.

DÉCISION, du verbe latin *decidere*, *decisum*, couper, trancher. C'est en effet par une *décision* que l'on tranche une difficulté, une contestation. Les *décisions judiciaires* ont diverses dénominations suivant les juridictions; ce sont des sentences, des jugements, des arrêts. Il en est de même des *décisions administratives*, qu'on distingue en arrêtés et en ordonnances. *Décision* se prend aussi comme synonyme d'avis : une décision de jurisconsultes.

Les *cinquante décisions de Justinien* sont des ordonnances rendues par cet empereur sur des questions qui partageaient les jurisconsultes, dans les années 530, 531 et 532 de J.-C., après son premier code, auquel elles ont été incorporées sous le titre de *Repetitæ Prælectiones*.

Les *Décisions de la Rote* sont les jugements rendus par le tribunal de la Rote à Rome. Il y en a un recueil, sous le titre de *Decisiones Rotæ novæ et antiquæ*, imprimé en 1515.

DÉCISOIRE (Serment). *Voyez* Serment.

DECIUS, nom d'une famille plébéienne de Rome, célèbre surtout par l'héroïque dévouement de trois de ses membres.

DECIUS MUS (Publius), tribun militaire, en 343 avant J.-C., avait sauvé par sa prudence et sa valeur l'armée du consul Aulus Cornelius Cossus, qui s'était laissé entourer par les Samnites dans un défilé. Le tribun Decius aperçut une position que l'ennemi avait négligée; il marcha en silence vers cette hauteur, et l'occupa avant que les Samnites pussent le prévenir. Étonnés de l'audace de cette manœuvre, ceux-ci hésitèrent s'ils marcheraient à lui ou au consul; Cornelius Cossus profita du moment, et gagna une position moins dangereuse. Alors tous les efforts des Samnites tournèrent contre Decius Mus ; mais la nuit il traversa leur camp avec une inconcevable audace, et en poussant de grands cris pour les effrayer. Parvenu au camp du consul, il l'engagea à ne point perdre un instant pour le surprendre : l'action s'engagea de nouveau; les Samnites furent repoussés dans le défilé où se trouvaient d'abord les Romains, et la victoire de ces derniers fut complète. Trente mille de leurs ennemis périrent sous leurs coups. De grandes récompenses furent décernées par le consul à Decius; il les donna à ses soldats et ne garda pour lui que la couronne obsidionale.

Quelque grand qu'ait été le mérite du service rendu par Decius dans cette circonstance à sa patrie, l'histoire a conservé un souvenir plus précieux du dévouement qui lui coûta la vie. Nommé consul avec T. Manlius Torquatus, l'an 340 avant J.-C., il marcha avec son collègue contre les Latins, campés près de Capoue. Dans une vision nocturne lui apparut un homme de taille surnaturelle, qui annonçait que l'une des deux nations perdrait son chef et l'autre ses légions, et que la victoire serait pour celle dont le général dévouerait aux dieux Mânes et lui-même et les légions ennemies. Decius n'hésita point, et il fut convenu avec son collègue que celui-là se dévouerait dont les soldats plieraient. La bataille, livrée au pied du Vésuve, fut longtemps douteuse; mais à la longue les hastaires Romains paraissant fléchir, Decius prononça la formule sacrée : « Janus, Jupiter, Mars, Quirinus, Bellone, dieux des anciens Sabins, dieux de la patrie, dieux des enfers, je vous prie, je vous conjure, dit-il, d'accorder au peuple romain la victoire, et de détourner contre ses ennemis la crainte, les terreurs et la mort. Je dévoue aux dieux Mânes et à la Terre ma personne avec les légions et les troupes auxiliaires des ennemis, pour le salut de la république des Romains, de leurs armées, de leurs légions et de tous ceux qui leur donnent des secours. » Ce disant, il poussa son cheval au milieu des ennemis. On dit qu'il parut aux deux armées comme revêtu d'une majesté qui n'avait rien de l'homme. Partout où il passait, les bataillons latins étaient renversés; enfin il tomba percé de traits, et ne fut retrouvé que le lendemain sous un monceau de morts.

DECIUS MUS (PUBLIUS), fils du précédent, non moins distingué par la bravoure et les talents militaires dont il fit preuve contre les Samnites et les Étrusques, que par sa capacité comme administrateur, fut consul pour la troisième fois, l'an 297, avec Quintus Fabius, battit seul à Maleventum les Apuliens qui venaient au secours des Samnites, et dévasta ensuite avec son collègue le pays de ces derniers. Lors de son quatrième consulat, dans lequel il eut encore pour collègue ce même Fabius, Rome se trouvait en guerre à la fois avec les Samnites, les Étrusques, les Gaulois et les Umbriens. A la bataille de Sentinum, livrée aux Gaulois, il commandait l'aile gauche, qui avait en face les Gaulois; la cavalerie des Romains allait céder à l'effort de la cavalerie ennemie; le désordre se mettait dans les légions. Alors, invoquant le souvenir de son père : « Qui peut m'arrêter? dit-il; il est temps que je remplisse la destinée de ma famille. » Puis, répétant la formule, il se précipita au milieu des ennemis en dévouant leurs légions; et sa mort, comme celle de son père, donna la victoire aux Romains.

DECIUS MUS (PUBLIUS), fils du précédent, était consul avec Publius Sulpicius Longus, an 473 de Rome (279 avant J.-C.), quand Pyrrhus vint en Italie. A la bataille d'Æsculum, le bruit se répandit que Decius imiterait son père et son aïeul, ce qui jeta le découragement dans les rangs de l'armée du roi d'Épire. Pyrrhus avertit ses soldats de le prendre vif et de ne le point tuer, et lui fit savoir que s'il essayait de se dévouer il serait réservé au supplice. Mais il paraît que même ces menaces Decius se dévoua. La perte des livres de Tite-Live nous laisse dans le doute à cet égard, et l'opinion de Cicéron est fort contestée : on sait seulement que le combat fut des plus opiniâtres.

P. DE GOLBÉRY.

DECIUS (CAIUS MESSIUS QUINTUS TRAJANUS OPTIMUS), empereur romain, était un soldat obscur, né en Pannonie, que son mérite et sa bravoure élevèrent au consulat. L'empereur Philippe l'envoya, en l'année 249 de notre ère, dans la Mœsie réprimer une sédition des légions en faveur de Carvilius Maximus; mais il profita des mauvaises dispositions des soldats, et se fit déclarer empereur lui-même, en marchant sur Rome contre le prince qui s'en était fait un appui. Philippe s'avança contre lui jusqu'à Vérone; mais ce rebelle triompha. Philippe fut vaincu et tué, soit sur le champ de bataille, soit dans Vérone, et son fils mis à mort à Rome.

Decius ne régna que deux ans, pendant lesquels il se déclara le persécuteur des chrétiens. Bientôt les Goths passèrent le Danube et se répandirent dans l'Illyrie, dans la Thrace et dans la Macédoine. Priscus se joignit aux ennemis de l'empire, et revendiqua pour lui-même la pourpre impériale (on croit qu'il était frère de Philippe), mais il fut déclaré ennemi public et périt bientôt après. Pour Decius, il envoya d'abord son fils en Illyrie. Philippopolis ayant été prise par l'ennemi, qui y massacra, dit-on, près de 100,000 hommes, l'empereur prit le parti d'accourir auprès de son fils, et vainquit les Goths dans plusieurs combats. Gallus, son lieutenant, cependant convoitait l'empire. Au lieu de couper la retraite des Goths, comme il en avait l'ordre, il concerta avec eux une embuscade, dans laquelle Decius vint donner. Il s'embourba avec son armée dans un marais. Son fils y ayant été tué, il fit preuve d'une grandeur d'âme égale à celle de Crassus chez les Parthes; il dit à ses troupes que ce n'était qu'un soldat de moins, et les engagea à combattre vaillamment; tous périrent avec lui. Cet événement paraît appartenir à la fin de novembre ou au commencement de décembre 251.

Decius passe pour avoir rebâti les murailles de Rome; on lui doit aussi des thermes. Les numismates ont remarqué que ce fut sous le règne de Decius que l'on commença à marquer avec moins d'exactitude les divers titres des empereurs sur les médailles qu'ils faisaient frapper.

P. DE GOLBÉRY.

DÉCLAMATION. Le *Dictionnaire de l'Académie Française* définit la déclamation en général, l'action, la manière, l'art de déclamer; l'emploi d'expressions et de phrases pompeuses dans un sujet, dans un ouvrage qui ne le comportent pas; un discours, un écrit où l'on remarque ce genre d'affectation; enfin, un discours vague et furieux. Un déclamateur, d'après la même autorité, signifie tour à tour l'homme qui déclame, comme jadis les rhéteurs faisaient des exercices d'éloquence dans les écoles; un homme qui déclame des vers, un discours; un orateur, un écrivain emphatique, outré dans ses expressions. *Style déclamatoire*, dans cette acception, ne se prend qu'en mauvaise part.

On a longtemps agité la question, non encore résolue, de savoir si la tragédie devait être *parlée* ou *déclamée*; de même que l'on a demandé si la tragédie devait être écrite en prose ou en vers : ces deux questions sont identiques. Il ne faut pas croire que le vers ait été imposé à la tragédie antique par un caprice irréfléchi, et maintenu jusqu'à nos jours par habitude : indépendamment de ce que la tragédie était pour les anciens essentiellement poétique, et de ce qu'ils considéraient le vers comme indispensable à la poésie, dans une grande assemblée, souvent tumultueuse, comme nos parterres et plus encore comme les cirques des anciens, la nécessité de donner aux acteurs une prononciation élevée, lente et accentuée eût seule forcé d'écrire la tragédie en vers. Il fallut mettre ensuite une sorte d'harmonie entre le *geste* et la pompe des paroles. La déclamation fut venue de là, quand même l'oreille poétique des Grecs ne l'eût pas exigée en la notant. Cela est si vrai, que le ton déclamatoire devient inévitable dans la prose même, dans l'exposition publique, et devant un public nombreux, d'un sujet grave ou d'un principe sérieux. Il est encore bien certain qu'un poète tragique ne s'attachera pas à écrire *en vers* pour qu'un acteur les réduise au ton de la prose en *les parlant*. Les vers perdent tout le charme qu'ils présentent aux oreilles sensibles à l'harmonie poétique quand un ton trop familier, une accentuation irrégulière, en font disparaître les beautés. La *déclamation théâtrale* doit donc être considérée comme l'art de prononcer à la scène le rôle d'un personnage avec la vérité et la justesse d'intonation qu'exige la situation. Le geste et la physionomie doivent contribuer avec la voix à l'illusion que le but de l'acteur est de produire.

La déclamation des anciens était notée et accompagnée du son des instruments. Pour remplacer cette sorte de chant, abandonné par toutes les nations modernes, le vers qui entre dans la composition des ouvrages scéniques fut récité par des bouches maladroites avec une sorte de mesure scandée et emphatique, dont l'uniforme monotonie fut reconnue par Baron, célèbre acteur du dix-septième siècle. Le premier en France il sut amener la récitation tragique à un degré de vérité plus raisonnable. Il sentit qu'il y a une *récitation scénique* toute différente de la déclamation épique ou lyrique, et qui doit se rapprocher autant de la nature que les personnages mis en scène s'en rapprochent eux-mêmes. L'art de déclamer est nommé par les rhéteurs anciens l'*éloquence extérieure*. En effet, l'argument le mieux présenté, le sentiment le mieux exprimé sur le papier, n'auront jamais à la lecture *visuelle* la même puissance que nous y reconnaissons lorsque la voix les anime avec justesse par une déclamation naturelle et variée ; mais, d'un autre côté, il n'existe personne qui n'ait éprouvé de l'ennui, et l'on pourrait dire le supplice d'entendre la lecture d'un drame, quel qu'il soit, mal prononcé, soit par défaut de justesse dans les intonations, soit par la trivialité du débit, soit par son emphase. Il n'y a point de discours si familier, ni de conversation si simple et si paisible, qui n'ait des inflexions de voix marquées par la nature, et il n'y a personne au monde qui ne trouve naturellement aussi ces tons vrais, si l'on veut que ce que l'on dit produise l'impression désirée. Pourquoi donc ce même individu dont l'intonation juste indique le plaisir, la douleur, la supplication ou le reproche dans les événements ordinaires de la vie, est-il constamment faux, ridicule ou guindé en lisant quelquefois même son propre ouvrage ? C'est que tout homme est pénétré de ce qu'il dit naturellement, comme tout auteur l'est quand il écrit ; mais il est distrait quand il récite, et il lui manque l'art de se pénétrer de nouveau. C'est en effet dans le talent seul de se pénétrer des sentiments du personnage qu'on fait parler, de se mettre tout à coup à sa place, que consiste tout l'art de la déclamation.

Quant au plus ou moins d'expression qui constitue le *familier*, le *convenable* ou l'*emphase*, ce n'est plus au sentiment, c'est au jugement à guider l'acteur ou le récitateur. C'est également le jugement qui doit indiquer que, la nature tragique étant en partie idéale, le langage doit l'être aussi. Il est évident que dans ce cas l'imitation de la nature commune ne suffit plus, qu'elle détruirait toute illusion, tout idéal, et qu'une diction triviale, privée de nombre et d'accent, décompose la langue poétique, l'objet constant des recherches laborieuses des poètes qui l'ont parlée le mieux. Le ton déclamatoire, qui n'est jamais sans enflure, adopté par des acteurs sans intelligence et sans jugement, a été maladroitement confondu avec la déclamation, c'est-à-dire avec une diction noble, pure et conforme à la prosodie. « Le parler noble, remarque La rive, est l'expression du sentiment et de l'héroïsme ; le ton déclamatoire, vide et boursouflé, éteint la vérité ; au lieu du vers, il ne fait retentir que des mots, des hémistiches et des rimes. A côté du sublime est l'extravagant : un demi-ton de plus ou de moins peut rendre emphatique ou trivial ce qui, sans ce défaut de nuance, aurait été parfait. C'est le tact fin et délicat d'un acteur qui doit lui indiquer jusqu'où il peut aller sans blesser la noblesse et la dignité tragiques. » Ces remarques sont fondées sur la plus saine raison. Les opinions ne sont partagées à cet égard que parce que l'on se forme une idée fausse de la véritable déclamation, et parce qu'on la confond à tort avec cette récitation d'école, avec ce *cantilène*, aussi désagréable que monotone, qui, n'étant pas dicté par la nature, assourdit seulement les oreilles, sans parler jamais à l'esprit ou à l'âme.

Certes, cette prétendue déclamation doit être bannie du théâtre, même dans la tragédie. Toutefois, il faut éviter de proscrire la noblesse et la majesté du débit lorsqu'il est à propos de l'employer. Le simple bon sens devrait servir de règle à ce sujet, et indiquer, par exemple, que la déclamation fastueuse est déplacée toutes les fois qu'il s'agit de peindre la passion, d'exprimer un sentiment : il faut également prononcer sans emphase les récits simples et les discours de pur raisonnement. Mais le débit pompeux, jusqu'à un certain point, est admis et même nécessaire, par la même cause qui reconnaît que la déclamation tragique est plus élevée que la récitation comique. En lisant un ouvrage, nous réglons de nous-même notre ton sur le degré de pompe ou de simplicité de l'ouvrage que nous avons sous les yeux ; nous permettons dans la conversation le ton oratoire dès que l'importance ou la gravité du sujet sont à la hauteur de ce ton : la majesté de plusieurs morceaux de nos pièces tragiques exige donc que les acteurs les prononcent majestueusement. Sans doute il ne faut pas outrer sa nature, hors de la proportion qu'indique le sujet ; mais chacun comprendra que le débit doit être plus poétique pour les sujets héroïques ou des temps fabuleux que pour les pièces purement historiques. Comme la déclamation scénique doit avoir un autre ton que la déclamation lyrique ou épique, de même la déclamation théâtrale doit se rapprocher de celle-ci dans les morceaux où le poète s'est rapproché lui-même dans son style de l'un ou de l'autre de ces deux genres.

Un des principaux obstacles qui nuisent à la vérité de la déclamation est l'habitude prise par certains acteurs ou *récitateurs* de forcer leur voix ou de se faire un organe factice. Dès que l'on ne parle pas de sa voix naturelle, il est impossible de *dire* avec vérité et de faire sortir de sa poitrine des intonations justes. On n'attend point ici le détail de cette immense variété d'inflexions dont la voix humaine est susceptible, et que l'on doit employer dans les différentes occasions pour rendre avec justesse tant de pensées, tant de sentiments innombrables. Si Quintilien, à propos de l'action de l'orateur, dit qu'il ne doit pas s'en tenir toujours aux préceptes, mais qu'il lui faut prendre conseil de lui-même, il est également inutile de donner sur ce sujet des préceptes, qui justes pour nous pourraient être pour les autres incertains ou trompeurs. Chacun doit, suivant son naturel, diversifier ses inflexions conformément à son propre sentiment. C'est donc en pénétrant dans le fond de notre âme que nous saurons trouver ces tons vrais qui remuent un auditoire, cette sorte de langage sans mots, d'accent qui, par sa seule inflexion, indique à un étranger les sentiments, la passion que dominent ; mais la voix n'est pas le seul moyen dont se serve l'art de la déclamation pour exprimer ces impressions de l'âme : les yeux, le geste sont aussi les interprètes de ces mêmes sentiments. Il est indispensable de joindre l'éloquence des yeux et le mouvement du corps à l'enthousiasme de la déclamation, et leur concours ajoutera à la vérité des intonations de la voix. Quant à la nécessité de bien prononcer, d'avoir une connaissance exacte de la prosodie et de posséder un organe flexible et sonore, elle est tellement comprise de tout le monde, qu'il est inutile de s'y arrêter. Celui qui ne peut se corriger de l'habitude de quelque dialecte provincial, ou des défauts naturels, le *bégayement*, le *zésayement*, le *grasseyement*, ou de tout autre, tel qu'une voix sourde ou enrouée, ne doit jamais entreprendre de déclamer en public. VIOLLET-LE-DUC.

Chez les anciens, le mot *déclamation* avait une valeur considérable. Il était l'expression d'un art que les Romains avaient emprunté aux Grecs, et qui fut chez eux de tous les genres d'exercices le plus nouveau, comme aussi et en même temps le plus utile. Il comprenait la plupart des exercices de la grammaire, avec les premiers éléments de la rhétorique, et de plus avait l'avantage de se rapprocher des formes de la tribune et du barreau. Aussi était-il si fort en estime, que bien des gens le jugeaient suffisant pour former un orateur. Les rhéteurs étaient particulièrement chargés de l'enseigner. Tant qu'ils restèrent dans les limites de cet enseignement, c'est-à-dire tant qu'ils firent en sorte que les *déclamations*, instituées pour préparer la jeunesse aux plaidoiries judiciaires, fussent une image fidèle de celles-ci, tant qu'ils interdirent à leurs élèves tout ce qui pouvait leur dépraver le goût, comme les matières relatives à la magie, aux poisons, aux oracles, aux inimitiés de famille, et à mille autres imaginations plus vaines encore, ne leur proposant rien que l'imitation d'un plaidoyer réel, la déclamation fut très-utile, non-seulement aux jeunes orateurs, en ce qu'elle exerçait à la fois à l'invention et à la disposition, mais même à des orateurs consommés et déjà célèbres au barreau. Elle était, dit Quintilien, comme une nourriture succulente qui donnait de l'embonpoint et de l'éclat à l'éloquence, la rafraîchissait et renouvelait sa sève épuisée par la sécheresse des débats judiciaires. Mais si ce qui est bon en soi a cela de propre qu'il dépend de nous d'en bien user, il arrive trop communément que de propos délibéré, ou faute de goût, nous en abusons volontiers, surtout quand ce qui est bon est de nature à surexciter en nous les besoins de l'imagination plutôt qu'à nous imposer le respect de la vérité. Or, les sujets de déclamation étant fictifs, l'esprit n'y gardait pas toujours la mesure qu'il eût observée dans un sujet vrai, et l'orateur, ne sentant point, par exemple, la nécessité de se concilier, dans un exorde, la bienveillance d'un juge qui n'existait pas, de narrer un fait que tout le monde savait être faux et d'administrer des preuves dans une cause où personne ne devait prononcer, parlait au gré de son caprice, sans autre souci que celui de parler jusqu'à entier épuisement de sa clepsydre.

Dès le temps des premiers empereurs, les rhéteurs de Rome avaient abusé de la *déclamation* au point que la licence et l'impéritie des *déclamations* étaient comptées parmi les causes principales de la corruption de l'éloquence. Et comme ils étaient persuadés que leurs fonctions devaient se réduire à déclamer et à enseigner l'art et le talent de la déclamation, qu'ils se renfermaient même dans les matières délibératives et judiciaires, dédaignant le reste comme au-dessous de leur profession, les grammairiens recueillirent ce qu'ils avaient abandonné; puis, non contents de montrer aux enfants l'art de parler et d'écrire correctement, ils osèrent pénétrer avec eux sur le terrain de l'art oratoire et envahir jusqu'aux prosopopées et aux délibérations. Il résulta de là que ce qui faisait le commencement d'un art (l'art oratoire) devint la fin d'un autre (la grammaire); qu'un âge appelé à passer dans une classe plus élevée demeurait arrêté dans une classe inférieure pour y étudier la rhétorique sous les grammairiens, et qu'on croyait ne devoir envoyer un enfant chez le maître de déclamation que lorsqu'il savait déjà déclamer. Nous pensons que cette concurrence des grammairiens et des rhéteurs ne contribua pas non plus médiocrement à faire déchoir l'éloquence. Le goût s'altérait de plus en plus par les rivalités de métier; les maîtres de l'une et de l'autre part s'attachaient également à créer ce qu'on a depuis appelé de *petits prodiges*, moins attentifs à ce que ces malheureuses victimes de la concurrence apprissent solidement et profondément que vite et beaucoup. Ceci, soit dit en passant, pourrait être une preuve que la concurrence en matière d'enseignement n'est ni très-neuve ni très-profitable. Aussi la ruine de l'art oratoire se manifestait-elle par les symptômes les plus rapides et les plus alarmants. La déclamation ne fut plus en effet qu'une criaillerie bruyante, ou un exercice de gymnastique.

Penchés comme des coureurs prêts à s'élancer dans l'arène, on voyait les jeunes gens, à la chute de chaque période, non-seulement se lever, mais encore sortir de leur place, courir et se récrier avec des transports inconvenants;

espèce de joûte, dit Quintilien, dont ils faisaient dépendre tout le succès de leurs déclamations. Les maîtres leur donnaient l'exemple. C'est pourquoi Flavus Virginius demandait plaisamment, en parlant d'un rhéteur, son antagoniste : « combien il avait déclamé de milles ». D'autres avaient la misérable gloriole de vouloir parler sans préparation, sur la simple donnée d'un sujet quelconque; il en était même qui poussaient la frivolité et le charlatanisme jusqu'à demander par quel mot on voulait qu'ils commençassent. Ces extravagances ne laissaient pas de faire que beaucoup de jeunes gens consumassent à déclamer dans les écoles un très-grand nombre d'années, et qu'il y en eût même qui sacrifiassent à ce stérile métier leur vie entière. Les déclamations produisirent donc peu de grands orateurs, et il est au moins douteux qu'antérieurement elles en eussent jamais produit. Cicéron refusait aux déclamateurs le tact et le discernement suffisants pour trouver la source des lieux communs et pour en user à propos et avec habileté. « Entendez l'orateur, disait-il, parler au barreau, à la tribune, au sénat; lors même qu'il ne fait pas usage des connaissances qu'il peut avoir acquises, vous distinguerez bientôt si c'est un déclamateur qui ne sait rien au delà de sa rhétorique, ou si c'est un esprit éclairé qui s'est formé à l'éloquence par les études les plus élevées. » (*Orat.*, I, 16).

L'ancienne comédie, tout en profitant de la licence du théâtre pour immoler Périclès à sa malignité, avouait que les grâces habituaient sur ses lèvres et que l'énergie de ses discours laissait l'aiguillon enfoncé dans l'âme de ses auditeurs. Aussi n'eut-il pas pour maître un *déclamateur*, mais Anaxagore de Clazomène, mais un sage qui excellait dans les plus sublimes connaissances. Nous oserons donc penser avec Cicéron, contrairement à Quintilien, que la déclamation oratoire, encore qu'elle ait des parties très-utiles, ne conduira jamais à la véritable éloquence, d'abord parce qu'elle offre à l'imagination des entraînements trop dangereux, ensuite parce qu'elle ne peut suppléer à la science, unique fondement de cette même éloquence. Et si nous apprenions un jour que quelque grand orateur, avant de faire l'admiration des hommes, s'est essayé jadis à cette école, tout au plus lui saurions-nous gré de n'avoir pas gâté par là son bon naturel.

La déclamation oratoire s'est perpétuée jusqu'à nos jours, en passant par la Renaissance, époque à laquelle on en fit un usage si prodigieux et si immodéré; car alors il ne s'agissait plus de se préparer à l'éloquence, mais à la dispute. Aujourd'hui on ne déclame plus guère dans les collèges que sur le papier, et les *déclamations* y sont plutôt des *amplifications*. Il y a aussi au Conservatoire de Paris une classe de *déclamation*, d'où il ne sort guère que des acteurs du second ordre. Cependant, si la déclamation est encore bonne quelque part, ce doit être là sans doute. Une pièce de théâtre, étant, d'un côté, l'image de la société, doit s'attacher à la vraisemblance; de l'autre, étant un ouvrage d'apparat, elle doit s'environner d'une certaine pompe : c'est pourquoi les acteurs ne prennent pas tout à fait le ton de la conversation, car alors il n'y aurait plus d'art; ils ne s'éloignent pas trop non plus du naturel, car il n'y aurait plus d'imitation; mais ils relèvent la simplicité de l'entretien familier par un certain éclat théâtral. Charles NISARD.

DÉCLARATION, acte par lequel on fait connaître ou on affirme quelque chose. Toutes les fois que la loi rend une déclaration obligatoire, elle punit son manque ou sa fausseté; la raison en est simple : c'est un appel à la bonne foi; si on y manque, on commet un délit.

Les décès et les naissances doivent être déclarés à l'officier de l'état civil. Le négociant qui tombe en faillite doit en faire la déclaration au greffe du tribunal de commerce. Pour obtenir la libre circulation des marchandises, la déclaration en doit être faite au bureau des douanes et de l'octroi. En cas de mutation de propriété sans conventions écrites ou ostensibles, on est tenu d'en faire la déclaration au bureau de l'enregistrement. Lorsqu'on projette une coupe de bois, on doit le déclarer à l'administration ; cette formalité est encore exigée toutes les fois que l'on entreprend un **défrichement**. Nous avons parlé ailleurs de la *déclaration de commande*, ainsi que de la *déclaration d'absence*, qui est un jugement. La *déclaration de jugement commun* est une sorte d'aveu judiciaire : lorsqu'une partie qui ne figure pas dans une instance aurait le droit d'y intervenir, ou, ce qui est la même chose, d'y former tierce opposition, on peut, pour éviter un second procès, la faire assigner à l'effet de voir déclarer ce jugement commun avec elle.

DÉCLARATION D'AMOUR. L'amant le plus timide, le plus respectueux, veut pourtant savoir si son amour est partagé, et pour cela il doit le déclarer à celle qui l'inspire. Cette déclaration se fait, ou de vive voix, ou par écrit, ou même à la muette ; car les formes et les variétés en sont nombreuses, depuis le *sélam* des Othomans, où des fleurs, choisies et disposées de telle ou telle manière, servent de langage à la passion, jusqu'aux coups de poing et aux *pinceries*, par lesquels les amants de village s'expriment leur tendresse.

La déclaration d'amour *parlée* a toujours la teinte du caractère de l'homme qui l'adresse : Tartufe y est plus hypocrite encore ; Alceste y garde son ton bourru et son humeur frondeuse. Mais cet aveu se modifie surtout suivant l'âge, le rang, la position de celle qui en est l'objet. Une femme de la société ferait jeter à la porte l'amant mal avisé dont la déclaration serait trop audacieuse ; une grisette croirait que l'on se moque d'elle en lui déclarant son amour avec une réserve trop circonspecte. De même, on sent bien que dans cet acte on gardera moins de mesure avec une veuve ou une femme *usagée* que vis-à-vis d'une jeune personne ingénue et pudique. Toutefois, ce n'est plus qu'au théâtre que le respect *céladonique* pour l'objet aimé va encore jusqu'à la déclaration à genoux. Il y aurait de tout perdre dans le monde près de nos dames, et même de nos demoiselles, un amant du dix-neuvième siècle qui se donnerait ce ridicule. La déclaration d'amour *écrite* n'est guère plus qu'à l'usage des novices qui craignent d'être intimidés et arrêtés au milieu d'un tel aveu par le regard sévère ou la fierté offensée de leur belle. Elle laisse trop de prise et trop de temps aux réflexions : en amour, l'essentiel est de les empêcher.

Notre théâtre est fécond en déclarations d'amour ; elles sont fades et musquées chez Marivaux, Dorat et leurs imitateurs ; brusques et parfois grossières chez Dancourt et nos anciens comiques. Molière a su toujours y faire parler la passion avec autant d'éloquence que de vérité. Il est à la scène une autre sorte de déclaration d'amour, qui exige beaucoup de talent et de délicatesse : ce sont celles qu'une femme ardente ou une vierge naïve font les premières à des personnes d'un autre sexe ; tout le monde a dans la mémoire les admirables vers où Phèdre déclare son amour à Hippolyte :

Oui, j'aime, je languis, je brûle pour Thésée, etc.

On connaît moins un modèle charmant de la seconde espèce de ces aveux ; il se trouve dans *la Mère coquette*, comédie de Quinaut, depuis longtemps oubliée ; c'est ici le mot d'une jeune fille à son amant, dont elle a pu, lors de leur dernière entrevue, interpréter l'embarras et les hésitations :

Je voudrais vous parler et nous voir seuls tous deux ;
Je ne conçois pas bien pourquoi je le désire.
Je ne sais ce que je vous veux...
Mais n'auriez-vous rien à me dire ?

Dans le langage habituel, on ne dit plus guère une *déclaration d'amour*; on se borne au premier de ces mots : c'est plus concis et aussi clair. Quand une jeune fille raconte qu'on lui a fait une *déclaration*, l'on sait bien qu'il ne s'agit pas d'une *déclaration de guerre*. OUBRY.

DÉCLARATION DE GUERRE, sorte d'acte authentique à la rédaction duquel la sincérité préside rarement. Les gouvernements prêts à mettre leurs armées en campagne exagèrent parfois les griefs dont ils se plaignent, afin d'atténuer les torts qu'ils peuvent avoir, ou qu'ils sont près d'avoir : ainsi, jadis les champions, au moment de s'entretuer, juraient sur l'Évangile que le bon droit était de leur côté, et ils se préparaient à la lutte par des invectives. Chez les Romains, une déclaration de guerre (*clarigatio*) était une publication prononcée à haute voix (*clara voce*) ; car une semblable résolution doit être manifestée à la face des peuples, à moins que la politique ne se joue du droit des gens, ou que le général ne foule aux pieds la jurisprudence des nations et le droit de la guerre. Dans la milice romaine, les déclarations de guerre étaient du ressort des hérauts ou féciaux (*feciales*) ; ces personnages sacerdotaux jetaient la javeline sur le territoire du peuple déclaré ennemi. L'*Encyclopédie* s'étend sur la peinture de ces usages.

Au moyen âge, malgré la férocité des mœurs, ces formalités s'étaient maintenues ; si l'on ne donnait pas toujours aux déclarations de guerre l'authenticité habituelle, on cherchait du moins à sauver les apparences ; ainsi, pendant toute la durée de la féodalité, un roi d'armes ou un héraut, dont le bâton rappelait le *caducée* ou le *skytale* des Grecs, était dépêché vers le prince ou général ennemi ; admis près de sa personne, il lui faisait un exposé succinct des griefs articulés par celui qui ordonnait le combat ou la guerre. Il jetait à terre un gantelet d'armes taché de sang. Le chef à qui cette provocation s'adressait faisait relever le gant, et donnait ordre qu'en sa présence une bourse ou une robe fût offerte en don au héraut ; quelquefois même il se dépouillait de sa propre robe. Il témoignait par là, avant de congédier l'envoyé, qu'il acceptait le défi. Les déclarations avaient moins d'apparat, et étaient pour ainsi dire évasives, si la réputation du général ennemi était équivoque, s'il était homme à violer le droit des gens, ou si le héraut manquait de cœur : dans ces cas, il ne se présentait pas en personne, il appelait ainsi par ce ban les habitants voisins, les passants, les avant-postes de l'ennemi ; il lisait à haute voix le cartel du défi ; il sommait son auditoire de prendre acte de cette annonce et d'en propager le bruit. Si ce moyen était impraticable ou trop périlleux, le héraut allait, ou furtivement, ou de nuit, afficher sur quelque arbre voisin de la frontière le texte même de la déclaration, et il lançait de là un javelot sur la terre qu'il déclarait ennemie. Ainsi, l'on vit encore dans les guerres de Louis XIV un trompette porteur de défi venir sonner la guerre près des poteaux limitrophes de la Hollande. Suivant le formulaire des déclarations de souverain à souverain, elles étaient ordinairement terminées par une invitation « faite à un chacun de courre sus au monarque ennemi ».

Il nous est resté des usages anciens la méthode, moins brutale, des déclarations écrites et publiques que s'adressent les gouvernements actuels ; elles consistent en un manifeste qui précède ou est censé précéder les actes d'hostilités ; mais il y a cette différence que la déclaration ne s'adressait qu'à l'ennemi, tandis que le manifeste est un exposé, une pièce de procès, soumis au jugement de tous, car maintenant la guerre est une entreprise bien autrement sérieuse qu'au temps où l'on courait sus, dans la seule vue de saccager un pays pendant quelques jours. Dans plus d'une guerre moderne, les formalités des déclarations ont été négligées ; il en fut ainsi dans la guerre de 1635 et dans celle de 1775. Autrefois, le bruit d'une déclaration ne dépassait guère la province ; maintenant, c'est un événement qui ébranle l'Europe; une résolution de cette importance veut ou suppose un trésor richement fourni; elle nécessite des préparatifs et une augmentation de forces dont on ne saurait dérober à personne la connaissance; chacun des deux partis jure à la face de Dieu et de l'univers que le bon droit est de son côté; le bronze, cette *dernière raison* des peuples aussi bien que des rois, a mission de décider quel est celui qui peut le revendiquer, la victoire prononce le jugement, mais il n'est définitif qu'à la p aix.   Gal BAUDIN.

DÉCLARATION DES DROITS DE L'HOMME ET DU CITOYEN.

Ce grand acte fut délibéré et formulé par l'Assemblée nationale dans ses séances des 20, 21, 22, 23, 24 et 26 août 1789, et finalement voté le jeudi 1er octobre de la même année. « Les droits de l'homme étaient méconnus, insultés depuis des siècles », disait l'Assemblée dans son adresse aux Français; « ils ont été rétablis pour l'humanité entière dans cette *Déclaration*, qui sera à jamais le cri de ralliement contre les oppresseurs, et la loi des législateurs eux-mêmes. » La Terreur, en l'outrant, l'Empire et la Restauration, en la violant et en la voilant de leur mieux, l'empêchèrent de fructifier parmi nous.

Dans leur préambule, les représentants du peuple français, considérant que l'ignorance, l'oubli ou le mépris de ces droits étaient les seules causes des malheurs publics et de la corruption des gouvernements, résolvaient d'exposer dans une déclaration solennelle ces droits naturels, inaliénables et sacrés, afin que cette déclaration, constamment présente à tous les membres du corps social, leur rappelât sans cesse leurs droits et leurs devoirs, afin que les actes du pouvoir exécutif, pouvant être à chaque instant comparés avec le but de toute institution politique, en fussent plus respectés; afin que les réclamations des citoyens, fondées désormais sur des principes simples et incontestables, tournassent toujours au maintien de la constitution et au bonheur de tous.

Les seize articles de la Déclaration portaient en substance que les hommes naissent et demeurent libres et égaux en droits; que les distinctions sociales ne peuvent être fondées que sur l'utilité commune; que le but de toute association politique est la conservation des droits naturels et imprescriptibles de l'homme, qui sont : la liberté, la propriété, la sûreté et la résistance à l'oppression; que le principe de toute souveraineté réside essentiellement dans la nation, et que nul individu ne peut exercer d'autorité qui n'en émane; que la liberté consiste à pouvoir faire tout ce qui ne nuit à personne; que la loi n'a le droit de défendre que les actions nuisibles à la société; que tout ce qui n'est pas défendu par la loi ne peut être empêché, et que nul ne peut être contraint à faire ce qu'elle n'ordonne pas; que la loi est l'expression de la volonté générale; que tous les citoyens ont droit de concourir personnellement, ou par leurs représentants, à sa formation; qu'elle doit être la même pour tous, soit qu'elle protège, soit qu'elle punisse; que tous les citoyens sont également admissibles à toutes dignités, places, emplois publics, selon leur capacité, et sans autre distinction que celle de leurs vertus et de leurs talents; que nul ne peut être accusé, arrêté, ni détenu que dans les cas déterminés par la loi et selon les formes qu'elle a prescrites; que tout homme est présumé innocent jusqu'à ce qu'il ait été déclaré coupable; que nul ne doit être inquiété pour ses opinions, même religieuses, pourvu que leur manifestation ne trouble pas l'ordre public établi par la loi; que la libre communication des pensées et opinions est un des droits les plus précieux de l'homme, et que tout citoyen peut parler, écrire, imprimer librement, sauf à répondre de l'abus de cette liberté, dans les cas déterminés par la loi; que l'impôt doit être également réparti entre tous les citoyens, en raison de leurs facultés; qu'ils ont le droit d'en constater la nécessité, par eux-mêmes ou par leurs représentants, de le consentir librement, d'en suivre l'emploi et d'en déterminer la quotité, l'assiette, le recouvrement et la durée; que la société a le droit de demander compte à tout agent public de son administration; que les propriétés, enfin, étant de droit inviolables et sacrées, nul n'en peut être privé, si ce n'est lorsque la nécessité publique, légalement constatée, l'exige évidemment, et sous la condition d'une juste et préalable indemnité.

Tout le germe des libertés modernes est là.

DÉCLARATION DU CLERGÉ DE FRANCE.

Un dissentiment très-vif s'étant élevé en 1681 entre les cours de Rome et de France au sujet de l'extension de la régale et du monastère de Charonne, dans la banlieue de Paris, Louis XIV résolut d'assembler le clergé de son royaume et d'en obtenir la satisfaction que lui refusait le pape Innocent XI. Un premier comité supérieur, après s'être fait rendre compte de la nature du dissentiment, de ses causes et de leurs effets, arrêta, le 28 juin, la convocation d'une assemblée générale pour le 9 novembre. Elle eut lieu effectivement, et Bossuet en fit l'ouverture par son admirable discours sur *l'unité de l'Église*. Elle se composait de 35 archevêques ou évêques, de 35 députés du second ordre, et de deux agents généraux. Après un examen approfondi de la question et un savant rapport de Gilbert de Choiseul du Plessis-Praslin, évêque de Tournay, elle publia, le 12 mars 1682, une déclaration qui contenait en substance les quatre articles suivants :

1° Jésus-Christ a donné à saint Pierre et à ses successeurs la puissance sur les choses spirituelles, mais il ne leur a pas donné le pouvoir de déposer les souverains, soit directement, soit indirectement, ni celui de délier les sujets du serment de fidélité à leur prince.

2° La plénitude de puissance accordée au siége apostolique ne porte aucune atteinte aux décisions des sessions IV et V du concile œcuménique de Constance, approuvées par l'Église universelle et observées religieusement par l'Église gallicane.

3° L'usage de la puissance apostolique doit être réglé par les canons, dressés selon l'esprit de Dieu et respectés sur toute la terre.

4° Quoique le pape ait la principale part dans les décisions en matière de foi, et que ses décrets obligent toutes les Églises, en général et en particulier son jugement n'est pourtant pas irréformable, à moins que le consentement de l'Église n'intervienne.

Un édit du roi, qui suivit aussitôt, ordonna d'enregistrer la déclaration du clergé dans tous les parlements, bailliages, sénéchaussées, universités, facultés de théologie et de droit canon. Cet édit faisait inhibition et défense à tout séculier ou régulier d'enseigner ou de publier aucune chose contraire aux quatre articles; il enjoignait de les souscrire à tous professeurs choisis pour enseigner la théologie; et l'assemblée elle-même adressa à tous les évêques du royaume une circulaire leur donnant avis de sa déclaration et les engageant à la faire recevoir dans les églises, les écoles et les universités commises à leurs soins.

En France, où les doctrines de la déclaration avaient depuis longtemps poussé de profondes racines, elle fut généralement adoptée sans opposition. Le peu de réclamations qu'elle souleva eurent principalement pour objet certaines dispositions de l'édit du roi qui parurent trop assujétissantes. Mais dans les autres États de l'Europe bon nombre de théologiens prirent la plume pour l'attaquer sans ménagement, et quelques prélats distingués la censurèrent même dans des conciles.

Quant à la cour de Rome, elle s'obstina à y voir un *décret dogmatique*, et non une déclaration de la doctrine du clergé du royaume. Innocent XI refusa même de confirmer par des bulles toutes nominations à des bénéfices postérieures aux assemblées de 1681 et de 1682; de sorte qu'à sa mort on comptait en France plus de trente églises sans pasteurs. Son successeur Alexandre VIII manifesta d'abord quelques velléités de se réconcilier avec Louis XIV, qui ne voulait entendre parler de rétracter aucune des maximes inviolables de sa couronne. Mais, changeant tout à coup d'avis, ce pontife fulmina le 4 août 1690 une bulle par laquelle, de son propre mouvement et en vertu de sa pleine puissance, il cassait et annulait la Déclaration du clergé de France. Le 30 janvier 1691, veille de sa mort, il la montrait aux cardinaux et ordonnait de l'afficher sur toutes les places et dans toutes les rues de Rome. Enfin Innocent XII se laissa fléchir par les prélats nommés, qui avaient assisté à l'assemblée de 1682, et qui lui écrivirent, le 14 septembre 1693, que tout ce qui avait pu être censé décrété par la puissance ecclésiastique dans ladite assemblée devait être tenu pour non décrété et qu'ils le tenaient pour tel; à quoi Louis XIV lui-même ajouta qu'il avait donné des ordres pour que les choses contenues dans son édit et auxquelles les conjonctures passées l'avaient obligé ne fussent point observées.

Depuis, suivant l'expression du même roi, on n'a obligé ni empêché personne de discuter une matière dont la solution, quelle qu'elle soit, ne peut, pas plus que celle de beaucoup de questions de théologie, porter la moindre atteinte à aucun article de loi. La déclaration de 1682, violemment attaquée par Charias, Sfondrate, Aguirre, Dubois, Roccaberti, La Mennais, de Maistre et beaucoup d'autres, a été savamment défendue par l'abbé Dupin, Bossuet, Arnauld, le chancelier D'Aguesseau, le cardinal de la Luzerne et l'archevêque Barral.

Il est dit dans l'article 24 de la loi sur le concordat que les professeurs chargés de l'enseignement dans les séminaires souscriront cette déclaration et se soumettront à ne pas s'écarter de la doctrine qu'elle renferme. Dans diverses occasions, plusieurs ministres, Lainé, Siméon, etc., ont renouvelé cette injonction. A l'époque des démêlés de Napoléon 1er avec Rome, quelques évêques d'Italie et de France, ainsi que bon nombre d'ecclésiastiques distingués, ont adopté cette déclaration, sans jamais prétendre néanmoins qu'elle soit un article de foi et qu'on tombe dans l'hérésie en la rejetant.

« Aujourd'hui, dit M. Bordas-Demoulin, le clergé français ne condamne point formellement la *Déclaration*, mais il ne veut voir dans ses trois derniers articles, c'est-à-dire dans la supériorité de l'Église sur le pape, qu'une opinion, une chose qui peut être ou n'être pas, enfin une chose incertaine. Cette supériorité suppose que l'Église, c'est-à-dire les évêques, tiennent leur pouvoir, non du pape, mais de Jésus-Christ; car s'ils le tenaient du pape, ils ne pourraient être au-dessus de lui : or, si leur supériorité sur le pape est incertaine, il est incertain que l'épiscopat émane de la papauté, ou de Jésus-Christ; en d'autres termes, il est incertain que l'épiscopat existe, nul autre que Dieu ne pouvant instituer un pouvoir surnaturel. Ainsi le clergé, sous prétexte de modération, anéantit l'Église. Selon Bossuet, « nos anciens docteurs, et principalement G e r s o n , cet homme si pieux et si savant, n'hésitaient pas à déclarer hérétique tout sentiment contraire à la prééminence du concile sur le pape, » et il insinue qu'à la rigueur on devrait encore le faire. Ne soyons ni plus sévères ni moins fermes que l'évêque de Meaux : « sans excommunier ceux qui s'élèvent contre la *Déclaration*, maintenons-la inébranlablement comme ayant la vérité et l'importance d'un dogme ».

DECLARATION OF RIGHT (*Déclaration de droit*). On appelle ainsi l'acte par lequel l'assemblée tenue à Westminster le 22 janvier 1689 proclama les principes fondamentaux de la constitution anglaise, dont la violation avait fait perdre le trône à Jacques II et appela en conséquence Guillaume d'Orange et Marie son épouse à lui succéder. Le droit de voter les impôts, le droit de libre réunion du parlement, le droit des citoyens d'élire librement leurs représentants, et la compétence exclusive des tribunaux dans toutes les affaires civiles, furent proclamés de la manière la plus solennelle, dans cet acte rédigé sous l'influence de Somers, devenu ensuite lord chancelier, et inscrits au nombre des incontestables privilèges de la nation anglaise. Quoique ces dispositions ne continssent en fait rien qui n'existât déjà dans les lois antérieures, notamment dans la *Petition of rights*, la *Declaration of right* eut du moins l'avantage de l'asseoir sur une base nouvelle et incontestée; et elle contenait en germe toutes les réformes que la constitution anglaise a subies depuis lors.

DÉCLIC. Ce mot, que l'on a écrit autrefois *déclicq*, désigne tout ressort ou crochet qui, étant retiré, laisse entrer en mouvement une machine quelconque; nous en avons un exemple bien connu dans la s o n n e t t e à déclic.

DÉCLIN, mot formé du verbe latin *clinare*, simple ou primitif d'*inclinare*, baisser, pencher, incliner, dérivés eux-mêmes du grec κλίνειν, qui a la même signification. C'est l'état d'une chose qui penche vers sa fin, qui arrive au terme de son cours, qui perd de sa force, de son éclat. Il est souvent synonyme de *décadence*. On dit dans ce sens *le déclin* de l'âge, des années, de la vie, *le déclin* d'une maladie, de la fièvre; sa fortune est sur son *déclin*; l'empire penche vers son *déclin*; cette beauté est sur son *déclin*. En astronomie, il s'emploie dans la même acception, lorsqu'on dit le *déclin* du jour, ou le *déclin* de la lune. Le soleil étant sur le point de se coucher, on dit généralement que le jour est sur son *déclin*; mais le sens de ce mot est plus directement attaché à la diminution apparente de la lune. Ainsi, lorsque cet astre, après avoir parcouru ses différentes phases, n'offre plus à la vue qu'un croissant très-mince et qui va toujours en diminuant jusqu'à ce qu'il disparaisse tout à fait, on dit qu'il est sur son *déclin*.

On se sert aussi de l'expression figurée : *décliner son nom, son âge*, etc., pour *dire son nom, son âge*.

Edme HÉREAU.

DÉCLINAISON (*Grammaire*), en latin *declinatio*. *Nomina, recto casu accepto, in reliquis obliquis declinata*, dit Varron. La première terminaison d'un nom dans les langues qui ont des *cas* est appelée par les grammairiens *terminaison absolue* ou *cas direct*; les autres terminaisons s'écartent, déclinent plus ou moins de cette première, d'où le nom de *déclinaison*. La déclinaison est donc la série des diffentes inflexions ou désinences que les noms affectent dans leurs différents cas, selon les divers ordres ou diverses classes dans lesquelles ces désinences sont rangées dans une langue. Les Latins, par exemple, ont cinq ordres divers de terminaisons, et par conséquent cinq déclinaisons. *Legi*, dit encore Varron, *declinatum est a lego*, ce qui prouve qu'on a d'abord donné également aux différentes désinences des verbes le nom de *déclinaison*, qui a été changé depuis dans celui de *conjugaison*. On dit donc aujourd'hui *décliner* un nom et *conjuguer* un verbe. La langue française n'ayant point de cas, et la terminaison de ses noms restant toujours la même dans leurs différents rapports avec la phrase, il s'ensuit qu'il n'y a proprement point de déclinaison en français; ce n'est que par suite de l'habitude contractée dans l'étude du latin qu'on a persisté pendant longtemps à conserver cette dénomination dans nos grammaires, comme on avait conservé la dénomination de *cas*, remplacée généralement aujourd'hui par celles de *sujet*, de *régime direct* et de *régime indirect*, qui ont l'avantage d'exprimer d'une manière beaucoup plus précise et plus rationnelle les rapports logiques d'un nom avec le verbe et les autres parties du discours.

Edme HÉREAU.

DÉCLINAISON (*Astronomie*), distance d'un astre à l'équateur céleste, comptée sur le méridien de cet astre. La déclinaison est *australe* ou *boréale*, suivant l'hémisphère dans lequel se trouve l'astre.

La déclinaison et l'a s c e n s i o n droite d'un corps céleste en déterminent la position. Il faut donc savoir trouver la déclinaison : pour cela, on cherche d'abord la l a t i t u d e du lieu de l'observation, et on mesure ensuite la hauteur de l'astre au moment de son passage au méridien ou sa distance au zénith, qui est le complément de la hauteur. Il est évident que lorsque la distance de l'astre au zénith (qu'on nomme *boréale* si l'astre est dans l'hémisphère boréal, et *australe* si l'astre est dans l'hémisphère austral) est de même désignation que la latitude, leur somme est la déclinaison, laquelle est aussi de même désignation que la latitude; lorsqu'au contraire la distance au zénith est d'une désignation opposée à la latitude, leur différence est la déclinaison, dont la désignation est la même que celle de la plus grande valeur absolue des deux quantités.

DÉCLINAISON (*Magnétisme*). C'est l'angle formé par le méridien et le plan vertical passant par la direction de l'aiguille aimantée. Cet angle n'est pas le même pour tous les méridiens terrestres, ni pour tous les points du même méridien, ni dans tous les temps; la distribution sur notre globe des causes qui déterminent la direction magnétique est soumise à des variations qui influent sur l'effet (*voyez* AIMANT).

L'usage de la boussole suppose que la déclinaison magnétique est connue dans tous les lieux où l'on possède cet instrument. Il est donc indispensable que les navigateurs soient pourvus de cette connaissance lorsqu'ils entreprennent des voyages de long cours, et que les reconnaissances dans l'intérieur des continents soient éclairées par quelques mesures de cet angle, puisqu'il n'est pas permis de le regarder comme invariable. FERRY.

L'instrument nommé *boussole de déclinaison* consiste ordinairement en une lame d'acier trempé, terminée en pointe à chacune de ses extrémités, et rendue aussi légère que possible; elle est percée à son milieu, afin de recevoir une chásse formée avec un corps dur (agate, diamant). De cette manière le pivot sur lequel elle repose et tourne ne la pénètre pas. Le tout est renfermé dans une boîte à couvercle transparent, afin de soustraire l'instrument aux agitations de l'air. Un cercle horizontal, tracé autour de l'aiguille aimantée, en indique la position relativement au méridien terrestre. Quand il s'agit d'estimer de petits mouvements, comme ceux des variations diurnes ou annuelles, l'aiguille est beaucoup plus longue, et est suspendue par un ou plusieurs fils de soie sans torsion. Les légers déplacements qu'éprouve l'aiguille sont déterminés à l'aide de lunettes fixées à l'appareil.

Il y a une double opération à faire pour que la déclinaison, c'est-à-dire l'angle formé par l'aiguille avec le méridien terrestre, soit bien déterminée, parce qu'il est possible que l'axe magnétique de l'aiguille ne coïncide pas avec l'axe de *figure*; pour corriger l'erreur provenant de ce défaut de coïncidence, on observe d'abord l'aiguille, puis on la retourne, et on l'observe de nouveau. Si l'angle fourni par la première observation est trop fort, celui qui sera donné par la seconde sera trop faible d'une quantité égale, de sorte que la moyenne entre ces deux angles est l'angle réel.

C. DESPRETZ, de l'Académie des Sciences.

DÉCLINATOIRE (du latin *declinare*, décliner, éviter), terme de pratique judiciaire. C'est la réquisition par laquelle une partie traduite devant un tribunal demande à être renvoyée devant un autre, qu'elle prétend être seul en droit de juger l'affaire, soit par son incompétence existe à raison de la personne qui l'invoque, soit à raison de l'objet même qui en est en contestation. On peut décliner une juridiction en matière civile et en matière criminelle. Le déclinatoire à raison de la personne doit être proposé préalablement à toute autre défense; celui à raison de la matière peut l'être en tout état de cause. Les tribunaux de commerce seuls peuvent statuer sur le déclinatoire et sur le fond de la contestation par un seul et même jugement; encore doit-il y avoir deux dispositions séparées. Les décisions rendues sur un déclinatoire sont toujours susceptibles d'être attaquées par la voie de l'appel. Les demandes en déclinatoire doivent être communiquées au ministère public, parce qu'elles sont d'ordre public.

DÉCOCTION, opération qui consiste à soumettre une substance animale ou végétale à l'action d'un liquide, ordinairement de l'eau, dont la température est portée jusqu'à l'ébullition, afin d'obtenir tous les principes solubles qu'elle contient (il ne faut pas confondre l'opération avec le résultat, nommé *decoctum* ou *decocté*, bien que dans le langage vulgaire elle soit confondue avec lui).

Le liquide doit être maintenu bouillant pendant tout le temps de l'opération, et selon que le corps sur lequel on opère renferme des principes plus ou moins solubles. Carbonell a établi trois sortes de *décoctions* : 1° la décoction légère, qui dure quatre ou cinq minutes, et qui ne doit être employée que pour les substances tendres ou qui s'altéreraient par une ébullition trop prolongée; 2° la décoction moyenne, que l'on prolonge pendant douze ou quinze minutes : c'est celle que l'on emploie le plus ordinairement; on doit l'appliquer aux corps un peu plus fermes, tels que les feuilles, les tiges, etc. ; et 3° la décoction forte, que l'on prolonge quelquefois pendant plusieurs heures; on doit l'employer toutes les fois qu'on agit sur des écorces, des bois, des racines, etc., dont le liquide pénètre plus difficilement les parties. Il faut en outre avoir égard à l'état de la substance sur laquelle on opère, et prolonger ou abréger l'opération suivant qu'elle est sèche ou fraîche. On est quelquefois obligé d'employer successivement et dans le même temps ces trois manières d'agir ; alors il faut avoir soin de mettre en premier lieu les matières qui cèdent difficilement leurs principes solubles au liquide que l'on emploie, puis en dernier celles sur lesquelles il agit plus facilement : par ce moyen, on a un *decoctum* chargé de tous les principes solubles des diverses substances employées.

Lorsque l'opération est terminée, il faut passer le liquide à travers un linge ou une étamine, le mettre au frais, et n'en faire chauffer que la quantité que le malade peut prendre d'une fois. Cette manière d'administrer les boissons est très-importante; car il arrive trop souvent qu'elles sont en partie décomposées ou surchargées lorsqu'on les emploie, l'habitude des garde-malades étant de laisser continuellement les tisanes au feu, même avec les substances qui ont servi à leur confection ; c'est une méthode contre laquelle on ne saurait trop se prononcer.

On remarque pendant cette opération que certaines substances éprouvent des changements notables dans la combinaison des molécules qui les constituent; il se forme des corps qui n'existent pas avant : ainsi, quelques-unes subissent une espèce de maturation, qui modifie singulièrement leurs parties; dans plusieurs il se développe un principe muqueux, sucré, qui en change entièrement la saveur et les propriétés.

DÉCOLLATION. La couleur des corps dont l'univers se compose est une de leurs propriétés qui contribue à les caractériser et aide à les distinguer : aussi les altérations de cette couleur sont-elles des changements qui intéressent ceux qui s'occupent de l'histoire naturelle, et principalement de sa partie la plus intéressante, celle des corps organisés. La décoloration d'un corps vivant, autrement dit la privation ou le changement de son coloris naturel, est l'indice d'une modification survenue dans les conditions de son existence. Ce signal a surtout de la valeur pour les médecins, qui dans leurs études ont un intérêt majeur à reconnaître les moindres altérations de la vitalité humaine. La décoloration de la peau, par exemple, est pour eux une source féconde de signes propres à établir le diagnostic des maladies. La pâleur leur décèle certaines passions, l'appauvrissement ou la diminution de sang, comme les rougeurs leur font distinguer des passions contraires aux précédentes et une surcharge sanguine. Une teinte composée d'un ton jaune et d'un ton vert-olive leur indique une affection du foie; une teinte semblable au coloris de la paille est à leurs yeux la marque d'une affection cancéreuse; un ton bleuâtre appelle leur attention sur l'état du cœur, etc. La décoloration de la langue est également instructive pour eux.

La décoloration des divers corps de la nature a été pour les chimistes l'objet de divers travaux, dont les autres connaissances ont profité. Ces savants ont découvert la grande part que le chlore prend à la privation des couleurs : cette découverte, principalement utile pour l'art du teinturier, a procuré les moyens de perfectionner et de hâter le blanchiment du linge, même des chiffons dont on fait usage pour la papeterie, etc. C'est à elle qu'on doit la possibilité de nettoyer les gravures et les livres imprimés, au point de les rétablir comme ils étaient dans leur nouveauté.

Dr CHARBONNIER.

DÉCOLORIMÈTRE. Le charbon animal, plus particulièrement connu sous le nom de *noir animal*, sert à la décoloration d'un grand nombre de produits, par exemple du sucre. Soit par le mode suivi pour sa préparation, soit par le mélange de quelques substances étrangères, il ne décolore pas toujours également, et lorsqu'un fabricant se sert du noir animal comme agent de décoloration, il lui importe de savoir quel degré de force il peut présenter. On peut arriver à évaluer cette propriété par comparaison, en faisant passer du sirop ou du caramel d'une intensité de couleur donnée sur une quantité égale d'un charbon de très-bonne qualité et de celui que l'on veut essayer, jusqu'à ce qu'on ait obtenu le maximum de décoloration avec l'un et l'autre, et en comparant les teintes obtenues. M. Payen a imaginé, pour obtenir ce résultat d'une manière assez rigoureuse, un instrument qu'il a nommé *décolorimètre*, qui consiste essentiellement en un tube de verre, terminé par deux plans en verre, dans lequel on introduit un volume de caramel qui a été agité avec une quantité donnée de charbon à essayer, et dont on compare la teinte avec du caramel décoloré par la même proportion de noir animal pur. Cet instrument n'offre de véritable inconvénient que son prix, assez élevé. H. GAULTIER DE CLAUBRY.

DÉCOMBRES. Nos pères, au rapport de Du Cange, appelaient *combris* les abatis d'une forêt, et *combre* (corruption de *comble*) la charpente d'un toit. On a d'abord, par opposition, qualifié de *décombres* le vieux bois qu'on en ôtait, puis, par extension, on a appliqué le même mot à tous les autres matériaux provenant d'une démolition quelconque.

Les *décombres* qui proviennent de la démolition des constructions forment un excellent amendement, par la quantité de sels alcalins qu'ils contiennent; mais, suivant que la partie qui en forme la base est calcaire, sablonneuse ou argileuse, ils doivent être employés dans des sols de nature différente. La règle à suivre à cet égard est la même que celle qui détermine l'emploi des substances mêmes qui forment ces décombres : ainsi, suivant que l'on trouvera que la chaux, le plâtre, l'argile ou le sable y dominent, on devra les considérer comme des matières calcaires, argileuses ou sablonneuses, etc., et les employer d'une manière analogue. Lorsque les décombres sont en gros fragments, ce ne sera pas du temps perdu que celui qu'on passera à les pulvériser grossièrement. On peut faire entrer utilement les décombres réduits en poudre dans la composition des composts.

DÉCOMPOSITION, action par laquelle un composé est réduit à ses éléments. La *décomposition des corps* peut s'obtenir de plusieurs manières : le calorique, la lumière, les fluides électriques, et en général les corps eux-mêmes sont les agents dont on fait usage pour réduire les corps à leurs principes élémentaires.

Le chimiste a fréquemment recours au calorique pour opérer la décomposition des corps. Son action à cet égard est très-générale, ou du moins s'étend à un grand nombre de composés. Beaucoup d'oxydes, des classes entières de sels, sans parler des matières organiques, éprouvent l'action décomposante du calorique; les oxydes formés des métaux des cinquième et sixième classes sont dans ce cas; ils sont tous ramenés à l'état métallique par l'application de la chaleur, et ils laissent en même temps échapper à l'état de gaz l'oxygène dont ils étaient formés. C'est ainsi que les oxydes de mercure et d'argent abandonnent leur oxygène quand on les chauffe, et sont réduits à l'état, l'un de mercure, l'autre d'argent. Parmi les sels, les iodates, les bromates, les chlorates, les perchlorates, laissent dégager l'oxygène, tant de leur acide que de leur base, quand on les chauffe, et ils sont réduits respectivement à l'état d'iodures, de bromures et de chlorures métalliques. Les nitrates et les nitrites sont réduits à leurs bases, quand on les calcine, si ces bases elles-mêmes ne sont pas de celles que la chaleur décompose. Si l'on porte, par exemple, le nitrate d'argent à la chaleur rouge, non-seulement il perdra son acide ou les éléments qui constituent celui-ci, mais encore l'oxyde d'argent étant réductible par la chaleur rouge, et même un peu avant, son oxygène se dégagera, et l'argent restera seul à l'état métallique. Tous les carbonates, excepté ceux de baryte, de lithine, de soude, de potasse et d'ammoniaque, laissent dégager à l'état de gaz leur acide carbonique, tandis que leur base forme le résidu de la calcination. C'est ainsi que la chaux se prépare en chauffant à une bonne température rouge le carbonate calcaire.

Les actions chimiques de la lumière, quoique généralement faibles, sont néanmoins prononcées, et parfois énergiques. La lumière et les rayons simples dont elle se compose réduisent les oxydes métalliques de la sixième classe, c'est ce qui veut dire qu'ils les ramènent à l'état métallique : c'est ce qui arrive aux oxydes d'argent, d'or et de platine qu'une lumière a frappés. La cire brute que fournissent les abeilles est aussi ramenée par l'action solaire à l'état de cire vierge par la décomposition de sa matière colorante. C'est sur cette observation bien simple que repose l'art du cirier. Le chlorure d'argent, étant humecté, passe rapidement au noir par la lumière directe, et lentement par la lumière diffuse : ici l'action de l'eau se joint à celle des rayons solaires pour enlever une partie du chlore et changer ainsi la composition et la couleur de ce chlorure.

Les fluides électriques exercent communément une action décomposante plus énergique, plus rapide que celle du calorique ou des rayons lumineux. Toutefois, le mode sous lequel on les emploie peut agrandir singulièrement le cercle de cette action. En achevant le circuit d'un appareil voltaïque, au moyen de fils conducteurs, qui vont aboutir au corps que l'on veut ramener à ses éléments, ordinairement le corps sera décomposé, ses principes se divisant pour se rendre séparément aux deux pôles de l'appareil. C'est par ce moyen qu'en faisant arriver dans l'eau les réophores ou fils métalliques attachés aux pôles d'une pile voltaïque, cette eau éprouvera une décomposition, l'un de ses composants, l'oxygène, se rendant à l'état de gaz au pôle positif, et le deuxième composant de l'eau, l'hydrogène, s'accumulant à l'état aériforme, au pôle négatif. Ampère, dont le génie créateur s'est exercé sur tant de sujets divers, admet à ce propos que les molécules dont les corps se composent ont une électricité qui leur est propre, et qu'elles

17.

sont de plus environnées d'une atmosphère électrique d'une autre nature. Si l'on imagine, en conséquence, une molécule possédant une électricité positive et qu'enveloppe une atmosphère de fluide négatif, à l'approche d'une autre molécule dont l'atmosphère électrique sera négative, il y aura répulsion; si au contraire l'atmosphère de la seconde molécule était positive, il y aurait attraction. Dans ce cas, les atmosphères se neutralisent, et les molécules elles-mêmes en se combinant paralysent mutuellement leurs électricités, qui sont de noms contraires, *positive* et *négative*. Que ce composé soit présenté à la pile, ou à un appareil voltaïque de toute autre forme, le fluide propre à chaque pôle de l'appareil va agir d'abord sur l'atmosphère électrique neutre du composé; il va se former de nouveau une atmosphère électrique positive, et une atmosphère négative, mais ces atmosphères resteront d'abord latentes, en vertu des forces opposées qui les ont séparées. Les fluides des deux pôles de l'instrument continuant à exercer leur empire, ceux-ci vont, l'un attirer la molécule électrisée d'une manière inverse, l'autre la repousser : la décomposition s'ensuivra, et chaque molécule séparée reprendra, avec l'électricité qui lui est propre, l'atmosphère qui convient à la neutralisation de son électricité. Il ne s'agira que de donner une forte électricité aux pôles de la pile pour produire un grand effet, pour détruire un composé dont les principes sont unis avec force.

Quant à l'emploi des réactifs, ou agents impondérables, pour séparer les corps simples dont la combinaison n'avait fait qu'un seul et même corps, il semblerait au premier abord qu'il suffise de s'emparer dans un composé de tous ses éléments moins un, puis d'agir de même sorte sur le nouveau composé, et ainsi de suite, pour déterminer la séparation successive de tous ses principes élémentaires; mais dans la pratique il ne peut en être ainsi la plupart du temps que pour les composés binaires. Communément, on sépare ou l'on transforme chaque substance composée en un certain nombre de corps binaires, puis on réagit sur ces derniers comme il suit : on cherche si parmi les substances connues on peut en trouver une qui ait plus d'affinité pour l'un des éléments du composé binaire que le second n'en a pour le même élément; et lorsqu'on l'a trouvé, si d'ailleurs il satisfait à la deuxième condition, de ne pouvoir se combiner au composé donné, ou à ses deux éléments à la fois, on possède l'agent qui convient pour séparer ces derniers l'un de l'autre. Prenons par exemple de l'oxyde de plomb; mêlons-le à un sixième de son poids de charbon, et chauffons le tout en vase clos : le charbon s'empare de l'oxygène qui constituait l'oxyde de plomb, forme de l'acide carbonique, qui se dégage, et laisse au fond du creuset un globule métallique : le plomb réduit à l'état métallique. L'appétence du carbone pour l'oxygène s'est prouvée plus forte dans la circonstance où nous nous sommes placés que celle du plomb pour l'oxygène : le carbone n'a pu d'ailleurs contracter d'union ni avec l'oxyde de plomb ni avec le métal; c'est pourquoi cet agent a pu nous faire atteindre au but proposé.

Si l'on prend un corps d'une composition plus complexe, comme le nitrate de chaux, on pourra en précipiter la chaux à l'état de carbonate calcaire, et cela au moyen du carbonate de potasse; il se fera un double échange : l'acide carbonique passera de la chaux, et l'acide nitrique de la chaux à la potasse; le carbonate calcaire formé dans cette circonstance se précipitera en raison de son insolubilité dans l'eau; le nitrate de potasse qui se produit en même temps, corps soluble dans ce que s'est effectuée la réaction, car c'est au moyen de l'eau que s'est effectuée la réaction. En reprenant le carbonate de chaux par la chaleur, on le résoudra en chaux et en gaz acide carbonique. Puis, si l'on fait évaporer la liqueur à siccité, afin d'obtenir exempt d'eau le nitrate de potasse, et que l'on ajoute à ce corps salin de l'acide sulfurique, ce dernier, s'emparant de la potasse, mettra l'acide nitrique à nu, et formera du sulfate de potasse; on fera passer aisément l'acide nitrique du vase en verre où se fait l'expérience dans le récipient adapté à ce dernier, et par suite de ces opérations se trouveront isolés la chaux et l'acide nitrique. Le nitrate de chaux sera ainsi réduit à son acide et à sa base, tous les deux composés binaires, le premier formé d'oxygène et d'azote, le second d'oxygène et de calcium. De la chaux, légèrement humectée, on fera un godet où l'on versera de l'amalgame de potassium : le potassium s'emparera de l'oxygène de la chaux, et formera de l'oxyde de potassium; le mercure de l'amalgame se portera sur le calcium (radical métallique de la chaux), et l'amalgame de calcium qui en résultera étant distillé dans le vide, laissera dans la cornue le calcium. En reprenant l'oxyde de potassium formé dans le traitement de la chaux par l'amalgame de potassium, on mettra l'oxygène en liberté en soumettant l'oxyde de potassium à l'action d'une forte pile voltaïque. Quant à l'acide nitrique, pour le réduire à ses éléments, l'oxygène et azote, l'on pourra l'exposer à l'action d'une pile voltaïque : l'azote se rendra au pôle négatif, et l'oxygène à l'autre pôle. Ainsi sera laborieusement réduit aux corps simples qui le constituaient le nitrate de chaux, duquel on est parti.

Dans l'exemple que nous venons de donner, nous avons commencé par employer la méthode dite de *double décomposition*. Pour bien s'en rendre compte il faut reprendre les choses d'un peu plus haut. « Deux corps binaires mis en présence, dit M. Dumas, doivent se disposer de façon que leurs molécules inversement électrisées se rapprochent les unes des autres; de manière que l'on n'a plus à s'occuper que de l'examen des circonstances qui peuvent déterminer la réunion des éléments sous une nouvelle forme. On peut distinguer ici quatre principaux phénomènes : ou bien les deux composés s'unissent purement et simplement, et donnent naissance à un composé salin; ou bien ils se rapprochent sans former d'union stable; ou bien ils se décomposent mutuellement; ou bien, enfin, le corps négatif de l'un s'unit au corps positif de l'autre, tandis que les deux autres éléments deviennent libres. » Dans les deux derniers cas, il y a *double décomposition*. Mais quand deux corps binaires sont en présence, l'insolubilité ou l'élasticité de l'un des composés possibles détermine seule leur séparation. On conçoit maintenant l'action mutuelle qu'exercent deux sels l'un sur l'autre, et l'on rend compte de certains résultats qui auraient pu paraître d'abord contradictoires. Ainsi, qu'on mêle des dissolutions de carbonate d'ammoniaque et de sulfate de chaux, il se formera du carbonate de chaux et du sulfate d'ammoniaque, parce que le premier de ces deux sels est insoluble. Si l'on prend au contraire du sulfate d'ammoniaque et du carbonate de chaux secs, et que le mélange soit chauffé au rouge, il se formera du carbonate d'ammoniaque et du sulfate de chaux , parce que le premier de ces sels est volatil.

COLIN.

DÉCOMPOSITION DES FORCES. Voyez FORCES (*Mécanique*).

DÉCOMPTE. Ce mot est provenu du mot *compte*, auquel on a ajouté une particule privative, parce que, suivant la définition de l'Académie, « le décompte est ce qu'il y a à rabattre, à déduire sur une somme qu'on paye ». *Décompter* ne serait donc pas l'action de payer, mais l'action de retenir. Si cette définition convient à la langue commune, elle ne satisfait pas à la langue militaire : l'expression s'y est introduite sous un autre sens; elle s'y est conservée par le caprice du soldat, et non par suite de combinaisons rationnelles. Le *décompte militaire* semblerait, au premier aperçu, être l'opposé d'une avance et l'accomplissement d'un dernier compte; cependant, dans le style des bureaux du ministère, diviser par douzièmes la paye annuelle des officiers, solder le mémoire de l'armurier, acquitter d'avance certaines portions de haute paye, c'est également *décompter* : ainsi, il y a des payements d'avance ou des payements de détail, mais non définitifs, qui sont à déduire, non sur la somme qu'on paye, comme le dit l'*Académie*, mais sur celle qui est à payer ultérieurement en vertu d'un droit acquis et reconnu. En général, le *décompte* est une manière particulière de terminer entre deux parties un compte antérieur, quels que soient les éléments dont ce compte se compose. Il y a des valeurs qui ne doivent être l'objet d'aucun décompte : ainsi, il est défendu de faire en forme de décompte aucun partage de deniers d'ordinaire. En langage militaire, on appelle généralement *décompte* la comparaison trimestrielle des délivrances de solde et des perceptions de vivres. Reconnaître si les valeurs perçues concordent en conformité du droit, c'est *décompter*. Des règles particulières s'appliquent aux cas de moins perçu ou de trop perçu. Gal Bardin.

DÉCONFÈS. Ce mot, dans son origine, signifiait proprement *qui ne s'est point confessé*, et il s'appliquait spécialement à ceux qui mouraient sans confession ; mais l'usage l'avait étendu à ceux qui mouraient sans laisser de testament, ce que nous nommons aujourd'hui *ab intestat*. On appelait *déconfès* celui qui n'avait point fait de testament, parce qu'autrefois c'était la coutume que ceux qui étaient en danger de mort fissent un don à l'Église. « Tout homme, dit Montesquieu, qui mourait sans donner une partie de ses biens à l'Église, ce qui s'appelait mourir *déconfès*, était privé de la communion et de la sépulture. Si l'on mourait sans faire de testament, il fallait que les parents obtinssent de l'évêque qu'il nommât, concurremment avec eux, des arbitres pour fixer ce que le défunt aurait dû donner en cas qu'il eût fait un testament. » Edme Héreau.

DÉCONFITURE. C'est l'état d'un débiteur *non commerçant*, dont les biens sont insuffisants pour acquitter les dettes. Il répond donc à peu près au mot *faillite* employé quand il s'agit de la déroute d'un négociant ; mais les conséquences ne sont pas les mêmes. Ainsi les statuts relatifs à l'administration des biens des faillis ne sont point applicables au fait de la déconfiture, et il y a lieu seulement à la discussion des biens du débiteur, ainsi qu'à la distribution des deniers en provenant, dans les formes prescrites par le Code de Procédure civile. De même, les dispositions du Code de Commerce sur les actes faits par le failli dans les dix jours qui ont précédé la faillite ne reconnaissent point d'application en matière de déconfiture ; les payements faits avant que la déconfiture éclate sont valables, pourvu qu'ils aient eu lieu sans fraude : mais dans ce cas même la preuve est très-difficile à acquérir.

C'est particulièrement dans le cas de la déconfiture que la *cession de biens* peut avoir lieu. Dubard.

DÉCOR (du latin *decor, decoris*, beauté, agrément, ornement), terme technique par lequel on désigne toutes les espèces d'ornements peints ou dorés que l'on emploie pour orner les salles de spectacle, les cafés, les salles de réunion pour de grandes assemblées, les salles de bains ou les boudoirs, etc. Lorsque celui qui dirige ces travaux s'est distingué par la grâce, la variété de ses ornements, on dit qu'il entend bien le *décor* ; qu'il est bon peintre de *décors*. L'artiste qui entreprend des travaux de cette nature se fait souvent aider par des personnes qui sont moins des artistes que des ouvriers. Celui qui sait bien faire les marbres ferait assez grossièrement des bois ; tel autre imite très-bien un bas-relief, et ne sait mettre ni grâce ni fraîcheur dans des arabesques ou dans des guirlandes de fleurs. Lorsque des ornements sont répétés, afin de les faire avec plus de régularité, on emploie ce que l'on nomme un *poncif*, c'est-à-dire un dessin au trait, piqué avec soin, et que l'on transporte de place en place, puis sur lequel on frappe légèrement avec un sachet de mousseline rempli de charbon pilé ; la poussière la plus fine du charbon passe à travers les trous piqués dans le dessin, et donne ainsi une esquisse très-exacte, dont les traces mêmes peuvent disparaître entièrement par le plus léger frottement. Les papiers-tentures font partie du *décor*, c'est bien souvent un moyen fort économique que l'on emploie dans les cafés et même dans certaines salles de spectacle. Duchesne aîné.

DÉCORATEUR. Ce sont ordinairement des architectes auxquels on donne le titre de *décorateurs* ; ce sont eux maintenant qui dans les fêtes sont toujours chargés de la direction des travaux de cette nature. Il n'en était pas ainsi autrefois en Italie, et surtout à Florence, où des peintres très-renommés ont dirigé les fêtes, marches et cérémonies si nombreuses à la cour des Médicis, qu'elles eussent lieu soit pour des mariages, soit pour des naissances ou pour des morts. Parmi les décorateurs les plus célèbres, on doit citer Bibiena à Rome, Canta-Gallina et Jules Parigi à Florence, Berain et Servandoni à Paris. On ne se doute guère de l'immense quantité d'étoffe qu'emploient ordinairement les grandes décorations. Pour en citer un exemple, disons seulement que dans le catafalque de Louis XVIII, à Saint-Denis, les quatre rideaux qui ornaient le dais contenaient 1,800 mètres de calicot noir ou blanc.

Duchesne.

DÉCORATION. Ce mot a deux acceptions, bien différentes. Au singulier, il est employé comme synonyme de *décor*, pour désigner en architecture tout ce qui tient aux détails d'ornements plus ou moins riches dont on peut sans inconvénient embellir différentes parties intérieures ou extérieures d'un monument ; et dans ce cas, la sculpture comme la peinture servent à la décoration. Mais ce n'est pas le sens le plus habituel de ce mot ; lorsque l'on parle de belles *décorations*, on entend les châssis, les toiles de fond et généralement tout ce qui dans un théâtre sert à la décoration.

La *peinture de décorations* est un art particulier, assez étendu, qui a ses règles et ses pratiques ; la perspective est la base principale à laquelle sont soumises toutes les autres opérations du peintre. Pour que des décorations méritent d'être admirées, il ne suffit pas qu'elles soient bien peintes et d'un bon effet, il faut encore qu'elles soient en rapport avec les événements qui doivent s'y passer et surtout au lieu qu'elles représentent. Ces convenances étaient souvent négligées autrefois ; mais des artistes de mérite dirigeant maintenant ces travaux, les décorations ont acquis une grande perfection : aussi peut-on citer les noms de Ciceri, Gay, Daguerre et Bouton, comme ayant atteint la perfection dans ce genre de peinture. La perspective linéaire et la perspective aérienne sont les deux études les plus importantes du peintre de décorations ; mais un troisième moyen est la disposition de la lumière, qu'il peut placer à son gré, augmenter ou diminuer insensiblement, suivant les effets qu'il veut obtenir, et qu'il a soin surtout de tenir cachée au spectateur. C'est par la perfection de ce moyen que l'on est parvenu à obtenir des effets si merveilleux dans les dioramas ; mais les théâtres ne peuvent pas y atteindre, parce qu'ils sont obligés d'avoir dans la salle un vaste foyer de lumière qui puisse éclairer les spectateurs ou plutôt les spectatrices, dont la brillante toilette forme souvent un des attraits les plus puissants des représentations théâtrales ; on est forcé aussi d'avoir, sous le nom de *rampe*, une ligne de lumière qui, placée en avant de la scène, éclaire les acteurs, et dont on ne parvient qu'incomplètement à diminuer l'intensité. Le *peintre de décoration* doit avoir étudié également l'architecture et le paysage, puisque ces deux parties forment la masse des décorations ; il doit aussi bien dessiner la figure, puisque souvent sur les places publiques il se trouve des statues ; dans ce cas, il doit avoir le soin de les faire à l'imitation des Égyptiens, des Grecs ou des Romains, suivant ce que lui indique le poëme pour lequel il fait ses décorations. Enfin, il lui faut aussi une couleur brillante, une bonne entente du clair-obscur, afin de produire de grands effets qui puissent émouvoir le spectateur. Duchesne aîné.

Le mot *décoration*, dans le sens politique et administratif, d'un État, ne signifie pas seulement *ornement*, il est synonyme de *distinction*. Autrefois, on disait l'*ordre*, la *croix* de Saint Louis, du Mérite Militaire, etc. Aujourd'hui, l'étoile de la Légion d'Honneur, sans doute par réflexion au but de sa création, s'appelle *décoration*. Ce n'est pas que la langue ait tellement changé qu'il faille chercher de nouvelles dénominations à tout ce qui a existé; c'est tout simplement un résultat de la marche progressive de la société. La grande révolution de 1789 avait frappé d'anathème tout ce qui était privilége ou monopole, soit civil, soit religieux. Un *ordre* est une corporation, et une corporation signalée par des distinctions annonce par elle-même des priviléges. Une *croix* est un symbole intolérant, en ce qu'il exclut ceux pour qui la croix n'est point un symbole religieux. Une *décoration*, au contraire, est une récompense offerte à tous ceux qui ont acquis les qualités qu'elle est destinée à signaler, sans exception de naissance ou de croyance. Voilà pourquoi le mot de *décoration*, dont l'idée peut subsister au milieu d'une société qui marche au progrès, a prévalu, dans l'opinion des masses, sur les dénominations qui appartiennent à un ordre de choses qui ne peut plus revenir.

Dans ce siècle, qu'on pourrait appeler *ultra* ou peut-être *extra* philosophique, sous bien des rapports, quelques esprits rigoristes ont voulu blâmer l'institution des décorations et ramener la société à cet égard au niveau d'une égalité parfaite. Nous ne parlerons pas de ceux qui ne sont pas eux-mêmes décorés: on se rappellerait involontairement le *Renard et les Raisins* du bon La Fontaine. Il est des personnes revêtues d'une décoration qu'elles ont méritée, qui partagent cette opinion. Les philosophes qui font sur eux l'application de leurs principes les plus rigides méritent toute notre estime, et nous dirons même qu'en principe abstrait nous partageons leur opinion. Mais ce n'est point par des abstractions que la société se gouverne. On formule facilement dans son cabinet, et loin du monde, les institutions qui sont, nous l'accordons encore, le fruit de longues et savantes recherches, de méditations profondes et consciencieuses; on réussit même presque toujours dans ce travail; mais, quand on en vient à l'application à cette société qu'on ne connaît pas, parce qu'on ne l'a pas suivie dans sa marche, dans ses besoins, dans ses variétés, et surtout dans la manière dont elle veut être dirigée; parce qu'on n'a pas été soi-même un élément d'action dans tous ses mouvements, et qu'on n'a pas vu combien souvent la pratique vient corriger la théorie, alors les plans magnifiquement formulés s'évanouissent, et la société se sépare des faiseurs, mécontents d'avoir été trompés dans leurs espérances.

Certes, le bien devrait être fait pour le seul amour du bien. Tout citoyen devrait être utile à chacun de ses concitoyens, se dévouer, se sacrifier même pour sa patrie, sans réclamer d'autre récompense que celle qui naît du sentiment d'avoir rempli un devoir difficile. Mais en est-il ainsi? Peut-il même en être ainsi? Il existe des âmes affermies dans la pratique de la vertu et capables de cette force qui peut seule produire des effets semblables; un assez grand nombre se sont révélées, surtout dans ce moment de gloire et de dangers où la patrie menacée dans sa propre existence, au temps de sa régénération, en 1789, avait besoin des efforts, de la fortune, du sang même de ses enfants; mais les lois de l'humanité veulent que ce ne soit que des exceptions: elles n'ont pas permis que l'abnégation de soi-même fût la vertu de tous. Quoi qu'il en soit, il faut à l'homme un véhicule qui le détermine à chacune de ses actions. Parmi tous ceux que la société peut employer à son avantage, le pire est l'*intérêt d'argent*, qui n'engendre que l'égoïsme, dont les fruits ne sont trop souvent que la trahison. Le meilleur est l'*émulation*, ou, si l'on veut même, l'*amour-propre*; il ne vaut pas la peine de disputer sur les mots. Cependant, nous ne savons trop si le sentiment qui porte un citoyen à désirer qu'une belle action, qui souvent lui a coûté de grands sacrifices, ne reste pas ignorée de ses concitoyens, et qu'un signe distinctif quelconque fasse connaître en lui ce qu'il a fait et ce qu'on peut raisonnablement en attendre encore; nous ne savons, disons-nous, si ce sentiment peut être simplement qualifié d'*amour-propre*. Dans tous les cas, il tourne toujours à l'avantage de la société; car une récompense ostensible accordée à des services distingués impose à celui qui l'a briguée et obtenue l'obligation de ne pas se démentir dans le restant de sa carrière; et ici l'amour-propre lui-même concourt à ce que cette obligation soit remplie. Ajoutons-y qu'une récompense ostensible est un puissant motif d'émulation et d'encouragement pour bien des hommes qui reculeraient devant les sacrifices dont le dédommagement devrait rester, pour ainsi dire, renfermé dans le secret de leur conscience. Ce sont ces considérations qui avaient engagé l'Assemblée nationale, après avoir aboli les distinctions féodales, à décréter qu'il en serait créé une nationale; ce qui a été fait par l'institution de la Légion d'Honneur.

Il nous semble que ces considérations militent assez puissamment en faveur des décorations pour nous permettre d'en désirer le maintien; mais il nous reste encore à examiner les principes qui devraient présider à leur établissement dans l'état actuel de la société, et leur faire atteindre le double but d'utilité et de justice auquel elles sont destinées.

Le courage porte les citoyens à de grandes actions, utiles et glorieuses à leur patrie, ou avantageuses à leurs concitoyens; la persévérance dans l'exercice des vertus civiques et civiles, prouvée par une longue suite de services et d'actions honorables, telles sont, à notre avis, les seules qualités auxquelles la société doive une récompense morale et une distinction ostensible. Au premier rang nous mettrons sans balancer le *courage civil*, le plus difficile de tous, puisqu'il est en effet le plus rare. Le courage de l'homme de guerre, celui même d'un citoyen qui s'expose à une mort presque certaine pour sauver un de ses semblables, sont sans doute bien méritoires, mais ne peuvent passer qu'après le premier. Nous n'avons pas besoin de nous justifier d'avoir indiqué comme méritant une distinction apparente, une décoration en un mot, les citoyens qui se sont rendus recommandables par de longs, fidèles et utiles services: s'ils ont moins brillé, en ont-ils été moins utiles? Personne n'osera certainement le prétendre. Du principe que nous venons d'exposer il résulte que le nombre de décorations nationales serait très petit en comparaison du nombre des citoyens; et cela doit être: ce qui distingue tout le monde ne distingue plus personne, et risque, par la profusion, de descendre au point où un homme délicat ne voudrait ni accepter ni encore moins briguer un signe qui l'associerait à des individus marqués d'une flétrissure morale. Il n'est pas moins nécessaire que la justice la plus impartiale préside au choix des citoyens qui doivent être décorés, et qu'on ne s'écarte jamais, et sous aucun prétexte, des prescriptions de la loi qui institue ces décorations. Dès l'instant où elles ne représenteraient plus exactement ce qu'elles doivent représenter, elles ne seraient qu'une fiction qui tomberait dans le discrédit: c'est assez dire qu'il faudrait que le bon plaisir fût aussi soigneusement écarté en cette matière que partout ailleurs. Encore ici devrait se retrouver la justice du pays: le jury et les jurés les plus impartiaux seraient, à notre avis, ceux même qui ont déjà été décorés, et que la patrie a aimés, distingués parmi ses plus illustres citoyens. De même qu'il avait été prescrit dans les statuts de l'ordre italien de la Couronne de Fer d'Italie, les nominations et les promotions ne devraient avoir lieu qu'en assemblée générale, sur le rapport d'une commission nommée par elle, et à la pluralité absolue des suffrages.

Depuis l'anneau d'or des chevaliers romains jusqu'à la ridicule croix de Sainte-Catherine, qu'on achetait pour six francs pendant la Restauration il y eut des décorations dans tous les temps et dans tous les pays policés. Mais ces décorations n'ont presque jamais été accordées uniquement à des services utiles rendus au public, si ce n'est peut-être la médaille de Saint-Marc, de la république de Venise. A Rome, l'anneau d'or était une affaire de cens, et l'histoire nous dit assez qu'en qualité de financiers et de receveurs des deniers publics, les chevaliers n'ont presque rien laissé à apprendre aux usuriers et aux loups-cerviers du jour. Dans les monarchies absolues, les décorations n'ont été et n'ont pu être qu'une affaire de faveur et de courtisanerie; on ne peut pas même en excepter la croix de Saint-Louis, quoique son institution paraît ne la destiner qu'à des services éclatants. Nous ne sommes pas encore bien guéris de cette longue maladie (*voyez* ORDRES). Gal G. DE VAUDONCOURT.

DECOR PUELLARUM. Ce titre latin couvre un livre italien de morale, composé au quatorzième siècle par Giovanni di Dio Certosino, et destiné à tracer aux jeunes filles les règles de conduite qui doivent les faire arriver à la vertu, leur plus belle parure : *Decor Puellarum zoe honore delle donzelle.* La célébrité de cet ouvrage dans le monde bibliographique vient surtout de ce que l'édition imprimée à Venise, chez Nicolas Senson, porte la date de 1461 : ce serait alors le premier volume mis sous presse en Italie ; mais la plupart des érudits pensent qu'il y a erreur du fait du typographe, et qu'il faut lire 1471 ; une lettre oubliée est cause de la méprise (MCCCCLXI, au lieu de MCCCCLXXI). Quoi qu'il en soit, c'est un livre fort rare : il s'en est payé de beaux exemplaires, en certaines ventes publiques, 500, 700 et jusqu'à 780 francs. G. BRUNET.

DÉCORUM, mot latin qui est passé dans notre langue et dont on ne se sert en général que dans le style familier. Considéré dans sa véritable acception, le *décorum* comporte l'idée d'une sorte d'éclat, auquel se mêle une gravité d'emprunt. Ainsi, on dira à un jeune homme qui pour la première fois exercera un commandement, qu'il doit avant tout conserver son *décorum* vis-à-vis de ses inférieurs, c'est-à-dire avoir quelque chose de froid, de grave et de réservé dans ses manières : sa physionomie, la pose de son corps, tout chez lui doit tenir à distance. Dans les révolutions, où ce qui est en bas arrive violemment en haut, la grande étude des fonctionnaires et des parvenus de tous genres, c'est de se donner un certain *décorum* ; rarement ils y réussissent, et bien plus souvent ils tombent dans une exagération de leur importance qui les ferait siffler s'ils n'avaient tant de moyens de se faire craindre. On peut atteindre à la perfection du *décorum* en manquant d'ailleurs de tact et de mesure relativement à ces convenances qui sont toutes de délicatesse et de sensibilité. Les gens qui depuis longues années sont en possession d'un rang ou d'une position élevée n'ont pas besoin de recourir au *décorum* pour s'attirer la considération et le respect ; pour eux, ce sont choses de patrimoine. Le *décorum* est presque toujours dans le monde l'habit de parade de la médiocrité ; elle parvient quelquefois à le porter avec assez d'aisance pour imposer aux sots : c'est là son plus grand triomphe. Les femmes font beaucoup moins de cas que les hommes des ressources du *décorum*, surtout quand elles sont jeunes ; elles ont la conscience qu'elles possèdent beaucoup mieux. SAINT-PROSPER.

DÉCOUPER, action de couper une chose par morceaux ; il s'entend surtout des pièces de viande, telles que la volaille et le gibier, qui peuvent se séparer par membres. L'art de bien découper demande de l'adresse et un exercice suivi. On dit aussi *découper* une étoffe, du drap, du satin, etc. L'art de *découper* un papier pour en faire des figures, de mémoire, d'imagination, ou en suivant un dessin quelconque, a de même ses principes, et suppose beaucoup d'adresse et de goût. Il est plus aisé de découper une image ou une estampe pour séparer les figures du fond.

Découpé, qui est détaché du fond ; sorte de parterre en compartiments ; pièce de l'écu dans le blason.

DÉCOUPEUR, DÉCOUPEUSE, celui ou celle qui découpe ; ouvrier, ouvrière dont le métier est de travailler en d é c o u p u r e, ou de faire des figures sur les étoffes au moyen d'un fer gravé, et qu'on y applique chaud.

DÉCOUPOIR. *Voyez* EMPORTE-PIÈCE.

DÉCOUPURE, action de découper ; chose découpée ; taillade faite à quelque étoffe pour lui servir d'ornement et tenir lieu de dentelle ou de broderie.

En botanique, *découpure* est un terme général qui indique la division des bords d'une expansion mince et foliacée ; une feuille, un pétale, peuvent offrir des découpures ; dans une corolle monopétale, ce sont des divisions.

On appelle aussi *découpures* certaines taches, fentes ou défauts qui se rencontrent dans le fer.

DÉCOURAGEMENT. C'est cette position de l'âme qui doute, de ses forces et chancelle dans leur emploi. Le découragement est un état contraire à la nature des esprits calmes et froids ; chez eux, les difficultés, loin de ralentir le courage, l'exaltent et l'attisent. Si ces hommes ne réussissent pas de prime-abord, ils changent et réforment leur plan ; reconnaissent-ils enfin que de leur côté la lutte est inégale, ils s'arrêtent devant l'expérience qu'ils viennent de faire, et en profitent pour l'avenir. Il est à remarquer que ce qui classe les peuples en Europe, c'est la promptitude avec laquelle les uns cèdent au *découragement*, tandis que les autres n'en sont que très-difficilement atteints. Ces derniers, qui sont placés au haut de l'échelle de la civilisation, ont sans cesse à leurs ordres l'emploi complet de leur énergie et de leur intelligence ; ils sont aptes à la conquête et à la conservation. Les peuples du Midi passent vite de l'espérance au *découragement* ; il est vrai que, par un retour propre à leur caractère, ils puisent dans leur mobilité même une ressource intarissable d'énergie : les Espagnols l'ont prouvé dans toutes les guerres de leur indépendance ; mais, invincibles chez eux, ils ne peuvent franchir leurs frontières, et dans tous les genres de progrès ne s'avancent qu'avec lenteur. Les femmes, quand il s'agit de l'accomplissement de ces devoirs qui tiennent au cœur, sont si fertiles en ressources et si ardentes à les mettre en œuvre, qu'elles ne sont jamais prises au dépourvu. Une catastrophe que rien ne pouvait éviter vient-elle à éclater, alors elles tombent dans le désespoir, mais sans avoir traversé le *découragement* ; on ne le connaissent guère que pour les susceptibilités de salon ou des défaites de toilette : c'est que sur tous ces points elles en sont toujours à l'enfantillage. SAINT-PROSPER.

DE COURCHAMPS. *Voyez* COURCHAMPS.

DÉCOURS (du latin *decursus*). La lune est en *décours* lorsque l'étendue de sa surface éclairée décroît de jour en jour, jusqu'à ce qu'elle disparaisse entièrement : ainsi, le temps du décours est la seconde moitié de chaque lunaison, depuis le commencement de la pleine lune jusqu'à la fin du dernier quartier. Le mot tombe en désuétude, comme inutile ; l'indication du quartier de la lune le remplace avec avantage et plus de précision. Mais l'astrologie judiciaire en avait besoin : les maîtres en cette science avaient constaté l'influence des corps célestes sur les destinées humaines ; ils auguraient mal de toute entreprise commencée au décours de la lune, et conseillaient de ne pas s'exposer à la funeste action de notre satellite durant cette période de sa révolution. C'était frapper d'une sorte d'interdit la moitié de la vie de chaque homme. Heureusement, on ne croit plus guère aux prédictions astrologiques, sans en excepter celles du célèbre Matthieu Laënsberg. FERRY.

DÉCOUVERTE, INVENTION. L'ordre alphabétique mettrait une grande distance entre ces deux mots ; mais il convient de les rapprocher, parce qu'ils s'éclairent mutuellement lorsqu'on les soumet à une sorte de confrontation pour comparer les diverses acceptions de l'un et de l'autre.

Remarquons d'abord que ces mots sont bien faits, que l'imago qu'ils présentent dans le sens physique est très-propre à l'expression pittoresque de l'idée qu'il s'agissait de *signifier*. En effet, lorsqu'une vérité se révèle pour la première fois, ou qu'un fait encore inconnu se manifeste, soit inopinément, soit après des recherches habilement dirigées, on peut dire avec assez de justesse qu'*un voile est soulevé* et qu'il en résulte une *découverte*. Si l'intelligence, guidée par l'imagination, essaye des combinaisons qui ne soient pas réalisées, qui ne soient pas des *faits* dont l'observation puisse apercevoir l'existence et le mode de production, ces explorations vagabondes peuvent le mener à des conceptions utiles ou agréables : ce sont des *inventions*. L'imagination ne peut avoir aucune part dans les découvertes ; elle en a nécessairement dans toute invention. L'observation des faits spontanés et l'interrogation de la nature par des expériences sont les seuls moyens d'arriver aux découvertes ; pour *inventer*, il faut franchir les limites de ce qui *est*.

Il semble, d'après ces définitions, que les découvertes peuvent être le fruit de la persévérance, et que les inventions appartiennent au génie ; on pourrait même attribuer au hasard un assez bon nombre de découvertes, au lieu que toute invention est une œuvre de l'intelligence. La remarque est très-juste s'il n'est question que de la découverte des faits naturels ; mais celle des vérités est d'un ordre plus élevé. Lorsqu'elles n'ont pas encore été manifestées et revêtues de la forme rigoureuse qui les fait reconnaître, elles ne sont aperçues que par les plus hautes facultés intellectuelles, par les esprits capables de concevoir un grand ensemble et les rapports entre les parties. D'Alembert a dit que l'homme auquel on laisserait le choix d'être Corneille ou Newton ferait bien d'être embarrassé, on ne mériterait pas d'avoir à choisir. Cette remarque d'un illustre savant, qui fut aussi un homme de lettres, devrait faire cesser les prétentions d'amour-propre entre ceux qui se livrent exclusivement aux sciences ou à la littérature. Les découvertes entrent toutes dans le domaine des sciences et des arts ; la littérature ne s'enrichit que d'un ordre d'inventions dans lesquelles l'imagination domine, et un autre ordre, où le raisonnement a plus de part, est au profit des arts et même des sciences. On ne peut disconvenir, par exemple, que les méthodes de calcul furent des *inventions*. Quant à la répartition de l'estime publique entre les inventeurs et les auteurs de découvertes, elle a deux mesures : celle des jouissances ou des avantages procurés, et celle de la difficulté vaincue. Les hommages publics rendus en Angleterre à la mémoire de Watt et à celle de Newton sont un exemple que tous les peuples devraient suivre lorsqu'ils sont assez heureux pour en trouver l'occasion.

Il n'y a point de règles ni de préceptes pour les inventeurs ; quelques conseils peuvent diriger les recherches qui mènent aux découvertes. Le premier, et le plus important, est de se mettre au niveau des connaissances acquises. Sans cette instruction préalable, comment l'observateur saurait-il qu'un fait qu'il voit pour la première fois était réellement inconnu ? Lorsque Pallas parcourut la Sibérie, il savait peu de minéralogie, et n'a pas vu des objets qui étaient sous ses yeux ; beaucoup de découvertes de minéraux lui ont échappé. Comme il était peu instruit en botanique et en zoologie, il servit très-utilement ces deux sciences, qui conserveront sa mémoire dans leurs annales, au lieu que la minéralogie ne le citera tout au plus que pour rectifier ses méprises. La chimie et la physique admettent des subdivisions, il n'est pas indispensable d'embrasser toute la science pour cultiver avec succès l'une de ses parties et l'enrichir de découvertes. En géographie, c'est aux navigateurs qu'il faut s'adresser pour compléter la reconnaissance de notre globe, et l'habileté du marin ne suffit point pour la direction de ces entreprises scientifiques : il faut des connaissances qui ne peuvent être acquises que par de longs voyages sur mer, et de plus l'habitude d'observer, une attention qui ne laisse échapper aucun des signes qui annoncent le voisinage d'une terre encore invisible, certaines modifications dans le mouvement des ondes, la vue de quelques oiseaux de rivage qui ne s'aventurent pas fort loin en haute mer, etc. Voilà des indices qui ne peuvent être insidieux, mais qu'on ne consulte cependant qu'avec prudence, parce que les phénomènes dont on les déduit sont sujets à de grandes perturbations : quelques circonstances purement accidentelles peuvent donner à la haute mer l'apparence des eaux voisines d'une côte, et des oiseaux pélagiens sont quelquefois poussés à de grandes distances de leur domicile habituel, près des rivages, sur des continents ; on a trouvé un pétrel dans un jardin de Bordeaux.

Les autres acceptions du mot *découverte* sont comprises par tout le monde. On n'a pas besoin d'explications pour savoir ce que c'est que *découvrir* un complot, une ruse, un piège, un criminel, etc.
FERRY.

DÉCOUVERTES (Voyages de). *Voyez* VOYAGES.

DÉCRÉDITER, c'est ôter, faire perdre le crédit à quelqu'un : *se décréditer*, c'est contribuer soi-même à s'enlever son propre crédit. Ils se disent surtout des personnes, tandis que les mots *discréditer* et *se discréditer* sont réservés pour les choses seulement. Le mot *discrédit* s'applique également aux personnes et aux choses, et l'emploi du mot *décrédit* n'a pas été sanctionné par l'usage. Il y a une distinction importante à faire entre le verbe *décréditer* et son synonyme *décrier*. « Tous deux, dit M. Guizot, blessent la considération dont jouissait l'objet sur qui tombe cette attaque : le premier va directement à l'honneur, le second au crédit. On *décrie* une femme en disant d'elle, des choses qui la font passer pour une personne peu régulière ; on *décrédite* un homme d'affaires en publiant qu'il est ruiné. La jalousie et l'esprit de parti ont souvent *décrié* les personnes pour venir plus aisément à bout de *décréditer* leurs opinions. »
Edme HÉREAU.

DÉCRÉPITATION (du latin *crepitare*, d'où *crepitus*, espèce de pétillement). Le phénomène de la décrépitation, que l'on n'a encore pu expliquer d'une manière satisfaisante, appartient presque exclusivement à la classe de corps dans lesquels on peut cependant l'observer le plus fréquemment et de la manière la plus frappante. De toute substance sur laquelle l'impression d'une température élevée produira une disjonction subite des parties, presque toujours accompagnée d'un bruit plus ou moins fort, on pourra rigoureusement dire qu'elle *décrépite*. Cependant, dans ces cas généraux, on se sert plutôt du mot *craquement*, et celui de décrépitation a été particulièrement réservé aux sels ou à ces composés qui ont été si longtemps confondus avec eux, et que depuis on a reconnu être des combinaisons exemptes d'aucun acide, et peuvent appartenir par conséquent aux substances salines proprement dites : tels, par exemple, les chlorures, dans plusieurs desquels le phénomène de la décrépitation est très-remarquable. Le chlorure de sodium (sel marin), lorsqu'on l'expose, même par degrés et lentement, à une chaleur un peu au-dessus de l'ébullition de l'eau, décrépite avec violence ; il fait entendre un grand bruit, et les grains en sont projetés au loin. D'autres corps, et principalement les chlorures et chlorhydrates, nommément celui de baryte, placés dans les mêmes circonstances, décrépitent aussi.
PÉLOUZE père.

DÉCRÉPITUDE (en latin *ætas decrepita*, âge décrépit, fait du verbe *decrepare*, qui signifie faire son dernier pétillement, jeter son dernier éclat ou son dernier soupir), dernier degré de la caducité. « La caducité, dit Roubaud, dernier période de la décadence, une ruine prochaine ; la *décrépitude* annonce la *destruction*, les derniers effets d'une dissolution graduelle. Décrépitude se dit proprement de l'homme, et ne peut se dire que des êtres animés. Il y a une vieillesse *verte*, une vieillesse *caduque*, on peut une vieillesse *décrépite*. La caducité est une vieillesse avancée, infirme, qui amène à la *décrépitude*. La *décrépitude* est une vieillesse extrême et pour ainsi dire agonisante, qui mène à la mort. Le vieillard *caduc*, ainsi qu'un malade, ne songe qu'à la santé, qu'il perd tous les jours, qu'il perd sans espérance et avec laquelle il perd tout. Le vieillard *décrépit*, s'il sent, ne sent guère que la douleur, et on ne s'attache pas à la douleur. Heureusement, dans la *caducité* on se flatte encore; heureusement, dans la *décrépitude* on ne sent pas tout son mal. Le vieillard *caduc* achève de vivre ; le vieillard *décrépit* achève de mourir. » Dans le langage figuré, on peut appliquer les idées de *décadence*, de *caducité* et même de *décrépitude* à toutes les institutions humaines, qui après avoir été perfectionnées suivant l'ordre naturel des choses, doivent vieillir et tomber en ruines pour se renouveler sur des bases plus larges. L. LAURENT.

DECRÈS (Denis, duc), vice-amiral, ministre de la marine sous l'empire et pendant les cent-jours, naquit à Chaumont, le 22 juin 1761 ; il entra enfant dans la marine royale, et fut nommé à dix-huit ans aspirant dans les gardes. Il fit en cette qualité plusieurs campagnes dans les mers des Antilles, et prit part aux divers combats qui signalèrent la guerre maritime que se faisaient à cette époque la France et l'Angleterre. Il se distingua de la foule en contribuant à sauver *Le Glorieux*, qui, ayant eu ses mâts abattus par une bordée, allait tomber entre les mains de l'ennemi, et cette action lui valut le grade d'enseigne de vaisseau (1782). L'année suivante, il fit partie de l'état-major des deux frégates françaises qui, après un conflit acharné, forcèrent le vaisseau de haut bord anglais *L'Argo* d'amener son pavillon. Il fut nommé lieutenant de vaisseau en 1786, fit partie de l'expédition de l'amiral Kersaint, remplit quelques missions délicates, se fit remarquer par une intelligence précoce, fournit d'utiles renseignements au ministère de la marine, et rentra en Europe au moment où la Révolution allait éclater.

Au commencement de 1790, Decrès fut employé dans les mers de l'Inde, comme major de la division commandée par M. de Saint-Félix. A cette époque, l'agitation révolutionnaire qui fermentait au sein de la France avait gagné les équipages de l'escadre, où elle relâchait dangereusement les liens de la discipline. Une circonstance heureuse contribua à contenir les matelots, en raffermissant l'autorité morale de Decrès. L'escadre croisant alors sur la côte du Malabar, les Marattes étaient parvenus à amariner un bâtiment français sous le fort de Coulabo. Decrès se jette dans une chaloupe, et, suivi de deux autres embarcations, gagne, sans être aperçu, le bâtiment capturé, l'enlève à l'abordage, jette les Indiens à la mer, et rend à l'escadre un vaisseau qu'elle croyait perdu. Dès ce moment la discipline fut rétablie parmi nos matelots, et personne ne songea plus à résister aux ordres d'un officier qui venait de conquérir l'estime de tous. Cependant, la guerre venait d'éclater, et il n'était pas moins urgent de défendre les colonies contre la fureur des partis que contre les attaques des Anglais. Decrès, envoyé en France pour faire connaître cet état de choses au gouvernement révolutionnaire, réclama les prompts secours qu'exigeait la gravité des circonstances. Mais, signalé comme aristocrate aux soupçons du comité de sûreté générale, il était déjà décrété d'arrestation par mesure de sûreté générale. Conduit à Paris aussitôt après son débarquement à Brest (10 février 1794), il ne dut son salut qu'à l'intérêt qu'inspira à quelques membres du comité la franchise et l'énergie de ses explications. Eux-mêmes lui fournirent les moyens de s'évader et d'échapper ainsi au sort qui le menaçait.

Après le 9 thermidor, il reçut le commandement du *Formidable*, et fit partie de l'expédition d'Irlande. Plus tard, le Directoire l'éleva au rang de contre-amiral. Il appareilla en cette qualité pour l'Égypte, et protégea avec beaucoup d'audace et de bonheur le débarquement des Français dans l'île de Malte. Sa conduite à la bataille d'Aboukir est diversement appréciée par les écrivains qui ont raconté ce grand désastre. Les uns font un pompeux éloge du dévouement et de l'habileté que Decrès déploya dans cette circonstance. Il se porta successivement, disent-ils, de l'arrière-garde, où il était placé, sur deux vaisseaux du centre, revint au sien dès qu'il le vit prêt à s'engager, et soutint pendant deux heures le feu de l'ennemi ; il parvint enfin, à force de constance et de ténacité, à assurer la retraite des débris de l'escadre, qu'il suivit à Malte. D'autres affirment, au contraire, que le contre-amiral Decrès, qui commandait l'escadre légère sous les ordres de Villeneuve, se tint constamment en observation, et ne prit aucune part active à ce combat de mer, le plus malheureux de tous ceux qu'ait essuyés la France dans les deux guerres de la Révolution. Selon nous, il ne faut accepter ni l'un ni l'autre de ces jugements. Placé sous les ordres de Villeneuve, dont la fatale inaction fut la cause décisive de ce désastre inouï, Decrès dut nécessairement imiter l'attitude de son chef immédiat. Mais si sa conduite eût été telle que la représentent ses adversaires, il serait difficile d'expliquer la haute confiance que le premier consul et l'empereur placèrent plus tard dans ses talents et son courage. Réfugié à Malte, Decrès contribua énergiquement à la défense de ce poste important ; puis, quand la famine eut décimé nos rangs, et qu'il devint indispensable de diminuer la consommation, il fit embarquer les blessés et les malades à bord du *Guillaume-Tell*, appareilla sous le feu des batteries ennemies, fondit, à demi désemparé, sur trois vaisseaux anglais, *Le Pénélope*, *Le Lion* et *Le Foudroyant*, et n'amena qu'après huit heures du plus terrible combat dont puissent s'honorer les annales de la marine française.

Rentré en France sous le Consulat, Bonaparte, pour le récompenser de ce glorieux fait d'armes, le nomma préfet maritime, et lui confia un peu plus tard le commandement de l'escadre de Rochefort. Alors la marine française, désorganisée par l'émigration, appelait toutes les sollicitudes du nouveau gouvernement. Decrès fut choisi par le premier consul pour être placé à la direction du département de la marine, non comme le plus capable de figurer à la tête d'une escadre, mais comme le meilleur critique des opérations d'autrui. Cette partie de nos forces était dans une situation déplorable ; les cadres étaient incomplets ; l'administration flottait dans des mains subalternes ; tout portait les traces de la profonde incurie qui nous avait longtemps gouvernés. Point d'approvisionnements, point d'agrès ; les arsenaux étaient vides comme les magasins. Ce dénûment néanmoins n'effraya pas le nouveau ministre : la France pouvait presque à elle seule fournir à la consommation des ports. Il assemble les produits qu'elle donne, avise aux moyens de se procurer ceux dont elle manque, demande des mâtures au Nord, des plombs à l'Espagne, et réussit à surprendre la vigilance des croisières qui nous interceptent la mer. C'était au moment de la formation du camp de Boulogne ; la pensée dominante de Napoléon était de tenter un débarquement en Angleterre ; mais cette grande entreprise exigeait des ressources immenses, qu'on ne pouvait espérer de réunir qu'à l'aide d'une activité dévorante et des plus profondes combinaisons. Decrès se livra tout entier à cette œuvre gigantesque : il couvrit d'ateliers non-seulement nos ports et nos anses, mais encore toutes les embouchures de nos fleuves ; et bientôt deux mille navires, dont six cents étaient déjà lancés et équipés, parurent prêts à transporter au delà du détroit les nombreux soldats de la France. De cinquante-cinq vaisseaux que la marine possédait en 1801, elle en compta rapidement cent trois, ayant plus de soixante mille hommes à bord, et présentant ainsi une puissance qu'elle n'avait eue à aucune époque antérieure. De formidables travaux s'exécutaient en même temps à Venise, Niewdep, à Flessingue, à Anvers et à Cherbourg.

La bataille de Trafalgar eut lieu sur ces entrefaites, et la marine française fut anéantie. Ce grand revers n'abattit point le courage de Decrès ; il redoubla d'efforts pour réparer les pertes que la France essuyait, et mérita ce dernier jugement de l'empereur à Sainte-Hélène : « L'administration de la marine a été sous Decrès la plus régulière et la plus pure : elle était devenue un chef-d'œuvre. »

Durant les cent-jours, Decrès accepta une seconde fois le ministère de la marine, et l'on sait que ce ne fut point sa faute si Napoléon tomba entre les mains des Anglais. Rentré dans la vie privée dans la seconde restauration des Bourbons, il vécut dans la retraite, éloigné des affaires publiques et exclusivement consacré à l'étude jusqu'en 1820, époque où il succomba à une mort mystérieuse. Il lisait dans son lit, lorsqu'une explosion épouvantable, produite par des paquets de poudre cachés sous son sommier et dans les boiseries de sa chambre, lui occasionna des blessures horribles, dont il mourut un mois après, le 7 décembre. Cet événement fut attribué à son valet de chambre, qui, lui ayant dérobé des sommes considérables, aurait voulu couvrir un crime par un autre. Mais comme ce malheureux se précipita lui-même par une croisée et expira sur-le-champ, la mort de Decrès donna lieu à toute espèce de conjectures. Quoi qu'il en soit, c'est ainsi que finit, à l'âge de cinquante-neuf ans, un des hommes les plus braves, les plus instruits et les plus spirituels de son époque. B. SARRANS.

DECRESCENDO, c'est-à-dire en *décroissant, en diminuant*. Ce mot, employé dans l'exécution de la musique, suit ordinairement une *forte*, quand on veut arriver par gradation au *piano*. On emploie encore pour obtenir le même résultat les mots *diminuendo, calando* (en baissant) et *smorzando* (en éteignant). F. BENOIST.

DÉCRET, arrêté, résolution prise par une assemblée législative, ou par le chef de l'État et ayant force de loi. Ce mot nous vient de Rome (*decretum*, de *decernere*); on qualifiait ainsi les décisions du sénat qui n'étaient pas des *sénatus-consultes*. Plus tard on donna ce nom aux actes de l'autorité pontificale, pour les distinguer des actes et des décisions des conciles, qu'on a appelés *canons*. On dit cependant les *décrets des conciles* pour désigner les règlements sur la discipline qu'ils ont établis. Enfin, on a désigné longtemps par le seul mot de *décret* l'ensemble des règlements et des principes de doctrine ecclésiastique, et on appelait *école du décret* le lieu où le droit canon était enseigné ; on disait indistinctement *schola decreti* ou *schola juris canonici*.

En France, avant 1789, ce mot n'avait de signification bien établie que dans le style judiciaire. En procédure criminelle, il y avait trois sortes de décrets : 1° le *décret d'assigné pour être ouï*, simple mandat de comparution pour être interrogé : il n'était décerné que dans les cas n'entraînant point peine afflictive ou infamante. 2° Le *décret d'ajournement personnel*, aujourd'hui mandat d'amener ; c'était un ordre en vertu duquel la force publique devait se saisir de la personne du prévenu et le contraindre à se présenter devant le magistrat instructeur. Ce décret pouvait être décerné dans le cas où le décret d'assigné pour être ouï était demeuré sans effet et aussi quand les informations présentaient des charges très-graves. Le juge, en pareil cas, n'avait pas besoin du concours du ministère public. 3° Enfin le *décret de prise de corps*, aujourd'hui mandat d'arrêt. L'information devait toujours précéder ce décret. Il n'avait lieu que lorsque le fait incriminé entraînait peine afflictive ou infamante. Ce décret était décerné jadis de plein droit, dans le cas de conversion du décret d'ajournement personnel en décret de prise de corps, quand le prévenu ne s'était pas présenté sur la notification du premier décret, contre les vagabonds sur la plainte du ministère public, et contre les domestiques sur les plaintes de leurs maîtres. Il n'était décerné contre les domiciliés que dans les cas très-graves, et lorsque le fait incriminé était *flagrant*. Hors ce cas, un décret de prise de corps décerné sans information préalable était nul.

L'arbitraire des lettres de cachet rendait inutile cette sage prévision de la loi en faveur de la liberté individuelle.

En matière civile, on avait d'abord appelé *décret* la sentence du juge portant autorisation de vendre les biens des mineurs, *cognita causa*, et ceux d'un débiteur *saisi réellement* au profit de ses créanciers. Le *décret d'adjudication* était ou *volontaire* ou *forcé*. Le premier avait pour but de purger de toute charge et de toute hypothèque dans les mains des acquéreurs les immeubles qui leur avaient été vendus. Le décret forcé était la voie d'exécution ouverte aux créanciers pour arriver à faire vendre judiciairement les immeubles de leurs débiteurs. Il exigeait une procédure compliquée et féconde en frais énormes, dont notre première loi sur la saisie immobilière avait recueilli les principales formalités.

La Révolution effaça le mot *décret* de la langue judiciaire, et en le faisant passer dans la langue politique, lui rendit sa signification originaire. A la fin de 1789 ce mot fut adopté pour désigner les actes de l'Assemblée nationale constituante, lesquels ne prenaient le nom de *lois* qu'après avoir reçu la sanction royale. Le 24 juin 1790 cette distinction fut abolie, et il fut décidé que le nom de *décrets* s'appliquerait à tous les actes de l'Assemblée. De ce jour loi et décret ne furent plus qu'une même chose. Sous le Directoire, le mot *décret* cessa d'être employé, les décisions du Conseil des Cinq-Cents furent qualifiées *résolutions*, et ne reprirent le caractère de loi qu'après avoir été adoptées par le Conseil des Anciens. Il reparut à l'établissement de l'empire et fut intitulé de tous les actes de la volonté individuelle de l'empereur. C'est par des décrets que l'empereur fonda son despotisme et tenta de l'imposer à l'Europe. Les décrets impériaux avaient *force de loi*. Le sénat avait le droit de les attaquer pour *cause d'inconstitutionnalité* ; mais il se garda bien d'en user. A la Restauration, les décrets impériaux furent considérés comme lois de l'État en tout ce qui convenait aux intérêts et aux prétentions de la couronne. Le fameux décret impérial daté de Berlin fut de tout temps invoqué par le pouvoir comme loi du privilège des théâtres.

Avec le système constitutionnel ce mot était tombé en désuétude ; il n'avait plus de sens. La république nous rendit les décrets de l'Assemblée constituante ; le coup d'État du 2 décembre nous a ramené les décrets impériaux.
DUPEY (de l'Yonne).

DÉCRÉTALES et **FAUSSES DÉCRÉTALES**. Les décrétales sont des rescrits ou épîtres des papes, dont le but est de faire quelque règlement ou de décider quelque point de discipline. Introduites dans le corps du droit canon, elles y ont pris une place considérable, et, grâce à l'ignorance et au désordre des sociétés européennes au moyen âge, elles ont contribué à étendre et à affermir la suprématie de la papauté, non-seulement sur toutes les églises, mais à beaucoup d'égards aussi sur le pouvoir temporel des rois.

La première collection de décrétales qui ait été faite est due au moine Denys le Petit, qui vivait à Rome vers 550. Cette collection comprend, outre les décrétales des pontifes qui se sont succédé sur le saint siége, depuis Sirice, en 385, jusque Anastase II, les canons dits apostoliques et ceux des conciles, et est connue sous le titre de *Code des Canons*. Elle fut envoyée par le pape Adrien à Charlemagne, qui n'hésita pas à l'adopter, et depuis elle a formé en France le droit commun dans toutes les matières de discipline.

Vers la fin du huitième siècle, et selon quelques écrivains au commencement du neuvième, parut sous le nom d'un certain Isidore, personnage que l'on croit avoir été évêque de Badajoz vers 750, et surnommé par les uns *Peccator*, par les autres *Mercator*, une collection de canons, généralement désignés aujourd'hui sous le nom de *fausses décrétales*. Elle était censée contenir les rescrits ou décrets des anciens évêques de Rome depuis saint Clément, qui fut un des disciples de saint Pierre, jusqu'à Sirice, quoique Denis, qui devait être bien informé, déclare avoir recueilli tout ce qui existait avant lui. Cette seconde collection fut propagée par les soins de Riculfe, archevêque de Mayence. La frauduleuse supposition de ces décrétales est évidente; leur style est le même d'un bout à l'autre, barbare, et rempli de solécismes et d'expressions qui sont du huitième siècle; et les anachronismes y abondent, à ce point qu'on y retrouve des passages de pères et de conciles d'un temps postérieur à celui où vécurent les papes à qui elles sont attribuées. Mais l'esprit de critique n'était pas encore né, et elles furent tenues pour véritables ou à peu près. Ces décrétales eurent pour effet de diminuer l'autorité des métropolitains sur leurs suffragants, en rétablissant la juridiction d'appel du siége de Rome dans toutes les causes, et en défendant qu'aucun concile national fût tenu sans son consentement. Tout évêque, suivant les décrétales d'Isidore, n'était justiciable que du tribunal du pape; et ainsi fut abrogé un des plus anciens droits du synode provincial. Tout accusé pouvait non-seulement appeler d'une sentence rendue par un juge inférieur, mais faire évoquer une affaire non encore terminée au tribunal du pontife suprême. Et celui-ci, au lieu d'ordonner la révision des procédures par les premiers juges, pouvait les annuler de sa propre autorité. Ces droits de juridiction étaient beaucoup plus étendus que ceux attribués par les canons de Sardique; mais ils étaient conformes à l'usage récemment introduit dans la cour de Rome. Aucun nouveau siége ne devait plus être érigé, aucun évêque transféré d'un siége à un autre, aucune résignation acceptée sans la sanction du pape. Les évêques, il est vrai, devaient encore être sacrés par le métropolitain, mais au nom du pape.

On a soupçonné, avec assez de vraisemblance, que quelque évêque avait fabriqué ces décrétales par esprit de jalousie et d'animosité : c'est du moins à de tels sentiments qu'on peut attribuer leur admission générale. Les archevêques étaient extrêmement puissants, et pouvaient souvent abuser de leur autorité sur les prélats inférieurs. Mais tout le corps de l'aristocratie épiscopale eut plus d'une fois à se repentir de s'être soumis à un système dont les métropolitains ne furent que les premières victimes. Ce fut sur ces fausses décrétales que fut bâti le grand édifice de la suprématie papale sur les différentes Églises nationales, édifice qui s'est soutenu après que ses fondements ont croulé sous lui; car depuis deux siècles personne n'a prétendu soutenir cette imposture, tellement grossière qu'elle n'a pu réussir que parce qu'elle s'est produite dans les siècles les plus ignorants. Le pape Nicolas Ier, vers 860, tenta le premier d'y soumettre la France en ce qui touche le jugement des évêques. Nos prélats s'y opposèrent tout d'abord, comme à une nouveauté illégitime, et l'archevêque de Reims Hincmar lui répondit, en leur nom, que ces décrétales ne devaient pas avoir force de lois en France, puisqu'elles n'avaient pas été insérées dans le *Code des Canons* reçu par l'Église Gallicane. Mais les raisons touchèrent peu la papauté, qui persista dans ses prétentions, et finit par triompher. De là un nombre infini de vraies décrétales entées sur les fausses, au moyen desquelles s'accomplirent les plus énormes et les plus désastreuses usurpations d'autorité.

En 1150, Gratien fit paraître son recueil *Concordantia Discordantium Canonum* que dans le droit canon on a appelé *décret de Gratien*. Les papes continuèrent à faire des décrétales et en grand nombre, lesquelles furent successivement recueillies comme œuvres saintes et presque infaillibles. Mais de toutes les collections faites depuis le décret de Gratien, la plus complète et la plus accréditée est celle qui fut composée, sous les yeux et d'après les ordres de Grégoire IX, par Raymond de Pennafort, troisième général des Dominicains. Les décrétales de Grégoire IX contiennent cinq livres, dont le premier traite de la juridiction, le deuxième de la procédure, le troisième des clercs et des choses saintes, le quatrième des laïcs et du mariage, le cinquième des crimes et des peines. Les livres se divisent en titres, les titres en chapitres.

La source des décrétales était intarissable; et trente ans plus tard il était déjà devenu nécessaire d'en faire une nouvelle collection. Boniface VIII en fit publier une sous le titre de *sexte* ou de sixième livre, faisant suite à l'œuvre de Grégoire IX et divisé comme elle en cinq parties. Les querelles de Philippe le Bel avec ce souverain pontife firent interdire en France le sexte, et il fut défendu de le citer comme loi devant les tribunaux.

Nous citerons encore deux collections de décrétales, les *Extravagantes* et les *Clémentines*. Sont venues ensuite les bulles, qui furent à peu près la même chose sous un autre nom. Aug. SAVAGNER.

DÉCRET DE GRATIEN. *Voyez* GRATIEN.
DÉCRÉTOIRES (Jours). *Voyez* CRISE.
DÉCREUSAGE, opération préparatoire dans le blanchiment et la teinture des tissus filamenteux de diverses sortes. On a spécialement appliqué le mot de *décreusage* aux fils de coton, de chanvre, de lin, et à la soie; le mot *dessuintage* a été réservé au nettoyage de la laine brute ou en *suint*; mais nous ne voyons guère la raison de cette distinction : *décreusage*, comme *dessuintage*, indique le *nettoyage*, l'enlèvement des corps étrangers au tissu filamenteux.

Par le décreusage on se propose de débarrasser les fils de coton, de chanvre, le lin et la soie, de tout ce qui les souille ou les enveloppe, en masque plusieurs propriétés, en altère plus ou moins la blancheur, en diminue la flexibilité, et s'oppose d'ailleurs à l'action des matières colorantes. Pour *décreuser*, nous supposerons 100 kilogrammes de fil de coton, de chanvre ou de lin ; on peut les faire bouillir dans l'eau pendant deux ou trois heures, puis on égoutte; ensuite on fait bouillir de nouveau dans environ quinze seaux d'eau de rivière la plus pure possible, dans laquelle, lorsqu'il s'agira de coton, on fera dissoudre 15 kilogrammes de soude du commerce, et lorsqu'il s'agira d'opérer sur le chanvre ou sur le lin, 2 kilogrammes de la même soude. Dans un cas comme dans l'autre, la soude aura dû être caustiquée par la chaux, et la liqueur tirée parfaitement à clair. Il faut soutenir cette seconde ébullition dans l'eau alcalisée au moins pendant deux heures, laver ensuite à grande eau courante, puis exposer à l'air pour sécher. Il faut doser l'alcali comme il vient d'être dit, et même plutôt en dedans qu'en dehors de la limite indiquée, crainte d'altérer le tissu des fils lui-même.

Quant à la soie, le procédé n'est pas le même, et cette opération exige de grandes précautions, car la soie est soluble assez facilement dans une liqueur alcaline, caustique surtout. Il convient d'abord de distinguer les espèces de soie; elles ne sont pas toutes identiques, à beaucoup près. Il y a beaucoup de nuances, qu'on doit observer pour faire varier les dosages. Dans le décreusage de la soie, on a à craindre qu'elle ne perde de sa solidité. Au lieu d'alcali libre, il faut donc avoir recours à une combinaison d'alcali et d'huile, c'est-à-dire au savon, dans lequel la soude perd une majeure partie de son activité corrosive, en même temps que le composé en acquiert une détersive, qui est très-puissante. C'est donc dans une eau de savon d'huile d'olive qu'on tient, à la température de l'eau bouillante, la soie pour la décreuser. La soie écrue jaune, destinée à la teinture des couleurs foncées, se traite ordinairement, dans la pratique de Lyon, avec un quart de son poids de savon, et on maintient l'ébullition pendant au moins quatre heures. Quand la soie écrue qu'elle ne perde ses teintures couleur clair ou à rester blanche, le procédé de décreusage varie, l'opération se partage en *dégommage* et en *rebouillage* ou *cuite*. Pour dégommer, on emploie 30 parties de savon contre 100 parties de soie écrue, et l'on fait bouillir pendant quinze minutes. Pour la cuite, au lieu de tenir la soie seulement quinze minutes dans la dissolution de savon à ébullition, on fait bouillir pendant quatre heures. Voilà le procédé de Lyon, dont M. Roard a observé tout l'inconvénient. Cette longue ébullition détériore inévitablement la soie. M. Roard ne prolonge l'ébullition que pendant une heure, dans un poids d'eau de quinze fois celui de la soie ; quant aux doses de savon, il les fait varier selon les couleurs plus ou moins claires auxquelles la soie est destinée. Il fait l'immersion de la soie dans le bain longtemps avant l'ébullition de celui-ci, et il retourne fréquemment la matière. PELOUZE père.

DÉCRI, atteinte portée à l'estime publique qui vous entoure; elle est, suivant les circonstances, durable ou passagère. Le décri naît de mille sources différentes, et est relatif à la position et au sexe, et même à l'âge des individus. Ainsi, sous le rapport des mœurs, une plaisanterie, une familiarité, un simple geste, échappés en présence de témoins, peuvent, dans certains cas, décrier une très-jeune femme, et ne pouvoir pas même effleurer la réputation d'une autre femme qui sera un peu plus âgée. C'est par les accusations ou les calomnies les plus atroces que dans la dernière classe de la société on parvient réciproquement à se faire tomber dans le décri; et encore faut-il que de ces accusations ou de ces calomnies sorte pour tous un péril menaçant ; chez les classes plus élevées, il suffit souvent de certaines allusions faites avec malice et persévérance pour attirer le décri sur une famille entière, surtout dans les petites villes, où les impressions défavorables sont reçues avec joie et circulent avec rapidité.

Le mot *décri*, considéré dans son sens direct et primitif, s'applique aussi avec beaucoup de justesse à des choses matérielles. Une mode qui a été générale tombe vite dans le décri, détrônée qu'elle est par une autre mode, tout opposée. Des marchandises qui ont une grande valeur intrinsèque sont-elles accumulées sans mesure sur un marché unique, elles arrivent à être décriées au point qu'on les livre au-dessous du prix de fabrique, comme si elles étaient entièrement avariées. Le même résultat a lieu pour les produits de l'agriculture; en toutes choses, rien ne fait plus tort à la qualité que la quantité. SAINT-PROSPER.

DÉCRIER. Voyez DÉCRÉDITER.
DÉCROIRE. Voyez DÉCROIRE.
DÉCROISSEMENT. Ce mot, synonyme de *diminution*, est formé du verbe *décroître*, qui tire son origine du latin *decrescere*, fait, dans la même signification, de la particule privative *de* et de *crescere*, croître, augmenter. Le *décroissement* est l'antithèse de l'*accroissement*; entre ces deux états ou phases de l'existence des corps naturels, on observe un état intermédiaire dans lequel l'être ne s'accroît plus et ne décroît point encore. Les corps organisés, végétaux et animaux, parvenus à un âge avancé ou atteints de maladies chroniques, éprouvent sous ces deux influences une diminution de volume, qu'on désigne sous le nom d'*atrophie sénile* ou *pathologique*. Cette diminution, véritable décroissement de leurs tissus et appauvrissement de leurs fluides, n'affecte point sensiblement la taille ou leur étendue en longueur. Il ne faut pas confondre le décroissement avec le *rabougrissement* des individus, végétaux ou animaux vivants, dans des circonstances qui ne leur permettent point de se développer ou de s'accroître complétement. Si le décroissement observable dans les corps organisés vieux ou malades n'est le plus souvent qu'une *atrophie* ou *consomption*, qui consiste seulement dans la diminution du volume des tissus ou de la masse des humeurs, il n'en est pas de même à l'égard du décroissement de quelques-unes de leurs parties, qui, après s'être développées et avoir acquis un accroissement considérable, finissent par décroître progressivement, et ne laissent plus aucune trace de leur existence. Ces parties sont des organes transitoires, dont les fonctions ne sont que temporaires : tels sont, dans l'économie animale, le thymus et les corps d'Oken, etc.

Le décroissement d'un corps organisé entier se manifeste quand les pertes qu'il éprouve par l'effet du mouvement vital ne sont plus réparées complètement. Un organe transitoire décroît quand, après avoir rempli ses fonctions temporaires, il cesse de recevoir les fluides nécessaires pour sa nutrition, et parce que toutes ses parties fluides et solides sont peu à peu absorbées et rentrent dans la masse circulatoire. Dans certains cas pathologiques (anévrismes du cœur), on voit sur des individus adultes des os épais (*sternum*, *vertèbres*), diminuer de volume, décroître et disparaître en grande partie sous l'influence continue des battements de la tumeur anévrismatique. Les tissus les plus durs et les plus mous sont donc susceptibles d'un décroissement qui résulte de la fluidification de leurs molécules et de leur absorption, et ce décroissement de certaines parties peut, même pendant la vie, être porté au dernier point, c'est-à-dire à la disparition complète. Mais jamais un végétal ni un animal, après s'être développés et accrus, ne décroissent successivement et ne parcourent en rétrogradant les mêmes phases par lesquelles ils avaient passé en atteignant leur état parfait.

Le très-petit nombre de documents scientifiques relatifs à la formation des corps astronomiques ne nous permet point de leur appliquer les idées d'accroissement et de décroissement comme nous venons de le faire pour les corps organisés. Mais les phénomènes astronomiques connus sous les noms de *déclinaison*, de *jour*, de *nuit*, considérés sous les rapports d'augmentation et de diminution, sont susceptibles de cette application. C'est dans ce sens qu'on dit habituellement que la déclinaison croît ou décroît, que les jours et les nuits croissent ou décroissent, que la lune décroît quand elle a cessé d'être pleine. On dit aussi *décroissement* des rivières, des fleuves, et non de la mer. Enfin on emploie ce mot dans une foule de locutions familières.

L. LAURENT.

DÉCROTTEUR. L'étymologie et le sens de ce mot n'ont pas besoin d'être expliqués. Il serait plus difficile d'assigner l'époque où l'industrie enfanta l'*art du décrotteur*, qui doit être fort ancien, surtout dans Paris (*Lutetia*, ville de boue). Le nombre des décrotteurs était autrefois beaucoup plus considérable qu'aujourd'hui. L'usage des bottes étant réservé aux cavaliers, on ne portait que des souliers, et personne n'aurait osé se présenter crotté dans une maison; on trouvait des décrotteurs dans tous les quartiers de Paris, sur les quais, sur les ponts, sur les boulevards, à tous les carrefours. Si l'on en appelait un, il en accourait trois ou quatre; et le choix de celui qu'on avait préféré n'excitait pas le mécontentement de ses rivaux. L'égalité sans jalousie, la liberté sans monopole, rendaient le sort des décrotteurs préférable à celui de tant d'autres industriels. Tout petit Savoyard qui avait les moyens d'acheter une sellette et deux brosses pouvait exercer son état et s'installer où bon lui semblait, sans rien payer au fisc ni à la police. Le bénéfice était modique et le prix invariable en tous lieux, en toutes saisons, en toutes circonstances, nonobstant les variations du prix des comestibles. Le taux du décrottage d'une paire de souliers fut d'abord de 2 liards. Il est vrai que le cirage ne flattait ni l'œil ni l'odorat; c'était tout simplement du noir de fumée délayé dans l'huile grasse, qui souvent tachait les bas. On connaissait pourtant le cirage anglais; mais les décrotteurs, bons citoyens, refusaient de s'en servir; leur patriotisme, ainsi que leur désintéressement, éclatait dans toutes occasions solennelles : on en a vu décrotter *gratis* les jours où les spectacles donnaient au peuple des représentations *gratis*, et illuminer avec quatre bouts de chandelle les quatre coins de la sellette, leur unique propriété. C'est néanmoins sur cette classe honnête et dévouée qu'une administration égoïste et imprudente osa faire une expérience barbare. Tous les décrotteurs et Savoyards de Paris, avec leurs familles et leurs amis, furent appelés pour *essayer* la solidité de la salle de l'Opéra, construite à la hâte et avec légèreté près de la porte Saint-Martin. C'est pour eux qu'on donna *gratis*, en 1781, la représentation d'ouverture; et les murs, les charpentes, les escaliers ayant résisté au poids de ce nombreux et lourd auditoire, le beau monde, rassuré sur la chute problématique de l'édifice, ne craignit pas d'y venir le lendemain. Cette préférence en faveur des décrotteurs venait de ce qu'ils étaient déjà des espèces de commensaux de l'Opéra : ils y faisaient les monstres, et y remplaçaient même certains acteurs, qui n'osaient pas, attachés à une corde, se risquer à traverser le théâtre dans le cintre, ou à être précipités sur la scène.

Avant la Révolution, les plus habiles décrotteurs se tenaient sur les trottoirs du Pont-Neuf. C'étaient les *cordons bleus* du métier. Ils avaient toujours au service de leurs pratiques un parapluie pour les mettre à l'abri des ardeurs du soleil et des eaux du ciel. Mais l'état de décrotteur a eu aussi ses progrès dans le dix-neuvième siècle. On avait bien vu un décrotteur traiter de confrère le gentil-homme Chassé, basse-taille de l'Opéra, et refuser le salaire des souliers qu'il lui avait décrottés. Toutefois, ce nom de *confrère* n'indiquait qu'une sorte de rapprochement entre gens qui paraissaient sur le même théâtre. Les comédiens ne prenaient pas encore le titre d'*artistes*. Ce titre étant devenu banal, un décrotteur refusa le salaire de Talma, par la raison que les artistes se doivent des égards réciproques.

La Restauration avait eu son Diogène, Chodruc-Duclos, se promenant toute la journée en loques dans les galeries du Palais-Royal, pour faire pièce à son ancien camarade Peyronnet, devenu ministre de la justice. La Révolution de Juillet eut le sien, ex-professeur de nous ne savons plus quel collège royal, s'installant en habit noir, avec sa palme universitaire, avec tout l'attirail du décrotteur, sur le Pont-Royal, pour faire pièce à M. Guizot, alors ministre de l'instruction publique, qui l'avait destitué pour ses opinions politiques; mais l'Excellence de la branche cadette ne fit pas preuve d'autant de longanimité que celle de la branche aînée : elle coupa court à l'industrie naissante de son ancien subordonné, et l'envoya coucher en prison en vertu de nous ne savons plus quel article de lois; car notre arsenal de lois est si bien pourvu en France, qu'en cherchant un peu, il est facile d'y trouver des armes contre tous les délits non-seulement imaginables, mais même imaginaires.

Déjà l'on avait vu dès janvier 1802, sous l'ancienne galerie vitrée du Palais-Royal, la première boutique de décrotteur, portant pour enseigne : *aux artistes réunis*. Bientôt il y en eut une seconde au passage du Perron, et depuis il s'en est établi d'autres dans la plupart des passages et des galeries de Paris. On les connaît, et il est inutile d'en décrire le mobilier, d'énumérer les journaux et autres agréments qu'y trouvent les amateurs. Les maîtres de ces établissements ont des abonnés au mois et à l'année, et font de plus un petit commerce de brosses et de cirage en pâte, en tablettes et en bouteilles. Ce cirage, qui depuis longtemps a remplacé l'huile grasse, puis les œufs mêlés avec le noir de fumée, qui avaient l'inconvénient de former une croûte écailleuse et de se corrompre aisément, est aussi plus brillant; mais il y entre des acides, qui brûlent le cuir et qui tournent à l'avantage des cordonniers et des bottiers. Le prix du décrottage a dû se ressentir du perfectionnement. Il était monté depuis bien longtemps à cinq et dix centimes pour les souliers, et à vingt centimes pour les bottes; mais il y a eu réduction sur celui-ci, depuis que le large pantalon ne laisse paraître que le pied des bottes. Au reste, la vanité des artistes décrotteurs a tué le métier et nuit aux intérêts du public. Là aussi les gros monopoleurs ont dévoré les petits.

H. AUDIFFRET.

DÉCRUMENT, DÉCRUSEMENT. Ces deux termes de l'art du teinturier indiquent une opération de *lessivage* du fil et de la soie. On est obligé de *décruer* le fil *écru*, c'est-à-dire de le faire passer dans une lessive de cendres, puis de le laver en eau claire avant de le teindre (*voyez* DÉCRUSAGE). Le *décrusement* de la soie est le premier apprêt que l'on fait subir à cette matière en mettant les cocons dans l'eau bouillante pour que certaine colle qui tient les fils attachés ensemble, et qui est due à la bave du ver à soie s'amollisse et soit détrempée. Par ce moyen la soie se dévide plus facilement.

DÉCUBITUS. Ce mot admis dans le langage médical est une modification du substantif *cubitus*, que les Latins employaient pour désigner la pose horizontale de l'homme, et dont la traduction exacte est *le coucher*. Ceux qui ont appris à connaître les conditions de la vie découvrent approximativement par cette attitude si la santé est altérée et même par quelle lésion organique. Ainsi, le *décubitus* sur le *dos* avec raideur des muscles leur décèle une affection des centres nerveux; la position dans laquelle on cherche à être assis et non couché leur annonce une affection du cœur ou des poumons; le coucher sur le ventre leur indique des souffrances vives dont les viscères abdominaux sont le siège. En général, le *décubitus* donne la mesure de l'innervation, et c'est par cette cause qu'il exprime l'état des forces. L'indice le plus favorable est la pose molle et facile sur un des côtés du corps, ordinairement le côté droit, les membres fléchis; c'est celle que l'homme prend instinctivement pour se reposer ou dormir.

Dr CHARBONNIER.

DÉCUMATES ou DÉCUMATIQUES (Champs), *Decumates agri*. Cette dénomination, qui provient d'un passage de Tacite, dans sa *Germanie* (chap. 30), et qui équivaut, suivant les commentateurs, à celle de *Terres payant l'impôt du dixième*, est employée par les historiens pour désigner la contrée située à l'est du Rhin et au nord du Danube, que les hordes germaines évacuèrent au premier siècle de l'ère chrétienne, et dont les Romains, qui en prirent alors possession, abandonnèrent la propriété, moyennant le payement d'un impôt calculé sur le dixième des produits de la terre, à des colons venus surtout des Gaules, et plus tard aussi à des vétérans de l'armée. La frontière en fut mise en état de défense, du côté de la Germanie, demeurée indépendante, par une ligne de fortification qui s'étendait, à l'ouest, de Ratisbonne vers Corch en Wurtemberg, de là, au nord, au delà du Neckar et du Main jusqu'au mont Taurus, puis encore à l'ouest jusqu'au coude que le Rhin fait à Ringen, de là se dirigeant au nord, sur la rive droite du Rhin, jusque auprès de Cologne. Il existe encore aujourd'hui beaucoup de traces de cette circonvallation ; des débris de murailles, de remparts, et de fossés, qu'on désigne ordinairement sous le nom de *mur du diable*. De la contrée ainsi entourée et fortifiée, et où tous les jours on découvre des antiquités rappelant le séjour qu'y firent autrefois les Romains, la partie située au nord du Danube faisait partie de la province de Vindélicie ou *Rhætia secunda* ; celle à l'est du Rhin, de la *Germania superior* et *inferior*. Mais dans le cours du troisième et du quatrième siècle des tribus germaines s'en emparèrent de nouveau ; les Francs s'établirent au nord, et les Allemands au sud.

DÉCUPLE, qui vaut dix fois autant. Les unités de notre système décimal croissent en progression décuple.

Décupler une quantité, c'est la rendre dix fois plus grande, la multiplier par dix. Pour décupler un nombre, il suffit d'ajouter un zéro à sa droite ; ainsi 2,340 est le décuple de 234.

DÉCURIE (de *decem*, dix, et *curia*, assemblée). C'était la dixième partie de la centurie : elle formait l'une des divisions civiles des Romains. Plus tard, les centuries s'accrurent, et les décuries varièrent dans la même proportion. La décurie était encore une division de juges. Il y eut primitivement trois décuries, une *sénatoriale*, une seconde *plébéienne*, une troisième *équestre*. Auguste en créa une quatrième, Caligula, une cinquième mais Galba, malgré toutes les instances, refusa d'en établir une dixième. La *decuria curiata*, chargée des sacrifices, se composait de licteurs, d'appariteurs, de *curiales* et d'autres serviteurs des officiers municipaux ou des curies.

[Le mot *décurie* donnait enfin l'idée d'une subdivision des milices grecque et romaine; mais il n'a pas toujours, non plus, exprimé un nombre précis de dix hommes; la décurie grecque, ou la *décarchie*, fut de huit, de dix, de seize hommes, les divers peuples de la Grèce modifiant leur tactique sans renoncer aux termes jusque là en usage, ce qui en faussait l'étymologie : ainsi, l'expression *décurie* avait à peu près le sens d'*escouade*. L'*Encyclopédie* regarde comme synonymes *énomotie* et *décurie*; d'autres appellent *lochos* ou *lochie* la décurie de seize hommes. A la fin du sixième siècle, les décuries étaient les fractions des corps nommés *tagmes* et *bandes*; mais alors, la cavalerie faisant la principale force de l'armée, cette décurie différait de l'ancienne, et composait une escouade de dix cavaliers, commandés par un *décargue*, ou bien elle était une réunion de deux escouades de cinq hommes chacune, sous les ordres d'un *pentarque*. Gal BARDIN.]

DÉCURION. C'était à Rome le chef d'une décurie dans l'assemblée du peuple. Dans les colonies romaines, c'était un magistrat, membre d'une cour de juges, représentant le sénat dans les villes municipales. On les appelait décurions parce que leur corps n'était souvent composé que de dix personnes. Parmi eux l'on choisissait les collecteurs de certains impôts. Ils étaient en outre chargés du recrutement et des spectacles. Le chef de la *decuria curiata* s'appelait *décurion des pontifes*. Le nom de décurion était encore donné à certains prêtres particuliers préposés à certains sacrifices, tels que ceux des pénates et des lares. Leur titre leur venait de ce qu'ils étaient élus par décuries.

[Dans les armées, le décurion fut d'abord le chef d'une décurie romaine et ensuite d'une décurie byzantine. La considération qui accompagnait ce grade différait suivant le genre de troupe, puisqu'on lit dans Végèce qu'aux beaux temps de la milice romaine un simple légionnaire aurait cru déchoir en devenant décurion des vélites. Les décurions furent à certaines époques secondés dans la légion par des *accenses*. Ceux qui appartenaient à l'infanterie des alliés dans la milice romaine avaient pour seconds ou pour lieutenants, suivant Polybe, un *ouragne* ou un *tergiducteur*. En général, les décurions d'infanterie étaient les sous-officiers des centurions; quant aux décurions de cavalerie, ils étaient secondés par un *option* ou un ouragne, et ils allaient de pair avec les centurions d'infanterie. Il en était ainsi aux beaux temps de la milice, puisque le premier des trois décurions d'une *turme* avait le titre de *préfet*, d'après César et Cicéron. Aussi Élien dit-il qu'il ne faut pas prendre à la lettre ce mot comme signifiant chef de dix cavaliers, puisque tel décurion en commandait jusqu'à cinquante et même cent. Au temps où écrivait Végèce, le rang de décurion avait considérablement décru. Gal BARDIN.]

DÉCURRENTES (Feuilles). Lorsque le limbe d'une feuille, au lieu de s'arrêter au point même d'insertion de cet organe sur la tige, se prolonge sur cette dernière, de manière à former des appendices saillants et en forme d'ailes, cette feuille est dite *décurrente* : tel est le cas du bouillon blanc, de la consoude, des chardons, etc.

DÉCURSIF. On appelle *feuilles décursives* celles dont le pétiole seul est collé à la tige. Le style est *décursif* lorsque sa base descend en rampant sur un des côtés de l'ovaire, comme dans le *rivina*.

DÉDAIN, expression particulière des traits, manière de se tenir et de ménager ses gestes, qui blessent les autres et leur inspirent pour votre personne l'aversion la plus complète. Il se glisse toujours quelque chose de petit et de misérable dans le dédain. Effet, il a pour but d'empêcher qu'on ne s'approche trop près de vous, dans la crainte de comparaisons qui ne tourneraient pas à votre avantage. C'est un genre d'insolence qui n'exige ni habileté ni esprit, puisqu'il ne réclame pas même l'usage de la parole; il est également indépendant de la naissance et de la supériorité, car dans les rangs les plus ordinaires on peut se livrer au dédain. Quant au courage, il n'est pas indispensable en pareille affaire; le dédain s'arrête devant les limites où commenceraient l'outrage et la vengeance : en dernière analyse, c'est une vanité sotte et lâche. Le dédain a pour résultat inévitable de semer les haines les plus violentes, celles qui s'apaisent le plus difficilement, et souvent il retombe sur son propre auteur. Il est tel *regard* qui a valu plus tard la ruine, la proscription ou la mort à celui qui l'avait lancé : ces exemples ne manquent pas en temps de révolution.

Les femmes, dont la nature est en général bienveillante et tendre, sont fort sensibles au dédain; il a pour elles quelque chose de déchirant. Les hommes y prennent moins garde : pour le repousser, ils ont le sentiment de leur gloire, de leur réputation, ou même la conscience qu'ils sont utiles à une famille entière. Il arrive à quelques femmes qui sont jeunes, riches et belles, de porter dans le monde un grand air de dédain. Prennent-elles des années, elles commencent à se corriger de ce défaut. Elles ont alors besoin de plaire. En France, on ne rencontre plus guère dans les grandes villes le dédain qu'à titre d'exception ; il est remplacé par la grossièreté, qui est encore plus intolérable. On peut laisser passer le dédain avec indifférence : on sent qu'on est au-dessus de lui, tandis que la grossièreté a quelque chose qui révolte et fait bouillonner le sang dans les veines. Les gens de la campagne n'ont ni fierté ni dédain, ils sont simplement rustiques et brutaux.

De tous les peuples, celui qui est le plus en proie au dédain, c'est le peuple de la Grande-Bretagne. En pays étranger, un Anglais se blesse si un compatriote se permet, dans un lieu de réunion publique, de lui parler sans lui avoir d'abord été présenté. L'habitant de la Grande-Bretagne porte la peine du dédain si absurde; car de tous les peuples du monde, nul ne s'ennuie autant et aussi souvent que lui. Rien n'est plus mortel aux plaisirs de la société que le dédain : pour s'amuser et pour se plaire en commun, il faut plus que de se rapprocher, il faut quelquefois se confondre, et le dédain tend sans cesse à l'isolement. SAINT-PROSPER.

DÉDALE, le plus ancien statuaire, architecte et mécanicien de la Grèce, naquit, suivant les mythes grecs, à Athènes. Contemporain de Thésée et de Minos, il était, dit-on, arrière-petit-fils d'Érecthée, sixième roi d'Athènes.

Chaque jour, et à tout moment, ses utiles inventions le rappellent à la reconnaissance des hommes. Ils lui doivent la hache, le vilebrequin, le niveau, la colle-forte, l'usage de la colle de poisson, la forme élégante des navires, et leurs voiles, à l'aide desquelles, dans un cas désespéré, Dédale put s'éloigner lui-même de la Crète avec la rapidité de l'oiseau, ce qui fit dire qu'il s'était fabriqué des ailes. Il mit aussi en œuvre tous les métaux dont regorgeait le sein de la terre. Il perfectionna les statues, momies jusque alors terminées en gaîne, à l'égyptienne; il leur donna des jambes et des bras; il anima de l'âme humaine le marbre immobile, et son art frappa tellement l'imagination des Grecs, qu'ils assurèrent longtemps que ces statues voyaient, marchaient, venaient à vous, ou s'enfuyaient. Platon et Aristote en font mention. Pausanias, qui écrivait au deuxième siècle de l'ère chrétienne, parle avec grand éloge de quelques statues de Dédale qui existaient encore dans certaines villes de la Grèce. Jusqu'à lui la pierre et le marbre avaient été employés tout bruts dans les monuments : Dédale les orna de sculptures, de frises palmées ou historiées, et de bas-reliefs. Un génie si universel pour les arts le fit supposer l'élève de Mercure, et lui mérita le surnom de D*é*dale (Δαιδάλος, le Varié).

Comme la plupart des hommes de génie, sa vie fut errante

et agitée. Son neveu et son disciple, Calus, ou Talus, ou Attalus, ou Perdix, fils de sa sœur Perdix, dès l'âge de douze ans venait d'inventer la scie, le compas, le tour, la roue du potier. Une noire jalousie s'empara du cœur de l'oncle; un jour, le corps de ce jeune artiste fut trouvé sans vie et brisé sur les rocs au pied de la citadelle. Dédale assura que son neveu était tombé par imprudence du haut de la forteresse; l'aréopage ne le crut pas, et l'accusa avec raison de ce meurtre; il le condamna à mort, d'autres disent à l'exil. Dédale n'avait pas attendu le jugement; il s'était caché dans une bourgade de l'Attique, d'où, pour plus grande sûreté, il s'enfuit en Crète.

Minos, fils de Jupiter et d'Europe, y régnait alors; il accueillit avec transport ce grand artiste, qu'avait déjà devancé sa renommée. Dédale passa aussi en Égypte, où le fameux labyrinthe, sépulture immense, merveilleuse et inextricable, du roi Mendès, le frappa surtout d'admiration. De retour en Crète, il en construisit un qui n'était que la centième partie de son vaste modèle, dont la prodigieuse dimension est confirmée par Pline. Cet édifice prit aussi le nom de son constructeur, et donna lieu à cette expression proverbiale : « *Cette affaire est un dédale d'où l'on ne peut sortir.* »

Mais le moment arriva où son génie lui devint funeste : pour servir, dit-on, la délirante passion de Pasiphaé, épouse de Minos, il lui fabriqua une génisse d'airain où elle pût s'enfermer. Elle était si belle et si bien imitée qu'elle trompa l'amant mugissant de la reine, le plus superbe d'entre les taureaux des pâturages de Gnosse. Le Minotaure en naquit, monstre moitié homme et moitié taureau, que Minos, justement irrité, fit enfermer dans le labyrinthe avec Dédale, et Icare, fils de ce dernier. C'est là que Dédale attendait son châtiment ; mais un homme si ingénieux ne tarda pas à trouver un moyen d'échapper de la prison fameuse que, par une étrange fatalité, lui-même s'était bâtie. Il fabriqua deux paires d'ailes, une pour lui et l'autre pour Icare. Les plumes qui les composaient avaient été jointes avec de la cire; tous deux se les attachèrent aux épaules, et tous deux prirent leur essor dans les airs en se dirigeant vers le nord, Icare le premier, et Dédale derrière pour le guider. L'imprudent jeune homme, dit la fable, négligea les instructions paternelles, prit son vol trop haut dans les plaines du soleil; la cire de ses ailes se fondit, les plumes s'en détachèrent, et il tomba précipité des nues dans cette partie de la mer Égée que depuis l'on nomma de son nom *Icarienne.*

Dédale, poursuivant son vol, descendit en Sicanie (la Sicile), et alla offrir ses services à Cocalus, roi d'Inyque, aujourd'hui Siliano. Dédale embellit cette partie de la Sicile des fruits de son industrie. Il éleva sur la cime d'un rocher une citadelle qu'une poignée d'archers pouvait défendre contre une armée entière; il y ajouta un palais magnifique, dans lequel Cocalus se retira et cacha ses trésors : excellente précaution dans ces temps de piraterie. Dédale fit encore des embellissements au temple fameux de Vénus érycine, sur l'Éryx, montagne voisine, dont il combla ou coupa les précipices, qui en rendaient l'accès si dangereux. Quant au lieu où Dédale finit ses jours, on n'est peu d'accord sur ce point. Quelques-uns prétendent qu'il fut mis à mort dans la suite par Cocalus, dans la crainte d'une invasion des Crétois; mais on présume avec plus de fondement qu'il passa encore de Sicile en Égypte, et qu'il y mourut. Cette tradition paraîtrait confirmée par Diodore, qui rapporte que son génie lui valut d'être mis au rang des dieux des Égyptiens, si difficiles à en admettre d'étrangers.

Dans cette histoire incontestable du premier Dédale, mais dépouillée du merveilleux des fables, nous voyons un prince du sang des rois d'Athènes, doué du génie des arts, qui de l'Attique passa en Crète, et qui ayant eu l'imprudence de servir la passion de l'adultère Pasiphaé pour un favori du nom de Taurus et redoutant la juste colère de Minos, prit la fuite sur un vaisseau à rames auquel il ajouta des voiles, que du rivage on prit pour des ailes, et aborda en différentes contrées de l'Italie. Icare, son fils, montait à part un autre vaisseau : trop inexpérimenté, il fit naufrage. Une tradition rapporte que son corps ayant été poussé par les vagues sur les plages de Samos, Hercule, le héros, qui par hasard s'y trouvait, l'inhuma.

Toutefois, on compte trois Dédales : celui d'Athènes, dont nous venons de parler; celui de Sicyone, célèbre par le trophée qu'il avait fait à Olympie pour les Éléens, vainqueurs des Lacédémoniens, et celui de Bithynie, fameux par son Jupiter-Statius (Jupiter armé). Il arrivait quelquefois aux Grecs et à Pausanias lui-même de confondre les ouvrages des trois statuaires. DENNE-BARON.

DEDECKER (PIERRE-JACQUES-FRANÇOIS), député belge, né le 25 janvier 1812, à Zèle (Flandre orientale), reçut son éducation dans les collèges tenus par les jésuites à Saint-Acheul et à Fribourg; il étudia la philosophie et le droit successivement à Paris et à Gand, et embrassa dans cette dernière ville la carrière du barreau et du journalisme. En 1835 il fit paraître un recueil de vers intitulé : *Religion et Amour*, et en 1837 il fonda, en société avec M. Dechamps, la *Revue de Bruxelles*, recueil du catholicisme le plus rigide, qui n'est mort qu'en 1851. Sa carrière comme député commença en 1839, époque où la ville de Termonde l'envoya siéger à la chambre, dont il a toujours continué de faire partie depuis lors. Chaud partisan de la politique de fusion ou d'union dont l'administration de M. Nothomb fut l'époque brillante, il publia *Quinze Ans*, de 1830 à 1845, pamphlet qui eut beaucoup de retentissement; et en 1846, lors du changement de cabinet qui amena à la direction des affaires ses amis De Theux et Malou, lesquels inaugurèrent le système de politique dit *homogène*, il n'hésita pas à qualifier cet événement d'anachronisme. Depuis lors il n'a pas cessé de parler et d'agir de manière à dominer les deux partis. Comme homme d'opposition, il s'est toujours placé au point de vue pratique; et par la franchise de tous ses actes il n'a pas laissé que de rendre souvent d'importants services au ministère libéral. M. Dedecker s'est aussi posé dans la chambre comme le défenseur des intérêts flamands et de la langue flamande; son ouvrage intitulé : *Du pétitionnement en faveur de la langue flamande* (1840) n'a pas peu contribué à déterminer ce mouvement des esprits. Ses *Études historiques et critiques sur les établissements de prêt*, estimées des économistes, lui ont valu un siège dans la section littéraire et politique de l'Académie belge.

DÉDICACE, en littérature, est l'inscription ou l'épître au moyen de laquelle un auteur met son livre sous le patronage d'une personne quelconque. Ces dédicaces sont de la plus haute antiquité. Lucrèce met son poëme *De la Nature des Choses* sous la protection de C. Memmius Gemellus ; Cicéron adresse ses écrits à ses amis ou à ses proches, ses *Topiques* à Trebatius, ses trois livres *De l'Orateur* à son frère, son *Orateur*, ses *Paradoxes* et ses *Tusculanes* à M. Brutus, ses *Académiques* à Varron, et à son fils le *Traité des Devoirs*. Horace dédie son *Art poétique* aux Pisons, et Virgile ses *Géorgiques* à Mécène. Admiration ou reconnaissance, besoin de manifester publiquement son estime ou son affection, désir de s'assurer un appui, de flagorner la puissance, d'attendrir la richesse, ridicule envie de faire croire qu'on jouit de la faveur ou de la familiarité de personnages éminents ou célèbres, dont on n'est pas même connu, bien qu'on leur tape rondement sur l'épaule au second feuillet d'un livre; indépendance et bassesse, dignité et abjection, désintéressement et calcul : tous ces sentiments réunis, confondus, séparés, ont inspiré l'innombrable multitude des dédicaces anciennes et modernes que nous connaissons. L'histoire des dédicaces! certes le sujet pourrait fournir des détails piquants, mais nous doutons qu'en général il fût de nature à honorer notre espèce. Il y a pourtant des exceptions : Le célèbre humaniste Muret a donné dans ses dédicaces à peu près toute l'histoire de sa vie. Scaliger a dédié à Cujas son *Appendix Virgilii*. Son épître est fort remarquable, ainsi que les dédicaces éparses dans les œuvres de Juste Lipse, Casaubon, Grotius, Heinsius, etc. Ronsard dédia son livre *Des Amours* aux muses; mais Arioste offrit son *Orlando Furioso* à un prince de l'Église, incapable d'en apprécier les beautés. Qui ne se sent péniblement affecté en voyant Le Tasse adresser une emphatique dédicace à ce duc de Ferrare, à ce prince sans grandeur, sans générosité, dont il devait plus tard éprouver les indignes traitements?

On ne gémit pas moins quand le peintre de la fierté romaine, quand Corneille, qui avait déjà fait *Le Cid* et *Les Horaces*, en publiant cette dernière pièce sous les auspices du cardinal de Richelieu, aux pieds de qui, confessons-le pourtant, s'avilissait presque toute la France, à commencer par son roi, ne rougit pas de s'humilier jusqu'à déclarer que le changement qu'on observe dans ses ouvrages depuis qu'il a *l'honneur d'être à Son Éminence* n'est autre chose qu'un effet des grandes idées que ladite Éminence lui inspire quand elle daigne souffrir qu'il lui rende ses devoirs. Il ne s'arrête pas là, il ne se borne pas à se prosterner lui-même dans la poussière, il y courbe, il y traîne jusqu'à la poésie, en ajoutant que le cardinal ennoblit le but de l'art, puisqu'au lieu de chercher à plaire au public, l'office des gens de lettres est désormais de plaire au ministre et de le divertir. Et pourtant *Le Cid* ne l'avait point diverti, et le despote empourpré, qui avait toutes les espèces de vanité et d'orgueil, faillit faire expier à Corneille le succès de ce chef-d'œuvre. L'épître dédicatoire de *Cinna* n'est pas moins étrange pour le style que pour les idées. Le président de Montauron, maintenant parfaitement oublié, y est placé sur la même ligne que l'empereur Auguste. Ce compliment valut à l'auteur 1,000 pistoles, et l'on appela plus les dédicaces que des *épîtres à la Montauron*. Cette comparaison d'un homme aussi médiocre à l'empereur Auguste ferait aujourd'hui à bon droit Voltaire; mais le *patriarche*, aussi courtisan que philosophe, n'appelle-t-il pas le financier La Popelinière Pollion? ne dédie-t-il pas *Tancrède* à Mme de Pompadour? Il est vrai que sa flatterie est infiniment plus délicate que celle de Corneille, et que l'esprit et le goût rachètent, autant que possible, la faute commise contre la dignité du caractère. Un coup de maître de Voltaire, en fait de dédicace, est d'avoir présenté celle d'*Alzire* à un pape. Par bonheur pour lui, Ganganelli occupait alors la chaire de Saint-Pierre. Scarron a dédié son *Roman Comique* au coadjuteur : c'est tout dire. Il adresse à Louis XIV sa comédie de *Don Japhet d'Arménie* : « Sire, écrit-il au roi, je tâcherai de persuader à votre majesté qu'elle ne se ferait pas un grand tort si elle me faisait un peu de bien. Si elle me faisait un peu de bien, je serais plus gai que je ne suis; si j'étais plus gai, je ferais des comédies plus enjouées; si je faisais des comédies plus enjouées, votre majesté en serait divertie; si votre majesté en était divertie, son argent ne serait pas perdu. » En remontant plus haut, on trouve quelque chose de la dédicace des *Raisons des Forces Mouvantes* de Salomon de Caus à Louis XIII. Le dix-huitième siècle, qui s'était fait philosophe et sensible, donna naissance à un genre de dédicace sentencieux et sentimental. Au reste, ce *poème* comporte toutes les formes et tous les tons : il y en a de longs, de courts; il y en a en prose, en vers, en style lapidaire, sur le patron d'un placet, ou d'un billet doux, d'un feuilleton, ou d'une oraison funèbre.

A certaines époques, les dédicaces sont en quelque sorte formulées. Sous l'Empire, les dédicaces trouvaient leurs idées fondamentales dans les discours de Fontanes et de Regnault surnommé de Saint-Jean-d'Angély. L'homme du destin ne pouvait guère y être oublié. Pendant la Restauration, un petit mot de dévotion et de légitimité ne gâtait jamais rien. Béranger pourtant s'affranchit de cette mode, et, mu par la reconnaissance, il adressa après 1830 à son ancien protecteur Lucien Bonaparte, alors proscrit, une dédicace de ses dernières chansons, pleine de convenance et de bons sentiments. Aujourd'hui... oh! nous ne sommes en aucun cas rampants ni vils : nous avons trop gagné pour cela!

Il semble qu'outre la simplicité et la noblesse, la qualité essentielle d'une dédicace est la propriété: ainsi, l'on ne dédiera pas *les cas de conscience* à un militaire, la *tactique* à un abbé, *la Pucelle* à une princesse. Cependant, il y a bien des gaillardises dans le *Morgante* du chanoine Pulci, qui rimait au milieu du quinzième siècle pour la signora *Lucrezia Tuornaboni*, mère de Laurent de Médicis le Magnifique. Voltaire écrit dans la préface de sa *Jeanne* que l'*Histoire merveilleuse de Gargantua* fut dédiée au cardinal de Tournon. Nous croyons qu'il se trompe et qu'il veut parler du quatrième livre de *Pantagruel*, dédié en effet au cardinal Odet de Châtillon, qui, n'ayant pas encore levé le masque, ne s'était pas déclaré jusque là pour la religion réformée. Il existe un traité philosophique de Maillet sur la diminution des eaux de la mer, précédé d'une dédicace bouffonne adressée à Cyrano de Bergerac. Les *dédicaces* sont devenues à leur tour un moyen d'exploiter le système de *camaraderie* et d'*adoration mutuelle*, qui rehausse si fort notre littérature. Deux jeunes gens, au début de leur carrière, se promettent mutuellement l'immortalité dans leurs *épîtres liminaires*, et se qualifient d'*illustre ami*, au grand étonnement de la province et de l'étranger. Ayez seulement un journal un peu fâmé qui enregistre ce brevet de grand homme, et pendant un mois votre gloire est certaine, pendant un mois vous pourrez impunément narguer Jean Racine, Arouet de Voltaire et Leclerc de Buffon.   Dr REIFFENBERG.

Signalons quelques idées originales qui ont guidé certains auteurs dans le choix des patrons qu'ils ont voulu donner à leurs livres. Un docteur de Sorbonne, nommé Hillerin, publia, en 1645, trois lourds in-folio de théologie scolastique, qu'il dédia à la sainte Trinité. En fait d'ouvrages dédiés à Jésus-Christ, nous connaissons le *Vetus Academia Jesu-Christi*, d'un professeur allemand, J. Spitzel, et un volume, sorti de la plume d'un monarque pédant, qui ne sut ni écrire ni régner, réfutation que Jacques Ier dirigea contre un traité du socinien Vorstius. Circonstance assez singulière et bonne à noter en passant, l'imprimeur de la cour d'Angleterre ne consentit à mettre sous presse l'ouvrage de sa majesté qu'après s'être fait payer d'avance. Les livres dédiés à la sainte Vierge sont en assez grand nombre : c'est à Notre-Dame qu'Albert le Grand fit hommage de plusieurs de ses écrits; c'est à elle que le jésuite Burghaber a dédié sa *Theologia polemica*, et qu'un poète fort peu connu, Serlier, publia son *Grand Tombeau du Monde*, bouquin en lignes rimées, que l'oubli dévore depuis longtemps. Un second écrivain ascétique qui jouit encore d'une certaine réputation parmi les lecteurs dévots, Drexelius, a dédié à l'une de ses pieux écrits à son ange gardien. Voici en quels termes il s'exprime: *O mi amantissime custos, beatissime angele, tibi consecro, tibi inscribo idque facio ex intimo pectore*, etc. Thomasius dédia ses *Pensées indépendantes* (*Freymüthige Gedanken*) à tous ses ennemis. Quelques écrivains se sont dédié leurs ouvrages à eux-mêmes; une pièce d'un polygraphe laborieux, tombé dans l'obscurité, *Delisle de Sales*, porte pour toute épître dédicatoire ces deux monosyllabes : *A Moi*. Une tragédie de Jean Le Royer de Prade (*Arsace, roi des Parthes*, Paris, 1666) est dédiée à l'auteur lui-même par son imprimeur, particularité que n'offre peut-être nul autre ouvrage. Un bibliographe de Lyon, Los Rios, dédia *à son cheval* un de ses écrits, et c'est *au tonnerre* que le conventionnel Lequinio fit hommage de son *Voyage dans le Jura*. Cette dernière dédicace offre en outre cette particularité originale, qu'il n'y aurait pas un mot à y changer pour qu'elle pût s'appliquer à l'homme célèbre alors arbitre des destinées de la France sous le titre de premier consul, tout aussi bien qu'au tonnerre. Nous mentionnerons encore comme dédicace excentrique celle d'un drame du seizième siècle, intitulé *Le Martyre de saint Jacques*, offert à l'apôtre dont il porte le nom. N'oublions pas de rappeler enfin la naïveté d'un médecin espagnol, Petrus Pintor, qui dédiait, en 1500, au pape Alexandre VI un traité *De Morbo fœdo et occulto his temporibus affligente*, et qui dans l'épître adressée au pontife émettait le vœu que sa sainteté fût préservée de ce vilain mal. Quelques docteurs de la même époque, écrivant sur ce sujet, ont dédié leurs livres à de hauts dignitaires de l'Église. Les traités *De Morbo gallico*, composés par Gaspard Torella et Ulrich de Hutten, sont adressés, l'un à Louis de Bourbon, évêque l'Avranches, l'autre au cardinal Albert, archevêque de Mayence. G. BRUNET.

Dédicace se dit aussi en parlant des monuments. Dédier un temple, un monument, une statue, ou même un édifice particulier, c'était chez les anciens les consacrer spécialement à une ou plusieurs divinités ; mais les hommes eux-mêmes ont de tout temps partagé cet honneur avec les dieux. La reconnaissance, la crainte, l'adulation ont fait élever des autels aux rois de la terre, aux guerriers morts pour la patrie, aux conquérants, aux grands écrivains, aux hommes, enfin, qui ont obtenu un genre quelconque d'illustration. Peu de peuples ont fait un plus fréquent usage de la dédicace que les Égyptiens ; et tous leurs temples dont on a pu étudier les ruines nous en donnent des preuves convaincantes C'est à cet usage religieux que l'on est redevable de connaître aujourd'hui avec certitude la suite nombreuse des rois d'un pays qui répandit la civilisation dans la Grèce, en lui donnant ses arts et son industrie. Les Grecs et les Romains imitèrent l'Égypte, en dédiant des monuments publics et privés de toutes espèces aux divinités, et l'on regardait comme un grand honneur d'être choisi pour faire la dédicace d'un monument important : Au dire de Tacite, la seule gloire qui manqua à la fortune de Sylla fut de pouvoir dédier le Capitole : ce bonheur fut réservé à Luctatius-Catulus. Titus fit une dédicace solennelle du Colisée : elle consistait à graver sur le frontispice des monuments romains le nom de celui qui les dédiait. C'est pour cela qu'on lit encore le nom d'Agrippa sur la frise extérieure du Panthéon. Non-seulement il y avait alors des temples pour chacun des dieux du paganisme, mais souvent on en élevait plusieurs aux divers attributs de la même divinité : c'est ainsi qu'il y avait des temples dédiés à Jupiter Sérapis, à Jupiter Tonnant, à Jupiter Stator, etc. Ces dédicaces se pratiquaient au moyen de sacrifices, de jeux, de prières, et donnaient lieu en outre à des fêtes périodiques. Quelquefois la dédicace avait lieu sous une forme générale et absolue : D. O. M. (*Deo optimo maximo*), au dieu très-bon et très-grand ; D. M. (*Diis Manibus*), aux dieux Mânes. Les Juifs célébraient tous les ans la dédicace du temple ordonnée par Judas Machabée. La chrétienté hérita de l'usage païen et juif des dédicaces, sans en changer ni le nom ni le cérémonial. Les églises sont toutes sous l'invocation d'un saint, et l'on trouve l'inscription de sa dédicace aux deux côtés intérieurs de la porte d'entrée, et plus ordinairement sur le porche de l'édifice. On sent que le texte des inscriptions devait varier selon le temps et les lieux, et selon les sentiments qui les inspiraient. C'était un beau champ pour la flatterie : elle ne l'a pas laissé stérile, et ceci se remarque à toutes les époques des dédicaces, qui remontent à l'origine même des arts et des cultes religieux. CHAMPOLLION-FIGEAC.

La dédicace des églises, *benedictio, consecratio, dedicatio templorum*, date du berceau du christianisme. Quelques liturgistes en attribuent l'institution au pape saint Évariste. C'étaient des fêtes magnifiques : les évêques s'y assemblaient en grand nombre, les peuples y accouraient en foule. L'abbé Fleury, dans son *Histoire Ecclésiastique*, décrit, d'après Eusèbe, la dédicace de l'église de Tyr et celle

de l'église du Saint-Sépulcre en 335. Il parle encore des consécrations solennelles des églises d'Antioche et de Sainte-Sophie de Constantinople, en 341 et 360. Les plus grands prélats, saint Athanase entre autres, pensaient que l'on pouvait à la rigueur se servir d'une église avant qu'elle fût dédiée.

La formule de la dédicace d'une église qui se trouve dans le *Sacramentaire* de Gélase, publié par Thomasi, en 1680, puis par Muratori, et enfin, dans le *Pontifical* d'Egbert, archevêque d'York, dont la Bibliothèque Impériale possède le plus bel exemplaire, ne diffère pas beaucoup de la formule usitée dans les temps modernes, quoiqu'elle fût plus simple et plus courte. En général, les rituels de France varient peu à cet égard. L'église qui va être dédiée est sans tapisseries, sans ornements ; les autels n'ont point de nappes ; et l'on ne permet pas au peuple d'y entrer. Le prêtre célébrant, revêtu d'un surplis, d'une étole et d'une chappe blanche, accompagné de quelques ecclésiastiques, se rend processionnellement à la porte principale de l'église, devant laquelle il dit une oraison. Il entonne l'antienne *Asperges* : on chante le psaume *Miserere*, pendant lequel le clergé fait le tour de l'église en commençant par le côté droit ; et le célébrant asperge les murs extérieurs. De retour à la porte, il dit une oraison. On chante les litanies ; le clergé entre dans l'église ; le célébrant se met à genoux sur la première marche de l'autel, se relève pour bénir et dire un *Oremus*, puis se remet à genoux en s'éloignant de l'autel pour chanter quelques psaumes, qui sont suivis des bénédictions sur les murs intérieurs. Les psaumes terminés, on chante une antienne, le célébrant dit un *Oremus*, on pare l'autel, et l'on célèbre la messe.

Chaque église fait mémoire chaque année de sa dédicace. Toutefois, dans l'Église occidentale, la dédicace générale de toutes les églises a lieu l'avant-dernier dimanche après la Pentecôte.

Le jour de la dédicace d'une église paroissiale de village s'appelle en Flandre la *ducasse*. C'est une fête qui présente l'aspect le plus animé, le plus caractéristique, qui varie suivant les localités, et mérite d'être connu autrement que par les charges, souvent un peu excentriques, des Teniers.

DÉDIRE. Ce verbe, formé de la particule négative *de*, et du verbe *dire*, signifie proprement dans la forme active désavouer quelqu'un dans ce qu'il s'est avancé de dire ou de faire pour nous, tandis que dans sa forme réfléchie il emporte l'idée de correction, de changement, de rétractation dans les paroles, les opinions ou la conduite de la personne qui parle.

« *Se dédire*, c'est revenir, dit M. Guizot, sur ce qu'on a dit ; *se rétracter*, c'est détruire ce qu'on avait avoué. On avait jugé la conduite d'un homme sur un faux exposé, on apprend qu'on s'est trompé, on *se dédit* ; on avait avancé contre lui des choses fausses, on *se rétracte*. Dans le premier cas, on revient sur le jugement qu'on avait porté ; dans le second, on détruit l'assertion qu'on avait avancée. *Rétracter* les opinions qu'on avait soutenues, c'est les détruire, du moins quant à soi et à l'opinion que l'on conserve ; *se dédire* du parti que l'on avait pris, c'est revenir sur le parti que l'on avait voulu suivre ; quand il s'agit de revenir sur ce que l'on a promis, *se rétracter* semble annoncer un engagement plus complet et que l'on détruit ; *se dédire*, une parole plus légère et sur laquelle on revient : on *rétracte* un serment, on *se dédit* de sa promesse. » Il y a souvent de la faiblesse à *dédire* quelqu'un, à le désavouer dans une autorité qu'il s'est ou autorisé à s'avancer, à parler ou à agir pour nous ; il y a souvent plus encore à *se dédire* soi-même. Il y a d'honorables *rétractations*, parce qu'il est bien et toujours louable de reconnaître les erreurs dans lesquelles on a pu tomber ; mais il y en a souvent aussi de honteuses : ce sont celles que nous arrachent la peur et l'intérêt. Edme HÉREAU.

DÉDIT. Ce mot s'entend tout à la fois du refus que l'on fait d'exécuter une convention et de la peine stipulée contre ce même refus. En cas de vente, le dédit consiste communément à perdre les arrhes qu'on a données ou à rendre le double de celles qu'on a reçues. Il faut remarquer toutefois qu'on n'est déchargé de son engagement par ce sacrifice que lorsqu'il s'agit d'une vente simplement projetée. Si elle avait été consommée, il pourrait y avoir lieu à de plus forts dommages-intérêts. Le dédit peut être encore considéré comme clause pénale d'une obligation parfaite, lorsque cette obligation se rapporte à un fait que l'on refuse d'exécuter : c'est alors l'application que font par avance au contrat les parties elles-mêmes de cette maxime de droit que *toute obligation de faire se résout en dommages-intérêts*. Sous ce rapport, pour que le dédit soit valable, il faut que l'obligation principale à laquelle il se rattache soit elle-même régulière et légale. C'est pour cela que les *dédits de mariage* n'ont aucune valeur, une promesse de mariage n'emportant pas obligation réelle : aussi n'accorde-t-on en cas de dommages-intérêts que pour le préjudice matériel qui a été souffert, et notamment pour les dépenses extraordinaires qui ont été faites dans la seule vue du mariage projeté.

Du reste, le dédit ne peut être appliqué que lorsque le refus de remplir l'obligation a été légalement constaté par une *mise en demeure*; quand l'obligation a été en partie exécutée, les juges réduisent proportionnellement le dédit stipulé.

Dans l'ancienne coutume de Normandie, il était permis de se dédire dans les vingt-quatre heures : de là cette locution usuelle : *Normand qui s'en dédit*.

DÉDOMMAGEMENT, réparation du dommage souffert; dans la langue du droit, ces deux mots, bien que représentant des idées contraires, se prennent souvent l'un pour l'autre; c'est ainsi que l'on dit de celui qui poursuit une réparation judiciaire qu'il demande les *dommages* qui lui sont dus. Cette expression impropre est consacrée par l'usage, et la locution *dommages et intérêts* n'a pas d'autre signification.

DÉDORER. C'est enlever l'or qui recouvre un objet doré. Des objets en bronze doré qui sont hors de service peuvent être *dédorés* par divers procédés : le plus ordinairement suivi consiste à recouvrir les pièces d'un mélange de soufre et de sel ammoniac délayés avec de l'eau, à les faire rougir, à les plonger dans l'acide sulfurique faible, et à les y gratte-bosser : la feuille d'or, détachée avec une certaine quantité de cuivre oxydé, tombe au fond du vase : on l'affine en la fondant avec du salpêtre.

On peut *dédorer* beaucoup plus avantageusement en plaçant les pièces dans une moufle ou un tuyau chauffé extérieurement, et dans lequel se produit un courant d'air : la feuille d'or ne recouvrant pas le cuivre dans toutes ses parties, celui-ci s'oxyde, et l'or se détache. En opérant de cette manière, les pièces peuvent être si peu déformées qu'elles sont susceptibles d'être bronzées. H. GAULTIER DE CLAUBRY.

DÉDUCTION, du latin *deducere* soustraire, sens que ce mot a gardé aussi en français; lorsqu'on dit par exemple, qu'une chose a rapporté tant, *déduction* faite des charges. En logique, la déduction est une des opérations de l'intelligence humaine qui consiste à extraire un jugement contenu dans un autre jugement. C'est une des formes du raisonnement exprimée par une sorte de soustraction. C'est le procédé de l'esprit par lequel on tire d'une vérité ou d'une supposition tout ce qui y est rigoureusement renfermé. On l'oppose à l'*induction*, autre procédé par lequel l'esprit, allant au-delà des faits qui lui servent de point de départ, conclut du semblable au semblable, du particulier au général. Les sciences mathématiques et métaphysiques sont fondées sur la *déduction*; les sciences physiques sont fondées sur l'*induction*. La déduction et l'induction sont les deux seules manières dont l'homme puisse raisonner. Dans la rhétorique, les preuves doivent s'enchaîner, se déduire exactement les unes des autres.

DÉESSES, divinités du sexe féminin qu'adorait le paganisme, avec lequel s'est écroulé, sur la fin du quatrième siècle de l'ère chrétienne, ce qui restait encore de leurs temples en Asie, en Afrique et en Europe. Parmi les Asiatiques occidentaux, les Hébreux, peuple sérieux et cruel, chez qui la femme adultère était lapidée, dont le dieu unique était Jéhovah, tirant son nom sublime de trois temps de leur verbe *être*, celui qui *fut*, *est* et *sera*, ne connaissaient point de déesses : ce mot manque tout à fait dans leur idiome. Les nations voisines de la Judée comptaient peu de déesses; il n'y avait guère qu'Astarté ou Vénus-Uranie, et Atergatis ou Dercéto, mère de Sémiramis chez les Syriens, et Isis et Minerve, fille du Nil, chez les Égyptiens. Mais les Grecs, et par la suite les Romains à leur imitation, créèrent une multitude de dieux et encore plus de déesses, parce que les vertus, les passions, les douleurs, divinités allégoriques, se reproduisent plus souvent dans leurs idiomes sous la terminaison féminine. Ces peuples, à la pensée active, mais ennemis du spiritualisme, les représentèrent la plupart sous les plus belles formes humaines, auxquelles ils associèrent l'immortalité. On reconnaissait ou plutôt on croyait reconnaître une déesse à la majesté ou à la grâce de sa démarche et à la céleste odeur d'ambroisie qu'elle laissait au loin derrière elle. L'Italie surtout regorgeait de déesses : outre les chapelles, les autels et les temples élevés à la Victoire, à la Peur, à la Bonne-Foi, à la Fortune et à cent autres, il s'y voyait encore un temple à la Mauvaise Fortune, sur le mont Esquilin, et un autre à la Fièvre, sur le mont Palatin. Les sources, les montagnes, les forêts, eurent leurs naïades, leurs oréades, leurs napées; mais ces divinités subalternes étaient plus communément appelées nymphes que déesses, quoiqu'elles eussent leurs temples. On offrait même des sacrifices aux tempêtes. Les Euménides eurent des autels à Athènes, et les Romains leur consacrèrent un bois. Mais le beau titre de déesse était donné par excellence à chacune des Muses.

Il y avait six grandes déesses : Junon, Vesta, Minerve, Cérès, Diane et Vénus. Les Messéniens seuls, qui rendaient un culte particulier à Proserpine, la mettaient au nombre de ces dernières. Vesta ou Cybèle, comme représentant la nature, était nommée la Bonne Déesse, ainsi que Fauna, épouse et sœur de Faunus, troisième roi du Latium, divinité toute latine, qui dut son apothéose à sa chasteté sans exemple. Ces déesses s'étaient partagé le ciel, la terre, la mer et les enfers, affreux séjour de quelquesunes d'elles, d'Hécate, des Furies, des Maladies, et de la belle mais triste Proserpine. La terre, plus variée, plus animée que les cieux, en avait elle seule bien plus que les trois autres empires. C'est là, avec plusieurs déesses de l'Olympe, qu'elles se délassaient, dans quelques bocages solitaires, sur quelques monts écartés, de l'ennui de leur majesté, dans les bras des plus beaux des mortels : Vénus dans ceux d'Anchise, Thétis dans ceux de Pélée, et la chaste Diane même dans les embrassements nocturnes d'Endymion. Mais leurs faveurs coûtaient cher ; car la croyance était que ceux qui en avaient goûté les perfides et indicibles délices étaient enlevés par une mort prématurée ; la seule discrétion d'Anchise le sauva.

Les anciens avaient des divinités hermaphrodites. Minerve, selon quelques mythologues, était de ce nombre; on disait Lunus et Luna. Mithra, le soleil, ou Vénus chez les Perses, était dieu et déesse ; on était même indécis sur le sexe du laid et boiteux Vulcain. Cette confusion venait la plupart du temps sans doute des mots, qui, passant d'un idiome dans un autre, y changeaient quelquefois de genre, et de ce que la vive et moqueuse imagination des Grecs les laissait tels quels. Ce peuple si spirituel avait si bien senti le vice de ce mélange, que chez lui le mot *théos*, dieu, était masculin et féminin, et que dans toutes ses invocations il disait : « Si vous êtes dieu ou déesse. »

En définitive, on comptait quatre espèces de déesses : les célestes, les terrestres, les marines et les infernales : dans les trois dernières espèces seulement, il y en avait de tous les rangs, de tous les étages, et des formes les plus étranges; le beau idéal était dans le seul Olympe. Le plus grand nombre d'entre elles étaient représentées nues, Minerve et les Muses exceptées. Il existait à la rigueur une cinquième espèce de déesses que les Latins nommaient *deæ matres, deæ mairæ*; déesses mères : leur culte était passé de Phénicie dans la Grèce, de là en Italie, puis dans la Gaule, la Germanie, et enfin dans l'Espagne. Elles présidaient chez les anciens peuples aux fruits de la terre. Elles étaient représentées portant des couronnes de fleurs, des corbeilles de fruits, et quelquefois avec une corne d'abondance, symbole bien postérieur à elles. Les Hellènes les prirent pour les nourrices de Jupiter, ou pour les filles de Cadmos, auxquelles fut confiée l'enfance de Bacchus : ils veulent qu'elles aient été changées en étoiles, et qu'elles forment la constellation de la Grande Ourse. Ces déesses mères étaient regardées comme les dispensatrices des dons de la nature; leur culte remonte au berceau du paganisme. Les Phéniciens les appelaient des Astartés ou des Vénus génératrices. Elles avaient en Sicile un temple de la plus haute antiquité. On trouve dans toutes les contrées des traces de leur culte. Plus tard, toute femme illustrée par ses vertus, par une découverte utile aux humains, reçut l'apothéose et fut mise au rang des déesses mères, ou Junons, ou matrones. La fameuse Velléda chez les Germains fut l'une d'elles, ainsi que la Plastène des Grecs dans l'Asie Mineure, et Pomone chez les Latins. Leur caprice était, dit-on, d'apparaître subitement aux hommes : c'est d'elles que nous avons créé nos fées, espèces de déesses du moyen âge, et leurs apparitions spontanées. Dans le monde on appelle communément une *déesse* toute femme grande et belle, dont la démarche est majestueuse.

Sous Louis XIV, les femmes de la cour affectionnaient dans les bals et les fêtes le costume, les attributs des déesses, particulièrement de celles qu'habillaient à demi les anciens. Sous Louis XV, les déesses à l'Opéra paraissaient avec des paniers. Amphitrite et ses Néréides sortaient de la mer coiffées et poudrées, avec des mouches et du rouge, du brocart et des rubans. En 1793 les Français faillirent redevenir païens : toujours galants, même dans leur démence, ils se choisirent des dieux du sexe féminin, des déesses : ce furent la Liberté et la Raison. Dans la première fête de la Raison, qui fut célébrée le 20 brumaire (10 novembre), la jeune femme qui représentait la déesse était l'épouse de l'imprimeur Momoro : elle était vêtue d'une draperie blanche; un manteau bleu-céleste flottait sur ses épaules; ses cheveux épars étaient recouverts du bonnet de la Liberté; elle était assise sur un siége entouré de lierre et porté par quatre citoyens. Par un étrange délire, tandis que dans les fêtes publiques on offrait à la déesse de la *Liberté*, que représentait ordinairement la corpulente Mlle Maillard de l'Opéra, des branches de myrte, de laurier, d'olivier, de chêne, on inondait, sur la place de la Révolution, sa statue monstrueuse et grossière, large comme un rocher, d'amples libations de sang humain. DENNE-BARON.

DÉFAILLANCE, premier degré de la syncope.

DÉFAILLANT. *Voyez* DÉFAUT.

DÉFAITE. Ce mot a diverses significations. Dans le langage militaire, on appelle *défaite* l'action à la suite de laquelle, après avoir perdu plus ou moins de monde, on cède à l'ennemi le champ de bataille. Cependant *défaite* dans ce sens n'emporte pas nécessairement l'idée d'une victoire qu'une armée obtient sur une autre armée : ainsi, un grand capitaine peut éprouver de la part des éléments seuls une défaite dont il ne se relèvera jamais. Après les trophées les plus brillants, le défaut de vivres a souvent réduit les triomphateurs beaucoup plus bas qu'une défaite, parce que les maladies, que ce même défaut de vivres engendre, détruisent plus d'hommes que l'arme blanche et la mitraille. Ce que nous nommons *défaite* était appelé par les anciens *déconfiture*. C'est la conséquence d'un progrès dans la science des armes : quand la précision des manœuvres, la cohésion plus habituelle des troupes, l'à-propos des réserves ne remédiaient pas aux désavantages d'une troupe qui plie, c'était le règne du *sauve qui peut*. Mais lorsque une tactique plus savante a enchaîné les soldats et les corps les uns aux autres, les *déconfitures*, ou les dispersions complètes d'armées sont devenues plus rares. Le mot *défaite* a exprimé dès lors une partie perdue, non une ruine, puisqu'une défaite n'entraîne pas nécessairement une déroute. Il y a même des défaites qui ont été heureuses : elles ont appris aux vaincus par quels moyens ils pouvaient l'emporter sur leurs vainqueurs : c'est ce qui est arrivé à Pierre le Grand dans sa lutte avec Charles XII.

En France, dans les guerres de religion, les protestants ont éprouvé maintes déroutes, mais sans avoir jamais été domptés comme parti religieux : sous ce rapport, c'est la conversion d'Henri IV qui a amené leur défaite définitive. Il n'est pas de brave troupe à qui il ne puisse arriver de plier : c'est le commencement de la défaite; il n'est habile général qui ne puisse se trouver hors d'état de prolonger la résistance : c'est la seconde période de la défaite; mais avec de la résolution, de la présence d'esprit et des troupes qui aient confiance en elles, une défaite tourne rarement en déroute. Se garantir de ce malheur était surtout l'admirable talent de Frédéric II. Le plus grand mal qu'une défaite occasionne n'est pas précisément la perte d'hommes et de matériel, c'est la désorganisation de l'ordre de bataille, le découragement des hommes, l'atteinte portée à l'honneur des armées, le dérangement plus ou moins prolongé du mécanisme des troupes et de leur discipline. La plus terrible, la plus irrémédiable de toutes les défaites est celle que des assiégés éprouvent sur une brèche; mieux vaut y périr que d'y survivre. Les expéditions de Russie et de Saxe ont été de cruelles défaites, dégénérées en déroutes. Gal BARDIN.

Dans un autre sens, qui ne laisse pas d'avoir une grande analogie avec celui qui précède, on dit d'une femme dont on veut dans certains cas pallier les fautes, parce qu'elle a rencontré un illustre *complice*, que si elle a manqué à ses devoirs, elle a du moins retardé longtemps sa *défaite*. Ce n'est pas une justification; c'est seulement une circonstance atténuante de bonne compagnie. On se sert encore en morale du mot *défaite* pour exprimer ce genre de ruse, d'artifice, de mauvaise raison, de prétexte, par lequel on se dégage pour le moment d'un individu ou d'une promesse. Enfin, dans le commerce, une marchandise *est de défaite, d'une prompte défaite*, quand elle plaît à l'œil ou qu'elle est rare sur le marché. Au figuré, et très-familièrement, on dit de même qu'une fille *est d'une bonne défaite* quand elle est jeune, jolie, et surtout fort riche; les prétendants font foule, et il n'y a que l'embarras du choix. Il est de *très-difficile défaite*, c'est la vertu et la sagesse que n'escorte pas une grosse dot : celles-là, on les admire beaucoup, mais on ne les épouse guère. SAINT-PROSPER.

DÉFAUT. Dans la langue du droit, on nomme ainsi la non-comparution de l'individu assigné en justice. Au grand criminel, le *défaut* se nomme contumace. Le *jugement contradictoire*, est celui qui est rendu en l'absence de l'une des parties.

Il y a lieu à défaut toutes les fois qu'une partie, régulièrement assignée pour répondre en justice ne se présente pas au jour indiqué, pour répondre à une demande formée contre elle. Après avoir vérifié la validité de l'acte d'ajournement et sa propre compétence, si c'est le demandeur qui manque de comparaître, le tribunal, présumant qu'il se fait justice à lui-même, donne *congé-défaut* de la demande sans examen ; si c'est le défendeur qui fait défaut, le tribunal est tenu, au contraire, de vérifier les titres présentés à l'appui de la demande et ne doit adjuger le profit du défaut contre le défendeur qu'autant que les conclusions prises se trouvent complétement justifiées.

Du reste, tout jugement par défaut n'est qu'une décision imparfaite, qui n'a rien d'irrévocable : elle peut être attaquée devant les mêmes juges qui l'ont rendue, afin que, mieux éclairés par un débat contradictoire, ils prononcent à nouveau en connaissance de cause. L'o p p o s i t i o n est la voie par laquelle on peut faire réformer les jugements par défaut, quand on se trouve dans les délais de la loi.

Tout jugement par défaut rendu contre une partie qui ne s'est point présentée, ni par elle-même ni par un procureur fondé, doit être exécuté dans les six mois de sa date sous peine de déchéance et de péremption.

Lorsque le défendeur, après avoir constitué avoué, laisse cependant prendre défaut contre lui, parce que personne ne se présente en son nom à l'audience pour poser des conclusions, l'effet du défaut reste absolument le même ; mais comme la partie condamnée a reconnu que l'assignation lui a été remise et qu'il se trouve près du tribunal un mandataire spécial, chargé de veiller à la conservation de ses droits, l'opposition n'est plus recevable jusqu'au moment de l'exécution ; il faut qu'elle soit formée dans la huitaine de la signification à avoué et pendant ce délai le jugement n'est pas exécutoire.

Nous ne connaissons plus aujourd'hui les distinctions subtiles de l'ancienne procédure sur les *défauts faute de défendre*, sur les *défauts faute de plaider*, et sur les *défauts faute de conclure*; nous n'avons plus que ces derniers. Une fois que les conclusions ont été posées à l'audience, la cause est liée contradictoirement. On a néanmoins conservé au palais une vieille habitude, contraire aux règles du Code de Procédure, celle de *rabattre les défauts*. Tant que l'audience n'est point fermée, on admet que la partie condamnée a le droit de se présenter pour demander que la condamnation soit réputée non avenue ; on dit alors que le défaut prononcé est *rabattu*, c'est-à-dire rapporté.

Lorsque plusieurs parties sont assignées dans la même instance, et que les unes comparaissent tandis que les autres font défaut, on a recours à une procédure particulière. Pour ne pas diviser l'instance et exposer un même tribunal à rendre des jugements contraires, on se borne à donner acte du défaut de comparution des parties défaillantes, et sans statuer, on ordonne que ces dernières seront réassignées par huissiers commis, tous frais réservés ; c'est ce que l'on appelle *donner le défaut et enjoindre le profit*, d'où le l'on dénomination barbare de *défaut profit joint*. Le jugement qui interviendra ultérieurement est réputé contradictoire même avec les parties qui ne se sont pas présentées, si elles ne répondent pas à un nouvel appel. Cette procédure n'est point usitée en matière de commerce.

Si la partie condamnée, après avoir formé une première opposition, ne se présente pas pour la défendre, en sorte qu'elle se laisse encore condamner une seconde fois par défaut, ce dernier jugement ne peut plus être attaqué par une opposition nouvelle ; mais on peut toujours l'attaquer par la voie de l'a p p e l.

Devant la cour de cassation on se reporte à d'autres règles. Lorsqu'un arrêt par défaut est rendu par la chambre civile, il faut recourir à des formalités particulières, qui doivent être précédées de la consignation d'une somme d'argent pour ce que l'on appelle la *réfusion des frais*, puis on obtient une autorisation de la cour, qui permet de former l'opposition pour arriver à de nouveaux débats contradictoires.

DÉFAUTS. Ce sont des imperfections ou des débilités du corps et de l'esprit, soit naturelles, soit acquises. Les *défauts* par opposition avec les *excès* annoncent quelque chose qui manque (*quod deficit*) à notre nature, qui empêche son complément de perfection. Les défauts dans une partie peuvent être accompagnés d'un excès dans une partie contraire : ainsi, l'on observe d'ordinaire que les vertus les plus éminentes entraînent avec elles leurs défauts voisins. La vaillance d'Achille ne va guère sans une brutalité cruelle, et la p r u d e n c e d'Ulysse paraît inséparable de la ruse.

Les défauts corporels deviennent parfois l'occasion, mais non l'origine, de défauts dans le caractère moral. On a pu remarquer que les bossus, les boiteux, les borgnes, les bègues, les m a n c h o t s et d'autres personnes plus ou moins disgraciées de la nature avaient l'esprit tourné à la h a i n e, au d é n i g r e m e n t, à l'e n v i e, soit pour se dédommager de leurs imperfections corporelles en exhumant les défauts d'autrui, soit afin de repousser les railleries inhumaines et déplacées dont ils ne sont que trop souvent l'objet. Agacés dès leur jeune âge, ces individus difformes, ne pouvant prendre leur revanche par la force, y suppléant par l'esprit et par la malice, la méchanceté quelquefois. On a donc toujours tort de blesser l'amour-propre des sujets qui ne pèchent point par leur faute. Les personnes plus heureusement favorisées par la beauté et leur conformation sont sujettes à d'autres défauts. Objets d'idolâtrie pour leurs parents ou pour le sexe qui aspire à leur plaire, ces individus, surtout les plus enchanteurs, sont pétris de vanité, de c a p r i c e ou d'o r g u e i l. On leur persuade qu'ils possèdent toutes les vertus et tous les talents, ce qui est le moyen sûr de les empêcher d'en acquérir aucun. Tel est le malheur de tous les enfants gâtés. Les hommes riches, les princes succombent sous les mêmes défauts par le souffle corrupteur de la f l a t t e r i e.

Quels sont donc les êtres qui montrent le moins de défauts ? Ceux que la dure école de l'adversité instruit et corrige ; ceux qu'une fortune marâtre a contraints à subir les insolences d'un maître opulent. Mais peut-être encore, sous les tristes livrées de la misère, d'autres défauts peuvent éclore, avec la b a s s e s s e et les honteuses f l a g o r n e r i e s, la s e r v i l i t é, tout le cortège de vices ignobles que l'oppression arrogante d'un dominateur impose à ses esclaves. C'est surtout dans les classes infimes, loin des regards du public, que se dérobent les défauts vils de la crapule et des sales d é b a u c h e s, avec la p a r e s s e, l'oisive mendicité et les dégoûtantes o r g i e s de la lubricité. Ainsi, les malheureux se dédommagent de l'infériorité de leur sort par cette obscure licence, par le libertinage, quand ils le peuvent. Livrée à elle-même, la nature s'abandonne à toutes ses corruptions et à son ignorance, si nulle espérance d'un meilleur avenir ne tend à l'élever au-dessus de son abjection. Les défauts s'amassent donc et se multiplient plus volontiers vers les régions basses de l'humanité, parce qu'ils naissent de la faiblesse, de l'impulsance, de l'ignorance, de l'orgueil aussi, de l'absence de toute fortune et de toute éducation. Les natures vigoureuses, au contraire, les âmes hautes ou ascendantes, peuvent avoir des v i c e s plutôt que des *défauts* ; ceux-ci pullulent chez les âmes molles et lâches, parce qu'ils sont un produit de débilité. Si les v e r t u s naissent au milieu de ces vices et de ces défauts contraires (comme le courage entre la pusillanimité et l'audace téméraire, la tempérance entre l'abstinence et la débauche, etc.), les défauts et les excès forment les deux extrêmes opposés. On peut corriger plutôt les vices ou les excès que les défauts ; car à ceux-ci pour l'ordinaire la nature manque d'étoffe. Comment pourriez-vous inspirer la vaillance à un lâche ? Au contraire, on peut modérer la fougue d'un téméraire. Cependant, les natures ne sont pas toujours tellement débiles qu'une éducation mâle et l'exercice des vertus ne puissent remédier, à la longue, à plusieurs défauts. Il y a d'autant plus de mérite qu'il y a plus d'efforts à surmonter ces imperfections de notre nature ; mais la vieillesse, tendant vers la débilité, enlaidit souvent les âmes autant que les corps, et aggrave le poids de nos défauts : le plus parfait est celui qui en a le moins, chacun, comme on l'a dit, en portant sa besace, plus ou moins pleine, derrière le dos.

Ce qui est vertu dans un sexe peut devenir défaut ou vice dans un autre. Supposez une femme virile, audacieuse, impudente, provoquant les hommes, ou querelleuse, pédante, ambitieuse, affectant la prétention d'imposer, en politique, en religion, en philosophie, ses croyances : voilà des défauts ou des vices insupportables. Représentez-vous, d'autre part, un homme timide, langoureux et peureux, jouant la grâce et la délicatesse efféminée, ménageant son teint et sa parure, affichant une feinte modestie dans son langage et ses manières, etc. Un tel être paraîtra méprisable ou odieux. Changez ces caractères en leurs contraires, alors les défauts paraîtront du moins naturels, ou conformes à chaque sexe. Il y a mieux, ce qui serait défaut pour nous devient perfection chez la femme. Elle serait moins aimable sans ces frivoles caprices, cette dissimulation, ces tendres coquetteries, cette faiblesse qui nous charment. Une femme sans défaut, ou trop parfaite, humilierait l'orgueil masculin. Des fautes légères aiguisent notre amour-propre, car nous chérissons d'autant plus que nous pardonnons davantage. Des douceurs trop absolues tournent à l'affadissement, et les plus purs amours s'amortissent s'ils ne sont exempts de peines. C'est encore un grand défaut que d'être trop bon ; plusieurs personnes y ont rencontré le malheur, d'autant mieux que les cœurs généreux ne se corrigent jamais de cette noble faiblesse. Une femme trop bonne finirait par y perdre jusqu'à l'estime qu'elle mériterait pour sa vertu. Avec cette excessive bonté, l'on permet toute sorte de mal ; ce qui est un défaut capital chez un prince ou un général d'armée. La rigidité, qu'on n'aime pas, devient donc un défaut utile ou même nécessaire en ces postes élevés. On pourrait ainsi faire une apologie des défauts et montrer en quelles circonstances ils peuvent devenir de brillantes qualités, comme dans Alcibiade. L'amant métamorphose en qualités les imperfections mêmes de ce qu'il aime, et, comme le dit Molière :

La pâle est aux jasmins en blancheur comparable ;
La noire à faire peur, une brune adorable.

Il est des époques et des états de société qui se glorifient de certains défauts comme de qualités de bon ton. La dévotion paraît pruderie, tartuferie aux mondains ; les belles manières que le luxe et l'opulence déploient dans le faste des hauts rangs, parmi les cours, sentent l'œuvre du démon pour l'homme de piété d'un autre siècle. Les honnêtes Allemands ne sauraient digérer les manières vives et l'esprit impétueux du Français, comme nous trouvons lourd leur flegme réfléchi. Un Chinois, méthodiquement compassé dans ses révérences, nous paraît une machine à ressorts ; il juge extravagantes les mœurs libres des Européens. Le sauvage indolent et fier trouve que l'homme civilisé est esclave de ses besoins et qu'il s'exténue de travail pour de vaines délices. Le philosophe déplore les tourments et les fatigues de l'ambitieux se consument pour atteindre au faîte glorieux de la fortune, d'où la mort doit bientôt le précipiter dans l'abîme du néant. Qui a tort ? qui a raison ? Sans doute celui-là qui sachant éviter tout extrême reste plus près de la vérité. Le misanthrope de Molière s'indignait en son temps et s'indignerait probablement encore aujourd'hui de cette lâche complaisance qui fait tout tolérer dans le monde ; il n'y a plus ni vice ni vertu dans notre molle civilisation. On regarde comme un des droits de la liberté individuelle de pouvoir conserver ses défauts, et il en résulte que parce qu'on les soustrait au grand jour tout paraît jeté dans le même moule. La face de notre société est uniforme ; ses empreintes sont effacées, on n'y rencontre guère de caractères originaux ; la politesse, comme un cylindre, polit et déprime toutes les aspérités. La comédie, la satire, moyens puissants de critique et de ridicule, rencontrent à peine des nuances, et saisissent à peine quelques traits pâles et effacés au milieu de défauts avec soin dérobés au public, mais qui n'en sont que plus profondément enracinés dans notre intérieur. Aussi ne sommes-nous pas meilleurs au fond que nos ancêtres. Seulement, comme les puissances belligérantes, nous avons mis de la politique dans nos relations extérieures. La société actuelle est un cours pratique de diplomatie, dans lequel chacun se présente du beau côté pour tromper les autres ; mais c'est ruse contre ruse, et le pire des défauts est d'affecter de belles qualités. On ne croit plus à ces prétendus Grandisson de vertu ; on n'y voit que la pédanterie officielle et masquée d'un personnage de théâtre. Mieux vaut un sincère mauvais sujet qui convient de ses torts, sans faire parade de ses qualités et sans dissimuler ses défauts ; il risque au moins de les corriger en les exposant à tous les reproches.

J.-J. VIREY.

DÉFAVEUR, proprement défaut ou cessation de *faveur*. Ce mot, qu'on trouvait dans Voiture et dans d'autres auteurs n'en semblait pas moins hors d'usage au *Dictionnaire de Trévoux*. Mais il a bien repris *faveur* depuis, et il est aujourd'hui d'un usage général. On l'emploie quelquefois dans le sens de *discrédit*. On dit, par exemple, qu'un événement a jeté de la *défaveur* sur les effets publics. Mais dans son acception la plus générale le mot *défaveur* s'entend des choses purement morales, et devient souvent alors synonyme de *disgrâce*, avec lequel il faut éviter cependant de le confondre. « La *défaveur*, dit M. Guizot, est le prélude de la disgrâce ; on encourt d'abord la *défaveur* du souverain, on tombe bientôt en *disgrâce*. La *défaveur* peut n'être que momentanée ; elle peut tenir à une maladresse du courtisan, à un moment d'humeur du prince ; la *défaveur* peut avoir d'aussi légers motifs ; mais c'est un état plus durable. La *disgrâce* a quelque chose de plus éclatant : elle se manifeste par des moyens publics et violents, tels que l'exil, la confiscation des biens, etc. : la *défaveur* a quelque chose de plus particulier ; elle se lit chaque matin sur le visage du maître, dans ses gestes, dans le son de sa voix. Lorsque le surintendant Fouquet fut dépouillé de sa charge, on ne dit pas qu'il était en *défaveur*, mais en *disgrâce*. Fénelon ne fut jamais en *disgrâce* auprès de Louis XIV, mais toujours en *défaveur*. La *défaveur* n'a rien de légal, elle semble dépendre uniquement de la volonté du maître ; la *disgrâce* peut être causée par les fautes du sujet et prononcée comme une peine légitime. *Être en défaveur* auprès de quelqu'un signifie simplement ne pas être en *faveur* ; *être en disgrâce* signifie avoir perdu les bonnes grâces que l'on possédait. L'homme prudent ne redoute peut être en *défaveur*, mais il ne sait pas s'exposer à une *disgrâce*. Plus l'homme orgueilleux et entreprenant est élevé en faveur auprès du souverain, plus la *disgrâce* sera terrible et éclatante. »

Edme HÉREAU.

DÉFÉCATION (de *fex, fecis*, lie). La défécation est, à proprement parler, une séparation du sédiment qui se forme dans un liquide quelconque, spécialement dans les sucs des végétaux ; c'est un mode de *clarification* ; mais dans un sens plus général et plus étendu *défécation* est synonyme d'*émondage*, opération qui peut s'effectuer au moyen de procédés fort divers, dont les principaux sont la *décantation*, le *lavage*, la *filtration*, l'*expression* et la *despumation*.

PELOUZE père.

On emploie le mot *défécation* en médecine pour désigner l'éjection par le tube intestinal du résidu de la digestion appelé *matière fécale*. C'est dans le gros intestin que la formation des matières fécales est effectuée par une opération analogue à celles de la chimie, dont les conditions ne sont pas suffisamment connues des physiologistes. La défécation, considérée comme exonération, est le complément de la digestion, et son défaut est appelé *constipation*.

Les notions qu'on professe encore dans les écoles sur la part que le rectum prend à la rétention des matières fécales soumise à sa volonté devraient être revisées d'après des remarques d'un médecin anglais, remarques qui pourraient provoquer un allongement de la canule des seringues.

Dr CHARBONNIER.

DÉFECTION. C'est, dit le *Dictionnaire de l'Académie*, l'action d'abandonner un parti auquel on est lié, et ce mot s'appliquerait surtout, à l'en croire, aux sujets qui abandonnent leur prince, aux troupes qui abandonnent leur général, aux alliés qui abandonnent leurs alliés. Nous n'y voyons, pour notre part, que la désignation d'une partie se détachant de son ensemble, et vainement nous y cherchons la moindre idée de perfidie ou de trahison. On a défendu tel ou tel système de morale, de politique, d'économie sociale avec quelques hommes ; parvenus à certain point, ils nous paraissent s'engager dans une fausse route, on leur fait défection. Il n'y a lieu à blâme que dans le cas où ceux qui se séparent ont fait un mauvais choix. La France touche à sa soixante-cinquième année de révolution ; les partis qui dans cet espace de temps l'ont tour à tour dominée ont vu se renouveler le même spectacle, sans en avoir tiré profit : c'est que la première chaleur du triomphe passée, il est des limites que les masses, à tort ou à raison, ne veulent jamais franchir ; on peut bien quelquefois les y contraindre, mais, par un mouvement irrésistible, elles arrivent toujours à les rejeter en arrière, et elles font défection au moment même où l'on se tient assuré de leurs services, parce qu'il est devenu indispensable. En toutes choses, c'est une grande habileté que de prévenir le jour qui verra la défection s'accomplir : par une conséquence inévitable, vos anciens alliés vont se mêler à vos ennemis réels ; comme ils ont combattu à vos côtés, ils connaissent le fort et le faible de votre tactique, ils en usent pour vous vaincre, ou contribuer à vous faire vaincre. Ce n'est pas trahison, mais nécessité de sa propre conservation ; dans des temps comme les nôtres, il est impossible à tout un parti qui exerce de l'influence de rester neutre. Remarquons que ce n'est pas un parti seul qui a renversé la Restauration, c'est une fraction de ses propres soldats, qui, en se réunissant à des hommes qu'ils ne croyaient pas absolument hostiles, ont complété la création d'une majorité redoutable. Le même fait s'est reproduit en 1848. A l'une et à l'autre époque, un homme d'État supérieur, ferme et conciliant à la fois, eût pu conjurer la défection menaçante. C'est pour n'avoir pas su comprendre la véritable position de leur gouvernement, que, d'incident en incident, des ministres inconsidérés ont poussé la France dans des révolutions incessantes.

SAINT-PROSPER.

DEFENDERS. C'est le nom d'une association politique secrète fondée en Irlande vers l'époque où Guillaume III remportait (30 juin 1688) sur les rives de la Boyne une victoire qui plaça sur sa tête la couronne de Jacques II ; et on la forma en vue de maintenir en Irlande la liberté religieuse et politique. Dans le principe, elle se composait uniquement de chefs et d'hommes influents du parti presbytérien ; après la bataille de la Boyne, non-seulement les catholiques irlandais, mais encore les catholiques anglais eux-mêmes, s'y affilièrent, dans l'espoir d'y trouver un appui contre la persécution religieuse. Toutefois, ce n'est guère que vers la fin du siècle dernier que l'association se donna cette désignation de *defenders*, en se proposant pour but de ses efforts de soustraire quelque jour l'Irlande au jong de l'Angleterre. Dans la grande association des Irlandais-Unis, les *defenders* formaient le comité directeur ; ce furent eux aussi qui prirent la part la plus importante aux insurrections de 1797 et de 1798. Un nommé Reynolds dénonça alors les chefs de l'insurrection aux autorités supérieures ; et cette trahison eut pour résultat le supplice de lord Fitz-Gerald. Après la dernière et inutile tentative faite en 1803 pour arracher au gouvernement anglais des concessions politiques, l'association des *defenders* dut se dissoudre d'elle-même, comme toutes celles qui existaient alors, et son nom finit par tomber dans l'oubli. Cependant les idées qui lui avaient donné naissance se sont toujours transmises de génération en génération, et secondèrent merveilleusement O'Connell quand il s'occupa de fonder l'association pour le rappel de l'union.

DÉFENDEUR. On emploie ce terme au Palais, par opposition à *demandeur*, pour désigner celui qui se défend contre une demande qui lui est faite en justice. Devant les cours impériales, le défendeur est désigné sous le nom d'*intimé*. Devant la cour de cassation, le défendeur est dit *défendeur éventuel* jusqu'à l'admission du pourvoi.

DÉFENDS, DÉFENSABLE. On dit des bois qu'ils sont en *défends*, lorsqu'il n'est pas permis d'y envoyer pacager les bestiaux. Sont déclarés *défensables* ceux qui sont assez forts pour être à couvert de l'attaque des bestiaux et dont on permet l'entrée. C'est à l'administration forestière que le Code Forestier attribue le soin de régler dans les bois des particuliers, ainsi que dans les autres, l'exercice des droits de pâturage et de pacage, suivant l'état de la forêt. Mais dans les bois des particuliers, l'intervention des agents forestiers n'est que facultative ; ce n'est qu'en cas de désaccord entre les usagers et les propriétaires que la loi les établit experts légaux, sauf toutefois le recours aux tribunaux, en cas de difficultés élevées sur les opérations de ces agents.

E. DE CHABROL.

DÉFENSE (*Droit*). C'est l'exposition et le développement des moyens qu'une partie présente à l'appui de sa cause. Dans les affaires criminelles, la *défense* est opposée à l'*accusation* ; dans les instances civiles, ce mot s'applique également aux productions des deux parties, plus spécialement toutefois à celles du *défendeur*.

La *défense* est l'un des éléments les plus indispensables de l'administration de la justice. Là, comme en métaphysique, un jugement n'est qu'un choix fait par l'intelligence entre deux termes de comparaison ; pour que le jugement soit bon, il faut que les deux termes de la comparaison soient parfaitement connus. Le législateur doit donc veiller à ce que la défense soit *assurée*, *intelligente*, *libre*, et enfin *égale* entre les deux parties. Jusqu'à quel point ces conditions se trouvent-elles remplies dans notre système judiciaire ? C'est ce qu'une rapide analyse fera connaître. Parlons d'abord des causes civiles.

Pour *assurer* la *défense*, le législateur a veillé à rendre les surprises impossibles. Nul ne peut être jugé qu'après avoir été averti, à deux fois différentes, par des officiers publics, institués à cet effet et punissables comme faussaires en cas de mensonge. Si les parties étaient appelées à se *défendre* elles-mêmes, avec leurs passions, leur ignorance des lois, des affaires, des formes et du style judiciaire, avec leurs lumières souvent bornées et leur langage souvent incompréhensible, la *défense* risquerait d'être presque toujours *inintelligente* : la loi veut qu'elle soit préparée par des *avoués* et présentée par des *avocats*, et ces professions, soumises à des études, à une discipline spéciales, offrent des garanties que l'on trouverait difficilement ailleurs. En outre, comme il n'est point de règle sans exception, le juge peut autoriser la partie à se défendre elle-même, s'il la suppose capable de le faire d'une manière convenable. Confiée à des hommes placés dans une dépendance quelconque, la *défense* n'aurait pas toute sa *liberté* : la loi la remet à la plus indépendante des professions, à celle d'avocat ; elle en entoure l'exercice de protections et de garanties multipliées. Aussi pour manifester toute la liberté de la défense, il est de règle qu'au commencement de chaque plaidoirie le président du tribunal invite l'avocat à se couvrir. Cette invitation, comme le dit M. Dupin, ne signifie pas : *mettez-vous à votre aise* ; elle veut dire : *parlez librement*. Aussi devant les plus hautes juridictions les avocats sont-ils autorisés à parler couverts. Avec tout cela, il arrive assez souvent que le juge, se trouvant suffisamment éclairé, interrompt les plaidoiries par ces mots : *la cause est entendue.* Le besoin d'expédier les affaires a autorisé cet usage, que les bons magistrats ne pratiquent néanmoins qu'avec beaucoup de discrétion. Quant à l'*égalité* de la *défense*, elle trouve naturellement sa garantie dans l'égale position des défenseurs. Le juge se gardera d'y porter atteinte par la manière d'exercer la police de l'audience. Il aidera, loin de le décourager, le défenseur timide ou inexpérimenté qui se trouve aux prises avec un talent supérieur; il évitera d'entraver le développement plus ou moins heureux, plus ou moins facile, des moyens de la cause, de montrer de la prédilection pour tel orateur, de la répugnance pour tel autre. Sans cela, point d'*égalité* dans la *défense*; partant, point de garantie de vérité dans le jugement.

Mais c'est surtout au criminel que le législateur a multiplié les précautions en faveur de la *défense*. Dès qu'un prévenu est mis en accusation, le président des assises l'interroge, lui demande s'il a fait choix d'un défenseur; s'il n'en a point, il lui en désigne un d'*office* parmi les avocats ou les avoués du ressort. La même demande et la même prévision se reproduisent à l'ouverture des débats. Si des parents, des amis, s'offrent pour défenseurs, le président peut les admettre, et les admet presque toujours. Dans l'intervalle de la mise en accusation aux débats, le défenseur a pu librement communiquer avec l'accusé et visiter au greffe les pièces de l'instruction, dont une copie est en outre remise à son client. A l'audience, qui doit être publique au criminel comme au civil, l'accusé et son conseil peuvent interpeller les témoins par l'organe du président. Après le réquisitoire du ministère public, ils ont la parole pour lui répondre avec tels développements qu'ils jugent convenables; et si l'accusation réplique, la *défense* a toujours droit de se faire entendre après elle et de parler la dernière. Après la déclaration du jury, elle est encore admise à parler sur l'application de la peine. Rien n'a été négligé pour environner la *défense* des accusés de toutes les garanties protectrices de l'innocence.

Malgré ces garanties pourtant, quelques abus se sont parfois glissés dans la tenue des audiences criminelles. On a vu des présidents d'assises, par un zèle mal entendu, transformer leur résumé en réfutation de la *défense* : c'était tromper le vœu de la loi, qui veut que l'accusé ait toujours la parole le dernier. On en a vu d'autres prendre à tâche de tourmenter la *défense* par des interruptions fréquentes et peu motivées, au lieu de laisser à son contradicteur naturel, au *ministère public*, le soin de relever les erreurs où elle aurait pu tomber; c'était détruire l'*égalité* du débat, puisque l'accusation, remise aux mains d'un magistrat, n'est point exposée à ces interruptions qui troublent l'orateur et déconcertent l'attention du jury. Enfin, on a pu trouver que les *défenseurs*, et surtout les jeunes avocats, souvent appelés d'office à remplir un ministère tout de bienfaisance, ne rencontraient pas toujours des égards proportionnés à ce que leurs fonctions ont d'honorable.

Avant d'acquérir les garanties qu'elle possède aujourd'hui, la *défense* des accusés eut à traverser bien des phases diverses. Illusoire au temps des épreuves et du combat judiciaire, elle devint nulle sous l'ancienne législation, qui repoussait la publicité des audiences criminelles et le ministère des défenseurs. L'Assemblée constituante lui donna l'un et l'autre. A cette époque, la liberté de la *défense* fut entière, et la Convention elle-même la respecta dans le triste procès de Louis XVI. Le déchaînement des passions politiques ne tarda point cependant à briser ces garanties. On vit des décrets autoriser les jurés à clore les débats en se déclarant *assez instruits*, des accusés mis hors des débats, et la noble députation de la Gironde envoyée à l'échafaud avant d'avoir pu compléter sa *défense*; on vit paraître cette loi de prairial qui refusait des *défenseurs aux conspirateurs et donnait pour défenseurs aux patriotes accusés des jurés patriotes*. Redevenue libre sous le Directoire et le Consulat, comme l'attestent les discours pour Moreau et pour Mlle de Cicé, la *défense* le fut moins sous l'Empire; mais elle eut moins besoin de l'être. Les prisons d'État et la censure ne laissaient guère alors de procès politiques à juger. Au commencement de la Restauration, l'emportement des partis viola plus d'une fois les garanties légales de la *défense*, qui pourtant, grâce au courage de ses organes et à l'appui de l'opinion, finit par conquérir et par assurer ses prérogatives. Disons-le : de tout temps, par tout pays, la conscience publique a désavoué et flétri les jugements rendus au mépris des droits de la *défense*. On connaît la réponse de ce religieux à un roi de France : *Sire, il ne fut point jugé par justice, mais par commissaires.* On sait aussi l'histoire de ce Napolitain qui, sous le ministère d'Acton, traduit, au mépris d'une capitulation, devant une commission militaire, ne prononça pour *défense* que ces mots : *J'ai capitulé.* Il fut condamné par ses juges, et ses juges par la postérité. Nous ne citerons point d'autre exemple.

Saint-Albin Berville,
Président de chambre à la cour impériale de Paris.

DÉFENSE (*Art militaire*). On nomme ligne de *défense* une position prolongée, dans laquelle une armée peut se défendre c'est-à-dire résister plus ou moins longtemps aux attaques d'un ennemi, même supérieur en nombre. Il est évident que pour atteindre ce but la position ou ligne défensive doit avoir une force de résistance propre, indépendante de celle des troupes auxquelles elle doit servir. Cette force ne peut être donnée à la ligne défensive que par des obstacles opposant par eux-mêmes à l'ennemi des difficultés plus ou moins grandes. Les obstacles qui constituent la valeur d'une ligne défensive peuvent être de deux espèces, naturels ou artificiels. Les obstacles naturels sont : les chaînes de hautes montagnes, les marais prolongés, les grandes rivières, etc.; les artificiels sont les lignes de forteresses, les lignes de coteaux garnis d'ouvrages défensifs passagers, les lignes proprement dites ou prolongation de retranchements continus ou contigus sur toute l'étendue du terrain à défendre.

Les chaînes de hautes montagnes présentent par elles-mêmes des difficultés qui gênent ou retardent la marche des troupes, et surtout celle de l'artillerie et des convois nécessaires; plus ces obstacles seront multipliés, c'est-à-dire plus il y aura de communications faciles qui les traversent, plus la ligne défensive qu'elles forment sera avantageuse. Les marais prolongés forment une ligne défensive aussi bonne, et qui peut même être encore plus usitée, si les passages qui la traversent sont rares et un peu distants l'un de l'autre. Dans l'un et l'autre cas, celui qui tient les passages par des ouvrages d'une bonne défense a pour lui tous les avantages. La seule différence qu'il y ait entre l'un et l'autre est qu'une armée qui est couverte par une chaîne de montagnes est mieux défendue quand les points fortifiés qu'elle occupe sont au pied des montagnes d'un côté; au contraire, si elle est couverte par un marais, ces points fortifiés lui seront plus avantageux s'ils sont situés vers le milieu de la longueur des passages qui le traversent. Les grandes rivières ne constituent, à proprement parler, une ligne défensive que lorsque les grands passages qui existent à l'intersection des grandes communications sont au pouvoir de l'armée défensive. Alors, avec une grande surveillance, et la précaution de tenir toujours le gros de ses troupes comme pelotonné vers le milieu de l'étendue à défendre, et à une médiocre distance du bord de la rivière, on pourra parvenir, sinon à empêcher, au moins à beaucoup retarder le passage de l'ennemi entre deux ponts permanents. Les lignes de places fortes sont bien peu propres, quoi qu'on en dise, à former une bonne ligne de défense.

Elles ne sont jamais assez rapprochées pour empêcher l'ennemi de passer entre deux, ou pour appuyer de fait une armée défensive qui se placerait entre elles. Cette dernière se trouverait donc, en cas d'attaque, dans la même situation que si elle était en rase campagne, à moins qu'elle n'ait devant son front des obstacles naturels qui le couvrent. Mais alors les forteresses n'ont rien de commun avec la défense.

Les campagnes de 1814 et 1815 ont fourni un exemple qui ne doit pas être perdu, de l'inutilité des lignes de forteresses comme lignes de défense des frontières d'un État. Il n'y a pas de bonne foi à appeler en preuve de l'opinion contraire les événements de la guerre de la succession d'Espagne. La science de la guerre a fait depuis d'immenses progrès; essayer de nous ramener aux mêmes errements serait vouloir faire marcher cette science à reculons et la ramener vers son enfance. On concevra facilement qu'il ne vaut pas la peine de bâtir et d'entretenir à grands frais un nombre exorbitant de forteresses pour arriver à un pareil résultat. Une ligne de coteaux est déjà par elle-même un commencement d'obstacle naturel; les ouvrages fortifiés qu'on établit dans les points les plus avantageux rendent l'obstacle plus considérable et par conséquent plus difficile à surmonter par l'ennemi. Ici il y a un maximum et un minimum d'effet : c'est au génie du général qu'il appartient seul de le discerner, afin de diriger son choix. Les lignes continues ont un défaut inévitable et capital. L'armée qui la défend est obligée de les garder partout, et par conséquent de se disséminer ou au moins de se diviser en plusieurs corps. L'ennemi, au contraire, maître du choix du point où il veut porter son plus grand effort, peut y masser au moment opportun la plus grande partie de ses troupes, et y présenter tout à coup une artillerie formidable. L'obstacle qu'il a à vaincre, se réduisant alors à peu près à un fossé et à un faible rempart en terre, ne peut plus l'arrêter, et les lignes forcées sur un point sont perdues. D'un autre côté, les troupes qui défendent ces lignes s'exagèrent toujours la protection qu'elles doivent en retirer; il en résulte que dès qu'elles voient un point forcé, elles tombent dans l'excès contraire, et se découragent. Les lignes continues sont donc les plus mauvaises de toutes les lignes défensives, malgré le bel effet qu'elles produisent sur le papier et malgré le relief même par lequel elles nous fascinent sur le terrain.

La *guerre défensive* est, comme son nom l'indique, celle que fait une armée que son infériorité à l'égard de l'ennemi empêche de marcher droit à lui pour le détruire, ou au moins le forcer à s'éloigner. Mais ce serait une grave erreur que de croire que l'armée défensive doive pour cela rester dans un état de passivité absolue, et se contenter de se défendre des chocs, sans en hasarder elle-même. Dans ce cas, par la loi de la mécanique, à laquelle les opérations de la guerre sont également soumises, le corps faible et stationnaire sera enlevé par la force d'occupation du plus fort. Si les chocs en masse lui sont interdits, elle peut et elle doit même faire usage des chocs partiels. A la guerre, la loi est de porter à l'ennemi le plus de dommage qu'on peut. Une série de petits échecs finit par équivaloir, pour celui qui les reçoit, à une bataille perdue. La campagne de Napoléon en France, en 1814, et celle du prince Eugène, vice-roi d'Italie, en 1813 et 1814, en offrent des exemples instructifs. Une armée défensive doit donc manœuvrer pour forcer l'ennemi à changer à chaque instant son système d'attaque et à découvrir quelques-unes de ses parties; elle doit le harceler du côté de ses magasins, et dans ses communications, tâcher d'atteindre quelques-uns de ses corps et de leur faire des blessures sensibles; en un mot, lui échapper toujours en masse et l'atteindre toujours en détail. Cette guerre est la pierre de touche du talent du général, car elle est la plus difficile de toutes.

Gal G. DE VAUDONCOURT.

DÉFENSE (Légitime). L'action de repousser une attaque par tous les moyens est de droit naturel pour l'homme. Si injustement attaqué on n'a pu conserver sa vie qu'aux dépens de celle de son agresseur, on n'est point coupable de lui avoir donné la mort. Ce principe a été reconnu dans tous les temps et consacré par toutes les législations. Il n'est permis d'y déroger par aucune loi civile ou humaine. Le Code Pénal le proclame expressément, dans son article 328. « Il n'y a ni crime ni délit lorsque l'homicide, les blessures et les coups étaient commandés par la nécessité *actuelle* de la légitime défense de *soi-même* ou *d'autrui* ; » lorsque, par exemple, article 329, « l'homicide a été commis, les blessures ont été faites, les coups ont été portés, en repoussant pendant la nuit l'escalade ou l'effraction de clôture, murs ou entrée d'une maison ou d'un appartement habités ou de leurs dépendances, ou lorsque le fait a eu lieu en se défendant contre les auteurs de vols ou de pillages exécutés avec violence. » La défense, pour être légitime, doit être actuellement nécessaire ; et lorsque le péril a cessé, le droit de défense n'existe plus.

La loi ne voit pas non plus, du moins en règle générale, dans les outrages faits à l'honneur une cause de justification ; ce n'est qu'un cas d'excuse. Cependant il faut faire exception pour le viol, la femme se trouve en légitime défense tant qu'il n'a pas été consommé.

La question de légitime défense ne constitue pas une question d'excuse qui doive être posée séparément sur la demande de l'accusé ; elle se trouve nécessairement comprise dans celle de culpabilité.

DÉFENSE PERSONNELLE. En morale et en politique, c'est un devoir qui nous est commandé par l'intérêt général dont nous représentons une fraction. Il est certain que si la civilisation était aussi parfaite que le rêvent certains esprits, les lois veilleraient avec tant d'attention à la défense de chacun, que nul de nous n'aurait à s'en inquiéter ; mais il n'en est pas ainsi, malheureusement. La défense personnelle devrait donc être l'un des points essentiels de l'éducation ; il ne s'agit pas ici de cette résistance que la force physique oppose à la force matérielle, mais bien de cette défense morale et intellectuelle, gardienne de la dignité du citoyen et de celle de l'homme. A commencer par les tracasseries ou les violations de droit que se permettent souvent parmi nous les agents du pouvoir, si chacun leur opposait une défense persévérante et mesurée, on n'arriverait pas à ces appels aux armes, à ces émeutes, à ces révolutions qui sont autant de sources de maux pour les masses, si elles procurent quelques avantages à un petit nombre de meneurs. La défense personnelle, pour réussir, doit s'appuyer surtout sur la loi ; mais la connaissance en est pas malheureusement assez répandue en France ; on obéit en se taisant, ou l'on se révolte : on ne connaît pas d'autre alternative. Il y a déjà plus de deux siècles que chez une nation voisine la défense de soi, même quand il ne s'agit que d'impôt, est générale : tout citoyen qui sait se faire respecter dans ses droits sauve tout à la fois l'ordre et la liberté. Voilà ce qui nous manque ; on s'en repose sur son courage individuel là où il ne faudrait s'appuyer que sur la raison de la loi.

Dans toutes les positions de la vie, ce qui caractérise les femmes, c'est la science instinctive de leur défense personnelle ; dans les rapports avec notre sexe, elles n'ont besoin ni de livres ni de traités ; elles ont toujours en réserve des ressources qui anéantissent tous nos moyens d'attaque : il est bien rare de les vaincre dans ce genre ; elles se donnent, mais ne se rendent pas.

La défense personnelle, dans les circonstances de la vie privée, tient au caractère ou bien à l'expérience ; quand elle dérive du caractère, elle est prompte et décisive. Quand elle vient de l'expérience, elle a de la lenteur, mais elle offre de la sûreté. Il ne faut pas que la défense personnelle soit poussée trop loin et se montre trop exigeante ; autrement, elle suppose une sécheresse tout à fait répréhensible et

dans laquelle tombent quelques gens de commerce. Comme ils sont tenus, sous peine d'être ruinés, de vivre dans un état de défense continuelle, ils deviennent durs et impitoyables; d'une qualité de prudence ils font un vice de cœur.
SAINT-PROSPER.

DÉFENSES. Les éléphants, les mastodontes, les sangliers, les babiroussas, les hippopotames, les morses, sont pourvus de ces sortes de dents qui, destinées à la protection de l'animal, ont été appelées *défenses*. Ces défenses sont implantées, les unes dans les os incisifs ou intermaxillaires supérieurs ou inférieurs, d'où les noms d'*incisives* ou de *canines* qu'on leur donne. Elles ne sont jamais employées à la mastication. Ce sont des armes puissantes, à la fois offensives et défensives, suivant les besoins de l'animal et les circonstances où il se trouve. Ces dents offrent des différences notables, lorsqu'on les étudie comparativement, sous les rapports du nombre, de leur dimension, de leur forme et de la nature de leur substance (*voyez* IVOIRE) dans les diverses espèces de mammifères qui en sont pourvus. Elles ont cependant des caractères communs, qui sont : 1° l'absence de racines; 2° le volume très-grand de leur pulpe dentaire, contenue dans une cavité conique prolongée vers le sommet; 3° la pousse considérable; et 4° des courbures en arc ou en spire plus ou moins contournés. L. LAURENT.

DÉFENSEUR. Le titre de *défenseur* se confond le plus souvent avec celui d'*avocat*; cependant on appelle aussi de ce nom de simples agents d'affaires ou autres qui, munis d'un pouvoir, sont admis à défendre les plaideurs, principalement devant la justice de paix et les tribunaux de commerce.

À l'époque de la réformation de l'ordre judiciaire, et dans les premiers temps de la Révolution, le corps des procureurs et l'ordre des avocats ayant été supprimés, il fut permis aux parties de se faire représenter devant les tribunaux par de simples fondés de pouvoirs, auxquels on donna le nom de *défenseurs officieux* ou d'*hommes de loi*. Ils n'avaient d'action contre leur commettants que pour le payement de leurs frais ; la loi ne leur en accordait aucune pour obtenir un salaire, à raison des soins qu'ils donnaient aux affaires dont ils se chargeaient. Mais les plaideurs en trouvèrent qu'à prix d'argent, et l'avidité non réprimée de ces *défenseurs* dits *officieux*, ainsi que le défaut d'instruction de beaucoup d'entre eux, amena le rétablissement des procureurs, sous le nom d'*avoués*, par la loi du 27 ventôse an VIII, et celui des avocats par la loi du 22 ventôse an XII.

On appelait *défenseurs de la cité*, sous la domination romaine, des magistrats qui remplacèrent les curies, tombées en décadence avec le régime municipal. Leur mission était de défendre le peuple, les pauvres surtout, contre l'oppression des officiers impériaux et de leurs subordonnés. Mais cette institution n'eut d'autre résultat que de placer les évêques à la tête des municipalités, parce que seul, à cette époque de désorganisation sociale, le clergé marchait à un but fixe, et que seul il avait de l'énergie et de la discipline.

DÉFÉRENCE, espèce d'hommage, de soumission et, dans certains cas, d'attention délicate, qui est d'autant plus flatteuse qu'elle est volontaire. Un homme bien élevé a toujours de la déférence pour les femmes et les vieillards; un homme habile est plein de respect et de prévenance pour tous ceux dont il peut attendre quelque avantage. Il y a une déférence générale qui entre dans le code de la bonne compagnie : ainsi, sur les questions qui ne touchent ni à la conscience ni à l'honneur, il faut, pour qu'elle ait une légère résistance, ne pas insister davantage, surtout si la majorité des assistants paraît ne pas vous être favorable. C'est une marque de mauvais goût de contrarier des personnages éminents sur des points qui touchent à leur profession : c'est leur refuser l'hommage que leurs services méritent. Ici la déférence est tout à fait de rigueur : c'est ce que l'usage du monde enseigne vite et sûrement. La déférence devient une attention délicate aux jours d'une révolution; en présence de ses martyrs ou de leurs parents, elle s'incline silencieuse, laissant passer sans contradiction des doctrines qu'elle n'a pas mission de combattre. Une dignité éclatante, une haute naissance, à moins que ceux qui les possèdent ne soient tombés dans l'avilissement par une série d'actions basses, méritent de la déférence, parce qu'elles supposent le mérite personnel ou celui des ancêtres. En résumé, la déférence, qui est si utile dans les rapports de la société, appartient principalement au savoir-vivre : c'est assez dire que toutes les fois qu'elle se trouve en opposition avec la morale, elle doit lui céder le pas ; en d'autres termes, elle est tenue de s'effacer devant tout ce qui est devoir. SAINT-PROSPER.

DÉFÉRENT, de la préposition *de* et du verbe latin *ferre*, porter ; cercle inventé dans l'ancienne astronomie pour expliquer l'excentricité, le périgée et l'apogée des planètes. Comme on avait observé que les planètes sont différemment éloignées de la terre en différents temps, on supposait que leur mouvement propre se faisait dans un cercle qui n'était pas concentrique à la terre, et ce cercle excentrique était appelé *déférent*, parce que passant par le centre de la planète, il semblait la porter et la soutenir, pour ainsi dire, dans son orbite.

On supposait que ces déférents étaient inclinés différemment à l'écliptique, mais qu'aucun ne l'était au delà de 8°, excepté celui du soleil, qu'on plaçait dans le plan de l'équateur même, et qu'on supposait coupé par les déférents des autres planètes en deux endroits appelés *nœuds*.

Dans le système de Ptolémée, le déférent est aussi appelé *déférent de l'épicycle*, parce qu'il traverse le centre de l'épicycle et semble le soutenir.
D'ALEMBERT, de l'Académie des Sciences.

En anatomie, on appelle *déférents* les vaisseaux ou les canaux qui conduisent la semence goutte à goutte dans les vésicules séminales : ils sont blancs, nerveux, ronds, situés en partie dans le scrotum, et en partie dans l'abdomen.

En termes de monnayage, on donne le nom de *déférents* aux marques du directeur et du graveur, et à celles qui indiquent le lieu de la fabrication des pièces.

DÉFERLER. Ce terme de marine s'emploie dans deux acceptions différentes : dans l'acception active, *déferler une voile*, c'est lever les rabans de ferlage, détacher les liens qui la tenaient ployée sur sa vergue, la disposer à être déployée et bordée au commandement. C'est une des premières opérations de l'*appareillage*.

Dans l'acception neutre, *la mer déferle, la lame déferle*, signifient que la mer, la lame se déploie, s'étend, se brise avec plus ou moins de force, sur la rive, contre une digue, un rocher, etc. Lorsqu'à la suite d'un gros temps, un navire est jeté à la côte, il n'est pas toujours, par le seul fait de son échouement, en état d'avarie telle que sa perte doive résulter de ce sinistre; mais si *la mer déferle* sur la coque immobile, et deux ou trois coups de mer suffisent presque toujours pour anéantir en quelques minutes le navire naufragé. MERLIN.

DÉFETS, terme de librairie, qui s'applique aux feuilles entières d'un même livre, dont l'ensemble ne peut former un exemplaire complet de l'ouvrage. Voici ce qui donne lieu à l'existence des *défets*. En sus de la quantité de papier qu'on livre à l'imprimeur, en raison du nombre d'exemplaires à tirer, on ajoute à chaque rame, composée de vingt mains ou cahiers, une main supplémentaire, qui s'appelle *main de passe*. Chaque main doit se composer de vingt-cinq feuilles, comme on sait. Mais il arrive quelquefois que ce nombre est incomplet ; en outre, il est impossible que plusieurs feuilles ne se trouvent point détériorées ou déchirées dans le cours du tirage ou de la brochure. Or, les mains de passe servent à en remplacer la perte, ainsi qu'à suppléer au déficit des cahiers. On conçoit que toutes les feuilles de l'ouvrage ne peuvent être tirées à nombre égal. Aussi, quand l'assembleur a terminé son travail, c'est-à-dire composé régulièrement autant d'exemplaires complets qu'il a trouvé de feuilles de chaque numéro, il lui en reste un certain nombre de dépareillées, dont la réunion forme les *défets*. Il doit néanmoins les recueillir, en les classant par ordre, et l'éditeur du livre les conserve pour remplacer au besoin les feuilles maculées ou manquantes dans les exemplaires en circulation.

V. DE MOLÉON.

DÉFI, provocation au combat par paroles ou par écrit, soit pour s'éprouver contre un ennemi, soit pour venger une injure particulière. Cet usage, qu'on retrouve chez tous les peuples, a pris sa source dans les sentiments les plus nobles du cœur, le désir de se distinguer aux yeux des siens ou une susceptibilité délicate ayant pour principe la défense de la dignité personnelle de chacun. Quelquefois même, si l'on en croit les historiens, certains défis ont eu les conséquences politiques les plus importantes : ainsi, pour avoir terrassé Goliath, David frappe de terreur les Philistins et décide leur fuite ; le dernier des Horaces conquiert à jamais pour Rome la prééminence sur Albe. L'*Iliade* offre aussi plusieurs exemples de défis entre les guerriers grecs et troyens, qui démontrent combien les maximes de l'honneur militaire diffèrent suivant les temps : on y voit le combattant le plus faible fuir sans honte devant le plus fort, et ne s'en estimer pas moins brave que son adversaire.

Les Romains cultivèrent de bonne heure la tactique qui consiste à diriger savamment les masses par des combinaisons habiles ; mais en enchaînant la victoire elle ôte au courage individuel la première place. De là vient que les défis sont en petit nombre dans leurs annales, et surtout entre concitoyens. On devait son courage à la patrie ; on n'avait pas le droit de le verser dans des querelles personnelles. Aussi, malgré les haines violentes inspirées par l'ambition et se heurtant dans le Forum, on ne vit jamais les chefs des factions se provoquer entre eux et en appeler à leur épée. Il est vrai que Sertorius, combattant à la tête des Lusitaniens, envoya un défi au consul Marcellus ; mais cette proposition lui fut sans doute inspirée par un préjugé de ce genre répandu chez ses compatriotes d'adoption. Plus tard, Antoine somma Octave de décider par une lutte personnelle à qui resterait l'empire du monde ; mais alors Antoine, désespérant de sa fortune, ne prenait plus conseil que de son désespoir. Sous Auguste et ses successeurs, l'esclavage qui pesait sur tous les rangs de la société, en imposant l'obéissance la plus aveugle, ne permettait pas à la dignité humaine de se relever de son abaissement ; il fallut que les peuples du Nord vinssent le rétablir dans ses anciens droits. Ils ramenèrent avec eux la coutume des défis et des combats singuliers. Fondue dans leurs mœurs, cette coutume fut inscrite dans leur législation ; car le droit ne sortant que do la force, il fallait à chaque instant qu'il allât demander à la force une nouvelle sanction. Non-seulement on appelait en champ clos un ennemi ; mais un plaideur mécontent pouvait encore y traîner même jusqu'à ses juges.

L'empire enfanté par Charlemagne ne tarda pas à crouler sous ses faibles successeurs. Ceux qui étaient en possession des principaux offices de la couronne dépecèrent, pour ainsi dire, le commandement, et l'éparpillèrent entre les mains d'une multitude de vassaux qui se le partagèrent entre eux. Ainsi se forma cette hiérarchie singulière, la féodalité, ayant pour fondement la division du pouvoir et pour règle l'anarchie. Les lois étant devenues impuissantes à protéger les individus, certains hommes, à l'exemple des Hercule et des Thésée, s'instituèrent les défenseurs de l'humanité ; de ces dévouements individuels en faveur des opprimés naquit la chevalerie. Ce fut l'époque la plus féconde en défis guerriers : ces défis eurent leurs règles, leurs conditions, qui formèrent le code de l'honneur. Mais tant que son esprit subsista, il produisit des effets qui nous feraient sourire aujourd'hui. Ainsi, l'on vit plus d'une fois un simple chevalier se rendre dans une contrée étrangère pour offrir à tout venant des défis d'armes en l'honneur de sa nation et en l'honneur de sa dame. En 1400, dit Monstrelet, un chevalier aragonais, nommé Michel d'Oris, adressa de Paris un défi à la chevalerie d'Angleterre, alors maîtresse d'une partie de la France. Ce défi fut accepté par un chevalier anglais et le rendez-vous donné à Calais ; mais la rencontre n'eut pas lieu, le roi d'Angleterre ayant refusé d'accorder le champ. Quelques années après, en 1414, un défi semblable fut adressé par vingt chevaliers portugais à la chevalerie de France. Ces Portugais vinrent en pompeux équipage supplier le roi de leur permettre de s'éprouver contre autant de Français à toutes sortes d'armes, soit en duel d'un autre, soit en nombre égal, à condition que le vainqueur pourrait tuer son vaincu, s'il ne se rendait à rançon ; ils terminaient en disant au monarque que l'honneur de la France était si cher à ses enfants que si le diable lui-même sortait d'enfer pour un défi de valeur, il se trouverait des gens pour le combattre. Le roi permit le combat, et les Portugais furent vaincus. Dans ces défis, il était d'usage que les tenants arborassent devant leur tente deux écus, l'un pour la joûte à la lance, l'autre pour le duel à l'épée ; celui qui touchait le premier écu ne combattait qu'à la lance, et à l'épée s'il touchait le second. En Allemagne et en Italie, quand un homme avait attaqué l'honneur d'un autre, ou était attaqué dans le sien, il adressait un défi à son adversaire. Au moment où les champions allaient en venir aux mains, on apportait au milieu de la lice un cercueil couvert d'un drap noir, sur lequel était brodé en blanc un crâne humain surmonté de deux fémurs disposés en croix. Ce cercueil devait enfermer le corps du vaincu, condamné d'avance à ne pas survivre à sa défaite. Les cérémonies adoptées dans ces occasions n'étaient pas toujours semblables ; elles variaient suivant les lieux et les conditions. On en voit la preuve dans le récit que fait Brantôme d'un combat livré à Valenciennes entre deux manants, nommés Mahuot et Plouvier. Le premier était accusé d'un meurtre par le second. Ils combattirent avec des bâtons. Dans tous les cas, le plus profond silence était imposé aux spectateurs, sous peine de la hart si l'un d'entre eux disait un mot en faisant le plus léger bruit.

En temps de guerre, les chevaliers des deux partis se défiaient fréquemment pour éprouver leur vaillance ou pour effacer une insulte ; les chefs eurent quelquefois recours à ce même moyen, afin de terminer d'un seul coup de longues et sanglantes querelles. Mais ces défis, inspirés par la politique, n'étaient pas sincères ; on ne visait qu'à rallier à soi l'opinion du peuple et des soldats par cette montre d'abnégation et de dévouement personnel. Ainsi, Édouard III, disputant la couronne de France à Philippe de Valois, avant de commencer la guerre, offrit à son adversaire de la prévenir par un combat singulier ; François Ier, attaqué dans son honneur par Charles-Quint, l'appela publiquement en champ clos, et après la levée du siège de Paris en 1590, Henri IV fit à Mayenne une semblable proposition. Toutes ces démonstrations belliqueuses n'eurent jamais de résultat. L'esprit de chevalerie, après avoir brillé durant plusieurs siècles, perdit enfin de son importance ; ses lois furent abolies, ses usages négligés. L'abolition des tournois, après la mort de Henri II, précipita sa décadence ; et si un défi public fut autorisé sous son règne, il fut à peu près le dernier. Les appels n'eurent plus lieu que secrètement et pour des injures privées ; le défi et ses formes disparurent des mœurs ; et en Angleterre, aujourd'hui, le défi par parole ou par écrit est puni par la prison ; et si la provocation a pour cause le jeu, le coupable encourt la confiscation de ses biens et la privation de sa liberté pendant deux ans.

SAINT-PROSPER jeune.

DÉFIANCE, défaut de caractère qui rend fort à plaindre, parce qu'il fait douter à la fois des autres et de soi-même. Il serait juste peut-être d'avoir pitié de la défiance, tant elle est redoutable à celui qui en est possédé : ne donnant ni trêve ni repos, elle ne quitte un objet que pour s'attacher à un autre; c'est un supplice de tous les instants. Ce qu'il faut surtout reprocher à la défiance, c'est qu'elle dessèche la source la plus féconde du bonheur, la source qui est plus ou moins à la portée de tout le monde. En effet, elle dépouille de ces épanchements qui enlèvent à l'adversité sa grande amertume et donnent au cœur une énergie sans cesse nouvelle; car c'est le fortifier que de paraître le comprendre. Que de jours où l'on ne peut vivre sans appui! et à qui demander aide lorsque l'on tient, pour ainsi dire, toute l'espèce humaine en suspicion? Recourra-t-on au témoignage de sa propre conscience? Mais à force de ne plus croire aux autres, on arrive à ne plus croire à soi. Dans la jeunesse, ce n'est que par exception qu'on a de la défiance; on peut, dans de justes limites, en reconnaître quelquefois la nécessité, mais on ne s'habitue guère à la subir. Avance-t-on dans la vie, prend-on part à une grande multitude d'affaires, a-t-on à se conduire au milieu d'intérêts contradictoires, on se défend avec moins de succès contre la défiance; elle vous envahit imperceptiblement, et tout ce que vous pouvez faire, c'est de parvenir à la régler, mais non à l'éviter complétement. Placez en présence l'un de l'autre un homme des classes moyennes, mais qui à une instruction étendue joindra des habitudes régulières de famille, et un diplomate rompu aux traditions de son métier; les circonstances sont graves : eh bien, il arrivera que l'homme des classes moyennes l'emportera, parce que tout naturellement il sympathisera avec ce qu'il y a de généreux et de grand dans notre nature; au besoin même, il l'éveillera, tandis que le diplomate sera lié par cet état de défiance continuelle que lui commandent ses antécédents et sa position. Une crise subite éclate, un homme du peuple s'élance, il domine et souvent même régénère son époque; il a fait plus que de la deviner, il l'a sentie dans ses ressources. Le *politique* parvient en général à conduire les temps ordinaires, parce qu'il manie avec talent et avec souplesse ce qu'il y a de bas et d'intéressé dans nos sentiments; il cherche, tâtonne et rencontre; c'est la défiance qui le dirige; il maintient, mais n'élève pas.

Il y a une nuance bien prononcée entre la *défiance* et la *méfiance*. La première se borne à suspecter, la seconde condamne. L'une se *défiera* également du mal et du bien qui lui seront dits sur le compte des autres; c'est le premier seul que le *méfiant* admettra généralement sans examen.

Les femmes sont à peine sorties de l'enfance qu'on les entretient des piéges que leur dressent les hommes; c'est sur une réserve continuelle qu'on cherche à les établir; elles entrent dans le monde timides et craintives; mais connaissent-elles mieux le terrain, elles se dépouillent peu à peu de la défiance qu'on leur a apprise; elles ont la conviction de ce qu'elles valent. Variant leurs moyens, elles multiplient sous toutes les formes leurs attaques, les changent, les déguisent; elles marchent sans nulle défiance d'elles-mêmes, et avec le temps vertus, vices, événements, elles approprient tout à leurs succès; à force de se regarder comme infaillible, elles l'ont rendu certain. SAINT-PROSPER.

DÉFICIT. Ce mot tout latin (qui signifie en français *il manque*) appliqué à la fortune des particuliers, s'entend d'une perte totale ou partielle de capitaux engagés dans une entreprise ou industrie quelconque. Si l'individu qui supporte le déficit ne sait le combler par les ressources d'un crédit suffisant ou d'une spéculation plus heureuse, il est invinciblement poussé vers la *faillite*.

Considéré relativement aux finances d'un État, le mot *déficit* s'applique principalement aux dépenses annuelles. Lorsque les recettes du budget ne peuvent faire face aux dépenses, soit ordinaires, soit extraordinaires, le trésor est en déficit. Mais ici le cas n'est plus le même que tout à l'heure : un déficit dans les finances d'un État régulier ne saurait inspirer désormais de craintes fondées de faillite, de banqueroute. Nous entendons parler ici d'un État libre, où les dépenses subissent le contrôle des chambres et ne sont point réglées d'après les volontés d'un souverain capricieux. Bien que les déficits supportés par le trésor d'un tel État puissent être facilement comblés au moyen du crédit dont il dispose, il n'en faut pas conclure qu'on doive peu s'inquiéter de les ménager, d'y mettre un terme autant que possible. Un déficit est un malheur, toutes les fois qu'il résulte de dépenses improductives, telles que celles nécessaires aux mouvements improvisés des escadres, à l'équipement d'une armée formidable maintenue dans l'inaction, etc. Nous n'en dirions pas autant d'un déficit provenant d'améliorations introduites dans les voies de communication de terre ou dans la navigation des fleuves. Un tel déficit serait utile, parce qu'il se comblerait de lui-même et avec avantage. On sèmerait pour récolter, suivant un proverbe vulgaire.

La Révolution française offre un terrible exemple des effets funestes du déficit lorsqu'il résulte d'une gestion mal entendue des revenus de l'État, et surtout de leur dilapidation scandaleuse durant un grand nombre d'années. En disant ceci, nous sommes loin de partager l'opinion de certaines personnes suivant lesquelles la Révolution française serait une grande catastrophe qu'on aurait pu éviter moyennant quelques millions : la détresse des finances en 1789 fut seulement l'occasion de la grande et inévitable rénovation sociale préparée par les travaux philosophiques et littéraires du dix-huitième siècle. Toutefois, il est permis de croire, sans blesser la raison, que les réformes impérieusement exigées à cette époque eussent pu être obtenues avec des secousses moindres, si la misère et la méfiance qui suivirent l'épuisement et le discrédit du trésor n'eussent envenimé des haines profondément enracinées dans la nation.

A l'avénement de Louis XVI (en 1774), les finances de l'État offraient annuellement un déficit de près de 80 millions. Turgot et Necker employèrent toutes les ressources de leur génie financier à combler ce qui était alors un effrayant abîme. Les économies qu'ils introduisirent dans la gestion des deniers publics indisposèrent les courtisans, qui les forcèrent l'un après l'autre à quitter le ministère. Calonne parut en 1783, et crut pouvoir rétablir les finances de l'État au moyen de vaines théories de prodigalités; mais tous ses sophismes financiers n'aboutirent qu'à perdre le crédit dû à la sage conduite de Necker. En 1787 Calonne apprit à l'assemblée des notables, convoquée à Versailles, que depuis peu d'années les emprunts s'étaient élevés à 1,640 millions, et qu'il existait dans le revenu annuel un déficit de 140 millions. Cette révélation entraîna la chute de Calonne. Brienne le remplaça sans faire mieux; car il se vit bientôt forcé de suspendre le payement des rentes de l'État. Obligé de se retirer lui-même devant une semblable difficulté, il fut remplacé par Necker, appelé une seconde fois à trouver les ressources nécessaires pour combler un déficit monstrueux et croissant sans cesse. Mais tous les moyens avaient été épuisés : il fallut avoir recours aux états généraux, et de ce moment la Révolution déborda de toutes parts.
Auguste CHEVALIER,
député au Corps législatif.

DÉFILÉ, DÉFILER, DÉFILEMENT. Un *défilé* est un passage étroit dans une gorge de montagnes, au fond d'une vallée profonde et resserrée, entre deux coteaux très-rapprochés et d'une pente rapide, où une troupe ne peut marcher que sur un petit *front*, en allongeant les *files*, c'est-à-dire en *défilant*. Le passage du défilé est une des manœuvres militaires les plus usitées quand le chemin où marche une colonne vient à se rétrécir. Il faut alors diminuer le front des pelotons ou des bataillons. Dans ce cas, on fait passer derrière les pelotons ou sections autant de files de droite ou de gauch' qu'il en faut pour que le front de la troupe ne présente pas plus de largeur que la route à suivre. Le passage franchi, les files rentrent en ligne, elles viennent d'exécuter *le passage du défilé*.

Dans l'art de la fortification, *défiler* un ouvrage, c'est le disposer de manière qu'il soit soustrait à *l'enfilade*. La solution de ce problème militaire peut être obtenue de plus d'une manière ; car on dispose à la fois du tracé et du relief de l'ouvrage qu'il s'agit de construire et, jusqu'à un certain point, de son emplacement sur le terrain qu'il doit occuper. Ce terrain doit être parfaitement connu jusqu'à la distance de la plus grande portée de canon autour de l'espace que l'on veut défendre ; sa figure, déterminée par une carte et un nivellement détaillés, donne le moyen de faire dans le cabinet toutes les observations géométriques et militaires que l'on eût faites sur les lieux mêmes, de prendre des mesures, d'appliquer le calcul. Si quelques parties de ce terrain sont plus difficiles, ou fort abaissées au-dessous de la fortification projetée, on cherchera les moyens d'y faire passer le prolongement de quelques faces de bastion, de demi-lune, ou autres parties de l'enceinte fortifiée qui serait le but des attaques de l'assiégeant avant qu'il puisse entamer le corps de place. Dans tous les cas, le relief des ouvrages sera réglé de manière que le plan déterminé par les crêtes des parapets d'un bastion, d'une demi-lune, d'une contre-garde, etc., passe au-dessus du terrain environnant, afin qu'il soit un *plan de défilement*, et que les intersections de ces surfaces idéales, prolongées jusqu'à ce qu'elles se rencontrent, soient des *arêtes saillantes*, et non des *gouttières*. On voit que l'art de *défiler* les ouvrages de fortification est une application intéressante de la *géométrie descriptive*. Une face rectiligne d'une enceinte fortifiée est *défilée* lorsque l'assiégeant ne peut pas établir de batterie sur son prolongement, et lorsqu'une batterie étant ainsi placée, les boulets qu'elle envoie passent par-dessus la tête des défenseurs rangés sur le parapet.
FERRY.

DÉFINITIF (Jugement). On emploie ce mot au Palais pour désigner une décision judiciaire, irrévocable par rapport au tribunal qui l'a rendue, et pour laquelle il ne reste plus qu'à se pourvoir à la juridiction supérieure, si un recours est ouvert. Un arrêt définitif ne peut être rétracté que dans des cas extrêmement rares, soit par suite d'une demande en révision, soit par suite d'une requête civile. On oppose en général les jugements définitifs aux jugements *préparatoires* et aux jugements *interlocutoires* ; on les oppose aussi aux *jugements par défaut*, lorsque ceux-ci peuvent être rétractés ; mais le défaut d'opposition dans les délais prescrits suffit pour les rendre définitifs.

DÉFINITION, opération de l'entendement par laquelle on décompose la *compréhension* d'une idée. Le résultat donne une proposition dont le sujet est le nom de l'attribut, ou dont les termes, étant renversés, peuvent se lier par le verbe *s'appelle*. Par exemple : *Un cercle est une surface plane fermée par une courbe dont tous les points sont à égale distance du centre. Une surface plane fermée par une courbe dont tous les points sont à égale distance du centre* s'appelle *un cercle*. Si le sujet et l'attribut contiennent plus d'un seul concept, sous deux expressions différentes, il n'y a point définition. Les vraies définitions sont des propositions identiques quant à l'idée, équivalentes quant à la forme. Il faut commencer par définir, dit Cicéron : *Omnis enim quæ a ratione suscipitur de aliqua re, institutio, debet a definitione proficisci*. Ce précepte ne doit pas être pris à la lettre. *Définir* veut dire limiter, circonscrire ; or, pour assigner des limites à une chose, il faut en connaître toute l'étendue, il faut l'avoir exactement mesurée. Mais il est rare que dès les premiers pas on ait une vue aussi nette de son sujet. Il y a même des sciences très-avancées qui ne sont point encore parvenues à donner une définition fixe et incontestée de leurs principaux éléments. La jurisprudence en est à chercher une telle définition pour le *droit*, la morale pour *le bon*, et les arts pour *le beau*. La jurisprudence, la morale et les arts seraient demeurés stationnaires s'ils n'avaient pris le sage parti de passer outre.

Règle générale : Si les définitions ne contiennent aucunes notions qui aient besoin de développement préliminaires, commencez par définir, rien ne s'y oppose. Si le contraire a lieu, si les définitions résument la science, réservez-les pour le moment où elles pourront être entendues sans difficulté. Quel fruit en effet se promettrait-on de tirer, en ouvrant un traité de philosophie, de définitions pareilles à celle-ci : *La philosophie est la science du possible en tant que possible ?* Et cependant Wolf en est si charmé, qu'il donne la date précise de sa découverte. Mais il est des sciences qui débutent nécessairement par des définitions, des sciences dont les définitions sont la base indispensable. Les mathématiques pures appuient leur certitude sur cette base, plutôt que sur les axiomes, comme on le croit communément. C'est que leurs objets sont construits par l'esprit, n'existent que dans l'esprit, et que l'on n'est jamais plus assuré de la perfection d'une analyse que quand c'est sa propre composition qu'on décompose ; tandis qu'il n'en est pas ainsi des objets qui s'offrent à l'esprit, lesquels existent indépendamment de la manière dont il les conçoit, et dans lesquels une analyse subséquente peut faire découvrir d'autres caractères que ceux fournis par l'analyse primitive, sans qu'on soit jamais assuré que de nouvelles expériences ne rendront pas inutile, ou du moins ne modifieront pas sensiblement tout ce travail intellectuel. En ce sens, les définitions sont des *principes* ; en ce sens, le champ des rigoureuses et véritables définitions est celui des mathématiques pures.

Une définition, ou la notion de *l'être*, est le fondement de la fameuse preuve cartésienne de l'existence de Dieu ; preuve dite *ontologique*, qu'on trouve déjà dans les écrits d'Anselme, archevêque de Cantorbéry, au onzième siècle, et que Leibnitz a exposée. La voici : « L'idée d'un Être suprême qui possède toutes les réalités, et qui soit cause première de tout ce qui existe, ne renferme en soi nulle contradiction. Une chose dont l'idée n'implique pas contradiction est possible. Dieu est donc possible. Or, toutes les réalités devant se trouver dans l'idée de Dieu, la réalité de l'existence lui appartient nécessairement, par où il est démontré que Dieu existe. En un mot, l'être réel absolu est possible, donc il est, ou s'il n'était pas, il lui manquerait quelque réalité. » Cette espèce de preuve s'appelle preuve *a simultaneo*, ou preuve par l'idée, parce qu'elle démontre les propriétés des choses par l'idée qu'on s'en fait. Toutes les démonstrations géométriques sont de cette espèce : Pascal, qui a écrit un chapitre intitulé : *Réflexions sur la Géométrie en général*, s'y applique principalement à éclaircir ce qui touche aux définitions.

On demande si les définitions sont arbitraires. Il semble qu'il est permis à chacun d'appeler les choses du nom qu'il lui plaît, bien entendu ; cependant, dit La Romiguière, quiconque use de ce droit court le risque de parler ou d'écrire pour lui seul, s'il est sa langue sans nécessité, sans discernement et sans goût. En général, on définit par le *genre prochain* et par la *différence prochaine*. Le genre prochain est l'attribut de la chose définie qui convient au plus petit nombre possible d'espèces. La *différence prochaine* est le principal attribut constitutif et caractéristique de la chose définie. Exemple : *Un triangle est une surface terminée par trois lignes droites.* On pourrait dire : un triangle est une *étendue* (genre) ; mais il y a plus de précision dans le mot *surface* (genre *prochain*), qui est l'étendue abstraction faite de sa profondeur. Surface seule conviendrait également au cercle, au carré, au parallélogramme, etc. ; le triangle n'est pas toute surface, c'est seulement celle qui est terminée par trois lignes (*différence*), et, qui plus est, par trois lignes droites (*différence prochaine*).

Dans les définitions, il faut tâcher de saisir deux idées déjà connues, savoir : l'idée qui précède immédiatement celle qu'on cherche, et la modification qui transforme cette première idée, de manière qu'une suite de définitions appartenant à la même science se lie, autant que possible, par le rapport de génération des idées : moyen assuré d'éviter l'arbitraire et de passer constamment du connu à l'inconnu.

Les définitions doivent être positives. En effet, les termes négatifs énoncent bien ce que la chose n'est pas, mais non ce qu'elle est, d'où il suit qu'ils servent peu à produire une connaissance distincte. « Souvent, remarque Cicéron, les orateurs et les poètes, pour donner au style plus d'agrément, définissent par une métaphore.. Aquillius, mon collègue et mon ami, ayant à parler des rivages, que, vous autres jurisconsultes, regardez tous comme une propriété publique, répondait à ceux qui lui demandaient ce qu'il entendait par rivage, que *c'était l'endroit où les eaux viennent se jouer*. C'est comme si l'on définissait l'adolescence *la fleur de l'âge*, et la vieillesse *le soir de la vie*. Aquillius parlait ici comme un poète, et oubliait les règles de la propriété du langage. » Une conversation entre Pepin, fils de Charlemagne, et Alcuin, conversation qui, rapportée par ce dernier, est de nature à faire connaître son enseignement et le caractère scientifique de l'époque, offre grand nombre de prétendues définitions de cette espèce : « — Qu'est-ce que l'écriture ? — La gardienne de l'histoire. — Qu'est-ce que la parole ? — L'interprète de l'âme. — Qu'est-ce que l'homme ? L'esclave de la mort, un voyageur passager, hôte dans sa demeure.... »

Les sauvages, qui sont peu habitués à l'analyse des idées, et qui s'attachent avant tout aux images sensibles, donnent aussi des métaphores pour des définitions. Cette pensée délicate et ingénieuse dont on a fait honneur au sourd-muet Massieu, mais qui appartient au langage mimique de tous les sourds-muets, ne contient pas non plus une définition véritable, malgré sa justesse : *La reconnaissance est la mémoire du cœur*. A la rigueur, ces mots pourraient convenir à la haine, puisque Virgile a dit : *memorem Junonis ob iram*. Il y a des définitions de mots et des définitions de choses. Définir un *corps* est une définition de chose; définir un *substantif* est une définition de mot. L'opération au moyen de laquelle on définit un mot par décomposition, dérivation ou analogie grammaticale, se nomme é t y m o l o g i e.

DE REIFFENBERG.

DÉFLAGRATION. Ce n'est qu'un mode de la c o m b u s t i o n, lorsqu'il y a fixation d'oxygène dans une combinaison chimique. La déflagration pourrait aussi se présenter comme phénomène apparent d'une combinaison rapide d'éléments qui exercent réciproquement une forte affinité : telle pourrait être une combinaison du chlore, de l'iode, du soufre, du phosphore, etc. Les exemples les plus remarquables de déflagration, quoi qu'il en soit, appartiennent à la combustion proprement dite, et nous en trouvons un frappant dans le mélange du nitrate de potasse avec le charbon, ou avec un mélange de charbon et de soufre. La détonation de la poudre à canon n'est dans le fait qu'une déflagration, compliquée de l'effet produit par l'expansion subite des gaz formés ou mis en liberté dans ce cas de combustion véritable.

La combinaison de l'oxygène, ou combustion, peut avoir lieu, soit sans production sensible de chaleur et de lumière : ce sera une simple *oxydation*; ou avec production de chaleur seulement : ce sera une oxydation d'un autre genre; ou avec production simultanée de chaleur et de lumière, comme dans le cas de combustion des substances gazeuses ou à l'état de vapeurs, et ce sera l'*inflammation*. Si cette inflammation est extrêmement rapide, et le dégagement de chaleur et de lumière, ou de lumière seulement, très-considérable, nous l'appellerons *déflagration*. Pour exprimer des degrés ascendants du phénomène de la combustion rapide, on a encore les mots *fulmination*, *fulguration*, et enfin *coruscation*, vif éclat de lumière, qu'à peine l'œil peut soutenir.

La déflagration, à cause de sa violence, doit toujours être effectuée avec précaution. Le mode que l'on suit dans cette opération est d'introduire les substances qu'il s'agit d'y soumettre ensemble dans un vase convenable, qui est ordinairement une marmite en fer, ou un creuset, qu'on fait chauffer préalablement au rouge. Mais pour écarter tout danger, et pour assurer le succès de l'opération, il faut que les substances à employer soient d'abord bien complétement desséchées, puis réduites en poudre et intimement mélangées, ce qui multiplie les surfaces de contact entre les éléments, qui à l'aide de la chaleur doivent réagir les uns sur les autres. Le composé est alors soumis à la déflagration, proportionnellement à l'effet qu'on veut obtenir; ordinairement cuillerée à cuillerée; mais une attention qu'il est bien essentiel de ne pas négliger, c'est d'examiner après chaque projection la cuillère dont on se sert, crainte qu'il n'y adhère quelque étincelle, qui pourrait mettre le feu à toute la masse et causer un affreux accident. Pendant l'opération, la portion introduite doit être fréquemment remuée.

PELOUZE père.

DÉFLORATION. Une fille vierge a été comparée à une fleur naissante; elle se fane, se *déflore*, en accordant ses premières faveurs. La défloration, qui signifie la perte de la virginité, peut être le résultat d'un accident ou la conséquence du mariage; on doit la distinguer du *viol*, qui est toujours une action criminelle commise à l'aide d'une coupable violence. La défloration laisse des indices qu'on peut reconnaître à l'inspection des parties sexuelles de la femme; ces indices, amplement décrits dans les livres de médecine légale, consistent dans une altération de forme ou un changement de manière d'être des organes génitaux; suite du rapprochement des sexes. Sous le rapport moral, la défloration porte une forte atteinte à la simplicité et à la pureté du cœur de la jeune fille : l'innocence doit disparaître avec la virginité, et la femme mariée ne peut plus avoir cette ingénuité simple et touchante qui est l'apanage des vierges. Il est un signe, fort équivoque d'ailleurs, de la défloration, auquel l'homme attache une grande importance dans presque tous les pays civilisés, c'est l'écoulement d'une plus ou moins grande quantité de sang dans un premier *congrès*; cette précieuse hémorrhagie lui garantit d'ordinaire les prémices de la femme de son choix; il veut même, dans certaines contrées, que cette possession soit attestée, publiée même par d'éclatants témoignages : ainsi, chez les Juifs et les Arabes, on avait coutume d'exposer en public la chemise ensanglantée de la jeune épouse le lendemain de ses noces, comme pour prouver sans doute qu'elle n'avait pas dévié de sentier de la vertu, ou bien qu'avant son mariage elle n'avait point connu l'amour. Toutefois, l'importance qu'on attache aux prémices de la femme, en honneur dans les pays les plus civilisés, où les mœurs et la religion se prêtent un mutuel appui pour mettre un frein au déréglement des passions, est ignorée de beaucoup de peuples asiatiques; il en est qui ne veulent rencontrer aucun obstacle aux plaisirs de l'hymen; et ils sont même flattés que l'épouse qu'ils ont choisie ait pu plaire à un autre avant d'être en leur possession; c'est par suite de cet usage que dans certains pays la défloration n'est point un obstacle à l'établissement des filles : les plus débauchées sont ordinairement celles qui se marient les premières.

Les preuves sur lesquelles on fonde la certitude de la défloration des filles ne sont rien moins que certaines : un état de relâchement des parties sexuelles, des maladies antérieures, comme les pâles couleurs, les fleurs blanches, si communes chez les jeunes personnes des grandes villes, peuvent priver la femme la plus sage, la plus attachée à ses devoirs, de l'avantage de donner la preuve la plus vulgaire de sa pureté à l'époux qu'elle aime, et auquel elle a fidèlement gardé sa foi, de même qu'un adroit manége et des circonstances qui se devinent plutôt qu'elles ne s'écrivent, peuvent être un faux témoignage de vertu et de continence avant l'hyménée. On a cru pouvoir trouver ailleurs que dans les organes sexuels des signes de défloration : ainsi, à Rome, on croyait que le cou grossissait par la perte de la virginité; en conséquence, on avait soin de mesurer cette partie avant la consommation du mariage; et si la mesure se trouvait plus courte le lendemain, la joie était grande et la virginité incontestable. C'est sans doute à cet usage que Catulle fait allusion dans les deux vers suivants :

Non illam nutrix, orienti luce, revisens,
Hesterno collum posterit circumdare filo.

Severin Pineau donne aussi comme un signe certain de virginité qu'un fil qui s'étendrait depuis la pointe du nez jusqu'à la réunion des sutures sagittale et lambdoïde puisse entourer le cou; des auteurs fort recommandables ont partagé cette croyance populaire.

Les peuples anciens, et particulièrement les Romains, avaient le plus grand respect pour les vierges. Les citoyens les plus considérables devaient leur céder le pas dans les rues; elles ne sortaient jamais que voilées, ne se montraient pas aux étrangers dans la maison paternelle. Leurs parents s'interdisaient avec soin toute marque de tendresse devant elles; et on a prétendu même que la loi, si inflexible à Rome, défendait le supplice d'une vierge; d'où sans doute l'origine de la fable du bourreau qui *déflora* la fille de Séjan (âgée de huit ans) avant de l'étrangler. Dr Bricheteau.

DÉFONCEMENT. C'est en agriculture une opération qui consiste à remuer le sol à une profondeur plus grande que celle des labours ordinaires. Le mot exprime assez bien que le *fond*, resté jusque alors immobile, est atteint par les instruments de culture, quel que soit le but que l'on se propose en exécutant ce travail, et à quelque profondeur qu'on s'arrête. Ainsi, les charrues dont le soc pénètre plus bas que celles dont on se sert dans un pays y *défoncent* le terrain; mais lorsqu'il s'agit de creuser encore davantage, il faut recourir à la bêche ou même à la pioche. Si le terrain est très-dur, cette préparation du sol est indispensable pour les plantations d'arbres, afin d'*ameublir* les terres que les racines auront à pénétrer lorsqu'elles commenceront à s'étendre. Quelquefois aussi le terrain est *défoncé* pour opérer le mélange des diverses natures de terres dont il est composé : si le sable domine à la surface et repose sur l'argile, il sera très-utile de tirer du fond une partie de cette couche trop compacte, et qui retient les eaux, et de substituer à ce que l'on a tiré une partie du sable de la couche superficielle. En général, le défoncement du terrain est presque toujours un moyen de le rendre plus fertile. Les agronomes conseillent de faire cette opération avant l'hiver, afin que les terres, soumises aux pluies et aux variations de température de cette saison, se mêlent encore plus intimement avant de recevoir les plantations ou les semis qu'on veut leur confier; ils ajoutent que dans les terrains sablonneux il peut arriver que des plantations ne réussissent point lorsqu'on les fait immédiatement après le défoncement, parce que les terres sont alors trop perméables, ne retiennent pas assez les eaux des pluies, et que les racines y sont exposées à périr par la sécheresse.

On peut défoncer avec une charrue ordinaire, en faisant repasser le soc dans le même sillon; mais dans quelques parties de la France on emploie la bêche après la charrue, et la terre se trouve ainsi remuée à près d'un demi-mètre de profondeur, ce qui suffit pour le plus grand nombre des cultures. Ferry.

DÉFRICHEMENT. Considéré d'une manière générale, c'est l'opération agricole qui exige le concours de toutes les autres, telles que le *dessèchement*, le *défoncement*, l'*écobuage*, le *nivellement*, etc., etc., pour parvenir à rendre à la culture les terrains tout à fait incultes ou pour changer une culture permanente en d'autres cultures plus productives, ou plus appropriées au terrain. Son but est d'enlever d'un terrain tous les obstacles de quelque nature qu'ils soient, pour qu'il puisse recevoir la culture en céréales, en plantes légumineuses ou industrielles, au choix du propriétaire. Aujourd'hui, les défrichements sont beaucoup plus fréquents en France qu'autrefois. Cela tient à la plus grande aisance de la classe du peuple, que les divisions et les morcellements des grandes propriétés ont accrue, à l'augmentation de notre population et aux travaux du cadastre général, qui nous a démontré, d'accord avec les meilleurs ouvrages de statistique, qu'une certaine partie de la France était en friche. Mais avant de tenter le défrichement il est prudent de s'assurer si les produits qu'on retirera du sol indemniseront des frais de l'entreprise. On ne peut mettre en doute qu'une terre travaillée et amendée avec discernement ne soit plus productive que celle qu'on abandonne aux soins de la nature. Cependant, ce n'est pas tout que d'être certain qu'elle produise, il faut auparavant s'assurer si la vente ou le placement de ses produits dépassera l'intérêt des sommes qu'on veut employer aux travaux. Combien de propriétaires, faute d'avoir fait ces calculs préliminaires, n'ont-ils pas éprouvé des regrets d'avoir changé leurs bois en prairies, ou leurs étangs en terres labourables? Les besoins de la contrée, la nature des localités, la position topographique, les moyens d'exécution, tout cela doit entrer comme éléments dans la question qu'on se propose de résoudre.

Les défrichements sont en général des opérations qu'il n'est pas sage d'exécuter en petit; ils ne conviennent qu'à des propriétaires assez fortunés pour fournir annuellement aux terres défrichées de bons engrais. On peut bien, sans cette condition, obtenir quelques avantages partiels, et par un surcroît de main-d'œuvre être dédommagé la première année de ses peines et de ses dépenses; mais les années suivantes la stérilité arrive, et on ne peut y remédier. C'est surtout dans les terres de médiocre qualité, et lorsque les défrichements ont pour but d'ajouter à la contenance des terres déjà assolées, que les avances de fonds sont nécessaires. L'expérience prouve que dans ce cas la plantation de pins ou d'autres essences ligneuses est l'amélioration la plus certaine. Si le sol est sec et sablonneux, il faut labourer au printemps; si les terres sont fortes et argileuses, deux labours ne sont pas de trop; on verra s'il est nécessaire d'y ajouter l'écobuage et des saignées pour enlever les eaux surabondantes; enfin, pour le sol de bonne qualité en général, il faut surtout opérer de manière à obtenir beaucoup d'engrais en augmentant la récolte des fourrages. On voit donc, d'après ce qui précède, qu'il y a pour toutes sortes de défrichements des conditions avantageuses et d'autres désavantageuses, qu'il faut savoir reconnaître et analyser.

Pour opérer le défrichement, on suit plusieurs procédés. Tous doivent avoir pour but de vaincre les obstacles qui peuvent se présenter séparément ou réunis sur le terrain, et qui sont occasionnés par les pierres, les racines ou les eaux stagnantes. S'il y a lieu, sur les landes couvertes de sous-arbrisseaux, on peut écrouter le sol et mettre le feu aux produits végétaux mêlés à la terre. On peut encore, d'après les procédés de M. Thaer, enlever à une petite profondeur la surface du terrain, diviser les morceaux du gazon ou mottes, en former des tas pour qu'on les mélangeant avec du fumier ou de la chaux, ces gazons se décomposent et se transforment en humus. Pendant que cette décomposition a lieu, on donne plusieurs labours à la terre, on y répand le compost, et on l'enterre au moyen d'un fort hersage. Ce procédé procure des récoltes abondantes, mais il est coûteux, et ne peut être appliqué qu'à des terrains peu étendus.

Le défrichement le plus simple est sans contredit celui qui se fait à la main, et pour cela on emploie le *pic à pointes et à taillant*; la *tournée* ordinaire, pour extraire les pierres de moyenne dimension et arracher les arbres; l'*écobue* et l'*étrape de Bretagne*, pour les défriches de gazon; et des *leviers* armés à leur extrémité de tridents en fer, pour déraciner des arbrisseaux. Enfin, s'il s'agit d'enlever de gros arbres, on emploie les moyens connus, et s'il faut se débarrasser de grosses pierres, on peut les utiliser pour des constructions voisines ou améliorer les chemins vicinaux; on peut encore, si elles ne sont pas trop lourdes à manier, les enfoncer à une profondeur telle que la charrue ne puisse pas heurter contre, ou si ce sont des rochers, les soumettre à l'action de la mine. Quant à la troisième nature d'obstacle, celui de l'eau, on parvient à le vaincre en employant les procédés connus de dessèchement, procédés plus ou moins simples, plus ou moins coûteux, selon la quantité d'eau qu'on a à épuiser, les localités, l'éloignement de quelques lignes fluviales, etc., etc.   V. DE MOLÉON.

Pour encourager l'agriculture et l'amélioration des terres, on a établi des exemptions d'impôts en faveur de ceux qui opèrent des défrichements de terres incultes. Aux termes de la loi du 3 frimaire an VII, la cotisation des terres vaines et vagues depuis quinze ans et qui sont mises en culture ne peut être *augmentée* pendant les dix premières années après le défrichement. Ce privilége dure trente ans si des terres en friche depuis dix ans sont plantées ou semées en bois. Il dure vingt ans lorsque les terres en friche depuis quinze ans ont été plantées en vignes, mûriers, etc. En outre, aux termes du Code Forestier, sont exemptés de tout impôt pendant vingt ans les semis et plantations de bois sur le sommet et le penchant des montagnes et sur les dunes. Mais pour jouir de ces avantages, le propriétaire est tenu de faire, avant de commencer le défrichement, au secrétariat de l'administration municipale dans le territoire de laquelle les biens sont situés, une déclaration détaillée, sur papier timbré des terrains qu'il veut améliorer.

En matière de défrichement de bois, ainsi en vertu du titre XV du Code Forestier toujours en vigueur, aucun particulier ne peut arracher ni défricher ses bois sans en avoir fait préalablement la déclaration à la sous-préfecture, au moins six mois d'avance, durant lesquels l'administration peut faire signifier au propriétaire son opposition au défrichement. Dans les six mois il est statué sur cette opposition par le préfet, sauf le recours au ministère des finances. Les actions relatives aux défrichements de bois commis en contravention, au lieu de se prescrire, comme les autres délits forestiers par trois mois, ne se prescrivent que par deux ans à dater de l'époque où le défrichement a été consommé.

DEFTER-DAR, nom composé de deux mots persans *defter* (rôle, état, livre de compte) et *dar* (qui tient, qui possède, qui garde, qui porte). Ainsi, *defter-dar* signifie, en Perse et en Turquie, celui qui tient les rôles de la milice et des revenus de l'État. La charge de defter-dar-effendy est une des plus importantes de l'empire ottoman, et correspond à celle de notre ministre ou surintendant des finances. Quoiqu'elle embrasse dans ce sens les fonctions de grand-trésorier, son nom n'a aucun rapport avec celui de trésorier proprement dit, *khazna-dar-Baschi*.

Le defter-dar est un des grands officiers de la Porte Othomane. Il siège dans le *divan*; il dispose de tous les revenus de l'empire, et publie en son nom privé des *firmans*, sans en référer au grand-vizir, à moins que sa charge ne soit remplie temporairement par un *effendy*. Le defter-dar n'a au-dessus de lui, dans la hiérarchie administrative, que le premier ministre ou le kiahya beig, son lieutenant. Cependant, il ne figure à l'un des banquets nocturnes donnés par le grand-vizir dans son palais durant le *ramadhan*, que l'une des dernières nuits; il y assiste avec ses *khodjaktans*, premiers commis, qui forment, pour ainsi dire, le corps de gens de plume.

On appelle *defter-dar-capoussy* le département du ministère des finances. Il se compose de trente-trois bureaux, dont trois sont uniquement destinés à l'enregistrement des *wakfs*, ou fondations pieuses en faveur des hospices, des hôtelleries, des mosquées impériales, et de tous les temples, tant de Constantinople que des diverses provinces de l'empire. Les autres ont pour attributions les douanes, les tributs, les produits des mines et des biens fonds, l'impôt sur les juifs et les chrétiens, le règlement de la taxe générale, l'expédition des diplômes des charges de pachas et autres officiers, le livre des appointements qui se payent dans tout l'empire, l'état de la solde de toutes les troupes de terre et de mer, etc. Le defter-dar reçoit les comptes de quelques fonctionnaires publics qui ne sont pas immédiatement sous ses ordres : tels sont le *tersana-émini*, surintendant de la marine, le grand-maître des douanes, le directeur de la monnaie, le directeur des fortifications, l'inspecteur des mines, et plusieurs officiers du sérail.   H. AUDIFFRET.

DÉFUNT, en latin *defunctus*, participe du verbe *defungor*, qui signifie proprement *échappé, délivré*. Les Latins disaient *defunctus periculis*, délivré du danger, *defunctus morbo*, délivré de la maladie, revenu, guéri d'une maladie. On a généralisé l'idée en l'appliquant à la cessation de la vie, qui est également celle de tous les périls, de tous les maux. Cette étymologie nous paraît beaucoup plus évidente que celle de Roquefort, qui forme le mot *défunt* de la préposition négative *de*, unie au substantif latin *functio*, fonction, signifiant par conséquent : sans fonction, qui n'a plus de fonctions à exercer. Le mot *défunt*, synonyme de *mort*, est spécialement d'usage en style de palais, où l'on dit qu'il faut choisir un tuteur aux enfants du *défunt*. Hors de là, on ne s'en sert guère que dans ces façons de parler : le roi *défunt*, la *défunte* reine. On disait autrefois : *défunt mon père*, *défunt mon oncle*, expressions que l'on a remplacées depuis par celles-ci : *feu mon père, feu mon oncle*, etc.   Edme HÉREAU.

DÉGAGEMENT, action de *dégager*, de retirer un *gage* donné. Cette opération ne peut guère avoir lieu qu'aux établissements nommés *monts de piété*, puisque ces établissements sont seuls autorisés à prêter sur nantissement. Cependant la loi accorde dans quelques cas des priviléges sur certains gages.

Dégagement s'entend le plus généralement, au propre comme au figuré, dans le sens de libération. *Dégager* quelqu'un de quelque chose, ou *se dégager* soi-même, c'est se retirer ou se retirer d'un endroit où l'on était engagé, pris, arrêté, retenu, soit physiquement, soit moralement. En termes de marine, *dégager un vaisseau* s'applique à l'action de le délivrer de la poursuite de l'ennemi et de le mettre en position de se retirer ou de continuer sa route. En matière d'hygiène ou de médecine, *dégager la tête* ou *la poitrine* de quelqu'un s'entend, 1° de l'action médicamentaire qui consiste à débarrasser ces parties de remèdes administrés à l'intérieur, de les soulager, de faciliter leurs fonctions; 2° des moyens gymnastiques employés pour rectifier une mauvaise pose, une conformation vicieuse.

Dans la danse, le dégagement est l'action de retirer légèrement et avec grâce un pied placé et engagé derrière, pour le faire passer devant ou le placer de côté. Le *dégagement*, la position libre, aisée du corps a fait créer l'expression de *taille dégagée*. On dit aussi d'un homme qui a des manières libres, aisées, qu'il a l'*air dégagé*; mais quand on emploie le pluriel, quand on dit qu'une personne a des *airs dégagés*, cela s'entend ordinairement en mauvaise part et pour indiquer des manières trop hardies, trop libres.

Le verbe *dégager* s'emploie encore directement dans plusieurs acceptions relatives aux arts : en termes de metteur en œuvre, par exemple, il signifie dépouiller une pierre de sa matière superflue. En architecture, *dégagement* se dit, dans la distribution des appartements, ou d'une pièce, ou d'un petit passage, ou d'un escalier dérobé par lesquels on peut s'échapper sans passer par les belles entrées : une *chambre dégagée* est une chambre qui a une issue secrète et particulière, autre que l'entrée ou la sortie principale ; un *escalier dégagé* ou *dérobé* est un escalier qui sert d'issue secrète à un appartement : « Les *dégagements*, dit Quatremère de Quincy, sont essentiels dans les appartements pour la plus grande tranquillité des personnes qui sont soumises à la représentation ou qui ont des rapports nombreux avec le public. On peut, au moyen de dégagements, aller et venir, circuler dans l'intérieur de la maison, sortir même et rentrer sans que ceux du dedans s'en aperçoivent. En général, on peut dire que la perfection de l'art des dégagements consiste en ce que dans un appartement on puisse parcourir chacune des pièces qui le composent sans passer par aucune des grandes pièces qui lui sont contiguës. Elle consiste à établir une circulation double, l'une ostensible et publique, l'autre qui n'est connue que de ceux qui habitent la maison, et dont le public ne peut ni se douter ni avoir connaissance. »

On *dégage* sa foi, sa promesse, ses serments ; on *se dégage* d'une promesse donnée. Se *dégager*, en affaire de cœur, c'est rompre sa chaîne. C'est dans ce sens que ce mot est employé dans ce madrigal de Mme de La Sablière :

Dans une peine si cruelle,
Le plus sûr serait de changer ;
Mais tant qu'on vous verra si belle
Le moyen de *se dégager* !

« L'amour de Dieu, dit Fénelon, doit être simple et *dégagé* de tout motif de propre intérêt. » « Il faut *dégager* son cœur des intérêts du monde, » a dit Pascal.   Edme HÉREAU.

DÉGAGEMENT (*Escrime*). Faire passer son épée d'un côté à l'autre de celle de l'adversaire, c'est exécuter un *dégagement*. On peut *dégager* de tierce en quarte ou de quarte en tierce.

DÉGAT. En droit, cette expression s'applique surtout aux dommages causés aux récoltes sur pied et aux marchandises. Le dégât a un caractère moins criminel que le vol et le pillage, parce que celui qui le commet ne veut pas s'approprier le bien d'autrui ; cependant le législateur a placé tous ces faits sur la même ligne ; ce sont les circonstances accessoires qui déterminent la gravité du délit ou du crime et la peine qui doit être appliquée.

DÉGAUCHIR. En termes d'atelier, ce mot est souvent synonyme de *dresser* : c'est l'action par laquelle un ouvrier donne à une surface de marbre, de bois, de métal, etc., les propriétés d'un plan. Il ne peut pas exister de surface plane qui ne soit bien dégauchie, et réciproquement. Pour bien dégauchir une pierre, une planche, etc., on fait, suivant les circonstances, usage de la règle, du fil à plomb, du niveau : cependant les menuisiers se servent rarement de ces instruments ; ils ont acquis par la pratique assez de justesse dans le coup d'œil pour juger à l'instant si une planche est gauche et en quel endroit il convient d'enlever de la matière. Ils reconnaissent qu'elle est suffisamment *dégauchie* lorsqu'étant présentée convenablement à la lumière elle paraît éclairée également dans toutes les parties de sa surface.   TEYSSÈDRE.

DÉGEL, fusion de la glace par l'air dont la température s'est élevée au-dessus du terme de la congélation de l'eau. Ce retour de l'eau à l'état liquide est plus ou moins prompt, à la même température dans l'air, selon quelques circonstances ; les glaces les plus transparentes fondent le plus lentement, et la neige qui a conservé toute sa blancheur résiste aussi le plus longtemps à l'action de la chaleur. Dans les pays où la neige couvre la terre durant tout l'hiver, lorsqu'à la fin de cette saison on veut découvrir une portion de terrain pour la cultiver, on répand de la poussière de charbon sur la neige, qui fond alors plus promptement et à une température moins élevée.

Il importe, pour la conservation des plantes, que la gelée ne les saisisse que lentement, et dans un temps où elles ne soient pas trop humides ; il n'est pas moins essentiel que le dégel soit lent, gradué, que l'organisation végétale ait le temps de se rétablir dans l'état où la congélation l'avait trouvée. Les hivers qui sont une succession de gelées et de dégels sont presque toujours désastreux, et les plantes peu robustes ou imparfaitement acclimatées sont exposées à périr.

Aux hautes latitudes, où la durée et l'intensité du froid surpassent celles de la chaleur, la gelée pénètre plus profondément que le dégel, en sorte qu'il reste en tout temps, dans l'intérieur de la terre, une couche dans l'état permanent de congélation. Ce n'est donc que dans la couche superficielle alternativement gelée et dégelée que la végétation peut avoir lieu. L'épaisseur de cette couche productive diminue à mesure qu'on approche du pôle, et disparaît lorsqu'on atteint la région des glaces permanentes. Les grands végétaux ne peuvent plus croître dans cette couche superficielle devenue trop mince, et la terre gelée qui la supporte ne permet pas même aux racines de s'étendre jusqu'à sa surface. On peut observer la même dégradation sur les hautes montagnes chargées de glaciers ; mais il n'est pas rare que ces glaces permanentes y atteignent la zone où les arbres croissent encore, parce que leur masse a glissé le long des flancs de la montagne, et occupe actuellement une place où elle n'eût pas été formée, quoiqu'elle puisse s'y maintenir.

On prétend que dans les climats tempérés, surtout au nord de la France, le dégel est annoncé par un froid plus vif, un ciel plus brillant, et au coucher du soleil, une lumière d'un rouge brun vers le midi. Ces pronostics ne sont pas observés partout aux mêmes latitudes, et par conséquent on ne peut leur assigner que des causes locales.   FERRY.

DÉGÉNÉRATION, terme qui exprime une déviation de la forme primitive de l'organisation de chaque espèce, tendant à la dégrader et à l'affaiblir. Cependant toute variation dans les individus et les races d'une espèce n'est point une *dégénération*, puisqu'il y a même des exemples de perfectionnements qui ajoutent de nouvelles qualités à celles de la simple nature. Mais on peut dire que ces perfectionnement ne peuvent jamais être que partiels, et qu'ils ne s'obtiennent d'ordinaire qu'au détriment d'autres qualités. C'est ainsi qu'on ne rend des fleurs doubles dans nos parterres qu'en transformant, au moyen d'une nourriture abondante, par les engrais, les étamines en pétales ; il s'ensuit que ces belles fleurs perdent leurs organes mâles ou porteurs du pollen fécondateur. Ce sont de beaux eunuques. En redevenant simples, comme dans l'état de nature, ces fleurs *dégénèrent*, selon le jardinier, mais elles se *régénèrent* réellement, puisqu'elles reprennent leurs moyens de fécondité et ne donnent qu'alors des semences capables de se reproduire (*voyez* ABATARDISSEMENT).

Tout être, plante ou animal, placé dans des conditions propres à agir sur lui, et se développant sous cette influence, se modifie plus ou moins profondément dans ses organes et dans ses fonctions. Lorsque ces conditions n'agissent pas avec une certaine puissance, ou ne sont pas permanentes, leurs effets passent avec les individus qui les ont éprouvés ; mais si elles sont durables, et qu'une succession plus ou moins grande d'individus y aient été soumis, les modifications organiques ne sont plus individuelles et passagères ; leur durée même n'est plus bornée à celle de leurs causes ; elles deviennent inhérentes à la nature intime des êtres, et se perpétuent de génération en génération, tant que des causes contraires ne les ont pas détruites. C'est ainsi que se forment les variétés et les races ; c'est là que se trouve la source de toutes les dégénérations.

Il est souvent difficile de reconnaître si une espèce, une race, un individu, est dégénéré ou perfectionné. « Pour apprécier, dit Frédéric Cuvier, et pour mesurer exactement les modifications des êtres vivants, il faudrait connaître ces êtres tels que nous les verrions s'ils étaient soustraits à toutes les conditions qui sont de nature à les modifier; or, comme le monde ne peut exister sans forces actives, et que les êtres vivants ne sauraient s'y soustraire, dans le combat éternel qu'elles se livrent ici-bas sous la main de Dieu, on ne peut se représenter ce que seraient des êtres sans modifications, des types purs. Les êtres vivants, considérés dans la partie variable de leur organisation, ne sont donc que le résultat des forces de la vie qui agissent en eux et des forces du monde matériel qui agissent hors d'eux; et c'est dans les seuls produits de ces forces agissant de concert, que nous devons chercher des types propres à nous faire apprécier les modifications dont chaque espèce est susceptible. Où ces types se rencontrent-ils? Sera-ce dans la nature seule, comme on l'a dit, ou dans la nature aidée des soins de l'homme. »

Aux questions qu'il vient de se poser, Frédéric Cuvier répond : « Les êtres qui vivent dans l'état de nature sont ceux dont l'existence est conforme aux conditions diverses où ils se trouvent placés, au climat, au sol, à la nourriture, en un mot à toutes les causes connues ou ignorées dont ils peuvent recevoir et supporter l'influence ; mais comme la Providence a doué ces êtres de la faculté de se ployer dans certaines limites à la diversité des causes nombreuses qui agissent sur la terre et de changer avec elles, il devrait s'en trouver, et il s'en trouve en effet, de même espèce sous des influences très-différentes, qui toutes ne sont pas également favorables.... Lorsqu'on envisage d'une manière générale les différentes causes à l'action desquelles sont soumis les êtres vivants dans une entière liberté, on voit qu'il en est d'avantageuses et de nuisibles; que le bien qui résulte des unes est en partie détruit par le mal que font les autres; qu'il doit naître de ce combat un état de choses mixte, duquel ne saurait évidemment résulter ce développement harmonique et parfait des organes qu'on a prétendu n'exister que dans l'état sauvage; il n'est parfait que relativement aux conditions dans lesquelles il a lieu. »

Si on applique les considérations précédentes à l'espèce humaine, il sera facile de reconnaître que la civilisation n'a pas été une cause de dégénération, et que si, par exception, quelques organisations chétives doivent être attribuées à la mollesse et à des vices inconnus à des peuplades sauvages, d'un autre côté, l'homme à l'état de nature n'atteint jamais à la beauté des formes et à la forte constitution qu'offrent certaines races aristocratiques.

DÉGÉNÉRESCENCE se dit d'une altération des tissus organiques ou d'autres substances qui tendent vers la dégénération : ainsi, on dit des *humeurs* du *sang*, de la *bile*, altérés dans le corps vivant, qu'ils sont dans un état de dégénérescence. Les squirres, les stéatomes, les tubercules, les tissus cancéreux, cérébriformes, carcinomateux, cartilagineux , sont des productions morbides, accidentelles, des altérations de texture pathologique, nées d'une sorte de transformation, ou succédant à des infiltrations, des pénétrations, des indurations, des incrustations, des ossifications ou autres modifications de nos organes. Ainsi, des membranes se durcissent, s'épaississent, se rendent opaques; les parenchymes se ramollissent, deviennent spongieux, ou leurs fibres se dilatent, s'éraillent, se gonflent, s'affaissent, se crispent, etc., sous l'influence de diverses causes de dégénérescence. J.-J. VIREY.

DEGENFELD (Famille de), antique race de barons allemands, originaires de la Suisse, venue vers l'an 1280 s'établir en Souabe, où elle fonda la seigneurie et le château de Degenfeld sur la Lauter, non loin de Schwæbisch-Gmünd, et qui fleurit encore aujourd'hui en deux branches. Le nom primitif de cette race était *Tægerfeld* ; elle tirait d'une famille ainsi appelée et établie dans le comté de Bade, pays d'Argovie. Elle fut élevée au rang des barons de l'Empire en 1625.

Le personnage le plus remarquable qu'elle ait fourni à l'histoire est *Christophe Martin de* DEGENFELD, qui prit part à la guerre de trente ans sous les ordres de Wallenstein et de Tilly, puis dans les Pays-Bas sous Spinola, et ensuite sous Gustave-Adolphe, et qui, en récompense du zèle et de la fidélité avec lesquels il servit la Suède et la France, finit par être nommé commandant supérieur de leurs troupes étrangères. Cependant, en 1643, il passa au service de la république de Venise, où, en qualité de général de cavalerie, il combattit bravement, d'abord les troupes du pape Urbain VIII, puis les Turcs; et il vint finir ses jours dans ses terres, où il mourut en 1653.

Sa fille, *Maria-Susanna-Loysa*, comtesse (raugrave) DE DEGENFELD, vint fort jeune encore à la cour de l'électeur palatin Charles-Louis, où elle fut nommée fille d'honneur de son épouse Charlotte, née princesse de Hesse-Cassel. Autant l'électrice, par ses manières froides et hautaines, s'aliéna le cœur de son époux, autant l'électeur se sentit tout d'abord charmé par la beauté, par l'esprit et par la grâce de la jeune fille d'honneur. Une correspondance *en latin* s'établit entre les deux amants; et, à la suite de plusieurs scènes de la nature la plus violente entre l'électrice et l'électeur, dans l'une desquelles la jalousie porta l'électrice jusqu'à tenter de brûler la cervelle à sa rivale, ce roman aboutit à une séparation du couple princier (quoiqu'il n'y ait pas eu de divorce formellement prononcé). Le 15 avril 1657 l'électeur épousa de la main gauche Mlle de Degenfeld, qui plus tard reçut, de l'assentiment de tous les agnats de la maison électorale le titre de comtesse (raugrave), lequel lui fut confirmé par lettres patentes de l'empereur. Elle vécut dans la plus heureuse union avec son époux, et mourut en couches de son quatorzième enfant, le 18 mars 1677.

DEGÉRANDO (JOSEPH-MARIE, baron), originaire d'une famille italienne établie à Lyon, naquit dans cette ville en 1772. Il venait de terminer ses études au collége des oratoriens, lorsque éclata la Révolution française. En 1793 il fit partie de l'armée insurrectionnelle lyonnaise, qui s'opposa à la Convention. Fait prisonnier et condamné à mort, il parvint à s'échapper, se réfugia en Italie, et ne rentra en France qu'en 1796. L'année suivante il s'engagea dans un régiment de chasseurs. Il servait depuis peu dans ce corps, lorsque l'Institut ayant mis au concours la question de savoir : « Quelle a été l'influence des signes sur la formation de la pensée ? » il entreprit de la traiter, et son mémoire fut couronné. Dès ce moment Degérando quitta le service militaire pour se livrer à la culture des lettres. Peu après Lucien Bonaparte l'attacha au ministère de l'intérieur, dont il devint secrétaire général sous Champagny. Il parcourut alors la carrière administrative, et fut successivement chargé de fonctions importantes en Toscane, à Rome, en Catalogne. En 1811 il fut nommé conseiller d'État. La Restauration, qui lui conserva ce titre, le combla de faveurs, et, par ordonnance royale du 24 mars 1819, le nomma professeur de droit administratif à la Faculté de Paris. La révolution de Juillet se montra aussi bienveillante que les gouvernements précédents à l'égard de Degérando, lui conserva non-seulement toutes ses places, mais lui en donna encore d'autres, et le nomma pair de France.

La vie de Degérando, mort à Paris le 10 novembre 1842, paraît avoir été dominée par trois genres d'études différents : la philosophie, l'administration et la philanthropie. Comme philosophe, il appartient à l'école sensualiste de la fin du dix-huitième siècle. C'est un élève de Locke et de Condillac. Son *Histoire comparée des Systèmes de Philosophie, relativement aux principes des connaissances humaines*, publiée en 1803, et qui est certainement son ouvrage capital en ce genre, le range parmi les adeptes de l'école sensualiste. Les systèmes de philosophie qu'il compare ne sont considérés que sous le rapport de l'origine des idées, base essentielle de toute philosophie pour les sensualistes. Lorsque cet ouvrage parut, il passa, pour ainsi dire, inaperçu, parce que le mouvement était ailleurs. Cependant, l'on peut dire que c'est là un bon travail pour l'époque; et c'est encore, à notre sens, le meilleur ouvrage de Degérando. Quelque temps après sa nomination à une chaire à l'École de Droit, il publia ses *Institutes de Droit Administratif*, ouvrage rempli de recherches, mais lourd, confus, indigeste, bon seulement à consulter au besoin, et qui fut bientôt dépassé par des travaux faits avec plus d'intelligence. Enfin, dans les dernières années de sa vie, il fit paraître son livre de la *Bienfaisance publique*, œuvre où se rencontrent en plus grande abondance encore les défauts du livre précédent, défauts qui tenaient surtout au genre d'esprit de l'auteur. En définitive, nous ne saurions mentionner ici toutes les productions de Degérando, qui a beaucoup écrit. Nous avons cité les principales, celles qui survivront peut-être à leur auteur, si tant est que quelques-unes doivent lui survivre.

Quoique Degérando ait joui pendant sa vie d'une très-grande réputation de savoir et d'humanité, quoiqu'il ait été membre de l'Académie des Inscriptions et Belles-Lettres et de celle des Sciences morales et politiques, conseiller d'État, professeur à la Faculté, administrateur des Quinze-Vingts, des Sourds-Muets, etc., etc., il est impossible, avec la meilleure volonté du monde, de voir en lui autre chose qu'un cœur personnel, un esprit vulgaire, une intelligence médiocre. C'est par un travail opiniâtre seulement qu'il a pu parvenir à des fonctions à la hauteur desquelles il n'a pas toujours su être. Le temps a déjà fait justice de Degérando comme de tous ces philanthropes à courte vue, qui ont imposé un instant le silence par un zèle bruyant, mais assez peu désintéressé, et par un déluge d'écrits, qui n'ont pas empêché une seule infortune ni soulagé une seule misère.

DÉGINGANDÉ. Ce mot signifie, au propre, rompu, brisé, disloqué; il se dit familièrement d'une personne dont la contenance et la démarche sont mal assurées. Roquefort veut que ce soit une corruption de *déhingandé*, qui se serait dit d'abord, et qui dériverait du latin *de hinc hanc*, (*de çà delà*). On s'est quelquefois servi de ce mot au figuré. Mme de Sévigné, écrivant au comte de Bussy, l'emploie dans ce sens : Je vous écrirai, lui dit-elle, quand vous m'écrirez, ou quand la fantaisie m'en prendra. Je ne faut rien de plus réglé à des conduites aussi *dégingandées que les nôtres.* »
Edme Héreau.

DÉGLUTITION, action d'avaler. Parmi les actes nombreux dont se compose la digestion, la déglutition n'est pas le moins important à étudier. Souvent nulle dans les zoophytes, qui sous ce point de vue ressemblent aux végétaux, puisqu'ils se nourrissent par absorption, elle offre un mécanisme assez compliqué chez les animaux de l'échelle supérieure. Dans ceux-ci, elle n'est point, comme on l'a écrit, le résultat simple de la pesanteur des aliments; car on voit les saltimbanques ayant la tête appuyée contre terre et les pieds dirigés vers le ciel avaler parfaitement : cela n'aurait pas lieu si les aliments n'étaient constamment soumis à un agent qui les pousse dans l'estomac. En se rappelant combien est variée la structure des premières voies digestives, on concevra sans peine que la déglutition supporte aussi de grandes modifications qu'on l'examine dans telle ou telle classe d'animaux : nous nous bornerons ici à décrire brièvement la déglutition chez l'homme.

Lorsque les aliments, suffisamment divisés et pénétrés de sucs salivaires (*voyez* MASTICATION), ont été réunis en un bol, la langue les presse contre la voûte du palais, et, recourbant sa pointe en haut et en arrière, en même temps qu'elle abaisse sa base, elle leur offre un plan incliné sur lequel elle les pousse d'avant en arrière pour leur faire franchir l'isthme du gosier. Dans le moment où la déglutition s'opère, la bouche se ferme par le rapprochement des deux mâchoires; le larynx et le pharynx sont élevés par l'action des muscles sous-maxillaires, et l'os hyoïde est entraîné vers la mâchoire inférieure par le muscle hyoglosse, qui en même temps abaisse et porte en arrière la base de la langue. L'épiglotte est appliquée sur l'ouverture du larynx, et permet aux aliments de parvenir dans l'arrière-bouche sans qu'ils s'introduisent dans les voies respiratoires ; alors le larynx s'abaisse en se portant en arrière et entraîne le pharynx. Le bol alimentaire, porté dans l'œsophage par le pharynx, et continuellement poussé par les contractions musculaires de ces organes, arrive enfin dans l'estomac.

Les liquides sont plus difficiles à être avalés, parce que leurs molécules, tendant sans cesse à s'écarter, demandent une application plus exacte des organes : aussi observe-t-on dans les cas où la déglutition se trouve empêchée par quelque vice organique dans les parois de l'œsophage, que les malades qui prennent encore des aliments solides avalent avec peine quelques gouttes de boisson. L'air et les substances gazeuses, étant moins coërcibles que les liquides, sont aussi d'une déglutition plus difficile ; cependant, il est des personnes qui après un court exercice parviennent à faire passer une gorgée d'air de la bouche dans l'estomac.

La déglutition peut être empêchée par un grand nombre de maladies, les unes agissant directement, comme les tumeurs, l'engorgement des glandes, les ulcérations du pharynx ou de l'œsophage, etc. ; les autres agissant sympathiquement, comme l'hypochondrie, l'hystérie, et surtout l'hydrophobie.
N. CLERMONT.

DÉGORGEMENT, DÉGORGEOIR, DÉGORGER. Le *dégorgement* est un écoulement des eaux et des immondices retenues : le dégorgement d'un égout, d'un tuyau, d'un évier, d'une gouttière. Il se dit aussi du débordement et de l'épanchement de la bile et des autres humeurs. Dans plusieurs arts et métiers, c'est l'action de dépouiller, de nettoyer certaines choses de matières superflues ou étrangères : le dégorgement des cuirs, des laines, des draps. *Dégorger* s'emploie dans les mêmes acceptions; il se dit, en outre, du poisson qui se purge dans l'eau claire du goût de la marée ou de la bourbe.

Dégorger, dégorgeoir, sont des termes particuliers à l'arme de l'artillerie. *Dégorger* une pièce de canon, c'est passer dans la lumière un petit instrument en fer, long et effilé, appelé *dégorgeoir,* avec lequel on perce la gargousse. Sans cette attention indispensable, la poudre d'amorce ne pourrait pas se communiquer avec celle de la charge, et le coup ne partirait pas.

DÉGOÛT, pris dans son sens propre, signifie non-seulement *manque, perte du goût,* mais encore *aversion* pour les substances alimentaires les plus agréables au goût. Les pathologistes ne confondent pas l'*anorexie* ou la perte de l'appétit avec le dégoût, qui est une véritable répugnance pour les aliments même les plus savoureux. Cette répugnance peut être portée au point que la vue seule ou le souvenir des aliments suffit pour déterminer des nausées. On observe ce symptôme, 1° particulièrement dans la première période des maladies aiguës ; 2° chez les hystériques, les hypochondriaques et les femmes enceintes ; 3° dans les maladies chroniques. Les pronostics qu'on en tire sont relatifs à sa durée plus ou moins longue, à l'état de l'estomac, et à celui des forces qui réclament une alimentation plus ou moins possible et plus ou moins prompte. Les alternatives de dégoût et d'un appétit plus ou moins vorace doivent aussi être prises en considération, soit dans le cours d'une maladie chronique, soit pendant les convalescences; dans ces deux cas, on doit craindre une rechute ou une recrudescence de l'état aigu.

Au figuré, on se sert du mot dégoût pour exprimer la qualité de tout ce qui nous cause une répugnance morale.

Tout objet qui produit cet effet est dit *dégoûtant*, lorsque la répugnance est portée jusqu'à l'aversion. On se borne à dire qu'il est *fastidieux* lorsqu'elle ne va que jusqu'à l'ennui.

On observe fréquemment que dans les luttes sociales les antipathies des individus, des partis, sont poussées jusqu'au *dégoût*, et bientôt suivies de manifestations haineuses. Il n'est point rare de voir des hommes jeunes encore, rassasiés de plaisirs, éprouver non-seulement l'ennui, mais encore le *dégoût* de la vie, et attenter à leurs jours. La médecine a des ressources pour remédier aux *dégoûts* de nos sens physiques; elle les puise dans l'hygiène, qui est l'art de conserver, de perfectionner la santé, et de rendre les races plus belles. Il appartient à la philosophie d'améliorer les mœurs politiques et sociales, pour que les hommes soient moins exposés à s'inspirer des dégoûts réciproques.

L. LAURENT.

DÉGRADATION. Ce mot, opposé à celui de *gradation*, exprime généralement, au propre comme au figuré, l'état d'affaiblissement, de perte, de diminution, de ruine, appliqué aux choses comme aux personnes. Il se dit d'un dégât, d'une détérioration plus ou moins considérable fait dans un bois, dans un héritage, dans une maison, et du dépérissement où est une chose, du dommage qu'elle a éprouvé par l'effet de la vétusté ou de quelque accident.

En termes de peinture, il s'entend de l'affaiblissement graduel de la lumière, des ombres, des couleurs d'un tableau. Ces dégradations doivent être insensibles.

Dégradation se dit aussi de la destitution, de la privation forcée et ordinairement ignominieuse du grade, de la dignité, du rang, de l'état que subit un condamné. Nous avons encore la **dégradation civique** et la **dégradation militaire**. Les membres de la Légion d'Honneur condamnés par les tribunaux subissent aussi une sorte de dégradation. Autrefois il y avait une dégradation de la noblesse, qui avait lieu de plein droit pour les nobles condamnés à une mort infamante ou qui étaient expressément déclarés déchus de la noblesse par un jugement emportant peine afflictive ou infame. Cette dégradation faisait en même temps déchoir de la noblesse les descendants du condamné. Au temps de la chevalerie, le chevalier félon était dégradé avec beaucoup de cérémonies. Avant la révolution, les magistrats condamnés étaient dégradés publiquement. Enfin les prêtres, jugés et condamnés, étaient dégradés par un évêque avant d'être livrés au bras séculier. Cette peine semblait tombée en désuétude quand on apprit, en plein dix-neuvième siècle, qu'un moine fusillé par les Autrichiens dans les États-Romains, après la révolution de 1849, avait d'abord été soumis à cette opération ignominieuse, et que l'on ne s'était pas contenté de lui arracher les insignes religieux et de lui raser la tête, comme on le faisait autrefois, mais qu'on lui avait enlevé la peau du front qui avait reçu l'onction sacrée.

L. LOUVET.

DÉGRADATION (*Morale*). En morale et en politique, c'est la perte volontaire de toute estime publique; c'est cette déchéance du *soi primitif* où tombent l'homme, le citoyen, se dépouillant de leur propre dignité en vue de certains avantages ou de certaines jouissances : il est bien rare qu'on se relève d'aussi bas. L'abrutissement choque plus que la dégradation, mais ravale moins; c'est que l'un est simplement la conséquence de mœurs qui sont basses, tels que l'abus des liqueurs fortes; l'autre dérive d'une abjection du cœur. Un mari qui, pour vivre, tolère publiquement les désordres de sa femme; un père, une mère qui vendent leur fille, voilà les signes auxquels il faut reconnaître la dégradation morale, qui se concentre dans l'intérieur de la famille. Il est un autre genre de dégradation non moins funeste, c'est la dégradation politique; elle n'annonce que trop souvent la décrépitude des peuples; elle commence en général à se développer dans la classe qui poursuit les emplois et les dignités : lorsque les individus qui la composent échangent leurs devoirs contre leurs intérêts, et que, pour arriver plus vite, ils ont un dévouement qui est prêt à tout, des sophismes qui ne reculent devant aucune espèce de justification, et des serments qui se prêtent ou qui se vendent à tous les pouvoirs, on peut dire que la dégradation politique est née; mais elle n'est pas encore universelle. Ce désastre ne se fait pas attendre. Alors les citoyens de tous les rangs craignent plus pour leur vie que pour l'honneur national; ce n'est encore là que le premier degré de la dégradation publique : il en amène bientôt un autre, c'est-à-dire que les besoins et les plaisirs l'emportent sur les sentiments et les affections. Que fallait-il aux descendants des Scipions? *Du pain et le cirque;* ils ne formaient plus un peuple, mais une collection d'individualités englouties dans leurs propres jouissances. Rome était vermoulue par sa dégradation; elle a dû céder aux Barbares : ceux-là, du moins, sentaient battre leur cœur.

SAINT-PROSPER.

DÉGRADATION CIVIQUE. C'est une peine infamante qui consiste : 1° dans la destitution et l'exclusion des condamnés de tous emplois, fonctions, ou offices publics; 2° dans la privation du droit de vote, d'élection, d'éligibilité, et en général de tous droits civiques et politiques, et du droit de porter aucune décoration; 3° dans l'incapacité d'être juré, expert; d'être employé comme témoin dans les actes et de déposer en justice autrement que pour y donner de simples renseignements; 4° dans l'incapacité de faire partie d'aucun conseil de famille, et d'être tuteur, curateur, subrogé-tuteur ou conseil judiciaire, si ce n'est de ses propres enfants, et sur l'avis conforme de la famille; 5° dans la privation du droit de port d'armes, du droit de faire partie de la garde nationale, de servir dans les armées françaises, de tenir école ou d'enseigner, et d'être employé dans aucun établissement d'instruction, à titre de professeur, maître ou surveillant. Cette peine est prononcée comme peine principale contre les fonctionnaires convaincus de forfaiture et contre les particuliers coupables de parjure en matière civile. Elle est de droit l'accessoire de toute condamnation aux travaux forcés à temps, à la réclusion et au bannissement.

DÉGRADATION MILITAIRE, peine flétrissante, qui a été infligée chez toutes les nations dès la plus haute antiquité, quelquefois même à des corps entiers. Ainsi, pendant la guerre de Pyrrhus, les Romains condamnèrent les cavaliers à servir comme fantassins, et ceux-ci à grossir les rangs des goujats ou valets. On trouve des exemples de cette punition dans les premiers siècles de l'empire, notamment sous le règne de Julien. Cependant, le militaire flétri pouvait être réhabilité. Au moyen âge, la dégradation des chevaliers avait lieu dans des circonstances déterminées, avec des formes religieuses et militaires à la fois.

Dans la législation actuelle, les soldats, caporaux, sous-officiers et officiers convaincus d'avoir agi contre l'honneur, sont cassés en présence de leur corps sous les armes, et dépouillés de leurs insignes. Cette flétrissure est infligée au militaire condamné par un conseil de guerre pour un crime qui entraîne une peine infamante. Les cérémonies ignominieuses qui l'accompagnent sont l'arrachement des épaulettes, boutons etc., l'enlèvement du ceinturon par-dessous les pieds, etc. Le militaire qui a eu le malheur d'encourir cette dégradation ne peut plus être réhabilité et est déclaré incapable de reprendre du service. En Autriche, en Prusse, en Angleterre, la législation militaire, en fait de dégradation, est réglée à peu près sur les mêmes principes qu'en France. En Russie, un officier peut être condamné à perdre son grade et à servir comme simple soldat, soit par sentence du tribunal militaire, soit par décision du souverain. Ces punitions sont de diverses espèces, avec ou sans perte de la noblesse, avec ou sans espoir d'avancement et de réhabilitation. Elles sont principalement infligées pour délits politiques, duels, ou insubordination.

DÉGRAISSEUR (Art du). Si le savetier mérite le titre de *réparateur* de la chaussure humaine, on peut dire que le dégraisseur est le *restaurateur* de l'éclat et de la couleur des étoffes, ainsi que de leur propreté. Cette dernière partie de son art est la plus facile, et c'est aussi la plus anciennement connue et pratiquée. Mais on impose actuellement au *teinturier dégraisseur* une tâche plus difficile que le nettoyage des étoffes; on demande qu'il restitue les couleurs altérées, qu'il fasse disparaître toutes les maculatures, en un mot qu'il retrouve et rétablisse l'apparence primitive. Il faut de l'adresse et un coup d'œil exercé pour ramener à l'uniformité des altérations diverses d'une même couleur, pour remplacer par une peinture assez durable les *teintures* disparues ou trop affaiblies dans quelques parties d'une étoffe, etc. En mettant à part cette sorte d'habileté, qui ne peut être commune, et que l'apprentissage ne fait pas toujours acquérir, quelque prolongé qu'il soit, l'art du dégraisseur se réduit à nettoyer et enlever les taches. On ne manque point de procédés ni de spécifiques pour ces deux opérations : d'habiles chimistes ont rédigé la théorie de cet art, indiqué les matières qu'il peut employer avec succès, donné de très-bons avis pour diriger les opérations; cependant, il faut avouer que la science n'éclaire encore que très-imparfaitement ceux qui exercent la profession de dégraisseur. Un peu d'instruction en chimie leur aurait appris qu'il ne faut pas exposer les matières animales à l'action des alcalis caustiques, et ils banniraient les cendres des diverses préparations dont ils font usage pour nettoyer la laine et la soie; ils sauraient aussi que l'éther et les huiles essentielles sont les meilleurs dissolvants des graisses, que l'alcool décompose la cire lorsqu'il est assez rectifié, mais qu'il perd cette propriété lorsqu'il est mêlé d'une trop grande quantité d'eau.

La première chose que doit faire un dégraisseur qui veut enlever une tache, c'est de reconnaître la nature de cette tache, la nature de l'étoffe et de la couleur qui y est appliquée, de manière à pouvoir choisir parmi les corps susceptibles de faire disparaître la tache un de ceux qui n'exerceront aucune action fâcheuse sur l'étoffe ou sa couleur. Telle couleur redoute l'emploi des acides, telle autre celui des alcalis. Mais le dégraisseur a assez de substances à sa disposition pour n'être jamais embarrassé chaque fois qu'il aura bien déterminé les éléments du problème de chimie qu'il doit résoudre. Celles de ces substances qu'il emploie le plus souvent sont : *l'eau pure*, froide ou chaude, destinée à laver ou rincer les étoffes, afin de les débarrasser de tous les corps étrangers et neutres qui couvrent la couleur; la *vapeur d'eau*, qui a la propriété d'amollir les matières grasses et de faciliter ainsi leur dissolution par les réactifs; l'*acide sulfurique* qui peut être employé dans certains cas, particulièrement pour aviver et rehausser les couleur verte, rouge et jaune; mais il faut l'étendre au moins de cent fois son poids d'eau et augmenter cette dose suivant la délicatesse des nuances; l'*acide chlorhydrique* dont on se sert avec succès pour enlever les taches d'encre et la rouille sur une grande quantité de couleurs qu'il n'altère pas sensiblement; l'*acide sulfureux* qui ne s'emploie que pour blanchir les étoffes non teintes, les chapeaux de paille, etc., et pour enlever les taches de certains fruits sur la laine ou la soie blanche; l'*acide oxalique* dont on ne peut se servir que sur des tissus non teints ou bon teint et foncés, et qui enlève les taches d'encre, de rouille, de fruits et de sucs astringents, de l'urine qui a vieilli sur une étoffe, etc.; l'*acide citrique* et l'*acide acétique*, qui rehaussent le vert et le jaune, et détruisent les *rosures* sur l'écarlate; l'*alcali volatil* ou *ammoniaque liquide*, dont tous les fripiers se servent à froid ou à chaud pour dégraisser et remettre à neuf les vieux habits; la *potasse*, la *soude* et le *savon blanc*, exclusivement consacrés aux étoffes blanches de lin, de chanvre et de coton; le *carbonate de soude*, propre à dégraisser les chapeaux de soie altérés par la sueur; le *savon marbré*, bon pour le dégraissage des grosses étoffes de laine et de coton; le *savon vert* qu'on emploie en dissolution avec de la gomme arabique pour le dégraissage des étoffes de couleur et principalement des étoffes de soie unies; la *poudre de savon* qui sert au nettoyage des gants de peau; la *bile amère* ou *fiel de bœuf*, qui dissout la plupart des corps gras peu résistants sans altérer les couleurs, excepté dans les nuances tendres et délicates, qu'il ternit; le *jaune d'œuf* qui a à peu près les mêmes propriétés que le fiel de bœuf; les *huiles volatiles* ou *essentielles rectifiées*, telles que celles de *térébenthine*, de *citron*, de *lavande*, de *bergamotte*, qui enlèvent facilement les taches d'huile, de graisse, de résine, de goudron, de poix, de bitume, etc., sur une étoffe propre, mais qu'on n'emploie pas pour dégraisser à fond les étoffes salies par l'usage; l'*alcool rectifié*, qui dissout facilement la cire, le suif à l'état concret, la bougie stéarique, toutes les matières résineuses déposées superficiellement sur une étoffe quelconque, et qui peut enlever les taches de vernis, de peinture, de poix, de goudron, sur des étoffes de laine tirées à poils, et quelquefois même sur les tissus lisses qui n'ont pas été pénétrés; les *terres grasses et absorbantes*, argile, terre à foulon, terre de pipe, plâtre, etc., qui enlèvent les corps graisseux, mais qu'on ne doit employer qu'avec circonspection; la *craie* et la *céruse*, qui, réduites en poudre très-fine, dont on saupoudre l'étoffe bien tendue qu'on frotte avec une brosse de flanelle, nettoient parfaitement les laines claires, le satin blanc, les tapisseries, etc.; la *saponaire*, avec laquelle on dégraisse les laines et les cachemires; le *sel de tartre* ou *sous-carbonate de potasse*, qui dissout et enlève avec facilité tous les corps gras, mais qu'on ne doit employer que sur les draps bleus, noirs, gris, verts foncés, et généralement sur toutes les étoffes bon teint; le *sel d'oseille* ou *bi-oxalate de potasse*, dont les oxydes métalliques des taches d'encre, de rouille, etc.; l'*eau de Javelle*, qui enlève certaines taches de fruits et blanchit le chanvre, le lin et le coton non teints; la *crème de tartre*, qui enlève les taches de cambouis, de rouille, de boue; etc.

DÉGRAS, matière employée dans la corroierie pour donner de la souplesse aux *cuirs* et les rendre imperméables. On en connaît deux espèces dans le commerce, celui dit *de pays* et celui de Niort. Le premier est un produit immédiat du chamoisage des peaux. Lorsqu'elles sont débourrées et défleurées, on les imprègne d'huile dont on enlève l'excès par la potasse en liqueur; il en résulte une dissolution qui contient, non-seulement de la savon, mais encore de la gélatine. Cette dissolution, évaporée à siccité, donne pour résidu le *dégras de pays*. A Niort, on la décompose par l'acide sulfurique; on en précipite le dégras qui porte le nom de cette ville, et qui n'est autre chose que de l'huile oxygénée. On est parvenu à donner à l'huile de poisson toutes les propriétés du dégras de Niort, en faisant bouillir pendant cinq minutes un kilogramme de cette huile avec 30 grammes d'acide nitrique à 25 degrés. On observe que, dans cette opération, il ne se dégage aucun gaz, et qu'il se forme de l'eau et du nitrate d'ammoniaque : d'où l'on doit conclure que l'huile s'oxygène, non pas en absorbant l'oxygène de l'acide nitrique, mais en lui cédant une partie de l'hydrogène qui entre dans sa composition.

DEGRÉ. Ce mot, fait du latin *gradus*, signifie proprement marche, échelon, distance, intervalle qui sépare une chose d'une autre. On l'a quelquefois employé comme synonyme d'*escalier*, par suite sans doute de cette figure qui fait prendre la partie pour le tout, et *vice versâ*. Corneille nous offre un exemple de l'emploi du mot *degré* pris dans la même acception, mais dans un sens figuré, dans ces vers de *Cinna* :

Le ravage des champs, le pillage des villes,
Et les proscriptions, et les guerres civiles,
Sont les *degrés* sanglants dont Auguste a fait choix
Pour monter sur le trône et nous donner des lois.

Dans ceux que l'on va lire, *degré* devient synonyme de période, intervalle, distance :

Ainsi que la vertu le crime a ses *degrés*.
(RACINE, *Phèdre*.)
Il est dans tous les arts des *degrés* différents ;
On peut avec honneur remplir les seconds rangs ;
Mais dans l'art dangereux de rimer et d'écrire
Il n'est point de *degrés* du médiocre au pire.
(BOILEAU, *Art poét*.)

Degré se dit, dans le sens propre et direct, de la différence en plus ou en moins dans les qualités sensibles : *degrés de chaleur, de froid, de sécheresse, d'humidité, de force, de mouvement, de vitesse*, etc. On l'applique aussi aux différentes parties dans lesquelles le baromètre, le thermomètre, l'hygromètre, les aréomètres, et une foule d'autres instruments de physique et de mathématiques sont divisés.

Dans le sens figuré, *degré* se dit des charges, des titres, des dignités, par où on s'élève successivement dans la hiérarchie des emplois et des honneurs. Par extension, il s'applique en métaphysique aux différents états par lesquels on passe dans le monde. La Fontaine a dit :

Vous qui devez savoir les choses de la vie,
Qui par tous ses *degrés* avez déjà passé.

En parlant des qualités morales, on dit *le plus haut degré, le dernier degré, le suprême degré, le souverain degré*, et toutes ces façons de parler marquent le comble où ces qualités sont arrivées, indiquent un superlatif, soit en bien, soit en mal. Molière a dit quelque part :

Il est impertinent *au suprême degré*.
Edme HÉREAU.

DEGRÉ (*Mathématiques*). Une circonférence étant partagée en 360 parties égales, chacune de ces parties reçoit le nom de *degré* et est ainsi figurée °. On subdivise chaque degré en 60 minutes ('), chaque minute en 60 secondes ("), chaque seconde en 60 tierces ('''), etc. Si du sommet d'un angle pris pour centre, on décrit un arc de cercle, quel que soit le rayon employé, l'arc compris entre les côtés de l'angle contient toujours le même nombre de degrés et fractions de degrés, parce que ces parties de la circonférence sont, comme elle, proportionnelles au rayon. C'est ce qui a permis d'exprimer la mesure d'un angle dont le sommet est placé au centre d'une circonférence, par le nombre de degrés, minutes, secondes, etc., de l'arc intercepté entre ses côtés, procédé dont l'emploi du rapporteur est une application usuelle. Souvent on mesure un arc par le nombre de degrés qu'il contient ; on n'entend pas alors exprimer sa grandeur absolue, mais seulement son rapport à la circonférence : dire qu'un arc est de 36°, équivaut à dire qu'il forme les $\frac{36}{360}$ ou $\frac{1}{10}$ de la circonférence à laquelle il appartient.

On a voulu étendre l'application du système décimal aux calculs de l'astronomie. Regiomontanus, Stevin et d'autres géomètres, considérant que l'angle droit sert-très-souvent d'unité dans les calculs, ont proposé de partager sa mesure, qui est le quart de la circonférence en 100 parties égales au lieu de 90 que comporte la division habituelle. Chacun de ces nouveaux degrés qu'on nomme *degrés centésimaux* ou mieux *grades*, pour les distinguer des autres qu'on nomme *degrés sexagésimaux*, se partage en 100 *minutes centésimales*, divisées chacune en 100 *secondes centésimales*, et ainsi de suite. Cette innovation offrait l'avantage de substituer à des nombres complexes des nombres décimaux dont le calcul est toujours beaucoup plus simple ; mais on a objecté en faveur du nombre 360 l'abondance de ses diviseurs, et aujourd'hui encore on n'emploie dans les calculs astronomiques et géodésiques que l'ancienne division de la circonférence : c'est pourquoi, lorsque le mot *degré* n'est accompagné d'aucune désignation, on peut être certain qu'il s'agit du degré sexagésimal.

La latitude et la longitude des lieux terrestres, l'ascension et la déclinaison des astres, en général toutes les distances mesurées sur les cercles célestes, s'évaluent en degrés. Relativement à la terre, on doit remarquer que sa forme n'étant pas parfaitement sphérique, un méridien ne peut être regardé comme exactement circulaire. Un *degré terrestre* compté sur le méridien n'en est donc pas exactement la 360ᵉ partie ; c'est l'espace qu'il faut parcourir sur le méridien pour que la position de la verticale ait varié d'un degré. La terre étant aplatie vers les pôles, les degrés du méridien sont d'autant plus grands qu'on s'écarte plus de l'équateur, ainsi qu'on s'en est assuré par des triangulations exécutées tant pour connaître exactement les dimensions de la terre que pour servir de base à l'établissement du système métrique. Cependant, dans certains cas où on peut se contenter d'une approximation, on regarde les degrés terrestres comme égaux : ainsi agissent les marins, qui divisent le degré en 20 lieues marines ; avant l'introduction des nouvelles mesures itinéraires, les Français se servaient d'une lieue terrestre de 25 au degré.

En algèbre, le mot *degré* prend une tout autre acception. Le degré d'un terme est la somme des exposants des différentes lettres qui le composent ; a^2b^3, $4\ a^2b^2$, $5\ abc$ sont respectivement du cinquième, du quatrième et du troisième degré. On voit que dans cette évaluation, on ne tient nul compte des coefficients. C'est pourquoi, dans les équations, où toute lettre représentant une quantité connue est regardée comme un coefficient, le degré d'un terme est simplement la somme des exposants des inconnues. Une équation renferme généralement des termes de degrés différents ; celui de ces degrés qui est le plus élevé est dit le degré de l'équation considérée. Ainsi l'équation $ax + by = c$, où a, b, c sont des coefficients, est une équation du premier degré à deux inconnues ; $x^2 + px + q = 0$ est une équation du second degré à une inconnue, etc.

Par extension, on appelle courbes du second, du troisième degré, etc., celles qui sont représentées par des équations du second, du troisième degré, etc. E. MERLIEUX.

DEGRÉ DE COMPARAISON. *Voyez* COMPARAISON.
DEGRÉ DE JURIDICTION. *Voyez* JURIDICTION.
DEGRÉ DE PARENTÉ. *Voyez* PARENTÉ.

DÉGRÉER. C'est ôter à un navire tout son gréement, c'est-à-dire ses voiles, ses poulies, ses vergues, toutes ses cordes ou manœuvres courantes et fixes. Cette opération se fait lorsqu'un bâtiment doit passer quelque temps sans naviguer et qu'il doit stationner dans un bassin, ou lorsqu'on veut visiter sa mâture, ses cordages, pour juger de leur solidité. Un navire est *dégréé* lorsqu'il est privé de la majeure partie de ce qui lui est nécessaire pour naviguer. Dans un combat, il peut être *dégréé* par les boulets de l'ennemi ; dans une tempête, par la violence du vent qui déchire ses voiles et brise sa mâture. On disait autrefois *désagréer* pour *dégréer*, et *dégréage* pour *dégréement*.

Dégréer un mât, une vergue, etc., c'est enlever les cordes, les poulies, etc., qui appartiennent à ce mât, à cette vergue... Dans les navires à voiles carrées, les vergues les plus élevées se nomment *cacatois*, et celles qui sont immédiatement au-dessous se nomment *perroquets*. Les premières sont dégréées et envoyées sur le pont dès qu'un navire de guerre arrive au mouillage, parce que sa mâture prend alors une tournure plus élancée et plus élégante. Quant aux perroquets, on les dégrée aussi et on les envoie en bas, chaque soir au coucher du soleil, au moment où l'on amène le pavillon, qui toute la journée est resté flottant ; le matin, on les replace à la tête des mâts, en même temps que l'on déploie le pavillon : c'est un petit exercice de parade que l'officier de quart indique par le commandement : « Range à dégréer les perroquets ! » A bord des divers bâtiments d'une escadre, pour que cette manœuvre se fasse avec grâce et ensemble, on enlève la voile de cette vergue et une grande partie des cordes qui sont nécessaires à sa manœuvre ordinaire, on la maintient au mât par une petite ficelle; au moment où l'amiral donne le signal par un coup de fusil, une secousse casse la ficelle; toutes ces vergues descendent rapidement ensemble : c'est une espèce de joujou ou de pantin, auquel on fait faire casse-cou pour saluer le pavillon.

Théogène Page, capitaine de vaisseau.

DEGRÉS UNIVERSITAIRES. Ce sont les différents grades conférés dans les universités. Celui qui a acquis tous ces grades a *pris ses degrés*. Cet usage nous vint d'Italie vers le douzième siècle. Pierre Lombard et Gilbert de la Porrée, qui étaient alors les principaux théologiens de l'université de Paris, passent pour y avoir établi, les premiers, les différents degrés scolastiques. De Paris ils se répandirent dans les autres universités de la France, et dans le siècle suivant l'Angleterre et l'Allemagne suivirent cet exemple.

La faculté de théologie conféra seule d'abord les grades de *maître ès arts, bachelier, licencié et docteur*. Pour chacun de ces grades, il fallait acquitter un droit qui variait de 200 à 600 livres. Les facultés de médecine et de droit eurent bientôt également leurs degrés, qui furent à peu près les mêmes.

Il n'existe plus aujourd'hui en France que trois degrés : le baccalauréat, la licence et le doctorat; ils ont une valeur analogue dans les différentes facultés, mais ils ne s'acquièrent point par des épreuves de tout point semblables; la Faculté de médecine ne confère que le grade de docteur et en outre des diplômes d'officier de santé. A l'étranger, les titres de *candidats* et de *magisters* remplacent souvent ceux de bacheliers et de licenciés.

DÉGROSSIR. C'est, en termes d'art, un premier travail fait ordinairement avec de gros instruments, au moyen desquels on enlève plus promptement les grandes parties inutiles dans la pierre, le marbre, le fer, la charpente et même les bois de menuiserie. C'est principalement dans la sculpture que l'on fait usage du mot *dégrossir*, lorsqu'après avoir *épannelé* un bloc, c'est-à-dire après avoir scié les grands pans ou les angles inutiles, un ouvrier enlève avec le poinçon et un maillet de fer des *écales*, plus ou moins fortes, jusqu'à ce qu'il approche du point où le talent de l'artiste est nécessaire pour atteindre à la perfection.

Le serrurier dégrossit son travail par le moyen de grosses limes auxquelles on donne le nom de *carreaux*. Le charpentier se sert de la *coignée* pour dégrossir les pièces, et il prend la *bésaiguë* pour terminer son travail. Le menuisier dégrossit le sien avec le *fermoir*, ou bien aussi avec un long rabot dont le fer est arrondi, et qui porte le nom de *demi-varlope*.

Duchesne aîné.

Dégrossir se dit, au figuré, dans le sens des verbes *commencer*, *ébaucher*, etc. : *dégrossir une affaire*, c'est commencer à l'éclaircir, à la débrouiller; *dégrossir une œuvre littéraire*, c'est en disposer, en distribuer les premières masses, en préparer le plan; en termes d'imprimerie, *dégrossir une épreuve*, c'est enlever, avant de la soumettre à l'auteur, les fautes les plus grossières qui ont échappé à la composition.

DE GUERLE (Jean-Nicolas-Marie), écrivain spirituel, naquit à Issoudun, le 15 janvier 1766. Il était maître de quartier au collège de Lisieux, lorsque la révolution éclata. Originaire d'une famille irlandaise qui avait suivi Jacques II en France, il se rangea parmi les partisans de l'ancien régime, prit part à l'insurrection du camp de Jalès et rédigea la protestation qui parut en 1791 sous le nom supposé du marquis d'Arnay. Il fut arrêté et conduit à l'Abbaye, d'où un ami le fit évader, la veille des massacres de septembre. Sous le Directoire, il concourut, avec Laharpe, Fontanes et l'abbé de Vauxcelles, à la rédaction du *Mémorial*, journal d'opposition qui fut bientôt supprimé. Lors du rétablissement des écoles, il fut nommé successivement professeur de grammaire générale à l'école centrale d'Anvers, de belles-lettres au collège national de Compiègne, de rhétorique au Prytanée français (école de Saint-Cyr), et au lycée Bonaparte. Le grand-maître Fontanes lui confia plus tard la chaire de littérature française à la faculté des lettres de Paris, et l'appela aux fonctions de censeur des études au Lycée impérial, aujourd'hui Louis-le-Grand. Il y mourut le 11 novembre 1824. On a beaucoup trop vanté sa traduction en prose de *l'Énéide*. On lui doit encore un *Éloge des Perruques*, accompagné d'un commentaire plus ample que le texte, satire ingénieuse; une traduction en vers du poëme de la *Guerre civile* de Pétrone, accompagnée de *Recherches sceptiques, tant sur la satire de Pétrone que sur son auteur présumé*, et une foule de poésies gracieuses, telles que *Stratonice et son peintre*, *Salix et Pholoé*, *Pradon à la comédie*, *Œnone et Páris*, etc, etc.

DÉGUERPISSEMENT. Ce mot désignait, sous l'ancienne jurisprudence, l'acte fait au greffe et homologué ensuite par jugement avec les parties intéressées, par lequel le détenteur d'immeuble grevé d'une rente foncière ou autre charge réelle, en abandonnait la possession pour se soustraire à cette charge. Le déguerpissement pourrait avoir lieu aujourd'hui encore de la part de débiteurs de rentes foncières créées antérieurement à la promulgation du Code Napoléon, quoiqu'elles soient maintenant meubles et rachetables, pourvu toutefois qu'il n'y ait pas eu renonciation *expresse* ou *tacite* dans l'acte. Il est une sorte de déguerpissement que le code a consacré, c'est le cas d'un propriétaire d'un fonds assujetti à une servitude, et qui est chargé par le titre de faire à ses frais les ouvrages nécessaires pour l'usage ou la conservation de la servitude. Au surplus, comme le déguerpissement est une véritable aliénation, pour déguerpir il faut être capable d'aliéner : le déguerpissement n'est donc permis qu'aux personnes majeures et maîtresses de leurs droits. On assimile le déguerpissement volontaire à une rétrocession, et on le soumet aux mêmes droits que les ventes d'immeubles.

DÉGUISEMENT. Ce mot, dans l'acception que nous lui donnons ici, veut dire tous les changements que les hommes d'époques ou de nations différentes ont fait ou font subir à leur costume habituel, dans l'intention de célébrer quelques fêtes, ou bien de se réjouir. Vu sous ce rapport, il sert à exprimer un usage qui, diversement appliqué, remonte à la plus haute antiquité. Sans adopter le sentiment de quelques rêveurs qui, s'appuyant sur ce que dans la célébration de certaines Bacchanales, on criait *Eva, Evahé*, prétendent que l'origine des mascarades ou déguisements remonte jusqu'au premier homme, nous dirons cependant que cette origine paraît antérieure aux temps historiques, qu'il est impossible de lui fixer une date, et que c'est là une de ces pratiques que personne n'a inventées, parce que l'idée s'en est présentée naturellement à l'esprit de plusieurs en différents lieux et dans les mêmes circonstances. Les travestissements étaient de l'essence de la célébration des fêtes de Bacchus. Les orgies et les impudicités qui faisaient le caractère de ces fêtes, ont pu inspirer assez de répugnance aux novices et aux femmes qui conservaient quelques sentiments de pudeur, pour les faire rougir de s'y trouver et de participer aux plus infâmes débauches; de là l'idée de se déguiser ou de se couvrir le visage pour n'être pas reconnu. Dans cette supposition, qui n'a rien que de vraisemblable, le masque et les *déguisements* auraient pris naissance chez les Égyptiens, d'où Bacchus paraît tirer son origine. Plusieurs écrivains de l'antiquité attestent aussi que les premiers habitants de la Grèce et de Rome, encore pasteurs et sauvages, se couvraient la tête de feuilles et de plantes, ou se peignaient la figure avec une certaine liqueur, dans leurs farces, jeux et plaisanteries. Tels furent même les premiers *masques*, partie importante, comme chacun sait, de tout déguisement.

Quand les nations de la Grèce civilisée eurent admis un système de polythéisme puisé à différentes sources, elles célébrèrent en l'honneur de quelques-unes de leurs divinités des fêtes qui admettaient même des déguisements plus ou moins bizarres, plus ou moins complets. Nous citerons les *Lupercales*, les *Bacchanales*, les fêtes en l'honneur de *Pan* et de *Phallus*. Pendant ces dernières surtout, les déguisements étaient beaucoup plus nombreux; les représentations bizarres, indécentes, auxquelles elles donnaient lieu, en étaient certainement la cause. Là surtout, il faisait bon de se cacher à tous les regards, afin de mieux étouffer tout sentiment de honte qui aurait pu diminuer l'emportement de ces honteuses cérémonies. Les Romains ne furent pas plus exempts que les peuples de la Grèce de ces fameuses Lupercales : on sait qu'ils y apportèrent toute la fureur de la débauche ; et ces fêtes, qui, sans aucun doute, sont l'origine de notre *carnaval*, ont laissé dans cette partie de l'Europe un tel souvenir, que nos *déguisements* modernes et la forme qu'ils ont prise, y sont, chacun le sait, plus pratiqués que partout ailleurs, par la raison que la plus grande partie d'entre eux y furent inventés. Les Romains, d'ailleurs, n'avaient aucune répugnance à se farder le visage à déguiser leurs traits et à revêtir le costume de dieux et de héros célèbres dans leur mythologie ; sous les empereurs surtout, sous la Rome dégénérée, tous ces déguisements, toutes ces parades, amusaient le peuple, flattaient le maître, et l'on sait que Néron, déguisé en Apollon, chantait des vers sur le théâtre. Son exemple fut suivi par quelques-uns de ses successeurs.

Nous avons dit plus haut que les *Saturnales* et autres fêtes du paganisme avaient donné naissance aux déguisements de tout genre ; nous verrons encore que l'usage de ces déguisements, conservés en Europe parmi les nations modernes, n'a pas d'autre origine, et que c'est un reste du paganisme, qui, après avoir traversé les coutumes pieuses et très-souvent bizarres du moyen âge, s'est perpétué jusqu'à nous. Le christianisme, ayant trouvé établies et trop fortement enracinées pour les briser tout à coup ces coutumes grossières, ne put qu'en changer l'esprit en cherchant à les rattacher au culte chrétien ; toutefois, les ministres catholiques qui agissaient ainsi : à toutes époques, les papes, les évêques, les conciles, ont lancé des arrêts contre ces superstitions honteuses. Mais le peuple et la partie ignorante du clergé persistaient dans ces vieux usages. Seulement, au lieu de représenter Saturne, Bacchus, Minerve, Pan, ou toute autre divinité païenne, les chrétiens du moyen âge, quand venait Noël, qui pour eux avait remplacé les *Saturnales*, se déguisaient en fous, en abbés, en évêques, surtout en rois. A ces travestissements, qui peu à peu firent place à d'autres, il faut ajouter tous ceux qu'on avait coutume de faire « aux esbatements solennels, comme sacre, couronnement, mariage, prise d'armes, entrées des villes des princes et princesses des différentes nations de l'Europe. En ces solennités, même à des époques assez reculées, la mythologie avait toujours sa place : ainsi, dans plusieurs occasions, la ville de Paris célébra de grandes fêtes ; des fontaines jaillissaient le vin, l'hydromel, et bien toujours de belles jeunes filles toutes nuettes représentaient les syrènes. »

Avec le seizième siècle et les expéditions de nos Français en Italie, des déguisements nouveaux, inconnus jusqu'alors, au moins en France, sont mis en vogue à la cour pour les fêtes et ebattements, dont les *Valois* surtout furent grands amateurs ; déjà l'exemple leur en avait été donné par le roi Charles VI, et l'on sait que ce malheureux prince manqua de périr dans un travestissement d'hommes sauvages dont il était acteur. Ce goût ne fit qu'augmenter lorsque les Italiennes Catherine et Marie de Médicis devinrent reines de France. C'est alors que toutes les pasquinades de Rome et de Venise furent de mode, et que l'on vit ces grandes mascarades dans lesquelles chacun des personnages de la cour jouait un rôle. Sous Louis XIV, les déguisements étaient très-en usage, principalement dans les carrousels, ou fêtes guerrières, dans lesquelles ce prince aimait beaucoup à se montrer ; la mythologie faisait généralement les frais de ces pompeuses cérémonies ; chaque dieu, chaque déesse, étaient représentés par des gentilshommes amis du roi, et lui-même, en plusieurs circonstances, se plut à paraître au milieu d'eux en costume d'Apollon. Il affectionait ce déguisement, au point que les devises dans lesquelles on le compare au soleil se trouvent répétées dans différentes circonstances de son règne.   Le Roux de Lincy.

DÉGUISEMENT (*Morale*). C'est une espèce de trahison ; puisqu'on se donne pour ce qu'on n'est pas, on trompe donc, et, en général, c'est à son profit. Le déguisement est très-proche parent du mensonge, de la fourberie, de la déception. Sans doute, il est dans la vie des circonstances où il est difficile de manifester complètement sa pensée ou son opinion ; il faut alors se renfermer dans le silence ; mais ne pas descendre jusqu'au déguisement. Nos intérêts peuvent avoir à souffrir d'une sincérité entière, mais ce qui donne du prix aux devoirs, c'est qu'il en coûte quelquefois pour les accomplir. Si le déguisement qui a pour but l'avancement de notre fortune est répréhensible, il peut être digne d'éloge, au contraire, lorsqu'on n'y recourt que pour être utile à des tiers. Plaide-t-on la cause d'un fils coupable, il est des fautes qu'il faut pallier et même déguiser. La concorde que vous cherchez à rétablir dans l'intérieur d'une famille, les coups mortels que vous pourriez porter à la tendresse d'un père, ces motifs réunis vous portent d'user d'un vertueux déguisement ; vous n'êtes ou venu pour révéler, mais pour réconcilier. Il y a dans le monde une foule de petites circonstances où la politesse exige qu'on use de ces déguisements qui, sans blesser la conscience, répandent un charme infini dans tous les rapports. Il en résulte un ensemble de satisfactions intérieures, de doux efforts et d'échanges d'aimables procédés, d'où naissent à la longue des attachements qui durent quelquefois autant que la vie. Tout n'est donc pas à blâmer dans ces petits déguisements dont usent les gens bien élevés quand ils sont réunis entre eux ; il ne s'agit de part et d'autre que de se plaire ou même que de se délasser, l'on n'est pas en quête de devoirs, mais d'agréments ; il ne faut alors laisser apercevoir en soi que ce qui attire, et ne vouloir reconnaître dans les autres que les côtés qui les louent ou les flattent : c'est à cette condition seule qu'il y a des cercles et des salons.

Il conviendrait de se montrer sévère avec des déguisements d'un autre genre ; mais peut-être ce serait y perdre son temps, car ils semblent tenir à la nature même des choses. Il y a néanmoins une grande différence à établir. Honte aux déguisements que suscite l'esprit de calcul ! là tout est vil ; là tout est bas ; ces déguisements sont l'apanage de femmes qui ont déjà perdu la première fleur de la jeunesse ou de la beauté. Elles désespèrent de ce qu'elles valent encore. Mais quant à ces légers déguisements qui caractérisent dans une jeune fille la première passion qu'elle éprouve, il y entre si peu de ruse que c'est plutôt un mouvement ingénieux du cœur qu'un plan de l'esprit. En diplomatie, on use, depuis plusieurs siècles, de tant de déguisement qu'il est difficile de comprendre à quoi cette misérable tactique peut être utile aujourd'hui. De part et d'autre, on ne montre jamais ce qui est réel ; à l'avance, on est prévenu ; il y a, en définitive, balance de déguisements. Un très-habile diplomate, le chevalier Temple, soutenait qu'on allait bien plus sûrement et bien plus vite au but par la franchise. Il avait raison. En diplomatie, les déguisements ne sont plus qu'une vieille tradition d'habitude ; c'est du métier que l'on fait, quand le métier est usé.   Saint-Prosper.

DÉGUSTATION (de *degustatio*, action de goûter pour faire l'essai des liqueurs et des sauces). Dans les sciences chimiques, et surtout dans l'art culinaire, le mot *dégustation* est toujours usité dans son sens propre : il signifie alors *essai, exploration*, soit de la nature chimique des divers corps, soit des qualités sapides ou savoureuses des boissons les plus recherchées, ou des substances alimentaires transformées en mets délicats pour les tables les plus somptueuses. Quoique les propriétés sapides des corps produisent sur l'organe du goût de l'homme des impressions simples d'abord, qu'on désigne sous les noms de *saveurs* douces, sucrées, salées, acides, amères, âcres, astringentes ou styptiques ; quoiqu'on puisse considérer toutes ces impressions comme constantes en général, c'est-à-dire pour tous les hommes, et admettre la possibilité d'analyser les saveurs mixtes qui résultent de la combinaison de ces saveurs principales, il n'y a cependant qu'un très-petit nombre de personnes qui, à l'aide d'une grande habitude, parviennent à démêler le véritable caractère de ces saveurs très-complexes. L'intelligence est donc moins active que l'instinct dans l'appréciation des différences des saveurs simples ou complexes. On ne peut considérer la dégustation comme un art, puisqu'il serait impossible d'en donner des préceptes. Voici néanmoins des résultats de l'expérience que Cadet de Gassicourt a consignés dans le grand *Dictionnaire des sciences médicales* : « Les différents points de l'organe du goût ne sont pas tous affectés par les mêmes saveurs. Le piment pique principalement les bords latéraux de la langue ; la cannelle stimule le bout de ce même organe ; le poivre fait sentir son ardeur le milieu, les amers dans le fond de la bouche, les spiritueux au palais et sur les joues ; il en est de même des substances qui ne sont sapides que dans le gosier et d'autres dans l'estomac. » M. Chevreul a fait remarquer avec beaucoup de discernement que dans la dégustation, il fallait tenir compte de l'action des substances non-seulement sur l'organe du goût, mais encore sur celui de l'odorat. Les gourmets et les chimistes exercés savent maintenant, d'après cette remarque de M. Chevreul, que le bouquet des vins les plus renommés n'est plus senti lorsque les narines sont bouchées, soit en dehors avec les doigts, soit en dedans par le voile du palais, et qu'alors le meilleur vin semble n'avoir plus de goût et ne flatte plus le palais.

« L'exercice, dit encore Cadet de Gassicourt, perfectionne le sens du goût comme tous les autres sens. Un marchand de vin qui a l'habitude de déguster les vins naturels reconnaît l'âge, le pays et les qualités d'un vin. Un buveur d'eau distingue parfaitement si l'eau qu'on lui présente est de puits, de fontaine ou de rivière. Un homme habitué à déguster des eaux-de-vie ou des vinaigres serait peu propre à juger des vins fins. » Après ces principes, il ajoute que la santé influe beaucoup sur la manière dont on perçoit les saveurs, et qu'il faut se méfier des antipathies naturelles pour certains aliments.

En physiologie, on définit en général la *dégustation*, l'action de goûter, d'apprécier les qualités sapides d'une substance quelconque ; et on ne la confond ni avec le goût ni avec la gustation. Le *goût* est la faculté d'apprécier les qualités sapides d'un corps ; la *gustation* est l'exercice de cette faculté, et la *dégustation* est son exercice actif volontaire, fait avec intention et désir d'acquérir des notions sur la qualité ou la nature chimique des corps. L. LAURENT.

Le mot *dégustation* s'applique spécialement aux liqueurs, qui ne peuvent êtres admises dans le commerce qu'après avoir été *goûtées* ou *dégustées*, pour en connaître la nature et la véritable qualité. Outre les courtiers gourmets piqueurs de vins, il y a des gens, que l'on nomme généralement *courtiers-marrons*, qui se forment une clientèle libre pour la dégustation des vins et liqueurs. Pour toute vente de liquide, il n'y a de convention parfaite qu'après dégustation (article 1,587 du Code Napoléon). Dans un intérêt public et de salubrité, tout officier de police peut et même doit déguster ou faire déguster les liqueurs mises publiquement en vente, toutes les fois qu'on les soupçonne falsifiées. La dégustation est aussi autorisée dans l'intérêt particulier du fisc, pour assurer la perception et le recouvrement des droits d'entrée et de circulation. Les employés de l'octroi ou de l'administration des contributions indirectes ont le droit de déguster eux-mêmes les liqueurs en transit, pour vérifier l'exactitude des déclarations qui ont été faites.

DÉHÉDOUVILLE. *Voyez* HÉDOUVILLE.

DÉHISCENCE (de *dehisco*, je bâille). On désigne sous ce nom, en botanique, la manière dont s'effectue l'ouverture de certaines parties des plantes pour livrer passage à des produits. La déhiscence a lieu dans les fleurs et dans les fruits. Celle des fleurs n'est autre chose que l'ouverture des anthères au moment où elles répandent leur pollen. Cette ouverture se fait sur divers points : tantôt, et le plus ordinairement, c'est sur toute la longueur du sillon longitudinal qui règne sur chacune des deux loges d'une anthère (tulipe, œillet) ; tantôt la moitié supérieure de l'anthère se détache comme un couvercle au moyen d'une scissure circulaire (pixidanthera) ; tantôt encore c'est à l'aide de petites valvules qui se soulèvent de bas en haut que la déhiscence s'opère (lauriers, famille des berbéridées) ; d'autres fois enfin c'est par des trous placés, soit au sommet de chaque loge (bruyère, solanum, cyanella), soit à la partie inférieure des loges (pyrole).

La déhiscence des fruits offre aussi beaucoup de variétés : 1° les péricarpes de presque tous les fruits charnus et de quelques fruits secs qui ne s'ouvrent pas sont appelés *indéhiscents* ; 2° certains péricarpes qui s'ouvrent d'une manière irrégulière ont été nommés *ruptiles*, pour les distinguer de ceux qui sont véritablement *déhiscents* ; 3° lorsque la déhiscence véritable et régulière s'effectue, elle a lieu, soit par des trous qui se forment au sommet du péricarpe, et par lesquels les graines s'échappent au dehors (antirrhinum), soit par de petites dents placées au sommet du fruit et très-rapprochées les unes des autres, qui s'écartent et laissent entre elles une ouverture terminale (caryophyllées, œillet, silènes) ; soit enfin par l'écartement d'un certain nombre de pièces ou panneaux qu'on nomme *valves*. On nomme cette dernière *déhiscence valvaire* ; elle a lieu de trois manières : 1° par le milieu des loges, c'est-à-dire entre les cloisons, de manière que chaque valve entraîne avec elle une cloison adhérente au milieu de sa face interne (*déhiscence loculicide*, érycinées) ; 2° vis-à-vis des cloisons qui sont partagées en deux lames (*déhiscence septicide*, scrofularinées, rhodoracées) ; 3° vers les cloisons qui restent libres et entières au centre du fruit quand les valves s'en sont détachées (*déhiscence septifrage*, bignonia).

L. LAURENT.

DEHLY ou **DELHY** (appelé aussi *Chah-Djéhanabad*, du nom de celui qui fonda la ville neuve, le chah Djéhan), ville de l'Hindoustan, dans la province du même nom (Superficie, 918 myr. carrés ; population : 8,000,000 habit.) dépendant de la présidence de Calcutta, jadis la capitale du grand empire mongole dans l'Inde, aujourd'hui encore séjour de l'ancienne famille souveraine ainsi que d'un résident anglais, est située sur une chaîne de montagnes rocheuses et sur les bords du *Djamnah* ou *Joumna*, qu'on y traverse sur un pont de pierres.

L'ancienne ville de Dehly, appelée en langue sanscrite *Indrapastha* ou plaine de l'Indra, était encore, au temps qui précéda la conquête mahométane, vers la fin du quatorzième siècle, une des plus superbes cités de l'univers : elle se compose de trois villes entourées de murailles et ayant au moins trente portes. On y voyait une mosquée colossale, un palais orné de mille colonnes de marbre et une foule d'autres merveilles sur lesquelles les historiens persans ne tarissent pas. Elle occupait une surface de 135 kilomètres, et ses ruines couvrent encore une immense étendue de terrain. Sous le règne d'Aureng-Zeyb, l'ancienne ville et la

DEHLY — DEHORS

ville neuve ne contenaient encore pas moins de 2,000,000 d'habitants.

La nouvelle Dehly fondée par Djéhan, en y comprenant les nombreuses ruines de l'ancienne, n'a pas moins de cinq myriamètres de circuit, et est divisée en ville hindoue et ville mongole. Les rues en sont généralement tortueuses, anguleuses et très-étroites. Parmi ses nombreuses mosquées, toutes surmontées de hauts minarets et de coupoles élevées, domine au loin la mosquée de Djamnah, le plus magnifique temple mahométan qu'on puisse voir dans toute l'Inde, bâti complètement en granit rouge et revêtu de marbre blanc. *Dauri Serai*, le palais impérial, sur les bords de la Djamnah, est un édifice d'une immense étendue, comprenant de vastes jardins, des mosquées et des bains, qu'habitent les descendants du grand-mogol, aujourd'hui au nombre de plusieurs centaines. La citadelle et bon nombre de palais, jadis célèbres comme résidences de nababs et de khans, tombent en ruines. On évalue encore aujourd'hui le chiffre de la population de Dehly à 200,000 âmes. Dans ces derniers temps un commerce des plus actifs avec Kachemire, Kandahar, Kaboul, le Bengale et autres lieux a singulièrement contribué au bien-être des habitants et à la prospérité de cette ville.

Suivant les traditions indiennes, Dehly aurait été fondée par un radjah du même nom ; il en est fait mention dans le *Mahabharata*, sous le nom d'*Indrapastha*, résidence des *Pandous* ou enfants du soleil, dont l'empire était considéré comme le plus puissant de toute l'Inde. Les rues y étaient pavées en or, ajoute encore la tradition, et arrosées avec les essences les plus délicieuses ; ses bazars regorgeaient d'objets précieux, et le palais des *Pandous* scintillait de diamants et autres pierres précieuses. Mais la race des *Pandous* s'éteignit, et avec elle la magnificence et la prospérité de l'antique Dehly. Après cette dynastie, des rois indiens occupèrent encore pendant longtemps le trône.

En l'an 1101, Dehly fut prise d'assaut et livrée au pillage par Mahmoud, sulthan de Ghasna ; et la contrée devint alors une province de l'empire des Ghasnévides, sous l'autorité de ses propres radjahs, qui parvinrent cependant peu à peu à se rendre indépendants. En conséquence, le sulthan de Ghour, Mohammed, envahit de nouveau le Dehly en 1193, triompha, après une vive résistance, du souverain de Dehly, dont il prit d'assaut la capitale, et à laquelle il imposa un radjah tenu de lui payer tribut. Mais le sulthan ne se fut pas plutôt éloigné de l'Inde, que Catta-Eddin-Aïbek, *esclave* de Mohammed et institué par le sulthan de Ghour gouverneur du Dehly, détrôna le radjah que celui-ci y avait en même temps établi, fit de la ville de Dehly même le centre d'un empire bien autrement puissant encore, berceau de la première dynastie afghane, dont les souverains assujettirent toute la contrée qui s'étend depuis le Pendschab jusqu'au Bengale, et dont la cour devint la plus brillante et la plus magnifique qu'il y eût dans toute l'Asie. Cette dynastie s'étant éteinte à son tour, en l'année 1288, en la personne de Hein Khobad, la seconde dynastie afghane, celle des *Gildji*, arriva au pouvoir. De 1295 à 1316, Allah-Eddin, l'un des princes de cette maison, défendit victorieusement l'empire de Dehly contre les incessantes attaques des Mongols. Peu de temps après, la mort de ce prince, la troisième dynastie afghane, celle de Toghlak, parvint au trône de Dehly, qui fut souvent ébranlé par la plus divers souverains, toujours accomplie au milieu de la plus effroyable effusion de sang. L'empire et la ville de Dehly étaient en proie à la plus horrible anarchie, quand, en 1397, Tamerlan arriva sous les murs de la capitale, qui ne tarda pas à tomber en son pouvoir. Quand il l'eut pillée et dévastée, Tamerlan se proclama le souverain de toute la contrée.

Après la mort de Tamerlan, des luttes sanglantes eurent lieu au sujet de la domination de l'empire et de la ville de Dehly ; et il en fut ainsi jusqu'en l'année 1450, époque où la dynastie Lody parvint au trône. Mais, dès 1526, celle-ci aussi était renversée par un descendant de Tamerlan, le sulthan Babour, à la suite de la bataille de Panibat ; et alors Babour monta sur le trône en qualité de premier grand-mogol. Babour choisit alternativement pour résidences Agra et Dehly.

Par suite de la victoire que Nadir-Chah remporta en 1738 sur le grand-mogol, Dehly fut pillée et dévastée, de même qu'en 1755 par les Afghans aux ordres d'Adablah, et en 1772 par les Mahrattes. Ces désastres si fréquents eurent pour résultat de faire perdre à Dehly la presque totalité de ses richesses et de son éclat, jadis si célèbres, et de la faire peu à peu tomber en ruines. Quand, en 1802, les Anglais firent la conquête de Sindia, ils s'emparèrent en même temps de Dehly, qu'ils abandonnèrent bien comme résidence au grand-mogol, mais en ayant grand soin de la placer sous la surveillance d'un résident qu'ils y laissèrent pour les représenter. Depuis cette époque, Dehly est comprise au nombre des possessions britanniques dans l'Inde ; et, grâce aux efforts des Anglais, cette ville a récupéré aujourd'hui quelque chose de sa prospérité et de son éclat d'autrefois.

La province ou soubah de DEHLY s'étend entre les 28 et 31° de lat. nord, mais on connaît moins les limites de l'ouest à l'est ; elle est bornée au nord par les districts de Sirinagor, de Dewarcot, de Bessir et par le Lahore ; à l'ouest par cette province et celle d'Adjemir ; au sud, par celle-ci et par celle d'Agrah, enfin à l'est par celle d'Aoude, les montagnes de Kemouen et quelques districts de l'Hindoustan septentrional. Sa longueur est de trente myriamètres, et sa largeur de vingt-deux. Arrosée par la Djamnah et le Gange, son climat est doux et tempéré, son sol fécond, son air pur et ses productions très-variées. Sous les empereurs mongols, on la divisait en huit circars ou districts, qui portaient chacun le nom de leur chef-lieu : Dehly, Boudaoun, Sahramponr, Rawary, Serhind, Hissar-Firouz, Sambal et Kemaoun : celui-ci a aujourd'hui pour capitale Almora. Ces districts contiennent un grand nombre d'autres villes où se trouvent les montagnes de ce nom. Depuis 1814, la province de Dehly est partagée en quatre districts, dont celui de Dehly seul est gouverné directement par les Anglais ; les autres sont possédés par divers petits princes qui leur paient tribut. Sa population est encore d'environ 5 millions, Hindous, Mahométans et Seiks. La religion des premiers est la plus répandue dans la partie nord.

DEHORS. On appelle ainsi cet ensemble qui à l'extérieur différencie un individu d'un autre. Les dehors parlent donc exclusivement aux yeux et attirent ou repoussent. Préviennent-ils en notre faveur, ils doivent être considérés comme un avantage d'autant plus précieux qu'il est de tous les instants : il n'y a qu'à se laisser apercevoir pour être sûr de plaire. Les dehors, nous voulons parler de ceux qui captivent invinciblement, sont, comme tous les genres de puissance, bien près de l'abus. Les hommes qui les possèdent ne négligent que trop souvent de cultiver ce qui en réalité vaut beaucoup mieux, les vertus du cœur et les ressources de l'esprit. Ils se fient exclusivement à leur extérieur ; avec le temps, ils ont beaucoup de relations agréables, mais peu d'amis dévoués. Pour conserver ces derniers, il faut inspirer des affections et savoir remplir des devoirs. Un grand usage du monde, surtout dès la jeunesse, donne des manières excellentes ; mais il n'en est pas de même pour les dehors : c'est un don de pure nature. Cependant, on peut, avec de longs efforts, parvenir à atténuer les effets les plus désagréables de tels ou tels dehors ; sans doute, on ne sauvera pas tout à fait la mauvaise impression, mais un l'adoucira ; et des rapports plus suivis et fondés sur un commerce sûr les feront oublier. Il y a une sorte de justice providentielle qu'on rencontre ici-bas, mais à laquelle on ne fait pas assez d'attention. Les femmes, qui s'emparent plus ou moins de nous par l'attrait des dehors, s'y laissent prendre à leur tour ; il faut même convenir que, sur ce point, elles sont plus sûrement vaincues et domptées que nous ; elles sont fascinées. Talents, supériorité d'esprit, âge, chez elles tout paie tribut aux dehors. C'est une faiblesse que la meilleure éducation ne peut corriger, et qui explique l'état d'infériorité où végètent, en général, les femmes appelées au gouvernement des États. Maintenant il y a un dernier aspect sous lequel on ne saurait trop vanter les dehors aimables, c'est lorsqu'ils caractérisent un homme revêtu d'une dignité ou d'un grand pouvoir. Dans ces positions à part, il y a tant de refus qui sont obligés que, pour ceux qui ont à les subir, certains dehors servent au moins de consolations.

SAINT-PROSPER.

DÉICIDE. C'est l'action de tuer un dieu, *deum cædere*, expression que nous avons créée d'après les dogmes du christianisme. Elle n'a pu, en effet, exister dans aucune langue, ou du moins avoir nulle part une application, avant que le Christ fût crucifié sur le Golgotha. Les chrétiens attribuent l'état de souffrance et l'exil universel des juifs au déicide dont cette nation s'est rendue coupable. L'imagination recule stupéfaite devant cette idée d'un Dieu immortel par essence, mis à mort et dévoré par les vers du sépulcre. Tout cela s'explique néanmoins si l'on considère que la mort de l'Homme-Dieu, prise collectivement par les chrétiens et les théologiens, est regardée par eux comme distincte : ce fut dans l'homme que la mort enfonça son aiguillon, disent-ils, et non dans le Dieu ; le Dieu n'en fut nullement atteint. C'est l'homme seul qui s'écria sur la croix : « Mon Dieu, mon Dieu, pourquoi m'abandonnez-vous ? » C'est l'homme seul qui poussa un grand cri et expira ; mais cet homme était l'Homme-Dieu. L'homme et le Dieu ne moururent point ensemble, mais ils souffrirent ensemble en vertu de l'incarnation.

DENNE-BARON.

DÉIDAMIE, fille d'Adraste. *Voyez* HIPPODAMIE.

DÉIDAMIE, l'aînée et la plus belle des filles de Lycomède, roi de Scyros. Achille, par le stratagème de Thétis sa mère, débarqué sur la plage de cette île de la mer Égée, ayant d'abord aperçu cette princesse conduisant une cérémonie en l'honneur de Pallas, en devint vivement épris. Caché sous des habits de femme et sous le nom de Pyrrha (*la blonde*), il ne tarda pas à séduire la fille du roi, à la cour duquel il fut reçu parmi les suivantes ; il rendit Déidamie mère d'un enfant qu'il appela Pyrrhus, et qui fut élevé secrètement. Mais vint le jour où Déidamie, par la ruse d'Ulysse, se vit arracher son amant, que tourmentait l'amour de la gloire et la honte du repos. Achille, qui avait repris le casque et l'épée, révèle à Lycomède son intelligence avec sa fille, et met à ses pieds son jeune enfant Pyrrhus, depuis Néoptolème. Le bon vieillard se laissa fléchir aux prières de celui qui jamais n'avait imploré personne, ainsi qu'à l'éloquence d'Ulysse. Ému jusqu'aux larmes, il unit les deux amants. Hélas ! ce jour fut pour les deux époux une séparation éternelle. Achille, baigné des pleurs de Déidamie, partit pour Troie, où l'attendait la flèche de Pâris ; Déidamie ne le revit plus. Stace, poëte latin, a composé un poëme d'*Achille à Scyros*, où les amours de ce héros et de cette héroïne sont longuement décrites.

DENNE-BARON.

DÉIFICATION, c'est l'action de faire un dieu, *deum facere*, deux mots latins. La *déification* diffère de l'*apothéose* en ce que cette dernière, affecte particulièrement aux empereurs romains, avait des cérémonies et des rites, tandis que les peuples avant eux, ainsi qu'Orphée, Hésiode, Homère et autres poëtes, ont fait des dieux sans ce secours. Non contents des végétaux, des chats, des ibis, divinisés par les Égyptiens, les païens ont déifié jusqu'à des pierres. Les Athéniens ont quelquefois accordé les honneurs divins aux grands hommes dès leur vivant. Au rapport d'Athénée, Démétrius-Poliorcète, à son entrée dans la capitale de l'Attique, fut salué dieu par le peuple. Cicéron, dans son ouvrage *de la Nature des dieux*, semble distinguer cette espèce de déification : « Les Grecs, dit-il, ont déifié quantité d'hommes : Alabande, dans la ville qui porte son nom ; Ténès à Ténédos ; dans toute la Grèce, Leucothée, Palémon son fils, Hercule, Esculape, les Tyndarides. » En Chine, chaque empereur est honoré après sa mort comme une espèce de divinité : on voit dans les temples un tableau sur lequel sont gravés ces mots : *Vive l'empereur de la Chine des millions d'années !* On fléchit le genou devant ce tableau et on lui offre des sacrifices. Chez les peuples sauvages du globe, il s'est fait des déifications de tous genres.

La déification, ainsi que toutes les espèces d'idolâtrie, prit d'abord naissance dans une source pure. L'admiration dont l'homme, qui sent sa faiblesse, fut frappé en contemplant le firmament et ses astres, lui fit diviniser d'abord le soleil et les étoiles. Bientôt les bons rois, si précieux à l'humanité, eurent cet honneur : tels furent Osiris en Égypte et Saturne en Italie. Un père, un fils, des époux, inconsolables, divinisaient, s'ils étaient puissants, l'objet de leur affection, que la mort leur avait ravi. Ainsi, de concert avec ses sujets, Isis déifia Osiris, son époux, mis en pièces par Typhon. Les fondateurs de villes, ceux qui avaient mené des colonies sur des rivages inconnus, qui avaient découvert des contrées lointaines, jusqu'à leur vaisseau, dont la nef Argo, constellation du ciel, est un exemple ; les auteurs d'une invention utile, les héros destructeurs des tyrans et des bêtes sauvages, ceux qui s'étaient offerts en sacrifice à leur patrie, étaient récompensés par cet insigne honneur. Mais la flatterie intéressée vint bientôt corrompre ces intentions si nobles et si pures du genre humain au berceau : elle plaça dans le ciel des rois, des empereurs, des conquérants, monstres à couronnés et à épées, que la terre eût rejetés avec horreur de son sein.

Déifier est l'action de mettre quelqu'un au rang des dieux. Pris au figuré, il signifie *louer à l'excès*, ainsi que le mot diviniser, mais ce dernier est populaire. Mirabeau a dit : « L'intérêt exclusif, *déifié* partout, menace l'Europe d'une dissolution et d'un affaiblissement universel. Diviniser, c'est reconnaître pour divin. « Les païens, dit le *Dictionnaire de l'Académie*, divinisaient les oracles. »

DENNE-BARON.

DEI GRATIA. « Les formules *Dei gratia*, *Dei dono*, *Dei natu*, *per Dei gratiam* (par la grâce de Dieu), sont des expressions purement religieuses qui renferment un humble aveu de la dépendance générale de toute créature par rapport à l'Être souverain. » Telle est la définition que donnent les bénédictins de cette formule encore usitée aujourd'hui. Ils réfutent l'opinion émise par plusieurs savants, que *Dei gratia* était réservée, pendant le moyen âge, aux seigneurs souverains ; qu'on n'avait conclu que les possesseurs de fiefs, ou les dignitaires ecclésiastiques et civils, qui en avaient fait usage, jouissaient effectivement de la puissance absolue. Mais les exemples nombreux cités par les bénédictins sont entièrement contraires à cette opinion. Ainsi, en 547, un simple évêque, Victor de Capoue, un comte du duc de Toulouse sous Charlemagne, deux abbés d'Italie en 963, Simon de Montfort en 1212, une abbesse de Fontevrault en 1396, ont employé la même formule. Mais, comme preuve de la pensée d'humilité chrétienne que les uns et les autres attachaient à ces paroles, il suffit de citer cette suscription d'une lettre que Louis VII adressait à Suger, abbé de Saint-Denys : *Ludovicus Dei gratia Rex Francorum et Dux Aquitaniæ Sugerio eadem gratia Venerabili abbati S.-Dionysii*.

Les rois mérovingiens n'ont pas employé cette formule dans leurs diplômes. Pepin est le premier qui en ait fait usage, soit pour imiter les monarques d'Orient, qui prenaient le titre de θεοστεφεῖς (couronnés de Dieu), soit pour avoir été élu roi par une grâce de Dieu toute particulière. Charlemagne s'en est toujours servi, et depuis cette époque chaque seigneur, chaque simple dignitaire s'en est emparé.

Les monuments figurés sont d'accord à cet égard avec les chartes et les diplômes. Sur le sceau du roi Pepin, on lit : *Christe, protege Pippinum regem Francorum*, formule imitée des empereurs d'Orient, que Pepin transmit à ses successeurs, et qui se rapproche essentiellement de la formule *Dei gratia*. Hugues Capet adopta cette légende : *Hugo Dei misericordia Francorum rex*. Ses successeurs la modifièrent de cette manière : *N. Dei gratia Francorum Rex*. Ce fut seulement depuis le quinzième siècle qu'une idée d'indépendance absolue fut attachée à la formule *par la grâce de Dieu*. Pour quelle cause ? Les uns pensent que les prétentions des souverains pontifes à la domination universelle causèrent ce changement; les autres l'attribuent à la conduite tenue par Jean V, duc de Bretagne, et Philippe le Bon, duc de Bourgogne, qui s'avisèrent de faire usage dans leurs actes de la formule *par la grâce de Dieu*, à laquelle leurs prédécesseurs avaient renoncé depuis longtemps. En 1449, Charles VII exigea du duc de Bourgogne une déclaration par laquelle celui-ci reconnaissait que l'emploi de cette formule ne portait pas préjudice aux droits de suzeraineté que les rois de France avaient sur ses États. En 1442, la permission de s'appeler *comte par la grâce de Dieu* fut interdite au comte d'Armagnac; et, en 1463, Louis XI envoya son chancelier à François II, duc de Bretagne, pour lui défendre de sa part de se servir de la même formule. Mais le duc et sa fille, Anne de Bretagne, n'en continuèrent pas moins de l'employer.

Avant la révolution de 1789 et depuis Henri IV, nos rois s'intitulaient, *par la grâce de Dieu, roi de France et de Navarre*. Napoléon 1er adopta la formule, *Par la grâce de Dieu et les constitutions de l'empire, empereur des Français*, etc. Louis XVIII et Charles X revinrent à l'ancienne forme; Louis-Philippe n'employa plus cette formule. Napoléon III s'intitule *empereur par la grâce de Dieu et la volonté nationale*. *La grâce de Dieu*, seule ou accompagnée, est encore en usage dans l'énonciation des titres de presque tous les princes souverains. Le Roux de Lincy.

DEINHARDSTEIN (Johann-Ludwig), auteur dramatique allemand, né en 1794 à Vienne où son père était avocat et notaire, se destina d'abord à la carrière judiciaire et administrative, et obtint en 1827 la chaire d'esthétique et de littérature classique à l'université de sa ville natale. En 1832, il fut nommé vice-directeur du théâtre de la cour, fonctions qu'il remplit jusqu'en 1841. Aujourd'hui il est membre du conseil du gouvernement. Dès 1830 il avait été chargé de la rédaction en chef des *Annales de la Littérature*, recueil qu'il continua de diriger avec beaucoup de tact et d'habileté jusqu'en 1851, époque où il cessa de paraître. Ses pièces de théâtre, en général fort étendues, plaisent par leur franche gaieté, par un style des plus fins, et par un arrangement calculé avec une grande habileté pour produire beaucoup d'effet par suite de la mise en scène. Quoiqu'elles ne puissent guère prétendre à une grande originalité non plus qu'à une conception bien profondément poétique des sujets, elles n'en sont pas moins remarquables par la manière habile dont tous les événements y sont agencés. L'auteur possède d'ailleurs une remarquable facilité à écrire en vers. Dès 1816 il faisait paraître des *Poésies dramatiques*, assez médiocres au total. On remarque un progrès sensible dans son *Théâtre* (Vienne, 1827), contenant entre autres *La dame voilée*, petite comédie aussi spirituelle que gaie; *Floretta* et *le Portrait de Danaé*, drame à sujets et à changements. Les deux ouvrages de lui qui aient obtenu le plus de succès à la scène sont *Hans Sachs* (1827) et *Garrick à Bristol* (1834), pièce qui a eu les honneurs de la traduction en anglais. Ce succès fut tel qu'il se décida à composer sous le nom de *Künstlerdramen* (Drames d'artistes) toute une série de drames nouveaux qui ont ouvert au genre dramatique des voies nouvelles. Si Deinhardstein s'est montré poète gracieux et aimable dans ses *Poésies lyriques* (Berlin, 1844) et dans ses *Contes et nouvelles* (Pesth, 1846) il est resté quelque peu superficiel comme observateur dans ses *Esquisses d'un voyage entrepris à travers l'Allemagne*.

DÉION, fils d'Éole et d'Énarète, était roi de la Phocide et époux de Diomède, dont il eut Astéropée, Actos, Céphale, etc.

DÉIONÉE, père de Dia, épouse d'*Ixion*, fut traîtreusement assassiné par celui-ci.

DÉIPHOBE, prince troyen, illustre par sa bravoure, était un des fils de Priam et d'Hécube. Après la mort de Pâris, il eut le malheur d'épouser la perfide Hélène, dont il fut le troisième mari. Devenu par là l'objet tout particulier de la haine des Grecs, sa maison, lors du sac de Troie, fut la première que les vainqueurs détruisirent. Hélène le livra lui-même à Ménélas et à Ulysse, qui, après l'avoir horriblement mutilé, lui arrachèrent la vie, et jetèrent sur Æ rivage de la mer son corps sans sépulture. Énée le rencontra dans les enfers dans l'état affreux où il avait expiré sous les coups de ces deux chefs impitoyables. Il lui donna des larmes et lui fit élever un cénotaphe.

Un autre Déiphobe, fils d'Hippolyte d'Amyclée, justifia Hercule du meurtre d'Iphitus. Denne-Baron.

DÉIPHOBÉE, fille de Glaucus, pêcheur à Anthédon, en Béotie, et depuis dieu de la mer, était prêtresse d'Apollon et d'Hécate; elle portait communément le nom de la *Sibylle de Cumes*, lieu où elle rendait ses oracles, qui sortaient par cent ouvertures d'un antre où elle se tenait cachée. Parée dans sa jeunesse de tous les charmes de la beauté, elle enflamma le cœur d'Apollon, qui, pour prix de ses faveurs, lui accorda un vœu à son choix : elle prit une poignée de sable au bord de la mer et désira vivre autant d'années qu'elle en tenait de grains dans sa main : il y en avait mille, et son amant accomplit son souhait. Mais la jeune insensée qui prédisait l'avenir aux autres n'avait pas prévu les conséquences de son souhait : elle oublia de demander au dieu de la lumière et de la vie d'accompagner ces dix siècles qu'elle devait vivre de la florissante jeunesse dont elle jouissait alors. Les roses de son printemps ne tardèrent point à se flétrir, à tomber, et elle arriva par degrés à une telle décrépitude qu'elle devint à rien, et ne fut presque plus qu'une voix; voix tonnante à la vérité et assez forte toujours pour crier solennellement à Énée, qui, bien longtemps après, vint la consulter : « Voilà le dieu ! voilà le dieu ! » Et elle avait alors 700 ans : ce fut plutôt son spectre qu'elle-même qui guida le héros troyen aux enfers. Elle traîna son existence 300 autres années, et rendit enfin ses os à la terre; mais les Destins, dit-on, voulurent que sa voix fût éternelle. Les Romains lui élevèrent un temple et l'honorèrent comme une divinité au lieu où elle rendit ses oracles. Suivant Servius, ce serait elle qui aurait vendu à Tarquin les *livres sibyllins*. Denne-Baron.

DÉIPHONTE, fils d'Antimaque et époux d'Hyrnetho, fille de l'Héraclide Téménos, devint roi de l'Argolide, après l'assassinat de son beau-père par ses propres fils. Suivant Pausanias, ce serait le fils aîné de la victime qui aurait hérité de son trône, tandis que Déiphonte se serait retiré à Épidaure. Ses beaux-frères auraient alors tenté de lui enlever son épouse par ruse et par violence; mais Déiphonte les aurait rejoints dans leur fuite; et Hyrnetho aurait perdu la vie dans la collision qui s'en serait suivie.

DÉIPHYLE, fille du roi Adraste et d'Amphitrée, épousa Tydée et fut mère de Diomède.

DEIPNON. C'est le nom que les Grecs donnaient à leur principal repas, qui se prenait d'ordinaire vers le coucher du soleil, et qui, même dans les plus riches maisons, se distinguait, à l'encontre des usages de Rome, par une grande simplicité. Pendant ce repas, les convives ne buvaient point : ce n'est que lorsqu'il était terminé, que l'on servait les vins. A ce moment, la première coupe remplie de vin pur, était présentées pour servir de libation, et on entonnait l'hymne solennel, après quoi avait lieu ce que l'on appelait le *symposion*.

De gais propos, d'aimables plaisanteries, des jeux de toute espèce, la musique, la danse, des énigmes à deviner, et autres passe-temps, remplissaient la durée de ce *symposion*; car de tout temps, les Grecs attachèrent non moins d'importance aux jouissances de l'esprit qu'à celles des sens. Voilà pourquoi Platon et Xénophon ont tous deux donné la forme de ces entretiens, en usage à table parmi leurs concitoyens, à l'un de leurs plus remarquable dialogues intitulé *Symposion*; et pourquoi encore l'on nommait *deipnosophistes* les hommes instruits et éclairés qui avaient l'habitude de converser à table sur des sujets savants.

Athénée a écrit sous le titre de *Deipnon* un ouvrage où il traite principalement des usages reçus à table et des sujets de conversation que l'on y peut aborder, etc.

DEIPNOSOPHISTES. *Voyez* DEIPNON.

DÉIPYLE, nom d'un des compagnons de Diomède au siége de Troie, et d'un fils que Jason eut d'Hypsipyle dans l'île de Lemnos.

DEÏRA ou **DAÏRA** (de l'arabe *dar*, entourer), colonie militaire, composée d'éléments indigènes, dont les Turcs avaient fait un de leurs instruments de domination dans la régence d'Alger. Privés de l'assistance pécuniaire du gouvernement métropolitain, privés de l'appui qu'ils auraient pu trouver dans une population coloniale turque, réduits à une armée assez faible, qu'ils n'avaient pas d'intérêt à augmenter, parce qu'il fallait la payer, les Turcs, conquérants de la régence, avaient dû chercher dans le sol et la population indigène les moyens de faire face aux charges de leur gouvernement et au besoin de leur domination. C'est par des colonies militaires, dont ils empruntaient les éléments au pays lui-même, qu'ils avaient pourvu aux diverses nécessités de leur établissement. Sous des noms différents, ces colonies avaient à peu près la même constitution et concouraient au même but. C'est par elles que, dans l'impossibilité de concentrer des forces nationales considérables sur tous les points d'occupation, ils étaient parvenus à disperser leur armée sans l'affaiblir. La *Deïra* était une des formes de ces colonies: elle se composait de familles empruntées aux tribus circonvoisines, qui venaient s'établir sur des terres appartenant au domaine, soit par droit de confiscation, soit par droit de vacance, réunissant le caractère agricole et le caractère militaire. Avec la terre et les instruments de travail, le colon recevait des armes et un cheval, à titre d'avances que le colon devait rembourser sur les produits de son travail. En temps de guerre, à la voix du kaïd, il devait prendre les armes et marcher. La deïra devenait la garde du chef. La *Deïra* d'Abd-el-Kader a fidèlement suivi la fortune de l'ancien émir, jusqu'au licenciement qui a suivi sa soumission, le 23 décembre 1847. A la longue, les familles de la *Deïra* formaient des tribus spéciales appelées *Douaïrs* (pluriel de *daïra*), jouissant des immunités et assujetties aux charges de leur institution primitive. Le général Mustapha ben Ismaël a immortalisé les services des *Douaïrs* et des *Zmelas* (pluriel de *Zmala*, autre colonie militaire analogue à la *deïra*) de la province d'Oran, qui après la conquête se rallièrent au service de la France, dont ils sont encore aujourd'hui les fidèles serviteurs pour le gouvernement des tribus indigènes. Jules DUVAL.

DÉISME ou **THÉISME**, est le nom donné à l'opinion religieuse qui reconnaît l'existence d'un Dieu (en latin *Deus*, en grec Θεος), et qui constitue la *religion naturelle*.

« Il n'y a rien de plus facile, avoue le sceptique P. Bayle, que de connaître qu'il y a un Dieu, si vous n'entendez par ce mot qu'une cause première et universelle. Le plus grossier, le plus stupide paysan est convaincu que tout effet a une cause, et qu'un très-grand effet suppose une cause dont la vertu est très-grande. Pour peu qu'il réfléchisse, ou de soi-même, ou par l'avertissement de quelqu'un, il voit clairement cette vérité. Le consentement général ne souffre aucune exception à cet égard-là. On ne trouve aucun peuple, ni aucun particulier qui ne reconnaisse une cause de toutes choses. Les athées, sans en excepter un seul, signeront sincèrement avec tous les orthodoxes cette thèse-ci : *Il y a une cause première, universelle, éternelle, qui existe nécessairement, et qui doit être appelée Dieu.* » Cependant, malgré ce témoignage, Bayle cherche à démontrer qu'il n'en résulte point un culte, une opinion morale influant sur la conduite, ou établissant les premières bases d'une religion. Locke a pareillement tenté de détruire, d'après les récits de divers voyageurs qui ont visité des peuplades sauvages, toute idée innée et native de Dieu : cette opinion de *l'athéisme naturel* du genre humain à l'état de barbarie a été défendue aussi par Papin, par Bentley, etc. On a cité les rapports de plusieurs missionnaires et de Jésuites qui déclarent avoir trouvé des sauvages sans connaissance d'un Dieu, comme sans aucun culte. Sur ce point, une nuée de voyageurs pourraient être attestés, et indépendamment de cette sorte de preuves, on pourrait alléguer celles qui résultent, même parmi les peuples les plus civilisés, de l'examen de plusieurs êtres brutaux, sans éducation, qui n'ont guère sur la Divinité que des notions grossières, inculquées dans leur intelligence, sans réflexion, ni véritable croyance.

Partant de ce fait, supposé exact, qu'il n'y a rien dans l'homme qui lui donne *naturellement* la connaissance d'un Dieu, plusieurs auteurs en ont conclu que l'établissement des religions était l'œuvre factice des législateurs, et qu'elles avaient pour objet de réduire adroitement sous le joug de l'obéissance des barbares indociles et féroces, à l'aide de terreurs superstitieuses et de l'ignorance des causes supérieures ou de puissances invisibles. Par ce moyen, elles parvenaient à dompter les nations, à les relier à un corps politique (*religion* venant de *religare*), afin de les civiliser et de les instruire. « Voyant que, si l'on n'imprimait pas une salutaire frayeur au genre humain, les sexes s'uniraient à la manière des brutes, sans respect pour la sainteté du mariage, et bientôt confondraient, perdraient les générations, les chefs des peuples, dit Strabon, ont cru devoir frapper d'épouvante les femmes, les enfants, les esprits timides, par les menaces de la colère céleste, par l'horreur des enfers après le trépas, afin de détourner la multitude des actions criminelles, et de la soumettre à un régime de sagesse ou de respect des droits d'autrui. » Ainsi, les anciens législateurs ont feint que les lois avaient été données par les dieux mêmes. Mnévès, en Égypte, attribuait ses lois à Mercure; Minos, chez les Crétois, à Apollon; Lycurgue, parmi les Spartiates, à Jupiter; Zathraustès, chez les Arimaspes, à Zamolxis, parmi les Gètes, à Vesta. Personne n'ignore que, parmi les Romains, Numa rapportait à la déesse Égérie ses inspirations, comme Zaleucus, chez les Locriens, Dracon et Solon, parmi les Athéniens, à Minerve; Rhadamante, chez les Crétois, à Jupiter; Charondas, parmi les Thuriens, à Saturne, Zoroastre, chez les Perses, à Oromaze. On sait comment l'ange Gabriel descendait vers l'oreille de Mahomet, etc. Aussi, plusieurs philosophes de l'antiquité, sectateurs du système atomique de Leucippe et d'Épicure, en niant toute Divinité, comme Straton et Diagoras, ne pouvaient-ils voir dans l'établissement des religions que des jongleries d'imposteurs rusés, fondant leur domination sur la crédulité populaire. « Jupiter lui-même, dit Lucrèce, a foudroyé du haut de l'éclatant Olympe son propre temple au Capitole. » Euripide, dans sa tragédie de *Sisyphe*, considère le culte divin comme une invention des magistrats pour régner avec plus d'empire.

On comprend que Machiavel, dans son *Traité du Prince*, Hobbes, dans son *Léviathan*, Spinosa, dans son traité de *Théologie politique*, n'aient pas manqué de conseiller cette pratique aux gouvernants. C'était une maxime en usage à la cour de Néron. Lucrèce disait : *C'est la terreur qui a fait les dieux.* Depuis, Palingenius a encore renchéri sur ces principes en parlant des ecclésiastiques, des moines, des religieuses, et l'on pourrait rapporter à cette même opinion le vers de Voltaire :

Si Dieu n'existait pas, il faudrait l'inventer,

ainsi que la pensée analogue de Cicéron : *Dii immortales ad usum hominum fabricati penè videntur.* L'adoption générale du hobbisme à la cour de Charles II d'Angleterre a été avouée par Clarendon lui-même. Hobbes, qui regarde toute religion comme un tissu d'histoires effrayantes pour dominer les imaginations, et comme un effet de la faiblesse superstitieuse de notre espèce, croit l'homme naturellement méchant; il le fait naître du hasard et le voue à l'esclavage; car un peuple athée, d'après ce philosophe, ne pourrait être régi que par des lois de fer. En effet, comme le dit J.-J. Rousseau, si la Divinité n'est pas, il n'y a que le méchant qui raisonne; le bon est un insensé.

Il est remarquable qu'aucun philosophe épicurien ne se soit senti capable d'être législateur, tandis que les pythagoriciens, les platoniciens et autres déistes ont traité avec succès de l'institution des divers gouvernements. On en trouve la raison en ce que les épicuriens et les athées n'ont pas reconnu la nécessité des religions pour rattacher les peuples en une société civile et établir la morale des devoirs réciproques, chose absolument indispensable pour la fondation de tout État. « On bâtirait, dit Plutarque, une ville en l'air plutôt qu'une république sans religion. » Tel fut le sentiment unanime des chefs des sociétés, même les plus sauvages. Aussi l'épicurisme a-t-il été la cause de la dissolution des États, comme l'a fait voir Montesquieu en traitant des causes de la décadence de Rome. N'est-il pas certain qu'en rejetant l'existence ou l'intervention de la Divinité dans toutes les affaires humaines, on laisse aux ambitieux, aux Césars, tout moyen d'opprimer comme il leur plaît, puisque la justice et le droit sont à leurs yeux de vaines idées, lorsqu'ils ont la force en main? C'est ainsi qu'Anaxarque consolait Alexandre du meurtre de Clitus, en persuadant à ce conquérant qu'il était investi de la puissance suprême, ayant droit absolu de tout faire sans contrôle. On pourrait dire cependant, tout en supposant l'athéisme, qu'il existe évidemment entre les hommes des rapports sociaux nécessaires, leur faisant un besoin de s'entendre ensemble, afin de vivre entre eux avec quelque sécurité et quelque confiance; les vertus sociales obtiennent même jusqu'à un certain point une récompense temporelle de réciprocité, sans l'intervention des idées religieuses; mais comment retiendrez-vous le malheureux ou l'indigent, qui manque de tout sur la terre, en présence de l'opulent qui nage dans les superfluités? Quelle sera votre garantie au milieu des inférieurs ou des domestiques, sans respect de religion et de morale? Que l'idée d'un Dieu ait été suggérée par des politiques rusés pour fortifier les bases de la moralité en leur offrant le plus solide des points d'appui, une religion, il faudra toujours convenir qu'il existe dans la nature humaine, même la plus brutale, la plus sauvage, un motif pour adopter cette idée, pour s'en laisser pénétrer et subjuguer par toute la terre.

Ce n'est pas une opinion hasardée en un seul lieu, fortuitement jetée, sans germe ni racine, que celle de l'existence d'un Dieu, cause suprême, premier moteur, maître et conservateur de toute chose, père et protecteur de l'infortuné, au milieu des calamités et des injustices de ce monde. Tous les humains ne s'élèvent-ils pas involontairement leurs regards vers les cieux dans leurs désastres? La considération du mal moral, des iniquités de la terre, ne fait-elle pas désirer un Dieu juste ? Il n'est donc point vrai ce vers :

La crainte dans le monde imagine les dieux.

Comment, en effet, cette immense erreur se serait-elle insinuée dans toutes les créatures de notre espèce qui couvrent le globe et jusque chez les esprits philosophiques les plus élevés, les Newton, les Pascal, après les Pythagore, les Platon, les Anaxagore, les Socrate, l'élite du genre humain? A l'exception de Leucippe, de Démocrite, d'Épicure et de leurs sectateurs, qui forment une faible minorité dans la philosophie, tous les philosophes ont considéré l'univers comme régi par la suprême providence d'un Dieu. Et ce n'était point par un sentiment de terreur, ni pour complaire aux prêtres et aux chefs des nations qu'ils confessaient un Dieu, puisque plusieurs ont été persécutés pour leur *déisme*, comme détruisant les superstitions, les prestiges et les miracles, en rapportant les faits extraordinaires à des causes physiques, et en soumettant à leur raison supérieure les croyances les plus absurdes de la bigoterie; de là l'exil d'Anaxagore et la condamnation de Socrate, les deux plus célèbres théistes de l'antiquité païenne. En faisant apparaître une vraie divinité au-dessus de Jupiter et de Saturne, ils les détrônaient.

Lorsqu'au milieu des superstitions du paganisme, les premiers chrétiens recherchèrent les fondements de la véritable religion, ou l'unité d'un Dieu, ils remontèrent, à la manière des philosophes, à l'observation de la nature humaine; elle tient cachée dans ses replis cette lumière originelle qui dévoile le sentiment de la Divinité, et illumine de ses rayons toute âme arrivant au monde. Tertullien a fait un petit livre : *De Testimonio animæ*, par lequel il démontre que la nature, d'après l'instinct de notre pensée, se porte à reconnaître Dieu, *un seul Dieu*, non pas seulement par sentiment, mais comme vérité incontestée. Cette voie a été explorée par Minutius Félix, Lactance et d'autres esprits éminents de cette époque de rénovation morale. Quel est le mortel, disait Arnobe à qui ce sentiment d'un auteur et modérateur suprême de toutes choses ne soit pas inné et imprimé jusqu'au fond des entrailles mêmes de sa mère, dès le moment de sa conception et de sa naissance?

A l'homme seul, parmi tant d'animaux, a donc été concédé le don de connaître la Divinité, disent Cicéron et Lactance. Cherchez parmi tous les peuples de la terre, quelle que soit l'infinie variété de leurs coutumes, vous n'en trouverez aucun si féroce et si stupide qui, enterrant ses morts, n'espère une autre vie, ne soupçonne un souverain maître des existences, ne songe d'où il est né, où il doit aller, comme s'il se ressouvenait de cette origine sacrée où tout a pris sa source. Si Dieu, poursuit Lactance, a soumis toutes les créatures à l'homme, il subordonne l'homme à la Divinité. Retranchez toute religion, et notre communication avec les cieux est désormais rompue; l'homme, au lieu de redresser un front glorieux vers l'astre de son Créateur, retombe, tel que le vil quadrupède, le visage prosterné vers cette fange terrestre pour y brouter. Qui peut, au contraire, relever ses regards vers la céleste voûte sans se sentir transporté par l'âme jusqu'au trône de la Divinité? Tout retentit autour de nous du nom de son auteur. N'est-ce pas, ajoute saint Cyprien, un crime de ne point avouer celui qu'il est impossible de méconnaître ? Ce que vous appelez *nature*, disent ailleurs Sénèque et saint Chrysostome, c'est encore Dieu, puisqu'elle-même est son ouvrage. Sans doute, si l'on recueille tous leurs contes populaires, une multitude de nations et d'individus n'ont que des opinions erronées ou informes sur la Divinité; mais dépouillez ces enveloppes grossières, et vous trouverez pour racine première la grande loi du genre humain, qui confesse l'existence de l'Être suprême, et qui est l'apanage de notre race. Ce que tous les peuples du globe tiennent pour avéré, ou l'opinion qui résulte d'un assentiment universel, est la voix de Dieu même; c'est le cri de l'organisme humain, c'est l'instinct de la nature, qui s'exprime spontanément avec plus ou moins d'énergie. Que l'homme descende dans son intérieur, il trouvera gravée cette empreinte ineffaçable. Un seul homme, ou même une multitude peuvent se tromper, mais la confession de toute bouche humaine ne saurait être le fruit d'un erreur. La nature ne peut à ce point se jouer de la crédulité des hommes dans tous les siècles. Le sauvage qui naîtrait seul sur une terre déserte n'aurait qu'à lever les regards vers le soleil et à se demander l'origine de son être et de tout ce qui l'entoure, pour comprendre la nécessité de cette cause suprême et créatrice.

La pluralité des dieux n'a pas précédé le monothéisme. Au contraire, l'unité d'un Dieu, auteur suprême de tout, a été l'idée-mère primitive; ce n'est qu'en la défigurant que s'est formé le polythéisme ou l'idolâtrie des créatures. Jusque dans ces bizarres adorations de crocodiles, de serpents et d'autres bêtes malfaisantes, qui ont défiguré le fétichisme des nègres ou des anciens Égyptiens, il faut reconnaître encore les traces (quoique difformes) de l'inspiration divine, puisque Dieu s'était caché sous l'emblème et la métamorphose de ces créatures, comme dit Plutarque. De même, ce n'était ni au soleil, ni au feu, son image terrestre, que le Parsis, le Sabéen adressaient leurs hommages; c'était à la Divinité suprême dont ces objets offrent un symbole.

Du sein de la barbarie antique l'étincelle sacrée du déisme s'est agrandie, développée sous le souffle de l'instruction des modernes et de la raison, pour constituer des religions successivement plus épurées, à travers tant de peuples et de générations, comme par une longue enfance qui achève son éducation. C'est ainsi que l'humanité s'est dégagée peu à peu, par une suite de nombreux efforts, de ces langes des superstitions, et qu'à l'aide de métamorphoses nécessaires, comme par autant d'épreuves pénibles et mystérieuses, elle est parvenue aux idées pures de l'essence divine, par le secours de la civilisation et du perfectionnement lent et graduel des sciences et du langage. Ainsi, notre intelligence s'est dès lors illuminée au soleil des intelligences. Notre suprématie sur la nature matérielle s'est d'autant plus agrandie que l'entendement s'est plus rapproché des rayons de la lumière céleste. Voilà le seul véritable titre de notre royauté sur ce monde: l'esprit constitue tous nos droits, puisque les animaux et les objets inintelligents possèdent la force et les autres attributs du pouvoir. Nous ne sommes donc (avec les autres créatures inférieures), que la réalisation ou l'expression des idées de la Divinité. L'on a pu dire avec raison que Dieu vit en nous, comme nous respirons en lui, et que, formés à sa ressemblance morale, nous devenons, en faisant le bien, un instrument de sa main pour opérer sur les autres êtres. La religion la plus épurée du monothéisme, la prière ou l'aspiration vers l'auteur de notre vie, sont donc les résultats naturels du déisme, ou, les rapports nécessaires de la créature avec son créateur.

N'est-il pas certain que toute matière, indifférente par elle-même au mouvement ou au repos, ne peut être déterminée à l'un ou à l'autre que par une cause étrangère à elle? Cette cause ne pouvant aller à l'infini, il faut de nécessité arriver à un premier moteur, lequel est Dieu. Puisqu'il a imprimé le mouvement à la matière, il faut bien qu'il l'y conserve, et, si l'homme est attiré vers ce moteur originel, comme l'aimant vers le pôle, il y a donc affinité entre l'un et l'autre. La première étincelle de philosophie est tombée du ciel pour éclairer notre espèce. Puis, la théologie et la philosophie dénouent les liens qui enchaînent nos âmes à la terre. Le pur déisme favorise leur vol vers le souverain bien. Cet instinct qui les soulève nous arrache à l'esclavage des sens sous lequel nous croupissons. Quelle bassesse de ne voir ce ce monde que la triste fange des cadavres qui se putréfient à la mort!

Oui, nous ne cesserons de le répéter, s'il est certain que Dieu soit l'être nécessaire, le *déisme* représente nécessairement son reflet, resplendissant sur la terre et dans le miroir de l'âme humaine. Toute religion émane de cette source pure. A moins de nier, par la plus extrême des absurdités, toute cause créatrice, il faut admettre un Dieu, et par conséquent le déisme. En disant que Dieu n'est que la matière même du monde, ainsi que l'établissent par confusion Spinosa et les matérialistes, en disant qu'il n'existe qu'une seule substance douée d'attributs infinis, et produisant tout ce qui est nécessaire à ses modifications, on émet l'idée la plus monstrueuse qui puisse détraquer une tête humaine. En effet, comment cette *divinité-matière* serait-elle en même temps active et passive dans le même sujet, se tuerait-elle dans les animaux et dans l'homme, se rendrait-elle malade, se tourmenterait-elle volontairement? Comment le monde resterait-il sans cesse en transmutations de corruption et de régénération, en présence de l'immutabilité, de la simplicité, de l'unité d'une force ou d'une intelligence pure, telle que la conçoit la pensée humaine? Ce qu'Aristote se représentait comme une *loi suprême*, et Platon comme *la plus sublime sagesse*, ou *l'ordre*, ne peut être transitoire et corruptible. Les philosophes, avant les théologiens, ont démontré l'unité de Dieu par l'harmonie et l'unité de l'univers, de la cause par la correspondance de toutes les parties du monde vers un centre nécessaire de mouvement et de vie qui entretient l'ensemble dans un parfait accord, avec un enchaînement sacré. Tout étant ainsi combiné l'un pour l'autre, comme nous en découvrons les admirables preuves dans l'échelle des créatures, il en résulte cet ensemble ravissant de beauté, de symétrie, qui partout décèle une ineffable intelligence et une participation commune à la même loi créatrice.

Disons plus en faveur du théisme. L'Être suprême, qui peut tout, n'a d'autre intérêt que l'ordre universel. Il suit de là que la toute-puissance divine est inséparable de sa bonté infinie. Or, il n'en est pas de même dans le système du matérialisme athée, puisque l'absence d'un Dieu permet l'absence de toute foi, de toute loi, de tout devoir. Lord Byron, par son désespoir de toute croyance, créa une école dite *satanique*; il reçut les systèmes philosophiques de Spinosa, de Thomas Payne, de Godwin; son athéisme poétique n'allait pas à moins qu'à la destruction de toute religion et de toute société. Aussi démagogue par principe que Shelley par dégoût d'une société corrompue, il aspirait, comme son disciple, à une régénération incompatible avec ses funestes opinions. Au contraire, un théiste fortement persuadé de la présence en tous lieux de la Divinité, spectatrice et juge incorruptible de la conduite humaine, se réjouit d'avoir un témoin de sa vertu. Dans la solitude la plus profonde, dans la plus obscure retraite, Dieu voit les secrètes pensées du criminel comme les sacrifices de l'homme de bien. Quelle satisfaction pour celui-ci d'avoir accompli ses devoirs par ses seuls efforts, alors même que tout le genre humain le déchirerait de ses discours calomnieux, lors même qu'il tomberait dans l'opprobre et l'infortune, comme le rebut de la société! Le déisme favorise donc l'exercice de la vertu, autant que l'athéisme, privé d'un si puissant secours, laisse l'homme en proie à toutes les tentations criminelles. Le théiste est ferme dans le malheur; il se résigne même aux calamités les plus affreuses: généreux et fidèle, il supporte sans murmure, sans dévier du chemin de la vertu, les décrets éternels et sacrés de la Providence. Réconcilié par ses opinions consolantes avec la nature humaine, il regarde le fléau qui l'afflige comme une épreuve servant de gage à une félicité à venir.

J.-J. VIREY.

DEISTER, nom d'une chaîne de montagnes extrêmement boisées, située entre le Weser et la Leine, dans la principauté de Kalemberg (royaume de Hanovre), au sud-ouest de la ville de Hanovre. Son point culminant est le Mont Hœbel, haut de 400 mètres. On rencontre sur divers points de cette chaîne des mines de houille, des carrières de grès et des salines. A l'extrémité septentrionale du Deister se trouvent les Monts Bücke, lesquels n'ont guère plus de 350 mètres d'élévation et forment la ligne de démarcation entre la partie du comté de Schaumbourg appartenait à la maison de Lippe et celle qui appartient à Hesse-Cassel.

DÉITÉ. *Voyez* DIVINITÉ.

DÉJANIRE, fille d'Œnée, roi de Calydon en Étolie, et d'Althæa, sœur de Méléagre, fut enlevée, à la suite d'un combat des plus acharnés, par Hercule à Achéloüs, auquel elle était fiancée. Hercule, victorieux, retournait avec Déjanire dans son palais à Trachine, au pied du mont Œta, lorsqu'il fut arrêté en chemin par le débordement de l'Événus. Dans cet embarras le centaure Nessus lui offrit de prendre en croupe Déjanire et de la transporter ainsi sur l'autre rive du fleuve grossi par les orages. Hercule, plein de confiance comme c'est le propre des héros, passa le premier, laissant ce trésor de beauté à la garde de Nessus, que bientôt il put apercevoir de l'autre rive employer toute son éloquence à déterminer Déjanire à lui être infidèle. Saisi de fureur à cette vue, Hercule décocha à Nessus une flèche empoisonnée pour avoir été trempée dans le sang vénéneux de l'hydre de Lerne. Suivant Sophocle, c'est Nessus qui aurait passé le premier l'Événus avec son précieux fardeau; mais arrivé à l'autre rive, au lieu d'y attendre Hercule, il aurait continué sa course emmenant Déjanire malgré ses cris et ses larmes; et c'est alors que le fils d'Alcmène l'aurait puni de sa perfidie.

Nessus, près d'exhaler le dernier soupir, ne voulant pas mourir sans vengeance, dit à la trop crédule Déjanire : Prenez cette tunique teinte de mon sang ; si vous vous apercevez que l'amour de votre époux commence à s'éteindre, ou si vous craignez quelque rivale, c'est un philtre qui rallumera plus vive que jamais sa flamme première. » C'est cette tunique empoisonnée que les poètes appellent souvent la *chemise de Nessus.*

Plusieurs années s'étaient déjà écoulées lorsque la renommée apprit à Déjanire qu'Hercule l'oubliait dans les bras d'Iole, fille d'Euryte. Elle n'eut rien de plus pressé que d'envoyer à son époux par Lychas, son esclave, la fatale tunique. Ovide nous raconte que sitôt qu'il l'eût mise elle se colla sur sa peau ; qu'au travers elle dardait jusqu'au fond de ses os des feux d'une telle nature qu'Hercule, dans des tourments inouïs, essayant de l'arracher, mit ses muscles à nu sans pouvoir les éteindre. Hercule, devenu furieux par l'excès de la douleur, alluma de ses propres mains un vaste bûcher sur le mont Œta, monta dessus, et, presque consumé par les flammes, exhala vers l'Olympe son âme héroïque, et y fut reçu au rang des dieux. Quant à Déjanire, après qu'elle se fut donné la mort dans son palais de Trachine, elle fut mise au tombeau, dont Pausanias fait mention, au pied du mont Œta, près de la ville qui, dans la suite, fut nommée Héraclée. Elle avait eu d'Hercule plusieurs enfants, dont l'un se nommait Hyllus ; il tient éminemment à l'histoire de la Grèce, car il fut la tige des Héraclides, qui régnèrent dans le Péloponnèse et la Macédoine. Sophocle composa une tragédie des *Trachiniennes*, où Déjanire est mise en scène, et Sénèque une tragédie d'*Hercule au mont Œta*.

DENNE-BARON.

L'enlèvement de *Déjanire* par le centaure a fourni au Guide le sujet d'une de ses plus belles toiles; elle fait partie de la collection nationale du musée de Paris, et a été gravée par Bervic. C'est une des gravures que nous avons offertes en prime à nos premiers souscripteurs.

DÉJAZET (VIRGINIE). Cette charmante actrice est ce qu'on appelle, en termes de coulisses, *un enfant de la balle*; elle n'a pas d'autres souvenirs que ceux du théâtre. Un beau soir, on lui mit du rouge, et, dans un joli costume de petite poissarde, elle vint offrir au public son début sourire et ses *fines oranges*; l'enfant ne fut pas plus embarrassée sur la scène que dans sa chambrette; son premier succès fut un succès de gentillesse. Elle était depuis longtemps en possession de l'emploi des enfants au Vaudeville, lorsque jeune elle parut sur la scène du Gymnase pour y jouer les *jeunes premiers* du théâtre enfantin dont Léontine Fay était à la fois l'*amoureux* et la *grande coquette*. A cette époque, la troupe du Gymnase était une troupe d'élite; Mlle Déjazet trouva moyen de s'y faire remarquer à côté du petit phénomène qui y jetait alors tant d'éclat. Ce fut dans ces récréations de son enfance qu'elle contracta le goût du travestissement masculin, qui ne l'a jamais quittée, et pour lequel l'âge n'a point affaibli ses prédilections.

Les premières années de sa carrière se passèrent dans une vie nomade; elle joua à Paris aux Jeunes-Élèves, au Vaudeville et aux Variétés, et ce fut après avoir laissé à Bordeaux et à Lyon les meilleurs souvenirs qu'elle revint à Paris, au Gymnase. Pour ce théâtre, sous l'auguste protection de la duchesse de Berry, commençait alors une ère florissante et nouvelle; Mlle Déjazet vit poindre, en même temps, les premières lueurs de sa réputation. Il est impossible de se faire une idée juste et exacte de la multiplicité des personnages que Mlle Déjazet a successivement montrés au public; on s'est épuisé à créer pour elle des figures de tous les temps, de tous les sexes, de tous les âges et de toutes les situations. Elle a été tour à tour Bonaparte, élève de Brienne, et le duc de Reichstadt, fils de Napoléon : c'est avec beaucoup de peine qu'on l'a empêchée de porter le petit chapeau et la redingote grise. Louis XIV, Louis XV, Richelieu, Voltaire et Jean-Jacques Rousseau ont eu leur place dans cette métempsychose continue, dont l'âme dramatique de Mlle Déjazet a poussé jusqu'à l'infini les phases et les pérégrinations. Dans la même soirée, Mlle Déjazet, accablée sous le poids des ans, reprenait subitement la fraîcheur et la jeunesse, ou bien elle montait par degrés de l'enfance à la décrépitude. Ces tours de force lui sont aisés et familiers. De cette mobilité d'humeur, d'études, de séjours et de travaux, Mlle Déjazet a rapporté une inconcevable facilité, qui se prête à toutes les circonstances de la scène, et une vivacité d'allures tout à fait inimitable. Il y aurait de l'exagération à dire qu'elle ait réussi également dans cette cohue de rôles, contre laquelle elle ne s'est point assez défendue. Elle a souvent obtenu d'éclatantes victoires, et n'a jamais subi de défaite complète; tout semble permis à la témérité et à l'audace de ses entreprises, qu'elle a trop souvent poussées jusqu'à l'extravagance.

Mlle Déjazet plaît au spectateur par mille choses qui déplairaient dans une autre : c'est toujours, même dans ses plus grands écarts, une des plus ravissantes fantaisies que puisse rêver la pensée. Ses allures ne se piquent point de convenances, qu'elles bravent avec la plus gracieuse et la plus divertissante impudence; mais il y a dans son jeu et dans sa verve une irrésistible lascivité; et il est difficile de se fâcher contre ce qui séduit. Voilà comment le public, charmé et réjoui, excuse en elle une licence qu'il blâmerait chez toute autre. C'est à cette indulgence que Mlle Déjazet doit l'étonnant aplomb et l'imperturbable assurance qu'elle déploie sur la scène; elle y est comme chez elle; le déshabillé le plus complet, le débraillé même ne l'effraie point; Mlle Déjazet est l'idole de la jeunesse, dont elle sait caresser et exciter les passions, les penchants et les goûts; elle se concilie les vieillards par la sensualité des impressions et la gaillardise des émotions qu'elle provoque. Ses adorateurs et ses enthousiastes sont presque tous de race équivoque ou de goût douteux. Quant à la bonne compagnie, elle n'a accepté et n'accepte encore cette actrice que comme un de ces péchés mignons auxquels on ne résiste qu'avec le désir de céder. Il ne faut point analyser Mlle Déjazet : on arriverait à une cruelle désillusion. Heureusement pour elle, ses qualités et ses défauts échappent à l'analyse.

Ce qui a le plus fait pour le succès de Mlle Déjazet, et ce qui l'a le plus recommandée aux affections de la foule, c'est une délicieuse coquetterie de toute sa personne. Son extérieur n'est point de ceux dont on puisse vanter la beauté;

dans sa jeunesse même, elle n'a jamais obtenu cet éloge; mais tout est en elle d'une délicatesse parfaite et d'une élégance irréprochable; le soin exquis qu'elle apporte à l'arrangement de toute sa personne et à l'harmonie des moindres détails, compose un objet qu'il est difficile de regarder sans plaisir; la liberté de toutes les parties de son attitude sur la scène ajoute encore à ces délices; elle rend tout de suite le public complice de ses étourderies, et l'attire à elle en le mêlant à ses lazzi; elle n'a ni défauts, ni qualités tout à fait saillantes; mais elle attache par mille petites séductions. C'est la grisette comédienne dans toute sa plus attrayante franchise. Elle est une des actrices du théâtre moderne les plus justement aimées du public; elle a tant d'esprit sur la scène qu'on ne saurait lui en vouloir de manquer de raison.

On ne parle pas seulement de Déjazet comme actrice, on en cause beaucoup comme femme; sa galanterie et ses fredaines ont habité une maison de verre, et, pour elle, le mur de la vie privée n'a point existé; le monde a continué les franchises de la scène. La liste des rôles joués par Mlle Déjazet serait bien longue, mais plus longue encore serait celle de ses favoris; le catalogue de don Juan pâlirait devant celui de Frétillon; celui-ci serait le sommaire le plus complet des chapitres du livre des mœurs courantes : toutes les classes y seraient représentées. Mlle Déjazet a longtemps été la première bonne fortune dont se soit vanté un écolier au sortir des bancs du collège. Elle s'est laissé complaisamment comparer à Sophie Arnoult. C'est la bonne fille de la chanson. Elle compte, dit-on, autant de bienfaits que de folies. C'est la Madeleine du théâtre. Qu'il lui soit donc beaucoup pardonné, car elle a beaucoup aimé! On prête toujours aux riches : on a prêté au cœur et à l'esprit de Mlle Déjazet des mérites qu'il ne faut pas toujours accepter sur parole. Née sur les planches, elle a habité toutes les régions du vaudeville; le répertoire de M. Scribe a commencé sa réputation et sa fortune au Gymnase; elle s'est prolongée au Palais-Royal, aux Variétés, au Vaudeville; la province l'a toujours applaudie dans ses tournées. Sous ces triomphes, elle semble braver les coups des ans; le théâtre des Variétés, où elle vient de faire sa rentrée dans *Les Trois Gamins*, est encore pour elle la fontaine de Jouvence; la vieillesse ne l'atteint pas plus au dehors du théâtre qu'au dedans : c'est la Ninon du couplet et des faciles amours. Et pourtant elle accuse coquettement soixante-dix ans!   Eugène BRIFFAULT.

DEJEAN (PIERRE-FRANÇOIS-MARIE-AUGUSTE , comte), premier inspecteur général du génie, ministre d'État, sénateur, grand'croix de la Légion d'Honneur, pair de France, décédé en mai 1824, était né le 6 octobre 1749, à Castelnaudary, d'une famille qui avait longtemps occupé de hautes fonctions dans la magistrature. Le jeune Dejean, élevé à l'école du génie de Mézières, fut nommé lieutenant en second en 1770, et capitaine en 1777. Il servait dans ce grade lorsque éclata la révolution, dont il épousa chaudement les principes. Employé à l'armée du Nord, en qualité de chef de bataillon, il se distingua à la prise de la citadelle d'Anvers. En 1793, il reçut le grade de commandant du génie et l'emploi de directeur des fortifications. A la suite de services brillants aux attaques de Courtrai et de Menin, aux sièges d'Ypres et de Nimègue, il fut promu aux grades de général de brigade et, bientôt après, de général de division. En 1795 il prit le commandement en chef de l'armée du Nord, en Hollande, pendant l'absence du général Beurnonville. Mis à la réforme par le Directoire, en octobre 1798, pour causes politiques, il fut rappelé à son grade l'année suivante. Après la journée du 18 brumaire, le premier consul l'appela au conseil d'État, et l'envoya, en qualité de ministre extraordinaire, à Gênes, avec mission de coopérer à l'organisation de la république ligurienne. Le 12 mars 1802 il fut nommé ministre de la guerre, et le 21 août 1803 grand-trésorier de la Légion d'Honneur. En 1809, à la nouvelle du débarquement des Anglais à l'île de Walcheren, il partit sur-le-champ et prit rapidement des mesures de défense. Remplacé au ministère de la guerre par M. le comte Lacuée de Cessac, il devint inspecteur du génie à la place du général Marescot, et entra quelque temps après au sénat conservateur. Le 28 novembre 1812, il présida la commission militaire qui condamna à mort les chefs de la conspiration Mallet. A la première restauration, Louis XVIII l'envoya comme commissaire extraordinaire dans la 12e division militaire, lui conféra l'ordre de Saint-Louis, et l'appela à la pairie. L'empereur lui rendit, à son retour de l'île d'Elbe, les fonctions de premier inspecteur du génie, et lui conféra, en l'absence du comte Lacépède, celles de grand-chancelier de la Légion-d'Honneur. La seconde restauration le dépouilla de ses places; toutefois, en 1818, le roi le fit appeler, et le consulta sur divers objets relatifs à l'administration du ministère de la guerre. Il obtint à cette époque le rappel du général baron Dejean, son fils, alors exilé. Réintégré à la chambre des pairs en 1819, il mourut cinq ans après à Paris.

DEJEAN (PIERRE-FRANÇOIS-MARIE-AUGUSTE, baron, puis comte), fils du précédent, naquit le 10 août 1780. Chef d'escadron au 9e régiment de dragons, il fut appelé au commandement du 11e, le 13 février 1806, et nommé général de brigade en 1808. En 1812, le collège électoral du département de l'Aude l'élut député. En 1813, l'empereur l'attacha à sa personne en qualité d'aide de camp, et le nomma, l'année suivante, général de cavalerie. En 1814, les alliés ayant investi Paris, Dejean fut envoyé pour en empêcher la reddition, mais il était trop tard; la capitale était déjà entre les mains de l'ennemi. Bientôt, le roi Louis XVIII le confirma dans son grade et le nomma chevalier de Saint-Louis. Au retour de l'empereur, il fut envoyé en qualité de commissaire extraordinaire dans les départements de la Somme et du Nord. Frappé d'exil en 1815, il dut son retour aux sollicitations de son père, à la mort duquel, en 1824, il hérita de son double titre de comte et de pair de France. Au Luxembourg, il se rangea immédiatement du côté de cette minorité libérale (devenue majorité dans certaines circonstances), qui combattait, dans la chambre haute, les tendances rétrogrades du gouvernement de la branche aînée. Depuis 1830, il prit une part active aux travaux de la pairie et parla fréquemment, en 1831, dans la discussion des lois électorale et municipale. Il se prononça résolument, la même année, contre l'abolition de l'hérédité de la pairie, et appuya son vote d'un excellent discours. Lors de la discussion du projet de loi sur l'avancement dans l'armée de terre, en 1832, il fit diverses propositions ayant pour but d'assurer d'une manière légale l'état des officiers, et prit également en main la cause de ses camarades d'armes dans le vote de la loi sur les pensions militaires. En 1840, le roi le nomma membre du comité de cavalerie. Aux sessions suivantes, les questions relatives à la remonte de la cavalerie l'appelèrent souvent à la tribune. En 1843, il apporta le tribut de son expérience dans la discussion du projet de loi relatif au recrutement de l'armée. Il mourut, après une courte maladie, au mois de mars 1845.

[Dès son enfance, il avait montré un goût ardent pour l'ornithologie et l'entomologie. Ce goût, il l'avait conservé au milieu des fatigues de la guerre. Sa collection d'insectes était la plus complète que l'on connût de son temps. Il en avait publié le catalogue de 1821 à 1833. On lui doit aussi : *Species général des Coléoptères* (1825-1839, 7 vol. in-8°), et une *Iconographie des Coléoptères*, 1829 et années suivantes.]

DEJEAN (NAPOLÉON-AIMÉ, comte), fils du précédent, né en 1804, se destina de bonne heure à la carrière administrative. Après la révolution de 1830, à laquelle il concourut activement, il fut appelé à la préfecture de l'Aude, d'où il passa, en 1832, à la préfecture du Puy-de-Dôme. A la suite d'un dissentiment grave avec le receveur général du département, il donna en 1836 sa démission, et publia une note très-vive sur les causes qui l'avaient conduit à cette détermination. Le 15 septembre de la même année, il fut nommé conseiller d'État en service extraordinaire. L'année suivante, le collége électoral de Castelnaudary l'élut député à une forte majorité. Le 17 mai 1839, il fut nommé directeur général de la police. Toujours réélu, il proposa, en 1840, d'utiles amendements dans la discussion du projet de loi sur les canaux, sur les chemins de fer et sur le recrutement de l'armée; et fit adopter, en 1842, plusieurs modifications au projet de loi qui créait le réseau de nos chemins de fer. Le 20 juin 1847, il fut appelé à la direction générale des postes à la place de M. Conte. La révolution de février le fit disparaître de la scène politique. A. LEGOYT.

DÉJECTIONS. Ce mot, qui est traduit littéralement du substantif latin *dejectio*, et qui provient du verbe *dejicere* (en français, *jeter en bas*), est employé au pluriel par les médecins pour désigner tout à la fois l'exonération des matières fécales et ces matières mêmes (*voyez* DÉFÉCATION).

DÉJEUNER. Voilà un de ces mots dont les définitions antérieures à notre époque ont terriblement vieilli: consultez nos anciens dictionnaires, ils vous diront que le *déjeuner* est un repas *léger du matin*. Tels étaient, en effet, l'ἀκρατισμός des Grecs, le *jentaculum* des Romains, nom que portait le déjeuner chez ces peuples, où il consistait en un morceau de pain trempé dans du vin pur, pris de bonne heure. Tel il fut aussi chez nous tant que l'on conserva l'habitude de dîner au milieu du jour. Nous avons changé tout cela; autrefois on dînait à midi, aujourd'hui l'on déjeune à deux heures avec des pâtés, des viandes, etc.; trouvez là dedans, si vous le pouvez, le *léger* et *matinal* repas de nos aïeux! Il s'entend, toutefois, que nous parlons ici de la classe riche et du monde *fashionable*; chez les autres, surtout dans nos provinces, le déjeuner, reporté seulement entre neuf et dix heures, a conservé quelque chose de son antique simplicité: le café et le thé au lait, le chocolat ou quelques mets peu substantiels, comme le beurre, les fruits, en composent tous les éléments. À Paris les cafés ont encore un certain nombre de clients habitués à ce régime, et, plus sobre encore par calcul, tel employé économe se contente, pour son déjeuner, de la modeste *flûte*. Dans la bourgeoisie aisée, on a voulu allier l'ancienne frugalité et les penchants gastronomiques du siècle; une croûte de pain et l'un des breuvages que j'ai mentionnés plus haut forment un *premier déjeuner*, qui suit immédiatement un lever peu tardif; puis, entre midi et une heure, on fait un *second déjeuner* plus solide, où figurent principalement le beefsteack, le jambon, la salade et la classique côtelette: c'est un moyen terme entre la tasse de lait du bon vieux temps et les ragoûts au vin de Champagne, les coquilles aux champignons, etc., des Lucullus modernes de nos cafés à la mode.

Cette double édition du déjeuner actuel a supprimé à peu près ce que l'on appelait jadis dans la classe moyenne, en français peu académique, les *déjeuners dînatoires*. Sauf les potages que l'on y servait, tous les déjeuners postérieurs à l'heure de midi peuvent maintenant s'appliquer cette qualification; leur nom générique est actuellement *déjeuners à la fourchette*.

Sous l'empire, temps où la littérature était encore un des objets à l'ordre du jour, on s'occupa beaucoup de la *Société du Déjeuner*, coterie littéraire dont faisaient partie quelques membres de l'Académie française, et qui ne livrait pas d'acception à un adepte qui désirait y entrer. *Le Déjeuner* fut aussi, sous le Directoire, le titre d'un petit journal rédigé avec esprit et malignité: c'était *Le Charivari* de ce temps-là, et il ne livrait pas des attaques moins vives aux puissances du jour que celui du règne de Louis-Philippe; mais les hommes d'État du régime directorial avaient, dans leur répression des hostilités de la presse, la main beaucoup plus lourde, et répondaient aux piqûres d'épingle par des coups de massue. Au 18 fructidor, les rédacteurs du *Déjeuner* eurent l'honneur d'être, comme les députés proscrits, condamnés à la déportation; mais ils furent assez heureux pour s'y soustraire.

Ces plateaux, plus ou moins élégants et précieux, garnis de tasses, soucoupes, théyères et porcelaines, qui décorent les commodes, tables et consoles de nos appartements, se nomment encore *déjeuners*; expression qui date du temps où l'on déjeunait *à la tasse*, au lieu de déjeuner comme aujourd'hui *à la fourchette*. OURRY.

DÉJOCÈS, d'abord juge des Mèdes, finit par être nommé roi, et régna sur ce peuple pendant quarante-trois ans (de 733 à 690 avant J.-C., suivant les uns, de 710 à 657, suivant d'autres). La fondation d'Ecbatane, que lui attribuent quelques historiens, a sauvé son nom de l'oubli.

DÉJOTARUS, l'un des douze tétrarques de la Galatie, se montra en maintes circonstances l'allié le plus fidèle et le plus zélé des Romains, qui l'en récompensèrent en lui donnant le titre de roi et en lui confiant la souveraineté de la petite Arménie. Quand la guerre éclata entre César et Pompée, Déjotarus entra dans le parti de ce dernier, qu'il vint rejoindre, à la tête de six cents cavaliers richement armés. Il combattit à ses côtés dans les plaines de Pharsale, et prit la fuite sur le même esquif que lui. Cependant César, naturellement porté à la clémence, lui pardonna, et le laissa roi, mais cependant en lui enlevant la petite Arménie, dont il récompensa Ariobarzane, et une partie de la Galatie, dont il gratifia Mithridate de Pergame; il accompagna cette grâce d'un ordre de lui fournir une légion disciplinée à la romaine dans la guerre de Pharnace, un des fils de Mithridate. Déjotarus, en reconnaissance de la pitié du dictateur, lui envoya aussi des auxiliaires dans la guerre d'Alexandrie.

Bientôt une accusation terrible vint fondre sur Déjotarus; elle partait du sein de sa famille même, de Castor, son petit-fils. Ce parricide, qui, à force d'argent, avait gagné Philippe, médecin et esclave de Déjotarus, pour s'en servir de faux témoignage devant le sénat, vint exprès à Rome accuser son grand-père et son roi d'avoir voulu attenter à la vie de César, lorsque celui-ci, revenant d'Égypte, logea dans le palais de Déjotaro. C'est alors que Cicéron, ami du roi galate, se constitua son défenseur, et prononça sa harangue *De rege Dejotaro*, dans le palais même de César. César, toujours généreux, et occupé d'affaires importantes, ne fit attention ni à l'accusé, ni à l'accusateur, ni à la harangue, dont l'orateur lui-même faisait peu de cas. Toutefois Déjotarus fut absous, et Castor repassa la mer avec l'ignominie et l'impunité d'une action si noire. Un des chefs d'accusation, aussi ridicule qu'étrange, et facilement combattu par l'orateur, était celui-ci: « Que Déjotarus, à la nouvelle que César était assiégé de près dans une forteresse, en ressentit une joie telle, qu'il s'enivra et dansa tout un pendant le repas. » Cette cause fut plaidée l'an de Rome 708, sous le quatrième consulat de César; Cicéron avait alors soixante-deux ans.

César assassiné, Déjotarus reprit, les armes à la main, les provinces qui lui avaient été enlevées par le dictateur. Il fournit des auxiliaires à Brutus et à Cassius, auquel il se joignit en Asie, puis s'attacha à Marc-Antoine, qu'il abandonna un peu avant la bataille d'Actium, et se jeta dans le parti d'Octave. On ne sait pas d'une manière précise l'époque où le prince mourut, ni combien il compta d'années; ce que l'on n'ignore pas, c'est que sa carrière fut très-longue, et que cinquante ans avant J.-C. il était déjà fort vieux. Les historiens racontent de Stratonice, son épouse, que, se voyant stérile, elle lui offrit pour la remplacer dans son lit une belle captive nommée Electra, avec laquelle il put donner des héritiers au trône, et cela par amour pour son époux et par intérêt pour l'État. Elle-même les éleva en secret comme elle aurait fait de ses propres enfants. DENNE-BARON.

DEKEN (AGATHE), Hollandaise qui s'est fait un nom par ses romans et par ses poésies, naquit le 10 décembre 1741 dans les environs d'Amstelveen. Ses parents, riches paysans, après avoir perdu leur fortune à la suite de malheurs de tout genre, moururent lorsqu'elle avait trois ans à peine, et la laissèrent orpheline et dénuée de toute espèce de ressources. Elle fut recueillie à l'hospice des orphelins, à Amsterdam, où elle reçut son éducation, et où elle puisa les sévères principes de morale que respirent tous ses écrits. Sa conduite lui concilia les bonnes grâces des chefs de cet établissement, placé sous la direction des *collégiens*, secte protestante qui se rattache à celle des *remontrants*. Ils prirent d'elle un soin tout particulier, et sa vive intelligence ne tarda pas à se développer de la manière la plus heureuse. Elle ne fut jamais mariée, et de bonne heure elle fit preuve pour la poésie de dispositions toutes particulières, que favorisa surtout sa longue liaison avec Élisabeth Bekker, femme lettrée dont elle commença par être la demoiselle de compagnie (à partir de 1777), et dont elle resta l'amie la plus intime jusqu'à sa mort. Ces deux dames travaillaient le plus ordinairement en commun, et, à la suite des événements de 1787, elles quittèrent pour quelque temps la Hollande et se retirèrent en Bourgogne. Ce furent elles qui introduisirent le roman dans la littérature hollandaise, où avant elles on ne le connaissait que par des traductions du français ou de l'anglais. Elles excellèrent à peindre le caractère du peuple hollandais dans les nuances multiples qu'il reçoit de la vie sociale; et l'on peut dire de la plupart de leurs peintures de mœurs que ce sont des chefs-d'œuvre. Nous citerons seulement les romans suivants : *Historie van Sara Burgerhart* (2 vol., 1782); *Historie van Willem Levend* (8 vol., 1784-1785); *Brieven van Abraham Blankaert* (3 vol., 1787), enfin, *Historie van Cornelia Wildschut* (6 vol., 1793).

Agathe Deken mérite aussi d'être mentionnée comme poète lyrique. En effet, ses cantiques religieux ne manquent pas d'un certain talent. Ils respirent une piété douce et vraie, et un grand nombre d'entre eux ont été admis dans le livre de cantiques adopté par la liturgie protestante. On dit aussi beaucoup de bien de ses chants à l'usage du peuple des campagnes (*Liederen voor den Boernstand*, (1804) et de ses chants à l'usage des enfants (*Liederen voor Kinderen*), bien que ces derniers soient encore loin de la perfection de ceux de van Alphen.

Agathe Deken mourut le 14 novembre 1804.

DEKKAN ou **DEKHAN** (en hindoustani *Dashkina*, c'est-à-dire *midi*), dénomination employée pour désigner, en général, la partie méridionale de la vaste presqu'île en deçà du Gange, dans l'Inde, et bornée au nord par l'Hindostan, au sud, à l'est et à l'ouest par l'Océan Indien. A son centre, le Dekkan forme en grande partie un pays de plateaux. Les principales montagnes qu'on y trouve, sont, sur la rive septentrionale, le mont Vindhya, haut de 1,666 mètres, et sur la rive occidentale les Ghats de l'ouest dont l'élévation varie entre 1,000 et 1,300 mètres, et qui se prolongeait jusqu'à l'extrémité méridionale de la péninsule, formée par le cap Comorin. Les fleuves les plus considérables qui l'arrosent sont le Nerbaddah et le Tapti, le Godawery et le Mahanadi. La végétation y est d'une richesse et d'une diversité sans pareilles, et on n'y rencontre nulle part de steppes ni de landes. Cette contrée jouit du climat le plus favorable à l'agriculture. Elle est exempte des ardeurs tropicales des vallées de l'Hindostan, comme aussi du glace et de neiges. Les points extrêmes des Monts Ghats se recouvrent seuls de temps à autre de neige. L'atmosphère y est rafraîchie par des pluies et d'abondantes rosées, et il y règne un printemps éternel semblable à celui dont on jouit dans les contrées de l'Asie Mineure baignées par la mer. Un phénomène bien remarquable, particulier à ce pays, ce sont les moussons, vents qui y soufflent régulièrement du sud-ouest pendant nos mois d'été, et du nord-ouest pendant nos mois d'hiver, et qui produisent un changement de température des plus complets. La richesse de la presqu'île en produits des trois règnes de la nature est énorme. La population se compose en partie de débris de la population aborigène et d'Hindous, en partie d'immigrés. A la première de ces catégories appartiennent les Chonds et toutes les tribus parlant la langue talmoule; à la seconde, les Mahrattes, race belliqueuse et célèbre par sa bravoure non moins que par son amour de l'indépendance. Les immigrés sont des Afghans, des Arabes, des Parsis, des Juifs, des Siamois, des Malais, des Chinois, des Persans et des Européens, notamment des Anglais, des Hollandais et des Portugais. On évalue la superficie totale du Dekkan à 13,750 myriamètres carrés, et le nombre des habitants à 50 millions. La plus grande partie de ce pays forme d'une part le territoire immédiatement soumis aux Anglais, et de l'autre des États feudataires presque entièrement indépendants de l'Angleterre. La partie soumise à l'Angleterre se compose des provinces de Kankana, Choudwana, Orissa, les Circars du nord, Kandeisch, Berar, Bider, Aurengabad, Bidjapour ou Visapour, Canara, Malabar, Balaghaut, Coimbatore, Salem et Carnatik; les principaux États feudataires sont : l'État du Nizam d'Hyderabad, Mysore, Travankore, Cochin, etc.

L'histoire du Dekkan se confond constamment avec celle de l'Inde. Au neuvième siècle de l'ère chrétienne, on y trouve une dynastie de la race radjepoute des Silara régnant sur toute l'étendue de la presqu'île et s'y maintenant jusque vers la fin du onzième siècle, époque où les Gangavansas parvinrent au pouvoir suprême. A la fin du treizième siècle les Gangavansas devinrent tributaires des Ghourides musulmans de Dehly qui soumirent à leur autorité une grande partie du pays. Quand, en 1312, Roma-Deva périt égorgé, le Dekkan cessa d'être un État indépendant. Un vice-roi mahométan y fut établi, les musulmans subjuguèrent toute la contrée jusqu'à la mer; et en 1338, Mohammed, roi ghouride de Dehly, transféra sa résidence à *Deogiri*, qu'il fit dès lors appeler Daulatabad. Cependant les musulmans ne tardèrent pas à être expulsés du Dekkan par Allah-Eddin, fondateur de la dynastie Bhamany, qui s'y maintient jusqu'en 1518 au milieu de révoltes et de luttes nombreuses tentées par quelques princes indiens. C'est sous cette dynastie qu'en 1498 les Portugais arrivèrent pour la première fois dans l'Inde. L'impuissance de la dynastie des Bhamany et les incessantes discordes intérieures des différents princes, devenus dès lors indépendants, furent des circonstances dont les grands-mogols de Dehly profitèrent pour conquérir cette contrée. Sous le règne d'Aureng-Zeyb, les Mahrattes se soulevèrent, sous la conduite d'un de leurs princes, appelé Sewajii, se rendirent indépendants, et devinrent alors la nation prépondérante. Leurs guerres avec le royaume de Dehly fournirent aux Anglais et aux Français un prétexte pour se mêler des affaires intérieures du pays; et quand les premiers eurent réussi à complétement anéantir l'influence française, ils se rendirent maîtres de tout ce vaste territoire, tantôt à la suite d'habiles négociations, tantôt après des guerres heureuses.

DEKKER (JÉRÉMIE DE), poète hollandais, naquit en 1609 ou 1610, à Dordrecht. Son père, originaire de la ville d'Anvers, avait embrassé la carrière des armes. Professant les doctrines de l'Église réformée, il défendit pendant trois ans de la manière la plus courageuse Ostende contre les troupes de l'archiduc Albert. Après la reddition de cette place, il abandonna les Pays-Bas espagnols, renonça au service, et vint s'établir d'abord à Dordrecht et ensuite à Amsterdam. Jérémie de Dekker fit de bonne heure preuve d'un esprit solide uni à la plus brillante imagination; et l'étude approfondie qu'il fit des littératures ancienne et moderne forma et épura son goût. La poésie devint et resta son occupation favorite, et les essais de sa muse encore novice se firent tout d'abord remarquer par la pureté du style et le bonheur de l'expression. Son premier ouvrage de quelque étendue était intitulé : *de Klaagliederen van Jeremias* (les lamentations de Jérémie) ; il fut bientôt après suivi de plusieurs autres poëmes et de quelques imitations d'Horace, de Juvénal, de Perse et autres poëtes classiques. Beaucoup de ses poésies lui furent inspirées par l'amour ou l'amitié, et ce sont précisément les plus remarquables productions de sa muse. Sa satire *Lof der Geldzucht* (Éloge de l'Avarice), morceau qu'on peut mettre à côté de l'*Éloge de la Folie*, d'Érasme, et un dithyrambe : *Goede vrijdag* (Vendredi saint), poëme sur la passion de Jésus-Christ, sont encore fort goûtés aujourd'hui, de même qu'en général toutes ses productions lyriques ; et ses épigrammes (*punt dichten*) appartiennent incontestablement aux meilleures productions littéraires de cette époque-là. Jérémie de Dekker mourut en 1666. La meilleure édition de ses œuvres est celle qu'en a donnée Brouerius van Nideck (2 vol. in-4°, Amsterdam, 1726), lequel y a ajouté une notice biographique sur l'auteur. On trouvera un choix de ses poésies lyriques dans les *Proeven van nederduitsche dichtkunde* de Siegenbeek (Leyde, 1823), et de ses épigrammes dans l'*Anthologie épigrammatique* de Geysbeek (Amsterdam, 1821).

DELABORDE (Alexandre). *Voyez* Laborde.

DELACROIX (Eugène). Ce grand peintre est né avec le siècle. Il fit ses études dans l'atelier de Guérin, où avaient déjà passé Ary Scheffer et Géricault. Autrefois, David le peintre avait commencé chez Boucher, son oncle ; de même, les novateurs, destinés à remplacer l'école académique travaillèrent d'abord chez un de ses représentants les plus caractérisés. Ce mouvement révolutionnaire de la peinture se manifesta dès les premières années de la Restauration. Au Salon de 1822, le jeune Delacroix envoya le *Dante et Virgile*, qu'on voit maintenant au Luxembourg. Cette peinture fougueuse, pleine de couleur et de passion, excita, comme on devait s'y attendre, beaucoup d'enthousiasme et beaucoup de critiques. En 1824 parut au Louvre le *Massacre de Scio*. Ce fut comme le manifeste de la jeune école, autour duquel s'engagea une guerre véritable. Cependant le *Massacre de Scio* est au Luxembourg, et restera comme un des plus brillants tableaux de l'école française au dix-neuvième siècle. En présence de ces jeunes Grecques demi-nues et foulées aux pieds des chevaux, de ces cadavres meurtris, de ces chairs palpitantes, de ce sang et de ces larmes, de ces douleurs, de ces résignations, de ces abattements et de ces rages ; devant cette foule où les enfants pressent le sein de leurs mères expirantes, où les sœurs s'embrassent, où les amants violemment séparés de leurs femmes ; devant cette confusion éblouissante de lumière, de poignards à pierreries et de riches étoffes ; devant ce contraste entre les splendeurs du ciel oriental, le calme de la nature et ces inexprimables angoisses de l'homme, entre l'horreur et la beauté, entre la mort et la vie, on est enlevé dans le monde poétique, car il y a là tout un nouvel art, fond et forme, sentiment et expression.

Eug. Delacroix eut donc tout de suite la première place dans la nouvelle école, et depuis lors il ne s'est jamais reposé. Sa verve infatigable est égale à sa magnificence. En 1826, il exposa au profit des Grecs le *Doge Marino Faliero*, décapité sur l'escalier des Géants, à Venise ; *la Grèce sur les ruines de Missolonghi*, allégorie ; et plusieurs tableaux de petite dimension. En 1827, on peut voir au Louvre le *Christ au jardin des Oliviers*, qui décore aujourd'hui l'église Saint-Paul ; le *Justinien*, de la salle du conseil d'État ; l'*Apparition de Méphistophélès à Faust*, la *Pâtre de la campagne de Rome*, un *Jeune Turc caressant son cheval*, *Milton aveugle dictant le Paradis perdu*, plusieurs études, et le grand *Sardanapale*. Le *Massacre de Scio*, c'était surtout la passion poussée à ses limites extrêmes ; le *Sardanapale*, c'est le luxe extérieur de l'Orient avec ses pompes et sa volupté.

Le *Massacre de Scio* parlait surtout au cœur ; le *Sardanapale* s'adresse davantage aux sens ; c'est une couleur fraîche et abondante comme celle de Rubens.

En 1828, parurent les belles lithographies qui illustrent l'édition in-fol. du *Faust* de Gœthe, traduit par Stapfer. C'est une œuvre très-poétique et très-fantastique dans le sentiment du poëte allemand. Depuis, en 1843, Eugène Delacroix a encore publié les illustrations de l'*Hamlet* de Shakspeare en treize planches, qui ont été exécutées successivement à diverses époques. Ces interprétations des deux grands génies de l'Allemagne et de l'Angleterre ne ressemblent guère aux froides traductions dessinées par Retsch et par Flaxman. La poésie et le caprice sont du côté du peintre français.

Le *Cardinal de Richelieu* date de la même année 1828. L'année suivante, *Le Combat du giaour et du pacha*, le *Giaour après le combat*, plusieurs petits tableaux et quelques portraits furent exposés à la galerie Colbert. *Le Combat du giaour et du pacha*, exposé depuis à Nantes, a été acheté par le musée de cette ville. Mais la révolution de Juillet, qui émut si profondément la nation française, semblait avoir donné gain de cause à la fois au romantisme littéraire et à la révolution en peinture. Eug. Delacroix poétisa cette noble insurrection par un tableau célèbre, *La Liberté guidant le peuple sur les barricades*, que le gouvernement fut forcé d'acheter, et qui a été enfoui dans les greniers du Musée. Eug. Delacroix avait encore au Salon de 1831 la *Mort de l'évêque de Liége*, *Le Sanglier des Ardennes*, *Deux Tigres* de grandeur naturelle, qui rappellent les belles chasses de Rubens, et l'esquisse du *Boissy d'Anglas* à la séance du 1er prairial pour le concours du tableau de la Chambre des députés. M. Vinchon fut préféré à Eug. Delacroix, et fut chargé d'exécuter le tableau officiel. Vers cette époque, Eug. Delacroix alla faire un voyage à Maroc ; il en rapporta un recueil de dessins et de costumes qui furent exposés en 1832. En 1833, on vit au Salon le *Charles-Quint dans le couvent de Saint-Just*, et quelques portraits. C'est vers le même temps qu'il fit le portrait de George Sand en homme, presque de profil, avec une cravate négligemment nouée autour du cou. Ce portrait a été gravé, lithographié, modelé, de cent façons, et vendu à des milliers d'exemplaires.

Nous avons vu des tableaux historiques, des tableaux religieux, des tableaux de genre, des allégories et des portraits ; voici maintenant une bataille, la *Bataille de Nancy*, exposée en 1834, avec le *Couvent des Dominicains de Madrid*, les *Costumes maures* et les *Femmes d'Alger*, cette merveille de couleur et de calme voluptueux, qui figure au Luxembourg. En 1835, voici *Le Prisonnier de Chillon*, *Les Natchez* en *Calvaire* ; en 1836, un *Saint Sébastien* ; en 1837, la *Bataille de Taillebourg*, un chef-d'œuvre qui est au musée de Versailles ; en 1838, la *Médée*, un chef-d'œuvre qui est au musée de Lille ; *Les Convulsionnaires de Tanger*, le *Knid* et l'*Intérieur d'une cour à Maroc* ; en 1839, la *Cléopâtre*, figure à mi-corps et de grandeur naturelle, et l'*Hamlet et Horatio*, de Shakspeare, contemplant le crâne présenté par le fossoyeur ; en 1840, *La Justice de Trajan*, composition digne de Paul Véronèse ; en 1841, la *Prise de Constantinople par les Croisés*, *Un Naufrage* et *Une Noce à Maroc* ; en 1845, *Le Sultan de Maroc sortant de son palais*, *La Mort de Marc-Aurèle*, acheté pour le musée de Toulouse, *Une Sybille* et *Une Tête de Madeleine*. Il faut ajouter beaucoup d'excellents tableaux refusés à toutes les époques par le jury, et entre autres *L'Éducation de la Vierge* ; car Eug. Delacroix, qui n'est pas de l'Institut, a toujours été persécuté par les académiciens. Cependant la peinture d'Eugène Delacroix est au Luxembourg, dans les principaux musées de province, dans les églises et les monuments publics de Paris et dans les cabinets d'amateurs les plus choisis.

Outre ses tableaux du Luxembourg, de la salle du conseil d'État, des musées de Versailles, de Lille, de Nantes, de Tou-

20.

louse, et de l'église Saint-Paul, Eug. Delacroix a peint encore une magnifique *Descente de Croix*, dans l'église Saint-Louis, au Marais ; une des salles de la Chambre des députés, une des salles de la Chambre des pairs, le plafond central de la galerie d'Apollon au Louvre, la chapelle des fonts baptismaux à l'église Saint-Sulpice. Personne au dix-neuvième siècle n'a produit autant de grands ouvrages qu'Eugène Delacroix, et personne ne peut lui être comparé pour la richesse de la couleur, l'originalité de la tournure et la vivacité de l'expression. T. Thoré.

DELACROIX-FRAINVILLE, né à Chartres, le 27 janvier 1749, mourut à Paris, le 28 décembre 1831. Il était, à l'âge de quatre-vingt-deux ans, le doyen des jurisconsultes de toute l'Europe. Il avait été reçu avocat au parlement en 1774. Dans ses premières années, Delacroix-Frainville ne rivalisait pas encore de grâce et d'éloquence avec les Gerbier, les Target et les de Bonnières ; il plaidait surtout aux audiences de sept heures, avec les Rimbert et les Popelin, ces causes sommaires que l'on jugeait immédiatement sur les explications succinctes et lucides des avocats, ou que l'on renvoyait à l'examen d'un rapporteur par une ordonnance *d'appointement à mettre*. Pour ces dernières affaires, des factums, des mémoires, étaient absolument indispensables ; et Delacroix-Frainville, logicien rigoureux, argumentateur plus pressant que subtil, interprète consciencieux du véritable sens des actes et des documents, se serait fait sous ce rapport une réputation méritée. Mais il plaidait aussi aux grandes audiences de la grand'chambre, où des tribunes grillées, dites *lanternes*, voilaient aux yeux de la foule les spectateurs de distinction. Parmi les habituées de ces débats solennels se trouvait une dame Boulet, qui ne manquait pas une seule question d'État, pas un seul procès scandaleux en séparation de corps. A sa mort, cette dame, qui était riche et sans enfants, laissa par testament un legs considérable à M. *Delacroix, avocat au parlement*. Par malheur, deux avocats étaient inscrits au tableau sous ce nom. Outre Delacroix-Frainville, qui n'avait pas encore adopté son second nom, il y avait Delacroix, l'auteur du *Spectateur français* pendant la Révolution, et qui, sous le Consulat, fut président du tribunal civil de Versailles. Le testament donna lieu à un procès d'autant plus singulier qu'aucun des deux Delacroix n'avait jamais eu avec Mme Boulet les relations les plus vulgaires de société ; elle n'avait pu les connaître que par leurs plaidoiries et leurs écrits. L'admiration que professait la testatrice pour Delacroix-Frainville assura son triomphe ; mais après le jugement il abandonna le legs aux héritiers.

Trente-quatre volumes de mémoires imprimés, trente-cinq volumes de consultations manuscrites, vingt-six volumes de plaidoiries, sans parler de la multitude innombrable de consultations orales et fugitives, et de plaidoyers dont il n'est plus resté de trace, tels sont les travaux de cet éminent jurisconsulte. Nommé bâtonnier en 1812 par le procureur-général, sur la liste de candidats dressée au scrutin par les avocats, Delacroix-Frainville ne cessa de plaider que lorsque la vieillesse et surtout l'affaiblissement de ses jambes ne lui permirent plus de suivre les audiences, car sa tête et sa poitrine étaient encore aussi vigoureuses que son jugement était sain ; mais jusqu'au dernier moment il continua de donner des consultations et de rendre des sentences arbitrales.

Cet homme vénérable n'a point laissé d'héritier de son nom ; sa fille unique a épousé M. Scribe, ancien avocat aux conseils et proche parent de l'académicien. Breton.

DE LA HODDE (Lucien), avant 1848 l'un des rédacteurs habituels du *Charivari* et de *La Réforme*, est le héros d'une des plus piquantes aventures qui aient fait diversion aux scènes émouvantes dont la ville de Paris fut chaque jour le théâtre à la suite de la révolution de Février. Comme tant d'autres *patriotes* immaculés, son premier soin, quand la victoire du peuple ne fut plus douteuse, avait été de se nantir d'un emploi largement rétribué ; aussi avait-il vite couru s'installer en qualité de secrétaire général à la préfecture de police, où trônaient déjà les *citoyens* Caussidière et Sobrier, qui s'étaient fraternellement partagé les fonctions de *préfet*. Tout allait au mieux depuis trois semaines environ : on *fricotait*, rue de Jérusalem, de la façon la plus *sociale* et la plus *démocratique*, et on s'y dédommageait largement de la maigre pitance dont pendant si longtemps il avait fallu se contenter à l'estaminet Sainte-Agnès, ce quartier général des patriotes de *La Réforme*, ou encore aux tables d'hôte économiques placées spécialement sous leur peu lucratif patronage. Ce n'étaient donc que liesses et festins à la préfecture de police, quand une perfide dénonciation vint arracher le *citoyen* préfet à l'enivrement de ses grandeurs et lui faire faire les plus douloureux retours sur le passé. On lui remit un beau jour les originaux de la correspondance sécrète que son secrétaire général, le rédacteur du *Charivari* le publiciste éminent de *La Réforme*, avait constamment entretenue avec M. Gabriel Delessert, préfet de police pendant plus de la dernière moitié du règne de Louis-Philippe. Lucien de La Hodde, il n'était plus possible d'en douter, avait constamment adressé chaque semaine au préfet de police du *tyran*, et cela, moyennant une haute paye de *trois cents francs* par mois, un rapport sur les dires, faits et gestes des principaux meneurs du parti républicain, dans la société intime desquels, en sa qualité de patriote éprouvé, il était admis tous les jours à *culotter* des pipes ; dès lors confident de leurs plus secrètes pensées, de leurs projets, de leurs espérances et de leurs découragements. Lucien de La Hodde n'avait donc été qu'un faux frère, son ardent patriotisme qu'un semblant, son républicanisme rigoriste qu'un masque habilement porté ! A qui se fier, *bone Deus* ! puisqu'un des hommes les plus notoirement, les plus irrémissiblement compromis avec la dynastie détrônée, était un vulgaire *mouton* ! O vertu ! tu n'es qu'un vain nom ! s'écria le citoyen Caussidière en proie au plus poignant découragement ; suivant une autre version, il se serait borné à cette stoïque exclamation : Quel f... imbécile !

La chose ne pouvait pas cependant en rester là : un exemple, un grand exemple était nécessaire. Ainsi pensa le citoyen préfet de police. En conséquence, une espèce de tribunal de francs-juges fut par lui convoqué en toute hâte au Luxembourg à huit heures du soir, et de La Hodde y fut amené sous un prétexte plus ou moins spécieux, sans pouvoir le moins du monde se douter de ce qui allait lui arriver. Les juges s'étaient réunis dans celui des salons du palais qui servait de bureau au citoyen Albert (du gouvernement provisoire) ; c'étaient les citoyens Caussidière, président, Grandmesnil, Monnier, Caillaud, Boquet, Chenu, Pilhes, Bergeron, Lechallier, Tiphaine et Mercier, la fine fleur des démocrates de *La Réforme*. Le traître ne fut pas plus tôt introduit, qu'il devina bien vite de quoi il retournait. Son premier mouvement fut de nier ; mais, en présence de sa volumineuse correspondance, il n'y avait pas moyen de persister dans des dénégations impossibles. Le fait était constant et avéré. Lucien de La Hodde baissa la tête, et avoua son crime. « Allons ! lui dit alors le président, fais-toi justice à toi-même, et brûle-toi la cervelle. Voici un pistolet tout chargé. » Mais le coupable ne se pressant pas d'obéir à cette injonction, Caussidière le menaça de le tuer lui-même sans plus de cérémonie. A quoi le patient répondit avec résignation : « Ma vie est entre vos mains, faites-en ce que bon vous semblera ! » On alla parmi les juges aux voix sur le parti à prendre. Les uns opinèrent pour que Lucien de La Hodde fût conduit dans le Jardin du Luxembourg et fusillé sur place, à l'instant même. Cet avis avait certes du bon ; la seule difficulté, du moment où l'on ne se sentait pas le courage d'assassiner le traître en plein tribunal, était de trouver des bourreaux qui consentissent à l'exécuter à la clarté des torches. D'autres pensèrent à se débarrasser du coupable avec du poison; un des francs-juges en avait apporté avec lui *par précaution*, et l'offrit fraternellement à son ancien complice en conspirations, complots et émeutes. Mais Lucien de La Hodde déclara que rien au monde ne le déterminerait à s'empoisonner, qu'on était libre d'attenter à ses jours de cette façon-là, en lui faisant avaler le poison de force, mais qu'il n'y mettrait pas la moindre bonne volonté. La scène assurément était des plus dramatiques; l'intérêt, comme on voit, allait croissant. Mais la catastrophe *rata* complétement. Après bien des discussions, on finit par décider que le *scélérat* serait livré à la justice ordinaire; en conséquence de quoi, Caussidière conduisit en personne son ex-secrétaire général à la Conciergerie, où il le fit jeter dans un cachot, en attendant le jugement de son affaire. Inutile, sans doute, d'ajouter qu'il n'y eut jamais d'instruction commencée.

Certes le rôle joué par La Hodde sous le gouvernement de Louis-Philippe était celui d'un infâme; mais qu'avait-il donc d'insolite, d'extraordinaire? Qui ne sait que de tout temps les sociétés secrètes et les conspirateurs ont compté dans leur sein des hommes qui vivaient fort agréablement en instruisant jour par jour l'autorité de tout ce qui s'y disait et s'y faisait? Qui ne sait encore qu'un proverbe assure que sur trois conspirateurs, on compte toujours au moins un mouchard?

Mis en liberté à la suite du 15 mai, de cette journée qui faillit amener le renversement de l'Assemblée nationale et qui nous débarrassa tout au moins des citoyens Caussidière et Sobrier, Lucien de La Hodde obtenait à quelque temps de là un emploi officiel et lucratif dans la police de Paris; mais il nous a été affirmé que depuis bientôt deux ans l'administration s'est décidée à se priver de ses services. Qui se soucie aujourd'hui de savoir ce qu'est devenu ce malheureux?

En 1850, Lucien de La Hodde a publié une *Histoire des sociétés secrètes et du parti républicain de 1830 à 1848*. Cet ouvrage contient de curieuses révélations; mais le nom de l'auteur suffit pour en affaiblir singulièrement la portée.

DÉLAI (du latin *dilatio*, action de différer, de retarder). C'est le laps de temps accordé par la loi, le juge ou la convention, pour faire quelque chose.

La loi fixe les délais à observer en procédure et ceux durant lesquels doivent être exercés certains droits et actions. Le jour de la signification, ni celui de l'échéance ne sont jamais comptés dans la supputation des délais. Les présidents des tribunaux peuvent abréger les délais dans les cas qui requièrent célérité; on assigne alors à *bref délai*. Les délais des ajournements doivent toujours être augmentés du *délai des distances*, c'est-à-dire d'un jour par trois myriamètres. Les tribunaux ont la faculté d'accorder des *délais de grâce* et de suspendre l'effet des poursuites; mais si le débiteur a diminué par son fait ses sûretés données par le contrat au créancier, il ne peut en obtenir, ni jouir de celui qu'un jugement lui aurait accordé.

Quant aux délais accordés par les conventions, ils dépendent absolument de la volonté des parties.

DÉLAI DE REPENTIR, jours de grâce et espace légal de temps laissé entre la disparition d'un militaire absent et le terme de rigueur fixé pour lui pour rentrer au corps, ou bien entre la transgression d'un congé limité et le terme où commence l'état de désertion. Après six mois de service, le délai, pendant la paix, au camp et dans une place de guerre, est de trois fois vingt-quatre heures; dans tout autre lieu, il est de huit jours; il est de quinze jours après qu'un congé a été outre-passé. Si le délinquant a moins de six mois de service, le délai est, en temps de paix, de quinze jours, au camp et dans une place de guerre; il est d'un mois en tout autre lieu. En temps de guerre, ou s'il se joint à la désertion des circonstances aggravantes, le bénéfice du délai à titre de jeune soldat ne peut être réclamé par le délinquant, et ne peut différer du délai accordé après six mois de service. Le délai accordé en temps de guerre à tout homme de troupe est de vingt-quatre heures à l'armée ou dans une place de guerre; il est de quarante-huit heures en tout autre lieu.

Gal BARDIN.

DÉLAISSEMENT (*Droit civil*). On appelle ainsi l'abandon volontaire ou forcé que l'on fait d'un immeuble que l'on possède.

Le *délaissement par hypothèque* est l'abandonnement d'un immeuble, fait par l'acquéreur pour se soustraire aux poursuites d'un créancier privilégié ou hypothécaire. Ce délaissement n'a point pour effet de dessaisir le tiers détenteur de la propriété de l'immeuble; elle continue de résider sur sa tête jusqu'à ce qu'un jugement d'adjudication la fasse définitivement passer à un autre. Il faut avoir capacité d'aliéner pour faire un délaissement. La forme du délaissement consiste dans une déclaration faite au greffe du tribunal de la situation des biens; puis, sur la pétition du plus diligent des intéressés, il est créé à l'immeuble un curateur sur lequel la vente en est poursuivie dans la forme prescrite pour les expropriations. Le délaissement opérant une véritable éviction, il est juste que l'acquéreur évincé ait son recours contre son vendeur, tant pour la restitution du prix que pour les dommages-intérêts. Il a même en ce cas deux avantages : l'un consiste en ce que, s'il avait acheté l'héritage trop cher, ou si, depuis son acquisition, cet héritage avait diminué de prix, il ne laisserait pas de répéter contre son vendeur le prix entier qu'il lui aurait payé, quand même l'héritage délaissé n'atteindrait pas ce prix par la vente en justice. L'autre avantage résulte de ce que si, au contraire, l'héritage délaissé est vendu judiciairement à plus haut prix que le détenteur ou ses auteurs ne l'avaient acheté, celui qui a fait le délaissement et est en droit de répéter contre ses garants le prix entier de l'adjudication, parce que, s'il n'eût pas été évincé, il aurait pu faire une vente volontaire de l'héritage dont le produit aurait été au moins égal à celui de l'adjudication. Les détériorations qui procèdent de son fait ou de sa négligence, donnent lieu contre lui à une action en indemnité; mais il ne peut répéter ses impenses et améliorations que jusqu'à concurrence de la plus-value. Les fruits ne sont dus par lui qu'à compter du jour où sommation lui a été faite de payer ou de délaisser, et si les poursuites commencées ont été abandonnées pendant an à compter de la nouvelle sommation. Les servitudes et droits réels que le tiers-détenteur avait sur l'immeuble avant sa possession, renaissent après le délaissement ou après l'adjudication faite sur lui. Enfin, le *délaissement par hypothèque* n'opère point, par lui-même, un changement de propriété, en ce sens qu'il ne produit pas de droits de mutation; mais la vente faite après le délaissement donne ouverture à ces droits.

DÉLAISSEMENT (*Droit maritime*). On appelle ainsi l'acte par lequel l'assuré, frappé par un sinistre majeur, abandonne à ses assureurs ce qui peut rester de la chose assurée, en exigeant d'eux le payement de la somme assurée. Quelque utile que soit l'action en *délaissement*, quelque facilité qu'elle donne de régler promptement les relations de l'assuré et de l'assureur, elle ne dérive point forcément des principes du contrat d'assurance; il fut longtemps pratiqué sans qu'on eût recours à cette voie expéditive et commode de régler à forfait, pour ainsi dire, le résultat de certains sinistres. En effet, les principes fondamentaux de la matière n'imposent à l'assureur qu'une obligation essentielle : c'est, en cas de sinistre, d'indemniser l'assuré du dommage que lui a causé la fortune de mer. Si donc une partie seulement de la chose assurée périt, quelque considérable que soit cette perte, l'assuré reste toujours, par la nature du contrat, propriétaire de la chose assurée, aussi bien de la portion perdue que de la portion sauvée, et le payement d'une indemnité proportionnelle à la perte doit libérer entièrement l'assureur. Par une conséquence naturelle, si, après le sinistre et le payement du montant de la perte, une portion des objets assurés vient à sauvetage, et diminue ainsi d'autant la perte de l'assuré, celui-ci doit restituer à l'assureur une partie proportionnelle de l'indemnité qu'il en a reçue. Telle est la marche naturelle, indiquée par les principes de la convention d'assurance, et telle est, en effet, celle que prescrivent les premiers monuments de la coutume; ni les ordonnances de Barcelone, rédigées au commencement du quinzième siècle, ni le commentaire de Straccha, qui écrivait dans la dernière moitié du seizième siècle, ne donnent une autre décision. On trouve même dans les jurisconsultes modernes des vestiges mal effacés de cette doctrine primitive. Valin enseigne que les sinistres énumérés en l'article 46 de l'ordonnance n'ouvrent plus l'action en *délaissement* quand ils n'entraînent point la perte totale de la chose assurée, d'où cette conclusion que, s'il y a eu naufrage et sauvetage de la meilleure partie des objets assurés, le *délaissement* n'est point recevable. Enfin, de nos jours même, Pardessus a professé que la prise n'autorise point le *délaissement* si l'objet capturé est recouvré avant la signification de l'acte d'abandon.

Mais la difficulté de constater, après le sinistre et le règlement de l'assurance, la véritable valeur des objets sauvés; l'inconvénient de recommencer à plusieurs reprises le règlement de la somme due par l'assureur; le désagrément et souvent l'impossibilité d'obliger l'assuré à faire restitution des sommes reçues, apprirent bientôt, non-seulement à considérer, dans certains cas, une perte presque totale comme une perte entière, mais encore à tenir pour perte réelle et absolue la seule survenance d'un sinistre majeur, et à donner, en ce cas, à l'assuré le droit d'exiger le payement intégral de la somme assurée, à la charge de céder à l'assureur tous ses droits, toutes ses prétentions, toutes ses chances sur les objets frappés par le sinistre. Telle fut l'origine de *l'action en délaissement*, dont le septième chapitre du *Guidon de la mer* retrace les règles, et que tout indique avoir pris naissance sur les bords de l'Océan, puisque le *Guidon*, rédigé avant 1584, en parle fort longuement, tandis que Straccha, qui, vers 1570, commentait, en Italie, la police d'Ancône, n'en dit pas un seul mot.

Cette action est devenue d'un usage universel; l'ordonnance de 1683 et le Code de Commerce de 1808 l'ont tour à tour consacrée. Depuis l'invention de cette action, il y a donc deux classes de sinistres : les uns, qui ouvrent simplement *l'action en avaries*, c'est-à-dire l'action par laquelle l'assuré, après constatation du dommage, en demande à l'assureur la réparation proportionnelle; les autres, qui donnent à l'assuré la faculté d'exercer, à son choix, ou l'action en avarie, que nous venons de désigner, ou *l'action en délaissement*, par laquelle, moyennant l'abandon qu'il fait à l'assureur de la propriété des choses assurées, il réclame de lui le payement intégral de la somme assurée, en quelque état que se trouvent les objets assurés, et quel que puisse être leur sort ultérieur. L'action en avaries demeure, comme on le voit, l'action ordinaire, l'action toujours ouverte, quelle que soit la nature du sinistre; l'action en délaissement est une action exceptionnelle, dérogatoire, expressément restreinte, par conséquent, aux cas pour lesquels la loi l'établit.

L'article 369 du Code de Commerce limite à sept le nombre de ces cas : *la prise, le naufrage, l'échouement avec bris, l'innavigabilité par fortune de mer, l'arrêt par une puissance étrangère, la perte ou la détérioration des trois quarts de la chose assurée, l'arrêt de la part du gouvernement*. Un huitième cas, *le défaut de nouvelles*, est établi par les articles 375 et 376 du même code. Hors ces huit cas, le *délaissement* ne peut avoir lieu; réciproquement, la survenance de chacun d'eux donne immédiatement à l'assuré le droit d'opter entre l'action en avaries et l'action en *délaissement*. Mais il est tenu de faire cette option et même d'intenter l'action en *délaissement* dans un certain délai déterminé par l'article 373, et cette option, une fois acceptée par l'assureur, ou validée par un jugement, devient irrévocable. En créant en faveur de l'assuré un droit exceptionnel, le législateur a voulu prévenir les difficultés et rendre plus rapides et plus simples les effets de la convention; mais il n'a pas entendu mettre l'assureur à la discrétion de l'assuré. Les mêmes raisons ont dicté l'axiome, consacré par l'article 372 du même code, que le *délaissement* ne doit être ni partiel ni conditionnel; il doit toujours se faire purement et simplement, sans aucune réserve, et il doit porter sur la totalité de la chose assurée, soit que l'assuré ait, ou non, le droit de se faire indemniser d'une portion de sa perte par voie de délaissement, et du surplus par action d'avaries.

L'action en délaissement est, en général, si défavorable aux assureurs, que la plupart des polices d'assurance usitées dans les diverses places maritimes en ont le plus possible restreint l'étendue et gêné l'exercice. L'usage où sont depuis longtemps les assureurs de tous pays de stipuler des **franchises d'avaries** considérables ajoute encore au soin qu'ils prennent d'éviter le plus possible l'action en délaissement. Dans les cas d'abandon ils sont, en effet, obligés de payer la valeur totale de la chose assurée, tandis que la réparation du même sinistre poursuivie par l'action en avaries n'aurait été payée que sous la déduction de franchises presque toujours considérables.
Charles LEMONNIER.

DÉLAISSEMENT (*Morale*). C'est l'état d'abandon dans lequel on se trouve lorsque secours, consolation, tout manque à la fois. S'il y a un instinct qui domine chez l'homme, c'est celui de la sociabilité; nous sommes nés pour communiquer avec nos semblables, et, quoique dans ces rapports obligés nous ayons souvent à nous plaindre les uns des autres, le plus grand supplice qui nous soit infligé, c'est de nous condamner à un état de délaissement absolu; nous cessons alors d'appartenir à notre propre, à notre véritable nature; nous en sommes exhérédés. En Amérique, où le système de la pénalité est fondé sur la connaissance de l'homme considéré comme une partie quelconque de la civilisation, on tient le *solitary confinement* pour la plus horrible des tortures : et qu'est-il, si ce n'est un délaissement légal prononcé par la société? On peut vivre heureux dans la plus profonde solitude si elle est volontaire, mais tout est cruel dans le délaissement; c'est une guerre qui semble déclarée à un seul par toute l'espèce humaine. Rien de plus ordinaire dans le monde que d'oublier, jusqu'au délaissement le plus complet, des hommes chez lesquels on a vécu à titre d'ami des années entières. Une disgrâce les atteint : on va par sa présence en constater la certitude, puis on s'éloigne insensiblement jusqu'à renier comme simple connaissance le vieil ami. C'est surtout à l'égard des femmes qu'il y a quelque chose d'affreux dans le délaissement où on les condamne à languir. Ont-elles perdu leur mari, on rompt brusquement avec elles au moment où elles ont besoin de voir se multiplier tous les genres d'appui. Dans les capitales, il arrive aux gens du peuple d'abandonner avec la plus froide indifférence femme et enfants; c'est à peine si, de temps à autre, ils retrouvent la mémoire de leur famille; c'est là le dernier degré de la démoralisation humaine. La satisfaction des désirs les plus impétueux est souvent suivie de l'abandon. La jeune fille qui a eu le malheur d'oublier ses devoirs se voit souvent délaissée, et le délaissement en conduit plus d'une au suicide.
SAINT-PROSPER.

DELAMBRE (JEAN-BAPTISTE-JOSEPH), un des plus savants astronomes de notre époque, naquit à Amiens, le 19 septembre 1749, de parents peu fortunés. Il fit ses premières études au collège de cette ville, dirigé par des jésuites. Ces religieux ayant été expulsés du royaume par ordre du roi Louis XV, on fit venir, pour les remplacer, des professeurs de Paris et d'autres lieux. L'abbé Delille, répétiteur de syntaxe au collége de Beauvais, fut de ce nombre. Parmi les élèves qui fréquentaient sa classe se faisait remarquer, par son zèle et la rapidité des progrès, le jeune Delambre. Bientôt il se forma entre le maître et le disciple cette amitié généreuse et inaltérable qui unit pour toujours ces deux hommes célèbres. Delille inspira à son élève l'amour de la belle littérature et la passion des études longues et opiniâtres.

Quand Delambre eut appris tout ce qu'on pouvait lui enseigner dans le collége d'Amiens, il fut question de l'envoyer à Paris pour y compléter son éducation ; mais la fortune de ses parents ne leur permettait pas de le soutenir dans cette capitale. Fort heureusement, un de ses ancêtres avait fait les frais d'une place gratuite en faveur de la ville d'Amiens dans un des grands colléges de l'université de Paris, place dont les magistrats pouvaient disposer à volonté; Delambre fut choisi, plutôt à cause de la réputation qu'il s'était faite par des succès aussi rapides que brillants que par le droit qu'il y avait comme descendant du fondateur. Il n'est pas besoin de dire que le temps que le jeune élève passa au collége de Paris fut bien employé. Hélas! il ne s'écoula que trop vite : quand il fallut quitter cet asile, ses parents lui refusèrent leur appui, soit faute de moyens, soit par la raison que de brillantes études doivent suffire pour mettre un jeune homme à l'abri du besoin. Delambre passa donc une année dans la misère la plus complète. L'étude faisait une diversion salutaire aux nombreuses privations qu'il éprouvait : seul, obscur, ignoré, il se livrait à l'étude des mathématiques, traduisait, pour s'exercer, des morceaux de divers auteurs, etc. La solitude inspire le génie, dissipe le désir d'une renommée précoce et vulgaire. C'est à cette époque qu'il résolut de recommencer ses études. Enfin, pressé par un dénuement complet, il fut contraint d'accepter une place dans une maison d'éducation de Compiègne. Ce n'était pas seulement du pain qu'il lui fallait : sans livres, sans instruments, qu'est-ce que la vie pour un jeune homme dévoré de la passion du savoir ? Or, ces ressources n'étaient pas communes dans la ville de Compiègne. Néanmoins, il y trouva une grande consolation. Un médecin fort distingué par ses connaissances dans les sciences exactes lui inspira le goût de l'astronomie : il avait alors trente-cinq ans. Il lut et commenta le traité de Lalande; et, de retour à Paris, il suivit les cours que cet habile professeur faisait au Collége de France. Un jour qu'il était question d'un passage d'Aratus, et que probablement le professeur rapportait mal, Delambre cita de mémoire, non-seulement les vers du poëte grec, mais encore les commentaires qu'on avait écrits anciennement sur ce passage. Lalande fut curieux de voir les notes que son nouveau disciple avait pu écrire à propos de son cours ou sur son traité d'astronomie ; et il fut si satisfait que dès ce moment il conseilla à Delambre de ne plus perdre son temps à suivre des cours, et d'agir comme un astronome consommé ; dès lors, le disciple devint le collaborateur du maître.

Quelques temps après, il fut question dans le monde savant de la découverte d'une nouvelle planète (*Uranus*) par Herschel. L'Académie des Sciences proposa un prix pour le meilleur écrit dans lequel se trouverait calculé le mouvement de cette planète. Le mémoire de Delambre fut couronné; et, quoique la marche de la planète soit très-lente, puisqu'elle met quatre-vingt-quatre ans neuf jours à faire le tour du Soleil, et qu'il n'y eût alors qu'une très-petite partie de son orbite de connue, son mouvement fut déterminé avec autant d'exactitude que celui des anciennes planètes. Delambre calcula ensuite les tables du Soleil, de Jupiter et de ses satellites, de Saturne, etc. Ce sont ces tables qui servent encore aux astronomes de presque tous les pays de l'Europe pour calculer les *Connaissances des temps* pour l'usage de la marine, etc.

On avait senti depuis longtemps en Europe, et surtout en France, la nécessité d'établir de l'uniformité dans les poids et mesures. On résolut, au commencement de la Révolution, de mettre ce projet à exécution; il fallait choisir une base : les uns proposèrent la longueur du pendule oscillant sous l'équateur, d'autres le quart du méridien compris entre le pôle et l'équateur. Ce dernier mode eut la préférence, et Delambre et Méchain furent chargés de mesurer aussi exactement que possible l'arc d'un méridien compris entre Dunkerque et Barcelone. Delambre se chargea de la partie comprise entre Dunkerque et Rodez. L'opération commença en juin 1792, et fut terminée au milieu de difficultés de toute espèce. Avant la fin de 1800, les deux savants astronomes n'eurent pas seulement à surmonter les difficultés physiques, telles que les dilatations et les contractions produites dans les instruments par les variations de température, les réfractions produites par l'atmosphère, souvent la difficulté de bien déterminer les points vers lesquels ils dirigeaient leurs instruments pour arrêter la position des triangles, mais encore la stupide méchanceté des hommes. En effet, comme ils allumaient sur des hauteurs, et pendant la nuit, des feux qui servaient de signaux ; qu'ils s'arrêtaient de temps en temps pour prendre des alignements au moyen d'instruments tout à fait singuliers, ils furent regardés comme suspects par les populations de province, et Delambre fut obligé de donner des leçons de géodésie astronomique sur les places de Lagny, Saint-Denis, Épernay, pour tranquilliser les habitants. Un décret expulsa comme royalistes ou du moins comme modérés, Delambre, Lavoisier et Borda, de la commission des poids et mesures, et l'opération de la mesure du méridien fut suspendue pendant deux ans. Enfin des temps plus calmes permirent de la terminer avec une exactitude admirable.

Lalande étant mort en 1807, Delambre lui succéda comme professeur d'astronomie au Collége de France. Membre de l'Académie des Sciences en 1792 et successivement de toutes les sociétés savantes de l'Europe, il fut nommé trésorier de l'université, membre du Conseil supérieur de l'Instruction publique, secrétaire perpétuel de l'Académie des Sciences pour les sciences mathématiques, en 1803. C'est en remplissant les devoirs de ce poste élevé qu'il eut souvent occasion de faire éclater la bienveillance, le désintéressement, l'impartialité dont il était si heureusement doué. Faire briller le mérite des autres, ne rien dire qui pût avoir l'apparence du blâme, passer légèrement sur les imperfections, telle fut constamment la règle de sa conduite; il portait la modestie à tel point que, s'il avait à rendre compte d'un travail dans lequel il avait pris part, il en attribuait tout le mérite à ses collaborateurs. Quand on lit la vie de Méchain, qu'il a insérée dans la *Biographie universelle*, on croirait volontiers que lui, Delambre, n'a contribué que pour très-peu à la mesure de l'arc du méridien.

Parmi les personnes qui aidaient Delambre dans ses opérations, se trouvait un jeune homme, Le Blanc de Pommard, fils d'une femme d'esprit, très-bien élevé et fort intelligent : le savant astronome en fit son ami et son élève de prédilection. Mme Pommard fut très-sensible aux bons procédés dont son fils était l'objet : ayant eu le malheur de perdre son mari, elle donna sa main à Delambre. Cette union, qui dura dix-huit ans, fut des plus heureuses : un seul événement en troubla la félicité, la mort du jeune Le Blanc. Mme Delambre apprit de son mari assez de mathématiques pour l'aider dans l'exécution de ces calculs effrayants dont ses ouvrages sont remplis.

Parmi les nombreuses productions sorties de sa plume, on distingue : 1° un *Traité d'Astronomie* (3 vol. in-4°), supérieur, sous bien des rapports, aux ouvrages qui avaient été publiés auparavant sur cette matière ; 2° *Méthode analytique pour la détermination d'un arc du méridien* et *Base du Système Métrique* : ces deux ouvrages furent désignés tout d'une voix par l'Institut pour recevoir un des prix décennaux ; 3° *Histoire de l'Astronomie Ancienne, du*

Moyen Age et Moderne, bien supérieure à celle de Bailly. Cette histoire, vraie bibliothèque d'astronomie, est un puits de savoir : pour la composer, il a fallu dévorer prose et vers, mathématiciens, historiens, etc., etc. Il est à peine croyable que la vie d'un seul homme, qui d'ailleurs s'est livré à d'autres occupations, ait suffi pour recueillir, élaborer et coordonner une si grande quantité de matériaux. Mais écoutons Cuvier. « Avant Delambre, dit-il, l'histoire de l'astronomie avait ses temps fabuleux, comme l'histoire des peuples. Des esprits superficiels n'avaient pas su la dégager de sa mythologie; loin de là, ils l'avaient embarrassée encore de conceptions fantastiques. Delambre paraît, et, sans efforts, il dissipe ces nuages : lisant toutes les langues, connaissant à fond toutes les sources, il prend chaque fait où il est, il le présente tel qu'il est; jamais il n'a besoin d'y suppléer par les conjectures et l'imagination. Nulle part dans ce livre, d'une simplicité si originale, il ne se substitue aux personnages et ne raconte les découvertes... Chacune de leurs idées se montre au lecteur comme elle s'est montrée à eux-mêmes..... Et ce qui, dans ce grand ouvrage, n'est pas moins précieux.... c'est cette probité scientifique... cette recherche pure de la vérité que rien ne détourne de son but, ni les jalousies nationales, ni la considération des personnes, ni ces idées de parti *qui sont venues troubler jusqu'à la science du ciel.* » La publication des derniers volumes de ce bel ouvrage est due à M. Mathieu, élève et successeur de l'auteur. Affaibli par l'âge et les fatigues, Delambre, sentant sa fin approcher, recommanda à sa femme de rendre toutes les lettres qu'il avait reçues des savants nombreux qui correspondaient avec lui, et de brûler celles qui ne seraient pas retirées par leurs auteurs ; ne voulant pas qu'après sa mort on pût, sous aucun prétexte, rendre le public confident des secrets qui lui avaient été confiés. Peu de temps après (le 18 août 1822), il avait cessé de vivre.

TEYSSÈRRE.

DELANDINE (ANTOINE-JOSEPH), membre de l'Assemblée nationale, où il fut envoyé par le tiers-état du Forez, naquit à Lyon, en 1756, et mourut dans la même ville en mai 1820. Reçu avocat au parlement de Lyon en 1775, et en 1777 à celui de Paris, il ne tarda pas à renoncer à la carrière du barreau pour se consacrer à la culture des lettres. Dès 1780, l'Académie des Inscriptions et Belles-Lettres l'avait admis au nombre de ses correspondants; cette distinction littéraire était la juste récompense d'un curieux ouvrage intitulé : *l'Enfer des peuples anciens, ou histoire des dieux infernaux, de leur culte, de leurs temples, de leurs attributs*, etc. (2 vol.). Bientôt après il publia une *Histoire des États Généraux en France*, qui n'obtint pas un moindre succès, et qui, lors de la convocation des états-généraux, en 1789, le désigna tout naturellement aux suffrages de ses concitoyens. Il se montra d'ailleurs constamment dans l'assemblée l'adversaire des principes et des idées dont le triomphe devait amener la chute de la monarchie. Après la session de la Constituante, il se retira à Lyon, où il remplit pendant quelque temps les fonctions de bibliothécaire de l'Académie ; mais une protestation contre la journée du 20 juin 1792, qu'il rédigea et transmit au roi par l'intermédiaire du prince de Poix, lui fit perdre cet emploi et le força à quitter Lyon. Retiré à Néronde, en Forez, petite ville qu'habitait sa famille, il y fut arrêté comme suspect en 1793 et transféré dans les prisons de Lyon, d'où il ne sortit qu'après le 9 thermidor. Sous le Directoire, on lui confia la chaire de législation à l'école centrale du Rhône. A cette époque, il eut le noble courage de réclamer, à l'occasion d'une représentation de *Philoctète*, le rappel de Laharpe, l'un des proscrits du 18 fructidor. Réintégré, lors de la réorganisation des bibliothèques publiques, dans ses fonctions de bibliothécaire de la ville de Lyon, il les conserva jusqu'à sa mort, s'occupant sans relâche de la 5ᵉ édition du *Dictionnaire historique de Chaudon*, ouvrage dont le succès fut grand et mérité, et auquel il eut l'honneur d'attacher son nom.

DELANDINE DE SAINT-ESPRIT (JÉRÔME), fils du précédent, a été autorisé à adjoindre à son nom patronymique celui de *Saint-Esprit*, en commémoration du dévouement à la cause royale dont il fit preuve en 1815, aux côtés du duc d'Angoulême, à la fameuse affaire du Pont-Saint-Esprit. Il fut, en outre, nommé bibliothécaire du château de Rambouillet, gracieuse sinécure que lui enleva la révolution de Juillet. M. Delandine de Saint-Esprit est demeuré inébranlable dans ses convictions monarchiques. Il poussa même longtemps la rigidité des principes jusqu'à traiter ouvertement *Henri V* (*voyez* CHAMBORD [comte de]) d'usurpateur, ni plus ni moins que Louis-Philippe, et les partisans de ce prince de *factieux* et de *quasi-jacobins*, pensant que jusqu'à la mort de Louis-Antoine de Bourbon, duc d'Angoulême, il n'y avait d'autre roi de France légitime que *Louis XIX*, dont il composait au reste le parti à lui tout seul. Ce ne serait pas là précisément un motif pour nier qu'il soit homme d'esprit et de tête ; mais malheureusement pour sa réputation, il a beaucoup trop écrit. Nous ferons grâce à nos lecteurs de l'énumération de ses ouvrages. Depuis une quinzaine d'années, il est propriétaire des œuvres de Chateaubriand, et c'est avec lui que doivent traiter les libraires désireux de réimprimer tout ou partie des ouvrages de notre grand écrivain, lesquels ne tomberont dans le domaine public qu'en 1858.

DELAROCHE (PAUL), né dans une famille aisée, a pu choisir sa carrière et s'est fait peintre. Son père avait eu deux fils. Tous deux aimant la peinture, s'y livrèrent dès leur enfance avec entraînement. L'aîné s'était fait peintre d'histoire, et le plus jeune, Paul, concourait en loge en 1817, à l'âge de vingt ans, comme paysagiste, pour le prix de Rome. Le paysage n'était cependant pas le genre de peinture auquel les goûts du jeune artiste auraient librement accordé la préférence. Souvent, au milieu des scènes de la nature que créait son pinceau, son imagination évoquait mille actions dramatiques qu'il brûlait de traduire. Mais, par affection pour son frère, ne voulant pas lui porter ombrage en se posant en rival auprès de lui, il s'y résignait à demeurer paysagiste. Enfin il dut reconnaître que le paysage n'était pas sa vocation. Entré dans l'atelier de Gros, le jeune artiste ne tarda pas à s'y distinguer.

Nous ne suivrons pas Paul Delaroche dans ses premiers débuts, qui furent à la fois sérieux et brillants. *Jeanne d'Arc* et *Winchester*, *Saint Vincent de Paul prêchant pour les enfants trouvés*, ont ses deux premières toiles, et lui valurent une médaille à l'exposition de 1824. *La Mort du président Duranti*, *La Mort d'Élisabeth d'Angleterre*, les suivirent, et donnèrent à Paul Delaroche un rang distingué parmi les artistes. C'est alors que commencèrent pour lui ces luttes dans lesquelles les véritables talents grandissent. Aux prises avec une critique souvent ignorante, quelquefois acerbe et pleine de théories plutôt creuses que profondes, il sut, en homme qui connaît sa valeur, se tenir ferme et ne faire aucune concession. *Richelieu et Cinq-Mars*, *Mazarin mourant*, *Les Enfants d'Édouard*, éloquentes pages dont l'exécution est au niveau de l'idée, sont de beaux débuts. *Cromwell contemplant Charles Iᵉʳ dans son cercueil*, *Jane Grey cherchant de la main la place où doit tomber sa tête*, sont des tableaux de maître, qu'on admire et devant lesquels tous les cœurs s'émeuvent. *Lord Amélie*, qui parut en 1834 en même temps qu'un des plus beaux tableaux de l'auteur, *La Mort du duc de Guise*, est une œuvre religieuse et simple, peinte à la manière du quinzième siècle, pleine de finesse et de sentiment. Avons-nous besoin de rappeler le beau tableau de *Charles Iᵉʳ insulté par les soldats de Cromwell*, de *Strafford recevant la bénédiction de l'archevêque Laud*? Paul Delaroche a peint pour le musée de Versailles quatre tableaux historiques, *Le*

Baptême de Clovis, *Le Sacre de Pepin Le Bref*, *Le Passage des Alpes par Charlemagne* et le *Couronnement* de ce dernier à Rome. C'est à son pinceau que nous devons l'hémicycle de l'école des Beaux-Arts, vaste et belle composition, où l'auteur a su dérouler l'histoire de l'art, depuis les temps antiques jusqu'à nos jours, en représentant dans un seul cadre les grands artistes de tous les siècles, peintres, sculpteurs et architectes. Malgré le nombre des personnages, qui dépasse quatre-vingts, et la diversité des costumes, tous rendus avec une grande vérité historique, tout y est groupé avec tant d'art, le coloris en est si sobre et si riche à la fois, qu'une harmonie parfaite règne sur tout l'ensemble. Par la pureté du dessin et la hardiesse de la conception, par le fini des détails et l'habileté du faire, cette œuvre remarquable, que M. Henriquel Dupont a reproduite avec talent, peut être regardée comme le morceau capital de Paul Delaroche.

Nous ne saurions mentionner ici toutes les compositions importantes de Paul Delaroche, et nous devons passer sous silence une foule de tableaux de genre dont plusieurs sont de petits chefs-d'œuvre. Excellent coloriste et dessinateur correct, les œuvres de cet artiste sont une bonne fortune pour les graveurs : aussi aucun peintre moderne n'a été autant que lui reproduit par le burin; car il n'a pour ainsi dire pas de tableaux qui n'ait été gravé. Paul Delaroche joint au mérite d'une exécution tout à fait supérieure le talent non moins rare d'émouvoir et de toucher profondément. Il est nombre de ses tableaux que les artistes admirent et qui arrachent des larmes à tous ceux qui s'émeuvent devant les belles choses. P. Delaroche jouit depuis longtemps des fruits de son travail et de son beau talent. Professeur à l'école des Beaux-Arts, officier de la Légion-d'Honneur, il occupe une des places les plus honorables à la tête de l'école moderne.

M. Paul Delaroche avait épousé la fille unique de M. Horace Vernet, morte à la suite d'une fièvre nerveuse, en 1845. En 1851, il a livré au commerce, pour être gravé, un tableau représentant *La reine Marie-Antoinette après sa condamnation à mort*.

DÉLASSEMENT, action de se délasser, ou moyens par lesquels on se délasse. Quoique ce nom exprime l'ensemble des conditions hygiéniques qu'on recherche pour dissiper le sentiment plus ou moins pénible des diverses sortes de lassitude de nos organes, il est cependant plus usité dans le langage usuel que dans celui des sciences médicales. Nos lexiques ordinaires définissent ainsi le *délassement* : repos, relâche qu'on prend pour se délasser de de quelque travail ; *délasser*, c'est ôter la lassitude ; *se délasser*, c'est se défaire de sa lassitude, prendre quelque relâche, quelque récréation.

Sous le nom de *délassements de l'esprit et du cœur*, on comprend toutes les occupations littéraires et scientifiques qui produisent assez habituellement des distractions agréables, des émotions douces et légères, et ont toujours un but moral (*voyez* AMUSEMENTS DE L'ESPRIT et AMUSEMENTS DES SCIENCES).

DÉLASSEMENTS-COMIQUES. C'est le nom d'un théâtre établi à Paris en 1785, presque à l'entrée du boulevard du Temple. Comme tous les petits spectacles, il était obligé de faire son service aux foires Saint-Germain et Saint-Laurent. On y jouait des comédies-parades où les caricatures les plus grotesques faisaient pâmer de rire les enfants et les vieillards, les bonnes et même les philosophes. Les succès qu'il obtint excitèrent l'envie des théâtres privilégiés; et l'administration capricieuse qui avait autorisé son établissement lui défendit, à la fin de 1786, de donner ses représentations à Paris. Les acteurs, consternés, se dispersèrent, et l'intérêt du monopole priva le peuple parisien d'un amusement capable de le distraire utilement des idées sérieuses qui préparaient la Révolution. Le théâtre des *Délassements-Comiques* fut rouvert l'année suivante et prospéra deux ans sous la direction de Plancher-Valcour, auteur et acteur qui avait su attirer la foule par de petites pièces ingénieuses ; mais la salle fut incendiée, il fallut la reconstruire en entier. De nouvelles chicanes entravèrent ce spectacle ; on lui défendit de faire paraître plus de trois acteurs à la fois; on lui interdit la parole; on le réduisit à ne jouer que des pantomimes à travers une gaze qui séparait la scène et le public. Les sollicitations de quelques écrivains distingués obtinrent certaines modifications à ces ridicules vexations, auxquelles la révolution vint enfin mettre un terme. Mais le directeur Colon et sa femme furent ingrats envers ceux qui les avaient obligés, grossiers et avides envers les auteurs qui leur faisaient des pièces, exigeants et durs envers leurs acteurs, et si chatouilleux sur la critique, qu'ils menacèrent de couper le cou aux journalistes qui médiraient de leur théâtre ; les musiciens même voulurent assommer un censeur difficile qui avait paru mécontent de l'orchestre. Plancher-Valcour, qui n'en était plus que régisseur, se retira en 1791, avec plusieurs autres acteurs trompés, vexés et mal payés comme lui par la direction ; ces pertes ne furent pas compensées par l'amélioration de l'orchestre et l'acquisition de Le Roi, qui avait dirigé celui du théâtre Beaujolais, et qui ne put rester aux *Délassements*.

On jouait tout à ce théâtre, tragédies, comédies, drames, opéras-comiques, vaudevilles, parades, pantomimes, ballets. Les chefs-d'œuvre de Corneille, Molière, Racine, Voltaire, y étaient parfois assez plaisamment travestis, et les opéras-comiques du répertoire de la comédie italienne étaient dénaturés par des charges et des grimaces dignes des tréteaux du plus bas étage. Ce théâtre, pourtant, avait aussi son répertoire, et quoique 12 francs fussent le prix des pièces en un acte, et 3 louis le *nec plus ultrà* des pièces en trois actes, sans droits d'auteur, il comptait parmi ses collaborateurs Ducray-Duminil, le Cousin-Jacques, le bon Guillemain, Fabre d'Olivet, Maillet, Gabiot de Salins, qui rarement se permettaient des équivoques contraires à la morale et à la bienséance; mais Valcour, Pleinchène et d'autres plus obscurs y prenaient toute licence sous le rapport des obscénités. Aucun théâtre ne montrait plus d'activité : on y jouait jusqu'à cinquante nouveautés par an. La salle était élégamment décorée, mais trop étroite pour sa longueur, incommode, obscure, et l'on y respirait un air infect, soit à cause de la mauvaise huile des lampes, soit en raison de la société qui la fréquentait. Cet état de choses subsista sous la direction de Colon et sous d'autres jusqu'en 1800, mais la décadence était complète. Picardeaux, ex-directeur et acteur de l'Ambigu-Comique, se chargea en 1801 du théâtre des *Délassements*, qui prit le titre de *Théâtre-Lyri-Comique*. Il y donna plusieurs ouvrages de boulevard, dans lesquels il tenait les principaux rôles ; mais, mal secondé par les artistes, il ne put se maintenir que deux mois, et les séances du ventriloque Fitz-James ne retardèrent sa chute que de quelques jours. Six mois après, une troupe pantomime, qui n'avait pu réussir au faubourg Saint-Germain, vint échouer, au bout de huit jours, dans la salle des *Délassements*, quoiqu'elle y eût donné quatre nouveautés. Une autre entreprise y était établie, en 1806, sous le titre assez heureux, mais banal, de *Variétés amusantes*, lorsqu'elle fut comprise, en 1807, dans le décret impérial qui supprima plusieurs théâtres. Plus tard, un nouveau théâtre, dit des *Troubadours*, essaya vainement d'y ramener la foule. Il fallut céder la place à un marchand de vin. Mais, dans la suite, lorsque Mme Saqui quitta le théâtre de ses succès, l'ex-théâtre des acrobates se mit à jouer le vaudeville et fit revivre le titre de théâtre des *Délassements-Comiques*.   H. AUDIFFRET.

Un autre théâtre des *Délassements-Comiques* s'est élevé, en 1841, sur le boulevard du Temple, à la place où était auparavant le théâtre des acrobates de Mme Saqui. Le drame et le vaudeville sont représentés dans cette petite salle, placée entre le théâtre des Funambules et le spectacle de Lazari.

DÉLATEUR, DÉLATION. A Rome on appelait *delatores*, par opposition aux *accusatores* proprement dits, des hommes qui se portaient dénonciateurs d'un crime sans être personnellement intéressés à sa répression. Les délateurs les plus fameux dans l'histoire sont ceux qui dénonçaient les crimes de lèse-majesté. Ces misérables servaient ainsi la haine, les vengeances et la cupidité des monstres couronnés qui possédaient alors le monde; souvent même ils se rendaient aux passions d'autrui; si l'on voulait se débarasser de quelqu'un, on s'adressait à un délateur, et l'affaire ne tardait pas à être conclue, car le prince leur avait accordé la huitième et même la quatrième partie des biens de leurs victimes: aussi les appelait-on *quadruplatores*. Tacite, dans quelques pages sublimes, a voué à l'exécration de la postérité ces hommes vils et sanguinaires, escorte obligée de la tyrannie, et que les mauvais princes, avertis par leur conscience de la haine générale qu'ils inspiraient, s'attachaient par l'ambition de l'intérêt. Caligula permit aux esclaves d'accuser leurs maîtres. Cnéius Lentulus fut accusé par son fils. Cependant quelques princes firent justice des délateurs. Claude défendit aux affranchis d'accuser leurs patrons; Domitien, au commencement de son règne, les bannit; Antonin en fit mourir ou battre de verges un grand nombre. Constantin par deux lois, en 312 et 319, défendit absolument d'écouter les délateurs, et ordonna qu'ils seraient punis du dernier supplice.

La délation, de tout temps, a fait horreur aux hommes. « Les princes, disait Diogène, ont à leur cour deux sortes d'animaux; des bêtes privées, les flatteurs; des bêtes féroces, les délateurs. » La délatation était un des ressorts du gouvernement de Venise; les jésuites en ont fait le pivot du gouvernement; c'est elle qui a entretenu le long sommeil de la nationalité italienne; qui a énervé l'Espagne pendant deux siècles, ensanglanté nos deux Terreurs, la rouge et la blanche; n'est-ce pas la délation qui, tout récemment encore a peuplé, de tant de nos concitoyens les pontons de Belle-Ile, l'Algérie et la Guyane. Et cela s'est passé sous nos yeux, dans un pays pourvu d'une justice régulière, où l'institution du ministère public, « cette sauve garde de la société en même temps que de l'accusé lui-même, » existe depuis longtemps. Pourra-t-on croire un jour, qu'en France, au milieu du dix-neuvième siècle, trois fois en trois ans, des commissions, sans entendre les accusés, sans les mettre en position de répondre à leurs accusateurs, ont pu chasser des citoyens de leurs foyers, les transporter par mesure de salut public, dans des climats meurtriers, sur de simples dénonciations, sur des délations cachées, secrètes, anonymes!

DELAVAU (Guy), né en 1787 dans le département de Maine-et-Loire, se fixa de bonne heure à Paris, où il fut reçu avocat en 1810. Pendant longtemps, on le vit exploiter la clientèle peu honorable, mais assez fructueuse, que se partagent d'ordinaire une douzaine de Cicérons de la salle des Pas-Perdus, toujours prêts à accorder, pour 25 francs et même moins, *le secours de leur toge* aux infortunés qui ont quelque chose à démêler avec la cour d'assises ou le tribunal de police correctionnelle. La Restauration vint ouvrir une voie nouvelle à son ambition. Il s'affilia aussitôt à la *congrégation*, et, grâce au tout-puissant appui qu'il trouva dans cette mystérieuse association, il fut nommé en 1815 juge-auditeur, et, dès l'année suivante, conseiller à la cour royale de Paris. Dans l'exercice de ces fonctions, il se montra bien moins magistrat qu'homme de parti: ardent et violent dans la répression, il plaçua à la coterie réactionnaire, qui l'emportait dans les conseils de la branche aînée, de tels gages de dévoûment, qu'à l'avènement du ministère *déplorable*, M. de Villèle jeta tout de suite les yeux sur lui pour la préfecture de police, où il remplaça le comte Anglès. Delavau devint, dans ce poste important, l'un des instruments les plus actifs et les plus zélés de ce gouvernement de bedeaux et d'eunuques, qui s'appuyait dans le parlement sur *sos trois cents*, et au dehors, sur les hypocrites et les imbéciles enrôlés par la congrégation *pour la défense du trône et de l'autel*. L'administration du nouveau préfet de police, dans le cercle comparativement restreint où s'agitait sa malfaisante activité, ne fut pas moins *déplorable* que celle qu'une déclaration de la chambre élective, portée au pied du trône en 1828, flétrit à jamais de ce nom; et Paris conservera longtemps le souvenir des *fusillades de la rue Saint-Denis*, de cette sanglante agression commise sans motifs, en novembre 1827, par la force armée aux ordres du préfet de police, contre des citoyens faisant éclater leur joie au sujet du résultat des élections générales, qui assurait le triomphe de l'opposition. Deux mois après, le ministère Villèle devait se retirer devant l'expression de l'indignation générale, formulée par un vote solennel de la chambre, et M. Debelleyme était appelé à remplacer M. Delavau, à qui l'on accorda les invalides du conseil d'État, mais qui, aussitôt après la révolution de 1830, retomba dans l'obscurité dont il n'aurait jamais dû sortir. Est-il mort depuis? A cette question nul n'a pu nous répondre.

DELAVIGNE (Casimir), poëte français, né au Havre, en 1794, d'une honorable famille, fit ses études à Paris au lycée Napoléon. Il se trouva sur les bancs et partagea les premières places avec son frère aîné Germain, et ses futurs confrères MM. de Salvandy et Scribe, qu'une douce intimité rapprocha de lui plus tard. Dans son enfance, il n'était point un de ces petits prodiges dont la renommée précède les essais. Malgré son calme ordinaire, il avait parfois des élans de vivacité, et c'est alors que se révélait le talent du collège. Une circonstance puérile l'anima un beau soir et lui fit écrire une satire en vers burlesques contre l'économe du collège. Il avait été sévèrement puni pour avoir tué de sa main un matou coupable de la mort de son oiseau chéri, et ses parents avaient été mis à l'amende; en parlant de l'économe, l'écolier s'écriait:

> Dans le courroux qu'inspire une action si noire,
> Il marque pour six francs de chat sur le mémoire!...

Cette naïve vengeance d'un enfant de douze ans courut les collèges, et mit les rieurs de son côté. C'était déjà une plaisanterie bien versifiée. Deux ans après, son intelligence s'éveilla aux battements de son cœur: ce fut par la poésie qu'elle se fit jour. Un de ses parents porta à Andrieux son premier essai remarquable: le *Dithyrambe sur la naissance du roi de Rome*: « Allons, amenez-le-moi, dit-il; on ne l'empêchera jamais de faire des vers. » Casimir Delavigne suivit le cours d'Andrieux, et reçut ses conseils et ceux de Picard. Il fit des progrès rapides, et peu d'années après, l'élève était devenu l'oracle de ses premiers maîtres. Picard lui lisait ses comédies et lui demandait naïvement: Est-ce bon, cela?

De 1813 à 1817, il obtint l'*accessit* ou la mention honorable au concours de l'Institut pour le prix de poésie; le prix lui fut enfin adjugé en 1820. Le sujet proposé était l'*Éloge de l'enseignement mutuel*. Il avait déjà publié ses cinq premières *Messéniennes*, qui avaient eu un grand succès. Ému et puissamment inspiré par les malheurs qui marquèrent en France l'époque de la seconde invasion, nos armes humiliées, la perte de ces chefs-d'œuvre de la peinture et de la sculpture qui ornaient nos musées et attestaient nos conquêtes, et que l'étranger victorieux nous enlevait, causèrent à Casimir Delavigne une profonde douleur et soulevèrent dans son âme patriotique une indignation partagée par tous les Français, et qu'il manifesta avec autant d'énergie que de dignité nationale :

> ... Poëte et Français, j'aime à chanter la France,
> Qu'elle accepte un tribut de périssables fleurs;
> Malheureux de ses maux, et fier de ses victoires,
> Je dépose à ses pieds ma joie et mes douleurs,

J'ai des chants pour toutes ses gloires,
Des larmes pour tous ses malheurs.

Ce fut un événement en littérature et presqu'en politique, que l'apparition des *Messéniennes*. Empreintes des plus heureuses formes de la poésie lyrique, revêtues de ses plus brillantes couleurs, elles coururent d'abord manuscrites, puis elles parurent au grand jour avec un succès prodigieux. La jeunesse française y trouva l'expression éloquente et harmonieuse de ses douleurs nationales, de ses regrets, de ses vœux.

On ne pouvait trouver un représentant plus loyal et plus irréprochable d'un parti politique. Louis XVIII, après avoir lu ces chants harmonieux, ne put résister à son penchant pour le poète, et parut céder avec grand plaisir à l'officieuse insinuation du ministre (M. Pasquier) en nommant, le lendemain, Casimir Delavigne bibliothécaire de la Chancellerie, où il n'y avait pas encore de bibliothèque. Après avoir quitté une modique petite place dans un bureau, il avait été employé à la liquidation des créances étrangères, sous M. Mounier, et composait en même temps son *Épître à Messieurs de l'Académie Française sur l'Étude* (en 1817). Il résultait parfois de ce partage d'occupations quelques erreurs de chiffres dans sa tâche habituelle, erreurs que son chef sut lui pardonner.

Le sentiment de la liberté et du droit chez les autres comme chez nous-mêmes fit aborder à l'auteur le sujet si épineux des *Vêpres siciliennes*. Jamais entreprise ne dut paraître plus anti-nationale que d'offrir à des Français, comme objet d'applaudissements, le spectacle du massacre de leurs ancêtres. Le jeune poète s'en tira avec habileté, en plaçant le foyer d'intérêt de la pièce dans le principe de morale universelle qui consacre pour chaque peuple ses droits à l'indépendance. Il montra les patriotes siciliens luttant contre une oppression étrangère, et mit les spectateurs français de leur parti. Un succès au théâtre était son rêve; on peut dire sans exagération que, malgré ses préludes, Casimir Delavigne entra incertain, pauvre, presque inconnu, à la première représentation des *Vêpres siciliennes*, et qu'il en sortit maître de sa destinée. On le critiqua, on noua des cabales, qu'il laissa faire, en continuant à travailler et se montrant toujours modeste. Grâce à un ensemble d'inspirations nouvelles, de détails fins et délicats, mis en œuvre par des ressorts ingénieux, qu'il ménagea prudemment, il obtint le plus brillant succès, enleva son public, et le retint longtemps. Son style, modelé sur celui de Racine, et dont la perfection fatigue parfois, laisse désirer plus de naturel et d'abandon; il se rapproche de l'école dramatique de Voltaire par certaines préoccupations philosophiques et certaines allusions aux circonstances.

La pièce avait été reçue *à correction* au premier Théâtre-Français; mais, rebuté des lenteurs et des délais de messieurs les sociétaires, Delavigne profita de l'ouverture de l'Odéon comme second Théâtre-Français, pour y porter sa tragédie. Picard, son ami, son protecteur, le dirigeait : aussi tout se passa-t-il à merveille. L'inauguration du théâtre eut lieu le 30 septembre 1819 par un discours en vers un peu maniérés du jeune poète, qui fit au public les honneurs d'une scène dont il devait bientôt être la providence. Il avait alors vingt-six ans; il remporta un vrai triomphe. Cependant, sa première tragédie, au milieu de beautés d'un ordre supérieur, laisse apercevoir de grands défauts : la faiblesse et l'invraisemblance des moyens. La puissance magique du mot *liberté*, l'intérêt attaché au sujet, l'énergie soutenue du principal personnage, Procida, la force des situations et le mérite des détails, compensèrent les taches de ce premier ouvrage, qui établit sans retour la réputation du jeune auteur. Cette tragédie fut représentée le 23 octobre 1819.

L'Odéon retentissait encore des applaudissements accordés aux *Vêpres siciliennes*, lorsqu'un ouvrage d'un genre tout différent et d'un mérite supérieur à celui du premier révéla la flexibilité du talent de l'auteur et attesta ses progrès. Nous voulons parler des *Comédiens*, comédie en cinq actes, représentée à l'Odéon le 6 janvier 1820. Cette ingénieuse satire des artistes dramatiques est remplie de détails charmants et d'une versification exquise. Il était difficile de trouver le moyen d'amuser le public pendant cinq actes par le développement d'une question littéraire; et faire jouer cette pièce semblait un tour de force : l'auteur y a réussi, et l'on a deviné son propre portrait dans le poète Victor, représenté avec autant de convenance que de vérité. A la faveur de ce personnage du jeune auteur, Casimir Delavigne nous a donné sur le but moral de l'art et sur le rôle du talent dans la retraite quelques préceptes d'une justesse appropriée, et dont il est demeuré observateur fidèle :

Aimons les nouveautés en novateurs prudents......
Que le littérateur se tienne dans sa sphère......
Crains les salons bruyants, c'est l'écueil à ton âge;
Nous avons trop d'auteurs qui n'ont fait qu'un ouvrage.

Et bien d'autres semblables. Ainsi que le poète Victor, Casimir fut adouci et ne fut point amolli par le succès. Le monde, jaloux et fier de ses triomphes, chercha à le séduire, et n'y réussit pas plus qu'à l'attirer. Honoré de l'amitié d'un prince et invité par ce que l'aristocratie avait de plus délicat et de plus brillant, il resta inébranlable dans ses refus. Le monde ne l'a point vu et ne l'a pas connu; il ne l'a qu'entendu. Casimir Delavigne semblait comprendre de loin que ce monde si aimable, si flatteur et si engageant, s'il aguerrit l'homme, intimide et étouffe le génie. Sérieusement occupé de la conception de ses ouvrages, il les méditait longtemps à l'avance, les composant et les retenant de mémoire avant de les écrire. Il avait besoin de temps, de recueillement; le monde le lui eût enlevé. La famille, au contraire lui ménageait des loisirs; il pouvait être rêveur et distrait à ses moments. On faisait silence autour de lui. Son frère aîné, homme d'esprit et de talent, s'oubliait avec bonheur en ce frère préféré qui devenait le chef des siens. C'était une touchante manière de jouir de sa gloire et de la mériter. Le résultat de cette paix intérieure fut un progrès littéraire toujours croissant, mais non pas exempt de fautes et d'erreurs dans les compositions.

Le premier décembre 1821, l'Odéon représenta une nouvelle tragédie du même auteur. *Le Paria* éleva encore sa réputation. On reconnut que la nature et l'étude l'avaient fait vraiment poète, et c'est pour l'invention, du moins pour la perfection du style et la délicatesse des détails. Peut-être le travail se fait-il un peu sentir, et c'est la seule chose que l'on puisse reprocher à Delavigne. Il doit avoir et il a nécessairement les défauts de ses qualités. Il orne peut-être trop sa pensée par l'image; ce luxe, cette surabondance de diction, excitent parfois chez le lecteur une sorte de ravissement mêlé de surprise, qui n'est pas toujours exempt de fatigue. Ce style merveilleux nous semble, pour être irréprochable, laisser à désirer un peu plus de simplicité dans sa grâce et d'abandon dans son énergie. Quant à l'invention, c'est sur une donnée fausse que repose l'action du *Paria*. Dans l'Inde, un individu ne peut changer de caste, à quelque titre que ce soit. Néanmoins, l'exécution est admirable. On ne peut se défendre d'une prédilection particulière pour quelques parties de cet ouvrage.

Nous avons maintenant à parler de *L'École des Vieillards*, comédie en 5 actes (Théâtre-Français, décembre 1823). Cette pièce réconcilia son auteur avec le Théâtre-Français, trop heureux de voir revenir à lui le poète lauréat qu'il avait un jour méconnu et tant regretté depuis. Casimir, qui n'était point léger, avait, dans *Les Comédiens*, pris sa revanche d'une façon trop spirituelle pour que son retour pût être taxé de faiblesse. A la lecture de *L'École des Vieillards*, au comité du Théâtre-Français, Talma fut si enthousiasmé de la pièce, qu'il voulut absolument y avoir un rôle; le succès qu'il obtint fit valoir la pièce, jouée aussi par la célèbre Mlle Mars avec un talent exquis. C'était presque un drame, mais personne n'a contesté que ce ne fût une œuvre excellente. Ce triomphe fut un titre éclatant pour la candidature à l'Académie, que Casimir Delavigne ambitionnait par-dessus tout. La recette des soixante premières représentations de *L'École des Vieillards* surpassa la recette du même nombre de représentations du *Mariage de Figaro*. Ce détail de statistique est une preuve incontestable du succès; aussi, il faut le dire, jamais Delavigne n'avait choisi de sujet mieux approprié à son talent et à sa veine. Sur le thème si usé du mariage, le poète avait su trouver un comique nouveau, un pathétique sérieux sans être bourgeois, une morale pure et non vulgaire. Le contraste des caractères, tous bien dessinés, aide naturellement à l'action.

Étranger à l'esprit de prosélytisme et aux manœuvres des partis et de l'intrigue, Casimir Delavigne avait trop dédaigné leurs courroux, leurs pièges et leurs cabales. Il avait montré trop d'indifférence pour le monde et pour certains ministres; on était jaloux de le voir si calme dans sa fortune médiocre, si paisible au temps des orages politiques et littéraires, si supérieur à tant d'autres par la droiture et l'honnêteté de sa conduite; peut-être quelques-uns crurent-ils être désignés dans certaine pièce ou dans quelques vers satiriques. Toujours est-il qu'on lui fit expier de prétendus torts par une odieuse destitution en 1823. Il n'était pas riche et n'avait jamais rien demandé à personne. Ses amis le portaient à la candidature de l'Académie Française et l'avaient invité à se mettre sur les rangs pour remplacer l'abbé Sicard. Il échoua d'abord, quoique les *Messéniennes* et trois grands ouvrages dramatiques eussent dû lui en ouvrir les portes. Un aspirant au fauteuil académique ne s'y établit pas, en général, du premier coup; cet usage reçut, à l'égard du poète, une application rigoureuse; il n'entra à l'Académie qu'en 1825 (février), et y fut admis à la place du comte Ferrand. Peu de temps après cette époque, il fut dédommagé de la perte de sa place par celle de *bibliothécaire du Palais-Royal*, que la protection paternelle d'un prince qui l'aimait fit considérer comme la réparation authentique d'un acte injuste.

Casimir Delavigne fut reçu à l'Académie dans la séance du 25 juillet 1825. Son discours de réception ne fut pas du goût de tous, et on le jugea assez sévèrement. La pensée principale de ce discours est « qu'en littérature, on ne peut exercer d'empire sur les cœurs sans cette conviction courageuse qui est la conscience de l'écrivain. » Il devait être permis de développer cette noble pensée à celui dont la conduite en avait offert la constante application; à celui qui, pour conserver son indépendance, venait de refuser une pension sur la liste civile, tardive faveur dont le choix de l'Académie avait été le signal. Arrivé à la maturité de la jeunesse, Casimir Delavigne était devenu l'idole des hommes de son âge, qui grandissaient avec sa célébrité. Toutes les opinions s'inclinaient devant son talent; il recevait de tous les pays des lettres de félicitations de bon goût et de haute valeur. Il commençait à sentir la fatigue physique, suite inévitable d'une vie si laborieuse : on lui prescrivit le changement d'air. C'est alors qu'il fit son voyage d'Italie, et qu'il se livra un peu plus à ses impressions personnelles. Sous ce beau ciel étoilé, il se rapprocha davantage de la nature et puisa ses sujets dans la réalité. Ainsi, dans *le Miracle*, il s'inspira de la vue d'un enfant mort, qu'il avait vu sur un lit de parade, entouré de fleurs et de cierges, surpris de son immobilité, un autre enfant, son jeune frère, était venu, dans sa naïve ignorance, s'approcher du défunt en lui offrant un jouet. Casimir, qui aimait beaucoup les enfants, fut si touché de cette scène silencieuse qu'il en fit une ballade. De celle-ci et d'autres il a composé une suite de petits drames. Il y avait chez lui observation, choix, méditation lente, puis composition, arrangement et harmonie. C'est en Italie qu'il rencontra celle qui lui était destinée, et son avenir s'enchaîna. Il ne parlait jamais au public, comme certains contemporains, de sa vie domestique, et c'est à peine si nous trouvons à citer quelques vers que son âme discrète a laissé échapper :

Il n'est point de beaux lieux que n'embellisse encore
Le sentiment profond qu'on éprouva près d'eux.....

A son retour en France, la littérature avait subi une véritable métamorphose, il n'y était point préparé, et s'étonna de l'accueil glacial fait à la représentation de sa *Princesse Aurélie*, comédie en cinq actes, jouée au Théâtre-Français le 6 mars 1828. C'est un caprice, une satire qui n'est point encore jugée; on a dit souvent que c'était l'erreur d'un homme d'esprit. Ce premier symptôme du refroidissement de son public lui fut très-sensible. Habitué à compter sur sa faveur, il avait obtenu jusque-là, moyennant ses consciencieux efforts, un succès plein et brillant, un applaudissement sans réserve; on lui contesta le mérite de l'invention, la fidélité à l'histoire, et même dans le style certaines conditions nouvelles un peu différentes de celles qui, la veille encore, suffisaient. Casimir Delavigne mesura le danger, et, sans se laisser abattre, il le combattit. Depuis cette époque jusqu'à sa mort, il lui fallut défendre pied à pied sa position unique, transiger même par instants. On doit convenir qu'il le fit avec bien de l'habileté et de l'à-propos. Moins conciliant, il eût conservé sa domination; il eût peut-être à la longue, forcé le public à rester de son avis. En redoublant de simplicité dans les moyens, d'unité dans l'action, attentif à creuser les passions humaines, pour nous les rendre ennoblies et vraies dans l'attitude tragique, il aurait eu, sans doute, des luttes pénibles à soutenir; mais, après les mauvais jours passés, il aurait reconquis sa première place et ramené la foule, que le courage étonne et captive. S'il eût persisté à nous donner la tragédie classique perfectionnée, sans s'occuper des contradicteurs, peut-être, reconnaissant et fidèle, le public lui serait-il revenu dompté; et, bien mieux qu'un niveau paisible, le flot l'aurait repris et porté plus haut que jamais. Doux, exempt d'envie, bienveillant par nature, il craignait la lutte. Sa persévérance, sa force réelle consistaient à suivre sa ligne en se servant des obstacles mêmes comme de points d'appui. Il profita pourtant de la permission d'employer certaines libertés de style, que d'autres avaient fait accueillir avant lui et qu'il mit en usage à compter de *Louis XI*. Convaincu que, pour se plier au goût du siècle, le drame devait subir quelques modifications indispensables, il tenta ces changements avec prudence et discrétion, et sut les réaliser avec bonheur. Brouillé une seconde fois avec le Théâtre-Français, qui ne pouvait lui pardonner l'échec de la *Princesse Aurélie*, Casimir Delavigne donna au théâtre de la Porte-Saint-Martin sa tragédie de *Marino Faliero*, le 30 mai 1829. Il adapta les formes de la conversation familière au développement d'un sujet tragique. Cette innovation, pleine de goût et de tact, peut être considérée comme un perfectionnement.

Ici les fictions du poète furent interrompues par le bruit du canon; l'ennemi était à nos portes, la guerre civile dans notre sein. Le premier sentiment qui avait ému Casimir Delavigne dans sa jeunesse, l'amour de la patrie, se réveilla plus ardent au jour du péril. Il improvisa le chant populaire *la Parisienne*. Ce n'est point une œuvre littéraire, mais, ce qui vaut mieux encore, c'est un acte de courage; il la publia et la signa. On ne peut s'empêcher de remarquer la richesse d'un esprit assez bien doué pour réussir dans tous les genres. Tous les ouvrages de Casimir Delavigne ont été plusieurs fois imprimés; dix-neuf poèmes lyriques sous le titre de : *Messéniennes*, outre son théâtre. On a publié aussi ses *Poésies diverses*, *Études sur l'Antiquité*, *Discours*, *Ballades*, etc., etc. A quelque époque qu'eût existé

Delavigne, son nom se fût placé au premier rang. Aucun poëte n'a réuni à un degré aussi éminent toutes les parties de l'art.

La révolution de 1830 ayant porté au pouvoir les amis de Casimir Delavigne, on voulut l'y appeler aussi; il s'y refusa malgré les plus vives instances des siens. Les fonctions publiques, les honneurs, les devoirs du monde, les liaisons même, et ce que renferment d'amertumes et de soins les exigences de certaines positions, l'eussent jeté trop loin de ses travaux chéris. Pour méditer dans la retraite, il avait besoin de tout son temps; il en fut avare, et se dispensa même de paraître aux séances académiques. Ses œuvres furent nombreuses depuis cette époque; il choisit dans l'histoire des sujets significatifs, et s'applique, par l'étude et l'observation, à rendre ses personnages frappants de ressemblance dans leurs vices comme dans leurs vertus. Il changea la forme et presque le style ordinaire de ses autres pièces pour se conformer aux nouvelles conditions du succès : aussi détruisit-il sa santé, déjà faible, à force de fatigue et de tension d'esprit. Les difficultés qu'il avait à vaincre renaissaient à chaque composition. Il ne se rebutait point. Pourvu que personne ne vînt troubler sa solitude, il ne se plaignait point; il avait besoin de rêver à son aise, de mûrir un plan et de s'échauffer par degrés pour arriver à de beaux effets. Aussi ne se mêla-t-il jamais du ménage des autres, ni même du sien; il vivait tous les jours au foyer domestique; et les jours d'action au foyer du théâtre.

Après la révolution de juillet, Casimir Delavigne fit représenter au Théâtre-Français *Louis XI* (11 février 1832). Cette tragédie eut un grand succès. Le caractère du roi est un des mieux étudiés et des plus vigoureusement peints que l'auteur ait créés. *Les Enfants d'Édouard*, drame en trois actes, fut joué l'année suivante (18 mai 1833). Ce drame, dont le sujet est emprunté au tableau de Paul Delaroche, produisit les plus heureux effets. Les caractères si différents des jeunes princes et celui de la mère, que l'auteur a rendu si touchants, excitèrent un vif intérêt. On a prêté à Delavigne des intentions politiques qu'il est douteux qu'il eût dans cette composition. *Don Juan d'Autriche*, drame en cinq actes, fut représenté le 17 octobre 1835, au Théâtre-Français. Plus de soixante représentations consécutives constatèrent le succès de cet ouvrage en prose. Des situations imprévues, dramatiques, un dialogue vif, piquant, riche en traits d'esprit et quelquefois gai, un rôle charmant et neuf, d'heureuses combinaisons d'intérêt, de pathétique et de plaisanterie, distinguent ce drame. Le portrait du roi Philippe II y est manqué, mais on y retrouve la physionomie de Charles-Quint, quoiqu'en miniature. Vint ensuite *Une Famille au temps de Luther*. On ne saurait traiter avec plus de talent un sujet ingrat, aride et fâcheux. Un triste séide, pour sauver l'âme de son frère, prévient son abjuration par un assassinat. *La Popularité*, qu'il avait goûtée avec délices, et qui s'était longtemps présentée à ses yeux sous la forme de l'estime publique, lui inspira une de ses dernières pièces, qui n'a peut-être point été assez appréciée. Elle est pleine de vers ingénieux, élégants, bien frappés, un peu dans le genre de l'épître. Une leçon d'une véritable élévation morale ressort de l'ouvrage; lui aussi, il avait compris que la popularité n'est bonne qu'à être dépensée, risquée à un certain jour, jetée, s'il le faut, par le balcon. Il fit précéder sa pièce d'une dédicace à son jeune fils, pleine de grâce, de sensibilité et de charme. La dernière œuvre dramatique de Delavigne porte le cachet de son affaiblissement physique; c'est *La Fille du Cid*.

Sa santé s'altérait davantage; chaque soir, il était triste, abattu. Vivant plus exactement que jamais dans sa famille, il comptait les moindres instants; il regrettait sa maison de campagne, qu'il avait été forcé de vendre. A ce sujet, nous citerons l'adieu qu'il lui adressa avec des accents bien émus :

Cette fenêtre était la tienne,
Hirondelle qui vins loger

Bien des printemps dans ma persienne,
Où je n'osais te déranger;
Dès que la feuille était fanée,
Tu partais la première, et moi,
Avant toi je pars cette année ;
Mais reviendrai-je comme toi?

Au moment où sa voix pénétrée s'exhalait en de si touchantes plaintes, il était déjà frappé mortellement. Il partit pour le midi, et mourut en arrivant à Lyon, le 12 décembre 1843. Le bruit de sa maladie et celui de sa mort se répandirent partout. Alors cette renommée établie sans contestation se réveilla dans un grand cri. On se demanda si celui dont on se croyait en possession, qu'on venait d'applaudir la veille, et qui était encore si jeune, nous était déjà ravi. Il semblait qu'il était devenu pour tous avec le temps un de ces biens chers et acquis dont on ne ressent tout le prix qu'en les perdant. Une statue lui a été élevée au Havre en 1852.

Philarète CHASLES.

DELAVIGNE (GERMAIN), frère du précédent et comme lui auteur dramatique, est né le 1er février 1790, à Giverny (Eure). Ce serait déjà quelque chose que d'être le frère de l'auteur des *Comédiens* et de *L'École des Vieillards*, des *Enfants d'Édouard* et de *Louis XI*. Et cependant, hâtons-nous de le dire, M. Germain Delavigne aurait plus de réputation si l'illustration de son frère n'était venue absorber la sienne. N'est-ce rien, en effet, que d'être l'auteur de *La Somnambule*, de *L'Héritière*, du *Diplomate*, comédies charmantes que n'ont pu priver de ce titre les couplets dont il a fallu les déparer pour les faire supérieurement jouer aux théâtres du Vaudeville et du Gymnase? N'est-ce rien, aussi, que *La Neige*, *Le Maçon*, *La Vieille*, opéras-comiques, au succès desquels n'a certainement pas nui la musique de M. Auber, mais qui, par eux-mêmes, ont un charme, un mérite, une valeur qu'on ne saurait nier. Nous voudrions bien savoir qui avec juste raison ne se vanterait au moins des quatre premiers actes de *La Muette de Portici?* Nous pensons que personne ne songerait à apporter la moindre restriction aux éloges de toute nature que l'on doit à l'épopée lyrique de *Robert le Diable*, lorsque surtout à ces ouvrages pleins d'esprit, de goût ou de sentiment, il faut joindre encore sept vaudevilles comme *Les Dervis* ; *L'Auberge*, *ou les brigands sans le savoir* ; *Le Bachelier de Salamanque* ; *Thibault, comte de Champagne* ; *Le Colonel* ; *Le Mariage enfantin* ; *Le Vieux Garçon*, et l'opéra de *Charles VI*. Tous ces ouvrages de M. Germain Delavigne, à la vérité, ont été faits en société avec M. Eugène Scribe, à l'exception de *Charles VI*, qu'il a fait avec son frère : ce n'a point été, à coup sûr, un inconvénient pour ses deux collaborateurs, et si M. Germain Delavigne en a retiré quelque avantage, on doit naturellement supposer qu'une collaboration si prolongée n'a pas laissé, non plus, que d'être fructueuse à ceux qui en ont fait usage.

Eugène, Casimir, Germain, ces trois noms, pendant bien des années, sont restés unis. Ils ont été liés par les études collégiales, les travaux littéraires, les triomphes académiques. C'est, en effet, dès le collège que Germain et Eugène, quoique sur les bancs de pensionnats différents, mais se retrouvant au même externat du lycée Napoléon, commencèrent cette fraternité théâtrale, à laquelle Casimir se joignit ensuite. Ce fut le règne de cette *camaraderie* vraiment littéraire, vraiment loyale, dont M. Scribe a dû présenter plus tard, dans l'une de ses plus ingénieuses comédies, non pas le tableau mais la dégradation et la juste satire, amenées et excitées par le changement des mœurs. Ce n'étaient, ni après des honneurs mal acquis, ni après des triomphes électoraux déshonorés, que couraient ces jeunes hommes, épris, avant tout, de l'amour et du succès littéraire. Ils n'étaient préoccupés que de leurs ouvrages, de leurs plaisirs, de leurs amitiés. Poirson-Delestre était le camarade, l'homme d'affaires (ce qui ne l'empêchait pas d'être homme d'esprit) de ses amis, dont il avait été, dont il restait le collaborateur, dont il devenait même le directeur, puisqu'il avait trouvé le moyen de fonder ce Gymnase dramatique, première source de leur fortune et de la sienne. C'est au milieu de tout cela que M. Germain Delavigne tenait la meilleure place, s'il n'y tenait pas la première. Hélas! que sont-ils devenus, eux et beaucoup d'autres?

Sous Louis-Philippe, le frère de l'auteur de *La Parisienne* était devenu garde du mobilier de la couronne à la liste civile. Puis, il s'est croisé les bras et s'est reposé. Tout le monde s'en aperçoit et beaucoup le regrettent. A. DELAFOREST.

DELAWARE, l'un des plus petits des États dont se compose l'Union américaine du nord, est borné au nord par la Pensylvanie, à l'ouest par le Maryland, au sud par le même État, dont le sépare un parallèle tiré par 38° 27' de latitude septentrionale, à l'est par l'Océan Atlantique jusqu'au cap Henlopen, au nord est par la baie de Delaware et par la rivière du même nom. La superficie totale ne dépasse guère 55 myriamètres carrés. Le climat en est sain et tempéré, et le sol produit en abondance toutes les céréales et tous les fruits de l'Europe.

Comme celle du New-Jersey, la colonie de Delaware fut fondée par des Suédois; et à New-Castle, autre établissement créé par des Suédois, existe encore l'antique église suédoise, fondée par ces pieux colons. Les Suédois cédèrent leur colonie aux Hollandais qui, à leur tour, en firent cession aux Anglais. En 1682, Charles II fit don à William Penn de Delaware ainsi que de toute la Pensylvanie; mais en 1701 on la sépara de cette province. Lors de la déclaration d'indépendance, en 1776, Delaware reçut une constitution nouvelle, qui fut encore une fois modifiée en 1792. L'assemblée législative se compose d'un sénat de neuf membres, et d'une chambre des représentants de 21 membres. Le gouverneur reçoit un traitement de 1,333 ⅓ dollars par an. L'État est divisé en trois comtés, dont la population totale, qui, en 1810 était de 72,624 habitants, s'élevait en 1850 à 90,000 âmes. Par ces chiffres, on voit que dans l'État de Delaware la progression de la population n'est pas plus rapide et l'est peut-être moins que dans la plupart des États de l'Europe. Le fonds de réserve de l'État, qui, d'ailleurs, n'a aucune espèce de dette, s'élevait à 189,000 dollars. L'esclavage des nègres y subsiste encore, il est vrai, mais il y est extrêmement adouci. En 1840, on n'y comptait que 1,371 esclaves hommes et 1,234 esclaves femmes. L'État possède un collège à Newark, 20 écoles normales et 152 écoles primaires. Les deux villes les plus importantes sont *Wilmington*, avec 14,000 habitants, et *New-Castle* avec 4,000. Dans presque tous les États de l'Union on trouve des comtés portant le nom de *Delaware*.

DELAWARES, nom d'une tribu indienne, jadis très-puissante et très-répandue, qui habitait, au delà des monts Alleghanys, les contrées formant aujourd'hui les États de Pensylvanie et d'Ohio. Comme toutes les peuplades indiennes, cette tribu fut toujours très-hostile aux Anglais, et ensuite aux Américains du Nord, jusqu'à ce qu'un de ses chefs, homme sage et pacifique, surnommé *White-Eyes* (les yeux blancs), conclut, en 1778, avec les Anglais, un traité de paix dont les Delawares ont depuis lors religieusement observé les conditions. Aujourd'hui il n'existe plus que de faibles débris de cette nation jadis si redoutée; ils errent dans les forêts vierges qui se trouvent encore tout à l'ouest de l'Union.

DÉLAYANTS. Cette dénomination sert à désigner les agents médicinaux auxquels on accorde la propriété d'accroître la fluidité des liquides qui entrent dans la composition du corps humain. Parmi les théories qui ont régi la pratique de l'art de guérir, plusieurs maladies ont été attribuées à l'épaississement du sang, de la lymphe, de la bile, etc., s'accrédita parmi les médecins, et ensuite parmi les personnes étrangères aux études médicales, avec d'autant plus de facilité que l'explication est saisissable par les sens. L'indication curative fut alors d'allonger les *humeurs*, afin de favoriser leur cours. A cet effet, on recommanda des boissons dont l'eau est la base principale, et on les préconisa sous le nom de *délayants*. Telles sont: les décoctions légères de chiendent, de racine de guimauve, de graine de lin, d'orge, de gruau; le bouillon de veau, le petit-lait, la limonade, l'orangeade, l'orgeat, etc. L'expérience et la raison ne validèrent pas la théorie dont on rappelle ici le souvenir. On reconnut que la médication n'atteignait pas le but proposé, parce que les boissons qu'on prenait en abondance étaient éliminées par les divers émonctoires de l'organisme. La théorie pathologique fondée sur l'épaississement des humeurs fut abandonnée en grande partie par les médecins, ou du moins restreinte à quelques spécialités, et on découvrit des moyens plus rationnels pour y remédier. Maintenant, les délayants sont employés comme rafraîchissants et comme émollients, et on en fait un usage modéré. Les potations copieuses, les bains, les lavements, enfin tous les moyens auxquels on a recours pour se saturer d'eau, afin de délayer le sang, le chyle, etc., fatiguent les organes sécréteurs, surtout ceux de l'urine, et les disposent à s'irriter: dans certaines maladies, ils peuvent avoir des conséquences plus défavorables. Dr CHARBONNIER.

DELBECQ (JEAN-BAPTISTE), né à Gand, et mort dans cette ville, à l'âge de soixante-quatre, le 6 janvier 1840, fut un des iconophiles les plus passionnés de la Belgique. Il consacra toute sa vie à recueillir d'anciennes estampes, à les étudier, à les comparer entre elles, et toujours dans le même but: il voulait prouver que l'art de la gravure sur cuivre était originaire de la Néerlande et non de l'Italie, comme on le croit généralement; il faisait remonter cet art au quatorzième siècle, bien avant les nielles de Finiguerra, mais il n'avait découvert que deux ou trois noms de graveurs, qui n'étaient peut-être que des xylographes ou des rubricateurs, antérieurement au maître de 1466. Cependant la connaissance parfaite qu'il avait acquise des vieux maîtres allemands lui permettait de découvrir une foule de détails techniques à l'appui de son système; les sujets représentés, dans le type du dessin, dans la pratique du tailleur en cuivre. Ainsi, à la mort du bibliothécaire de Gand, Vand de Velde, qui était peut-être l'inventeur du système auquel Delbecq a laissé son nom, on vendit plusieurs manuscrits latins du quatorzième siècle, dans lesquels se trouvaient, en guise de miniatures, une centaine d'estampes exécutées au burin avec beaucoup de sentiment, et même avec quelque talent de main-d'œuvre. Ces manuscrits provenaient de l'ancienne abbaye de Saint-Pierre de Gand, et une des gravures, représentant un Calvaire, dans le style de Martin Schoen, portait ces mots: *Actum Gandavi*. Il n'en fallut pas davantage pour donner une nouvelle force au système néerlandais de Delbecq, qui acheta ces manuscrits, et qui en fit la base d'un travail fort intéressant que la mort ne lui a pas laissé le temps de terminer. D'après l'examen minutieux de ces manuscrits et des gravures qu'ils renfermaient, il démontra que l'écriture étant de la fin du quatorzième siècle, les gravures devaient être évidemment du même temps, c'est-à-dire un demi-siècle au moins avant l'école allemande, qui avait copié les premiers essais des artistes de Gand. Plusieurs de ces gravures primitives sont vraiment remarquables, il faut l'avouer, quelle que soit la date qu'on leur assigne, et l'on peut déjà les reconnaître les qualités de Martin Schœngauer, l'admirable expression des têtes et la naïveté touchante des compositions. Est-ce simplement un hasard de rencontre? Lequel des deux artistes a imité l'autre? Nous citerons surtout celles de ces estampes que Delbecq a fait graver au trait, une *tête de Christ*, la *Véronique*, deux *Calvaires*, trois *Saints* et *Saintes*, et la *Vierge avec l'enfant Jésus*.

Delbecq n'était pas riche: il dirigeait à Gand une école d'enfants pour le dessin et l'écriture; mais comme il collotionnait à l'époque de la Révolution, il réunit à peu de frais une énorme quantité de pièces rares et précieuses qui formèrent sa collection, accrue successivement pendant plus de quarante ans. Sa femme l'encourageait et l'aidait dans la recherche des vieilles estampes, pour lesquelles ils avaient tous deux une espèce de culte. Ses élèves, sachant le goût de ce digne instituteur, lui apportaient sans cesse de gravures prises çà et là, arrachées d'anciens livres ou trouvées dans des cadres de bois sculpté, et dont quelques-unes étaient uniques et introuvables. A l'époque du siége de Gand, quand les bombes tombaient sur la ville, on raconte que Delbecq sortit de chez lui, aussi tranquille qu'à l'ordinaire, pour se rendre à une vente d'estampes, qui n'eut pas lieu faute de greffier et de public; on ajoute que Delbecq attendit une heure à la porte de la salle de vente, et faillit être tué par un éclat d'obus. « Il y avait là, disait-il en rappelant ce fait avec sa bonhomie candide, deux pièces de maîtres anonymes si belles, si rares, si admirables, que notre ville devrait en être fière comme de ses Van Eyck ! » Sur la fin de sa vie, Delbecq, ayant cessé de s'occuper d'éducation, s'adonna tout entier à sa chère collection, qui comprenait plus de 8,000 pièces, parmi lesquelles 2 ou 300 n'avaient pas été connues de Heinecken, ni de Bartsch, ni de M. Duchesne. Il collait, il lavait, il paraît lui-même ses estampes; il les restaurait à la plume et au pinceau, et chaque jour, il voyait sa collection, jusqu'alors confuse et désordonnée, se classer, se cataloguer et s'étendre. Il mourut avant d'avoir achevé son œuvre. Sa collection fut transportée et vendue publiquement à Paris, en 1845 : le catalogue qui en a été rédigé perpétuera le souvenir de cette collection, composée exprès pour montrer les progrès de la gravure depuis les maîtres inconnus de Gand, à la fin du quatorzième siècle, jusqu'aux maîtres de la fin du seizième siècle. La science iconographique consultera souvent ce catalogue, à cause du grand nombre de pièces qu'on y voit décrites pour la première fois. De son vivant, Delbecq eut à résister aux ardentes propositions des amateurs anglais et hollandais qui convoitaient sa collection, et qui venaient à lui les mains pleines d'or : « Moi, vendre mes gravures! s'écriait-il avec dédain, j'aime mieux un chef d'œuvre qu'un sac d'écus ! »

PAUL LACROIX (bibliophile JACOB).

DEL CREDERE. *Voyez* DUCROIRE.

DÉLECTATION, plaisir qu'on savoure, qu'on goûte avec sensualité. *Se délecter*, c'est donc prendre plaisir à quelque chose. L'adjectif *délectable* est plus fréquemment usité. On dit : *un lieu délectable, l'honnête doit être préféré au délectable*. Ce mot, exprimant ce qui a trait aux plaisirs vifs des organes des sens et surtout de celui du goût, diffère d'*agréable* en ce que celui-ci s'applique également aux plaisirs nés des sensations physiques et à ceux que produisent les satisfactions morales. « L'art du philosophe, dit Girard, consiste à rendre tous les objets agréables de la manière de les considérer. La bonne chère n'est délectable qu'autant que la santé fournit de l'appétit. » Cicéron, dans les *Tusculanes*, définit la *délectation* une volupté répandue dans l'âme par l'onction pénétrante d'une sensation bien douce. Roubaud, examinant comparativement la signification des mots *délicieux* et *délectable*, en établit ainsi les nuances : « Le *délice* produit, par sa grande douceur, par une sorte de charme, la *délectation*. Le *délice* est la cause du plaisir, ou le plaisir, autant qu'il affecte l'âme de la manière la plus agréable, ou plutôt d'une manière voluptueuse. La délectation est le plaisir autant qu'il est senti, ou l'émotion voluptueuse causée dans l'âme par cette affection. L'objet délicieux portera dans l'âme le délice ou un plaisir de *délectation*. L'objet *délectable* excitera dans l'âme la *délectation* ou le mouvement du plaisir. Ces mots sont proprement faits pour être rapportés à l'organe du goût. Un mets est *délicieux* ou *délectable*. Par extension, ils embrassent tous les sens, et, par analogie, les plaisirs de l'âme. »

Envisagée dans son sens physiologique et grammatical, la délectation est l'action de savourer avec réflexion un plaisir physique ou moral, et l'épithète *délectable* attribue à l'objet la propriété d'exciter le goût, d'attacher à la jouissance, de prolonger le plaisir, avec une sorte de sensualité, de mollesse et de tressaillement.

L. LAURENT.

DÉLÉGATION. C'est l'acte par lequel un débiteur est chargé de payer un tiers dont son propre créancier est débiteur lui-même. Cette disposition peut s'effectuer de plusieurs manières.

Elle peut d'abord avoir lieu sans le concours du débiteur délégué. Ainsi, Paul doit à Pierre mille francs, et, pour s'acquitter, il l'autorise à recevoir pareille somme de Jacques, qui la lui doit à lui-même. Jacques, personnellement étranger à la stipulation, ne devient point, par elle seule, l'obligé personnel de Paul. Il n'est engagé envers celui-ci qu'après avoir reçu la signification du transport : car c'en est un véritable, et lorsqu'il a reçu cette signification, il paye à son créancier originaire, il est valablement libéré. Au reste, même signifiée, la délégation ne libère point celui qui l'a faite, tant que le payement ne s'en est pas suivi, à moins qu'il ne résulte des termes de l'acte que le créancier, en acceptant un débiteur nouveau, a voulu décharger l'ancien : comme si, par exemple, il a donné formellement quittance de la première obligation, ou bien s'il a déclaré accepter le délégué pour seul débiteur. En ce cas, la convention produit ce qu'on appelle en droit une novation, c'est-à-dire qu'à une dette qui se trouve éteinte, il en substitue une nouvelle.

Le second mode de délégation, c'est lorsqu'elle a lieu sans le concours du créancier : ce qui arrive assez fréquemment dans les actes de vente. Le vendeur charge l'acquéreur de verser tout ou partie du prix à des créanciers qu'il désigne. Tant qu'elle demeure dans ces termes, la délégation reste imparfaite. Le créancier, n'ayant point figuré à l'acte, n'a aucun droit acquis. Il n'en peut acquérir qu'en notifiant son acceptation. Jusque-là, le délégant continue d'être le créancier exclusif du délégué, et peut valablement recevoir de lui. La notification de l'acceptation doit même être faite authentiquement pour assurer le droit du délégataire à l'égard des tiers. Si elle intervenait seulement sous seing privé, elle n'aurait point de date contre eux, et n'empêcherait pas l'effet des saisies-oppositions qu'ils auraient pratiquées.

On voit donc que le concours de trois personnes est nécessaire à la perfection immédiate de la délégation : celui du délégant, celui du délégué, et celui du créancier délégataire au profit de qui la stipulation intervient. Quand ces trois volontés se sont rencontrées, il y a désormais un lien de droit indissoluble entre le débiteur cédé et le créancier qui l'a accepté : tellement que le premier serait encore engagé envers le second, quand même il viendrait à établir qu'il n'était pas réellement obligé de celui qui l'a délégué, parce que, par exemple, la cause de l'obligation était fausse. Tant pis pour lui s'il s'est trompé, le délégataire ne peut souffrir d'une erreur à laquelle il est étranger. Cette décision cesserait pourtant alors dans le cas où le délégataire ne serait pas véritablement créancier du délégant, qui l'aurait mal à propos cru tel, ou bien qui aurait voulu lui faire une libéralité. La raison, c'est qu'en pareil cas il y a pour le délégué d'une perte à éviter, *de damno vitando*, et pour le délégataire seulement d'un profit à perdre, *de lucro captando*. Par identité de motif, il semble qu'il en devrait être de même dans le cas où la créance du délégataire serait réelle, mais où il n'aurait pas libéré le délégant, et où la créance de celui-ci reposerait sur une fausse cause : car là encore il est bien certain qu'il s'agit, pour le débiteur cédé, de perdre, et, pour le créancier qui l'accepte, seulement de ne pas gagner.

JAMET.

DÉLÉGATION (*Delegazione*). Dans le royaume Lombardo-Vénitien et dans les États de l'Église, c'est le nom qu'on donne à l'autorité administrative d'une province, et à cette province elle-même. Jusqu'à présent le gouvernement de l'arrondissement de Milan a toujours compris neuf *délégations*, et celui de l'arrondissement de Venise huit ; et chacune de ces autorités administratives a été composée d'un délégué, d'un vice-délégué et d'adjoints. Dans les États de l'Église, depuis un décret de 1816 qui établissait dix-sept délégations, le nombre en a maintes fois varié. Le délégué, qui, suivant les anciens usages, doit toujours être un prélat et est nommé immédiatement par le pape, administre, sous le contrôle mais avec indépendance du gouvernement de Rome, toutes les affaires civiles et politiques, à l'exception de celles qui ont trait à des questions ecclésiastiques, soit à la justice civile et criminelle ou encore aux questions financières. S'il est cardinal, il prend le titre de *légat*, et sa province reçoit le titre de *légation*. En tous cas, les *governatori* des divers cercles lui sont subordonnés, mais comme lui ils sont nommés directement par le pape.

En Espagne, on donne la qualification de *delegados del fomento* aux gouverneurs civils chargés de tout ce qui a trait à l'administration et à la police d'une province. Ils sont placés sous les ordres du capitaine général de la province.

DELESSERT, famille de banquiers, dont plusieurs membres, par leur intelligence des affaires et leur dévouement à la chose publique, méritèrent d'occuper de hautes dignités dans l'État.

DELESSERT (ÉTIENNE), banquier, né à Lyon, en 1735, mort à Paris, en 1816, était d'une honorable famille de calvinistes, que la révocation de l'édit de Nantes avait forcée à quitter la France, mais qui y revint sous Louis XV. Placé dès l'âge de vingt ans à la tête de la maison de commerce que son père avait à Lyon, il se fixa à Paris en 1777, et y fonda une succursale de son établissement. Il contribua au développement de l'industrie des tissus de gaze, provoqua, en 1782, la création de la première Caisse d'escompte, qui fut le germe de la Banque de France, fonda la première compagnie d'assurances contre l'incendie, prévint, en 1782, par des avances faites à propos au commerce, une crise industrielle qui pouvait compromettre la tranquillité publique, fut emprisonné en 1792 et porté sur les listes de proscription, recouvra sa liberté après le 9 thermidor, s'occupa dès lors de l'amélioration de nos troupeaux, introduisit en France les 6,000 mérinos que l'Espagne s'était engagée à nous livrer en 1795, et perfectionna l'agriculture par l'invention de machines ingénieuses et par l'application des meilleures méthodes d'assolement. Ami des lettres, il fonda deux écoles gratuites pour les protestants ; amateur éclairé des arts, il forma une belle galerie de tableaux, agrandie par ses fils, et riche surtout en chefs-d'œuvre des écoles hollandaise et flamande.

Il avait épousé Mlle Boy de Latour, de Neufchâtel, à qui J.-J. Rousseau adressa la plupart de ses *Lettres sur la Botanique*. Il laissa plusieurs enfants, dont trois sont connus : *Benjamin* et *Gabriel*, à chacun desquels nous allons consacrer un article, et *François*, banquier, élu plusieurs fois vice-président de la chambre des députés, sous Louis-Philippe.

DELESSERT (BENJAMIN), fils du précédent, né à Lyon, en 1773, mort à Paris, en 1847, acquit de bonne heure des connaissances étendues dans les sciences naturelles, alla compléter son éducation en Écosse, où il suivit les leçons d'Adam Smith et de Dugald-Stewart, puis en Angleterre, où il se lia avec le célèbre mécanicien Watt, s'enrôla en 1793, fit plusieurs campagnes comme capitaine d'artillerie et se distingua aux sièges d'Ypres, de Maubeuge et d'Anvers, quitta le service pour prendre la direction de la maison de banque de son père, fonda en 1801 à Passy une raffinerie de sucre, où il introduisit des procédés nouveaux, réussit le premier à fabriquer le sucre de betterave, et reçut, en récompense, de la main de Napoléon, la croix de la Légion d'Honneur et le titre de baron de l'empire. En 1818, sous la Restauration, il importa d'Angleterre l'idée de la caisse d'épargne et fut un des fondateurs de cette institution en France. Il fit pendant vingt-cinq ans partie de la chambre des députés, où il fut sept fois réélu et dont il devint deux fois vice-président ; prit rang dans l'opposition constitutionnelle sous la Restauration, et parmi les conservateurs sous le règne de Louis-Philippe. C'est lui qui proposa de décerner une récompense nationale au duc de Richelieu après l'évacuation du territoire français, et qui fit abolir la loterie et les maisons de jeu.

Il fut un des principaux fondateurs de la Société d'E n c o u r a g e m e n t, pour l'industrie nationale et de la Société p h i l a n t h r o p i q u e. Colonel d'une des légions de la garde nationale de Paris en 1814, juge et président du tribunal de commerce, régent de la Banque, membre pendant quarante-sept ans du conseil général des hospices de Paris, il remplit toutes ces fonctions avec zèle et capacité. Fervent propagateur de l'instruction primaire, il fut surtout le patron des salles d'asile. Justement surnommé le *père des ouvriers*, il légua 150,000 fr. à la caisse d'épargne, à la charge de délivrer des livrets de 50 fr. à 3,000 ouvriers.

Benjamin Delessert occupait aussi un rang élevé dans la science, et dès 1816 il avait été nommé membre libre de l'Académie des Sciences. Il avait formé de magnifiques collections botaniques et conchyliologiques ; son herbier, commencé par J.-J. Rousseau pour Melle Delessert (Mme Gautier), se compose de 80,000 espèces, dont 3,000 inédites ont été décrites par D e c a n d o l l e dans ses *Icones selectæ Plantarum* (1820-1839), 5 vol. in-8°, publiés aux frais de B. Delessert. Le catalogue de sa bibliothèque botanique, la plus complète qui existe, a été publié en 1845, par A. Lasègue. On a de lui, outre ses discours politiques, *Le Guide du Bonheur*, in-8° (1839). Eug. G. DE MONGLAVE.

DELESSERT (GABRIEL), frère du précédent, né à Paris, en 1786, fut jusqu'en 1830 un des agents les plus actifs de la maison Delessert et compagnie, dont le renom de probité est européen. Nommé, en 1814, capitaine-adjoint de la garde nationale de Paris, plus tard adjudant-commandant sous les ordres des maréchaux Moncey et Masséna et du général Durosnel, sa bravoure ne lui fit pas défaut à la bataille de Paris, le 30 mars 1814, et il se distingua encore d'une manière toute particulière l'année suivante, au parc de Saint-Cloud et à l'île Séguin. Il avait bien conquis d'avance le grade de colonel d'état-major, qu'il obtint en 1830, et celui de général de brigade de la garde nationale, qui lui fut conféré en 1831. Las des honneurs de la milice citoyenne, M. Gabriel Delessert renonça en 1834 aux épaulettes pour la préfecture de l'Aude, poste qu'il abandonna bientôt pour la préfecture d'Eure-et-Loir, dont il se démit en 1836, au grand regret de ses administrés, pour la place éminente et périlleuse de préfet de police, qu'il a conservée jusqu'à la révolution de 1848. D'abord, il n'avait eu, comme son fougueux prédécesseur, à combattre les ennemis politiques du gouvernement ; ainsi que M. Gisquet, de flamboyante mémoire, il n'avait pas eu à soutenir devant les tribunaux des procès dont le scandale devait occuper l'Europe ; mais s'il déploya moins d'audace dans l'exercice de ses devoirs, il faut reconnaître aussi avec tous qu'en revanche la capitale tranquillisée lui dut une partie de son repos, que les hommes corrompus, échappés aux cachots et aux bagnes, trouvèrent dans sa rigide police des adversaires redoutés qui ne leur laissèrent pas un moment de trêve. Nous comprenons avec chacun qu'il y a un noble dévouement dans la vie de celui qui, pouvant se reposer heureux dans les doux loisirs de la vie domestique, aime mieux consacrer son infatigable intelligence à la répression des délits et des crimes qui attristent son pays : M. G. Delessert a bien mérité de ses concitoyens, et de légitimes regrets l'ont suivi dans sa retraite. Jacques ARAGO.

DÉLESTAGE. On nomme ainsi l'action de décharger un navire de son lest. Tout capitaine doit, dans les vingt-quatre heures de son arrivée dans un port, déclarer aux officiers de ce port la quantité de lest qu'il a à son bord. Il lui est défendu de jeter son lest dans les ports, canaux, bassins et rades et de travailler au délestage pendant la nuit. Les contraventions en cette matière sont jugées par les tribunaux auxquels appartient la connaissance des contraventions en matière de grande voirie.

DÉLÉTÈRE (de δηλητήρ, nuisible, pernicieux, qui vient de δηλεῖν, nuire). Cet adjectif désigne la propriété de tuer; il est synonyme du mot *léthifère* : les médecins employaient l'un et l'autre indifféremment. La liste des substances délétères est aussi nombreuse que variée (*voyez* Poisons et Toxicologie).

DELEUZE (Jean-R.-François), un des principaux adeptes du magnétisme animal. Né en Provence et dans les Alpes, à Sisteron, aux bords de la Durance, il eut en partage une grande sensibilité, une imagination vive, l'esprit enthousiaste des poètes; et ces facultés distinguées, il les tourna d'abord vers l'histoire naturelle, comme il convenait à un enfant des montagnes. On a de lui, et de cette première époque de sa vie, *Les Amours des plantes* (1799), traduction de Darwin, et *Les Saisons* de Thompson (1801). C'est à ces premiers ouvrages, composés en province, qu'il consacra l'âge des passions : sa piété très-vive, si le désœuvrement s'y fût joint, les eût malaisément gouvernées sans le secours d'un cloître. Il est même probable que Deleuze serait devenu moine, si le magnétisme animal et les tendances métaphysiques n'eussent donné un autre cours à son mysticisme, en fixant son imagination mobile et sa crédule curiosité. Il était né en mars 1753. Il avait donc environ 30 ans lorsqu'il entendit parler des séances de Mesmer et des découvertes prétendues du marquis de Puységur (1784). Quand il apprit qu'au lieu des convulsions et des grimaces des magnétisés de Mesmer, M. de Puységur endormait les siens d'un sommeil tranquille, mais clairvoyant, Deleuze sentit naître son enthousiasme, et il s'empressa de venir à Aix pour assister à des essais de somnambulisme. Il n'eut garde d'y soupçonner le moindre charlatanisme, tant il était ingénu.

Après tout, ce devait dès lors être un phénomène bien facile à obtenir que ce somnambulisme provoqué : M. de Puységur le faisait naître en imposant les mains, en faisant ce qu'on appelle des *passes*, et même le marquis avait conféré le pouvoir de magnétiser et d'endormir à un ormeau magnifique de sa terre de Busancy. Le colonel de Puységur ayant beaucoup d'affaires, un des arbres de son domaine magnétisait à sa place et comme par délégation. Il suffisait en effet de toucher le tronc de cet orme superbe, de faire la chaîne ou de se reposer sous son ombrage, pour que chaque survenant tombât assoupi, avec pouvoir de juger de ses propres maux, de même que des maux d'autrui, et de les guérir. Ces récits, comme de raison, émerveillaient Deleuze qui, voulut se rendre témoin de pareils miracles. A Aix, il vit des somnambules et il en fit, ce qui le rendit fort heureux; mais bientôt il partit pour Paris, le seul théâtre qui lui parût digne d'un spectacle aussi surprenant. Dès lors un peu botaniste, Deleuze fit promptement connaissance du célèbre Laurent de Jussieu, qui, de son côté, était un peu partisan du magnétisme. Cependant, Deleuze s'occupa beaucoup moins de la botanique que du somnambulisme, nouveauté pour laquelle il se passionnait aisément. A ses yeux, s'ouvrant surtout aux illusions, la botanique avait contre elle la réalité de son objet. Il consacrait une partie de ses journées à faire des passes et à opérer des cures miraculeuses. Dès que le cours de Desfontaines était fini, vite on le voyait accourir au chevet de quelques femmes souffrantes, et il employait sa volonté à endormir leurs douleurs. Tantôt il endormait les malades mêmes, et tantôt il recourait à l'intervention d'une somnambule de profession, par qui la maladie était décrite et des remèdes conseillés. C'était comme une révélation profane.

Quand les prétendus malades étaient eux-mêmes somnambules, il leur était adressé un grand nombre de questions, formant comme un examen. « Dormez-vous? disait Deleuze. — Oui, répondait la malade, je dors, mais je vois et je sens. — Que voyez-vous? — Je vois mon estomac. Oh! l'affreuse chose! — Il y a donc quelque chose dans votre estomac? — Je crois bien (la malade quelquefois sortait de table)! Il y a des endroits noirs, des endroits rouges : ce sont comme des taches de sang. — Voyez-vous quelque remède qui puisse vous guérir? — Attendez, je voyais ce qu'il me fallait tout à l'heure, mais à présent je ne vois plus. C'est... — Écoutez, disait Deleuze : elle n'a pas encore une entière clairvoyance. *Au risque de m'épuiser*, je vais lui donner la *lucidité intuitive*, » et il faisait en conséquence de nouvelles passes à mains étendues, à plein courant, comme on dit encore, et depuis le front jusqu'aux genoux. « Voyez-vous maintenant? — Oui, je vois; cela fait peur. — Que voyez-vous donc? — Je vois de vilains animaux qui rampent et qui n'ont ni membres ni voix. — Ce sont peut-être des sangsues ? — Oui, je crois qu'on appelle cela des sangsues. — Voyez-vous encore quelque chose? — Je vois un corps gluant qui découle d'un arbre comme un prunier ou un acacia. — C'est peut-être de la gomme arabique. — Peut-être bien, répliquait la somnambule : il m'en faut six verres par jour, après que dix bêtes rampantes auront sucé mon sang. — Quand serez-vous guérie? — Dans sept jours, à moins que... mais je ne me sens pas bien, reprenait-elle. — Voulez-vous être réveillée? — Oui... » Alors, avec les deux mains, adossées l'une à l'autre, puis brusquement écartées de chaque côté du corps, on repoussait le fluide magnétique loin de la somnambule, et bientôt elle se réveillait, mais sans conserver le moindre souvenir de ce qui s'était passé. Ce défaut de mémoire est une règle convenue en de telles conjonctures, règle qui ne souffre point d'exception et qui rend les somnambules irresponsables, au dire des adeptes, mais en réalité fort exposées.

Quelquefois un assistant voulant entrer en communication avec la somnambule, lui adressait la parole. La somnambule faisait la sourde oreille. « Attendez, disait Deleuze, vous n'êtes pas *en rapport* avec elle ; je vais vous y mettre. » Alors il plaçait dans la main du curieux celle de la patiente, faisait des passes nouvelles et le substituait à lui-même, qui, à son tour, devenait apparemment étranger aux épreuves subséquentes. D'autres fois, Deleuze plaçait une rose ou toute autre fleur sous le nez de la magnétisée : « Sentez-vous ? — Je ne sens rien, disait l'autre. » Alors on transportait la fleur vers l'épigastre. « Sentez-vous, maintenant? — Oh! oui; l'agréable parfum! c'est peut-être une rose! » Deleuze disait alors aux assistants : « Mademoiselle a les sens déplacés ; son odorat se trouve transporté à l'épigastre. » Il fallait voir alors l'ébahissement des spectateurs! Le bruit de pareils phénomènes retentissait pendant huit jours dans les salons de Paris. Excellent Deleuze! que de prosélytes vous avez faits ; mais avec quelle justice et quelle verve Hoffmann vous a bafoués et flagellés, vous et vos admirateurs!

Dans l'*Histoire prétendue critique du magnétisme* qu'il publia en 1813, Deleuze donna, pour caractères du somnambulisme provoqué : 1° La *concentration* du patient, son isolement du monde entier, à l'exception de celui qui magnétise ou des personnes que ce magnétiseur tout-puissant se substitue par la volonté. 2° La *lucidité* ou la clairvoyance, qui consiste à voir dans le corps d'autrui les altérations les plus cachées et les moins prévues. Comme tout contrôle de ces prédictions et de cette lucidité est impossible, ces clairvoyants ne s'exposent à aucun démenti. Les somnambules d'à présent étendent cette lucidité jusqu'aux pensées et aux projets, ce qui est bien autrement périlleux et malhabile 3° Le *déplacement des sens*. Par exemple, la fleur en question, dont une somnambule sentait l'odeur par l'épigastre et l'ombilic.. Un autre somnambule voyait par la nuque l'heure que marquait le cadran d'une montre, et Mlle Pigeaire se targuait de lire par le front et le bout de ses doigts, à la vérité très-sensibles. 4° *L'intuition*. Les somnambules voient en eux-mêmes le jeu des organes et leurs altérations et maladies : ils aperçoivent même des organes qui n'ont jamais existé. 5° Les somnambules ont la *science infuse* : ils savent tout sans avoir rien appris. Cependant on a remarqué que les somnambules de Deleuze parlaient assez correctement surtout de botanique, et ceux de M. Frappart d'homéopathie et d'irritation. 6° Enfin, *ils ne se rappellent rien* de ce qu'ils ont pu faire dans l'état de somnambulisme, ce qui a quelquefois inspiré trop de hardiesse et trop de sécurité à des magnétiseurs peu scrupuleux. Deleuze, à l'exemple de Puységur, ajoutait à ces diverses aptitudes le *don de traiter et de guérir* des malades, celle des facultés somnambuliques que les professeurs de la spécialité ont le plus fructueusement cultivée.

Naïf et convaincu, mais dupe de mainte imposture, Deleuze jamais ne trompa sciemment personne : son désintéressement ne dépassait point sa crédulité, mais il l'égalait. En aucun cas, il ne profita matériellement de ces cures illusoires, bien qu'il les crût réelles. Il accrédita et propagea, sans s'en douter, un grand nombre de mensonges, mais il n'en retira que du ridicule : encore ne s'en aperçut-il que fort tard et longtemps après le public, qui fut des premiers dans la confidence. Il comptait pour disciples et pour amis MM. Chapelain, Georget, Husson, Frappart, Dupotet et plusieurs autres. Le docteur Georget ne fit une fin chrétienne, si élevé et si soumis que fût son esprit, qu'en se fondant, dit son testament, sur les phénomènes magnétiques, il trouvait la preuve de la toute-puissance de Dieu et de l'immortalité de l'âme; tant l'esprit humain a d'inexplicables bizarreries! Pour Georget, le grand et le petit univers parlaient moins haut en faveur des vraies croyances que les fourberies d'une somnambule rétribuée. Au reste, Deleuze rapportait au magnétisme tous les faits importants de l'histoire, et il fallait que son orthodoxie et sa vive piété fissent une grande violence à ses tendances magnétiques, pour qu'il n'attribuât point à cette cause, selon lui universelle, les miracles de l'Écriture Sainte. Plein de verve et d'un esprit érudit, mais procédant mal dans ses recherches, dans ses admirations et ses ouvrages, il n'y a pas jusqu'à son style qui ne se ressentît de sa promptitude à tout voir dans les yeux de l'esprit, comme à juger de tout d'après l'apparence ou d'incertains témoignages.

Deleuze n'était point médecin, ainsi qu'on l'a dit par erreur, mais il regrettait de ne l'être pas. Il disait quelquefois aux jeunes médecins qui le visitaient : « Quel dommage que le magnétisme n'ait pas vos convictions ! Vous ne sauriez croire quelle prompte et fructueuse clientèle il concilie : c'est une mine pour la fortune, une trompette retentissante pour la célébrité. » Outre les trois ouvrages dont nous avons déjà parlé, Deleuze en publia plusieurs autres, qu'il serait trop long d'énumérer. Nous mentionnerons seulement : 1° ses *Instructions pratiques sur le Magnétisme animal* (Paris, 1819, 1836. — Son Histoire critique, en deux volumes, est de 1813 et de 1819) ; 2° *Eudoxe, ou Entretiens sur l'étude des sciences* (2 vol. in-8°, 1810), 3° *Défense du Magnétisme contre les attaques dont il est l'objet dans le Dictionnaire des Sciences médicales* (in-8°, 1819) ; 4° *Mémoire sur la faculté de prévision* (1836) ; 5° *Histoire descriptive du Muséum d'Histoire Naturelle*, ouvrage rédigé d'après les ordres de l'administration du Muséum (2 vol. in-8°. avec plans, figures et vues; Paris, 1823). Si détaché qu'il fût des affaires de ce monde, Deleuze trouva cependant place, en 1814, parmi les censeurs littéraires de la Restauration. Deleuze cessa de vivre en 1835. On doit s'étonner qu'ayant fourni une si longue carrière, le somnambulisme, qui fut en grande partie son ouvrage, ait pu lui survivre. Les révolutions, à ce qu'il paraît, ne rendent pas incrédule.
Dr Isidore BOURDON.

DELFINO ou **DELVINO**, et encore **DELONIA**, l'*Helieranum* des anciens, chef-lieu fortifié d'un sandjack de l'eyalet turc de Janina ou Albanie méridionale (Épire), bâti sur la rive orientale du Pavla, cours d'eau qui va se jeter dans le lac de Vivari, sur les flancs d'une masse montagneuse se rattachant aux monts Cérauniens, au milieu de charmantes plantations d'oliviers, de citronniers et de grenadiers, possède un château fortifié, plusieurs mosquées et 12,000 habitants qui vivent de la culture de leurs oliviers et du commerce.

Le sandjak de *Delfino*, contrée baignée par la mer et s'étendant depuis le golfe d'Antonia au sud jusqu'à Parga, en face de Corfou, la *Chavonie* des Anciens, contrée montagneuse peuplée aujourd'hui d'Arnautes ou d'Albanais et de Grecs, se compose surtout des monts Cérauniens ou de la Chimère, montagnes effroyablement sauvages, désertes et stériles, qui s'étendent depuis Pavla jusqu'au golfe d'Avlona, le long des bords de la mer, vers laquelle elles s'abaissent abruptement et presque à pic et se terminent au promontoire Acrocéraunien ou cap *della Linguetta*, et forment une bien remarquable ligne de démarcation tant ce qui est de la température que ce qui touche les productions végétales. On y trouve le port de Chimara ou Khimara, non loin des ruines de l'antique forteresse de Chimère, déplorablement célèbre comme repaire des *Chimariotes*, qui se maintinrent constamment indépendants de toute autorité turque, et étaient autrefois les meilleurs et les plus braves soldats au service de la république de Venise.

DELFT, jolie, mais au total assez triste ville de la Hollande méridionale, entre Rotterdam et la Haye, dans une jolie situation sur un petit cours d'eau appelé la Schie, avec de larges rues, et entrecoupée par de nombreux canaux, compte une population de 18,000 âmes. Son origine comme ville doit être rapportée à Godefroid le Bossu, duc de la basse Lotharingie, qui, ayant conquis la Hollande, dont il avait chassé Robert le Frison, fit commencer l'enceinte de Delft en 1074. Delft est bâtie d'une manière très-régulière. Charles Patin l'ayant visitée au dix-septième siècle, disait qu'on l'admirerait davantage si elle n'était pas dans le pays des belles villes. Elle est cependant plutôt jolie que belle, les constructions hollandaises ayant en général quelque chose de plus mignard qu'imposant. C'est une place de guerre de troisième classe. L'hôtel de ville, construit en 1618, est un édifice qui mérite attention autant à cause de ses proportions grandioses que du grand nombre de tableaux remarquables qu'il y renferme. Il faut visiter aussi l'arsenal, vaste et sombre édifice, presque complètement entouré d'eau, qui fut d'abord un des magasins de la compagnie des Indes orientales ; il communiquait avec la grande poudrière, située en dehors de la ville et contenant la fonderie de canons la plus importante qu'il y ait en Hollande après celle de la Haye. La grande église, dont la fondation remonte à l'année 800, renferme les tombeaux des célèbres amiraux Heyn et Tromp; l'église neuve, construite en 1381, dont on vante le carillon, qui se compose d'environ 500 cloches, renferme ceux de Grotius et du physicien Leeuwenhoeck, qui ont reçu le jour dans cette ville. Mais le monument le plus remarquable de ce temple est le mausolée de Guillaume Ier, prince d'Orange, érigé en 1620, ouvrage de Keyser et Quelliens. Il est soutenu par quatre colonnes de marbre auxquelles sont adossées autant de figures qui représentent les vertus cardinales. Au milieu est la statue du prince assis et couvert de son armure, à l'exception du heaume. C'est au *Prinsen-Hof*, édifice transformé aujourd'hui en caserne, que ce grand homme fut assassiné, le 10 juillet 1584. Sa tête avait été mise à prix par le roi d'Espagne, qui, par un édit du 15 mars 1580, promettait, *en parole de roi et comme ministre de Dieu*, à quiconque tuerait le prince d'Orange, vingt-cinq mille écus d'or et la noblesse. Un Franc-Comtois, appelé Balthasar Gérard, ambitionna cette récompense; et nous avons personnellement connu un de ses descendants qui avait obtenu du petit neveu de Guillaume la reconnaissance de ses lettres d'anoblissement.

Delft possédait, il y a quelques années, une école militaire qui a été transférée à Bréda. DE REIFFENBERG.

En fait d'établissements scientifiques, Delft possède une école d'artillerie, de génie et de marine, ainsi qu'une école de commerce et d'industrie datant de 1843. Cette ville était jadis en grand renom pour ses manufactures de faïence et de poteries. La plupart n'existent plus aujourd'hui; la demi-porcelaine qu'on y fabrique forme toujours un des principaux articles de son commerce, ainsi que les produits de ses manufactures de savons, de draps, de tentures, de couvertures et d'eau-de-vie de grains; de même que ses instruments de physique et de mathématiques jouissent de beaucoup de réputation.

Delft, souvent ravagée par de terribles incendies, eut particulièrement à souffrir, en 1654, de l'explosion de la poudrière, qui renfermait à ce moment 150,000 livres de poudres.

La société religieuse de Delft (*Christo sacrum*), dont une communauté protestante française fut l'origine en 1797, et qui avait pour but la réunion et la fusion de toutes les sectes qui divisent le christianisme, peut être regardée comme n'existant plus aujourd'hui.

Un canal relie Delft à *Delftshaven*, bourg de 4,000 âmes sur la Meuse, qui sert de port à la marine de Delft, contenant d'importants chantiers de construction, et centre d'une pêche assez importante pour le hareng et la morue.

On a donné le nom de *Delftland* à la fertile partie de la Hollande méridionale située entre le Rhynland, le Schieland, la Meuse et la mer.

DELFZYL (c'est-à-dire *écluse de Delf*), petite mais très-forte ville de la province de Groningue (royaume des Pays-Bas), dans l'arrondissement d'Appingadam, à l'embouchure de la Fivel dans le Dollart, possède un bon port et environ 4,000 habitants qui vivent de la pêche et de la navigation. C'est là que commence ce long canal conduisant d'abord du Dollart, par la Fivel canalisée, ou *Damster Diep*, et par Appingadam, à Groningue ; puis par Leeuwarden et Franeker à Harlingen, surtout sur les rives de la mer du Nord, ligne de navigation n'ayant pas moins de 10 myriamètres de développement, et desservie au moyen du halage par des barques dites *trekschuyten*.

Delfzyl est considérée comme la clef de Groningue et de la Frise. Le duc d'Albe, pour nuire aux intérêts commerciaux de la ville d'Emden, appartenant à la Frise orientale, avait en l'intention d'en faire une importante cité sous le nom de *Marsbourg*; mais les habitants de Groningue l'en empêchèrent.

DELGADO (JOSÉ), plus connu sous le nom de *Pepe Hillo*, et qui fut pendant quinze ans l'idole de l'Espagne, se plaça de prime-abord, par la seule force de son génie, au premier rang des *toreadores*. Il n'eut point de rival, et le célèbre Montès lui-même ne s'éleva peut-être jamais à la même hauteur. Toutes les qualités nécessaires à un artiste de ce genre, Delgado les réunissait au degré le plus éminent : sang-froid, témérité calme, façon de frapper aussi sûre que précise et gracieuse, coup-d'œil d'aigle qui lui faisait saisir sur-le-champ les dispositions de son adversaire, qui lui révélait si le taureau avait la vue perçante ou basse, s'il était agile ou pesant, s'il employait la ruse ou s'il attaquait sans arrière-pensée. Chaque fois qu'avec une audace qui défiait le péril, avec un geste plein d'aisance et d'élégance, Delgado faisait tomber le taureau à ses pieds, c'étaient des vociférations, des explosions de cris et de trépignements, des salves de bravos, dont il faut renoncer à donner l'idée. Les milliers d'animaux qu'il avait immolés trouvèrent cependant un vengeur : le 26 août 1803, à la fin d'une course faite à Madrid, et que le roi Charles IV honorait de sa présence, l'épée glissa entre les doigts du tauréador, à l'instant où il se trouvait face à face avec un taureau furieux, et celui-ci, atteignant l'artiste d'un coup de corne dans la poitrine, le souleva, et le tint un moment en l'air, exposé aux regards d'une foule éperdue... Ce fut un cadavre qui retomba sur le sable ensanglanté. Delgado avait 35 ans ; il périt au champ d'honneur. Bien qu'il ne sût pas lire, il a écrit, disons mieux, on a écrit sous sa dictée un traité de *Tauromachie*, fruit de son expérience et de ses lumières, recueil des préceptes les plus précieux. Cet ouvrage, illustré de planches nombreuses, et plusieurs fois réimprimé, jouit en Espagne d'une réputation immense. Quelques amateurs septuagénaires, quelques Madrilègnes, qui, depuis l'âge de dix ans, n'ont pas manqué une seule course, nous ont parlé de lui les larmes aux yeux. Sa taille était médiocre ; mais sitôt qu'il avait saisi l'épée, sitôt que la tête haute, l'œil en flamme, il se trouvait en présence de son adversaire, c'était un autre homme : il avait douze coudées de haut ; chacun voyait bien que le taureau était mort même avant qu'il l'eût touché. G. BRUNET.

DELHI. *Voyez* DEHLY.

DÉLIAQUE (Problème). *Voyez* DUPLICATION.

DÉLIBÉRATIF (Genre). Genre d'éloquence qui a pour objet de faire prendre à un peuple, à une assemblée, une résolution quelconque. Le *genre délibératif* ayant à traiter de la paix, de la guerre, des négociations, de toutes les questions qui intéressent les gouvernements et les peuples, a, par cela même, quelque chose de solennel qui sied merveilleusement à l'éloquence. Ce n'est pas l'orateur qui délibère, comme le mot semblerait le dire ; mais c'est à l'assemblée qui l'écoute à délibérer d'après l'avis qu'il fait valoir. Dans le genre délibératif, tantôt il s'agit de déterminer les hommes par le devoir, et alors c'est dans les principes de la morale que l'orateur puise ses ressources, ou il s'agit de les entraîner par l'intérêt, et leurs passions deviennent des ressorts qu'il importe de faire mouvoir.

Ce genre d'éloquence joua un grand rôle dans les républiques de l'antiquité. A Athènes et à Rome, la tribune aux harangues fut longtemps le théâtre de sa gloire. Les *Philippiques* de Démosthène et la plupart des discours de Cicéron, surtout ceux où il combattit la loi agraire, sont d'éternels modèles en ce genre. Le genre *délibératif* est celui qui demande le plus et la connaissance des hommes et les grands talents de l'orateur, et sa dignité personnelle. De plus, la grande règle, et peut-être l'unique de ce genre d'éloquence, est de s'accommoder au naturel, au génie, au goût de ceux à qui l'on parle. Cette règle, Démosthène et Cicéron l'ont parfaitement observée. Ce genre d'éloquence que ces grands hommes illustrèrent, disparut avec la république, dont ils furent les appuis. Sous les despotes, il n'y a plus de tribune aux harangues ; le langage de la flatterie remplace celui de la liberté, et sans liberté point de sublime éloquence. On retrouve l'éloquence du genre délibératif, sous notre ancienne monarchie, dans plusieurs des états généraux de la nation, notamment ceux de Tours, convoqués en 1484. Depuis la grande époque de la révolution de 1789, le *genre délibératif* s'est régénéré parmi nous avec nos institutions politiques ; l'éloquence des Mirabeau, des Cazalès, des Vergniaud et d'une foule d'autres orateurs de nos premières assemblées délibérantes, est souvent digne des beaux temps de l'antiquité. Plus près de nous, d'autres orateurs ont soutenu avec gloire la juste renommée de notre éloquence parlementaire. Ajoutons toutefois que dans nos gouvernements constitutionnels modernes, le *genre délibératif* est bien plus faible d'influence,

21.

bien plus restreint dans son action, qu'il ne l'était dans les anciennes républiques, en présence des populations émues.
CHAMPAGNAC.

DÉLIBÉRATION. Une *délibération* est la résolution prise dans l'assemblée d'un certain nombre de personnes, soit que l'intérêt public en forme l'objet, soit que le but soit personnel aux membres de la réunion, soit enfin qu'il concerne d'autres individus. C'est ainsi qu'on reconnaît des assemblées politiques ou publiques qui *délibèrent* sur les intérêts de l'État et sur la législation, sur la gestion des deniers des communes ou des départements ; des délibérations de parents qui donnent leur avis sur l'administration de la personne et des biens des pupilles, des mineurs ou des interdits ; des résolutions arrêtées dans les assemblées des créanciers d'un failli, etc. En général, pour qu'une délibération soit valable, il faut que l'assemblée ait été convoquée en conformité des règles, que les suffrages aient été libres, et que la délibération ait été rédigée en conséquence de ce qui a été arrêté.

On dit qu'une personne a *voix délibérative* dans une assemblée, quand elle a droit de suffrage et que sa voix est comptée dans les délibérations. Au contraire, sa voix n'est que *consultative*, quand cette personne ne doit qu'émettre un avis, qui peut, à la vérité, contribuer à expliquer la question, à éclairer ceux qui doivent la résoudre, mais qui n'entre point dans le nombre des suffrages. DUBARD.

DÉLIBÉRATION (*Philosophie*). Ce mot, considéré dans sa signification générale, peut être défini l'action d'examiner lequel de deux partis il convient le mieux d'adopter. En la considérant par rapport à son objet, la délibération est de deux sortes. Ou bien elle a pour objet l'utilité : ainsi, on délibérait dans le sénat romain s'il serait utile ou non à la république de détruire Carthage ; ou bien elle a pour objet le devoir : ainsi, César délibérait sur les rives du Rubicon s'il devait poursuivre ses projets de fortune et de vengeance, ou s'il respecterait les lois sacrées de sa patrie. Dans le premier cas, la délibération est une affaire de raisonnement et de simple calcul. Dans le second, la conscience, la liberté humaine, sont appelées à jouer leur rôle important : ce sont les intérêts du devoir, de la morale, qui sont débattus. Cette espèce de délibération peut donc être qualifiée de *morale*. C'est la seule dont nous traiterons ici, parce qu'elle seule a une importance réelle aux yeux de la philosophie, qui, avant tout, envisage l'homme par rapport à sa loi et à sa véritable fin.

La délibération morale est un des principaux éléments du fait complexe qui constitue la liberté ou l'exercice de la liberté. D'abord, pour que la liberté morale puisse s'exercer, il faut nécessairement que l'homme possède la notion du bien et du mal ; il faut qu'il sache, par instinct ou par réflexion, qu'il a une loi et qu'il est obligé d'accomplir cette loi, ou, si l'on veut, qu'il a été créé pour une certaine fin, et qu'il est tenu d'aller à la fin pour laquelle il a été créé. Le premier fait qui sollicite son activité, c'est le désir, ce mouvement spontané de l'âme qui se porte vers un objet qui lui agrée ; la raison intervient alors, qui lui fait prévoir le résultat de l'acte qu'il va commettre pour satisfaire son désir, et qui lui rappelle en même temps l'obligation constante où il est d'accomplir sa loi, d'aller à sa fin, c'est-à-dire de faire le bien. Ici commence pour l'homme la première période de la délibération, celle qui consiste pour lui à comparer l'acte qu'il va produire avec le bien, ou à examiner si cet acte est conforme ou non à la loi. Et si l'acte lui apparaît conforme à la loi, en même temps qu'il est conforme à son désir, hésitera-t-il un seul instant à l'accomplir ? Mais si son action lui apparaît contraire au devoir, c'est alors que commence la seconde période de la délibération, qui consiste pour l'homme à être placé entre son désir, qui le presse d'agir, et la raison, qui le lui défend, et à hésiter entre les deux motifs qui le sollicitent. C'est ici que la liberté humaine apparaît et se manifeste dans toute son évidence, et que l'homme a le plus vivement conscience de cette faculté essentielle et constitutive de sa nature ; c'est en ce moment terrible et solennel qu'il est appelé à résoudre lui-même si sa destinée doit ou non s'accomplir, qu'il se sent le maître d'aller à sa fin ou de n'y point aller, de prononcer en juge suprême entre la passion et la raison, de donner la victoire à son bon ou à son mauvais génie. Auparavant, il examinait si son action était ou non conforme au devoir ; maintenant, il sait qu'elle ne l'est pas, et il hésite encore, parce que le désir est toujours là qui le sollicite ; et quoique le désir ne raisonne pas, sa voix n'en est pas moins puissante. Aussi, on pourrait appeler la première période de la délibération, période d'*examen*, et la seconde, période d'*hésitation*. Il choisit enfin, se décide à tort ou à raison, et alors la délibération a cessé, le fait qui lui succède est la *détermination*. De la détermination à l'acte il n'y a qu'un pas, et si ce pas est franchi, on arrive au fait définitif de l'*exécution*.

Il est encore une autre espèce de délibération morale, dont l'importance est trop grande pour que nous n'en fassions pas mention. Dans celle-ci, l'homme est placé, non plus entre la passion et le devoir, mais entre deux devoirs qui se combattent, dans l'alternative de deux actions qui semblent toutes deux conformes à la loi, impérieusement commandées par elles, mais qui s'excluent, sont inconciliables, de sorte que l'accomplissement de l'un des devoirs entraîne nécessairement l'omission de l'autre, omission coupable et réprouvée par la conscience. L'homme est alors enfermé dans un cruel dilemme ; car, quelque parti qu'il choisisse, il se voit obligé d'agir contre sa loi. Cette pénible alternative, cette contradiction entre deux devoirs qui semblent également sacrés, mais dont l'un exige le sacrifice de l'autre, donnent lieu à ce qu'on appelle *cas de conscience*. On examine alors quel est celui des deux devoirs dont l'omission serait la moins préjudiciable à la morale, on cherche à résoudre ce cas de conscience, on délibère sur le parti le plus sûr à prendre, et c'est cet examen qui constitue la deuxième espèce de délibération. Cette situation est bien plus pénible que celle où l'on est placé quand on n'a qu'à choisir entre ce que commande la passion ou le devoir. Ici l'alternative ne met point la raison en lutte avec elle-même, la loi aux prises avec la loi. L'intérêt seul se révolte, et l'on est sûr que si l'on prend le parti que la raison conseille, on trouvera dans sa conscience un ample dédommagement au sacrifice qu'on aura fait de sa passion. Mais dans le second cas, c'est la conscience qui se révolte contre la conscience, et l'on a devant les yeux cette triste perspective que, de quelque manière qu'on lui obéisse, elle sera mécontente et réclamera toujours.

Serait-il possible de prescrire quelques règles qui aidassent l'esprit à sortir de cette crise, et qui pussent guider la conscience dans ce difficile examen ? Le premier soin qu'on doit avoir en pareil cas, c'est d'interroger sa conscience dans le silence des passions, d'isoler la réflexion de leur contact et d'envisager de sang-froid les actions que nous allons commettre. Il arrive souvent, en effet, qu'une action funeste et criminelle ne nous semble bonne et louable que parce que la passion nous a fait illusion sur son caractère, et nous sommes naturellement portés à la juger bonne par la seule raison qu'elle est conforme à notre passion, qui, comme le dit Pascal, nous crève agréablement les yeux. Si, par exemple, Jacques Clément avait pu apaiser dans son cœur l'ardeur de son fanatisme, qui obscurcissait les lumières de sa raison, il aurait jugé que le meurtre qu'il méditait n'était nullement commandé par la loi divine, que le bonheur de la France ne dépendait pas de la mort de Henri III, mais de bien d'autres causes qu'il ne pouvait empêcher ; que l'homicide n'est permis qu'en cas de légitime défense, etc., etc. ; en un mot, c'est à la réflexion livrée à elle-même et préservée des suggestions de la passion qu'il faut demander conseil, parce qu'à elle seule appartient exclusivement de juger les actions et leur conformité à la loi. Une seconde règle consiste à peser alternativement les résultats des deux actions entre lesquelles on a à choisir. Car il peut arriver que deux devoirs impérieux soient en opposition l'un avec l'autre. Puisque nous sommes forcés dans ce cas, de négliger l'un des deux, il faut que nous fassions le sacrifice de celui dont l'omission entraînera les moins funestes conséquences et apportera le moins de perturbation dans l'ordre moral. Voilà pourquoi il est essentiel d'examiner avec le plus grand soin les conséquences des deux actions entre lesquelles on se trouve placé : car, si le bien moral doit s'apprécier par l'intention de l'agent, le bien en soi doit s'apprécier par le résultat définitif de l'action. Une troisième règle non moins importante est de se demander si le moyen coupable qu'on se croit obligé d'employer pour arriver à une fin que l'on juge bonne est réellement d'un emploi indispensable, et s'il ne pourrait pas s'en offrir de plus innocent pour arriver au même but. Car ce qui donne lieu à presque tous les cas de conscience, c'est l'empressement où l'on est d'arriver à une fin louable, et la facilité avec laquelle on passe alors par-dessus les moyens que réprouve la morale. Or, il faut être bien convaincu, en thèse générale, que Dieu n'a pas voulu que nous arrivions au bien par le crime, et qu'il nous a ouvert d'autres voies pour y parvenir. Il faut se garder avec soin de croire à cette abominable doctrine, qui prétend que *la fin justifie les moyens*, et dont les pernicieux effets nous sont assez démontrés par l'expérience. Si le moyen qui se présente le premier nous paraît coupable, il faut avoir le courage et la patience d'en chercher un autre, et s'il en existe, l'amour de la vertu nous rendra ingénieux pour le découvrir, et la réflexion nous le montrera bientôt. Que de sang aurait été épargné dans nos discordes civiles, si les hommes, plus scrupuleux sur le choix de leurs moyens, plus éclairés sur leurs devoirs et plus sincèrement amis de la vertu, avaient examiné avec bonne foi et dans le silence des passions toutes les autres voies qui leur étaient ouvertes pour assurer le règne des principes nouveaux et l'indépendance de leur patrie! C.-M. PAFFE.

DÉLIBÉRÉ. On appelle ainsi l'examen qui est fait dans la **chambre du conseil**, d'un procès qui n'est pas de nature à être jugé sans désemparer de l'audience. Ce sont, selon l'importance de l'affaire, où le délibéré n'a lieu qu'à la suite d'un rapport ; alors il est rendu un jugement par lequel le tribunal ordonne que les pièces du procès seront mises sur le bureau, pour en être *délibéré* au rapport d'un de ses membres. La forme des délibérés est réglée par les articles 93 et 94 du Code de Procédure civile.

DÉLICATESSE. Devant un lecteur qui se sympathiserait pas avec la pratique de ce sentiment, sa définition serait difficile à faire. Ce mot s'applique à une qualité assez rare en toutes choses, depuis l'élévation de l'âme et son désintéressement jusqu'à la finesse d'un travail, sa dextérité : soit élégance de style, adresse de pinceau, légèreté de maillet, soit doigté aérien sur le piano ou la harpe. Cette expression demi-connue des anciens, moins spiritualistes qu'adorateurs partout de la beauté matérielle, nous l'avons traduite du mot latin *subtilitas*. Elle a donc subi chez nous, comme on voit, la même transfiguration que le mot *amour*. On peut faire le bien sans *délicatesse* ; mais alors le bien offense, ou perd, au moins, la grande moitié de son mérite. Nous croyons, par exemple, que le fameux pacha Schaabaham fort désireux de la joie de ses sujets, en leur offrant un jour une fête splendide, des spectacles variés, des festins, des feux d'artifice, mais peut-être a-t-il tort, en donnant le signal des jeux, d'ajouter devant tout son peuple : « Allez ! et le premier qui ne s'amuse pas, je lui fais administrer cent coups de bâton sous la plante des pieds. » C'est manquer de *délicatesse*. Nous aimons mieux la jalousie de cet amant qui, voyant les yeux qu'il aime passionnément attachés sur une étoile scintillante, dit avec humilité : « Oh ! ne la regardez pas tant, mon ange ; je ne saurais vous la donner ! » ou mieux encore, celui qui, ayant obtenu l'objet de ses vœux sous l'épaisseur d'une forêt sombre, déposa un diamant sur le gazon pour qu'un autre fût heureux à la même place que lui. Un de nos amis, pauvre comme tous nos amis, reçut une fois dans sa vie de l'un de nos barons financiers, de nos bourgeois parvenus, la proposition assez brutale d'occuper un petit appartement dans son vaste hôtel. Il voulait refuser avec plus de grâce qu'on n'en mettait à offrir ; il hésitait et ne trouvait pour excuses que le quartier bruyant qu'habitait l'inattendu Mécène, et l'absence du soleil sur la façade de la maison magnifique. « *Les délicats sont malheureux*, dit le Mondor en lui tournant le dos. — C'est vrai, reprit le courtisan des arts ; mais ne pourrait-on pas dire aussi : *Les malheureux sont délicats ?* »
H. DE LATOUCHE.

La *délicatesse* est un perfectionnement dans les sentiments et dans le goût, qui augmente le discernement, oblige à choisir en amour et en amitié, rend l'admiration plus sûre et plus flatteuse, donne du prix à toutes les vertus comme à tous les agréments, et contribue très-peu au bonheur des individus chez lesquels il est le plus développé. On est quelquefois *délicat* par nature, comme on peut le remarquer parmi les gens du peuple quand il s'agit de probité. C'est surtout à l'éducation que les classes supérieures doivent la *délicatesse* appliquée à tout. Il avait la conscience *délicate*, le grand Théodose, quand il ne voulut pas s'approcher de la sainte table après avoir, dans une bataille, fait couler le sang ennemi. Le paysan qui, sommé par des cavaliers étrangers d'affourrager leurs chevaux, les conduisit dans son propre champ, à travers les blés d'autrui, poussa la *délicatesse* jusqu'à l'héroïsme. Tout ce que réprouvent la religion et l'honneur, la *délicatesse* se l'interdit : on ne peut point en attendre d'un joueur, ni d'une femme galante. Bornée au goût, la *délicatesse* met un frein à l'exagération dans la littérature et dans les arts ; poussée à l'excès, elle ennuie et fatigue ; c'est alors que l'on dit avec La Fontaine :

Les délicats sont malheureux,
Rien ne saurait les satisfaire.

En ce cas, la *délicatesse* prend le nom de *préciosité*, et devenue ridicule, elle nuit au génie en rapetissant ses formes et en craignant ce qu'elle ne comprend pas. La *délicatesse* du langage français se trouve dans les lettres de Mme de Sévigné et dans celles de Voltaire, parce que ces livres sont écrits avec autant de naturel que d'esprit. On applique aussi le terme de *délicatesse* à des objets matériels. S'il s'agit des traits ou des formes d'une femme, cette expression est presque le synonyme de *beauté* et de *grâce*. On désigne, comme ornés d'un travail d'architecture très-*délicat*, les monuments du moyen âge. Telles sont quelques églises et la plupart des constructions mauresques dont certaines parties sont dentelées, ciselées, feuillées avec un soin qui fait honneur à la patience de l'artiste, mais ne produit pas toujours le beau. Excepté pour ce qui concerne la réputation, la fortune, la satisfaction d'autrui, il faut se défier du penchant en susceptibilité.
Csse DE BRADI.

DÉLICES (en latin *deliciæ*). Ce sont des plaisirs de plusieurs genres, et dont la réunion comble la vie d'une suite de jouissances qui l'enivrent et la plongent dans un état ravissant de bien-être qualifié du nom de *délices*. La nature avait créé l'homme robuste et sain pour exercer une vie laborieuse, soit en cultivant la terre et en lui arrachant sa nourriture, sous la loi du soleil, soit en domptant l'animal sauvage et en faisant sa proie. Aussi, l'agriculteur, le chasseur, l'homme champêtre, vivent-ils pleins d'ardeur et d'énergie : leur organisation endurcie lutte sans effort contre les intempéries des saisons. Au contraire, l'homme civilisé, les princes, les rois, ayant rassemblé autour d'eux toutes les délicatesses de l'opulence et du luxe, tous les agréments qui charment l'existence, tombent dans cet état de mollesse et d'indolence au sein des jouissances les plus délicieuses.

Qu'on se représente une jeune odalisque, étalée sur un sopha élastique et douillet, dans un asile mystérieux, éclairé d'un demi jour, au milieu d'une atmosphère parfumée et vaporeuse de chaleur : son teint, d'une blancheur éblouissante, ses longs cheveux blonds n'ont presque jamais subi l'éclat du soleil, qui brunirait et raffermirait toute cette molle organisation. Qu'au sortir de sa couche, cette fleur délicate se plonge dans un bain voluptueux, qui étend et humecte encore davantage toutes les parties, les dilate avec plus de rondeur et de grâce. Des vêtements de soie et de coton, doux, chauds, mollets, embrassent, en ondoyant, tout son corps; des aliments délicats et sucrés, le laitage, les gelées succulentes, les fruits adoucissants, les boissons chaudes, oléagineuses, aromatisées, viennent délayer, enivrer chez elle les sens du goût et de l'odorat. Loin de s'exercer à quelque travail corporel, à peine cette frêle et molle personne peut-elle s'avancer de quelques pas dans ses promenades, au milieu des fleurs de son jardin, ou s'animer aux danses, aux chants d'une musique ravissante. Presque toujours étendue sur un divan, les pieds posés sur des coussins, entourée d'esclaves obéissants à ses moindres caprices, cette idole est sans cesse enchantée des accents de la douce flatterie de ses adorateurs. La nuit arrive et amène de longs sommeils, interrompus seulement par des jouissances multipliées, qui conspirent encore à l'énervation générale et aggravent les causes de langueur et d'affaissement de toute l'économie. Cette faiblesse est telle chez les Orientaux, qu'ils tombent facilement en syncope par l'excès des délices ou des jouissances, et qu'ils ont besoin de s'entourer de fleurs et de fruits dont l'arôme les ranime, ainsi que les onctions d'huiles embaumées, comme la Sulamite dans le Cantique des Cantiques : *Fulcite me floribus, stipate me pomis, quia amore langueo.* Le duc de Richelieu, si voluptueux et si libertin, sous Louis XV, s'était entouré d'odeurs suaves, et avait des soufflets qui les répandaient dans ses appartements.

La plupart des Hindous et des Orientaux passent leur temps accroupis sur des tapis et des coussins dans leur harem, leur zenana, parmi des femmes, avec des parfums, la musique, la danse, au milieu des kiosques et de doux ombrages, toujours à demi enivrés par des préparations excitantes d'ambre gris, de l'opium, le bangue, le haschisch et d'autres narcotiques; ils ne sortent de leurs rêveries délicieuses que pour prendre des aliments sucrés et rafraîchissants, des sorbets, ou pour se plonger dans des voluptés avec des excès énervants, d'où résultent souvent pour eux l'efféminaton et l'inertie. On connaît la maxime favorite des Hindous : *Il vaut mieux être assis que debout, il vaut mieux dormir qu'être éveillé, il vaut mieux être mort que vivant.* Qu'on juge de l'état des enfants, des femmes, des vieillards, par un tel régime de mollesse et de délices : aussi dans ces pays devient-on vieux et impuissant de bonne heure. Dès l'âge de trente ans, l'oriental énervé réclame des stimulants, des aphrodisiaques : il mettrait volontiers à prix l'invention de nouvelles jouissances, comme l'efféminé Sardanapale. Les appas des femmes sont flétris dans leur première fleur. Jamais elles ne doivent affronter le grand jour; nul rayon téméraire ne doit venir animer leur carnation; leur sein tombe bientôt, leur tissu cellulaire est gonflé d'une lymphe muqueuse. Ce n'est plus du sang qui coule dans les veines de ces personnes délicates, affaissées de mollesse et de volupté : c'est un liquide décoloré qui serpente avec lenteur et qui ne peut restituer la vigueur aux muscles, l'énergie au système nerveux. Ces voluptueux, abandonnés à leur mollesse délicieuse, deviennent languissants : il faut les traîner en voiture, comme des cadavres, ou les porter en palanquin. Leur faible respiration laisse leur sang pâle : en n'avivant plus suffisamment l'économie, il les plonge dans l'hébétude. Les principales fonctions sont lésées par cette vie de délices chez toutes les plus hautes sommités sociales. D'abord, la chylification des aliments languit. Rien ne débilite plus les premières voies que cette incubation oiseuse sur des coussins, dans des lits chauds, ou cette existence horizontale balancée sur des hamacs, dans des voitures à ressorts, ou dans des palanquins à la manière asiatique. En outre, la variété, la multiplicité des aliments s'opposent à leur bonne digestion, à l'assimilation : aussi a-t-on besoin d'user d'excitants, d'épiceries fortes pour ressusciter l'énergie du tube intestinal; mais, à la longue, cette irritation devient funeste et détermine des gastrites chroniques mortelles. L'abus des boissons chaudes, comme le thé des Chinois, si usité par les Anglais et les Hollandais, n'est pas moins fatal que ne l'était l'emploi de l'eau chaude dans les thermopolies de la Rome ancienne, sous le luxe de ses empereurs, pour précipiter la surcharge des aliments.

L'élaboration viscérale s'opère mal après l'abus des plaisirs de la table joints aux autres délices. On prend un teint cacochyme, jaunâtre ou livide (teint des courtisans et des grands), on devient sombre ou chagrin et hypochondriaque par suite de digestions dépravées; les femmes étouffent des noires vapeurs de l'hystérie, comme ces riches indolents de leur hypochondrie. Ces maux s'aggravent encore après des repas copieux, excités par l'opulence des tables et l'oisiveté. Loin d'appeler un sommeil profond et paisible, don salutaire de la sobriété et de l'exercice, les hommes de délices passent les nuits aux jeux, aux veilles des spectacles et des bals, réunions qui intervertissent l'ordre naturel de la santé et usent les fonctions vitales. Sans cesse enclos dans leurs appartements, se calfeutrant hermétiquement en hiver, ces enfants du luxe et de la mollesse respirent un air vicié, chargé de vapeurs, soit des fumées des bougies et des lampes, soit des humeurs transpiratoires d'un grand nombre de personnes réunies parmi les assemblées des salons ou des théâtres, etc. Aussi rien n'épuise-t-il plus ces poitrines délicates des femmes, cuirassées de corsets de baleines : combien n'éprouvent-elles pas de syncopes, de lipothymies, à la moindre odeur qui les frappe et les suffoque? Il faut alors couper les lacets, ouvrir les croisées....

Bientôt la timidité naît de la faiblesse, et amène la lâcheté, l'esclavage : non-seulement les femmes, mais les hommes amollis de délices pleurent facilement comme des enfants. Leur petite sensibilité est froissée par un rien; ils entrent en convulsion, ils éprouvent des bâillements, des pandiculations d'ennui, des spasmes vaporeux sur leur couche voluptueuse. Il ne faut pas une épine à ces Sybarites, il suffit du pli d'une rose; ils vivent moins qu'ils n'achèvent de languir dans leur vieillesse anticipée, à l'âge où le mâle villageois se lève plein d'énergie et de vigueur. Jamais l'excès de la douleur n'a causé autant d'épuisement dans l'appareil nerveux que l'excès des voluptés, parce qu'on s'abandonne à celles-ci, tandis qu'on retient le plus qu'on peut ses forces dans la souffrance. On voit quels maux sortent des délices, tandis que la vigueur et la santé résultent du travail et de la sobriété. En outre, plus les maîtres sont dissolus, impuissants de volupté, plus ils exigent de servitude. De là vient qu'on a toujours vu le plus outrageant despotisme s'apesantir sur les plus lâches esclaves. Les Orientaux préfèrent à cet égard les eunuques, à cause de leur efféminaton, sans résistance pour tous les services domestiques qu'on exige d'eux. Le sultan de Candy, dans l'île de Ceylan, n'est même entouré pour sa garde que de femmes armées, afin d'être toujours sûr de leur imposer la crainte. Qui ne sait que les plus serviles courtisans, plus complaisants valets, recueillent toujours les faveurs dans les cours des princes et les ruelles des grands? Ainsi les rangs élevés de la société se corrompent, tandis que les classes inférieures, nourries à la dure école de l'adversité, préparent dans l'avenir des causes d'irruption et de renversement.

Quel est le remède à cette efféminations, à ces langueurs des délices qui font dépérir les races les plus illustres? On a vu quelquefois de petits chiens mignons, des bichons délicats que des dames portent sous le bras, qu'elles nourrissent, sur le brocart et la soie, de chair de poulet et de friandises, tomber malades d'excès d'embonpoint et de pléthore; leurs maîtresses alarmées consultent des docteurs experts pour la gent canine. L'un d'eux était le guérisseur renommé de ces animaux, mais seulement en son logis, de peur des garde-malades. Ses remèdes secrets étaient un vase d'eau, du pain noir et un fouet. Au bout de quelques jours de ce régime, il rendait la bête forte, allègre, saine et affamée à sa maîtresse. Que n'est-il permis d'invoquer les mêmes secours pour dégourdir la mollesse et la langueur de tant de petits-maîtres vaporeux, se pâmant d'indolence sur leur lit de délices? Nous n'oserions former les mêmes vœux pour les jolies femmes : elles gagnent tant de grâces à cette délicatesse qui voile légèrement les roses de leur teint, elles inspirent tant le désir de les ranimer qu'on leur saurait volontiers gré d'être malades. Trop de santé chez la femme, en effet, peut épouvanter l'homme le plus robuste. La femme délicate intéresse bien davantage, car elle paraît plus sensible et plus tendre. Cependant, la nature humaine a besoin de mal pour se perfectionner; elle se détériore dans cette affluence de tous les plaisirs. Ce n'est pas toujours un lieu commun qu'un sermon sur les pompes de Satan, dans ce monde.
J.-J. VIREY.

DELILLE (JACQUES), naquit le 22 juin 1758, à Aigueperse, en Auvergne. Il fut baptisé à Clermont, et reconnu sur les fonts par un M. Montanier, avocat, qui mourut quelque temps après, en lui laissant une faible marque de souvenir. Pour comble de malheur, le moment même de sa naissance le vit enlever des bras d'une mère, réduite à la cruelle nécessité de ne pouvoir avouer ni sa faute ni son amour. Ce premier essai de la vie ne cessa jamais d'être présent à sa pensée. Sans fortune, sans appui, l'enfant abandonné fut trop heureux d'être admis dans une école de village; enfin, un bon génie le prit sur ses ailes et le conduisit à Paris, où, admis en qualité de boursier au collège de Lisieux, il compta toutes les années de son cours d'études par des succès. Mais hélas! le lendemain de sa dernière victoire, le jeune triomphateur se trouvait sans état et sans pain; force lui fut d'aller cacher ses couronnes dans une classe élémentaire du collège de Beauvais. Heureusement, il y trouva l'excellent, le vertueux T h o m a s, qui professait alors la rhétorique. Il reçut de ce maître habile les premières leçons de poésie. Nous ne suivrons Delille ni au collège d'Amiens, ni à celui de la Marche à Paris. Les souvenirs du temps ne nous ont transmis rien de remarquable sur le mérite de son enseignement. On peut admettre que, déjà passionné pour la gloire, ses élèves ne trouvèrent en lui qu'un maître préoccupé, qui laissait souvent dormir son zèle; mais leur vive reconnaissance marquait avec la craie blanche les jours de réveil, où leur poète, inspiré par la lecture d'Homère ou de Virgile, se livrait à son enthousiasme pour ces grands modèles.

Delille était dans l'enfantement de la traduction des *Géorgiques*. Boileau et l'auteur d'*Iphigénie* n'eussent point osé tenter cette entreprise; Racine le fils la jugeait impossible; peu s'en fallut que la sévérité de son jugement ne décourageât le jeune téméraire, qu'il menaçait du sort d'Icare ou de Phaéton. Pourtant, le timide élève osa faire entendre quelques vers : juger de sa surprise et de sa joie, quand l'Aristarque désarmé l'arrêta tout à coup, en lui disant : « Non-seulement je ne vous détourne plus de votre projet, mais je vous exhorte à la poursuivre. » Delille crut entendre une voix du ciel. L'auteur publia ses *Géorgiques* sur la fin de 1769. Un concert unanime d'applaudissements s'éleva dans le monde à leur apparition. Les femmes qui les avaient entendues de la bouche de Delille, les femmes, dont les oreilles même conservaient encore l'accent de la voix du magicien, se surprenaient à lire avec délices de beaux vers sur la charrue, sur les mystères de la greffe, sur l'éducation des animaux domestiques. Les princes de la littérature accordèrent hautement leur suffrage au nouveau chef-d'œuvre. Frédéric II en parla comme du seul ouvrage original qui eût été publié depuis longtemps. Voltaire donna au jeune fils adoptif des Muses un brevet de haute noblesse en poésie, conçu en ces termes : « Rempli de la lecture des *Géorgiques* de M. Delille, je sens tout le prix de la difficulté vaincue, et je pense qu'on ne pouvait faire plus d'honneur à Virgile et à sa nation. » Il serait facile de critiquer la traduction des *Géorgiques* : Clément l'a fait avec succès, mais, en montrant des yeux de lynx pour les défauts, il semble être aveugle pour les beautés de l'ouvrage. Malfilâtre et Lebrun, qu'on opposa dans le temps comme des rivaux victorieux à Delille, ont mieux reproduit quelques-unes de ces beautés naïves et simples, pures et achevées, que l'on doit respecter comme un trait de Raphaël; mais combien ils sont loin tous les deux d'égaler la facilité, l'aisance et la grâce de celui qu'on voulait abaisser devant eux! Comme la version de Lebrun, son plus fier antagoniste, trahit les efforts d'une lutte laborieuse! Comme il semble avoir enfanté avec douleur ce que Delille semble avoir laissé couler de sa plume!

Voltaire, dans une lettre du 4 mars 1772, demanda de la manière la plus honorable à l'Académie un fauteuil pour Delille. Une si puissante intercession ne pouvait que favoriser beaucoup le succès du candidat : Delille fut élu, mais, sous le prétexte de sa trop grande jeunesse, Louis XV refusa de confirmer la nomination. Deux ans après, les portes de l'Académie s'ouvrirent enfin pour celui que la voix publique appelait à siéger parmi ses pairs. Son discours de réception avait pour sujet l'éloge de La Condamine. La peinture de la vie presque fabuleuse de ce héros de la science fut d'un effet prodigieux. Le nouvel académicien travaillait en ce moment à la traduction de l'*Énéide*, entreprise immense, dont il se délassait, en quelque sorte, par le poëme des *Jardins*, qu'il fit paraître en 1782. L'enthousiasme des salons, excité par de nombreuses lectures, avait d'avance élevé cet ouvrage jusqu'aux nues : la critique prit plaisir à le rabaisser. Il n'en fit que mieux fureur en France et à l'étranger : d'illustres suffrages arrivèrent à l'auteur du fond de la Russie et de la Pologne; chez nous, le comte d'Artois et Marie-Antoinette l'adoptèrent en quelque sorte pour leur poëte; les ministres le recherchèrent à l'envi. Il devint alors l'objet d'une espèce d'idolâtrie dans la société. Après avoir admiré ses beaux vers, qu'il récitait comme s'il eût été sur le trépied, on s'étonnait de trouver en lui le plus aimable, le plus spirituel des hommes, avec une jeunesse de cœur, une gaité naïve et fine, une mobilité d'imagination, une fantaisie d'artiste dont le monde raffolait. Mais lui donner des chaînes, mais l'obtenir au jour promis, à moins de l'enlever au passage, comme faisaient quelques grandes dames, qui ne voulaient pas être désappointées par un de ces caprices qui le conduisaient à Meudon quand il devait aller à Auteuil, voilà ce qui était presque impossible. Sa liberté était pour lui une inconstance et aussi dans sa fierté une sauvagerie : le savoir sur le navire qui emportait notre ambassadeur à travers la Méditerranée. Gardons-nous de faire à M. de Choiseul-Gouffier un reproche de cette espèce de violence : elle nous a valu les plus beaux vers du poëme de

L'Imagination, que Delille enfanta sur les ruines d'Athènes ou sur les deux rives du Bosphore, tantôt en Asie, tantôt en Europe. Avant son départ de Paris, Delille, appelé par son savant et respectable ami Le Beau à la chaire de poésie latine au collège de France, attirait un cercle choisi d'amis des lettres, chaque jour plus empressés de l'entendre. Ses leçons n'offraient ni une grande érudition, ni une vaste littérature, ni l'étude approfondie de la composition, mais elles se distinguaient par l'élocution vive et brillante du professeur, par une judicieuse admiration pour les modèles, par la connaissance des secrets de l'art d'écrire en vers, par un rare talent de lecture et de déclamation. Sous ce rapport, Delille était un véritable magicien. Comme tous les hommes distingués du temps, il appartenait à l'école philosophique; mais, en admirant Voltaire et Rousseau, il ne portait le joug de personne, quoique sa facilité de caractère lui eût attiré le reproche exprimé dans ces deux vers :

> L'abbé Delille, avec un air enfant,
> Sera toujours du parti triomphant.

Delille était imbu de toutes les idées du siècle pour l'amélioration progressive de l'état social : il voulait la réforme des abus et la création de meilleures lois; mais il tenait par trop de liens et d'affections au régime existant, pour que la révolution de 1789, sauf dans les premiers moments où tout le monde la voyait à travers le prisme de l'espérance, lui inspirât de l'enthousiasme. Il la vit bientôt avec douleur pour ses amis, avec inquiétude pour la France, avec effroi pour la royauté. Privé d'abord de ses bénéfices et ensuite de toute sa fortune, il supporta ce double malheur avec résignation. Arrêté sous la Terreur, il dut son salut à un maître-maçon, qui voulait conserver au moins quelques poètes pour chanter nos victoires.

Les hommes les plus révolutionnaires de l'époque avaient du penchant pour le traducteur des *Géorgiques*; ils veillaient sur lui avec une sollicitude inquiète; ils le défendirent toujours avec adresse et courage dans la section du Panthéon et ailleurs. Le fameux procureur de la Commune, Chaumette, donna un jour dans la rue Saint-Jacques, avec le ton du plus vif intérêt, un avis utile et touchant au poète. Des souvenirs de jeunesse le défendaient à son insu jusque dans les comités du gouvernement, dont tels membres se rappelaient la traduction des *Géorgiques*, la première admiration de leur jeunesse. Voilà comment, à l'époque de la fête de l'Être-Suprême, on vint demander un hymne au poète qui n'avait alors chanté que la nature, ses merveilles et ses bienfaits. La fête de l'Être-Suprême était aux yeux des hommes réfléchis l'expiation de certaines bacchanales anti-religieuses qui avaient scandalisé la raison publique. Cette solennité annonçait un retour à des idées qui sont la propriété commune de tous les peuples du monde : aussi excita-t-elle un enthousiasme général. Delille avait dans le cœur le respect des deux dogmes que le gouvernement voulait remettre en honneur; il ne refusa pas de célébrer ce qui ne coûtait aucun sacrifice à sa conscience; mais lui prêter le courage d'avoir bravé le Comité de salut public et Robespierre en face est une fiction de l'esprit de parti. Qu'il suffise à la gloire du poète que son dithyrambe respirait une ardente indignation contre la tyrannie en général, le respect pour Caton mourant, la haine pour César victorieux, et l'enthousiasme religieux de la prière de Pope!

Les royalistes avaient, sans doute, reproché à Delille de n'avoir point émigré, même sous la Terreur : les républicains s'indignèrent de le voir sortir de France sous le régime directorial. On ignore les motifs qui déterminèrent le fugitif; mais, après un an de séjour à Saint-Dié, patrie de Mlle Vaudchamp, sa compagne, on le vit passer successivement en Suisse, en Allemagne et à Londres. Nous devons aux loisirs de son séjour dans la Meuse l'achèvement inespéré de la traduction de l'*Énéide*, ouvrage exalté avec une espèce de délire au moment de son apparition, et déprécié ensuite avec une sévérité passionnée. Malgré ses défauts réels, cette traduction porte encore le cachet d'un maître. Pendant le cours de son exil volontaire, le poète avait été rappelé en France par les suffrages des quatre classes de l'Institut. Il eut le tort de répondre par un refus à cette honorable élection. Ce refus inexplicable suscita de graves inimitiés à l'auteur; elles éclatèrent avec une grande vivacité au moment de la publication des *Géorgiques françaises*, faible et défectueux ouvrage, que ne recommandent pas assez à l'estime des connaisseurs deux chants admirables sous le rapport du style. Delille s'attira de nouveaux reproches dans une magnifique édition du poème des *Jardins*. Les Français y virent avec une sorte d'indignation un éloge emphatique de l'Angleterre, alors notre implacable ennemie, et un enthousiasme, au moins déplacé, pour ce Marlborough qui, avec le prince Eugène, faillit démembrer la France, malheur dont la seule crainte avait déchiré les entrailles de Fénelon.

L'imprudent poète accrut les dispositions hostiles de ses accusateurs par la publication du poème de *La Pitié*. Sans doute, il y faisait entendre de touchantes leçons; mais, en embrassant avec chaleur la cause royale et ses infortunes, il peignait la révolution tout entière comme un long crime, célébrait la Vendée aux dépens de nos quatorze armées, qui étaient à ses yeux comme si elles n'étaient pas; il semblait n'avoir d'admiration que pour la légion de Condé, c'est-à-dire pour les hommes qui avaient levé l'étendard contre leur patrie. L'ouvrage, semé çà et là de beautés d'un ordre supérieur, prêtait d'ailleurs le flanc à la critique par l'absence de tout mérite de composition, par beaucoup de défauts, et surtout par une sensibilité factice qui refroidit le cœur. Quelquefois pourtant il laisse échapper des mouvements qui font couler des larmes : témoin la belle fiction par laquelle il s'efforce d'arracher les armes aux mains des Français, que la guerre civile de l'Ouest met aux prises les uns contre les autres. Delille, en se déclarant ouvertement contre la révolution, avait si fortement offensé ceux qui la défendaient, que Bonaparte, arrivant au pouvoir, eut besoin de toute l'énergie de son caractère pour résister aux clameurs élevées contre le poème de *La Pitié*. On demandait avec les plus vives instances que l'entrée du sol natal fût interdite au chantre des Bourbons, au détracteur de la France, à l'ennemi de la liberté. Le premier consul ne voulut jamais céder à cette espèce de violence; il protégea Delille absent, comme Delille de retour. Si le poète ne céda pas aux avances et aux offres du pouvoir, il n'affecta point l'orgueil d'un refus; il ne rejeta point avec hauteur, il s'abstint avec prudence; l'amour d'ambitieux et de fortt n'était pas dans son caractère. On a même attribué à la faiblesse le mariage qu'il contracta à Londres avec Mlle Vaudchamp, mais lui, qui se connaissait bien, avait senti, suivant toute apparence, le besoin d'un appui de tous les moments; et cet appui, il le trouvait dans sa compagne.

Ramené par le conseil de ses amis, Delille avait enfin revu Paris; et comme on oublie facilement dans notre chère France, sa rentrée à l'Académie fut accueillie avec joie, même par ses ennemis. Sensible à cet accueil, qui lui rappelait les plus brillantes solennités de sa vie littéraire, Delille soutint bientôt ce retour de la faveur publique par la traduction du *Paradis perdu*. Malgré l'admiration des Anglais pour cet ouvrage, nous reconnaissons les défauts qui le déparent; nous nous garderons surtout de mettre Delille sur le même rang que l'Homère britannique; on ne se fait pas plus Milton que Raphaël ou Michel-Ange. Delille nous a donné une belle copie du tableau d'un grand maître, voilà sa gloire. La tâche était immense. Comment concevoir qu'elle n'ait demandé qu'une année de travail à l'auteur? Cependant, rien de plus vrai que cet effort de verve et d'inspiration, d'autant plus difficile à croire que le poète, presque aveugle, était obligé de se faire lire et quelquefois expliquer le texte, de l'apprendre par cœur, pour pouvoir se livrer ensuite, sur la foi de sa mémoire, à un travail de feu. C'est alors qu'il éprouva une première et grave attaque de paralysie : aussi disait-il que Milton avait failli lui coûter la vie. Il préparait depuis longtemps le poëme de *L'Imagination*. Dès ce temps même, où il commençait à en réciter d'étincelants passages, son poëme était jugé et condamné sous le rapport de l'ordonnance : il y manque le génie de la composition, un ordre fécond, et cet enchaînement de toutes les parties qui peut seul former un ensemble. Mais quelle profusion de beautés du premier ordre! quelle richesse de couleurs! Combien de morceaux qui annoncent un progrès que l'on ne pouvait pas soupçonner dans l'écrivain, même après avoir lu son *Énéide* et son *Milton*! quel luxe de poésie! quelle variété de ton! Ce poëme est à la fois national et cosmopolite. L'Asie, la Grèce, l'Italie, l'Angleterre, viennent s'y grouper autour de la France, et mêler leurs grands hommes à son cortége de vertus et de gloire. Delille regardait avec raison le poëme de *L'Imagination* comme son plus bel ouvrage.

Les *Trois Règnes* offrent une singularité peu connue. Delille y chante des choses qu'il ne savait pas, mais qu'il avait surprises et retenues dans ses entretiens avec les oracles de la science de son temps. Singulier effet d'intelligence et de mémoire! Ce poëme, regardé comme le triomphe du genre descriptif, l'a décrédité à jamais parmi nous. Il faut s'en féliciter ; la poésie était perdue avec cette manie de tout décrire, que Boileau a si judicieusement réprouvée dans son *Art poétique*. Tout le talent de Delille éclate dans certains morceaux du poëme des *Trois Règnes*, mais tous les vices de sa manière, les concetti, les antithèses, la symétrie des vers à deux compartiments, l'abus de l'esprit, les transitions sans art, y pullulent au point de les rendre insupportables. C'est là surtout que Delille devient un dangereux modèle. Nous voudrions passer sous silence le poëme de *La Conversation*, mauvais ouvrage échappé à un homme d'esprit. On conçoit d'autant moins cette faute , qu'ayant vécu dans un monde où l'on savait parler avec élégance et à propos, Delille avait été unique et sans rival dans l'art d'assaisonner une conversation de tout ce qui en fait le charme, de la varier à l'infini par les saillies les plus heureuses, par les réparties les plus vives et les plus inattendues, par des compliments sans fadeur, des railleries sans amertume, des anecdotes racontées avec une grâce particulière.

A l'époque des prix décennaux , Chénier, son adversaire d'autrefois, et la commission de l'Institut, dont plusieurs membres avaient pu être blessés de l'affectation avec laquelle des écrivains de parti avaient cherché à immoler à un seul homme toutes les réputations contemporaines, montrèrent autant de justice que de générosité. Toute la haute littérature se rapprocha de lui. Il se vit entouré d'une faveur extraordinaire dans l'Institut, au Collége de France. Ce collége était pour lui comme un temple particulier consacré à son culte. Dans ses modestes foyers , il trouvait auprès de lui sa chère Dilette, qui était vraiment son Antigone, puisqu'elle lui prodiguait les attentions filiales. De son côté, Mᵐᵉ Delille veillait sur lui et autour de lui avec une sollicitude continuelle. Suivant une opinion très-répandue , Mᵐᵉ Delille aurait exercé sur son mari un empire absolu , porté quelquefois jusqu'au despotisme. Le fait est vrai ; mais nous devons à l'ascendant de cette femme dévouée quinze ou vingt ans de plus d'une vie toute consacrée à l'honneur des lettres, et plusieurs poëmes qui n'auraient jamais vu le jour. En le protégeant contre son laisser-aller et contre nos obsessions portées jusqu'à une espèce de violence, Mᵐᵉ Delille rétablit la santé, prolongea les jours et accrut la gloire du poëte. Du reste, sa maison n'était point déserte ; elle s'ouvrait tous les jours pour un certain nombre d'amis, et pour d'autres personnes. Admis au nombre des premiers, j'avais mes petites entrées, et je me trouvais heureux de les avoir, car il n'y eut jamais d'intimité plus douce que celle de ce vieillard, modèle de bienveillance, d'urbanité, de tolérance et d'enjouement.

Delille était l'homme et le poëte de la reconnaissance. Il avait été profondément touché de l'appui et de la sécurité qu'il avait trouvés sous le gouvernement de Napoléon ; et quoiqu'ayant refusé les bienfaits et les honneurs offerts au nom du grand homme, il ne s'en crut pas moins obligé de lui payer la dette du cœur et de l'admiration dans une ode. Cette pièce, fort belle, ne s'est pas retrouvée, mais Mᵐᵉ Delille m'en a plusieurs fois donné lecture depuis la mort de son mari. Il s'éteignit doucement le 1ᵉʳ mai 1813. Exposé aux regards de tous, dans la grande salle du Collége de France, dont les portes restèrent ouvertes, Delille, vêtu des habits qu'il portait ordinairement, le visage découvert, le front ceint de lauriers, recueillit pendant trois jours un tribut de respects et de regrets : le peuple vint en foule saluer l'ombre d'un homme de talent. Rien de plus brillant que les funérailles du poëte. Après la cérémonie religieuse, le cortége, marchant aux flambeaux, eut constamment à traverser les flots d'un peuple immense pour se rendre au cimetière du Père-Lachaise. Plus tard, notre illustre ami obtint de la pieuse fidélité de son épouse un monument qui porte pour seule épitaphe : JACQUES DELILLE.

Mᵐᵉ Delille, qui n'avait jamais pu se consoler d'une perte si grande, repose à côté de son mari.

P.-F. TISSOT, de l'Académie Française.

DÉLIMITATION se dit des opérations géométriques qui ont pour but de fixer sur le terrain, d'une manière exacte, les limites d'un état, d'une province, d'une commune ou d'une propriété quelconque.

La délimitation des frontières de l'est de la France a été l'objet de travaux importants exécutés de concert par une commission d'ingénieurs français et badois. Le Rhin, dont le thalweg sert de limite, sur presque tout son cours entre Bade et Neubourg, à la France et au grand-duché, nécessitait depuis longtemps de grandes améliorations, qui se trouvaient subordonnées à une délimitation exacte, de manière à prévenir des discussions dont les conséquences sont souvent incalculables. La vallée du Rhin a été levée à une assez grande échelle pour que les moindres particularités du terrain fussent exprimées, en sorte qu'au moyen du bornage adopté par les commissaires des deux États, les limites sont maintenant fixées d'une manière exacte et pour ainsi dire invariable. En ce moment (1853) une commission franco-espagnole est réunie à Bayonne pour fixer les limites des deux états sur la ligne des Pyrénées. E. GRANGEZ.

DÉLINÉATION (en latin *delineatio*, de *delineare*, dessiner, crayonner, tracer, esquisser, tirer des lignes). La délinéation est vulgairement la représentation de la forme d'un objet au moyen de lignes tracées sur du papier ou autres matières. Il s'entend surtout d'un dessin au trait, cherchant principalement à rendre le contour des objets. Dans son sens le plus général, la délinéation doit signifier le *tracé* de toutes sortes de lignes, quel que soit le but qu'on se propose en les traçant. Lorsque les principes des sciences géométriques relatifs aux diverses sortes de lignes ont été préliminairement acquis, on procède avec beaucoup d'avantage aux *délinéations* qu'exigent le tracé des plans et la projection des corps solides qu'on veut représenter sur des surfaces planes, en les envisageant sous divers points de vue et à des distances plus ou moins grandes. Lorsqu'on veut ensuite exprimer par de simples lignes tous les rapports de forme, de grandeur et de situation d'un grand nombre d'objets à représenter sur un même plan, il faut joindre aux notions géométriques celles de l'optique et de la perspective. L. LAURENT.

DÉLINQUANT se dit, dans la pratique, de celui qui a commis un délit.

DÉLIQUESCENCE (du verbe latin *deliquescere*, se fondre, se liquéfier). Ce mot sert à désigner la propriété que possèdent certains corps de précipiter sous forme liquide la vapeur d'eau mêlée à l'air, et de s'y dissoudre. Les corps déliquescents ne le sont pas tous au même degré; quelques-uns sont sensibles aux moindres traces d'humidité : tels sont ceux qui ont pour l'eau une affinité très-grande le sel de cuisine, le chlorure de potassium, etc. La même propriété se trouve cependant partagée par d'autres corps doués de peu d'affinité pour l'eau, mais elle ne se met en évidence que dans la circonstance la plus favorable, telle qu'une atmosphère chargée d'humidité.

La déliquescence d'un corps est souvent mise à profit dans les arts; les corps les plus avides d'eau sont fréquemment employés à favoriser l'évaporation dans le vide, à dessécher l'air. Les gaz entraînent presque toujours dans leur préparation de la vapeur aqueuse, on les en dépouille en leur faisant traverser des tubes remplis de calcium sec.

La propriété déliquescente peut être très-caractérisée dans certains sels, composés eux-mêmes de corps qui ne jouissent pas séparément d'une grande affinité pour l'eau, ou même qui n'en ont aucune. N. CLERMONT.

DÉLIRE. On appelle ainsi le dérangement des fonctions du cerveau, c'est-à-dire le désordre des facultés intellectuelles et des qualités morales, ou bien l'égarement de l'esprit par suite d'une altération morbide du cerveau. L'irritation cérébrale qui amène le délire peut reconnaître des causes différentes, ce qui donne lieu aux différentes espèces de délire. L'ingestion de substances spiritueuses ou narcotiques produit le *délire de l'ivresse* et le *narcotisme*. Une affection générale, certaines fièvres intermittentes ou exanthématiques, le typhus surtout, font naître une autre sorte de délire que l'on appelle *fébrile*. Enfin, il y a une sorte de délire plus général, qui dure longtemps, et celui qui reconnaît pour cause directe une altération immédiate du cerveau. Celui-ci prend les noms d'*aliénation mentale*, de *folie*, *manie*, *monomanie*, etc.

Le cerveau, composé d'organes différents et ayant des fonctions différentes, est destiné à percevoir les impressions des sens extérieurs; il est le siège des différents penchants, des sentiments, des talents et des facultés intellectuelles; il est le régulateur des mouvements volontaires, et il a des rapports de sympathie nerveuse avec les organes de la vie végétative, les viscères du bas-ventre et de la poitrine. Ces fonctions différentes du cerveau nous expliquent l'immense variété de délires. Les auteurs ont parlé des lésions du jugement, de la sensation, de la volonté, de la mémoire, de l'imagination, etc.; mais leur langage est plein d'obscurité et de confusion. Les physiologistes, qui reconnaîssent la pluralité des organes du cerveau, et saisiront la différence qui existe entre les attributs généraux et les facultés primitives de l'intelligence, ont pu seuls apporter de la clarté et de l'ordre dans cette matière.

Il sera parlé du délire de la folie dans les articles sur les diverses aliénations mentales du délire de l'ivresse et du narcotisme, en traitant de l'ivresse et des narcotiques. Il ne nous reste donc qu'à nous occuper du délire fébrile.

Le délire doit être regardé toujours comme un symptôme grave de la maladie qui le fait naître. Si un malade se tourne souvent dans son lit, s'il est agité, le délire n'est pas loin. Quelquefois, le délire commence à se manifester par un changement survenu dans la voix, dans les gestes, dans les discours et dans les affections du malade. Plus tard, le délire prend tout le caractère d'une véritable *aliénation mentale*. La forme de délire et toutes les complications qui indiquent une lésion plus ou moins profonde de l'encéphale doivent servir de base au médecin pour donner ses pronostics sur l'issue de la maladie. Les fièvres intermittentes graves et les fièvres pernicieuses sont généralement accompagnées de délire. Ce délire cesse nécessairement avec la cessation de l'accès fébrile. On préviendra le retour des accès par le prompt usage du quinquina et de ses préparations. L'opium et même le vin sont quelquefois très-utiles dans ces sortes de fièvres, ce qui prouve que tout délire, n'est pas essentiellement la suite d'un état inflammatoire du cerveau, comme plusieurs médecins l'ont cru. Le typhus et les fièvres typhoïdes sont ordinairement accompagnées de délire, qui se présente sous différentes formes; et quoiqu'il puisse indiquer une surexcitation du cerveau, il ne faut pas cependant le regarder comme s'il s'était une inflammation directe et véritable de l'encéphale. Le typhus, la petite-vérole, la scarlatine et autres exanthèmes fébriles sont fréquemment accompagnés de délire; toutes ces maladies ont une période plus ou moins longue à parcourir. Il y a des médecins qui croient arrêter le cours de la maladie et, faire cesser le délire qui les accompagne, en multipliant sans mesure les saignées et les moyens curatifs; ils se trompent, et par leur précipitation, ôtent souvent au malade les forces nécessaires pour surmonter la maladie. Le délire, dans ces sortes de fièvres, cesse ordinairement sans l'emploi de grands moyens. Il n'en est pas de même pour le délire qui survient à l'inflammation des méninges et du cerveau : celui-ci exige, au contraire, la plus grande activité de traitement; et les saignées, dans ce cas, doivent être répétées hardiment. Les malades qui succombent à la suite de ces inflammations, comme ceux qui sont empoisonnés par l'opium ou par les boissons alcooliques, présentent à l'autopsie le système sanguin cérébral énormément engorgé de sang. La *pellagre* est généralement accompagnée de délire sans fièvre. Dans cette maladie, ceux qui en sont attaqués, et qui sont en général de malheureux paysans, hommes, femmes et enfants, se présentent aux médecins avec les indices d'un véritable affaiblissement des forces vitales, et plus spécialement du système nerveux.

Il y a cette différence entre le *délire fébrile* et le *délire de la folie*, que dans le premier, les fonctions digestives sont suspendues ou altérées; tandis que dans le second, elles se conservent intactes. Les fous mangent ordinairement de bon appétit et digèrent très-bien. Dans le délire fébrile, les sens extérieurs ne fonctionnent pas régulièrement, et chez les aliénés, les sens, en général, ne sont pas dérangés. Les mouvements volontaires, la parole, sont dans l'état normal chez ceux-ci, et en désordre chez les fébricitants en délire. L'aliénation mentale arrive lentement, par degrés, et dure longtemps; le délire fébrile est très-rapide et passe promptement. N'oublions pas cependant que toutes ces différences ne tiennent qu'à la différence des causes productrices et à leur manière d'agir : l'organe lésé est toujours le même, le *cerveau*. Le délire ne s'explique pas par l'inflammation de la pie-mère ou de l'arachnoïde : on a confondu la cause qui peut déterminer le délire avec le siège du délire même. Si le cerveau, dans l'état de santé, est le seul organe pour la manifestation des facultés morales et intellectuelles, il doit être aussi le seul siège du désordre de ces fonctions dans le délire, qui est l'état de maladie. L'arachnoïde, n'étant pas le siège de la pensée, ne peut pas être le siège du désordre de la pensée. Dr FOSSATI.

DELISLE ou **DE L'ISLE** (CLAUDE), géographe et historien, né en 1644 à Vaucouleurs, étudia d'abord le droit et fut reçu avocat, mais se voua plus tard à l'histoire, et finit par être chargé d'une chaire pour l'enseignement de cette science. Le duc d'Orléans, régent, à qui il avait donné des leçons, le nomma plus tard secrétaire de ses commandements et censeur royal. Il mourut à Paris, le 2 mai 1720 laissant quatre fils qui se distinguèrent dans la géographie, la chronologie et l'astronomie. Ses principaux ouvrages sont : l'*Atlas historique et géographique* (Paris, 1718, in-4°); l'*Abrégé de l'Histoire universelle* (7 vol., 1731); l'*Introduction à la Géographie* (2 vol., 1746), et le *Traité de Chronologie*, imprimé avec l'*Abrégé chronologique* de Pétau (3 vol., 1730).

DELISLE (GUILLAUME), fils aîné du précédent, le véritable fondateur du système géographique moderne, né à Paris le 28 février 1675, annonça, dès sa plus tendre jeunesse, les dispositions les plus prononcées pour la géographie, dont les premiers éléments lui furent enseignés par Cassini. Il forma de bonne heure le projet de donner de nouvelles bases à sa science favorite. En 1700, il publia une mappemonde, des cartes d'Europe, d'Asie et d'Afrique, ainsi qu'un globe terrestre et un globe céleste de 0^m, 32 de diamètre. Il prit pour point de départ, dans ces divers travaux, les observations astronomiques faites jusqu'à lui, en ayant soin de les comparer attentivement avec les distances indiquées par les voyageurs anciens et modernes; précautions jusqu'alors négligées par les géographes, qui s'en rapportaient aveuglément aux longitudes données par Ptolémée. Le nombre des cartes qu'il publia pour servir à la géographie de l'ancien et du nouveau monde ne s'élève pas à moins de 134. La dernière édition de sa mappemonde (1724) est surtout curieuse en ce qu'elle indique l'état où en étaient alors les connaissances géographiques. Guillaume Delisle donna des leçons de géographie à Louis XV, ce qui lui valut le titre jusqu'alors inconnu de *géographe du roi*. Il travaillait à la carte de Malte pour l'histoire de l'abbé de Vertot, lorsqu'il fut frappé d'apoplexie foudroyante, le 5 janvier 1726. L'édition la plus estimée de son *Atlas géographique* est celle qu'en a donnée Ph. Buache (1789).

DELISLE (SIMON-CLAUDE), frère puîné du précédent, né à Paris au mois de décembre 1675, mort en 1708, se livra plus spécialement à l'étude de l'histoire. On a de lui une traduction de *Tables chronologiques* du P. Pétau.

DELISLE (JOSEPH-NICOLAS), second frère de *Guillaume* né à Paris le 4 avril 1686, se consacra de bonne heure à l'étude de l'astronomie, que lui enseignèrent Lieutaud et Cassini. En 1726, l'impératrice de Russie, Catherine Iʳᵉ l'appela à Saint-Pétersbourg, et le chargea d'y fonder une école d'astronomie, qui ne tarda pas à acquérir une grande et juste célébrité. Divers voyages qu'il exécuta dans l'intérieur de la Russie lui fournirent l'occasion de faire une abondante récolte de matériaux et de renseignements précieux pour l'histoire naturelle et la géographie. A son retour en France, en 1747, le roi lui acheta ses riches collections, relatives à l'astronomie et à la géographie, et ensuite lui en confia la garde.

J.-N. Delisle s'occupa surtout de la construction à l'aide de laquelle on a coutume de représenter les éclipses de soleil, et de la théorie des parallaxes. Il se livra aussi à de nombreuses recherches sur les lignes lumineuses et colorées qui terminent souvent l'ombre des corps, mais n'arriva à aucun résultat important. Le thermomètre qu'il inventa, et dont il soumit en 1753 la théorie à l'Académie de Saint-Pétersbourg, ne mérite pas la célébrité qu'il a obtenue. Suivant lui, le 0 de l'échelle devrait être placé au point d'ébullition de l'eau et les degrés de chaleur augmenter en raison de l'affaiblissement de la chaleur, par conséquent être négatifs au delà du point d'ébullition, qui serait séparé du point de congélation de l'eau par 150 degrés. Au reste, ce thermomètre n'a jamais été en usage.

La conduite de J.-N. Delisle lors de la réapparition de la comète de Halley en 1758 fut assez bizarre. Il la fit chercher pendant toute une année par Menier, son aide, sans s'en occuper; et quand Menier l'eut trouvée, le 21 janvier 1759, il dut, par ordre de Delisle, tenir sa découverte secrète jusqu'au mois d'avril, et n'obtint la permission de la publier que lorsqu'on apprit en France que le paysan saxon Palitsch l'avait aperçue dès le 26 décembre 1758 à l'œil nu, et que depuis lors on l'avait observée dans toute l'Allemagne.

Dans les dernières années de sa vie, J.-N. Delisle tourna à la haute dévotion. Chaque jour il visitait plusieurs églises, et allait tous les dimanches à confesse. Il mourut le 11 septembre en 1768, complètement oublié depuis longtemps, et si pauvre qu'on n'aurait même pas pu l'enterrer décemment si Buache et Menier n'avaient pas fait les frais de ses funérailles. Parmi ses élèves, il faut, outre Menier, citer surtout Lalande. Le plus important de ses ouvrages de géographie, qui a pour titre : *Mémoire sur les nouvelles découvertes au nord de la mer du Sud* (Paris, 1752; 2ᵉ édition, 1753), contient le résultat des efforts tentés par les Russes pour découvrir un passage de l'océan Pacifique à la mer située au nord du continent américain. Ses *Mémoires pour servir à l'histoire et au progrès de l'astronomie, de la géographie et de la physique* (Pétersbourg, 1738, in-4°) sont restés inachevés; son *Avertissement aux astronomes sur l'éclipse annulaire du soleil, que l'on attend le 25 juin* (Paris, 1748), est un tableau complet de toutes les éclipses annulaires du soleil.

DELISLE (LOUIS), dernier fils de Claude Delisle, plus connu sous le nom de *Delisle de la Croyère*, du nom de sa mère, qu'il avait ajouté au sien, astronome aussi et membre de l'Académie des Sciences, alla en Russie avec son frère Joseph-Nicolas. L'amour de la science lui fit accompagner Béring dans son voyage de découverte. Forcé par le mauvais état de sa santé de débarquer à Avatcha (Kamtchatka), il y mourut, le 22 octobre 1741. On a de lui : *Recherches du mouvement propre des étoiles fixes*, etc., insérées dans les *Mémoires de l'Académie des Sciences*, et les *Observations astronomiques* qui ont paru dans les *Mémoires de l'Académie de Saint-Pétersbourg*.

DELISLE (JEAN), aventurier, né en Provence et dont il fut un instant question sur la fin du règne de Louis XIV, parce qu'on prétendait qu'il possédait la fameuse pierre philosophale. En tout cas, il n'en était pas légitime propriétaire; car on racontait que, domestique d'un alchimiste expulsé de France par Louvois, il avait assassiné son maître en Suisse, afin de lui dérober ses secrets. Vers 1706 Jean Delisle mettait la Provence en émoi en opérant force transmutations de métaux, qui n'étaient ou que des tours de passe-passe ou bien le résultat du blanchiment à l'aide du mercure. En 1711 la renommée de notre alchimiste étant parvenue jusqu'à Versailles, il reçut l'ordre de s'y rendre; mais Jean Delisle mit peu d'empressement à obéir, et vraisemblablement pour cause. Il fut donc amené de force à Paris; et, en route, les soldats chargés de l'escorter, essayèrent de l'assassiner, pour lui voler, eux aussi, la pierre philosophale. On lui fit l'honneur de l'enfermer à la Bastille; mais il refusa de répondre aux interrogatoires dont il fut l'objet, et finit par s'empoisonner au bout d'un an.

DELISLE DE LA DREVETIÈRE (LOUIS FRANÇOIS), né en Dauphiné, mort à Paris, en 1756, à un âge fort avancé et dans un état voisin de la misère, est l'auteur d'un grand nombre de pièces représentées de 1721 à 1745 à la Comédie-Italienne et à la Comédie-Française, mais tombées depuis longtemps dans un oubli, bien qu'on y rencontre quelquefois des vers assez bien frappés. En 1739 il donna à la Comédie-Italienne, en collaboration avec Mᵐᵉ Riccoboni, *Les Caprices du cœur et de l'esprit*, pièce qui obtint un certain succès.

DELISLE DE SALES (JEAN-BAPTISTE-ISOARD), membre de l'Académie des Inscriptions et Belles-Lettres, né à Lyon, en 1743, mort à Paris, en 1816, se fit de bonne heure recevoir dans la congrégation de l'Oratoire, pour, plus tard, rentrer dans le monde. La *Philosophie de la Nature*, ouvrage fort superficiel, mais imbu des doctrines philosophiques du dix-huitième siècle, publié en 1769, lui valut les persécutions du clergé, et motiva même un arrêt de bannissement perpétuel, prononcé contre lui par le parlement. L'exagération de cette peine en rendit l'application impossible; et l'écrivain eut tous les honneurs du martyre sans en subir les désagréments. L'*Histoire des Hommes* (volumineux ouvrage qui ne se compose pas de moins de 41 volumes), continuée depuis et augmentée de 12 volumes par Mayer et Mercier, lui fait plus d'honneur. Le style en est moins guindé, moins diffus, moins obscur que celui de ses autres écrits, dont le nombre n'est pas peu considérable, puisqu'il dépasse le chiffre de *cent volumes*. Nous citerons encore de cet écrivain, aujourd'hui oublié, et à qui ses contemporains avaient décerné le surnom de *singe de Diderot*, quoiqu'il eût combattu le matérialisme et l'athéisme, un *Mémoire en faveur de Dieu*, titre bizarre, dont ses ennemis se firent une arme contre lui. Delisle de Sales, quoiqu'il ne fût pas riche, était un bibliomane renforcé. Toutes ses ressources étaient réservées pour l'augmentation de sa bibliothèque, qui, au moment où il mourut, ne se composait pas de moins de 30,000 volumes. Ses manières brusques et quelquefois sauvages, la négligence exagérée de sa toilette, la singularité de ses idées, le rendaient souvent ridicule aux yeux des gens du monde, tandis que son érudition et l'originalité de ses paradoxes excitaient la jalousie de certaines gens de lettres, ses confrères. Il avait épousé en secondes noces une jeune et belle Espagnole, fille du voyageur *Badia y Leblich*, surnommé Ali-Bey.

DÉLIT. Ce terme a deux significations : tantôt il est synonyme du mot *infraction*, et alors il comprend dans sa généralité toutes les actions qui troublent l'harmonie sociale et portent atteinte aux droits d'autrui. C'est ainsi qu'on l'entend dans le langage vulgaire, et que la loi elle-même l'emploie quelquefois, témoin cette disposition du Code des Délits et des Peines du 3 brumaire an IV : « Faire ce que défendent, ne pas faire ce qu'ordonnent les lois qui ont pour objet le maintien de l'ordre social et la tranquillité publique, est un *délit*. » Tantôt, au contraire, cette expression a un sens plus restreint, et ne désigne qu'une série particulière d'actions auxquelles le législateur inflige une peine moins sévère. Pris dans cette dernière acception, le mot *délit* s'emploie par opposition au mot *crime*.

L'ancienne législation n'avait pas donné une définition bien nette de ce que l'on devait entendre par *délit* ; mais, dans la pratique et dans la science, on désignait par là toute infraction qui donnait lieu à des peines correctionnelles. Le législateur moderne a senti qu'il fallait marquer irrévocablement la valeur de cette expression dans l'ordre légal, et le premier article du Code Pénal actuel contient cette disposition : « L'infraction que les lois punissent de peines correctionnelles est un *délit*. » Cet article a essuyé bien des censures et bien des critiques. Les uns l'ont trouvé matérialiste, les autres peu clair. En effet, disent les premiers, quoi de plus monstrueux que de déterminer les caractères d'une action d'après la pénalité dont le législateur l'a frappée ? La définition du Code Pénal, disent les seconds, suppose, pour être complète, la connaissance complète de tous les articles qui le composent, puisque la qualification ne s'appuie que sur la nature des peines. Or, toute définition qui ne se suffit pas à elle-même n'a aucune valeur. Si le législateur avait voulu donner une définition philosophique et abstraite du délit, il y aurait assurément quelque chose de fondé dans les reproches qu'on lui adresse, mais il n'a pas eu cette prétention, qui, peut-être, eût été un hors-d'œuvre ; et c'est ici qu'il devient nécessaire d'entrer dans quelques développements historiques. Sous l'ancienne législation, les délits étaient soumis, suivant leur nature, à une juridiction spéciale. Ainsi, les délits forestiers, les délits d'aides et gabelles, etc., avaient pour juges : les premiers, les *maîtrises des eaux et forêts*, les *tables de marbre* et les *chambres souveraines des eaux et forêts* ; les seconds, les *élections*, les *greniers à sel* et la *cour des aides*. Et comme les délits étaient classés par ordre de matière, il ne pouvait y avoir aucune équivoque possible sur chacune de ces juridictions. Mais la législation nouvelle a fait justice de tous ces tribunaux particuliers qui couvraient le territoire français, et dont les inconvénients s'étaient souvent fait sentir. Ce n'est plus à raison de la nature des infractions, mais à raison de leur gravité que les juridictions ont été créées ; la connaissance des crimes est devenue l'attribution des *cours d'assises*, celle des délits l'attribution des *tribunaux correctionnels*. Il était donc alors nécessaire de déterminer d'une manière fixe à quels principes les tribunaux pourraient reconnaître leur compétence, et distinguer le délit du crime. Une définition plus abstraite et plus philosophique eût mieux convenu peut-être aux théoriciens ; mais elle eût été pour le magistrat un guide moins sûr. Au surplus, c'est moins une définition scientifique que la loi a voulu donner qu'une base nette et invariable de règles de la *compétence*. Ce n'est pas aux hommes des théories et des systèmes qu'elle s'est adressée, mais aux hommes de pratique et d'application.

On distingue les *délits ordinaires* et les *délits politiques* ; les seconds étaient déférés au jury, d'après la loi du 8 octobre 1830 ; ils sont rentrés dans le ressort de la police correctionnelle.

Aucun acte ne peut être réputé délit, s'il n'y a contravention à une loi promulguée antérieurement. Nul délit ne peut être puni des peines qui n'étaient pas prononcées par la loi avant qu'il fût commis.

Pour réprimer les délits, la loi a établi l'action publique ou criminelle et l'action civile ou privée. Cependant, par des considérations morales et politiques, quelques délits ne peuvent être poursuivis, par exemple, les soustractions entre époux ou entre parents en ligne directe et le recel d'un criminel parent, ou bien ne sont passibles de l'action publique qu'autant que la partie lésée en a provoqué l'exercice, comme l'*adultère*, la *diffamation*, etc. Certains individus, quoique assujettis pour leurs délits aux règles ordinaires, ne peuvent être mis en jugement que suivant certaines formalités, tels sont les agents du gouvernement, s'il s'agit de délits commis dans l'exercice de leurs fonctions, les juges, prélats, préfets, généraux, grands-officiers de la Légion d'Honneur. Les militaires et employés de l'armée ne peuvent être poursuivis et punis pour leurs délits que d'après les lois et devant les tribunaux militaires.

Les peines que la loi prononce pour les délits sont : 1° l'emprisonnement à temps dans un lieu de correction ; 2° l'interdiction à temps de certains droits civiques, civils ou de famille ; 3° l'amende ; 4° la réparation d'honneur. Il est de principe que lorsque, dans l'intervalle du délit à son jugement, une loi établit une peine différente de celle qui existait au temps où le délit a été commis, on doit appliquer celle des deux lois qui est la plus douce. Celui qui est accusé de plusieurs délits est passible de la peine la plus grave ; mais on ne peut lui en infliger une pour chaque délit. Les pères, maîtres, instituteurs, artisans et aubergistes sont responsables des délits de leurs enfants mineurs, domestiques, élèves, ouvriers et voyageurs non inscrits. Les maris le sont des délits ruraux de leurs femmes ; les communes des attentats envers les personnes ou les propriétés commis à force ouverte, sur leur territoire, par des attroupements.

E. DE CHABROL.

DÉLIT (Corps de). *Voyez* CORPS DE DÉLIT.

DÉLIT (Flagrant). *Voyez* FLAGRANT DÉLIT.

DÉLITER. Quelques carrières de pierres à bâtir sont composées de *bancs* ou *lits* plus ou moins épais, et séparés l'une de l'autre par des couches très-minces de matières plus molles. Ces bancs peuvent être d'une structure qui les rende capables d'une égale résistance dans tous les sens, ou formés par la superposition de feuillets plus ou moins adhérents, mais que l'on peut séparer l'un de l'autre, et qui se séparent quelquefois par l'effet des alternatives de sécheresse et d'humidité, et surtout des gelées : on dit alors que ces pierres se *délitent*. Les roches stratifiées sont exploitées en les *délitant*, c'est-à-dire en enlevant les pierres dans le sens des lits. Les architectes recommandent de placer ces

matériaux comme ils étaient dans la carrière, et par conséquent *sur leur lit*; la précaution est toujours bonne, mais elle ne suffit point si les pierres sont sujettes à se déliter; celles-là doivent être exclues de l'architecture ornée. On en a cependant employé à la construction du portail de l'église de Saint-Sulpice, comme on le voit par quelques dégradations de la corniche. On ferait bien de ne point les admettre non plus dans la construction des voûtes qui ont à soutenir une forte charge ou des commotions réitérées : dans ce cas, la plus forte action est exercée perpendiculairement aux joints des voussoirs, et il est impossible que la plus grande résistance des pierres lui soit opposée dans toute l'étendue de la voûte.
FERRY.

DÉLITESCENCE, traduction du mot latin *delitescentia*, provenant du verbe *delitescere*, se cacher. Les médecins emploient cette dénomination pour désigner la disparition plus ou moins prompte d'une affection locale, sans qu'elle se reproduise sur une autre partie; car, s'il en était ainsi, la maladie aurait seulement changé de place, mutation qu'on nomme *métastase*. Il n'est pas rare de rencontrer des exemples de délitescence, ou d'inflammation promptement guérie par résolution, quand le traitement est très-actif. Telle est l'extinction d'une brûlure légère, par l'application continue de la glace ou de l'eau très-froide, la guérison de l'érysipèle par des lotions pratiquées avec une solution aqueuse de nitrate d'argent fondu, etc., etc. Mais fréquemment on voit résulter des accidents graves de la disparition subite d'une affection locale. C'est ce dont on est trop souvent témoin durant le cours de la petite-vérole, de la rougeole, de la scarlatine, etc.

La sagesse prescrit aux médecins, à plus forte raison à tous ceux qui ne possèdent pas leur instruction, de ne chercher à obtenir ces cures qu'avec une grande réserve; et quand on l'a obtenue, il faut attendre quelque temps avant de se réjouir.
D' CHARBONNIER.

DÉLIVRANCE. On entend par ce mot, dans les accouchements, l'expulsion naturelle ou l'extraction par l'art du *placenta* et de ses dépendances hors de la matrice; de la deux espèces de délivrances, la *délivrance naturelle* et la *délivrance contre nature*. La première a lieu lorsque la matrice, après avoir expulsé le *fœtus*, revient sur elle-même; alors le placenta se détache de la surface utérine, se roule le plus ordinairement en forme de cornet d'oublie, et se présente à l'ouverture par son sommet conique. De nouvelles contractions utérines le forcent à franchir l'orifice, et, une fois dans la cavité vaginale, l'abaissement de la matrice l'expulse au dehors. La nature peut donc opérer seule la délivrance; néanmoins, on est dans l'habitude de seconder ses efforts, afin que la femme se débarrasse plus promptement et plus sûrement. Aussitôt que de nouvelles douleurs commencent à se faire sentir, on entortille le cordon ombilical autour des doigts d'une main garnie de linges secs; puis, avec trois doigts de l'autre main, on exerce sur le cordon une traction d'avant en arrière, et lorsque la masse du délivre est parvenue dans le vagin, on dirige le cordon avec une seule main, vers le pubis, tandis que l'autre on roule cinq ou six fois sur lui-même le placenta, pour tordre ses membranes en manière de corde, et en extraire jusqu'à la moindre parcelle. Il suffit alors de tirer légèrement le cordon ombilical pour recevoir le *délivre* dans la paume de l'autre main. Si une portion du placenta était restée dans la matrice, il faudrait aller la chercher avec les mains; mais s'il s'agissait seulement des membranes, elles seraient entraînées par l'écoulement des *lochies*.

La délivrance ne s'opère pas toujours avec la même facilité : l'avortement, la grossesse composée, l'inertie de la matrice, l'hémorrhagie, les convulsions, les syncopes, la mauvaise position ou le volume trop considérable du placenta, viennent entraver la marche de la nature dans l'acte qui termine l'accouchement. Il faut avoir recours à l'art, et, suivant les cas, avancer ou reculer l'expulsion du délivre. Si la malade éprouve des syncopes, de l'inertie, il n'en faut pas moins débarrasser la femme, lors même que ces accidents ne dépendent pas de la présence du délivre. S'ils persistent, il faut les traiter par des moyens appropriés. On arrête quelquefois l'hémorrhagie utérine en retirant le placenta de la matrice; si elle continue, on a recours aux diverses compressions mécaniques; la compression aortique présente de grands avantages, mais demande une main exercée, qui soit prête à parer aux accidents dont elle peut être suivie. L'emploi du seigle ergoté peut faire cesser l'hémorrhagie de l'utérus comme il en fait cesser l'inertie. MM. Villeneuve et Hatin ne mettent pas en doute dans ces cas l'efficacité de cette substance médicinale. Le plus ordinairement l'hémorrhagie utérine cède à l'action des réfrigérants, aux injections froides et acidulées. Le resserrement du col de la matrice demande qu'on aille le dilater avec les doigts. Lorsque le placenta résiste, malgré les contractions de la matrice et les tractions exercées sur le cordon ombilical, on peut croire qu'il y a adhérence contre nature, volume trop gros ou position mauvaise du placenta. Il faut alors introduire la main dans la matrice, retirer partiellement le délivre, ou lui donner une bonne direction suivant le cas.

Lorsque la délivrance est terminée, la première chose à faire est de s'assurer si la matrice n'a pas été entraînée par le placenta : elle forme alors au-dessus du pubis une petite tumeur que les accoucheurs nomment le *globe rassurant*. On prescrit à la malade un repos absolu; on couvre ses seins de manière à les garantir du froid, et on place autour de son ventre une serviette médiocrement serrée, pour prévenir des douleurs, des syncopes et d'autres accidents. Il est inutile d'indiquer tous les soins de propreté dont on doit l'entourer. On doit également lui éviter toute espèce de contrariétés morales : c'est dans ce but qu'on attend quelques instants avant de présenter l'enfant à l'accouchée, et de lui en indiquer le sexe.
N. CLERMONT.

DÉLIVRE. On donne ce nom, ou celui d'*arrière-faix*, aux enveloppes du fœtus, parce qu'elles ne sont expulsées qu'après que celui-ci est sorti de la matrice, et que l'accouchement n'est terminé qu'après cette expulsion, nommée par les praticiens *délivrance*. En médecine, on se sert peu de cette dénomination; on préfère indiquer par leur nom propre les parties qui composent le délivre; ce sont : les membranes *amnios* et *chorion*, la masse spongieuse du *placenta*, le *cordon ombilical*, etc.
N. CLERMONT.

DELLA-MARIA (DOMINIQUE), compositeur français, naquit à Marseille vers 1768. Dès son enfance, il montra pour la musique un goût passionné, qui se développa de plus en plus par l'étude des grands maîtres, et les leçons d'habiles professeurs. Après avoir composé à l'âge de dix-huit ans, et fait représenter dans son pays son premier ouvrage, il partit pour l'Italie, où il séjourna pendant dix ans. Là, guidé par les conseils de Paesiello, il obtint plusieurs succès sur la scène italienne. De retour en France, il s'empressa de se rendre à Paris, où l'attendait la gloire, que devait suivre trop tôt une mort prématurée. Il débuta en 1798 au théâtre Favart par *le Prisonnier*, paroles de M. Alexandre Duval; et ce début fut un véritable triomphe pour Della-Maria. Indépendamment du mérite intrinsèque de l'ouvrage, une heureuse circonstance d'opportunité assura son succès. Si l'école française avait depuis 89 fait un pas immense; si, à une richesse d'harmonie inconnue jusque-là venait se joindre une vigueur de coloris qui l'avait fait parvenir à son apogée, les partisans de l'ancien opéra-comique soutenaient que c'était aux dépens de la mélodie, et appelaient de leurs vœux un homme de talent qui écrivît dans le système qu'ils préféraient. *Le Prisonnier* parut, et obtint les suffrages des deux partis. Cette musique vive, spirituelle, abondante en mélodies suaves et élégantes, charma par sa grâce les vieux amateurs du passé, et par la richesse de l'instrumentation ceux qui voulaient que le coloris et le dessin composassent un tout homogène. Encouragé par ce succès, Della-Maria donna en moins de deux ans *L'Opéra-Comique*, *L'Oncle Valet*, *Le Vieux Château*, et *Jaquet, ou l'École des Mères*. Un heureux avenir semblait lui sourire, une longue carrière de gloire s'ouvrait devant lui, lorsqu'une mort inattendue, causée par une imprudence, vint tout à coup le frapper et l'enlever aux arts, le 9 mars 1800. Depuis sa mort, on a joué deux opéras de lui, en trois actes, *La Maison du Marais* (1800) et *La Fausse Duègne* (1802). Ces ouvrages posthumes n'ont pas été aussi goûtés que les précédents, soit que l'auteur n'ait pas eu le temps d'y mettre la dernière main, soit que les poëmes fussent moins intéressants.   F. BENOIST.

DELLYS, petit village kabyle, sur la côte d'Afrique, à 60 kilomètres d'Alger, est situé au bord de la mer, sur une pointe longue et étroite qui s'avance comme un môle pour protéger le mouillage de Dellys contre les vents d'ouest et de nord-ouest. C'est l'antique *Rusucurrum* de l'Itinéraire d'Antonin, ville romaine importante; on peut encore suivre la trace de ses murailles, élevées à plus d'un mètre en de certains endroits; deux fragments de tour sont encore debout, et il est impossible de gratter le sol sans y découvrir quelques débris de l'ancienne splendeur de cette colonie. Le musée d'Alger s'est enrichi de plusieurs médailles et fragments d'inscriptions d'une haute antiquité trouvés à Dellys.

Dellys est adossée à une montagne isolée, de 400 mètres de hauteur environ, nommée *Béni-Sélim* par les habitants, et dont le sommet est couronné par une excavation intérieure semblable au cratère d'un volcan. Elle est couverte d'arbres fruitiers, qui approvisionnent les marchés d'Alger. Les céréales sont cultivées avec un soin extrême dans tout le pays. Dellys est appelée par sa position à devenir le grand entrepôt des denrées kabyles. C'est un point stratégique qu'il ne suffisait pas seulement d'occuper, mais encore d'agrandir et de fortifier : aussi d'immenses travaux y ont-ils été entrepris; une enceinte nouvelle a été tracée; des blokhaus furent élevés sur les hauteurs; une route carrossable relie le port à la ville, où l'on a construit de vastes casernes. Un phare qui luit sur la pointe la plus avancée de la rade, et un débarcadère facile font de Dellys un des meilleurs ports de l'Algérie. Les jardins de Dellys abondent en fruits; le figuier surtout, ce pain des pauvres en hiver, y domine. Les délicieux raisins qu'on mange à Alger viennent de Dellys; les abricots y acquièrent une grosseur énorme, et le miel y est d'un parfum exquis. Le nombre des indigènes peut être de 2,000 au plus dans la ville. Son cimetière s'étend à l'ouest sur plus d'une demi-lieue.

Les colonnes que l'on dut diriger, au commencement du printemps en 1844, contre les tribus à l'est d'Alger déterminèrent le gouvernement à occuper la position de Dellys d'une manière permanente, afin d'avoir un point de ravitaillement rapproché du centre des opérations. Le maréchal Bugeaud s'était rendu le 19 avril sur les bords de l'Isser; mais les tribus hostiles étant restées sourdes à ses exhortations, il passa l'Isser, s'établit à Bordj-el-Menaî, et s'empara, le 3 mai, de Dellys, où il installa aussitôt l'autorité française. Le 12, une action glorieuse pour nos armes eut lieu en avant de la ville; le 17, un succès plus complet encore fut obtenu par nos troupes à Ouarez-ed-Dîn, contre une immense réunion de Kabyles, parmi lesquels figuraient dix-neuf portions des Flissas. L'ennemi y perdit 600 hommes, et ses habitations furent ruinées. Après cet échec, il parut se retirer et renoncer à nous attaquer davantage; mais nos troupes se livraient à peine au repos, que les Kabyles en masses se réunissaient pour attaquer Dellys. Ben-Salem; ex-kalifah d'Abd'el-Kader dans la province de Sebaou, et Ben-Kassem-Oukassy, ancien aga des Amernaouas, cherchaient depuis longtemps à soulever les populations de la Kabylie, et, à force de prédications et d'intrigues, avaient réussi à former une ligue puissante contre nous. Le 21 mai, le camp ennemi était établi à Sidi-Naman, près du marché du Sebt. Le colonel Comman, sorti de la ville avec une colonne, attaqua résolûment les Kabyles, auxquels il fit essuyer de grandes pertes; mais, accablé par le nombre, il se retira prudemment, et envoya demander du secours à Alger. Une nouvelle colonne expéditionnaire, commandée par le maréchal Bugeaud, ne tarda pas à parcourir la province, punissant les rebelles, frappant de lourdes impositions de guerre, emmenant des otages, et dictant de rudes conditions aux vaincus. Les Flissas abandonnèrent à la hâte leurs villages, chassant devant eux leurs troupeaux et laissant toutefois un riche butin dans leurs silos. Les camps de Ben-Salem, de Ben-Akmed et Ben-Kassem-Oukassy, se dispersèrent terrifiés et Dellys jouit depuis ce temps d'une tranquillité qui n'a été troublée qu'à de longs intervalles par des attaques partielles et sans caractère sérieux.

DELOLME (JEAN-LOUIS), célèbre jurisconsulte, né à Genève en 1740, était avocat dans sa patrie, lorsqu'à l'occasion des troubles qui y éclatèrent il publia un écrit intitulé: *Examen des trois points de droit*, par suite duquel il fut obligé de se réfugier en Angleterre, où, pendant quelques années, il vécut dans une grande pénurie, quoique se livrant avec une infatigable ardeur à des travaux littéraires. Sa fierté se complaisait dans son indépendante indigence; il refusait toute espèce de secours, et n'accepta que ceux d'une société créée pour venir en aide aux savants malheureux, et ce environ vers l'année 1775, à l'effet de pouvoir s'en retourner dans sa patrie.

Il mourut le 16 juillet 1806 à Leven, dans le canton de Schwitz. A son arrivée en Angleterre, l'anarchie aristocratique était parvenue à son point culminant en Suède et en Pologne; et en Angleterre de bons esprits entrevoyaient des périls analogues pour leur pays. C'est à cette occasion que dans son célèbre ouvrage, *Constitution de l'Angleterre, ou état du gouvernement anglais comparé avec la forme républicaine et avec les autres monarchies de l'Europe* (Amsterdam 1771), traduit par lui-même en anglais, et dans son *Parallel between the English government and the formes of Swiden* (Londres, 1772), il exposa les avantages et la force de la constitution anglaise.

Le premier de ces livres n'est pas regardé comme classique en Angleterre pour l'étude de la politique; mais il contient de très-judicieuses observations sur la constitution anglaise, sur la force résultant de l'heureuse combinaison de la forme monarchique avec de grandes libertés populaires, et surtout sur le prix et la valeur d'une organisation judiciaire indépendante, ainsi que d'un exercice de la pensée que n'entrave aucune censure, mais que règle seulement la loi.

On a aussi de lui *History of the Flagellants, or memorials of humain superstition* (Londres, 1782), et *Essay containing strictures of the union of Scotland with England* (Londres, 1796).

DELONIA. Voyez DELFINO.

DELORME (PHILIBERT) naquit à Lyon vers le commencement du seizième siècle. Comme Pierre Lescot, à côté duquel il peut être placé, Philibert Delorme a beaucoup contribué à établir la bonne architecture en France. Si l'architecte du Louvre a brillé par la délicatesse du goût, la richesse d'invention et la pureté de l'exécution, Delorme s'est fait remarquer par de bonnes constructions. A quatorze ans, il était déjà en Italie, où il formait son jugement et son goût par l'étude consciencieuse de l'antique. Marcel Cervin, qui devint pape sous le nom de Marcel II, le reçut dans son palais, et le guida constamment dans ses études. En 1536, Delorme revint dans sa ville natale; il y construisit le portail de Saint-Nizier. On admire encore à Lyon deux voûtes de lui, dont la coupe des pierres est d'un artifice savant et hardi jusque là sans exemple. Protégé par le cardinal du Belley,

Delorme fut présenté à la cour et favorablement accueilli par Henri II. Le fer à cheval de Fontainebleau fut son premier grand ouvrage. Bientôt on éleva sur ses plans les châteaux d'Anet et de Meudon. Il ne reste plus à Meudon des travaux de Delorme qu'une terrasse en briques, reste d'une grotte fameuse qui fut détruite pour édifier le château moderne.

Voulant avoir un palais séparé du Louvre, qu'habitait Charles IX, Catherine de Médicis fit commencer le palais des Tuileries. On prétend que Bullant a partagé avec Delorme la conduite de ce bâtiment. Cependant il paraîtrait avoir plutôt présidé aux détails de l'ornement qu'à l'ensemble de l'ordonnance. Du reste, les travaux exécutés sous Louis XIV ont fait disparaître beaucoup de parties de l'architecture de Delorme; le pavillon du milieu n'a conservé que le premier ordre de colonnes ioniques ornées de bandes sculptées en marbre du côté de la cour et en pierre du côté du jardin. Les deux ailes du bâtiment percées d'arcades, placées aux deux côtés de ce pavillon, étaient encore de Delorme. Louis-Philippe supprima l'une de ces deux ailes, d'où résulte un effet des plus disgracieux. Malgré tous les changements qu'il a subis, le palais des Tuileries n'en a pas moins gardé la disposition générale et l'empreinte originaire du style de Delorme.

Après la mort du roi, Catherine de Médicis confia à Delorme l'intendance de ses bâtiments. En 1555 il fut nommé, en récompense de ses travaux, aumônier et conseiller du roi, et, quoiqu'il ne fût que tonsuré, on lui donna les abbayes de Saint-Éloi de Noyon et de Saint-Serge d'Angers. Le spirituel Ronsard, jaloux des faveurs accordées par la reine au fameux architecte, l'attaqua finement dans une satyre intitulée *la Truelle crossée*. Delorme fut piqué au cœur, et, pour se venger, il ne trouva rien de mieux que de refuser au malicieux écrivain l'entrée du jardin des Tuileries, dont il était gouverneur. Ronsard écrivit au crayon sur la porte, en lettres capitales, ces trois mots : *Fort. Reverent. habe.* Delorme, qui était plus versé dans l'architecture des anciens que dans leur littérature, prit ces mots pour du français et y vit une injure. Mais Ronsard représenta qu'ils étaient simplement l'abréviation du commencement d'un distique d'Ausone, qui conseille la modestie à l'homme que la fortune a soudainement élevé :

Fortunam reverenter habe, quicumque repente
Dives ab exili progrediere loco.

Toutes ces taquineries furent racontées à la reine, qui mit fin à la dispute en rappelant aux antagonistes que les *Tuileries étaient dédiées aux Muses*.

Delorme a écrit sur l'architecture. Le premier de ses ouvrages est un *Traité complet d'Architecture*, en neuf livres; le second, qui fait suite à ce traité, a pour titre : *Nouvelles Inventions pour bien bâtir à petits frais* (Paris, 1561). Dans ce dernier livre il expose un système de charpente qui permet d'exécuter les ouvrages les plus considérables avec des bois de très-petites dimensions. Il fit lui-même le premier essai de cette méthode au château de La Muette, où la reine-mère voulait établir un jeu de paume. Dans son *Traité d'architecture*, Delorme avait, le premier, posé les règles de la coupe des pierres, science jusqu'alors inconnue. Cet illustre architecte, dont nous aurions pu citer beaucoup d'autres travaux qui n'existent plus aujourd'hui, mourut en 1577.

DELORME (Marion). Il est assez difficile de désigner d'une manière certaine le lieu et l'année de la naissance de cette célèbre courtisane. Les uns la font naître en Franche-Comté, vers la fin de l'année 1606; les autres à Châlons-sur-Marne, ou dans un village voisin, en 1612 ou 1615. L'époque de sa mort est encore plus incertaine, puisque les uns en fixent l'époque à l'année 1650, et que d'autres la font reculer jusqu'en 1741. Contemporaine et amie de Ninon de l'Enclos, elle fut son émule en galanterie, sa rivale en célébrité. On a prétendu que la durée de la vie avait établi entre elles un rapport de plus, rapport tout à fait à l'avantage de Marion qui aurait vécu, disait-on, plus de 134 ans, opinion ruinée de fond en comble depuis la publication des *Mémoires de Tallemant des Réaux*. Si Ninon fut l'Aspasie du dix-septième siècle, Marion en fut la Phryné. « C'était, dit des Réaux, la fille d'un homme qui avait du bien. Si elle avait voulu se marier, elle aurait pu avoir 50,000 écus en mariage; mais elle ne le voulut pas. C'était une belle personne et d'une grande mine, et qui faisait tout de bonne grâce. Elle n'avait pas l'esprit vif; mais elle chantait bien et jouait bien du théorbe; le nez lui rougissait quelquefois, et, pour cela, elle se tenait des matinées entières les pieds dans l'eau; elle était magnifique, dépensière, etc. »

Venue fort jeune à Paris, elle y débuta de bonne heure dans la carrière de la galanterie : on dit qu'elle fut la maîtresse de Desbarreaux, ce seigneur débauché qui songea à réformer ses mœurs à l'âge de soixante-dix ans. Mais la liaison qui attira sur elle l'attention fut celle qu'elle eut avec Cinq-Mars, qu'on appelait, comme on sait, M. Le Grand. Le nom passa à Marion, qui fut bientôt appelée, par plaisanterie, Mme *La Grande*. On prétend même qu'un mariage clandestin l'unissait à Cinq-Mars. Le bruit qui en courut obligea la famille d'Effiat à porter plainte contre Marion, qu'elle accusait de rapt et de manœuvres frauduleuses. A la suite de cette plainte, que le cardinal de Richelieu, rival éconduit, avait suscitée, intervint l'ordonnance de 1633 sur les mariages clandestins. Marion cessa à cette époque sa liaison avec Cinq-Mars, et se jeta dans cette vie dissipée qui lui a valu un nom dans l'histoire. Douée de la plus grande beauté, d'un esprit élégant, elle fit de sa maison le rendez-vous de toute la brillante jeunesse de la cour, et se partagea avec Ninon Lenclos l'admiration et les soins de tout ce que Paris comptait de noble, de jeune et de célèbre. Ses amants les plus connus furent, après le duc de Buckingham et Louis XIII, dit-on, lui-même, le cardinal de Richelieu, aux rendez-vous duquel elle allait déguisée en page; le président de Mesmes, qui la promenait dans son carrosse; le surintendant des finances d'Emery, de qui elle prenait sans façon le nom de Mme *la surintendante* ; le président de Chévry ; les maréchaux d'Albret, de la Melleray, de la Ferté-Senneterre ; le duc de Brissac, le chevalier de Grammont et St-Évremont, dont le joli quatrain en l'honneur de Ninon de Lenclos convient également au portrait de Marion Delorme. Marion ne se contenta pas du rôle brillant qu'elle s'était créé; au temps de la Fronde, elle accueillit les mécontents et intrigua contre le parti de la reine. Aussi, lors de l'arrestation des princes de Condé, de Conti et de Longueville, fut-elle sur le point d'être arrêtée; mais elle en fut quitte pour la peur. En juin 1650, le bruit de sa mort se répandit, et l'on fit courir les vers suivants :

La pauvre Marion Delorme,
De si rare et plaisante forme,
A laissé ravir au tombeau
Son corps si charmant et si beau.

On prétend que cette mort fut une feinte, et que Marion vit elle-même de ses fenêtres passer son convoi. Cette supposition vraie ou fausse a donné lieu à mille fables peu vraisemblables. Quelques auteurs, après avoir inventé à Marion une vie semée des événements les plus romanesques, tels que trois ou quatre mariages bizarres, l'un avec un lord, l'autre avec un chef de brigands, un troisième avec un procureur, la font mourir dans la misère la plus affreuse à un âge fort avancé. Ce n'est pas l'opinion de Tallemant des Réaux : « Elle avait, dit-il, trente-neuf ans quand elle est morte; cependant, elle était plus belle que jamais. Elle prit, un peu avant de tomber malade, une forte dose d'antimoine, et ce fut ce qui la tua. » Nous passerons sous silence la cause scandaleuse qui l'engagea à recourir à ce terrible spécifique : « Elle se confessa, ajoute des Réaux, dix fois dans la maladie dont elle est morte, quoiqu'elle n'ait été malade que deux ou trois jours. Elle avait toujours quelque chose de nouveau à dire. On la vit morte pendant vingt-quatre heures sur son lit, avec une couronne de vierge. Enfin le curé de Saint-Paul dit que c'était ridicule. »

La circonstance de la fausse mort de Marion Delorme fournit en 1804 à Dumersan et Pain le sujet d'une pièce jouée au Vaudeville sous le titre de la *Belle Marie*, la censure ayant rayé le nom véritable de l'héroïne. Tout le monde connaît la *Marion Delorme* de M. Victor Hugo, sans compter une nouvelle insérée en 1834 dans la *Revue de Paris*, et qui ressemble plus à un conte des *mille et une nuits* qu'à une anecdote sérieuse.

DÉLOS, une des *Cyclades*, appelée aussi par les Anciens *Cynthia*, *Asteria*, *Ortygia*, et maintenant *Dili*, d'une superficie d'environ 80 kilomètres carrés, presque inhabitée de nos jours à cause de l'insalubrité de son climat, sortit du sein de la mer, suivant une antique tradition, d'un coup du trident de Neptune, et flotta pendant longtemps à la surface des ondes, jouet de tous les caprices des vents, jusqu'au moment où il convint à Jupiter de l'attacher au fond de la mer avec des chaînes de diamants. C'est là que Latone fugitive trouva un asile sûr pour y faire ses couches. Elle y mit au monde, sur un aride rocher et sous un arbre touffu, les enfants divins Apollon et Diane, surnommés à cause de cela *Delios* et *Delia*, et fit vœu en même temps d'y construire un temple auquel tous les peuples de la terre apporteraient les plus précieuses offrandes. Dès ce moment Délos fut considéré comme un lieu saint et consacré, à tel point qu'on n'y enterrait pas les morts, qu'on transférait pour cela dans un îlot voisin appelé *Rhenia*. Les villes qu'on avait construites à Délos n'étaient point fermées de murailles, et les immenses richesses qu'elles contenaient n'étaient protégées que par le caractère de sainteté attaché au lieu même, à tel point que les Perses eux-mêmes n'osèrent y toucher.

L'île de Délos eut d'abord ses rois particuliers qui remplissaient en même temps les fonctions sacerdotales ; plus tard, comme toutes les autres îles de cet archipel, elle devint tributaire d'Athènes. Un commerce des plus actifs et des plus étendus avait valu à ses habitants un bien-être et une prospérité qui duraient encore au moment où déjà la Grèce était en pleine décadence, parce qu'à la suite du sac de Corinthe, elle devint le refuge d'un grand nombre de riches négociants de cette opulente cité qui donnèrent à son commerce un nouvel essor. Plus tard, les Romains rendirent aux Athéniens la possession de Délos ; mais la ville fut misérablement détruite par Ménophane, général du roi de Pont Mithridate ; après l'avoir livrée au pillage, il la réduisit en cendres, et emmena avec lui dans le royaume de Pont les femmes et les enfants comme esclaves. Indépendamment de beaux ouvrages de main, le temple et l'oracle d'Apollon étaient les curiosités les plus dignes de mention qu'on y vît. Le temple bâti par Érysichthon, fils de Cécrops, et considérablement embelli dans le cours des siècles, était construit en marbre de Paros, et, outre la statue du Dieu, contenait un remarquable autel qui, dit-on, donna son nom au problème *Déliaque*.

Les oracles qu'Apollon y rendait en été (l'hiver, c'était à Patara en Lycie), passaient pour les plus clairs et les plus sûrs de toute la Grèce. Les Grecs célébraient aussi tous les cinq ans à Délos la *fête déliaque*, à l'occasion de laquelle avaient lieu des luttes gymnastiques et musicales ; et chaque année les Athéniens venaient y célébrer par des chœurs et des danses la belle cérémonie votive fondée par Thésée et appelée *théorie*.

DÉLOYAUTÉ. En morale et en politique, c'est le mensonge mis en action dans ce qu'il a de plus vil et de plus bas. En effet, le mensonge n'est souvent que la dénégation de ce genre de vérité qu'une mauvaise honte inspire dans le monde ; la déloyauté, au contraire, c'est le trafic de la vérité, c'est le mensonge qui enrichit ou qui est utile à notre avancement : en résumé, c'est un vice qu'on ne saurait trop attaquer, parce qu'il sape la civilisation à sa base. Toute société repose sur les engagements qu'un homme prend avec un autre homme, et sur les garanties que le citoyen offre au prince ou à l'État ; en d'autres termes, nous contractons librement les uns avec les autres, d'où résulte entre particuliers des engagements sacrés. Nous avons envers le prince ou l'État des devoirs à remplir, et lorsque, de notre propre mouvement ou par suite des institutions qui régissent notre pays depuis des siècles, nous avons prêté serment, il faut, pour le défendre ou le tenir, épuiser tous nos efforts, ou il n'y a plus à compter sur rien au monde. Sans doute, il est des circonstances si désastreuses qu'elles nous délient ; mais nous avons lutté : vaincu, nous sommes à plaindre, mais non à mépriser ; le sort a trahi notre volonté, il a refusé son appui à notre dévouement. Notre conscience est restée fidèle : homme ou citoyen, nous sommes au-dessus du reproche. La déloyauté a une tout autre marche : elle s'offre aux devoirs comme aux serments, parce qu'elle espère qu'en ne les tenant pas, elle recueillera d'immenses avantages ; elle prépare la trahison de longue main ; ses paroles et ses démarches jurent tout haut ce que sa volonté cherche à détruire tout bas : c'est lorsque l'on commence à bien se fier à elle qu'elle médite ses plus funestes coups. Il est quelques occasions où, avec une déloyauté adroitement conduite, on parvient à une haute fortune ou à d'éclatants emplois ; mais ce sont là de rares exceptions : en retour, que de carrières magnifiques ont été tout à coup fermées par un simple soupçon de déloyauté ? C'est un vice dont les âmes sordides devraient surtout se préserver ; car il ruine aussi sûrement qu'il déshonore. La déloyauté pour réussir a besoin de circonstances si heureuses, qu'en général elle échoue et porte malheur à qui s'en sert ; c'est ce que l'expérience a prouvé mille fois dans les relations privées comme dans les affaires publiques. Il faut cependant avouer que, dans un pays où les révolutions sont très-fréquentes, l'instinct de la conservation, le besoin du commandement, portent les hommes d'État à une déloyauté qui les identifie quelquefois avec leurs places ; ils ont du pouvoir, mais n'ont point de considération.

Dans les rapports entre les deux sexes, fussent-ils irréguliers, on est tenu d'éviter toute espèce de déloyauté ; rien ne dégage de certains devoirs de la délicatesse, et tromper une femme, même celle qui n'est pas respectable, c'est volontairement se placer au-dessous d'elle et de sa dégradation.
SAINT-PROSPER.

DELPECH (JACQUES-MATHIEU) naquit à Toulouse le 5 octobre 1777. Peu favorisé de la fortune, avec une constitution frêle et délicate, la nature lui avait donné une physionomie spirituelle, une imagination vive, une conception facile, une dextérité rare, et surtout une ardeur infatigable pour le travail ; avec cela qu'il surmonta de grandes difficultés, car son père était trop pauvre pour fournir même aux frais de l'éducation de ses enfants. On a dit que Delpech avait commencé par être imprimeur, comme Béranger ; selon d'autres, ses études médicales auraient marché de front avec la couture des culottes. Ces deux versions manquent d'exactitude ; ce qui a pu leur donner naissance, c'est qu'un de ses frères fut tailleur, que toute la fortune paternelle consistait dans une imprimerie de second ordre, où Delpech passa ses premières années. Le jeune Delpech ayant une fois pansé son père qui avait un mal à la jambe, M. Larrey, oncle du grand chirurgien de ce nom, revenant auprès de son malade, ne vit pas sans admiration le pansement fait avec un art tout particulier et une précision qu'il n'y aurait peut-être pas apportée lui-même. Frappé de l'intelligence du jeune homme, il croit avoir découvert un chirurgien, et lui offre une place auprès de lui, dans l'hôpital de la Grave, dont il avait alors la direction. Deux ans après, Delpech enseignait l'anatomie; avant sa quinzième année, il avait obtenu un prix d'encouragement à l'ancienne école de chirurgie de Toulouse. Le 28 juillet 1801, la faculté de Montpellier lui conféra le titre de docteur : Delpech avait alors vingt-quatre ans.

De retour à Toulouse, Delpech s'y livra à l'enseignement et à l'exercice de la chirurgie ; puis il vint à Paris pour y acquérir de nouvelles connaissances. Sans fortune et sans appui, il y sacrifiait une partie de ses nuits à un travail manuel, afin de fournir à ses modiques besoins, jusqu'au jour où Boyer lui procura un emploi dans la maison de l'empereur. Il peut se faire que Montpellier doive Delpech à ce premier bienfait, car lorsque, peu de temps après, la chaire de Sabatier fut mise au concours, la reconnaissance qu'il devait à Boyer l'empêcha de disputer la place à celui qui devait alors épouser la fille de son bienfaiteur : peut-être Dupuytren n'en fut-il pas fâché.

Alors l'école de Paris comptait de grands chirurgiens. Pour rivaliser avec eux, Delpech fit un cours auquel se pressèrent tous les élèves du Midi, charmés d'entendre à Paris un langage empreint des plus vives couleurs d'une imagination toute méridionale. En même temps, il publia la traduction de l'ouvrage que Scarpa venait de faire paraître sur les anévrismes ; c'est une traduction pure et simple, sans additions, sans notes, sans idées qui appartiennent au traducteur. Après la mort du professeur Poutingon, la chaire de clinique externe à la faculté de Montpellier fut mise au concours. Delpech l'obtint le 27 septembre 1812. Devenu professeur, il se livra à l'enseignement avec toute l'ardeur d'esprit et la vigueur de talent qui lui étaient naturelles. Sa clinique fut bientôt citée comme une des plus abondantes sources d'instruction pour les jeunes chirurgiens. Savoir chirurgical profond, sagacité de diagnostic, mémoire féconde, talent de parole, habileté de main, toutes les qualités nécessaires à un professeur de clinique, Delpech les possédait à un degré éminent.

Trois ans après, en 1815, Delpech envoie à l'Institut un mémoire sur la Complication des Plaies et des Ulcères, connue sous le nom de pourriture d'hôpital, in-8°. En 1816 paraît un ouvrage beaucoup plus important et par l'étendue du sujet et par la richesse des faits et des doctrines : c'est son Précis des Maladies Chirurgicales (3 vol. in-8°). A cinq ans d'intervalle, de 1823 à 1828, il publia ses deux volumes de la Chirurgie clinique de Montpellier. Nous avons encore de lui un ouvrage complet, qu'il livra à la publicité en 1829 ; il est intitulé : De l'Orthomorphie par rapport à l'espèce humaine, ou recherches anatomico-pathologiques sur les causes, les moyens de prévenir, ceux de guérir les principales difformités, et sur le véritable fondement de l'art appelé Orthopédique (2 vol. in-8° avec atlas). Ajoutons à cette sèche énumération le Mémorial des Hôpitaux de Montpellier et du Midi, journal qu'il rédigea presque à lui seul pendant deux ans, malgré les nombreuses occupations de son enseignement et de sa clientèle ; un Traité du Choléra-Morbus ; enfin des Recherches, faites en commun avec M. Coste, sur le Développement du Poulet dans l'Œuf.

Les travaux principaux de Delpech ont eu pour but de découvrir l'origine des difformités et d'en trouver le remède. Son premier Mémoire sur les Pieds-bots est justement estimé ; celui qui a pour titre : Quelques Phénomènes de l'Inflammation, et dans lequel il décrit un tissu nouveau de nature fibromusculeuse produit constant de la suppuration, et auquel il a donné le nom de tissu inodulaire, n'est pour ainsi dire qu'un à-propos jeté, à quinze mois d'intervalle, en avant de son grand ouvrage sur l'orthomorphie ; il n'est permis de citer à côté de ce dernier livre que les savantes Considérations de M. Jalade Lafond sur les principales Difformités du corps humain. La seule idée médicale émise par Delpech est contenue dans son Traité sur le Choléra-Morbus : ce n'était pas une idée heureuse.

Delpech sut se faire aimer des nombreux élèves auxquels il ouvrit les voies de la science. Plein de zèle, amoureux de son art, il avait coutume de dire que la chirurgie était sa maîtresse, et ses élèves ont tous confirmé cette parole, car aucun sacrifice ne lui coûtait pour faciliter leur instruction et pour agrandir le domaine de la science : son temps et sa bourse leur appartenaient. C'était surtout dans les pansements qu'il apportait un soin minutieux, un talent remarquable ; on le regardait avec plaisir appliquer une bande : cela était à ses yeux d'une haute importance pour le succès d'une opération.

D'une amabilité rare dans ses rapports sociaux avec ses malades, avec ses élèves, avec les étrangers, il ne sut pas aussi bien s'attirer l'amitié de ses confrères ; il était jaloux et ombrageux : cela tenait à une ambition démesurée. Avec très-peu de foi dans les pratiques extérieures de la religion, on le vit suivre les messes et communier en 1823, alors que c'était le seul chemin pour arriver aux honneurs ; aussi fut-il nommé à cette époque conseiller chirurgien ordinaire du roi, et chirurgien ordinaire du duc d'Angoulême. Le 29 octobre 1832, Delpech se rendait, selon sa coutume, dans son établissement d'orthopédie qu'il avait créé, lorsque une balle vint le frapper au cœur, à l'âge de cinquante-cinq ans, dans toute la force de son talent. On ignore le motif qui avait pu faire agir l'assassin, un de ses anciens clients.

Dr V. DUVAL.

DELPHES, siège d'un célèbre oracle de la Grèce ancienne, sur l'emplacement duquel s'élève aujourd'hui le misérable village de Castri, était dans l'antiquité une petite ville de la Phocide, et cependant la plus importante sans comparaison de toutes les cités de cette province. Située sur le versant sud-ouest du Parnasse, elle avait reçu son nom, suivant les uns, de Delphos, fils d'Apollon et de Celæno, et suivant d'autres, du Dieu du Soleil métamorphosé un jour en Dauphin. L'étendue de la ville était peu considérable. En dehors de ses murs, sur le point culminant des hauteurs voisines, se trouvait l'oracle d'Apollon, ainsi que tous les édifices sacrés qui en dépendaient ; et on appelait cette partie de la ville pythia. La source de Castalie arrosait le temple d'Apollon, et aussi les sanctuaires de Leto, d'Artémise et de Pallas (Athéné). La fable rapporte que, lorsque Apollon eut tué le dragon Python, et eut résolu de bâtir un temple à l'endroit où il avait accompli cet exploit, il aperçut un navire venant de l'île de Crète. Au même instant, il se précipita dans les flots de la mer sous la forme d'un immense Dauphin ; puis se jetant dans ce bâtiment, il le contraignit à dépasser Pylos, lieu de sa destination, et à entrer dans le port de Crissa. Quand les Crétois eurent pris terre, Apollon leur apparut sous la forme d'un jeune homme de la plus radieuse beauté, qui leur annonça qu'ils ne retourneraient jamais dans leur patrie, et qu'il fallait désormais qu'ils desservissent son temple comme prêtres. Les Crétois, ravis, suivirent, en chantant des hymnes, le dieu jusqu'à son sanctuaire, et devinrent ensuite les fondateurs de la ville de Delphes, dont le nom grec Delphis, signifie Dauphin.

[Delphes était bâtie en amphithéâtre ; elle montait du sol sur le versant de la montagne. Resserrée entre les deux croupes du Parnasse et un bassin de roches étagées par la nature, n'occupant que seize stades en circuit (un peu plus de 2 kilomètres), elle regorgeait de maisons et d'habitants; auxquels se mêlaient un si grand nombre de statues de dieux, qu'on aurait dit d'une fête donnée tous les jours aux hommes par les immortels dans l'Olympe. Delphes remontait sans doute à une haute antiquité, puisque Pausanias assure que cette ville et son temple furent ensevelis sous les eaux du déluge. Son oracle existait alors; car Deucalion et Pyrrha, les seuls des habitants de cette partie du globe échappés au cataclysme le consultèrent sur le moyen de la repeupler. La hiérarchie de ses oracles est curieuse : elle suit pas à pas la cosmogonie et la civilisation croissante. Le premier oracle fut celui de Saturne, le Temps; le second celui de la Terre et de Neptune, divinités physiques; le suivant celui de Thémis, la Justice, qui commençait à régler les hommes retombés dans l'état sauvage; et enfin l'oracle d'Apollon, du Soleil, le régénérateur du monde, après cette immense désolation. On ne pouvait choisir un lieu plus pittoresque, plus inspirateur, plus propre au culte du dieu de la lumière : au lever du jour, les deux cimes du Parnasse, quand quelques étoiles languissaient encore dans le ciel demi-sombre, brillaient déjà d'or et d'azur; à midi toutes ses roches resplendissaient de feux comme des miroirs ardents, et le soir elles semblaient aux rayons du couchant comme des granits d'un rose céleste. Ce merveilleux tableau, qui frappait les hommes d'admiration il y a 4000 ans, époque du premier temple de Delphes, est le même aujourd'hui; il n'a pas changé avec les choses humaines; lord Byron, ce grand poète, ne pouvait en rassasier ses yeux. Le premier temple de la ville d'Apollon fut fait de lauriers apportés des rivages de Tempé, de Thessalie : cela veut dire que ce fut simplement un bocage. Le second fut bâti de cire et de plumes d'oiseaux, il était portatif. Le troisième temple fut d'airain. Il y aurait eu encore un quatrième temple, si l'on compte celui que, selon les légendes grecques, Icadius, fils d'Apollon et de la nymphe Lycie, dans sa traversée de la Lycie sa patrie en Italie, étant tombé à la mer, et recueilli par un dauphin qui le déposa sur les plages de la Phocide, éleva à son père immortel. Le cinquième fut élevé par deux fils d'un roi d'Orchomène, tous deux excellents architectes : ils y pratiquèrent une chambre souterraine, où était enfermé le trésor du dieu, ou, pour mieux dire, des prêtres. Ce temple fut dévoré par les flammes 548 ans avant J.-C. enfin, le plus riche, le plus vaste et le plus beau des temples de Delphes de cette époque fut le sixième, qui fut élevé par le soin des amphictyons. Tous les Grecs, jusqu'à Amasis, roi d'Égypte, contribuèrent de leur argent à son édification. Les Alcméonides, famille opulente et illustre d'Athènes, y eurent la plus grande part. Au rapport de Pausanias, ce dernier temple occupait un vaste espace; les plus belles rues de la ville formaient comme des rayons autour. Non loin s'élevait un théâtre superbe. Près du temple, dans la ville du milieu, était l'ouverture prophétique et le trépied sur lequel la Pythie rendait ses oracles. C'était une longue crevasse dans les roches, appelée *Pythium*, d'où s'exhalait une vapeur enivrante; elle avait été découverte originairement par un chevrier qui, s'en étant approché avec son troupeau, s'était senti soudain animé du don de prophétie, tandis que ses chèvres s'étaient mises à danser autour de lui. Quelques prophètes imprudents et une Pythie, y étant tombés depuis, on y fixa un trépied de fer et à jour, afin de laisser passer les gaz inspirateurs jusque dans les entrailles de la prêtresse, qui s'y asseyait de manière qu'ils eussent avec son corps une communication immédiate. Il y avait à l'entrée du temple de grands vases d'or où trempaient des branches aspergeantes de laurier, dans l'eau lustrale. Sur son sol de rocailles, Delphes, stérile, se riait des villes aux sillons opulents, aux mains industrieuses. L'Europe, l'Asie, l'Afrique, les rois, les particuliers, achetaient au poids de l'or ses oracles et ses tourberies. Tous les prestiges de l'artifice, tous les merveilleux accidents de la nature, y contribuaient à fasciner les yeux des peuples. Lorsque la Pythie rendait ses oracles, les accords de la flûte, du chant, des lyres, et les sons des trompettes, multipliés à l'infini par les mille échos des roches voûtées du Parnasse, frappaient et enchantaient les oreilles d'une harmonie surnaturelle.

Pendant longtemps l'oracle de Delphes jouit d'une réputation incontestée d'infaillibilité. A l'origine, l'oracle ne parlait que pendant un seul mois de l'année, puis ce fut à un jour fixe de chaque mois. Mais personne n'était admis à consulter le Dieu sans lui avoir offert préalablement quelques présents. Aussi le magnifique temple de Delphes renfermait-il d'immenses richesses, et la ville était toute ornée de statues et autres œuvres d'art que la reconnaissance y avait apportées. Delphes était encombrée d'or, d'argent et d'offrandes. Tant de trésors ne manquaient pas de temps à autre d'exciter l'envie et la cupidité; souvent elle paya cher cette faveur inouïe de la fortune. Ses six temples furent tour à tour ou pillés ou brûlés par les hommes, ou détruits par des tremblements de terre. L'an 273 avant J.-C., les Gaulois-Galates la prirent, la pillèrent et s'y laissèrent pointe un once d'or. 84 avant J.-C., les Thraces s'y ruèrent aussi et enlevèrent ses trésors renaissants, qu'elle répara encore, pour les laisser à Néron, la 66e année de notre ère. avec 500 de ses plus précieuses statues. Ces pillages successifs duraient depuis l'an 1509 avant J.-C. Ce fut Danaüs, roi d'Argos, qui le premier donna l'exemple. A eux seuls, les Phocéens en emportèrent une fois 50 millions de notre monnaie actuelle.
DENNE-BARON.]

Les anciens regardaient Delphes comme le centre de la terre; et on racontait à ce sujet que Jupiter, pour mesurer quel était le milieu de la terre, avait fait partir deux aigles des deux extrémités du monde, et que tous deux étaient arrivés en même temps à Delphes. Là aussi était situé le tombeau de Néoptolème ou Pyrrhus, fils d'Achille, qui y avait été tué par Oreste. Non loin de ce tombeau se trouvait le célèbre *lesché* que Polygnote avait décorée de peintures représentant les différentes épisodes de la guerre de Troie. Dans la plaine s'étendait entren Delphes et Cirrha qui lui servait de port, se célébraient au mois de thargelion (de la mi-avril à la mi-mai) les *jeux pithyques*. Ces jeux, de même que le tribunal des amphyctions qui dans les premiers temps tint ses séances à Delphes, contribuèrent surtout à donner dans l'antiquité un éclat sans pareil à la ville de Delphes, éclat, qui, bien qu'allant toujours en s'affaiblissant, n'en dura pas moins jusqu'au quatrième siècle de l'ère chrétienne. Ce fut l'empereur Théodore qui mit un terme définitif aux jongleries de l'oracle de Delphes.

DELPHINE, alcaloïde ainsi nommé par Brandes, qui le découvrit en 1819 dans les graines de *delphinium staphysagria* (*voyez* PIED-D'ALOUETTE). Cette substance jaunâtre, résinoïde, d'une saveur âcre et piquante, fond à 120°, ne se volatilise pas, et forme avec les acides des sels neutres et cristallisables. Sa composition n'est pas connue.

DELTA, nom de la quatrième lettre de l'alphabet grec, correspondant à notre D pour la prononciation. Comme elle est de forme triangulaire Δ, on a donné spécialement le nom de *delta*, dans la Basse-Égypte, à cette île fameuse qui, formée par les embouchures du Nil, a la figure d'un *delta* ou d'un triangle.

De nos jours, cette dénomination est employée comme terme de géologie et de géographie pour désigner les îles qui, à l'embouchure de quelques grands fleuves, et à l'endroit où la force de leur courant se trouve brisée par la réaction du mouvement des eaux de la mer, se forment par alluvion, c'est-à-dire par l'accumulation lente et successive sur un point donné du limon qu'entraînent leurs eaux, que la configuration en soit triangulaire ou non.

La pointe méridionale du *Delta du Nil* commence à 24 kilomètres au nord du Caire; les Arabes la nomment

Batn-el-Baskara (le ventre de la biche). C'est là que devrait être placée la capitale de l'Égypte ; c'est là que le Nil se sépare en deux bras à peu près égaux, dont le premier va former la pointe orientale du Delta, à 13 kilomètres au nord de Damiette, et le second, la pointe occidentale, à 13 kilomètres au nord de Rosette. Ces deux pointes sont à 164 kilomètres l'une de l'autre, et à 176 et 207 kilomètres de la pointe sud. Entrecoupée par d'autres branches du Nil et par divers canaux, l'île du Delta en forme plusieurs autres. Elle était jadis plus étendue de l'est à l'ouest; mais si les deux bras du Nil, qui tiraient leur nom de deux villes ruinées, Péluse et Canope, ont disparu sous les sables, le Delta vers le nord a gagné quelques lieues sur la mer Méditerranée, qui forme la base du triangle, et qui s'est éloignée de Rosette et de Damiette. Sorti du sein des eaux, ce Delta conserve la fraîcheur de son origine. A l'or des guérêts succède, la même année, la verdure des prairies. Des vergers plantés d'orangers, de citronniers, de pêchers, de bananiers, etc., des bois de palmiers et de sycomores, des groupes d'arbres épars et toujours verts, des troupeaux de toute espèce, des bourgs, des villages nombreux, les minarets aigus des mosquées de quelques villes, des lacs, des canaux, source d'une fécondité inépuisable, animent cette riche partie de l'Égypte. Partout on reconnaît les signes d'une culture facile, d'un éternel printemps et d'une fertilité renaissante et variée. Cette immense plaine, formée par les alluvions et le limon du Nil, n'offre pas la monotonie ordinaire et fatigante des pays plats. Les villes et les bourgs sont bâtis sur des monticules qui s'élèvent au-dessus du niveau des inondations périodiques. Les cabanes des cultivateurs, les animaux qui vivent à l'entour, une multitude d'oiseaux de diverses espèces, tout réjouit l'âme et flatte les yeux. Il est fâcheux pourtant que le Nil, qui vivifie le Delta, ne donne à ses habitants pendant six mois de l'année qu'une eau jaunâtre et fangeuse, qu'on ne peut boire qu'en la faisant déposer et en frottant avec des amandes amères les vases qui la contiennent, et que pendant les trois mois qui précèdent l'inondation l'on soit réduit à boire l'eau conservée dans les citernes ; celles du fleuve étant si basses qu'elles sont corrompues et remplies de vers. L'eau, dans le bas Delta, vers la mer, est à fleur du sol : on y arrose les terres par le moyen de puits à roues. Dans le haut Delta, l'eau est inférieure au niveau du sol, qui s'élève d'autant plus qu'on remonte davantage le Nil ; on y élève l'eau par des potences mobiles, ou en établissant des chapelets sur les roues. Tout semble annoncer que ce terrain fut jadis un golfe qui a été comblé par succession de temps.

Le Delta du Nil se divise en trois parties, le *Garbieh* au centre, le *Bahrieh* à l'ouest et le *Charkieh* à l'est, ont pour capitale Mehalleh-al-Kebir (l'ancienne Saïs). Ses autres villes sont Tantah et Mit-Rhamir, places commerçantes ; Faouah, ancien port, Mansourah, célèbre par la défaite de saint Louis ; Bourlos et Menzaleh, près des lacs qui portent ces noms, Semenhoud, Rahmanieh, etc.

H. AUDIFFRET.

Le *Delta du Rhin* commence à Clèves, celui du *Rhône* à Tarascon. Une grande partie de la Lombardie peut être considérée comme le *Delta du Pô*. Le *Delta de l'Indus* n'a pas moins de 18 myriamètres à sa base. Mais le *Delta du Gange* est le plus grand de tous ceux à l'égard desquels on possède des renseignements positifs. Sa longueur, depuis sa pointe jusqu'à sa base qui n'a pas moins de 29 myriamètres de large, est de 17 myriamètres. Il divise le fleuve en huit bras ; mais telle est l'immense quantité de limon et de détritus de tout genre qu'il charrie dans ses eaux, qu'elles troublent encore la limpidité de la mer à 7 et 8 myriamètres de ses embouchures. On a calculé aussi le temps qu'avait exigé la formation successive de certains deltas. Ainsi Lyell a calculé que le Missouri charriant environ 400,000,000 de mètres cubes de détritus et de sable par an, il avait fallu 67,000 années pour la formation d'alluvion en forme de Delta qui se trouve au-dessus de l'embouchure de l'Ohio, par conséquent en plein continent,

DELTOÏDE (de δέλτα, et εἶδος, forme). Les anatomistes appellent ainsi un muscle placé dans la région scapulo-humérale ou de l'épaule, et dont la forme triangulaire rappelle le Δ des Grecs. Le deltoïde est situé à la partie supérieure et extérieure de l'épaule ; sa base est en haut et se fixe à la clavicule et à l'omoplate, et sa pointe vient s'attacher à la partie moyenne et externe de l'humérus. Ce muscle épais, formé de fibres nombreuses, recouvre le moignon de l'épaule, et contribue à lui donner sa forme. Il sert à élever le bras et à le porter en avant et en arrière.

En botanique, les feuilles sont dites *deltoïdes* quand elles ont la forme à peu près triangulaire et se rapprochent aussi de celle du Δ.

Latreille a nommé *deltoïdes* toute une tribu de la famille des lépidoptères, ou papillons nocturnes, dans laquelle viennent se ranger un grand nombre d'espèces peu différentes des vraies phalènes. Les chenilles de ces insectes ont seize pattes, et sont quelquefois nommées *fausses-teignes*.

P. GERVAIS.

DELUC (JEAN-ANDRÉ et GUILLAUME-ANTOINE). Nous réunissons dans une seule notice ces deux frères, parce qu'une tendre affection et des travaux communs les rendirent inséparables durant une carrière de plus de seize lustres, quoique l'un vécût à Gœttingue et l'autre à Genève. Nés tous les deux dans cette dernière ville, Jean-André en 1727, et Guillaume-Antoine en 1729, la conformité de leurs goûts les dirigea l'un et l'autre vers l'étude de la nature ; mais l'aîné ne craignait pas la fatigue de la rédaction de longs ouvrages, au lieu que le cadet se bornait à des mémoires assez courts en raison de ce qu'il savait y renfermer. Jean-André obtint de bonne heure une place honorable parmi les célèbres physiciens de l'Europe. Attiré en Angleterre, il devint membre de la Société royale de Londres ; la cour l'accueillit favorablement, et la charge de *lecteur de la reine* lui fut accordée ; enfin, on le nomma professeur de philosophie et de géologie à l'université de Gœttingue. Ses travaux géologiques justifiaient ce choix, quoique ses recherches et ses voyages ne l'aient point conduit hors de l'Europe. Les Alpes, qui le rapprochaient de sa patrie, furent le principal objet de ses investigations, et on pense bien que les deux frères ne se quittaient point durant les courses dans ces montagnes. En visitant, un jour, dans le Faucigny, le sommet d'un roc escarpé de plusieurs centaines de mètres de hauteur, et s'étant approchés très-près du bord du précipice, l'un saisit l'habit de l'autre, et lorsqu'ils s'écartèrent de ce lieu dangereux, après avoir terminé leurs observations, ils s'aperçurent qu'une même pensée conçue au même moment avait occupé l'un et l'autre du danger de son compagnon, et nullement du sien propre. Après avoir lu l'intéressante relation des voyages de Saussure dans les Alpes, on peut lire encore celle de Deluc, quoique plus ancienne. Ces ouvrages, et celui qui a pour titre : *Recherches sur les modifications de l'atmosphère, ou Théorie des baromètres et des thermomètres* (1772, 2 vol. in-4°), ainsi que ses *Voyages géologiques dans le nord de l'Europe* (1810), en Angleterre (1811, 2 vol.), en France, Suisse et Allemagne (1813, 2 vol. en anglais), conserveront la renommée de leur auteur. On consultera aussi quelquefois ses *Nouvelles idées sur la météorologie* (1787, 2 vol.). Plusieurs autres écrits, où la théologie, la morale, et quelques discussions historiques, sont mêlées aux notions de physique, de géologie et d'histoire naturelle, ne dureront pas aussi longtemps : l'inutilité de ces recherches, où l'on s'égare si facilement, où rien ne peut donner la certitude que l'on est arrivé à la vérité, le danger des polémiques religieuses et de leur influence politique et morale, sont généralement sentis ; les bons esprits s'en abstiendront.

Guillaume-Antoine ne fut que physicien, naturaliste, antiquaire, et surtout bon citoyen. Les deux frères ont fourni aux recueils scientifiques les plus estimés d'excellents mémoires sur diverses parties des sciences qu'ils cultivaient. On doit particulièrement à Guillaume-Antoine Deluc la connaissance d'un très-grand nombre de coquillages fossiles qui ont leurs analogues vivants. Ce savant estimable mourut dans sa patrie en 1812 ; il était membre du conseil des deux-cents. Son frère aîné, mort à Windsor le 8 novembre 1817, lui survécut un peu plus de quatre ans; ils jouirent l'un et l'autre du bonheur qui est la récompense des vertus sociales, et que garantit une vie paisible, occupée, consacrée tout entière à la propagation des connaissances utiles. FERRY.

DÉLUGE (de *diluo*, je lave), inondation extraordinaire qui couvre une grande étendue de terrains, hors d'atteinte de l'invasion ordinaire des eaux. On ne donne pas ce nom aux débordements réguliers de certains fleuves qui, comme le Nil, le Gange, répandent annuellement leurs eaux sur les deux rives jusqu'à une assez grande distance, sur toute la longueur de leurs cours. On ne regarde pas non plus comme une sorte de *déluge* le passage rapide d'une masse d'eaux sur des lieux où elle ne s'arrête point, événement qui a lieu quelquefois dans les hautes montagnes, par l'écoulement subit d'un lac dont la digue s'est écroulée, ou sur les côtes de la mer, lorsque les eaux sont soulevées par une commotion souterraine, ou par l'éruption d'un volcan sous-marin. Le mot *déluge* rappelle en nous l'idée d'une certaine durée dont nous n'assignons point la limite, mais qui ne peut être réduite à celle d'un flot qui se retire aussi promptement qu'il est venu. La notion d'un *déluge universel*, familière à tout le monde, nous a sans doute accoutumés à cette acception du mot, qui, dans le sens étymologique, exprime plutôt l'arrivée des eaux que la permanence de leur séjour.

Il est hors de doute que presque toute la surface de la terre actuellement au-dessus des eaux en fut couverte autrefois : des témoins irrécusables attestent ce fait. On reconnaît avec une égale certitude que la submersion de toutes ces contrées n'eut pas lieu dans le même temps, puisque les unes durent séjourner durant plusieurs siècles sous des eaux douces, et les autres sous le flot de la mer. On peut s'en convaincre aux environs de Paris, entre l'Oise et la Marne, espace dont une partie est couverte à la surface de débris de corps marins, et une autre n'offre plus que les productions des eaux douces. Les mêmes observations peuvent être répétées sur la rive gauche de la Seine, et particulièrement aux environs de Versailles et de Longjumeau, terrains formés par les eaux douces, qui confinent à d'autres dont l'origine est incontestablement marine. Si on pénètre dans l'intérieur de la terre, des mystères encore plus étonnants viennent se dévoiler : on découvre que la même contrée fut tour à tour sous la mer et sous des eaux douces, et que par conséquent il faut admettre, pour ces lieux, une succession de déluges séparés l'un de l'autre par des intervalles de temps dont nous ne pouvons avoir la mesure.

Aux lieux où l'on n'a pu reconnaître les traces que d'une seule immersion, une logique sévère interdit d'affirmer qu'il y ait eu un déluge : on est certain que les eaux y séjournèrent longtemps avant de se retirer, mais on ignore si elles les envahirent, ou si elles ne les couvraient point à l'époque la plus reculée de la consolidation de notre globe et de la réunion des eaux dans les bassins que leur assignait le plan du noyau consolidé. Ceux qui ont dit, d'après Voltaire, que les coquillages fossiles étaient des *médailles du déluge* ont répété une phrase spirituelle dont ils n'avaient pas examiné le sens et la portée : l'*esprit* usurpe souvent l'autorité de la raison. Nous sommes loin encore du temps où l'on pourra déduire de quelques faits bien connus une évaluation probable de la durée de chacune de ces époques, dont on a reconnu la succession dans la structure de la couche superficielle de la terre, ébaucher une chronologie, essayer de compléter l'histoire de ce qui, dans notre planète, est accessible à nos observations. Tout ce que nous avons appris jusqu'à présent ne peut ni confirmer ni contredire l'opinion d'un *déluge universel*, d'un temps où la surface entière de notre planète fut couverte par les eaux ; et si l'on admet ce fait, incompréhensible dans l'état actuel de nos connaissances, on sera fort embarrassé de concevoir comment les eaux purent arriver et se retirer ensuite, pour restituer la terre aux nouvelles générations qui devaient la repeupler. Ici se présentent avec l'autorité d'une religion révélée des réponses à toutes ces questions : elles sont complètes, mais laconiques et sans explications ; c'est à la foi qu'elles s'adressent, la raison n'a pas le droit de les interpréter. Mais le livre qui contient cette haute instruction tombe entre les mains de quelques hommes qui n'ont pas reçu la foi ; les faits révélés sont exposés aux lueurs vacillantes de la raison, et d'après ce que cette faible clarté peut faire apercevoir ; les objections commencent, une imprudente polémique s'engage. L'histoire de ces luttes, où, de part et d'autre, on se vante d'avoir terrassé son adversaire, est un avertissement pour les amis du véritable savoir : ils sauront se borner à ce qui est à leur portée, se résigner à ignorer ce qu'il leur est impossible d'apprendre.

Sans remonter jusqu'aux premières hostilités entre les défenseurs du texte de *la Genèse* et ceux qui se permettaient de le soumettre à une discussion philosophique, il suffira de rapporter quelques-uns des événements les plus remarquables de cette guerre qui dure encore. On sait que la Sorbonne exigea de Buffon une rétractation formelle et authentique de certains points du système cosmogonique imaginé par l'illustre naturaliste ; heureusement, les temps de persécution étaient passés, et la sage réponse du savant fit suspendre pendant quelque temps les attaques dont ses doctrines étaient le but. Mais, quoique le corps d'armée se tînt immobile, quelques partisans recommencèrent à escarmoucher ; on vit paraître un ouvrage intitulé : *Le Monde de verre de M. de Buffon réduit en poudre*, où ni les écrits ni la personne de l'auteur du système n'étaient traités avec modération. Un peu plus tard, quelques *incrédules* se permirent d'exprimer le doute que le temps écoulé, suivant *la Genèse*, entre la création et le déluge universel, fût suffisant pour que les descendants du couple primitif eussent rempli toute la terre. Cette fois, la victoire fut assurée au texte des livres sacrés : l'un des plus illustres géomètres du dix-huitième siècle, le croyant et pieux Euler, fit voir dans l'un de ses ouvrages, à propos des *logarithmes*, qu'à l'époque où *la Genèse* a placé le déluge la terre entière pouvait être chargée d'une population très-pressée, et il n'hésite point à traiter de *ridicule* l'assertion dont ses calculs ont démontré la fausseté. Ce fut la première fois qu'une logique rigoureuse fut introduite dans ces discussions sur l'histoire de notre planète, car il faut avouer que le système exposé par Buffon dans ses *Époques de la nature* appartient beaucoup plus à l'imagination qu'au raisonnement. De son côté, la Sorbonne et ceux qui se rangeaient sous sa bannière voulaient dompter la raison, et non l'éclairer ; la logique n'était pas l'arme qui leur convenait, et en les lisant on a bientôt reconnu qu'ils avaient peu l'habitude de cette sorte d'escrime.

Après ces démêlés plus ou moins violents, on en vint enfin à ne plus faire usage que d'armes courtoises, et même quelques paroles pacifiques furent entendues de part et d'autre. Mais pour que la paix fût durable, il fallait des conventions mutuelles, des explications ; les droits de la révélation étaient perdus de vue ; on l'obligeait à parlementer avec la raison, à pactiser avec elle d'égale à égale ; on consentit à cette violation d'une hiérarchie scrupuleusement observée jusqu'alors. Mais comme les faits connus ne fournissaient pas les explications dont on avait besoin, l'imagination se chargea d'y suppléer; quelques géologues attribuèrent l'invasion des eaux, non pas à leur élévation au-dessus de la terre, mais à la descente des terres dans les *abimes de la mer*, d'où elles expulsaient les eaux qui remplissaient ces immenses cavités souterraines. Après avoir ainsi plongé sous les flots les continents et les îles jusqu'au-dessus des plus hautes montagnes, il ne s'agissait plus que d'imprimer un mouvement en sens contraire pour restituer à notre globe sa forme primitive, et faire rentrer les mers dans leurs anciennes limites. Ces conceptions se présentent avec un air de grandeur dont la poésie s'accommode très-bien, et rien n'y est contraire au sens littéral de *la Genèse*; mais ce n'est pas assez pour qu'on en fasse des pages d'une histoire aussi importante que celle de la terre et de la race humaine. Le déluge universel, ce prodigieux événement auquel on ne peut rien comparer depuis la création, n'aurait point laissé de vestiges reconnaissables! Le souvenir n'en serait conservé que par un seul monument historique dont l'examen n'est point permis, et quelques traditions défigurées! Rappelons encore que cette immersion totale ne dura pas assez longtemps pour déposer sur la terre les bancs de coquillage d'une si grande épaisseur, que l'on trouve en tant de lieux; quant aux animaux terrestres et aux végétaux enfouis dans l'intérieur de la terre, on attribuerait volontiers à la catastrophe qui les détruisit tout ce qu'on observe dans les lieux où ils furent déposés; on accorderait même que des cadavres d'éléphants, de rhinocéros et d'autres animaux des contrées équinoxiales, poussés par la violence des convulsions de la mer ébranlée dans toute sa masse, aient été transportés jusqu'au delà du cercle polaire, et saisis par les glaces de ces contrées; mais pourquoi ces races éteintes s'éloignent-elles par plusieurs caractères de leurs congénères actuellement vivantes? Pourquoi l'homme, objet de la vengeance divine, n'a-t-il laissé aucune trace de son existence à cette époque de destruction, au milieu de ces débris? Si cette question est adressée à la raison; elle ne répondra pas, car le fait dont il s'agit n'est pas du nombre de ceux que l'on peut déduire des lois générales de la nature d'après d'autres faits antérieurement connus. On n'interrogera pas non plus la révélation, dont on a décliné l'autorité, en ouvrant une discussion qu'elle interdit : ainsi, point de solution, quelques hypothèses peu satisfaisantes, rien pour les progrès de la science.

Dans tout ce que l'on a écrit dans l'intention très-louable de mettre d'accord les récits de *la Genèse* et les observations géologiques, les plus grandes difficultés ne sont pas abordées, et celle de l'absence totale des squelettes humains dans les roches qui renferment les dépouilles de tant d'animaux terrestres de genres différents mériterait certainement qu'on en cherchât une autre explication que celle qu'on en donne. On nous dit que, dans le récit de la création, le mot *jour* ne doit pas être pris dans le sens vulgaire, qu'il désigne une époque, un état du globe terrestre, une durée qui peut s'étendre à des siècles, des milliers d'années; que l'homme fut l'œuvre de la dernière époque, et qu'au moment de sa création *le monde était déjà vieux*, suivant l'expression de Chateaubriand; que déjà peut-être les roches servaient de tombeaux à des races d'animaux dont nous avons découvert l'ancienne existence : au lieu de nous borner à les nommer *antédiluviennes*, il fallait exprimer qu'elles sont antérieures à l'apparition de l'homme sur la terre; qu'elles avaient cessé d'être longtemps avant que notre race prît possession de sa demeure. Cette interprétation serait assez plausible s'il était permis d'y croire : elle supposerait cependant que le déluge universel n'a laissé sur la terre aucune trace ni de son arrivée ni de sa durée, ce qui paraît impossible. D'ailleurs, qui peut nous donner la certitude que le texte des livres sacrés a été bien interprété? La révélation seule aurait cet ascendant sur notre intelligence, et la question serait transportée hors du domaine de la philosophie. Le philosophe n'admet rien sans preuve : en matière de foi, le croyant s'abstient de tout commentaire. Pour les amener à un accommodement, il faudrait qu'ils renonçassent l'un et l'autre à leurs maximes : à cette condition, la paix ne serait peut-être plus désirable, et, à coup sûr, rien n'en garantirait la durée.

Le souvenir de quelques déluges locaux a été conservé par des traditions mêlées de fables; les chroniques de la Grèce parlent de celui de Deucalion, le plus récent de tous, et que l'on rapporte à l'an 1529 avant notre ère. Celui d'Ogygès, qui l'avait précédé de trois siècles au moins, envahit une grande partie de la Béotie. Le pays inondé ne redevint habitable qu'au bout de deux siècles, et quelques lieux imparfaitement desséchés restèrent marécageux. Cependant, le sommet des montagnes n'avait pas été couvert par les eaux, et dans cette contrée les pics les plus élevés n'atteignent pas même le tiers de la hauteur du mont Ararat, lieu d'atterrissement de l'arche de Noé, lorsque les eaux du déluge universel commencèrent à se retirer. On ne peut donc rapporter à cette grande catastrophe les invasions moins anciennes et incomparablement moins étendues dans tous les sens que l'on nomme aussi *déluges*. En dégageant les traditions des fables qui les altèrent, ces récits n'ont rien qui s'écarte des lois de la nature : ils pourront servir quelque jour à tenter les premiers essais de chronologie géologique.   FERRY.

Les Chinois, à s'en rapporter à quelques-uns de leurs ouvrages traduits par Édouard Biot, fils du géomètre, les Chinois admettraient que les montagnes ont été formées par un soulèvement spontané de l'écorce du globe, ainsi que Pfeffer l'a lui-même supposé, et comme s'appliquent à le prouver nos contemporains MM. Élie de Beaumont et Dufrénoy. De là à l'explication des déluges partiels, il n'y aurait eu qu'un pas, et ce pas, les Chinois paraîtraient l'avoir franchi. Supposé, par exemple, que la portion de terre qui se redresse soudain par soulèvement pour former une montagne fût primitivement une large vallée servant de lit à une mer ou à un lac, il est clair que l'eau dont cette région était couverte débordera aussitôt sur les lieux environnants qui sont restés plans et que, dès lors, voilà un déluge partiel dont il ne reste plus qu'à tracer les limites. Supposons encore que ce soulèvement de terre ait eu pour cause des feux souterrains, un volcan embrasé, il est évident que ce volcan lui-même devient l'occasion d'un déluge, de sorte que les partisans du système plutonien et les partisans du système neptunien, les représentants de l'eau comme ceux du feu, non-seulement discuteront le phénomène, mais pourront également s'en autoriser pour faire prévaloir leurs idées respectives. En vain Buffon et Cuvier ont ridiculisé de toutes leurs forces le système de soulèvement des couches superficielles de la terre, ce système triomphe de nos jours; et Cuvier lui-même a fini par faire des éloges dans la personne, alors fort jeune, de M. Élie de Beaumont, l'heureux défenseur de cette hypothèse. Les Anglais géologues sont devenus orthodoxes à l'exemple de Cuvier, et quant à la constitution de la terre, et quant au déluge dont notre globe porte de si nombreux témoignages, ils s'en tiennent tout simplement à la version de Moïse, heureux de trouver des arguments qui s'adaptent au texte de *la Genèse*; enfin leurs preuves scientifiques ne vont qu'à fortifier l'autorité des Écritures. Cette pieuse direction est plus manifeste que jamais depuis que lord Bridgewater a fondé huit prix de 800 livres sterling chacun (20,000 fr.) pour les savants qui, dans des ouvrages distincts, et d'après le jugement de la Société royale de Londres, auront le plus scrupuleusement suivi les errements bibliques et se seront le mieux inspirés de la foi. La *Géologie sacrée* de Buckland est au nombre des ouvrages qui ont participé à ces prix, et M. Doyère, traducteur de ce bel ouvrage, a lui-même reçu de l'Institut une récompense de 3,000 francs.   Dr Isidore BOURDON.

DÉLUGE — DELWIG

Selon Moïse, plus de seize siècles s'étaient écoulés depuis la création du monde : avec les hommes s'étaient multipliés les crimes ; et au milieu de la corruption universelle, Dieu ne rencontrait plus qu'une seule famille sur la terre qui pût trouver grâce devant lui. « Je détruirai, dit-il, l'homme que j'ai créé ; car je me repens de l'avoir fait. » Il traça lui-même à Noé, l'homme juste, les proportions d'un vaste bâtiment qui devait sauver lui, sa famille et les animaux destinés à repeupler la terre. Cette immense construction fut à peine terminée que *les cataractes des cieux s'ouvrirent, les sources du grand abîme furent rompues*; des torrents de pluie se répandirent sur la terre pendant quarante jours ; toute la surface en fut inondée ; les montagnes les plus élevées disparurent ; l'eau surpassa de quinze coudées la hauteur de leurs sommets ; toute chair vivante sur la terre, les oiseaux, les quadrupèdes, les reptiles, les hommes, perdirent la vie ; tout ce qui respirait sur le globe fut détruit et anéanti ; l'arche, l'unique espoir du monde, voguait sur un océan sans limites. Le 150° jour, un vent impétueux vint agiter violemment la masse de ces eaux : elles commencèrent à baisser ; l'arche s'arrêta sur une des montagnes de l'Arménie, et bientôt les sommets commencèrent à poindre comme autant d'îles éparses. Enfin, au bout d'un an de captivité, après différentes épreuves pour reconnaître l'état de la terre, Noé sortit de l'arche avec tout ce qu'il y avait enfermé, et témoigna par un sacrifice solennel sa reconnaissance envers le Dieu qui l'avait préservé. Dieu fit alliance avec Noé et sa famille, et leur promit de ne plus détruire la terre par les eaux du déluge. « Lorsque je couvrirai le ciel, leur dit-il, mon arc paraîtra au milieu des nuées ; ce sera le signe de l'alliance que je contracte avec vous. »

C'est ainsi que huit siècles après l'événement, dans un temps où la longévité des hommes en rendait la mémoire récente, Moïse faisait le récit de cette grande catastrophe qui bouleversa la face de l'univers. L'histoire et la fable en ont perpétué le souvenir ; les traditions de tous les peuples de l'antiquité, des Égyptiens, des Chaldéens, des Perses, des Indiens, des Chinois, des Grecs, des Romains, etc., confirment le récit de Moïse ; et si ces traditions varient sur des circonstances accidentelles, que mille causes ont pu altérer, elles sont d'accord sur le fait principal, aussi bien que sur l'époque. A ces grandes leçons de l'histoire viennent se joindre celles de la géologie : l'inspection de la terre, ses anfractuosités, offrent de toutes parts aux yeux du naturaliste des preuves palpables d'une grande et subite révolution, dont la surface du globe aurait été la victime. Les débris d'animaux et de plantes exotiques, ces amas de coquillages rencontrés au sein des plus hautes montagnes, ont été appelés les *médailles du déluge*, et ne s'expliquent, en effet, que par l'invasion des eaux, par un bouleversement capable de jeter tout à coup la mer des Indes ou du Pérou au milieu des montagnes de l'Europe. En vain on voudrait en trouver la cause dans des inondations partielles, des empiétements successifs de la mer : lorsque les eaux roulaient de semblables débris à 2 ou 3,000 mètres au-dessus de leur niveau ordinaire, quelles digues pouvaient alors protéger les plaines ? Et, d'après les lois de l'hydrostatique, quelles devaient être les bornes d'une telle inondation ? Aimera-t-on mieux voir sortir ces montagnes de la mer ? Je concevrais leur éboulement plutôt qu'une pareille élévation, et je pense, avec Voltaire, qu'il est aussi vrai que la mer a fait les montagnes, que de dire que les montagnes ont fait la mer. On demandera ce que sont devenus les ossements humains, qu'on ne trouve point parmi tant de fossiles : de ce qu'on n'en trouve pas, suit-il qu'il n'en existe point, qu'il n'en ait jamais existé ? On n'en voit point en Europe : est-ce à dire qu'il n'y en ait point en Asie, etc. ? Où trouver la quantité d'eau suffisante pour submerger le globe ? Celui qui a pu faire le monde a bien pu, je crois, le détruire. Moïse, d'accord en cela avec les naturalistes, nous montre la terre primitivement ensevelie sous les eaux ; ces eaux qui l'ont déjà couverte une fois, ont bien pu la couvrir une seconde. On voudra savoir comment, après le déluge, l'Amérique a pu se peupler. Ce n'est pas à moi de développer les points de ressemblance et d'affinité que les voyageurs ont cru remarquer entre tels et tels peuples de l'ancien et du nouveau monde ; il me suffit de savoir que la nouveauté des peuples de l'Amérique n'est révoquée en doute par personne, et que, même sans déluge, il faudra toujours admettre que les deux Amériques, aussi bien que les îles de l'Océanie et tant d'autres n'ont pu se peupler que par des communications entre les continents, et par des transmigrations successives.

On oppose au récit de Moïse des calculs chinois, des annales égyptiennes, indiennes et autres, qui feraient remonter l'histoire de ces peuples, non-seulement au delà du déluge, mais à une longue suite de siècles avant la création du monde. Il est facile de faire de l'antiquité au moyen d'éclipses que l'on peut calculer d'une manière indéfinie, ou d'une multitude de règnes simultanés qu'on ajoute les unsaux autres : c'est ainsi qu'avec la seule race mérovingienne, on allongerait l'histoire de France de près de dix siècles. Mais le bon sens a fait justice de cette prétendue antiquité : les plus anciens monuments de ces peuples sont de beaucoup postérieurs à ceux des Juifs. « La tradition de Moïse, disait Rabaud de Saint-Étienne dans une lettre à Bailly, ce monument le plus vénérable et même le plus antique, se montre, au milieu des recherches, comme le point de comparaison. L'histoire des Babyloniens, celle des Indiens et des Chinois, viennent se dépouiller de leurs mensonges, et la vérité historique, tant attendue, sort enfin des ténèbres où elle est plongée. »

On a cherché des preuves contre Moïse jusque dans l'arc-en-ciel, qu'il donne comme une garantie contre un second déluge. Ce signe, phénomène naturel, ne devait pas, dit-on, être nouveau pour la famille de Noé ; et, précurseur de la pluie, il était peu propre à les rassurer contre le déluge. Quoique j'aie peu de goût pour les systèmes en général, j'aimerais assez celui de Pluche, qui fait de l'époque antédiluvienne un printemps perpétuel, où la terre, uniquement rafraîchie par la rosée et les zéphyrs, ne connaissait ni les nuées, ni les pluies, ni les orages, et par conséquent pas d'arc-en-ciel. On conçoit alors qu'il était assez naturel que Dieu rassurât les hommes, que le moindre nuage ne pouvait manquer d'effrayer, par un signe qui leur annonçât que ce nuage n'aurait point de suites funestes. Comme ce système est loin d'être démontré, je sens que ma preuve n'en serait pas une pour tout le monde ; mais rien ne m'empêchera de dire que Dieu pouvait choisir un phénomène déjà existant pour signe d'une nouvelle alliance, et qu'un signe de pluie, mais de pluie passagère, pouvait mieux que tout autre rassurer les hommes contre la crainte d'un nouveau déluge. Je n'ai pas intention de parcourir toute la série des *pourquoi*, des *comment* qui ont été dits sur cette grande catastrophe. Si des savants ont cru pouvoir en contester l'évidence, d'autres savants non moins éclairés ni moins nombreux se sont rencontrés pour répondre à leurs objections, et je n'en connais aucune qu'ils n'aient victorieusement réfutée. D'ailleurs, il est à remarquer que les découvertes journalières, les progrès des sciences, ramènent insensiblement vers l'histoire de Moïse : les systèmes établis de nos jours en sont beaucoup moins éloignés que ceux qui étaient en faveur dans le siècle dernier. Encore un pas, et l'accord sera parfait.

L'abbé C. BANDEVILLE.

DELVINO, *voyez* DELFINO.

DELWIG (ANTOINE ANTONOWITCH, baron), remarquable poète lyrique russe, naquit en 1798 à Moscou où il fut élevé au lycée avec Pouschkin, dont il devint dès lors l'ami. Delwig n'annonça d'abord que peu de goût pour l'étude ; mais la lecture de Klopstock, de Schiller, de Hœlty, etc., de même que celle d'Horace, développèrent ses facultés ; et bientôt on le vit se livrer avec la plus extrême ardeur à l'étude des poëtes anciens et modernes. Il en vint même à savoir par cœur presque tous les poëtes russes, notamment Derzavine. Naturellement porté vers la vie calme et paisible, la simplicité et la profondeur du sentiment sont les caractères principaux de ses poésies. Ainsi s'explique l'accord parfait existant entre ses œuvres et les chants populaires ainsi que l'ancienne poésie classique. L'inspiration, chez lui, est toujours tendre et gracieuse, et l'expression celle d'un noble mais mélancolique esprit. Dans ses travaux littéraires, Delwig suivit deux directions : il imita d'abord les anciens classiques, enrichissant aussi la langue russe d'un grand nombre de nouvelles formes poétiques; il imita ensuite les chants populaires, réussissant en cela d'une manière toute particulière, quoique naturellement ses poésies n'aient pas cette franche naïveté, qui est le caractère principal et distinctif de toute poésie populaire. Delwig mourut à Pétersbourg en 1831. Il a laissé des *Poëmes* (1832), des idylles, des chants, des sonnets et des romances, toutes productions remarquables par leur poétique mélancolie. Après sa mort, son ami Pouschkin publia encore de lui quelques œuvres poétiques inédites. De 1825 à 1830 il avait fait paraître, sous forme d'almanach, *Les Fleurs du Nord*. De la *Gazette littéraire*, qu'il avait entreprise en 1830, il n'a paru que 72 numéros.

DÉMADE, célèbre orateur grec, contemporain et rival de Démosthènes, était né à Athènes dans une condition obscure. Il exerça longtemps la profession de marinier avant de se distinguer dans la carrière oratoire, et ce fut lui qui donna lieu à cette locution proverbiale : *passer de la rame à la tribune*, qu'on employait à Athènes pour exprimer le chemin qu'avait fait un parvenu. Son éloquence, bien que semée de traits heureux et spirituels, se ressentait du caractère de sa condition originaire; elle était âpre, inculte, négligée, mais pleine d'action sur la multitude. La vie publique de Démade fut fréquemment déshonorée par des actes de vénalité. Adulateur servile, il fut condamné par le peuple athénien à une amende de dix talents, pour avoir proposé d'admettre Alexandre le Grand au nombre des dieux. « Je ne suis point, dit-il énergiquement à cette occasion, je ne suis point l'auteur du décret; la guerre le dicta — et la lance d'Alexandre l'a tracé. » Le caractère de Démade offre cependant quelques traits honorables. Tombé au pouvoir des Macédoniens à la bataille de Chéronée, ce fut lui qui, révolté des transports immodérés auxquels Philippe se livra à la suite de cette victoire, lui dit « que la fortune lui avait accordé les faveurs d'Agamemnon, mais qu'il se conduisait comme Thersite. » Cette courageuse remontrance lui gagna l'estime de ce monarque, et Démade usa généreusement de son crédit pour faire rendre à la liberté plusieurs captifs athéniens. Lorsqu'après le sac de Thèbes, Alexandre, irrité, somma les Athéniens de lui livrer huit de leurs orateurs, à la tête desquels était Démosthènes, Démade se rendit au camp du jeune conquérant, plaida avec chaleur la cause des proscrits, et réussit à obtenir leur pardon. Quelques historiens prétendent qu'il reçut cinq talents pour prix de ce service ; malgré sa vénalité connue, on aime à douter de cette particularité. Démade, tour à tour propice et fatal à Démosthènes, fut l'instigateur du décret par lequel, après la bataille de Cranon, le peuple d'Athènes ordonna la mort de ce grand orateur. Lui-même périt misérablement. Cassandre, ayant intercepté une lettre dans laquelle Démade se répandait en imputations injurieuses à son égard, égorgea le fils de ce démagogue sous ses propres yeux, et le tua ensuite sur le corps de son fils Déméas, l'an 302 avant J.-C. Il ne nous reste aucun fragment des harangues qu'il a prononcées.

A. BOULLÉE.

DÉMAGOGIE, DÉMAGOGUE. Autrefois, à Athènes surtout, δημαγωγεῖν, conduire le peuple, était regardé presque comme synonyme de πολιτεύειν, gouverner, et l'on appelait δημαγωγός l'orateur populaire officiel. En ce sens, qui exclut le blâme, Périclès était *démagogue*; Cléon l'était dans un sens moins élevé; et Aristote, dans sa *Politique*, semble presque confondre le *démagogue* et le *flatteur du peuple*. Aujourd'hui, chez nous, les mots *démagogie* et *démagogue*, qui indiquent l'excitation du peuple à des mouvements désordonnés, et le provocateur de ces mouvements, sont toujours pris en mauvaise part; aussi, dans les États où le peuple est compté pour quelque chose et ne demeure pas tout à fait étranger aux affaires publiques, les hommes qui profitent des abus ne manquent point d'accuser de *démagogie* ceux qui osent proposer des réformes. S'il existe un gouvernement représentatif qui ne soit pas une déception, l'opposition que les gouvernants rencontrent dans les élus de la nation peut n'être point démagogique; quelquefois même l'opinion publique la désavoue; c'est ce qui est arrivé en Angleterre sous le ministère de Pitt, quoique l'opposition ne manquât point de talents, ni même de popularité. Mais si la représentation est faussée; si la masse de la nation sent qu'elle est tout à fait en dehors du gouvernement dont elle supporte la charge, elle sera toute pour l'opposition, comme les événements de juillet 1830 et de février 1848 l'ont prouvé : on ne dira point, sans doute, que ces événements ne furent que le résultat d'une impulsion *démagogique*. Sous les gouvernements absolus, il n'est point question de *démagogie* ni de *démagogues*, mais de *sédition* et de *révoltés* : on oppose la *dernière raison des rois* aux clameurs populaires, et les échafauds ou les cachots font disparaître les perturbateurs du repos public : c'est ainsi que l'on simplifie et que l'on rend plus commode l'art de gouverner (*voyez* DESPOTISME).

FERRY.

DEMANDE. Sous le rapport industriel, ce mot n'a pas besoin d'une longue explication. Dans ce sens restreint, il exprime la recherche par le consommateur de toute espèce de produits, bruts ou élaborés : il est d'une complète évidence que de l'étendue de cette recherche dépend l'étendue du débit, c'est-à-dire, en termes usuels pour tous, que plus il y a d'acheteurs pour une marchandise, et plus on en vend, et *vice versa*. Il est bien clair aussi que, d'un côté, plus l'objet vénal est utile ou agréable, plus il est recherché, ou *demandé*, et de l'autre, cette recherche est limitée par les facultés des acheteurs. L'étendue de la demande ou de la vente dépend donc du prix de l'objet, c'est-à-dire que le nombre des consommateurs croît ou diminue en raison du bon marché ou de la cherté du produit désiré : or, plusieurs causes principales déterminent cette abondance d'un produit qui le met à portée d'une multitude croissante d'acheteurs : 1° la quantité qu'on obtient par la culture et la récolte, s'il s'agit d'un produit brut. Si la quantité diminue, le prix augmente, en raison de la rareté, et le nombre des acheteurs s'amoindrit. C'est ce qui arrive pour les grains quand la culture souffre ou que les récoltes sont mauvaises. La cherté s'oppose à ce que la *demande*, toujours générale pour cette denrée de première nécessité, soit satisfaite, et le malheureux meurt de faim. 2° S'agit-il d'un produit préparé par le travail de l'industrie, le prix et par conséquent la *demande* effective sont réglés par la main d'œuvre ou le salaire de l'ouvrier et le profit légitime du fabricant, par la facilité et le bon marché du transport, par les taxes établies tant sur la matière première qui sert à préparer le produit que sur la vente ou l'entrée, soit dans le pays, soit dans le lieu de consommation, et enfin à la sortie de l'objet fabriqué. On conçoit que, le prix total de cet objet se composant de tous ces éléments, la quantité des demandes se règle sur ce prix, suivant qu'il est ou n'est pas accessible à ceux qui voudraient se le procurer. Par exemple, le vin, boisson agréable, salubre, bienfaisante et usuelle en France, y serait l'objet d'une consommation ou d'une *demande* beaucoup plus universelle et plus considérable encore, sans l'augmentation de prix qui résulte surtout des taxes souvent énormes auxquelles ce liquide est soumis, et des frais de transport, pour les habitants des villes et des contrées non vignobles.

Tel est le sens du mot *demande* dans la langue de l'*économie industrielle*. Ce mot croît en importance si on le considère sous le rapport de l'*économie politique*.

Qu'il y ait, en effet, une plus grande quantité de travail appliquée à la production, et qu'il en résulte une plus grande accumulation de richesses dans le pays dont l'industrie et le commerce prennent, par l'étendue du débit, un accroissement rapide, est-ce là ce qui importe le plus pour le système économique, et, en un seul mot, pour le bonheur du pays? Non, et ce qu'il y a de plus important dans ce sens, c'est l'effet de la production sur l'aisance générale; c'est la marche que suit la distribution des profits, envisagée dans ses rapports nécessaires avec la prospérité publique et l'ordre social; c'est, enfin, le concours d'une heureuse direction de la *demande* avec la facilité toujours progressive de se procurer les objets *demandés*. En termes plus simples et plus clairs, si, à mesure que s'étend le goût de superfluités frivoles, on voit diminuer la consommation d'objets nécessaires ou vraiment utiles, et s'accroître le nombre des pauvres; si, pour que des entrepreneurs augmentent sans cesse leur débit et entassent rapidement des bénéfices illimités, il faut que le salaire de l'ouvrier aille toujours décroissant, et que son travail cesse d'assurer sa substance, que des enfants soient condamnés à une vie misérable, à d'odieux châtiments et à un labeur de seize heures par jour; en vain les produits de ces supplices prématurés seraient-ils partout recherchés, soyez certain que la direction suivie est malheureuse et que le système économique ainsi livré à tous les hasards de la cupidité est mauvais. Ne vous persuadez pas qu'un désordre révoltant soit nécessaire à l'ordre, et qu'il y ait prospérité pour une nation dont la population prise en masse languirait dans l'indigence, parce qu'une faible partie de cette même nation vous éblouirait de son luxe et de sa vaine splendeur.

En économie politique, l'objet essentiel de notre attention, *quant à la demande*, c'est celle du travail. L'agriculture, l'industrie, le commerce, éprouvent-ils un besoin constant et progressif de bras pour multiplier leurs produits, et surtout leurs produits les plus usuels, le symptôme est bon; le travail sera bien payé, l'ouvrier pourra vivre aisément avec sa famille. C'est en général, la situation du cultivateur, et même de l'artisan et du salarié, dans la Suisse et dans l'Union anglo-américaine. Cette situation, favorable au bien-être et à l'ordre, est encore celle d'un grand nombre d'habitants de la France et de l'Allemagne. Celle de la population anglaise est beaucoup moins heureuse, malgré tout l'éclat dont brillent l'industrie et le commerce de la Grande-Bretagne. Quant à l'Irlande, ses souffrances sont trop connues pour qu'il soit besoin de les rappeler. C'est là surtout qu'un mauvais système économique, produit par l'oppression et les longs abus de la force, semble avoir enraciné une disproportion désolante entre le *besoin* et la *demande* du travail, disproportion d'où naissent cette misère profonde et cette fermentation perpétuelle qui couve dans les entrailles du pays. En peu de mots, régulariser et accroître sans cesse la *demande* du travail pour que le travail soit la source d'une aisance générale, tel est le vrai but de l'*économie politique*: tel est donc aussi celui que doivent avoir constamment en vue les législateurs et les gouvernements. C'est surtout par un bon système d'impôts modérés et par un bon emploi des revenus publics qu'ils peuvent réussir à l'atteindre, autant que le permet l'ordre établi dans nos sociétés.

AUBERT DE VITRY.

DEMANDE (*Philosophie*). *Voyez* POSTULATUM.

DEMANDE, DEMANDEUR. Dans la langue juridique on appelle *demande* l'action dirigée en justice à l'effet de contraindre un tiers à donner ou à faire une chose. Celui qui forme la demande prend le nom de *demandeur* par opposition au *défendeur*, contre qui elle est faite. On distingue les *demandes principales*, qui servent de fondement et d'origine à l'instance, les *demandes sommaires*, les *demandes incidentes*, les *demandes subsidiaires* qui sont formées pour le cas où le chef principal des conclusions ne serait pas admis par la justice, les *demandes reconventionnelles* et les *demandes en garantie*. Toutes demandes principales et introductives d'instance, à quelques exceptions près, doivent être précédées du préliminaire de conciliation. Dans d'autres cas la demande ne peut être intentée qu'après autorisation; il en est ainsi des communes et établissements publics, du tuteur, lorsqu'il s'agit des droits immobiliers du mineur, ainsi que de la femme mariée, etc. La demande s'introduit ordinairement par exploit d'huissier, quelquefois par requête d'avoué à avoué. Elle doit être portée en général devant le juge du domicile du défendeur; elle interrompt la prescription, et fait courir les intérêts.

DÉMANGEAISON, sensation désagréable qui nous porte à gratter la partie qui en est le siége. C'est le premier degré du prurit.

Au figuré, ce mot se dit familièrement de l'envie immodérée de faire une chose: *avoir une grande démangeaison de parler, d'écrire*, etc.

DÉMANTELER. Ce terme s'emploie pour désigner l'action de démolir, d'abattre les fortifications des places de guerre, des forts et des murs en maçonnerie qui entouraient les villes. Ce mot vient de la particule *dé* et du substantif *manteau* (mantel), nom donné autrefois aux murailles d'une ville que l'on voulait mettre à l'abri d'un coup de main. On *démantèle* les places conquises sur l'ennemi, et que l'on ne veut point conserver, pour empêcher qu'elles ne servent plus tard. C'est ainsi que Louis XIV fit *démanteler* les places qu'il avait conquises en Hollande. Par le traité de Paris, du 20 novembre 1815, les alliés exigèrent le *démantèlement* de plusieurs de nos places fortes, particulièrement de celle d'Huningue. On a souvent agité en France la question de savoir s'il ne conviendrait pas de démanteler toutes les places inutiles, et de réparer avec soin celles qui seraient jugés nécessaires à la défense du pays. Une loi du 10 juillet 1791 supprima, comme inutiles, 23 places, châteaux ou postes militaires, entre autres, Lens, Mouzon, Sarrebourg, Obernheim, Colmar, Montélimart, etc. De nouvelles suppressions eurent lieu depuis, et l'on *démantela* successivement le fort Louis du Rhin, Bavai, Marienbourg, Heudaye, Slerck, Bapaume, etc., etc.

DÉMARCATION (Ligne de). Entre deux héritages, c'est la ligne qui détermine leurs limites et fixe le bornage. Cette expression se prend souvent au figuré dans le sens de ligne séparative des différents pouvoirs.

En termes de droit des gens, la *ligne de démarcation* est la limite établie conformément à des conventions particulières, par deux parties contendantes, entre leurs possessions respectives, ou bien (en temps de guerre) entre les portions de territoire qu'elles doivent chacune occuper militairement. A la suite de la paix de Bâle, une convention de ce genre, intervenue le 17 mai 1795, traça entre les troupes françaises d'une part et les troupes prussiennes, saxonnes et hessoises de l'autre, *une ligne de démarcation* qui éloignait le théâtre des opérations militaires des contrées septentrionales de l'Allemagne. Le 4 juin 1813, l'armistice de Plerswitz traça une autre *ligne de démarcation* entre l'armée française et l'armée prusso-russe, toutes deux en présence en Silésie, et qui devait séparer les forces des parties belligérantes jusqu'au 17 août suivant.

Quand, au quinzième siècle, les Portugais et les Espagnols eurent querelle au sujet de la souveraineté des mers et des terres alors récemment découvertes, le pape Alexandre VI traça également à travers l'Océan (à 260 myriamètres des Açores) *une ligne de démarcation* destinée à déterminer les

DEMARCATION — DEMBINSKI

limites de la domination de chacune de ces deux nations.

En 1848, le gouvernement prussien fit tracer dans le grand duché de Posen une *ligne de démarcation* ayant pour but de fixer d'une manière précise celles des parties de cette province où dominent l'élément polonais ou l'élément allemand, afin de leur donner à chacune une administration complétement distincte. Mais cette mesure demeura illusoire par suite de la direction politique suivie par la Prusse à partir de 1849.

DÉMARQUE. (en grec δήμαρχος, de δῆμος, dème, et αρχος, chef), magistrat placé à la tête d'un dème de l'Attique.

DÉMÂTER. *Démâter un navire*, c'est lui ôter ses mâts : ce verbe a donc naturellement les deux voix active et passive, *démâter* et *être démâté*. Quand le fait a lieu sous un effort humain, l'expression du marin est nette et franche : il a été actif ou passif avec son vaisseau, et il dit : *l'ennemi nous démâta*, *les boulets de l'ennemi nous ont démâtés; nous fûmes démâtés dans le combat. Démâtez les embarcations!* est un commandement que l'on fait souvent dans les rades. C'est que le marin a une haute idée de la force, des arts et de l'industrie de l'homme. Mais, quand il s'agit des éléments, si la mâture tombe par l'effet du roulis, si elle est brisée ou emportée par le vent, l'expression change, l'orgueil du matelot semble s'indigner de reconnaître un pareil vainqueur; il ne veut pas s'avouer passif devant cet ennemi; il fait de *démâter* une espèce de verbe neutre, dans lequel il agit encore et exerce sa volonté. Ce n'est pas le grain qui le démâte, c'est lui qui démâte son vaisseau pendant le grain : *Au coup de roulis nous démâtâmes de notre grand mât; le vaisseau démâta de son grand mât de hune pendant la rafale*. Ce n'est que quand la secousse a été terrible, qu'humilié, pour ainsi dire, devant les éléments dont il a l'habitude de triompher, il leur accorde le pouvoir de *démâter*; mais alors il personnifie son ennemi, il semble lutter corps à corps avec le génie de la tempête : *Un ouragan frappa à bord, nous démâta de tous nos mâts, et nous rasa comme un ponton*.

Les mâts des vaisseaux et des frégates sont des poids énormes à remuer; pour les enlever ou les dresser facilement, on a imaginé la machine à mâter.

Quand le navire est à la voile, l'œil du marin ne doit pas quitter la mâture; son salut en dépend : si le vent souffle par rafales, que la mer soit grosse, la mâture peut être aisément emportée; le bâtiment, en plongeant dans le creux des lames, reçoit des secousses qui l'ébranlent violemment; et c'est une des circonstances les plus critiques de la navigation que de démâter quand le vent souffle par tempêtes, que la mer est montagneuse, car le navire, n'étant plus ni soutenu ni poussé par les voiles, roule d'une manière effrayante, et semble devoir s'abîmer sous chaque vague qui vient déferler avec fracas au-dessus de lui.

Théogène PAGE, capitaine de vaisseau.

DEMBINSKI (HENRI), général polonais, qui a exercé aussi un commandement pendant la guerre de la révolution hongroise, né en 1791, est le fils d'*Ignace* DEMBINSKI, député à la diète de 1788-1791, qui, dans l'acte de ses dernières volontés, imposa à ses fils l'obligation de soutenir en tout temps et de toutes leurs forces la constitution de 1791 et de consacrer leurs bras à la défense de leur patrie. Sa mère, fille du comte Moszynski, grand-maître de la cour de Saxe, lui fit donner la meilleure éducation, et de bonne heure il ne se fit pas moins remarquer par ses succès dans ses études que par sa rare habileté dans tous les exercices du corps. En 1807, il admit avec deux de ses frères à l'école des ingénieurs, à Vienne. Lorsqu'en 1809 le gouvernement autrichien offrit aux élèves polonais de cet établissement des commissions d'officiers dans son armée, Dembinski refusa et partit pour la Pologne, afin de se mettre à la disposition de son pays. Il s'engagea comme simple soldat dans le 5ᵉ de chasseurs à cheval, ne voulant accepter les épaulettes d'officier qu'on lui offrit tout d'abord, qu'autant qu'il les aurait méritées sur le champ de bataille. Il était parvenu au grade de lieutenant au moment où éclata la guerre de Russie. A l'affaire de Smolensk, il se distingua tellement, que Napoléon le nomma capitaine sur le champ de bataille. Pendant la campagne d'Allemagne, il fut adjoint au général Wielohorski, qui, jusqu'à l'abdication de Napoléon, remplit à Paris les fonctions de ministre de la guerre du grand-duché de Varsovie. A la chute de l'empire, Dembinski prit sa retraite et rentra dans sa patrie. Peu de temps après, il se maria. Il passa alors cinq années dans un isolement complet au milieu d'un petit domaine, et, grâce à son infatigable activité, il parvint d'une position gênée à une fortune très-considérable.

Quand éclata en Pologne la révolution de 1830, nommé d'abord major d'un régiment qui se forma dans la woiwodie de Cracovie, il fut appelé bientôt après au commandement supérieur de la garde nationale mobile de cette province, à laquelle il eut bientôt donné une excellente organisation. Arrivé à la tête de ce corps à Varsovie, le jour même de la bataille de Grochow, le généralissime Skrzynecki lui confia le commandement d'une brigade de cavalerie, avec laquelle il donna contre l'armée du feld-maréchal Diebitsch, à Kufleff; affaire dans laquelle, à la tête de 4,000 hommes seulement, il résista pendant toute une journée à 6,000 hommes. Ce brillant fait d'armes lui valut le grade de général de brigade. Lorsque Skrzynecki marcha contre la garde impériale russe, Dembinski reçut l'ordre d'attaquer le pont d'Ostrolenka, occupé par les Russes, et, après un combat acharné, qui ne dura pas moins de quatorze heures, il parvint à forcer l'ennemi à battre en retraite. C'est à ce moment qu'il fut adjoint avec sa brigade au corps d'armée du général Gielgud, dont, après la bataille d'Ostrolenka, à laquelle il ne put pas prendre part, il dut partager le sort. Quand les officiers généraux qui en faisaient partie se furent résolus à passer sur le territoire prussien, le général Dembinski se sépara d'eux et conçut le plan audacieux de faire une pointe sur Varsovie à travers un pays complétement occupé par l'ennemi. Pour cela, il dut faire un détour de 600 kilomètres et remonter jusqu'aux sources de la Willia et du Niémen. Dans les derniers jours de juillet 1831, on le vit tout à coup arriver avec sa poignée de braves sous les murs de Varsovie. Son entrée dans la capitale fut un véritable triomphe : Dembinski fut nommé gouverneur de la ville, et, tout de suite après, général en chef de l'armée nationale; mais il n'en exerça les fonctions que pendant quelques jours. Le plan qu'il conçut pour se faire nommer dictateur afin de diriger toutes les forces du pays contre l'ennemi commun échoua, et la vivacité de son caractère lui aliéna un grand nombre de ses concitoyens.

Après la chute de Varsovie, Dembinski passa en Prusse avec le corps de Rybinski, et de là se rendit en France, où il vécut jusqu'en 1848, à l'exception de quatre ans qu'il fit en 1833 en Égypte au service du pacha. La catastrophe de février 1848 n'eut pas plutôt éclaté, que le général quitta la France. Il prit d'abord part aux congrès slaves tenus à Breslau et à Prague, et, dans l'intérêt slave, il entreprit d'opérer une réconciliation entre les Magyares et les Slaves en allant combattre dans les rangs des premiers le gouvernement autrichien. Il accepta ensuite un commandement en Hongrie, et arriva, vers la fin de janvier 1849, à Debreczin, alors siège du gouvernement hongrois, et où, le 5 février, il fut appelé, au milieu des témoignages de la plus haute estime, à prendre le commandement en chef du principal corps d'armée révolutionnaire. Toutefois, ses efforts en Hongrie ne répondirent pas à ce que l'on attendait de lui. La jalousie de Gœrgey et l'antipathie des troupes nationales pour un étranger dont le ton hautain et les manières rudes les blessaient vivement, lui préparèrent bientôt de nombreuses difficultés. A la bataille de Kapolna (26-28 février 1849), toutes les dispositions stratégiques furent arrêtées par Dembinski, qui à cette occasion fit preuve de beaucoup de talent; mais à cause de la tardive arrivée de Gœrgey sur le terrain, le résultat n'en fut pas tel qu'il aurait pu être. Lors de la retraite derrière la Theiss, Dembinski, par suite de la connaissance incomplète qu'il avait des lieux, ayant pris des dispositions évidemment fausses, le corps d'officiers le contraignit à donner sa démission, qui fut acceptée par le gouvernement. Cependant le reste de la campagne du printemps s'exécuta en grande partie d'après les plans conçus par Dembinski, d'abord sous le commandement de Vetter, et ensuite sous celui de Gœrgey.

Dembinski resta alors une couple de mois occupé à la chancellerie des opérations à Debreczin, jusqu'à ce qu'enfin, au mois de juin 1849, à l'approche des Russes, il fut appelé au commandement de l'armée hongroise du nord. Mais, avant même l'ouverture de la campagne d'été, il résigna ces fonctions, parce que le gouvernement hongrois rejeta son plan d'envahir la Gallicie. Quand, à la suite des dissentiments qui éclatèrent entre Kossuth et Gœrgey, le commandement en chef, jusqu'alors exercé par ce dernier, fut confié à Messaros (2 juillet), Dembinski lui fut adjoint en qualité de quartier-maître général. En cette qualité, il dirigea la retraite de l'armée de la Theiss jusqu'à Szegedin et jusqu'à la bataille de Szœreg (5 août), où il dut céder à la supériorité numérique des Autrichiens. Mais au lieu de retourner alors à Arad, occupé par les Hongrois, il marcha sur la forteresse ennemie de Temesvar, sous les murs de laquelle il fut complètement battu et son corps d'armée anéanti par les forces austro-russes. Ce fut seulement après ce désastre qu'il devint possible à Gœrgey de mettre bas les armes : ce dont il eut été empêché par Dembinski si celui-ci eût battu en retraite sur Arad. Avec Kossuth et les autres chefs de la révolution hongroise, Dembinski se retira alors sur le territoire turc. Il se rendit d'abord à Widdin, puis de là à Schoumla, où il se fit réclamer par l'ambassade de France comme nationalisé français. En 1850, il revint à Paris s'occuper de la publication de ses Mémoires sur la campagne de Hongrie. Il avait précédemment rendu compte dans ses *Mémoires* (Paris, 1833) de sa participation à la révolution polonaise, et de ses opérations pendant cette guerre dans l'ouvrage écrit en allemand sous sa dictée par Spazier : *Ma campagne en Lithuanie et ma retraite de Kurszany à Varsovie* (Leipzig, 1832).

DÉME (en grec δῆμος, de δημεῖν, bâtir), terme de géographie grecque, qui, même avant Homère, désignait dans l'Attique une division particulière de territoire, avec des terres cultivées et des habitations éparses, qui existait dans toute l'Attique et même à Athènes. Chaque *phylé* se composait de dix *dèmes*, dont le nombre, primitivement de 100, arriva avec le temps à être de 174, environ vers le milieu du troisième siècle avant J.-C. Cette modification de l'antique constitution donnée par Solon, fut opérée par l'Athénien Clisthène, grand partisan de la démocratie, vers l'an 510 avant J.-C. Elle avait pour but de rendre plus facile la surveillance des habitants et de la propriété foncière pour l'assiette de l'impôt, sans qu'on observât d'ailleurs bien rigoureusement la connexion locale des différents *dèmes* avec leur *phylé*. A beaucoup d'égards d'ailleurs les *dèmes* paraissent avoir formé des corporations indépendantes, ayant chacune leurs usages particuliers, leurs magistrats et leurs assemblés à part. De même, à la tête de chaque *dème* se trouvait le *démarque*, chargé de représenter les intérêts de sa commune, d'administrer les propriétés communales, d'accord avec les trésoriers, et investi dans certains cas de certaines attributions de police.

Demos (δῆμος), dans un sens plus large, signifiait, en grec, *commune*, *peuple*.

DÉMEMBREMENT. Au propre c'est la séparation des membres d'un même corps. Au figuré c'est la dissolution ou le morcellement d'un corps politique, d'une nation. C'est ainsi que l'histoire parle du *démembrement* de la Pologne, et qu'on doit prévoir le *démembrement* de l'empire ottoman.

En droit féodal, le *démembrement d'un fief* avait lieu lorsqu'on divisait la foi et l'hommage d'un fief et que l'on en formait plusieurs, indépendants l'un de l'autre, et tenus séparément du même seigneur dominant.

On appelait autrefois *démembrement d'une justice*, l'action d'en créer plusieurs d'une seule, soit qu'elles fussent égales entre elles, soit que l'on eût réservé quelques droits de supériorité au profit de l'ancienne sur celles qui en avaient été démembrées. Aucun seigneur, quelque qualifié qu'il fût, ne pouvait démembrer sa justice sans le consentement du roi.

DÉMENCE, perte plus ou moins complète des facultés cérébrales, affaiblissement ou abolition accidentelle de l'intelligence. Les médecins ne sont pas généralement d'accord sur ce que l'on doit entendre par *démence*. Elle est confondue indistinctement sous la même dénomination que *l'imbécillité*, *l'idiotie*, la *stupidité*, la *folie*, *l'aliénation mentale*, etc. Il faudrait cependant pouvoir s'entendre, et, quoique les mots ne soient que des signes de convention, il serait à désirer que chacun pût les comprendre de la même manière, y attacher le même sens, la même idée.

La démence, dit Esquirol, ne doit pas être confondue avec l'imbécillité ou l'idiotie. L'imbécile n'a jamais eu les facultés de l'entendement assez énergiques ni assez développées pour raisonner juste. Celui qui est en démence a perdu une grande partie de ses facultés. Le premier ne vit ni dans le passé ni dans l'avenir ; le second a des souvenirs, des réminiscences. Les imbéciles se font remarquer par des propos et des actions qui tiennent de l'enfance ; les propos, les manières des insensés conservent le caractère de l'âge fait, et portent l'empreinte de l'état antérieur de l'homme. La démence reconnaît plusieurs causes, ou est la suite de maladies bien différentes. Elle est, d'abord, le partage ordinaire d'un âge très-avancé. Chez les adultes, elle est plus souvent la suite de la manie ou de la monomanie, lorsque ces maladies sont très-graves ou durent longtemps. Quelquefois la démence attaque les personnes qui ont souffert quelqu'autre affection du cerveau, comme les inflammations de cet organe et des méninges : les fièvres cérébrales, l'apoplexie, l'épilepsie, l'ivrognerie et les habitudes solitaires sont bien souvent suivies de la démence. Dans le dérangement des fonctions du cerveau, il n'y a pas une limite déterminée où le praticien puisse dire : ici la manie cesse, ici la démence commence. Les symptômes de ces différents états morbides de notre intelligence se confondent et se ressemblent ; quelquefois la démence est tellement légère qu'on a peine à la reconnaître.

La démence, cependant, a des signes ou des indices qui lui sont propres. « La démence, dit Georget, a pour principaux caractères l'affaiblissement ou la perte de la mémoire des impressions du moment, tandis que le souvenir des choses passées subsiste souvent avec énergie ; un défaut de liaison et d'association entre les idées, les jugements, les déterminations ; une indifférence morale très-grande ou même complète sur le présent et sur l'avenir. Ces malades sont généralement tranquilles ; ils s'occupent peu, parlent souvent seuls, prononcent des mots sans suite, rient ou pleurent sans sujet ; à un degré très-avancé, ils sont dans une stupidité complète, n'ayant plus que quelques sensations isolées. Cependant, avant d'arriver à cet état de dégradation intellectuelle, ils ont des moments passagers d'excitation pendant lesquels ils se fâchent, s'emportent, déchirent et brisent les objets qu'ils ont sous la main ; d'un autre côté, ils peuvent tirer des idées, des raisonnements, et quelquefois écrire des lettres qui ne sont pas entièrement dépourvues de sens. Souvent même, au milieu de l'affaiblissement intellectuel le plus grand, les malades reconnaissent les personnes qu'ils ont vues, jouent encore très-bien au billard, aux dames, aux échecs, et vaquent à tous leurs besoins; on a vu des femmes s'acquitter encore parfaitement des ouvrages qui leur sont familiers; des talents, celui de la musique, du dessin, par exemple, subsistent à un degré très-élevé, au milieu de l'anéantissement des autres facultés. Les personnes en démence dorment en général beaucoup; leur physionomie perd son expression, et leurs mouvements finissent à la longue par s'affaiblir et se paralyser; ils sont, vers la fin, d'une très-grande malpropreté. »

La démence n'est donc pas l'exaltation ou l'activité exclusive d'une, de plusieurs, ou de toutes les facultés cérébrales, comme il arrive dans la folie, c'est leur anéantissement. Maintenant, comment le physiologiste peut-il rendre compte de ces désordres de l'intellect, de cette perte de l'esprit? En parlant de l'état du crâne dans la vieillesse, nous avons dit que dans l'âge avancé le cerveau diminue de volume, et que les circonvolutions cérébrales s'affaissent. Or, s'il est vrai, comme il n'y a pas de doute, que le cerveau soit l'organe exclusif pour la manifestation des facultés morales et intellectuelles, il est évident que cet instrument, ainsi amoindri et changé dans la disposition de ses parties constituantes, ne sera plus capable d'exercer ses propres fonctions, comme il l'était dans son état d'intégrité. C'est ce qui arrive pour tous les organes de notre corps lorsqu'ils s'altèrent dans leur structure par suite d'une maladie ou par les progrès de l'âge. Plus la vieillesse ou la décrépitude avancera, moins il y aura de possibilité à la manifestation des différentes facultés cérébrales qui nous sont propres. C'est de cette manière et par ces motifs que l'on voit arriver inévitablement la démence sénile : l'enfance du dernier âge. Les choses étant ainsi, il faut tirer cette conclusion : que nous aurions tort d'attendre des hommes d'un âge très-avancé des sentiments, des jugements, des résolutions justes, sages, énergiques, comme on aurait pu l'exiger de leur virilité : il n'est pas en leur pouvoir de sentir, de juger et de vouloir comme autrefois, pas plus que de chanter, de courir, de danser ou de se livrer à des luttes amoureuses. Mais si, avant la vieillesse, le cerveau est attaqué d'une maladie aiguë, blessé par une lésion violente, s'il se fait un épanchement d'une humeur quelconque dans la cavité du crâne; enfin s'il se trouve altéré de quelque manière que ce soit dans la texture de ses fibres, ses fonctions seront supprimées; il y aura encore une démence, mais de tout autre nature que la première : c'est celle que l'on voit ordinairement à la suite de la monomanie, de l'épilepsie, de l'apoplexie; elle se présente avec les mêmes symptômes que la démence sénile.

La démence de la vieillesse et celle qui est la suite d'une altération lente et progressive de l'organisme du cerveau sont incurables. Il ne nous est pas donné de rajeunir le cerveau d'un vieillard ou de rétablir en son état un cerveau désorganisé, pas plus que nous ne pouvons leur donner des muscles plus vigoureux ou guérir l'organe ulcéré d'un pulmonique. Que si la démence est la suite d'une maladie aiguë, d'une inflammation du cerveau, d'un coup violent qui aurait occasionné quelque épanchement, affaissement ou paralysie; si c'est la suite d'un accouchement difficile qui aurait causé une stagnation violente du sang dans les vaisseaux du cerveau, etc., alors il y a lieu d'espérer la guérison. Dans des cas pareils, les médecins, et les jeunes, en particulier, s'empressent de saigner, de poser des sangsues, des vésicatoires, des sétons, des moxas, et toute la suite de tourments de cette espèce inventés pour guérir les malades. Lorsque l'état aigu de la maladie est passé, il suffit de ne rien faire de contraire à la situation actuelle du malade, la nature et le temps feront le reste.

L'autopsie des malades morts en démence confirme pleinement la vérité du principe physiologique que le cerveau est l'instrument destiné à la manifestation des facultés. Les altérations pathologiques que l'on trouve dans cet organe varient : le plus ordinairement, c'est un changement dans la consistance et la couleur; c'est l'endurcissement ou les ramollissements; on rencontre souvent des épanchements séreux, des adhérences, des tumeurs, des ossifications, etc. Les méninges, le crâne même, présentent quelquefois des altérations profondes. Dans la démence, les fonctions de la vie végétative, c'est-à-dire la digestion, l'alimentation, la circulation du sang, les sécrétions, se conservent d'ordinaire intactes, et durent longtemps. Cela a lieu parce que le système nerveux qui préside à ces fonctions est un système à part, et qui existe indépendamment du cerveau, et quoiqu'il y ait entre ces deux systèmes des rapports intimes de communication et de sympathie, ils exercent cependant chacun un ordre de fonctions entièrement différent, et l'un peut se déranger et cesser d'agir indépendamment de l'autre, comme il arrive précisément dans la démence. L'origine et les progrès de la démence, particulièrement de celle qui naît d'un âge très-avancé, nous prouvent qu'elle suit pas à pas la détérioration matérielle du cerveau. Elle commence par la diminution des opérations intellectuelles les plus compliquées; on perd ensuite une faculté après l'autre : c'est la mémoire, le goût des voyages, les sentiments de l'amour ou de l'amitié qui s'en vont; puis les sens se détériorent ou leur exercice cesse; finalement, tous les instincts, jusqu'à la volonté, ne se manifestent plus d'aucune manière; la paralysie et la mort forment la scène. Les animaux, pas plus que l'homme, ne sont exempts, dans l'âge très-avancé, de subir la même loi de dégradation intellectuelle et instinctive, par suite de l'affaissement de leurs cerveaux; ils finissent par perdre toutes les facultés qui leur sont propres. J'ai vu des chiens et des chevaux dans un véritable état de démence, n'exerçant plus qu'imparfaitement les fonctions de la vie végétative.

Dr Fossati.

DÉMÉNAGEMENT. L'étymologie de ce mot est dans sa définition même : changement de demeure par lequel on transporte son *ménage* dans au autre lieu. Tous ceux qui aiment à *ménager* leurs ressources et leurs meubles évitent le plus possible ces mutations; ils se rappellent le mot énergique du sage Franklin : « Trois déménagements équivalent à un incendie. » C'est surtout aux habitants de la capitale que s'adresse cet adage. Les déménagements sont un des fléaux de l'existence parisienne; et pourtant, un grand nombre de causes concourent à les y rendre plus nombreux que partout ailleurs. Là règne en permanence une guerre sourde entre le propriétaire et le locataire que mille circonstances font éclater par les *congés* que l'on se donne réciproquement ; de plus, les rapports journaliers que l'on a avec beaucoup de voisins de caractères divers, et parfois peu accommodants, les *cancans* des portiers et les prétentions des *concierges*; puis aussi, l'amour du nouveau, si puissant sur nombre de nos co-habitants de la grande ville, tout contribue à enfler le nombre de ces émigrations trimestrielles. C'est principalement dans les premiers jours d'avril et de juillet, saisons plus favorables, qu'elles ont lieu. Les 8 et 15 de ces mois, délais de rigueur, l'un pour les loyers au-dessous de 400 fr., l'autre pour tout ce qui dépasse cette somme, les rues de la capitale sont encombrées de voitures et de porteurs travaillant avec activité au grand œuvre du déménagement. Heureux encore celui qui, allant occuper un logement resté vacant, a pu prévenir les embarras de la concurrence de ces jours *de terme!* A midi, le mouvement redouble; c'est l'heure à laquelle le locataire négligent ou retardataire est tenu de faire place à son successeur. Alors a lieu, à son tour, l'encombrement des escaliers par lesquels on monte et l'on descend, en même temps, les mobiliers de l'arrivant et celui du partant. Souvent même le peu de largeur de ces escaliers oblige de glisser par les fenêtres les commodes, secrétaires, buffets, etc., au moyen de cordes qu'on y adapte; ascensions qui leur sont quelquefois fatales, et qui rendent encore plus vraie la maxime de Franklin.

Il est juste de dire toutefois que l'une des créations industrielles de notre époque a diminué à Paris les inconvénients de ces changements de domicile : autrefois, la lourde charrette et les brancards des commissionnaires étaient à peu près, pour les meubles, les seuls moyens de transport. Plusieurs entreprises fournissent maintenant des *voitures de déménagement*, bien suspendues, où leur fragilité est beaucoup plus ménagée. En outre, l'entreprise répond de tous les accidents, même de ceux que pourraient éprouver les glaces et les objets les plus casuels, pourvu qu'on ait laissé à ses ouvriers le soin de les démonter, emballer et remettre en place. Nous n'en conseillons pas moins à toute personne sagement économe, ne fût-ce que de son temps, sinon d'avoir *une maison à soi*, comme le disait le naïf M. Vautour, du moins de ne déménager de celle qu'elle habite que pour de puissants motifs. Il est, comme nous l'avons dit plus haut, quelques individus aux goûts, à l'humeur variables, qui aiment ces déplacements, et se sont faits, en quelque sorte, voyageurs dans Paris. Mais, en général, qui n'a pas senti mille contrariétés en se trouvant *décasé*, contraint de chercher une nouvelle place à tout ce que l'on avait précédemment sous sa main, ne le rencontrant pas toujours dans un espace plus circonscrit, ou moins commode, et ne reconnaissant que trop la justesse de cet autre proverbe de nos bons aïeux : « On n'est jamais si riche que lorsqu'on déménage. »

Les termes de *déménage* et *déménagements* sont aussi fréquemment employés par métaphore. On dit vulgairement d'une personne qui a des absences d'esprit que sa tête *déménage*. Il est un autre *déménagement* auquel nul de nous ne peut se soustraire, et l'abbé Terrasson disait, avec une philosophique résignation, à ceux qui le plaignaient d'avoir perdu un œil dans sa vieillesse : « J'ai reçu l'avis de départ; je *déménage* tout doucement. »   OURRY.

Les principes de droit qui régissent les déménagements se rattachent aux contrats de bail et de location. Aucun déménagement ne peut s'opérer sans l'autorisation du propriétaire ou locateur, qui a un privilège à exercer. Un autre privilège qui forme obstacle aux déménagements est celui du trésor public pour le payement de la contribution mobilière; le propriétaire est responsable vis-à-vis du fisc de l'enlèvement qu'il n'a point empêché. L'époque déterminée pour un déménagement et le temps accordé pour l'opérer, sont réglés par les usages locaux.

DÉMENTI, reproche de mensonge et de fausseté fait à quelqu'un d'un ton formel et qui n'est pas équivoque.

Le démenti, regardé depuis si longtemps comme une injure atroce entre les nobles, et même entre ceux qui ne l'étaient pas, mais qui tenaient un certain rang dans le monde, n'était pas envisagé par les Grecs et les Romains du même œil que nous l'envisageons. Ils se donnaient des démentis sans en recevoir d'affront, sans entrer en querelles sous ce genre de reproches, et sans qu'il tirât à aucune conséquence. Les lois de leurs devoirs et de leur point d'honneur prenaient une autre route que les nôtres. C'est dans l'institution du combat judiciaire que l'on trouve l'origine des principes différents dont nous sommes affectés sur cet article. On sait que, dans cette sorte de duel, l'accusateur commençait par déclarer devant le juge qu'un tel avait commis une telle action, et celui-ci répondait qu'il en avait menti : sur cela le juge ordonnait le combat judiciaire. Ainsi la maxime s'établit que lorsqu'on avait reçu démenti, il fallait se battre. Pasquier, en confirmant ce fait, observe que dans les jugements qui permettaient le duel de son temps, il n'était plus question de crimes, mais seulement de se garantir d'un démenti, quand il était donné.

Je ne puis être de l'avis de Montaigne, qui, cherchant pourquoi les Français sont si sensibles au démenti, répond en ces termes : « Sur cela je trouve qu'il est naturel de se défendre le plus des défauts de quoi nous sommes le plus entachés ; il semble qu'en nous défendant de l'accusation et nous en émouvant, nous nous déchargeons aucunement de la coulpe ; si nous l'avons par effet, au moins nous la condamnons par apparence. » Pour moi, j'estime que la vraie raison qui rend les Français si délicats sur le démenti, c'est qu'il paraît envelopper la bassesse et la lâcheté du cœur. Il reste dans les mœurs des nations militaires, et dans la nôtre en particulier, des traces profondes de celles des anciens chevaliers, qui faisaient serment de tenir leur parole et de rendre un compte vrai de leurs aventures : ces traces ont laissé de fortes impressions qui ne s'effaceront jamais. Si l'amour pour la vérité n'a point passé jusqu'à nous dans toute la pureté de l'âge d'or de la chevalerie, du moins a-t-il produit dans notre âme un tel mépris pour ceux qui mentent effrontément, que l'on continue par ce principe de regarder un démenti comme l'outrage le plus irréparable qu'un homme d'honneur puisse recevoir.

Ch[er] DE JAUCOURT.

L'édit du mois de décembre 1604 portait que celui qui aurait donné un démenti à un officier de robe serait condamné à demander pardon et à quatre ans de prison. Le règlement des maréchaux de France du mois d'août 1653 condamnait les gentils-hommes et officiers qui auraient donné un démenti à deux mois de prison et à demander pardon à l'offensé. Mais cette loi n'empêchait pas les duels. Il n'était pas non plus permis de donner un démenti à un avocat dans ses fonctions. Dufail rapporte un arrêt du 19 décembre 1565, qui, pour un démenti donné à un avocat par la partie adverse, condamna celle-ci à déclarer à l'audience que témérairement elle avait proféré ces paroles : *Tu as menti*; à en demander pardon à Dieu, au roi et à la justice, et à 10 livres d'amende, le tout néanmoins sans note d'infamie. Dans l'état actuel de notre législation, le démenti peut être regardé dans certains cas comme une *injure* et puni à ce titre.

DÉMÉRARA ou **DÉMÉRARY**, celle des trois colonies que les Anglais comptent dans la Guyane et qui forme le centre de leurs possessions dans ces parages, entre *Essequibo* à l'ouest, et *Berbice* à l'est, arrosée par le cours d'eau du même nom, dont les deux rives sont couvertes d'immenses forêts, et qui descend, en formant une suite de rapides et de cataractes, des plateaux du haut pays non encore colonisé, traverse en se dirigeant au nord la terrasse extérieure, parallèlement à l'Esséquibo, devient navigable à 16 myriamètres de son embouchure dans l'Océan, laquelle n'a pas moins de 4 kilomètres de large. On y rencontre une barre de vase que les navires tirant près de 6 mètres d'eau ne peuvent franchir qu'au moment des marées. L'humidité du climat, la fécondité du sol, la luxuriante végétation qui sont le propre de la Guyane en général, règnent également à Démérara. La population de cette colonie se compose d'Anglais, d'un petit nombre de Hollandais et d'Européens, et pour la plus grande partie d'hommes de couleur libres, de nègres surtout; sans y comprendre les naturels nomades, elle est d'environ 100,000 âmes.

Le chef-lieu de Démérara et de la Guyane anglaise est *Georgestown*, appelé au temps de la domination hollandaise *Stabroek*. Cette ville est située à l'est de l'embouchure du Démérara, et compte 24,000 habitants. A l'embouchure immédiate du fleuve s'élève le fort *Frédéric-William*, près duquel on voit un phare magnifique. Plus loin, on rencontre la grande caserne d'*Eve-Leavy* et deux hôpitaux militaires. Le commerce de la ville n'est plus aussi considérable qu'autrefois. En échange de la foule d'articles d'importation que la colonie tire de l'Europe et des États-Unis, elle n'exporte que du sucre, du café, du rhum, de la mélasse et un peu de cacao. La culture du coton, jadis pratiquée sur une vaste échelle, et qui donnait lieu à une immense exportation, est totalement anéantie depuis l'émancipation des esclaves.

DEMERVILLE (Dominique), ancien employé dans les bureaux du comité de salut public, fut impliqué dans l'étrange procès qui a marqué d'une tache de sang la seconde année du consulat. Le système de l'accusation n'avait pour éléments que les révélations, vraies ou supposées, de Jacques Harel, âgé de quarante-cinq-ans, capitaine à la suite de la quarante cinquième demi-brigade. Cet officier était venu voir Demerville dans les premiers jours de vendémiaire an IX. Rien n'indique une liaison intime entre eux; et cependant, dès cette première rencontre, Demerville lui aurait confié qu'il existait un complot contre la vie du premier consul. A la seconde, il aurait ajouté qu'il ne manquait pour l'exécution que quatre hommes déterminés. Le capitaine à la suite aurait été chargé de trouver ces quatre *braves*, et aurait accepté cette mission. Mais, avant tout, il aurait consulté son ami, le commissaire des guerres Lefèvre; et, par son conseil, il aurait été révéler l'*affreux complot* au secrétaire intime du consul, Bourienne, qui lui aurait enjoint de continuer ses relations avec Demerville. Il en aurait reçu, en trois payements, une somme d'à peu près 300 francs pour acheter des armes et donner un à-compte aux quatre hommes choisis par lui. Le capitaine aurait, en conséquence, acheté des pistolets, des poignards, qu'il aurait remis à Demerville et à Ceracchi. Ce Romain réfugié, Demerville, Joseph Aréna, Diana et Topino-Lebrun étaient les principaux chefs du complot, qui devait éclater à l'Opéra, le soir de la première représentation des *Horaces*, laquelle, d'abord indiquée pour le 19 vendémiaire, fut, contre l'usage, avancée d'un jour et fixée au 18. Ce jour-là même, Barrère était venu visiter Demerville, son ancien secrétaire et son ami; il lui aurait annoncé qu'il allait partir pour la campagne, et l'aurait invité à ne pas aller à l'Opéra, parce qu'il pourrait *y avoir du trouble*, et que le théâtre pourrait être cerné; ce qui n'était pas alors fort extraordinaire. Barrère, dit Desmarets, l'un des chefs de la haute police, raconte à Demerville sa *folie* et ses dangers, et cependant, il se hâte de communiquer au général Lannes les paroles de Demerville.

Parmi les conjurés, Ceracchi et Diana parurent seuls au théâtre pour s'y faire arrêter. On n'y vit point Demerville; mais, après la découverte du complot et l'arrestation de ses complices, il vint se livrer lui-même à l'autorité qui le poursuivait. Eût-il agi ainsi s'il se fût senti coupable? Trois mois après, il fut traduit, avec eux, devant le tribunal criminel spécial de la Seine. On semblait les avoir oubliés, mais l'explosion de la machine infernale avait été attribuée au parti républicain, et le gouvernement crut devoir faire un exemple. La mise en jugement des *conspirateurs de l'Opéra* fut ordonnée. La déposition de Barrère ne pouvait être considérée comme à charge contre Demerville. Elle se bornait à un simple avis de s'abstenir d'aller à l'Opéra, parce qu'il pourrait y avoir du trouble. La déclaration du général Lannes n'était que la répétition de celle de Barrère. Après trois jours de débats très-animés, Demerville, Aréna, Ceracchi, Topino-Lebrun, déclarés coupables par le jury spécial, furent condamnés à la peine capitale. De nouveaux débats s'ouvrirent sur l'application de la peine. Les accusés entendirent la lecture de leur condamnation avec calme. Au moment où les juges se retiraient, Demerville se leva : « Je demande, dit-il, que le tribunal, pour terminer les angoisses que j'ai éprouvées, me fasse fusiller sur-le-champ. » Diana, qui, suivant l'acte d'accusation, devait frapper, le premier, Bonaparte, fut acquitté. Le pourvoi des condamnés fut jugé par la section criminelle de la cour de cassation. Il y eut partage d'opinion; trois juges de la section civile furent appelés. L'un d'eux se récusa, après avoir manifesté dans une conversation particulière une opinion défavorable aux condamnés; un des deux autres était pour la cassation. Celui qui remplaça le juge qui s'était récusé, était d'abord du même avis; mais, appelé à se prononcer comme juge, il changea d'opinion, et sa voix décida le rejet du pourvoi. Ainsi l'opinion d'un seul magistrat, qui deux fois en un jour avait changé d'avis, fit tomber sous la hache du bourreau les têtes de Demerville, Aréna, Ceracchi et Topino-Lebrun.

DUFEY (de l'Yonne.)

DÉMÉTER, nom grec de la déesse que les Latins appelaient Cérès.

DÉMÉTRIUS. Deux princes ont régné sous ce nom en Macédoine, après le démembrement de l'empire d'Alexandre.

DÉMÉTRIUS Ier, surnommé *Poliorcètes* (c'est-à-dire *preneur de villes*), de tous les rois de Macédoine et de Syrie ainsi appelés le plus remarquable par ses talents, ses actions et les vicissitudes de son existence, né l'an 337 av. J.-C., est un de ces héros qui, sans avoir été positivement des tyrans, ont traversé le monde comme des astres malfaisants, pour ne laisser après eux que la désolation et la mort. Il était fils d'Antigone, le plus ambitieux peut-être de ces

Soldats sous Alexandre et rois après sa mort.

Plutarque, qui a donné la vie de Démétrius, nous le présente comme un modèle de ces « grandes natures, qui ainsi comme elles produisent de grandes vertus, aussi produisent-elles de grands vices. » Il aimait singulièrement son père, et tous deux vivaient ensemble dans la plus touchante familiarité. De bonne heure, il se distingua par son habileté et sa bravoure dans les guerres que son père fit successivement à Eumène, à Séleucus et à Ptolémée, quoique en l'année 312 ce dernier lui eût mis en déroute sous les murs de Gaza. En l'année 307, Antigone l'envoya en Grèce pour mettre un terme à la domination qu'y exerçait Cassandre, roi de Macédoine; et cette expédition lui fournit l'occasion de se rendre maître d'abord de Mégare puis d'Athènes. Tandis que ses troupes assiégeaient Munychie, la forteresse d'Athènes, il se présenta devant Mégare et la prit d'assaut. Après la prise de Munychie, il rasa cette forteresse, et alors seulement fit son entrée dans Athènes. Il n'y eut pas d'honneurs et d'adulation que les Athéniens ne prodiguassent à Démétrius et à Antigone. Ils leur décernèrent le titre de *rois*, puis la qualification de *dieux sauveurs*, avec un autel et un prêtre. Démétrius, pour leur complaire, épousa Eurydice, de la famille de Miltiade, et veuve d'Ophella, prince de la Cyrénaïque. Il était déjà marié, mais la polygamie était, alors du moins, en usage chez les Macédoniens. D'ailleurs personne n'a été moins scrupuleux que lui, habitué à vivre entouré de courtisanes et de femmes mariées.

Rappelé en Asie par son père, il attaqua l'île de Cypre, que Ptolémée avait reconquise, et après avoir vaincu en bataille rangée Ménélas, frère de ce prince, il mit le siége devant Salamine, capitale de l'île. Ptolémée survint avec une flotte de 150 galères, mais fut battu et perdit 142 de ses vaisseaux. Démétrius prit alors, ainsi que son père, le titre de roi : il entreprit ensuite avec son père, mais sans succès, la conquête de l'Égypte; puis il vint assiéger Rhodes (an 305). Les talents qu'il déploya dans cette entreprise lui ont valu le surnom de *Poliorcètes*, cependant il ne put s'emparer de cette ville. Après une année d'efforts, il s'estima fort heureux de pouvoir abandonner ce siége, pour aller travailler à la délivrance de la Grèce, envahie de nouveau par Cassandre.

De retour en Grèce, le fils d'Antigone force Cassandre à lever le siége d'Athènes, et le poursuit jusqu'aux Thermopyles, où il le défait en bataille rangée. Il remet en liberté les Locriens et les Phocidiens, fait alliance avec les Béotiens et les Étoliens, prend la ville de Cenchrée, puis revient à Athènes. Les Athéniens lui rendent alors les honneurs réservés à Pallas, protectrice de leur ville; ils lui assignent un logement dans les bâtiments du Parthénon, le temple de cette déesse. Le nouveau demi-dieu se fit appeler le frère de Minerve, et souilla de débauches ce lieu révéré. Les Athéniens ne rougirent pas de décréter que tout ce que pouvait vouloir Démétrius était honnête aux yeux des dieux et des hommes : ils allèrent jusqu'à exiler un citoyen respectable qui n'approuvait pas toutes ces lâchetés.

D'Athènes, devenue désormais son séjour de plaisance et de repos, Démétrius se rendit dans le Péloponèse, où il détruisit la domination de Ptolémée, de Cassandre et de Polysperchon. A Argos, il épousa Déidamie, fille d'Éacide, roi des Molosses, et sœur de Pyrrhus. Il voulut que les Sicyoniens changeassent l'emplacement de leur ville, et lui donnassent le nom de *Démétriade*. Dans une assemblée des États de la Grèce, tenue à l'isthme de Corinthe, il fut proclamé généralissime de tous les Grecs, comme l'avaient été avant lui Philippe et Alexandre, et mis à la tête d'une armée destinée à conquérir la Macédoine et la Thrace. Les Athéniens redoublèrent à son égard de bassesses et d'adulations, et il leur témoigna d'une manière bien piquante le mépris qu'il professait pour eux. Un jour il leur demanda pour un besoin bien pressant deux cents cinquante talents (près de 1,200,000 francs). Lorsqu'on eut assemblé cet argent à grand'peine, « il commanda, dit Plutarque (traduction d'Amyot) que l'on le baillast à Lamia et aux autres courtisanes qui estoyent avec elle, pour leur avoir du savon. » Lamia, vieille courtisane, habile joueuse de flûte, était la favorite de Démétrius.

Démétrius venait d'enlever à Cassandre une partie de la Thessalie, et allait conduire une armée de 56,000 hommes à la conquête de la Macédoine, lorsqu'il fut rappelé par son père en Asie (302). Une bataille livrée (an 301) à Ipsus, entre Lysimaque et Séleucus d'un côté, Antigone et Démétrius de l'autre, fut un immense désastre pour ceux-ci. Antigone périt sur le champ de bataille, et Démétrius ne s'en échappa pas sans peine, à la tête de 9,000 hommes avec lesquels il parvint à se réfugier d'abord à Éphèse. Il possédait encore une marine; il conservait en Asie Tyr, Sidon, Cypre, plusieurs villes maritimes de l'Hellespont, quelques places dans le Péloponèse, enfin les îles de la mer Égée. D'Éphèse il passa dans l'île de Cypre, puis il songeait à retourner dans sa chère Athènes. Comme il était à la hauteur des îles Cyclades, une insolente députation vint lui défendre l'entrée de cette ville. Cet affront lui fut plus sensible que ses autres infortunes. Les Athéniens, cependant, s'étaient trop hâtés de l'insulter. Bientôt il vit la fortune lui sourire de nouveau.

Le roi de Syrie, Séleucus, lui demande sa fille *Stratonice* en mariage, afin de contre-balancer l'union de Ptolémée avec Lysimaque, cimentée par le double hymen de Lysimaque et de son fils avec deux filles de Ptolémée. Démétrius conduit en Syrie sa fille Stratonice, et s'empare de la Cilicie sur le frère de Cassandre, puis de Tyr et de Sidon : il met de fortes garnisons dans ses possessions d'Asie, et retourne en Grèce avec sa flotte. Après avoir échoué dans une première tentative, il revint mettre encore une fois le siège devant Athènes. Les Athéniens décrétèrent la peine de mort contre quiconque oserait parler de se rendre. La famine cependant les força d'ouvrir leurs portes et de se rendre à discrétion. Démétrius se contenta d'effrayer les Athéniens, puis leur pardonna; et, dès ce moment il redevint leur idole. Il tourna ensuite ses armes contre la Laconie, et deux fois il battit les Lacédémoniens, commandés par le roi Archidamus, et qui, depuis longtemps dégénérés, conservaient du moins un nom capable d'honorer leur vainqueur. Il allait entrer dans Sparte, cette ville qui n'avait jamais été prise, quand tout à coup, dépouillé de ses villes d'Asie par Lysimaque et de l'île de Cypre par Ptolémée, il ne lui resta plus qu'Athènes et quelques places du Péloponèse. C'est alors que, par un caprice inespéré de la fortune, il se vit porté, en Macédoine, sur le trône de Philippe et d'Alexandre par suite des sanglants démêlés qui éclatèrent dans ce pays entre les fils de Cassandre, Antipater et Alexandre. Après avoir prévenu ce dernier, qui voulait le faire assassiner, et après s'en être débarrassé par un meurtre, au milieu même d'un festin, il se fit proclamer roi par les Macédoniens (an 295), qui estimaient sa valeur, et contraignit Antipater à s'enfuir en Thrace auprès de son beau-père Lysimaque.

Démétrius régna sept ans en Macédoine. Maître de la Thessalie, d'une grande partie du Péloponèse, de Mégare et d'Athènes, il voulut soumettre les peuples qui ne lui obéissaient pas encore. Il attaqua d'abord les Béotiens : après les avoir vaincus, il prit Thèbes, dont il traita fort humainement les habitants, et leur donna pour gouverneur son lieutenant, l'historien Hiéronyme de Cardie. Cependant, Lysique avait été fait prisonnier par Dromichœtes, roi des Gètes; Démétrius crut le moment venu pour s'emparer de la Thrace; mais, ayant appris que le prince qu'il croyait captif, avait recouvré sa liberté, il revint sur ses pas. Toute la Béotie s'était soulevée. Il mit pour la seconde fois le siège devant Thèbes, et finit par la prendre d'assaut (an 291). Il y entra en proférant d'horribles menaces, qu'il n'exécuta point. Il châtia ensuite les Étoliens, qui infestaient la Phocide, et envahit leur pays (an 290). Au retour de cette expédition, les Athéniens allèrent au-devant de lui, couronnés de fleurs, brûlant de l'encens et chantant des hymnes où l'on remarquait ce passage : « Les autres dieux sont éloignés de nous ou sourds; ils n'existent pas ou ne veulent pas nous écouter. Mais nous voyons en toi un dieu véritable, non en bois ni pierre, mais en personne, et qui peut exaucer nos vœux. » Ce prétendu dieu ne devait pas tarder à faire sa puissance. La guerre que lui faisait Pyrrhus, roi d'Épire, avait donné lieu aux Macédoniens de connaître et d'admirer le jeune héros, dans lequel ils croyaient voir un nouvel Alexandre. Ils étaient las d'ailleurs et des hauteurs de Démétrius, qu'ils traitaient de comédien, qui voulait imiter le grand homme, et qui ne savait que le contrefaire. Il était en outre inabordable, donnant rarement audience, ou, s'il le faisait, c'était pour maltraiter et rabrouer les gens. Démétrius tombe malade; Pyrrhus en profite pour envahir la Macédoine; Démétrius, revenu à la santé, lui fait lâcher sa proie, et s'accommode avec son ennemi; mais, loin qu'un pareil péril l'ait rendu plus sage, il songa à s'éloigner de la Macédoine pour aller en Asie reprendre à Lysimaque, à Séleucus, à Ptolémée, les provinces qui formaient le royaume d'Antigone. Il rassemble 110,000 soldats, et construit 500 galères dans les chantiers de Chalcis, de Corinthe et de Pella, surveillant, accélérant, dirigeant lui-même le travail des ouvriers. Séleucus et Ptolémée se liguent avec Lysimaque et Pyrrhus, qui tous deux entrent dans la Macédoine, l'un par la Thrace, l'autre par l'Épire. Démétrius marche d'abord contre Pyrrhus; mais l'armée macédonienne passe sous les drapeaux de son rival. « Démétrius s'évada secrètement, laissant Lysimaque et Pyrrhus se partager la Macédoine (an 287).

Sa vie politique n'était pas encore terminée. Son fils Antigone de Gonni, s'était maintenu dans la Grèce. Démétrius Poliorcètes la parcourut pour rassembler les débris de son naufrage, rendit aux Thébains la liberté et leur gouvernement, mais vit après encore une fois les Athéniens l'abandonner avec la fortune, chasser la garnison macédonienne et révoquer le prêtre qu'on lui avait donné comme *dieu sauveur*. Démétrius, furieux, assiège et prend Athènes, mais il se laisse fléchir par le philosophe Cratès. Il aurait pu facilement se maintenir dans la Grèce, mais il rêvait toujours la conquête de l'Asie. A la tête d'une flotte et d'une armée d'environ 12,000 hommes, il débarque en Lydie. Maître de Sardes et de quelques villes de la Lydie, il est obligé de se retirer devant les forces supérieures que dirige contre lui Agathoclès, fils de Lysimaque. Il veut gagner la haute Asie, ne songeant rien moins qu'à s'emparer de l'Arménie et de la Médie; mais le défaut de vivres, la fatigue et la contagion lui font perdre une partie de son armée, et force lui est de ramener en arrière le peu d'hommes qui lui restaient. Arrivé dans la province de Tarse, il écrivit à Séleucus, son gendre, pour obtenir de lui les moyens de faire subsister ses troupes. Séleucus lui accorda d'abord sa demande; mais, se défiant de l'ambition de Démétrius, il le contraignit à se rendre son prisonnier. Confiné dans une maison royale avec des officiers attachés à sa personne; libre sous les yeux de ses gardes, qui ne gênaient aucun de ses désirs, excepté celui de s'échapper, Démétrius Poliorcètes jouit à son gré des plaisirs de la table, de la chasse et de la promenade, se livre dans toutes les voluptés, se livre d'abord à des exercices violents, puis les abandonne, pour s'abandonner exclusivement au jeu et à la bonne chère; enfin il meurt d'un excès d'embonpoint, après trois ans de captivité, à Apamée sur l'Oronte. Il avait cinquante-quatre ans (an 284).

Le fils de Démétrius, Antigone de Gouni, fut plus sage et plus heureux que son père : il se maintint en Grèce; plus tard, il monta sur le trône de Macédoine, qu'il sut garder et transmettre à sa postérité.

DÉMÉTRIUS II, petit-fils du précédent, régna de 243 à 233 avant J.-C. en Macédoine. Il fit la guerre aux Étoliens, qui trouvèrent un appui dans la ligue achéenne. Il mit sa politique à favoriser les tyrans qui s'établissaient dans quelques villes pour empêcher l'agrandissement de cette confédération. A l'exemple de son père Antigone de Gouni, il convoitait la domination de la Grèce. On lui a attribué une expédition dans la Cyrénaïque et dans la Libye. Cette conquête n'est fondée que sur la confusion du nom de ce prince avec celui de son oncle *Démétrius*, un des fils de *Poliorcètes*.
Ch. Du Rozoir.

DÉMÉTRIUS. Deux rois de Syrie ont porté ce nom.

DÉMÉTRIUS Ier, surnommé *Soter* (le Sauveur), fils aîné d'Antiochus-Épiphanes, était en otage à Rome lorsque son père mourut. Son frère Antiochus *Eupator* ayant profité de son absence pour usurper la couronne (164 ans av. J.-C), Démétrius *Soter* le fit assassiner, et régna sous le bon plaisir des Romains. Il eut à lutter contre l'usurpateur Alexandre *Balas*, et perdit la vie dans une bataille contre lui (an 150).

DÉMÉTRIUS II, surnommé *Nicator* (vainqueur), fils du précédent, recouvra, les armes à la main, le royaume de son père sur l'usurpateur Balas, l'an 144 : il régna d'abord dix-huit mois, puis il fut détrôné par le fils de Balas, qui prit le nom d'Antiochus VI, surnommé *Theos* (le dieu). Démétrius II, resté maître d'une partie de la Syrie, se plonge dans l'inertie et la débauche. Il en sort enfin pour combattre les Parthes, il est battu, est fait prisonnier par eux (an 140), et reste dix ans captif. Rendu à la liberté l'an 130, il se mêle des affaires d'Égypte, lui qui est à peine maître chez lui. Le monarque égyptien Ptolémée-Physcon, lui suscite un rival dans la personne d'Alexandre Zébina, prétendu fils de Balas. Démétrius II fut vaincu et tué dans une bataille. Il avait pour sœur Rodogune, qui épousa Phraate II, roi des Parthes.
Ch. Du Rozoir.

DÉMÉTRIUS DE PHALÈRE, ainsi appelé du lieu de sa naissance, *Phalère*, l'un des ports d'Athènes, philosophe et homme d'État grec, contemporain de Démétrius Poliorcètes, né vers l'an 345, dans une famille obscure, préluda, comme la plupart des grands hommes de l'antiquité, aux affaires publiques par l'étude de la philosophie et de l'éloquence, et fut le disciple et l'ami de Théophraste. Son début dans la carrière politique ne fut pas heureux. C'était vers la fin du règne d'Alexandre, lorsque la Grèce, ne croyant plus avoir à redouter les armes macédoniennes, reprit avec l'esprit de son antique indépendance son ancien esprit de révolte et de sédition. Deux partis divisaient Athènes : Démétrius s'attacha à celui que les patriotes exaltés désignaient aux vengeances populaires sous le nom de parti des Macédoniens, parti de la minorité, mais qui avait Phocion pour chef. On sait quelle fut la fin cruelle de ce citoyen vertueux. Une prompte fuite sauva Démétrius du même sort. Il se retira près de Cassandre, qui l'accueillit avec la plus haute bienveillance. Ce général, s'étant emparé d'Athènes, renversa le gouvernement populaire, créa une nouvelle administration, et en confia les rênes à Démétrius. Strabon, Cicéron, Plutarque, Diodore de Sicile, donnent des éloges au gouvernement de notre philosophe. Il fit revivre les anciennes lois tombées en désuétude, et bannit l'esprit de trouble et de division, en excluant des affaires publiques ceux que leur peu de fortune n'intéressait pas assez évidemment au maintien du bon ordre. Athènes lui dut dix années de paix et de prospérité. On lui érigea 360 statues, monuments de la reconnaissance nationale. Mais ce peuple léger, toujours prompt à passer de l'enthousiasme à la persécution, brisa toutes ces statues, à l'exception d'une seule, et le menaça lui-même d'une mort affreuse, à l'approche de Démétrius Poliorcètes, qui, pour ruiner le parti de Cassandre, débarqua au Pirée, en proclamant la liberté de la Grèce. Démétrius, après s'être d'abord réfugié à Thèbes, trouva enfin un asile glorieux à la cour de Ptolémée-Soter. Ce prince, habile appréciateur du mérite et du talent, l'admit dans son conseil, et lui donna son entière confiance. Ce fut là qu'il écrivit la plupart de ses ouvrages : ils étaient au nombre d'environ cinquante, et se composaient de traités sur la philosophie, la poésie, l'éloquence, la politique. Aucun n'est parvenu jusqu'à nous. On en a loué le style; cependant, au jugement de Cicéron, Démétrius avait plus de grâce que de force, plus d'aménité que de chaleur. Le traité sur le débit oratoire qu'on possède sous son nom est évidemment l'œuvre d'une époque de beaucoup postérieure. Un autre ouvrage dont on lui fait honneur, et qui suffirait pour le rendre cher à la postérité, c'est l'établissement du Musée et de la fameuse bibliothèque d'Alexandrie; on attribue même à la sagesse de ses conseils et à son immense crédit sur l'esprit du roi la traduction des Septante.

Tombé plus tard en disgrâce dans l'esprit de Ptolémée, il fut banni par ce prince dans la haute Égypte, vers l'an 283 av. J.-C. Cette nouvelle épreuve brisa son courage. Diogène Laërce raconte qu'il mourut de la morsure d'un aspic, et, selon Cicéron, cette mort fut volontaire.

DÉMÉTRIUS, nom qui a été porté par plusieurs grands-princes de Russie.

DÉMÉTRIUS Ier, fils du grand-prince Alexandre Newski, vécut, après la mort de son père, dans une guerre continuelle avec son frère jusqu'à sa mort, arrivée en 1394.

DÉMÉTRIUS II, fils du grand-prince Michel, parvient, en 1320, après l'assassinat de son père, et grâce à l'appui des Tatars, à la possession de la principauté de Nowogorod ; mais, détrôné peu de temps après par Georges III, il fut obligé de chercher un refuge chez les Tatars. Ayant assassiné Georges III, qu'une autre révolution avait également forcé à se réfugier chez les Tatars, il paya ce crime de sa tête, et fut exécuté en 1325.

DÉMÉTRIUS III, fils de Constantin, institué par les Tatars en 1360 grand-prince de Moscou, fut détrôné en 1363, et mourut en 1383.

DÉMÉTRIUS IV, surnommé *Donskoy*, fils d'Ivan, lui succéda. Tout enfant encore, il avait possédé la grande-principauté de Moscou; mais il en avait été chassé par Démétrius III, et n'était remonté sur le trône qu'en 1363, après le détrônement de celui-ci, dont il avait épousé la fille. Il transféra sa résidence de Kiew à Moscou, construisit en pierres le Kremlin, et fut très-heureux dans ses guerres contre les princes de Twer et les princes de Rjesan, contre les Lithuaniens et même les Tatars. C'est à une grande victoire remportée sur ces derniers près des rives du Don qu'il dut ce surnom de *Donskoy*. Il fut moins heureux dans la nouvelle lutte qu'il entreprit contre les Tatars, qui brûlèrent Moscou et contraignirent encore une fois les Russes à leur payer tribut. Il mourut en 1389.

DÉMÉTRIUS V, fils d'Ivan II, surnommé *le Terrible*, né en 1582, fut déclaré, par Boris-Fedorowitsch, co-régent du czar Iwanowitsch; puis, après la mort de ce dernier, il fut banni avec Marie, sa mère, et périt assassiné, vraisemblablement vers l'année 1591, par ordre de Boris-Godounof.

DÉMÉTRIUS (Les Faux). C'est en 1603 qu'on voit apparaître dans l'histoire de Russie le premier des individus désignés sous la dénomination de *faux Démétrius*. Il se donnait pour Dém é trius V, le fils d'Ivan le Terrible, et prétendait avoir échappé au fer des assassins à l'aide desquels Boris-Godounof avait espéré se défaire de lui, et qui n'avaient égorgé qu'un enfant que des serviteurs dévoués à la race de Rourick avaient trouvé moyen de lui substituer. Mais il paraît qu'il n'était outre qu'un moine du couvent de Tschoudof, et que son véritable nom était *Grischka-Otrépief*. Il initia au secret de sa prétendue origine d'abord le prince Wiesniefski de Lithuanie, au service duquel il se trouvait, puis le woïwode de Sandomir, Maniszek, qui le présenta au roi de Pologne Sigismond III. Les Polonais comprirent, qu'imposteur ou non, ce prétendant serait entre leurs mains un instrument utile à l'effet d'acquérir de l'influence en Russie; aussi, avec les secours qu'il obtint d'eux, commença-t-il bientôt la guerre contre Boris. Celui-ci, après avoir été battu à diverses reprises, mourut subitement, et suivant quelques-uns, empoisonné; son fils, Féodor, qui lui succéda, fut fait prisonnier. Démétrius, entrant alors triomphalement à Moscou (1605), prit possession du trône, et fit étrangler Féodor. Il fut formellement reconnu par la tsarine Maria Feodorowna, que Boris Godounof avait obligé de faire mourir quand il avait fait égorger le jeune Démétrius V, fils d'Ivan le Terrible, et qui s'était réfugiée dans un couvent où depuis lors elle vivait tranquille. Le premier en date des faux Démétrius gouverna d'abord avec fermeté et prudence; mais il s'aliéna peu à peu le peuple, en dédaignant de suivre les usages russes et en s'entourant, par crainte des dispositions douteuses de la multitude, d'une garde étrangère composée de cent archers, dont un Français (le capitaine Margeret, à qui l'on doit une curieuse relation des événements dans lesquels il fut acteur et témoin) eut le commandement. Le mécontentement populaire fut au comble quand on vit arriver à Moscou, avec 2,000 gentilshommes polonais, la fiancée de Démétrius, la catholique Marina Muniszek, fille du woïwode de Sandomir. Une révolte éclata au milieu même des réjouissances célébrées à l'occasion de ce mariage. Guidé par le prince Wassili-Schouïski, représentant d'une branche collatérale de la maison de Rourik, et à qui Démétrius venait généreusement de faire grâce, bien qu'il eût été convaincu d'avoir tramé un complot tendant à le précipiter du trône, le peuple envahit le Kremlin, et y égorgea Démétrius avec un grand nombre de ses Polonais. Quant à Marina, elle n'échappa qu'avec peine à la mort, et fut jetée en prison.

Wassili-Schouïski ne jouit pas longtemps en paix des fruits de cet heureux coup de main, qui avait placé sur sa tête la couronne des tsars. Dès l'année 1607, il parut encore un second *faux Démétrius*, qui promena longtemps le fer et le feu à travers les provinces de la Russie, déchirée par les factions. Cet imposteur prétendait n'être autre que le Démétrius, qu'on supposait avoir péri dans la révolte de la populace de Moscou au moment où elle avait envahi, furieuse, le Kremlin, et qui serait parvenu à s'échapper de Moscou. Suivant les uns, il était le fils du prince André Kourbski; mais, selon d'autres, il n'aurait été rien qu'un juif laid, vulgaire et ivrogne. Quoique sans talents, sans esprit, sans conduite, il réussit un moment à rallier les Russes mécontents, les Cosaques, toujours avides de pillage, et surtout les Polonais, dévorés du désir de la vengeance. Une circonstance qui vint admirablement seconder son entreprise, c'est que l'ambitieuse Marina, irritée d'avoir perdu un trône, et voyant qu'elle pouvait le regagner en consentant à se prêter à la fraude de cet aventurier, ne fit point difficulté de le reconnaître pour son époux. Wassili-Schouïski eut encore à lutter contre un autre concurrent : c'était Wladislas, fils de Sigismond III, roi de Pologne, que ce prince réussit à faire couronner tsar à Moscou même, dont l'hetman polonais Zolkjefski s'était emparé, mais où il ne put pas longtemps se maintenir. Démétrius, dont l'armée s'affaiblissait de jour en jour, se réfugia à Kalouga, où il fut assassiné. Marina tomba au pouvoir des Russes; mais elle fut délivrée d'entre leurs mains par le Cosaque Zaporogue Zarouckï, qui proclama tsar un fils auquel elle avait donné le jour. Vivement poursuivi par les troupes moscovites, Zarouckï finit par être pris, envoyé à Moscou et exécuté. L'ambitieuse Marina fut noyée dans l'Oural. Une autre version porte qu'elle périt dans la captivité. Quant à son fils, il mourut sur le gibet.

Le troisième *faux Démétrius* fut un véritable ou prétendu fils de *Grischka-Otrépief*. Il trouva aide et protection auprès de Wladislas IV, roi de Pologne, qui lui donna asile à sa cour. A la mort de ce prince, ce troisième faux Démétrius se retira d'abord en Suède, puis en Holstein. Mais le duc souverain de ce pays le livra au tsar, qui le fit étrangler; on donna ses entrailles à dévorer à des chiens.

Le diacre Sidore, qui se fit passer pour le fils de Démétrius V, fut le quatrième *faux Démétrius*. Il réussit à s'emparer par surprise de la ville de Pleskow; mais il se conduisit avec tant d'insolence à l'égard des bourgeois de cette cité, qu'ils le chassèrent de leurs murs. Arrêté par des Cosaques, il fut amené à Moscou, où il périt du dernier supplice en 1613.

DEMEURE (du latin *morari*, s'arrêter). Dans la langue du droit, ce mot n'est pas toujours synonyme de d o m i c i l e : on peut avoir son domicile ailleurs qu'au lieu où l'on demeure le plus souvent.

Dans une acception toute différente, on appelle *mise en demeure* l'acte par lequel on somme quelqu'un de remplir l'obligation qu'il a contractée. La mise en demeure est généralement nécessaire pour faire courir les dommages-intérêts dus pour inexécution d'obligation. Le débiteur est constitué en *demeure* par une s o m m a t i o n, ou par une autre acte équivalent, ou par la convention elle-même, lorsqu'il y est dit qu'il sera en demeure par la seule échéance du terme. On dit qu'il y a *péril en la demeure* lorsque les choses sont dans un état tel que le moindre retard peut occasionner un préjudice irréparable.

DEMI-CAPONNIÈRE. *Voyez* CAPONNIÈRE.

DEMI-DIEUX. Dans la Grèce et dans Rome, après les grands dieux, après les dieux subalternes, l'histoire unie à la fable présente une nouvelle série de personnages illustres, participant de la nature humaine et de l'essence divine : les uns, nés d'un dieu et d'une mortelle, les autres, d'un homme et d'une déesse. L'esprit humain, ayant une fois établi un ordre hiérarchique pour les divinités, à l'infini ou vaste panthéon, où les grands dieux, les dieux secondaires, les inférieurs, siégeaient selon le rang que l'imagination avait donné à leur puissance. A leur suite, on plaça les hommes qui, devenus célèbres par leurs vertus, leur science, leur courage ou leurs malheurs, avaient obtenu de l'opinion une espèce d'apothéose. Comme dans ces temps primitifs aucun fait, aucune action, aucune scène de la vie, n'étaient constatés par l'écriture, encore ignorée, les traditions variaient au gré des hommes puissants; l'histoire du siècle à peine écoulé devenait, pour la génération suivante, aussi obscure que si elle eût été voilée par la plus sombre nuit des temps. Aucun titre ne contredisait l'imposteur qui, par politique, par orgueil, par nécessité, se donnaît un dieu pour père ou pour aïeul. Ainsi, de cette foule de demi-dieux, les uns ont dû leurs honneurs célestes à des hauts faits, aux services rendus à la patrie; les autres, à la vanité puissante, au despotisme, à l'imposture, ou même au crime.

Dans cet ordre de dieux, les plus remarquables sont Hercule, fils d'Alcmène et de Jupiter. Il y eut un grand nombre de héros connus sous ce nom, mais on attribue à l'un d'eux leurs exploits communs. Thésée, ami de l'Hercule thébain, émule de ses travaux, comme lui purgea la terre de brigands. Persée, petit-fils d'Acrisius, roi d'Argos, s'éleva aussi au rang des dieux par son courage et ses vertus. Castor et Pollux, modèles de l'amitié fraternelle, fils de Léda et du roi des dieux, participèrent aux honneurs célestes. Après ces personnages divins, se présentent, dans un ordre bien inférieur, des hommes illustres qui, ayant existé avant les temps historiques, ont été considérés comme des êtres mythologiques, parce que leur renommée, perpétuée par tradition orale, s'est agrandie des faits extraordinaires, et même surnaturels, que leur ont prêtés l'exagération de l'enthousiasme et l'amour du merveilleux; en sorte que ces hommes, dont l'existence n'est pas une fiction, apparaissent pourtant dans la vague perspective des siècles, à cette distance où l'admiration des peuples confond la nature humaine et l'essence divine. Personnages à la fois historiques et mythologiques, ils se groupent, à divers degrés d'élévation, avec ces êtres que la terreur, la reconnaissance, le besoin, la ruse, la prudence, enfantèrent, et que le génie poétique divinisa.

Une propension trop naturelle à l'homme le porte à vouer son admiration à tout ce qui le frappe par la grandeur autant et plus que par l'utilité. Il conserve moins difficilement le souvenir d'un désastre que celui d'un heureux événement. L'effroi parle dans son cœur plus haut que la reconnaissance. Il est, sans doute, un nombre immense de bienfaiteurs de l'humanité totalement oubliés. Leurs noms sont effacés de la mémoire des peuples, tandis que les fléaux y sont toujours vivants. Les déluges, les conquérants, les pestes, les tremblements de terre, n'ont jamais échappé à leur souvenir. La lyre des poètes les a sauvés de l'oubli. Virgile et Lucrèce se sont plus à reproduire les ravages de la contagion qui frappa les hommes dans l'Attique et les animaux dans l'Italie. Leur pinceau sublime aurait pu éterniser des fictions nobles, des vertus simples et touchantes, mais leur génie a voulu parler fortement à l'imagination. Ils savaient que, si l'admiration fatigue promptement l'esprit humain, l'effroi le tient sans cesse attentif.

Il est encore un très-grand nombre de personnages qui appartiennent à la mythologie, dont l'exagération avec laquelle les poètes ont agrandi leurs actions, et par les rapports qu'ils leur ont supposés avec les êtres purement allégoriques ou divins; mais ces personnages appartenant à l'histoire, du moins par l'ordre chronologique, ne doivent pas être confondus avec ces demi-dieux qu'on est convenu de placer dans les rangs inférieurs du panthéon, beaucoup trop étroit pour contenir cette foule de divinités de toute espèce. L'homme, ayant une tendance particulière à prêter un corps, une volonté, des passions à tous les objets dont il ne conçoit pas l'origine ou le but, multiplia ses divinités sans mesure. D'ailleurs, n'ayant d'autres formes à leur supposer que celles des êtres qu'il connaissait, il a revêtu tous les dieux de formes humaines. Les Égyptiens et les Indous font exception.
DE PONGERVILLE, de l'Académie Française.

DEMIDOFF, l'une des plus grandes et des plus anciennes maisons de commerce de Moscou, l'égale, pour la puissance et l'importance du crédit, des maisons *Sina* de Vienne, *Bethmann* de Francfort, *Baring* de Londres, *Hope* d'Amsterdam, *Rothschild* etc. etc., et qui exerce aujourd'hui encore une immense influence sur l'industrie russe et la circulation des espèces monétaires dans l'empire de Russie, jouit d'un grand crédit depuis *Nikita* DEMIDOFF, lequel, sous le règne de Pierre le Grand, établit en Sibérie le premier haut-fourneau qu'on y ait vu en activité, et dont le tsar lui fit don en 1702. Son fils *Akinsii* DEMIDOFF, qui obtint le titre de *conseiller d'État*, fonda en 1725, au pied du mont Magnétique, en Sibérie, le haut-fourneau de *Nishneitagilsk*, aujourd'hui encore le plus important de tous ceux qui existent dans ce pays. *Basili* DEMIDOFF, secrétaire du sénat à partir de 1841, et plus tard nommé conseiller d'État, de même qu'*Ivan* DEMIDOFF, contre-amiral depuis 1764, exercèrent aussi une utile influence dans toutes les parties de l'empire. *Paul Gregorievitch* DEMIDOFF créa près de son hôtel à Moscou un jardin botanique dans lequel il réunit les arbres et les plantes exotiques les plus rares, et fonda une école de commerce, à laquelle il assigna une riche dotation.

DEMIDOFF (NICOLAI, comte), fils du conseiller privé *Pierre Gregorievitch* DEMIDOFF, mort en 1836, naquit en 1774 à Pétersbourg, entra de bonne heure au service, et se distingua dans la guerre contre les Turcs en qualité d'aide de camp de Potemkin. Plus tard, il épousa une comtesse Strogonoff, dont on voit le magnifique mausolée à Paris au cimetière du Père-la-Chaise, et fut nommé conseiller privé et chambellan de l'empereur. Son goût pour les beaux-arts et pour l'histoire naturelle lui fit entreprendre un voyage en Allemagne, en Italie, en France et en Angleterre. Il envoya aussi un certain nombre de mineurs et d'employés de ses mines en Styrie, à l'effet de s'y perfectionner dans l'exploitation des mines et tous les travaux y relatifs. A l'époque de la guerre de 1812, il leva à ses propres frais un régiment à la tête duquel il vint rejoindre l'armée. Nicolaj Demidoff possédait une belle collection de tableaux et autres objets d'art. Le remarquable cabinet d'histoire naturelle qu'il était parvenu à former a été donné par lui à l'université de Moscou. En 1826, il fit paraître à Pétersbourg et à Moscou quelques petits écrits en français relatifs à diverses questions d'économie politique, à l'industrie, à la puissance des capitaux, au commerce, etc. Il mourut à Florence en 1828, laissant deux fils, *Paul* et *Anatole*, pour héritiers de son immense fortune.

DEMIDOFF (ANATOLI, comte), chambellan de l'empereur de Russie et fils du précédent, perdit de bonne heure son frère aîné, mort sans avoir contracté de mariage. Pour honorer la mémoire de son frère, le comte Anatole Demidoff a consacré une somme de 500,000 roubles à la fondation d'un hôpital à Moscou. Il a fait don aussi à l'Académie des sciences de Pétersbourg de sommes considérables sur le revenu desquelles cette compagnie décerne chaque année au meilleur ouvrage paraissant dans la langue russe un prix de 5000 roubles en papier. Il a narré, dans l'ouvrage intitulé : *Voyage dans la Russie méridionale et la Crimée par la Hongrie, la Valachie et la Moldavie* (Paris, 1839), et écrit en société avec MM. Sainson et Duponceau, un voyage scientifique dans l'est de l'Europe. En 1840, il épousa à Florence la princesse *Mathilde de Montfort*, fille de Jérôme Bonaparte et de la feue princesse Catherine de Wurtemberg, laquelle ne lui apportait, il est vrai, aucune espèce de dot, mais en revanche le rendait parent et allié à la mode de Bretagne, du duc de Leuchtenberg, choisi quelque temps auparavant par l'empereur de Russie pour gendre. Ayant pris alors l'engagement de faire élever dans la religion catholique romaine tous les enfants à naître de ce mariage princier, une telle obligation contractée par un prince grec schismatique devint pour lui en Russie la source d'une foule de désagréments. Le comte Demidoff fut en effet privé alors de son titre de chambellan de l'empereur et mandé à Saint-Pétersbourg pour avoir à y rendre compte de sa conduite. Toutefois il réussit à faire revenir l'empereur son maître des préventions défavorables qu'avait fait naître dans son esprit une alliance parfaitement désintéressée de sa part. Cette union quasi-royale, qui fit grand bruit dans la temps, est demeurée stérile, et semble d'ailleurs n'avoir pas été aussi heureuse qu'on aurait pu l'espérer. En effet, cinq années à peine s'étaient écoulées, que M. et madame Demidoff se séparaient de corps et de biens par consentement mutuel; et l'empereur de Russie, toujours juste et strict observateur des convenances, exigea alors que le comte Demidoff assurât à la comtesse sa femme une rente annuelle de 200,000 roubles papier. Depuis, madame la comtesse Demidoff est venue habiter Paris, où depuis 1849 elle ne porte plus dans le monde que le titre de princesse *Mathilde*. Le titre d'*Altesse impériale* lui a été donné à la suite du rétablissement de l'empire.

DEMI-LUNE, dehors ou pièce de fortification dont on attribue l'invention aux Hollandais; cependant, elles étaient connues bien anciennement des Vénitiens, puisqu'en 1571 il en existait à Famagouste, qu'ils défendaient contre les Turcs. Les demi-lunes présentent vers la campagne un angle flanqué, saillant, que surmonte une guérite; elles sont formées de deux faces, quelquefois à retour : ces faces sont les défenses de la pièce. On a nommé originairement demi-lunes les dehors que les Hollandais construisaient devant la pointe des bastions de leurs forteresses, et auxquels il donnèrent une gorge qui avait la forme de la partie concave d'un croissant; cette désignation et ce genre d'ouvrage extérieur furent de peu de durée. Manesson dit que, de son temps, « la demi-lune commençait à n'être plus guère en usage, *à cause qu*'elle n'est défendue que du ravelin. » Furetière nous apprend qu'on commençait à substituer aux demi-lunes les contre-gardes, et Guillet mentionne comme nouveau, vers la même époque, le mot *ravelin*. Plus tard, on a vulgairement nommé demi-lune ce que les officiers du génie appellent aussi *ravelin*, pièce située, non en avant d'un bastion, mais devant le milieu d'une courtine, pour en défendre la porte et le pont. La dénomination de demi-lune, cependant, convenait mal à ces pièces, puisque, par leurs dispositions elles n'avaient rien de commun avec un croissant lunaire et qu'elles présentaient, au contraire, un angle rentrant, formé par la rencontre des demi-gorges sur la capitale de la fortification, nommé *capitale de demi-lune*.

Pour simplifier les définitions, considérons la demi-lune comme la défense d'une courtine. D'abord petites, elles furent agrandies, à plusieurs reprises, par Vauban. En général, ce sont des pièces détachées, mais enveloppées dans le chemin couvert; elles sont à escarpe intérieure, à fossé, à parapet, à rempart, à fraise; elles servent de passage pour arriver à la contrescarpe. Si le fossé est inondé, on construit, au centre de la demi-lune et au bas du fossé, un petit fort, qui peut servir de gare à un bateau, et qui correspond à la coupure de la tenaille du fossé; sa figure est à peu près triangulaire.

Lachenaie dit qu'on appelle *demi-lunes simples* celles « qui ont deux flancs »; et *demi-lunes doubles* « celles qui « en ont une autre enfermée dans leur enceinte; » on les appelle aussi *demi-lunes à lunettes*. D'autres écrivains nomment, au contraire, *demi-lunes simples* celles qui ne sont ni à contre-garde ni à lunettes, et disent qu'on élève ordinairement au milieu de leur gorge un petit ouvrage ou réduit, à l'épreuve du fusil, percé de meurtrières, et servant de corps de garde. Cormontaigne et le général Sainte-Suzanne veulent que les demi-lunes soient grandes. Il a été construit des demi-lunes dont les faces sont couvertes par des demi-contre-gardes : on les appelle *demi-lunes à tenailles*.

En outre du service militaire qu'un poste de la garnison accomplit aux demi-lunes, une surveillance à la fois civile et de police militaire y est exercée par un consigne portier.

Gal BARDIN.

DEMI-PARALLÈLES. On appelle ainsi, en termes de fortification, des parties de tranchées conduites parallèlement au front d'attaque, de 78 à 98 mètres de long, qui sont entre les secondes et troisièmes parallèles, afin de pouvoir protéger de plus près la tête des sapes, jusqu'à ce que la troisième parallèle soit achevée.

DEMI-RELIEF. *Voyez* BAS RELIEF.

DEMI-REVÊTEMENT. On appelle ainsi, en termes de fortification, de petites galeries pratiquées de distance en distance en avant des glacis d'une place de guerre, répondant toutes à une galerie située parallèlement au chemin couvert. On s'en sert pour aller au-devant du mineur ennemi et pour l'interrompre dans ses travaux.

DEMI-SANG (Cheval de). *Voyez* CHEVAL, t. V, p. 422.

DÉMISSION. C'est l'acte par lequel on renonce à exercer une fonction, à remplir un emploi dont on était revêtu. On donne sa démission d'une fonction publique, et le gouvernement la reçoit, l'accepte. Il y a des démissions volontaires; il y en a aussi de forcées. Les fonctionnaires qui donnent leur démission sont tenus de continuer l'exercice de leurs fonctions jusqu'à leur remplacement. Les officiers ministériels peuvent, en donnant leur démission, présenter leurs successeurs.

[La démission d'un officier est la cessation spontanée de tout service militaire, désistement du droit de faire partie des cadres, soit actifs, soit morts; renonciation aux rémunérations qui sont le prix des services rendus. L'officier conserve pourtant ses droits aux récompenses militaires, s'il donne sa démission après trente ans de service révolus. Suivant une opinion sophistique de Montesquieu, jamais officier ne pourrait être argué de désertion; libre à lui de renoncer au service, de quitter le drapeau, sans même en déduire les raisons. « L'honneur, disait ce célèbre publiciste, prescrit à la noblesse de servir le prince à la guerre, mais veut être l'arbitre de cette loi; et, s'il se choque, il exigo ou permet que l'on se retire chez soi. » Cette pensée fausse, exprimée en un langage obscur, prouve que Montesquieu ne songeait pas à la sainteté du serment exigé depuis Louis XIV, serment qui était l'initiation au grade qui liait à son enseigne le récipiendaire, et qu'il payait, ou du prix pécuniaire de son épée, ou de cette épée même, laissant cette valeur aux mains du commissaire qui recevait le serment. En fait de désertion d'officier, en fait de démission, tout resta encore dans le vague pendant le siècle dernier. En certains temps, la simple absence d'un officier était, après une certaine durée de temps, considérée à l'égal d'une démission. Les concordats étaient un encouragement aux démissions, et cet usage prouvait combien la législation s'occupait peu de faire dépendre l'avancement du mérite : il en fut ainsi jusqu'à la guerre de la Révolution. Le droit immémorial acquis aux officiers de quitter librement le service était exprimé dans cette phrase de l'*Encyclopédie* : « L'officier n'est obligé strictement que par les lois de l'honnêteté naturelle et par celles de son propre honneur à exposer à son chef les raisons de sa retraite. » C'était une vieille maxime, dictée par l'esprit de féodalité; mais, en général, il n'était pas d'usage d'offrir une démission en temps de guerre; en cela l'honneur parlait : une sorte de pudeur militaire suppléait au silence de la loi.

Cependant, quand la guerre de la Révolution eut éclaté, l'émigration fut une sorte de démission en masse, un abandon d'un genre nouveau : ainsi, dans certaines opinions, l'honneur proscrivit alors ce qu'il avait interdit jusque-là. Ce furent ces démissions par troupes qui motivèrent le décret du 17 mai 1792, le premier qui se soit étendu sur les démissions; il ne prononçait pas à cet égard de prohibition formelle : il regardait seulement la chose comme blâmable, mais non défendue; il exprimait que tout officier donnant sa démission sans cause légitime, jugée par les conseils d'administration ou par les cours martiales, perdrait tout droit à la jouissance d'une pension; il voulait que la démission en campagne ne fût valable qu'après avoir été mise à l'ordre du jour et qu'après avoir été constatée et ciementée par un congé absolu en bonne forme. Sinon, l'officier devait être déclaré déserteur. Le règlement du 24 juin 1792 disposait qu'en cas d'action juridique dirigée contre un officier, et en cas de condamnation par corps pour dettes, l'insolvabilité équivalait à une démission : l'ordonnance du 13 mai 1818 confirmait cette législation. Une décision du 10 juin 1820 a voulu que, dans les temps ordinaires, la transmission des démissions eût lieu du démissionnaire au ministre par l'intermédiaire du colonel, du général de brigade et du général de division, ces officiers supérieurs et généraux devant joindre à cette pièce les explications nécessaires. Cette mesure n'est modifiée qu'à l'époque où ont lieu les inspections générales, parce qu'alors le colonel remet directement la démission à l'inspecteur-général. Le lendemain du jour où l'acceptation ministérielle de la démission est notifiée au démissionnaire, son activité de service cesse. L'ordonnance du 19 mars 1823 disposait que, si le démissionnaire était en congé, tout droit aux rappels de solde lui était interdit. Des démissions pouvaient se donner pendant la guerre, puisque des journaux ont publié, lors de la campagne de 1823, une démission donnée ou censée donnée par un contre-amiral. Les démissions n'ont jamais été aussi nombreuses dans l'armée française qu'au commencement du règne de Charles X. Il résulte des débats du budget de 1826 que, depuis la guerre d'Espagne jusque-là, les démissions s'élevaient à 700. La loi du 19 mai 1834 embrasse la question des démissions.

Gal BARDIN.]

DÉMISSION DE BIEN. Dans notre ancien droit on appelait ainsi un acte, autorisé par certains usages locaux, par lequel une personne, en anticipant le temps de sa succession, se dépouillait, de son vivant, de l'universalité de ses biens, et en saisissait ses héritiers présomptifs, en retenant néanmoins le droit d'y rentrer lorsqu'elle le jugeait à propos. Cette sorte de disposition gratuite a été remplacée, dans le Code Napoléon, par le partage d'ascendants.

DEMI-TEINTE. Cette expression, souvent employée dans la peinture et dans la gravure, n'a pourtant pas une valeur fixe et positive, puisqu'elle indique le passage entre l'ombre et la lumière, et par conséquent une teinte dont la valeur est relative à l'effet plus ou moins rembruni du tableau. Il ne faut donc pas croire que la *demi-teinte* soit en peinture ce qu'un *demi-ton* est en musique. Dans les tableaux de Rembrandt et de Michel-Ange Caravage, les lumières sont vives et resserrées, les ombres larges et vigoureuses ; dans les tableaux de l'école romaine ou de l'école française, les lumières sont grandes et les ombres étroites ; il se trouve cependant, dans les uns comme dans les autres, une dégradation entre l'ombre et la lumière, et c'est cette partie que l'on dit être dans la *demi-teinte*.

DUCHESNE aîné.

DEMI-TON. *Voyez* TON.

DÉMIURGE en grec δημιουργός, l'artisan, c'est-à-dire (*l'architecte*), mot qui dans la cosmologie des gnostiques désignait *l'auteur*, le créateur du monde des sens. On se le représentait comme ayant sous lui le chef (ἀρχὸν) des esprits pléromatiques du degré inférieur. Par son contact avec le chaos, il avait créé dans celui-ci un monde corporel animé. Il ne pouvait communiquer aux hommes, qu'il avait créés, que son propre et faible principe, la psyche (ψύχη); aussi le bien suprême, Dieu, avait-il en même temps déposé dans la nature humaine, la divine puissance de la raison, le *pneuma* (πνεῦμα). Mais la puissance du mal, dans les corps matériels, de même que la réaction du démiurge, être essentiellement *psychique*, n'avaient pas permis à cet élément supérieur de se développer. Tout en se considérant lui-même comme le Dieu suprême, il n'avait pas conduire les siens à la connaissance du vrai Dieu. Il leur avait donné la loi mosaïque (d'où la notion du Dieu des Juifs), loi incomplète qui ne promit qu'un bonheur sensuel et auquel on ne saurait même atteindre, et n'avait envoyé contre les esprits de l'*hylé* qu'un Messie *psychique*, par conséquent impuissant, le Jésus-homme.

Dans les Pères de l'Église, on trouve quelquefois l'expression de *demiourgos* employée comme équivalant de *logos*, en tant qu'on se le représentait comme l'organe de Dieu dans l'acte de la création du monde.

Démiurge était aussi le nom d'un magistrat de l'Achaïe dont les fonctions étaient à peu près les mêmes que celles du démarque.

DÉMOCRATIE, DÉMOCRATE. L'origine grecque de ces mots (faits de δημός, peuple, et κράτος, force, autorité, pouvoir) est évidente : la *démocratie* est le gouvernement par le *peuple*; le *démocrate* est l'homme qui participe à ce gouvernement, ou qui fait profession de le préférer à tous les autres. Le Génevois J.-J. Rousseau était démocrate, quoique sa patrie l'eût rejeté. Montesquieu a fait le plus bel éloge de la démocratie lorsqu'il a dit que *la vertu est son mobile*. Cependant, ce n'est pas sans raison que Sieyès, réfutant quelques opinions de l'auteur de l'*Esprit des lois*, manifeste parfois son humeur contre l'*aristocrate Montesquieu*. Quel est donc ce gouvernement dont on pense tant de bien, et qu'on ne veut pas accepter ? Convient-il réellement aux hommes tels que nous les voyons ? Est-il plus favorable que tout autre au perfectionnement de l'espèce humaine ? Procure-t-il une somme de bonheur plus grande et plus équitablement répartie ?

L'antiquité nous offre plusieurs modèles de *gouvernement démocratique*, et l'histoire s'est chargée de nous faire connaître les épreuves auxquelles ils furent soumis, les modifications qu'ils subirent par l'action de causes diverses, et les résultats qu'ils obtinrent. Des philosophes qui eurent ces objets sous les yeux en firent le sujet de leurs méditations, qui, consignées dans leurs écrits, sont parvenues jusqu'à nous. Il semble que rien ne manque à notre instruction, et que nous devons être en état de choisir parmi les différentes formes de gouvernement celle qui convient le mieux à notre situation présente et à nos espérances pour l'avenir. Malheureusement, ce premier coup d'œil nous trompe, et ce que nous croyons savoir doit être presqu'en entier l'objet d'une étude nouvelle; il suffira, pour nous en convaincre, de comparer notre situation politique, morale, financière, industrielle, etc., à celle des peuples qui vécurent, il y a plus de vingt siècles, sous les diverses formes de gouvernement dont nous n'avons conservé que le nom : les dénominations, les choses étant devenues méconnaissables.

Nos républiques fédératives ne sont nullement comparables à celles de l'ancienne Grèce, et les royautés modernes s'éloignent de plus en plus du despotisme monarchique tel qu'il fut dans l'antiquité : les stationnaires Asiatiques et les barbares Africains ont seuls persisté dans leurs vieux régime; mais l'impulsion européenne commence à s'y faire sentir. Puisque nous ne ressemblons plus aux hommes d'autrefois, nous devons être gouvernés autrement qu'il ne le furent, et ni les lois ni les institutions de Lycurgue ou de Solon ne peuvent nous convenir, non plus que la république de Platon. Il faut donc nous résoudre à faire de nouvelles épreuves, en les combinant avec sagesse et les poursuivant avec persévérance. On a beau dire que nous ne sommes plus capables de ces grands efforts, que notre nature dégénérée, amollie par le luxe et le raffinement des arts, pervertie par des siècles de servitude, livrée sans préparation à une liberté mal comprise, n'a pu résister à cette périlleuse tentative : l'histoire même de notre temps repousse ces avis d'une lâche prudence, et nous laisse plus d'estime pour nos contemporains. Non, le germe des vertus n'a pas perdu sa fécondité; il n'attend que des circonstances propres à le développer, et chaque fois qu'il les a rencontrées, des âmes fortes et généreuses ont étonné et consolé le monde au milieu des crimes dont les mêmes époques furent souillées. Qu'on se rappelle combien de fois un dévouement coura-

23.

geux a bravé la mort : *laudatis antiquitatis mortibus pares exitus*, a dit Tacite en parlant de faits semblables, qui ne furent pas rares au temps de Néron et de ses dignes successeurs, mais dont aucun ne surpasse l'héroïsme de ceux dont nous fûmes témoins.

Sous le règne de Napoléon, tout fut rapetissé, à l'exception des talents militaires; il n'y eut plus de *chose publique*, et la nation française fut livrée aux hommes qui purent consentir à n'être que des instruments entre les mains du propriétaire unique de la France et de ses habitants. Les lettres, les sciences et les arts peuvent prospérer sous un tel régime; mais les hautes vertus civiques y seraient déplacées : elles n'y paraissent point. On ne les voit pas, non plus, lorsque le pouvoir tombe entre les mains de gouvernants à courtes vues, sans élévation dans la pensée, plus occupés du soin de maintenir et d'étendre leur autorité que de ce qui pourrait agrandir et honorer la nation. Aucune ambition ne stimule les hommes capables de ces vertus ; mais, lorsqu'il s'agit de répondre à un appel généreux, ou de lutter contre des obstacles dignes de leur courage, ils sont toujours prêts. Sous un gouvernement vraiment populaire, l'amour de la patrie échauffe toutes les âmes; l'image vénérée de cet objet de l'affection universelle attire continuellement l'attention. Sous la domination d'un despote ou d'une aristocratie, il n'y a réellement plus de patrie; pour le gros de la nation, il ne reste que l'attachement au pays natal, les habitudes, l'instinct qui porte à le préférer à tout autre séjour; pour le maître ou les privilégiés, c'est un domaine que l'on est fier de posséder, avide d'exploiter, quand même, en forçant la production, on en diminuerait la fertilité.

Dans un état libre, des citoyens disgraciés par la fortune peuvent, avec une âme forte et des talents ordinaires, se placer au rang des grands hommes dont la mémoire sera précieusement conservée. Sous les autres gouvernements, l'homme ne vaut que par ses talents, il n'obtient que par leur moyen la portion d'estime publique et de renommée à laquelle il peut aspirer. Or, comme la nature n'est pas plus avare de ses dons envers les peuples libres qu'envers les sujets d'un monarque, une démocratie peut fournir aussi son contingent aux lettres, aux sciences et aux arts, et dépasser même ce qui serait exigible en raison de sa population. La liberté ouvre donc aussi la carrière aux nobles ambitions, et, si elle est plus économe d'encouragements pécuniaires, c'est parce qu'elle est moins opulente ; mais les récompenses qu'elle décerne au nom de la patrie sont bien plus touchantes, exercent sur les âmes un pouvoir bien plus efficace, un pouvoir dont la liberté seule a le secret. C'est ainsi que les états libres ont été, de tout temps, des pépinières de grands hommes; et, à cet égard, rien ne sera changé dans l'avenir; les mêmes causes produisent toujours les mêmes effets. On ne peut douter que les progrès du genre humain, ceux dont il peut jouir, ne soient dus aux efforts successifs de ces hommes dont la reconnaissance a consacré la mémoire : la contribution des états libres est donc la plus considérable, même sans tenir compte du petit nombre de leur population, comparée à celle qui est soumise au sceptre de monarques plus ou moins absolus. Il suffit, pour s'en convaincre, de récapituler ce que nous avons reçu des Grecs et des Romains : l'influence qu'exerce encore aujourd'hui l'histoire de ces républicains n'est pas moins puissante que les exemples de nos voisins, et prévaut quelquefois sur le résultat de nos propres observations ; nous nous confions plus volontiers à ces anciens qu'à nous-mêmes, modestie ou réserve qui n'est pas toujours d'un bon conseil. Lorsque nous avons fait deux fois l'essai d'une royauté constitutionnelle, et ensuite d'une république, nous nous sommes plus rapprochés des formes anciennes de ces gouvernements que de la constitution anglaise ou de celle des États-Unis, et si l'on en juge d'après les événements, cette faute a compromis l'œuvre des deux Assemblées constituantes.

Tout bien considéré, comme nous ne valons pas moins que ces anciens tant vantés à nos dépens, rien de ce qu'ils exécutèrent ne serait impossible aujourd'hui; nous serions donc en état d'établir encore des gouvernements démocratiques, si cette forme nous convenait mieux que toute autre. Il semble donc que tout se réduit à une question de convenance et d'à-propos ; mais, pour arriver à une solution, les difficultés sont grandes et multipliées. En commençant par ce qui est le plus accessible, on voit d'abord qu'un peuple qui veut se gouverner lui-même ne peut être ni très-nombreux, ni disséminé sur un territoire trop vaste. Ajoutons qu'il ne peut se constituer lui-même ; car, pour procéder à ce premier acte politique, il faut une suite de délibérations régulières, et, par conséquent, une organisation. Comme tout mécanisme doit être d'une extrême simplicité, la constitution du corps social sera meilleure si elle est l'œuvre d'une seule intelligence ; un conseil réuni pour ce travail y introduirait inévitablement une plus grande complication. Il n'est pas, sans doute, au pouvoir de l'homme d'imprimer à ses institutions l'admirable caractère de simplicité des lois qui régissent l'univers, de faire qu'elles ne soient que l'expression des *rapports nécessaires qui dérivent de la nature des choses*; mais, s'il y introduit quelques dispositions dont on eût pu se passer, les fonctions du corps ainsi organisé seront plus embarrassées, plus lentes, moins régulières ; une partie de la vigueur native sera consommée à vaincre des résistances dont l'effet inévitable sera d'affaiblir le corps, ni d'abréger la vie. Ainsi, une population qui voudrait s'ériger en état démocratique n'aurait rien de mieux à faire que de confier au plus éclairé de ses membres l'œuvre de sa constitution : cette loi fondamentale fixe le mode et les règles des délibérations publiques de l'exercice du pouvoir législatif et exécutif. Lorsqu'elle est sanctionnée par l'acceptation des citoyens, et complètement exécutée, le corps politique est formé, et son action commence. Les éléments dont il est composé sont essentiellement égaux entre eux : point de distinctions sociales, de castes ; rien qui ne soit absolument nécessaire à toute association politique, et ce nécessaire lui suffit, comme Sieyès l'a très-bien prouvé dans sa brochure intitulée : *Qu'est-ce que le tiers-état ?* opuscule plus instructif que la plupart des longs écrits sur la politique.

« Il ne faut à une société, dit l'auteur, que *des fonctions publiques et des travaux particuliers;* » et cet axiome le conduit à cette conclusion déduite par une logique rigoureuse : *le tiers-état est tout*. Quand même l'universalité des citoyens participerait au gouvernement de l'État, le principe démocratique serait altéré si l'égalité souffrait quelque atteinte. Mais il est évident que le peuple ne peut tout faire par lui-même : il ne peut passer plusieurs heures de chaque journée à délibérer sur les affaires publiques, il faut donc qu'une partie de son autorité soit déléguée à des citoyens investis de sa confiance, à des conseils dont tous les membres soient de son choix. Les attributions de ces conseils seront plus étendues si la population est nombreuse et disséminée sur un grand espace; si les affaires sont très-multipliées, embarrassantes ; s'il faut du savoir et de l'habileté pour les traiter avec succès. Dans tous les cas, les matières dont la décision est réservée aux assemblées du peuples sont préparées dans ces conseils, exposées dans des rapports qui les mettent à la portée de l'intelligence et de l'instruction communes. Ainsi, les délégués du peuple dirigent tout, et les actes de la souveraineté populaire peuvent leur être attribués plutôt qu'au peuple, qui les sanctionne. Tels étaient les gouvernements des Gaules au temps de Jules César ; on pourrait dire que tout le pays était couvert de démocraties, si une grande partie de la nation n'eût pas été exclue des assemblées délibérantes et privée de toute participation aux affaires publiques. Il n'y avait, dit César, que deux sortes d'hommes, les *chevaliers* et les *druides*, ou, comme on dirait aujourd'hui, la noblesse et le clergé : la démocratie ne pouvait trouver aucune place au milieu de ces barons et seigneurs hauts justiciers. Mais si on fait abstraction de la masse des prolétaires et des serfs pour considérer isolément l'association politique des castes privilégiées, on ne trouvera point de graves reproches à lui faire : ces républiques d'aristocrates, gouvernées démocratiquement, géraient aussi bien leurs affaires que les plus célèbres démocraties de la Grèce.

D'ailleurs, il faut se rappeler que ces gouvernements populaires si vantés ne repoussaient pas la servitude, et que Sparte avait des ilotes : pourquoi les républicains, les *démocrates* gaulois n'auraient-ils pas eu des serfs? Aujourd'hui même, quelques états de l'Union américaine ont conservé l'esclavage, quoique la forme de leur gouvernement soit démocratique ; mais de tous les gouvernements de même forme, le meilleur et le plus digne de servir de modèle est, sans contredit, celui qui observe le plus complètement et le mieux toutes les lois de l'humanité : la démocratie la plus pure ne se bornera donc pas à établir entre les citoyens une parfaite égalité ; le titre d'homme y sera respecté ; on ne consentira point qu'il soit dégradé jusqu'à la condition des animaux domestiques. Un propriétaire d'esclaves ne peut penser qu'il soit l'égal des hommes qu'il possède en toute propriété, et dont il dispose à son gré : ses prétentions sont mieux fondées que l'orgueil nobiliaire ; on ne l'offensera donc pas en le classant parmi les *aristocrates*, titre qui ne se concilie point avec celui de *démocrate*. Reconnaissons donc qu'une démocratie *pure* n'admet pas l'esclavage : comme toutes ses lois doivent être empreintes du plus haut caractère moral, elle ne s'adressera pas à des propriétaires d'hommes, ni pour les faire, ni pour les sanctionner.

Est-il vrai qu'une très-grande inégalité des fortunes soit un obstacle à l'établissement d'une démocratie, un vice qui altère sa constitution et prépare sa ruine. Des autorités très-imposantes ont prononcé l'affirmative : on ose à peine douter, examiner de nouveau ce que l'auteur de l'*Esprit des Lois* a sondé dans tous les sens et éclairé par ses discussions. Cependant, on ne peut se dissimuler qu'en traitant du gouvernement démocratique, Montesquieu n'avait en vue que les républiques de l'antiquité, qui seules lui offraient leur existence tout entière pour les juger, et dont il apercevait à la fois la naissance, la jeunesse, l'âge mûr et la caducité, enfin la mort. Mais tous ces faits nous ont été transmis par une succession d'historiens dont chacun les représentait comme il croyait les avoir vus ; c'est ainsi que l'image des objets éloignés arrive souvent à nos yeux déformée par les déviations que la lumière a éprouvées dans le trajet. Nous ne pouvons donc avoir la certitude de connaître assez bien l'antiquité pour nous approprier les résultats de son expérience sans prendre la peine de les vérifier en les appliquant à des temps modernes. Or, nous avons eu l'avantage d'assister à la naissance de grandes et nombreuses démocraties ; les peuples qui les ont formées ont passé brusquement de l'état de sujets à celui de peuple souverain sans changer de mœurs, sans renoncer à puiser, comme tous les autres, aux sources de l'opulence, toujours soumis aux causes qui distribuent la fortune avec une excessive inégalité. Plusieurs de ces républicains ont visité la France, et bon nombre de voyageurs français les ont vus dans leurs pays ; on s'est connu de part et d'autres ; les observateurs les plus attentifs n'ont rien vu d'extraordinaire : les deux sociétés semblent appartenir également à l'ancien monde, sauf quelques différences que le gouvernement démocratique a dû introduire dans le nouveau.

Quant à cette vertu, qui est, dit-on, le *mobile* des républiques, c'est dans les crises politiques, au milieu des tempêtes, au moment du péril qu'elle se montre dans toute sa force : en temps ordinaire, si les républiques peuvent se vanter de quelque vertu qui les caractérise et les élève moralement au-dessus des monarchies, c'est à coup sûr une vertu facile, à la portée commune de l'âme humaine. La frugalité est, dit-on, une partie essentielle du régime républicain : hors de Sparte, on ne s'y conforma guère, et les républiques modernes ne l'ont pas érigée en devoir. Cependant, elles prospèrent, et semblent destinées à exercer dans l'avenir une puissante influence sur les autres États. Dans tout ce que l'on y découvre, rien ne décourage les peuples qui se sentiraient capables de les imiter. A l'exception des vertus dont le sentiment de la patrie est la source, toutes les qualités dont l'homme peut s'honorer brillent à peu près du même éclat pour tous les gouvernements qui ne font pas peser sur les peuples un despotisme trop avilissant. Après tout, il ne faut pas une grande bravoure pour ne pas être lâche ; le bon sens n'est point le partage exclusif des fortes intelligences : or, tout ce qui est véritablement grand et digne d'être entrepris par une nation peut être exécuté avec la mesure commune des facultés humaines, et ne le fut jamais avec des moyens plus puissants qu'une énergie supérieure, puisqu'on ne put y employer que les forces de la multitude, son industrie, son dévouement, des ressources équivalentes à celles que l'on aurait aujourd'hui. Disons-le donc avec assurance : le gouvernement républicain n'est pas plus impossible aujourd'hui qu'il ne le fut autrefois, et son établissement ne serait pas plus ensanglanté, plus souillé de crimes que les guerres suscitées par la politique des cabinets. Les deux essais malheureux que la France a tentés, et que l'on cite à tout propos pour détourner les peuples d'entrer dans la même voie, n'interdisent point de se diriger vers le même but, pourvu que l'on y arrive par une autre route. Pourquoi repousserait-on comme une pensée criminelle le projet de donner à son pays le gouvernement qui, dans tous les temps, ont élevé les peuples au plus haut degré de prospérité et d'illustration? Il est certain que le sentiment de la patrie, source de délices et de vertus civiques, ne produit ses admirables effets que dans les républiques ; mais faut-il revenir à la démocratie pour constituer un gouvernement républicain?

Si la presque totalité d'une nation ne fait qu'obéir et payer, elle vit sous la domination d'une *aristocratie*, et le nom d'*aristocrate* est entaché en France d'une flétrissure indélébile : aucun pouvoir ne le réhabilitera. Il n'y a de *chose publique* que pour cette aristocratie, repoussée par l'aversion générale, véritablement nationale : on tient à son pays, on l'aime, mais on n'a point de *patrie* ; aucun lien d'affection et de confiance mutuelle n'attache les gouvernés aux gouvernants ; la force est toujours nécessaire pour obtenir la soumission ; l'état est faible à l'intérieur, quand même il aurait assez de soldats pour paraître fort aux yeux de l'étranger. Si, au contraire, chaque membre de la nation s'enorgueillit du titre de citoyen, il sera toujours disposé à seconder l'autorité publique, à faire tous les sacrifices qui lui seront imposés au nom de la patrie ; l'état sera paisible au dedans, invincible au dehors. Quelle que soit l'organisation du pouvoir exécutif, quelque nom que l'on donne à la fonction la plus éminente, la constitution sera *républicaine*. La première Assemblée constituante avait érigé la France en *république* ; la Convention voulut approcher de la démocratie, et ne put réussir : on connaît maintenant ce qui fit écrouler les édifices construits par ces deux assemblées, et les moyens de restaurer la république en conservant le pouvoir héréditaire d'un seul. Une démocratie pure ne peut subsister en Europe qu'en se faisant oublier. En Amérique, les petits états se trouvent la ressource de se réunir en confédérations, dont la force et la stabilité n'ont pas encore subi l'épreuve du temps, des chocs, de la fermentation générale des esprits et des peuples ; mais, avant qu'on ait pu recevoir cette instruction, d'autres expériences assez nombreuses et bien constatées ne laissent aucun doute sur la supériorité des forces les mieux unies, d'une action plus prompte et dirigée par une seule volonté. Laissons donc la démocratie au Nouveau-Monde, et dans celui-ci, puissions-nous obtenir une république fructifiant à l'ombre d'un trône populaire! Que les hommes capables de concevoir un tel gouvernement aient le courage d'en faire, le sujet de leurs méditations et de publier leurs pensées! Les vérités qu'ils auront révélées à leurs contemporains ne seront pas perdues pour la postérité; elles recevront leur application malgré les présomptueux dédains ou les persécutions qui les auront accueillies à leur apparition.

Il n'y a de sûreté en Europe que pour les grands états fortement constitués, et dont la vigueur soit secondée par l'esprit national ou, plus exactement, par l'*esprit public*; et cette conformité des pensées et des vœux de tout un peuple ne se trouve qu'entre des citoyens réunis au sein d'une patrie commune.

FERRY.

DÉMOCRITE naquit à Abdère, ville de Thrace, la troisième année de la 77ᵉ olympiade (470 ans avant l'ère vulgaire). On dit que sa famille était illustre et opulente. Son père avait donné l'hospitalité à Xercès, et le monarque persan lui laissa des mages pour instruire son fils. Le jeune Abdéritain, livré tout entier à l'étude et à la philosophie, se débarrassa des immenses richesses dont la mort de son père le rendit possesseur : il les partagea entre ses frères, et ne se réserva que cent talents, somme équivalente à un demi-million de notre monnaie. Avide de recueillir des lumières, il voyagea dans les contrées les plus civilisées. En Égypte, il étudia l'astronomie; dans la Perse et dans l'Inde, il consulta les mages; du fond de l'Asie, retournant en Égypte, il pénétra jusqu'en Éthiopie; il voulut aux connaissances des disciples de Zoroastre joindre la science des gymnosophistes. Déjà doué d'une vaste érudition, il se rendit à Athènes pour entendre les leçons de Socrate et d'Anaxagore, créateur de l'homéomérie, système attaqué depuis par Épicure et Lucrèce. Démocrite eut la modestie de ne point se faire connaître de ces illustres philosophes. Comme rien ne lui coûtait pour s'instruire, il eut bientôt épuisé l'argent qu'il s'était réservé. Il rentra pauvre dans sa patrie, et se vit soumis à la loi des Abdéritains, qui privait des honneurs de la sépulture quiconque avait dissipé son patrimoine. Démocrite fit une lecture publique de son *Traité sur l'Univers*. Ses concitoyens, ravis de l'importance de l'ouvrage et de l'éclat du style, élevèrent des statues à l'auteur, et lui firent don de 500 talents (3 millions). Ils lui conférèrent, de plus, la direction suprême du gouvernement. Mais le philosophe abdiqua bientôt le pouvoir, et remonta dans la noble sphère où son génie trouvait son aliment et sa gloire.

Démocrite avait étudié la physique, la médecine, la géométrie, l'histoire naturelle, l'astronomie, la littérature, l'éloquence et les arts. Sa puissante intelligence s'élevait aux plus hautes conceptions et s'assouplissait aux moindres parties de la science : rien n'était hors de la portée de son génie. Son immense supériorité lui faisait regarder en pitié les erreurs de son siècle, et il ne leur opposait qu'un rire sardonique. Le vulgaire, qui prend sérieusement les objets les plus futiles et ne croit voir la raison que sous les traits de la gravité, soupçonna quelque altération dans la pensée satirique du philosophe. On fit venir de Cos le docte Hippocrate, qui trouva Démocrite, le scalpel à la main, étudiant dans les organes des animaux le principe de vie et d'intelligence. Les deux philosophes furent également charmés de l'échange de leurs pensées, et Hippocrate, rempli d'admiration, rassura les Abdéritains, qu'il quittait, en leur faisant un pompeux éloge de la raison sublime qu'il avait trouvée dans Démocrite. Aucun des ouvrages de ce philosophe ne nous est parvenu, mais nous les connaissons par les analyses, les éloges et les critiques d'un grand nombre d'écrivains. Cicéron vante le charme et l'éclat de son style, et le compare à celui de Platon. Le poëte interprète d'Épicure, Lucrèce, tout en le combattant sur plusieurs points, en fait un grand éloge; il a reproduit en beaux vers l'incontestable maxime de Démocrite :

Rien ne sort du néant, rien ne peut y rentrer.

Voici une analyse très-rapide des principes de ce philosophe : « Le savoir de l'homme n'est que le résumé de ses propres sensations. Rien ne se faisant de rien, tout ce qui est se compose de principes subsistant par eux-mêmes. Ces principes sont le v i d e et les a t o m e s, c'est-à-dire les molécules indestructibles, éléments de toute formation. Il n'y a de réel dans la nature que la matière et l'espace : les corpuscules ou atomes sont infinis en nombre et en durée, comme l'espace l'est en étendue. Ils sont sans cesse en mouvement, et il n'y a pour eux ni haut ni bas dans l'univers, les positions du corps étant toujours relatives. Le mouvement des atomes est attractif et répulsif; de leur union, de leur séparation alternatives naissent tous les corps. Les corps ne diffèrent en étendue, en qualité, en forme, que par les diverses configurations des atomes. Les mondes, en se balançant dans l'espace infini, suivent les mêmes lois; leur origine est due aux atomes; leur mouvement est l'âme universelle qui agite les mondes avec la rapidité du feu, qui lui-même ne résulte que d'atomes agiles et arrondis. » Le système de physique de Démocrite se rapproche de la théorie des affinités et de nos physiciens modernes, et de leur ingénieuse hypothèse des corpuscules similaires et constitutifs, éléments de la formation de tout corps. Descartes, Spinosa, Malebranche, ont adopté plusieurs points de sa doctrine. Démocrite, comme la plupart des philosophes qui lui ont succédé, ne sépare point Dieu de la nature : ils n'admettent pas qu'une intelligence puisse être indépendante et s'isoler de la matière dont elle n'est réellement qu'une modification. Ce principe est applicable à toute intelligence partielle, qu'on ne peut pas plus raisonnablement distraire du corps qui l'a produite, pour en faire un être à part, qu'on ne peut personnifier le son d'une harpe et le faire survivre à l'instrument dont il émane. L'homme comme toute espèce animale, est un agrégat de matière sous la forme et avec les conditions qui produisent la vie. Cet individu est élaboré à ce point où il acquiert la propriété d'être mis en action par les objets étrangers, et la faculté de se modifier lui-même pendant un certain temps et de se rendre compte de ses propres sensations. Voilà ce que l'action de la vie, qui est partout et dans tout, ne peut produire sous la forme des minéraux, ni des végétaux. Un degré de plus dans la modification, dans l'énergie des principes constitutifs, que les anciens appelaient *atomes*, fait passer la matière de l'état primitif à l'état minéral, puis à l'état végétal, et enfin à l'état animal, où la réaction des chocs extérieurs, parvenant à un centre de sensibilité, produit ce que nous appelons s e n t i m e n t, *pensée, esprit, âme*, etc., etc.

Démocrite, qui professa le système de l'étendue infinie, mit le comble à sa gloire en proclamant la pluralité des mondes. Deux mille ans d'expérience et la perfection des instruments d'optique nous ont familiarisés avec le spectacle des cieux. Mais les philosophes anciens, dénués de toutes nos ressources, ne contemplaient cette grande harmonie de la nature qu'avec les yeux du génie : c'est le génie seul qui leur révéla la distance, la rapidité, le balancement de ces milliards de systèmes planétaires où se meuvent des milliards de mondes, qui se succèdent, sans interruption, de profondeur en profondeur, dans l'incommensurable abîme de l'infini. Cette sublime vérité est la plus glorieuse découverte des anciens. La morale de Démocrite n'est pas moins pure que son génie n'est sublime. « Le bonheur, disait-il, consiste dans le calme que donne la vertu. » Il voulait que les lois faites dans l'intérêt de tous permissent à tous la *liberté*, qu'il définit « le droit de faire ce qui ne peut nuire à personne. »

On assure que la frugalité, la modération et le calme de l'âme prolongèrent la vie de Démocrite jusqu'à 109 ans. Dès qu'il sentit l'affaiblissement des ressorts de sa pensée, il ne voulut point que son corps survécût à son intelligence : il tenta de se laisser mourir de faim; mais une parente, quelques-uns disent une sœur, l'ayant prié de ne point la priver par sa mort d'assister aux fêtes de Cérès qui approchaient, le philosophe consentit à vivre jusqu'après les solennités. Alors, privé de nourriture, il attendit l'anéantissement, qui ne devait épargner en lui qu'un nom immortel.

De Pongerville, de l'Académie Française.

DÉMOC-SOC, abréviation des mots *démocrate-socialiste*. Il n'y a pas longtemps encore, parmi certaines gens prétendant au monopole du patriotisme, on *s'honorait* du titre de *démoc-soc*, comme soixante ans auparavant, dans les mêmes sphères sociales, on s'était honoré du titre de s a n s - c u l o t t e s. Le mot propre, si les uns et les autres avaient été francs, eût été *c o m m u n i s t e*.

DÉMODOCUS. C'est le nom qu'Homère donne au poëte des Phéaciens qui, dans un festin célébré par le roi Alcinoüs en présence d'Ulysse, chanta les amours d'Arès et d'Aphrodite, les aventures des Grecs partis pour le siége de Troie et la prise de Troie. Aussi des écrivains postérieurs le représentent-ils comme un poëte et un musicien qui, déjà avant Homère, avait célébré la prise de Troie et composé un poëme sur les amours d'Arès et d'Aphrodite.

DÉMOGORGON, mot fait de deux mots grecs, δαίμων, génie, et γεωργῶν, terre, c'est-à-dire divinité ou génie de la terre. C'était, dit Boccace d'après un ancien auteur grec, un vieillard crasseux, couvert de mousse, pâle et défiguré, qui habitait dans les entrailles de la terre. Il avait pour compagnons l'Éternité et le Chaos. S'ennuyant dans cette solitude, il se fit une petite houle sur laquelle il s'assit, et, s'étant élevé en l'air, il environna toute la terre et forma ainsi le ciel. Il tira ensuite de la terre de la boue enflammée qu'il envoya dans le ciel pour éclairer le monde, et dont il forma le Soleil, qu'il donna à la Terre en mariage; et d'où naquirent le Tartare, la Nuit, etc. On donne aussi plusieurs enfants à Démogorgon : savoir la Discorde, Pan, les trois Parques, l'Érèbe.

Edme Héneau.

DEMOISELLE. On a dit d'abord *d a m o i s e l l e*, et ce mot a servi longtemps à qualifier la femme ou la fille d'un noble, d'un gentilhomme; puis, comme celui de *dame*, il est descendu de la robe et dans la bourgeoisie, et l'on a vu les femmes d'avocats et de marchands tenir à grand honneur d'être appelées *damoiselles*. On trouve fréquemment ce titre employé dans les actes et anciens contrats. Quand le mot *dame* eut prévalu pour désigner les femmes mariées, celui de *demoiselle* resta affecté aux filles non mariées.

Lorsque Louis XIV nomma le duc de Chaulnes ambassadeur à Rome, sa femme le suivit accompagnée de douze *demoiselles*. Nous dirions aujourd'hui de douze *dames* d'honneur, d'atours, ou pour accompagner. Plus tard, la magnificence des grands seigneurs ayant diminué avec leurs priviléges et revenus, les dames se bornèrent à une seule *demoiselle de compagnie*. Quelques femmes en ont encore. La *demoiselle* de compagnie, établie dans le salon de sa *dame*, lui aide à en faire les honneurs; témoin de ses actions, elle en garantit l'innocence, et la préserve non-seulement du danger de certaines occasions pendant la première jeunesse, mais plus tard encore des traits de la médisance et de la calomnie. Auprès d'une vieille femme, la demoiselle de compagnie remplace les fils absents et les filles mariées. Cette position est un refuge pour les filles bien élevées et sans fortune. Elle exige quelques talents, de la tenue, de la douceur, des prévenances et surtout de la discrétion.

A quelques degrés plus bas de l'échelle sociale, nous trouvons *la demoiselle de comptoir* et *la demoiselle de caisse*, plus bas la *première demoiselle* des magasins de mode, lingerie, nouveautés; et plus bas encore, la *demoiselle de café et d'estaminet*. Quant à une autre classe de *demoiselles de compagnie*, demandant, dans les Petites-Affiches, à servir *un monsieur seul*, ce qu'il y a de mieux à faire c'est de n'en rien dire.

DEMOISELLE (*Technologie*), outil qu'on voit souvent entre les mains du paveur : c'est un cylindre de bois, haut d'un mètre et demi environ, garni d'une masse de fer à son extrémité inférieure, et sur les côtés de deux anses, dont l'ouvrier se sert pour le tourner et le soulever, de telle sorte que son poids suffit pour encaisser les pavés dans le lit de sable qu'on leur a préparé.

Dans l'art du monnayage, on nomme *demoiselle* la verge de fer qui a pour objet d'empêcher que les charbons ne coulent avec les matières de la cuillère dans le moule.

L'épinglier se sert d'une brosse pour étendre le vermillon sur les marques qui servent à imprimer le nom et le cachet du fabricant : cette brosse est encore une *demoiselle*.

Enfin, le facteur d'orgues appelle du même nom un fil de fer garni d'un anneau à chacune de ses extrémités, et qui a pour objet de faire communiquer le clavier avec l'abrégé.

V. de Moléon.

DEMOISELLE (*Zoologie*). On donne quelquefois ce nom à divers oiseaux (la mésange à longue queue, le couroucou à ventre rouge, le troupiale doré) et à plusieurs poissons (une espèce du genre *marteau*, un *ophidium*, etc.). Mais il s'applique surtout à des insectes de l'ordre des névroptères, formant le genre *libellule*.

DEMOISELLE DE NUMIDIE. *Voy.* Brion.

DÉMOLISSEURS. On reconnaît, à l'œuvre, diverses sortes de *démolisseurs*. Les uns s'attaquent aux ouvrages construits de main d'hommes; les autres, à la pensée, aux croyances bonnes ou mauvaises, aux institutions qui ont fait leur temps, et souvent aux bases mêmes sur lesquelles repose tout édifice social. Ce sont les plus dangereux.

Parlons d'abord des *démolisseurs* sous le pic desquels tant de constructions d'une haute antiquité ont disparu du sol de la France. Certes, il y a des *démolitions* que le laps des ans rend nécessaires; il en est aussi que réclame la circulation de l'air, de la lumière et de notre espèce, à laquelle ces dons du ciel, sans lesquels la vie s'étiole, auraient été mesurés avec trop d'épargne dans les villes primitives où se sont rassemblées les sociétés humaines. Paris surtout avait beaucoup à désirer. Si, dans un intérêt d'ordre et de santé publics, certaines constructions étaient devenues nécessaires, il n'y en avait pas moins qui appelaient la *démolition*. Mais il faut avouer que, sans la révolution de 1789, un tel projet n'eût été que le rêve d'un homme de bien.

Depuis un demi-siècle, de nombreuses *démolitions* ont été effectuées en France. Toutes n'étaient pas également nécessaires; mais a-t-on un juste droit de se plaindre si des demeures princières ou des châteaux forts sortis de terre dans des jours de féodalité, par leur morcellement ont donné naissance à des milliers de retraites agréables, où le père de famille, fatigué du travail de la semaine, goûte, à l'ombre des arbres plantés de ses mains, un repos plus doux, plus près de la nature, et par conséquent du bonheur, que celui des jardins publics ou des salles de spectacle?

Cependant, Meudon, Anet, Sceaux, Choisy sont aussi tombés sous la hache des *démolisseurs*. Une des grandes créations de Louis XIV, Marly n'a pas même laissé de ruines. Mais si, tout compensé, la b a n d e n o i r e a renversé de son marteau quelques édifices regrettables aux yeux des archéologues, elle n'a certainement pas démérité en rendant abordables aux petites fortunes les loisirs d'une vie champêtre : en morcelant des châteaux, elle a éparpillé le bonheur. Le seul reproche qu'on puisse lui adresser est d'avoir empiété sur les droits du temps, qui lui-même est le plus grand des démolisseurs, puisqu'il aurait peine à nous apprendre ce qu'il a fait de Memphis, de Ninive, de Babylone, de Persépolis.

Cependant, n'en médisons pas trop. Quand le temps démolit, nous devons-nous pas, en effet, ces constitutions qui, se dressant sur les ruines du pouvoir absolu, donnent aux peuples des gouvernements sagement pondérés? Malheur aux téméraires qui voudraient le devancer! ils ne feraient que creuser devant eux des abîmes. Lorsqu'une grande révolution s'est manifestée dans un pays, lorsqu'elle a répondu, dans les choses essentielles, aux intérêts des masses, il convient de rendre le calme aux esprits. Ce serait affronter sans profit un péril immense que d'agiter une matière toute prête à rentrer en ébullition. La raison commande de laisser le temps consolider son ouvrage, car, après ces conquêtes sérieuses, les progrès nouveaux auxquels quelques ambitieux appellent les peuples ne seraient que des déceptions. Si on les écoutait, la liberté se tranformerait en licence; la sainte égalité, détournée de sa véritable acception, n'aurait plus d'héritage à transmettre aux familles. Ceux-là ne méritent-ils pas le nom de *démolisseurs* qui tendent à enrayer le progrès en hâtant démesurément sa marche? Voyez comme ils s'y prennent pour arriver à leur but. Ils préludent par altérer dans les esprits les notions du bien et du mal. Ils dénaturent jusqu'à la langue parlée ou écrite. A ces formes nobles, pures, élégantes et faciles à saisir, avec lesquelles elle s'est produite sous la plume de nos grands classiques, ils substituent des airs désordonnés, des attitudes effrontées, des alliances de mots honteux de se trouver ensemble, un style tantôt brisé, tantôt chargé d'épithètes; sur les plus belles émotions de l'âme ils appellent la volupté du sensualisme; par leurs fausses applications, ils profanent ce que Dieu a mis de meilleur en nous, et, par un contraste sacrilège, ils divinisent la matière organisée, substituant sur l'autel à la femme vertueuse, à l'honnête mère de famille, la femme lascive, la femme adultère, la femme qui abuse des dons du corps et de l'esprit. Sur la scène, ils nous offrent dans un état d'infériorité, de dégradation même, tout ce qui, comme organe de la loi, comme tête d'un gouvernement régulier, a droit au respect des peuples. Rois, reines, pontifes, ministres du culte, magistrats, tout y est sacrifié à des bandits, à des forçats, à des malfaiteurs, à des femmes perdues, qui, sous leur plume, deviennent grands, sublimes, généreux, capables de tous les dévoûments imaginables.

Nous oserons le dire en face de notre siècle, voilà une sorte de *démolisseurs* plus coupables que ceux qui abattent des murailles. Voilà ceux dont la société doit se garantir, car ils lui sont plus nuisibles que le fer avec lequel on assassine, que la flamme qui dévore des villes entières, que l'ouragan qui ensevelit des populations sous des décombres. S'attaquer à ce qu'il y a de saint parmi les hommes est un grand crime; mais chercher le vice jusque dans sa fange pour le substituer à la vertu, ôter à celui-ci sa honte pour lui décerner les honneurs dus à celle-là, est un crime plus grand encore !

KÉRATRY.

DÉMOLITION. Ah! pour le coup, nous voilà en pleine *actualité!* A l'heure qu'il est, un bon quart de Paris est en voie de *démolition*, et nous autres flâneurs et badauds, au lieu de nous accouder, comme jadis, sur le parapet de quelque pont pour nous amuser bêtement à voir couler l'eau (trop heureux quand un chien, en se débattant contre la cruelle mort à laquelle l'avait condamné un maître ingrat, venait faire diversion à la monotonie du spectacle!), nous nous pâmons d'aise à contempler ces effrayantes piles de vieilles charpentes, ces vacillantes pyramides de vieux moëllons qui se dressent tous les jours à nos yeux enchantés tantôt sur un point de la grande ville, tantôt sur un autre, et partout menaçant à chaque instant de crouler en écrasant les passants, bêtes et gens. A voir ces montagnes de matériaux vermoulus, on croirait qu'il faudra une force surhumaine pour déplacer désormais ces masses si compactes, si élevées, si profondes, savamment et symétriquement entassées par les entrepreneurs de *démolitions*. Vous repassez le lendemain : tout a disparu, comme par un coup de baguette. Les vieilles charpentes ont été débitées sur place en bois de chauffage, vendues et enlevées aussitôt que sciées. Les moëllons, les pierres de taille, ont été transportés aux extrémités de la ville, là où la place, le jour et l'air ne manquent pas encore. On sait quels droits énormes l'octroi prélève sur le moëllon au moment où il franchit le mur d'enceinte. Tous ces vieux moëllons narguent les préposés et vérificateurs de l'octroi de la bonne ville; et les entrepreneurs de bâtiments sauront les utiliser avec profit pour la construction de maisons nouvelles nécessitée par l'exécution du plan général d'assainissement, d'élargissement et de réédification que l'édilité parisienne s'est enfin décidée à appliquer aux vieux et infects quartiers de la capitale. Dans vingt ans, sans doute, toutes ces maisons là menaceront encore une fois ruine; mais qu'importe!

Nous ne croyons pas que les annales d'aucune ville au monde offrent quelque chose de comparable au colossal travail de démolition et de reconstruction du vieux Paris, qui s'opère sous nos yeux depuis tantôt trois ans. Au dix-septième siècle, il fallut un horrible incendie pour que les autorités municipales de Londres songeassent à donner à la métropole de la Grande-Bretagne de larges voies de communication, au lieu des ruelles étroites, tortueuses et infectes qu'elle avait eues jusqu'alors. Il y a douze ans, un désastre non moins effroyable détruisit un tiers de la ville de Hambourg; là aussi on mit à profit les ravages du fléau pour réédifier sur des plans répondant mieux aux exigences de la civilisation moderne, et surtout aux conditions de salubrité et d'aération nécessaires à toute vaste agglomération d'êtres humains. Mais dans l'une et l'autre de ces importantes cités, à ces améliorations si évidentes et si appréciées se rattachera toujours le souvenir d'une calamité publique ayant entraîné après elle d'incalculables misères privées. La ville de Paris seule aura donné l'exemple d'une grande cité s'imposant résolument d'immenses sacrifices (plus de *cent millions*) pour racheter des propriétés particulières nécessaires à l'agrandissement et au redressement de ses diverses voies publiques, pour ouvrir à la circulation de nouvelles artères impérieusement réclamées par l'accroissement incessant de la population et du mouvement commercial. Or, le côté admirable de ces sacrifices, c'est qu'ils n'auront guère été, en définitive, qu'une avance de deniers, momentanément faite par le trésor municipal, lequel en sera promptement couvert par l'excédant des recettes de tout genre que cette immense amélioration lui fera encaisser au delà des prévisions du budget normal de la ville, en même temps qu'elle aura imprimé le plus gigantesque essor au travail d'une foule d'industries de premier ordre. Supposez un homme qui, en 1847, se serait associé à l'une de ces expéditions si malheureusement inutiles qu'on a entreprises à la recherche du capitaine Franklin, et qui, après avoir passé six années enfermé dans les glaces de la mer polaire, tomberait demain à Paris. Comprenez-vous son étonnement en cherchant la place du Carrousel, en voulant aller dîner chez Parly, prendre son café au café de la Régence; et au lieu de cela, trouvant le Louvre relié, par une aile déjà aux trois quarts achevée, au palais des Tuileries, la rue de Rivoli prolongée jusque par delà l'hôtel de ville, et ayant dû nécessairement, pour arriver jusque-là, passer sur le corps à je ne sais combien de centaines de maisons, en déplaçant un chiffre de population avec lequel on ferait une ville comme Lille ou Rouen! Le voyez-vous se demandant, sur le carreau des halles, s'il est bien éveillé en ne trouvant plus les quatre à cinq cents maisons qu'on y a démolies pour en agrandir le périmètre! Évidemment la première pensée de cet homme devra être que, pendant son absence, Paris a été en proie à quelque effroyable incendie, comme ceux de Hambourg en 1842 et de Londres en 1666; jamais il ne lui viendrait à l'idée qu'une si immense destruction n'a pas fait couler une seule larme, que, tout au contraire, elle a été l'origine de plus d'une fortune faite sous forme d'indemnité accordée et reçue pour déplacement, anéantissement de clientèle, etc. Il n'y a pas d'exagération à dire que le système de *démolition* adopté par le conseil municipal de Paris ne profitera pas seulement à l'embellissement et à l'assainissement de la ville dont les intérêts lui sont confiés, mais qu'il aura encore d'incalculables conséquences politiques. Où nous nous trompons fort, ou l'élargissement de la voie publique, ainsi pratiqué sur une vaste échelle, rend désormais, si non impossibles, du moins de plus en plus difficiles, ces insurrections *dites* populaires, ces appels à la force brutale faits en apparence pour corriger et amender la constitution du pays, mais en réalité pour porter au pouvoir des ambitieux sans moralité et de plus ou moins de talent.

Nous nous sommes renfermé strictement dans notre sujet, sans vouloir nous jeter dans les digressions que ce mot *démolition* eût pu nous fournir, si nous avions voulu le traiter au point de vue philosophique. Quel tableau nous eussions pu vous tracer de l'effrayant ensemble de *démolitions* que nous avons personnellement vu accomplir, depuis une quarantaine d'années, en littérature et surtout en politique. Hommes, idées, principes, croyances, gouvernements, tout cela a été dix fois *démoli*, puis reconstruit pour durer des siècles, disait-on chaque fois, et quelques jours après c'était encore à recommencer !

Cette instabilité des choses en politique, nous nous l'expliquons au reste facilement en réfléchissant à l'imprévoyance dont ont toujours fait preuve les nouveaux gouvernants, qui, après avoir *démoli*, ne manquent jamais d'employer, dans leur *réédification de l'ordre social*, les matériaux vermoulus provenant de la démolition du système précédent, au lieu de les vendre aux enchères, à charge d'enlèvement immédiat, et, au besoin, au lieu de les débiter sur place en bois à brûler. Les belles bûches qu'on eût pu faire pourtant avec les débris de tel et tel gouvernement ! L'architecte du Louvre, plus avisé, lui, n'emploie que des matériaux entièrement neufs ; aussi, je gage que son édifice durera plus que le nôtre, du moins, aura l'impérissable gloire de l'avoir achevé.

DÉMON, DÉMONIAQUE, DÉMONOLOGIE. S'il existe une croyance qui, plus que toute autre, puisse faire supposer une tradition primitive, centre commun d'où sont émanées les religions de tous les peuples anciens et modernes, c'est celle qui admet un monde d'êtres invisibles, par lequel l'Être-Suprême, cause première et impérissable de tout ce qui est, communique avec le monde matériel. Parcourez notre globe de l'orient à l'occident, du nord au midi ; interrogez tous les monuments de l'antiquité, interrogez tous les hommes chez lesquels la foi domine la raison, partout vous trouverez établie la croyance à des êtres intermédiaires, remplissant l'immense espace qu'une imagination enfantine mettait entre la divinité et les mortels. Ces êtres, supérieurs à l'homme, et participant de la nature divine, tantôt nous apportent les bienfaits du ciel, tantôt ses châtiments. Communément, nous appelons *démons* ceux de ces êtres qui se montrent hostiles aux hommes, et nous les opposons aux *anges* et aux *bons génies*.

Pour chercher le berceau des anges et des démons, nous nous tournerons naturellement vers l'Orient : là est la source d'où sont émanées nos doctrines philosophiques et nos croyances religieuses, et si nous interrogeons les monuments des différents peuples de l'Asie, c'est l'Inde qui se présentera d'abord avec ses traditions de la plus haute antiquité. Là, nous trouvons à côté des *souras* ou *dévas* (bons génies ou dieux) la race impie des démons, appelés *asouras* : les uns et les autres sont les fils de Casyapa, divinité un peu vague, mais qui paraît être l'*Uranus* des Indous. De même que, dans la mythologie grecque, les dieux sont en guerre avec les titans, de même les dévas ont à se défendre contre les attaques des asouras, envieux de leur vie bienheureuse. Ces derniers sont appelés aussi *daityas* (du nom de leur mère *Diti*, ou *dânavas* (enfants de *Danou*, autre femme de Casyapa). Mais la classe de démons que les Indous représentent comme la plus odieuse est celle des *râkchasas*, espèce d'ogres ou de vampires, qui aiment à se repaître de sang et de chair humaine. Ils aiment les ténèbres, et, pendant la nuit, ils remplissent les forêts et jouent mille mauvais tours aux pieux ermites, dont ils dévorent les sacrifices ; le premier rayon du soleil les fait disparaître.

La démonologie se trouve sous une forme plus systématique dans le *parsisme*, ou dans la doctrine de Zoroastre. Les livres attribués à ce législateur renferment sans doute d'anciennes doctrines chaldéennes, et quoique les dogmes primitifs des prêtres de la Chaldée ne nous soient pas suffisamment connus, nous pourrons nous en former une idée par les traces qu'ils doivent avoir laissées dans le parsisme. D'après la doctrine de Zoroastre, *Ormuzd*, principe du bien, et *Ahrimane*, principe du mal, ont produit chacun certaines classes de génies qui leur sont semblables. A la tête de bons génies, qui s'appellent *izeds*, nous voyons les sept *amschaspands* (archanges), dont *Ormuzd* lui-même est le premier. Les amschaspands et les izeds protègent le monde, créé par Ormuzd, et le défendent contre les attaques d'Ahrimane et de ses légions de *dews* ou *Darvands*, auteurs de tout le mal sur la terre. A tout être organique et inorganique est donné un *ferver*, pour combattre les dews. Les fervers sont comme les prototypes, les modèles des êtres dont ils deviennent les anges gardiens et les protecteurs sur la terre.

Les Égyptiens aussi croyaient à des esprits célestes qui tenaient le milieu entre les dieux et les hommes ; ils présidaient aux éléments et exerçaient leur influence sur les règnes de la nature. Quoique la tradition égyptienne connût de bons et de mauvais génies, rien ne nous autorise à lui donner une origine parse ou chaldaïque : le *dualisme* dans cette tradition, n'est ni assez sévère, ni assez systématique, et, comme dans la religion égyptienne en général, nous y reconnaissons plutôt l'influence de l'Inde que celle de la Chaldée ou de la Perse.

De l'Égypte, la démonologie a passé en Grèce, où il existait peut-être depuis longtemps des traditions analogues venues de l'Inde. Nous trouvons des traces d'une démonologie dans les poésies d'Homère et encore plus dans celles d'Hésiode. Homère emploie de préférence le mot *démons* pour désigner les dieux, et chez lui *démoniaque* est l'équivalent de *divin* ; Hésiode compte 30,000 démons ou esprits protecteurs, planant dans les airs ; ce sont les âmes des hommes morts à l'époque de l'âge d'or. Toutefois on ne trouve guère de classification des démons que dans les doctrines pythagoricienne et néoplatonicienne. Aristote, distingue les immortels en *dieux* et en *démons*, les mortels en *héros* et en *hommes ordinaires*. En effet, les philosophes donnèrent à la démonologie de grands développements en puisant dans les sources orientales : « La nature des démons, dit Platon (dans le *Banquet*), tient le milieu entre les mortels et les dieux ; elle interprète et transmet les choses humaines aux dieux et les choses divines aux hommes, c'est-à-dire les prières et les sacrifices des uns, les préceptes, les institutions sacrées des autres. Les démons places au milieu complètent le tout, et, par ce lien l'univers est uni en un seul faisceau. C'est par la nature démonique que vient toute prophétie, ainsi que l'art des prêtres concernant les sacrifices, les lustrations, les enchantements, la divination et la magie; car Dieu ne se mêle pas aux hommes, et c'est par cet intermédiaire qu'a lieu tout commerce et tout colloque entre les dieux et les hommes, soit que nous veillions ou que nous soyons endormis. » Ailleurs il dit des démons qu'ils sont vêtus d'air, qu'ils errent dans les eaux, planent au-dessus des astres et séjournent sur la terre. Nous retrouvons aussi chez Platon les génies tutélaires que nous avons vus chez les Parses sous le nom de *ferver*. Dans un passage du *Phédon*, Socrates s'exprime ainsi : « On dit que tout homme, après sa mort, est conduit par le démon auquel il a appartenu pendant la vie vers un endroit où (morts) rassemblés subissent le jugement, et d'où ils partent pour les enfers sous un guide chargé d'y conduire ceux d'ici-bas. »

On sait que Socrate, avec une exaltation et une conviction que les croyances de son temps peuvent seules expliquer, parlait souvent du démon qui l'accompagnait partout et lui donnait souvent de salutaires avertissements (*voyez* DÉMON DE SOCRATE). En général, l'opinion populaire en Grèce se représentait les démons comme la divinité, en tant que dirigeant les destinées humaines; aussi les divisait-on, ce qui est des effets qu'on leur attribuait, en bons et en mauvais esprits, en *agathodémons* et en *cacodémons* (ἀγαθοδαίμονες et κακοδαίμονες).

Les Romains mêlèrent la démonologie grecque aux idées religieuses des Étrusques. Cicéron retrouve les *démons* des Grecs dans les divinités appelées *lares*, espèces de génies qui, dans la religion étrusco-romaine, étaient considérés comme les protecteurs de la famille.

Le centre où se rencontrèrent tous les rayons de la démonologie parse, égyptienne et grecque, fut l'école d'Alexandrie. C'est là que l'église chrétienne a puisé son système des bons et des mauvais anges (*voyez* ANGE et DIABLE), qu'elle a ensuite rattaché à l'*Ancien Testament* par des interprétations forcées; car les doctrines démonologiques, qui étaient en vogue parmi les Juifs du temps de Jésus-Christ, avaient été puisées elles-mêmes dans le parisisme pendant l'exil de Babylone. Le dualisme s'y montre trop à découvert pour que nous puissions avoir des doutes sur leur véritable origine. Les sept bons anges qui, selon le livre de Tobie (ch. XII, v. 15), se tiennent devant le trône de Jéhova, sont évidemment les sept amschaspands, de même qu'Asmodée paraît être l'un des princes des devs, peut-être Achmog. Les livres de Moïse ne nous offrent aucune trace de ce dualisme érigé en dogme par les Pères de l'Église. Les traditions d'anges que nous y trouvons sont très-vagues, et ne paraissent être qu'un reste de croyances anciennes, en partie égyptiennes, que Moïse respectait pour le moment, mais que son monothéisme bien compris devait faire disparaître de plus en plus. Aussi a-t-il bien soin de ne pas en parler dans l'histoire de la création (*voyez* CABALE). Jésus, loin de suivre l'exemple de Moïse, a fait peut-être trop de concessions aux croyances de son siècle; du moins, les évangélistes font-ils jouer aux démons un rôle assez important.

Les croyances juives et chrétiennes se sont reproduites dans la religion de Mahomet, où elles se sont encore confondues avec quelques traditions des anciens Arabes. Voici les traits principaux de la fable musulmane concernant les anges, les génies et les démons. Les *djinns*, espèces de génies subalternes créés de feu, supérieurs aux hommes et inférieurs aux anges, habitaient la terre des milliers d'années avant la création d'Adam; ils étaient gouvernés par des rois appelés *Soliman*. Dieu, mécontent de leur conduite, envoya l'ange Iblis pour les exterminer; ils se retirèrent derrière la montagne de Câf, où se trouve le Djinnistân ou le pays des génies. Iblis, s'étant ensuite révolté lui-même avec plusieurs autres anges, fut précipité dans les enfers. Là, il s'appelle *Schéitan* (Satan). Malek, gardien de l'enfer, et dix-neuf autres anges rebelles forment sa cour, et ils sont opposés aux archanges et aux chérubins du paradis. De même que les anges, les génies aussi sont divisés en deux camps : les uns sont bons, les autres méchants. On attribue à ces derniers toutes les souffrances et les maladies graves des hommes. Les musulmans ont leurs *medjnouns*, comme les juifs et les chrétiens leurs *démoniaques* ou *possédés*.

On voit que le parsisme a été la source primitive où les trois religions monothéistes ont puisé leur démonologie; mais le christianisme, par les deux autres religions, s'est vu entraîné, par les exigences de ses doctrines fondamentales, à mettre l'angélologie et la démonologie au rang de ses dogmes principaux, et les doctrines platonico-orientales des Pères de l'Église sont devenues le centre commun où se sont réunies toutes les branches de la démonologie orientale et occidentale. S. MUNK.

DÉMON DE SOCRATE. L'adversaire infatigable des charlatans et des sophistes, le fondateur de la philosophie du bon sens, en invoquant son *démon familier*, a-t-il été dupe d'un mensonge ou a-t-il voulu que les autres le fussent, afin de donner plus de poids à ses paroles et d'opposer une puissance surnaturelle aux dieux dont il sapait les autels? Socrate visionnaire ou fripon est une alternative à laquelle on ne saurait consentir. D'autre part, en comparant les différents passages des écrivains de l'antiquité où intervient ce démon, est-il possible de n'y voir qu'une expression métaphorique de la prudence, de la pénétration ou du pressentiment; qu'une allégorie employée pour signifier la réserve qu'inspire une sage prévoyance? Telle est, à peu de chose près, l'opinion de l'abbé Fraguier, de Diderot, de Tiedemann et de Degérando. Mais, en lisant attentivement Platon, il semble impossible de s'en tenir à ce système, et l'on penche plutôt pour l'explication de Tennemann, qui pense que Socrate, habituellement pénétré d'un sentiment religieux, admettant une action directe de la divinité sur les phénomènes de la nature physique et sur ceux de la nature morale en particulier, pouvait bien rapporter immédiatement à une sorte d'inspiration bienfaisante cette espèce de prévision confuse, indéfinie, dont il ne démêlait pas la formation logique dans son esprit. Un penseur d'un savoir profond, Stapfer, nous semble avoir parfaitement développé cette idée. Il voit dans le démon de Socrate l'intervention énergique de son sens moral personnifié et transformé en moniteur divin, et il ajoute que cette illusion d'optique psychologique, sans altérer la pureté des intentions du sage, ne fit que donner plus de force à ses résolutions généreuses et plus d'autorité à la voix qui promulguait les lois morales au dedans de lui.

Au reste, on ferait une petite bibliothèque de toutes les dissertations anciennes et modernes composées sur cet *ange gardien* de Socrate. Nous ne citerons ici que celles de Plutarque, d'Apulée et d'Olearius. DE REIFFENBERG.

DÉMONÉTISATION. Les monnaies doivent cesser d'avoir cours : 1° lorsqu'on a l'intention d'en changer le titre, la forme, le poids; 2° quand elles ont été rognées et qu'elles ont perdu une partie notable de leur poids; 3° lorsque, après un certain laps de temps, le *frai* (trottement) qu'elles ont éprouvé dans la circulation leur a enlevé les marques caractéristiques qui les distinguaient. Pour les gouvernements réguliers, il vient, de temps à autre, des époques où la *démonétisation* et la refonte de certaines monnaies est d'une nécessité absolue. Mais, à son tour, un gouvernement se *démonétise* quand il perd la confiance de ses administrés. Cette expression figurée a été surtout employée à l'occasion de nos derniers événements politiques où tant d'hommes ont été *démonétisés*.

DÉMONOMANIE (du grec δαίμων, δαίμονος, démon et μανία, manie). C'est ainsi qu'on appelle une sorte de *monomanie* dans laquelle celui qui en est atteint se croit possédé par le démon. Elle comprend la longue suite des *possédés* et des *sorciers*, que nos pères, spécialement ceux du quinzième et du seizième siècles, faisaient exorciser dans toutes les formes, et finissaient souvent par faire brûler charitablement à la gloire de Dieu, et à l'édification des dévots. Qu'on lise l'histoire de ces temps d'ignorance et de fanatisme; qu'on lise les ouvrages spéciaux sur cette matière; lise ceux de Wier, *De dæmonum Præstigiis et Incantationibus*; de Bodin, *De la Démonomanie des sorciers*; ceux de Cesalpini, d'Alberti, de Ruebel, de Gruner et de tant d'autres, et l'on sera surpris de la crédulité de nos ancêtres, et de leur incroyable et féroce superstition.

La démonomanie doit être rapportée, comme toutes les monomanies, à une surexcitation spéciale d'un ou de quelques organes déterminés du cerveau. L'idée d'être *possédé* par le démon, d'avoir des relations avec lui, d'agir d'après ses ordres, etc., est fondée sur des idées acquises, sur la supposition de l'existence des esprits, des génies. Au milieu de véritables malades, réellement aliénés, il y a eu beaucoup de fourbes qui feignirent d'être possédés ou d'être sorciers, afin d'extorquer de l'argent ou quelque autre avantage de la crédulité des simples. Quant aux véritables malades, il y avait entre eux une grande différence, laquelle était due à leur différente organisation cérébrale et aux différentes idées ou notions acquises depuis leur naissance. Les uns étaient gais, dit M. Esquirol, audacieux, téméraires, se disant inspirés; on les crut heureux et les amis des dieux; ils se présentèrent ou furent présentés aux peuples comme des envoyés du ciel; ils rendirent les oracles pour leur compte ou pour celui des prêtres. Les autres, au contraire, tristes, timides, pusillanimes, craintifs, poursuivis de terreurs imaginaires, se dirent damnés; ils furent traités comme des objets du courroux céleste; on les crut dévoués aux puissances infernales. La magie, l'astrologie, la divination, les oracles, doivent leur origine à l'aberration de l'esprit de l'homme. Le christianisme adopta les idées de Platon sur la nature de l'âme et l'existence des esprits; et l'on a vu presqu'aussitôt paraître parmi les chrétiens des possédés du démon. C'était la suite des prédications et de l'exaltation des premiers sectaires, qui exagérèrent la puissance des esprits sur le corps, et surtout celle du diable. Toutes les fois que les peuples furent préoccupés ou ébranlés par quelque nouvelle secte religieuse, les folies ayant pour base les idées religieuses furent en grand nombre. A l'époque de la réforme, dit encore M. Esquirol, on ne vit partout que des excommuniés, des damnés, des possédés et des sorciers; on s'effraya, on créa des tribunaux; le diable fut assigné à comparoir; les possédés furent traînés en jugement; on dressa des échafauds; on alluma des bûchers; les démonomaniaques, sous le nom de *sorciers* ou de *possédés*, doublement victimes des erreurs régnantes, furent brûlés, après avoir été mis à la *question*, pour renoncer à leur prétendu *pacte* avec le diable.

Dans des temps pareils, la démonomanie est devenue épidémique. Ceci est facile à expliquer. Quand les mêmes idées, les mêmes impressions, frappent continuellement les mêmes organes cérébraux, ces organes doivent être dans une activité permanente. Tous les individus qui se trouveront sous l'impression de ces mêmes idées, et qui auront naturellement une disposition organique pour les élaborer, ne pourront pas se soustraire à leur influence; de là naît la folie. Quand les exorcismes furent défendus en Italie, les sorciers cessèrent d'exister. La disposition héréditaire à la démonomanie est encore facile à expliquer. Les enfants apportent souvent en naissant l'organisation cérébrale de leurs pères; ils sont en outre élevés sous l'influence des idées et des opinions de leurs parents : dès lors, même résultat dans leur manière de sentir et d'agir.

La démonomanie suit les conditions de toutes les autres formes de monomanie : elle ne paraît pas avant la puberté, et on la voit rarement chez les vieillards. L'âge du plus grand nombre des possédés était de 30 à 50 ans. Il y avait beaucoup plus de femmes que d'hommes. Bodin prétend qu'on trouve tout au plus un sorcier sur cinquante sorcières. L'irritabilité du système nerveux de la femme, sa faiblesse, son éducation et son organisation cérébrale la prédisposent de préférence. Il y a des exemples de savants, de philosophes et de législateurs atteints de ce genre de folie; mais ils sont bien rares; la plupart n'étaient que des ignorants exaltés par des idées extravagantes qu'on leur avait données sur les démons, les esprits, l'enfer, les revenants, etc. La démonomanie finit, comme les autres aliénations mentales, par la manie, la démence, les convulsions, le marasme et la mort. La guérison est bien difficile. A l'époque où nous vivons, le diable a perdu tout à fait la puissance de s'emparer du corps des hommes : on ne voit plus ni possédés ni possédés.

Nous avons dit qu'il fallait rapporter la démonomanie à une affection d'un organe particulier du cerveau. Cet organe est celui que les phrénologistes appellent du *sentiment du merveilleux*, et qui prédispose à la croyance de tout ce qui est en dehors du monde positif et sensible. Gall l'appelait l'organe qui dispose aux *visions*. La partie du cerveau qui le représente est située au-dessous de la partie supérieure et latérale de l'os frontal; et, lorsque son développement est grand, cette partie de la tête est très-bombée. Ceux qui ont cette faculté un peu active croient à toute sorte de contes fabuleux et merveilleux, aux revenants, aux inspirations, aux sortilèges, aux enchanteurs, à l'astrologie. Cette faculté est la base des croyances religieuses, des miracles, et de toutes les choses surnaturelles. Le sentiment de la Divinité résulte d'une autre faculté, et les religions, dans leurs formes extérieures, et en ce qui a rapport au culte, résultent encore de la combinaison d'autres facultés propres à notre espèce. Les hommes qui ont l'organe du merveilleux très-énergique, et qui n'ont pas été élevés d'une manière spéciale dans les sentiments religieux, apportent dans les sciences physiques dont ils s'occupent la même tendance à croire au merveilleux et au surnaturel. On remarque en cela mille nuances, ce qui fait la variété des hommes. Gall un jour nous fit remarquer cette organisation très-forte dans un des plus chauds partisans du magétisme animal, et nous avons aussi en lieu de l'observer.   D' FOSSATI.

DEMONS (J.), écrivain très-bizarre et fort peu connu, qui mérite d'occuper une place parmi les fous qui ont pris la plume. Il vécut dans la seconde moitié du seizième siècle, et le spectacle des troubles de la ligue lui fit perdre le très-peu de bon sens qu'il avait peut-être apporté en venant au monde. Demons est auteur de deux écrits fort recherchés des bibliomanes, qui les paient très-cher lorsque de loin en loin il s'en montre quelque exemplaire, qui les font relier en maroquin, mais qui se gardent bien d'en lire trois lignes. Ils ont pour titre : *Démonstration de la quatrième partie de rien, et quelque chose, et tout, et la quintessence tirée du quart de rien* (1594); *la Sextessence diallactique et potentielle tirée par une nouvelle façon d'alambiquer* (1595). L'étiquette du sac n'est pas trompeuse; ces deux livres sont des chefs-d'œuvre d'incohérence. On a fait aussi bien depuis; mais l'on n'a pas fait mieux.   G. BRUNET.

DÉMONSTRATIF (Genre). Depuis Aristote jusqu'à nos jours, les rhéteurs ont donné ce nom à celui des trois genres d'éloquence qui a principalement pour objet la louange et le blâme. Le genre démonstratif est propre au panégyrique, à l'oraison funèbre, à l'histoire, aux harangues publiques, à tout ce qui peut relever par des formes brillantes les actions glorieuses, les événements mémorables, à tout discours qui tend à flétrir ou à condamner les actions mauvaises, les actes répréhensibles. Ainsi, appartenaient au *genre démonstratif* les discours que les Égyptiens prononçaient au jugement des morts, les éloges funèbres que les anciens Grecs décernaient aux guerriers qui avaient péri en combattant pour la patrie; les éloges publics que ces mêmes peuples adressaient à tout citoyen, de son vivant même, lorsqu'il s'était signalé par quelque service éclatant, par des bienfaits envers l'État, par des vertus et des talents utiles et recommandables. Chez les Romains, le *genre démonstratif* peut réclamer plusieurs des plaidoyers et des harangues particulières de Cicéron. Le discours pour Marcellus (*pro Marcello*) est le chef-d'œuvre des harangues qui ont la louange pour objet; l'orateur sut y joindre avec un art infini le panégyrique de Caton à l'éloge de César. Cicéron fournit aussi des exemples fameux de la seconde espèce de *genre démonstratif*, celle qui s'étend sur le blâme : la première Catilinaire, cette harangue foudroyante qui confondit l'audace de Catilina, et la seconde Philippique, où l'orateur romain peignit des couleurs les plus effrayantes le tableau des vices et des crimes de Marc-Antoine, sont des monuments mémorables de cette espèce de *genre démonstratif*. Dans le second âge de l'éloquence romaine, on peut citer le panégyrique de

Trajan, où, comme l'a très-judicieusement remarqué La Harpe, Pline le Jeune, en louant son souverain, fut assez heureux pour ne louer que la vertu.

Chez les peuples modernes, le *genre démonstratif* a conservé le même caractère. Les m e r c u r i a l e s prononcées dans les anciens parlements pour la réforme des abus commis dans l'administration de la justice, étaient du *genre démonstratif*. Il faut y comprendre aussi le panégyrique et l'oraison funèbre, qui ont été en usage chez nous comme dans l'antiquité, mais avec les différences que devaient y apporter les mœurs et la religion. A certains égards, les s e r m o n s peuvent également trouver place dans ce genre, puisqu'ils ont pour objet de louer la vertu et de blâmer le vice. Enfin, cette grande division de l'éloquence embrasse encore non-seulement les é l o g e s des grands hommes et des savants ou artistes distingués, prononcés dans le sein des académies, mais encore la plupart des d i s c o u r s de réception qui sont d'usage dans ces sociétés savantes, les discours parlementaires où l'on fait la critique ou l'apologie d'un ministère, et toutes ces harangues hyperboliquement louangeuses, platitudes ronflantes, chefs-d'œuvre de bassesse et de servilité, que de hauts fonctionnaires publics débitent, à certains jours de l'année, en face du pouvoir qui leur a donné ou qui leur maintient leurs places. ◆CHAMPAGNAC.

DÉMONSTRATION, développement des preuves d'une vérité ou d'un fait; exposition scientifique de quelques objets avec des explications pour les faire connaître; actes rendus très-apparents dans un but qui est tenu secret. Le sens de ce mot s'est considérablement étendu en passant du latin dans notre langue; les sciences l'ont adopté sans que sa haute destination l'ait confiné dans leur vocabulaire, sans qu'elle ait interrompu l'usage qu'on en fait dans les discours familier. Ainsi, on le place très-convenablement dans les phrases suivantes : un traître prodigue les *démonstrations* d'amitié à l'homme qu'il veut perdre.... Par ces *démonstrations*, le général trompa l'ennemi, qui dégarnit le point où il devait être attaqué pour aller en secourir un autre auquel on ne songeait point, etc.

Prouver et *démontrer* ne sont pas tout à fait synonymes, quoique toute *démonstration* soit une *exposition de preuves*, lorsqu'il s'agit de faits ou de vérités. Devant un tribunal, par exemple, l'innocence d'un accusé peut être *prouvée* sans être *démontrée* : les juges délibèrent sur ce qui est prouvé; ils reconnaissent ce qui est démontré; l'effet de la *démonstration* sur l'intelligence qui l'a comprise est une conviction pleine, entière, une évidence dont le pouvoir est irrésistible. L'accumulation des preuves conduit à un degré de probabilité plus rapproché de la certitude; la démonstration atteint immédiatement ce dernier terme, ou elle s'évanouit totalement; car elle n'est pas susceptible de plus ou de moins. En partant de principes ou de faits incontestables, une logique rigoureuse amène une conclusion si intimement liée aux *prémisses*, si *evidente*, qu'il n'est au pouvoir d'aucun esprit de ne pas l'admettre. Si on compare la marche du raisonnement pour amener cette conclusion aux procédés suivant lesquels on parvient à la solution d'un problème, ou, plus généralement, à la découverte d'une vérité, on y remarquera tant d'analogie qu'on y signalerait à peine quelque différence. Cependant certaines sciences font usage d'une autre sorte de *démonstration* : au lieu d'exposer comment et pourquoi la chose est telle qu'on le dit, on fait voir qu'on ne peut supposer qu'elle soit autrement sans tomber dans quelque absurdité. Cette manière de raisonner ne fait accepter la vérité comme une *nécessité*, tandis que l'autre la présente comme une acquisition précieuse, comme un accroissement de nos richesses intellectuelles. D'ailleurs, en procédant du connu à l'inconnu, suivant la méthode des investigateurs, l'esprit n'est pas dérangé de ses habitudes, ni contraint à revenir sur ses pas; sa marche est plus aisée, et, si la voie que l'on suit est un peu plus longue, il faut convenir qu'elle est mieux éclairée. Si, au lieu d'une vérité générale abstraite, il était question d'un fait positif, on ne pourrait le démontrer que d'une seule manière, en indiquant les causes qui l'ont produit et les lois de la nature dont il est un accomplissement : la *démonstration* serait alors l'analyse et l'explication méthodique de ce fait conformément aux principes de la science à laquelle il appartient.

Dans quelques enseignements où la vue des objets doit être jointe à leur explication, un *démonstrateur* est chargé de ce double emploi, qui, cependant, ne *démontre* point ce qui est enseigné.

Le mot *démontrer* n'a qu'une seule acception : il ne signifie rien autre chose que *prouver rigoureusement*, tandis que le mot *démonstration* est, comme on vient de le voir, susceptible de plusieurs sens. ◆FERRY.

DÉMOPHON ou **DÉMOPHOON**, fils de T h é s é e et de P h è d r e, délivra, sous les murs de Troye, sa grand'mère Æthra de l'esclavage d'Hélène. A son retour du siége de cette ville, il fut jeté par la tempête sur les côtes de Thrace. Phyllis, fille du roi Sithon, s'éprit pour lui de la passion la plus vive; et, ne le voyant pas, suivant sa promesse bien formelle, revenir d'Athènes, elle se tua de désespoir. Démophon enleva le palladium à Diomède, qui avait fait naufrage sur les côtes de l'Attique, et qui ravageait ce pays. Antoninus Liberalis rapporte qu'il défendit les Héraclides contre Euristhée, qui, dans cette lutte, perdit la vie et la couronne. On dit aussi qu'après avoir assassiné sa mère, O r e s t e trouva un refuge auprès de Démophon.

DÉMORALISATION, état irrégulier où le plaisir l'emporte sur le devoir et où l'on se plonge dans des jouissances illégitimes, au lieu de se dévouer à des sacrifices qui sont commandés. La démoralisation a pour conséquence une sorte d'énervement; c'est une perte de nos moyens, c'est une déchéance volontaire de ce qu'il y a de plus vital en nous. En effet, comme homme ou comme citoyen, nous n'exerçons de l'influence que parce que nous sommes fidèle à certains devoirs ou à certaines affections : la source de notre force, c'est la moralité de nos actions. Par-là, nous inspirons la confiance dans les rapports privés; par là, en politique, nous rallions les masses et nous rattachons à notre système les peuples étrangers. Sans doute, aux époques de troubles et de révolutions, on peut jouer accidentellement un grand rôle et être entaché de démoralisation; mais c'est qu'on entre alors habileté dans les passions du moment, et puis, quand on a besoin de tout le monde, on ne regarde pas de très près aux mœurs de ceux qui spontanément se présentent; mais tôt ou tard on porte la peine de sa démoralisation; celle où a vécu Mirabeau pèse encore sur sa gloire.

Maintenant, il faut avouer qu'il y a des degrés à l'infini dans la démoralisation : elle est plus ou moins étendue, plus ou moins restreinte; elle se dégage de devoirs plus ou moins sacrés, ne se glisse que dans des détails de mœurs, ou s'empare de leur ensemble; il y a tel genre de démoralisation qui, né de la mode, est passager comme elle; il est tel autre genre de démoralisation qu'il est très-difficile de déraciner. Par suite de la diversité, soit des institutions politiques, soit des habitudes privées, il est des actes qui semblent indiquer une démoralisation complète, qu'un peuple approuve, tandis que le peuple voisin les condamne. Mais cette différence d'appréciation ne touche pas au fond des choses; elle prouve qu'il y a des peuples qui sont plus avancés les uns que les autres dans la science des devoirs, et qui en ont une intelligence plus saine. On objecte que la civilisation, surtout lorsqu'elle est complète, effraie quelquefois par sa démoralisation; mais ici on confond la civilisation qui, déjà vieille, rompt sous le poids des vices, et la civilisation qui, jeune encore, est ascendante et réussit à se conserver pure. Il faut encore remarquer qu'on s'attache trop exclusivement aux capitales, où, relativement aux mœurs, il n'y a pas de surveillance, et où, par conséquent, chacun peut s'abandonner à ses caprices. Mais qu'on songe, un instant, à cette foule de villes de grandeur médiocre qui sillonnent l'Europe, et dans lesquelles la démoralisation se laisse à peine apercevoir : voilà où se retrempe notre civilisation.

La démoralisation qui ne provient que des lois passe vite : elle est imposée. En 1793, les législateurs brisèrent tous les freins et foulèrent aux pieds règles et devoirs ; la première irruption fut terrible, mais tout rentra bientôt dans l'ordre ; les mœurs, vaincues un instant, retrouvèrent un fonds d'énergie inépuisable et reconstituèrent de nouveau l'ordre. Chose admirable! les hautes classes accomplirent presque seules cette œuvre laborieuse. La démoralisation qui est le produit des mœurs oppose, en général, une longue résistance : passée dans toutes les habitudes, elle se défend sous des formes si diverses, qu'on ne peut réussir à l'étouffer qu'à la suite de victoires multipliées. Celle qu'enfante l'exemple des grands est funeste ; cependant, il est des peuples où à peine on y prend garde. En France, la démoralisation qui, dans le siècle dernier, a caractérisé quelques courtisans, était devenue une séduction entraînante pour les jeunes gens de la capitale, qui tenaient à suivre la mode du grand monde ; mais, l'âge des passions franchi, ils rentraient avec joie dans les vieilles traditions de leurs familles. Quand les classes sont très distinctes, elles influent peu les unes sur les autres : ainsi, en Allemagne, les princes et ceux qui leur appartiennent vivent à leur guise, sans entraîner les habitants qui les entourent. En Angleterre, où les habitudes morales sont appuyées sur la religion, l'exemple qui vient d'en haut, d'en bas, ou qui se tient à côté de nous, glisse en nous laissant indifférents. En Italie, la démoralisation sur certains points est absolue : chacun cède à l'impulsion de ses premiers mouvements ; on vit donc pour son compte, sans s'inquiéter du jugement qui pourra en être porté. Les remèdes qui sont propres à guérir la démoralisation varient suivant les peuples et les temps ; la religion, les lois servent tour à tour ; l'autorité du prince est même quelquefois utile, pourvu qu'elle procède par voie de persuasion. La violence et la force sont nuisibles dans une réforme de ce genre : aux vices qu'elles veulent, mais en vain, extirper, elles en joignent un nouveau, l'hypocrisie. L'opinion publique, nous voulons dire l'opinion des hommes éclairés et vertueux, que soulève au-dessus de la foule une position indépendante, est le meilleur de tous les correctifs contre la démoralisation, surtout dans les petites localités, où l'on s'efforce de vivre comme eux pour être estimé autant qu'eux. Dans les capitales, ce serait une noble mission que remplirait le talent, si, dans les livres ou dans les journaux, il imposait à l'admiration contemporaine ces maximes de moralité qui rendent les particuliers si heureux et les peuples si puissants. Mais, en France, de nos jours, le talent en vogue est encore plus populaire par ses vices que par ses œuvres ; ses vices le tuent dans son autorité. SAINT-PROSPER.

DÉMOSTHÈNE, le plus illustre des orateurs grecs, naquit à Péanée, près d'Athènes, l'an 385 avant J.-C. Son père, qu'il perdit à l'âge de sept ans, exerçait la profession d'armurier. Trois tuteurs, auxquels était confié le soin de sa fortune et de son éducation, négligèrent ce double devoir, et cette circonstance, jointe à la tendresse aveugle de sa mère, livra sa première jeunesse à tous les dérèglements qui accompagnent l'oisiveté. Une circonstance imprévue révéla à ce génie qui s'ignorait lui-même, sa brillante vocation. Le jeune Démosthène voulut voir Calistrate, avocat renommé du barreau d'Athènes, l'entendit, et se sentit orateur. Il étudia la rhétorique sous le véhément Isée, transcrivit jusqu'à sept fois les ouvrages de Thucydide pour former son style, se nourrit des leçons philosophiques de Platon, et, profitant, dans son intérêt personnel, des premières conquêtes de son application, il poursuivit ses tuteurs en justice, et les contraignit à lui restituer une partie de son patrimoine.

Enhardi par ce premier succès, il affronta la tribune publique ; mais il en fut repoussé, à deux reprises, par les huées et les railleries de la multitude. Les exhortations d'un vieillard, appelé Eunomus, et les conseils du comédien Satyrus, son ami, relevèrent son courage. Il s'aperçut enfin que la nature lui avait refusé toutes les qualités extérieures qui constituent l'orateur, et il s'appliqua sans relâche à dompter son inclémence. Confiné dans un souterrain, où souvent il passait des mois entiers, il combattit avec opiniâtreté les vices de sa prononciation, fortifia sa poitrine par un exercice graduel, déclama à haute voix les discours qu'il avait entendus, et corrigea le mouvement déréglé de ses membres en gesticulant sous la pointe d'une épée nue. Placé sur le rivage de la mer, il opposait sa déclamation au mugissement des flots, essayant par là d'aguerrir ses oreilles au bruit tumultueux des assemblées populaires, qui n'en sont souvent qu'une terrible mais trop fidèle image.

Tant de persévérance fut enfin couronnée de succès. Leptine, citoyen d'Athènes, avait fait porter une loi dont l'objet était de restreindre aux seuls descendants d'Harmodius et d'Aristogiton l'exemption de certaines charges publiques. Cette loi fut attaquée par Ctésippe, fils de Chabrias, qui, à raison des services de son père, avait un intérêt direct à sa révocation. Il confia sa cause à Démosthène, dont le discours excita des applaudissements universels. On admire encore aujourd'hui l'abondance et la solidité des moyens qu'y sont employés, l'éloquence des développements, et la convenance merveilleuse avec laquelle l'orateur ménage la personne de son adversaire, en s'élevant contre la loi dont il est l'auteur. Les harangues contre Conon, contre Timocrate et contre Aristocrate, qu'il prononça l'année suivante, n'obtinrent pas moins de succès. Mais déjà sa réputation naissante commençait à lui susciter des envieux. Midias, citoyen riche et puissant dans Athènes, réussit par ses intrigues à le priver de la couronne à laquelle il avait droit pour avoir rempli avec honneur la magistrature de *chorége*, et mit le comble à ses témoignages d'inimitié en frappant Démosthène sur le théâtre, pendant la célébration des fêtes de Bacchus. Le peuple, réuni spontanément, condamna Midias, qui appela de cette sentence. Démosthène composa pour la défense de sa cause une harangue admirable de logique, d'art et de véhémence ; mais cette harangue ne fut point prononcée. Redoutant, au dire de Plutarque, le crédit et la vengeance de son ennemi, il accommoda l'affaire pour 3,000 drachmes : transaction flétrissante quand on se rapproche du caractère de l'injure qu'elle était destinée à éteindre, qui lui fut, plus tard, amèrement reprochée à l'orateur par le plus éloquent de ses antagonistes. Les autres plaidoyers composés par Démosthène dans des intérêts privés offrent moins d'importance.

Il est temps de le suivre à la tribune publique, où la chaleur de son patriotisme, l'élévation de son éloquence, la profondeur de ses ressources comme homme d'État, l'appelaient à de si beaux triomphes. Au milieu de la dégradation universelle de ses compatriotes, énervés par un honteux repos, insensibles au souvenir des exploits de leurs ancêtres, l'amour de la patrie brûlait au fond de son âme ; et de même que les trophées de Miltiade coûtaient le repos à Thémistocle, ainsi l'image de l'antique Athènes poursuivait incessamment Démosthène, et lui inspirait le généreux désir de ranimer dans ses concitoyens cet instinct de gloire et de patriotisme qui avait produit tant et de si grandes choses. Ces sentiments s'exaltèrent de toute la vivacité d'une inquiète sollicitude, lorsque sa prévoyance lui eut fait pénétrer les projets ambitieux de Philippe, roi de Macédoine. Il vit dans les premières entreprises de ce monarque le dessein de renverser les barrières qui le séparaient d'Athènes avant d'attaquer directement cette cité, défendue par un reste d'esprit public et par la puissance des souvenirs. Plein de circonspection dans sa vigilance, il se borna à reconmander à ses concitoyens de se tenir sur leurs gardes et d'éviter avec soin toute démonstration hostile. Mais lorsque, fier des succès qu'il avait obtenus dans la *guerre Sacrée*, Philippe, levant le masque, eut entrepris de *forcer* les Thermopyles et de pénétrer dans l'Attique, alors Démosthène, quittant ce langage équivoque qui coûtait sans doute à son énergie, appela à haute voix ses concitoyens aux armes contre l'oppresseur futur de la Grèce. Ses accents, longtemps stériles, tirèrent enfin les Athéniens de leur assoupissement. La prise d'Olynthe, la défection de Thèbes, achevèrent de leur dévoiler la grandeur du péril. Ils députèrent à Philippe pour le faire expliquer sur ses projets. Démosthène était au nombre des envoyés. Appelé à haranguer ce roi de Macédoine contre lequel il avait si souvent épuisé les foudres de son éloquence, il s'émut, s'égara et perdit le fil de son discours. Cette humiliation, que Philippe accrut par l'accueil flatteur qu'il fit aux collègues de Démosthène, et particulièrement à Eschine, mêla à son antipathie politique pour ce prince toute l'ardeur d'un ressentiment personnel. Les ambassadeurs, de retour à Athènes, se prononcèrent pour la paix avec une insistance qui fit naître les soupçons de Démosthène. Cet orateur opposa vainement à leur sécurité les défiances de son patriotisme; les promesses insidieuses de Philippe prévalurent; mais, tandis que les Athéniens en attendaient l'effet, ce prince s'emparait des Thermopyles, ravageait la Phocide, obtenait la présidence du conseil des amphictyons, et portait ses armes dans la Thessalie et la Chersonèse. Ces entreprises arrachèrent de nouveau les Athéniens à leur inaction. Démosthène, de son côté, essaya d'entretenir leur méfiance par l'éclat d'une accusation qui mit à nu toutes les prévarications qu'il se croyait en droit de reprocher à Eschine dans sa mission auprès de Philippe. Ce fut l'objet de sa harangue sur l'*ambassade*, invective pleine d'une âpre et énergique éloquence. Mais le résultat ne répondit point à ses efforts : Eschine fut absous presqu'unanimement, et Démosthène se vit réduit à attendre des circonstances seules la confirmation des pressentiments qu'il n'avait cessé de manifester. La prise d'Élatée, ville qui commandait le chemin de l'Attique, ravit aux Athéniens leurs dernières illusions. Ils virent enfin dans toute son étendue le péril qui menaçait leur patrie; mais la consternation ensevelit dans un morne silence la voix des orateurs qui n'étaient point vendus à Philippe. Démosthène seul ose faire tête à l'orage. Il court à la tribune, presse la résolution d'une alliance avec les Thébains, part la conclure, et revient exciter aux combats ses concitoyens rassurés.

On sait quel résultat la fortune gardait à tant de dévouement et de génie. La victoire de Chéronée mit aux mains de Philippe le sort de la Grèce, et Démosthène fut un des premiers à s'enfuir du champ de bataille. Mais les Athéniens, ne se souvenant que de son patriotisme et de son éloquence, lui confièrent l'honorable mission de relever les murs de leur cité, et le chargèrent de prononcer l'oraison funèbre des Grecs qui avaient péri dans l'action. Le zèle et le talent avec lequel Démosthène s'acquitta de ce double soin déterminèrent Ctésiphon, son ami, à lui faire décerner une couronne d'or par le sénat; mais Eschine, sensible aux humiliations que son rival lui avait fait essuyer, s'opposa devant le peuple à la proclamation du décret, et ce débat mémorable devint, quelques années plus tard, l'occasion de la plus belle des harangues qui nous soient de l'un et de l'autre. Philippe jouit avec modération de son triomphe; mais il n'en jouit pas longtemps : le fer d'un assassin trancha le cours d'un règne dont le plus grand mérite fut de préparer la splendeur de celui qui allait suivre. A cette nouvelle, les Athéniens se livrèrent à une joie extravagante, et Démosthène surtout, Démosthène, qui n'avait cessé de louer de la générosité de ce prince, se fit remarquer par l'exaltation immodérée de ses transports. L'avénement d'Alexandre le Grand ne changea rien à la servitude de la Grèce. Les Athéniens, trop portés à s'en affranchir, mais déconcertés par la célérité de ses premiers exploits, s'étaient empressés de lui envoyer une ambassade pour pénétrer ses dispositions à leur égard. Démosthène en faisait partie; toutefois, il jugea prudent de ne point affronter les regards du despote, et revint à Athènes, où il apprit que le jeune prince, irrité de la part que cette république avait prise à la révolte de Thèbes, exigeait qu'on lui livrât huit de ses principaux orateurs, à la tête desquels il figurait lui-même. Démosthène espéra animer le peuple à un refus de ces témoins à la sainteté de sa cause. Eschine succomba dans son accusation, et, obligé de fuir, il se retira à Rhodes, où il ouvrit un cours d'éloquence par la lecture des deux harangues qui avaient amené son bannissement. De vifs applaudissements accueillirent surtout celle de Démosthène : « Eh! que serait-ce donc, s'écria l'exilé, si vous eussiez entendu le *monstre* lui-même ! » Démosthène, usant noblement de son triomphe, avait pourvu aux besoins de son ennemi fugitif par le don d'un talent d'argent. Ce trait de générosité n'empêcha pas qu'il ne fût accusé, peu de temps après, de s'être laissé corrompre par les trésors d'Harpalus, gouverneur de Babylone, qui était venu chercher à Athènes l'impunité de ses concussions. Démosthène sollicita lui-même des juges; mais il se défendit sans succès devant eux de l'inculpation qui lui était faite, fut condamné à une amende de 50 talents, et alla expier dans l'exil l'impuissance de satisfaire à cette énorme condamnation. Les historiens sont partagés sur l'équité de la sentence qui le déclara coupable. Pausanias rapporte qu'après la mort d'Harpalus, on trouva dans les papiers de ce proscrit la liste des orateurs à ses gages, et que le nom de Démosthène ne figurait point sur cette liste. La renommée équivoque dont jouissait l'Aréopage au temps de l'orateur balance mal, on doit en convenir, la puissance de cette présomption favorable.

Quoi qu'il en soit, Démosthène ne supporta point son exil avec la dignité qu'on pouvait attendre de lui. Sans cesser de protester de son innocence, il déplorait comme une fatalité la vocation qui l'avait enchaîné aux affaires publiques, et maudissait cette gloire pour laquelle il avait tant fait. « Si, au début de ma carrière, disait-il, on m'eût offert de mourir ou d'être l'orateur du peuple, et que j'eusse pu prévoir tous les maux qui m'attendaient dans le gouvernement, les craintes, les jalousies, les calomnies et les combats qui en sont inséparables, j'aurais préféré mille fois une perte certaine. » La mort d'Alexandre le Grand arracha Démosthène à l'obscurité de sa retraite. Il parcourt la Grèce, prêche partout le soulèvement et la révolte, et entre triomphant dans Athènes aux acclamations du peuple. Mais ces honneurs devaient être de courte durée. La bataille de Cranon, gagnée par Antipater, consomma sans retour l'asservissement de la Grèce, et Démosthène, proscrit par ce même peuple qui venait de le combler de bénédictions et d'hommages, fournit un exemple de plus de l'inconstance de cette popularité dont il avait joui sans la rechercher. Il s'enfuit d'Athènes, et se réfugia à Calaurie, dans un temple consacré à Neptune. Un ancien comédien, nommé Archias, envoyé à sa poursuite avec quelques soldats thraces, pénétra jusqu'à son asile, et s'efforça de l'en tirer par d'insidieuses promesses. Mais Démosthène, par le dédain de son langage, fit bientôt succéder l'injure et la menace à cette feinte douceur. Prétextant quelques ordres à donner, il tint un moment sur ses lèvres l'extrémité d'un stylet empoisonné, puis se couvrit la tête de sa robe et se coucha par terre. Mais, sentant que le poison commençait à agir, il se leva, prit Neptune à témoin de la violation de son temple, et se mit en devoir d'en franchir le seuil; au moment où il passait devant l'autel du dieu, ses genoux fléchirent; il poussa un profond soupir et rendit l'âme, le 16 novembre de l'an 322 avant J.C. Il était âgé de soixante-trois ans. Les Athéniens honorèrent sa mémoire par l'érection d'une statue de bronze, sur laquelle on grava le distique suivant : « Si ta force, Démosthène, avait égalé ton génie, jamais le Mars des Macédoniens n'eût envahi la Grèce. »

Vingt-deux siècles écoulés depuis l'apparition de Démosthène n'ont point ravi à ce grand homme le sceptre de l'éloquence. Il semble, au contraire, que sa renommée ait grandi des succès mêmes de ses rivaux, et que la perfection de ses harangues ait été mieux démontrée par le mérite toujours insuffisant des efforts employés pour la reproduire. Cicéron lui-même, Cicéron, qui lui est moins inférieur par l'élévation du génie qu'il n'en diffère par le genre de son éloquence, n'hésitait pas à confesser qu'il avait atteint au sublime de son art, et ne cessait de recommander la méditation de ses ouvrages comme l'exercice le plus propre à initier à toutes les ressources et à tous les artifices de l'élocution. Les critiques, tant anciens que modernes, sont plus divisés sur la nature même et sur les caractères particuliers de son talent oratoire. La plupart lui ont trouvé moins d'art que de naturel, et se sont plus à vanter en Cicéron des qualités opposées. Ce sentiment a été combattu avec force par Quintilien et Denys d'Halicarnasse, et récemment, par lord Brougham, qui, dans un fort beau mémoire sur Démosthène, a très-bien établi que son éloquence était le résultat d'une élaboration lente, opiniâtre, approfondie, bien plus que le produit naturel et spontané de l'imagination. Démosthène lui-même, interrogé comment il était devenu orateur, répondit que c'était *en consumant plus d'huile que de vin*. Quoi qu'il en soit, la lecture de ses harangues explique encore aujourd'hui l'ascendant prodigieux qu'il exerça sur sa patrie.

Nous possédons peu de notions sur sa personne. Son humeur, naturellement sombre et chagrine, exprimait, comme sa figure, la gravité des impressions qui préoccupaient son âme. Il connut peu et dut peu faire éprouver les jouissances de l'amitié. Sans être insensible à la faveur populaire, il ne la rechercha jamais aux dépens de la conscience et du devoir. La sévérité courageuse de ses admonitions aux Athéniens n'a pas même été surpassée par celle de cet austère Phocion qu'il appelait, comme on sait, *la hache de ses discours*. Dépourvu, en général, du talent de la plaisanterie, c'est par des sarcasmes amers qu'il répondait le plus souvent à ses détracteurs. Un d'eux lui reprochait que ses harangues sentaient la lampe. « Cela est vrai, répliqua-t-il, mais ma lampe et la tienne n'éclairent pas les mêmes travaux. » Chalcus, malfaiteur reconnu, se moquait de ses veilles, « Je n'ignore pas, lui dit Démosthène, que tu souffres avec peine que j'aie une lampe durant la nuit. » C'est ce grand orateur qui, étonné du taux élevé auquel Laïs mettait ses faveurs, s'écria brusquement : *Je n'achète pas si cher un repentir!*

Parmi les nombreux éditeurs et commentateurs des œuvres de Démosthène, qui se composent de 61 discours, 65 exordes et 6 lettres aux Athéniens, on distingue Ulpien, Jérôme Wolff, Becker, Reiske, Dobson, et MM. Boissonade et Dindorf. Les traducteurs les plus estimés sont, en Italie, Cesarotti; en Angleterre, Leland; et parmi nous, Tourreil, Auger, l'abbé Jager, et M. Stiévenart. M. Charles Dupin a traduit les *Olynthiennes*, et M. Plougoulm, sa *Harangue* et celle d'Eschine pour et contre la couronne. Démosthène est au nombre des personnages dont Plutarque a écrit la vie. A. BOULLÉE.

DÉMOTIQUE (du grec δημοτικος;) c'est-à-dire *populaire*. On appelle ainsi la forme de l'ancienne écriture égyptienne, qui provenait bien de l'écriture hiéroglyphique, mais qui se composait de caractères plus simples. L'écriture *démotique*, n'est donc qu'une écriture courante qu'on employait pour les documents écrits de la vie commune, par exemple pour les contrats d'acquisition, mais qui servait souvent aussi à d'autres usages, notamment pour des ouvrages de liturgie : attendu que l'écriture hiéroglyphique, plus particulièrement destinée aux monuments, ne s'employait pas sans difficulté sur le papyrus. Ce qui n'empêche pas qu'on ne rencontre souvent l'écriture *démotique* employée sur les monuments hiéroglyphiques, par exemple dans la célèbre inscription de Rosette (*voyez* HIÉROGLYPHES).

DEMOUSTIER (CHARLES-ALBERT), né en 1760, mourut en 1801, à Villers-Cotterets. Les *Lettres à Émilie sur la Mythologie*, publiées en 1786, obtinrent un si grand succès, que l'on rechercha quel était le poëte inconnu qui produisait un tel chef-d'œuvre pour coup d'essai. L'étonnement cessa un peu quand on apprit que l'ouvrage était d'un jeune avocat, descendant à la fois de Racine par son père et de La Fontaine par sa mère. Il n'y a qu'à lire les journaux du temps pour se convaincre que ceci n'est point une exagération, et que Demoustier se jugeait digne de tels ancêtres. On ne peut douter que son goût de ne le portât de préférence vers le *genre* qu'il adoptait; mais il faut convenir aussi qu'alors le faux brillant, le *maniéré*, le bel-esprit des Dorat, des chevaliers de Cubières, des marquis de Pezai, et d'autres plus inconnus encore, fascinaient un public blasé et pouvaient bien entraîner un jeune auteur jaloux de réussir. Toutefois, Demoustier, malgré les conseils de ses amis Collin d'Harleville et Legouvé, persévéra dans cette fausse route, car il publia en 1790 la première partie d'un poëme intitulé *Le Siège de Cythère*, dont la froideur et la *prétention* ne se trouvaient plus guère en harmonie avec les idées du moment. Il renonça cependant à imprimer la fin de son nouveau poëme, et se livra au théâtre, pour lequel il avait encore moins de dispositions. C'est en vain que dans *Le Tolérant*, dans *Les Trois Fils*, dans *Le Divorce*, dans *Le Conciliateur, ou l'Homme aimable*, dans *Les Femmes*, dans *Alceste, ou le misanthrope corrigé*, comédies; dans *Sophronime*, opéra, dans *L'Amour filial*, et dans *La Jambe de Bois*, opéras-comiques, seuls ouvrages de lui dont on connaisse encore les titres, parmi les dix-neuf ou vingt pièces qu'il composa, on chercherait des caractères réels, une observation exacte des mœurs, un style franc et naturel; on n'y trouvera, tout au plus, que quelques demi-caractères d'invention ou d'exception, des mœurs effacées de boudoirs et de ruelles, un dialogue brillanté, où les pointes le disputent au niais, avec une grande prétention à la sensibilité. Pendant la représentation de la comédie des *Trois Fils*, qui éprouva une chute complète, il prêta gracieusement, pour se faire siffler, une clef forée à un de ses voisins. Tout son théâtre, du reste, est une peinture du monde qui ne ressemble pas plus à la société au milieu de laquelle on vit, que les *Lettres à Émilie* ne ressemblent à la *Théogonie d'Hésiode* : ce n'est qu'un texte choisi par Demoustier pour avoir l'occasion de montrer sa galanterie musquée et son jargon *comme il faut* d'homme aimable. Que de tels ouvrages aient réussi auprès de jeunes femmes évaporées, séduites par le vernis élégant dont Demoustier recouvrait les peintures presque lascives de ses *Lettres*, ou la morale facile et indulgente des personnages qu'il mettait en scène, cela se conçoit; mais que ces

mêmes ouvrages aient été mis, presque comme classiques, entre les mains de jeunes filles destinées à devenir des mères de famille, voilà ce que nous avons vu pendant vingt ans, et ce que nos enfants auront peine à croire.
VIOLLET-LE-DUC.

DENAIN (Batailles de). Denain est un grand village manufacturier de l'ancien Hainaut, aujourd'hui département du Nord, sur le chemin de fer, à 4 kilomètres de Valenciennes, peuplé de 8,691 habitants, et remarquable par ses exploitations de houille, ses hauts fourneaux, ses forges à fer, ses brasseries, ses fabriques de mécaniques et de sucre de betterave. Il dut son origine à une ancienne abbaye de chanoinesses, fondée en 764, et sa célébrité à deux batailles mémorables, livrées sur son territoire, la première entre Baudouin VII, comte de Hainaut, et Robert le Frison, comte de Flandre, qui y fut défait en 1079; la seconde, le 24 juillet 1712, entre le maréchal de Villars et le prince Eugène.

On sait quelle était la situation politique de l'Europe, et particulièrement celle de la France, avant cette dernière bataille, qui sauva la vieille monarchie des Bourbons. La guerre de la succession avait épuisé la France d'hommes, de chevaux et d'argent; l'agriculture et le commerce languissaient... De nombreux revers étaient venus, en même temps, affliger la vieillesse de Louis XIV et démoraliser l'esprit de son armée. Les conférences d'Utrecht n'ayant amené aucun résultat satisfaisant, il devenait nécessaire de tenter le sort des armes, et, cette fois encore, l'étoile du *grand roi* allait obscurcir la gloire de ses rivaux. Voici quelles étaient les dispositions des deux armées à l'ouverture de la campagne : Le maréchal de Montesquiou, qui commandait l'armée française, avait établi ses cantonnements sur la rive gauche de la Scarpe et de la Sensée, ayant ses postes avancés vers Biache, l'Écluse et Étrum, dont il s'était emparé. L'armée ennemie, commandée par le comte d'Albemarle, était campée sur la rive opposée de la Scarpe, sa droite s'appuyant sur les fortifications de Douai, qui la protégeaient, sa gauche à l'abbaye d'Onchin. Ces dispositions stratégiques s'opéraient au moment où Villars prenait les ordres du roi et se disposait à aller se mettre à la tête des forces françaises. « Vous voyez où nous en sommes, lui dit Louis XIV ; il faut vaincre ou périr. — Mais, sire, répondit le maréchal, c'est votre dernière armée. — N'importe ! je n'exige pas que vous battiez l'ennemi, mais que vous l'attaquiez. Si la bataille est perdue, vous ne l'écrirez qu'à moi seul. Vous ordonnerez au courrier de ne voir que Blouin, mon premier valet de chambre. Je monterai à cheval, je passerai par Paris, votre lettre à la main. Je connais les Français ; je vous amènerai 200,000 hommes, et je m'ensevelirai avec eux sous les débris de la monarchie. » Le maréchal de Villars quitta la cour le 17 avril, et arriva à l'armée le 19 avril 1712. Son premier soin fut de visiter les positions de son camp, d'assurer ses communications et de répartir les renforts qui lui arrivaient. Le prince Eugène ne prit le commandement de ses troupes qu'au commencement du mois de mai. Une partie fut dirigée vers Denain, dans le but de couvrir cette place et le camp retranché qu'il y avait établi ; l'autre fut disposée sur la longue ligne de Denain à Douai. Après la réunion de ses renforts, Villars comptait 130 bataillons d'infanterie, formant un effectif d'environ 66 mille hommes et 250 escadrons ou 30 mille chevaux, en tout 96,000 combattants, avec 100 pièces d'artillerie. L'armée du prince Eugène consistait en 158 bataillons, ou environ 80,000 hommes, et 272 escadrons ou 35,000 chevaux, total 115,000 combattants, avec 120 bouches à feu ; les forces des alliés excédaient donc de 19,000 hommes celles des Français.

Plusieurs mouvements eurent lieu dans les deux armées, du 20 au 26 mai. Eugène passa l'Escaut entre Bouchain et Denain, et vint prendre position le long de la Selle, sa droite appuyée à Lieu-Saint-Amand, sa gauche à Solesmes et à Cateau-Cambrésis. Le 7 juin, il franchit la Selle et alla investir le Quesnoy. L'armée française campa sur la rive gauche de l'Escaut, sa droite appuyée sur les hauteurs de Vaucelles, entre Cambrai et le Catelet, sa gauche adossée à Étrum, que l'on avait eu soin de retrancher. La place du Quesnoy avait capitulé le 3 juillet, mais ce succès du prince Eugène fut bientôt troublé par la nouvelle de l'armistice signé entre la France et l'Angleterre. En conséquence de ce traité, le duc d'Osmond abandonna l'armée des alliés et se retira entre Gand et Bruges. En apprenant cette nouvelle, Eugène conçut le projet de s'emparer de Landrecies. La prise de cette place lui assurait le succès de la campagne, et ouvrait à son armée, à travers les plaines de la Champagne, le chemin de la capitale ; mais une faute de ce général fit échouer cette entreprise. Ses lignes étaient trop étendues, ses magasins trop éloignés ; d'Albemarle, isolé à Denain, ne pouvait être, au besoin, assez promptement secouru. C'est à cette circonstance que la France dut son salut. Voltaire l'attribue à un événement fortuit. D'après lui, un curé et un conseiller de Douai, dans une promenade près des ouvrages des alliés, auraient remarqué que l'on pouvait facilement les attaquer vers Denain et Marchiennes. Le conseiller se serait empressé d'en donner avis à l'intendant de la Flandre, et celui-ci au maréchal de Montesquiou. Saint-Simon prétend, au contraire, que l'honneur en appartient au maréchal de Montesquiou, qui reçut l'ordre du roi de mettre son projet à exécution (en ménageant, toutefois, la susceptibilité de Villars).

Quoi qu'il en soit, le 23 juillet de fausses démonstrations d'attaque furent faites en avant des retranchements ennemis. Le prince Eugène, se croyant réellement menacé sur ce point, donna l'ordre à son aile droite, qui s'étendait vers l'Escaut jusqu'au pont de Prouvy, de se rapprocher du centre, fortifia sa gauche d'une partie de la réserve, et attendit, dans cette position, le mouvement d'attaque de l'armée française. Villars profita habilement de la faute de son adversaire. Le lendemain, à huit heures du matin, ses têtes de colonnes s'ébranlèrent, et le passage de l'Escaut commença aussitôt. « Messieurs, dit le maréchal de Villars à ceux qui l'entouraient, les ennemis sont plus forts que nous ; ils sont même retranchés ; mais nous sommes Français, il y va de l'honneur de la nation ; il faut vaincre ou mourir, et je vais moi-même vous en donner l'exemple. » A ces mots, il se précipite à la tête des troupes ; un corps de dragons s'avance dans le camp ennemi comme pour l'attaquer, et se replie aussitôt dans la direction de Guise, tandis que Villars marche sur Denain avec le reste de l'armée, divisée en cinq colonnes, à deux cents pas de distance l'une de l'autre. L'avant-garde de l'armée se composait de 4,000 grenadiers ; l'aile droite, soutenue par les dragons, était commandée par le maréchal de Montesquiou ; l'aile gauche, par le comte Albergotti ; le centre, par Villars ; la cavalerie formait l'arrière-garde. Toute l'armée s'ébranla à une heure après midi. Elle n'était plus qu'à une portée de fusil de Denain, lorsqu'à deux heures, les retranchements furent attaqués avec vigueur. Défendus par 17 bataillons, commandés par d'Albemarle, les assaillants éprouvèrent d'abord une forte résistance, et eurent à essuyer un feu très-vif d'artillerie et de mousqueterie ; mais c'est en vain que l'ennemi redouble de courage et d'efforts ; bientôt les Français se précipitent la baïonnette en avant, comblent les fossés, arrachent les palissades, franchissent les retranchements, pénètrent pêle-mêle dans le camp, et s'en rendent maîtres. Le carnage fut horrible, la déroute générale. Tout fut pris ou tué ; un pont s'abîme sous les pieds des fuyards, et ce qui échappe aux armes des vainqueurs va périr dans les flots ensanglantés de l'Escaut. D'Albemarle chercha inutilement à rallier ses troupes ; il dut mettre bas les armes. Deux princes de Nassau, les princes de Holstein et d'Anhalt et 300 officiers furent faits prisonniers.

Le prince Eugène, arrivé à la fin du combat, veut attaquer le pont de Prouvy et la redoute occupée par les Français. Il n'est que le témoin impuissant de la défaite de son armée, et cette tentative infructueuse et tardive lui fait perdre 4 bataillons de plus. Une prompte retraite peut seule sauver les débris de l'armée ennemie, et lui éviter de plus grands désastres : elle est ordonnée, et le prince retourne à son camp. « Le maréchal de Villars était perdu, dit le maréchal de Saxe dans ses *Rêveries*, si le prince Eugène eût marché à lui lorsqu'il passait la rivière, en lui prêtant le flanc; le prince ne put jamais se figurer que le maréchal fît cette manœuvre à sa barbe, et c'est ce qui le trompa. » Le maréchal de Villars avait très adroitement masqué sa marche; le prince l'examina jusqu'à 11 heures sans y rien comprendre. Toute son armée était sous les armes, et il n'est pas douteux que, s'il eût marché en avant, toute l'armée française était perdue, parce qu'elle prêtait le flanc, et qu'une grande partie avait déjà passé l'Escaut. Le prince Eugène dit à 11 heures : « Je crois qu'il vaut mieux aller dîner, » et il fit retirer ses troupes. A peine fut-il à table que d'Albemarle lui fit dire que la tête de l'armée française paraissait de l'autre côté de l'Escaut, et faisait mine de vouloir l'attaquer. Il était encore temps de marcher; et, si on l'eût fait, un grand tiers de l'armée française était perdu. Le prince se contenta de donner l'ordre à quelques brigades de sa droite de se rendre aux retranchements de Denain, à 4 lieues de là. Pour lui, il s'y transporta en toute hâte, ne pouvant encore se persuader que ce fût la tête de l'armée française; enfin, il l'aperçoit, et lui voit faire ses dispositions pour attaquer; dès lors, il juge le retranchement perdu, examine un instant l'ennemi en mordant de dépit son gant, n'a rien de plus pressé que de donner l'ordre qu'on retire la cavalerie de ce poste.

La bataille de Denain est des résultats immenses pour la France : elle diminua considérablement les forces du prince Eugène, qui fut obligé de jeter les troupes dans toutes les places voisines, ranima le courage abattu du soldat français, et démoralisa les rangs ennemis, qui comptaient neuf années de succès. Cette victoire réparatrice de longues calamités contribua, en outre, à la prise de Mortagne et de Saint-Amand par le comte Albergotti; à celles de Marchiennes, où étaient renfermés les magasins des alliés; de Douai, du Quesnoy et de Bouchain, et à la levée du siége de Landrecies. Elle hâta enfin la paix d'Utrecht, qui termina d'une manière glorieuse pour la France **la guerre de la succession d'Espagne.**

DENBIGH, comté d'Angleterre faisant partie de la principauté de Galles, compte une population d'environ 97,000 âmes répartie sur une superficie de 15 myriamètres carrés, et se compose en grande partie de terrains montagneux. Toutefois les montagnes y ont en général des formes bien moins abruptes que dans le reste de la partie nord du pays de Galles, et les vallées qui en occupent les spacieux fonds, sont d'une fertilité rare et parfaitement cultivées. La plus considérable et la plus charmante de toutes est celle du *Clwyd*, qui a vingt-deux milles de longueur sur à peu près huit de largeur, que la fertilité de son sol et sa luxuriante végétation ont fait surnommer l'*Eden du nord du pays de Galles*, dont les sites pittoresques attirent un grand nombre de voyageurs, et de curieux, et qui est couverte de maisons de campagne de villages et de villes. On cite encore comme offrant de rares beautés naturelles la vallée du *Conway*, située à l'extrémité occidentale du comté, et où ce fleuve est navigable pour de petits bâtiments jusqu'à Llanwrst, à douze milles en amont. Au sud, la vallée de Llangollen ou du Dee supérieur, le fleuve le plus considérable du pays de Galles, qui y coule avec fracas à travers les rochers et est couvert de remarquables aqueducs, offre les plus merveilleuses alternatives d'une culture portée au plus haut degré de perfection et d'une nature restée à l'état sauvage.

Le climat du comté de Denbigh est sain; le sol produit des céréales en abondance et est très-favorable à l'élève des moutons et du gros bétail. L'exploitation des mines de fer, de plomb, de cuivre, de calamine et de houille y occupe un grand nombre de bras, de même que la pêche. L'industrie locale consiste en outre dans la fabrication des étoffes de laine, par exemple des gants et des bas, et surtout de la flanelle, produit qui jouit d'une célébrité toute particulière. Le comté est divisé en quatre districts : *Wrexham*, *Ruthin*, *Saint-Asaph* et *Llanwrst*. Le chef-lieu, DENBIGH, situé dans la vallée du Clwyd, petite et antique ville, mais au total bien construite, avec un château bâti sur un rocher qui domine au loin la vallée, et les ruines d'une église construite vers 1280, compte 5,000 habitants qui fabriquent des cuirs, des chaussures et des gants, et font le commerce des bestiaux et des grains. La contrée environnante est des plus agréables. Cette ville était jadis une place forte. Elle eut beaucoup à souffrir dans les guerres des deux Roses, et, en 1648, fut prise d'assaut par les troupes du Parlement, qui détruisirent son vieux château fort.

Nous devons encore mentionner dans le comté de Denbigh : le petit port d'*Abergeley*, où, dans la belle saison, de nombreux baigneurs viennent prendre des bains de mer, et où existe un marché à bestiaux; *Wrepham sur Dee* avec une foire importante, la plus belle église de tout le pays de Galles et 7,000 habitants, siége d'une importante fabrication de bas et de flanelle, ainsi que d'une grande exploitation minière. Non loin de la petite ville de *Llangollen* se trouve le hardi aqueduc de Pont-y-Syily ou *Cyssylter-Bridge*, long de 1,007 pieds et haut de 127, qui sert à faire franchir le Dee au fameux canal d'Eliesmere.

DENDÉRAH, village de la haute Égypte, célèbre par ses ruines, situé à une journée de marche de Thèbes, sur la rive gauche du Nil. A peu de distance de là, et en remontant le fleuve, on rencontre les ruines de l'antique *Tentyris* ou *Tentyra*, qui est l'un des temples les mieux conservés du pays. Cette ville, chef-lieu du *nomos* ou préfecture du même nom, illustrée dans les satires de Juvénal pour ses luttes ridicules avec les habitants d'Ombos, n'a laissé d'autres traces de son étendue que le monticule où sont accumulées les ruines de ses constructions en briques; mais, comme monument de splendeur, le grand temple qui l'a rendue célèbre parmi les modernes subsiste encore en entier, et passe avec raison pour l'un des chefs-d'œuvre de l'architecture égyptienne. On pénétrait dans l'enceinte qui environnait ce monument par une porte ou propylon construite en énormes pierres couvertes d'hiéroglyphes; puis on découvrait la façade du portique du grand temple, vaste construction soutenue par dix-huit colonnes de huit mètres de tour chacune, et espacées de quatre mètres. Son aspect, grand et majestueux, est encore empreint d'une sombre gravité; aussi ne peut-on, en présence de ce superbe édifice, se défendre d'un sentiment indicible de respect. Les chapiteaux des colonnes sont ornés de têtes de femmes représentant la déesse Athor (Aphrodite), à laquelle le monument fut dédié, et les proportions colossales de ces têtes contribuent puissamment à l'impression que ce monument fait éprouver. Ce temple magnifique a 66 mètres de long sur 47 de large, et l'on a bâti sur sa plateforme un étage supérieur composé de diverses chambres communiquant les unes aux autres. Le mur de circonvallation du monument est seul en partie détruit, mais on retrouve encore çà et là les restes des créneaux dont il avait été couronné. Toutes les parties de l'édifice, colonnes, chapiteaux, murs extérieurs et intérieurs, corniches, soubassements, sont couverts de bas-reliefs, d'inscriptions hiéroglyphiques, et de tableaux offrant la représentation des cérémonies du culte et des usages religieux des Égyptiens; et les couleurs qui couvrent toutes ces sculptures produisent encore une richesse et un charme qui ne nuit ni à la simplicité ni à la gravité de l'ensemble.

Parmi les bas-reliefs qui décoraient le grand temple, il en est deux dont le sujet est astronomique, et qui ont surtout fixé l'attention du monde savant : l'un est le zodiaque sculpté en deux parties sur les plates-bandes opposées à droite et à gauche du plafond du portique; l'autre est un planisphère sculpté au plafond d'une des pièces de l'appartement construit sur le comble du temple. L'un et l'autre représentent les douze signes du zodiaque placé dans l'ordre selon lequel le soleil les parcourt, et ayant à leur tête le lion. On remarque aussi dans ces tableaux un grand nombre d'étoiles diversement groupées, et des figures symboliques que l'on croit être des constellations représentées sous les formes propres aux Égyptiens.

Le zodiaque planisphère, transporté en France par MM. Saulnier et Lelorrain en 1820, et déposé dans une salle basse de la Bibliothèque impériale, présente dans la disposition de ses signes une forme spirale où l'ordre de chacun est conservé. Le lion ouvre la marche, puis vient la vierge, puis successivement les autres signes dont la suite s'arrête au cancer, qui est le douzième, et qui se trouve vers le centre du tableau. Près du cancer est une figure monstrueuse représentant une espèce de truie debout, et que l'on croit indiquer la grande ourse, par conséquent le pôle septentrional, aussi bien que le pôle ou centre du planisphère. En dehors de cette spirale sont diverses figures représentant des constellations extra-zodiacales ; et enfin d'autres figures, marchant sur le limbe circulaire du zodiaque, et au nombre de trente-six, représentent les trente-six décans attachés aux douze signes du zodiaque; des groupes hiéroglyphiques, accompagnés d'étoiles servant à les caractériser, offrent les noms de chacun de ces décans.

L'intérêt s'attacha surtout aux signes grecs du zodiaque qu'on y trouva parmi les constellations égyptiennes. On crut y remarquer un déplacement de ces signes relativement à leur position actuelle à l'égard du soleil; circonstance de laquelle quelques savants voulurent conclure que ces compositions et ce temple dataient d'une antiquité dépassant toutes les idées reçues. Cette question souleva alors une polémique des plus vives dans le monde savant, et il parut un grand nombre de dissertations auxquelles les découvertes de Champollion le jeune ont fait perdre la plus grande partie de leur valeur. Cet érudit parvint à lire sur plusieurs temples égyptiens, et notamment sur les inscriptions hiéroglyphiques du *Pronaos* ou vestibule ainsi que sur les autres parties du temple de Dendérah, les noms des empereurs Auguste, Tibère, Claude, Néron, Domitien, etc.; découverte qui mit hors de doute que la construction du temple était d'une date bien postérieure. Depuis, la question des figures zodiacales a suivi une direction conduisant à des résultats plus positifs, grâce aux travaux des Letronne, des Biot, des A.-W. de Schlegel, d'Ideler et tout récemment encore de Lepsius.

La construction du grand temple d'Athor, à l'exception du vestibule, eut lieu sous le règne de la reine Cléopâtre, et c'est à la même époque qu'il fut en partie couvert de bas-reliefs et de peintures. Cette princesse et son fils Césarion sont représentés en figures de quatorze pieds de haut sur l'extérieur de la muraille de derrière du temple; et il est assez vraisemblable que la constellation du zodiaque circulaire, ainsi que toute la disposition du temple se rapportait à la naissance de Césarion (an 46 avant J.-C.). Le vestibule du temple, qui contient le second zodiaque, d'après l'inscription grecque de dédicace placée au-dessus de l'entrée, fut construit par les habitants de Tentyris, sous le règne de Tibère, entre les années 32 et 37 de Jésus-Christ. Les sculptures murales du derrière datent de l'époque de Cléopâtre et d'Auguste ; celles du *Pronaos* furent exécutées sous les règnes de Tibère, de Caligula, de Claude et de Néron. Strabon rapporte que derrière le temple d'Aphrodite se trouvaient celui d'Isis, puis les Typhonies. Les deux temples sont encore aujourd'hui dans un état de conservation assez satisfaisant. Le premier, très-petit, est placé derrière l'angle occidental du grand temple et consacré en même temps à Isis et à Athor. Il fut construit et décoré sous Auguste. Le second, beaucoup plus grand, est situé en avant du temple d'Athor, à peu de distance, dans la direction du nord, et fut construit et décoré sous Trajan. Quelques bas-reliefs furent encore ajoutés par Adrien et Antonin.

Il est dit expressément des Tentyrites qu'ils avaient en horreur et poursuivaient le crocodile, que la plupart des populations égyptiennes vénéraient comme l'animal sacré du dieu Sebak. Aussi, dans les innombrables inscriptions dont sont couverts les temples de Dendérah, le crocodile n'est-il nulle part représenté, non plus que le Sebak à tête de crocodile. Consultez Lepsius, *Chronologie des Égyptiens* (en allemand, t. 1ᵉʳ, Berlin, 1850).

DENDERMONDE ou **TERMONDE**, place forte de Belgique, située dans la Flandre orientale, sur la rive droite de l'Escaut et sur les deux rives de la Dendre qui vient là se jeter dans ce fleuve, station intermédiaire du chemin de fer de Gand à Malines, compte une population de 8,500 habitants. Son industrie consiste dans le blanchissage des toiles, la fabrication des chapeaux, des tulles, du papier et de la bière. Il s'y trouve aussi une raffinerie de sel et une filature de coton. C'est aux environs de Dendermonde que croît le lin le plus fin de toute la Flandre.

Dendermonde possède plusieurs établissements d'instruction publique, par exemple une école de dessin et d'architecture, et de nombreuses institutions de bienfaisance. La construction des fortifications qui l'entourent date de 1822, et le pont jeté sur l'Escaut de 1825. La seigneurie de Termonde, qui, à l'origine, relevait du Saint-Empire, fut incorporée au comté de Flandre en 1264. Le siège que Louis XIV mit devant cette ville en 1667 échoua, parce que les habitants, en lâchant leurs écluses, inondèrent au loin toute la contrée d'alentour. En 1706, le général Churchill, frère de Marlborough, l'assiégea et s'en rendit maître, comme il arriva aussi aux Français en 1745.

DENDRITE. Les naturalistes donnent ce nom ou celui d'*arborisation* à certains dessins noirs, gris, bruns, verdâtres ou jaunâtres, que présentent des agates ou des plaques de pierre. Ce sont, en général, des figures offrant quelque analogie avec des conferves, des mousses, des feuilles de très-petites plantes, ou avec les dernières ramifications des branches de petits arbrisseaux. Jadis on a cru que c'étaient de véritables pétrifications végétales ; maintenant on pense que ce ne sont que des effets d'infiltrations d'eaux chargées de particules ferrugineuses. Il y a aussi des dendrites provenant d'oxyde de manganèse, et quelques-unes de cuivre gris, ou carbonate vert ou bleu. Les meilleurs exemples de dendrites se trouvent dans les calcaires dits *jurassiques*, tels que la pierre lithographique commune et le marbre ruiniforme de Toscane. Dans ces pierres les dessins ne sont plus à la vérité des arborisations, mais l'œil croit distinguer les ruines d'une ville, des colonnes brisées, des temples renversés, etc. Quelques agates mousseuses passent encore néanmoins aux yeux d'habiles botanistes pour renfermer véritablement quelques débris de conferves ou d'autres cryptogames. A. BOUÉ.

DENDROLITHES (du grec δένδρον, arbre, et λίθος, pierre). Ces pétrifications ou singulièrement des *phytolithes* ou végétaux fossiles, en ce qu'elles surgissent à la surface du sol, où, végétales d'abord, elles ont pris naissance, tandis que les autres se trouvent dans les couches terrestres, quelquefois à une certaine profondeur ; de là leur nom de *fossiles*. Par quels procédés la nature a-t-elle formé les dendrolithes? sont-ils tous l'œuvre de grand nombre de siècles passés sur eux? sont-ils des phénomènes sortis des révolutions partielles ou quasi-générales de notre globe? se forment-ils, nous présents et sous nos yeux? sont-ils véritablement des *arbres-pierres*, c'est-à-dire la substance s'en est-elle pétrifiée elle-même, ou la pierre a-t-elle entièrement pris la place du corps en décomposition, dont toutefois, par des procédés qu'on a à peu près expliqués, elle a conservé la forme? Les avis des savants sont partagés entre ces hypothèses. Selon les uns, les dendrolithes se formeraient par *incrustation*. Ainsi il en advient des arbres assez isolés entre eux, nés sous un ciel découvert, donc susceptibles de recevoir journellement la poudre calcaire ou siliceuse que les torrents, les orages, les vents, charrient, portent et soufflent sur les racines, les troncs et les rameaux. Cette poussière, non moins dure que fine, s'introduisant, à travers leur écorce, dans le tissu ligneux, en solidifie lentement les fibres les plus déliées, et, cette action intérieure longuement achevée, cette poussière s'attache à la périphérie de l'arbre et s'y concrète en un moule. Alors l'*arbre-pierre*, immobile, gardant sa forme primitive, sur le sol même où il est né, grâce à sa transformation, brave les siècles et étonne les générations. Toutefois, au sentiment de plusieurs naturalistes, cette espèce de transformation serait des plus promptes. Ils citent pour exemple une vallée entière, entre de hautes dunes de sable, dans la Nouvelle-Hollande, toute plantée de dendrolithes. Les arbres verdoyants et gigantesques qui l'ombrageaient ne sont plus que des troncs tranchés près de la base, surgissant comme des fûts brisés de colonnes-pæstum, et d'où jaillissent des tiges pétrifiées de 0m,30 de diamètre, auxquelles la silice sert de moule, poussière anguleuse et pénétrante poussée sur eux par les vents, et du continent et de la côte. Ces robustes végétaux, étouffant sous cette robe de pierre, y perdent insensiblement leur sève, leurs tissus, leurs fibres, et n'y laissent à la fin que leurs formes. Ainsi, sur le bord de nos fleuves, on voit çà et là de vieux saules dont les troncs creux sont remplis de leur propre détritus, entre lequel les vents ont depuis longtemps porté et mêlé poussière et sable, qui solidifient déjà ces débris encore arborescents. Voilà le *dendrolithe* par incrustation. On ne le regarde pas comme une véritable pétrification.

Parmi les dendrolithes de cette espèce, on placerait ceux qui proviendraient des arbres, et qui, nés dans des sables profonds, selon l'opinion de quelques savants, auraient été changés en pierre par la puissance d'un dissolvant inconnu aujourd'hui, lequel, liquéfiant ces sables, susceptibles alors de s'incorporer aux végétaux, de se formuler autour, poursuivent ainsi la destruction complète de leur organisation. Une autre opinion de plusieurs naturalistes est que le phosphore, qu'ils supposent dominer dans les végétaux, au temps surtout de leur décomposition, combiné avec l'oxygène, opère la longue la pétrification à l'aide de cet agent si actif. Dans une des révolutions incontestées de notre globe, un accident inexplicable aurait-il créé soudainement un fluide dissolvant qui, comme la tête de Méduse, aurait soudainement pétrifié? La nature, si puissante, aurait alors successivement possédé plusieurs moyens pour ses opérations dont, avouons-le, nous sommes encore forcés de faire des hypothèses. Ces rameaux pétrifiés où l'on distingue encore les fibres et les couches concentriques et jusques aux couleurs arborescentes, ainsi que des insectes et des vers parfaitement conservés, pourraient être de cette espèce de pétrifications que l'on oppose à ceux qui nient tout reste d'organisation dans les dendrolithes et n'acceptent que l'image ou plutôt l'apparence du végétal. Mais jusqu'ici aucune des théories que nous venons d'indiquer n'a pu être solidement établie : il reste donc encore un vaste champ aux hypothèses. DENNE-BARON.

DENDROLOGIE (de δένδρον, arbre, et λογος, discours), nom donné par quelques auteurs à la partie de la botanique consacrée exclusivement à l'étude des arbres.

DENDROMANCIE (du grec δένδρον, arbre, et μαντεία, divination), divination par l'inspection des arbres. Elle était fort en vogue dans les siècles reculés parmi certains peuples de l'Asie. On l'on considérait l'angle que faisait la tige avec le sol environnant et l'inclinaison qu'elle affectait vers tel ou tel point cardinal, pour en tirer une induction, bonne ou mauvaise; ou, abattant l'arbre et le fendant, une fois abattu, avec la même hache, on interrogeait ses entrailles, comme celles des victimes sacrifiées sur l'autel, et l'on découvrait des pronostics favorables ou défavorables dans les diverses directions de ses lignes intérieures.

DENDROMÈTRE (de δένδρον, arbre, et μετρον, mesure), instrument à l'aide duquel on évalue la hauteur d'un arbre, le diamètre de son tronc et la masse de bois qu'il peut fournir. On a inventé des dendromètres de différentes formes dans le courant du siècle dernier : ils sont complètement inusités aujourd'hui.

DENDROPHAGES (de δένδρον, bois, et φάγος, mangeur). On appelle ainsi, c'est-à-dire *mangeurs de bois*, les insectes ou les larves d'insectes qui vivent dans les arbres, soit pour s'y procurer une retraite, soit pour se nourrir de leurs sucs. Ces animaux sont très-nombreux en espèces et en individus, et souvent ils occasionnent des dégâts considérables, détruisant des forêts presqu'en entier : il n'est pas de vieux chênes, de saules, etc., qui n'en nourrissent de plusieurs sortes; dans nos environs, les plus nuisibles sont les larves du *cossus ronge bois*. Paul GERVAIS.

DÉNÉGATION. C'est le refus que l'on fait de reconnaître l'existence d'un fait, d'une convention, d'une promesse, etc.

DENEUX (LOUIS-CHARLES), plus connu par ses rapports avec la branche aînée des Bourbons, et particulièrement par le rôle qu'il joua lors de la naissance du duc de Bordeaux et pendant la captivité de la duchesse de Berry, que par ses travaux scientifiques, naquit à Amiens en 1778. Élevé au collège de sa ville natale, il y fit des études assez distinguées, et fut appelé à Paris par le célèbre *Baudelocque*, qui l'engagea à suivre la carrière médicale. Grâce à l'influence de ce médecin, il se trouva, dès son début dans la pratique, placé dans une position beaucoup plus avantageuse que celle de la plupart des jeunes praticiens, même les plus distingués. Pour justifier l'appui d'un homme aussi justement estimé, Deneux fit paraître quelques petits mémoires, entre autres des recherches sur les hémorrhagies utérines, qui sont à peu près oubliées aujourd'hui, et qui, sans renfermer aucun fait nouveau, aucune idée nouvelle, témoignaient seulement d'une assez grande rectitude de jugement. Ces travaux, quelque peu importants qu'ils fussent, lui servirent de titre suffisant pour être mis au nombre des médecins appelés par Louis XVIII à fonder l'Académie royale de Médecine; et ce dernier titre lui servit plus tard pour obtenir celui de professeur d'accouchement à la Faculté de médecine de Paris. En 1830, son attachement à la dynastie déchue le fit destituer de cette dernière place.

Lors de la naissance du duc de Bordeaux, Deneux avait été appelé auprès de la duchesse de Berry en qualité d'accoucheur, et l'on sait de quelles imputations il fut l'objet à propos de cet événement; mais, heureusement pour lui, s'il n'était ni un grand médecin ni un grand accoucheur, c'était un homme d'une probité inattaquable, et cette probité ne fut pas même effleurée par les ignobles suppositions des partis. Depuis la révolution de 1830, Deneux s'était presque complètement retiré de la pratique, et beaucoup de personnes, même de sa profession, le croyaient mort, lorsque l'arrestation de la duchesse de Berry vint fixer de nouveau sur lui l'attention publique. Ce fut à lui que cette princesse infortunée songea pour se faire délivrer de l'état dans lequel elle se trouvait. Deneux n'avait pas attendu, de son côté, le désir de son illustre cliente : pendant qu'elle songeait à lui, il demandait au gouvernement l'autorisation de se rendre auprès d'elle. Dans l'intrigue ignoblement compliquée qui s'accomplit à Blaye pendant la captivité de la malheureuse

24.

prisonnière, Deneux se montra constamment digne de la mission qui avait été confiée à lui et à son honorable confrère, M. Gintrac. Après la délivrance de la princesse, Deneux l'accompagna en Italie, et continua à lui donner des soins jusqu'à son complet rétablissement ; il revint ensuite en France, et, loin de profiter du lustre que venait de jeter sur lui l'événement dans lequel il venait de jouer un rôle si honorable, il se retira complètement des affaires, et se réfugia dans une retraite éloignée de Paris, où il vécut en philosophe pratique et en philanthrope. De temps en temps, il faisait une rare apparition à l'Académie de Médecine, moins pour prendre part aux discussions scientifiques, qui ne furent jamais beaucoup de son goût, que pour voir d'anciens amis pour lesquels son attachement était sans limites. Deneux mourut à Nogent-le-Rotrou, le 28 décembre 1846.

CASTELNAU.

DENHAM (Sir John), poëte anglais, naquit en 1615 à Dublin, où son père remplissait les fonctions de premier lord de la trésorerie d'Irlande. Il fit ses études à Oxford, où il travaillait et jouait beaucoup aux cartes. Destiné à l'étude du droit, sa passion pour le jeu le détournait de toute occupation sérieuse. Accablé de reproches par son père, il écrivit, pour obtenir son pardon, un *Essai contre le jeu*, puis, son père une fois mort, il n'en continua pas moins à jouer de plus belle. En 1642, il fit représenter une tragédie, intitulée *Le Sophi*. Denham aurait pu dire à cette époque ce que Byron dit plus tard, quand son *Childe-Harold* fut publié : « Je m'endormis obscur, je me réveillai fameux. » Waller compara ce succès à une *insurrection irlandaise*, tant il fut subit et inattendu. Et cependant, cette production accueillie avec tant de faveur s'élevait à peine au-dessus du médiocre. Peu de temps après, le roi le nomma shériff de Surrey et gouverneur de Farnham-Castle, mais il résigna bien vite ses fonctions, et se retira à Oxford, où il publia son poëme de *Cooper's Hill* (en 1643).

Ce poëme obtint un succès tel, que l'envie se servit contre Denham d'un mensonge maintenant fort usé : on prétendait qu'il n'en était pas l'auteur véritable, et qu'il en avait tout bonnement acheté le manuscrit et la propriété 40 livres sterling à un pauvre diable d'ecclésiastique. Quand les troubles d'Angleterre eurent éclaté, Denham remplit un rôle actif et assez important dans le parti royaliste. Il passa en France, et de là il se rendit en Pologne pour lever une contribution royaliste sur les marchands écossais, qui, à cette époque, faisaient tout le commerce de ce royaume. Il réussit, et composa un assez bon sonnet sur son ambassade. A la restauration, sa loyauté fut récompensée : le roi le créa chevalier du Bain et le nomma surintendant de ses bâtiments. Il vivait alors dans l'abondance et aimé de ses souverains ; mais un second mariage qu'il contracta le rendit si malheureux que sa raison en fut quelque temps altérée. Il la recouvra cependant, et publia un très-bon poëme sur *la mort de Cowley* ; mais il ne survécut qu'un an à ce poëme et au poëte qu'il y louait. Sir John Denham mourut le 19 mars 1668, et il alla rejoindre Cowley à Westminster dans le coin *des poëtes*.

Le poëme de *Cooper's Hill* est le seul titre de Denham à la gloire, mais c'est une œuvre très originale. Denham créa en Angleterre la poésie connue depuis sous le nom de *poésie locale*. C'est celle qui ressort de la contemplation de quelque site naturel, et de l'association des lieux qu'on décrit avec certaines idées, soit religieuses soit politiques, soit purement morales. C'est un grand honneur que d'avoir fait une découverte dans les champs de la poésie et d'obtenir d'illustres imitateurs. Tel fut le sort Denham : après le *Cooper's Hill*, Garth publia son poëme sur *Claremont*, et Pope sa *Forêt de Windsor*. Denham exprime très-heureusement au commencement de son poëme, l'orgueil que lui donne la certitude qu'il innove : « Tous les poëtes, dit-il, n'ont pas rêvé sur le Parnasse et bu à la fontaine d'Hippocrène ; et pourquoi ? c'est que le Parnasse et l'Hélicon n'ont pas créé les poëtes, mais que les poëtes les ont créés : pour un vrai poëte, toute montagne est un Parnasse. »

..... Thou Parnassus art to me.

Cela est vigoureux, et le reste a la même allure. Il y a aussi des beautés dans son poëme sur le procès et la mort du comte de Strafford.

E. DESCLOZEAUX.

DENHAM (DIXON), célèbre par ses voyages en Afrique, qui ont contribué à fixer bon nombre de questions géographiques jusqu'alors incertaines, naquit en 1785, fut élevé à l'école militaire de Londres, au sortir de laquelle il alla servir en Espagne dans l'armée anglaise employée contre Napoléon et y parvint au grade de major. Ce fut seulement en 1821 qu'il lui fut donné de pouvoir réaliser le projet qu'il avait depuis longtemps conçu d'un voyage à Tombouctou. A cet effet, il rédigea avec beaucoup de sagacité un plan dont plus tard le major Laing tira bon parti. Mais le gouvernement en avait déjà arrêté un autre, de l'exécution duquel il avait chargé Oudney et Clapperton, et lui permit seulement d'accompagner ces hardis voyageurs dans leurs explorations.

Déjà le soleil, les pluies et les dangers de l'Afrique avaient moissonné successivement presque tous ses explorateurs. Hornemann, Houghton, Mungo-Park, Burckhardt, Belzoni, l'Hercule des voyageurs, etc., avaient péri l'un après l'autre. Tant de funestes exemples n'arrêtèrent point Denham et ses compagnons ; Denham, comme Clapperton, se fiait à son intrépidité et à sa robuste constitution. Ainsi que ses infortunés prédécesseurs, il se dévoua au Moloch du commerce britannique, que n'effrayait aucun sacrifice humain pour s'ouvrir la Nigritie et le cours du Niger.

Jusqu'alors, c'était surtout par le Sénégal et la Gambie que l'on avait essayé de pénétrer dans cette partie intérieure de l'Afrique, demeurée inaccessible aux Européens. Mungo-Park seul était parvenu par cette route au Niger, où il avait trouvé son tombeau, après avoir agrandi le domaine de la géographie, mais sans avoir pu atteindre cette ville de Timboctou (ou Tombouctou), sorte de terre promise, dont la célébrité surpassait de beaucoup l'importance réelle, et vers laquelle se dirigeaient les vœux de tous les voyageurs. Hornemann, Browne, Burckhardt, avaient formé le projet d'y arriver en partant de l'Égypte. Le premier était le seul qui eût réussi à s'en approcher de très-près, quand la mort l'arrêta à Nyffé.

Denham et ses compagnons suivirent une nouvelle route, et relativement beaucoup plus facile que les deux autres ; c'était celle qu'avait prise Hornemann après une excursion de *Mourzouk*, capitale du *Fezzan*, à Tripoli. Arrivés à la fin de novembre 1821 à Tripoli, ils quittèrent cette ville en février 1822, se dirigeant sur *Mourzouk*, et le 4 novembre suivant ils atteignirent *Lars*, ville située à l'extrémité septentrionale du royaume de Bornou, et bâtie sur le lac de *Tsaad*.

Ce qui, pendant ce voyage si fécond en résultats nouveaux, appartient en propre au major Denham, c'est d'abord et surtout l'exploration des deux tiers au moins de la circonférence de ce grand lac *Tsaad*, véritable mer d'eau douce, dont les rives sont peuplées de girafes, d'éléphants très-nombreux et d'hippopotames : les crocodiles y sont aussi très-multipliés. Le lac a au moins 250 lieues de tour. Denham reconnut en même temps le cours du *Shary*, qui s'y jette par deux branches : c'est le fleuve le plus considérable de cette contrée. Il reconnut aussi en partie le cours d'un autre fleuve, le *Yeou*, branche du *Kowaru* (Djoliba, ou Niger de Mungo-Park), qui également son embouchure dans le lac Tsaad. Denham visita encore le pays de *Mundaru* et les montagnes méridionales du Soudan. Pour faire cette excursion, il se détermina à accompagner le corps d'armée qu'y envoyait le scheik du Bornou, avec les Arabes de

Bou-Khalom. Cette expédition n'avait pas d'autre but que le pillage et la capture de prisonniers destinés à l'esclavage ; le zèle pour la science et le courage intrépide de l'officier anglais ne sauraient excuser sa participation volontaire à ces actes d'injustice et de violence : aussi, par un juste châtiment de son inhumanité, pensa-t-il en être victime. Les agresseurs furent battus : Denham blessé, pris et dépouillé, n'échappa à la mort que par miracle, en s'attachant au ventre d'un cheval qui l'emporta dans sa fuite. La défiance et les habitudes féroces des populations du Bornou firent échouer les tentatives ultérieures de Denham dans le but d'explorer plus à fond ces contrées. Quand Oudney fut mort le 12 janvier 1824, Denham entreprit avec Clapperton un voyage à Sasikaton, dans l'empire des Fillatals, et revint avec lui dans sa patrie au mois d'avril 1825 par la voie qu'il avait suivie en partant. Promu au grade de lieutenant colonel, il fut envoyé, vers la fin de l'année suivante, à Sierra Leone, chargé par son gouvernement d'inspecter la situation de cette colonie et d'essayer d'établir de nouvelles relations avec l'intérieur de l'Afrique. Nommé gouverneur de la colonie de Sierra Leone, à la mort du capitaine Owen, il ne tarda pas à succomber comme lui victime du climat, et mourut à Sierra Leone au mois de juin 1828. Barrow a publié le récit de son voyage sous le titre de *Narrative of travels and discoveries in northern and central Africa in the years* 1822, 1823 *and* 1824 (Londres, 1826). AUBERT DE VITRY.

DÉNI DE JUSTICE. C'est le refus que fait un juge de statuer sur une contestation qui lui est soumise. Le juge qui refuse de juger, sous prétexte du silence, de l'obscurité ou de l'insuffisance de la loi, peut être poursuivi comme coupable de déni de justice. Il y a également déni de justice lorsque les juges refusent de répondre à des requêtes ou négligent de juger les affaires en état et en tour d'être jugées. Le déni de justice est constaté par deux réquisitions faites aux juges, en la personne des greffiers, et signifiées de trois en trois jours au moins pour les juges de paix et de commerce et de huitaine en huitaine au moins pour les autres juges. Tout huissier dont le ministère est réclamé est tenu de faire ces réquisitions, à peine d'interdiction. Après cette formalité, le déni de justice donne lieu à la prise à partie contre les juges qui s'en rendent coupables ; et lorsqu'ils persévèrent, après que les injonctions en pareil cas requises leur ont été faites, ils sont punissables d'une amende de 200 à 500 francs et de l'interdiction de l'exercice des fonctions publiques depuis cinq jusqu'à vingt ans.

DENIER (en latin *denarius*). Les Romains appelaient ainsi une petite pièce de monnaie d'argent qui valait dix as dans l'origine et ensuite seize as ; elle ne date guère que de la première guerre punique (an de Rome 485), et portait pour marque un X, chiffre indicatif de sa valeur.

Ce denier fut nommé *consulaire*, à la différence de celui que l'on frappa sous les empereurs, et qui fut nommé *impérial*. Jusqu'à Auguste il répondait à 81 centimes de notre monnaie et depuis à 70. Le denier consulaire portait pour empreinte, d'un côté une tête ailée de Rome, de l'autre un char à deux ou quatre chevaux ; ce qui faisait que les deniers étaient appelés *bigati* et *quadrigati*. Dans la suite, on mit sur le revers Castor et Pollux et quelquefois une victoire sur un char à deux ou à quatre chevaux. L'administration romaine, par la conquête introduisit chez tous les peuples, popularisa partout le denier soit dans le sens absolu d'argent soit avec une valeur déterminée.

A leur établissement dans les Gaules, les Francs ne changèrent presque rien aux usages monétaires des Romains. Sous les Mérovingiens, c'était une petite pièce de 9 à 11 millimètres de diamètre et d'un millimètre d'épaisseur. Le poids du denier augmenta successivement sous Pepin et sous Charlemagne : son diamètre fut porté à 15 ou 18 millimètres ; mais son épaisseur réduite à un demi-millimètre tout au plus ; il valait alors deux oboles et se maintint à peu près dans le même état jusqu'au dixième siècle. Mais à cette époque une grande révolution eut lieu dans la monnaie, coïncidant avec la naissance de la féodalité. Le denier fut, avec l'obole, presque la seule monnaie ayant cours, non-seulement en France, mais dans toute l'Europe. La cupidité des seigneurs qui battaient monnaie fit bientôt altérer le denier, qui jusqu'alors avait été d'argent fin : son diamètre et son épaisseur diminuèrent, de sorte que vers l'an 1190 il pesait généralement de quinze à vingt grains, et contenait plus de cuivre que d'argent. Pendant les dixième, onzième et douzième siècles, il y eut autant de deniers que de villes ayant droit de monnayage. Cependant, vers l'année 1150, toutes les monnaies de la France commencèrent à être rapportées à celles de Paris ; toutes celles du centre et du midi à celles de Tours et de Montpellier. Cette habitude facilita beaucoup la réforme monétaire, œuvre de Philippe-Auguste. Ce prince ordonna qu'on ne frapperait dans ses États au nord de la Loire que des deniers parisis, et au midi de ce fleuve des deniers tournois. Sous saint Louis, le système *parisis* commença à être supplanté par le système *tournois*, dont le triomphe fut enfin assuré vers l'an 1300. Ce prince avait frappé une pièce d'argent fin de la valeur d'un sou ou douze deniers et qui fut appelée *gros denier tournois* ou *gros denier blanc*, par opposition aux deniers de billon, que l'on appelait *deniers noirs*. Sous Philippe le Bel, on fit de *doubles deniers* ou pièces de deux deniers. Depuis saint Louis jusqu'à Henri III, le denier continua d'être en billon, mais en perdant toujours de son aloi. Enfin il ne fut plus sous le dernier Valois qu'une pièce de cuivre, et disparut entièrement sous Louis XIV. Ce ne fut plus dès lors qu'une monnaie de compte.

Il y a eu des *deniers d'or* depuis saint Louis jusqu'à Charles VII ; ils étaient connus sous le nom de *moutons à la grande et à la petite laine*. Ils valaient d'abord douze sous et furent ensuite portés tantôt à vingt, tantôt à vingt cinq. Du temps de Philippe de Valois, il y eut un denier d'or, nommé *denier d'or à l'écu*, qui valait quarante-cinq sous.

Le *denaro* de la haute Italie a été formé à l'imitation du denier français. A l'origine on le frappait de manière à ce que 12 fissent un *soldo* ; mais peu à peu on lui fit subir de nombreuses réductions. La nouvelle division décimale des diverses *lire* italiennes, n'a pas seulement aboli le *denaro* comme monnaie courante, mais encore comme monnaie de compte.

En Russie, la *denga* tient lieu du denier ; elle a la valeur du demi kopek, de ½. Frappée originairement en argent, elle est devenue depuis 1655 monnaie de billon.

Les Arabes prirent des Byzantins le denier d'or romain et le nommèrent *dinar*. Des Arabes, cette monnaie a passé à la plupart des peuples de l'Orient. Aujourd'hui encore on en rencontre de diverses espèces en Perse, où le denier Bisti équivaut 1/1000 toman ou ducat, le *hasaer-dinar* ou *sachibkiran* (d'argent) = 1/10 toman, le *pengsid-dinar* ou *penebad* (d'argent) = 1/20 toman.

Denier se prend aussi pour argent en général, ou quelque espèce de monnaie que ce soit : *acheter à beaux deniers comptants*. Dans la langue du droit, *deniers* se prend encore plus génériquement dans le sens de *biens : les deniers dotaux, les deniers publics*. Cette expression *denier* servait encore autrefois à fixer le taux de l'intérêt de l'argent, ainsi l'on disait : le denier huit, le denier dix, le denier vingt, le denier cent ; ce qui signifiait que, pour réaliser un denier d'intérêt il fallait en livrer à l'emprunteur huit, dix, vingt, cent. Les *deniers d'entrée* sont plus généralement appelés *épingles, pots-de-vins*.

Le *denier* est aussi une mesure *pondérale*. Au temps de l'ancienne Rome, le *denarius* de Papirius, ou de la république, était la 84ᵉ partie, et celui de Néron la 96ᵉ partie de la livre romaine. En France, l'ancienne livre, poids de marc, se divisait en 384 deniers ou *scrupules*. En Italie on divise d'ordinaire la livre en 288 *denari* ou *danari*. En Allemagne, on divise quelquefois la livre en 512 *pfennige* ou deniers, le marc en 256 deniers, de sorte que le pfennig = 1/4 drachme. Comme poids d'essai de divers États du sud de l'Europe pour l'argent, le marc ou le tout est divisé en douze deniers (en italien *denari*, *danari*, en espagnol *dineros*, en portugais *dinheiros*), de telle sorte qu'un denier = 1/3 d'once d'argent fin d'après la manière de supputer en usage en Allemagne.

Denaro est aussi le nom d'une mesure de longueur en usage en Toscane et de 1/240 *braccio* (aune).

DENIER À DIEU. C'est une pièce de monnaie qui, dans certaines conventions verbales est donnée par l'une des parties à l'autre, en signe de l'engagement. Autrefois, c'était réellement un denier qui était remis; et il devait toujours être employé à quelque usage pieux, de là son nom. Il se payait à l'occasion de tous marchés et engagements; aujourd'hui cet usage n'a plus lieu qu'en cas de location verbale et de louage de domestiques.

La prestation du denier à Dieu a quelque rapports avec les arrhes; mais il diffère surtout en ce qu'il est considéré comme une légère gratification et ne s'impute jamais sur le prix. Dans les locations verbales le denier à Dieu se donne au concierge, qui doit le rendre si le locataire se dédit dans le temps voulu. Lorsque le denier à Dieu est donné par le maître au domestique, le maître le perd s'il se désiste; mais si c'est le domestique qui se dédit, il ne le restitue pas au double, comme s'il s'agissait d'arrhes. Dans les deux cas, les parties ont vingt-quatre heures pour se dédire.

DENIER DE SAINT-PIERRE. Ainsi fut appelé l'impôt qu'à partir du huitième siècle l'Angleterre consentit à payer au pape. On prétend qu'il fut accordé au pape en l'an 725, par le roi anglo-saxon Inas de Wessex ou par Offa, roi de Mercie, dans le but d'en consacrer le produit à la création à Rome d'un séminaire pour des prêtres anglais, et à l'entretien des églises et des tombeaux des apôtres saint Pierre et saint Paul. Cet impôt était acquitté chaque année le jour de la Saint-Pierre, à raison d'un *penny* (denier) par feu, et au treizième siècle il dépassait déjà de beaucoup le revenu en argent des rois d'Angleterre. Dès 1365, le roi Édouard III tenta de supprimer le *denier de saint Pierre*; mais ce fut Henri VIII qui le premier y parvint, en vertu de l'acte du parlement rendu en 1532; après lui, la reine Marie tenta en vain de le rétablir.

On désigne aussi sous le nom de *deniers de saint Pierre* les deniers d'argent frappés, à l'époque de l'heptarchie anglaise, du produit de l'impôt en question; pièces de monnaie qui sont aujourd'hui d'une rareté extrême.

DÉNIGREMENT, action par laquelle on cherche à rabaisser le mérite ou les avantages particuliers d'un individu. Le dénigrement revêt toutes les formes, pour mieux assurer tous ses coups; il se modifie suivant les hommes et les époques; il est tour à tour grave et léger, prêche ou raille les devoirs; il a la conviction qu'il ne peut faire de mal que s'il déploie toutes les ressources de l'esprit. Il n'est donné qu'aux gens de bonne compagnie de savoir tirer parti du dénigrement; ils excellent d'abord à le rendre amusant, c'est le point essentiel; puis, du rire qu'ils provoquent ils font naître le ridicule, et quelquefois même le mépris. Le peuple dédaigne en général le dénigrement : la grosse injure, l'atroce calomnie, sympathisent mieux avec la violence de son caractère; il vocifère plutôt qu'il n'insinue; faute de tact et de mesure, il se nuit quand il dénigre. Les femmes, dans toutes les classes de la société, sont sujettes à celles à mille jalousies qui naissent et meurent pour se reproduire de nouveau : elles vivent donc à l'égard les unes des autres dans un état continuel de dénigrement, qu'interrompent des réconciliations qui ne durent guère. Il y a parmi les femmes un dénigrement de salon, ou un dénigrement de mansarde, qui, en dépit des différences de naissance et d'éducation, s'attache aux mêmes objets. Ce dénigrement général porte sur le plus ou le moins de grâce dans la personne : il fera ressortir un léger défaut de goût dans la toilette; il s'attaquera, soit à la beauté, soit à la régularité des traits. Sont-elles forcées, dans des cas rares, de faire l'aveu de certains avantages qu'il leur est impossible de nier, elles ajoutent sur-le-champ tant de restrictions dénigrantes qu'elles reprennent en détail ce qu'elles ont accordé en gros. Quelquefois, cependant, si une tendre amitié les unit, elles se rendront justice; mais il faut qu'elles soient entre elles, dans un cercle très-étroit, et surtout qu'il n'y ait pas d'hommes présents; autrement, chacune plaide sa cause, c'est-à-dire fait le plus de tort qu'elle peut à l'adversaire.

Il arrive dans la haute société, que les hommes habiles à dénigrer, pour atteindre plus sûrement leur but, ont l'air de le perdre de vue. Ainsi, on vante un homme d'État, un général célèbre, sur des talents de pur agrément, qui contrastent avec la gravité de leur position; on les exalte outre mesure, et par ce rapprochement perfide on les dépouille des véritables éloges auxquels ils ont droit : c'est là une manière de dénigrer qui manque rarement son effet. Dans les salons, c'est encore souvent par des demi-mots, par des réticences, savamment calculées, qu'on fait pénétrer le dénigrement; il n'est jamais aussi redoutable que quand il a la forme pour lui; il ne donne pas lieu à des controverses, et passe comme une vérité indifférente. Un écrivain a-t-il obtenu un succès éclatant, incontestable, la critique la plus passionnée finit elle-même par être réduite au silence; les ennemis se concertent alors pour se partager toutes les ressources de dénigrement qui leur restent; les uns disent à l'oreille : il a trouvé le plan tout fait dans un livre étranger; d'autres : ce sont de vieilles formes de style qu'il a cherché à rajeunir; quelques-uns vous citent une de ces répétitions qui, dans une situation donnée, sont inévitables. Arrive enfin le dénigrement, qui doit porter le coup fatal, c'est un ami qui a aidé, c'est bientôt un subordonné qui a fait l'ouvrage entier. Ces divers genres de dénigrement qu'on fait circuler, tantôt les uns après les autres, tantôt ensemble, produisent une rumeur qui arrive tôt ou tard au public; et il commence à croire d'abord, sauf à s'éclairer plus tard. Pour ne parler ici que des moralistes, on a soutenu que c'était un M. Esprit qui avait en grande partie composé les *Maximes* de La Rochefoucauld; on a avancé qu'une dame avait fourni des chapitres entiers à La Bruyère. Ce qu'il faut remarquer, c'est que ces grands écrivains une fois morts, rien de pareil à leurs œuvres n'a plus paru; leurs prétendus aides ont disparu en même temps qu'eux, et la gloire des véritables inventeurs leur a été restituée tout entière : voilà ce qui devrait dégoûter d'un semblable genre de dénigrement; néanmoins, on y recourt sans cesse. En général, le dénigrement ne cause qu'un mal passager et retombe sur ses auteurs; mais, par cela même que les hommes sont réunis, et que des comparaisons sont faites entre eux, il est tout simple que ceux qui n'ont pas la préférence se vengent. Il y a donc quelque chose de bas dans le dénigrement. Néanmoins, les esprits supérieurs s'y laissent entraîner : chargés de gloire, ils disputent quelques jours de vogue à des œuvres qui ne doivent pas rester : tel a été Voltaire, et c'est un des côtés fâcheux de sa vie.

SAINT-PROSPER.

DENINA (GIACOMMO CARLO), littérateur et historien italien, né le 28 février 1734, à Revel, en Piémont, embrassa de bonne heure l'état ecclésiastique et se consacra à l'enseignement. Nommé en 1754 professeur d'humanité à Pignerol, il perdit sa chaire pour avoir fait représenter par ses élèves, suivant l'usage du temps, une comédie qui choqua le clergé. Mais quelques années plus tard il fut appelé à exercer les mêmes fonctions à Turin. Il y provoqua la haine des moines, qui résolurent sa perte, quoiqu'il possédât la faveur toute particulière du roi. On lui enleva encore une fois sa chaire à l'occasion d'un ouvrage imprimé en secret et intitulé : *Dell' impiego delle personne* (2 vol., Florence. 1777), dans lequel il s'efforçait de démontrer comment on pourrait transformer les moines en membres utiles de la société. Confiné pendant quelque temps dans le séminaire de Verceil, puis interné dans son pays natal, ne fut qu'en 1781 qu'il obtint l'autorisation de reparaître à Turin En 1782, il se rendit aux vœux de Frédéric le Grand, et vint à Berlin occuper une place à l'Académie. A la suite de la bataille de Marengo, le conseil supérieur d'administration du Piémont le nomma bibliothécaire de l'Université de Turin; mais, avant même qu'il fût entré en fonctions, Napoléon, à qui il avait dédié sa *Clef des langues* (3 vol., Berlin, 1804), le nomma son bibliothécaire à Paris. Denina mourut dans cette ville, le 5 décembre 1813.

Un de ses plus importants ouvrages fut son *Discorso sopra le vicende della letteratura* (2 vol, 1761). Son livre *Delle revoluzioni d'Italia* (1769), fut l'objet des attaques les plus vives de la part des défenseurs des immunités ecclésiastiques. C'est pendant son exil qu'il écrivit sa *Storia politica e letteraria della Grecia* (4 vol. Turin, 1178). Parmi ses autres ouvrages, pour la plupart écrits en français, et fruits de son séjour à Berlin, nous mentionnerons son *Essai sur la vie et le règne de Frédéric le Grand* (Berlin, 1788); *La Prusse littéraire sous le règne de Frédéric II* (3 vol. 1790); *Guide littéraire* (1794), contenant les résultats d'un voyage entrepris en Piémont en 7911; *La Russiade* (1800), poëme héroïque à la gloire de Pierre le Grand; *Revoluzioni di Germania* (Florence, 1804); *Histoire du Piémont et des autres États du roi de Sardaigne* (Berlin, 1800); *Istoria della Italia occidentale* (1809, 6 vol.), etc.

On a reproché à Denina de n'être pas l'auteur de l'*Histoire des révolutions d'Italie*, certainement le meilleur ouvrage qui porte son nom. Denina s'est justifié de ce reproche, mais il a avoué que l'archevêque de Turin, Costa d'Arignan, y avait mis la main. Il paraît en effet certain que, si cet ouvrage n'est pas entièrement de ce dernier, il lui en revient du moins une grande part. On reconnaît aussi facilement dans ses écrits l'influence des idées françaises.

DENIS. Voyez DENYS.

DENIZATION, terme de la législation anglaise. C'est un commencement de naturalisation qui s'obtient par lettres patentes du souverain, à la différence de la naturalisation pleine et entière, qui ne peut être accordée que par un bill du parlement. En vertu de la denization, on acquiert le droit de posséder et de transmettre des immeubles comme les nationaux, et de jouir des mêmes liberté, franchise et privilèges. Le *denizen* tient en quelque sorte le milieu entre l'étranger et le sujet britannique.

DENNE-BARON (PIERRE-JACQUES-RENÉ), un des plus aimables et des plus brillants poètes de notre époque, l'un des hommes de ce temps que l'amour désintéressé des lettres et un talent à la fois sobre et original doivent recommander le plus vivement à l'admiration et à l'estime, est né à Paris, le 6 septembre 1780. Fils d'un riche négociant de cette capitale, il hérita à vingt ans de la fortune de son père. Ses premières études, commencées au collège de Navarre, furent interrompues par les suites de la révolution de 1789. Nature poétique et harmonieuse, il ne se laissa point envahir par les préoccupations dont la France était alors dominée. Jeune et riche, il étudiait Homère et Isaïe; il apprenait l'hébreu et le grec, cultivait la musique, — élève de Duport sur le violoncelle, devenait digne de son maître. Plus d'une avidité empressée vint exploiter cette douce et dangereuse insouciance, cet oubli des intérêts positifs. Quelques membres de sa famille l'accablèrent de procès, et le forcèrent à quitter les enchantements de la Grèce et les divines féeries de la musique pour la salle des Pas-Perdus. Parmi ces procès, ceux même qu'il gagnait le ruinèrent, et le poëte ne se plaignit pas trop de se trouver rejeté dans le sein des muses, qui lui offrirent des consolations, des couronnes, de la renommée, sans lui assurer la richesse qu'il avait trop dédaignée. Avec la même indolence rêveuse de ses jeunes années, il suivait les sentiers divers que son inspiration lui indiquait, traduisant Properce, imitant Virgile, étudiant Lucain. Il commençait un poëme épique de David, et, satisfait du suffrage de quelques esprits amoureux de belles poésies, il n'entrait dans aucune coterie contemporaine, dans aucune intrigue académique ou littéraire.

Souvent remarqué par les critiques et apprécié de la partie saine du public, ce poëte, dont les premiers pas avaient été contrariés par la révolution, eut à subir, en outre, les conséquences, non moins fatales pour son talent, d'un changement de mode littéraire. La muse grecque l'avait nourri de son miel et bercé de ses caresses, lui avait inspiré son premier et excellent ouvrage, *Héro et Léandre*. Fidèle à son amour, ou plutôt à sa religion pour la Grèce antique, il se trouva un jour face à face avec le génie gothique renouvelé. A l'époque même où M. Denne-Baron semblait devoir recueillir le fruit des travaux constants de sa jeunesse et de ces premiers succès, une réaction violente du public français eut lieu contre l'Olympe, les naïades, les dryades et contre Apollon lui-même. C'était ce qui pouvait arriver de plus désagréable à M. Denne-Baron et à la nature spéciale de son talent. Ses premiers succès furent interrompus. Il ne se découragea pas, et chanta toujours au milieu du silence et de l'ombre, de l'obscurité et même, disons-le, de l'ingratitude et quelquefois de l'injustice du public. Les pièces dans lesquelles il s'est plaint, non sans raison, des hommes, de la fortune et de l'isolement dans lequel on a laissé lui, sa lyre et ses vers, justifient, par leur grâce exquise et leur touchante beauté, l'appel fait par le poëte à la justice de l'avenir; elles rappellent le faire d'André Chénier. « Ce sont de beaux vers, a dit M. Saint-Marc Girardin, et c'est de notre temps surtout une bonne fortune fort rare que des vers qui soient beaux avec originalité. » M. Alexandre Dumas appelle M. Denne-Baron un *poëte charmant*, et il cite de lui une pièce inspirée par un tableau de Prud'hon, intitulé *Le Zéphyr*.

Notre traducteur de Properce a, en effet du nombre, de la grâce, un sentiment poétique très-pur; et sa familiarité intime avec les poëtes grecs et latins a laissé dans ses œuvres des traces brillantes qui recommanderont son souvenir à la postérité. Il a composé un recueil d'idylles sur les fleurs, à la manière antique, et il s'occupe aujourd'hui d'un poëme épique, intitulé : *Le quatrième siècle sous les Goths*. La liste de ses ouvrages, qui tous sont empreints de talent et de savoir, prouvera que cette carrière si bien remplie n'a pas été livrée seulement aux caprices de la muse, mais à de laborieux travaux d'érudition, et, nous serions heureux, en la reproduisant ici, d'attirer sur le déclin de la vie du poëte quelqu'une de ces faveurs que les gouvernements distribuent quelquefois un peu au hasard, et qui ne serait pas dans cette occasion que justice, et une justice tardive : *Héro et Léandre*, poëme épique en chants; *Zéphyre et Flore ou le Cataclysme du feu*; une traduction aujourd'hui de Properce; de longs fragments d'un poëme épique sur *David*; des traductions en vers de fragments de Virgile, Lucain et Claudien : entre autres du charmant poëme du *Phénix*, de ce dernier; une traduction en prose avec, notes et notice, de *Ménade* (classiques grecs de Lefebvre); une traduction en prose d'Anacréon avec une notice et un dithyrambe; la *Ménade* (classiques grecs de Lefebvre); une traduction du roman grec de *l'Âne de Lucius de Patras*, avec notice (classiques grecs de Lefebvre), une traduction textuelle d'après l'Hébreu et en vers, de plusieurs psaumes de David; *la nymphe Pyrène*; des fragments d'un poëme d'*Alaric, ou les Goths au quatrième siècle*; une ode à Napoléon le Grand *Jérusalem, ou le Christ au mont Golgotha*; *la Vierge aux bois*; des ballades, entre autres plusieurs sur la vieille Pologne; le poëme des fleurs composé de douze idylles; une traduction en vers du poëme du *Corsaire* de Byron; deux volumes de poésies variées; plus de 400 articles dans le *Dictionnaire de la Conversation*. Le respect de la forme, celui de l'harmonie poétique, l'heureuse disposition des parties, souvent l'inspiration, toujours la conscience, distinguent la plupart de ces ouvrages. Philarète CHASLES.

Mme *Sophie* DENNE-BARON, femme du précédent, a publié les *Aventures surprenantes de Polichinelle*, et fait insérer dans la *Gazette des femmes*, dans divers keepsakes et recueils : l'*Alexis* et la *Pharmacopée*, de Virgile, traduits en vers; *Alix*, traduit de l'Anglais; l'*Inquisition*, *Wallace*, l'*Highlander*, le *fils de Cromwell*, la *Duchesse de Montmouth*, *Alexandrie ou la vieille Égypte*, *Palmyre*, les *Contrastes*, la *Petite fille enlevée*, *Bonne et mauvaise éducation*, et diverses pièces de poésies. Le *Dictionnaire de la Conversation* lui est redevable aussi de quelques articles.

René-Dieudonné DENNE-BARON, fils des précédents, compositeur de musique, et littérateur, né à Paris le 1er novembre 1804, a écrit pour le théâtre du Palais-Royal divers morceaux, des romances, des chœurs pour l'Orphéon, des messes, etc. Il a donné une *Histoire de la musique en France* dans *Pœtria* (1847), et des biographies de musiciens dans la *Nouvelle Biographie universelle*, de MM. Firmin Didot.

DENNER (BALTHASAR), l'un des peintres de portraits les plus distingués de son temps, né à Hambourg en 1685, apprit les premiers principes de son art sous des peintres vulgaires, d'abord à Altona, et plus tard à Duntzig; mais la nature fut pour lui une source d'enseignements autrement précieux et lui fournit les plus heureux modèles. Il se sentit une vocation toute particulière pour la peinture du portrait; et dès l'âge de vingt-quatre ans, il avait acquis en ce genre une réputation si grande, que dans tout le nord de l'Allemagne, en Danemark, en Hollande et en Angleterre, c'était à qui, parmi les princes, les grands seigneurs et les riches, l'accablerait de commandes. Il mettait son amour-propre à reproduire aussi exactement que possible la nature dans ses moindres détails. C'est ainsi qu'il existe de lui quelques têtes de vieux paysans d'un fini incroyable, et où il a su reproduire jusqu'aux moindres pores, jusqu'aux plus petites veines, jusqu'aux détails les plus minutieux du visage. Ces toiles, qui sont de véritables tours de forces, sont conservées dans les galeries d'amateurs comme autant de rares trésors. Et cependant, tout en rendant justice au mérite de cette exécution infinitésimale, qui ne laisse pas dans l'ensemble que de produire au total un bon effet, on ne saurait disconvenir que les chefs-d'œuvre de patience et d'observation pèchent par l'absence de cette inspiration supérieure qui seule donne de la vie aux œuvres du pinceau. Les portraits de Denner n'ont ont pas moins une grande valeur historique; ils appartiennent à une époque où l'art avait presque partout subi l'influence maniérée et toute superficielle de l'école française d'alors. Denner eut le mérite de le ramener à l'étude et à l'imitation de la nature. Si chez lui cette étude et cette imitation dégénérèrent en servilité et s'égarèrent dans des détails de l'importance la plus minime, ses efforts n'en eurent pas moins l'influence la plus heureuse sur l'école qui lui succéda. Il mourut à Hambourg, le 14 avril 1747.

DENNER (JEAN-CHRISTOPHE), l'inventeur de la clarinette, né à Leipzig en 1655, accompagna à l'âge de huit ans ses parents à Nuremberg, où plus tard il devint facteur d'instruments à vent, et où il mourut en 1707. Connaissant à fond la musique et la mécanique, il pratiqua son art avec tant de supériorité que ses instruments, remarquables par leur fabrication soignée et leur excellente intonation, étaient vivement recherchés par les artistes contemporains. C'est en cherchant à perfectionner le chalumeau qu'il inventa, dans les premières années du dix-huitième siècle, la clarinette, instrument regardé aujourd'hui encore comme indispensable dans un orchestre.

DENNEWITZ (Bataille de). Elle a dû ce nom, chez les ennemis, au lieu où se distingua le général B ü l o w, qui en reçut plus tard le titre. Nous l'avons appelée *bataille de Jüterbœck*, de cette petite ville, but des opérations du général français.

Le 23 août 1813, O u d i n o t s'était fait battre à G r o s s-B e e r e n, et avait ainsi fait manquer le plan de l'empereur, qui, voulant, après la victoire de Dresde, achever d'éloigner l'armée du prince de Schwartzenberg, avait espéré que le maréchal saurait au moins contenir Bernadotte dans les environs de Berlin. Mécontent d'un pareil résultat, dû tout entier à l'impéritie, il ordonna à N e y d'aller remplacer Oudinot, qui avait reculé jusque sous le canon de Wittemberg. Presqu'au même instant, il apprit que Macdonald s'était fait battre sur le Bohr, et se repliait en dehors du côté de Dresde, poursuivi par l'armée de Blücher. Heureusement, celle de Schwartzenberg s'était éloignée vers Prague. Napoléon pouvait se porter au-devant de Blücher et le forcer à reculer de nouveau. Il s'y décida, et Ney reçut l'ordre d'appuyer à droite, et d'occuper la route de Berlin à Torgau, vers Dehme, afin de couvrir la marche de la grande armée dans la direction de Bautzen. Le mouvement de Ney exigeait des précautions de prudence. L'ennemi, en prenant position devant lui, s'était étendu par la gauche, qui occupait Seyda. Le corps français était donc obligé de défiler, non seulement devant cette gauche, mais devant une partie du centre, en leur prêtant le flanc. Cette circonstance forçait donc le maréchal Ney à tenir la direction de marche de son armée aussi éloignée que possible de l'ennemi, au moins jusqu'à ce qu'il eût dépassé Seyda. La route qu'il devait suivre était tracée par Jessen, Schwalnitz et Schœnwald. Malheureusement, le maréchal Ney se décida à suivre la direction de Jüterbœck, qui l'obligeait à s'engager avec la gauche de l'ennemi. Le succès de ces opérations dépendait donc, non-seulement de la victoire qu'il devait remporter sur cette gauche, mais encore de la promptitude avec laquelle il pourrait dépasser Jüterbœck; car, s'il était arrêté avant d'y arriver, Bernadotte ayant le temps de réunir toutes ses troupes, l'armée française serait attaquée par des forces tellement supérieures qu'il ne lui resterait presque plus de chances de leur résister.

Le 5 septembre, le maréchal Ney mit la troupe qu'il commandait en mouvement. C'étaient les 4°, 7° et 12° d'infanterie, et la 3° de cavalerie : environ 50,000 fantassins et 5,000 chevaux. Bernadotte avait sous ses ordres les deux corps prussiens de Bülow et Tauentzien, et le corps suédois, en tout près de 90,000 hommes d'infanterie et 18,000 chevaux. Ce jour-là l'armée française chassa le corps prussien de Tauentzien de Seyda, mais elle n'alla pas plus loin, et prit position entre Seyda et Neuendorf. Il était facile à l'ennemi de juger que Ney avait en vue l'occupation de Jüterbœck. Dans la nuit, Bülow, quittant sa position au centre, se rapprocha de l'armée Tauentzien, derrière lequel il se plaça en seconde ligne. Bernadotte réunit aussi le corps suédois et le fit avancer sur les hauteurs de Lobesem, à portée de soutenir les Prussiens. De cette manière, l'armée ennemie se trouva en colonne, obliquement sur le flanc gauche de l'armée française, et disposée de manière à pouvoir diriger ses masses sur le point qui serait jugé convenable.

Le 6 au matin, l'armée française se remit en mouvement. Le 4° corps, qui était en tête de colonne, ne tarda pas à rencontrer l'ennemi en avant de Dennewitz, couvrant ainsi Jüterbœck. La division italienne de Fontenelli repoussa l'avant-garde de Tauentzien, mais le 4° corps fut obligé de se déployer, et le combat s'alluma avec une grande vivacité. Si les corps français sous les ordres de Ney eussent marché un peu plus rapprochés l'un de l'autre, un grand effort aurait pu culbuter les troupes de Tauentzien, et le chemin était ouvert. Mais le 7ᵉ corps, qui suivait le 4ᵉ, en était encore fort éloigné, et ce dernier eut à lutter seul contre des forces doubles. Cependant, il emporta Dennewitz et Gersdorff, et l'ennemi perdit du terrain à sa gauche. Mais bientôt Bülow, qui s'était mis en mouvement dès qu'il avait vu Dennewitz attaqué, se trouva en mesure de soutenir son collègue. Quatre de ses divisions entrèrent en ligne, menaçant d'envelopper la gauche du 4ᵉ corps, qui, depuis quatre heures, soutenait une lutte sanglante. Dans ce moment seulement, le 7ᵉ corps entre en ligne, et Ney l'oppose à Bülow. Mais les forces de l'ennemi augmentent d'instant en instant par l'arrivée des renforts. Une charge manquée par la division de dragons de Lorge, et la mollesse du 7ᵉ corps, composé de Saxons, nous font perdre les villages de Gersdorff et de Gohlsdorff, et Ney se voit forcé de faire entrer en ligne à sa gauche le 12ᵉ corps, qui arrive en ce moment. L'affaire se rétablit, mais ne se soutient pas longtemps; le 4ᵉ corps, fatigué d'un combat long et sanglant, et accablé pied des forces supérieures, perd Dennewitz. Les dernières réserves prussiennes sont entrées en ligne, et le corps suédois s'approche à marche forcée. Bernadotte en a détaché 4,000 chevaux et une nombreuse artillerie, qui menace le flanc gauche de notre armée. Ney se décide alors à retirer peu à peu ses troupes du combat, en présentant à l'ennemi des masses qui couvrent sa retraite. Il parvient ainsi à les ramener, sans échec, à la hauteur de Rohrbeck, où il leur fait prendre position, le 4ᵉ corps à droite, le 7ᵉ au centre et le 12ᵉ à gauche. Mais à peine sont-elles en bataille que les Saxons, dont la fidélité était déjà ébranlée, lâchent pied honteusement, en jetant le désordre dans les troupes voisines. L'ennemi se hâte de pousser sa cavalerie et des masses d'infanterie dans cette lacune; et, après avoir fait de vains efforts pour rapprocher ses deux ailes séparées, Ney est obligé de leur donner une direction excentrique. Le 4ᵉ corps gagne Dehme; le 12ᵉ se retire sur Torgau. Notre perte, dans cette journée, s'éleva à 10,000 hommes tués, blessés ou pris, 25 canons et 17 caissons. L'ennemi eut 7,000 hommes hors de combat, dont 6,000 Prussiens.   Gᵃˡ G. DE VAUDONCOURT.

DÉNOMBREMENT, recensement d'une population, énumération d'objets faisant partie de la fortune publique. Le plus ancien dénombrement que nous ait transmis l'histoire est celui des Israélites, fait par Moïse et Aaron dans le désert (*Nombres*, ch. 1ᵉʳ). Toutes les tribus y furent comprises, à l'exception de celle de Lévi, et on y compta 603,550 hommes en état de porter les armes, ce qui donne à supposer une force totale de 658,000 hommes, en y ajoutant le contingent présumé de la tribu de Lévi. David, à l'exemple de Moïse, ordonna le recensement de tout le peuple. D'après le livre *des Rois*, il se trouva 800,000 guerriers des tribus d'Israël, et 500,000 de celle de Juda. On n'a pas d'indication sur le nombre que fournirent les tribus de Lévi et de Benjamin. Une peste qui suivit ce dénombrement fut considérée comme un châtiment de l'orgueil qui avait poussé David à le faire faire. Comme nous n'avons aucune notion sur les mesures employées pour procéder à ces dénombrements, nous n'y devons ajouter foi qu'avec réserve, mais quelle méfiance ne doit pas nous inspirer l'assertion d'Hérodote, qui fait monter à 1,700,000 hommes l'armée de Xercès, non compris la flotte, quand il nous apprend que pour parvenir à cette supputation on se faisait passer par divisions de dix mille dans une enceinte qui ne pouvait contenir que ce nombre d'hommes très-pressés. N'est-ce pas là un procédé fort ingénieux et dont l'exactitude est infaillible!

Servius Tullius, sixième roi de Rome, institua l'usage de procéder tous les cinq ans au dénombrement de la république; mais cette opération ne fut ensuite renouvelée qu'à des époques irrégulières. Le dénombrement devait contenir les noms, l'âge, la qualité et la profession des citoyens, de leurs femmes et de leurs enfants. Plus tard, on y inscrivit le nombre de leurs esclaves avec l'indication de leurs biens, meubles et immeubles. On possédait ainsi un inventaire complet de la fortune publique. Le premier dénombrement que fit faire Servius-Tullius fit connaître que la république possédait alors 80,000 hommes en état de porter les armes, ce qui paraît incompréhensible si l'on songe qu'il n'y avait guère plus d'un siècle qu'une troupe de 3 ou 4 mille bandits avait fondé Rome. Celui auquel Pompée et Crassus procédèrent en leur qualité de censeurs donna 400,000 citoyens en état de porter les armes. Auguste étendit le premier le dénombrement à toutes les provinces de l'empire, et fit faire trois fois ce dénombrement général : la première pendant son sixième consulat, vingt-huit ans avant l'ère chrétienne; la seconde vingt ans plus tard, et la dernière l'an 14 de cette nouvelle ère. Dans ce dernier dénombrement, le nombre de citoyens en état de porter les armes se trouva monter à 4,137,000. Il paraît que ces opérations se faisaient avec lenteur et difficulté, et qu'elles obligeaient une partie de la population à des déplacements onéreux, car, on rapporte que c'est pour se faire inscrire au dénombrement ordonné par Auguste, huit ans avant l'ère chrétienne, que Joseph et Marie se rendirent à Bethléem. La Judée, pauvre province, qui faisait partie du gouvernement de la Syrie, ne fut recensée que trois ans après le décret d'Auguste, et le séjour de Joseph et de Marie s'étant prolongé à Bethléem, Jésus-Christ y naquit.

Il est à remarquer que les historiens de l'antiquité, uniquement préoccupés de la puissance militaire, n'ont attaché d'importance qu'à constater le nombre de citoyens en état de porter les armes, et ne nous ont transmis aucun renseignement authentique sur les éléments de la richesse publique. Ce reproche s'adresse particulièrement aux écrivains de Rome, qui avaient, dans les dénombrements qu'ils mentionnent, les notions plus exactes et plus complètes que dans les temps antérieurs sur les matières qui touchent à la fois à l'économie publique et aux finances privées des Romains.

On trouvera au mot RECENSEMENT tous les détails que nous croyons devoir nous interdire ici sur ce qui concerne le dénombrement des populations, tel qu'il est aujourd'hui pratiqué par les gouvernements modernes.

Le dénombrement des terres, qui se fit tant bien que mal sur presque tous les points de l'Europe, à mesure que s'organisait le système féodal, fut suivi de la levée des plans terriers, qui sont maintenant remplacés par un cadastre général, opération gigantesque, que plusieurs gouvernements étrangers font exécuter à l'imitation de la France.

On ne se contente pas aujourd'hui du dénombrement de la population et de celui des terres qu'on a également perfectionné, en y ajoutant toutes les classifications et toutes les combinaisons statistiques qui peuvent donner une connaissance complète des faits; on dresse encore des états de tous les animaux qui peuvent être employés au service ou à la nourriture de l'homme, de la production et de la consommation annuelle des céréales, etc., etc. Et l'expérience a démontré que, dans ces travaux, les autorités inférieures, des mains desquelles sortent les documents relatifs à chaque commune, ont une tendance très-prononcée à élever le chiffre de la population et à diminuer celui de tous les objets composant la fortune publique. Ces autorités, qu'il n'est pas toujours facile d'éclairer sur le véritable but des mesures auxquelles elles sont appelées à concourir, paraissent généralement dominées, quand il s'agit de dénombrer la population, par le désir de l'importance à la localité qu'elles administrent, et souvent aussi par le besoin de justifier d'une certaine quotité de population pour obtenir quelque avantage de la loi ne concède qu'à cette condition, comme la faculté de créer un octroi, etc. Au contraire, s'il s'agit du nombre des chevaux ou des bœufs, par exemple, la commune en déclarera toujours moins qu'il n'en possède réellement, dans la crainte que ces renseignements ne viennent à servir plus tard de base

pour la répartition de nouveaux impôts ou de réquisitions. On appelait autrefois *dénombrement*, en matière de jurisprudence, la déclaration que le vassal donnait à son seigneur de tout ce qui composait le fief qu'il tenait de lui en foi et hommage.
C. GRENIER.

DÉNOMINATEUR. *Voyez* FRACTION.

DENON (DOMINIQUE VIVANT, baron), naquit à Châlons-sur-Saône, le 4 janvier 1747, de parents nobles et riches. « Il fit ses études à Lyon, dit M. Pastoret, et, ses études faites, il vint à Paris... Il avait vingt ans, de la facilité, du goût ; il essaya beaucoup de choses : il écrivit des pièces pour les dames de la Comédie-Française ; il alla voir M. Boucher, qui était alors un grand peintre ; il passa des journées à étudier la collection des tableaux du roi, et puis il se mit en fantaisie d'en graver quelques-uns à l'eau-forte ; il fut admis chez M. de Caylus, qui lui donna le goût de l'antiquité ; il connut d'A g in court, alors fermier général et secrétaire du cabinet de Louis XV, qui déjà ne parlait que du séjour de Rome et du voyage d'Italie. Les parents de M. Denon avaient en la pensée de faire de lui un magistrat, lieutenant général de son bailliage ou conseiller de quelque cour de province. Le jeune homme ne suivait guère le chemin qui devait conduire aux sérieux honneurs de la magistrature. Toutefois il avait peu de protecteurs encore à Paris ; il imagina de s'en choisir un sans le connaître, de le prendre le plus élevé possible. Le protecteur qu'il se choisit fut le roi Louis XV. » Pour cela Denon alla se placer tous les matins dans la grande galerie de Versailles, que le roi traversait exactement deux fois tous les jours. Le roi finit par le remarquer, lui demanda ce qu'il faisait là ! « Je viens voir votre majesté, répondit Denon ; j'aime les arts, je dessine : le visage de votre majesté est un admirable modèle ; je voudrais le reproduire fidèlement, et j'en cherche l'occasion. » Cette plate flagornerie plut à Louis XV, qui lui ouvrit les appartements de Versailles, « et au bout de quelques temps, ajoute M. Pastoret, Denon était chargé du soin de la collection de pierres gravées que Mme de Pompadour avait laissée au roi. Un peu plus tard, il obtint l'agrément de Paris, charge de gentilhomme ordinaire. Il était commensal de la maison royale, il était presque homme de cour. »

Denon demanda à être attaché à l'une de nos légations, et il fut tout d'abord envoyé comme gentilhomme d'ambassade à Saint-Pétersbourg. Là comme à Paris, Denon fut goûté et recherché par la bonne compagnie ; il apprenait au milieu des fêtes ce qu'il pouvait être intéressant pour la France de savoir sur les dispositions du gouvernement russe. Le matin, l'ambassadeur était tout étonné d'apprendre par lui des choses importantes qu'il ignorait complètement. Notre jeune diplomate sut profiter de sa position, et bientôt il fut chargé de la correspondance de l'ambassade. A la mort de Louis XV, Denon alla rejoindre le comte de Vergennes, qui quittait l'ambassade de Suède pour prendre le ministère des affaires étrangères. Ce nouveau protecteur lui confia une mission près du corps helvétique ; il en profita pour venir voir Voltaire à Ferney. Le patriarche de la littérature n'était pas accessible pour tout le monde, mais Denon lui ayant fait dire que, comme lui, il était gentilhomme ordinaire de la chambre, et que, dès lors, il avait droit d'entrer partout, Voltaire trouva la plaisanterie bonne, et le reçut fort bien. Denon fit *un portrait de Voltaire*, et une composition connue sous le nom de *Déjeûner de Ferney*, qui donnèrent lieu à une correspondance dans laquelle Voltaire se plaignit d'avoir été dessiné *en singe estropié !* « C'est un grand malheur, ajoutait le patriarche de Ferney, de chercher l'extraordinaire, et de fuir le naturel en quelque genre que ce puisse être. »

Denon quitta la Suisse pour aller rejoindre le comte de Clermont d'Amboise, ambassadeur à Naples, auquel il fut attaché ; il y resta sept ans. M. de Clermont ayant été rappelé en France, Denon reçut le titre et remplit les fonctions de chargé d'affaires. Le beau ciel de l'Italie, la vue des monuments qu'elle renferme, l'atmosphère inspirante qu'on y respire, lui firent naître de nouveau le désir d'étudier les arts. Il s'y livra avec ardeur, et s'occupa spécialement de la gravure à l'eau-forte, genre qui peut plaire par l'espèce de liberté qu'il comporte, et dans lequel, cependant, les succès sont aussi rares que difficiles à obtenir. Une circonstance particulière lui offrit l'occasion de faire une application utile de son goût pour les arts : l'abbé de Saint-Non avait publié une suite de vues de Rome, en 60 planches ; cet ouvrage fut suivi de plusieurs autres collections de même nature. Le succès qu'elles obtinrent l'engagèrent à entreprendre la description de la Grande-Grèce : telle fut l'origine de l'ouvrage connu sous le nom de *Voyage pittoresque de Naples et de Sicile*. Denon se chargea de diriger les dessinateurs qui lui étaient envoyés de France, et d'écrire l'itinéraire du voyage. L'abbé de Saint-Non faisait graver et publiait à Paris les dessins, qu'il accompagnait d'un texte puisé en partie dans le manuscrit de Denon, qu'il citait quelquefois textuellement. Celui-ci, mécontent des changements et des retranchements que l'on faisait à son travail, fit insérer la partie qui concernait l'Italie dans les notes du Voyage de Swinburne, et, en 1781, il publia séparément (1 vol. in-8°) le surplus de son itinéraire relatif à Malte et à la Sicile. C'est, en définitive, un journal d'artiste plutôt que l'œuvre d'un écrivain.

En quittant Naples, Denon vint à Rome, où le cardinal de Bernis, ambassadeur de France, réunissait le cercle le plus éclairé de l'univers. « Chaque souverain, dit Norvins, y venait à son tour abdiquer pendant quelques mois les grandeurs et les vanités de la puissance. » Ce fut là que Denon vit Joseph II, qui trouvait l'Allemagne lourde, lente et rude à manier. La mort de M. de Vergennes mit fin à la carrière diplomatique de Denon ; mais, en Italie, il était devenu artiste, et la fin de sa vie fut consacrée aux arts. Il revint à Paris, et fut reçu à l'Académie de peinture (1787) ; son morceau de réception était la gravure à l'eau-forte d'une *Adoration des bergers* de Luca Giordano ; puis il retourna en Italie. Il était depuis cinq ans à Venise lorsque la révolution française prit un caractère de fureur qui répandit l'épouvante dans toute l'Europe. Le gouvernement ombrageux de cette république le força de se réfugier à Florence ; de là il passa en Suisse, où il espérait rester tranquille ; mais, pendant son absence, il avait été porté sur la liste des émigrés ; ses biens avaient été séquestrés ; sa position était critique ; il eut le courage de braver le sort qui le menaçait, et revint à Paris. Il s'y trouva sans amis et sans ressources. David, qui jouissait alors d'une grande influence, le tira de ce mauvais pas : il le fit rayer de la liste des émigrés, et obtint un arrêté qui lui confiait le soin de graver les costumes républicains.

Denon avait traversé les époques les plus funestes de notre révolution un crayon à la main ; un grand événement vint lui fournir les moyens de faire de son talent un emploi qui lui assure une réputation durable et méritée. Il avait connu Bonaparte chez Mme de Beauharnais, et s'était attaché à lui ; l'expédition d'Égypte se préparait ; il n'hésita pas à en faire partie, quoiqu'il eût alors à peu près cinquante ans. L'armée, composée de jeunes gens pleins d'enthousiasme, vit Denon manifester une activité et un courage qui lui conquirent l'estime générale. Il fit avec le général Desaix la campagne de la haute Égypte. Toujours en avant, son portefeuille en bandoulière, il devançait au galop les premiers guides pour avoir le temps de dessiner quelques monuments en attendant que la troupe le rejoignît. Pendant que l'on se battait, il prenait des vues et fixait le souvenir des événements dont il était témoin. Le nombre de dessins qu'il fit de cette manière est immense. Revenu en France, avec Bonaparte, il s'occupa du soin de les publier, et il y mit de l'empressement. La vive impression que l'expédition d'Égypte avait produite, non-seulement en France, mais dans toute l'Europe, fit rechercher avidement un ouvrage où l'on trouvait, à côté de la description et de la représentation des monuments les plus gigantesques que l'esprit humain ait enfantés et élevés, une relation spirituelle, animée, d'un événement dont le temps, qui met tout à sa place, n'a fait qu'accroître la grandeur.

Environ deux ans après son retour d'Égypte, Bonaparte donna à Denon le titre de directeur-général des musées. Dès lors il eut sur les arts et les artistes une influence fort importante, il devint homme public, et il eut une administration d'autant plus délicate à diriger qu'elle s'exerçait sur les productions de l'esprit. Denon a-t-il bien saisi et bien accompli sa mission? Quelques personnes ont pensé qu'il avait trop entraîné les arts dans un système d'adulation pour l'empereur, parce que les encouragements et les distinctions n'étaient accordés qu'aux artistes qui s'occupaient de lui; et que l'on n'achetait que les tableaux et qui retraçaient les événements auxquels il avait pris part.

Les événements de 1815 rendirent Denon à la vie privée: dégagé des soins d'une administration difficile à conduire, il redevint ce qu'il était, homme d'un esprit aimable, de manières affables et charmantes, très-occupé du monde, qui s'occupait également beaucoup de lui; montrant toutes ses richesses avec une grâce et une complaisance inépuisables. Dans les dernières années de sa vie, il conçut et réalisa le projet de faire une *Histoire de l'Art*, depuis les temps les plus anciens jusqu'à nos jours: pour cela, il lui suffisait de sa collection si variée, si riche, si intéressante. Les planches de cet ouvrage, pour lequel il employa la lithographie, étaient terminées: il ne lui restait plus qu'à rédiger le texte; pour cela il aurait fallu qu'il se retirât du monde pendant quelque temps; la mort le surprit le 27 avril 1825, et M. Mongez a été chargé de le suppléer.

Les ouvrages littéraires de Denon sont: *Le Bon Père*, pièce qu'il composa dans sa jeunesse, et qui fut représentée au Théâtre-Français; le journal de son voyage à Naples, en Calabre, en Sicile et à Malte; la relation de son voyage en Égypte (2 vol, in-ful.); une petite nouvelle intitulée: *Vingt-quatre heures*. Son œuvre comme graveur est immense; le catalogue qu'il en fit imprimer en 1803 contient environ 325 planches, dans lesquelles il a constamment imité Rembrandt. Dans ce nombre, on trouve 47 portraits des peintres les plus célèbres, 11 costumes républicains d'après David, et 62 portraits de personnages modernes. Le reste se compose de gravures exécutées d'après des maîtres de diverses écoles. Quant à son *Histoire de l'Art* (3 v. in-f°), c'est une collection dont il a dirigé le choix et l'exécution, pour laquelle même il a fait plusieurs planches; mais la part la plus importante qu'il ait à revendiquer, c'est cette direction même, pour laquelle, au reste, il fallait beaucoup de goût et d'instruction.

P.-A. COUPIN.

DÉNONCIATION, DÉNONCIATEUR. La *dénonciation* est, en matière criminelle, la déclaration qu'on fait à la justice d'un crime ou d'un délit; le *dénonciateur*, est par conséquent celui qui fait cette déclaration.

Dans l'état de société, chacun de ses membres est directement intéressé au maintien de l'ordre, et la protection qu'il reçoit entraîne de sa part l'obligation de faire connaître les infractions qui en troublent l'harmonie. Envisagée sous ce point de vue, la dénonciation est non-seulement un *droit*, mais encore un *devoir*, et le dénonciateur exerce en quelque sorte un ministère sacré. La haine ou la méchanceté n'y entrent pour rien, rien n'est plus respectable, qu'une déclaration pareille, dictée par le seul amour de la justice et de l'ordre. Mais si la déclaration est fausse, ou si des sentiments passionnés l'ont déterminée, la langue n'a pas d'expression assez énergique pour flétrir celui qui s'en est rendu l'auteur. Aussi, dans ce cas, la loi française a-t-elle accordé au prévenu acquitté le droit de demander, sans qu'on puisse le lui refuser, quel est son dénonciateur, et punit-elle de peines sévères celui qui a fait une dénonciation jugée calomnieuse.

Il ne faut pas confondre la *dénonciation* et la *plainte*, qui se distinguent l'une de l'autre d'une manière sensible. Le *plaignant*, en effet, dénonce un fait dans son propre intérêt, tandis que le *dénonciateur* le déclare dans l'intérêt public. On reconnaît deux sortes de dénonciations, la *dénonciation civique* ou *officieuse*, faite par tout citoyen, témoin désintéressé d'une action coupable; et la *dénonciation officielle* ou *salariée*, qui appartient à tous les officiers de police. Aux yeux du monde, la dénonciation d'un crime, quelque désintéressé qu'en soit le motif, a toujours un caractère odieux qui répugne. Bien des personnes honorables reculent devant l'accomplissement d'un devoir, dans la crainte de quelque point de rapport avec ces agents pour lesquels la dénonciation n'est qu'un métier.

On appelle encore *dénonciation*, en matière civile, la signification que l'on fait à quelqu'un de certaines procédures dans lesquelles il n'est pas partie, afin qu'il n'en prétende pas cause d'ignorance, ou pour qu'il ait à intervenir dans un procès.

E. DE CHABROL.

DÉNOÛMENT. Toute action, développée dans une composition littéraire, soit poëme, soit roman, soit drame, etc., doit avoir son dénoûment. Il n'est pas besoin d'expliquer ce terme métaphorique, par lequel elle est assimilée à un nœud serré avec plus ou moins d'art, et que l'auteur doit *dénouer* d'une manière qui satisfasse le lecteur ou le spectateur. A cet égard, le second est, en général, beaucoup plus difficile que l'autre. Quand Homère veut terminer l'*Iliade*, il lui suffit de faire cesser la colère ou la bouderie d'Achille. De même, pour mettre fin à sa tâche poétique, Virgile fera, à sa convenance, périr Turnus sous les coups du pieux Énée; et le Tasse, par un dernier assaut, introduira les croisés dans la cité sainte. Le dénoûment du roman exige un peu plus de préparation; mais, si l'intrigue a constamment intéressé ou égayé, on sera peu tenté de chicaner l'écrivain sur la conclusion qu'il lui donne. Il n'en est pas de même pour l'auteur dramatique. L'intrigue la mieux conduite, les situations les plus touchantes ou les plus comiques, le dialogue le plus énergique ou le plus ingénieux, le spectateur oubliera tout si le dénoûment n'obtient pas son suffrage. Et quelles difficultés pour l'obtenir! Marmontel, quoiqu'à son époque l'auteur eût affaire à un public moins blasé, en fait ressortir avec beaucoup de tact et de finesse. « On porte, dit-il, à nos spectacles deux principes opposés: le sentiment, qui veut être ému, et l'esprit, qui ne veut pas qu'on le trompe... On veut en même temps prévoir les situations et s'en pénétrer, combiner d'après l'auteur, pour s'attendrir avec le peuple, après lui l'illusion et n'y être pas... Ainsi, le poëte, qui n'avait autrefois que l'imagination à séduire, a de plus aujourd'hui la réflexion à surprendre: si le fil qui conduit au dénoûment échappe à la vue, on se plaint qu'il est trop faible; s'il se laisse apercevoir, on se plaint qu'il est trop grossier. »

Le drame ancien ne présentait point ces écueils. Sophocle et Euripide ne retraçant guère que des actions connues de tous leurs spectateurs, ou des fables convenues, leur conservaient toute leur vérité ou leur simplicité originelles: on ne leur demandait rien de plus. Les modernes ont été plus exigeants: il a fallu préparer, motiver les dénoûments, leur donner l'attrait de la surprise, et, en même temps, le mérite de la vraisemblance. Nos grands poètes tragiques ont souvent rempli ces conditions avec beaucoup de succès. Celui de *Rodogune*, dans Corneille, passe surtout avec raison pour le chef-d'œuvre du genre: il n'en est aucun où l'intérêt et la curiosité soient jusqu'aux derniers vers si puissamment excités, si bien tenus en haleine. Celui d'*Athalie*, chez Racine, est beau, imposant, amené avec art. Les dénoûments de *Phèdre* et d'*Iphigénie* sont moins satisfaisants pour nous que pour les Grecs, chez lesquels ce merveilleux, cette intervention divine avaient été transformés, par des croyances vives et profondes, en moyens dramatiques sûrs de leur effet. Un autre défaut, le peu de respect pour la vraisemblance, nuit à plusieurs dénoûments de Voltaire. L'équivoque d'une lettre dans *Zaïre*, le poison donné à *Séide*, dans *Mahomet*, agissant au moment précis où le fourbe va être démasqué, ont été justement critiqués. Sous d'autres rapports, on a blâmé aussi avec raison celui des *Horaces*, prolongé pendant tout un acte par de longs plaidoyers sans action, et même celui d'une des meilleures tragédies de Racine, *Britannicus*, où le sort funeste du personnage principal est trop prévu d'avance, et n'offre point ces alternatives de crainte et d'espoir qui doivent agiter l'âme du spectateur.

Dans la comédie, le dénoûment doit être assorti à ses différents genres. Ainsi, dans la comédie de caractère, il faut qu'il soit une déduction logique de ce caractère dominant. Le *Misanthrope* s'exilera d'une société corrompue pour aller chercher

Quelqu'endroit écarté
Où d'être homme d'honneur on ait la liberté.

Et l'*Irrésolu*, en donnant sa main à la femme pour laquelle il a cru devoir se décider, dira encore à part :

J'aurais mieux fait, je crois, d'épouser Célimène.

Dans les pièces comiques, dites d'*intrigue*, le dénoûment peut être plus imprévu, mais il doit toujours être une conséquence des incidents de l'ouvrage. Molière lui-même n'a pas toujours été fidèle à ce principe, qui, à la vérité, était moins absolu de son temps : parfois, il a introduit brusquement à sa dernière scène un père ou un parent que personne n'attendait ; d'autres fois, comme dans *Tartufe*, au lieu de dénouer, il a tranché le nœud gordien on sent combien un dénoûment où l'hypocrite se fût pris dans ses propres filets, aurait ajouté aux beautés de ce chef-d'œuvre.

Chez nos aïeux, qui aimaient presque autant les discussions littéraires que nous aujourd'hui les discussions politiques, on a débattu longtemps la question de savoir si les dénoûments de la tragédie devaient être, pour mieux toucher, heureux ou malheureux. Trente années d'agitation ont résolu cette question pour la génération actuelle : il faut frapper fort pour l'attacher, et le drame moderne (car la tragédie a disparu à peu près de la scène) semble avoir pris pour devise :

Je ne puis émouvoir qu'à force de trépas.

Un inconvénient des dénoûments de nos comédies, c'est l'inévitable mariage de la scène finale ; du moins a-t-on réformé déjà le trop *classique* notaire. Le talent de l'auteur comique de nos jours est de trouver une autre conclusion que cette péripétie matrimoniale dans les sujets qui le permettent, et dans les autres, d'entourer un hymen d'obligations, de circonstances qui lui prêtent une teinte plus fraîche et plus neuve. Mais ce qu'il faut surtout recommander de nos jours aux auteurs dramatiques, c'est de méditer et de travailler avec soin les dénoûments de leurs ouvrages. Un bon dénoûment peut sauver une pièce faible, et c'est de lui que dépend le succès de la meilleure.

OURRY.

DENRÉE, marchandise mise en vente, non pour être revendue, mais pour être consommée, qu'elle soit destinée à la subsistance ou à tout autre genre de consommation. Tant qu'elle est achetée pour être revendue, elle conserve le nom de *marchandise*.

J.-B. SAY.

Ce mot vient du latin *denarium*, qui signifie *denier*, et a longtemps été appliqué aux marchandises de détail et de peu de valeur qui se vendent à bas prix. On a dit d'abord *denierée*, puis *dénerée*, qui s'est enfin changé en *denrée*.

« Chez nos aïeux, dit le *Glossaire de la langue romane*, la *dénerée* ou la *denrée* était ce qui se donnait pour un denier. » L'auteur de l'*Histoire des miracles de saint Gengulfe* parle de deux denrées de cire, ce qui, selon le P. Henschenius, signifie deux petites bougies d'un denier chacune. L'auteur de la *Vie de saint Norbert* parle d'une *denrée* de vin ou de miel, c'est-à-dire de la quantité qui s'en donnait pour un denier. Enfin, nous voyons dans Du Cange que dans la basse latinité on donnait le nom de *denarata* ou *denariata* à toutes sortes de denrées ou de marchandises, et qu'on appelait même *denariata terræ aut vineæ* une portion de terre ou de vigne qui rapportait un denier de revenu. Par la suite, ce terme s'est généralisé, et on l'applique aujourd'hui à toutes les choses commerciales qui servent à la nourriture et à l'entretien des hommes et des animaux.

Edme HÉREAU.

Pour les *denrées coloniales*, voyez COLONIALES.

DENSITÉ. Sous un même volume, des corps différents contiennent généralement une plus ou moins grande quantité de matière ; ce qui résulte de leur inégale porosité. En d'autres termes, la masse de l'unité de volume varie avec le corps que l'on considère : la *densité* d'un corps, c'est cette masse. Mais nous ne pouvons l'apprécier que par son poids que nous savons lui être proportionnel. Le poids de l'unité de volume ou *poids spécifique* d'un corps peut donc être pris pour représenter sa densité. On aura ainsi

$$d = \frac{p}{v},$$

en désignant la densité d'un corps par d, son poids par p, et son volume par v. Pour un autre corps, on aura, en employant une notation analogue, $d' = \frac{p'}{v'}$. Si l'on prend le volume $v' = v$, on tire de ces deux égalités $\frac{d}{d'} = \frac{p}{p'}$, ce qui montre que les densités de deux corps sont proportionnelles aux poids de deux volumes égaux de ces corps. Or, le volume sur lequel on opère peut être choisi arbitrairement, et, comme il ne s'agit pas de trouver une grandeur absolue, mais simplement un rapport, on peut prendre pour terme de comparaison le corps que l'on voudra. Supposons que ce soit l'eau (dans les conditions que nous indiquerons tout à l'heure), dont on sait qu'un centimètre cube pèse un gramme; le poids spécifique d'un corps quelconque sera évidemment représenté par le nombre de grammes que pèsera un centimètre cube de ce corps. Ainsi, le centimètre cube de mercure pesant 13 gr,598, nous dirons que le poids spécifique du mercure est 13,598, celui de l'eau étant 1 ; ce qui signifie que les masses et, par suite, les poids de deux volumes égaux de mercure et d'eau sont dans le rapport des nombres 13,598 et 1 ; de sorte que, si l'on sait que telle mesure d'eau pèse n grammes, on en conclut immédiatement que le poids de pareille mesure de mercure est de $13,598 \times n$ grammes. On trouvera de même les poids spécifiques de tous les corps, c'est-à-dire une série de nombres qui exprimeront le rapport de leurs densités à celle de l'un d'entre eux. Si, au lieu de l'eau pour base de ces recherches, on emploie un autre corps, on aura une autre série de nombres, qui seront tous proportionnels aux précédents ; car si la densité de la nouvelle base est représentée par δ dans la première série, il suffit de diviser par δ tous les nombres qui la composent pour obtenir la seconde. C'est ainsi que l'on calcule ordinairement les densités des liquides et des solides en prenant pour unité celle de l'eau, tandis que c'est celle de l'air qui remplit le même office relativement aux gaz et aux vapeurs : or, si l'on a besoin d'établir, par exemple, le poids spécifique d'un liquide pris par rapport à l'air, on le fera facilement en sachant que la densité de l'eau est à celle de l'air comme 773 est à 1.

En résumant ce qui précède, on voit que, pour déterminer la densité d'un corps, il faut en peser un volume quelconque et diviser le poids obtenu par celui d'un égal volume d'air ou d'eau. Cette opération, très-simple en apparence, présente des difficultés pratiques qui lui ont fait apporter quelques modifications. Ainsi, pour les solides, quand ils ne présentent pas une forme susceptible d'être déterminée géométriquement, il est presque toujours impossible d'évaluer leur volume avec une exactitude suffisante. On emploie alors l'un des procédés suivants :

A l'aide de la balance hydrostatique, on pèse d'abord dans l'air le corps dont il s'agit de déterminer la densité ; on renouvelle cette pesée, le corps étant plongé dans l'eau ; cette fois, il faut un poids moins considérable pour lui faire équilibre, et, en vertu du principe d'Archimède, cette diminution est justement égale au poids du volume déplacé par le corps immergé. Si on appelle π le poids dans l'air, π' le poids dans l'eau, la densité cherchée est égale à $\frac{\pi}{\pi-\pi'}$. Ce résultat n'est exact qu'autant que le corps n'est pas susceptible d'être pénétré par l'eau. Autrement, il faudra le plonger dans l'eau jusqu'à imbibition complète : le poids du volume d'eau déplacé sera alors exprimé par la différence entre deux pesées de ce corps ainsi imbibé faites successivement dans l'air et dans l'eau. On pourra encore, comme dans le cas où l'eau exercerait quelque action chimique sur la substance proposée, opérer dans un liquide qui n'offre pas ces inconvénients ; on aura ainsi le rapport de la densité cherchée à celle de ce liquide, que l'on transformera convenablement en appliquant le principe précédemment énoncé.

Nicholson a proposé de remplacer la balance hydrostatique par un aréomètre à poids variable, à l'extrémité inférieure duquel il adapte un petit godet. Le corps sur lequel on expérimente est d'abord placé dans le plateau supérieur de l'instrument où l'on ajoute un poids suffisant pour produire l'affleurement. On recommence, le corps étant porté dans le godet inférieur. La différence entre les deux poids qu'il a fallu ajouter indique le poids du volume d'eau déplacé.

Aujourd'hui voici le procédé le plus usité : On place un flacon rempli d'eau et le corps que l'on veut peser dans l'un des bassins d'une balance ordinaire ; l'équilibre établi, on introduit le corps dans le flacon, ce qui en chasse un égal volume d'eau ; on pèse de nouveau, après avoir pris la précaution de bien essuyer le flacon, et on obtient la densité cherchée en divisant le poids du corps par celui du volume d'eau déplacé.

Pour les liquides, on emploie souvent des aréomètres à poids constant. On peut aussi peser un vase rempli d'abord du liquide donné, et ensuite plein d'eau ; on retranche de chacun des poids obtenus celui du vase, et il n'y a plus qu'à prendre le rapport des deux restes. Pour les fluides aériformes, on opère de la même manière avec un ballon d'une capacité suffisante ; mais ici l'emploi de la machine pneumatique devient indispensable pour faire le vide dans le ballon, que l'on doit peser rempli d'air, vide, et enfin plein du gaz ou de la vapeur donnée.

Toutes ces opérations sont excessivement délicates. Ainsi l'eau dont on se sert doit se présenter dans des conditions toujours identiques, de sorte qu'une même masse de ce liquide occupe toujours un même volume. Or on sait que la chaleur dilate tous les corps (voyez CALORIQUE) ; il faut donc prendre cette eau à une température constante : on a généralement choisi celle de 4°,1 au-dessus de zéro, où elle atteint son *maximum de densité*, c'est-à-dire le point où une masse donnée de ce liquide occupe un volume plus petit qu'à toute autre température (voyez CONGÉLATION). Il est inutile d'ajouter que cette eau devra être préalablement débarrassée par la distillation de toute substance étrangère qui en altérerait la pureté. Lorsqu'on opère sur des gaz ou des vapeurs, il faut encore des soins plus minutieux ; à l'identité chimique de l'air qui sert de terme de comparaison, il faut réunir l'égalité de pression la plus scrupuleuse ; on prend ordinairement l'air à 0° et sous une pression barométrique de 0^m,76. On devra aussi se placer dans un milieu assez sec pour n'avoir rien à redouter de la couche d'humidité qui, sans cela, s'attacherait aux parois du ballon. Si l'air ou l'eau, ou les substances observées, ne se trouvent pas dans les conditions nécessaires, on tient compte de la température de chacun de ces corps, de la pression atmosphérique, et on emprunte à la physique mathématique des formules qui permettent de déduire des données recueillies par l'expérience les poids spécifiques corrigés de toute erreur.

« Nous devons faire remarquer, dit M. Pelletan, que l'on emploie très-habituellement l'expression de *pesanteur spécifique* pour désigner le poids relatif des corps ; cette expression est vicieuse et susceptible d'induire en erreur, puisqu'on nomme généralement *pesanteur* la force même de l'attraction terrestre qui sollicite les particules de la matière, laquelle force est constante et absolument la même pour tous les corps différents, et par conséquent ne saurait avoir rien de *spécifique* ; tandis que le poids, dépendant du nombre de particules en action, est proportionnel à ce nombre, et peut devenir spécifique quand on le compare au volume. » On n'a pas assez tenu compte de cette observation, car malgré l'utilité incontestable de l'introduction d'un langage rationnel dans les sciences physiques, l'*Annuaire du Bureau des Longitudes* lui-même publie encore tous les ans des tables sous le titre de *Tables des pesanteurs spécifiques*.

Des tables analogues se trouvent dans beaucoup d'autres ouvrages, et l'on peut y voir, dans quelles limites étendues varie la densité des corps que la chimie a étudiés. Le plus dense des métaux connus, le platine, lorsqu'il a été laminé, pèse 22 fois plus que l'eau, tandis que l'hydrogène protocarboné ou gaz des marais a pour densité 0,559, celle de l'air étant 1 ; de sorte que la densité du platine laminé est à celle de l'hydrogène protocarboné comme $\frac{22 \times 773}{0,559}$ ou 30422 est à 1.

On ne s'est pas borné à ces seules recherches. Bouguer ayant constaté la déviation occasionnée dans la direction du fil à plomb par le voisinage du Chimboraçao, pensa le premier qu'en observant cette déviation, conséquence des lois de l'attraction, on pourrait en déduire la densité de la terre. Maskeline, Hutton, Cavendish, s'occupèrent à diverses reprises de cette question. Le résultat auquel arriva ce dernier, et qui semble le plus admissible, attribue à la terre une densité de 5,48, celle de l'eau étant 1. On est allé plus loin, et, en s'appuyant encore sur la belle découverte de Newton, qui permet de calculer les masses des planètes, on a trouvé, en prenant la densité de la Terre pour unité, que celles des principaux corps du système solaire sont représentées par les nombres suivants : Soleil, 0,25226 ; Mercure, 2,94 ; Vénus, 1,923 ; Mars, 0,958 ; Jupiter, 0,238 ; Saturne, 0,138 ; Uranus, 0,242 ; la lune, 0,619.

E. MERLIEUX.

DENT (en latin *dens*, de *edere*, manger). En anatomie, on nomme *dents* des corps durs implantés dans les mâchoires, qui servent à la mastication des aliments.

Personne n'ignore que l'homme adulte a trente-deux dents, seize à chaque mâchoire, dont quatre moyennes taillées en biseau, nommées *incisives*, une sur chaque côté, appelée *canine*, *laniaire* ou *œillère*, et sur chaque côté encore, cinq en arrière des précédentes qui s'appellent en commun *dents molaires* ou *mâchelières*. Les molaires se distinguent en *bicuspides*, ou à deux tubercules, appelées *petites* ou *fausses molaires*, ou molaires de remplacement, qui sont au nombre de deux, et en *molaires multicuspides*, à quatre tubercules, aussi nommées *arrière-molaires* ou *grosses molaires*. Parmi celles-ci, dont le nombre est de trois, la plus postérieure a reçu le nom de *dent de sagesse*, parce que c'est celle qui vient la dernière. Ces trente-deux dents sont dites *permanentes* ou de la seconde dentition, pour les distinguer des *dents de lait* dites *caduques* ou de la première dentition, qui sont au nombre de vingt. Les seize dents permanentes de chaque mâchoire forment une série continue ordinairement sans vide ni interruption ; ce qui est un caractère presque exclusivement distinctif du système dentaire de l'homme, dont les canines ne dépassent pas les autres dents. Ces deux séries, qui portent le nom d'*arcades dentaires*, sont implantées dans les arcades alvéolaires des os maxillaires supérieurs et inférieurs.

Chaque dent offre trois parties : une extérieure appelée *couronne*, une intérieure nommée *racine*, et une moyenne ou intermédiaire qui a reçu le nom de *collet*. La couronne des dents est : 1° cunéiforme, concave en arrière, convexe en avant, tranchante et mince à son bord libre, et triangulaire sur les côtés qui correspondent aux autres dents dans les *incisives* ; 2° conique, à sommet mousse dans les *canines* ; 3° arrondie en dedans et en dehors, aplatie en avant et en arrière dans les *petites molaires* ; 4° cuboïde dans les *grosses molaires*. Le collet est indiqué par des lignes courbes. La racine est simple, conique, aplatie transversalement dans les *incisives* ; simple et encore conique, très-longue, sillonnée et aplatie sur les côtés dans les *canines* ; encore unique et quelquefois bifurquée au sommet, et offrant sur ses faces deux rainures profondes dans les *petites molaires* ; divisée en deux, trois ou quatre, même cinq branches divergentes, dans les *grosses molaires* : toutes ces racines sont percées à leur sommet d'un trou pour le passage des vaisseaux et des nerfs qui se distribuent dans la cavité ou chambre de la couronne de chaque dent. Lorsqu'on scie longitudinalement les trois sortes de dents de l'homme, on peut observer la cavité dentaire et le canal, qui, commençant au trou du sommet de chaque racine, se continue dans son épaisseur et aboutit à cette cavité. Mais les vaisseaux et les nerfs qui s'y rendent pour constituer ce qu'on nomme la *pulpe dentaire* ne pénètrent point dans les couches de la substance des dents. C'est là ce qui distingue les dents des véritables os, qui reçoivent dans leur tissu et dans leurs interstices médullaires des ramifications vasculaires et nerveuses. Les dents de l'homme sont composées de deux substances, l'une intérieure, appelée *ivoire*, l'autre extérieure, qu'on désigne sous le nom d'*émail*.

Les dents de l'homme servent à saisir, retenir, diviser, couper, déchirer, triturer et broyer les aliments. Elles sont nécessaires pour la prononciation des lettres *d* et *t* qu'on appelle pour cette raison *consonnes dentales*. Le besoin de se défendre, ou la rage qui pousse à mettre en œuvre tous les moyens de nuire à un ennemi, les font servir quelquefois comme armes offensives ou défensives dans les rixes et dans les luttes corps à corps. On sait que les jongleurs indiens s'en servent habilement pour retenir les perles fines qu'ils savent enfiler avec le fil léger placé dans leur bouche et mû par la langue. Nous avons eu l'occasion d'observer fréquemment des gabiers robustes (matelots de hunes) qui s'accrochaient avec leurs dents aux cordes ou aux voiles pour avoir leurs deux mains libres et travailler avec plus de facilité et de promptitude. Dans les arts, et dans un grand nombre de cas, on coupe avec les dents ou l'on mâche divers corps pour les utiliser.

Les dents se forment dans des sacs très-petits, arrondis et fermés de toutes parts. Ces sacs, qui adhèrent beaucoup aux gencives, sont composés de deux membranes ou feuillets, l'un externe, spongieux, mou, épais ; l'autre interne, plus dense et mince. Le feuillet externe se continue avec la gencive, tandis que l'interne forme un sac intérieur distinct de l'externe et de la gencive. Les petits sacs ou follicules dentaires se développent de très-bonne heure : ils commencent à paraître vers la dixième semaine ou au milieu du troisième mois de la grossesse. Ils ne renferment d'abord qu'un fluide rougeâtre qui devient ensuite d'un jaune blanchâtre. Pendant le quatrième mois de la vie intra-utérine, il s'élève du fond de la membrane interne du sac un petit corps rougeâtre et mou, qui reçoit par sa base beaucoup de rameaux vasculaires et nerveux. On désigne ce petit corps sous le nom de *germe* ou *pulpe dentaire*. La forme de cette pulpe est celle de la couronne de l'espèce de dent qui doit être produite. La substance éburnée ou l'ivoire de la couronne d'abord et de la racine ensuite est sécrétée par cette pulpe dentaire après que l'émail a été déposé par la face externe du feuillet interne qui enveloppe la couronne de la dent, de manière à se mouler parfaitement sur ses saillies et ses dépressions. La dent, qui se développe progressivement, distend son follicule et la gencive, finit par percer cette dernière et se montre à nu sur le rebord alvéolaire. On a admis, pour expliquer la sortie des dents, un canal appelé *gubernaculum dentis*, et des ouvertures très-petites aux gencives, qui seraient dilatées et agrandies pour se prêter à la sortie des dents, mais la plupart des physiologistes pensent que le tissu gencivaire est aminci progressivement et percé par chaque dent qui pousse. L'éruption des dents de lait ou de la première dentition se fait dans l'ordre suivant : du 4° au 8° mois, les quatre incisives moyennes ; du 6° au 10° mois, les quatre incisives latérales ; du 10, au 14° mois, les quatre canines ; du 10° au 20° mois, les quatre premières molaires, qui se montrent quelquefois avant les canines ; du 18° au 36° mois, les quatre molaires postérieures.

La chute naturelle des dents de lait se fait à l'âge de 6 à 7 ans dans l'ordre de leur apparition et coïncide avec la sortie des dents permanentes ou de la deuxième dentition. Celle-ci s'effectue ainsi qu'il suit : 1° de 7 à 8 ans, les premières grosses molaires ; 2° de 8 à 10 ans, les incisives moyennes ; 3° de 9 à 11 ans, les incisives latérales ; 4° de 10 à 12 ans, les canines ; 5° de 10 à 13 ans, les premières petites molaires ; 6° de 12 à 14 ans, les secondes petites molaires ; de 13 à 17 ans, la seconde grosse molaire ; 8° de 20 à 24 ans, les troisièmes grosses molaires dites dents tardives ou de sagesse. Les ouvrages de l'art renferment des exemples nombreux dans lesquels cet ordre, dans l'éruption des dents, est interverti, et dans lesquels la sortie est plus ou moins précoce ou plus ou moins retardée. On cite aussi des cas de troisième dentition chez des adultes et même chez quelques vieillards.

Les changements que les dents éprouvent dans le jeune âge et pendant la virilité sont l'usure de la couronne, les déviations et l'envahissement par le tartre, si on n'observe pas les soins de propreté de la bouche. L'usure produite par les chocs, les frottements des dents les unes contre les autres, a lieu le plus souvent par le bord ou le sommet de la couronne. Lorsqu'elle est très-avancée, la dent paraît comme sciée en travers, et on distingue à la surface usée les couches de l'ivoire et de l'émail. Quelquefois l'usure s'observe sur les faces antérieures ou postérieures des dents incisives et canines, suivant la manière dont les arcades dentaires se rencontrent et se croisent en avant ou en arrière. Les dents sont aussi souvent déjetées ou déviées en divers sens, suivant que la mastication se fait d'un seul ou des deux côtés après qu'on en a perdu quelques-unes dont l'extraction était indispensable. Chez certains individus, le tartre se dépose en si grande quantité autour des racines des dents qu'ils déchausse, les rend de bonne heure branlantes et hâte leur chute naturelle. Si quelques vieillards ont le privilège de conserver la plus grande partie de leurs dents dans un âge très-avancé, le plus grand nombre est exposé à les voir tomber naturellement, parce que les alvéoles des mâchoires se resserrent de plus en plus, tendent à s'effacer et chassent pour ainsi dire la dent, qui finit par tomber comme un poil dont le bulbe est mort. La perte des dents, soit accidentelle, soit produite par leur chute naturelle, étant toujours suivie du resserrement du tissu osseux des rebords alvéolaires des deux mâchoires, il en résulte souvent des déformations dans la charpente osseuse de la face qui changent plus ou moins la physionomie, surtout lorsque la perte des dents a lieu d'un seul côté. Tout le monde sait que la perte totale des dents fait rentrer en dedans les bords alvéolaires des mâchoires, qui s'amincissent ; qu'elle est suivie de plissements et de rides nombreuses sur les lèvres, du rapprochement du nez et de la mâchoire inférieure, et produit ce qu'on nomme vulgairement le *menton de galoche* des vieillards.

Les maladies des dents humaines ont été divisées, par M. Duval, en trois classes, savoir : 1° celles de leur tissu ou substance ; 2° celles de leurs connexions ; et 3° celles de leurs propriétés vitales. Il divise celles de la première classe en maladies des parties dures et en maladies des parties molles du système dentaire. L'entamure, la fracture, l'usure, la consomption, l'atrophie, le tartre, la carie, la décoloration, le ramollissement et la tuméfaction sont les maladies de la partie dure des dents. Parmi celles de leurs parties molles, il range l'inflammation, la suppuration et l'ossification. La classe des maladies des connexions des dents comprend leur relâchement, leur mobilité, leur chute, leurs luxations, le gonflement de la membrane alvéolo-dentaire, son inflammation, ses abcès, les ulcères fistuleux aux gencives, les maladies de ces parties, les fistules dentaires, etc. Sous le nom de classe des maladies des propriétés vitales des dents, il range la congélation par le contact de l'air ambiant et froid, par l'application des autres corps froids, la susceptibilité aux diverses impressions, l'agacement, les douleurs rhumatismales, névralgiques, sympathiques, etc.

Nous ne présenterons ici que quelques considérations rapides sur l'*hygiène dentaire*. Quoique cette branche de l'art mérite par son importance d'être toujours surveillée et dirigée par un dentiste habile praticien, les chefs de famille sont les surveillants naturels et immédiats du travail physiologique de la première et de la deuxième dentition, qui donnent souvent lieu à plusieurs maladies. Après les orages de la première dentition, les soins subséquents sont tout aussi importants pour épargner les nombreux maux de dents, qui obligent souvent d'en venir à l'extraction, même chez les sujets très-jeunes. Les soins de propreté de la bouche, la précaution de ne point boire froid immédiatement après avoir mangé des aliments chauds et brûlants, celle de se garantir du froid humide, surtout pendant le sommeil, celle encore de ne point tenter de briser des corps très-durs avec les dents, d'éloigner de la bouche tous les agents physiques, chimiques et mécaniques nuisibles, sont les moyens généraux que le simple bon sens prescrit à chacun ; mais il faut toujours s'empresser de recourir aux lumières des hommes de l'art pour favoriser le développement, la sortie régulière des dents et pour leur conservation. Les progrès de la civilisation ont beaucoup perfectionné les soins spéciaux pour la propreté et la conservation des dents. Il suffit d'entrer dans un cabinet de toilette et de jeter un simple coup d'œil sur les moyens appropriés au nettoiement des dents (brosses diverses, opiats, poudres, teintures dentifrices), pour être convaincu des progrès du luxe et de la superfluité même dans cette branche de l'industrie de l'homme.

Les dents, dit-on vulgairement, sont le plus bel ornement de la figure humaine ; elles ajoutent de nouveaux agréments à la beauté des traits du visage, elles sont l'indice certain de la santé, de la fraîcheur de la bouche, et les mouvements des voiles labiaux qui s'écartent pour sourire s'harmonisent merveilleusement avec la vivacité du regard, avec l'incarnat des lèvres, la blancheur éclatante et la régularité d'une denture parfaite. Le prestige de cette parure naturelle est même tel qu'on lui donne la prééminence sur tous les autres attraits de la figure. Cet attrait d'une bouche saine garnie de belles dents chez une personne dont les traits de la face sont plus ou moins laids et encore prouvé par le contraste de la peine qu'on éprouve en voyant une autre personne, belle ou jolie, montrer en parlant ou en souriant des dents laides, noircies par la carie, couvertes d'un tartre épais et d'un enduit limoneux. L'aspect seul de dents semblables éveille toujours dans l'esprit l'idée d'une haleine forte et fétide, d'une conversation parfumée, et produit toujours une répugnance invincible. L'art du dentiste doit donc être dirigé vers la conservation des avantages naturels de la denture, et déployer toutes ses ressources pour remédier aux disgrâces de la nature et aux outrages du temps. Les soins hygiéniques de la bouche immédiatement après les repas et au moment du lever et du coucher des personnes de tout âge devraient actuellement faire partie de l'éducation première et ensuite de notre régime de vivre habituel. L'usage et l'abus du tabac fumé ou chiqué altère la couleur naturelle des dents.

L'opération la plus commune qu'on pratique pour remédier aux maux produits par la carie des dents et aux fistules dentaires est celle connue sous le nom d'*arrachement*, d'*extraction* ou d'*avulsion* des dents et des chicots ou racines des dents, pour laquelle on a inventé de nombreux instruments, parmi lesquels le plus usité est la clef de Garengeot. D'autres instruments de formes très-variées sont aussi employés pour enlever le tartre et nettoyer les dents. Enfin la chirurgie dentaire brille dans les moyens de prothèse qu'elle a inventés pour remédier à la perte plus ou moins complète des dents. Ces moyens sont les dentiers simples ou doubles, et les dents artificielles, qui sont des dents humaines, ou faites avec l'ivoire, avec les dents d'hippopotame, ou avec de porcelaine. Toutes ces dents sont préliminairement façonnées pour les mâchoires auxquelles elles doivent être adaptées à l'aide de pivots, de ligatures, de plaques et de ressorts disposés le plus favorablement pour ne gêner en rien les fonctions de la bouche. Il suffit de visiter l'atelier d'un dentiste, de le voir mettre en exécution toutes les ressources de son art, pour juger combien ses moyens sont simples et ingénieux.

Les idées des divers peuples sur la beauté des dents diffèrent beaucoup. Les Japonais, dit Fournier, les teignent en noir, et seraient honteux de les avoir blanches. Les Péruviens et les habitants de plusieurs contrées de l'Océanie se font arracher une incisive par coquetterie. Des espèces de bayadères nommées *ronguein* ont l'habitude, lorsqu'elles chantent, de se couvrir les dents d'une plaque d'or. Les habitants de Java se teignent en noir les dents avec une dissolution de fer et de grenade verte appelée *bagnion*, pour dissimuler l'effet produit par l'usage immodéré du betel. Les nègres du Congo, les Mandingues, qui vivent de viandes crues, se font limer en pointes les dents incisives.

Presque tous les mammifères ont des dents implantées dans les mâchoires : ces dents offrent des formes générales qui les font distinguer comme celles de l'homme en incisives, canines ou molaires et mâchelières. La forme générale de ces dents se modifie principalement pour le régime animal, végétal ou mixte, d'où la distinction, 1° des dents carnassières, plus ou moins propres à déchirer et couper des chairs vivantes ; 2° de dents des insectivores ; 3° de dents d'herbivores propres à ronger et broyer ; 4° de dents d'omnivores, dont les formes sont intermédiaires à celles des animaux carnassiers et celles des herbivores. La forme et les dimensions des dents des mammifères reçoivent encore des modifications importantes dans les canines ou dans les incisives lorsqu'elles sont employées pour l'attaque et pour la défense (*voyez* DÉFENSE, ÉLÉPHANT, SANGLIER). Elles deviennent alors très-grandes à cet effet, et offrent un bord tranchant ou un sommet plus ou moins aigu ou mousse, et une courbure, surtout très-remarquable dans le **habiroussa** et dans le **dinothérium**. Quelquefois les dents sont si petites qu'il faut les observer à la loupe (incisives des cheiroptères). Elles sont en général symétriquement situées dans les bords alvéolaires ; quelquefois la dent d'un côté tombe de bonne heure et la dent correspondante sur l'autre côté persiste, fait saillie en dehors de la bouche et semble être impaire et médiane (*voyez* DENT DE NARVAL). Les pangolins, les fourmiliers, les échidnés, les baleines, sont entièrement privés de dents; les cachalots n'en ont qu'à la mâchoire inférieure; certaines espèces de dauphins n'en sont pourvus qu'à la mâchoire supérieure; certaines dents, celles de l'ornithorhynque, sont de nature presque cornée; Blainville les a rapprochées sous ce rapport des fanons des baleines, qui en diffèrent beaucoup par la forme et font l'office de dents.

On distingue en général dans les dents véritables des mammifères une couronne, une racine plus ou moins longue et un collet qui les sépare. Cette distinction ne peut être faite dans les dents de l'oryctérope, qui sont fort singulières, et d'une sorte de tissu qu'on a comparé à celui du jonc, parce qu'il semble formé par autant de petites dents qu'il y a de petits tubes droits parallèles composants, ayant chacun un orifice à la surface radicale. Sous le rapport de la combinaison et de la disposition des substances qui entrent dans leur composition, les dents des mammifères se distinguent en *simples*, en *composées* et en *semi-composées*. Les premières sont celles dont l'ivoire n'est nulle part pénétré par l'émail, qui ne fait que l'envelopper plus ou moins; telles sont les dents de l'homme, des quadrumanes, des carnassiers. Les dents composées résultent de l'agglomération d'un certain nombre de tubes plus ou moins comprimés d'émail revêtant des lames concentriques d'ivoire. Chaque tube considéré isolément, abstraction faite de son aplatissement, représente une dent simple. Les mâchelières des éléphants sont de dents composées. Enfin, dans les molaires des ruminants et des solipèdes, etc., qui sont des dents demi-composées, les lames aplaties d'émail revêtant des lames d'ivoire ne pénètrent que jusqu'à une certaine profondeur au-dessous de laquelle on ne trouve qu'une seule substance centrale, entourée par une substance extérieure. En outre de ces deux substances (ivoire, émail), les dents composées et demi-composées en présentent une troisième, qu'on appelle *cément* ou substance corticale. Celle-ci pénètre dans toutes les anfractuosités de la dent primitive et se trouve toujours placée en dehors de l'émail. Il se forme enfin accidentellement dans la cavité dentaire des dépôts de nature pierreuse, que Desmoulins considère comme une quatrième matière dentaire, qu'il propose de désigner sous le nom de *substance poudingoïde*. Les petits corps résultant des dépôts de cette substance sont très-apparents dans les dents des morses. Bertin, MM. Duval et Emmanuel Rousseau les ont observés dans les dents de l'homme.

D'après Geoffroy-Saint-Hilaire, on observe dans le fœtus de quelques espèces d'oiseaux, principalement dans ceux de la perruche à collier et du canard, une série de petits corps blancs, arrondis, et plus larges à leur extrémité, qu'il a considérés comme des vestiges de dents. Chacun sait que les oiseaux n'ont point de véritables dents, et qu'on a cependant donné ce nom aux saillies ou dentelures dont leur bec est pourvu dans les oiseaux de proie, dans quelques passereaux et surtout dans les canards et les harles.

Il n'y a point de dents chez les chéloniens (tortues). Blainville pense cependant qu'il n'y aurait rien d'étonnant que dans les trionyx ou tortues molles, les plus voisines des crocodiliens, il y eût de véritables dents déjà un peu implantées, à cause de la régularité des trous qu'on voit au bord de leurs mâchoires. Les crocodiles ont les deux mâchoires pourvues de véritables dents coniques, quelquefois un peu comprimées, un peu carénées en avant et en arrière, sans racines, et lâchement retenues dans leurs alvéoles. Les sauriens se distinguent en ceux qui n'ont de dents qu'aux mâchoires (geckos, scinques, lophyres, stellions, tupinambis, etc.), et ceux qui, outre les dents maxillaires, en ont encore au palais (lézards, iguanes). Les ophidiens ou serpents ont en général des dents coniques, dirigées en arrière. La première famille (amphisbène), n'en a qu'aux mâchoires. Les autres en ont aux mâchoires et sur les os palatins. Ces dents fournissent des caractères différentiels entre les espèces venimeuses et celles qui ne le sont pas. Les amphibiens ou reptiles à peau nue sont distingués en, 1° ceux qui n'ont aucune trace de dents aux deux mâchoires (pipas); 2° ceux qui ont une dent sur les os palatins et point aux mâchoires (crapaud); 3° ceux ayant, outre les dents palatines, une rangée de dents fines, aiguës, à la mâchoire supérieure seulement (grenouilles); 4° ceux enfin dont les mâchoires et les os palatins sont armés de dents (salamandres, protées).

Les poissons offrent dans leur système dentaire des particularités très-remarquables. On les distingue d'abord en ceux dont les dents sont plus ou moins implantées dans les mâchoires, d'où le nom de *gnathodontes*, et ceux dont les dents n'adhèrent qu'à la peau ou derme de la bouche, d'où la dénomination de *dermodontes*. Ces dents sont dans certaines espèces fines comme des soies (chétodons), ou large comme des pavés (raies). Les dents adhérentes au derme seulement sont quelquefois mobiles et peuvent se hérisser et agir comme une herse (squales ou requins). Elles sont disposées sur un seul ou plusieurs rangs, offrant tantôt des bords plus ou moins tranchants et dentelés, tantôt des formes hémisphériques plus ou moins aplaties ou coniques, à sommet mousse plus ou moins aigu. On trouve chez les poissons des dents non-seulement dans toutes les parties de la bouche, sur les mâchoires, au palais, sur le vomer; sur la langue ou l'os hyoïde, sur les os pharyngiens, mais encore sur le bord antérieur des arcs branchiaux. Dans le plus grand nombre de poissons, les dents sont simples, à une seule racine quand elles sont implantées et plus ou moins soudées à l'os. On trouve dans les scares, les diodons, les tetraodons, des dents presque composées. On regarde aussi comme des sortes de dents les aiguillons, les boucles de la peau des raies, de certaines espèces de squales et surtout les corps durs et pointus implantés dans le prolongement de la tête de la raie scie ou pristobate.

Dans les animaux articulés, les appendices qui font l'office de mâchoires ou de mandibules offrent des dentelures; seulement il n'y a point de véritables dents. La bouche des mollusques céphalés est armée de parties cornées auxquelles on donne le nom de dents ou de mâchoires. Ces parties manquent dans les mollusques acéphalés. Parmi les animaux rayonnés, les oursins sont les seuls dont la bouche présente de véritables dents semblables à celle des animaux vertébrés.

On donne aussi le nom de *dents* aux éminences de la charnière d'une coquille bivalve ou du contour d'une coquille univalve.

En botanique, on appelle *dents*, 1° les petites divisions du bord des calices d'une seule pièce; 2° les pièces dans lesquelles un péricarpe valvaire se divise à l'époque de la maturité, quand elles sont aiguës et courtes, relativement à la partie qui reste indivise; 3° les parties saillantes du bord de certaines feuilles, quand elles ne s'inclinent ni d'un côté ni de l'autre, et qu'elles ne vont pas au delà des dernières ramifications des nervures; 4° les feuilles avortées qui garnissent les racines ou mieux les tiges souterraines; 5° les lanières de l'orifice de l'urne de certaines mousses.

L. LAURENT.

DENT. C'est le nom dont on se sert en Savoie et dans la Suisse française pour désigner les sommets de montagnes, abruptes et de forme conique, qui se terminent souvent en pointe d'aiguille. De là aussi la dénomination d'*aiguilles* qu'on leur donne quelquefois. Dans la Suisse allemande, on les appelle *Hœrner* (cornes). On peut, à cet égard, citer la *Dent de Jaman* sur les limites des cantons de Vaud et de Fribourg; la *Dent de Morcles*, haute de 2,683 mètres, le dernier contrefort des Alpes bernoises, au point où le

Rhône débouche du Saint-Maurice, en face la *Dent du Midi*, haute de 3,666 mètres, du sommet de laquelle une portion considérable se détacha le 26 août 1835 sur son versant oriental et provoqua un effroyable écroulement ; la *Dent d'Herrens*, dans les Alpes pennines, haute de 4,223 mètres ; la *Dent de Rivolet*, non loin de Chambéry ; la *Dent d'Oche*, dans le Chablais, entre le Mont-Blanc et le lac de Genève, haute de 1,987 mètres.

DENTALE, genre de mollusques ainsi caractérisé par G. Cuvier : Coquille en cône, allongée, arquée, ouverte aux deux bouts ; animal sans articulation sensible, ni soie latérale, mais ayant en avant un tube membraneux renfermant une sorte de pied charnu et conique ; sur la base de ce pied est une tête petite et aplatie, et sur la nuque sont des branchies en forme de plumes.

Dans l'ancienne pharmacie, les coquilles de dentales, réduites en poudre fine, étaient introduites dans plusieurs onguents.

DENTATUS. Voyez CURIUS DENTATUS.

DENT DE CHIEN, plante ainsi nommée à cause de ses caïeux terminés par une pointe en forme de dent. Elle appartient au genre *erythronium* de la famille des liliacées. L'*erythronium dens canis*, encore nommé vulgairement *violette*, croît sur les montagnes, dans les lieux couverts des climats tempérés et même un peu froids. Il se fait remarquer au printemps par les grâces particulières de sa fleur, d'un pourpre plus ou moins foncé, quelquefois blanche, ou panachée de pourpre et de blanc, solitaire et inclinée au sommet d'une tige courte et nue, qu'accompagnent, à sa base, deux feuilles étroites, lancéolées, souvent mouchetées. La corolle est campanulée, à six divisions profondes, très-ouvertes, à demi courbées en dehors ; les trois divisions intérieures munies à leur base de deux callosités, les étamines sont au nombre de six. L'ovaire est surmonté d'un style simple, terminé par trois stigmates.

DENT DE LION, synonyme de *pissenlit*.

DENT DE NARVAL. Les narvals ont la mâchoire supérieure armée de deux dents incisives très-longues, mais qui ne se rencontrent guère que chez les jeunes sujets, car, dans les individus âgés, on n'observe presque jamais que l'une d'elles, l'autre s'étant brisée ou étant tombée par quelque accident. Ces dents, que l'on connaît encore sous les noms vulgaires de *corne de narval*, *corne de licorne*, sont longues de deux à quatre mètres, coniques et terminées en pointe, très-dures, creuses, blanches, et le plus ordinairement sillonnées de lignes spirales ; le diamètre de leur base est de huit à dix centimètres. Ces dents, que l'on ne trouve plus que dans les cabinets des curieux, ont figuré jadis dans la liste des substances médicamenteuses les plus estimées. C'est au Japon surtout qu'on en faisait et qu'on en fait encore le plus grand cas ; Thunberg rapporte qu'on les a vendues dans ce pays jusqu'à 2,000 francs la livre. Chez nous, elles n'ont jamais été prisées à ce point, malgré les nombreuses et incroyables vertus thérapeutiques que nos confiants aïeux voulaient leur accorder : mais aujourd'hui, elles ne font plus partie de notre matière médicale, et avec raison. P.-L. COTTEREAU.

DENT D'OR. Dans les dernières années du seizième siècle, le bruit se répandit en Allemagne que, les dents étant tombées à un enfant de Silésie, âgé de sept ans, il lui en était poussé une d'or à la place d'une de ses molaires. On accourut de toutes parts pour voir, pour admirer cette merveille. Ce pèlerinage devint fort lucratif pour ceux qui montraient l'enfant au public ébahi. En ce temps-là, il y avait à la tête de l'université d'Helmstaedt un savant, nommé Jacques Horst ou Horstius, qui était, en même temps, médecin de l'archiduc d'Autriche. Cet homme, très-versé dans les connaissances de son art, se distinguait aussi par une piété rare, car il implorait la bénédiction de Dieu pour tous les remèdes qu'il prescrivait, et il a publié même à ce sujet un formulaire de prières. Dès que Jacques Horst eut connaissance de ce que l'on disait du merveilleux enfant de Silésie, il voulut le voir, l'examina, reconnut et proclama la réalité du miracle. Bien plus, il vit dans cette dent d'or un grand prodige qui devait servir de consolation aux chrétiens opprimés par les Turcs. Selon lui, cette dent était le présage infaillible de la décadence des Othomans. Aussi publia-t-il un écrit sur la dent *molaire* d'or de l'enfant de Silésie. Dès ce moment, ce miracle le préoccupa vivement et entra dans toutes ses prévisions. Ainsi, dans une de ses lettres, prétendues *philosophiques*, il dit que la comète qui a été vue en 1556, et qui a paru à Constantinople quand elle a cessé de se faire voir en Allemagne, pourra bien produire ses mauvais effets en 1596 ; qu'alors aussi la nouvelle étoile du signe de Cassiopée ne se tiendra pas oisive, et que la dent d'or ne manquera pas d'agir, cette dent, *qu'il a vue et touchée*, ajoute-t-il naïvement. Plus loin, il traite son siècle de *stupide ;* il implore la miséricorde de Dieu pour le monde et pour son Église. L'année 1596 s'écoula, et les prédictions du pieux médecin restèrent sans effet. Cet homme de bonne foi avait été dupe d'une imposture grossière. Plusieurs autres savants écrivirent pour et contre le savant Horst. Un orfèvre mit fin à la polémique. S'étant avisé d'examiner la dent merveilleuse, il trouva, sous une feuille d'or appliquée avec art, une dent ordinaire. CHAMPAGNAC.

DENTELÉ, qui offre des dentelures. En anatomie, cet adjectif est employé substantivement pour désigner trois muscles qui se terminent par des languettes oblongues. Le *grand dentelé*, large, aplati, quadrilatère, est fixé aux huit ou neuf premières côtes par autant de digitations, et supérieurement à l'épine de l'omoplate ; il sert à l'inspiration, en élevant les côtes et augmentant ainsi la capacité de la poitrine. Le *petit dentelé postérieur et supérieur*, qui concourt au même but, est situé à la partie postérieure du cou et supérieure du dos, et s'attache au ligament cervical et aux premières vertèbres du dos. Le *petit dentelé postérieur et inférieur*, situé à la partie inférieure du dos se fixe aux trois dernières côtes, aux dernières vertèbres du dos et aux premières des lombes ; dans l'expiration, c'est lui qui abaisse les côtes.

DENTELIN (Duché). Il paraît que sous les mérovingiens, après la mort de Caribert, Paris, cessant d'être chef-lieu d'un royaume, devint celui d'un duché, nommé *Dentelin* ou *Denzelin*, qui avait pour limites l'Océan, et s'étendait le long du cours de l'Oise, de la Seine et de la Somme. Dès 600, Frédégaire fait mention de ce duché, comme ayant été distrait de la Neustrie, parce qu'alors Clotaire II, qui régnait à Soissons, avait été forcé de le céder à Théodebert II, qui régnait à Metz et en France. Thierry II, roi d'Orléans et de Bourgogne, promit à Clotaire II de le lui restituer s'il consentait à lui fournir des troupes pour combattre son frère Théodebert II, roi de Metz. Clotaire II y consentit, et en 612, conformément au traité, se mit en possession du duché. Mais il fut enlevé de nouveau au roi de Soissons et distrait de la Neustrie par les rois d'Austrasie. En 634, Dagobert, devenu seul maître de la Gaule, en assignant à ses deux fils la portion de ses États dont ils devaient hériter après sa mort, donna l'Austrasie à Sigebert, mais il en excepta le duché, que les rois austrasiens avaient usurpé, et le restitua à la Neustrie. Ce duché, ainsi que la Bourgogne, devint le partage de Clovis II. Son autre fils, Sigebert II, eut pour lot l'Austrasie, moins le duché Dentelin, rendu à la Neustrie. Depuis ce partage, il n'est plus parlé du duché Dentelin dans les monuments historiques. Auguste SAVAGNER.

DENTELLE. On ignore également et le pays et l'époque où la manufacture des dentelles a pris naissance. Quant au lieu, l'on peut dire que si elle n'a pas été inventée dans les Pays-Bas, elle y a reçu du moins un développement et des perfectionnements qu'on ne remarque pas ailleurs ; quant au temps, à défaut de date certaine, il semble qu'on soit forcé de s'arrêter au seizième siècle. Roland, qui a rédigé dans l'*Encyclopédie méthodique* la partie des manufactures, des arts et métiers, dit que le seul ouvrage qu'il connaisse sur les dentelles est du seizième siècle. En voici le titre : *Les singuliers et nouveaux pourtraits du seigneur Frédéric de Vinciolo Vénitien, pour toutes sortes d'ouvrages de lingerie, dédié à la Royne, de rechef et pour la troisième fois augmentés, outre le réseau premier et le point coupé et lacis, de plusieurs beaux et différents pourtraits de réseau de point de côté, avec le nombre des mailles, chose non encore vue ni inventée; à Paris, par Jean Leclerc, le jeune, rue Chartière, au chef Saint-Denys, près le collège de Coqueret, avec privilège du roi*, 1587. C'est un recueil sans texte de dessins dont les formes bizarres montrent l'enfance du goût; dessins tellement gravés qu'ils ne donnent seulement pas l'idée de l'exécution, et qu'on serait tenté de les prendre pour des représentations de simples découpures. Cependant, remarque Roland, il y en a de deux sortes : les uns, à peu près tels que nous venons de les indiquer, offrent divers ornements qui semblent ne pouvoir être exécutés que par des fils conduits à l'aiguille et enlacés de cent façons, se recouvrent les uns les autres et ne formant qu'un *toilé* sans *champ*. Or, on entend par *champ* le fond travaillé à jour d'une dentelle ou d'un point; et par *toilé*, les fleurs dont le tissu mat ressemble à celui d'une toile. L'autre sorte de dessin est à mailles comptées : c'est une espèce de réseau à jours carrés, très-réguliers, sur lesquels sont disposées les figures faites en *toilé*. Vers la même époque, Jean de Glen, de Liége, publia un livre analogue qui a échappé aux bibliographes. On peut aussi consulter les tableaux et gravures. Dans un tableau de l'église de Saint Gomar à Lière, Quentin-Metsis avait représenté Maximilien et Marie de Bourgogne avec des vêtements ornés d'une espèce de dentelle de fil d'or. On voit quelque chose de pareil dans un tableau du même maître qui est à la collégiale de Saint-Pierre à Louvain.

Mais voici un renseignement plus positif. Il existe une suite de dix estampes, gravées vers 1580 ou 1585, par différents artistes, tels que Nicolas Dubruyn et Assuerus van Londerseel, sur les dessins de Martin de Vos, d'Anvers. Elles représentent les occupations humaines aux divers âges de la vie. Dans la quatrième, consacrée à l'âge mûr, on remarque une jeune fille assise avec un carreau à tiroirs sur les genoux, et travaillant de la dentelle aux fuseaux, à la moderne. Cet exercice devait donc être fort commun, puisque le dessinateur l'a choisi de préférence pour caractériser une époque de la vie. L'usage des dentelles au dix-septième siècle était extrêmement répandu. Les hommes et les femmes s'en chargeaient à l'envi; on en mettait jusqu'aux bottes : aussi cette marchandise était devenue un objet de consommation si considérable qu'en vertu des principes erronés d'économie politique suivis alors, on publia à Bruxelles (le 20 décembre 1698) un édit qui prononçait la confiscation contre toute personne qui débaucherait des dentellières et les attirerait en France. Pierre Van Slingelandt de Leyde (né en 1640, et mort en 1691) a fait un tableau qui représente une dentelière auprès de laquelle sont deux enfants. En 1651, Jacques Van Eyck, célébrant les avantages de la Belgique en général et de chacune de ses villes en particulier, a décrit assez agréablement le travail de la dentelle :

... Sedens micat articulis teretasque puella
In gyrum orbiculos filaque mille rotat;
Sæpe manu figit, varias ut imagine formas
Exprimat, innumeras sæpe refigit acus;
. . . .
Tela evit tenuis, ventisque foramine multo
Pervia, quæ fastum totius orbis alit, etc.

Si le mot *dentelle* vient de France ou des provinces wallonnes des Pays-Bas, le nom qu'on donne à ces tissus à l'étranger fait bien voir qu'on le regarde comme des produits ordinairement belges. En Italie, on les appelle *merletti di Fiandra*; dans une grande partie de l'Allemagne, *brabantsche Spitsen*.

Malines, Valenciennes, jadis si renommées pour ce genre de manufacture, ont vu, par les changements de la mode et les nouvelles créations de l'industrie, considérablement diminuer cette branche de commerce. En 1825, on ne comptait à Valenciennes que 300 ouvrières en dentelle. Bruxelles conserve toujours sa suprématie. Le préfet Pontécoulant disait, en l'an x, que cette industrie occupait à Bruxelles seulement 9 ou 10,000 femmes. Elle est, observait-il, d'autant plus avantageuse que la matière première se recueille sur les lieux et dans le reste de la Belgique, et que la presque totalité de ses produits proviennent de la main-d'œuvre.

Ce fut sous Colbert que le *point d'Alençon* acquit la célébrité qu'on lui a vu prendre insensiblement en France, en Angleterre, en Allemagne, en Suède et en Russie. Les Anglais sont parvenus à imiter très-imparfaitement la dentelle de Bruxelles, et ils ont appelé leur imitation *point d'Angleterre*, comme on dit *point de Valenciennes*, de *Bruxelles*, de *Malines*, de *Louvain*, etc.

De Reiffenberg.

La fabrication de la dentelle est un art très-compliqué qui demande beaucoup de soins, une grande habitude, et dont les procédés sont presque toujours exécutés par des femmes. Ce tissu léger, auquel les femmes mettent tant de prix, parce qu'il sert à parer leur beauté, se fait avec du fil de lin, ou de la soie, ou des fils d'argent ou d'or. Dans le premier cas, il s'appelle *dentelle*, dans le second *blonde*, et dans le troisième *dentelle d'argent* ou *d'or*. Le mode de travail, quelle que soit la matière employée, est le même; il exige un petit nombre d'outils : c'est d'abord un métier presque toujours portatif qu'on place sur une table ou sur les genoux. Il est formé d'une planche ovale, rembourrée et recouverte d'étoffe, de telle sorte que sur ce métier et les diverses parties qui le composent on peut facilement piquer des épingles. C'est ensuite avec des fuseaux garnis de fil de lin ou de toute autre matière, des ciseaux, des bandes de vélin ou du papier de couleur, ordinairement bleu ou vert, et des épingles de laiton fermes, mais flexibles, que la faiseuse de dentelle complète son outillage. Elle peut exécuter ainsi les dentelles les plus fines comme les plus compliquées.

Cet art demande dans les doigts une grande dextérité, surtout pour l'opération qu'on regarde avec raison comme la plus difficile, nous voulons parler de l'art de *piquer* le papier vert ou bleu ou l'art de faire le *point*. C'est dans la dentelle le procédé au moyen duquel on forme les contours d'une figure régulière quelconque avec le fil. C'est ainsi que pour former un carré, un pentagone ou un hexagone, il faut 4 ou 5 ou 6 points d'appui, ce qui permet de donner aux fils autant de directions différentes qu'il y a de ces points. Des points sont faits autour pour que le système général des fils ne se relâche pas, pour que le dessin soit conservé. Si l'on suppose maintenant qu'une bande de vélin ou de fort papier de couleur soit placée sous les fils pour les faire ressortir, et qu'on fiche des épingles dans chaque endroit qui a servi de point d'appui, on aura une idée de l'opération du *piqué*. Ces épingles se fichent dans le coussin du métier dont il a été parlé plus haut, et elles servent à marquer le dessin tracé en quelque sorte par elles sur le vélin ou le carton de couleur. La pratique de cet art se réduit ou à composer une dentelle d'idée, ou à remplir un dessin donné sur le vélin seulement, ou à copier une dentelle.

Considérées sous le rapport commercial, les dentelles se classent entre elles par rapport au plus ou moins de finesse des fils, à la nature du fond, à la manière plus ou moins propre dont elles sont travaillées, etc., etc. Ainsi, il y en a de serrées, de lâches, de communes, de fines; d'autres tirent leur nom du genre de dessin de ces tissus, telles que les grandes fleurs, les petites fleurs, le réseau, etc. En troisième lieu, on désigne les dentelles par le nom des localités où elles se fabriquent : tout le monde connaît les désignations de *Malines*, de *Valenciennes*, etc., etc. Si nous les passons maintenant en revue pour leurs qualités respectives, nous devons ajouter que les plus belles dentelles de fil de lin sont celles de *Bruxelles*; viennent ensuite les *Malines*, les *Valenciennes*, le point d'*Angleterre*, les points d'*Alençon*, de France ou de Venise. Ce dernier point fait, depuis une longue suite d'années, la réputation de la ville où il s'exécute. Il diffère de celui de Bruxelles en ce que le fond et la broderie sont faits seulement à l'aiguille. Ce genre de travail est si parfait qu'il exige trois ou quatre mois de fabrication, mais il tombe chaque jour, faute d'ouvrières.

La *dentelle* se blanchit par des procédés particuliers, dont on ne connaît que les résultats. On présume qu'ils sont basés sur l'emploi de la vapeur.

On a aussi donné le nom de *dentelles de laine* à des tissus qui diffèrent complétement des précédents quant à la matière et au mode de fabrication. V. DE MOLÉON.

DENTELURE. Ce mot se dit de toute découpure faite en forme de dents. C'est ainsi qu'on l'emploie pour désigner certains ornements qu'offre à profusion l'architecture gothique. En botanique, on nomme *dentelure* les divisions du bord de la feuille qui sont inclinées vers son sommet.

DENTICULES. Ce sont des formes coupées en manière de dents qu'on taille sur un membre carré de la corniche ionique ou corinthienne. Vitruve affecte l'emploi des denticules à l'ordre ionique; les espaces qui sont entre les denticules sont appelés *métopes*. « Dans les édifices grecs, dit Vitruve, on n'a jamais mis des denticules au-dessous des mutules. Les anciens n'ont pas mis de denticules aux frontons, ils ont préféré de faire les corniches unies. » Ces préceptes de Vitruve ont trouvé des contradicteurs : on voit au temple de Jupiter Tonnant et à plusieurs autres monuments qui sont devenus des ouvrages classiques, des denticules taillés au-dessous des modillons.

On dispose ordinairement les denticules de façon que l'axe de la colonne passe par le milieu d'une dent. On donne à la largeur d'une dent trois minutes d'un module, et quatre à sa hauteur; la largeur du métope est de deux minutes.

A.-L. MILLIN, de l'Institut.

DENTIFRICES. On donne ce nom à des poudres ou à des liquides destinés à entretenir la propreté des dents et l'intégrité des gencives. Quand on ne cherche dans le dentifrice d'autre qualité que celle d'entretenir la propreté des dents, l'eau pure ou additionnée d'un peu d'alcool ou d'eau de Cologne atteint parfaitement ce but. Quand les dents ont été négligées pendant longtemps, on peut se servir d'eau légèrement acidulée, soit avec du suc de citron, soit avec un acide plus fort, tel que l'acide chlorhydrique ou sulfurique, mais il faut se garder d'employer souvent ces liquides ou d'autres analogues, parce qu'ils attaquent promptement l'émail des dents, et finissent par causer des caries. Lorsqu'au lieu de se servir de liquides on se sert de poudres dentifrices, il faut également avoir soin de ne faire usage que de celles qui n'ont pas d'action sur l'émail des dents. La meilleure est assurément la poudre de quinquina. Mais il est toujours préférable de se servir de dentifrices liquides, qui n'ont point l'inconvénient de rester entre les gencives et les dents ou de ronger l'émail de celles-ci. Lorsque les gencives sont molles, qu'elles saignent facilement, il faut dissoudre dans l'alcool quelques substances toniques comme l'extrait de quinquina, l'huile de menthe, etc., et en verser depuis quelques gouttes jusqu'à une cuillerée à café dans un verre d'eau, dont on se lave ensuite la bouche à l'aide d'une brosse très-douce. Les personnes qui tiennent à conserver leurs dents doivent surtout éviter de se servir de ces dentifrices, de ces élixirs, que le charlatanisme affiche, et dont le moindre et le plus sûr inconvénient est de ne valoir pas mieux que ceux dont on se sert ordinairement.

H. DE CASTELNAU.

DENTIROSTRES (de *dens*, *dentis*, dent, et *rostrum*, bec), groupe nombreux d'oiseaux de l'ordre des passereaux. Les dentirostres, que G. Cuvier place en tête de l'ordre, sont caractérisés par des échancrures sur les côtés de la pointe du bec. Comme tous les autres passereaux, ils présentent entre eux de grandes divergences, tant sous le rapport de la conformation que dans leur manière de vivre. Les principales familles de ce groupe sont, les pies-grièches, les tanagrées, les gobe-mouches, les merles, les martins, les mœnures, les manankins et les becsfins. N. CLERMONT.

DENTISTE. Il ne faut pas uniquement voir dans le dentiste l'homme armé de pinces, de crochets, de daviers, de clefs de Garengeot, etc. Le dentiste ne se borne pas à l'extraction des dents, opération qui, du reste, bien que facile en elle-même, demande chez celui qui la pratique des connaissances chirurgicales assez étendues dans certains cas où elle se trouve suivie d'accidents plus ou moins graves; tout ce qui a rapport au traitement des dents, à leur propreté, le regarde encore; il doit savoir *plomber* une dent, c'est-à-dire remplir avec des feuilles de métal ou avec quelque alliage mou, les cavités formées dans cette dent par la carie; souvent il est appelé à appliquer le fer chauffé à blanc ou un caustique liquide sur le nerf dentaire mis à nu par une cause quelconque; d'autres fois il lui faudra redresser des dents dont les directions sont vicieuses; de plus, dans certaines opérations que redoute bien à tort l'excessive sensibilité de quelques personnes, il aura à faire agir le chloroforme, dont l'emploi demande tant de précautions; etc. Il était donc nécessaire que la profession de dentiste fût entourée de sérieuses garanties. A quoi ne s'exposerait-on pas en se livrant aux soins d'un homme qui ignorerait les principes fondamentaux de la chirurgie, sur lesquels cet art repose!

Cependant, il y a quelques années, aucune de ces garanties n'existait : n'importe qui s'intitulait *dentiste*; cet art se pratiquait dans les dernières boutiques de barbiers; il s'exerçait sur la place publique, où un paillasse attirait le chaland. Vous rencontrerez bien quelques *artistes* qui opèrent encore à peu près dans les mêmes conditions; mais, rassurez-vous, ils sont, conformément à la loi, pourvus de leur diplôme. Seulement, en vrais cyniques, ils ne font aucune différence entre l'annonce des journaux et celle de la grosse caisse; au lieu d'attendre la pratique dans de somptueux salons dont elle paye tous les frais, ils vont à sa rencontre dans la rue où vous les voyez tour à tour opérer, débiter leur poudre dentifrice ou leur liqueur odontalgique, et faire eux-mêmes l'éloge de leur eau, de leur science et de leur dextérité, en insistant, invariablement sur le point que l'opération est.... *sans douleur*! C'est de là que dérive sans doute le proverbe : *Menteur comme un arracheur de dents*.

Mais, nous l'avons déjà fait voir, le dentiste n'est pas seulement un arracheur de dents. Outre les diverses branches de son art que nous avons signalées plus haut, il lui faut encore pratiquer la *prothèse dentaire*, c'est-à-dire construire des pièces artificielles, dents ou râteliers, propres à

... réparer du temps l'irréparable outrage.

Le dentiste emploie dans ce but les dents humaines, celles d'hippopotame, de porcelaine, etc. L'or, l'argent, le platine, étant les métaux les moins oxydables, lui servent à confectionner les crochets et les supports qui doivent relier ces pièces entre elles ou avec les dents naturelles qui restent dans la bouche. C'est là que l'*artiste* se distingue : la réclame aidant, il peut acquérir un renom européen.

25.

DENTITION. Les notions relatives à la *dentition* ou *éruption dentaire* étant exposées à l'article-Dent, il ne nous reste qu'à parler des phénomènes qui accompagnent ce travail physiologique, et de son influence sur la santé de l'enfant, qui n'ont pas été étudiés. La question des maladies de la dentition est une des plus controversées de la pathologie de l'enfance : pour les uns, l'évolution dentaire n'entraîne aucun danger; pour les autres, elle est la source de tous les maux. Qu'un enfant soit pris, quelque temps avant ou pendant cette période, d'une des affections si nombreuses qui assiégent sa frêle économie, mère, nourrice, commère, et quelquefois même médecin, mettent sur le compte de la dentition les accidents les plus divers ; survienne une entérocolite, si fréquente dans le premier âge, ce sont les dents; une inflammation pulmonaire, les dents; une méningite simple ou tuberculeuse, encore les dents; une tuberculisation générale, toujours les dents. C'est une explication digne du *Malade imaginaire* : « le poumon, le poumon, vous dis-je, » et, avec cette explication funeste pour l'enfant, on laisse des maladies graves marcher et souvent arriver à une période où tout l'art de la médecine devient impuissant. Un docteur anglais, John Ashburner, prétend que les désordres de la dentition s'observent jusqu'à soixante ans; d'un autre côté, Hucham disait : si la dentition est une maladie, nous ne devrions nous bien porter qu'à l'âge de vingt-deux ans, puisque nous poussons des dents la plus grande partie de ce temps-là. La vérité se trouve entre les affirmations outrées des uns et les négations absolues des autres. L'observation journalière et attentive des affections de l'enfance nous a démontré que le travail de l'éruption dentaire est, sinon un acte pathologique, du moins une cause réelle de phénomènes morbides. Les deux dentitions, la première surtout, sont, pour les enfants, des périodes critiques, comme la puberté pour les jeunes filles, comme la cessation des menstrues pour la femme; ces crises, comme toutes les époques de développement ou de révolution dans notre économie peuvent s'accompagner de périls et de souffrances.

Chez quelques jeunes sujets, l'éruption dentaire commence et se termine presque à leur insu ; chez d'autres, on observe de légers troubles du système nerveux, un sommeil agité, des réveils en sursaut, un changement du caractère qui devient morose et irascible; parfois enfin surviennent des maladies locales ou sympathiques. Ainsi l'écoulement de salive qu'on observe quelque temps avant la sortie de la dent est, dans quelques circonstances, poussé à l'excès; la cavité buccale peut être alors le siège d'une chaleur insolite, de rougeur, de gonflement des gencives et de la membrane muqueuse, d'un prurit continuel qui porte l'enfant à mordre, ainsi que les jeunes animaux, les corps qu'il peut saisir : la peau des joues participe à ce travail de congestion locale et se couvre de boutons justement appelés *feux de dents*. Dans quelques cas, l'hyperémie des tissus de la bouche va jusqu'à l'inflammation. La fièvre se montre par intervalles ou d'une manière continue, le plus souvent symptomatique du gonflement douloureux des gencives. La diarrhée est un des accidents les plus communs de la dentition : si les phlegmasies intestinales, alors très-fréquentes, sont souvent sans aucun rapport avec l'éruption dentaire, d'autres fois la relation est évidente, et on ne saurait contester chez les sujets où l'on voit de chaque dent coïncider avec un dévoiement de quelques jours. Quelques désordres du système nerveux, qui se montrent à cette époque, doivent aussi, dans certaines circonstances, être rattachés à la dentition : c'est parfois une toux sans expectoration, sans râle dans la poitrine, apyrétique et tout à fait nerveuse; plus souvent, ce sont des convulsions de forme variable.

Quand l'éruption des dents est imminente, si le tissu des gencives n'est pas enflammé, les hochets d'os, d'ivoire, de corail, d'or ou d'argent, que l'enfant introduit dans sa bouche, peuvent être utiles; mais si elles sont gonflées et rouges, il faut remplacer ces corps durs par des morceaux de racine de guimauve ou de réglisse, des gimblettes ou des espèces de flûtes faites de la même pâte : ces substances ramollies par la salive calment l'irritation de la bouche. C'est ici qu'on peut prendre pour guide l'instinct des animaux : « On ne voit point, dit Rousseau dans *Émile*, les jeunes chiens exercer leurs dents naissantes sur des cailloux, sur du fer, sur des os, mais sur du bois, du cuir, des chiffons, matières molles qui cèdent et où la dent s'imprime. » On peut en outre, si l'inflammation est un peu vive, frotter doucement le bord des gencives avec de l'huile d'olive, du beurre frais, du sirop de guimauve. Si la tension des tissus et la douleur sont excessives, des scarifications peu profondes ou une incision convenable auront de l'avantage, opérations qui devront être faites avec la lancette et non pas avec l'ongle, selon l'usage des nourrices.

On sait que d'une part les gens du monde et d'autre part les charlatans sont singulièrement disposés à abuser de cette incision des gencives : trop de médecins même, préoccupés des dangers exagérés de la dentition, sont enclins à considérer presque exclusivement les phénomènes locaux de la bouche, s'il survient quelque maladie pendant cette période. On croit remédier à tout par une opération qui a pour but de faciliter l'éruption de la dent; mais à supposer même que, dans le cas d'une affection sérieuse concomitante, le travail d'éruption dentaire ait agi comme cause (action beaucoup moins fréquente qu'on ne pense), cette considération devient plus tard tout à fait accessoire. Aussi, autant il est utile, chez un enfant qui fait des dents, d'entretenir la liberté du ventre, autant il faut combattre par les moyens ordinaires la diarrhée qui est intense ; autant les accidents qui peuvent se développer alors méritent peu d'attention s'ils sont très-légers, autant, s'ils sont graves, ils réclament une médication énergique; s'il surgit quelqu'une de ces complications dont nous avons parlé, le danger est tout autre part qu'à la bouche, et le salut de l'enfant, s'il est encore possible, n'est pas dans la main d'un *opérateur* plus ou moins habile.
Dr Henri Roger.

DENTS (Côte des). *Voyez* Côte des Dents.
DENTS (Feux de). *Voyez* Bouton (*Médecine*), et Dentition.
DENTS (Mal de). *Voyez* Odontalgie.
DENTS DE ROUES. *Voyez* Engrenage.

DÉNUDATION. Tel est le nom que l'on donne en médecine à la destruction des enveloppes naturelles d'une partie du corps, et plus spécialement à la séparation du périoste d'un os dans une plus ou moins grande étendue. La dénudation ne constitue pas une maladie particulière; elle est un symptôme non constant d'un grand nombre d'affections, telles que plaies, fractures, gangrènes, abcès, etc. A la suite de brûlure, de vésicatoire, de coups violents et d'autres causes, le derme, les muscles, les nerfs, peuvent être dénudés dans une étendue variable. Tous ces cas exigent que l'on supplée par un appareil léger, par des applications douces et humectantes aux enveloppes naturelles qui ont été détruites.

Beaucoup de médecins pensent que la dénudation d'un os est une complication assez grave pour mériter une attention particulière et être étudiée à part. Voici en quelques mots ce qu'ils ont dit de plus essentiel à cet égard : Un os peut être privé de son périoste par une foule de causes, parmi lesquelles les unes ne sont pas appréciables; les autres sont le plus ordinairement dues à l'action d'instruments tranchants ou contondants. Un abcès peut également produire le même phénomène; et la dénudation est dite *primitive* si le foyer purulent est placé près de l'os, tandis qu'elle est appelée *consécutive* si elle est produite par l'agrandissement de l'abcès. On la reconnaît souvent à la simple inspection ; d'autres fois il faut recourir à l'introduction d'un doigt ou d'une sonde, moyens non toujours suffisants. Si la dénudation est simple, si le malade jouit d'une bonne constitution, sa guérison ne se fera pas attendre longtemps. On se borne à réunir la plaie par première intention, à moins que l'on ne puisse pas réappliquer le périoste sur l'os, car dans ce cas il faudrait tenir la plaie ouverte pour faciliter l'écoulement du pus et la sortie des parcelles de l'os qui court risque d'être frappé de mort. On remplit cette indication en plaçant des bourdonnets de charpie entre les lèvres de la solution de continuité, dans laquelle on fait avec avantage des injections d'orge en décoction, uni à une petite quantité de vin miellé. Si l'on a affaire à une dénudation compliquée de fractures, de lésions graves des nerfs ou des vaisseaux, de maladies scrofuleuses, scorbutiques, etc., le traitement devient très-difficile.

N. CLERMONT.

DENYS. Deux tyrans de Syracuse ont porté ce nom.

DENYS l'Ancien, né vers l'an 430 avant J.-C., mourut en l'an 368, après un règne de trente-huit ans. Ce prince, qui a donné son nom à la tyrannie, s'éleva, dit-on, de l'état de simple greffier à une domination despotique. Cicéron cependant prétend qu'il était d'une famille assez distinguée. Mais qu'importe? Il n'en était pas moins né citoyen d'une république. Quel fut son secret pour arriver au trône? Il suivit la grande route de tous les usurpateurs : il rampa d'abord, il se fit le flatteur des petits, il fut démagogue. De là, comme on sait, la stupidité incurable des masses populaires aidant, il n'y a qu'un pas pour devenir despote. Après avoir été un orateur d'opposition, salarié par l'historien Philiste, qui payait les amendes auxquelles il se faisait condamner en invectivant contre les magistrats, Denys fit entendre aux Syracusains qu'il valait mieux mettre à la tête des affaires des gens sans fortune, sous le prétexte que, plus rapprochés du peuple par leur condition, ils sympathiseraient mieux avec ses sentiments et ses besoins. Admis, dans le principe, parmi les principaux magistrats, il ne fut pas satisfait : le partage du pouvoir pesait à son ambition : d'abord, il rendit ses collègues suspects au peuple, en les accusant de favoriser les Carthaginois; puis, il offrit de se démettre de sa place, afin de ne pas paraître leur complice. Dès ce moment, l'autorité lui fut dévolue, et il fut chargé seul, à vingt-cinq ans, du gouvernement de Syracuse (an 405 av. J.-C.).

Parvenu à son but, Denys, sans négliger d'affermir son usurpation par la ruse et la cruauté, s'occupe de chasser les Carthaginois de la Sicile, d'étendre sur toute cette île la domination de Syracuse, et, enfin, de conquérir les villes grecques de l'Italie méridionale. Il eut contre les Carthaginois, de l'an 404 à l'an 368, quatre guerres, dont le résultat moral fut en sa faveur, bien que chacune des deux parties belligérantes conservât ses possessions. Deux fois il fut sur le point de succomber, mais la contagion répandue dans l'armée carthaginoise le sauva. Il trouva toute facilité à soumettre, soit par les armes, soit par des traités, Enna, Catane, Leontium, Naxos et Messine. Ces acquisitions firent de Syracuse la dominatrice des cités grecques de la Sicile. Lorsqu'en 392, une paix conclue avec les Carthaginois lui permit de tourner ses regards vers l'Italie, il s'empara de Locres, d'Hippone, de Caulonia, en 389, puis de Rhegium, en 387. Il avait perdu une révolte sa première femme, qui avait été en butte au dernier outrage. Sa politique le porta à demander une épouse de cette dernière ville, qui lui répondit qu'elle n'avait à lui offrir que la fille du bourreau. Maître de la place, il y exerça les plus atroces cruautés.

Mais c'est surtout dans Syracuse qu'il fit couler des flots de sang. Lors de sa première guerre contre Carthage, ayant été vaincu près de Géla, par Imilcon, sa défaite fut suivie d'une révolte de la part des Syracusains. Rentré dans leur ville, il fait massacrer les suspects, il prononce des exils, il élève au rang de citoyens des affranchis et des étrangers, enfin il partage entre ses créatures les maisons et les terres de la ville. Plusieurs conspirations se formèrent contre lui : il eut le bonheur de les déjouer toutes. Il vieillit sur le trône, et aurait été le plus fortuné des tyrans s'il n'en eût été le plus soupçonneux. N'osant se fier pour sa garde à ses propres sujets, il vivait au milieu de satellites et d'esclaves étrangers; il faisait visiter avec soin toutes les personnes admises en sa présence, sans en excepter son frère et son fils. Un jour, son frère, en lui faisant la description d'un terrain, prit la hallebarde d'un des gardes qui étaient présents, pour tracer le plan. Denys entra contre ce frère dans une violente colère, et tua le garde qui avait laissé prendre son arme. Sa chambre à coucher était environnée d'un fossé profond ; on n'y arrivait que par un pont-levis. Son barbier s'approchant de porter toutes les semaines le rasoir à la gorge du tyran; cette parole lui coûta la vie; Denys, pour ne plus abandonner sa tête à un étranger, chargea ses filles, encore très-jeunes, de lui rendre le même service; mais, sans leur confier le rasoir, il leur apprit, dit-on, à lui brûler la barbe avec des coques de noix.

Était-il obligé de haranguer le peuple, au lieu de monter à la tribune, il se plaçait au haut d'une tour. Cette anecdote, rapportée par Cicéron, prouve qu'il avait la poitrine forte. Comme tous les tyrans, il ne sortait jamais qu'il ne portât sous sa robe une cuirasse. Il n'était pas moins ingénieux dans ses soupçons que dans sa cruauté. Un certain Marsyas songea qu'il coupait la gorge à Denys. Il eut l'imprudence de raconter son rêve. Denys le fit mourir en disant qu'il n'y aurait pas rêvé la nuit s'il n'y eût pensé le jour. Un homme vint l'avertir publiquement qu'il connaissait un moyen infaillible pour découvrir les conspirations les plus cachées, puis, s'approchant de Denys : « Donnez-moi, lui dit-il, un talent (près de 4,000 fr.), et chacun croira en effet que j'ai un secret, et qu'il est bon. » Denys prit la chose en homme d'esprit, en habile moqueur : « L'avis est important », s'écria-t-il de manière à être entendu des assistants, puis il fit compter au donneur d'avis la gratification demandée. Ses continuelles expéditions militaires lui suscitaient de fréquents besoins d'argent : une de ses ressources financières était le pillage des temples. Après avoir, à la tête d'une escadre, dépouillé celui de Cérès en Étrurie, et celui de Proserpine à Locres, il revint à Syracuse, poussé par le vent le plus favorable. « Voyez, dit-il à ses courtisans comme les dieux protégent les impies. » A Syracuse, il fit enlever à la statue de Jupiter un manteau d'or massif, qui fut remplacé par un manteau de laine, « infiniment préférable, dit le facétieux tyran, parce que l'autre était trop froid en hiver et trop lourd en été. » Il fit ôter à la statue d'Esculape sa barbe d'or, en disant : « Qu'Apollon, père de ce dieu, n'en ayant pas, il n'était pas convenable que le fils en portât. » Il pratiquait en amateur, dit Élien, la médecine et la chirurgie. Cicéron ajoute qu'il excellait dans la musique.

Les succès et la gloire du règne de Denys prouvent que les enseignements de l'histoire, qu'il cultivait aussi, ne lui furent pas inutiles. L'accueil qu'il fit à Platon indique qu'il était ennemi de la philosophie; mais il finit par s'offenser de la franchise de Platon, et le philosophe s'éloigna. Avide de toute espèce de gloire, il eut l'ambition d'exceller dans la poésie; il voulut que son nom fût proclamé aux jeux olympiques. Ses vers furent trouvés mauvais, le tyran honni, et ses envoyés chassés honteusement du territoire d'Olympie. Les beaux esprits de Syracuse n'obtenaient ses faveurs qu'en s'extasiant devant ses rapsodies, et, lorsqu'il les récitait, il n'était pas permis de bâiller. On connaît le mot de Philoxène, qui, déjà mis en prison, une première fois, pour avoir critiqué ses vers, et consulté de nouveau sur un poème de la façon du tyran, dit : « Qu'on me remène aux carrières ! » Cette fois Denys ne fit que rire de cette saillie. Un second affront qu'il reçut aux jeux poétiques d'Olympie le rendit plus sombre et plus cruel : il s'en vengea sur ses ennemis et même sur ses amis : il en fit mourir plusieurs; il frappa d'exil Leptine, son frère, qui avait commandé ses flottes, et l'historien Philiste, qui lui avait ouvert le chemin de la tyrannie. Il fut plus heureux à Athènes qu'à Olympie : les Athéniens applaudirent une de ses tragédies qu'il leur avait envoyée pour être représentée aux fêtes de Bacchus. Il en conçut une joie si vive qu'il en mourut, à ce que dit Pline. Selon Justin, il fut tué par ses sujets. Cornelius-Nepos prétend que sa mort fut causée par l'intempérance, ce qui ne s'accorde guère avec la manière habituelle de vivre de ce tyran. Enfin, d'autres accusent son fils Denys le Jeune d'avoir avancé les jours de son père.

Denys ne fut point un débauché, mais, ainsi que la plupart des rois et tyrans de l'antiquité, il eut deux femmes, qui habitaient ensemble et avaient la même part à ses affections. Elien nous apprend qu'une le suivait à l'armée, et qu'il trouvait l'autre à son retour. La vie de Denys présente aussi quelques traits honorables : il avait trop d'esprit pour faire constamment le mal. Dans les révoltes qui s'élevèrent contre lui, il montra toujours un grand courage : il avait pour principe qu'il ne faut se laisser arracher du trône, que par les pieds. Plusieurs fois, il entendit avec patience de dures vérités. La leçon si connue qu'il donna au flatteur Damoclès est une grande et sublime page de philosophie. Scipion l'Africain, dit Polybe, avait une si haute idée de ce prince, qu'il pensait que Denys était, avec Agathocle, autre tyran de Sicile, l'homme qui s'était le plus distingué par la science du gouvernement et par une hardiesse prudente et judicieuse. Tout ce qui appartient à un grand peuple fut entrepris par Denys : politique, guerrier, administrateur, il plaça sa patrie au plus haut degré de prospérité; il lui soumit presque toutes les villes de la Sicile; il l'embellit de monuments qui faisaient l'admiration de l'étranger; il fonda des colonies qui assuraient sa domination. Fort de l'alliance de Lacédémone et de l'Illyrie, il influa sur les affaires politiques de la Grèce; son traité avec les Gaulois, qui venaient de brûler Rome, était menaçant pour l'Italie centrale; ses flottes dominaient sur la mer Ionienne, où personne ne pouvait naviguer sans sa permission; en un mot, il se fit pardonner la tyrannie par la gloire. Sous d'autres rapports, Denys ne doit pas, non plus, encourir le mépris de la postérité : s'il fut un rhéteur vaniteux, un prolixe orateur, il savait, au besoin, reposer sa langue pour manier honorablement l'épée.

DENYS le Jeune, fils de Denys l'Ancien et de la Locrienne Doris, succéda, sans opposition, à son père l'an 368 avant J.-C., sous la surveillance de Dion, frère d'Aristomaque, autre femme du tyran défunt. Mais, ni ce grand homme, ni Platon, qui fut appelé, trois fois, sous ce règne, à Syracuse, ne purent corriger le caractère d'un prince qui avait été gâté par sa première éducation. Toute l'histoire de Denys le Jeune est renfermée dans mot prophétique de Denys l'Ancien. Le fils avait violé une dame de Syracuse : le vieux despote, en le gourmandant, lui demandait en termes s'il avait jamais entendu dire que son père eût dans sa jeunesse commis de pareilles actions : « C'est, répondit le jeune homme, que vous n'étiez pas fils de roi. — Et toi, tu n'en seras jamais père. » — Denys le Jeune ne tarda pas à éloigner Dion comme un censeur incommode; peu de temps après, il fit vendre les biens de ce proscrit et lui enleva sa femme Arété, qu'il fit épouser à Timocrate, un de ses favoris. Malgré ses vices, il ne pouvait se passer de Platon : il le garda encore quelque temps, et les courtisans ayant voulu se défaire du philosophe, qui conseillait au prince d'abdiquer, ce fut Denys qui le sauva. Platon n'oublia jamais ce bienfait, mais il s'éloigna pour toujours de Syracuse. Alors le jeune tyran se plongea, sans contrainte, dans la plus crapuleuse débauche; il restait souvent ivre des mois entiers. L'excès du vin affaiblit ses yeux, et il n'eut bientôt plus que des courtisans à vue basse, qui ne distinguaient pas même les mets placés devant eux. Tandis qu'en 357, Denys le Jeune était en Italie, Dion se rend maître de Syracuse, à l'exception de la citadelle. Denys, de retour, sème la discorde entre les Syracusains. Dion soulève contre lui Héraclide, chef de l'armée, et se retire avec ses trésors, laissant la citadelle de Syracuse à la garde d'Apollocrate, son fils aîné. Denys établit son séjour à Locres, où il exerce la plus horrible tyrannie. Il fait mourir les citoyens les plus opulents pour s'emparer de leurs biens; il outrage les femmes et les filles, et se livre dans cette ville à d'affreuses débauches, que retracent avec trop d'exactitude Athénée et Justin. Il fut chassé de Locres au bout de six ans, selon ce dernier historien; au bout de dix ans, d'après Strabon. Quoi qu'il en soit, après le départ du tyran, les Locriens accomplirent la plus abominable vengeance sur sa femme et ses filles, qu'il avait eu l'imprudence de laisser dans leur ville. Après avoir violé ces malheureuses, on leur enfonça des aiguilles entre les ongles et la peau, et on leur coupa en morceaux les chairs, qui furent dévorées, encore palpitantes, par ces cannibales.

Les germes de dissension que Denys avait semés dans Syracuse furent féconds : Dion, après une domination très-agitée, fut assassiné en 354, et les factions qui déchirèrent sa patrie après sa mort fournirent à Denys les moyens d'y rentrer en 346, après dix ans d'absence. Le malheur ne l'avait pas rendu plus sage : avec lui la débauche et la cruauté remontèrent sur le trône. Les Syracusains s'adressent à Corinthe, leur mère patrie, qui leur envoie en 345 Timoléon avec quelques troupes. Timoléon délivre d'abord Syracuse de l'occupation militaire d'Icétas, tyran de Géla, et de la présence menaçante des Carthaginois. En 343, Denys lui-même est contraint de livrer la citadelle à Timoléon, qui lui permet de se retirer à Corinthe pour y vivre dans la retraite. Ainsi, cette tyrannie, que Denys l'Ancien prétendait avoir consolidée avec des chaînes de diamants, se brisa dans les mains inhabiles de son fils.

A Corinthe, Denys le Jeune afficha d'abord, dit Justin, les habitudes les plus basses et les plus crapuleuses; puis, réduit à la dernière misère, il ouvrit une école de grammaire, afin, observe Cicéron, d'avoir encore quelqu'un à qui il pût commander. Justin fait entendre qu'il recherchait le mépris pour paraître moins suspect; mais il est assez probable que les historiens ont exagéré les vices et les crimes de Denys le Jeune. Un tyran déchu qui ouvre une école est loin de se dégrader. Philippe de Macédoine, et ce fait déposé encore en faveur de Denys le Jeune, l'admit dans sa familiarité. Ce monarque lui ayant demandé en quel temps son père avait eu le loisir de composer tant de poésies? « Il les composa, dit Denys, aux heures que vous et moi passons à nous divertir. » Le même Philippe le questionnant sur les motifs de sa déchéance : « J'avais hérité de la puissance de mon père, répondit-il, et non de sa fortune. » Un Corinthien demandait à Denys le Jeune à quoi les leçons de Platon lui avaient servi? « Trouvez-vous donc, répliqua-t-il, que je n'aie tiré aucune utilité de Platon, en me voyant supporter comme je le fais la mauvaise fortune? »

Charles Du Rozoir.

DENYS d'Halicarnasse, historien, a vécu sous Auguste. « Je m'appelle, dit-il, Denys, fils d'Alexandre, de la ville d'Halicarnasse. J'abordai en Italie vers le milieu de la 187ᵉ olympiade, dans le temps que César-Auguste mit fin à la guerre civile. Depuis lors jusqu'aujourd'hui, j'ai demeuré 22 ans à Rome, où j'ai appris à parler la langue des Romains et à lire leurs écrits. Pendant ces 22 ans, j'ai fait une exacte recherche de tout ce qui pourrait contribuer à la perfection de mon ouvrage : j'en ai appris une partie par la conversation des plus savants hommes avec lesquels j'étais lié d'amitié; je me suis instruit du reste par la lecture des anciens Romains, tels que Porcius Caton, Fabius Maximus, Valerius Antias, Licinius Macer, Elius, Gellius, Calpurnius, et plusieurs autres célèbres écrivains les plus estimés par les savants; et, après avoir puisé dans leurs livres, qui ressemblent assez à nos chroniques grecques, je me suis mis à écrire. Voilà ce que j'avais à dire de moi. » A ces mots, tirés de la préface de ses *Antiquités romaines*, se borne tout ce que nous savons sur sa personne. Il vint donc à Rome l'an 31 ou 30 avant notre ère, y demeura jusqu'à l'an 8, occupé à recueillir les matériaux de son livre dont la composition et la publication peuvent se rapporter par conséquent, aux années 7 et 6 ; mais pour la date de sa naissance et de sa mort, on les ignore. On a souvent confondu l'historien Denys avec d'autres personnages du même nom. Des auteurs, ne se souvenant pas qu'il n'est venu à Rome qu'au milieu de la 187e olympiade, 12 ans après la mort de Cicéron, lui ont appliqué fort mal à propos les reproches que cet illustre Romain a consignés dans une de ses lettres contre un Denys, son bibliothécaire et précepteur de ses enfants, sorti de chez lui pour avoir dérobé des livres.

Son histoire des *Antiquités romaines* était en 20 livres, dont il ne reste que les 11 premiers. Il y remontait à l'origine des peuples d'Italie, et finissait à l'an 266 avant J.-C., où ont commencé les guerres puniques. Le 11e et dernier livre qui nous reste s'arrête à l'an 312 de Rome, 442 avant J.-C., six ans après l'expulsion des décemvirs. C'est l'époque où Tite-Live arrive dans le huitième chapitre de son livre quatrième. Les neuf suivants, qui continuaient jusqu'en 264, sont irréparablement perdus, sauf les faibles extraits qu'on en trouve dans les recueils de Constantin-Porphyrogénète, et les courts fragments publiés en 1816 par M. Mai. Denys d'Halicarnasse s'attache à faire connaître l'état primitif de l'Italie et les origines de Rome. Son histoire est trop bien liée pour être en tout conforme à la vérité. Il parle du ton de la certitude : on croirait qu'il a été témoin oculaire des événements antiques ; il ne craint pas même de contredire les Romains. Ceux-ci croyaient descendre de pasteurs du pays d'Albe, de gens sans aveu et de bandits que Romulus aurait recueillis dans l'asile qu'il leur avait ouvert ; c'est aussi l'opinion de Tite-Live ; mais Denys d'Halicarnasse ne la partage pas. Selon lui, les premiers compagnons de Romulus furent une respectable colonie d'Albe, et les fugitifs, à qui il ouvrit un asile, d'honorables citoyens chassés par les factions de différentes villes d'Italie. Au surplus, en annonçant qu'il a écrit son histoire pour relever l'origine de Rome aux yeux des Grecs ses compatriotes, et les consoler ainsi d'être soumis au joug des Romains, il a, dès sa préface, fait pressentir que, pour les consoler, il va les tromper : on ne saurait mentir avec plus de naïveté. Cependant, on trouve dans cet ouvrage sur les lois et les usages des Romains des détails qu'on chercherait vainement chez Tite-Live et dans les autres écrivains latins. Le père Rapin appelle Denys d'Halicarnasse un fort ennuyeux harangueur ; et, en effet, il n'y a rien de plus mauvais que les nombreux et prolixes discours dont il a semé son ouvrage, et qui, sur ces onze livres, en forment environ trois.

Les *Antiquités romaines* ont été traduites en français par le P. Le Jay et par l'abbé Bellanger dans la même année 1723. Inférieure par le style, la traduction de Bellanger l'emporte par l'exactitude et l'érudition. La meilleure édition connue des *Antiquités*, comme de tous les autres écrits de Denys d'Halicarnasse, est celle de Reiske, avec des notes (Leipzig, 1774-1779, 6 vol. in-8°). Ses autres ouvrages lui ont assigné un rang distingué parmi les critiques anciens ; ce sont : 1° *Traité de l'arrangement des mots*, recueil d'observations grammaticales et littéraires, qui ne sont pas toujours étrangères à la théorie générale de l'art d'écrire, livre traduit par l'abbé Batteux, et dont il existe une édition, avec de savantes notes, par G.-H. Schœffer (Leipzig, 1808) ; 2° l'*Art*, sorte de rhétorique, dont la meilleure édition est de H.-A. Schott (Leipzig, 1804) ; 3° *Examen critique des Anciens*, où sont jugés, en style laconique et doctoral, les poètes depuis Homère jusqu'à Euripide ; les historiens Hérodote, Thucydide, Philiste, Xénophon et Théopompe ; les orateurs Lysias, Isocrate, Lycurgue, Démosthène, Eschine et Hypérides ; 4° *Commentaires sur les anciens rhéteurs*. Lysias et Isocrate, Isée et Dinarque, sont appréciés dans cet ouvrage, qui a été édité par Guil. Holwell (Londres, 1766,) ; 5° *Deux Lettres à Ammœus*, la première pour prouver que Démosthène n'a pas appris d'Aristote l'art oratoire, la seconde consacrée à des remarques critiques sur la diction de Thucydide. 6° *Lettre à Élias Tubéron*, ouvrage assez étendu, dans lequel Thucydide est rigoureusement censuré ; 7° *Lettre à Pompée*, divisée en deux parties, l'une sur le style de Platon, l'autre sur les principaux historiens, Hérodote, Thucydide, Xénophon, Philiste, Théopompe ; 8° *Traité de l'éloquence de Démosthène*, dissertation prolixe, dont le commencement est perdu et dont on n'a pas la fin. Ces divers traités sont plutôt d'un grammairien que d'un rhéteur. Il épluche mot à mot les phrases des grands écrivains pour y trouver des fautes, et, comme l'a observé La Harpe, ce pédantisme indique qu'il reconnaissait plutôt leur renommée qu'il ne sentait leur mérite. Parmi les ouvrages de Denys qui sont perdus, on peut citer une *Apologie de la Philosophie politique*.

Un autre DENYS d'*Halicarnasse*, descendant du précédent, vivait sous Adrien, et a écrit sur la musique des traités qui sont perdus.
                                                Charles Du Rozoir.

DENYS l'*Aréopagite* (Saint). L'apôtre saint Paul, étant venu prêcher à Athènes, fut conduit à l'aréopage pour y exposer sa doctrine. Les dogmes qu'il annonçait excitèrent dans l'auguste sénat le mépris des uns, la curiosité des autres, et, pour toute réponse, on lui dit qu'on l'entendrait une autre fois. Cependant, quelques auditeurs, frappés de la sublimité de la nouvelle doctrine, s'attachèrent à l'apôtre et embrassèrent le christianisme : de ce nombre fut Denys, membre de l'aréopage. Denys de Corinthe, cité par Eusèbe, et d'autres auteurs assurent que ce disciple de saint Paul fut créé par lui évêque d'Athènes ; et les ménologes des Grecs portent qu'il fut brûlé vif dans cette ville vers la fin du premier siècle. C'est là tout ce que l'histoire rapporte de ce saint.

Au neuvième siècle, Hilduin, abbé de Saint-Denys, prétendit prouver que le patron de cette abbaye n'était autre que l'aréopagite ; que ce saint était venu d'Athènes prêcher la foi dans les Gaules ; qu'il avait fondé l'église de Paris ; qu'il y avait été martyrisé, et que l'abbaye possédait ses reliques. Il n'était guère probable qu'un saint brûlé à Athènes au premier siècle fût venu se faire décapiter à Paris à la fin du troisième ; mais on sautait sur cette difficulté en donnant deux cents ans de plus à l'église de Paris, en dépit de tous les monuments historiques, et en trouvant un autre saint pour aller mourir en Grèce. Cette opinion, qui flattait les moines, trouva des partisans, et tint longtemps les esprits partagés. Innocent III mit les disputants d'accord au treizième siècle, en envoyant en France le corps de saint Denys, que le cardinal P. de Capoue avait apporté de Grèce à Rome, « afin, disait le pape aux religieux, que, quand vous posséderez les reliques des deux saints Denys, on ne puisse plus douter que celles de l'aréopagite. » Depuis plusieurs siècles, l'opinion d'Hilduin est entièrement abandonnée. Longtemps aussi on a attribué à saint Denys l'*Aréopagite* des écrits qui ont paru sous son nom. Ce sont des livres de la *Hiérarchie céleste*, de la *Hiérarchie ecclésiastique*, des *Traités des Noms divers*, et de la *Théologie mystique*, puis quelques *lettres*. Il ne fallait pas une critique bien exercée pour découvrir qu'il n'était qu'une compilation faite dans le cinquième siècle, et dont l'auteur est demeuré inconnu. Ces écrits, quoique apocryphes, sont orthodoxes, et ont été cités par saint Éphrem et plusieurs autres docteurs catholiques. Celui qui passe pour le plus utile est le livre de la *Hiérarchie ecclésiastique* : on y voit qu'une grande partie des rites et des cérémonies dont l'Église se sert aujourd'hui étaient déjà alors en usage.

                                                L'abbé C. BANDEVILLE.

DENYS (Saint), d'*Alexandrie*, né à Saba, l'an 147 de J.-C., appartenait à une famille illustre et riche. Il était païen, lorsque la lecture de quelques épîtres de l'apôtre saint Paul toucha son âme; et, dès ce moment, il résolut de se faire chrétien. Après avoir reçu le baptême, il se démit des charges auxquelles son mérite l'avait fait parvenir, devint disciple d'Origène, et, lorsqu'il eut été ordonné prêtre, succéda à saint Héraclius sur le siége épiscopal d'Alexandrie. Dans ce temps, des afflictions de toute espèce désolèrent l'Église : la persécution fit renoncer beaucoup de chrétiens à la foi ; des schismes, des hérésies, éclatèrent de tous côtés. Saint Denys d'Alexandrie ramena les uns à la foi, fit embrasser la religion chrétienne à d'autres, et rétablit la paix. Il eut des ennemis qui le calomnièrent, mais il sut toujours prouver son innocence. Il mourut dans un âge avancé, le 31 août 264. Il avait composé des ouvrages dont une grande partie nous est restée. Son style est élevé, pompeux même; ses descriptions sont belles, ses exhortations pressantes, et ses raisonnements ne manquent pas de force. On remarque surtout dans ses écrits une grande connaissance de la discipline de l'Église. Il s'était principalement signalé dans le schisme des Novatiens et contre Sabellius, qui confondait les trois personnes de la Trinité.   Auguste SAVAGNER.

DENYS (Saint), apôtre de Paris. La persécution de Sévère au commencement du troisième siècle ayant emporté saint Irénée de Lyon et beaucoup d'autres fidèles des chrétientés transalpines, l'Église gallicane, à peine naissante, languit, selon saint Grégoire de Tours, jusque vers l'an 250. Alors de nouveaux apôtres vinrent de Rome rallumer le feu sacré. Notre histoire en compte sept principaux : Gratien, Trophime, Paul, Saturnin, Austromoine, Martial et Denys, tous évêques, mais sans siéges désignés. C'est ce dernier qui poussa le plus loin ses conquêtes apostoliques. Portant le flambeau de l'Évangile de ville en ville à travers les forêts et les marais, il arriva jusqu'à Lutèce, ou Paris. D'après la tradition des églises de Provence, il avait déjà prêché à Arles et en d'autres lieux ; les légendes disent même qu'il avait beaucoup souffert pour Jésus-Christ, ce qui fait conjecturer avec quelque raison qu'il ne vint à Paris qu'après la persécution de Dèce et de Valérien. Si même il fallait admettre qu'il eut à sa suite tous les illustres compagnons qu'on lui donne, il faudrait en conclure qu'il ne se serait rendu dans la cité gauloise qu'après le règne d'Aurélien. C'est à lui et à ses disciples qu'on attribue la fondation des églises de Chartres, de Senlis, de Meaux, de Cologne et de plusieurs autres, qui florissaient dès le quatrième siècle, gouvernées par de saints évêques, parmi lesquels on compte Rufin, Valère, Crespin et Crespinien, Victoric, Lucien, Rioul, Quentin, Materne, Piat, Marcel et Fuscien, tous qualifiés, dans la *Gallia Christiana*, de compagnons ou coopérateurs de saint Denys.

L'auteur de ses premiers actes, qui se reconnaît fort éloigné du temps où il a vécu, et qui avoue n'écrire que sur la foi des traditions, nous apprend peu de chose de ses travaux et de ses souffrances. On sait seulement que de nombreuses conversions s'opérèrent à sa voix, et qu'il fit bâtir une église, qui ne tarda pas à être ruinée pendant la persécution de Dioclétien. Le saint évêque, arrêté par le gouverneur Pescennin, avec le prêtre Rustique et le diacre Éleuthère, couronna son apostolat par le martyre, et eut la tête tranchée, avec ses compagnons, vers l'an 272, sous le règne de Valérien. Du moins, c'est l'opinion la plus probable. Le même auteur ajoute que les trois martyrs furent jetés dans la Seine, mais qu'une pieuse femme, nommée Catulla, les en ayant fait retirer, les enterra près du lieu même où ils avaient été décapités, et qu'une chapelle s'éleva sur leurs tombeaux. Sur les ruines de cette chapelle, sainte Geneviève fit bâtir, en 469, une église que les fidèles, selon saint Grégoire de Tours, venaient visiter de toutes parts. Il paraît même, par une donation de Clotaire II, qu'il y avait là une communauté religieuse, gouvernée par un abbé. Comme on creusait, en 1611, de nouvelles fondations pour agrandir le monastère des religieuses de Montmartre, on découvrit, sous la chapelle dite des *Saints Martyrs*, une grande cavité, au fond de laquelle était une crypte ou catacombe, longue de $10^m,40$, avec une croix et un autel de pierre à l'orient. C'était évidemment cette ancienne église de Saint-Denys et de ses compagnons, si célèbre par la dévotion du peuple chrétien. Vers l'an 700, un nouveau temple fût bâti sur cette catacombe en l'honneur de l'illustre apôtre de la capitale. La montagne est appelée *mons Martyrum* dans l'Histoire manuscrite de ses miracles, composée sous Charles le Chauve. Telle est la véritable étymologie du nom de Montmartre. La dénomination de *mons Mercôre* qu'on trouve dans Frédégaire, et celle de *mons Martis*, qu'on lit dans Hilduin, prouvent seulement que lorsque les idoles de Mercure et de Mars, qui avaient l'un et l'autre un temple sur la montagne, disparurent pour faire place aux reliques des saints martyrs.   L'abbé J. BARTHÉLEMY.

DENYS le Petit (*Dionysus Exiguus*), ainsi surnommé à cause de sa petite taille, était un moine que l'on croit originaire de Scythie, et qui, vers l'an 500, vint se fixer à Rome, où il devint abbé d'un monastère. Il mourut en 540, sous le règne de Justinien. Il possédait une instruction fort variée et très-remarquable pour son temps. Cassiodore, la meilleure autorité de l'époque, parle de lui avec les plus grands éloges. Il savait le grec et le latin avec une égale perfection; il avait étudié à fond la théologie, et il écrivit sur cette science, ainsi que sur la discipline ecclésiastique, des ouvrages estimés. On lui doit un recueil des *Canons* rédigés par divers conciles (publié en 1628, in-8°, par Justel), une *Collection des décrétales des papes*, depuis Sévère jusqu'à Anastase (dans la *Bibliothèque du Droit canon*), ainsi que plusieurs versions latines d'ouvrages grecs intéressants pour l'histoire ecclésiastique. Mais ce qui le rend surtout célèbre, ce sont ses travaux chronologiques. Denys le Petit joue, en effet, un rôle important dans l'histoire de la chronologie : c'est lui qui a eu l'honneur de fonder à l'ère que suivent depuis plus de dix siècles tous les peuples chrétiens, l'ère de J.-C. On doit, en outre, à Denys le Petit une période de cent trente-deux ans connue sous le nom de *Cycle dyonisien* ou *période dyonisiaque* (*voyez* CYCLE) et qui servit de base à la période Julienne.   BOUILLET.

DENYS le *Périégète*, géographe grec, né à Charax, ville de la Susiane, au fond du golfe Persique, vécut au temps d'Auguste, et composa en 1186 vers hexamètres, sous le titre de *Periegesis*, ou description de la terre, un poëme didactique sur la géographie, écrit avec pureté et facilité, et qui est parvenu jusqu'à nous. Eustathe l'a enrichi d'un savant commentaire ; Aviénus et Priscianus l'ont traduit en vers latins. Ce géographe est quelquefois aussi désigné sous le nom de *Denys d'Alexandrie*, parce que Charax, fondée par Alexandre le Grand, portait également le nom de ce prince : de là l'erreur de ceux qui le font naître en Égypte. Les meilleures éditions de la *Périégèse* sont celles qu'en ont données d'abord Passow (Leipzig, 1825), puis Bernardy, dans sa collection des *Geographi græci minores* (Leipzig, 1828).

DENYS DE THRACE, surnommé *le Grammairien*, était originaire de Thrace, mais naquit à Alexandrie; de là vient aussi qu'il est appelé quelquefois *Denys d'Alexandrie*. Il fut disciple d'Aristarque, et enseigna avec un grand succès les belles-lettres à Rome, au temps de Pompée. On lui attribue un abrégé de grammaire grecque, publié par Fabricius, dans le tome VII de la *Bibliotheca græca*, et par Bekker dans ses *Anecdota græca*.

DEODAND. Ce terme particulier au droit anglais, et qui n'est que l'abréviation des mots latins *Deo danda* (devant être donnés à Dieu), désigne encore aujourd'hui tout ce qui est confisqué au profit de la couronne comme ayant contribué à la mort accidentelle d'un homme. C'est là une coutume dont l'origine remonte bien loin dans le moyen âge. Les commentateurs, pour la justifier, ne manquent pas de citer cet article de la loi mosaïque : « Si un bœuf frappe de sa corne un homme ou une femme, et qu'ils en meurent, le bœuf sera lapidé, et on ne mangera point de sa chair. » Dracon ordonnait qu'on détruisit ou qu'on transportât hors du territoire de la république tout ce qui avait causé la mort d'un homme en tombant sur lui. *Omnia quæ movent ad mortem sunt Deo danda*, dit un vieux jurisconsulte qui explique cet ancien principe de la loi anglaise par la pensée que lorsqu'un homme est enlevé par un coup soudain au milieu de la carrière de ses péchés, une expiation est due pour le salut de son âme, et qu'en conséquence l'objet meuble qui a causé sa mort doit être confisqué au profit de l'Eglise ou de la couronne pour être consacré par elles à quelque usage pieux.

De nos jours encore, dans tous les verdicts qu'il est appelé à rendre pour constater des morts accidentelles ou punir des homicides, le jury ne manque jamais de spécifier l'objet ou l'instrument qui a occasionné la mort, ainsi que sa valeur, afin que la couronne puisse réclamer l'application de la loi du *deodand*. Aux termes de cette loi, tout animal, tout objet ayant causé la mort d'un homme, soit directement, soit indirectement, est, par ce seul fait, échu à la couronne. L'épée qui a servi à la perpétration d'un crime, le cheval qui a causé la chute d'un homme, la roue qui a écrasé un passant, sont confisqués et vendus au profit de la couronne. Aux termes de cette même loi, tous les biens meubles et immeubles d'un suicidé sont dévolus à la couronne; mais le jury chargé de constater le suicide évite toujours l'application rigoureuse de ce statut en déclarant qu'il est mort en état de démence.

DÉONTOLOGIE (de δέον, devoir, ce qui convient, et λόγος, discours), nom donné par Bentham à la science du devoir, à la morale. A l'exemple d'Épicure, de Hobbes, d'Helvétius, Bentham enseigne sans détour, qu'il n'y a d'autre règle pour l'homme que l'utilité, l'intérêt bien entendu; les mots *conscience, bien moral, obligation morale*, n'ont pas de sens : « Ce sont, dit-il, des mots vagues et ambigus, imaginés par les spiritualistes pour cacher le défaut de leur système. » Il semble que, dans une telle doctrine, il ne saurait y avoir lieu à aucun enseignement moral ; cependant, on peut, même en bornant la destinée de l'homme à la recherche de l'utile, du bonheur, enseigner les moyens les plus propres à atteindre ce but. D'ailleurs, l'auteur, par une contradiction honorable pour son cœur, ajoute à la *prudence*, seule vertu qui doive trouver place dans son système, une vertu plus noble qui contre-balance les fâcheux effets des calculs intéressés, la *bienveillance*. L'examen et la critique du système de morale adopté par Bentham et exposé dans sa *déontologie* ont été abordés avec talent par Jouffroy. Ce système d'égoïsme avait déjà été foudroyé par Platon, Cicéron, J.J. Rousseau, Benjamin-Constant et M. Cousin. Tout en condamnant avec eux une doctrine qui ravale l'homme en lui enlevant sa plus noble prérogative, la connaissance de l'amour du bien et du beau, et qui détruit tout enthousiasme et tout dévouement, nous n'en reconnaîtrons pas moins qu'à n'envisager la *déontologie* de Bentham qu'au point de vue de l'auteur, c'est-à-dire comme un code des règles à suivre pour assurer le bonheur de l'homme individuel et social, on y trouve d'excellents conseils qui peuvent influer de la manière la plus heureuse sur la conduite de la vie. La *déontologie* fait partie des œuvres posthumes de Bentham, dont la publication est due au docteur Bowring. Elle a paru à Londres un an après la mort de l'auteur (1833, in-8°), et a été traduite en français par Benjamin Laroche.   BOUILLET.

DE PAR, double préposition devenue proverbiale. En 1793, les arrêts judiciaires portaient cette formule exécutoire : *De par la nation, la loi et justice*; sous Napoléon, *De par l'empereur, la loi et justice*; sous la Restauration et sous le gouvernement constitutionnel : *De par le roi, la loi et justice*; plus tard *De par la république*; aujourd'hui nous sommes revenus à : *De par l'empereur*. Sous l'ancien régime, les débitants de tabac mettaient à leur enseigne : *De par le roi*, vente et distribution de tabac. Un vieux poète a dit :

J'avais juré, quelque cher qu'il m'en coûte,
De par le chef de monsieur saint Martin,
Que, pour guérir les douleurs de ma goutte,
Je ne boirais de meshui (d'aujourd'hui) plus de vin.

Qui ne se rappelle cette boutade épigrammatique à laquelle donna lieu la clôture du cimetière de Saint-Médard, où les convulsionnaires se réunissaient sur le tombeau du bienheureux diacre Pâris!

De par le roi, défense à Dieu
De faire miracle en ce lieu.

DÉPART. Ce nom, appliqué par les anciens chimistes à la séparation d'un métal quelconque d'avec un autre, est actuellement réservé aux procédés particuliers à l'aide desquels on sépare l'or de l'argent. Cette opération peut se faire, soit à l'aide de l'acide nitrique, soit en employant l'acide sulfurique.

Le procédé de *départ* par l'acide nitrique est fondé sur ce principe que l'argent est soluble dans cet acide, tandis que l'or ne l'est pas. L'expérience démontre que pour que l'alliage soit complètement attaqué, la proportion la plus convenable est celle de trois parties d'argent pour une d'or. En supposant un lingot amené à cette composition, on introduit 30 kilogrammes de l'alliage d'or et d'argent grenaillé devant contenir à peu près de 21 à 22 kilogrammes d'argent dans une cornue de platine de 45 litres de capacité posée sur un fourneau à réverbère, puis on verse 40 kilogrammes d'acide nitrique ayant une densité de 1,32. Lorsqu'on ne voit plus de vapeurs nitreuses rougeâtres on retire le feu, et après refroidissement, on démonte l'appareil; on décante ensuite le liquide. On traite encore par de l'acide nitrique pur, bouillant et plus concentré, le poudre d'or restée au fond de la cornue pour dissoudre les dernières parcelles d'argent et on lave avec soin le résidu par décantation avec de l'eau distillée. Enfin après l'avoir desséché, on le fond dans un creuset avec un peu de borax et de nitre et on coule dans des lingotières. C'est de l'or fin.

On précipite la dissolution nitrique et les eaux de lavage, le tout préalablement étendu d'eau distillée, par des lames de cuivre ; il se forme du nitrate de cuivre qui colore la liqueur en bleu et l'argent se précipite à l'état métallique. On lave le précipité d'argent avec de l'eau distillée bouillante pour enlever tout le nitrate de cuivre qu'il contient, puis on le comprime à l'aide d'une presse hydraulique dans des cylindres en fonte. Les culots fondus dans des creusets avec un peu de nitre et de borax donnent de l'argent fin.

Dans le départ au moyen de l'acide nitrique, l'or retient un peu d'argent, ce qu'on démontre en dissolvant dans l'eau régale et étendant d'eau ; il se forme au bout de quelques heures un précipité opalin de chlorure d'argent; de même l'argent obtenu contient une petite quantité d'or.

M. Dizé, ancien affineur des monnaies, a eu l'idée de remplacer l'acide nitrique par l'acide sulfurique, au moyen duquel on peut séparer de l'argent affiné par le procédé décrit plus haut, une certaine quantité d'or. Ce procédé est généralement adopté en France et a permis de retirer de l'argent affiné par l'acide nitrique, un millième de son poids d'or ; ce qui donne un produit de 3,444 fr. 44 c. par 1,000 kilogrammes d'argent.

L'alliage le plus convenable au départ par l'acide sulfurique se compose d'or, d'argent et de cuivre dans le rapport de 200, 725 et 75. Il ne doit jamais contenir plus d'or, parce que dans ce cas tout l'argent ne serait pas attaqué; et il ne doit pas non plus contenir plus de cuivre, sans quoi le sulfate de cuivre qui se formerait, et qui est insoluble dans l'acide sulfurique concentré, empâterait l'alliage et le garantirait de l'action de l'acide. Si l'alliage contient des métaux oxydables, tels que du plomb, de l'étain, etc., en quantité un peu grande, on commencera par les séparer au moyen de la *coupellation*. Si la proportion de ces métaux est très-petite au contraire, leur séparation s'effectue en même temps que celle du cuivre en excès par l'opération de la *poussée* en fondant l'alliage avec un peu de nitre.

Le procédé de départ par l'acide sulfurique, pour l'argent contenant peu d'or, comprend un ensemble de manipulations assez variées.

On a plusieurs fourneaux sur chacun desquels on place des cornues en platine; on charge dans chaque cornue de l'argent aurifère granulé et le double en poids d'acide sulfurique concentré. Les cornues ont des chapiteaux coniques terminés par des tubes recourbés qui conduisent les vapeurs acides dans les tuyaux en plomb faisant office de condenseurs. Comme l'acide sulfurique n'attaque pas à froid l'alliage, on chauffe jusqu'à l'ébullition; une partie de l'acide se décompose alors en oxygène qui s'unit à l'argent et au cuivre métallique et en acide sulfureux qui se dégage; une autre partie dissout les oxydes et forme des sulfates qui se déposent en partie sous la forme de poudre cristalline parce qu'ils sont peu solubles dans l'acide sulfurique concentré. La dissolution s'opère très-rapidement pendant les premières heures. Pendant l'ébullition, une certaine quantité d'acide sulfurique non décomposé se vaporise et s'échappe avec l'acide sulfureux. On la condense dans un grand récipient en plomb maintenu à une basse température. On a proposé de condenser l'acide sulfureux en le mettant en contact avec du lait de chaux sur une grande étendue de surface dans des appareils analogues à ceux qu'on emploie pour purifier le gaz d'éclairage. Quand tout l'argent a été converti en sulfate, on le transvase dans un réservoir en plomb et on l'étend d'eau pure jusqu'à ce que la dissolution marque 15 ou 20° de l'aréomètre de Baumé; la poudre d'or non attaquée, on la lave avec de l'eau distillée et bouillante et l'on ajoute les eaux de lavage à la dissolution précédente. On précipite ensuite l'argent par des lames de cuivre, on lave avec soin le précipité avec de l'eau bouillante, puis on le soumet encore humide à une forte compression afin d'en séparer les dernières parties de sulfate de cuivre.

L'argent précipité et desséché est fondu dans un creuset et coulé en lingots. L'or est de même desséché et fondu, en ayant soin d'ajouter un peu de nitre, afin d'oxyder et de séparer les quelques molécules de cuivre qui peuvent n'avoir pas été dissoutes. De plus, comme le sulfate de cuivre a une valeur assez grande, il faut neutraliser la dissolution, l'évaporer et faire cristalliser dans des cristallisoirs en plomb.

L'or pur, à l'instant de son départ par l'acide sulfurique étant en poudre très-fine et à une température assez élevée, tend à se souder au platine et à épaissir ainsi le fond de la cornue; comme il est important pour la conservation de la cornue et pour l'économie du chauffage, de pouvoir enlever la croûte d'or qui s'y dépose, les affineurs se servent de petites quantités d'eau régale étendue qui dissout rapidement l'or, et n'attaque pas sensiblement le platine. Cette opération est délicate et exige de la circonspection. La formation de ces dépôts augmente par l'emploi d'une trop forte chaleur et d'une trop faible quantité d'acide relativement à celle d'alliage. Il convient donc d'employer de grandes cornues. On doit surtout éviter la présence du plomb et de l'étain qui détruiraient promptement les vases en platine.

DÉPART (Chant du). *Voyez* CHANT DU DÉPART.

DÉPARTEMENT (du verbe *départir*, partager, distribuer). C'est une division administrative ou territoriale.

Dans le premier sens, on disait autrefois les *départements du conseil du roi*, les *départements des fermiers généraux*, comme on dit aujourd'hui les *départements ministériels* (*voyez* MINISTÈRES). Sous le rapport territorial, le mot *département* s'applique surtout à la principale division administrative de la France; on appelle aussi *départements maritimes* certaines circonscriptions subordonnées au ministère de la marine.

À l'époque de notre grande révolution, l'Assemblée constituante, pour assurer l'œuvre de la régénération nationale, s'occupa d'arrêter pour le royaume entier une division territoriale qui donnât à la France une puissante unité et anéantît pour toujours les rivalités et les disparités de province à province et tous les éléments hétérogènes qui depuis des siècles s'opposaient à l'organisation régulière du corps social. Le comité de constitution proposa à la sanction législative, au mois de novembre 1789, un projet de décret qui partageait la France en 80 parties, auxquelles on donnerait le nom de *département*; Thouret fut nommé rapporteur. Mirabeau, reprochant au plan du comité de diviser l'espace et non la population, de donner aux départements des limites trop étendues, qui reproduiraient dans l'administration les inconvénients des pays d'état, proposait un autre plan qui créait 120 départements. Le comité, dans son travail, avait voulu concilier la population avec l'étendue territoriale, autant que le pouvaient permettre ces deux éléments, et l'Assemblée constituante, convaincue que son plan réunissait les conditions les plus essentielles, en adopta le principe, laissant encore au comité le soin de déterminer le chef-lieu de chaque département, la circonscription des territoires, en respectant les localités, les frontières, les provinces, et même les répugnances et les habitudes morales, qui ne présentaient pas la difficulté la moins digne d'attention. En moins de trois mois il parvint à arrêter cette délimitation, qui fut soumise à l'examen de l'Assemblée constituante, adoptée définitivement par elle, en février 1790, après de légères modifications, qui portaient à 83 au lieu de 80 le nombre des départements. Chaque département fut divisé en un certain nombre de *districts*, dont le nom a été converti depuis en celui d'*arrondissement*.

Sans doute on ne peut se dissimuler que ce grand œuvre n'est point exempt de reproches. Il eût été à désirer que, sans avoir égard aux anciennes délimitations des provinces, on donnât pour limites aux département celles qu'offrait la nature, les rivières, les cours d'eau, les montagnes, et qu'elles fussent combinées de manière à ce que les chefs-lieux de département, ceux de district, se trouvassent au centre de la circonscription, pour éviter aux citoyens des déplacements coûteux, et offrir à l'administration un moyen de surveillance plus active. Mais, si l'on songe à la nécessité de conserver aux villes principales l'importance de leur industrie, de leur population, et l'influence que leur avait acquise le siège des administrations provinciales; à la difficulté d'établir une juste réciprocité d'avantages entre toutes, en retour des franchises et des droits qu'elles allaient perdre, à l'impossibilité de changer la circonscription des communes, et de tout concilier dans une tâche si immense, à laquelle le temps eût à peine pu suffire, on ne pourra s'empêcher de reconnaître que l'Assemblée satisfit, autant que le permettaient les circonstances et la nature des choses, aux grandes conditions qu'elle s'était imposées, et qu'en peu de mois, elle résolut un problème jusqu'alors considéré comme insoluble.

Aux 83 départements décrétés par l'Assemblée constituante, et auxquels on donna le nom des principaux fleuves, rivières et montagnes qui les traversent, des adjonctions, des remaniements, les conquêtes de la république et de l'empire vinrent ajouter successivement une grande étendue de territoire. Le comtat Venaissin, réuni à la France le 14 septembre 1791, fit d'abord partie du département des *Bouches-*

du-Rhône; mais le 25 juin 1793 il en fut séparé, et forma le département de *Vaucluse*. Le 19 novembre de la même année, le département de *Rhône-et-Loire* fut divisé en deux départements: celui de la *Loire* et celui du *Rhône*. Un décret du 1er Juillet 1793 avait partagé la Corse en deux départements, ceux du *Golo* et du *Liamone*, qui furent réunis en un seul en 1811. En 1808, plusieurs cantons furent détachés des départements du Lot, de la Haute-Garonne, du Gers et de l'Ariège pour former un nouveau département, celui de *Tarn-et-Garonne*. Le 27 novembre 1792, la Savoie fut réunie à la France, et forma le département du *Mont-Blanc*. Le 31 janvier 1793, le comté de Nice formait celui des *Alpes-Maritimes*; le 23 Mars, l'évêché de Bâle formait celui de *Mont-Terrible*. Par suite du traité de paix conclu avec la république batave, le 27 floréal an III, ratifié par la Convention, la France fut augmentée des 4 départements de la *Roër*, du *Rhin-et-Moselle*, de *Mont-Tonnerre* et de *la Sarre*, formés des ci-devant électorats de Trèves, Mayence et Cologne, des duchés de Juliers, Gueldres, Clèves, etc. Par décret de la Convention nationale, en date du 9 vendémiaire an IV, rendu sur le rapport du Comité de salut public, les pays de Liège, Stavelo, Logne et Malmédy, le Hainaut, le Tournaisis, le pays de Namur, une partie de la Flandre et du Brabant, et du pays en-deçà du Rhin qui était sous la domination autrichienne, furent réunis au territoire français et partagés en 9 départements: la *Dyle*, l'*Escaut*, la *Lys*, *Jemmapes*, les *Forêts*, *Sambre-et-Meuse*, l'*Ourthe*, la *Meuse inférieure* et les *Deux-Nèthes*. Le 7 avril 1798 le territoire de Genève forma le département du *Léman*. Par la conquête de l'Italie, la France s'accrut encore de 9 départements: les *Apennins*, la *Doire*, *Gênes*, *Marengo*, *Montenotte*, le *Pô*, le *Tanaro*, la *Sesia* et la *Stura*, provenant du partage du Piémont et de la ci-devant république Ligurienne; le *Taro*, formé des duchés de Parme et de Plaisance, et l'*Arno*, la *Méditerranée* et l'*Ombrone*, formés des Etats de Toscane. Ainsi, en 1808, l'empire français se composait de 127 départements, dont 2 pour la Corse, et 12 pour les colonies. L'île Saint-Domingue en comprenait 5: ceux du *Sud*, de l'*Ouest*, du *Nord*, de *Samana* et d'*Ingranne*; la Guadeloupe, la Martinique, la Guyane et Cayenne, Sainte-Lucie et Tabago, l'île de la Réunion, l'Ile-de-France, les Indes orientales, en composaient chacun un. Un décret impérial du 17 mai 1809 réunit à l'empire les Etats de l'Eglise, qui formèrent les départements du *Tibre* et du *Trasimène*. Après le traité de Schœnbrunn, du 14 octobre 1809, les sénatus consultes organiques des 15 mai, 15 août et 13 décembre 1810, et des 19 et 27 avril 1811, incorporèrent à l'empire le pays compris entre les cours du Waahl, la rivière de Donge et les nouvelles frontières de France, la Hollande, le Valais, les villes hanséatiques, le Lauenbourg, et une partie du ci-devant cercle de Westphalie, dont furent formés, dans l'ordre de leur adjonction, les 16 départements des *Bouches-de-l'Escaut*, des *Bouches-du-Rhin*, des *Bouches-de-la-Meuse*, des *Bouches-de-l'Yssel*, de l'*Ems-Occidental*, de l'*Ems-Oriental*, de la *Frise*, de l'*Yssel-Supérieur*, du *Zuyderzée*, du *Simplon*, des *Bouches-de-l'Elbe*, des *Bouches-du-Weser*, de l'*Ems-Supérieur* et de la *Lippe*; puis, ayant réuni en un seul départements du *Golo* et de *Liamone*, un décret impérial fixa définitivement à 130 le nombre des départements français, et les colonies cessèrent de figurer dans cette classification.

A la suite des événements de 1815, le traité de Vienne ayant resserré la France dans les limites qu'elle occupait en 1790, le nombre des départements se trouve réduit à 86. L'Algérie est aussi divisée en trois départements.

Chaque département est partagé en arrondissements, et les arrondissements en cantons, formés eux-mêmes de la réunion d'un certain nombre de communes et dont l'étendue moyenne est d'environ 16 kilomètres carrés.

Dans le principe, les départements et les districts étaient régis par des administrateurs élus par les citoyens; mais ce mode ne pouvait plaire à Napoléon; et depuis la loi du 28 pluviôse an VIII, chaque département est administré par un préfet, magistrat supérieur, dont relèvent d'une manière immédiate les sous-préfets d'arrondissements et tous les fonctionnaires de l'ordre administratif. Chaque département possède un conseil général, qui a mission spéciale de délibérer sur les intérêts, un conseil de préfecture chargé de juger le contentieux administratif. Il existe également dans chaque département un directeur de l'enregistrement et des domaines, un directeur des contributions indirectes, un receveur général et un ingénieur en chef des ponts et chaussées, un commandant militaire et un sous-intendant militaire. Il y a encore une académie, une école normale primaire, un tribunal qui statue sur l'appel des jugements de police correctionnelle rendus par les tribunaux d'arrondissement, et une cour d'assises. Du reste le département n'est pas unité de circonscription pour l'église, l'ordre judiciaire et la force militaire.

Les départements ont des finances, un budget, des propriétés. Ils constituent des personnes capables de vendre, d'acquérir, d'échanger, de toucher des revenus; de recevoir des donations ou legs, d'intenter ou de suivre des actions en justice, avec l'autorisation de l'empereur et, dans certains cas, moyennant l'intervention de la législature. Ils sont regardés comme des mineurs soumis à la tutelle de la puissance publique; mais cette tutelle peut être déléguée au souverain aux ministres, au préfet, au conseil de préfecture. Les propriétés des départements sont: 1° les bâtiments destinés aux autorités administratives et judiciaires, 2° les routes départementales et autres ouvrages faits par les départements, 3° les mobiliers des hôtels des préfectures, des cours et tribunaux, des bureaux de sous-préfectures et une portion de celui des évêchés. Ces propriétés ne sont pas une source de revenus, et il est interdit aux départements d'acheter, dans des vues de spéculation, des propriétés qui deviendraient de cette façon biens de main-morte.

DÉPÊCHE (d'un verbe de la basse latinité, *depediscare*, aller vite). C'est la dénomination réservée aux lettres que reçoit ou expédie un ministre, un agent supérieur de l'administration, et ayant trait aux affaires publiques. Dans l'origine, ce mot ne s'appliquait qu'aux lettres et aux affaires demandant une prompte expédition. Par extension, on appelle *dépêches télégraphiques* les brefs avis que, pour plus de célérité, le gouvernement transmet à ses agents ou reçoit d'eux au moyen du télégraphe. A présent que le télégraphe a été mis à la disposition du public pour la transmission de toutes sortes d'avis, il y a deux espèces de dépêches télégraphiques qu'il ne faut pas confondre: les *dépêches officielles* adressées au gouvernement par quelqu'un de ses agents, et les *dépêches privées* qui viennent de certaines agences ou de quelques correspondants particuliers. Le gouvernement public quelquefois ces dépêches, il s'est réservé le droit d'arrêter les correspondances privées; mais lors même qu'il les laisse circuler, il n'entend leur donner par là aucune espèce d'authenticité.

DÉPÊCHES (Conseil des). Les historiens ne sont point d'accord sur la date précise de l'établissement de ce conseil. L'auteur de la *France ministérielle* fixe sa création en 1617, époque de la nomination du cardinal de Richelieu à la place de secrétaire d'État pour la protection du maréchal d'Ancre; et cependant le même écrivain, dans la nomenclature des membres de ce conseil depuis son origine jusqu'à sa suppression, ne remonte pas au delà de 1680. Ce conseil s'assemblait le samedi dans la chambre du roi, qui présidait (voyez CONSEIL D'ÉTAT). Le chancelier le remplaçait en cas d'absence. Ses attributions se bornèrent d'abord aux affaires étrangères. Depuis, on y ajouta tout ce qui concernait l'administration des provinces; Paris formait un département ministériel spécial. Les ministres restaient debout pendant toute la séance ; le secrétaire d'État qui tenait la plume était seul assis ; mais la multiplicité croissante des affaires exigea bientôt des séances plus longues et plus importantes, et il fut permis aux ministres et aux grands admis aux délibérations du conseil de s'asseoir. Le lieu des séances changea plus d'une fois sous les règnes de Louis XIV et de Louis XV ; et le conseil des dépêches, comme tous les autres, se réunissait souvent dans l'appartement des favorites, dont l'avis avait une grande influence sur les décisions à prendre. Le conseil des dépêches, comme tous les autres conseils, fut supprimé en 1790. DUFEY (de l'Yonne).

DÉPENDANCE (du latin *pendere*, pendre), ce qui est attaché à une autre chose, ce qui en forme l'accessoire naturel. Il y a des dépendances qu'on ne saurait séparer de la chose principale sans altérer la substance de cette chose ; cependant on entend plus particulièrement, dans la langue du droit, par le mot *dépendances* les parties d'un tout qui y ont été réunies dans un but d'utilité générale, mais qui peuvent en être détachées, sans le faire changer de nature. Dans un contrat de vente, déclarer que la chose est vendue avec les dépendances, c'est indiquer qu'on ne se réserve rien des accessoires.

Dans l'ordre moral la dépendance est l'assujettissement d'un homme à un autre. C'est une loi fondamentale des sociétés humaines que personne n'est absolument indépendant ;

Rien n'est libre en ce monde, et chaque homme dépend,
Comte, prince, sultan, de quelque autre plus grand.
(REGNIER).

Ces rapports de dépendance ont même lieu, à l'inverse, du riche au pauvre, du puissant à l'humble ; comme dit notre Lafontaine :

On a souvent besoin d'un plus petit que soi ;

et cette réciprocité a de tout temps fait trouver aux hommes leurs chaînes moins lourdes.

DÉPENS. Terme de pratique, dont on se sert pour exprimer les frais qui se font dans la poursuite d'une affaire. Toute partie qui succombe dans un procès est condamnée à payer les dépens. Les juges peuvent néanmoins les compenser, en tout ou en partie, entre conjoints, ascendants, descendants, frères et sœurs, ou alliés au même degré, et entre parties qui succombent respectivement sur quelques chefs. Les avoués peuvent en faire ordonner la distraction à leur profit, par le même jugement qui en prononce la condamnation, lorsqu'ils en ont fait l'avance. Ils affirment le fait devant le tribunal, et c'est ce qu'on nomme une *déclaration de dépens*. L'exécution provisoire des jugements ne peut jamais être ordonnée pour les dépens. La taxe des dépens, soit en matières civiles, soit en matières criminelles, est soumise à un tarif et à des règlements qui déterminent ce qui est relatif à leur liquidation et à la manière d'y procéder. Dans le but d'arrêter cette fureur de contestations qui divise les hommes, on s'était attaché à taxer à de fortes sommes les dépens de justice ; mais cela n'a eu d'autre résultat que de ruiner un peu plus vite le plaideur, sans l'empêcher de plaider.

DÉPENSE. Ce mot se fait assez comprendre par lui-même, sans qu'il faille l'éclaircir par une définition. Il exige, pour être traité avec les détails nécessaires, qu'on l'envisage par rapport aux particuliers pris individuellement et en général, et aussi par rapport aux finances d'un État.

Une dépense n'est sagement faite qu'autant qu'elle est *productive* ; elle peut être productive soit directement soit indirectement. Ainsi, la dépense faite par un manufacturier pour ses ateliers, pour ses ouvriers, est directement productive : c'est un placement de fonds qui, en général, ne peut manquer de réussir à celui qui l'a tenté. Mais ce manufacturier fait pour lui et pour sa famille des dépenses indirectement productives ; elles sont indispensables, et contribuent au succès du travail en procurant au manufacturier des distractions où il puise de nouvelles forces pour créer. En général, les dépenses consacrées à l'entretien des travailleurs, à leurs plaisirs même, sont productives ; *on ne peut considérer comme improductives que les dépenses de ceux qui ne font rien.* Ceci nous mène à examiner jusqu'à quel point est vrai le proverbe : « La dépense ou le luxe des riches fait aller le commerce. » Il est certain que si les riches, détenteurs de capitaux, conservaient précieusement les gros intérêts de l'argent qu'ils *prêtent* aux travailleurs, la consommation des produits fabriqués chaque année serait beaucoup ralentie, et par suite le travail des ateliers serait en souffrance. Ainsi, tant que l'intérêt de l'argent se maintiendra au taux actuel, il sera important que les riches dépensent les revenus de leurs capitaux à consommer les diverses productions de l'industrie, et fassent rentrer ainsi dans la circulation l'argent qu'ils reçoivent tous les ans. Mais il est naturel de se demander si le commerce n'irait pas aussi bien ; si l'industrie ne serait pas aussi prospère en admettant que les travailleurs eussent eux-mêmes *une plus large part* dans la consommation des produits *créés par leurs mains*, et que les bailleurs de fonds fussent *moins rétribués* pour le prêt des capitaux *qu'ils n'ont eu aucune peine à gagner ?* La réponse ne saurait être douteuse. Par exemple, si l'intérêt de l'argent, au lieu d'être à 5, 7 et même 10 pour 100, était à 2 pour 100, les fabricants de Lyon, au lieu d'être forcés de diminuer les salaires des ouvriers en soie pour soutenir la concurrence étrangère, pourraient les maintenir à un taux raisonnable et même les hausser. *Des milliers de bouches auraient le pain qui leur manque souvent*, et le commerce serait loin de décroître. *L'argent qui est employé à calmer les ennuis poignants de l'oisiveté, laissé en des mains industrieuses, se multiplierait comme le grain dans la bonne terre.*

Quant aux finances d'un État, on peut poser en principe que le meilleur gouvernement n'est pas celui qui dépense *le moins*, mais celui qui dépense *le mieux*. Cette devise a eu cul-sur-le-champ *l'économie mesquine que quelques assemblées ont montrée, au sujet des traitements* des fonctionnaires employés dans les différentes branches de l'administration. Toutes les réductions possibles ont été tentées, et cependant *l'allégement* qu'en a *subi* le trésor peut être regardé comme *insignifiant*. Il était bon et légitime de faire une guerre acharnée aux sinécures fastueuses et largement rétribuées dont *l'ancienne monarchie* était si prodigue ; mais la réforme devait se borner là. Poussée au delà des limites convenables, elle réduit les petits fonctionnaires aux plus faibles ressources, et par suite elle diminue en eux l'amour de leur devoir et leur zèle pour le bien public. La branche du budget où la législature se montre peut-être *la plus accommodante* est celle des *énormes dépenses* relatives à l'armée. Nous sommes loin de vouloir les anéantir *tout d'un coup* : dans l'organisation actuelle des peuples, les armées sont indispensables au maintien de leur dignité et de leur puissance à l'extérieur, et malheureusement aussi à la stabilité de l'ordre intérieur ; mais cette *indispensabilité* est en quelque sorte *factice* ; les dépenses qu'elle occasionne sont des plus *improductives*. La question de l'armée est une de celles qui méritent le plus de fixer l'attention des hommes politiques. Faudra-t-il toujours que chaque année 400 mille hommes des plus vigoureux *absorbent 300 millions créés par les sueurs du travail et anéantissent ce capital énorme au lieu de le produire eux-mêmes ?* Un semblable problème mérite de fixer la pensée du lecteur ; en le résolvant, il rendrait sans nul doute un service éminent à la société entière.

Les dépenses fructueuses d'un État sont celles qui augmentent toutes les sources de richesses. Le but de l'homme est l'amélioration incessante de son état matériel, de son état moral. L'amélioration morale ne peut manquer d'être une conséquence de l'amélioration matérielle; car l'aisance rend meilleur, tandis que la gêne et la misère engendrent souvent l'improbité dans un cœur né pour être pur. C'est donc vers le développement de l'industrie que doivent tendre les efforts des puissances de la terre. Toutes les dépenses faites dans ce but seront bonnes et productives. Les beaux-arts, les sciences, ne sont pas exclus par une semblable doctrine; les progrès des sciences naturelles, des sciences physiques et mathématiques sont intimement liés à ceux de l'industrie, car elles sont ses flambeaux, elles la guident et la font grandir. Les beaux-arts, à leur tour, dominent les sciences, dominent l'industrie; car les jouissances qu'ils procurent à l'homme lui donnent cette satisfaction du cœur utile à ses travaux, amènent ces élans de sympathie, de sensations communes qui resserrent les liens généraux, et donnent l'impulsion à une société entière.

Auguste CHEVALIER,
Député au Corps législatif.

DÉPÉRISSEMENT, état d'un être d'un organe dont la force et le volume décroissent chaque jour. *Voyez* CADUC.

DÉPEUPLEMENT, DÉPOPULATION, *action de dépeupler un pays*, ou, plus usuellement, *diminution du nombre de ses habitants.* L'augmentation continuelle de la population est une loi de l'ordre naturel que la civilisation doit tendre à seconder. En l'absence de causes anormales de dépeuplement, il naît, dans un temps donné, plus d'hommes qu'il n'en meurt; mais les épidémies, la guerre, les famines, les migrations et la corruption des mœurs combattent trop souvent cette loi d'accroissement. L'Europe presque entière, l'Asie, tout le littoral de l'Afrique et la jeune Amérique elle-même, en résistant à l'invasion européenne, ont tour à tour éprouvé des dépeuplements bien notoires.

La guerre, qui, depuis les traditions les plus reculées, n'a pas cessé d'ensanglanter quelque partie du globe, et l'épidémie, fléau plus destructeur encore, mais qu'au moins l'homme n'a pas à se reprocher, ont coûté à la terre plus d'habitants qu'elle n'en contient aujourd'hui. Il nous serait impossible de les suivre dans leurs dévastations et d'en supputer les résultats; consignons seulement ici deux observations toutes spéciales : la première, c'est que chaque partie du monde a envoyé son tribut de mort à l'Europe, où la peste, la syphilis et le choléra sont venus successivement ajouter leurs ravages à ceux de la petite-vérole; la seconde, c'est que le dépeuplement qu'engendre la guerre cesse rarement aussitôt que le glaive rentre dans le fourreau : par exemple, la conquête des pays civilisés par des peuples barbares entraîne pour les vaincus des suites aussi désastreuses que leur défaite même. La misère, la crainte et la haine du joug, l'humiliation de la servitude, la dispersion des familles, tarissent d'une manière irréparable les sources de la reproduction comme celles de la richesse. Voyez l'Asie Mineure et les rivages africains! Des événements qui, malgré leur caractère guerrier, doivent être surtout envisagés sous leur rapport politique, ont exercé en Europe une influence presqu'aussi funeste. Telles sont, par exemple, les croisades et l'expulsion des Maures du territoire espagnol. Le fanatisme religieux, qui ne fut peut-être pas le seul conseiller de ces deux grandes mesures, a causé bien d'autres dommages à la race humaine; un autre fanatisme, celui de la liberté, n'a pas voulu rester au-dessous des exemples sanguinaires du premier, comme si la religion et la liberté, les deux plus nobles sources du cœur de l'homme, devaient être aussi les deux ressorts les plus puissants à soulever ses mauvaises passions.

Les pertes qu'occasionne toujours un grand déplacement d'hommes, le changement de climat et la difficulté des cultures et des industries nouvelles, doivent faire aussi considérer les colonies comme une cause de dépeuplement.

Les émigrations espagnoles et portugaises en Amérique et aux Indes ont presqu'autant dépeuplé la péninsule ibérique que l'expulsion des Maures, sans établir dans les pays d'outre-mer une compensation suffisante. Enfin, parmi les grandes causes de dépopulation dont l'homme ne doit demander compte qu'à ses passions, il faut enregistrer avec honte la traite des noirs.

Les institutions politiques et les mœurs sociales, qu'on peut considérer comme solidaires à cause de l'influence réciproque qu'elles exercent les unes sur les autres, hâtent aussi les dépeuplements à mesure qu'elles se corrompent, en ce sens au moins qu'elles entravent l'accroissement naturel de la population. On en peut dire autant de la mauvaise administration des gouvernements. Nous citerons au nombre des institutions politiques ou religieuses contraires à la multiplication de l'espèce, la polygamie chez les Orientaux, les vœux monastiques, les armées permanentes et le droit de primogéniture en Occident. La polygamie, en livrant plusieurs femmes à un seul homme, prive de femmes un nombre d'hommes corrélatif, et la femme d'ailleurs est plus féconde dans l'état du mariage que dans la vie du harem. On a prétendu que le nombre des naissances d'individus femelles était assez supérieur à celui des naissances d'enfants mâles pour justifier la polygamie, mais cette opinion n'a pu soutenir l'examen, et il est aujourd'hui bien incontestablement établi que la polygamie nuit au progrès de la population; encore ne parlons-nous pas de la stérilité à laquelle sont condamnés les gardiens de la fidélité des femmes. Le célibat perpétuel auquel, dans la religion catholique, sont astreints les prêtres et les innombrables ordres religieux d'hommes et de femmes, ainsi que les règles analogues qu'on retrouve dans quelques autres religions; le célibat temporaire pendant lequel le service des armées permanentes retient pendant les plus belles années de la jeunesse une partie notable de la population; enfin le célibat prétendu volontaire auquel le droit de primogéniture réduit souvent les cadets sacrifiés à la fortune des aînés, sont encore autant d'obstacles réels à l'accroissement de la population.

Ajoutons qu'il n'y a pas que les cadets qui vivent dans le célibat, et que le nombre des partisans de cet état d'indépendance augmente chaque jour. Comment en serait-il autrement quand le célibat, qui emportait chez les anciens une espèce de flétrissure, jouit au contraire dans les sociétés modernes d'une faveur qui accuse autant d'aveuglement de la part de ceux qui la donnent que d'égoïsme chez ceux qui en profitent! N'oublions pas aussi que le goût du luxe et la cupidité, en exigeant chaque jour l'élévation des dots, rendent les établissements plus difficiles et plus rares. Et qu'on n'oppose point à nos accusations contre le célibat le nombre d'enfants qui naissent hors le mariage, car il est démontré par les plus exactes recherches statistiques que sur deux masses égales en nombre d'individus, hommes et femmes, vivant l'une dans le mariage et l'autre dans la débauche, il naît beaucoup plus d'enfants chez les premiers que chez les derniers.

Enfin, quant à ce qui concerne les vices d'administration publique, les famines, qui deviennent plus rares à mesure que les peuples s'éclairent, et le paupérisme, cette famine permanente, qui est la lèpre des sociétés modernes, épuisent d'une manière analogue les éléments de la reproduction. C'est surtout en Écosse qu'il faut étudier les effets du paupérisme considéré comme cause de dépopulation. Les exactions, les impôts vexatoires, la violation du droit de propriété, les privilèges, les entraves apportées à l'industrie et les monopoles commerciaux réservés aux gouvernements peuvent aussi dans les sociétés épuisées, et quand les choses sont poussées à l'extrême, produire à la longue de notables altérations dans le chiffre de la population. On voit dans de certaines contrées de la Turquie des villages entiers abandonnés, à cause de l'impossibilité absolue où se sont trouvés les habitants de payer l'impôt arbitrairement fixé par les pachas; et la vie errante que traînent ces misérables fugitifs doit rapidement en diminuer le nombre.

En résumé, tout ce qui est conforme à la morale naturelle favorise l'accroissement de la population, et tout ce qui est contraire à la morale naturelle tend au dépeuplement.

Il nous reste maintenant une question intéressante à examiner. L'accroissement normal de la population suivant l'ordre naturel a-t-il toujours été supérieur aux pertes que le genre humain a éprouvées par les causes que nous avons analysées? Des auteurs dont l'autorité est imposante ont avancé que la terre dut être plus peuplée à une autre époque qu'elle ne l'est aujourd'hui, mais leur opinion était appuyée sur des calculs fort hasardés dont on a contesté l'exactitude. En effet, en l'absence d'indices plus certains pour retrouver le chiffre approximatif de la population générale du globe il y a vingt siècles, ils ont cherché à l'évaluer d'après ce que les historiens ont écrit sur l'importance des armées mises en campagne dans les guerres de leur temps : or, cette manière de procéder ne pouvait manquer de produire des erreurs, particulièrement en raison des exagérations que la critique a reconnues dans le nombre prétendu de combattants qui composaient ces armées. Quoi qu'il en soit, ce que nous possédons de notions incomplètes sur les peuples de la plus haute antiquité suffit pour établir d'une manière incontestable que dans les dix premiers siècles qui ont suivi les cataclysmes diluviens, l'accroissement de la population a été incomparablement plus rapide que dans les siècles modernes. On adoptera cette proposition sans discussion si l'on veut bien se souvenir que, suivant les travaux les plus récents et les plus estimés sur le mouvement de la population en Europe à l'époque actuelle, on compte une naissance sur 30 individus et un décès sur 40, par année; ce qui ne produit qu'un accroissement annuel de 0 à/6 p. 0/0, c'est-à-dire d'un cent-vingtième au total. Et si après avoir comparé la lenteur de cette progression à la rapidité avec laquelle s'est développée l'importance de la plupart des peuples de l'antiquité, on se rappelle que l'Égypte, la Syrie, la Palestine, l'Arabie, la Grèce, les îles de la Méditerranée, le littoral de l'Afrique, l'Espagne et l'Italie ont éprouvé une incontestable diminution dans leur population, on ne sera pas éloigné de penser que la terre a pu être à une autre époque plus riche en habitants qu'elle ne l'est de nos jours. C. GRENIER.

DÉPILATION et **DÉPILATOIRES**. Le fait connu sous le nom de *dépilation* consiste dans la *chute des poils*, déterminée par l'application sur la peau de préparations caustiques nommées *dépilatoires*. Ce n'est point là une invention moderne, car la coquetterie fut de tous les temps. Tous les peuples anciens, Égyptiens, Chinois, Perses, Arabes, Grecs et Romains, ont imaginé des compositions qui avaient la propriété de faire tomber les poils superflus. Juvénal, Perse et Claudien donnent des détails sur l'usage constant et secret que les dames grecques et romaines faisaient de ces préparations. Les Juifs, chez qui un front découvert était une beauté, mettaient à leurs enfants un bandeau de laine, dont le frottement continuel amenait la chute des cheveux. De nos jours, les femmes emploient les dépilatoires pour faire disparaître de leur figure les traces de production pileuse, les hommes pour rendre leur barbe moins garnie.

La causticité des dépilatoires est due au sulfure d'arsenic, à la chaux vive ou à quelqu'autre matière alcaline qui entre dans leur composition. Le *rusma* des Arabes est le dépilatoire le plus employé; les Orientaux l'obtiennent au moyen de la chaux vive, du sulfure jaune ou rouge d'arsenic et d'une lessive alcaline. Il a acquis les propriétés qu'on lui demande, lorsqu'une plume que l'on y plonge laisse tomber ses barbes après en avoir été retirée.

Les dépilatoires se présentent sous plusieurs formes; quelquefois, on s'est contenté de réunir chacune des substances réduites en poudre; on délaie alors cette poudre avec de l'eau, afin de pouvoir l'appliquer sur la peau; d'autres fois, cette poudre est incorporée à une graisse animale que les parfumeurs rendent agréable en y combinant plusieurs principes odorants. La chute des poils n'est pas sans retour, car les dépilatoires n'attaquent pas les bulbes à moins de corroder la peau elle-même; les substances caustiques qui entrent dans la composition des dépilatoires avertissent suffisamment qu'on ne doit employer ces derniers qu'avec la plus grande circonspection; on les a vus produire des symptômes d'empoisonnement. Cependant Bœtger a découvert que le sulfure de calcium est une substance dépilatoire très-active et peu dangereuse, dont l'emploi peut devenir très-utile dans le tannage des peaux. On sature de gaz hydrogène sulfuré un lait de chaux, et on verse le liquide sur la peau : en moins de deux heures, une peau de veau traitée ainsi est complètement dépilée, sans que l'épiderme ait été le moins du monde attaqué.

On dit aussi *épiler, épilatoire*, et ces mots sont pris dans la même acception que *dépiler, dépilatoire*; seulement, le verbe *épiler* semble s'appliquer plus spécialement à l'action d'*arracher le poil* ou les cheveux; c'est dans ce sens que les coiffeurs affichent à leurs portes ces mots : *salons épilatoires*. N. CLERMONT.

DÉPIQUAGE, battage des épis pour en faire sortir le grain par le piétinement d'animaux, tels que chevaux, ânes, mulets, bœufs. Cette opération est des plus simples : les gerbes, débarrassées de liens, sont étalées sur une aire vaste, adossées les unes aux autres, dans une position inclinée. Là-dessus, on fait courir des animaux qu'un homme retient au moyen d'une longe, et auxquels il fait parcourir des cercles dont il occupe toujours le centre. On retourne les gerbes de temps en temps. La paille qui provient du dépiquage est préférée par les animaux qui s'en nourrissent à celle qui résulte du battage au fléau, parce que, assure-t-on, le sucre qu'elle contient est plus développé. TEYSSÈDRE.

DÉPIT, mouvement d'impatience involontaire que nous cause un obstacle, une contrariété, et qui nous entraîne à des résolutions que notre cœur et notre raison condamnent bientôt. Le dépit porte rarement à la violence; il ne s'élève pas si haut : c'est plutôt une sensation rapide qu'une décision arrêtée. Il précipite dans des démarches inconsidérées, fait commettre des sottises, mais rarement des fautes ou des crimes. On se prend à hausser soi-même les épaules du dépit qu'on a éprouvé. Le dépit est un des éléments de l'amour. Comme ce sentiment est prompt à concevoir des espérances qui ne se réalisent pas toujours, il est naturel qu'entre amants on ressente mille fois du dépit, en ne cessant jamais de s'aimer à la fureur : c'est une espèce de stimulant qui paraît indispensable, tant il joue un rôle fréquent dans les rapports entre les deux sexes. Dans le mariage, on n'est guère en proie au dépit : on a obtenu de part et d'autre tout ce que l'on a pu désirer; seulement, on diffère quelquefois d'avis, d'opinion, et il en résulte des querelles que l'intérêt commun finit par apaiser. Les jeunes filles sont très-sujettes au dépit, lorsque, dans l'intérieur de la famille, on les contrarie sur des goûts de toilette : comme leur naturel répugne à des éclats, elles se consolent par le dépit, et arrivent ainsi à prendre juste le contrepied de ce que la prudence maternelle leur prescrit. Entrent-elles dans le monde, elles se livrent à des accès de dépit bien plus fréquents : par exemple, si, après avoir captivé l'attention d'un jeune homme elles le voient distrait à l'arrivée d'une autre jeune personne; ou bien, si, après avoir chanté avec beaucoup de succès, elles se voient complètement surpassées par une autre; enfin, si, au bal, elles sont placées à côté d'une jeune fille dont la mise est fort simple, et qu'on invite plus souvent. Telles sont les causes les plus ordinaires du dépit féminin. Comme on le voit, l'enfantillage y tient une grande place, mais c'est là un des caractères de cette petite infirmité morale.

Il n'en est pas toujours de même du dépit des hommes. Est-il armé du pouvoir, l'homme prend sa revanche, et la prend quelquefois avec férocité. Le dépit d'un auteur sifflé est redoutable dans le premier moment ; mais, enfin, l'individu ici ne s'est pas trouvé face à face avec le public. Telle n'est pas la position du comédien hué : l'outrage est direct. Sous le prétexte de faire justice de l'absence du talent, on a ravalé l'homme dans sa dignité. Le dépit de l'artiste doit être profond, et comme il ne peut pas se venger à l'instant, il se change bientôt en une rage concentrée que le temps ne peut adoucir. Il est impossible dans bien des occasions de dissimuler son dépit ; on peut se donner de l'énergie contre les grands malheurs qu'on voit venir jour par jour, mais le dépit résulte d'une contrainte subite ; on s'y abandonne donc. Sans doute c'est une petite douleur, mais elle est inattendue ; on la laisse apercevoir : ce n'est pas une occasion sur laquelle on mesurera son courage. On ne doit d'abord opposer au dépit que de l'indulgence ; la première impatience passée, il faut rire avec celui qui l'a éprouvée, et puis tout s'oublie en commun. Saint-Prosper.

DÉPLACEMENT, déplacer. Ces mots expriment proprement l'action d'ôter une personne ou une chose de la place qu'elle occupe : le *déplacement* d'un meuble, le *déplacement* des bornes d'un champ ; prendre communication d'un acte, d'une pièce, sans *déplacement* ; *déplacement* nécessité par une expertise ; frais de *déplacement*. Les ministres n'aiment pas à *déplacer* les créatures de leurs prédécesseurs. *Déplacer* le point de la question, c'est changer le point sur lequel porte la difficulté, dans une discussion ; *se déplacer*, c'est changer de place, de demeure : on n'aime pas généralement à *se déplacer*.

Le participe *déplacé*, employé comme adjectif, signifie mal placé, placé dans un poste qui ne convient pas, ou auquel on ne convient pas. Il signifie aussi qui n'est pas où il doit être, qui est inconvenant, qui ne convient pas : elle était *déplacée* dans ce monde-là ; il y a dans cette comédie beaucoup de traits brillants, mais *déplacés* ; il faut éviter de tenir des propos *déplacés* devant les enfants.

DÉPLACEMENT (*Hydrostatique*). Pour qu'un corps pesant puisse se soutenir à la surface d'un fluide, il faut que son poids, soit plus petit que celui d'un volume du fluide égal au sien : cette condition remplie, le corps s'enfonce dans le fluide jusqu'à ce que le poids de fluide déplacé soit devenu égal à celui du corps flottant. Quand le corps flottant est un navire et le fluide l'eau de mer, la partie du navire qui plonge, ou la quantité d'eau déplacée, se nomme le *déplacement*. Dans les constructions navales, il est de la dernière importance de déterminer exactement l'enfoncement des navires dans l'eau ; les batteries des bâtiments de guerre doivent avoir au-dessus du niveau de la mer une certaine élévation qu'il faut rigoureusement maintenir, autrement on s'exposerait à ne pouvoir faire usage des canons. Le calcul à faire est facile : on sait que le poids spécifique de l'eau de mer est 1,026 ; c'est-à-dire qu'un mètre cube de ce liquide pèse 1,026 kilogrammes ; le poids du navire tout armé et en charge est donné dans le devis : il ne s'agit donc plus que de déterminer géométriquement le volume de la partie de la carène qui doit être submergée. Pour cela, l'ingénieur constructeur a tracé sur ses plans la forme extérieure de la carène avec toutes ses dimensions : en appliquant à ces données des méthodes empruntées au calcul intégral, on résout facilement le problème proposé, et la *ligne de flottaison* se trouve exactement tracée.   Théogène Page.

DÉPLOIEMENT, déployer, déplier, déplisser. Ces mots ont pour origine commune le verbe latin *plicare*, fait du grec πλεκειν, qui signifie plier, joindre, entrelacer. *Déployer*, c'est étendre, développer ce qui est ployé : *déployer* les voiles d'un navire, *déployer* les enseignes, les étendards, *déployer* les bras. L'aigle *déploie* ses ailes. *Déployer* une armée, c'est lui faire occuper un plus grand espace de terrain devant l'ennemi ; *déployer* la colonne, c'est passer de l'ordre en colonne à l'ordre en bataille. Au figuré, *déployer* signifie faire paraître, montrer, étaler : *déployer* du savoir, de l'éloquence, de l'énergie, de la fierté, du charme, de la rigueur, du luxe, de la magnificence. Ce mot s'emploie avec le pronom personnel, au propre et au figuré : la voile *se déploie*, la flamme *se déploie*, l'armée *se déploie* dans la plaine, son courage va *se déployer*. Le participe de ce verbe se retrouve dans plusieurs façons de parler : marcher enseignes *déployées*, voguer à voiles *déployées*, rire à gorge *déployée*. Le *déploiement* est l'action de déployer ou l'état de ce qui est déployé : le *déploiement* d'une étoffe, des bras, des forces, d'un corps de troupes, d'une armée, d'une colonne etc.

Déplier c'est étendre, défaire, ouvrir une chose pliée. *Déplier* une serviette, du linge, des étoffes, un paquet. C'est aussi étaler des marchandises. *Déplisser* signifie enfin défaire les plis d'une étoffe, etc.

DÉPLOIEMENT DE COLONNE. Le terme *déploiement* n'est entré dans le langage militaire que depuis le règne de Frédéric II. Plusieurs auteurs pensent néanmoins que les déploiements auraient été connus des milices grecque et romaine ; ils y auraient été, disent quelques-uns, les éléments de la formation et de la dislocation de la *tête de porc* ou de l'*embolon* ; mais ce point d'art militaire n'est pas clairement démontré ; les déploiements grecs n'étaient probablement que des *dédoublements*. Si l'on en croit Guibert, Charles XII avait quelque connaissance des déploiements modernes. Les déploiements analogues aux nôtres, si jamais ils furent pratiqués, étaient tombés dans l'oubli, quand Frédéric II en ressuscita l'usage ; il en fut, suivant l'opinion générale, l'inventeur. Cependant, dans la guerre de 1741, et principalement dans la campagne de 1745, plusieurs officiers majors de l'infanterie française avaient deviné et appliqué de leur propre mouvement le mécanisme des déploiements, qu'ils appelaient *ordre en tiroir* : des manuscrits nous en donnent la preuve. Le comte de Gisors, tué en 1758, à la tête des carabiniers, est le premier qui nous ait entretenus, dans un ouvrage imprimé, des déploiements et de leur jalonnement ; mais personne avant Bonneville n'avait donné des notions claires et satisfaisantes sur cette évolution prussienne, que Guibert préconisa et fit adopter. L'instruction de 1769 faisait formellement mention du mot et de la chose. A partir de là, l'expression *déploiement* donne idée d'une des plus importantes évolutions ou des principales manœuvres, car on ne sait s'il faut appliquer en ce cas le terme *manœuvre* ou *évolution*.

Un déploiement est un changement d'ordre ; c'est le mouvement d'une colonne en masse ou à demi-distance, passant à l'ordre en bataille ; ce que la profondeur perd, le front le gagne, et la troupe s'amincit parallèlement à l'un des petits côtés du carré long qu'elle formait primitivement. Avant le déploiement, si la troupe est sur une seule ligne le plan qu'elle affecte figure un front étroit, suivi de beaucoup de rangs. Après le déploiement, elle présente un large front de bataille sur trois lignes. Si l'armée est sur plus d'une ligne, les arrière-lignes sont, après le déploiement effectué, dans une disposition parallèle à celle qui est en front. Les déploiements sont devenus, pour les lignes de plusieurs bataillons, les éléments savants de leurs changements de front ; ils sont une des manières de passer de l'ordre en colonne à l'ordre en bataille, dans le sens du prolongement des jalonneurs. Les déploiements ont également lieu dans les exercices d'étude, soit par divisions, soit par pelotons ; dans ce même cas, ils pourraient s'exécuter indifféremment en colonne à demi-distance, ou serrée en masse ; mais, dans les grandes manœuvres, ou devant l'ennemi, ils ne doivent s'exécuter que par divisions serrées en masse. L'avantage des formations en déployant consiste dans la facile supputation de la durée du temps que prend, minute par minute, l'évolution; il consiste à laisser l'ennemi en doute sur la direction véritable que va prendre la ligne de bataille; car il n'en a une connaissance positive que quand l'évolution est entièrement achevée. Jusque là, il n'a pu, ni estimer précisément la force de la masse ployée, ni prévoir laquelle des ailes de l'armée se projettera plus ou moins. Les déploiements ont remplacé l'usage exclusif des *conversions* faites en ordre de bataille et les marches processionnelles; ils ont simplifié les formations successives, et rendu commun et familier l'emploi des colonnes serrées; ils s'exécutent par la marche des subdivisions manœuvrant par le flanc parallèlement à leur front. Toutes les subdivisions, à l'exception de celle qui est base du déploiement, se portent, suivant leur ordre naturel, par le flanc d'abord, par la marche de front ensuite, sur la ligne de bataille indiquée par la position des points ou des subdivisions sur lesquelles elles se jalonnent.

Les déploiements s'exécutent sur toutes les subdivisions indifféremment, et, de préférence, en prenant une subdivision centrale pour base d'alignement. Ils pourraient s'exécuter en ordre inverti; mais cela ne se fait jamais, parce qu'aucune utilité n'en résulterait. L'instruction de 1769 sur l'exercice faisait exécuter diagonalement les déploiements, ce qui abrégeait l'opération, mais la rendait lourde et moins sûre. L'instruction de 1774 voulait que les déploiements fussent faits au pas redoublé, au moyen de déploiement en marchant, et sans qu'aucune portion de la colonne fût dans le cas de reculer : on portait ainsi sur l'alignement primitif du front de la colonne la subdivision sur laquelle ce déploiement avait été ordonné; ce qui découlait du principe suivant : « Évitez que, dans les évolutions, les troupes tournent le dos à l'ennemi, ne fût-ce que pendant un court trajet. » Dans ce déploiement, la direction des subdivisions marchant par le flanc était encore diagonale, comme dans le règlement antérieur, ce qui a été rectifié peu d'années après. La théorie que Guibert a donnée à l'égard des déploiements a été le perfectionnement de celle qu'on pratiquait en Prusse. Les ordonnances de 1775 et de 1776 s'en sont ressenties, et cette théorie a embrassé le sujet avec netteté et détails. Cette théorie de Guibert a cependant été critiquée par le général Jomini. L'ordonnance de 1791 voulait que les déploiements fussent toujours carrés; pour en mieux faire sentir le mécanisme, elle les enseignait sous forme centrale; elle regardait comme élément de déploiement l'évolution qui consiste à former les divisions en colonne par pelotons, en masse, de pied ferme, la droite ou la gauche en tête. Outre cet *endivisionnement*, on peut regarder aussi comme éléments de déploiement les changements de direction par le flanc et les contre-marches. Les passages de défilés en avant se terminaient par un déploiement. Une des tendances des temps modernes est de faire au pas de course les déploiements. Une des fonctions importantes des adjudants-majors est d'assurer la position des guides des divisions ou des subdivisions, pendant les déploiements. L'ordonnance de 1831 était inexcusable d'admettre des déploiements de nature à obliger le soldat à tourner le dos à l'ennemi. Gal BARDIN.

DÉPOLISSAGE, C'est l'action de *dépolir* ou d'ôter à toute surface unie le *poli* et la transparence qu'elle peut avoir. On l'applique au verre, aux cristaux, aux glaces, aux globes et demi-globes des lampes diverses ou des lustres qui décorent les salons. Quand on ne veut pas être vu de l'extérieur, on dépolit les vitres des croisées, ou quand on ne veut pas être incommodé par une lumière trop vive, on dépolit aussi la plaque du verre sur laquelle elle frappe et qui la reflète sur les yeux. Lorsqu'on dépolit des globes on peut y ménager des dessins variés, tels qu'arabesques, etc. Il suffit pour cela de dessiner sur la partie extérieure du globe, avec un pinceau trempé dans le vernis des graveurs, le dessin qu'on veut représenter, et d'immerger ensuite, quand il est achevé, le globe dans de l'acide fluorique, contenu dans un vase de plomb. Cet acide, ayant la propriété d'attaquer le verre, laisse intactes les parties recouvertes par le vernis, qu'on peut remplacer par de la cire. Dès que l'acide a produit son effet, il est facile ensuite, en plongeant le verre dans l'eau chaude et puis dans l'eau froide, de le débarrasser de la cire. On peut se servir de plusieurs matières pour dépolir : la plus usitée est l'émeri très-fin, qu'on étend sur la surface du verre, avec un morceau de liége plat; on y mêle de l'eau et on frotte circulairement. Le poli disparaît au bout d'un certain temps. V. DE MOLÉON.

DÉPONENT, terme de grammaire latine, servant à désigner certains verbes qui se conjuguent à la manière des verbes *passifs*, et qui cependant n'ont que la signification *active*. Ce mot vient de *deponere*, qui veut dire *déposer*. Ces verbes sont dits *déponents* parce qu'ils ont *déposé*, quitté la signification passive. Le tour passif était plus dans le génie de la langue latine que l'actif; le contraire a lieu dans la nôtre.

DÉPORTATION. C'est une peine afflictive et infamante qui consiste à être transporté et à demeurer à perpétuité dans un lieu déterminé par la loi, hors du territoire continental de la France. Elle est particulièrement attachée aux crimes politiques. La loi du 8 juin 1850 a établi deux degrés dans cette peine : la *déportation simple* et la *déportation dans une enceinte fortifiée*. Dans tous les cas où la peine de mort était abolie par l'article 5 de la constitution de 1848, elle fut remplacée par la déportation dans une enceinte fortifiée. Depuis la loi du 28 mai 1853, l'attentat dans le but de détruire ou de changer le gouvernement ou l'ordre de successibilité au trône, ou d'exciter les citoyens et habitants à s'armer contre l'autorité impériale, est puni de cette peine. Les déportés dans une enceinte fortifiée y jouissent de toute la liberté compatible avec la nécessité d'assurer la garde de leurs personnes. Ils sont soumis à un régime de surveillance et de police déterminé par un règlement d'administration publique. Le Code Pénal détermine les cas où il y a lieu à appliquer la peine de la déportation simple. Elle s'applique à ceux qui, par des actions hostiles non approuvées par le gouvernement auraient attiré le fléau de la guerre sur le pays; aux auteurs ou provocateurs de coalition de fonctionnaires publics, civils ou militaires ayant pour objet d'entraver l'exécution des lois ou des ordres du gouvernement; aux ministres des cultes qui se seraient rendus coupables par la publication d'un écrit pastoral, d'une provocation, suivie de sédition ou de révolte, etc. En cas de déclaration de circonstances atténuantes, si la peine prononcée par la loi est celle de la déportation dans une enceinte fortifiée, les juges appliquent celle de la déportation simple ou de la détention. L'individu âgé de moins de seize ans et qui a encouru la peine de la déportation à raison d'un crime qu'il est déclaré avoir commis avec discernement, est condamné à dix ans au moins et à vingt ans au plus d'emprisonnement dans une maison de correction.

En aucun cas la condamnation à la déportation n'emporte la mort civile : elle entraîne la dégradation civique; de plus, les déportés sont en état d'interdiction légale jusqu'à ce qu'une loi ait statué sur les effets civils des peines perpétuelles. Néanmoins, hors le cas de déportation dans une enceinte fortifiée, les condamnés ont l'exercice des droits civils dans le lieu de déportation et il peut leur être remis, avec l'autorisation du gouvernement, tout ou partie de leurs biens; sauf l'effet de cette remise, les actes par eux faits dans le lieu de déportation ne peuvent engager ni affecter les biens qu'ils possédaient au jour de la condamnation ni ceux qui leur sont échus par succession ou donation. La vallée de Vaïtiau, aux îles Marquises, fut déclarée lieu de déportation pour la peine de la déportation dans une enceinte fortifiée, l'île de Noukahiva, l'une des Marquises, pour la déportation simple. Le gouvernement détermine les moyens de travail qui sont donnés aux déportés, s'ils le demandent. Il pourvoit à l'entretien de ceux qui ne peuvent subvenir à cette dépense par leurs propres ressources. Le déporté qui rentrerait sur le territoire français est, sur la seule preuve de son identité, condamné aux travaux forcés à perpétuité.

La peine de la déportation était presque inconnue en France avant la révolution de 1789; elle fut mise en usage alors que, fatigués de répandre le sang, redoutant d'ailleurs l'indignation publique qui prenait la place de la terreur, les hommes qui gouvernaient la France parurent revenir à des sentiments moins inhumains. La déportation servait d'ailleurs merveilleusement les haines de parti et les vengeances des ambitieux qui se disputaient le pouvoir : il était plus facile aux vainqueurs de se débarrasser de leurs adversaires en les entassant dans des vaisseaux et en les envoyant mourir dans les déserts de la Guyane, que de les conduire à l'échafaud sous les yeux d'une population qui, parfois sanguinaire, finit toujours par revenir à des sentiments généreux. Il n'eût pas été possible, peut-être même n'eût-il pas été prudent, dans certaines parties de la France, de condamner à mort les ecclésiastiques qui n'avaient pas prêté les serments prescrits par les lois des 27 novembre 1790 et 14 août 1792 : c'est pourquoi les lois des 26 août 1792 et 23 avril 1793 ordonnaient qu'ils seraient *déportés* du territoire français. De même, et par la loi du 12 germinal an III, plusieurs membres de la Convention nationale furent *déportés* à la Guyane française. En exécution des lois des 19 et 22 fructidor an V, un grand nombre des plus illustres et des plus recommandables parmi les officiers généraux et parmi les membres des assemblées législatives furent déportés dans la même colonie. Napoléon 1er lui-même fit usage de cette loi terrible: ce fut à l'époque de la conspiration du mois de nivôse an IX. Par l'arrêté du 15 nivôse et par le sénatus-consulte du 17 du même mois, *cent trente individus furent mis en surveillance spéciale hors du territoire européen de la république.* Depuis la publication du Code Pénal, les jugements qui prononcèrent la peine de la déportation restèrent presque toujours sans exécution et elle fut remplacée par la détention perpétuelle dans la maison centrale du Mont-Saint-Michel.

La transportation par mesure de sûreté générale, que la République imagina après les journées de juin, et qui fut renouvelée depuis, n'est qu'une contrefaçon de la déportation sur une large échelle, quoiqu'on ait eu soin de dire que ce n'est pas une peine et qu'on n'en trouve pas la trace au Code Pénal.

[La première énonciation qui soit faite dans nos lois de la peine de la déportation se trouve dans l'article 1er de la coutume d'Auxerre, ainsi conçu : « Celui qui a haute justice a juridiction et connaissance des cas pour lesquels échoient peine de mort, incision des membres, fustigés, flétris, pilorisés, échelles, bannis, déportés et autres semblables. »
Le 26 août 1790 parut le décret prescrivant la déportation de tout ecclésiastique non assermenté. Cette pénalité prit rang ensuite dans le Code de 1791 (art. 29 et 30) et dans le Code Pénal de 1810 révisé en 1832, ainsi que dans diverses autres lois. Le 29 novembre 1791, l'Assemblée législative décréta que les prêtres insermentés seraient privés de leur pension, qu'ils ne pourraient plus exercer le culte même dans des maisons particulières, et le 27 mai 1792, un nouveau décret autorisa les directoires des départements à prononcer contre eux la peine de la déportation, sur la seule dénonciation de vingt citoyens. La loi du 10 mars 1793 autorisait le tribunal révolutionnaire à prononcer la déportation pour tous les cas non prévus par les lois et contre les individus dont l'*incivisme* et la résidence sur le territoire de la République étaient un sujet de trouble et d'agitation. Le décret du 1er germinal an III, art. 15, punissait de la déportation les cris séditieux poussés dans le sein même de l'Assemblée législative ou les manifestations par des mouvements menaçants. C'est en vertu de cette loi que plusieurs membres de la Convention nationale furent déportés à la Guyane. La loi du 27 germinal an IV prononçait la même peine contre ceux qui, sous prétexte de loi agraire ou de toute autre manière, provoquaient la dissolution du gouvernement ou le pillage des propriétés ; mais seulement dans le cas où le jury admettait l'existence de circonstances atténuantes : sans quoi la peine de mort était appliquée. Sous l'empire, bien que la peine de la déportation fût maintenue dans le Code Pénal, elle ne reçut pas d'autre application que celle qui suivit la conspiration de nivôse an IX.

Sous la Restauration, lorsque les lois, les cours prévôtales et les cris séditieux eurent rempli les prisons d'un nombre considérable de condamnés à la déportation, une ordonnance de 1817 intervint pour dire que jusqu'à ce qu'il y eût un lieu de déportation les condamnés à cette peine seraient détenus au Mont-Saint-Michel, et ce fut l'origine de cette prison d'État. Plus tard, on examina si on ne pourrait pas trouver un lieu de déportation; mais les efforts tentés dans ce but restèrent infructueux. En 1830, la Chambre des pairs appliqua aux ex-ministres de Charles X les effets légaux de la déportation, ne pouvant l'appliquer de fait, à défaut de désignation d'un lieu où les condamnés eussent pu être transportés. En 1832, lorsqu'on révisa le Code Pénal, il fut déclaré que jusqu'à ce qu'un lieu de déportation fût établi, les individus condamnés à cette peine seraient enfermés dans une prison pour leur vie entière. Enfin les lois de septembre 1835 autorisèrent le gouvernement à détenir, soit dans une prison du royaume, soit dans une prison située hors du territoire continental, les individus condamnés à la déportation. Plusieurs fois Louis-Philippe changea la peine de mort prononcée par la Cour des pairs pour des crimes politiques en celle de la déportation. En 1844, la peine de la déportation fut discutée à la Chambre des députés, non plus comme peine politique, mais comme peine ordinaire : ce projet n'eut pas alors de solution. La déportation fut encore appliquée par la Haute Cour à quelques insurgés de mai 1848 et de juin 1849. En 1850, une loi présentée par le gouvernement l'année précédente fut votée par l'Assemblée législative après de longues discussions. Cette peine cessa dès lors d'entraîner la mort civile. Le choix du lieu de déportation souleva surtout de longs débats ; les îles Marquises, quoique à peu près inconnues, furent préférées à l'Algérie et à la Guyane, trop connues peut-être, et cette loi a reçu déjà plusieurs fois, depuis, des applications. Du reste, la Guyane et l'Algérie sont devenues à leur tour des lieux de transportation.

Cependant, au moment où la France s'engageait dans cette voie nouvelle, l'Angleterre, qui avait autrefois fondé de grandes colonies pénales, renonçait de plus en plus à ce système et à cette pénalité. En 1834 une loi avait autorisé le gouvernement britannique à détenir sur les pontons les individus condamnés à la transportation. Dans l'année 1841, sur 7000 détenus dans les pontons d'Angleterre, 2,374, seulement furent transportés sur la terre de Van Diémen, et ce nombre n'a fait que diminuer depuis. L'Angleterre, abandonnant la déportation comme peine principale, imagina un système mixte, qui consiste à ne transporter les condamnés dans des colonies qu'après leur avoir fait subir une partie de leur peine sur les pontons ou dans des pénitenciers ; tel était à peu près aussi le système que le gouvernement de Louis-Philippe proposait en 1844, pour débarrasser le continent des condamnés libérés. En 1853, un acte du parlement anglais a encore diminué le nombre des cas où la transportation peut être prononcée. Quant aux résultats obtenus par l'Angleterre à l'aide de la transportation, nous les ferons connaître dans les articles que nous consacrerons à ses principales colonies pénales.

En Russie, la peine de la déportation est généralement mise en usage, et servit à peupler la Sibérie. Il y a toujours eu du reste une sorte de réprobation contre cette peine, dans tous les temps et dans tous les pays, quel que soit le nom sous lequel on l'ait déguisée. L. LOUVET.]

DÉPORT D'UN JUGE. C'est l'acte par lequel un juge, un arbitre déclare qu'il ne peut connaître d'une affaire portée devant lui. C'est une récusation volontaire.

DÉPORTEMENT, acte passager par lequel on sort de l'ordre en blessant les bonnes mœurs et l'honnêteté publique. Il y a quelque chose d'audacieux dans le déportement : rien ne l'arrête : il faut qu'il se satisfasse avec éclat et bruit ; il appelle les témoins comme pour mieux insulter à la morale. Le déportement naît d'une passion portée à l'extrême, ou bien à la suite d'excès de table qui ont égaré la raison. Les déportements ne tournent que difficilement en habitude ; leur nature est si violente que c'est par exception qu'ils se montrent : ils tuent s'ils sont trop fréquents. La jeunesse, qui surabonde de sève, se plaît aux déportements : ils lui donnent la mesure de ses forces. A cette époque de la vie, on est convaincu qu'on peut, non-seulement aller jusqu'aux dernières limites de ses désirs, mais qu'on doit encore les dépasser. On se croit en possession d'un excédant de ressources qui ne s'épuisera jamais : c'est là une véritable illusion, que plus tard on paie bien cher. Laissons de côté la morale, qui réprouve tout ce qui est déportement ; reste le simple bon sens, qui prescrit que, si l'on ne peut toujours échapper aux désordres, au moins importe-t-il d'en éviter certains excès. Les déportements, qui ne sont que des accidents dans l'existence, atteignent rarement le cœur : ils le laissent pur. Bien plus, ils inspirent maintes fois des remords si profonds qu'ils renouvellent le *moral* : ce sont de ces crises dont on sort guéri pour toujours. Les hommes les plus éminents dans tous les genres sont généralement en proie à une énergie qui les précipite dans des déportements funestes. Mais sont-ils heureusement nés, c'est une fatale expérience qui les éclaire et les fortifie. C'est dans les accès du génie repentant que souvent naissent les plus magnifiques chefs-d'œuvre dans les arts, la littérature ou les sciences.

Lorsque les déportements ne sont pas répétés, ils glissent sur la réputation des hommes sans y faire tache. Il n'en est pas de même des femmes : chez elles tout est délicat ; les mœurs les plus chastes ont à redouter la calomnie ; sans être flétries, elles souffrent dans leur éclat. Les déportements d'une jeune fille sont irréparables : elle est déchue de sa place. A l'égard des femmes mariées, il y a une notable différence : le délit, dans ce cas, est, sans doute, grave, mais la position que la coupable a précédemment acquise la protége ; et, si le mari ne fait pas retentir les salons de ses plaintes, la société n'a d'autre punition à exercer qu'une exclusion, qui ne peut être absolue. On sait ensuite dans le monde faire valoir des circonstances atténuantes. On réussit à faire excuser les déportements de l'*épouse* par les déportements plus grands qu'au besoin on prête à l'*époux*. Enfin, une femme appartient-elle à un rang élevé, elle a un entourage forcé, qui la préserve d'un isolement complet. Quant à la jeune fille qui a failli publiquement, elle porte une empreinte ineffaçable à une époque de la vie où on exige d'elle tous les genres de garanties. SAINT-PROSPER.

DÉPOSITAIRE, celui qui reçoit un dépôt. On appelle *dépositaires de l'autorité et de la force publique* les magistrats et les fonctionnaires auxquels la loi confie le soin de son exécution et le commandement de la force publique.

DÉPOSITION. C'est le récit fait en justice de ce que l'on sait relativement à une affaire, soit sur la déclaration porte sur le fait en question, soit qu'elle ait pour objet des circonstances accessoires. Les dépositions se divisent en orales et en écrites ; ces dernières sont celles dont on donne lecture à l'audience, ce qui n'empêche pas qu'elles n'aient été reçues oralement par le juge d'instruction ou par le juge commissaire. En matière civile, on les lit toujours ; en matière criminelle, on ne les lit jamais, à moins que toutes les parties n'y consentent ou qu'il ne soit question de juger un contumace. Cependant quelques personnes, à raison de leur haute position sociale ou des fonctions qu'elles exercent, ont le privilège d'envoyer une déclaration écrite. Le serment est une condition essentielle à toute déposition ; il est prescrit à peine de nullité, et l'on ne peut entendre sans cette formalité que les personnes auxquelles la loi refuse la qualité de témoin, et qui ne donnent que de simples renseignements. Les dépositions civiles sont reçues par un juge commissaire, en présence des avoués, après que les faits sur lesquels on doit déposer, ont été déterminés par un jugement (*voyez* ENQUÊTE). P. DE GOLBÉRY.

DÉPÔT (du latin *deponere*, remettre, donner en garde). C'est un acte par lequel une personne donne une chose corporelle et mobilière à garder à une autre personne, qui s'en charge gratuitement et s'oblige à la rendre à la volonté du déposant. Le dépôt est *volontaire* ou *nécessaire*.

Le *dépôt volontaire* est celui dans lequel le choix du dépositaire dépend de la volonté parfaitement libre du déposant. Il ne peut avoir lieu qu'entre personnes capables de contracter ; néanmoins, il n'est pas sans effet, qu'il ait été fait à une personne capable par une qui ne l'est pas, ou à une personne incapable par une personne capable. Il doit être prouvé par écrit, et la preuve testimoniale n'en est point reçue pour une valeur excédant 150 francs.

Le dépositaire doit garder fidèlement la chose déposée et la restituer à la première réquisition. Les parties peuvent convenir que le dépositaire répondra de toute espèce de faute ; s'il n'y a rien de stipulé à cet égard, le dépositaire est tenu, par la nature du contrat, d'apporter dans la garde de la chose les mêmes soins qu'il apporte pour les siennes. Dans aucun cas cependant il n'est tenu des accidents de force majeure, à moins qu'il n'eût été mis en demeure de restituer le dépôt. L'obligation de garder la chose renferme celle de ne point chercher à la connaître lorsqu'elle a été confiée dans un coffre fermé ou sous une enveloppe cachetée. Le dépositaire doit rendre la chose même qu'il a reçue, et dans l'état où elle se trouve ; il ne répond que des détériorations survenues par son fait. Si par dol ou autrement il a cessé de posséder la chose, il doit en restituer la valeur avec dommages-intérêts, et, en cas de dol, il est puni d'un emprisonnement de deux mois à deux ans et d'une amende. Il en est de même à l'égard de son héritier, s'il est prouvé qu'il avait connaissance du dépôt ; autrement il est présumé de bonne foi. Si la chose a produit des fruits qui aient été perçus par le dépositaire, il est tenu de les restituer ; mais si le dépôt consiste en deniers comptants, il n'en doit les intérêts que du jour où il a été mis en demeure de faire la restitution. Si le lieu de la restitution a été désigné dans le contrat, elle doit s'y faire ; autrement, c'est au lieu même du dépôt. C'est toujours à la personne qui a fait le dépôt, ou au nom de laquelle il a été fait, ou qui a été indiquée pour le recevoir, que cette restitution doit être faite.

Cependant, il peut arriver que, dans l'intervalle, le déposant soit mort ou ait changé d'état ; la chose doit alors être rendue à ses ayant-cause, ou à la personne qui administre ses biens.

Quant au déposant, il contracte deux obligations : celle de rembourser au dépositaire les dépenses qu'il a faites pour la conservation de la chose déposée, celle de l'indemniser de tout le préjudice que le dépôt peut lui avoir occasionné. Outre l'action personnelle que le dépositaire peut exercer à cet effet, il a encore le droit de retenir la chose jusqu'à l'entier paiement de ce qui lui est dû.

Le *dépôt nécessaire* est celui dans lequel le choix du dépositaire ne dépend pas uniquement de la volonté du déposant ; tel est celui qui est causé par un événement fortuit et imprévu, comme un incendie, une ruine, un pillage, etc. La preuve par témoins peut en être reçue, quelle que soit la valeur de la chose déposée, et sans qu'il soit besoin de rapporter un commencement de preuve par écrit. Il est régi au surplus, par les mêmes règles que le dépôt volontaire. On assimile au dépôt nécessaire celui qui est fait par les voyageurs aux aubergistes, aux hôteliers, aux propriétaires des voitures et messageries, de leurs effets et autres objets par eux apportés, parce que ces derniers ont droit à un salaire pour recevoir, ou pour transporter ces objets.

En matière commerciale, le dépôt doit être défini : une convention par laquelle une personne, moyennant une rétribution déterminée soit par la convention même, soit par l'usage des lieux, se charge de conserver la chose d'autrui. C'est un contrat intéressé, à la différence du dépôt ordinaire qui est un contrat essentiellement gratuit. Le dépôt entre commerçants se prouve par témoins et par tous les autres moyens de preuve admis en matière commerciale.

Il est une autre sorte de dépôt qu'on nomme *judiciaire*, c'est celui qui est ordonné par justice. On l'appelle aussi *séquestre*.

On emploie le mot *dépôt* dans le style de la procédure, pour exprimer la remise qui est faite au greffe des pièces à communiquer sans déplacement, dans le cours d'une instance; de celles à vérifier en cas de dénégation d'écriture; du cahier des charges, dans une saisie de rentes, dans une saisie immobilière, dans une vente d'immeubles appartenant à des mineurs ; de la minute d'un rapport d'experts, etc.

On appelle *dépôts publics* les lieux destinés par l'autorité à recevoir des pièces, procédures, papiers, registres, actes et effets ; par exemple, les archives, les greffes, les musées, les bibliothèques publiques, etc.

Afin de s'assurer la propriété littéraire et la propriété industrielle, il est nécessaire de déposer des exemplaires, épreuves ou dessins aux endroits déterminés par les différentes lois qui régissent ces propriétés. Ces dépôts sont d'ailleurs d'obligation absolue, en ce qui les concerne, pour les imprimeurs. Le dépôt doit être fait avant le tirage pour les objets soumis à l'autorisation préalable.

DÉPÔT. C'est le nom qu'on donne à de vastes salles qui font partie de l'hôtel de la préfecture de police à Paris, et où sont amenées les personnes arrêtées. On peut se faire une idée, par le grand nombre de malfaiteurs dont on sait que Paris est le repaire habituel, du spectacle hideux que présente la flottante population du dépôt. Aussi le dépôt n'est-il pas, à vrai dire, une prison ; on n'y trouve point les faibles avantages que l'humanité fait un devoir de laisser à ceux que la société a dû priver de la liberté. Ainsi, là, point de préau, point d'infirmerie. Il est vrai que d'ordinaire le séjour des inculpés y est de peu de durée ; mais il n'est pas sans exemple cependant que des individus y aient été retenus un temps encore assez long !

Il y a deux salles : l'une est consacrée aux hommes, l'autre aux femmes. Chacune de ces salles forme un carré long, garni dans son pourtour de lits de camp, dits *à la Fayard*, qui, le matin, se dressent contre le mur au moyen d'une enfilade de chaînes cadenassées et qui le jour forment des bancs. Le soin de dresser et d'abaisser les lits est laissé aux détenus. Il s'en offre toujours qui se chargent de cette corvée moyennant une prime. Les salles, pavées de larges dalles, sont chaque matin lavées abondamment ; et les baquets de la nuit font place aux gamelles de bouillon maigre dont se compose, avec une livre et demie de pain noir, la nourriture offerte aux détenus par l'administration. Toutefois, il y a entre le dépôt et les prisons un inévitable point de ressemblance, la *cantine*. Le concierge du dépôt en a le monopole. L'incarcération dans ce lieu ne doit pas durer plus de trois jours ; mais ce terme est bien souvent dépassé par la grande affluence de prévenus et de filles. Les retards qu'éprouve leur interrogatoire tournent au profit de la police,

qui glisse parmi les prisonniers quelques-uns de ses agents, bien connus sous le nom argotique de *moutons*. Ces agents ont ainsi quelquefois, dans les libations de la cantine, surpris des aveux utiles à la justice, ou découvert des voleurs fameux qui se cachaient sous le pseudonyme d'un filou vulgaire. Pour s'assurer des dispositions d'un nouvel arrivant, les détenus *de son plat* le forcent, si ce n'est point *un ami*, à payer une bien-venue ; et son refus l'exposerait à se voir dépouillé de ses habits et passé par *la savate*. Car la réunion dans une même salle d'un grand nombre d'individus de ce genre ne permet pas qu'il y ait tout l'ordre et toute la discipline désirables. Les gardiens et les sergents de ville ne se font pas faute pourtant de distribuer force coups de cannes à ceux qui résistent à leurs injonctions ; et l'on est placé non plus libéral, au dépôt, de sévérités de ce genre, que la plupart des habitués sont placés sous le régime exceptionnel de la surveillance, et entièrement à la discrétion des agents de l'autorité. Ainsi, le simple ordre d'un chef de division de la préfecture de police retient au dépôt le forçat libéré et envoie la fille publique à Saint-Lazare pour cinq ou six mois, sans autre forme de procès. Et la moindre peine que puisse leur faire encourir une insubordination, c'est de rester quinze jours ou trois semaines au dépôt avant d'être écroués dans une prison ; ce qu'ils redoutent d'autant plus que le séjour au dépôt ne compte pas dans la durée de l'incarcération. Les interrogatoires sont faits par un chef de division, qui a la qualité de commissaire de police. Un rapport est dressé par lui de l'affaire et envoyé au procureur du roi, qui régularise l'arrestation, s'il y a lieu, par l'envoi d'un mandat d'écrou.

Parmi les malfaiteurs que les patrouilles ramassent et qui sont conduits à la préfecture se trouvent souvent de jeunes vagabonds. Ils sont placés dans une pièce au-dessus de la salle Saint-Martin. Autrefois, ces malheureux enfants étaient laissés parmi les autres détenus ; mais les atroces violences dont quelques-uns se sont trouvés victimes ont fait une nécessité de les placer dans un local entièrement séparé.

Le spectacle de ces hommes, de ces femmes, de ces enfants, jetés là comme on les a trouvés dans la rue, ne serait que hideux et n'inspirerait d'autre sentiment qu'un profond dégoût, si, à côté du vagabond, du voleur de profession, on ne voyait pas trop souvent figurer l'honnête citoyen qu'une mesure administrative, un soupçon ministériel, est venu arracher inopinément à sa famille. Car le dépôt reçoit *indistinctement* les individus arrêtés par la force publique, tant il est vrai que, dans notre pays, la **liberté individuelle** est comptée pour peu de chose par les gouvernants, et que, d'après notre législation et nos habitudes judiciaires, le citoyen arrêté est, tout d'abord, censé coupable et traité comme tel ! Les égards et la considération qu'un homme s'est acquis dans le monde devraient le suivre jusqu'à ce que l'accusation et la défense aient été entendues. C'est surtout dans des temps d'agitation civile que ce triste mélange de prévenus accuse l'administration de tyrannie ou d'imprévoyance. En effet, le forçat, le vagabond et le citoyen qu'ont entraîné ses opinions, ses erreurs politiques, si vous voulez, sont tous pour plusieurs jours parqués dans une même salle et livrés à la brutalité habituelle des mêmes agents. N'a-t-on pas jeté dans le cloaque du dépôt Châteaubriand ! Heureux pour le grand homme littéraire de notre époque d'y être arrivé avec l'argent nécessaire pour réclamer les avantages de la pistole !

Théodore TRUCOUR.

DÉPÔT (*Administration militaire*). Ce mot, d'une acception vague, d'un emploi presque toujours obscur, figure en bien des circonstances dans la langue des armes ! Il y a eu *dépôt* des gardes françaises, *dépôts* de conscrits, *dépôts* de prisonniers de guerre. Il y a des *dépôts* d'ambulance, établissements sanitaires provisoires, formés au sein des armées agissantes, et destinés à recevoir les malades ou les blessés avant qu'ils soient évacués sur des points moins exposés. Il y a, outre le dépôt central d'artillerie, des dépôts particuliers de cette arme, magasins de matériel, placés sur les lignes d'opération et dans les forteresses. Nous avons aussi en France un dépôt de la guerre. Dans un sens plus général, le mot *dépôt*, en temps de paix comme en temps de guerre, donne l'idée d'un lieu de résidence, et presque toujours de garnison, où les corps régimentaires d'une armée laissent leur conseil d'administration, les officiers de détails, leurs magasins, leurs ouvriers, leurs conscrits et recrues, leurs principaux registres, la matricule, le contrôle général annuel, les pièces de haute comptabilité, le surplus de l'armement, le fonds d'habillement et d'équipement. Ce genre de dépôt a été appelé, suivant les temps, *bataillon auxiliaire, escadron de dépôt, compagnie provisoire, compagnie hors rang*, etc. Jusque dans ces derniers temps, le dépôt des régiments d'infanterie était composé de leur 3ᵉ bataillon, fort de 8 compagnies, comme les deux premiers. Par suite de l'organisation de dix nouveaux bataillons de chasseurs à pied, et afin de conserver le même effectif général de l'armée, un décret du 22 novembre 1853 a licencié la 6ᵉ compagnie des bataillons de dépôt, c'est-à-dire la dernière des compagnies du centre, en sorte que ces bataillons n'auront plus maintenant que sept compagnies.

DÉPÔT (*Géologie*). On désigne ainsi dans la science une grande masse de matières minérales, qui tirent leurs noms particuliers de la matière prédominante : ainsi, on désigne sous le nom de *dépôts granitiques* des masses composées en général de granit, mais renfermant aussi d'une manière secondaire, accessoire ou *subordonnée*, de petits dépôts de gneiss, de porphyre, etc. De même les *dépôts calcaires* contiennent des couches de calcaire, puis des amas subordonnés de sable, d'argile, etc. Les dépôts sont de différentes formations ou origines, selon la nature des roches qui les composent. Les dépôts granitiques sont de formation plutonienne, les dépôts calcaires sont de formation neptunienne. Les dépôts affectent différentes formes. Ils se présentent en *couches*, en *strates* ou *bancs*, en *amas*, en *nids*, en *rognons*, en *noyaux*, en *géodes*, en *filons*. On désigne sous le nom de *terrain* un ensemble de dépôts.

L. Dussieux.

DÉPÔT (*Pathologie*), amas d'humeur qui se forme en quelque endroit du corps. Dans le langage médical, on dit plus ordinairement *tumeur* ou *abcès*, suivant l'état auquel est parvenu le *dépôt*.

DÉPOTAT, mot d'origine latine, *deputatus*, qui s'est grécisé en δηποτατος, δηποτατοι, termes qui rappellent les usages de la milice byzantine du moyen âge. L'usage des dépotats était antérieur à Léon le Tacticien, puisqu'il dit que de son temps, au dixième siècle, on les appelait *scriboni*; mais on ne sait pas en quel temps la milice romaine les aurait connus. On choisissait les *dépotats* parmi les hommes agiles, braves, mais d'une classe inférieure ; ou bien, suivant Du Cange, on les tirait des différents corps parmi les individus les moins riches. Les dépotats étaient à cheval, sans armes; ils exerçaient une fonction analogue à celle des porte-brancards ou des infirmiers de nos ambulances volantes; il y en avait huit à dix par chaque corps, nommé *bande*; ils se tenaient à cinquante pas en arrière de la première ligne, et étaient pourvus de vaisseaux remplis d'eau pour laver les plaies et faire revenir les hommes évanouis. Ils relevaient et emportaient les blessés; leur selle était garnie d'un étrier à l'arçon de devant, et d'un étrier à l'arçon de derrière, afin de pouvoir faire monter un ou deux blessés. Il leur était alloué, sur le trésor impérial, quelque chose équivalant à un écu par chaque blessé qu'ils retiraient du combat. Il est probable qu'ils les dirigeaient sur les hôpitaux ; mais rien, pourtant, ne prouve que ce genre d'établissement sanitaire existât alors. Les dépotats avaient encore une autre fonction : c'était celle de ramasser et de réunir les dépouilles, qu'ils remettaient aux décarques; ils avaient en conséquence une certaine part au butin. Cette fonction leur était surtout attribuée en vue d'ôter tout prétexte aux cavaliers de mettre pied à terre pour ramasser des dépouilles ou pour faire des prisonniers.

Gᵃˡ Bardin.

DÉPÔT CENTRAL D'ARTILLERIE. La direction du dépôt central d'artillerie, à Paris, comprend, tant pour la surveillance des travaux que pour l'exécution des ordres du ministre de la guerre, l'atelier de précision et de modèles d'armes ; le musée d'artillerie ; les archives ; la bibliothèque ; la collection des plans, cartes et dessins. Les officiers et employés attachés à ces divers établissements sont sous les ordres du général, président le comité de l'artillerie, directeur du dépôt. Parmi les derniers on compte un conservateur du musée, un bibliothécaire, professeur de sciences appliquées, et deux professeurs de dessin.

DÉPÔT DE LA GUERRE, sorte de dépôt créé en 1688, et qui eût été désigné plus convenablement sous le nom d'*archives du ministère*, comme s'appelle celui de Portugal, ou de *conservatoire*, qui est le nom de celui de Bavière, ou de *bureau central d'état-major*, comme on le qualifie en Prusse. Cet établissement, qui occupe à Paris l'ancien hôtel de Noailles, rue de l'Université, renferme la plus riche collection qui existe de cartes, mémoires militaires, documents historiques, géographiques et statistiques sur les guerres que la France a eu à soutenir. Il possède, en outre, des archives, dont la série régulière remonte jusqu'en 1571, sous Charles IX, et quelques documents isolés jusqu'en 1035. La bibliothèque contient plus de 20,000 volumes et plus de 8,000 manuscrits.

Abel de Servien, marquis de Sablé, secrétaire d'État de la guerre sous Louis XIII, avait fait réunir, pendant son administration, tout ce que l'on possédait alors de documents et de correspondances militaires ; c'est donc lui qui doit être considéré comme le fondateur du dépôt de la guerre, et c'est à tort qu'on en a attribué l'honneur à Louvois. Ce ministre ne fit que réunir à Versailles, dans un grenier de son hôtel, la collection d'Abel de Servien, et il y ajoutait, à mesure, les cartes, mémoires, papiers jugés inutiles au mécanisme de l'administration. Les correspondances des généraux vinrent successivement grossir ce *chartrier*. Cet amas confus, transféré à Paris au commencement du dix-huitième siècle, fut placé à l'Hôtel des Invalides. On reconnut, en 1720, l'importance des pièces que le dépôt contenait, parce que les chambres ardentes, créées sous la régence, durent y recourir pour l'examen des comptes des entrepreneurs des vivres. Quelques commis y furent donc placés pour débrouiller ce chaos ; ils commencèrent surtout à y travailler en 1733, sous l'administration de M. d'Argenvilliers. L'année suivante, la direction du dépôt de la guerre fut confiée au maréchal de Maillebois. En 1744, le comte d'Argenson, ministre de la guerre, réunit le dépôt des cartes et plans à celui des fortifications. En 1750, commença la grande entreprise de la carte de France, projetée par Cassini de Thury, et préparée, depuis un demi-siècle, dans cette famille de savants.

Après Maillebois, la direction du dépôt de la guerre fut confiée à Berthier, père du prince de Wagram, puis au général de Vault, qui eut pour adjoint Baudoin, brigadier des armées du roi, et chef des ingénieurs-géographes durant la guerre de sept ans. En 1761, le dépôt fut reporté des Invalides à Versailles, où un local lui avait été préparé. L'établissement commença aussitôt à prendre de la vie. Voltaire y puisa les matériaux militaires du siècle de Louis XIV. Le dépôt fut transféré une seconde fois de Versailles à Paris, en 1790, non sans éprouver des pertes irréparables, telles que celles des riches in-folio d'uniformes peints par Parrocel, on exécutés sous sa direction vers la fin du règne de Louis XIV. Le dépôt des fortifications en fut alors séparé. Malgré l'importance et l'accroissement que ces archives ont pris, on leur a laissé le nom de *dépôt*, devenu impropre et mal sonnant ; car ce sont les arsenaux qui sont les vrais *dépôts de la guerre*, tandis que celui-ci est l'arsenal littéraire et scientifique de l'armée.

Le général de Vault mourut en 1790, après avoir été trente ans directeur du dépôt. Il laissait 125 volumes de manuscrits sur l'histoire de nos campagnes de 1677 à 1763. C'est de ce travail que le général Pelet a extrait l'ouvrage qu'il a publié sous le titre de *Mémoires militaires relatifs à la succession d'Espagne sous Louis XIV*. De Vault eut pour successeur le général Mathieu Dumas, alors aide-maréchal des logis des armées du roi. Le 25 avril 1792, parut un règlement de Louis XVI sur le dépôt de la guerre. Au commencement de 1793, Mathieu Dumas et son adjoint l'adjudant général Jarjayes abandonnèrent la direction du dépôt. Dès lors, les travaux devinrent complètement nuls. Poncet de la Rivière ne fit que paraître dans les fonctions de directeur. Enfin, le ministre de la guerre Bouchotte, ayant rencontré à la Convention le représentant du peuple Calon, ancien ingénieur-géographe, précédemment attaché au dépôt de la guerre, l'en fit nommer directeur en mai 1793. Malheureusement Calon, ayant conçu des défiances sur les opinions politiques des employés du dépôt, les renvoya tous à son entrée en fonctions, et les remplaça par des personnes entièrement étrangères à ces travaux. Le désordre fut à son comble.

Le ministre Carnot créa un cabinet topographique. C'était un moyen d'utiliser le dépôt de la guerre. Il fit venir des états-majors de l'armée des officiers instruits pour rechercher les matériaux historiques anciens et classer ceux qu'on recueillait en grand nombre. En 1793, la Convention ordonna que la grande carte de France de Cassini serait retirée de l'Observatoire et remise au dépôt de la guerre. Le 11 mai 1797, le Directoire réorganisa l'établissement. Le général Dupont succéda à Calon. Il eut pour adjoint l'adjudant-général Desdorides pour la partie historique et le capitaine Dabancourt pour la partie topographique ; mais il fut bientôt remplacé lui-même par le général Ernouf, qui créa la bibliothèque du dépôt, comprenant alors à peine 200 volumes. En mai 1799, le général de brigade Meunier succéda au général Ernouf. Vint ensuite le général de division Clarke, depuis duc de Feltre, qui travailla avec le premier consul et y établit un bureau topographique particulier. A l'adjudant général Desdorides succéda, dans ses fonctions, l'adjudant général d'Hastrel, qui fit dresser et graver une carte des étapes et une autre carte réduite de la France pour les divisions civiles et militaires.

En 1801, les travaux reprirent une nouvelle activité. De nombreux matériaux, fruits de nos conquêtes, arrivèrent d'Italie, principalement du bureau topographique de Turin. Les cartes militaires de la Souabe et de la Bavière furent levées, ainsi que celles du pays situé entre l'Adige et l'Adda, et celles des quatre départements réunis de la rive gauche du Rhin. Clarke ayant quitté le dépôt de la guerre pour aller remplir les fonctions de ministre plénipotentiaire de la république près du roi d'Étrurie, un arrêté des consuls, du 8 août de la même année, nomma à sa place le général de division d'artillerie Andréossi, en lui adjoignant le chef de brigade du génie Pascal Vallongue. Ce fut sous cette administration que fut reprise, après plus de vingt ans d'interruption, la carte des chasses, et que fut fondé, sous le titre de *Mémorial du dépôt général de la guerre* un recueil scientifique et didactique de tous les mémoires, cartes, et plans relatifs à l'art de la guerre.

Sous l'Empire, le dépôt de la guerre subit plusieurs modifications. Le général de division du génie Sanson remplaça en 1803 Andréossi; mais en 1812 il fut fait prisonnier en Russie, et la direction du dépôt resta à son adjoint le colonel Muriel. Elle passa, de 1814 à 1815, aux mains du maréchal de camp Bacler d'Albe, qui fut momentanément remplacé par le baron de la Rochefoucauld et eut pour successeur, en juillet 1815, le marquis d'Ecqueville, ancien officier émigré. Le 6 août 1817, une ordonnance prescrivit l'exécution d'une nouvelle carte topographique de France sous la direction du général Brossier, adjoint du marquis. Destinée à remplacer celle de Cassini, reconnue en général incomplète, quelquefois même inexacte, elle fut entreprise en 1821 par le corps des ingénieurs géographes, mais les officiers du corps d'état-major y concoururent dès 1825, et aujourd'hui c'est à ce dernier corps, dans lequel le premier a été fondu, qu'est confié l'achèvement de cet admirable travail.

Une ordonnance du 8 octobre 1817 supprima la direction générale du dépôt de la guerre et la fit entrer dans les attributions de la troisième direction du ministère de la guerre, dont elle forma la cinquième bureau, sous les ordres du colonel Muriel. Cette suppression dura cinq ans et apporta des entraves aux travaux habituels du dépôt et surtout aux opérations de la carte de France. Rétablie par ordonnance du 23 janvier 1822, la direction générale du dépôt de la guerre fut confiée au général Guilleminot. Pendant que cet officier général remplissait, en 1823, à l'armée d'Espagne, les fonctions de major général, celles de directeur du dépôt furent partagées entre les maréchaux de camp Saint-Cyr-Nugues et Brossier. Lorsque le général Guilleminot partit pour son ambassade de Constantinople, ce fut le maréchal de camp Delacaisse de Vérigny qui fut nommé directeur *per interim*. Le 30 juin 1822 parut un nouveau règlement sur les attributions du dépôt, qui fut divisé en trois sections : historique, typographique et administrative. Une section de statistique y ajoutée par décision ministérielle du 27 mars 1826. Enfin, après la révolution de 1830, le général Guilleminot fut remplacé par le lieutenant général Pelet, et dès lors les diverses branches de service du dépôt prirent une nouvelle vie.

Aujourd'hui, le dépôt de la guerre forme la 6e direction du ministère de la guerre, confiée à un colonel d'état-major, et divisée en deux sections , dirigée chacune également par un colonel du même corps. La première s'occupe de la révision , du classement et de la conservation des calculs astronomiques et géodésiques, de la rédaction de la partie scientifique du *Mémorial* ; de la conservation des instruments d'astronomie, de géodésie, de topographie, etc,; de la préparation et mise au net des matériaux topographiques pour toutes les cartes et dessins; de l'exécution des aquarelles militaires, dessins, etc. ; de la gravure de toutes les cartes et de la retouche des cuivres. La seconde section est spécialement chargée du classement et de la conservation des archives relatives à l'histoire militaire de la France ; de la rédaction des opérations militaires depuis 1792, de l'histoire des régiments depuis leur création, et généralement de tous les travaux historiques; de la réunion des documents relatifs à la statistique militaire; de l'examen des travaux et ouvrages militaires publiés à l'étranger ; de la rédaction de la partie historique et militaire du *Mémorial*, etc.

Au moyen de nouveaux levés exécutés de concert entre les ingénieurs espagnols et les officiers d'état-major français, le dépôt de la guerre a tracé une carte générale d'Espagne en 16 feuilles. Il a relevé et nivelé , dans tous les détails, sur le canevas de Verniquet, la carte du département de la Seine, à l'échelle du quarante millième, la carte générale d'Algérie au cinquante millième, celles des provinces d'Alger, de Constantine et d'Oran au millionnième; les plans d'Alger, d'Oran, de Bone, de Constantine, de Blida, de Coléah etc; la carte de Morée en 6 feuilles; celle du royaume de Grèce, etc, etc. Il a recueilli et classé de nombreuses investigations scientifiques sur l'Algérie, la Syrie, la Palestine, l'Asie Mineure, etc. Il a terminé l'Atlas des places fortes de l'empire, en 6 vol. grand in-fol., contenant 156 places fortes ou forts, couvrant toutes nos frontières de terre et de mer, avec des notices historiques, militaires et statistiques; l'Atlas des champs de bataille, sans compter plus de 8,000 cartes et plans, résultant de travaux antérieurs. Telles sont en résumé les principales productions dues à l'infatigable activité des officiers d'état-major attachés au dépôt de la guerre.

Eug. G. de MONGLAVE, ancien officier d'état-major.

On doit au dépôt de la guerre l'exécution des cartes de tous les départements de la France, ouvrage monumental, qui honore les sciences géologiques et astronomiques. La minute de cette carte est dressée à l'échelle du quarante millième; et sa réduction au quatre-vingt millième est rapportée sur cuivre au moyen de la gravure par les plus habiles artistes. Les feuilles sont livrées au commerce au prix de 7 francs chacune. Le dépôt de la guerre a publié encore des cartes de la Suisse, du Piémont, de la Lombardie, de la Savoie, de l'île d'Elbe, de l'Égypte; mais tout, dans cet établissement, n'a pas eu pour objet les choses de la guerre, les intérêts de l'armée et les progrès de la science des armes; on s'y est livré à des travaux qui appartiennent bien plus aux calculs nouveaux de l'économie politique, aux supputations du Bureau des Longitudes, qu'aux mouvements des armées; on ne s'y est pas encore occupé de la castramétation; on n'y a gravé, ni les éléments de tactique de la cavalerie, ni les longtemps provisoire, ni l'escrime à cheval, ni les évolutions des lanciers, travail encore à faire, ni les manœuvres de l'artillerie, si longtemps inédites. Quant à l'ordonnance d'uniforme exécutée par les ordres du ministre Clarke, qui visait à un système régulier d'habillement, de harnachement, etc., ce travail immense, qui contenait un texte complet et quantité de dessins, a été enseveli, en 1818, dans la poussière des greniers.

L'établissement du dépôt est le conservatoire des documents du ministère de la guerre; c'est un cabinet topographique, un collège de mathématiciens, de dessinateurs, de géographes, d'officiers composant un corps auquel sont attachés des graveurs, des écrivains, des traducteurs. Les travaux historiques y ont donné sa dénomination à une section qui, pendant longtemps, n'a été qu'un incomplet bureau de classement, plutôt qu'un cabinet de sérieuses et profitables études. Longtemps la bibliothèque du dépôt ne fut qu'un recueil incomplet, imparfaitement classé, trop peu européen, trop peu accessible aux militaires, trop mal inventorié pour qu'on pût, sans danger, la laisser accessible et ouverte; elle contenait 20,000 volumes depuis qu'en 1822 la bibliothèque du ministère y avait été réunie. Des évêques, des prêtres, des abbés en avaient été les bibliothécaires : tels furent Jarente, Massieu, Bevy, etc. Le ministre Feltre interdisait sévèrement la communication des pièces historiques enfermées dans le dépôt : on n'autorisait alors que conditionnellement l'accès de la bibliothèque. Si ce système, tout sévère qu'il paraisse, se fût maintenu, le dépôt serait plus riche qu'il ne l'est. Feltre agissait autant par esprit de conservation que par respect pour les ordres de Bonaparte, qui ne voulait l'histoire contemporaine que comme il lui convenait qu'elle fût écrite. Depuis ce ministre, qui, s'il enfouissait, ne laissait, du moins, rien distraire ou colporter, des négligences, des complaisances ou des accidents ont fait disparaître plus d'une pièce importante. Loin, sans doute, de nous la pensée que ce fût dans l'intérêt de personnages adroits ou puissants; personne ne supposera que ce soit avec intention ou par cupidité que rien ait été détourné; ce serait sans exemple; mais, de la campagne de l'an VIII et des suivantes, de la guerre péninsulaire, etc., il ne se retrouvait rien, pour ainsi dire, comme correspondance originale. Un historien laborieux avait eu la facilité et le besoin de faire des recherches de ce genre; elles furent infructueuses. Peut-être, comme on dit en argot de cabinet, ce qu'il demandait *était en lecture*; car une facilité blâmable laissait sortir du dépôt, pour une durée plus ou moins longue, les matériaux que voulaient explorer les écrivains d'un haut rang : ainsi, le maréchal Gouvion-Saint-Cyr n'avait composé ses mémoires qu'en faisant transporter chez lui tout ce qui avait pu lui être nécessaire. Un général qui avait compulsé à la bibliothèque même du dépôt les pièces relatives à la guerre de Russie, y avait vu un curieux autographe que Napoléon avait tracé pendant la retraite de Moscou, le jour où un enrouement lui avait fait perdre la voix : c'était le seul morceau original de sa main, dans une liasse énorme; ce trésor a été remplacé, soit temporairement, soit à perpétuité, par une copie de la main d'un commis.

Les Anglais ont créé un établissement analogue au nôtre. Il fait partie des bureaux du quartier-maître général; il contient une bibliothèque alimentée de tout ce qui se publie en tout pays. Il est dirigé par un général-major, et desservi par un petit nombre d'ingénieurs géographes.

Gal BARDIN.

DÉPÔT DE LA MARINE. Le *dépôt général des cartes et plans de la marine et des colonies*, sis à Paris, rue de l'Université, date, comme celui de la guerre, du siècle de Louis XIV; il ne fut à l'origine qu'un établissement peu considérable, où venaient s'enfouir confusément et au hasard des cartes, des instructions nautiques et des papiers de toutes sortes. Ce n'est qu'en 1721 qu'il fut organisé plus régulièrement et mis sous la direction d'un officier-général de la marine; des ingénieurs furent placés sous les ordres de ce directeur, et le dépôt eut le monopole des cartes marines. Un service si important ne pouvait être confié qu'à des gens de mérite : aussi y appela-t-on des hommes tels que Buache, Fleurieu, etc. Mais alors en hydrographie il y avait tout à faire, et les premiers résultats ne furent guère satisfaisants. Ce n'est que depuis ces derniers temps, et grâce aux progrès continus de la science, au perfectionnement des instruments d'observation, et à l'instruction plus solide des ingénieurs hydrographes, que nos cartes marines répondent aux besoins des navigateurs. Une fois que ceux-ci ont pu compter sur les documents qui leur sont fournis, ils se sont habitués à avoir recours au dépôt, qui n'a pas tardé à prendre un grand développement. Ses attributions se sont étendues à mesure que le goût de la science s'est introduit dans la marine, et il a eu bientôt dépassé ses anciennes limites; aussi, lorsqu'a été terminée la reconnaissance des côtes occidentales de France, travail qui avait demandé plus de vingt ans, le dépôt a-t-il répondu par une activité incessante aux esprits étroits qui avaient presque voulu sa tâche à ce chef-d'œuvre, dont, au reste, on n'égalera jamais la perfection. Les ingénieurs s'embarquèrent à l'envi pour les expéditions lointaines, et, comme ils avaient tous passé par l'école Polytechnique, ils purent être utiles, non-seulement à l'hydrographie, mais encore aux sciences physiques. Il nous suffira de citer, parmi nombre de campagnes, celles de *la Bonite*, de *la Vénus*, et de *l'Astrolabe*. Les officiers de marine s'y piquèrent aussi d'émulation, et se livrèrent à des travaux de même genre qui se centralisèrent au dépôt. On a la mesure des services rendus par le dépôt, hydrographiquement du moins, en récapitulant la quantité des cartes et ouvrages qu'il livre aux navigateurs. La moitié environ est donnée gratuitement à mesure que l'exigent les besoins de la marine. L'autre moitié s'écoule dans le commerce par l'entremise d'un dépositaire unique auquel l'état fait une remise, seule bonne manière d'arriver à une circulation active. En 1826, il n'était sorti du dépôt que 14,000 cartes; aujourd'hui il en sort, en moyenne, 40,000 par an. Le nombre des ouvrages était tellement insignifiant en 1826, qu'on en avait à peine demandé; maintenant, année commune, on en demande plus de 25,000. La collection du dépôt en 1826 était de 460 cartes environ; elle en possède en ce moment près de 1,500. C'est un mouvement de plus de 250,000 articles.

Par la force des choses, il s'est formé là un foyer scientifique pour la marine, et le champ a été ouvert à une foule de questions importantes négligées jusqu'alors. Les attributions du dépôt sont la levée, la construction et la gravure des cartes marines; la publication des instructions nautiques et des ouvrages relatifs à la navigation; la réception, la réparation et l'entretien des chronomètres et autres instruments exécutés pour le service de la marine; la conservation des archives nautiques françaises et étrangères; la conservation des chronomètres et autres instruments de précision; le secrétariat, la comptabilité et la correspondance générale; l'impression des cartes pour le service de la marine de l'état et de la marine du commerce; la réception et la distribution des ouvrages publiés sous les auspices du ministre de la marine et des colonies, et la conservation d'une bibliothèque spéciale, composée de voyages et d'ouvrages relatifs à la marine. Mais c'est à un des bureaux du ministère, tout à fait indépendant du directeur général du dépôt, qu'appartiennent les reconnaissances hydrographiques, les travaux de comptabilité du dépôt, la publication des voyages entrepris aux frais de la marine, l'achat et l'emploi des instruments nautiques et des documents de toute espèce utiles à la navigation, de telle sorte qu'une demande du directeur général du dépôt passe par ce bureau, et quelquefois y est rejetée ou modifiée, tandis que souvent, au contraire, arrive au dépôt l'ordre d'exécuter avec son propre budget des travaux sur l'opportunité et le mérite desquels on ne le consulte pas. A. DELAMARCHE, Ingénieur-Hydrographe.

DÉPÔTS DE MENDICITÉ, établissements créés sous le règne de Louis XVI dans le but de réprimer la mendicité, et qui, ne devant être ni des hôpitaux ni des prisons, semblaient mieux appropriés à leur objet. Une courte expérience fit pourtant bien vite désespérer de cette institution, que la révolution acheva de ruiner. L'Assemblée constituante ouvrit des ateliers de secours, et, après avoir ainsi assuré de l'ouvrage aux indigents valides, elle décréta que tout mendiant infirme serait conduit à l'hôpital, et tout mendiant valide au dépôt de mendicité. L'espoir que l'on avait conçu sur ce plan fut cruellement déçu. L'empereur, qui attachait une grande importance à l'extinction de la mendicité, prescrivit, par un décret du 5 juillet 1808, l'érection d'un dépôt de mendicité dans chaque département. Ces établissements devaient recevoir tous les individus mendiants et n'ayant aucun moyen de subsistance. Plus tard, en 1810, ce décret recevait son complément et sa sanction dans les articles 274 et 275 du Code Pénal. Le gouvernement impérial envisageait les dépôts de mendicité comme « des établissements paternels où la bienfaisance devait tempérer la contrainte par la douceur et ranimer le sentiment d'une honte salutaire. » Malheureusement le résultat répondit peu au programme. D'abord on avait espéré que les ateliers établis dans les dépôts donneraient un revenu qui compenserait en partie les frais; ce qui n'arriva pas. La dépense annuelle de chaque reclus dépassa souvent même les moyens. En outre la plupart des mendiants, renfermés dans les dépôts étaient vieux, infirmes et faibles, donnant un mauvais travail, et puis ils ne devaient être gardés que jusqu'à ce qu'ils fussent en état de gagner leur vie, en sorte que l'établissement ne pouvait compter sur aucun travail utile. Les dépôts furent d'ailleurs bientôt détournés de leur destination, et devinrent des succursales des hospices. D'exception en exception, on y reçut des malades de toute espèce, des aliénés, des incurables et même des condamnés, lorsque les prisons étaient encombrées. Les mendiants finirent par ne plus craindre d'aller aux dépôts de mendicité; l'emprisonnement qui précédait leur envoi dans ces lieux, où ils étaient sûrs de manger sans faire grand'chose, ne les effraya pas davantage.

La Restauration fut peu favorable à l'institution des dépôts de mendicité. On commença par leur enlever leurs principales ressources financières, et on les supprima peu à peu, en sorte que de quarante dépôts qui existaient sous l'empire, il n'en restait plus que six en 1830. A leur place on établit quelques ateliers de charité. Cette suppression rendit illusoire la pénalité portée par la loi contre la mendicité. Effrayées de la propagation de cette lèpre, plusieurs villes fondèrent alors à leurs frais des maisons de refuge et de travail pour les mendiants. Paris, qui avait conservé le dépôt de Villers-Cotterets, eut aussi sa maison de refuge, fondée rue de Lourcine en 1829 avec le concours de la charité privée, sous le patronage de MM. Debelleyme et Cochin. Cette maison se ferma, faute de fonds, en 1832. Le gouvernement de Juillet n'attacha pas plus d'importance que le gouvernement précédent aux dépôts de mendicité. Quelques années après la révolution de 1830, il n'y avait plus que quatre de ces établissements. En 1838, une nouvelle mesure financière votée par les Chambres vint porter le dernier coup à cette institution : les dépôts de mendicité cessèrent d'être compris parmi les établissements dont les dépenses sont déclarées obligatoires pour les départements; c'était l'abrogation du décret de 1808. Les dépôts de mendicité qui survécurent à cette mesure et qui existent encore sont les suivants : celui de Villers-Cotterets, pour le département de la Seine, celui de Montreuil pour le département de l'Aisne, celui de Saint-Lizier pour le département de l'Ariége, celui de Bellevaux pour le département du Doubs. On peut citer encore la *maison de répression* de Saint-Denis, qui toutefois est quelque chose de plus qu'un simple dépôt de mendicité puisqu'on y reçoit également des repris de justice, des vagabonds et des mendiants.

L. LOUVET.

DÉPÔTS ET CONSIGNATIONS (Caisse des). Cette caisse est chargée de recevoir les dépôts volontaires et judiciaires. Elle est régie par les mêmes principes que la Caisse d'amortissement, avec laquelle elle était d'abord réunie et dont elle a été séparée par la loi du 6 frimaire an VIII. Cependant l'administration en est la même et les mêmes employés servent également pour les deux caisses. Elle a été constituée par la loi de finances du 28 avril 1816 et par l'ordonnance réglementaire du 3 juillet de la même année. Elle n'est dans les attributions d'aucun ministère, mais elle est surveillée par une commission composée, conformément au décret du 27 mars 1852, d'un sénateur, d'un membre du conseil d'État, d'un membre du Corps législatif, d'un président de la Cour des comptes nommé par trois ans par l'empereur, du gouverneur de la Banque de France, du président de la Chambre de commerce de Paris et du directeur du mouvement des fonds au ministère des finances.

La Caisse des dépôts et consignations est établie spécialement pour recevoir seule tous les dépôts et consignations, faire les services relatifs à la Légion d'Honneur, à la compagnie des canaux, aux fonds de retraite. Il est défendu aux cours, tribunaux et administrations quelconques d'autoriser ou d'ordonner des consignations en autres caisses et dépôts publics ou particuliers, même d'autoriser les débiteurs dépositaires, tiers saisis, à les conserver sous le nom de séquestres ou autrement : dans le cas où de telles consignations auraient lieu, elles sont nulles et non libératoires. Le directeur général peut décerner ou faire décerner par les préposés de la caisse des contraintes contre toute personne qui, tenue, d'après les dispositions des lois et règlements, de verser des sommes dans ladite caisse ou dans celle de ses préposés, est en retard de remplir ses obligations. Tout officier ministériel qui aurait contrevenu aux obligations qui lui sont imposées, en conservant des sommes de nature à être versées dans la Caisse des dépôts et consignations, encourt sa révocation, sans préjudice des autres peines prononcées par les lois.

La Caisse des consignations a des préposés pour son service dans toutes les villes de France où siège un tribunal de première instance. Les récépissés à talon délivrés aux parties versantes sont libératoires et forment titre envers la Caisse des dépôts et consignations, à la charge par elles de les faire viser et séparer de leur talon, à Paris immédiatement, et dans les départements dans les vingt-quatre heures de leur date, par les fonctionnaires et agents administratifs, chargés de ce contrôle. Tous les frais et risques, relatifs à la garde, conservation et au mouvement des fonds consignés, sont à la charge de la Caisse. Elle paye l'intérêt de toute somme consignée, à raison de 3 p. 100 à compter du soixante et unième jour, depuis la date de la consignation, jusques et non compris celui du remboursement ; celle qui reste moins de 60 jours en état de consignation ne produit aucun intérêt. Lorsque les sommes consignées sont retirées partiellement, l'intérêt des portions restantes continue de courir sans interruption. La remise des sommes consignées est faite, dans le lieu du dépôt, à ceux qui justifient de leurs droits, dix jours après la réquisition du payement au préposé de la Caisse.

Cette Caisse est aussi autorisée à recevoir des dépôts volontaires des particuliers, qui sont faits à Paris en monnaie ayant cours, ou en billets de la banque de France. Elle ni ses préposés ne peuvent exiger aucun droit de garde ni rétribution quelconque, tant lors du dépôt que lors de sa restitution. Elle bonifie l'intérêt à 3 pour 100 sur les sommes déposées volontairement par les établissements publics, pourvu qu'elles soient restées trente jours à la Caisse ; si elles sont retirées avant ce temps, il n'est pas dû d'intérêt. A l'égard des dépôts volontaires effectués par les particuliers à Paris, cet intérêt n'est alloué seulement qu'à partir du 31e jour qui suit le versement. Le dépôt est rendu à celui qui l'a fait, a son fondé de pouvoir ou ses ayant-cause, à l'époque convenue par l'acte de dépôt, et, s'il n'en a pas été convenu, à simple présentation.

Conformément aux ordonnances des 3 juillet 1816 et 19 janvier 1835, la Caisse des dépôts et consignations reçoit les fonds versés par les départements et les communes, dans sa caisse à Paris ou dans celle de ses préposés dans les départements, soit que ces fonds proviennent d'impositions extraordinaires ou de leurs revenus ordinaires, soit qu'ils aient pour cause des excés de recette, et tous autres objets; elle en sert l'intérêt à raison de 3 pour 100 par an. Les remboursements des sommes versées sont effectués entre les mains du receveur au nom duquel le dépôt a été fait, d'après les mandats des préfets, des maires ou administrateurs compétents.

La même faculté est accordée à tous les établissements publics et aux mêmes conditions. Avant la loi sur les pensions civiles, elle recevait toutes les sommes provenant de retenues dans les ministères et administrations, et était chargée du service des retraites.

La Caisse des dépôts et consignations a été chargée, par la loi du 30 avril 1826 et l'ordonnance du 9 mai suivant, du service relatif à la recette et au remboursement des 150 millions affectés par l'ordonnance du 17 avril 1825, aux anciens colons de Saint-Domingue. La loi du 18 mai 1840 et l'ordonnance du 26 du même mois l'ont encore chargée de la liquidation des sommes versées et à verser par le gouvernement d'Haïti, en exécution du traité du 12 février 1838. Une nouvelle convention, en date du 15 mai 1847, publiée par ordonnance royale du 20 octobre suivant, modifie le mode de libération du gouvernement d'Haïti.

La Caisse a été chargée, par la loi du 31 mars 1837, de recevoir et d'administrer, sous la garantie du Trésor public, les fonds que les caisses d'épargne et de prévoyance, ouvertes au public, ont été admises à placer en compte courant au Trésor, conformément à la loi du 5 juin 1835. L'intérêt bonifié aux caisses d'épargne par la Caisse des dépôts et consignations a été fixé par la loi du 2 juillet 1853 à 4 pour 100. Elle procure sans frais des rentes aux déposants dont le compte dépasse 1,000 fr. ou qui en font la demande. La loi du 18 juin 1850 a chargé la Caisse des dépôts et consignations de gérer la *Caisse des retraites ou rentes viagères pour la vieillesse*.

Lorsque les fonds réunis dans la caisse d'une *société de secours mutuels* de plus de cent membres s'élèvent au-dessus de la somme de 3,000 francs, l'excédant est versé, conformément à la loi du 15 juillet 1850, à la Caisse des dépôts et consignations.

Le directeur général est autorisé à se servir de l'intermédiaire des receveurs généraux pour effectuer dans les départements les recettes et dépenses qui concernent la Caisse des dépôts et consignations. Ils sont comptables envers la Caisse des fonds qui leur sont confiés, et responsables des erreurs, ainsi que de la régularité des pièces justificatives des dépenses. Tous les trois mois la commission de surveillance entend le compte qui lui est rendu de la situation de la Caisse et elle le rend public. Le président de la commission de surveillance, au nom de la commission et en présence du directeur général, fait annuellement au Sénat et au Corps législatif un rapport sur la direction morale et sur la situation matérielle de cet établissement.

DÉPOUILLES (du latin *spolia*). On appelait ainsi, chez les Romains, les armes et armures qu'un soldat enlevait à un ennemi tué par lui, et qu'il suspendait ensuite soit dans le temple d'un Dieu auquel il les consacrait, soit dans sa propre maison, en témoignage de sa bravoure.

Les *dépouilles opimes* (*spolia opima*) étaient surtout célèbres. C'était l'armure du général ennemi tué sur le champ de bataille, et, suivant l'opinion commune, celle que le général romain recueillait lui-même. Mais Périzonius a démontré que tout soldat pouvait recueillir des dépouilles opimes; seulement, il fallait qu'elles fussent le fruit d'un fait d'armes accompli lorsque les armées étaient déjà en ordre de bataille, et avant qu'on eût enlevé d'autres dépouilles. Une loi antique les divisait en cinq classes. Les plus magnifiques appartenaient à la première classe; on les suspendait dans le petit temple que Romulus avait construit sur le Capitole et dans ce but à *Jupiter Férétrien*, après qu'il eut tué Acron, le roi des Céniniens. Après lui, deux Romains seulement eurent le bonheur d'y suspendre des dépouilles du même genre, à savoir : Aulus Cornelius Cossus, lorsqu'il eut tué, en l'an de Rome 428, le roi des Veïens Tolumnius, et Marcus Claudius Marcellus, lorsqu'il tua à Clastidium Virdumar, roi des Gaulois insubres.

DÉPOUILLES. Les *dépouilles* que fournissent les animaux sont pour l'homme une source féconde de richesses que le commerce exploite de mille manières. Elles sont, tantôt utiles à nos besoins domestiques, et demandent que l'art les façonne plus ou moins; tantôt, au contraire, utiles à nos études, et constituent alors les objets d'histoire naturelle. Dans ce dernier cas, elles sont presque toujours sèches, et ne consistent que dans quelques parties accessoires : des peaux, des coquilles. Considérées sous le point de vue des ressources qu'elles nous procurent, les dépouilles des êtres organisés sont d'une application bien plus directe, et leur exploitation a des rapports avec presque toutes les branches du commerce. Citons seulement les pelleteries, que l'homme va chercher dans les forêts, s'exposant à toute la férocité des tigres et des lions; les peaux qu'il retire des animaux domestiques élevés à grands frais au milieu de ses habitations, ou bien qu'il se procure par delà les mers les plus éloignées, à la Nouvelle Hollande ou sous le cercle polaire de l'hémisphère opposé, prenant ici les ours et les hermines que les frimas ont blanchis, et dans l'Océanie les phoques qui bondissent sur les rivages par troupes innombrables. P. GERVAIS.

DÉPRAVATION, terme exprimant une vicieuse direction, ou un état contraire au bien, soit dans les personnes, soit dans les choses. Il y a des caractères dépravés, comme une dépravation dans les humeurs. On fait le mal quand on a le cœur dépravé, comme un goût détestable est le résultat de la dépravation de l'esprit et des mœurs. La nature avait inspiré à tous les êtres, dans leur origine et suivant leur destination, des sentiments droits et bons; la tigresse allaitent leur progéniture, et s'immolent de tendresse pour sa défense, tandis que la femme dépravée seule abandonne son fils. L'être le plus capable de perfection sur ce globe, l'homme, est devenu le plus capable de dépravation par l'abus qu'il fait de ses nobles facultés. L'instinct pur des animaux les dirige dans la voie régulière qui leur tient lieu de raison; ils ne peuvent pas plus se dépraver que se perfectionner, et, par cette nécessité qui les renferme dans un cercle étroit, ils ne sont plus des agents libres; ils n'ont point le mérite des bonnes actions, ni la culpabilité des méfaits. Mais l'homme, étant libre de choisir le bien et le mal, devient un être moral, responsable de ses actes, et qui mérite châtiment ou récompense. Il ne se déprave donc que par sa faute ou sa volonté.

C'est d'ordinaire par l'excès de sa sensibilité qu'il se laisse entraîner à des propensions vicieuses. La recherche des jouissances du goût le conduit à des essais qui altèrent sa simplicité, comme les voluptés d'un autre genre le dégradent souvent dans les abus du libertinage. On sait que, par une rétroversion de la sensibilité, la douleur a quelquefois été appelée comme un assaisonnement des plaisirs, et l'amertume elle-même corrige la douceur trop fade des mets les plus exquis. Combien d'hommes ne croiraient pas se satisfaire assez sans descendre jusqu'à l'ivresse, jusqu'à la débauche! Ainsi, la dépravation arrive à l'extrême limite du bien, et l'on finit par se familiariser avec le mal. Ces êtres alors sortis de la route ne s'inspirent plus que du vice : tels furent les monstres tyranniques, les Caligula, les Néron, qui se plaisaient à déchirer et à détruire; tel on cite le marquis de Sade, auteur de détestables romans; tels sont ces individus méchants et corrompus qu'on rencontre parfois dans la société, dont la cruauté s'exerce sur les faibles, ou qui, n'osant, dans leur lâcheté, attaquer les forts, les assassinent par la noirceur, par la calomnie, et se délectent avec cruauté de la souffrance d'autrui. Le spectacle du vice pervertit non moins que la vue du sang et des supplices, comme on en observe des preuves parmi les rangs inférieurs, les plus dégradés de nos sociétés; la haute fortune, qui rend insensible à l'aspect des misères, amène un autre genre de dépravation, celui d'un égoïsme atroce, qui verrait en souriant périr l'humanité tout entière, si rien de dommageable n'en résultait pour lui. On sait que le prince de Charolais se plaisait à tuer à coups de fusil les couvreurs sur les toits; plusieurs autres aimaient à jouir des affreuses grimaces des victimes qu'ils faisaient torturer par leurs bourreaux, comme Tibère parmi ses infâmes dissolutions dans l'île de Caprée.

Depuis longtemps on se plaît à citer sans cesse la dépravation croissante de la race humaine;

Terra malos homines nunc educat atque pusillos.

C'est une vieille querelle, car nous sommes, d'après Horace, *progeniem vitiosiorem* plus que nos aïeux : ainsi, la perversion devrait être parvenue depuis longtemps à son comble. Le pape Grégoire XVI, dans une de ses encycliques, attribue cette dépravation de nos jours aux débordements de la presse, à la philosophie et au développement des lumières propagées par l'enseignement public; il les signale comme autant de causes flagrantes d'affaiblissement des lois de la morale et de la religion. Toutefois, cette marche générale des esprits qu'on appelle la civilisation n'offre pas le symptôme assuré d'un dévergondage correspondant. Il est certain, au contraire, que le siècle de Louis XV, par exemple, fut, pour la société française, comme pour la monarchie, une époque évidente de décadence dans les mœurs, de dé-gradation dans les esprits, d'avilissement pour les âmes, de brutal sensualisme et même d'athéisme dans la philosophie. Cependant aujourd'hui notre civilisation, incontestablement plus perfectionnée, ne tombe pas dans une immoralité aussi dégoûtante et aussi profonde.

Il nous reste à mentionner une acception physique du mot *dépravation*, et à parler des *dépravations morbides*, telles que celles du goût chez quelques femmes grosses ou chez les filles chlorotiques, qui avalent de la craie, du charbon, de la cire à cacheter, ou même des cheveux, etc.; celle des nègres et négresses, mangeurs de terre, atteints de cette gastro-entérite chronique qualifiée du nom de *mal d'estomac*. On peut aussi considérer comme de véritables affections de l'organisme, et surtout de l'appareil nerveux encéphalique, ou comme des manies particulières, certaines propensions dépravées. On en voit une multitude d'exemples dans les maisons de fous et ailleurs, car tous les fous ne sont pas renfermés. Les esprits de travers, les êtres bizarres, tombent d'abord dans les aberrations qui finissent par devenir des perversions de la sensibilité et qui se traduisent en actes dépravés. Nous en pourrions citer des exemples si frappants qu'ils en deviennent révoltants : ainsi, une femme enceinte, du caractère le plus doux, a poussé la dépravation de l'appétit jusqu'à savourer avec délices un lambeau de chair vivante arraché par elle, au moyen de ses dents, du bras d'un homme! Que ne dirait-on pas d'autres genres de dépravation qu'enfante une imagination déréglée ou des passions furibondes? (*voyez* FOLIE).

La *dépravation des humeurs* se remarque dans le scorbut, le cancer, etc. J.-J. VIREY.

DÉPRÉCATION ou OBSÉCRATION (du latin *deprecatio, obsecratio*, supplication, instante prière), figure de rhétorique, du nombre de celles qui servent plus particulièrement à exprimer le sentiment. Sa double appellation signifie prier avec instance et au nom de ce qu'il y a de plus sacré parmi les hommes. Par la déprécation ou l'obsécration, l'orateur implore l'assistance, le secours de quelqu'un; il souhaite qu'il arrive quelque punition, quelque grand mal à celui qui parla faussement de lui ou de son adversaire. Dans ce dernier cas, on la qualifie par fois d'*imprécation*. Les anciens, à la fin de leurs discours qui avaient pour but de fléchir quelqu'un, employaient souvent la déprécation. On en trouve un bien touchant exemple au XXIVe livre de *l'Iliade*, à l'endroit où le vieux Priam, embrassant les pieds d'Achille, et pressant ses mains les mains homicides qui lui ont ravi ses fils, conjure le héros de lui rendre le cadavre de son cher Hector. Le caractère de la déprécation est peut-être marqué d'une manière encore plus pathétique dans le *Philoctète* de Sophocle, dans l'oraison de Cicéron pour Déjotarus, et surtout dans le *Télémaque*, quand Philoctète supplie Néoptolème de l'emmener avec lui et de ne pas l'abandonner sur les rochers de l'île de Lemnos. Cette figure, pour intéresser et toucher, doit éviter de descendre à une bassesse rampante. Il faut qu'elle conserve une noble fierté, tempérée par une modestie naturelle. On en rencontre de nombreux exemples dans les péroraisons de nos bons prédicateurs, soit que l'éloquence cherche à attendrir l'auditeur sur le salut de son âme, soit qu'elle s'efforce de le toucher en faveur des pauvres.

CHAMPAGNAC.

DÉPRÉCIATION, abaissement de la valeur vénale. Ce mot ne s'emploie guère qu'en parlant de la diminution de valeur que subissent les monnaies ou les papiers-monnaies. Quant aux marchandises ou aux effets publics, on se sert du mot *baisse*. Il faut remarquer que la baisse de tout ce qui se négocie à prix d'argent est un effet naturel et prévu de l'abondance de la denrée, tandis que la dépréciation de la monnaie ou du papier-monnaie est une dérogation à la loi qui leur avait donné une valeur invariable. La *dépréciation du papier-monnaie* vient du manque de con-

fiance dans la richesse ou la bonne foi du gouvernement qui l'a émis; et telle est la force de l'opinion, que la loi est souvent obligée de se donner un démenti à elle-même en ratifiant le discrédit où est tombé le signe représentatif qu'elle avait créé. La *dépréciation de l'argent monnayé* peut provenir de l'altération même de la monnaie, moyen qui tourne toujours au détriment des gouvernements qui croient y trouver une ressource, de la concurrence avec la circulation de monnaies dont la valeur intrinsèque est dans un rapport plus élevé avec la valeur légale, ou enfin de la démonétisation. Quand on a substitué un système monétaire à un autre, il faut nécessairement, pour forcer l'adoption universelle du nouveau système, déprécier la valeur légale de l'ancienne monnaie, en prenant toutefois des précautions suffisantes pour ne point porter atteinte au droit de propriété.
C. GRENIER.

DÉPRÉDATION, malversation d'un mandataire infidèle, qui gaspille en dépenses abusives les ressources qui lui sont confiées. Les déprédations commises dans l'administration de la fortune publique restent presque toujours sans châtiment, parce que les hommes qui s'en rendent coupables, trop haut placés pour être atteints par la loi, ne manqueraient pas d'ailleurs de prétextes pour les justifier. Mais si les malheurs qu'elles entraînent sont irréparables, les enseignements qui en ressortent tournent plus tard à l'avantage de la société. L'expérience, en effet, ne s'acquiert par les sociétés qu'à la même condition que par les individus, c'est-à-dire à leurs dépens; et la plupart des institutions dont nous faisons naïvement honneur à la prévoyance du législateur ne sont en réalité qu'un remède appliqué tardivement à des abus qui appelaient une réforme indispensable. C'est ainsi que nous sommes redevables aux déprédations de l'ancien régime de l'admirable système financier que nous possédons aujourd'hui. L'exagération scandaleuse des bénéfices réalisés autrefois par les fermiers-généraux a fait rentrer la perception des impôts dans les mains du pouvoir central; l'impossibilité de faire face, sans le concours de la volonté publique, aux embarras créés par les dilapidations antérieures, a donné naissance à la publicité des comptes; la nécessité de rassurer contre les déprédations à venir a fait adopter l'usage des budgets; et enfin l'obligation de justifier de l'emploi légal de l'impôt a fait instituer la cour des comptes. Aussi peut-on dire aujourd'hui, au moins en ce qui touche la fortune publique, que les déprédations sont impossibles en France. Malheureusement, il n'en est pas encore de même en ce qui concerne la gestion des mandataires en matière civile. Cependant, la législation a fait aussi sous ce rapport des progrès qui rendent les abus plus rares.
C. GRENIER.

DÉPRESSION (du latin *depressio*, enfoncement, profondeur, abaissement). Dans son acception la plus usuelle, ce nom signifie l'effet produit par la pression, c'est-à-dire l'abaissement de ce qui est pressé. Il est usité dans ce sens en chirurgie pour caractériser les fractures du crâne ou de toute autre partie du corps dans laquelle les portions d'os brisés ont perdu leur niveau, et ont été enfoncées de manière qu'elles compriment les viscères et les autres parties molles sous-jacentes.

Dépression est synonyme d'*abaissement*, en parlant de l'opération de la cataracte.

En pathologie, on dit qu'il y a *exaltation*, *oppression*, *dépression*, chute ou *perte totale des forces*, lorsque les forces sont *déprimées*, c'est-à-dire diminuées, baissées; il convient de les relever par les toniques et les excitants, tandis qu'on remédie à l'*oppression des forces* résultant de leur surabondance par les débilitants. En ce sens, *dépression* est l'antithèse d'*oppression*.

En botanique, *dépression* signifie l'état des parties des plantes qui sont *couchées, aplaties, enfoncées*. Les radicules et les capsules de quelques espèces, qui offrent une forme aplatie ou enfoncée, et certaines tiges tombantes vers le sol, sont dites *déprimées*.

En zoologie, la forme générale du corps des animaux, étant plus ou moins ovoïde, sphéroïde ou dicone, est bien loin d'offrir des contours arrondis, parfaitement circulaires dans les divers segments qu'on observe dans le sens longitudinal. Cette forme est souvent aplatie, soit dans tout le corps, soit dans quelques-unes de ses parties. Lorsque l'aplatissement est de haut en bas, on lui donne le nom de *dépression*, qui est employé comme antithèse du mot *compression*, usité pour exprimer l'aplatissement sur chaque côté. Lorsque le corps ou les diverses parties des animaux sont plus ou moins *déprimés*, le diamètre vertical qui mesure la distance de la ligne médio-dorsale à la ligne médio-ventrale est plus court que le diamètre horizontal ou transversal; les régions dorsale et ventrale sont plus étendues que celles des côtés. C'est l'inverse dans les animaux dont le corps est plus ou moins comprimé.
L. LAURENT.

Le mot *dépression* est aussi usité en astronomie nautique. A la mer, pour déterminer la hauteur d'un astre, l'observateur doit d'abord viser directement à son horizon sensible : le nombre de degrés qu'il trouve par ce moyen est évidemment entaché d'erreur pour deux raisons : la première, parce que le rayon lumineux qui part de l'horizon pour aboutir à son œil est réfracté par les milieux de densités diverses qu'il est obligé de traverser, et qu'il décrit une courbe dont la concavité est dirigée vers la terre (*voyez* RÉFRACTION), et cette première cause, rehaussant l'horizon, donne une hauteur inférieure à ce qu'elle est réellement; la seconde raison, parce que l'observateur n'est pas un point mathématique placé sur la tangente à la surface de la mer, car ordinairement il se tient debout ou assis sur un navire élevé de plusieurs mètres au-dessus de cette tangente. Par cette seconde raison, son horizon sensible, c'est-à-dire le point où va aboutir son rayon visuel à la surface de la terre est un peu au-dessous de l'horizon rationnel, et, par suite, la mesure de l'arc donné par l'observation est un peu en excès sur la réalité : c'est ce petit excès que l'on nomme *dépression de l'horizon*. On le calcule assez exactement à l'aide d'une formule de la trigonométrie, où il se trouve exprimé par une fonction très-simple de la hauteur de l'œil et du rayon de la terre. Pour faciliter aux marins les calculs des hauteurs, on a construit une table de dépression où ils trouvent indiquée l'erreur d'observation correspondante à la hauteur où ils sont au-dessus de la surface de la mer.
Théogène PAGE.

DÉPRESSOIRE, instrument de chirurgie dont on se sert dans l'opération du trépan pour abaisser les parties membraneuses et placer certaines pièces d'appareil.

DÉPRI (du latin *deprecari*, prier). C'était, en termes de fief, l'accord fait avec le seigneur pour obtenir de lui une diminution dans ses droits sur les biens qui advenaient au roturier, soit par achat, soit par héritage. Avant de faire l'acquisition d'un immeuble, le roturier devait prévenir son seigneur et s'entendre avec lui. Il était d'usage que celui-ci fît remise du quart ou de la moitié de ses droits. C'était comme le prix de l'acte de soumission du roturier. Toutefois, cette libéralité était interdite aux administrateurs des églises, ainsi qu'aux tuteurs, et les achats que faisaient les roturiers placés sous leur tutelle étaient frappés de redevances énormes qui doublaient le prix d'acquisition.

Dépri était aussi autrefois un terme de finance qui signifiait la déclaration des marchandises ou des bestiaux qu'on faisait passer d'un lieu à un autre.

DE PROFUNDIS. Le chant dont la version latine commence par ces deux mots, et que l'Église a consacré dans les offices qu'elle célèbre en commémoration des morts, est le cent-vingtième des psaumes de David, ces cantiques qu'accompagnaient les sons du psaltérion, et le sixième de ceux qu'on appelle *les sept psaumes de la pénitence*. Ces derniers chants, tout remplis d'une ineffable tristesse, furent inspirés par le repentir d'un double crime, l'enlèvement de Bethzabée et la mort de son époux Urie, que David causa sans l'ordonner expressément. Le prophète Nathan lui ayant reproché son crime, David quitta son palais, passa quelque temps dans un lieu désert au fond d'un antre, et là ses remords s'exhalèrent en des accents d'une poésie qui va à l'âme. Il prend toute la nature à témoin de sa douleur, il dit à tout ce qui l'entoure de crier merci avec lui. « J'attends le pardon de ma faute, ajoute-t-il, avec la persévérance de la sentinelle qui reste à son poste depuis l'aurore jusqu'à la nuit, » image douce et ingénieuse qui peint admirablement la courageuse patience de celui qui a foi en la clémence de Dieu. Jamais pensées si vives, si variées, n'ont été appelées à exprimer un pareil sentiment. La naïveté d'un idiome dans l'enfance donne à cette poésie un caractère de force et de vérité qui ne pouvait manquer de la rendre immortelle. Aussi le Seigneur s'apaisa, et Bethzabée donna à David un second fils, qui fut Salomon, le plus grand de sa race et l'ancêtre du Christ. Ce psaume est incontestablement un des plus beaux de la collection du roi prophète, dont divers passages appartiennent d'ailleurs évidemment à d'autres auteurs. L'Église a adopté ses sublimes prières et les a fait traduire dans la langue qu'elle a voulu spécialement consacrer au culte. C'est, sans doute, la mélancolie profonde qui respire dans le psaume *De profundis*, qui l'a fait adopter comme la prière la plus ordinaire pour les trépassés, et parce que nul autre n'exprime mieux l'ardeur d'une âme repentante qui demande grâce, et la confiance que lui inspire, malgré ses fautes, l'infinie bonté de Dieu qui l'a créée.   Pauline DE FLAUGERGUES.

DÉPURATIF. D'après des théories qui ont toujours séduit le vulgaire, plusieurs maladies ont été attribuées à l'impureté du sang ou de tout autre fluide entrant dans la composition du corps humain. Cette cause suggéra l'emploi de tout ce qu'on crut propre à purifier ces fluides, *les humeurs*, comme on le dit. A cet effet, on a fait usage des sudorifiques, des jus d'herbes, etc.; les diurétiques, les amers, les antiscorbutiques et même les purgatifs ont été regardés comme dépuratifs.   Dʳ CHARBONNIER.

DÉPURATION. Ce terme, dérivé du latin, désigne en pharmacologie la clarification ou la purification des liqueurs, la séparation de leurs sucs ou de leur matière épaisse, impure, qui se précipite au fond du récipient. En médecine, on l'applique aussi à la masse du sang qui se purifie au moyen des sécrétions dans certaines maladies, auxquelles, par ce motif, les praticiens ont donné le nom de *dépuratoires*.

DÉPUTATION, DÉPUTÉ. Le *Dictionnaire de l'Académie* définit ainsi la députation : « Envoi d'une ou de plusieurs personnes chargées d'une mission ; réunion, corps de députés ; charge, fonctions de député, surtout en parlant de ceux qui sont envoyés pour faire partie d'une assemblée délibérante. » Suivant la grande Encyclopédie, « *Députation* exprime l'envoi de quelques personnes choisies d'une compagnie ou d'un corps, vers un prince ou à une assemblée, pour traiter en leur nom ou pour suivre quelque affaire. Les *députations* sont plus ou moins solennelles, suivant la qualité des personnes à qui on les fait et les affaires qui en font l'objet. *Députation* ne peut point être proprement appliqué à une seule personne envoyée auprès d'une autre pour exécuter quelque commission, mais seulement lorsqu'il s'agit d'un corps. En France (n'oublions pas qu'il s'agit de la France d'avant 1789), l'assemblée du clergé nomme des *députés* pour complimenter le roi. Le parlement fait aussi par *députés* ses remontrances au souverain, et les pays d'états, Languedoc, Bourgogne, Artois, Flandre, Bretagne, etc., font une *députation* vers le roi à la fin de chaque assemblée. » La vieille Allemagne aussi avait ses députations : « La *députation*, lisons-nous dans l'*histoire de l'Empire*, est une sorte d'assemblée des états de l'empire, différente des diètes. C'est un congrès où les députés ou commissaires des princes et états de l'empire discutent, règlent et concluent les choses qui leur ont été renvoyées par une diète ; ce qui se fait aussi quand l'électeur de Mayence, au nom de l'empereur, convoque les députés de l'empire, à la prière des directeurs d'un ou de plusieurs cercles, pour donner ordre à des affaires, ou pour assoupir des contestations auxquelles ils ne sont peut-être pas eux-mêmes en état de remédier. Cette *députation* ou forme de régler les affaires fut instituée par les états à la diète d'Augsbourg en 1555. »

La constitution décrétée en 1789 par l'Assemblée nationale a élargi le sens du mot *Députation*. D'abord et avant tout, il faut dire avec Gauthier, l'auteur du *Dictionnaire de la Constitution* : « Lorsqu'un corps est trop nombreux pour se déplacer en entier, il choisit parmi ses membres un certain nombre de personnes pour le représenter loin de lui : c'est ce qu'on appelle *députation*. » Maintenant, de cette définition générale passant aux applications particulières, nous dirons : aux termes de la même constitution, chacun des 83 départements de la France, de deux en deux ans, envoyait à Paris, ou dans quelque autre ville convenue, une *députation*, composée d'un nombre de personnes proportionné à sa population et à la somme de contributions qu'il payait à l'état. Cette *députation* générale du royaume, réunie dans un même lieu, représentait la nation entière, et formait l'Assemblée nationale, ou le Corps législatif. Les corps administratifs établis par la constitution et les sociétés libres envoyaient à l'Assemblée nationale des députations chargées de diverses missions ; elle les entendait dans ses séances du soir. Elle-même nommait parfois dans son sein des *députations*, plus ou moins nombreuses, soit pour la représenter à quelque cérémonie publique, soit pour parler en son nom au roi, dans certaines circonstances, ou pour le féliciter dans quelque événement.

Députation, comme nous l'avons dit, s'entend de toute réunion d'individus envoyés par un corps, une compagnie, une société, qui la représente. Chaque année, le prince régnant, n'importe lequel, reçoit les *députations* de tous les grands corps de l'état, du conseil d'état, de la chambre du commerce, de l'Académie Française, du corps diplomatique et du clergé, de la magistrature et de l'armée. Ces députations apportent toujours au souverain, quel qu'il soit, des vœux *partant du cœur*, et des compliments dont la vérité seule fait les frais. Le *Moniteur* de ces cinquante dernières années prouve que les *députations* annuelles ne sont jamais en reste de dévouement et d'enthousiasme. L'empereur actuel a eu le bon esprit de les dispenser, dans ces derniers temps, des harangues officielles ; et tout le monde y a gagné.

On nomme *député* celui qui est envoyé par une nation, par un prince, par un corps, etc., pour remplir une mission particulière auprès de quelqu'un, soit seul, soit avec d'autres. *Député* n'a point le même sens qu'*ambassadeur* ou *envoyé*. L'*ambassadeur* et l'*envoyé* partent au nom d'un souverain dont l'*ambassadeur* représente la personne, et dont l'*envoyé* n'explique que les sentiments. Le *député* n'est que l'interprète et le représentant d'un corps particulier, d'une agglomération quelconque d'individus ayant les mêmes intérêts et les mêmes besoins. Le titre d'*ambassadeur* se présente à notre esprit avec l'idée de magnificence, celui d'*envoyé* avec l'idée d'habileté, celui de *député* avec l'idée d'élection. Chez les anciens, *deputatus* a premièrement été appliqué aux armuriers ou ouvriers que l'on employait dans les forges à fabriquer les armes, et secondement à ces hommes actifs qui suivaient l'armée, et qui étaient chargés de retirer de la mêlée et de soigner les blessés (voyez DÉPOTAT). *Deputatus*, δηπουτατος, était aussi, dans l'église de Constantinople, un officier subalterne, dont les fonctions consistaient à aller

DÉPUTATION

chercher les personnes de condition auxquelles le patriarche voulait parler, et à empêcher la presse sur le passage de ce prélat. C'était, en outre, une espèce d'huissier, chargé encore du soin des ornements sacrés, en quoi son office ressemblait à celui du sacristain. *Député* s'entend nécessairement de tout membre faisant partie d'une *députation* de quelque nature qu'elle soit. Néanmoins, *député* se dit particulièrement de celui qui est nommé, envoyé pour faire partie d'une assemblée où l'on doit s'occuper des intérêts généraux d'un pays, d'une province, d'une confédération, etc.; et en France, naguère, d'un membre de la Chambre des députés et aujourd'hui d'un membre du Corps législatif. On les nommait *représentants du peuple* sous l'ancienne et la nouvelle république. Mais déjà en 1789 on avait donné le titre de députés aux membres de l'*Assemblée nationale*.

Nous lisons dans le *Dictionnaire de la Constitution*, publié en 1792 par Gautier : « Toute personne a naturellement le droit d'être élue membre d'une députation, lorsqu'elle réunit la sagesse et les lumières nécessaires pour bien remplir sa mission; mais cela ne suffit pas pour être *député* à l'Assemblée nationale; la nouvelle constitution exclut tous les citoyens qui ne paient pas une contribution directe équivalente à la valeur d'un marc d'argent (huit onces d'argent, environ 50 fr.), et n'ont pas, en outre, une propriété foncière quelconque. » Aux termes de cette même constitution, l'acte d'élection était le seul titre des pouvoirs d'un *député* à la *législature*; sa liberté de suffrage ne pouvait être gênée par aucun mandat particulier; il n'était point comptable de ses opinions envers le département qui l'avait élu; il ne pouvait être révoqué par ses commettants; un député avait le droit de se démettre de ses fonctions; sa personne était inviolable, excepté en matière criminelle. Peu après, l'Assemblée nationale revint sur le décret du 22 décembre 1789, qui exigeait que les députés payassent un marc d'argent; elle arrêta que tous les citoyens actifs, quel que fût leur état, profession ou contribution, pourraient être députés de la nation. Les députés étaient élus au scrutin individuel et à la pluralité des suffrages. Les électeurs nommaient un nombre de *députés suppléants* égal au tiers de celui des députés qui représentaient le département, pour les remplacer en cas de mort ou de démission. Les députés suppléants n'avaient point de voix dans l'Assemblée nationale, et ne siégeaient point avec les autres députés; ils avaient une tribune particulière. Un décret du 7 novembre 1789 portait que les députés à l'Assemblée nationale ne pourraient obtenir aucune place de ministre pendant la session. Un autre décret du 26 janvier 1790, rendu constitutionnel le 7 avril 1791, ajoutait que les membres présents du Corps législatif et les députés aux législatures suivantes ne pourraient, pendant deux ans après avoir quitté l'exercice de leurs fonctions, être nommés au ministère, ni recevoir du pouvoir exécutif ou de ses agents aucun emploi, place, don, gratification, traitement et commission d'aucun genre, même en donnant leur démission. *Ils ne pouvaient également solliciter pour d'autres, pendant cet espace de temps, aucune place ou faveur du gouvernement.* A chaque législature, dès que la *vérification des pouvoirs* était terminée et l'assemblée constituée définitivement, tous les députés debout prononçaient, au nom du peuple français et par acclamation, le serment : *Vivre libre ou mourir*.

Telle était la condition du député réglée par la constitution de 89, 90 et 91. Cette condition fut singulièrement modifiée depuis et, par Napoléon, et par la charte de 1814, et par la charte de 1830, et par la république et par l'empire qui régit la France en ce moment. Toutefois, la participation prise en France par le peuple à l'action gouvernementale, sinon par lui-même, du moins par députés, date de beaucoup plus loin que 1789; elle est aussi ancienne que la monarchie, et nous retrouvons l'origine de la chambre des députés dans les antiques assemblées du *champ-de-mars* et du *champ-de-mai*. « Plus, dit le duc de Bassano, on monte vers les premiers âges de la monarchie, plus on trouve de liberté, de priviléges et de droits dans la nation française. » C'est une assemblée nationale, ce sont des députés qui élisent les rois en les élevant sur le pavois. Alors, les représentants ou députés de la nation s'assemblent, tous les ans, dans ces *champs-de-mars*, soit avec le consentement, soit sans le consentement des rois. Il arriva même qu'il ne fut pas toujours nécessaire d'être fils du roi pour lui succéder. Clodion n'était pas le père de Mérovée. Les députés de la nation choisirent Mérovée. Plus tard, Childéric régnant, les députés s'assemblèrent, et voilà que Pepin est créé roi, élu roi, nommé roi, sacré roi, au préjudice de Childéric déposé, rasé et renfermé, quoique sa race eût régné dans les Gaules près de trois cents ans. Dagobert 1er, pour succéder à son père, eut besoin que les grands le reconnussent avec le serment des députés de la nation. C'était la nation qui, par députés, créait les maires du palais. Sous la seconde race, l'assemblée générale des députés de la nation était encore périodique, c'est-à-dire que, tous les ans, en rase campagne, sans qu'il fût besoin de convocation, les députés s'assemblaient. Mais déjà la civilisation gagnait, déjà le goût des plaisirs prenait plus d'empire, la nation s'avisa que ses députés étaient convoqués dans une saison trop rigoureuse, pendant le mois de mars; le roi Pepin renvoya l'assemblée au 1er mai. Dès lors, les réunions des députés ne s'appelèrent plus les *champs-de-mars*, mais les *champs-de-mai*. Pour faire son testament, Charlemagne assemble les députés de la nation. Louis le Débonnaire, suivant les traces de son père, n'eut garde de rien faire que de concert avec les députés de la nation : ses capitulaires furent dressés de concert avec l'assemblée. Le partage de ses royaumes et de ses domaines se fit avec la sanction des députés : il déposa, en leur présence, Lothaire son fils, et le reçut en grâce dans une seconde assemblée tenue expressément.

Vint la *féodalité* qui bannit le peuple des assemblées censées le représenter. Cependant, des députés existaient toujours. Lors de la minorité de Louis IX, Blanche fit convoquer une réunion de députés, dans laquelle ne furent admis que les hauts barons, les évêques, et les grands de la couronne et de l'État. Sous Philippe le Bel, les communes et les municipalités relevées de la servitude parurent assez puissantes et assez considérables pour qu'on les appelât aux grandes sanctions du gouvernement : elles eurent aussi leurs députés dans les assemblées nationales. La France, cependant, petit à petit, se changea d'aristocratie féodale qu'elle était, en monarchie absolue : elle n'eut plus d'assemblées de députés à des époques périodiques; elle ne fut plus réunie que par convocation royale. Cependant, quand la monarque avait besoin de subsides, il appelait les députés de la nation. Les *parlements* furent les seuls simulacres de représentation nationale qui subsistèrent encore. Ils avaient été institués pour rendre la justice, se tenaient deux fois par an, et se composaient uniquement des hauts barons. Ces assemblées avaient le droit de *remontrances*. Ces remontrances n'avaient aucune portée; on ne les écoutait point. A la place des *champs-de-mars* et des *champ-de-mai*, Philippe le Bel créa les *états généraux*. Ils se composaient de prétendus députés de la nation, et ne firent que contribuer à augmenter la puissance royale. Ils imaginèrent les *doléances* et *cahiers*, sur lesquels ils laissèrent au roi la liberté de statuer ou de ne pas statuer, quand ils avaient le droit d'ordonner en législateurs, en députés des peuples, et de restreindre le pouvoir exécutif dans les limites qu'il leur aurait plu de lui indiquer. Cependant, malgré cet abaissement de la nation et cette ignorance de ses véritables droits, les rois ont toujours éloigné ces assemblées, et la dernière, avant celle de 1789, ne date pas moins que de près de deux siècles.

Sous Louis XIV, il n'est plus question de députés du

peuple. C'est l'étranger qui rappelle à la nation française qu'elle a des droits à exercer. Quand celui qu'on a appelé le *grand roi*, se fut, par son ambition insatiable de victoires et de conquêtes, attiré la haine de toute l'Europe, lorsque la France, écrasée d'impôts, dépeuplée, et sans considération chez l'étranger, fut réduite à demander la paix à ses ennemis pendant la guerre de la succession d'Espagne, il s'ouvrit dans les conférences une opinion pour forcer le roi à convoquer en états-généraux les députés de la nation, afin de traiter de la paix avec eux. Louis XIV tint bon; les députés de la nation ne s'assemblèrent pas. Le régent eut une velléité de convoquer une assemblée nationale. Dubois prit la peine de composer un long mémoire pour l'empêcher de faire cette folie. Dans ce mémoire, on remarque les passages suivants : « Un roi n'est rien sans sujets; et, quoiqu'un monarque en soit le chef, l'idée qu'il tient d'eux tout ce qu'il est et tout ce qu'il possède, l'apparat des députés du peuple, la permission de parler devant le roi et de lui présenter des cahiers de doléances, *ont je ne sais quoi de triste*, qu'un grand roi doit toujours les éloigner de sa présence. » Et plus loin : « Voyez, la rage de la nation anglaise, presque toujours assemblée par députés contre ses rois : elle les a dévoués à la mort, bannis et détrônés. L'Angleterre était pourtant jadis la nation la plus catholique, la plus superstitieuse, la plus soumise à ses monarques. Ah! monseigneur, que votre bon esprit éloigne de la France le projet dangereux de faire des Français un peuple anglais! » Ces raisons péremptoires convainquirent le régent.

En 1787, Louis XVI, averti par les réclamations et les plaintes publiques, qui, chaque jour, devenaient plus menaçantes, déclara son intention de convoquer une assemblée composée de personnes de diverses conditions des plus qualifiées de l'état, afin de leur communiquer les vues qu'il se proposait, disait-il, pour le soulagement des peuples, l'ordre de ses finances, et la réformation de plusieurs abus. L'assemblée des notables eut lieu : elle comprenait, outre les princes, les notables de la noblesse, le conseil du roi, les notables du clergé, les notables des parlements, les chefs municipaux des villes, les notables de la chambre des comptes, de la cour des aides, les députés dits *députés des pays d'états*. Ceux-ci étaient au nombre de douze, parmi lesquels quatre députés pour l'ordre du tiers-état. Après l'Assemblée des notables, vint l'Assemblée des états généraux, non tout de suite, non pas sans de grandes difficultés de la part de la cour et des grands, non pas sans qu'à plusieurs reprises, le peuple fît entendre sa voix puissante et son énergique volonté d'avoir enfin de vrais députés. Après les états généraux, où le peuple, par ses députés du tiers-état, prit une si grande, si noble, si imposante attitude, l'assemblée nationale! Alors, les députés furent ce que nous avons dit plus haut. La nation eut siège au chapitre; elle s'empara des rênes de l'État, que bientôt la main vigoureuse d'un seul lui arracha, jusqu'à ce que, repu de gloire , mais fatigué de servitude, une dernière fois le peuple réclama ses droits qu'on ne lui accorda qu'à demi. Ce que furent les députés sous l'empire, nous croyons inutile de le rappeler. Hâtons nous d'arriver à 1814.

Louis XVIII déclara dans le préambule de la charte constitutionnelle « qu'il remplaçait par la *Chambre des députés* ces anciennes assemblées des champs de mars et de mai, et ces chambres du tiers-état, qui avaient si souvent donné tout à la fois des preuves de zèle pour les intérêts du peuple, de fidélité et de respect pour l'autorité des rois. « D'après cette charte, la *Chambre des députés* devait être composée des députés élus par les collèges électoraux, dont l'organisation serait déterminée par des lois. Chaque département devait avoir le même nombre de députés que par le passé. Les députés étaient élus pour cinq ans, et de manière que la chambre fût renouvelée, chaque année, par cinquième.

Aucun député ne pouvait être admis dans la chambre, s'il n'était âgé de quarante ans et s'il ne payait une contribution directe de mille francs. Les électeurs ne pouvaient avoir droit de suffrage s'ils ne payaient une contribution directe de trois cents francs et s'ils avaient moins de trente ans. Les présidents des collèges électoraux devaient être nommés par le roi; ils étaient de droit membres du collège. La moitié au moins des députés était choisie parmi des éligibles ayant leur domicile politique dans le département. Le président de la Chambre des députés était nommé par le roi, sur une liste de cinq membres présentés par la chambre. Celle-ci se partageait en bureaux pour discuter les projets de loi, dont le roi seul avait l'initiative. La Chambre des députés devait seule recevoir toutes les propositions d'impôts : ce n'était qu'après que ces propositions avaient été admises par elle, qu'elles pouvaient être portées à la Chambre des pairs. Le roi devait convoquer la Chambre tous les ans. Il pouvait la proroger et la dissoudre ; mais, dans ce cas, il devait en convoquer une nouvelle dans le délai de trois mois. Aucune contrainte par corps ne pouvait être exercée contre un membre de la Chambre durant la session, et dans les six semaines qui la précédaient et la suivaient. Aucun député ne pouvait, pendant la durée de la session, être poursuivi ni arrêté en matière criminelle, sauf le cas de flagrant délit, qu'après que la Chambre aurait autorisé la poursuite.

Pendant 16 années, ces diverses dispositions furent applicables à la condition de député ; mais en 1830, la Chambre s'étant, de son autorité privée, érigée en constituante, modifia la charte, et voici en quoi différa le député d'après 1830 du député d'avant 1830. Suivant la charte revisée, les députés devaient être agés de trente ans au moins. Les présidents des collèges électoraux n'étaient plus nommés par le roi, mais par les électeurs. De même, le président de la Chambre était élu par elle au commencement de chaque session. La proposition des lois appartenait aussi bien à la Chambre des députés qu'au roi et à la Chambre des pairs. D'un autre côté, la loi électorale du 19 avril 1831 établit plusieurs innovations importantes. Chaque collège électoral n'eut qu'un député. La quotité de contributions directes exigée pour l'éligibilité fut réduite à cinq cents francs. La Chambre des députés fut seule juge des conditions d'éligibilité. Il y eut incompatibilité entre les fonctions de député et celles de préfet, de sous-préfet, de receveurs-généraux, de receveurs particuliers des finances et de payeurs. Les fonctionnaires que nous venons de désigner , les officiers généraux commandant les divisions ou subdivisions militaires, les procureurs généraux près les cours royales, les procureurs du roi, les directeurs des contributions directes et indirectes, des domaines et enregistrement , et des douanes dans les départements, ne purent être élus députés par le peuple du collège électoral d'un arrondissement compris en tout ou en partie dans le ressort de leurs fonctions. Si par démission, ou autrement, ces fonctionnaires quittaient leur emploi, ils n'étaient éligibles dans les départements, arrondissements dans lesquels ils avaient exercé leurs fonctions qu'après un délai de six mois à dater du jour de la cessation de ces fonctions. Tout député appelé à des fonctions salariées, ou qui, déjà fonctionnaire public, obtenait un grade supérieur était sujet à la réélection. Assurément les dispositions de la charte revisée, celles de la loi du 19 avril 1831, étaient préférables à celles qui régissaient la matière avant 1830; mais elles étaient bien loin d'être suffisantes; le peuple ne pouvait pas se flatter encore d'être bien et duement représenté.
Édouard LEMOINE.

Quand , après la révolution de 1848, la république fut proclamée en France, le suffrage universel s'établit sur l'échelle la plus large ; mais, l'élément rétrograde faisant irruption dans l'Assemblée nationale, le vote populaire ne tarda pas à être profondément modifié dans ses bases. Le coup d'État de décembre 1851 a rétabli le suffrage universel; l'Assemblée nationale a été remplacée par le Corps législatif, dont les membres sont élus par des circonscriptions de 35,000 électeurs et, recevant une indemnité, ne peuvent être fonctionnaires.

Les députations les plus nombreuses sont celle de la Seine, laquelle se compose de neuf membres; celle du Nord, qui en compte huit; celle de la Seine-Inférieure, qui en compte six; celles des Côtes-du-Nord, de la Gironde, du Pas-de-Calais, du Puy-de-Dôme et de la Somme, qui en comptent cinq. Les députations des Basses-Alpes, des Hautes-Alpes, de la Corse, de la Lozère, et des Pyrénées-Orientales ne comptent qu'un membre chacune. Cette différence s'explique par celle des populations et de l'étendue du territoire.

DÉPUTÉS (Chambre des). C'est le nom qu'on a donné, en France, aux assemblées représentatives qui, sous la Restauration et le gouvernement de Juillet, concouraient avec la Chambre des pairs et la royauté en conseil des ministres à la confection des lois. Créée par la charte de 1814, la Chambre des députés subit bientôt des modifications. A son second retour, le roi promulgua une nouvelle loi électorale, qu'il réforma encore par ordonnance, en 1816, puis, la Chambre elle-même adopta un nouveau mode d'élection, qui fut encore réformé en 1830. C'est pour n'avoir pas voulu changer les éléments de cette assemblée que Louis-Philippe tomba en 1848. D'abord, la Chambre des députés avait été élue pour cinq ans et de manière que la Chambre fût renouvelée chaque année par cinquième. Les séances étaient publiques, mais la demande de cinq membres suffisait pour qu'elle se formât en comité secret. La Chambre se partageait en bureaux pour discuter les projets qui lui étaient présentés de la part du roi. Le roi la convoquait chaque année; il la prorogeait, et pouvait la dissoudre; mais, dans ce cas, il devait en convoquer une nouvelle dans le délai de trois mois. Toute pétition ne pouvait être faite et présentée que par écrit; il était interdit d'en apporter en personne à la barre. A partir de 1816, la Chambre des députés, devenue septennale, ne dut se renouveler qu'intégralement tous les sept ans; chaque département eut un nombre de députés déterminé d'après sa population. Depuis 1820, il y eut, en outre, deux sortes de collèges électoraux : les collèges de département et les collèges d'arrondissement (*voyez* ÉLECTION). Sous le gouvernement de Juillet, la Chambre des députés fut élue pour cinq ans par les collèges électoraux organisés par la loi du 19 avril 1831. Les collèges de départements disparurent. La Chambre devait aussi se renouveler intégralement. L'âge d'admission fut abaissé à trente ans, et le cens d'éligibilité à 500 fr. de contributions directes, sauf à prendre dans chaque département les plus imposés au-dessous de ce taux jusqu'à cinquante. La Chambre dut élire elle-même son président à l'ouverture de chaque session. Chacun de ses membres avait l'initiative des projets de loi ou amendements. Les députés promus à des fonctions publiques salariées durent se soumettre à une nouvelle élection. En cas de vacance, le collège électoral devait être réuni dans les quarante jours; ce délai était de deux mois pour la Corse. Les collèges électoraux étaient au nombre de 459, ce qui faisait en moyenne un député pour 74,150 habitants. La dotation annuelle de la chambre était d'environ 800,000 fr. Sous tous ces régimes, aucun membre de la Chambre des députés ne pouvait, pendant la durée de la session, être poursuivi ni arrêté en matière criminelle, sauf le cas de flagrant délit, qu'après que la Chambre avait autorisé la poursuite. Personne n'était en droit de lui demander compte de son vote; il n'était responsable dans ses discours que vis-à-vis de la Chambre, qui les avait entendus. La Chambre des députés prononçait l'admission de ses membres et recevait leur démission. Les députés n'avaient d'ailleurs ni traitement ni indemnité. Il appartenait à la Chambre des députés d'accuser les ministres et de les traduire à la Chambre des pairs.

On comptait en 1845, 20,000 éligibles environ. Sous la Restauration, le nombre des électeurs n'arriva jamais à 100,000 individus. En 1845, il y avait 238,251 électeurs inscrits. Sur les 459 députés, on comptait, en 1846, 184 fonctionnaires parmi lesquels 40 votaient en général avec l'opposition. La loi électorale de 1831 concentrait donc l'exercice des droits politiques, dans les mains d'une étroite aristocratie de propriétaires; et, pour procéder aux élections, elle divisait cette aristocratie en fractions tellement petites, que, dans plusieurs arrondissements, la majorité des électeurs ne s'élevait pas à 80. On a remarqué, il est vrai, que plus on élargit le cadre des électeurs, moins il y en a proportionnellement qui en remplissent les fonctions; mais ce n'était pas une raison cependant pour admettre des députés nommés par une centaine d'électeurs. Il résultait de là que les élus ne représentaient pas même la majorité des électeurs. Ce n'était pas tout : les députés ne recevant aucune indemnité, on ne pouvait accepter la députation qu'autant qu'on possédait un revenu de dix à douze mille francs de rentes. Mais si la députation était une cause de ruine pour les hommes qui n'avaient qu'une fortune médiocre, ou qui exerçaient des professions privées, elle était une cause de richesse pour les agents salariés de l'autorité publique. Un fonctionnaire qui devenait député n'était plus tenu de remplir les obligations que ses fonctions lui imposaient; il continuait cependant d'être payé comme s'il les avait remplies avec la plus grande exactitude. Les services qu'il rendait au ministère comme député, étaient bien mieux récompensés que ceux qu'il aurait pu rendre au public en qualité de fonctionnaire. Les collèges électoraux, qui gagnaient à nommer des fonctionnaires, se gardaient bien de les repousser : aussi vit-on leur nombre augmenter dans la Chambre, à chaque législature. Ceux qui n'étaient pas fonctionnaires n'étaient pas toujours plus indépendants : les uns avaient des parents à placer, d'autres espéraient des concessions de monopoles ou de fournitures publiques. Le gouvernement finit par se rendre maître des délibérations; mais le pays ne s'y trompa pas : il accueillit avec faveur des projets de réforme que la Chambre repoussa. Une révolution amena la chute du régime constitutionnel. La Chambre des députés, qui avait vaincu la royauté en 1830, fut vaincue elle-même en 1848.

Il y a eu en tout douze chambres des députés. La première n'était que le dernier Corps législatif de l'empire épuré; elle vota une loi sur la presse, une loi sur la liste civile, une loi relative à l'observation des fêtes et dimanches. Elle se sépara à l'arrivée de Napoléon à Paris en 1815. La deuxième chambre fut surnommée la Chambre introuvable. La troisième, élue conformément à l'ordonnance royale du 5 septembre 1816, qui modifiait le régime électoral, fit des lois sur les élections, sur la liberté individuelle, sur les journaux, sur la presse, sur le recrutement, exclut l'abbé Grégoire comme indigne, rétablit la censure, accorda un double vote aux électeurs les plus imposés de chaque département, etc. Elle fut dissoute en 1823, après sept ans d'existence. La quatrième chambre accorda une indemnité aux émigrés, vota la loi du sacrilège, convertit le cinq pour cent en trois pour cent, vota la loi de presse, dite loi *de justice et d'amour*, dite dissoute le 31 mai 1831. Elle fut dissoute en 1827. La cinquième chambre vota l'adresse dite des 221, et fut dissoute le 19 mars 1830, après trois sessions.

La sixième chambre élut Louis-Philippe roi des Français, révisa la charte constitutionnelle, mit les ex-ministres de Charles X en accusation, vota la loi sur la garde nationale, la loi sur les attroupements, la loi électorale, et fut dissoute le 31 mai 1831. La septième Chambre des députés abolit l'hérédité de la pairie, adoucit le Code Pénal, établit la liste civile, vota la loi sur l'instruction primaire, la loi contre les associations, la loi départementale et municipale. Elle fut dissoute le 25 mai 1834, après quatre sessions.

La huitième chambre vota les fameuses lois de septembre, prohiba la loterie, rejeta la loi de disjonction, et fut dissoute le 3 octobre 1837, après quatre sessions. La neuvième chambre n'eut que deux sessions; elle fut dissoute le 2 février 1839 et vota la loi sur l'état-major de l'armée. La dixième chambre vit organiser la fameuse coalition qui renversa le ministère Molé; elle repoussa le projet de dotation du duc de Nemours, vota les fonds pour la translation des cendres de Napoléon et les fortifications de Paris. La onzième chambre des députés, élue en 1842, vota la loi de régence, flétrit le pèlerinage de Belgrave-Square, vota l'indemnité Pritchard, fit la loi sur la chasse, sur les chemins de fer, admit le vote public, réforma le régime des colonies, etc. La douzième chambre enfin, élue en 1846, repoussa les projets de réforme et disparut devant la révolution de février.

La Chambre des députés a été tour à tour présidée par MM. Lainé, Pasquier, de Serre, Ravez, Royer-Collard, Casimir Périer, Laffitte, Girod (de l'Ain), Dupin aîné, H. Passy et Sauzet.   L. LOUVET.

DÉRADER. Quand un navire abandonne précipitamment ses ancres et ses câbles, effrayé qu'il est de sombrer sous ses amarres par la violence du vent et de la mer, on dit qu'il *dérade*. On se sert de la même expression si le vent l'emporte en pleine mer, entraînant avec lui ses ancres ou le brisant par des secousses redoublées; enfin, ce mot est encore employé, mais plus rarement, pour exprimer que le navire a manqué le mouillage où il était sur le point d'aborder, et qu'il en est repoussé pour plusieurs jours par un coup de vent contraire. Si le vent qui le force à dérader, le porte au large, le danger n'est pas grand : on ne court alors que les chances de la navigation en pleine mer pendant un gros temps; mais, lorsque derrière lui s'étendent des écueils ou des récifs, sa perte est à peu près assurée; la brise, trop forte alors, emporte toutes les voiles qu'il appareille; il se brise sur les roches, heureux s'il ne périt pas corps et biens, et si l'équipage, ou au moins une partie, parvient à se sauver.   Th. PAGE, capitaine de vaisseau.

DERAHIM ou plutôt AL-DERRIHIM, nom sous lequel est connu un auteur arabe, ABOU-FATAH-ALI, qui écrivit sur l'histoire naturelle et qui mourut en 1341 de l'ère chrétienne. Marchant sur les traces de Kazwini, qui florissait un siècle auparavant, il composa un *Traité de l'Utilité des animaux*, qui nous est parvenu; il en existe un manuscrit à la bibliothèque de l'Escurial. Il est très-bien conservé et contient un grand nombre de peintures; Casiri en a fait usage pour sa *Bibliothèque orientale*. L'ouvrage comprend quatre parties : la première traite des quadrupèdes, la seconde des oiseaux, la troisième est consacrée aux poissons, la quatrième aux insectes; chaque espèce est décrite avec beaucoup de soin. Ce livre fait le plus grand honneur à Derahim, et montre chez les Arabes des connaissances dont on ne se faisait aucune idée. On attribue encore à cet auteur quelques autres écrits, parmi lesquels un traité de morale intitulé : *Supériorité de l'âme sur les tourments des sens*.   SÉDILLOT.

DÉRAISON. « Ce mot, dit Charles Nodier, a pu échapper à la facilité souvent incorrecte de Chaulieu, à la plume rapide et insouciante de Mme de Sévigné; et Gresset lui-même peut l'avoir transporté du style des conversations de province dans des vers, d'ailleurs aussi purs qu'élégants, sans qu'il ait acquis pour cela le droit de cité : c'est un *barbarisme*. *Déraisonner* est un mot heureux, parce qu'il exprime vivement le défaut de logique d'un homme qui raisonne mal; comme *détoner*, le défaut d'oreille d'un chanteur qui sort du ton; mais on ne dit pas plus *déraison* que *déton*. L'opposé du *ton*, c'est le *faux*; l'opposé de la *raison*, c'est la *folie*, la *sottise*, l'absence *du jugement*. » Le mot *déraison* existe cependant depuis longtemps dans la langue française; et, loin de l'en bannir, il faudrait le créer s'il n'existait pas. Il sert à caractériser une nuance importante à saisir entre la *folie* et la *sottise*; il désigne une absence momentanée, un oubli passager des lois de la raison, dont les deux autres expriment la perte ou la privation complète. La *déraison*, d'ordinaire, est le produit d'un caprice, et on la rencontre fréquemment chez les êtres faibles, qu'on ne saurait accuser pour cela de *sottise* ou de *folie*.
Edme HÉREAU.

DERBEND, c'est-à-dire *Porte étroite*, est le nom de plusieurs défilés ou passages et localités d'Asie. Mais ordinairement on applique ce nom à un territoire que baigne la mer Caspienne, dans la province russo-caucasienne du *Dhagestân*, qui jadis formait un khanat particulier, dont Pierre le Grand fit la conquête et qu'Alexandre Ier supprima en 1806. Les habitants, turcomans pour la plus grande partie et composant environ 4,000 familles, fabriquent beaucoup d'étoffes de laine, dont ils font un commerce très-actif, de même qu'avec le safran et le vin qu'ils produisent.

Le chef-lieu de ce territoire, appelé également *Derbend*, forme un carré construit en terrasse et compte une population de 4,000 âmes environ. Les Russes ont restauré son antique château fort et y entretiennent une garnison. Au nord de Derbend on trouve le monument des quarante héros morts en combattant les Arabes lors de la conquête du Dhagestân, monument célèbre par ses inscriptions généralement en langue arabe. Non loin de Derbend commence la grande muraille traversant le *Tabaserân*, contrée qui fait partie du Dhagestân. On la nomme *Muraille de Derbend* ou *Sedd Eskender*, c'est-à-dire muraille d'Alexandre. Primitivement elle avait dix mètres de hauteur sur 3 m. 33 c. d'épaisseur et s'étendait par monts et par vaux à l'ouest jusqu'à la mer Noire. Pourvue de portes en fer, de beffrois et de châteaux forts, elle servait à protéger la Perse contre les invasions des peuples et des tribus du Nord. On ne sait qui construisit la ville et cette muraille; on nomme cependant Alexandre le Grand (*Kender Dsulkarnaüs*) et Nourschiván; mais il se peut que ce dernier n'ait fait que reconstruire la ville et la muraille. En 1220, Derbend fut pris d'assaut par les Mongols, et leur ouvrit ainsi la route qui devait les conduire à s'emparer des vallées septentrionales du Caucase; mais ils en furent expulsés. En 1722, les Russes enlevèrent Derbend aux Persans; la paix de 1723 leur en confirma la possession; mais treize ans plus tard, ils le restituèrent aux Persans, qui le conservèrent jusqu'en 1806, époque où la Russie s'en rendit encore une fois maîtresse. Peu de temps après, l'empereur Alexandre Ier l'incorpora aux provinces Russes du Caucase.

DERBY, l'un des comtés intérieurs du nord de l'Angleterre, dans le district manufacturier du Nord, dont la superficie peut être évaluée à 26 myriamètres carrés. Montagneux dans sa partie nord-ouest, appelée le *High-Peak*, où commence la chaîne centrale du nord de l'Angleterre, laquelle s'étend jusqu'aux confins de l'Écosse, il est au contraire généralement uni, fertile et richement cultivé dans sa partie sud et sa partie est. Par ses sites romantiques, les merveilleuses cavernes de ses montagnes calcaires et ses nombreuses chutes d'eau, ce comté est à bon droit regardé comme la contrée la plus curieuse de l'Angleterre. Ses fertiles vallées sont arrosées par un bon nombre de cours d'eau, dont les plus importants sont la Trente, qui a pour affluents le Dove et le Derwent, le Wye, le Rother et le Dee. De nombreux canaux, tels que le *Grand-Trunk* et plusieurs de ses embranchements, relient ces différents cours d'eau les uns aux autres, et y favorisent les relations du commerce.

Le comté de Derby est en outre riche en eaux minérales et médicinales; nous citerons celles de Buxton, de Matlok et de Keddlestone, ainsi que la source intermittente de Tideswell. Il abonde aussi en richesses minérales, telles que plomb, fer, houille, antimoine, calamine et cuivre. On y trouve du marbre, de la pierre à bâtir, de la pierre meulière, de l'albâtre, de l'alun, du cristal et du bitume élastique ou poix minérale. Aussi la population de ce comté est-elle considérable. On ne l'évalue pas à moins de 261,000 âmes. L'agriculture, l'élève des bestiaux et l'exploitation des mines (dans le *High-Peak*) forment, avec le commerce d'exportation, les principales branches d'industrie des habitants qui possèdent aussi des manufactures de coton, de soie et de laine (notamment à Glossop, Belper, Derby, Matlok et Cromford), et font un commerce considérable en objets d'orfèvrerie et produits céramiques (à Chesterfield, Derby et Ashburne).

Le chef-lieu du comté est *Derby*, joli endroit, bien bâti, situé dans une contrée romantique sur la rive occidentale du Derwent, possédant plusieurs belles églises, parmi lesquelles celle de Tous-les-Saints est remarquable par son architecture gothique. Il faut aussi citer, parmi les édifices qui méritent d'être vus, la prison du comté, le grand hôpital et l'hôtel de ville, le théâtre et la salle des réunions publiques. Avec son arrondissement elle compte 43,700 habitants. Il s'y trouve une importante manufacture de porcelaine, dont les produits, par la beauté de la pâte et la vivacité des couleurs, égalent ceux de la Chine. Derby est d'ailleurs une ville très-industrieuse; on y entreprend sur une large échelle la fabrication des soieries et des cotonnades, et elle est le centre d'un commerce très-actif de charbon de terre. A peu de distance de Derby est situé le magnifique château de *Keddlestonhouse*, véritable résidence princière surpassée encore par *Chasworth* (*the Palace of the Peak*), résidence du duc de Devonshire, et qui servit autrefois de prison à Marie Stuart, à peu de distance de Bakeweil.

DERBY (EDWARD GEOFFREY SMITH STANLEY, comte DE), ancien premier ministre d'Angleterre et aujourd'hui chef des *protectionnistes* dans la chambre haute, plus généralement connu sous le nom de lord STANLEY, est né le 29 mars 1799 d'une famille ancienne et célèbre dans l'histoire. Après avoir fait ses études à Eton et à Cambridge, il débuta en 1820 dans la vie politique en arrivant à la chambre basse comme représentant de Stockbridge. Plus tard il y représenta Preston, Windsor, et enfin le comté de Lancastre. C'est seulement en 1824 qu'il se fit connaître par un discours dans lequel il défendit avec résolution et habileté la constitution de la haute Église d'Angleterre sur une motion de Hume. Après un court voyage aux États-Unis, il épousa en 1825 une fille de lord Skelmersdale, et peu de temps après il accepta un emploi médiocre dans l'administration des colonies, afin d'acquérir ainsi des notions pratiques sur cette matière. De même, en allant résider pendant quelque temps en Irlande, son but fut d'apprendre à bien connaître l'état réel de ce pays. En 1828, lord Anglesey, vice-roi d'Irlande, le choisit pour secrétaire; et déjà, dans l'exercice de ces fonctions, il acquit toutes les sympathies du parti national irlandais.

Ses connaissances spéciales, la dignité de toute sa tenue et l'éloquence aussi ingénieuse qu'énergique dont il faisait preuve dans le parlement, déterminèrent en 1830 le ministère whig de lord Grey à le nommer premier secrétaire pour l'Irlande et membre du conseil privé. Quoique par la sévérité qu'il apporta dans cette charge, il eût vivement irrité le parti irlandais, il n'en favorisa pas moins en Irlande l'amélioration de l'institution du jury et de l'instruction publique, la destruction des loges orangistes et le développement des ressources matérielles du pays. Bientôt aussi, par l'exécution du bill de réforme, qu'il avait défendu avec succès en 1831 contre Robert Peel, il préluda à l'abolition du système des dîmes irlandaises. Quand, au mois de mars, lord Glenelg sortit du cabinet, lord Stanley le remplaça comme ministre des colonies. C'est en cette qualité que lui échut, dans la session de 1833, la tâche difficile de présenter au parlement la mesure ayant pour but l'abolition de l'esclavage des nègres, et de l'y défendre devant la chambre haute. Cependant il ne tarda point à se trouver en désaccord avec la politique réformiste suivie par ses collègues. La majorité du cabinet ayant décidé de remettre à la décision du parlement le parti à prendre au sujet des propriétés de l'Église d'Irlande, il donna sa démission en même temps que sir James Graham, le comte Ripon et le duc de Richmond.

Quand, en novembre 1834, les whigs abandonnèrent la direction des affaires, Peel s'efforça vainement de le déterminer à entrer dans un nouveau cabinet tory. Mais, au mois d'avril 1835, ayant été à leur tour contraints d'abandonner aux whigs le timon des affaires à propos de la *clause d'appropriation* qui violait l'intégrité des propriétés de l'Église protestante en Irlande, et que lord John Russell fit adopter par la chambre des communes, lord Stanley se sépara complètement de ses anciens alliés et se rangea désormais parmi les torys modérés. Par suite de ce changement de front, il combattit alors le ministère Melbourne, et contribua beaucoup à sa chute, arrivée en 1841. Lord Stanley entra alors en qualité de secrétaire d'état pour les colonies dans le nouveau ministère Peel, dont il soutint la politique avec une grande habileté. Partisan zélé de l'intérêt aristocratique, il se prononça cependant contre l'abolition des droits d'entrée sur les céréales, et par suite, en juin 1844 contre la diminution de la taxe sur le sucre, de sorte qu'il se brouilla avec Peel quand celui-ci se fut déclaré partisan de la liberté commerciale et qu'il dut donner sa démission lorsqu'éclata la crise ministérielle de novembre 1845. Dans la session parlementaire de 1846 il fit de grands mais inutiles efforts pour combattre la réalisation des mesures dont la présentation avait été le signal de sa retraite.

Dès 1844 il était entré dans la chambre haute sous le titre de lord *Stanley*, que, conformément à l'usage anglais, il avait porté jusqu'alors comme fils aîné du comte de Derby, et depuis lors il y défendit la cause des *protectionnistes*. Secondé par un nombreux parti, il livra de nombreux et rudes combats à ses anciens alliés et amis les whigs, et attaqua notamment avec une vivacité toute particulière la politique extérieure suivie par eux depuis 1848. Un vote déterminé par lui au mois de juin 1850 à propos de la question grecque, et porté à une grande majorité, faillit amener le renversement du cabinet, mais fut neutralisé par une résolution contraire adoptée par la chambre basse. Au mois de février 1851, à la suite d'échecs successifs, les whigs, ayant été réduits à renoncer à la direction des affaires, lord Stanley fut chargé par la reine de constituer un nouveau cabinet, mais échoua dans cette mission, parce qu'il ne rencontra pas un seul homme politique de quelque valeur qui consentît à se rattacher à un ministère protectionniste. Ce fut seulement après la rentrée des whigs aux affaires que, le 20 février 1852, le comte de Derby réussit, non pas à la suite du triomphe de son parti, mais à cause de la désunion existant entre ses adversaires, à constituer un cabinet conservateur et protectionniste dans lequel il prit les fonctions de premier lord de la trésorerie. Le parlement fut dissous; mais les élections ne donnèrent pas la majorité au ministère, et il échoua dans la chambre des communes quand il demanda pour l'agriculture une compensation à la perte qu'elle devait éprouver par suite de l'abolition des droits protecteurs sur les céréales. Le ministère dut alors se retirer (décembre 1852) pour laisser la place à un ministère de coalition comprenant lord Aberdeen, lord Russell, lord Palmerston et lord Lansdowne.

A la mort de son père, arrivée le 30 juin 1851, lord Stanley hérita du titre de *comte de Derby* et des domaines considérables que sa famille possède dans le Lancashire et en Irlande.

Son fils aîné, *Edward Henry*, lord STANLEY, né le 21 juillet 1826, fit ses études à Cambridge. En 1848 il se mit inutilement sur les rangs pour obtenir les voix des électeurs du Lancashire, mais fut bientôt après élu membre de la chambre des communes pendant un voyage qu'il était allé faire aux États-Unis. Il débuta au parlement avec assez de bonheur en 1850, et dans l'automne de 1851 entreprit un voyage dans l'Inde. Lors de la constitution du ministère présidé par son père, il fut nommé sous-secrétaire d'État au département des affaires étrangères. On a de lui : *Claims and ressources of the Westindian colonies* (Londres, 1849).

DERCETO ou DERKETO, divinité syrienne ou phénicienne, probablement la même qu'Atergatis et que Dagon.

DERCYLLIDAS, surnommé *Sisyphe* à cause de son habileté et de son esprit fécond en expédients, était un général lacédémonien qui fut envoyé, l'an 399 avant J.-C., au secours des Grecs d'Ionie, qui redoutaient la vengeance de Pharnabaze et de Tissapherne, par suite des secours en hommes et en matériel de guerre qu'ils avaient fournis à Cyrus. Dercyllidas vint prendre à Éphèse le commandement de l'armée des colonies grecques, s'empara en un seul jour de Larisse, d'Hamaxite, de Colones, et battit plusieurs fois les Perses, qui finirent par demander à entrer en négociation.

DÉRÉGLEMENT, manière de vivre en dehors de tous les devoirs et, dans certains cas, de tous les préceptes de la sagesse et de l'expérience. Il y a quelque chose de permanent dans cet état, et, c'est ce qui, en grande partie, sert à le caractériser. Voilà ce qui explique pourquoi la religion et la morale condamnent avec sévérité le déréglement, de quelque espèce qu'il soit ; car il ne se montre pas que sous une forme. Le déréglement ne tient-il qu'à la fougue des sens, il ne faut pas désespérer de sa guérison : se fatiguant de ses propres excès, il se repose vite dans l'ordre. Ici, cependant, il y a une distinction très-importante à établir : le déréglement qui n'est que le résultat de plaisirs illégitimes devient une seconde nature si on le réduit en système; en un mot, si on le raisonne. En effet, par la mesure qu'il s'impose, il rend possible la durée du désordre; il le régularise en quelque sorte. Au milieu de toutes les grandeurs morales et religieuses du siècle de Louis XIV, il est un contraste qui afflige le cœur : c'est la place à part qu'a pu s'y créer la célèbre Ninon. Son hôtel, fréquenté par des hommes d'un haut rang, devint une école de manières brillantes, fort à la mode; on s'y rendait, mais avec le mépris dans l'âme : c'était pour la bonne compagnie une sorte de rendez-vous public, où les jeunes gens se faisaient présenter avant de débuter à la cour. Ils allaient y puiser cette élégance de ton et de formes qu'ils apportaient ensuite dans tous leurs rapports; mais les plus indulgents tenaient à distance de leur estime la *maîtresse* du logis. Enfin, l'amie de Saint-Evremond vit jaillir sur ses vêtements le sang de son propre fils, qui lui demandait des plaisirs que le libertinage maternel devait lui faire espérer. Enfin, comme si cette femme eût dû influer en mal sur deux siècles, elle servit d'introductrice à Voltaire : c'était le déréglement du plaisir donnant la main au déréglement de l'esprit.

Mais il n'y a pas que la plaisanterie qui réussisse à jeter les peuples dans le déréglement de l'esprit ; les sophistes, dans leur croisade contre l'ordre, apportent leur contingent de désastres. Ils attirent d'abord à eux par une gravité qui trompe la bonne foi. Comme ils discutent avec calme, on les écoute avec attention. Malheureusement les auditeurs, ainsi que les lecteurs, ont plus de moralité que d'intelligence. C'est à la première que les sophistes s'adressent; ils la flattent pour gagner sa confiance; ce pas franchi, ils déguisent sous les formes du raisonnement les pièges qu'ils tendent. Avec eux, c'est toujours au début qu'il faut prendre garde. Moyennant certaines équivoques de mots, ils tiennent pour résolu à leur profit ce qui est en question; ou d'un principe, dont ils proclament eux-mêmes la vérité, ils tirent avec adresse de fausses conséquences. Votre assentiment est-il surpris, de détours en détours ils vous mènent droit au crime en vous pervertissant par le raisonnement ; votre conscience se soulève, mais votre raison est vaincue, et ici commence pour vous le déréglement de l'esprit. Parvient-il à se propager, toutes les notions du bien et du mal étant confondues, il en sort une anarchie générale; et, comme d'un autre côté il n'y a pas de société sans pouvoir, il faut que la force brutale le remplace; et d'autres termes, on tombe de l'ordre moral dans l'ordre matériel. Dans les sciences exactes, une trop grande multitude d'opinions conduit à un déréglement d'esprit qui fait quelquefois rétrograder les progrès qui étaient obtenus. Un des grands inconvénients de la liberté de la presse, c'est qu'elle pousse à des déréglements de toute espèce; il est vrai que, comme elle ne peut exister que chez des peuples où tout a déjà été examiné à l'avance, elle revient sur ses propres jugements et apprend ainsi à s'en méfier; on ne la regarde plus que comme un instrument de décisions promptes, mais provisoires.

Il y a des livres qui sont pleins de danger pour les jeunes filles et même pour les jeunes femmes; ce sont certains romans. Ils conduisent à un genre de déréglement qui trouble et bouleverse quelquefois l'existence ; nous voulons parler du déréglement de l'imagination. Les livres qui sont entachés de grossières obscénités sont moins à craindre : on les repousse avec horreur; mais les romans qui, sous le prétexte de tout idéaliser, créent des êtres à part, qu'ils revêtent de perfections chimériques, s'emparent de l'attention : plus le cœur est pur et l'imagination vive, plus ils font de mal. Les jeunes filles et les jeunes femmes sortent du positif de la vie, qui leur inspire un profond dégoût, pour rechercher des qualités qui n'existent pas : leur discernement est obscurci ; elles se laissent prendre à ces vaines apparences dont se parent si bien ceux qui visent à les tromper. C'est en suivant la route d'une vertu, pour ainsi dire, sublime, qu'elles tombent dans un abîme sans fond. SAINT-PROSPER.

DÉRIVATION (en latin *derivatio*, du verbe *derivare*, détourner). C'est l'action de détourner les eaux de leur cours naturel, surtout au moyen de canaux, dits *de dérivation*, par exemple lorsqu'il s'agit de la porter à une usine, un moulin, etc. En thérapeutique, on appelle ainsi l'excitation artificielle d'une partie saine du corps, opérée dans l'intention de rompre la tendance qu'ont les fluides à se diriger vers une autre partie interne ou externe plus importante, et dans laquelle existe une exaltation morbide des propriétés vitales. La dérivation est exactement la même chose que la *révulsion*, bien qu'on ait voulu établir entre elles une différence fondée sur la distance qui sépare le point malade de celui que l'on choisit pour l'application des médicaments excitants. Ainsi, les anciens disaient qu'il y avait dérivation quand on agissait dans le voisinage du mal, et révulsion quand on excitait une partie qui en était éloignée. On donne le nom de *dérivatifs* aux médicaments et opérations chirurgicales dont on se sert pour produire la dérivation. P.-L. COTTEREAU.

DÉRIVATIONS (Calcul des). *Voyez* DÉRIVÉE.

DÉRIVÉE (*Mathématiques*). Si, dans une fonction quelconque, on donne à la variable indépendante un accroissement arbitraire, on obtient une nouvelle fonction qui peut être ordonnée par rapport aux puissances entières et croissantes de cet accroissement. La forme du coëfficient de la première puissance de cet accroissement dépend essentiellement de celle de la fonction primitive; c'est pourquoi Lagrange l'a nommé *fonction dérivée* ou simplement *dérivée* et l'a représenté par le même signe que celui de la fonction primitive en y ajoutant un accent ; de sorte que $f'(x)$ désigne la fonction dérivée de $f(x)$. Or, on démontre que le double du coëfficient de la seconde puissance de l'accroissement est formé par rapport au précédent de la même manière que celui-ci par rapport à la fonction primitive; que le triple du coëfficient de la troisième puissance de l'accroissement est semblablement formé par rapport à celui de la seconde puissance ; et ainsi de suite. En étendant à ces différents termes la même notation, on a le développement suivant :

$$f(x+h) = f(x) + h\frac{f'(x)}{1} + h^2\frac{f''(x)}{1.2} + h^3\frac{f'''(x)}{1.2.3} + \ldots$$

Cette formule, qui est l'expression du théorème de Taylor, nous fait voir que les fonctions dérivées sont les coefficients différentiels des différents ordres, de sorte que, si l'on pose $y = f(x)$, on a $\frac{dy}{dx} = f'(x)$, $\frac{d^2y}{dx^2} = f''(x)$, etc.

Les fonctions dérivées sont d'une grande importance en analyse. Lagrange a montré dans sa *Théorie des fonctions analytiques* tout le parti que l'on pouvait en tirer. Malheureusement il a voulu aller trop loin en prétendant remplacer par ce nouvel algorithme le calcul différentiel, qu'il cherchait à affranchir de la considération des infiniment petits, point de départ de Leibnitz, de Bernouilli, de L'Hôpital, etc., et où il repoussait également l'emploi du mouvement pris par Newton pour base de sa théorie des fluxions. L'idée de Lagrange fut encore étendue par Arbogast, recteur de l'Université de Strasbourg, qui donna à sa méthode le nom de *calcul des dérivations*. Mais il ne fut pas difficile de reconnaître combien le calcul infinitésimal l'emportait par la simplicité, et, comme ses principes métaphysiques sont aujourd'hui rigoureusement établis, la tentative de Lagrange a été abandonnée. Cependant on se sert des dérivées dans les parties de l'algèbre où elles conviennent plus spécialement, comme la recherche des racines égales des équations, la résolution des questions de *maxima* et de *minima*, etc.

E. MERLIEUX.

DÉRIVÉS. Les grammairiens appellent *dérivés* tous les mots qui tirent leur origine d'autres mots, et qui leur empruntent une signification accessoire, qui s'éloigne plus ou moins de la signification principale. Ainsi, *mortalité* est un *dérivé* de *mort*, *légiste* de *lex*; *aimable*, *ami*, *amitié*, *amical*, sont des *dérivés* du verbe *aimer*. Ainsi , *déterminer*, *détermination*, sont des mots *dérivés* du substantif *terme*, et leur signification s'éloigne plus ou moins de ce mot primitif. Un mot *dérivé* d'un autre mot est produit par lui, comme un ruisseau est produit par la source qui lui donne naissance. Tous les mots d'une même famille, tous ceux qui ont une commune origine , sont respectivement *primitifs* ou *dérivés*. Un mot est primitif à l'égard de tous les autres mots qui se sont formés de sa substance, et qui à l'idée originelle de ce primitif ont ajouté quelque idée accessoire qui la modifie : ceux-ci sont les *dérivés* dont le primitif est la source. On distingue deux sortes de *dérivation* : la dérivation philosophique et la dérivation purement grammaticale. Dans la dérivation philosophique, l'idée du mot primitif est radicale à l'égard des idées accessoires que viennent y ajouter les *dérivés*. Par exemple, l'idée attachée au primitif *chant* est radicale relativement à celles qui y sont ajoutées dans les mots *chanter*, *chanteur*, *chantre*, *chansons*, *chansonnette*, *chansonnier*. Dans la dérivation purement grammaticale, l'idée du mot primitif est principale et toujours dominante à l'égard des idées accessoires produites par les *dérivés*. Ainsi, l'idée qu'on attache au mot primitif *chanter* ne cesse pas d'être principale à l'égard de celles qui s'y trouvent jointes dans les mots *chanté*, *chantée*, *je chante*, *nous chantons*, etc., qui ne diffèrent entre eux que par les idées accessoires des nombres, des temps, des modes, des personnes, qui constituent le mécanisme du verbe. Il y a des mots qui sont *dérivés* de mots de la même langue; il en est une foule d'autres qui découlent de mots appartenant à des langues différentes. Ainsi, nous avons dans notre langue un nombre considérable de mots dérivés du grec et du latin. Quelquefois, il suffit qu'un mot ne soit dérivé d'aucun autre pour qu'on lui donne le nom de *primitif*. L'origine d'un mot, la source d'où il est *dérivé*, se nomme *étymologie*. Il faut souvent remonter jusqu'à l'étymologie d'un mot pour avoir l'explication de son véritable sens, en interrogeant le sens particulier de chacun des mots élémentaires d'où il est *dérivé*.

CHAMPAGNAC.

DERJAVINE. *Voyez* DERZAWINE.

DERMATOSE, nom générique donné par Alibert à la grande classe des maladies de la peau. Les principales sont l'éléphantiasis, la lèpre, la gale, les dartres, l'impétigo, etc.

DERME (du grec δερμα, dérivé de δερω, j'écorche). Ce nom, considéré en général comme synonyme de *chorion*, est usité en anatomie pour désigner la partie de la peau des animaux qu'on appelle vulgairement *cuir*, d'où l'expression *entre cuir et chair*. La couche dermeuse de la peau de l'homme et d'un grand nombre d'animaux est constituée par des fibres albuginées ou de la nature des ligaments blancs. Ces fibres ont une tendance naturelle à se condenser de plus en plus et à se transformer en cartilages et en os, d'où le nom de *fibres scléreuses* (de σκληρος, dense, dur), sous lequel nous les avons désignées. Cependant elles laissent entre elles des intervalles nommés *aréoles* plus ou moins larges ou serrés, et pénétrés par le tissu graisseux sous-cutané.

La surface interne du derme est en rapport et plus ou moins adhérente, soit avec les muscles peauciers, soit avec des couches de tissu graisseux, quelquefois avec les aponévroses d'enveloppe, d'autrefois même avec les tissus cartilagineux ou osseux du squelette, auxquels elle sert de périchondre ou de périoste. Dans l'épaisseur de cette partie de la peau, on observe : des pièces osseuses ou cartilagineuses plus ou moins saillantes à l'extérieur, tantôt nues, tantôt recouvertes par le pigment ou l'épiderme; de petits sacs ou follicules, qui produisent les uns des poils, des piquants, cornées ou calcaires, des boucles, des aiguillons ou sortes de dents offensives de la peau, d'autres enfin des humeurs muqueuses ou sébacées. Dans la surface externe du derme est le lieu où les filets nerveux et les petits vaisseaux qui ont traversé son épaisseur se combinent avec son tissu pour former ce que les anatomistes ont appelé le *corps papillaire* et le *réseau vasculaire superficiel*, qui sont le siège du toucher et de la coloration sanguine de la peau. Cette surface du derme est recouverte par le pigment ou l'épiderme ou par des croûtes ou plaques calcaires plus ou moins épaisses, qui forment les *tests*, les *boucliers*, les *cuirasses*, etc. Ces premières modifications du derme des animaux ont pour but la protection et la sensibilité. D'autres ont lieu pour rendre le derme, soit plus ou moins perméable aux fluides absorbés, soit plus ou moins contractile ou locomoteur. Dans le premier cas, la couche dermeuse n'offre plus la densité fibreuse, et sa nature se rapproche de celle des tissus cellulaires. Dans la deuxième cas, le derme est plus ou moins confondu avec la couche des muscles peauciers qui servent à la locomotion de l'animal.

Lorsqu'en anatomie générale on groupe sous le nom de *système cutané* toute la peau, soit externe, soit intérieure et viscérale, appelée *membrane muqueuse*, on doit distinguer la couche dermeuse générale en *derme externe* ou de la peau du dehors, et en *derme interne* ou de la peau viscérale, et on établit en physiologie philosophique que le tissu de ces deux sortes de derme est modifié dans toute la série animale, pour répondre à toutes les exigences des manifestations vitales dans les diverses circonstances où les êtres animés sont appelés à vivre et à déployer toute leur industrie.

En histologie animale (science des tissus des animaux), on désigne sous le nom de *tissus dermeux* la combinaison des fibres et autres éléments organiques qui entrent dans la composition de la peau, parce que le derme en constitue la partie principale. On les a appelés aussi à tort *tissus der-*

moïde et dermatoïde (de δερμα et de ειδος, forme). C'est avec beaucoup plus de convenance qu'on a donné le nom d'*épiderme* à la couche mucoso-cornée placée sur le derme et formant la limite de l'animal dans le monde extérieur.
L. LAURENT.

DERMESTES (de δερμα, peau, et ἐσθίω, je mange), genre de coléoptères pentamères de la famille des clavicornes, ainsi nommés parce que leurs larves se nourrissent de la peau des animaux. On trouve ces larves dans les pelleteries, dans toutes les matières animales qu'on conserve à l'état sec, et elles font de grands ravages dans les collections zoologiques. Mais si sous ce rapport elles sont un fléau pour l'homme civilisé, elles sont d'une utilité incontestable dans l'économie de la nature, qui les a principalement destinées à compléter la destruction des cadavres, dont elles font des squelettes parfaits en rongeant de préférence leurs parties fibreuses et tendineuses, tandis que les larves des bouchers ne se nourrissent que des chairs putréfiées. C'est ainsi que la larve du *dermeste du lard* (*dermestes lardarius*, Fabr.) est très-commune dans les boutiques de charcuterie tenues malproprement.

Les larves des différentes espèces de dermestes se reconnaissent à leur corps allongé, peu velu, composé de douze anneaux distincts dont le dernier est garni à l'extrémité d'une touffe de poils très-longs ; à leur tête écailleuse, munie de mandibules très-dures et très-tranchantes ; enfin à leurs six pattes cornées, terminées par un ongle crochu. Elles changent plusieurs fois de peau avant de passer à l'état de nymphe. Lorsqu'elles sont sur le point de subir cette métamorphose, elles cherchent un abri où elles se contractent sans filer de coque, et deviennent insectes parfaits au bout de très-peu de temps.

A l'état parfait, les dermestes présentent les caractères suivants : mandibules courtes, épaisses, peu arquées, dentelées sous leur extrémité ; palpes très-courts et presque filiformes ; mâchoires armées au côté interne d'un petit crochet écailleux ; antennes un peu plus longues que la tête, et dont les trois derniers articles forment une grande massue ovale, perfoliée ; corps ovalaire, épais, convexe et arrondi en dessus ; tête petite et inclinée ; protothorax plus large et sinué postérieurement ; élytres inclinées sur les côtés. Dans cet état, les dermestes cherchent leur nourriture sur les fleurs, et leurs femelles ne fréquentent les substances animales que pour y déposer leurs œufs.

DERMODONTE (de δερμα, peau, ὀδούς, dent). Les poissons qui n'ont point les dents implantées dans les os maxillaires ont été nommés par de Blainville *dermodontes*, c'est-à-dire à dents adhérentes seulement à la peau, pour les distinguer des autres animaux de cette classe dont les dents sont plus ou moins implantées dans les os des mâchoires. Les dermodontes de Blainville correspondent aux chondroptérygiens de Cuvier.

DERMOPTÈRES (de δερμα, peau, et πτερόν, aile), nom donné par Illiger à des mammifères, qui, comme le polatouche, voltigent à l'aide d'une membrane étendue des bras aux jambes.

M. Duméril nomme *dermoptères* des poissons de la famille des sauriens, dont le caractère est d'avoir une seconde nageoire dorsale dépourvue de rayons, et simplement formée par la peau.

Degéer a aussi donné ce nom aux insectes de l'ordre des orthoptères.

DÉROGATION. Ce mot, qui nous vient du latin, signifie à proprement parler *rogation* contraire à une première ; rogation est ici pour loi ; car toute loi finissait par cette formule : *Rogo ut velitis, jubeatis*. On nomme ainsi le changement qui est apporté par la disposition particulière d'une loi postérieure à une loi antérieurement rendue, ainsi que celui qui résulte d'un contrat passé entre particuliers à un contrat précédent. On ne peut *déroger* par des conventions particulières aux lois qui intéressent l'ordre public et les bonnes mœurs.

DÉROGATOIRE (Clause). *Voyez* CLAUSE.

DÉROGEANCE. Autrefois on nommait ainsi le délit qu'un noble commettait aux yeux de sa caste en manquant à sa dignité, et dont la peine était la perte de sa noblesse et de ses privilèges. On dérogeait à la noblesse en se livrant aux professions *viles* auxquelles les m a n a n t s demandaient leur subsistance. Ainsi le travail des mains, en tant que moyen de lucre, et le trafic des marchandises étaient deux grandes causes de dérogeance pour les hommes qui ne connaissaient de métier digne d'eux que celui des armes. Cependant la nécessité contraignait souvent l'orgueil nobiliaire à fléchir devant elle. En Bretagne, par exemple, la noblesse ne se perdait jamais par l'exercice d'un commerce ou d'une industrie, quand même il se fût continué pendant plusieurs générations ; il ne faisait que suspendre pendant sa durée l'exercice des privilèges attachés à cet ordre, et opérait, par exemple, le partage égal des biens acquis dans cet intervalle. Le gentilhomme qui voulait reprendre ses qualités et privilèges devait déclarer qu'il quittait le commerce, afin de n'être plus à l'avenir imposé des charges roturières. Depuis la fin du quatorzième siècle, on sentit de temps à autre la nécessité de procurer aux gentilshommes pauvres les moyens de se créer une fortune qui leur permit de tenir leur rang ; et aux nobles opulents ceux d'utiliser leurs capitaux. Le 11 octobre 1393, il fut dit que les nobles pourraient, sans déroger, se présenter pour enchérir les fermes et régies des impôts, quand ils ne se présenteraient personne pour le faire. Le 6 septembre 1500 et le 4 mars 1543, il fut déclaré que les charges de procureurs en la chambre des comptes, ainsi que l'exercice de la profession de juge et d'avocat, ne dérogeaient point à la noblesse. Plus tard il fut dit la même chose du commerce de mer (janvier 1629, août 1669, 28 avril 1727), du commerce en général (édit de décembre 1701), du commerce en gros (28 avril 1727). Malgré cela, peu de nobles se livrèrent à des entreprises et à des spéculations commerciales, parce que le préjugé était le plus fort, c'est seulement de nos jours que quelques-uns, au grand scandale des autres, ont osé se faire négociants et manufacturiers.

Il existait en outre une autre manière de déroger qui inspirait une si pieuse horreur à l'orgueil nobiliaire, que celui qui s'en rendait coupable était frappé du mépris général et n'obtenait jamais de pardon ; c'était une union contractée avec une famille de roturiers. L'usage du Châtelet de Paris voulait « que si un homme de grand lignage prenait la fille d'un vilain à femme, les enfants ne pouvaient être faits chevaliers. Ils étaient exclus de toute compagnie de noblesse, et ne pouvaient se trouver aux tournois. » Mais avec le temps, la noblesse devint moins scrupuleuse ou plus cupide ; des gentilshommes, et des meilleurs, ne firent pas difficulté d'épouser des filles de la plus basse extraction, quand elles étaient riches. Ils appelaient cela *acheter du fumier pour engraisser leurs terres*.

La persévérance pendant cent ans dans un état continu de dérogeance emportait perte irrévocable de la noblesse ; de simples lettres de r é h a b i l i t a t i o n ne l'auraient pas rendue, il fallait obtenir du souverain de nouveaux titres de noblesse.
W.-A· DUCKETT.

DEROSNE, un des pharmaciens les plus distingués de Paris. Son père était associé avec le célèbre C a d e t de G a s s i c o u r t. La pharmacie Cadet et Derosne était une des plus célèbres et des plus vieilles officines de Paris. Le Derosne qui nous occupe a fait connaître la propriété décolorante du charbon, et on lui doit d'utiles remarques sur l'écorce de Winter, ou cannelle blanche, de même que sur l'action qu'exercent les agents employés pour la défécation du jus de betterave dans la fabrication du sucre indigène. Mais outre ces travaux, qui lui appartiennent en propre, il en pu-

27.

blia d'autres en compagnie de plusieurs personnes. C'est ainsi qu'il publia avec son frère (Charles Derosne) une note sur la purification alcoolique du sucre et sur l'art de raffiner toutes les espèce de sucres ; avec M. Deschamps, un rapport sur la collection des vers intestinaux de la ville de Vienne, en Autriche, et à M. Henri père, chef de la pharmacie centrale, un rapport sur le principe immédiat que M. Dulong d'Ostaford avait découvert dans la racine du *plumbago europœa*. Mais celui de ses travaux qui l'a particulièrement rendu recommandable est l'analyse de l'opium, qu'il publia en 1803. Il trouva dans l'opium une matière cristallisable dont personne encore n'avait parlé, et cette espèce de sel, auquel on donna le nom de *sel* ou de *narcotique de Derosne*, fit beaucoup de bruit parmi les médecins et les pharmaciens de ce temps. M. Derosne constata que les propriétés narcotiques de l'opium étaient exclusivement inhérentes à cette substance cristallisable, dont on fit alors un très-grand usage. Cependant cette découverte était encore inachevée : bientôt Sertuerner découvrit que le sel narcotique de Derosne était composé de deux substances distinctes, l'une alcaline, qu'il isola et décrivit avec précision sous le nom depuis fameux de *morphine*, et l'autre qu'il étudia moins précisément, et qu'il crut acide. Cette dernière substance a été depuis l'objet de recherches attentives de la part du chimiste Robiquet, qui l'a trouvée alcaline comme la morphine, et lui a donné le nom de *narcotine*.

[DEROSNE (Charles), frère du précédent, né à Paris en 1780, mort en 1846, consacra toute sa vie aux arts industriels. Dirigeant avec son frère aîné la pharmacie Cadet-Derosne, il fit avec lui, dès 1806, des recherches sur l'esprit pyro-acétique que fournit la distillation de l'acétate de cuivre ; en 1808, il parvint à blanchir le sucre brut par divers procédés, entre autres par l'alcool à 33°. Le sucre de betterave l'occupa ensuite ; modifiant les travaux et les procédés du chimiste prussien Achard et d'Hœrmstædt, il parvint en 1811 à obtenir quatre pour cent de sucre, et bientôt après il présentait à la Société d'encouragement, dont il fut un des principaux membres, un pain de sucre de betterave raffiné. Il couronna ces travaux en publiant en 1812, avec la collaboration de M. Angar, une traduction des œuvres d'Achard enrichie de notes résultant de sa propre expérience. C'est à lui qu'on doit l'industrie de la fabrication du noir animal par la carbonisation des os ; il y fut amené en 1813 par suite de ses travaux sur le charbon appliqué au traitement des sirops de sucre, non-seulement pour les décolorer, mais aussi pour les purifier des corps étrangers qui nuisaient à la cristallisation. En 1817, il établit avec Cellier Blumenthal l'*appareil distillatoire continu* qui est encore aujourd'hui la base de tous les appareils distillatoires à simple, double et triple effet et de tous les appareils perfectionnés dont on se sert maintenant dans les *raffineries* de sucre. Ces succès n'étaient pour lui qu'un encouragement à tenter d'autres découvertes. Ayant remarqué que le sang frais desséché à basse température forme un produit sec avec toutes les propriétés de l'albumine qu'il contient, il s'en servit à la fois d'une substance propre à la clarification des jus et des sirops sucrés, et comme d'un moyen d'engrais très-puissant et très-énergique.

Depuis 1825, aidé de M. Cail qui devint bientôt son associé, il donna les plus grands développements à son établissement industriel situé à Chaillot ; ses relations commerciales s'étendirent à toutes les contrées du globe, mais particulièrement avec l'Amérique : il se chargea aussi de la fabrication des locomotives à l'époque où l'on établit les chemins de fer français. Son petit-fils, *Ernest-Bernard* Derosne, jeune officier de l'armée d'Afrique qui faisait concevoir les plus grandes espérances, fut tué en 1851 dans un engagement avec les Kabyles. A. Feillet.]

M. *Bernard* Derosne, gendre de Charles Derosne, s'est fait connaître il y a quelques années comme directeur d'une compagnie qui avait pour but l'exploitation en grand du *monésia*, substance extractive ressemblant un peu au cachou, et possédant des propriétés analogues à celles du ratanhia et du simaruba. Cette substance astringente provient du Brésil. Les premiers échantillons de ce médicament furent apportés en France en 1832, durant le choléra, maladie contre laquelle on le déclarait un remède souverain, un vrai spécifique. Les médecins de Rio-Janeiro chargèrent M. Taunay, voyageur français, de remettre cette substance à MM. Andral et Isidore Bourdon, qui en essayèrent avec quelque succès dans l'épidémie alors régnante. Mais ce médicament, auquel M. Bernard Derosne a donné le nom de *monésia*, portait au Brésil le nom de *buranhem* (qu'il faut prononcer *bouragnème*). Telle était l'étiquette des échantillons que reçurent du Brésil les deux médecins que nous venons de citer.

DÉROUILLER. Les objets fabriqués en fer, acier ou fonte, éprouvent plus ou moins rapidement au contact de l'air humide une altération particulière due à l'absorption d'une portion d'oxygène et d'eau, qui constitue ce que l'on nomme vulgairement la *rouille* : cette altération, lorsqu'elle est très-légère, peut facilement être détruite, en frottant la pièce avec de l'huile, et, après quelque temps, au moyen d'une peau imbibée de ce même liquide. C'est ainsi que dans beaucoup de cas on parvient à enlever de petites taches de rouille de dessus les lames de ciseaux, de couteaux, etc. ; mais, quand la couche de rouille est plus épaisse, il faut nécessairement avoir recours à d'autres moyens. Le papier couvert de verre ou d'émeri en poudre est fréquemment mis en usage aussi ; mais si les objets rouillés ont de fortes dimensions, son emploi est quelquefois impossible tant à cause de la longueur du temps qu'il faudrait consacrer à l'opération ; quelquefois aussi, les formes des pièces rouillées, comme dans les machines, se prêtent difficilement à son emploi ; dans certaines circonstances, on est obligé de faire usage de limes pour enlever la croûte de rouille, mais tous ces moyens altèrent plus ou moins les formes des pièces sur lesquelles on opère. On arrive dans quelques circonstances à un bon résultat en se servant de l'acide sulfurique plus ou moins étendu, qui attaque particulièrement la rouille, mais dont malheureusement l'action s'exerce aussi sur le fer. En frottant la pièce pendant quelques instants avec du carbonate de potasse liquéfié par l'absorption de l'humidité de l'air, on peut quelquefois aussi enlever la rouille assez complètement pour que le fer n'ait plus besoin que d'être lavé pour reprendre son brillant. Il suffit de le frotter avec l'émeri. Il est toujours plus avantageux de prévenir la rouille que de l'enlever.

H. Gaultier de Claubry.

DÉROUTE. Ce terme militaire définit l'état d'une armée, d'un corps d'armée, ou d'une portion de troupes, se retirant en désordre après une bataille perdue. Une *déroute* est plus désastreuse qu'une *retraite* ; elle est plus qu'une *défaite* ; c'est le chaos du mouvement rétrograde, le pêle-mêle d'une fuite, la désorganisation d'une armée battue ; c'est pour le vaincu la catastrophe qui complète la victoire de l'ennemi ; elle entraîne souvent avec elle les suites les plus funestes : une déroute peut, en effet, compromettre une armée, un pays entier. Ce mot devrait être inconnu à tout militaire d'honneur. Il est des circonstances à la guerre où une retraite peut devenir nécessaire au salut de l'armée ; alors on cède au nombre, où à la force des circonstances ; mais on ne doit perdre ni le courage ni le sang-froid, caractères distinctifs de l'homme de guerre. Le spectacle d'une déroute, a dit un de nos écrivains militaires, est épouvantable et déchirant ; partout le désordre et la confusion ; la voix des chefs est méconnue ; hommes, chevaux, voitures, tout se précipite pêle-mêle, se heurte et se culbute, les chevaux passent sur les hommes, et les roues des chariots écrasent hommes et chevaux. » Pour se débarrasser plus vite du danger qu'il cherche à éviter, le soldat du train coupe les traits de ses chevaux; le fantassin se débarrasse de ses armes et de son bagage. Le terrain, ainsi lâchement abandonné, est couvert de blessés, de mourants, d'effets militaires, de bouches à feu et de caissons; c'est en vain qu'un général tenterait d'arrêter le premier effet de la terreur qui s'est emparée du soldat : sa voix ne serait point écoutée, son autorité serait méconnue. Il est fâcheux d'avoir des exemples à citer pris dans notre propre histoire. A Leipzig, après la rupture du pont qui communique de la ville au faubourg d'Erfurth, les rues furent en un instant encombrées d'affûts et de caissons renversés. Les cris et les gémissements des blessés tombés dans la foule, écrasés par le poids des roues, ou sous les pieds des hommes et des chevaux, allaient inutilement frapper l'oreille des fuyards. Le vénérable roi de Saxe ne parvint lui-même à sortir de la ville qu'en montant sur le parapet d'un quai conduisant dans la direction du pont, et soutenu par le duc de Bassano. A Waterloo, au moment où la retraite devint générale, plusieurs officiers du deuxième corps formèrent une chaîne et présentèrent la pointe de leur épée aux fuyards. Eh bien ! ils vinrent s'y précipiter, et recevoir ainsi la mort qu'ils cherchaient à éviter, jusqu'à ce que la nuit couvrît de son ombre cette scène d'épouvante et d'horreur. Un de nos célèbres artistes a retracé avec une grande vérité les désastres du passage de la Bérésina. Là, on peut voir, dans toute sa laideur, l'effet physique et moral de la désorganisation d'une armée.

Un général habile peut arrêter les suites d'une honteuse déroute, s'il sait promptement faire choix d'une position avantageuse et assez forte pour rallier les fuyards. Si alors le vainqueur ne les poursuit pas avec trop d'acharnement, les troupes se calment, reviennent à leur sang-froid naturel, et rougissent de s'être abandonnées à leur frayeur. On parvient même souvent, dans ce cas, à les reporter en avant : elles s'y décident d'autant plus, qu'elles ont l'espoir de ressaisir leurs armes et leurs bagages, laissés sur le terrain abandonné. Une déroute provient presque toujours de l'imprévoyance du général, qui a mal calculé les chances d'une action, et le terrain sur lequel elle se passe ; ou qui n'a pas songé à se faire un point d'appui au moyen d'une réserve assez forte pour arrêter la marche de l'ennemi, et rallier les troupes en fuite.

DERPT. *Voyez* DORPAT.

DERVICHE ou DERVIS, mot persan signifiant *pauvre* et qui s'emploie comme l'équivalent de l'expression arabe *fakir*, pour désigner dans les pays musulmans une classe d'individus ayant beaucoup de ressemblance avec les ordres monastiques des pays chrétiens. Les *derviches* sont divisés en un grand nombre de confréries et d'ordres différents. La plupart habitent des couvents richement dotés appelés *Tikkije* ou *Chângâh*, et obéissent à un supérieur qui prend le titre de *cheik* ou de *Per*, c'est-à-dire d'ancien. Quelques-uns de ces moines sont mariés, et peuvent demeurer hors du couvent, pourvu qu'ils s'y soient tenus d'y passer deux nuits par semaine. Leurs exercices de piété consistent en réunions pour la célébration du culte, en prières, en danses religieuses et en mortifications. Comme le couvent ne leur fournit point de vêtements, et que, à l'exception des *Bektaschis*, il leur est interdit de mendier, ils doivent chercher à gagner quelque chose par un travail manuel quelconque.

Il serait difficile de préciser l'époque où les différentes congrégations prirent naissance. L'enthousiasme que Mahomet sut inspirer à ses disciples par ses victoires et par le tableau des voluptés qu'il leur promettait dans l'autre monde fit naître de bonne heure parmi eux le goût de la vie retirée, austère et contemplative. Les premiers derviches remontent donc jusqu'au berceau de l'islamisme, mais ils s'appelèrent d'abord *sofys* et *fakirs*, et ne prirent ou ne reçurent le nom de *derviches* que lorsqu'ils furent réunis en communautés. Ils se sont tellement multipliés dans tous les États mahométans qu'il en existe encore trente-deux ordres principaux dans l'empire othoman : le plus ancien date de l'an 769 de J.-C., et le plus récent de 1750. Trois prétendent descendre des disciples du khalife Abou-bekr et les autres suivent la doctrine d'Aly. Toutes ces congrégations ont leur règle, leurs statuts, leurs pratiques et leur costume particuliers. La différence consiste dans la forme, la hauteur, le nombre des plis du turban, la coupe, la couleur et l'étoffe de l'habit. Les cheikhs ou supérieurs portent des robes de drap vert ou blanc, garnies de fourrure en hiver ; les simples derviches font rarement usage du drap, mais plus communément d'une étoffe de feutre noir ou blanc ; en Perse, elle est bleue. Presque tous laissent croître la barbe et les moustaches ; quelques-uns laissent flotter leurs cheveux sur leurs épaules ; d'autres les relèvent en chignon ; la plupart les coupent. Tous portent des chapelets de 33, 66 ou 99 grains, qu'ils récitent plusieurs fois dans la journée. Les généraux de chaque ordre, les cheikhs de chaque couvent, sont nommés par le moufty de Constantinople. La plupart des ordres de derviches tirent leur nom de celui de leur fondateur : les plus célèbres sont les *Bestamis* (depuis l'an 876) ; les *Cadrys* (depuis 1165) ; les *Rufays* (depuis 1182) ; les *Mewlewys* (depuis 1273) ; les *Nakschibendes* (depuis 1319) les *Bektaschis* (depuis 1357) ; les *Ruschenis* (depuis 1533) ; les *Schemshis* (depuis 1601) et les *Djemalis* (depuis 1750). Les plus riches derviches sont les mewlewys, dont le principal monastère est à Konjeh, dans l'Anatolie. Celui qu'ils ont à Péra, faubourg de Constantinople, est visité de tous les Européens. C'est là qu'on va les voir danser, se balancer, et tourner sur un de leurs talons avec une incroyable rapidité, en tenant dans leurs dents un fer rouge ou un charbon ardent. D'autres jouent les convulsionnaires, ou s'enfoncent des instruments aigus dans les oreilles ou en d'autres parties du corps. Lorsque, épuisés par la fatigue ou la douleur, ils tombent sans connaissance, on les porte dans leurs chambres pour les soigner. Ces danses bizarres, qui durent deux heures, sont sanglants de fanatisme, sont entremêlées de prières et de hurlements, et quelquefois d'un chant aigu, mais doux, dirigé par le cheikh, qui bat la mesure avec des cymbales, et accompagné par des flûtes traversières, des tambours de basque, de petites timbales, des psaltérions, des sistres et des tambourins. Ces exercices offrent quelques différences dans les autres ordres de derviches. Tous ces moines sont en grande vénération chez les musulmans, même des plus hautes classes. Ils ont été visités par des sulthans, par des conquérants ; les généraux en mènent toujours quelques-uns avec eux dans leurs débauches militaires ; ils sont d'ailleurs naturellement disposés à suivre les armées comme volontaires. Ils animent les soldats par leurs prières, leurs prédications et même par leur bravoure, car on en a vu défendre et sauver l'étendard sacré de Mahomet. Il y a cependant parmi eux des hypocrites, des charlatans et des fripons. Ils s'avisent d'interpréter les songes, de donner des remèdes et des talismans, d'exorciser ; ils charment les animaux malfaisants ; ils décèlent les voleurs, et ils attrapent ainsi l'argent des femmes et des gens ignorants et superstitieux. Plusieurs se dégradent par leur immoralité, leur dissolution et leurs débauches crapuleuses, oubliant les sages conseils que le poète-philosophe Saady leur a donnés dans son *Gulistan*. Mais c'est surtout aux derviches voyageurs qu'on est en droit de reprocher ces honteux excès (*voyez* CALENDER).

H. AUDIFFRET.

DERZAWINE ou DERJAVINE (GABRIEL ROMANOVICZ), poète lyrique russe, né le 3 juillet 1743 à Kasan, était le fils d'un major en retraite et suivit pendant quelque temps les classes du gymnase de cette ville. A l'âge de dix-neuf ans, il entra dans l'armée comme simple soldat dans le régiment du garde Préobinski, où le comte Schouwaloff récompensa son zèle en le faisant entrer à l'école des cadets comme bon dessinateur et mathématicien. Il s'y fit aussi remarquer par son exactitude et son zèle, notamment en 1774 par quelques actions d'éclat contre le rebelle Pougatschef. L'impératrice Catherine ne tarda pas à apprécier son mérite, et elle le fit en peu de temps monter aux postes les plus importants de l'État. En 1800, il fut nommé trésorier-général de l'empire, et en 1802, ministre de la justice; mais, l'année suivante, il renonça à toutes fonctions publiques pour se consacrer entièrement au culte des muses. Le talent poétique de Derzawine se développa de bonne heure, spontanément, et on doit le regarder comme le poëte le plus éminent du siècle de Catherine. Admirateur enthousiaste de cette princesse, son éloge revient à chaque pas dans ses odes. Celle qui est adressée *à Dieu*, n'est pas seulement la plus belle de toutes, mais aussi la plus célèbre, et a été traduite dans la plupart des langues de l'Europe. Sans doute les poésies de Derzawine abondent en beautés poétiques véritables ; mais trop souvent le style allégorique, tant aimé des Orientaux, y dégénère en pathos. Quant à ses compositions dramatiques, à ses ouvrages en prose, on ne saurait leur refuser un certain mérite pour l'époque où ils parurent.

Derzawine mourut le 6 juillet 1816, à sa terre de Swanka, dans le gouvernement de Nowogorod. On a publié ses œuvres complètes en 5 volumes (Pétersbourg, 1810-1815).

DÉSAGRÉER. *Voyez* DÉGRÉER.

DÉSAGRÉGATION. C'est la séparation de parties qui par leur réunion formaient un agrégat. La désagrégation diffère de la décomposition en ce que dans celle-ci le corps composé est réduit à ses éléments, tandis que les particules ou les détritus plus ou moins fins ou plus ou moins volumineux des corps solides hétérogènes, et plus ou moins composés, n'ont point, en s'isolant, subi la décomposition ou la réduction à leurs éléments chimiques. On conçoit facilement que ces deux phénomènes (désagrégation et décomposition) se succèdent ou s'effectuent presque simultanément, si on soumet en même temps les agrégats à l'action des agents mécaniques et à celle des réactifs chimiques.

En minéralogie, on désigne sous le nom de *désagrégation* la séparation des parties d'un minéral par l'action d'une force qui réduit ce dernier en grains ou en poussière. La pulvérisation est donc un des moyens de détruire l'agrégation.
L. LAURENT.

DESAIX DE VOYGOUX (LOUIS-CHARLES-ANTOINE) naquit le 17 août 1768 à Saint-Hilaire d'Ayat, près de Riom, d'une famille noble. Élève distingué de l'école d'Effiat, il obtint, dès l'âge de quinze ans, une sous-lieutenance dans le régiment de Bretagne, infanterie. Promu en 1791 aux fonctions de commissaire des guerres, il devint peu de temps après aide de camp du général Victor de Broglie. Son avancement fut rapide. L'Europe tout entière se jetait alors sur la France pour étouffer ses cris de liberté. Républicain de mœurs et de principe, quoique noble, Desaix embrassa la cause du peuple; dès 1793, il servait en Alsace et contribuait à la prise de Haguenau; quoique blessé à Lauterbourg d'une balle qui lui perça les deux joues, il resta sur le champ de bataille et refusa de se faire panser avant d'avoir rallié nos bataillons rompus par l'ennemi. Devenu général de division, mis sous les ordres de Pichegru en 1796, il fut un des lieutenants de Moreau, et enleva Offenbourg au corps du prince de Condé. Après la retraite de Bavière, où il se couvrit de gloire, il fut chargé par Moreau de la défense du tort et du pont de Kehl, et combattit à ce poste avec tant de vaillance et de talent, que l'archiduc Charles dut renoncer à toute tentative sur ce point. Nommé, après la conclusion du traité de Campo-Formio, général en chef de l'armée d'Angleterre, il ne tarda pas à s'attacher à la fortune de Bonaparte, et suivit le jeune César en Égypte. Après avoir défait les mamelucks à Chebreiss et remporté sur Mourad-Bey une victoire qui le rendit maître de la haute Égypte, il gouverna ce pays avec une sagesse et un ordre si admirable que les vaincus le surnommèrent *le sultan juste*. Le 14 août 1799, Bonaparte lui écrivait du Caire : « Je vous envoie, citoyen général, un sabre d'un très-beau travail sur lequel j'ai fait graver : *conquête de la haute Égypte*, qui est due à vos bonnes dispositions et à votre constance dans les fatigues. Voyez-y, je vous prie, une preuve de mon estime et de la bonne amitié que je vous ai vouée. »

Après le traité d'El-Arisch, qu'il conclut avec les Anglais et les Turcs, Desaix s'embarqua, le 3 mars 1800, pour la France, accompagné d'un officier anglais, chargé de faire respecter la convention ; mais, au mépris du droit des nations et de toute justice, l'amiral Keith l'arrêta à Livourne. Avec une amère ironie, ajoutant l'insulte à la déloyauté, l'Anglais osa lui demander ce qu'il voulait : « De la paille pour les blessés qui sont avec moi, répondit-il ! » Lord Keith, loin d'être sévèrement blâmé par son gouvernement, reçut, à son retour, les remercîments des deux chambres, l'autorisation de porter l'ordre du Croissant et la nouvelle de son élévation à la pairie. Cependant, Desaix fut rendu à la France à l'instant même où le général Bonaparte, devenu premier consul, volait en Italie. Il se hâta de le rejoindre, et fut nommé commandant de deux divisions de l'armée dite *de réserve.*
« Les balles de l'Europe ne nous reconnaîtront plus ! » disait-il aux officiers de son état-major. Fatal présage ! En effet, le 14 juin 1800 fut livré la bataille de Marengo. Le premier consul avait détaché Desaix ; il lui envoya aussitôt l'ordre de revenir sur San-Juliano. Le général avait prévu ce commandement ; mais, avant que ses troupes eussent eu le temps de parcourir les 40 kilomètres qu'elles avaient à faire, Mélas avait chassé devant lui l'armée française, et, à midi, persuadé de sa victoire, il ne pensait déjà plus qu'à couper aux vaincus la route de Tortone. C'est alors que Desaix parut à la hauteur de San-Juliano. Il forma ses soldats en colonne serrée, et, tournant San-Stefano, il débouchait sur le flanc de l'ennemi lorsqu'il fut frappé d'une balle au cœur. On lui a prêté de sublimes paroles : sa bouche ne put les prononcer, il était mort à pas besoin. Son corps, embaumé par ordre du premier consul, fut porté à l'hospice du mont Saint-Bernard, où un monument lui fut élevé. Nulle tache n'a terni l'éclat de cette belle vie ; ses compagnons d'armes l'ont tous placé au rang des plus grandes capacités militaires, et Napoléon, qui avait fait construire à Paris deux monuments à sa mémoire, ne parla jamais qu'avec le langage de la plus haute estime des vertus et des talents du général qui trouva la mort aux champs de Marengo.
A. GENEVAY.

DÉSAPPOINTEMENT, mot nouveau dans notre langue, et tout anglais. Jadis, notre verbe *désappointer*, n'avait pas lui-même la signification actuelle. La langue anglaise nous l'a emprunté en lui donnant une acception nouvelle et un dérivé, *désappointement*, qui exprime l'espérance déçue, l'attente trompée. C'est un mot charmant de finesse et d'ironie. « Le *désappointement*, dit Mme de Staël, marche en souriant derrière l'enthousiasme. » Triste privilège accordé à ceux que l'expérience a instruits, que la jouissance a désabusés ! Le désappointement est quelquefois risible, quelquefois cruel ; il menace jusqu'à notre dernière espérance, et l'histoire des désappointements d'un homme est bien souvent l'histoire de sa vie. Ma i fil âtre, Gilbert, l'un mort de faim, l'autre mort à l'hôpital, après avoir, tous les deux, tant rêvé de gloire et d'avenir, sont un exemple des désappointements cruels qui menacent le poëte. Nos dernières révolutions ont été pour bon nombre d'hommes généreux un grand désappointement politique. Le désappointement dans les petites choses est presque toujours comique. C'est pour l'amour-propre une humiliation qu'on dissimule avec soin, et le rieur qui se frotte les mains n'est pas toujours le moins désappointé. Que de gens, dans la crainte d'un désappointement public, déprécient l'objet de leurs espérances, déparent eux-mêmes leur idole! C'est une petite comédie fort en usage, dont il est inutile que nous cherchions à prouver l'existence par des citations historiques.

Théodore TRICOUT.

DESARGUES (Gérard), géomètre distingué, né à Lyon en 1593, mort dans cette ville en 1662, embrassa d'abord la profession des armes. Envoyé au siège de La Rochelle, il y connut Descartes, qui chercha plus tard à l'attirer en Hollande. Mais Desargues, rentré de bonne heure dans la carrière civile, préféra demeurer à Paris. Il fut du nombre des savants qui, comme Gassendi, Roberval, Pascal, se réunissaient toutes les semaines chez Chantereau-Lefèvre, où ils formaient une sorte d'académie de mathématiciens. C'est à cette époque qu'il publia un *Traité de Perspective* (1636, in-f°), et un *Traité des sections coniques* (1639, in-8°). Dans ce dernier ouvrage, Desargues donna son beau théorème sur l'involution de six points, théorème dont Pascal tira de nombreuses conséquences, ainsi qu'il le reconnaît dans son *Essai pour les coniques*.

Desargues s'occupa encore de gnomonique et de coupe des pierres. Il appliqua à la stéréométrie des méthodes qui, coordonnées depuis par Monge, forment aujourd'hui la base de la géométrie descriptive. Ces méthodes, qui sortaient de la routine ordinaire, furent attaquées par l'architecte Curabelle; celui-ci, ne les comprenant pas, prétendit que leur inventeur était complètement étranger au sujet qu'il traitait. Desargues avait, au contraire, cultivé l'architecture; car, lorsqu'il se retira à Lyon, ce fut sur ses plans que Simon Maupin construisit l'hôtel de ville de cette grande cité.

Il est à regretter que Desargues ait confié la rédaction de ses autres ouvrages au graveur Abraham Bosse. C'est ainsi que parurent *la Manière universelle pour poser l'essieu*, *la Pratique du trait à preuves pour la coupe des pierres*, etc., ouvrages où manque la clarté qui distingue le *Traité des sections coniques*.

E. MERLIEUX.

DÉSARMEMENT, DÉSARMER. Avant nos guerres de la Révolution, on ne conservait, après la ratification d'une paix générale, qu'une partie des troupes qui avaient été mises en campagne; le reste était congédié et rentrait immédiatement au foyer domestique. Ce licenciement était désigné sous le nom de *désarmement*. Depuis les grandes campagnes de la république, du consulat et de l'empire, les puissances cessent de se faire la guerre sans pour cela licencier leurs armées : les cadres restent les mêmes; quelques congés de plus viennent à peine diminuer momentanément leur effectif. Cette question du désarmement a été souvent remise sur le tapis par les puissances qui s'observent, et à défrayé, avec plus ou moins de bonheur, la diplomatie des différents cabinets. Nul doute, en effet, qu'à mesure que les esprits s'éclairent, la soif de conquête et d'agrandissement ne s'éteigne chez les peuples civilisés en présence des idées de liberté, d'association, d'industrie et de crédit. Envisagé donc sous le point de vue de la prospérité publique, le désarmement partiel des armées permanentes serait certainement une œuvre méritoire, utile, nécessaire même; car tous les cœurs gémissent de voir enlever à l'agriculture, au commerce, aux arts, aux professions diverses la fleur des populations; et la politique doit commencer à comprendre qu'en persévérant dans l'entretien de si nombreuses troupes, au détriment de leurs finances, les gouvernements se préparent de terribles commotions pour l'avenir. Malheureusement, depuis Louis XIV, qui le premier donna ce funeste exemple, l'Europe est montée sur ce ton; et c'est une maladie épidémique dont les princes ne guérissent plus. D'ailleurs quelle puissance commencera à désarmer? Aucune; car chacune se méfie des autres et tremble qu'on ne lui tombe sur le bras quand elle ne sera plus en mesure de se défendre; ou si l'une d'elle annonce à grand bruit qu'elle va désarmer, on peut être à peu près certain d'avance que ce n'est qu'un leurre dont personne ne sera la dupe. La même maxime domine au fond tous les cabinets : *Si vis pacem, para bellum*, et ils ne réfléchissent pas qu'il devient de plus en plus urgent de réduire le pied de guerre, si l'on veut décharger les peuples d'une partie des impôts qui les écrasent, et que le seul moyen d'y parvenir est de substituer le faisceau intelligent des alliances à la force brutale des baïonnettes.

Dans un sens plus restreint, *désarmement* exprime l'action de dépouiller les fortifications d'une place de guerre du matériel qui sert à en défendre les approches, et de faire rentrer dans les arsenaux les bouches à feu, les projectiles, les affûts, les caissons et tout ce qui constitue l'armement d'une batterie de rempart ou de côte. On désarme quelquefois une troupe par punition, lorsqu'elle s'est mutinée et révoltée. Dans ce cas, le désarmement consiste à retirer au soldat tout ce qui compose son armement et son équipement; on met les cavaliers à pied, et l'on ôte à l'artillerie ses pièces. Ces exemples sont fort rares dans l'armée française. On désarme, en outre, sur le champ de bataille, les prisonniers et les déserteurs.

Deux nouvelles espèces de désarmement ont fleuri depuis les dernières années de la Restauration, l'une gouvernementale, administrative, l'autre populaire et brutale, toutes deux s'attaquant, sans pitié, à la garde nationale, la seconde, y mêlant parfois la troupe de ligne. Charles X a donné l'exemple de la première sous le ministère Villèle; et l'empereur actuel a cru devoir y recourir après son coup d'État. Louis-Philippe et la République ne s'étaient du reste pas fait faute de désarmer aussi une foule de gardes nationales mal pensantes. L'autre espèce se pratique, sur une échelle plus ou moins grande, dans les jours d'effervescence et d'ébullition, aux Journées de Juillet, de Février, de Mai, de Juin etc., etc., quand le peuple se rue sur les corps de garde de l'armée et de la garde nationale, ou qu'il va querir brutalement des fusils au domicile de ceux qui composent ce dernier corps. On a vu plus d'une fois les propriétaires écrire à la craie sur leur porte : *armes données*, pour éviter de nouvelles perquisitions populaires.

[On désarme un vaisseau, une escadre, quand on lui enlève le personnel et le matériel qui ont servi à son armement. Le nombre des objets dont se compose l'armement d'un navire de guerre est si considérable, leur nature si diverse, leur économie et leur bon emploi d'une si haute importance, qu'on a sagement jugé à propos de les partager en plusieurs classes ou détails, dont la responsabilité (tant de la recette que de la dépense de chacun d'eux) repose sur un officier marinier, soumis lui-même à la surveillance d'un officier de l'état-major spécialement attaché à son détail. Les principaux sont : le détail du maître d'équipage, celui du maître canonnier, du chef de timonnerie, des commis aux vivres, du voilier, du charpentier, etc, etc. Le second du navire a la haute main sur l'ensemble : il approuve, justifie et régularise toutes les consommations; la signature du commandant les légalise. Cela posé, dès qu'un navire sur rade a reçu du ministre de la marine l'ordre de désarmer, on ne fait entrer au port. Le premier officier chargé des batteries, accompagné du maître canonnier, fait embarquer toutes les poudres (ainsi qu'une grosse barque, qui porte le nom de *bugalet*, et les conduit à la poudrière de la marine, en ayant soin de déployer un pavillon rouge pour écarter les feux sur son passage. Tout ce qui tient à l'artillerie est encore du ressort du maître canonnier. Le maître commis va déposer aux magasins des vivres les farines, biscuits, salaisons, vins, etc., qui n'ont pas servi pendant la campagne. Le maître voilier remet ses voiles à la voilerie; le chef de timonnerie, ses boussoles, ses lignes de sonde et de loch; le maître d'équipage, les poulies, les cordages, les embarcations, et tout ce qu'on désigne d'une manière spéciale par le nom d'objets d'armement. En un mot, chaque maître en particulier fait porter dans les ateliers ou magasins du port tous les éléments du navire dont il est particulièrement chargé, et prend de chaque objet un reçu signé par le garde du magasin où il l'a déposé : tous ces reçus vont se réunir entre les mains du commis d'administration du bâtiment. Enfin, quand il ne reste plus à bord que les bas mâts, les gueuses en fonte qui composent le lest, et quelques objets que l'on considère comme partie de la carène, l'équipage tout entier est envoyé au dépôt; les hommes qui ont droit à leur congé sont expédiés dans leurs foyers; le commandant fait la remise de la coque du navire entre les mains d'une commission désignée à cet effet; l'état-major reprend ses services à terre, et de cette réunion d'hommes et de choses naguère si étroitement liés, qui faisait du vaisseau une machine si belle et si intelligente, il ne reste plus que des éléments dispersés.

Les désarmements sont motivés, ou par la raison politique, ou par une raison particulière à l'état des navires : c'est le conseil des ministres qui décide de la première; c'est le conseil du port qui donne son avis sur la seconde, et prononce si tel ou tel navire doit être désarmé.   Théogène PAGE, capitaine de vaisseau.]

DÉSARTICULATION. Une amputation peut être pratiquée, soit dans la *continuité*, soit dans la *contiguïté* des os. Ce dernier mode reçoit plus spécialement le nom de *désarticulation*.

DÉSASTRE. Ce mot vient, suivant le *Dictionnaire de Trévoux*, du substantif *astre* uni à la particule privative *de* et répondant à ceux-ci : *sous une mauvaise étoile*. Cette étymologie nous paraît peu probable : l'allusion à l'influence des astres s'applique mieux aux hommes qu'aux choses, et le mot *désastre*, au contraire, désigne les malheurs particuliers qui frappent, non pas notre personne, mais nos biens et tout ce qui nous entoure. Ne vaudrait-il pas mieux faire venir *désastre* du verbe latin *abstruere* et de la particule privative *de*, signifiant *renverser*, comme *détruire* est fait du verbe *destruere*? Quoi qu'il en soit, *désastre* exprime parfaitement les calamités publiques, les résultats déplorables de tous les fléaux qui affligent l'humanité. Quand l'eau, le feu, le fer ou l'air empoisonné, détruisent les richesses du sol, renversent les villes et couvrent la terre de débris et de cadavres, il y a *désastre*. L'histoire est une immense galerie de tableaux où sont représentés avec suite, souvent par de grands maîtres, les désastres qui ont labouré le sol, changé la face du monde, anéanti des populations, ou balayé le globe.

Nous ne croyons guère à la possibilité d'un nouveau déluge; mais nous ne sommes pas à l'abri des *désastres* qui affligent beaucoup d'hommes à la fois, sinon tous ensemble. Les *inondations*, les *orages*, les *torrents* et les *avalanches* amèneront encore bien des maux désastreux et feront couler bien des larmes. Les *désastres* causés par l'incendie sont moins étendus, mais plus fréquents : chaque jour, chaque nuit, chaque heure, le tocsin sonne le *désastre* de plusieurs milliers de familles réduites au désespoir et à la misère; et quel *ravageur* rapide et indomptable que le feu ! sans parler encore de la *guerre*, qui a couvert de cendres tant de royaumes; des *volcans*, qui ont caché des cités entières sous une croûte de lave; de la *foudre*, qui s'est égarée quelquefois sur les plus beaux et les plus saints édifices, sans parler des incendies historiques allumés par Érostrate, Alexandre, Néron, Rostopchin, etc.

Il y a aussi des *désastres* dont les causes accidentelles ne se reproduisent pas deux fois de la même manière. Tel fut l'écroulement du théâtre de Fidène, raconté par Tacite avec cette énergique concision qu'on lui connaît. La *famine*, qui arrache cruellement et lentement la vie, a-t-elle produit plus de *désastres* que les *tremblements de terre*, qui tuent à l'improviste des hommes, engloutis dans des gouffres qui s'ouvrent soudain, ou écrasés sous des maisons qui s'écroulent? Le premier de ces fléaux est plus affreux, mais tous deux semblent s'être adoucis. La disette n'est presque plus possible : les progrès de la navigation, la facilité des communications par mer et par terre, ont permis de porter rapidement d'un point sur un autre les subsistances surabondantes; et la terre, qui paraît se refroidir, éprouve moins de convulsions à mesure qu'elle vieillit. Mais, de toutes les calamités désastreuses, il n'en est pas qui inspirent plus de frayeur aux hommes que la *peste*, la fièvre jaune et le *choléra*. Ce sont trois géants homicides qui semblent se promener sans cesse du nord au midi, d'orient en occident. Les poëtes en ont fait des peintures belles d'horreur.

DÉSÂTIR ou **DESSATIR**, mot qui, en langue persane moderne signifie *la parole de Dieu*, ou le *livre céleste*, et qui sert à désigner un recueil de seize écrits sacrés des quinze anciens prophètes de la Perse, dont le premier est Mah-Abad, ou le grand Abad, le treizième, Zoroastre, et le dernier Sasan, cinquième du nom, contemporain de l'empereur Héraclius, de Khôsrou-Parviz, roi de Perse, et mort neuf ans avant la conquête de ce royaume par les Arabes. Ce livre, après avoir joué, dit-on, jusqu'au dix-septième siècle, un rôle important dans l'ancienne religion persane, mêlée d'astrologie et de démonologie, fut égaré ensuite pendant 150 ans, puis retrouvé à Ispahan, vers l'an 1780, par Kawou, parsis lettré, qui était venu de l'Inde, et il fut publié en persan par son fils, Moullah-Firouz, sur la demande du marquis de Hastings, avec un glossaire des mots techniques ou tombés en désuétude, et une traduction abrégée en anglais (Bombay, 1820, 2 vol. grand in-8°), sous ce titre : *Desâtir, ou Écrits sacrés des anciens prophètes persans, dans leur langue originale, avec l'ancienne version persane et le commentaire du cinquième Sasan*. Mollah-Firouz, éditeur de cet ouvrage, a mis la préface à la fin, parce qu'il aurait cru, dit-il, manquer de respect à la parole de Dieu qu'on y trouve, s'il eût placé les paroles d'un faible mortel avant les oracles divins. Mais, malgré cette prétentieuse humilité, le traducteur anglais regarde le *Desâtir* comme apocryphe, et Silvestre de Sacy est du même avis.

Les deux mémoires que le savant orientaliste a publiés en 1821, dans le *Journal des savants*, ont pour but de démontrer que le *Desâtir* est l'ouvrage d'un parsis du quatrième siècle de l'hégire, lequel aurait inventé lui-même la langue dans laquelle les pièces sont écrites, pour donner un air d'authenticité aux prétendues antiques traditions et aux mystères ingénieux qu'elles contiennent. Enfin, que tout est problème dans cette publication; l'âge du livre, la langue dans laquelle il a été écrit, le nom et le nombre des auteurs qui l'ont composé; l'époque où a paru l'ancienne traduction persane. Dans le livre de Sasan I*er*, qui fait partie du *Desâtir* il est fait mention des juifs, des chrétiens, des manichéens, de métempsycose, de la doctrine braïmique, des rois de Perse Sassanides. Le livre de Sasan V parle de Mahomet et de sa religion, des conquêtes des Arabes, de la destruction du culte des astres; puis de la corruption de l'islamisme, de l'invasion des Turcs et de Tartares; ce qui prouve que celui qui a écrit cela ne vivait pas dans le sixième ou septième siècle de l'ère chrétienne, mais quelques siècles plus tard. Dans son second article, Silvestre de Sacy démontre que le *Desâtir* a été écrit, antérieurement à la formation de la langue persane, dont il est principalement dérivé; on y trouve même des mots arabes, syriaques, chaldéens, et le mot *Desâtir* même paraît dérivé de l'arabe. On cherche vainement dans ce livre les rapports qui peuvent exister entre sa doctrine et celle de Zoroastre, entre le sabéisme ou culte des astres, et le magisme, religion des anciens Perses. D'après un article de M. Norris, l'orientaliste français, penche à croire que les derniers livres du *Desâtir* ont pu être écrits longtemps après les premiers, au le onzième ou douzième siècle. Au surplus, en contestant l'authenticité religieuse de l'antiquité de ce livre, il le regarde comme utile pour étendre et rectifier nos connaissances sur les opinions religieuses et philosophiques des peuples de l'Asie, puisqu'on y trouve d'anciennes et curieuses traditions, ainsi que des notions sur le sabéisme ou culte des astres, et sur la croyance d'un Dieu éternel, immatériel, immuable, incompréhensible et créateur; religion d'une partie des habitants de la Perse et de l'Inde.

M. Erskine va plus loin que de Sacy; il n'accorde au *Désâtir* que deux ou trois cents ans d'antiquité. Les doutes sur l'authenticité et l'ancienneté de ce livre ont été partagés par MM. Burnouf, Mohl et autres orientalistes français; mais ils ont été réfutés, en 1823, dans les *Annales de Heidelberg*, auxquelles M. de Hammer renvoie par un article du *Journal asiatique* de Paris, 1833, où il affirme que la langue du *Désâtir* n'est pas une langue factice, mais une langue inconnue, le *Mahabad*, en persan *Déri*, dérivée des langues gothique et germanique. Mais il est à remarquer que les savants étrangers, W. Jones, Rask et de Hammer, qui ont le plus soutenu l'authenticité du *Désâtir*, sont ceux qui, sans plus de preuves, ont le plus fortement nié celle du *Zend-Avesta* et des autres livres parsis. MM. Ant. Troyer et David Shea ont donné une traduction anglaise de ce livre, sous ce titre: *Le Désâtir, ou l'École des Mœurs* (Paris, 1842-43, 3 vol. in-8°). H. AUDIFFRET.

DESAUDRAIS (CHARLES-EMMANUEL GAULARD DE SAUDRAY, connu sous le nom de), fondateur du *Lycée des Arts*, qui subsiste encore sous le nom d'*Athénée des Arts*, avait été officier du génie avant la révolution. Assez jeune encore en 1793, il portait le signe de la vétérance, les deux épées en croix sur un médaillon de drap rouge, que l'on avait substituées à la croix de Saint-Louis. Ses connaissances, alors peu communes, dans les arts mécaniques et industriels, l'avaient fait nommer secrétaire du bureau de consultation des arts et métiers, qui siégeait au Louvre et se trouvait composé en grande partie d'anciens académiciens, tels que le géomètre de Borda, les abbés Rocher et Bossert, le célèbre navigateur Bougainville, le chevalier de Trouville, ingénieur de la marine, et Sylvestre; plus tard membre de l'Académie des Sciences. Ce bureau ne donnait que des avis soumis à la sanction suprême de la commission de l'instruction publique, formée de Garat, Ginguené, et Clément de Ris. Les récompenses ne recevaient aucune publicité. Desaudrais y suppléa par la création du *Lycée des Arts*, établi au beau milieu du Palais-Royal, dans le cirque souterrain, au-dessous de l'emplacement qu'occupent actuellement la pièce de gazon, du côté de la galerie d'Orléans, et le grand bassin. Il dirigeait son lycée, rival du *Lycée* ou *Athénée de Paris*, avec des ressources très-minimes. Les cotisations des fondateurs étant à peu près nulles, le Directoire, en succédant à la Convention, accorda à l'institution un modique encouragement de 300,000 francs en *mandats*. Les collègues de Desaudrais essayèrent alors de faire de l'argent en donnant, malgré lui, des bals publics. Ce fut le signal de la perte du lycée. L'Institut national, créé par la constitution de l'an III, en enleva presque tous les membres, et, par une injustice criante, Desaudrais, oublié dans la première formation, obtint peu de voix dans les scrutins qui devaient compléter les quatre classes. A ce dégoût vint se joindre l'échec qu'il éprouva dans un concours ouvert pour une échelle à incendie. Le prix fut partagé entre deux autres concurrents, et Desaudrais n'obtint qu'une mention honorable pour son modèle, exposé au milieu de la salle des séances du Lycée des Arts, et qui fut détruit avec elle par un incendie, au mois de décembre 1798. Le fondateur du Lycée des Arts obtint, sous le consulat, le prix dû à sa persévérance et de son dévouement pour les arts à une époque de vandalisme : il fut admis aux Invalides comme officier. BRETON.

DÉSAUGIERS (MARC-ANTOINE-MADELEINE), était né à Fréjus en 1772. Destiné d'abord à l'état ecclésiastique, il fut amené de bonne heure à Paris, où il fit ses études au collége Mazarin; il y eut pour professeur de rhétorique le fameux critique Geoffroy; mais ses précoces dispositions pour la poésie furent surtout cultivées par son père, compositeur agréable, dont Grétry appréciait le talent facile et naturel. A dix-sept ans, le jeune Désaugiers avait déjà débuté avec succès dans la carrière dramatique par une comédie en un acte et en vers; mais, ami de l'ordre et de la paix, et douloureusement affecté des scènes sanglantes qui avaient troublé les premières années de notre grande révolution, il quitta la France en 1792, avec une de ses sœurs, qui venait d'épouser un colon de Saint-Domingue : c'est là que s'attendaient des scènes bien plus déplorables, et dont il faillit devenir la victime. Tombé entre les mains des noirs insurgés, il allait périr comme tant d'autres de ses compatriotes : sa jeunesse, sa physionomie et son élocution vive et animée désarmèrent leur férocité. Jeté dans un cachot, il parvint à s'en échapper et à se sauver aux États-Unis, où une maladie, prise d'abord pour la redoutable fièvre jaune, l'exposa à de nouveaux dangers; enfin, après plusieurs années de périls et de tourments, qu'auraient pu lui envier pour un de ses héros l'imagination de quelqu'un de nos sombres romanciers, celui qui devait être l'Épicure et l'Anacréon de notre époque rentra dans sa patrie en 1797.

A partir de ce moment, ce n'est plus guère qu'une existence littéraire que nous avons à retracer. Désaugiers se livra d'abord à la composition de cette foule de légers mais spirituels ouvrages qui firent la fortune de nos petits théâtres lyriques : son esprit si français, sa gaîté si vraie et si franche, qui auraient inventé le vaudeville s'il n'était déjà été créé chez nous, firent prospérer le théâtre décoré alors à bon droit de ce nom, et furent assurément longtemps la faveur publique à celui des Variétés. Qui ne se rappelle avec plaisir *Le Mariage extravagant*, *Pierrot*, *Monsieur Sans-Gêne*, *Le Dîner de Madelon?* Qui de nous ne rit encore de souvenir aux noms de *Vautour* et de *Dunnollet?* Plus d'une fois même l'auteur de ces charmantes folies sut prouver qu'il avait plus d'une corde à sa lyre, et obtenir des suffrages sur des scènes plus élevées : la jolie comédie de *L'Hôtel garni*, représentée avec succès au Théâtre-Français, n'est pas le seul exemple que l'on pourrait citer. Toutefois, Désaugiers, comme auteur dramatique, comme vaudevilliste même, ne pouvait aspirer qu'à un rang honorable; d'ingénieux collaborateurs devaient, d'ailleurs, entrer en partage de ses triomphes : ce qui est bien à lui seul, ce qui l'a placé hors de ligne, c'est le recueil de ses chansons si joyeuses, si piquantes, si variées. Devant elles ont pâli les vieilles et classiques renommées des Collé et des Panard : un célèbre contemporain ne peut lui-même lui disputer cette palme. Béranger est un grand poète, qui, sous le titre de chansons, a fait des odes admirables : Désaugiers est la chanson personnifiée; il est le *chansonnier*, comme La Fontaine était le *fablier*. Délire bachique, tableaux pleins de gaîté et de mouvement, censure sans fiel, mais non sans malice, de nos travers; aimables leçons de philosophie épicurienne, amusantes parodies, tout est du ressort de la muse enjouée à laquelle nous devons *Les Tableaux de Paris*, *Pierre et Pierrette*, *Monsieur et madame Denis*, *La manière de vivre cent ans*, *Les bons Amis de Paris*, etc., etc., et tant d'autres petits chefs-d'œuvre. On sait que la plus grande partie fut composée pour les dîners du *Caveau moderne*. Désaugiers fut le président comme il était le diamant de cette société.

Peut-être les fonctions de directeur du théâtre du Vaudeville, qui lui furent confiées en 1815 convenaient-elles moins au *laisser-aller* de sa vie habituelle, à son humeur sans souci; elles lui en causèrent plus d'un : il les abdiqua même en 1822, mais se laissa persuader de les reprendre en 1825. Ces distractions administratives nous ont certainement privés de quelques bonnes chansons. Bientôt une maladie trop commune chez les gens de lettres vint arrêter le cours de cette verve comique et féconde. Attaqué de la pierre, Désaugiers se soumit à l'opération, et la supporta avec courage. On le croyait sauvé, quand un violent accès de spasme l'enleva en quelques minutes. Il avait à peine cinquante-quatre ans. Jamais auteur ne fut plus universellement regretté, et ne le mérita mieux par la franchise, la bonté, l'obligeance de son caractère. Aussi ses obsèques, qui eurent lieu le 11 août 1827, furent-elles célébrées, suivant l'heureuse expression de l'un des assistants, devant un *peuple d'amis*. Saint-Roch, ce jour-là, réalisait le vœu formé par Socrate pour sa maison, et, quoique Désaugiers eût manifesté constamment un attachement aux Bourbons, respectable comme toutes les convictions sincères, il n'y eut point de division de partis ou d'opinions autour de son cercueil ; il y eut unanimité de larmes. Ses traits étaient réguliers et gracieux ; son embonpoint, sa physionomie franche et ouverte, donnaient à tout son extérieur une sorte de dignité joviale en harmonie parfaite avec le caractère de son talent. C'était Anacréon rajeuni. OURRY.

Marc-Antoine Désaugiers, père du chansonnier, était, comme nous l'avons dit, un compositeur dramatique d'un talent remarquable : il avait fait représenter sur nos deux scènes lyriques sept ouvrages estimés, sans compter un grand nombre de compositions d'un ordre secondaire. Il mourut à Paris le 10 septembre 1793.

Auguste-Félix Désaugiers, frère du chansonnier, après un séjour de plus de vingt ans à Copenhague, comme secrétaire de légation et consul général, revint à Paris en 1815. L'Opéra lui dut la remise des *Danaïdes* et de *Tarare*, de Salieri, et *Virginie*, tragédie lyrique, musique de Berton. Amateur éclairé des arts et bibliophile distingué, il est auteur de gracieuses poésies et d'une traduction complète des *Églogues de Virgile*.

Jules-Joseph Désaugiers, autre frère du chansonnier, né à Paris, vers 1775, consul général en 1816, devenu plus tard directeur de la division du commerce au département des affaires étrangères, maître des requêtes et officier de la Légion d'honneur, a traduit de l'allemand de Heeren les *Idées sur les relations politiques des anciens peuples de l'Afrique*.

DESAULT (PIERRE-JOSEPH), né au Magny-Vernais (Haute-Saône), le 6 février 1744, fit ses humanités et sa philosophie chez les jésuites, où, dans son ardeur, il avait épuisé, à dix-sept ans, tous les livres élémentaires de mathématiques et commenté l'ouvrage si abstrait de Borelli, *De Motu animalium*. Ce travail favori lui inspira le goût de l'étude de l'organisme humain. Pour le satisfaire, renonçant à l'état ecclésiastique, auquel son père, presque sans fortune et chargé d'enfants, le destinait, il se fit élève du chirurgien-barbier de son village, qu'il quitta pour l'hospice militaire de Béfort, où la guerre lui fournit l'occasion d'observer ; enseignement plus utile que celui de ses chefs. Avide de lumières, il se hâte d'accourir à Paris, suit avec ardeur les cours de Sabatier, de Louis, d'Antoine Petit, la pratique des grands hôpitaux ; et en même temps, pour fournir à ses dépenses, donne des leçons de mathématiques d'abord, en 1764, bientôt d'anatomie, en 1766, et, l'été suivant, d'opérations. La vogue et le succès de l'enseignement de Desault rendirent jaloux les professeurs délaissés du collège de chirurgie ; ils lui firent défense de s'arroger un droit qui n'appartenait qu'aux médecins de la Faculté et aux chirurgiens de Saint-Côme. L'amphithéâtre de Desault allait être fermé, quand la protection de Louis et Lamartinière vint le soutenir : celui-ci le nomma son répétiteur. C'est à l'abri de ce titre que le jeune professeur put continuer ses cours, où la foule se pressa plus que jamais, et auxquels Louis voulut plusieurs fois assister comme auditeur.

Cependant, la réputation de Desault croissait de jour en jour ; bientôt il sollicite, et, par une exception sans exemple, obtient une chaire de professeur à l'école pratique, bien que, faute d'argent, il n'eût pas encore pu se faire agréger au collège de chirurgie. Ce ne fut qu'en 1776, sous la présidence de Louis, qui lui avait ouvert sa bourse, qu'il soutint sa thèse. Inscrit au nombre des membres du collège de chirurgie, presqu'aussitôt l'Académie royale l'appela dans son sein, pour ensuite le nommer conseiller de son comité perpétuel. La place de chirurgien en chef de la Charité étant venue à vaquer, il y fut porté en 1782, et, six ans plus tard, on lui confia le même poste à l'Hôtel-Dieu. C'est là que, soigneux envers les malades, qu'il visitait deux fois le jour, sans quitter l'hospice la nuit, c'est là que Desault manifesta, dans toute sa plénitude, son génie et son zèle pour la science par des découvertes importantes, et par les savantes leçons qu'il faisait sur chaque cas pathologique offert à son observation. Ainsi, fondateur de la première clinique chirurgicale, Desault, dont on vint de toute l'Europe suivre les enseignements, vit enfin, malgré l'envie, sa réputation établie comme praticien, et devint dans la capitale l'indispensable pour toutes les grandes opérations.

En 1788, il avait été nommé du conseil de santé des armées du roi ; poste où la révolution le maintint en en changeant le titre. Son ennemi, Chaumette, l'ayant dénoncé, il fut enlevé au milieu de son cours et détenu trois jours dans la prison du Luxembourg, d'où il sortit pour être bientôt nommé, par le Comité de salut public, professeur de clinique chirurgicale à l'École de Santé, que l'on créait. Mais, depuis sa détention, Desault était devenu triste et languissant ; une fièvre ataxique le saisit et l'emporta en peu de jours, à l'âge de cinquante-un ans, le 1er juin 1795. On a répandu à ce sujet d'absurdes insinuations : on a même publié que Desault avait été empoisonné parce qu'il n'aurait pas voulu prêter son ministère à de prétendus desseins criminels relatifs au fils de Louis XVI, alors détenu au Temple et dont le traitement lui avait été confié. La haine des partis explique seule cette interprétation donnée à la mort subite de Desault (*voyez* DAUPHINS [FAUX]).

La science doit à Desault plusieurs découvertes importantes : des appareils, des procédés opératoires auxquels on rend hommage encore chaque jour, tels que le bandage pour la fracture de la clavicule, etc. Bichat a recueilli en trois vol. in-8° le corps de sa doctrine. DÉMEUL.

DÉSAVEU. Le désaveu est une dénégation, quelquefois même une rétractation. On désavoue une doctrine que l'on a soutenue ; ce mot se dit aussi par extension de tout ce qui équivaudrait à un désaveu : *sa vie entière est un désaveu de ses principes*. Le désaveu d'un ambassadeur est l'acte par lequel un souverain déclare ne l'avoir pas autorisé à faire ce qu'il a fait. En droit, on nomme *désaveu* la désapprobation d'un acte fait par un officier ministériel.

On en distingue deux sortes : le *désaveu principal*, formé directement contre un acte, abstraction faite de toute instance ; et le *désaveu incident*, qui a lieu contre un acte employé dans une instance.

Un officier ministériel peut être *désavoué* toutes les fois qu'il excède les limites de ses fonctions sans un pouvoir spécial ; notamment lorsqu'il fait, donne ou reçoit, sans cette espèce de mandat, des offres, aveux ou consentements. Non-seulement l'officier ministériel peut, il doit être désavoué, si son client ne veut pas qu'on tire avantage de ces actes, parce que tout ce qu'il fait est censé fait par le client, tant qu'il n'en est pas désavoué.

Le désaveu est admis non-seulement contre les avoués, mais encore contre les huissiers et les agréés aux tribunaux de commerce. Cette action n'est pas ouverte suivant l'usage contre les avocats, qui ne sont pas, comme les avoués, les représentants et les mandataires des parties, mais leurs conseils et leurs patrons. Les inexactitudes qui leur échappent ne peuvent être considérées comme des aveux judiciaires; elles n'ont jamais tiré à conséquence.

Le désaveu principal se fait par un acte au greffe, avec constitution d'avoué. Le désaveu incident est signifié par acte d'avoué à celui qu'on désapprouve et à tous ceux des parties, et par exploit à domicile, si l'avoué n'exerce plus. Le désaveu formé à l'occasion d'un jugement qui a force de chose jugée n'est recevable que dans la huitaine, après que le jugement est réputé exécuté. Le désaveu, même incident, se porte au tribunal devant lequel s'est fait l'acte désavoué et au tribunal du défendeur, si l'acte est étranger à une instance. Il a pour effet : 1° de suspendre toute procédure jusqu'au jugement que celui qui désavoue peut être contraint d'obtenir dans un certain délai; 2° d'annuler, lorsqu'il est déclaré valable, les dispositions du jugement relatives aux chefs qui ont donné lieu au désaveu; 3° de faire condamner le désavoué à des dommages-intérêts ou même à l'interdiction. Mais aussi dans le cas où le désaveu est rejeté, le désavouant peut être condamné à des dommages-intérêts.
E. DE CHABROL.

On appelait *désaveu*, en droit féodal, le refus de la part d'un nouveau vassal, de prêter foi et hommage à son seigneur, soit en se déclarant vassal d'un autre, soit en soutenant que son fief n'était pas un franc-alleu, ce qui donnait lieu à la commise.

DÉSAVEU DE PATERNITÉ. Voyez PATERNITÉ.

DESBARREAUX (JACQUES VALLÉE), fils d'un intendant des finances, né à Paris en 1602, se fit remarquer dès ses premières années par des goûts épicuriens et des principes irréligieux, double source de scandale à une époque qui avait des mœurs et des croyances. Lié avec Théophile Viaud, ce poëte licencieux et indévot, ces relations devinrent d'une intimité tellement suspecte qu'après la condamnation de son ami, le jeune Desbarreaux ne trouva pas de meilleur moyen pour rétablir sa réputation que de prendre une maîtresse. Il fut le premier amant de la belle Marion Delorme, qui devait en avoir tant d'autres. Sa famille l'avait, en quelque sorte, obligé d'acheter une charge de conseiller au parlement de Paris. Il s'en défit promptement, après avoir payé la somme en litige dans une affaire dont il avait été nommé rapporteur, afin de s'éviter l'ennui d'en examiner les pièces. La fortune que son père lui avait laissée lui permettait une voluptueuse paresse; sa seule occupation fut désormais la composition de quelques couplets, de quelques poésies légères. Il eut dans la capitale (autre scandale encore inconnu à ce siècle), une *petite maison*, située au faubourg Saint-Victor, qu'il avait nommée l'*Ile de Chypre*, et dont plus d'une autre, après Marion, fut la Vénus passagère. Mais bientôt ces plaisirs ne lui suffirent point. Moderne Apicius, pour porter au suprême degré les jouissances de la table, il fit dans nos provinces des tournées gastronomiques, ayant soin de visiter chaque ville dans la saison où les productions de son terroir ou de son industrie gourmande se trouvaient dans leur primeur. Ces voyages ne furent pas cependant sans quelques désagréments pour lui; il se les attira, il est vrai, par des imprudences très-blâmables. Son contemporain, Tallemant des Réaux, dans ses médisances posthumes, nous en a révélé quelques traits qui montrent que Desbarreaux ne se bornait pas toujours à un athéisme théorique. Ces traits confirment, du reste, ce que l'on savait déjà de la faiblesse de cet *esprit fort*, qui, incrédule en bonne santé, devenait, à la moindre indisposition, un croyant zélé et même superstitieux. Aussi, un ecclésiastique, homme d'esprit, avec lequel il voulait discuter un jour sur la religion, se borna-t-il à lui dire : « Remettons cette controverse à votre première maladie. » Ce fut dans un de ces accès de dévotion inspirée par la crainte de la mort, qu'il composa ce fameux sonnet trop connu pour le citer ici au lecteur :

Grand Dieu, tes jugements sont remplis d'équité, etc...

qui seul a fait passer son nom comme poëte à la postérité; Voltaire, toujours un peu pyrrhonien en fait d'histoire littéraire, comme dans tout le reste, a voulu lui en enlever l'honneur en l'attribuant à l'abbé de Lavau; mais cette opinion n'a point prévalu. Il paraît toutefois que, retiré, dans ses derniers jours, à Châlons-sur-Saône, dont l'air était, suivant lui, le meilleur de la France, Desbarreaux y devint un chrétien plus sincère. Converti, sans doute, par l'évêque de cette ville, avec lequel il avait de fréquentes entrevues, il y fit une fin édifiante, à l'âge de soixante-onze ans, en 1673.
OURRY.

DESBORDES-VALMORE (MARCELINE), née à Douai en 1787, commença en 1819 à se faire connaître par un charmant volume de poésies. Ces premières compositions, empreintes d'un charme naïf et tendre qui leur donne une inexprimable grâce, eurent un succès que plusieurs volumes de vers et de prose vinrent successivement continuer et accroître. Comme tous les talents naturels, le sien a une véritable originalité. Ce qu'elle a écrit porte le même caractère de naïveté pleine de tendresse rêveuse et d'élans passionnés remplis de tristesse : l'art ne s'y fait point sentir; la pensée y est un mot échappé du cœur, un trait qui part d'un sentiment, une expression qui trahit un regret, une douleur, ou une émotion. Comme la plupart des femmes, qui sont forcées d'accepter leur destinée et ne peuvent la choisir ou l'arranger à leur gré, Mme Desbordes-Valmore a souffert, et cette souffrance constante, qui résulte d'une position qui ne satisfait pas les besoins de l'âme, et qui froisse ses instincts naturels, répand sur tous ses ouvrages une teinte mélancolique qui pénètre l'âme du lecteur et lui en fait un ami. Ils sont tellement empreints de choses qui viennent du cœur, qu'on oublie d'y chercher de l'esprit et qu'on ne s'aperçoit pas qu'ils sont aussi ingénieux que touchants. Voici la liste des principaux : en 1819, un volume de poésies; en 1820, deux volumes de prose intitulés : *Veillées des Antilles*; en 1826, un nouveau volume de poésies; en 1833, un volume de prose, intitulé : *la Raillerie de l'amour*, et deux volumes, l'*Atelier d'un peintre*. Depuis, Mme Desbordes-Valmore a encore successivement donné au public quatre volumes de vers : *les Pleurs*, *les Violettes*, *Pauvres Fleurs*, *Bouquets et Prières*. D'autres ouvrages d'elle moins importants ont, en outre, paru avec succès et fourni des preuves nouvelles de ce talent plein de grâce qui rend avec bonheur les pensées et les sentiments les plus tendres et les plus doux.
Virginie ANCELOT.

DESBROSSES (Mlle), ancienne actrice de l'Opéra-Comique, fille d'un acteur qui, quoique Français, comme Mme Favart et beaucoup d'autres depuis 1716, faisait partie de la Comédie-Italienne et débuta en 1749. Mlle Desbrosses, elle, débuta en 1776 dans le rôle de Justine, du *Sorcier*, de Poinsinet, musique de Philidor, et dans le rôle de Colinette, de la *Clochette*, composée par Anseaume pour les paroles, et par Duni pour la musique. Ces deux ouvrages, ainsi que ceux dans lesquels l'on jouait sur ce théâtre, étaient qualifiés de *comédies mêlées d'ariettes*, et représentaient simplement ce que, de nos jours, on appelle *vaudevilles*. Seulement les ariettes des anciennes pièces de la Comédie-Italienne étaient composées exprès pour chacune de ces pièces par les musiciens les plus célèbres de leur temps, quoique du second ordre. Issue d'une famille dramatique, sans doute Mlle Desbrosses n'avait guère alors de meilleur parti à prendre que, selon le refrain d'un ancien opéra-comique, *de faire tout comme avait fait son père*; elle n'eut pas à s'en repentir. Comme chanteuse, quoique jeune, elle ne devait, elle ne pouvait avoir ni méthode, puisqu'il n'en existait pas alors, ni voix, si ce n'est la voix exigée, obligatoire, pour faire entendre les petits airs des *opérettes* que l'on composait à l'époque de ses débuts : voix claire, élevée, perçante et aigre. Comme comédienne, la destinée de Mlle Desbrosses a été plus longue et plus heureuse; de bonne heure, elle avait pris un embonpoint qui tourna son talent vers l'emploi des *duègnes*, non pas des duègnes méchantes, hargneuses et refrognées, mais des bonnes paysannes, des bonnes fermières, des bonnes vieilles femmes, ou des vieilles caricatures passionnées et ridicules, ce qui constituait un assez vaste répertoire à l'Opéra-Comique, où ces sortes de caractères étaient convenus et en grande faveur. Ils étaient parvenus à cette importance par la bonhomie, le naturel, le génie qu'y déployait Mme Gonthier la vieille, la bonne, *la mère Gonthier*, comme on l'appelait toujours; on peut voir les deux types de ce double emploi par le rôle de la fermière dans *Fanfan et Colas*, et par celui de *Ma Tante Aurore*, dans la pièce de ce nom, que Mme Gonthier créa. Mlle Desbrosses n'y parut qu'en *double*, jusqu'à la retraite de son chef d'emploi. Alors, elle établit à son tour des rôles nouveaux de même genre, comme la vivandière dans *Valentine de Milan*, Mme de Glissenville (caricature) dans *les Voitures versées*, et la *bonne Marguerite* dans la *Dame Blanche*. Mlle Desbrosses rapportait dans sa vie privée une partie des qualités dont étaient revêtus les rôles qu'elle jouait au théâtre, et qui la rendaient chère à ses camarades. Elle avait eu, au Théâtre-Français, une sœur de son nom, qui jouait les soubrettes avec beaucoup de succès. Parvenue à un âge assez avancé, Mlle Desbrosses se retira du théâtre de l'Opéra-Comique en 1829. Cette artiste vit encore (1853), et malgré ses quatre-vingt-neuf ans, elle a conservé toutes ses facultés.

A. DELAFOREST.

DESCAMISADOS (c'est-à-dire *hommes sans chemises*). A l'instar de ce qui s'était passé chez nous en 1791 et années suivantes, époque où, on se le rappelle, le parti de la contre-révolution appelait *sans-culottes* les hommes qui soutenaient les principes et défendaient les intérêts de la révolution, en Espagne les adversaires de la révolution dont le signal partit en 1820 de l'île de Léon et enleva à Ferdinand VII l'exercice du pouvoir absolu pour remettre en vigueur la constitution des Cortès de 1812 essayèrent de ridiculiser et de flétrir par cette épithète de *descamisados* ceux qui applaudissaient à cette révolution et y voyaient le gage de la régénération morale et politique de la péninsule. Comme tant d'autres sobriquets plus ou moins injurieux inventés par les partis, celui de *descamisados*, après avoir eu un certain succès, est depuis longtemps à peu près inusité et oublié même en Espagne. Sans-culottes et descamisados, ce sont, au fond, ces prolétaires que leur misère et leur ignorance livrent toujours en proie aux basses adulations de quelques ambitieux qui se servent d'eux pour arriver à la fortune, aux honneurs, au pouvoir, et qui ensuite les mitraillent, les emprisonnent, les déportent sans pitié, pour les punir de s'être laissé duper par leurs belles phrases.

DES CARS (Famille). *Voyez* ESCARS.

DESCARTES (RENÉ), le génie le plus vigoureux et le plus original que la France ait produit; le père de la philosophie et des sciences modernes. Jamais homme n'attacha son nom à une révolution intellectuelle aussi profonde et aussi durable. Toutes les sciences se renouvellent, plusieurs sont créées pour la première fois. C'est l'incomparable essor de l'esprit humain s'élançant de l'ignorance et de la barbarie du moyen âge à la conquête de toutes les vérités. Descartes n'avait point créé le mouvement, mais il le régularisa, il le rendit irrésistible. Les plus grands avant lui, Copernic, Kepler, Galilée, appartiennent encore par quelque côté à la science antique. Descartes est souverainement nouveau, même dans ses erreurs; il a pour jamais rompu avec le passé, il porte dans la science le génie de la révolution. L'origine de cet immense mouvement est la même que celle de la civilisation moderne, dont fait partie le cartésianisme. Pour dépasser en si peu de temps l'antiquité, il fallait que l'esprit humain eût reçu une force prodigieuse. Il la tenait de son union avec la raison souveraine, que le christianisme lui avait enfin restituée. Si la plus éclatante lumière jaillit tout à coup des ténèbres du moyen âge, c'est que, sous la barbarie extérieure, l'invisible influence de la religion avait transformé les âmes. Dès que la raison eut été rattachée à Dieu, centre des vérités éternelles, elle brisa ses entraves, et produisit un nouvel ordre de choses. Un sourd mais vaste besoin d'indépendance déracine en même temps la tyrannie féodale et la scolastique, vaine science de mots, qui tyrannisait la pensée. De l'ordre purement religieux, le christianisme descend dans l'ordre scientifique et dans l'ordre social, pour tout pénétrer de son esprit vivifiant. La révolution scientifique chrétienne s'accomplit la première. Descartes en fut le vrai représentant. C'est là ce qui rend sa mémoire si chère aux générations modernes, ce qui lui mérita l'anathème des ennemis des lumières, ce qui fait de son nom un drapeau. Il exprime à sa plus haute puissance le bon sens français éloigné de tous les excès. Législateur de la pensée, il rallia toutes les sciences à la philosophie et la philosophie à la religion.

Descartes naquit le 31 mars 1596 à La Haye en Touraine, d'une famille noble, originaire de Bretagne : il semble que le seizième siècle, si agité, vient finir à ce berceau. Le père de René avait été frappé de son penchant précoce à la réflexion ; il l'appelait son *petit philosophe*, et l'envoya dès l'âge de huit ans au collège de la Flèche, récemment donné aux Jésuites par Henri IV. Ainsi le sort voulut que les Jésuites élevassent Descartes et Voltaire. « J'ai été, dit-il, nourri aux lettres dès mon enfance..... J'étais en l'une des plus célèbres écoles de l'Europe, où je pensais qu'il devait y avoir de savants hommes, s'il y en avait en aucun endroit de la terre. J'y avais appris tout ce que les autres y apprenaient, et même, ne m'étant pas contenté des sciences qu'on nous enseignait, j'avais parcouru tous les livres traitant de celles qu'on estime les plus curieuses et les plus rares, qui avaient pu tomber entre mes mains. Avec cela je savais les jugements que les autres faisaient de moi, et je ne voyais point qu'on m'estimât inférieur à mes condisciples, bien qu'il y en eût déjà entre eux quelques-uns que l'on destinait à remplir les places de nos maîtres. » Mais ces premières études n'avaient fait qu'irriter, sans la satisfaire, l'ardeur de connaître qui éclata dès lors et qui resta la passion de Descartes. « C'est pourquoi, continue-t-il, sitôt que l'âge me permit de sortir de la sujétion de mes précepteurs, je quittai entièrement l'étude des lettres; et, me résolvant de ne chercher plus d'autre science que celle qui se pouvait trouver en moi-même, ou bien dans le grand livre du monde, j'employai le reste de ma jeunesse à voyager, à voir des cours et des armées, à fréquenter des gens de diverses humeurs et conditions, à recueillir diverses expériences, à m'éprouver moi-même dans les rencontres que la fortune me proposait, et partout à faire telles réflexions sur les choses qui se présentaient que j'en pusse tirer quelque profit. »

C'est à cette libre école que se forma l'homme et le savant. A Paris, où Descartes séjourna d'abord et où il s'échappait de la compagnie des jeunes seigneurs pour s'ensevelir dans la méditation; en Hollande, où il prit du service sous Maurice de Nassau ; dans la Bavière, la Moravie, la Silésie et le Holstein, qu'il traversa, nous le trouvons, sous l'habit du gentilhomme et du soldat, plus occupé de résoudre des problèmes de mathématiques et de nouer des relations avec les savants, que de s'avancer dans les cours ou dans les armées. Un jour qu'il s'était embarqué sur les côtes de la Frise, il entendit les bateliers comploter en langue du pays de le jeter dans la mer, pour se partager ses dépouilles. Il met résolument l'épée à la main, les domine par son énergie et achève le trajet sans encombre. Notre philosophe ne fit que passer par la profession des armes. Après un nouveau séjour à Paris, il visita les Alpes, le Tyrol, s'arrêta à Venise, à Rome, et revint par la Toscane, où l'on a remarqué qu'il ne vit point Galilée. Sa famille le pressait de prendre un état, il fut aussi question de mariage. La seule affaire dont s'occupa sérieusement Descartes fut de vendre ses biens, afin de s'assurer une existence plus facilement indépendante.

A cette époque de sa vie, quoiqu'il n'eût encore rien écrit, il jouissait déjà d'une sorte de célébrité dans le monde savant. Il était principalement lié avec le P. Mersenne, utile médiateur entre les hommes les plus distingués de son siècle, et qu'on appela plus tard *le résident de Descartes à Paris*, quand celui-ci eût quitté la France. Cependant Descartes se sentait arrivé à l'âge de la maturité. Ne trouvant à Paris ni assez de solitude ni assez de liberté, il résolut de se retirer en Hollande, pour se vouer entièrement à sa mission philosophique. Il avait alors trente-trois ans. Il partit pour la Hollande, où il fit un séjour de vingt ans, à peine interrompu par quelques absences momentanées. C'est de là que sortirent ces écrits admirables qui apprirent à l'Europe à penser et qui renouvelèrent la face des sciences.

L'histoire de Descartes est l'histoire de sa pensée; il l'a lui-même tracée de main de maître dans le *Discours de la Méthode*. Le séjour philosophique en Hollande, cette vie partagée entre les méditations et les expériences, offre peu d'incidents. Descartes fut persécuté par des professeurs, par des théologiens protestants; il fut accusé d'athéisme, sa vie privée ne fut pas toujours respectée. Cela lui fournit l'occasion de publier des apologies où il s'élève parfois jusqu'à l'éloquence. Mais ces querelles et leurs chétifs auteurs sont ensevelis dans un juste oubli. En 1640, Descartes fut jeté dans une affliction profonde par la mort d'une jeune fille naturelle, appelée Francine, qu'il perdit à l'âge de cinq ans; il prit un livre, et écrivit sa courte histoire sur la première page. Il révélait en même temps sa douleur et sa faute. Ce fut la seule chute du chrétien et du philosophe; en 1644, il confiait à son ami Clercelier « qu'il y avait près de dix ans que Dieu l'avait retiré de ce dangereux engagement; que, par une continuation de la même grâce, il l'avait préservé jusque-là de récidive, et qu'il espérait de sa miséricorde qu'il ne l'abandonnerait pas jusqu'à la mort » La science et la chasteté sont sœurs.

Arrivons à ce qui intéresse le plus la postérité dans ce séjour en Hollande, je veux dire les écrits de Descartes. Le premier fut le *Discours de la méthode pour bien conduire sa raison et chercher la vérité dans les sciences*; il était écrit en français, et paraissait accompagné de trois traités, la *Dioptrique*, les *Météores* et la *Géométrie*. C'était en 1637, date mémorable dans l'histoire de la philosophie et dans celle des lettres françaises. Descartes est tout entier dans cette première publication. Il n'a guère dépassé en philosophie le *Discours de la Méthode*; dans sa *Géométrie*, il créait les mathématiques modernes, et les autres traités laissaient entrevoir sa physique audacieuse. Bossuet, au rapport de l'abbé Ledieu, son secrétaire, plaçait le *Discours de la Méthode* au-dessus de tous les ouvrages de son siècle. C'est le premier jet du plus beau génie. Il y règne un naturel, une force, une grâce, une profondeur également étonnantes. Descartes y déclare qu'il ne sacrifierait pas une heure de son loisir « pour les plus honorables emplois de la terre. » Son dévouement à la science fut sans bornes. L'homme le plus utile à une époque est celui qui ressent plus que tous les autres la passion dominante de cette époque, et qui est par conséquent en état de rendre à l'humanité le service dont elle a le plus besoin. Descartes fut cet homme à l'époque de la rénovation des sciences. Il reste le premier en génie, parce qu'il fut le premier en dévouement.

Déjà la philosophie et la physique de Descartes agitaient les écoles, et en déracinaient, avec l'autorité d'Aristote, la forêt des vieilles erreurs qui avaient poussé à l'ombre de son nom. En 1641, parurent les *Méditations touchant la philosophie première, où sont établies les deux vérités fondamentales de l'existence de l'âme et de Dieu*. Les *Méditations* avaient été écrites en latin par Descartes, qui les destinait aux savants. Le duc de Luynes en fit en français une excellente traduction, qui ayant été revue par l'auteur, a en quelque sorte rang d'original. Les *Méditations* sont dédiées à la Sorbonne. Soit prudence, soit déférence réelle chez Descartes, le fait n'en est pas moins remarquable. C'était aux pieds de la théologie chrétienne que devait être déposé cet impérissable monument de la science nouvelle, enfantée par le christianisme. Heureuse l'Église, si elle eût renfermé dans son sein un corps digne de recevoir un si bel hommage! Mais la Sorbonne, qui expulsait le grand Arnauld, resta sourde aux avances de Descartes. Arnauld du moins lui rendit une entière justice; à propos des *Méditations*, il écrit que Dieu avait suscité Descartes pour arrêter les progrès de l'irréligion. Aux *Méditations* sont jointes les *Objections* de plusieurs savants hommes, et les *Réponses* de Descartes. Outre ces attaques courtoises, quoique sérieuses, Descartes eut à essuyer des contestations plus vives. Huet, évêque d'Avranches, les uns disent à l'instigation des Jésuites, les autres par dépit d'érudit, mit dans la *Censure de la philosophie cartésienne* une sorte d'animosité personnelle.

L'année 1644 vit paraître les *Principes de la philosophie*, aussi en latin; mais bientôt ils furent également traduits en français, avec l'approbation de l'auteur. C'est le système entier de la philosophie et de la physique de Descartes. L'homme et Dieu, l'ordre du monde, les cieux, la terre, les éléments, tout y trouve sa place. Les sciences n'ont point produit d'œuvre plus hardiment conçue : même aujourd'hui que la plupart des hypothèses qu'elle renferme sont abandonnées, elle frappe encore par une grandeur extraordinaire. Les *Principes* sont dédiés à la princesse Élisabeth, fille de Frédéric V, roi de Bohême, disciple zélée et intelligente des nouvelles doctrines. Descartes l'avait rencontrée en Hollande, et il entretint avec elle une intéressante correspondance sur divers sujets de morale. Le dernier ouvrage imprimé du vivant de Descartes est le traité des *Passions de l'âme*, en français, ouvrage semé d'observations ingénieuses, mais trop rempli de la physiologie mécaniste de l'auteur.

Le monde attendait la suite de ces beaux ouvrages que Descartes lançait de ses retraites philosophiques, lorsqu'un événement marquant dans sa vie vint précipiter une carrière si pleine encore d'avenir. Un des ardents admirateurs de notre philosophe, Chanut, devenu ambassadeur de France en Suède, résolut d'attirer l'homme de génie auprès de la reine Christine. Passionné pour l'étude, fier et indépendant par caractère, Descartes se laissa vaincre par l'amitié, par l'amour de la gloire, peut-être par un certain désir de donner plus d'autorité à ses opinions. Il débarqua à Stockholm au commencement d'octobre 1649. Cette reine Christine, quoique jeune et belle, était une rude écolière. Il fallait lui enseigner la philosophie, en plein hiver, dès cinq heures du matin. Descartes, arrivant dans sa voiture, se prenait à regretter la Touraine natale et sa villa d'Egmont. Il apprit à ses dépens qu'on vit esclave chez les rois, alors même qu'ils sont vos obligés. Au bout de quatre mois, il fut atteint d'une fluxion de poitrine, qui dès le début violent ne laissa point d'espoir. « Allons, mon âme, dit le philosophe mourant, il y a longtemps que tu es captive; voici l'heure de sortir de prison; il faut souffrir la séparation de ton corps avec courage et avec joie. » La maladie l'emporta le 11 février 1650, à l'âge de cinquante-trois ans et dix mois.

Il avait reçu avec l'effusion d'une piété touchante, les derniers secours de la religion catholique. Il en avait toujours exactement rempli les devoirs, quoique ayant passé son âge mûr en pays protestant; sa vie, ses écrits, aussi bien que les témoignages de ses plus intimes amis, repoussent les soupçons que certains écrivains ont élevés sur la sincérité de ses croyances religieuses. La reine Christine, devenue catholique, attesta « qu'il avait beaucoup contribué à sa conversion, et qu'il lui en avait donné les premières lumières. » Il est vrai qu'absorbé dans son œuvre scientifique, il ne prit aucune part aux grandes controverses religieuses de son époque, et qu'il affectait envers les autorités ecclésiastiques plus de déférence que la foi n'en commande. « M. Descartes, dit Bossuet dans ses *Lettres*, a toujours craint d'être noté par l'Église, et on lui voit prendre sur cela des précautions qui vont jusqu'à l'excès. » Il y avait là, comme dans ses avances aux jésuites, de la politique d'auteur. Au reste les précautions ne l'empêchèrent pas d'être condamné, comme Galilée, par une de ces congrégations romaines qui ont usurpé les pouvoirs de l'Église universelle ; les écrits du plus grand des philosophes chrétiens furent mis à l'Index (*donec corrigantur*) en 1663. Les Jésuites, tout-puissants à Rome, s'étaient tournés contre les doctrines de leur ancien élève ; ils excitèrent contre le cartésianisme une véritable persécution. Mais il fut accueilli par tout ce que l'Église comptait de plus pieux et de plus savant : l'école de Port-Royal, l'Oratoire, dont le saint fondateur Bérulle avait été *l'ami et le directeur de Descartes*, enfin les Bénédictins.

Les amis de Descartes poursuivirent la publication des ouvrages qu'il laissait à sa mort. Ces ouvrages posthumes sont : l'*Abrégé de la musique*, le *Traité du monde ou de la lumière*, le *Traité de l'homme et de la formation du fœtus*, la *Mécanique*, les *Lettres*, les *Règles pour la direction de l'esprit*, *La Recherche de la vérité par les lumières naturelles*, *Premières pensées sur la génération des animaux*, *Extraits des manuscrits de M. Descartes*. A l'exception des *Lettres*, qui révèlent le moraliste, les autres écrits ne renferment guère que des développements.

Dix-huit ans après la mort de Descartes, ses restes mortels furent rapportés en France et déposés en grande pompe à l'église Sainte-Geneviève. Le chancelier de l'université de Paris devait y prononcer son éloge funèbre ; les Jésuites, presque aussi animés alors contre le cartésianisme que contre le jansénisme, eurent le crédit d'obtenir un ordre de la cour qui l'interdit. Quand Sainte-Geneviève fut devenue le temple des grands hommes, la Convention nationale, le 2 octobre 1793, décerna les honneurs du Panthéon au père de la science moderne, et décida qu'elle assisterait en corps à la solennité. Mais la cérémonie n'ayant pu avoir lieu, le Corps législatif, sous le Directoire, revint honteusement sur ce décret, et par cet acte public d'ingratitude, imprima au nom français une flétrissure qu'aucune de nos assemblées nationales n'a encore effacée. Le corps de Descartes repose aujourd'hui dans l'église Saint-Germain-des-Prés.

Descartes était petit de taille. Il avait la tête grosse, le front large et avancé, la bouche grande, la lèvre inférieure dépassant un peu la supérieure. Sa vie était simple et sobre. Il buvait peu de vin, se nourrissait de fruits et de racines plus que de viande. Depuis l'âge de dix-neuf ans, il fut à lui-même son propre médecin. Descartes fut désintéressé, ami tendre et fidèle; il travaillait à l'instruction de ses secrétaires et de ceux qui l'aidaient en ses expériences de physique ; il se privait de leurs services pour les avancer. Il se montra toujours un père pour ses domestiques. La nièce de ce grand homme, d'un haut mérite, rapporte que sur son lit de mort, « il dicta une lettre à ses deux frères, conseillers au parlement de Bretagne, où, entre autres choses, il leur recommande de pourvoir à la subsistance de sa nourrice, de laquelle il avait toujours eu soin pendant sa vie. » Ce fut la dernière pensée donnée aux choses de la terre par l'auteur du *Discours de la Méthode* et de la *Géométrie*. Les seuls reproches qu'on puisse à Descartes sont des vivacités de polémique ; mais, outre qu'une certaine franchise de langue était alors de droit commun entre les auteurs, les pédants et les envieux aveuglément passionnés contre l'homme de génie ne méritaient-ils pas quelque correction ? — En somme, Descartes par tous les côtés eut une vie digne; par son dévouement à la science, il fit de cette vie simple et unie un apostolat : il fut un héros de la pensée.

Doctrines et influence de Descartes; cartésianisme, école cartésienne. Sous les noms de *cartésianisme* et d'*école cartésienne*, on ne comprend pas seulement les doctrines contenues dans les ouvrages de Descartes et de ses disciples qui les adoptèrent sans modification ; on embrasse tout le mouvement d'idées suscité par ce grand homme et tous les écrivains illustres qui marchèrent sur ses pas, en complétant ou rectifiant ses opinions, à la découverte de la vérité. Ainsi entendu, le cartésianisme est en toute rigueur l'enfantement et la constitution de la science moderne. Philosophie, théologie, mathématiques, physique, littérature, il n'est rien qui échappe à l'influence rénovatrice de Descartes. Au dix-septième et au dix-huitième siècle, les savants livrèrent bataille autour de chacune de ses opinions ; mais ceux qu'on appelait anti-cartésiens suivaient encore ses principes aussi bien que les cartésiens purs : souvent même c'est parmi les premiers qu'on rencontre les plus fidèles héritiers de son esprit. « Descartes, dit fort bien Varignon, nous a appris à ne plus respecter les opinions des anciens philosophes. Il nous a même appris à ne point respecter les siennes, en nous montrant que dans les sciences, il n'y a que la vérité qui soit digne de notre respect : et par là ce grand génie a trouvé le moyen de faire suivre ses principes par ceux même qui abandonneraient ses opinions pour en suivre de plus raisonnables. » A ne considérer même que l'influence directe, incontestable, il faut accorder à l'école cartésienne les noms les plus illustres de la science. « Le rôle de Descartes, dit M. Bordas-Demoulin, apparaît dans toute sa grandeur : on le voit conduisant à la conquête de la vérité, l'élite de son siècle et la plus belle partie de la famille des royales intelligences. Quelle merveilleuse et universelle influence ! En est-elle moins vivante pour être quelquefois niée par ceux même qui la subissent? Seuls parmi les plus grands, Bossuet, Arnauld, Malebranche reconnaissent à Descartes sa valeur, et se sauvent de l'ingratitude. Tant d'autres qui ne lui doivent pas moins, Leibnitz, Newton, Huyghens, Pascal, Locke, cherchent à le déprécier et à dissimuler une gloire qui les importune. Mais ils ont beau vouloir se dérober à Descartes, ils portent son empreinte, si j'ose me permettre cette comparaison, comme l'univers celle de Dieu. » Aux noms rappelés ici que l'on joigne ceux de Fénelon, de Fleury, de Bayle, de Borelli, d'Euler, des Bernoulli, et l'on aura quelque idée de cette incomparable rénovation des connaissances humaines. Nous allons résumer l'histoire en marquant la part de Descartes et celle de ses plus éminents successeurs.

Philosophie. Comme Socrate, auquel on l'a justement comparé, Descartes n'eut point en philosophie un système complet et bien arrêté. Il imprima aux esprits une impulsion extraordinaire, mais non pas une direction ferme et unique. Tous ses disciples ne recueillirent point intégralement l'héritage de sa pensée. On compte de grandes et de petites écoles socratiques, on pourrait compter aussi de grandes et de petites écoles cartésiennes. Il faudrait les rapprocher, les redresser l'une par l'autre : de cette comparaison sortirait un cartésianisme sans tache, qui demeurera la propriété de l'esprit humain, et d'où notre siècle doit partir pour achever la conquête des sciences.

Descartes n'avait point à créer la philosophie; avec Socrate et Platon, elle était entrée dans le monde. Mais, ce qui n'est guère moins difficile, il avait à la renouveler. Pour la créer ou pour la faire revivre, le moyen à employer est le même : il faut que l'esprit, trop porté à sortir de lui-même, soit ramené du dehors au dedans; qu'il s'affranchisse des apparences sensibles, pour scruter le monde des réalités intérieures. Descartes déploie cette vigueur de reflexion d'où naît la philosophie. Il rappelle la pensée à elle-même plus énergiquement qu'on n'avait fait avant lui ; il la secoue, il l'arrache à la domination des sens et de l'imagination, il la délivre des préjugés, des erreurs, la guérit du vain orgueil d'une fausse érudition. L'infaillible remède dont il se sert est le *doute philosophique* ou *méthodique*, doute généreux, libérateur, inspiré par l'amour de la vérité et qui ne veut s'attacher qu'à elle seule. C'est par lui que le scepticisme est à jamais vaincu. Pour conduire sûrement l'intelligence à travers cette épreuve salutaire et pour la rendre capable de surmonter toutes les difficultés, Descartes ne lui impose que de suivre quelques préceptes, auxquels il réduit la logique, et qui sont comme le code du bon sens : « Le premier était de ne recevoir jamais aucune chose pour vraie que je ne la reconnusse évidemment être telle, c'est-à-dire d'éviter soigneusement la précipitation et la prévention, et de ne comprendre rien de plus en mes jugements que ce qui se présentait si clairement et si distinctement à mon esprit, que je n'eusse aucune occasion de le mettre en doute. Le second, de diviser chacune des difficultés que j'examinerais, en autant de parcelles qu'il se pourrait et qu'il serait requis pour les mieux résoudre. Le troi-ième, de conduire par ordre mes pensées, en commençant par les objets les plus simples et les plus aisés à connaître, pour monter peu à peu, comme par degrés, jusques à la connaissance des plus composés, et supposant même de l'ordre entre ceux qui ne se précèdent point naturellement les uns les autres. Et le dernier, de faire partout des dénombrements si entiers et des revues si générales, que je fusse assuré de ne rien omettre. » L'évidence est posée comme la règle suprême de la science humaine. Avec cette règle, le doute cartésien ne peut dégénérer en scepticisme. Il y a une réalité première que le doute ne saurait ébranler, c'est l'existence même de la pensée que le doute suppose. La pensée, voilà donc la réalité par excellence, en qui repose la plus invincible certitude. C'est ce que Descartes a exprimé par la fameuse proposition : « Je pense, donc je suis. » Le spiritualisme en jaillit tout entier. Ayant ainsi ramené l'esprit humain en soi, Descartes s'efforce de le rattacher à Dieu et de le distinguer du corps. C'est le grand objet de la philosophie, c'est le but des *Méditations*. Descartes ne s'arrête que quand il est parvenu « à la contemplation de ce Dieu tout parfait; » il ne se lasse point « de considérer, d'admirer, d'adorer l'incomparable beauté de cette immense lumière.... Car, comme la foi nous apprend que la souveraine félicité de l'autre vie ne consiste que dans cette contemplation de la majesté divine, ainsi expérimentons-nous dès maintenant qu'une semblable méditation, quoique incomparablement moins parfaite, nous fait jouir du plus grand contentement que nous soyons capables de ressentir en cette vie. »

Ce sont là des traits de génie qui ont mérité à Descartes le titre de père de la philosophie moderne. Mais s'il commence admirablement, il n'achève pas. Entraîné par son siècle vers d'autres études, il n'approfondit point la métaphysique. Il faut avouer qu'en établissant la distinction de l'âme et du corps sur l'opposition de la pensée et de l'étendue, il donne à une grande vérité une base équivoque, et que ses célèbres preuves de l'existence de Dieu ont quelque chose d'embarrassé, qui se ressent encore de la scolastique. Surtout il n'enseigne pas avec assez de clarté ni assez d'uniformité la double existence des idées en nous-mêmes et en Dieu, fondement impérissable du spiritualisme déjà posé par le divin Platon. Sur ce point capital, les incertitudes et les variations de sa pensée devaient produire chez ses disciples des divisions tranchées. La première et la bonne tendance de Descartes, qu'on pourrait appeler la tendance platonicienne, fut fidèlement suivie par Bossuet et Leibnitz. Les idées générales qui constituent l'âme, ils s'élèvent aux idées générales qui constituent Dieu, montrent le concours de ces deux ordres d'idées pour former la pensée, ainsi que la dépendance essentielle du premier par rapport au second. Leibnitz surtout donne à la théorie des idées une précision et une netteté admirables. On peut dire qu'à cet égard il achève le cartésianisme. Obéissant à des tendances moins heureuses, Arnauld et Régis concentrent les idées générales dans l'âme humaine, erreur que suivirent l'école écossaise et Kant ; Malebranche, ne les admettant qu'en Dieu, incline au panthéisme, que professe ouvertement Spinosa, et qui est devenu l'erreur dominante à notre époque; enfin Locke méconnaît dans l'esprit la source des idées, et il les tire de la sensation. L'on peut contempler ici le point de départ des grandes et des petites écoles cartésiennes, dont les destinées nous conduiraient jusqu'à la philosophie contemporaine.

L'étude des idées dévoile la constitution de la substance. On les voit toutes se partager en idées de perfection et en idées de grandeur; ce qui atteste qu'au fond de l'esprit et des autres êtres se rencontrent toujours, indissolublement unis, deux éléments essentiels, l'activité ou force, principe des idées de perfection, et la quantité, principe des idées de grandeur. Cette constitution de la substance, qui jette une si vive lumière sur les profondeurs de la métaphysique, ne fut distinctement aperçue ni de Descartes ni d'aucun de ses successeurs. Malebranche seul, par sa conception de l'étendue intelligible, offre quelques vues, mais qui n'exercent point d'influence. C'est là peut-être la plus grave lacune que présente en philosophie le cartésianisme.

Faute de la vraie notion de la substance, Descartes ne put saisir les rapports réels du physique et du moral. En faisant l'entendement passif, il compromettait l'activité de l'âme concentrée dans la seule volonté. Quant aux corps en général, il n'y voyait qu'une pure étendue sans aucune force propre; les plantes, les animaux n'étaient comme le reste que des matières inertes. Dès lors, quelle influence mutuelle pouvait-on concevoir entre l'âme et le corps, entre deux substances dont l'une ne possédait qu'une activité incomplète et dont l'autre n'en possédait aucune? Très-faible chez Descartes, l'influence mutuelle disparaît entièrement chez les cartésiens. De là les *causes occasionnelles* de Malebranche et l'*harmonie préétablie* de Leibnitz. Descartes du moins avait retiré à l'âme les fonctions organiques pour les rendre au corps, et porté le premier coup à l'animisme. Il ne restait plus qu'à restituer au corps, avec le principe de la vie, les fonctions sensitives qui en sont la plus haute manifestation. Descartes y conduisait : il distingue si bien l'intelligence des sensations et de l'imagination, qu'on s'étonne qu'il persiste à réunir dans une substance unique des facultés si opposées. Mais son hypothèse de la passivité de la matière l'enchaînait à l'erreur.

Un savant contemporain l'a remarqué, « en tant que philosophes, Descartes, Régis, Arnauld, ne cherchent aucune cause d'ignorance et de malice dans la chute primitive. Locke n'y voit que la cause de la mort du corps. Spinosa nie cette chute. Malebranche voit en elle non-seulement une cause d'ignorance et de malice, mais une nécessité pour la perfection du monde, et même tout pour sa création, Dieu ne s'étant déterminé à le produire que dans le dessein de l'ennoblir avec l'incarnation du Verbe éternel, incarnation amenée par la chute cartésienne. Bossuet et Fénelon, Leibnitz, Pascal, redressent ces diverses erreurs, et laissent sans reproche l'école cartésienne. Bossuet et Fénelon lui rendent le même service à l'égard de l'optimisme professé par Malebranche et Leibnitz, et qui n'est que la fatalité cartésienne; mais par le moyen duquel cependant Malebranche et Leibnitz ont montré la sagesse divine et approfondi ses vues dans la formation et dans le gouvernement de l'univers, dont Descartes semblait l'exclure. Si Malebranche qui traite philosophiquement de la grâce, tombe à la fois dans le pélagianisme et dans le jansénisme, Bossuet, Fénelon, Leibnitz le corrigent. L'erreur de Fénelon sur l'amour de Dieu est dissipée par Bossuet, Malebranche, Leibnitz. »

Sous l'inspiration de ces beaux génies, la philosophie cartésienne devient éminemment chrétienne, sans cesser d'être rationnelle. La raison et la foi renouent leur féconde alliance, trop souvent rompue depuis saint Augustin. La vérité fondamentale de la chute primitive, aussi clairement attestée par la conscience que par les traditions du genre humain, forme le lien de la philosophie et de la théologie. Malebranche et Leibnitz désavoueraient les faibles penseurs qui aujourd'hui voudraient reléguer cette vérité hors du domaine de la science. Dans son grand ouvrage interrompu par la mort, Pascal, pour démontrer la religion chrétienne, suit une marche analogue à celle de Descartes dans les *Méditations*. Il emploie aussi le doute, non comme but, mais comme moyen; ne qui l'a exposé également à l'aveugle accusation de scepticisme. Seulement, au lieu de tirer ses raisons de douter des sources du savoir, il les tire des opinions et des coutumes des peuples. Sur ce sol mouvant des croyances et des lois humaines, l'existence merveilleuse du peuple juif devient pour lui le point fixe et immuable auquel il rattache la certitude de la révélation. Ces vrais philosophes chrétiens se maintiennent également éloignés d'un orgueil présomptueux et d'un fanatique mépris pour les lumières naturelles de la raison. Bossuet applique la méthode cartésienne à la théologie dogmatique; Fleury, à l'histoire et au droit ecclésiastiques. La science sacrée se relève, et l'Église gallicane brille de tout son éclat.

Cependant Descartes laissait subsister en philosophie une dernière lacune, qu'aucun de ses disciples ne devait combler. Il négligea l'homme social; il ne scruta point le mystère de cette vivante influence que nos semblables exercent sur nous depuis le premier moment de l'existence jusqu'à la tombe. Par là le père de la science nouvelle s'interdit d'aller au fond de la morale et de la politique. On n'a de lui sur ces matières que des vues isolées, répandues dans ses *Lettres*; elles respirent d'ailleurs je ne sais quelle vigueur stoïque, et la plus admirable confiance dans la force pratique de la raison. Ce n'est point, comme on l'a puérilement supposé, la méthode de Descartes qui s'opposait à ce qu'il fît la philosophie de la société. Mais la vie sociale elle-même n'était point encore assez développée, elle n'attirait point les regards. Dans cet ordre de choses, les événements précèdent les théories. C'est aux lueurs lancées par la révolution française que notre siècle commence à apercevoir les lois sociales, et celles qui règlent la marche du genre humain. Mais, quelque éloquent que soit l'enseignement des faits, il ne suffit pas sans le concours de la vraie philosophie, c'est-à-dire du platonisme et du cartésianisme. Hors de cette philosophie, la science sociale tombe d'écueil en écueil. Je citerai en preuve d'une part M. de Bonald et toute l'école traditionaliste, de l'autre les anarchistes de la démagogie. M. Bordas-Demoulin me paraît être le premier qui ait porté dans la science sociale les principes du spiritualisme. La vive lumière qu'il en tire, même pour l'histoire, démontre que le domaine de la science leur est soumis tout entier. En suivant les mêmes principes, j'ai tâché aussi de réparer l'omission de l'école cartésienne dans un récent ouvrage, *le Règne social du Christianisme*. Les Platon et les Descartes n'ont pas tout vu, mais ils nous mènent au fond de la pensée où l'on peut tout voir.

Mathématiques. Le génie métaphysique ne remporta jamais un triomphe plus éclatant que dans les découvertes de Descartes et de son école. Grâce aux puissantes habitudes de généralisation communiquées à l'esprit humain, les mathématiques, sortant des anciennes méthodes, les rejettent comme des entraves, et se déploient dans l'infini. Descartes constitue l'algèbre, crée la géométrie analytique, et par là fraye la route à Newton et à Leibnitz pour inventer le calcul différentiel et intégral. Voilà les mathématiques modernes, qui sont, comme on le voit, une science toute cartésienne.

En mathématiques, la faiblesse de l'esprit reçoit un merveilleux soulagement des symboles, dont le propre est de représenter exactement les idées de quantité. Voilà pourquoi les perfectionnements de forme y ont tant d'importance. Rien peut-être n'en a plus en ce genre que l'introduction des exposants numériques, principalement due à Descartes. D'une part, elle affranchit l'algèbre de cette espèce de dépendance par laquelle les anciens symboles l'enchaînaient encore aux considérations géométriques, et par là elle permit de l'envisager dans sa généralité pure; d'autre part, en substituant des signes simples et calculables, les nombres, à des signes qui ne pouvaient être combinés par le calcul, elle ouvrait le champ à la découverte de relations jusqu'alors inaperçues entre les quantités. De la notation nouvelle sortent, comme de leur germe, et la célèbre formule du b i n ô m e de Newton, et en général tous les développements en s é r i e s. Avant Descartes, les racines négatives des équations étaient rejetées comme fausses : il montre qu'elles sont tout aussi réelles que les positives, et qu'elles en diffèrent seulement en ce qu'elles doivent être prises en sens contraire. Il donne une règle, qui porte son nom, pour reconnaître par l'aspect des signes dont les termes d'une équation sont affectés, combien il y a de racines positives et combien de négatives, dans une équation qui n'en renferme que de réelles. Cette règle peut, en certains cas, faire découvrir les racines imaginaires. Descartes découvre encore, par la méthode des coefficients indéterminés, un puissant procédé pour transformer les quantités.

Mais Descartes devait rendre un service plus signalé encore à la science mathématique. Il y opéra une révolution véritable, en soumettant au calcul la quantité continue, auparavant insaisissable et longtemps même privée de tout symbole; il exprima la continuité dans les c o u r b e s par la dépendance qui lie entre elles les quantités variables propres à les déterminer : l'a p p l i c a t i o n de l'algèbre à la géométrie, la géométrie analytique, était créée. Elle donnait le moyen de résoudre comme en se jouant des problèmes qui avaient résisté aux efforts des plus savants géomètres des âges antérieurs. Pour la créer, il fallait l'esprit philosophique qui montre dans la quantité continue plus de généralité, et par conséquent plus de simplicité que dans la quantité discontinue; il fallait en outre cet esprit mathématique qui réalise une conception par les voies les plus faciles. L'un et l'autre brillent dans la découverte de Descartes. « Idée des plus vastes et des plus heureuses qu'ait eues l'esprit humain, s'écrie d'Alembert, et qui sera toujours la clef des plus profondes recherches, non-seulement dans la géométrie sublime, mais dans toutes les sciences physico-mathématiques. » C'était beaucoup d'avoir porté la puissance du calcul dans les rapports de la quantité continue. Il restait à saisir ces rapports à leur plus haut degré de généralité, ce qui est l'objet du calcul différentiel et intégral. Descartes laissa l'honneur de l'invention à Newton et à Leibnitz; mais la géométrie analytique en était l'indispensable préparation. La recherche des tangentes y avait presque conduit Fermat et Barrow.

Physique. Les titres de Descartes comme rénovateur de la philosophie n'ont été contestés que par la passion et l'ignorance, ses titres comme créateur des mathématiques modernes ne l'ont été par personne ; mais sa gloire comme physicien a souffert plus de contradiction. Après avoir régné quelque temps sans partage, son système fut combattu avec acharnement, puis délaissé; et aujourd'hui sans doute la plupart des savants lui disputeraient le titre de père de la physique. Cependant on n'est que juste en le lui décernant. Quand on considère le service immense qu'il rendit à l'esprit humain, en chassant des écoles la physique péripatéticienne, souvent attaquée avant lui, jamais remplacée; quand on considère qu'il s'éleva le premier jusqu'aux lois générales de l'univers, et que cette conception sublime, qui ramenaît à l'unité les découvertes déjà faites, suscita tous les travaux suivants, même ceux de ses adversaires, même ceux de Newton, cartésien comme les autres, on trouve Descartes aussi grand, aussi créateur en physique qu'en mathématiques et en philosophie, et l'on s'écrie avec le P. Guénard : « Ce fut donc le courage et la fierté d'esprit d'un seul homme qui causèrent dans les sciences cette heureuse et mémorable révolution dont nous goûtons aujourd'hui les avantages avec une superbe ingratitude. Il fallait aux sciences un homme de ce caractère, un homme qui osât conjurer tout seul avec son génie contre les anciens tyrans de la raison, qui osât fouler aux pieds ces idoles que tant de siècles avaient adorées. »

On sait que Descartes, mettant l'essence des corps dans l'étendue, ramène tous les phénomènes à la considération des figures et des mouvements mécaniques. Il reconnaît trois parties de la matière, « éléments du monde visible, » les suppose animés primitivement du mouvement en ligne droite, et, sans admettre de vide nulle part, il les montre se distribuant en tourbillons pour former les étoiles, puis les planètes, qui sont des étoiles éteintes, et finalement tous les corps célestes. Nous ne nous arrêterons pas ici à exposer ce célèbre système des tourbillons, objet de tant de livres, de discussions, d'attaques et d'apologies; pour les détails, on peut lire entre autres l'excellent résumé de Malebranche. Quelque admiration qu'ils aient d'abord excitée, les tourbillons ne répondent point aux faits, et ils sont justement abandonnés aujourd'hui. Mais ils conservent deux mérites immortels, qui leur assureront toujours une place importante dans l'histoire des sciences. Le premier, l'incomparable mérite des tourbillons, c'est d'avoir ramené la science du système du monde à un problème de mécanique. Poser un tel problème était plus difficile que de le résoudre une fois posé. A cette révélation du génie, tout le siècle se met à l'œuvre. Les plus savants peuvent corriger les erreurs et remplir les vides que laissent subsister les tourbillons. Mais tous n'ont plus qu'à marcher vers un but clairement indiqué. En second lieu, les tourbillons sont remarquables en ce qu'ils sont le produit de la seule force de la méditation. Comme toutes les idées mères des sciences, ils sont nés dans la pensée de leur auteur, ils ont précédé l'expérience. Par là ils nous révèlent en quelque sorte le secret des génies créateurs. Ce secret, c'est la féconde audace des puissantes hypothèses.

Par son hypothèse fondamentale sur le système du monde, Descartes se présente comme le fondateur de la physique mathématique et le promoteur de la physique expérimentale. Il peut revendiquer d'importantes découvertes dans diverses parties de la science de la nature, et il en réclamait de plus grandes encore. En voici un résumé, que nous empruntons à l'auteur du *Cartésianisme* : « Descartes trouve la loi d'inertie, la loi du mouvement en ligne droite, la loi du mouvement en ligne courbe. Que les lois qu'il expose pour la communication du mouvement pèchent dans quelques cas; Huyghens, Wren, Wallis, présentent les véritables. C'est pour raisonner juste sur la nature de la pesanteur, qu'il se laisse enlever par Galilée la loi du mouvement uniformément accéléré. Huyghens et Newton donnent la théorie des forces centrales; Huyghens, celles des développées et du pendule. Descartes démontre, et probablement découvre, la loi de la réfraction simple. Il explique l'arc-en-ciel. Huyghens découvre la loi de la double réfraction, et perfectionne le système des ondes, création de Descartes. Roemer surprend et calcule la propagation successive de la lumière. Newton explique les couleurs. »

Il resterait à montrer l'influence des idées de Descartes sur la géologie, sur la chimie, sur la physiologie et la médecine. Elle fut féconde et rénovatrice à l'origine. Mais le règne prolongé du mécanisme ne pouvait conduire au but, surtout dans la science de la vie. Les difficultés prodigieuses de la médecine y favorisent plus que partout ailleurs le règne des causes occultes. Le premier service que Descartes rendit à cette belle science fut de l'assujettir comme les autres à la loi des idées claires et distinctes. Les découvertes anatomiques de la renaissance offraient un ensemble magnifique de faits et d'observations, mais il y manquait l'unité : le cartésianisme fit pour ces découvertes ce qu'il avait fait pour les travaux mathématiques et physiques de l'âge précédent, il les systématisa à cet égard, Vésale, Harvey, Aselli, lui doivent beaucoup. Sans lui leurs découvertes restaient isolées; il les relia par une idée commune, et elles furent lancées dans le courant général des sciences. Un trait du génie audacieux de Descartes, c'est d'avoir débuté par un *Traité de la formation du fœtus*. Là, en effet, la science de la vie commence avec la vie elle-même; elle doit, comme parle Cuvier, « déduire d'un même principe et la formation primitive de l'être vivant et les phénomènes qu'il manifeste une fois qu'il jouit de l'existence. » Mais Descartes n'offre pas même l'ébauche de cette physiologie de l'avenir, à peine entrevue aujourd'hui par les esprits les plus pénétrants : son fœtus, formé de toutes pièces, est encore plus loin de la réalité que le monde des tourbillons. Les progrès merveilleux des sciences physico-mathématiques, de création cartésienne, semblaient consacrer le mécanisme de Descartes; il continua de peser sur la médecine. Stahl et Hoffmann le subirent comme les autres. La découverte même de l'irritabilité par Haller ne suffit pas à le déraciner. C'est en médecine pourtant, plus que partout ailleurs, que l'esprit cartésien eut dû faire abandonner les opinions de Descartes. Mais les sciences accessoires y maintiennent toujours leur domination, et le vitalisme n'y a encore pénétré qu'en paroles. Les médecins philosophes qui, comme le docteur Pidoux, travaillent à arracher leur science aux théories iatrochimiques, sont les vrais continuateurs de la pensée de rénovation que Descartes proclama pour toutes les sciences, mais qu'il ne sut pas appliquer partout avec un égal succès.

Conclusion. Le temps, qui détruit les réputations usurpées, a confirmé la gloire de Descartes. Le dix-huitième siècle fut ingrat envers lui. La nécessité de combattre ses opinions fit presque oublier ses services. Le triomphe momentané du sensualisme rejeta dans l'ombre le chef du spiritualisme moderne. Mais l'injustice ne fut point universelle ni de longue durée. Avec le dix-neuvième siècle commence l'ère d'une complète réparation. Parmi les premiers écrits où fut revendiquée la gloire du grand philosophe, il est juste de citer le *Discours préliminaire* inséré par l'abbé Émery dans son recueil des *Pensées de Descartes*, publié en 1811. Il se lit encore aujourd'hui avec intérêt. La voix autorisée de l'abbé Émery ne fut contredite, au sein du clergé, que par les enfants perdus de l'ultramontanisme. Rendant aussi pleinement justice à Descartes, Maine de Biran et Royer-Collard contribuèrent à reporter l'attention sur ses idées. M. Cousin, dans ses cours, célébra aussi la réforme cartésienne, et le premier fit de ses œuvres de Descartes une édition complète, qui manquait à la France. Les réimpressions, les notices, les analyses, se multipliaient. Enfin parut sur l'ensemble du cartésianisme un grand et imposant travail, un travail définitif, qui rend impossible à l'avenir l'ingratitude envers Descartes et son immortelle école. Je veux parler de l'ouvrage de M. Bordas-Demoulin, couronné en 1840 par l'Institut, publié en 1843, sous ce titre : *Le Cartésianisme, ou la véritable rénovation des sciences* (2 vol. in-8°). On saisit dans ce livre, et n'est pas seulement l'érudition choisie et variée, la simplicité et la grandeur du plan; c'est avant tout cette vigueur philosophique, qui, armée des principes éternels de la raison, domine toute une époque scientifique et en fait une époque de l'histoire de l'esprit humain. La théorie platonicienne des idées semble sortir, avec le cartésianisme, des décombres où depuis

Leibnitz elle restait ensevelie. Elle reposait désormais sur ses deux inébranlables bases, la théorie de la substance et celle de l'infini, qui avaient manqué à l'école cartésienne. Pour la première fois, Descartes apparut dans sa triple gloire de philosophe, de mathématicien et de physicien, et il fut démontré que tant et de si sublimes découvertes découlaient de la métaphysique renouvelée par son génie.

L'école éclectique, sans en avertir, a mis largement à contribution les travaux de M. Bordas-Demoulin. Sous cette influence, M. Cousin s'est presque métamorphosé. Naguère, tout en louant beaucoup Descartes, il déclarait « qu'une polémique accablante a passé sur le cartésianisme ; qu'il est percé à jour en quelque sorte, atteint et convaincu de contenir d'intolérables extravagances ; » et maintenant M. Cousin ne jure que par le cartésianisme, « notre philosophie nationale » ; il en rassemble avec amour les reliques même les plus insignifiantes. Il faut lire, en tête des *Œuvres du P. André*, des *Fragments de philosophie cartésienne*, des *Pensées de Pascal*, du livre *Du Vrai, du Beau et du Bien*, les tableaux magnifiques qu'il trace de la révolution cartésienne; tableaux vrais, faciles à composer après M. Bordas-Demoulin. M. Cousin n'emprunte pas seulement les vues historiques, mais les doctrines. Il avait jadis écrit que « la philosophie de M. de Schelling est la vraie » : cet aveu si net, qui n'empêchait pas l'auteur de crier à la calomnie quand on l'accusait de panthéisme, a disparu des nouvelles éditions de ses œuvres. La théorie malebranchiste de la raison impersonnelle, sur laquelle il avait tant insisté, y est proscrite, et Malebranche assez rudement traité. Enfin, pour consommer le sacrifice, M. Cousin immole l'éclectisme lui-même sur l'autel de cette grande philosophie des idées, dont M. Bordas-Demoulin s'est montré parmi nous l'infatigable promoteur : « On s'obstine, dit-il dans sa dernière publication, à représenter l'éclectisme comme la doctrine à laquelle on daigne attacher notre nom.... L'éclectisme est une des applications les plus importantes et les plus utiles de la philosophie que nous professons, mais il n'en est pas le principe. *Notre vraie doctrine, notre vrai drapeau est le spiritualisme*, cette philosophie aussi solide que généreuse, qui commence avec Socrate et Platon, que l'Évangile a répandue dans le monde, que Descartes a mise sous les formes sévères du génie moderne. »

Ces passages ne semblent-ils pas révéler en M. Cousin un homme tout nouveau ? Il faudrait se féliciter de la conversion pour la cause spiritualiste et cartésienne, et surtout pour M. Cousin. Ses talents font naturellement souhaiter qu'il les emploie, sur la fin de sa carrière, à la défense de la vérité. On serait pourtant forcé de lui rappeler que, si dans les sciences on peut user du bien de tout le monde, on ne doit prendre le bien de personne, et encore moins celui des savants qui joignent au génie philosophique l'amour de la solitude et de la pauvreté et l'éloignement de toute intrigue. Malheureusement il est permis de douter que le spiritualisme de Platon et de Descartes gagne beaucoup à servir de drapeau à M. Cousin, du moins tant qu'il ne procédera pas plus virilement. A quoi sert de regretter d'anciens ouvrages pour y effacer çà et là les plus grosses taches? On ne communique pas après coup aux essais d'une pensée incertaine, l'unité de vues, la force métaphysique, la rectitude des principes. Il faudrait brûler résolument l'ancien bagage, sortir des préfaces et de la rhétorique, avouer ouvertement des erreurs palpables, rendre à chacun ce qui lui appartient, et philosopher à neuf. Ce serait utile, honorable et vraiment grand. Mais voilà ce que M. Cousin ne fait pas. Il recoud péniblement ses nouvelles admirations à un passé qui forme avec elles une choquante disparate.

Ce beau diseur de philosophie qui s'attribue l'honneur de la renaissance platonicienne et cartésienne commencée parmi nous n'a cessé de répandre ou de flatter les erreurs qui en retardent le progrès. Vingt ans il eut sous la main ce que la France a produit de jeunesse intelligente et dévouée. Qu'en a-t-il fait ? La raison publique a été comme abâtardie. Nous avons vu la religion tomber aux mains du parti le plus fanatique, et le reste en proie au scepticisme, à l'indifférence ; après les corruptions de la monarchie, nous avons vu l'avortement de la république. Qui niera que dans l'affaissement moral et politique de l'époque, une grande part ne revienne à l'école éclectique et doctrinaire ? La véritable école spiritualiste la désavoue, comme elle repousse le panthéisme et le sensualisme.

C'est à cette grande école seule à reprendre et à poursuivre la révolution intellectuelle instaurée par Descartes. Chaque siècle a ses besoins et son génie. L'état actuel des partis et des opinions, la transformation que subissent les institutions et les mœurs, l'importance croissante des questions religieuses et sociales, tout marque à la philosophie la voie où elle doit s'avancer. Nous avons, comme nos glorieux ancêtres du dix-septième siècle, à reformer l'alliance de la philosophie et du christianisme, mais sur la base démocratique de la civilisation nouvelle ; nous avons à porter la lumière du spiritualisme dans ces redoutables problèmes de l'économie sociale qui agitent notre époque et qui menacent de la bouleverser. Toutes les nations, par la concentration de leurs forces morales, doivent concourir à cette œuvre immense ; mais nulle n'es'y trouve plus étroitement engagée que la patrie de Descartes.
F. Huet.

DESCENDANT (du verbe latin *descendere*, descendre). On nomme *descendants*, relativement à leur auteur, ceux qui sont issus en ligne directe d'un père commun. La représentation, en matière de succession, a lieu à l'infini dans la ligne directe descendante. Les descendants succèdent à leurs ascendants sans distinction de sexe ou de primogéniture, encore qu'ils soient nés de mariages différents. Les époux ne peuvent faire entre eux de convention dont l'objet serait de changer l'ordre de succession de leurs descendants. Les père, mère, et autres ascendants peuvent de leur vivant faire, entre leurs descendants, le partage et la distribution de leurs biens. Le mariage est prohibé entre les descendants légitimes ou naturels, et leurs ascendants. Les descendants ne peuvent porter témoignage en justice contre leurs ascendants, et *vice versa*, si ce n'est en matière de séparation de corps, auquel cas ils ne sont néanmoins entendus que sauf d'avoir tel égard que de raison à leur déposition.

On applique quelquefois le terme de descendant comme celui d'ascendant, aux lignes collatérales pour exprimer qu'il s'agit des parents placés au-dessous, ou au-dessus de la personne à laquelle on se rapporte. Dans le langage ordinaire *descendants* se prend dans un sens beaucoup plus large, et devient le corrélatif du mot *aïeux*, entendu dans la même signification. Ainsi l'on dira par exemple : la gloire de nos aïeux est un patrimoine national que nous devons transmettre intact à nos descendants.

DESCENTE. Les marins donnent ce nom à la mise à terre des troupes embarquées à bord d'un vaisseau ou d'une escadre, dans le but de ravager une côte, de s'emparer d'une position militaire, ou d'envahir un pays ennemi. C'est une opération dangereuse que de jeter ainsi au hasard un corps d'armée sur un rivage hostile : les difficultés varient avec les localités et l'ennemi qu'on attaque. Si c'est dans une rade ou dans un port, il faut d'abord imposer silence aux forts et aux batteries qui servent de défense à la place, souvent forcer une entrée garnie de canons, et vaincre en dépit de tous les désavantages de la guerre. Si c'est en pleine côte qu'a lieu la descente, on doit, autant que possible, choisir un rivage dont les navires de guerre puissent approcher à portée de canon, balayer d'avance la plage de toutes les troupes et des ouvrages élevés par l'ennemi, afin de ne pas s'exposer à un feu d'autant plus meurtrier que le soldat qui combat dans une embarcation lutte à la fois contre les hommes et contre les éléments. Ce sont surtout ces derniers qui peuvent causer d'affreux désastres. La tempête est le plus redoutable adversaire d'une armée navale affalée près d'une terre; le marin le plus habile ne prévoit que rarement le temps qui le menace; le soleil qui le matin s'est levé pour lui radieux sur un horizon bleuâtre, parfaitement uni et présageant un beau jour, se couche souvent au milieu de sombres nuages, sous des vagues monstrueuses soulevées par un ouragan; et si le vent et la mer battent en côte, les plus savantes manœuvres ne le sauvent pas toujours du naufrage. Et quel accueil attend le naufragé sur un rivage vers lequel il s'avançait pour y porter le fer et la flamme! Voici donc les principes généraux qu'on ne doit jamais perdre de vue en effectuant une descente : disposer les navires de guerre aussi près de terre que le permet le fond de la mer; balayer le rivage de tous les ennemis et des fortifications qui s'y trouvent; lancer rapidement les troupes de débarquement sous le feu protecteur et dominant de l'artillerie des vaisseaux; dans la disposition des diverses parties de la flotte, ranger les navires de transport sur une seconde ligne abritée par les bâtiments de guerre. L'expédition de Duguay-Trouin contre Rio-de-Janeiro, en 1711, est un modèle admirable d'une descente opérée contre une place forte dans une rade dominée par les batteries et des forts dont les feux se croisent en tous les sens. L'expédition d'Alger offre aussi un bel exemple d'une descente sur une rade.

Théogène PAGE, capitaine de vaisseau.

DESCENTE, nom vulgaire des *hernies*. On appelle aussi vulgairement *descente de matrice* la chute de l'utérus.

DESCENTE (*Droit*). On nomme ainsi le transport d'un tribunal ou de plus ordinairement d'un juge commis pour constater un état de lieux, lorsque le tribunal, saisi de la contestation, le croit nécessaire, et que l'une des parties le requiert. Les frais que la descente sur les lieux doit occasionner sont toujours avancés par elle et consignés au greffe. La forme qui y doit être observée est réglée par le Code de Procédure civile, partie première, livre II, titre XIII.

Descente signifie aussi l'action de se transporter sur un lieu, par autorité de justice, pour en faire la visite, pour y procéder à quelque perquisition.

DESCHAMPS (EUSTACHE), *dit* MOREL, qu'on peut regarder comme le père de la poésie française, puisqu'il écrivait avant Froissard et Charles d'Orléans, était à peine connu de nom, lorsque le volumineux recueil de ses œuvres reposait tout entier dans le manuscrit 7219 de la Bibliothèque Impériale. M. Crapelet, qui a publié en 1832 une édition choisie de ce poëte du quatorzième siècle, a retrouvé le prénom quelques détails biographiques noyés au milieu de 80,000 vers. Il paraît qu'*Eustace* était le véritable nom du poëte, qui prit et reçut deux sobriquets communs à cette époque, l'un pour désigner son teint basané (Morel, *Morellus*), l'autre la maison *des champs* qu'il habitait à Vertus en Champagne, sa ville natale. Il y naquit sans doute de parents roturiers, vers le règne de Philippe de Valois, puisqu'il se vante d'avoir vu *quatre lignées et générations de rois*. Il étudiait à l'âge de douze ans la philosophie, le *décret* et l'astronomie à Orléans, et l'instruction universelle qu'il étale dans ses opuscules fut le fruit de ses voyages aventureux en Europe et en Asie. Après une jeunesse dépensée en plaisirs et en courses lointaines, son retour du Caire, où il avait été esclave des Sarrasins, il entra dans la carrière des honneurs militaires, combattit les Anglais, devint huissier d'armes de Charles V, gouverneur du château de Fismes et bailli de Senlis. Il se maria, pour son malheur domestique, et les deux enfants que lui donna sa femme acariâtre ne suffirent pas à calmer des chagrins qui le tourmentaient encore de souvenir à quatre-vingt-dix ans, lorsqu'il composait le *Mirouer de Mariage*, poëme satirique fort étendu, qu'il n'eut pas le temps d'achever pour *la maladie qui lui survint, de laquelle il mourut, Dieu lui pardoint à l'ame!* dit le copiste de ses ouvrages posthumes.

Eustache Deschamps est le créateur de la balade, qu'il manie avec une grâce et une finesse que Clément Marot n'a pas surpassées deux siècles plus tard; on lui attribue aussi l'invention de la chanson à boire que perfectionna depuis Olivier Basselin, ce Normand *né matin*, à qui nous devons le *vau-de-vire*. Eustache Deschamps offrit peut-être le modèle des *moralités* dans un dialogue moral et comique intitulé : *Souffise à chacun son état*. Il hérita de la verve caustique de Jean de Meung, dans le *Mirouer de Mariage* et dans ses fables aiguisées en épigrammes contre les rois, la noblesse, la *clergie* et la magistrature; il égala dans ses pièces historiques rimées la narration chaleureuse et pittoresque des chroniques en prose de son contemporain Froissard; enfin il rédigea un *Art poëtique*, dans lequel il réunit l'exemple au précepte : *l'Art de dictier et faire ballades* n'est pas imité d'Horace, mais cette prosodie intéresse davantage par sa rudesse et sa naïveté gauloise. Les poésies d'Eustache Deschamps sont des monuments précieux pour l'antiquaire et l'historien. Dans cette espèce d'encyclopédie des usages et des mœurs de nos aïeux, divertissements, jeux, tournois, festins, armes, aliments, ustensiles de ménage, meubles, modes, tout est décrit avec une fidélité d'artiste. Lacurne de Saint-Palaye et Legrand d'Aussy avaient recherché curieusement dans ce vieux poëte les débris épars et enfouis du bon vieux temps. On trouverait beaucoup à glaner après ces deux savants auteurs des *Mémoires de l'ancienne chevalerie* et de *la Vie privée des Français*. Le manuscrit original d'Eustache contient 1,175 ballades, 171 rondeaux, 80 virelais, 14 lais, 28 farces, complaintes et traités divers, 17 épîtres, dont 3 en prose. M. Crapelet n'en a pas publié la dixième partie.

Eustache Deschamps était fort estimé de son temps. Pierre Salmon, dans ses *Demandes et réponses* à Charles VI, dit à ce roi, qu'il détourne des lectures dangereuses et frivoles : « Tu peux bien lire et ouïr aussi les dictiés vertueux de ton serviteur et officier Eustache Morel. » Christine de Pisan adressait des épîtres à cet *orateur de moult vers notable*. On s'étonne qu'Eustache Deschamps ne soit pas devenu plus populaire que Guillaume de Lorris et Jean de Meung, à l'époque où il poursuivait les Anglais de sa haine nationale et chantait les prouesses du bon Bertrand Duguesclin. Paul LACROIX (le bibliophile JACOB).

DESCHAMPS. Deux frères portent ce nom avec distinction dans la littérature contemporaine. Leur père, mort en 1826, ancien directeur des domaines et receveur général dans le Berry, devint à Paris l'un des administrateurs de l'enregistrement, et s'entoura d'hommes distingués, de gens de lettres, d'artistes habiles, qui, admis dans son intimité, le consultèrent souvent et l'apprécièrent toujours. Leur mère était de la famille des comtes de Maussabré.

DESCHAMPS (ÉMILE), l'aîné des deux frères, naquit à Bourges, à la fin du siècle dernier. Ce fut une enfance austère et pauvre, éclairée seulement par des goûts littéraires et par les lueurs poétiques d'une imagination souriante. Écolier un peu étourdi, mais doué d'une merveilleuse intelligence, Émile se consolait des privations par sa gaieté, et de ses pensums en les faisant en vers. Dès 1812, sur les bancs mêmes du collège, il composa une ode patriotique, *La paix conquise*, qui promettait tout ce qu'il devait tenir; et cette poésie de l'enfant eut l'honneur d'être remarquée par l'empereur. La paix fut conquise en effet, non pas comme Émile Deschamps la voulait, avec la gloire, mais avec la honte, et la Restauration arriva. L'enfant était devenu un jeune homme qui débuta dans le monde littéraire par deux comédies en vers, faites en collaboration avec Latouche : *Selmours de Florian*, et *Le Tour de faveur*. Cette dernière eut un succès de vogue. Émile Deschamps devint un des

28.

disciples les plus ardents, et bientôt un des maîtres de la jeune école, dite romantique. Avec beaucoup d'audace, tempérée par beaucoup d'esprit, il contribua à débarrasser la pensée des entraves qui limitaient son vol. Le salon de son père fut le lieu d'asile le plus hospitalier pour la jeune poésie. Il était difficile de ne pas en sortir converti, quand on y avait entendu Lamartine, Hugo, Vigny, Soumet, et le charmant poète qui en faisait filialement les honneurs. Il est vrai de dire qu'il avait à côté de lui son frère Antony Deschamps, et qu'ils se prêtaient leurs rimes et leur esprit.

La propagande du salon se continuait dans le journal : Émile se cachait dans la *Muse française*, sous le pseudonyme du *Jeune moraliste*, pour y publier une série d'articles étincelants de verve, d'éloquence et de grâce. Enfin, en 1828, il fit imprimer ses *Études françaises et étrangères*, c'est-à-dire le recueil alors complet de ses poésies de tout genre. Les *Études* eurent un immense succès; plusieurs pièces qui le composent ont été improvisées. Un jour cette faculté italienne, si rare en France, servit Émile Deschamps avec un merveilleux à-propos. C'était le 29 avril 1827. La garde nationale était réunie pour une revue au Champ-de-Mars. Le poète était caché sous un bonnet à poil et perdu dans les rangs. Subitement, le bruit se répand que la garde nationale est officiellement licenciée. La verve satirique, l'indignation patriotique se réveillent sur-le-champ. Le soldat poète improvise et chante tout haut un premier couplet sur le déplorable événement du jour. Ce couplet, accueilli avec transport, se répète de compagnie en compagnie, de légion en légion. Émile continue. La garde nationale défilait toujours. La chanson volait de bouche en bouche du Champ-de-Mars à la Madeleine. Elle était en quelque sorte le mot d'ordre. Cinquante mille hommes formaient l'unisson. Le soir toutes les rues de Paris la savaient.

Nous ne suivrons pas Émile Deschamps dans toutes ses publications, c'est-à-dire dans tous ses succès. Il se répand partout, dans les journaux, dans les revues, dans les théâtres. Arrivons à son œuvre la plus éminente, à sa traduction en vers de *Macbeth*, et de *Roméo et Juliette*. Avec tout ce bagage littéraire, M. Émile Deschamps s'est plusieurs fois présenté à l'Académie Française. Quelques voix lui ont restées fidèles, mais il n'a jamais obtenu une majorité suffisante.

DESCHAMPS (Antony), né à Paris en 1800, visita, bien jeune encore, l'Italie avec l'enthousiasme d'un poète. Sa santé toujours chancelante le rendit de bonne heure mélancolique et presque taciturne. Mais il ne voulut pas connaître l'Italie seulement pas les monuments de ses arts : il étudia les grands poètes, et sa traduction en vers de la *Divine Comédie* de Dante, publiée en 1829, prouve jusqu'à quel point il a poussé le scrupule dans l'imitation. Ses *Études sur l'Italie* (Paris, 1835), sont un choix de pièces détachées où l'auteur réunit ses souvenirs d'un jeune homme. Parmi les morceaux traduits insérés dans ce volume, l'*Hymne de la résurrection*, de Manzoni, suffirait à sa réputation, sans le mérite des pièces qui le précèdent ou l'accompagnent. Le *roi Lear*, traduit de Shakspeare, est l'habile essai d'un difficile tâche : c'est un tour de force poétique. Antony Deschamps est moins à l'aise dans la satire. On sent que son esprit se refuse à mordre ; ce qu'il veut déchirer, il l'éraille ; la bienveillance l'emporte en lui sur la critique. Les élégies, au contraire, coulent d'elles-mêmes de sa plume; il les imprègne de ses propres douleurs; il laisse abondamment couler ses larmes, et, s'il intéresse ailleurs, il attache quand il dit :

Depuis longtemps je suis entre deux ennemis
L'un s'appelle la mort, et l'autre la folie ;
L'un m'a pris ma raison, l'autre prendra ma vie.....
Et moi, sans murmurer, je suis calme et soumis.

L'on ne vit jamais, en effet, tant de résignation unie à tant de souffrances...

Comme son frère, Antony Deschamps se laissa entraîner un moment par le goût du siècle, et se fit le défenseur de la littérature romantique, si critiquée dans son dévergondage, si admirée dans ses sublimes élans. Toutefois, si Antony se montrait ardent romantique par l'art ingénieux de ses théories, sa pensée se rapprochait du style classique. En 1841, il publia un volume in-8°, où se trouvent réunies les poésies qu'il avait précédemment livrées au public. C'est donc, pour ainsi dire, une seconde édition de ses œuvres, revue, corrigée et augmentée.

DESCHIENS (N.), ancien avocat, membre du conseil général de Seine-et-Oise et du conseil municipal de Versailles, s'est fait un nom parmi les bibliomanes, par sa célèbre collection de mémoires et de documents relatifs à la révolution française; collection que les curieux et les savants consultèrent toujours avec profit. Le propriétaire de ce répertoire tout spécial, le plus considérable qu'on connût, l'avait mis avec une rare obligeance, à la disposition de tous les érudits. Deschiens est mort au mois de mai 1843.

DESCRIPTIF (Genre). Dans l'enfance des sociétés, quand la poésie était un moyen de transmettre et de consacrer les actions des héros, on conçoit que la poésie épique ait été cultivée. Quand on voulut également graver dans la mémoire des hommes les connaissances nouvellement acquises, on conçoit encore que la poésie didactique ait été utile : aussi voit-on, dans l'antiquité la plus reculée, Hésiode et Empédocle composer des poèmes didactiques, quoique, pour le dire en passant, Aristote ait refusé à ce dernier le titre de poète, parce qu'il n'avait pas imité une *action*. Lucrèce et Virgile composèrent à leur tour des poèmes didactiques :

Et la description, se plaçant à propos,
A ces genres divers sobrement répartie,
Venait dans chaque tout former une partie.
(M.-J. CHÉNIER.)

Dans les sociétés modernes, et surtout depuis l'invention de l'imprimerie, la nécessité, l'utilité du poëme didactique se fait moins sentir de jour en jour, nonobstant le nombre prodigieux que l'on en a composé par imitation. Le plus remarquable, sans contredit, est l'*Art poétique* de Boileau-Despréaux, qui fit en cela, comme en tout, preuve d'un grand sens dans le choix de son sujet. En effet, que l'art poétique se démontre lui-même, que l'exemple en même temps que le précepte; qu'un poète s'instruise en lisant un poète, rien n'est plus naturel ; mais un laboureur, par exemple, ira-t-il aujourd'hui chercher des préceptes de culture dans un poème, fût-il aussi élégamment écrit que les *Géorgiques*? Le but que se proposaient les anciens, d'instruire, ne peut plus être atteint : aussi, n'est-ce pas dans cette intention qu'ont été composés la multitude de poèmes prétendu didactiques dont nous avons été inondés en France. Ainsi, Dubartas s'avisa de remarquer que les sept jours de la création chantés donneraient lieu à de nombreuses descriptions ; il se sert, pour argument de son poème, de quelques versets de la *Genèse*, sur lesquels il brode sept chants de douze cents vers chacun, en décrivant minutieusement chaque animal et chaque plante, et voilà le *genre descriptif* inventé, et voilà la foule des imitateurs qui se précipite à sa suite. Longtemps après, et suivant le même système, Racine le fils composa le poème de *la Religion*; le Marseillais Dulard rima un long poème sur *la grandeur de Dieu dans les merveilles de la nature*. De ce moment, le genre descriptif fut légalement reconnu ; l'on ne pensa plus qu'à la description, que l'on trouva le moyen de faire entrer partout en employant la forme didactique. On vit des poèmes sur tous les sujets, qui n'en étaient pas plus variés pour cela : l'*agriculture*, l'*art de la guerre*, l'*éloquence*, l'*architecture*, la *peinture*, la *navigation*, l'*astronomie* eurent leurs chantres; ensuite vinrent les *saisons*, les *mois*, les *quatre parties du jour*, les *quatre âges*; puis les *jeux de l'enfance*, les *jardins*, les *trois règnes de la nature*; après, le *potager*, le *verger*, les *plantes*, les *fleurs*, les *oiseaux de la ferme*, etc., etc., etc. Nous en oublions, et des meilleurs. Enfin, comme si toute espèce de cadre était encore trop étroit, l'*imagination!*

Ce sujet-là, non moins par son immensité sans bornes que parce qu'il fut l'ouvrage du plus habile peut-être des versificateurs français, dut fermer et ferma réellement la trop longue carrière du poëme descriptif. En vain a-t-on voulu relever le mérite du genre en prétendant que c'est une émanation de la religion chrétienne. Les anciens, il est vrai, ne nous ont pas laissé de poëmes seulement descriptifs, et ils s'en seraient bien gardés, par la raison que l'*ordre* était pour eux une des conditions de la beauté, et qu'ils ne reconnaissaient pas de poésie dans un ouvrage où cette dernière qualité manquait. Or, il est évident qu'un poëme comme celui de *L'Imagination*, par exemple, peut être plus ou moins étendu, plus ou moins resserré, selon le caprice ou la fécondité de son auteur; que c'est, et que ce ne peut jamais être qu'un composé de parties plus ou moins brillantes, mais désordonnées, c'est-à-dire sans commencement, sans milieu et sans fin obligée, ce qui compose l'unité. Ce n'est point un sujet, mais une suite de sujets, réunis au hasard par des transitions qui, tant habiles qu'elles soient, ne sauraient composer un tout. Il est à remarquer que la décadence de toutes les littératures s'est uniformément manifestée par l'oubli ou le mépris de la partie la plus importante d'une œuvre poétique, le choix d'un sujet, et par la recherche volontaire de la partie la moins importante, l'éclat du style. C'est, en effet, par ce mérite seul que se distinguent les poëmes descriptifs dont il reste quelque souvenir, et le genre descriptif ne saurait avoir d'autre qualité. Mais qu'arrive-t-il? que ces actions sans action, que ces belles phrases sans pensées, que ces couleurs brillantes sans dessin, amènent l'ennui et le dégoût; leurs auteurs avaient négligé le fond pour s'attacher uniquement à la forme; leurs successeurs prennent en mépris à leur tour ces formes sonores et vides; il ne reste rien, et la décrépitude arrive.

VIOLLET-LE-DUC.

DESCRIPTION. C'est la représentation par la parole d'un objet ou d'une action, mettant en relief sa nature ou ses diverses circonstances. Comme forme que revêt la pensée, elle appartient à la logique; comme forme agréable à l'imagination, elle est du ressort de la rhétorique et de la poétique. En logique, la définition est une description réduite à ses termes les plus simples. Dans le domaine de la poésie et de l'éloquence, la narration s'identifie souvent avec la description. C'est ainsi que racontent Hérodote, Tite-Live, Tacite, Milton, le Tasse, Corneille, Racine, Bossuet, Châteaubriand. Élevée à son plus haut degré, la description reçoit des rhéteurs la dénomination d'*hypotypose*. Plus puissante que la peinture, la description imite les sons, reproduit la succession des mouvements, exprime les élans du cœur, révèle les secrets les plus intimes de la pensée. C'est un tableau vivant. Il n'est pas possible de soumettre à des préceptes rigoureux une composition littéraire qui varie suivant les sujets, les temps, les lieux, les personnes. Le logicien ne décrit pas comme l'orateur, ni l'historien comme le poëte. Cependant, on ne saurait trop conseiller à l'écrivain d'être abondant sans superfluité et pompeux sans enflure, de bien choisir les circonstances à mettre en œuvre, de laisser de côté les détails puérils ou vulgaires, de ne s'arrêter enfin qu'aux traits caractéristiques, trappants, originaux. On a beaucoup abusé de la description dans le dernier siècle et dans celui-ci. Non-seulement on l'a semée à pleines mains dans tous les écrits en vers et en prose du tout genre; mais le genre descriptif lui-même a, un instant, tout envahi, et s'est substitué à tous les autres. La France a été un moment menacée par Delille et par son école d'un déluge de poésies descriptifs. Il y avait de quoi se croire revenu au temps des Ronsard, des Saint-Amand, des Colletet, des Scudéry, etc. Boileau disait de ces descriptions infinies:

Je saute vingt feuillets pour en trouver la fin,
Et je me sauve à peine au travers du jardin.

De nos jours, parmi les maîtres, Châteaubriand, Walter Scott et Balzac ont été, en fait de descriptions, d'une fécondité fatigante.

DESCRIPTION (*Droit*). C'est un dénombrement sommaire des meubles, effets, titres, papiers, etc. L'inventaire diffère de la description en ce qu'il est fait en présence des parties intéressées, où elles dûment appelées et représentées, et avec estimation, tandis que la description, qui est une mesure toute provisoire, se fait, sans ces formalités, par l'officier de justice. Les procès-verbaux de description se rapportent à diverses procédures particulières, comme à la levée des scellés, etc.

DESCROIX (NICOLAS-CHRÉTIEN), auteur dramatique natif d'Argentan, vivait sous Henri IV. Il nous a laissé deux volumes de tragédies, où l'on trouve quelques beaux vers et des choses fort singulières, qui montrent à quel point le théâtre poussait alors le dédain des bienséances. Dans sa tragédie d'*Amnon et Thamar*, Descroix n'a nullement cherché à esquiver ce qu'offrait de scabreux un pareil sujet. Au commencement du troisième acte, Amnon chasse de son lit sa sœur, qu'il vient de violer:

Oste-toy, sors d'icy, puisque j'ai fait de toy,
Je ne veux plus te voir gisante auprès de moy.

Thamar s'en va tout éplorée; elle rencontre Absalon, qui lui demande si son frère a osé lui faire quelque outrage; elle lui répond:

Il l'a fait, et volé mon chaste pucelage.

Dans les *Portugais infortunés*, il s'agit du naufrage du vice-roi des Indes, Sepulveda, avec sa femme Éléonore, ses enfants et sa suite, sur les côtes d'Afrique. Ils tombent au pouvoir d'un roi barbare, qui, voulant s'emparer de leurs vêtements, les fait déshabiller: ce devait être un étonnant spectacle de voir ainsi sur la scène tous ces personnages réduits au plus léger des costumes. La pudeur révoltée d'Éléonore n'a d'autre ressource que de se couvrir de sable jusqu'à la ceinture. Au milieu de ces choses étranges, se trouvent de nobles pensées dignement exprimées:

Oh! combien des humains la fortune est diverse!
Oh! combien le destin grands et petits reverse!
Nous montons pour descendre, et fleurissons aussi
Pour fenuir et sécher en ce bas monde icy.

Il serait fort à désirer qu'un critique judicieux écrivît un jour l'histoire si curieuse et si imparfaitement connue du théâtre français antérieur à Corneille: à ce travail, qu'il serait impossible de ne pas rendre neuf et des plus intéressants, les œuvres de Descroix fourniraient quelques pages piquantes.
G. BRUNET.

DÉSEMPARER Un navire, c'est le mettre hors d'état de combattre, de fuir ou de donner la chasse à un autre. Un vaisseau est *désemparé* quand les boulets de l'ennemi lui ont coupé ses mâts, ses vergues, ses manœuvres, déchiré ses voiles ou démonté ses canons: alors, s'il est le plus faible, il ne lui reste d'autre parti que de se rendre, de se faire sauter en l'air ou de couler bas. S'il est le plus fort, il est réduit à lâcher une proie qu'il ne peut plus poursuivre. Il peut être aussi désemparé par les éléments. Quand un coup de vent a emporté quelqu'un de ses mâts et l'a mis hors d'état de manœuvrer, si un ennemi se présente alors, il essaiera en vain de le chasser, de le combattre ou de le fuir; il doit d'abord songer à réparer de son mieux une partie de ses avaries. La chute d'un seul mât, surtout si c'est un mât de l'avant, suffit souvent pour désemparer un navire, et c'est cette circonstance qui laisse à la fortune tant de chances dans les combats sur mer, car une bordée, parfois même un seul boulet heureux peut rétablir tout à coup l'égalité entre deux bâtiments de forces bien différentes. Cette chance, dont la fortune peut favoriser le plus faible, doit être tentée dans toutes les rencontres, quelle que soit la supériorité de l'ennemi. Théogène PAGE.

DÉSENCHANTEMENT. Ce mot, isolé de toute idée de magie, exprime le retour au positif des choses, la manière de les voir telles qu'elles sont, ou bien encore le dégoût complet d'un objet qui a des avantages réels, mais dont on ne peut plus jouir. Le plus grand malheur qui puisse arriver à la jeunesse, c'est de perdre de trop bonne heure cette foule d'enchantements sans lesquels il lui devient impossible de remplir ici-bas sa mission. En effet, si l'on pèse les devoirs à la seule balance de l'intérêt personnel, combien n'en est-il pas qu'on se dispensera de remplir ! Les lettres, les sciences et les arts, qui offrent tant de difficultés, qui sont semés de tant de dégoûts, ne se seraient pas même développés si l'enthousiasme ne soutenait ceux qui les cultivent. Il faut qu'ils s'oublient toujours pour réussir dans la carrière dont ils ont fait choix : raisonnent-ils au lieu de sentir, ils n'ont plus de place dans la gloire. Que d'illusions ne devons-nous pas garder dans les rapports de la société comme dans ceux de la famille, nous ne disons pas pour vivre heureux, mais seulement calmes ! Ne faut-il pas compter sur les promesses des uns, sur les attachements des autres, sur la reconnaissance de ceux-ci, sur l'habileté de ceux-là ; tout ne se réalise point sans doute ; mais, à moins d'un malheur extrême, il y a toujours quelque chose qu'on obtient, et qui doit nous empêcher de tomber dans le désenchantement. Fortifié même d'un espoir qui est vague, on se met en mesure de remplir les devoirs les plus essentiels, et on y parvient.

Le désenchantement, celui qui est relatif aux avantages passagers d'ici-bas, n'est permis qu'au moment où l'âge nous retire de l'agitation générale. Il est sage, il est noble de faire halte avant d'aller rendre compte de sa vie entière ; il importe de compter avec soi-même, et de tâcher, dans les dernières heures qui nous restent, de réparer nos fautes passées, ou de nous rendre les vertus que les séductions du monde nous ont enlevées : c'est le magnifique spectacle que présente le siècle de Louis XIV ; c'est avec une admiration, mêlée d'attendrissement, qu'on voit les hommes qui ont joué les premiers rôles, occupé les premiers emplois, se renfermer dans la retraite la plus profonde, pour ne plus se dévouer qu'au grand avenir qui les attend. Mais ce désenchantement ne portait sur l'ambition ou les délices ; quant aux devoirs qui restaient à accomplir, il inspirait une ardeur et une énergie inépuisables. Nous écrivons à une époque où toutes les classes de la société semblent céder à un désenchantement universel : l'ambition politique est si étendue, l'amour de l'argent si prononcé, la soif des jouissances physiques si insatiable, que chacun aspire bien au delà de ce qu'il peut obtenir ; il en résulte une lutte inégale où tout courage s'épuise. De la chute des espérances on est précipité dans un désenchantement si absolu que bientôt arrive à sa suite le dégoût de la vie, surtout chez les jeunes gens qui ont besoin d'avenir, parce qu'ils ont des sentiments à faire partager, des forces à exercer, et que, si leur activité s'arrête, elle se tourne contre eux et les dévore avant le temps.

Il faut bien se garder de confondre le désenchantement que nous venons d'esquisser avec cet autre genre de désenchantement qu'éprouvent les âmes profondément pieuses ; ce n'est pas chez elles un épuisement de forces, c'est, au contraire, une surabondance qui cherche à s'employer là où les travaux sont immenses, parce que le bien à opérer est infini. SAINT-PROSPER.

DÉSERT. On donne vulgairement ce nom à tout lieu inculte et inhabité. Dans ce sens, les *steppes* de la Russie, les *savanes*, les *llanos* et les *pampas* de l'Amérique, les *djungles* de l'Inde, les *landes* du sud-ouest de la France, sont de véritables *déserts*. Mais plus généralement on réserve cette dénomination à ces contrées arides, découvertes, sablonneuses, contre lesquelles l'industrie humaine est complètement impuissante, et où il est impossible à l'homme de fixer sa demeure. Les déserts sont donc principalement ces espaces immenses, au sol pulvérulent, privés d'eau, brûlés par le soleil, où toute végétation a disparu. L'homme, il est vrai, les parcourt en tout sens, mais sans y laisser plus de traces que sur l'océan.

C'est dans l'ancien monde que se trouvent les déserts les plus vastes. Ceux que l'on rencontre dans l'Amérique ressemblent à ceux de l'Asie et de l'Afrique, sous le rapport de l'aridité du sol et du sable qui les recouvre ; mais ils semblent extrêmement petits, si on les compare aux prodigieuses solitudes de l'ancien continent. Les déserts les plus considérables de l'Amérique sont ceux de *Pernambuco*, d'*Atacama* et de *Sechura*. Le premier, qui est le plus étendu, occupe la majeure partie du plateau du nord-est du Brésil. Le second forme une bande étroite qui s'étend depuis Tarapaca jusqu'aux environs de Copiapo. Le troisième, qui est plus petit, occupe une grande partie de la côte du département péruvien de Truxillo.

Le plus connu et le plus vaste des déserts de l'hémisphère oriental est le *Sahara*. Toute la côte d'Ajan, sur le bord oriental de l'Afrique, n'est qu'un désert ; il en est de même de celle des Cimbebas, sur le bord oriental. Entre le Nil et la mer Rouge, dans la Nubie et l'Égypte, il existe un autre désert ; mais il ne fait en réalité qu'un seul et même océan de sable avec le Sahara ; car il se continue avec lui par la haute Égypte, où les deux déserts ne sont séparés que par le Nil. Le désert de Syrie est le prolongement de l'immense désert africain, qui, par l'isthme de Suez, va inonder l'Arabie, traverse la Perse, jette de vastes amas de sable dans le Turkestan et dans le Mekran, puis continue sa marche à travers le Thian-Chan-Non-Lou, la Mongolie, et ne s'arrête qu'aux frontières du pays des Tatares-Mandchoux, à l'extrémité orientale de l'Asie. Il serait trop long d'indiquer les divers noms que prend successivement cette longue et inégale bande de sable, qui envoie à droite et à gauche de nombreux prolongements ; il nous suffira de signaler particulièrement la partie de cette immense région sablonneuse qui se trouve dans la Mongolie, sépare les Khalkhas des Mongols proprement dits, et constitue, sous le nom de *Gobi* ou *Kobi*, le plus grand désert de l'Asie. Les savantes observations de M. Bunge ont démontré que le centre du Gobi représente un fond de mer desséché. Quelques géographes ont avancé la même opinion au sujet de diverses parties du Sahara. Quoique la science ne soit pas encore en état de dire quelle est la cause qui a produit ces déserts, et d'expliquer la singulière disposition que nous présente cette chaîne qui, de l'occident de l'Afrique, se continue jusqu'au fond de l'Asie, on peut accorder une certaine confiance à cette hypothèse. La série de mers intérieures et de grands lacs qui marchent parallèlement à ces plaines arides est un argument en sa faveur. Ajoutez à cela la nature saumâtre des eaux de ces déserts, et les masses de sel marin qui attestent que le sol de la plupart d'entre eux est le produit des derniers dépôts marins avant l'émersion du continent africain. BERTET-DUPINEY.

DÉSERTEUR, DÉSERTION. La législation militaire qualifie de désertion l'abandon fait par un individu du poste où la loi lui ordonne de rester. Ainsi, l'individu militaire qui, sans permission de ses chefs, quitte le corps auquel il appartient, abandonne le poste où il a été placé, soit de garde ou de faction, s'éloigne de son rang pour fuir le danger devant l'ennemi, est également déserteur. Appien affirme qu'un légionnaire qui s'écartait, sans permission de ses rangs, et franchissait l'espace au delà duquel le son de la trompette ne pouvait se faire entendre, était réputé *déserteur*.

On lit dans Valère-Maxime et Frontin combien étaient rigoureuses les peines encourues par les déserteurs romains : être vendus comme esclaves, être écrasés de coups de fouet, tel était le sort qui les attendait. La prise de Regium mit en la possession du vainqueur 300 déserteurs, qui furent battus de verges avant que leur tête tombât. Scipion frappait, sans pitié, de la hache les déserteurs des troupes alliées qu'il se faisait restituer par Carthage, et crucifiait ceux qui étaient originaires de Rome. L'histoire de la Grèce nous montre que la désertion y était également fréquente. Au moyen âge, ce qu'on appelait *félonie* était une défection, une désertion. Au quinzième siècle, les fantassins français qui désertaient étaient condamnés à mort ; les nobles en étaient quittes pour perdre leur cheval, leurs harnais et un an de solde. Cependant, les lois positives, royales, sur la désertion ne datent que de François Ier. Tout jusque-là ne consistait qu'en coutumes locales et féodales. De 1534 à 1684, la législation voulait que le déserteur à l'ennemi fût puni de la potence, et le déserteur à l'intérieur passé par les armes. C'était ce qu'on appelait l'arquebusade.

En définitive, les peines appliquées à la désertion ont toujours été à peu près arbitraires, comme l'étaient presque toutes les lois, avant la révolution de 1789. Tant que les armées n'ont été composées que de troupes féodales, levées temporairement, on concevra facilement que la pénalité a varié selon le caprice ou les intérêts des chefs dont la désertion affaiblissait le contingent. Il n'y avait point d'armée royale proprement dite, puisque rien n'y appartenait au roi que son propre contingent féodal ; il n'y avait donc, et il ne pouvait y avoir aucun code uniforme. La peine contre la désertion, de même que le code pénal militaire, n'apparaît que du moment où il y a des troupes permanentes dont le roi dispose seul ; et ces peines augmentent en sévérité à mesure que les armées permanentes sont devenues plus nombreuses, et surtout depuis que le recrutement volontaire remplace les contingents forcés. Dans les derniers temps, cette pénalité alternait assez volontiers entre les baguettes et la mort ; les gradations de la peine étaient laissées à l'appréciation des juges, ce qui équivalait au caprice.

Depuis la révolution de 1789, les délits de désertion, ainsi que les peines qui y sont appliquées, ont été classés d'après leurs circonstances et la position de l'individu qui s'en rend coupable. Mais il n'en résulte pas moins que, de tous les délits militaires, la désertion nous paraît avoir été traitée avec le plus de sévérité. Il semble que nos codes aient conservé à cet égard tout l'esprit du temps où nos armées ne se composaient que de mercenaires qu'on ne pouvait retenir sous les armes que par la terreur des châtiments. A l'époque où furent rédigés les trois codes dont les articles combinés forment la législation actuelle (12 mai 1793, 21 brumaire an v, et 19 vendémiaire an xii), l'état de guerre forcée où se trouvait la France pouvait, sinon légitimer, au moins excuser les dispositions qu'ils contiennent. Il y a dans ces dispositions une absence de proportion entre la peine et le délit, un oubli des principes de droit public déjà reconnus, et de ceux sur lesquels se fonde la loi de la conscription, que la plus impérieuse nécessité peut seule rendre tolérable. La désertion d'un militaire cause à l'État et à ses concitoyens qui seraient appelés à le remplacer, un dommage qui exige une réparation pénale ; mais il faut qu'il y ait une juste proportion entre le délit et la peine qui lui est infligée ; il faut également qu'une classification bien faite établisse les différents degrés du délit en même temps que la graduation de la peine correspondante. C'est ce qui n'existe pas dans le code pénal militaire actuel. Le crime de désertion, considéré dans toutes ses circonstances, nous semble devoir présenter la classification générale suivante : 1° désertion d'un jeune soldat, à l'intérieur et en temps de paix ; 2° désertion d'un militaire qui a plus d'un an de service ; 3° désertion d'un remplaçant dans les mêmes circonstances ; 4° celle, en temps de paix, à l'étranger ; 5° celle, en temps de guerre, soit d'une garnison intérieure, soit de l'armée ou d'une place forte, à l'intérieur ou à l'étranger ; 6° celle à l'ennemi. Dans cette classification des délits, le moindre de tous est celui que nous avons placé le premier : la désertion d'un jeune soldat qui, dans les premiers temps d'un service souvent forcé pour lui, est entraîné loin de ses drapeaux par des sentiments coupables, sans doute, aux yeux de la loi, mais qui n'en sont pas moins dignes de compassion. Le plus grave est le dernier : la désertion à l'ennemi est une véritable trahison. Si l'on croit devoir conserver la peine de mort, au moins faudrait-il qu'elle ne fût applicable qu'à ce dernier crime. La simple désertion à l'intérieur d'un jeune soldat nous paraît assez sévèrement punie par une seule année de travaux simples. C'est la peine adoptée par le code militaire prussien, et nous croyons qu'on peut l'imiter sans être accusé de trop d'indulgence.

Entre ces deux extrêmes, nous pensons que l'échelle ascendante des pénalités devrait être de beaucoup inférieure à ce que nous la voyons dans le code actuellement en usage. Une des considérations qu'il ne faudrait jamais perdre de vue est que la loi militaire étant et devant être une loi exceptionnelle, et les pénalités plus rigides que celles de la loi civile, il ne peut pas y avoir une parité complète dans les effets moraux de l'une et de l'autre. Les délits tout à fait militaires, c'est-à-dire ceux qui ne naissent que des prescriptions des lois organiques de l'armée, sont tous des délits conventionnels, des délits que, ni la loi naturelle sociale, ni même l'opinion de la société, ne considèrent comme flétrissants. Pourquoi donc leur appliquerait-on une flétrissure dont l'effet doit suivre le militaire après sa rentrée dans la société ? Nous pensons donc que la peine des travaux forcés, de la chaîne, comme l'entend le Code Pénal, ne devrait, au plus, être appliquée qu'à la désertion à *l'étranger en temps de guerre*. Pour tous les autres délits de désertion, la peine des travaux simples, de travaux exclusivement militaires, depuis un an jusqu'à l'équivalent des années de service ordonnées par la loi, et qui n'emportent aucune flétrissure morale, devrait suffire. Alors les peines seraient proportionnées au délit, c'est-à-dire au dommage réel qui en est résulté pour la société. Au delà de cette mesure, il n'y a plus que caprice et barbarie.

Le code qui régit l'armée française a eu grand soin de s'occuper des *chefs de complot* en matière de désertion, et ce n'a été, à dire vrai, qu'un raffinement de cruauté, à peu près comme l'usage, qui a aussi existé, de se contenter de couper une jambe au nègre déserteur, parce qu'on en le tuant, on perdait le profit de son travail. Nous ne citerons plus qu'un exemple. A Padoue, où nous commandions en 1810, huit jeunes soldats du même régiment désertèrent ensemble. Ils furent arrêtés ; il fallait, d'après le décret du 19 vendémiaire an xii, un chef de complot ; ils étaient tous immatriculés du même jour et nés de la même année ; celui qui avait eu le funeste avantage de naître quelques jours avant les autres fut fusillé...... Le même soir, les *sept autres désertèrent de nouveau*....... Où est l'exemple, si jamais on pouvait en chercher dans le sang versé ? Était-il réellement chef de complot celui qu'on avait assassiné légalement ?........ Cependant, l'exemple servit d'une autre manière. Nous sentîmes la nécessité de modifier l'application de cette loi barbare. Si réellement il y a un chef de complot, c'est-à-dire *un provocateur direct*, qui a employé la séduction pour entraîner des malheureux à sa suite, qu'il soit puni, ou seul, ou un peu plus sévèrement que les autres. Mais qu'on ne voie plus dans nos codes de disparates aussi choquantes qui affligent l'humanité et font honte aux législateurs.
Gal G. DE VAUDONCOURT.

DÉSESPOIR, perte absolue de l'espérance, état de déplaisir extrême qui rend la vie à charge et qui peut pousser jusqu'au suicide. Il est produit, soit par la ruine des biens de fortune, soit par la mort ou l'enlèvement éternel des personnes qui nous étaient le plus chères, soit par d'insupportables douleurs ou des maladies incurables, soit par l'esclavage et une oppression intolérable, soit enfin par le déshonneur, la condamnation, la prison, etc. Cependant, les maux d'opinion n'ont pas toujours la même influence désespérante que les peines corporelles sur tous les individus, puisqu'il est de ceux-ci qui s'accommodent fort bien et qui s'engraissent même de l'infamie. Il est vrai que souvent l'honneur du monde, le faux point d'honneur, ne vaut pas la peine qu'on s'en affecte. Il y avait de la gloire à Socrate et à Caton de recevoir un soufflet en public, tandis que nos hommes d'honneur aujourd'hui vont se couper la gorge pour un mot dit de travers. On ne peut conserver l'existence sans l'espérance; aussi l'ingénieuse antiquité a-t-elle feint que c'est le dernier des biens qui reste au fond de la boîte de Pandore. Si l'espoir est ainsi le baume de la vie, le désespoir en est le poison le plus actif. Quand celui-ci n'entraînerait pas à des actes violents de destruction, l'influence du profond découragement qui en résulte porterait une atteinte meurtrière, une désorganisation rongeante dans les entrailles. Cela est si certain qu'un médecin qui aurait la haute imprudence d'avouer à son malade qu'il désespère de sa guérison enfoncerait le poignard au cœur du moribond, hâterait son trépas, tandis que de feintes espérances prolongent évidemment les jours et parfois les années d'un infortuné sur son lit de souffrance. Aussi Platon, dans sa *République*, absout-il les médecins du péché de mensonge; et les charlatans en usent largement.

Le désespoir, lors même qu'il est supporté avec résignation, cause une profonde prostration des puissances organiques, et est la désolation, un découragement total. Les viscères intestinaux tombent dans l'atonie, les digestions s'opèrent mal, les humeurs se dépravent, se décomposent par la cachexie scorbutique; un sang noir stationne, s'engorge dans les tissus des principaux organes; une fièvre lente, hectique, dévore la vie; le pouls devient petit, serré ou vermiculaire, les cheveux tombent; s'il ne s'allume pas une affection adynamique ou ataxique (fièvre maligne des anciens), il s'établit souvent un squirre au pylore, qui dégénère en cancer. Les plus forts caractères, soit qu'ils dissimulent leur état, soit qu'ils s'efforcent de résister au désespoir, ne laissent pas d'en subir les atteintes. Tant que Napoléon à Sainte-Hélène put conserver l'espoir de se soustraire à ses geôliers, sa santé se soutint; mais à mesure que s'affaiblirent ses espérances, la concentration du désespoir réagit sur ses viscères, et le développement d'un cancer à l'estomac paraît avoir été un résultat naturel de cette situation cruelle pour une âme haute et impérieuse, si profondément ulcérée. Parfois, le premier moment de désespoir suscite des efforts presque surnaturels pour rompre les obstacles périlleux qui nous menacent. L'animal combat avec acharnement et fureur avant que de céder sa vie. Il y a telle explosion de rage qui centuple le courage et qui fait tout tenter pour échapper à la mort en la bravant. Mais si l'être est enfin convaincu de l'entière inutilité de sa résistance, alors il tombe frappé de stupeur. La consternation, dit-on, pétrifia Niobé; la circulation sembla suspendue, à l'attente du coup fatal. Tel est aussi le tremblement et la sueur froide du criminel en présence du supplice: *sontibus undè tremor*. Sans qu'un individu soit encore frappé, le désespoir peut le tuer instantanément, comme la terreur, ou lui faire prendre une résolution violente; alors même se présente l'horrible spectre de la mort comme inévitable; c'est l'enfer anticipé, séjour inexorable du désespoir:

Lasciate ogni speranza,
Voi che intrate.

Tel fut le Cocyte des anciens. Ils placèrent comme correctif le Léthé, qui fait du moins tout oublier. Le purgatoire pour les fautes pardonnables offre un refuge à la conscience bourrelée de remords, que désespérerait une damnation absolue, éternelle.

On aurait tort de croire, avec le poëte Lucrèce, que le moyen de secouer les terreurs des enfers consiste à rejeter toute croyance religieuse. L'expérience des siècles d'incrédulité, dans lesquels on professe l'athéisme ou le matérialisme, prouve qu'en nulle autre époque, les suicides, et, par conséquent, les désespoirs, n'ont été plus fréquents. Le scepticisme est une doctrine de mort ou de complet anéantissement. On n'attend aucune rémunération future, et, si l'on ne redoute plus le noir Averne, ni Pluton, on n'est plus soutenu par l'espoir d'un paradis. Voyez ces simples habitants des campagnes et des lieux les moins pervertis par ces désolants systèmes: malgré leur pauvreté, malgré leurs privations journalières, ils espèrent la récompense de leurs modestes vertus. Tous les peuples religieux supportent les peines de la vie sans désespoir: le musulman fanatique se résigne à la fatalité: il croit obéir encore à la volonté d'*Allah*. Silvio Pellico dut au retour des sentiments religieux sa tendre résignation à son emprisonnement. Mais lorsqu'on cesse d'avoir cette confiance sacrée, la vie devient affreuse; il n'y a plus d'autre remède que de s'en débarrasser, que de se plonger dans le néant. De là tant de Romains qui, sous la tyrannie de leurs empereurs, au milieu de la philosophie épicurienne, se précipitaient vers le trépas. Que pouvaient-ils redouter au delà? Le désespéré regarde la tombe comme son refuge, tandis que le grand homme qui garde dans son âme le sentiment de son immortalité, lève, dans son malheur, les yeux au ciel.

Le désespoir atteint moins certains individus que d'autres, et se dissipe, dans quelques circonstances, par divers moyens. Le nègre qu'on entraîne esclave loin de son pays natal secoue encore ses chaînes par la danse; il oublie ses malheurs dans le sein de l'amour. On reprend plus de gaieté et d'espoir, malgré les chagrins cuisants, par des festins et des distractions joyeuses que par les sermons les plus éloquents de Sénèque *De Consolatione*.

J'y trouve un consolateur
Plus affligé que moi-même,

a dit J.-B. Rousseau. La jeunesse et sa folie voient ressusciter facilement l'espérance: alors on ne sent de la vigueur, et une longue carrière s'étend dans l'avenir. La femme, bien que plus faible et plus prompte à s'alarmer que l'homme, subit cependant moins le désespoir, car sa mobilité échappe aux profondes impressions des revers; presque toujours c'est elle qui, pliant sans rompre sous les coups de l'adversité, ranime l'espoir au cœur de l'homme. On voit les célibataires, les veufs sans lignée, ne tenant à rien, ou n'étant soutenus par personne, s'abandonner au désespoir, au suicide, plutôt que l'homme marié, attaché à la vie par sa femme et ses enfants, auxquels il doit protection et secours. L'âge mûr, le tempérament mélancolique, ne regardant que le côté noir de cette vie, surtout parmi les tempêtes des révolutions, s'abandonnent souvent au chagrin, d'autant plus que l'amour, ce grand enchanteur de l'existence, a déserté leur vieillesse et leur mauvaise humeur. On remarque pareillement que les idées sombres naissent plutôt le soir, époque sérieuse de fatigue et d'épuisement, que le matin, période de renaissance ou de rajeunissement des forces. Certes, si les amusements ou les plaisirs ne tenaient pas semer quelques fleurs dans la carrière aride de tant d'infortunés, si le dimanche n'était pas un jour de repos et de réjouissance pour l'ouvrier attelé pendant la semaine au joug de son labeur, s'il fallait, avec le sévère stoïcien, n'envisager que la fatalité de notre destinée, la vie humaine serait un présent plus funeste pour nous que pour les animaux. Ceux-ci ne prévoient ni les maux, ni le trépas.

L'homme seul, par sa funeste curiosité de plonger de si loin dans l'avenir, contemple en frémissant l'orage qui doit le foudroyer. Il veut en vain le détourner de sa tête à force de précautions et de prudence, il s'épuise pour s'y soustraire. Il serait moins tourmenté s'il se confiait aux desseins de la Providence, ou, pour parler autrement, aux décrets de l'inexorable cours des événements que nous nommons la fatalité. C'est ainsi que le guerrier va chaque jour affronter les hasards, et que l'Oriental marche sans défiance au milieu de la peste. Ils n'ont point ces lâches terreurs, ni ce désespoir qui semble plutôt appeler la mort que la conjurer. Ceux qui se résignent tranquillement au hasard chaque fois que le choléra sévit dans Paris ne résistent-ils pas mieux à ce fléau que les individus pusillanimes, tremblant de désespoir à chacune de ses invasions? Au reste, on n'est pas toujours maître de sa frayeur : il vaut mieux fermer, si l'on peut, les yeux au danger et se réduire au sentiment purement instinctif de la brute. Laissez aller les choses que vous ne sauriez empêcher; la fortune et la nature ne vous ont point départi un bonheur sans nuages. J.-J. VIREY.

DESESSARTS (DENIS DECHANET, *dit*). Le nom seul de ce comédien rappelle à l'esprit les nombreuses plaisanteries qu'il eut à subir de son camarade Dugazon. Nul moins que Desessarts, cependant, car il était homme de cœur, d'esprit et d'instruction véritable, ne mérita de jouer le rôle de *mystifié*; mais, comme eût pu dire son impitoyable camarade, il y avait sur sa personne large matière à plastronner : aussi le valet de comédie ne s'en fit-il pas faute. Un jour, il le pria de l'accompagner chez le ministre et de s'habiller de noir pour lui servir de compère dans un proverbe qu'il avait à jouer. A peine arrivés : « Monseigneur, dit Dugazon, en montrant les crêpes et les pleureuses de son compagnon, voici Desessarts qui a appris la mort de l'unique éléphant de la ménagerie du roi; il en gémit comme du malheur d'un semblable; aussi la Comédie-Française, jalouse de faire reconnaître les services d'un sociétaire dévoué et sensible, vous supplie par ma voix de vouloir bien accorder à Desessarts la survivance de l'éléphant. » La plaisanterie, qui était publique, passait les bornes; Dugazon fut appelé en duel. Arrivés au bois de Boulogne, les adversaires sont mis en présence, et Dugazon, après avoir toisé Desessarts, baisse l'épée, et lui dit : « Mon ami, j'éprouve un scrupule; j'ai trop beau jeu en me mesurant avec toi; cette surface n'est pas un rapport avec celle que je te présente; je rengaine si tu ne veux pas que j'égalise la partie. » Aussitôt il tire de la poche de sa culotte un morceau de blanc d'Espagne, trace un rond sur une partie de l'abdomen de Desessarts, et continue ainsi : « Tout ce qui portera hors du rond ne comptera pas. » Cette plaisanterie était plus délicate, plus spirituelle que l'autre. La victime en rit aux éclats et fut désarmée. On ne pensa plus à un *duel*, on s'occupa d'un *déjeûner*. Plus tard, on a fait un gai vaudeville sur cette anecdote.

Desessarts était né à Langres, vers 1740; ses parents, qui possédaient une honnête aisance, lui avaient fait donner une excellente éducation, et il exerça quelque temps l'état de procureur dans sa ville natale. Amené à Paris pour y suivre quelques affaires, il fut conduit par un de ses amis à la Comédie-Française. En un instant, il reconnut sa vocation; il ne chercha pas à y résister, et se fit comédien. Bellecourt, usant d'un congé, rencontra Desessarts en province, et le signala comme le successeur naturel de Bonneval dans l'emploi important des *grimes*, *manteaux* et *financiers*. Desessarts quitta Marseille et débuta à Paris le 4 octobre 1772 par les rôles de Lisimon dans *Le Glorieux* et de Lucas dans *Le Tuteur*. Il fut reçu le 1ᵉʳ avril 1773. Il eut de la peine d'abord à se faire applaudir; son début était regretté; mais son talent réel, ses études consciencieuses, son zèle et sa réputation d'honnêteté, lui gagnèrent peu à peu la confiance et la sympathie. On apprécia sa gaieté, sa franchise, le mordant de sa diction et sa bonhomie un peu rude, qu'il avait acquise à son étude constante du théâtre de Molière. Peu d'acteurs ont aussi bien interprété notre grand comique ; c'est pour cela qu'il réussit moins avec les auteurs qui ont remplacé le naturel par le bel esprit. Son ventre, comme nous l'avons dit, dépassait de beaucoup les limites de l'ordre commun. Il fallut, pour qu'il pût jouer le rôle d'Orgon, dans *Tartufe*, lui faire confectionner une table d'une hauteur extraordinaire afin qu'il pût se cacher dessous. Quant aux disproportions entre l'acteur et ses personnages, elles étaient patentes chez lui; et il provoquait un rire homérique toutes les fois que, dans le rôle de Petit-Jean, il disait :

Pour moi, je ne dors plus ; aussi, je deviens maigre :
C'est pitié.....

Desessarts était rempli d'érudition : il savait beaucoup et bien ; et jamais une erreur d'histoire n'était commise devant lui sans qu'il ne la rectifiât à l'instant. Son appétit était en rapport avec la rotondité de son corps ; il dévorait la nourriture de quatre hommes ; et ses transpirations en devenaient tellement abondantes qu'il se faisait veiller durant son sommeil pour qu'on prît la précaution de le faire changer de linge toutes les heures. Lors de la scission des comédiens français, en 1793, on ordonna à Desessarts les eaux de Barége. Il y était quand il apprit l'arrestation de ses camarades du Théâtre de la Nation, arrestation attribuée à tort aux comédiens du Théâtre de la République. Frappé de cette triste nouvelle, qui lui faisait craindre pour la vie de ceux qui n'y perdraient momentanément que la liberté, il mourut d'une suffocation. Procureur d'abord, comédien ensuite, on dit au bas de son portrait : « J'aime mieux faire rire les hommes que de les ruiner. » Étienne ARAGO.

DESÈZE (RAIMOND), né à Bordeaux, en 1750, était fils d'un célèbre avocat de cette ville. Il suivit la même carrière que son père, et débuta au barreau d'une manière brillante. Le comte de Vergennes, premier ministre, ayant entendu parler de son talent, l'attira à Paris et le fit choisir comme conseil de la reine dans le malheureux procès de l'affaire du collier, en 1786. A l'approche de la révolution française, il prit plusieurs fois avec succès la défense de personnes poursuivies pour causes politiques, et il fut assez heureux pour faire acquitter le baron de Besenval, accusé de conspiration. Le roi lui fit remettre une médaille d'or pour récompense du courage et du talent qu'il avait déployés en cette circonstance. La Convention nationale ayant résolu de procéder au jugement de Louis XVI, Malesherbes et Tronchet, ses conseils, s'adjoignirent le jeune Desèze, qu'ils chargèrent de rédiger et de prononcer la défense. « Je m'acquittai avec zèle et courage de cette sublime tâche. « Je cherche parmi vous des juges, s'écria-t-il à la barre de la Convention, et je n'y vois que des accusateurs. » Son discours était fort de logique et plein de noblesse et de dignité. On pense bien que son dévouement à Louis XVI dut le désigner à la proscription ; mais, plus heureux que Malesherbes, il fut oublié dans les cachots de la Terreur, d'où il sortit après le 9 thermidor. Il vécut dans la retraite jusqu'en 1814, époque à laquelle les honneurs et les dignités vinrent récompenser ses anciens services. Il paraît que Desèze n'avait pas cessé d'entretenir des relations avec la famille royale. Du moins, l'empereur le pensait, puisque, dans son allocution aux membres du Corps législatif, en prononçant la dissolution de cette assemblée, le 1ᵉʳ janvier 1814, il dit d'un ton foudroyant : « Lainé est un traître vendu et soudoyé par l'Angleterre, par l'entremise de l'avocat Desèze ; je le sais, j'en ai la preuve. » Après les cent-jours, il fut nommé comte, pair de France, chevalier-commandeur des ordres du roi et premier président de la cour de cassation. On ne pouvait l'applaudir à ces hautes marques de la reconnaissance royale ; et des paroles de blâme ne sauraient même être adressées au zèle ardent qu'il mit à combattre les doctrines libérales. Il avait assez donné de preuves de sa conviction profonde et de son entier dévouement à la monarchie. Desèze, qui avait remplacé, en mai 1816 Ducis à l'Académie Française, mourut en mars 1829.

[*Étienne-Romain* DESÈZE, son fils aîné, président à la cour royale de Paris, hérita alors de son titre de pair de France, mais il cessa de siéger à la cour comme à la chambre en 1830.

Le défenseur de Louis XVI avait un frère, *Victor* DESÈZE, qui devint sous la Restauration recteur de l'Académie de Bordeaux. Son fils, M. *Aurélien* DESÈZE, né en 1810 à Bordeaux, était déjà avocat général à la cour royale de cette ville lorsque éclata la révolution de 1830. Il donna alors sa démission; mais après la révolution de Février, il se mit sur les rangs des candidats à la représentation nationale, et fut élu par le département de la Gironde à l'Assemblée constituante. Il y fit partie du comité de la justice, et vota avec les légitimistes ralliés à la réunion dite *de la rue de Poitiers*. Il prit plusieurs fois la parole, mais sans grand succès. Réélu à l'Assemblée législative par son département, le coup d'État du 2 décembre l'a rendu à la vie privée. L. LOUVET.]

DESFONTAINES (PIERRE-FRANÇOIS GUYOT, abbé), fils d'un conseiller au parlement de Rouen, naquit dans cette ville en 1685, et mourut à Paris, le 16 décembre 1745. Il a commencé ce triumvirat de critiques qui, continué par Fréron, et terminé par l'abbé Geoffroi, mort en 1814, a pendant un siècle, lutté avec persévérance, et non sans succès, contre la renommée, l'influence et l'école philosophique de Voltaire. Les jésuites de Rouen, chez lesquels Desfontaines fit ses humanités, l'admirent en 1700 dans leur société. Il professa avec distinction la rhétorique au collège de Bourges. Lorsqu'en 1715 il demanda à rentrer dans le monde, ses supérieurs et ses confrères regardèrent sans doute sa sortie de leur compagnie comme une perte pour eux : ils n'eussent pu mettre de meilleures mains que les siennes le *Journal de Trévoux*. Mais le goût d'une vie indépendante et dissipée le rendait peu propre à l'austérité de l'existence monastique. À son entrée dans le monde, il demeura quelque temps, en qualité de bel esprit, auprès du cardinal d'Auvergne, qui protégeait les lettres. Comme il avait reçu les ordres de prêtrise, il obtint par le crédit de ce patron la cure de Thorigny, en Normandie. Les devoirs d'un pasteur ne lui convenaient pas plus que la vie du couvent, il eut assez de probité pour résigner ce bénéfice. Son goût pour les lettres le fixa dans Paris, et de mauvais prêtre il devint bon critique. Cette magistrature polémique que s'était attribuée Desfontaines multiplia pour lui les événements littéraires qui font l'amusement du public en faisant le malheur de celui qui en est le héros. Ses querelles avec Voltaire, avec l'abbé Gourné, auteur d'une assez mauvaise géographie, ses démêlés avec la police, qui le conduisirent à Bicêtre et dans les prisons du Châtelet, sous l'inculpation d'un crime infâme qui alors était puni par le feu, occupent une grande place dans l'histoire littéraire de son temps, depuis 1725 jusqu'en 1745. Dans ces démêlés, la probité même personnelle de Desfontaines brille d'un éclat souvent douteux, et l'infamie de ses mœurs paraît peu contestable ; mais Voltaire n'en est pas plus excusable pour avoir attaqué ce critique dans des termes qui révoltent également la raison et la pudeur. On ferait un volume si l'on voulait reproduire les injures atroces que leur auteur a eu le talent d'assaisonner de tant d'esprit, et de revêtir d'une poésie si séduisante. Pendant dix ans, le nom de Desfontaines mit Voltaire en fureur, comme plus tard celui de Fréron.

Il avait débuté par une censure du livre, fort en vogue alors, complétement oublié aujourd'hui, de l'abbé Houtteville, intitulé *La religion chrétienne prouvée par les faits*. Dans cet ouvrage, qui avait ouvert à son auteur les portes de l'Académie, le plan, la diction, le choix des arguments, rien n'est analogue à la hauteur du sujet; les plus graves questions y sont traitées en style maniéré, néologique, semé d'antithèses et d'épigrammes, offrant, en un mot, tous les défauts de l'école des Lamothe et des Fontenelle. Desfontaines osa s'élever contre le jugement du public, et fit voir, avec autant de justesse que d'agrément, toute la faiblesse de cette œuvre tant prônée. Le public, comme la fortune, favorise les audacieux qui le bravent : il accueillit avec faveur la critique de Desfontaines. L'abbé Houtteville trouva des défenseurs ; mais son livre tomba, bien que, dans une réimpression, il l'ait refait presqu'en entier. Desfontaines ne s'arrêta point dans la carrière qu'il venait de s'ouvrir. La Mothe passait alors pour le premier des poëtes vivants ; il avait ses partisans enthousiastes, frénétiques : l'attaquer n'était pas une petite affaire. Desfontaines le fit dans ses *Paradoxes littéraires, au sujet de la tragédie d'Inès de Castro*, et le suffrage du public encouragea encore une fois son audace. Dès ce moment, il devint célèbre. Le *Journal des Savants* était tombé dans le plus grand discrédit : en 1723, les libraires refusaient de l'imprimer ; les protecteurs de ce recueil offrirent alors à Desfontaines de coopérer à sa rédaction. Il se prêta sans peine à une proposition si conforme à son goût : dès 1724, le *Journal des Savants* reprit faveur. Desfontaines y travailla jusqu'en 1727 ; mais des mécontentements qu'il éprouva de la part de ses confrères le rebutèrent, et il donna sa démission. Quelque mal que l'on ait dit de lui, personne ne lui a refusé un mérite alors assez rare chez les beaux esprits : un caractère indépendant. Il est à présumer que cette disposition lui fit éprouver beaucoup de dégoûts dans sa collaboration à une feuille soumise, comme l'était alors le *Journal des Savants*, à la direction méticuleuse de l'abbé Bignon. Heureusement, Desfontaines pouvait se passer de protecteurs et d'emplois : il trouva dans sa plume des ressources qui ne tarirent jamais, quoiqu'il ne connût point l'économie, et que les jouissances d'une vie sensuelle fussent pour lui des besoins. Son inconcevable facilité de travail, la variété de ses connaissances, la promptitude avec laquelle il concevait et exécutait des plans d'ouvrages, son intelligence à tirer parti de ceux des autres, à retoucher, pour en assurer la vente, les productions d'auteurs inconnus et sans expérience, tous ces moyens, alors peu employés en littérature, assurèrent à Desfontaines une entière indépendance. Par sa persévérance, par son esprit de suite et de travail, il fit du métier de journaliste une profession qui devint pour lui, comme pour ses imitateurs, un véritable état dans la société.

Trois recueils périodiques ont surtout contribué à la fortune de Desfontaines. C'est d'abord *Le Nouvelliste du Parnasse, ou Réflexions sur les ouvrages nouveaux*, commencé en 1731, 7 volumes in-12 et 4 feuilles, dont la dernière finit au 15 mars 1732, l'ouvrage ayant été arrêté par le ministère, « au grand regret des littérateurs, qui y trouvaient l'instruction, et des gens du monde, qui y cherchaient l'amusement. » Environ trois ans après, il obtint le privilège d'un nouveau recueil périodique, intitulé *Observations sur les écrits modernes* (33 vol. in-12 et 3 feuilles), publié par semaine et par feuilles, de 1735 au 6 octobre 1743, que le privilège fut retiré à Desfontaines par arrêt du conseil d'État. Cette disgrâce était, à ce qu'il paraît, le résultat des plaintes générales des auteurs et des libraires, dont les critiques de ce journaliste avaient compromis les intérêts. Il était motivé, en outre, sur des attaques *contre les corps les plus distingués par leur amour pour les lettres et par la protection particulière dont S. M. les honorait*. Ainsi, Desfontaines se voyait victime des ressentiments de l'Académie Française. Il ne put jamais se faire rendre son privilège supprimé; mais il entreprit une nouvelle feuille hebdomadaire intitulée : *Jugements sur les écrits nouveaux*, sous le pseudonyme *M. Burlon de la Busbaquerie*. Ces feuilles, imprimées à Avignon, eurent un succès égal à celui des *Observations*. Il en avait déjà paru dix volumes, lorsque

DESFONTAINES

la mort vint mettre un terme à ses travaux. Il n'avait pas été le seul rédacteur de ces divers recueils : l'abbé Granet avait été son collaborateur pour les deux premiers; Fréron, Destrées, de Mirault et beaucoup d'autres, coopérèrent aux deux derniers. Ainsi, Desfontaines, malgré la haine des auteurs et des libraires, malgré les susceptibilités du gouvernement, s'était créé dans la littérature un département dont il était l'âme et le chef. Doué d'une âme forte, il avait compris toutes les conséquences mauvaises ou favorables de ce rôle, et il les subissait avec calme et gaieté. C'est lui qui écrivait à l'abbé Prévost, au sujet de sa traduction des *Lettres de Cicéron* : « Je fais cas de votre ouvrage ; j'en ferai un extrait comme il faut. Vous me pardonnerez bien si j'y fais quelques remarques critiques. *Alger mourrait de faim, si Alger était en paix avec tout le monde.* »

Il aimait assez Piron, quoique ce poëte eût fait contre lui de sanglantes épigrammes. Il paraît, au reste, que Desfontaines, très-bon vivant s'il en fut jamais, n'était méchant que la plume à la main. Dans le commerce de la vie, c'était un homme doux, poli, d'une conversation plutôt gaie que spirituelle : il n'avait rien, non plus, dans la physionomie qui annonçât un homme d'esprit. Piron a dit de lui :

Il ne fait rien et nuit à qui veut faire.

Pour réfuter ce vers, devenu proverbe, il suffit de lire la liste des ouvrages de Desfontaines. Il en est jusqu'à 47 qu'il a composés, ou auxquels il a mis la main. Nous n'en citerons qu'un petit nombre : 1° le *Dictionnaire néologique* (1726, in-12), ouvrage dont le cadre ingénieux fournit matière à de remarques critiques, encore aujourd'hui pleines d'intérêt, sur le faux goût des auteurs qui ont brillé durant l'époque intermédiaire entre le siècle de Racine et de Boileau, et celui de Voltaire et de Montesquieu ; 2° la traduction du roman de *Gulliver* (1727, in-12); 3° *Le Nouveau Gulliver* (2 vol. in-12, 1730) imitation assez ingénieuse du badinage de Swift ; 4° une *Traduction de Virgile* (4 vol., 1743), qui n'a pas été tellement surpassée depuis qu'il soit permis d'en parler avec dédain. Il avait débuté par des *Poésies sacrées* (Rouen, 1718, in-12), qui n'eurent point de succès : l'église, sous aucun rapport, ne convenait à Desfontaines. Rousseau, dans ses *Confessions*, parle de ce critique en fort bons termes. Héritier des haines et des préventions de Voltaire son maître, La Harpe le traite fort mal dans son *Cours de littérature* ; mais il est loin de lui refuser de l'esprit et des connaissances. L'abbé de la Porte a fait *L'Esprit de Desfontaines* (4 vol. in-12, Paris, 1775). C'est un extrait des articles de ce critique, précédé d'une notice biographique très-détaillée, et d'une liste, 1° de tous ses ouvrages ; 2° de tous les écrits imprimés contre lui.

Ch. Du Rozoir.

DESFONTAINES (René LOUICHE), naquit en 1752, dans le village de Tremblay, en Bretagne (Ille et-Vilaine). Après quelques études imparfaites, il vint à Paris pour apprendre la médecine, mais la botanique obtint bientôt ses préférences, et fort heureusement pour lui sa fortune et son bien-être n'eurent point à en souffrir. A la satisfaction de sa famille, il n'eut point le démenti du doctorat : on le reçut médecin en 1782, tant la botanique avait le protégeait, même pour l'obtention d'un diplôme légal. Dès 1783, il fut élu membre de l'Académie des Sciences, n'ayant que trente-un ans.

Toutefois, Desfontaines ne resta stérilement à Paris : il s'embarqua, en 1783, pour les États Barbaresques, et ce fut l'événement le plus décisif de sa destinée de savant. C'est à Tunis qu'il prit terre, et il consacra trois années à parcourir les trois régences de Tunis, d'Alger et de Tripoli, mais principalement Alger et Tunis C'est là qu'il recueillit les riches matériaux de son ouvrage intitulé : *Flore atlantique*, mémorable travail, qu'il ne publia que douze ans après son retour, et dans lequel sont dénommées et décrites à la manière de Linné les 1,600 plantes qu'il rapporta de son voyage. Ce qui accrut le prix de cette moisson, c'est qu'on y constata jusqu'à 300 espèces nouvelles. Après avoir décrit lui-même son herbier, il en fit don au Jardin du Roi, dont il compose encore aujourd'hui une des collections les plus appréciées. Mais Desfontaines ne borna pas ses études aux seuls végétaux des États barbaresques, il les étendit à toutes les parties de l'histoire naturelle, à la minéralogie, à la géologie, à la zoologie, surtout en ce qui concerne les insectes, et même à la géographie et à l'archéologie.

De retour en France en 1786, Desfontaines reçut de Buffon l'investiture d'une des chaires du Jardin du Roi, où il eut pour *démonstrateur* ou répétiteur le respectable Antoine-Laurent de Jussieu. Desfontaines comprit quels égards méritait un tel nom, et il offrit par délicatesse le professorat à son adjoint. Laurent de Jussieu refusa avec modestie. Desfontaines eut comme professeur, en raison de la bonhomie et de sa simplicité incomparable, un succès que ses protecteurs Lemonnier et Buffon n'avaient sans doute pas prévu. Il faisait primitivement son cours en plein jardin, *sub calo*, debout et tout en marchant, à la manière du péripatéticien Théophraste, ou comme un professeur de clinique. Mais si grande fut l'affluence des auditeurs que le professeur fut forcé de se réfugier dans un laboratoire, et, plus tard, dans un amphithéâtre. Desfontaines, sans être aucunement orateur, avait l'art d'intéresser au dernier point ses élèves. Il avait à peine prononcé le nom d'une plante qu'on le voyait aussitôt pénétrer jusqu'aux profondeurs de la botanique. Fort curieux de synonymie, il appelait une plante par tous ses noms, et, remontant tour à tour à l'origine de chacun, à lui s'offrait l'occasion de louer un auteur distingué, de faire une rapide biographie, de citer un trait d'histoire, de rappeler un phénomène intéressant ou de raconter une anecdote. Presque toujours les propriétés caractéristiques de la plante si diversement habillée se trouvaient vivement dépeintes dans un de ces commentaires, et l'on s'étonnait de connaître à fond l'histoire d'une plante utile après avoir entendu quelques causeries où la bonhomie luttait d'agrément avec la frivolité.

On a de Desfontaines de nombreux ouvrages : 1° *Flora atlantica, sive Historia Plantarum quæ in Atlante, agro tunetano et algeriensi, etc.* (1798, 2 vol. in-4°, avec 463 planches gravées d'après les dessins magnifiques de Redouté) ; 2° *Histoire des arbres et arbrisseaux qui peuvent être cultivés en pleine terre sur le sol de la France* (1809, 2 vol. in-8°) ; 3° *Catalogus plantarum horti regii parisiensis, cum annotationibus de plantis novis aut minus cognitis* (1804 ; 3° édition 1829) ; 4° *Collection des vélins du Muséum d'Histoire naturelle*. Cette superbe collection, commencée pour Gaston d'Orléans, et sur ses ordres, par Robert, peintre du jardin de botanique que ce prince avait créé à Blois, fut ensuite continuée par Joubert, par le célèbre Aubriet, par Vanspaendonck et Redouté, et l'est encore aujourd'hui par d'autres peintres. Desfontaines a pris le soin de publier, avec un texte descriptif, ceux de ces vélins qui n'avaient été ni décrits par Tournefort ni gravés ; 5° son *Cours*, a obtenu beaucoup de succès, ainsi qu'en témoignent plusieurs éditions. Desfontaines a encore publié divers mémoires et de savantes monographies dans les *Mémoires du Muséum* et dans ceux de l'ancienne Académie des Sciences et de l'Institut. Le principal de ces mémoires, celui dans lequel la méthode naturelle de Jussieu (ou d'Adanson) a trouvé le plus de secours, est le mémoire consacré à l'organisation distinctive des plantes monocotylédones et des dicotylédones. Comme c'est le nombre des cotylédons de la graine, le nombre des feuilles séminales, qui sert de base essentielle à la méthode de Jussieu, et que les semences ne sont pas toujours d'une étude facile, ni d'ailleurs toujours présentes, Desfontaines a bien mérité de la science en montrant combien différent par le tronc deux arbres appartenant à ces deux grandes classes.

Après la mort de Buffon, non-seulement Desfontaines fit replanter à neuf et avec goût les jardins de l'École botanique, où végétaient dès lors 6,500 espèces de plantes; mais il donna des soins assidus à l'organisation si remarquable des galeries de botanique. C'est à Desfontaines, ainsi qu'à Daubenton et à André Thouin, que le Jardin des Plantes dut de n'être point détruit aux temps les plus désastreux de la Révolution, et en conséquence du décret du 18 août 1792 qui déclarait *supprimées* les universités et les corporations savantes. Desfontaines et son collègue Daubenton, avertis et pressentis par Lakanal, alors président du comité de l'instruction publique, rédigèrent, à la demande de ce tribun, un projet de réorganisation analogue à celui que Lamarck venait isolément d'adresser à l'Assemblée constituante, et, dès le 14 juin 1793, parut le décret qui supprimait l'intendance du jardin et reconstituait ce glorieux établissement avec douze professeurs et sous le nom nouveau de *Muséum d'Histoire naturelle*, qu'il a conservé.

Vers les dernières années de sa vie, Desfontaines devint aveugle, sans doute pour s'être trop fréquemment servi d'une loupe, et cette affreuse infirmité fit le tourment de ses vieux jours, accablés déjà par de poignantes sollicitudes. Il mourut à Paris, le 16 novembre 1833, ne laissant qu'une fille.
Dr Isidore BOURDON.

DESFONTAINES DE LA VALLÉE (FRANÇOIS-GUILLAUME FOUGUES-DESHAYES, plus connu sous le nom de), l'un de nos plus féconds auteurs dramatiques, né à Caen vers 1733, mort à Paris, âgé de quatre-vingt-douze ans, le 21 novembre 1825, avait d'abord été secrétaire du duc de Deux-Ponts, puis censeur royal, inspecteur de la librairie, secrétaire ordinaire et bibliothécaire de Monsieur (depuis Louis XVIII). En 1764, il fit paraître une *Épître à Quintius, sur l'Insensibilité des Stoïciens*, pièce de vers qui concourut pour le prix de l'Académie française. L'année suivante, il publia les *Lettres de Sophie et du chevalier de ***, pour servir de complément aux Lettres du marquis de Roselle*, et, plus tard, il devint l'un des collaborateurs les plus actifs de la *Nouvelle Bibliothèque des Romans*, consacrant aux lettres les moments de loisir que lui laissaient ses emplois, et organisant les fêtes des grands seigneurs. Quand la révolution, avec son fatal niveau, vint déranger cette placide et épicurienne existence, Desfontaines, loin de garder rancune au régime nouveau, qui lui enlevait ses places, écrivit des pièces pour le théâtre républicain, comme *Encore un Curé* et *La Fête de l'Égalité* (1793). Avec ses amis Barré, Piis et Radet, il fut, pendant la plus grande partie de l'époque révolutionnaire et de l'empire, en possession d'exploiter les scènes de vaudevilles, et donna aussi, soit seul, soit en société, une grande quantité de pièces à l'Opéra, au Théâtre-Français, au Théâtre-Italien et à l'Opéra-Comique. Les contemporains ont gardé le souvenir des prodigieux succès qu'obtint dans les temps *Arlequin afficheur*, *Le Mariage de Scarron*, *Le Procès du Fandango*, *Les Deux Edmond*, *Gaspard l'avisé*, *Lontara*, etc., toutes pièces composées par lui, en société avec Barré et Radet. Dans les dernières années de l'empire, il avait obtenu, comme ses amis, une pension de 4,000 francs, qui, à la rentrée de Louis XVIII, fut réduite à 1,000 francs, sous prétexte que c'était encore payer assez cher *les trompettes de l'usurpateur*. Desfontaines avait été l'un des fondateurs de la joyeuse société des *Dîners du Vaudeville*, et fut, plus tard, l'un des membres les plus assidus et les plus actifs de l'association gastronomique des viveurs qui se réunissaient, tous les mois, au Rocher-de-Cancale, où, sous le nom de *Société du Caveau*, leurs joyeux refrains, répétés le verre en main, ont laissé quelques souvenirs littéraires.

DESFORGES (PIERRE-JEAN-BAPTISTE CHOUARD), naquit à Paris, en 1746. Son père putatif, celui de l'axiome : *quem nuptiæ demonstrant*, était un riche marchand de porcelaine. On sait que dans le scandaleux ouvrage dont nous parlerons plus loin, il a pris soin de nous apprendre que son véritable père fut le célèbre docteur Antoine Petit. Il fit ses études, d'abord au collége de Louis-le-Grand, puis à celui de Beauvais, où il eut tour à tour pour professeurs ou maîtres de classes l'abbé Delille, Lagrange, traducteur de *Lucrèce*, et Thomas. Leurs leçons, leurs entretiens, contribuèrent sans doute à développer les précoces dispositions poétiques d'un jeune homme qui, à huit ans, avait esquissé deux tragédies sur les sujets assez bizarres de *Tantale et Pélops*, et de *La Mort de Jérémie*. Au sortir du collège, le docteur ami de la maison voulut faire de Desforges un médecin; il vit bientôt que ce n'était pas sa vocation; ensuite, on le plaça comme élève chez Vien, qui ne réussit pas mieux à en faire un peintre. Dépenser gaiement, avec des fils de grands seigneurs et de financiers, la pension considérable que lui faisait son père, telle fut, pendant quelques années, la seule occupation du jeune Desforges, que la ruine de ses parents vint réveiller tout à coup de ce rêve voluptueux. Entré alors, comme surnuméraire, dans les bureaux du lieutenant de police Lenoir, il se dégoûta bientôt d'un travail aride et sans rétribution. Une petite comédie-proverbe, *A bon chat bon rat*, qu'il fit jouer au théâtre de Nicolet en 1768, fut son début dans la carrière dramatique; mais, malgré le grand succès qu'elle obtint, ce genre de composition n'était pas alors assez fructueux pour un jeune homme accoutumé à une vie d'aisance et de plaisir. L'état de comédien pouvait mieux répondre à ses désirs et à ses espérances : un physique très-agréable, les applaudissements donnés à ses essais sur les théâtres de société, étaient pour ses projets d'un favorable augure. Desforges débuta en 1779 à la Comédie-Italienne dans l'emploi des *amoureux*, tenu alors par Clairval, et, quoique bien accueilli par le public, il crut devoir, suivant l'usage du temps, aller perfectionner sur les scènes de province son talent et son jeu. Rouen, Marseille, Bordeaux, etc., furent témoins des triomphes de théâtre et des succès galants que cet autre acteur à *bonnes fortunes* nous a depuis si discrètement confiés. Une jolie actrice parvint cependant à fixer, pour quelque temps, le vol de ce papillon inconstant. Devenu l'époux de son Angélique, tous deux furent engagés pour le théâtre de Pétersbourg, où on les vit avec plaisir.

Revenus en France en 1782, Desforges se sépara de sa femme, qui continua seule de cultiver l'art qu'ils avaient exercé ensemble, et fut reçue à la Comédie-Italienne. Plus tard, quand on donna une pièce dirigée contre le divorce, il profita de cette loi pour former une nouvelle union; de son côté, l'épouse divorcée contracta un second hymen, et c'est sous le nom de Mme Philippe qu'elle est restée à l'Opéra-Comique jusqu'à sa mort, survenue en 1802. Desforges, en revoyant sa patrie, s'était dorénavant voué uniquement à la littérature. Parmi un grand nombre d'ouvrages qu'il fit représenter au théâtre, dit alors si improprement *Italien*, deux surtout lui assurèrent un rang distingué parmi les auteurs dramatiques : ce furent *Tom Jones à Londres*, et *La Femme jalouse* : l'un peut-être le seul exemple d'une bonne pièce tirée d'un excellent roman; l'autre, sans doute, plus drame que comédie, mais rempli de chaleur et de passion. Tous deux ont été transportés au répertoire du Théâtre-Français. Le joli opéra-comique de *L'Épreuve villageoise*, l'amusante comédie du *Sourd*, travestie en farces par tous nos petits spectacles, firent également honneur au talent de Desforges. Il fut moins heureux dans quelques sujets mieux traités après lui, tels que *Jeanne-d'Arc* et *Joconde* : son opéra d'*Alisbelle, ou les crimes de la féodalité*, n'obtint, en 94, qu'un succès de circonstance, et l'on nous fit grâce heureusement d'un grand opéra très-révolutionnairement ennuyeux, qui fut seulement imprimé sous le titre suivant : *La Liberté et l'Égalité rendues à la terre*. Desforges eut un tort bien plus grave lorsque, dans *Le Poële, ou mémoires d'un homme de lettres*, publié en 1798, il broda, sous la forme d'un roman d'une profonde immoralité, les aventures de sa jeunesse. L'ouvrage n'est pas sans mérite, et n'a réussi que trop souvent à rendre le vice, sinon aimable, du moins amusant. Cependant, même à cette époque peu scrupuleuse, on désapprouva hautement le cynisme de ses prétendues révélations, et surtout les honteuses indiscrétions d'un homme de lettres qui venait déshonorer devant le public sa mère et sa sœur. Les *Mille et un souvenirs*, recueil de contes et nouvelles qu'il fit paraître l'année suivante, sont à peu près aussi libres dans leurs détails, mais n'offrent pas du moins cette tâche repoussante. Il a aussi composé quelques autres romans beaucoup plus chastes, mais peu remarquables, et depuis longtemps oubliés.

Desforges mourut le 13 août 1806, à peine âgé de soixante ans, mais dans un état de marasme que les excès de l'imagination peuvent amener aussi bien que les autres. Cette faculté avait été chez lui la plus brillante. Son style est souculté avait été chez lui la plus brillante. Son style est soucultivent incorrect et généralement négligé. Aussi doit-on peu regretter que sa seconde femme, morte en 1814, n'ait pu exécuter le projet qu'elle avait annoncé de publier dans une édition complète de ses œuvres deux traductions en vers qu'il a laissées en manuscrit, la première de *La Jérusalem délivrée*, et l'autre du *Théâtre de Métastase*. OURRY.

DESFORGES-MAILLARD (PAUL), né en 1699, au Croisic, petite ville de la Loire-Inférieure, avocat au parlement de Bretagne, serait demeuré l'auteur fort inconnu de lettres en vers et en prose adressées au *Mercure de France*, s'il n'avait pas eu l'heureuse idée de les publier sous le pseudonyme de Mlle Malcrais de la Vigne. Les beaux esprits du temps s'y laissèrent tromper. Voltaire lui-même, en 1732, répondit, dans le *Mercure*, à la *Muse bretonne*, par une épître dont il a eu soin depuis de retrancher toutes les galanteries qu'il adressait à la *jolie* Mlle Malcrais, et notamment ce passage :

J'ose envoyer aux pieds de ta muse divine
Quelques faibles écrits, enfants de mon repos.

Voltaire a aussi substitué au titre originaire celui-ci : *A une dame, ou soi-disant telle*. Enfin, il a retranché ces derniers vers :

Je fais ce que je puis, hélas ! pour être sage,
Pour amuser ma liberté ;
Mais si quelque jeune beauté,
Empruntant ta vivacité,
Me parlait ton charmant langage,
Je rentrerais bientôt dans ma captivité.

Depuis, le patriarche de Ferney, pour se venger de sa méprise sur le pauvre Desforges-Maillard, l'a ainsi qualifié :

De l'Hélicon, ce triste hermaphrodite.

Tout le monde sait que cette méprise des régents du Parnasse à cette époque a donné à Piron l'idée-mère de *la Métromanie*. Ce chef-d'œuvre survivra dans tous les siècles aux deux petits volumes contenant les œuvres complètes de Mlle Malcrais de la Vigne. Une fois qu'il eut ôté son masque, Desforges-Maillard ne fut plus goûté de ses contemporains, et la postérité n'a guère été soucieuse de le connaître. Il est juste d'ajouter que Voltaire avait prévu ce retour de fortune, car il lui écrivait, en 1733, qu'il l'aimerait mieux voir avocat à Paris qu'à Rennes, et il le priait, pour le mieux, « de regarder la poésie comme un amusement pour rendre « pas le dérober à des occupations plus utiles. » Deux années plus tard, en 1735, Voltaire protestait qu'il se souvenait toujours des coquetteries de Mlle Malcrais, et qu'il ferait des démarches auprès du contrôleur-général « afin d'obtenir « quelque chose du Plutus de Versailles en faveur de l'A-« pollon de la Bretagne. » Il ne paraît guère que cette eau bénite de cour ait été suivie d'actes efficaces. Desforges-Maillard ne put obtenir l'emploi qu'il sollicitait, et ne s'enrichit pas plus au barreau qu'au Parnasse. Il mourut en 1772, laissant la réputation d'un homme doux, de mœurs polies et de bonne compagnie. BERTON.

DESGENETTES (RENÉ-NICOLAS DUFRICHE, baron), médecin en chef des armées française sous l'empire, s'est illustré principalement dans l'expédition d'Égypte. Il a été pour la France ce que fut le docteur Pringle en Angleterre : médecins militaires l'un et l'autre, l'hygiène était à leurs yeux quasi toute la médecine des armées. Desgenettes naquit à Alençon en 1762. Sa famille, les Dufriche et les Valazé, était originaire d'Essei, joli bourg entre Séez et Alençon, où elle vivait une partie de l'année à la manière des gentilshommes. Desgenettes avait commencé ses études à Alençon ; il vint les terminer à Paris, où il fut envoyé en 1778. Il entra dans la célèbre maison de Sainte-Barbe, et parmi les camarades qu'il y trouva, plusieurs ont eu de l'influence sur sa vie. En 1782, au moment où il sortait du collège, il recueillit un héritage inespéré, et, comme Volney, il consacra cette petite fortune à des voyages. Il partit de Paris en 1784. Il alla d'abord à Londres avec Labillardière, son compatriote, et de là, dès 1785, il s'embarqua pour l'Italie, dont il visita une à une toutes les universités un peu célèbres. Il passa dans ce beau pays quelques années heureuses, durant lesquelles les plaisirs disputèrent les heures à l'étude, et sans doute en prirent davantage. Homme du monde plutôt que savant studieux, et non sans de l'influence, Desgenettes connut dans ses voyages un grand nombre d'hommes distingués : Banks, John Hunter et Lettsom en Angleterre, et en Italie un grand nombre de professeurs, et particulièrement Paul Mascagni, avec lequel il se lia d'une amitié plus étroite. Mascagni avait dès lors en partie découvert, peint et décrit les vaisseaux lymphatiques ou absorbants ; et, quand Desgenettes, en 1789, quitta l'Italie pour Montpellier, son premier soin fut d'y faire connaître les travaux et les idées de son célèbre ami l'anatomiste de Florence. Sa thèse inaugurale, tout entière consacrée à l'exposition de cette découverte, avait pour titre : *Tentamen physiologicum de vasis lymphaticis*. Ensuite, il démontra publiquement les mêmes vaisseaux et commença ainsi sa réputation. Desgenettes avait alors vingt-sept ans.

Desgenettes revint à Paris après sept années d'absence, en 1791 : ne sachant de lui-même quel parti prendre, il se laissa pousser vers les armées républicaines, où dominait la noble passion du courage s'alliant au patriotisme ; et cet emploi de sa vie, jusque-là si désœuvrée, fixa d'autant mieux ses préférences, que rejoindre l'armée c'était retrouver l'Italie, où sa jeunesse aventureuse avait coulé d'heureux jours. Ce fut Thouret, directeur de l'école de santé, qui obtint pour lui un brevet de médecin militaire, et le 15 mars 1793 Desgenettes partit de Paris pour se rendre à son poste. Il passa trois années en Italie ; il y servit sous plusieurs généraux, et comme il manifesta du zèle et surtout de l'humanité, un esprit destitué de crainte et résolu, il obtint rapidement l'estime des chefs, la confiance du soldat, le respect même des étrangers, et ce fut de l'assentiment de tous qu'il franchit les grades intermédiaires : dès 1794, c'est à-dire après une seule année de service, il était déjà médecin en chef de l'armée ; mais cette armée n'avait pas encore Bonaparte pour général, en sorte qu'elle changeait souvent de fortune. Cependant, Desgenettes s'était rencontré à Nice avec Bonaparte, plus jeune que lui de sept années. Sa physionomie expressive et décidée avait plu au grand homme, qui, dès lors, lui communiqua quelques vagues desseins, tout en lui recommandant d'étendre de plus en plus son expérience : « Étudiez tous les détails d'une armée, lui disait Napoléon ; j'en profiterai plus tard et vous aussi. » Et effectivement, quand l'expédition d'Égypte eut été résolue, Desgenettes, par l'ordre de Napoléon, en fut nommé médecin en chef. Mais il eut à regretter de n'avoir point assisté aux grands triomphes de l'armée d'Italie, alors que Bonaparte la commanda si glorieusement. Desgenettes en effet séjourna à Paris depuis janvier 1796 jusqu'en mai 1798, et dans cet intervalle, il professa au Val-de-Grâce, épousa la fille de Thouret, et publia quelques travaux détachés, tout en jouissant de la vie beaucoup plus somptueusement qu'Épicure.

Le 19 mai 1798, Desgenettes s'embarqua avec les 36,000 soldats et cette armée de savants dont Napoléon composa sa glorieuse escorte. Il partagea les vicissitudes et les dangers de l'armée d'Égypte, de même que les travaux de l'Institut temporaire qui fut créé dans cette patrie des Sésostris et des Pharaons. Mais, à cette époque, la peste régnait en Égypte. De là vint pour Desgenettes la nécessité de présider à beaucoup de travaux topographiques et de soins sanitaires, de rédiger des instructions hygiéniques, de correspondre avec Bonaparte et plus tard avec Kléber, d'inspecter la flotte, les hôpitaux et l'armée, et d'adresser au général en chef de fréquents rapports et des projets. C'est de ces éléments divers qu'il remplit plus tard le plus connu et le plus important de ses ouvrages, l'*Histoire médicale de l'armée d'Orient*, qui parut à Paris en 1802, et dont il a été publié trois éditions en France, sans compter les éditions étrangères. Quoique peu apte à entreprendre des recherches suivies et à mener à bien une enquête, Desgenettes ordonna qu'on recherchât quelles pouvaient être les causes de la peste. On ne les trouva ni dans le sol, comme Pariset a cru depuis les y avoir trouvées, ni dans l'air, ni dans les eaux, ni même dans le climat. Selon Desgenettes, la peste est endémique dans la basse Égypte et le long des côtes de la Syrie; il dit qu'elle y règne depuis des siècles sans qu'elle y soit importée d'aucune autre contrée de la terre. La chaleur s'unissant à l'humidité, les vents du sud, sont au premier rang des causes qui, suivant lui, en favorisent le développement. Il est certain que les extrêmes de froid et de chaud, et en particulier les vents du nord, la font aussitôt cesser. Elle s'interrompt de même tout à coup dès que la température s'élève au delà de 26 degrés Réaumur, ainsi que Bulard nous l'a appris. Les êtres faibles résistent mieux à la maladie et s'en préservent plutôt que les individus robustes. Enfin, Desgenettes a observé que les hommes les plus exposés aux vicissitudes de température, tels que les boulangers, les cuisiniers et les forgerons, sont toujours les conditions et les degrés. Il ne met point en doute que la maladie ne soit contagieuse, mais il pense que cette contagion a ses conditions et ses degrés. Il a souvent suffi d'un étroit fossé pour l'empêcher de se propager. Suivant lui, les cadavres ne transmettent point la peste, mais il faut redouter l'approche d'un malade en sueur. Pour traitement, il conseille les vomitifs, puis les toniques; et les infusions de café et de quinquina ont toute sa confiance. Il envisage les bubons comme un effort critique, et, en conséquence, il les laisse suppurer; mais il cautérise les charbons, afin d'en borner les envahissements souvent mortels. Il pense enfin que de vains essais d'inoculation ne sauraient infirmer la transmission contagieuse du mal. En sorte que l'on va à l'encontre des opinions de Desgenettes lorsqu'on allègue contre la réalité de la contagion les inoculations qu'il a tentées sur lui-même en Égypte sans être atteint de la peste. Telle paraît donc être la conclusion de Desgenettes : « Si l'inoculation que j'ai affrontée en Égypte m'a trouvé inaccessible et n'a point compromis ma santé, c'est que j'étais hors des conditions où la peste se communique et se gagne. » Desgenettes repoussait d'une verve moqueuse la réputation de courage qu'on lui avait faite à cette occasion. Il est vrai qu'il attachait plus d'importance à la générosité qu'on lui prête envers les malades de l'hôpital de Jaffa. Desgenettes, au reste, se vantait beaucoup : on l'a vu s'attribuer l'honneur d'avoir dissuadé Napoléon de s'emparer à Moscou d'un hospice d'enfants trouvés, en le menaçant d'être comparé à Hérode, ce grand massacreur d'innocents.

Quand Bonaparte quitta l'Égypte, Desgenettes demeura avec Kléber, son héros de prédilection et son ami. Revenu à Paris en 1802, il rentra de nouveau à l'École de Médecine et au Val-de-Grâce, fut envoyé en Espagne en 1803 pour y observer une épidémie de fièvre jaune, et ensuite nommé inspecteur général du service de santé en 1804. A partir de cette époque, il suivit la grande armée jusqu'en 1812. Fait prisonnier en Russie, il obtint sa liberté de l'empereur Alexandre en motivant éloquemment la demande qu'il lui en adressa sur des faits historiques et des raisons de philosophie et d'humanité. Il cessa de figurer dans les armées de l'empire après la fatale journée de Leipzig, et il n'eut point à se plaindre de Louis XVIII, qui le nomma commandeur de la Légion-d'Honneur en 1814, et le rétablit dans son inspection en 1819, bien qu'il eût pris du service à Waterloo. Bernadotte, vers la même époque, lui envoya la décoration de l'*Étoile-Polaire*. Madame Lætitia et le cardinal Fesch l'avaient chargé, en 1820, de choisir les derniers médecins qui devaient se rendre près de l'illustre malade de Sainte-Hélène. Comme professeur d'hygiène à la faculté, Desgenettes était moins écouté qu'applaudi, car sa mimique était mieux comprise que sa parole. Professant par sauts et par bonds, il s'interrompait fréquemment par quelque boutade. Comme ses colères étaient souvent feintes, elles étaient soudain apaisées par le sang-froid ou l'insolence de ceux à qui il s'attaquait avec rudesse. Aux examens, il était fier de son latin élégant et facile, et il posait ses questions avec autant d'esprit que d'autorité; toujours plus occupé de l'auditoire que des candidats, il se complaisait dans les monologues, et il faut dire qu'il y excellait. Si l'interrogé se montrait impatient de répondre, Desgenettes brusquement lui imposait silence : « Laissez-moi parler, lui disait-il, vous avez tout à gagner à vous taire. » Il était de même à l'Académie, toujours personnel et blessant. Lui-même il jugea que ses saillies et ses épigrammes accroissaient le nombre de ses ennemis, et prévoyant, après avertissement, qu'elles pourraient lui faire perdre son inspection générale au conseil de santé des armées, le seul poste lucratif qui lui fût resté, il résigna de lui-même et uniquement par prudence, vers 1828, le titre de membre de l'Académie de Médecine en possession duquel il ne rentra qu'après juillet 1830.

Ce fut Desgenettes qui, le 18 novembre 1822, prononça, pour la rentrée de l'École de Médecine, l'éloge du docteur Hallé, son collègue, qui venait de mourir entre les mains de Béclard des suites de l'opération de la taille. L'abbé Nicole, ce jour-là, et pour la première fois depuis son rectorat, présidait l'assemblée. La séance fut des plus tumultueuses, et l'abbé sortit de la couvert de confusion. Par ordonnance en date du 21, contre-signée Corbière, et insérée au *Moniteur* du 23, l'École de Médecine fut fermée. Une ordonnance de février 1823 reconstitua pourtant la faculté, qui fut composée de 23 professeurs. Sur ce nombre 12 étaient choisis par les anciens titulaires, et 11 nouveaux professeurs remplaçaient autant d'anciens titulaires, éliminés et nommés professeurs *honoraires*. Desgenettes et Antoine Dubois, entre autres, ainsi frappés arbitrairement de destitution, ne furent réintégrés dans leurs chaires qu'après la révolution de 1830.

Assez épris des sensualités pour leur sacrifier la paix de sa vie, Desgenettes se montra rude envers son fils, qui ne pouvait subsister d'anecdotes et dont la fin fut déplorable. Trop conteur pour sagement administrer pour bien conclure, sa vie entière ne fut, pour ainsi dire, qu'une longue narration. Desgenettes mourut le 2 février 1837, des suites d'une attaque d'apoplexie à la production de laquelle les chagrins de famille ne furent pas étrangers. Desgenettes était membre d'un grand nombre d'académies et plus particulièrement de celles d'Italie. L'Académie des Sciences de Paris le choisit pour associé libre en 1832, et il avait eu l'honneur, ainsi que le remarque Pariset, de présider l'Institut du Caire. L'empereur, en 1809, l'avait créé baron, en même temps que Larrey, Percy et Heurteloup, et Desgenettes n'avait garde de l'oublier; il eût renoncé à toute son hygiène plutôt qu'à sa noblesse, il est vrai fort méritée.

On a de Desgenettes les ouvrages suivants : *Analyse du système limphatique ou absorbant* (1791) ; *Précis des recherches de Girardi et de Fontana sur le nerf intercostal ou sympathique* (1793) ; déjà Desgenettes avait publié une nouvelle édition, en latin, du *Mémoire original de Girardi* ; *Réflexions sur l'utilité de l'anatomie artificielle, et, en particulier, sur la collection de Florence et de la nécessité d'en former de semblables en France* (1793) ; *Fragments d'un mémoire sur les maladies qui ont régné à l'armée d'Italie* (1797) ; *Avis sur la petite-vérole*, en français et en arabe ; adressé au divan du Caire (Caire, 1800, in-4°) : Desgenettes ne connaissait pas encore la vaccine, que le duc de Liancourt et d'autres introduisaient en France à cette époque ; *Indication des principaux ouvrages concernant la fièvre jaune* ; *Des parotides dans les maladies aiguës* (1810) ; *Éloges historiques des académiciens de Montpellier, recueillis, abrégés, pour servir à l'histoire des sciences dans le dix-huitième siècle* (1811) : cet ouvrage peu remarquable est resté inachevé ; *Histoire médicale de l'armée d'Orient* (1802) ; *Essais de biographie et de bibliographie médicales* (1835) : c'est la réunion des articles que l'auteur avait insérés dans la biographie médicale de Panckoucke, et en quelque sorte la substance de son cours d'hygiène à la faculté, et l'ensemble de ses doctrines ou plutôt de ses opinions ; *Études sur le genre de mort des grands hommes de Plutarque et des empereurs romains* (1833) ; *Souvenirs de la fin du dix-huitième siècle et du commencement du dix-neuvième*, ou *Mémoires de R. D. D. G.* Cet ouvrage, commencé en 1835, a été interrompu au deuxième volume par la mort de l'auteur. Desgenettes avait en outre concouru à plusieurs encyclopédies, dictionnaires et journaux. Sa bibliothèque était très-riche en ouvrages sur les épidémies, et en particulier sur la peste et la fièvre jaune.

Dr Isidore BOURDON.

DÉSHÉRENCE (des mots latins *deest hæres*, l'héritier manque). On nomme ainsi le droit accordé à l'état de recueillir les s u c c e s s i o n s auxquelles ne se trouve appelée aucune des personnes désignées par la loi. Ce droit a été introduit parmi nous à l'exemple de ce qui se pratiquait à Rome, où, sous la République, on vendait à l'encan les successions vacantes, dont le produit était ensuite versé dans les caisses publiques. Strabon dit que c'était l'officier dont la mission était de rechercher dans l'Égypte les successions vacantes au profit de l'empereur ; et Suétone rapporte que Titus succéda aux terres qui étaient demeurées sans maîtres après l'éruption du mont Vésuve. En France, la déshérence fut d'abord considérée comme étant un droit de souveraineté et appartenant au roi ; mais peu à peu les empiétements des seigneurs parvinrent à en détourner l'origine, et, sous la troisième race, il fut dévolu aux seigneurs hautsjusticiers et regardé comme une indemnité de ce qu'ils étaient tenus de rendre la justice et de poursuivre à leurs frais la punition des crimes commis dans l'étendue de leur juridiction. Cette usurpation tolérée finit par constituer un droit général. D'après notre législation moderne, c'est à l'État qu'appartient le droit de déshérence : il s'exerce en son nom par l'administration de l'enregistrement et des domaines. La succession en déshérence n'est, en quelque sorte, qu'un dépôt ; car, si un héritier jusqu'alors ignoré se présente avant l'expiration de trente années, l'État est obligé de restituer à cet héritier la succession qui était demeurée sans maître.

Il ne faut pas confondre la succession en déshérence avec la succession v a c a n t e.   E. DE CHABROL.

DÉSHONNEUR, arrêt porté par l'opinion, et qui attaque l'homme social dans ce qui lui est le plus cher, l'estime publique dont il a joui jusque-là. Le déshonneur est le plus cruel des supplices, parce qu'il est celui qui dure le plus longtemps. Est-il le résultat d'une passion basse, on ne s'en relève jamais, du moins aux yeux des gens de bien. Mais à côté du déshonneur de l'opinion, il en est un autre que nous appellerons légal, c'est-à-dire que les juges seuls ont droit de prononcer, et c'est à défaut d'une autre expression, que nous employons ici celle de déshonneur. Il fallait, pour que l'ordre régnât dans la société, que nul ne pût se faire justice : c'était là une disposition générale qui était à prendre ; mais que de circonstances où un noble sentiment vous contraint à blesser la loi régnante ! Dans ce dernier cas, celle-ci vous atteint par une peine qui, matériellement parlant, prononce votre déshonneur, mais ne le réalise pas. C'est ce qu'on a vu mille fois dans les guerres civiles, où la force, guidée par la vengeance, distribue des peines infamantes, qui ne devraient être réservées que pour des délits et des crimes privés. La sévérité propre à certains actes privés est un étrange contre-sens à l'égard des actes politiques, quoique ces derniers amènent souvent des suites désastreuses. D'abord, il est évident pour tous que le meurtre et le vol qui ont pour but de s'enrichir doivent être punis avec sévérité ; c'est l'intérêt privé qui seul agit, et que n'arrête pas au besoin l'effusion du sang. Par conséquence inévitable, le châtiment légal entraîne le déshonneur ; mais, en politique, et surtout dans les révolutions qui se font par la force ou par tout autre moyen, le *pour* et le *contre* peuvent être douteux, du moins relativement à l'opinion publique. Il faut donc se défendre de prodiguer des peines qui infligent le déshonneur, puisqu'il n'a pas de prise sur celui que vous déclarez coupable.

Il y a une position qui est affreuse dans la vie : c'est lorsque, en matière ordinaire, on est condamné injustement, et que, plein de vertu et d'innocence, on est précipité dans un déshonneur irrévocable. Arraché à sa famille, à sa position, on a contre soi la vieille estime qu'on avait su conquérir ; car le monde, qui ne peut, ni découvrir la vérité, ni descendre dans l'intérieur de votre conscience, donne raison à ceux qui vous ont condamné, en applaudissant à leur sentence : le monde vous hait d'autant plus qu'il se regarde comme trompé. Maintenant, qu'on lise les annales de la justice, elles sont pleines d'erreurs. Que de fois les magistrats se laissent entraîner par une ardeur de punition irréfléchie ! Souvent aussi les circonstances sont trompeuses et les rendent excusables. Il faut avoir suivi les tribunaux pour être à même de sonder cet effroyable abime. Que de pères de famille sont, à tout hasard, marqués du sceau du déshonneur ! Quelle conséquence à en tirer ? c'est que, dans l'application de la peine, on ne saurait apporter trop de douceur et de tendresse ; car enfin il y a toujours doute. Quant à ceux qui sont injustement déshonorés, la morale proprement dite n'a guère de consolation à leur offrir : c'est à la religion qu'il faut s'adresser ; seule, elle est capable d'adoucir toutes les plaies que l'homme fait à l'homme.

Il y a entre les devoirs qui nous sont prescrits et les habitudes de la société des contrastes fort extraordinaires ; maximes et discours, tout prêche la décence aux femmes ; et les proches parents, qui sont ici les plus intéressés, leur passent, leur procurent au besoin des vêtements qui maintes fois blessent les mœurs. Sous des formes à moitié sérieuses, à moitié plaisantes, on sollicite du beau sexe ce qui doit le mener juste au déshonneur ; on le pousse dans cette pente, guidée par l'envie, sans trouble, sans hésitation, et à moins de circonstances particulières, on n'éprouve pas le moindre scrupule. Il est vrai que les femmes, connaissant les habitudes de la société, ne sont pas lentes à trouver leur réponse ou à improviser leur défense : on en triomphe bien rarement par surprise, elles sont trop sur leurs gardes ; elles peuvent accorder leur déshonneur, c'est rarement qu'on le leur ravit. Voilà ce qui explique la contradiction qui existe entre la morale et l'usage.   SAINT-PROSPER.

DESHOULIÈRES (ANTOINETTE DU LIGIER DE LA GARDE), née en 1634, à Paris, était fille d'un maître-d'hôtel de Marie de Médicis et puis d'Anne d'Autriche. Belle, aimable, instruite dans les langues latine, italienne et espagnole, ainsi que dans les arts d'agrément, elle épousa, n'étant âgée que de dix-sept ans, Guillaume de la Fon de Boisguérin, seigneur des Houlières, gentilhomme poitevin, lieutenant-colonel dans un des régiments du prince de Condé, et si dévoué à ce prince qu'il le suivit hors de France lors des guerres de la Fronde. Mme Deshoulières, qui cultivait déjà la poésie et avait fait succéder à la lecture des romans l'étude de la philosophie de Gassendi, prouva que ce genre d'occupations n'avait altéré ni sa sensibilité comme femme, ni le sentiment de ses devoirs comme épouse. Non sans quelques dangers, elle alla rejoindre son mari à Bruxelles, brilla d'un grand éclat à cette cour, et y devint l'objet des hommages du grand Condé lui-même, qu'elle rejeta sans dédain, mais avec une fermeté qui ne lui laissa aucun espoir. Devenue suspecte à cette cour étrangère, elle fut enfermée en 1657 dans le château de Vilvorde, où, pendant huit mois, elle n'eut d'autre consolation que la lecture de l'Écriture sainte et des Pères de l'Église. Son mari, n'ayant pu obtenir sa liberté, s'introduisit, avec quelques soldats, dans le château, enleva sa femme, et, profitant de l'amnistie publiée en faveur de ceux qui avaient quitté la France, y rentra.

L'esprit de Mme Deshoulières, les charmes de sa personne, ses poésies, lui procurèrent mille succès à la cour d'Anne d'Autriche et dans la société la plus choisie; mais sa réputation n'en souffrit point, tant son aversion pour toute espèce de galanterie était sincère. Son talent pour la poésie la mit en relation avec les deux Corneille, Fléchier, Benserade, Ménage, tous les hommes de lettres de son temps, auxquels se joignirent les ducs de La Rochefoucauld, de Nevers, les maréchaux de Vauban et de Vivonne, et les gens de la société aussi distingués par leur esprit que par leur naissance. Cependant, il fallait du courage à Mme Deshoulières pour se livrer à l'étude et montrer de la grâce dans le monde; car elle avait un fils et une fille, et peu de fortune. Heureuse par l'amour de son mari, de ses enfants, de ses amis, par la considération dont elle jouissait, elle éprouvait des privations qui sont surtout pénibles dans une situation où certaines dépenses semblent faire partie des devoirs que le sort impose. Cette peine continuelle a répandu sur ses vers une mélancolie touchante, qui la distingue des écrivains de son époque, et qui n'est nulle part plus heureusement exprimée que dans les vers qu'elle adressa à ses enfants, et qui commencent par ces mots : *Dans ces prés fleuris*, etc. Mais ce qui justifiera toujours le surnom de dixième muse donné à Mme Deshoulières, ce sont ses *Idylles*, chefs-d'œuvre de grâce, de sensibilité de correction, que l'on a comparées à celles de Théocrite. Celles qui ont pour titre, *les Moutons*, *les Fleurs*, subsisteront tant qu'on lira les auteurs du siècle de Louis XIV, c'est-à-dire autant que la langue française, malgré l'accusation de plagiat, dénuée de fondement, dont la première a été l'objet (*voyez* COUTEL). Nous remarquerons aussi qu'il est peu d'écrivains qui puissent retirer de la publication de leurs œuvres autant d'honneur que Mme Deshoulières : sans pédanterie, sans affectation sentencieuse, on trouve dans ses vers les maximes de la plus haute morale. Qui raconte mieux la vie du joueur ?

On commence par être dupe,
On finit par être fripon.

Qui parle mieux aux femmes ?

Pourquoi s'applaudir d'être belle ?
Quelle erreur fait compter la beauté pour un bien !

Puis, après l'énumération de ce que l'on en retire d'agréments, ces paroles formidables :

A l'examiner, il n'est rien
Qui cause autant de chagrin qu'elle.
. . . .
Mais on a peu de temps à l'être,
Et longtemps à ne l'être plus.

Non-seulement Mme Deshoulières, quoique poëte, était raisonnable, mais encore elle était modeste. Si elle avait apprécié son talent, elle ne l'aurait point employé à faire des vers à propos des circonstances les plus frivoles et les moins intéressantes. Telles sont les épîtres de tous les *chats et chattes* de sa société, de *Cochon*, chien de M. de Vivonne, qui amusèrent beaucoup *le monde à la mode* de ce temps, mais dont personne ne se soucie aujourd'hui. Sans doute cette indifférence pour sa gloire rendait Mme Deshoulières plus aimable, mais nous lui devons beaucoup de beaux vers de moins. On peut en dire autant des moments qu'elle a employés à faire ses tragédies de *Genséric* et de *Jules-Antoine*. La première, jouée par Baron, à l'hôtel de Bourgogne, en 1680, quoiqu'elle ait eu quarante représentations, fit renvoyer l'auteur à *ses moutons*; et Mme Deshoulières elle-même approuva ce jugement. Les vers qu'elle fit à la louange de Louis XIV valaient mieux, et lui obtinrent une pension de 2,000 livres; mais ce qu'elle a écrit de plus remarquable dans le genre élevé, ce sont ses paraphrases des *Psaumes* 12, 13 et 145, dont elle s'occupa pendant les derniers jours de sa vie.

Cette femme, dont le goût était si sûr quand elle écrivait, en manqua lorsqu'elle dut juger. Blessée, comme Mme de Sévigné, et beaucoup de personnes spirituelles de ce temps, de voir comparer et quelquefois préférer Racine au grand Corneille, Mme Deshoulières prit parti contre le plus parfait de nos auteurs dramatiques. Elle protégea la *Phèdre* de Pradon, et fit un sonnet contre celle de *Racine*, qui lui attira des vers satiriques de Boileau et les railleries de la majorité, qui, tout en reconnaissant le mérite du vieux tragique, rendait hommage à la supériorité de son rival. L'aigreur domina dans cette dispute de part et d'autre; mais l'erreur de Mme Deshoulières ne nuisit point à l'opinion qu'on avait de son esprit. En 1684, elle fut nommée membre de l'académie des *Ricovrati* de Padoue, et en 1689, de celle d'Arles. Les douze dernières années de sa vie furent rendues douloureuses par un cancer au sein, dont elle mourut à Paris le 17 février 1694, en donnant l'exemple d'une résignation toute chrétienne. Titon du Tillet la plaça sur son *Parnasse*, et Voltaire dans son *Temple du Goût*. La meilleure édition de ses *Idylles*, *odes*, *ballades*, *madrigaux*, *sonnets*, etc., a été publiée sous le titre d'*Œuvres de Mme et de Mlle Deshoulières* (Paris, 1819).

DESHOULIÈRES (ANTOINETTE-THÉRÈSE), fille de la précédente, née en 1662, hérita du noble caractère de sa mère et de ses goûts, mais non de ses talents, quoiqu'elle fût instruite, et que Pierre Corneille, Benserade, et autres beaux esprits du temps, se fussent mêlés de son éducation. Cependant, elle débuta dans la carrière des lettres d'une façon brillante, en remportant le prix de l'Académie française en 1687, par une *Ode sur le soin que le roi prend de l'éducation de la noblesse dans les places et dans Saint-Cyr*. Fontenelle à ce concours n'obtint que le premier accessit. Elle continua la plaisanterie des *chats* commencée par sa mère, et fit un petit opéra intitulé *La Mort du Chien Cochon*, qui divertit beaucoup la société. Ses vers étaient faciles, et ses *épîtres*, *madrigaux* et *chansons* devaient plaire alors que vivaient ceux qui en étaient l'objet ou à qui elle les adressait. La préface qu'elle mit à la tête des œuvres de sa mère prouve qu'elle écrivait en prose avec élégance et correction; elle fut, après la mort de Mme Deshoulières, des mêmes académies qu'elle. Ses revenus ne consistaient guère qu'en quelques petites pensions que lui faisait Louis XIV; mais elle ne songea pas à se plaindre de sa fortune, lorsqu'elle eut perdu son père, sa mère, son frère, et M. Caze, jeune homme qu'elle aimait, dont elle était aimée, et qui fut tué au service au moment où elle allait l'épouser. Malgré les consolations qu'elle puisa dans la religion, ses regrets durèrent autant que sa vie; elle les exhala dans des vers fort tendres, où elle déplore la mort de ses parents et de M. Caze, sous le nom de Tircis. Vertueuse, bonne, aimable, elle se fit beaucoup d'amis, conserva ceux de sa mère, et mourut au même âge et de la même maladie qu'elle, en 1718. On l'enterra auprès de sa mère dans l'église de Saint-Roch. C^{esse} DE BRADI.

DESILLES (ANDRÉ-JOSEPH-MARC, chevalier), né à Saint-Malo le 7 mars 1767, tué à Nanci le 30 août 1790, servait comme sous-lieutenant dans le régiment du roi, infanterie, qui, depuis plusieurs années, tenait garnison dans cette dernière ville. A l'âge de vingt-trois ans seulement, ce jeune officier était déjà décoré de la croix de Saint-Louis. La garnison de Nanci, soutenue par le peuple, s'était insurgée. L'Assemblée nationale avait déclaré les révoltés coupables du crime de *lèse-nation*, et le marquis de Bouillé marchait contre eux à la tête de 3,000 hommes. Desilles montra dans cette occasion le plus héroïque dévouement : avant le combat, et lorsque le canon était braqué contre l'armée de Bouillé, le généreux sous-lieutenant essaya de prévenir l'effusion du sang, fit entendre aux révoltés le langage de la raison, de l'honneur et de l'humanité, et brava tous les ressentiments, tous les dangers, « présentant son corps devant les bouches des canons, » dit le procès-verbal de la municipalité de Nanci, qui ajoute : « Ce brave militaire, non content de vouloir être la première victime de la fureur aveugle de la garnison soutenue par des gardes-citoyens rebelles, n'a cessé de leur représenter que c'était contre des frères, contre des amis qu'ils voulaient porter les armes, et qu'ils allaient se rendre coupables du crime de lèse-nation par une action infâme. » Ces sages représentations n'ayant pas produit l'effet que Desilles en attendait, il fut entraîné par les rebelles à la municipalité, où, comme plusieurs autres généreux citoyens, il fut victime de violences de tout genre. Ayant recouvré sa liberté et conservant encore l'espoir de prévenir le carnage, il courut de nouveau à la porte Stainville, théâtre de ce sanglant conflit, et, se jetant devant le canon des rebelles, il tenta encore une fois de les désarmer ; mais leur fureur était à son comble, et le jeune héros tomba frappé de quatre coups de feu.... Ce dévouement fut, comme il devait l'être, dignement apprécié : l'Assemblée nationale lui donna les applaudissements qu'il méritait ; son président écrivit dans les termes les plus honorables au père de Desilles ; La Fare, évêque de Nanci, prononça, le 19 octobre, son éloge funèbre, dans lequel il fit une heureuse application de ce passage des Machabées : *Vir amator civitatis, eligens nobiliter mori priusquam subditus fieri peccatoribus...* Les théâtres, la peinture, la sculpture, célébrèrent à l'envi le nom de Desilles.

DÉSINENCE. Ce mot est dérivé du verbe latin *desinere*, qui signifie cesser, finir, s'arrêter, se terminer. Les grammairiens nomment *désinence* la syllabe qui termine un mot. Ainsi, dans le langage grammatical, *désinence* et *terminaison* peuvent être regardées comme synonymes. La *désinence*, d'après ce que nous venons de dire, porte sur le dernier son d'un mot, modifié, si l'on veut, par quelques articulations subséquentes, mais détaché de tout articulation antécédente. Par exemple, dans *dominus, domini, domino*, on voit le même radical *domin* avec des *désinences* différentes. Dans notre langue, que l'emploi fréquent de l'*e* muet à la fin des mots rend quelquefois sourde et insonore, il y a un grand nombre de mots dans lesquels les deux dernières syllabes forment nécessairement la *désinence*. Ainsi, dans le mot *désinence* lui-même, le mutisme de la syllabe *ce* oblige d'interroger la syllabe qui précède pour avoir un son ; c'est *ence* qui est la *désinence*. Il en est de même à l'égard de presque tous nos mots qui se terminent par un *e* muet, comme *innombrable, éternelle, espérance, richesse, enchantée, flatterie*, etc. Voilà pourquoi, dans les vers français à rimes féminines, le son de la dernière syllabe ne suffit pas pour constituer la rime : la prononciation sourde de l'*e* muet empêche d'y apercevoir une convenance sensible. Ainsi, quoique la dernière syllabe de *mon-de* soit parfaitement semblable à celle de *deman-de*, ces deux mots ne riment cependant point, parce que leur *désinence* ne se ressemble pas ; il en est de même de *louange* et *mensonge*, de *modèle* et *scandale*, d'*horrible* et *agréable*, etc. En général, les autres langues sont plus favorisées que la nôtre sous ce rapport : plus accentuées, elles font compter toutes leurs syllabes pour la *désinence* des mots. Chaque langue offre des *désinences* qui semblent lui être plus particulières qu'à aucune autre, et qui forment une partie de sa physionomie. Les *désinences* sont habituellement pleines de mélodie dans la langue italienne ; elles sont majestueuses dans la langue espagnole ; rudes et parfois sauvages dans les idiomes tudesques. De même, on peut remarquer dans nos diverses provinces une foule de noms propres dont les *désinences* sentent pour, ainsi dire, le terroir et accusent elles-mêmes leur origine.

C'est à tort que l'on a confondu *désinence* ou *terminaison* avec *inflexion*. Ce dernier mot exprime le passage de la voix d'un son à un autre ; et quand on s'en sert grammaticalement, c'est pour indiquer la manière dont les noms se déclinent, dont les verbes se conjuguent. CHAMPAGNAC.

DÉSINFECTION, action qui a pour objet de neutraliser, de détruire les émanations malfaisantes ou miasmatiques qui exercent sur nous une action nuisible par la voie de l'atmosphère, et plus immédiatement par l'air que nous respirons, les habitations, les vêtements et autres applications extérieures. L'art emploie plusieurs procédés pour purifier ou *désinfecter* l'air et changer les proportions des principes qui constituent l'atmosphère qui nous environne ; ces procédés sont de deux sortes : les uns tendent à corriger les émanations qui altèrent la *respirabilité* de l'air, les autres sont destinés à combattre les conditions qui le rendent nuisible et vénéneux sans altérer sa respirabilité. Aux premiers se rapportent les moyens de renouveler l'air et de remplacer celui qui est devenu non respirable par la quantité de gaz délétère qu'il contenait, comme l'acide carbonique, l'hydrogène sulfuré, carboné ; et c'est ainsi qu'on agit à l'aide de courants ou de ventilateurs, de feux allumés, qui déterminent un mouvement rapide dans l'atmosphère. On peut seconder cette action purement mécanique par des lessives alcalines, comme les solutions de chaux, qui ont la propriété d'absorber l'acide carbonique. Lorsqu'on croit n'avoir pas enlevé par la ventilation les agents d'infection, et qu'on suppose qu'ils adhèrent aux murs, aux meubles, aux lits, aux couvertures, il faut recourir aux neutralisants chimiques qui ont la propriété d'anéantir les miasmes. On employa dans le principe les acides acétique, sulfureux, nitrique, mais on fut bientôt conduit à leur préférer les vapeurs de chlore. La première application en fut faite par le célèbre Guyton-Morveau, dans une église infectée de la ville de Dijon. Plus tard, on a changé le mode d'administration de ce neutralisant chimique, en employant les chlorites de chaux et de soude, presque seuls usités aujourd'hui pour toute espèce de désinfection.

Avant que la chimie nous eût éclairés sur la nature des principes neutralisants et véritablement modificateurs, on avait recours à d'autres moyens pour combattre les émanations délétères, les miasmes épidémiques engendrés dans les prisons, les hôpitaux, les cimetières, etc. Ainsi, on faisait des fumigations aromatiques avec des baumes, des gommes-résines, des huiles essentielles, etc. Ces moyens se bornaient à masquer les miasmes putrides sans les détruire ; ils pouvaient même devenir des excitants qui stimulaient l'économie animale en augmentant la force et l'énergie des organes. C'est sans doute l'effet le plus palpable de la fameuse composition connue sous le nom de *vinaigre des quatre voleurs*, pour ne citer que la plus renommée. Il en était à peu près de même sans doute de bien d'autres moyens analogues, et en particulier de la combustion de la poudre à canon, qu'on met en usage à

DÉSINFECTION — DÉSINTÉRESSEMENT

bord des vaisseaux, dans un but d'assainissement. Dans cette combustion, l'acide nitrique du nitrate de potasse est décomposé; l'azote de cet acide dégagé, son oxygène se porte sur le charbon et sur le soufre, de telle manière que les résultats fixes et expansibles de la combustion de la poudre sont du gaz azote, de l'acide carbonique, du sulfate de potasse, etc. Aucun de ces produits n'est capable d'attaquer les propriétés délétères de l'air; par conséquent l'opération se borne à produire une commotion dans l'atmosphère avec déplacement d'une certaine quantité d'air.

Du reste, quand on a seulement en vue de changer l'air infecté dans les vaisseaux, les prisons, etc., on emploie avec plus de succès de grandes machines à ventilation, telles que le *manche-à-vent*, *le ventilateur de Halles*, etc. Les *feux*, tant célébrés par les anciens dans les pestes, les épidémies, et qu'on peut allumer en divers endroits de manière à établir de forts courants d'air et à corriger l'humidité de l'atmosphère, sont plus efficaces que les autres moyens de ventilation. Depuis longtemps on en a retiré d'immenses avantages pour désinfecter les fosses d'aisance, les ateliers où se dégagent des vapeurs malfaisantes ou des gaz irrespirables. L'hygiène publique est infiniment redevable sous ce rapport aux travaux de Thénard, Dupuytren, D'Arcet, Barruel, etc. Il ne faut pas perdre de vue, toutefois, que les foyers de combustion, quelleque soit leur étendue, ne font que renouveler l'air, et n'opèrent point la destruction des miasmes dont il est infecté.

Outre la propriété que possèdent les solutions alcalines d'absorber l'acide carbonique qui se dégage dans les habitations de l'homme et des animaux domestiques, on leur attribue communément la vertu de corriger les mauvaises odeurs, de dénaturer plus ou moins les matières animales putréfiées et infectantes. On sait qu'on se sert avec avantage de la chaux-vive pour recouvrir les cadavres de l'homme et des animaux, et de la chaux en solution pour blanchir les étables et autres lieux qu'on suppose infectés par l'action prolongée des maladies épidémiques.

Quelle que soit l'efficacité des chlorites sur l'air atmosphérique des lieux infectés, comme les églises, les amphithéâtres, les marchés, les cimetières, les usines, etc., etc., on ne peut se flatter de détruire entièrement les funestes effets de l'infection lorsqu'il y a une grande masse d'air altérée, comme il arrive probablement dans certaines épidémies, dont à la vérité la nature et les causes sont mal connues. On peut croire avec quelque fondement que dans ces circonstances on ne purifie qu'une étendue limitée d'air, et que cette étendue ne tarde pas à être remplacée pas un nouvel air contagié et infecté. On a remarqué cependant que sur la *fin des épidémies* on retirait quelque avantage des fumigations de chlore, et que ce gaz pénétrant semble alors susceptible de neutraliser des miasmes moins nombreux ou devenus moins actifs : c'est du moins ce qui semble résulter d'observations authentiques recueillies à diverses époques, et notamment de celles qui ont été faites en France en 1800 et 1804, par Nysten, Savary et Guersant, envoyés par le gouvernement dans les départements de l'Yonne et de la Côte-d'Or, pour arrêter les progrès d'une fièvre de prisons qui moissonnait de malheureux prisonniers de guerre espagnols. Nous ne connaissons pas d'autre expérience concluante postérieure à l'époque dont nous parlons; nous ne ferons qu'indiquer ici celles qui ont été tentées pour détruire les miasmes contagieux de la peste d'Orient en 1828 et 1829, par Pariset et ses compagnons, parce qu'elles ont évidemment besoin d'être confirmées. Dr BRICHETEAU.

DÉSINTÉRESSEMENT, abnégation complète de soi en matière d'argent; telle est la signification la plus usuelle de ce mot : on voit assez qu'il exprime une vertu qui n'est guère à la mode. Le désintéressement règne aux deux extrêmes suivants : chez un peuple dispersé dans les montagnes, ou perdu au sein des forêts. Là, les mœurs sont pures, parce que les besoins sont modérés; d'un autre côté, on ne connaît pas le luxe; la vie s'écoule donc dans une sorte de désintéressement habituel, que développe une hospitalité généreuse. On rencontre encore le désintéressement chez un peuple qui, très-riche, possède de hautes classes puissantes; il sera moins général, mais plus étendu dans ses effets, et dans certaines circonstances inspirera des sacrifices sans bornes. Il y a, dans ce moment, un concours de circonstances qui, parmi nous, conspirent à étouffer le désintéressement. D'abord, on n'exerce d'influence réelle que si l'on possède; il y a, par conséquent, dans tout ce qui est doué d'intelligence et d'activité une rivalité perpétuelle pour acquérir de l'argent. On cède avec d'autant plus de facilité à une ardeur immodérée de luxe, que c'est un mode d'obtenir du crédit, qui, conduit avec habileté, se convertit en une nouvelle source de richesses. Enfin, nous sommes en proie à une soif si insatiable de jouissances physiques qu'on n'a jamais assez d'or pour les assouvir. Où le désintéressement peut-il trouver place dans une société ainsi constituée? En haut lieu même, le sens moral est éteint. On ne comprend plus la société que comme un domaine à exploiter, et l'on ne considère les citoyens que comme des animaux à pressurer; qu'ils vivent sans devoirs ou vertus, peu importe; l'essentiel, c'est qu'ils grossissent les bordereaux des recettes; l'ampleur du trésor public, c'est la mesure de la vertu privée; c'est plus, c'est la mesure de l'honneur national. C'est à qui trompera le plus souvent pour s'enrichir plus vite; ceux qui, à défaut de capitaux, n'ont pas de marchandises, trafiquent de leurs places ou de leur position. Bien des années se sont déjà passées ainsi; mais arrivera le jour où l'on reconnaîtra qu'une société qui a banni le désintéressement s'est suicidée. Que des circonstances extraordinaires se présentent; par exemple, une invasion : généraux et soldats ne sont-ils pas tenus, pour sauver l'indépendance de tous, de rompre avec leurs plus chers intérêts? Cultivez dans les temps calmes le désintéressement pour en retrouver les avantages aux jours de crise; rendez-le populaire; car les empires sont comme les hommes, il arrive pour eux des instants où le plus minime secours n'est pas à dédaigner; il ne suffit pas que les généraux résistent aux tentations d'argent, il faut que les soldats oublient quelquefois qu'ils ont une solde à toucher; car, dans une guerre d'invasion, eux aussi peuvent bien n'être pas payés : le désintéressement est, en réalité, une vertu de salut public.

Il nous reste maintenant à exposer une considération d'un tout autre ordre : nos lois civiles établissant l'égalité des partages, il en résulte qu'avec le temps, il restera seulement quelques grandes fortunes pour conserver les traditions de l'ancien désintéressement français, qui est d'une rude pratique pour quiconque ne possède que juste ce qu'il lui faut pour vivre. Les mœurs doivent alors venir au secours du désintéressement et lui rendre en estime publique et en honneur tout ce qu'il exigera dans l'avenir en sacrifices. Enfin, puisque les classes intermédiaires, ou, du moins, les hommes principaux qu'elles renferment, escaladent de plus en plus les hauteurs du pouvoir, grâce à leur immense fortune commerciale, il est de l'intérêt bien entendu de ceux qui exercent des professions où le désintéressement est de conscience, d'entretenir avec une sorte de culte une vertu si admirable; la sainte conspiration où les lettres doivent entrer aussi. Qu'on nous croie! tôt ou tard le désintéressement des nobles professions l'emportera sur la puissance des écus. Cette dernière n'est utile qu'à quelques-uns; le désintéressement de l'intelligence et du génie est la sauve-garde des masses.

L'éducation, l'usage du monde, donnent, en présence de témoins, une certaine apparence de désintéressement; il y a des droits qu'on n'ose pas faire valoir, mais c'est avec la réserve de prendre sa revanche. Le désintéressement est un composé de délicatesse, de dévouement et de générosité;

il a pour lui la grâce et la force : ne nous étonnons pas s'il est si rare au dix-neuvième siècle.   Saint-Prosper.

DÉSIR. On entend par *désir* ce mouvement spontané de l'âme par lequel elle aspire à la possession de ce qui lui agrée. Quoique ce fait soit facile à concevoir et même à définir, il n'en est peut-être pas dont l'analyse soit plus délicate, et qui présente plus de difficultés, si l'on veut démêler clairement les éléments dont il se compose. Le désir n'est-il qu'un sentiment, un fait purement affectif, et qui appartient exclusivement à la sensibilité, à ce pouvoir dont nous sommes doués, de jouir ou de souffrir, d'être affectés de plaisir ou de peine? ou bien n'entre-t-il pas dans le fait du désir un autre élément qui n'appartient pas au principe affectif, et qu'il faut nécessairement rapporter à un autre, au principe actif, par exemple? Telle est la question que nous nous hasardons à soulever pour la première fois, et que nous essaierons de résoudre. Jusqu'à présent, on a toujours regardé le désir comme un sentiment, un fait uniquement affectif.

Jouffroy, qui a jeté tant de lumière sur la science psychologique, et à qui elle doit ses progrès les plus récents, n'a pas considéré autrement le désir, et s'il le distingue du sentiment et de l'amour, il l'attribue néanmoins au même principe : il en fait l'apanage exclusif de la sensibilité. Voici l'analyse remarquable qu'il donne de ce phénomène : « La sensibilité, étant agréablement affectée, commence par s'épanouir, pour ainsi dire, sous la sensation ; elle se dilate et se met au large, comme pour absorber plus aisément et plus complétement l'action bienfaisante qu'elle éprouve : c'est là le premier degré de son développement. Bientôt ce premier mouvement se détermine davantage et prend une direction ; la sensibilité se porte hors d'elle et se répand vers la cause qui l'affecte agréablement : c'est le second degré. Enfin, à ce mouvement expansif finit tôt ou tard par en succéder un troisième, qui en est comme la suite et le complément : non-seulement la sensibilité se porte vers l'objet, mais elle l'aspire à elle; elle tend à le ramener à elle, à se l'assimiler pour ainsi dire. Le mouvement précédent était purement expansif; celui-ci est attractif. Dans le premier, la sensibilité allait à l'objet agréable ; par le second, elle y va encore, mais pour l'attirer à elle et le rapporter à elle ; c'est le troisième et dernier degré de son développement. Or, ces trois degrés sont nommés plus loin : c'est la *joie*, l'*amour*, le *désir*. »

Avant de chercher, et pour nous assurer si le désir est ou non un développement de la sensibilité, commençons par la définir. La sensibilité est et n'est point autre chose, de l'accord de tous les psychologistes, que le pouvoir d'être modifié agréablement ou désagréablement, d'éprouver du plaisir ou de la douleur. Or, dans le désir, il nous semble qu'il y a plus que de la joie ou de la souffrance, et que le fait qui vient s'associer au fait affectif *n'est pas plus de même nature*; car il consiste, pour l'âme, à *aspirer* à la possession d'un objet, à *se porter* vers lui pour l'attirer à elle : il y a *mouvement* et *mouvement attractif*, comme l'a très-bien dit Jouffroy. Or, cette aspiration, ce mouvement n'est point le fait de la sensibilité, puisque ce n'est ni de la joie ni de la douleur. De plus, remarquons que dans les données de l'analyse présentée plus haut, pour arriver au désir, le phénomène affectif qui sert de point de départ change singulièrement de nature. Ainsi, on part d'un sentiment de plaisir ou de joie pour arriver à un sentiment d'inquiétude, de malaise; car le désir n'est point un état de l'âme qu'on puisse qualifier d'agréable : il y a en lui quelque chose de pénible, déterminé par la privation de l'objet auquel l'âme aspire. Comment donc, si le désir n'était que le développement d'un même fait, ce fait passerait-il à un état tout opposé? D'un autre côté, ce sentiment d'une nature pénible, auquel l'âme est en proie dans le désir, est-il le seul fait qui se manifeste alors? n'y a-t-il pas aussi cette aspiration, ce mouvement de l'âme vers l'objet désiré? Or, comme nous venons de le dire, ce mouvement de l'âme n'est point un sentiment, et s'il est amené par un phénomène affectif, s'il est accompagné de phénomènes affectifs, il s'en distingue néanmoins par des caractères qui lui sont propres, qui ne peuvent appartenir aux phénomènes de la sensibilité, et qui obligent de le rapporter au principe actif, comme il sera facile de le prouver.

Et, en effet, il y a dans l'âme un commencement d'activité quand elle aspire à quelque chose, quand elle va au-devant de ce qu'elle désire. Qu'est-ce que se porter ainsi par un mouvement spontané au dehors d'elle-même pour attirer vers elle l'objet de son amour? N'est-ce pas vouloir spontanément la possession d'un objet? Il y a identité entre cette volonté spontanée et le désir. On voit donc qu'ici l'activité joue le principal rôle, et que c'est à tort qu'on a voulu faire du désir une espèce de sentiment.

Deux raisons ont jusqu'à présent empêché d'attribuer ce phénomène à l'activité : la première est qu'on n'a pas examiné l'activité sous toutes ses faces et dans tous les rôles qu'elle remplit ; la seconde, que le phénomène du désir apparaît toujours escorté de phénomènes affectifs, dont la présence a empêché de démêler l'élément actif, et de dégager du milieu de ces faits le fait d'activité qui constitue le désir. Jusqu'ici on n'a guère considéré le principe actif que comme faculté locomotive, c'est-à-dire n'ayant d'action que sur les organes pour leur imprimer le mouvement qui exécute nos volontés. Or, l'activité n'exerce pas seulement son action sur les organes de la locomotion, elle l'exerce encore sur les autres principes passifs de notre être, sur l'intelligence et la sensibilité. Ainsi, l'*attention* n'est pas seulement le fait de l'intelligence, elle est encore celui de l'activité, qui dirige l'entendement vers l'objet que nous voulons connaître. Regarder, c'est *vouloir* voir ; écouter, c'est *vouloir* entendre. Or, le désir est, comme l'attention, un fait de même ordre ; seulement, il ne s'agit plus pour l'âme de *connaissance* à acquérir, mais de *jouissance*. Désirer, c'est *vouloir jouir*, comme être attentif, c'est vouloir connaître. Dans le désir, c'est la sensibilité qui est influencée par le principe actif et mue par lui vers l'objet dont nous recherchons la possession. Le désir est donc à la sensibilité ce que l'attention est à l'intelligence, c'est-à-dire un fait complexe où l'activité intervient pour diriger le pouvoir affectif, comme elle intervient dans le fait d'attention pour diriger le pouvoir intellectuel.

Le langage lui-même, l'œuvre du sens commun, ne vient-il pas à l'appui de cette analyse? le mot *désirer* ne peut-il pas toujours se traduire par *vouloir*? ne serions-nous pas compris si, au lieu de dire : *je désire vivre libre*, nous disions : *je veux vivre libre*, etc. Le désir et la volonté différent néanmoins ; mais si l'on peut les employer ainsi l'un pour l'autre, cela prouve que ces faits ont un caractère essentiellement commun, qui est d'appartenir tous deux au principe actif. En quoi donc le désir différe-t-il de la volonté? C'est qu'il est instinctif, spontané, et qu'il est le premier fait par lequel l'activité débute et se manifeste à la suite d'un état heureux que nous *voulons* prolonger ou voir renaître, sans que la réflexion se soit encore exercée, sans qu'il y ait eu de notre part délibération, sans que le raisonnement soit venu à l'appui de notre désir. Mais, lorsque nous avons une connaissance plus distincte de notre force et du but où elle tend, des motifs qui l'y poussent, des obstacles qu'elle peut rencontrer, lorsque nous avons délibéré pour savoir si nous céderons à cette impulsion, ou s'il ne convient pas mieux de donner une autre direction à notre activité, cette impulsion perd alors son caractère de spontanéité, elle devient un *mouvement réfléchi*, que nous continuons alors avec connaissance de cause, avec intention formelle de le continuer, malgré les obstacles qui se présentent. Ce mouvement réfléchi est, à proprement parler, un phénomène volontaire; l'homme alors veut, il ne désire plus. Ainsi, ce qui constitue la différence entre le désir et la volonté, c'est que, dans le premier cas, le mouvement par lequel l'homme aspire à son but est *spontané*, instinctif, indépendant de nous et de notre liberté, le début d'une force qui entre en action sans se connaître, tandis que dans le second cas ce mouvement est compris par la conscience, approuvé et fortifié par la raison, en un mot, *réfléchi*. Dans l'homme, c'est la *nature* qui désire et la *réflexion* qui veut. Aussi arrive-t-il souvent qu'il veut le contraire de ce qu'il désire; car la connaissance que l'homme acquiert de son activité fait qu'il en devient le maître, et qu'il peut la diriger alors dans un sens contraire à celui où l'entraînait la nature. L'animal ne veut jamais, il n'a que des désirs, parce que dans l'animal la nature seule agit, parce qu'il est incapable de se connaître, par conséquent de réfléchir sur sa puissance et de lui donner librement une direction.

Voici quels sont les divers phénomènes affectifs qui précèdent le désir ou l'accompagnent : l'âme s'ouvre d'abord à un sentiment de plaisir, à l'occasion d'un objet mis en relation avec elle; ce sentiment vient à cesser par une cause quelconque, et alors elle éprouve un sentiment de tristesse et comme de regret pour le bien qu'elle a perdu : ce tourment secret, qui naît à la suite de la privation, a reçu le nom de *besoin*. Le besoin est bientôt suivi du mouvement par lequel l'âme aspire à posséder ce qu'elle regardait comme son bien, et c'est ce mouvement, cet élan de l'âme vers la jouissance, qui constitue essentiellement le *désir*. Mais non seulement des phénomènes affectifs ont précédé sa naissance, c'est encore au milieu de phénomènes affectifs qu'il opère son développement. Le souvenir de la jouissance passée occupe encore l'âme au moment où elle aspire à la renouveler, et ce *souvenir* l'affecte encore agréablement, ainsi que l'*espérance* de la posséder de nouveau. D'un autre côté, la privation où elle est toujours de l'objet souhaité entretient en elle le sentiment pénible du regret et du besoin. Ajoutez à cela un autre sentiment pénible qui naît de l'incertitude où elle est de posséder ce à quoi elle aspire, et qu'on peut nommer *crainte*, *inquiétude*; en sorte qu'il ne cessera que quand le désir sera satisfait, c'est-à-dire avec lui. Tels sont les phénomènes affectifs qui en sont l'inévitable cortège. C'est une chose assez remarquable que la présence de ces sentiments opposés qui viennent se heurter dans l'âme pendant le phénomène du désir. Cependant leur présence est réelle et confirmée par le sens commun non moins que par l'observation. Pourquoi regarde-t-on comme malheureux ceux qui désirent sans cesse, pourquoi dit-on tous les jours que le bonheur consiste à savoir borner ses désirs, à les étouffer, etc.? c'est qu'on a en vue l'agitation pénible à laquelle est en proie le cœur qui désire. Pourquoi s'accorde-t-on aussi à dire qu'il n'y a d'heureux que ceux qui ont quelque chose à désirer, que la vie serait bien triste si tout désir était éteint dans notre âme? c'est qu'alors on a eu en vue le sentiment d'espérance qui accompagne le désir, cette pensée de bien-être qui occupe l'âme si délicieusement, tant qu'elle en regarde la réalisation comme possible.

Pour achever ce que nous voulions dire du désir considéré en général, il nous reste à le distinguer du *penchant* et de la *passion*.

Le penchant est la disposition innée de l'âme à aspirer à tel genre de bien plutôt qu'à tel autre. Le désir est le fait par lequel le penchant se produit et se manifeste. On peut avoir du penchant à une chose et ne point en concevoir le désir, si l'occasion ne s'est pas présentée pour le faire éclore. Le penchant n'est pour l'âme qu'une virtualité, une puissance qui n'entre en action que dans les circonstances nécessaires à son développement. Or, c'est par le fait du désir que cette puissance entre en action. Le désir est le phénomène, le penchant est la force, le principe. Aussi, il ne peut y avoir de désir dans l'âme que pour un objet déterminé. Nous naissons avec des penchants; les circonstances où se développe notre être font apparaître nos désirs. Nous pouvons avoir du penchant pour ce que nous ne connaissons pas encore; nous ne pouvons désirer ce dont nous ignorons l'existence, *ignoti nulla cupido*. On dit pourtant quelquefois les *désirs vagues* de l'âme; mais, quand nous désirons vaguement, nous désirons toujours quelque chose : ou bien c'est que notre âme flotte incertaine entre divers objets qui l'attirent et dont elle ne se rend pas bien compte, ou c'est que l'objet de ses désirs n'est connu que confusément et présenté par l'imagination d'une manière indécise, comme la félicité dont on doit jouir dans un monde meilleur, après lequel l'âme soupire sans pouvoir s'en faire une idée exacte ; mais, dans ce cas même, notre désir a toujours un objet, et quand nous ne souhaiterions qu'un changement d'état, un soulagement à nos souffrances, nous aspirons toujours à une chose dont l'idée, toute vague qu'elle est, ne laisse pas que d'être présente à l'esprit.

La passion a beaucoup d'analogie avec le désir; elle lui ressemble en ce qu'elle est comme lui une aspiration de l'âme vers ce qui est ou ce qu'elle croit son bien. Elle en diffère en ce que dans la passion le mouvement de l'âme est porté à un tel degré de vivacité et d'énergie qu'il est beaucoup plus difficile à régler et surtout à comprimer, et que la réflexion a beau le connaître, l'apprécier, en juger les résultats, il nous entraîne le plus souvent, malgré tous les avertissements de la raison, malgré la conscience que nous avons de notre liberté, tant l'empire qu'il a pris sur nous est puissant et tyrannique. On pourrait dire que la passion est le désir passé à l'état aigu et chronique : qu'on me pardonne cette comparaison, triviale peut-être, mais qui rend parfaitement ma pensée. Il n'est personne qui n'ait des désirs; la passion n'existe pas dans tous les hommes : elle n'est le propre que d'une sensibilité très-vive, d'une imagination exaltée, d'une âme ardente et fortement trempée. Le désir peut être tiède et languissant; la passion est toujours active et fougueuse; elle n'admet pas l'allanguissement et la tiédeur. Le désir s'éveille en nous presque avec la vie. La passion ne peut s'élever dans le cœur qu'à un âge où l'âme a acquis plus de développement et d'énergie. Le désir laisse la liberté intacte, la passion nous en prive presque toujours. Nous avons conscience d'une foule de désirs qui peuvent naître en nous à chaque moment de notre vie. Nous ne saurions avoir autant de passions; leur intensité fait qu'elles soient en grand nombre, et quand une passion s'est allumée en nous une fois, elle subordonne toutes les facultés de l'âme à sa puissance et souffre rarement de partage. Si quelquefois il en est d'autres qui viennent réclamer leur part, l'âme est en proie à une agitation, à une lutte intérieure, qui fait dire alors qu'elle est bouleversée par les passions. Une âme vraiment passionnée est ordinairement de la constance, parce qu'elle est constamment entraînée par une force puissante dans une même direction; une âme faible sera plus inconstante, parce qu'elle n'aura que des désirs.

On nomme *désirs sensuels*, ceux qui nous font rechercher toutes les sensations agréables qui résultent des modifications de l'organisme. Quand ils répondent à un besoin, on les désigne plus communément sous le nom d'*appétits*. Mais les désirs sensuels ne répondent pas toujours à un besoin; car du moment où un certain état de nos organes peut devenir pour nous la source d'une jouissance, il devient en même temps l'objet d'un désir particulier, et nous ne cherchons plus la satisfaction d'un besoin, mais la possession d'un plaisir. C'est ce qui explique l'amour des liqueurs fortes, qui assurément ne sont pas destinées à apaiser la soif; l'usage du tabac, de l'opium, le libertinage, etc., etc. Les désirs sensuels, quand ils cessent d'être des appétits, sont peut-être les plus funestes de tous. Après les désirs sensuels viendra le *désir des émotions*, et nous entendrons par là les plaisirs qui ne résultent pas pour nous des modifications organiques, mais qui leur sont analogues par leur vivacité. Ainsi, les plaisirs du jeu, des spectacles, des fêtes, de la chasse, etc., etc., seront pour nous la source d'une infinité de désirs, dans le cas où nous ne recherchons uniquement que le plaisir. Ainsi, la plupart des personnes qui ont du goût pour les spectacles n'ont nullement pour but d'orner leur esprit de connaissances nouvelles, ou d'élever leur âme en s'inspirant de nobles sentiments, en un mot, elles n'y assistent pas en observateurs, ou en artistes, mais s'y rendent uniquement pour éprouver des émotions qui leur plaisent. Ce n'est point l'argent que recherchent des hommes réunis autour d'un tapis vert, mais les émotions que font naître les vicissitudes du jeu. On peut encore ramener aux désirs relatifs à la sensibilité celui du repos, qui naît d'une tendance de notre nature à être exempt de tout ce qui peut apporter à l'âme le moindre trouble et la moindre fatigue.

On peut ramener les désirs relatifs à l'intelligence à un seul, qu'on appelle désir de connaître, et qu'on désigne le plus communément sous le nom de *curiosité*, pris dans son acception philosophique.

On doit rapporter aux désirs qui naissent du principe actif le désir de se mouvoir, d'agir, de se déplacer; le désir des voyages, par exemple, qui est dû en partie au désir du mouvement et à celui de la curiosité; le désir de la liberté, qui se fait si vivement sentir quand on nous en a ravi l'usage; le désir d'exercer ses facultés, qui se confond avec l'amour du travail.

Tels sont les désirs auxquels donnent lieu nos principales facultés, considérées dans l'individu; mais l'homme ne pouvant rester isolé, sa condition de vivre au milieu de ses semblables donne lieu à de nouveaux désirs. Le premier de tous est le désir de la société, qui résulte du besoin de vivre en communauté, et qui nous fait rechercher les êtres d'une nature semblable à la nôtre, pour associer nos sentiments, nos idées et notre puissance. Maintenant, si nous considérons l'individu dans ses rapports avec ses semblables, nous verrons que ces rapports sont de deux sortes. Ou bien l'individu s'intéresse aux autres, est tout occupé d'eux et de leur bien-être; leur consacre ses facultés; ou bien il s'intéresse à lui-même, s'occupe de lui préférablement à ceux qui l'entourent, et souvent à leur préjudice, enfin ramène tout à son intérêt propre. De là deux espèces de désirs : parmi les premiers, nous placerons le désir d'obliger, d'être utile, de venir au secours de celui qui souffre, etc. ; désirs qu'on peut appeler *bienveillants*, et dont le développement donne naissance à toutes les vertus sociales. Parmi les désirs de la deuxième espèce, qui ont pour base l'égoïsme, un des plus importants et sans contredit le *désir de la puissance*, qui donne naissance à une des plus violentes passions du cœur, l'ambition. Nous ne désirons pas seulement la puissance, nous voulons aussi posséder les moyens de l'acquérir. Or, les moyens les plus efficaces d'arriver à ce but sont les richesses : de là le *désir de posséder*, qui se divise en désir d'acquérir, d'où naît la *cupidité*, et en désir d'amasser, d'où naît l'*avarice*.

L'homme ne désire point seulement dominer par la puissance, il est encore jaloux de toute espèce de supériorité, mais il a besoin que cette supériorité soit reconnue; il semble que son mérite grandisse par l'opinion qu'en auront ses semblables, et les suffrages qu'ils lui accordent lui paraissent l'aveu de leur infériorité. De là le désir de s'attirer l'admiration et d'éclipser les autres par quelque genre de mérite que ce soit, par les qualités de l'esprit ou du cœur, par l'éclat des actions, par les avantages de la fortune, ou même par ceux de l'extérieur. Ainsi, rien n'est plus commun parmi les hommes que le *désir de briller* par le luxe, par les richesses, par l'élégance des vêtements, par tout ce qui peut enfin attirer l'attention du vulgaire. Nous citerons aussi le *désir de plaire*, si naturel, si inhérent à toutes les femmes, et qui consiste pour chacune d'elles à vouloir captiver les regards et à les concentrer pour ainsi dire sur elle seule par sa grâce, son esprit, sa parure, les agréments du visage, etc. Mais, parmi les désirs de cette espèce, celui qui a le plus d'importance est le *désir de la gloire*, qui consiste à vouloir l'emporter sur ses semblables, en s'attirant l'admiration de ses contemporains et même des générations à venir, par l'éclat de ses actions ou par les productions de son génie. Quand celui qui cherche la gloire a en vue les suffrages des siècles futurs, le désir qui l'anime se nomme *désir d'immortalité*. Nous rapporterons à la même classe de désirs celui *de l'estime*, qui exerce plus généralement qu'aucun autre son action sur les hommes, et qui l'exerce avec une puissante énergie.

N'omettons pas, en finissant, les *désirs malveillants*, comme le désir de voir arriver le mal ou même de le faire, le désir de la vengeance : le premier, qui a sa source dans l'envie; le second, dans un sentiment de haine provoqué par le tort que nous avons éprouvé de la part de nos semblables.

C.-M. PAFFE.

DÉSIRADE, une des petites îles Antilles, appartenant à la France, et dépendante de la Guadeloupe, dont elle n'est qu'à 9 kilomètres nord-est. Elle n'a que 2,600 hectares de superficie. Sa surface, comme celle de la Guadeloupe, présente de nombreuses traces de l'action des feux souterrains. On y remarque un groupe de *mornes*, dont les versants, taillés à pic, d'un côté, s'abaissent de l'autre jusqu'à la mer. Le plus considérable, qui couvre toute la largeur de l'île, offre des sites agréables et salubres. L'île possède quelques sources assez abondantes, d'une fort bonne eau, et deux sources minérales non exploitées. Le sol, sablonneux et aride, est particulièrement favorable à la culture du coton. On y élève quelques bêtes à cornes, des moutons et des cabris. Il n'y a ni port, ni rade ; l'Anse à Galet, le seul mouillage, est sujette à de fréquents raz de marée. La population est de 1,250 habitants, dont trois cents blancs. « L'air de la Désirade, dit, le général Boyer-Peyreleau, sa position et la source dont elle est favorisée, vraie fontaine de Jouvence, qui, coulant à travers des racines de gaïac, s'imprègne de leur suc et devient une tisane sudorifique naturelle des plus salutaires, ont, de tout temps, déterminé à faire de cette île un lieu de dépôt pour tous les individus attaqués de maladies qui exigent une séquestration absolue, telles que la lèpre et l'*épian*. »

La Désirade, qui s'élève au vent des autres Antilles, fut la première que Colomb découvrit à son second voyage, le 3 novembre 1493 : c'est à cette circonstance qu'elle doit le nom de *Deseada* (Désirée), dont on a fait le nom actuel. Comme elle a toujours été d'une très-faible importance, on ignore à quelle époque elle a reçu ses premiers habitants. Elle fut comprise en 1649 dans la vente des îles cédées à M. de Boisseret, et a fait depuis lors partie des dépendances de la Guadeloupe, dont elle a constamment partagé le sort. D'après une ordonnance du 15 août 1765, on y forma un établissement pour les mauvais sujets, ou prétendus tels, dont les grandes familles voulaient se défaire, et qu'une lettre de cachet pour Vincennes ou la Bastille ne dépayseraient pas assez au gré de leurs parents. Eug. G. DE MONGLAVE.

DÉSISTEMENT (du verbe latin *desistere*, se retirer, renoncer). En matière de vente d'immeuble, le désistement consiste dans la faculté accordée à l'acquéreur de renoncer aux effets du contrat, lorsque la contenance de l'immeuble vendu excède d'un vingtième celle qui y était exprimée. Dans le cas où il se désiste, le vendeur est tenu de lui restituer outre le prix, s'il l'a reçu, les frais de ce contrat.

Dans son acception la plus ordinaire, *désistement* signifie l'action de renoncer à une procédure commencée. Bien que le désistement n'emporte pas renonciation au droit pour lequel l'ins'ance avait été entamée, et qu'une nouvelle instance puisse encore être intentée, cependant il ne peut avoir lieu que de la part de ceux qui ont la capacité d'aliéner.

Il peut être fait et accepté par un simple acte d'avoué à avoué, mais signé des parties ou des mandataires. Une fois accepté, il a pour effet : 1° de remettre les parties au même état qu'avant la demande, d'anéantir par conséquent tous les actes de procédure, et de rendre son cours à la prescription que la demande avait interrompue; 2° de mettre tous les frais à la charge de celui qui se désiste.

En matière criminelle, il ne peut y avoir désistement que de la part de la partie civile. A dater du jour où la signification du désistement est faite, la partie civile cesse d'être tenue des frais. Cette signification doit toujours précéder le jugement.

DESJOBERT (N.), né en 1796, était maire de Rieux lorsqu'en 1833 il se fit nommer député par le collége de Neufchâtel (Seine-Inférieure). Depuis ce temps il ne cessa plus de faire partie de la chambre élective, où il siégeait au côté gauche, et ne se fit remarquer surtout par ses attaques incessantes contre l'occupation d'Alger. Il n'y eut guère de session où il ne fit deux ou trois discours pour demander l'abandon de notre colonie du nord de l'Afrique, et pour corroborer ses discours, il publia force brochures tendant au même but. Élu après la révolution de Février à l'Assemblée constituante, par la Seine-Inférieure, il y fit partie du comité des finances, et n'en demanda qu'avec plus d'instance encore l'abandon de l'Algérie, convenant cependant qu'il fallait procéder avec quelque mesure.

Du reste il vota avec la majorité, c'est-à-dire avec l'ancienne gauche repentante. Il apporta les mêmes opinions à l'Assemblée législative, et ne fut pas plus heureux dans ses efforts pour dénationaliser l'Algérie.

Lors du coup d'État du 2 décembre 1851, il entra dans la commission consultative et fut encore élu député de la Seine-Inférieure au Corps législatif créé par la constitution de 1852. Mais las, sans doute, de ne pouvoir faire accepter ses idées sur l'Algérie par aucun gouvernement, et n'ayant plus même de discours à faire, il donna sa démission de député dès la fin de la première session.
L. LOUVET.

DESLAURIERS. Voyez BRUSCAMBILLE.

DESMAHIS (JOSEPH - FRANÇOIS - ÉDOUARD DE CORSEMBEUR), né, en 1722, à Sully-sur-Loire, mort à Paris en 1761, est un de ces jolis poëtes sans autre valeur que l'esprit et la grâce, qui abondèrent dans le dix-huitième siècle. Destiné au barreau par ses parents, Desmahis vint à Paris à l'âge de dix-huit ans; mais l'amour de rimer le prit, et il ne tarda guère à *déserter le culte de Thémis pour celui des muses*, comme on disait alors. Desmahis fut admis dans la société de Voltaire, et lorsqu'il publia quelques essais de poésies fugitives, le roi de la poésie légère se mit à battre des mains si fort que tous les salons se turent pour entendre le jeune poëte ainsi sacré par le génie. Mais, quoi qu'en dit Voltaire, Desmahis ne devait ni le remplacer ni le faire oublier, le jeune poète qui allait mourir à trente-neuf ans ne devait pas dépasser les limites de la médiocrité.

En 1750, une petite comédie de lui, en un acte et en vers, *l'Impertinent*, eut un succès que nous ne nous expliquons pas bien aujourd'hui. C'est facilement versifié, rempli de détails spirituels et piquants, sans doute, mais ce n'est pas une pièce; il y manque une intrigue, des caractères, des situations, et il y manque en un mot l'art du théâtre; ce n'est tout au plus qu'un proverbe. *L'Impertinent*, quelques jolies *Épîtres*, le *Voyage d'Éponne*, qui rappelle mais n'égale pas le fameux *Voyage* de Chapelle et de Bachaumont, enfin quelques jolies chansons, forment le meilleur du bagage littéraire de Desmahis. Tout cela eut, du temps de l'auteur, d'immenses succès; mais rien de tout cela n'est plus connu aujourd'hui.

DESMAN. Les naturalistes rangent sous ce nom, dans la famille des insectivores, ordre des carnassiers, classe des mammifères, un petit animal long d'environ 20 centimètres, mesuré du museau à l'origine de la queue; sa couleur est brune, assez foncée sur les flancs, d'un blanc argentin sous le ventre. Son corps se termine par une queue de 15 à 18 centimètres, étranglée à sa base, renflée vers sa partie moyenne, et dont l'extrémité est aplatie d'un côté à l'autre. Dans cette dernière partie, la queue est écailleuse; elle est velue dans le reste de son étendue. Le museau présente un prolongement charnu très-mobile, au bout duquel sont les narines. De sorte que le desman rappelle dans son apparence extérieure des formes voisines de la musaraigne et du castor, mais dans des dimensions fort différentes. Le desman a les yeux plus petits même que ceux de la taupe; son oreille ne présente qu'une simple ouverture à fleur de tête, entièrement cachée par les poils. Ses pieds sont partagés en doigts écailleux, ainsi que la partie voisine des membres, les quatre doigts de derrière sont réunis par des palmures. Cuvier a fait du desman un genre à part auquel il a donné en latin le nom *mygale*. Pallas l'avait placé parmi les musaraignes, sous la dénomination de *sorex moschatus*. Le desman répand en effet une forte odeur de musc, qui paraît produite par une sorte de pommade que sécrètent des glandes situées près de l'anus. On le rencontre dans les parties septentrionales de l'Europe, entre les 50° et 57° degrés de latitude nord. Il est essentiellement aquatique; il nage avec une grande facilité, demeure longtemps submergé, on le voit marcher librement au fond des eaux tranquilles; il y barbote à la manière des canards, s'y nourrit de vers, d'insectes, de racines d'acorus et de nymphæa. Il recherche les sangsues et les poursuit sur les roseaux. Il se creuse un terrier dont l'ouverture est sous l'eau, de sorte que si la glace dure trop longtemps, les desmans sont étouffés dans leurs retraites; ils ne s'engourdissent point pendant l'hiver. Il arrive souvent aux pêcheurs de les prendre dans leurs filets. L'odeur musquée que cet animal répand se communique aux poissons qui s'en repaissent. Leur peau en est tellement imprégnée que, malgré la finesse du poil, on ne peut l'employer pour fourrure : on conserve quelquefois la queue pour préserver les habits des ravages que les teignes y causent.

M. Desrouais, qui était alors professeur d'histoire naturelle à l'école centrale de Tarbes, a découvert dans les environs de cette ville une seconde espèce dont E. Geoffroy Saint-Hilaire a donné la première description, en lui imposant le nom de *desman des Pyrénées* (*mygale pirenaica*). C'est un animal d'une dimension moitié moindre que le précédent. Sa queue, qui a plus de vingt centimètres de longueur, n'est point renflée, mais simplement comprimée dans sa partie postérieur, et est recouverte de poils couchés et agglutinés. Sur le corps ce poil se compose de soies assez longues et de feutre; il est brun-marron sur le dos, plus clair aux flancs, et d'un gris argentin sous le ventre. Ses ongles sont très-longs, et à demi enveloppés par la peau.
BAUDRY DE BALZAC.

DESMAREST (NICOLAS), né en 1725, mort en 1815, membre de l'ancienne Académie royale, l'un des fondateurs de la géologie moderne, fut inspecteur des manufactures sous les ministres Trudaine, Malesherbes et Turgot. Par les progrès qu'il a fait faire à l'industrie dans une multitude de genres, tant dans la production de denrées usuelles et de bas tricotés au métier, que dans la fabrication des beaux papiers et des draps fins, il a prévenu les besoins des consommations les plus actives et s'est acquis des droits à la reconnaissance de la nation. « Tantôt, dit Cuvier, il portait à Angoulême ou à Bruges les découvertes des papeteries de Hollande; tantôt il enseignait aux bergers de l'Auvergne de quelle manière ceux de Suisse ou de Franche-Comté préparent leurs fromages. Revenant ensuite près de ses chefs, il leur indiquait les encouragements dont telle province, telle ville avait besoin. Il faisait distribuer des instruments d'invention nouvelle en des lieux où l'incurie n'aurait pas songé à se les procurer; il faisait venir de l'étranger de nouvelles machines : il en publiait des descriptions; il engageait le ministre à en donner à des fabricants intelligents. » Vers le milieu du dix-huitième siècle, un prix fut proposé sur cette question : *L'Angleterre et la France ont-elles été autrefois réunies ?* Ce sujet plut à Desmarest; il se mit en recherches, résolut par l'affirmative, et remporta le prix. Ses arguments étaient : l'identité de nature des roches, qui forment les falaises de Douvres et de Boulogne; l'existence d'une sorte de digue sous-marine allant d'un côté à l'autre; la présence en Angleterre de certains animaux qui n'ont pu y pénétrer qu'au moyen de l'isthme qui réunissait cette île au continent européen; en un mot, Desmarest ne cite, en faveur de son opinion, que des faits positifs; si bien que d'Alembert qui n'aimait point les vagues suppositions dont usaient les auteurs du temps les plus célèbres, et Buffon en tête, pour expliquer la théorie de la terre, d'Alembert alors tout-puissant dans le domaine des sciences, vit avec plaisir un écrit où l'on traitait scientifiquement une brauch e de recherches dont jusqu'alors l'imagination s'était emparée; il désira en connaître l'auteur, et de là la date l'élévation de Desmarest. Mais son plus grand titre de gloire est d'avoir émis le premier des idées saines concernant la question si longtemps débattue de l'origine des basaltes qu'il eut occasion d'étudier dans les régions volcaniques de la province d'Auvergne.

DESMAREST (ANSELME-GAETAN), fils du précédent, professeur à l'École royale vétérinaire d'Alfort, membre de l'Académie royale de Médecine, correspondant de l'Institut de France, né en 1784, mort en 1838, était l'un des hommes les plus instruits, les plus laborieux, les plus modestes, qui aient illustré le dix-neuvième siècle. Il a écrit avec distinction sur toutes les parties de la zoologie, sur les oiseaux, les mammifères, les reptiles, les poissons, les crustacés, les insectes, les mollusques, les zoophytes; il a professé l'anatomie vétérinaire, la physiologie et la botanique; il a mis la dernière main à la magnifique *carte topographique et minéralogique* de l'Auvergne, dressée par son père avec l'indication détaillée de toutes les coulées de laves et les divers renseignements qui intéressent la géologie. Anselme Desmarest a produit des ouvrages remarquables sur les crustacés fossiles, les coquilles cloisonnées et les baculites; sur l'ichthyosarcolite, la gyrogonite et l'amphitoïte. Tous ces écrits sont des traités *in extenso* ou des mémoires publiés dans différents recueils scientiques, dans *le Journal de Physique*, *le Journal des Mines*, *les Mémoires de la Société d'Histoire naturelle*, *les Annales des Sciences* du même nom, dans *le Bulletin* de M. de Férussac ou dans de la société philomatique. Anselme Desmarest est mort à un âge peu avancé, des atteintes d'une maladie organique des voies respiratoires, après s'être particulièrement distingué dans la carrière du professorat. Ses leçons avaient le charme d'une conversation particulière, aidée de la représentation visible des objets qu'il voulait décrire; car il dessinait au tableau avec une promptitude, une précision, une netteté admirables; et si, parmi ses élèves, quelques-uns n'avaient pas bien compris toutes les parties de son professorat, c'était un grand bonheur pour lui de les éclairer et de ne les quitter que bien convaincu d'avoir levé l'incertitude ou le doute qui pouvait exister dans leur esprit.

Son fils, M. *Eugène* DESMAREST, collaborateur de différents dictionnaires et journaux d'histoire naturelle, est secrétaire de la société entomologique de France; il remplit les fonctions d'aide-naturaliste au Muséum d'Histoire naturelle.

E. LE GUILLOU.

DESMARETS (JEAN), célèbre avocat-général au parlement de Paris au quatorzième siècle, passa longtemps pour l'homme le plus habile des conseils du roi. Lors de la sédition dite des *maillotins*, il fut le seul magistrat qui eut le courage de rester à Paris. Son haut mérite, l'ascendant qu'il exerçait sur le peuple, ses vertus, lui avaient fait de nombreux ennemis à la cour. Charles VI, au retour de son expédition contre les Gantois, étant rentré à Paris pour punir les séditions de la populace, fit arrêter des hommes considérables de la ville, et les fit décapiter. « Mais, de tous les supplices, dit M. de Barante, celui qui répandit le plus de deuil et de surprise, ce fut celui de Jean Desmarets. C'était un vieillard de soixante-dix ans, le magistrat le plus honoré du parlement, qu'on avait toujours vu sage et prudent conseiller des rois Philippe, Jean et Charles; qui s'était toujours loyalement entremis pour apaiser le peuple par des conditions justes et raisonnables. Ce fut pourtant son crédit et son autorité dans la ville qui le perdirent. Beaucoup de gens disaient aussi qu'on ne pouvait lui connaître d'autre crime que d'avoir défendu la prérogative du duc d'Anjou contre le duc de Bourgogne. Tout clerc qu'il était, il fut soustrait à la justice de l'évêque et condamné à mort. Pendant qu'on le menait à l'échafaud sur une charrette, et placé au-dessus de douze autres condamnés, il disait : « Où sont-« ils ceux qui m'ont jugé ? Qu'ils viennent et qu'ils exposent « les motifs de ma mort ! » Il haranguait le peuple, qui pleurait, sans que personne osât parler ; il exhortait saintement ses compagnons de malheur, et leur donnait courage. « Ju-« gez-moi, mon Dieu, disait-il encore en répétant les pa-« roles du Psaume, et discernez ma cause de celle des in-« pies ! » Arrivé aux Halles, on commença par abattre devant lui la tête des autres condamnés ; et, quand ce vint à lui de mourir, on lui cria : « Demandez merci au roi, maî-« tre Jean, pour qu'il vous pardonne vos fautes ! » Il se retourna, et dit : « J'ai servi fidèle et loyalement le roi Phi-« lippe, son bisaïeul, le roi Jean, et le roi Charles, son père; « jamais aucun de ces rois n'a rien eu à me reprocher, et « celui-là ne me reprocherait rien, non plus, s'il avait l'âge « et la connaissance d'un homme fait. Je ne pense pas que « ce soit lui qui soit en rien coupable d'un tel jugement. Je « n'ai donc que faire de lui crier merci. C'est à Dieu seul « qu'il faut demander merci, et je le prie de me pardonner « mes péchés. » Ceci se passait au commencement de l'année 1382.

CHAMPAGNAC.

DESMARETS DE SAINT-SORLIN (JEAN), né à Paris en 1595, l'un des premiers membres de l'Académie Française, avait été pourvu dès sa jeunesse de diverses charges qui lui avaient donné accès près des ministres. Sa gaieté et son esprit le firent rechercher des sociétés les plus brillantes, et il devint un des habitués de l'hôtel de Rambouillet. On connaît les jolis vers sur la violette qu'il composa pour la *Guirlande de Julie*. Le cardinal de Richelieu l'engagea à travailler pour le théâtre. Sa première tragédie, *Aspasie*, quoique fort médiocre, fut représentée avec succès en 1636. Elle fut suivie de plusieurs autres pièces, parmi lesquelles il faut distinguer *Mirame*, et les *Visionnaires*, que Pélisson appelle une œuvre inimitable, bien qu'elle soit fort inférieure au *Menteur*, de Corneille, qui ne parut que quatre ans après. *Mirame* fut composée pour le théâtre que le cardinal de Richelieu avait fait construire dans son palais. Son éminence en avait donné l'idée au poète, et l'on prétendit même qu'elle en avait écrit bon nombre de scènes.

Desmarest eut une jeunesse orageuse. Tout à coup, il passa de l'excès du relâchement à une dévotion outrée, commença à répandre ses idées de réforme au milieu des femmes, composa pour elles un *office de la Vierge* et des *Prières*, poursuivit à outrance les jansénistes, et adressa contre eux au roi son libelle manuscrit intitulé : *Avis du Saint-Esprit*, dans lequel il lui propose de lever une armée pour exterminer les hérétiques. C'est en partie pour répondre à ce pamphlet que Nicole publia ses lettres intitulées : les *Visionnaires*. Desmarest eut l'air de partager ensuite les opinions de Simon Morin, pauvre fanatique, qui mourrait de faim dans un grenier, et qu'il dénonça plus tard au parlement,

Jusqu'ici l'auteur d'*Aspasie* n'avait été que méprisable; il devint ridicule lorsqu'il entreprit de renverser de leur piédestal les plus beaux génies de l'antiquité. Travaillant, au moment de sa conversion, à un poëme de *Clovis, ou la France chrétienne*, en vingt-six chants, il perdit le peu de raison qui lui restait, et s'imagina que Dieu, ayant sur lui des vues particulières, l'avait aidé à terminer cet ouvrage. *Clovis*, loué par Chapelain et par les autres amis de l'auteur, fut mal accueilli du public; et les épigrammes de Boileau achevèrent la déroute de Desmarest et de son livre. Mais, en fuyant, il lança son trait comme le Parthe, déclarant dans plusieurs écrits son poëme supérieur à l'*Iliade*, à l'*Odyssée*, à l'*Énéide*, à toutes les épopées des anciens; et les sujets chrétiens seuls propres à la poésie héroïque; se comparant, du reste, à Tamerlan qui triompha de Bajazet, et s'enorgueillissant d'avoir foulé aux pieds Homère et Virgile. Comme on le pense bien, Boileau ne fut pas oublié dans cette Saint-Barthélemy littéraire. Le dernier libelle de Desmarets intitulé : *Défense de la Poésie française*, fut dédié à Perrault, l'un des partisans les plus acharnés de cette absurde croisade, dont il avait été l'éclaireur, ou plutôt l'enfant perdu.

Ce pauvre fou mourut à Paris, le 28 octobre 1676, à l'âge de quatre-vingts ans. L'abbé d'Olivet cite quarante de ses ouvrages, et le P. Niceron quarante-trois. A ses pièces de théâtre déjà mentionnées il faut ajouter *Scipion, Roxane, Erigone et Europe, Erigone et Mirame*. On lui doit aussi les *Jeux historiques des rois de France, des Reines renommées, de la géographie et des métamorphoses*; les *Morales d'Épictète, de Socrate, de Plutarque et de Sénèque*; les quatre livres de l'*Imitation de Jésus-Christ*, traduits en vers et les *Délices de l'Esprit*, mauvais bouquin dont on a prétendu que l'erratum devait se borner à cette ligne unique : *Délices* lisez *Délires* !

DESMARETS (Nicolas), contrôleur général des finances sous Louis XIV, succéda, dans cette charge, à Chamillart, en 1708. Il était fils d'un trésorier de France à Soissons, et neveu de Colbert, qui avait épousé la sœur de ce trésorier. L'intelligence de Desmarets, ou plutôt le souci qu'on a, dans tous les temps, de pourvoir à la fortune de ses proches quand on a la sienne faite, ayant engagé le ministre alors tout-puissant du plus puissant roi de l'Europe à se charger du fils de son beau-frère, Desmarets entra dans les bureaux de son oncle, et fut nommé, quelque temps après, intendant des finances. Sous une pareille direction et aidé de ses grandes dispositions pour les affaires, il les étudia à fond, et ne tarda par à éclipser tous les autres financiers. On peut même croire et dire hardiment que ce fut son talent merveilleux à tirer parti de sa place pour lui-même, qui le rendit si habile à démêler les abus de ses confrères, et si nécessaire à les réprimer, et que, comme il n'y a pas de meilleur agent pour dépister et saisir les malfaiteurs que celui qui a vécu comme eux et avec eux, il n'y eut pas, dans la suite, de meilleur agent pour rechercher et poursuivre les financiers, que Desmarets, qui avait été longtemps leur complice, et qui ne les connaissait pas moins bien qu'il ne se connaissait lui-même. Tout à la fin de la vie de Colbert, on s'avisa de frapper des pièces de trois sous et demi, à l'usage du petit peuple. Desmarets fut accusé d'avoir énormément gagné sur la fabrication de cette monnaie. Colbert, indigné, écrivit, sous peine de mort, au roi, le priant de chasser Desmarets. Le roi crut son ministre; il le devait, ne pouvant mettre à mort un ministre dénonçant son propre neveu si celui-ci était innocent. Mais il faut avouer que Colbert avait agi un peu précipitamment, n'y ayant pas, s'il en faut croire Saint-Simon, de preuves contre l'accusé autres que la voix publique. Quoi qu'il en soit, Desmarets fut chassé, et ce fut Pelletier, successeur de Colbert, qui le lui signifia de la manière la plus brutale, en lui donnant l'ordre de se retirer à sa terre de Maillebois. Desmarets se hâta d'obéir et de quitter Paris.

Séquestré dans sa terre, comme un pestiféré dans un lazaret, non-seulement il lui était interdit de franchir le seuil de sa porte, mais ses voisins même n'osaient ni le visiter ni même lui parler, et la plupart, témoignant leur mépris avec éclat, semblaient s'en faire un titre pour se concilier la faveur du maître. Seul, le vieux duc de Saint-Simon, qui vivait alors à sa terre de la Ferté, se montra généreux envers lui, et dédaigna de faire chorus avec les poltrons. Sa démarche courageuse attira insensiblement autour du proscrit les moins timorés. Le roi s'adoucit enfin pour Desmarets. On lui permit d'abord de sortir de chez lui, puis de faire des excursions dans le voisinage, enfin de venir à Paris, mais sans approcher de la cour. Il était dans cet état quand Chamillart, qui remplissait les doubles fonctions de secrétaire d'État de la guerre et de contrôleur général des finances, obtint, à grand'peine, de se servir des lumières de Desmarets pour rechercher les gens d'affaires, lesquels, de compte fait avec eux, se trouvèrent avoir gagné, en dix-huit ou dix-neuf ans, quatre-vingt-deux millions. Mais Desmarets ne recueillit aucun avantage de la grande part qu'il avait prise à cette opération. La protection des ducs de Chevreuse et de Beauvilliers, qu'il s'était acquise par l'intervention de Chamillart, échoua contre le ressentiment du roi, et il dut attendre des jours meilleurs. Chamillart revint à la charge; et, après force rebuffades, il obtint du roi que le travail de Desmarets sous lui se fit publiquement et en vertu d'un ordre du roi. Encouragé par ce second succès, il voulut que son protégé fût présenté à Louis XIV. Il s'attacha d'abord à gagner Mme de Maintenon; il lui représenta l'indécence de se servir publiquement d'un homme en disgrâce, et le mal qui en résultait pour les affaires; il la persuada, et cet enfin l'assurance que le roi recevrait Desmarets. Le roi le reçut, en effet, mais froidement. Il y avait vingt ans qu'il ne l'avait vu. Desmarets resta sans titre; mais il travailla avec plus de considération, et se conduisit si adroitement, sans milieu, du contrôleur général à lui et du lui au contrôleur général. On vit bientôt, dit encore Saint-Simon, qu'il n'est que de revenir, et que, ce grand pas fait, tout vient ensuite et à point. Un mois après, Desmarets était nommé directeur des finances, et maviait richement une de ses filles ; un an s'était à peine écoulé que Chamillart, effrayé du désordre des finances et de la responsabilité qui pesait sur lui, exposait au roi ses fatigues, lui faisait sentir l'avantage qu'il y aurait à mettre à sa place un homme intelligent et actif, et proposait Desmarets. A son grand étonnement, le roi ne fit pas d'objection et accepta. Bien plus, il manda Desmarets, lui dit qu'en l'état déplorable où étaient les affaires, il lui serait obligé s'il y pouvait trouver quelques remèdes, et point surpris si tout continuait d'aller de mal en pis. Il accompagna cela de toutes les grâces dont il avait coutume de flatter ses nouveaux ministres en les installant. Ce fut ainsi que Desmarets fut déclaré contrôleur-général.

Dans cette tâche délicate, mais qui n'était pas au-dessus de ses forces, il eut à lutter à la fois contre les préjugés qui pesaient encore plus ou moins sur lui depuis sa disgrâce, contre la rapacité des gens d'affaires, contre celle d'une foule de grands seigneurs qui ne se faisaient pas scrupule de les imiter, contre l'incapacité et l'envie de ses subalternes, et enfin, contre l'insuffisance de jour en jour plus caractérisée des ressources financières. Le crédit, il faut bien le dire, était anéanti. Desmarets s'adressa d'abord au fameux banquier Samuel Bernard, auquel le roi devait déjà de grosses sommes. Bernard se montra d'abord sourd à toutes ses cajoleries. Mais ensuite, grâce aux amitiés que lui fit Louis XIV à Marly, il fit tout ce qu'on voulut.

Mais le plus rare mérite de Desmarets fut d'introduire des réformes dans sa vaste administration. Il commença par supprimer les deux directions générales; il rendit ensuite la confiance au commerce et à l'industrie par des règlements qui leur assuraient protection et débit; il ne dissimula au roi ni les obstacles qui s'opposaient à ses vues, ni les ressources qu'il avait découvertes, et lui en rendit un compte journalier. Le roi le laissait faire, regrettant peut-être d'avoir tenu si longtemps rigueur à un homme qui le servait si bien. Cependant, cet heureux état de choses ne pouvait durer longtemps; la ruine des finances était trop profonde, et la guerre acharnée que l'Europe faisait à Louis XIV pour le forcer à rappeler son petit-fils d'Espagne engloutissait en un jour ce que Desmarets avait été des mois à amasser. Seul pourtant parmi les conseillers du roi, Desmarets l'encourageait à la résistance, jusque-là qu'il ne voulait pas même que, sous prétexte d'apaiser les alliés, on retirât d'Espagne les troupes françaises qui y défendaient le trône de Philippe V. Il se faisait fort de trouver de l'argent; il devenait de jour en jour moins scrupuleux sur ce chapitre; il n'avait encore que pressé vivement les contribuables il allait les pressurer : il proposa un plan. Ce plan n'était rien moins que le rétablissement de la dîme, imaginée autrefois par Vauban et l'abbé Boisguilbert. Seulement, ces deux hommes l'avaient proposée comme un moyen d'abolir tous les autres impôts; Desmarets la reprit comme surcroît d'impôts. Le roi en fut épouvanté. Ce fut alors qu'il consulta Le Tellier, son confesseur, lequel lui apporta, un beau matin, cette fameuse décision de la Sorbonne qui déclarait nettement que tous les biens des Français étaient au roi en propre, et qu'en les prenant, sa majesté ne prenait que ce qui lui appartenait. Cette décision mit le roi fort au large, lui ôta ses scrupules et lui rendit le calme. Desmarets fut autorisé à exécuter. Ce ne fut dans toute la France qu'un long cri de douleur. On paya sans doute, et l'on ne chanta plus. Le fâcheux est que le produit de cet impôt ne fut pas tel, à beaucoup près, qu'on l'avait espéré. Toutefois, ce nouveau succès enivra Desmarets; il se vit un moment le seul homme de France; il négligea ou oublia tous ceux qui l'avaient ou bien accueilli dans sa disgrâce ou aidé à rentrer aux affaires.

Sur ces entrefaites, Louis XIV mourut. Saint-Simon, qui avait eu à se plaindre de lui, estima que le moment était venu de se venger de Desmarets : il fit chasser l'audacieux. Après Saint-Simon, vint le duc de Noailles, qui succédait à Desmarets au contrôle général, qui était son élève, et qui le traita indignement. Mme Desmarets, de douleur, en eut la petite-vérole et devint folle; Bercy, leur gendre, intendant général, fut destitué. Bientôt recherché pour de prétendues malversations dans sa charge, Desmarets y échappa, mais non sans avoir essuyé des décrets et d'autres procédures fort désagréables. Dénoncé de nouveau par le duc de Noailles comme tenant encore sous sa main les financiers, et, par ses manœuvres, faisant avorter tout le fruit des travaux du nouveau ministre, poursuivi sans relâche, il fut menacé de l'exil, et le régent lui fit même dresser la lettre de cachet. Telle était la fin de cet homme qui avait ranimé pendant huit ans ce qui n'était plus que le cadavre de la grande monarchie de Louis XIV, et telle était sa récompense ! Dans cette extrémité, il eut recours à Saint-Simon. Celui-ci, enchanté, comme il le dit, de voir l'ex-bacha qu'il avait perdu pour avoir méprisé son ancienne amitié, ce visir si rogue, si brutal, si insolent, se jeter, pour ainsi dire, à ses pieds par Louville, son neveu, et lui demander protection, consentit à intervenir auprès du régent, qui ne songea plus à l'exiler. Desmarets, touché, demanda à se réconcilier avec Saint-Simon. L'irascible duc se fit d'abord prier, mais il céda enfin de bonne grâce. Il ne se gêna pas pour rappeler à Desmarets tous ses griefs. Desmarets avoua que la tête lui avait tourné. Il obtint du régent quelques grâces, en compensation des avanies qu'il avait subies, et mourut le 4 mai 1721, à soixante-treize ans.   Charles NISARD.

DESMICHELS (Louis-Alexis, baron), lieutenant général, auteur du fameux traité passé à Oran le 26 février 1834, avec Abd-el-Kader, était un brave et digne soldat, plus heureux sur les champs de bataille que dans les négociations diplomatiques. Né à Digne (Basses-Alpes) le 15 mars 1779, il s'engagea le 21 prairial an II dans le 13e régiment de hussards, passa, deux ans après, comme maréchal des logis chef dans les guides à cheval de l'armée d'Italie, puis entra, le 13 nivôse an VIII, dans les grenadiers à cheval. de la garde des consuls, en qualité d'adjudant-sous-lieutenant. Il fit, de l'an II à l'an IX, toutes les campagnes d'Italie et d'Orient. Il était lieutenant des chasseurs de la garde impériale le 25 prairial an XII, lorsqu'il fut nommé membre de la Légion-d'Honneur à l'armée des côtes de l'Océan. Après la prise d'Ulm, en l'an XIV, cet officier, commandant devant Nuremberg le peloton d'avant-garde composé de trente chasseurs, attaqua et prit cinq cents hommes d'infanterie, deux drapeaux, vingt pièces de canon et leurs caissons attelés, poursuivit pendant deux heures quatre cents dragons de La Tour, fit prisonnier un colonel et cent dragons, et tua ou dispersa le reste. Après ce beau fait d'armes, il fut promu au grade de capitaine des vélites attachés au corps des chasseurs à cheval. Officier de la Légion-d'Honneur le 14 mars 1806, puis chef d'escadron le 16 février 1807, il fit les campagnes d'Espagne et d'Allemagne, et fut nommé colonel le 11 décembre 1811. Retourné en Espagne de 1812 à 1813, et en Italie jusqu'en 1814, il fut cité à l'ordre pendant ces deux campagnes pour les combats de Sos, de Caldiero, de Villa-Franca et du Mincio. Les événements de 1815 l'arrachèrent momentanément à la vie militaire; il demeura en non-activité pendant plusieurs années, et ce ne fut qu'à grand'peine qu'il obtint de commander le régiment des chasseurs des Ardennes en 1821. Maréchal de camp disponible en 1823, il commanda tour à tour les départements du Finistère et du Nord à partir de 1831.

Trois ans plus tard, il était envoyé en Afrique pour remplacer dans le commandement de la place d'Oran le lieutenant général de Brossard. A peine arrivé, il tombait à l'improviste sur la tribu des Garabas, au sud-ouest d'Oran, et lui enlevait tout son bétail ainsi qu'un grand nombre de prisonniers. A la nouvelle de cette razzia meurtrière, Abd-el-Kader réunit 2,000 combattants et vint s'établir à douze kilomètres de la ville, dans un lieu appelé *le Figuier*, où, depuis, nous avons établi un camp retranché. Le général Desmichels résolut d'abord de sortir de nuit pour le surprendre, ce qui aurait inévitablement dispersé les Arabes; mais des conseillers plus prudents que braves l'en dissuadèrent, et il se contenta de se mettre en position en avant de la place pour offrir le combat à l'ennemi, qui vint bien tirailler, mais qui ne se décida pas à charger à fond. Le général fit sortir le lendemain toutes les troupes qu'il ne jugeait pas essentielles à la garde des remparts, afin de protéger la construction d'un blockhaus. Cette fois il fut attaqué vigoureusement, mais les troupes bien lancées se vengèrent de ce coup d'audace, et repoussèrent l'ennemi en jonchant le terrain de cadavres. Pendant trois jours consécutifs, les attaques recommencèrent avec un acharnement toujours suivi d'une nouvelle défaite; puis, Abd-el-Kader, convaincu de l'inutilité de ses entreprises sur Oran, reprit avec les siens la route de Mascara. Après ces premiers succès, Desmichels résolut de compléter l'organisation littorale de la régence entre Oran et Alger, et s'empara d'Arzew à la suite d'une expédition brillante; puis, afin de donner aux Arabes une haute idée de son activité et de sa puissance, il établit contre les Zmélas, afin de les châtier d'avoir envoyé leurs guerriers au-devant d'Abd-el-Kader dans ses entreprises contre nous. Après les avoir dépouillés et pris chez eux un grand nombre d'otages, la colonne se replia sur la ville, harcelée de tous côtés par les Arabes, manquant de vivres, obligée de parcourir des plaines embrasées par l'incendie, et se défendant à peine contre les attaques incessantes de l'ennemi, tant la démoralisation avait été rapide en présence de ce danger. Nul ne peut dire ce qui serait advenu de tous ces hommes accablés, si l'aide de camp du général Desmichels, le brave chef d'escadron Deforges, ne se fût en quelque sorte dévoué au salut de tous en se risquant à chercher seul du renfort à Oran.

Deux nouveaux combats eurent encore lieu aux environs de la place, à quelque intervalle l'un de l'autre, et le général Desmichels, reconnaissant les résultats équivoques des expéditions même les plus heureuses, désirait vivement la paix. Il résolut de faire des ouvertures à l'émir pour arriver à une pacification générale ; cependant, pour ne pas lui donner trop de fierté d'une telle démarche, il prétexta d'un échange de prisonniers, et termina la lettre qu'il lui écrivait à ce sujet en lui disant que, s'ils pouvaient se voir, peut-être parviendraient-ils mieux à s'entendre et à arrêter l'effusion du sang. Abd-el-Kader comprit bien qu'on lui demandait la paix ; il répondit que sa religion lui interdisait tout rapport avec les chrétiens ; mais, en même temps, il envoyait au commandant d'Oran Miloud-Ben-Arrach, son plénipotentiaire. Les principaux fonctionnaires français, réunis en conseil, décidèrent qu'un traité avec l'émir ne pouvait être arrêté que d'après les bases suivantes : 1° soumission des Arabes à la France *sans restriction*; 2° liberté de commerce *pleine et entière*; 3° remise immédiate des prisonniers. Un traité de paix fut donc rédigé, mais la seconde partie seule de ce traité fut communiquée au gouvernement ; la première contenait des clauses arrachées à la crédulité du général Desmichels, clauses qui n'annulaient pas seulement les conditions des Français, mais qui donnaient tous les avantages aux Arabes. Quant à la reddition des prisonniers, qualifiée de *flouerie* par les trois chasseurs d'Afrique qui nous revinrent à cette époque de Mascara, Abd-el-Kader prétendit n'avoir plus d'autres prisonniers en son pouvoir. De fait, les Arabes, qui avaient jusque-là manqué de centre d'action, et dont les rassemblements avaient été difficiles et de courte durée, devinrent, à dater de ce jour, plus entreprenants et plus redoutables.

Le général Voirol, commandant en chef les troupes de l'Algérie, ne put s'empêcher, en constatant d'aussi tristes résultats, d'en témoigner son mécontentement au général Desmichels ; mais ce dernier, persuadé qu'on lui enviait le succès de son arrangement avec l'émir, sacrifia tout à cette alliance illusoire, fit remettre de superbes cadeaux à Abd-el-Kader, lui livra de la poudre et des fusils, et devint la dupe insigne des fripons éhontés qui l'environnaient. Quand le maréchal Drouet-d'Erlon, qui succéda au général Voirol, voulut imposer à l'émir de s'abstenir non-seulement de franchir le Chéliff, mais même de s'avancer au delà de la Fedda, et de ne plus montrer sa prétention à diriger exclusivement le commerce d'Arzew, celui-ci ne fit lire en entier le traité passé à Oran, et ainsi fut divulguée la partie restée secrète de ces conventions. Ne pouvant expliquer d'une manière favorable au général Desmichels l'ignorance où on l'avait laissé de l'existence de cette pièce, il demanda sur-le-champ au ministre de la guerre le rappel de cet officier-général, et envoya à Oran, pour le remplacer, le général Trézel. Nonobstant cette disgrâce, trois mois après il passait lieutenant-général. Depuis le 6 juin 1835, époque à laquelle il fut nommé inspecteur-général de cavalerie, il remplit ces fonctions presque sans interruption jusqu'à l'année qui précéda sa mort, et où il fut appelé à siéger au comité consultatif de la cavalerie ; il mourut à Paris le 7 juin 1845.

DESMOULINS (Camille), né à Guise, en 1762, était fils d'un lieutenant général au bailliage de cette ville. Admis comme boursier au collège de Louis-le-Grand, grâce aux soins de Viefville-des-Essarts, son parent, il montra dans cette maison, où Robespierre faisait alors ses études, les plus heureuses dispositions, et obtint des succès assez brillants aux concours de l'université. Ce n'est pas qu'il y eût en lui beaucoup d'amour du travail, mais il rachetait son défaut de constance dans l'application par une facilité qui charmait ses maîtres. La révolution trouva dans Camille un esprit tout prêt à embrasser les doctrines qu'elle venait de renouveler dans le monde. Dès l'assemblée des notables, il avait laissé répandre, sans la signer toutefois, une pièce qui commençait par d'assez beaux vers dans le genre noble, et finissait par ceux-ci, marqués au coin de la satire de bas étage :

> Apprends, mon cher Louis, mon gros benêt de roi,
> Que tel est ton plaisir, telle n'est pas la loi.
> Rends compte ; l'on veut bien encor payer ta dette.
> Mais sois honnête au moins quand tu fais une quête ;
> D'un gueux, dit Salomon, l'insolence déplaît,
> Et c'est au mendiant à m'ôter son bonnet.

Camille Desmoulins, malgré un bégaiement naturel, s'était jeté dans le barreau ; mais jeune, dénué de connaissances de droit, et d'ailleurs empêché par l'infirmité dont nous venons de parler, il n'avait pu encore lever ce voile d'obscurité qui cache au public une renommée imprévue de tous, même au moment où elle est sur le point d'éclore. Celle de Camille Desmoulins se révéla tout à coup à l'aurore des états généraux. Le lendemain de leur ouverture, le 5 mai 1789, saisi du démon de la république, il devint orateur du peuple. Il semblait que la liberté lui eût tout à coup délié la langue pour qu'elle pût suffire à l'abondance de ses pensées, à l'impétuosité des mouvements de son âme, à la vivacité des saillies qui jaillissaient de son esprit comme des éclairs.

Le 12 juillet, dans l'après-midi, on apprend à Paris la nouvelle du renvoi de Necker ; aussitôt tout Paris entre en tumulte et presque en désespoir. Le ministre populaire est congédié, tout est perdu. Desmoulins arrive au café de Foy, dont il sort presque aussitôt, tenant un pistolet dans chacune de ses mains ; il monte sur une chaise et s'écrie : « Citoyens, il n'y a pas un moment à perdre. J'arrive de Versailles ; M. de Necker est renvoyé : ce renvoi est le tocsin d'une Saint-Barthélemi de patriotes. Ce soir, tous les bataillons suisses et allemands sortiront du Champ-de-Mars pour nous égorger. Il ne nous reste qu'une ressource, c'est de courir aux armes et de prendre des cocardes pour nous reconnaître. » « J'avais les larmes aux yeux, dit Camille dans son *Vieux Cordelier*, et je parlais avec une émotion que je ne pourrais ni retrouver, ni peindre. Ma motion fut reçue avec des applaudissements infinis. Je continuai : « Quelle couleur voulez-vous ? » Quelqu'un s'écria : « Choisissez ! — Voulez-vous le vert, couleur de l'espérance, ou le bleu de Cincinnatus, couleur de la liberté d'Amérique et de la démocratie ? » Des voix s'élevèrent : « Le vert, couleur de l'espérance ! » Alors je m'écriai : « Amis, le signal est donné : voici les espions et les satellites de la police qui me regardent en face. Je ne tomberai pas du moins vivant entre leurs mains. » Puis, tirant deux pistolets de ma poche, je dis : « Que tous les bons citoyens m'imitent ! » Je descendis, étouffé d'embrassements : les uns me serraient contre leur cœur, d'autres me baignaient de leurs larmes. Un citoyen de Toulouse, craignant pour mes jours, ne voulut jamais m'abandonner. Cependant, on m'avait apporté un ruban vert. J'en mis le premier à mon chapeau, et j'en distribuai à ceux qui m'environnaient. Mais bientôt les rubans sont éclipsés : « Eh bien ! prenons des feuilles et attachons-les à nos chapeaux ! » Alors on se jette sur les arbres du Palais-Royal, et au bout de quelques minutes, ils sont entièrement dépouillés de leurs feuilles. » Camille se met à la tête des patriotes et crie aux armes ! A ces mots, on se précipite sur ses pas, en répétant le cri aux armes ! Une heure après, la population de Paris semble être tout entière dans les rues. Il est six heures et demie, les spectacles vont commencer; on en force les portes. Camille annonce de nouveau les dangers de la patrie, et entraîne avec lui tous les spectateurs, qui répètent le cri. « Aux armes! aux armes! » La foule se dirige sur le boulevard. Les bustes de Necker et du duc d'Orléans sont enlevés du cabinet de Curtius et promenés en pompe dans la ville. Les districts s'assemblent pendant la nuit.

Le lendemain 13, des nouvelles plus alarmantes arrivent à la capitale; elle est investie par des troupes étrangères, et la nuit même elle doit être bombardée et livrée au pillage. A ces nouvelles, l'exaspération monte à son comble; la garde nationale se forme; les boutiques des armuriers sont enfoncées; chaque citoyen se procure des armes. La matinée du 14 voit Camille, plus enflammé que jamais, diriger le mouvement sur la Bastille. Cette forteresse tombe aux applaudissements de la capitale, ivre de joie, et déjà possédée du fanatisme de la liberté. Ce fut alors que Camille entreprit la rédaction d'un ouvrage hebdomadaire, dans lequel, après les fatales exécutions qui souillèrent la victoire du peuple, il osa prendre le titre de procureur général de la lanterne. Le temps viendra où cet homme qui sonne chaque jour le tocsin dans ses écrits prêchera la clémence dans son *Vieux Cordelier*, et mourra victime de la modération entrée dans son cœur par la pitié, peut-être aussi par quelque influence de crainte pour lui-même. Au reste, ce même Desmoulins, dont l'exaltation allait presque à menacer de l'insurrection et de la mort les députés de la droite de l'Assemblée constituante qui voteraient pour les deux chambres et pour la sanction absolue, combattait les propositions sanguinaires de Marat, et lui reprochait de nuire par ses fureurs de sang-froid à la cause de la liberté. On a retenu de Camille ces traits remarquables : « On s'afflige de voir l'usage de la lanterne devenir trop fréquent... C'est un grand que le peuple se familiarise avec ces jeux... Marat, vous nous ferez faire de mauvaises affaires! Vous êtes le dramaturge des journalistes. Les Danaïdes, les Barmécides, ne sont rien en comparaison de vos tragédies... Vous égorgeriez tous les personnages de la pièce et jusqu'au souffleur. Pour moi, vous savez qu'il y a longtemps que j'ai donné ma démission de procureur général de la lanterne; je pense que cette grande charge, comme la dictature, ne doit durer qu'un jour, et quelquefois qu'une heure... Vous compromettez vraiment vos amis, et vous les forcerez à rompre avec vous. » Mais, en restant bien au-dessous de l'*Ami du peuple*, Camille allait encore si loin qu'il encourut un jour le danger d'être déféré au Châtelet sur la proposition de Malouet, qui n'avait que trop raison d'accuser le fougueux journaliste. Les amis de Camille dans l'assemblée le défendirent, mais Malouet insista en disant que, si quelqu'un osait combattre ses assertions, il était prêt à le confondre. « Oui, je l'ose, » s'écria Desmoulins, alors présent dans les tribunes. Cette audace produisit un tumulte effroyable. Mille voix demandèrent l'arrestation immédiate de l'auteur du scandale. Mais Robespierre prit la défense de son ancien condisciple; plusieurs députés du côté gauche se joignirent à lui, et Camille, resté dans les tribunes, ne fut pas arrêté; le décret qui l'envoyait par-devant le Châtelet n'eut point de suite.

Naturellement enthousiaste, Camille Desmoulins ne pouvait échapper à l'ascendant de Mirabeau; il aimait la personne du tribun; il cédait aux séductions de son commerce intime; il admirait son génie, et se sentait transporté par les prodiges de Mirabeau, qui, attirant à lui, et tous les jeunes gens doués de quelque mérite, était charmé de l'esprit, de l'imagination mobile et de la facilité des mœurs de Camille. Camille était, en effet, un aimable enfant, mais cet enfant n'en avait pas moins une arme puissante entre les mains, et le sublime orateur qui unissait à une avidité immense pour les éloges une susceptibilité très-vive sur la critique, et même une assez grande crainte des blessures que la presse peut faire à une réputation d'homme du peuple, caressait souvent le journaliste par des lettres pleines de tendresse et même de cajoleries. Camille était né pour les admirations. Après son culte pour Mirabeau, il se laissa subjuguer par un ardent enthousiasme pour Danton, qui lui accordait beaucoup d'amitié. La plume révolutionnaire de Camille convenait au génie du chef des Cordeliers. Ils eurent part ensemble à la pétition du Champ-de-Mars, pour laquelle ils furent poursuivis tous deux. Après le 10 août, Danton, devenu ministre de la justice, s'adjoignit Camille en qualité de secrétaire général. Il occupait ce poste lorsque sa réputation toujours croissante de patriotisme le fit nommer membre de la Convention nationale. Quelque temps auparavant, Camille, entraîné par l'esprit de parti eut le fatal honneur de commencer l'attaque contre Brissot et ses amis, et contribua puissamment à les ébranler dans l'opinion publique. Comme Robespierre, qui était pour lui une espèce de saint de la liberté, il ne vit dans leur projet de déclaration de guerre qu'un calcul de leur ambition et un danger immense pour la patrie. C'est sous l'influence de ces deux idées qu'il entra tout entier dans la lutte de la *Montagne* avec les girondins, qui avaient juré la perte de la députation de Paris. Il poursuivit les girondins comme il avait poursuivi les ministres de Louis XVI, Marie-Antoinette, les membres du côté droit de la constituante et de la législative, Bailly et Lafayette. La vérité ordonne de dire qu'il fit pendant ses premières campagnes révolutionnaires un coupable abus de la liberté de la presse, en prêtant une expression violente, et quelquefois cynique et grossière, aux passions et aux opinions du moment. L'adorateur de ces anciens avait sans doute oublié leurs leçons quand il déshonorait la cause de la liberté par un langage indigne d'elle, et plus encore par ces mensonges et ces calomnies de la passion sur lesquels on est réduit à verser des larmes amères quand ils ont produit des arrêts de mort. Chose étonnante! le même écrivain qui commettait ces deux grandes fautes vous surprenait tout à coup par l'urbanité de ses formes, par l'atticisme de son style et par des conseils de modération qu'il trouvait dans son cœur aussitôt que sa tête était refroidie.

Camille cependant fut inexorable envers Louis XVI, qu'il avait naguère représenté comme un honnête homme; mais ce prince avait de la reine étaient tombés dans un tel discrédit, et les insolentes menaces de l'étranger, les périls que la patrie avait courus en septembre, avaient tellement exaspéré l'opinion, que les cœurs se trouvaient fermés à la pitié. La nature de ses engagements politiques, ses liaisons avec Robespierre, son ami et presque son idole, avec ceux de leurs collègues que la Gironde voulait faire monter sur l'échafaud, à toute outrance que Danton lui-même, jetèrent Camille dans la journée du 31 mai; il ne proscrivit pas, il laissa proscrire les girondins; mais, comme Danton, il n'aurait pas voulu leur mort. Le supplice de ces hommes généreux qui n'étaient pas des hommes d'État, mais d'habiles orateurs et de bons citoyens, lui causa un chagrin qui eut souvent l'expression du remords. « Malheureux que je suis, s'écria-t-il, c'est mon *Brissot dévoilé* qui les a tués! » Camille ne pouvait retenir les élans de son admiration en parlant du courage que les vingt-deux avaient déployé dans la prison et sur l'échafaud. Déjà s'était opérée en lui une révolution morale qui devait le conduire devant les mêmes juges. Il avait épousé, en 1790, une jeune personne appelée Lucile Duplessis, qui lui avait apporté une certaine fortune. Douée d'une figure charmante, de toutes les grâces de son âge, elle avait une âme à la fois tendre et courageuse; elle avait inspiré à son mari la passion la plus vive, et elle en profitait pour l'exciter dans la résolution qu'il avait prise de combattre les excès. Ils étaient de deux sortes : d'un côté les Hébert, les Chaumette, les Vincent, voulaient entraîner la révolution au delà de toutes les bornes; de l'autre, le Comité de salut public et plus encore le Comité de sûreté générale exagéraient les conséquences de la fatale nécessité du système de la Terreur, et laissaient un libre cours aux holocaustes humains du tribunal révolutionnaire. D'accord avec les opinions de Robespierre, Camille Desmoulins combattait les hommes qu'il regardait comme ultra-révolutionnaires, et dénonçait à la France, pour les faire cesser, les persécutions qui encombraient les prisons ou approvisionnaient l'échafaud.

Tout porte à croire que Robespierre avait eu connaissance de quelques numéros du *Vieux Cordelier*, auquel Danton applaudissait comme chef de la conspiration de ceux qui voulaient arrêter ou modérer l'action de la révolution. Danton, à cet égard, parlait comme Robespierre, mais il n'osait pas énoncer aussi franchement son opinion à la tribune contre les dangereux alliés qui compromettaient la révolution par leurs extravagances. Cette audace n'était pas sans danger, et certes Robespierre ne courait pas moins le risque de perdre sa popularité en un jour, lorsqu'il défendit aux Jacobins, avec tant d'énergie et même de chaleur d'âme, Camille Desmoulins, que le cordelier Hébert et plusieurs jacobins accusaient avec fureur, comme coupable du crime de soutenir les aristocrates tels que Dillon, de le louer outre mesure en lui immolant les membres du Comité de salut public, de dénoncer des patriotes tels que Bouchotte, en imitant les dénonciations des girondins contre Pache, et surtout de calomnier le régime révolutionnaire. Sous ce dernier rapport, Camille méritait les reproches des patriotes, en raison même de l'ardeur que leurs adversaires mettaient à lui prodiguer des éloges. Dans sa comparaison de la terreur établie pour le salut d'un peuple avec la terreur inventée pour rassurer la lâcheté, rassasier la soif de sang d'un Tibère ou d'un Domitien, il avait manqué du respect et des ménagements qu'un citoyen doit avoir pour une cause sacrée qu'il a juré de servir. Camille avait écrit souvent comme Maury et Burke, les ennemis les plus déclarés de cette révolution. C'était là une inconcevable imprudence : Robespierre seul pouvait la pallier en l'avouant, et mettre Camille à l'abri d'une résolution qui aurait banni du sein de la société-mère des jacobins. Camille était sauvé quand Robespierre eut proposé de brûler les numéros du *Vieux Cordelier*, et de conserver l'auteur au nombre des jacobins. L'imprudent écrivain s'avisa de répondre : « Mais, Robespierre, brûler n'est pas répondre! » Il fit plus, et, ne réfléchissant pas au danger de sa révélation, il ajouta : « Tu me condamnes ici ; mais n'ai-je pas été chez toi? Ne t'ai-je pas lu mes numéros, en te conjurant, au nom de l'amitié, de m'aider de tes conseils? » Il y avait ici faute sur faute. D'abord, Camille, en soutenant des écrits qui faisaient fureur parmi les ennemis de la révolution, soulevait contre lui toute la société, qui ne penchait à pardonner que par confiance en Robespierre ; ensuite, l'accusé mettait son défenseur même dans la position la plus embarrassante, celle de contester une vérité de fait, ou d'accepter la responsabilité d'un ouvrage qui excitait le blâme général des patriotes. Robespierre, forcé de se justifier lui-même, entra en colère, et Camille fut rayé. Néanmoins, dans la séance suivante, Robespierre, qui ne voulait pas la ruine du coupable, demanda et obtint le rapport de l'arrêté pris contre Camille.

Cependant, les dénonciations continuaient contre Desmoulins, que plusieurs sociétés populaires de Paris déclaraient traître à la patrie, en le désignant comme l'un des chefs du modérantisme. Il aurait peut-être échappé aux dangers que des passions furieuses accumulaient sur sa tête, si Billaud, l'implacable ennemi de Danton, que Robespierre avait été aussi obligé de défendre contre de trop nombreux accusateurs, n'eût poursuivi avec un acharnement sans exemple le chef des Cordeliers. Billaud avait répandu la terreur dans l'âme de Robespierre, auquel il prodiguait les plus graves insultes et les plus foudroyantes menaces au sein du Comité de salut public. Le dictateur abandonna Danton, qu'intérieurement il eût voulu respecter comme un défenseur de la révolution et comme un puissant bouclier pour ses amis dans les jours de péril. Danton fut livré au tribunal révolutionnaire, sur un rapport de Saint-Just, qui enveloppait Camille Desmoulins et Philippeaux dans une prétendue conspiration contre la république. Peut-être Desmoulins, qui prévoyait les fatales conséquences de sa témérité, aurait-il pu les prévenir en cédant aux conseils de ses amis, et particulièrement du général Brune, qui lui disait : « Je te l'avoue, je ne saurais m'empêcher de t'admirer ; cependant, sois certain qu'avec plus de modération tu ferais un bien véritable, tandis qu'en continuant, tu te livres, tu t'immoles et tu ne sauves rien. » Un jour, Brune renouvelait les mêmes prières : malheureusement, la généreuse Lucile, qui d'abord s'était montrée très-sensible aux inquiétudes et aux conseils de Brune, s'écrie, en embrassant son mari : « Brune, laisse le faire! il doit sauver son pays, laisse le remplir sa mission. » Après ces fatales paroles, elle versa du chocolat à son mari, et dit : « Mangeons et buvons, car nous mourrons demain. » Camille, entraîné par un oracle auquel l'amour donnait beaucoup d'autorité, se décide à courir le risque de la mort, qu'il craignait pourtant. A la vérité, il comptait sur l'appui du colosse révolutionnaire. « Danton dort, disait-il : c'est le sommeil du lion ; il se réveillera pour défendre ma cause. » Camille ignorait que la sécurité de la force, l'ennui des révolutions, et l'insouciance d'une âme rassasiée de la vie, quoique capable de goûter encore les délices d'un amour partagé, conduisaient Danton à sa perte, qui devait entraîner celle de ses amis, car des hommes tels que lui ne meurent jamais seuls.

Un autre député, homme plein de candeur, de courage et de bonne foi, mais dominé par l'étrange idée qu'on entretenait à dessein de la guerre de la Vendée, attaquait avec toute l'ardeur de sa généreuse imprudence le ministre de la guerre et ses bureaux, les généraux jacobins ou cordeliers de l'armée républicaine dans l'Ouest et les représentants du peuple qui leur servaient d'appui, le Comité de salut public, et par conséquent la Convention, pleine d'une confiance aveugle dans les membres de cette autorité. Philippeaux n'a vait pas peu contribué à amener l'arrestation de Danton, dont il semblait être l'instrument dans un nouveau système d'hostilités qui surgissait chaque jour contre le pouvoir. Camille, toujours prompt à l'enthousiasme, avait embrassé la cause de Philippeaux. Assurément ces griefs, joints aux apostrophes du *Vieux Cordelier*, qui traçait une si odieuse peinture des conséquences du régime de la Terreur, suffisaient pour mettre en danger les jours de Camille, dont l'éloquence devenait d'autant plus puissante qu'elle parlait dans tous les cœurs à cet amour de la vie, la première des passions de l'homme. Danton à la tribune et Camille la plume à la main auraient, sans aucun doute, amené un changement dans l'ordre des choses ; bientôt un cri unanime se serait élevé dans Paris : « Nous ne voulons pas vivre plus longtemps dans les angoisses d'un condamné qui attend son arrêt de mort. » A ce cri, qui aurait eu des échos dans toute la France, le Comité de salut public et le gouvernement révolutionnaire auraient succombé à la fois. On peut juger des suites d'un pareil événement : le Comité de salut public, éveillé par Billaud-Varennes, vit avec effroi pour la patrie et pour lui-même ; il devint inexorable.

Dans la nuit du 30 au 31 mars (11 germinal), Camille, au moment de se coucher, entendit le bruit de la crosse d'un fusil qui tombait sur le pavé. « On vient m'arrêter, » dit-il, et il se jette dans les bras d'une épouse adorée, qui l'embrassait pour la dernière fois. Il court embrasser son petit Horace, qui dormait dans un berceau, s'efforce de consoler la mère, et va lui-même ouvrir aux satellites du comité, qui l'arrêtent et le conduisent à la prison du Luxembourg. Le lendemain, Legendre se leva sur le banc le plus élevé de la Montagne pour prendre la défense de Danton : après une harangue pleine de la plus véhémente éloquence, à laquelle un accent déchirant prêtait une nouvelle force, il demanda que son ami, ou plutôt son maître en révolution, fût entendu à la barre. Accueilli par un silence glacial, Legendre commençait déjà à trembler de son audace, lorsque Robespierre, qui lui-même obéissait à la peur en s'élevant contre Danton, qu'il avait merveilleusement défendu aux Jacobins, vint réprimer d'un ton menaçant ceux qui, en défendant un grand coupable, semblaient révéler eux-mêmes leur complicité avec lui. Personne n'osa élever la voix en faveur du prisonnier, et Legendre poussa la lâcheté jusqu'à désavouer la défense qu'il avait eu la témérité d'entreprendre. Par cet indigne démenti donné à un beau dévouement, Legendre changeait un titre de gloire en une note d'infamie éternelle. Quoique Danton, Philippeaux et Camille eussent commis de grandes fautes, quoiqu'ils fussent, à leur insu, sur la pente du mouvement qui conduit insensiblement les hommes de révolution à déserter leur parti, et à se perdre par l'abandon des principes qui les soutiennent, le rapport de Saint-Just, qui accusait ces révolutionnaires attiédis et modifiés d'avoir conspiré contre la république, était une monstruosité. Les prévenus auraient facilement confondu leurs calomniateurs; mais ceux-ci n'osèrent pas affronter le débat. Le 12 germinal, on envoya aux prisonniers leur acte d'accusation; Camille, après l'avoir reçu, se promena à grands pas dans sa chambre, et devint furieux en lisant le tissu de calomnies perfides que la haine avait fabriqué contre lui. Bientôt il reprit un peu de calme, et dit en partant pour la Conciergerie : « Je vais à l'échafaud pour avoir versé quelques larmes sur des milliers de malheureux et d'innocents; mon seul regret en mourant est de n'avoir pu les servir. » Au moment de son entrée à la Conciergerie, tous les détenus, sans aucune distinction d'opinion, accoururent au-devant de lui comme au-devant d'un martyr de la cause commune. En effet, ses écrits avaient fait entrer dans tous les cœurs les consolations de l'espérance, et l'on dévorait dans les prisons de Paris les numéros de son *Vieux Cordelier*, comme autant de promesses de délivrance.

Appelé devant le tribunal, Camille voulut récuser Renaudin, l'un des jurés les plus sévères du tribunal; mais les juges ne tinrent aucun compte de cette récusation. Lorsque le président lui demanda son âge, il répondit : « Trente-trois ans, l'âge du *sans-culotte* Jésus, l'âge fatal aux révolutionnaires. » Pendant le cours des débats, Camille montra, comme Danton, une profonde indignation de se voir accolé à des fripons tels que Chabot, et traduit devant des hommes ses anciens compagnons d'armes dans la révolution. Comme Danton, il ne put jamais obtenir la comparution de Robespierre et de Saint-Just, qu'il voulait réfuter en pleine audience. On sait comment Fouquier-Tinville, effrayé des réclamations des accusés et de l'effet de leurs paroles sur l'auditoire, enleva, sous prétexte de révolte, un décret qui les mettait hors des débats. A cette nouvelle apportée par Frouland, Camille et tous ses co-accusés s'écrient : « Quelle infamie! on nous juge sans nous entendre! la délibération est inutile; qu'on nous mène à l'échafaud! nous avons assez vécu pour la gloire. » Camille déclare aux juges qu'ils sont des bourreaux. Danton leur lance des boulettes de pain en signe de mépris. Camille, dans un accès de rage, jette à la tête des membres du tribunal un papier froissé dans ses mains et mouillé de ses larmes. Ce papier, que l'on a retrouvé, contenait l'esquisse de la défense qu'il espérait prononcer en face des membres du comité. L'agitation était à son comble. On fit sortir les accusés; les jurés se retirèrent pour un simulacre de délibération. Quelques minutes après, ils revinrent prendre séance, et leur président, Trinchard, prononça un arrêt de mort contre tous les accusés. Le tribunal, qui craignait leur présence et l'explosion de leur colère, n'osa pas les faire rentrer pour qu'ils entendissent leur jugement. Un greffier leur en donna lecture. « C'est assez, lui dirent-ils! qu'on nous mène à la guillotine! » Camille versa quelques larmes sur le sort de sa femme et de son fils Horace. « Que vont-ils devenir, répétait-il sans cesse, mon pauvre Loulou, ma chère Lucile? » De retour à la Conciergerie, il lut quelques pages des *Nuits d'Young* et des *Méditations* d'Hervey. Lorsqu'on vint le garrotter pour le conduire à l'échafaud, il écumait de rage; il fallut le terrasser pour venir à bout de lui. A quatre heures après midi, les condamnés montèrent sur la fatale charrette. Dans le trajet, Camille s'écriait sans cesse : « C'est moi qui vous ai appelés aux armes le 14 juillet. C'est moi qui vous ai fait prendre la cocarde nationale. Peuple, on te trompe! on immole tes soutiens, tes meilleurs défenseurs! » Indigné contre les vociférations qui l'accompagnaient, et révolté contre la mort qui s'apprêtait à le saisir, il faisait de tels efforts pour échapper au coup du glaive, que ses habits étaient en lambeaux et lui-même presque nu lorsqu'il arriva en face de l'échafaud. Ranimé par Danton, il y monta pourtant avec courage; puis, jetant les yeux sur le couteau encore tout fumant du sang des autres victimes : « Voilà donc, dit-il, la récompense destinée au premier apôtre de la liberté! Les monstres qui m'assassinent ne me survivront pas longtemps. » Au moment où la machine fatale faisait tomber sa tête, il tenait encore dans ses mains des cheveux de sa chère Lucile.

Ainsi périt à la fleur de l'âge l'un des plus ardents promoteurs de la révolution, l'un de ces hommes que la liberté transforme et fait sortir, en quelque sorte, de leur caractère. Naturellement tendre et bon, Camille était fait pour toutes les affections douces : il aimait la poésie, les lettres, la musique, les plaisirs de l'esprit et la société des femmes. Il était fait pour le charmer par la facilité de son humeur, par les agréments de son commerce, par la mobilité de son imagination, par les saillies de son esprit, que tempérait une certaine bonhomie. Dans un temps ordinaire, non-seulement Camille n'eût jamais voulu de mal à personne, mais on l'aurait encore cité comme un être inoffensif et un modèle de bienveillance. Le 14 juillet, sans détruire ses bonnes qualités naturelles, fit de lui un nouvel homme. Saisi du démon de la liberté, furieux contre l'aristocratie, toujours prêt à pousser le cri d'alarme, ainsi que Manlius au Capitole, il apparut à ses concitoyens comme le plus ardent des révolutionnaires; sa plume devint un fer brûlant qui imprimait en quelque sorte un sceau fatal sur le front des hommes qu'elle désignait au courroux de la révolution. Emporté par l'esprit du temps, il avait également proscrit Lafayette, les Lameth et beaucoup d'autres, qu'il poursuivait avec plus de fureur que s'ils eussent été des émigrés rangés sous les drapeaux de Condé. Refroidi sur sa colère contre Bailly, sans doute, il aurait voulu sauver en 1794, il n'en avait pas moins contribué à envenimer la haine du peuple contre cet homme vertueux, qui allait bientôt mourir plus grand que Socrate et plus ferme que Caton. Si les morts revenaient à la vie, Camille aurait pu voir apparaître autour de son échafaud les ombres irritées des orateurs de la Gironde. Mais il éprouva un profond repentir de ses fautes, qui pourtant avaient, sinon pour excuse, au moins pour origine, l'animosité réciproque des deux partis; et, du jour où la pitié, descendue en lui comme un hôte céleste, eut rouvert toutes les sources de la bonté dans son âme, il ne cessa d'appeler le règne de la clémence, en écrivant qui court au martyre par un apostolat sublime. Tout ce que le cœur de Camille renfermait de bon, de tendre, de généreux, s'est exprimé avec une éloquence inimitable dans sa dernière lettre à sa femme, dont une barbarie bien inutile empêchait d'entrer dans le cachot de son mari. Les détails de leur vie intérieure excitent au plus haut degré l'intérêt pour la femme qui en faisait le charme. On doit croire, puisqu'elle l'a dit devant ses juges, que c'est au milieu des jouissances de leur innocent bonheur que naquirent les inspirations auxquelles Camille dut son éloquence, ses malheurs et l'écrit qui fera vivre son nom dans la postérité. On a vu comment la généreuse Lucile exhorta Camille à poursuivre son courageux apostolat; elle n'abandonna point dans l'infortune celui qu'elle avait poussé vers l'abîme par un conseil de la vertu. Attentive à épier le moment de le voir à travers les barreaux de sa prison, elle s'occupait ardemment des moyens de le délivrer. Elle voulut exciter un soulèvement pour le sauver. On lui en fit un crime; on transforma sa pieuse intention et ses chaleureuses démarches en un complot contre la patrie, et on lui réserva la mort pour salaire. Appelée devant le tribunal révolutionnaire, elle y parut simple et grande, et menaça ses juges eux-mêmes d'un arrêt qui leur ferait bientôt éprouver le sort de leurs victimes. Elle ne démentit point son caractère sur l'échafaud. Nous avons vu cette femme, et nous gardons d'elle une impression ineffaçable, où le souvenir de sa beauté, des grâces virginales de sa personne, de la douceur de ses regards, de la mélodie de sa voix du cœur, se mêle à l'admiration pour son courage, et à un regret douloureux sur la fin cruelle qui l'a précipitée dans la mort peu de jours après son mari, sans qu'elle ait obtenu, du moins, la consolation d'être réunie à lui dans un même tombeau.

P.-F. TISSOT, de l'Académie Française.

DESMOULINS (ANTOINE), médecin naturaliste d'un grand mérite, mais qui est mort trop jeune pour avoir obtenu en souvenirs le juste prix de ses travaux. Né à Rouen vers 1796, Desmoulins fut reçu médecin à Paris à l'âge de vingt-trois ans. Son diplôme une fois obtenu, au lieu d'exercer la médecine, il fréquenta le Muséum d'Histoire naturelle, le cabinet d'anatomie comparée, se lia avec MM. Laurillard, Straus, Valenciennes et Pentland; se fit connaître de Cuvier, Blainville et Geoffroy Saint-Hilaire, et se mit dans les bonnes grâces de M. de Humboldt, qui alors résidait à Paris, où il publiait son voyage en Amérique; sans se forcer, trouvant accessibles les différentes voies de l'histoire naturelle, ayant de sûrs conseillers et d'excellents guides, il fit en peu de temps des progrès remarquables. Au bout de deux années d'études, il était déjà assez instruit pour que Bory de Saint-Vincent le chargeât à peu près seul, dans le *Dictionnaire classique d'histoire naturelle* (1821), de toute la partie zoologique et anatomique qui concerne les mammifères. Il publia plusieurs grands articles dans cet ouvrage, notamment sur les antilopes, sur les cerfs, sur les crânes, et sous le nom nouveau de *Système cérébro-spinal*, des recherches vastes et nouvelles sur le système nerveux. En même temps, Desmoulins communiquait des mémoires à différentes académies, à la Société Philomathique, à l'Institut. A la même époque, en 1825, il publiait avec M. Magendie deux volumes ayant pour titre : *Anatomie du système nerveux des animaux à vertèbres*, etc. Un grand nombre de faits et d'opinions sur les nerfs ont pour première source les recherches de Desmoulins. C'est lui qui a prétendu que les nerfs du cerveau et de la moelle épinière ne sont pas nécessairement liés à l'existence de la moelle et du cerveau, c'est-à-dire que ces nerfs peuvent subsister alors même que l'un de ces centres nerveux fait défaut. C'est lui qui affirme avoir vu les nerfs du genre raie s'interrompre près de la moelle épinière sans en pénétrer la substance ni s'y joindre. C'est lui qui atteste que certains poissons n'ont point de glande pinéale, bien qu'on trouve cette glande dans des tortues et autres animaux dont l'intelligence n'est pas plus expresse que celle des poissons. Il assure également qu'on peut enlever les hémisphères du cerveau et du cervelet sans priver de tout sentiment l'animal ainsi mutilé. Suivant lui, c'est la protubérance cérébrale ou pont de Varole qui serait le siège ou l'instrument de la perception; autrement, et comme il le dit, *de la sensation avec conscience*. Cet organe, en effet, est unique et central, ce qui semblerait le rendre plus apte que les hémisphères cérébraux (qui sont doubles) à conserver à la perception ce caractère d'unité qui est un de ses attributs.

Enfin, Desmoulins ne préjuge pas de la puissance cérébrale et intellectuelle, ainsi que l'a fait le docteur Gall, uniquement d'après le volume des cerveaux et leurs protubérances locales : il attache à l'étendue des surfaces, c'est-à-dire au nombre des plicatures et des circonvolutions, et à la profondeur des sillons ou des anfractuosités, autant de signification et peut-être plus de valeur qu'au volume même. C'est ainsi qu'il a trouvé qu'après l'homme, ce sont les singes et les dauphins qui ont les cerveaux les plus étendus en surface, les cerveaux les plus plissés, tandis que les animaux les plus stupides ont des cervelles sans plis et pour ainsi dire d'une venue, sans enfoncements ni saillies. Desmoulins avait aussi sur le cerveau des vieillards des idées à lui. Dans un mémoire qu'il lut à l'Académie des Sciences, en présence de juges dont les plus jeunes étaient presque tous plus que sexagénaires, il proclama que les vieillards ont un cerveau non-seulement moins volumineux qu'à l'âge adulte et quelquefois comme atrophié, mais moins dense, contenant moins de substance sous un même volume, et, partant moins apte à penser, moins virtuel, moins énergique. Ce mémoire fit sensation, mais une sensation peu favorable à l'auteur, tout prêt néanmoins à se consoler de ces préventions désobligeantes, qui, selon lui, justifiaient ses énoncés systématiques.

Malheureusement Desmoulins gâta ses belles recherches et son existence tout entière en se montrant tout à coup impatient, hostile, injuste et surtout ingrat envers l'homme remarquable sans lequel il n'aurait pu accomplir ses premières recherches ni se créer un nom qu'entourait dès lors quelque autorité. Dans un ouvrage que Desgenettes et une autre personne l'avaient engagé de publier *sur les races humaines*, il fut assez mal inspiré ou conseillé pour prendre à partie Georges Cuvier dans une longue et folle préface. Non-seulement il critiquait ou dépréciait les ouvrages de son maître, mais il rappelait d'un style injurieux ses premiers insuccès à la chambre des députés, les censures et les quolibets dont les petits journaux et le baron Méchin avaient jadis assailli le grand naturaliste, et il concluait en disant : « Messieurs, ayons pitié de M. Cuvier! » Cuvier, ordinairement si calme et si indulgent, n'eut point de pitié ce jour-là pour Desmoulins. L'auteur ayant envoyé son ouvrage à l'Académie des Sciences, Cuvier, dans une courte allocution où il se montrait ému, demanda à ses confrères de ne point accepter l'hommage d'un livre où lui Cuvier était injurié, injurié par un disciple qu'avaient encouragé ses bontés et parfois sa protection. De plus, il demandait que l'auteur, comme l'ouvrage, fût exclu de l'Académie. Gay-Lussac et d'autres personnes prirent en vain la parole non en faveur de Desmoulins, mais en prétextant de la liberté de penser et d'écrire; la question fut déférée au scrutin, et le scrutin donna raison à Cuvier. A partir de ce moment, Desmoulins ne pouvait plus rester à Paris. Il se retira dans sa famille. Déjà fatigué, déjà malade, et crachant le sang; sa poitrine, sous l'impression des regrets, s'affecta de plus en plus. Il mourut à peu de temps de là, quelques années avant Cuvier, dont il aurait pu continuer les travaux. Une malheureuse préface voua le reste de sa vie à l'obscurité et elle exposa son nom à l'oubli, ce nom auquel de premiers travaux présageaient une célébrité durable.

Dr Isidore BOURDON.

DESMOUSSEAUX (N...... SAILLAUD, *dit*), artiste dramatique, ex-sociétaire du Théâtre-Français. Comme beaucoup de ceux dont il a suivi la carrière, il changea, en entrant au théâtre, le nom honorable de sa famille, pour prendre celui qu'il a continué de livrer à l'estime du public. Né en novembre 1785, dans le département de la Marne, il fut envoyé à Paris, à dix-sept ou dix-huit ans, pour y embrasser une profession magistrale. Il s'y livra d'abord, en effet, aux études judiciaires. Il était devenu, vers 1806, principal clerc d'un des premiers avoués de la capitale, M. Leclercq, chez qui se trouvait aussi Armand Dartois. Il y a tout lieu de croire que ces deux élèves du Code de procédure se nourrissaient plus encore des leçons du théâtre que de celles du barreau. Seulement Dartois prit le sentier du Vaudeville, en qualité d'auteur, tandis que Saillaud dirigea ses pas vers le Théâtre-Français, en qualité de tragédien.

Doué d'une taille élevée, d'une figure aux traits réguliers et sévères, d'une voix peu sonore, peu timbrée, peu variée, mais grave et pure, il s'essaya d'abord comme amateur au théâtre de Doyen. Il montra, ou l'on crut apercevoir en lui assez de dispositions pour encourager et exciter le goût qu'il avait pris et reçu de ses études littéraires et théâtrales. Il se résolut, dès lors, à quitter le Palais et à prendre les leçons de déclamation de Florence, *confident* médiocre de tous les héros tragiques du Théâtre-Français. Sans passer par les classes du Conservatoire, protégé par un ministre d'état très-puissant, le comte Regnault de Saint-Jean-d'Angély, et par le comte de Rémusat, préfet du palais et surintendant des théâtres impériaux, il obtint un ordre de début à la Comédie-Française, et y parut, pour la première fois, le 18 août 1812, dans le rôle de *Tancrède*. Il joua successivement *Horace, Rodrigue, Bayard, Vendôme*, et, après avoir reçu une gratification et avoir été admis comme pensionnaire, il devint sociétaire, six ans après, le 1er avril 1818. Quoiqu'il fût jeune encore, l'élévation, la gravité de sa taille, de sa voix, de son jeu, semblaient l'éloigner de l'emploi des *jeunes premiers* tragiques, et l'appeler naturellement aux rôles de *pères nobles* et *de rois*. C'est le parti qu'il prit à la retraite successive de Saint-Prix, de Saint-Fal et de Baptiste aîné, dont il était devenu le gendre.

Sans abandonner *Lusignan* et *Polyphonte*, Desmousseaux fut chargé, dans le répertoire nouveau, d'une foule de rôles auxquels la nature de ses moyens physiques et de son talent le rendaient particulièrement utile et convenable, entre autres : Raymond (*Louis IX*), Melvil (*Marie-Stuart*), François de Paule (*Louis XI*), Nangis (*Marion Delorme*) et surtout Don Bustos, dans le *Cid d'Andalousie*, où il mit une originalité que le public récompensa par des applaudissements mérités. Outre ces rôles dans la tragédie, Desmousseaux remplissait aussi, avec une égale convenance, les rôles sérieux dans le répertoire du drame et de la comédie : le père du *Menteur*, Cléante de *Tartufe*, le médecin des *Deux frères*, etc., etc. Mais ce ne fut pas seulement comme tragédien et comédien qu'il rendit des services au théâtre qui s'était attaché cet homme instruit, spirituel et probe :

On se souvient toujours de son premier métier :

Dans les contentions litigieuses et financières où les sociétaires de la Comédie-Française se trouvèrent naturellement et maintes fois engagés avec des créanciers et des procéduriers de toute nature, l'ancien maître-clerc d'avoué se présenta armé de toutes pièces. La nouvelle tunique de Desmousseaux-*Séjean* reprit souvent la forme de l'ancienne robe noire de Saillaud, et il put parodier le mot de Figaro en s'adressant aux agresseurs judiciaires des camarades : « Qu'ils s'avisent de parler jurisprudence, assignations et poursuites ! j'y suis grec et je les extermine. » Enfin, après avoir, par ses faits et gestes, rendu d'honorables services pendant vingt ans, Desmousseaux jugea convenable de se retirer du théâtre en 1838, avec la pension légale, à laquelle il avait des droits incontestables.

DESMOUSSEAUX (Mme), sociétaire du Théâtre-Français, et femme du précédent. Comme Boileau était

Fils, frère, oncle, neveu, beau-frère de greffier,

Mme Desmousseaux est fille, sœur, nièce, tante, belle-sœur et femme de comédiens. Baptiste aîné de la Comédie-Française était son père; elle est parente, à tous les degrés divers, de Ferréol, de Mme Dorval, etc. C'est du sang et du meilleur sang d'artiste qui coule dans ses veines. Aussi, dès 1815, dignement, noblement élevée, on peut le dire, par son père, qui avait la foi de son art, Mlle Baptiste, née en 1790, entra dans la carrière théâtrale, mais alors sans beaucoup de succès, avec le tablier des soubrettes. Les quatorze apparitions qu'elle fit dans cet emploi l'en détournèrent aussitôt, et, après avoir consacré deux années, loin du théâtre, à des études dirigées vers un autre genre, elle y reparut dans les *confidentes* tragiques et les *caractères*. Ses débuts, sous ce nouvel aspect, eurent lieu dans l'Œnone de *Phèdre* et la marquise d'Olban de *Nanine*. Elle montra dès lors ces grandes et rares qualités que le temps et le travail devaient porter au degré éminent où on l'a vu briller : allure franche et hardie du personnage qu'elle représentait, verve, énergie, et, au besoin, sensibilité vraie, jointes au mordant, à la finesse ou à l'emportement, *à la charge* même, s'il le fallait, ou à la dignité, si le rôle l'exigeait : ainsi, Mme Pernelle, dans *Tartufe*; Mme Turcaret, dans le chef-d'œuvre de Lesage; Babet dans les *Deux Cousines*; la mère, dans le *Mari à bonne fortunes*. Outre les rôles du *grand trottoir* (technologie), tels que Mme Grognac, Mme Jourdain, etc., Mlle Baptiste, devenue Mme Desmousseaux, apposa le cachet de son talent à un grand nombre de pièces, parmi lesquelles il faut particulièrement distinguer le *Jeune Mari* et le *Mari à la campagne*, créations originales, pleines de vérité et de ce *vis comica* dont cette comédienne de premier ordre a offert un des derniers exemples. Mme Desmousseaux a pris sa retraite en 1852, après trente-deux années de service.

A. DELAFOREST.

DESMOUSSEAUX DE GIVRÉ (N.), né à Dreux en 1794, devint sous la Restauration secrétaire d'ambassade à Rome. Après la révolution de Juillet, il passa secrétaire d'ambassade à Londres. En 1837, il fut envoyé à la Chambre des députés par le collège électoral de Dreux. Dévoué surtout à la prérogative royale, il vota d'abord avec les doctrinaires, puis il défendit le ministère Molé contre la coalition. Orateur nerveux, sarcastique, il ne laissait échapper aucune occasion de décocher quelques traits acérés à l'opposition. Vers la fin pourtant, il attaqua le ministère Guizot, et, dans un discours vif et spirituel, il caractérisa la politique ministérielle par ces trois mots devenus célèbres : *Rien ! rien ! rien !* Il faisait alors partie de cette petite phalange qu'on nommait les *conservateurs progressistes*. Il s'était aussi occupé beaucoup de mouvement pour faire passer un chemin de fer par Dreux, mais sans y réussir. Élu représentant à l'Assemblée législative par le département d'Eure-et-Loir, en 1849, il se réunit à la majorité orléaniste, soutint la proposition Creton sur le rappel des lois de bannissement des familles royales, combattit la proposition de révision de la constitution et fit des interpellations sur un discours tenu à Dijon par le président de la République lors de l'inauguration du chemin de fer. Le coup d'État du 2 décembre lui imposa silence en le rendant à la vie privée.

L. LOUVET.

DESNOYERS (AUGUSTE-GASPARD-LOUIS BOUCHER-), l'un de nos plus célèbres graveurs, est né le 19 décembre 1779, à Paris, où son père était concierge du château des Tuileries. Il avait débuté dans la carrière des beaux-arts en se livrant à l'étude de la peinture historique sous la direction de Lethière, et était allé se perfectionner à Rome. Il s'adonna ensuite à la gravure, et eut pour maître Tardieu. La Vierge dite *la Belle Jardinière*, d'après Raphaël, qu'il grava en moins d'une année, et qui parut vers la fin de 1805, fonda sa réputation. On remarqua que sa taille réunissait la manière de Bervic pour l'expression des têtes à celle de Drevet pour la disposition des draperies, et on en eut une nouvelle preuve quand parut le portrait de Napoléon, en costume du couronnement, d'après le tableau peint par Gérard en 1805. Cette planche, exécutée avec le plus grand soin, et dont l'effet est des plus puissants, a 66 centimètres de hauteur sur 50 de largeur, et est devenue très-rare. L'empereur, qui en avait confié lui-même la gravure à M. Desnoyers, la lui acheta 50,000 francs, après lui en avoir laissé tirer mille exemplaires. On a encore de cet artiste un beau portrait du roi de Rome, d'après Guérin ; mais c'est surtout à la reproduction, par la gravure, des œuvres de Raphaël qu'il semble avoir consacré son burin. Outre la Vierge déjà citée, nous mentionnerons *La Vierge au linge, La Madone de Foligno, La Vierge au poisson, La Vierge au berceau, La Vierge de la maison d'Albe, La Madone de la maison Tempi, Sainte Catherine d'Alexandrie* et *La Visitation de sainte Élisabeth.* Parmi les autres gravures justement célèbres qu'on doit à M. Desnoyers, il ne faut pas oublier *La Sainte Famille,* d'après Léonard de Vinci ; *La Madeleine,* d'après le Corrége ; *Phèdre et Hippolyte,* d'après Guérin ; *Bélisaire* et *M. de Talleyrand,* d'après Gérard, etc. En 1816, il entra à l'Académie des Beaux-Arts en vertu de l'ordonnance contre-signée *Vaublanc,* qui réorganisa à cette époque l'Institut ; en 1825 il fut nommé premier graveur du roi, et en 1828 le ministre Martignac lui fit octroyer le titre de baron. Il est de plus officier de la Légion-d'Honneur.

DÉSOBSTRUANT, synonyme d'*apéritif.* Ce nom a été donné à des médicaments auxquels on attribue la propriété de remédier aux *obstructions.*

DÉSORDRE. C'est une disjonction, une séparation irrégulière des parties qui constituaient un ensemble méthodique ; c'est un déchaînement inorganique ou discordant, sans harmonie, ni unité, soit au physique, soit au moral. Pour qu'il y ait désordre, il faut donc qu'il existe un ordre préexistant ou possible, car le chaos, étant le désordre même, suppose un arrangement quelconque nécessaire et susceptible de s'établir. Ainsi, nous ne comprenons l'idée de la désharmonie que par celle de la régularité bien symétrisée. On peut dire que l'ordre éternel des choses est démontré par ce qui n'est pas lui, et que les monstruosités fournissent les plus solides arguments en faveur des lois de l'organisation, comme l'exception prouve la réalité de la règle. Si l'ordre manifeste l'état normal de la nature, le désordre ne doit être considéré que comme son aberration, un vice, une dérogation monstrueuse des lois établies par la sagesse suprême, ou par l'intelligence de l'homme, qui en émane. Dès que les fondateurs des sociétés humaines ont institué pour elles des principes de conservation, une hiérarchie de devoirs et de droits réciproques entre les membres du même corps politique, c'est un ordre plus ou moins parfait, qui ne saurait être rompu que par une révolution désordonnée. De celle-ci peut surgir un état meilleur ou mieux adapté au progrès de la civilisation. Cependant, jusqu'à ce que les diverses parties du corps social s'équilibrent, le désordre engendre d'inévitables tiraillements, des collisions et des déchirements violents. Dans toute révolution, disent les publicistes expérimentés, empêchez le désordre de s'organiser, car alors il devient compacte, et ses ramifications redoutables finiraient par infecter la masse des citoyens :

Serpit late in contagia virus.

C'est, en effet, l'une des mauvaises propriétés du désordre de devenir communicatif et en quelque sorte pestilentiel, par imitation, comme on l'observe dans les émeutes. La curiosité y attire, puis l'exemple excite ; l'on se trouve entraîné, souvent sans le vouloir ; la participation au mal devient machinale ; des passions furibondes s'allument sous le souffle échauffant de la sympathie ou de la cupidité, parmi les dévastations et le pillage. Pareillement, l'aspect de la débauche et des vices attise le désir, et fait succomber aux mêmes convoitises.

S'il est vrai que l'amour ou l'attraction, en unissant tous les corps de la nature, ait organisé l'univers, c'est la haine ou la répulsion, principe de discorde, qui devient la source empoisonnée de tous les désordres dont le monde est le théâtre. Elle déchire les familles, elle suscite la guerre entre les peuples, elle soulève l'inférieur contre le supérieur, elle disgrège les membres des individus difformes, comme elle excite les tempêtes des passions hostiles dans le cœur des monstres en morale. Tandis qu'une suave mélodie concilie l'amour et attendrit les âmes, les cris sauvages et discordants font éclater la férocité dans les combats : ainsi, tout ce qui produit dans notre système nerveux des impressions désordonnées, antiharmoniques, agace, irrite les animaux même, et les transporte de fureur. La source du désordre, en général, émane donc de cette dissonance, de cette disgrégation, de tout ce qui, en un mot, engendre haine, opposition et combat. C'est pourquoi les anciens Grecs regardaient comme barbares les peuples qui ne cultivaient pas la musique, car ils prenaient des passions extraordinaire à instruire et à charmer la jeunesse par des chants mélodieux, capables d'inspirer la vertu, et les sentiments élevés et généreux. Le respect de l'ordre public et des lois devenait d'autant plus nécessaire et plus sacré qu'il n'y avait presqu'aucun autre frein dans ces anciennes républiques. C'était un crime à Terpandre d'ajouter une corde à sa lyre ; c'était déjà introduire une raison de désordre dans l'état. Telle opinion philosophique qui, jetée obscurément dans un livre, semble n'être qu'un mot stérile, peut devenir pour la postérité une semence terrible de catastrophes politiques, une fois qu'elle est éclose dans les cerveaux. Cette idée, comme le levier d'Archimède, peut soulever un monde. Du désordre et des ruines surgira, néanmoins, un nouvel ordre social (*corruptio unius, generatio alterius*), comme en chimie la destruction d'un corps procure la formation d'un autre.

A moins que l'univers ne retombe dans le chaos antique, il faut donc que les désordres particuliers rentrent peu à peu dans une voie de régularité, et se coordonnent avec le mouvement général qui entraîne toutes choses. Ces tempêtes soulevées dans le monde intellectuel, comme dans le monde matériel, cèdent enfin à la souveraine puissance du temps et du renouvellement des êtres. Qui n'a prédit la ruine inévitable de la France lors du renversement de son ancienne monarchie ? Qui n'a pas cru, durant l'anarchie féodale du moyen âge, à la fin du monde ? Chacun faisait son testament, *adventante mundi vespero*. Mais les ravages passaient, et le soleil se levait radieux, le lendemain, comme à l'ordinaire. Quels qu'aient été les désordres infames, les dissolutions inouïes des Romains vainqueurs de la terre, la nature humaine outragée sut bientôt revendiquer ses droits foulés aux pieds par ces despotes ambitieux. Les fiers enfants du Nord se levèrent, faisant leur vaillante simplicité, ils vengèrent, à leur tour, les peuples opprimés, et rétablirent la pureté des mœurs avec un nouveau culte religieux. Nul désordre moral, non plus que physique, ne saurait subsister à la longue. Les prodigieux empires d'Alexandre, de César, de Charlemagne, de Napoléon, s'écroulent à la mort de ces conquérants ; et de leurs immenses débris se recomposent d'autres royaumes. Ainsi, les conquêtes ne sont qu'un ordre factice né d'éléments de guerre et de discorde. Comme, par une intervention momentanée, le crime ou le vice ont su dominer la vertu dans le monde, de même les hommes ont pu, par la force des circonstances, être contraints de subir des tyrans et des monstres ; cependant, le bon ordre n'en reste pas moins la loi éternelle, la seule durable, puisqu'elle seule se fonde sur la vérité et la raison. Malgré les causes toujours renaissantes de désordre et de vice sur la terre, il faut nécessairement reconnaître que le principe de l'ordre et de la vertu y prédomine ; la preuve s'en trouve dans l'accroissement progressif des sociétés humaines sur tout le globe, et dans les efforts ascendants de la civilisation. Les philosophes dualistes, par conséquent, qui admettent l'action contrastante et opposée des deux principes du bien et du mal, ne sauraient rendre ces forces égales. Le système de la polarité, dans la philosophie de la nature des Allemands, d'après Kielmayer, Oken, etc., se fonde sur les mêmes causes d'antagonisme. Toujours ce balancement, comme l'antipéristase des anciens péripatéticiens, établira le remède à côté du mal par une équilibration indispensable : l'un est la condition de l'autre, comme la douleur et le plaisir chez les êtres sensibles. Il semble, d'après ce principe, que le désordre devienne un élément nécessaire dans l'ordre éternel des choses, comme la mort est un résultat forcé de la vie, ou la destruction une suite de la génération.

Nascentes morimur, finisque ab origine pendet.

Est-ce à dire que nous devions nous abandonner aux désordres moraux, afin qu'il y ait, par compensation, des êtres vertueux ? Non, sans doute ; mais souvent les grandes vertus naissent des grands vices, et l'on ne serait pas digne d'éloges si l'on ne savait pas résister à l'attrait séducteur des plaisirs désordonnés.
J.-J. VIREY.

DÉSORGANISATION, sorte de décomposition que les corps organiques, animaux et végétaux, peuvent seuls éprouver. Chez les minéraux, il peut bien y avoir désagrégation ou décomposition chimique ; mais la désorganisation suppose l'existence antérieure d'une organisation dont ces corps sont complètement dépourvus. La désorganisation d'un corps ou d'un organe a lieu quand, abandonné par le principe vital qui l'animait, le corps ou cet organe retombe sous l'empire exclusif des lois de la matière : la gangrène nous donne l'exemple de tissus désorganisés, devenus étrangers à l'économie. L'art chirurgical agit par désorganisation lorsqu'il emploie les caustiques.

Ce mot s'emploie au figuré en parlant du corps social, des gouvernements, des administrations, des armées, etc. En ce sens, la décomposition, la désagrégation n'est ni moins prompte, ni moins radicale que lorsqu'il s'agit des corps organiques. Un corps social qui se désorganise par suite de la corruption des chefs et de la démoralisation des masses, est bien près de tomber en pourriture, et il n'est pas nécessaire de remonter au Bas-Empire pour en trouver des exemples dans l'histoire. Les administrations, les gouvernements même s'affaissent rapidement aussi quand la vénalité et l'amour du lucre se sont emparés des chefs, pour s'infiltrer plus bas dans toutes les veines de toutes les hiérarchies. Quant aux armées, c'est presque toujours le relâchement de la discipline qui hâte leur désorganisation, témoin les prétoriens à l'époque de la décadence de l'empire romain, les janissaires lors des troubles de la Porte, et, dans ces derniers temps, les soldats de l'armée portugaise.

DÉSORGUES (THÉODORE). Vers la fin du siècle dernier, le *vélocifère*, prédécesseur de la *diligence* et des *messageries*, débarquait à Paris un provençal, plein de verve et d'entrain, né dans la ville d'Aix, et bossu, comme Ésope, par devant et par derrière. Léger d'argent, il s'installa au quatrième étage d'une vieille maison du faubourg Saint-Jacques, meubla son galetas de magots de la Chine, d'une table et de quelques rayons de bois blanc, de quatre chaises dépareillées et d'un hamac, dans lequel il couchait en toute saison. Puis, il se mit à écrire, à bâtons rompus, dans ses moments de loisir, quand il n'avait rien de mieux à faire. C'est ainsi qu'il fit paraître *Rousseau*, ou l'*Enfance*, poëme, suivi des *Transtéverins*, et de poésies lyriques (1795), puis une *Épître sur l'Italie*, suivie de *quelques autres poésies relatives au même sujet* (1797). La pièce intitulée *la Primavera*, qui fait partie du volume, prouve que notre provençal cultivait avec succès la poésie italienne. L'*Hymne à l'Être suprême*, qu'on trouve également dans ce recueil, avait déjà été imprimé dans l'*Almanach des Muses*. Cet Hymne et les *Transtéverins* sont les meilleurs ouvrages de Désorgues.

Il était d'un républicanisme ardent ; extrême en tout, il ne savait ni aimer ni haïr à moitié, et Lebrun-Écouchard ayant fait des vers en l'honneur d'un des plus hideux apôtres de la Terreur, il lui décocha incontinent cette épigramme :

Oui, le fléau le plus funeste
D'une lyre banale obtiendrait les accords :
Si la peste avait des trésors,
Lebrun serait soudain le chantre de la peste.

On vit paraître ensuite son *Chant de guerre contre l'Autriche*, précédé des *Trois sœurs* (la Poésie, la Peinture et la Musique) ; *Voltaire*, ou le *Pouvoir de la Philosophie* ; *Les Fêtes du Génie*, précédées d'autres poésies lyriques ; *Les Jeux d'Elbéquier*, espèce de dithyrambe ; *Mon esclave*, suivi des *Deux Italies* (la Toscane et la Provence) ; *Chant funèbre aux mânes de Pie VI* (diatribe contre ce pape) ; *Chant funèbre en l'honneur des guerriers morts à la bataille de Marengo*, précédé d'autres essais lyriques ; *Le Pape et le Mufti*, ou *la Réconciliation des cultes* (comédie, an IX) ; *Hommages à la Paix*, etc., etc. Il est facile de voir par quelques-uns de ces derniers titres que l'humeur farouche de notre républicain s'était insensiblement adoucie. Cependant, le naturel reprenant parfois le dessus, et, un jour, il s'avisa de faire une chanson, dont le refrain était :

Oui, le grand Napoléon
Est un grand caméléon.

Il n'en fallait pas tant pour se brouiller avec la police impériale, qui envoya le poëte provençal réfléchir à l'hôpital des fous, à Charenton, sur le danger qu'il y a de vouloir s'approprier, sans partage, le monopole de la versatilité. Il y mourut en 1808, laissant trois manuscrits : une traduction en vers des *Satires de Juvénal*, un poëme en cinq chants sur l'*Origine de la Pédérastie*, et une tragédie, intitulée : *Alexandre Borgia* (le pape Alexandre VI).

DÉSOXYDATION. Ce terme s'applique plus particulièrement à la réduction des oxydes à l'état métallique, en leur enlevant l'oxygène par divers moyens ; le charbon est la substance le plus habituellement employée pour obtenir ce résultat, et c'est ainsi, par exemple, que tous les jours on réduit les oxydes de fer, de plomb, d'étain, de zinc, etc., dans des fourneaux particuliers pour se procurer ces métaux. Nous ne signalerons ici qu'une opération très-simple et vulgaire, que l'on fait subir aux crasses qui se forment lorsqu'on fond, par exemple, l'étain pour étamer des fourchettes, des cuillères, etc., que les ouvriers mêlent avec un peu de suif ou de résine, et qu'ils chauffent jusqu'au rouge dans un creuset ou une cuillère de fer, pour en retirer le métal, qui reprend toutes ses propriétés, en perdant l'oxygène qu'il avait absorbé, et que lui enlèvent le charbon et l'hydrogène des matières qui avaient été employées.
H. GAULTIER DE CLAUBRY.

DESPANS-CUBIÈRES. *Voyez* CUBIÈRES.

DESPAUTÈRE (JEAN). Le nom de ce grammairien a été longtemps un nom populaire, et je-vous prie d'expliquer à mon fils du latin plus honnête que celui-là. » Heureusement Mme d'Escarbagnas n'est pas une autorité irrécusable. Despautère naquit vers l'an 1460 à Ninove en Flandre. Aussi soupçonnons nous son véritable nom d'avoir eu une physionomie moins française, et de s'être écrit peut-être *De Spotter* (le railleur) ou *Van Pauteren*. Il eut pour maître à Louvain, au collége du *Château*, Jean De Coster, dont on a pareillement une grammaire. Après avoir enseigné dans cette ville, à Bois-le-Duc et à Bergues-Saint-Winox, il ouvrit une école à Comines, où l'avait appelé le seigneur du lieu, Georges de Halewin, ami de tous les savants, savant lui-même, et qui composa plus tard des *Institutions grammaticales*. Quant à Despautère, dans la préface de ses *Commentarii grammatici* (Paris, Robert-Estienne, 1537, in-fol.) il se plaint de ce que les partisans de la vieille routine s'opposent à l'introduction de son livre et l'accusent presque de lèse-majesté divine et humaine pour oser détrôner Alexandre de Villedieu. Sébastien Niémculen, appelé en latin *Novimola*, et Gabriel Dupréau, ou *Prateolus*, firent des abrégés de son in-folio. Adolphe de Meetkercke et François Nansius, l'un et l'autre de Bruges, le disposèrent dans un meilleur ordre, et y ajoutèrent des vers mnémoniques, tels que ceux mis en usage plus tard par Port-Royal et par le père Buffier. On doit encore à Despautère des traités *d'orthographia*, *d'ars epistolica*, *d'accentibus et punctis*, et de *carminum generibus*. Il mourut à Comines en 1520. Il était borgne, ce qui a fourni à Adrien du Hecquet l'idée de ce distique :

Hic jacet unoculus, visu præstantior Argo,
Nomen Joannes cui, Ninivita fuit.

Celui-ci, de Gui Patin, n'est guère meilleur :

Grammaticam scivit, multos docuitque per annos :
Declinare tamen non potuit tumulum.

« Il savait à fond la grammaire, et l'enseigna pendant longues années, et pourtant il ne put *décliner*..... le tombeau. » Despautère, qui fut remplacé dans son pays par Verepæus, conserva la vogue en France jusqu'à ce qu'il dut baisser pavillon devant Tricot, expulsé à son tour par Lhomond.   DE REIFFENBERG.

DESPERRIERS (BONAVENTURE). Ses contemporains, qui se sont fort occupés d'un de ses livres, ont à peine parlé de sa personne, car on ne sait ni l'année précise de sa naissance ni celle de sa mort. Il paraît toutefois qu'il vint au monde vers la fin du quinzième siècle à Arnay-le-Duc, où sa famille tenait un rang honorable. Présenté à la reine Marguerite, sœur de François Ier, il fut attaché à sa personne en qualité de valet de chambre, et devint, à ce titre, le camarade et bientôt l'ami du célèbre Clément Marot. Doué d'un esprit vif, porté à la satire, il crut pouvoir, à l'exemple de Rabelais, verser le sarcasme et le ridicule sur les faiblesses et les opinions de l'humanité, et composa quatre dialogues en français, auxquels il donna le titre latin de *Cymbalum mundi*. Ce titre semble insinuer qu'aux yeux de l'auteur, les croyances du vulgaire ne sont pas plus dignes de fixer l'attention que le bruit des cymbales. Mercure ouvre le premier dialogue en apprenant au lecteur qu'il est envoyé chez les humains par Jupin, pour y faire relier un livre. Il entre dans une hôtellerie, où il rencontre deux personnages, Bryphanes et Curtatius, qui lui dérobent son bouquin et le remplacent dans sa valise par un autre, contenant le récit des amourettes et des folies du maître de l'Olympe. Le dialogue suivant nous montre plusieurs graves personnages, cherchant les débris de la pierre philosophale, car Mercure, ne sachant à qui la remettre, l'a brisée devant eux et en a dispersé les fragments sur le sable : de là, des railleries sur les alchimistes et la vanité de leurs recherches. Dans le troisième dialogue, on revient au livre dérobé à Mercure, qui n'est autre que celui des destinées ; le Dieu en prend occasion de tourner en ridicule le destin et l'astrologie judiciaire, alors fort en vogue à la cour ; puis, il fait causer le cheval Phlégon avec son palefrenier. Une conversation entre deux chiens remplit le quatrième dialogue : c'est une censure déguisée du penchant de tous les hommes pour le merveilleux et la nouveauté.

Telle est l'analyse succincte du *Cymbalum mundi*, qu'Estienne Pasquier déclare digne du feu, ainsi que son auteur, et qu'Henri Estienne traite de livre détestable et prêchant l'athéisme. Dénoncé au tribunal de l'opinion par les théologiens, il fut saisi peu de temps après sa publication, et condamné par un arrêt du conseil. Mais la personne de l'auteur fut épargnée, grâce à la protection de Marguerite, toute-puissante auprès de son frère. Ce déchaînement universel contre un ouvrage qui semble fort innocent aujourd'hui s'explique et par l'époque où il parut et par la réputation de l'auteur. Ami de Marot, dont il osa prendre publiquement la défense, et menant comme lui une vie dissipée et même dissolue, il fut classé parmi les libertins et les esprits forts, que l'on accusait de vouloir détruire la religion et la morale. Ainsi, les ennemis de Desperriers l'accusèrent de ruiner les fondements du christianisme, sous le vain prétexte de tourner en ridicule les faussetés du paganisme. Puis, ajoutaient-ils, se moquer de la destinée, n'est-ce pas attaquer la Providence, et par là mettre en doute la sagesse et la toute-puissance de Dieu ? Ajoutez qu'en 1537, quand le *Cymbalum mundi* fut mis au jour, la France, travaillée depuis plusieurs années par les livres et les prédications de Calvin, annonçait déjà par plus d'un symptôme qu'un schisme allait éclater. Inquiet sur son avenir, le clergé, appuyé par la Sorbonne et les parlements, surveillait avec sévérité le mouvement des esprits, toujours prêt à frapper tout ce qui lui semblait de nature à ébranler la morale et les dogmes du catholicisme. Telles furent les causes de l'orage soulevé contre le livre de Desperriers, dont les plaisanteries, transformées en hérésies, furent traitées de crimes contre la religion et contre l'état.

Si Desperriers n'avait pas d'autre titre plus recommandable, il serait retombé, comme tant d'autres, dans l'oubli le plus profond ; mais il a fait un recueil de contes et nouvelles, remarquables par la grâce et la vivacité du style. Le succès prodigieux du *Décaméron*, répandu dans toute l'Europe, avait remis les contes à la mode en France. A l'exemple de Boccace, qui avait emprunté à Ruteboeuf et à d'autres rimeurs de la même époque la plupart de ses sujets, Desperriers semble avoir puisé à la même source. Mais il ne se borna pas à imiter, et un assez bon nombre de ses historiettes ne sont sans doute que les on-dit et les médisances qui couraient de son temps, car les personnages sont toujours des compatriotes, et le lieu de la scène Paris ou les provinces du royaume de France. C'est un tableau aussi curieux qu'amusant du langage, des mœurs et des habitudes de toutes les classes de la société au treizième siècle. Le style de Desperriers, vif et spirituel, conserve encore pour nous tout son charme ; à peine a-t-il vieilli. C'est que l'auteur vivait à la cour, et avait pu puiser dans ses rapports avec sa maîtresse, la célèbre Marguerite de Navarre, des exemples dont il sut profiter. On croit même qu'il ne fut pas étranger à la composition de l'ouvrage le plus connu de cette princesse. Avec le goût du plaisir et l'amour de l'indépendance, il avait choisi pour devise ces deux mots : *loisir* et *liberté*, et il semble en avoir fait la règle de sa vie, s'il est vrai qu'il mourut, jeune encore, en 1544, épuisé par ses excès. Sa mort fut, dit-on, le résultat d'un suicide, s'étant percé lui-même de son épée dans les transports de la fièvre. Desperriers était poète et a publié un recueil de vers qui sont bien loin de valoir sa prose : il a aussi traduit, en rimes françaises, *l'Andrienne* de Térence.

SAINT-PROSPER jeune.

DESPORTES (PHILIPPE) doit prendre rang à côté des plus beaux génies du seizième siècle, Clément Marot, Ronsard, Joachim Dubellay, Baïf, Passerat, Régnier. Il ne serait inférieur à aucun d'eux, s'il n'était juste de proclamer Ronsard le poëte le plus original, le plus fécond et, s'il est permis de parler ainsi, le plus puissant qui ait précédé Corneille. Nourri, comme eux, de la lecture des poëtes grecs et latins, il mit plus d'intelligence dans l'imitation de l'antiquité; il épura l'idiome national, mais il ne le dénatura pas. Il resta pur de l'engouement barbare de son siècle pour des formes étrangères que le génie de notre langue a constamment repoussées. De tous ses contemporains, c'est celui dont les poésies ont le moins vieilli, sans même en excepter Malherbe. Boileau a dit que Ronsard

Rendit plus *retenus* Desportes et Bertaut.

C'est à cet éloge négatif qu'il borne son appréciation de Desportes dans l'histoire de la poésie française. Il le trouve seulement plus *retenu* que Ronsard, et le met sur la même ligne que Bertaud. Bertaud, qui avait l'imagination aussi sèche et stérile que Desportes l'avait brillante et féconde.

Né à Chartres en 1545, et mort dans son abbaye de Bonport en 1606, il commença à écrire onze ans plus tôt, cessa d'écrire vingt-deux ans plus tôt que Malherbe. Cependant, le recueil de Malherbe offre à peine trois ou quatre pièces d'une pureté soutenue, tandis que les œuvres de Desportes en présentent plus d'une centaine. Dans ce nombre, on ne saurait oublier le *Baiser*, qui se distingue par la langueur d'un rhythme qu'on ne rencontre nulle part, et qui exprime avec chaleur et mollesse la passion et la volupté. Cette pièce est célèbre, et un souvenir historique s'y rattache. Ce sont les premiers vers qu'ait lus Mme de Maintenon. Elle s'appelait alors Mlle d'Aubigné, et demeurait chez Mme de Neuillant, qui exerçait sur elle toute la tyrannie des bienfaiteurs. On sait qu'à cette époque, le goût de la poésie était une distinction que recherchait la haute société. Le *Baiser* de Desportes fut présenté à la jolie d'Aubigné par le jeune marquis de Chevreuse, qui, s'il faut en croire ce qu'en dit Bussy-Rabutin dans son *Histoire amoureuse des Gaules*, en reçut le prix qu'il en attendait. D'autres disent que Mme de Neuillant sut la soustraire à cette passion; mais ce n'est pas l'avis de Ninon, qui fut constamment l'amie de Mme de Maintenon. Quoi qu'il en soit, la jeune d'Aubigné, qui était douée de beaucoup de goût, trouva la pièce de Desportes charmante, et l'on ne dit pas qu'elle ait été effarouchée de ses peintures enflammées et lascives.

Desportes, attaché d'abord à un évêque qui l'emmena à Rome, se rendit familière la littérature italienne, et dans la culture de cet harmonieux idiome, déjà formé à cette époque, il puisa cette pureté et douce mélodie, qui ne fut guère connue que dans les dix-septième et dix-huitième siècles. Son talent a souvent quelque chose d'idéal, d'aérien. Mais, par une triste compensation, s'il réussit, sous l'influence de la littérature italienne, à donner à son langage plus de pureté, de mollesse et d'harmonie, quelquefois il ne sait pas conserver la gracieuse simplicité de l'idiome national, et tombe dans ces *concetti* alors si communs en Italie : heureux s'il se fût borné à reproduire l'Arioste, dont il a élégamment traduit quelques fragments! C'est ici le cas de faire remarquer que Desportes réussit mieux quand il crée que quand il imite. Beaucoup de ses *sonnets* sont imités de l'italien et de cette latinité moderne qui nous a poursuivis sans pitié jusqu'au milieu du siècle de Louis XIV, et ces sonnets pèchent souvent contre le goût et l'harmonie; rien n'y annonce les progrès de notre langue poétique. Au contraire, dans tout ce qui n'émane que de son génie, dans ses *élégies* et surtout dans ses *chansons*, la hardiesse, la mélodie, le sentiment, l'inspiration, étincellent. Son talent s'y montre fécond, plein, flexible : passion, douceur, mélancolie, grâce légère, tout y révèle le poëte.

Sans doute Desportes est inégal; mais son recueil, quatre fois plus gros que celui de Malherbe, abonde en pièces où éclatent des morceaux d'une irréprochable pureté. Sa chanson *Douce liberté désirée*, son *Chant d'amour*, sa *Complainte des femmes*, ses *Stances sur le mariage*, son *Adieu à la Pologne*, pièce composée quand il en revint après neuf mois de séjour à la suite de Henri III, qui fut d'abord roi de Pologne avant d'être roi de France; sa *Complainte pour le roi Henri III à Fontainebleau*, beaucoup de ses sonnets, plusieurs de ses élégies, sont tout aussi dignes d'éloges. Du reste, vous chercheriez en vain chez lui quelques traces des mœurs de son temps, hormis cette galanterie dont il faisait profession, quoique abbé; ses écrits, du reste, n'ont aucune couleur historique, et jamais les événements de son siècle ne viennent se mêler aux jeux de son imagination. Desportes pourtant fut ligueur, et il se jeta dans la ligue par amour, disent les uns, et selon les autres, par reconnaissance pour le duc de Joyeuse, auquel il était attaché; plus tard, des liaisons de cour le firent contribuer à la réduction de la Normandie sous l'obéissance d'Henri IV, par le traité fait avec l'amiral Villars en 1594; enfin, il fut souvent mêlé aux affaires politiques, sans y jouer toutefois un rôle bien actif et bien important. Mais sa nature le portait à des goûts d'indépendance et à de plus doux penchants. Courtisan libertin dans sa jeunesse, philosophe voluptueux dans la suite, il préférait à tout ses illusions de poésie et les délices indolentes de ses abbayes. Il fut abbé de Thiron, de Saint-Josaphat, de Vaux-Cernay, de Bonport, d'Aurillac, et chanoine de la Sainte-Chapelle. Cependant, il ne voulut jamais prendre les ordres sacrés, et l'offre de l'archevêché de Bordeaux ne put le déterminer au sacrifice de sa liberté. Il tenait à la douce tranquillité de la vie, à l'indépendance, au plaisir, à l'étude, à ses amis, qu'il aimait à réunir souvent à sa table, et il comptait parmi ses amis les poëtes les plus célèbres et les hommes les plus savants de son temps. Au milieu de cette société choisie se faisait remarquer, par la finesse mordante et la pétulante liberté de son esprit, son propre neveu, le jeune Mathurin Régnier, fils de Simonne Desportes, sa sœur, qui animait ces doctes réunions par la lecture de ses *Satires*, dans lesquelles parfois ceux qui les écoutaient n'étaient pas épargnés. C'est ainsi qu'un jour Malherbe, qui était d'une franchise brutale, s'étant permis de dire à Desportes, en dinant à sa table, que son *potage valait mieux que ses Psaumes*, Régnier vengea son oncle par une satire (la neuvième de son livre), où se trouvent bon nombre de vers, aussi vrais qu'incisifs, contre Malherbe et son école. Du reste, Desportes savait tempérer par la modération qui lui était naturelle ce qu'il y avait de satirique dans ces réunions. Non-seulement il n'était pas enclin à la satire, mais encore il savait la supporter avec calme et gaieté. Ses envieux publièrent contre lui un livre dans lequel ils faisaient connaître les morceaux des auteurs latins et italiens qu'il avait imités; Desportes se contenta de dire : « Que ne m'ont-ils consulté? je leur aurais fourni des mémoires. » Il fallait cet esprit conciliant pour entretenir la bonne harmonie entre les hommes que tendaient à désunir la trempe diverse de leur esprit et la rivalité du talent. C'est que Desportes, aimé et estimé de chacun d'eux, avait dans le caractère la douceur, la naïveté, la simplicité, qui se voient dans ses ouvrages.

Il aimait à jouir avec contrainte d'une opulence qu'il devait aux largesses de Henri III, dont il eut constamment la faveur. Ce prince le nomma son lecteur, et l'appelait souvent dans son conseil. La fortune de Desportes se fit rapidement. L'abbaye de Thiron lui fut donnée pour un sonnet, le 41e du livre IIe, l'un des plus médiocres; son poëme intitulé : *La Mort de Rodomont*, lui valut de Charles IX 800 écus d'or. Henri III lui donna 30,000 livres pour l'impression de ses ouvrages. Le revenu annuel de ses abbayes devait aller à mille écus, somme immense à cette époque. Il fit un bon emploi de cette grande richesse, dont il consacra une partie à fonder une magnifique bibliothèque, dont il accordait aisément l'entrée; et il recevait avec distinction ceux qui venaient la consulter. Il y passait souvent des journées entières à étudier; car il fut l'un des hommes les plus instruits aussi bien que l'un des poëtes les plus féconds de son temps. Sa plus chère occupation pourtant était la poésie,

30.

et les vers qu'il a laissés forment un recueil considérable, qui s'ouvre par *Diane, premières amours*, en deux livres. Ce sont des sonnets, des élégies, des stances, qu'il appelle généralement *chansons*. Il a chanté, sous le nom de Diane, la belle Diane de Cossé-Brisac, tuée par le comte de Mansfeld, son mari, qui l'avait surprise avec son amant, le comte de Maure. Desportes a intitulé le livre qu'il consacre à sa seconde maîtresse : *Les Amours d'Hippolyte*. Il s'agit ici d'Hélène de Fonsèques de Surgères, cette femme plus spirituelle que belle, la même que Ronsard, déjà vieux, aima poétiquement, et célébra sous le nom d'Hélène. La troisième maîtresse de Desportes fut Héliette de Vivonne de la Châtaignerie, morte en 1625. C'est elle qui inspira son livre d'odes, d'élégies et de sonnets, intitulé *Cléonice, dernières amours*. Deux livres d'élégies en vers de douze syllabes, quelques imitations de l'Arioste, *Roland furieux* et *Angélique* viennent ensuite, avec un poème intitulé *La Mort de Rodomont, et sa Descente aux enfers*, partie imitée de l'Arioste, partie de l'invention de l'auteur. Ces trois morceaux offrent souvent une énergie qui n'est point dans l'allure ordinaire du talent de Desportes.

Après ces petits poèmes viennent beaucoup de pièces réunies sous le titre de *Diverses amours*, qui répond assez bien à l'expression de *Vagiamores* de Jean Second, le plus pur et le plus limpide des poètes latins modernes, dont Philippe Desportes a souvent imité les *Élégies* et les *Baisers*. Ces *Diverses amours*, ainsi que le livre des *Bergeries*, renferment ce que Desportes a fait de plus gracieux et de plus joli. Il s'y trouve des chansons et des stances étincelantes de vivacité, de finesse et de légèreté. Le caractère galant de ces petits chefs-d'œuvre et de la plupart des ouvrages de Desportes lui a été reproché par le rigorisme religieux de son siècle ; il faut remarquer toutefois que ses poésies sont rarement lascives. Elles expriment des sentiments tendres, et respirent souvent la passion et la volupté ; mais elles n'offrent jamais ces peintures sensuelles, effrontées, cyniques, dont la recherche élégante des écrivains érotiques de la fin du dix-huitième siècle déguise mal la grossièreté. Un blâme plus sérieux adressé à Desportes, c'est la complaisance de sa plume à servir d'interprète aux galanteries des grands, complaisance d'autant plus coupable qu'elle était plus magnifiquement récompensée. Une pièce intitulée *Aventure première* traite de l'amour de Henri III, alors duc d'Anjou, qu'il nomme *Eurylas*, pour Marie de Clèves, princesse de Condé, sous le nom d'*Olympe*. Marguerite de Valois, reine de Navarre, sœur du duc d'Anjou, y est désignée sous celui de *Fleur de lys*. Une autre pièce, intitulée *Aventure seconde*, remplie de vers très-heureux, a pour sujet le duel de Quélus, Livarot et Maugiron contre Riberac, Schomberg et le jeune Antragues. Henri III y joue un grand rôle sous le nom de Cléophon. Des stances à *Calliré* expriment l'amour de Charles IX pour Marie Touchet, sa maîtresse. Ces reproches sont graves, et peut-être ne sont-ils pas effacés entièrement par la considération des mœurs de la cour sous Charles IX et Henri III, ni même par la traduction des *Psaumes* de David, que, vers la fin de sa vie, Desportes entreprit, sans doute dans un esprit de pénitence. Pareil aux vieilles femmes qui, après les égarements d'une vie profane, n'offrent à Dieu qu'un cœur éteint, Desportes ne put verser dans ces poésies sacrées l'élan de ses premières inspirations, et les éclairs de son jeune talent n'y étincellent qu'à de rares intervalles. On remarque néanmoins dans sa traduction des *Psaumes* une certaine fidélité, quoique ce soit le plus faible de ses ouvrages. DARTHENAY.

DESPOTAT (du grec δεσποζω, je commande en maître), nom d'une forme de gouvernement dépendant de l'empire grec ; il ne faut pas le confondre avec *dépotat*, dont l'étymologie est toute différente. Sous les successeurs de Constantin le Grand, on appela *despotes de Sparte* les princes, fils ou frères de l'empereur, à qui l'on avait donné cette ville pour apanage. De là le *despotat* de Sparte. Il y a eu plus tard les *despotats* de Servie, de Valachie ; mais rien ne ressemble moins à des *despotes* que ces lieutenants du Grand-Seigneur, dont la situation était si précaire, et qui s'en vengeaient bien sur les peuples livrés à leur administration (*voyez* HOSPODAR). Le fameux Scanderbeg était *despote* d'Albanie.

DESPOTE (en grec δεσπότης) veut dire, dans son acception simple, *maître et seigneur suprême* ; il est synonyme de monarque absolu. Les *despotes* à qui personne ne songe à contester leur autorité se montrent parfois paternels. « Quand on sait ce qu'est un esclave, on sait ce qu'est un despote, » dit l'*apologie général des Jésuites*. Aristote a dit que, dans un État *despotique*, le seul homme libre était le *despote*. Chez les Perses, ce titre n'avait rien de plus offensant que celui de *roi* dans nos monarchies. Artaban, dans Hérodote, adressant la parole à Xerxès, l'appelle *despotès*, mot qui exprime seulement ici le rapport qu'il y a du maître au sujet. Les Grecs, qui avaient en horreur tout ce qui sentait l'esclavage, ne voyaient dans leurs rois que des magistrats veillant avec sollicitude à la sûreté et au bonheur de la nation : aussi les appelaient-ils *anactès*, mot qui exprime le soin qu'ils prenaient de leurs peuples. Cette nation généreuse ne reconnaissait que les dieux pour ses maîtres, et ne pouvait souffrir que l'on donnât ce nom à un homme.

Sous les empereurs grecs, le titre de *despote* devint sur les médailles ce que les Latins avaient fait du mot *Cæsar*, comparé à celui d'Auguste. *Basileus* répondait au mot d'*Augustus*, et *despotès* à celui de César. Ainsi, Nicéphore, qui régnait en 802, ayant fait couronner son fils Stauracè, il ne voulut que le titre de *despotès*, laissant à son père, par respect celui de *basileus*. Ce fut justement au temps où les empereurs cessèrent de mettre des inscriptions latines. Cette délicatesse néanmoins ne dura pas ; et les empereurs suivants préférèrent la qualité de *despotès* à celle de *basileus*, comme Constantin Ducas, Michel Ducas, Nicéphore Botoniate, Romain Diogène, les Comnènes et quelques autres. A l'imitation des princes, les princesses en prirent aussi le nom de *despoina*, comme Théodora, femme de l'empereur Théophile. C'est l'empereur Alexis, surnommé l'*Ange*, qui créa la dignité de *despote* et qui lui donna le premier rang après l'empereur, au-dessus de l'Auguste ou *sebastocrator* et du César. Ces *despotes* étaient ordinairement les fils ou gendres des empereurs. Le *despote* était collègue de l'empereur ou son héritier présomptif. Le *despote* fils de l'empereur avait le pas sur le *despote* gendre de l'empereur.

Despote se prend aussi figurément ; on dit : cet homme est *despote* dans son intérieur ; cette femme est *despote* envers son mari ; les enfants gâtés sont de petits *despotes*, et certains *despotes* abrutis n'ont jamais été que des enfants gâtés. Dans les États constitutionnels, le prince peut être *despote* par caractère ; mais ce n'est jamais qu'à ses risques et périls qu'il se conduit en *despote*.

De *despote* on a fait *despotisme*, *despotique*, *despotiquement* et *despoticité*. Les princes d'Orient sont absolus et *despotiques*. C'est un gouvernement *despotique*, celui où le prince fait tout ce qu'il veut sans en rendre raison à personne. Voltaire a dit en ce sens dans *la Henriade* :

> Richelieu, Mazarin, ministres immortels,
> Jusqu'à trône élevés de l'ombre des autels,
> Enfants de la fortune et de la politique,
> Marchèrent à grands pas au pouvoir *despotique*.

Boileau, détournant dans un sens tout moral cette acception, a dit :

> Vous avez sur mes vers un pouvoir *despotique*.

On dit aussi un génie *despotique*.

Despotique s'employait autrefois substantivement, témoin ce passage fameux de La Bruyère : « Il n'y a point de patrie qui intéresse dans le *despotique* : la gloire, le service du prince y suppléant. » Racine, dans *les Plaideurs*, fait estropier ce mot d'une manière très-plaisante à maître Petit-Jean :

> Quand je vois les Lorrains, de l'état *dépotique*
> Passer au *démocrite* et puis au monarchique.

Despoticité, se voit dans quelques auteurs pour *despotisme*, ou plutôt pour exprimer une certaine tendance au *despotisme*. Il n'est plus d'usage, et cependant il est assez expressif. Beauchamps, dans les *Observations sur les écrits modernes*, comparant entre eux ce qu'il appelle le *parterre* aux théâtres d'Athènes, de Rome et en France, dit : « Ceux qui parmi nous remplirent le parterre se crurent aux droits des Grecs et des Romains, se mirent à exercer la même juridiction, avec plus ou moins de *despoticité*, selon qu'ils furent plus ou moins frappés des défauts ou des beautés des pièces. »   Ch. Du Rozoir.

DESPOTISME (du grec δεσπόζω, je suis maître). Ce mot a soulevé bien des sentiments contraires; chacun l'a interprété selon ses préoccupations, ses préjugés, ses passions : les uns l'ont confondu avec la tyrannie, les autres avec la monarchie, ceux-ci l'ont flétri par les plus virulentes déclamations, ceux-là y ont vu le type d'un bon gouvernement; quelques-uns ont été jusqu'à nier son existence et sa possibilité. Bien des gens, envisageant la question avec impartialité, ont reconnu que le *despotisme* avait, comme toute autre forme gouvernementale, ses avantages à côté de ses inconvénients.

« Quand les sauvages de la Louisiane veulent avoir du fruit, ils coupent l'arbre au pied, et en cueillent le fruit. Voilà le gouvernement *despotique*. » N'en déplaise à Montesquieu, ce n'est point la *despotisme*, c'est la tyrannie, c'est le comble de l'extravagance, c'est le bouleversement de la nature. Ailleurs, l'auteur de *l'Esprit des Lois* nous montre dans le *despote* « un homme qui, sans lois et sans règle, entraîne tout par sa volonté et par ses caprices. » Cette définition paraît plus philosophique que la précédente, mais elle dépasse encore le but, elle sort du vrai. Sans doute le *despote* n'a pas de lois, de règles écrites, qu'il ne puisse enfreindre, mais comme il n'est pas en dehors de l'espèce humaine, il se trouve, dans l'exercice de son pouvoir, soumis aux nécessités de la nature des choses, d'où émanent certaines règles générales de raison et d'équité. Il peut bien les violer quelquefois, mais ces violations deviennent fréquentes, ce n'est jamais impunément. De ce que le *despotisme*, tel que l'entendait Montesquieu, n'a de principe ni dans la nature, ni dans la raison, Voltaire a été jusqu'à prétendre que le *despotisme* n'existait pas; et parce que le sultan des Turcs ne peut pas tout, comme l'a prétendu Montesquieu, il a nié que son pouvoir fût arbitraire. C'était là opposer des erreurs de fait à des erreurs de système. Heureusement, comme on trouve tout chez Voltaire, en vingt autres endroits de ses ouvrages il définit le *despotisme* avec cette sagacité incisive et judicieuse qui ne laisse pas de prise au doute. Je ne citerai pas Helvétius, qui n'a fait que répéter avec prétention les sophismes de Montesquieu. Sans articuler le mot *despotisme*, Bossuet, dans la *Politique tirée de l'Écriture*, distingue le gouvernement *arbitraire* du gouvernement *absolu*, et il est impossible de méconnaître le *despotisme* au tableau qu'il trace du gouvernement *arbitraire*. Selon lui, quatre conditions l'accompagnent : « Premièrement, les peuples sujets sont nés esclaves, c'est-à-dire vraiment serfs, et parmi eux il n'y a point de personnes libres; secondement, on n'y possède rien en propriété : tout le fonds appartient au prince, et il n'y a point de droit de succession, pas même de fils à père; troisièmement, le prince a droit de disposer à son gré, non-seulement des biens, mais encore de la vie de ses sujets;

et enfin, en quatrième lieu, il n'y a de loi que sa volonté. » Ces déductions rentrent parfaitement dans les idées de Montesquieu sur le *despotisme*. On pourrait même ajouter que tout ce qu'il a dit sur ce sujet n'est qu'une éloquente amplification du texte grave et concis de Bossuet. Du reste, l'éloquent évêque n'est pas plus que le publiciste philosophe partisan de la puissance arbitraire : « Je ne veux pas, dit-il, examiner si elle est licite ou illicite : il y a des peuples et de grands empires qui s'en contentent, et nous n'avons pas à les inquiéter sur la forme de leur gouvernement. Il nous suffit de dire qu'elle est barbare et odieuse. Ces quatre conditions sont bien éloignées de nos mœurs; et ainsi le gouvernement *arbitraire* n'y a point de lieu. »

Si Bossuet s'était servi du mot *despotisme*, l'aurait-il appliqué au gouvernement *absolu*? Il n'est pas facile de décider cette question ; cependant, les quatre caractères ou qualités essentiels que selon lui on remarque dans la royauté se concilient parfaitement avec l'idée que je me fais du *despotisme type*, s'il m'est permis de m'exprimer ainsi : « Premièrement, l'autorité royale est sacrée; secondement, elle est paternelle; troisièmement, elle est absolue; quatrièmement, elle est soumise à la raison. » Au surplus, la puissance *arbitraire*, telle que l'a décrite Bossuet, nous représente au vif le *despotisme oriental*, et dans son tableau de la puissance *absolue* je reconnais tous les caractères du *despotisme européen*, *despotisme* mitigé par les mœurs, les usages, la civilisation, le christianisme. Cette définition de Bossuet pour la puissance *absolue* se concilie parfaitement avec celle que donne l'*Encyclopédie* sur les mots *despote* et *despotisme*. « Ce mot *despote*, dans son acception simple, veut dire *maître et seigneur suprême*; il est synonyme de monarque. *Despotisme* signifie donc, dans son sens naturel, l'autorité légitime et souveraine d'un seul. » Un publiciste dont le nom fait autorité en diplomatie, Raynéval, dans ses *Institutions du droit de la Nature et de Gens*, a dit, sans emphase et avec vérité : « Le *despotisme* est le plus simple des gouvernements; il consiste dans la réunion de tous les pouvoirs dans une seule main. » Dans ses leçons au Collége de France, Daunou s'exprimait ainsi : « Par *despotisme*, nous entendons une puissance absolue, illimitée et concentrée sans réserve ni contre-poids dans les mains d'un seul homme, quel qu'en soit l'usage, bon ou mauvais, et s'il se déterminait à en faire; et s'il arrivait qu'un *despote* gouvernât avec sagesse, justice et bonté, nous ne l'appellerions pas tyran. » J'admets ces trois dernières définitions, sans exclure celle de Bossuet, qui n'en est que le commentaire.

Il faut donc de tout ce qui précède conclure que le *despotisme* est une forme de gouvernement, et non un abus, une dégénération de la monarchie, comme l'a prétendu Aristote; car il ne divise les systèmes politiques qu'en trois genres, la royauté, l'aristocratie, la démocratie; mais il dit qu'au lieu de royauté il y a tyrannie quand l'usurpation et la violence établissent la domination d'un seul. L'idée de l'usurpation était celle que les anciens attachaient principalement au mot de tyrannie, qui dans notre langage actuel exprime plus ordinairement les excès d'un gouvernement quelconque. Ainsi, j'adopte les quatre termes de la nomenclature indiquée par Daunou, *despotisme*, monarchie, aristocratie, démocratie. Chercher une classification plus réelle serait une entreprise hasardeuse. Helvétius a proposé la division la plus simple. « Je ne connais, écrivait-il à Montesquieu, que deux espèces de gouvernements, les bons et les mauvais. » Ce n'était pas là trancher la difficulté, c'était l'éluder.

Comment un homme a-t-il pu devenir le maître absolu de plusieurs autres hommes? On a écrit sur ce phénomène un grand nombre de volumes. Selon les uns, le *despotisme* est une corruption du gouvernement patriarcal; selon les autres, il est le résultat de la violence, et, quelle que soit son origine, le temps consolidant cet ordre de choses, il devient, à force de permanence, une sorte d'état légal ; « C'est encore, dit Voltaire, une question insoluble dans l'Inde, si les républiques ont été établies avant ou après les monarchies, si la confusion a dû paraître aux hommes plus horrible que le *despotisme*. J'ignore ce qui est arrivé dans l'ordre des temps, mais dans celui de la nature, il faut convenir que, les hommes naissant tous égaux, la violence et l'habileté ont fait les premiers maîtres, les lois ont fait les derniers. » Ailleurs, Voltaire émet une assertion tout opposée. « Il est impossible, dit-il, qu'il y ait sur la terre un État qui ne se soit gouverné d'abord en république : c'est la marche naturelle de la nature humaine. Quelques familles s'assemblent d'abord contre les ours et contre les loups, etc. Bientôt celui qui montre le plus d'adresse, de sang-froid et de courage, dans cette guerre contre les animaux, ne tarde pas à devenir le maître. » « On sait bien, dit-il encore, que nul roi n'était *despotique* de droit, pas même en Perse ; mais tout prince dissimulé, hardi, et qui a de l'argent, devient *despotique* en peu de temps, en Perse et à Lacédémone. » Selon Mably, les premières sociétés, formées par la réunion de quelques familles, furent gouvernées par des lois différentes, qu'elles devaient, soit aux circonstances dans lesquelles elles s'établirent, soit aux inclinations diverses de leurs premiers dominateurs. Tandis que les unes se laissaient conduire par des chefs doux, paisibles, humains, et dont l'influence et l'exemple encourageaient les vertus analogues, les autres eurent à leur tête des hommes durs, inquiets, impatients, impérieux, enclins à ne favoriser que les vertus qui peuvent en quelque sorte s'associer à leurs qualités farouches et les ennoblir. Je vois l'exemple des premières sociétés dans le gouvernement patriarcal qui s'étendit en Palestine ; je vois l'exemple des secondes dans les monarchies *despotiques* d'Assyrie. Le sage et pacifique Abraham, l'ardent et fier chasseur Nemrod, voilà dans *la Genèse* les types de ces deux gouvernements.

D'autres philosophes revendiquent pour le *despotisme* une origine plus haute et plus mystérieuse. L'auteur du *Despotisme oriental*, Boulanger, qui a prétendu rattacher toutes les choses antiques au déluge, en fait naître immédiatement le pouvoir despotique. Selon lui, les hommes qui survécurent à cette révolution en conservèrent un profond sentiment de terreur. Ce sentiment devint le principe essentiel de leur religion et de leur politique, les confondit l'une avec l'autre, et composa de leur alliance la théocratie ou gouvernement de Dieu. Bientôt il s'éleva des hommes qui, se disant ministres de l'Être-Suprême, le persuadèrent facilement à des imaginations épouvantées. Ce fut une seconde époque, celle du gouvernement sacerdotal. La troisième ne se fit pas longtemps attendre : elle arriva quand un seul prêtre s'empara de la toute-puissance, afin que l'unité de l'action divine fût mieux représentée. « Boulanger, disait Daunou, s'efforce de ne rien omettre de ce qui peut montrer l'origine commune de la théocratie, du *despotisme* et de l'idolâtrie. L'histoire ne nous en dira pas tant : ses traditions sur des temps si reculés sont fort obscures et fort incomplètes ; mais elle nous montrera bien assez de *despotes* pour qu'il ne tienne qu'à nous d'étudier cette forme de gouvernement. » Nulle part, au surplus, excepté en Danemark, le *despotisme* ne se vanta d'avoir été originairement établi par le consentement des peuples : au contraire, il est enclin à désavouer cette origine, et c'est avec raison, car sans cela il serait inconséquent à lui-même. C'est ce qui a fait dire à Diderot :

D'un peuple furieux le *despote* imbécile
Connaît la vanité du pacte prétendu.
Répondez, souverains, qui l'a dicté ce pacte ?
Qui l'a signé, qui l'a souscrit ?
Dans quel bois, dans quel antre, en a-t-on dressé l'acte ?
De fait, de droit, il est proscrit.

Nous avons déjà dit qu'Aristote regardait le despotisme comme une dégénération de la *monarchie*; plus souvent peut-être il a été un abus de la *démocratie*. Que prouvent ces divergences d'opinion sur l'origine du *despotisme*? C'est que mille causes diverses l'ont fait naître, et que ces causes, d'accord avec les conditions de lieux et de mœurs, ont influé sur son caractère et sur sa durée.

Tous les gouvernements du monde peuvent passer pour bons quand ils sont relatifs au génie des peuples et lorsqu'ils contribuent à les rendre heureux en procurant la sûreté publique, la tranquillité et l'abondance. Toutes les déclamations n'empêcheront pas le gouvernement *despotique* de paraître au publiciste impartial le seul gouvernement compatible peut-être avec les habitudes et les mœurs des grandes nations asiatiques et africaines. Le *despotisme* oriental est du moins un fait qui remonte jusqu'au berceau du monde : on a eu beau massacrer les *despotes*, changer les dynasties, le *despotisme* y est immortel. C'est ce qui a fait dire qu'il est inhérent à certains climats, où la nature d'ailleurs prodigue à pleines mains ses productions les plus riches. L'Asie est la terre classique du *despotisme*. En vain trente révolutions ont sillonné cette partie du globe, rien n'y fut changé pour les mœurs publiques, parce que les mœurs privées y sont toujours restées les mêmes. Le *despotisme* se perpétue sur le trône, et l'esclavage dans la famille. S'il était demain possible de civiliser à l'européenne les vastes empires de l'Asie, et que le *despotisme* s'y conservât, il perdrait de son intensité, il prendrait un tout autre caractère, il se modifierait dans la progression des mœurs et des habitudes de l'Europe ; mais ce phénomène ne s'est pas encore accompli en Orient. L'histoire nous l'apprend : depuis les antiques monarchies assyriennes jusqu'à nos jours, c'est toujours la même apathie et les mêmes fureurs, le même luxe et la même ignorance, la même servilité et la même simplicité dans les vertus. Loin que les révolutions faites par Cyrus et Alexandre aient profité à la liberté asiatique, les Perses ont dû après les Mèdes, et les Grecs après les Perses, adopter les mœurs et le *despotisme* assyrien. Le fier Alexandre lui-même, au risque d'irriter ses Macédoniens, ne chercha point à lutter contre l'indispensable nécessité de se faire Persan, c'est-à-dire de gouverner les nouveaux sujets, non comme des Grecs, mais *despotiquement*, comme l'avaient toujours été les Asiatiques. Il en a été de même en Chine : les diverses nations tatares qui successivement ont subjugué ce vaste empire se firent Chinois, et, à ce prix, leurs dynasties se sont perpétuées sur un trône acquis par la conquête, mais dont le *despotisme* paraît immuable.

En Europe, le *despotisme*, accompagné de tout son arbitraire, n'a jamais pu s'établir avec sécurité, de longtemps. L'énergie que le climat donne à ses habitants a élevé de bonne heure leur intelligence, épuré chez eux les mœurs de la famille, et les a rendus capables de vivre sous des gouvernements moins absolus que le *despotisme* oriental. L'obéissance passive est une vertu en Orient ; en Europe, l'obéissance et le commandement doivent être réciproquement raisonnés ; et le *despotisme* européen diffère si essentiellement du *despotisme* oriental, qu'il est assez difficile de ne pas le confondre avec la monarchie absolue. Enfin, c'est bien au *despotisme* que l'on peut adresser cette apostrophe : *Dis-moi d'où tu viens, et je te dirai qui tu es.* Ce qui serait tyrannie sur les bords de la Tamise ou de la Seine, a sans doute été jusqu'à présent le seul pouvoir possible sur les bords du Phase, du Gange et de l'Euphrate. Le *despotisme*, encore plus peut-être que les autres gouvernements, est soumis à l'influence des mœurs des peuples chez lesquels il est établi de temps immémorial.

Examinons maintenant le *despotisme* dans son essence, abstraction faite du climat. On s'est généralement attaché à le considérer comme tyrannique dans son essence, et c'est par cette raison qu'on l'a flétri comme contraire aux droits naturels et à la dignité de l'homme. S'il est vrai que le *despotisme* soit la concentration dans la même main de tous les pouvoirs, même du pouvoir législatif, il n'en résulte pas qu'il en soit l'abus. Ainsi, sous le *despotisme*, les lois peuvent être fondées sur les principes de la raison naturelle et le pouvoir exécutif exercé avec raison et modération. Si les choses se passent autrement, et qu'un *despote* exerce par lui-même toute espèce d'autorité, sans autre guide que ses passions, sa volonté du moment, sa folie, alors son gouvernement n'est plus le *despotisme*, c'est la *tyrannie*, qui n'est pas moins la dégénération du *despotisme* que de la monarchie. Tibère, Caligula, Néron n'étaient pas des *despotes*, c'étaient des tyrans, des monstres, des ennemis du genre humain. Quoi qu'il en soit, dans un gouvernement purement despotique, la liberté politique n'existe pas, parce que la nation ne participe en aucun point à la législation, la liberté civile, fondée sur la loi, peut y exister comme dans les gouvernements modérés; mais d'une manière précaire, incertaine, parce que la loi est son exécution dépendent d'une seule volonté, qu'il n'existe aucune garantie légale contre les écarts de cette volonté. La servitude n'est donc point une conséquence immédiate, nécessaire, du *despotisme*; mais là où la volonté d'un homme peut sans secousse, sans nul effort, et par l'usage naturel de sa puissance, casser, modifier ou méconnaître la loi, le gouvernement est arbitraire. Il n'y a pas nécessairement tyrannie, mais il n'y a jamais liberté.

Quel est le remède ou plutôt le tempérament du *despotisme*? L'intérêt bien entendu du *despote*. Que, possesseur d'un pouvoir absolu, arbitraire, il se montre injuste, violent, son gouvernement n'est plus qu'une usurpation, qui enfreint même le contrat de force, lequel consiste à se ménager elle-même ; alors tout lien de subordination est rompu, parce qu'il serait contre nature, et l'insurrection devient une nécessité. Cette conclusion, tirée de l'ouvrage de Rayneval, peut paraître assez tranchante. Quelques uns aimeront mieux l'opinion toute chrétienne de D'Alembert « Le *despotisme*, dit-il, porte en lui-même la cause de sa destruction, parce qu'une troupe d'esclaves se laissent bientôt de l'être ou se laissent facilement subjuguer par les États voisins. La tyrannie est née du pouvoir arbitraire, et les peuples que la religion n'a pas éclairés ont honoré ce crime comme une vertu; mais la religion apprend aux chrétiens à regarder cette vie comme un état de souffrance et à laisser à l'Être-Suprême la vengeance et la mort. »

Écoutons encore Daunou, balançant avec impartialité les avantages et les inconvénients du *despotisme*. « Ce gouvernement se distingue, dit-il, par des caractères qui lui sont propres. Les lois, sous ce régime, sont courtes et précises : une administration directe et rapide en garantit fortement l'exécution. L'ordre qu'elles établissent semble indispensable. On suppose à peine qu'il soit possible de les enfreindre. Une sorte de régularité, d'équité même, devient l'une des habitudes de la multitude, je parle de cette équité négative qui consiste à s'abstenir d'actes injustes, et qui ne manque guère d'être ordonnée par un *despote* affermi; car il ne fait point acception des personnes : toutes sont également serviles à ses yeux, et en ce qui ne concerne pas lui-même, il n'a pas d'autre intérêt que l'iniquité. Ne craignons pas d'en convenir, le premier degré de la moralité humaine, l'équité inoffensive, est conciliable avec ce régime; mais il ne faut rien demander de plus à des esclaves, etc. »

Voltaire avait déjà dit que, sur les objets les plus importants pour les hommes, la sûreté, la liberté civile, la propriété, la répartition des impôts, la sécurité du commerce et de l'industrie, les lois doivent être à peu près les mêmes dans l'état *despotique* que dans les monarchies tempérées ou dans les républiques. « Les principes qui doivent dicter les lois sur tous ces objets, dit-il, puisés dans la nature des hommes, fondés sur la raison, sont indépendants des différentes formes de constitution politique. » Il faut donc que les philosophes et les publicistes laissent au poète cette définition du *despotisme* :

Sic volo, sic jubeo, sit pro ratione voluntas.

« Il est prouvé, dit Rayneval, que dans aucun des gouvernements modernes que nous nommons *despotiques*, l'autorité du prince n'est sans bornes, ou du moins chez tous, elle est plus ou moins modifiée. » Cet empire othoman, que, s'obstinant à le confondre avec la tyrannie, on donne comme le prototype du *despotisme* et de toutes les horreurs qu'on lui attribue, quel était son gouvernement avant que Mahmoud eût songé à le modifier à l'européenne? A l'égard de la politique extérieure, le Grand-Seigneur ne se hasardait point à faire la guerre ou la paix sans avoir l'assentiment du *mufti* et des *ulémas* : toutes les affaires se traitaient dans un conseil appelé *divan*. Enfin, le *despotisme*, tant exagéré du sultan, n'était-il pas terriblement limité par l'opposition armée des janissaires? La jurisprudence civile et criminelle y était réglée par le Coran tout aussi bien que la religion. Il y a de nombreux commentaires du Coran, formant un code complet de lois civiles, semblables au Code et aux *Pandectes*. Le Grand-Seigneur n'a pas plus que le frédéric des esclaves le droit de transgresser les lois civiles consignées dans le Coran. Le *mufti* de Constantinople et les *moullahs* sont chefs de la justice. Quant aux impôts, ils sont exactement réglés par le Coran. Achmet III ayant donné l'ordre à son visir de lever des impôts extraordinaires : « Invincible seigneur, répondit ce ministre, les sujets ne peuvent être imposés au delà de ce que la loi et le prophète prescrivent. »

La Chine a, de temps immémorial, été soumise au gouvernement *despotique*; et cependant, on y voit régner la sagesse dans l'administration et la prospérité des citoyens. La Chine a différents codes pour toutes les parties du gouvernement, milice, revenus, dépenses publiques, justice, rites et cérémonies nationales. Le code pénal chinois, le *Ta-Tsing-Leu-Li*, dont nous possédons des traductions, atteste que si le régime criminel est rigoureux en Chine, il n'est pas laissé du moins à l'arbitraire du juge. En un mot, tous les monuments du droit politique chinois connus en Europe sont d'accord avec les relations des missionnaires, pour attester que le régime de leur gouvernement est un *despotisme patriarcal*.

En Danemark, où le gouvernement absolu avait été introduit, non par la volonté isolée du prince, mais par le vœu de la bourgeoisie, qui proposa, en 1660, au roi, de s'investir de toute l'autorité, ce *despotisme*, ainsi constitutionnellement établi, fut cependant limité, tant pour la succession au trône que pour l'administration, par *la loi royale*, statut organique promulgué par Frédéric III en 1665. L'ordre judiciaire était en outre fondé sur un code dont on ne peut qu'admirer la sagesse. Il est vrai que, depuis, le roi Frédéric VI a rétabli les états provinciaux du royaume, et s'est volontairement démis du *despotisme* (1831); mais s'il a cru devoir céder aux idées de notre époque, le Danemark n'en a pas moins été un des États les plus heureux de l'Europe pendant tout le temps qu'il fut *despotiquement* gouverné.

La Russie a un gouvernement *despotique*; mais qui pourrait nier tout ce que ses monarques (entre autres Ivan Vassiliévitch, Pierre le Grand, Catherine II, Alexandre Ier) ont fait pour son bien-être et sa civilisation? Le *despotisme*, d'ailleurs, est limité dans cet empire par les attributions du sénat et par une noblesse qui est composée de grands propriétaires. Il y a dans ce pays des lois, des juges, des collèges, des conseils pour diriger la marche de l'administration ; le souverain prête et reçoit un serment. Enfin, un code de lois écrites garantit les propriétés et la sûreté des sujets.

Loin de moi la pensée de prétendre que le *despote* et ses ministres qui ne sont soumis à aucune responsabilité respectent toujours ces lois, ces codes, ces institutions données par la volonté du *despote*, et que le *despote* peut enfreindre! Une pareille assertion serait aussi absurde que ces lieux communs, ces déclamations qui consistent à présenter ceux qui sont investis du pouvoir *despotique* comme nécessairement méchants et ineptes. Quel intérêt un *despote* qui n'est point dans le délire peut-il avoir à faire le malheur de ses peuples, à se rendre odieux? Peut-on supposer qu'il ne soit pas né avec les mêmes facultés morales que les autres hommes? qu'il ne puisse être heureux qu'en oubliant, en outrageant la nature? Sans doute, un *despote* peut être entraîné par ses passions et trompé par ses entours; il peut être pervers, inappliqué; mais qu'on ouvre l'histoire d'Orient, et combien n'y trouvera-t-on pas de grands et bons *despotes*! Que l'on consulte, en revanche, l'histoire grecque et romaine, et l'on reconnaîtra que les pires *despotes* ont été des citoyens armés contre la république, et qui avaient triomphé de ses institutions. Que nous apprennent les fastes des révolutions modernes, depuis celle qui renversa Charles Ier jusqu'à celle où s'anéantit le trône de Louis XVI? C'est que les *despotes* les plus redoutables n'ont pas été ceux dont le front était ceint du diadème héréditaire.

Le *despotisme militaire* n'est plus un gouvernement légal, c'est une usurpation, une conquête, qui doit se renouveler à chaque règne : le conquérant change, mais le malheureux peuple conquis est toujours le même. « Pour commander à des esclaves, dit Helvétius, le despote est forcé d'obéir à des milices toujours inquiètes et impérieuses. Lorsqu'une fois le soldat a connu sa force, il n'est plus possible de le contenir. Je puis citer à ce sujet tous les empereurs romains proscrits par les prétoriens pour avoir voulu affranchir la patrie de la tyrannie des soldats et rétablir l'ancienne discipline dans les armées. » Ces observations si justes sont confirmées dans les pages éloquentes de Montesquieu. « Les soldats, croyant être, dit Mably, à la place des citoyens qui avaient fait autrefois les consuls, les dictateurs, les censeurs et les tribuns, associèrent au gouvernement arbitraire des empereurs une espèce de démocratie militaire. »

Le *despotisme militaire* est la conséquence naturelle de l'établissement des grands empires : la violence les a formés, ils ne peuvent se conserver que par des moyens analogues. L'usurpateur, ou, si on l'aime mieux, le conquérant, ne peut consolider et conserver sa conquête que par la compression, la soumission absolue des peuples vaincus; il n'y réussira qu'en établissant sur eux, comme sur ses anciens sujets, une autorité vigoureuse, illimitée, unique, appuyée sur de grandes forces répressives. Montesquieu convient de ces vérités, et elles servent à apprécier les prétendus avantages que de vastes conquêtes procurent aux peuples qui les font. Sans parler des Perses, des Macédoniens, des Romains, la monarchie presqu'européenne de Charles-Quint rendit-elle les Espagnols et les Flamands plus heureux? Et la France n'est-elle pas là pour dire ce que vaut le despotisme militaire, même avec un sénat, un corps législatif, des codes et beaucoup de gloire?

Le type du *despotisme militaire* avec tous ses abus a été l'empire Romain, et il a été d'autant plus odieux qu'il s'établit et se continua longtemps sous les formes républicaines. Si après la bataille d'Actium, Auguste eût nominativement établi et institué une monarchie, il eût consolidé le gouvernement. Mais il laissa subsister tous les noms, tous les emplois républicains. Par là il donna à l'autorité le caractère d'usurpation, qu'avant tout il fallait lui ôter; il lui imprima un caractère de soupçon et de faiblesse qui créa la politique de Tibère et la tyrannie de Néron. Il fallait, au contraire, en concentrant légalement tous les pouvoirs, concentrer tous les intérêts. Ce n'est que par là que se soutient un grand empire, parce que de cette réunion de tous les intérêts résulte l'intérêt général et régulier. L'ordre est la qualité essentielle du *despotisme*, il est la seule garantie pour le souverain comme pour le sujet. Que dire d'un *despotisme* que l'anarchie accompagne? Or, telle est la condition du *despotisme militaire*; c'est une autorité violente, qui ne marche pas, mais qui se précipite, qui n'a point une direction assurée, mais qui heurte et qui écrase tout; qui, n'étant fondée sur aucune loi, aucune tradition fondamentale originelle, n'a que le caprice pour règle, pour principe et pour fin l'intérêt personnel du *despote*. Moins on dispute au *despotisme*, plus il est tolérable.

Le *despotisme militaire* étant un état de guerre continuelle entre le prince et les citoyens, c'est donc le pire de tous les gouvernements. Auguste lui-même l'éprouva : onze conjurations se formèrent contre lui. Le gouvernement de Tibère, de Caligula, de Néron, présente aussi le spectacle d'une lutte entre l'empereur et les sujets. Cette guerre eut sans doute quelques trêves; et le monde romain respira sous l'administration de Vespasien, de Trajan, de Marc-Aurèle; mais après le décès de l'un de ces bons et grands empereurs, un homme médiocre et faible était-il appelé au trône, accablé sous le poids de cette puissance à la fois colossale et sans base, *despotique* et contestée, il devenait un monstre : car, voyant ou croyant voir tout le monde conspirer contre son pouvoir, il conspirait contre tous. Telle est l'histoire de Domitien et de ses pareils.

Le *despotisme militaire* est d'autant plus dangereux qu'il peut se concilier avec la dépravation de toutes les formes de gouvernement. Il exagère le *despotisme* régulier, en change en tyrannie la monarchie absolue; il absorbe les démocraties, et convertit les gouvernements mixtes et constitutionnels en un diabolique mensonge, en une déplorable comédie.

« C'est une chose vraiment remarquable, a dit Raynaval, que le *despotisme* ait la même source que la liberté. L'homme veut en même temps être libre et dominer; c'est de là que sont découlés tous les troubles qui ont agité toutes les associations politiques, tant anciennes que modernes. » En effet, il n'a jamais existé, il n'existera jamais aucune autorité quelconque qui ne cherche à s'étendre et à devenir absolue. Cette tendance *despotique*, ou, si l'on veut, ce *despotisme de tendance* s'exerce partout. C'est là le caractère de l'homme : s'il se sent le plus fort, il veut dominer, et il n'invoque guère les principes d'égalité que lorsqu'il se sent le plus faible, et qu'il veut humilier les forts. Sans doute cette disposition est atténuée par la sociabilité, la sensibilité, l'éducation, l'habitude; mais le sentiment de domination est toujours actif, il est indestructible; et, en dernière analyse, c'est toujours lui qui l'emporte, dès qu'il ne rencontre plus d'obstacles. Bodin, dans sa *République*, a dit : « L'esclave enchaîné croit ne désirer que d'être déchargé de ses fers; s'il en est déchargé, il désire sa liberté; libre, il demande d'être citoyen; citoyen, il veut être magistrat : il n'est pas content de l'être, il aspire aux premières autorités; s'il y parvient, il veut être souverain. »

Cette tendance *despotique* est donc inséparable de toutes les formes de gouvernement. Dans les *démocraties*, le peuple et ses magistrats abusent aussi bien de leur pouvoir que les rois héréditaires. L'exil d'Aristide, la mort de Phocion, ne sont-ils pas des actes d'un *despotisme* impitoyable, farouche? A Sparte, le *despotisme* des éphores connaissait peu de bornes. A Rome, sous le titre de tribuns, et au nom du peuple, les Gracques ne furent-ils pas de vrais *despotes*? Mais est-il rien de pire qu'une république mal réglée? C'est là que le *despotisme* est partout, l'ordre et la sécurité nulle part. C'est là que des tyrans comme Denys, comme Nabis, comme Marius et Sylla, mettent les têtes de leurs concitoyens en coupes réglées. C'est là qu'une minorité insolente, mue par un Danton, un Robespierre, se baigne dans le sang, se gorge de pillage, et se dit le pouvoir des masses, parce que la canaille ameutée dans les rues, alors que les bons sont réduits à se cacher, paraît toujours être le grand nombre. La malheureuse Pologne, avec ses serfs, ses gentilshommes, enfin avec son roi électif et la plupart du temps stipendié par l'étranger, se disait *république*. L'aristocratie qui tend au *despotisme* n'est pas moins funeste ; elle est surtout plus corruptrice que le pouvoir d'un seul. Sa politique sera toute de cabale, d'intrigue et de ruse. Elle tâchera de tuer tout esprit public chez le peuple, en concentrant toute l'activité des citoyens sur des occupations domestiques, en occupant leurs passions par des spectacles et des plaisirs corrupteurs. Cherchant à endormir le peuple pour l'enchaîner dans son sommeil, elle répandra d'une main des bienfaits inutiles, et de l'autre des soupçons. « C'est une politique sûre et ancienne dans les républiques, a dit La Bruyère, d'y laisser le peuple s'endormir dans les fêtes, dans les spectacles, dans le luxe, dans le faste, dans les plaisirs, dans la vanité, dans la mollesse ; le laisser se remplir du vuide et savourer la bagatelle. Quelles grandes démarches ne fait-on pas au *despotique* par cette indulgence ! » L'aristocratie, qui bientôt n'aura plus d'idées justes du bien public, sera nécessairement conduite par des passions aussi rétrécies que ses vues. La république, alors sans caractère et sans énergie, deviendra la proie d'un voisin ambitieux, qui la méprisera (témoin Gênes, se donnant dix fois à la France), ou d'un citoyen assez éclairé pour apercevoir tous les vices du gouvernement, assez habile pour en profiter, et pour finir par s'arroger révolutionnairement une autorité *despotique*, sous prétexte de rétablir le bon ordre. Tel fut le sort des républiques d'Italie.

Pourquoi les gouvernants, dans les monarchies tempérées, ont-ils une tendance si prononcée vers le *despotisme* ? c'est que sous le régime monarchique les passions des sujets se façonnent peu à peu à devenir souples et dociles. Celles du prince prendront d'abord un caractère différent, selon la différence des circonstances et des événements qui l'ont porté sur le trône. Doit-il son élévation au respect qu'il inspire ses vertus : il régnera comme Numa, pour donner des mœurs et le bonheur à ses sujets. La fraude et l'artifice ont-ils au contraire préparé sa fortune : la fraude et l'artifice lui procureront bientôt un pouvoir dont il abusera. Ce sera Sixte-Quint jetant au loin le bâton du vieillard moribond pour saisir la verge qui châtie les rois et les nations. Un nouveau monarque règne-t-il sur un pays peu étendu ou en butte à des voisins puissants et ambitieux : à moins qu'il n'ait un caractère altier et impérieux, il craindra de s'exposer à des émeutes, il sera d'ailleurs pénétré de la nécessité de ménager des sujets qui peuvent le défendre contre l'étranger. Mais quand la monarchie paraît enfin affermie, il est presque impossible que le prince puisse résister aux tentations que lui offre la fortune. Ses passions, éveillées par ses flatteurs, confondront avec son bien particulier et le bien public ; elles lui persuaderont d'abord que pour assurer la prospérité de l'État il a besoin de disposer d'un pouvoir plus étendu. Bientôt ces mêmes passions oseront tout, craindront tout, et ne trouveront de sûreté qu'en se livrant aux derniers excès du *despotisme* : un Philippe le Bel succédera à un Louis IX.

L'auteur de la *Cyropédie* nous donne, sur la tendance *despotique* du gouvernement monarchique, une leçon fondée sur les faits. Cyrus eut à peine abusé des vertus des Perses et de l'autorité limitée que les lois lui confiaient pour former un empire qui dominât sur l'Asie, qu'il y vit naître la corruption, suite inévitable d'une trop grande et trop subite prospérité. Ce prince, assez éclairé pour apercevoir le mal qu'il avait fait, reconnut avec frayeur que ses soldats oubliaient l'ancienne constitution et les lois austères de la Perse, pour se livrer aux vices des vaincus. Il se convainquit, alors que, même avec le pouvoir sans bornes que ses sujets lui avaient abandonné, il ne pouvait plus ramener la discipline et les mœurs. Il prévit quelle serait la destinée de son empire, et il en annonça la décadence. Cambyse réalisa les sinistres pronostics de son père. Il abusa tellement de son pouvoir qu'en lui finit la dynastie du grand Cyrus. Une révolution appelle Darius au trône : comme Cyrus, il sut résister à sa fortune, parce qu'il avait eu la peine de la faire. Mais ses successeurs, qui n'eurent que celle d'en hériter, furent accablés d'une si grande puissance. Plongés dans cette léthargie profonde que cause la satiété des biens, ils furent condamnés à ne juger de leur état que sur le rapport de quelques hommes intéressés à les tromper. Leur nom régnait sur un peuple esclave, et le *despote*, affranchi des lois électives et primordiales de la Perse, était lui-même esclave de ses entours. Une aristocratie impitoyable de femmes favorites, d'eunuques et de courtisans, se cachait sous le voile de la monarchie. Mais ce n'était là encore que du *despotisme* dégénéré ; le vrai *despotisme*, c'est celui que le maître exerce par lui-même avec force, avec ordre et régularité. Cyrus, Darius fils d'Hystaspes, Haroun-al-Raschid et assez d'autres ont fait dire à Dulaure que « le *despotisme* serait le meilleur des gouvernements si les rois étaient les meilleurs des hommes. » Voilà de vrais *despotes*, les autres ne sont que des mannequins royaux, mus par des ressorts étrangers, et que, seul dans l'empire, l'autocrate imbécile n'aperçoit pas.

On a souvent cité le *despotisme* de Louis XIV. Nul roi, en effet, n'a été plus *despote* par caractère, et n'a imprimé à son gouvernement une tendance plus absolue. Le hasard ou la fortune, qui donne aux constitutions aux empires « n avait refusé une à la France, dit Lemontey : chacun trouvait dans nos vieux monuments celle qui convenait davantage à ses préjugés, à sa profession, à ses intérêts ; partout en général les droits étaient douteux et les faits puissants. La royauté était assise par le clergé sur les saintes Écritures, par les magistrats sur le droit romain, par la noblesse sur les anciennes coutumes. De ces bases Louis XIV n'adopta que la première, il dédaigna les deux autres. » Il fonda une monarchie pure et absolue ; elle reposait toute dans la royauté. Le roi se confondait avec la divinité, et eut droit comme elle à une obéissance aveugle. Il fut l'âme de l'État, et ne tint ses droits que du ciel et de son épée. Il devint la source de toute gloire, de tout pouvoir, de toute justice ; et toute gloire lui fut rapportée. Sa volonté fit la loi sans partage, et il regarda comme un opprobre ces mélanges aristocratiques ou populaires qu'on désigne par le nom de monarchies tempérées. Il eut, ainsi que les khalifes, la disposition et la propriété de tous les biens, et ce qu'il en laissa aux peuples et même au clergé fut un bienfait de sa modération. S'il voulut ménager le sang de ses sujets, ce ne fut ni par devoir, ni par pitié, ce fut par intérêt de propriétaire. Cette doctrine eut pour sanction sa propre volonté, et il prit soin que l'âme de ses héritiers s'en pénétrât dès l'enfance. Enfin, le Coran de la France fut renfermé dans quatre syllabes, et Louis XIV les prononça un jour : *L'État c'est moi.* » Toutes ces allégations ne sont que la reproduction des paroles de Louis XIV lui-même, qui a défini son pouvoir dans ses *Mémoires et Institutions pour le Dauphin*. Elles n'ont pas besoin non plus de commentaires : c'est bien là le *despotisme* dans son essence ; mais en se l'attribuant, Louis XIV était *un novateur, un révolutionnaire*, il usurpait ; aussi sa monarchie n'a-t-elle été que viagère. Dégradée sous la régence, elle devint le véhicule et l'appui du gouvernement vacillant de Louis XV, qui usa si souvent de la fatale ressource des coups d'État. On sait ce qu'elle est devenue sous Louis XVI ! D'après Louis XIV, un homme a dit aussi : *Le trône n'est qu'un vil amas de bois et de velours. Le trône, c'est moi, l'État c'est moi.* Il alla expier à Sainte-Hélène et le mot et trop de gloire ! Ramené dans la France, qui l'avait oublié et qui ne le revoyait qu'avec prévention, Louis XVIII sut limiter son pouvoir ; il ne fit point de *despotisme*, et sa cendre repose à Saint-Denis.

Son règne n'a été que de neuf ans, et cependant il a acquitté les dettes de la révolution et de l'empire, payé deux fois aux étrangers la rançon de la France, fondé le crédit, et créé un esprit public. L'histoire dira que si Charles X est tombé, c'est pour avoir cru lire dans l'article 14 de la charte constitutionnelle les quatre funestes syllabes qui coûtèrent si cher à Napoléon : *L'État, c'est moi* Ce mot a donc dans la bouche des princes, en France, la merveilleuse propriété du fameux, *Sésame, ouvre-toi!* des contes orientaux; avec cette différence que la porte ne s'ouvre que pour chasser de France ceux qui l'ont prononcé!

A l'ombre du *despotisme* de Louis XIV s'éleva le *despotisme ministériel*, non point indépendant comme celui de Richelieu, mais *despotisme* en second, et qui est comme l'empreinte du *despotisme royal*. « Si Louvois ne dit pas : *Le roi, c'est moi*, dit Lemontey, ses actions le firent comprendre; tandis que des intendants du caractère de M. de Basville purent aussi répéter : *Le ministre, c'est moi*. La force royale descendait ainsi sans déperdition aux extrémités de l'ordre social. L'administration circulant si librement, substituait partout l'action du magistrat au zèle du citoyen, tuait l'esprit public dans ses moindres vaisseaux, et montrait tout le corps politique savamment injecté de *despotisme*. » Après Louis XIV, le *despotisme* ministériel se perpétua. La France eut autant de *despotes* qu'il y avait de départements sous Louis XV, dont l'esprit juste voyait le mal, dont l'âme égoïste et paresseuse le laissait faire.

Quelques lignes de Montesquieu compléteront ces idées, en établissant la différence entre le *despotisme régulier* et le *despotisme de tendance* sous les monarchies tempérées. « De cette nonchalance, dit-il, que les ministres d'Asie tiennent du gouvernement, et souvent du climat, les peuples tirent cet avantage, qu'ils ne sont pas sans cesse accablés de nouvelles demandes. Les dépenses n'y augmentent point, parce qu'on n'y fait point de projets nouveaux ; et si par hasard on en fait, ce sont des projets dont on voit la fin, et non des projets commencés. Ceux qui gouvernent l'État ne le tourmentent pas, parce qu'ils ne se tourmentent pas sans cesse eux-mêmes. Mais, pour nous, il est impossible que nous ayons jamais de règle dans nos finances, etc. » Les lettres de cachet étaient un autre moyen à l'usage du *despotisme* ministériel : et combien Louis XV lui-même aurait frémi s'il avait su tous les secrets de la Bastille et connu le *despotisme* de ses favorites! C'était alors que, sous l'influence du pouvoir, des écrivains payés pour corrompre et dénaturer l'histoire, compilaient nos annales en laissant de côté les monuments des anciennes libertés, et ne mettaient au jour que les faits favorables au *despotisme* sans règle, sans passé, et qui ne devait pas avoir d'avenir. Effrayé des recherches de la vraie critique historique, dont Duclos, Voltaire et Montesquieu avaient donné l'exemple, les ministres de Louis XV vieilli avaient imaginé une fraude politique, qui rappelaient les fraudes pieuses tant reprochées à la primitive Église. L'historiographe Moreau, dans sa prétendue *Histoire de France*, l'avocat Linguet, dans ses extravagantes diatribes, l'abbé de Caveirac et quelques autres étaient à la tête de cette mission de mensonge et de corruption. Indigné de leurs impostures salariées, Mirabeau, presque à son début, composa son fameux *Essai sur le despotisme*. Par des textes tronqués et altérés il opposa de consciencieuses recherches, et, flétrissant de son éloquence encore brute et juvénile, le *despotisme* bâtard des Maupeou, des Terray, des d'Aiguillon, il prouva qu'il était aussi contraire à l'ordre social qu'aux vraies traditions françaises.

Les adversaires du christianisme ont soutenu que le *despotisme* est né de cette religion, et qu'il est un produit, ou du moins une conséquence du gouvernement théocratique. Les Romains, les Grecs, n'ont point connu la théocratie, et cependant le *despotisme* s'est établi chez eux, soit au moyen âge de la Grèce et de Rome, soit lorsque la corruption des cités grecques où l'extrême étendue de la république romaine ont amené le *despotisme* d'un seul : car il existe cette conformité entre les sociétés naissantes, encore mal policées, et les sociétés corrompues par un excès de bien-être, qu'elles ne peuvent se soustraire à cette nécessité. Le *despotisme*, dans les sociétés jeunes, paraît être venu naturellement du pouvoir paternel ; il n'y peut être limité par aucune loi civile ; il n'est borné que par la loi naturelle. Mais comme, une fois constitué en autorité, l'homme veut écarter toute barrière capable de gêner son pouvoir, il lui est impossible de ne point devenir despote, à moins que la religion, la philosophie ou la force ne mettent un frein à sa puissance.

La religion primitive, telle qu'elle se trouve exposée dans les livres saints des juifs et des chrétiens, loin d'autoriser le *despotisme* des pères ou l'abus du pouvoir paternel, leur a enseigné que les enfants sont un fruit de la bénédiction de Dieu ; que tous les hommes sont enfants d'un même père, et doivent se respecter les uns les autres comme les images de Dieu. L'Écriture sainte représente les premiers hommes qui ont été puissants sur la terre comme des impies qui abusèrent de leurs forces pour assujettir leurs semblables. On ne voit point dans la conduite des patriarches les excès insensés que se permettent les *despotes* chez les nations infidèles. Chez les Hébreux, il y avait un code très-complet, auquel les prêtres et les chefs de la nation étaient soumis : que ces chefs s'appelassent juges ou rois, ce n'était pas l'homme qui devait régner, c'était la loi. Or, le vrai *despotisme* n'existe que quand la volonté du souverain a par elle-même force de loi, comme on le voyait chez les Perses, comme on le voit à la Chine. Le *Deutéronome* avait fixé les droits légitimes du roi comme ceux des particuliers, et les avait bornés. Si Samuel annonce aux Israélites des abus et des vexations comme les *droits du roi*, il est clair que dans cette allocution, qui m'a toujours semblé une sublime ironie, il parle des droits illégitimes que s'attribuaient les souverains des autres nations, puisque la loi de Moïse, loin de les accorder au roi, les lui interdisait. Diodore de Sicile dit que Moïse fit de sa nation *une république*, et c'est la première qui ait existé dans le monde.

Si des livres juifs on passe à l'*Évangile*, aux *Actes des apôtres*, dira-t-on que ces saints écrits autorisent l'obéissance passive parce qu'ils veulent qu'on *rende à César ce qui est à César*, et qu'ils recommandent l'obéissance aux peuples! Mais le christianisme n'a pas oublié dans cette obéissance la part de Dieu, qui consiste à ne rien faire de contraire à la loi divine, à la morale, au devoir, quand même le souverain le commanderait. « Toutes les lois du christianisme tendent à inspirer l'esprit de charité, de fraternité, de justice, d'égalité morale entre tous les hommes. Comment tirera-t-on, demande l'abbé Bergier, des leçons de *despotisme* pour les princes et d'esclavage pour les peuples? » S'il n'est pas vrai de dire que le *despotisme* n'ait été établi chez aucune nation chrétienne, il est incontestable que là où il existe ou a existé en Europe, il a été mitigé par les mœurs et les habitudes humaines nées du christianisme. Quelle que soit, quelle qu'ait été la forme des gouvernements chrétiens, tous sont devenus plus modérés chez les peuples soumis à l'Évangile. Les cruautés de Charlemagne envers les Saxons, celles des chevaliers teutoniques envers les Borussiens, furent des crises momentanées, qui ne détruisent pas cette vérité historique. Contre des faits aussi éclatants, les spéculations et les raisonnements sont sans force. Le caractère modéré et *antidespotique* du christianisme se fait sentir dès l'avènement de Constantin à l'empire. Le premier, par ses propres lois, ce prince mit des bornes au *despotisme* usurpé par ses prédécesseurs. La conduite personnelle de Constantin et de ses héritiers fut-elle constamment conforme à ces lois si morales? Sans doute, ils y manquèrent plus d'une fois ; mais le principe de la limitation du *despotisme* n'en était pas moins proclamé, et cette proclamation était une protestation contre le prince qui la violait et une consolation pour les peuples.

Ici se présente une autre objection : le droit divin que les rois chrétiens prétendent leur appartenir, et l'obéissance passive, illimitée, que le clergé prétend leur être due, tendent au même but, qui est de les rendre, non-seulement *despotes*, mais de légitimer la tyrannie. Mais, répondent les catholiques, y eut-il jamais un roi chrétien assez insensé pour entendre par *droit divin* le droit de violer les règles de la justice et d'enfreindre les lois naturelles? Le droit divin n'est qu'une condition de sécurité pour l'ordre social, en garantissant la personne des rois, en la rendant inviolable. Disons-le franchement, en fait de *despotisme*, le clergé n'a jamais aimé que le sien ; jamais il n'a travaillé avec beaucoup de zèle à consolider celui des rois. Le reproche contraire mériterait plutôt de lui être adressé. Était-ce le clergé qui inspirait aux jurisconsultes de Philippe le Bel et de ses fils ces maximes qui tendaient à assimiler la royauté capétienne au *despotisme* des empereurs romains? Ces légistes n'étaient-ils pas les ennemis acharnés de la puissance du clergé, et ses adversaires dans l'ordre temporel? Est-ce le clergé catholique qui a pénétré Luther de ces principes si favorables à l'omnipotence et à la cupidité des princes temporels? Est-ce enfin le clergé qui dicta à l'incrédule Hobbes les principes de *despotisme* qu'il a établis dans son livre, qu'on peut appeler le *Manuel des despotes*? « En vain quelques nations voisines et jalouses, disait Helvétius en 1758, nous accusent-elles de plier déjà sous le faix du *despotisme oriental* ; je dis que notre religion ne permet pas aux princes d'usurper un pareil pouvoir. » Il suffit de lire la *Politique selon l'Écriture* pour voir combien Bossuet limite le pouvoir des rois et leur impose de devoirs rigoureux. Les rois, selon lui, ne sont pas affranchis des lois : « Ils sont soumis comme les autres à l'équité des lois ; mais ils ne sont pas soumis aux peines des lois : ou, comme parle la théologie, ils sont soumis aux lois quant à la puissance directrice mais non quant à la force coactive. »

Soutiendrai-je avec Montesquieu que le clergé fut toujours l'adversaire du *despotisme* des rois? Admettrai-je, d'après Bergier, que jamais prince n'a visé au *despotisme* sans commencer par avilir et par écraser le clergé? Le fait pourrait paraître vrai en général, et quelques exceptions ne le détruiraient pas. N'a-t-on pas vu le trône vouloir s'appuyer sur l'autel? Mais ce fait isolé ne prouve rien contre le passé, ni même contre l'avenir. La légitimité et le clergé français battus, séparés pendant quarante ans d'orages et de révolutions, n'étaient plus que deux corps mutilés, qui sentaient le besoin de s'appuyer l'un sur l'autre. Mil huit cent trente est là pour dire que cette alliance n'avait rien de bien redoutable. Mais quel homme sage oserait blâmer l'appui moral que chez un peuple chrétien le pouvoir demanderait à une religion essentiellement amie de la civilisation et de l'humanité?

Que conclure de ce qui précède? que le *despotisme* en lui-même n'est pas si monstrueux, puisque tout le monde veut en faire sur les autres et l'aime en soi pour soi; que de cette tendance générale de l'humanité naît la convenance et la nécessité de la pondération des pouvoirs. Mais, comme le gouvernement des peuples et des nations est un ouvrage de raison et d'intelligence, il faut bien passer aux gouvernants, quelle que soit le régime de l'État, un certain pouvoir discrétionnaire. Quant à l'usage qu'on peut faire de ce pouvoir, il est impossible d'établir des règles spéciales ; tout s'appuie sur le fait présent : le but seul, mais le but atteint peut justifier les moyens. Est-il manqué ou dépassé, le gouvernement averti rentre dans ses limites ; puis tout s'apaise, se répare et revient à l'ordre accoutumé. Le pouvoir ne consulte-t-il dans sa politique que

Cet esprit de vertige et d'erreur,
De la chute des rois funeste avant-coureur?

Alors il fait ce dont s'abstinrent toujours les dictateurs de Rome libre ; il prolonge outre mesure sa dictature, son arbitraire de discrétion ; les coups d'État, les illégalités vont leur train; puis, marchant, se précipitant ainsi, il tombe. C'est la loi du monde; qu'y faire? Quant à la fermeté patiente, modérée, accessible à l'expérience, intelligente, en un mot, sans elle point de gouvernement possible. Il faut se défier des publicistes dont les théories seraient assez avancées ou assez reculées, comme on voudra, pour que l'exercice légitime de ce pouvoir discrétionnaire fût confondu par eux avec le *despotisme*. Il faut aussi plaindre les nations qui, comme les Grecs du vieil empire de Constantinople, vivent au jour le jour entre les excès du pouvoir et ceux de la licence populaire. Il y avait là deux *despotismes* pour un, le sabre de Mahomet II fit l'option.

Chez les publicistes du dix-huitième siècle, il était souvent question du *despotisme sacerdotal*. Les économistes ont beaucoup vanté leur *despotisme légal*, sans jamais rendre leur pensée bien claire. La Harpe leur a reproché cette expression comme *une grossière contradiction dans les termes* : « Car, dit-il, le *despotisme* entraîne nécessairement l'idée de l'arbitraire, et la loi l'idée de l'ordre. » La Harpe n'entendait pas la question : nous avons prouvé que le *despotisme* constitué a un grand intérêt à l'ordre. Depuis les économistes, on a été à même de connaître le *despotisme* de la populace, le *despotisme* des majorités, voire même de la minorité ; puis le *despotisme* du sabre, enfin le *despotisme* des journaux, le *despotisme* de la presse. Quant au *despotisme de la loi*, expression qu'on n'a pas moins fréquemment employée, grâce à de flexibles interprétations, il a été le plus souvent un voile pour le *despotisme* des personnes. En ce sens, *despotisme* est une tendance morale à s'arroger un pouvoir arbitraire, une grande liberté, sur quelque chose que ce soit (*licentia*). Dans l'histoire de Ptolémée-Aulètes, un écrivain du dix-septième siècle, l'abbé Baudelot, a très-heureusement appliqué ce mot : « Le *despotisme* que les grammairiens ont exercé sur les poésies d'Homère, a été reconnu par Eustathius sur le premier livre de l'*Iliade*. »

Charles Du Rozoir.

DESPOURRINS (CYPRIEN), poëte aimable, auteur de chants qui, au pied des Pyrénées, retentissent, à toute heure, sous le feuillage, dans les vallées, sur les collines, sur les rochers ; auteur oublié dans les biographies, peut-être parce qu'il s'est servi d'un de ces idiomes rustiques auxquels on jette dédaigneusement la désignation de *patois*. Cependant le dialecte béarnais est le parler le plus doux, le plus mielleux qui soit sorti de l'idiome roman, et, comme le langage, la poésie s'y montre amoureuse et caressante. Il n'y a pas dans Anacréon, dans l'immense trésor des rimes italiennes, des vers plus mielleux, plus caressants à l'oreille que beaucoup de ceux de Despourrins. C'est que l'idiome du Béarn est par excellence la langue des mignardises amoureuses ; aucune n'a plus de câlinerie dans les termes, dans la phrase plus de naïveté et d'abandon.

Despourrins vit le jour en 1698, au château d'Accous, dans la vallée d'Aspe. Il descendait d'une famille de pâtres ; mais un de ses ancêtres, ayant fait fortune en Espagne, acheta une abbaye, et se trouva ainsi transformé en gentillâtre. Le père de notre poëte parcourut avec éclat la carrière des armes. Louis XIV lui donna pour blason trois épées en sautoir, en mémoire d'un exploit qui rappelle celui d'Horace. Provoqué par trois officiers étrangers dans le cours de la guerre de la Succession, l'intrépide champion les défia au combat, tua l'un, blessa l'autre, désarma le troisième et emporta leurs trois épées. Le fils de ce héros ne trouva pas occasions pareilles pour faire éclater sa valeur ; son peu de fortune le confina dans ses montagnes, et, la paix régnant en France, il ne se sentit aucun goût pour la vie oisive et dispendieuse des garnisons. Il se contenta de chanter, mettant la poésie au service de ses amours. Peut-être ce qui d'abord avait été chez lui affaire de sentiment, devint-il amusement d'esprit, distraction de vanité, mais on doit reconnaître qu'il ne songea en rien à travailler soit pour la gloire, soit pour l'argent. Il n'eut jamais l'idée que les vers qu'il semait au vent pussent, dans leur destinée errante, rencontrer un imprimeur qui les clouât sur une page maculée de noir et de blanc. Musicien habile, il avait lui-même composé les airs ravissants de fraîcheur et de goût qui accompagnent ses chansons ; elles se sont conservées dans la mémoire de tous les habitants du pays, comme se sont, durant des siècles, transmis les chants d'Homère, comme se transmet toute poésie populaire sous la sauvegarde de la musique. Un certain nombre de pièces de Despourrins se trouve dans quelques, recueils publiés à Pau, dans les *Estrées béarnaises* (1820), dans les *Poésies béarnaises*, réunies par le libraire Vignancour (1824) ; mais la plupart de ces gracieuses compositions de notre poète sont restées inédites.

Despourrins ne fait jamais allusion aux légendes, aux habitudes, aux usages de ses compatriotes ; il ne touche à la poésie que par un côté des plus gracieux, l'amour pastoral ; il n'habite que des champs fortunés où vont paître de gentils troupeaux, et où ne pénètrent jamais les soucis du ménage rustique. Berquin et Gessner donneraient peut-être quelque idée de ce genre si éloigné de la réalité des choses ; mais la bonne foi du sentiment, la naïveté de l'idée, la science de la composition, la grande variété de tons et d'aspects répandus sur un sujet qui est constamment le même, tout assure au Théocrite pyrénéen une immense supériorité sur tous les faiseurs d'églogues érotiques. Les bergers de Despourrins ressemblent à ceux de Virgile ; ils n'ont rien de rude, rien de grossier ; les sentiments qu'ils expriment sont aussi nobles que tendres. Le tableau de leur vie pastorale est plein de grâce. Ici c'est un berger qui adresse d'amoureuses paroles à une jeune fille ; elle se sauve en riant, mais elle est punie de son indifférence : une épine la blesse au pied et la force à s'asseoir. Le berger accourt auprès d'elle ; il fait l'office de chirurgien avec beaucoup de tact et d'adresse. Il se récompense lui-même du service qu'il a rendu à la pastourelle : il lui donne un baiser trop passionné pour que celle-ci puisse s'empêcher de le lui rendre. Là, c'est un galant qui, pressé d'amoureuse fantaisie, cherche à piper les faveurs de la bergère qu'il aime ; ailleurs, un amant timide qui, n'osant approcher de la fraîche lavandière qui fait sécher du linge aux haies de la colline, lui chante de loin son ivresse. C'est partout un mélange de plaintes, de désirs, de baisers, d'espérances et de caresses. Louis XV aimait, dans ses voluptueuses retraites de Trianon ou de Choisy, à se faire répéter par Jéliotte la chanson de *Cap à tu sey, Mariou*, morceau d'une fraîcheur charmante. Le chant national du Béarn : *Là haout sus lis mountagnes*, a été promené dans toute l'Europe par les chanteurs pyrénéens ; et il n'y a pas trois Béarnais réunis, n'importe où ; il n'y a pas de régiment qui en compte quelqu'un dans ses rangs, où cet hymne ne retentisse, de temps à autre, en souvenir de la patrie absente. La muse de Despourrins est païenne et quelque peu sensuelle ; vous ne la verrez jamais aller rêver et s'asseoir aux bords déserts des lacs mélancoliques ; elle ne manque point cependant parfois de cette fierté, de ce sentiment d'indépendance qu'on retrouve chez tout peuple qui vit au milieu des montagnes.

Despourrins est resté longtemps complétement ignoré des dispensateurs jurés de la gloire ; il ne voulut jamais aller demander à Paris un brevet de talent ; il sut comprendre qu'un changement d'idiome briserait le charme qui le faisait poëte. Il lui a été érigé un obélisque à Accous, au lieu de sa naissance. Ce fut une grande fête nationale. Jasmin la présida, assisté de Xavier Navarrot, le chansonnier satirique républicain du Béarn, la terreur des préfets pyrénéens. Parmi les souscriptions qui concoururent aux frais du monument, il en vint une de Suède, de la part d'un autre Béarnais que le caprice de la fortune avait conduit sur un trône.
G. BRUNET.

DESPRÉAUX. Voyez BOILEAU.

DESPRÈS (JOSQUIN). Peu d'hommes dans l'histoire des arts offrent l'exemple d'une réputation aussi grande, aussi universelle que celle dont jouissait au commencement du seizième siècle Josquin Desprès, auteur d'une quantité innombrable d'œuvres musicales. *Si canta*, dit un auteur, *il solo Jusquino in tutte le capelle. Il solo Jusquino in Italia, il solo Jusquino in Germania ; in Francia, in Ungheria, en Boemia, nelle Spagne il solo Jusquino.* Mais telle est l'instabilité des renommées musicales, soumises depuis trois siècles aux changements du goût, que Josquin Desprès est aujourd'hui à peu près inconnu, si ce n'est de quelques érudits qui ont patiemment recherché les débris des compositions de ce maître célèbre.

On n'est pas bien fixé sur le lieu de la naissance de Josquin Desprès ; M. Fétis croit qu'il était de Condé, dans le Hainaut, et qu'il naquit vers 1450. Il eut pour maître Ockeghem, chapelain de la chapelle de Charles VII, et, vers l'âge de vingt-cinq ans, il se rendit en Italie, où il fut admis comme chanteur à la chapelle pontificale. Plus tard, il revint en France, et fut, à ce qu'on croit, attaché à la chapelle de Louis XII ; mais ce qui est plus certain, c'est qu'il obtint un canonicat à Saint-Quentin, et plus tard à Condé, où il mourut vers 1531. Luther, qui était grand musicien, a porté sur Josquin Desprès un jugement exact : *Les musiciens font ce qu'ils peuvent des notes, Josquin seul en fait ce qu'il veut.* En effet, si on considère l'état de l'art musical à l'époque où parut Josquin, on est frappé de la liberté, de la facilité avec laquelle il agence les parties, malgré l'aridité des règles en usage alors. Les modifications du goût musical ne permettraient plus d'entendre aujourd'hui avec plaisir la plupart des compositions de Josquin Desprès. Cependant, on en a exécuté quelques-unes dans les concerts de Choron et du prince de la Moskowa. Ses chansons ont de la grâce, de l'esprit ; en s'habituant un peu aux formes musicales de l'époque, on y trouverait de l'intérêt et du charme. Parmi ses œuvres de musique sacrée, l'*Inviolata*, le *Miserere*, le *Stabat mater*, l'antienne *O Virgo prudentissima*, sont des chefs-d'œuvre pour tous les temps.
F. DANJOU.

DESPRETZ (CÉSAR-MANSUÈTE), né en Belgique, aux environs de Bavai, de parents peu fortunés, vint à Paris pour se livrer à l'étude de la physique et de la chimie. Reçu dans les laboratoires, il s'y distingua d'abord par son zèle à se rendre utile et son assiduité au travail bien plus que par son adresse. Les verres et les matras qu'il a laissés échapper de ses mains peu déliées, les capsules et les corps dont le feu a fait éclater sous ses yeux distraits ne sauraient s'énumérer. Il n'a guère acquis depuis plus de bonheur et de dextérité dans les manipulations ; aussi les expériences lui prennent-elles plus de temps qu'à tout autre physicien et lui deviennent elles plus onéreuses qu'à tout autre chimiste, à cause de l'article *casse*, qui doit toujours entrer pour lui en ligne de compte dans la dépense.

Après plusieurs années de travaux préliminaires, Thénard, professeur de chimie à l'école Polytechnique, fit nommer M. Despretz son répétiteur. Quelque temps après, et sans quitter cette place, qui le mettait à même de se livrer à des travaux particuliers, il fut nommé professeur de physique au collége Henri IV, puis encore professeur de physique à la Sorbonne ; enfin, en 1841, il fut nommé membre de l'Institut, section de physique, en remplacement de Savart.

Les travaux de M. Despretz, sans porter le cachet du génie, le placent au rang des savants laborieux et estimables. Comme professeur, on désirerait peut-être en lui plus de lucidité et une facilité plus grande d'élocution; mais il faut lui tenir bon compte du soin qu'il se donne, et qui n'est pas infructueux, ainsi que de la religion qu'il apporte dans l'accomplissement de ses devoirs.

On a de M. Despretz, outre de nombreuses communications faites à l'Académie des sciences et divers mémoires insérés dans les recueils savants, un *Traité élémentaire de physique*, et un *Traité de chimie théorique et pratique*, avec l'indication des principales applications aux sciences et aux arts. Ces ouvrages ont eu plusieurs éditions. En 1847, M. Despretz a aussi publié, sous ce titre: *Des collèges, de l'instruction professionnelle, des facultés*, un petit opuscule dans lequel il a sagement discuté les changements que le ministre se proposait alors d'apporter dans le programme de l'enseignement. Étienne ARAGO.

M. Despretz s'est tout particulièrement occupé du diamant. Son grand bonheur est d'en brûler, dans l'espoir de trouver le moyen d'en faire à volonté; le fait est que dernièrement il en a obtenu: il était noir et en poudre, à la vérité; mais qu'importe, c'était du carbone pur, et M. Despretz ne désespère pas d'arriver à métamorphoser le charbon en un brillant cristal.

DESPUMATION, moyen de défécation généralement pratiqué sur les liqueurs épaisses et gluantes, qui contiennent beaucoup de mucilage et d'impuretés, qu'on ne peut en séparer facilement par la filtration. On fait remonter les écumes, soit par le simple effet de la chaleur appliquée à la liqueur, soit en la clarifiant. On peut ensuite filtrer avec facilité la liqueur, s'il ne suffit pas d'enlever les écumes à l'aide d'une écumoire trouée. PELOUZE père.

DESRENAUDES (MARTIAL BORGE) fut toute sa vie l'ami de Talleyrand, auquel il dut sa fortune, et qui se piquait, comme on sait, de plus de constance dans ses affections privées que de fidélité à ses serments politiques. Né en 1751, Desrenaudes entra de bonne heure dans les ordres. Sous-diacre à vingt-trois ans, il prononça dans la cathédrale de Tulle l'éloge funèbre de Louis XV. Devenu par la suite grand-vicaire de Talleyrand, alors évêque d'Autun, il l'assistait en 1790 dans la célébration de la messe de la fédération; et cinq ans plus tard il venait à la barre de la Convention solliciter pour l'ex-évêque, alors fugitif, la liberté de rentrer en France. Sa demande eut un plein succès, et Talleyrand, devenu, sous le Directoire, ministre des relations extérieures, s'empressa de placer l'abbé Desrenaudes dans ses bureaux. Appelé, en 1800, à faire partie du tribunat, il s'y fit bientôt remarquer par des velléités d'opposition qui lui valurent d'être compris dans le nombre des membres *éliminés* le 16 septembre 1802 par l'ombrageuse susceptibilité du futur empereur. Mais l'amitié de Talleyrand ne lui fit point défaut. Nommé, grâce à son intervention, garde des archives de la bibliothèque historique du conseil d'État, il ne quitta ce poste que pour devenir conseiller à vie de l'université, et, en 1810, censeur impérial. La Restauration le conserva dans ces deux fonctions, qu'il avait cumulées sous l'empire, et le nomma même, en 1815, officier de la Légion-d'Honneur. Du reste, l'abbé Desrenaudes sut, chose rare, se faire pardonner ses fonctions de censeur, en s'y montrant toujours l'avocat, auprès de l'autorité, des écrivains dont les ouvrages étaient renvoyés à son examen. Il est mort le 8 juin 1825. On a de lui une traduction de la *Vie d'Agricola* par Tacite, et l'article *Girondins*, dans les Mémoires de l'abbé Georgel. Hippolyte TRIBAUD.

DESRUES (ANTOINE-FRANÇOIS), célèbre empoisonneur, naquit à Chartres en 1745. Son enfance fut marquée par une circonstance singulière, qui le fit considérer comme une fille jusqu'à l'âge de 12 ans, où une opération chirurgicale lui rendit son véritable sexe. L'habitude du vol, qu'il contracta de bonne heure, signala les débuts de sa carrière ; il dépouillait ses camarades, et, pris sur le fait, se montrait insensible aux reproches et aux punitions. Parvenu à l'adolescence, il fut envoyé à Paris et mis en apprentissage chez un droguiste, où il puisa quelques connaissances médicinales, dont il devait faire un jour un si funeste usage. La belle-sœur de son maître tenait, au coin des rues Saint-Victor et des fossés Saint-Victor, une maison d'épiceries qui existe encore aujourd'hui; Desrues y entra en qualité de garçon, et, abusant de la confiance de cette dame, il en profita pour amener sa ruine et la contraindre à quitter les affaires. Celle-ci s'y détermina en 1770, et lui céda son fonds. Il devait lui payer, pour prix d'achalandage, une somme de 1,200 livres; mais, ayant demandé un jour à voir son engagement, il l'arracha des mains de sa créancière, et s'acquitta ainsi de sa dette en la niant effrontément. Résolu de s'enrichir, et ne reculant devant aucun moyen, il fit successivement trois banqueroutes, mais avec tant d'adresse que ses créanciers, touchés de sa position, lui offrirent des secours et se prêtèrent à tous les arrangements qu'il lui plut de proposer. Pour inspirer la confiance, il affichait une dévotion qui lui avait acquis l'appui des ecclésiastiques de son quartier. Non content de hanter sans cesse les églises, il portait un cilice, s'imposait des jeûnes austères, et avait deux confesseurs pour diriger sa conscience. Après quelques années passées dans le commerce de l'épicerie, pendant lesquelles il se maria avec Marie-Louise Nicolaïs, fille d'un bourrelier de Melun, Desrues vendit son fonds et vint habiter près de Saint-Germain-l'Auxerrois, où il commença à vivre en homme du monde, tenant table et s'abandonnant aux plaisirs et aux distractions de la société. Il alla ensuite occuper un vaste appartement rue Beaubourg, et s'y fit connaître sous le nom de Cyrano-Desrues de Bury. Ce fut alors qu'il se livra à l'usure et à l'agiotage, achetant et revendant des terres, des maisons, et prenant part à toutes sortes de transactions, souvent illicites, mais dont il avait l'art de tirer profit.

Des rapports d'affaires l'avaient mis en liaison, vers 1775, avec un sieur Faust de Lamotte, qui possédait, près de Villeneuve-le-Roi-lès-Sens, une terre seigneuriale connue sous le nom de Buisson-Souef. Il parvint à décider de Lamotte à se défaire de sa terre, et se proposa comme acquéreur au prix de 130,000 livres, qui devaient être payées dans le courant de l'année 1776. A l'époque où il contractait cet engagement, Desrues était accablé de dettes et sa liberté était menacée par ses créanciers. Forcé de quitter Paris pour se soustraire à leurs poursuites, il vint chercher un asile chez de Lamotte, où il demeura jusqu'à la fin de novembre de cette même année. Il repartit enfin pour la capitale, annonçant à son hôte qu'il allait toucher une somme considérable provenant de la succession d'un parent de sa femme, assassiné cinq ou six ans auparavant dans son château situé près de Beauvais. Plusieurs mois s'écoulent, et de Lamotte, ne recevant pas de nouvelles de son débiteur, prend le parti de charger sa femme de sa procuration et de l'envoyer à Paris: elle y arrive le 16 décembre 1776. Desrues, prévenu d'avance de son voyage par une lettre de Lamotte, va au-devant de cette dame, et lui offre un logement dans sa maison. Celle-ci s'y refuse d'abord, mais, ayant trouvé sa chambre occupée dans un hôtel garni où elle avait déjà habité plusieurs fois, elle se voit contrainte d'accepter l'invitation de Desrues. Elle avait avec elle un fils âgé de 16 ans, qui fut mis en pension quelques jours après. La santé de la dame de Lamotte ne tarda pas à s'altérer; son hôte, qui se vantait de posséder des connaissances en médecine, offrit ses soins; et lui ayant fait prendre une potion préparée de sa main, le 31 janvier, la malade expira le soir même. Desrues prit le corps de sa femme et sa domestique, qu'il envoya à la campagne, avec ordre de ne revenir que le 3 février. Resté seul chez lui, il mit le corps de Mme de

Lamotte dans une malle, qu'il alla déposer chez un menuisier demeurant près du Louvre; puis, l'ayant retirée le lendemain, il la transporta dans une cave qu'il avait louée dans la rue de la Mortellerie, sous le nom de *Ducoudrai*. Cette malle contenait, assurait-il, des vins fins, et il en donna deux bouteilles à la propriétaire, afin de mieux accréditer cette fable.

Après avoir fait disparaître la mère, Desrues va trouver le fils à sa pension et lui confie que sa mère est à Versailles pour des affaires importantes, et qu'il doit aller bientôt la rejoindre. En effet, il revient quelques jours après, et l'emmène de sa pension pour lui faire passer, dit-il, son mardi gras agréablement. Le lendemain, tous deux se mettent en route pour Versailles, mais à peine descendu à l'*Hôtel des Fleurs de lis*, le jeune Lamotte, à qui Desrues avait fait prendre une tasse de chocolat au moment du départ, est saisi tout à coup d'affreux vomissements. Celui-ci le fait transporter dans une chambre garnie chez un tonnelier : il s'y présente sous le nom de *Beaupré*, et se dit l'oncle du malade. Le mal augmente d'heure en heure ; l'hôte propose de faire appeler un homme de l'art ; mais Desrues rejette bien loin cette proposition, ne voulant pas confier un neveu si cher à quelque ignorant qui le tuerait. Il voulait en prendre soin lui-même. Il fallut bientôt recourir au ministère d'un prêtre, et, durant la cérémonie religieuse, Desrues, agenouillé, récita tout haut les prières des agonisants, en versant un torrent de larmes. Il se chargea d'ensevelir lui-même son prétendu neveu, qui l'en avait prié, assurait-il, en mourant ; il confia même au tonnelier que le défunt était attaqué d'une maladie vénérienne, laquelle avait abrégé ses jours. Il fit dresser ensuite l'acte mortuaire du jeune Lamotte sous le nom de Beaupré, né à Commercy, et n'oublia pas de distribuer de l'argent aux pauvres et de faire dire des messes pour le repos de l'âme de sa victime.

Tous ces arrangements terminés, il alla trouver de Lamotte à sa terre, et lui annonça qu'en vertu d'un nouvel acte, l'affaire était terminée ; Mme de Lamotte avait touché 100,000 livres sur le prix convenu, et était présentement à Versailles, occupée à traiter d'une charge honorable pour son mari. Son fils était avec elle, et allait être reçu parmi les pages, car elle avait reconnu qu'il avait peu de dispositions pour l'étude. Plusieurs lettres venues de Paris confirmaient l'exactitude de ces détails. Après avoir endoctriné de Lamotte, Desrues se rendit à Lyon secrètement pour y fabriquer une procuration portant la signature de la dame de Lamotte. Cette procuration autorisait son mari à répéter les arrérages de 30,000 livres restant à payer sur le prix du marché : elle lui fut adressée sous le couvert d'un ecclésiastique de Villeneuve-le-Roi-lès-Sens. Cet envoi, qui n'avait été précédé d'aucun avis, surprit de Lamotte, qui se décida à se rendre dans la capitale pour y rejoindre sa femme et son fils. Ne pouvant obtenir aucunes lumières sur leur sort, il eut recours à la justice pour forcer Desrues à s'expliquer. Desrues interrogé prétendit que la dame de Lamotte était partie de Versailles pour Lyon, accompagnée d'un homme d'un certain âge, paraissant fort avant dans son intimité, et qu'ayant reçu d'elle une lettre datée de cette ville, lui demandant des nouvelles de son mari, il s'était transporté à Lyon, où il avait eu une entrevue avec elle chez un notaire. Depuis, elle avait disparu et il n'en avait plus entendu parler. Renfermé au For-l'Évêque, Desrues essaya de se justifier en ourdissant de nouvelles intrigues. C'est ainsi que le procureur de Lamotte reçut un paquet contenant pour 70,000 livres de billets à ordre, que Mme de Lamotte avait confiés à un prétendu marquis partant alors pour Paris, lequel s'était chargé de les remettre à qui de droit. Mais ce marquis n'était autre que le domestique de Desrues, qui avait déposé le paquet par ordre de sa maîtresse. Cette dernière fut arrêtée.

Cette découverte, en fortifiant les soupçons élevés contre Desrues, n'aurait produit aucun résultat, si un événement fortuit n'avait fait découvrir le cadavre de Mme Lamotte. La dame Lemasson, propriétaire de la cave où il avait été inhumé clandestinement, témoigna, un jour, à l'une de ses voisines, ses craintes de n'être pas payée du second terme de son loyer, car elle n'avait pas revu le locataire, qui lui avait donné une fausse adresse. Ce propos fut répété à de Lamotte, qui s'était logé précisément dans la rue de la Mortellerie. Il en fit part au lieutenant de police. Celui-ci ordonna des fouilles, et le corps de la dame de Lamotte fut découvert et reconnu par son mari et la femme de Desrues : on retrouva dans son estomac les marques du poison. Desrues, après avoir nié d'abord, finit par convenir que la dame de Lamotte était décédée chez lui de mort naturelle, et que, craignant d'être compromis par cet événement, il avait pris le parti de l'ensevelir en cachette. Il avoua ensuite que le jeune de Lamotte avait succombé à Versailles des suites d'une indigestion, et peut-être par des remèdes administrés mal à propos. L'exhumation et l'ouverture du corps prouvèrent aussi qu'il avait péri comme sa mère, victime d'un semblable attentat. Condamné à mort par sentence du Châtelet, Desrues en appela au parlement, où il présenta lui-même sa défense et étonna ses juges par la facilité de son élocution et l'art avec lequel il présenta et discuta les faits de sa cause. L'arrêt fut confirmé. Appliqué à la question extraordinaire, il la subit avec fermeté, en protestant toujours de son innocence ; il lui échappa seulement cette exclamation : *Maudit argent ! à quoi m'as-tu réduit ?* Le 6 mai 1777, jour de l'exécution, il dîna de bon appétit, et, ayant demandé à voir sa femme, il l'embrassa affectueusement, et lui recommanda d'élever leurs deux enfants dans la crainte de Dieu. Arrivé au lieu du supplice, il demanda à monter à l'hôtel de ville, non pour y faire l'aveu de son crime, mais pour déclarer devant le magistrat qu'il mourrait *comme Calas, victime de l'ignorance et de la prévention*. Sur l'échafaud, il dit, en embrassant l'image du Christ : *O homme, je vais souffrir comme toi !* Enfin, livré à l'exécuteur, il ôta lui-même ses habits, et souffrit l'horrible supplice de la roue sans pousser un cri. Son corps, jeté dans un bûcher, fut réduit en cendres, qui, recueillies soigneusement, se vendirent au poids de l'or, car beaucoup de gens, dupes de sa piété, le regardaient comme un saint dont ils voulaient posséder les restes en guise de reliques. Sa femme, déclarée complice, fut condamnée à être fouettée, marquée et renfermée durant toute sa vie à l'hôpital.
SAINT-PROSPER jeune.

DESSALÉ, fin, adroit, rusé, égrillard, fourbe, déniaisé, habile à piper autrui, mais ne se laissant jamais duper. Ce mot, qui appartient au style plus que familier, semble inféodé à la langue comique. « Taisez-vous, vous êtes une *dessalée*, » dit Georges Dandin à Claudine, qu'il soupçonne, non sans raison, de servir les intrigues de sa femme. En effet, cette Claudine prouve par ses actes aussi bien que par ses discours toute sa science et toute son habileté en affaires d'amour. Dans les pièces de théâtre, ce mot revient plus d'une fois, et toujours adressé à des personnages de mœurs fort relâchées et d'une probité plus qu'équivoque.
SAINT-PROSPER jeune.

DESSALINES (JACQUES) naquit à la Côte-d'Or, en Afrique. Il appartint d'abord à un nègre libre, qui lui donna son nom. Les troubles sanglants qui éclatèrent à Saint-Domingue à la suite des décrets trop précipités de la Constituante mirent en évidence les talents distingués de Dessalines, mais en même temps aussi son naturel féroce et sanguinaire. Jean-François, l'un des premiers généraux noirs, se l'attacha en qualité d'aide de camp. La bonne intelligence ayant cessé de régner entre Jean-François et Toussaint-Louverture, Dessalines rompit avec son premier chef et suivit le parti de Toussaint, qui le fit son lieutenant. Il justifia pleinement sa confiance. Le général Rigaud arriva de France pour rétablir l'ordre et la paix dans la colonie, sa terre natale. Dessalines lui livra plusieurs combats, et fit échouer sa mission. Lorsque Moïse, autre ambitieux qui surgit des discordes civiles, s'insurgea contre Christophe, et voulut s'emparer de l'autorité, Dessalines comprima cette rébellion. Le général Leclerc, que Bonaparte, premier consul, avait chargé de la pacification définitive de Saint-Domingue, trouva dans Dessalines un adversaire non moins habile qu'intrépide. Après l'arrestation et la déportation en France de Toussaint-Louverture, Dessalines se soumit; mais cette soumission était feinte, et le nègre ambitieux aspirait à la succession de Toussaint. En effet, les noirs ayant repris les armes contre les Français, Dessalines se mit aussitôt à la tête de l'insurrection, et se soutint contre Rochambeau, successeur de Leclerc, qui était mort de la fièvre jaune. Peu de campagnes furent aussi désastreuses pour les armes de la république. La sanglante affaire de Saint-Marc ôta aux Français tout espoir de se maintenir dans l'île, et les débris de l'armée conclurent enfin au Cap-Français une capitulation avec Dessalines pour l'évacuation de l'île.

La brillante valeur que Dessalines avait déployée dans ces dernières circonstances lui fraya le chemin au pouvoir. Les généraux noirs le proclamèrent gouverneur à vie de Saint-Domingue. Il signala son élévation par un massacre général des blancs. Près de cinq mille de ces infortunés périrent par son ordre dans d'affreuses tortures, au Cap-Français, aux Cayes, au Port-au-Prince. Après cette barbare exécution, il se fit proclamer *empereur d'Haïti*, sous le nom de *Jacques 1er*, le 8 octobre 1804, et promulga une nouvelle constitution. Cet acte déclarait l'empire d'Haïti *indivisible* sous un empereur électif, mais revêtu d'une autorité presque absolue, établissant à jamais la liberté et l'égalité, confisquant les propriétés des Français au profit de l'État, et, à l'exception des Allemands et des Polonais, déclarant les blancs inhabiles à posséder des biens-fonds. Cependant, la partie espagnole de Saint-Domingue était encore au pouvoir des Français; Dessalines résolut de la soumettre. Mais Ferrand y commandait, et cet intrépide général répondit à coups de canon aux sommations hautaines de l'empereur nègre : il osa même, investi par une armée de noirs, faire une sortie dans laquelle il tua à Dessalines 1,300 hommes, et le força de lever le siège. Furieux de cet échec, Dessalines s'en vengea sur ses propres sujets, et leur fit ressentir toutes les horreurs de la tyrannie la plus atroce. L'imprudent oublia qu'il était lui-même sorti des rangs de ce peuple qu'il foulait aux pieds; il ne tarda pas à être puni de son aveuglement. Deux hommes d'une ambition égale, mais du reste bien différents de caractère et de talent, le nègre Christophe et le mulâtre Pétion, se mirent à la tête d'une conjuration; et un jeune homme, à peine sorti de l'enfance, attaquant le tyran au moment d'une revue, le perça de part en part. Dessalines périt le 17 octobre 1806.

DESSATIR. *Voyez* DESATIR.

DESSAU, capitale du duché d'Anhalt-Dessau et siége des principales autorités de ce petit État, est bâtie sur la Mulde, à quatre kilomètres de son embouchure dans l'Elbe, que l'on y traverse sur un beau pont de bois avec piles en pierres, jeté sur le fleuve en 1836. Elle se compose de divers quartiers, que des ponts, bâtis sur la Mulde, mettent en communication les uns avec les autres. Le palais des ducs, le palais du prince héréditaire et le théâtre, sont les édifices les plus remarquables de cette ville, où l'on peut encore citer, en raison de la régularité et de la beauté de ses constructions la rue dite *Cavalierstrasse*. Parmi les édifices consacrés au culte qu'elle renferme, on doit une mention toute spéciale à l'église réformée du château et de la ville, où se trouvent les tombeaux des princes de la maison ducale, et où l'on admire plusieurs belles toiles de Lucas Cranach le jeune. Dessau possède en outre une église réformée, une église protestante, une église catholique et une synagogue, ainsi que bon nombre d'établissements scientifiques, de fondations charitables et d'associations de bienfaisance. Sa population s'élève à environ 12,000 habitants, dont 750 appartiennent à la religion juive. Elle est le centre d'une très-active fabrication de toiles, de bas, de chapeaux et de tabac; ses distilleries sont établies sur une large échelle, et il s'y fait des affaires importantes en laines et en grains. Un chemin de fer qui la relie à Berlin, ajoute à tous ces éléments de prospérité. La Banque d'Anhalt-Dessau a été fondée en 1847, au capital de 2,500,000 thalers. Les beaux jardins qui entourent la plupart des maisons bourgeoises de Dessau donnent à cette ville la plus riante physionomie; toute cette contrée, de même que celle qui traverse la grande route conduisant à Varletz, semble ne former qu'un vaste parc.

On attribue à Albert-l'Ours, qui y aurait appelé une colonie flamande, la fondation de Dessau, dont il n'est, du reste, question comme ville pour la première fois que dans des chartes de l'an 1213. Mais il y existait déjà antérieurement à cette époque une école indépendante du clergé. Plus tard, elle eut à diverses reprises beaucoup à souffrir de vastes incendies, et elle ne commença guère à prendre quelque importance qu'au seizième siècle. En 1525, l'électeur de Mayence, Joachim 1er de Brandenbourg et le duc Henri de Brunswick y conclurent un traité d'alliance ayant pour objet la défense et le maintien de la religion catholique en Allemagne. Pendant la guerre de trente ans, Dessau eut souvent à souffrir de toutes les calamités de la guerre; du 1er au 11 avril 1626, le comte de Mansfeld tenta plusieurs fois d'y effectuer le passage de l'Elbe, et finit par y être complétement battu par Wallenstein.

En y accordant aux protestants et aux juifs le libre exercice de leur culte, le prince Léopold 1er d'Anhalt-Dessau ouvrit une nouvelle ère de prospérité pour la capitale de ses États, où, vers la fin du dix-huitième siècle, Basedow s'avisa de fonder son fameux *Philanthropin*. Mais le prince Léopold-Frédéric-François et le duc aujourd'hui régnant, Léopold-Frédéric sont, de tous les souverains d'Anhalt-Dessau, ceux qui ont le plus fait pour l'embellir.

DESSÉCHEMENT. Il est quelquefois nécessaire dans les entreprises des travaux publics d'exécuter l'opération du desséchement, et alors les ingénieurs emploient, pour y parvenir, des machines plus ou moins ingénieuses, selon les localités, le temps accordé pour l'épuisement, les difficultés à vaincre, etc. ; mais, en général, c'est en agriculture que cette opération est le plus souvent utile.

Si tout ce qui végète a besoin d'eau, la sécheresse est funeste et même mortelle à la culture des plantes. Plus d'un million d'hectares en France sont improductifs, parce qu'ils sont constamment couverts d'eau à des époques régulières de l'année. Le but qu'on veut atteindre en les desséchant, c'est de profiter des débris des plantes aquatiques qui vivent dans les terrains marécageux, d'une humidité modérée que procurent ces terrains même longtemps après leur desséchement; de la possibilité de se ménager des arrosements faciles et peu coûteux; d'assainir le pays, que le propriétaire habite souvent avec insouciance, et d'écarter les maladies dangereuses. On voit donc que de semblables opérations sagement dirigées ne peuvent être que fructueuses. Il est toujours pressant de les exécuter, car si l'eau séjourne l'hiver dans les champs, la terre, le reste de l'année, y devient stérile ; et c'est dans une prairie, les meilleures plantes périssent. Ainsi, dans tous les cas, le mal se fait promptement. L'inondation des terres peut provenir de plusieurs causes : 1° de la stagnation des eaux pluviales et de celles des fontes de neige; 2° des eaux accumulées dans des réservoirs souterrains, d'où elles sortent par l'effet de leur pression; 3° de l'infériorité du niveau des terres par rapport à celles qui les entourent.

Dans le premier cas, on fait des *rigoles* ou fossés ouverts, ou des *coulisses*, qui ne sont autre chose que des rigoles souterraines. Le premier mode a l'inconvénient de gêner la circulation des voitures, de la charrue, et d'exiger la construction d'un grand nombre de ponts. Le second mode, celui des coulisses, est d'un usage immémorial. Elles se font en pierres, en terre à briques et à poterie, en fascines, branchages, ou simplement en gazon. Ces dernières durent douze à quinze ans. Lorsque l'essence des bois est bien choisie et les branches un peu grosses, les secondes durent de trente à quarante ans; si elles sont en pierres, les coulisses durent plusieurs siècles. On peut d'ailleurs les remplacer avantageusement par le drainage.

Dans le second cas, c'est-à-dire celui des terrains inondés par les sources, on peut, comme en Angleterre, en Allemagne, et surtout en Italie, percer les *glaises*; cela arrête l'infiltration des eaux dans les terrains inférieurs, et il suffit souvent de percer quelques trous de sonde. Pour les surfaces d'une grande étendue, on ouvre des fossés d'écoulement; on y fait aboutir des fossés transversaux, dans lesquels on multiplie, selon le besoin, les trous de sonde. Les eaux peuvent même être ramassées dans de grands puisards garnis de glaise, et si elles sont assez abondantes pour parvenir à la surface de ces puits, on peut les utiliser, en les employant au service des usines voisines. Dans cette circonstance, il est préférable, selon le conseil d'Anderson, de substituer le percement des puits aux trous de sonde.

Dans le troisième cas, celui où il s'agit de dessèchement des plaines humides, sans pentes, et de marais plus bas que le pays environnant, il est très-essentiel d'adopter la méthode la plus économique : elle consiste à prendre pour centre de l'opération le point le plus bas de la plaine. On y établit les travailleurs sur des fascines ou des planches; ils percent, au moyen de *louchets*, *draguas*, etc., un puits ou puisard, dont on soutient les parois avec des planches et branches d'arbres. On y introduit au milieu un coffre en bois, et on l'assujettit en jetant tout autour extérieurement, des pierres brutes; c'est dans ce coffre en bois qu'on fait jouer la sonde jusqu'à ce qu'elle ait atteint un terrain perméable ou de nature à absorber les eaux de la surface. On en facilite l'écoulement en faisant des fossés ou coulisses qui aboutissent à ce puisard. Si les terres à dessécher sont fort étendues, on y proportionne le nombre de puits, qu'on place de préférence au pourtour du terrain inondé, et lorsque tout leur effet est produit, on comble les fossés avec des pierres ou des fascines, de manière à ce qu'ils puissent toujours opérer les saignées nécessaires, surtout quand il arrive de grandes pluies. Ces fossés sont ensuite recouverts de gazon, de terre, et nivelés, et les travaux agricoles peuvent après ces opérations être repris.

Le *desséchement des marais* est une opération longue et coûteuse : longue, en ce qu'il faut l'intervention du gouvernement, et coûteuse, parce qu'il est rare d'obtenir d'heureux résultats, si on ne la fait pas en grand et si on n'emploie pas les meilleures machines d'épuisement, machines qui, par leur construction et leur transport, absorbent déjà des capitaux considérables. La première mesure à prendre, c'est d'étudier la déclivité ou les pentes du terrain, pour diriger selon ces pentes les eaux des marais. S'il n'y a pas de pentes, on a recours au forage des puits; s'il n'est pas avantageux de les employer, on pratique des tranchées à *fond de pierres*, qu'on dirige vers une pente plus ou moins éloignée, et qu'un bon nivellement a fait connaître. Enfin, si les marais sont au-dessous de tous les cours d'eaux voisins, il ne faut pas hésiter à employer les meilleures machines connues, et aujourd'hui ce sont des machines à vapeur, des moulins à vent, etc., sans préjudice de machines moins coûteuses, telles que la vis d'Archimède, lorsqu'elles sont suffisantes. Sous ce rapport, on trouve en Hollande de beaux et grands modèles de desséchement : on y voit entre autres une surface de 10,000 hectares, qui formaient autrefois le lac Burmster, et dont le fond était de cinq mètres au-dessous de la basse mer.

Il est des cas, mais ils sont rares, où le desséchement peut s'opérer par *remblaiement*, c'est-à-dire qu'on répand sur la surface du terrain une quantité de terre suffisante pour en élever le niveau, et le rendre supérieur aux eaux courantes. On peut aussi le faire par *colmates* ou dépôts successifs : alors on dirige avec une grande promptitude des eaux troubles dans les fonds où elles peuvent déposer les terres qu'elles tiennent en dissolution; et l'on conçoit qu'en répétant souvent cette opération, les couches inférieures s'élèvent successivement de tout le terrain déposé. L'étang de Capestan, près de Narbonne, a été desséché par ce procédé.

Le *desséchement par canaux* est également employé lorsqu'il faut l'exécuter dans des vallées où se réunissent des torrents, des rivières ou des ruisseaux qui ne peuvent trouver d'issues nulle part, ou qui n'en ont que d'insuffisantes. Le premier travail à faire, c'est de connaître et d'apprécier parfaitement toutes les causes d'inondation, et pour cela il faut niveler et jauger les différents cours d'eau, dresser le plan des surfaces inondées, ainsi qu'un plan général de nivellement et de sondes. Quant aux conditions à remplir dans l'exécution des travaux, on peut les résumer ainsi : faire écouler les affluents principaux en les isolant des eaux locales; faire déboucher celles-ci dans les premiers, et le plus en aval possible; diriger les canaux des affluents le plus directement que l'on pourra vers le débouché général des marais; établir ces affluents sur les faîtes ou parties hautes, pour que les canaux principaux aient une pente plus forte, et les eaux plus de vitesse; éviter de faire ce qu'on pratique assez souvent, d'ouvrir un canal principal à travers les parties les plus basses des marais, car alors on n'empêche pas que les eaux étrangères ne viennent s'y rendre, inconvénient à l'abri duquel il faut surtout se mettre; veiller à ce que le canal principal ne débite pas toutes les eaux en masse, mais les évacue successivement; à ce que les canaux principaux soient ouverts les premiers, en tout ou en partie, selon les localités; ne pas faire passer les canaux sur les parties tremblantes; remplacer les canaux de ceinture, rarement exécutables à cause des irrégularités de leur périmètre, par de simples fossés; enfin, établir pour tous les canaux des *francs-bords*. Telle est la marche la plus rationnelle à suivre pour léguer à l'avenir des ouvrages stables, tout en les exécutant économiquement, et les rendant d'un entretien peu dispendieux. V. DE MOLÉON.

DESSEIN, pensée qui tend à la réalisation d'un fait, et qui, en général, est le fruit de réflexions plus ou moins profondes. Il n'y aurait jamais eu trace de civilisation au monde sans cette activité individuelle qui caractérise notre espèce et la rend si féconde en desseins. C'est à une qualité aussi précieuse, et qu'il a étendue jusqu'à ses dernières limites, que l'Européen doit la prééminence qu'il exerce sur tous les peuples des autres continents : il est le premier, parce qu'il est le plus abondant en desseins. Il est vrai qu'un certain nombre d'entre eux échouent à l'application, mais on voit aussitôt par où ils ont croulé; ils forment le chaînon de nouvelles expériences, et il arrive maintes fois qu'un dessein qui manque en fait naître cent qui réussissent. C'est ainsi que, par suite d'essais malheureux, mais réparés par les succès les plus brillants, la direction du monde est arrivée à l'Occident, qui la conservera encore pendant des siècles.

Il y a une harmonie religieuse qu'on ne saurait trop admirer, c'est qu'à côté du libre arbitre dont Dieu nous a dotés, comme preuve que nous sortons de ses mains, il nous a donné toutes les vertus et les lumières qui tendent à bien diriger nos desseins : nous avons le courage, le discernement, la prudence, enfin tout ce qui assure le succès; puis, nous sommes-nous trompés dans nos calculs, il nous reste la résignation : il y a plus, elle nous est commandée. Il faut bien se garder de multiplier ses desseins, autrement ils s'entre-détruisent. Les moyens qui font réussir le premier rendent souvent impossible le second ; d'un autre côté, les ennemis veillent, les obstacles s'accumulent, l'âge arrive, et l'on succombe dans les préliminaires du combat. Les hommes qui ont imprimé une trace profonde au temps n'ont guère conçu qu'un dessein qui a occupé toute leur vie. A-t-il présenté de nombreuses ramifications se rattachant à un seul plan, eh bien! ils ont fait naufrage en présence de cette redoutable unité.

Les vieillards forment peu de desseins : ils sont à un âge où l'on doute de soi et des autres, et sans cette double garantie on ne tente rien. Les femmes, quand elles ont conçu un dessein qui intéresse leur vanité, parviennent tôt ou tard à le faire triompher ; et, comme il ne s'agit pour elles que de petits détails de société, elles peuvent entasser succès sur succès, au moins dès qu'elles n'ont besoin pour les obtenir que du consentement des hommes. Mais entre femmes qui sont en rivalité, l'une pour faire triompher un dessein, l'autre pour le faire échouer, la lutte est longue et pénible; et ce sont des avantages de position, de beauté ou de jeunesse qui en définitive font pencher la balance, parce que les hommes prennent alors parti.

Il y a des époques où tout est excessif; telles sont les révolutions : jamais les desseins ne sont plus multipliés, jamais on ne déploie plus d'énergie et d'habileté; mais la précipitation est si grande en toutes choses, que rien ne peut parvenir à maturité. Monuments ou ouvrages sont à peine élevés, qu'ils tombent les uns sur les autres : il y a une reproduction et une destruction continuelles, mais la dernière l'emporte à la longue sur la première. Telle est l'histoire du dix-neuvième siècle, et c'est ce qui fait aussi qu'il aura moins de place qu'on ne le pense dans l'histoire.

SAINT-PROSPER.

DESSERT. L'emploi de ce mot pour exprimer le dernier service d'un repas ne remonte qu'à la première moitié du dix-septième siècle. Nicot, dans son Dictionnaire, imprimé en 1606, ne le cite pas; mais on le trouve dans Cotgrave, publié en 1632. Cependant, l'usage qu'il sert à désigner est, chez nos Français, d'une époque assez reculée. Grégoire de Tours parle, dans un passage de son histoire, du vin et des épices que l'on apportait après le repas ; et, suivant le témoignage de plusieurs écrivains, il paraîtrait que tels furent les premiers *desserts*. A propos de ces épices servies après le repas, Legrand d'Aussy, dans sa *Vie privée des Français*, a dit : « Nos pères avaient une passion pour les assaisonnements forts. Ce goût, au reste, n'était pas en eux un appétit déréglé de la nature; c'était un principe d'hygiène, un système réfléchi. Accoutumés à des nourritures d'une digestion difficile, ils croyaient que leur estomac avait besoin d'être aidé dans ses fonctions par des stimulants qui lui donnassent du ton. D'après ces idées, non-seulement ils firent entrer beaucoup d'aromates dans leur nourriture, mais ils imaginèrent même d'employer du sucre pour les confire ou pour les envelopper, et de les manger ainsi, soit au dessert comme digestifs, soit dans la journée comme corroborants. » « Après les viandes, disent *Les triomphes de la noble dame*, on sert chez les riches, pour faire la digestion, de l'anis, du fenouil et de la coriandre, confits au sucre... » « Ce sont ces aromates confits que l'on nommait proprement *épices*, dont le nom se trouve si souvent répété dans nos anciennes histoires, dit encore Legrand d'Aussy. Ce sont eux qui formaient presque entièrement les desserts; car, les fruits étant réputés froids par leur nature, la plupart se mangeaient au commencement du repas. » Il en était de même pour toutes les pâtisseries et gâteaux, qui n'étaient pas moins nombreux ni de formes moins variées que nous les voyons aujourd'hui ; seulement, les sucreries, les épices et le vin composaient seuls ce service appelé par nous aujourd'hui *dessert*, service dans lequel les fruits et les gâteaux de tout genre jouaient un si grand rôle ; et de là vient cette façon de parler si commune chez les écrivains de cette époque : *après le vin* et *les épices*, c'est-à-dire après le repas tout à fait terminé.

Nous avons dit, en commençant, que le mot *dessert* fut introduit dans le langage vers le commencement du dix-septième siècle. Il se pourrait cependant qu'il fallût reporter la création de ce mot vers les dernières années du seizième ; car nous trouvons ce service, avec tous les mets dont nous le composons, spécifié dans une ordonnance somptuaire rendue le 21 janvier 1563 par Charles IX. Il faut dire que le commissaire Delamarre, qui la rapporte dans son *Traité de la police*, en a probablement *modernisé* le langage. Quoi qu'il en soit, nous citerons ici cette ordonnance, qui est curieuse et nous donne de précieux détails sur la vie privée des Français : « En quelques noces, festins, ou tables particulières que ce puisse être, il n'y aurait dorénavant que trois services au plus, savoir : les entrées de table, la viande ou le poisson, et le *dessert*; qu'en toute sorte d'entrées, soit en potage, fricassée ou pâtisserie, il n'y aurait plus que six plats, et autant pour la viande ou le poisson, et dans chaque plat une seule sorte de viande; que ces viandes ne pourraient être mises doubles; que l'on ne pourrait, par exemple, servir deux chapons, deux lapins, deux perdrix pour un plat, mais seulement un de chaque espèce; qu'à l'égard des poulets et des pigeonneaux, on en pourrait servir jusqu'à trois; des grives, bécassines et autres oiseaux de cette nature, jusqu'à quatre; et des alouettes et autres d'espèces semblables, une douzaine en chaque plat; qu'au *dessert*, soit *fruit*, *pâtisserie*, fromage ou autre chose quelconque, il ne pourrait, non plus, être servi que six plats, le tout sous peine de 200 livres d'amende pour la première fois, et 400 pour la seconde, applicables, moitié au roi, moitié au dénonciateur. » Depuis cette époque, le luxe de table allant toujours croissant, nous trouvons, dans les relations différentes de repas et de fêtes, des descriptions de dessert d'une magnificence inouïe. C'est même pour cette partie du festin que les ornements, les fleurs, les parfums, furent prodigués. En plusieurs circonstances, Louis XIII et Louis XIV, ou plutôt les officiers de leur maison, développèrent un art et un goût infinis. LE ROUX DE LINCY.

Aux temps féodaux, alors que les festins étaient pour les seigneurs d'honorables occasions de développer leur faste et leur puissance, les drageoirs et les bassins de conserves n'ornaient pas seulement le dessert ; des pluies d'eau de senteur et de dragées, lancées sur les convives, excitaient une brillante gaieté. Cette gaieté, que nous ne connaissons plus, a fait longtemps le charme des repas. Chez nos pères, les dîners, rarement politiques, étaient de véritables plaisirs, alors que des mœurs sévères, une vie laborieuse et simple laissaient aux récréations tout leur prix. Les bons mots, les chansons, brillaient joyeusement la fête. C'était là ce que se distinguait particulièrement cette verve, cette saillie française, dont la renommée, si bien acquise par nos aïeux, semble nous appartenir encore de fait, sinon de droit. La chanson de table tient une place distinguée dans les fastes de la poésie française, brillante d'imagination et de gaieté; mais, redite plutôt que lue, traditionnelle plutôt que classique, elle dort ensevelie dans quelques vieux recueils : Collé et Lattaignant sont oubliés comme les anciens qui furent leurs modèles. Le genre, renouvelé plus près de nous avec un talent remarquable, n'a néanmoins trouvé d'écho que dans quelques joyeuses réunions de tavernes ou dans les rues.

Chez les Romains, où l'usage était de changer de table, le dessert s'appelait *mensæ secundæ* : c'était là qu'après le souper, qui était leur principal repas, la soirée s'achevait par des libations, des chants, des entretiens politiques ou licencieux. Au temps de la république, les mœurs, encore sévères, éloignaient les femmes de cette prolongation de repas, souvent terminée en orgie. La même coutume se retrouve en Angleterre. Le dessert, où l'esprit ne tient plus sa partie, peut encore, dans les mœurs simples, et surtout à la campagne, occuper l'industrie des maîtresses de maison. Le choix et l'arrangement des fruits ou des fleurs dont est parée la table, l'élégance des édifices sucrés, la symétrie des assiettes, ne sont pas des soins tout à fait étrangers aux arts. L'appétit satisfait, les yeux et l'odorat sont flattés à la fois par la beauté du fruit élégamment élevé en pyramides; par les formes variées des sucreries, dont la saveur parfumée réveille encore la satiété; enfin, par la fumée des vins pétillants ou liquoreux, dont les esprits volatils excitent la verve et animent la gaieté.   MAUSSION, née FOUGERET.

DESSERVANT. Si nous en exceptons quelques pauvres prêtres, admis seulement à dire des messes basses dans les églises paroissiales, et à paraître avec le surplis dans les cérémonies de baptême, de mariage et d'enterrement, le desservant est au dernier degré de la hiérarchie ecclésiastique. Placé sous l'autorité d'un curé, qui dépend de deux grands vicaires, lesquels sont soumis à un évêque, suffragant lui-même d'un métropolitain, il possède, comme eux, la plénitude du sacerdoce, puisqu'il est admis à célébrer les plus grands mystères de la religion chrétienne. Il n'y a que deux sacrements qu'il ne puisse conférer, l'ordre et la confirmation, exclusivement réservés aux fonctions épiscopales. Cet anneau termine donc la chaîne des ministres du culte, qui, dans le catholicisme, remonte du dernier des prêtres au souverain-pontife. A titre de prêtre, à titre de pasteur de village, le desservant mérite des respects, et presque toujours il les obtient des bons villageois auxquels il distribue le pain de la parole. Pauvre lui-même, on le voit partager avec de plus pauvres que lui le peu qu'il possède. C'est lui qui ravive par de douces promesses les cœurs découragés, qui s'assied en ami au foyer modeste de la famille, en consolateur au chevet de l'agonisant; et, quand le souffle de la vie est près de quitter l'homme usé de travail, c'est lui qui fait descendre sous le chaume un rayon de cette céleste espérance devant laquelle l'âme s'échappe moins péniblement de son enveloppe.

Il est seulement fâcheux que le faible salaire accordé à ses fonctions ne lui permette pas d'apporter des secours plus efficaces aux misères humaines. Trop souvent il n'a que des larmes à donner là où il voudrait donner aussi du pain. Son cœur en saigne, et c'est la plus poignante des douleurs de son saint ministère. Comment, en effet, avec une pension de 500 francs et une indemnité de logement qui ne va pas à la moitié de cette somme (vraie portion congrue des curés de l'ancien régime), exister et faire exister de malheureux ouvriers dans la saison morte, ou, pendant qu'attaqué de maladie, le chef de la famille est grabataire? Emu d'un sentiment d'humanité et de religion, le pouvoir n'a pas laissé d'améliorer cette situation; mais il y a encore quelque chose à faire en faveur des desservants.

DESSICCATION. La *dessiccation* est un des principaux moyens que nous ayons pour conserver les plantes et les animaux; elle a pour but principal de leur enlever toutes les parties aqueuses et susceptibles de décomposition qui tendraient à les altérer et, par suite, à les déformer. Elle est employée pour la conservation des aliments, pour la préparation des herbiers, etc. (*voyez* TAXIDERMIE).

DESSIN. C'est, à parler exactement, un moyen par lequel on représente avec des traits la forme de tous les objets offerts à la vue. C'est donc l'un des premiers éléments de la p e i n t u r e ; on ne peut arriver à la perfection dans cet art que par une grande exactitude de dessin, car, ainsi que le dit fort bien M. de Montabert, « qui dit dessin ne dit pas seulement contours recherchés, raccourcis hardis, etc.; qui dit dessin dit science et connaissance de l'homme, science mécanique, anatomique et morale de l'homme et de la nature collective; qui dit dessin, en parlant d'un bras, d'un genou, ne dit pas contour fier et senti, arrondissement ingénieusement et adroitement exprimé: tout cela n'appartient qu'à une manière d'artiste; qui dit dessin d'un bras, d'un genou, dit justesse, vérité de forme et de perspective, harmonie parfaite dans la partie avec le tout, beauté, convenance, unité et perfection. » Tout dans la nature est composé de lignes; on ne saurait donc rien exprimer de ce qui lui appartient que par des lignes. Les êtres de différentes espèces sont placés sur la surface de la terre comme sur un vaste tableau, et la nature semblerait nous avoir donné elle-même les premiers modèles de dessin dans l'ombre que le soleil projette, dans l'image que nous offre l'onde pure et tranquille d'un lac dont les bords élevés sont garnis d'arbres ou de rochers.

On a dit quelquefois que la couleur était aussi essentielle que le dessin; mais on s'est évidemment trompé, le dessin seul donne la grâce à une figure, l'expression à une tête; ces résultats d'un bon dessin, quelquefois inaperçus au premier abord, sont précisément ceux qui produisent le plus d'émotion, lorsque l'observation les fait découvrir. Dans un tableau, au contraire, la beauté de la couleur, qui avait pu séduire les yeux au premier instant, finit par produire d'autant moins d'effet que l'on découvre des fautes dans le dessin : on doit aussi considérer que le temps et les accidents peuvent changer et diminuer la beauté de la couleur, tandis que le dessin ne peut rien perdre.

Il est impossible de dire à quelle époque l'homme a commencé à dessiner, mais il est probable qu'il a exercé cet art dès qu'il s'est trouvé en société; du moins, on en trouve des traces fort anciennes chez les peuples que nous nommons sauvages, c'est-à-dire chez les peuples dont l'instruction est fort peu avancée. Partout, chez les peuples civilisés, on voit les enfants s'emparer d'un charbon et tracer sur les murs l'image qui a le plus frappé leur jeune imagination. Il y a bien loin de là sans doute à cet art dans lequel ont excellé Michel-Ange et Raphaël; mais le moyen qu'ils ont employé pour arriver à la perfection a été de ne jamais rien faire de convention, d'avoir toujours la nature devant les yeux. Ce principe est d'absolue nécessité pour tous les artistes et pour tous les genres. Ainsi, le peintre d'histoire doit toujours étudier ses figures d'après le modèle vivant, comme Claude Lorrain et Gaspard Poussin faisaient leurs paysages au milieu de la campagne.

Après avoir considéré ce mot dans son acception la plus étendue, nous devons dire qu'on l'emploie également pour désigner le produit même du dessin, et qu'on y ajoute différentes désignations pour faire connaître la manière dont on a opéré: ainsi, on dit un *dessin à la plume*, un *dessin au crayon*, un *dessin lavé*, un *dessin colorié*, un *dessin à l'estompe*, un *dessin au trait*, un *dessin arrêté*, un *dessin terminé*.
                                                                DUCHESNE aîné.

DESSIN (Arts du). La riante imagination des Grecs assigne pour origine au dessin l'amour d'une jeune fille qui, pour conserver l'image de son amant, trace sur un mur les contours de son profil, dessiné en ombre par la lune. Le dessin, accessoire important de la plupart des arts, est l'élément indispensable de tous ceux qui ont pour but soit l'imitation des formes, soit la disposition ou l'ornement des édifices et des intensités. Aussi la sculpture, la peinture, l'architecture sont-elles rangées sous la dénomination générale *d'arts du dessin*. Le dessin met au jour la pensée du compositeur, il la développe à ses propres yeux, la coordonne, la rectifie. Simple ou compliqué, mesuré par le compas, ou lancé par le génie, il a autant de genres que la civilisation a d'exigences, et le goût de variétés ou de caprices.

L'ingénieur trace le plan géométrique des travaux qu'il doit exécuter, il en établit les développements, la coupe, et ces lignes attentivement combinées sont l'écriture de son art. L'architecte joint à ce dessin de calculs et de mesures celui qui doit embellir et comme parer l'utile. Cette partie qui se compose de presque tous les genres d'ornement, élève et ennoblit les travaux de l'orfèvre, du bijoutier, de l'ébéniste, du potier, nom originaire et générique de cet art presque miraculeux qui modèle l'argile et le revêt de tout l'éclat des pierres précieuses et des métaux.

La statuaire, qui joue un grand et noble rôle dans la décoration des temples et des palais, a aussi le dessin pour élément ; c'est à son aide que la composition a été arrêtée, c'est lui qui dirige le savant marteau, ou pour mieux dire cet instrument dessine lui-même, sur le marbre, les contours que lui offre la nature dont il modèle l'imitation.

La peinture, qui ne doit pas représenter les objets ce qu'ils sont, mais ce qu'ils paraissent, la peinture exige du dessin de nouveaux efforts. Elle lui impose l'étude des raccourcis, celle des effets de lumière et de ronde bosse, enfin celle de la perspective. Ici nous donnons au mot peinture l'acception générale de la représentation des objets sur une surface plane, quel qu'en soit le procédé ; et cet art, soit qu'il emploie le crayon ou le pinceau, une seule teinte, ou toutes les couleurs qui donnent la vie, cet art appartient tout entier au dessin. C'est lui qui trace les lignes du terrain et le contour des objets, et qui, par leurs proportions relatives, établit la distance où ils doivent paraître. C'est lui qui, dans l'imitation de la figure humaine, détermine l'attitude et les formes, édifie, anime ce simulacre, ce mime immobile dont on doit pourtant reconnaître l'action, lire le sentiment et la pensée. Cette partie de l'art qui est sa poésie et sa vie, appartient au sculpteur comme au peintre ; mais, dans un champ moins vaste, la variété des plans, les effets de la lumière, l'intelligence des accessoires, laissent au peintre les grandes difficultés, comme les grands triomphes du dessin.

L'antiquité nous a laissé dans les chefs-d'œuvre de la Grèce de vivants témoignages d'une perfection qu'aucun peuple ne doit, à ce qu'il semble, jamais surpasser ni même complétement atteindre. Le dessin populaire chez nous se trouve au plus haut degré de correction et de goût sur ces poteries d'un usage commun parmi les colonies grecques de l'Italie, ces vases étrusques que les cendres du Vésuve ont conservés à notre admiration. Cette pureté de goût fut pour les Grecs un don particulier qui ne se retrouve nulle autre part. L'enfance des sociétés offre partout les plus difformes imitations de la nature, et la civilisation la plus avancée n'a elle-même produit de beaux ouvrages qu'autant qu'ils ont été imités de ceux des Grecs.

La science ne saurait remplacer ce génie spécial, ce tact indéfinissable qu'on appelle le goût. Les Égyptiens calculèrent peut-être les proportions du corps humain ; ils en imitèrent les formes, mais sans action, sans vie, comme si la nature ne leur eût offert que leurs momies pour modèles. Leur écriture symbolique était un véritable dessin, mais dont les conventions données excluent tout perfectionnement. Les peintures admirables conservées dans leurs tombeaux étaient aussi religieusement les mêmes, et le granit taillé et poli par le fils, dans le même but et avec les mêmes procédés qu'il l'avait été par le père, présenta toujours ces colosses symétriques dont ils faisaient des dieux.

Les Chinois, stationnaires aussi, répètent depuis un grand nombre de siècles l'imitation grêle et grimacière du corps humain. Les effets du jour et ceux de la perspective demeurent aussi étrangers à leurs compositions que le choix des formes et le sentiment du beau.

Rome, alors même que la richesse et le luxe y étaient portés à leur plus haut degré, Rome, peuplée de statues, vit néanmoins l'art déchoir, à mesure qu'il s'éloignait des leçons et des modèles que la Grèce lui avait fournis. Cependant, héritière de cette Grèce dont le seul avait survécu, l'Italie, à la renaissance des arts, devint à son tour leur patrie.

Toute l'Europe participa, plus ou moins, à ce progrès. Pilon, Cousin, mais surtout Jean Goujon, rappelèrent la France au goût pur et simple de l'antiquité, sans pourtant réussir à l'y fixer. Notre grand siècle commença lui-même à l'altérer, en mettant dans ses ouvrages trop de pompe et peut-être trop d'esprit. Mais sous le règne de Louis XV, la manière, la fausse grâce, l'altération des formes réduisirent le dessin à une médiocrité presque comparable à ce qui nous reste des temps d'ignorance. La fin du dix-huitième siècle a vu pourtant l'école française se relever, et le dessin particulièrement atteindre à une perfection digne de ses plus hautes périodes. Nous avons encore de bons dessinateurs parmi nos peintres actuels ; mais quelques-uns négligent trop le coloris, comme certains coloristes s'imaginent qu'on peut être peintre sans savoir dessiner.

Pris dans le cercle étroit où se renferment les études de l'artisan, le dessin, s'il semble importer moins à la gloire nationale, a cependant une part importante au bien-être général, même à l'ordre public ; car il n'ajoute pas seulement à l'élégance ou à l'agrément des ouvrages, mais à leur utilité, à leur durée. C'est parce que ces mesures ont été bien prises et les lignes tracées avec justesse que les assemblages et les emboîtements sont solides, que le meuble ou le vase sont d'aplomb, que le mur est d'équerre. C'est le dessin linéaire, cette première culture du goût, qui redresse la rue en plaçant sur une ligne parallèle ses constructions que nos pères semblaient jeter au hasard ; c'est lui qui nivelle les étages, espace les ouvertures, assure la solidité, ajoute l'agrément. Ce dessin fait présentement partie de l'instruction populaire, il n'est presque point de ville qui n'en possède une école gratuite.

Mme Maussion, née Foucheret.

DESSIN LINÉAIRE. Ce dessin diffère du dessin artistique en ce qu'il ne se propose d'exécuter sur le papier que la construction des figures susceptibles d'être géométriquement définies. On emploie ordinairement pour cet usage la règle, le tire-ligne, diverses sortes de compas, le T, l'équerre, le rapporteur, etc., tous instruments proscrits par l'*artiste*, qui se laisse guider par le sentiment tandis que le *dessinateur* ne vise qu'à l'exactitude. On se sert de crayons pour les esquisses, et d'encre de Chine pour le trait définitif. Le dessin linéaire est d'une application constante dans les plans, coupes et élévations de l'architecture, où il se trouve quelquefois réuni au *dessin d'ornements*. Celui-ci, dont le nom indique assez l'objet, tient à la fois du dessin linéaire par une certaine précision qu'il doit offrir, et du dessin artistique par l'élégance et la grâce, qu'il doit rechercher.

On nomme *dessin industriel*, soit le dessin linéaire, soit le dessin d'ornements, lorsqu'on les applique à l'industrie ; il en est ainsi du dessin linéaire quand on l'emploie à faire des plans de machines, etc., et du dessin d'ornements dans l'impression des tissus, la broderie, la tapisserie, etc.

DESSINS DE FABRIQUE. On appelle ainsi les dessins de manufactures sur toutes étoffes, notamment sur soies, satins, châles, cachemires, velours, toiles, calicots, tapis, toiles cirées, dentelles, tissus de passementerie, etc., et même sur toutes matières, telles que papiers, cuirs, bois, faïences, porcelaines, tôles, etc., pourvu que ces dessins n'appartiennent pas, par leur relief, à l'art de la sculpture.

C'est assurément à l'élégance et au bon goût des dessins que l'industrie française doit sa supériorité incontestable dans plusieurs branches de la production. La protection que la loi accorde à l'application industrielle des créations artistiques n'a pas été étrangère à ce résultat.

Deux règlements, l'un de 1737 et l'autre de 1744, sont les premières dispositions législatives qui ont consacré la propriété des dessins de fabrique. En 1789 elle tomba sous l'empire du droit commun et fut assimilée à toutes les autres propriétés. Le principe de la loi du 19 juillet 1793 sur les productions du droit ou artistiques fut étendu par analogie aux dessins de fabrique ; mais on comprit bientôt que la durée uniforme des droits garantis par cette loi et la condition du dépôt au cabinet des estampes ne pouvaient guère leur être applicables, et alors intervint la loi du 18 mars 1806, spécialement rendue pour les étoffes de soie, constituant tout le commerce de la ville de Lyon, qui prescrivit, relativement à la conservation de cette propriété, des mesures spéciales; plus tard les dispositions de cette loi furent généralisées par une ordonnance royale du 17-19 août 1825. Pour se réserver la propriété d'un dessin, le fabricant doit déposer son échantillon, plié sous enveloppe, revêtu de ses cachet et signature, aux archives des conseils de prud'hommes pour les fabriques situées dans les ressorts de ces conseils, et pour les autres, au greffe du tribunal de commerce du lieu, ou, à défaut du tribunal de commerce, au greffe du tribunal civil, et déclarer s'il entend se réserver la propriété exclusive pendant une, trois ou cinq années, ou à perpétuité. Le mot *perpétuité* est pris ici dans son sens le plus large, et la propriété industrielle peut être *indéfinie*. Dans le cas de contestation entre deux ou plusieurs fabricants sur la propriété d'un dessin qu'ils ont simultanément déposé, le conseil des prud'hommes procède à l'ouverture des paquets qui lui ont été déposés par les parties, et il fournit un certificat indiquant le nom du fabricant qui a priorité de date. Mais ceci n'est applicable que lorsque ces deux fabricants sont de bonne foi; si au contraire l'un était présumé avoir dérobé l'idée de l'autre, la priorité d'invention pourrait s'établir par témoins ou à toutes autres preuves. L'inventeur qui met en vente ou livre au commerce un dessin sans en faire préalablement le dépôt doit être présumé faire l'abandon de sa propriété, qu'il ne peut plus ressaisir par un dépôt ultérieur.

La contrefaçon des dessins de fabrique constitue un délit qui est prévu par l'article 425 du Code Pénal.

DESSOLLES (Jean-Joseph-Paul-Augustin), l'un des généraux les plus distingués de la république et de l'empire, naquit à Auch, d'une famille noble, le 3 octobre 1767, et fut élevé par le chanoine Irénée Dessolles, son oncle, qui fut plus tard évêque de Digne et de Chambéry. Il adopta franchement les principes de la révolution, et partit avec ces masses de 1792 d'où sortirent tant d'illustres généraux. Ses jeunes compatriotes de *la légion des montagnes* semblèrent deviner son avenir en le choisissant pour un de leurs capitaines. Six mois après son arrivée à l'armée des Pyrénées-Orientales, le général Régnier l'adopta pour aide de camp, et le 2 octobre 1793, il fut promu au grade de chef de bataillon avec le titre d'adjudant-général. Une loi stupide, comme les factions en rendent dans tous les temps, interrompit un moment ses services, en l'éloignant comme noble des armées de la république. Mais ce loisir ne fut pas de longue durée. Rappelé, en 1795, par le Directoire, avec le grade de chef de brigade, il partit l'année suivante pour l'armée d'Italie, où Bonaparte ne tarda point à le distinguer. Ce grand capitaine lui donna même un glorieux témoignage d'estime en le chargeant de porter à Paris les préliminaires de Léoben, et le grade de général de brigade fut la conséquence de cette faveur. La route de Dessolles était par Strasbourg. Il y arrive au moment où Moreau venait d'effectuer le passage du Rhin. Le général l'accueille avec distinction et le prie de rendre compte au Directoire de cette belle journée. Dessolles devient l'ami de Moreau, un temps viendra où cette amitié, mise à une épreuve difficile, sera un crime aux yeux du général qui a voulu d'abord faire sa fortune, et qui, élevé au rang de premier consul, le considérera comme le partisan d'un rival détesté. Dessolles retourna cependant à l'armée d'Italie, chargée alors de rétablir la république romaine sur les ruines du saint-siège, d'abord sous le commandement de Berthier, bientôt sous Masséna, plus tard sous Gouvion-Saint-Cyr, qui eut ainsi l'occasion de le connaître, et leur intimité, cimentée sur les champs de bataille par la conformité de leurs nobles caractères, se prolongea dans d'autres temps jusque dans les conseils de l'empire et de la restauration. Dessolles ne fut point désigné pour la campagne d'Égypte.

La guerre de la seconde coalition le trouva cantonné dans la Valteline, à la tête d'une brigade, et il y débuta par l'un des plus beaux faits d'armes qui aient enrichi nos annales militaires. Le général autrichien Laudon était posté près du village de Taufers, avec sept mille hommes et dix-huit bouches à feu. Sa droite était appuyée à de hautes montagnes, sa gauche au torrent escarpé de la Rambach, au delà duquel étaient retranchés de nombreux détachements, et son front, protégé par une double ligne de redoutes, était couvert par le ruisseau de Vallerano. Il fallait non-seulement enlever cette position formidable, mais encore couper la retraite à l'ennemi, qui pouvait se retirer par la vallée de l'Inn et exterminer la division Lecourbe, qui attaquait en même temps cette vallée. Le 25 mars 1799, Dessolles arrive devant cette position avec quatre mille hommes et deux pièces de trois. Le danger de cette attaque lui est connu, mais il a un devoir à remplir, et son génie vient au secours de son infériorité. Une partie de sa troupe passe dans le fond du torrent entre le corps de Laudon et ses flanqueurs, coupe la retraite à son ennemi par Glaurens et le village de Ravril, se rabat sur Taufers, pendant que Dessolles, avec le reste de sa brigade, en attaque de front les retranchements. Les Autrichiens surpris, affaiblis de toutes parts, se débandent, s'épouvantent; les trois quarts de cette division sont tués, blessés ou pris avec les canons; le peu qui s'en échappe va périr sous les avalanches du glacier de Jébast, et cette victoire, qui révélait un grand général, n'a coûté aux Français que soixante morts et deux cents blessés. Le grade de général de division fut, vingt jours après, la récompense de ce brillant fait d'armes, et l'archiduc Charles loua plus tard, dans ses mémoires, l'audace du plan d'attaque et la vigueur de l'exécution. Ce coup de main ne sauva point l'armée d'Italie, où Dessolles servit encore comme chef d'état-major-général sous Scherer et sous Moreau. Remplacé bientôt après par Suchet, ainsi que Moreau le fut par Joubert, il assista, comme lui, en amateur, à la fatale journée de Novi, et ne prit pas à la révolution de brumaire, à laquelle il ne prit aucune part.

Il suivit Moreau en Allemagne, pour ouvrir cette mémorable campagne de 1800 qui commença par les batailles d'Engen et de Mœskirch, et finit par celle d'Hohenlinden. C'est à lui que fut due l'idée de la manœuvre vigoureusement exécutée par Richepanse et Decaen, et qui décida du sort de cette grande journée. La paix de Lunéville ne donna point à Dessolles le repos qu'il aimait tant. Une autre nature de services lui fut imposée : le premier consul formait son conseil d'État; il y appela : c'était alors un titre de gloire. Le gouvernement de Versailles lui même ajouté à cet acte de justice; mais la rupture de la paix d'Amiens le rejeta dans l'armée. Chargé, sous le général Mortier, d'une division de l'armée de Hanovre, il commanda provisoirement cette armée entre la retraite de ce général et l'arrivée de Bernadotte, et c'est alors que vint l'atteindre cette fatalité dont la rencontre de Moreau avait frappé sa carrière. Lors du procès de ce général, toutes les armées, tous les chefs, tous les corps, adressèrent des félicitations au premier consul, accompagnées d'anathèmes contre le grand conspirateur. Dessolles fit partir celles de l'armée de Hanovre, et n'y joignit pas les siennes. Le châtiment ne se fit pas attendre. Un ordre l'envoya au camp de Boulogne comme chef d'état-major du maréchal Lannes; et lui, général en chef par intérim, voyant une humiliation dans cette désignation nouvelle, ne se rendit point au poste qu'on lui assignait. La glace fut rompue; il fut rayé du conseil d'État, destitué du gouvernement de Versailles, et s'en consola facilement en rejoignant, dans sa ville natale, la jeune épouse qu'il venait de prendre dans la maison de Dampierre. La retraite convenait à la simplicité de ses goûts. Mais les guerres incessantes et multipliées de l'empire usaient les hommes d'expérience. Napoléon eut besoin de Dessolles, et l'entraîna dans la péninsule espagnole, où, à la tête d'un corps de réserve, il se distingua dans les journées de Talavera, d'Ocaña, et surtout au passage de la Sierra-Morena. Nommé gouverneur de Jaen, il se fit aimer et respecter d'un peuple qui poussait jusqu'à la férocité les manifestations de sa haine pour l'étranger. Mais le délabrement de sa santé le força de solliciter un nouveau congé, et rentré dans le sein de sa famille, il y retrouva, comme toujours, la paix et le bonheur. Il ne reparut qu'un moment, en 1812, à l'armée de Russie. Le gouvernement de Posen lui fut d'abord confié, et son caractère y fut apprécié des Polonais comme il l'avait été des Espagnols. Mais, un nouvel ordre l'ayant rappelé à l'armée active comme chef d'état-major du prince Eugène, il ne vit qu'une humiliation nouvelle dans cette prétendue marque de confiance, et sa santé, de plus en plus altérée par un climat désastreux, lui donna du moins le moyen d'échapper à une disgrâce mal déguisée.

C'est donc à Paris que le prirent les funestes événements de 1814. Le gouvernement provisoire, organisé par Talleyrand, offrit à Dessolles le commandement de la garde nationale parisienne. C'était alors un poste difficile, une mission toute nouvelle. L'étranger était dans Paris, et c'était pour maintenir l'ordre contre les vainqueurs eux-mêmes que les souverains de l'Europe avaient permis ou réclamé l'intervention armée des citoyens. Dessolles résista longtemps, et finit par accepter. Appelé, deux jours après, au conseil des rois coalisés, interrogé par l'empereur Alexandre, il se prononça contre la régence de Marie-Louise. Atteint souvent par l'arbitraire, victime de plus d'une injustice, il crut à la liberté constitutionnelle que promettait Louis XVIII, et conseilla le rétablissement des Bourbons comme un gage de paix pour son pays. Ce service lui valut la pairie, la dignité de ministre d'État, et plus tard le titre de marquis. La journée de Taufers l'avait anobli avant le roi de France. On lui confia encore, sous le comte d'Artois, et sous le titre de major général, le commandement des gardes nationales du royaume, et il ne le quitta qu'au vingt mars, pour le reprendre à la seconde restauration, jusqu'au moment où le parti de Coblentz voulut en faire un instrument de vengeance réactionnaire. Il se démit alors de ces fonctions, et ne cessa d'attaquer dans la chambre des pairs les tendances d'une faction qui compromettait étourdiment les rois qu'elle avait jadis mieux défendus. Louis XVIII lui prouva sa sympathie politique en l'appelant, le 28 décembre 1818, au ministère des affaires étrangères et à la présidence du conseil des ministres. Il devint ainsi le collègue du maréchal Gouvion-Saint-Cyr, son ancien ami, qui ne rougit pas d'occuper un ministère sous la présidence d'un lieutenant général. Ces deux hommes savaient s'entendre; mais les réactionnaires prenaient de jour en jour plus d'audace et de force. La lutte devint impossible. Dessolles et Saint-Cyr s'opposèrent vainement au changement de la loi des élections. Ils y virent une violation de la Charte, et se retirèrent, avec le baron Louis. Dessolles reçut alors de l'opinion publique le titre de ministre honnête homme, qui lui restera dans l'histoire. C'est le 3 novembre 1828, que finit une carrière aussi bien remplie. Dessolles avait eu un fils : la mort le lui ravit peu de temps avant de le frapper lui-même. Il ne laissait qu'une fille, mariée depuis au duc d'Estissac.

Viennet, de l'Académie Française.

DESSUINTAGE. Le dessuintage de la laine a le même but que le décreusage des autres fils. Cette opération a reçu son nom particulier du *suint*, humeur huileuse, épaisse, qui imbibe jusqu'à un certain point les poils des animaux, ceux des bêtes à laine principalement. Il y a deux procédés pratiqués pour débarrasser la laine du suint. Dans le premier, on fait tremper les laines brutes dans de l'eau mêlée avec le quart de son poids d'urine putréfiée, c'est-à-dire dans laquelle il s'est développé en abondance de l'ammoniaque. On remue fréquemment, en entretenant une température assez élevée pour n'y pouvoir tenir la main. Au bout d'un quart d'heure, il faut retirer les laines de la chaudière, les faire égoutter, et les laver à l'eau de rivière; ce qui se pratique ordinairement dans de grands paniers. On continue le lavage jusqu'à ce que l'eau coule parfaitement limpide des paniers : on égoutte de nouveau, on en fait sécher au soleil. On peut faire plusieurs opérations successives dans le même bain, qui devient comme savonneux à mesure qu'il s'y dissout du suint.

Dans l'autre procédé, on opère à l'eau seulement, sans urine putréfiée; quelquefois aussi on ajoute à ce bain d'eau une petite quantité de savon. Dans un cas comme dans l'autre, la laine se dessuinte bien, mais avec plus ou moins de promptitude.

Pelouze père.

DESSUS. C'est ainsi que s'appelait autrefois la partie qui, dans un concert de voix ou d'instruments, surpasse les autres en acuité. On disait *dessus de flûte*, *dessus de violon*. Mais ce mot a vieilli; il ne s'emploie plus maintenant que pour distinguer dans un chœur de femmes la première partie de la seconde; on dit alors *premier* et *second dessus*.

F. Benoist.

D'ESTAING. *Voyez* Estaing.

DESTIN, DESTINÉE. Les idées qu'expriment ces deux mots ont entre elles des rapports intimes, et pour cette raison ils s'emploient souvent l'un pour l'autre. Il existe pourtant entre la signification de chacun d'eux une différence assez remarquable pour qu'ils ne puissent être regardés comme exactement synonymes, ni être employés indifféremment l'un à la place de l'autre. Ainsi, on dit la destinée d'un homme, d'un empire, plutôt que le destin d'un homme, etc.; et l'on dira les arrêts du destin, le livre du destin, plutôt que les arrêts, le livre de la destinée. C'est qu'en effet le mot *destin* s'emploie d'une manière *absolue*, c'est-à-dire pour désigner la force invisible et toute-puissante à laquelle sont soumises les créatures, abstraction faite des créatures elles-mêmes. Le mot *destinée* exprime bien la même idée de puissance inévitable; mais alors cette puissance n'est plus présentée isolée et abstraite, elle est considérée *relativement* aux êtres sur lesquels elle exerce son irrésistible action. La destinée d'un être, c'est l'influence et les effets de cette force sur cet être en particulier. Ce qui a donné lieu à cette double manière d'envisager la même idée, c'est cette loi de l'esprit humain en vertu de laquelle nous pouvons séparer l'idée de la cause de celle de l'effet, et considérer à part et abstraction faite de son terme cette cause, que pourtant nous n'avons conçue que par ses effets, et que nous n'avons surprise que dans ses diverses applications. C'est cette même loi de l'esprit qui nous permet de considérer Dieu en lui-même, et existant à part la création. Mais, comme les premiers hommes ne pouvaient avoir des idées aussi justes que nous sur la cause de tout ce qui existe, parce qu'ils ne connaissaient pas aussi bien que nous ce qui existe et les rapports qui unissent les êtres, ils supposèrent autant de causes différentes qu'il existe d'êtres de nature différente; de là le polythéisme et ses dieux, qui ne sont qu'autant d'abstractions réalisées, exprimant les modes divers de la puissance divine.

Cependant ils furent frappés d'un point de vue commun à tous les êtres, c'est-à-dire de leur sujétion à une force irrésistible, qui les entraîne tous à accomplir leurs fins diverses, sans qu'aucun puisse se soustraire à l'action toute-puissante de cette force : cette action toute-puissante et inévitable, ils en firent une idée à part, la personnifièrent après l'avoir abstraite, et ce fut leur divinité du *Destin*, abstraction réalisée, qui répond à ces attributs de Dieu que nous appelons *toute-puissance* et *immutabilité*. Aussi en firent-ils le plus puissant des dieux, celui à qui tous les autres obéissent, parce qu'ils avaient remarqué que les forces particulières qu'ils avaient divinisées obéissent elles-mêmes à des lois fatales, comme l'eau, les végétaux, les astres etc. Ils avaient fait naître ce dieu du Chaos et de la

Nuit, et le représentaient aveugle, comme s'il ignorait lui-même le cours de ses lois inévitables ; mais en cela ils rapportaient à la cause ce qui appartient à l'effet, car cette cécité qu'ils lui attribuaient est le partage des humains, pour qui l'avenir n'est que mystère et obscurité, plutôt que celui de la Divinité, qui ne peut ignorer les lois qu'elle a elle-même établies. Ils avaient placé sous ses pieds le globe de la terre, et dans ses mains l'urne qui renferme le sort des mortels. Les Parques inflexibles étaient les ministres de ses décrets, qui étaient écrits de toute éternité dans un livre où les dieux allaient les consulter. On lui donnait aussi une couronne surmontée d'étoiles et un sceptre, symbole de sa souveraine puissance. Pour faire allusion à son immutabilité, on le représentait quelquefois par une roue que fixe une chaîne. Cependant les mythologues reconnaissent dans la théologie païenne deux sortes de décrets du Destin, les uns irrévocables, et dont les dieux mêmes dépendaient les autres qui pouvaient être révoqués ou changés par les vœux des hommes, ou par la protection de quelque divinité. Cette modification apportée par les païens à l'idée du destin nous prouve qu'ils entrevoyaient dans la divinité un autre attribut que l'immutabilité et la toute-puissance, la liberté, qu'ils reconnaissaient dans l'homme, et dont ils ne pouvaient priver le plus puissant de leurs dieux.

Les lumières que nous avons acquises sur la nature de l'Être-Suprême ont beaucoup modifié l'idée que les anciens avaient du destin. Cette idée n'est plus considérée par nous que par rapport aux êtres soumis à la toute-puissance divine, et nous avons cessé de l'envisager isolément, d'en faire un être à part, parce que nous ne réalisons plus d'abstractions ; aussi, nous avons modifié le mot lui-même, nous disons la *destinée*, et encore nous n'employons jamais ce mot sans l'appliquer à tel ou tel être en particulier. Le mot *destin* a été abandonné à la poésie, ce langage de la fiction. Pour nous, la destinée d'un être, c'est la fin pour laquelle cet être a été créé, et à laquelle il est forcé d'aboutir, puisque la sagesse qui l'a créé est toute-puissante, et que rien ne peut s'opposer à l'exécution de ses desseins sur les êtres qu'elle a produits. Mais nous n'attachons pas, comme les anciens, à cette force qui pousse les créatures à leur fin la même idée de nécessité, de *fatalité* aveugle, et nous n'avons pas comme eux crevé les yeux à notre Divinité. Quoique les êtres aillent à leur fin d'une manière inévitable pour eux, cependant nous ne regardons pas cette fin comme nécessaire en elle-même, et de la même nécessité que les vérités mathématiques. Nous concevons notre Dieu doué de liberté, c'est-à-dire ayant assez de puissance pour révoquer ses desseins et changer, s'il le voulait, la destinée de tel être ; nous concevons qu'il aurait pu le créer avec une autre destinée ; nous concevons qu'il aurait pu ne point le créer du tout. En un mot, ce n'est pas Dieu qui nous semble forcé d'avoir établi ses lois, ce sont les créatures qui nous semblent forcées de les accomplir. Cela est si vrai qu'il a créé quelques êtres libres, c'est-à-dire connaissant la fin à laquelle Dieu les a appelés, chargés de l'atteindre par eux-mêmes, et ayant le pouvoir d'accomplir leur loi ou de l'enfreindre. Or, si la créature a la puissance de changer sa destinée, ne serait-il pas déraisonnable de refuser cette puissance au Créateur ?

Cette considération nous amène naturellement à faire une distinction importante entre la destinée des êtres libres et celle des êtres pour lesquels elle est inévitable. Pour l'être qui n'est pas libre, il n'y a qu'une fin possible, celle à laquelle il est pour ainsi dire condamné par une force infiniment supérieure, à laquelle il obéit aveuglément, et dont il ne peut pas décliner les arrêts, puisqu'il ne les connaît pas. Ainsi, la plante ne peut échapper à sa destinée, le chêne ne peut éviter, si je puis parler ainsi, de développer ses rameaux dans telle direction, de se couvrir et de se dépouiller de feuillage à telle saison de l'année, de croître pendant un certain temps, et de tomber enfin sous le poids des ans, ou sous la cognée du bûcheron. Pour l'homme, il y a ici-bas en quelque sorte deux destinées. La première est celle à laquelle il est appelé par sa nature, par les facultés dont il est doué ; celle que la raison lui révèle, celle qui est conforme et identique aux desseins de Dieu à son égard, en un mot sa véritable destinée, celle que l'on peut appeler *providentielle*. La seconde consiste dans la série d'événements qui composent sa vie, et qui sont loin d'être toujours conformes à la loi que Dieu lui a imposée ; c'est celle qui résulte de la liberté humaine, de cette force de résistance que Dieu lui a permise contre ses propres desseins. Je l'appellerai sa destinée de *fait*. Ainsi, Dieu a destiné l'homme à étendre autant qu'il est en son pouvoir ses facultés physiques et morales et celles de ses semblables, à faire usage de sa raison pour accomplir par lui-même ce qu'il n'a pas irrévocablement imposé comme une loi, et à écarter tous les obstacles qui s'opposeraient à l'accomplissement de cette loi. Voilà la destinée providentielle. Mais l'homme peut manquer à cette destinée, ne point se développer conformément aux vues de Dieu, et prendre une direction opposée aux desseins éternels en préférant, par exemple, un plaisir passager à l'accomplissement de la loi imposée, ou bien même, comme il arrive quelquefois, en sortant volontairement de la vie avant le terme marqué par la nature. Dira-t-on que Dieu l'avait créé pour cette fin ? qu'il lui a donné la raison pour n'en point faire usage ? l'intelligence, pour qu'il en éteigne le flambeau ? l'activité, pour qu'il languisse dans la paresse ? des organes indispensables au jeu et au développement de ses facultés, pour qu'il en dérange les merveilleux ressorts, ou qu'il les détruise ? Non, ce n'était point la destinée à laquelle Dieu l'avait appelé. C'est lui qui seul y a librement abouti. Elle est l'ouvrage de sa liberté.

Mais la destinée de fait n'est pas seulement influencée par la liberté de l'individu, décidant par lui-même, sciemment et volontairement, des événements de sa vie. Elle est encore influencée par les êtres libres au milieu desquels il est placé, et qui peuvent, dans un grand nombre de cas, exercer une action puissante sur le sort de leurs semblables. Ainsi, l'éducation que les parents donneront à leurs enfants, les mesures qu'ils prendront à leur égard, influeront sur le reste de leur vie. Le rang élevé de certains hommes, l'ascendant qu'ils peuvent acquérir par leurs richesses, leur caractère ou leur supériorité intellectuelle, les met en position de décider à leur gré du sort d'un grand nombre de leurs semblables qui vivent dans leur dépendance. Nous subissons en naissant le joug de lois que nous n'avons point faites ni pu faire nous-mêmes, et elles règlent une partie de notre destinée, quelquefois notre destinée tout entière. Les femmes en Orient vivent sous l'empire de lois et d'usages établis, qui rendent leur destinée bien différente de celle des femmes de l'Europe civilisée. Chez nous, le droit d'aînesse décidait de la profession qu'embrassaient les divers enfants d'une même famille. Et maintenant, si tel homme naît riche, si tel autre naît dans l'indigence, c'est encore la loi par laquelle nous sommes régis qui règle ainsi le sort de chacun. Notre destinée de fait ne dépend donc pas seulement de notre liberté, elle dépend aussi de l'usage que font nos semblables de leur liberté à notre égard.

Enfin, il est encore une autre cause qui influe souvent sur notre destinée, et qui n'est ni la volonté expresse du Créateur, ni notre volonté propre, ni la volonté des autres hommes. Cette cause réside dans l'ignorance où nous sommes d'une foule de circonstances au milieu desquelles nous sommes placés, ignorance d'où il résulte que nous allons en aveugles nous heurter contre des événements que nous n'avions pas prévus, et dont la rencontre inopinée réagit malgré nous sur nous-mêmes. Or, cette rencontre imprévue est ce que les hommes ont appelé *hasard*, mot vide de sens, si on veut l'employer à désigner une espèce de force aveugle qui décide de notre destinée selon ses caprices. Car, il n'y a pas d'autre cause des événements de notre vie que Dieu ou nous-mêmes. Seulement, comme notre intelligence est limitée dans une étroite sphère, et que même dans ce qui nous entoure il y a beaucoup plus de choses que nous ignorons qu'il n'y en a que nous connaissons ; comme, d'un autre côté, nous sommes doués de liberté, c'est-à-dire que nos mouvements, nos actes, sont dirigés par nous-mêmes et non par une force supérieure qui nous contraigne, comme les plantes, comme les animaux, à n'agir que dans la direction qu'elle a tracée, de cette alliance de la liberté et de l'imprévoyance humaine il doit nécessairement résulter pour nous des effets auxquels nous ne nous attendions pas, et que notre activité irréfléchie ou ignorante a amenés sans avoir pu les prévoir.

L'homme qui attribue à une autre cause qu'à son ignorance, c'est-à-dire aux limites de ses facultés, les événements de sa vie qu'il n'a pu prévoir, ressemble assez à un aveugle qui, marchant droit devant lui, et venant à rencontrer une arbre, tomberait, et dirait que c'est le hasard qui l'a fait tomber. Mais que diraient les hommes clairvoyants, témoins de sa disgrâce ? Ils riraient de son erreur, et n'assigneraient point d'autre cause à sa chute que son infirmité.

Assurément cette influence sur notre destinée des circonstances que nous ne pouvons prévoir est un véritable désordre, la plupart du temps contraire aux sages desseins du Créateur à notre égard ; mais ce désordre n'a rien qui doive nous surprendre. Tous ces êtres libres, qui agissent au milieu de tant de causes dont ils ne connaissent qu'une très-petite partie des phénomènes, et qui ne peuvent même prévoir les résultats de leurs propres actions, doivent nécessairement, en se mouvant ainsi dans les ténèbres, amener une perturbation, un étrange mélange d'événements divers qui viennent bouleverser leur destinée. Ce désordre n'aurait pas lieu s'ils n'étaient pas libres, car, si la terre n'était peuplée que d'êtres ne possédant pas une activité qui leur soit propre, et ne se développant que dans la direction qui leur a été marquée, comme les plantes et les animaux privés de raison, aucun but ne manquerait à sa destinée, et rien n'arriverait qui ne fût prévu et conforme à l'ordre général. Le désordre est le fait de l'homme seul, parce que l'homme seul est une cause à la fois libre et aveugle. Dieu a permis le désordre, par la même raison qu'il a permis que l'homme fût libre en même temps que son intelligence était limitée ; car, puisqu'il a permis le principe, il a aussi permis la conséquence.

Mais Dieu prévoit-il ces événements qui résultent de l'usage aveugle de notre liberté ? Il ne les prévoit pas plus que nos actes libres, puisqu'ils en sont les effets ; et ici nous sommes amenés à la question de la prescience, qu'il serait hors de notre sujet de traiter maintenant. Quant à ce désordre, ouvrage de notre activité ignorante, et qui nous parait considérable, parce qu'il nous touche de près, il n'est pourtant pas assez grand pour déranger l'œuvre et les plans du Créateur, pas plus que le désordre que nous apportons volontairement par l'abus de notre liberté à la destinée providentielle où il nous a appelés ici-bas. Il a doué notre nature de facultés et de penchants assez forts pour que l'humanité en général allât comme tout le reste à sa fin, quoique l'individu pris à part semble souvent manquer à sa destinée particulière.

Cependant, il est bien vrai qu'un grand nombre d'hommes n'accomplissent pas leur loi, c'est-à-dire leur destinée, et qu'ils se font une destinée à eux, celle que nous avons appelée *destinée de fait*, et qui est souvent en contradiction avec leur *destinée providentielle*, c'est-à-dire avec les vues de la Providence. Ce désordre, pour être partiel, n'en existe pas moins ; et Dieu a-t-il réellement permis que ses lois fussent ainsi troublées, sans qu'il y eût jamais rétablissement de l'ordre et réparation de la loi violée? Cette considération, ainsi qu'une foule d'autres, suggérées par la connaissance de la nature humaine et de celle de Dieu, ont amené les hommes à reconnaître qu'il existe pour eux une autre destinée que cette destinée d'ici-bas, et que le tombeau, qui les attend après une vie passée la plupart du temps à souffrir ou à faire le mal, ne peut être le but définitif où la sagesse divine ait fait aboutir la plus noble de ses créatures. Ils ont donc admis une vie nouvelle, qui commence pour l'homme après celle-ci, vie de réparation et de développement libre, où doit réellement s'accomplir la destinée de l'âme ; et, par opposition à la destinée *actuelle*, ils ont appelé *ultérieure* celle qui leur est réservée *au delà* du tombeau. Ici se présente à nous la grande question de la *destinée future* de l'homme, question qui se divise en deux autres, savoir : 1° existe-t-il pour l'homme une vie à venir ? 2° *quelle* sera pendant cette vie condition ou sa destinée? Mais ce serait sortir des limites de notre sujet que de traiter quant à présent cette question. Nous nous contentons de dire à ce sujet : 1° que la croyance à une vie à venir est fondée sur l'existence de certaines facultés dans l'homme qui n'auraient aucun but et seraient tout à fait inexplicables si tout devait finir pour nous avec cette vie ; que nos plus nobles penchants, que nos attributs les plus essentiels rayonnent tous, pour ainsi dire, vers cette existence à venir, et qu'elle n'est pas seulement appelée par nos vœux et nos espérances, mais qu'elle est démontrée par les inductions rigoureuses que fournit l'analyse de l'âme humaine ; 2° que la destinée future de l'homme, quant à son mode, peut être envisagée sous deux points de vue : sous le premier, elle nous apparaît comme le développement libre et complet de toutes les facultés auxquelles ce développement était interdit ici-bas ; car, puisque le besoin de développement libre et complet existe en nous, Dieu n'a pu nous le donner pour qu'il ne soit jamais satisfait. Envisagée sous le second point de vue, la destinée de l'homme nous apparaît comme devant dépendre de l'usage qu'il aura fait de sa liberté pendant cette vie, et par lequel il aura mérité ou démérité aux yeux de son Créateur. Il semble ici exister une contradiction ; il semble qu'il soit difficile de concilier le sort qu'a réservé à l'âme la sagesse infaillible du Créateur, et celui que nous nous serons fait par l'abus de notre liberté ; mais cette contradiction n'est qu'apparente, car la raison nous défend de croire que les abus de liberté que nous aurons commis dans cette vie passagère puissent influer sur notre sort pour l'éternité, et s'il est vrai, comme nous le croire, que nos actes moraux aient des conséquences qui dépassent les limites de cette vie, la destinée que nous nous serons faite doit seulement consister ou dans une expiation proportionnée à nos démérites, c'est-à-dire limitée, ou dans de nouvelles épreuves qui serviront à épurer successivement notre âme, jusqu'à ce qu'elle soit digne de la destinée définitive à laquelle l'ont réservée les éternels desseins de la Providence. C.-M. PAFFE.

DESTINATION (du verbe latin *destinare*, désigner, affecter). On donne une destination à un objet en indiquant l'emploi particulier qui doit en être fait. On connaît surtout par droit les destinations par destination et les servitudes établies par la destination du père de famille. Il y a une destination du père de famille lorsqu'il est prouvé (ce qui peut avoir lieu même par témoins) que deux fonds actuellement divisés ont appartenu au même propriétaire et que c'est par lui que les choses ont été mises dans l'état duquel résulte une servitude au profit de l'un de ces fonds. La *destination du père de famille* vaut titre à l'égard des servitudes continues et apparentes, tels que jours, égouts, etc.

DESTITUTION (du latin *destituere*, déplacer), déposition, privation forcée d'une charge, d'un emploi, d'une commission. Ce mot s'applique exclusivement aux fonctions publiques. La destitution est une arme nécessaire aux mains d'un gouvernement pour écarter des fonctionnaires négligents ou malhabiles ; mais cette arme doit être maniée avec prudence, et les abus résultant de destitutions inconsidérées ont été une des causes qui ont fait établir l'inamovibilité des charges.

DESTOUCHES (Philippe NÉRICAULT-), naquit à Tours en 1680. Il appartenait à une bonne famille de cette ville. Si l'on en croit D'Alembert, sa jeunesse fut orageuse. Après avoir fui la maison de son père, qui voulait le faire homme de robe, il s'engagea dans une troupe de comédiens. Ce fait est au moins contestable. D'Alembert aimait à rendre ses éloges piquants, à les semer d'idées philosophiques. Il lui convint de donner à Destouches une profession qu'avait exercée Molière, et de combattre, en passant, un préjugé. La famille de Destouches réclama; elle prétendit qu'il n'avait jamais été comédien; que jamais son père n'avait contrarié ses goûts, et qu'il avait passé sa première jeunesse dans les armées. D'Alembert a pour lui quelques traditions; la famille de Destouches invoque des documents presque authentiques, mais que son orgueil a pu fabriquer. Voilà un fait biographique qui restera dans l'incertitude, parce que D'Alembert était philosophe et que le fils de Destouches ne l'était pas. Quoi qu'il en soit, il est certain que ce fut Puysieulx, ambassadeur de France en Suisse, qui engagea Destouches à suivre son penchant pour le théâtre. On joua dans l'hôtel de l'ambassadeur sa première comédie, *Le Curieux impertinent*. L'idée lui en était venue en lisant *Don Quichotte*. La nouvelle de Cervantes est pleine de passion et racontée avec grâce. La pièce de Destouches est trop longue, mais elle est écrite avec sagesse, et on y rencontre des scènes vives et gaies. On sait que dans Cervantes le curieux impertinent est marié. La décence qui régnait alors sur notre théâtre ne permit pas à Destouches d'être aussi hardi. Son curieux impertinent ne perd que sa maîtresse; celui de Cervantes perd l'honneur. Aussi, l'auteur français n'a-t-il fait qu'un long badinage, tandis que l'Espagnol a été dramatique et passionné. Cette comédie, qui avait réussi à Soleure, plut également à Paris. Elle fut bientôt suivie de *L'Ingrat* et de *L'Irrésolu*. Le premier de ces caractères est trop odieux, le second trop peu prononcé, pour que ces deux comédies pussent être bonnes. La seconde se termine par un vers heureux et bien connu. L'irrésolu, qui a balancé pendant longtemps entre deux maîtresses, et qui a fini par choisir, dit, en donnant la main à Julie :

J'aurais mieux fait, je crois, d'épouser Célimène.

Ce mot charmant aurait dû être le dernier mot d'un acte vif et gai ; on se fatigue d'irrésolutions qui durent cinq actes, et on se décide très-vite à ne pas lire la pièce. *Le Médisant*, qui vint après, est bien écrit; mais *Le Méchant* de Gresset, qui l'est supérieurement, l'a fait oublier.

Destouches était un homme d'esprit et de conduite, qui savait très-bien son monde. Il plut au régent, et fut envoyé en Angleterre, avec l'abbé Dubois. Il y resta six ans, chargé des affaires de France, et réussit à la cour du roi Georges. Sheridan cessa d'avoir des succès au théâtre dès qu'il fut entré au parlement : il changea de verve ; tandis qu'au contraire, le talent dramatique de Destouches grandit à l'ambassade. Il n'avait composé que des pièces médiocres avant d'aller en Angleterre, et il donna là *Le Philosophe marié* et *Le Glorieux*. A cette époque, il avait déjà été reçu à l'Académie Française, et ce qui est singulier, c'est qu'étant homme de pouvoir et d'académicien, il s'occupa d'avoir du génie. Un des événements les plus importants de sa vie lui fournit le sujet du *Philosophe marié* (1727). A Londres, il avait épousé une Anglaise catholique; mais, comme il avait payé son tribut à la morale du temps, en se riant des engagements un peu sérieux, il rougit d'être marié. Les tribulations qu'il éprouva dans la position ridicule où il s'était placé lui fournirent l'idée d'une comédie charmante. Quoique nos mœurs soient bien changées, des scènes vives, un style élégant, le rôle fin et spirituel du marquis du Lauret, et celui de cette Céliante, si vive et si capricieuse,

assureront toujours un rang distingué à cette production dramatique. On sait que Céliante, malheureusement pour Destouches, était de sa famille ; il avait transporté sur le théâtre le caractère de sa belle-sœur ; et si la rage de celle-ci n'éclata pas lorsqu'elle se reconnut, c'est qu'elle craignit de fournir au malin poète une nouvelle scène pour une nouvelle comédie.

Le Glorieux (1732) obtint aussi un grand succès, et a pris rang parmi nos meilleures productions dramatiques. La pièce est bien conduite, sagement intriguée, et le style est non-seulement correct, mais encore noble et élevé. L'idée de faire trouver au glorieux sa sœur femme de chambre dans la maison du financier auquel il veut s'allier est très-heureuse; et si le rôle de Lisette eût été tracé avec plus de délicatesse, il serait charmant. On sait que la pensée première de l'auteur était de montrer le comte de Tufière humilié à la fin de la pièce et puni de son orgueil. Le comédien Dufresne, qui représentait le glorieux d'après nature, ne voulut pas consentir à être abaissé. Ce caprice a nui à la vérité du caractère de Tufière. L'auteur, qui ne pouvait le châtier à la fin du drame, a dû ne lui donner que des ridicules, pour qu'il ne fût pas trop haïssable. Or, l'orgueil est un vice, et Destouches a senti que, s'il le donnait à son héros, il exclurait nécessairement toutes les qualités du cœur. Aussi a-t-il inventé ce caractère du glorieux, qui n'est pas plus français que le mot même qui le désigne. Le caprice de Dufresne l'a ensuite forcé d'effacer le rôle de Philinte, qui formerait un contraste heureux, si la timidité du rival de Tufière n'était pas si burlesque. Le drame eût été parfait, si l'honnête homme l'avait emporté sur l'orgueilleux. Ce n'est pas malheureusement la seule fois que la fantaisie des comédiens a gâté de bons ouvrages.

Le Dissipateur (1753) est, après *Le Philosophe marié* et *Le Glorieux*, la plus estimée des pièces de Destouches. La pensée première en est certainement fort belle : « Une femme qui aime un dissipateur, pour le corriger et lui conserver ses richesses, feint de s'associer à ses flatteurs et le dépouille de ses biens; puis, quand il est ruiné, elle vient lui rendre sa fortune et lui offrir sa main. Il y avait là le sujet d'un drame admirable ; mais Destouches n'a pu vaincre les difficultés du sujet, et son *honnête friponne* est pourtant toute la pièce une déplaisante énigme. Ce rôle n'a jamais réussi que lorsqu'il a été confié à une excellente actrice, soit Contat, soit Mars, qui disait par son jeu; la noblesse de son maintien : « Ne croyez pas l'auteur; au fond, je suis honnête, et vous le verrez plus tard. » Pour que ce rôle fût beau, il aurait fallu une hardiesse de pinceau qui n'aurait pas eu chance de succès à l'époque de timidité théâtrale où écrivait Destouches.

Destouches, à près de soixante ans, se retira du théâtre et de Paris : il se choisit un asile dans une belle campagne. Étant jeune, il avait écrit, en faveur de la religion, des vers qu'il envoya à Boileau, et que celui-ci ne trouva qu'édifiants. Dans sa vieillesse, il se remit à guerroyer contre l'incrédulité, et prit pour champ de bataille le *Mercure galant*. Il fut peu lu. Il lança des milliers d'épigrammes contre son siècle, qu'il ne convertit pas. Il en recueillit huit cents qu'il appelait ses *épigrammes choisies*, et il faut vraiment qu'il ait joué de malheur, pour que le nombre, il ne s'en trouve pas une bonne. » Dans cette nuée d'épigrammes, dit D'Alembert, il se montrait fâché contre l'abus de l'esprit, qu'il ne s'en permit pas assez l'usage. » Il eut, au moins, le bon sens de ne pas les faire imprimer. Destouches mourut le 4 juillet 1754 à l'âge de 74 ans. Après sa mort, on publia et on joua deux comédies en prose qu'il avait laissées, et qui réussirent. *La Fausse Agnès* est une pièce agréable, et qui plairait beaucoup si elle était plus courte. Elle contient une peinture assez vraie des ridicules et des travers de la noblesse de province. *Le Tambour nocturne* est imité d'Addison, mais la pensée assez gaie de la pièce se perd dans des détails longs et froids. Souvent Destouches a manqué de verve et de gaieté. Ce fut surtout un auteur vrai, simple et correct. On ne le peut comparer à Molière, auquel il ne faut comparer personne; mais, s'il est moins comique que Regnard, moins piquant que Dufresny, il est plus sage : il voit bien, s'il ne voit pas loin. C'était, au reste, un homme du monde, spirituel et à réparties fines. Il obtint, à l'aide d'une saillie, que le roi d'Angleterre priât le régent de nommer Dubois au siége de Cambrai, et, philosophe pratique, quand on le pressa d'aller, comme chargé d'affaires, en Russie, il dit : « Les Russes sont encore des arbres mal taillés, et, arbres pour arbres, j'aime mieux ceux de mon jardin. » Il promettait ainsi de ne plus écouter l'ambition, et il tint parole, ce qui est assez rare pour un diplomate et pour un poëte. Ernest DESCLOZEAUX.

DESTOUVELLES ou **D'ESTOUVELLES** (CHARLES-JEAN-ROBERT), né à Paris en 1775. Son père était premier-commis au ministère de la guerre. Boursier au collége d'Harcourt, il fit ses humanités d'une manière brillante. Arrivé à Maëstricht à la suite des armées françaises, il s'y établit comme *défenseur officieux*, et ne cessa pas depuis d'y exercer la profession d'avocat, quoiqu'il n'eût point suivi les écoles de droit ni obtenu de grades académiques. Sa parole facile et chaleureuse le rendait surtout propre aux causes criminelles. Un mariage avantageux le plaça bientôt dans une position propre à donner du relief à sa capacité. Lorsque le royaume des Pays-Bas fut créé, il fit partie du conseil municipal de Maëstricht, et partagea les poursuites auxquelles les magistrats de cette ville furent en butte pour leur opposition à certaines mesures administratives. Un acquittement changea presque en triomphe la captivité des accusés. Destouvelles devint dès lors un membre de l'opposition dans les états de la province. Quand la révolution de 1830 éclata, il parvint à s'évader de la forteresse où il était détenu, se fit élire au congrès, et contribua à la rédaction de la constitution belge, dont il combattit avec force les dispositions qui lui paraissaient trop favorables au clergé. Vice-président de la chambre des représentants, il parla peu dans cette assemblée, mais se distingua toujours par la modération de ses votes. Il avait refusé de s'associer à l'exclusion perpétuelle des Nassau, considérant cette mesure passionnée comme un embarras pour le présent et une menace inutile pour l'avenir. Cela ne l'empêcha pas d'être choisi, avec d'autres de ses collègues, pour former la députation chargée d'aller à Londres offrir au prince Léopold de Saxe-Cobourg la couronne de Belgique. Quand on réorganisa l'ordre judiciaire, il désira siéger comme conseiller à la cour de cassation, et s'y vit porté sans difficulté. C'est en remplissant les fonctions de cette magistrature que la mort vint le frapper le 6 janvier 1842, une maladie douloureuse, aigrie encore par des chagrins domestiques. Marié, pour la troisième fois, à une jeune personne de condition inférieure, mais jolie et spirituelle, il s'en vit abandonné. Pour comble d'affliction, un enfant adultérin allait disputer à sa légitime héritière le bien qui lui appartenait.

DESTRIER, « Vieux mot, dit le *Dictionnaire de Trévoux*, qui signifiait autrefois un cheval de main, ou un cheval de bataille, propre à un homme d'armes pour faire un coup de lance, comme qui dirait un cheval *adroit*, qu'on maniait *dextrement*. Il est opposé à *palefroi*, qui était un cheval de cérémonie ou du service ordinaire. » (*Voyez* CHEVAL BARDÉ et CHEVALERIE, t. V, p. 424.) « Nous devons à la romance et aux autres poésies de goût antique, dit Charles Nodier, la conservation de ce joli mot, qui ne vient pas *a dexteritate*, comme dit Ménage, mais *a dextera*, parce qu'on menait le cheval de main de la droite, anciennement dit la *dextre*. Ce mot s'est conservé en français dans *ambidextre*, latinisme très-singulièrement figuré, puisqu'il signifie *deux mains droites*. »

DESTRUCTION (en latin *destructio*, dérivé et composé de *struere*, construire, et de la particule *de*). Souvent, dans le langage usuel, la destruction est considérée comme l'opposé de la création : en ce sens, ce mot signifie anéantissement, annihilation ou réduction à rien de tout ce qui a été créé ou tiré du néant. Telle est la croyance fondée sur la foi religieuse à la création suivant Moïse, d'après laquelle la matière, d'abord créée et succédant au néant, passe par l'état chaotique et sert à la formation de tous les autres corps créés successivement. Dans cette croyance, la matière créée serait *destructible*, c'est-à-dire susceptible d'être détruite jusqu'à l'anéantissement. On sait que, suivant les opinions des divers philosophes spiritualistes, panthéistes, et des matérialistes qui croient à l'éternité de la matière, la destruction jusqu'à l'anéantissement ne pourrait avoir lieu, et la matière est alors dite *indestructible* ou non annihilable. C'est en ce sens que quelques physiciens et chimistes regardent l'*indestructibilité* comme une des propriétés générales de la matière. Interprétée dans son acception grammaticale et étymologique, la destruction est aussi considérée usuellement comme le phénomène opposé à la structure ou à la formation ou construction des corps naturels ou artificiels, et lorsqu'on va jusqu'à considérer la constitution morale des sociétés et l'ordre des institutions humaines comme une sorte de construction ou d'organisation, on se sert aussi quelquefois des termes *destruction*, *désorganisation* pour exprimer la ruine de l'ordre moral.

Les divers moyens employés pour opérer la destruction des monuments ou édifices construits par les hommes sont indiqués par autant de synonymes du verbe *détruire*, qu'il convient d'examiner ici très-succinctement : « *Abattre*, dit Roubaud, veut dire mettre, jeter à bas ce qui était élevé, soutenu ; *démolir* (du latin *demoliri*, de *moles*, masse) signifie abattre les différentes parties d'un édifice jusqu'à ce qu'il ne reste plus rien sur pied, ou qu'il ne reste que les matériaux de la masse ; *renverser* s'emploie pour exprimer l'action de faire tomber sur le côté, de jeter par terre ou de changer entièrement la situation d'un objet ; *ruiner* (du latin *ruina*, dérivé de *ruere*) signifie à la lettre, aller choir en roulant, en se précipitant ; tomber en ruines, en pièces, en morceaux. *Démanteler*, c'est abattre les murs d'une ville ou d'une forteresse. *Raser*, c'est démolir, abattre un édifice rez pied, rez terre. *Détruire* veut dire rompre, anéantir les rapports, les formes, l'arrangement des parties, la construction d'une chose, jusqu'à la ruine totale de l'ouvrage ou à la perte entière de la chose ; *détruire*, c'est dissiper entièrement l'ordre des choses. *Anéantir*, c'est détruire totalement ou réduire au néant. On abat un arbre à coups de hache, un oiseau d'un coup de fusil. Ces divers objets qu'on ne, en abattant un édifice, sont tantôt de le *démolir par économie*, pour tirer parti des matériaux et de l'emplacement, ou le rebâtir ; tantôt de le *raser par punition*, afin de laisser subsister un indice de la vindicte publique ; de *démanteler par précaution*, pour mettre une place hors de défense ; ou de *détruire dans toutes sortes de vues* et par toutes sortes de moyens, pour ne pas laisser subsister. Un particulier fait *démolir* ; la justice fait *raser* ; un général fait *démanteler* une place qu'il a prise, et pour cela il en fait *détruire* les fortifications. On *ruine*, on *détruit* sa santé, on *perd* sa vertu, son honneur ; on le *dégrade*. On *renverse* une table sans le vouloir, en la heurtant rudement, et un rempart à coups de canon. L'action de *détruire*, libre ou nécessaire, est puissante et opiniâtre. Le temps *détruit* tout ; mais il sert plutôt de la lime que de la faux. »

Lorsqu'on envisage comparativement les conditions nécessaires à l'existence de tous les corps naturels, on reconnaît facilement que la longue durée des corps astronomiques contraste avec la durée temporaire des individus et même des espèces du règne végétal et du règne animal. Nous ne voyons dans l'espace aucun agent de destruction dirigé contre l'existence des globes stellaires ou planétaires, et l'on a admis seulement que les comètes peuvent disparaître de la région de l'espace où elles se meuvent, soit en passant dans un autre système solaire, soit en allant s'engloutir dans notre soleil. Quant à cet astre et aux planètes qui se meuvent autour de lui, et principalement quant au globe terrestre, que les sciences géologiques nous apprennent avoir dû exister primitivement à l'état de mollesse ignée, on ne saurait admettre leur destruction par le choc d'autres corps astronomiques beaucoup plus grands qu'eux, ni leur attraction et leur absorption par un autre système solaire. On ne peut donc prévoir pour tous ces corps une époque de destruction, puisqu'on ne sait rien sur les causes qui pourraient l'amener lentement ou brusquement. D'après les lumières fournies par les diverses théories cosmogoniques, et surtout par la géologie, on est conduit naturellement à présager le refroidissement progressif du globe terrestre, qui doit amener la destruction de toutes les espèces de corps organisés qui existent actuellement, et l'on pense qu'à ce degré de refroidissement de la terre, qui sera en rapport avec la température de la région de l'espace où elle se meut, la vie végétale et celle des animaux connus de nos jours ne pourrait avoir lieu. Avant ces changements dans la constitution physique de la terre, qui doivent amener la destruction de la totalité des corps organisés, viennent les grands cataclysmes ou les révolutions de notre globe qui ont été la cause de la destruction d'un grand nombre d'espèces d'animaux et de végétaux, dont nous retrouvons les débris à l'état fossile, et nous avons donné à ces débris le nom de *restes des espèces détruites ou perdues*.

L'indispensable nécessité où sont placées certaines espèces animales et végétales, de vivre et de se nourrir aux dépens et au détriment d'autres espèces qui semblent leur correspondre pour cet objet, est une cause évidente qui entraîne la mort et la destruction d'un certain nombre d'individus, victimes naturelles de leurs meurtriers ou de leurs parasites. Cette cause de destruction ne paraît point devoir entraîner la perte des espèces destinées à la nourriture des autres ; car on sait qu'en général, dans le règne végétal et dans le règne animal, la fécondité des espèces plus ou moins inférieures destinées à être la pâture de l'ennemi des espèces plus ou moins élevées dans la série organique est très-grande et proportionnelle aux besoins de la consommation et à ceux de la propagation. A ces causes générales de la destruction des corps organisés, il faut joindre l'action puissante de l'homme depuis le moment de son apparition sur le globe ; mais l'action destructive de ce roi de la terre ne doit porter que sur les espèces nuisibles ; elle doit tendre à effacer les plantes parasites qui dévorent les cultures et à anéantir les bêtes féroces qui attaquent les troupeaux et sont réduites quelquefois par leur détresse à se précipiter sur lui-même. Mais cette action destructive de l'homme, qu'il étend aussi sur les individus des espèces consacrées à sa nourriture et à tous ses besoins industriels et sociaux, cette destruction inévitable, que d'autres animaux exercent à l'égard des végétaux ou entre eux pour vivre, se conserver et reproduire leur espèce, entre évidemment dans le plan général des harmonies de la nature, puisqu'elle est en rapport direct, nécessaire et indispensable avec la propagation, peut-être aussi avec le perfectionnement des espèces en général.

Aux publicistes et aux philosophes qui s'occupent des questions morales et religieuses appartient le soin de développer les causes de décadence et de destruction qui ont amené lentement ou par secousses la chute des empires les plus florissants. L'expérience nous semble démontrer maintenant que les nations adoucies et non amollies jusqu'à un certain point par le luxe bien entendu, sont susceptibles d'agrandir leur intelligence, leur raison, et d'augmenter énormément leur puissance de réaction contre l'esprit de conquête et d'envahissement des nations moins civilisées, qui tendait jadis à les détruire ou à les décimer. Il peut même se faire que des nations éclairées et véritablement en progrès soient assez fortes, non-seulement pour se dérober au joug des hordes barbares, mais encore pour détruire noblement la barbarie, en portant partout, non les prétendus avantages d'une civilisation fondée sur des vues étroites d'intérêt de caste et d'esprit de nation, mais les bienfaits résultant de la pratique des opinions morales, qui tendent à régner sur l'humanité entière.
L. LAURENT.

DESTUTT DE TRACY (ANTOINE-LOUIS-CLAUDE), membre de l'Assemblée constituante, du Sénat conservateur et de la Chambre des pairs, naquit le 20 juillet 1754 à Paray-le-Frésil, près de Moulins, dans le Bourbonnais. La noblesse de sa famille, d'origine écossaise, le fit destiner à la profession des armes. Après avoir complété son éducation à l'université de Strasbourg, il entra dans les mousquetaires de la maison du roi, passa comme capitaine dans le régiment de Royal-Dauphin, devint, à vingt-deux ans, colonel en second du régiment Royal-Cavalerie, et venait de passer colonel en premier du régiment de Penthièvre-cavalerie, lorsqu'il fut nommé, en 1789, député aux états généraux par la noblesse de sa province. Ses études philosophiques l'avaient préparé à suivre le drapeau de la révolution. Il défendit constamment, avec la supériorité de sa raison, la fermeté de son caractère, les principes d'une sage liberté. Retiré à Auteuil après la session de l'Assemblée constituante, avec sa femme, proche parente du duc de Penthièvre, et ses enfants, il fut arraché au repos et à l'étude, en 1793, par les agents de la Terreur, qui le firent jeter en prison. Le 9 thermidor le rendit à la liberté et au calme de la solitude. Dès ce moment, il se livra tout entier à la philosophie et aux lettres. Nommé membre de l'Institut national à l'époque de sa fondation, il fut appelé, en 1799, au comité d'instruction publique, et devint ensuite sénateur, comte de l'empire, et enfin pair de France, sous la Restauration. Mais ce n'était pas dans la carrière politique que Destutt de Tracy devait rendre son nom célèbre. Homme de tranquillité autant que de liberté, ami de la paix et de l'étude, il n'avait ni les qualités ni des goûts qui font chercher la gloire à travers les agitations du forum et les intrigues gouvernementales : c'était dans le monde philosophique que l'illustration l'attendait.

Le dix-huitième siècle, personnifié dans les incrédules et les matérialistes qui avaient formé la majorité de la plupart de nos assemblées nationales, venait d'être vaincu à Saint-Cloud, dans la journée de brumaire. La mode du philosophisme commençait à passer dans l'entourage du premier consul, et l'on voyait apparaître de toutes parts les signes d'une réaction spiritualiste et religieuse. Tandis que les masses couraient à confesse, les grands du nouveau régime, dociles à l'impulsion politique du génie extraordinaire que les circonstances avaient fait dictateur, désertaient peu à peu le drapeau des encyclopédistes pour embrasser des opinions philosophiques moins hostiles aux croyances religieuses. Il était naturel que cette tendance universelle des esprits se fît sentir dans le domaine des hautes études, et qu'elle exerçât une certaine influence sur l'enseignement de la philosophie. L'idéalisme antique, si souvent remanié depuis les éléatiques et les platoniciens, façonné à la moderne par les disciples de Reid et de Kant, profita de ce revirement de l'opinion publique pour se glisser à la suite du restaurateur de l'autel et du trône. Il vint s'établir dans Paris, enveloppé dans le linceul de la métaphysique écossaise et paré des brillantes rêveries du transcendantalisme allemand. La Sorbonne et l'École Normale lui ouvrirent leurs portes, tandis que les salons du monde littéraire et politique se le disputaient. Il produisit peu d'abord, mais telle était la faveur dont il jouissait qu'il suffisait à un homme de cœur et de talent d'arborer ses insignes avec éclat pour être porté de plein saut au premier rang des philosophes. La vaste et rapide célébrité de Royer-Collard ne fut pas tout à fait étrangère à cet engouement. Le savant professeur se trouva illustre après un discours à la Sorbonne. Il fallait la raison supérieure et l'esprit vigoureux d'un penseur exercé aux plus profondes méditations et doué d'une logique inflexible pour résister à ces entraînements et pour rappeler la jeunesse studieuse sous le drapeau abandonné de Locke et de Condillac. C'est ce qu'entreprit, et non sans succès, Destutt de Tracy.

Le sensualisme, que l'on croyait abattu, reparut donc, plus sûr de lui-même que jamais, dans les *Éléments d'idéologie* qui furent publiés dès 1801. Esprit ferme, positif et méthodique, Destutt de Tracy résumait, avec autant de lucidité que de concision, la doctrine de ses devanciers sur l'origine de nos connaissances, s'attachant à prouver que toutes les opérations de l'entendement se réduisent à *sentir*, c'est-à-dire que tout ce que nous appelons *jugement, comparaison, réflexion*, etc., n'est que la *sensation transformée*. « La faculté de penser, dit-il, consiste à éprouver une foule d'impressions, de modifications, de manières d'être dont nous avons la conscience, et qui peuvent toutes être comprises sous la dénomination générale d'*idées* ou de *perceptions*. Toutes ces perceptions, toutes ces idées, sont des choses que nous sentons. Elles pourraient être nommées sensations ou sentiments, en prenant ces mots dans un sens très-étendu, pour exprimer une chose sentie quelconque : ainsi, penser, c'est toujours sentir quelque chose, c'est sentir. » Destutt de Tracy publia successivement : *la Grammaire*, en 1803 ; *la Logique*, en 1806 ; *le Traité de la volonté et de ses effets*, en 1815. Dans ces divers ouvrages, c'est toujours la même théorie, analysée dans ses applications et ses développements : rien n'arrive à l'esprit qui n'ait passé par les sens externes ou internes. Plus heureux que ses prédécesseurs, de Tracy put s'aider des travaux philosophiques des progrès que la science contemporaine avait faits en physiologie, progrès qu'il s'appropria en quelque sorte, en rédigeant la *Table analytique* de l'ouvrage de son illustre ami Cabanis sur les *Rapports du physique et du moral de l'homme*.

Cependant, le sensualisme, disgracié sous l'Empire, ne pouvait pas se relever avec la Restauration. Il eut contre lui alors et le pouvoir qui poussait à la réaction cléricale, et les célébrités anciennes et nouvelles du parti libéral, Royer-Collard et Benjamin Constant, Guizot et Cousin, etc., tous adversaires plus ou moins ardents de cette réaction. De Tracy ne se sentit point ébranlé dans ses vieilles et fortes convictions par cet accord de la psychologie écossaise et du sentimentalisme allemand avec la théologie de la cour contre la théorie idéologique dont il pouvait se considérer comme le second fondateur en France. En 1826, à l'âge de soixante-douze ans, et sous le coup des fanatismes du jésuitisme et de l'éclectisme, il fit paraître une seconde édition de ses œuvres philosophiques, qu'il augmenta du premier chapitre de la *Morale* et des *Principes logiques*. Bien que peu enclin aux débats de la politique active, il sut se détourner parfois de ses préoccupations idéologiques pour s'occuper de politique spéculative. Il publia, en 1828, sur le génie et les ouvrages de Montesquieu, un essai fort remarquable, après avoir déjà fait paraître un commentaire sur *L'Esprit des lois* et un *Traité d'économie politique*. Appliquant la pénétration de son esprit à l'étude des institutions sociales, il en caractérisa les vices et les avantages avec la même sagacité qu'il avait apportée dans l'analyse si complète et si lumineuse des facultés et des opérations de l'entendement. L'ancienne classification des gouvernements, toute fondée sur la diversité de leurs dénominations, ne lui parut exprimer que des différences superficielles, et il proposa une nouvelle division qui les distingua par leurs qualités essentielles plus que par des dissemblances purement nominales. Ainsi, il n'admit que deux sortes de gouvernement : les *nationaux* et les *spéciaux*. Le gouvernement est *national*, selon lui, partout où l'action politique, dirigée vers l'intérêt général, a pour but le bien-être des gouvernés. Le gouvernement est *spécial*, au contraire, là où le jeu de la machine administrative n'a pour objet et pour résultat que les intérêts particuliers d'un individu, d'une famille ou d'une caste. Dans la pratique, il resta toujours fidèle à ses principes. Membre de l'Assemblée constituante, il vota avec la minorité de la noblesse pour l'abolition des priviléges. Sénateur sous Napoléon, il se montra assez peu courtisan pour n'être pas compris dans la pairie impériale des Cent-Jours. Revêtu de la pairie sous la Restauration, il ne cessa pas de figurer dans les rangs de l'opposition constitutionnelle. En un mot, dans sa longue et laborieuse carrière, ses actes, comme ses pensées, ne furent que l'expression de l'impecturbable logique qui le caractérisait et qui distinguait tous ses écrits. Les éclectiques, dans leurs attaques, lui ont presque reproché cette éminente qualité, et ont semblé n'attribuer qu'à un défaut d'étendue et de profondeur dans l'esprit la sévérité minutieuse de son raisonnement et la puissance de son scalpel analytique. « Il est, dit M. Damiron, analyste plus qu'observateur : il ne prend point assez garde aux faits, et en vient trop vite à l'analyse... Il est trop logicien et pas assez psychologue. » Ce jugement sévère a fait dire à un biographe, du vivant même de l'illustre auteur des *Éléments d'idéologie* : « Nous pensons que M. de Tracy prendra cela pour lui et se consolera de raisonner trop juste et d'analyser trop bien pour plaire à ceux qui décident contre la raison et l'expérience, fondée sur leurs inspirations ou révélations intérieures. » M. de Tracy mourut le 9 mars 1836 dans un âge très-avancé, et il avait conservé jusqu'à ses derniers moments la plénitude de ses facultés intellectuelles.

Laurent (de l'Ardèche).

DESTUTT DE TRACY (Victor, comte), fils aîné du précédent, est né en 1781. Sorti de l'École Polytechnique en 1800, il entra à l'école d'application du génie, puis fut rappelé à l'École Polytechnique comme chef d'études. Employé tour à tour au camp de Boulogne, en Italie, dans le 8ᵉ corps d'armée à Austerlitz, et enfin en Dalmatie, il fut envoyé, en 1807, à Constantinople, avec plusieurs officiers français du génie et de l'artillerie. Aide de camp du général Sébastiani, il fit avec lui les guerres d'Espagne de 1808 et 1809. Après avoir été blessé à Ocana le 19 novembre de cette dernière année, il devint chef de bataillon, et se distingua encore en 1810 et 1811 dans l'Andalousie. Une nouvelle blessure nécessita son retour en France. A peine guéri, il fut désigné pour aller, avec le grade de major, conduire des renforts à la grande-armée. Là, à la suite de plusieurs actions d'éclat, il fut fait prisonnier, avec le corps d'Augereau, et ne put recouvrer sa liberté et rentrer dans sa patrie qu'en 1814. Nommé colonel par la Restauration, il quitta le service en 1818.

Dès lors, il consacra tous ses loisirs à des études scientifiques et philosophiques, qui ne lui furent pas inutiles quand, en 1822, il fut envoyé par le département de l'Allier à la chambre des députés, où il prit place à côté de La Fayette. Non réélu en 1824, il ne revint siéger sur les bancs de l'opposition qu'en 1827. Après la révolution de 1830, il ne cessa d'être élu jusqu'en 1848, mais par différents collèges. Fils de pair, il vota contre l'hérédité de la pairie, et signa le compte-rendu de l'opposition en 1832. Constamment il prit la parole pour réclamer protection pour les réfugiés politiques, amélioration du régime colonial, suppression de la traite, émancipation des noirs, abolition de la peine de mort, liberté de l'enseignement.

Après la révolution de Février, M. de Tracy fut élu colonel de la première légion de la garde nationale de Paris, et le département de l'Orne l'envoya à la Constituante comme représentant. Le président de la république le choisit pour ministre de la marine dans son premier ministère, présidé par M. O. Barrot. Il conserva son portefeuille dans le nouveau cabinet du 2 juin 1849, et, quitta le ministère le 31 octobre de la même année. Il avait d'ailleurs voté à l'assemblée avec la majorité, et il resta dans les mêmes rangs à la Législative dont il n'a cessé de faire partie que le 2 décembre 1851.

DÉSUÉTUDE (du latin *desuetudo*, non-usage), ce qui a cessé d'être en usage : cette expression s'applique spécialement aux lois qui, sans avoir été abrogées par des lois nouvelles, cessent cependant d'être observées. « Toutes les lois, dit D'Aguesseau, sont sujettes à tomber en désuétude, et il est bien certain que, quand cela arrive, on ne peut plus tirer un moyen de cassation d'une loi qui a été abrogée tacitement par un usage contraire. Il ne faut pas oublier cette règle du droit romain : *Invetera consuetudo pro lege non immerito custoditur.* » Cette règle est généralement suivie sous l'empire de la nouvelle législation, ainsi que l'a plusieurs fois décidé la Cour de cassation. Mais il faut que l'usage soit général et non local et particulier.

DÉSUNION. C'est la séparation de parties distinctes, mais qui, dans l'intérêt de leur conservation, doivent concourir à un but commun. La désunion, dans les États comme dans les familles, est donc le signe avant-coureur d'une ruine prochaine : c'est une agonie violente qui précède la mort. Les suites de la désunion se mesurent à l'importance et à la grandeur des objets mêmes; elle est fatale, si elle éclate dans des circonstances où la concorde est la première de toutes les nécessités. Ainsi, dans les gouvernements représentatifs, qui ne vivent que de transactions, et où rien, par conséquent, ne doit être poussé à l'extrême, la désunion entre les grands pouvoirs de la société finit par amener une situation si compliquée et si difficile, que la force des armes la tranche seule, c'est-à-dire que le système représentatif est vicié à sa source. Au sein des états despotiques, il ne peut guère y avoir désunion entre les pouvoirs publics, puisqu'il n'y en a qu'un, la volonté du maître; mais cette volonté, c'est son entourage qui l'exploite; une sorte de guerre intestine règne donc entre les familiers du prince et sa famille; tour à tour on s'empare de la direction des affaires; la désunion, pour être cachée, n'en est pas plus fatale : nul avis utile ne peut être donné, et, au milieu de ces luttes perpétuelles, comme aucun système du gouvernement ou d'administration ne peut être suivi, il en résulte une anarchie générale où tout se confond et s'engloutit. Au reste, les masses, pendant bien des siècles encore, subiront les fautes de ceux qui, sous une forme ou sous une autre, posséderont le commandement; et, quand l'impuissance où elles sont d'y apporter des remèdes efficaces, elles renoncent souvent à s'en occuper.

Ce qui importe beaucoup plus, c'est de vivre heureuses dans l'intérieur de la famille. En effet, c'est là que la désunion a des suites déplorables, parce qu'elle est de tous les instants. Prenons pour exemple le mari et la femme dans les classes intermédiaires : sont-ils assez malheureux pour ne pas parvenir à s'entendre, quels tourments ils se causent! car ils sont presque toujours en présence l'un de l'autre; chaque coup est douloureux, parce que chacun, connaissant l'endroit faible, s'y adresse toujours : les occasions de se nuire, jaillissant, pour ainsi dire, de chaque détail, enveloppent la vie entière; à moins d'être assez riches pour vivre séparés l'un de l'autre, c'est un lien toujours en action qu'une existence commune qui s'écoule dans la désunion. Si des rapports élevés du cœur nous descendons dans la région inférieure des intérêts, comment peuvent-ils prospérer au milieu de querelles et de haines sans cesse en effervescence ? Puis, quel redoublement de désordre lorsque des enfants se trouvent mêlés à ces divisions intérieures ! de quel bonheur peuvent-ils jouir entre un père et une mère qui se détestent ? quelle instruction morale peuvent-ils en recevoir ? Ici, par un effroyable renversement, les parents, au lieu d'améliorer leurs enfants, les pervertissent ; ce ne sont pas des paroles imprudentes qui échappent à un accès d'humeur passagère, c'est une suite de mauvais exemples en permanence. Ces mêmes enfants prennent des années à leur tour : quel respect porteront-ils à un père, à une mère qui, mille fois en leur présence, se sont couverts d'injures et de reproches ? comment ceux-ci oseront-ils les rappeler à la pratique des devoirs, eux qui les ont foulés aux pieds ? Enfin, quelle harmonie s'établira jamais chez les frères et les sœurs élevés à l'école d'une désunion continuelle ? car, lorsqu'elle se déclare dans une famille, c'est en général pour s'en emparer complètement et pour toujours. Il y a tant de misères inévitables dans la vie privée, qu'il faut tâcher au moins de les consoler par un genre de bonheur qu'on s'assure au moyen de légères concessions ou de complaisances réciproques ; c'est parce qu'on n'attache pas assez d'importance à ces légers détails, surtout dans l'origine, qu'on arrive à tomber plus tard dans l'abîme de la désunion.

Toutes les grandes entreprises industrielles que d'immenses difficultés avaient d'abord arrêtées ne se réalisent enfin que par une vaste association de capitaux, d'intelligence et de travail. Ici, l'association est le contre-pied de la désunion. Un des principaux périls des états fédératifs, c'est qu'il se forme dans leur sein une foule de petits centres d'autant plus exigeants qu'ils manquent de lumières ; il en résulte que la désunion se glisse dans l'ensemble du corps social : il court à sa perte, parce que l'esprit de localité étouffe dans son unité la pensée fédérale.
SAINT-PROSPER.

DÉTACHEMENT (*Morale*). Acte par lequel nous nous dépouillons de certains avantages qui nous glorifient ; c'est encore cette volonté par suite de laquelle nous échappons à cette foule de liens qui garrottent le commun des hommes au matériel de la vie. Dans ce dernier sens, nous ne saurions accorder trop d'éloges au détachement, parce qu'il nous laisse liberté pleine pour accomplir cette haute mission de vertu qui doit être la tâche de notre vie entière. Par malheur, le détachement est loin d'être toujours ainsi compris. Que de gens se regardent comme de grands philosophes, parce qu'ils ont rompu avec des devoirs que le reste des hommes pratiquent et respectent ! A quelles conséquences désastreuses ne mène pas un pareil genre de détachement ! Dans cette matière, au reste, il existe une différence qui est bien facile à saisir. Il nous est permis, à nos risques et périls, et sauf encore l'approbation de la raison, d'être pleins de détachement lorsqu'il ne s'agit que de nos intérêts personnels ; mais il n'en est pas de même dans les rapports d'où naissent à notre égard des obligations pour des tiers : là, nous sommes plus qu'engagés, nous sommes liés et liés irrévocablement.

La civilisation ne serait pas avancée comme elle l'est, si certaines classes s'étaient piquées d'une sorte de détachement philosophique. Il y a même à remarquer que c'est en mêlant au bien une légère portion d'intérêt, où, si l'on aime mieux, de jouissance individuelle, que des améliorations et des progrès en tout genre se sont accomplis. Voyez maintenant où en serait la gloire des nations et même leur indépendance, si généraux et soldats n'étaient pas avides de recueillir les pompes de la victoire et d'entendre retentir ses fanfares. Supposez-les, sur ces deux points, dans un détachement complet, ils combattront en gens de cœur : c'est le devoir qu'ils ont à remplir. Tout à coup des obstacles inattendus surgissent, et ils se trouvent en présence de périls et de privations qu'il était impossible de prévoir. S'ils cèdent, vous n'avez aucun reproche à leur adresser. Mais ils ont soif de vaincre ; alors ils trouvent ou se donnent un excédant de force et d'énergie, qui, à son tour, assure le triomphe. Nul doute qu'il ne soit commandé au prêtre de se défendre des vanités du succès, et de vivre dans un détachement continuel des applaudissements du monde ; mais ce précepte ne s'étend pas à l'exercice de ses fonctions. Annonce-t-il la parole de Dieu, il aura de la grandeur et de l'onction dans ses paroles, de la dignité et de la noblesse dans ses gestes : dons naturels, talents acquis, il ne négligera rien pour s'emparer de la conviction de ses auditeurs ; voilà l'essentiel pour lui ; c'est son but unique. Peu lui importe d'être admiré sur la route ; ce qu'il veut avant tout, c'est que la cause de Dieu l'emporte. A cet effet, il changera, il variera ses moyens, mais tour à tour il les emploiera. Une fausse humilité l'égare-t-elle, c'est-à-dire, s'impose-t-il le détachement des ressources de son esprit, il n'est plus prêtre enseignant, il n'est plus prêtre militant ; il a donné la démission de son caractère. Règle générale : il n'appartient guère qu'aux intelligences supérieures de vivre dans le *détachement*; elles savent le rendre fertile par l'usage qu'elles en font et l'à-propos qu'elles y mettent. Relativement aux masses, le détachement n'est à préconiser qu'à l'âge où l'homme commence à perdre la capacité d'action ; il est sage à lui de quitter tout doucement ce qu'il a de la peine à bien remplir ; de cette manière, il fait place à la jeunesse, si impatiente d'arriver, et il bat en retraite au moment où il peut encore laisser des regrets ; quelquefois même il gagne à la comparaison.

Une femme est prise d'un amour bien profond pour ses devoirs d'épouse et de mère, quand ceux-ci la détachent de ses prétentions de beauté, de jeunesse, ou même des simples vanités des salons. Arrivent les plus grands sacrifices, elle peut alors les remplir : elle est comme entrée en apprentissage d'héroïsme.

Il est un genre de détachement qu'on ne saurait trop vénérer, c'est celui qu'inspire la religion, bien entendu quand il est dans son cadre. Alors il marche sans cesse de perfection en perfection ; s'il change les devoirs, c'est pour les améliorer en les régularisant. Quant au détachement auquel s'abandonne maintes fois la jeunesse qui reste dans le monde, il faut qu'elle s'en méfie, d'abord parce qu'elle n'a pas assez d'expérience pour savoir discerner ce qui est bon ou mauvais dans certains liens, et qu'elle brise souvent ce qu'il importe de conserver. Le détachement la jette enfin , ou dans des désordres effroyables, ou bien encore dans un état d'inertie qui a pour elle les suites les plus funestes, parce qu'il est antipathique à sa nature. SAINT-PROSPER.

DÉTACHEMENT (*Art militaire*), certain nombre de soldats ou troupe qu'on tire d'un corps plus considérable pour quelque service. En temps de guerre, quand elle forme avant-garde, elle est elle-même précédée et éclairée par une avant-garde : dans ce dernier cas, elle doit avoir ses côtés flanqués et ses derrières assurés. En certaines circonstances, on prend le terme *détachement*, par opposition au terme *corvée en campagne*, ou comme synonyme d'*expédition*, ou de troupe allant en expédition, ou de *guerilla*, comme on a dit dans les dernières guerres de l'empire. La force principale des détachements doit généralement consister en infanterie, que quelque cavalerie doit seconder. Un détachement est sous les ordres d'un chef spécial, désigné pour ce service par qui de droit ; mais, si l'ancienneté devait décider de la nomination de ce chef, et qu'il y eût parité de grade, les officiers compétiteurs devraient, en ce cas, exhiber leur brevet, pour justifier du droit de prendre le pas, du moins les règlements le prescriraient ainsi. D'anciens règlements attachaient à certains *chefs de détachements* un officier d'ordonnance. Tout détachement momentanément admis en poste fermé y passe sous les ordres du chef de poste ; mais le commandant du poste n'a pas autorité pour y retenir la troupe de passage, si le chef de celle-ci intime à ses hommes l'ordre d'en partir. Les chasseurs à pied ont, en partie, été créés pour éclairer et flanquer les détachements.

Les ordonnances du siècle dernier n'autorisaient les commandants de place à laisser sortir des détachements ou des partis qu'avec l'agrément des officiers généraux sous les ordres desquels ils se trouvaient. L'ordonnance de 1832 réglait le droit de commandement à exercer par les officiers d'état-major général sur les détachements. L'objet des détachements ou camps volants envoyés en expédition, et livrés à eux-mêmes, est d'aller aux nouvelles, de fouiller le pays, d'explorer les montagnes, de sonder les dispositions des habitants et de l'ennemi, de masquer les mouvements par une diversion, de rendre sûrs les abords d'un camp, de reconnaître un terrain ou des positions, de tenter une escarmouche, de balayer des partis, d'éventer des opérations, d'occuper ou de reprendre des postes, de chagriner les convois, d'insulter les quartiers, de former une chaîne de postes, d'entourer d'un cordon les fourrageurs ou les travailleurs de l'armée, de s'emparer d'un défilé ou d'un gué, de défendre un passage de rivière, de lever des contributions, d'intercepter des communications, de former les escortes des convois de l'armée, de favoriser une jonction de troupes, de gagner les derrières ou les flancs de l'ennemi, de le suivre s'il a été battu, etc. Avant la guerre de la révolution, les détachements se faisaient, non par régiments ou bataillons, mais par compagnies, parce que, de la sorte, les pertes que des échecs occasionnaient se partageaient sur plusieurs corps. Les anciens règlements de campagne regardaient les détachements vers l'ennemi comme second tour de service en campagne. Frédéric II n'était pas pour les grands détachements, quoiqu'il les avoue indispensables dans la guerre défensive : « Une ancienne règle de guerre, dit-il, est que celui qui partage ses forces sera battu en détail. » Gal BARDIN.

DÉTAIL, DÉTAILLER. Ces mots, dérivés de *taille*, se prennent au propre et au figuré dans le sens de *débit* ou *débiter*. On *détaille* de la viande, on *débite* du bois ou d'autres denrées, quand on les divise par parties, par morceaux ; de là l'expression de *détaillant* ou de *débitant*, opposée à celles de *négociant*, de *marchand en gros*. *Vendre en détail*, c'est vendre une certaine masse de marchandises par portions plus ou moins minimes.

Dans les choses qui ont rapport à l'intelligence, les mots *détail* et *détailler* conservent le sens que nous venons de leur voir, et sont synonymes de *débit*, *énumération*, *division*. On dit qu'un orateur *détaille* bien un discours, pour dire qu'il en fait bien ressortir les diverses parties. On dit, dans une autre acception, qu'un homme entend bien le *détail* des affaires, qu'il est *homme de détail*, pour dire qu'il étend sa connaissance jusqu'aux moindres choses qui concernent les affaires ; qu'il ne lui échappe rien des circonstances, des particularités d'une affaire. Il y a dans la police, dans le commerce, dans le ménage, mille petits détails, mille circonstances dont le *détail* ou l'exposition *détaillée* n'aurait point de fin. Un ministre, un administrateur général s'occupent en gros de tout ou d'un grand des affaires ; ils laissent les *détails*, les particularités des affaires, ou les petites affaires à leurs commis. Il ne faut pas inférer de là que les détails soient à dédaigner ; plus d'une affaire échoue tous les jours, faute par ceux qui l'ont entreprise d'en avoir suffisamment étudié les détails.

Il convient de faire une distinction entre les mots *détail* au singulier, et *détails* au pluriel. « Le *détail*, dit avec beaucoup de justesse Roubaud, est l'action de considérer, de prendre, de mettre les choses en petites parties ou dans les moindres divisions ; les *détails* sont ces petites parties ou ces petites divisions telles qu'elles sont dans l'objet même. L'entente des *détails* est aussi une des qualités du poète et de l'écrivain ; plus d'un poème, plus d'un ouvrage, dont le plan général ou la conception première manquait de force', s'est sauvé par les *détails*, par des *beautés de détail*. Il y a surtout pour les récits, pour les descriptions, un grand choix de détails à faire ; mais, quand on veut que l'esprit soit frappé de l'importance du but, il faut y marcher rapidement, sans trop d'excursions, être sobre enfin de détails. » C'est un des préceptes de Boileau dans son *Art poétique* :

Ne vous chargez jamais d'un *détail* inutile ;
Tout ce qu'on dit de trop est fade et rebutant.

Edme HÉREAU.

DÉTAIL (Droit de). *Voyez* BOISSONS (Impôts sur les).

DÉTAIL (*Arts du dessin*). On emploie ce mot dans les arts pour désigner, sans les spécifier, tous les objets plus ou moins minimes que l'on pourrait supprimer dans un tableau ou dans un monument sans nuire à l'ensemble ou à l'effet. Ainsi, dans un tableau, on comprend sous ce nom les bijoux, les dentelles, les broderies, dont sont enrichis les vêtements, et aussi les ornement ciselés, brodés ou peints, qui peuvent décorer les vases, les meubles et les draperies ; enfin, dans un paysage, les plantes, les fleurs ou les monuments qui quelquefois occupent en partie les premiers plans. On comprend aussi sous ce mot *détails* les plus petites parties que quelques peintres ont rendues dans des portraits, telles que les rides, les taches de la peau ou ses rugosités, même les poils de la barbe. Tous ces détails cependant feraient facilement tomber l'art dans la petitesse et la mesquinerie.

En architecture, une légère différence existe dans l'acception du mot *détails*, puisqu'il s'applique à des objets qui eux-mêmes font partie essentielle de l'art, tels que les rosaces, les feuilles d'ove, les rangs de perles, les listels, les modillons, et tous les ornements de sculpture qui , suivant le caractère du monument ou le goût de l'architecte, peuvent être augmentés ou diminués lorsque l'on exécute, ajoutés ou retranchés lorsque l'on restaure un monument.

Les peintres allemands et flamands du quinzième siècle sont en général entrés dans les plus petits *détails*, et ils les ont toujours rendus avec un soin tellement minutieux que leurs tableaux sont à la fois des chefs-d'œuvre de talent et de patience. Depuis, les peintres hollandais Gérard Dow, Mieris, Terburg, ont mis le plus grand soin à terminer toutes les parties de leurs tableaux. Dans les tapis, les fourrures, les meubles, les fruits et surtout les fleurs, aucun détail n'est négligé, et tous ils sont rendus avec autant de talent que d'adresse. Mais souvent aussi, les détails dans les accessoires nuisent à l'impression que doit causer l'ensemble. Si l'artiste charge un vase, un autel, d'ornements, de dorures, de bas-reliefs et d'autres détails bien terminés, l'attention du spectateur est par cela même détournée des principaux objets de l'action ; ou bien si, malgré ces détails, le spectateur s'attache à l'action principale, l'artiste mérite pourtant le reproche de pouvoir causer des distractions. Aussi voyons-nous que dans les beaux monuments de l'antiquité, les détails sont très-peu soignés, et que les artistes se sont de préférence attachés à l'action et aux figures principales. Ils n'ont même, pour la plupart, fait qu'ébaucher les objets de détail, et les ont regardés seulement comme des indications du sujet, des espèces d'étiquettes, qui ne méritaient pas une attention particulière. Le Poussin, parmi les modernes, peut être cité comme un modèle en ce point. S'il met de l'architecture dans ses tableaux, elle lui procure de belles masses ; il laisse reposer l'œil et ne l'attire point par des ornements déplacés. S'il représente des figures majestueusement vêtues, c'est par la finesse des plis qu'il indique, celle de l'étoffe, et il se garde bien de la charger de fleurs et de broderies.

Quoique souvent dans l'architecture on ait recours à la multiplicité des détails pour montrer la richesse du monument, il faut assurément éviter de tomber dans l'excès. C'est pourtant ce qui est arrivé dans le monument où siège aujourd'hui le conseil d'état, à Paris. Toutes les parties sont tellement surchargées d'ornements que, malgré le bon goût avec lequel ils sont sculptés, les yeux sont fatigués de les voir si nombreux, et ils cherchent en vain quelques parties lisses pour se reposer.

DUCHESNE aîné.

DÉTAIL ESTIMATIF. *Voyez* DEVIS.

DÉTENTE, petite bascule au moyen de laquelle on soulève le cliquet qui retient un ressort bandé, un rouage, etc. Pour faire partir un fusil, un pistolet, on appuie sur la *détente*.

La vapeur, qui a toutes les propriétés d'un ressort, agit par *détente*, c'est-à-dire qu'elle se débande (perd de sa force) à mesure que l'espace qui la contient s'agrandit. C'est sur ce principe que sont fondées les machines à vapeur dites *à détente*.

DÉTENTEUR. C'est celui qui a la possession effective d'un objet. Les mots *détenteur*, *détention* expriment un fait et n'emportent l'idée d'aucun droit. Celui qui se trouve détenteur d'armes ou de munitions de guerre est puni des peines portées par la loi du 24 mai 1834. Dans ces derniers temps surtout, cette loi a été appliquée avec une rigueur extrême.

DÉTENTION. Pris dans son sens général le mot *détention* signifie l'état de l'homme privé de sa liberté, soit par force, soit par autorité de justice. On appelle *détention préventive* l'emprisonnement qui précède la mise en jugement ; ce n'est point une peine, elle n'a d'autre objet que de s'assurer de la personne des prévenus et de les empêcher de s'évader ; aussi ne compte-t-elle point pour l'expiration de la peine (*voyez* PRÉVENTION).

La détention est *illégale* et *arbitraire* quand elle a lieu sans ordre des autorités constituées et hors les cas où la loi ordonne de saisir les prévenus. Le législateur a pris de grandes précautions pour empêcher les détentions arbitraires ; les modes et les conditions d'incarcération sont réglés avec le plus grand soin, les gardiens sont responsables de leur rigoureuse exécution ; une surveillance supérieure, dont l'exercice est confié à divers ordres de fonctionnaires, est spécialement organisée dans ce but. Enfin, la loi fait un devoir civique de la dénonciation des détentions arbitraires, et punit comme coupables ceux qui s'en rendraient coupables, quelle que soit leur qualité, mais encore les fonctionnaires qui auraient refusé ou négligé de déférer à une réclamation légale, tendant à constater les faits de détention arbitraire (*voyez* SÉQUESTRATION).

Enfin le mot *détention* est employé dans un sens tout particulier pour désigner une peine nouvelle, introduite dans le Code Pénal, lors de sa révision en 1832, par suite de la nécessité où l'on se trouvait de créer un mode de répression spéciale pour les crimes politiques qu'il était impossible d'assimiler, dans leur répression, aux crimes et délits ordinaires. C'est une peine afflictive et infamante ; elle ne peut être prononcée pour moins de cinq ans, ni pour plus de vingt ans. Elle emporte la peine de la dégradation civique du jour où la condamnation est devenue irrévocable. Pendant la durée de la détention, le condamné est, de plus, en état d'interdiction légale ; il lui est nommé un tuteur et un subrogé tuteur pour gérer et administrer ses biens. Aucune somme, aucune provision, aucune portion de ses revenus ne peut lui être remise. Quiconque a été condamné à la détention est enfermé dans l'une des forteresses situées sur le territoire continental de l'empire ; celles du Mont-Saint-Michel, de Ham, de Blaye et de Doullens ont été successivement désignées à cet effet par ordonnances royales. Le condamné à la peine de la détention peut communiquer avec les personnes placées dans l'intérieur du lieu de la détention ou avec celles du dehors conformément aux règlements. A l'expiration de sa peine, il est de plein droit, pendant toute sa vie, sous la surveillance de la haute police.

La peine de la **déportation**, tant qu'un lieu spécial de déportation n'eut pas été déterminé par le gouvernement, se trouva de fait transformée en une *détention à perpétuité* qui produisait d'ailleurs les mêmes résultats, tels que la mort civile, etc.

DÉTENUS, ceux qui sont en prison, de quelque manière que ce soit et de quelque façon que ce puisse être ; les prévenus et les condamnés, lorsqu'ils sont en prison sont désignés par le mot général de *détenus*. Nous parlerons ailleurs du régime auquel sont soumis les détenus dans les prisons, mais nous nous occuperons ici d'une classe particulière de prisonniers, ceux qui n'ont pas encore atteint l'âge adulte, et que l'on nomme *jeunes détenus*.

Sous l'ancien régime, les enfants détenus étaient confondus pêle-mêle dans les mêmes prisons avec les hommes, les vieillards et les femmes. Dans un rapport sur les prisons de Paris fait à la Convention, le représentant Paganel exprimait le vœu de voir moraliser les enfants détenus, en les employant aux travaux de l'agriculture et de la marine, et s'écriait dans le style de l'époque : « La leçon du travail peut encore ouvrir ces tendres âmes aux leçons de la vertu. » Plus tard nous lisons dans un rapport officiel aux Conseil des Cinq-Cents : « Dans presque toutes les prisons les enfants sont entassés sur un fumier pourri, où ils languissent consumés par la misère, la famine et le désespoir, et d'où ceux qui y sont entrés innocents, ou coupables de délits légers, ne peuvent sortir qu'avec le germe de maladies incurables et la propension la plus forte aux crimes de toute espèce, avec lesquels ils n'ont eu que trop le temps de se familiariser. En 1811, le gouvernement impérial et plus tard la Restauration conçurent le projet de créer des établissements distincts et spéciaux pour les jeunes détenus; ce dernier gouvernement put du moins leur affecter des quartiers séparés dans beaucoup de maisons centrales. Le gouvernement de Juillet eut le mérite de réaliser ou de voir s'effectuer sous ses auspices presque toutes les réformes tentées ou projetées auparavant. Dès 1831 les enfants dispersés dans les différentes prisons de Paris étaient réunis dans un quartier spécial de la prison de Sainte-Pélagie, et bientôt après transférés dans les bâtiments des Madelonnettes. En 1835, la nouvelle prison de la Roquette était affectée comme maison centrale d'éducation correctionnelle aux jeunes détenus du département de la Seine. En même temps on voyait s'établir dans les départements les quartiers correctionnels de Lyon, de Toulouse, de Carcassonne, et un peu plus tard les maisons centrales d'éducation correctionnelle de Bordeaux, de Marseille, d'Amiens et de Toulouse.

Quelques années après, au mois de juillet 1839, MM. de Metz et de Bretignières, en fondant la colonie de Mettray, où les jeunes détenus sont formés en commun aux travaux de l'agriculture, donnaient le premier exemple de ces créations particulières qui se sont si rapidement multipliées depuis cette époque. Dans les six années suivantes, des colonies semblables étaient annexées aux maisons correctionnelles de Bordeaux et de Marseille, et aux maisons centrales de Fontevrault, de Clairvaux, de Loos, de Gaillon. Dans le court espace de quatre années, de 1843 à 1847, l'exemple de Mettray faisait surgir les colonies privées du Petit-Quevilly, de Saint-Ilan, de Sainte-Foy, du Petit-Mettray, d'Ostwald et du Val-d'Yèvre, toutes également consacrées aux jeunes détenus.

A côté de ces institutions, et comme leur complément, s'organisaient des sociétés de patronage en faveur des jeunes libérés. M. Charles Lucas, inspecteur général des prisons, fondait, en 1833, la Société de patronage de Paris ; en 1836, celle de Lyon ; en 1839, celle de Besançon ; en 1841, celle de Saumur. En 1836, Mme de Lamartine et Mme de Lagrange créaient la Société de patronage pour les jeunes filles détenues et libérées de la Seine. Les sociétés de patronage de Rouen, de Bordeaux, de Grenoble et de Dijon se constituaient vers la même époque.

Le gouvernement s'associait à ce mouvement de la charité privée par une foule de mesures administratives et législatives qui toutes avaient pour but d'améliorer la situation morale et matérielle des jeunes détenus. Ainsi, par la circulaire du 2 décembre 1832, il décida que les enfants acquittés comme ayant agi sans discernement, mais renvoyés en vertu de l'article 66 du Code Pénal dans une maison de correction pour y être élevés, pendant un temps déterminé, par mesure de discipline, ne seraient plus détenus dans les mêmes établissements et soumis au même régime que ceux qui, déclarés avoir agi avec discernement, étaient en vertu de l'article 67, condamnés à une peine moindre que celles qui leur auraient atteints, s'ils eussent été adultes, et qu'ils pourraient être placés en apprentissage chez des cultivateurs ou des artisans, pour y être élevés, instruits et utilement occupés. En 1840, le gouvernement prit des mesures pour assurer le bienfait de l'instruction primaire à tous les enfants détenus dans les maisons centrales. L'année suivante un règlement général prescrivait, dans les prisons départementales, la séparation de jour et de nuit, des enfants et des adultes, exigeait pour les premiers des quartiers distincts, n'autorisait leur mise en apprentissage qu'après un certain temps de détention, et recommandait qu'on s'occupât avec soin de leur éducation morale, religieuse et professionnelle.

De 1848 à 1850, de nouveaux établissements destinés à l'éducation des jeunes détenus vinrent s'ajouter à ceux que nous avons déjà cités. Les colonies agricoles de Petit-Bourg, de Cîteaux, de Toulouse et plusieurs autres, primitivement consacrées à l'éducation des enfants pauvres, se transformèrent en pénitenciers. Les jeunes libérés, eux aussi, n'étaient pas oubliés par la bienveillante sollicitude du gouvernement. Enfin la loi du 5 août 1850, œuvre de la dernière assemblée législative, consacrant ce qu'il y avait avant elle, posa en principe qu'il y aurait des établissements privés et des établissements publics d'éducation correctionnelle. Le gouvernement a, de plus, le droit de passer des traités avec les établissements privés pour la garde, l'entretien et l'éducation des jeunes détenus. Outre le prix de journée alloué par l'État aux établissements privés pour chaque détenu qui est confié à leurs soins, des subventions extraordinaires leur sont accordées, soit comme indemnité pour frais d'agrandissement ou de constructions nouvelles, soit à titre d'encouragement. Cette même loi s'est prononcée formellement contre l'application du régime cellulaire pour les établissements consacrés aux jeunes détenus, car elle porte qu'ils seront élevés en commun, sous une discipline sévère.

Le nombre des enfants détenus s'est accru depuis quelques années dans une forte proportion, et il est devenu, de 1846 à 1850, huit fois plus considérable qu'il ne l'était de 1826 à 1830. Dans le cours de l'année 1851, 1,303 enfants ont été remis à leurs parents, et 1,865 sont entrés dans les maisons de correction. En 1841, il n'y avait que 588 enfants remis aux parents, et 787 envoyés en correction. On a donné de ce fait une explication très-plausible et très-rassurante, c'est que les magistrats, frappés des avantages que présente, pour l'amélioration morale des jeunes détenus, l'éducation correctionnelle, telle qu'elle est dirigée aujourd'hui, au lieu de remettre les enfants à leurs parents ou de les condamner à de très-courtes détentions, n'hésitent plus à les envoyer pour plusieurs années en correction dans les établissements distincts et spéciaux qui leur sont affectés.

Quant aux genres de délits que les enfants sont le plus sujets à commettre, le vol vient en première ligne, le vol à tous les degrés, depuis le vol simple jusqu'au vol qualifié, toujours accompli avec une rare audace et avec les circonstances les plus aggravantes. Pour ce qui est des choses volées, ce sont le plus généralement des comestibles, des vêtements ou des sommes d'argent d'une valeur insignifiante; assez souvent des montres et des bijoux. Un grand nombre de ces vols sont également commis dans les églises. Après le vol, les méfaits dont les enfants se rendent le plus souvent coupables sont les contraventions aux lois de police contre le vagabondage et la mendicité. Viennent ensuite, mais dans une proportion heureusement très-faible, les crimes contre les personnes, et particulièrement les attentâts et les outrages à la pudeur, l'incendie et les violences graves exercées envers un ascendant.

En général, les causes qui poussent les enfants au désordre ne sont point des causes directes et personnelles, c'est-à-dire leur mauvais penchants et leurs instincts vicieux ; ce sont les causes indirectes, extérieures, accidentelles, c'est-à-dire le mauvais exemple et l'influence corruptrice de la famille ; l'inconduite et les désordres, la légèreté, l'insouciance, la faiblesse ou la dureté des parents, leur indulgence même, expliquent les fautes et les écarts des enfants. Trop souvent d'ailleurs il y a chez les parents une complicité réelle, soit qu'ils excitent leurs enfants au crime, soit qu'ils tolèrent des méfaits qu'ils n'ignorent pas et dont ils profitent.

Les documents statistiques, en nous montrant combien l'éducation correctionnelle est indispensable aux jeunes détenus, font désirer comme complément nécessaire l'extension du patronage, cette chose si utile qui a produit de si bons résultats : il faudrait que l'on trouvât une société de patronage à côté de chaque établissement d'éducation correctionnelle.

DÉTÉRIORATION (du latin *deterere*, froisser, user en frottant), action de dégrader, d'user par le frottement, ou par des procédés physiques. Les causes de détérioration physiques sont tous les agents qui peuvent altérer lentement la cohésion moléculaire des corps, soit naturels, soit artificiels, et en détacher des particules ou débris plus ou moins usés, qui prennent le nom de *détritus*. Le plus ordinairement on entend par *détérioration* l'usure, soit des diverses parties dures, cornées ou calcaires des animaux qui subissent des frottements, soit des diverses constructions, édifices ou instruments exécutés par l'homme. Ce n'est point, comme on le dit habituellement, l'âge ou le temps qui *détériore* ou use lentement tout. C'est évidemment la continuité ou la répétition fréquente de l'influence des agents physiques et mécaniques qui détache peu à peu les parties les plus exposées à leur action. La *détérioration* dans certaines parties solides des corps organisés, animaux et végétaux, peut être précédée ou accompagnée de la dépravation des humeurs (sève et sang, produits qui en émanent). Lorsque cette double altération tend à se propager dans les autres parties de l'organisme vivant, la *destruction* est imminente ; la corruption commence même quelquefois dans certaines parties avant la fin de la vie ou de l'existence dynamique des corps organisés.
L. LAURENT.

DÉTERMINATIFS. Les *modificatifs*, ou mots qu'on *ajoute* aux noms des objets pour en modifier la signification, et que, pour cette raison, on a aussi appelés *adjectifs*, se divisent en deux classes bien distinctes, l'idée d'un objet pouvant être modifiée de deux manières, dans sa compréhension et dans son *extension*. Quand nous considérons une idée au point de vue de l'*extension*, nous avons besoin de la faire accompagner d'un mot qui exprime la modification que nous lui apportons sous ce rapport, c'est-à-dire qui serve à *déterminer* le nombre d'individus auxquels s'applique l'idée que nous énonçons. Les modificatifs que nous employons dans ce cas prennent le nom de *déterminatifs*. Les déterminatifs sont donc cette espèce de modificatifs qui servent à déterminer une idée sous le rapport de son extension. Il y a plusieurs sortes d'adjectifs déterminatifs. La première, c'est l'article (*le, la, les,*), mot bien mal fait, et nullement propre à rappeler son office, qui consiste principalement à indiquer que l'idée énoncée s'applique à tous les individus de la classe : *le lion, les tigres,* etc. Mais, dans notre langue, l'habitude de faire précéder de ce mot tous les noms communs en général, fait qu'il accompagne des substantifs qui ne sont point pris dans toute leur extension, et qui ne s'appliquent qu'à un certain nombre d'individus d'une classe, ou qui ne sont point envisagés du tout sous le rapport de leur extension. Nous ferons rentrer dans la même classe de déterminatifs les mots *tout, chaque, nul, aucun,* parce qu'ils s'appliquent à toute la classe, soit qu'on affirme telle idée de tous les individus qui la composent, soit qu'on la nie de tous. Cette espèce de déterminatifs n'a point reçu de nom particulier ; elle n'a même pas été reconnue par les grammairiens, quoiqu'elle ait un caractère bien distinct. On pourrait donner à ces modificatifs le nom de *déterminatifs généraux*.

Les déterminatifs de la seconde espèce sont les adjectifs numéraux, qui servent à indiquer d'une manière précise le nombre d'individus que l'on prend dans la classe, ou le rang et l'ordre qu'ils occupent les uns relativement aux autres. Quand on prend dans une classe un certain nombre d'individus sans le préciser ou le *définir*, les déterminatifs reçoivent le nom d'*indéfinis*, comme *quelque, plusieurs, tel, quel, quelconque*. Ce sont les déterminatifs de la troisième espèce. Ceux de la quatrième et de la cinquième servent aussi à déterminer les objets dont on parle, mais par l'indication d'une *circonstance* qui les fait distinguer de tous les autres de la même classe. La première circonstance qui sert ainsi à déterminer les personnes ou les choses dont on veut parler consiste en ce qu'on peut les *montrer* et les *indiquer*, pour ainsi dire, du doigt, soit parce qu'ils sont présents, soit parce qu'il est facile d'en évoquer le souvenir. Cette classe de déterminatifs a pris le nom d'adjectifs *démonstratifs* ou *indicatifs : ce, cette, ces*. Enfin, la seconde circonstance dont on se sert pour déterminer un objet consiste dans le rapport de *possession* où il se trouve avec un individu présent ou connu, rapport que l'on fait remarquer, et que l'on exprime par les mots *mon, ton, son, notre, votre, leur,* qu'on a nommés pour cette raison adjectifs *possessifs*, ou indiquant la possession.
C.-M. PAFFE.

DÉTERMINATION. La détermination touche à l'exécution de si près et s'en distingue par une si légère nuance, qu'on serait tenté de les confondre. Mais un plus mûr examen nous force à les considérer comme deux faits bien distincts. Ce qui porte naturellement à faire cette confusion, c'est que ces deux faits s'accompagnent et se suivent toujours de très-près. Il serait déraisonnable, en effet, de se déterminer à un parti et de ne pas agir pour le prendre. Si l'on restait quelque temps dans l'inaction, c'est que la détermination serait prise et que la *délibération* durerait encore. Malgré cette concomitance et cette quasi-simultanéité, la détermination ne s'en distingue pas moins de l'exécution, en ce qu'elle est un dernier jugement de l'esprit qui acquiesce au parti qu'il veut prendre, plutôt qu'un effort qu'il fait pour accomplir sa résolution. Cette énergie que l'âme déploie, et qui constitue l'*exécution*, est assurément distincte de la pensée arrêtée de produire cet acte, pensée qui est autre chose que la résolution, la détermination, et qui doit nécessairement précéder l'action. Celle-ci n'est point intelligente ; elle consiste seulement dans un effort produit par l'âme, c'est un pur phénomène d'activité. Dans la résolution, au contraire, il y a un jugement porté par l'esprit, qui a conscience du parti qu'il a choisi et qui lui donne son adhésion. C'est la pensée qui ordonne, arrête ; c'est l'activité qui obéit, et exécute ses arrêts. J'ai dit que la détermination et l'exécution se suivent ordinairement à une imperceptible distance, et que c'est pour cela qu'on les a confondues ; mais ce qui prouve qu'elles sont distinctes l'une de l'autre, c'est que cette succession immédiate entre les deux faits n'a pas lieu quelquefois. Ainsi, quand l'esprit ne conçoit pas les moyens d'exécuter ce qu'il a résolu, il n'abandonne pas la résolution, et cependant il n'agit pas. J'ai vu des prisonniers toujours déterminés à fuir, à briser leurs fers ; c'était pour eux un parti bien pris, une résolution bien arrêtée, et cependant ils n'agissaient pas, ou différaient d'agir, parce qu'ils prévoyaient que les moyens qu'ils emploieraient seraient infructueux. Cet exemple prouve bien évidemment que la détermination est tout à fait distincte de l'exécution, puisque le premier fait peut quelquefois se produire sans l'autre.
C.-M. PAFFE.

DÉTERMINISME ou **PRÉDÉTERMINISME**. C'est le nom donné par les philosophes d'Outre-Rhin à l'un des deux systèmes qui partagent les penseurs dans la question de la liberté de la volonté humaine. D'après ce système, les actes de la volonté sont déterminés par des causes, de telle sorte que, ces causes une fois supposées, ces actes ne sauraient être autres qu'ils ne sont. Suivant le système opposé, celui de l'*indéterminisme*, la volonté et l'action sont au contraire libres, en ce sens qu'elles ne sont pas nécessairement déterminées par des causes préexistantes, et que par conséquent il leur est loisible de prendre une direction opposée aux causes déterminantes. L'*indéterminisme* a son expression la plus précise dans le système de la *liberté transcendentale*.

Le *déterminisme* a des formules très-diverses, suivant les opinions que professent ses partisans sur la nature et la corrélation des causes déterminant la volonté. Le *fatalisme*, cette doctrine qui soumet à une aveugle nécessité les actes de la volonté et tous les autres effets, est la plus grossière de ces formules. On en peut dire presque autant du *déterminisme* matérialiste en connexion intime avec une psychologie ne voyant dans la vie intellectuelle que l'expression des mouvements des molécules de l'organisme corporel, niant par conséquent l'indépendance de la vie intellectuelle, et, à l'exemple des matérialistes français du dix-huitième siècle, de Lamettrie notamment, ne considérant en ce sens l'homme que comme une pure machine. La doctrine théologique de la prédestination, telle que l'ont développée saint Augustin et Calvin, et qui fait dépendre les actions de l'homme d'une décision absolue de Dieu, en diffère essentiellement.

Le *déterminisme* se comporte encore tout différemment quand il envisage la volonté, non plus comme le résultat de causes agissant extérieurement et machinalement, mais comme l'expression et le résultat de l'exécution des lois intérieures auxquelles est soumise la vie intellectuelle, de telle sorte que la causalité qui détermine la volonté gît dans cette activité même de la vie intellectuelle. Ce déterminisme-là s'appuie sur un fait, à savoir qu'il existe des motifs, des mobiles pour la volonté ; et que c'est précisément la volonté la plus décidée qui a le plus la conscience de ces motifs ; il s'allie parfaitement avec la doctrine suivant laquelle la volonté, malgré sa dépendance de certains motifs (connus ou inconnus), n'est pas en général tellement enchaînée à des motifs positifs que d'autres motifs ne puissent l'emporter et la guider dans ses déterminations. C'est en ce sens que Leibnitz et Herbart ont défendu le *déterminisme*. Aussi bien, depuis qu'on s'est mis à examiner systématiquement la question de la liberté de la volonté, le *déterminisme* a toujours trouvé un point d'appui dans la nécessité d'appliquer aussi la doctrine de la causalité aux modifications de la volonté ; et ce n'est que la crainte mal fondée de voir cette doctrine détruire la liberté morale qui a pu donner quelque poids à l'*indéterminisme*.

DÉTERSIF (de *detergere*, nettoyer). On donne cette épithète aux remèdes qui ont pour effet de hâter la cicatrisation des plaies ou des ulcères dont l'aspect est languissant. Les anciens médecins attribuaient le retard de la cicatrisation à la présence des matières impures dans les plaies ; aussi avaient-ils à leur disposition une foule de détersifs. Aujourd'hui, on a d'autres idées sur les causes d'une suppuration de mauvaise nature ; c'est parmi les émollients et les adoucissants qu'on trouve les moyens les plus efficaces pour *déterger* les plaies. Tous les détersifs des vieilles pharmacopées, tels que le *baume vert de Metz*, l'*onguent égyptien*, le *collyre de Lanfranc*, etc., sont composés de substances irritantes et capables de produire de graves accidents, si on les laisse longtemps en contact avec les chairs ; néanmoins, on les emploie quelquefois avec avantage lorsqu'un ulcère est dans un état d'atonie complet ; dans ce cas, il vaut mieux avoir recours aux pansements faits avec la poudre de quinquina, le vin aromatique, ou bien on se contente de promener légèrement à la surface de l'ulcère la pierre infernale ou nitrate d'argent fondu, lequel possède à un haut degré la propriété de raviver les tissus.   N. CLERMONT.

DÉTESTABLE, **DÉTESTATION**, *Détester*, c'est avoir en horreur : on *déteste* ses péchés, son crime, les désordres de sa vie passée ; on *déteste* ou l'on maudit sa vie ; on se fait *détester* de tout le monde ; on se *déteste* soi-même. Ce verbe s'applique familièrement, et par exagération, à ce qu'on ne peut souffrir, endurer : on *déteste* l'hiver, on *déteste* les faiseurs de compliments. *Détestable* est ce qui doit être *détesté*. Il se dit des personnes et des choses. Comme *détester*, il a son acception exagérée et familière : Un temps, du vin, une écriture, un style, des vers *détestables*. L'adverbe *détestablement* est familier et signifie très-mal : Chanter *détestablement*. La *détestation* est, en style chrétien, l'horreur qu'inspire une chose : la pénitence enferme une sincère *détestation* du péché (voyez ABOMINABLE, ABOMINATION).

DETMOLD, capitale de la principauté de Lippe-Detmold, au versant oriental de la forêt de Teutoburg, sur les rives de la Werra, compte 3,500 habitants. Indépendamment de l'ancien château, autrefois résidence des princes de Lippe, on y remarque trois églises, un joli théâtre, et le *Burg*, palais tout récemment reconstruit, qu'habite le souverain, et entouré de beaux jardins. On trouve de belles et vastes promenades autour de la ville. Nous mentionnerons encore le gymnase de Léopold, une bibliothèque publique très-considérable, un séminaire pédagogique dont la fondation remonte à 1781, une maison de correction, un dépôt de mendicité parfaitement organisé, et divers établissements de bienfaisance et de charité. Le haras de Detmold est célèbre ; et récemment une foire aux chevaux a été établie dans la ville. Les antiquaires pensent que Detmold est l'antique *Teutoburgium*. En l'an 783, il se livra, sous les murs de cette ville, entre les Francs, commandés par Charlemagne, et les Saxons, une grande et sanglante bataille, qui resta indécise. Entre Horn et Detmold, on rencontre les plaines de *Winfeld*, célèbres par la défaite qu'Arminius (Hermann) y fit essuyer, l'an 9 de J.-C., aux légions romaines sous les ordres de Varus.

DÉTONATION, commotion subite et violente, accompagnée de bruit et ordinairement de lumière et d'une très-haute température, capable d'opérer les effets d'une forte percussion. Elle est causée par le dégagement instantané d'un fluide élastique retenu précédemment dans un état de condensation que l'on peut avec une action chimique ou mécanique fait cesser, ou dont les éléments se combinent avec une célérité qui échappe à toute mesure. C'est ainsi que l'étincelle tirée d'une batterie électrique est accompagnée d'une détonation ; ce phénomène est celui du tonnerre, transporté dans un cabinet de physique et soumis à l'analyse par le physicien. Les différentes sortes de poudres fulminantes détonent aussi avec une extrême vitesse. La composition de l'eau peut manifester le même phénomène, lorsqu'un mélange de gaz oxygène et hydrogène, dans la proportion des éléments de ce liquide, est élevé au degré de l'ignition dans une très-petite partie de son volume, ce qui suffit pour allumer tout le reste au même instant. La poudre à canon ne détone point ; son inflammation n'est pas *instantanée*, on peut en apercevoir les progrès et mesurer la vitesse ; on ne l'assimilera donc pas à la foudre, ni sa rapidité ne peut être comparée qu'à celle de la lumière ; et même les effets de mouvements produits par les matières détonantes surpasseraient, à masse égale, ceux de la meilleure poudre à canon ; il ne faudrait pas, par exemple, une livre du mélange de gaz oxygène et hydrogène pour lancer un boulet de 24 avec la vitesse que lui donne, au sortir du canon, une charge de poudre de plusieurs livres : quoique la matière de la foudre soit impondérable, on connaît sa puissance de destruction, etc. Quant au bruit des détonations, comparé à celui des bouches à feu, plusieurs causes concourent à le rendre moins fort et à ne le faire entendre qu'à une moindre distance. FERRY.

DÉTONNER, qu'il ne faut pas confondre avec *détoner* faire explosion (*voyez* DÉTONATION), c'est chanter faux, sortir de l'intonation, soit qu'on monte ou qu'on descende. Ce défaut tient à notre organisation ; une étude opiniâtre ne peut que difficilement le corriger. Certains individus possèdent en naissant ce sens intime qui fait percevoir rapidement le rapport des sons entre eux ; d'autres, au contraire, en sont privés. Voilà pourquoi les uns chantent toujours juste et les autres toujours faux. A la vérité, une vive émotion peut nuire momentanément à l'intonation ; mais ce n'est qu'une exception. F. BENOIST.

DÉTOUR, manière d'éviter le but, ou de n'y toucher que le plus tard possible. En morale, le détour, au premier aperçu, suppose un procédé qui manque de droiture, ou une action, un fait, qu'on cherche à cacher ou à atténuer ; c'est une espèce d'entorse qu'on donne à la vérité, ou du moins on cherche à l'envelopper de certains voiles ; or, c'est notre devoir de concourir de tous nos efforts à montrer la vérité dans son ensemble, à la mettre, pour ainsi dire, en relief. La manière la plus sûre de diffamer un homme, soit dans ses rapports publics, soit dans ses rapports privés, c'est de démontrer qu'il est plein de détours : aussitôt il perd autorité et crédit. Nul doute qu'un vernis de défaveur ne doive s'attacher à tout ce qui est détour ; néanmoins, pour éviter une faute, ne tombons pas dans une autre, ou, pour mieux dire, mesurons les moyens à la fin. Combien n'existe-t-il pas de circonstances où, pour assurer le triomphe de la vérité, il faut à peine qu'on la laisse entrevoir ! En présence d'un tyran furieux ou d'une assemblée fanatique, il est impossible que l'orateur n'emploie pas d'abord certains détours. A cette seule condition, il lui est permis de parler, quand son silence serait meurtrier. On nous objectera que les détours les plus légitimes annoncent de la faiblesse. Mais qui osera soutenir que le crime, l'iniquité et le fanatisme n'aient jamais eu le pouvoir entre leurs mains ? Alors il est permis de les craindre et de chercher à les adoucir ou à les désarmer.

N'est-il pas toujours indispensable de prendre de longs détours pour annoncer une fatale nouvelle à un père, à un époux, à une mère de famille ? Ne faut-il pas multiplier les préparations ? Ici, les détours sont inspirés que par une délicatesse de sentiment que l'expérience a enseignée ; car une mauvaise nouvelle donnée inopinément peut jeter dans des angoisses inexprimables celui qui la reçoit et même le tuer sur le coup. Les détours ne sont véritablement répréhensibles que s'ils nous sont inspirés par notre intérêt personnel, ou bien encore par des calculs d'ambition ou de coterie politique. A part ces exceptions, les détours sont utiles parce qu'ils répandent du liant et de l'aménité dans toutes les habitudes de la vie ordinaire ; souvent ils se montrent si ingénieux, qu'ils impriment à la société quelque chose de piquant et d'aimable, et parviennent à faire chérir la vérité à laquelle ils conduisent par un chemin qui, pour être un peu plus long, n'en est pas moins sûr. Il n'y a pas que les individus qui prennent des détours, les corps politiques se résignent à la même nécessité.

Il est de l'essence des coquettes d'être pleines de détours avec les hommes : comme leur pouvoir a pour base le refus que déguisent l'espérance et la promesse, elles ne redoutent rien plus que vous font perdre à chaque instant sa trace. A part l'adresse qu'une position si difficile exige, comme elle est en opposition avec ce que les hommes demandent avant tout, il est bien rare que les coquettes s'y maintiennent longtemps. Il arrive quelque circonstance inattendue qui déroute toutes leurs combinaisons, et elles en sont tôt ou tard victimes ; seulement les hommes, pendant un certain espace de temps donné, les aiment avec fureur, mais finissent par les mépriser un peu plus qu'ils ne les ont chéries. Quant aux coquettes, elles ont passé à côté de la destinée des femmes ; elles n'ont pas aimé sincèrement. Les jeunes filles les plus naïves ont bien aussi quelquefois leurs petits détours ; mais ce n'est pas pour tromper : elles obéissent, à leur insu, à un instinct du cœur qui leur commande des points d'arrêt ; ainsi différée, leur possession devient plus délicieuse. Quant aux veuves, elles prennent beaucoup moins de détours qu'on ne le croit : elles nous attendent.

Il y a des gens du monde qui ne peuvent ni parler ni agir franchement : dans les grandes comme dans les petites choses, ils se traitent de détours en détours ; c'est une manière qui a pu leur être utile pour commencer leur fortune, mais qui l'empêche de s'élever très-haut. Les enfants sont si vifs et appartiennent si entièrement à chaque sensation qui les frappe ; qu'ils paraissent incapables de détours. Cependant, qu'ils aient un désir bien prononcé et surtout qu'il soit unique, ils étonnent par la fertilité de leurs détours : voient-ils en manquer un, ils en inventent un autre, et il est bien rare qu'ils ne finissent pas par réussir. Les gens de palais, autrement dit d'affaires, vivent comme engloutis dans les détours ; c'est dans la partie basse de l'existence qu'ils sont casés ; ils sont plus habiles à contester des droits qu'à les faire triompher.

Sous les gouvernements oppressifs, les détours sont une nécessité de position ; il faut tromper le prince pour échapper au bourreau. Sous les gouvernements libres, c'est par la vérité qu'on commande. Ce qui se trouve placé au dernier rang est encore aujourd'hui parmi nous plein de détours ; nous voulons désigner les gens de service, les domestiques. Comme ils ne sont pas tenus seulement de nous être utiles, mais encore de nous plaire, il faut bien qu'ils déguisent la vérité ce qu'elle peut avoir de désagréable pour nous ; ils contractent donc l'habitude des détours, puisque leur repos y trouve son compte ; ils la contractent ensuite pour mieux couvrir et protéger leurs intérêts personnels ; ils commencent par être à plaindre, et finissent par être à mépriser. SAINT-PROSPER.

DÉTRACTEURS. Il n'y a rien qui réjouisse plus les hommes que les succès qui leur sont personnels ; il n'y a rien qui les dépite autant que les succès qui arrivent aux autres. De cette dernière disposition est née la race innombrable des détracteurs, qu'on rencontre sous toutes les latitudes et sous toutes les formes. On conçoit que, dans les lettres, les arts et les sciences, il y ait entre rivaux un besoin continuel de se déprécier, puisqu'en nuisant à autrui, on peut espérer de se faire du bien à soi ; la jalousie est encore naturelle dans le commerce entre concurrents, c'est une bassesse que l'intérêt explique. Mais il y a quelque chose de beaucoup plus vague dans cet esprit qui pousse et excite les détracteurs ; ils dénigrent, ils calomnient, non pas pour se mettre à la place du mérite, non point pour obtenir dans les affaires tel ou tel avantage d'argent ; seulement, c'est qu'ils souffrent à voir que la gloire ou le gain soient recueillis par quelqu'un. Le rustre qui prononça l'ostracisme contre Aristide parce qu'il s'ennuyait de l'entendre appeler le juste est le type du détracteur dans sa naïveté primitive. Il ne faut pas regarder ce caractère comme un produit exclusif de la civilisation, il lui est de beaucoup antérieur. N'y eût-il qu'une seule famille au monde, à la seconde génération, on compterait déjà des détracteurs. Quant aux calomnies que certains détracteurs prodiguent avec une déplorable abondance, elles laissent quelquefois des traces qui sont ineffaçables. Dans les gouvernements représentatifs, où la publicité est si rapide, et où les fausses accusations sont si souvent répétées, le crédit des détracteurs diminue vite, de sorte que ce qu'ils gagnent en étendue, ils le perdent en puissance réelle ; à moins de circonstances extraordinaires,

DÉTRACTEURS — DÉTREMPE

ils n'exercent qu'une influence secondaire dans les grandes villes; en retour, ils apportent le trouble au sein des petites localités, où l'oisiveté est si générale et les rivalités si nombreuses, qu'il est impossible, d'une part de ne pas parler des autres, et de l'autre de n'en pas dire du mal. Il y a cet avantage pour les détracteurs, qu'ils ne sont pas tenus le moins du monde d'avoir de l'esprit : il ne leur faut qu'un fonds prodigieux de haine et de malveillance ; bien en règle sous ces deux rapports, ils sont sûrs d'être toujours écoutés. Quelque inaperçue que soit votre situation, quelque minimes que soient vos talents, vous aurez toujours des détracteurs; leur rôle est de chercher à nuire ou à rabaisser; le vôtre est d'agir conformément à vos devoirs ou à vos droits : quant au surplus, vivez sans en prendre aucun souci. SAINT-PROSPER.

DÉTRACTION. Ce mot, qui a vieilli, est synonyme de médisance; son adjectif *détracteur* est d'un emploi tout à fait usuel. Dans l'ancienne jurisprudence, on appelait *droit de détraction* la faculté qu'avait le gouvernement de distraire à son profit une partie des successions qu'il permettait aux étrangers de venir recueillir dans le royaume. Le droit de détraction a été définitivement aboli, en même temps que le droit d'aubaine, par la loi du 14 juillet 1819.

DÉTREMPE, genre particulier de peinture. Peindre en détrempe, c'est employer les couleurs broyées à l'eau et délayées avec de la colle. On connaît principalement trois espèces de peintures en détrempe, savoir, la *peinture commune*, la *détrempe au vernis*, et celle qui porte le nom de *blanc Le Roi*. Dans tous les cas, on doit observer quelques principes généraux. Ainsi, il faut être attentif à ce qu'il ne reste rien de gras sur le sujet ; s'il s'en trouve, on le gratte, ou on y passe une lessive alcaline, ou encore on frotte la place avec de l'ail et de l'absinthe. Pour essayer, on laisse tomber la couleur en filet au bout de son pinceau, quand on en prend dans le vase; si elle adhère au pinceau, c'est signe qu'elle manque de colle. Toutes les couches, principalement pour commencer, doivent être appliquées bien chaudes, mais sans que le liquide bouille cependant, ce qui gâterait inévitablement l'ouvrage, et l'exposerait à craqueler, si le fond était de bois ; la dernière couche, étendue immédiatement avant l'application du vernis, dans le cas de la *détrempe vernissée*, est la seule qu'il faille donner à froid. Pour les ouvrages très-oûtés, où il est nécessaire d'avoir des couleurs belles et très-solides, les sujets se doivent préparer à la colle et avec des blancs convenables pour les fonds, qui servent comme d'assiette pour recevoir la couleur, et contribuent à rendre la surface égale et bien lisse. Quelle que soit la couleur à appliquer, c'est le fond blanc qui convient le mieux pour assiette, parce que le blanc se marie plus intimement avec la couleur, qui, dans ce cas, emprunte quelque chose de l'éclat qui est propre au blanc pur. Si l'on rencontre des nœuds dans le sujet en bois, il est indispensable, avant l'application du fond blanc, de les frotter avec de l'ail, afin que la colle puisse y adhérer.

Les ouvrages qui n'exigent ni beaucoup de soin ni grande préparation, tels que les plafonds et les escaliers, se peignent généralement en *détrempe commune*, c'est-à-dire avec des ocres ou terres colorées, délayées dans de l'eau fortement encollée. Pour le fond blanc de ce genre de peinture commune, macérez pendant deux heures dans de l'eau du blanc d'Espagne concassé; trempez pendant autant de temps dans d'autre eau du noir de charbon; mélangez ensuite le noir et le blanc dans les proportions requises pour rompre la teinte blanche blafarde de la craie, puis vous encollerez avec une dissolution un peu forte de colle, tenue épaisse et chaude; vous coucherez sur le sujet en autant de couches qu'il sera nécessaire, d'après le degré de beauté exigé dans l'ouvrage. Il faut environ 250 grammes de blanc d'Espagne délayé dans un litre d'eau, et une quantité de noir de charbon proportionnée à la teinte désirée, avec 125 grammes de colle, pour couvrir un mètre carré. Si cette couche doit se donner sur de vieux murs, il sera nécessaire de les gratter préalablement avec beaucoup de soin, et d'enlever toute la poussière avec le balai de crin; après quoi on fera un lavage exact avec de l'eau de chaux très-vive. Si, au contraire, c'est à des plâtres neufs qu'on a affaire, il suffira d'augmenter la proportion de colle.

Le blanc des carmes est un genre de détrempe convenable aux intérieurs, et qui les embellit beaucoup. Procurez-vous une certaine quantité de la plus belle chaux, de la plus active, que vous passerez, après sa fusion, à travers un tamis fin; versez cette poudre dans un baquet, muni d'une chante-pleure pour soutirer l'eau ; remplissez le baquet avec de la belle eau de fontaine; battez le mélange exactement, et laissez faire le dépôt de la chaux pendant 24 heures; laissez écouler l'eau claire ; remettez-en de nouvelle; répétez cette manœuvre au moins quatre fois : alors vous aurez un dépôt de chaux d'une éclatante blancheur, onctueux et pur. C'est de cette pâte que vous ferez usage, en la délayant et l'encollant avec de la belle colle blanche. Pour ajouter à la beauté de la nuance du fond, substituez au noir de charbon un peu de bel indigo finement porphyrisé; ajoutez aussi une très-petite quantité de térébenthine, pour donner du brillant, et un peu d'alun comme mordant. Après que la peinture sera complètement sèche, il faudra frotter fortement le sujet avec une brosse de poil de sanglier, ce qui lui donnera beaucoup de lustre et de valeur, et en un mot, tout l'aspect du marbre ou du stuc.

Les avantages de la peinture en *détrempe vernie* sont que les couleurs ne changent point, qu'elles reflètent la lumière, qu'elles n'ont point d'odeur désagréable, même dans les temps les plus chauds et les plus humides, et qu'on peut occuper sans inconvénient les lieux aussitôt que l'ouvrage est terminé; enfin, que le vernis conserve le bois et le garantit de la piqûre des vers. Pour donner ce beau vernis sur les couleurs en détrempe, il y a plusieurs opérations d'une indispensable nécessité : d'abord, il faut encoller le bois ou les murs, puis préparer l'assiette en blanc, adoucir et frotter le sujet, nettoyer les moulures s'il s'en trouve ; peindre, encoller de nouveau sur la peinture, et enfin vernir. L'encollage préalable du bois consiste à lui donner à chaud une ou deux couches de colle liquide, après avoir lavé avec une décoction d'ail et d'absinthe passée par une toile fine. On doit employer ici la belle colle de parchemin. Ajoutez un peu de sel marin et de fort vinaigre pour ce premier encollage, qui a pour but de boucher les pores et d'empêcher que dans la suite les matières ne s'accumulent en une masse d'inégale épaisseur, ce qui d'ailleurs ferait tomber l'ouvrage en écailles. On donne d'abord une simple couche de blanc bien préparé sur le premier encollage : cette couche doit se donner à chaud, mais pas bouillante. Étendez la plus également et le plus régulièrement ; forcez la peinture de pénétrer par des coups de pinceau répétés dans les moulures et les creux. Il faut successivement donner jusqu'à sept ou huit couches de ce blanc. La dernière couche doit être plus claire ou plus liquide que tout le reste. Elle doit être posée avec légèreté et dextérité, en se servant de brosses plus petites. Après sa dessication complète, on *adoucit* à la pierre ponce. Pour cette dernière opération, il faut ne se servir que de l'eau la plus propre possible. On lave à mesure que le travail du douci avance pour enlever le frai. Maintenant, on peut peindre sur ce fond ainsi préparé. Choisissez vos teintes. Supposez que ce soit le gris d'argent : broyez séparément de la céruse et du blanc d'Espagne, en quantités égales; ajoutez un peu d'indigo pour avoir la nuance, avec une très-petite quantité de charbon de vigne, broyé et lavé aussi séparément; délayez le tout dans de la colle forte de parchemin, que vous aurez passée par un tamis de soie très-fin; couchez la couleur sur l'ouvrage bien égale-

19.

ment; donnez deux couches, et c'est fait pour la couleur. Il s'agit maintenant d'encoller sur peinture : faites une belle colle, bien nette, mais faible; laissez-la refroidir complètement, ce qui est fort essentiel, afin de ne pas tout brouiller et confondre; vous vous servirez pour cet encollage d'une brosse douce à demi-usée. La beauté de l'ouvrage dépend principalement de l'égalité, de la régularité de l'encollage sur peinture : s'il ne couvre pas exactement la couleur, le vernis pénétrera dans celle-ci, et tout sera gâté. Quand l'encollage sera bien sec, on appliquera deux ou trois couches de vernis à l'esprit de vin, ayant grand soin de ne donner aucune couche que la précédente ne soit complètement sèche.

PELOUZE père.

DÉTRESSE. Ce mot à diverses acceptions : dans l'origine, il exprimait un profond chagrin, une douleur déchirante; aujourd'hui, on l'emploie principalement pour indiquer une absence complète de toutes ressources. C'est, pour mieux dire, la réunion de tous les besoins qui assiègent un individu, une famille, et les réduisent à la dernière extrémité. *Détresse*, en termes de marine, est un signal particulier qui part d'un vaisseau dont la position est des plus critiques. La *détresse*, prise dans le sens moral, accuse en général ceux qu'elle atteint : en effet, il faut qu'un homme soit dénué de toute espèce de savoir-faire et d'énergie, ou bien subisse le joug de grands vices ou de grandes passions qu'il ne peut contenir, pour tomber aussi bas. Nous ne craignons pas d'affirmer, que la détresse, surtout celle qui se prolonge, est d'un très-fâcheux augure pour l'intelligence comme pour la moralité. Il y a néanmoins, dans les capitales, une certaine masse d'individus qui appartiennent à tous les rangs, et à toutes les classes, et dont la vie s'écoule dans une détresse que sillonne seulement de temps à autre l'abondance. Une succession, une chance inattendue leur arrivent-elles? vite, ils en dévorent les produits. D'autres spéculent et s'enrichissent, perdent ce qu'ils ont gagné, le rattrapent et le perdent encore de nouveau; on les a connus propriétaires d'hôtels, on les retrouve sans logement; tour à tour ils roulent équipages et manquent de souliers; ils passent successivement de toutes les jouissances à toutes les privations, et épuisent la vie dans ce qu'elle a de plus délicieux comme de plus horrible. Un étranger, par suite d'accidents du sort, peut se trouver tout à coup en présence d'une hideuse détresse; Chateaubriand, émigré, est resté vingt-quatre heures à Londres sans pouvoir se procurer d'aliments; de désespoir, son compagnon d'infortune s'est poignardé dans ses bras. A la suite de notre première révolution, des familles trop riches pour posséder les ressources du travail, et que des événements avaient réduites tout à coup à subir les rigueurs et les ignominies de la détresse dans ce qu'elles ont de plus amer, sortirent victorieuses de cette lutte; dans ces mêmes familles, tous ceux qui étaient encore jeunes firent l'emploi le plus heureux de leur force et de leur courage; aidés du souvenir de leur ancienne opulence, ils trouvèrent des conseils, des secours, et quelquefois ils reconquirent leur position primitive.

Les savants, les artistes, et les hommes qui sont en proie à une idée fixe, relative à des découvertes, à des améliorations, oublient tout le reste; ils arrivent donc, sans même s'en apercevoir, jusqu'à la détresse la plus absolue. D'un autre côté, ils savent tellement restreindre leurs besoins, qu'ils ne commencent à devenir à plaindre que lorsqu'ils cessent de pouvoir se procurer le strict nécessaire. Les femmes échappent plus facilement que les hommes à la détresse : il leur faut très-peu pour vivre; de leurs propres mains elles confectionnent leurs vêtements; dans mille circonstances, elles se casent avec avantage; leur jeunesse et leur beauté leur servent de recommandation; elles n'ont donc qu'à se montrer pour gagner leur cause; elles ont enfin dans le caractère une douceur et une résignation qui transigent avec toutes les horreurs de la détresse, surtout si elle n'est que passagère.

Les lettres et les sciences sont d'un rapport si minime et si précaire pour ceux qui les cultivent, qu'elles vous entretiennent dans un état qui, à force d'être voisin de la détresse, se confond par moments avec elle; mais, pour être rigoureuse, cette condition n'en est pas moins salutaire : que les lettres et les sciences enrichissent, le lucre envahira l'inspiration, le métier et ses recrues étoufferont le génie. Il y a dans les arts une partie matérielle qui ne demande que de la main. Traitée avec soin, elle parle aux sens; il n'en faut pas davantage pour faire fortune, surtout dans les grandes villes : on improvise aujourd'hui de petits tableaux dans tous les genres; des portraits de famille sont commandés dans toutes les classes; il y a beaucoup d'ouvriers en peinture qui jouissent d'une véritable aisance. Quant à l'art en lui-même, il se rapetisse et se dégrade; pour le retrouver dans toute sa grandeur, il faut remonter au temps où il ne produisait tout au plus que le nécessaire.

La détresse ne produit pas le même effet à tous les âges : dans l'enfance, ce qu'on n'a pas chez ses parents, on va le chercher ou le demander ailleurs; un peu plus tard, on s'indigne et on désarme la détresse par un travail qu'on offre trop souvent pour qu'il ne soit pas accueilli quelquefois. C'est lorsque les passions commencent à se développer que la détresse inspire un véritable désespoir : les uns, à force d'activité et d'intelligence, y échappent; les autres, plus impatueux, tranchent le nœud qu'ils devraient délier. Ils deviennent criminels pour ne pas subir plus longtemps la détresse. Par un contraste aussi rare qu'extraordinaire, quelques jeunes gens qui ont beaucoup d'inertie ou de légèreté dans le caractère se tirent de la détresse; ils se sentent heureux, pourvu qu'ils ne fassent rien ou seulement que ce qui leur plaît.

Rien de plus à plaindre que les individus qui, nés dans l'aisance, et ceux qui, ayant reçu de l'éducation, sont poussés par le vent de la fortune contre des écueils où ils se blessent et perdent tout ce qu'ils possèdent. Ils sentent noblement, et ils sont réduits à dévorer tous les genres d'affronts; ils aimeraient à donner, il faut qu'ils reçoivent; ils ont l'instinct de l'indépendance, il faut qu'ils se plient à toutes les servitudes qu'on leur impose. Encore si leur extérieur pouvait déguiser tout ce qu'ils souffrent, ils se confondraient avec délice dans la foule; mais, jusqu'à leurs vêtements, tout publie leur détresse, et cependant ils peuvent n'avoir aucun reproche à se faire. Les esclaves de l'antiquité, les serfs du moyen âge n'avaient qu'un maître, et celui-ci ne pouvait les déchirer que par des supplices ou les pressurer que dans leurs gains; mais quiconque a occupé un rang honorable dans la société ou reçu une éducation qui élève ce rang, a pour maîtres tous ceux dont il a besoin; ils peuvent à chaque instant du jour le torturer dans le sentiment de sa dignité; il faut qu'il baisse la tête, meure de faim ou se tue. La civilisation de l'Europe sera peut-être un jour ébranlée par cette classe qui s'accroît à l'infini. Il y a, sans doute, des remèdes, mais on ne les emploie pas. Qu'on y réfléchisse! Si l'on peut vieillir dans la pauvreté, il est impossible, du moins au commun des hommes, de rester longtemps dans la détresse.

SAINT-PROSPER.

DÉTRIMENT, perte, dommage, diminution qu'éprouve l'état ou un particulier dans les ressources qu'il possède. La conscience nous commande de ne jamais causer, du moins par l'effet de notre volonté, le plus léger détriment à qui que ce soit. La sagesse nous conseille, d'un autre côté, de ne jamais apporter de détriment à notre fortune, parce qu'elle doit passer après nous à nos enfants ou à nos proches; il faut excepter ces grandes occasions où il s'agit de sauver, soit notre patrie, soit ceux que nous aimons : c'est une ruine glorieuse qu'il est de notre devoir de rechercher, parce que l'estime publique vaut mieux que l'argent en caisse. En matière de détriment, la faute, et dans certaines circonstances, ajouterons-nous, le crime se mesurent à l'étendue de la perte qu'on occasionne. Saint-Prosper.

DÉTRITIQUES (Terrains). Voy. Clysmiens (Terrains).

DÉTRITUS (participe du verbe latin *deterere*, froisser, user en frottant, briser, broyer). Ce terme a été introduit dans le langage des sciences naturelles pour désigner les parcelles détachées des corps organisés par des agents quelconques, et formant un mélange, quoiqu'on puisse y reconnaître encore quelques caractères qui indiquent leur origine.

DÉTROIT. Dites-nous pourquoi la surface de la terre est parsemée de plaines et de vallons, ou hérissée, en quelques endroits, de chaînes de montagnes souvent coupées par des gorges, et nous vous dirons pourquoi les mers se trouvent parfois resserrées dans d'étroits canaux que l'on nomme *détroits*. Que le Dieu de *la Genèse* ait, par une manifestion soudaine de sa volonté, élargi et creusé inégalement le sillon des mers, ou, que l'action lente d'un feu souterrain ait produit, dans la révolution des siècles, des boursouflures à la surface du globe, la direction à peu près générale des détroits, de l'ouest à l'est, les soulèvements par arcs de grands cercles, forme que semblent affecter les montagnes du même âge; la dispersion des archipels auprès des grands continents et la disposition de leurs îles suivant certaines inclinaisons avec les méridiens; tout cela n'en restera pas moins un mystère qu'il est impossible d'expliquer. Il y a bien longtemps qu'on a imaginé d'attribuer la coupure des détroits à l'action de la mer qui, battant à coups redoublés, comme un vaste bélier, ses antiques barrières, les aurait entr'ouvertes, pour remplir des bassins encore à sec, ou pour s'unir à de nouveaux réservoirs. Ainsi, l'antiquité a prétendu qu'aux temps antédiluviens, les deux montagnes du détroit de Gibraltar se touchaient, mais qu'une secousse de l'Océan les sépara. Du reste, dans l'état peu avancé où se trouve la science géologique, il est facile d'élever divers systèmes sur la physiologie cosmique; c'est un sujet qui laisse un vaste champ à l'imagination : l'observation nous fait trop souvent défaut pour déterminer ce qu'ils peuvent renfermer de vrai.

On a remarqué que dans les détroits il règne généralement des courants très-sensibles, quelquefois même violents. La raison en est facile à trouver : quand le lit d'un courant se contracte, la vitesse du liquide augmente, c'est un principe auquel le calcul intégral se plie assez bien en hydrodynamique. Or, dans une mer étendue, il existe presque toujours des courants ou transports d'une certaine masse d'eau : ces mouvements partiels sont souvent imperceptibles à cause de l'immense espace au milieu duquel ils sont comme perdus, et de l'absence de tout point de comparaison; mais dès que la veine fluide se contracte dans un détroit, sa vitesse augmente considérablement, et elle est d'autant plus remarquable qu'on est environné de points de repère très-rapprochés. On observe encore dans les détroits un phénomène atmosphérique assez frappant; c'est que les vents régnants y suivent le plus souvent leur direction longitudinale, tantôt dans un sens, tantôt dans l'autre. L'analyse mécanique rend passablement raison de ce phénomène. Ce que nous avons dit des vents et des courants a lieu dans le détroit de Gibraltar. Le courant y porte constamment à l'est, et la connaissance des courants de l'Atlantique en apprend la cause ; mais les vents le balayent tantôt de l'est, tantôt de l'ouest, avec une constance et une ténacité qui rendent sa navigation souvent fastidieuse, surtout quand on se propose de sortir de la Méditerranée. Il y a des navires qui sont ainsi retenus des mois entiers sans pouvoir le franchir et passer dans l'Océan. Quand la brise est variable, on essaie de le passer en se maintenant le long des terres, qui heureusement offrent de bons et fréquents mouillages. C'est une espèce de cabotage où l'on jette l'ancre dès qu'on s'aperçoit qu'on commence à rétrograder. Pour affranchir le commerce de cet inconvénient, une compagnie anglaise a proposé d'établir à Gibraltar et à Cadix des bateaux à vapeur destinés à remorquer les navires arrêtés par les courants et les vents contraires.

Ces effets sont bien plus remarquables encore dans la mer Rouge, qui n'est guère qu'un long sillon, ou détroit, laissé inachevé au milieu des sables par la nature. Pendant six mois de l'année, il est incessamment balayé par des vents de Nord, et par des vents de Sud pendant les six autres mois. Les courants suivent aussi ces périodiques changements, et ils se font fortement sentir à l'entrée du golfe, dans la gorge appelée détroit de Bab-el-Mandel. Aussi regardait-on autrefois la navigation de ces parages comme extrêmement périlleuse; et les noms des points les plus remarquables portent encore l'empreinte de l'effroi qu'elle inspirait : Bab-el-Mandel signifie *port* ou *porte d'affliction* ; *Mete*, petit port voisin, veut dire *mort* ; et le cap adjacent porte le nom de *Gardefan*, ou *cap du Sépulcre*. Mais, en mettant à part la crainte des dangers, c'est une gracieuse navigation que celle des détroits : on aime à contempler les rivages de la mer, et, à cet égard, il est difficile d'imaginer quelque chose de plus agréable que les détroits des îles de la Sonde. En certains points, l'espace est si resserré que l'on touche presque de la main les branches des grands arbres qui pendent de chaque côté dans la mer. Les poètes de l'antiquité nous ont assez fait connaître le canal ou détroit des Dardanelles pour que nous n'ayons rien à ajouter à leurs brillantes descriptions.
Théogène Pace.

DÉTROIT, la ville la plus importante dans l'État de Michigan (États-Unis de l'Amérique du Nord), bâtie sur les bords du lac Michigan et reliée à l'intérieur de cet État par un réseau de chemins de fer, compte plus de 30,000 habitants, dont un tiers d'Allemands, et fait un commerce très-important avec les lacs. Des lignes de bateaux à vapeur et des chemins de fer mettent Détroit en communication directe avec l'est, le nord et l'ouest des États-Unis. La fondation de cette ville remonte à l'année 1701, époque où toutes ces contrées appartenaient à la France et où M. de La Motte-Cadillac en jeta les premiers fondements sous le nom de *Fort-Pontchartrain*. Son nom actuel lui vint plus tard du détroit qui établit une communication entre le lac Érié et le lac Huron. Après n'avoir eu pendant longtemps d'importance que comme poste militaire, cette ville, depuis l'établissement d'une navigation à vapeur sur les lacs du Canada, a pris une grande importance comme place et étape de commerce.

DETTE (anciennement *debte*, du latin *debere*, devoir). C'est l'engagement pris par le débiteur à l'égard du créancier. Ce mot est le corrélatif du mot *créance*; cependant il est pris comme son synonyme dans l'expression *dette active* qui signifie celle que l'on est en droit d'exiger d'une personne, par opposition à *dette passive*, celle que l'on est obligé de payer soi-même. On distingue encore les dettes *mobilières*, celles qui ont pour objet quelque chose de mobilier, comme une somme d'argent ou quelque meuble déterminé ; en *immobilières*, celles qui portent sur un immeuble comme un usufruit, une rente foncière ; en *personnelles*, celles auxquelles est attachée une action contre la personne même du débiteur ; en *réelles*, celles auxquelles est attachée une action contre un immeuble ; *chirographaires*, celles qui résultent d'une obligation ordinaire, sans privilège ni hypothèque ; *privilégiées*, qui doivent être payées avant toute autre, par privilège ; *hypothécaires*, qui sont fondées sur un titre conférant hypothèque. On nomme *dette claire et liquide* celle qui a pour objet une somme déterminée et certaine. Une *dette civile* est celle qui résulte d'une obligation civile, par opposition à la *dette commerciale*, celle qui se rapporte à un fait de commerce. On peut d'ailleurs considérer les dettes sous mille rapports différents, suivant qu'elles sont *pures et simples* ou *conditionnelles*, *vraies* ou *simulées*, *divisibles* ou *indivisibles*, *solidaires* ou *non solidaires*, *convention-*

nettes ou *légales*, etc. La remise volontaire du titre d'une dette fait preuve de la libération.

Pour qu'il lui soit attaché une action en justice, toute dette doit résulter, soit d'un titre régulier, soit d'un fait déterminé auquel la loi attache cette conséquence, sauf à invoquer la preuve par témoins ou tout autre genre de preuves dans les cas prévus et suivant les formes prescrites. Cependant il y a des dettes qui ne sont fondées que sur des faits auxquels la loi refuse toute sanction : ce sont les *dettes de jeu* et les *dettes d'honneur*. La *dette d'honneur* est celle qui ne repose sur aucun titre, de sorte que le créancier ne peut compter que sur la bonne foi du débiteur ; la seule ressource que la loi lui accorde est de déférer en justice le *serment décisoire*.

Les dettes résultant des jeux et opérations de bourse, et notamment de la différence des marchés à terme, sont considérées comme dettes de jeu et ne donnent lieu à aucune action en justice.

DETTE PUBLIQUE. Les besoins nouveaux qui se font sentir, les dépenses extraordinaires que nécessitent des événements imprévus, obligent les gouvernements à se créer des ressources promptes au moyen d'emprunts qu'ils contractent avec les particuliers. Ces emprunts accumulés constituent la *dette publique*. Les gouvernements ont deux manières d'emprunter, en promettant ou en ne promettant pas le remboursement du principal. Dans ce dernier cas, ils se reconnaissent débiteurs envers le prêteur d'une rente qu'on nomme *perpétuelle*; quant aux emprunts remboursables, ils ont été variés à l'infini. Quelquefois on a promis le remboursement par la voie du sort, sous la forme de lots, ou bien on a donné un intérêt plus fort que le taux courant, à condition que la rente serait éteinte par la mort du prêteur, comme dans les rentes viagères et les tontines. Les États où les doctrines économiques sont le mieux entendues ne contractent plus d'emprunts remboursables; mais ils laissent aux créanciers la faculté de vendre leurs titres, et de pouvoir recouvrer ainsi le capital qu'ils ont prêté, ce qu'ils font plus ou moins avantageusement, selon l'opinion que l'acheteur a de la solidité du gouvernement débiteur de la rente.

En France, ceux qui deviennent créanciers de l'État sont couchés sur le *grand-livre*, ou registre de la dette publique. On leur délivre en outre des inscriptions portant leurs nom et prénoms, le montant de la somme annuelle qui leur est due, les numéros des séries du grand-livre où elles sont comprises, etc.

Il faut bien distinguer la dette publique proprement dite, que l'on nomme encore *dette consolidée* (parce que l'on en paye les intérêts sur les fonds spéciaux votés chaque année par le sénat et le corps législatif), de la *dette flottante*. Celle-ci résulte d'échanges faits par le trésor de bons remboursables, sur des revenus prochains, contre de l'argent comptant, avancé moyennant escompte. Ces sortes d'engagements contractés par le gouvernement sont acquittés par les receveurs des contributions ou par de nouveaux billets que fournit le trésor public. La dette flottante, créée en vue de besoins momentanés, ou résultant de dépôts temporaires est soumise au remboursement. Elle se compose de tous les engagements souscrits à terme par le trésor ou toute autre administration générale. Ainsi les bons du trésor, de la marine; les fonds déposés à la caisse des dépôts et consignations, de quelque source qu'ils proviennent, les avances des receveurs généraux, à compte sur les rentrées qu'ils doivent opérer, etc., en font partie. Mais les bons du trésor seuls constituent vraiment des titres de crédit. Il y a un grand danger à en élever démesurément le montant et on s'en est aperçu de reste après la révolution de Février.

[On ne trouve pas trace de dette publique en France avant le règne de Charles V. Sully essaya de rembourser une partie de la dette existante de son temps, mais il employa pour y parvenir des réductions forcées et arbitraires. A la mort de Mazarin, la dette perpétuelle montait en intérêts à 27,500,000 livres, et en capital à 500,000,000 de livres. Colbert, après avoir longtemps résisté aux emprunts, sut, par d'habiles mesures, réduire le service des rentes à 8 millions. Mais à la mort de Louis XIV la dette paraît avoir été de 1,915 millions. C'est au milieu du plus grand embarras financier que la France eût encore connu, que l'Écossais Law vint proposer de rembourser toute la dette, en émettant pour une somme équivalente de nouvelles actions de sa compagnie. On sait ce qu'il advint.

D'après le compte-rendu de Necker à l'Assemblée Nationale, la dette était, en 1789, de 151,466,000 l. de rentes. Le gouvernement révolutionnaire l'augmenta d'abord de 47 millions; mais plus tard, la banqueroute des deux tiers et l'annulation des rentes, des émigrés, des établissements mainmortables et de celles échangées contre les domaines nationaux la firent redescendre à 42 millions. Depuis 1800 jusqu'à la chute de l'empire, cette dernière somme s'accrut, par suite de la réunion de certaines provinces à la France, de 4,586,000 francs; par l'acquittement de l'arriéré antérieur à 1809, de 11,254,000 francs; enfin, par le remboursement des avances de la caisse d'amortissement et du domaine extraordinaire, de 5,760,000 francs; ensemble de 21,600,000 francs. La Restauration, à son tour, forcée d'acquitter les charges d'un arriéré considérable et d'une double invasion, éleva, presque dès son avénement, la dette de 63,010,000 francs, à près de 195 millions. Mais elle était parvenue, en 1830, malgré l'indemnité payée aux émigrés, à la réduire à 170 millions, en ne parlant que des rentes dues à des particuliers. Le gouvernement de Juillet, du 1er août 1830 au 23 février 1848, créa pour 77,746,064 fr. de rentes, et en annula pour 32,876,066 fr.; soit 44,869,998 fr. de rentes créées. A sa chute, la dette était donc d'environ 215 millions de rentes, sans y comprendre les fonds d'amortissement. La dette consolidée s'élevait au 1er janvier 1852 à 239,304,527 fr. de rentes, toujours sans l'amortissement, évalué à environ 70 millions par an. La dette flottante montait à 690 millions en capital.

En Angleterre la dette a pour origine un prêt de 1,200,000 livres sterling, c'est-à-dire de tout son capital, fait par la banque au gouvernement, lors de sa fondation en 1694. Il existait cependant avant cette époque, en Angleterre, des arrérages à la charge de l'État; mais ce n'étaient que des annuités viagères. Dès le commencement du dix-huitième siècle, la dette anglaise était déjà montée à un milliard. En 1772 elle atteignait 3 milliards et demi. Quand Pitt parvint au gouvernement (1784), elle était de près de 5 milliards et demi, et, après être montée à 28 milliards en 1815, elle est encore de plus de 19 milliards aujourd'hui. L'intérêt, qui s'en élève à 27,686,468 livres sterling, est à peine inférieur à tout le revenu foncier de l'Angleterre, estimé à 30 millions de livres sterling; il absorbe 42 pour 100 environ de son budget. Mais son budget ayant donné des excédants de recette, l'Angleterre a pu réduire l'intérêt de sa dette.

Les États les plus obérés se présentent dans l'ordre suivant : l'Angleterre, la France, l'Espagne, l'Autriche, la Hollande, la Russie, le Portugal, la Belgique, la Prusse et la Sardaigne. En comparant la somme des diverses dettes au chiffre de la population de ces différents États, cet ordre n'est plus le même. Ainsi chaque habitant aurait à payer, en Sardaigne, pour rembourser la dette de ce pays 31 fr. 20 c.; en Prusse, 35 fr.; en Russie, 38 fr. 23 c.; en Autriche, 79 fr. 88 cent.; en Belgique, 135 fr. 28 cent.; en France, 146 fr. 84 cent.; en Portugal, 166 fr. 29 cent.; en Espagne, 403 fr. 22 cent.; dans le Royaume-Uni, 606 fr. 42 cent.; en Hollande, 812 fr. 50 cent.

Telles sont les charges qui pèsent sur la fortune des peuples ! L'Union Américaine, qui avait éteint sa dette en 1835, en a une de 56,486,708 dollars en décembre 1853, mais elle peut appliquer à la réduire ses excédants de recette. L'empire ottoman est maintenant sans dette constituée, encore bien que ses finances présentent chaque année des déficits.]

Le chiffre incessamment croissant de notre dette est pour beaucoup de personnes même très-éclairées un sujet d'effroi. Trop préoccupées de la comparaison qu'elles établissent entre un État et un particulier, elles redoutent la venue prochaine de la banqueroute. Nous ne saurions partager, en vérité, une semblable terreur. On ne peut que déplorer assurément l'existence d'une dette résultant de dépenses improductives, souvent indispensables néanmoins pour éviter de plus grands malheurs; mais il est impossible d'alléger la charge qu'elle impose annuellement au budget, sans violer aucun engagement, sans forfaire à la bonne foi. L'État présente une garantie, une solidité, que les particuliers rechercheront toujours pour placer leurs fonds avec sécurité. Une administration sage et florissante verrait affluer vers elle de nombreux capitaux, quand même elle réduirait encore le taux de l'intérêt. L'exemple de l'Angleterre en est la meilleure et la plus incontestable preuve. L'abaissement de l'intérêt du 5 pour 100 à 4 1/2, en 1852, n'a pas empêché cette rente de rester au-dessus du pair. Les travailleurs gagneraient à ces conversions une réduction de l'intérêt qu'ils paient aux détenteurs de capitaux, et les contribuables seraient allégés d'une grande partie de la rente perpétuelle qu'ils paient chaque année ; on peut concevoir également un développement industriel si prospère, si fécond en richesses, que le budget actuel, si lourd à porter, devienne pour le pays une charge tolérable et permette de payer sans effort la rente exigée par la dette; enfin, il est plus sage et plus rationnel peut-être de croire à la fois à la réduction graduelle de l'intérêt et à l'accroissement de la richesse nationale : ce sont deux raisons très-bonnes à donner contre les craintes de la banqueroute.

En admettant que la dette dût son origine à des emprunts contractés pour des travaux productifs, tels que canaux, routes en fer, chemins vicinaux, améliorations de la navigation des fleuves, desséchement de marais, assainissement des villes, progrès de l'agriculture, etc., nous n'hésiterions pas à dire qu'une telle dette est une bonne chose dans l'État, non-seulement à cause des travaux qu'elle aurait fait naître, et du bien-être général qu'ils répandraient, mais aussi à cause du placement régulier et sûr qu'elle offrirait aux capitaux des particuliers. Sans se jeter dans des suppositions imaginaires, on ne peut s'empêcher de reconnaître que, dans les circonstances actuelles, une dette est une nécessité dans un État : comment, en effet, pourrait-on faire face aux dépenses extraordinaires sans les emprunts? Les contribuables qui souffrent déjà avec une si vive impatience l'impôt dont ils sont chargés pourraient-ils supporter les surcroîts d'impôts qu'il faudrait établir pour couvrir ces dépenses? Non , certes : les emprunts, au contraire, lèvent admirablement la difficulté, ils font arriver dans le trésor de l'État des capitaux dont les possesseurs se débarrassent avec joie, et laissent aux contribuables un argent fructueusement employé dans mille industries diverses. Il est vrai que ceux-ci seront désormais chargés de l'intérêt de l'emprunt; mais la différence entre l'intérêt et le capital se montre assez sans qu'il faille y insister. Ad. CHEVALIER, député au Corps législatif.

Que deviendrait le chiffre des intérêts de la dette, si les emprunts allaient toujours s'accumulant sans que jamais l'on remboursât? Déjà on a voulu résoudre la difficulté par l'institution de l'amortissement; mais elle n'a pas réalisé ce qu'on en attendait. Sans doute, afin d'être équitable, un gouvernement, tout comme un particulier, doit s'efforcer d'amortir ses dettes, mais un pouvoir a cela de plus qu'un particulier, qu'il ne doit pas seulement voir l'intérêt et les droits de ses créanciers : s'il a devant lui la responsabilité et l'imminence d'une révolution, de la décadence et de la misère générale, et les droits non moins sacrés d'une génération de contribuables, fatalement solidaire des dilapidations et des iniquités du passé, il devra s'appuyer à cette autre base plus solide de toute justice humaine, le salut ac-

tuel du plus grand nombre et le bien des temps à venir. Or, il est évident qu'il n'y a plus aujourd'hui pour les gouvernements d'autre alternative que la banqueroute ou la *réduction progressive de l'intérêt de la dette*. Mais avant tout, pour amoindrir le fardeau, il faut commencer par l'empêcher de croître, il faut procéder à l'économie, à la suppression des dépenses improductives; d'importantes réformes financières sont à effectuer, elles ont été souvent signalées. La baisse de l'intérêt, qui semble suivre la prospérité générale et les progrès de la civilisation, est la seule, ou du moins la plus avouable des voies offertes aux gouvernements, d'alléger les charges qu'entraîne l'existence d'une énorme dette publique, en portant les créanciers de l'État à des conversions volontaires. Toute mesure qui laissera aux rentiers l'option entre le remboursement de leur capital et la conversion, obtiendra toujours l'assentiment de l'esprit public, comme on a pu le voir en 1852, lors de la réduction du 5 en 4 1/2 pour 100. C. PECQUEUR.

DETTES (Prison pour), à Paris, appelée aussi par abréviation *Clichy*, parce qu'elle est située dans la rue de ce nom. C'est le lieu où sont incarcérés et détenus les individus à l'égard desquels leurs créanciers ont eu recours à la contrainte par corps.

Après avoir traversé le guichet on se trouve dans une pièce où se tiennent quelques gardiens et d'où l'on passe dans une cour carrée, à gauche de laquelle est le bâtiment des femmes détenues, dont le nombre est extrêmement restreint. En face du guichet est un bâtiment, d'assez élégante apparence, surmonté d'une horloge et d'un campanile, renfermant, au rez-de-chaussée, à droite, les bureaux de la direction et du greffe, et au-dessus les appartements du directeur et du greffier.

Là l'étranger trouve un nouveau guichet, armé également d'un marteau, donnant accès dans la salle de la visite, où on le fouillera et où il déposera le *permis* dont il s'est muni à la préfecture de police. Trois autres guichets, aussi bien fortifiés, aussi bien gardés, le conduisent enfin dans l'intérieur de la maison, au *préau*.

Le préau est une longue galerie, soutenue dans son milieu par une colonnade de bois; on y voit un billard, un cabinet littéraire, une table couverte de journaux, une boutique de barbier-coiffeur dont le titulaire vient du dehors, et une cantine dépendant de l'administration. Le jardin est spacieux et fort beau. De grands arbres, des bancs peints en vert sous des bosquets, des fleurs, et encore des jeux. Ce sont, outre le billard, les quilles, le tonneau, le billard-anglais, le loto, qui, ainsi que le cabinet littéraire, sont mis en adjudication et tenus à ferme par des détenus. Les trois étages au-dessus du préau sont bordés à droite et à gauche de cellules contenant d'ordinaire de 100 à 150 détenus. Les portes en sont ouvertes à six ou sept heures du matin, suivant la saison. A partir de ce moment, le prisonnier peut, s'il ne préfère rester au lit, aller toute la journée au préau, au jardin, chez les voisins, causer, faire de la musique, jouer aux dominos, au trictrac, aux échecs, mais non aux cartes, rigoureusement proscrites à cause des grandes pertes faites au lansquenet par quelques détenus. Les visiteurs sont admis depuis dix heures ; ils partent en été à sept, en hiver à quatre. A cinq heures en hiver, à huit en été, évacuation du jardin, rentrée au préau ou dans les cellules à volonté. C'est surtout le moment du jeu : le domino, le trictrac, les échecs, s'organisent dans les cellules, un loto formidable dans le préau. A dix heures, rentrée de chacun chez soi, où l'on est hermétiquement *bouclé* du dehors, mais où l'on peut conserver sa bougie, allumée jusqu'au matin.

La grande majorité des cellules est meublée de la même façon : une couchette en fer, une paillasse, deux matelas, un traversin, un oreiller et sa taie, une paire de draps, deux couvertures, deux petites tables, trois chaises, une serviette, un torchon, plus une armoire-placard attenant au mur. La location de ces belles choses se paie 30 centimes par jour, retenus sur le franc quotidien alloué par l'incarcérateur. Cela fait, au bout de l'année, une location de cent huit francs pour des objets qui en valent à peine soixante-dix. C'est payé. Aussi bon nombre de ces cellules sont-elles plus confortablement meublées et décorées par leurs hôtes passagers; il y en a dans lesquelles des baguettes dorées pincent des tentures de damas ou de velours, où le pied foule la mousse épaisse d'un tapis d'Aubusson, où Érard envoie son meilleur piano... Ce sont des bijoux que ces cellules, de vraies bonbonnières; on peut en voir dont l'embellissement a coûté jusqu'à trois mille francs, et c'est immense, si l'on considère l'étroit espace à décorer: trois mètres de long, 2^m,20 de large 2^m,80 de haut! En présence de ce luxe impudent, il s'est parfois trouvé des incarcérateurs qui, poussés à bout, ont essayé de faire pratiquer par l'huissier dans l'intérieur de la prison pour dettes des saisies d'argent et de meubles; mais à peine l'officier ministériel avait-il mis le pied dans le préau, que l'élégant mobilier disparaissait comme par enchantement, les pièces en étaient réparties en un clin d'œil dans vingt demeures amies, et Jean s'en allait comme il était venu. Les incarcérateurs ont généralement renoncé à employer ce procédé.

Le bâtiment des *séparés* est un petit corps de logis où l'on relègue disciplinairement le détenu qui a troublé l'ordre de la maison et aussi l'incarcérateur qui, incarcéré à son tour, courrait grand risque de se trouver face à face avec sa victime, rencontre pénible que le règlement a eu le bon esprit de prévoir. Cette partie de la prison est privée de tous les agréments de l'autre. La solitude règne dans les quelques cellules qui la composent; la cour est petite, peu visitée du soleil, et des mousses vertes en rongent les pavés.

L'infirmerie de la prison pour dettes a été, est et sera toujours un mythe. Le prisonnier de Clichy ne renoncera jamais à se faire soigner dans sa cellule par son médecin particulier, ou par quelque disciple d'Esculape détenu lui-même, comme il en manque rarement dans ce séjour. Cependant, un médecin attaché à l'établissement vient tous les jours à onze heures; un coup de cloche annonce son arrivée. Il monte jusqu'à une cellule réservée et, s'il ne trouve pas de malade qui l'attende à la porte, il n'ouvre même pas et s'en va. Dans un cas d'urgence on peut l'envoyer chercher. Quelques détenus lui font la cour, et il y a un empressement singulier à lui soumettre la plus légère indisposition. Les médicaments les plus coûteux, quand il en ordonne, sont les mieux accueillis; c'est le créancier qui paye.

Le dimanche, on célèbre la messe dans la chapelle de la maison; la présence des détenus, hommes ou femmes, y est facultative; ces dernières se tiennent dans une tribune du fond. Le petit nombre des premiers y va en grande tenue, ceux qui sont décorés avec leurs croix, hommage tout spécial rendu à la Divinité, car hors de la toilette et décorations sont peu portées.

Les incarcérateurs ne peuvent entrer qu'au parloir; pourtant, on en a vu quelquefois se glisser de peu méfiants pénétrer, jusque dans la dernière enceinte. La prison en garde encore le souvenir, et eux aussi. Le cri: *au loup! au loup!* retentit. Du préau, du jardin on répond: *au loup!* En une seconde, tout le monde est debout, tout le monde accourt. Gare au *loup!* les moutons se vengent, toute la bergerie est sur lui. Le moins qu'il puisse arriver *au loup* dans une crise semblable, c'est d'être tenu sous le gros robinet de la fontaine pendant une heure. Voilà pourquoi les loups n'entrent pas dans la bergerie. Les autres animaux non plus. Chiens, chats, singes, perruches, perroquets sont proscrits; le ver à soie lui-même n'est que toléré.

Les eaux-de-vie, rhums, liqueurs, vins fins, sont également prohibés; les visiteurs sont fouillés; mais on peut boire autant de vin que l'on veut à la cantine; on y tient même du Madère, et ceux qui ne sont pas difficiles sur la qualité n'ont qu'à se louer de la tolérance du monopole administratif. La direction ne permet pas davantage l'entrée des bâtons et des cannes; les parapluies même doivent rester au vestiaire, et ce dans le but d'éviter les rixes. Mais cette précaution est superflue; au besoin les queues de billard peuvent remplacer avantageusement toute espèce de rotin. Les relations entre détenus sont généralement familières, mais polies. C'est la camaraderie du collège; on y retrouve tous les sobriquets et aussi tous les jeux de l'enfance, les barres, le saute-mouton, le chat coupé et le *Zut au berger*. Il n'est pas rare d'y voir, dans une partie de cheval fondu, l'échine d'un ex-pair de France servir de monture à un magnat hongrois. Ce que c'est que de nous! Du reste, à Clichy il n'y a pas de noms propres, il n'y a que des numéros, et tout détenu n'est connu ou n'est censé l'être que par celui de sa cellule.

Il y a des détenus *recommandés*. Le créancier qui fait la recommandation, doit s'entendre avec le premier incarcérateur, pour collaborer au dépôt des *périodes*, c'est-à-dire au dépôt des aliments pour le mois suivant, et conserver les mêmes droits que lui sur le détenu.

Rien n'est plus rare qu'une évasion à la prison pour dettes; d'abord parce qu'on y vit toujours dans l'espoir d'un élargissement prochain, espoir qui repose d'ailleurs sur certaines probabilités, ne fût-ce que sur une distraction de l'incarcérateur, qui ne déposera peut-être pas, juste à l'heure qui sonnera la fin du mois, sa *période*, auquel cas le détenu est immédiatement et irrévocablement mis en liberté; cet accident arrive tous les jours. En outre, on ne demeure jamais à Clichy qu'un laps de temps qui n'excède pas un maximum à peu près supportable. D'ailleurs, toute évasion se compliquerait, la plupart du temps, du sciage préalable d'un barreau de fenêtre, ce qui constitue le délit de bris de prison, délit puni d'une peine beaucoup plus sévère et plus désagréable assurément à subir que la captivité paternelle de Clichy.

Ce qu'il y a certainement de plus curieux à la prison pour dettes, c'est une institution fondée par les détenus eux-mêmes, et qui est une preuve éclatante de ce que peut l'association fraternelle. Ils ont créé une *société philanthropique pour l'amélioration des détenus pour dettes* et en ont fait imprimer les statuts. Voici le problème qu'elle a résolu: avec 70 centimes par jour alloués à chaque détenu, — 30 centimes étant prélevés pour la location des *meubles*, — à l'aide d'une cotisation d'entrée de deux francs et avec le produit de la ferme des jeux, des bains, de la bibliothèque, de la location des journaux, des amendes pour contraventions, sans aucunes ressources extérieures, assurer à chaque détenu, — c'est-à-dire à un homme ne pouvant faire ses emplettes lui-même et forcé de recourir à un intermédiaire coûteux, — une nourriture suffisante et saine, en trouver les moyens; fournir des bains; créer, pour les distractions morales et physiques un cabinet de lecture, une bibliothèque, un admirable jardin, des jeux de toutes natures, payer un salaire équitable aux cuisinier, chauffeur, baigneur, jardinier, etc.; présenter aux détenus un centre d'action qui facilite leurs relations avec le dehors et d'où l'on puisse faire parvenir à l'autorité les réclamations; constituer enfin une caisse de secours pour venir, pendant leur détention, en aide aux plus pauvres, à leurs familles, et payer pour eux à leur sortie, en cas de carence, les frais de levée d'écrou.

L'administration de la société est confiée à un comité composé d'un président, d'un vice-président, d'un secrétaire et d'un secrétaire adjoint, élus à la majorité des voix des détenus, qu'ils appartiennent ou n'appartiennent pas à la société. Le président, dont les fonctions comme celles de ses collègues ne durent qu'un mois, mais qui est indéfiniment rééligible, est une puissance qu'on *boucle* tous les soirs comme les autres détenus dans sa cellule, mais qui, par tolérance, ne traite pas moins journellement d'égal à égal avec le directeur officiel de la maison. Un des articles des statuts de cette société est celui-ci : « La société actuelle est permanente; sa dissolution ne pourra résulter que de l'abolition de la contrainte par corps. » Hélas ! à quand ? Rien d'ailleurs n'est obligatoire dans tout ce communisme; mais les dissidents sont rares, et l'évidence des avantages les fait bientôt céder.

Avant la révolution de 1789, c'était au For-L'évêque qu'étaient renfermés les détenus pour dettes. Une partie de la prison de Sainte-Pélagie leur fut ensuite réservée sous le nom de *la dette*, comme, sans autorisation de l'Académie, on les nommait eux-mêmes *dettiers*.   W.-A. DUCKETT.

DETTINGEN (Bataille de). Il y a dans le Wurtemberg trois bourgs du nom de *Dettingen*, mais ils sont moins connus que le petit village bavarois, entre Hanau et Aschaffenbourg, dans le cercle du Mein inférieur, où, par suite de l'étourderie d'un général d'avant-garde, les Français perdirent, le 27 juin 1743, une bataille, considérée avec raison comme un des plus tristes épisodes de la guerre que souleva la mort de l'empereur Charles VI.

Après la célèbre retraite de Prague du maréchal de Belle-Isle, Louis XV, forcé de continuer seul une guerre qui n'était pour lui d'aucun intérêt, dut songer à refaire une armée. Une levée nouvelle fut ordonnée, et la jeunesse parisienne se distingua par son empressement à se faire inscrire. La France s'était émue aux bruits qui étaient venus de la Bohême. Les nouvelles qui arrivaient de la Bavière n'étaient pas moins alarmantes. Le maréchal de Broglie, qui avait rallié les débris de nos régiments, était mal secondé par le général bavarois comte de Seckendorf, et ne pouvait plus lutter contre le prince Charles de Lorraine. L'Angleterre venait d'entrer en campagne, et la Hollande se disposait à la suivre. Le comte de Stairs, élève du duc de Marlborough, marchait sur le Mein avec 50,000 Anglais, Hessois et Hanovriens, pour prendre les Français à revers ; et le roi Georges II venait de le rejoindre avec son fils, le duc de Cumberland, pour assister à la destruction du maréchal de Broglie. Il était temps que la France vînt à son secours, mais déjà 40,000 Français avaient passé le Rhin, sous les ordres du maréchal duc de Noailles. Son premier soin avait été de rassurer et de renforcer M. de Broglie, en détachant vers le Danube le comte de Ségur, avec 12,000 hommes, et il s'était dirigé de sa personne sur la rive gauche du Mein. Il reconnut l'armée de Georges II, et jugea dans sa vieille expérience que cette armée était perdue si elle restait dans la position où il avait prise entre le Mein et une haute chaîne de collines boisées, dépourvue de magasins, et obligée de tirer ses vivres de la Franconie. Il résolut donc de la cerner, de la forcer à se rendre, et fit ses dispositions en conséquence.

Le pont d'Aschaffenbourg, quartier-général du roi Georges, que les Anglais avaient couvert par une redoute élevée sur la rive gauche du Mein, fut masqué par des abattis et des retranchements qui le rendirent inutile ; et quelques compagnies s'établirent dans le bois et le village de Leyder, pour défendre ces ouvrages. Le duc de Noailles faisait construire, en même temps, deux ponts près de Selingstadt, à l'extrême droite de l'armée anglaise, et de forts partis se jetaient par là sur la rive droite, pour intercepter les convois de la Franconie. La disette se fit sentir dans le camp ennemi ; on manquait de pain et de fourrage, et l'on fut au moment de couper les jarrets des chevaux qu'on ne pouvait plus nourrir ; les murmures des soldats déterminèrent Georges II à décamper pour se rapprocher de Francfort ; et le duc de Noailles, qui avait prévu sa retraite, disposa tout pour l'anéantir dans sa marche. Six batteries furent établies le long du fleuve et masquées par des plis de terrain qui les cachaient aux Anglais. Deux brigades d'infanterie chargées de les défendre furent postées au bourg de Miltemberg et au village de Gross-Welnitzheim. Cinq autres brigades, commandées par le duc de Grammont, prirent position au village de Dettingen, qui devait donner son nom à cette bataille. Là se placèrent aussi les hussards, les dragons et la maison du roi, et ce gros détachement avait ordre de ne bouger qu'au signal du général en chef.

Dettingen est situé sur la rive droite du Mein, et traversé par un ruisseau qui forme un ravin escarpé, garni de gros arbres et de haies vives. On arrive à ce village par un chemin creux, fort étroit ; et l'armée anglaise, qui n'avait point d'autre route, devait y périr tout entière. Son mouvement avait commencé pendant la nuit du 26 au 27 juin ; le maréchal de Noailles qui la suivait sans que les Anglais s'en doutassent, avait fait occuper Aschaffenbourg au moment même où le roi d'Angleterre en était sorti. Il attendait, pour donner le signal de l'attaque, que les colonnes ennemies fussent à moitié engagées dans le défilé de Dettingen ; et M. de Valière, lieutenant-général d'artillerie, était prêt à démasquer ses canons pour les foudroyer. Jamais combinaison plus savante n'avait mieux préparé une victoire. Elle était infaillible. Elle fut changée en défaite par l'imprudence du duc de Grammont, qui, au lieu d'attendre les ordres du maréchal, son oncle, passa étourdiment le ravin, avant que l'avant-garde ennemi fut engagée dans le défilé. C'était malheureusement une des plus courtes nuits de l'année. Les Anglais virent qu'ils étaient découverts et attendus dans la petite plaine appelée le Champ-des-Coqs, où le duc de Grammont n'aurait dû déboucher que deux heures plus tard. Il n'y avait plus moyen de reculer ni de différer l'attaque. La cavalerie anglaise arrivait au galop, et se formait sur deux lignes pour charger la tête de l'armée française. Elle fut prévenue par les escadrons de la maison du roi et par les carabiniers, qui enfoncèrent ces lignes avec un élan irrésistible. Mais les escadrons anglais se rallièrent et enveloppèrent nos cavaliers. Le régiment des gardes-françaises et celui de Noailles, entraînés par leurs officiers, s'ébranlèrent pour dégager la maison du roi, et furent arrêtés, sans doute, par l'encombrement de la mêlée, car ils eurent à supporter, sans tirer, le feu de l'artillerie et de l'infanterie du comte de Stairs. Ce général s'était emparé de tous les avantages du terrain ; les hauteurs étaient garnies de ses canons, et tous ses coups plongeaient sur la plaine.

Le maréchal de Noailles n'était point là. Après avoir placé son neveu à Dettingen, il était allé reconnaître un gué pour lancer sa cavalerie sur les derrières des Anglais. Il apprend cette fatale attaque, et ne songeant plus aux savantes combinaisons qu'elle vient de détruire, il vole au secours de son avant-garde, et pousse toutes ses brigades sur Dettingen. Le régiment des gardes françaises était mitraillé, décimé par l'artillerie de l'ennemi. Vingt et un de ses officiers étaient restés sur place, et il n'avait point répondu au feu des Anglais. Toutes les autres brigades arrivaient successivement et se formaient par-delà le ravin à sa droite et à sa gauche. Mais telle était leur position que les batteries dont le marquis de Valière avait bordé le fleuve, après quelques décharges insignifiantes, ne pouvaient plus tirer que sur les Français. Leurs canons étaient devenus inutiles, et ceux des Anglais portaient la mort dans les rangs de notre infanterie, sans qu'elle pût riposter ; un vent de sud-est qui soufflait avec violence, l'enveloppait de l'épaisse fumée que vomissaient avec la mitraille les batteries du comte de Stairs. Privés de leurs officiers, qui étaient presque tous blessés ou morts, les gardes françaises plièrent, se retirèrent en désordre ; et le cri de *sauve qui peut* se fit entendre dans les régiments voisins.

Le marquis de Puységur se jette dans la mêlée, plonge son épée dans le corps de quelques lâches qui proféraient ce cri honteux, et ramène son régiment à l'ennemi ; mais les Anglais ont pénétré par le vide qu'a laissé la déroute des gardes françaises. Les brigades que le duc de Noailles avait coulées le long du Mein pour tourner la gauche de l'armée ennemie sont prises en flanc elles-mêmes et rejetées dans le ravin. Tout l'effort des deux armées se concentre sur ce point. Mais il n'y a plus ni tactique ni ordre. L'espace est trop étroit. Chacun ne prend conseil que de son courage. Les corps se mêlent, se divisent, se confondent; les chefs ne reconnaissent plus leurs troupes et se mettent à la tête de celles qu'ils rencontrent. Les ducs de Luxembourg, de Richelieu, de Biron, de Péquigny, de Chevreuse, de Chartres, les princes de Clermont et de Dombes, le comte d'Eu, le duc de Penthièvre, combattent tour à tour avec l'infanterie et avec la cavalerie. Dans cette mêlée, dans ce désordre, périssent les marquis de Sabran et de Fleury; les comtes d'Estrades et de Rostaing. Le duc de Rochechouart, premier gentilhomme de la chambre, est blessé deux fois et s'obstine encore à combattre: un troisième coup le jette sans vie sur la place. Le comte de la Mothe-Houdancourt, chevalier d'honneur de la reine, est retiré presque mort de dessous les pieds des chevaux. Le comte de Noailles, fils aîné du maréchal, en a deux tués sous lui. Le duc d'Ayen, son frère, est blessé et renversé du sien. Là sont encore blessés le comte d'Eu, le duc de Boufflers, les marquis de Gontaut, de Beuvron, de Vaubecourt, le comte d'Harcourt. Un autre Boufflers, un enfant de dix ans, a la jambe cassée : il la tend au chirurgien, la voit couper de sang-froid, et meurt avec le même courage. Cinquante mousquetaires, séparés de leur escadrons, se font jour à travers les Anglais, et, cernés, par une troupe d'élite qu'on appelait le *régiment gris*, ils sont tous pris ou tués.

L'ennemi faisait aussi de grandes pertes. Le général Clayton périt avec quelques autres; le duc de Cumberland, que les Français trouvaient partout, fut blessé à la jambe; le roi Georges, son père, donnait aussi l'exemple de l'intrépidité. Les deux partis s'accordaient à dire que la supériorité des Anglais était due à la présence et au courage de ces deux princes. Il faut en faire honneur aussi à leur artillerie, qui faisait d'épouvantables ravages dans les masses françaises, tandis que le marquis de Valière ne pouvait employer la sienne. Resté sur la rive gauche du Mein, il cherchait partout des positions pour ses batteries, et ne rencontrait partout que des Français devant la bouche de ses canons. Il fallut céder enfin, repasser le ravin fatal de Dettingen, et ce fut encore la maison du roi qui protégea la retraite de l'armée. Elle chargea six à sept fois dans cette journée désastreuse. Vingt-sept de ses officiers étaient restés morts sur place; soixante-six autres avaient été blessés; mais c'était la seule troupe qui fût à peu près restée en ordre. Quatre heures de combat ne l'avaient point lassée. Toute l'armée avait quitté le champ de bataille; elle y demeurait encore, elle ne se retira enfin que sur les ordres réitérés du maréchal. La perte des Français montait à 3,000 hommes, celle des Anglais à 2,200. Voltaire en ajoute 31 sur leur parole : cette exactitude est suspecte. L'illustre historien est plus vrai quand il rapproche cette bataille de celles de Crécy et d'Azincourt. C'est en effet à l'indiscipline, à l'impatience des Français, que sont dues presque toujours leurs défaites.

Le roi Georges II dîna sur le champ de bataille pour constater sa victoire; mais il n'osa ou ne put y rester, et sa retraite fut si précipitée qu'il y laissa des canons, des bagages, et 600 blessés, que fit soigner le duc de Noailles. Le comte de Stairs ne sut de la victoire, non plus, profiter de la victoire : satisfait d'avoir échappé à un si grand péril, il suivit son roi dans le Hanovre, et ne fit plus rien de la campagne. Le maréchal de Broglie put se retirer en paix sur le Rhin. Mais Paris fut consterné; les grandes familles qu'avait décimées le canon de Dettingen maudirent le maréchal de Noailles. Il fut chansonné par le vaudeville naissant; on mit une épée de bois devant sa porte. La France et son roi devaient se venger plus dignement à la bataille de Fontenoy. VIENNET, de l'Académie Française.

DEUCALION, personnage mythique fameux dans l'antiquité, bien que ni Homère ni Hésiode ne parlent de lui, un des premiers chaînons de l'histoire de la Grèce, fils de Prométhée et de Pandore, petit-fils de Japhet, et époux de Pyrrha, naquit vers l'an 190 avant la guerre de Troie.

Le sage et entreprenant Prométhée ayant été exilé sur les rochers du Caucase par un roi jaloux, dont Zeus ou Jupiter était le nom, ce triste séjour, l'aspect des tortures de son père chargé de liens sur la pointe d'un rocher, et dont un vautour rongeait le foie renaissant, vive figure des tourments de l'exil, éveillaient sans cesse dans le cœur de ce jeune prince l'envie de fuir cet odieux climat. Un jour, il disparut avec Pyrrha, sa cousine et son épouse, fille aussi chaste que pieuse de l'imprudent Épiméthée, frère de Prométhée. Il se dirigea vers l'Occident, et aborda dans la Thessalie, au voisinage de Phthie; mais selon la chronique de Paros, dans la Lycorie, près du Parnasse. Cela arriva la neuvième année du règne de l'Égyptien Cécrops, qui alors occupait le trône d'Athènes, 1400 ans avant J.-C. Ce fut quelque temps après l'arrivée du fils de Prométhée dans ces contrées, qu'eut lieu le cataclysme ou plutôt l'inondation partielle de la Grèce, si célèbre sous le nom du *déluge de Deucalion*. 600 ans auparavant, sous Ogygès ou l'Antique, premier roi connu de la Grèce, un cataclysme avait déjà porté la désolation dans une autre partie de cette contrée, qui, dans ces temps reculés, fut si sujette aux révolutions de la nature.

Il faut se donner de garde d'ajouter foi à la description cosmologique que fait Ovide du déluge de Deucalion : comme Moïse dans *la Genèse*, il présente la terre entièrement cachée sous les eaux; il lâche toutes les cataractes du ciel; il ouvre les fontaines de l'abîme; le Parnasse, la seule montagne dont les cimes dominaient cette mer sans rivage, est son mont Ararat; enfin, son déluge est le déluge universel, celui de Noah (Noé). Si ce cataclysme eût été universel, comme le peint Ovide, il eût laissé une impression ineffaçable et des souvenirs terribles chez tous les peuples de l'Europe et de l'Asie; et l'on voit au contraire qu'Hésiode et qu'Homère, qui vivaient non loin de cet événement, n'en font nulle mention. Hérodote, Thucydide et Xénophon gardent le silence sur cette catastrophe; Platon en parle, ainsi qu'Aristote, son disciple, dont l'esprit tout positif et ennemi du merveilleux, recherchait, non les chroniques, mais la seule nature des choses. Dans le cataclysme de Deucalion, ce philosophe comprend l'Étolie, l'Acarnanie, la Thesprotie et une partie de l'Épire. Nous allons rapporter ce que, dans leur confusion habituelle, racontent de ce déluge l'histoire, la poésie et la fable.

Le maître des dieux, touché de la piété et de la justice de Deucalion et de Pyrrha, protégea sur les ondes furieuses la barque qui recueillit ces époux, ainsi portés sains et saufs sur les cimes du Parnasse, qui dominaient cet abîme, où les races sacrilèges flottaient noyées. Le premier soin de ce couple religieux fut d'adresser sur ces roches désolées des hommages aux nymphes Corycides et à Thémis, qui alors y rendait des oracles. Ne voyant autour d'eux que de muettes solitudes, ils la consultèrent sur un si triste avenir. La déesse leur répondit : « Sortez du temple! voilez-vous le visage! détachez vos ceintures, et jetez derrière vous les os de votre grand-mère! » Le couple pieux médita sur un ordre si barbare, quand heureusement, sans doute par l'inspiration des divinités du lieu, il s'imagina que ces os pouvaient être les pierres, qui sont en effet comme les ossements de la terre, la mère commune des hommes. Ils en firent tous deux aussitôt l'essai, et de chaque caillou que jetait Deucalion il sortait un homme; des femmes naissaient de ceux que lançait Pyrrha. Cette fable, rapportée par Pindare, est fondée sur un jeu de mot : λαος en grec signifie peuple, et λααξ, pierre. Les enfants de ceux qui avaient échappé à l'inondation furent les roches qu'anima l'imagination des poètes.

Deucalion, après cette catastrophe, eut deux fils, Hellen

et Amphictyon; on lui donne aussi une fille, Protogénée (née la première), que Jupiter rendit mère d'Æthlius. Hellén régna dans la Phtiotide, et laissa à une partie des peuples de la Thessalie son nom, devenu depuis celui de tous les habitants de la Grèce, surtout des Athéniens et des Ioniens, qui avaient, à diverses reprises, recherché son alliance. Les Grecs sont encore fiers aujourd'hui de ce beau nom d'Hellènes, qu'ils n'ont cessé de porter. La cause du triomphe de ce nom à travers les siècles est la reconnaissance. En effet, les descendants d'Hellén, nobles aventuriers, colonisèrent presque toute la Grèce, et allèrent semant les bienfaits de la civilisation parmi les peuplades à demi sauvages. A cette époque, en Arcadie, les Pélasges ne se nourrissaient que de glands, et n'avaient pour abri que le tronc pourri des arbres ou le creux des rochers. Amphictyon laissa aussi une haute renommée dans l'Attique, où il régna après avoir chassé du trône Cranaüs son beau-père. On veut que Deucalion mourut à Athènes, où l'on montrait son tombeau non loin du temple de Jupiter Olympien. Deucalion, après sa mort, eut aussi des temples; il y fut honoré comme une divinité.

M. de Humboldt a retrouvé la fable de Deucalion et de Pyrrha sur les bords de l'Orénoque. Les naturels prétendent qu'un cataclysme ayant noyé tout le genre humain, il n'échappa à la destruction universelle qu'un homme et une femme, qui, jetant derrière eux les fruits tombés des palmiers, en virent sortir un peuple vierge qui repeupla la terre.   DENNE-BARON.

DEUIL, du latin *doleum*, dérivé de *doleo*, suivant Ménage, et de *dolus* suivant Caseneuve. Ce dernier cite à l'appui de son opinion plusieurs textes de Pétrone, de Cassiodore et de Sidoine Apollinaire, qui ont employé le mot *dolus* dans le même sens que *dolor*. Les patois du midi traduisent *deuil* par *dol*. Le culte des morts est de tous les temps et de tous les lieux; il est partout l'expression fidèle des mœurs privées, politiques et religieuses. Les indices du deuil, soit public, soit domestique, suivent les phases progressives, rétrogrades ou stationnaires de la civilisation. Les Juifs, qui, plus que toute autre nation, sont restés fidèles aux traditions antiques, n'ont modifié les usages funéraires de leurs ancêtres qu'en cédant aux exigences des lieux, des temps et des climats. La loi sainte leur a interdit le tribut de sang que s'imposaient d'autres peuples: *Et super mortuo, non incidetis carnem vestram* (*Lévitique*). Mais, comme quelques Orientaux, ils déchirent leurs vêtements dans les temps de deuil et d'affliction. Cette démonstration de douleur variait suivant les circonstances; ils attachaient une grande importance à la rigoureuse observation des règles imposées. La déchirure devait s'opérer tantôt du haut en bas, tantôt du bas en haut: dans les grands deuils, elle ne devait point être recousue; elle pouvait l'être au bout de 30 jours dans les deuils ordinaires. C'est pour cela que Salomon a dit: « Il y a un temps de déchirer et un temps de recoudre (*tempus scindendi et tempus consuendi*). » Le grand-prêtre ne portait jamais le deuil; c'était aussi un des priviléges du chancelier de France.

Les Égyptiens se rasaient les sourcils pour les deuils de père et de mère. Hérodote affirme que le deuil d'un *chien* était plus solennel. Dans ce cas, ils ne devaient pas conserver un seul poil sur tout le corps. Les lois de Lycurgue défendaient d'inscrire le nom du défunt sur son tombeau, à moins qu'il ne fût mort pour la patrie. La même exception avait lieu pour les femmes consacrées au culte. L'épouse et la mère qui auraient porté le deuil de leur fils mort sur le champ de bataille se seraient déshonorées. « Après la bataille de Leuctre, dit Plutarque, les parents de ceux qui avaient péri en combattant, se félicitaient, s'embrassaient publiquement; les parents de ceux qui avaient survécu au combat se tinrent cachés dans leur maison, en signe de deuil. » A la nouvelle d'une victoire remportée sur les Athéniens, les Spartiates, qui portaient les cheveux très-courts, les laissèrent croître pour manifester leur joie. Les Athéniens pensaient que l'on ne pouvait se rendre propices les dieux infernaux que par une offrande de sang, et les femmes même s'égratignaient le visage avec une pieuse fureur. Solon ne permit cette démonstration de deuil, dans la cérémonie des funérailles, qu'à ceux qui n'étaient point parents du défunt: c'était le meilleur moyen de réformer un usage barbare sans blesser les préjugés religieux. Les Athéniens en deuil laissaient croître leurs cheveux; les femmes les rasaient. A Athènes, comme à Sparte, l'opinion flétrissait le défaut de courage, et honorait les braves morts sur le champ de bataille. Une armée athénienne fut massacrée à Égine; les femmes se ruèrent désespérées sur le soldat qui vint annoncer ce funeste événement, et le tuèrent avec les grandes épingles qui ornaient leur chevelure. Un décret du sénat défendit aux femmes de porter désormais des épingles et de conserver leur chevelure pendant le deuil. Les Théréens ne portaient point le deuil des enfants décédés avant l'âge de sept ans, ni des hommes morts au-dessus de cinquante, parce que les premiers n'avaient pas assez vécu, et que les seconds avaient atteint le terme ordinaire de la vie. Une loi des Lyciens obligeait ceux qui voulaient porter le deuil à s'habiller en femme. Ce peuple regardait l'affliction comme une faiblesse qu'on ne pouvait pardonner qu'aux femmes. Les Syriens se renfermaient pendant plusieurs jours dans des antres ou dans d'autres lieux retirés et déserts, pour y pleurer les morts sans être interrompus. Les Perses, à la mort de leur général Masistius, coupèrent les crins de leurs chevaux. Alexandre ordonna le même indice de deuil à la mort d'Éphestion.

A Rome, les lois de Numa, qui avaient fixé à dix mois la durée des plus longs deuils, furent longtemps sans recevoir de modification. Elles ne le permettaient point pour les enfants décédés avant l'âge de trois ans; il était également défendu pour les condamnés à la peine capitale. Cette exception fut ordonnée par une loi de Tibère. Les parents donnaient un dernier baiser à leurs fils expiré : *Filium*, dit Sénèque, dans son épître à *Helvia, in manibus et in osculis tuis mortuum funeraveras*. On lit ailleurs :

Affigoque manus, oraque ad ora fero.

Plusieurs auteurs latins ont décrit toutes les circonstances du deuil domestique chez les Romains. Une loi des Douze Tables défendait aux femmes de s'égratigner les joues et de se livrer à une douleur trop bruyante : *Mulieres*, dit Cicéron (*de Legibus*), *genas ne radunto, neve lessum funeris ergo habento*. Les Romains appelaient *lessum funeris* les démonstrations extérieures de deuil. Ce mot a passé dans notre langue, et on a appelé *la lesse* la sonnerie des cloches en usage dans les cérémonies funèbres. La loi des Douze Tables, qui interdisait aux femmes de se déchirer avec les ongles les joues et *quas sunt pudoris sedes*, ne fut point observée : l'ancienne coutume fut plus forte que la loi, et Varron en indique la véritable cause. La coutume de se déchirer jusqu'à effusion de sang le visage et d'autres parties du corps tenait aux croyances religieuses: c'était, suivant l'opinion reçue, le seul moyen d'apaiser les dieux infernaux: *Qui sanguine ostenso placabantur*.

Les Romains inscrivaient sur les tombeaux que le nom des morts, avec ces mots : *ave, salve*. Chez eux le deuil public ne fut jamais, au temps de la république, ordonné par l'autorité; il était tout à fait volontaire. Ainsi, lorsque l'armée passa sous les Fourches Caudines, toutes les boutiques, tous les lieux de réunion furent fermés, les tribunaux, les exercices militaires suspendus, le forum désert; les laticlaves, les vêtements de pourpre, les anneaux d'or disparurent. Les dames romaines prirent aussi spontanément le deuil en l'honneur de Brutus et d'Agricola; elles renoncèrent pendant un an aux parures d'or et de pourpre. Lorsque la conjuration de Catilina mit les jours de Cicéron en danger, le sénat cessa de porter la toge, les préteurs et les édiles la robe prétexte; les consuls seuls gardèrent les insignes de leur dignité. Une grande partie du peuple romain prit le deuil lors de l'emprisonnement de Manlius; et des citoyens de toutes les tribus laissèrent croître leur barbe et leurs cheveux. Nous pourrions citer d'autres exemples de deuil public à Rome; et tant que la république exista, ces démonstrations solennelles d'affliction nationale furent, comme nous l'avons dit, spontanées. Mais sous l'empire, il n'y eut de deuil public que *par ordre* : le premier eut lieu après la mort d'Auguste; il fut imposé aux hommes pour quelques jours seulement; aux femmes pour une année entière, et dans la suite, *gliscente adulatione*, le sénat ordonna un deuil d'une année aux dames romaines, à l'occasion de la mort de Livie. Tibère prescrivit aussi un deuil public après la mort de Drusus, et Caligula après celle de Drusille.

Festus indique quatre principaux cas où le deuil de famille cessait avant le terme légal : 1° la naissance des enfants; 2° lorsque la famille recevait une nouvelle illustration par la promotion d'un de ses membres à une haute fonction, ou par un témoignage de la reconnaissance publique; 3° lorsque le père, le fils, l'époux ou le frère prisonnier de guerre recouvrait sa liberté; 4° lors du mariage d'une jeune fille avec un plus proche parent que le défunt. Le deuil, pour les hommes, consistait à s'abstenir d'assister à des banquets et de porter des vêtements riches; pour les femmes, à substituer aux parures, à la pourpre, un vêtement noir. Le deuil des mères qui avaient perdu un fils était ordinairement bleu-azur (*cærulea vestis*). L'antique simplicité de mœurs qui avait rendu Rome si glorieuse et si puissante n'était plus qu'un souvenir, lorsque le gastronome Crassus, au dire de Macrobe, parut au sénat portant le deuil d'une lamproie, la plus grasse notabilité de son vivier. L'édit du préteur notait d'infamie les veuves qui contractaient un nouveau mariage avant la fin du deuil. Mais une permission de l'empereur légitimait ces unions prématurées, et le temps de deuil pour les veuves dont les époux étaient décédés loin d'elles courait du jour du décès; elles n'étaient tenues de le porter que lorsqu'elles avaient reçu la nouvelle certaine de leur mort, et si, à raison des distances ou pour tout autre cause, cette nouvelle ne leur parvenait qu'après l'expiration du temps prescrit pour le deuil, elles n'étaient obligées de le porter que le jour seulement où cette preuve leur était acquise. Les veuves indifférentes ou coquettes pouvaient ainsi limiter à leur gré, et suivant leur convenance, la durée de leur deuil et toutes ses conséquences. Il est certain que, dès le deuxième siècle, le deuil que portaient les empereurs était en noir. A cette époque, Adrien le porta ainsi à la mort de l'impératrice Plotine.

Les Gaulois affectaient une impassibilité stoïque dans le malheur; ils ne pleuraient point les morts, et ne songeaient qu'à les venger. Les femmes, qui suivaient partout leur époux et leurs fils, même dans les combats, saisissaient leurs armes quand ils avaient succombé, et s'élançaient sur l'ennemi. Dans les Gaules, comme chez quelques nations sauvages d'Asie, d'Afrique et d'Amérique, les veuves étaient brûlées avec le corps de leur mari, ou enterrées avec lui : cet usage, chez des peuples séparés par un espace immense de temps et de lieu, était fondé sur le principe religieux d'une autre vie; on voulait que les morts retrouvassent dans leur autre vie les objets de leurs plus chères affections. Ce préjugé barbare n'a cédé qu'à l'influence du christianisme.

Au deuil de Jean II, roi de Portugal, décédé en 1495, toute la cour prit des habits de bure, et il fut défendu à tous les habitants de Lisbonne de se raser la barbe pendant six mois. L'usage des habits de bure et de couleur blanche pour les deuils de cour fut également adopté en Espagne, et ne cessa dans l'un et l'autre pays qu'à la fin du quinzième siècle.

A la mort d'un grand de Juida (Guinée), son fils s'exilait ordinairement pendant un an de la maison du défunt, et ne portait pour tout vêtement qu'un pagne de natte. Les Mingréliens en deuil restent nus jusqu'à la ceinture. Chez les Ostiaques (Sibérie), la veuve taille une idole qu'elle habille des vêtements du défunt, la garde un an dans son lit, et la place devant elle pendant le jour pour s'exciter à pleurer. Le deuil fini, le mannequin funéraire est relégué dans un coin, jusqu'à ce qu'un nouveau deuil en rende l'usage nécessaire. En Corée, le deuil d'un père dure trois ans; ses fils ne sauraient pendant cet espace de temps exercer aucun emploi public, et sont même obligés de s'en démettre. Ils ne peuvent cohabiter avec leur femme, et les enfants nés dans le temps du deuil sont déclarés illégitimes. Les insignes de deuil sont un cilice, une longue robe de chanvre, une corde au lieu de crêpe autour du chapeau. Au Tonquin, la durée du deuil pour un père est de trois ans et demi. Les fils portent un vêtement couleur de cendre, un bonnet de paille, n'approchent point de leur logement, et couchent à terre sur des nattes. Une rigoureuse abstinence est obligée; et l'infraction à ces lois sévères entraîne l'exhérédation. En Chine, les mêmes usages sont observés, du moins en partie. Là, comme chez les Coréens, les fils en deuil de leur père sont obligés de se démettre des emplois publics qu'ils exercent. La cohabitation des époux est interdite pendant les trois années de deuil; mais les maris seuls sont passibles des peines prescrites contre les infractions par les lois du deuil. Les Japonais célèbrent une grande fête sur la tombe de leurs parents, et les invitent à un festin qui dure trois nuits. Chez les Esquimaux, les mères ne pleurent leurs enfants que vingt jours. Ce temps passé, les voisins envoient un présent au père, qui répond à cette politesse par un festin. Les Indiens de l'Amérique du Nord ont soin de faire disparaître tout ce qui a servi aux défunts, et s'abstiennent de prononcer leur nom. Un mari se garde de manifester le moindre signe d'affliction à la mort de sa femme, *parce que les larmes ne conviennent pas aux hommes*. Le deuil, chez quelques tribus du nord de l'Afrique, est simple et de courte durée. On n'allume pas de feu dans la maison mortuaire pendant huit jours, les femmes se couvrent d'un voile noir pendant une semaine, et les hommes restent un mois sans se raser. Dans l'antique Albanie, c'était un crime, suivant Strabon, de prendre soin des morts et même d'en parler.

Le deuil chez quelques nations a eu ses dates comme la naissance et le mariage; mais on n'en trouve d'exemple que dans l'histoire des premiers âges, et chez quelques peuplades incivilisées des Grandes-Indes. Les attributs du deuil ont dû varier avec la forme des habillements et l'arrangement des cheveux. Les anciens Gaulois, les Sicambres et les Suèves, qui, dans les temps ordinaires, se rasaient le tour de la tête et nouaient leurs cheveux sur le haut du front, les laissaient épars et flottants au hasard dans les temps d'affliction et de deuil. Au moyen âge, on portait en signe de deuil le chaperon rabattu sur le dos, sans fourrure, et la cornette roulée autour du cou, ses pointes se projetant par derrière. Valentine de Milan vivait retirée dans son château de Blois, après la mort de L. d'Orléans son époux, « et estoit grand pitié, dit Juvénal des Ursins, d'ouïr ses regrets et complaintes. » Ses appartements, sa chapelle, étaient tendus de noir, et on voyait partout cette devise, au bas d'une *chantepleure*, et surmontée d'une *S* : *Rien ne m'est plus, plus ne m'est rien.* Elle ne survécut qu'un an à son époux; sa douleur était profonde et vraie. Catherine de Médicis signala aussi son deuil par des démonstrations extraordinaires, mais moins sincères que fastueuses. Ses appartements, tendus de noir, répétaient des emblèmes d'amour et de regrets; elle avait pris pour devise de deuil un morceau de chaux vive, arrosé d'eau, avec cette légende :

ARDOREM EXTINCTA TESTATUR VIVERE FLAMMA,

et une lance brisée sur un écu, avec ces mots : *Hinc dolor, hinc lacrimæ*. Cette seconde devise faisait allusion au coup de lance dont Henri II était mort.

La couleur du deuil en France était le *violet* pour le roi, et le *blanc* pour la reine. Cependant, à la mort de Charles VIII, son premier époux, la reine Anne de Bretagne porta le deuil en *noir*, et, à la mort de cette princesse, Louis XII, son second mari, le porta aussi en noir. L'étiquette a depuis compliqué les différentes espèces de deuil, suivant le rang, le degré de parenté. Les *deuils de cour* surtout étaient réglés avec une minutieuse prolixité. Au roi appartenait le droit d'en déterminer les différents modes. Dans les *grands deuils*, les princes, tous les seigneurs, drapaient leurs carrosses et leurs chaises à porteur ; les habits de laine étaient de rigueur pendant trois mois, comme pour les deuils de père et de mère. Les plus qualifiés ajoutaient la cravate ou rabat plissé, les boucles et les pierres noires. Au petit deuil, les hommes reprenaient l'épée et les boucles d'argent ; les dames les diamants et la soie. Dans les deuils de courte durée, on portait le noir pendant la première moitié, et le blanc pendant la seconde. Si le nombre des jours de deuil était impair, de quinze jours, par exemple, on portait le noir les huit premiers, et le blanc les sept derniers jours. Tant que l'ancienne coupe des habits appelés maintenant *habits à la française* fut en usage, on portait les manchettes et la cravate en effilé, et des pleureuses à l'extrémité des manches ; elles étaient en mousseline ou en batiste unie, et appliquées sur les parements qui couvraient le poignet. Les militaires portaient et portent encore un crêpe au bras et à l'épée, dont la poignée était alors bronzée. Quelques familles titrées ont conservé l'ancien usage de tendre en noir les appartements et les meubles. Pour le deuil d'un époux ou d'un père, la première et la seconde antichambre étaient tendues en noir, le salon, la chambre à coucher en gris ; les glaces, tableaux, meubles, lustres, même les pendules et le lit, étaient couverts pendant un certain temps, après lequel on les découvrait ; mais on n'enlevait que plus tard les tentures, les sièges et les rideaux de deuil.

La durée du deuil varie. Pour un mari, il est d'un an et 6 semaines ; pour un père ou une mère, de 6 mois ; pour une épouse, de 6 mois ; pour un aïeul ou une aïeule, de 4 mois 1/2 ; pour un frère ou une sœur, de 2 mois ; pour un oncle ou pour une tante, de 3 semaines ; pour un cousin-germain, de 15 jours ; pour un oncle à la mode de Bretagne, de 11 jours ; pour un cousin issu de germain, de 8 jours. Ces différents modes pour la durée et les attributs du deuil de cour et les deuils ordinaires avaient été renouvelés par un décret impérial. On n'y remarquait qu'une innovation : l'abrogation de l'ancien usage de draper les appartements et les voitures ; mais cet usage, suspendu pendant le régime impérial, fut rétabli sous la Restauration.

L'histoire contemporaine offre plusieurs exemples de deuils publics : 1° celui de Benjamin Franklin, décédé le 17 avril 1790. Tous les états de l'Union américaine prirent le deuil pendant deux mois. Le 11 juin, Mirabeau improvisa un éloge funèbre à la tribune de l'Assemblée constituante, et, sur sa proposition, cette assemblée prit le deuil pendant trois jours, les 14, 15 et 16 du même mois. 2° Celui de Mirabeau ; la même assemblée assista en corps à ses obsèques. Le convoi se composait de tous les fonctionnaires de la capitale et de tous les bataillons de la garde nationale ; son éloge funèbre fut, au nom de la nation, prononcé par l'abbé Fauchet, dans l'église de Saint-Eustache. Des fêtes funéraires eurent lieu dans presque toutes les villes de France. Une loi érigea en Panthéon l'église de Sainte-Geneviève, avec cette inscription proposée par M. de Pastoret : *Aux grands hommes la patrie reconnaissante*. Mirabeau eut le premier les honneurs du Panthéon. 3° Celui de Washington, décédé le 14 décembre 1799 : les États de l'Union lui décernèrent les mêmes honneurs qu'à B. Franklin, et le gouvernement français prit le deuil. Une cérémonie funèbre fut ordonnée, et l'éloge de l'illustre Américain prononcé par Fontanes.

La couleur du deuil est en Europe le noir, à l'exception des rois et des cardinaux ; en Turquie, le bleu ou le violet ; en Égypte, couleur feuille morte ; en Éthiopie, gris ; au Japon, blanc ; au Pégu, jaune, etc.

L'ensemble des personnes qui forment le convoi funèbre se nomme aussi le *deuil*. C'est au plus proche parent à conduire le deuil.
Dufey (de l'Yonne).

DEUS EX MACHINA, expression latine que l'on emploie fréquemment dans les livres et dans la conversation pour désigner le dénoûment plus heureux que vraisemblable d'une situation tragique, grâce à l'intervention imprévue d'un personnage mystérieux. Dans les tragédies antiques, il arrivait fréquemment que la catastrophe se dénouait tout à coup, à la complète satisfaction des spectateurs, au moyen d'un dieu qu'une machine faisait subitement descendre du ciel sur le théâtre, uniquement pour tirer d'embarras le héros ou l'héroïne de la pièce. C'est ainsi qu'Hercule apparaissait soudain dans *Philoctète*, et Diane dans *Iphigénie en Tauride*. Dans le théâtre moderne, ce brave oncle d'Amérique, qui arrive toujours si à propos, avec ses millions, pour fournir une dot à sa pauvre mais vertueuse nièce, ou bien pour payer les fredaines de son coquin de neveu, est un véritable *deus ex machina*. Par analogie, on dit d'un savant ou d'un philosophe qui ne sait expliquer une difficulté que par une puissance surnaturelle, qu'il se sert du *deus ex machina*, expression qui implique toujours l'intention de blâmer et de tourner en ridicule l'explication, le dénoûment, auxquels on l'applique.

DEUTÉRIE (de δεύτερος, second). Dans la pratique des accouchements, l'arrière-faix étant appelé *deutérion*, on nommait *deutérie* la maladie produite par la rétention de cet arrière-faix ou placenta, et vulgairement des *secondines*.

DEUTÉRONOME. C'est le dernier livre de Moïse, tant par l'ordre qu'on lui a donné dans les Bibles, que par la date de sa composition. On voit par le texte qu'il a été écrit chez les Moabites, au delà du Jourdain, quarante ans après la sortie d'Égypte. Les Grecs l'ont appelé *Deutéronome* (de δεύτερος, second, et νόμος, loi), parce qu'on y trouve une récapitulation des lois et des diverses ordonnances éparses dans les autres livres. Les Juifs l'appellent *Mischna*, mot qui a le même sens dans leur langue. Ils ont même plusieurs *mischnas*, dont on ne connaît pas bien les auteurs, quoiqu'on s'accorde à les attribuer à des rabbins, qui les auraient composés depuis la dispersion. Quant au *Deutéronome* de Moïse, le ton, la manière, le style et les sentiments qui le distinguent, le lui feraient attribuer lors même que la tradition ne nous l'aurait pas transmis comme son ouvrage ; et le dernier chapitre, où sa mort est racontée, ne prouve rien contre l'authenticité de ce livre. C'est une faute de copiste dont Voltaire a maladroitement abusé. Il est évident pour tout lecteur de bonne foi que les deux derniers chapitres appartiennent au livre de Josué, qui sont dans l'ordre biblique. On conçoit sans peine que, dans un temps où les divisions du texte étaient beaucoup moins tranchées qu'aujourd'hui, des scribes aient facilement pu déplacer ces deux chapitres, soit par ignorance, soit pour compléter l'histoire de Moïse en terminant le Pentateuque. L'usage où l'on était de lire au peuple le *Deutéronome*, comme un excellent abrégé de la loi, rend cette conjecture encore plus probable. Après avoir entendu ce résumé sublime de toutes les merveilles de Dieu et de tous les préceptes que Dieu avait promulgués par la bouche de son serviteur, la multitude aimait à voir cet homme prodigieux, victime des murmures et de l'incrédulité de son peuple, monter avec résignation au sommet du Nébo pour y exhaler sa grande âme à la vue de la terre promise, où il avait conduit les enfants de Jacob, sans pouvoir y entrer lui-même.

Outre plusieurs circonstances nouvelles qui s'y trouvent mentionnées, le *Deutéronome*, présentant un résumé clair et succinct des lois principales et des faits miraculeux qui en attestaient la divinité, était très-utile à la multitude, qui n'a ni assez de temps ni assez d'intelligence pour lire beaucoup et se former un symbole. D'ailleurs, quarante ans s'étaient écoulés depuis la sortie d'Égypte, et ceux des Hébreux qui, à cette mémorable époque, avaient vingt ans et au delà, étaient morts dans le désert, ou touchaient à leur fin. Il importait donc que Moïse lui-même promulguât de nouveau la loi sainte à leurs enfants pour qu'ils la transmissent pleins de foi à leurs successeurs. C'est ce qu'il a fait en leur rappelant les prodiges qui s'étaient opérés sous leurs yeux ou qu'ils avaient entendu raconter par leurs pères. Nulle part ce grand homme n'a parlé avec plus de dignité et d'éloquence, et n'a mieux pris le ton d'un législateur inspiré. On aime à voir ce vieillard centenaire recueillir toutes ses forces et son inspiration pour inculquer à ses enfants, qu'il va bientôt quitter, ses dernières instructions. Le cantique du chapitre 32e est véritablement le chant du cygne : c'est le plus beau fragment de poésie que nous ait laissé l'antiquité ; et la mort du prophète est sublime après ce cri d'enthousiasme et d'inspiration (*voyez* PENTATEUQUE).

L'abbé J. BARTHÉLEMY.

DEUTÉROPATHIE (de δεύτερος, second, et πάθος, maladie). En pathologie, on nomme ainsi toute maladie produite par une autre dont elle est le symptôme ou l'effet sympathique.

DEUTOXYDE, DEUTOCHLORURE, DEUTOSULFURE, DEUTOSEL, etc. *Voyez* OXYDE, CHLORURE, SULFURE, SELS, etc.

DEUTZ, au moyen âge DUITZ, en latin *Tuitium*, petite ville fort ancienne, bâtie sur la rive droite du Rhin, en face de Cologne, et communiquant par un pont de bateaux avec cette ville, dont elle peut être regardée comme l'un des faubourgs, puisqu'elle est renfermée dans son système général de fortifications. La population de Deutz s'élève à 4,500 habitants, dont la navigation et le commerce de transit forment la principale industrie. On trouve à Deutz, principal théâtre des parties de plaisir des habitants de Cologne, un vaste arsenal et une belle caserne de cavalerie. Elle possède en outre une usine à gaz, une importante manufacture de porcelaine, une fonderie de fer, d'immenses ateliers de construction de machines, de voitures. L'établissement du chemin de fer de Cologne à Minden, dont elle forme la gare, a donné depuis quelques années une importance particulière à Deutz.

Un vieux château fort construit par les Romains fut transformé en monastère par l'archevêque Héribert de Cologne, en 1002. Plus tard, les comtes de Berg, prévôts de ce monastère, en firent une forteresse, d'où ils inquiétèrent le pays à la ronde, jusqu'à ce qu'en l'an 1230, l'archevêque Henri la fit démolir après l'avoir prise d'assaut. Par la suite des temps, Deutz fut à diverses reprises dévastée ; elle fut notamment incendiée en 1376 par les habitants de Cologne, en 1445 par le duc Jean 1er de Clèves, et en 1583 par les troupes de l'archevêque Gebhard de Cologne. Elle souffrit aussi beaucoup des suites de la guerre de trente ans. Après la paix de Nimègue, en 1678, ses fortifications furent rasées, et ce n'est qu'en 1816 qu'on les a relevées.

DEUTZ (Le *baron* SIMON). Lorsqu'un homme est devenu à jamais exécrable par une action infâme, on éprouve un profond dégoût à fouiller dans cette existence justement flétrie. Ce sentiment s'augmente encore quand il s'agit d'une lâche trahison. Alors on ne parle du traître et de l'acte abominable que pour subir une nécessité, pour donner aux souvenirs contemporains une satisfaction qu'ils exigent, et aussi pour commencer le châtiment qu'infligera l'histoire. La tentative faite en France par la duchesse de Berry n'eut rien d'odieux. Quelque séparé que l'on soit des idées politiques, des affections et des sentiments qui conseillèrent cette entreprise, on oublie tout ce que la guerre civile a d'horrible, pour ne songer qu'à l'élan généreux qui jetait une mère dans les périls de cette expédition. La duchesse se sépara, dès les premiers jours de l'exil, de la famille royale, dont elle ne voulait point partager la patiente résignation. Après avoir fait un dernier acte de déférence en demandant le consentement du vieux roi, elle prit la résolution d'agir seule. Elle quitta Lulfworth, resta peu de temps à Édimbourg, et demeura à Bath jusqu'au 17 juin 1831. A cette date, elle descendit le Rhin et entra par le Tyrol dans l'Italie, qu'elle visita presque entière. La princesse voyageait sous le nom de comtesse de Sagana ; elle s'arrêta à Naples et à Rome ; de là elle se rendit à Massa. Cette ville de l'état de Modène, qui n'avait pas reconnu le gouvernement de Juillet, était le centre de l'émigration légitimiste. La duchesse y devint la reine d'une petite cour. Dans ses conseils on agita la question du débarquement en Provence, ou sur les côtes de l'Ouest ; une forte députation du Morbihan décida la préférence de la duchesse pour la Vendée. Toutes les sommités légitimistes accoururent à Massa.

Ce fut en cet endroit que la duchesse vit pour la première fois Deutz. Cet homme avait débuté par être compositeur d'imprimerie. Fils d'un rabbin de la synagogue de Paris, il avait imité l'exemple de son beau-frère Drach, autre rabbin, dont la conversion au catholicisme, en 1824, avait fait grand bruit et que le pouvoir avait récompensée par une place dans l'éducation du duc de Bordeaux, et par une sinécure de bibliothécaire à la Sorbonne. Il s'était converti, bien déterminé, lui aussi, à fructueusement exploiter cet abandon de la religion de ses pères ; et les protecteurs ne lui avaient pas manqué non plus... Ayant, après 1830, accompagné Mme de Bourmont dans un voyage en Suisse, il s'était mis ainsi en bonne odeur ; ce fut sa première recommandation auprès de la duchesse. Le pape lui-même l'avait aussi recommandé à la princesse comme un homme dévoué, et qu'il avait employé avec succès pour la religion en Amérique et auprès de dom Miguel. Cette dernière mission a été niée. Deutz, se rendant à Gênes et devait passer par Massa, proposa à la duchesse de Berri de prendre ses ordres pour sa famille d'Espagne ; son intention étant, après avoir séjourné à Lisbonne, d'aller à Madrid. Le 29 mars 1831, il arriva de Rome à Massa, fut reçu par la princesse et dîna à sa table ; elle lui donna des lettres pour Madrid, et n'entendit plus parler de lui que par les réponses qu'elle reçut d'Espagne, dans lesquelles son messager était fort honorablement traité. On sait l'issue de l'expédition de la Vendée. Lorsque toutes les espérances légitimistes eurent été ruinées dans cette contrée, il fut décidé que la duchesse chercherait un asile à Nantes, d'où l'on devait lui faire quitter la France.

Le gouvernement, à la tête duquel se trouvait alors M. Thiers, tenait dans ses mains tous les fils de l'insurrection. Sur tous les points, il était en pleine confidence ; la mauvaise fortune de la duchesse et de son parti lui avait tout livré. Un seul succès manquait à cette prospérité : il fallait saisir le chef de l'armée vendéenne ; tous les efforts faits pour parvenir à ce résultat décisif avaient échoué, et cependant la destinée politique de M. Thiers était attachée à cette capture. On en désespérait, lorsqu'un jour le carrosse de M. de Montalivet amena chez M. Thiers l'homme dont la trahison devait perdre la princesse, que, jusqu'alors, tant d'affection et tant de dévoûment avaient protégée. Deutz avait eu, à Nantes, deux entrevues avec la duchesse : dans la première, il avait demandé et obtenu le titre de *baron*, prétendant que son nom n'avait point assez d'ampleur et de consistance pour les hautes négociations dont il était chargé près des cours étrangères. La princesse s'amusait beaucoup de ses prétentions « Il veut être mon plénipotentiaire, disait-elle; il est fou. Il veut être aussi baron! eh bien! passe pour baron… faisons-le baron! » Telle fut l'origine de la baronnie de Deutz. Muni de documents certains que lui avait laissé surprendre une confiance, imprudente sans doute, mais dont l'effusion lui commandait une inviolable fidélité, il revint à Paris. Nous avons lieu de croire, d'après des renseignements personnels, que Deutz, en se présentant chez M. de Montalivet, n'avait point parlé de trahir la princesse; il ne fut conduit chez M. Thiers que comme un homme qui pouvait éclairer des recherches. La preuve de ce fait semble résulter de la mauvaise humeur de Deutz quand il se vit séparé de M. de Montalivet pour être mis en rapport avec M. Thiers, qui le décida à partir pour Nantes, précédé et suivi de commissaires de police spéciaux, et adressé à M. Maurice Duval, alors préfet du département de la Loire-Inférieure.

Le 6 novembre, Deutz eut une dernière entrevue avec la duchesse. Il avait entendu parler du dîner; par un regard furtif jeté sur la table, il compta sept couverts; les demoiselles Duguigny habitaient seules la maison; il comprit que la princesse y demeurait, ou du moins y resterait pour dîner. Il courut chez le préfet, où il était attendu, et il conduisit par la main les hommes du gouvernement au lieu où ils devaient trouver leur proie. Après de longues recherches, la duchesse fut arrêtée… Deutz a prétendu qu'il avait voulu le salut du pays, menacé par la guerre civile; il a affirmé qu'il n'avait aucun intérêt à servir le gouvernement, puisque le parti légitimiste lui offrait les honneurs et la fortune. Cette double assertion n'est qu'une double imposture. Deutz connaissait le projet de la duchesse; il savait que, dès le 4 novembre, elle avait consenti à partir de France le 14. Il ne s'est détaché du parti légitimiste que lorsqu'il l'a su ruiné et hors d'état de payer son zèle. Quant au prix de sa trahison, Deutz, que M. le préfet avait enfermé pendant qu'on allait explorer de fond en comble la maison des demoiselles Duguigny, s'échappa furtivement de Nantes avant l'arrestation de la duchesse. On avait pris la précaution de le garder ainsi parce qu'il était nanti d'une somme considérable reçue à l'avance…..

Qu'est devenu ce misérable? S'il vous importe de le savoir, nous vous dirons qu'il est allé, dans un autre hémisphère, expier dans l'opprobre son infâme trahison. De tout ce qui a précédé ou suivi ce forfait, de toute cette ignominie, nous ne voulons nous rappeler qu'une seule chose, celle qui consolait la royale captive, *c'est que Deutz n'était pas Français*. Mais honte éternelle à ceux qui ont mis au service de leur ambition et de leurs ressentiments ces passions basses et viles! Ils se sont tous souillés à ce contact.

Eugène BRIFFAULT.

Simon Deutz a écrit, avec l'aide de Me Moulin, avocat du barreau de Paris, une brochure intitulée *Arrestation de Madame*, dans laquelle il cherche à se disculper de l'accusation d'avoir tiré de l'argent de l'arrestation de la duchesse. On s'accorde pourtant généralement à dire que le prix débattu entre lui et M. Thiers avait été *un million*; mais on ajoute que, le coup une fois fait, Deutz, en dépit de toutes ses réclamations, ne put obtenir rien de plus que les 500,000 fr. qui lui avaient été payés *à valoir*, alors qu'on avait encore besoin de lui pour réussir à arrêter la princesse. Deutz, après avoir parcouru l'Amérique sous un faux nom, revint à Paris où il perdit, dit-on, en différences de bourse, la presque totalité de sa sale fortune. Depuis, les journaux nous ont appris qu'un Simon Deutz était mort en Algérie. Nous ignorons s'il s'agissait ou non de l'infâme auquel, parce que son nom restera désormais attaché au pilori de l'histoire, force nous a été de consacrer une notice.

DEUX CENT VINGT ET UN. *Voyez* ADRESSE DES 221.

DEUX-PONTS (en allemand *Zweibrücken*), compris dans ce qu'on appelle aujourd'hui le *Palatinat-Bavarois*, formait jadis un des comtés immédiats de l'Empire, appartenant au cercle du Haut-Rhin. Plus tard, ce territoire fut érigé d'abord en *principauté*, puis, lors du partage des États de l'électeur palatin, qui eut lieu à la mort de l'électeur et empereur Ruprecht III, en 1410, entre ses quatre fils, en *duché* indépendant. Le troisième fils de Ruprecht, *Étienne*, devint le souche de la ligne palatine de Deux-Ponts. Le duc Charles Gustave, issu de cette ligne, ayant en 1654, lors de l'abdication de la reine Christine, été appelé à monter sur le trône de Suède, le duché de Deux-Ponts fit dès lors partie des possessions du roi de Suède. A la mort de Charles XII, en 1718, il échut à ses plus proches parents, et leur descendance étant venue à s'éteindre, il passa à la ligne collatérale de la maison palatine de Deux-Ponts, laquelle s'éteignit en 1731 dans sa descendance mâle; le duché passa alors à la maison palatine de Birkenfeld Deux-Ponts, d'où descend la famille qui occupe aujourd'hui le trône de Bavière.

A l'époque des guerres de la révolution, les Français occupèrent la principauté de Deux-Ponts, qui, aux termes de la paix de Lunéville, fut cédée à la France avec le reste de la rive gauche du Rhin. Plus tard, il fit partie du département du Mont-Tonnerre. La paix de 1814 le restitua à l'Allemagne, la plus grande partie en fut alors attribuée à la Bavière et le reste réparti entre Oldenbourg, Saxe-Cobourg et Hesse-Hombourg. La culture du houblon a pris dans le pays de Deux-Ponts les plus larges proportions.

La ville de *Deux-Ponts*, située, dans ce qu'on appelle le *Westrich*, sur l'Erlbach, dans une contrée agréable, et entourée de collines boisées, est régulièrement et assez joliment construite. Elle se compose de la *vieille-ville*, de la *ville-neuve*, et du beau *faubourg d'en-bas*, et compte 7,800 habitants dont 2,000 catholiques. Elle est le siège d'une cour d'appel et possède un pénitencier, un gymnase et une bibliothèque. Le château grand ducal, jadis l'une des magnifiques résidences princières qu'il y eût en Allemagne, fut détruit par les Français; et la seule partie qui en subsiste encore aujourd'hui a été transformée en église catholique. En fait d'édifices publics, on remarque surtout la cathédrale et l'église protestante, dite *Karlskirche*, qui fut construite par ordre du roi de Suède Charles XI. La principale industrie de la population consiste dans la fabrication des draps, des cuirs et du tabac, la filature et le tissage du coton, la tannerie, etc. Dans le bâtiment appelé *petit-château* se trouve un haras longtemps célèbre et réorganisé par le roi de Bavière Maximilien-Joseph.

Deux-Ponts restera célèbre dans l'histoire littéraire par les correctes et élégantes éditions de classiques grecs, latins et français publiées dans cette ville à partir de 1770 par une société de savants, et sorties de l'imprimerie ducale.

DEUX-SÈVRES (Département des). *Voyez* SÈVRES.
DEUX-SICILES (Royaume des). *Voyez* SICILES.
DEVADASIS. *Voyez* BAYADÈRES.
DEVAS, bons génies dans la religion indienne (*voyez* DÉMON).

DÉVASTATION. Ce mot a un sens plus restreint que celui de *désastre*, et plus large que celui de *dégât*; il n'exprime pas des résultats produits par un aussi grand nombre de causes que le premier, et, comme le second, il s'applique surtout à la destruction des objets matériels de la prospérité d'un pays, destruction qui a pour conséquence immédiate la *dépopulation*. La *dévastation* est la sombre poésie du *dégât*. Ce mot, emphatiquement harmonieux, doit exciter dans l'esprit l'image d'immenses contrées bouleversées par la colère de Dieu, et couvertes de ruines. Au lieu de villes, des décombres entassés et noircis par la fumée, des remparts écroulés, le silence et la solitude; dans les campagnes, des moissons arrachées, brûlées, foulées aux pieds des chevaux; çà et là des cadavres infects, sans sépulture ; plus loin, autour d'énormes monceaux de cendres qui fument encore, où les villages s'élevaient, de jeunes filles sans mères, assises sur des troncs d'arbres renversés, attendant la mort après le déshonneur; dans les bois, des troupes de spectres errants, mangeant des racines et maudissant la guerre, car la *dévastation* est fille de la guerre. Dans l'antiquité, la *dévastation* a été la principale tactique militaire. On jetait sur un pays des masses armées, avec ces mots d'ordre : *mettez à feu et à sang !* ou bien : *détruire tout ce qu'on ne peut emmener ou emporter* (φέρειν καὶ ἄγειν). Les masses remplissaient avec ardeur cette mission ; puis, rencontrant les forces ennemies, les masses se heurtaient contre les masses avec un choc épouvantable. Si l'armée d'invasion était anéantie, l'envahi allait chez le peuple voisin commettre d'affreuses représailles. Quelquefois même, les dévastations avaient lieu simultanément. Tel est le spectacle que nous offrent la guerre du Péloponnèse, chez un peuple dont nous admirons encore les arts et le génie ! Les plus effroyables dévastations ont été causées par les avalanches des barbares fondant sur l'empire romain ; la dévastation était leur but, leur plaisir, leur gloire, si bien que leur chef le plus fameux se faisait appeler le *fléau de Dieu*. Les croisades furent aussi de saintes horreurs ; et d'affreux désastres punirent d'affreuses dévastations. Toutes les guerres du moyen âge procédèrent par dévastations. L'esprit religieux, qui inscrivait au fronton des monuments : « *Laissez vivre et durer !* » commanda cependant plus de massacres et de dévastations qu'il n'en put arrêter. Plus calme, plus digne depuis Louis XIV, la guerre, sur la fin du dernier siècle, se remontra sanglante, incendiaire, implacable, sous une dénomination nouvelle : *guerre de principes*. Un général de notre temps ne parvint à pacifier l'Algérie qu'en la menaçant d'une *guerre d'extermination*. Sera-t-il permis d'espérer enfin que, si jamais les peuples civilisés se voient encore forcés de reprendre les armes, leur modération supprimera les cruautés, les dévastations inutiles et souvent même funestes à la victoire, les populations vaincues n'ayant plus alors d'autre refuge que le désespoir.

On applique encore le mot *dévastation* aux effets des inondations soudaines et considérables, des ouragans, des trombes. Que ces fléaux s'emparent du mot *ravage !* le mot *dévastation* doit être uniquement réservé aux excès de la guerre; cette expression en sera la flétrissure.

P. Édouard BARRÉ.

DEVAUX (Paul-Louis-Isidore), ancien ministre d'État Belge, né à Bruges le 10 avril 1801, débuta au barreau à Liège en 1820, et dès cette époque, adversaire déclaré de la politique suivie par le gouvernement des Pays-Bas à l'égard de la Belgique, il prit la part la plus active à la lutte qui devait amener l'affranchissement de sa patrie. En 1824, il se forma entre lui et MM. Lebeau et Rogier une liaison étroite de laquelle, après la révolution de septembre, sortit le parti doctrinaire, entre les mains duquel se trouvèrent tout d'abord placées les destinées de la Belgique. Tandis qu'à MM. Lebeau et Rogier était échu la tâche de diriger le mouvement dans les voies pratiques, M. Devaux se réservait celle d'en formuler la pensée politique. Ce fut lui qui, le premier, dans le *Politique* (continuation du *Mathieu Lænsberg*, fondé en 1824), feuille d'opposition placée sous leur commune influence, émit l'idée d'une coalition entre le parti catholique et le parti libéral, l'une des principales causes du renversement de la maison d'Orange.

La révolution belge une fois opérée, M. Devaux entra au congrès, où il combattit vivement les tendances républicaines et prit une part importante aux discussions qui se terminèrent par l'adoption de la constitution actuelle. Lorsque les doctrinaires furent appelés à la direction des affaires par le régent Surlet de Chokier, en mars 1831, M. Devaux fut nommé ministre sans portefeuille. La même année, ce fut lui qui entra en négociations avec Léopold ; et il fit partie de la conférence de Londres, où il contribua beaucoup à aplanir les difficultés qui s'opposaient à ce que ce prince acceptât la couronne de Belgique. Après le couronnement du nouveau roi, sa santé, affaiblie par les travaux et les luttes de la politique, le força de renoncer aux affaires publiques, sans pourtant résigner ses fonctions de député; et, quand ses amis politiques revinrent de nouveau au pouvoir en 1832 et 1840, puis encore en 1847, après la chute définitive de ses adversaires catholiques, il refusa obstinément de prendre la moindre part à l'administration.

M. Devaux, sans être un orateur, n'a pas laissé que d'exercer, dans les premières années de sa carrière politique, une grande influence sur la chambre. Un de ses plus remarquables travaux parlementaires, et par lequel il a rendu d'inappréciables services à son pays, a été son rapport sur l'emprunt des chemins de fer, conclu en avril 1838 avec la maison Rothschild, emprunt qui a été si important pour la Belgique, tant sous le rapport financier que sous le rapport politique. En 1839, lorsqu'il s'agit de l'acceptation définitive du traité des 23 articles (*voyez* Belgique), il crut ne devoir considérer que l'intérêt national, et, de même que ses amis, émit un vote affirmatif sur cette question. Tout aussitôt après la formation du ministère Lebeau-Rogier, M. Devaux fonda la *Revue nationale*, organe du parti libéral, dont l'habile rédaction lui valut pendant quelque temps le surnom de *président invisible du conseil*.

DÉVELOPPÉE. La suite des points de rencontre de toutes les normales à une courbe en détermine une nouvelle que l'on appelle *développée*; la première courbe, considérée par rapport à sa développée, reçoit le nom de *développante*. Ces dénominations tiennent à ce que les normales consécutives de la développante étant tangentes à la développée, on peut engendrer la première au moyen de la seconde en déroulant sur un fil inextensible que l'on aurait enroulé sur celle-ci.

Les développées ont une grande importance dans la rectification des courbes. C'est Huygens qui le premier fut conduit à examiner leurs propriétés par ses recherches sur la cycloïde. Wolf, Leibnitz, L'Hopital, Varignon, posèrent les bases de la théorie de ces courbes, qui s'est encore enrichie des travaux des analystes modernes. Le mode de génération des développées a été étendu, notamment par Monge, aux surfaces courbes et aux courbes à double courbure.

E. MERLIEUX.

DÉVELOPPEMENT, action de développer, de se développer, c'est-à-dire de sortir de dessous le voile, d'ôter l'enveloppe, de défaire ou de déployer ce qui est enveloppé. Roquefort, qui définit ainsi ce nom, le fait dériver du latin *velum*, voile, et ensuite du verbe *velare*, voiler, et de la particule *de*, tandis que Gallet trouve son origine dans le verbe *evolvere*, dérouler.

En style familier, le développement est opposé à enveloppement ou action d'envelopper. On le considère avec raison comme synonyme des mots *éclaircissement*, et *explication*. « On *éclaircit*, dit Beauzée, ce qui était obscur, parce que les idées y étaient mal présentées ; on *explique* ce qui était difficile à entendre, parce que les idées n'étaient pas assez immédiatement déduites les unes des autres; on *développe* ce qui renferme plusieurs idées réellement exprimées, mais d'une manière si serrée, qu'elles ne peuvent être saisies d'un coup d'œil. Les *éclaircissements* répandent la clarté, les *explications* facilitent l'intelligence, et *développements* étendent la connaissance. Dans un livre élémentaire, il ne faut point d'autres *éclaircissements* que l'application des principes généraux aux exemples et aux cas particuliers : ces principes doivent sortir si évidemment les uns des autres que toute *explication* devienne inutile ; l'exposition doit en être faite avec tant de méthode que les dernières leçons ne paraissent être et ne soient, en effet, que des *développements* des premières. »

On appelle *développement de dessin*, la *représentation* de toutes les faces, profils et parties du dessin d'un bâtiment. L'analyse mathématique et la géométrie emploient aussi le mot *développement* dans des acceptions particulières (*voyez* l'article suivant).

Lorsqu'on envisage comparativement toutes les phases ou périodes de l'existence des corps organisés, végétaux et animaux, on reconnaît facilement qu'on peut les réduire à trois principales, qui sont celles ; 1° de *développement* ; 2° d'*accroissement*, et 3° de *perfectionnement*. La période du développement comprend tout le temps nécessaire pour l'apparition successive et graduelle du fluide et du tissu primordial, celle des enveloppes qui se disposent pour la protection de l'être à son origine première, celle enfin des premiers linéaments de cet être, dont les divers organes commencent à poindre, se dessinent de plus en plus nettement, et constituent par leur ensemble les individus vivants. La durée de cette période est en rapport direct avec les circonstances antérieures et avec les degrés de simplicité ou de complexité d'organisation que doit atteindre un être vivant, végétal ou animal. Lorsqu'on étudie le développement des corps organisés sous un point de vue général et philosophique, on reconnaît qu'après avoir établi l'*époque de préformation* qui le précède, on peut, distinguer facilement la période du développement de celle de l'accroissement. Le moment où ces êtres vivants, après avoir acquis dans le sein d'une mère tout leur développement, s'en détachent et viennent puiser dans le monde extérieur les éléments d'une vie plus étendue, a reçu le nom de *naissance*. L'être développé et né s'accroît ensuite progressivement pour atteindre à son état parfait. Mais, en raison de l'état de faiblesse, de tendreté des individus naissants, on est souvent conduit à dire que les premiers accroissements sont une sorte de développement, parce qu'il exige encore les soins, c'est-à-dire l'incubation et la protection des êtres reproducteurs. On pourrait même regarder toute la série de phénomènes, depuis la première origine d'un corps vivant jusqu'à son état parfait, comme un *développement continu* ; mais alors on confondrait à tort le travail organique par lequel un être vivant est presque définitivement constitué dans ses formes, avec celui par lequel l'être constitué ne fait plus que s'accroître et se parfaire dans chacune de ces parties déjà développées. Nous croyons donc qu'il est convenable de distinguer en général le développement de l'accroissement, quoiqu'il ne soit point possible de tracer entre ces deux époques de la formation des êtres vivants une ligne de démarcation bien nette, lorsqu'on examine ces phénomènes dans toute la série des végétaux et dans celle des animaux.
L. LAURENT.

DÉVELOPPEMENT (*Matémathiques*). En géométrie, on nomme ainsi l'opération qui consiste à étendre sur un plan une surface courbe, et le résultat de cette opération : ainsi le développement de la surface latérale d'un cône droit à base circulaire est un secteur ayant pour rayon la génératrice du cône ; le développement de la surface latérale d'un cylindre droit est un rectangle, etc. Mais cette opération n'est pas toujours praticable ; par exemple, il est impossible d'étendre sans plis une feuille de papier placée sur une sphère, et par conséquent de développer la surface de celle-ci sur un plan. On doit donc distinguer parmi les surfaces celles qui sont *développables*, comme les cônes, les cylindres, un grand nombre de surfaces réglées, etc. Ces surfaces rendent de grands services aux arts.

Par extension quelques auteurs ont nommé *développement* d'un polyèdre, le *rabattement* de toutes ses faces sur un même plan.

La description d'une courbe au moyen de sa développée a aussi reçu le nom de *développement*.

DICT. DE LA CONVERS. — T. VII.

En analyse, on appelle *développement* d'une quantité algébrique ou transcendante la formation d'une série qui représente cette quantité. C'est ainsi que
$$1+x+x^2+x^3+x^4+\ldots$$
est le développement de la fraction $\frac{1}{1-x}$.

E. MERLIEUX.

DEVENTER, antique ville des Pays-Bas, dans la province d'Over-Yssel, sur la rive droite de l'Yssel, qu'on y passe sur un pont de bateaux, et à l'embouchure de la Schipbeck, compte environ 16,000 habitants. Outre les fabriques et manufactures d'étoffes, les objets principaux de commerce y sont les bestiaux, la bière, les pierres, la tourbe, le blé, le beurre, la cire, le fromage, la laine, la quincaillerie en fer, et le pain d'épice ; ce dernier article, jouit d'une grande réputation, et donne lieu à une exportation considérable. Les environs sont très-riches et très-fertiles. Cette ville a un athénée illustre (*athenæum illustre*), où professent quelques hommes de mérite. Elle est la patrie de Jacques Gronovius et du poète Bernard Bosch. C'est à Deventer qu'en 1370 *Gerrit-Groot* ou Gérard-Groot institua les *frères de la vie commune*, qui rendirent de si éminents services aux études avant la découverte de l'imprimerie, importée dans cette ville en 1477, par Richard Paffroet, de Cologne. En 1559, le pape Paul IV avait établi à Deventer un évêché suffragant de l'archevêché d'Utrecht ; mais il ne subsista que jusqu'en 1591, époque où le prince Maurice d'Orange enleva de nouveau cette ville aux Espagnols, aux mains desquels la trahison du commandant Stanley l'avait fait tomber deux ans auparavant. Depuis lors Deventer fit toujours partie de la république des Provinces-Unies, comme chef-lieu de la province d'Over-Yssel, titre qui lui a récemment été ôté pour être donné à la ville de Zwolle. DE REIFFENBERG.

DÉVERGONDAGE. Dans nos vieux écrivains, on trouve le mot *dévergondé* employé comme verbe : il signifiait alors atteinte portée à l'honneur d'une femme, soit par la violence, soit par la ruse. Jean Carouge étant sur le point de se battre en duel, par arrêt du parlement de Paris, contre Jacques Legris, sa femme, selon Froissard, lui cria : « Combattez, combattez, mon mari ; Jacquet m'a dévergondée. » Le *Dictionnaire de l'Académie Française* reconnaît ce mot comme adjectif et comme substantif ; et l'on écrit maintenant tous les jours, en parlant de la conduite de quelqu'un : il est d'un *dévergondage qui n'a pas de nom*. On appelle *dévergondé* quiconque, non-seulement foule aux pieds les bonnes mœurs et les bienséances, mais y ajoute encore une publicité qui fait naître le scandale : quelque chose d'irrégulier caractérise enfin le dévergondage, et en est comme le cachet. Dans les gouvernements où existe la liberté de la presse, tout le monde croit pouvoir écrire : or, comme le droit ne donne pas toujours la capacité, il en résulte que, faute d'une bonne éducation première ou d'études qui, plus tard, l'aient remplacée, un grand nombre d'écrivains sont *dévergondés*, soit par le fond des idées, soit par les formes dont ils les revêtent. Dans notre première révolution, où l'effervescence était si générale, le premier venu, montant sur la borne, haranguait le peuple qui passait ; était-il doué d'une conviction profonde ou d'une certaine facilité d'élocution, il se faisait écouter ; mais, en réalité, le fond et la forme, tout était *dévergondage*. Il y a quelques années, il était de mode de mépriser toutes les traditions, de tenir à dédain tous les principes du goût ; il y avait émulation de dévergondage parmi les jeunes écrivains ; c'était à qui outragerait avec le plus de persévérance et de cynisme les mœurs et la langue : livres, pièces de théâtre, étaient entrés dans une funeste concurrence ; c'était à qui mieux mieux empoisonnerait la génération contemporaine. Mais la pudeur publique s'est enfin révoltée, et la vogue du dévergondage littéraire et dramatique, grâce à Dieu, est presque passée ; nous sommes beaucoup plus près qu'on ne le pense de revenir au vrai et au naturel. Tout le monde commence à comprendre que, si le dévergondage peut se glisser quelquefois à la suite des révolutions politiques, ce ne saurait être qu'à titre d'exception. Tout ce qui est empreint de dévergondage est transitoire. Il n'en est pas de même chez les peuples barbares, où quelquefois une grandeur si éclatante se mêle au dévergondage, qu'il laisse une profonde impression sur des esprits dépourvus de lumières, mais pleins d'imagination. SAINT-PROSPER.

DEVÉRIA (ACHILLE et EUGÈNE). Destinés, par la position supérieure que leur père occupait au ministère de la marine, à faire leur chemin dans le monde, les frères Devéria, nés à Paris, l'un en 1800 et l'autre en 1810, n'étudièrent d'abord les beaux-arts que par délassement et comme le complément indispensable d'une bonne éducation. Par ses dispositions heureuses et une aptitude remarquable au travail, l'aîné, élève de M. Laffitte, dessinateur distingué du cabinet du roi, avait déjà fait preuve de talent, quand, à la suite des commotions intérieures qui signalèrent les premiers temps de la restauration, M. Devéria père cessa tout à coup d'être en faveur, et perdit son crédit. Exclusivement occupé des devoirs de sa place, ayant pour compagne une créole dont l'imagination et les goûts étaient peu en rapport avec l'économie nécessaire à la vie parisienne, même avec une grande aisance, il n'avait pu rien réserver pour l'avenir. Aussi eut-il la douleur de voir tomber sa famille d'une position brillante dans un état voisin de la misère. Le jeune Achille comprit que, seul en état de gagner quelque argent, il devenait l'unique soutien de ses parents, et se mit au travail avec cette ardeur infatigable dont on ne trouve le secret que dans un bon cœur et le sentiment de ses devoirs. Faisant bon marché des plaisirs dont la jeunesse est ordinairement si avide, de l'avenir brillant qu'avait rêvé son imagination, il ne recula devant aucun sacrifice. Dévorant avec courage ces mille souffrances d'amour-propre qui assiègent toujours ceux qui tombent, il frappa à toutes les portes jusqu'à ce qu'il eût trouvé l'emploi du talent qu'il possédait. Il accepta toutes les offres, si peu avantageuses qu'elles fussent, passa les nuits au travail, et parvint en peu de temps à conquérir la place qu'il méritait parmi les artistes. Le goût des vignettes et des éditions *illustrées* commençait à se répandre. Dessinateur plein de charme, composant à merveille les petites scènes dont on prenait l'habitude d'orner les livres, le jeune Achille Devéria se fit un nom en peu d'années et eut une telle réputation que, malgré son étonnante fécondité, il ne put bientôt suffire aux demandes des éditeurs qui sollicitaient à l'envi le concours de son talent. Dans les plus beaux livres de cette époque, tous *illustrés* par lui, on remarque quelquefois de petits chefs-d'œuvre d'arrangement et de goût. Avec la réputation, l'aisance et le bonheur rentrèrent dans sa famille. Marié à Mlle Mothe, fille d'un des premiers imprimeurs lithographes de Paris, cet artiste devint bientôt habile dans l'art de dessiner sur pierre, et contribua puissamment aux progrès de la lithographie, à laquelle son crayon sut donner quelquefois le fini et la fermeté de la gravure.

Travailleur infatigable, doué d'une facilité prodigieuse, M. Achille Devéria peut être regardé comme un des artistes les plus féconds de notre temps. Son œuvre ne forme pas moins de huit gros volumes contenant en vignettes, lithographies, dessins et aquarelles, plus de quatre mille sujets, dont la plupart offrent un grand intérêt sous le rapport de l'art. Compositeur plein de grâce dans les choses qui n'excluent pas la manière et demandent plus de sentiment que de correction, cet artiste n'a point été aussi heureux dans un genre où ces belles qualités ne suffisent pas. Depuis quelques années, il s'est mis à composer des cartons pour les verrières que la manufacture de Sèvres parvient maintenant à faire avec tant de supériorité. Malgré la science d'arrangement qui caractérise ces nouveaux travaux de M. A. Devéria, malgré l'art avec lequel il sait dissimuler dans les plis des étoffes et les ombres la mise en plomb des assemblages, ses vitraux, plus gracieux que sévères, manquent souvent du caractère élevé que l'artiste aime à rencontrer dans de pareilles œuvres. Possédant pour les vignettes et les petites compositions un talent tout à fait hors ligne, M. Devéria est loin de se montrer aussi habile dans les travaux d'un genre plus sérieux ; cependant, hâtons-nous de le dire, les deux verrières exécutées sur ses cartons par la manufacture de Sèvres pour l'escalier de Henri II au Louvre sont à tous égards des pages d'un grand intérêt.

Pendant que M. Achille Devéria consacrait tout son temps au bien-être de sa famille, son frère Eugène étudiait la peinture sous la direction de Girodet. Peu de débuts ont été plus brillants que les siens. Dès l'âge de dix-huit ans, il avait fait ses preuves et s'était présenté dans la lice en athlète vigoureux, que les difficultés n'effrayent pas. Un de ses premiers tableaux, *La Naissance de Henri IV*, que possède la galerie du Luxembourg, est son œuvre la plus remarquable, et présageait un grand artiste. En 1833, il exécuta un plafond du Louvre, *Le Puget montrant son Milon de Crotone à Louis XIV*. Mais une santé toujours chancelante, un état valétudinaire qui rend tout travail pénible, a, depuis longtemps, arrêté l'essor de ce beau talent. Les rares tableaux exécutés depuis par M. Eugène Devéria n'ont rien ajouté à sa réputation si vaillamment conquise ; on cite néanmoins avec beaucoup d'éloges deux compositions peintes par cet artiste, l'une à fresque et l'autre à la cire, dans la chapelle des papes, à Avignon, dont il devait entièrement décorer l'intérieur, et que la faiblesse de sa santé ne lui a pas permis de terminer. A. BERTSCH.

DÉVIATION (du latin *deviatio*), changement de route, changement de direction. En médecine, le mot *déviation* a une acception tantôt générale et tantôt spéciale. Ainsi, on a appliqué ce nom aux changements de direction de nos humeurs : par extension, quelques auteurs ont renfermé dans la même dénomination tout ce qui avait rapport aux différentes monstruosités. Il nous semble plus logique de restreindre la signification de ce mot, et de le consacrer exclusivement à la direction vicieuse de quelques-unes des parties de notre corps, comme la colonne vertébrale, les membres, etc. Outre les déviations qui constituent de véritables difformités, il y en a de légères ou défauts de forme survenus sans cause apparente, qui ne peuvent être aperçus que par des personnes exercées. Les plus communes de ces déviations sont les courbures commençantes de la colonne vertébrale, des fémurs, des tibias, des os de l'avant-bras ; les genoux contournés en dedans, des pieds renversés en dehors ; ces légers défauts ne sont pas corrigés à leur origine, ils finissent le plus souvent par devenir de véritables difformités, et par gêner l'exercice des fonctions de la respiration, de la circulation, et de la digestion, lorsque la colonne épinière en est le siège ; pour les membres inférieurs, outre le maintien disgracieux que l'on remarque chez les individus qui en sont atteints, il en résulte de la gêne dans la marche et dans la station. Ces déviations se montrent le plus souvent dans l'enfance et chez les adolescents ; elles surviennent pendant la convalescence des longues maladies, aux époques de la dentition, à la suite d'habitudes vicieuses prolongées : le défaut d'exercice les amène également ; mais elles se développent surtout sous l'influence d'une mauvaise disposition, comme la constitution scrofuleuse. J'ai vu plus de cinq cents enfants avec quelqu'une de ces légères déviations, trop peu développées pour constituer de véritables difformités, et dont la guérison n'a demandé qu'un régime convenable, une bonne direction dans le maintien, un exercice pris en plein air, etc.

On a encore désigné sous le nom de *déviations* les renversements des oreilles, le strabisme, le déjettement du nez et de sa cloison, la torsion de la bouche, la saillie des dents en avant ou en arrière, l'implantation vicieuse des ongles et le chevauchement des orteils, etc.

DÉVIATION

A l'article BOSSE, un de nos collaborateurs a indiqué les conditions dans lesquelles se développent les déviations, qui portent ce nom, et ce qu'il en a dit peut s'appliquer à toutes les espèces de courbures de l'épine dorsale. Presque toutes ces courbures commencent par être *passagères*, c'est-à-dire que, prises à leur naissance, il est facile de les faire disparaître en imprimant aux malades des attitudes opposées à celles que la difformité commençante les porte à prendre, etc. Dans ces courbures, les os et les ligaments de l'épine conservent d'abord leurs proportions relatives; mais bientôt elles deviennent *permanentes*, et alors elles ne disparaissent plus, quelle que soit l'attitude que l'on fasse prendre aux malades : il existe toujours dans quelque point des substances intervertébrales, et quelquefois dans les vertèbres elles-mêmes, une dépression qui empêche la courbure de disparaître.

Parmi les courbures de l'épine, celles que l'on rencontre le plus fréquemment, sont les déviations latérales. Arrivées au maximum de leur développement, elles sont susceptibles de nuire à l'accroissement du corps, d'entraver les fonctions du cœur, des poumons, des organes digestifs, de même que l'innervation. Elles se manifestent presque toujours durant la croissance; on les observe généralement entre huit et quinze ans chez les enfants des classes riches; elles peuvent exister dans tous les points du rachis, et même le déformer dans sa totalité. Il est rare qu'une seule région soit déformée : souvent deux, et même les trois régions, se dévient à la fois. Chez les jeunes enfants, les courbures latérales commencent presque toujours dans les régions lombaire ou cervicale. Quand elles commencent dans la région lombaire, elles ont le plus souvent leur convexité dirigée à gauche, parce que le membre abdominal de ce côté est presque toujours plus faible que celui du côté droit : alors, le bassin restant immobile à cause de ses connexions, toute la partie moyenne du tronc se trouve inclinée du côté droit; et, pour maintenir l'équilibre du corps, la tête et le cou se portent à gauche. Il résulte de là une double déviation, à convexité gauche dans les lombes, et à convexité droite vers les épaules.

Les déviations qui commencent par la région cervicale ont lieu indifféremment à droite ou à gauche. Elles sont ordinairement la suite d'engorgements glanduleux du cou, du torticolis ou du ramollissement des substances intervertébrales de la région cervicale. Par exemple, quand les engorgements glanduleux du cou viennent du côté droit, le malade, pour éluder en partie la douleur, incline la tête sur l'épaule gauche; et si cette pose de tête se prolonge, il en résulte dans la région cervicale une déviation à convexité droite. Or, comme, pour rétablir l'équilibre, le malade incline le haut du tronc à droite, il naît de là une seconde courbure à gauche dans la région dorsale de l'épine. Le torticolis agit de la même manière, avec cette différence cependant, que le malade, pour diminuer la souffrance, incline la tête vers les parties douloureuses; et, de cette inclinaison prolongée, il résulte naturellement une déviation latérale dans la région du cou. Voilà l'origine de beaucoup de déviations latérales gauches dans la région dorsale, lesquelles sont loin d'être aussi rares que plusieurs auteurs estimables l'ont pensé. Chez les sujets de huit à quinze ans, les distorsions latérales de l'épine peuvent commencer vers cette légère courbure naturelle qui est dirigée à droite et formée par les 3e, 4e, 5e et 6e vertèbres dorsales; et même toute déviation accidentelle, dans son début, peut être confondue par des médecins peu expérimentés en ce genre de maladies, avec cette courbure naturelle dont nous venons de parler.

Dans les différentes déviations de la colonne vertébrale, les rapports des muscles sont constamment changés. Les uns sont allongés et les autres raccourcis. Ils ne sont plus dans leurs rapports naturels, et de là résulte une grande débilité ou même une espèce d'atrophie; leurs dimensions sont changées, leur proportions détruites; leur nutrition devient imparfaite. De là vient qu'aussitôt qu'il existe une légère courbure de la colonne vertébrale ou d'un membre, alors on voit les muscles diminuer de volume, s'amoindrir, et même s'atrophier. Tous les muscles du corps, dans les cas de grandes déviations vertébrales, sont considérablement amaigris, ce qui me semble résulter d'une altération de la moelle épinière. Les déviations latérales de la colonne vertébrale, pour peu qu'elles soient prononcées, ont pour résultat nécessaire de rétrécir la poitrine, de comprimer les poumons, de gêner la respiration et d'entraver la circulation du sang, en mettant obstacle aux battements du cœur. La moelle épinière, logée au centre des vertèbres, se trouve aussi presque toujours comprimée; de là proviennent des palpitations du cœur, le ralentissement du cours du sang, des oppressions, des digestions pénibles, et aussi des paralysies des membres ou de grandes faiblesses. Les jeunes filles, surtout, deviennent pâles, maigres et faibles; cela va quelquefois jusqu'à causer les pâles-couleurs, jusqu'à supprimer les menstrues. J'ai observé que les jeunes personnes qui devenaient contrefaites vers la région lombaire de l'épine ne se réglaient point, ou que si elles avaient été réglées avant cette déviation, les menstrues diminuaient et cessaient d'être régulières, leur diminution s'opérant toujours en proportion des progrès de la difformité. J'ai vu beaucoup de jeunes personnes très-contrefaites, et qui cependant restaient bien réglées, parce que la région lombaire n'était nullement ou presque pas déviée. L'effet dont je parle ne dépendrait-il pas de la compression qu'éprouve la partie inférieure de la moelle épinière, laquelle fournit les plexus hypogastriques et sacrés, d'où proviennent les nerfs que reçoit la matrice?

Il sera question des déviations de la colonne vertébrale en arrière à l'article GIBBOSITÉ. La courbure d'une partie de l'épine en avant se rencontre assez souvent aux lombes et au cou, mais très-rarement au dos. La région de l'épine qui se dévie le plus souvent en avant est la lombaire : cette courbure comprend les trois premières vertèbres lombaires et les deux dernières dorsales; on la voit d'ordinaire chez les enfants qui ont le ventre gros, les articulations gonflées, et chez ceux enfin qui ont les cuisses et les jambes courbées en dehors et qui sont scrofuleux et rachitiques. Alors les malades marchent en se balançant à la manière des canards. La courbure antérieure du cou a lieu le plus souvent chez les enfants à tête volumineuse et chez les rachitiques. Elle coexiste presque toujours avec les fortes courbures en arrière. La courbure de la région dorsale en avant se rencontre très-rarement : sur plus de deux mille distorsions de l'épine dorsale que j'ai eu occasion de voir, je ne me rappelle pas avoir rencontré plus de dix à douze fois cette difformité, et l'on en concevra facilement la raison : les apophyses épineuses des vertèbres du dos sont en effet presque contiguës les unes aux autres, et pour qu'une courbure puisse avoir lieu dans la région dorsale, il faut qu'elle comprenne un grand nombre de vertèbres, leurs apophyses épineuses étant tellement rapprochées qu'il est impossible qu'elles puissent s'incliner isolément.

Si nous passons maintenant à la distorsion des membres inférieurs, nous trouverons d'abord la déviation des genoux en dedans. Cette difformité est très-fréquente. Elle commence ordinairement à partir de l'âge de dix mois jusqu'à l'âge de sept à huit ans; j'ai vu cependant des déviations de genoux commencer à l'âge de dix, de quinze, et même de vingt-deux ans, à la suite d'un coup, d'une chute, ou par suite de fatigues disproportionnées à l'âge et à la force des sujets; d'autres fois, après un rhumatisme de genoux, etc. Dans ces cas, de même que chez les jeunes enfants, les malades avaient toujours éprouvé de la douleur dans les genoux, avant qu'on s'aperçût de la difformité; les extrémités articulaires des fémurs et des tibias avaient été le siége d'une inflammation lente qui les avait ramollies. Ce gonflement, chez les jeunes enfants, avait toujours été partagé par les principales articulations des membres, par les malléoles, par les poignets, et même aussi par les coudes, etc. Les malades, affaiblis par la douleur antérieurement ressentie, sont alors obligés, afin de faciliter la marche, d'élargir la base de sustentation, et c'est dans ce but qu'ils écartent les jambes à la manière des convalescents. Il résulte de là que le poids du corps ne portant plus que sur les condyles externes des fémurs et des tibias, les condyles externes n'éprouvant presque aucune pression, ces derniers augmentent de volume, tandis que les externes, plus comprimés que jamais, diminuent d'épaisseur. Le plus ordinairement, les déviations des genoux en dedans commencent à l'époque où les enfants faibles et lymphatiques s'essaient à marcher seuls; mais l'époque dont il s'agit est très-variable chez ceux dont la constitution est très-lymphatique. J'ai vu des enfants lymphatiques de trois, quatre, cinq, et même six ans, qui n'avaient pas encore essayé de marcher. La difformité est presque toujours plus forte du côté gauche que du côté droit; et quand il n'y a qu'un genou de déformé, c'est plutôt le gauche. Les déviations des genoux, si elles sont avec complication de courbure des jambes, se montrent principalement à la suite et comme conséquence de celles-ci.

Presque toutes les courbures des jambes sont à convexité en dedans, en dedans et en avant, en dehors, ou en dehors et en avant, et presque toutes jointes à l'innervation des fémurs en avant et en dehors. Celles de ces courbures dont les convexités sont dirigées en dedans se rencontrent chez les enfants plus faibles que ceux chez qui on les trouve en dehors; cela dépend peut-être de ce que les enfants faibles marchent plus difficilement seuls que ceux qui sont plus forts, et que, pour se soutenir, ils sont obligés d'écarter les pieds l'un de l'autre afin d'élargir la base de sustentation. Alors le poids de leur corps fait fléchir les os de leurs jambes en dedans, et comme ces os sont peu solides, ils doivent en même temps céder à l'action des muscles du mollet, qui, contractés, tendent à les courber en même temps en avant. Quand ces courbures sont fortes, les enfants appuient en marchant sur le bord interne des pieds, souvent même sur les malléoles : la plante des pieds est dirigée en dehors, ou même perpendiculairement à l'horizon. Les pieds, en ce cas, présentent la difformité désignée sous le nom de *pieds-bots en dehors* ou *valgi*. Ces cas ne sont pas rares. Les courbures des jambes en dehors, ou en dehors et en avant, ont ordinairement lieu vers le tiers inférieur des jambes à l'endroit où le tibia, tortu sur lui-même, se dirige un peu en avant et en dehors. Cette courbure, qui est quelquefois développée au point de jeter les pieds en dedans, comme dans les cas de *vari* (*pieds-bots en dedans*), se montre généralement chez les enfants qui ont de l'embonpoint, avant même qu'ils aient essayé de marcher. Quoique ces jeunes malades présentent l'apparence de la santé, la difformité n'en a pas moins été précédée par le gonflement des principales articulations des membres, etc.

La disposition aux courbures des membres et de l'épine tient surtout à la constitution très-lymphatique et très-faible des malades. Cette constitution est ou native ou consécutive, mais bien plutôt consécutive à des maladies longues, comme la gastrite, la gastro-entérite, maladies auxquelles succèdent très-souvent l'entérite chronique avec diarrhée. Ces affections apparaissent généralement à l'époque de la sortie des dents. La dentition, surtout chez les gens du peuple, est souvent l'occasion de grands désordres, ce qui est dû vraisemblablement aux mauvais aliments dont les enfants pauvres sont nourris, à l'irrégularité de leurs repas, aux lieux insalubres où ils vivent, au mauvais air qu'ils respirent, et principalement aux femmes malsaines, enceintes, trop âgées, et souvent atteintes de maladies chroniques, qu'on leur donne pour nourrices. Souvent aussi la rougeole, la scarlatine, suivies d'irritations bronchiques et d'ophtalmies; la coqueluche prolongée, la variole, modifient singulièrement leur constitution et la rendent tout à fait lymphatique. Une croissance rapide, pendant laquelle les individus grandissent de quatre, cinq et six pouces en quelques mois, affaiblit sensiblement leur jeune constitution. Dans ces croissances, les os se développent dans leur longueur et leur épaisseur; mais comme les muscles ne croissent pas dans la même proportion, ces derniers organes, ne pouvant allonger, s'amincissent et perdent toute leur énergie.

Toutes ces maladies agissent en affaiblissant la constitution, en faisant prédominer peu à peu le système lymphatique. L'état de faiblesse qu'elles produisent prédisposent les parties ligamenteuses, fibreuses et osseuses à cette inflammation lente que Broussais a désignée, quant aux tissus blancs, sous le nom de *sub-inflammation*. Si de jeunes malades ainsi disposés reçoivent un coup, s'ils font une chute sur un membre ou l'épine du dos, il survient bientôt dans la partie lésée une inflammation qui envahit d'abord, et presqu'en même temps, le tissu cellulaire, les muscles et les parties fibreuses ou ligamenteuses. Ordinairement, cette inflammation finit par abandonner le tissu cellulaire et les muscles; mais elle persévère sous la forme chronique dans les tissus fibreux et ligamenteux, ces derniers tissus étant pourvus de peu de vaisseaux sanguins. L'inflammation des glandes sous-cutanées et des ganglions lymphatiques de la poitrine et du ventre débute de la même manière, par le tissu cellulaire environnant. L'hérédité, ou cette prédominance du système lymphatique que les enfants reçoivent de leurs parents, dispose aux scrofules et au rachitis, causes des courbures des membres et très-souvent de celle de l'épine. Mais j'ai observé que cette cause (l'hérédité) était peu fréquente.

Quand la constitution est devenue tout à fait scrofuleuse, les irritations se montrent dans les organes où le système sanguin a le moins de prédominance : dans les tissus fibro-ligamenteux qui affermissent le squelette, dans les ganglions lymphatiques, et ensuite dans les os eux-mêmes. Mais avant que les os soient ramollis, les enfants éprouvent de la douleur aux lieux qui doivent être le siège des distorsions; leur périoste se tuméfie, ainsi que le tissu cellulaire qui le recouvre. Cette inflammation du périoste, qui s'étend quelquefois dans tous les membres, peut presque toujours être sentie avec les doigts. Les enfants alors deviennent tellement sensibles que l'on ne sait pas où les toucher. Presqu'en même temps et quelquefois plus tôt, les extrémités des os se gonflent, et les épiphyses en deviennent saillantes. J'ai vu aussi, et même fréquemment, le tarse et le métatarse ainsi que quelques articulations vertébrales, sensiblement gonflés. Chez les plus jeunes, ces gonflements des jambes commencent quelquefois avant qu'ils aient essayé de se soutenir sur leurs pieds, et les déviations des genoux n'arrivent qu'ultérieurement. Quand les déviations des genoux ne sont pas compliquées et précédées de courbures des jambes, cela vient de ce que la maladie a commencé à un âge plus avancé, alors que le tissu compacte des os avait acquis toute sa solidité, ou de ce que le ramollissement des extrémités articulaires ne s'est pas étendu au delà des limites du tissu spongieux des os.

Les autopsies que j'ai été à même de faire m'ont convaincu que la cause du ramollissement des os ou du rachitis est bien certainement l'inflammation du périoste; inflammation qui se propage à l'intérieur de l'os, à la membrane médullaire. L'inflammation de ces membranes a toujours précédé les courbures vicieuses, plus particulièrement celles des membres. Comme c'est par le périoste et la membrane médullaire que les os se nourrissent, si ces membranes s'enflamment et deviennent malades, les os dépérissent, se ramollissent ou s'atrophient. J'ai vu des tibias qui étaient tellement aplatis qu'ils ne présentaient plus que trois lignes d'épaisseur. Cela provient de ce que l'exhalation des sels calcaires s'effectue incomplétement dans le tissu réticulaire des os. Mais dès que l'inflammation des membranes externes et internes des os a disparu à l'aide d'un bon traitement, alors l'exhalation des sels calcaires redevient quelquefois si abondante qu'au bout d'un ou deux mois les os prennent un volume excessif, surtout vers les concavités des courbures.

Les courbures latérales de la colonne vertébrale, indépendamment des causes énoncées ci-dessus, en ont encore d'autres qui pour ainsi dire leur sont propres, telles que la paralysie partielle et la courbure d'un membre inférieur, etc.

Nous n'avons pas à décrire ici le traitement convenable à chacune des différentes sortes de déviations; nous nous bornerons à en parler d'une manière générale. Lorsqu'un enfant présente quelques-uns des signes précurseurs que nous avons mentionnés, lorsque surtout il y a déjà un commencement de courbure, il faut se hâter d'apporter remède à ce mal commençant. Et d'abord, il faut traiter les maladies chroniques subsistantes. En même temps qu'on fait suivre aux enfants un traitement pour leurs maladies chroniques, il faut conseiller un traitement externe. Nous mettons en première ligne dans ce traitement les bains salés, les bains sulfureux, les frictions sèches ou avec de la flanelle imbibée de liniments excitants sur tout le corps; la promenade au grand air, au soleil, et quelques exercices gymnastiques; quand les organes digestifs sont en bon état, je conseille à l'intérieur des amers, l'infusion du houblon avec du bicarbonate de potasse ou de soude, les eaux minérales de Vichy, de Spa, de Forges. Pour les enfants des gens riches, il faut les envoyer aux Pyrénées, aux eaux de Cauterets, de Baréges, etc. Lorsque ces difformités sont confirmées, et qu'il n'y a plus d'espoir de les faire disparaître à l'aide des moyens énoncés ci-dessus, on est forcé d'avoir recours aux moyens mécaniques (*voyez* ORTHOPÉDIE). D' V. DUVAL.

DÉVIDOIR. Dans les arts technologiques, ce mot a deux applications distinctes : l'une concerne un instrument dont la fileuse se sert pour mettre en écheveau le fil qui se trouve sur son fuseau, et l'autre se rapporte au *dévidoir en compte*, dont l'objet est de fournir les moyens mécaniques de donner à des écheveaux la même longueur.

L'instrument dont il s'agit en premier lieu n'est autre chose que le *dévidoir à la main*, dont on peut se faire une idée exacte en se figurant une double croix dont les traverses qui forment les bras sont placées à angles droits. C'est un bâton cylindrique de 0^m,65 environ de long, percé à ses extrémités de trous dont les diamètres sont des directions perpendiculaires entre elles. C'est dans ces trous que sont placées de petites baguettes sur lesquelles la fileuse applique alternativement le fil qu'elle dévide avec sa main, et de telle sorte qu'elle fait faire un quart de tour à l'instrument lorsque le fil, après avoir passé sous la baguette inférieure, par exemple, doit venir passer par-dessus la baguette supérieure. Le fil, dans ces divers mouvements, dessine la forme d'un 8, et fait qu'on compose un écheveau dont la grosseur est déterminée par la fileuse. Ordinairement elle forme la *centaine*, et, lorsqu'elle est formée, elle lie les deux bouts autour de l'écheveau et y fait un nœud. En faisant glisser le tout sur des baguettes, l'écheveau se dégage, et on le serre dans l'atelier.

Lorsqu'il s'agit, dans le dévidage du coton, de connaître par le poids le numéro du fil, on commence par le porter à l'atelier des dévideuses. Il est d'abord mis en écheveaux sur un dévidoir dont l'aspe a un mètre de contour. Un écheveau, contenant 10 échevettes de 100 fils chacune, a, par conséquent, 1,000 mètres. Lorsqu'on les passe au *peson*, on réunit tous ceux qui ont, à peu de chose près, le même poids, pour en former une livre; et c'est d'après le nombre qu'il a fallu pour parvenir à ce poids donné qu'on détermine le numéro du fil.

Dans les ménages, on donne aussi le nom de *dévidoir* à un petit meuble fort élégant, qu'on place sur une table ou sur le parquet, et avec lequel on dévide les écheveaux de fil, de coton, etc. Il a une forme conique, de telle sorte que l'écheveau trouve toujours un diamètre correspondant à sa grandeur, et qu'il est facile de le dévider. Une coquille en ivoire ou en ébène, placée au-dessus de l'axe du cône, reçoit la pelotte à moitié faite, lorsque la dévideuse veut se reposer. Pour les dames qui brodent sur canevas, et qui emploient beaucoup de pelotes de coton ou de soie de diverses couleurs, ce meuble est indispensable. Le luxe n'a rien négligé pour l'embellir, à tel point qu'il n'est pas déplacé dans le coin d'un boudoir, ou sur une table de travail, ou enfin sur une cheminée, car on en fait qui ont de très-petites dimensions. V. DE MOLÉON.

DEVIENNE (FRANÇOIS), compositeur français, né à Joinville en 1760, est l'auteur de la musique de plusieurs opéras qui ont eu du succès, tels que *Les Visitandines*, *Les Comédiens ambulants*, *Le Valet à deux maîtres*. Il avait un grand talent sur la flûte et a publié une méthode pour cet instrument. Devienne tomba jeune encore dans un état complet de démence, et mourut à Charenton, le 5 septembre 1803. Sa musique est chantante et son instrumentation élégante, mais on lui a reproché avec raison plusieurs plagiats notables. F. DANJOU.

DEVIENNE (JEANNE-FRANÇOISE THÉVENIN, plus connue sous le nom dramatique de SOPHIE), l'une des plus célèbres actrices du Théâtre-Français, naquit à Lyon, en 1763, de parents honnêtes, qui soignèrent son éducation, mais qui ne purent l'empêcher de suivre sa vocation pour la carrière dramatique. Ce fut en Belgique qu'eurent lieu ses premiers essais, et à peine âgée de vingt-un ans, la réputation que ses talents lui avaient faite à Bruxelles, dans l'emploi des soubrettes, lui valait un ordre de début à la Comédie Française. Elle y parut, le 7 avril 1785, dans Dorine du *Tartufe*, et Claudine de *Colin-Maillard*, et successivement dans Finette du *Dissipateur*; Agathe du *Mari retrouvé*; Colette des *Trois cousines*; Lisette de la *Métromanie*; Cléanthis de *Démocrite*; Martine des *Femmes savantes*, etc. L'année suivante, elle fut reçue sociétaire à la place de Mlle Fannier, qui venait de se retirer, ce qu'elle fit promptement oublier. La retraite de l'excellente Bellecour, en 1792, ne laissa pour émule à Mlle Devienne que Mlle Joly, dont les débuts avaient été peu antérieurs aux siens. Le public se partagea bientôt entre ces deux charmantes actrices, non moins estimables par leur conduite que par leur talent, et qui, toutes deux étrangères aux intrigues de coulisses, méritèrent la confiance et l'amitié de leurs camarades par la douceur de leur caractère et la bonté de leur cœur. Le genre de talent des deux rivales était si opposé que leur vogue n'en souffrit aucune atteinte. Si Mlle Joly, avec plus de rondeur, de mordant et de vérité, était supérieure dans les servantes de Molière, Mlle Devienne, avec les avantages d'une tournure distinguée, d'une taille élégante, d'une jolie figure, d'une physionomie fine et piquante, et d'un excellent ton, était inimitable dans les soubrettes. L'une était plus véritablement comique, l'autre plus gracieuse et plus séduisante. Mlle Devienne avait l'art de détailler un rôle, d'en faire valoir les nuances et de rendre les idées de l'auteur avec une aisance, une légèreté, qui produisait une illusion complète. Aussi n'a-t-elle été jamais remplacée dans les soubrettes de Marivaux, dans *Les Folies amoureuses*, *L'Homme à bonnes fortunes*, *Le Dissipateur*, *Minuit*, *Le Conciliateur*, *Les Femmes*, et surtout dans *Les Deux Précepteurs*, de Fabre-d'Églantine, où, par son enjouement, son pateliage et sa mignardise, elle déployait tous les genres de talent des actrices les plus consommées. Elle excellait aussi dans Toinette du *Malade imaginaire*. On trouvait qu'elle disait quelquefois avec trop de prétention à la finesse et à la coquetterie des choses qui exigeaient du naturel et de la simplicité : mais ce défaut était plutôt un abus de l'esprit qu'une imperfection.

M¹¹ᵉ Devienne fut arrêtée, en 1793, avec la plupart de ses camarades. Relâchée avant eux, elle reparut avec Molé sur le Théâtre National, dirigé alors par la Montansier et qui occupait une partie de l'espace où est aujourd'hui la place Louvois; sur la fin de 1794, cette excellente actrice fit partie avec Fleury, Dazincourt, les demoiselles Contat, etc., de la section de la Comédie-Française qui jouait au théâtre Feydeau, alternativement avec l'Opéra-Comique, jusqu'en 1796, où cette section et celle qui jouait au théâtre Louvois, sous la direction de M¹¹ᵉ Raucourt, se réunirent à la troupe du grand Théâtre-Français, rue de Richelieu.

Après une continuité de succès, ce fut là que M¹¹ᵉ Devienne, vivement regrettée du public, lui fit ses adieux en 1813, sans vouloir accepter le bénéfice d'une représentation de retraite. Épouse de M. Gévaudan, l'un des administrateurs des messageries royales, depuis membre de la Chambre des Députés, elle n'en avait eu qu'un fils, qu'elle eut le malheur de perdre en 1816, à l'âge de seize ans. La mort de son mari, arrivée le 17 mai 1826, rouvrit cette plaie encore saignante. Mᵐᵉ Gévaudan, qui s'était toujours montrée digne du rang que la fortune de son époux lui avait donné dans le monde, vécut depuis dans la retraite, au milieu de quelques amis. Elle s'éteignit le 20 novembre 1841, à la suite d'une longue maladie. H. AUDIFFRET.

DEVIN. C'est celui qui s'occupe de divination. Dès l'origine des sociétés, des hommes se sont prétendus exclusifs possesseurs des secrets de cet art et liés aux puissances surnaturelles par des chaînes auxquelles il n'était pas possible au vulgaire de se soumettre. Parmi ces devins (qu'on les appelle astrologues, augures, magiciens ou sorciers), il n'est pas douteux qu'il ne se soit trouvé quelque homme de bonne foi au milieu de beaucoup de charlatans; mais l'histoire prouve que, de tout temps, leurs dupes ont été en grand nombre et ne se sont pas rencontrées seulement dans les classes ignorantes et malheureuses. Les Chaldéens ont eu des devins dès la plus haute antiquité : ils interprétaient les songes et observaient le vol des oiseaux, ainsi que d'autres prétendus pronostics. Dans tous les pays, ils affectaient un costume et des usages particuliers propres à imposer aux esprits crédules.

Chez les Grecs, ils se ceignaient du laurier consacré à Apollon, dieu qui exerçait le monopole de l'inspiration, et en portaient une branche à la main; ils en mâchaient même d'ordinaire quelques feuilles. Leur nourriture habituelle se composait des parties principales des animaux prophétiques, telles que têtes de corbeaux, de vautours et de taupes. Ils pensaient recueillir ainsi les âmes de ces animaux et s'inspirer de l'influence du dieu qui s'attachait à césames. Athènes entretenait des devins dans le Prytanée aux frais du trésor public. Les Grecs en avaient de trois sortes, que l'on distinguait à la manière dont ils aspiraient le souffle d'en haut. Les premiers prétendaient receler dans leur corps des démons prophétiques qui leur suggéraient les réponses ou se servaient de leur ventre et de leur poitrine pour répondre eux-mêmes : on les nommait *dæmonoleptes* (possédés des démons), à cause de l'hôte singulier qu'ils logeaient dans leurs entrailles. Ils tiraient encore leur nom d'*Euryclistes*, d'Euryclès, qui, le premier, exerça cette profession à Athènes. Le nom de *Pythones* ou *Pythoniques*, au féminin *Pythonisses*, leur venait de *Python*, démon, ou serpent prophétique. Les devins de la seconde classe étaient les *enthousiastes*. Ils ne prétendaient point, comme les premiers, aux honneurs d'abriter la divinité dans leurs intestins, mais ils s'enorgueillissaient d'être sous son influence et de se voir instruire par elle des événements à venir. Après eux venaient les *extatiques*, qui, privés subitement de toute sensation, restaient des jours, des mois, des années, sans donner signe de vie. Leur réveil était suivi de longs et brillants récits de ce qu'ils soutenaient avoir entendu ou vu.

Les devins n'eurent pas moins de vogue à Rome que dans la Grèce. Lucien, qui écrivait du temps de Marc-Aurèle, nous a fait connaître les insignes fourberies du Paphlagonien Alexandre, qui, dit-il, prit pour modèle Amphiloque, fils d'Amphiaraüs, en grande vénération dans la Cilicie. Il répondait à toutes les questions qu'on lui adressait cachetées, et qu'il restituait sans que le sceau en parût altéré : ce jeu d'enfant, que les gens de police exécutent aujourd'hui dès leur apprentissage, paraissait alors merveilleux. Comme tous les charlatans de son espèce, il s'étudiait à rendre ses réponses captieuses, équivoques, et il y réussissait généralement assez bien, quoique son public fût disposé à recevoir avec respect les sentences les plus ridicules. Pour augmenter le nombre des dupes, et par conséquent son revenu, il laissait voir quelquefois une tête de serpent qu'il faisait parler au moyen d'un compère adroitement caché. Ce malheureux, digne d'un châtiment exemplaire, mourut dans un âge avancé, et considéré comme un dieu; le sage Marc-Aurèle lui-même s'était montré son partisan.

Ces erreurs survécurent au paganisme et se mêlèrent au culte grossier du moyen âge. Ce fut, dit-on, une béguine de Nivelles qui proclama l'innocence de Marie de Brabant, femme du roi de France Philippe le Hardi, accusée par La Brosse. Jean de Murs, docteur de Sorbonne, chanoine de l'église de Paris au quatorzième siècle, et qui est mieux connu par ses heureuses innovations en musique, s'était rendu fameux entre ses contemporains par des prédictions qu'on lit, en partie, dans la chronique inédite de *Gilles Li Muisis*. Louis XI faisait trembler les plus hauts barons de son royaume, et se mettait à genoux devant un astrologue. Catherine de Médicis était sans cesse préoccupée de la même terreur. Durant ce siècle, la science se faisait valoir par ce qui devait la déconsidérer : on négligea le savant dans Corneille Agrippa de Nettesheim, mais on admira l'homme initié à la cabale; Guillaume Postel ne fut pas tant révéré pour son véritable mérite que pour le mérite caché qu'on lui supposait; Corneille Gemma mêla l'astrologie à l'astronomie; Jean Taisnier traita de la chiromancie en forme; Michel Nostradamus fut entouré des hommages de la cour, qui prétendait comprendre ses inintelligibles *centuries*. Enfin, le Parmesan Escotillo, retiré aux Pays-Bas, fut l'oracle de l'Espagne et mérita d'être cité par Cervantes. N'en rions pas ! Cagliostro n'est pas loin de nous; Napoléon le Grand n'a-t-il pas cru à *son étoile*? et s'il faut ajouter foi à certains rapports, ne s'est-il pas fait tirer les cartes par la sybille de la rue de Tournon ? M¹¹ᵉ Le Normand elle-même n'a pas perdu tout crédit depuis sa mort, et nos villes de province et nos campagnes sont pleines de sorciers, de prophètes, de tireuses de cartes, de bergers inspirés, lisant l'avenir dans un œuf, dans du marc de café, dans les lignes de la main, sans compter les devins des deux sexes que le magnétisme endort, et ceux qui, plus ou moins éveillés, font dire tout ce qui leur passe par la tête aux tables tournantes, frappantes et parlantes, ainsi qu'aux prétendus esprits qui élisent domicile dans le cœur d'un chêne, d'un acajou, d'un noyer, d'un merisier, travaillé avec plus ou moins d'art. Qu'y a-t-il d'étonnant à cela? Les devins du moyen âge étaient, ou de saints personnages, ou de vrais magiciens. De nos jours, ce ne sont plus que des charlatans qui finissent d'ordinaire piteusement en police correctionnelle. On parle beaucoup du dix-neuvième siècle dans les journaux et dans les livres, mais le quinzième existe encore pour une grande partie de la population européenne dont les rangs de la société que l'on marche pas aussi vite que les apôtres du progrès indéfini, et qui ne les comprend pas ou ne peut pas les comprendre.

Eug. G. DE MONGLAVE.

DEVIN (*Zoologie*), reptile du genre des *boas*.

Le mot *devin* est aussi l'un des noms que le vulgaire a donné à la *mante* ou *prie-dieu*, insecte de l'ordre des orthoptères.

DEVIS. Ce mot, principalement usité dans l'architecture et les arts du bâtiment, exprime un état contenant la description des travaux que l'on se propose d'exécuter; cet état est souvent accompagné de plans et de dessins qui viennent le compléter, et ordinairement aussi d'une évaluation de la dépense que nécessitera l'exécution du projet. C'est ce qui fait que l'on confond quelquefois un devis avec un état des dépenses. Cependant le véritable objet du devis, c'est de décrire les ouvrages à faire de manière à éviter toute contestation, de bien fixer la qualité des divers matériaux, de faire connaître en outre toutes les conditions imposées à l'entrepreneur, telles que la durée des travaux, le mode de surveillance, etc. La partie du projet qui traite des dépenses reçoit le nom de *détail estimatif*. Les anciens attachaient une grande importance à cette dernière partie. Vitruve rapporte que tout architecte chargé de la construction d'un édifice public à Éphèse était tenu de donner un état estimatif, et en même temps d'engager son bien jusqu'à l'achèvement de l'édifice. Si la dépense excédait de plus d'un quart le prix qu'il avait indiqué, le surplus était à sa charge. Vitruve ajoute : Plût aux Dieux que cette loi fût aussi en vigueur à Rome!

Lorsque l'exécution d'un devis est donnée à entreprise et qu'il contient les obligations respectives de celui qui fait faire le travail et de celui qui l'entreprend, il prend le nom de *devis et marché* et le caractère d'un contrat synallagmatique. Soit que l'entrepreneur ne fournisse que son travail et son industrie seulement, ou qu'il fournisse aussi la matière, le prix ne peut en être exigé par lui qu'après la vérification et la livraison de l'ouvrage, et , dans le premier cas, si la chose vient à périr après la livraison, l'entrepreneur n'est tenu que de sa faute; mais si elle périt avant la livraison, même sans sa faute, et sans que le propriétaire ait été mis en demeure de la vérifier et de la recevoir, il n'a point de salaire à réclamer, à moins que la perte ne dût être attribuée au vice de la matière. Dans le second cas, toute la perte est à sa charge, à moins que le propriétaire ne fût en demeure de recevoir la chose. L'entrepreneur répond non-seulement de son fait, mais encore de celui des ouvriers qu'il emploie. Dans l'un et l'autre cas, le marché est dissous par la mort de l'entrepreneur ; mais le propriétaire est tenu de payer à ses successeurs le prix convenu, en proportion du travail qui a été fait, et la valeur des matériaux préparés, lorsqu'ils peuvent lui être utiles.

On dit que l'ouvrage à exécuter suivant le devis est donné *à prix fait*, lorsque l'entrepreneur se charge tout à la fois du travail et de la fourniture des matériaux, moyennant une somme déterminée. Dans ce cas l'entrepreneur est tenu de l'exécuter tel qu'il a été convenu, sans pouvoir prétendre à aucune augmentation de prix, sous aucun prétexte, à moins de changements ou d'augmentations faits avec le consentement par écrit du propriétaire; et il est responsable pendant dix ans, si l'édifice périt, en totalité ou en partie, par le vice de la construction ou même par le vice du sol. La résiliation du *marché à prix fait* ou *marché à forfait* peut avoir lieu par la seule volonté du propriétaire, quoique l'ouvrage ait été commencé, en dédommageant l'entrepreneur de toutes ses dépenses, de tous ses travaux, et de tout ce qu'il aurait pu gagner dans l'entreprise.

DEVISE, trait de caractère exprimé, soit en peu de mots accompagnés d'une figure symbolique, soit seulement par une figure ou par des mots, et destiné à désigner une personne ou une collection d'individus. Dans la devise proprement dite, on distingue le *corps* et l'*âme* : le *corps*, c'est la figure, l'*âme*, c'est la légende. Les meilleures devises sont celles dont l'image est simple, distincte, facile à saisir, en même temps qu'agréable à l'esprit, et dont l'inscription, d'un tour vif et précis, est appropriée aux personnes et à l'image. Une des grâces de la devise est de laisser deviner quelque chose à l'imagination sans la fatiguer : moins le rapport est prévu, plus sa justesse fait plaisir. Mais l'affectation et le mauvais goût doivent être évités avec d'autant plus de soin que, la devise étant destinée à nous peindre sous le point de vue où nous désirons être remarqué, nous risquons de nous signaler par un ridicule en arborant une devise absurde ou prétentieuse. La devise est permanente ou faite pour certaines circonstances. Elle a été employée dans mille occasions différentes et se prête aux applications les plus diverses. Il semble que la poétique d'une si petite composition doive se réduire à peu de chose. Cependant, on a trouvé le secret de multiplier les volumes sur cette matière, et plusieurs écrivains ont même pris la chose de fort haut, par exemple, le père Ménestrier, qui en traite sous le titre pompeux de *Philosophie des images*. Pour procéder avec ordre, il a soin de dresser un catalogue des auteurs qui lui ont frayé la carrière. Dans cette liste, publiée en 1683, et composée de 49 articles, on distingue Paul Jove, le Tasse, qui n'a pas dédaigné de faire un dialogue sur l'art des devises, et le révérend Père Bouhours, qui a bien voulu marcher sur les pas du Tasse. Tous ces dialogues et traités ne valent pas le peu de lignes insérées par Marmontel dans ses *Éléments de Littérature*.

La devise n'était pas inconnue des anciens : le lion armé d'un glaive, gravé sur le cachet de Pompée, n'avait pas besoin de commentaire. On peut alléguer encore des exemples qui appartiennent à une époque bien plus reculée. La tragédie d'Eschyle qui a pour titre *Les Sept chefs devant Thèbes*, et celle d'Euripide qui est intitulée *Les Phéniciens*, en sont des preuves évidentes. Les chefs s'y font distinguer par des boucliers chargés de figures emblématiques. Ainsi, dans Euripide, Polynice porte sur le sien la déesse Justice, qui le conduit, et ces mots : *Je te rétablirai*. La chevalerie répandit et perfectionna les devises. Elles devinrent en quelque sorte une déclaration de principes, une règle de conduite pour ceux qui les portaient; et si elles avaient souvent une fierté pareille à de la bravade, elles se justifiaient, dans leur orgueil franc et net, par beaucoup de valeur et d'héroïsme. Tracée sur l'armure des guerriers, la devise est énergiquement appelée par le comte Emmanuel Tesoro *la métamorphe militaire, le langage des héros*. En France, où le cardinal Mazarin la mit en grande vogue, aux Pays-Bas, en Italie, elle brilla dans les tournois, les carrousels, les réjouissances publiques, les pompes funèbres. Quelquefois, les combattants la recevaient des maîtres de leurs pensées, et alors, si elle péchait par quelque forfanterie, il fallait bien pardonner à un cœur épris de s'exagérer le mérite de l'objet aimé. Quelquefois aussi, l'enthousiasme, et plus souvent la flatterie, dictait des devises ambitieuses aux princes ou aux rois. Telle est celle du soleil pour Louis XIV, avec ces mots un peu énigmatiques : *Nec pluribus impar* (j'éclairerais aisément plusieurs mondes). Afin de s'harmoniser avec cet emblème, les courtisans prenaient des devises analogues, tirées du même ordre d'idées : celle du duc de Sully était un miroir ardent exposé au soleil, avec ces mots : *Ardeo ubi aspicior*; celle du duc de Beaufort, amiral de France, la lune, avec cette inscription : *Soli paret et imperat undis*. Quand ce n'était pas au soleil, c'était à Jupiter que les devises faisaient allusion, comme celle de Maximilien de Béthune, grand-maître de l'artillerie, l'aigle portant la foudre : *Quo jussa Jovis*; et celle de Monsieur, une bombe : *Alter post fulmina terror*.

Un duc d'Albe, dans une course de taureaux, où il était en rivalité avec les Fonseca, qui ont des étoiles pour armoiries, fit ainsi parler sa devise, qui était belle, quoiqu'elle renfermât un jeu de mots : *Al parecer de l'Alba, ascondense las estrellas* (à l'apparition de l'aube [l'*Alba*], se cachent les étoiles). Les colonnes d'Hercule, couronnées et accompagnées des mots *plus oultre* ou *plus ultra*, étaient, comme on sait, la devise de Charles-Quint. Elle fut inventée par Louis Marliano, que l'empereur ne crut pas pouvoir autrement récompenser qu'en le faisant évêque. Obligé de lever le siége de Metz, en 1553, il se vit en butte aux sarcasmes de ses ennemis, qui changèrent le *plus ultra* en *plus citra*. Il arrive fréquemment que la devise fasse, en quelque sorte, partie intégrante des armoiries. Telles sont celles de la maison royale d'Angleterre : *Dieu et mon droit*, et de la maison de Nassau : *Je maintiendrai*. Voici quelques devises qui ont appartenu à des personnages historiques : Philippe le Bon, duc de Bourgogne, à l'occasion de son mariage avec Isabelle de Portugal, *Aultre n'aray*. Antoine de Vergy : *Sans varier*. David de Brimeu : *Quand sera-ce?* Jean de la Trémouille : *Ne m'oubliez*. Le corps de l'ancienne devise de cette maison était une roue de charette avec cette âme : *Sans sortir de l'ornière*. Jean de Villers, sire de l'Isle-Adam : *Va oultre*; Pierre de Beaufremont, sire de Charny : *Plus deuil que joie*. Les Créquy, un hérisson : *Que nul ne s'y frotte*. Jean de Luxembourg, sire de Beauvoir, un chameau accablé sous le faix : *Nemo ad impossibile tenetur*. Philippe de Savoie, né en 1438, un serpent qui change de peau : *Paratior*. Le *F. E. R. T.* des ducs de Savoie signifie, selon quelques-uns : *Frappez, entrez, rompez tout*, et selon d'autres : *Fortitudo ejus* (Amédée IV ou V, *le Grand*) *Rhodum tenuit*, en mémoire du siége de Rhodes en 1315. Mais on trouve les quatre lettres F. E. R. T. sur les tombeaux de princes de Savoie plus anciens qu'Amédée le Grand. Des princes de la maison de Sicile : une hermine : *Malo mori quam fœdari*. L'empereur Maximilien Ier, un aigle à deux têtes, dont une bec tenait un foudre, et l'autre une palme : *Chacun son temps*. Jean de Lalin, sire de Montigny : *Sans reproche*. Guillaume de Croy, seigneur de Chièvres, gouverneur de Charles-Quint, une ruche : *Dulcia mixta nutis*. Marguerite d'Autriche, la *gente damoiselle* : *Fortune infortune* (rend malheureuse) *fortunat*, en latin : *Fortuna infortunat fortiter unam*, ce qui doit mettre fin à toutes les interprétations. François Ier, une salamandre dans le feu : *Nutrisco et extinguo*. Henri VIII, roi d'Angleterre, un archer qui bande son arc : *Qui se desfend est maistre*. Louis XII, un porc-épic : *Cominús et eminús*. Henri IV, un Hercule qui dompte les monstres : *Invia virtuti nulla est via*. Erasme, le dieu Terme : *Cedo nulli*. Juste Lipse : *Moribus antiquis*. Le cardinal de Granvelle : *Constanter*. Le cardinal de Richelieu, un aigle planant dans l'air, et, au-dessous, des serpents qui se dressent : *Non deserit alta*.

Une classe d'individus qui a fait et qui fait encore un grand usage des devises, est celle des libraires. Baillet, dans ses *Jugements des Savants*, en a rassemblé quelques-unes, et l'on pourrait composer sur ce sujet un ouvrage étendu, qui ne serait pas sans intérêt pour les bibliophiles, aux yeux de qui rien n'est plus respectable que l'ancre des Alles, le compas des Plantins, la *sphère* et *l'olivier* des Elzevirs, le caducée des Wechels, les *pensées* de Crapelet et l'*écusson* de Silvestro, dont le champ est rempli par ces mots chers au *bibliophile Jacob* : « Livres expédiés, livres viels et antiques. » Un chapitre du traité en forme sur les devises serait consacré aux académies, dont la plupart ont adopté des symboles qui ne confirme pas toujours l'opinion publique. Mme de Genlis, dans ses *Mémoires*, où elle se tait discrètement sur beaucoup de ses avantages, se vante d'avoir mis les devises à la mode. Elle cite, entre autres, celle de Mme de Saller : une épingle tirée hors de son écaille et atteinte d'une flèche, avec cette légende : *Heureuse, si elle eût été entièrement cachée*. Mme de Genlis finit par cette réflexion que nous ferons nôtre : « Je voudrais que l'usage de prendre une devise fût universel. Chaque personne, par sa devise, révèle un petit secret, ou prend une sorte d'engagement. »

De Reiffenberg.

DÉVOIEMENT. *Voyez* Diarrhée.

DEVOIR. Ce mot, pris d'une manière absolue, ne signifie pas autre chose que l'obligation où est l'homme de faire le bien. Le devoir est donc ce joug de raison qui pèse incessamment sur la volonté humaine. C'est le doigt manifeste de la Divinité, qui commande impérieusement à l'homme de diriger tous ses pas et de se maintenir constamment dans la route qu'il lui indique : l'homme peut résister à ses ordres, suivre une direction contraire à celle qui lui est marquée, mais ce doigt est toujours là, immobile, dominant tous les hommes, dans tous les temps, dans tous les pays, voyant leur foule inconstante lui obéir quelquefois, le plus souvent mépriser ses injonctions, et lui, demeurant inflexible et inexorable comme la nécessité. Tel est en effet le caractère du devoir. Il est nécessaire et rigoureux comme tout axiome ; l'obligation où nous sommes de faire ce que nous croyons être bien est la même que celle de croire que deux quantités égales à une troisième sont égales entre elles ; et il y a la même absurdité à refuser de nous y soumettre qu'à nier que le tout est plus grand que la partie. En un mot, le *devoir* participe à la nécessité de toutes les vérités premières que démontre la raison ; il porte comme elle le caractère d'invariabilité, d'universalité, d'indestructibilité. Les actions qu'il commande peuvent varier selon les individus, selon les circonstances où ils se trouvent, c'est-à-dire que les moyens d'accomplir la loi ne sont pas les mêmes pour tous les hommes ; mais il y a pour tous obligation d'aller d'une manière ou d'une autre à sa fin ; aucun ne peut se soustraire à cette loi immuable, à cette loi des lois. Quel que soit le point de l'espace et du temps où l'on suppose exister des êtres raisonnables et libres, ces êtres sont placés sous l'empire de cette loi, qui les atteint partout et toujours, et l'on ne conçoit pas qu'il existe une puissance capable de l'abroger, pas plus qu'on ne conçoit qu'il soit possible de renverser les axiomes. Le seul caractère qui distingue le devoir des autres nécessités rationnelles, c'est qu'il est une nécessité pratique ou impérative, c'est-à-dire qui a rapport à l'activité humaine, qui a autant de droit sur nos actions que sur nos croyances, et à laquelle les hommes sont tenus de soumettre leurs volontés elles-mêmes, comme ils sont obligés d'y conformer leur raison.

Si l'homme, pour aller à sa fin, n'avait qu'une chose à faire, s'il pouvait l'atteindre, pour ainsi dire, d'un seul coup, il n'existerait pour lui qu'une seule obligation, celle d'aller à sa fin. Mais pour y parvenir, il lui faut agir de mille manières différentes, qui varient selon les nombreuses circonstances où il se trouve. Or, comme toutes les actions qu'il est obligé de produire pour accomplir sa loi sont des moyens indispensables à cet accomplissement, elles deviennent toutes aussi obligatoires que le principe lui-même dont elles ne sont que des applications. De là la nécessité de reconnaître autant d'obligations particulières ou de *devoirs* qu'il y a d'actions auxquelles nous sommes tenus pour accomplir notre fin. Les devoirs se divisent donc, comme les actions, en *devoirs relatifs à nous-mêmes*, *devoirs relatifs à nos semblables*, *devoirs relatifs à la nature*, *devoirs relatifs à Dieu*.

Observons d'abord qu'il n'y a pour nous de devoir que là où il y a possibilité de l'accomplir. Secondement, et cette considération est très-importante, nos devoirs se limitent les uns les autres, parce qu'il en est dont l'accomplissement est plus essentiel, comme notre puissance et notre activité ont des bornes, et que souvent nous ne pouvons les accomplir tous à la fois, celui qui est le plus impérieux nous oblige alors à omettre celui qui l'est moins. La position où nous sommes à l'égard des éléments du bien peut toujours être considérée sous deux points de vue. Envisagée sous le premier, elle consiste à maintenir ce qui est nécessaire à l'accomplissement du bien, à le respecter, à éviter tout ce qui pourrait lui porter préjudice ou le détruire, en un mot, à nous *abstenir* de toute action nuisible à notre fin ou à celle des êtres qui nous entourent. Mais notre rôle ne se borne pas là ; il consiste, en second lieu, à *agir* efficacement sur les éléments du bien, pour les développer, leur faire produire leurs fruits. Ainsi, d'abord, nous devons nous *abstenir* de toute action qui pourrait nuire au développement de notre intelligence, et respecter cet attribut si précieux de notre nature ; de plus, nous devons faire tous nos efforts pour aider à son développement. Non-seulement nous devons respecter la propriété de nos semblables, mais nous devons agir pour améliorer autant qu'il est en nous la condition de ceux que le sort n'a pas favorisés. Les devoirs, envisagés sous ce double point de vue, se diviseront en devoirs *négatifs*, qui consistent à s'abstenir, à ne point faire de mal, et en *positifs*, qui consistent à agir efficacement pour l'accomplissement du bien.

Autant il y a dans l'homme d'éléments différents sur lesquels il a action, autant l'homme aura vis-à-vis de lui-même d'espèces de devoirs à accomplir. Or, l'homme a action sur tous les principes de sa nature. Les devoirs de la morale individuelle se divisent donc en devoirs envers l'intelligence, devoirs envers l'activité, devoirs envers le principe affectif, devoirs envers le corps.

Le mot *semblables* explique à lui seul toute la morale sociale. Car dire que les êtres au milieu desquels nous vivons sont semblables à nous, c'est dire qu'ils ont la même fin que nous, et que cette fin ne s'accomplirait pas sans les rapports mutuels des hommes, c'est-à-dire que Dieu a voulu que nous agissions à leur égard pour leur faire accomplir leur fin, comme nous agirions ou comme nous voudrions qu'ils agissent pour nous aider à accomplir la nôtre. Il est donc plein de vérité et de profondeur, ce précepte si ancien de morale : « Conduis-toi envers les autres comme tu veux qu'ils se conduisent envers toi ; » seulement ce n'est pas un axiome, puisqu'il s'explique et se prouve. La morale sociale se divise en deux branches : la première contient les devoirs que nous sommes tenus de remplir *généralement* et indistinctement envers tous les hommes qui sont en rapport avec nous ; puis, comme le fait de la société, qui résulte de nos besoins et de nos penchants, nous place dans des rapports plus intimes avec plusieurs de nos semblables, ces nouveaux rapports donnent lieu à des devoirs *particuliers* : de là la morale sociale se divise en générale et en particulière.

Nous sommes tenus de nous abstenir à l'égard de nos semblables de toute action qui pourrait les empêcher d'aller à leur fin, attenter à leur bien-être, à leurs facultés ; enfin les priver des moyens qu'ils possèdent déjà d'accomplir leur destinée sur la terre. De là l'obligation de respecter leur existence, leur liberté, leur propriété, leur réputation, leur honneur, le plus précieux de tous leurs biens, etc. Ces devoirs négatifs ont reçu le nom de *rigoureux*, et on les appelle ainsi, parce que nos semblables ont le droit de nous contraindre à les accomplir, c'est-à-dire de repousser par la force toute agression injuste, toute atteinte à leur personne et à leur bien-être. Mais comme le pouvoir n'existe pas toujours en raison du droit, et que l'agresseur n'est presque jamais le plus faible, les hommes se sont réunis et ligués, pour ainsi dire, pour protéger le droit contre la violence. De là l'origine et la légitimité des lois humaines qui ont pour but de contraindre l'homme à l'exécution des devoirs rigoureux. L'observation de ces devoirs a reçu le nom de *justice*.

Nous ne devons pas seulement respecter le bien-être et la fin de nos semblables, nous sommes aussi tenus de les aider à l'atteindre, et de développer les principes bienfaisants de leur nature. Ces devoirs nous sont imposés par l'impossibilité, où serait l'homme d'arriver à sa fin sans le secours des autres hommes, ce qui est si évident pour l'enfant, l'infirme, le vieillard, le prolétaire ignorant, etc. En effet, Dieu les a créés pour une certaine fin, et pour y arriver il ne leur a pas donné d'autres moyens que l'appui de leurs semblables. Il a donc formellement voulu que l'homme aidât l'homme ; c'est une mission dont il l'a investi et qu'il lui a spécialement déléguée, mission d'autant plus sacrée qu'il n'existe point d'autre être que lui qui puisse la remplir ; et il a d'autant plus clairement manifesté ses intentions à cet égard, qu'il l'a doué de penchants n'ayant d'autre but que de faciliter l'accomplissement de cette obligation sainte, l'instinct de la sociabilité, la compassion, l'amour, les sentiments de bienveillance, en un mot, la plus profonde sympathie pour ses semblables. L'humanité, la bienfaisance, la transmission des connaissances, les bons conseils, les exemples salutaires, la reconnaissance, sont les plus impérieux et les plus beaux de nos devoirs. Tous ces devoirs, que j'appelle positifs, ont cependant été nommés *imparfaits*, par opposition aux devoirs parfaits ou rigoureux, par la raison qu'on ne peut nous contraindre à leur accomplissement. Quelle est en effet la fin principale de notre activité ? c'est de faire le bien et de le faire librement, pour acquérir la *dignité*, le mérite. Il serait donc contraire à la loi de l'homme et par conséquent à sa nature de le contraindre à accomplir le bien. Il résulterait de cette contrainte une certaine réalisation de bien en soi, mais il n'existerait plus de bien moral, de bien librement accompli, et c'est là notre véritable destinée ici-bas. Voilà pourquoi les lois humaines qui ont pour objet de contraindre à l'exécution des devoirs rigoureux ne portent pas et ne doivent pas porter sur les devoirs positifs ; si elles portent sur les devoirs rigoureux.

La morale sociale particulière se compose des devoirs qui résultent des rapports particuliers où nous sommes placés à l'égard de plusieurs de nos semblables par le fait de la société. Ces devoirs sont encore de deux sortes, parce qu'il y a pour l'homme deux sortes de société ; la première, la plus intime, la plus immédiate, qu'on appelle société domestique ou famille ; la seconde moins resserrée, mais non moins importante, qui est la société civile, consistant dans une grande réunion d'individus parlant une même langue, vivant sous les mêmes lois, et rassemblés dans un but d'intérêt commun.

Si nous cherchons quelle est la fin des êtres animés ou inanimés qui nous entourent, et sur lesquels nous avons pouvoir et action, nous verrons bientôt qu'ils ont été mis en rapport avec nous pour deux fins principales : premièrement, afin de satisfaire à nos besoins, d'augmenter notre bien-être matériel par tous les avantages que peut en tirer l'industrie humaine ; secondement, pour contribuer par les beautés qu'ils nous offrent à élever notre pensée, à la nourrir sans cesse de nobles et utiles inspirations, en un mot dans un but d'*utilité* et de *beauté*, si je puis m'exprimer ainsi. Nous devons donc avoir en vue, dans nos rapports avec la nature extérieure, d'agir toujours conformément aux desseins manifestes du Créateur, c'est-à-dire de respecter ces desseins et d'en favoriser la réalisation. Nous devons craindre de détruire rien de ce qui peut être utile à l'humanité, et rechercher au contraire toutes les ressources que la nature peut présenter, afin de les exploiter à notre profit et à celui de nos semblables. Nous devons également respecter les objets qui servent à embellir notre séjour ici-bas, qui portent l'âme à de sublimes méditations, à des sentiments élevés, par le spectacle magnifique qu'ils présentent à nos regards, par les grandes idées dont ils sont le symbole. Il existe un autre devoir, tout de bienveillance et d'humanité, qui consiste à épargner la souffrance aux êtres animés.

Si un être privilégié de pouvoir connaître son créateur et le créateur de tout ce qui existe, le principe de toute vérité, de tout bien, de l'ordre admirable qui préside à l'univers ; s'il est capable d'avouer sa toute-puissance, sa sagesse infinie, sa bienveillance à l'égard de ses créatures ; si en outre il porte en son cœur tous les sentiments que doit exciter la vue des perfections et des bienfaits de la Divinité, il est conforme à l'ordre, au bien, à la fin des facultés qu'il a reçues, qu'un tel être élève sa pensée vers ce Dieu pour en admirer les perfections, se prosterne et s'humilie devant tant de grandeur, et paie un tribut d'amour et de reconnaissance à l'auteur de tous les biens dont il jouit et dont il peut jouir. Or, puisque l'homme, et par les révélations de sa raison, et par les sentiments dont il est capable, a été doué d'un semblable privilége, puisque Dieu a établi de tels rapports entre lui-même et sa créature, il est donc conforme aux desseins de Dieu, conforme à la fin de l'homme et à l'ordre général, que l'homme s'acquitte envers l'Être-Suprême de ce tribut d'adoration et de gratitude; qu'il nourrisse dans son cœur les sentiments de vénération et d'humilité, de crainte et d'espoir, d'amour et de reconnaissance, et qu'il les développe par tous les moyens qu'il aura en son pouvoir. On a donné le nom de *piété* à la vertu qui consiste dans l'accomplissement de ces devoirs, et leur ensemble a été appelé *religion*.

Nous regardons les devoirs religieux comme le lien qui unit tous les autres et qui en favorise le plus efficacement l'exécution, en un mot, comme le véritable *palladium* de la morale. Mais, nous ajouterons, pour terminer, une considération très-importante : puisque le but principal de l'accomplissement de ces devoirs est de nous aider à pratiquer les autres, c'est précisément pour qu'ils ne manquent point leur but qu'il faut bien nous garder de nous laisser entraîner pour eux seuls à négliger les obligations de la vie active, et de nous endormir dans le temple, par l'effet dangereux de contemplations ascétiques, de pratiques minutieuses et de mystiques extases. La loi de l'homme est d'arriver à sa fin par les efforts et les luttes de tous les jours. Si la prière est nécessaire avant le combat, elle ne saurait en tenir la place : or, sans combat, point de mérite, point de gloire pour l'homme. Si donc il se contente de prier, laissant combattre seuls ses frères, qu'il a mission de défendre, il est aussi coupable que celui qui déserterait son poste : il a manqué sa fin ici-bas.

C.-M. PAFFE.

DEVOIR (Compagnons du). *Voyez* COMPAGNONNAGE.

DÉVOLUTION. On appelle de ce nom l'attribution à l'une des deux branches de la famille d'un défunt de la moitié de son hérédité qui aurait appartenu à l'autre branche si celle-ci eût subsisté. Pierre meurt, il n'a pas d'enfants : sa succession devrait se partager par moitié entre sa ligne paternelle et sa ligne maternelle ; mais cette dernière est éteinte, il n'y reste plus personne au degré successif, sa portion passe à la ligne paternelle : voilà ce qu'on nomme la *dévolution*, et le seul cas où elle puisse s'opérer dans notre droit actuel.

Ce nom était connu aussi dans le droit ancien ; mais des deux acceptions sous lesquelles il y était pris, une seule offrait de l'analogie avec celle qu'il reçoit aujourd'hui. En ce sens, il s'applique aux *propres* et désignait une exception à la fameuse règle *paterna paternis, materna maternis*. L'interversion de l'ordre régulier était admise lorsque, la lignage d'où venait le *propre* était éteint. Évidemment, on ne pouvait pas conserver l'héritage à une race qui n'existait plus. Tel est positivement, sur une plus grande échelle, notre droit de dévolution d'aujourd'hui. Quant à l'autre espèce de dévolution ancienne, elle a complétement disparu avec la forme sociale à laquelle elle se rattachait. Par cette autre espèce de dévolution, qui n'avait que le nom de commun avec la précédente, il était, dans le ressort des coutumes assez peu nombreuses qui l'admettaient, défendu au survivant des époux de disposer de ses biens acquis avant ou pendant le cours de l'union, à quelque titre que ce fût, héréditaire ou autre, au préjudice des enfants nés de lui et du prédécédé. C'était, on le comprend, un moyen de protéger ces enfants contre les conséquences des seconds mariages ; et la loi religieuse, qui voit de mauvais œil les secondes noces, venait ici en aide à la loi civile, alors animée de l'esprit de la perpétuité des races, et partant du désir de la conservation des biens dans les familles ; par où l'on conçoit aisément combien vite la disposition a dû tomber à la chute de l'ancien ordre de choses.

JAMET.

C'est en vertu de ce *droit de dévolution* que, à la mort du roi d'Espagne Philippe IV, Louis XIV prétendit que les pays limitrophes de la Bourgogne compris dans la succession d'Espagne devaient faire retour à la reine sa femme. Au mois de mai 1667, après deux années de préparatifs, il fit occuper ce territoire, en même temps que par des négociations diplomatiques il réussissait à paralyser l'opposition de ses adversaires. Il en résulta que le traité de paix d'Aix-la-Chapelle du 2 mai 1668 concéda au roi de France de notables et importants agrandissements de territoire.

En *droit ecclésiastique*, on entend par *dévolution* le droit qu'a chez les protestants l'autorité supérieure, l'évêque ou le consistoire, de nommer, au bout d'un certain délai et dans certaines circonstances, à une fonction ecclésiastique devenue vacante, alors que celui qui se trouve investi du droit de patronat, en d'autres termes le seigneur ou propriétaire du domaine féodal, néglige de pourvoir à cette vacance.

DEVON (Comtes de). *Voyez* DEVONSHIRE.

DEVONIEN (Système), *devonian system* ou *grauwacke supérieur*. C'est en Angleterre qu'on a pour la première fois employé cette expression afin de désigner un très-puissant groupe de couches de la série des roches sédimentaires, qui y repose sur le système silurien et qui sépare celui-ci du groupe des houilles. Une partie des gisements *devoniens* étaient autrefois connus sous la dénomination d'*old-red-sandstone* (vieux grès rouge) dont les couches atteignent une puissance de 3,000 mètres dans le Herefordshire. Mais comme les formations contemporaines du Devonshire, du pays de Cornouailles et d'autres parties de l'Angleterre consistent principalement en ardoises argileuses et sont comprises dans la *grauwacke*, Murchison jugea nécessaire de modifier une dénomination se rapportant au grès rouge ; et ce changement fut accueilli avec d'autant plus de faveur en France et en Allemagne qu'on reconnut bientôt après qu'une grande partie des gîtes continentaux de *grauwacke* répondent au système *devonien*, par exemple sur les bords du Rhin, dans le Harz et dans le *Thuringerwalde*.

DEVONSHIRE, ou *comté de Devon*, l'une des divisions administratives et politiques d'Angleterre, et qui forme l'extrémité sud-ouest de ce royaume, après l'Yorkshire, le plus grand de ses différents comtés, d'une superficie de 100 myriamètres carrés environ, où se trouvent les masses les plus élevées de la chaîne désignée sous le nom de *Montagnes de Devonshire* et encore du *Pays de Cornouailles*, et où se succèdent des groupes de collines et de hauteurs médiocres, mais plates à leur point culminant et très-larges à leur base ; criblé en outre d'étroites et profondes vallées, qu'on dirait être autant de crevasses naturelles du sol et appelées *Coombs*, toutes offrant des parois presque à pic. La plus âpre, la plus sauvage des montagnes qu'on y rencontre, est celle de *Dartmoor*, entre Exeter et Plymouth, plateau de 18 myriamètres carrés environ, couvert tantôt de fragments, de rochers, tantôt de marécages, et atteignant au *Cramvere*, près des sources du Dart, une élévation de 566 myriamètres, à peu près d'autant au *Cawsand-Beacon*. C'est à l'est et au sud, sur la côte du canal Saint-Georges, que ce plateau est le plus abrupte et le plus escarpé. Toute cette côte abonde d'ailleurs en bancs de rochers s'entr'ouvrant pour former une foule de ports, de rades, d'anses et de baies d'une remarquable sécurité.

À l'abri des âpres vents du nord, on rencontre là un grand nombre de fertiles espaces appelés *South Hams*, offrant la plus riche végétation et ayant mérité aux environs d'Exeter, située dans la chaude et profonde vallée de l'Exe, et de Sidmouth (où le myrte lui-même est cultivé en pleine terre), le surnom de *Jardin occidental de l'Angleterre.* Sauvage et malsain à l'ouest, à cause de ses bas-fonds marécageux, romantique à l'est, fertile au sud, sain et tempéré au centre, le Devonshire est, par contre, humide et désagréable au nord et au nord-est, en raison de ses landes et de ses longues et maigres plaines. Les plus importants de ses cours d'eau sont le Dart, le Teign, le Tamer, et l'Exe, qui se jettent dans le canal, le Taw et le Torridge qui ont leur embouchure dans la baie de Bristol. Les montagnes du Devonshire renferment de riches veines métalliques et surtout d'étain (celles du pays de Cornouailles seules sont plus riches), de cuivre, de fer et de plomb, sans compter de la manganèse, du granit, de la chaux, de l'ardoise, du grès et diverses espèces d'argile. Mais les mines de houille qu'elles recélaient jadis sont aujourd'hui complètement épuisées. On trouve des eaux minérales à Gubbs-Wall près Cleave, à Bella-Marsh, à Islington, à Brook et à Bamptow. Le règne végétal fournit des céréales, des légumes, du chanvre et des fruits; le produit des pommiers notamment y donne lieu à une importante fabrication de cidre. Quoique l'agriculture et l'élève du bétail y soient l'objet de soins tout particuliers, l'exploitation des mines et des hauts-fourneaux n'en constitue pas moins la grande richesse du pays. En revanche, les manufactures y font défaut, ou, pour mieux dire la fabrication des draps et des dentelles, jadis si florissante, n'est plus que l'ombre de ce qu'elle était autrefois. La construction des vaisseaux et les diverses préparations que reçoit le fer y occupent aussi un grand nombre de bras.

Le comté de Devonshire est divisé en 33 *hundreds* avec 465 paroisses et 20 districts, et en 1851 sa population était officiellement évaluée à 572,000 âmes. Son chef-lieu est Exeter. Ses autres villes les plus importantes sont Plymouth avec *Devonport* y attenant, *Barnstaple, Bideford, Ilfracombe, Dartmouth, Teignmouth, Torbay, Dawlish, Exmouth, Sidmouth, Tiverton, Honiton, Axminster, South-Molton* et *Lidford.*

DEVONSHIRE ou DEVON. Cette contrée a, depuis le règne du roi Henri Ier, donné son nom à plusieurs familles de comtes et de ducs anglais.

Le premier comte de Devon fut *Richard de Redvers,* au commencement du douzième siècle, dont la petite fille, *Hawise,* épousa *Reginald de Courtenay,* issu de l'ancienne famille royale de France, et qui transmit à son époux le titre de comte. Les guerres de la Rose rouge et de la Rose blanche furent fatales aussi aux Courtenay. *Thomas,* sixième comte de Devonshire, périt sur l'échafaud en 1466. Son frère et successeur, *John,* fut tué le 14 avril 1471 à Tewkesbury. Sa famille fut bannie et dépouillée de ses titres, en même temps qu'on confisquait ses biens. Cependant après la bataille de Bosworth, en 1485, Henri VII nomma *Édouard de Courtenay,* issu d'une branche collatérale, comte de Devonshire. Son petit-fils, *Henry,* fut d'abord l'un des favoris de Henri VIII qui, en 1525, le créa marquis d'Exeter, mais qui, six ans plus tard, le 9 janvier 1531, l'envoya à l'échafaud. Son fils, *Édouard,* lors de l'avénement au trône de Marie, fut de nouveau reconnu en qualité de comte de Devon ou de Devonshire. Il avait été question d'abord qu'il épouserait la reine, puis sa sœur Élisabeth; mais il mourut sans avoir été marié, le 4 octobre 1456, à Padoue. Le titre de comte de Devonshire, considéré dès lors comme vacant, fut donné en premier lieu à *Charles Blount,* lord *Mountjoy,* et ensuite conféré à la famille Cavendish.

Toutefois un parent éloigné d'*Édouard de Courtenay,* dernier comte de Devonshire de cette famille, en continua la race, et l'un de ses descendants, *William,* fut nommé en 1762 vicomte de Courtenay. Comme il résultait des lettres patentes délivrées par la reine Marie, sous la date du 3 septembre 1553, à *Édouard Courtenay,* que la dignité de comte de Devon passait aussi aux héritiers collatéraux, en ligne masculine, la chambre haute, par sa résolution du 15 mars 1831, rétablit la famille Courtenay en possession de son ancienne dignité. Le comte actuel, *William,* né en 1777, fut longtemps secrétaire-rapporteur de la chambre haute, et est aujourd'hui membre du conseil privé en même temps que *High-Steward* de l'université d'Oxford.

Le premier membre de la famille *Cavendish* qui porta le titre de comte de Devonshire fut *William,* baron de Cavendish de Hardwick, mort en 1625; et il lui fut conféré en 1618 par le roi Jacques Ier.

Son fils, *William* Cavendish, deuxième comte de Devonshire, mourut le 20 juin 1628, laissant deux fils. Le cadet, *Charles,* fut tué dans la guerre civile; l'aîné, *William,* troisième comte de Devonshire, épousa Élisabeth-Cécile, fille du comte William de Salisbury, et mourut le 23 novembre 1684. Son fils, *William,* quatrième comte de Devonshire, lord-lieutenant du comté de Derby, fut l'un des grands seigneurs anglais qui se déclarèrent le plus chaudement en faveur du prince d'Orange. Le roi Guillaume III récompensa son dévouement en 1694 par la collation du titre de marquis de Hartington et de *duc de Devonshire*; et, depuis cette époque, les Devonshire ont toujours joui en Angleterre d'une considération fondée moins sur leur mérite ou sur les services qu'ils ont pu rendre à leur pays que sur leurs immenses richesses et les charges de cour dont ils ont été revêtus.

Le premier duc de Devonshire, mourut grand-maître de la maison de la reine Anne, le 18 août 1707, laissant de son mariage avec Marie Butler, fille du duc d'Ormond, trois fils, *William, Henri* et *James.*

William fut le deuxième duc de Devonshire, et hérita aussi des charges de cour de son père, devenues depuis lors, pour ainsi dire, héréditaires dans la famille. Il mourut le 15 juin 1729, laissant de son second mariage avec Rachel Russell, fille de lord William Russell, décapité sous le règne de Charles II, trois fils, dont le plus jeune, *Charles,* fut le père de Henri *Cavendish,* si célèbre comme savant et comme chimiste.

Le fils aîné, *William,* né en 1698, troisième duc de Devonshire, fut, de 1736 à 1745, vice-roi d'Irlande, lord-lieutenant du comté de Derby, et mourut le 5 décembre 1755.

Son fils aîné, *William,* quatrième duc de Devonshire, fut nommé lord-lieutenant du comté de Cork en Irlande en 1754, vice-roi d'Irlande en 1755, premier lord commissaire de la trésorerie et lord-lieutenant du comté de Derby en 1756, enfin lord-chambellan en 1757; mais il résigna cette dignité à l'avénement du ministère Bute, et mourut à Spa le 28 septembre 1763. Par suite de son mariage avec Charlotte Boyle, fille unique du comte de Burlington, il laissa une fortune énorme.

Son fils aîné, *William,* cinquième duc de Devonshire, né le 14 décembre 1748, fut nommé lord-trésorier d'Irlande en 1766. Le ministère avait espéré adoucir son opposition par cette faveur, mais, fidèle aux principes du *whigisme,* que sa famille avait constamment professés, il continua à blâmer la politique suivie par le cabinet à l'égard de l'Irlande, et à témoigner à ce malheureux pays un intérêt qui semble être demeuré héréditaire dans sa famille. Il mourut le 29 juillet 1811. Il avait épousé en premières noces *Georgiana,* fille du comte John Spencer, née le 9 juin 1757, femme non moins remarquable par sa beauté et son amabilité que par son esprit et son instruction. Au milieu des plus vives préoccupations de la politique et de toutes les dissipations du grand monde, elle conserva toujours la renommée la plus pure. C'est à elle qu'il arriva, lorsqu'elle recrutait en personne dans Westminster des voix pour l'élection de Fox à la chambre des communes, cette aventure qu'on trouve racontée partout et dont tous les détails sont exacts. Un boucher ne consentit à promettre sa voix au candidat que venait lui recommander l'une des plus grandes dames et des plus jolies femmes de l'Angleterre, qu'à la condition qu'elle lui permettrait d'échanger avec elle une paire de baisers, marché qui fut immédiatement scellé à la grande jubilation de tous les témoins de cette scène caractéristique. Versée dans l'histoire et dans la littérature, la duchesse de Devonshire était même douée de la faculté poétique. Outre plusieurs autres productions de sa muse, on a d'elle un poëme qu'elle composa pendant un voyage en Suisse, et qui est aussi remarquable par la pureté et l'élégance de la forme que par la puissance d'imagination dont il témoigne. Le sujet en est le *Passage du mont Saint-Bernard*; il parut en 1802 à Paris avec une traduction de Delille. La duchesse de Devonshire mourut le 30 mars 1806.

La deuxième femme de *William*, cinquième duc de Devonshire, fut *Élisabeth Hervey*, fille du quatrième comte de Bristol. Elle était veuve d'un M. Foster, dont elle avait eu deux enfants, et avait été très-intimement liée avec la première femme du duc. Douée de beaucoup d'esprit et d'instruction, ainsi que d'une rare amabilité, elle exerça une influence puissante sur divers personnages éminents, et par eux sur les affaires politiques. En 1815, par suite de déplorables divisions de famille, elle quitta Londres, et alla se fixer à Rome, où sa maison devint bientôt le rendez-vous de tous les hommes distingués, et notamment des savants et des artistes. Elle fit imprimer à ses frais et avec le plus grand luxe de typographie et de gravures la traduction de l'Enéide de Virgile par Annibale Caro (2 vol. in-folio, 1818). Cette édition n'entra point dans la librairie; elle ne fut tirée qu'à 150 exemplaires, dont la duchesse de Devonshire fit présent à ses amis, à quelques souverains et aux plus importantes bibliothèques de l'Europe. Elle fit paraître de la même façon les illustrations de la cinquième satire d'Horace et du poëme de son amie Georgiana. Elle s'occupait d'*illustrer* le Dante de la même façon, lorsque la mort vint la surprendre le 30 mars 1824.

Le fils unique de *William*, cinquième duc de Devonshire, chef actuel de la famille, est *William Spencer Cavendish*, sixième duc de Devonshire, marquis de Hartington, baron Clifford de Lanesborough, lord-lieutenant du comté de Derby. Né le 21 mai 1790, il entra, après la mort de son père, à la chambre des lords, où il parla à différentes reprises avec la plus grande énergie en faveur des catholiques irlandais. En 1826, il fut nommé ambassadeur extraordinaire en Russie pour y assister au couronnement de l'empereur Nicolas. Lord-chambellan pendant le ministère de lord Grey (1830-1834), il se montra fidèle au système de whigisme modéré, que résume assez bien la devise de sa maison : *Cavendo tutus*, il vota en faveur du bill de réforme. Pendant un voyage en France et en Allemagne, il frappa vivement l'attention publique par l'éclat de son luxe tout royal et par l'intérêt éclairé dont il donna de nombreuses preuves pour les beaux-arts. En 1839, il entreprit un voyage à Constantinople, qui donna lieu aux conjectures les plus diverses. Sa galerie de tableaux est une des plus riches de l'Angleterre. Les serres-chaudes de Chatsworth, construites sous la direction du célèbre Paxton, sont uniques en leur genre. C'est, dit-on, par suite d'une convention de famille qu'il est resté célibataire.

DÉVORANTS. *Voyez* COMPAGNONNAGE.

DÉVOTION. En parlant de *dévotion*, il y aurait un moyen bien simple de se faire lire jusqu'au bout, même avec une certaine avidité : ce moyen ce serait de donner à ce mot, une tout autre acception que celle qu'il doit avoir. Mais laquelle adopter? Nous ne serons pas d'accord avec certaines gens si nous donnons à la dévotion d'autres synonymes que *bigoterie*, *cagotisme*, et si nous ne faisons de tous les *dévots* autant d'esprits faibles, à préjugés étroits. Nous ferons sourire de pitié ces jeunes gens aux belles manières, qui mettent l'incrédulité au rang des articles de mode, et qui s'étudient au miroir pour bien prononcer les mots *superstition*, *jésuitisme*, *hypocrisie*, et d'autres qu'ils

ont retenus beaucoup mieux que les leçons du collége. Nous dérangerons toutes les idées de nos élégantes, si nous ne faisons de la dévotion un fantôme sec et décharné, à mine sévère et repoussante, à parole dure et austère, qui ne sort jamais de l'église, qui condamne toute espèce de plaisir, qui fuit les gens ou qui les effraie. Enfin viendra la *dévote*, au maintien composé, écouter d'un air défiant et soupçonneux ce que nous avons à dire de la vertu qu'elle professe ; plus nous en dirons de bien, moins elle sera contente : ce n'est pas là sa dévotion à elle : car, nous dit saint François de Sales, qui s'y connaissait, chacun reproduit cette vertu selon sa passion et sa fantaisie, comme ces peintres qui donnent à toutes leurs figures les traits des personnes qu'ils aiment. Ce n'est point auprès de ces gens-là que nous irons chercher nos idées.

D'après son étymologie (*devoveo*), la dévotion ne serait qu'un dévouement : être dévot serait être *dévoué* à Dieu, et par conséquent s'attacher à remplir les devoirs qu'il impose. On voudra bien là-dessus s'en rapporter à Bourdaloue : « Faire de son devoir, dit-il, son mérite par rapport à Dieu, son plaisir par rapport à soi-même, et son honneur par rapport au monde, voilà en quoi consiste la vraie vertu de l'homme, et la solide dévotion du chrétien. » Considérée de cette manière, la dévotion devient une vertu indispensable à tous les hommes, puisqu'il n'en est aucun qui n'ait des devoirs à remplir. L'homme véritablement dévot ne fait pas consister sa piété dans de vaines formules : aimer Dieu, observer ses préceptes, travailler constamment à lui plaire, conformer sa volonté à la sienne, accepter de lui les biens avec reconnaissance, les épreuves avec résignation, c'est là son unique soin, sa principale étude. Il ne sacrifie point à des pratiques de son choix les obligations plus essentielles : servir Dieu, selon lui, c'est remplir, avant tout, les devoirs de son état. Et pourtant il ne négligera point ce qui lui semble moins rigoureux : viser plus haut pour atteindre juste, voilà sa devise ; et, s'il aspire à la perfection des conseils évangéliques, c'est pour se maintenir plus sûrement à la hauteur des préceptes. Plus il aime Dieu, plus il aime aussi ses frères, et, loin de s'isoler comme un être inutile, la dévotion le rapproche des hommes et lui donne toutes les vertus sociales ; « on commerce n'a point d'amertume, sa conversation n'engendre point l'ennui. » Son abord est affable, son visage ouvert, son cœur franc et sans détour ; ses paroles sont pleines de douceur et de charité. Tous ceux qui le connaissent s'attachent à lui, parce qu'il sait se faire tout à tous, s'accommoder à toutes les humeurs, à tous les caractères : il pleure avec ceux qui gémissent, il rit avec ceux qui sont dans la joie, il ne cherche point les plaisirs par goût, il les accepte par complaisance, et n'en condamne que l'abus. Sévère pour lui-même, il est toujours indulgent pour les autres ; s'ils sont fâcheux, il les supporte ; s'ils s'égarent, il les plaint ; s'ils l'offensent, il leur pardonne. Sans acception de personne, il fait le bien partout où il peut le faire, et il se croit encore redevable envers ceux qu'il a pu obliger. Toujours content, parce qu'il est sans désirs, toujours joyeux parce qu'il est sans remords, on trouve en lui le plus heureux caractère, une humeur égale, une douceur inaltérable. En un mot, un véritable dévot est une personne parfaite, ou du moins qui cherche à le devenir.

Mais une telle personne ne se trouve pas partout. N'allons pourtant pas croire qu'elle soit impossible à trouver, ou que la dévotion ne soit que chimère, que mensonge, qu'hypocrisie. Qu'il y ait des hommes qui se couvrent du manteau de la piété pour cacher des vues criminelles, on ne peut le nier ; l'hypocrisie se glisse partout : on voit des hypocrites en probité, des hypocrites en sagesse, des hypocrites en amitié, des hypocrites en patriotisme, des hypocrites même en incrédulité : comment n'y aurait-il pas des hypocrites en dévotion ? Mais il n'est pas difficile de soulever le masque de ces imposteurs : outre qu'ils laissent voir de temps en temps *un petit bout d'oreille*, leur dévotion, qu'avons-nous dit? leurs *grimaces*, se trahissent toujours par quelque chose d'exagéré qui sent l'affectation. Honte donc à ces ta r t u fe s, pour lesquels un nouveau Molière n'aurait pas trop de tous ses traits ! Mais, pour quelques scélérats, n'allons pas faire le procès à la dévotion elle-même. Ce qui éloigne d'elle surtout, c'est l'exemple de certaines gens qui la rendent ridicule par les défauts dont elles l'accompagnent.

Une personne sera très-fidèle à différentes pratiques de piété, consacrera plusieurs heures à la prière, à de pieuses lectures, et, de la même langue dont elle prétend bénir le Seigneur, elle ira flétrir la réputation des autres, se faire un jeu de les déchirer à belles dents ; elle visitera force églises, y entendra tous les jours plusieurs messes, sera de toutes les confréries, de toutes les associations pieuses, et elle négligera le soin de son ménage, l'éducation de sa famille ; ange fervent à l'église, ce sera le diable à la maison : valets, enfants, époux, tout devra céder aux bizarreries de son humeur, plier sous ses moindres caprices, souffrir de toutes ses violences et de ses saints emportements; elle ira *quatre fois par mois se vanter à confesse*, sans se douter le moins du monde qu'il y ait rien à reprendre ou à corriger en elle; elle aura beaucoup de soins, beaucoup d'inquiétudes sur la conduite des autres, et saura se pardonner ce qu'elle appelle ses imperfections, rachetées d'ailleurs par tant de pieux exercices. Son amour pour Dieu sera si grand qu'il ne lui en restera plus pour les hommes ; et malheur à celui qui devra sentir les atteintes de sa rude charité ! Ah ! si tout cela s'appelle de la dévotion, que Dieu veuille bien nous en préserver! Il ne faut pas confondre (et c'est ici l'erreur) les *pratiques* de dévotion avec la dévotion même : celle-ci est nécessaire, les autres ne le sont pas ; elles seraient même condamnables si elles tenaient lieu de religion, si elles venaient à empiéter sur les devoirs. « Cette faute, dit saint François de Sales, arrive néanmoins bien souvent ; et le monde, qui ne discerne pas ou ne veut pas discerner entre la dévotion et l'indiscrétion de ceux qui veulent être dévots, murmure et blâme la dévotion, laquelle n'en peut mais de ces désordres. »

Qu'une personne pieuse, ait des défauts, cela se conçoit : la dévotion, comme toutes les vertus, a ses degrés; là, comme ailleurs, la perfection est rare. On peut avec de la piété conserver quelques faiblesses, parce qu'on est toujours homme ; mais, sans la piété, ces faiblesses seraient encore beaucoup plus grandes. Contentons-nous donc de les signaler, sans pour cela crier à l'hypocrisie : parce qu'une personne est dévote, il ne faut pas être plus intolérant à son égard qu'on ne le serait si elle n'avait ni foi, ni mœurs. A côté de la vertu la plus solide, notre humanité se réserve toujours une petite part ; ce qui a fait dire que *partout où Dieu a une église, le diable veut avoir une chapelle*. Mais, si l'on voulait suivre nos avis, les dévots travailleraient à rétrécir autant que possible cette *chapelle du diable*.

Nous avons parlé des *pratiques de dévotion*. On nomme ainsi les prières, les rites qui ne sont ni de précepte, ni d'observance générale dans l'Église, certains usages qu'elle n'autorise que comme aliments à la piété. C'est aux pasteurs à empêcher que ces pratiques ne dégénèrent en abus superstitieux, et à éclairer l'ignorance de ceux chez qui elles pourraient usurper la place de la religion. C'est la simplicité du cœur qui fait le mérite de ces usages. L'homme du monde peut les traiter de minuties ; l'homme religieux se rassure en lisant dans l'Évangile que celui qui est fidèle dans les plus petites choses le sera dans les plus grandes Il continuera donc à mêler à son travail quelques formules de prières qui le font trouver plus léger, à s'entourer de pieuses images qui semblent lui rappeler ses devoirs, ou lui assurer la protection des saints ; l'enfant bégayera sa prière à son bon ange pour qu'il veille à ses côtés; la jeune fille revêtira le scapulaire pour porter la livrée de Marie, ou récitera le rosaire pour s'endormir sous sa protection ; une mère qui craint pour son enfant le vouera à la vierge, ou bien entreprendra pour sa guérison quelque pieux pèlerinage ; le laboureur confiera ses moissons à saint Éloi, le vigneron ses vendanges à saint Vincent; saint Roch sera invoqué dans le choléra, saint Nicolas ou Saint Antoine dans la tempête, etc. « Il ne s'agit pas, dit Châteaubriand, d'examiner rigoureusement ces croyances. Loin de rien ordonner à leur sujet, la religion sert au contraire à en prévenir l'abus et à en corriger l'excès. Il s'agit seulement de savoir si leur but est moral, si elles tendent mieux que les lois elles-mêmes à conduire la foule à la vertu. » L'abbé C. Bandeville.

DÉVOUEMENT (du latin *devovere*, dévouer). Le *dévouement* consistait chez les anciens à offrir sa vie en sacrifice aux dieux pour détourner leur colère de sa patrie et lui conquérir leur protection et leurs bienfaits. Cet acte était empreint de la superstition qui gouvernait le genre humain dans ces premiers âges : ainsi, on croyait que les calamités qui venaient fondre sur un peuple étaient envoyées par les divinités malfaisantes des enfers, et que, lorsque les prières, les vœux, les victimes, n'étaient pas suffisantes pour les apaiser, c'était du sang humain qu'il fallait répandre. Alors quelque homme généreux pensait qu'en attirant sur sa tête la vengeance des dieux, il détournait de ses concitoyens le fléau qui les menaçait tous. En sa qualité d'acte religieux, le dévouement était souvent accompagné de certaines cérémonies propres à frapper l'esprit du vulgaire. Il y en avait de singulières dans les dévouements des anciens Romains, et la vive impression qu'elles produisaient sur l'imagination du peuple contribua plus d'une fois à amener les résultats qu'on attribuait à de tout autres causes. Ainsi, quand une armée savait que le général ennemi s'était *dévoué* et avait péri, elle croyait voir tout l'enfer conjuré contre elle, et son découragement amenait sa défaite, tandis que le trépas du général était pour les siens un gage assuré de la victoire, et leur inspirait une confiance qui doublait leur force et leur courage. Mais, quoique le dévouement fût alors conseillé par la superstition, cet acte n'en était pas moins méritoire, puisqu'on ne peut faire un plus grand sacrifice, et que ce sacrifice était inspiré par la plus noble intention et la plus beau des sentiments, l'amour de ses semblables, poussé jusqu'à l'abnégation de soi-même : seulement, il était fait aveuglément et quelquefois consommé en pure perte. On ne vendait point sa vie alors, on l'offrait aux dieux en expiation; on croyait qu'il suffisait de mourir, et que le fait seul d'une mort volontairement subie assurait à un peuple le gain d'une victoire ou la cessation d'un fléau : c'était au ciel qu'on remettait le soin d'accomplir l'œuvre de salut.

L'acte du dévouement était trop sublime, trop conforme aux inspirations de la charité chrétienne pour ne pas survivre au paganisme. Mais il est maintenant plus éclairé et plus efficace, parce qu'il est mieux appliqué. Il ne consiste plus à offrir sa tête pour fléchir le ciel et le rendre propice; il consiste à agir sous la menace du trépas pour le bien de ses semblables, à prendre une détermination qui coûtera la vie, mais qui amènera des résultats utiles à la cause de l'humanité. Ainsi, le mot *dévouement* a pris un autre sens dans les âges modernes. On n'y attache plus l'idée d'un acte religieux, accompli solennellement et seulement dans certaines circonstances. L'homme n'a plus besoin de croire aux oracles pour faire le sacrifice de sa vie. Ses seuls oracles sont maintenant son cœur et sa raison. Aussi, ce mot a-t-il reçu une extension beaucoup plus grande : il s'applique à toutes les actions qui impliquent l'idée de l'abnégation totale de soi-même au profit de ses semblables. Comme cette abnégation peut avoir lieu de plusieurs manières, il y a plusieurs espèces et même plusieurs degrés de dévouement. Nous pla--

cerons au premier rang celui qui consiste à accepter une mort *certaine* en échange du bien qui peut en résulter. Le brave d'Assas se dévoua de la sorte, lorsque, par son silence, il pouvait acheter la vie. Ces sortes de dévouement sont les plus sublimes, mais aussi les plus rares; peu d'hommes sont capables d'une abnégation aussi complète de soi-même, d'un sacrifice aussi absolu.

On appelle encore dévouement l'action qui consiste, non plus à accepter une mort certaine, mais à en courir les chances, à s'exposer aux plus grands dangers, soit pour arracher quelqu'un au trépas, soit pour faire triompher une cause que l'on croit juste et sainte, soit dans un motif d'intérêt général. Ainsi se dévouent ceux qui bravent la furie des flots pour sauver des malheureux que la tempête est près d'engloutir; ceux qui, pour ramener à la lumière des travailleurs que la terre a ensevelis, s'exposent à s'ensevelir eux-mêmes vivants; ceux encore qui affrontent tous les périls de la contagion pour lui dérober quelques victimes. Ainsi se dévouaient ces hommes pieux qui allaient dans les forêts du Nouveau-Monde, à travers des dangers sans nombre, conquérir des peuples à la morale et à la civilisation. Enfin on regarde comme un dévouement de sacrifier, non pas la vie elle-même, mais ce qu'il y a de plus précieux dans la vie, son avenir, sa liberté. Ainsi, un homme qui se dépouille de tous ses biens au profit de la cause qu'il sert, et qui se résigne, dans un but généreux, à toutes les douleurs de la pauvreté, accomplit un grand dévouement. Nous devons reconnaître du dévouement dans ces femmes qui renoncent à leur liberté et à toutes les jouissances légitimes que la vie peut leur offrir, pour s'enfermer dans les asiles de la souffrance, et prodiguer aux malades les bienfaits de leurs soins assidus et de leurs consolantes paroles. Ces dévouements de tous les jours, de tous les instants, ont moins d'éclat, et semblent moins admirés que ceux qui entraînent le sacrifice de la vie. Ils ne sont cependant guère moins méritoires. Le dévouement est l'action la plus héroïque et la plus glorieuse à laquelle l'homme puisse s'élever ; c'est le plus bel usage qu'il fasse de sa liberté, c'est l'apogée de la vertu. Ce ne sont plus ici de pénibles efforts, de rudes épreuves auxquelles on se soumet pour accomplir sa loi ; c'est l'individu qui s'efface à ses propres yeux devant le bien de ses semblables, qui est animé pour eux d'une sympathie si profonde, pénétré d'un si saint respect pour le plus beau de ses devoirs, qu'il n'hésite pas à faire l'abandon de son être aux intérêts de l'humanité. C'est la créature qui s'abaisse volontairement et s'immole devant l'œuvre de Dieu, devant le bien, et il n'est point de plus bel hommage qu'elle puisse offrir à son Créateur. Aussi, ce que les chrétiens exaltent le plus dans le fondateur de leur religion, ce qu'ils trouvent en lui de plus sublime et de plus divin, c'est d'avoir offert sa vie en sacrifice pour le salut des hommes.

Quoique les dévouements soient plus éclairés dans les âges modernes qu'ils ne l'étaient dans l'antiquité, cependant il en est auxquels on peut reprocher d'être aveugles, inutiles, quelquefois même funestes. Ce qui les conseille, c'est la passion, c'est le fanatisme, dont le bandeau peut couvrir les yeux des mortels les plus généreux. Il y avait du dévouement dans ce jeune moine qui, croyant servir par sa mort la cause de sa religion et de son pays, se résigna à tomber au pied de la victime, et vit sans pâlir les glaives tournés contre son sein désarmé. Il y avait du dévouement dans ces jeunes gens que nous avons vus naguère prendre une si grande part à nos discordes civiles, et qui ont combattu jusqu'à la mort avec un courage désespéré contre leurs propres concitoyens, pour une cause qu'ils croyaient celle de la liberté et du bien public! On pourra les blâmer d'avoir cédé à l'entraînement des passions politiques, de n'avoir point reculé devant la violence et l'effusion du sang, qui inspire une si juste horreur, mais on ne pourra du moins leur refuser l'héroïsme du dévouement.

Nous ne devons point finir sans relever dans l'action sublime du dévouement un de ses plus importants caractères : c'est qu'à elle seule elle est une preuve de la vie future où l'homme doit recevoir le prix de ses vertus : la croyance à ce glorieux avenir ne serait appuyée d'aucun autre raisonnement, que la vue d'un seul acte de dévouement suffirait pour la faire adopter sans autre examen. Où serait donc la récompense de l'abandon que l'on fait de sa vie, puisqu'à l'homme qui se dévoue il ne reste pas même pour dédommagement la consolante satisfaction de sa conscience? Car, si l'on suppose que l'homme reçoit ici-bas tout le prix de ses bonnes actions, il arriverait que l'action la plus belle et la plus méritoire de toutes serait précisément la seule qui demeurerait sans récompense : nous nous trompons, sa récompense serait le trépas, le sort que la justice humaine réserve aux plus grands criminels! Alors, on se trouve enfermé dans cet invincible dilemme qui consiste, ou à regarder le dévouement comme le fait d'un niais et d'un insensé, ou bien à reconnaître qu'un meilleur avenir attend l'homme capable d'un pareil sacrifice. Qui oserait hésiter un instant entre ces deux propositions?

C.-M. PAFFE.

DEVRIENT (LUDWIG), le comédien le plus original qu'ait encore eu l'Allemagne, naquit à Berlin le 15 décembre 1784. Son père, marchand de soieries, l'avait destiné au commerce; mais, entraîné par le sentiment intime de sa vocation véritable, le jeune Devrient témoignait en toute occasion une profonde antipathie pour cette profession. Il finit même par déserter un beau jour la maison paternelle, et s'engagea dans une troupe de comédiens nomades. Ses débuts, qui remontent à l'année 1802, eurent lieu à Géra, dans *la Fiancée de Messine*. Il jouait les *utilités* et avait pris le nom de Herzberg. Plus tard, il parcourut avec la même troupe plusieurs villes de la Saxe, jusqu'au moment où il obtint un engagement fixe au théâtre de Dessau. Ses succès sur cette scène furent grands, et cependant il s'en fallait encore de beaucoup qu'il fût content de lui-même. Déjà, à cette époque, le goût des boissons spiritueuses était devenu chez lui une véritable passion, et les excès de tout genre une habitude ; mais il se faisait pardonner cette vie de déréglement et d'espiègle insouciance et de folle gaieté. Son père lui ayant offert l'oubli du passé avec la promesse de payer ses dettes, s'il consentait à rentrer dans la maison paternelle, cette proposition inattendue le fit un instant hésiter sur le parti qu'il devait prendre ; mais les conseils de quelques amis lui eurent bientôt persuadé qu'il se devait tout au théâtre. En 1807, il se maria avec Marguerite Neefe, fille du chef d'orchestre de Dessau, que la mort lui enleva au bout d'un an de mariage. Quelques années plus tard, obligé de se dérober par la fuite aux poursuites trop pressantes de ses créanciers, il se retira à Breslau, où il continua sa vie de désordre, et obtint sur le théâtre de cette ville le plus grand succès. Ce fut à Breslau qu'Iffland fit sa connaissance. Un esprit moins distingué n'eût vu qu'avec chagrin un tel rival ; mais Iffland, qui avait déjà le pressentiment de sa fin prochaine, eut la noblesse de faire engager de son vivant même le seul comédien qu'il jugeât capable de le remplacer. Les débuts de Devrient sur le théâtre de Berlin eurent lieu, en 1815, dans le rôle de Franz Moor, des *Brigands* de Schiller, et le public berlinois l'adopta tout aussitôt pour son acteur favori. Il mourut, trop tôt pour l'art, le 30 décembre 1832. Son corps était prématurément épuisé par l'abus des boissons alcooliques devenues pour lui un besoin indispensable au milieu du cercle de viveurs dans lequel s'écoulait la majeure partie de ses nuits. On ne regretta pas seulement en lui l'inimitable artiste, mais l'homme bon et serviable. On peut dire de Ludwig Devrient que ce fut un comédien vraiment unique, car, différent en cela d'Iffland, l'inspiration était chez lui bien autrement puissante que la réflexion ou l'étude. Il y avait dans la nature de son talent je ne sais quoi de fantastique, et ce caractère se retrouvait de la manière la plus frappante dans tout son physique, dans le timbre de sa voix, dans sa tenue, dans sa mimique et dans sa déclamation. Il s'indentifiait si complétement avec ses rôles, que le public fasciné croyait par instants à la réalité de faits auxquels les illusions de la scène le faisaient assister.

La vocation pour l'art dramatique semble avoir été héréditaire dans la famille de Devrient, car ses trois neveux, qui, eux aussi, avaient été destinés par leur père au commerce, se sont fait un nom au théâtre.

L'aîné, *Charles-Auguste* Devrient, né à Berlin le 5 août 1798, a fait la campagne de 1815. Il débuta en 1819 à Brunswick, et épousa en 1822 Wilhelmine Schrœder (*voyez* SCHRŒDER-DEVRIENT); mais un divorce rompit dès 1822 cette union mal assortie. Attaché pendant longtemps au théâtre de Hanovre, il est mort d'apoplexie en août 1853 aux eaux d'Ichl, à l'âge de cinquante-cinq ans. Son fils, *Frédéric* Devrient, débuta en 1845 sur le théâtre de Detmold, et fait depuis 1848 partie de la troupe du théâtre du *Burg*, à Vienne.

Le second, *Philippe-Édouard* Devrient, né le 11 août 1801, aujourd'hui régisseur du théâtre de Dresde après avoir, jusqu'en 1844, fait partie de la troupe du théâtre royal de Berlin. Moins heureusement doué que ses deux frères, il a, en revanche, plus étudié l'art auquel il s'est voué. Il a longtemps eu une fort belle voix de baryton, ce qui lui permettait de jouer dans le drame chanté et dans le drame récité. Il s'est d'ailleurs acquis une réputation méritée comme écrivain et comme auteur dramatique. Ses *Lettres sur Paris* contiennent une foule de remarques intéressantes et d'observations piquantes. Il y a des idées justes, des vues neuves, dans son écrit intitulé : *Sur la fondation d'une école théâtrale*. Le petit homme gris, La Faveur du moment, Les Égarements, Le Fabricant, sont des pièces dont on peut contester le mérite dramatique, mais qui ne manquent pas d'un certain intérêt théâtral. On a aussi de lui un opéra, *Hans Heiling*, dont la musique a été composée par Marschner, et qui a obtenu le plus éclatant succès.

Le plus jeune des trois frères, *Gustave-Émile* Devrient, né le 4 septembre 1803, est le plus célèbre et le plus aimé comme comédien. Marié en 1825 à Dorothée Bœhler, il a divorcé d'avec elle en 1842, et est attaché aujourd'hui au théâtre de Dresde. Ayant eu occasion, au commencement de 1853, de donner des représentations sur le théâtre de la cour à Gotha, le célèbre tragédien fut, à diverses reprises, invité aux soirées de la cour; et quand il prit prendre congé du duc de Saxe-Cobourg, celui-ci lui remit les insignes de chevalier de l'ordre de la maison Ernestine. C'est le premier exemple qu'on ait en Allemagne d'un ordre de chevalerie conféré à un artiste dramatique.

DEWS, mauvais génies ou démons du parsisme (*voyez* DARVANDS).

DEXIPPE (PUBLIUS HERENNIUS DEXIPPUS), historien grec de quelque mérite, vivait au troisième siècle de notre ère, et parvint, à Athènes, aux plus importantes dignités. Nommé commandant en chef de l'armée d'Achaïe, en l'an 269, il défit complétement les Goths, qui avaient envahi l'Attique. On ne possède plus aujourd'hui que quelques fragments de ses œuvres historiques, dont les plus estimés étaient un abrégé de l'histoire universelle jusqu'à l'époque où il florissait, et une description de la Scythie, intitulée : *Scytica*. Ces fragments ont été recueillis par Niebuhr dans son *Corpus scriptorum byzantinorum* (1er vol., Bonn, 1829).

Un autre DEXIPPE, disciple de Jamblique, qui vivait vers l'an 335 de J.-C., est auteur du commentaire sur Aristote, dont nous possédons encore quelques parties dans une traduction latine qu'en avait faite Felicianus (Paris, 1549).

DEXTÉRITÉ, qualité d'action qui s'applique en général aux détails. Il y a une dextérité des mains comme une dextérité de l'esprit. La première se rencontre facilement; on l'acquiert par la seule persévérance de l'habitude. La seconde est beaucoup plus rare; elle suppose une foule de combinaisons rapides, instantanées, qui, en parvenant toutes à écarter un obstacle, achèvent le succès. La dextérité est une qualité qu'il ne faut placer qu'au second rang; cependant, il est des circonstances où son concours est indispensable. On doit bien se garder de la confondre avec l'astuce et les déguisements : ceux-ci remontent à la pensée première; la dextérité, au contraire, se renferme dans l'exécution; elle n'est donc pas répréhensible en elle-même; elle ne le devient que par les objets auxquels elle s'attache. On est souvent contraint de recourir à la dextérité pour faire rentrer plus sûrement les hommes dans la ligne de leurs devoirs : les met-on subitement en présence de ceux qu'ils ont à remplir, ils s'en éloignent avec dégoût; ils n'y voient que des exigences qui les blessent ou des obligations qui leur pèsent. Parvienton, au contraire, à leur montrer la considération, publique qui découle de leur accomplissement, ils se piquent d'honneur et courent au-devant de tous les sacrifices.

Ce genre de dextérité si louable est applicable, sauf quelques modifications, aux hommes de toutes les classes de la société : pour réussir, il ne demande qu'à être mis en pratique. La dextérité est indispensable aux chefs de parti; ils se trouvent en présence de tant de petites passions que, s'ils ne savent pas leur donner le change en les flattant, ils n'ont plus bientôt de partisans, c'est-à-dire de chances de victoire. On a vu, par un contraste remarquable, des chefs de parti joindre à la dextérité la plus consommée la fougue et l'emportement : tel a été Voltaire. Comment a-t-il pu parvenir à triompher, en définitive? C'est qu'il ne cédait à la fougue et à l'emportement que lorsqu'on le blessait dans ses susceptibilités d'auteur. Avait-il, au contraire, à défendre les intérêts du parti dont il était le chef, il faisait preuve d'une dextérité que rien ne pouvait embarrasser; et, comme chez lui le *philosophe* était bien plus en scène que l'écrivain, Voltaire a dû l'emporter à la longue.

Les méridionaux réunissent la dextérité à la colère; ils emploient la première pour attirer les individus, et la seconde pour briser les obstacles qu'ils ne peuvent tourner. Les femmes, grâce à leur nature même, ont à leur service toutes les ressources de la dextérité; il leur arrive bien quelquefois de s'en servir pour nous tromper, mais elles aiment mieux en général la réserver pour nous rendre heureux. Quant aux jeunes filles, leur dextérité, pour être moins étudiée, a bien aussi son prix. A moins que le succès ne soit impossible, elles triomphent toujours. Les enfants, qui paraissent si peu réfléchis, ne manquent pas de dextérité lorsqu'ils veulent parvenir à faire adopter par leurs parents une volonté qui est entrée brutalement dans leur esprit; ils sortent momentanément de leur âge. Au moment où nous écrivons, la dextérité n'est guère en usage; ceux qui ont la force ou l'argent à leur disposition dédaignent un pareil moyen, ils sont convaincus qu'ils ont mieux. Il règne donc dans nos mœurs une certaine brutalité générale : on se fie plus aux ressources matérielles qu'à celles de l'intelligence : sous ce rapport, nous sommes dégénérés de nos pères, nous commençons à sortir de la civilisation.   SAINT-PROSPER.

DEXTRIER ou **DESTRIER**. *Voyez* CHEVAL (t. V, p. 418), CHEVAL BARDÉ et CHEVALERIE (t. V, p. 424).

DEXTRINE. D'abord confondue avec les gommes, puis avec l'amidine, la dextrine n'a été distinguée de ces corps que depuis la découverte de la *diastase*. C'est parce que dans les expériences de M. Biot sur la lumière elle a fait dévier à droite de faisceau lumineux, que la gomme et d'autres substances font dévier à gauche, qu'elle a reçu de ce savant académicien le nom de *dextrine*. Cette substance a effectivement une apparence gommeuse; elle est blanche, transparente, sans odeur et sans goût. Exposée à l'action de la chaleur, elle jaunit, exhale une odeur de pain grillé, et, après avoir subi un commencement de fusion, elle se boursoufle et se décompose. Inaltérable dans un air sec, abondamment soluble dans l'eau chaude, et même dans l'eau froide, à laquelle elle donne une consistance mucilagineuse, la dextrine n'est précipitée de sa dissolution aqueuse ni par l'eau de chaux, ni par l'eau de baryte, ni par le nitrate de mercure, mais elle l'est abondamment par l'alcool, qui ne change point sa nature. L'iode ne la bleuit pas, l'acide nitrique n'y forme point d'acide mucique, la levure de bierre est sans action sur elle : ce n'est donc ni de l'amidine, ni de la gomme, ni du sucre. L'acide sulfurique dilué la transforme en sucre de raisin ; la diastase y produit le même effet ; mais son action est toujours incomplète ; elle laisse toujours dans le liquide une portion de dextrine qui a échappé à sa réaction. On considère la dextrine comme étant moins carbonée que l'amidon et plus que le sucre.

Si l'on délaie 100 parties de fécule dans 9 à 10 parties d'eau et qu'on la verse dans un mélange en ébullition formé de 20 d'acide sulfurique et de 18 d'eau ; qu'on porte le tout à 90 ou 92° de température ; qu'on sature l'acide par l'oxyde de plomb en poudre ; qu'on retire le mélange du feu, et que, lorsqu'il ne marque plus que 20° au thermomètre, on le filtre, la solution ainsi clarifiée donne, par une addition d'alcool, un précipité blanc, glutineux d'un aspect soyeux et nacré, en un mot la dextrine : Des lavages alcooliques opérés à chaud pour la purifier la réduisent en poudre impalpable, et quand elle est desséchée une ébullition dans l'eau avec du charbon achève sa purification. Il ne s'agit plus ensuite que de filtrer la liqueur et de la faire évaporer. On réussit également bien en substituant 10 de maït à 20 d'acide, en portant la quantité d'eau jusqu'à 400 parties, en n'ajoutant la fécule qu'à une température de 60° en agitant pendant 20 minutes, et en n'élevant pas la chaleur au delà de 6° à 75°. Alors la précipitation et la purification de la dextrine s'opèrent comme nous venons de le rapporter.

D'après ces faits et quelques autres, il paraîtrait que la gomme d'amidon torréfié et celle obtenue du bois par l'acide sulfurique sont de la dextrine (c'est au moins ce que semblent indiquer leurs propriétés optiques) ; que l'empois et l'amidine sont aisément convertis en dextrine, et même en sucre par la diastase, par les acides, par les alcalis, ou même par la torréfaction ; qu'à la dextrine n'appartiendrait pas exclusivement le pouvoir de faire tourner à droite le faisceau lumineux qui passe à travers sa dissolution, puisque le sucre de canne en jouit aussi, et que d'un autre côté il ne faudrait pas accorder aux caractères optiques une trop grande valeur sous le rapport chimique, puisque les différents morceaux d'une même substance, de cristal de roche, par exemple, coupés dans le même sens c'est-à-dire perpendiculairement à l'axe de cristallisation, différent en ce point autant que la dextrine et le sucre de seconde espèce.   COLIN.

DEXTROCHÈRE. Ce mot, qui est une abréviation du latin *dextrocherium*, formé de *dexter* et du grec χειρ, main, servait à désigner un bracelet d'or que les Romains portaient au poignet droit ; par extension, il a signifié *drapeau sacerdotal*. Comme meuble de blason, il donne idée d'un gantelet d'armes qui faisait partie des armoiries du connétable ou du doyen des maréchaux : c'était une main droite gantée et armée d'une épée.

DEXTROVOLUBILE, épithète donnée à une tige ou à une vrille qui tourne de gauche à droite.

DEY ou **DAI** est le titre que porta, depuis l'année 1600 jusqu'en 1830, le chef de la milice turque qui dominait à Alger, et qui à l'origine était chargé d'administrer ce pays conjointement avec un pacha nommé par la Porte.

Les uns veulent que ce mot *dey* soit dérivé du persan *dei*, signifiant *Dieu* ; d'autres, de l'arabe *daï*, celui qui *conduit* (sous-entendu : *à la vérité*) ; d'autres, enfin, disent qu'en turc *dey* signifie *oncle*. Nous adopterions volontiers cette troisième opinion qui se concilie avec le nom de *baba* (père),

qui précède le nom de plusieurs deys d'Alger ; mais il vaut mieux croire que le *deyhath* ou *deylik* s'est établi dans cette ville à l'instar de celui qui subsista longtemps à La Mecque. C'était une magistrature civile et criminelle qui, du temps de Mahomet le législateur, fut possédée par Aboubekr, son beau-père, et depuis son successeur. En effet, les premiers deys d'Alger ne furent d'abord que des magistrats subordonnés au pacha que la Porte-Othomane y envoyait. Leur origine ne remonte qu'aux premières années du dix-septième siècle. La milice turque fut autorisée par le divan de Constantinople à se créer un appui contre la tyrannie et la cupidité des pachas. On sent que le but de cette institution devait être une source continuelle de jalousie, de rivalité, de haine et de querelles sanglantes entre les deux pouvoirs.

Les *deys*, qui eux-mêmes s'intitulaient tantôt *wali* (gouverneurs), *beglerbeg* (prince des princes) et *seraskiers* (généraux en chef), soutenus par la milice, devaient tôt ou tard acquérir la prépondérance ; mais ils étaient exposés aussi aux caprices de cette soldatesque insubordonnée, qui les déposait et les faisait périr à son gré. Les pachas se maintinrent en excitant, en fomentant ces fréquentes révolutions, mais ils finirent par n'être plus que des sortes de mannequins sans autorité. Enfin Baba-Aly, élu dey en 1710, à la suite d'une sédition qui avait coûté la vie à son prédécesseur, fit arrêter le pacha, l'embarqua pour Constantinople avec menace de le faire étrangler s'il osait revenir, et obtint du sultan Achmet III qu'il n'y aurait plus désormais de gouverneur ottoman à Alger, et que le dey serait toujours investi de la dignité de pacha. Cet état de choses dura cent vingt ans, sans affermir la puissance précaire des deys investis, sans doute, d'un pouvoir absolu, du droit de faire la guerre, de distribuer les emplois et les grâces, de lever les impôts, d'administrer la justice et de régler toutes les affaires, excepté celles de la religion, mais dont les jours étaient continuellement menacés. La dignité de dey n'était ni la récompense du mérite ou de services rendus à l'État, ni le privilège de l'ancienneté ou de la naissance, mais plus souvent le prix de l'audace et de l'intrigue. Il suffisait, pour y arriver, d'appartenir à la milice, et de s'y être fait des amis, des partisans, par ses libéralités ou par ses promesses. Faut-il donc s'étonner que les règnes des deys aient été généralement si courts, et qu'on en ait vu six installés et assassinés le même jour par six factions différentes ? Les cruautés qu'un dey exerçait d'abord impunément, sous prétexte de se débarrasser de ses rivaux, de ses ennemis, tournaient plus tard contre lui, et ce n'était qu'à force de précautions qu'il pouvait se garantir des dangers qui l'environnaient. On cite comme un phénomène le règne de Baba-Mahmed, qui dura depuis 1766 jusqu'en 1791. Celui du dernier dey, Houssein-Pacha, avait duré douze ans lorsqu'il fut détrôné par les Français en 1830.

Le dey d'Alger était le premier brigand, le premier pirate de ses États : tyran de ses sujets et victime de ses soldats, tel était son sort, lorsqu'il n'était pas enlevé par la peste. Après la mort d'un dey, ses enfants ne jouissaient d'aucune distinction ; exclus même de toutes les fonctions publiques, ils ne recevaient que la solde de simples janissaires. Un gouvernement si bizarre, si informe, si monstrueux, était indéfinissable, inexplicable. On ne pouvait le comparer à rien, sinon à certaines époques désastreuses du Bas-Empire et des sultans mamelouks d'Égypte. Il n'était pas plus facile de lui donner un nom, car on disait indifféremment le *royaume d'Alger*, la *régence d'Alger*, la *république d'Alger*, et ce n'était rien de tout cela : le gouvernement des deys n'était ni une monarchie, ni une oligarchie aristocratique ou démocratique ; c'était une perpétuelle anarchie de soldats, de brigands, de peuples à demi sauvages, qui n'offrait pas plus de sécurité au chef et à ses sujets qu'elle n'inspirait de confiance aux tribus de Bédouins et aux puissances européennes. Rien ne prouve mieux que le gouvernement des deys la vérité de cet axiome, que le despotisme est produit par l'anarchie, et que l'anarchie conduit au despotisme. Au reste, l'histoire des deys d'Alger ne présente que des assassinats, des dépositions, des actes de violence et de férocité, des pirateries, des bombardements inutiles, des traités violés, et ne saurait être d'aucun intérêt pour les lecteurs. Il serait même difficile d'établir la liste chronologique et complète de ces souverains éphémères, la plupart sortis des derniers rangs d'une soldatesque grossière et brutale.

C'est à tort que des compilateurs ignorants ont donné le titre de *dey* aux chefs des États de Tunis et de Tripoli. Ils portent le titre de *bey* ou de *pacha*; celui de *dey* était exclusivement réservé au despote d'Alger. H. AUDIFFRET.

DEYEUX (NICOLAS), chimiste habile et pharmacien instruit, devint le pharmacien de l'empereur, du choix de Corvisart, qui le connaissait pour un excellent préparateur et pour un des pharmaciens les plus scrupuleux de Paris. Dans un art fertile en substitutions journalières et fort exposé à toutes sortes de fraudes, Deyeux s'était fait une grande réputation d'exactitude et de probité. Ses travaux sur le sucre de betterave ont puissamment servi aux progrès de la glorieuse et moderne industrie du sucre indigène. Le mémoire qu'il composa avec Parmentier (en 1800) *sur le lait*, ses espèces, ses produits, son analyse, rendit son nom recommandable parmi les chimistes de l'empire. Sans doute Deyeux n'était ni un Fourcroy, ni un Vauquelin; mais son talent en fait d'analyses l'avait placé à un rang élevé parmi les pharmaciens de son temps, en sorte qu'on le vit, sans mécontentement ni surprise professer la pharmacologie à la Faculté de médecine, obtenir un fauteuil à l'Institut et un emploi de haute confiance près de l'empereur. Deyeux, outre son *Précis d'expériences et d'observations sur les différentes espèces de lait*, publia quelques analyses d'eaux minérales, une en particulier sur les eaux nouvelles de Passy, ainsi qu'un travail estimable, bien qu'incomplet, sur le sang des ictériques ou malades atteints de la jaunisse (1804). On lui doit également un rapport fait à l'Institut et un excellent mémoire sur le sucre de betterave.

Se trouvant au nombre des professeurs de l'École de médecine à qui l'émeute de novembre 1822 fit perdre leurs chaires, Deyeux se consola aisément d'une destitution imméritée. Jouissant dès lors de la plus entière liberté, la seule chose qui jusque-là eût manqué à son bonheur, il abandonna presque son hôtel de la rue de Tournon pour sa maison si confortable de Passy, où il coula de longs jours, salués du respect public. Né à Paris en 1745, Deyeux mourut à Passy le 24 mai 1837, laissant un son fils, auteur d'un petit traité sur la chasse, une très-belle fortune.

DEZÈDE ou **DEZAIDES**, surnommé l'*Orphée des champs*, acquit une réputation méritée parmi les compositeurs du siècle dernier, en se créant une spécialité, le genre pastoral, où il n'eut ni imitateurs ni rivaux. Personne, en effet, ne posséda comme lui ce coloris doux et frais dont il sut si bien embellir les sujets qu'il traita; personne ne trouva comme lui ces mélodies si naïves et si tendres où l'on semble respirer l'air embaumé des champs. A ces qualités, il en joignit une autre toujours précieuse, parce qu'elle est toujours rare, celle d'être constamment vrai dans l'expression des sentiments de ses personnages.

Né vers 1740, Dezède ne connut jamais ses parents. Confié dès son enfance aux soins d'un abbé, il lui dut tout son avenir. Le digne ecclésiastique, qui était assez bon musicien, entreprit, pour délasser son élève d'études plus sérieuses, de lui enseigner la harpe et la composition. Ainsi, ce qui n'était d'abord qu'une récréation devait par la suite faire sortir de l'obscurité le nom de Dezède et le rendre célèbre. Voici comment survint cette nécessité d'utiliser un goût pour la musique. Dezède présumait avec raison devoir le jour à ceux dont il recevait une pension. Devenu homme,

il voulut déchirer le voile qui les cachait à ses yeux, malgré leur volonté expresse et les représentations du notaire chargé de lui remettre les fonds. Cette obstination lui devint funeste : la pension lui fut retirée, et il se vit obligé pour vivre d'employer ses talents de harpiste et de compositeur. Après plusieurs tentatives inutiles, il obtint enfin un poëme de Monvel, celui de *Julie*. Cet opéra fut représenté avec succès aux Italiens en 1772. De ce moment, Dezède ne connut plus le besoin, et jusqu'à sa mort, en 1792, il enrichit la scène d'un grand nombre d'ouvrages. Il donna aux Italiens *L'Erreur d'un moment*, *Le Stratagème découvert* (1773), *Les Trois fermiers* (1777), *Zulime*, *Le Porteur de chaise* (1778), *À trompeur trompeur et demi*, *Cécile* (1780), *Blaise et Babet* (1783), *Alexis et Justine* (1785), *La Cinquantaine*, *Les Deux Pages*, *Ferdinand, ou la Suite des Deux Pages*; et à l'Opéra, *Fatmé, ou le Langage des Fleurs* (1777), *Péronne sauvée* (1783), et *Alcindor* (1787).
F. BENOIST.

DHAWALAGIRI (c'est-à-dire *Montagne blanche*), l'un des pics les plus élevés de la chaîne de l'Himalaya, situé non loin de la source du Gauda, par 20° de latitude septentrionale. Les Anglais évaluent son altitude à 9,000 mètres, et Humboldt, sur sa carte de l'Asie centrale, à 4,390 toises. Mais il s'en faut beaucoup encore que le Dhawalagiri soit le point le plus haut de la terre, comme le croient quelques personnes, mais à tort.

DHOLPOU ou **DHOLPOOR**, principauté mahratte, tributaire de la compagnie des Indes, dans l'ancienne province d'Agra, a pour chef-lieu une ville du même nom, située sur le Tschoumboul, à 50 kilomètres sud-sud-ouest d'Agra, par 26° 42' de latitude septentrionale et 75° 23' de longitude occidentale. Environnée d'un territoire fertile, elle a été très-florissante autrefois, mais a eu beaucoup à souffrir des dernières guerres contre les Afghans.

D'HOZIER, famille de généalogistes célèbres.

D'HOZIER (PIERRE), sieur de LA GARDE, gentilhomme provençal, célèbre généalogiste, naquit à Marseille le 10 juillet 1592, d'un père capitaine et viguier de la ville de Salon. Après avoir servi quelque temps dans les chevau-légers, il quitta l'épée pour se livrer à des recherches historiques qui lui méritèrent l'estime et l'attachement du vicomte de Saint-Maurice, juge d'armes de France, auquel il succéda en 1641. D'Hozier, par ses immenses travaux, fit une science de ce qui jusqu'alors n'avait été regardé que comme une sorte de curiosité; aussi prenait-il, et non sans raison, la qualification d'*historiographe*. Comblé de bienfaits par les rois Louis XIII et Louis XIV, il devint maître-d'hôtel, gentilhomme ordinaire de la chambre, fut gratifié d'une pension et d'un brevet de conseiller d'état. « De grands hommes, dit Voltaire, n'ont pas été aussi bien récompensés : il est vrai que leurs travaux n'étaient pas aussi nécessaires à la vanité humaine. »

Ami intime de Renaudot, il coopéra à l'établissement du journal fondé par ce dernier en 1631, sous le nom de *Bureau d'adresses*, devenu depuis la *Gazette de France*, et il assura en lui fournissant des nouvelles tirées de la vaste correspondance qu'il entretenait dans toutes les parties du royaume et à l'étranger. D'Hozier avait, dit-on, une mémoire prodigieuse, avantage inappréciable dans sa cour, où il était consulté et mis sans cesse à l'épreuve. Il mourut le 1er décembre 1660. Parmi ses nombreux ouvrages, nous mentionnerons seulement les *Histoire de l'ordre du Saint-Esprit*, la *Généalogie de la maison de La Rochefoucauld*, celles des Beurnonville et des Saint-Simon, et enfin la *Généalogie des principales familles de France*, travail immense, qui n'a pas moins de 150 volumes in-f°, reste manuscrits et déposés à la Bibliothèque Impériale. Aidé par son fils Charles-René, il y consacra cinquante années de sa vie.

D'HOZIER (CHARLES-RENÉ), fils du précédent, écuyer,

conseiller du roi, généalogiste de sa maison, juge d'armes, garde de l'armorial de France, né en 1640, hérita des charges ainsi que de la science de son père. Ses connaissances dans l'art héraldique étaient aussi profondes qu'étendues. Il a publié la généalogie de plusieurs maisons illustres, telles que celles de La Fare et de Conflans. Son principal ouvrage, intitulé *Recherches sur la noblesse de Champagne*, fut fait par ordre de Louis XIV. Charles-René d'Hozier mourut à Paris, le 13 février 1732.

D'HOZIER (LOUIS-PIERRE), neveu du précédent, juge d'armes et grand généalogiste de France, conseiller du roi en ses conseils, et chevalier doyen de son ordre, mort en septembre 1767, à l'âge de quatre-vingt-deux ans, marcha sur les traces de son oncle et se distingua dans la même carrière. Il a composé avec son fils l'*Armorial de France*, 10 volumes in-fol.

D'HOZIER (ANTOINE-MARIE), sieur DE SERIGNY, fils du précédent, et lui-même juge d'armes et généalogiste de France, naquit à Paris en 1710. Ayant composé un mémoire sur la maison de Saint-Remy de Valois, issue de Henri II par bâtardise, il délivra un certificat à la comtesse de La Motte, qui prétendait descendre de cette maison. Celle-ci le fit imprimer à la suite du mémoire publié pour sa défense dans l'affaire du collier. On doit aussi à Antoine-Marie d'Hozier la *Généalogie de la maison de Chastelard*. On ignore l'époque de sa mort.

SAINT-PROSPER jeune.

DIABÈTE ou **DIABÈTE SUCRÉ**. Ce mot, dérivé du verbe grec διαβαίνειν, qui signifie *filtrer* ou passer à travers, est le nom qu'on donne à une maladie dans laquelle la sécrétion de l'urine se trouve viciée en excès, avec une altération notable dans la composition physique et chimique de ce liquide animal excrémentitiel. Quoiqu'on ait admis deux espèces de diabètes, l'*insipide* et le *sucré*, il est à peu près certain, comme l'a déjà depuis longtemps fait remarquer Cullen, que tous les *diabétiques* rendent des urines *sucrées* ou *miellées*, et que les flux accidentels ou excès de ce liquide, sans matière sucrée, ne sont qu'une altération passagère de la sécrétion urinaire.

Cette maladie, observée par les anciens et même bien décrite par Arétée, ne fut cependant qu'imparfaitement connue jusqu'au commencement du dix-septième siècle, époque où Willis porta son attention sur la composition morbide de l'urine, et ce fut même beaucoup plus tard que Cerulev démontra l'existence de la matière sucrée dans le diabète, et établit ainsi le caractère fondamental de cette affection. Cette étude première a conduit les médecins chimistes de notre temps à faire une analyse complète de l'urine des diabétiques, et cette analyse est devenue elle-même un très bon guide pour le traitement, comme nous le verrons plus bas; c'est ainsi que les sciences, en se perfectionnant, s'enchaînent et s'éclairent mutuellement.

Les premiers indices de la maladie, presque toujours lents et peu sensibles, sont de fréquents besoins d'uriner, avec un sentiment de chaleur et de froid alternatifs, qui se font sentir dans le ventre et se propagent en suivant la direction des voies urinaires; la quantité de l'urine augmente rapidement, la peau devient sèche, la soif pressante, les forces décroissent rapidement; l'urine est d'abord limpide, inodore presque sans saveur et sans sédiment. Le malade est tourmenté par une chaleur intérieure, mordicante; les besoins d'uriner se multiplient avec l'avidité pour les boissons; les malades ont une peine infinie à satisfaire leur appétit; cependant, ils maigrissent de plus en plus et finissent par tomber dans le marasme et la fièvre lente. Les digestions sont en même temps pénibles, accompagnées de rapports acides; la faiblesse du malade est extrême, et il peut à peine se tenir sur ses jambes, qui s'enflent et s'infiltrent. L'urine est blanchâtre et offre l'aspect d'une eau miellée avec une saveur douceâtre et sucrée. Elle excède de beaucoup la quantité de liquide ingéré et s'élève souvent jusqu'au poids de cinq, huit et même dix kilogrammes par jour; cette quantité a été même plus considérable dans certains cas particuliers rapportés par les auteurs, mais elle était toujours en rapport avec celle des aliments et des boissons pris par le malade. Enfin, surviennent la consomption et un marasme complet, qui conduisent à une mort certaine, après un temps plus ou moins long, quand l'art ne parvient pas à arrêter le progrès du mal.

Le diabète est d'ailleurs une maladie de long cours, qui peut durer plusieurs années, et dans laquelle on distingue alors plusieurs périodes, un peu scolastiques peut-être, mais propres cependant à mettre de l'ordre dans l'esprit. Dans la première, il y a affaiblissement général sans fièvre, appétit vorace, soif vive, constipation, éjection d'urine limpide, chaleur interne aux côtés, etc. Dans la seconde; il y a aggravation des phénomènes précédents, accroissement de faiblesse, augmentation des urines, sécheresse extrême de la peau avec suppression totale de la transpiration, fièvre, amaigrissement, mélancolie, etc. Dans la troisième enfin, quand la nature ou l'art ne peuvent arrêter les progrès du mal, la débilité est à son comble, l'haleine fétide; rien ne peut étancher la soif; les urines coulent presque sans cesse, le marasme est complet, et la vie à charge au malheureux diabétique, qui s'éteint au milieu du délire ou dans les angoisses du désespoir.

L'examen de l'urine des diabétiques a prouvé qu'elle ne contenait pas de composés azotés, par conséquent point d'urée et d'acide urique; mais en revanche on y démontre l'existence d'une matière sucrée, ayant les principaux caractères de ce principe immédiat des végétaux et étant susceptible de fermenter, de donner naissance à de l'alcool, puis à de l'acide acétique. Avant que des recherches chimico-physiologiques eussent prouvé que plusieurs des principaux matériaux de l'urine, l'urée, par exemple, étaient tout formés dans le sang, on pouvait placer le siège du diabète dans les reins; mais évidemment, si l'absence de l'urée, qui se fait remarquer dans l'urine des diabétiques, existe pareillement dans le sang, comment en accuser l'organe sécréteur de l'urine? D'un autre côté, on n'éprouve pas moins de difficultés à expliquer les ravages du diabète par la lésion locale d'un organe, quelle que soit son importance, et dont même il ne reste pas de traces après la mort; en sorte qu'une discussion logique sur ce point semble nous reporter vers l'humorisme et nous autoriser à considérer le diabète comme une altération du sang, un vice de composition de ce liquide, qui doit nécessairement apporter un grand trouble dans les fonctions assimilatrices.

Le séjour dans les climats froids, brumeux, où l'on fait un grand usage du thé, de la bierre, comme la Hollande, l'Angleterre, prédispose singulièrement au diabète, qui effectivement est une maladie assez souvent observée dans ces contrées. L'usage intempestif ou abusif de beaucoup d'autres boissons alcooliques, acidulées; l'habitude de l'ivresse, l'épuisement, suite d'excès vénériens dans un âge avancé, des travaux énervants, des traitements inconsidérés et dangereux, sont aussi des causes très-ordinaires de diabète. On peut encore accuser avec quelque fondement les grandes hémorrhagies, les saignées répétées, de produire cette maladie, non moins que les brusques suppressions de transpiration, les fièvres lentes et les affections morales débilitantes.

Le diabète n'est pas une maladie aussi dangereuse qu'on l'avait cru dans le principe, et avant qu'on eût étudié la composition des urines, étude qui a conduit à employer le régime animal ou azoté. Quand la maladie n'est pas trop ancienne et que le sujet n'est pas épuisé par des excès ou des maladies antérieures, on peut en obtenir la guérison.

Les altérations vagues et insignifiantes qu'on a rencontrées dans les voies digestives et urinaires après la mort des diabétiques fortifient encore dans l'idée que le principe du mal consiste dans une altération du sang, où se développerait la matière sucrée aux dépens d'autres principes utiles à la nutrition.

Avant que les lumières de la chimie animale nous eussent conduit à employer une méthode rationnelle contre le diabète (le régime animal), les moyens les plus opposés ont été tour à tour préconisés contre cette maladie. Cependant, un medecin de l'antiquité (Aetius) avait beaucoup insisté sur les aliments succulents, la chair de porc et le vin généreux; Rollo est toutefois le premier qui ait conseillé exclusivement la diète animale, le repos et une entière abstinence de toute espèce de végétaux, même du pain, ce qui était par trop rigoureux, car le pain, à raison du gluten qu'il contient, se rapproche beaucoup des substances animales relativement à ses propriétés nutritives. Du reste, puisque le caractère principal du diabète est le défaut d'animalisation des substances alimentaires, on a dû être naturellement conduit à prescrire aux diabétiques un régime purement animal ou azoté. Ainsi donc les malades, sans préparation aucune, doivent être mis à l'usage continu de la soupe grasse, du porc, du pain blanc, des viandes noires faisandées, etc., comme le firent heureusement Nicolas, Grandeville, Dupuytren et Thénard, auteurs de recherches importantes sur le diabète. On donnera pour calmer la soif de l'eau vineuse, du lait, de l'eau de veau, etc. On peut seconder ce régime, quand il ne produit pas un effet rapide, par l'usage du quinquina ou de quelque autre tonique associé à l'opium, celui des laxatifs, des boissons sudorifiques, des frictions irritantes sur la peau, etc. Il faut, du reste, être sévère sur l'article du régime animal, pour lequel les malades ont souvent de la répugnance, et s'appliquer surtout à les convaincre que ce régime est la condition indispensable du succès.
Dr BRICHETEAU.

DIABLE. La vie de l'homme est un combat continuel contre le mal physique et moral qui domine sur la terre. Où est la source du mal? C'est là un problème qui a exercé de tout temps l'esprit et l'imagination des hommes, et dont la solution devint de plus en plus importante à mesure que les idées religieuses se spiritualisèrent et qu'on commença à chercher l'origine de tout ce qui est dans un être d'une bonté et d'une perfection absolue. La religion chrétienne, pour résoudre le problème en question, s'est emparée du mauvais principe des Parses : *Satan* ou le *diable*, c'est l'Ahriman de Zoroastre. Tous les peuples ont conservé des traditions de mauvais génies ou de diables, mais c'est dans le dualisme qu'il faut chercher l'origine de la démonologie juive et chrétienne, qui n'a pas de racines dans l'Ancien Testament; du moins, il n'y en a pas de traces dans les livres incontestablement antérieurs à l'exil de Babylone. Quoique Moïse ait pu connaître le mythe de Typhon, qui a quelque ressemblance avec celui d'Ahriman, son monothéisme sévère ne lui permettait d'établir l'existence d'aucun démon de cette espèce. Il place la source du mal dans le cœur de l'homme, à qui Dieu a donné le *libre arbitre*, pour qu'il combatte, et que le bien dont il peut jouir soit mérité. Les premières traces d'un démon appelé *Satan* se trouvent dans le prologue du livre de Job : là, Satan se présente devant Dieu parmi les autres anges, et, dans le tribunal céleste, il fait les fonctions d'accusateur public. Quoique ennemi de la race humaine, il n'a pas la faculté de la corrompre et de lui nuire, et il lui faut la permission de Dieu pour parcourir la terre et porter atteinte à l'homme. Là, nous ne voyons pas encore le prince des enfers séduisant le genre humain pour le soumettre à son empire.

Les fables d'Ahriman furent adoptées par les Juifs, qui y rattachèrent la tradition de la chute de l'homme, rapportée dans la *Genèse*. Cependant, les rabbins ne sont pas d'accord là-dessus : les uns croient que Satan se présenta à Éve sous l'image du serpent, ou du moins qu'il prit le serpent pour monture; les autres, professant plus de respect pour les paroles du texte sacré, ne voient dans la tradition de la *Genèse* qu'un simple apologue, et le serpent est pour eux l'image de la passion. Comme il arrive toujours, les masses aimaient mieux s'attacher à une tradition positive, et, à l'époque où Jésus parut parmi les Juifs, la croyance au pouvoir de Satan était très-répandue parmi le peuple, comme nous le voyons dans l'Évangile selon saint Matthieu, où le diable s'efforce de séduire Jésus. Mais il faut remarquer que dans les Évangiles mêmes il n'est point question de la rébellion des mauvais anges et de leur chute. Ce n'est que dans un passage de la seconde Épître de l'apôtre Pierre, et dans un autre de l'apôtre Judas qu'il est fait allusion à la tradition de la chute des anges. Si donc l'Église en a fait un dogme, ce dogme n'a pour base que la tradition, et ne peut s'appuyer sur aucun texte positif de l'Ancien ou du Nouveau Testament. Néanmoins, il est essentiel dans la foi chrétienne, car c'est la chute des anges qui a causé celle de l'homme, et a rendu nécessaire la grâce et la rédemption. Selon la doctrine des Pères de l'Église, Satan et tous les diables subalternes, créés par Dieu, étaient bons dans leur principe. C'est ici que l'Église diffère du parsisme, reproduit par les *manichéens*, et selon lequel le principe du mal a une existence primitive et indépendante, et ne procède pas du Créateur, qui est le suprême bien. Satan s'est révolté par jalousie et par orgueil, et il s'efforce sans cesse de détruire le bien dans lequel la Divinité a placé le salut de l'humanité. Il est l'auteur du mal moral dans le monde, et il devient le maître de tous ceux qui se livrent au péché; mais, à la fin, quand l'homme se jette dans les bras de la foi, la grâce l'emporte sur Satan, et la victoire du bien sur le mal est assurée par la rédemption. Une foi exaltée se plaisait à amplifier les plus grandes extravagances une doctrine qui, dans sa première origine, avait une haute portée philosophique; on se permettait de soulever le voile d'un monde invisible, et d'entrer dans des détails minutieux sur la personne du Diable et de ses aides, sur leurs attaques immédiates et matérielles contre les hommes, sur les tourments auxquels ils livrent les âmes damnées. Les fables grecques de Pluton et de son empire paraissent avoir contribué à ces amplifications.

Les auteurs de *mystères* mettaient le diable en scène en lui donnant la forme et le rôle d'un espèce de satyre; mais le personnage que lui faisaient jouer les conciles et les tribunaux n'était nullement gai, et les terribles procès de sorcellerie que nous voyons jusqu'au milieu du dix-septième siècle, et qui avaient pour dénouement les bûchers, prouvent malheureusement combien on prenait au sérieux l'action matérielle du diable et le crime de ceux qui, au prix de leur salut éternel, avaient acquis du prince de l'enfer une puissance surnaturelle. Les réformateurs n'ont rien fait pour éclairer les esprits sur une croyance qui causait souvent les égarements les plus funestes. On sait que Luther lui-même croyait souvent être attaqué par le diable, et qu'il ne se bornait pas à lui opposer une résistance purement morale. Dans la lutte qui, depuis plusieurs années, s'est engagée dans l'Église protestante d'Allemagne entre les supernaturalistes et les rationalistes, les premiers, qui se prétendent les seuls gardiens de la vérité chrétienne, ont, entre autres reproches, adressé à leurs adversaires celui d'allégoriser le dogme du diable. Mais, s'il est vrai que ce dogme reste établi pour les orthodoxes de toutes les Églises chrétiennes, les progrès de la civilisation ont dû nécessairement modifier une croyance qu'il est difficile d'accorder avec la raison, et qu'une saine philosophie rend au reste inutile.
S. MUNK.

DIABLE. Ce jouet, qui a fait fureur en 1812, lors de son importation d'Angleterre en France, était connu en Chine depuis un temps immémorial. Les missionnaires de

Pékin en avaient envoyé longtemps avant la révolution de 1789, au ministre d'État Bertin, grand amateur de curiosités chinoises, une représentation exacte. Le *diable chinois* est d'une grosseur énorme : ce n'est pas seulement un jouet, mais il sert comme la crécelle à plusieurs colporteurs ambulants, et surtout aux marchands de gâteaux pour annoncer leur approche et attirer les pratiques. Voici de quelle manière ce singulier instrument a été décrit par le père Amyot : « Ce hochet bruyant consiste en deux cylindres creux de métal, de bois ou de bambou, réunis au milieu par une traverse. Chacune des cavités est percée d'un trou dans des sens opposés. La corde fait un nœud coulant autour de la traverse. En suspendant en l'air ce hochet, et en l'agitant avec vitesse, il s'établit dans chacune des portions de cylindre un courant d'air rapide, et l'on entend un ronflement semblable à celui que produit la toupie d'Allemagne. » Nos fabricants ont beaucoup perfectionné l'instrument qu'ils copiaient. Au lieu de deux cylindres réunis, ce sont deux sphéroïdes ou ovoïdes, taillés dans le même morceau de bois, et creusés avec art. Le diable français n'est point serré par un nœud coulant, il roule librement sur une corde faiblement tendue, et dont chaque extrémité attachée à un bâtonnet reçoit un mouvement alternatif d'une intensité croissante par degré. On en a fait de bois les plus précieux, et même en cristal taillé à facettes.

Lorsque le diable acquit parmi nous une vogue si subite, ce ne fut pas seulement un hochet réservé à l'enfance; de jeunes dames, et même les personnages les plus graves, y signalèrent à l'envi leur adresse, au grand péril des glaces et porcelaines de nos salons, et souvent aussi au grand danger de la tête des promeneurs, lorsque le diable était lancé au loin par un joueur maladroit ou folâtre. Après avoir joui d'une vogue éphémère, le diable chinois ou français est tombé dans le même discrédit où se trouvaient déjà les *émigrants* de 1790, et où se sont engloutis depuis les *kaléidoscopes*
BRETON.

DIABLE (*Technologie*). Pour transporter de gros fardeaux, difficiles à manier, principalement des pierres de taille, on se sert le plus souvent d'une voiture à deux roues très-basse, et à laquelle on a donné le nom de *diable*, sans qu'on puisse justifier l'origine de ce nom. Elle est formée d'un châssis très-solide et de trois madriers. Son plan supérieur domine les roues; le tout est supporté par un essieu en fer et des échantignolles, correspondantes aux madriers. Les intervalles que laissent les traverses assemblées sont garnis de planches. Le timon de cette voiture est disposé d'une manière toute particulière : il est formé par deux ou trois barres de bois qui traversent le madrier du milieu, prolongé à cet effet, et c'est à ce timon que s'attachent les bricoles avec lesquelles des hommes tirent. Leur nombre est proportionné au poids qu'il faut traîner et à la distance qu'il faut parcourir. Ce châssis peu élevé, et qui peut s'incliner, rend les chargements et déchargements très-faciles. Dans le premier cas, il peut agir comme levier, et dans le second, il permet aux fardeaux de glisser jusqu'à l'endroit à peu près où l'on doit en disposer ou le mettre en œuvre. Il est d'un grand usage dans une foule de travaux de construction.

Lorsqu'on veut ouvrer la laine, le coton, le crin, c'est-à-dire séparer les filaments, augmenter leur volume, on se sert d'une machine appelée *diable*, et dont les matelassiers en particulier font souvent usage.

V. DE MOLÉON.

DIABLE (Avocat du). Ce nom est donné à Rome, par la congrégation des rites, à un individu chargé, au moment où l'on procède à la canonisation d'un saint personnage, après avoir récapitulé sa vie, ses actions, et les miracles qu'il doit avoir faits pendant sa vie ou après sa mort, de faire sur cette vie et ces miracles toutes sortes d'objections, et de rappeler tout ce qui pourrait infirmer les témoignages reçus : il est contredit par un défenseur du futur saint qu'on appelle *advocatus Dei*. La plupart du temps l'avocat du diable se borne à mettre son *visa* à la procédure, en déclarant que, vaincu par les preuves, il n'a aucune objection à faire. Cependant il s'en est trouvé qui ont pris leur rôle au sérieux et qui ont chaleureusement plaidé la cause du diable. La canonisation du cardinal Charles Borromée faillit être compromise par l'avocat du diable, et quelques voix seulement décidèrent de sa béatitude éternelle.

DIABLE (Mur du). C'est le nom populaire sous lequel on désigne en Allemagne une partie des débris aujourd'hui encore existants de la ligne de fortifications à l'aide de laquelle les Romains avaient mis leurs possessions dans la Germanie, et notamment les champs Décumates, entre le Rhin et le Danube, à l'abri des irruptions des indigènes, et qui s'étendait depuis Cologne sur le Rhin jusqu'au Taunus, et, franchissant le Mein, le reliait vraisemblablement au Danube. Elle eut pour origine la forteresse que Drusus fit construire dans la partie septentrionale du pays des Cattes, et fut continuée à diverses époques, par exemple sous Adrien; mais vers la fin du troisième siècle, sous le règne de l'empereur Probus, qui fit pourtant de grands efforts pour la défendre, elle fut franchie par diverses tribus germaines, entr'autres par les Alemans. Les débris les plus considérables de cette immense ligne de fortifications qui subsistent encore, sont, au sud, le *mur du diable* appelé aussi *route romaine* et encore *Schweingraben*, dont la partie la mieux conservée est celle qui se trouve en Bavière aux environs d'Ellingen; c'est un mur en pierres, de deux mètres d'épaisseur, avec un fossé tourné vers l'est. On en voit aussi de beaux restes près de Blankenburg en Brunswick. Dans le Wurtemberg, on retrouve çà et là les restes d'un rempart en terre s'élevant sur une assise en pierres. Ailleurs, au nord d'Aschaffenburg, dans la Hesse, etc., c'est un rempart dont les terres sont retenues au moyen de pieux; d'où le nom de *Pfahlgraben* qu'on lui donne dans ces contrées; et, en remontant vers le nord, on en peut suivre la trace à travers le Taunus jusqu'à Cologne.

DIABLE (Pont du). Deux ponts de ce nom ont acquis en Europe une certaine célébrité : l'un est jeté sur la Reuss en Suisse, l'autre sur le Mynach dans le pays de Galles.

Au sortir de la galerie souterraine percée dans la base granitique du mont Crispalt, pour former le prolongement de la nouvelle route de Saint-Gothard à Altorf, le voyageur arrive sur le bord d'un précipice étroit et profond, coupé à pic, où la Reuss, tombant d'une hauteur de 27 à 33 mètres, roule ses eaux écumeuses avec un assourdissant fracas. A quelques pas de là, à droite, en suivant un chemin taillé dans le flanc du rocher, un pont en pierre, long de 25 mètres environ, et composé d'une seule arche de 24 mètres d'élévation sur 8 de largeur, se présente à lui pour franchir le gouffre. C'est le *pont du Diable*. Ce pont hardi, de construction moderne, situé à la hauteur de Gœschenem (canton d'Uri) au val de Cornera (canton des Grisons), est bâti à côté et au-dessus d'un autre pont encore existant, que sa vétusté a fait abandonner, et qui lui a donné son nom. Une arche unique, de 15 mètres de hauteur sur 7 de largeur, forme également ce dernier, dont l'origine paraît fort ancienne; on attribue même sa construction aux Romains, qui ont laissé en Suisse plusieurs édifices semblables; mais les traditions populaires en accordent tout l'honneur à Satan. En 1779, il fut rompu, et le maréchal Souvarof se vit obligé de passer le précipice avec son armée sur quelques planches jetées en travers.

Il existe également dans la principauté de Galles un ancien et un nouveau *pont du Diable*, d'une seule arche, ou plutôt, construits l'un au-dessus de l'autre, et franchissant un sombre abîme de plus de 66 mètres de profondeur, où le Mynach s'élance en mugissant de rocher en rocher par immenses cascades. L'ancien pont fut bâti vers la fin du onzième siècle, par les moines de l'abbaye de *Strata-Florida*, située à quelques kilomètres de là. Les superstitieux Gallois, croyant le diable seul capable d'accomplir une œuvre aussi hardie, le baptisèrent, dans leur idiome, du nom de *Pont-ar-Diawl*, ou pont du Diable; les moins crédules l'appelèrent tout simplement *Pont-ar-Mynach*. Le nouveau pont, bâti en 1753, s'élève immédiatement au-dessus de l'ancien, qui lui sert de base. Le précipice qu'il traverse s'étend, de l'est à l'ouest, dans une longueur d'un mille anglais environ, et ses parois rapprochées et perpendiculaires sont couvertes, de chaque côté, d'arbres si nombreux et si épais que du pont l'œil aperçoit à peine quelques points de l'abîme ténébreux qu'ils cachent à la vue. C'est dans ce gouffre affreux, semé de rocs abruptes, que le Mynach se précipite avec un épouvantable bruit, d'une hauteur de 70 mètres. Ses eaux s'y divisent en quatre grandes chutes successives, la première de 7 mètres, la seconde de 17, la troisième de 7, et la dernière, qui est une véritable cataracte, de 37 mètres. De là, le Mynach roule ses ondes avec impétuosité dans un lit étroit de roches, et vient les réunir devant l'auberge du pont du Diable, dans une vallée profonde et obscure, à celles du Rheidol, autre torrent qui s'élance des montagnes opposées avec une égale impétuosité. Paul THY.

DIABLE (Tables du). *Voyez* DOLMEN.
DIABLE AUVERT (Aller au). *Voyez* CHARTREUX.
DIABLE DE MER ou DIABLE-RAIE. On nomme ainsi de grandes espèces de raies appartenant au genre *dicérobate* ou *céphaloptère*, et que l'on trouve dans les mers des contrées chaudes. Ces animaux ont sur les parties antérieures du corps deux prolongements en forme de cornes, qui leur ont mérité cette dénomination ; leur taille est souvent très-volumineuse. Ainsi, en a envoyé à Lacépède qui avaient cinq mètres de longueur, et Levaillant rapporte qu'il en a vu de six mètres et demi.

On appelle aussi *diables de mer* le chabot de nos côtes, la raie pêcheresse et la scorpène américaine. P. GERVAIS.
DIABLE ROUGE. *Voyez* COULEVRINE.
DIABLES CARTÉSIENS ou DIABLOTINS DE DESCARTES. On appelle ainsi de petits plongeons de verre qui, étant renfermés dans un vase plein d'eau, descendent au fond, remontent et font les mouvements qu'on veut. Ces petits plongeons sont de deux sortes : les uns sont des masses solides de verre, auxquelles on attache en haut une petite boule pleine d'air, qui a comme une petite queue ouverte, ce qui rend le tout moins pesant qu'un égal volume d'eau, mais avec une différence peu sensible ; les autres sont creux en dedans et percés d'un petit trou.

Ces plongeons étant enfermés dans un vase plein d'eau, dont le goulot soit étroit, si l'on presse avec le doigt la superficie de l'eau au goulot, l'air, contenu dans le plongeon ou dans la boule, est condensé, le plongeon devient plus pesant que l'eau et descend ; si on retire, le doigt, l'air se dilate, le plongeon devient plus léger, et remonte.
D'ALEMBERT, de l'Académie des Sciences.

DIABLOTINS. On donne ce nom à un plat d'entremets, qui n'est autre chose que de la crème aux œufs qu'on a partagée en petits carrés lorsqu'elle est refroidie, et qu'on a fait frire à grand feu.

Les confiseurs font aussi deux espèces de bonbons qu'ils ont affublés du nom de *diablotins*. Ainsi, ces bonbons au chocolat, qui sont enveloppés d'une *papillote*, et accompagnés d'une devise, sont appelés *diablotins*. Ce nom se donne également à de petites dragées à la manière napolitaine (*diavolini*) : ces dragées sont fortement aromatisées, puisqu'il entre dans leur composition du gingembre, du musc et de l'ambre. Les propriétés stimulantes de cette sorte de dragées sont assez généralement connues pour qu'il soit inutile d'en recommander l'usage aux personnes dont l'estomac est débilité.

Les marins nomment *diablotin* la voile d'étai du perroquet d'artimon, et Labat a employé aussi ce nom pour désigner une espèce de pétrel.
DIACAUSTIQUE, caustique par réfraction.
DIACODE (en latin *diacodium*, du grec διά, par, et κωδεια, tête de pavot). C'est le nom que les anciens pharmacologistes donnaient à l'extrait des capsules de pavot ; aujourd'hui il sert à désigner un sirop médicamenteux préparé avec ces mêmes capsules, et dans la confection duquel beaucoup de pharmaciens substituent à tort l'extrait d'opium au pavot. Le sirop diacode s'emploie en médecine comme calmant. P.-L. COTTEREAU.
DIACONAT, le second des ordres sacrés, ou l'office de diacre.
DIACONESSE (en latin *diaconissa*, fait du grec διάκονος, ministre, serviteur). On appelait ainsi certaines veuves qui, dans la primitive Église, remplissaient à l'égard des femmes un ministère fort approchant de celui des *diacres*. C'était à elles qu'était confié le soin de la nef ou du côté de l'église réservé aux femmes, alors séparées des hommes, comme elles le sont encore dans plusieurs de nos provinces. Les diaconesses soignaient les pauvres et les malades de leur sexe, qui recevaient d'elles, surtout dans les cérémonies du baptême par immersion, tous les services que les diacres n'auraient pu leur rendre sans blesser la pudeur. Dans les persécutions, lorsque ceux-ci ne pouvaient pas être envoyés aux femmes pour soutenir leur courage et les fortifier dans la foi, on chargeait de ce soin pieux quelques diaconesses. C'est sans fondement que Baronius nie leur ordination, car le concile de Nicée les mit au rang du clergé, et celui de Chalcédoine règle qu'elles pourront être ordonnées à quarante ans : jusque-là, elles ne l'avaient été qu'à soixante, conformément à ce que prescrit saint Paul dans son *Épître à Timothée*. Tertullien, dans son traité *Ad Uxorem*, parle des femmes qui recevaient l'ordination et ne pouvaient plus se remarier, car les diaconesses devaient l'avoir été, mais une fois seulement, quoique dans la suite, selon saint Épiphane, Zonaras, Balsamon et d'autres, on les ait aussi choisies parmi les vierges. Cette ordination toutefois n'était point regardée comme sacramentelle : c'était une cérémonie purement ecclésiastique. Nous la retrouvons présentement encore dans l'Eucologe des Grecs. Les diaconesses étaient présentées à l'évêque, à l'entrée du sanctuaire. Un petit manteau, appelé *masorium*, leur couvrait le cou et les épaules. Elles faisaient une inclination de tête sans fléchir le genou, et l'évêque leur imposait les mains en prononçant une prière. Cependant, ce rite particulier étant devenu pour elles une occasion de s'élever au-dessus de leurs compagnes, le concile de Laodicée défendit de les ordonner à l'avenir. On ne sait pas bien à quelle époque les diaconesses ont disparu de l'Église, mais on n'en voit plus en Orient à partir du treizième siècle, et depuis le douzième en Occident. Maces (*Hierolex*, art. *Diacon*) a cru retrouver des vestiges dans ces *matrones* qui, selon la rite ambrosien, sont chargées, dans certaines églises, de présenter le pain et le vin pour le sacrifice. Athon de Verceil remarque avec justesse que l'ordre des diaconesses a dû disparaître dans l'Église lorsqu'elles cessèrent d'être nécessaires pour l'instruction des femmes païennes et l'administration du baptême ; car, l'usage d'accorder ce sacrement par simple infusion aux enfants dès leur naissance ayant prévalu à partir du dixième siècle les diacres purent le conférer aux deux sexes sans choquer les bienséances. L'abbé J. BARTHÉLEMY.

Dans la primitive protestante des Pays-Bas, on appelle *diaconesses* des femmes âgées, chargées de soigner les femmes en couches et les pauvres femmes malades. Le pasteur Fliedner, de Kaiserswerth, a fondé en 1836, à l'instar des sœurs de la Charité, un établissement de *diaconesses* dont les membres se consacrent au service des malades et à l'éducation des petits enfants. Des établissements du même genre existent aujourd'hui à Dresde et dans le royaume de Wurtemberg.

DIACOPE (en grec διακοπη, de διὰ, à travers, et κοπτειν, couper). En ichthyologie, on donne ce nom à un genre de poissons de la famille des percoïdes établi par Cuvier, et dont le préopercule a, au milieu de ses dentelures, une forte échancrure pour l'intercalation de l'interopercule. Ce sont des poissons de la mer des Indes, dont quelques uns sont remarquables par leur beauté, leur grandeur et leur goût délicat.

Diacope est encore un des noms de la figure de grammaire qu'on appelait aussi *tmèse* ou *hyperbate grammaticale*.

DIACOUSTIQUE (de διὰ, à travers, et ἀκούω, j'entends). Les physiciens modernes ont ainsi nommé cette partie de l'acoustique qui a pour objet la réfraction des sons et l'étude des propriétés qu'ils acquièrent en traversant divers milieux, selon qu'ils passent d'un fluide plus épais dans un fluide plus rare, ou d'un fluide plus subtil dans un plus dense.

Si l'on pouvait affirmer et démontrer que la propagation des sons à travers diverses substances suit les mêmes lois que celles du fluide lumineux, et qu'on ne remarquât pas l'effrayante vitesse de ce fluide, qui parcourt environ 310,000 kilomètres en une seconde, comparativement au son, qui, dans le même temps, ne franchit qu'un espace de 333 mètres ; lors même enfin qu'on ne tiendrait pas compte des difficultés qui s'opposent à la rigoureuse évaluation de la brisure ou déviation qu'éprouve un rayon sonore au point de son passage d'un milieu dans un autre de densité différente, on ne pourrait, sans de fréquentes erreurs, se conduire par analogie, en appliquant les lois de la réfraction lumineuse ou de la dioptrique à la réfraction des sons, objet essentiel de la diacoustique ; car le système de propagation n'est assurément pas en tout le même pour la lumière et pour les sons, de même qu'il s'en faut de beaucoup que les deux sciences aient fait des progrès égaux.

Le P. Mersenne est un des premiers physiciens qui aient parlé de la réfrangibilité des sons, sans l'établir cependant par des faits bien positifs, au témoignage de l'Académie des sciences, en 1737. Dans son *Harmonie universelle*, où cet auteur traite de la nature du son, se fondant sur une analogie parfaite entre les deux sciences de la lumière et des sons il suppose qu'un son, réfracté à son point d'immersion dans un fluide plus rare que celui qu'il vient de traverser, devrait être perçu dans sa plus grande intensité à un autre point ou plus haut ou plus bas, ou plus près ou plus loin, et dans une autre direction que celle du rayon émergent, avant son point d'émergence ou de sortie du fluide traversé. Il est facile de voir l'analogie qu'il y a entre cette hypothèse et plusieurs phénomènes dioptriques vulgairement connus, tels que celui de l'apparition du disque solaire avant la présence réelle de l'astre sur l'horizon. Mais les faits analogues n'ont pas été constatés par les sons réfractés, et les expériences à ce sujet ont seulement démontré qu'une clochette agitée sous l'eau, même à une assez grande profondeur, rend pleinement le son qu'elle produit dans l'atmosphère, mais avec moins d'intensité et plus bas d'une quarte. De même aussi, on a observé qu'une personne plongée dans l'eau perçoit un son produit dans l'air, quoiqu'avec une diminution considérable d'intensité. Cette altération dans l'énergie des sons provient-elle de la réfraction des rayons sonores ? Cette question semble digne du travail des plus grands physiciens. Il suffira d'ailleurs pour détruire l'opinion hypothétique d'une trop rigoureuse comparaison entre les rayons lumineux et les ondulations sonores, de réfléchir à la communication du son par les canaux les plus tortueux et à d'énormes distances. On sait que, dans quelques maisons, les Anglais ont su tirer un ingénieux parti de cette dernière propriété du son. Au moyen de longs tubes ou porte-voix, de quelques centimètres de diamètre, dont les sinuosités suivent la disposition des différents appartements, et s'ouvrent quelquefois dans des pièces situées aux extrémités d'un vaste bâtiment, ils peuvent ainsi converser à voix basse ou transmettre leurs ordres sans aucun dérangement.

RICHER.

DIACRE (de διάκονος, serviteur), ministre ecclésiastique, dont la principale fonction est de *servir* à l'autel le prêtre ou l'évêque. La multitude des chrétiens croissant de jour en jour, et avec elle les besoins de l'Église, quelques frères étrangers firent entendre des murmures, sous prétexte que leurs veuves étaient négligées dans la distribution des aumônes. Pour arrêter le mal et les plaintes, les apôtres assemblèrent les fidèles, et leur représentèrent qu'il ne convenait pas qu'ils abandonnassent les principales fonctions de l'apostolat pour s'occuper du soin des tables et de la distribution des aumônes. « Choisissez parmi vous, leur dirent-ils, sept hommes d'une probité reconnue, remplis du Saint-Esprit, et pleins de sagesse, sur lesquels nous puissions nous décharger de ce soin. Nous, nous serons uniquement appliqués à la prière et au ministère de la parole. » La proposition agréée, on élut sur-le-champ Étienne, Philippe, Prochore, Nicanor, Parmenas et Nicolas, prosélyte d'Antioche : on les présenta aux apôtres, qui leur imposèrent les mains, en priant Dieu de les rendre dignes du ministère qui leur était confié (*Act.*, VI). Le service des tables, pour lequel les diacres étaient institués, remettait naturellement entre leurs mains la préparation des saints mystères, qui se célébraient alors dans les repas communs, et l'administration de l'Eucharistie, qu'ils distribuaient aux convives, et qu'ils portaient aux absents. Ils continuèrent depuis à l'autel ce qu'ils avaient fait dans les agapes ; ils y présentèrent le pain et le vin du sacrifice, avec les offrandes des fidèles. Les premiers diacres baptisèrent et annoncèrent la parole de Dieu ; l'ordination donna le même pouvoir à leurs successeurs, qui ne purent toutefois l'exercer qu'à défaut de ministre supérieur, et avec l'autorisation de l'évêque. On vit plus d'une fois des diacres, spécialement délégués, réconcilier les pénitents, c'est-à-dire remettre la pénitence canonique à ceux qui avaient reçu l'absolution sacramentelle ; mais le changement de la discipline ecclésiastique enleva aux diacres cette partie de leur autorité. L'administration des revenus de l'Église fit donner exclusivement aux diacres le soin des pauvres et la direction des hospices où l'on assistait les indigents et les infirmes : de là le nom de *diaconies* donné dans l'origine à ces établissements.

La différence de ces fonctions fit bientôt distinguer deux sortes de diacres, les uns chargés du service intérieur de l'Église, les autres de l'administration temporelle. Le nombre de ceux-ci varia suivant l'importance des églises : on en compta longtemps sept à Rome, en mémoire des sept premiers diacres ; mais ce nombre fut plus que doublé dans la suite. Les premiers ou les plus anciens de ces officiers prenaient le titre d'*archidiacres*. La surveillance qu'ils exerçaient pour le maintien de l'ordre et de la décence, pour l'entretien des vases sacrés, des ornements, les secours qu'ils distribuaient, la dispensation du trésor, qui leur était confiée, les faisaient appeler l'*œil et la main de l'évêque*, dont ils étaient comme les premiers ministres : enorgueillis de l'importance de leurs fonctions et de la confiance qu'on leur accordait, ils essayèrent souvent de s'élever au-dessus des prêtres, et même d'usurper quelques-uns de leurs pouvoirs ; le zèle de saint Cyprien et de saint Jérôme fit plus d'une fois justice de ces prétentions orgueilleuses. Dans la suite, la plupart des attributions d'archidiacre ne furent plus données qu'à des prêtres. Aujourd'hui, les fonctions de diacre se réduisent, d'après le *Pontifical romain*, à servir à l'autel, à baptiser et à prêcher ; encore ne peuvent-ils exercer ces deux dernières fonctions sans une permission expresse. Le *diaconat*, qui est le dernier échelon pour arriver au sacerdoce, ne pouvait être donné avant l'âge de vingt-cinq ans, lorsque la prêtrise se recevait à trente. Depuis le concile de Trente, on reçoit le diaconat dans la vingt-troisième année, et la prêtrise dans la vingt-cinquième. On donne dans l'Église grecque le nom de diaconesses aux femmes des diacres, mais elles n'ont aucun rang dans la hiérarchie. L'abbé C. BANDEVILLE.

DIACRE (Paul). *Voyez* PAUL DIACRE.

DIADELPHE (de δίς, deux, et αδελφός, frère). Cette dénomination a été appliquée aux végétaux chez lesquels les étamines sont réunies en deux faisceaux au moyen de leurs filets ; nous citerons, par exemple, les haricots, les pois, etc., dans la famille des légumineuses, qui ont neuf étamines rassemblées, composant le premier faisceau, et la dixième libre, formant le deuxième.

DIADELPHIE. Linné a ainsi nommé la septième classe de son système sexuel (*voyez* BOTANIQUE), dans laquelle se placent les plantes à étamines diadelphes. Elle se partage en quatre ordres, suivant le nombre des étamines ainsi soudées par les filets en deux faisceaux. Ce sont : la *diadelphie-pentandrie*, caractérisée par cinq étamines, la *diadelphie-hexandrie* à six étamines (*fumaria*, etc.); la *diadelphie-octandrie* à huit étamines (famille des polygalées ; et la *diadelphie-décandrie* à dix étamines (une grande partie des papilionacées).

DIADÈME (du grec διάδημα, bandelette circulaire, qui lui-même vient de διαδέω, je lie à l'entour), le plus ancien insigne de la royauté, tissu de laine, de fil ou de soie, dont les rois se ceignaient le front ; il était blanc et uni, *fascia candida*. On le chargea ensuite de broderies d'or, de diamants, de perles, de pierreries. Pline attribue à Bacchus l'invention du diadème à l'usage des buveurs, qui se serraient le front pour se garantir des fumées du vin. Dans cette hypothèse, le diadème aurait été un ornement nécessaire et commun à tous, avant d'être un insigne du pouvoir suprême. Denys d'Halicarnasse affirme que le diadème était un insigne royal longtemps avant la fondation de Rome ; Tarquin y ajouta, comme attribut de puissance, les faisceaux que portaient les douze licteurs qui précédaient partout le roi hors de son palais. Les Romains, dit le même historien, envoient aux rois qu'ils honorent de leur alliance le *sceptre* et le *diadème* en signe d'investiture, et pour confirmer leur autorité. Après l'expulsion des rois, les consuls ne gardèrent des insignes du pouvoir que la toge de pourpre, la chaise d'ivoire et le cortége de licteurs. Prusias, roi de Bithynie, se dépouilla de son diadème et de tous les insignes de la royauté devant le majesté du peuple romain. Il alla spontanément au-devant des députés envoyés par le sénat pour le recevoir. Il avait substitué à son diadème, à la toge royale, aux riches brodequins, le bonnet, l'habillement et la chaussure d'affranchi. Arrivé à la porte de la salle où le sénat était assemblé, il se prosterna, baisa le seuil, et, saluant les pères conscrits du titre de *dieux sauveurs* : « Vous voyez devant vous, leur dit-il, l'un de vos affranchis prêt à faire tout ce qu'il vous plaira de lui ordonner. » Jamais, même dans ses plus beaux jours de gloire et de puissance, Rome n'avait contraint les rois vaincus à tant d'humiliation, et Prusias n'était pas vaincu ; son servile hommage était volontaire, il avait même des droits à la reconnaissance du sénat, dont il se proclamait l'esclave. Mais, dans ce même capitole, où tant d'autres rois avaient abaissé l'orgueil du diadème, on vit bientôt après le sénat romain se prosterner devant le diadème impérial de Tibère, de Néron et de Caligula. Les historiens ne s'accordent point sur l'époque précise où les successeurs d'Auguste commencèrent à porter cet insigne du suprême pouvoir.

Rome, sous ses anciens rois, avait emprunté des Grecs et des Étrusques l'usage du diadème, et il avait été rétabli par les empereurs. Leur exemple fut imité par les chefs des colonies armées qui envahirent les Gaules lors du démembrement du grand empire. En 508, des ambassadeurs de l'empereur Anastase avaient remis, de la part de ce prince, à Clovis, un diadème *radié* d'or, une robe de pourpre et une tunique palmée, attributs du consulat à cette époque. Les statues anciennes de Clovis, les monnaies à son effigie, colligées et décrites par Bouterone et Le Blanc, le représentent avec ou sans diadème, et les formes mêmes du diadème sont très-variées. Les statues de Clovis qui ornaient le portail de l'abbaye Saint-Germain-des-Prés portaient un diadème décoré d'un simple feston, avec *le nimbe*, espèce de cercle lumineux que les artistes traçaient autour ou au-dessus de la tête des saints et des princes de la première race. Sur quelques monnaies, la tête est couverte d'un diadème dont les deux bouts tombent par derrière ; sur d'autres, d'un chaperon enrichi de perles, ou diadème radié. Ses successeurs et les rois des deuxième et troisième races portaient des couronnes non fermées, et dont les formes étaient d'ailleurs très-variées, mais ils ne portaient point le diadème. François Ier ne changea l'ancienne forme que pour ne point paraître, dans les insignes de sa dignité, inférieur à Charles-Quint, son heureux compétiteur à l'empire. Depuis longtemps, les mots *diadème* ou *couronne* sont indistinctement en usage pour désigner le principal attribut du pouvoir souverain. Le *diadème* a conservé chez les Grecs sa forme et son nom originaire. Celui des premiers empereurs romains était de laurier naturel, ou de feuilles d'or imitant celles du laurier.

Le luxe des monarques d'Asie a fait inventer les couronnes d'or massif, ornées de diamants et *radiées*, mais ouvertes : la base figurait la forme de l'ancien bandeau royal ou diadème. A cette forme a succédé celle des couronnes fermées.

Le cardinal Baronius, écrivain ultramontain du dix-septième siècle, affirme que l'apôtre saint Jacques avait le front ceint d'un cercle d'or ou diadème, pour marque de sa dignité épiscopale. Les nombreux ouvrages de ce cardinal sur l'histoire ecclésiastique ont été l'objet de critiques graves et fondées. On peut présumer qu'il a pris pour un diadème la lame d'or qui couvrait la tête de l'apôtre, et qui n'était autre chose que le *nimbe* dont les artistes du moyen âge décoraient les têtes des saints.

Le diadème, en termes de blason, est la bande, la ceinture, ou le cercle d'or qui ferme la couronne des souverains, et porte la fleur de lys double, ou le globe croisé qui lui sert de cimier. Les couronnes différent en ce qu'elles sont formées d'un plus ou moins grand nombre de diadèmes. Diadème ou *tortil* se dit encore, en blason, du bandeau qui ceint les têtes de more sur les écus. Les armoiries de quelques souverains du Nord ont pour attribut un aigle dont la tête est surmontée d'une couronne, ou le cou orné d'un collier d'or ; c'est ce qu'on appelle une *aigle diadémée*. La mode, qui ne connaît d'autre royauté que celle des écus, ajoute le diadème aux pièces qui jadis composaient l'écrin le plus complet. Cet ornement privilégié, qui ne brillait que sur le front des impératrices, des reines et des princesses de race royale, ne parle pas souvent plus mal, de nos jours, le front des simples bourgeoises. DUFEY (de l'Yonne).

DIAGNOSTIC (de διά, dans, parmi, et γινώσκω, je connais). Se nomme ainsi le discernement de l'état sain ou morbide par l'examen de l'habitude extérieure du corps et de ses différentes fonctions. De même que tous les phénomènes généraux de la nature, une maladie ne se révèle à l'homme que par des faits épars, et toute notre science a seulement pour but de rattacher ces faits à un fait plus général, à celui qui les a produits. Les phénomènes sensibles de la maladie consistent ou dans l'altération des organes, ou dans celle des fonctions, ou dans les deux ensemble, et sont pour nous les signes sans lesquels nous ne pouvons connaître le présent ni juger de l'avenir. Or, bien qu'une maladie présente des signes nombreux, certaines fonctions s'exécutant à l'aide de plusieurs organes, il est quelquefois très-difficile, sinon impossible, de déterminer quel est celui qui est réellement lésé, et s'il l'est seul : ainsi, lorsque la respiration est gênée, cette gêne vient-elle uniquement du cœur ou du poumon, ou du diaphragme, ou de la plèvre, ou des parois thoraciques, ou de toutes ces parties ensemble? Il faut que le médecin le sache, car, à la connaissance précise de la maladie à laquelle il a affaire est dû le succès du traitement qu'il lui opposera.

Les signes morbides sont, les uns *communs* à plusieurs affections; les autres, propres à telle ou telle lésion, caractérisent la maladie; ils sont appelés *pathognomoniques*. Les premiers, tels que la diarrhée, les sueurs, les crachats, la douleur, etc., ne peuvent donner rien de précis sur le siége, la forme et l'intensité d'une altération; ils ne font qu'aider le jugement du praticien, mais ne le déterminent point. Il faut des signes non équivoques, des signes qui, au dire de Galien, suivent une maladie comme l'ombre suit le corps. En effet, un grand nombre d'affections semblables sous certains points de vue demandent une thérapeutique toute différente; mais les symptômes pathognomoniques une fois perçus, on peut avec plus d'assurance diriger le traitement, et on n'aura dans la non réussite qu'à accuser les bornes de l'art ou la marche non rétrograde de la nature. Les signes caractéristiques n'apparaissent souvent que quelques jours après l'invasion de la maladie : ainsi, l'éruption dans la rougeole, le crachement de sang dans la péripneumonie, ne se montrent ordinairement que quatre à cinq jours après l'invasion. Le médecin, averti de ces diverses circonstances, ne se presse pas de porter son diagnostic, et s'en tient jusque-là à une médication *expectante*. Chaque praticien a pour ainsi dire sa manière d'étudier un malade : l'un examine d'abord le pouls, un autre la langue et les organes de la digestion, il en est qui commencent par les fonctions circulatoires, etc.; mais c'est toujours par l'observation analytique que l'on se rend compte des désordres de l'économie. Pour régulariser l'examen d'une maladie, les praticiens ont proposé diverses méthodes dont la plus célèbre, la plus généralement suivie, est celle de Chaussier; nous en donnons ici le tableau résumé. Ce célèbre professeur voulait qu'on observât dans l'ordre suivant : 1° la *face*, le front, les yeux, le nez, la bouche, les oreilles, etc.; 2° l'*attitude*, si le malade se tient debout ou couché, et sur quel côté, 3° la *peau*, tissu, couleur, taches, éruptions, ongles, poils, cheveux; 4° *fonctions vitales*, motilité, sensibilité, caloricité, sommeil, circulation, respiration; 5° *fonctions sensoriales*, sens externes, sens internes, voix, mouvements des membres; 6° *fonctions nutritives*, digestion, sécrétions et excrétions, nutrition, absorption; 7° *fonctions génitales*; 8° *circonstances individuelles ou locales*.

Lorsqu'un médecin, pour reconnaître une maladie, a mis en jeu tous les moyens ordinaires, que les renseignements et sa perception ne lui ont pas suffi, il lui faut souvent avoir recours à la ruse; combien de fois avons-nous vu Dupuytren chercher par des demandes réitérées dans la même journée, et pendant plusieurs jours de suite, à faire dire la vérité au malade, dont l'obstination semblait prendre à tâche de tromper la sagacité de l'illustre professeur! Cette obstination des malades ne peut guère s'expliquer que par une fausse honte ou par le dérangement des organes; elle est néanmoins si fréquente que l'on voit tous les jours deux médecins faire une même question à un malade, et en recevoir deux réponses opposées. Mais ce sont de ces accidents dont le praticien instruit et qui a joint l'étude de l'*homme moral* à celle de l'*homme physique* triomphera toujours.

N. CLERMONT.

DIAGOMÈTRE (de διάγω, je transmets, et μέτρον, mesure). On peut considérer le diagomètre comme un élec-troscope d'une grande sensibilité; car la déviation qu'il est destiné à mesurer est un effet d'électricité. M. Rousseau, inventeur de cet instrument, y a trouvé une heureuse application des piles sèches à la mesure des plus faibles électricités. Son instrument se compose en général d'une pile sèche et d'une aiguille aimantée. La pile doit communiquer au sol par la base, et par son extrémité supérieure avec une tige métallique isolée qui soutient une aiguille aimantée horizontale. En face de cette aiguille est une boule métallique isolée, et communiquant avec la pile. On place dans le méridien magnétique le support de l'aiguille et la boule, en sorte que l'aiguille s'appuie contre celle-ci; puis, en tournant le plateau isolateur de laque, on fait en sorte que la bande conductrice se dirige parallèlement à l'aiguille, et par conséquent dans ce même méridien, afin que l'aiguille, obéissant librement à l'action magnétique du globe terrestre, vienne se placer très-près du disque conducteur. Dans cette situation, un corps électrisé étant approché, tout le système reçoit, par contact, cette sorte d'électricité : il y a donc répulsion. L'aiguille est si légère et son aimantation si peu active que cette répulsion est manifeste, quelque faible que soit l'électricité transmise. On recouvre tout le système d'une cage de verre, pour éviter l'action des courants d'air sur cette aiguille, d'une extrême mobilité, qui obéirait aux plus petits mouvements dans l'atmosphère. Une bande de papier collée à la surface de la cage, à la hauteur de la zone que parcourt l'aiguille dans ses excursions, porte des traits verticaux et des chiffres propres à indiquer les degrés du cercle formé par cette bande. En plaçant l'œil dans la direction que prend l'aiguille, on peut lire de combien de degrés la répulsion électrique l'a écartée de la situation d'équilibre magnétique.

Cet instrument, par son extrême sensibilité, a prouvé que les corps jusqu'alors réputés non conducteurs, tels que le verre, la résine, la soie, ne laissent cependant pas de l'être à un degré notable. Néanmoins, la laque et le charbon de fusain complètement desséché n'ont manifesté aucun symptôme du passage de l'électricité. Le diagomètre de M. Rousseau peut devenir, dans un grand nombre de cas, non-seulement un instrument pour les recherches scientifiques, mais il peut recevoir les plus utiles applications aux besoins de la vie et du commerce : c'est presque un moyen d'analyse de plusieurs substances, sinon de leur analyse *quantitative*, du moins de l'analyse *qualitative*. Ainsi, dans le cours de ses expériences, l'auteur a reconnu que l'huile d'olive n'est au contraire de presque toutes les autres, n'est presque pas conductrice du fluide électrique : le diagomètre indiquera donc le degré de pureté absolue de l'huile d'olive, et, comparativement avec le type de pureté, il donnera un aperçu des proportions dans lesquelles on aura fait entrer d'autres huiles dans un mélange avec celle-ci. Le temps que l'aiguille met à atteindre son maximum de déviation dépend de la conductibilité des substances que l'on place sur le passage du courant : c'est ce temps que M. Rousseau prend pour mesurer le rapport des conductibilités. L'huile d'olive très-pure étant interposée, l'aiguille n'atteint son maximum de déviation qu'au bout de 40 minutes, tandis qu'avec de l'huile de faînes ou de pavot, elle y parvient en 27 minutes. Quant à la manière d'opérer, il faut mettre l'huile qu'on veut éprouver dans un godet de métal qu'on pose sur l'anneau du diagomètre; cette huile communique ainsi avec l'aiguille et le conducteur; puis on plonge dans l'huile un fil métallique, qui tient à l'un des pôles d'une pile sèche, en communication libre avec le sol. PELOUZE père.

DIAGONALE (de διά, à travers, et γωνία, angle), ligne droite qui joint les sommets de deux angles non adjacents d'un polygone. On voit immédiatement que le triangle n'a pas de diagonale, que le quadrilatère en a deux, le pentagone cinq, etc., et que, pour un polygone de n côtés, le nombre des diagonales est $\frac{1}{2} n (n-3)$.

Les diagonales de certains polygones sont douées de propriétés remarquables. Celles du parallélogramme se rencontrent en leurs milieux respectifs ; dans le losange, elles se coupent, en outre, à angle droit. La diagonale du carré est à son côté comme $\sqrt{2}$ est à 1. Dans tout quadrilatère, la somme des carrés des quatre côtés est égale à la somme des carrés des diagonales augmentée de quatre fois le carré de la droite qui joint les milieux de ces diagonales ; si le quadrilatère est un parallélogramme, la somme des carrés des quatre côtés est égale à la somme des carrés des diagonales. Dans tout quadrilatère inscriptible, le rectangle des diagonales est égal à la somme des rectangles des côtés opposés ; etc.

Toute droite qui joint les sommets des deux angles solides non adjacents d'un polyèdre est également une diagonale de ce polyèdre. Ces diagonales donnent lieu à quelques propositions analogues aux précédentes. Ainsi, les diagonales d'un parallélipipède quelconque se coupent en leurs milieux respectifs, etc. E. MERLIEUX.

DIAGORAS, surnommé l'*Athée*, philosophe de la secte de Démocrite, dont il fut le disciple, naquit à Mélos, l'une des Cyclades. Il avait, dit-on, dans sa jeunesse, cultivé la poésie avec succès, et s'était rendu célèbre par quelques dithyrambes. On ajoute qu'il passa d'une piété superstitieuse à l'athéisme, ayant été victime de l'injustice et de la perversité de ses semblables, et qu'il conclut de là que les dieux n'existaient pas. Mais Clavier révoque en doute cette histoire, et croit qu'elle doit sa naissance à la confusion, faite mal à propos, de Diagoras le poëte avec Diagoras le philosophe. Le premier, en effet, était contemporain de Pindare, et le second fut condamné en la 91ᵉ olympiade, c'est-à-dire cinquante ans plus tard. Quoi qu'il en soit, celui dont nous parlons vint à Athènes après la ruine de sa patrie, consommée par Alcibiade, et s'y fit remarquer par la liberté et par la hardiesse de ses opinions. Aussi fut-il recherché par Alcibiade et tous les jeunes gens qui s'élevaient au-dessus des croyances superstitieuses de leur époque. Appuyés des exemples et des doctrines de Diagoras, ils tournèrent en ridicule les mystères d'Éleusis, et en firent de burlesques imitations dans une maison particulière. Une accusation capitale fut lancée sur-le-champ contre celui qu'on regardait comme le principal auteur de ces impiétés, et Diagoras fut forcé de prendre la fuite. Alors on mit sa tête à prix : l'on promit un talent à celui qui le tuerait, et deux à celui qui le livrerait vivant ; et ce décret barbare fut gravé sur une colonne qui s'élevait au milieu de la place publique, dans la ville la plus éclairée et la plus civilisée alors de toute la terre. La superstition, qui partout a eu ses autels, partout aussi a grossi l'histoire de ses mensonges ; car on prétendit que Diagoras, en fuyant Athènes pour dérober sa tête à la justice des hommes, avait péri dans un naufrage, victime de la colère des dieux. Tout prouve, au contraire, qu'après avoir quitté l'Attique il se retira à Corinthe, où il termina paisiblement sa vie, après avoir composé un recueil de lois très-sages, que l'athlète Nicodore donna à Mantinée, sa patrie.

Quelques savants modernes ont révoqué en doute l'athéisme de Diagoras, s'appuyant sur le texte même du décret qui le condamne, non comme athée, mais comme auteur de discours impies contre les divinités particulières des Athéniens. Cicéron ne pensait point ainsi, et dans son traité *De naturâ deorum*, il dit positivement que Diagoras niait qu'il existât des dieux. D'ailleurs, s'il est vrai qu'il fût disciple de Démocrite, cette accusation ne devait pas être sans fondement ; car Démocrite ne reconnaissait d'autre dieu que le hasard, espèce de destin aveugle, qui avait déterminé les atomes à s'assembler de manière à former les êtres animés ou inanimés qui composent l'univers. Il admettait bien aussi des êtres aériens de forme humaine, ayant influence sur l'homme et la nature, mais il les supposait formés d'atomes et par conséquent destinés à périr : et ce n'était qu'une hypothèse conforme à l'atomisme, par laquelle il avait es- sayé de concilier ce système avec les préjugés populaires. On cite de Diagoras un mot fort spirituel, et qui ne dément point sa réputation d'incrédulité. On lui montrait un jour dans l'île de Samothrace, comme une preuve manifeste de la providence, les nombreuses offrandes apportées dans le temple par ceux qui avaient échappé au naufrage en invoquant les dieux. Si tous ceux qui ont péri, répondit-il, avaient pu apporter aussi les offrandes qu'ils avaient promises, vous en verriez bien davantage. C.-M. PAFFE.

DIAGRAMME (de διά, à travers, et γραμμή, ligne). En géométrie, les Grecs donnaient ce nom à toute figure destinée à la démonstration d'une proposition. Il est aujourd'hui complètement inusité dans ce sens.

Dans la gnose des ophites, *diagramme* désignait la figure des cercles de la sphère sur lesquels domine le mauvais esprit et d'où les esprits, ou molécules lumineuses, ont été ramenés par le Christ. Cette figure n'était pas seulement un symbole de la doctrine des ophites, c'était encore une pratique magique qu'on accomplissait en récitant certaines prières mystiques. Il est probable que, comme les pierres d'*Abraxas*, ces figures cabalistiques finirent par être employées par les sectes opposées aux gnostiques.

Dans la musique des anciens, *diagramme* répondait à ce que nous appelons aujourd'hui *échelle, gamme, système*.

Enfin Cuvier a établi sous le nom de *diagramme* un genre de poissons de la famille des acanthoptérygiens sciénoïdes. Les espèces qui en font partie ont le corps oblong, les écailles petites, le front arrondi, les dents menues et très-nombreuses, le préopercule légèrement denté, et six gros pores sous la mâchoire inférieure. Ces poissons voraces, dont la chair est estimée, se trouvent dans l'Atlantique et dans la mer des Indes.

DIAGRAPHE (de διά, par, et γράφω, j'écris, je dessine), machine à dessiner les objets d'après nature, ainsi nommée par M. Gavard, qui lui a apporté quelques perfectionnements. La première idée en est due à Cigoli.

Perfectionné successivement par le baron de Rennenkampf en 1803, par M. Ronalds en 1825, et enfin par M. Gavard en 1830, le diagraphe a pour pièce essentielle un petit chariot qui glisse à volonté sur une tringle horizontale. Ce chariot porte un crayon auquel est attaché un fil de soie ou de métal extrêmement fin qui passe sur deux petites poulies placées en haut et en bas d'une tige de fer verticale ; cette tige verticale est emmanchée et demeure sur un socle en cuivre, de manière à former avec la tringle horizontale une véritable équerre maintenue dans la position verticale au moyen d'une seconde tringle qui peut glisser à travers deux anneaux. Le fil de soie porte un petit grain d'émail servant de point de mire, et est tendu par un petit contrepoids. On place l'œil à un point de vue fixe et on promène le point de mire sur tous les contours apparents de l'objet, en faisant glisser le curseur qui porte le crayon le long de la tringle horizontale, et même temps qu'on le pousse de droite à gauche ou de gauche à droite. Par ce moyen la pointe du crayon trace une réduction du contour de l'objet vu en perspective. L'esquisse obtenue est d'autant plus petite que l'objet et le point de vue sont plus éloignés du plan de perspective.

DIALECTE. On appelle *dialecte* le langage particulier à une province qui se sert de l'idiome dominant dans toute la contrée, mais en le modifiant par des inflexions, des désinences, des contractions de mots, des emplois de termes tombés ailleurs en désuétude, par des altérations de toute sorte enfin propres à ce dialecte, et qui le constituent. Les langues les plus éloignées et les plus disparates ont presque toujours quelque point de contact et de similitude : une même langue parlée dans deux provinces ou dans deux parties d'une même province, quelquefois à des distances très-rapprochées, subit déjà des altérations plus ou moins notables. C'est que, d'une part, les langues ne sont que des dérivations les unes des autres : chaque peuple est obligé d'emprunter son vocabulaire à tout ce qui parle autour de lui; il n'a pu le créer ou l'accepter primitif qu'une fois sur chaque point de la terre, à l'origine des choses, ce qui explique les similitudes entre des langues séparées par des espaces immenses de lieux et de temps : voilà pour le principe d'uniformité héréditaire. Mais, par une disposition inverse, l'habitant de chaque contrée est enclin à faire plier la collection de mots qui lui furent transmis et ses habitudes de syntaxe aux caprices de ses organes, à ses impressions locales. Il use à sa fantaisie du fonds commun de langage qui circule; il est original dans son imitation et créateur de mille idiomes façonnés avec celui que lui ont imposé les collisions des peuples et certains grands événements.

En général, *patois* et *dialecte* semblent identiques; cependant, on emploie d'ordinaire le mot *dialecte* pour désigner une modification de langage qui a acquis l'extension, du crédit; *patois*, au contraire, exprime les tortures que fait subir à une langue la population agreste de telle ou telle province. Au fond, c'est la même chose, et les droits des transformateurs sont les mêmes. La différence résulte de ce que le *patois* est l'œuvre d'un sol qui n'est ennobli par aucune littérature, œuvre, en général, privée de délicatesse, et qui n'a pas reçu de consécration; c'est une monnaie qu'un peuple de quelques milliers d'âmes frappe à sa guise, pour son usage à lui, et qui n'a pas cours ailleurs; tandis que le *dialecte* est l'idiome dominant, modifié par une population qu'il faut considérer et traiter sur un pied d'égalité intellectuelle. Chez les Grecs, on admettait les dialectes *éolien*, *dorien*, *ionien*, *attique*, sans traiter l'un ou l'autre de barbare; bien plus, on respectait toutes les orthographes et l'on conservait en écrivant la prononciation de chaque dialecte, déférence refusée chez les modernes aux patois qui ne s'écrivent guère, si ce n'est pour la vie usuelle et en dehors des actes officiels. Nous n'en connaissons même communément que quelques chansons dont le ministère de l'instruction publique fait préparer en ce moment un recueil, qui contiendra quelques fragments fortuitement transmis. Il est cependant peu de provinces en France où le curé ne fasse usage dans sa chaire d'un idiome différent de la langue écrite, et auquel le reste de la France ne comprend pas un mot. On conçoit d'ailleurs facilement qu'en Grèce, la division du sol en divers petits États démocratiques ait dû naturellement amener ces différences d'un langage partout épuré dans ses déviations, et consacrer leur importance, ainsi que leur égalité réciproque. On fit plus encore : lorsqu'un écrivain avait laissé, dans les premiers siècles de la société hellénique, une œuvre remarquable, on se servait ensuite de l'idiome de son dialecte particulier pour traiter le même genre de littérature; le nouvel auteur faisait plier l'idiome propre de sa patrie à celui qu'avait consacré son génie antique. Ce joug était noble et volontaire, et ce n'est que dans une telle contrée, avec de semblables institutions, avec des conditions semblables, qu'il est possible d'éviter la centralisation littéraire. Ainsi, la langue d'Homère était un mode convenu pour le poëme épique, et fut employée fort tard encore par Aratus, Apollonius de Rhodes, Denys le Périégète, etc. Le style et le dialecte dorien de Pindare servaient de type aux chœurs des tragédies, et si d'ailleurs le dialecte attique domina dans la littérature grecque, ce fut sans règne exclusif, et par suite de l'ascendant intellectuel que prirent les Athéniens depuis le siècle de Périclès.

Pour nous résumer, le *dialecte*, tel que nous le précisons, considéré avec son caractère de dignité et de perfectionnement, ne se présente guère que dans l'ancienne Grèce : les peuples modernes ont un idiome généralement consacré, académique, qui plane au-dessus du langage populaire, espèce de sanskrit réservé aux classes instruites, et qui condamne à la condition de *patois* tout ce qui s'en éloigne. Pour se faire une idée pratique, en quelque sorte, de la manière dont le peuple se forge partout des dialectes ou patois, le moyen le plus simple est de parcourir nos provinces, surtout celles qui sont limitrophes d'un pays où se parle une autre langue; on voit alors la tendance progressive à la fusion. Ainsi, à part l'*ercuara* ou basque, langue originale fort ancienne et sans connexité avec aucune autre, vous voyez le langage de l'habitant des Pyrénées offrir un avant-goût de l'espagnol, celui de l'Alsace se germaniser, etc. Dans presque tout le Midi, les désinences en *o* bref substituées à notre *e* muet final, la mélodie fortement accentuée de la prononciation, familiarisent déjà avec les idiomes qu'on entendra au delà des Pyrénées et des Alpes. Cependant, on a coutume de dire de deux langues parlées chez deux peuples divers et dérivées d'une même souche, qu'elles sont deux dialectes de la langue-mère. En ce sens l'italien et l'espagnol ne sont que des dialectes du latin corrompu ; le hollandais, qu'un dialecte de l'allemand, etc.   F. GAIL.

DIALECTIQUE (de διαλέγεσθαι, converser, s'entretenir), étymologiquement l'art de la dispute. A peine quelques lois du raisonnement furent-elles reconnues, qu'on en abusa pour la défense de vaines subtilités. Zénon d'Élée (avant J.-C. 46) est considéré par Aristote comme l'inventeur de la dialectique. Il divisait l'art de penser en trois parties : 1° la *dianoétique* ou les différentes manières de tirer des conséquences; 2° la *dialectique* proprement dite, comprenant des préceptes pour apprendre à bien répondre; 3° l'*éristique*, ou l'art de disputer. Les quatre démonstrations de Zénon contre le mouvement, et en particulier le fameux argument dit l'*Achille*, ont puissamment contribué à sa célébrité, quoiqu'on ait peine à comprendre comment de puérils sophismes ont pu gagner des titres de gloire à des hommes comme les Grecs. Les sophistes s'emparèrent de la dialectique, qui devint entre leurs mains un instrument merveilleux pour soutenir le *pour* et le *contre*, et ils s'appliquèrent à imaginer des ruses de raisonnement dont Lucien s'est justement moqué dans ses *Philosophes à l'encan*. Cette sophistique rencontra un redoutable adversaire dans Socrate, qui lui opposa son sens droit, son ironie et son caractère. Pour la réduire au silence, il eut soin d'assigner aux mots un sens précis et de ramener sans cesse la controverse sur son véritable terrain. De plus, il donna l'exemple du doute philosophique, et employa avec un étonnant succès la méthode qui consiste à *extorquer* la vérité de la bouche même de son adversaire, en lui adressant une suite de questions adroitement ménagées, qui mènent au but d'une manière insensible. Les stoïciens s'attachèrent à cultiver la dialectique, et Chrysippe perfectionna le syllogisme, dont il fit malheureusement des applications frivoles. Cicéron répandit les *Topiques* d'Aristote, et en composa un élégant abrégé ; il a laissé dans ses écrits des traces fréquentes de la dialectique des académiciens et des stoïciens. Les Romains, qui n'ajoutèrent rien à la logique des Grecs, en appliquèrent cependant les préceptes à la rhétorique, plus propre à plaire à un peuple qui ne demandait aux sciences et aux lettres que de nouveaux moyens politiques.

La scolastique, née au neuvième siècle, fut le triomphe de la dialectique. Lorsque l'autorité fondait seule la certitude et posait les prémisses de la science, on devait se borner à en déduire les conséquences, et le syllogisme, qui servait à cet usage était réputé naturellement le plus noble exercice de l'esprit humain. De misérables subtilités furent placées sous la garantie de la grande renommée d'Aristote, et on rendit ce beau génie presque ridicule, quoiqu'il ne dût pas être solidaire des doctrines extravagantes qu'on lui attribuait. A la renaissance, on rougit d'une telle barbarie; cependant le mal subsista encore longtemps, malgré les tentatives d'un grand nombre d'hommes supérieurs. Bacon, au seizième siècle, renouvela l'art de raisonner, mais il eut peu de retentissement parmi ses contemporains; et avant que la préface de l'*Encyclopédie* l'eût signalé à l'attention de la France, on ne songeait point encore à profiter de ses vues neuves et profondes. La dialectique tomba ainsi de jour en jour dans le mépris. Néanmoins, si l'on dédaignait le nom, on conservait la chose, tout en se vantant de la détruire. Les idéologues, qui narguaient les anciens dialecticiens, se contentaient comme eux de transformations de mots; et, même encore aujourd'hui, des raisonneurs vantés, dupes des formes qu'ils combinent, donnent pour des réalités leurs artifices purement logiques. DE REIFFENBERG.

DIALLAGE. Ce minéral sert de base à quelques roches dont la famille est appelée *roches diallagiques*. C'est un double silicate de fer et de magnésie aluminifère. Sa forme cristalline est, en général, selon Haüy, le prisme rhomboïdal oblique. Sa densité est 3 ou 3,2. Cette roche fond en un émail vert. Son aspect est ordinairement nacré. Elle appartient aux terrains primaires, et forme de petits nids dans les serpentines. Ses principales variétés sont la *smaragdite*, la *bronzite* et le *schillerspach*. La *smaragdite* est d'un beau vert, qu'elle doit à la présence du chrôme : c'est Saussure qui a nommé et fait connaître cette variété abondante près de Genève. La *bronzite*, que Werner nomma ainsi, à cause de sa couleur analogue à celle du bronze, brun-jaunâtre, est un peu plus pesante que la smaragdite. On la trouve dans la serpentine en Styrie, à Perth, à Cuba. Le *schillerspach* de Heyer, d'un aspect métalloïde, d'une belle couleur jaune d'or, se trouve également dans la serpentine au Hartz, en Bohême, dans le Tyrol, le Dauphiné, la Styrie, le Cornouailles; dans les diorites du Fifeshire en Écosse, dans les porphyres de Calton-Hill et de Dumbarton. On indique des diallages de couleur violette (à Saint-Marcel en Piémont), d'un vert noir (à l'Escurial), noirs (à Spa) et blancs : mais sont-ce réellement des diallages ?

La bijouterie emploie certaines variétés chatoyantes de cette roche, et la décoration des bâtiments utilise quelques serpentines diallagiques. L. DUSSIEUX.

DIALOGUE, du mot latin *dialogus*, qui vient lui-même du grec διάλογος, trois termes semblables dans les trois langues, exprimant la même idée, c'est-à-dire l'entretien de deux ou de plusieurs personnes. En littérature, le bon goût veut que, dans toute espèce de dialogue, chacun des interlocuteurs parle d'une manière conforme à son caractère ou à la passion qui le domine, et non pas selon les sentiments particuliers de l'auteur. « L'art du dialogue, a dit Voltaire, consiste à faire dire à ceux qu'on fait parler ce qu'ils doivent dire en effet. Il n'y a pas d'autre secret, mais ce secret est le plus difficile de tous. Il suppose un homme qui a assez d'imagination pour se transformer en ceux qu'il fait parler, assez de jugement pour ne mettre dans leur bouche que ce qui convient, et assez d'art pour intéresser. » Il y a des dialogues en vers et des dialogues en prose. Les dialogues en vers conviennent particulièrement à tous les ouvrages du haut genre dramatique, à la tragédie, à la comédie, à l'opéra, à la pastorale. Dans une tragédie, par exemple, le dialogue est proprement l'art de conduire l'action par les discours des personnages, tellement que le premier qui parle dans une scène l'entame par les choses que la passion et l'intérêt doivent offrir le plus naturellement à son esprit, et que les autres acteurs lui répondent ou l'interrompent à propos, suivant leur convenance particulière. Ainsi, le dialogue sera d'autant plus parfait qu'en observant scrupuleusement cet ordre naturel, on n'y dira rien que d'utile, et qui ne soit, pour ainsi dire, un pas vers le dénouement.

La vivacité est une des perfections du dialogue dramatique; il ne serait pas naturel qu'au milieu d'intérêts divers et de passions violentes qui agitent les personnages, ils se donnassent, pour ainsi dire, le loisir de se haranguer réciproquement. Notre grand Corneille offre plusieurs modèles achevés de dialogues, entre autres la fameuse scène entre Horace et Curiace, et surtout celle du *Cid*, où Rodrigue vient demander la mort à son amante. De tous nos autres poètes tragiques, Voltaire est le seul qui approche assez fréquemment de la sublime vivacité des dialogues de Corneille, et qui fournisse des exemples de ces traits de répartie et de réplique en deux ou trois mots, que l'on pourrait comparer à des coups d'escrime poussés et parés en même temps. On regrette que Racine, si parfait d'ailleurs, n'ait pas imité quelquefois ce dialogue vif et coupé. On lui reproche de faire souvent dire de suite à un de ses personnages tout ce qu'il a à dire; il en résulte qu'une longue scène se consume ordinairement en deux ou trois répliques d'une élégance abondante. Ajoutons toutefois qu'un dialogue où l'auteur affecterait la concision extrême, où il viserait à la symétrie et au jeu de mots, serait absolument contraire au naturel. Corneille se reproche à lui-même, ainsi qu'à Euripide et à Sénèque, l'affectation d'un dialogue trop symétriquement coupé vers par vers.

Les principes du dialogue sont les mêmes pour la comédie. Molière est, à cet égard, comme toujours, un modèle accompli. On ne voit pas dans toutes ses pièces un seul exemple d'une réplique hors de propos.

L'emploi du dialogue en prose sied très-bien à la philosophie, à l'éloquence, à des questions d'art que l'on veut éclaircir. Cette forme a l'avantage d'ôter au genre didactique le ton impérieux, dogmatique et tranchant qu'il a naturellement. Platon s'est servi du dialogue pour faire connaître la philosophie et la belle âme de Socrate. Lucien a composé d'excellents dialogues, gais, comiques, critiques, satiriques. Cicéron expose ainsi d'une manière lumineuse et féconde les lois de l'art oratoire. Chez nous, les premiers dialogues supportables qu'on ait écrits en prose sont ceux de Lamothe-Levayer, dont la diction a beaucoup vieilli. Les *Dialogues des morts*, par Fénelon, ainsi que ceux qu'il a laissés *sur l'éloquence*, sont pleins de naturel, d'une aimable simplicité et de bon goût. Ceux de Fontenelle semblent faits uniquement pour montrer de l'esprit : l'auteur se plaît à y soutenir des paradoxes par des sophismes. Les pensées fines et vraies s'y trouvent en grand nombre, mais il faut savoir les démêler d'avec les pensées fausses et puériles qui se trouvent à chaque page dans ce livre ingénieux, qui ne doit être lu qu'avec la plus grande précaution. Le dialogue de Boileau intitulé les *Héros de romans*, est beaucoup plus judicieux, beaucoup mieux écrit qu'aucun de ceux de Fontenelle. Voltaire a su employer avec un rare avantage la forme du dialogue pour des matières philosophiques et pour la polémique. En général, les leçons en dialogues ont deux grands avantages, l'attrait et la clarté; mais elles ont aussi un écueil, la longueur. Peut-être ferait-on bien de ne réserver cette méthode d'instruction que pour les sujets qui exigent des développements, et où l'on ne peut conduire à l'évidence qu'à travers des difficultés successivement résolues. CHAMPAGNAC.

Chez les Anglais on cite parmi les écrivains qui ont réussi dans le genre du dialogue Berkeley, Rich. Hurd et James Harris. La littérature didactique italienne s'enorgueillit des dialogues dont l'ont enrichie Pétrarque (*De vera sapientia*); Machiavel, Gelli, Algarotti et Gasp. Gozzi; et la littérature allemande, de ceux d'Érasme d'Amsterdam, de Lessing, de Mendelsohn, Herder, Jacobi, Schelling, etc.

DIAMANT, la plus chère des substances minérales que les lapidaires nomment par excellence *pierres précieuses*. Comme le luxe est en possession de fixer la valeur des objets dont seul il peut faire usage, on doit s'attendre à ce que ses appréciations, fondées sur l'éclat ou la rareté de ces objets, etc., paraîtront capricieuses. Le tarif du prix des diamants justifie cette présomption : il varie suivant la forme, le degré de transparence, la pureté et la grosseur. Toutes choses d'ailleurs égales, les diamants sont réputés *fins*, si leur forme est celle d'un polyèdre à peu près régulier, dont plusieurs diamètres égaux se croisent en sens divers ; ceux qui ne sont que la moitié d'un tel polyèdre et reposent sur une large section plane reçoivent le nom de *roses*. Quant à la transparence, à la limpidité, elle doit égaler celle de l'eau, et elle en prend le nom ; un diamant *d'une belle eau* est réputé parfait, quand même il serait moins coloré. Mais parmi ceux qui réunissent au plus haut point les qualités qui constituent la perfection, les plus gros sont recherchés plus particulièrement en raison de leur rareté, toujours plus grande à mesure que le poids augmente ; d'où il suit qu'une sorte de règle fixe leur prix proportionnellement au carré des poids ou volumes. Ainsi, si un diamant fin de belle eau est estimé 1,000 fr., un autre aussi parfait, et qui serait d'un volume décuple, coûterait 100,000 fr. En tenant compte d'une seule dimension, du diamètre, par exemple, un diamant dont le diamètre serait le double de celui d'un autre devrait coûter soixante-quatre fois autant ; pour un diamètre triple, sept cent vingt-neuf fois, et si cette dimension était quadruple, quatre mille quatre-vingt-seize fois le même prix. Mais les diamants d'une grosseur extraordinaire sont mis tout à fait hors de ligne ; aucun tarif n'en règle le prix. C'est ainsi que le fameux *Sancy*, dont le poids est de 106 carats, ne coûta, dit-on, que 600,000 fr. à Louis XIV. Il y a près de quatre siècles qu'il est connu en Europe, où il fut apporté de l'Inde. Charles le Téméraire en fut le premier propriétaire. Il le portait sur lui à la bataille de Nancy, où il fut tué. Un soldat suisse, qui ramassa ce diamant sur le champ de bataille, le vendit à un prêtre pour un florin. En 1580, il appartenait à Antoine, roi de Portugal, qui, réduit à fuir de ses États et à errer en Europe, s'en défit dans un moment de gêne pour 100,000 fr. que lui en donna Harlay de Sancy, trésorier général de France, dont ce diamant a depuis lors gardé le nom. On prétend, mais ce n'est peut-être là qu'un conte, que Sancy étant allé en qualité d'ambassadeur à Soleure, Henri III lui écrivit un jour d'avoir à lui envoyer son diamant pour s'en faire une ressource d'argent ; que le domestique chargé de cette commission fut attaqué en route et assassiné par des voleurs, mais seulement après avoir eu la précaution d'avaler la précieuse pierre, qui fut retrouvée dans son estomac quand Sancy fit ouvrir le corps de son fidèle et malheureux serviteur. En 1688, le *Sancy* appartenait à Jacques II, qui l'apporta avec lui en France, où il le vendit à Louis XIV. Louis XV le porta encore à son couronnement ; mais nous ignorons par quel accident il a depuis cessé de faire partie des diamants de la couronne. Ce qu'il y a d'incontestable, c'est qu'en 1835 il a été acquis par le grand veneur de l'empereur de Russie au prix de 500,000 roubles d'argent, et l'on assura alors que cette somme avait été versée entre les mains d'un agent de la branche aînée de la maison de Bourbon.

La *Pitt* ou *Régent* (ainsi appelé du nom de l'Anglais qui le vendit au régent duc d'Orléans), du poids de 137 carats, fut payé originairement 2,500,000 fr. Dans la déroute de Waterloo, Napoléon perdit, dit-on, un énorme diamant qu'il avait habitude de porter toujours sur lui comme *en cas*. Ramassé par un soldat prussien, il fait aujourd'hui partie des diamants de la couronne de Prusse ; on en évalue aussi la valeur à plusieurs millions de francs. Tavernier estimait que celui du grand-duc de Toscane, de 139 carats, valait 2,608,335 fr., et portait à 11,723,275 fr. le prix d'un diamant qu'il vit dans les trésors du Grand-Mogol : ce bel échantillon des mines de l'Indoustan pesait 279 carats. Conquis par le roi de Lahore, Rundjet-Singh, ce fameux diamant, nommé *Koh-i-noor* ou montagne de lumière, appartient aujourd'hui à la reine d'Angleterre, qui l'a fait tailler.

Dans ces différents prix, le tarif du carré des poids n'est pas exactement observé, on peut s'en convaincre ; mais voici un autre fait où cette règle est encore plus en défaut. Vers le commencement du siècle dernier, un soldat français, de la garnison de Pondichéry, apprend qu'il existe près de cette colonie un temple où deux magnifiques diamants forment les yeux du dieu Brama ; il conçoit le hasardeux projet de s'emparer de ce trésor ; il déserte, embrasse la religion des brames, et feint si bien le zèle de cette croyance qu'il est admis au nombre des ministres du dieu, et que la garde du temple lui est confiée. Tout étant bien disposé pour le larcin qu'il médite et pour sa fuite après cette œuvre accomplie, il choisit une belle nuit d'orage, arrache un des yeux brillants qu'il convoitait depuis si longtemps ; mais l'autre résiste, et le temps de fuir est venu ; il se borne donc à la moitié de la riche dépouille dont il eût voulu se charger. Comme sa patrie lui était fermée, il gagne les établissements anglais, cède pour 50,000 fr. son diamant ; et le nouvel acquéreur n'en connaissait guère le prix, car, étant venu en Angleterre, il le vendit 4,500 livres sterling (112,500 fr.). Les spéculations sur ce précieux objet ne pouvaient s'arrêter que lorsqu'il serait devenu la propriété d'un monarque : ce fut l'impératrice de Russie qui en fit l'acquisition au prix d'environ treize millions, outre une pension viagère et des titres de noblesse accordés au vendeur. Ce diamant extraordinaire pèse 779 carats, et, suivant la règle du carré des poids, sa valeur serait de 92,582,901 fr.; on l'appelle l'*Orloff*.

On croyait jadis que l'Inde était seule en possession des mines de diamants ; mais il est bien constaté aujourd'hui que celles du Brésil peuvent en fournir aussi abondamment et d'aussi beaux, peut-être même de plus gros, comme on peut en juger par celui que possède l'empereur, et dont le poids est de 1730 carats ; cette pierre serait d'une valeur de plusieurs centaines de millions, sans quelques défauts qui affaiblissent son éclat et qui ont même fait dire à certains lapidaires que ce n'était qu'une topaze blanche. Tout récemment encore (1852) une esclave a trouvé près de Bagagem un diamant, acheté par le ministre des Pays-Bas à Rio-Janeiro, 35,250 liv. sterl. (881,250 fr.). Quant aux diamants de Bornéo de l'Oural, on peut comparer ces mines nouvelles à celles de Golconde et du Brésil. Il est probable que des découvertes ultérieures prouveront que cette matière est moins rare qu'on ne le pense, et il est bien difficile que son prix ne subisse pas alors une très-forte baisse. Les terrains d'alluvion qui contiennent des diamants ne sont rares nulle part, si on ne les considère que par rapport à leur composition, à l'ordre des couches, et aux diverses substances qui accompagnent cette matière précieuse. On peut donc espérer en trouver en Europe, au nord de l'Amérique, sur le bord des rivières africaines, lorsque leur minéralogie nous sera mieux connue. Puisqu'on en trouve aux deux extrémités de l'Asie, pourquoi le Nouveau-Monde n'en aurait-il qu'entre les tropiques ?

Les diamants sont toujours cristallisés, et, comme tous les cristaux, ils se divisent plus facilement dans les sens des lames cristallines que suivant toute autre direction. L'art du joaillier a mis cette propriété à profit pour *cliver* les diamants, c'est-à-dire les tailler parallèlement à leurs facettes. Comme leur dureté surpasse celle de tous les autres corps, à l'exception du *spath adamantin* (ainsi nommé parce qu'il est en effet aussi dur que le diamant), on ne peut les tailler et les polir qu'au moyen de l'*égrisée*, poudre formée par la pulvérisation des diamants de rebut. La couche extérieure n'est pas transparente comme l'intérieur, soit que l'arrangement régulier de ses molécules intégrantes ait éprouvé des obstacles, soit que cette couche ait subi quelque altération durant le transport par les eaux et le séjour dans l'intérieur de la terre ; il en résulte que les diamants *bruts* (tels qu'on les tire de la mine) n'ont pas la demi-transparence du verre dépoli, ce qui n'empêche point qu'on ne puisse reconnaître leur intérieur et juger de leurs qualités ; mais pour cette sorte d'épreuve par la seule inspection, il faut un coup de œil exercé. En raison de sa dureté, le diamant entame tous les autres corps, et l'on sait que les vitriers se servent de ses angles tranchants pour couper le verre. Hors de cette application, les arts font rarement usage de cette matière, encore trop précieuse et trop peu commune.

Quelle est donc cette matière si dure, si brillante, d'une transparence si parfaite, lorsque sa cristallisation a bien réussi? Les chimistes du dix-huitième siècle ont complétement résolu cette question : on savait déjà que le diamant, exposé à découvert au feu des fours de porcelaine, disparaît sans laisser de trace; on l'avait vu se volatiliser ainsi lorsqu'on le mettait au foyer de la fameuse lentille de Tschirnhausen. En mesurant l'action du diamant sur la lumière, Newton avait reconnu qu'il devait être rangé parmi les substances combustibles; cependant on était encore loin de penser que ce fût du charbon et rien de plus; que cette matière opaque et noire, dans l'état où nous la voyons habituellement, pût acquérir les qualités directement opposées par le seul effet de la cristallisation. Mais enfin des expériences authentiques, faites avec le plus grand soin en présence des joailliers de Paris, dont il fallait vaincre l'incrédulité, n'ont laissé aucun doute sur ce fait chimique. S'il fût resté encore la plus légère incertitude, elle aurait cédé à la vue d'une expérience faite par Clouet, qui, ayant enfermé un diamant dans l'intérieur d'une masse de fer très-pur, sans laisser aucun vide entre le contenant et le contenu, déterminé d'ailleurs les proportions du métal et du diamant, pour que leur combinaison convertît le fer en acier, ajouté la dose de fondant nécessaire pour obtenir de l'acier fondu, et pris des précautions telles que ni les creusets ni la violence et la durée du feu ne pussent altérer le résultat, retira effectivement un culot d'acier fondu dans lequel le diamant avait tenu lieu de charbon et produit une combinaison absolument la même que celle qu'on forme avec le fer, le charbon et le fondant; il est donc tout à fait prouvé que le diamant n'est que du charbon, ou plus exactement, du carbone cristallisé. On est donc fondé à penser que cette cristallisation précieuse se montrera beaucoup moins rare, puisque la matière dont elle est formée se trouve partout; qu'elle est répandue avec profusion dans tous les règnes de la nature, et que la chaleur de la zone torride n'est pas une condition nécessaire pour cette production.   FERRY.

Le problème de la formation du diamant artificiel est donc ramené à la recherche d'un procédé susceptible de faire cristalliser le carbone. La matière première ne manque pas; c'est la façon qui est difficile à trouver! Les procédés ordinaires de cristallisation ne sont pas applicables au carbone à cause de son extrême fixité. Cependant M. Despretz a déjà obtenu quelques résultats remarquables. Il a fourni de nouveaux arguments contre la supposition que le diamant aurait une origine ignée. Réunissant tout ce qu'il y avait de piles de Bunsen disponibles dans la capitale, et les rangeant en bataille, il a concentré tous leurs feux sur des pôles de charbons renfermés dans une enceinte de verre : le charbon, qui jusque-là passait pour absolument fixe, soumis à une température effroyable, a fourni des vapeurs qui se sont précipitées presque aussitôt sur les parois du vase; mais cette fois encore l'intervention directe de la chaleur n'a fourni qu'une poudre amorphe, une sorte de noir de fumée dépourvu d'apparence cristalline.

Après avoir reconnu que la précipitation des vapeurs de charbon dégagées à la haute température de la conflagration électrique ne donne qu'une poudre noire, à peu près comme une lampe qui fume, M. Despretz a cherché à opérer à froid et à compenser par l'intervention du temps la faiblesse de l'action qu'il comptait mettre en jeu. Il a employé un appareil de M. Ruhmkorff, lequel, mis en relation avec un simple couple voltaïque, donne une suite de décharges dues au développement des courants d'induction; tant que la pile conserve assez de puissance, l'instrument fait luire à l'intérieur d'un globe privé d'air un arc de lumière électrique qui se reproduit périodiquement à des instants très-rapprochés. Cet arc ne développe que peu de chaleur, et cependant à la longue il transporte d'un pôle sur l'autre de très-petites quantités de matière. En plaçant au pôle positif une masse de charbon pur et disposant au pôle négatif des fils de platine, M. Despretz a pensé que le transport et l'accumulation du carbone se feraient dans des conditions favorables à la cristallisation. L'expérience seule pouvait décider si cette supposition était fondée; elle a duré plus d'un mois. Pendant ce laps de temps, il s'est en effet formé sur les fils de platine un léger dépôt d'une couche noirâtre que M. Despretz compare à de la poudre de diamant. « Cette couche, dit M. Despretz, vue à la loupe, ne présente rien de bien distinct ; au microscope composé, avec un grossissement d'environ trente fois, elle offre plusieurs points intéressants. J'ai vu sur ces fils, et surtout aux extrémités, des parties séparées les unes des autres et qui m'ont paru appartenir à des octaèdres. J'ai également vu sur la couche noire, et non aux extrémités quelques petits octaèdres reposant sur un sommet. J'ai examiné ces fils à plusieurs reprises, et j'ai toujours vu les mêmes choses. Un cristallographe habile et exercé, M. Delafosse, a également reconnu les octaèdres noirs et blancs reposant çà et là sur les fils de platine. J'ai substitué aux fils une plaque de platine polie de 1 centimètre et demi de diamètre; quoique cette expérience soit restée en activité pendant près de six semaines, il ne s'est pas déposé de cristaux sur la plaque. Elle était couverte dans la moitié de sa surface de courbes presque circulaires, d'un rayon plus grand que celui de la plaque; chacune de ces courbes était peinte des couleurs des lames minces; on voyait çà et là de petites taches d'un gris blanchâtre qui paraissaient être le résultat de l'adhérence momentanée de dépôts isolés. »

Dans une autre expérience, M. Despretz a fixé un cylindre de charbon pur au pôle positif d'une pile faible de Daniel, à l'autre pôle un fil de platine, puis il a plongé les deux pôles dans l'eau faiblement acidulée; l'expérience ayant duré deux mois, le fil négatif s'est couvert d'une couche noire. Le microscope n'a rien fait découvrir dans cette couche.

Pour apprécier les propriétés mécaniques de ces deux poudres, M. Despretz s'est adressé à M. Gaudin en le priant d'essayer l'une et l'autre sur les pierres dures. « M. Gaudin a constaté en ma présence, dit M. Despretz, que la petite quantité de matière dont était enveloppé l'un des fils de platine mêlée avec un peu d'huile suffit pour polir en très-peu de temps plusieurs rubis. La poudre noire déposée par voie humide, quoique en quantité beaucoup plus considérable, a exigé plus de temps pour donner le même poli. On sait que le diamant est le seul corps qui polisse les rubis; aussi M. Gaudin n'a-t-il pas hésité à considérer l'une et l'autre matière comme de la poudre de diamant. »

DIAMANTE (JUAN BAUTISTA), poëte dramatique espagnol. Tout ce qu'on sait des circonstances de sa vie, c'est qu'il florissait vers le milieu du dix-septième siècle, qu'il était chevalier de l'ordre de Saint-Jean de Jérusalem, et qu'il mourut vers la fin de ce même siècle dans un monastère. Une partie de ses œuvres dramatiques parut à Madrid en 1670 et 1674, en deux volumes in-4°. On a en outre de lui bon nombre de pièces, imprimées séparément ou dans des collections particulières, ou encore manuscrites. Quoique au moment de ses débuts, Calderon régnât déjà en maître sur la scène espagnole, et que dès lors Diamante ait beaucoup imité sa manière, les meilleurs ouvrages sont cependant encore ceux qu'il a composés dans la manière de Lope de Vega. Comme lui, Diamante aime à emprunter ses sujets à l'histoire nationale, à la vie commune, aux traditions du pays, et à les traiter d'une manière populaire. C'est ainsi que deux de ses ouvrages les plus célèbres sont tirés de la vie du héros national, le *Cid*. L'un, *El honrador de su padre*, a pour sujet la piété du *Cid* envers son père; et ce qui l'a surtout rendu remarquable, c'est que des scènes tout entières reproduisent textuellement le *Cid* de Corneille, en même temps que la pièce espagnole et la pièce française diffèrent complétement des passages analogues des *Mocedades del Cid* de Guilhen de Castro, leur modèle à toutes deux;

d'où il faut nécessairement conclure que, de Diamante ou de Corneille, l'un doit avoir copié l'autre, ou du moins l'avoir traduit. C'est là une question qui a toujours occupé la critique, et que naturellement les commentateurs français ont tranchée au profit de Corneille, faisant valoir en sa faveur la priorité des dates et autres circonstances extérieures. On ne pense pas de même de l'autre côté du Rhin, parmi ceux qui s'occupent spécialement de l'histoire de la littérature espagnole. Schack, par exemple, a fait une savante dissertation pour démontrer que Corneille, et non Diamante, avait été l'imitateur; et son argumentation, qui fait reposer tout entière sur des circonstances empruntées à l'œuvre même.

L'autre pièce de Diamante dont l'histoire du *Cid* est le sujet traite des hauts faits accomplis par ce héros au siége de Zamora, *El Cerco de Zamora*. On doit encore signaler, entre les productions dramatiques de Diamante, sa *Marie Stuart*, et sa *Juive de Tolède*. Il composa aussi des pièces religieuses, par exemple *Sainte-Thérèse*, et *Magdalena de Roma*, ainsi que des pièces mêlées de chants (*Zarzuelas*), dont la plus célèbre a pour titre *Alphée et Aréthuse*.

DIAMANTS (Vols fameux de). Les pierres précieuses formant une partie considérable soit de la fortune des personnes opulentes, soit du trésor de la couronne dans les divers empires, une surveillance extrême doit présider à leur conservation : aussi les entreprises tentées pour s'emparer en une seule fois de ces valeurs si faciles à transporter, ont-elles toujours été remarquables ou par l'adresse ou par l'audace. Nous ne parlerons ici que des procès les plus mémorables auxquels des méfaits de ce genre aient donné lieu à Paris.

Vol du Garde-Meubles en 1792. L'inventaire des diamants de la couronne, fait en 1791, aux termes d'un décret de l'Assemblée constituante, venait à peine d'être terminé au mois d'août 1792, lors de la dernière exposition publique qui avait lieu régulièrement le premier mardi de chaque mois, depuis la Quasimodo jusqu'à la Saint-Martin. Après les journées sanglantes du 10 août et du 2 septembre, ce riche dépôt fut naturellement fermé au public, et la Commune de Paris, comme représentant le domaine de l'État, mit les scellés sur les armoires dans lesquelles étaient déposés la couronne, le sceptre, la main de justice et les autres ornements du sacre, la chapelle d'or, léguée à Louis XIII par le cardinal de Richelieu avec toutes ses pièces enrichies de diamants et de rubis, et la fameuse nef d'or pesant cent six marcs, plus une quantité prodigieuse de vases d'agate, d'améthyste, de cristal de roche, etc. Dans la matinée du 17 septembre, Sergent et les deux autres commissaires de la Commune s'aperçurent que, pendant la nuit, des voleurs s'étaient introduits en escaladant la colonnade du côté de la place de Louis XV et l'une des fenêtres donnant sur cette même place. Ayant ainsi pénétré dans les vastes salles du Garde-Meubles, ils avaient brisé les scellés sans forcer les serrures, enlevé les trésors inestimables que contenaient les armoires, et disparu sans laisser de traces de leur passage. Plusieurs individus furent arrêtés mais relâchés après de longues procédures. Une lettre anonyme adressée à la Commune annonça qu'une partie des objets volés était enfouie dans un fossé de l'allée des Veuves, aux Champs-Élysées; Sergent se transporta aussitôt avec ses collègues à l'endroit qui avait été fort exactement indiqué. On y trouva, entre autres objets, le fameux diamant de le *Régent*, et la magnifique coupe d'agate-onyx, connue sous le nom de *Calice de l'abbé Suger*, et qui fut placée ensuite dans le cabinet des antiques de la Bibliothèque nationale.

Toutes les recherches faites à cette époque ou postérieurement n'ont pu faire juger si ce vol eut un but politique ou bien s'il faut l'attribuer tout simplement à une spéculation faite par des malfaiteurs vulgaires dans un moment où la police de sûreté se trouvait entièrement désorganisée. Les uns disaient que le produit de ces richesses était destiné à stipendier l'armée des émigrés; d'autres, au contraire, prétendaient que Péthion et Manuel s'en étaient servis pour obtenir l'évacuation de la Champagne, en livrant le tout au roi de Prusse. Enfin, on alla jusqu'à prétendre que les gardiens du dépôt l'avaient violé eux-mêmes, et Sergent, dont nous venons de parler, fut surnommé *agate*, à cause de la manière mystérieuse dont il avait retrouvé la coupe d'agate-onyx. Aucune de ces conjectures plus ou moins absurdes n'a jamais reçu la moindre sanction juridique. Voici toutefois un fait dont j'ai été témoin, avec toutes les personnes qui assistaient à la séance de la Cour criminelle spéciale de Paris lors de la mise en jugement, dans le courant de l'année 1804, du nommé Bourgeois et d'autres individus accusés d'avoir fabriqué de faux billets de la Banque de France. Un des accusés, qui avait servi autrefois dans les Pandours, et qui déguisait son véritable nom sous le sobriquet de *Baba*, avait d'abord nié tous les faits mis à sa charge. Il fit aux débats des aveux complets, et expliqua les procédés ingénieux employés par les faussaires. « Ce n'est pas, a-t-il ajouté, la première fois que mes aveux auront été utiles à la société, et si l'on me condamne, j'implorerai avec confiance la miséricorde de l'empereur. Sans moi, Napoléon ne serait pas sur le trône; c'est à moi seul qu'est dû le succès de la campagne de Marengo. J'étais un des voleurs du Garde-Meubles; j'avais aidé mes complices à enterrer dans l'allée des Veuves le *Régent* et d'autres objets très-reconnaissables, dont la possession les aurait trahis. Sur la promesse que l'on me fit de ma grâce, promesse qui fut exactement tenue, je révélai la cachette. Le *Régent* en fut tiré, et vous n'ignorez pas, messieurs de la Cour, que ce magnifique diamant fut engagé par le premier consul entre les mains du gouvernement batave pour se procurer les fonds dont il avait le besoin le plus urgent après le 18 brumaire. » Les coupables furent condamnés aux fers. Bourgeois et *Baba* au lieu d'être conduits au bagne, furent retenus à Bicêtre, où ils moururent. J'ignore si *Baba* donna d'autres renseignements à la suite de l'anecdote que je viens de rapporter, et qu'on peut lire aussi dans le *Journal de Paris* de l'époque.

Vol des diamants de la Princesse de Santa-Croce, en 1801. Il ne s'agit pas ici de millions, mais de 300,000 fr. environ, appartenant à Mme de Santa-Croce, née Belmonte-Pignatelli, originaire de Naples et veuve d'un prince romain. Réfugiée à Paris à la suite des revers momentanés que nos armes avaient éprouvés en Italie, la princesse y tenait une petite cour. Au nombre de ses intimes était une jeune française, Mme Goyon des Rochettes, veuve d'un ancien gouverneur de Longwy, et mariée ou soi-disant mariée au comte Lamparelli, Sicilien pareillement exilé. Un soir, Mme de Santa-Croce était à l'Opéra; Mme Lamparelli accompagnait la princesse. La fatalité voulut que le prétendu comtesse fût reconnue par un certain marquis de Loys, émigré, nouvellement rayé de la liste de proscription. Ébloui par les charmes de la camériste et par les diamants de la princesse, celui-ci résolut de se mettre en possession des uns et des autres. Il n'eut pas de peine à gagner les bonnes grâces de la jeune dame, et il la détermina à trahir sa bienfaitrice. Les victoires éclatantes du premier consul et les traités de paix qui en avaient été la suite ne pouvaient manquer de rendre bientôt à Mme de Santa-Croce sa patrie et son immense fortune, dont, disait-il, en la débarrassant de superfluités dont elle faisait après tout fort mauvais usage. Ces sophismes, que nous puisons textuellement dans les débats du procès criminel, produisirent leur effet. Le marquis de Loys fut d'abord présenté à Mme de Santa-Croce par la comtesse Lamparelli; et, ne pouvant exécuter seul une semblable entreprise, il s'associa avec Bisson et Fresneau, deux voleurs de profession, et le vol fut consommé un soir, pendant que la princesse dînait chez l'ambassadeur d'Espagne. De riches parures d'une valeur de 300,000 francs furent enlevées et vendues à un joaillier du Palais-

Royal, qui, selon l'usage, trouva moyen d'escroquer les voleurs en feignant de briser sous leurs yeux le plus gros diamant, qu'il prétendait n'être que du verre, mais auquel il avait substitué une pierre fausse de la même forme.

Pendant longtemps, les recherches de la police furent infructueuses, et, pour mieux donner le change, on écrivit à la princesse un billet anonyme qui semblait donner à ce crime une couleur politique. Le billet était ainsi conçu : « Le temps, signora, ne fait rien à l'affaire. J'en ai mis cependant beaucoup à exécuter la petite espièglerie que je vous ai jouée; mais, consolez-vous, *votre patriotisme* vous reste. Signé L'Introuvable. » Cependant Fresneau et Bisson n'avaient pas dédaigné d'emporter un ou deux mètres de galon d'or à livrée; ils oublièrent apparemment que ce morceau de galon avait été compris dans le catalogue des objets soustraits, imprimé, affiché et distribué avec profusion. Le passementier à qui ils le présentèrent pour le vendre les fit arrêter, et, grâce à leurs révélations, tous les coupables furent bientôt mis sous la main de la justice et traduits devant la cour criminelle de Paris. La jeune comtesse, sans laquelle le vol aurait été impossible, avait cependant réussi à se soustraire par la fuite aux recherches dont elle était l'objet. Son mari, ce seigneur sicilien dont nous avons parlé, et qui croyait à son innocence, la pressa de se constituer prisonnière; il lui écrivit en ces termes, dans une petite ville où elle s'était réfugiée : « Il est urgent, *ma chère Betzy*, que tu te rendes à Paris. J'ai donné ma parole d'honneur que tu y reviendrais. » Betzy, comptant apparemment sur la fermeté du marquis de Loys à repousser une si honteuse accusation, se constitua prisonnière; mais le marquis fit la confession la plus complète de tout ce qui s'était passé. Il fut, ainsi que les deux voleurs, ses complices, et le joaillier recéleur, condamné à douze années de fer, et la dame Lamparelli à douze années de réclusion. Elle et le marquis de Loys moururent avant d'avoir achevé de subir leur peine. Le joaillier sortit en 1813 du bagne de Rochefort, où il s'était établi un atelier de reliure. On n'avait retrouvé chez lui qu'une faible partie des bijoux de Mme de Santa-Croce; il va sans dire qu'il supporta seul la condamnation à 120,000 fr. de restitution et à 2,600 fr. de frais et dommages.

Vol des diamants de Mlle Mars. Ce vol domestique, dont fut victime une actrice célèbre, qui, de longtemps, ne sera remplacée au Théâtre-Français, avait été précédé, deux ou trois ans auparavant, d'un procès jugé à la cour d'assises de Paris, et dont les détails romanesques avaient excité le plus vif intérêt. Constance Richard, née à Orbes, en Suisse, âgée de dix-sept ans et demi, fille de comptoir dans un café de la rue Saint-Honoré, avait été accusée par son maître de vol d'argenterie et de soustraction de pièces d'or et d'argent prises dans son comptoir. La jeune fille allégua l'excuse banale, mais souvent accueillie par les jurés, que son maître avait abusé de son innocence, et que, pour se venger d'infidélités prétendues, il avait combiné contre elle une calomnieuse pour la perdre. Mais à ce système de défense elle ajoutait un récit bien autrement extraordinaire. « Je suis, disait Constance, née dans le canton de Vaud, de parents chargés d'une nombreuse famille. Un jour, une grande et belle dame fait arrêter son équipage devant notre chaumière; elle paraît touchée de ma bonne physionomie, et demande à mon père et à ma mère s'ils consentiraient à me laisser voyager avec elle. Cette demande, appuyée de la présentation d'une bourse remplie d'or, est bientôt acceptée, et mes parents me laissent partir sans même s'informer du nom de cette dame bienfaisante. J'ignorais moi-même son nom véritable, car elle en changeait dans toutes les villes d'Italie et de France où elle passait, et notamment à Lyon, où elle s'arrêta longtemps. Elle en partit à l'époque des troubles qui furent réprimés par le général Canuel, et sembla craindre d'être traduite avec d'autres devant une commission militaire. Nous partîmes donc toutes deux pour Paris; nous y étions arrivées seulement depuis un jour, lorsque cette dame inconnue, qu'on appelait seulement *madame la comtesse*, me fit monter dans sa voiture pour faire une promenade. Nous en descendîmes pour entrer, rue Richelieu, chez un joaillier. *Madame la comtesse* avait eu à peine le temps d'examiner quelques bijoux, lorsqu'un monsieur se présenta à la porte de la boutique, d'un air épouvanté, et fit entendre par signes qu'il désirait avoir avec *madame la comtesse* un entretien particulier. Ils montèrent seuls dans la voiture, qui partit deux minutes après avec rapidité. Restée seule dans la boutique du joaillier, je me mis à pleurer; on me questionna en vain sur le nom de la dame inconnue, même sur le nom de l'hôtel garni où elle était descendue. Je ne pus rien dire. Le bijoutier et sa femme voulurent bien me garder pendant quelque temps, ils écrivirent à ma famille une lettre qui resta sans réponse. Un limonadier, ami du joaillier, feignit d'avoir pitié de moi; il me prit à son service, et, après avoir eu pour moi des bontés que plus tard il me fit payer trop cher, il se rend aujourd'hui mon ennemi acharné. »

Pressée de questions, Constance donnait à entendre que sa protectrice n'était autre que la duchesse de Saint-Leu, la reine Hortense, qui se serait rendue à Lyon et à Paris avec des projets de conspiration. Vraie ou fausse, l'anecdote fut adoptée, parce qu'elle se prêtait à toutes sortes de conjectures plus ou moins probables. Constance fut acquittée par le jury, aux acclamations d'un nombreux auditoire, et l'on fit en sa faveur une collecte qui se monta à une somme considérable. Cette collecte devint pour Constance une petite dot; elle épousa un nommé François-Jean-Scipion-l'Africain Mulon. (Ces prénoms sont consignés sur les registres de l'état civil). Ce jeune homme prit un petit établissement de graveur sur métaux. Leur commerce n'ayant point prospéré, les deux époux se séparèrent bientôt pour entrer en service. Mulon se fit valet de place et frotteur dans un hôtel garni, Constance entra comme femme de chambre d'abord chez la veuve d'un notaire, et ensuite chez Mlle Mars. Là, jouissant de toute la confiance de sa nouvelle maîtresse, Constance aurait pu recouvrer le bonheur enfui dans un âge si tendre par de fréquents orages. Malheureusement son mari lui rendait des visites. Il voyait quelquefois Mlle Mars emporter dans sa voiture le coffret contenant les précieux diamants dont elle allait se parer sur la scène française; il conçut l'idée de s'approprier ces richesses, et n'eut peut-être pas de peine à faire entrer Constance dans ses vues.

Le 19 octobre 1827, Mlle Mars ne jouait pas; elle dînait chez Mme Armand, femme de l'un des sociétaires du Théâtre-Français. Vers onze heures du soir, M. Armand, avec qui une personne de la maison de Mlle Mars avait conféré en particulier, alla trouver l'inimitable comédienne et lui dit : « Ma camarade, armez-vous de tout votre courage, j'ai une fâcheuse nouvelle à vous apprendre. — Grand Dieu ! s'écria Mlle Mars, serait-il arrivé quelque chose à ma mère ou à mon bon-père, l'excellent M. Valville ! — Non reprit M. Armand, il ne s'agit que d'une perte d'argent; vous êtes volée, tous vos diamants ont disparu ! » Rentrée chez elle à la hâte, Mlle Mars trouva le commissaire de police qui commençait déjà à verbaliser. Constance était la personne que l'on soupçonnait; mais, le lendemain, on apprit que Mulon avait précipitamment quitté Paris; on soupçonna qu'il s'était enfui en Suisse, dans le pays de sa femme, et l'on se trouva ainsi sur les traces de la vérité. Par un singulier hasard, ce fut Mulon qui se livra lui-même à la police de ce pays. Arrivé à Genève, il voulut se défaire d'un lingot d'or, résidu de la monture des bijoux, qu'il avait brisée lui-même dans la nuit qui avait suivi le crime. Deux billets de banque de mille francs emportés par lui avec les diamants, et qu'il avait changés en or avant de partir de Paris, n'avaient point satisfait son avidité. Le bijoutier genevois le fit arrêter, et bientôt on ne douta point que cet or ne provînt du vol annoncé avec éclat dans les journaux. Les diamants ne furent point trouvés immédiatement; Mulon prétendait les avoir jetés dans le Rhône en passant à Lyon, de crainte d'être poursuivi : on les retrouva au fond de ses bottes. Les autorités de Genève accordèrent l'extradition de Mulon après de longues formalités, qui remplirent deux mois entiers. Le 31 mars 1828, la cause fut jugée à Paris devant la cour d'assises.

L'accusation et les débats révélèrent la manière dont le vol avait été concerté entre Mulon et sa femme. Tous les soirs, vers sept ou huit heures, Constance ouvrait au premier étage une fenêtre de l'appartement occupé par Mlle Mars, rue de la Tour-des-Dames, au coin de la rue La Rochefoucauld; Mulon se promenait de long et en large devant la maison, jusqu'à ce que Constance se fit voir à la croisée; pendant plusieurs soirées consécutives, Constance fit de la tête un signe négatif; enfin, un autre soir, le signal attendu fut donné, et Mulon escalada aussitôt la fenêtre. Ce manège avait été remarqué chaque fois par un voisin qui croyait n'être témoin que du dénoûment d'une aventure amoureuse. Mulon, introduit dans l'appartement força le secrétaire, et s'en alla par la fenêtre. Dans sa défense, Mulon chercha à justifier sa femme; il prétendit que celle-ci n'avait concouru en rien au vol, qui n'était pas même prémédité par lui. Jaloux de Constance, dont il soupçonnait les relations coupables avec un valet de chambre, il s'était en effet introduit furtivement par la croisée, ouverte d'avance pour un autre. Pendant qu'il guettait l'arrivée de son rival, l'idée de voler la maîtresse de la maison lui était subitement venue; il l'avait mise à exécution, et, blotti au fond de la cour, il était sorti par la porte cochère au moment où on l'ouvrait pour la voiture de Mlle Mars, qui rentrait tout éturée, accompagnée du vieil acteur de l'Odéon, Valville, mari de sa mère. Mlle Mars, excitée par les récriminations plus qu'inconvenantes des deux accusés, prenait à la direction des débats la part la plus active. Est-ce vous qui êtes ici le président? demanda enfin Mulon, pressé par une question embarrassante. Mulon et sa femme furent condamnés chacun à dix ans de travaux forcés et à l'exposition. Le premier a subi sa peine au bagne; Constance profita du tumulte des journées de Juillet 1830 pour s'évader de la prison de Saint-Lazare.

Mlle Mars faillit encore, en 1834, être victime d'un autre vol dans sa même maison de la rue de la Tour-des-Dames. Dans ces deux procès, cette charmante actrice prouva que certaines faiblesses peuvent s'allier aux plus grands talents; elle craignait que son âge ne fût révélé dans les journaux; elle ne le disait qu'à l'oreille du greffier, et, non contente de cette précaution, elle faisait ou faisait faire auprès des rédacteurs les sollicitations les plus actives. BRETON, rédacteur de la *Gazette des Tribunaux*.

DIAMANTS DE LA COURONNE. On comprend sous cette dénomination, tous les joyaux qui font partie de la dotation mobilière de la couronne de France, et parmi lesquels on distingue le *régent*, du poids de 136 carats 14/16 estimé 12,000,000 fr. La grandeur de cette pierre, le travail parfait de sa taille, la pureté de son eau, sa transparence, la vivacité et l'éclat de son jeu font de ce brillant célèbre un des chefs-d'œuvre de la nature fossile. Le premier inventaire général des diamants, perles et pierreries de la couronne, fut fait sous l'empire en 1810; un récolement de cet inventaire eut lieu sous Louis XVIII, à son retour de Gand, toutes les parures avaient été transportées pendant les Cent-Jours, et toutes les parures ayant été démontées, les diamants, perles, pierreries et bijoux qui les composaient furent pesés et expertisés; il fut reconnu que ces joyaux étaient au nombre de 64,812, pesant 18,751 carats 11/16, évalués 20,900,260 fr. 01 c. Le nouveau récolement, fait en exécution de la loi du 2 mars 1832 sur la liste civile, par MM. Bapst et Lazarre, joailliers de la couronne, a constaté le même nombre, le même poids et la même évaluation.

Voici le tableau des objets les plus remarquables que présentent ces joyaux.

DÉSIGNATION DES OBJETS.	DÉSIGN. DES PIERRES.	NOMBRE DES PIERRES.	POIDS.	ÉVALUA-TION.	TOTAUX.
			car.	fr. c.	fr. c.
Couronne..	brillants.	5,206	1872 4/32½	14,686,904.38	
	roses...	148	» 28/32	219,00	
	saphirs..	89	120 »	16,665,00	14,702,788,48
Glaive....	roses...	1,869	308 8/32		261,165,99
Autre glaive.	brillants.	410	135 24/32		71,859,99
Épée......	brillants.	1,676	330 24/32		241,873,73
Aigrette et bandeau.	brillants.	217	341 26/32		273,119,97
Contre-épaulette..	brillants.	197	102 28/32		191,834,06
Agrafe de manteau.	brillants.	197	61 6/32	30,605,00	
	opale.	1	»	37,500,00	68,105,09
Boucles de souliers et jarretières.	brillants.	120	105 12/32		56,877,30
Bouton de chapeau.	brillants.	21	29 22/32		250,700,00
Rosettes de chapeau et de souliers.	brillants.	27	83 10/32		89,100,00
Plaque du St.-Esprit...	brillants.	443	194 10/32		325,935,25
Plaque de la Leg. d'Hon.	brillants.	893	82 6/32	34,828,95	
	roses...	20	» 4/32	40,00	
Croix de la Leg. d'Hon.	brillants.	305	43 3/32	10,082,80	
	roses...	15	» 2/32	30,00	44,878,75
	rubis.	399	410 17/32	211,336,(?)	
Parure, rubis et brillants.	brillants.	6,042	793 14/32	181,925,41	
	roses...	327	»	496,80	393,758,59
Parure, brill. et saphirs..	brillants.	3,837	858 6/32	129,951,09	
	saphirs.	67	768 8/32	153,865,00	283,816,09
Parure, turquoises et brillants..	brillants.	3,302	434 8/32	87,920,03	
	turquois.	815	»	42,000,00	130,920,03
Parure de perles......	perles.	2,101	2912 27.32	1,164,825,00	
	roses...	329	»	840,00	1,165,163,00
Colliers...	brillants.	28	106 12/32		133,300,00
Épis......	brillants.	9,175	1033 4/32		191,475,62
Peigne....	brillants.	230	93 9/32		47,451.87
Bouts de ceinture.....	brillants.	440	49 8.32		8,392,90
		37,293	12995 11/32½		18,822,407,83

Le reste consiste en plaques et croix de différents ordres étrangers. Notons, en passant, que le plus grand nombre des saphirs qui ornent la couronne sont tout bonnement.... des *pierres fausses*. C'étaient, à l'origine, autant de pierres fines; mais on ignore à quelle époque et par qui furent faites les substitutions. On sait que rien ne *s'évapore*, ne *se volatilise* plus facilement que les pierres précieuses. La preuve du fait *scientifique* que nous énonçons-là, c'est qu'en 1848, lorsque le gouvernement provisoire fit procéder à un nouvel inventaire des diamants de la couronne par des hommes investis de toute sa confiance et au-dessus de tout soupçon d'indélicatesse, on eut beau prendre les plus minutieuses précautions, et ordonner, par exemple, que le transport de ce précieux trésor se fît des Tuileries au trésor public entre de profondes files de *héros de février* armés jusqu'aux dents, il se trouva, lors du récolement nouveau qui dut être fait avec les mêmes formalités par l'agent du trésor, que bon nombre de pierres manquaient à l'appel et qui s'étaient *évaporées* dans un trajet de 250 mètres au plus. Si le trajet avait été de plusieurs kilomètres, tout serait évidemment *volatilisé*.

DIAMÈTRE (de διά, à travers, μέτρον, mesure), droite qui, passant par le centre d'un cercle, se termine de part et d'autre à sa circonférence. Tout diamètre divise le cercle et sa circonférence, chacun en deux parties égales; de plus, c'est évidemment la plus grande corde que l'on puisse inscrire dans le cercle.

Les géomètres ont étendu la notion du diamètre à des courbes de tous les degrés. Si, dans une courbe donnée, on mène un système de cordes parallèles, et que les milieux de ces cordes se trouvent tous sur une même droite, cette droite reçoit le nom de *diamètre* : la définition donnée plus haut des diamètres du cercle n'est qu'un cas particulier de celle-ci. Une courbe peut avoir une infinité de diamètres; ils se coupent alors en un même point qui reçoit le nom de *centre*. Il en est ainsi dans les sections coniques, où toute droite menée par le centre de l'ellipse ou de l'hyperbole est un diamètre; ceux de la parabole sont tous parallèles, ce qui revient à dire qu'ils se coupent en un centre infiniment éloigné. L'ellipse et l'hyperbole ont tous leurs diamètres *conjugués* deux à deux, c'est-à-dire tels que l'un coupe en leur milieu toutes les cordes parallèles à l'autre, et réciproquement. Chacune de ces courbes offre un système unique de diamètres conjugués se coupant à angle droit, et qui prennent le nom d'*axes*. Les diamètres conjugués de l'ellipse et de l'hyperbole jouissent de nombreuses propriétés : si on en excepte les axes, ils ne partagent pas la courbe en parties égales, comme cela a lieu dans le cercle; mais ces parties sont équivalentes. Le parallélogramme construit sur deux diamètres conjugués est équivalent au rectangle construit sur les axes. La somme des carrés des diamètres conjugués est constante dans l'ellipse; la différence de ces mêmes carrés est constante dans l'hyperbole; etc.

Certaines surfaces ont aussi des diamètres qui se définissent comme ceux des lignes. Les diamètres d'une sphère sont les droites menées par son centre et terminées de part et d'autre à sa surface.

Deux points situés aux extrémités d'un même diamètre sont dits *diamétralement opposés*. Comme sur une circonférence, ces deux points sont à la plus grande distance possible (mesurée sur cette circonférence), cette locution est passée dans le langage figuré; on dit, par exemple, de deux hommes dont l'un affirme et l'autre nie une même chose, qu'ils ont sur la question des avis *diamétralement opposés*.

En astronomie, il importe de connaître le *diamètre réel* des planètes, c'est-à-dire de diamètre exprimé, soit relativement à celui de la terre, soit au moyen d'une autre unité connue. Pour cela on détermine la distance à la terre de l'astre que l'on considère et le *diamètre apparent* de cet astre; en d'autres termes, le nombre de parties de degré que ce diamètre occupe sur le méridien.   E. MERLIEUX.

DIANDRIE (de δις, deux, et ανδρος, mâle). Linné nomme ainsi sa deuxième classe de végétaux, caractérisée par la présence de deux étamines (*voyez* BOTANIQUE). Elle se divise en trois ordres distingués par le nombre des ovaires, savoir : la *diandrie-monogynie* (jasmin, plusieurs labiées et antirrhinées); la *diandrie-digynie* (*anthoxanthum*); la *diandrie-trigynie* (poivre, etc.).

DIANE (en latin *Diana*, en grec *Artémise*), déesse vierge, qui, ainsi que son frère Apollon, était l'objet d'un culte extrêmement répandu en même temps que les formes en étaient très-diverses. Ottfried Müller fait observer que l'*Artémise* sœur d'Apollon n'était nullement la même que celle d'Arcadie, ou que celle de Tauride, ou encore que celle d'Éphèse, et qu'il faut bien se garder des confondre; la dernière, par exemple, n'ayant absolument rien de commun avec la première.

En ce qui touche la première de ces Artémises ou Dianes, sœur d'Apollon, comme telle fille de Zéus et de Léto, il y a en elle, comme en son frère, un élément double qui domine, à savoir l'élément de la conservation et celui de la destruction. D'une part elle apparaît comme rapide messagère de la mort, attendu que c'est elle qui envoie aux humains la peste et toute les maladies contagieuses, et aussi comme ayant mission de venger et punir les crimes des hommes. De l'autre, c'est elle qui accorde aux mortels de longues années et de riches moissons, en même temps qu'elle fait régner parmi eux l'union et la concorde. Armée d'un arc et de flèches, elle aida dans la guerre des Géants Apollon à tuer Tityus, Orion, les enfants de Niobé, Chione, les Aloïdes Otus et Éphialtes. Comme Apollon, elle n'a jamais contracté de mariage, et elle punit sévèrement la violation du vœu de chasteté. En sa qualité de sœur d'Apollon, il est fort naturel qu'on l'ait aussi adorée comme déesse de la lune, du moment où Apollon avait été identifié avec le dieu du Soleil. Il est vraisemblable d'ailleurs que les Grecs reçurent son culte des hyperboréens.

Les Artémises ou les Dianes dont nous plaçons ci-après l'énumération, diffèrent complètement de l'Artémise dont nous venons de parler.

1° L'*Artémise d'Arcadie*, qui est plutôt une simple divinité de la nature. C'est, en Arcadie, la redoutable chasseresse qui, accompagnée de nymphes et suivie de chiens, parcourt les montagnes et les vallées, notamment les monts Taygète et Érymanthe; la déesse protectrice des sources et des rivières, des petits enfants et du jeune gibier.

2° L'*Artémise de Tauride*, surnommée *Brauronia*, *Orthia* et encore *Iphigenia*, quoique naturalisée parmi les races grecques, n'en conserva toujours pas moins son cruel caractère asiatique. D'après les mythes grecs, Iphigenia, en arrivant de Tauride, avait pris terre à Brauron en Attique, et y avait laissé à son départ l'image de la déesse adorée depuis ce moment à Athènes et à Sparte. Dans cette dernière ville, on flagellait des enfants sur son autel, à l'effet de représenter les sacrifices humains qu'on lui offrait dans sa patrie. Tous ces mythes se rapportent évidemment à l'émigration d'une déesse de la Tauride en Grèce.

3° L'*Artémise d'Éphèse*, universellement célèbre par le temple qu'elle avait à Éphèse, née, suivant la tradition, dans le bois d'Ortygia. En tout cas, c'était une déesse indigène, à laquelle on ne fit que donner le nom d'Artémise, comme le prouve notablement cette circonstance que ses prêtres se dépouillaient des attributs de la virilité. Là son image consistait en un bloc aminci par le bas, couvert de nombreuses mamelles et de figures d'animaux.

Les Romains prirent le culte de Diane absolument tel qu'il existait en Grèce, et ce fut, dit-on, Servius Tullius qui déjà l'introduisit chez eux. Pour eux, c'est la déesse de la chasse; elle est pourvue du carquois et entourée des Oréades; c'est la déesse de la lune, celle qui préside aux accouchements. Dans sa *Religion des Romains*, Hartung prétend qu'elle arriva à Rome avec les Latins et les Sabins transformés en plébéiens.

Les artistes nous représentent Diane de diverses manières, suivant qu'il s'agit de la montrer comme une déesse combattante, victorieuse (mais dans les idées les plus ordinaires, ceci se borne presque toujours aux occupations de la chasse), ou bien comme une déesse donnant la vie et répandant la lumière. Aussi dès la plus haute antiquité, l'arc et la torche furent-ils ses attributs ordinaires. Par la suite, l'art s'attacha à lui donner pour caractère essentiel la vigueur et la fraîcheur de la jeunesse; et dans le plus ancien style, où Diane porte de longs vêtements (*stola*), sa robe laisse entrevoir des formes pleines et charnues. Postérieurement encore, quand Scopas, Praxitèle, etc., eurent fixé le type idéal de la déesse, on la représente, de même qu'Apollon, svelte et aux pieds légers, les hanches et la gorge moins prononcées qu'elles ne le sont d'ordinaire chez les femmes. Le visage est tout à fait celui d'Apollon, seulement plus arrondi et avec une expression plus tendre. D'ordinaire les cheveux sont ramassés en touffe sur le derrière ou sur le devant de la tête. Elle a pour vêtement un *chitôn* dorien, tantôt relevé, tantôt tombant jusqu'aux pieds. La chaussure est celle qui était en usage dans l'île de Crète, et qui protégeait tout le pied.

Comme déesse combattante, ses principales statues la représentent au moment où elle tire une flèche de son carquois, ou bien sort de la décoche. C'est dans la première de ces attitudes qu'est la fameuse Diane de Versailles, corps svelte et délicat, mais cependant vigoureux.

DIANE. Ce nom, emprunté à la mythologie, a été mis en usage par l'armée de mer, et appliqué à une batterie de caisse qui s'exécute au point du jour; la langue de la cavalerie s'est servie, dans le même sens, du terme *réveil-matin*. Avant d'être usitée dans le service des camps, la *diane* l'a été dans le service des garnisons sur terre et des garnisons de bord. Roquefort pense que le terme pourrait être dérivé du bas latin, *dianza*, signifiant grand bruit de chasse; Pomey le fait venir de l'espagnol *dia*, jour. Mais son origine est plus ancienne et date du paganisme : le signal de la *diane* était donné tous les matins dans le camp romain. Ce fut primitivement, dans notre marine, le réveil des hommes embarqués. Déjà l'ordonnance de 1665 mentionne la *diane* : en certaines villes, à défaut de cloches d'ouverture, on avait recours à ce bruit de caisse. Dans les forteresses où le beffroi sonnait le point du jour, les tambours de garde montaient à ce signal sur le haut du parapet et y battaient la *diane*. Les sergents de garde éveillaient leurs hommes, visitaient le rempart, questionnaient leurs sentinelles et jetaient les yeux sur le dehors; les postes se mettaient sous les armes; les portes s'ouvraient, et les voyageurs ou passagers pouvaient librement entrer dans la ville. Depuis que le service des camps a été réglé par des ordonnances étudiées, la consigne de la garde du camp a prescrit au tambour de cette garde de battre la *diane*, en se conformant aux batteries du tambour qui est à sa droite, et qui commence lui-même à battre au signal d'un coup de canon. Au bruit de la *diane*, l'infanterie campée se met sous les armes; les découvertes sortent, et l'on ne rompt les rangs qu'à leur retour, qui a lieu au grand jour. Il n'est point rendu d'honneurs militaires avant la *diane*. Autrefois, dans les armées assiégeantes, le feu ne recommençait, si l'on en croit quelques auteurs, qu'après que l'infanterie de la tranchée avait battu la *diane*; mais nous avons assisté, depuis 1792, à des sièges dont le bombardement ne s'interrompait pas durant la nuit. Autrefois, une batterie de caisse analogue à la *diane* quant au rythme, mais différente quant à l'objet, s'appelait : *les marionnettes*. En route et dans les gîtes, il n'est pas battu de *diane* journalière par les troupes de passage. Le tambour de la garde de police devait, en vertu du règlement de 1816, exécuter un rappel en guise de *diane*; mais le même règlement voulait que, dans les gîtes où la *diane* était battue par des troupes en résidence, le tambour-major commandât, la veille, les tambours qui devaient exécuter cette batterie en même temps que ceux de la garnison; c'est le signal du départ du piquet de logement. Les aubades données par des tambours et des musiques commencent par quelques reprises de la *diane*, qui sont comme les ouvertures des fanfares. L'ordonnance de 1768 nommait *fanfare* la *diane* de la cavalerie ; on l'appelle plus communément, comme nous avons dit, *réveil-matin*. De là vient que l'ordonnance de 1831 a confondu la *diane* et le *réveil*.

Gal BARDIN.

A bord des grands bâtiments de l'état, la *diane* est un appel fait à bruit de caisse pour annoncer l'ouverture des travaux au point du jour. Le *coup de canon de diane* est tiré à l'avant-garde des ports militaires, ou sur le navire commandant de la rade, pour indiquer l'instant qui sépare le repos de la nuit des travaux du jour.

DIANE (Arbre de). *Voyez* ARBRES MÉTALLIQUES.

DIANE DE POITIERS, fille aînée de Jean de Poitiers, seigneur de Saint-Vallier, naquit le 3 septembre 1499. Sa famille, l'une des anciennes du Dauphiné, faisait remonter son origine à Guillaume de Poitiers, dernier duc d'Aquitaine. A peine âgée de treize ans, elle épousa Louis de Brézé, comte de Maulevrier, dont la mère était fille de Charles VII et d'Agnès Sorel. Louis de Brézé mourut le 23 juillet 1531, laissant Diane de Poitiers veuve à trente et un ans. Elle fit élever à son mari un superbe mausolée dans l'église de Notre-Dame de Rouen, et porta le deuil toute sa vie, en témoignage de la tendresse qu'elle avait vouée à son époux : ses couleurs, même dans le temps de sa royale faveur, furent toujours le noir et le blanc. Malgré cet appareil d'éternelle douleur, Mézerai assure que le seigneur de Saint-Vallier dut quelques protections à la cour à la beauté de sa fille. Saint-Vallier avait eu part à la révolte du connétable de Bourbon, et avait été assez malheureux ou assez maladroit pour se laisser prendre. Il fut jugé et condamné à perdre la tête. Diane éplorée alla se jeter aux pieds du roi, et demanda la grâce de son père. Les larmes ont bien de la puissance, surtout lorsqu'elles sont versées par de beaux yeux, et qu'elles baignent des joues charmantes. Diane parut au roi si belle et si touchante que le roi pardonna. Mais, s'il faut en croire l'historien, Saint-Vallier y gagna la vie, et sa fille y perdit l'honneur.

Après la mort du dauphin François, Diane, aimée du duc d'Orléans, devenu dauphin, plus jeune qu'elle de dix-huit ans, se trouva en concurrence avec la duchesse d'Étampes, maîtresse de François Ier. Diane avait bien dix ans de plus que sa rivale, mais elle était encore d'une rare beauté qu'elle conserva toujours. Brantôme, qui la vit peu de temps avant sa mort, assure qu'elle était encore belle. La duchesse d'Étampes et ses partisans (car Diane et la duchesse d'Étampes divisèrent la cour en deux camps) se riaient vainement de l'âge de la belle veuve, vainement lui prodiguaient le nom de *vieille ridée*, la passion du dauphin allait toujours croissant : il épousa Catherine de Médicis, mais la princesse fut obligée de ménager la favorite.

A la mort de François Ier, Diane gouverne la France sous le nom de Henri II. Elle exile la duchesse d'Étampes, bouleverse le conseil, le ministère et le parlement; ôte à Pierre Lizot sa charge de premier président, chasse de la cour le chancelier Olivier, proscrit les créatures de son ancienne rivale, appelle à la fortune et aux honneurs ses amis et ses partisans. Au mois d'octobre 1548, le roi lui donne à vie le duché de Valentinois : elle prend dès lors le nom de duchesse de Valentinois. Qui n'a pas une réputation double? Lisez Brantôme : vous verrez que Diane était fort débonnaire, charitable et grande aumônière envers les pauvres, fort dévote et encline à Dieu, et qu'il faut que le peuple de France prie que jamais ne vienne favorite de roi plus mauvaise que celle-là, ni plus malfaisante. Lisez de Thou : vous verrez comment il foudroie de toute son indignation cette favorite que défie Brantôme. De Thou rapporte plusieurs extorsions que cette sangsue du peuple (c'est ainsi qu'il la nomme) employa pour satisfaire son avarice. De son côté, Mézerai remarque qu'à la fantaisie de cette rusée (nous citons l'historien) elle changea toute la face de la cour. Quant à la merveilleuse beauté, à la grâce charmante de Diane, tous les historiens sont d'accord, et là-dessus on peut croire Brantôme sur parole. L'âge de Diane, qui rendait son empire sur le cœur du roi si extraordinaire, fit croire à plusieurs de ses contemporains qu'elle avait recours à la magie pour perpétuer sa beauté et pour enchaîner Henri. Les philtres expliquent tout. Disons qu'elle n'avait pas d'autre magie que la science de l'amour. A mesure que les années effaçaient les plus beaux traits de son visage, les grâces de son esprit augmentèrent de telle sorte qu'à l'âge de trente-cinq ans, alors qu'elle eût dû quitter la qualité de belle pour prendre celle de bonne, elle se rendit maîtresse absolue du cœur de Henri. Ce n'est pas chose très-merveilleuse de voir un esprit ainsi charmé sans sortilège ; il s'en voit tous les jours une infinité d'exemples, et si vous voulez en trouver les raisons, lisez Ovide, qui était un si grand maître en cet art. Les exemples de grand pouvoir d'une vieille courtisane ne sont point rares : Mme de Maintenon et tant d'autres en font foi. Diane obtint de Henri II le don de droit de confirmation. Elle employa les dons que lui rapporta cette libéralité à faire construire le château d'*Anet*, que les poètes célébrèrent sous le nom de *Dianet*. Le président de Thou attribue à Diane tous les malheurs du règne de Henri II, la rupture de la trêve avec l'Espagne et les persécutions que souffrirent les protestants. La haine que témoignent contre elle tous les historiens calvinistes prouverait assez que Diane ne fut point étrangère aux idées d'intolérance que le règne de Henri II, vit éclater de toutes parts. Ennemie déclarée de la réforme, Diane dans son testament déshérita ses filles pour le cas où elles embrasseraient les nouvelles opinions. Brantôme prétend, mais cela n'est rien moins que prouvé, que la duchesse de Valentinois eut une fille de Henri II et que ce prince ayant voulu la légitimer, Diane s'y opposa en lui disant avec fierté : J'étais née pour avoir des enfants légitimes de vous ; j'ai été votre maîtresse parce que je vous aimais, je ne souffrirais pas qu'un arrêt me déclarât votre concubine. Quand Henri II eut été blessé mortellement par Montmorency, voici ce que ce même Brantôme nous apprend de la fermeté que déploya la favorite en cette occasion. « Il fut dit et commandé à la duchesse de Valentinois, sur l'approchement de la mort du roi Henri et le peu d'espoir de sa santé, de se retirer en son hôtel de Paris. Étant donc retirée, on lui envoya demander quelques bagues et joyaux qui appartenaient à la couronne. Elle demanda soudain à monsieur l'harangueur si le roi était mort. — Non, madame, répondit l'autre, mais il ne peut guère tarder. — Tant qu'il lui restera un doigt de vie, dit-elle, je veux que mes ennemis sachent que je ne les crains point, et que je ne leur obéirai tant qu'il sera vivant. Je suis encore invincible de courage ; mais lorsqu'il sera mort, je ne veux plus vivre après lui, et toutes les amertumes qu'on me saurait donner ne seront que douceurs au prix de ma perte ; et par ainsi, mon roi vif ou mort, je ne crains point mes ennemis. » Abandonnée de tous ses amis, à l'exception de connétable de Montmorency, qu'elle avait rappelé à la cour, Diane de Poitiers se montra plus grande dans la disgrâce qu'elle ne l'avait jamais été dans les faveurs. Elle se retira au château d'Anet. La reine, satisfaite de l'avoir chassée, ne troubla point sa retraite ; on a expliqué cette modération par le don du château de Chenonceaux que la favorite céda de bonne grâce à Catherine. Diane mourut au château d'Anet, à l'âge de soixante-six ans, le 22 avril 1566, après avoir fondé plusieurs hôpitaux et avoir établi à Anet un Hôtel-Dieu pour douze pauvres veuves. Un mausolée lui fut érigé dans l'église d'Anet avec sa statue en marbre blanc, par Jean Goujon. Ce monument est aujourd'hui au musée du Louvre.

Jules SANDEAU.

DIANOWITZ (CHARLES). *Voyez* BESMES.

DIAPALME. On appelle ainsi un emplâtre préparé avec la litharge, l'huile d'olive, l'axonge et le sulfate de zinc, que l'on emploie en médecine comme résolutif et dessicatif. Ce composé tire probablement son nom de l'usage où l'on était autrefois de faire servir à sa préparation une décoction de régimes de palmier au lieu d'eau ordinaire. Cependant, L'Émery pense que cette dénomination a son origine dans l'emploi que l'on conseillait jadis, pour cette opération, d'une spatule faite avec la tige du palmier. Reuss et Plenk croient la trouver dans l'huile de palme, qui, dans le principe, était usitée au lieu de celle d'olive. P.-L. COTTEREAU.

DIAPASON (de διά, par, et πασων, toutes). Ce mot a en musique plusieurs significations. La première est assez conforme à son étymologie, car on nomme *diapason* l'étendue d'une voix ou d'un instrument. Ainsi, une voix de basse ou de ténor embrasse une série de notes que l'on nomme son diapason.

On désigne encore par ce mot un petit instrument d'acier à son fixe, produisant la note *la*, et qui sert à accorder les instruments. Le diapason, nommé par les Italiens *corista*, a été inventé par l'Anglais John Shore, en 1711. Il est à remarquer que presque tous les orchestres de l'Europe ont un diapason différent, et qu'à Paris même le diapason de l'Opéra est plus haut que celui de quelques autres orchestres.

Diapason se dit encore d'une machine de figure triangulaire qui sert à trouver la longueur et la largeur convenables aux tuyaux d'orgue.

Enfin, chez les Grecs, on appelait *diapason* l'intervalle que nous nommons *octave*. F. DANJOU.

DIAPENTE (de διά, à travers, et πεντη, cinq). Ce mot désignait, dans l'ancienne musique, l'intervalle qu'on appelle *quinte*, et qui embrasse en effet cinq tons différents.

DIAPHANÉITÉ (de διά, à travers, et φαινω, je luis). Ce mot a la même signification que celui de *transparence*. Il est employé en physique pour désigner d'une manière générale cette propriété, contraire à l'opacité, et dont jouissent certaines substances, telles que l'air, l'eau, le verre, le diamant, le talc, le cristal, de transmettre la lumière à travers leur masse. Il est d'autres substances minérales qui jouissent d'une sorte de transparence, ou qui ne transmettent qu'une lumière diffuse et nuageuse ; celles-là sont dites *translucides*. Telle est, par exemple, la qualité de certaines agates.

Le phénomène de la diaphanéité a longtemps été envisagé par plusieurs savants comme le résultat de la rectitude des pores à travers lesquels le fluide lumineux se fraie un libre passage, sans éprouver de déviation ni de réflexion par la rencontre de molécules ou parties solides constituantes. D'autres auteurs ont considéré comme une cause de diaphanéité la multitude des interstices dont ces corps sont composés. Pour détruire cette dernière explication, il suffit sans doute de considérer que des corps très-durs et très-denses, tels que le diamant, offrent un passage libre aux rayons lumineux, tandis que d'autres, très-légers et très-poreux, le liège, par exemple, ne s'en laissent pas pénétrer. Quant à l'explication par la rectitude des pores d'un corps diaphane, Newton conclut d'une observation déjà faite que la somme des molécules d'un corps quelconque occupe un espace d'un milliard de fois plus petit que les pores qui forment intervalles entre les particules matérielles, que la rectitude de ces pores ne saurait seule déterminer la diaphanéité ; et il attribue cette propriété à l'homogénéité ou à la combinaison parfaite des corps dont les molécules, ayant très-peu de force réfringente par l'identité de leur nature, ouvrent aux rayons lumineux une route d'autant plus rectiligne que les interstices qui séparent chaque molécule dont ces corps sont formés sont remplis d'un milieu doué de plus d'affinité avec ces mêmes molécules. Quelques expériences éclairciront cette explication : 1° une feuille de papier acquiert plus de diaphanéité par son immersion dans l'eau, parce que le liquide pénètre ses pores, et qu'il diffère moins que l'air en force réfringente avec les molécules dont le papier se compose ; 2° du verre pilé, brut ou dépoli, perd de sa diaphanéité, mais il la recouvre entièrement si l'on y verse de l'eau, parce qu'on substitue à l'air qui remplissait les pores du verre un liquide dont la force réfringente approche davantage de la sienne ; 3° le même phénomène a lieu pour la neige, qui par la fusion acquiert plus de transparence ; 4° l'hydrophane, qui a reçu ce nom d'une semblable propriété, devient diaphane par son immersion dans l'eau, et c'est encore par une même substitution d'un fluide plus dense que celui interposé entre les pores du minéral. Ces faits et une foule d'autres que l'on pourrait citer prouvent assez, d'après Newton, que la diaphanéité est indépendante de la porosité. E. RICHEN.

DIAPHANOMÈTRE, nom d'un instrument d'optique adopté depuis de Saussure pour comparer et mesurer, d'une manière égale, à des moments différents, les variations de transparence de l'air (*voyez* CYANOMÈTRE).

DIAPHONIE. Les Grecs nommaient ainsi tout intervalle ou accord dissonnant, parce que les deux sons se choquant mutuellement se divisent, pour ainsi dire, et font sentir leur différence d'une manière désagréable à l'oreille.

Gui Arétin donna ce nom à ce que depuis l'on a appelé *discant* ou *déchant*, à cause des deux parties qu'on y distingue.

DIAPHORA, mot grec dont le sens propre est *différence*. C'est une figure de rhétorique consistant à répéter le même mot dans une proposition, en lui donnant une autre signification. Exemple : « Il serait difficile de trouver dans l'histoire quelque chose d'aussi honteux que la vie de cet homme, si tant est que ce soit un homme. »

DIAPHORÈSE, DIAPHORÉTIQUES (de διά, par, à travers, et φερω, je porte). La première de ces deux expressions, usitées dans le vocabulaire des médecins, sert à désigner la transpiration ou l'exhalation qui s'opère par la peau (*voyez* SUEUR). On désigne par l'épithète de *diaphorétiques* divers médicaments qui favorisent ou excitent la fonction exhalante de la peau (*voyez* SUDORIFIQUES).

DIAPHRAGMATIQUE. Cette épithète s'applique en anatomie et en pathologie à tout ce qui a trait au diaphragme : tels sont les vaisseaux (artères, veines), les nerfs et les plexus diaphragmatiques, les portions diaphragmatiques de la plèvre et du péritoine qui tapissent les faces de ce muscle; les hernies diaphragmatiques, c'est-à-dire les déplacements des viscères abdominaux qui passent du bas-ventre dans la poitrine à travers les ouvertures accidentelles de cette cloison charnue.   L. LAURENT.

DIAPHRAGME. Ce nom, dérivé du grec διαφραγμα (de διά, entre, et de φρασσω, je ferme), signifie en général une cloison transversale plus ou moins complète. On s'en sert pour désigner : 1° en optique, un anneau de métal ou de carton qu'on place au foyer commun de deux verres d'une lunette, ou à quelque distance de ce foyer, pour intercepter les rayons trop éloignés de l'axe, et qui pourraient rendre confuses les images sur les bords ; 2° en botanique, toute lame ou cloison transversale qui partage une silique ou autre fruit capsulaire. Mais l'emploi le plus fréquent du mot *diaphragme* appartient à l'anatomie. Quoiqu'on observe un très-grand nombre de cloisons qui partagent diversement les nombreuses cavités observables dans l'organisme animal, l'usage a consacré ce nom à signifier le muscle large qui, dans le corps humain et celui des mammifères, divise la grande cavité splanchnique du tronc en deux cavités secondaires, qui sont la poitrine et l'abdomen. Chez l'homme, ce muscle impair, membraneux, obliquement situé entre les deux cavités qu'il sépare, est constitué par une portion centrale aponévrotique trilobée, d'où partent des fibres musculaires, rayonnantes dans tous les sens, qui vont s'insérer en avant derrière l'appendice xiphoïde du sternum, sur les parties latérales aux côtés et en arrière : 1° par deux faisceaux appelés *piliers* ou *jambes* au corps des quatre dernières vertèbres lombaires, et 2° sur chaque côté à une arcade aponévrotique, tendue entre l'extrémité de la dernière côte et l'apophyse transverse de la première vertèbre des lombes. Les lignes sur lesquelles se font, sur chaque côté du corps, les insertions des fibres du diaphragme, sont représentées par le rebord inférieur des os du thorax et par la saillie médiane du corps des vertèbres des lombes. L'étendue de ces fibres étant beaucoup plus grande que la distance en ligne droite du centre aponévrotique à tous les points de la circonférence indiquée, il en résulte que cette cloison musculaire offre une grande courbure ou voûte dont la concavité correspond aux viscères logés dans le haut de l'abdomen, tandis que les poumons sur chaque côté et le cœur au milieu sont en rapport avec sa convexité. La portion centrale aponévrotique a été appelée *centre phrénique* ou *tendineux*. Les arcades aponévrotiques situées de chaque côté des piliers ont reçu le nom de *ligaments cintrés du diaphragme*.

En raison de sa situation intermédiaire à la poitrine et au bas-ventre, le diaphragme offre une disposition anatomique et des connexions dont l'étude est très-importante pour l'intelligence de ses fonctions. Il présente trois ouvertures, dont l'une à droite de la ligne médiane du corps pour le passage de la veine cave inférieure, l'autre à gauche de la précédente, logeant l'extrémité inférieure de l'œsophage, et la troisième médiane et inférieure, correspondant à l'aorte et au canal thoracique. Le diaphragme reçoit des vaisseaux et des nerfs considérables. Sa contraction tend à effacer la courbure qu'il présente, à agrandir la capacité de la poitrine et à diminuer celle du bas-ventre. En raison de ses alternatives de relâchement et d'action contractile, ce muscle important joue un très-grand rôle dans les phénomènes mécaniques de la respiration et dans d'autres phénomènes accessoires, tels que le soupir, le bâillement, l'anhélation, la toux, l'éternument, le rire, le sanglot, le hoquet, les actions de flairer, de crier, de chanter, et les efforts. Son action est aussi plus ou moins énergique, et concourt avec celle des muscles abdominaux dans le vomissement, l'accouchement, l'excrétion des matières fécales et de l'urine.

En anatomie et en physiologie comparées, on constate d'abord l'existence du diaphragme dans toute la classe des mammifères, où il présente un certain nombre de modifications qui n'ont point encore été suffisamment étudiées. Les particularités d'organisation du diaphragme des mammifères qui ont excité le plus l'attention des zootomistes, sont : 1° celles qu'il offre dans les cétacés, où ce muscle très-fort et entièrement charnu, s'attache très en arrière de la paroi tergale de la cavité du tronc, ce qui fait que la poitrine se prolonge beaucoup dans ce sens, et offre en arrière un très-long espace où sont logés les poumons, et en avant, un autre intervalle fort court, qui est presque entièrement occupé par le cœur; 2° l'existence d'un os diaphragmatique chez le chameau, le dromadaire, le vigogne, que Meckel et Leukart ont observé sur des individus adultes avancés en âge. Les mêmes anatomistes ont aussi eu l'occasion de disséquer cet os à l'état cartilagineux sur un dromadaire de deux ans, mort à Paris. Nous avons nous-même observé deux fois l'ossification, sous forme de lame, de la portion gauche du centre tendineux du diaphragme chez l'homme, et nous nous sommes assuré par la macération que cette lame ou plaque solide était une incrustation ossiforme du tissu fibreux et non un véritable os. Les phénomènes physiologiques auxquels se rattache l'étude de l'action du diaphragme chez les mammifères sont en général semblables à ceux indiqués au sujet de l'homme ; mais en raison des différences des mouvements plus ou moins énergiques de la poitrine et du bas-ventre chez les animaux respirant dans des milieux où la pression atmosphérique offre un grand nombre de variations, en raison de la diversité du volume des viscères digestifs et génito-urinaires, on conçoit facilement que l'étude comparative du diaphragme nécessite encore un grand nombre de recherches. Chez les oiseaux, le diaphragme est représenté par une membrane aponévrotique qui est en rapport avec la face interne des poumons. Des côtés de cette membrane partent plusieurs faisceaux musculaires qui vont s'attacher aux quatre vraies côtes pectorales moyennes. Ce muscle, considéré comme l'analogue du diaphragme des mammifères, se continue en bas avec le transverse ou la face interne des muscles de l'abdomen. Il est très développé chez l'autruche. Le diaphragme manque dans les reptiles. La membrane qui sépare la cage branchiale des poissons d'avec la cavité abdominale, et qui est en rapport avec le plus interne des poumons, est considérée dans cette classe comme l'analogue du diaphragme des mammifères.

En physiologie générale, on appelle quelquefois la tente du cervelet *diaphragme de la cavité crânienne*, et l'iris *diaphragme de la chambre obscure* constituée par le globe de l'œil.   L. LAURENT.

DIAPHRAGMITE. En pathologie, on désigne, sous ce nom l'inflammation du diaphragme, qu'il ne faut pas confondre avec la phlegmasie de la portion de la plèvre ou de celle du péritoine qui revêtent ses surfaces. Lorsque dans les théories physiologiques anciennes on faisait jouer un très-grand rôle à la portion centrale et aponévrotique de ce muscle, on l'appelait *centre phrénique*, et l'inflammation du diaphragme était appelée *phrénitis* ou *phrénésie*. Cette maladie, fort rare, est, suivant les nosologistes, caractérisée par plusieurs symptômes dont le plus remarquable était le *rire sardonique*, qu'on avait cru à tort être le partage exclusif de la diaphragmite.   L. LAURENT.

DIARBEKR, pachalik de la Turquie d'Asie, qui comprend la partie montagneuse de l'ancienne Mésopotamie, plusieurs districts de l'Arménie, et le territoire voisin des sources du Tigris. Il est borné au nord par l'Arménie et l'Asie Mineure, au sud par Schehrsour, Mossoul, Bagdad et Rakka, à l'ouest par l'Euphrate, et présente une superficie d'environ 330 myriamètres carrés. Le Diarbekr est une contrée de la nature la plus romantique ; dans sa partie sud est le Mont Djoudy élève sa tête sourcilleuse, et de ses flancs s'échappent un grand nombre de cours d'eau qui vont grossir le Tigris dont ils forment le bras occidental ; les premiers contreforts du Mont Taurus s'étendent aussi à travers cette contrée, en y formant des crêtes escarpées et de la nature la plus sauvage. En raison de l'élévation considérable du Diarbekr au-dessus du niveau de l'Océan, l'hiver y est froid et accompagné de neiges extrêmement abondantes, le ciel d'un bleu foncé, comparable à celui de l'Italie, l'air pur et lumineux. Dans les parties élevées du sol, le climat est sain et tempéré, mais souvent chaud et étouffant dans les profondes vallées. De verdoyantes prairies y alternent avec les plus magnifiques forêts, où abonde le gibier de toute espèce et où l'on trouve aussi un grand nombre d'animaux féroces, tels que lions, ours, tigres, hyènes et loups. Les habitants se livrent avec un égal succès à l'élève des chameaux, des ânes et des chevaux, à l'agriculture et au jardinage. La sauvage contrée appelée *Mehrab*, que baigne l'Euphrate, recèle de riches mines de cuivre, de plomb et d'orpiment ; et toute l'Asie Mineure, de même qu'une partie de la Perse, reçoit du Diarbekr, par caravanes, presque tout le cuivre nécessaire à leur consommation. Les habitants sont en grande partie Kourdes d'origine, nomades et obéissent à des princes héréditaires ; on trouve en outre parmi eux, outre des Grecs pratiquant l'exploitation des mines, des Osmanlis des Arméniens et des Juifs, habitant des villes et des villages et faisant un commerce assez considérable.

Le chef-lieu de ce pachalik, *Diar-Bekr*, appelé aussi *Kara-Amid*, est situé dans une fertile contrée, et entouré de murailles élevées et flanquées de tours défensives. A l'extrémité nord de la ville, sur une hauteur, se trouve la citadelle où réside le pacha. Cette ville est en outre le siège d'un patriarche chaldéen, d'un évêque et d'un patriarche jacobites. On compte à Diar-Bekr plusieurs grandes mosquées, une cathédrale arménienne, un grand nombre d'églises, de caravansérails, de bains, de fontaines jaillissantes et de tombeaux en grande vénération. Sa population peut être évaluée à 60 ou 70,000 âmes. Elle est le centre d'un commerce fort actif, et tous les jours il en part des caravanes dans toutes les directions. Diar-Bekr occupe l'emplacement de l'ancienne *Amida*, que l'empereur Constantin fit agrandir et fortifier contre les Perses. Plus tard, les Arabes l'arrachèrent à l'empire romain d'Orient. Pillée en 1393 par les Mongols aux ordres de Timour, elle fut alors à peu près réduite en cendres. En 1515 le sulthan Sélim Ier, dans sa guerre contre le schah de Perse Ismaël, s'en rendit maître, et l'incorpora à l'empire Othoman.

DIARRHÉE (du grec διαρροια), flux de ventre, cours de ventre, dévoiement. Cette incommodité, qui peut être un symptôme de diverses maladies graves, consiste, comme on le sait, dans des déjections par le bas, liquides et fréquentes. Une foule de causes peuvent produire le dévoiement :

l'impression subite du froid, des aliments de mauvaise nature ou pris en trop grande quantité, les boissons excitantes, le passage subit de la sobriété à l'intempérance, etc. On sait que les eaux de la Seine donnent la diarrhée aux nouveaux venus à Paris. Le dévoiement qui résulte d'une vive impression morale, telle que la peur, est passé en proverbe. Les médicaments dits *purgatifs* ont pour effet spécial de lâcher le ventre. Bref, tout ce qui peut irriter, enflammer le conduit intestinal, exciter ses contractions, résister à l'élaboration digestive, peut donner lieu à la diarrhée. Tous les âges sont sujets à cette affection. Chez les enfants, elle résulte souvent des mauvaises qualités du lait de la nourrice ou d'une alimentation substantielle prématurément employée. Chez l'adulte en santé, les excréments doivent être rendus, terme moyen, une fois en vingt-quatre heures. Chez le vieillard, les intestins sont généralement paresseux ; aussi considère-t-on le relâchement modéré du ventre comme une circonstance favorable à cet âge, où généralement l'individu consomme beaucoup plus qu'il ne faut pour la nutrition. La diarrhée qui résulte d'un aliment indigeste est ordinairement passagère, *éphémère*, comme on dit. Celle qui suit l'intempérance a reçu le nom de *crapuleuse*. Lorsqu'elle résulte d'un refroidissement, de l'humidité de l'atmosphère, on l'appelle *catarrhale*. La diarrhée *inflammatoire* est celle qui accompagne les inflammations intestinales ; enfin, sous le règne de certaines causes fâcheuses, ordinairement épidémiques, elles forment le premier degré de la *dyssenterie*.

La diarrhée est ordinairement précédée et accompagnée de perte d'appétit, de nausées, de chaleur, de coliques, de tortillement dans le ventre, suivis de déjections plus ou moins liquides et abondantes, de couleur variable et d'odeur plus fétide que dans l'état naturel. Lorsqu'elle est excessive, elle abat singulièrement les forces. On sait les rapides et terribles effets de la diarrhée cholérique (*voyez* CHOLÉRA).

Le traitement de cette affection varie suivant la nature de la cause et l'intensité de l'irritation intestinale. Lorsqu'elle résulte d'un écart de régime, il suffit souvent d'observer la diète et d'ingérer quelques tasses d'une boisson adoucissante quelconque pour la voir disparaître. Si les coliques sont assez vives, on a recours aux lavements émollients et aux applications de même nature sur le ventre. Si le mal persiste, et surtout si la fièvre et l'affaiblissement viennent s'y joindre, l'intervention du médecin devient indispensable.

Dr FONGET.

DIARTHROSE (de διά, entre, et ἄρθρον, membre, jointure), articulation mobile des os. Les diarthroses étant les plus importantes des articulations ont été subdivisées en *énarthroses*, *arthrodies* et *ginglymes*. Il y a *énarthrose* lorsque la tête d'un os est reçue dans une cavité, comme la tête du fémur dans la cavité cotyloïde. L'articulation de deux surfaces planes ou à peu près planes, telle que celle des apophyses latérales des vertèbres, reçoit le nom d'*arthrodie* ou de *diarthose plat*. Le *ginglyme* ne permet de mouvements que dans un seul sens : il se subdivise en *ginglyme angulaire* et *ginglyme latéral*. Il y a ginglyme angulaire ou charnière lorsque les mouvements ont lieu en deux sens opposés, comme celui de la flexion et celui de l'extension ; il est parfait au coude, imparfait au genou. Le *ginglyme* est *latéral*, lorsque la rotation est le seul mouvement possible : il est simple ou double, suivant que les os articulés se touchent par un seul point (articulation de l'apophyse odontoïde avec l'atlas) ou par deux (articulation des os de l'avant-bras entre eux).

DIASCEUASTES. On appelait ainsi dans l'antiquité les savants qui soumirent à une nouvelle révision la mise en ordre des poèmes homériques tels qu'ils existaient depuis Pisistrate, qui en retouchèrent et en agrandirent certaines parties, jusqu'à ce que, grâce aux travaux des grammairiens d'Alexandrie, ils reçussent la forme d'où est provenu le texte que nous possédons aujourd'hui. Les *chorisantes*, c'est-à-dire les *séparants*, formaient une classe analogue de critiques; ils séparaient, effaçaient dans les poëmes homériques tout ce qui leur paraissait être des interpolations.

DISCORDIUM. On appelle ainsi, en pharmacie, un médicament du genre des électuaires, dans la composition duquel on fait entrer un grand nombre de substances, entre autres la plante nommée *teucrium scordium* (*germandrée aquatique*), d'où vient l'étymologie du mot. Le discordium est une préparation analogue à la thériaque et douée de propriétés toniques. On l'emploie principalement pour remédier aux diarrhées chroniques. D' CHARBONNIER.

DIASPORE (de διασπορα, dispersion), minéral qui se trouve en masses composées de lames curvilignes. On l'a ainsi nommé parce que, exposé à la flamme d'une bougie, il décrépite avec violence et se dissipe en une multitude de parcelles blanches et brillantes. Suivant Vauquelin, il est ainsi composé : Alumine, 80 ; fer, 3 ; eau, 17. Son poids spécifique est 3,43. Sa couleur varie du gris au blanc jaunâtre.

DIASTASE. L'un des principes immédiats de l'orge germée, la *diastase* jouit de l'importante propriété de séparer les téguments de l'amidon, ou fécule amilacée, de l'*amidine* qu'ils renferment. C'est M. Dubrunfaut qui, le premier, fit observer la facilité avec laquelle une petite quantité de *malt*, c'est-à-dire d'orge germée et concassée, déterminait la dissolution de l'amidon. Plus tard, MM. Payen et Persoz en firent de nouveau l'observation, et ils conclurent de leurs expériences que le malt devait cette propriété à une substance particulière, la *diastase*. On la retire de l'orge germée au moyen de l'eau et de l'alcool. Le procédé auquel on paraît s'être arrêté est le suivant : l'orge récemment germée étant broyée dans un mortier, on l'humecte avec la moitié de son poids d'eau, puis on la presse avec force ; il en découle une liqueur visqueuse dont on sépare de l'albumine par la quantité d'alcool justement nécessaire à la destruction de sa viscosité ; la liqueur étant filtrée, on en précipite la diastase au moyen d'une nouvelle quantité d'alcool. Elle est ensuite purifiée jusqu'à trois fois par les mêmes agents.

La diastase est une poudre blanche, soluble dans l'eau, insoluble dans l'alcool, à moins qu'il ne soit affaibli, et dont une petite quantité (0,05 à 0,10) sépare nettement de ses téguments la fécule amilacée, dont elle détermine aisément la dissolution aqueuse à la température de 60 à 80°. Elle n'exerce d'ailleurs aucune action sur le ligneux, ni sur la gomme, ni même sur l'inuline, qui, par sa nature, est si voisine de l'amidon. Son inertie est tout aussi remarquable sur le sucre, les téguments de la fécule, la levure de bierre, le gluten et l'albumine ; le noir d'os ne l'altère pas. Sa propriété la plus utile, et par conséquent la plus importante, est évidemment la puissance dissolvante qu'elle exerce sur les matières amilacées. En agissant ainsi, elle offre un mode nouveau d'analyse pour le pain et les farines. Son histoire est liée d'une manière intime à celle de l'amidine, cette partie des fécules que l'eau peut dissoudre, et qui en est même le principe caractéristique, en raison de la vertu qu'elle possède exclusivement, et communique à la fécule amilacée, d'être colorée en bleu par l'iode. Avant les observations microscopiques de M. Raspail, qui a étendu celles de Leuwenhoeck sur le même sujet, on ne l'avait pas distinguée des sacs tégumentaires qui la contiennent. Elle fait la presque totalité des fécules amilacées, peu soluble dans l'eau froide et se dissout bien dans l'eau bouillante : la diastase favorise cette dissolution et la transforme, à l'aide de la chaleur, en dextrine d'abord, puis en sirop de dextrine. COLIN.

DIASTOLE (en grec διαστολη, du verbe διαστελλω, je dilate, j'ouvre). Autrefois, le mouvement d'extension d'un organe dans un sens quelconque était appelé *diastole* ; aujourd'hui, ce nom ne s'applique plus qu'à la dilatation des artères et du cœur, mais surtout à celle des ventricules du cœur, lors de leur pénétration par le sang dans l'acte de la circulation. Par opposition, on donne le nom de *systole* à la striction de ces mêmes parties.

Quoique les physiologistes modernes n'entendent guère par diastole que la dilatation des ventricules, nous ne pouvons nous empêcher de reconnaître que les oreillettes ont aussi un mouvement de diastole bien prononcé : quand elles se dilatent pour recevoir le sang des veines caves et pulmonaires, les ventricules se resserrent pour chasser le sang noir dans les poumons et le sang rouge dans l'aorte ; puis, quand les ventricules se dilatent pour recevoir le sang des oreillettes, celles-ci se resserrent ; en un mot, la diastole des ventricules se fait dans le même temps que la systole des oreillettes, et *vice versâ*. La diastole des artères correspond avec celle des oreillettes, celle des veines caves et pulmonaires correspond à la diastole des ventricules ; il en est de même pour la systole.

En disant que dans le cœur réside un *feu* ou *une âme* de la circulation qui fait bouillir le sang et lui donne l'impulsion, Descartes croyait résoudre cette question qui se présente si naturellement : la diastole des ventricules du cœur, des oreillettes et des artères, est-elle due au seul abord du sang dans ces cavités ? On prouve que la diastole est active, aussi bien que la systole, en liant les veines qui aboutissent au cœur ; celui-ci ne continue pas moins ses mouvements de dilatation et de restriction, lors même qu'il ne reçoit plus de sang. On peut même séparer entièrement le cœur d'un animal récemment tué, il battra tant qu'il conservera un certain degré de chaleur. Il n'en est pas de même pour les vaisseaux qui aboutissent à cet organe ; Bichat, Nysten et d'autres ont démontré que la diastole de ces vaisseaux est due à l'action mécanique du sang qui les pénètre (*voyez* POULS). Cependant, les veines caves et pulmonaires offrent quelques fibres musculaires, dont la présence peut faire croire à un léger mouvement de systole et peut-être de diastole.

N. CLERMONT.

En termes de versification, la *diastole* est l'allongement, au moyen de l'accent rhythmique, d'une syllabe brève par laquelle commence un mot : *systole*, au contraire, fait d'une longue une brève.

DIASYRME (de διασύρω, désigner, formé de διά, à travers, et συρω, balayer). C'est une figure de rhétorique opposée à l'hyperbole ou exagération, et consistant à amoindrir l'importance d'une chose ou d'un homme. Les harangues de Cicéron abondent en *diasyrmes*.

DIATHÈSE (du grec διάθεσις, disposition), prédisposition à contracter telle ou telle maladie. Ainsi, on a une diathèse inflammatoire quand on est facilement affecté d'inflammation ; on a une diathèse scorbutique quand on est sujet à éprouver les accidents qui caractérisent le scorbut, etc. (*voyez* CONTRE-STIMULISME).

DIATONIQUE (de διά, par, et τονος, ton). En musique, le *genre diatonique* est celui dans lequel on procède par tons et demi-tons, suivant la place qu'ils occupent dans *l'échelle diatonique* ou *gamme*. On sait que le premier demi-ton est placé entre les troisième et quatrième degrés (*mi fa*, en *ut*), et le second entre les septième et huitième (*si ut*). En leur conservant cet état normal, on peut procéder par intervalles disjoints sans pour cela sortir du genre.

Exemple dans le ton d'*ut* majeur :

Ut sol mi la fa ré sol si ut.

Le genre diatonique est celui des trois qui domine dans la musique : il y est d'une nécessité absolue. Les deux autres, le genre *chromatique* et le genre *enharmonique*, qui consistent, l'un à procéder par demi-tons, l'autre à passer d'un ton *bémol* dans un ton *dièze*, ou d'un ton *dièze* dans un ton *bémol*, s'emploient comme variété d'effets et dans certains cas ; mais leur abus provoque la lassitude et l'ennui. Néanmoins, les cantatrices font souvent usage avec succès dans leurs roulades du genre chromatique pour montrer l'agilité de leur voix.

Il ne faut pas confondre dans les modulations le genre *diatonique* avec le genre *chromatique*. Si, par exemple, je vais d'*ut* majeur en *sol* majeur, le *fa*, qui, de naturel qu'il était, subit l'altération du dièze, appartient toujours au genre diatonique ; je change de gamme, et voilà tout. Mais si je monte de la note *ut* à la note *sol* par demi-tons; le passage est chromatique, que je module ou non dans le ton de *sol*.
F. BENOIST.

DIATRIBE, dérivé du grec διατριβή, frottement, broiement, puis passe-temps, examen, critique. L'acception primitive de ce mot était, conformément à son étymologie, examen, critique d'un ouvrage d'esprit. Plus tard, on a donné plus communément ce nom à la critique amère et violente d'une composition quelconque. Longtemps notre langue ne s'en est servie que dans le premier sens, sans y attacher aucune idée défavorable. C'est ainsi qu'il est dit dans le *Dictionnaire de Trévoux*, au mot *Baronius*, que le Père Jules-César Boullenger, jésuite, a fait une *diatribe* contre les *Exercitations* de Casaubon, sur les *Annales* de ce cardinal. Le savant Huet évêque d'Avranches, a dit encore : « A l'assemblée suivante il nous apporta une très-savante et très-absurde *diatribe*. » On lit dans les lettres de Balzac : « Vous savez que le Père Bouhours, pour avoir douté qu'un Allemand pouvait être bel esprit, souleva tous les savants du Nord. Combien de *diatribes*, combien de harangues académiques pour le réfuter ! Je ne changerais pas mon Aristippe pour toutes ces miscellanées, *diatribes*, diverses leçons, observations, animadversions, émendations, qui ont été imprimées à Leyde et à Francfort pendant cinquante ans. » Voltaire a intitulé *diatribe* plusieurs pièces de ses *Mélanges* : ce sont des satires plus ou moins amères, plus ou moins personnelles. Sa *Diatribe du docteur Akakia, médecin du pape* (1752), était un libelle contre Maupertuis, président de l'Académie de Berlin. Le roi de Prusse fit brûler à Berlin, le 24 décembre 1752, par la main du bourreau, cette *diatribe*, qui certes n'est pas la pièce satirique la plus virulente de son auteur. En 1767, à la suite de la *Défense de mon oncle*, le philosophe de Ferney fit imprimer quatre *diatribes* soi-disant de l'abbé Bazin ; la première est sur la cause première et ses effets ; la seconde tend à prouver que Sanchoniaton a été plus ancien que Moïse; la troisième a trait à l'Égypte; la quatrième est *Sur un peuple à qui on a coupé le nez et laissé les oreilles*; c'est un factum contre les anciens Juifs , que l'auteur représente comme une bande de brigands chassés d'Égypte. Au mois d'août 1772, Voltaire publia sous le nom de l'abbé de Tilladet : *Il faut prendre un parti ou le principe d'action, diatribe*. Condorcet, dans la *Vie de Voltaire*, avance que cet opuscule renferme peut-être les preuves les plus fortes qu'on ait jamais présentées en faveur de l'existence de Dieu. On peut dire, au moins, que, comme les précédents, ce n'est point un libelle diffamatoire. La dernière *diatribe* publiée par Voltaire, au mois de mai 1775, est adressée *A l'auteur des Ephémérides*. Ce sont des principes d'économie politique, qui parurent alors assez hardis pour qu'un arrêt du conseil du 19 août ordonnât la suppresion de la *diatribe*, comme scandaleuse et calomnieuse, contraire à la religion et à ses ministres.

Comme on le voit, Voltaire n'a pas peu contribué à ce que le mot *diatribe* ne fût plus guère employé que dans le genre polémique pour signifier une critique virulente, pédantesque, personnelle, sur un ouvrage d'esprit, ou sur une matière quelconque. Ce qu'on avait reproché aux théologiens, l'amertume de leurs controverses, de leurs *diatribes*, ce qu'on avait si justement flétri dans le Père Garasse, l'exemple de l'auteur de *Zaïre* l'a mis à la mode dans la république des lettres. Son *Dictionnaire philosophique*, ses *Mélanges*, ses romans, ses poésies fugitives, la plupart de ses ouvrages historiques, et même quelques-unes de ses tragédies, ne sont qu'une éternelle *diatribe* contre tout ce qu'on avait cru, vénéré, respecté, avant lui ; *diatribe* puissante, capiteuse, irrésistible, où l'audacieux novateur se montre *toujours divers, toujours nouveau*, sans cesser de poursuivre son idée fixe. Et après cela, étrange contradiction de l'esprit humain ! personne ne s'est élevé plus vivement et avec plus d'éloquence que Voltaire contre tout l'odieux des satires et des *diatribes*.

Quis tulerit Gracchos de seditione querentes?

Plus tard, Linguet s'est acquis une sorte de célébrité et un mépris très-réel par des productions paradoxales, que Laharpe appelle d'extravagantes *diatribes*. Il ne fallait rien moins que le génie de Voltaire pour faire supporter ce genre odieux, où, aux yeux du vrai philosophe, celui qui fait le mieux fait effectivement le plus de mal , car on y cherche moins à faire triompher la vérité qu'à triompher de son adversaire et avec toutes les ressources d'une plume envenimée. Aujourd'hui les diatribes sont moins fréquentes qu'autrefois ; et Fréron et Geoffroy trouveraient, à notre époque, peu d'approbateurs.
Charles Du Rozoir.

DIAZ (BARTOLOMMEO), gentil-homme portugais de la cour du roi Jean II , avait acquis par ses longues études et par la fréquentation d'hommes de science, notamment du cosmographe allemand , Martin Behaim, une si grande réputation, qu'on le comptait parmi les meilleurs navigateurs de son temps. Chargé par son souverain de continuer avec deux navires les découvertes déjà faites par des navigateurs portugais sur la côte occidentale d'Afrique, il atteignit bientôt les limites du monde alors connu , les franchit le premier (par 25° 50' de latitude méridionale) et débarqua sur la terre qui s'offrit à lui pour en prendre possession au nom du Portugal. Après être encore descendu à plus de vingt divers autres points et s'être vu abandonné par l'un des bâtiments à ses ordres, il doubla sans s'en douter l'extrémité méridionale de l'Afrique et trouva un ancrage à l'embouchure d'un grand fleuve, auquel il imposa le nom de *Rio del Infante* (aujourd'hui Grand Fleuve aux Poissons). Une tempête l'en chassa et le fit échouer au voisinage de Port Élisabeth, où il retrouva son second navire dont l'équipage avait été presque entièrement massacré par les noirs. Il reconnut alors pour la première fois le Cap, et , en mémoire de l'accident qu'il y avait éprouvé, le nomma *Cabo de todos los Tormientos* (cap de toutes les tempêtes); dénomination que le roi de Portugal changea en celle de *Cabo de Buena Esperanza*, c'est-à-dire Cap de Bonne-Espérance. De retour à Lisbonne au mois de décembre 1487, il y fut comblé de distinctions honorifiques. Cependant, à quelque temps de là, il eut la mortification de se voir préférer Vasco de Gama, et dut subir l'humiliation de servir sous ses ordres. Puis Vasco de Gama, parvenu à la hauteur du cap Mina, l'ayant renvoyé en Portugal, il s'associa à l'expédition de Cabral, à qui revient l'honneur d'avoir découvert le Brésil ; mais le 29 mai 1500, le bâtiment qu'il montait et quatre autres navires de cette flotte, assaillis par une violente tempête, sombrèrent sous voiles. Dans un passage de ses *Lusiades*, Camoens a immortalisé le nom de Bartolommeo Diaz.

DIAZ (MICHAEL), le compagnon de Christophe Colomb dans son second voyage au nouveau monde, natif du royaume d'Aragon, reçut en 1495 la mission d'explorer les mines d'or d'*Hispaniola*. Mais il y était à peine arrivé qu'il fut forcé de prendre la fuite, par suite d'un duel qu'il eut avec un Espagnol qu'il blessa grièvement. C'est pendant cette fuite qu'une jeune femme qui s'était éprise d'amour pour lui, lui fit connaître la contrée du Saint-Christophe où il trouva de l'or. Diaz mit cette circonstance à profit pour obtenir sa grâce. Il fit part de sa découverte à Bartolommeo, frère de Christophe Colomb, et à peu de temps là on fondait, dans le voisinage de la contrée aurifère, la ville de *Nueva Isabella*, qui toutefois ne tarda point à changer ce nom contre celui de *San-Domingo*. Diaz en fut nommé gouverneur; mais il tomba en disgrâce en 1500, quand il refusa de remettre le fort à Bovadilla envoyé comme vice-roi. En 1509 Diego Colomb le fit, il est vrai, nommer gouverneur de Porto-Rico; mais la haine de ses ennemis l'y poursuivit. Diaz partagea le sort de ses protecteurs, et fut renvoyé en Espagne comme prisonnier. Il venait de rentrer en grâces dans l'esprit de son souverain, et était à la veille de repartir pour se rendre à son poste lorsque la mort le surprit en 1512.

DIAZ DE LA PENA. (Narcisse). Ce sera l'éternel honneur de l'art moderne d'avoir puisé à toutes les sources et invoqué tous les dieux. Pendant qu'un grand nombre de nos peintres demandaient conseil aux traditions académiques et que d'autres étudiaient sincèrement la nature, un jeune homme arriva qui, moins savant et moins épris du vrai, s'inspira de cette muse nouvelle qu'on appelle la fantaisie. Ce nouveau-venu, c'était Diaz. Créateur d'un genre que l'école n'avait pas connu avant lui, il ne doit rien aux maîtres qui l'ont précédé, il enseignera peu de chose à ceux qui le suivront. La curiosité de sa vie est tout entière dans son œuvre. Né à Bordeaux, au mois d'août 1809, Diaz débuta au Salon de 1831 par des esquisses de paysage. C'était le temps des plus ardentes effervescences de l'école romantique; Diaz aurait bien voulu jouer son rôle dans la lutte, mais son talent n'était pas encore dégagé des tâtonnements de la jeunesse, et son premier pas resta inaperçu. Il continua à figurer aux expositions suivantes, mais il n'y fut guère plus remarqué et nous ne le citerons que pour mémoire, et surtout parce qu'ils s'éloignent de la manière qui devait plus tard l'illustrer, ses tableaux des *Environs de Saragosse* (1834); de la *Bataille de Medina-Cœli*, (1835); de l'*Adoration des bergers* (1836); du *Vieux Ben-Emeck*, (1838), etc. Cependant, Diaz mettait le temps à profit; il peignait d'après nature des études de paysage, et, d'après son propre caprice, des figures orientales, revêtues de brillants costumes, des baigneuses moins habillées, et même des animaux et des fleurs. Mais la plupart des œuvres de la première manière de Diaz sont d'un coloris terne et noir; la touche en est lourde, les demi-teintes y sont sans transparence. Qui le croirait? ces tableaux sont tristes et manquent précisément des qualités qui recommandent aujourd'hui le maître. Ces mérites commencèrent toutefois à se produire dans les *Nymphes de Calypso* (1840) et dans le *Rêve* (1841). Enfin, quand après deux longues années d'études silencieuses, Diaz reparut au Salon de 1844, il força la critique à s'occuper de lui. La *Vue du Bas-Bréau*, l'*Orientale*, le *Maléfice* et surtout les *Bohémiens se rendant à une fête*, séduisirent les meilleurs juges par les chatoiements de leur coloris et l'harmonieux éclat de leurs tons brillantés.

Il semble que, dès lors, Diaz a conjuré le mauvais esprit qui gênait son libre pinceau. Ses trois petits portraits du Salon de 1845 étaient charmants et parurent tels. Son talent s'accrut avec le succès. Les expositions de 1846, 1847 et 1848 montrèrent dans Diaz un peintre de paysage savant dans la lumière, et un fantaisiste plein d'esprit, de grâce et d'étincelles. À partir de cette date, un dénombrement de ses tableaux n'est plus possible : ce ne sont désormais que nymphes surprises nues aux bords des lacs par des amours qui les lutinent, odalisques endormies sur l'herbe verte où leurs brillants costumes scintillent comme des pierreries, intérieurs de forêts dont un rayon de soleil traverse les branches emmêlées, vastes clairières où vient jouer une bande d'épagneuls blancs et roux. Diaz en effet ne s'occupe point du sujet; il arrange ses couleurs comme un bouquet et, si son tableau est harmonieux, il le trouve toujours assez intéressant. Un jour pourtant, Diaz fut pris d'une plus sérieuse fantaisie. Le gouvernement de 1848, ayant mis au concours la figure symbolique de la République, il intervint dans la lutte et exposa à l'école des Beaux-Arts une charmante et spirituelle étude, mais qui ressemblait moins à une *République* qu'à une Diane chasseresse entourée d'amours blancs et roses. Les années qui suivirent 1848 n'arrêtèrent pas le pinceau de Diaz. Les expositions solennelles ne suffisant plus à son zèle, il vida plusieurs fois son atelier dans des ventes publiques où se pressait l'élite des curieux et dont le résultat, au point de vue des chiffres du moins, était toujours des plus heureux. Tout le monde se souvient de celle du 30 mars 1850 où ses moindres esquisses furent chaudement disputées. Cependant l'artiste était sur la pente d'un écueil; il produisait trop et trop vite. Lorsqu'il s'en aperçut, il eut la fermeté d'essayer un progrès nouveau. Le Salon de 1851, qui marque une époque dans la carrière de Diaz, nous fit voir à côté du ravissant portrait de Mme de S..., l'*amour désarmé*, une *Baigneuse* et quelques autres figures de femmes nues où se révéla pour la première fois une consciencieuse préoccupation de la forme. L'habile peintre, que son succès n'avait pas gâté, apprenait à dessiner à quarante ans. C'est alors qu'on put noter une vague ressemblance entre Diaz et Prudhon, non quant au style, car celui de Diaz demeure toujours un peu pauvre, mais quant à la manière heureuse d'éclairer les clairs et de les faire palpiter et vivre sous le rayon lumineux. Depuis lors, Diaz, qu'un décret du 2 mai 1851 a nommé chevalier de la Légion d'honneur, s'est abstenu d'exposer, mais non de produire, et ses amis attendent de lui beaucoup encore, car c'est un esprit éternellement éveillé, une main vaillante, une infatigable pinceau.

Paul Mantz.

DIBDIN (Charles), de son vivant très-célèbre à Londres comme compositeur, comme acteur et comme poëte dramatique, était né vers 1745 à Southampton, et avait reçu de la nature un talent d'une fécondité peu commune. Il composa environ cent *opérette*, pantomimes, etc., et un grand nombre d'airs, parmi lesquels ses chants de mer (*the sea songs*) obtinrent surtout du succès. On voit encore aujourd'hui avec plaisir sa pièce mêlée de chants, *The Quaker* (1777). Il était cependant dépourvu d'une véritable et solide éducation ; et la manière dont il parle, dans la relation de son voyage artistique (*Musical tour*), de l'art et des artistes, prouve qu'il manquait complètement du sens artistique. Les entretiens publics sur la déclamation et la musique (*Readings and music*), donnés par lui dans une salle qu'il appelait *Sans-Souci*, et au-dessus de laquelle il avait placé cette inscription significative : *Vice la bagatelle!* obtinrent un grand succès. Malgré ces éléments de fortune et les fréquents secours qu'il obtint du gouvernement, il mourut en 1814 dans une misère profonde. On a de lui, outre ses ouvrages dramatiques, une *History of the English Stage* (1795), *Professional Life* (1802) et un grand nombre de romans.

Ses deux fils, *Charles* et *Thomas* Dibdin, se sont fait un nom comme auteurs dramatiques. Le plus jeune, né en 1771, débuta dès l'âge de quatre ans dans les rôles d'enfants en province, et parut ensuite à Londres. Engagé en 1799 au théâtre de *Covent-Garden*, il écrivit pour cette scène une innombrable quantité de mélodrames, de farces, de pièces à ariettes, etc., dont la plus célèbre est *The Cabinet*. Sa pantomime *Mother Goose* (*La mère l'Oie*), fit faire au théâtre 20,000 st. (500,000 fr.) de recettes; et *The Stighmetled racer*, 13,000 liv. st. (325,000 fr.). Il composa en outre, dit-on, plus de mille chansons; et il mourut le 16 septembre 1841, dans une aussi profonde misère que son père.

DIBDIN (Thomas FROGNALL), l'un des plus célèbres bibliographes modernes, neveu du compositeur Charles Dibdin, né à Kensington en 1776, fut élevé à Eton, alla étudier la théologie à Cambridge, mais se consacra bientôt avec tant de succès à la bibliographie, que, après avoir été ordonné prêtre de l'église anglicane en 1804, il fut appelé par le comte Spencer, à Althorp, domaine héréditaire de la famille Spencer, à l'effet de mettre en ordre et de cataloguer la bibliothèque de ce manoir, l'une des plus riches et des plus précieuses qu'il y ait en Angleterre. Dès 1797 il avait publié son *Analysis of the first volume of Blackstone's commentaries* et des *Poems*; mais ces deux ouvrages sont devenus d'une rareté extrême; le premier, imprimé seulement à 250 exemplaires, parce que les planches gravées sur cuivre qui l'accompagnent furent brisées immédiatement après l'impression; le second, parce que l'auteur racheta et détruisit tous les exemplaires qu'il en pût ensuite rencontrer. Ses *Lectures on the rise and progress of English literature* furent prononcées de 1806 à 1808 à l'Institut royal de Londres.

Comme bibliographe, le premier ouvrage qui signala Dibdin à l'attention des hommes spéciaux fut son *Introduction to the knowledge of rare and valuable editions of the Greek and Latin classics* (Glocester, 1802; 4° édit., Londres, 1827), que suivit un *Specimen bibliothecæ Britannicæ* (Londres, 1808), imprimé seulement à 18 exemplaires in-4° et 40 exemplaires in-8°. Son poème *Bibliography*, imprimé à 50 exemplaires seulement, est demeuré inachevé. Son livre intitulé : *The Bibliomania, or book-madness* (Londres, 1809), dont la seconde édition, entièrement refondue, parut en 1811, produisit plus de sensation encore et était imprimé avec un luxe remarquable. Il fit paraître à la même époque la traduction anglaise, par Robinson de l'*Utopia* du chancelier Morus (3 vol., 1809), avec de nombreuses notes critiques et de belles gravures sur bois. Les connaisseurs firent un accueil encore plus empressé à ses *Typographical antiquities* (4 vol., 1810-1819), ouvrage d'une splendide exécution typographique et qui devait former environ huit volumes; à sa *Bibliotheca Spenceriana* (4 vol. 1814-15), ornée de gravures sur bois et de fac-simile, ouvrage complété par ses *Ædes Althorpianæ* (1821), catalogue des trésors artistiques que renferme le château d'Althorp. Son *Bibliographical Decameron* (3 vol., 1817), ouvrage orné d'une foule de belles gravures sur bois et sur cuivre, l'un des chefs-d'œuvre de la typographie moderne, abondait en intéressantes anecdotes bibliographiques, mais à cause de l'admirable perfection de son exécution matérielle, il fut peut-être d'abord évalué au-dessus de sa valeur réelle. En 1818, Dibdin, en compagnie de l'habile dessinateur Georges Lewis, fit aux frais de lord Spencer, en France et dans le midi de l'Allemagne, un voyage qui lui fournit l'occasion d'enrichir la bibliothèque du château d'Althorp d'un grand nombre de rares et précieuses éditions, en même temps que le sujet d'un livre intitulé : *A bibliographical, antiquarian and picturesque Tour in France and Germany* (3 vol., 1821), ouvrage d'une remarquable magnificence artistique et typographique. Dans la seconde édition qu'il en publia en 1829, Dibdin releva avec beaucoup de vivacité les critiques dont il avait été l'objet de la part de M. Licquet, qui, dans la traduction de ce livre, avait rectifié de nombreuses erreurs; de même que les observations de M. Crapelet. On ne saurait disconvenir que Dibdin a travaillé sans choix et souvent sans goût, et que ses notices bibliographiques ne sont pas toujours neuves et sûres. En 1836, il entreprit un voyage analogue dans le nord de l'Angleterre et en Écosse, et il en publia le récit sous le titre de : *A bibliographical, antiquarian and picturesque Tour in the Northern Counties of England and Scotland* (1838). En dernier lieu, il était chapelain royal et titulaire de la prébende de Sainte-Marie; mais, malgré les revenus considérables attachés à ses places, il tomba dans un état voisin de la misère, par suite des dépenses considérables dans lesquelles l'engagea sa passion pour les livres. Il mourut le 18 novembre 1847. Dibdin fut le fondateur du célèbre *Roxburg-Club*. Dans ses *Reminiscences of a literary life* (2 vol., 1836) on trouve beaucoup de notices d'un grand prix sur la littérature anglaise du premier quart de ce siècle.

[Dans son voyage bibliographique en France, Dibdin oublie souvent que ce qui est intéressant pour lui ne l'est pas toujours au même degré pour le public. Il prend note de ses moindres impressions, comme s'il écrivait pour ne rien laisser périr de ses lubies voyageuses. Sous le rapport de l'exactitude bibliographique, il n'est pas même à l'abri de tout reproche; il commet des erreurs dans les dates, dans les faits et dans les noms propres, et ses écrits ne doivent être lus qu'avec beaucoup de circonspection. Quant à la fidélité de ses descriptions géographiques, nous citerons, pour prouver que le docte voyageur n'est pas infaillible, la petite bévue suivante. Pour avoir jeté un regard furtif et distrait sur un passage de notre célèbre Huet, évêque d'Avranches, Dibdin fait dire à ce prélat que la pierre employée dans la construction de l'abbaye de Saint-Étienne à Caen a été apportée de Vaucelle et en partie de l'*Allemagne* (*from Germany*). L'antiquaire anglais, en lisant le volume avec un peu plus de cette attention et de ce scrupule, vertus premières d'un lexicographe, aurait découvert bientôt qu'il existe auprès de Caen un village du nom d'*Allemagne*.

Indépendamment de son érudition incontestable, ce qui a contribué à populariser le nom de Dibdin dans le monde savant, c'est une certaine causticité, une certaine verve qui n'est pas toujours de bon goût, et qui a dicté à M. Crapelet le jugement suivant sur son compte : « L'auteur anglais ne décrit rien de sang-froid; il charge continuellement, et, comme il ne manque pas d'originalité dans l'esprit, il semble viser à être le Callot de la bibliographie. »

François GAIL.]

DICÉARQUE, né en Messénie selon les uns, à Messine en Sicile selon d'autres, et qui florissait vers l'an 300 av. J.-C., fut un des disciples les plus éloquents d'Aristote. Aux talents du philosophe il joignit ceux de l'historien, du géographe et de l'orateur. Malheureusement, des nombreux ouvrages qu'il avait composés, il ne nous reste que quelques fragments sur la géographie de la Grèce, mais qui peuvent à eux seuls donner une idée de l'étendue et de la portée de ses connaissances. Suidas et Cicéron sont les seules sources où l'on ait pu puiser des documents sur ses écrits.

Les doctrines philosophiques de Dicéarque se trouvaient développées dans deux traités sur l'âme, intitulés, l'un *Les Corinthiaques*, l'autre *Les Lesbiaques*. Ces doctrines aboutissaient au matérialisme. Dicéarque pensait que le monde est éternel; que l'âme, résultat de l'harmonie des parties du corps, doit périr avec lui; que la matière a par elle-même la faculté de percevoir et de sentir. Mais comme les systèmes philosophiques, à cette époque, reposaient plutôt sur des hypothèses que sur les données de l'observation, vu l'absence de toute méthode, il n'est point étonnant que les meilleurs esprits aient souvent été égarés dans de fausses routes. L'enchaînement de leurs idées était si peu rigoureux qu'ils sont quelquefois tombés dans des contradictions étranges : témoin ce passage de Dicéarque, cité par Cicéron, où il dit qu'il ne faut point rejeter les prédictions des hommes que la Divinité agite de prophétiques fureurs, ni les présages fournis par les songes, parce que dans les extases et dans le sommeil l'âme est dégagée de tout commerce avec le corps. Or, comment concilier une pareille croyance avec les doctrines du matérialisme? Un traité intitulé : *Descente dans l'antre de Trophonius*, et un autre *Sur la mort des hommes*, forment avec *Les Corinthiaques* et *Les Lesbiaques* toutes les œuvres philosophiques de Dicéarque dont le nom soit parvenu jusqu'à nous.

Il donna beaucoup de soin à l'étude de la géographie. Ses ouvrages en ce genre se divisaient en traités de géographie descriptive et traités de géographie civile. Il est le premier qui ait envisagé la géographie sous ce dernier point de vue. Il nous reste deux fragments de l'ouvrage intitulé : *Description de la Grèce, adressée à Théophraste*, poëme en vers iambiques, le premier qu'on ait composé sur la géographie. Il traita aussi en particulier des montagnes de la Grèce et de la Macédoine, dont il avait mesuré les hauteurs, et c'est à ce dernier ouvrage qu'il faut rapporter le fragment qui nous est resté sur le *mont Pélion*. Il intitula sa géographie. civile : *Vie de la Grèce, ou Traité et Descriptions des mœurs grecques aux différentes époques*. Nous avons encore un fragment en prose de cet ouvrage, qui renferme une description élégamment écrite des villes de la Béotie et de l'Attique et des mœurs de leurs habitants.

Le plus important de ses écrits historiques était intitulé : *Vies des hommes illustres*, et on ne peut se consoler de la perte d'un monument aussi précieux, qu'en pensant que Diogène-Laërce y a puisé à pleines mains. Cicéron cite encore un autre ouvrage intitulé le *Tripolitics*, où il est question des trois républiques des Pelléneens, des Corinthiens et des Athéniens. Mais l'écrit qui fit le plus d'honneur à Dicéarque est son *Histoire de la république des Spartiates*, ouvrage qui fut tellement admiré à Lacédémone et jugé si utile, qu'une loi ordonna que la lecture en serait faite tous les ans dans le palais des Éphores, en présence des jeunes gens, et que cette coutume fut longtemps observée. Le témoignage de Cicéron n'est pas moins favorable à cet écrivain. L'orateur romain nous dit qu'il faisait ses délices de la lecture des ouvrages de Dicéarque ; il l'appelle un homme admirable, un politique et un historien habile, un philosophe éloquent, un sage, enfin un excellent citoyen.

C.-M. PAFFE.

DICÉRION, chandelier à deux branches dont chacune porte un cierge allumé. Selon la liturgie de Constantinople, il y a un pieux symbolisme attaché à ce chandelier, avec lequel l'évêque bénit le peuple. C'est, dit-on, une figure des deux natures de Jésus-Christ, tandis que le *tricérion*, autre chandelier à trois branches, représente les trois personnes de la Sainte-Trinité. Le patriarche seul, selon quelques auteurs, pourrait donner la bénédiction avec ces deux chandeliers, et ce serait une marque distinctive affectée uniquement à sa dignité. D'autres, au contraire, accordent ce droit à tout évêque célébrant, et prétendent qu'ils donnent fréquemment la bénédiction avec ces deux chandeliers.

DICHORÉE. *Voyez* CHORÉE.

DICHOTOMIE (de δίς, deux, et τέμνω, couper). On se sert souvent en botanique de cette dénomination pour indiquer la bifurcation successive, ou subdivision en deux des divers organes des végétaux, tiges, pédoncules floraux, etc.

Par analogie, les naturalistes ont appelé *dichotomique* une méthode peu différente de l'analyse, et par laquelle ils procèdent à la connaissance des êtres en opposant toujours les caractères d'existence ou de non existence, de plus ou moins, etc. La *méthode analytique* ou *dichotomique* a surtout été employée avec avantage par Lamarck et Decandolle en botanique, et par M. Duméril en zoologie.

P. GERVAIS.

DICHOTOMIE, terme d'astronomie qui exprime l'état de la lune quand sa moitié seulement est éclairée, et alors de cet astre qu'il est *dichotome*. Aristarque de Samos a eu l'ingénieuse idée d'employer le moment de la dichotomie de la lune pour déterminer la distance de la terre au soleil. On ne peut reprocher à sa méthode que la difficulté de saisir exactement l'unique instant où la lumière réfléchie par la lune est terminée par une ligne droite.

DICHOTOMIQUE (Méthode). *Voyez* DICHOTOMIE.

DICHROMATIQUES (de δίς, deux, et χρῶμα, couleur). On appelle ainsi les corps qui, tout en conservant la même nature et les mêmes propriétés chimiques, font voir des couleurs différentes suivant les circonstances où ils se trouvent placés : par exemple, qui paraissent tout autrement colorés lorsqu'ils sont en morceaux épais que lorsqu'ils sont en morceaux menus, ou bien qui présentent à l'œil des couleurs différentes, suivant que la lumière les frappe verticalement ou horizontalement, genre de phénomènes très-fréquents dans les minéraux et les produits chimiques.

DICKENS (CHARLES), connu d'abord sous le pseudonyme de *Boz*, né à Portsmouth le 7 février 1812, est, de tous les écrivains anglais, celui qui peut se vanter aujourd'hui de la popularité la plus étendue. Il la doit à la fois à la trempe d'observation populaire qui lui est propre, à la facilité vive et incisive de son style, et aux circonstances particulières qui environnèrent la publication de ses premiers ouvrages. On était las de la mystérieuse horreur de Maturin, de la misanthropie désespérée de lord Byron, du sentimentalisme métaphysique de Wordsworth, et même du bon ton aristocratique dont les fictions de sir Lytton-Bulwer portent l'empreinte, lorsqu'un jeune scribe, employé d'abord chez un avocat pour y faire ses études de droit, puis comme rédacteur sténographe des séances du parlement, fit paraître des esquisses d'une gaîté folle, d'une observation souvent très-juste, et surtout animées d'un coloris ardent et frais. Ce fut pour le public un délassement et une distraction.

Dickens, amené à Londres par son père à l'âge de deux ans, avait eu l'occasion de se mêler dès l'enfance à tous ces personnages bourgeois ou infimes qui passent et repassent dans les études des avocats et des avoués, dans les couloirs des deux chambres, aux environs des cours judiciaires ; et toutes ces caricatures plus sérieuses et plus plaisantes à la fois en Angleterre que partout ailleurs, la facilité du pinceau, le peu de prétention de l'auteur, et une certaine humeur excentrique sans cynisme et sans bizarrerie, donnèrent aux *Esquisses de Londres* (2 vol., 1836-1837) une très-grande vogue, surpassée encore par celle qui couronna les documents Pickwickiens (*Pickwick-Papers* [publiés hebdomadairement en cahiers ; 1837-1838]), que le peintre Cruikshank accompagna de dessins très-piquants. L'idée d'un club d'originaux qui n'empruntent leur valeur prétendue qu'à certaines singularités de costumes et d'habitudes appartient à Addison ; mais Dickens a eu le premier l'idée de leur faire raconter leurs aventures, et de tracer ainsi la satire d'une foule de gravités bourgeoises et de prétentions burlesques. Un très-grand mérite de l'auteur de *Pickwick*, qui pêche d'ailleurs par la diffusion et l'abus des détails, est d'avoir parcouru toute l'échelle du rire, depuis la farce la plus bouffonne jusqu'à la gaieté douce et sentimentale ; il n'a ni la dure hilarité de Smollett, ni le laisser-aller inconvenant de Pigault Lebrun ; il faut dire aussi que rarement il s'élève jusqu'à l'énergie des types généraux de Fielding et de Lesage. Il vit du détail populaire et de l'analyse fidèle et piquante des classes inférieures. Là se trouve son succès. Dans une époque où tout est populaire et analytique, un talent de ce genre ne pouvait manquer de succès. Plus de cent mille exemplaires de ses romans se sont vendus à Londres, et la plupart sont traduits dans toutes les langues d'Europe ; *Olivier Twist*, *Nicholas Nickleby* (1840) et *Martin Chuzzlewit* (1843-1844), ses trois derniers romans se font remarquer, ainsi que le *Carillon de Noël* (*Christmas Carol*, 1843), par une tendance modérée vers la réforme sociale et les intérêts populaires.

Dickens écrit et publie trop, comme chez la plupart des écrivains modernes ; cette prodigalité de sa plume le conduit à la diffusion et au peu d'ordre dans la composition de ses œuvres. Mais ce créateur de mille jolies ébauches n'en est pas moins une des intelligences les plus vivement fécondes, et l'un des esprits les plus naïvement brillants de notre époque.

Philarète CHASLES.

Dickens, à la suite de l'immense succès de son *Christmas Carol* (Carillon de Noël), avait publié *Chimes* (1844), *Cricket on the hearth* (1845) et *Battle of life* (1846), quand il commença à faire paraître en livraisons ou cahiers hebdomadaires un autre grand ouvrage, *Dombey and son*, qu'il termina en 1848. *David Copperfield*, roman qu'il publia en 1850, est un de ses meilleurs ouvrages, et captive le lecteur par un heureux mélange de gaieté et de sensibilité. Dickens est tout l'opposé de Bulwer. Il n'aime guère les réflexions. Tout chez lui prend un corps; la pensée, le sentiment, l'esprit se font chair, sang et os; et on peut dire de ses romans qu'ils exercent déjà sur la société anglaise une incontestable influence. Ses *Notes on America* (1842), fruit d'un voyage qu'il fit dans ce pays, abondent en observations justes et ingénieuses; mais cet ouvrage n'obtint pas un succès égal à celui de ses romans, sans doute parce que la verve du satirique ne trouva point de l'autre côté de l'Atlantique, dans une société aux mœurs rudes et simples, à récolter une aussi ample moisson de ridicules que dans la vieille Angleterre. Ses *Pictures of Italy* (1846) sont moins les récits d'un touriste que des descriptions relevées par ce qui constitue l'individualité du talent de l'auteur. Elles parurent d'abord en partie dans les *Daily-News*, journal politique fondé par Dickens en société avec Dilke l'aîné et autres, qui devait servir d'organe à la partie la plus avancée du parti libéral, et dont le succès fut tel que Dickens put en très-peu de temps vendre sa part de propriété et se retirer de la rédaction en réalisant un bénéfice considérable. En 1850, il entreprit la publication d'un Journal hebdomadaire *Household words*, destiné à réunir l'instructif et l'agréable, et qui obtint aussi une circulation des plus étendues. Tous les mois, il y est publié un Supplément sous le titre de *Household narrative of current events*, où se trouve un résumé de l'histoire contemporaine. En ce moment Dickens est un des membres les plus actifs de la *Litterary Guild*, association fondée en 1851 pour venir en aide aux littérateurs et aux artistes que leur âge avancé met dans l'impossibilité de pourvoir à leur subsistance, et il a déployé un talent dramatique des plus remarquables dans les représentations théâtrales données au profit de cette institution de bienfaisance dans les villes les plus importantes d'Angleterre. L'une de ses dernières productions, *A child's history of England* (1853) est l'histoire d'Angleterre racontée aux enfants dans un ouvrage spécialement écrit pour eux.

DICOTYLÉDONE se dit des plantes dont les graines ont deux cotylédons et de ces graines elles-mêmes. Cet adjectif s'emploie aussi substantivement au pluriel comme synonyme de *dicotylédonés*.

DICOTYLÉDONÉS, végétaux qui ont deux cotylédons. Cependant on leur a adjoint les *polycotylédonés* (conifères, protéacées), qui en ont davantage, six, huit, et même dix. La différence dans l'embryon n'est pas la seule qui distingue les dicotylédonés des autres plantes : plusieurs caractères importants viennent encore s'y joindre: Telle est une ramification plus marquée de la tige et des racines, ce qui lui donne un aspect tout différent, et qui se fait aisément reconnaître; et aussi l'anastomose bien évidente des fibres de la feuille, ainsi que la disposition très-remarquable des couches médullaire, ligneuse et corticale, distinctes l'une de l'autre ; ajoutons que presque tous les végétaux dicotylédonés ont un périanthe double, c'est-à-dire que les organes importants de la fécondation sont enveloppés par un calice et une corolle, dont les variations si nombreuses et si remarquables donnent tant d'éclat à la fleur. Decandolle nomme tous les végétaux de la troisième division *exogénés*. D'autres botanistes les ont successivement appelés *exhorires*, *exoptiles* et *digènes*.

Tous les arbres et les arbustes de nos climats, presque toutes nos plantes potagères et beaucoup d'autres que l'on trouve dans les champs, les parterres, qu'elles contribuent à orner, sont dicotylédonés. Le nombre immense des espèces qu'ils comprennent a forcé les botanistes à les subdiviser en groupes très nombreux, dont nous n'indiquerons ici que les principaux, savoir : ceux des *apétales*, qui sont privés de corolle, des *monopétales*, qui ont la corolle d'une seule pièce, et des *polypétales*, chez lesquels cette partie résulte de l'assemblage de plusieurs pièces distinctes. Chacune de ces catégories est elle-même partagée en trois autres, que l'on appelle des *classes*, et dont les caractères sont fournis par la considération des étamines ou des pétales (*voyez* BOTANIQUE). P. GERVAIS.

DICTAME et mieux **DICTAMNE**. Tel est le nom fameux dans l'antiquité que l'on donne aujourd'hui à un genre de plantes de la famille des rutacées (*voyez* FRAXINELLE). Les anciens ont décrit, nous dirons même chanté, sous le nom de *dictamne*, une plante que la nomenclature des familles naturelles place dans le genre origan, de la nombreuse famille des labiées. Ils vantaient surtout ses propriétés merveilleuses dans le traitement des plaies occasionnées par les javelots et les flèches, et disaient que les chèvres sauvages blessées par les traits du chasseur se guérissaient en mangeant des feuilles du dictamne. Pline affirme que cette plante est très-efficace contre la morsure des serpents venimeux, et Virgile la dépeint ainsi, lorsqu'il dit que Vénus en alla cueillir sur le mont Ida pour panser la blessure d'Énée :

Dictamnum genitrix creteæ carpit ab Ida,
Puberibus caulem foliis et flore comantem
Purpureo : non illa feris incognita capris
Gramina, cum tergo volucres hæsere sagittæ.

Est-il étonnant qu'avec une telle célébrité l'origan dictamne soit entré dans la composition d'une foule de médicaments, et qu'on lui ait attribué une multitude de propriétés? Cependant les auteurs modernes n'en font plus usage; son nom se trouve seulement inscrit parmi les ingrédients de la *thériaque*, du *diascordium*, etc. On doit néanmoins avouer que son odeur suave et aromatique, sa saveur amère, âcre ou piquante, ne sont certainement pas sans action sur l'économie; cela est si vrai que dans quelques contrées de la Suède on rend la bierre enivrante en y mettant de l'origan. N. CLERMONT.

DICTATEUR, DICTATURE (du latin *dicere*). *Dictature* était le nom d'une magistrature romaine, et celui qui en était revêtu s'appelait *dictateur*. Dans la chancellerie impériale, *dictature* était le nom qu'en Allemagne, dans la ville où se tenait la diète de l'empire, on donnait à l'Assemblée des secrétaires de légation ou *cancellistes* des différents princes ; dans cette réunion le secrétaire de légation de l'électeur de Mayence *dictait* aux autres les mémoires, actes, etc., qui avaient été portés au Directoire de l'empire. *Dictature* s'emploie au figuré pour signifier l'empire, la domination, que quelqu'un s'attribue sur les choses et sur les esprits. « Cet orgueilleux critique, a dit Balzac, voulait usurper dans la république des lettres une *dictature* perpétuelle. On a prétendu, dans un sens à la fois moral et politique, que : « David (le peintre) avait à la Convention la *dictature* des arts, et que par son talent nul n'en était plus digne. » On accuse un homme qui parle d'une manière absolue, tranchante, de prendre un ton de *dictateur*. Dans les classes de l'ancienne université, le titre de *dictateur* se donnait à l'écolier qui avait été plusieurs fois *empereur*, c'est-à-dire le premier dans les compositions. « *Dictateur*, dit Ch. Nodier, a été employé pour celui qui *dicte* à un autre par La Fontaine, Pellisson, Voltaire. Cela est très-bien dans les analogies de la langue, où l'on dit créateur, amateur, mais il n'y a point de mot qui ne soit à préférer pour éviter l'équivoque. Hâtons-nous d'ajouter que, dans deux de ces exemples, cette acception de *dictateur* n'a été employée qu'en plaisantant, et précisément pour jouer sur l'équivoque. Pellisson, à cause de ses mauvais yeux, n'écrivait point, mais *dictait* tout à son secrétaire, ce qui lui a fait dire agréablement : Je suis *dictateur* perpétuel comme Jules-César. » Et La Fontaine a dit, dans une épître à M. le duc de Bouillon :

Vous mettez les holas! en écoutant l'auteur
Vous égalez le *dictateur*
Qui *dictait* tout d'un temps à quatre.

Dictatrice, féminin de *dictateur*, ne s'est jamais employé en français que dans un sens tout particulier. Les auteurs des divertissements de Sceaux, ont parlé de la *dictatrice* perpétuelle de l'ordre de la *Mouche à miel*. Il y a eu des médailles frappées en son honneur. L'adjectif *dictatorial*, si nécessaire et d'un si bel effet, ne se trouve que dans la dernière édition du *Dictionnaire de l'Académie* : un pouvoir *dictatorial*, est un pouvoir absolu, sans limites.

Arrivons à la *dictature*, considérée comme magistrature romaine. Denys d'Halicarnasse et Suétone veulent que le mot *dictateur* vienne de *dicere*, parce qu'il ordonnait tout ce qu'il voulait. Selon Varron, il serait dérivé de *dicere*, parce que le consul nommait le *dictateur*, ce qui s'appelle en latin *dicere* : *Dictator à consule dicebatur, cujus dicto audientes omnes essent*. Quoi qu'il en soit, cette magistrature, qui paraît empruntée des Albins et des Latins, fut instituée neuf ans après l'expulsion des rois. Les historiens ne sont pas d'accord sur les motifs de cette création. Voici à cet égard l'opinion de Tite-Live : « Rome avait à craindre une guerre contre les Sabins ; on savait qu'il s'était formé contre elle une ligue de trente peuples ; les consuls ne pouvaient commander seuls contre tant d'ennemis. Ce fut en cette circonstance que, suivant l'écrivain cité, l'inquiétude générale fit songer à la création d'un dictateur. Mais, se demande-t-il, en quelle année ? à quels consuls retira-t-on la confiance publique, parce qu'on les soupçonnait, s'il faut en croire la tradition, d'appartenir à la faction de Tarquin ? Et quel fut le premier dictateur ? Ce sont, remarque-t-il autant de points sur lesquels on n'est pas d'accord. » Selon Denys d'Halicarnasse, on créa le premier dictateur pour réprimer le peuple, soulevé contre les patriciens au sujet des dettes. Les plébéiens, irrités du droit qu'avaient leurs créanciers de les mettre dans les fers, refusaient de s'enrôler et tenaient des assemblées pour aviser aux moyens d'obtenir un soulagement. Quel que soit le motif de cette institution, quand on vit le premier *dictateur* faire porter devant lui les vingt-quatre haches, indiquant le droit de vie et de mort qui lui était attribué, la terreur s'empara des plébéiens et le rendit plus dociles. L'institution de la dictature marqua l'apogée du pouvoir aristocratique à Rome. Huit années plus tard, à la création des tribuns surgit ou plutôt sourdit peu à peu le pouvoir démocratique, qui devait aboutir à la sanglante dictature de Sylla, et périr sous la dictature perpétuelle de César.

Il y avait quelque chose de mystique et de solennel dans la nomination du *dictateur* : le consul le désignait la nuit, après avoir pris les auspices ; le peuple attendait dans un religieux silence le nom qui allait être prononcé. Rousseau, dans son *Contrat social*, donne pour raison de ce choix nocturne, qu'on avait honte de mettre un homme au-dessus des lois, phrase qui indique une parfaite ignorance de la politique des Romains dans la religion. Certaines limites républicaines étaient imposées au pouvoir du dictateur ; il lui était interdit, suivant Tite-Live, de faire usage d'un cheval sans en avoir obtenu le consentement du peuple. Il ne pouvait disposer des deniers publics sans autorisation du sénat et l'ordre du peuple. Il ne devait point sortir de l'Italie. Atilius Calatinus fut le seul qui transgressa cette loi pendant la première guerre punique. Il n'était nommé que pour six mois (*semestris dictatura*), et jamais continué au delà de ce terme, excepté dans le cas d'une extrême nécessité, comme il arriva à Camille. Mais les dictateurs allaient au-devant de la loi, et se démettaient quand ils avaient terminé l'affaire qui avait provoqué leur nomination. « Si le terme eût été plus long, dit Rousseau, peut-être eussent-ils été tentés de le prolonger encore, comme firent les décemvirs pour celui d'une année. Le dictateur n'avait que le temps de pourvoir au besoin qui l'avait fait élire ; il n'avait pas celui de songer à d'autres projets. » Q. Cincinnatus et Mamercus Æmilius, selon Tite-Live, abdiquèrent le seizième jour ; Q. Servilius le huitième. « Il semblait, dit encore Rousseau, qu'un si grand pouvoir fût à charge à celui qui en était revêtu, tant il se hâtait de s'en défaire, comme si c'eût été un poste trop pénible et trop périlleux de tenir la place des lois. » « Jusqu'à l'an de Rome 304 (av. J.-C. 440), on n'appela point, ajoute Tite-Live, des décisions du *dictateur* ; mais cette année-là vit les consuls Horatius et Valérius, ces patriciens populaires qui renversèrent le *décemvirat*, faire passer une loi portant qu'on ne créerait aucune magistrature sans la liberté d'appel, *sine provocatione*. Cette loi fut renouvelée depuis par M. Valerius (l'an de R. 465, av. J.-C. 298), mais il est douteux que les dictateurs s'y soient jamais soumis. Il paraît certain qu'on se soumettait à leurs édits comme à des oracles : *pro numine observatum*.

Un consul seul pouvait nommer le dictateur : « il arriva quelquefois, dit le même historien, que le peuple désignait celui que le consul devait nommer. » Pendant la seconde guerre punique (an de Rome 536, av. J.-C. 217), après la défaite du consul Flaminius près du lac de Trasimène, où il perdit la vie, l'autre consul étant absent de Rome, le peuple élut Q. Fabius Maximus *prodictateur*, et M. Minucius Rufus général de la cavalerie. C'était une double infraction à la loi, non-seulement à l'égard de Fabius, mais à l'égard de Minucius, le général de la cavalerie devant être désigné par le dictateur lui-même. On nommait le dictateur aussi le *maître du peuple* (*magister populi*, selon Sénèque et Cicéron, *prætor maximus* suivant Tite-Live). Le salut de la patrie n'était pas le seul motif qui fît nommer des dictateurs. On en créait pour diverses cérémonies religieuses, comme pour enfoncer le clou sacré à la paroi du temple de Jupiter, dans le temps de peste et de calamité publique ; pour présider aux jeux durant la maladie du préteur ; pour établir des fêtes à l'occasion des jours saints ; pour présider à certains jugements ; enfin, dans une occasion, un dictateur fut créé pour former le sénat. Rome a eu en tout 88 dictateurs, savoir : 82 depuis la création jusqu'à la dictature de C. Servilius Geminus, nommé l'an de Rome 552, av. J.-C. 201 ; puis 120 ans après, Sylla, l'an de Rome 672, av. J.-C. 81 ; enfin César, qui le fut cinq fois, de l'an 706 de Rome à l'an 711. On voit par ces supputations que, vers la fin de la république, les Romains ménageaient la dictature autant qu'ils l'avaient prodiguée durant les cent premières années de son institution. Rousseau regrette qu'on n'ait pas nommé un dictateur dans l'affaire de Catilina. « Au lieu de cela, le sénat se contenta de remettre tout son pouvoir aux consuls, d'où il arriva que Cicéron, pour agir efficacement, fut contraint de passer ce pouvoir dans un point capital, et que les premiers transports de joie firent approuver sa conduite, ce fut avec justice que dans la suite on lui demanda compte du sang des citoyens versé contre les lois, reproche qu'on n'eût pu faire à un *dictateur*. » La dictature avait été pour le sénat, depuis l'installation des tribuns, un moyen de défense contre le peuple ; mais les plébéiens, ayant obtenu le pouvoir d'être élus consuls, purent aussi être élus dictateurs. Le premier dictateur plébéien fut Marcius Rutilus (l'an de Rome 397, av. J.-C. 256). On peut voir dans Tite-Live comment Publilius Philo, second dictateur plébéien (an de Rome 401 ; av. J.-C. 352, pendant la guerre contre les Samnites), abaissa les patriciens par trois lois qu'il fit passer pendant sa dictature.

Il est hors de doute que longtemps la dictature prévint à Rome les dangers de la démocratie. Si l'on ne peut nier la nécessité d'une *dictature* temporaire dans les démocraties, cette magistrature est juste en principe. Montesquieu, Rousseau, etc. en conviennent. Quelque sage que l'on suppose les lois, leur inflexibilité, qui les empêche de se plier aux événements, peut en certains cas les rendre pernicieuses, et causer par elles la perte de l'État. Ce danger disparaît avec une magistrature investie d'un pouvoir exorbitant, devant laquelle le souverain baisse la tête, et les lois les plus populaires restent dans le silence. Venise avait ses inquisiteurs d'État, comme Rome avait ses *dictateurs* : c'étaient des magistratures terribles, qui ramenaient l'état à la liberté. A propos de la *dictature*, Montesquieu s'est servi de cette belle expression : « L'usage des peuples les plus libres qui aient jamais été sur la terre me fait croire qu'il y a des cas où il faut mettre pour un moment un voile sur la liberté, comme on cache les statues des dieux. » Combien de fois n'a-t-on pas répété ce mot, et abusé de la chose durant notre révolution ! On a vu la dictature de Robespierre, puis celle des thermidoriens. De ces *dictateurs*, on a pu dire avec Rousseau : « Aussi n'est-ce pas le danger de l'*abus*, mais celui de l'*avilissement*, qui me fait blâmer l'usage indiscret de cette magistrature. » Nos fastes révolutionnaires présentent peu de séances plus remarquables que celle du 25 septembre 1792, où les girondins et le parti de la Montagne se rejetèrent réciproquement l'accusation d'aspirer à la *dictature*, qui pour tous les ambitieux démagogues se termine par l'échafaud. Plus tard, est venue, *avec le danger de l'abus*, la glorieuse *dictature* de Napoléon. Elle fut proclamée au 18 brumaire malgré ce cri hostile de ses adversaires : *A bas le Cromwell ! à bas le dictateur !* Lui-même disait à Sainte-Hélène, où se terminait sa dictature européenne, « que, *Washington couronné*, il ne pouvait parvenir qu'au travers de la *dictature perpétuelle* à donner la paix au monde en fermant l'abîme des révolutions. » Mais il lui fallait vaincre à Moscou. Quant à la dictature du général Cavaignac en 1848 et à celle de Louis-Napoléon en 1851, les événements qui les rendirent nécessaires sont encore trop récents pour qu'on en puisse impartialement apprécier les résultats. Charles Du Rozoir.

DICTION. On confond trop généralement la *diction* avec l'*élocution* et le *style*. Ces trois mots portent avec eux leur signification propre; il suffit, pour la bien comprendre, de se rappeler leur étymologie. *Diction* vient de *dicere*, dire, énoncer. Il suit de là que ce mot a une acception beaucoup plus étendue que les deux autres. Il se dit proprement des qualités générales et grammaticales du discours, c'est-à-dire de la clarté et de la correction. Comme elle a surtout pour objet d'énoncer des idées, sa principale qualité est d'être claire ; et pour être claire au plus haut degré, il faut qu'elle se compose uniquement de termes propres. *Élocution* ne s'applique avec justesse qu'à la conversation, aux discours prononcés dans une assemblée. Quant au *style*, il est, dans la langue écrite, le caractère de la *diction*, modifié par le génie de la langue, par les qualités de l'esprit et de l'âme de l'écrivain, par le genre dans lequel il s'exerce, par le sujet qu'il traite, par la nature des choses qu'il exprime. Il est des écrivains qui ont une diction travaillée, et qui n'ont point le style, ou, si l'on veut, qui n'en ont que l'ombre, comme dit Buffon; la même chose peut se dire d'une foule d'orateurs qui n'ont qu'une *élocution* facile. En résumé, le *style* a plus de rapport à l'auteur qui écrit, la *diction* à l'ouvrage, l'*élocution* à l'art oratoire. CHAMPAGNAC.

DICTIONNAIRE (du latin *dictionarium*, recueil de dictions). Il se dit, en général, soit d'un recueil des mots d'une langue rangés dans un ordre systématique et expliqués dans la même langue, ou traduits dans une autre, soit de divers recueils, faits par ordre alphabétique, sur des matières de littérature, de sciences ou d'arts, à la différence de *glossaire*, *lexique*, *vocabulaire*, qui ne s'appliquent qu'aux purs dictionnaires de mots. Les anciens nous ont laissé fort peu de monuments en ce genre, et le moyen âge, jusqu'au commencement du seizième siècle, ne nous offre guère que des essais philologiques très-incomplets. Ce ne fut qu'après la découverte de l'imprimerie, à l'époque de la Renaissance, lorsque avec le goût des études se fit sentir le besoin impérieux d'entendre les auteurs de l'antiquité, que des écrivains, doués de l'esprit de recherches, s'attachèrent laborieusement à éclaircir les difficultés de l'art du langage, à indiquer ses principes et à consacrer les caprices de l'usage par l'autorité de leurs savantes investigations. Bientôt les religieux de Port-Royal préparèrent d'heureux développements à la lexicographie, en appliquant aux opérations les plus secrètes de la science grammaticale une logique forte et savante, qui leur dévoila les prodiges de l'esprit humain dans la formation du langage, et les conduisit à poser les fondements des langues en général, et en particulier de la nôtre. Les règles furent soumises à l'analyse; les principes, plus approfondis, se simplifièrent; leur analogie fut plus frappante, et, mieux liés ensemble, ils formèrent la grammaire générale, que plus tard féconda l'esprit philosophique, résultat heureux de l'étude que l'homme fit sur lui-même et sur les chefs-d'œuvre créés par lui dans les arts et les sciences. Dès lors, on vit les *dictionnaires* se multiplier à l'infini; on en composa de tout genre, non-seulement pour toutes les langues, et même pour des idiomes populaires, mais encore sur toutes les matières les plus graves et les plus futiles. La *fable* et l'*histoire*, les *mœurs* et le *théâtre*, les *voyages* et les *romans*, la *morale* et les *quolibets*, les *précieuses* et les *halles*, etc., en un mot toutes les spécialités des travaux et des connaissances humaines : arts, sciences, usages, industries, préjugés, tout fut soumis à la forme de dictionnaire, et leur nombre est tel aujourd'hui qu'à eux seuls ils composeraient une grande bibliothèque, d'autant plus précieuse qu'elle pourrait au besoin suppléer en quelque sorte à tous les livres connus.

Rappelons d'abord les tentatives des anciens. Sans parler de l'espèce de recueil biographique attribué à Callimaque, garde de la bibliothèque de Ptolémée-Philadelphe, et qui se trouve perdu, le premier auteur qui paraît s'être occupé de lexicographie est le célèbre Varron. Les fragments qui nous restent de ses recherches suffisent pour les *origines*, l'*analogie* et la *différence des mots*. Nous possédons encore de lui un *Traité de la langue latine* en six livres. Vient ensuite le dictionnaire de Verrius Flaccus, grammairien qui florissait à Rome sous Auguste, et dont le dictionnaire, intitulé *De verborum significatione*, était divisé en vingt livres ; nous n'en conservons qu'un abrégé, fait, suivant les uns, dans le troisième siècle, et selon quelques autres, dans le cinquième, par Pompeius Festus, et qui fut retrouvé dans la bibliothèque du cardinal Farnèse. Vers la fin du premier siècle, Érotien, voulant aider à l'intelligence des termes difficiles ou obscurs qu'on rencontre dans Hippocrate, recueillit par ordre alphabétique tous les mots contenus dans les œuvres de cet auteur, et en fit un vocabulaire qu'il dédia au savant Andromachus, premier médecin de Néron. Les explications de ce vocabulaire sont généralement trop brèves et quelquefois ambiguës, au point de n'offrir que des énigmes à deviner. Jules Pollux, l'un des instituteurs du jeune Commode, sous Marc-Aurèle, et qui professa depuis la rhétorique à Athènes, composa vers 180, en dix livres, un dictionnaire grec sous le nom d'*Onomasticon*, que Vossius appelle un ouvrage très-docte, et que Casaubon dit être excellent et très-utile. C'est une nomenclature des mots, les uns synonymes, les autres analogues, rangés sous quelques mots principaux qui servent de titres aux chapitres. Le livre où il traite de l'homme, et celui où il passe les arts en revue, sont remarquables par l'ordre et la méthode avec lequel l'auteur a su classer en ordres, en genres et en espèces, une multitude de mots qui s'y trouvent expliqués. Cet *Onomasticon* paraît avoir servi de type aux nombreux recueils publiés depuis sous le titre de *Janua Linguarum*. Vers la même époque Phrynicus Arrhabius, de Bithynie, composa en trente-sept livres, sous le nom d'*Apparat sophistique*, un recueil de tous les termes du dialecte attique, rangés dans un certain ordre et avec assez de méthode, ouvrage existant en son entier dans le neuvième siècle, du temps de Photius, qui le trouvait utile, quoique diffus, et dont il nous est parvenu un abrégé avant pour titre : *Eclogæ nominum et verborum atticorum.*

Ici doit trouver sa place Valère Harpocration, soit qu'il ait été, comme on l'a dit, l'un des précepteurs donnés par Antonin au jeune Varus, son fils adoptif, plus tard associé à l'empire par Marc-Aurèle, soit que, suivant une autre opinion, il ait vécu dans le quatrième siècle, contemporain de Libanius, qui en parle dans une de ses lettres. Cet habile rhéteur d'Alexandrie rassembla tous les mots employés particulièrement par les dix grands orateurs de la Grèce, et en composa un lexique, dans lequel il indique avec beaucoup d'exactitude les formes du barreau d'Athènes, les lieux divers de cette république, les noms des citoyens qui ont eu le maniement des affaires, et principalement tout ce qui a été dit à la gloire de ce peuple célèbre. Cet utile dictionnaire porte le titre d'*Harpocration.* N'oublions pas, non plus, le *Lexicon vocum platonicarum* de Timée, qui, selon l'opinion la plus probable, vécut entre le deuxième et le quatrième siècle, recueil de locutions platoniques, accompagnées de courtes explications, retrouvé dans un ancien manuscrit de la bibliothèque de Saint-Germain-des-Prés.

Dès le cinquième siècle, la géographie avait été l'objet des recherches d'Étienne de Byzance : un fragment de son dictionnaire, contenant l'article *Dodone* et quelques autres, publié par Casaubon, révèle la manière de l'auteur, et suffit pour faire regretter vivement la perte d'un ouvrage où se trouvaient les noms des lieux et des habitants, l'origine des villes et leurs dérivés, ainsi que celles des peuples et de leurs colonies. Il ne nous reste de cet important dictionnaire géographique, outre le fragment ci-dessus indiqué, qu'un mauvais abrégé fait par Hermolaüs, sous l'empereur Justinien. Du temps de Théodose le jeune, vers le milieu du cinquième siècle, Helladius, grammairien d'Alexandrie, composa un lexique grec des mots et des façons de parler spécialement usitées dans la prose. Plus tard, Hesychius, dont l'époque n'est pas fixée, que les uns placent dans le troisième siècle, mais qui, suivant d'autres, serait le même que le patriarche de Jérusalem mort en 609, nous a laissé un dictionnaire grec que Casaubon et Ménage regardent comme le plus docte et le plus utile de tous les ouvrages de l'antiquité en ce genre. Ce lexique, dont on ne possède qu'un seul manuscrit conservé dans la bibliothèque Saint-Marc à Venise, et où les citations ont été retranchées, est encore d'un grand secours pour l'intelligence des auteurs, et surtout pour l'explication de beaucoup d'usages anciens. On y trouve, rangés par ordre alphabétique, les termes employés dans les sacrifices, les divinations, la gymnastique, ainsi que toutes les expressions les moins usitées de la langue qui se rencontraient chez les poètes, les orateurs, les historiens, les médecins, les philosophes, ou qui étaient plus particulières à quelques-uns des peuples de la Grèce.

Vers le neuvième siècle, tandis que l'Europe se débattait dans les ténèbres de la barbarie, les Arabes nous offrent un grand nombre de dictionnaires, parmi lesquels on en trouve de géographiques, qu'on dit très-exacts, et d'autres, tel que celui d'Abd-el-Maleck, qui méritent d'être signalés. Toutefois, nous voyons à la même époque un archevêque de Mayence, Raban-Maur, auteur d'un glossaire théotisque, dont la bibliothèque de Munich conserve encore un manuscrit. Indiquons encore Suidas, qui, selon l'opinion la plus probable, vivait vers le dixième siècle ; son dictionnaire n'est, à vrai dire, qu'une compilation biographique, où l'on souhaiterait parfois plus de goût et de discernement, ce qui l'a fait comparer à une bête couverte d'une toison d'or, mais où l'on trouve, outre l'interprétation des mots, non-seulement des notions historiques sur divers personnages de l'antiquité, mais encore un assez grand nombre de fragments d'auteurs perdus. Le milieu du onzième siècle nous offre le *Vocabularium latinum* de Papias. Vers 1050, le rabbin Juda Huig ou Chuic compose son dictionnaire hébreu, qui n'est pas, comme on l'a dit, le premier fait sur cette langue, puisqu'on connaît celui du rabbin Menachem, au neuvième siècle ; mais Juda Huig eut le mérite de créer une sorte de méthode et d'établir des règles, demeurées fort incertaines jusqu'alors, parce que les Juifs se contentaient de recevoir de père en fils, et de se transmettre ainsi par tradition, la connaissance verbale de leur langue. Ce dictionnaire, de même que celui de Jona de Cordoue, postérieur de quelques années, est écrit en arabe, selon la coutume des rabbins du temps ; il en est ainsi du vocabulaire talmudique de Ben Jechiel, mort en 1106.

Le moyen âge ne nous offre plus guère que des compilations informes, dont il faut excepter toutefois le *Catholicon* du Génois Balbi, dans le treizième siècle, espèce d'encyclopédie latine, contenant une grammaire, une rhétorique et un vocabulaire, l'un des premiers ouvrages sur lesquels on ait fait les essais de l'art typographique. Du reste, après le lexique provençal-latin cité par Montfaucon, sous le titre de *Dictionarium locupletissimum,* à la date de 1286, nous nous bornerons à l'indication d'un vocabulaire latin-français déposé aux archives de l'empire (M. n° 897) et dont l'écriture paraît appartenir au commencement du quatorzième siècle. Vient enfin la *Renaissance,* époque unique dans l'histoire des langues. Alors, il y eut un immense accord de tous les savants à faciliter la connaissance des textes par l'explication des mots, et, sans nous arrêter aux divers travaux de ce genre, pas même au *Lexicon ciceronianum* de Nizolius, ni au dictionnaire polyglotte que Calepin donna en 1502 comme *la moelle, ou plutôt l'essence de presque toutes les sciences, tirées de tous les meilleurs auteurs,* hâtons-nous d'arriver au célèbre Robert Estienne, dont le *Thesaurus linguæ latinæ,* publié en 1531 (3 vol. in-fol.), vrai trésor en effet de recherches et d'érudition, ne peut guère se comparer qu'au *Thesaurus linguæ græcæ* de son fils, Henri Estienne (Paris, 1572, 5 vol. in-fol.), qui fit pour la langue d'Homère et de Démosthène ce que son père venait d'exécuter avec tant de succès pour celle de Virgile et de Cicéron. Le premier de ces ouvrages servit de type au *Lexicon totius latinitatis* que Forcellini mit quarante ans à composer, sous la direction de son maître Facciolati, qui comprend tous les mots de cette langue avec leurs acceptions diverses, prouvées par des exemples. Quant au trésor de la langue grecque, toutes les améliorations dont il pouvait être susceptible ont reçu leur complément par la forme alphabétique que leur ont donnée MM. Firmin Didot, qui ont su profiter à la fois de celles déjà faites en Angleterre et du concours des plus savants hellénistes de l'Europe.

Après ces chefs-d'œuvre, signalons quelques-uns des lexicographes qui les premiers firent des dictionnaires, soit entièrement de leur propre langue pour l'usage de leur nation, soit avec une explication latine ou autre, pour en faciliter l'intelligence aux étrangers : tels sont, sous cette dernière forme, les vocabulaires espagnol et latin de Lebriva, français-latin du même Robert Estienne, latino-italien de Pierre Gasselini, le dictionnaire des trois langues espagnole, française et italienne de César Oudin, le dictionnaire hollandais et italien de Moïse Giron, le glossaire suédois-latin-anglais-français de Hag. Spegel, le *lexicon gothico-runique latin et grec* d'André Guilmond, les dictionnaires flamand-français de Grange, allemand-français de Schwan, polonais-allemand-français de Trotz, russe-français-allemand de Heym, suisse-allemand-français de Poëtevin, etc. ; et sous l'autre forme, le dictionnaire purement français d'Aimar Ranconnet, et celui de Nicod ; le trésor de la langue espagnole de Sébastien Covarruvias, le vocabulaire italien de Fabricio Luna, et enfin *le Richezze de la lingua volgare* d'Alunno de Ferrare, qui eut la patience de réunir tous les mots et toutes les expressions dont Boccace et les auteurs précédents s'étaient servis.

Du reste, avant toutes les nations de l'Europe et dès 1612,

l'Italie avait un bon dictionnaire, celui de l'Académie de la Crusca, en six vol. in-fol., vaste répertoire auquel sans doute on peut reprocher de n'avoir pas donné l'étymologie des mots, et de ne pas comprendre dans ses citations des écrivains célèbres, entre autres le Tasse et l'Arioste, parce que cette académie s'est bornée aux seuls auteurs du *trecento*, c'est-à-dire à ceux de 1301 à 1400, mais qui n'en est pas moins un modèle qu'on n'a pas surpassé depuis. Le dictionnaire de la Crusca précéda de près d'un siècle celui de l'Académie Française, et dans ce long intervalle, où toutes les gloires vinrent à l'envi décorer le règne de Louis XIV, la lexicographie fut presque réduite à des compilations, hérissées de recherches scolastiques, dénuées, pour la plupart, de critique, de méthode et d'esprit philosophique. Nous en excepterons toutefois, 1° pour le latin et le grec, le *Lexicon græco-latinum* de Robert Constantin (2 vol. in-fol., 1562), le *Janua linguarum* de Comenius, publié en Pologne (1631), et traduit depuis en treize langues différentes; l'*Étymologicon* de Vossius (in-fol., 1662); le *Manuale græcum* de Hédérich, plus ample et plus correct que ceux de Scapula et de Schrevelius; le *Jardin des racines grecques* du bénédictin Lancelot (1657), et principalement les glossaires de *Du Cange* sur les mots de la basse latinité et de l'hellénisme corrompu, ouvrage d'un vaste savoir. 2° Pour les langues orientales, le *Nomenclator* de Drusius, mort en 1616; le dictionnaire syriaque de Ferrari (in-4°, 1622), le trésor de la langue arabe de Gigeius, encore fort estimé (4 vol., 1632); le *Lexicon* de Castell, en sept langues (1659), travail plein d'érudition; le grand dictionnaire turc de Lorrain Meninski (4 vol. in-fol. 1680); la *Bibliothèque orientale* de d'Herbelot, qu'il n'eut pas la satisfaction de publier, etc. 3° Pour notre langue, les *Origines françaises* de Caseneuve (1652), et celles que donna trente ans après le savant Ménage; le dictionnaire de Richelet (in-4°, 1680), porté dans l'édition de Lyon (1728) à trois vol. in-f°, et qui, le premier, a indiqué la prononciation et cité des exemples choisis dans les meilleurs auteurs du temps; enfin, celui de Furetière, d'où est sorti l'important dictionnaire de Trévoux.

Ce fut en 1694 que l'Académie Française publia le sien en deux vol. in-fol. La sixième et dernière édition, sortie des presses de MM. Firmin Didot, est de 1835. Cet ouvrage fut, dès son apparition, l'objet de nombreuses critiques : la plus ingénieuse et la plus mordante fut d'en extraire les façons de parler populaires et proverbiales, et de les publier, en 1696, sous le titre de *Dictionnaire des Halles*. L'Académie ne répondit pas, et fit bien ; mais elle ne profita point assez de ces critiques, et ce fut un tort. Elle n'adopta la forme alphabétique que dans sa seconde édition de 1718. Cependant, tandis que l'Académie Française, avec une persévérance que la plus scrupuleuse modestie ne saurait excuser, négligeait les exemples que lui offraient les ouvrages des grands écrivains qu'elle comptait parmi les membres, un simple avocat de Normandie, Basnage de Beauval, savait en profiter pour augmenter et perfectionner le dictionnaire de Furetière, qu'il publia de nouveau en 1701 (3 vol. in-fol.), et dont les jésuites s'emparèrent bientôt pour en faire disparaître tout ce qui semblait favoriser le calvinisme, que Basnage avait embrassé après la révocation de l'édit de Nantes. Ils en donnèrent une édition en 1704, sous le titre de *Dictionnaire universel*, qui a pris depuis celui de Trévoux, ville où il fut imprimé, et dont il a conservé le nom. Ce dictionnaire, que des accroissements et des améliorations successives ont porté à huit vol. in-fol. dans l'édition de 1771, doit être regardé comme le meilleur et le plus complet qui existe jusqu'à présent dans notre langue, même en y comprenant le *Grand vocabulaire français* publié chez Panckoucke, en 30 vol. in-4° (1767), et qui n'est guère qu'une compilation indigeste de l'encyclopédie.

Le dix-huitième siècle fut fécond en ouvrages philologiques dignes d'être remarqués, et chaque pays de l'Europe put dès lors compter un dictionnaire de sa langue. Le premier en date est le *Vocabulario Portuguez*, en dix vol. in-fol., publié à Coimbre, de 1712 à 1728, par Raphael Bluteau. Puis vient celui de la langue castillane, que l'Académie de Madrid donna en 1726 et années suivantes, ouvrage fait à l'instar de celui de la *Crusca*, avec des exemples tirés des meilleurs auteurs espagnols. L'Angleterre, qui possédait déjà l'encyclopédie de Chambers, imprimée en 1728, à laquelle Diderot emprunta l'idée de l'Encyclopédie française, mais qui jusqu'alors n'avait guère pour son usage que le dictionnaire universel de Bailey, le vocabulaire de Boyer et les *Etymologicon linguæ anglicanæ* de Junius et de Skinner, fut aussi dotée en 1755, par Samuel Johnson, d'un des meilleurs dictionnaires qui existent dans aucune langue. Il y a peu d'exemple, d'un travail aussi étendu exécuté par un seul homme et avec une égale supériorité. Nous avons encore à signaler en Suède le *Glossaire* de Jean Ihro (2 vol. in-fol., 1789), dans lequel on trouve, non-seulement l'explication raisonnée de la langue suédoise, mais, en outre, de bonnes observations sur les analogies et sur les origines des langues en général. Pour l'Allemagne, mentionnons également le *Dictionnaire grammatical et critique* d'Adelung (Leipzig, 1774 à 1786, 5 vol. in-4°), qui a fait pour sa langue ce que Johnson avait si heureusement exécuté pour la sienne. Inférieur au lexicographe anglais dans le choix des exemples, Adelung l'égale souvent pour les définitions, pour le classement des mots, leur filiation, l'ordre de leurs acceptions diverses, et il le surpasse même quelquefois pour les étymologies, qu'il tire fréquemment des langues orientales, auxquelles il rapporte une partie des dialectes germaniques, et que Johnson avait trop négligées dans son travail. Vers la même époque, en France, le savant Lacurne de Sainte-Palaie terminait son glossaire alphabétique de la langue française depuis son origine jusqu'à Malherbe, recueil immense, qui ne forme pas moins de 61 tomes manuscrits, déposés à la Bibliothèque impériale, et dont il n'a été imprimé qu'un vol. in-fol., comprenant jusqu'au mot *asseurté*. Enfin, indiquons en Portugal l'admirable dictionnaire si heureusement commencé par l'Académie royale des sciences de Lisbonne. Après ces dictionnaires, nous serions coupable d'oublier celui que l'Académie russe de Saint-Pétersbourg a publié de 1816 à 1822, en six vol. in-4°, et auxquels nous n'avons guère rien à comparer, malgré les louables efforts de plusieurs lexicographes de nos jours.

Maintenant, comme nous n'avons pas la prétention de tracer les règles de la science lexicographique, bornons-nous à résumer ici le plus méthodiquement possible ce qui nous paraît avoir été dit de mieux sur cette matière, depuis les tâtonnements des seizième et dix-septième siècles jusqu'aux savantes investigations des érudits du siècle suivant et des habiles philologues de nos jours. Les dictionnaires sont les archives des langues, où doivent être recueillis et classés tous les mots de chacune de ces langues à l'usage des peuples qui les parlent. Toutes ont deux sortes de mots distincts, les uns primitifs et les autres dérivés; il y a donc deux manières de les ranger, l'une en les disposant par racines, l'autre en les plaçant, quelle que soit leur nature et leur origine, dans leur ordre alphabétique. De ces deux méthodes, la première est sans contredit la plus rationnelle, la plus logique, la plus propre à instruire, parce qu'elle montre immédiatement, et non pas le primitif, tous ceux qui en dérivent, à l'instar de ces arbres généalogiques où l'on voit, sous chaque chef de famille, tous les descendants et toutes les branches qui en sortent. Mais l'ordre radical, plus approprié à l'usage des savants, qu'à celui du commun des lecteurs, pour lesquels ils sont faits, offre beaucoup moins de facilité pour les recherches que l'ordre alphabétique; aussi cette dernière forme a-t-elle universellement prévalu. Sans doute, un dictionnaire ne donne point la science et moins encore le talent, mais il doit en être la clef, parce qu'il conduit à la propriété des expressions, soit en montrant les différentes significations des mots, soit en indiquant l'usage qu'on en fait et celui qu'on en doit faire : cette signification s'établit par de bonnes *définitions*, cet usage par une bonne syntaxe. Et comme chaque langue est à la fois écrite ou parlée, après avoir déterminé la *nomenclature* des mots qui la composent, il faut en indiquer l'*orthographe* et la *prononciation*, qui l'une et l'autre sont parfois subordonnées à l'*étymologie*; marquer ensuite la *qualification* de chacun d'eux comme partie du discours; distinguer leurs *acceptions diverses*, en observant la *filiation des idées*, et y joindre tous les éclaircissements propres à fixer leurs sens véritable en s'appuyant de l'autorité des *exemples*.

Il ne reste peut-être plus qu'un seul moyen d'arrêter la décadence où tombe visiblement la langue de jour en jour, c'est d'opposer une forte digue au débordement des *néologismes*, d'expressions impropres, de métaphores outrées, de locutions incorrectes, de tournures forcées, d'images incohérentes dont nous sommes envahis ; et cette digue, qui exige un assemblage de matériaux épurés, ne saurait être construite. Il faut le dire, que par la seule compagnie qui, malgré les éternelles épigrammes dont elle n'a cessé d'être l'objet depuis sa création, n'en réunit pas moins encore dans son sein une multitude et une variété de connaissances et de talents qui n'existent peut-être pas ailleurs, et qu'il est surtout impossible de trouver rassemblés dans une même personne. Telle est donc maintenant la haute mission de l'Académie Française : chargée uniquement, dans son origine, de veiller sur la langue naissante, elle a pu sans doute, par une stricte observance de ses statuts, la laisser libre dans sa marche tant que cette marche lui a été imprimée par le génie ; mais aujourd'hui que nous comptons fort peu de Pascal, de Racine, de Molière, de Bossuet, de La Bruyère, de J.-J. Rousseau, de Montesquieu, de Voltaire, le premier devoir de l'Académie est de ramener la langue dans les limites raisonnables que ces modèles ont su toujours respecter sans rien perdre de leur essor et de leurs prodigieux avantages. Le principe constitutif de l'Académie française doit être en effet un principe conservateur. Instituée d'abord pour suivre et constater l'état de la langue, elle doit maintenant tracer l'histoire philosophique de son enfance, de ses progrès et de sa perfection, en se reportant à l'origine de chaque mot, en expliquant ses variétés de formes et de sens dans ses âges divers, en indiquant les nuances infinies d'acceptions qu'il a reçues du bon goût et du bon usage, le renouvelant, comme l'ont fait, parfois avec bonheur, J.-J. Rousseau, Bernardin de Saint-Pierre, Delille, Châteaubriand, des expressions ingénieuses et pittoresques que leur abandon a laissées sans analogues, en groupant enfin autour de chaque mot les exemples les plus variés et les meilleurs que puissent fournir nos chefs-d'œuvre. Voilà le service qu'on est en droit d'attendre de cette célèbre corporation ; il serait le plus éminent, le plus réel que jamais ses travaux eussent rendu à la langue et aux lettres françaises.

PELLISSIER.

Parmi les Dictionnaires français modernes, autres que celui de l'Académie, auquel on a fait un gros volume de complément renfermant la géographie, la mythologie, la technologie, etc., il faut citer d'abord celui de Laveaux, œuvre philosophique contenant des définitions nouvelles appartenant presque toutes à l'auteur, mais peu appréciées aujourd'hui, par suite du changement des opinions ; puis celui de Boiste, qui ne définit presque que par des synonymes, mais qui fait suivre les définitions de sentences morales tirées des bons auteurs, et indique en général, avec les différences d'orthographe, les premiers écrivains qui ont employé chaque mot dans un sens ou dans un autre. Les appendices de ce dictionnaire, contenant un Dictionnaire des rimes, un Dictionnaire des synonymes, un Dictionnaire des difficultés de la langue, un Dictionnaire biographique, géographique, etc., ajoutent encore à son utilité. Le Dictionnaire de Napoléon Landais a eu un succès que rien ne semble justifier. Ses attaques contre le *Dictionnaire de l'Académie* n'ont souvent pas le sens commun ; néanmoins elles flattaient la vanité ignorante. On lui a fait un supplément énorme dû à MM. Barré et Chézurolles, qui avaient à rectifier une foule de bévues endossées par l'auteur, dont le prénom, dit-on, avait puissamment aidé à la vente. Le Dictionnaire de M. Bescherelle n'est pas beaucoup mieux fait, les mots y sont entassés sans discernement, l'encyclopédie s'y mêle sans direction aucune ; chaque auteur a fait la série syllabique dont il était chargé comme il l'a entendu, l'un dans un sens, l'autre dans un autre, pillant dans les dictionnaires et les encyclopédies, sans gêne et sans façon, ce qui convenait à ses opinions, à ses goûts. Heureusement de nombreuses citations lui donnent quelque intérêt ; mais le manque de révision des épreuves a trop souvent tout embrouillé. L. LOUVET.

A l'étranger, nous devons encore mentionner ici les travaux de Gesenius et de Freytag, pour les langues orientales, de même que ceux de Campe, Heinsius, Graff, etc., et tout récemment des frères Grimm, pour la langue allemande ; de Schneider et de Passow pour la langue grecque ; de Basile Faber, J.-M. Gessner, Scheller, Freund, Klotz, etc., pour la langue latine. Des dictionnaires relatifs à certaines parties des connaissances humaines ont été aussi entrepris, à partir du dix-huitième siècle, par exemple sur la mythologie, la géographie et l'histoire.

Dans ces derniers temps, beaucoup d'érudits ont composé des dictionnaires explicatifs des mots qui se trouvent employés dans tel ou tel auteur ; nous citerons en ce genre le dictionnaire de Sturz pour les œuvres de Xénophon, celui de Schweighæuser pour Hérodote, celui d'Ast pour Platon, celui d'Ellenot pour Sophocle, et celui de Bonnelle pour Quintilien, comme les meilleurs. On a un bon dictionnaire des mots employés par les Pères de l'Église, par Suicer ; pour les commentateurs du Nouveau Testament, par Walch, Bretschneider, Wilke, etc.

DICTON, phrase formulée en maxime. Tantôt règle de conduite, tantôt simple observation critique, le dicton est surtout à l'usage du peuple, auquel il plaît par sa forme concise et métaphorique : c'est sa langue de prédilection ; nul ne s'en sert et ne la manie plus heureusement. La plupart des dictons appartiennent d'origine au vieil idiome ; on sent à leur allure qu'ils sont l'œuvre d'esprits incultes qui s'énoncent comme ils sentent, vivement et hardiment. Le dicton diffère du proverbe proprement dit, en ce que ce dernier est particulier à toute une nation, tandis que l'autre se rattache exclusivement à certaines localités. Ainsi, il y a des dictons picards, normands, champenois, nés dans ces différentes provinces et portant l'empreinte d'une nature toute spéciale, appropriée aux lieux, aux circonstances et aux personnes. Aussi ne peut-on les transporter au dehors sans les dépouiller de la force ou de la grâce qui les caractérise. Les proverbes, au contraire, sont de tous les lieux, car ils portent sur des généralités intelligibles pour tout le monde ; ils forment comme le code de la sagesse pratique. Le mot *dicton*, retombé aujourd'hui dans le style familier, était jadis synonyme de maxime et figurait en poésie dans le genre noble.

On voit bien par de tels *dictons*,
Que la sagesse de nos pères,
Sans nous embarrasser de maximes sévères,
Nous faisait ces belles leçons.

Molière et La Fontaine en ont fait usage dans le même sens :

Du conseiller Mathieu l'ouvrage est de valeur
Et plein de beaux *dictons* à réciter par cœur.

C'est ainsi que s'exprime Arnolphe prêchant sa jeune pupille, dont il médite de faire sa femme. Quant au fabuliste, il s'est servi du mot et de la chose pour en fonder la moralité de l'une de ses leçons, celle où une mère menace son fils de le donner au loup s'il n'est pas plus sage ; le loup se tient prêt, mais il est vu, poursuivi et assommé. On lui coupe le pied droit et la tête :

Le seigneur du village à sa porte les mit,
Et ce *dicton* picard à l'entour fut écrit :
« Biaux chires leups, n'écoutez mie.
Mère tenchant chen lieux qui crie ! »

A cette époque, dicton signifiait encore *trait piquant et malin* : ce satirique ne laisse passer personne qui n'ait *son dicton*. On l'employait encore comme synonyme d'*emblème* ou de *devise*, mais ces deux dernières acceptions sont aujourd'hui surannées et tombées en désuétude.

SAINT-PROSPER jeune.

DICTUM. On appelait ainsi autrefois le dispositif des jugements parce qu'autrefois, lorsque les jugements se rendaient en latin, il était ordinairement conçu en ces termes : *Dictum fuit per arrestum curiæ*, etc.

DICTYS de Crète suivit Idoménée au siége de Troie. On rapporte qu'il avait fait un journal (*ephemeris*) des événements de ce siége, journal rédigé en grec, mais écrit avec des caractères phéniciens sur écorce de tilleul, préparée à cet effet (*tilia*, *philya*). D'après les dernières volontés de l'auteur, ces éphémérides furent enterrées avec lui, à Gnosse, sa patrie. Dans la treizième année du règne de Néron, un tremblement de terre bouleversa le territoire de Gnosse, et mit à découvert le tombeau de Dictys. Des bergers s'emparèrent d'une boîte de plomb renfermant le *Siége de Troie* : ils comptaient sur un trésor ; mais, à la vue d'une écriture pour eux indéchiffrable, ils résolurent d'apporter leur trouvaille à leur maître, nommé Praxis ou Enpraxidas. Celui-ci, qui peut-être bien était lui-même l'auteur de cette mystification littéraire, se hâta d'envoyer le précieux manuscrit à Néron, qui, ayant mandé quelques savants en langue phénicienne, leur ordonna de le traduire en grec.

Dans le troisième ou quatrième siècle de notre ère, un certain Q. Septimius ou Septimus, traduisit en latin ce grec cité maintes fois par les historiens byzantins postérieurs, mais dont les dernières copies disparurent sans retour. La traduction de Septimus, au contraire, est parvenue jusqu'à nous. Elle a pour titre *De Bello Trojano*. Quelques fragments du texte grec cités par des historiens et les nombreux hellénismes qu'on y remarque nous autorisent à dire qu'elle est assez fidèle. Autrefois on la joignait toujours à l'ouvrage de Darès. Depuis l'édition princeps (Milan, 1477), on peut encore mentionner les éditions de Smid (Amsterdam, 1702) et de Dederich (Bonn, 1833).

Si, comme le disent expressément Dictys lui-même et son traducteur Septimus, la rédaction du *Siége de Troie* était grecque, et la seule écriture phénicienne, les savants appelés par Néron n'eurent à exercer leur habileté que sur une substitution de caractères alphabétiques. Or, il est difficile de concevoir comment Néron, jaloux, comme on nous le représente ici, de faire connaître à ses sujets les derniers moments de la ville d'Énée, cet illustre aïeul de la souveraineté romaine, ne commanda point à ses savants une traduction latine, au lieu de léguer cette tâche à Q. Septimus, qui devait s'en acquitter plusieurs siècles après, lorsque Rome avait plus à s'occuper de sa conservation que son origine. Nous pouvons donc, sans outrer le scepticisme, révoquer en doute l'authenticité du *Siége de Troie par Dictys*, et ne voir dans son histoire que la spéculation d'on ne sait trop quel écrivain du quinzième siècle sur la crédulité de ses contemporains ; spéculation que des recherches bien antérieures paraissent avoir suggérées. Louis Vivès, l'un des rares savants espagnols, ne voit dans l'histoire de Dictys de Crète, comme dans celle de Darès, que pures fictions, que jeux de deux esprits frivoles, à propos de la plus fameuse guerre des anciens temps.

E. LAVIGNE.

DIDACTIQUE (Genre). On regarde comme appartenant au *genre didactique* (du mot grec διδάσκειν, enseigner), tous les ouvrages, soit en vers, soit en prose, qui ont pour objet d'instruire, d'enseigner les principes et les lois d'une science, les règles et les préceptes d'un art. Il convient donc de ranger parmi, les ouvrages *didactiques* les écrits d'Aristote sur la grammaire, sur la poétique et la rhétorique, le traité du *Sublime* attribué à Longin, les livres de Cicéron sur *l'art de l'orateur*, qu'il avait porté à un si haut point de perfection, et les *Institutions oratoires* de Quintilien. Chez nous, le *Traité des Études* de Rollin, celui des *Tropes* de Dumarsais, le *Cours analytique de littérature* de Népomucène Lemercier, sont des ouvrages didactiques. En général, il faut comprendre dans cette classe de livres les grammaires et les autres traités particuliers où, comme nous l'avons dit d'abord, sont exposés avec méthode les éléments et les règles d'une science ou d'un art.

Toutefois, cette dénomination de *didactique* s'applique plus ordinairement à un *genre de poésie* dont le principal but est l'instruction. Le vers a sur la prose cet immense avantage qu'il formule d'une manière plus nette, plus frappante, et qu'il consacre, pour ainsi dire, les préceptes qu'il est chargé de vulgariser. Le *poème didactique*, ayant pour objet d'instruire, doit avoir un fonds solide et intéressant ; de plus, il doit plaire : sans ce moyen accessoire, il manque son but. Plus la marche du poème didactique paraît unie et monotone, plus le poète doit s'efforcer de le varier dans ses formes, de l'enrichir dans ses détails, de lui communiquer la chaleur et la vie. L'éloquence de ce genre de poème doit être du genre tempéré ; il importe que le style en soit noble, mais sage et modeste. Nous n'avons rien dans notre langue à opposer aux *Géorgiques* de Virgile ; elles offrent un modèle inimitable du poème didactique. Composé pour instruire le cultivateur, cet ouvrage est un monument immortel élevé au premier des arts nécessaires, l'agriculture, par le premier des arts agréables, la poésie. Le judicieux Horace, pour tracer les règles de cet art du poète, qu'il possédait si bien, a tâché de prendre un style simple, clair et précis, comme plus convenable au code des lois du Parnasse. Son *Art poétique* devra sa durée à sa solidité et sera toujours regardé comme un poème didactique du premier ordre. Le poème de Boileau sur le même sujet, fondé sur les mêmes principes, mais exécuté d'une manière plus ornée, chef-d'œuvre de raison et de justesse, d'agrément et d'élégance, est la plus belle œuvre *didactique* dont nous puissions nous glorifier. Les Anglais possèdent, dans le même genre, l'*Essai sur la critique* de Pope, souvent mis en parallèle avec les poèmes d'Horace et de Boileau que nous venons de citer ; il digne de cette comparaison à bien des égards. Loin de ces immortels chefs-d'œuvre, il y a encore dans notre littérature quelques poèmes didactiques qui ne sont pas sans mérite, entre autres le poème de *la Peinture*, par Lemierre, celui de *l'Agriculture*, par Rosset, celui de la *Déclamation*, par Dorat, celui du *Peintre*, par Girodet, et quelques autres encore. C'est là que Marmontel, à l'occasion du genre *didactique*, parle du poème de Lucrèce (*De natura rerum*), de l'*Essai sur l'homme*, de Pope, et des *Saisons*, de Saint-Lambert. Les deux premiers de ces ouvrages sont des poèmes philosophiques, et le troisième un poème descriptif ; genre de poésie souvent enrichi de détails brillants, mais vague, et presque toujours dépourvu de cette utilité qui recommande le poème didactique.

CHAMPAGNAC.

DIDACTYLE (de δίς, deux fois, et δάκτυλος, doigt) se dit des animaux qui ont deux doigts à chaque pied. Cette épithète sert de caractéristique à certaines espèces. Ainsi, parmi les mammifères, dans le genre *bradype*, l'unau, n'ayant que deux doigts à chaque pied, a été appelé *bra-*

dypus didactylus, pour le distinguer de l'espèce à trois doigts ou l'aï, *bradypus tridactylus*. Klein avait réuni les chameaux et le paresseux à deux doigts pour en former sa première famille des quadrupèdes digités couverts de poils, sous le nom de *didactyles*. Mais on groupe plus naturellement les chameaux avec les autres ruminants sous le nom de *bisulques*, parce qu'ils ont tous le pied fourchu.

L'autruche de l'ancien continent (*struthio camelus*, Lin.) est un oiseau *didactyle*, et se distingue sous ce rapport de l'autruche d'Amérique, qui est tridactyle. Dans la classe des amphibiens ou des reptiles à peau nue, l'ordre des urodèles ou de ceux qui ont une queue, et qu'on regardait autrefois comme des lézards d'eau, renferme plusieurs genres, parmi lesquels celui appelé *amphiume* est formé de deux espèces, l'une à deux doigts (*amphiuma didactylum*), qu'on avait pris autrefois pour une sirène, et l'autre tridactyle.

Quoique dans les animaux invertébrés, on n'observe plus de véritables doigts, certaines espèces ont été caractérisées sous ce nom: telles sont le *ptérophone didactyle*, à cause de la division de ses ailes en deux parties; le *grillo-talpa didactyla*, parce qu'il n'a que deux divisions ou dents à ses jambes antérieures. On dit aussi que certaines araignées ont des mâchoires *didactyles*. Il est évident que dans ces trois derniers cas le terme *didactyle*, au lieu de désigner des animaux à deux doigts, ne s'applique plus qu'aux parties qui sont divisées en deux.   L. LAURENT.

DIDASCALIES (du grec διδασκαλία, enseignement). Les anciens nommaient ainsi les instructions données par le poëte aux acteurs sur la manière dont ils devaient jouer ses ouvrages.

DIDELPHE (de δίς, double, et δελφύς, matrice). Sous ce nom, Linné avait formé un genre de tous les animaux à bourse ou marsupiaux connus de son temps. Mais comme la plupart appartenaient au groupe des *sarigues*, c'est à celles-ci que les auteurs modernes ont réservé le nom scientifique de *didelphis*, que les naturalistes précédents appliquaient indifféremment aux genres *dasyure*, *kanguroo*, *phascolome*, etc. Cuvier a formé de ces divers genres la famille des *marsupiaux*.

DIDEROT (DENIS), naquit à Langres, petite ville du Bassigny, le 5 octobre 1713. Son père, coutelier en cette ville, homme de sens et de probité, fit étudier de bonne heure son fils sous les jésuites, qui régnaient alors sur la plupart des écoles publiques. Diderot fit des progrès rapides, et ses études furent couronnées de brillants succès. Une fois échappé aux jésuites, qui essayèrent vainement de l'enrôler dans leur ordre, tant était grande déjà la répugnance de Diderot pour leurs doctrines, il vint à Paris, au collège d'Harcourt, pour se préparer aux études de la théologie. L'exactitude rigoureuse des sciences mathématiques, auxquelles Diderot se livra avec ardeur, le dégoûta bientôt de la théologie, et le fit renoncer, au bout de quelques années, à l'habit ecclésiastique, qu'il ne servait pas à sa taille. Son père, bien que mécontent de la nouvelle détermination de son fils, ne voulut point contraindre ses intentions, et le laissa obéir à ses goûts. Dès lors, Diderot embrassa d'un amour exclusif l'étude attrayante des sciences et des lettres. Les profondeurs de la métaphysique ne l'effrayèrent point, et le travail assidu, opiniâtre, inflexible, résume sa vie tout entière. « Ce qui étonne surtout, dit Naigeon, qui a publié les œuvres complètes de Diderot et les a fait précéder d'une notice philosophique sur la vie et les œuvres de cet auteur, c'est qu'il fut entraîné toute sa vie par un penchant presque invincible à la géométrie et aux sciences abstraites: il aimait leur indépendance et leur généralité. Toujours dans un monde idéal; soit avec Euclide et Archimède, soit avec Platon, il fallait qu'il démontrât ou conjecturât. Au milieu des occupations diverses et souvent même assez disparates que la loi impérieuse de la nécessité et des circonstances lui prescrivait quelquefois, et auxquelles son génie souple et versatile se pliait avec tant de succès que la chose qu'il faisait semblait toujours être celle à laquelle la nature l'avait particulièrement destiné, au milieu de ces différentes occupations, il faisait de la géométrie; il s'était même fait un calcul qui n'était qu'à lui, et dont il a écrit quelque part les éléments: ce n'était ni de l'analyse ni de la synthèse. C'est à l'aide de ce calcul, qu'il comparait lui-même à une paille avec laquelle il remuait des quartiers de roche, qu'il osa tenter la solution d'un problème qui a résisté constamment aux efforts réunis des plus grands géomètres. »

Le problème dont parle Naigeon n'était rien moins que la quadrature du cercle, quartier de roche que ne remua point la paille de Diderot. La pension que lui faisait son père étant très-modique, il y suppléa en enseignant les mathématiques. Une anecdote qui prouve le désintéressement et la loyauté de Diderot trouve ici sa place. Quelque riche que fût l'écolier, quelque largement que fût rétribué le maître, Diderot se retirait aussitôt qu'il ne reconnaissait dans son élève aucune aptitude au travail. Chargé de l'éducation du fils d'un riche particulier, il déclara bientôt au père qu'il voulait abdiquer ses fonctions. Vainement on lui offrit de doubler son salaire, on essaya vainement de l'enchaîner par des offres magnifiques: il préféra la pauvreté honnête à une richesse qu'il pensait ne pas mériter. Toutefois, pour ne point contrarier son père, qui désirait lui voir un état, il se décida, malgré ses goûts d'indépendance, à entrer chez un procureur. Mais, au lieu d'y former sa plume et son esprit au style du Châtelet et aux subtilités de la chicane, il y étudiait tour à tour Tacite, Locke, Hobbes et Newton. Son père, irrité de ce qu'il ne voulait embrasser aucune spécialité dans la vie (comme si le génie n'était pas la spécialité la plus belle!), lui retrancha la modeste pension qu'il lui avait faite jusqu'à ce jour, et dès lors commença pour Diderot cette époque de lutte, de courage, de douleur et de misère, qui se retrouve dans toute existence illustre. Le talent ne ressemble-t-il pas à ces fleurs qui ne naissent et ne s'épanouissent que sous la neige et les frimas? L'âme du jeune philosophe grandit dans cette lutte de la science et de la poésie avec les tristes et poignantes réalités de la vie. La persécution, loin de l'abattre, ne fit qu'en développer la brûlante énergie, et Diderot sortit du malheur dur et brillant comme l'acier. Au reste, s'il ne recevait aucun secours direct de sa famille, il n'était point cependant délaissé comme un orphelin: sa mère lui envoyait ses économies, sa vieille nourrice faisait le voyage à pied pour lui porter ses épargnes, et le père lui-même chargeait ses compatriotes qui allaient visiter la grande ville d'avancer à son fils l'argent que celui-ci leur demanderait peut-être. Diderot vécut ainsi jusqu'à trente ans. Quelque temps avant d'entrer chez le procureur, il devint épris d'une jeune personne estimable et chaste: il l'épousa secrètement. Ce fut à cette union, contractée à l'insu de ses parents, qu'il dut plus tard sa réconciliation avec eux. La femme qu'il épousa était pauvre; ce mariage augmenta ses besoins. Souffrir seul n'était rien: lorsqu'il se trouva protecteur d'une destinée qui lui était chère, il sentit plus que jamais le désir de vaincre la pauvreté.

Écrivain par goût, puis par nécessité, il traduisit de l'anglais l'*Histoire de Grèce* de Stanyan (1743, 3 vol. in-12): c'est un extrait assez médiocre, qui n'apprend rien à ceux qui le lisent. Il s'associa avec Toussaint et Eidous pour la rédaction du *Dictionnaire de médecine* (1744, 6 vol. in-fol). Enfin, en 1745, il publia l'*Essai sur le mérite et la vertu*. L'ouvrage était annoncé comme traduit de l'anglais de Shaftesbury; mais on peut dire que Diderot ne s'est inspiré que de l'esprit de l'écrivain britannique. Le nom de Shaftesbury fit d'abord le succès du livre de Diderot; c'est aujourd'hui le nom du philosophe français qui fait rechercher l'ouvrage du docteur anglais. Que dire des *Bijoux indiscrets*? Diderot a condamné lui-même cette débauche de sa jeunesse. On assure que ce fut un défi qui donna naissance à cet ouvrage licencieux. S'il en est ainsi, ce fut le public qui perdit la gageure. Diderot regardait tous les ouvrages que la pudeur et le bon goût réprouvent comme les exhalaisons pestilentielles d'un cloaque : il n'en exceptait pas le sien. Il ajoutait seulement que, quoique ce fût une grande sottise, lorsqu'il se rappelait cette époque, une des plus critiques de sa jeunesse, il s'étonnait de n'en avoir pas fait une plus grande. Il n'était connu jusqu'alors que par cette plaisanterie de mauvais lieu, lorsqu'il publia en 1746 les *Pensées philosophiques*, qui obtinrent par leur hardiesse un succès de scandale. Ces *Pensées* furent attaquées avec emportement par les théologiens catholiques et protestants. Un arrêt du parlement de Paris les ayant condamnées à être brûlées en place publique, ce fut un nouvel attrait pour la curiosité, et on les réimprima sous le titre d'*Étrennes aux esprits forts*. Diderot y ajouta soixante-douze pensées nouvelles, qui, plus hardies et plus fortes encore que les premières, ne furent imprimées qu'en 1770, et parurent pour la première fois dans le *Recueil philosophique* dont Naigeon fut l'éditeur. La *Lettre sur les aveugles à l'usage de ceux qui voient*, dans laquelle Diderot combat et croit réfuter d'une façon toute victorieuse l'idée d'un Être-Suprême, envoya son auteur à Vincennes.

Diderot passa trois mois et demi dans le donjon. J.-J. Rousseau le visita souvent dans sa prison. Ils s'étaient connus et aimés vers 1742, alors que Rousseau arrivait à Paris. Le souvenir de cette amitié se retrouve plus d'une fois dans les mémoires de l'auteur d'*Émile* : Rousseau y raconte comment cette liaison se noua et se brisa : la rupture fut éclatante. Pourrait-il exister une affection durable entre ces deux cœurs, dont l'un était si ombrageux, si rempli de farouches susceptibilités, l'autre si fougueux, si rude et si ardent? Diderot se lia surtout avec D'Alembert, et ce fut avec lui qu'il conçut le projet de l'*Encyclopédie*. Il s'agissait de réunir dans un seul ouvrage l'universalité des sciences, de la philosophie et des arts, d'élever un monument complet à l'intelligence de l'homme. L'*Encyclopédie*, source de la grande réputation, des grandes luttes et des grands malheurs de Diderot, ne fut, à proprement parler, qu'une affaire de parti, un moyen de propager les idées nouvelles : l'*Encyclopédie* est toute la presse du dix-huitième siècle. De tous les novateurs qui travaillèrent à cet immense édifice, Diderot fut à coup sûr le plus ardent, le plus assidu, le plus opiniâtre : on le trouva toujours sur la brèche. C'est de lui qu'est le *Prospectus* et le *Système des connaissances humaines*. Il se chargea des articles des arts et métiers ; il traita l'histoire de la philosophie ancienne. Par un arrêt du conseil du roi, du 7 février 1752, les deux premiers volumes furent supprimés, et l'impression des autres suspendue pendant dix-huit mois. Mais l'activité de ces ouvriers infatigables, qui devaient renverser une monarchie de dix-huit siècles, surmonta tous les obstacles : cinq volumes nouveaux parurent. La religion s'effraya, et le privilège fut révoqué. Découragé, D'Alembert se retira. Diderot lutta seul. Protégé par le duc de Choiseul, il obtint que le reste de l'*Encyclopédie* ne serait soumis à aucune censure.

Pendant qu'en France on persécutait Diderot, Catherine II l'appelait auprès d'elle et le comblait de ses faveurs. Il se rendit à Pétersbourg, en compagnie de son ami Grimm. En 1777, il passa plusieurs mois près de l'impératrice. Le roi de Prusse lui fit un accueil moins glorieux, et Diderot revint à Paris assez mécontent du grand Frédéric, qui lui-même n'était pas fort content du philosophe. « Tout intrépide lecteur que je suis, disait-il en parlant de Diderot, je ne saurais soutenir la lecture de ses livres ; il y règne un ton suffisant et une arrogance qui révoltent l'instinct de ma liberté. » Diderot eut des relations avec Voltaire : ces deux esprits se convenaient. A peine Voltaire eut-il appris la persécution qu'on exerçait contre D'Alembert et contre Diderot, qu'il en témoigna publiquement son indignation ; son avis était que Diderot et D'Alembert allassent continuer l'*Encyclopédie* en pays étranger. La réponse de Diderot à cette proposition offre un grand caractère de loyauté, de fermeté, de noblesse et de courage.

En 1748, il publia des mémoires sur différents sujets de mathématiques. En 1754 parurent les *Pensées sur l'interprétation de la nature* : ce livre traite des moyens de perfectionner la physique expérimentale et d'appliquer avec succès les forces de l'entendement à l'accroissement des sciences qui ont pour objet l'étude de la nature. Plus tard, il introduisit sur notre scène la tragédie domestique et bourgeoise : *le Père de famille* et *le Fils naturel* parurent ; puis vinrent *la Religieuse* et *Jacques le fataliste*. Le premier roman est parfois entraînant, plus souvent révoltant par son obscénité ; le second est une imitation de mauvais goût du *Pantagruel* de Rabelais et du *Candide* de Voltaire. En 1765 et 1767, Diderot publia, sous le titre de *Salons*, ses jugements sur les expositions de peinture et de sculpture qui eurent lieu au Louvre ces années-là. Cet ouvrage parut sous forme de lettres adressées à Grimm, qui les envoyait aux princes étrangers dont il était le correspondant littéraire. En 1796, parut d'abord dans la *Décade philosophique*, puis dans le *Journal d'économie politique*, une espèce de dithyrambe intitulé : *les Éleuthéromanes, ou les Furieux de la liberté*. « Une circonstance frivole, dit l'auteur dans l'avertissement, donna lieu à un poème aussi grave. Trois années de suite, le sort me fit roi dans la même société. La première année, je publiai mes lois sous le nom de *Codo Denys*; la seconde, je me déchaînai contre l'injustice du destin, qui déposait encore la couronne sur la tête la moins digne de la porter ; la troisième, j'abdiquai, et j'en dis les raisons dans ce dithyrambe. » Deux vers suffiront pour donner une idée du ton général de cette pièce. Les voici :

> Et ses mains ourdiraient les entrailles du prêtre,
> A défaut d'un cordon, pour étrangler les rois.

De retour à Paris, Diderot se retira du monde vécut et au milieu de ses amis ; ses infirmités augmentaient, et il semblait que son voyage en Russie avait altéré sa santé. Se sentant plus mal de jour en jour, il se fit transporter dans une maison que Catherine II avait fait disposer pour lui, et il y mourut au mois de juillet 1784, à l'âge de soixante-douze ans. On assure que, dans sa vieillesse, il faisait lire la Bible à sa fille ; Grimm, qui a loué Diderot outre mesure, et que le regardait comme la tête la plus naturellement encyclopédique qui ait jamais existé, pense qu'il eût été fort à désirer pour la réputation de Diderot, peut-être même pour l'honneur du son siècle, qu'il n'eût point été athée. Le dix-huitième siècle, qui avait une œuvre de destruction à accomplir, a trop exalté le mérite de Diderot ; plus tard, lorsque l'œuvre s'est trouvée accomplie, on a trop déprécié le mérite de ce philosophe. Nous admirons en lui l'énergie, la chaleur, la multiplicité des idées, l'universalité des connaissances : fécond, original et spontané, Diderot est le type du journaliste, c'est l'écrivain improvisateur.

Jules SANDEAU.

DIDIER, dernier roi des Lombards. Après la mort d'Astolphe, arrivée en 756, et qui n'avait point laissé de postérité, Didier, duc de Toscane et chancelier du royaume, fut appelé à la couronne par les grands ; mais elle lui fut disputée par Rachis, frère d'Astolphe. Ce Rachis, descendu volontairement du trône pour se vouer à la vie monastique, sortit alors de sa retraite, et voulut ressaisir le pouvoir auquel il avait renoncé. Didier lui offrir la restitution de plusieurs villes qui lui avaient été enlevées par son prédécesseur. Le pape Étienne II intervint comme médiateur, et parvint à décider Rachis à retourner dans son couvent. Cependant de graves différends ne tardèrent pas à éclater entre le prince lombard et la cour de Rome : ils eurent pour cause principale la protection donnée aux archevêques de Ravenne, qui osaient disputer aux pontifes romains la suprématie religieuse et politique. Didier ayant placé sur ce siège une de ses créatures, Étienne l'en chassa. Irrité de cet affront, Didier fit arracher les yeux à deux envoyés du pape. Sur ces entrefaites, Berthe, mère de Carloman et de Charlemagne, étant venue en Italie, fit épouser à ses fils les filles de Didier, et Adelgise, héritier présomptif et déjà associé à l'empire, prit pour femme la fille de Berthe. Ces mariages furent accomplis malgré la vive opposition du pape, qui, dans ses lettres, menaça les princes de l'excommunication et des peines de l'enfer. Mais, au bout d'une année, Charlemagne renvoya la princesse, sa femme, à son père, sous prétexte de stérilité, et contracta bientôt une nouvelle union. Irrité de cet affront, Didier accueillit avec empressement les enfants de Carloman que leur oncle Charlemagne venait de déposséder de leur héritage.

Adrien Ier venait de succéder à Étienne ; Didier voulut l'engager à procéder au couronnement des fils de Carloman, mais Adrien s'y refusa. Le monarque lombard, ne pouvant rien obtenir par des prières, eut recours à la force, et se saisit de Ferrare, de Faenza et de plusieurs autres villes. Adrien demanda la restitution de ces places, mais Didier mit pour condition que le pape viendrait en personne conférer avec lui. Le pontife n'ayant pas voulu accéder à cette proposition, les Lombards envahirent la Pentapole ou marche d'Ancône, et vinrent piller jusqu'aux portes de Rome. Hors d'état de se défendre, Adrien envoya un légat à Charlemagne pour implorer son secours. Celui-ci saisit l'occasion de se venger de Didier. Il se mit en marche sur-le-champ, et ayant traversé les Alpes en deux endroits, malgré les Lombards ayant à leur tête Didier et son fils Adelgise, il les battit et les mit dans une déroute complète. Toutes les villes ouvrirent leurs portes au vainqueur, et après avoir subsisté avec gloire pendant près de deux cents ans, la puissance des Lombards s'éteignit en un moment. Didier retira dans Pavie, sa capitale, soutint un siège assez long, mais il manquait de vivres, et, la peste achevant de décimer ses soldats, il fut obligé de se rendre, et fut conduit en France en 774 avec toute sa famille. Renfermé dans l'abbaye de Corbie, il y termina sa vie dans des pratiques de dévotion qui lui acquirent une grande réputation de sainteté.

Saint-Prosper jeune.

DIDIER (Paul) naquit en 1758 à Upie, bourg du Dauphiné, qui appartient aujourd'hui au département de la Drôme. Avocat au parlement de Grenoble, à l'époque de notre grande révolution, il céda en 1788 à l'élan patriotique des Dauphinois et signa le 14 juin la délibération du conseil municipal de cette ville, tendant à inviter le roi : 1° à retirer les édits présentés par Brienne et enregistrés militairement à la suite d'un lit de justice ; 2° à rappeler la magistrature exilée ; 3° à permettre la conservation des états de la province en y appelant, par voie d'élection libre, les membres du tiers état en nombre égal à celui des membres du clergé et de la noblesse réunis ; 4° à convoquer les états généraux du royaume à l'effet de remédier aux maux de la nation. Didier assista encore le 21 juillet suivant, en qualité de député de Grenoble, ainsi que d'un certain nombre de bourgs de la sénéchaussée de Valence, à la fameuse assemblée de Vizille, qu'on a justement considérée comme le berceau de la révolution française. Mais, à l'exemple de Mounier et de Barnave, il sembla déserter la cause populaire quand elle exigea de ses défenseurs le sacrifice de leur modération à l'inflexibilité du temps. Inaperçu dans les orages de la Convention et du Directoire, il fut nommé professeur à l'école de droit de Grenoble, lors de la réorganisation de l'instruction publique sous le gouvernement consulaire. Il fit preuve de talent dans ces fonctions, et devint maître des requêtes au conseil d'État. Conseiller à la cour de cassation en 1814, il s'occupa d'un plan de conciliation entre les partisans de la révolution et de l'ancien régime et se prononça fortement contre le gouvernement royal après les événements de 1815.

Impliqué dans une conspiration tramée à Lyon au commencement de 1816, et vivement poursuivi par la police, il parvint, malgré toutes les recherches dont il était l'objet, à organiser un mouvement insurrectionnel dans le département de l'Isère, et parut aux portes de Grenoble, dans la nuit du 4 au 5 mai, à la tête de cinq ou six cents paysans descendus de la Matésine et de l'Oysane, au cri de *Vive l'empereur !* le seul qui pût rallier à cette époque les mécontents des classes populaires et qui était loin d'exprimer les opinions personnelles du chef de l'insurrection. Soit que Didier fût dupe des instigations de quelques agents provocateurs, soit que tous les confidents de son projet n'en eussent pas gardé le secret, les autorités civiles et militaires, instruites à la fois par leurs émissaires et par le public des résolutions de cet infatigable conspirateur, s'étaient préparées à repousser son audacieuse tentative. Abandonné par ceux de ses complices qui devaient agir dans la ville, et que l'arrestation d'un officier d'artillerie, chargé de s'assurer du commandant militaire et du préfet de Montlivault, condamnait à l'inaction ; trahi par quelques officiers supérieurs à demi-solde qui, au lieu de l'assistance qu'ils lui avaient promise, s'empressèrent d'aller offrir ostensiblement au général Donnadieu des services qu'ils lui avaient sans doute déjà rendus dans l'ombre, Didier ne trouva dans Grenoble que des ennemis disposés à le combattre et fut obligé de fuir précipitamment à travers les Alpes pour mettre sa vie en sûreté sur la terre étrangère, après avoir vu disperser en quelques instants sa troupe inexpérimentée par les grenadiers de la légion de l'Isère, qui, pour s'être montrés sans pitié envers leurs compatriotes, méritèrent d'entrer en masse dans la garde royale. Didier, favorisé par ses intelligences sur la frontière, parvint à gagner la Savoie, et se réfugia dans un village de la Maurienne. Il était accompagné d'un affidé que la faiblesse de caractère et sa tendresse pour sa femme pouvaient pousser à acheter sa grâce au prix d'une trahison. Les autorités de Grenoble en furent instruites et elles chargèrent un citoyen notable de la ville, à qui cette femme était venue déclarer qu'elle pourrait découvrir l'asile de l'homme dont la tête venait d'être *mise à prix*, de diriger les négociations qui devaient faire tomber Didier entre leurs mains. Les carabiniers piémontais, guidés par les indications du traître, s'emparèrent du chef d'une conspiration ourdie en France par des Français contre Louis XVIII, et l'écrouèrent dans les cachots du roi de Sardaigne. Didier devait subir la première application du principe de l'extradition introduit récemment dans le droit des gens par la politique de la Sainte-Alliance. Livré par le gouvernement de Turin à celui de Paris, il fut traduit en juin devant la cour prévôtale de l'Isère, qui jugeaient quelques-uns de ses confrères du barreau et de ses collègues de la magistrature. Loin de chercher un instant à détourner le coup qui menaçait sa tête et de recourir aux dénégations des accusés vulgaires, il déclara n'avoir agi que par désir d'être utile à sa patrie, et, interrogé sur son but, il répondit que le temps le révélerait. Condamné à mort au cri de *vive le roi !* que fit entendre avec un accent de cannibale un de ses anciens amis, l'ex-républicain Pianta, devenu prévôt sous la réaction royaliste de 1815, il marcha au supplice avec un courage et une sérénité d'âme qui furent admirés de ses ennemis eux-mêmes. Une quinzaine de malheureux, dont un enfant de quatorze ans, accusés d'avoir pris part à l'échauffourée de Didier, furent condamnés et exécutés comme lui. Le préfet avait pourtant pris sur lui de surseoir à l'exécution et de demander à Paris des ordres par le télégraphe. « *Fusillez-les tous sur-le-champ,* » répondit par la même voie le ministre de la police Decazes. L'enfant de quatorze ans fut fusillé précisément sous les fenêtres de sa mère.

DIDON ou **ÉLISSA**, à qui les traditions font bâtir **Carthage**, était la fille d'un roi de Tyr que les uns appellent Agénor ou Bélus, d'autres Mutgo ou Matgines. Son successeur, Pygmalion, frère de Didon, assassina l'oncle et l'époux de celle-ci, un prêtre d'Hercule nommé Acerbas, et auquel Virgile donne le nom de Sichée. Didon s'échappa ensuite avec les trésors de Sichée, dont son meurtrier avait vainement tenté de s'emparer ; et, accompagnée d'un grand nombre de Tyriens, elle prit place sur un navire afin d'aller se chercher une nouvelle demeure. Elle débarqua en Afrique, non loin d'Utique, colonie phénicienne qui existait déjà alors, et, sur le terrain que lui vendit le roi numide Hiarbas, elle construisit une forteresse appelée *Byrsa* (Peau). C'est la signification que ce mot a dans la langue des Grecs qui donna lieu parmi eux à la tradition suivant laquelle Didon aurait acheté autant de terrain qu'on en pouvait couvrir avec une peau de bœuf, puis aurait découpé cette peau en bandes étroites ; artifice qui lui aurait permis d'embrasser un espace de terrain bien autrement grand. Cette forteresse devint le berceau de **Carthage**, où, après sa mort, Didon fut adorée comme une divinité. C'est elle, qui, pour échapper aux poursuites amoureuses d'Hiarbas, se serait volontairement donné la mort en se plaçant sur un bûcher. Comme avant lui **Nævius**, Virgile fait arriver Énée chez Didon ; et c'est au désespoir que lui avait causé l'infidélité de ce héros qu'il attribue le suicide de la reine de Carthage.

[Pauvre Didon, où t'a réduite
De tes maris le triste sort !
L'un eu mourant cause ta fuite,
L'autre en fuyant cause ta mort.

Cette épigramme, traduite d'Ausone, renferme en peu de mots toute la vie amoureuse de la veuve de Sichée, de l'amante délaissée du pieux Énée. Sous le rapport historique, Didon est-elle un personnage bien important ? a-t-elle même existé ? J'ai déjà à cet égard exprimé mon doute à l'article **CARTHAGE**. En revanche, Didon est un des personnages les plus dramatiques que nous aient légués les fictions de la crédule et menteuse antiquité. Elle a été l'héroïne d'une foule de tragédies et d'opéras en toutes les langues, sans parler des héroïdes, élégies, etc. ; en un mot, la reine de Carthage a seule presqu'autant fourni matière à la poésie que l'éternelle famille d'Agamemnon tout entière. Voltaire, dans ses *Mélanges*, ne veut pas que Didon ait existé ; Heeren n'articule le nom de Didon que pour présenter son existence comme une *fable incertaine*.

Honneur à Virgile, qui a bâti sur ce texte une fable si attachante ! Si l'infortunée reine eût ressemblé à tant d'autres, peut-être aurait-elle convolé en secondes et légitimes noces, et trouvé auprès d'Hiarbas des consolations pour son double veuvage, mais le poëte a eu l'heureuse idée de la faire inconsolable ; de là ce fameux suicide de Didon se brûlant sur un bûcher, et quittant la vie avec courage, mais non sans regrets :

Quæsævit cœlo lucem, ingemuitque reperta.

Grâce à cette scène de mort si pathétiquement décrite par Virgile, la reine de Carthage tient une aussi belle place dans les annales amoureuses de toutes les nations et de tous les siècles que Héro et Léandre, que Sapho, qu'Héloïse et Abailard. Un tableau de notre grand peintre **Guérin** l'a rendue populaire, même parmi ceux qui ne savent pas lire. Depuis Jodelle, qui, en 1552, a fait sur Didon une tragédie à la grecque, avec prologue et chœurs, jusqu'à Pompignan et Marmontel, huit de nos ont exercés sur ce sujet. Charles Du Rozoir.]

DIDOT, nom d'une famille d'imprimeurs français justement célèbre, et dans laquelle, depuis *François* **DIDOT** né en 1699, les savantes traditions des *Étienne* et des *Elzevier* semblent héréditaires.

DIDOT (FRANÇOIS-AMBROISE), né en 1730, mort en 1804, graveur et fondeur en caractères, parvint à donner aux produits de son art une netteté et une élégance telles, que les fontes provenant de ses ateliers furent bientôt reconnues comme les plus belles qu'on eût encore employées en France. Il s'occupa aussi d'apporter de notables améliorations dans la construction des presses et dans la fabrication du papier. L'imprimeur Anisson-Duperron a voulu vainement lui contester l'invention de la presse à un coup, et il fut notoirement le premier en France qui employa le papier vélin. Ce nouveau produit de l'industrie nationale, aux essais duquel F.-A. Didot avait pris une part importante, fut tout d'abord utilisé pour une édition des *Jardins*, de Delille, confiée à ses presses (1782, in-4°) ; et on l'admira tellement, que le comte d'Artois commanda à l'habile imprimeur une collection des meilleurs romans sur papier semblable, dans le format petit in-18, dont il voulut faire tous les frais ; collection encore estimée et recherchée aujourd'hui, et qui dans le commerce a conservé le nom de ce prince. Louis XVI confia à Ambroise Didot l'exécution des classiques destinés à l'éducation du Dauphin ; collection imprimée dans les formats in-4°, in-8° et in-18. Parmi les nombreux ouvrages sortis de ses presses et dont une bonne partie sont depuis longtemps devenus rares, on peut encore citer les éditions de Longus (2 vol., 1778), de la *Gerusalemme liberata*, du Tasse (2 vol., 1784-86), et de la traduction d'Homère, de Bitaubé (12 vol., 1787-88).

Son frère, *Pierre-François* **DIDOT**, né en 1732, avait d'abord été libraire ; plus tard, il s'établit aussi imprimeur, et fut nommé imprimeur de Monsieur, depuis Louis XVIII. La papeterie d'Essonnes fut fondée par lui, et il avait joint à son imprimerie une fonderie de caractères. On lui doit plusieurs belles éditions, notamment un magnifique *Télémaque* (2 vol. in-4°, 1785) ; il mourut en 1795.

DIDOT (PIERRE), l'aîné, fils de François-Ambroise, né en 1761, prit en 1785 la suite des affaires de son père. Déjà connu par des poésies diverses, une épître sur les progrès de l'art typographique et un recueil de fables apprécié de Florian, l'ami de la famille, il eut la noble ambition de vouloir que la France, devenue par les victoires de ses armées l'envie du monde entier, ne restât pas sous le rapport des produits de l'art typographique en arrière des peuples voisins ; il aspira à surpasser Bodoni. En 1795, dès que les immortelles victoires de Bonaparte en Italie semblèrent consolider le nouveau régime, il conçut le projet de publier des éditions in-folio de nos classiques avec un luxe et une magnificence jusqu'alors inconnus. Il n'épargna aucune dépense pour cette œuvre nationale, appela à son aide les artistes contemporains les plus célèbres, et fut secondé par le talent de son frère Firmin pour la gravure et la fonte des caractères. Son *Virgile* (1798), son (*Horace* 1799) et surtout son *Racine* (3 vol., 1801-5) proclamé par le jury des arts « la plus parfaite production typographique de tous les pays et de tous les âges, » resteront au nombre des plus beaux monuments dont s'honore notre pays. Ce jugement a été confirmé encore tout récemment par le jury de l'Exposition universelle de Londres. Parmi les autres éditions remarquables sorties de ses presses, nous signalerons encore les *Fables de La Fontaine* (2 vol., 1802), les *Voyages de Denon dans la Haute et Basse Égypte* (2 vol., 1802), l'*Iconographie grecque* et l'*Iconographie romaine* de Visconti. Il apportait un soin tout particulier à leur correction, cette partie si essentielle de l'art. Décoré d'abord de l'Ordre de la Réunion par l'Empereur, puis du cordon de Saint-Michel par Louis XVIII, les révolutions de 1814 et de 1830 lui avaient successivement enlevé ces distinctions si méritées, sans pouvoir lui arracher l'expression d'un regret, quand il reçut à soixante-quinze ans la croix de la Légion-d'Honneur, qu'il n'avait point sollicitée, mais que lui fit donner un ministre vraiment ami des lettres et capable d'apprécier les hommes qui les honorent, M. de Salvandy.

Pierre Didot l'aîné, cet homme si modeste, si utile, si laborieux, s'est éteint, le 31 décembre 1853, à l'âge de quatre-vingt-treize ans. Dix-sept années auparavant, il avait eu la douleur de perdre son frère puîné, Firmin Didot, auquel l'avait constamment uni une amitié aussi tendre qu'inaltérable, et qui avait la même passion que lui pour la typographie, les lettres et la poésie.

Son fils, *Jules* Didot, qui lui avait succédé dès 1819, a dignement soutenu sa réputation en rattachant son nom aux magnifiques éditions de classiques français et étrangers publiées par M. Lefèvre. Tous les amis des lettres et des beaux livres partagèrent la douleur de ses proches, quand en 1838 une maladie incurable vint le forcer de renoncer prématurément à la pratique d'un art qu'il exerçait avec autant de zèle que de talent.

DIDOT (Firmin), frère de Pierre, né en 1764, prit en 1789 la direction de la fonderie de son père, et ne tarda pas à accroître l'importance de cet établissement par ses innovations ingénieuses et par ses utiles inventions. Franklin lui confia son petit-fils pour lui apprendre l'art de la gravure en caractères. Les magnifiques éditions de Virgile, et d'Horace publiées par son frère Pierre, avaient été imprimées avec des caractères provenant de sa fonderie ; plus tard, il créa aussi une maison d'imprimerie. L'impression des tables de logarithmes de Callet l'amena à réfléchir aux moyens d'éviter les inconvénients que présente quelquefois l'emploi des caractères mobiles, et lui fit inventer cet ouvrage un nouveau procédé de stéréotypie qu'il perfectionna ensuite quand il l'appliqua à l'impression de ces éditions de nos classiques auxquelles un bon marché inouï jusqu'alors et bien plus encore peut-être une rigoureuse correction des textes assurèrent un débit immense et mérité. Les ouvrages les plus remarquables sortis de ses presses sont une édition des *Lusiades* de Camoens, faite aux frais de M. de Souza Botelho (1817) ; une édition de *la Henriade* par Daunou (1819), et un *Salluste*. Il s'est aussi fait connaître par des travaux littéraires dignes d'estime, entre autres, par des traductions de divers auteurs grecs et latins, et par les tragédies *la Reine de Portugal* et *la Mort d'Annibal*. En 1827, il se retira du commerce, et entra alors dans la carrière politique. Elu député à la chambre de 1830, il vota avec les 221 contre le ministère Polignac ; il mourut en 1836, laissant la mémoire d'un homme de bien.

DIDOT (Henri), fils de *Pierre-François* Didot, se distingua de bonne heure comme graveur en lettres, et perfectionna les procédés employés pour la fonte des caractères. Son frère, Didot Saint-Léger, inventa le papier sans fin. Un frère cadet, Didot *jeune*, continua les affaires de son père.

DIDOT (Ambroise-Firmin), fils de Firmin Didot, né en 1790, se voua de bonne heure, sous la direction du savant Korais à l'étude des langues et des littératures de l'antiquité. On le range, à bon droit, parmi nos hellénistes les plus distingués. Au rétablissement de la paix générale, lors de la chute de l'empire, il entreprit en Grèce, en Palestine et dans l'Asie Mineure, un voyage scientifique qui lui a fourni l'occasion de publier : *Notes d'un voyage dans le Levant* en 1816 *et* 1817. Il fit aussi pendant quelque temps partie de la légation de France à Constantinople, et fut l'un des principaux fondateurs du célèbre *comité grec* de Paris, qui contribua si puissamment à la régénération de la Grèce. Sa traduction de Thucydide est fort estimée, ainsi que son *Essai sur la typographie*, ouvrage qui contient le résultat de son expérience et de ses connaissances théoriques et pratiques. Les origines de l'Imprimerie y sont exposées avec une grande clarté, et les opinions qu'il émet sur cette question tant controversée sont fortifiées par un grand nombre de preuves nouvelles.

En 1827, il prit en société avec son frère cadet, *Hyacinthe* Didot, né en 1794, la suite des affaires de Firmin Didot ; et aujourd'hui encore les deux frères continuent sous la raison sociale de *Firmin Didot frères*, ces traditions d'activité, d'intelligence et de loyauté, qui ont rendu le nom de Didot si justement honoré. Parmi les grandes publications auxquelles MM. Firmin Didot frères ont attaché leur nom, nous citerons leur *Bibliothèque française*, leur *Collection des classiques français*, leur *Bibliothèque des auteurs grecs*, et leurs nouvelles éditions du *Thesaurus linguæ græcæ* de Henri Etienne et du *Glossarium mediæ et infimæ latinitatis* de Du Cange. Ils ont ajouté à leurs établissements typographiques deux fabriques de papier qui occupent plus de six cents ouvriers et qui livrent à la consommation 5,000 kilogrammes de papier chaque jour.

DIDYME, aujourd'hui *Joronda* ou *Joran*, sur le territoire de Milet et à quatre-vingts stades de cette ville, lieu célèbre par le temple qu'on y avait élevé à Apollon *Didymæus*, et où se trouvait un oracle qui fut longtemps en grand crédit. On y voyait une statue fameuse du dieu, œuvre de Comachus de Sicyone, que Xerxès avait emportée avec lui à Ecbatane, mais que plus tard Seleucus Nicator rendit aux Milésiens.

DIDYME *l'Aveugle*, une des plus éclatantes lumières de l'école chrétienne d'Alexandrie, naquit dans cette ville au commencement du quatrième siècle, et mourut de la mort des martyrs en l'an 395. Frappé, dès l'âge de cinq ans, d'une cécité absolue, et dès lors, réduit à l'instruction purement orale, il fréquenta les écoles de philosophie, apprit à la perfection les systèmes de Platon et d'Aristote, et, ce qui paraîtra plus étonnant, devint profond mathématicien. Mais il s'appliqua principalement à la théologie, en prenant pour guide Origène, dont malheureusement il ne sut point discerner les erreurs. La réputation qu'il s'acquit bientôt lui fit confier la chaire théologique de l'école d'Alexandrie. Ses leçons, nourries d'un savoir prodigieux, d'un rare talent pour l'explication des Saintes Ecritures, exposées dans une élocution lucide autant qu'élégante, attirèrent un grand nombre d'auditeurs, parmi lesquels on distinguait saint Jérôme, Ruffin, Palladius et saint Isidore. En ce temps, saint Jérôme, disciple à cheveux blancs de Didyme l'aveugle, se complaisait à dire : « Avec Didyme, j'apprends ce que je n'avais jamais su ; il me remet en mémoire ce que j'avais tout à fait oublié. » Vieilli dans l'enseignement, Didyme se retira au fond du désert pour y mener la vie d'anachorète.

D'un grand nombre d'ouvrages qu'il avait dictés à des scribes, il ne nous reste trois livres *sur le Saint-Esprit* (Cologne, 1618), traduits en latin par saint Jérôme, et un *traité contre les Manichéens*. Ses opinions sur l'ouvrage d'Origène intitulé *De principiis*, le firent, après sa mort, condamner comme hérétique dans le second concile de Nicée.

DIDYME *le Grammairien*, surnommé *le Grand*, était fils d'un marchand de salaisons d'Alexandrie. Il fut contemporain d'Antoine et de Cicéron, et prolongea son existence jusque sous le règne d'Auguste. Elève d'Aristarque, il lui succéda dans la direction de l'illustre école d'Alexandrie. Ses lectures immenses lui valurent le titre de *Bibliolathès* (dépôt de livres), et il dut à son tempérament robuste l'épithète de *Chalcenteros* (entrailles d'airain). Un savoir universel fut le fruit de son immense curiosité, et ce savoir produisit à son tour un grand nombres d'ouvrages. On prétend qu'il composa jusqu'à trois mille cinq cents traités différents. Faute de pouvoir évaluer au juste le contenu d'un volume grec, ignorant d'ailleurs la matière et même les titres des traités de Didyme, nous ne pouvons rien conclure de cette fécondité.

De tous les traités reconnus pour lui appartenir véritablement, on ne connaît que celui *des marbres et des bois de toute espèce*; nous ne savons que par Eusèbe qu'il avait écrit une *Histoire étrangère*. Quant aux *Scolies sur Homère*, elles sont d'un Didyme beaucoup plus jeune, ainsi que le *Lexique comique et tragique*. Didyme l'Ancien, censeur rigide, puriste pointilleux, relevait trois fautes grammaticales dans le seul premier vers de l'Iliade. Partisan du style laconique, il goûtait fort peu l'éloquence passablement verbeuse de Cicéron, et se permettait d'en parler avec assez d'irrévérence.   E. LAVIGNE.

DIDYNAMIE (de δις, deux, et δυναμις, puissance), quatorzième classe du système sexuel de Linné (*voyez* BOTANIQUE), renfermant tous les végétaux à quatre étamines *didynames*, c'est-à-dire dont deux plus grandes et deux plus petites. Linné a partagé cette classe en deux ordres, la *didynamie gymnospermie* et la *didynamye angiospermie*, caractérisés, l'un par un ovaire profondément partagé en quatre lobes, l'autre par un fruit capsulaire ou bucciforme.

DIE, ville de France, chef-lieu d'arrondissement du département de la Drôme, à 40 kilomètres à l'est de Vienne, sur la rive droite de la Drôme, avec une population de 3,928 habitants, un tribunal de première instance, et une église consistoriale calviniste. On récolte dans les environs un vin blanc mousseux très-estimé, dit clairette de Die, et de bons vins muscats. Die possède des fabriques de draps et de soieries, des filatures de soie, des tanneries, des papeteries, une typographie. On peut citer parmi ses édifices : la vieille enceinte de murailles, l'ancienne cathédrale, le palais épiscopal du dix-septième siècle, et la porte Saint-Marcel, antique monument bien conservé.

C'est une ville très ancienne; les Romains l'appelaient *Dia Vocontiorum*. Sous Auguste, elle acquit une assez grande importance, et c'est, après Vienne, la ville du Dauphiné où l'on trouve le plus d'antiquités. Plus tard, elle passa successivement au pouvoir des empereurs d'Allemagne, de comtes et d'évêques, qui la possédèrent en toute souveraineté. Elle eut beaucoup à souffrir des guerres de religion en 1577; et en 1585 elle fut prise par les protestants, qui en rasèrent la citadelle. Die était autrefois la capitale du Diois, comté vendu en 1404 au roi Charles VI par Louis de Poitiers, son dernier comte, pour cent mille écus d'or ; c'était aussi le siège d'une université calviniste.

DIE (Comtesse de), poëte et femme galante du douzième siècle, qui, selon l'usage du temps, avait gardé, après son mariage avec Guillaume de Poitiers, tige des comtes de Valentinois, le titre du comté qu'elle avait apporté en dot à son noble époux. Le manuscrit roman n° 7225 de la Bibliothèque impériale nous a conservé trois pièces fort remarquables de cette amante passionnée de Rambaud d'Orange, haut baron de Languedoc, mort en 1173, et, qui comme Phaon, semble n'avoir répondu que par des froideurs et des infidélités à cette Sapho du moyen âge, dont les plaintes poétiques offrent une chaleur de sentiment, une expression de sensibilité, une franchise naïve, une vivacité d'abandon, qui font de ces élégies amoureuses des modèles qu'on n'a pas surpassés depuis. Raynouard en a traduit deux dans son *Choix des poésies originales des troubadours*. « Je ne crois pas, dit-il en parlant d'une de ces pièces de la comtesse de Die, que jamais l'élégie amoureuse ait mis autant de grâce et d'abandon à exprimer une affection aussi passionnée. L'amante de Phaon cède à l'entraînement de l'amour, mais de l'amour tel qu'une femme l'éprouvait dans ces temps où la sensibilité était toute matérielle, où la civilisation n'admettait point encore ce besoin délicat de l'ornement de la société. L'amante de Ramhaud d'Orange, présidente d'une *cour d'amour*, parle un autre langage : c'est le cœur seul qui s'abandonne; sa sensibilité est tout intellectuelle; femme aussi tendre que passionnée, elle ne demande à l'amour que l'amour même. » PELLISSIER.

DIEBITSCH SABALKANSKY (JEAN-CHARLES-FRÉDÉRIC-ANTOINE DE DIEBITSCH ET NARDEN, comte DE) général russe, né le 13 mai 1785 au château de Grossleippe en Silésie, entra en 1787 à l'école militaire de Berlin, mais quitta en 1801 le service du roi de Prusse pour passer à celui de l'empereur de Russie, dans lequel son père, ancien aide de camp de Frédéric le Grand, occupait alors le grade de général-major. Il fut incorporé dans le régiment des grenadiers de la garde de Séménoff, avec lequel il fit la campagne de 1805. A Austerlitz, il fut blessé à la main droite, et, après la bataille de Friedland, on le nomma capitaine hors rang. Il mit à profit l'interruption des hostilités qui eut lieu alors jusqu'en 1812, pour perfectioner son instruction militaire. En 1812, il fut placé en qualité de chef d'état-major sous les ordres de Wittgenstein ; et la manière dont il se comporta dans la reprise de Poloczk lui valut sa nomination au grade de général major. Quelque temps après, il entrait à Berlin avec le général York, qu'il avait déterminé à abandonner la cause de Napoléon. Après la bataille de Lutzen, il fut attaché à l'armée de Barclay de Tolly et prit part à la conclusion de la convention de Reichenbach, le 14 juin 1813. A la bataille de Dresde, il eut deux chevaux tués sous lui; et, après celle de Leipzig, il passa lieutenant général. En 1814, il organisa, en qualité de *général-quartier-maître*, l'armée dont il faisait partie. L'approvisionnement des places, les munitions, les vivres, tout ce qui concerne le matériel nécessaire à un corps d'armée est, en Russie, de la compétence du général-quartier-maître.

Lors des revers qu'essuyèrent d'abord les armées de la coalition sur le sol français, par suite de l'admirable plan de campagne suivi par Napoléon, quelques personnes parlaient déjà de battre en retraite; mais, dans un grand conseil de guerre, Diebitsch insista pour qu'on continuât à marcher sur Paris. Aussi, lors de l'entrée des alliés à Paris, l'empereur Alexandre, l'embrassa-t-il avec effusion et lui conféra-t-il les insignes de l'ordre de Saint-Alexandre Newsky. En 1815, Diebitsch épousa une nièce du prince Barclay de Tolly ; mais une mort prématurée lui enleva le peu de temps de là son épouse. Au retour de Napoléon de l'île d'Elbe, Alexandre qui avait emmené Diebitsch avec lui au congrès de Vienne, le nomma chef d'état major du premier corps d'armée; fonctions qu'il conserva jusqu'au moment où il vint reprendre ses fonctions d'aide de camp près de l'empereur. En 1822, il fut nommé chef de l'état major général. Il accompagna Alexandre à Taganrog, et y vit mourir ce souverain. A l'occasion de la terrible insurrection qui éclata peu de temps après à Saint-Pétersbourg, il fit preuve d'autant de sang-froid et de courage que d'humanité. L'empereur Nicolas lui accorda dès lors sa confiance entière, et le créa baron.

Dans la campagne de 1828 à 1829 contre les Turcs, Diebitsch ajouta encore par la prise de Varna à la brillante réputation qui s'attachait à son nom ; et, appelé en février 1829 à prendre le commandement en chef de l'armée russe, il réussit à forcer le passage des Balkans : glorieux fait d'armes qui lui valut le surnom de *Sabalkanski*. Il alla séjourner alors pendant quelque temps à Berlin. Chargé du commandement en chef de l'armée russe quand éclata la révolution polonaise, il franchit le frontière de Pologne le 31 janvier 1831. Mais il fut loin de déployer dans cette campagne la rapidité de coup d'œil, l'énergie d'action et l'habileté de tactique dont il avait précédemment donné tant de preuves. Peu de temps après l'affaire d'Ostrolenka, il avait transféré son quartier général à Kleszewo près de Pultusk, quand, attaqué du choléra dans la nuit, il mourut le lendemain 10 juin. Quelques jours auparavant, le comte Orloff, envoyé par l'empereur Nicolas pour lui rendre compte du véritable état des choses, était arrivé au quartier général ; et la malveillance ne manqua pas d'exploiter cette coïncidence pour répandre, au sujet de la mort de Diebitsch, les plus étranges rumeurs ; comme si les généraux russes dussent nécessairement être immortels !

DIEFFENBACH (JEAN-FRÉDÉRIC), l'un des plus célèbres chirurgiens des temps modernes, né en 1792 à Kœnigsberg en Prusse, fut élevé à Rostock, où il étudia d'abord la théologie, et alla ensuite suivre les cours de l'université de Greifswald. En 1813, à l'exemple de toute la jeunesse des universités, il s'engagea parmi les défenseurs de la patrie et fit d'abord la campagne du Holstein, puis celle de France. A la paix de 1814, il vint reprendre ses études théologiques interrompues; mais en 1816, il y renonça pour se vouer désormais à l'étude des sciences médicales et en particulier à celle de la chirurgie. Il la commença à Kœnigsberg, tout en donnant en même temps dans cette ville des leçons d'escrime et de natation, et la continua à Bonn, où l'avait attiré la grande réputation de Walter. La recommandation de ce professeur lui valut d'être chargé d'accompagner en France comme médecin une dame aveugle. De là il se disposait à aller comme volontaire seconder les Hellènes luttant pour recouvrer leur indépendance, quand une dame dont il avait fait la connaissance à Marseille la dissuada de mettre ce projet à exécution et le décida à s'en retourner en Allemagne.

Ses études terminées, il fut reçu docteur en 1822 par l'université de Wurtzbourg, et à cette occasion soutint de la manière la plus remarquable une thèse intitulée : *Nonnulla de regeneratione et transplantatione*, où abondent les observations les plus ingénieuses. Il s'établit ensuite à Berlin, où son rare talent comme opérateur fut bientôt apprécié. Appelé en 1830 aux fonctions de chirurgien en chef de l'hôpital de la Charité de cette ville, il fut nommé en 1832 professeur agrégé, et en 1840 professeur titulaire à l'université, en même temps que chef de la clinique chirurgicale. Indépendamment de son habileté peu commune à manier le bistouri, Dieffenbach prouva bientôt qu'il possédait encore le vrai génie de son art, soit en inventant de nouveaux instruments, soit en perfectionnant une foule d'autres depuis longtemps connus, ou bien encore en introduisant de nouveaux procédés opératoires. C'est ainsi qu'on lui doit une méthode nouvelle pour former artificiellement des nez, des lèvres, des paupières, des joues, etc., pour guérir le strabisme et le bégaiement. Il s'est surtout appliqué à simplifier les méthodes et les instruments. Parmi ses nombreux ouvrages, auxquels des occupations multiples l'empêchèrent trop souvent de donner une forme littéraire satisfaisante, nous citerons de préférence ses *Expériences chirurgicales* (4 vol., Berlin, 1829-34); sa continuation de l'ouvrage de Scheel *Sur la transfusion du sang et l'injection des médicaments dans les veines*; les divers essais intitulés : *Sur la section des tendons et des muscles* (1841); *Traitement du bégaiement* (1841); *la Chirurgie opératoire* (2 vol. 1844, 1848), son principal ouvrage, et qui a été traduit en diverses langues; *de l'Emploi de l'éther contre la douleur* (1847). Lors de l'apparition du choléra, il publia de remarquables *Observations physiologiques faites sur des cholériques* (1834). Les *Essais de chirurgie* ont été traduits en français par Philippe (Berlin, 1840).

En 1836, il vint de nouveau visiter Paris; et l'année suivante il alla à Londres. En 1841, il fit le voyage de Pétersbourg, où il reçut l'accueil le plus distingué. Depuis 1845, sa santé s'était très-affaiblie, lorsque le 11 novembre 1847, la mort le frappa inopinément au milieu même de ses élèves. Comme professeur, sa direction essentiellement pratique eût été beaucoup plus célèbre s'il avait su donner à son enseignement plus d'intérêt scientifique. Mais les observations succinctes que lui suggéraient les diverses opérations ne laissaient pas que d'être d'un haut prix pour ses auditeurs.

DIEGO D'ALMAGRO. *Voyez* ALMAGRO.

DIEMEN. *Voyez* VAN DIÉMEN.

DIEPENBECK (ABRAHAM VAN), célèbre peintre flamand, élève de Rubens, naquit, à ce qu'on croit généralement, en 1607, à Bois-le-Duc, et fit d'abord exclusivement de la peinture sur verre; art dans lequel il se distingua par ses compositions bibliques et historiques, qui le firent ranger parmi les plus remarquables peintres sur verre de son siècle. Son œuvre capitale en ce genre, ce sont les vitraux de l'église des Minimes à Anvers, contenant quarante dessins empruntés à la vie de saint François de Paule, mais qui aujourd'hui se trouvent en Angleterre. Les vains efforts qu'il tenta pour prévenir le bris des verres à la cuisson, accident si fréquent, le déterminèrent à abandonner la peinture sur verre pour entrer dans l'atelier de Rubens, dont il excella à reproduire la seconde manière dans la peinture à l'huile. Après un court séjour en Italie, il fut élu président par l'Académie d'Anvers en 1641. Diepenbeck peignit aussi avec beaucoup de succès le décor pour boiseries ainsi que pour sujets de tapisseries. En dernier lieu, il se contentait d'esquisser à la plume, faisant des ombres de la même façon et rehaussant en blanc au pinceau. Il fit beaucoup de dessins de ce genre pour des libraires, et la gravure en reproduisit un bon nombre. La plus grande œuvre de gravure qu'on ait de lui est le *Temple des Muses*, qui parut à Paris en 1655. Les figures, peintes pour la plupart par Diepenbeck, étaient tirées du cabinet Favernau. Ce fut l'abbé Marolles qui rédigea le texte de cet ouvrage; les planches, au nombre de cinquante-neuf, furent exécutées par les plus habiles graveurs de l'époque. Il ne faut pas le confondre avec la retouche que B. Picart en fit paraître en 1735 à Amsterdam, et qui comprend soixante-neuf planches. Parmi les tableaux à l'huile de Diepenbeck, il faut surtout mentionner : une copie de la *Descente de croix* de Rubens, à Coblentz; une *Madone* avec l'enfant Jésus et sainte Élisabeth; une *Clélie et ses compagnes traversant le Tibre*. Ces deux dernières toiles se trouvent au musée de Berlin. Diepenbeck mourut en 1675.

DIEPENBROCK (MELCHIOR, baron DE), prince-évêque de Breslau, cardinal-prêtre de l'Église romaine, né le 6 janvier 1798 à Bocholt, en Westphalie, mort le 20 janvier 1853, était en 1814 élève de l'école militaire de Bonn, lorsqu'il entra avec le grade de lieutenant dans le bataillon de la *landwehr* organisé par son père, employé supérieur au service du prince de Salm-Salm, et prit part en cette qualité aux dernières luttes de la guerre d'indépendance. Au rétablissement de la paix en 1815, il vécut pendant quelque temps encore dans la maison de son père, où il eut occasion de faire la connaissance de l'abbé Sailer, devenu plus tard évêque de Ratisbonne, qui le décida à renoncer à l'étude des sciences administratives, pour se vouer au ministère sacré. En 1823, il fut ordonné prêtre. Plus tard, l'évêque de Ratisbonne le prit pour secrétaire; et le 25 février 1830, il fut nommé prince-évêque de Breslau, le 15 janvier 1845, il obtint ses bulles d'investiture le 21 avril, et fut sacré à Salzbourg par le cardinal Schwartzenberg. Un bref, du 24 octobre 1849 le nomma délégué apostolique provisoire près des armées prussiennes, et le 30 septembre 1850, Pie IX lui conféra le chapeau de cardinal.

La *lettre pastorale* publiée par le cardinal Diepenbrock (Breslau, 1845), à l'occasion de sa prise de possession du siége épiscopal de Breslau, a été traduite dans plusieurs langues étrangères. Comme prince de l'église romaine, il a eu à lutter contre des difficultés de plus d'un genre suscitées tantôt par le schisme dit *catholicisme allemand*, tantôt par les collisions qui éclatent si fréquemment dans un pays soumis à un prince protestant, entre l'autorité ecclésiastique et le pouvoir temporel. Écrivain distingué, il a traduit du flamand en allemand plusieurs romans d'Hendrik Conscience (entre autres, *la Vie en Flandre*, 3° éd., Ratisbonne 1849). Ses *sermons* (2° éd., 1841) lui ont mérité une place distinguée parmi les orateurs sacrés de notre époque.

DIEPHOLZ, comté d'une étendue de 660 kilomètres carrés, situé dans la *Landrostei* de Hanovre, limité par le comté d'Hoya et par les territoires oldenbourgeois et prussien, forme une plaine traversée par la Hunte, qui sert de déversoir au lac de Dümmer situé à son extrémité sud-ouest, et se compose en grande partie de marécages et de tourbières entremêlé de terrains propres à la culture du chanvre, du lin, des pommes de terre et des céréales, avec quelques prairies aux environs du lac. Indépendamment de l'éducation du bétail, la principale ressource de sa population, forte de 22,000 âmes, consiste dans l'élève des oies, dans la culture du lin et la fabrication de la toile. Un grand nombre d'habitants de cette petite province sont réduits, par la pauvreté de leur sol, qui suffit difficilement à les nourrir, à émigrer chaque été en Hollande pour y gagner, pendant la belle saison, l'argent nécessaire à les faire subsister pendant l'hiver. On les y emploie aux travaux des champs et des tourbières, et à la réparation des digues.

A l'extinction des comtes de Diepholz, en 1585, ce comté passa à la ligne de Celle, puis en 1679 à la ligne de Kalemberg de la maison de Brunswick-Lunebourg. De 1806 à 1810, il fut compris dans le département de l'Aller du royaume de Westphalie; mais, incorporé alors au territoire français, il fit partie du département des Bouches du Wéser. En 1814, il fut adjugé au royaume de Hanovre. Il forme deux bailliages. Son chef-lieu, *Diepholz*, sur la Hunte, compte 2,200 habitants.

DIEPPE, ville de France, chef-lieu d'arrondissement dans le département de la Seine-Inférieure, à 53 kilomètres au nord-ouest de Rouen, sur la Manche, à l'embouchure de l'Arques, qu'on nomme aussi la Béthune. Cette rivière s'appelait autrefois la *Deep*, mot anglais qui signifie *profond*; la ville en a retenu le nom. La ville de Dieppe naquit au dixième siècle d'une agglomération de pêcheurs qui vinrent s'établir dans ce lieu pour la commodité de leur profession; ils étaient défendus du côté de la mer et de la plaine par le fort Bertheville ou Charlemagne, et du côté des bois par la fameuse forteresse d'Arques. Aussi cette position était des plus heureuses, et leur colonie ne pouvait manquer de prospérer. En effet, en moins de quatre siècles, cette cité prit un tel essor qu'elle devint non-seulement la rivale de Rouen, mais encore une des villes les plus célèbres et les plus puissantes du monde : car elle exerça l'empire des mers, se fit craindre de l'Angleterre, de l'Espagne, du Portugal et des Indes, et prit une part considérable dans toutes les découvertes qui ont illustré la fin du moyen âge et marqué les siècles suivants.

En 1195, Philippe-Auguste, lors de ses querelles avec Richard Cœur-de-Lion, détruisit de fond en comble les fortifications de Dieppe; mais cette industrieuse cité se releva bientôt de ses ruines. Cependant ce n'est qu'à partir du règne de Charles V que commence la période brillante de l'histoire des Dieppois. Un traité de commerce qu'ils conclurent avec la république de Gênes excita la jalousie des Anglais, qui s'unirent aux Flamands. Les flottes ennemies se rencontrèrent à la hauteur de Portsmouth; les Dieppois restèrent vainqueurs, et Portsmouth fut brûlé. Les Anglais ne furent pas plus heureux plus tard devant le port de La Rochelle, à la bataille du 24 juin 1372. Cette grande journée fut pour les Dieppois la revanche de celle de l'Écluse; ils s'emparèrent d'un matériel considérable qu'ils ramenèrent dans leur port, et qui leur servit à faire de nouveaux armements pour continuer leurs entreprises sur les côtes d'Afrique, où sept ans auparavant on avait vu flotter leur pavillon. Ils reprirent leur expédition à la hauteur de l'empire de Maroc; ils la continuèrent dans la même année jusqu'aux îles Canaries. Quelques historiens leur en attribuent la découverte. Ils les cédèrent plus tard aux Portugais, moyennant de grands avantages. En 1395, ils longèrent le cap Vert, et abordèrent dans la Guinée. C'est là, on le sait, qu'ils firent leurs plus grands établissements. On aperçoit encore aujourd'hui, à l'embouchure de la grande rivière de Gambie, les ruines d'un ancien comptoir, auquel ils avaient donné, pour rappeler le souvenir de la patrie, le nom de *Petit-Dieppe*. Leurs vaisseaux allèrent ensuite sillonner la mer des Indes. Ils créèrent aux Indes beaucoup d'établissements, qui, plus tard, se sont absorbés dans ceux que les Anglais, les Espagnols et les Portugais y formèrent après eux. C'est par les Dieppois que furent fondés Québec et tant d'autres colonies si utiles à la France, dans le Canada, la Floride, la Louisiane et le Labrador.

Les avantages que la ville de Dieppe retira de toutes ses possessions d'outre-mer furent si immenses, qu'elle devint comme l'entrepôt général du commerce de toutes les nations : et en effet, pour se convaincre de l'extrême importance qu'elle eut, il suffit de se rappeler qu'elle était la patrie du célèbre Ango, le plus riche négociant de la terre, du temps de François Ier. Sous Charles VII, elle tomba, comme le reste de la Normandie, au pouvoir de l'Angleterre; reprise en 1433 par la France, elle n'a pas cessé depuis lors de lui appartenir. En 1442, Talbot se présenta à l'improviste, avec une artillerie formidable, pour en faire le siége; mais, grâce au courage de ses habitants, ayant à leur tête le jeune Dunois et le dauphin, Louis XI, les Anglais furent forcés dans la bastille qu'ils avaient construite sur la falaise de l'est, et durent regagner leurs vaisseaux. En 1668, la ville fut atteinte d'une peste qui lui enleva plus du tiers de ses habitants. En 1694, une flotte anglaise de 100 voiles vint la bloquer; les Anglais firent pleuvoir sur cette malheureuse cité plus de 3,000 bombes et de 4,000 boulets, et, pour achever de la ruiner, ils lancèrent dans le port plusieurs brûlots qui firent des dégâts effroyables. Il ne resta debout, après ce bombardement, que le château, les églises Saint-Jacques et Saint-Remy, et quelques maisons. La ville fut bientôt relevée par les soins du gouvernement.

Dieppe attire continuellement de nos jours un grand nombre d'étrangers de distinction. Cette ville sans doute ne brille pas par ses antiquités; mais sa situation pittoresque en fait un séjour fort agréable et très-recherché en été, pendant la saison des bains. Elle est disposée en longueur dans la direction des jetées, qui vont vers le nord-ouest, et est très-étroite. Les rues sont larges et bien percées, et alignées de manière à mettre les habitations à l'abri des plus mauvais vents. Quant aux maisons, elles sont toutes construites à peu près sur le même modèle; elles ont deux étages avec balcons sur la rue, et sont la plupart surmontées d'un pignon qui masque en partie leur toiture de tuiles rouges. Elles sont peu commodes, l'architecte ayant oublié, dans ses plans primitifs, de comprendre l'emplacement des escaliers et des lieux d'aisance. Le quai Henri IV, situé en face du port et de l'arrière-port, offre une vue sans cesse un spectacle admirable, soit à l'heure de la marée, lors du départ ou de l'arrivée des bateaux pêcheurs, soit à la marée basse, quand on lâche les écluses de chasse, qui donnent cours alors pendant plus de deux heures à des eaux écumeuses, se précipitant avec fureur et en bouillonnant dans toute l'étendue du chenal. De ce point, la vue se porte au loin sur la forêt d'Arques et les ruines du vieux château de ce nom, situé sur un monticule élevé, et faisant face à une vallée délicieuse, resserrée entre deux coteaux qui s'inclinent avec grâce l'un vers l'autre, et tout couverts de villages, de maisons de campagne, de bois, de vergers et de jardins.

Dieppe, comptée autrefois parmi les *bonnes villes*, est aujourd'hui le siége d'une sous-préfecture, d'un tribunal de première instance et d'un tribunal de commerce. Il y a une chambre et une bourse de commerce, un collége, une école impériale d'hydrographie, un entrepôt réel, un bureau de douanes, un hospice, un Hôtel-Dieu, un hôtel de ville et une salle de spectacle, une halle aux blés, plusieurs marchés, des cours publics de dessin, d'architecture et d'hydrographie, une bibliothèque, un abattoir, et un beau parc aux huîtres.

L'église Saint-Jacques passe pour un des plus magnifiques monuments religieux de France; elle est d'un ensemble admirable, et d'une richesse de détails dont rien n'approche. Commencée en 1200, elle ne fut achevée que trois siècles après. Sa tour principale est très-élevée et encore parfaitement conservée. On a tiré d'Angleterre toutes les pierres qui sont entrées dans cette construction. Rien de plus gracieux, de plus élégant, que son vaste vaisseau ; la chapelle de la Vierge est aussi d'une architecture très-délicate et très-curieuse. La plus jolie promenade de la ville est située au cours Bourbon. Le château de Dieppe est presque au sommet de la grande falaise de l'ouest, en face de la ville, qu'il domine. On en attribue la construction à Charles VII. Il était anciennement couvert par une citadelle qui battait la campagne au moyen de forts bastions et de terrasses fraisées ; on en voit encore les traces. C'est au bas de ces ruines qu'est située la jolie vallée de Caude-Cotte.

L'établissement des *bains de mer* de Dieppe se divise en deux parties distinctes, l'une à l'extérieur et l'autre à l'intérieur de la ville. La première comprend les constructions sur la plage, destinées à recevoir les personnes qui prennent les bains à la lame ; la seconde comprend les dépendances d'un vaste hôtel situé sur la place du spectacle, en face de la salle, et destiné particulièrement aux personnes malades, impotentes ou infirmes, qui font usage des bains chauds, des douches et des frictions. On a réuni dans cet hôtel des salons de réception, des salles de bal, de concert et de billard, des cercles de jeux, des salons littéraires, des restaurants, des cabinets de société, et enfin des cabinets de consultation, qui sont dirigés par les meilleurs médecins. Les baignoires, à l'instar des bains antiques, sont placées au niveau du parquet, et on y entre à l'aide de quelques marches. L'établissement de la plage se compose : 1° parallèlement à la mer, de deux pavillons carrés avec avant-corps, ornés de colonnes d'ordre ionique formant péristyle, placés, en face d'une large terrasse, à 120 mètres l'un de l'autre, et communiquant entre eux par une longue galerie à jour sur les côtés, et interrompue dans son milieu par un portique en arc de triomphe, portant les attributs de la mer, et orné à l'intérieur de caissons et de rosaces ; 2° et parallèlement au château, qui est très-près de là, d'un corps de bâtiment placé en face d'un jardin dessiné à l'anglaise, contenant un lieu de dépôt pour les ustensiles dépendant de l'établissement, plusieurs salons-restaurants, quelques cabinets de société, le logement du concierge, et celui des garçons baigneurs. Toutes ces constructions sont en bois peint, et renfermées dans un enclos de plus de 1,000 mètres de circuit et entouré de grillages. Sous la Restauration, et surtout vers les dernières années du règne de la branche aînée, Dieppe était devenue, pendant la saison des bains, le rendez-vous de tout ce que la France possédait de familles nobles et titrées ; elles s'y réunissaient sous le patronage de Mme la duchesse de Berry, qui a laissé dans cette ville des souvenirs touchants de sa grande bienfaisance envers les pauvres.

La maison Bouzard est située sur la jetée de l'ouest, entre le phare et la grande croix des marins ; elle porte pour devise l'inscription que nous reproduisons ici.

NAPOLÉON-LE-GRAND,
RÉCOMPENSE NATIONALE.

A JEAN-ANDRÉ BOUZARD, pour ses services maritimes.

A l'instar des temples, elle est tournée vers l'orient : car elle aussi est un temple, un temple élevé à la reconnaissance ! Louis XVI est le premier fondateur de ce petit édifice ; il en avait du moins conçu la pensée pour récompenser dans la personne de *Bouzard* les nombreuses preuves de dévouement à l'humanité que ce digne citoyen avait données en bravant la mort pour sauver des marins naufragés. Ce vœu fut rempli par Napoléon, et, à cet effet, il affecta une somme de 8,000 francs pour construire cette maison telle qu'elle est aujourd'hui. Le courage était d'ailleurs héréditaire dans cette famille : le fils de Bouzard et son petit fils suivirent dignement ses traces.

Le port de Dieppe a une superficie de 148,500 mètres carrés. Il se compose : d'un chenal d'environ 400 mètres de long, ayant son ouverture dirigée au nord ; du port proprement dit ; d'un arrière-port et d'un bassin à flot, qui a été creusé par l'empereur, et qui devait avoir, d'après son premier projet, deux fois plus d'étendue, afin de pouvoir y mettre une flotte considérable à l'abri de toutes attaques ennemies. Le port est bordé de quais revêtus en maçonnerie. Il peut recevoir 200 bâtiments de 60 à 600 tonneaux et autant de bateaux pêcheurs. Le bassin peut contenir 40 à 50 navires à flot. Il entrait autrefois dans le port de Dieppe des navires de 7 à 800 tonneaux ; mais aujourd'hui, il est d'un accès si difficile par la quantité d'écueils qu'il présente à cause des bancs de galets et des pouliers qui s'y forment au moyen de l'action continuelle de la mer contre les falaises, qu'il est fort rare d'y voir un bâtiment jaugeant plus de 600 tonneaux. Napoléon III, préoccupé de la situation du port de Dieppe, chargea en 1853 une commission de lui fournir les renseignements les plus circonstanciés tant sur les projets approuvés ou élaborés depuis 1781 jusqu'à ce jour, que sur les améliorations d'un ordre plus élevé que l'état des choses appelait. A la suite d'une discussion approfondie, la commission a soumis à l'approbation de l'empereur le programme de travaux suivants : 1° prolongement de la jetée de l'ouest sous la forme d'estacade à claire-voie ; 2° construction dans les parties de jetées actuelles de brise-lames en charpente ; 3° enlèvement continu du galet mobile qui encombre perpétuellement la passe ; 4° réparation de l'écluse de chasse et reconstruction de ses portes ; 5° dévasement et approfondissement de l'avant-port et des bassins ; 6° enfin, déplacement des chantiers de construction. L'empereur adopta en principe l'ensemble complet de ces améliorations dont la dépense est estimée par les ingénieurs à la somme de 2,200,000 fr. ; il décida en outre que les 2°, 3°, 4° et 5° articles du programme, dont l'évaluation particulière est fixée à 1,300,000 fr. seraient immédiatement commencés et exécutés dans l'espace de trois ans.

On divisait autrefois le port de Dieppe en port de l'est et port de l'ouest ; c'est du premier que le *Pollet* a tiré son nom. Ce faubourg communique à la ville par un pont en bois, suspendu sur bateaux, placé à l'entrée de l'arrière-port, qu'il sépare du port : c'est le passage ordinaire des piétons. Il en existe un autre construit à la jonction de l'arrière-port et du bassin à flot qui sert à la circulation des voitures ; on le nomme le Pont-Tournant. Le Pollet contient à lui seul le tiers de la population de Dieppe ; il n'est habité que par des marins, des pêcheurs et des gens qui préparent ou confectionnent des filets. Les *Polletais* vivent entre eux comme une population à part ; ils ont encore toute la pureté et la bonhomie des mœurs anciennes, et, de peur que le luxe ne les corrompe, ils n'ont jamais rien voulu modifier au costume qu'ils portaient même avant le temps de Louis XIV. Ils vont jambes nues ; les hommes portent un caleçon, une espèce de saute-en-barque, un bonnet de la forme des bonnets de coton avec un long gland, le tout ordinairement à raies blanches et bleues ou rouges ; les femmes portent une cotte plus longue, avec un corsage sans manches. Une cotte de serge bleue ou rouge, et une large croix d'or pour les femmes, voilà toute la richesse de leur habillement pour les jours de fête.

Le travail de l'ivoire et les pêches constituent la base principale du commerce des Dieppois ; la première de ces industries surtout est très-renommée en Europe, et même au delà des mers ; elle est poussée, à Dieppe, à un tel point de perfection que les ouvrages les plus délicats et les plus difficiles ne sauraient échapper à l'intelligence et à l'habileté des ouvriers. Il n'est point de chef-d'œuvre qu'ils ne parviennent à imiter ainsi. Plus d'une fois les Raphaël, les Rubens, les Michel-Ange, les Titien, les Paul Véronèse et d'autres grands maîtres y ont été copiés avec une admirable exactitude. Les pêches occupent habituellement plus des deux tiers de la population de Dieppe. Les plus lucratives sont celles qu'on appelle communément *littorales*; elles fournissent en tout temps une grande quantité de poisson pour l'approvisionnement de Paris. On construit également des navires et l'on fabrique de la dentelle. Il y a plusieurs scieries de planches, des raffineries de sucre, deux typographies. Dieppe a des communications régulières avec l'Angleterre par bateaux à vapeur ; elle est reliée à Paris par un embranchement du chemin de fer de Rouen. Sa population est de 17,669 habitants. Jules SAINT-AMOUR.

Dieppe est une des villes de France qui montrent le plus d'enthousiasme pour tous les gouvernements. En août 1853, le conseil municipal de Dieppe offrit à l'empereur Napoléon III l'Hôtel-de-Ville en toute et perpétuelle propriété pour devenir une des résidences impériales. L'empereur refusa le don du conseil municipal par ce motif, consigné dans une lettre de remercîments adressée au maire, « que les charges de la liste civile ne lui permettaient pas de pourvoir à l'entretien d'une nouvelle résidence impériale. »

DIÉRÈSE (en grec διαίρεσις, division). En grammaire, on entend par *diérèse* : 1° la division d'une diphtongue en deux syllabes ; 2° le signe orthographique (tréma) composé de deux points qui se place horizontalement sur une voyelle pour marquer qu'elle doit être prononcée séparément d'une autre voyelle qui l'accompagne. La *synérèse* ou la réunion de deux syllabes en une seule dans un même mot est l'opposé de la *diérèse grammaticale*.

En chirurgie, *diérèse* se dit d'un procédé opératoire propre à diviser ou séparer les parties dont l'union est contre l'ordre naturel ou forme obstacle à la guérison. Les anciens ont établi quatre sortes de *diérèses chirurgicales*, savoir : 1° l'*incision* ou entamure, 2° la *perforation* ou piqûre, 3° la *divulsion* ou déchirure, 4° la *cautérisation* ou brûlure. On joint à ces sortes de divisions la *diérèse par constriction*, à l'aide de ligatures, et la *diérèse spontanée*, c'est-à-dire l'ouverture naturelle d'un abcès. L. LAURENT.

DIÈSE, terme de musique, l'un des trois signes usités pour modifier les sons du grave à l'aigu ou de l'aigu au grave. Le *diesis* des anciens était réellement un intervalle de musique, tandis que dans notre système moderne le dièse n'est qu'un signe de ce même intervalle. Les aristoxéniens comptaient trois espèces de *diesis* : l'*enharmonique mineur*, qui haussait la note d'un quart de ton, le *chromatique*, qui l'élevait d'un demi-ton mineur, et enfin l'*enharmonique majeur*, qui l'élevait de trois quarts de ton. Le seul de ces dièses qui soit praticable dans notre système musical moderne, et le seul en usage aujourd'hui, est le dièse chromatique : on le figure par un double croix ♯, et quelquefois par une croix simple +, lorsqu'il est mêlé aux chiffres d'une basse d'accompagnement. Il élève d'un demi-ton mineur le son de la note qu'il précède immédiatement, sans en changer ni le nom ni le degré. Ce dièse s'emploie accidentellement ou à la clef. Dans le premier cas, il n'altère que la note qu'il précède immédiatement et celles qui se trouvent dans la même mesure, sur le même degré ou dans une autre octave, à moins qu'un signe contraire n'en vienne détruire l'effet. Dans le second cas, il agit de la même manière sur toutes les notes placées sur le même degré et dans les différentes octaves de l'échelle, mais pendant toute la durée du morceau. Dans les gammes mineures ascendantes, on emploie presque toujours deux dièses accidentels, l'un sur le sixième et l'autre sur le septième degré, afin d'avoir une note sensible et d'éviter l'intonation désagréable de la seconde augmentée. Les mêmes raisons qui font placer les bémols à la clef dans un ordre donné sont applicables aux dièses. C'est donc afin de conserver aux demi-tons correspondants de l'échelle musicale les mêmes intervalles relatifs, que les dièses se posent à la clef, en partant de la note *fa*, de quinte en quinte en montant, ou de quarte en quarte en descendant, et qu'on n'emploie jamais un dièse à la clé sans employer en même temps celui ou ceux qui le précèdent. L'opération s'arrête ordinairement au *fa*, parce que le *mi* ♯ n'est autre dans la pratique que le *fa* naturel.

Le double dièse (♯♯) ne s'emploie jamais qu'accidentellement. Il élève d'un demi-ton enharmonique une note déjà diésée à la clef : du reste, il agit de la même manière que le simple dièse accidentel. Pour neutraliser l'action du double dièse, on place ordinairement un bécarre et un simple dièse ♮♯ devant la note précédemment altérée, ou seulement un dièse ♯ ; cette note est alors rendue à son état naturel, c'est-à-dire à celui qui lui est assigné par l'ordre des dièses à la clef.

Les tons diésés ont plus d'éclat et de sonorité à l'orchestre que les tons bémolisés. Cela vient probablement de ce que, dans les premiers, il se trouve naturellement un plus grand nombre de sons ouverts ou de cordes à vide, ou bien encore de ce que le doigté étant plus facile, il en résulte une justesse d'exécution plus parfaite. Mais comment des oreilles exercées prétendent-elles trouver cette même différence entre les tons dans la musique exécutée par le piano, l'orgue, ou les voix, qui n'ont ni sons ouverts ou bouchés, ni cordes à vide ou touchées ? BECHEM.

DIES IRÆ. Ces mots latins sont ceux par lesquels commence un hymne sur le jugement dernier auquel la sublimité des idées qu'il contient, la vérité et la chaleur de sensibilité dont il est imprégné, ont de bonne heure fait accorder une place dans le rituel, liturgique de l'Église. Cette œuvre si remarquable appartient incontestablement au treizième siècle. C'est à tort qu'on l'attribue à Grégoire le Grand, mort vers l'an 604, ou à saint Bernard de Clairvaux, mort en 1153. Quelques écrivains ne sont pas mieux fondés à en faire honneur à deux moines dominicains, *Umbertus* et *Frangipani*, qui, au treizième siècle, se firent une grande réputation comme auteurs de poésies religieuses. Il paraît bien plus probable que le véritable auteur fut un moine franciscain, Thomas de Celano. Ce religieux, natif de Celano, dans l'Abruzze ultérieure, fut nommé, en 1221, *custos* des couvents de minorites situés à Mayence, Worms et Cologne, revint en Italie en 1230, et mourut assez vraisemblablement vers 1255. Il serait très-difficile de préciser l'époque où l'Église catholique adopta cet hymne pour sa liturgie et l'ajouta à l'office des morts ; ce qu'il y a de certain, c'est que ce fut antérieurement à l'année 1385. A cette occasion, on fit subir au texte primitif quelques modifications ; ainsi on en supprima tout le commencement, et on y ajouta quelques vers composés par Félix Hæmmerlin, qui, par suite de ces interpolations, a été longtemps regardé comme l'auteur de l'hymne entier. C'est ainsi modifié qu'il fut compris dans le missel romain, publié en 1567 par ordre du concile de Trente, et qu'il est encore en usage aujourd'hui dans l'Église catholique. Le texte original de l'hymne *Dies iræ*, *dies illa*, paraît être celui qui se trouve gravé sur une table de marbre dans l'église de Saint-François, à Mantoue.

DIESSENHOFEN, ville d'environ 1,500 habitants, située dans le canton de Thurgovie, sur une hauteur qui domine le Rhin, tout à l'extrémité nord de la Suisse, offre des rues spacieuses et bien bâties. Au moyen âge, Diessenhofen appartenait aux comtes de Kybourg, à l'extinction desquels elle passa sous la souveraineté de la maison d'Autriche. Enlevée par les Suisses en 1460 à l'Autriche, elle fit depuis lors partie de la Confédération Helvétique, et fut comprise dans le territoire de Schaffhouse ; mais en 1798 on l'en détacha pour l'adjoindre au canton de Thurgovie.

En 1799 eurent lieu aux environs de Diessenhofen, entre les troupes françaises et les Austro-Russes, divers engagements par suite desquels les Français durent battre en retraite sur l'autre rive du Rhin. A cette occasion, ils brûlèrent, le 7 octobre 1799, le pont sur lequel on traversait le Rhin à Diessenhofen.

DIEST, ville forte de la province de Brabant, royaume de Belgique, dans une belle contrée, sur les deux rives de la Demer, possède plusieurs églises et couvents, divers hôpitaux et institutions charitables ; une école-moyenne et une école de dessin, et compte une population de 8,500 âmes. La fabrication des chapeaux, des cuirs et des bas, d'importantes distilleries, et des brasseries produisant la célèbre *bière de Diest*, sont les principales industries de cette ville, qui, au moyen âge, appartenait à des seigneurs particuliers. A l'extinction de cette famille, elle passa au comte Jean de Nassau-Saarbruck, qui à sa mort, arrivée en 1472, la transmit à Guillaume, duc de Juliers. Celui-ci, en 1499, la céda par voie d'échange, à Engelbert de Nassau, souche de la maison d'Orange, laquelle en resta en possession jusqu'à la mort de Guillaume III, en 1702. Après de longues contestations avec le roi de Prusse Frédéric, 1er qui le revendiquait à titre d'héritier direct, la ville de Diest finit par être adjugée avec les autres fiefs et possessions de la maison d'Orange à la branche allemande de Nassau-Dietz.

En 1838 les anciens remparts de Diest ont été transformés en une place forte de premier ordre comme point de défense sur la frontière belge du nord.

DIÈTE (en latin *diæta*, primitivement dérivé du verbe grec διαιτάω, je prescris). Ce mot a été souvent pris, par les anciens surtout, dans un sens très-général, indiquant alors l'usage bien ordonné de tous les moyens de l'hygiène. Il est, sous ce rapport, tout à fait synonyme de *régime*. Aujourd'hui on restreint la diète à l'ensemble des préceptes relatifs à l'emploi des substances alimentaires dans le cours des maladies aiguës et chroniques. Par suite d'un usage abusif, *diète* signifie encore abstinence ou privation d'aliments, prescrite par le médecin dans ses visites journalières aux malades.

La diète, restreinte au régime alimentaire des malades, est une partie essentielle de la médecine pratique, qui a été considérée par beaucoup d'anciens médecins hippocratiques ou expectants comme la principale; plusieurs d'entre eux ne traitaient même leurs malades que par ce moyen. Pour bien comprendre ce que nous disons ici, il faut admettre parmi les nourritures des malades les boissons ou tisanes, les potions, qui contiennent toujours, en effet, des éléments nutritifs, appropriés à la période de crudité des maladies : telles sont les décoctions d'orge, de riz, de gruau, de chiendent, de figues, de jujube, de lichen, etc.; décoctions qui contiennent de la fécule, du sucre, du mucilage, etc.

L'action curative des aliments dans les maladies, vantée par de très-célèbres médecins, tels qu'Hippocrate, Galien, Sydenham, Baglivi, etc., s'explique naturellement par l'espèce de rénovation continuelle des parties que produit une diète appropriée. Nos organes, nos tissus, se composent et se décomposent perpétuellement au moyen de la nutrition ; il en résulte que la nourriture assimilée est l'agent direct de la réparation des organes altérés. Il s'agit seulement, dans la plupart des cas, de provoquer d'abord une médication apte à préparer cette sorte d'assimilation thérapeutique; c'est l'indication première que remplissent les médicaments proprement dits, qu'on administre le plus souvent dans la période d'invasion ou de crudité des maladies. Cette assimilation est sans doute faible et limitée, mais elle est réelle et positive ; et quand elle devient impossible, il n'y a plus de réparation, et partant bientôt plus de vie. Hippocrate avait considéré la diète des maladies aiguës comme tellement importante qu'il avait composé un livre célèbre et souvent cité sur cette matière (*De ratione victus in morbis acutis*). Il y traite de plusieurs boissons nutritives ou tisanes, presque toujours composées avec des décoctions d'orge plus ou moins concentrées, qu'il prescrivait dans les diverses périodes des maladies. La diète ou le composé de tisanes, si souvent dédaignée par les praticiens polypharmaques, produit deux effets distincts : l'un nutritif, et l'autre médicamenteux ; c'est ainsi que les boissons mucilagineuses, émulsionnées, gélatineuses, féculentes, qui contiennent des principes alibiles, ont de plus une action tempérante, relâchante et rafraîchissante. Il en est ainsi des laits coupés, des bouillons gélatineux, de grenouilles, de veau, de poulet, d'écrevisses, etc. Nous ajouterons que certaines diètes spéciales, ou l'usage exclusif de tel ou tel médicament, a souvent produit des guérisons inespérées, qu'on n'avait pu obtenir de l'emploi des médicaments les plus actifs. Les faits de cette nature ne sont pas rares dans les ouvrages consacrés aux maladies chroniques, et, ce qu'il y a de remarquable, c'est qu'ils ont été souvent le fruit d'une sorte d'instinct chez les malades qui réclamaient tel ou tel aliment, telle ou telle boisson, comme le spécifique de leur mal.

Il importe, dans la prescription de la diète, 1° d'avoir égard à l'état des voies digestives; 2° de proportionner rigoureusement la nature et la quantité des aliments aux forces assimilatrices ; 3° de réduire la diète à des boissons faiblement nourrissantes pendant les accès ou les exacerbations des maladies aiguës, surtout lorsqu'il se manifeste des signes critiques; 4° de réserver les boissons les plus nutritives pour le temps de la rémission, de l'intermittence des maladies; 5° d'insister sur une diète très-nourrissante au déclin des maladies et pendant la convalescence ; 6° enfin, de modifier l'alimentation selon les âges, les sexes, les tempéraments, les saisons, les lieux, les professions, etc.

La *diète animale* se compose exclusivement de substances azotées fournies par les animaux ; c'est la plus substantielle de toutes, celle qui contient le plus de matières nutritives sous un volume donné. Elle convient aux personnes affaiblies par l'abstinence, un mauvais régime, d'un tempérament lymphatique, d'une constitution scrofuleuse, et dont les organes digestifs jouissent d'une grande activité. On la prescrit quelquefois pour remplir des indications particulières, et à l'exclusion de tout autre moyen, comme dans le diabète sucré, dont elle opère la guérison. La diète animale se compose tantôt de viandes noires abondantes en osmazome et excitantes, tantôt de viandes blanches contenant beaucoup de gélatine, et par cela même relâchantes et rafraîchissantes : d'où deux espèces de diètes secondaires, connues sous le nom de *diète fibreuse* et de *diète gélatineuse*.

La *diète végétale* jouit de propriétés inverses de la précédente, et convient dans des conditions tout à fait opposées; elle est essentiellement atténuante et adoucissante, et fournit, sous un grand volume, une petite quantité de matière nutritive; elle convient dans tous les cas où la vie étant en excès, soit dans toute l'économie, soit sur un point seulement, le sujet a besoin de peu de nourriture et d'une alimentation exempte de toute excitation, comme il arrive dans une foule d'irritations, de maladies inflammatoires avec congestion sanguine et disposition hémorrhagique, dans les affections pléthoriques sans congestion locale. La diète végétale est en quelque sorte souveraine dans certaines affections où les produits azotés dominent dans les excrétions : telles sont les diverses gravelles formées par l'acide urique, et qu'on guérit fort bien par le régime exclusivement végétal. On l'a aussi beaucoup vantée contre la goutte, qui a d'ailleurs des rapports avec la gravelle. Le règne végétal se divise en un grand nombre de sections, dont quelques-unes fournissent des principes immédiats ou substances ayant un mode spécial de nutrition qui forme la base de diètes particulières : telles sont les diètes *mucilagineuse*, *sucrée*, *farineuse* ou *féculente*, *huileuse*, *acidulée*, etc.

La *diète mucilagineuse* se compose de presque tous les légumes aqueux non farineux, tels que les épinards, les navets, les carottes, les choux, les salades, les artichauts les salsifis, les pois et haricots verts, etc.; elle est légère, atténuante, comme disaient les anciens ; elle diminue et ralentit l'action organique, et est essentiellement débilitante, mais d'une digestion prompte et facile. Cette alimentation est la moins substantielle de toutes; sous un grand volume elle contient le moins de matière assimilable; c'est elle qu'on prescrit dans les convalescences des maladies inflammatoires viscérales et cutanées, des fièvres inflammatoires, des affections nerveuses, des hémorrhagies, etc. Nous ajouterons que ce sont des substances mucilagineuses avec lesquelles on compose les tisanes les plus légères et les moins nutritives.

Le sucre pur et les substances très-sucrées sont les éléments de la *diète sucrée*, diète essentiellement nutritive et réparatrice, entièrement assimilable quand elle se compose exclusivement du corps sucré, mais moins restaurante, laxative et adoucissante, quand le sucre se trouve associé à du mucilage, comme dans les fruits sucrés. La diète sucrée est fortifiante; elle communique à l'économie animale beaucoup de force et de vigueur, et est une cause d'embonpoint et de fraîcheur, qui sont dus à la surabondance des sucs nourriciers. La diète sucrée est d'un grand secours dans une foule de maladies, où le besoin pressant de nourriture est associé à une grande faiblesse et à une grande susceptibilité des organes digestifs; elle est surtout précieuse chez les enfants, les vieillards, les femmes nerveuses, et toutes les personnes radicalement faibles. En revanche, il faut l'interdire aux personnes pléthoriques, aux constitutions vigoureuses disposées aux inflammations, aux hémorrhagies, etc.

Tous les aliments dans lesquels prédomine une huile fixe appartiennent à la *diète huileuse* : tels sont ceux que fournissent le cacao, les semences émulsives (amandes, noix, noisettes, etc.), le beurre, etc. Cette sorte de diète est relâchante, laxative, d'une digestion difficile, mais toutefois assez abondante en principes nutritifs; elle donne lieu le plus souvent à un embonpoint flasque et à une surabondance de sucs lymphatiques, qui est loin d'être un signe de force et d'énergie; elle prédispose aux flux séreux, aux hernies, aux hydropisies, aux diarrhées, et ne convient nullement aux individus qui peuvent craindre ces sortes d'affections. On peut la prescrire, au contraire, à ceux qui ont la fibre sèche, tendue, irritable, le pouls dur, fréquent, qui ont habituellement de la constipation, un défaut d'excrétions et d'exhalations, etc.

A côté de la diète huileuse, on peut placer la *diète* appelée *acidulée* par M. Barbier, qui n'offre qu'une alimentation mucilagineuse associée à une certaine proportion d'acide végétal. Cette sorte de diète comprend les fruits acidulés, les oranges, les groseilles, les fraises, les framboises, les pêches, les raisins, les pommes, les poires crues ou confites, etc. Ces fruits nourrissent très-peu : les petites quantités de sucre et de mucilage qu'ils contiennent sont manifestement relâchantes, au moyen de l'acide réfractaire à la digestion qu'ils contiennent. Cette diète est éminemment rafraîchissante, et convient spécialement dans les phlegmasies accompagnées d'une soif vive, d'une fièvre intense, d'une chaleur prononcée. C'est avec les fruits acidulés que l'on compose les limonades et autres boissons rafraîchissantes, si précieuses et si journellement employées dans la période la plus intense des maladies aiguës. L'usage exclusif et longtemps continué des fruits acidulés, comme les raisins, les fraises, etc., a guéri des maladies chroniques qui avaient résisté aux remèdes les plus énergiques; des auteurs recommandables rapportent des faits semblables très-authentiques.

La *diète farineuse*, ou mieux, *féculente*, est la plus nourrissante de celles que fournit le règne végétal; elle comprend le riz, le gruau, le blé, la pomme de terre, les fécules proprement dites de sagou, de salep, etc., toutes les racines et graines farineuses. Cette diète est très-nourrissante et doit être placée immédiatement après la diète animale. Elle compose la nourriture de la plupart des gens de la campagne, généralement pleins de force et de vigueur. Ces sortes d'aliments, plus faciles à digérer que les substances animales, conviendront dans les cas où il est besoin de réparer promptement et fructueusement les forces épuisées par de longues maladies, alors que les organes digestifs sont encore faibles et languissants, encore bien que la guérison soit accomplie; au contraire, l'assimilation prompte et abondante à laquelle donnent lieu les farineux doit être interdite aux malades pléthoriques, irritables, atteints d'inflammations chroniques, auxquels la diète mucilagineuse est très-bien appropriée et très-salutaire, ainsi que nous l'avons déjà dit.

La *diète lactée* se compose exclusivement de diverses espèces de laits; elle est à la fois alimentaire et médicamenteuse. Le lait étant une substance légère, adoucissante, pourtant nutritive, et qui se digère facilement, il en résulte que la diète lactée convient particulièrement aux personnes atteintes de maladies chroniques dont les voies digestives ne jouissent pas d'une grande force et d'une grande activité; et comme d'ailleurs ce genre d'alimentation modéré beaucoup l'action du cœur et ralentit la circulation, on le prescrit avec beaucoup d'avantages aux personnes affectées de maladies organiques des poumons et des autres viscères qui reçoivent une grande quantité de sang. La réputation de la diète lactée contre la phthisie pulmonaire est connue même de ceux qui n'ont aucune connaissance en médecine. On la prescrit encore avec beaucoup de succès contre la goutte, les rhumatismes chroniques et autres phlegmasies lentes des voies digestives, urinaires, etc. Elle est contre-indiquée, au contraire, dans les maladies lymphatiques, scrofuleuses, chlorotiques, etc. La force nutritive des différents laits n'étant pas la même, il en résulte que les effets de la diète lactée varient suivant l'espèce qu'on emploie : celui de chèvre ou de brebis est plus nourrissant que celui de vache; le lait d'ânesse est le plus léger de tous et celui qui s'accommode le mieux aux estomacs faibles et irritables. Il en est un autre, du reste très-analogue au dernier, qui jouit d'une propriété plus énergique et plus fortifiante que celui des herbivores, nous voulons parler du *lait de femme*, conseillé par quelques médecins dans des cas d'étisie et d'épuisement profond; malheureusement ce lait est susceptible de varier suivant la diversité des caractères moraux, la susceptibilité de la nourrice, et les passions dont elle peut être agitée; et puis, il faut le dire, l'attrait qui s'attache trop souvent au remède a un autre genre d'inconvénient pour les malades, inconvénient d'ailleurs signalé par les praticiens. Il serait à craindre que le malade ne trouvât de quoi alimenter le mal à la source même du remède, et qu'il arrivât pis encore que ce que raconte Félix Plater d'un de ses malades : *Tantas vires recepit (e sinu nutricis), ut, ne lac sibi in posterum defìceret, nutricem de novo imprægnaverit.*

Dʳ BRICHETEAU.

DIÈTE (*Politique*). Nous employons ce mot pour désigner les assemblées nationales (formées d'ailleurs d'éléments très-divers) qu'ont eus ou qu'ont encore diverses nations étrangères : la *diète de l'Empire*, la *diète helvétique*, la *diète de Suède*, de *Pologne*, etc. Dans cette acception, le mot *diète* ne dérive point du grec διαίτα, *régime de vie*, mais bien plus tôt du latin : *dies indictus*, jour fixé, appointé. Le mot allemand *Reichstag*, que nous traduisons par *diète de l'Empire*, signifie au propre *jour de l'Empire*; et aujourd'hui les allemands désignent leur diète de Francfort sous le nom de *Bundestag*, jour fédéral.

DIÈTE DE L'EMPIRE (*Reichstag*). On donnait ce nom, en Allemagne, aux assemblées ou réunions des *États de l'Empire*, devenues permanentes à partir de l'époque des Hohenstaufen. Il ne faut pas les confondre avec les assemblées nationales, qui s'y tenaient encore sous le règne de Charlemagne et auxquelles avaient accès tous les hommes libres. En qualité de membres de l'Empire, les États partageaient avec l'empereur les *droits de majesté*, à l'exception des prérogatives spécialement réservées à l'empereur. Toutes les affaires dont la décision était du ressort de l'empereur et de l'Empire, ne pouvaient se traiter qu'à la *diète*, laquelle, à partir de l'an 1663, fut constamment réunie à Ratisbonne. Jadis l'empereur comparaissait en personne aux diètes; plus tard il s'y fit représenter par son commissaire principal, qui était toujours un prince de l'Empire et qui avait pour adjoint un sous-commissaire. L'électeur de Mayence, en sa qualité d'archichancelier de l'Empire, était *directeur* de la diète. Les envoyés des États de l'Empire remettaient leurs pouvoirs soit au commissaire principal de l'empereur, soit à l'électeur de Mayence. En son absence, l'archichancelier de l'Empire se faisait suppléer, lui aussi, par un représentant ou commissaire Tout ce qui était adressé à la diète, arrivait d'abord à l'électeur de Mayence, et les employés de la chancellerie étaient chargés d'en dicter des communications aux employés des autres chancelleries. Plus tard on eut recours à l'impression. Les délibérations avaient lieu en trois *collèges* :

1° Le *collège des électeurs*, où l'électeur de Mayence recueillait les voix et cédait la sienne à la Saxe.

2° Le *collège des princes*, qui se partageait en *banc séculier* et *banc ecclésiastique*, les évêques protestants de Lubeck et d'Osnabruck siégeant sur un banc en travers. Dans ce collège, les comtes de l'Empire n'avaient pas de voix virile. Ils étaient divisés en banc de Wettéravie, de Souabe, de Franconie et de Westphalie, dont chacun possédait une voix (*votum curiatum*). De même les prélats de l'Empire, ou les abbés prévôts et *abbesses*, partagés en deux bancs, celui de la Souabe et celui du Rhin, ne possédaient aussi que deux voix. Dans ce collège des princes, la présidence était alternativement exercée par l'archevêque de Salzbourg et par l'archiduc d'Autriche.

3° Le *collège des villes impériales*, divisé en banc de la Souabe et banc du Rhin. La présidence y était exercée par le représentant de la ville impériale où se réunissait la diète; et chaque ville impériale possédait une voix à la diète. D'ordinaire les décisions se prenaient à la majorité des voix : cependant il n'en était pas ainsi dans les matières relatives à la religion (*voyez* CORPUS CATHOLICORUM).

Chacun des trois collèges ainsi formés par les États de l'Empire, délibérait séparément. On s'efforçait ensuite de mettre d'accord entre elles les décisions prises par les différents collèges; et lorsqu'on était parvenu à la décision ainsi prise était transmise à l'empereur comme avis de l'Empire (*conclusum imperii*). Lorsque cette décision avait acquis force de loi par un décret de ratification ou de confirmation émanant de l'empereur, elle recevait la qualification de *résolution de l'Empire*. Le contenu des diverses décisions prises par une diète recevait la dénomination de *congé* ou *recez de l'Empire*. L'empereur pouvait refuser sa ratification ou pour la totalité ou partiellement; mais il ne pouvait pas en modifier le sens, non plus que suppléer au défaut de concours de l'un des trois collèges. Quand il avait apposé sa signature aux *résolutions de la diète*, elles étaient publiées et adressées à tous les tribunaux de l'Empire pour qu'ils eussent à les enregistrer et à s'y conformer.

Beaucoup d'affaires s'expédiaient aussi au moyen des comités spéciaux créés de commun accord par l'empereur et la diète, et désignés sous le nom de *députations de l'Empire*.

A la diète de l'Empire appartenait le droit de faire les lois, de les modifier ou de les abolir, de conclure la paix et de déclarer la guerre. Pour les guerres dans lesquelles il s'agissait d'engager l'Empire, la diète, mise en demeure, par un décret de l'empereur, d'avoir à en délibérer, prenait ses décisions à la majorité des voix ; et ceux des États de l'Empire, qui dans la diète avaient émis une opinion défavorable à cette guerre, n'en étaient pas moins tenus de contribuer comme tous les autres aux frais qu'elle nécessitait.

A l'article CONFÉDÉRATION GERMANIQUE le lecteur trouvera tous les détails relatifs à l'organisation actuelle de la *diète germanique*, dont le siége est à Francfort.

DIÈTE DE POLOGNE. Les rois de Pologne, même ceux de la dynastie de Piast qui exerçaient un pouvoir absolu, avaient l'habitude de consulter sur les affaires majeures de l'État les grands (*proceres*), qui formaient, pour ainsi dire, leur sénat. Ladislas-le-Nain appela indistinctement toute la noblesse à prendre part aux délibérations législatives, la convoquant à la diète de Chen-cinq en 1331. C'est depuis cette époque que la petite noblesse put, par la seule force du nombre, neutraliser l'influence de la grande noblesse. Plus tard les convocations de diètes devinrent toujours plus fréquentes, quoiqu'elles dépendissent uniquement de la volonté du souverain. Aussi ces assemblées n'avaient-elles rien de régulier. Les gentilshommes s'y rendaient en masses. On y discutait à cheval (*comitia paludata*), et la réunion finissait au bout de quelques jours. La loi de 1468 détermina la forme des diètes. Deux députés (*nuncii terrestres*) y devaient représenter chaque district, après avoir reçu de leurs mandataires les instructions dont il leur était défendu de s'écarter. De là naquit le besoin des assemblées électorales primaires, auxquelles toute la noblesse du district prenait part, et qu'on appela *diétines ante-comitiales* et *d'instruction*. La session finie, les députés rendaient compte à leurs mandataires respectifs de leurs opérations et du résultat de la diète dans les *diétines post-comitiales* ou *de relation*. Les principales villes du royaume obtinrent aussi le privilége d'envoyer leurs représentants à la diète.

Après l'extinction de la dynastie des Jagellons, la forme du gouvernement éprouva de grands changements. Les *pacta conventa* imposés en 1573, par la nation à Henri de Valois, portent que le consentement unanime de la diète est nécessaire au roi pour déclarer la guerre, ordonner la levée en masse, augmenter l'impôt ou les droits de douanes, et même pour envoyer des ministres aux cours étrangères, lorsqu'il sera question des affaires majeures. La diète *ordinaire* devait être convoquée tous les deux ans à Varsovie ; seulement, depuis 1669, chaque troisième diète devait se tenir à Grodno en Lithuanie. La durée de la session fut fixée à six semaines et ne pouvait être prolongée sous aucun prétexte. Dans les trois premiers jours, les députés prouvaient la légalité de leurs mandats et choisissaient le *maréchal* ou président de la chambre, qui deux jours après le conduisait dans le sénat et y haranguait le roi assis sur son trône. L'initiative étant une des prérogatives royales, le chancelier leur présentait, au nom du roi, la liste des matières à discuter pendant la session. Sur ces propositions, les députés délibéraient pendant trois semaines conjointement avec le sénat, et retournaient ensuite dans leur chambre pour prendre une résolution. Là, chaque nonce pouvant faire *motion*, c'est-à-dire pouvant ajouter ses propositions à celles du roi, l'initiative royale et la participation du sénat se trouvaient réduites à bien peu de chose. La session se terminait par la réunion des deux chambres, dans laquelle les décrets de la chambre des nonces étaient lus et promulgués sous le nom de *constitutions*.

En cas d'urgence, le roi pouvait convoquer une diète *extraordinaire*. Elle était soumise aux mêmes formes que la précédente, mais sa durée se bornait à deux semaines, et les députés ne pouvaient délibérer que sur les matières énoncées dans le circulaire royale qui les convoquait.

Malgré le terme de *consentement unanime* introduit dans les *pacta conventa* de 1573, les résolutions de la diète se prirent à la majorité des voix jusqu'en 1651. Sycinski, nonce d'Upita, donna alors le premier exemple du *liberum veto*, annulant par sa protestation *toute décision prise et à prendre*. La diète eut la faiblesse de s'y soumettre : l'abus toléré dans le commencement, prit ensuite plus de consistance, et fut reconnu constitutionnellement en 1718. Les membres du pouvoir exécutif, qui n'étaient comptables que devant la diète, en profitèrent pour s'assurer l'impunité : aussi voit-on peu de diètes qui n'aient été rompues par un *veto* lancé souvent même avant l'ouverture de la session. Le pays tomba dans une anarchie qui rendait un individu plus fort que la nation, et livrait l'État à la merci d'un seul homme le plus souvent vendu à l'ennemi.

Pour s'y soustraire, on eut recours à un autre abus. Dès le premier jour, la diète se changeait en *confédération*, et par cet acte acquérait le droit de délibérer à la simple majorité des voix. C'est par ce moyen que la diète dite *constitutionnelle*, qui dura quatre ans (1788-1792), parvint enfin à abolir le *liberum veto* et dota le pays de la sage constitution du 3 mai, dont la Russie ne laissa pas à la Pologne le temps de recueillir tous les bienfaits.

La monarchie élective en Pologne donna naissance aux *diètes de convocation*, qui avaient lieu aussitôt après la mort du roi, dans le but de pourvoir à la tranquillité publique pendant l'interrègne et de fixer l'époque d'élection, et aux *diètes d'élection*, auxquelles toute la noblesse participait en masse, en vertu d'une motion faite en 1573 par Jean Zamoyski. L'histoire de ces *diètes d'élection* tenues en plein champ à Wola, près de Varsovie, où d'abord les princes étrangers briguaient les suffrages de la noblesse polonaise, où ensuite la couronne fut mise à l'encan et achetée au poids de l'or, avant qu'elle devint la proie du plus fort, a été écrite avec assez de talent par Michel David de la Bizardière, dont l'ouvrage, intitulé *Histoire des diètes de Pologne pour les élections des rois, depuis 1572 jusqu'en 1674*, parut à Paris en 1679, in-8°.

Lors de la nouvelle organisation du royaume de Pologne par le congrès de Vienne, la charte de 1815 stipula que la convocation de la diète aurait lieu tous les deux ans, fixa la durée de toute session à quatre semaines et limita le droit de pétition, en précisant les matières et les questions à propos desquelles il pouvait être légalement et utilement exercé. Pour être électeur, il suffisait d'être propriétaire; pour être éligible, il fallait payer 60 fr. d'impôts fonciers. Le statut organique de 1832, publié à la suite de la répression complète de l'insurrection du 30 novembre 1830 et de la révolution qu'elle avait amenée en Pologne, a aboli la constitution de 1815, et par suite les institutions représentatives qui pouvaient jusqu'à un certain point rappeler à la nation polonaise qu'elle avait été jadis libre et indépendante.

Aux articles SUÈDE et SUISSE, on trouvera des détails historiques sur les assemblées nationales ou *diètes* de ces deux pays.

DIÉTÉRIDE. L'année athénienne, introduite du temps de Solon, était lunaire, de 354 jours. Lorsque, par la suite, les Athéniens s'aperçurent qu'elle retardait de onze jours sur le cours du soleil, ils intercalèrent tous les deux ans un treizième mois de vingt-deux jours. Deux années réunies ou ce cycle de deux ans s'appelait *dieteris* (diétéride): il formait 730 jours, somme égale à deux années solaires, en négligeant les fractions. Mais bientôt les Athéniens s'aperçurent de la différence entre l'année solaire et leur année civile était loin de disparaître; ils eurent recours à d'autres moyens pour parer à un inconvénient aussi grave (voyez CYCLE,). A. SAVAGNER.

DIÉTÉRIS. *Voyez* DIÉTÉRIDE.

DIÉTÉTIQUE, qui a rapport à la *diète*, qui concerne la *diète*. Cet adjectif, pris substantivement, désignait autrefois la doctrine qui réglait toutes les parties de la diète telle qu'on la considérait alors, c'est-à-dire comprenant tout ce qui avait rapport à la matière de l'hygiène ou aux choses que l'école appelait improprement non naturelles. Aujourd'hui, le mot *diététique* devrait seulement s'appliquer à la diète telle que nous l'avons envisagée; mais l'usage a prévalu, et on appelle encore *diététique* les agents de l'hygiène qui sont du ressort du régime : ainsi, le choix des aliments (qui constituent la diète), de l'air, des habitations, des vêtements, des exercices; les règles relatives au sommeil, au repos, à la direction des passions, sont classés parmi les remèdes improprement appelés *diététiques*. Cette partie de la médecine pratique a été beaucoup plus cultivée par les anciens que par les modernes; depuis que les sciences physiques ont ouvert une carrière immense au médecin, depuis que l'art a tant multiplié ses ressources en s'enrichissant d'une foule de substances médicamenteuses, on a beaucoup négligé les moyens diététiques dans le traitement des maladies. Le public, qui veut guérir vite des maux longuement contractés, s'est malheureusement trop imbu de l'idée que le médecin avait un arsenal de remèdes spécifiques contre les infirmités de l'espèce humaine, et qu'il fallait leur sacrifier les moyens simples mais lents de l'hygiène; de là vient, sans doute, que, par condescendance pour leurs patients, les médecins laissent trop souvent tomber dans l'oubli des moyens de guérison qui devraient être placés en première ligne : ainsi, un régime adoucissant, des boissons faiblement nourrissantes, des bouillons gélatineux, des tisanes mucilagineuses, sucrées, etc., suffiraient, à la suite de quelque évacuation sanguine ou intestinale, pour guérir un grand nombre de maladies aiguës. Quels avantages ne peut-on pas retirer dans les maladies chroniques, des exercices, des frictions, d'une diète spéciale, du choix de l'air, des lieux, des vêtements, etc.? L'exercice qui provoque la sueur, les frictions capables de rougir la peau, les bains de diverses sortes, les vêtements chauds, qui augmentent la transpiration et forment un rempart au corps, l'usage d'aliments stimulants, de boissons diaphorétiques, n'ont-ils pas suffi pour rappeler les éruptions supprimées, pour détourner des congestions qui menaçaient les viscères? Combien de maladies évitées, prévenues, arrêtées, par l'emploi de la seule flanelle sur tous les points du corps! Nous avons dit que les diètes *végétale*, *animale*, *lactée*, avaient dompté des maladies que n'avait pu détruire la thérapeutique. Le séjour des climats tempérés, l'habitation des lieux appropriés à l'état des malades, ont guéri plus d'affections pulmonaires que tous les agents de la matière médicale. Dr BRICHETEAU.

DIETMAR ou **DITHMAR**, et mieux encore THIETMAR, évêque de Mersebourg, naquit le 25 juillet 976, à ce qu'on croit, à Hildesheim. Son père, *Siegfried*, comte de Wallbeck, mort en 990, était frère du margrave Lothaire de Saxe, et proche parent de l'empereur. En l'an 1002, il fut nommé supérieur du couvent de Wallbeck, fondé par son grandpère. Avec son protecteur, l'archevêque Tagino de Magdebourg, il fut de ceux qui, en l'an 1007, prirent part à l'expédition entreprise contre le duc Boleslaf de Pologne. Recommandé puissamment au roi Henri par Tagino, il fut, à la mort de Wigbert, promu au siége épiscopal de Mersebourg, et fut consacré le 24 avril 1009. Il vécut depuis dans une grande intimité avec le roi Henri, qu'il suivit dans plusieurs expéditions contre les Slaves, et mourut le 1er décembre 1018.

Dietmar ne se fit pas seulement aimer dans son diocèse; il a bien mérité de la postérité par sa *Chronique*, ouvrage qui contient en huit livres l'histoire des années 998 à 1018, et qui s'est conservé en enfier jusqu'à nos jours. C'est sans contredit la source la plus riche et la plus précieuse à laquelle on puisse puiser pour tout ce qui concerne l'histoire des contrées riveraines de l'Elbe où les Slaves vinrent former des établissements. L'historien rachète l'enflure et la barbarie habituelles de son style, ainsi que son excessive crédulité, par l'heureux choix et l'abondance des matériaux historiques qu'il a su réunir, de même que par son incontestable bonne foi.

DIETRICHSTEIN (Famille de). Cette ancienne maison, dont la branche aînée porte aujourd'hui le titre de prince, est originaire de Carinthie, et possède des biens immenses en Autriche, en Moravie et en Bohême. Il est fait mention dans des chartes remontant à l'an 1103 d'un *Ruprecht* DE DIETRICHSTEIN, et les seigneurs de cette maison paraissent avoir été primitivement au nombre des hommes-liges de l'évêque de Bamberg. En 1335, on voit un *Henri* DE DIETRICHSTEIN résister longtemps et vaillamment dans son manoir à Marguerite Maultasch. En 1483, *Pancrace* DE DIETRICHSTEIN résiste jusqu'à la dernière extrémité, dans le château de ses pères, à l'armée du roi de Hongrie, Mathias Corvin. Plus tard encore, en 1492, on le voit se comporter aussi vaillamment à la bataille de Villach, livrée aux Turcs. En 1506, il reçut de l'empereur la charge de grand-échanson de Carinthie, restée, comme celle de grand-veneur de Styrie, héréditaire dans sa famille.

Ses deux fils, *François Sigismond* DE DIETRICHSTEIN, fondèrent les lignes de *Weichsolstætt-Rabenstein* et de *Hollenburg-Furstenstein*. Cette dernière s'est divisée ensuite en de nombreux rameaux. Sigismond, mort en 1540, fut un des favoris de l'empereur Maximilien Ier, et l'un des plus braves compagnons d'armes de Georges de Frundsberg, de Rodolphe d'Anhalt et de Bayard, dans les guerres contre les Vénitiens. En 1514, Maximilien le créa baron de l'Empire, et ordonna qu'il fût enterré à ses pieds dans le même tombeau, et compris dans tous les services qui seraient célébrés pour le repos de son âme.

Ses deux fils aînés, *Georges* et *Charles*, embrassèrent les doctrines de la réforme, tandis que le troisième, *Adam*, restait fidèle au catholicisme. Celui-ci prit une part active aux négociations du traité de Passau, de 1552, et à celles de la paix de religion conclue en 1555 à Augsbourg. L'empereur Maximilien l'envoya deux fois remplir les fonctions d'ambassadeur à la cour de Philippe II; la relation qu'il a donnée de la fin malheureuse de l'infant Don Carlos, le 24 juillet 1568, est peut-être le document le plus sincère et le plus véridique que l'on possède sur cet événement. Ce fut lui qu'on chargea de diriger l'éducation de l'empereur Rodolphe II, qui, en 1587, éleva la maison de Dietrichstein au rang des comtes de l'Empire.

Le cardinal *François* DE DIETRICHSTEIN, évêque d'Olmütz et gouverneur général de Moravie, fils du précédent, né à Madrid le 22 août 1570, et qui fut le véritable créateur des grandeurs de sa maison, mérite une mention toute particulière. Il succéda au savant Stanislaf Pawlowski, comme envoyé de l'empereur à Rome, fut ensuite ambassadeur auprès de diverses cours, et en dernier lieu président du conseil impérial. Lorsque, par suite de la victoire remportée en 1620 sur le Weissberg par Tilly et Wallenstein, la Bohême fut replacée sous les lois de l'empereur Ferdinand II, il arrêta les progrès du protestantisme en Moravie sans recourir à la violence, et parvint à son but, en s'appuyant sur les Piaristes au lieu d'employer l'ordre déjà si odieux des Jésuites. Les services signalés que ce cardinal avait rendus à l'empereur furent récompensés par son élévation à la dignité de prince de l'Empire, avec faculté de la transmettre à celui de ses neveux qu'il désignerait et dans la famille duquel elle demeurerait héréditaire. Le cardinal mourut à Brunn le 19 septembre 1636, laissant ses biens et son titre de prince de l'Empire à son neveu *Maximilien* DE DIETRICHSTEIN.

Ferdinand, fils de ce dernier, reçut de l'empereur Léopold Ier la seigneurie de Traps, située dans le Tyrol, et pour laquelle il fut admis en 1686 dans l'ordre des princes de l'Empire. En 1803, cette seigneurie ayant été cédée à la république helvétique par suite d'un recez de la diète, la maison de Dietrichstein reçut, comme indemnité, la seigneurie de Neuravensburg, située dans la Souabe, et qui, depuis 1806, se trouve placée sous la souveraineté du roi de Wurtemberg. Il n'y a que l'aîné seul de la famille, et en ligne directe, qui prenne le titre de *prince*.

Le prince actuel, *François-Joseph* DE DIETRICHSTEIN, né le 28 avril 1767, est conseiller privé et chambellan de l'empereur d'Autriche, et, comme chef de sa maison, grand-échanson de Carinthie et grand-veneur de Styrie. Ses revenus annuels s'élèvent à environ 300,000 florins. Lors des premières guerres de la révolution française, il remplissait les fonctions de général-major dans le corps du génie; plus tard, il fut chargé de diverses missions diplomatiques à Saint-Pétersbourg, à Berlin, à Munich, et ce fut lui qui, en 1806, conclut avec Moreau l'armistice de Parsdorf. En 1801, il renonça en même temps que Thugut à la diplomatie, et, après la paix de Lunéville, il abandonna également le service militaire. En 1809, il fut nommé grand-maître de la cour de l'archiduc François, devenu plus tard duc de Modène; il fut ensuite envoyé comme commissaire impérial dans les parties de la Gallicie occupées par l'ennemi, où il resta jusqu'à la paix de Vienne. Il réside alternativement à Vienne et dans son magnifique château de Nikolsburg.

Son frère, le comte *Maurice* DE DIETRICHSTEIN, né le 19 février 1775, conseiller privé et chambellan de l'empereur, a longtemps été chargé de la surintendance des théâtres impériaux. Il est aujourd'hui préfet de la bibliothèque impériale et grand-maître de la maison de l'impératrice. En 1798, il était aide de camp de Mack, généralissime de l'armée napolitaine, dont il partagea la captivité à Paris, et à la suite duquel il s'associa aussi. Il occupait encore auprès de lui les mêmes fonctions lors de la capitulation d'Ulm. En 1815, il fut nommé gouverneur de l'infortuné duc de Reichstadt.

DIETSCH ou **DIETZSCH**, famille d'artistes de Nuremberg, dont la réputation fut grande au dix huitième siècle. Le chef de la famille fut *Jean-Israël* DIETSCH, mort en 1754. Il eut cinq fils et deux filles, qui tous se consacrèrent à la peinture. Le plus célèbre des fils fut *Jean-Christophe*, né en 1710 et mort en 1769. Les deux filles se signalèrent par la perfection avec laquelle elles réussirent à reproduire la nature en miniature, et elles excellèrent encore dans l'aquarelle. *Barbara-Regina* DIETSCH, née en 1716, morte en 1783, peignit surtout les fleurs et les oiseaux, et ses moindres productions furent toujours avidement recherchées; sa sœur, *Marguerite-Barbara*, née en 1726, morte en 1795, avait adopté le même genre, et, de plus, elle gravait au burin beaucoup d'art ses propres tableaux. Une autre artiste de cette famille, *Susanne-Marie* DIETSCH, fille de Christophe, ne se fit pas une réputation moindre en cultivant les mêmes genres.

DIETZ, vieille ville et chef-lieu de bailliage du duché de Nassau, bâtie à l'embouchure de l'Aar dans la Lahn, qui la divise en deux parties, le quartier neuf et le vieux quartier, compte une population d'environ 3,000 habitants. Le vieux château qui la défendait autrefois sert aujourd'hui de maison de correction et de refuge. Non loin de Dietz se trouvent le beau château d'Oranienstein, justement célèbre par ses jardins, et le village de *Fâchingen*, renommé par ses eaux minérales.

Dietz, qu'on nommait autrefois *Théodissa*, fut donnée en 790 au couvent de Prüm par Charlemagne. Plus tard, elle eut ses comtes particuliers, qui lui accordèrent les droits et les priviléges de ville. Un mariage la fit entrer dans les domaines de la maison de Nassau, dont l'une des lignes collatérales prit le titre de *Nassau-Dietz*. Plus tard, cette ligne fut élevée au rang de princes de l'empire. C'est elle qui obtint le stadhoudérat héréditaire en Hollande, et qui porte aujourd'hui la couronne des Pays-Bas. Quant à la principauté de Dietz qui comprend, dans trois bailliages, 13 paroisses et 69 hameaux, elle est demeurée partie intégrante du duché de Nassau.

DIEU, mot qui existe dans toutes les langues, qui, dans toutes, exprime la même idée, sauf les limites diverses opposées à l'intelligence humaine par la nature des organes de l'homme, par l'emprisonnement actuel de ses facultés, et selon les temps, les lieux, les religions, la science. Pour arriver à cette idée *Dieu*, il faudrait commencer° par dégager la notion pure et simple de l'être, afin de lui faire produire la notion du seul être inconditionnel, absolu, nécessaire. Puis il faudrait essayer de contempler l'œuvre de la création, mais dans sa plus haute généralité, c'est-à-dire l'œuvre immense, infinie, incessante de Dieu, non circonscrite par le temps et l'espace, en acceptant toutefois la forme conditionnelle, relative, contingente, du temps et de l'espace, à cause précisément des limites opposées à l'intelligence humaine, resserrées encore par l'objectivité du langage. Mais nous n'accepterions un moment cette forme transitoire, apparente, que pour nous aider à concevoir l'infini, l'éternité.

Quand, à force d'avoir reculé les horizons sensibles et les horizons intellectuels, à force d'avoir confirmé ou infirmé la valeur du langage humain, adopté ou récusé le témoignage de la parole, nous arriverions à rencontrer l'homme lui-même, l'homme dans sa réalité actuelle, avec ses facultés passagères, indices de facultés virtuellement immuables, alors l'homme nous apparaîtrait comme le résumé, comme la synthèse de la création. Alors l'homme aussi, malgré les infirmités de sa nature extérieure, l'homme se poserait, pour nous, dans le temps et hors du temps. En effet, si Dieu n'existait pas, ou plutôt si nous parvenions à éliminer l'idée de Dieu de la pensée humaine, l'homme toujours serait impossible à éluder. Mais que ferions-nous de l'homme ainsi abstrait, et considéré isolément de la pensée divine? En retrouvant l'homme, ne retrouverions-nous pas immédiatement en rapport avec l'ordre et l'harmonie de l'univers? Et pourrions-nous nous dispenser de nous rendre compte, ou d'essayer de nous rendre compte de ce rapport? Et voici cette pauvre intelligence humaine obligée de se mettre laborieusement, sans autre appui qu'elle-même, à la recherche des lois inconnues du monde, du monde phénoménal et du monde de l'intelligence! Et remarquez bien ceci, la question de causalité a disparu complètement. Cela devait être, car elle est trop insuffisante pour satisfaire en même temps à nos facultés intelligentes et à nos facultés morales. De plus, évidemment, elle n'est qu'explicative; par conséquent elle n'a pas dû se présenter la première. N'est-il pas vrai que nous sommes, à tout de suite et avant tout examen, dominés par la puissance et l'incontestabilité du fait général?

Retournons à la thèse. L'homme est nécessaire puisqu'il est, le monde est nécessaire puisqu'il est, et si l'homme et le monde sont nécessaires, pourquoi? à quelle fin? Ainsi, Dieu se présente, non plus seulement comme cause, mais comme raison, et à la fois comme commencement et comme fin. Ainsi donc, il est parce qu'il est; il a fait, parce qu'il a fait. Et avouons que cette nécessité, propre à dompter l'esprit humain, cette éblouissante inéluctabilité qui nous saisit de vive force, laissent un grand vide dans notre compréhension, ne s'emparent que d'une partie de nous-même. Toutefois, nous avons acquis quelque chose. Nous savons certainement qu'il y a des lois et des faits, des lois irréfragables, des faits nécessaires, et nous savons certainement que les lois ont précédé les faits, car, sans cela, les faits auraient été le produit du hasard. L'ordre et l'harmonie, qui sont l'antithèse du hasard, sont donc le résultat des lois antérieures à ce qui est. Puis s'il n'y a pas nécessité absolue, sans motif, arbitraire, il y a affection, amour, et, par la même raison que les lois ont précédé les choses, l'amour a précédé les objets d'amour, de prédilection. Ainsi, l'être ou l'existence, l'ordre et l'amour, conçus à la fois dans la simplicité et dans l'absolu, composent l'idée une de Dieu. La puissance, l'intelligence, l'amour, sont un seul et même Dieu, le Dieu unique et suffisant.

Et la science humaine, dans quelle sphère la placerons-nous? Elle aussi est; elle est avec sa puissance, sa raison d'être, ses motifs. Dès lors, il devient impossible de ne pas admettre une science humaine, primitive, déposée, dès l'origine, dans l'intelligence humaine. Qui l'a déposée? Les traditions générales de l'humanité nous le disent, et nul effort de l'esprit humain ne prévaudra contre l'enseignement primitif, continu, perpétuel, unanime, des traditions générales. La raison en est simple, c'est que l'homme est toujours identique à lui-même; c'est que l'humanité est toujours identique à elle-même. Si le *mot Dieu* se trouve dans le langage humain, c'est parce que l'*idée Dieu* se trouve dans l'intelligence humaine. Mais cette idée ne pourrait se dégager d'anthropomorphisme, si elle était acquise, c'est-à-dire si elle n'était pas primitive. Or, elle est primitive dans l'esprit humain; car l'esprit humain ne saurait exister sans elle. L'anthropomorphisme est ajouté à l'idée primitive, non pour l'expliquer, mais pour la troubler; et c'est là, sans doute, le premier signe de l'altération subie, dès l'origine, dans la pureté et la simplicité de l'ontologie humaine.

Avant d'aller plus loin, fixons définitivement ces deux principes. *Dieu auteur des lois. L'homme destiné à être initié dans la connaissance des lois.* L'homme doué de conscience, c'est-à-dire soumis à l'épreuve de la liberté. Car, ainsi qu'il vient d'être dit, Dieu, dans l'absolu, c'est la puissance, l'intelligence et l'amour. Et ces trois facultés divines, conçues dans l'unité et dans l'absolu, avaient besoin d'une égale manifestation, Dieu voulant se manifester. Et cette égale manifestation a dû avoir lieu dès le commencement. Et le mot *commencement* est ici indépendant de la notion du temps et de l'espace. Et la manifestation de l'amour ne pouvait s'opérer, à l'égard de l'homme, que par le don de la conscience, le don du libre arbitre. Ainsi l'homme d'abord a été. Mais il fallait qu'il méritât d'être. De là le don de la liberté devenant une épreuve. De là enfin, pour l'homme, la responsabilité de ses actes, sa moralité. Mais tout l'être de l'homme dut participer à l'épreuve. L'intelligence fut éprouvée par le mystère. La confiance fut l'épreuve de l'amour.

La seule contemplation de l'humanité actuelle accuse une duplicité dans l'être humain. Et cette duplicité, cette double tendance vers le bien et vers le mal s'expliquent par la déchéance. Et la déchéance, consignée dans toutes les cosmogonies, n'est autre chose que la solution du problème ontologique de l'humanité actuelle. Mais la révélation ajoute que la déchéance fut immédiatement suivie d'une promesse de réhabilitation. Et cette promesse va se réalisant dans toutes les phases de l'évolution humanitaire. Ainsi le mal, introduit par la liberté humaine, va s'atténuant par l'effet du décret divin de la réhabilitation. Ainsi le don de la responsabilité fut une promotion, et la déchéance elle-même fut une promotion, puisqu'elle donna lieu à une nouvelle et plus éclatante manifestation de l'amour. Et les Pères disaient du péché originel : *felix culpa.* Et voyez plutôt, car rien de ce qui est dans l'esprit humain ne saurait être arbitraire. Les mystiques indiens fournissent une hypothèse qui n'a pu être produite sans raison. Prenant la création, en rapport avec l'homme et avec le monde de l'homme, prenant, dis-je, la création pour une époque cosmogonique précédée d'autres époques cosmogoniques à l'infini, ils ont cru pouvoir affirmer que ce que nous appelons la création est une sorte de résurrection, une réhabilitation, un pas vers l'affranchissement du mal. Cette hypothèse n'importe fort peu en soi; mais ce qui est considérable, c'est qu'elle existe, c'est qu'elle est une preuve d'une science antique, perdue, ou, du moins, qu'elle est une trace bien vague des vieux souvenirs du genre humain. Or, notre *Genèse*, le livre donné par Moïse, nous suffit. Mais, s'il contient l'histoire, comme il n'est pas permis d'en douter, c'est l'histoire dans le sens à la fois le plus général et le plus synthétique. C'est la plus complète énonciation du décret divin, du décret perpétuel, continu, en vertu duquel tout ce qui est, est.

Croire, c'est voir, c'est entendre, c'est sentir, c'est penser, c'est vouloir, c'est être. Le naturalisme, l'anthropomorphisme, le panthéisme, tombent devant la révélation; et la révélation, toujours, revient confirmée par l'intuition primitive et par l'intuition successive. L'idée de la toute-puissance n'est pas complète sans l'idée de la production de toutes choses *ex nihilo*. L'idée de l'amour n'est pas complète sans l'idée de rédemption. Il faut prendre tout ce qui existe comme un grand fait, produit, subsistant, allant à sa fin, en vertu de certaines lois, de lois antérieures, irréfragables, dont l'accomplissement est éternel, continu. *L'existence de Dieu est un fait*, l'origine, la valeur, le terme de tous les faits. *Dieu est l'existence absolue* : l'Écriture ne le définit pas autrement. Dieu, l'homme, le monde, c'est un tout harmonieux, et non un tout identique. L'idée de Dieu, c'est l'idée de l'unité, de l'unité sans la confusion des choses qui la forment, de l'unité improduite, et produisant la variété, la diversité, la multiplicité. Et tout ce qui est possible est, car la puissance de Dieu est sans limite. Tout ce qui est possible est, a toujours été, en puissance ou en acte, virtuellement ou manifestement. De là cette contemporanéité de Dieu, des desseins de Dieu, des œuvres de Dieu. De là l'éternité à joindre à la notion du temps, l'infini à joindre à la notion de l'espace et de la création qui remplit sans fin l'espace sans limite. Et l'éternité et l'infini, confondus en une seule conception, sont l'idée adéquate de Dieu; et Dieu pouvait se passer de toute manifestation, et c'est l'amour qui a voulu en lui la manifestation. La plante boit la rosée sans avoir la conscience de la nourriture qu'elle en reçoit. L'homme renferme une foule de phénomènes dont il n'a pas la conscience : la circulation du sang, l'élasticité de la fibre, l'air transformé dans les poumons. La science lui enseigne ces faits sans lui en donner le sentiment, la conscience. Il sait, il n'a pas foi. Au contraire, il a foi en Dieu, il ne sait pas Dieu. C'est là l'épreuve actuelle, l'épreuve de par le mystère. Sa science est la tradition qu'il doit s'assimiler.

L'article que l'on vient de lire, tout insuffisant qu'il est, à cause de sa destination, contient les éléments de la *notion Dieu*, telle que je croirais devoir l'établir si je pouvais la développer ici. Qu'il me soit permis toutefois d'ajouter quelques mots à une exposition si restreinte de mes idées, non pour la compléter, mais pour éviter des interprétations plus ou moins étrangères à ma propre pensée, surtout au sujet de l'introduction du mal dans le monde. Dieu s'est révélé tout entier par ses œuvres : si n ous connaissions toutes ses œuvres, nous le connaîtrions lui-même. Et il ne pouvait pas arriver qu'il ne se révélât pas tout entier. D'où il résulte qu'il n'y a pas eu choix entre les plans possibles de la création, car tout choix supposerait une contingence qui impliquerait contradiction avec l'*idée absolue Dieu*; mais qu'il y a eu manifestation de Dieu lui-même, et que cette manifestation ne pouvait être que bonne. D'où il résulte que l'introduction du mal contingent n'est autre chose qu'une suite de la liberté de l'être moral, inévitable, puisque la liberté devait être la prérogative, l'attribut d'un être intelligent. D'où il résulte que la *réparation* est l'accomplissement ou le rétablissement de la loi de création, car l'œuvre de Dieu est parfaite en soi; mais que la *réparation*, décret divin, identique au décret de création, exige le concours libre de l'homme, et que ce concours se produit successivement par la loi du progrès chrétien. D'où il résulte enfin que l'idée *rédemption*, l'homme et le monde étant donnés, entre nécessairement dans l'*idée Dieu*.

BALLANCHE, de l'Académie française.

DIEU (Paix, Trêve de). *Voyez* TRÊVE DE DIEU.

DIEULAFOY (JOSEPH-MARIE-ARMAND-MICHEL), auteur dramatique et vaudevilliste, naquit à Toulouse en 1762. Après y avoir complété ses études, il fut reçu avocat et débuta au barreau, ce qui ne l'empêcha pas de cultiver la littérature et de composer trois pièces de poésie, couronnées par l'académie des Jeux-Floraux. Appelé à Saint-Domingue par des parents riches, il y dirigea un établissement considérable; mais, peu d'années après, la révolte des noirs détruisit ses plantations, sa fortune et ses espérances. Échappé au massacre des blancs par le secours d'un nègre fidèle, il se sauva avec lui à Philadelphie, d'où il revint en France sous le gouvernement du Directoire. S'étant fixé à Paris, il s'y livra entièrement à la littérature dramatique, qui lui valut des succès mérités et une existence agréable.

Le Moulin de Sans-Souci, imité du joli conte d'Andrieux, fut son heureux début, en 1792, au théâtre du Vaudeville, pour lequel il travailla le plus. Il donna encore seul, au Théâtre-Français : *Défiance et malice, ou le Prétendu*, comédie en un acte, en vers, 1801 : cette pièce, qui n'a que deux personnages, est restée longtemps au répertoire, et a été traduite en plusieurs langues; au même théâtre (avec Gersin), *le Luthier de Lubeck, ou l'Artisan politique*, comédie en trois actes, en prose, 1816 ; au théâtre de la rue de Louvois : *le Portrait de Michel Cervantes, ou les Morts rivaux*, comédie en trois actes, en prose, 1802. Cette pièce, arrangée depuis par Carmouche, reparut sur la scène en 1827, sous le titre : *le Portrait du pendu, ou le Peintre italien*. Dieulafoy avait donné au théâtre Favart, avec Jouy et Longchamps, *le Tableau des Sabines*, vaudeville en un acte, au sujet du tableau de David, 1800 ; avec Gersin, *la Petite Maison*, opéra-comique en trois actes, musique de Spontini, 1804 ; avec Coupigny et Favière, *une Nuit de Frédéric II*, vaudeville en un acte, 1801 ; au théâtre de la rue de Louvois, avec Dubois et Chazet, *le Mariage de Nina-Vernon, ou la Suite de la Petite Ville*, de Picard, comédie en un acte, en prose, 1802 ; à l'Odéon, avec Longchamps, *l'Ivrogne corrigé, ou un Tour de Carnaval*, comédie en deux actes, en prose, 1806 ; au théâtre Feydeau, avec Jouy, *Milton*, opéra en un acte, musique de Spontini, 1805 ; au théâtre du Vaudeville, avec différents collaborateurs, une multitude de pièces, parmi lesquelles on a cité longtemps le *Quart-d'Heure de Rabelais*, *Jean La Fontaine*, *une Matinée du Pont-neuf*, *l'Intrigue dans les caves*, *les Pages du duc de Vendôme*, *la Mégalanthropogénésie, ou l'Île des savants*.

Dieulafoy donna aussi au grand Opéra, avec M. Briffaut, *les Dieux rivaux, ou les Fêtes de Cythère*, pièce en un acte, musique de Persuis, Spontini, Berton et Kreutzer, pour le mariage du duc de Berri; l'auteur principal l'avait fait jouer déjà à Toulouse, en 1781, pour la naissance du premier dauphin, fils de Louis XVI. Seul, il fit représenter sur la même scène *Olympie*, opéra en trois actes, musique de Spontini, 1819, remis en 1826 avec un autre troisième acte, par MM. Briffaut et Dujac. A l'occasion d'un voyage à Toulouse, projeté, en 1805, par Napoléon, Dieulafoy avait fait une pièce, mêlée de chants languedociens, intitulée *le Héros en voyage*, qui ne fut pas jouée, le voyage ayant été ajourné. On suppose néanmoins que Dieulafoy fut royaliste sous le régime impérial, parce qu'il composa et fit circuler une chanson intitulée : *Réclamation des pièces de cinq liards*, lors du décret qui, en 1808, démonétisa les pièces de billon portant pour empreinte deux LL entrelacées, chiffre de Louis XVI. Atteint d'une maladie cruelle, il renonça à travailler pour le théâtre dans ses dernières années. Après avoir subi une opération douloureuse, il composa sa dernière pièce : *la Pauvre Fille*, qui fut achevée par MM. Achille et Armand Dartois, et jouée avec succès, après sa mort, sur le théâtre du Vaudeville. Dieulafoy expira le 13 décembre 1823, dans de grands sentiments de piété. Membre de la société des *Dîners du Vaudeville*, il a fourni aux recueils qu'elle a publiés des poésies et des chansons qui n'en sont pas les meilleures : aussi, ni lui ni son ami Gersin ne furent-ils convives du *Caveau moderne*, où on ne les admit que sous la Restauration. Un style trop caustique et souvent trop croustilleux a nui au succès de quelques-uns de ses ouvrages. Henri Simon, un de ses collaborateurs, lui consacra une notice dans la *Quotidienne*, et, l'année suivante, on catalogua et vendit sa bibliothèque, qui était assez considérable. H. AUDIFFRET.

DIEU VOUS ASSISTE! souhait qu'il a été longtemps d'usage d'adresser aux personnes qui éternuent, et que beaucoup de gens répètent encore machinalement. En 590, année remarquable par les fléaux qui désolèrent plusieurs parties du globe, une peste si violente ravagea l'Italie, qu'on vit beaucoup de personnes mourir subitement en éternuant. On prétend que c'est de là qu'est venu l'usage de dire à ceux qui éternuent : *Dieu vous assiste!* (*voyez* ÉTERNUMENT).

DIEUX. Les premiers hommes, par un instinct de sociabilité, se réunirent, et le développement de leurs facultés intelligentes multiplia leurs rapports et leurs besoins. La défense de leurs intérêts personnels, la conservation de la famille, leur firent sentir la nécessité de communiquer leurs pensées. D'abord, ils combinèrent des sons pour désigner les objets dont ils étaient entourés ; puis ils exprimèrent leurs volontés, leurs sensations, leurs désirs. Ainsi, le langage se forma et devint le lien de la société humaine. Le langage, né du besoin, agrandit la sphère des idées de chaque individu, en lui transmettant les idées de tous. On commença à raisonner ; l'imagination devint active, et l'homme rechercha la cause de son origine : il voulut deviner quel pouvoir gouvernait la nature. Voyant tout commencer, se fortifier, décroître et périr, il pensa qu'une volonté suprême créait et propageait les espèces, appelait les êtres à la vie et les en bannissait à son gré. Au milieu des bouleversements de l'univers, l'homme, épouvanté de sa faiblesse, avide de connaître son sort, demanda quels maîtres absolus ordonnaient aux phénomènes de la nature, faisaient couler les fleuves, soulevaient les mers, déchaînaient les tempêtes, enflammaient les astres, faisaient mouvoir les cieux ; comment la lumière étincelait pendant le jour, comment la nuit étendait ses voiles funèbres, et comment, à la saison des fleurs et des fruits succédaient les orages et les frimas. L'homme, inquiet et tremblant, sentait sa faiblesse au milieu de ces grandes et terribles scènes ; mais, par un instinct d'orgueil, il se croyait le centre et le but de tous les mouvements de la nature. Ainsi, tour à tour heureux et souffrant, souvent déçu dans son espoir, voyant les promesses de la terre que fécondaient ses travaux, trompées par l'intempérie d'une saison capricieuse ; témoin du mal et du bien qui sans cesse se disputaient le monde, il imagina de bons et de mauvais génies, qui, puissants rivaux, luttaient avec acharnement, ceux-ci pour le conserver, ceux-là pour le détruire. Ces êtres occultes devinrent l'objet de sa crainte ou de son espoir ; il invoqua la bienfaisance des uns et conjura la haine des autres. Ainsi, la terreur enfanta les divinités cruelles, et la reconnaissance créa les dieux tutélaires. En effet, ce mélange de biens et de maux, cet ordre et ce désordre apparents, dont le monde est le théâtre, ne permit point à l'esprit humain de concevoir une puissance unique et reine absolue de la nature. A tous les phénomènes l'imagination donna pour moteurs des êtres invisibles ; chaque peuple, selon son caractère, ses besoins, ses ressources, ses malheurs ou sa félicité, se créa des dieux dont les formes et les attributs variaient à l'infini, d'après la disposition et l'étendue de la pensée qui les enfantait.

L'Asie, la plus ancienne portion de notre hémisphère, a vu naître sans doute toutes les sociétés humaines ; elle fut féconde en créations religieuses. Ses fables passèrent en Égypte ; la Grèce les recueillit, les modifia, les enrichit des fictions que son ciel éclatant, que son climat enchanteur inspira au génie de ses législateurs et de ses poètes. Les plus ingénieux symboles des diverses parties de la nature fondèrent cette m y t h o l o g i e qu'un peuple ami des arts professa pendant des siècles, sans contrainte, sans intolérance, et presque sans abus. Les vainqueurs du monde la placèrent au rang de leur conquête, mais lui soumirent leurs fronts triomphants ; et, sans l'imposer, la répandirent sur la surface de la terre. La morale s'en fit un appui, le malheur un refuge ; la philosophie l'adopta, et la poésie la rendit immortelle ; car, si la mythologie s'est depuis courbée devant des croyances plus austères et plus pures, elle est encore la religion des arts. La mythologie, d'ailleurs, est aussi l'histoire allégorisée. La plupart des dieux, des demi-dieux, sont les emblèmes des rois, des héros et des sages qui ont précédé les temps historiques. Souvent la reconnaissance se changea en adoration pour les bienfaiteurs de l'humanité ; souvent aussi la crainte, non moins exagérée, décerna l'apothéose aux dévastateurs de la terre, et la crédulité confondit tout ce qui avait laissé une profonde impression d'effroi, d'amour ou d'étonnement. Les rangs secondaires de l'Olympe se peuplèrent confusément de héros vertueux, de tyrans forcenés, de sages sublimes et de monstres impies. Les principales divisions des parties de la nature ayant été personnifiées en grandes divinités, il était juste, en suivant ce système, de donner des formes, un nom, des attributs, aux plus petites portions de l'univers. Ainsi s'établirent les rangs des divinités. Nous nous bornerons ici à indiquer les catégories adoptées pour les dieux, dont les Romains comptaient plus de trente mille. — *Première classe.* Grands dieux, ou dieux du conseil, ou dieux des grandes nations : on en compte douze reconnus par les Égyptiens, les Syriens, les Phéniciens, les Grecs et les Latins : V e s t a , J u n o n , M i n e r v e , C é r è s , D i a n e , V é n u s , M a r s , M e r c u r e , J u p i t e r , N e p t u n e , V u l c a i n , A p o l l o n ou P h œ b u s (*voyez* CONSENTES [Dieux]). On se souvient que le dévastateur Alexandre, ayant eu la fantaisie de se diviniser, dédaigna le rang de divinité secondaire ; il voulut être le treizième grand dieu. La débauche et son imprudence ayant fait périr le héros à l'âge de trente ans, il ne lui est resté que l'immortalité de ses grandes actions. — *Deuxième classe.* Dieux subalternes. On comprenait dans cette classe une foule innombrable de divinités, parmi lesquelles les Romains avaient fait choix de huit dieux. — *Dieux choisis :* J a n u s , S a t u r n e , R h é e , le Génie, le Soleil, la Lune, P l u t o n et B a c c h u s , pour être adjoints aux grandes divinités, et avoir comme elles le privilège d'obtenir des images d'or, d'argent et d'ivoire (*voyez* CHTHONIENNES [Divinités]).

Nous avons parlé ailleurs des déesses ainsi que des d e m i - d i e u x , tirant leur origine d'un dieu et d'une mortelle, ou d'une déesse et d'un homme. Venaient ensuite les dieux indigènes, attachés à certains lieux dont ils étaient les gardiens, les protecteurs, et enfin les P é n a t e s , les Lares, espèces d'idoles domestiques, dont chacun se créait selon ses goûts, son espérance, ses craintes ou ses projets. Les bois, les fleuves, les prairies, les solitudes étaient peuplés de f a u n e s , de sylvains, de s a t y r e s , de n y m p h e s , de d r y a d e s , d'h a m a d r y a d e s , de c e n t a u r e s , moitié hommes et moitié chevaux. L'agitation de l'air provenait du vol des z é p h y r e s ; l'arc-en-ciel était l'écharpe d'I r i s ; le son même, répercuté par les rochers, était la nymphe É c h o ; enfin, toute la nature, sous le charme de cette mythologie, se trouvait douée de vie et d'intelligence. Un mélange d'événements, vrais ou supposés, habilement liés par le talent, forme une chaîne immense à travers les siècles, et rattache par d'imperceptibles nœuds les institutions et les familles qui, dans leur rapide passage sur la terre, ont brillé d'un grand éclat. Cet empire romain, successivement agrandi en s'alliant les peuples subjugués par ses armes, atteint enfin son plus haut degré d'élévation sous Octave Cœpias, que l'instinct du pouvoir, une

37.

grande adresse, aidés par la fortune, appelèrent à l'empire du monde sous le titre d'Auguste. A cette époque, le culte mythologique existe encore, et reprend même quelque pouvoir sous un prince qui, se prétendant issu des dieux, veut, dans l'intérêt de son orgueil et de sa politique, relever leurs autels. Mais, après lui, ce culte, usé par le temps, affaibli par ses incohérences, ébranlé par les traits de ses adversaires, ne lutte que faiblement avec le culte nouveau, qui, fondé sur la charité, place la gloire dans l'abaissement, appelle tous les humbles aux premières faveurs célestes, et courbe les fronts les plus superbes sous le pesant niveau de l'égalité. La masse des peuples embrasse un tel culte avec un zèle ardent, bien moins parce qu'il propage une morale sévère et l'unité du pouvoir régulateur de la nature, que parce qu'à côté du tabernacle de son Dieu s'élève l'image de la liberté. Ce Dieu, né dans l'obscure indigence, confond l'orgueil des grands, et donne un avant-goût de cette égalité promise à tous les mortels dans les cieux.

DE PONCERVILLE, de l'Académie Française.

DIFFAMATION (du latin *fama*, renommée), action de faire une mauvaise renommée. La diffamation consiste dans l'allégation ou l'imputation d'un fait qui porte atteinte à l'honneur ou à la considération de la personne ou du corps auquel le fait est imputé; il ne faut pas la confondre avec l'injure, qui ne consiste que dans des paroles plus ou moins outrageantes. Lorsque la diffamation a lieu par des discours, des cris ou menaces, proférés dans les lieux ou réunions publics; par des écrits, des imprimés, des dessins, des gravures, des peintures ou emblèmes vendus ou distribués, mis en vente ou exposés dans des lieux ou réunions publies; par des placards et affiches exposés aux regards du public; la peine dont la loi punit ce délit est plus ou moins grave selon qu'il est commis envers des cours, tribunaux, corps constitués, autorités ou administrations publiques; envers les ambassadeurs, ministres plénipotentiaires, envoyés, et autres agents diplomatiques accrédités auprès de l'empereur, ou bien envers de simples particuliers. L'article 9 de la loi du 9 septembre 1835 porte en outre que dans tous les cas de diffamation prévus par les lois, les peines qui sont prononcées pourront, suivant la gravité des circonstances, être élevées au double du *maximum*, soit pour l'emprisonnement soit pour l'amende. Les discours qui sont tenus au sénat ou au corps législatif, les pièces imprimées par leur ordre et le compte rendu de leurs séances ne donnent point lieu à l'action en *diffamation*; il en est de même des discours prononcés ou des écrits produits par des officiers ministériels devant les tribunaux. La suppression de ces écrits peut néanmoins être prononcée par les juges saisis de la cause, avec condamnation à des dommages-intérêts. La loi autorise, dans ce dernier cas, des injonctions aux avocats et officiers ministériels; et même leur suspension, dont la durée ne peut excéder six mois et cinq ans au plus en cas de récidive. Les faits *diffamatoires* étrangers à la cause peuvent donner ouverture à l'action publique ou à l'action civile des parties, lorsqu'elle leur aura été réservée par les tribunaux; et, dans tous les cas, à l'action civile des tiers. La loi règle le mode particulier des poursuites à exercer contre ceux qui se rendent coupables du délit de *diffamation*; elle désigne les tribunaux qui doivent en connaître; elle détermine la composition de la cour qui doit statuer sur les appels des jugements rendus en première instance. (Lois des 17 et 26 mai 1819, du 25 mars 1822). Les articles 367 et suivants du Code Pénal, qui ne s'occupaient que de la calomnie ou imputation de faits faux et permettaient de fournir la preuve légale des faits imputés, c'est-à-dire celle résultant d'un jugement ou de tout autre acte authentique, ont été formellement abrogés par les lois précitées. On a pensé que le bon ordre ne pouvait jamais autoriser à attaquer les réputations même les moins pures : *Veritas convicii non excusat*, disait la loi romaine; et les Anglais professent encore cette maxime; plus le libelle est vrai, plus il est coupable. Le législateur n'a fait d'exception qu'à l'égard des fonctionnaires publics contre lesquels il est permis de prouver la vérité des imputations relatives à leurs fonctions.

DIFFARRÉATION (en latin *diffarreatio*, fait de la particule disjonctive *dis*, et de *far*, froment), acte par lequel on dissolvait les mariages faits par *confarréation*. Vigenère, qui parle de ces deux cérémonies dans ses *Annotations sur Tite-Live*, les confond l'une et l'autre. Festus dit qu'on faisait la diffarréation avec un gâteau de froment, sans dire si l'homme et la femme en mangeaient comme dans la *confarréation*.

DIFFÉRENCE. « La *différence*, dit l'*Encyclopédie*, s'étend à tout ce qui distingue les êtres : c'est un genre dont l'*inégalité* et la *disparité* sont des espèces; l'*inégalité* semble marquer la *différence* en quantité, et la *disparité* la différence en qualité. » « La *différence*, dit à son tour l'abbé Girard, suppose une comparaison que l'esprit fait des choses pour en avoir des idées précises qui empêchent la confusion. La *diversité* suppose un changement que le goût cherche dans les choses pour trouver une nouveauté qui le flatte et la réveille. La *variété* suppose une pluralité de choses non ressemblantes que l'imagination saisit pour se faire des images riantes qui dissipent l'ennui d'une trop grande uniformité. La *bigarrure* suppose un assemblage mal assorti que le caprice forme pour se réjouir, ou que le mauvais goût adopte. La *différence* des mots doit servir à marquer celle des idées. Un peu de *diversité* dans les mets ne nuit pas à l'économie de la nutrition du corps humain. La nature a mis une *variété* infinie dans les plus petits objets; si nous ne l'apercevons pas, c'est la faute de nos yeux. La *bigarrure* des couleurs et des ornements fait des habits ridicules. » Ajoutons à ces distinctions celles que Roubaud établit entre les mêmes synonymes : « La *variété* consiste dans un assortiment de plusieurs choses différentes quant à l'apparence ou aux formes, de manière qu'il en résulte un ensemble, un tableau agréable par leurs *différences* mêmes. La *diversité* consiste dans des *différences* assez grandes, soit quant à l'objet qui a changé, soit quant à deux ou plusieurs objets qui concourent ensemble pour qu'ils ne se ressemblent pas, ou ne s'accordent pas, ou ne se rapportent pas l'un à l'autre, de manière qu'ils semblent former un autre ordre de choses. La *différence* consiste dans la qualité ou la forme qui appartient à une chose exclusivement à l'autre, de manière qu'elle empêche de les confondre ensemble. La *variété* suppose plusieurs choses dissemblables et rassemblées comme sur un même fond; la *diversité* suppose une opposition et un contraste; la *différence* suppose la ressemblance. La *variété* coupe, rompt l'uniformité; la *diversité* détruit, exclut la conformité; la *différence* exclut l'identité ou la parfaite ressemblance. »

Différence, en logique, se dit de la qualité essentielle qui distingue entre elles les espèces de même genre. Une définition est composée de genre et de différence. Dans cette définition : *l'âme est une substance incorporelle*, *substance* est le genre, et *incorporelle* la différence, qui distingue l'âme des substances corporelles. On dit aussi *différence spécifique*.

DIFFÉRENCE (*Mathématiques*). La *différence* de deux quantités est ce dont la plus grande surpasse la plus petite.

La *différence de longitude* de deux endroits est l'arc de l'équateur intercepté entre les méridiens de ces lieux.

En astronomie, on appelle *différence ascensionnelle* la différence entre l'ascension droite et l'ascension oblique d'un astre.

Le développement des fonctions en *séries* conduit au calcul *différentiel*; le calcul intégral fait connaître de nouvelles fonctions qu'on ne peut exprimer que par des suites; la considération de ces dernières fonctions a fait naître le *calcul aux différences finies*, que Lacroix appelle simplement *calcul aux différences*, et dont le calcul différentiel peut être regardé comme un cas particulier.

DIFFÉREND, DIFFÉRENT. Ces deux mots, dont l'orthographe et la signification sont *différentes*, n'en ont pas moins une origine commune, à laquelle ils rattache leur signification radicale; mais on a bien fait de les *différencier* à la vue, ne fût-ce que pour diminuer la somme des homonymes, qui sont une véritable calamité dans une langue, et qui accusent sa pauvreté. Tous deux sont dérivés de la particule disjonctive *di*, et du verbe *fero*, je porte, et tous deux emportent avec eux l'idée de *dissemblance* et de *désaccord* entre les personnes ou entre les choses; mais le premier est un nom substantif, qui a pour synonymes les mots *démêlé*, *discord*, *discussion*, *dispute*, *querelle*; le second est un qualificatif, que des nuances assez marquées séparent des mots *divers* et *varié*. « La concurrence des intérêts, dit l'abbé Girard, cause les *différends*; la contrariété des opinions produit les *disputes*; l'aigreur des esprits est la source des *querelles*. On vide le *différend*, on termine la *dispute*, on apaise la *querelle*. L'envie et l'avidité font qu'on a quelquefois de gros *différends* pour des bagatelles; l'entêtement, joint au défaut d'attention à la juste valeur des termes, est ce qui prolonge ordinairement les *disputes*, il y a dans la plupart des *querelles* plus d'humeur que de haine. Le sujet du *différend* est une chose précise et déterminée, sur laquelle on se contrarie, l'un disant *oui* et l'autre *non*. Le sujet du *démêlé*, est une chose moins éclaircie, dont on n'est pas d'accord, et sur laquelle on cherche à s'expliquer pour savoir à quoi s'en tenir. La concurrence cause des *différends* entre les particuliers; l'ambition est la source de bien des *démêlés* entre les puissances. » Beauzée reproche avec quelque raison à cette suite de définitions de ne pas établir d'une manière assez distincte la *différence* qui existe entre le *démêlé* et la *dispute*. Elle lui semble venir des objets eux-mêmes, en ce que la *dispute* roule sur une matière générale et purement scientifique, et le *démêlé* sur une matière particulière et qui peut fonder des prétentions d'intérêts. « La *dispute*, ajoute-t-il, s'échauffe par le désir de paraître plus habile; le *démêlé* s'anime par le désir de se faire un droit; l'orgueil, qui soutient la *dispute*, et l'avidité, qui est la véritable cause du *démêlé*, font bientôt dégénérer l'une en *querelle* et l'autre en un *différend* formel. »

DIFFÉRENTIEL (Calcul). « Il serait fort difficile, dit Lacroix, d'expliquer clairement la nature du calcul différentiel à ceux qui n'en ont pas les premières notions. Ce n'est pas qu'on ne puisse définir rigoureusement ce calcul; mais on ne saurait le faire sans emprunter des idées qui ne se rencontrent point dans les circonstances ordinaires de la vie, ni dans les parties des mathématiques qui font l'objet des études précédentes. »

Imaginons qu'une quantité variable x reçoive un accroissement h, et proposons-nous de chercher ce que devient alors une fonction quelconque de x; pour répondre à cette question, il suffit de remplacer dans cette fonction x par $x+h$. Prenons pour exemples :
$$x^2, x^3, \text{ et } ax^2 + bx + c ;$$
ces trois fonctions deviennent :
la première, $(x+h)^2 = x^2 + 2xh + h^2$,
la seconde, $(x+h)^3 = x^3 + 3x^2 h + 3xh^2 + h^3$,
la troisième, $a(x+h)^2 + b(x+h) + c = ax^2 + bx + c$
$$+ (2ax+b)h + ah^2 \ldots\ldots (1).$$
On démontre (voyez BINÔME) que x^n devient
$$(x+h)^n = x^n + nx^{n-1}h + \frac{n(n-1)}{1.2}x^{n-2}h^2 + \ldots (2).$$
Il est facile de conclure de l'égalité (1) généralisée et de l'égalité (2) que toute fonction rationnelle et entière de x, si on la représente par y, devient lorsqu'on y remplace x par $x+h$,
$$Y = y + ph + qh^2 + rh^3 + \ldots \ldots (3),$$

$p, q, r,\ldots$ étant des fonctions de x qui ne renferment pas h. Le même raisonnement s'étend aux fonctions rationnelles et fractionnaires, puis aux fonctions irrationnelles, et enfin aux diverses fonctions transcendantes.

On remarque d'abord dans (3) que lorsque la fonction y est devenue Y, elle a reçu pour accroissement :
$$Y - y = ph + qh^2 + rh^3 + \ldots (4).$$
C'est ce qu'on appelle la *différence* de la fonction y; c'est en effet la différence entre deux états de cette fonction.

De (4), on tire
$$\frac{Y-y}{h} = p + qh + rh^2 + \ldots\ldots (5),$$
expression d'où il résulte que pour $h = 0$, on a
$$\lim \frac{Y-y}{h} = p.$$

On se rend parfaitement compte de la nature de p à l'aide de la théorie des tangentes. Le terme ph de (4) n'étant qu'une partie de la *différence*, on l'a désigné par un diminutif de ce mot; c'est la *différentielle* de la fonction y; on la représente par dy; mais dans cette notation, il ne faut pas oublier que d est un caractéristique et non un coefficient.

De même que ph est le premier terme de l'accroissement de la fonction, h peut être regardé comme le premier terme de l'accroissement de la variable. Cette analogie a conduit Leibnitz à représenter h par dx; mais ici la *différentielle* est identique avec la *différence*.

On a donc, en employant la notation de Leibnitz :
$$p = \frac{dy}{dx}.$$

Cette expression a reçu le nom de *coefficient différentiel* de la fonction y. Par exemple, $y = x^n$ donne $\frac{dy}{dx} = nx^{n-1}$.

Cette nouvelle fonction de x peut être différenciée à son tour, et on a $\dfrac{d\left(\dfrac{dy}{dx}\right)}{dx} = n(n-1)x^{n-2}$, qui donne lieu à la même observation. On obtient en continuant les mêmes opérations, une suite de coefficients différentiels, qui, dérivant tous de y, reçoivent le nom de *coefficient différentiel du premier ordre, du second ordre, du troisième ordre*, etc., et sont représentés par les symboles.
$$\frac{dy}{dx}, \frac{d^2 y}{dx^2}, \frac{d^3 y}{dx^3}, \text{etc.},$$

$\dfrac{d^n x}{dx^n}$ représentant le coefficient différentiel du $n^{i\grave{e}me}$ ordre. Remarquons que n n'est pas plus un exposant au numérateur que d un coefficient : n désigne simplement l'ordre du coefficient différentiel.

La recherche des différentielles et des coefficients différentiels de toutes les fonctions, l'étude de leurs propriétés générales, leurs applications aux questions d'analyse ou de géométrie, tels sont les objets qu'embrasse le *calcul différentiel* dont la dénomination s'explique naturellement.

Tous les principes de la différentiation des fonctions algébriques dérivent de ces deux égalités.
$$d(u + v - w) = du + dv - dw$$
$$d.uv = udv + vdu$$

Ainsi, de cette dernière, on tire :
$$\frac{d.uvts\ldots}{uvts\ldots} = \frac{du}{u} + \frac{dv}{v} + \frac{dt}{t} + \frac{ds}{s} + \ldots$$
$$d.\frac{u}{v} = \frac{vdu - udv}{v^2}.$$

On trouve également, en différentiant les fonctions transcendantes,
$$d.\text{Log } x = M\frac{dx}{x}, \quad M \text{ désignant le module,}$$

$$d.\ a^x = a^x \operatorname{Log} a\, dx$$
$$d.\ \sin x = \cos x\, dx$$
$$d.\ \cos x = -\sin x\, dx,\ \text{etc.}$$

Il est à remarquer que $d(x+a) = dx$, c'est-à-dire que les constantes qui n'entrent pas dans la fonction comme coefficients de la variable disparaissent à la différentiation.

Les procédés du calcul différentiel s'appliquent également aux fonctions explicites et implicites d'un nombre quelconque de variables. De cette différentiation résultent *des équations différentielles*, c'est-à-dire contenant des différentielles. On classe ces équations d'après l'ordre le plus élevé des différentielles qu'elles renferment.

Le calcul différentiel a de nombreux usages. Il permet de développer toutes les fonctions en séries. Il complète l'application que fit Descartes des procédés de l'analyse à la géométrie. Du reste, c'est à un problème de géométrie qu'il doit sa naissance. Il s'agissait de la question des tangentes. Fermat avait donné sa méthode, la *géométrie des indivisibles* de Cavalieri ouvrait une nouvelle voie dans laquelle s'engageait Wallis en publiant son *Arithmetica infinitorum*, lorsque Barrow résolut le problème dans tous les cas où l'équation de la courbe ne renferme les coordonnées qu'à des puissances entières et positives. Dans une lettre du 10 décembre 1672, Newton donna une simplification de la méthode de Barrow, qui, sous une autre forme que celle que nous venons d'exposer (*voyez* FLUXION), contenait implicitement le calcul différentiel. On ignore si Leibnitz vit cette lettre. Quoi qu'il en soit, la découverte du calcul différentiel fut l'objet d'une dispute très-vive entre Newton et Leibnitz, ou plutôt entre leurs partisans respectifs. Toutes les pièces propres à établir les droits de l'un et de l'autre ont été recueillies par les commissaires de la Société Royale de Londres dans le *Commercium epistolicum de analysi promota* (Londres, 1712). De l'examen de ces pièces il résulte que Leibnitz doit partager avec Newton la gloire d'une invention que l'amour-propre national de quelques géomètres anglais a voulu attribuer exclusivement à leur compatriote.

La découverte du calcul différentiel ne fut communiquée au monde savant par Leibnitz qu'en 1684 dans les *Actes de Leipzig*. Cette découverte, dont l'influence a été depuis si grande sur la marche de l'analyse demeura quelque temps stérile, et Leibnitz pour réveiller l'attention des géomètres, leur proposa en 1687, le problème de la tautochrone (*voyez* CYCLOIDE), que résolurent Huygens et Jacques Bernoulli, le premier donner sa méthode, le second en appliquant les nouveaux calculs (*Actes de Leipzig* de 1690). Jean Bernoulli se mit aussi à l'œuvre, et donna, sous le nom de *calcul exponentiel*, l'extension du calcul différentiel aux quantités exponentielles, que Leibnitz n'avait pu atteindre. A la même époque Huygens lui faisait faire de nouveaux progrès par sa théorie des *développées*. En 1699, L'Hôpital fit paraître son *Analyse des infiniment petits*, le premier traité méthodique sur le calcul différentiel; car Newton, qui semblait avoir oublié ses découvertes, attendit jusqu'en 1706 pour publier son *Traité de la quadrature des courbes*; et son *Traité des fluxions* ne vit le jour que longtemps après sa mort, en 1736.

A son début, le calcul différentiel eut à subir les ridicules attaques de Berkeley, évêque de Cloyne, et, plus tard, celles de Rolle; mais il fut victorieusement défendu par Robins, Maclaurin, etc., et par Varignon et Saurin. Taylor donna une série dont le binôme de Newton n'est qu'un cas particulier. Maclaurin, Stirling, Clairaut, se distinguèrent également dans cette branche des mathématiques. Euler, D'Alembert, et ensuite Carnot, s'occupèrent de la métaphysique du calcul différentiel, qui doit à leurs travaux d'avoir conservé la forme leibnitzienne, que le géomètre anglais Landen tenta de changer en 1758. Cette tentative, reprise par Lagrange et par Arbogast, n'a pas eu de succès (*voyez* DÉRIVÉE).

Le calcul différentiel, qui a reçu une grande extension, grâce aux travaux de plusieurs auteurs distingués, tels que Monge, Lacroix, Abel, MM. Cauchy, Sturm, etc., a servi de texte à un grand nombre de traités; les plus estimés sont ceux de Lacroix, de l'abbé Moigno, et de M. Duhamel.
E. MERLIEUX.

DIFFÉRENTIELLE. *Voyez* DIFFÉRENTIEL (Calcul).

DIFFICULTÉ, DIFFICULTÉS. Pris au général, le terme *difficulté* sert à exprimer ce qui rend une chose difficile, ce qu'il y a de *difficile* en quelque chose. Souvent une difficulté est un embarras qui se rencontre dans une affaire, embarras qui naît de la nature et des circonstances de cette affaire, et qui en suspend la décision. Il est peu de travaux, peu d'entreprises qui n'aient leurs difficultés. Les grands hommes surmontent toutes sortes de difficultés, parce qu'ils savent les reconnaître et qu'ils s'appliquent à les combattre avec une volonté forte et persévérante; il n'y a que les esprits bornés qui ne trouvent de difficultés nulle part. Un endroit obscur, difficile à entendre, dans un ouvrage, est une difficulté qui empêche le lecteur de passer outre. Il n'y a point de gens qui se plaignent moins des difficultés de ce genre que ceux qui ont l'intelligence confuse et embarrassée, et qui ne doutent jamais de rien. Dans la polémique, des difficultés sont des raisons, des objections, des arguments contraires à une proposition et qui peuvent la détruire. Un avocat cherche à susciter des difficultés pour embarrasser l'avocat de la partie adverse, qui, de son côté, s'applique à résoudre ces difficultés. On donne le nom de *difficultés* à des démêlés, à légères contestations qui s'élèvent entre quelques amis ou dans une réunion. *Faire des difficultés*, former des *difficultés*, c'est alléguer des raisons contre une proposition; c'est aussi hésiter, montrer de la répugnance pour une chose, ne pas la vouloir. On dit d'une affaire qu'*elle ne souffre pas de difficulté*, lorsqu'elle est facile, sans obstacle; on dit la même chose d'une proposition incontestable. *Difficulté* est aussi un des mots les plus usités du langage médical; il sert à exprimer l'effet causé par plusieurs maladies: ainsi, la paralysie des articulations d'une jambe cause une *difficulté de marcher*, l'affection des poumons une *difficulté de respirer*, l'inflammation des paupières une *difficulté de voir*, etc. *Sans difficulté*, employé adverbialement, signifie sans doute, *indubitablement*; on dira, par exemple: vous serez, *sans difficulté*, le premier placé.

Toutes les sciences, tous les arts, ont leurs difficultés; elles sont là, pour ainsi dire, comme pour stimuler le génie, qui ne produit ses chefs-d'œuvre qu'à la condition d'en triompher.

C'est des difficultés que naissent les miracles.

L'irrégularité de notre langue, l'espèce d'anarchie grammaticale qui règne même parmi les gens de lettres à l'occasion d'une foule de cas de la syntaxe, les exceptions multipliées et bizarres qu'ont admises la grammairiens, la licence du néologisme, et d'autres causes encore, ont accru considérablement le nombre des *difficultés de la langue française*. La musique s'est également approprié le mot *difficulté*. Un habile virtuose, doué d'une voix très-flexible, au lieu de s'en tenir à la note simple du morceau qu'il veut exécuter, la prend pour thème de ses variations, et vous étonne par l'incroyable hardiesse et l'heureuse précision de son chant. Cet artiste vient d'exécuter ce qu'on appelle des *difficultés*. Paganini se jouait de toutes les difficultés avec son violon. Il faut le dire pourtant, les difficultés musicales ont pour l'ordinaire moins d'attrait pour les oreilles de ceux qui écoutent que d'efficacité pour les progrès du musicien qui s'exerce à les vaincre. D'après tout ce que nous venons de dire, les *difficultés* ne doivent jamais décourager; il faut lutter contre elles avec une constance opiniâtre et ne pas désespérer de la victoire, car elles ne sauraient être des impossibilités.

Pour faire encore mieux sentir la véritable portée du mot *difficulté*, il ne sera peut-être pas inutile de le comparer avec ses synonymes : *empêchement*, *obstacle*, et, dans le style familier, *anicroche*. La *difficulté* gêne, embarrasse; elle vient de la nature même ou des circonstances de la chose; elle la rend difficile, et réclame une application ou un travail extraordinaire. L'*empêchement* résiste; il semble mis exprès pour entraver l'exécution de nos volontés; il s'oppose au cours de l'action, et naît de ce qui nous entoure. L'*obstacle* arrête : c'est une barrière qui s'élève devant nous et nous ferme le chemin. La *difficulté* provient de l'affaire même dont il est question. L'*empêchement* exprime quelque chose qui dépend d'une loi ou d'une force supérieure. L'*obstacle* a son principe dans une cause étrangère. L'*anicroche* est une chose imprévue, un accident qui se rencontre dans le cours de l'exécution, et qui, s'attachant à quelque partie ou à quelque circonstance, retarde ce cours. Pour continuer sa marche dans une affaire, dans une entreprise quelconque, il faut éviter, écarter, vaincre les *difficultés*. Pour aller librement, il faut ôter l'*empêchement*, le lever, s'en débarrasser, s'en affranchir; c'est un lien à rompre. Pour avancer, il faut détruire l'*obstacle*, l'aplanir ou le surmonter; c'est une digue à renverser ou à escalader.
CHAMPAGNAC.

DIFFORMITÉ (*deformitas*, *abnormitas*). Bien que la laideur en soit un résultat, celle-ci ne se remarque d'ordinaire que pour les traits de la figure ou la constitution générale des corps organisés, mais le caractère spécial des difformités est leur antagonisme avec celui de la beauté dans toutes les productions de l'art et de la nature.

Difformités physiques. Si l'harmonie des parties, leur proportion avec l'ensemble, la symétrie parfaite, sont les causes du *beau* et produisent l'amour, le plaisir, l'idée de la perfection, de la grâce et du bien-être, les disproportions, la discordance, l'inégalité de formation, le trouble dans le développement des organes, l'irrégularité des traits, signalent et procurent les difformités, avec la haine, l'idée de douleur ou de gêne, de disgrâce et d'imperfection. Il semble que l'être difforme ne puisse vivre on agir que péniblement, qu'il soit empêché dans sa liberté par des membres mal agencés, et même que le tourment continuel attaché fatalement à son existence le rende méchant et de mauvaise humeur, en comparant son sort avec celui des êtres mieux conformés.

La *laideur* peut n'être pas *difformité*. Nous croyons laids les crapauds, les chauves-souris, les araignées, les crabes, les tortues, les chenilles, etc., qui sont cependant des êtres très-réguliers dans leurs formes, et qui, sans doute, ont leur genre de beauté entre leurs sexes, puisqu'ils se trouvent mutuellement charmants dans leurs amours. Relativement à nos idées, les êtres agiles, vifs et sveltes nous paraissent les plus beaux ; ainsi, un coursier fier et rapide, le cerf, la gazelle ; le léger écureuil, les oiseaux, les papillons, des poissons mobiles, nous plaisent bien plus que ces lourdes et épaisses machines telles que les baleines, les éléphants, les rhinocéros et les hippopotames, les cochons, les phoques ; leurs membres grossiers, leur énorme ventre, leurs pattes pesantes, leur large gueule dénoncent en eux des qualités aussi voraces que brutales; ainsi, ces hommes charnels, ces crétins ignobles, à cerveau étroit et à grosses mâchoires, avec des fanons goitreux, sont le type des plus dégoûtantes difformités de l'espèce humaine. En effet, tout ce qui caractérise l'abaissement des hautes facultés cérébrales pour faire prédominer celles des organes de manducation et de génération, manifeste la dégradation, l'animalité, et n'inspire qu'un profond mépris.

Par la même cause, les difformités les plus choquantes sont celles qui ravalent vers la brute, comme les physionomies humaines prolongeant la face en un mufle, un museau, un groin, tandis que les dieux de l'antique Grèce présentaient le modèle de la perfection dans un angle facial droit, et que le cerveau de Jupiter semblait embrasser dans son vaste contour le système de l'univers. Aussi, toute espèce de difformité n'est pas laide si elle n'affecte pas les organes essentiels. Les anciens Grecs ont trouvé belle la figure de Socrate, quoique irrégulière et ayant un nez épaté; mais ce philosophe avait un front de développement remarquable. De même, plusieurs hommes bossus ou difformes, ou boiteux, etc., font éclater un génie supérieur; on cite Ésope, Pope, etc., parce que les organes internes peuvent être normaux, tandis que ceux des membres extérieurs ont pu éprouver des distorsions ou des dérangements dès le sein maternel. Plusieurs physiologistes ont même cru trouver la cause qui fait attribuer, pour l'ordinaire, beaucoup d'esprit aux bossus. Ils pensent que le rachis, ou l'épine dorsale, en se contournant, force à refluer vers l'encéphale une portion de sa masse médullaire nerveuse, à cause des rétrécissements qu'éprouve alors le canal rachidien. D'ailleurs, l'esprit qu'on rencontre chez plusieurs personnes difformes est d'ordinaire celui de la malice, ou de la satire et de la méchanceté (*voyez* Bosse). La raison en paraît évidente : soit que la raillerie et la critique se soient exercées dès l'enfance contre les défauts naturels des individus difformes, les aient vivement excités à la réplique, à une spirituelle vengeance (puisqu'ils ne pouvaient se défendre par la force et l'agilité), soit que ces personnes maléficiées de nature aient la tournure d'esprit disposée à dévoiler les défauts d'autrui, pour se dédommager de leur infériorité physique, cette observation est souvent juste. Au contraire, les belles personnes, ordinairement gâtées, ou comblées de louanges et d'attentions, finissent par se croire des génies; elles ne font aucun effort d'intelligence, en s'imaginant que leurs charmes suffisent à tout; on, ne accuse d'être *sottes*, ou, comme s'exprimait Mme de Staël (qui était laide avec tant d'esprit), elles sont *roses et bêtes*.

Ne peut-on pas soupçonner que les mêmes causes de distorsion des organes, ou procurant les difformités organiques (tels sont des spasmes, des mouvements convulsifs de l'utérus), dépendent des compressions, des inégalités de développement et de nutrition dans les membres parmi l'espèce humaine, toujours plus sensible et plus passionnée que les autres animaux, et modifient également en elle l'appareil nerveux? De là viendraient ces dispositions aux contrariétés, à chercher le mal ou les mauvais côtés des choses, qu'on remarque tant chez les personnes irascibles et difformes. Elles ont aussi plus de propension à la haine qu'à la bienveillance, comme ces chiens hargneux et maltraités, qui croient toujours qu'on va les frapper. Ainsi, la dépravation organique retentit souvent sur les dispositions morales, et parce qu'on peint les démons laids, on leur attribue des pensées du mal et un caractère de malignité diabolique.

Difformités morales. C'est un signe éclatant de dépravation intellectuelle que celui qui résulte de la corruption du goût dans l'état moral d'un peuple, dans ses institutions, comme dans sa littérature ou ses arts. Le fait a été manifestement prouvé par l'histoire de la civilisation grecque et romaine, après les siècles de splendeur littéraire de Périclès et d'Auguste. Déjà Sénèque le remarquait de son temps. Faute de savoir rencontrer le beau, l'on se met en quête du difforme; c'est par une sorte de désespoir satanique qu'on se rejette vers l'empire d'Ahrimane et des enfers. Alors on enfante des monstres sur la scène, comme dans la poésie et la peinture, pour *faire de l'effet*. Tandis que le génie des Muses s'inspirait des beautés célestes et cherchait dans les dieux la source ravissante de tout ce qui plaît, avec Homère, Virgile, Racine, la lyre de nos poètes modernes, méconnaissant cette source sacrée, ayant répudié la Divinité et toute croyance religieuse, ne trouve plus que dans les passions féroces où la corruption de notre nature les moyens mécaniques d'émouvoir les nerfs. La peinture du laid, qui ne servait à Homère, à Milton, que comme un contraste (tel que Thersite opposé à Achille, et Satan à Dieu), devient l'objet principal de ce culte des difformités. Tout ce qui fait bondir le cœur, tout ce qui soulève machinalement les entrailles, tout ce qui peut tenailler les nerfs, susciter des convulsions, est remis en usage; car déjà Crébillon l'avait essayé après l'époque des orgies de la régence, tant les mêmes écueils de la démoralisation ramènent les mêmes naufrages littéraires. Ces turpitudes, en effet, ne peuvent engendrer que des actes désordonnés et des productions cadavéreuses. Tout ce qui est hideux excite en nous des frémissements et un vomissement d'horreur, tel qu'une pourriture exécrable. Comment, dans cette désorganisation affreuse, réunir les purs éléments des pensées harmoniques, de tout ce qui est sacré et vénérable, pour en composer une œuvre sublime de beauté! On se dégoûte, au contraire, dans l'horrible, on s'applaudit d'inventer quelque atrocité bien révoltante, on se réjouit d'avance du supplice qu'on infligera aux spectateurs de sa pièce, ou des émotions d'une scène plus qu'érotique,

Tuccia vesicæ non imperat, Appula gannit
Sicut in amplexa.

Ce sont des expériences galvaniques dont on se glorifie. Croit-on avoir produit une merveille? Non, puisque l'on a estropié et sa langue et la morale publique; on a tordu le cœur humain pour n'en exprimer qu'une sanie corrompue.
J.-J. VIREY.

En orthopédie, on appelle *difformités* les vices de conformation natifs ou accidentels. Ces vices ou défauts peuvent n'être que désagréables et incommodes pour les malades, sans pour cela altérer la santé; mais le plus souvent ils entravent l'exercice des principales fonctions, au point de ruiner complètement la constitution. Les difformités les plus communes sont les *courbures de la colonne vertébrale* (voyez DÉVIATION), les changements de forme de la poitrine et des hanches, qui en sont la suite; les *distorsions* des membres, les *pieds-bots*, les *luxations* spontanées du fémur, etc.
V. DUVAL.

DIFFRACTION (du grec δις, deux fois, et du latin *fractio*, fraction). Le père Grimaldi, ayant fait une étude toute particulière des lois que suivent les rayons lumineux dans leurs mouvements, observa qu'outre la propriété qu'ont les corps de les réfléchir et les réfracter, ils ont encore celle de les détourner lorsqu'ils passent dans leur voisinage. De sorte que si l'on fait passer par un très-petit trou un faisceau de lumière dans une chambre obscure, l'ombre d'un corps exposé à cette lumière sera plus grande que si les rayons rasaient sans se détourner les bords de ce corps. Newton répéta cette expérience ainsi qu'il suit : il prit un cheveu, et, l'ayant tendu, il reçut son ombre sur une surface qu'il pouvait éloigner ou approcher du cheveu à volonté. Il observa qu'à une distance de 4 lignes la largeur de l'ombre égalait quatre fois celle du cheveu. A deux pieds, elle était 10 fois celle du même cheveu, et 35 fois à une distance de 10 pieds. Cette expérience démontrait qu'avant d'atteindre le cheveu la lumière s'en écartait, en se repliant de part et d'autre, comme si elle eût éprouvé une sorte de répulsion.

Une expérience de s'Gravesande, faite avec un appareil aussi simple qu'ingénieux, prouve que les corps agissent sur la lumière en même temps par attraction et par répulsion. Soit une lame tranchante : un faisceau de lumière passe tout près de son tranchant, il se divise; de sorte que des rayons s'infléchissent vers la lame; d'autres passent directement; enfin, il y en a qui s'écartent de la lame comme s'ils en étaient repoussés. Dans le phénomène de la diffraction, la lumière n'est pas seulement détournée de sa direction, elle est en outre décomposée, comme le prouvent les franges diversement colorées qu'on observe dans l'ombre projetée derrière le corps. Jusqu'à présent, ce phénomène n'a pas été expliqué d'une manière satisfaisante.
TEYSSÈDRE.

DIFFUS, DIFFUSION. On confond souvent *diffus* avec *prolixe*, et c'est à tort. Ces deux mots se rapportent aux défauts qui allongent sans nécessité un discours, un poëme un ouvrage quelconque de littérature; mais la *diffusion* n'est pas la *prolixité*; *diffus*, en latin *diffusus*, de *diffundere*, se répandre çà et là, se dit d'une manière de parler ou d'écrire où l'âme, pleine d'un sentiment qu'elle ne peut contenir, déborde pour ainsi dire, se répand au dehors par des répétitions fréquentes, par des idées accessoires, par des détails minutieux qui embarrassent l'attention et obscurcissent ce que l'on s'efforce d'exprimer clairement. *Prolixe*, du latin *prolixus*, étendu en avant, trop prolongé, se dit d'une manière de parler ou d'écrire qui, chargée d'une foule de choses inutiles que l'on ne devrait pas dire, rendent le discours excessivement long et fort ennuyeux. *Diffus*, d'après le sens de son étymologie, ne doit se dire que des paroles épanchées en quelque sorte d'un sentiment profond qui en est la source. Un ouvrage peut être à la fois *diffus* et *prolixe*; diffus, quand la passion a porté l'auteur à étendre son sujet outre mesure ou à le délayer dans des développements qui ne sont que des répétitions oiseuses; *prolixe*, parce que cette *diffusion* même a contribué à le rendre trop long. La *diffusion*, supposant toujours un épanchement, ne peut naître que d'une faiblesse du cœur; la prolixité, ne supposant que l'excès de la longueur, provient d'un défaut de l'esprit.

« Si quelquefois, dit J.-J. Rousseau, l'amitié rend *diffus* l'ami qui parle, elle rend toujours patient l'ami qui écoute. » Que, dans cet exemple, on substitue *prolixe* à *diffus*, et l'on sentira combien le premier de ces mots sera déplacé. En général, dans la conversation, la *diffusion* est le langage, ou, si l'on veut, le babil du cœur; la *prolixité* est le bavardage de l'esprit. *Diffus* est le contraire de *plein* et de *précis*; *prolixe* est le contraire de *pressé*. La lenteur, la faiblesse, et souvent l'obscurité, sont les vices qui accompagnent la *diffusion*. Aristote fait remarquer que dans la discussion de style *diffus*, au lieu de jeter quelque lumière sur des idées naturellement obscures, on fait qu'y ajouter de nouvelles ténèbres. Le style n'est vide et *diffus* que lorsque la solidité manque au volume et que l'ampleur n'est que dans les mots. « Le style de nos procureurs est *prolixe*, dit Marmontel; celui de nos avocats est *diffus*; le style des mauvais traducteurs est *diffus*; celui de presque tous les commentateurs est *prolixe*. On est *diffus* dans les idées comme dans les mots; et cela vient de ce qu'on ne sait pas les choisir, les régler, les enchaîner, les circonscrire, et qu'on écrit sans vue et sans dessein. »
CHAMPAGNAC.

Le mot *diffusion* s'entend au propre de tout ce qui s'étend, s'avance dans l'espace, action physique qui se rapporte plus spécialement aux *fluides* et à la *lumière*. *Diffus* se dit en botanique des branches, des rameaux et des feuilles qui sont lâches, étalés, et ne gardent entre eux aucun ordre, ou de l'état d'une panicule dans laquelle les pédoncules des fleurs sont écartés. En matière médicale, on applique l'épithète de *diffusibles* aux médicaments volatils, tels que l'éther sulfurique, les préparations ammoniacales, etc. Enfin, les pathologistes appellent *anévrisme par diffusion* l'anévrisme faux primitif.

DIGAMMA. Les Éoliens, peuple d'une contrée située sur les côtes de l'Asie, ne faisaient point usage du φ grec qui se prononçait avec aspiration; grands amateurs de l'euphonie, ils préféraient le son du *fe* sans aspiration; mais, comme l'alphabet grec n'avait point de caractère pour désigner ce son simple, ils en inventèrent un qui reçut le nom de *digamma* parce qu'il se composait de deux *gamma* superposés l'un sur l'autre, F, tenant la place des lettres doubles β, γ, δ, et des lettres aspirées φ, χ, θ. L'époque où ce signe fut inventé nous est inconnue. Mais une des particularités du dialecte éolien est d'avoir conservé ce F, même après l'invention des autres lettres qu'il suppléait, et de l'avoir maintenu à la place de l'esprit rude et même parfois de l'esprit doux. Ainsi pour ἑσπέρα, les Éoliens écrivaient Γεσπέρα, en latin *vesper*, le soir ; pour οἶνος, Ϝοῖνος, en latin *vinum*, vin ; pour ἴς, Ϝίς, en latin *vis*, force. Ils mettaient même le digamma au milieu des mots : αἰών, éolien αἰϜών, latin *æVum*, siècle; ὠόν, éolien ὠϜόν, latin *oVum*, œuf. Dans tous les mots latins, le V n'est que le F des Éoliens et très-probablement il en avait la prononciation.

DIGASTRIQUE. Sous les noms de *biventer* ou de *digastrique* (de δίς, deux, et γαστήρ, ventre), on désigne en myologie les muscles qui présentent deux faisceaux charnus réunis par un tendon moyen. Ces muscles sont ainsi disposés pour opérer des mouvements qui varient selon que l'action contractile prédomine dans tel ou tel ventre, ou que les deux ventres agissent en même temps et combinent leur action avec les autres muscles de leur région. Il y a dans le corps humain deux ou trois muscles seulement qui sont appelés *digastriques*. Celui que l'on désigne le plus usuellement sous ce nom est le *digastrique de la mâchoire inférieure*, qui est situé dans la région hyoïdienne supérieure, et considéré comme abaisseur de la mâchoire inférieure et releveur de la tête : il a été appelé *mastoïdo-génien* par Chaussier, parce qu'il s'attache d'une part à l'apophyse mastoïde de l'os temporal, et de l'autre, à l'éminence génienne du maxillaire inférieur. Un autre muscle, appelé *grand complexus*, ou *trachélo-occipital* en raison de ses attaches au cou (τράχηλος) et à l'occiput, porte aussi le nom de *digastrique de la nuque*. Meckel applique ce nom à la portion interne du *grand complexus*, et admet, par conséquent, deux digastriques de la nuque, l'un interne et l'autre externe. Ces deux muscles, situés dans la région dorso-cervicale, agissent en relevant la tête.   L. LAURENT.

DIGÈNES (δυσίς, deux fois et γενεα, génération) *Voyez* DICOTYLEDONÉS.

DIGESTE (en latin *digesta*, participe du verbe *digerere*, qui signifie arranger, ordonner). Il est le premier recueil de droit fait par ordre de Justinien. Il est composé de cinquante livres, et a été traduit en grec, du temps même de Justinien, sous le titre de *Pandectes*, mot qui emporte le même sens (*voyez* CORPUS JURIS).

Cujas dit que l'on appelait généralement de ce nom tous les livres ou recueils distribués dans un bel ordre, et Tertullien donne le nom de *Digeste* à l'évangile de saint Luc.

DIGESTEUR. Parmi les applications qui ont été faites de la marmite de Papin, on remarque celle qu'en fit M. Chevreul à l'analyse végétale. Il a nommé son appareil *digesteur distillatoire*. Ce nom de *digesteur* a été étendu depuis à d'autres appareils du même genre.

DIGESTION (en latin *disgestio*, dérivé du verbe *digerere*, qui signifie distribuer, extraire de). La digestion est une des grandes fonctions de la vie que nous appelons *nutritive* chez l'homme, au moyen de laquelle les substances alimentaires introduites dans les voies digestives subissent diverses modifications qui ont pour but de les convertir en deux parties : l'une, chyleuse ou récrémentitielle, est un suc réparateur qui va renouveler et reconstituer nos organes; l'autre, excrémentitielle et dépouillée de tout élément réparateur, est rejetée au dehors. Cette fonction se compose d'une série d'actions organiques complexes qui s'exécutent dans des organes creux, et dont le mécanisme est subordonné aux différentes conformations des diverses classes d'animaux. Nous pensons toutefois, avec M. Lepelletier, et contre le sentiment de beaucoup d'auteurs, que la digestion n'est pas exclusive aux animaux, qu'elle appartient à tous les êtres organisés vivants, mais avec des modifications qui résultent de la nature des appareils chargés de l'effectuer. Le végétal, en effet, qui puise au sein de la terre, dans l'air ou dans l'eau des éléments de nutrition à l'aide de certains organes, digère à sa manière ces matériaux de réparation. L'appareil si important qui est le siège de la digestion varie singulièrement par sa conformation et son étendue dans les classes nombreuses d'êtres vivants disséminés sur le globe. Chez les polypes (pour s'élever du simple au composé), c'est un sac membraneux n'offrant qu'une ouverture qui sert tour à tour de *bouche* et d'*anus*. Retournez ce sac, la surface extérieure devient cavité digestive. Un peu plus de complication existe dans les zoophytes appelés *méduses*, etc. Dans les poissons, le canal digestif présente bien deux ouvertures et quelques organes accessoires, mais il a moins de longueur que l'individu ; les reptiles, au contraire, ont un tube digestif tortueux et plus long que la totalité de l'animal : il s'allonge encore et se complique davantage chez les oiseaux ; il est terminé de plus par un *cloaque*, réceptacle commun des œufs, des matières fécales et des urines. Relativement à la classe la plus élevée de l'échelle animale, celle des mammifères, qui comprend l'homme, la longueur et la complication du canal de la digestion varient d'après la nature des substances alimentaires dont chaque espèce fait usage : ainsi, ce canal est moins étendu et moins considérable chez les *carnivores* que chez les *herbivores*, par la raison bien simple que les premiers font usage d'une moins grande quantité d'aliments que les seconds, et d'aliments qui, dans un volume donné, contiennent plus de substance nutritive. Quant à l'homme, qui est ce qu'on appelle *omnivore* ou *polyphage*, et qui tient le milieu entre les autres espèces, la longueur de son tube digestif est cinq ou six fois celle de son corps ; il est sinueux, inégal, renflé en divers points de son étendue ; il commence par l'orifice buccal (la bouche) et finit à la fin du rectum par l'*anus* ; l'un de ces orifices sert à l'introduction des aliments et l'autre à l'expulsion des excréments. Le canal de la digestion chez l'homme, offre une suite d'organes creux où s'exécutent les différents temps de cette grande et importante fonction : ce sont, la *bouche*, le *pharynx*, l'*œsophage*, l'*estomac*, le *duodénum*, l'*intestin grêle*, le *gros intestin* et le *rectum* ; tous communiquent directement les uns avec les autres. Il faut joindre à ces organes, et comme prenant une part accessoire à la digestion, par les fluides qu'ils lui fournissent, le *foie* et le *pancréas*. Les dents, la langue et les lèvres concourent aussi aux premiers actes de la digestion.

Les diverses périodes de la digestion sont : 1° la *préhension*, 2° la *gustation*, 3° la *mastication*, 4° l'*insalivation*, 5° la *déglutition*, 6° la *chymification* (stomacale et duodénale), 7° la *chylification*, 8° l'*absorption chyleuse*, 9° et la *défécation* ou expulsion des excréments.

Pendant les cinq premières périodes, les aliments, séjournant peu dans les cavités digestives qui les reçoivent, ne subissent guère que des modifications de forme ; c'est une sorte de préparation au grand changement qui va s'opérer dans l'estomac. Cette modification capitale de la substance alimentaire est la *chymification*. L'estomac, où elle s'opère, est chez l'homme un organe creux conoïde, disposé en cornemuse, et très-propre, par la direction horizontale de son grand diamètre, à favoriser le séjour des aliments ; sa conformation varie d'ailleurs dans diverses espèces ; chez les *reptiles*, il n'offre ni valvules, ni cul-de-sac ; chez les *poissons*, on le distingue à peine de l'œsophage ; chez les *oiseaux*, il est remplacé par le *jabot* et le *gésier*, qui est un organe de trituration ; les ruminants ont en quelque sorte quatre estomacs différents, qui sont, la *panse*, le *bonnet*, le *feuillet*, et la *caillette*. La manière dont s'opère cette conversion des aliments en une pâte homogène, pulpeuse soit acide, soit alcaline, qu'on appelle *chyme*, constitue la *digestion stomacale*, opération dans laquelle commence à s'effectuer la séparation de la partie nutritive de l'aliment d'avec sa portion excrémentitielle. Elle a été l'objet de diverses hypothèses imaginées par les physiologistes : les principales sont la *coction*, la *fermentation*, la *putréfaction*, la *trituration* et la *macération* des aliments reçus dans la cavité de l'estomac. A ces diverses hypothèses abandonnées a succédé la *dissolution* par le *suc gastrique*: ce suc, qui a été le sujet de tant de travaux, n'est pas fourni par un appareil particulier de sécrétion, puisqu'il n'en existe pas dans l'estomac ; il consiste donc dans la réunion des fluides folliculeux et perspiratoires du *ventricule*, auxquels vient se mêler une certaine quantité de salive apportée par le bol alimentaire. Les chimistes n'ont pu se trouver d'accord sur sa composition ; les physiologistes ne le sont pas davantage sur son action pendant la chymification ; beaucoup d'opinions intermédiaires ont été émises entre celle de Spallanzani, qui considère le suc gastrique comme un dissolvant par excellence des aliments, et celle de Montègre, qui réduit à zéro le rôle qu'il joue dans la digestion. Peut être ici, comme ailleurs, faut-il prendre le juste-milieu entre ces deux opinions extrêmes, accorder au suc gastrique tel quel une influence dans la formation de la pâte chymeuse, et attribuer le reste à l'action nerveuse, si puissante dans l'accomplissement de presque toutes les fonctions ; c'est ce que prouvent d'ailleurs, dans le cas présent, les nombreuses expériences faites sur les nerfs vagues ou *pneumo-gastriques* qui vont se distribuer à l'estomac, la ligature de ces nerfs, ou leur destruction, ayant toujours arrêté ou suspendu cette importante opération. Notre opinion mixte sur la digestion stomacale se rapproche beaucoup de celle d'Hippocrate, qui l'expliquait par une sorte de *coction vitale*.

Le temps nécessaire à la formation du chyme, à cette pénétration de l'aliment par les sucs gastriques, action vraiment mystérieuse de l'estomac sur la nourriture, varie le plus ordinairement de deux ou trois heures jusqu'à six, selon d'ailleurs l'espèce d'aliment dont l'homme fait usage : en général, les substances nourrissantes, comme les viandes, séjournent plus longtemps dans l'estomac que les végétaux, qui le sont moins. On a pu se convaincre de cette vérité sur des individus affectés d'anus artificiels formés sur le trajet de l'intestin, et chez lesquels on voyait sortir des légumes à demi digérés avant des morceaux de viande, quoique les uns et les autres eussent été ingérés en même temps. Lorsque l'opération de la *chymification* est opérée, le pylore, fermé exactement jusqu'alors, se dilate peu à peu ; les contractions péristaltiques se développent de l'orifice cardiaque vers l'orifice pylorique, de concert avec celles des fibres longitudinales réunies, elles font passer la masse chymeuse dans l'intestin duodénum, où doit s'effectuer la *chylification*. Là se termine l'action de l'estomac, du moins chez l'homme, car il en est autrement chez les ruminants.

Pendant la digestion stomacale, on observe chez l'homme des phénomènes généraux et locaux de réaction qu'il importe de faire connaître. Relativement aux premiers, il y a d'abord un sentiment de bien-être et de contentement qui résulte du besoin satisfait, et qui se manifeste surtout dans les repas un peu nombreux et sans étiquette, par une exaltation momentanée des facultés, l'épanchement, la vivacité et la liberté de la conversation, etc. ; mais aussitôt que l'appétit est entièrement satisfait, que la chymification commence, à cette vivacité, à cette loquacité bruyante succède la satiété, le silence, l'apathie, l'engourdissement et quelquefois même le sommeil ; presqu'en même temps naît ce sentiment de froid, d'horripilation, cette sorte de fièvre digestive qui résulte de la concentration de l'action vitale vers l'estomac, et qui s'accompagne communément d'une certaine fréquence du pouls. Quant aux phénomènes locaux, les aliments, par leur présence, augmentent la sécrétion des fluides perspiratoires de l'estomac, qui pénètrent en tous sens et les modifient. A l'action de ces sucs se joint sans doute celle de la salive transmise au ventricule, celle de l'air avalé avec le bol alimentaire, et peut-être aussi celle d'une petite quantité de bile, quoique cela soit très-douteux. Au même moment, les parois musculeuses de l'estomac impriment aux aliments de douces oscillations, qui consistent dans une série de contractions et de relâchements qu'on appelle *péristole*. Ces mouvements oscillatoires, augmentés de l'impulsion que donnent à l'estomac les mouvements du diaphragme et des côtes à chaque inspiration, concourent sans doute à perfectionner la digestion stomacale, en opérant un mélange plus parfait, une pénétration réciproque plus intime des éléments de la pâte chymeuse. La série des phénomènes que nous venons de signaler ne peut avoir lieu sans un grand développement de chaleur et d'action nerveuse dans l'épigastre : c'est effectivement ce que démontre l'observation.

Au sortir de l'estomac, les aliments passent dans le *duodénum*. La masse chymeuse, arrivée dans cet intestin, qu'on a appelé *second estomac*, s'y trouve en contact avec de nouveaux fluides folliculaires, et de plus avec la bile et le fluide pancréatique (apportés dans le duodénum par les conduits du *foie* et du *pancréas*) ; qui lui font subir une nouvelle élaboration, et revêtir la forme dernière que doit prendre la partie nutritive de l'aliment dans l'appareil digestif. La disposition, la fixité, l'aspect inégal, valvuleux, de cet intestin, expliquent tout d'abord son importance et celle de l'acte organique qu'il accomplit pendant la progression lente du chyme dans la cavité duodénale. Les fluides dont nous venons de parler le pénètrent en tous sens de dehors en dedans, et, par un procédé dont la nature nous est inconnue, accomplissent la formation du *chyle* et la séparation des excréments. Des recherches et des expériences nombreuses ont été faites pour caractériser l'action *chimico-vitale* que les fluides biliaire et pancréatique exercent sur le *chyme* : les uns ont prétendu qu'ils étaient destinés à corriger l'acidité ou la qualité fermentescible des aliments arrivés à l'état de pâte chymeuse ; d'autres, au contraire, ont cru trouver dans le produit de la sécrétion du pancréas un principe acide, tandis que la bile était savonneuse, d'où des combinaisons ultérieures qu'il était facile d'imaginer, etc. D'autres n'ont vu dans tous ces fluides, excepté le suc gastrique, que des produits excrémentitiels. Tout ce que l'on peut dire de plus certain en définitive dans la thèse dont il s'agit, c'est que la *chylification* consiste dans la séparation ou le départ du chyle et des excréments sous l'influence commune de la bile et du suc pancréatique, puisque la ligature du canal cholédoque, faite par Brodie, a suspendu cette importante opération. Sans doute qu'il faut encore ici, comme pour la digestion stomacale, faire intervenir l'action vitale du duodénum, et l'influence normale des nerfs qui vont s'y distribuer. Les chimistes eux-mêmes, comme pour se tirer d'embarras, se sont empressés d'admettre cette influence. De leur côté, les médecins, en faisant des concessions à la chimie organique, doivent avouer leur insuffisance pour expliquer catégoriquement l'action complexe de tant de substances diverses accumulées dans le court espace que présente la cavité duodénale, et réagissant sur deux fluides étrangers très-composés qui y arrivent à la fois (la bile et le suc pancréatique).

Le chyle et les excréments séparés parcourent ensemble l'intestin qui succède au duodénum ; cet intestin est petit, flottant, pourvu à l'intérieur de nombreuses valvules ; il offre des circonvolutions multipliées, et égale en longueur les trois quarts des voies digestives. Pendant un si long trajet, que la structure des parties ralentit beaucoup, le chyle est pompé par les vaisseaux absorbants chylifères, qui prennent naissance à la face interne de l'intestin grêle. Les matières excrémentitielles, au contraire, cheminent successivement, poussées par la contraction des fibres circulaires de la *membrane musculeuse intestinale*, contractions qu'on a comparées à des ondulations et qu'excitent la présence de ces matières, et une grande quantité de bile, qui évidemment ici est destinée à favoriser l'expulsion des excréments. La masse alimentaire, entièrement dépouillée de chyle, se durcit, prend une couleur brune, et commence à devenir fétide à son entrée dans le gros intestin. Le chyle est sans doute modifié, animalisé par les vaisseaux qui l'absorbent à la surface intestinale, mais il éprouve une autre grande modification de la part des ganglions mésentériques, qu'il traverse après avoir cheminé un certain temps, modification qui le rend sans doute plus propre à renouveler le sang, dont il est le régénérateur. Sorti des glandes mésentériques par des issues moins nombreuses que celles par lesquelles il est entré, le chyle, encore modifié dans sa nature, ne tarde guère à se jeter dans le réservoir de *Péquet*. Il marche ainsi s'animalisant de plus en plus; il arrive dans le canal *thoracique*, qui, comme on sait, traverse l'ouverture aortique du diaphragme, remonte dans la poitrine entre l'artère *aorte* et la veine *azigos*, et s'ouvre enfin dans la veine jugulaire gauche, près de sa jonction avec la souclavière. Dans tout ce trajet, le *chyle* remonte contre son propre poids, aidé par la contractilité du canal thoracique, l'impulsion des grosses artères et les mouvements des organes respiratoires; il se mêle enfin à la masse du sang. M. Magendie pense que ce transport du chyle de l'intestin dans le système veineux dure deux ou trois heures, et que six onces de ce fluide réparateur sont versées toutes les heures dans le torrent de la circulation. Ici se termine la série des phénomènes digestifs qui ont pour but et pour fin unique la rénovation du sang, et par suite son assimilation à nos organes, pour le soutien et la conservation de la vie. Il ne nous reste plus qu'à parler de la dernière fonction du canal alimentaire, la *défécation*, qui a pour objet de rejeter au dehors la partie excrémentitielle des aliments. Cette partie arrive dans le gros intestin dont la destination spéciale paraît être celle d'un réservoir formé pour contenir pendant quelque temps nos excréments, afin de nous soustraire, dit M. Richerand, à l'incommodité dégoûtante de les rendre sans cesse; sa structure renflée, froncée par des bandes musculaires plus courtes que le tube intestinal, explique merveilleusement cette destination, ainsi que la direction de diverses portions du colon, tour à tour ascendant, horizontal, et descendant. En effet, les matières fécales, pour sortir par l'anus, sont obligées de remonter contre leur propre poids dans le c œ c u m et le colon ascendant, et presque partout de franchir des cellules inégales et profondes, correspondant aux bosselures remarquables qu'on voit à l'extérieur du gros intestin. Dépouillées de quelques portions de chyle absorbé par un très-petit nombre de vaisseaux lymphatiques, ces matières se brunissent, s'épaississent, se durcissent se moulent même dans les anfractuosités du colon, puis sont poussées par l'action musculaire péristaltique, jusque dans l'S du colon et le rectum, où elles font un dernier séjour avant d'être éliminées. Cette élimination ou expulsion n'est pas seulement le résultat des contractions du rectum; les efforts expulsifs du diaphragme et des muscles abdominaux lui viennent en aide pour vaincre la résistance des sphincters de l'*anus*, qui tiennent constamment cette ouverture dans un état de constriction. Le commencement de décomposition qu'éprouvent les excréments dans le gros intestin explique leur fétidité et le dégagement des gaz, également fétides, qui précède ou accompagne l'expulsion des matières excrémentitielles (hydrogène azoté, acide carbonique, hydrogène carboné sulfuré). Nous venons de décrire la défécation telle qu'elle a lieu chez un homme sain et adulte; elle présente de nombreuses variations (ainsi que les autres périodes de la digestion) chez les enfants,

les femmes, les vieillards, les malades, etc. La durée de ce dernier acte de la digestion intestinale est si variable, qu'il est impossible de la préciser; elle est relative à la sensibilité du rectum, au degré d'âcreté et de stimulation des matières fécales, à l'habitude, à la force contractile des agents d'expulsion, etc.

L'accomplissement, aussi bien que le mécanisme de la digestion, n'est pas seulement soumis à l'influence des âges, des constitutions, du mode de sensibilité et d'énergie des voies digestives, de la nature des aliments, de la manière de vivre, etc., elle se trouve encore puissamment modifiée par l'habitude. Bien qu'il soit vrai de dire que la régularité, la constance éclairée dans l'usage des aliments choisis, et l'observation exacte des règles de l'hygiène, soient des conditions d'une bonne digestion et d'une santé florissante, on voit souvent néanmoins des individus, par suite d'une habitude longtemps contractée, mettre en oubli ces règles de régime sans en souffrir beaucoup : ainsi, on voit des gens manger avec une vitesse qui permet à peine la trituration des aliments sans avoir de mauvaises digestions; d'autres qui ne peuvent digérer au contraire qu'autant qu'ils accomplissent lentement et méthodiquement tous les actes de la digestion, et qu'ils demeurent sous l'empire d'une sorte de périodicité invariable dans leurs repas comme dans leurs digestions. On rencontre des hommes faibles qui ne peuvent digérer qu'en mangeant peu et souvent, tandis que d'autres, plus robustes, ne font avec avantage qu'un repas en vingt-quatre heures. Il en est qui habituellement plusieurs déjections par jour, sans que cela porte atteinte à leur santé, tandis qu'il n'est pas rare d'observer des sujets sains qui ne rendent leurs excréments qu'à des intervalles de quatre, six, huit ou dix jours ; on sait aussi qu'un léger degré de constipation est un signe de santé. Il n'en est pas de même, toutefois, de ces interminables constipations qui durent des mois, des années, et qui finissent toujours par devenir funestes : tel fut le sort d'un malheureux officier de marine presque toujours atteint d'une constipation opiniâtre, et qui prit un jour à l'île d'Aix (en France) un purgatif qu'il ne rendit qu'à Gorée (Afrique).

Si une parfaite digestion entretient l'homme dans un état de santé prospère, lui donne de la gaieté, du contentement, de la force, le dérangement de cette importante fonction est une cause de désordres nombreux dans l'économie animale. L'expérience prouve, en effet, qu'une foule d'affections nerveuses sympathiques doivent leur origine à des lésions profondes des organes digestifs. Les manifestations même les plus simples du caractère moral ne sont pas toujours affranchies du dérangement de la digestion, et ce n'est pas toujours sans motif qu'on a prétendu juger de l'état de cette fonction par l'accueil bon ou mauvais qu'on reçoit de certaines personnes dont l'abord ne nous est pas familier, tant est grande l'action *sympathique* et *synergique* de l'appareil digestif sur les autres organes! D' BRICHETEAU.

DIGITAL (en latin *digitalis*, fait de *digitus*, doigt), qualificatif de tout ce qui appartient aux doigts ou de ce qui a la forme d'un doigt. En anatomie, on donne le nom d'*appendice digital* à l'appendice vermiforme du cœcum; les *artères*, les *veines* et les *nerfs digitaux* sont ceux qui vont se distribuer aux doigts ; enfin, on donne le nom de *dépressions digitales* aux légères dépressions qu'on observe à la face interne des os du crâne, et qui correspondent aux circonvolutions du cerveau.

DIGITALE, genre de plantes de la famille des scrophularinées et de la didynamie angiospermie de Linné. Il a pour caractères : calice quinquéparti; corolle hypogyne, sub-campanulée ou infundibuliforme, ventrue, à limbe écourté, dont la lèvre supérieure est indivise, très-obtuse ou bifide, tandis que l'inférieure est trifide; quatre étamines, insérées au tube de la corolle; ovaire biloculaire; style simple.

Ce genre renferme plus de quarante espèces. Nous citerons comme type celle qui mérite le plus de fixer l'attention, la *digitale pourprée* (*digitalis purpurea*, L.), qui partage avec une campanule les noms vulgaires de *gantelée* ou *gant de Notre-Dame*. La qualité de *pourprée* lui vient de ce que ses fleurs *digitées* sont d'un rouge pourpré; elle est bisannuelle et croît dans les lieux argileux et stériles de diverses contrées de la France; elle atteint vers la seconde année une hauteur de 1m,30; sa tige est arrondie, velue, ses feuilles alternes, ovales et lancéolées, grisâtres en dessous, dentées et pétiolées. Les fleurs de cette plante sont grandes, belles, disposées le long d'un épi terminal, et accompagnées d'une foliole : elles sont supportées par un pédoncule velu, ainsi que leur calice. Les feuilles sont les seules parties de la plante employées en médecine; elles ont une odeur nauséeuse, qu'elles perdent par la dessication. On les fait ordinairement sécher à l'ombre pour l'usage de la pharmacie ; elles doivent être renouvelées chaque année dans les officines, attendu qu'elles ont perdu une partie de leurs propriétés.

On savait seulement que la digitale pourprée était une plante active et vénéneuse, et on l'avait très-peu employée en médecine, lorsque Withering la vanta comme un médicament héroïque contre l'hydropisie dans une dissertation publiée en 1785, et depuis elle n'a cessé d'être administrée dans un bon nombre de maladies chroniques, et a été l'objet d'une grande quantité d'écrits. Une assez médiocre dose de cette plante donnée sous des formes pharmaceutiques, que nous ferons bientôt connaître, produit divers accidents, comme du malaise, des nausées, des vertiges, des vomissements, etc.; mais, immédiatement après, et même en l'absence de ces accidents, on observe souvent un ralentissement notable dans les battements du cœur et du pouls, propriété remarquable, quoiqu'elle ne soit pas constante, et dont les praticiens ont cherché à tirer parti dans plusieurs maladies où il y a excès d'action de l'appareil circulatoire. Donnée à plus grande dose, la digitale pourprée peut produire un véritable empoisonnement à la manière des substances narcotiques et âcres. Des hommes sont morts victimes de grandes doses de digitale qu'ils avaient prises par mégarde, et les toxicologistes ont sacrifié un grand nombre d'animaux, qu'ils avaient empoisonnés au moyen de différentes préparations des feuilles de cette plante réduite en poudre.

Outre son action sédative sur l'appareil circulatoire, la digitale en possède une autre d'une nature inverse sur les organes digestifs et ceux de l'appareil urinaire. Les auteurs ont beaucoup disserté pour concilier et expliquer ces effets en apparence opposés, qui, du reste, ne sont pas autres que ceux que produisent les médicaments anti-spasmodiques et stupéfiants, qui commencent toujours par exciter avant que d'engourdir. Que les préparations de digitale enfoncissent indirectement l'action du cœur après avoir engorgé le cerveau, ou bien qu'elles agissent directement sur l'économie par la voie des nerfs ou par sympathie, toujours est-il certain que les médecins leur attribuent généralement deux propriétés, l'une irritante des voies digestives, et l'autre sédative de l'appareil circulatoire. C'est pour remplir cette double indication qu'on administre cette plante dans les hydropisies, afin sans doute de ranimer l'absorption, d'exciter l'action languissante de l'estomac et la sécrétion des urines. Quand les voies digestives sont bien disposées, ce médicament manque rarement son effet, et c'est un des meilleurs diurétiques que nous possédions : on l'emploie sous diverses formes dans presque toutes les espèces d'hydropisies.

L'usage de la digitale dans les maladies du cœur avec accélération des battements de ce viscère est suivi de très-bons effets, quand les palpitations ne dépendent pas d'une lésion organique; il ralentit le pouls de 10, 15, et même 20 pulsations par minute dans l'espace de 24 heures; mais quand il y a une dilatation anévrismatique, ou bien le remède manque son effet, ou il n'a alors qu'une action faible et palliative.

On a beaucoup vanté la digitale dans l'asthme et la phthisie pulmonaire; un médecin anglais a même publié des résultats merveilleux relativement à cette dernière maladie, mais l'expérience n'a malheureusement pas confirmé ce qu'avait avancé ce médecin, sans doute trompé par quelque erreur de diagnostic. Les phthisiques, dont l'estomac est très-irritable, supportent difficilement ce médicament, qu'on peut seulement considérer comme propre à modérer la fièvre quand il n'est pas rejeté. La propriété bien constatée que possède la digitale pourprée de ralentir la circulation l'a fait proposer dans les fièvres, les phlegmasies, les hémorrhagies, certaines névroses, mais elle n'est point ou est peu employée aujourd'hui dans ces dernières affections: son usage se borne généralement aux cas que nous avons indiqués plus haut. On administre les feuilles de digitale pourprée en infusion, depuis un gramme jusqu'à quatre par litre, en poudre, à celle de dix ou vingt grammes par jour, dose qui peut être ensuite portée beaucoup plus loin; mais la composition la plus usitée de cette plante est la teinture alcoolique et éthérée, qu'on donne dans les potions, depuis douze jusqu'à trente gouttes et plus. L'analyse chimique qu'on a faite de cette plante y a fait découvrir un principe particulier très-actif appelé *digitaline*.

Dr BRICHETEAU.

DIGITATION (en latin *digitatio*, fait de *digitus*, doigt), division en forme de doigts. Cette expression s'emploie en anatomie pour désigner la manière dont certains muscles s'entre-croisent par leurs bords découpés ou dentelés.

DIGITÉ (en latin *digitatus*, fait de *digitus*, doigt). Ce qualificatif s'applique en botanique aux parties des plantes, telles que racine, feuilles, épi, qui sont divisées profondément, de manière à imiter une main ouverte, dont les doigts seraient très-écartés; on lui substitue l'épithète de *palmé* lorsque la division est moins profonde. On appelle *feuille digitée* celle qui est composée de folioles qui, comme autant de digitations, terminent le pétiole commun, au lieu d'être disposées sur deux côtés : telles sont les feuilles du sapin et celles du marronnier d'Inde; *feuille digitée-pennée*, celle dont le pétiole commun est terminé par des pétioles secondaires sur les côtés desquels sont attachées les folioles. Quand ces pétioles secondaires sont au nombre de deux, comme dans le *mimosa purpurea*, de trois, comme dans l'*hoffmansegia*, de quatre, comme dans la *sensitive*, la feuille prend les noms de *bidigitée-pennée*, *tridigitée-pennée*, etc.

Blumenbach a donné le nom de digitées aux mammifères qui ont les doigts libres aux quatre pieds. Les ailes des insectes, le cubitus de ces animaux et les bords droits des coquilles univalves, qui offrent des incisions profondes, figurant les doigts de la main, sont dits *digités*.

DIGITIGRADES (du latin *digitus*, doigt, et *gradi*, aller, marcher). Ces animaux, qui forment la 2e tribu des *carnivores* de Cuvier, se distinguent en ce qu'ils marchent sur le bout des doigts; ce sont les plus sanguinaires de tous. Ils sont compris sous les genres *marte*, *chien*, *civette*, *hyène*, *chat*.

DEMEZIL.

DIGLYPHE (de δίς, deux, et γλυφή, gravure), terme d'architecture applicable à une console ou à un ornement qui a deux gravures en creux. On trouve à la fin des planches du *Cours d'architecture* de Vignole des exemples de diglyphes sur des consoles qui entrent dans la composition d'un entablement mêlé de dorique et de corinthien, et qui ont été imités par Boffrand dans son hôpital des enfants trouvés, à Paris.

DIGNE, ville de France, chef-lieu du département des Basses-Alpes, à 750 kilomètres sud-est de Paris, sur la rive gauche de la Bléone, au pied et sur le penchant d'une montagne, avec une population de 4,781 habitants. Siège d'un évêché suffragant d'Aix, et dont le département des Basses-Alpes forme le diocèse, cette ville possède un collège, un séminaire théologique, une bibliothèque publique de 4,000 volumes et une direction de douanes, une fabrication importante de draps, de lainages et de toiles, trois typographies. Son commerce consiste en fruits secs et confits, et surtout en pruneaux renommés; en miel, cire et peaux de chevreau. Digne ne possède aucun monument remarquable; ses rues sont étroites, tortueuses et escarpées; elle est entourée de vieilles murailles flanquées de tours carrées. On trouve aux environs des sources thermales sulfureuses. « L'établissement, dit le docteur Donné, est dans l'état le plus simple, le plus primitif, et même le plus barbare. Des grottes ou plutôt des cavernes obscures, taillées dans le rocher, de la voûte desquelles l'eau tombe par une fissure naturelle, servent d'étuves et de cabinets de douches. Les cabinets de bains et le bâtiment d'habitation flanqué contre la montagne sont dignes de ces antres souterrains. Cette source est abondante, ses vertus sont démontrées par l'expérience, et elle est négligée, abandonnée; et pourtant elle pourrait peut-être devenir pour Digne ce que sont les eaux d'Aix en Savoie. » Digne était primitivement la capitale des *Bodiontici*; elle fut érigée en évêché dans la première moitié du quatrième siècle. En 1414, il se tint un concile à Digne. Elle eut beaucoup à souffrir pendant les guerres de religion; elle fut prise et saccagée en 1562 et en 1591.

DIGNITAIRE. Ce mot s'entend aujourd'hui de toute personne revêtue de dignités; mais il s'appliquait spécialement en France, avant 1789, à quelques personnes employées dans l'état ecclésiastique : tels étaient dans les chapitres le doyen, le grand-chantre, l'archidiacre; il y en avait même qu'on ne désignait uniquement que sous le titre de *dignitaires*. Lorsque Napoléon réforma la société et recréa une noblesse, on appela *grands dignitaires* les titulaires des grandes dignités de l'empire : tels étaient le grand-électeur, le grand-connétable, l'archi-chancelier, le grand-amiral, etc. On nomma aussi à la même époque *dignitaires* les dames employées dans l'administration de la maison impériale de Saint-Denis, immédiatement sous les ordres de la surintendante : le même usage s'observa dans les succursales de cette maison. Le nom de *dignitaire* s'emploie toujours dans plusieurs ordres religieux, qu'ils se composent de femmes ou d'hommes. Ctesse DE BRADI.

DIGNITÉ, distinction provenant de certaines fonctions, ou du rang que l'on occupe dans la société. On a regardé comme la première des dignités celle du souverain pontife; suivaient celles d'empereurs, de rois, de princes, ducs, marquis, comtes, etc., puis celles qui résultent de différentes places : telles sont celles de chancelier, de maréchal, de ministre. Il n'est point de titre, de grade élevé, que l'on ne puisse nommer une *dignité*. Mme de Sévigné écrit qu'à la cour de Louis XIV, *l'esprit de Mme de Coulanges était une dignité*. On pourrait en dire autant de toute espèce de supériorité dans les sciences et dans les arts; mais ce serait faire un synonyme de *dignité* et de *mérite*, qui induirait souvent en erreur; car une faute, un crime, ont parfois fait obtenir une *dignité* : Mlles de La Vallière et de Fontanges furent faites duchesses pour avoir forfait à l'honneur; le régent fit chevalier de Saint-Louis un certain Dumas, qui, chargé par lui de tirer un coup de pistolet à La Grange-Chancel, se méprit, et assassina le poète Vergier. L'inégalité que la nature elle-même a voulu mettre entre les hommes a été la source des *dignités*. On a dû dire d'abord : *le fort, le courageux, l'habile*, etc. Les besoins moins matériels, les lois, la civilisation, ont classé l'espèce humaine plus intellectuellement. On a trouvé plus poli, plus délicat, de donner un *titre de dignité* qui ne renfermait point un éloge direct, que ne pouvait répéter celui qui le recevait. La dignité est ressortie de la place que l'on occupait, ou elle a été attribuée à la naissance; et le mérite personnel, celui qui de tous inspire aux hommes le plus de vanité et d'insolence, en est devenu moins odieux à ceux qui devaient le reconnaître et s'y soumettre. Les dignités sont accompagnées de pouvoirs, de titres, d'insignes, selon le rang que la société leur accorde. En général, elles imposent des devoirs dont on ne peut s'écarter sans les compromettre, et ces devoirs sont toujours difficiles et pénibles en comparaison de la considération que doit exciter la dignité dont on est revêtu : aussi, les vrais sages redoutent-ils et fuient-ils les dignités, tandis que les gens à vues courtes et intéressées les recherchent avidement, soit qu'ils n'en prévoient point les suites, soit que le mépris public les touche peu.

Les *dignités* se partagent en *religieuses, militaires, civiles* : on les retrouve dans les livres de Moïse et dans ceux que nous ont laissés les apôtres, où il est question d'évêques, de prêtres, de diacres et de diaconesses; les dignités de cardinaux, d'archevêques, d'abbés et d'abbesses sont de création plus moderne. Les païens de l'antiquité avaient des hiérophantes, des grandes prêtresses; comme ceux d'aujourd'hui ont un lama, des chefs de bramines, etc. Les Égyptiens, les Perses, reconnaissaient une foule de dignités; on en comptait encore plus à la cour des empereurs de Constantinople qu'à la Chine aujourd'hui, bien que, dans ce pays, il y ait peu d'individus qui n'aient la leur. Les premiers Européens qui allèrent dans le Nouveau-Monde y trouvèrent des dignités établies, non-seulement chez les nations constituées, telles que les Péruviens et les Mexicains, mais encore parmi les peuplades errantes. Les rois d'Europe ont créé des dignités autour d'eux, soit pour ennoblir les services que l'on rend à leur personne, soit pour récompenser ceux que l'on rend à l'État. Les peuples vivant en république reconnaissent au moins la dignité des magistrats. Tout ce qu'ils ont pu faire pour maintenir l'égalité parmi eux a été de créer des *dignités temporaires*, et qui, passant successivement d'individu à individu, n'obligent au respect et à l'obéissance que pendant un temps limité. Lorsqu'après la révolution française de 1789, on voulut abolir toutes les dignités, on ne parvint à anéantir que celles qui dépendaient de l'ancien ordre monarchique; il s'en reforma à l'insu même de leurs créateurs : la crainte que l'on éprouvait en présence d'un *représentant du peuple*, d'un *président de tribunal* ou *de club*, le constituait en *dignité* : le bonnet rouge en était l'insigne. Le consulat et surtout l'empire virent renaître toutes les dignités, et l'on eut bientôt oublié combien celles de l'ancien régime avaient été dangereuses pour leurs possesseurs. Les *dignités militaires* ressortent de la nature du corps qui leur donne naissance, l'obligation absolue du commandement et de l'obéissance étant inhérente à toute armée : le généralat comme le caporalat subsiste forcément, en se divisant le pouvoir. Indépendamment des *dignités civiles*, qui résultent des constitutions d'un État, chaque ordre, chaque corporation de cet État en crée de particulières sous les noms de grand-maître, de président, de doyen, de syndic, de bâtonnier; elles sont alors le résultat d'une élection.

Il y a des *dignités* purement *honorifiques* : telles sont presque toujours été les décorations, si faiblement rétribuées, quand elles le sont, que l'honneur seul peut y faire attacher quelque prix. On observait autrefois que la dignité inhérente aux places était en raison inverse de ce qu'elles rapportaient. Les personnes attachées à la maison des princes du sang et qui pouvaient manger avec eux étaient beaucoup moins payées que celles qu'ils employaient dans l'administration de leurs finances. On donnait rarement le nom de *dignité* aux postes qui rapportaient de l'argent : de là sont venus les proverbes français : *habit doré, ventre de son*; italien : *fumo e fame*. Assez communément, quelques signes extérieurs indiquent les dignités. Une bandelette blanche ceignant le front distinguait les rois de l'antiquité, ainsi que le manteau de pourpre. Ce manteau, quelle que soit sa couleur, mais doublé d'hermine, fait encore aujourd'hui partie des insignes de la toute-puissance. La tiare est réservée aux papes, la mitre aux évêques, le chapeau et les bas rouges aux cardinaux; des couronnes de feuilles d'ache, de perles,

de formes diverses, indiquent les titres de ceux qui en timbrent leurs armoiries, ainsi que la forme et la position des casques. Sous l'empire de Napoléon, le nombre de plumes faisaient reconnaître les ducs, comtes, etc. Des queues de chevaux portées devant un pacha sont le signe de sa dignité; comme la grandeur de l'anneau qui leur traverse la cloison du nez en est la marque dans plusieurs tribus indiennes. On a vu des places vulgaires devenir de véritables dignités par le mérite des hommes qui les occupaient : telle fut celle à laquelle ses envieux nommèrent Epaminondas, et qui consistait à faire tenir propres les rues de Thèbes. Par la même raison, des hommes méprisables ont avili certaines dignités, au point qu'il a fallu les supprimer.
Ctesse DE BRADI.

DIGNITÉ (*Morale*), sentiment d'élévation qui découle de toutes les habitudes de la vie, et qui sert de point d'appui dans les circonstances les plus difficiles. La dignité morale est en réalité le type de la perfection humaine, c'est elle qui nous inspire ce respect continuel de nous-mêmes et des autres, qui, avec le temps, nous assure une place à part, que les honneurs seuls ne peuvent jamais conquérir. Sans doute, c'est déjà beaucoup pour l'ordre que les masses remplissent certains devoirs; mais il est quelques hommes d'élite qui ont mission d'aller plus loin; ils impriment donc à toutes leurs actions le sceau d'une véritable dignité morale; ils ne pratiquent pas seulement la vertu, ils l'agrandissent. Dans les jours de crise, la dignité morale recueille ce qu'elle a semé : on se range autour d'elle et on lui décerne le commandement; on a besoin de garantie. Au sein du calme, la dignité morale est moins appréciée ; mais, en retour de ce qu'elle coûte, elle procure maintes fois des avantages : l'estime publique, pour être lente à s'émouvoir, a ses moments de justice distributive. Mais c'est surtout pour la conscience que la dignité morale est d'un prix inestimable; elle lui donne cette paix, cette douceur, ce contentement de soi, qui sont comme une surabondance de félicité; elle entretient l'âme dans un état de pureté et de noblesse continuelles ; on peut se sonder à toute heure, on n'a pas à rougir de ses pensées les plus secrètes. Les séductions, surtout celles où entre l'intérêt personnel, ne cherchent pas même à vous atteindre : vous ne les comprendriez pas : entre vous et ce qui est vil et ce qui est bas existe une antipathie si profonde qu'il semble que vous ne puissiez pas vous rencontrer. La dignité morale n'exige ni les ressources de l'esprit, ni l'étendue du génie; elle est tout entière du domaine du cœur, et elle participe de certaines qualités qui produisent l'ordre et la considération publique. Elle existe donc difficilement sans une conduite régulière, qui en même temps est empreinte d'une certaine grandeur. Elle ne rend pas étranger à toutes les passions; seulement, elle vous en laisse la direction, parce qu'elle vous enlève jusqu'à l'exagération du bien.

Dans les gouvernements républicains, les souvenirs que laissent les victoires et les services s'effacent vite; c'est par la dignité morale que les grands hommes imposent à l'ingratitude populaire. Scipion l'Africain est un modèle accompli dans ce genre : ses réponses aux accusations par lesquelles on cherchait à ternir sa gloire sont plus admirables que ses faits d'armes, et tiennent une plus haute place dans l'histoire, où le nombre des triomphateurs est si grand qu'on renonce à les compter. Louis XIV, comme roi, a toujours été fidèle à la dignité morale ; elle lui a servi à dompter la mauvaise fortune de sa vieillesse, et il lui a dû sa dernière victoire, celle qui a sauvé l'indépendance française. Dans nos gouvernements modernes, il y a une telle rivalité d'ambition, un désir si passionné d'arriver aux places pour en toucher les émoluments, les écrivains sont si avides de flatter les talents dont ils attendent leur fortune, que la dignité morale va se dégrader de plus en plus. C'est une mêlée générale où chacun pousse, invective, frappe et calomnie; la lutte s'anime-t-elle, on se prend au collet jusqu'en présence du public : c'est l'anéantissement de toute considération personnelle, c'est la fin de la civilisation.

A ne parler que des rapports ordinaires de la société, rien ne nuit plus à la dignité morale que la grossièreté du ton, celle des paroles, ou une trop grande familiarité dans les manières. On prend alors l'habitude de ne plus respecter ni soi ni les autres. Ce sans-gêne de tous les instants mène tôt ou tard à des disputes, à des rixes; entre jeunes gens, on descend quelquefois jusqu'à se saisir corps à corps; on termine enfin par l'abjection. Cette dignité morale que reflètent nos traits, notre tournure, nos discours, est si puissante, qu'elle suffit pour arrêter tout court le peuple; au plus fort de la colère, ses coups restent suspendus; il n'y a que l'ivresse qui dans ce cas fasse exception pour eux.

Dans la vie privée, la dignité morale est la protection continuelle des femmes ; elle pose les limites devant lesquelles s'arrêtent les désirs et les passions des hommes ; elle ne les contient pas seulement, elle les étouffe quelquefois. Les femmes peuvent, dans le secret manquer à leurs devoirs les plus essentiels : tôt ou tard elles ont à s'en repentir ; mais, à moins qu'elles ne soient descendues au dernier échelon de la dégradation, elles s'efforcent dans le monde de conserver toutes les apparences de la dignité; elles se condamnent elles-mêmes, mais elles ne consentent pas à être méprisées. C'est le soin principal de l'éducation de faire pénétrer dans l'âme des enfants le sentiment de la dignité morale; c'est là qu'il faut faire converger actions, habitudes, penchants. Les sciences ne sont rien en comparaison. Sans doute elles sont utiles ; mais la dignité morale est indispensable.
SAINT-PROSPER.

DIGRESSION (du latin *digredi*, s'éloigner, se détourner, s'écarter). Dans un discours, dans un traité, dans tout ouvrage spécial sur une matière quelconque, les détails étrangers au sujet principal sont des *digressions*. Il est une foule d'auteurs qui, jaloux de montrer leur savoir, étalent avec affectation tout ce qu'ils ont lu, et dispersent, pour ainsi dire, l'attention de ceux qui les lisent ou qui les écoutent, à tel point que ceux-ci finissent par perdre entièrement de vue la matière qui avait été interrompue. Quand les digressions produisent cet effet, elles sont un défaut choquant. Le style le plus élégant ne peut les faire excuser ; on les regarde comme des hors-d'œuvre qui, le plus souvent, ennuient par leur complète inutilité. « Rien n'affaiblit plus un discours, a dit Vauvenargues, que de proposer trop d'exemples, et d'entrer dans trop de détails. Les digressions trop longues ou trop fréquentes rompent l'unité et fatiguent, parce que l'esprit ne peut suivre une trop longue chaîne de faits et de preuves. On ne saurait trop rapprocher les choses, ni trop tôt conclure… Un esprit perçant fuit les épisodes, et laisse aux écrivains médiocres le soin de s'arrêter à cueillir toutes les fleurs qui se trouvent sur leur chemin. » Il ne suit pas de là qu'il faille s'abstenir rigoureusement de toute digression : ce serait tomber dans un autre excès. Que les digressions soient bien amenées, qu'elles soient instructives et intéressantes, distribuées avec une sage économie, énoncées avec rapidité : alors, au lieu d'étouffer le sujet principal, elles lui prêteront du charme. Suivant la remarque judicieuse de Bayle, c'est souvent un défaut de s'interdire toute digression : il en faut faire quelquefois; elles servent en quelque sorte de reposoir. Un peu de variété est nécessaire dans tous les ouvrages d'esprit, et l'on remarque que les écrivains les plus réguliers ne sont pas ceux qui se font lire le plus agréablement. En suivant toujours la ligne droite, on ne se permettant aucun écart, on ne s'arrêtant à aucun incident, on manque quelquefois le but : on s'est montré scrupuleusement fidèle aux règles, mais on n'offre que raideur, sécheresse, nudité ; on est uniforme à force de régularité. Et d'ailleurs, certains ouvrages qui ne se soutiennent que par les digressions, qui en ont besoin, et qui les souffrent naturellement : ce sont principalement les *mélanges*, les *mémoires*, les *essais*, et autres livres qui ne sauraient être soumis à un plan trop régulier. Que l'on essaie de mettre de la méthode dans les *Essais* de Montaigne, qu'on en retranche toutes les digressions, et l'on aura dépouillé ce livre de ses principaux agréments; on n'aura plus que la *Sagesse* de Charron.

Les digressions sont principalement de l'essence de la conversation, qui ne saurait en général être agréable que par la variété; mais là aussi l'abus des digressions devient un fléau. Swift nous semble avoir caractérisé ce défaut d'une manière fort plaisante : « Parmi les grands parleurs, dit-il, il n'y en a point de si fatigants que ces bavards de sang-froid, qui procèdent avec poids et mesure, commencent par une préface, s'écartent ensuite dans différentes digressions, vous avertissent de leur rappeler de vous dire une autre histoire quand ils auront fini la première, reviennent à leur sujet, ne se souviennent jamais des noms, se plaignent de leur mémoire, se frappent inutilement le front, et, après avoir tenu tout le monde en suspens, finissent par vous dire : *le nom ne fait rien à la chose*, et continuent; heureux encore les écoutants s'il ne se trouve pas à la fin que l'histoire leur a été faite cent fois, ou qu'elle n'est que le récit insipide d'une aventure arrivée au conteur! »

CHAMPAGNAC.

DIGRESSION (*Astronomie*). *Voyez* ÉLONGATION.

DIGUES (du flamand *dic* ou *dik*, dérivé, suivant Saumaise, du grec τεῖχος, mur, rempart). C'est un massif de pierres, de terre, de charpente, de fascinages, ayant pour objet de contenir les eaux et de les soutenir à une hauteur déterminée pour les canaux, bassins, étangs, retenues de moulins : elles sont encore destinées à défendre les rives des fleuves, de la mer, ou à mettre une partie du territoire à l'abri des hautes marées et des débordements. Elles servent aussi à régler le cours des fleuves et à les empêcher de se détourner de leur lit, ce qui arrive quand le fond est d'inégale dureté, parce qu'alors il se forme des atterrissements qui changent le cours de l'eau ; mais dans ce cas elles prennent le nom d'*épi*. D'autres, sous le nom de *jetées*, sont destinées à empêcher les atterrissements qui se forment à l'entrée des ports de mer et à l'embouchure des fleuves. Les plus importantes sont les digues de la Hollande et les digues de la Loire, plus connues sous le nom de *polders* et de *levée* de la Loire.

En général, les digues doivent être élevées de quelques pieds au-dessus des plus hautes eaux. On les fait ordinairement de terres bien battues, lit par lit, sans aucun mélange de gravier ni de sable; on leur donne souvent sept mètres d'épaisseur au sommet, en observant que le talus inférieur ait une fois et demie sa hauteur et l'extérieur une fois un quart seulement. On élève, en même temps que les terres, un bon corroi de glaise de deux mètres d'épaisseur dans l'intérieur, dont la profondeur de l'enracinement sera proportionnée à la hauteur des eaux pour qu'elles ne puissent passer par dessus. Les digues qu'il faut construire pour soutenir les eaux destinées à la nourriture d'un point de partage doivent être édifiées avec beaucoup plus de soin que les autres, vu l'importance de leur objet. Comme alors elles doivent avoir très-souvent plus de sept mètres de haut, il faut, pour diminuer la prodigieuse largeur qu'on serait obligé de donner à leur base, la rétrécir en soutenant les terres des deux côtés de la digue par des revêtements en maçonnerie, et se contenter de les élever au tiers ou à la moitié de la hauteur, et donner aux terres qui composent le reste de l'élévation un talus proportionné au précédent, comme aux ouvrages de fortifications à demi-revêtement; on peut aussi, pour plus de solidité, élever dans le milieu de l'épaisseur de la digue un mur d'un mètre d'épaisseur qui est bien plus propre à arrêter les transpirations que ne pourrait le faire le meilleur corroi.

Les digues, de quelque nature qu'elles soient, ont toujours été mises sous la sauve-garde publique et soumises à des règlements spéciaux appropriés aux localités. La conservation et l'entretien des digues, de même que tous les objets de grande voirie, appartiennent à l'administration publique. Lorsqu'on veut construire une digue, il faut que la nécessité en soit constatée par le gouvernement et la dépense supportée par les propriétaires protégés, dans la proportion de leur intérêt aux travaux, sauf ce cas où le gouvernement croirait utile et juste d'accorder des secours comme partie intéressée.

Les digues qui sont du ressort des ponts et chaussées sont les digues et bassins de retenue pour les écluses de chasse, celles des bassins et réservoirs pour alimenter les biefs de partage des canaux de navigation, et généralement les digues de protection des grands travaux publics. Les digues qui intéressent à la fois les ponts et chaussées et les associations de communes ou de propriétaires sont celles qui mettent les propriétés communales ou privées à l'abri des débordements ou des corrosions, et qui protégent en même temps des communications d'un intérêt général, ou qui favorisent des établissements publics. Les digues ne concernant que les associations sont celles où le gouvernement est tout à fait désintéressé, et qui ne servent qu'à des exploitations particulières.

GRANGEZ.

DIIPOLIES ou **DIPOLIES**. *Voyez* BUPHONIES.

DIJON, ville de France, chef-lieu du département de la Côte-d'Or, à 268 kilomètres sud-est de Paris, au confluent de l'Ouche et du Suzon et sur le canal de Bourgogne, avec une population de 32,353 habitants. Siège d'un évêché suffragant de Lyon et dont le département de la Côte-d'Or forme le diocèse ; d'une cour impériale dont le ressort comprend les départements de la Côte-d'Or, de la Haute-Marne et de Saône-et-Loire ; de tribunaux de première instance et de commerce ; chef-lieu de la 20ᵉ légion de gendarmerie, employée dans les départements de la Côte-d'Or, de l'Aube et de l'Yonne, du 3ᵉ arrondissement forestier comprenant le département de la Côte-d'Or, cette ville possède une académie, des facultés des sciences, des lettres, de droit, une école secondaire de médecine, un lycée, un séminaire théologique, une école normale primaire départementale, une école de beaux-arts, une bibliothèque publique de 42,000 volumes, un riche dépôt d'archives, dites archives de Bourgogne, un musée précieux de peinture, sculpture et antiquités, un muséum d'histoire naturelle, un jardin botanique, un observatoire, de nombreux établissements de bienfaisance, un mont-de-piété, un hôpital départemental d'accouchements. C'est une station du chemin de fer de Paris à Lyon. L'industrie y est variée et active : on y fabrique des draps, des couvertures de laine, de la bonneterie, de la bougie, de la moutarde et du vinaigre estimés, des produits chimiques, des papiers peints, des pointes de Paris ; on y trouve de nombreuses et importantes tanneries et corroieries, des fonderies de fer et de cuivre, des fonderies de caractères, des fabriques de machines à vapeur et autres, des filatures de laine et de coton, des distilleries d'eaux-de-vie, des huileries, cinq typographies. Son commerce est important, et consiste en grains et farines, légumes, vins, bois, chanvres et laines. Dijon est au centre d'un territoire fertile où l'on récolte de très-bons vins rouges d'ordinaire.

Dijon est situé au pied d'une chaîne de montagnes, dominées par le mont Afrique, dans un bassin agréable et fertile ; c'est une ville en général bien bâtie ; la plupart des rues sont larges, bien percées, propres et bordées de belles maisons et de beaux hôtels construits en pierre de taille. L'enceinte, formée de remparts bien plantés et bien entretenus, est percée de cinq portes. Les promenades délicieuses du *Cours fleuri*, des *Marronniers* et de l'*Arquebuse*, contribuent à l'agrément de cette ville. Elle renferme un très-grand nombre de constructions remarquables, parmi lesquelles nous citerons la cathédrale sous l'invocation de sainte Bénigne, terminée en 1288, et autrefois église de la célèbre abbaye de Cisterciens de Sainte-Bénigne, fondée en 535. La flèche, haute de 70 mètres au-dessus de la voûte et de 98 mètres au-dessus du sol, est d'une grande hardiesse; on y voit un grand nombre de belles sculptures, entre autres les bustes des douze apôtres et les débris restaurés avec art du tombeau d'Uladislas, roi de Pologne. L'église Notre-Dame, rebâtie entre les années 1252 et 1334, a un portail extrêmement curieux; il forme un parallélogramme rectangle de 28 mètres d'élévation et de 20 mètres de largeur; il est divisé en trois étages, dont le premier est occupé par trois grandes arcades entièrement ouvertes, formant l'entrée d'un porche dont les voûtes sont soutenues par deux rangs de piliers. Les deux autres étages contiennent deux galeries ou colonnades, composées chacune de dix-sept colonnes fuselées, d'un seul morceau, très-délicates, couronnées d'un chapiteau et d'un petit arc ogive dont les retombées s'appuient sur des figures saillantes d'animaux fantastiques, en forme de gargouilles. Des contreforts, dont la portée supérieure prend la forme d'une petite tourelle en encorbellement, flanquent les deux angles de cette façade. Près de l'une de ces tourelles s'élève la fameuse horloge de *la famille Jacquemart*, dont les personnages sonnent les heures, les demies et les quarts. Elle fut transportée, à ce que nous apprend Froissart, de Courtrai à Dijon en 1382, après la bataille de Rosebecque, par le duc de Bourgogne, Philippe le Hardi. La tour cachée qui domine la voûte de l'église a une hauteur de 80 mètres. L'église Saint-Michel fut commencée en 1497; son portail ne fut terminé qu'en 1667. L'ancien château fort, bâti par Louis XI, est de forme carrée, flanqué de quatre tours rondes et de deux fers à cheval; il a servi de prison à la duchesse du Maine, au chevalier d'Éon et à Mirabeau, et a été transformé depuis en caserne de gendarmerie. L'ancien palais des États, terminé en 1784, et dont on a consacré les nombreuses salles à des destinations différentes, par exemple au dépôt des archives, au musée, à la bibliothèque, etc., a été construit sur l'emplacement du palais des ducs de Bourgogne, dont il renferme encore plusieurs belles parties, entre autres la salle dite des gardes, curieuse par son architecture, et qui renferme les tombeaux des ducs de Bourgogne, Philippe le Hardi, et Jean sans Peur. Ces deux tombeaux, de forme et de style presque semblables, sont une des productions les plus élégantes du quinzième siècle; le premier est d'un goût plus sévère, l'autre est d'un travail plus riche et plus étudié. Ils ont été brisés en 1793, et leurs fragments en furent alors dispersés; c'est grâce à un architecte, M. Saint-Père, qui consacra vingt-sept années à en réunir les fragments, que ces beaux monuments purent être restaurés. Le dé du cénotaphe, dans les deux tombeaux, élevé sur un vaste socle de marbre noir, richement profilé, est environné d'une galerie de style gothique, composée d'une suite de *tabernacles* sous lesquels sont placées des figures de Chartreux en pied, au nombre de quarante pour chaque tombeau. Sur une grande table de marbre noir dont les profils et la saillie répondent au socle, est placée la figure du duc, revêtu d'une tunique et d'un manteau, couché, la tête ceinte du bandeau et appuyée sur un coussin; il a les mains jointes et les pieds posés sur le dos d'un lion, symbole de la puissance. Le chevet de chaque monument est orné de deux anges à genoux, aux ailes d'or déployées, et portant le heaume du duc. Suivant l'usage du temps, les grandes figures et celles des anges du chevet sont peintes en couleurs naturelles, les tuniques en blanc, les coussins et les manteaux en bleu, les ornements en or, ainsi que quelques fleurons de la galerie et quelques petites parties du costume des Chartreux. À côté du Jean sans Peur est couchée son épouse Marguerite de Bavière, qui fut enfermée dans le même tombeau.

Le palais de justice, composé de plusieurs bâtiments anciens et modernes, a été bâti sous Louis XII pour la tenue des séances du parlement de Bourgogne. L'extérieur n'offre de remarquable que son portique, en pignon triangulaire, avec un porche en saillie, de forme carrée, couvert en dôme, soutenu par des pilastres et des colonnes d'ordre corinthien et élevé sur plusieurs rangs de degrés. Ce portique a été commencé sous Henri II; la statue de ce prince était placée autrefois au-dessus du porche; il a été achevé sous le règne de Charles IX. A côté de ce portique on voit deux bâtiments construits en 1821, dont le style contraste étrangement avec ce qui reste du vieux monument. Dans l'intérieur il n'y a plus que deux grandes salles qui aient conservé leur aspect primitif. La première, dite la salle des procureurs, est remarquable par l'élévation et la hardiesse de sa voûte ogive en menuiserie et par la chapelle construite dans le mur du fond, où l'on célébrait la messe du Saint-Esprit pour la rentrée des chambres du parlement. La seconde salle a été bâtie en 1510 par les ordres de Louis XII pour les séances solennelles du parlement; elle sert aujourd'hui de salle d'audience à la cour d'assises. On aperçoit encore des restes de la magnificence avec laquelle elle avait été ornée; on remarque surtout le plafond divisé en caissons, enrichi de dorures et d'ornements pleins de délicatesse, des lambris dont les panneaux sont couverts de peintures allégoriques, ainsi que quelques restes de vitraux peints. Parmi les autres monuments, il faut aussi mentionner la nouvelle salle de spectacle.

L'origine de Dijon remonte aux temps qui ont précédé la domination romaine; sous Marc-Aurèle elle fut entourée de murailles et flanquée de tours. Vers 274, Aurélien l'embellit et en augmenta l'étendue. Une inscription trouvée à Dijon, et qui nous a été conservée par Reinesius, semble prouver que le travail du fer y était, à cette époque, une industrie assez importante. Les Sarrasins la pillèrent et la livrèrent aux flammes en 731; les Normands la saccagèrent en 888. En 959 Robert de Vermandois l'enleva à Othon; mais elle fut reprise par Lothaire l'année suivante. En 1127 un incendie la consuma. Depuis l'année 1179 jusqu'à la mort de Charles le Téméraire, Dijon fut le séjour habituel des ducs de Bourgogne, qui en firent le siège d'une cour riche et brillante. En 1357, Philippe de Rouvres, dernier duc de Bourgogne de la première race, fit commencer l'enceinte qui subsiste encore. Ceux de la seconde race augmentèrent ces fortifications de seize tours et de plusieurs bastions. En 1513 les Suisses vinrent mettre le siège devant Dijon, et la ville ne fut sauvée que par un traité humiliant: les assiégeants se retirèrent moyennant la cession du duché de Milan, du comté d'Ast et quatre cent mille écus d'argent.

DILAPIDATION, dépense désordonnée, appliquée à un objet immoral. Ce n'est guère qu'en parlant de l'administration de la fortune publique qu'on se sert de cette expression. La *dilapidation des deniers de l'État* est un des crimes politiques dont les conséquences sont les plus funestes. Elle ne porte pas seulement atteinte à la prospérité matérielle du pays, mais encore à sa moralité. Si l'impôt payé à grand'peine par l'agriculture languissante et par l'industrie obérée est gaspillé à enrichir le luxe effréné des maîtresses, à entretenir de cupides favoris, à tenter de honteuses spéculations, à soudoyer des services qu'on ne peuvent s'avouer, la corruption gagne de proche en proche; la fortune publique de l'intrigant décourage l'honnête homme; l'égoïsme étouffe bientôt l'amour de la patrie, et le caractère national s'altère. Vienne ensuite la guerre, les sources de la richesse publique sont taries, l'énergie est éteinte, et peut-être le pays expira-t-il au prix de son indépendance ou de son honneur la dilapidation de ses finances.

Cependant, à peine voyons-nous çà et là dans l'histoire quelques rares exemples de ministres dilapidateurs punis par leurs souverains; encore est-ce dans des temps reculés et chez des peuples peu civilisés. Les dilapidations sont peut-être plus fatales encore aux gouvernements qui les commettent qu'aux pays qui les souffrent, car la perte de l'affection et de la confiance des gouvernés est irréparable et entraîne souvent la chute des gouvernants, tandis que le temps produit infailliblement un retour à l'ordre qui ravive les éléments de la prospérité publique. Les dilapidations de la cour de Louis XV ont contribué plus puissamment qu'un vague esprit de liberté, alors peu compris, à développer l'esprit d'opposition qui devait enfanter la révolution française; et celles de la cour de Louis XVI, malgré quelques réformes accordées à l'opinion publique, ont jeté plus de déconsidération sur la monarchie que tous les pamphlets du temps.

C. GRENIER.

DILATABILITÉ. C'est la propriété qu'ont les corps d'augmenter ou de diminuer de volume (*voyez* DILATATION); le calorique est, sinon le seul, du moins le principal de tous les agents que l'on connaît comme capables de faire augmenter les corps en volume sans que leur poids varie d'une quantité appréciable. Une barre de fer est plus longue lorsqu'elle est chaude que quand elle est froide. Les liquides, tels que l'eau, les huiles, etc., augmentent de volume quand leur température s'élève, mais la dilatabilité des gaz est la plus sensible; il suffit de présenter la paume de la main à un vase rempli d'air pour que le volume de celui-ci augmente à l'instant d'une quantité sensible.

Puisque les corps sont dilatables, il s'ensuit nécessairement qu'ils sont *compressibles*; un corps diminue, en général, de volume, quand il se refroidit; nous disons en général, car la glace, qui est de l'eau refroidie, occupe un plus grand espace que lorsqu'elle est à l'état liquide (*voyez* CONGÉLATION); il en est de même du fer fondu, qui augmente de volume en se refroidissant dans le moule. Le plus souvent on comprime les corps en les pressant. Les gaz sont très-compressibles; les solides le sont beaucoup moins; les liquides exigent des pressions extraordinaires pour se contracter d'une très-petite quantité.

TEYSSÈDRE.

DILATATION. Les corps, quel que soit l'état physique sous lequel ils se présentent, subissent par l'action de la chaleur des changements de volume qui dépendent de leur nature particulière et de la température à laquelle ils sont soumis (*voyez* CALORIQUE). L'augmentation de volume des solides et des liquides ne dépend que de cette cause; mais les corps gazeux peuvent, sans changer de température, se dilater aussi par le changement de pression. L'expérience démontre que la plupart des corps se dilatent uniformément de 0° à 100°, c'est-à-dire que la dilatation est proportionnelle à l'élévation de la température. Si, par exemple, on prend un volume d'air représenté par 100 parties à la température zéro, ou de la glace fondante, on trouve qu'en le chauffant jusqu'à 100 degrés, ou le point d'ébullition de l'eau, il a acquis un volume de près de 137 parties, et quand on examine l'accroissement de volume qu'il a éprouvé par chaque accroissement semblable de température, on trouve qu'il est précisément égal. Cependant une légère différence se présente quand les gaz peuvent se liquéfier, et qu'on approche du point où ils peuvent changer d'état.

La *dilatation linéaire* d'un corps solide est le rapport qui existe entre l'allongement de ce corps et sa longueur primitive, lorsque sa température s'élève de 0° à 1°. Cette valeur numérique reçoit aussi le nom de *coefficient de dilatation* du corps donné. Quand la dilatation n'est pas uniforme, on cherche le rapport de l'allongement à la longueur primitive, en faisant varier la température depuis 0° jusqu'à un nombre déterminé; on divise le rapport obtenu par ce nombre de degrés; on a ainsi le *coefficient moyen de dilatation*. Enfin on appelle *dilatation cubique* le rapport qui existe entre le volume occupé par un corps à 0° et l'augmentation que ce volume éprouve en passant de 0° à 1°. Les dilatations cubiques moyennes s'évaluent comme les dilatations linéaires moyennes.

Il est évident que l'on peut mesurer directement le volume d'un solide; mais que pour les liquides et les gaz il est nécessaire de déterminer celui du vase qui les contient et qui présente un effet apparent inverse de celui que l'on devrait obtenir. Par exemple, quand on renferme un liquide dans une boule volumineuse à laquelle on a adapté un tube plus ou moins long et étroit, et que l'on soumet le vase à l'action de la chaleur après avoir marqué le point où s'arrête la colonne de liquide dans le tube, ou y avoir placé une petite colonne de mercure ou d'alcool coloré pour déterminer le volume du gaz, on voit le niveau du liquide ou le petit index de mercure ou d'alcool s'abaisser, comme si la chaleur, au lieu d'augmenter le volume du gaz, le diminuait au contraire. Cet effet ne dure que quelques instants, et aussitôt après on voit le liquide ou le gaz se dilater rapidement. Cet effet est dû à la dilatation par la chaleur de l'enveloppe de verre qui renferme le corps sur lequel on opère, et qui, soumise la première à l'action de la chaleur, augmente de capacité; de sorte que le liquide et le gaz ayant encore conservé leur volume primitif, et se trouvant renfermés dans une plus grande enveloppe, offrent une diminution apparente de volume; mais aussitôt que la chaleur agit sur eux, comme ils se dilatent beaucoup plus que leur enveloppe, leur accroissement de volume devient très-sensible, bien que toujours on n'obtienne directement que la différence entre la dilatation du liquide ou du gaz dans un sens, et la dilatation en sens inverse du verre qui les renferme. En faisant attention à cette cause d'anomalie on peut obtenir directement la dilatation des liquides et des gaz, puisque l'on connaît celle du verre et des solides qui forment les vases dans lesquels on les renferme.

Les changements de volume que les corps éprouvent par la chaleur se font également remarquer en sens inverse par l'action du froid, et sont dans le même rapport pour toutes les substances, de sorte qu'un corps augmente ou diminue de volume en longueur, largeur et épaisseur, d'une quantité proportionnelle à ses dimensions.

Il est facile d'apercevoir immédiatement les applications nombreuses que l'on peut faire de cette propriété, comme les inconvénients qui résultent des variations de volume des corps par les changements de température. Par exemple, une barre de fer scellée fortement par ses deux extrémités dans des pierres ou dans un mur par un temps froid, peut se dilater assez fortement, quand la température s'élève, pour déterminer la fracture des pierres par l'effort de pression qu'elle produit; ou si elle a été placée dans un temps très-chaud, et qu'il vienne à geler, sa contraction peut également briser la partie du mur dans laquelle on l'a placée. Cet effet est tellement marqué que M. Molard, ancien directeur du Conservatoire des arts et métiers, a pu l'appliquer avantageusement à rapprocher deux murs de cet établissement, qui, comme l'on sait, occupe les bâtiments de ancienne abbaye Saint-Martin à Paris. Des barres de fer, chauffées fortement au moyen de lampes, furent fixement attachées après les murs. Abandonnées ensuite à elles-mêmes, elles produisirent sur les murs une telle traction qu'elles les rapprochèrent sensiblement l'un de l'autre. On renouvela à plusieurs reprises la même action, en resserrant chaque fois les clefs, et l'on parvint après quelque temps à replacer les murs dans leur position.

La dilatation est mise chaque jour à profit pour la construction des thermomètres, des pendules compensateurs, etc.

Si un vase était rempli de liquide pendant un temps froid, et que le bouchon fût placé de manière à ne laisser qu'une distance insensible avec le liquide, la température venant à s'élever, le vase pourrait être brisé par la dilatation du liquide. Une vessie ou un ballon bien fermés qui ne seraient pas susceptibles de se dilater, remplis d'air ou d'un autre gaz à une température basse, pourraient également se déchirer par la dilatation de l'air, dont la température viendrait à s'élever, ou le volume à augmenter par une forte diminution de pression; c'est ce qui arriverait inévitablement à un aérostat complétement rempli, quand il s'élève dans les parties supérieures de l'atmosphère; mais on ne le remplit que partiellement, et une soupape convenablement disposée permet à l'aéronaute de faire sortir à volonté une portion de l'hydrogène que renferme le ballon. En acquérant un plus grand volume par l'action de la chaleur, les corps deviennent nécessairement plus légers et tendent par conséquent à s'élever au-dessus du corps plus froid. Ainsi, quand on place de l'eau dans un vase chauffé par la partie inférieure, les couches qui s'échauffent deviennent plus légères et s'élèvent à la partie supérieure; elles sont remplacées par d'autres couches froides qui éprouvent à leur tour le même effet; de telle sorte que peu à peu tout le liquide parvient à la même température. C'est sur cette propriété qu'est basé le chauffage par le moyen de l'eau chaude. C'est à la dilatation que l'eau éprouve quand elle se transforme en vapeur qu'est due l'énorme force motrice que produisent les machines à vapeur : en effet, l'eau, en passant de l'état liquide à celui de vapeur, prend un volume 1698 fois plus grand; et si la vapeur est ensuite soumise à l'action d'une température plus élevée, son volume et, par suite, sa force motrice augmentent rapidement. C'est le principe des machines à *haute pression*. C'est encore à l'énorme augmentation de volume que présentent les produits de la combustion de la poudre que sont dus les effets des armes à feu. Si l'effort est successif, quoique dans un temps très-court, le mobile sera projeté avec une grande force; mais si l'action était instantanée, comme avec la poudre fulminante, les armes seraient brisées par la force vive subitement développée.

H. Gaultier de Claubry.

DILATOIRE, terme de palais dérivé de délai, et par lequel on désigne tout ce qui tend à retarder l'instruction ou le jugement d'un procès. On dit les *moyens dilatoires*, les *exceptions dilatoires*.

DILEMME (du grec δίλημμα, formé de δίς, deux fois, et de λαμβάνω, prendre), argument qui a pour majeure une disjonctive, et dont la conclusion prononce du tout ce qui a été prononcé de chacune des parties de la disjonctive dans la mineure. Pour qu'il soit bon, il faut qu'il repose sur une alternative qui ne laisse point de milieu, et que les conséquences particulières ne puissent être combattues. On rencontre fréquemment dans le *Télémaque* des dilemmes qui s'éloignent fort peu de la forme logique. En voici un exemple tiré du quatorzième livre : « Oh ! que les rois sont à plaindre ! Oh ! que ceux qui les servent sont dignes de compassion ! S'ils sont méchants, combien font-ils souffrir les hommes, et quels tourments leur sont préparés dans le noir Tartare ! S'ils sont bons, quelles difficultés n'ont-ils pas à vaincre ! quels piéges à éviter, que de maux à souffrir ! » La forme régulière serait : « ou les rois sont méchants, ou ils sont bons. Méchants, ils font souffrir les hommes, et d'affreux tourments les attendent dans le Tartare : bons, quels piéges ils ont à éviter, que de maux à souffrir ! donc, les rois sont malheureux ! » La division serait plus entière et la conclusion plus juste si l'on mentionnait dans la disjonctive ces monarques sans vertu et sans vice, incapables également de bien et de mal, et dont la condition n'est pas plus digne d'envie. Le procès de Protagoras, qui a fourni à Florian le sujet d'une de ses plus jolies fables, offre deux dilemmes réfutés l'un par l'autre et également vicieux, attendu que l'on y attribue la force déterminante, tantôt au contrat passé entre les parties, tantôt à la sentence du juge, et que la mesure des idées n'est par conséquent plus la même. Le dilemme est un argument à deux tranchants, et dont la vivacité est tout à fait propre à la discussion orale et instantanée (*voyez* Syllogisme). De Reiffenberg.

DILETTANTE. Ce mot italien signifie *amateur*, *connaisseur*; nous l'avons adopté pour désigner plus particulièrement l'*amateur de musique italienne*. Tout ce qu'il y a de plus distingué s'est montré passionné pour la musique vocale italienne, dont la supériorité, longtemps contestée par esprit de parti, est maintenant reconnue. Le goût pour la musique italienne a reçu le nom de *dilettantisme*, qui ne saurait se prendre en mauvaise part. La guerre a plusieurs fois éclaté dans le camp des *dilettanti* : d'abord ce fut la querelle du coin du roi et du coin de la reine; puis la guerre des gluckistes et des piccinistes. Enfin, dans ce siècle même, Mozart et Rossini ont divisé les dilettanti en deux corps d'armée qui se sont livré de fameuses escarmouches. La paix est faite maintenant : cette guerre, comme celle de 1778, n'avait pour objet que la musique allemande et la musique italienne; entre elles les débats, la musique française était abandonnée à son malheureux sort. En effet, pourquoi s'en occuperait-on? Elle jette si peu d'éclat dans la partie vocale que l'on sait à peine si elle existe. Tel compositeur français est à son vingtième opéra sans avoir produit un seul air qui mérite d'être chanté. Si l'on n'avait recours aux traductions, notre Conservatoire ne pourrait faire entendre les élèves qu'il destine aux théâtres lyriques. La musique française ne compte plus parmi ses partisans que les personnes intéressées à la soutenir. Les agréments d'une comédie plus ou moins spirituelle, la beauté de la décoration, l'habileté, les charmes des danseuses, la richesse des costumes, voilà ce que l'on va chercher à l'Opéra français. Nos institutions s'accordent toutes pour maintenir la nation dans cet état de barbarie musicale.

Les *dilettanti* se donnent rendez-vous au Théâtre-Italien, que leur zèle et leur fidélité soutiennent au plus haut degré de prospérité. On les voit aussi aux concerts du Conservatoire, où la musique instrumentale est exécutée avec une admirable perfection. Nos *dilettanti* sont dignes d'éloges, et font preuve de goût en offrant des encouragements aux virtuoses d'un grand mérite et des palmes aux maîtres qui tiennent le premier rang; mais leur jugement en musique n'a pas cette soudaineté, cet aplomb que devraient leur donner les connaissances qu'on leur suppose, et surtout leur expérience. Ils aiment les réputations faites : un premier début les embarrasse; ils n'osent donner leur avis sur un talent inconnu, sur un ouvrage non encore représenté en Italie. On les voit alors se consulter, se cotiser pour se former une opinion, et leur jugement est encore bien souvent remis à huitaine, dans la crainte qu'ils ont de frapper à faux. Dans le doute, ils condamnent d'abord, sauf à revenir ensuite sur leurs conclusions. Les *dilettanti* que la fortune a largement favorisés réunissent dans leurs soirées musicales tout ce que le théâtre Italien a de plus illustre; le chant fait tous les frais de ces concerts particuliers. La haute classe *dilettante* n'aime que la musique vocale.

Un *dilettante* se prend de belle passion pour un compositeur, et ne trouve rien de beau, rien de ravissant que la musique de son auteur favori. L'un exalte Beethoven, l'autre Rossini, un troisième sait tout Cimarosa par cœur, un autre enfin ne jure que par Weber.

Le *dilettante* le plus heureux est celui qui a reçu de la nature des organes d'une extrême sensibilité, et qui s'abandonne entièrement aux jouissances que la mélodie, l'harmonie, lui font éprouver. Sans recourir à l'analyse des objets qui ont causé son ravissement, sans examiner s'ils sont dignes de son hommage, il juge d'après ce qu'il sent; tout lui fait plaisir, tout l'enchante : tel le jeune Chérubin, arrivant à l'âge des passions avec une âme de feu, trouve toutes les femmes belles, les admire, les adore toutes, et, dans l'excès de son délire amoureux, laisse échapper le nom de la duègne Marceline. Notre mélomane court aux concerts, aux Italiens, à l'Opéra, à l'Opéra-Comique, et dans tous les endroits où les musiciens se rassemblent. Là, soit qu'il entende les paroles ou qu'elles lui échappent, peu importe, il n'a besoin que des sons; leurs seules vibrations suffisent pour lui plaire. Dès que les voix et les instruments commencent à frapper son oreille, il tressaille, il palpite, il se livre tout entier aux charmes de leurs accents; mais s'il vient à distinguer les motifs, les mouvements, les modulations, les dessins de l'orchestre, alors il n'est plus à lui-même, la délicatesse de ses fibres ébranlées par un chatouillement délicieux lui fait couler des instants dignes des béatitudes célestes. Dans ces transports, on le verra marquer le rhythme avec la tête et battre la mesure à faux avec son bras.

Les concerts et les opéras ne sont pas les seuls spectacles qui lui conviennent; souvent les musiques les plus simples, les plus vulgaires, servent d'aliment à l'avidité de son goût. Qu'il se trouve aux Champs-Élysées, il saura goûter les charmes de ses orchestres en plein vent; il s'amusera même des fanfares des paillasses et des musiciens ambulants. Parle-t-on d'une réunion musicale, il se charge d'inviter les virtuoses. Il choisit la musique, se hasarde à en composer lui-même. Il copie les parties, donne des conseils aux récitants, des leçons aux choristes, ajuste des fioritures, des points-d'orgue, rédige le programme, rassemble les instruments, les monte, les accorde, et c'est encore par ses soins que la salle se trouvera décorée, les pupitres rangés, les bougies allumées. Il préside aux répétitions, régie tout, prépare tout; le diapason, les chanterelles, la colophane, tous ces objets essentiels sont logés avec soin dans sa poche. Arrive le moment du concert, voyez-le rayonnant de joie, sautillant, fredonnant, se faire un avant-goût de ses plaisirs. C'est lui qui dirige l'orchestre. Il s'empare fièrement du sceptre, donne le signal, et l'on entend le début de la symphonie. Ne voilà-t-il pas qu'un second cor manque son entrée; le chef s'efforce en vain de le remettre sur la voie, et, ne pouvant y réussir, il laisse le commandement au premier violoniste. s'arme d'un cor, et fait ronfler vigoureusement ses notes graves. L'*allegro* fini, il se prépare à passer à l'*andante*, un maudit *tacet* vient l'arrêter. Restera-t-il dans l'inaction? Non, certes, il suspend le cor à son cou, et va exécuter un *pizzicato* de contre-basse, qu'il laissera pour chanter dans les chœurs ou blouser les timbales. Tous les instruments passent tour à tour dans ses mains. Pareil à la mouche du coche, il a l'air de tout faire et ne fait rien. Mais il s'amuse, il jouit, il se pâme de plaisir, et c'est pour lui le point essentiel. Il se complaît dans ce tourbillon harmonique. Musique allemande, italienne, française, espagnole, anglaise même, toutes lui plaisent également, après la sienne cependant, qu'il préfère. Il est en même temps compositeur, maître de chapelle, chanteur, symphoniste, et, pour mettre le comble à sa félicité, des bravos prolongés annoncent au loin son triomphe, et la prévoyante amitié fait descendre le laurier d'Apollon sur sa tête féconde, au bruit des fanfares et des applaudissements. CASTIL-BLAZE.

DILIGENCE. C'est une de ces qualités pratiques qu'on ne saurait inculquer de trop bonne heure à la jeunesse; c'est surtout par l'exemple qu'il faut lui en démontrer l'utilité. Rien ne paraît moins difficile au premier instant que de parvenir à la diligence. En effet, qu'exige-t-elle? que pour accomplir une œuvre on arrive juste à une heure, pour finir à une autre. Il est vrai que, dans toute espèce de travail, ce qui en général coûte le plus, c'est de s'y mettre : voilà ce qui explique comment la diligence est rare. Il importe donc de la faire tourner en habitude dès les premières années de la vie, et d'en faire, pour ainsi dire, une seconde nature. Alors, à l'époque où nous entrons dans le monde, nous parvenons à tracer un emploi si heureux de notre temps que nous faisons la part aux occupations sérieuses comme aux plaisirs frivoles: nous suffisons à tout. Sans doute, la diligence est plus ou moins de rigueur, suivant les différentes positions : celui-là a moins besoin qui possède une fortune indépendante, que celui-ci qui est obligé de chercher son existence. L'expérience a cependant prouvé que, faute d'une certaine diligence dans leurs affaires, les riches sont quelquefois tombés dans une ruine complète : il y a des circonstances où une minute perdue produit les conséquences les plus désastreuses. Manquons-nous entièrement de diligence, nous sommes sous la dépendance de tous ceux qui nous entourent : nous végétons au lieu de vivre. Il est vrai qu'il existe pour le grand nombre un véhicule puissant : nous voulons parler des passions. Comme nous ne pouvons les satisfaire qu'à la condition d'un travail opiniâtre, nous acquérons la diligence, et nous allons quelquefois au-delà. On trouve à Paris, ainsi qu'à Londres, ces deux centres d'une activité perpétuelle, des hommes entièrement étrangers à la diligence : à moins d'une grande modération dans le caractère, ils finissent, pour vivre, par aller jusqu'à commettre des crimes, parce qu'ils se trouvent en présence de nécessités qui les poussent. Dans les petites localités, où l'on possède de revenus minimes, mais qui font face à tout, on n'a pas beaucoup de diligence: il reste toujours assez de temps pour accomplir sa tâche dans quelque genre que ce soit. De là une atonie générale qui, à la longue, enfante une médiocrité héréditaire dans toutes les classes. SAINT-PROSPER.

DILIGENCE, nom que l'on donne à une voiture à quatre roues, divisée ordinairement en trois compartiments pour y placer les voyageurs. Le premier s'appelle *cabriolet de devant* ou *coupé*, le deuxième, *intérieur*, et le troisième, *cabriolet de derrière* ou *rotonde*. Ajoutons à cela un cabriolet à capote placé sur l'*impériale* et occupé par le conducteur et par les voyageurs qui ne peuvent se passer de fumer, sans compter une impériale où se casent les malles, les paquets et les marchandises. Il est facile de concevoir que les diligences actuelles peuvent contenir de quinze à vingt personnes, toutes placées commodément, à des prix divers et mis à la portée de toutes les fortunes. Les *diligences*, qui, bien souvent à tort, tirent leur nom de la célérité avec laquelle elles devraient franchir les distances, sont servies par des chevaux de poste; l'établissement des chemins de fer en a déjà singulièrement diminué le nombre, et le jour n'est pas loin où elles ne seront plus qu'un souvenir historique. Celles qui subsistent encore vont sans doute beaucoup plus vite que les *voiturins*, qui marchent à la journée et font arrêter les voyageurs chaque soir, mais elles ont une marche moins accélérée que les *malles-postes*.

Personne, avant les chemins de fer, n'a jamais voyagé avec tant de vélocité que l'empereur Napoléon, et on a cité des circonstances où il faisait plus de vingt-deux kilomètres à l'heure. Cependant, sa voiture de voyage ressemblait à une véritable *diligence*, ou, pour mieux dire, c'était une maison portative, dans laquelle un ingénieux carrossier avait su trouver le moyen de placer tout ce qui était nécessaire à un séjour prolongé : lit, table pour manger et pour écrire, lieux d'aisances, moyens de s'éclairer, de se chauffer, tout avait été prévu, tout se plaçait dans des compartiments; et l'empereur pouvait encore admettre deux ou trois personnes dans sa voiture. V. DE MOLÉON.

DILKE (CHARLES WENTWORTH), publiciste anglais, né le 8 novembre 1789, l'un des collaborateurs de la *Revue de Westminster* et de la *Revue rétrospective* publiées alors par Southern, aujourd'hui ambassadeur d'Angleterre à Rio-Janeiro, est l'auteur de plusieurs ouvrages relatifs au drame et à l'histoire littéraire d'Angleterre. Vers la fin de 1830, il accepta la rédaction en chef de l'*Athenæum*, journal littéraire qui, sous la direction de son fondateur J. S. Buckingham et du poète John Sterling, n'avait encore obtenu qu'un succès médiocre, mais qui, entre les mains de Dilke, en arriva bientôt à être le principal organe de la presse en ce genre. Quoiqu'il soit demeuré propriétaire de cette feuille, il en abandonna la rédaction en 1846 pour celle du *Daily-News*, à laquelle il renonça également deux ans plus tard, en 1848; moment où une fortune indépendante lui permit de ne plus cultiver les lettres que pour son agrément.

DILKE (CHARLES WENTWORTH), fils du précédent, l'un

38.

des promoteurs de l'*Exposition universelle* de Londres en 1851, né le 18 février 1710 à Londres, fit ses études à Westminster et voyagea ensuite en Italie avec son père. En 1828, il alla étudier le droit à Cambridge. Mais plus tard il renonça à se faire recevoir avocat pour seconder son père dans la direction de *l'Athenæum*, et ne contribua pas peu au succès de cette feuille. Membre des plus actifs de la *Society of arts* depuis 1844, il conçut avec quelques amis le projet de transplanter sur le sol britannique l'institution des Expositions de l'industrie. Mais les grands manufacturiers d'Angleterre, dont on fit pressentir l'opinion à ce sujet, se montrèrent généralement fort mal disposés à appuyer la réalisation d'un tel plan. Sans se laisser détourner de leur but par cette opposition inattendue, Dilke et ses amis Cole et Russell continuèrent les études auxquelles ils se livraient et soumirent leur projet au prince Albert, président de la *Society of arts*, sous le patronage duquel un premier essai d'exposition des produits de l'industrie anglaise, tenté en 1847 dans les salons de la Société, donna des résultats tels qu'on put dès lors songer sérieusement à réaliser le gigantesque projet d'une *exposition universelle*; et Dilke fut nommé membre de la commission exécutive.

DILLENBURG, petite ville et chef-lieu d'un bailliage du duché de Nassau très-riche en établissements métallurgiques, bâtie sur la Dill, dans le Westerwald, est le siège d'un tribunal civil, d'une cour d'appel et de la chambre des comptes du duché. On y trouve une fabrique de tabac, une fonderie de cuivre, plusieurs manufactures de potasse; et sa population est de 3,000 âmes. L'origine de cette ville remonte au treizième siècle; elle se forma par l'agglomération successive d'un certain nombre d'habitations au pied d'un château fort du même nom, devenu plus tard la résidence d'une branche collatérale de la maison de Nassau, qui en prit le nom, et à l'extinction de laquelle elle passa à la maison de Nassau-Dietz. En 1806, elle fut comprise par Napoléon dans les différents territoires dont on forma le grand-duché de Berg. Elle devint alors le chef-lieu du département de la Sieg, l'une des divisions politiques de ce petit État, jusqu'au moment où les événements de 1814 la replacèrent sous la domination de la maison de Nassau.

DILLON, nom d'une famille irlandaise, établie en France à la suite de la chute des Stuarts.

DILLON (ARTHUR, comte), naquit en Irlande, dans le comté de Roscommon, en 1670. Il était le troisième fils de *Théobald*, lord DILLON, pair d'Irlande, vicomte de Castello-Gallen. Théobald, qui avait épousé vivement la cause de Jacques II, lors de la révolution de 1688, et s'était distingué sur divers champs de bataille comme lieutenant-colonel du régiment des gardes, fut mis hors la loi. Sa femme fut tuée par la seconde bombe que le roi Guillaume fit jeter dans Limerick. *Henry*, second fils de Théobald, et devenu plus tard l'aîné de la famille, représenta d'abord le comté de West-Meath dans ce qu'on a appelé le parlement du roi Jacques, ouvert à Dublin le 7 mai 1689. La même année le vit lord-lieutenant du comté de Roscommon, gouverneur de Galiway, et colonel d'un régiment d'infanterie que son père avait levé à ses frais dans ses vastes domaines. La querelle n'étant pas encore terminée en 1690, et Louis XIV voulant avoir un corps irlandais dans ses troupes en échange des régiments français envoyés à Jacques II en Irlande, il fut décidé qu'une partie du corps de Dillon serait le premier compris dans l'échange, que le fils aîné de lord Théobald resterait dans sa patrie pour y recouvrer son rang si le prince d'Orange triomphait; et qu'Arthur le cadet passerait sur le continent pour y faire son chemin dans l'état militaire et y suivre les destinées de Jacques II, si ce prince était forcé d'y chercher encore un asile.

Arthur, qui n'avait que vingt ans, fut donc mis à la tête du bataillon commandé jusque-là par Henry. Lord Théobald avait en outre cinq neveux, d'une sœur veuve d'un ancien chef de clan, baron Tollen-Lally. Il retint le plus jeune, et envoya en France les quatre autres avec Arthur, en faisant des compagnies franches qu'ils avaient levées pour le service du roi Jacques, un deuxième bataillon. Tous débarquèrent à Brest en 1690, et Arthur Dillon reçut le brevet de colonel propriétaire du régiment de son nom. James Lally commanda le deuxième bataillon, avec le titre de colonel en second; il fut tué l'année suivante au blocus de Montmélian. Quant à Arthur, qui était d'une bravoure inouïe et qui avait assisté à cinquante sièges, batailles ou combats, sans recevoir une égratignure, son avancement fut rapide. Brigadier à 32 ans, maréchal de camp à 34, lieutenant-général à 36, il fit les campagnes d'Espagne avec Noailles et Vendôme, d'Allemagne avec Villerol, d'Italie avec Vendôme et le Grand-Prieur. Employé tour à tour sous les maréchaux de Tessé, de Villars et de Berwick, il se distingua à Moscolino, à Castiglione, à Briançon, au mont Genèvre, aux sièges de Kaiserslautern, Wolfstein, Landau, Fribourg et Barcelone. En mai 1730, âgé de soixante ans, il remit le commandement de son corps à son fils aîné, et mourut le 5 février 1733 au château de Saint-Germain-en-Laye, laissant cinq fils et quatre filles. Parmi ses fils, *Jacques*, chevalier de Malte, périt glorieusement à Fontenoi, à la tête de son régiment; *Édouard* mourut à Lawfeld; *Arthur-Richard* fut successivement évêque d'Évreux, archevêque de Toulouse, et de Narbonne, président né des états de Languedoc, deux fois membre de l'assemblée des notables et deux fois président de l'assemblée du clergé.

DILLON (ARTHUR, comte), petit-fils du général Dillon, reçut le jour à Braywick, en Angleterre, le 3 septembre 1750; il fut fait colonel français en naissant, et dès 1777 il allait combattre avec son régiment dans les Antilles françaises. Il y obtint souvent des succès, se signala personnellement à la prise de la Grenade, de Saint-Eustache, de Tabago, de Saint-Christophe, et y gagna le grade de brigadier d'infanterie en 1780, et de maréchal de camp en 1784. La révolution trouva Arthur Dillon gouverneur de l'île de Tabago; la Martinique lui donna en 1789 mandat de la représenter à l'Assemblée constituante, mandat qu'il accepta avec empressement. Appartenant à la haute noblesse, Dillon n'avait pu vivre pendant douze années aux colonies sans en adopter les préjugés de caste et de couleur. Il se posa donc à l'Assemblée constituante en adversaire des mulâtres, que, dans une séance, il appela dédaigneusement : « cette sorte d'hommes. » La société des noirs le dénonça, vers cette époque, à l'Assemblée, et se plaignit vivement de lui. Dillon eut, dans sa carrière législative, l'occasion de proposer que les députés militaires ne pussent obtenir d'avancement, pendant quatre ans, qu'à titre d'ancienneté. Bien que considéré comme appartenant au parti des feuillants, il s'était lié avec Camille Desmoulins : cette amitié devait plus tard leur être fatale à tous deux. En juin 1792, Arthur Dillon fut investi du commandement de 25 à 30,000 hommes composant l'armée du Nord. A la nouvelle des événements du 10 août, il publia l'ordre du jour suivant : « De grands et sinistres événements ont eu lieu dans la ville de Paris; le général Arthur Dillon, commandant en chef sur la frontière du Nord, ne peut les communiquer à l'armée avant d'en avoir été instruit d'une manière officielle ou certaine; mais *on assure que la Constitution a été violée : quels que soient les parjures*, ils sont les ennemis de la liberté française. Le général saisit cette occasion périlleuse de renouveler le serment de verser jusqu'à la dernière goutte de son sang pour le maintien et l'intégrité de la constitution du royaume, et d'être en tout fidèle à la nation, à la loi, et *au roi*. Arthur DILLON » — « J'invite, disait-il, dans un autre document, les vrais amis de l'ordre, à renouveler leur serment dans les *circonstances malheureuses* où nous

nous trouvons, *à jurer* fidélité au roi, et à se *montrer ses dignes sujets dès que l'occasion leur en fera une loi.* »

Cette hostilité contre la révolution, manifestée d'une manière plus formelle encore, puisque Dillon voulut faire marcher ses troupes contre Paris, devait naturellement irriter contre lui les vainqueurs du 10 août. Thuriot fit décréter, dès le 18, qu'il avait perdu la confiance de la nation, et qu'il serait pourvu à son remplacement. Cependant, sur les instances de Camille Desmoulins, il eut plus tard le commandement d'une division. Les *Mémoires d'un homme d'État* et l'*Histoire parlementaire de la révolution* constatent qu'il trahit alors la France en révélant d'avance à un général allemand le plan d'invasion de l'Allemagne, dont l'exécution était confiée à Custine. Camille s'était cependant une première fois opposé à la mise en arrestation de Dillon, que les girondins faisaient demander par Carra. Le peu de confiance qu'inspirait Dillon le fit enfin décréter d'accusation le 9 juillet 1793. Camille le défendit encore, et attaqua à ce sujet le comité de salut public. « Dillon est un homme de talent qui a de grandes vues, dit-il... Dillon est un homme qui n'est ni royaliste, ni aristocrate, ni républicain. » Une explosion de murmures et de rires accueillit cette défense : Camille fut vivement interpellé aux jacobins. Il n'en écrivit pas moins sa fameuse lettre à Dillon. Celui-ci était en prison lors du procès de Danton et de Camille; il forma avec Simon (du Mont-Blanc) le projet de s'évader, pour revenir, à la tête du peuple, délivrer les dantonistes. Trahi, dénoncé, il fut traduit, le 10 avril 1794, devant le tribunal révolutionnaire, condamné le 14, et exécuté. C'est au moment suprême que son opinion se manifesta d'une manière non équivoque. En livrant sa tête au bourreau, il proféra de toute la vigueur de ses poumons le cri de *Vive le roi!* qui devait être sa dernière parole.

DILLON (Théobald), de la même famille, naquit à Dublin en 1745. La position brillante de sa famille lui valut le grade de colonel de cavalerie. Brigadier d'infanterie en 1790, maréchal de camp en 1792, il commandait à Lille, lorsqu'il reçut du général Dumouriez l'ordre de faire un faux mouvement contre les Autrichiens. Conformément à cet ordre, Dillon fit sonner la retraite, qui s'opéra en désordre, et se changea bientôt en une véritable panique. Le cri : *Sauve qui peut! nous sommes trahis!* retentit de toutes parts, et la confusion ne cessa que lorsque les fuyards rentrèrent à Lille. Revenus alors de leur panique, mais persuadés plus que jamais de la trahison de leur général, ils s'emparèrent de lui, le massacrèrent, et traînèrent son cadavre dans les rues. La Convention apprit avec douleur cette triste mort ; elle décréta une fête funèbre en l'honneur de Théobald Dillon, dont elle fit punir les assassins, et décerna aux mânes de ce malheureux général les honneurs du Panthéon. Napoléon Gallois.

DILOCHIE. Ce mot, tout grec, était la désignation donnée à une subdivision des cataphractes, des peltastes et des oplites de la milice grecque. Une dilochie formait la moitié d'une tétrarchie, et comprenait la réunion de deux décuries ou *lochas*, ou stiques; elle était un rassemblement de trente-deux hommes en deux filets et en seize rangs : elle était commandée par un *dilochite*, homme de rang, tenant la tête de la file de droite. Ces définitions, tirées de Rohan, que beaucoup d'auteurs ont recopié, s'appliquent surtout à la milice d'Athènes; mais on voit dans Thucydide que les Lacédémoniens appelaient *énomotie* la dilochie; qu'elle était quelquefois de trente-deux, quelquefois de trente-six hommes, tandis que dans d'autres pays, l'énomotie n'était que le quart de la dilochie. Gal BARDIN.

DILUVIUM. On a donné ce nom à un terrain composé de matières alluviales, c'est-à-dire de cailloux roulés, de sables et de graviers mêlés, de blocs arrondis ou anguleux d'un grand volume, appelés *blocs erratiques*. Ce terrain n'est jamais recouvert par un autre dépôt. C'est là son caractère le plus distinctif. Son épaisseur varie de $0^m,30$ à 40 mètres. Presque partout cette assise diluvienne forme la terre végétale. Le bassin du Rhône est le pays le plus curieux, ainsi que la Pologne et la Prusse, pour étudier ce dépôt. La *Crau* près d'Arles est surtout remarquable. Les fossiles du terrain diluvien sont compris dans les genres *éléphant, mastodonte, rhinocéros, hippopotame, cheval, cerf, bœuf, ours, hyène, chat, chien, dinotherium, megatherium, palæotherium, lophiodon*; les coquilles sont presque semblables aux coquilles vivantes.

On dirait que le diluvium, qui recouvre presque toute la surface de la terre comme une grande enveloppe, a été formé violemment d'un seul coup, et qu'une cause unique et générale l'a ainsi étendu sur toute la surface du globe. En effet, sur les plateaux, au fond des vallées et sur les versants des montagnes, on le trouve partout. Plus souvent aussi, suivant M. Prévost, le diluvium n'a pas été formé par cette cause générale. Il y a des diluviums de différents âges. Quelquefois il a été recouvert, et d'autres fois il ne l'a pas été. Presque toujours il est formé des matières qui constituent les montagnes des environs. Les eaux pluviales et l'action atmosphérique qui dégradent sans cesse le globe ont enlevé aux montagnes une grande quantité de matières, qui se sont détachées et se sont répandues plus ou moins loin par l'effet des éboulements, ou bien qui ont été roulées et charriées par les torrents. On conçoit que le diluvium peut de même couvrir la surface de la terre, mais qu'il n'a été formé que par des causes locales, qui exercent encore aujourd'hui leur action sur le relief des continents. L. Dussieux.

DIMANCHE (*dies magna*, grand jour, ou *dies dominica*, jour du Seigneur). Depuis la plus haute antiquité jusqu'à nous, le septième jour est demeuré sacré pour la plupart des peuples. Différents motifs, soit religieux, soit chronologiques, ont pu amener quelque variété dans la partie cérémonielle de cette institution, et dans la détermination du jour; mais le consentement unanime sur le point fondamental (l'observation du septième jour) est un monument constant, et de la création du monde, et de l'institution divine du repos religieux. Ce jour, que les Juifs appelaient *sabbat* (repos), répondait au samedi, qu'ils observent encore; il rappelait dans la loi mosaïque le repos du Seigneur et les actions de grâce de toute la nature après la création, la délivrance des Hébreux de la terre d'Égypte, la publication de la loi sur le mont Sinaï. De plus puissants motifs ont déterminé les apôtres à fixer le jour de repos au premier jour de la semaine : « C'est à pareil jour, dit saint Léon, que le monde commença, que la mort fut vaincue, que la vie fut rétablie par la résurrection de Jésus-Christ ; ce fut en ce jour que l'Esprit-Saint descendit pour promulguer la loi de grâce. » De sorte que le dimanche est un souvenir perpétuel des plus grands événements du christianisme. Maîtres de changer cette partie de la loi, les apôtres ne pouvaient rien sur les obligations qu'elle prescrivait, le repos, et la sanctification de ce repos. Elles sont pour les chrétiens ce qu'elles étaient pour les Juifs, moins pourtant les scrupuleuses minuties que ces derniers y ont ajoutées. L'Église, interprète de la loi divine, interdit toute espèce de travail et d'exercice corporels, à moins qu'ils ne soient prescrits par la nécessité, ou la charité, ou l'utilité publique. Longtemps les lois civiles ont cru devoir seconder celles de Dieu et de l'Église, et aujourd'hui même, une loi de 1802, encore en vigueur, fixe au dimanche le repos des fonctionnaires publics. Nous ne chercherons pas à savoir s'il est de la politique que les lois s'occupent ou non de la sanctification du dimanche ; ce que nous désirerions, c'est que le chrétien qui veut satisfaire à ce précepte de sa religion trouvât partout dans la loi la protection qu'elle promet à tous les cultes. « Le dimanche, dit Châteaubriand, réunissait deux avantages : c'était à la fois un jour de repos et de religion;

Il faut sans doute que l'homme se délasse de ses travaux ; mais, comme il ne peut être atteint dans ses loisirs par la loi civile, le soustraire en ce moment à la loi religieuse, c'est le délivrer de tout frein, c'est le replonger dans l'état de nature, et lâcher une espèce de sauvage dans la société. Pour prévenir ce danger, les anciens même avaient fait aussi du jour de repos un jour *religieux*, et le christianisme avait consacré cet exemple..... »

Les assemblées religieuses du dimanche remontent à l'institution même de ce jour. Les *Actes des apôtres* nous apprennent que les chrétiens se réunissaient le lendemain du sabbat pour recevoir l'Eucharistie ; saint Paul ordonne de faire le même jour, dans l'assemblée des fidèles, des collectes pour le soulagement des pauvres ; saint Justin donne non-seulement raison de l'établissement de ce jour, mais rapporte encore les détails de ce qu'on y observait. « Le jour du soleil (le dimanche), dit-il, tous ceux qui habitent à la ville ou à la campagne se rassemblent dans un même lieu. On lit les écrits des apôtres et des prophètes, autant que l'heure le permet. La lecture finie, celui qui préside prend la parole pour expliquer les vérités qu'on vient d'entendre, et exhorte le peuple à les pratiquer. Alors, tous se lèvent et se mettent en prières ; puis on offre le pain, le vin et l'eau ; le président fait l'action de grâce, et le peuple répond par acclamation : *Amen*. Les choses consacrées sont distribuées aux assistants, ou portées aux absents par les diacres. Ceux qui le peuvent se cotisent selon leurs facultés, et la collecte est déposée entre les mains du pasteur, qui prend soin de tous les indigents ; de ces offrandes il assiste les orphelins, les veuves, les prisonniers et les étrangers. » On peut voir par cette description combien peu l'ordre de la liturgie a changé depuis le second siècle.

L'abbé C. Bandeville.

Les chrétiens célèbrent le dimanche parce que c'est ce jour-là qu'eut lieu la résurrection de Jésus-Christ, de même que l'infusion du Saint-Esprit. Dès les temps des Apôtres, des réunions religieuses étaient tenues le dimanche ; et dès le deuxième siècle l'observation de ce jour férié était générale. Les juifs chrétiens et après eux l'Église orientale conservèrent en outre la fête du samedi, comme jour de jeûne, en opposition au judaïsme.

La plus ancienne manière de célébrer le dimanche était fort simple. Le passage de l'Ancien Testament, et plus tard du Nouveau Testament, dont il était donné lecture, se terminait par une exhortation et par une prière. Bientôt on y ajouta encore le chant des psaumes, des hymnes et des odes. Les prières une fois terminées, chacun s'en allait à son travail.

Le premier, en l'an 321, l'empereur Constantin ordonna une observation plus rigoureuse du dimanche, qu'on s'abstînt ce jour-là de toute espèce d'affaires juridiques, d'occupations et de travaux. Les cultivateurs seuls étaient autorisés à continuer leurs travaux des champs le dimanche, si ce jour-là le temps était favorable. Une loi postérieure, de l'an 425, prohiba la célébration de toute espèce de représentations théâtrales le dimanche.

Enfin, au huitième siècle, on appliqua dans toute leur rigueur au dimanche chrétien les prohibitions du sabbat judaïque.

De nos jours, c'est l'Église anglicane qui se montre la plus stricte observatrice des prescriptions du dimanche. Rien n'est plus triste, comme on sait, qu'une ville anglaise le dimanche ; toutes les boutiques sont fermées, et tout acte de commerce est interdit : tant pis pour celui qui n'a pas fait ses provisions la veille. Les dissidents qui vivent à côté de l'Église établie ne sont pas moins rigoureux à cet égard. Tout récemment, en 1853, les ministres de la secte presbytérienne à Glascow ont refusé de baptiser l'enfant d'un conducteur des omnibus qui circulent entre cette ville et Bailleston, parce que, ont-ils dit, cet homme, en faisant son service les dimanches, violait habituellement le troisième commandement de Dieu.

En France, la loi du 18 novembre 1814 prescrit l'interruption des travaux ordinaires les dimanches et jours de fêtes reconnus par la loi. Il est interdit aux marchands d'étaler et de vendre, les us et volets des boutiques ouverts ; aux colporteurs et étalagistes, d'exposer et de colporter leurs marchandises dans les rues et places publiques ; aux artisans et ouvriers, de travailler extérieurement et d'ouvrir leurs ateliers ; aux charretiers et voituriers employés à des services locaux, de faire des chargements dans les lieux publics de leur domicile. Dans les villes dont la population dépasse 5,000 âmes, ainsi que dans les bourgs et villages, il est interdit aux cabaretiers, marchands de vin, débitants de boissons, traiteurs, limonadiers, maîtres de paumes et de billards, de tenir leurs maisons ouvertes et d'y donner à boire et à jouer lesdits jours pendant le temps de l'office. Les contraventions sont constatées par procès-verbaux des maires ou adjoints, ou des commissaires de police. Elles sont jugées par les tribunaux de simple police et punies d'une amende qui, pour la première fois, ne peut excéder cinq francs. En cas de récidive, les contrevenants peuvent être condamnés au maximum des peines de police. Sont exceptés de ces défenses les marchands de comestibles de toute nature ; tout ce qui tient au service de santé ; les postes, messageries et voitures publiques ; les voituriers de commerce par terre, par eau ; les usines dont le service ne pourrait être interrompu sans dommage ; les ventes usitées dans les foires et fêtes patronales ; le débit des menues marchandises dans les communes rurales, hors le temps du service divin ; les chargements des navires marchands et autres bâtiments du commerce maritime. Il en est de même des meuniers, des ouvriers, employés à la moisson et aux récoltes, aux travaux urgents de l'agriculture, aux constructions et réparations motivées par un péril imminent, lorsqu'on en a obtenu la permission de l'autorité municipale.

Après la révolution de Juillet, quelques jurisconsultes pensèrent que cette loi de 1814 était implicitement abrogée par la disposition de la charte qui abolissait la religion de l'État. Un jour de fête l'archevêque de Paris se permit, dans un discours de félicitation, de demander au roi le rétablissement de la célébration forcée du dimanche, et l'on se rappelle comment Louis-Philippe défendit les droits de la liberté de chacun. Néanmoins, on en vint à insérer dans les contrats passés avec les entrepreneurs de travaux publics l'obligation d'interrompre les travaux le dimanche. Sous la république, la cour de cassation décida que la loi de 1814 n'était pas abolie, et le nouveau gouvernement impérial a surtout tenu la main à son exécution. C'est ainsi que nous avons vu un préfet interdire aux conseillers municipaux, par une circulaire en date du 19 novembre 1853, de tenir leurs séances pendant l'office divin.

D'après l'article 57 de la loi du 8 octobre 1802, le dimanche est le jour fixé pour le repos des fonctionnaires publics. Il suit de là que certains actes officiels ne peuvent être accomplis le dimanche, comme les significations, saisies, contraintes par corps, ventes et exécutions judiciaires. Si une lettre de change échoit un jour férié, elle est payable la veille. En matière criminelle, les citations peuvent être faites un jour de dimanche, l'intérêt de la société ne permettant pas que l'expédition de ces sortes d'affaire souffre de retard. Cependant aucune condamnation ne peut être exécutée les jours de dimanche et de fêtes.

DIMANCHE (Écoles du). En attendant qu'en France l'instruction primaire ait été rendue, non-seulement *gratuite* pour les classes nécessiteuses, mais encore *obligatoire* pour tous les citoyens sans distinction ; en attendant dès lors que la loi astreigne les parents à faire apprendre à lire et à écrire à leurs enfants, sous peine, pour les premiers, d'amendes et d'autres moyens coércitifs que le législateur saura bien trouver quand il le voudra, et, pour les seconds, de certaines incapacités civiles et politiques dont ils ne pourront être relevés que le jour où ils seront en mesure de satisfaire à la loi ; en attendant, disons-nous, que la fréquentation préalable de l'école pendant un certain laps de temps et la possession des notions élémentaires les plus indispensables aujourd'hui à l'homme en société, soient exigées de tout enfant que ses parents ou tuteurs voudront placer en apprentissage, ou encore dont ils voudront louer le temps ou le travail manuel, soit à un entrepreneur, soit à un manufacturier ; en attendant que cette amélioration si simple, si facile, et réclamée depuis si longtemps par la raison publique, soit enfin réalisée par un gouvernement vraiment réparateur et national, il serait bien à désirer que, dans tous les centres de population de quelque importance, on imitât ce qui depuis longtemps se pratique en Angleterre et ailleurs, et que, en dehors de l'action si rarement bienfaisante et utile de l'administration, on fondât chez nous des *écoles du dimanche* à l'usage de ces milliers de malheureux enfants que l'incurie et quelquefois aussi la misère de leurs parents font entasser toute la semaine dans des ateliers où, d'ordinaire, ces petits êtres, au teint pâli par la fatigue et les privations, végètent couverts du matin au soir d'une fétide poussière, presque nus en hiver, suivant machinalement les yeux le travail du métier dont ils font partie intégrante, et où, quand ils survivent à un tel régime, ils passent ainsi successivement de l'enfance à l'adolescence, de la jeunesse à la virilité, sans avoir jamais été l'objet d'aucun soin intellectuel.

Irrémissiblement condamné aujourd'hui à croupir dans l'ignorance, l'enfant du prolétaire pourrait, dans ces écoles spéciales du dimanche, consacrer deux ou trois heures de son jour de repos à apprendre au moins à lire ; tandis que maintenant, le jour où l'atelier chôme, il est le plus ordinairement abandonné à lui-même, aux inspirations rarement bonnes de l'inaction, et trop souvent aux influences pernicieuses du mauvais exemple. Sans doute ce ne serait encore là qu'un palliatif à cette démoralisation profonde, résultat de l'ignorance, dont chaque jour constate davantage les ravages au sein de nos populations industrielles ; et le mal est assez intense, assez évident, pour appeler des remèdes autrement énergiques et puissants. Mais que n'essaye-t-on toujours de cette amélioration dont on se trouve bien chez nos voisins ? Si insuffisante qu'elle soit, ce ne doit pas être une raison pour ne pas la tenter tout au moins comme expérience provisoire, non plus qu'un prétexte pour continuer à se croiser les bras en signalant le mal sans vouloir rien faire de ce qui pourrait l'atténuer. Dieu nous garde, d'ailleurs, en pareille matière, de l'intervention des charlatans politiques qui depuis une vingtaine d'années exploitent si fructueusement chez nous l'idée de progrès. Soyez sûrs, en effet, que, sous le prétexte d'instruire les classes pauvres, ils n'auraient, comme toujours, qu'un but : faire de la propagande révolutionnaire, de la propagande *démocratique et sociale*. Or nous avons trop appris à nos dépens, tous tant que nous sommes, le sens réel de cette formule, pour ne pas comprendre enfin que notre propre intérêt nous commande de prendre l'initiative de cette mesure réparatrice, et d'empêcher que la réalisation d'une pensée si utile devienne un jour aux mains de nos ennemis un nouvel engin de guerre sociale.

La création des *écoles du dimanche* n'est pas une innovation (hâtons nous de le dire, pour rassurer les bonnes gens qui, sous Louis-Philippe, constituaient le grand parti des *bornes*, et qui, loin de reconnaître dans le progrès, dans la marche incessante vers le mieux, une loi impérieuse de l'humanité, se signent quand ils entendent prononcer ce mot *innovation*). Déjà le concile de Trente avait recommandé, ordonné même, la fondation d'écoles tenues les jours fériés, dans l'intervalle des offices, à l'usage des adultes désireux d'acquérir l'instruction primaire qui avait manqué à leur jeune âge. Des écoles de ce genre existaient au seizième et au dix-septième siècle en Allemagne, en Belgique, en Italie ; mais peut-être la direction qui leur avait été imprimée était-elle trop exclusivement, trop essentiellement religieuse.

C'était surtout les dogmes du christianisme qu'on y enseignait aux élèves, sans assez se préoccuper de savoir s'ils avaient ou non reçu dans leur jeune âge les notions générales et primaires dont évidemment l'enseignement religieux n'eût dû être que le corollaire ou le complément.

Telles qu'elles existent aujourd'hui et telles que nous les comprenons, les *écoles du dimanche* sont un progrès dont l'Angleterre a eu l'initiative. C'est en 1782, à Gloucester, qu'un imprimeur appelé Robert *Raike* eut le premier l'idée d'assurer le bienfait de l'instruction élémentaire aux enfants que leur travail forcé dans les ateliers empêche de fréquenter les écoles ordinaires. Cette idée, aussi heureuse que féconde, a eu chez nos voisins un tel succès, qu'aujourd'hui c'est par milliers qu'on y compte les individus qui se consacrent à ce noble apostolat des lumières et de la civilisation, qui se vouent gratuitement à l'*enseignement du dimanche*, et par containes de mille les disciples qui profitent de leur dévouement à l'humanité. L'idée première a d'ailleurs été singulièrement étendue et généralisée en Angleterre. Ce ne sont plus seulement des écoles où les enfants et les adultes peuvent aller le dimanche apprendre à lire, à écrire, à compter, etc., qui existent dans tous les centres d'activité industrielle de ce pays ; on y trouve en outre des cours d'instruction supérieure ayant pour but d'initier les ouvriers à la connaissance des sciences mathématiques, physiques et naturelles, de leur apprendre l'histoire générale et plus particulièrement encore l'histoire nationale. Ceux qui les suivent y apprennent à aimer et à respecter davantage encore les lois de leur pays ; jamais, en effet, ils n'y sont attirés par le secret espoir d'entendre insulter à sa grandeur et à son antique constitution. Nous avons sous les yeux un journal de Manchester du présent mois de janvier 1854, qui nous apprend qu'au nombre des personnes faisant en ce moment à l'Athénée de cette ville des cours pour les classes populaires se trouvent *sept membres du parlement*, savoir : lord Stanley, fils aîné du comte de Derby, lord Goderich, MM. Napier, Walter, Keogh, Isaac Butt et Monskstone-Milner. A la différence de nos savants, de nos historiens, de nos philosophes, qui, dès qu'ils se virent transformés par la révolution de 1830 en hommes d'état, n'eurent rien de plus pressé que de déserter leurs chaires pour laisser à des agrégés, *moyennant partage des appointements*, le soin d'instruire la jeunesse de nos écoles, les hommes politiques, en Angleterre, se font aujourd'hui vulgarisateurs de la science et la distribuent *gratis*. Ce bien là, qu'on ne l'oublie pas, se fait sans ostentation, sans réclames de journaux ; et on ne peut mieux comparer le dévouement et l'abnégation dont font preuve tant de véritables bienfaiteurs des classes populaires, qu'aux sentiments qui, dans un autre ordre d'idées, animent et soutiennent les généreuses filles de saint Vincent de Paul. Ces gens-là sont tout simplement tout obscurément utiles à leurs semblables ; pour toute récompense, ils se contentent du témoignage de leur conscience, sans s'imaginer, à l'instar de tel et tel philanthropes français que vous connaissez aussi bien que moi, que toute la terre doit avoir incessamment les yeux fixés sur leurs faits et gestes, et que désormais le moins que l'État puisse faire pour eux dans sa reconnaissance, c'est de leur accorder des croix d'honneur, des pensions ensuite, et des sinécures dès qu'il s'en trouvera de vacantes.

DIMANCHE (Monsieur). On appelait autrefois ainsi ceux qui portaient le nom de Dominique (*Dominicus*), et ce nom se trouve avec cette acception dans Monstrelet. Monsieur Dimanche est, en outre, un personnage qui figure dans la scène la plus comique du *Festin de Pierre* de Molière. Il paraît que c'est le type fidèle des marchands du dix-septième siècle. Les grands seigneurs avaient alors un ascendant singulier sur cette sorte de créanciers ; ils semblaient leur faire honneur en ne les payant pas et en retenant leur argent. Ces derniers avaient autant d'humilité que les autres de hauteur et d'arrogance ; le plus petit mot de bienveillance et de protection suffisait pour les satisfaire. Aujourd'hui, ce bon M. Dimanche n'existe plus. La révolution l'a tué, ainsi que les grands seigneurs. Nos marchands, qui se figurent être devenus eux-mêmes de grands seigneurs, ne sont pas des créanciers à beaucoup près aussi accommodants; rarement ils vont réclamer eux-mêmes leur argent; c'est l'inexorable huissier qui est leur secrétaire des commandements, et qu'on n'oserait turlupiner comme Don Juan turlupine M. Dimanche. Quoi qu'il en soit, le nom de ce marchand si débonnaire aurait pu, ce semble, passer sans trop de dérogeance à maint usurier sordide, prêteur à la petite semaine, qui s'enrichit aux dépens des pauvres ouvriers, et va leur rendre ses visites intéressées, le dimanche, le lendemain de la paye. Mais ce M. Dimanche de notre époque n'a rien conservé des bonnes manières de son aîné; il est même parfois très-brutal avec les seigneurs du peuple souverain. *Altri tempi, altre cure!...*

CHAMPAGNAC.

DIMANCHE DES BRANDONS, DIMANCHE DES RAMEAUX, etc. *Voyez* BRANDON, RAMEAUX, etc.

DIMAQUE, mot tout grec, fait de δίς, deux fois, et de μάχη, combat, et signifiant qui combat de deux manières. Il a été transporté dans le latin, *dimacha*. C'est le nom que Quinte-Curce donne à des troupes de la milice grecque qui combattaient à pied et à cheval. Julius Pollux, dans sa Chronique, attribue l'invention de cette arme mixte à Alexandre le Grand. Ce prince avait armé les dimaques plus solidement que la cavalerie, mais moins que l'infanterie; il attachait à leur service des valets chargés de la garde des chevaux, quand les cavaliers mettaient pied à terre pour combattre. Les dimaques avaient quelque analogie avec le double cavalier espagnol dont parle Strabon; et, dans le siècle dernier, les fonctions des dragons français rappelaient celles des dimaques. Nos dromadaires, en Égypte, étaient dimaques. Il ne faut pas confondre les *dimaques* et les *dimachères*, dont parle l'*Encyclopédie* : le nom latin de ces derniers, *dimacherus*, emprunté du grec μαχαιρα, épée, signifiait *gladiateur*; et, en effet, l'une de leurs mains était armée de l'épée, tandis que l'autre tenait un poignard.

Gal BARDIN.

DÎME. C'est le nom d'une monnaie d'argent ayant cours aux États-Unis. Elle représente le dixième d'un dollar; elle équivaut à dix cents, et sa valeur réelle est de 53 centimes.

DÎME (autrefois *disme*, ou *dixme*, du latin *decem*, dix), prélèvement d'un dixième des produits agricoles et industriels au profit du clergé séculier et régulier, et des seigneurs. Ce prélèvement, d'abord volontaire, et devenu ensuite obligatoire, est fort ancien. On voit en effet ce père des Hébreux donner spontanément au roi de Salem, Melchisédech, prêtre du Dieu très-haut, la dîme de tout le butin qu'il avait fait sur les quatre rois qu'il venait de vaincre (*Genèse*, XIV, 20). Jacob, partant pour la Mésopotamie, promit à Dieu la dîme de tous les biens qu'il pourrait acquérir dans ces pays (*Genèse*, XXVIII, 22.) Ces dîmes n'étaient encore qu'un don libre et volontaire. Dans l'*Exode*, dans le *Lévitique* et dans le livre des *Nombres*, il est question de plusieurs espèces de dîmes qui devinrent de véritables impôts.

A l'exemple des Israélites, les premiers chrétiens donnaient une portion de leur récolte à leurs prêtres, qui n'avaient pas d'autres revenus. L'Histoire de l'Église aux quatrième et cinquième siècles offre plusieurs exemples de ces *dîmes* dont la quotité n'était pas déterminée, et variait suivant le zèle et la libéralité des fidèles. Ces dîmes n'étaient qu'un supplément aux oblations et aux dons volontaires. Dans le sixième siècle, les prélats exhortèrent les fidèles à *donner* à leurs pasteurs. Les Pères du concile de Tours (567), invoquant l'exemple d'Abraham, se bornèrent à inviter les chrétiens à l'imiter. Ces exhortations paternelles ne furent pas très-efficaces, puisque, moins de vingt ans après, les Pères du second concile de Mâcon (585) *ordonnèrent* aux fidèles de *payer* une partie de leurs héritages aux pasteurs de l'Église : « Attendu que la loi divine obligeait le peuple à apporter les dîmes de tous les produits de la terre dans les lieux saints. » Ces *ordres* ne réussirent pas mieux que les *exhortations* du concile de Tours; il fallut que l'autorité royale vînt en aide à l'autorité spirituelle, et la dîme fut exigée comme impôt. L'an 793 fut signalé par une grande famine : on avait trouvé une grande quantité d'épis vides, et bientôt on répéta dans toutes les chaires « qu'on avait entendu en l'air des voix de démons qui avaient déclaré qu'ils avaient dévoré les moissons, parce qu'on ne payait pas exactement la dîme aux ecclésiastiques. » La dîme, bornée d'abord aux récoltes, s'étendit bientôt aux bestiaux, et reçut une extension plus grande dans les neuvième et dixième siècles. Le concile d'Arles (813) ordonna de payer la dîme « même de son propre travail ou de son commerce. » Le concile de Trosly (Soissonnais [909]) y assujettit le *soldat* et l'*artisan*. « L'industrie qui vous fait vivre, dirent les Pères de ce concile, appartient à Dieu, donc vous lui en devez la dîme. » Cependant depuis le cinquième siècle, où s'établirent les dîmes volontaires, l'église s'était progressivement enrichie des libéralités des fidèles, et possédait partout d'immenses et riches domaines. Le ministère des pasteurs n'était pas gratuit, et le *casuel* était une autre branche importante de revenu. Fra Paolo est tombé dans une double erreur en affirmant que les dîmes ne dataient pas de la fin du huitième siècle, et que les chrétiens d'Occident n'avaient fait qu'imiter ceux de l'Église d'Orient, ce qui donnerait une origine encore moins ancienne. Cette erreur est démontrée par les décisions des conciles des siècles antérieurs. L'exemple des prélats fut bientôt imité par les moines, qui ne furent ni moins exigeants, ni moins heureux dans leurs prétentions. Les dîmes sans curés furent maintenues; à l'origine du droit de *moisson*, de boisselage, qui obligeait les paysans à donner aux curés, sans préjudice des dîmes dues aux moines, plusieurs mesures de blé par *feu*. Ces charges, déjà si onéreuses pour les malheureux habitants des campagnes, furent encore aggravées par la dîme royale ou seigneuriale.

On appelait *dîmes inféodées* les dîmes qui étaient possédées par des laïques à titre d'inféodation, c'est-à-dire qui étaient tenues en fief de l'Église, soit du roi, soit de quelque seigneur particulier. Les titulaires ne pouvaient vendre ces dîmes sans l'autorisation du prince, et, en cas de concurrence, la préférence appartenait de plein droit aux prélats et aux curés qui voulaient les racheter. Ces dîmes étaient les mêmes que celles qui avaient été exclusivement attribuées au clergé sous les rois de la première race. Charles-Martel les avait ôtées au clergé pour en gratifier les seigneurs et autres gens de guerre qui avaient combattu sous ses ordres contre les *ennemis de l'Église*, les idolâtres de Germanie et les Sarrasins d'Espagne. Ces inféodations privèrent des dîmes les gens d'église pendant près de deux siècles; ils ne cessèrent de protester contre cette spoliation. Hugues Capet et Robert cédèrent à leurs réclamations et *restituèrent* au clergé les dîmes qu'ils possédaient en vertu des inféodations. Mais les seigneurs, naguères leurs égaux, s'obstinèrent à garder leurs dîmes inféodées, qu'ils considéraient comme droits domaniaux. Les conciles n'osèrent d'abord prononcer entre eux et les ecclésiastiques. Enfin, la restitution fut décidée, et dans une assemblée générale tenue à Saint-Denis, sous le roi Robert, il s'agissait de prononcer à quel prélats ou à des moines cette restitution serait faite, la discussion dégénéra en voies de fait. Les moines furieux se ruèrent sur les prélats, qui furent obligés de se sauver. Le vénérable archevêque de Sens, Séguin, fut atteint d'un coup de hache entre les deux épaules, et les moines restèrent maîtres au champ de bataille et des dîmes

Les dîmes étaient ou *réelles*, ou *personnelles* ou *mixtes*. On appelait *réelles* celles qui se percevaient sur les récoltes; elles étaient dues au curé de la paroisse où étaient situés les héritages. Dans les pays où la récolte se composait de grains, foin et autres produits appelés récoltes pendantes par racine, et de produits des arbres, comme pommes, poires, olives et autres fruits, les décimateurs prélevaient sur tous ces produits; mais un édit du 27 avril 1735, décida qu'ils devaient opter pour l'un ou l'autre de ces deux genres de produits, et que, leur option faite, ils ne pouvaient revenir d'un genre à l'autre qu'après un intervalle de trois ans. Les *dîmes personnelles* étaient imposées sur les salaires et l'industrie, et payables au curé de la paroisse des travailleurs. Ces dîmes avaient cessé d'être exigibles et exigées longtemps avant la révolution de 1789. Les *dîmes mixtes* étaient celles qui étaient perçues sur les récoltes et sur les provenances des bergeries et des basses-cours, lait, laines et volailles, etc. On nommait *solites* les dîmes que les décimateurs étaient en possession de recevoir depuis quarante ans; *insolites*, celles qui étaient exigées sur un genre de récoltes autres que celles assujetties ordinairement à ce prélévement. Les *dîmes grosses* étaient perçues sur les produits de la principale culture du pays, comme les vins dans les pays vignobles, les froments dans les pays de labour; les *dîmes vertes et menues* étaient celles perçues sur les produits des potages, les pois, haricots, fèves, lentilles, chanvre, lin etc. Les étangs, les viviers autres que ceux possédés par les seigneurs et les corporations religieuses étaient passibles de la *dîme* dite *des poissons*. La *dîme de charnage* se percevait sur les porcs, agneaux, veaux, poulets, canards, etc. On nommait *dîmes anciennes* celles qui étaient perçues depuis longtemps et sans interruption. Les *dîmes novales* étaient celles qui étaient imposées aux terres récemment mises en culture, ou dont le genre de produit avait changé. Ainsi, les forêts et bois que le défrichement avait convertis en vignes ou en champs de labour étaient assujettis à la dîme. Les *dîmes novales* au profit des curés, supprimées en 1786 furent rétablies la même année, mais non sans une vive opposition.

Les contestations sur la quotité ou la perception des dîmes étaient, suivant les circonstances du litige, jugées par les tribunaux civils et l'Église. Au dix-huitième siècle, les commerçants et les soldats étaient exempts de la dîme. Les cahiers des trois ordres en 1789 ne se bornèrent à des demandes de modification des dîmes. Le clergé demandait le rétablissement des *novales* au profit des curés; la noblesse et le tiers-état, une réforme dans la législation des dîmes, Presque toutes les dîmes étaient affermées, notamment les dîmes inféodées et les dîmes ecclésiastiques; la plupart furent déclarées rachetables; d'autres furent supprimées sans restriction. Cette liquidation a été l'objet de nombreuses lois pendant le cours de la longue session de l'Assemblée constituante, et ne fut terminée que par la Convention. La cessation de ces impôts, qui absorbaient depuis tant de siècles la meilleure partie des produits de la terre, fut pour les habitants des campagnes un acte de justice et un immense bienfait.

DUFEY (de l'Yonne).

DIMENSION. La définition de ce mot appartient plus spécialement aux mathématiques, puisqu'il sert à désigner les mesures d'un corps sur sa longueur, sa largeur et sa hauteur ou sa profondeur; c'est dans ce sens que l'on dit, en architecture, la dimension d'une colonne, celle d'un monument. Mais il est aussi d'usage dans les beaux-arts, et l'on dit la dimension d'un portrait, d'un paysage, d'un tableau, pour parler de leur rapport avec la nature. On dit encore qu'un tableau est d'une mauvaise dimension, c'est-à-dire que ses mesures ne sont pas en rapport avec celle de l'endroit où il est placé. La meilleure dimension pour un portrait est la grandeur naturelle : lorsqu'on le fait d'une plus grande dimension, c'est qu'il doit être placé assez haut ou assez loin de l'œil pour que la perspective paraisse le ramener au point de la nature. Un paysage est toujours d'une dimension plus petite que la nature; mais les fleurs et tous les objets de nature morte sont ordinairement dans leur dimension naturelle.

DUCHESNE aîné.

DIMÈRES (de δις, deux, et μερος, partie, article). Cette section, établie par M. Duméril parmi les coléoptères, n'est plus admise aujourd'hui qu'un examen attentif a fait reconnaître que ces insectes ont trois articles à tous les tarses, dont le premier, il est vrai, est excessivement petit. L'unique groupe des psélaphiens, qui composait la tribu des dimères, a donc dû rentrer dans celle des trimères, famille des brachélytres.

DÎME SALADINE. *Voyez* CROISADES, t. VI, p. 769.

DIMINUTIFS. De même que dans quelques langues on emploie les *augmentatifs* pour agrandir l'idée que présentent les substantifs et même quelques adjectifs, de même, pour restreindre cette même idée, on fait usage des *diminutifs*. La langue française, dans le siècle de Marot et de Rabelais, offrait un grand nombre de diminutifs; mais depuis qu'on a prétendu que cette langue avait été fixée et ennoblie à tout jamais par les Pascal, les Bossuet, les Racine et les Fénelon, on a cru devoir regarder les diminutifs comme indignes de sa majesté. On a donc banni du discours sérieux tous les diminutifs badins en *otte* et en *ette*, et si l'on conserve encore *fleurette*, *amourette*, *fillette*, *grandelette*, et quelques autres, il n'est permis de les employer que dans le style familier. On avait admis tous ces diminutifs dans notre langage, à l'imitation des Italiens, qui en font un usage très-fréquent et presque toujours du plus heureux effet. Leur langue, plus maniable, plus accentuée, plus mélodieuse que la nôtre, se prête, en effet, merveilleusement à ces transformations ou modifications de mots : par l'emploi des *augmentatifs* et des *diminutifs*, elle double ou atténue à volonté l'expression des substantifs et de quelques adjectifs. Par suite encore de l'élasticité de cette langue, on distingue chez les Italiens deux sortes d'*augmentatifs* et de *diminutifs* : les uns servent à exprimer une idée avantageuse des personnes ou des choses, et les autres en marquent le mépris. On peut donc diviser les diminutifs en *diminutifs de perfection* et *diminutifs d'imperfection*. Les premiers sont pleins de mignardise, de grâce et de délicatesse ; les seconds ont dans leur terminaison quelque chose de dédaigneux, de flétrissant, qui est aussi infiniment expressif. A l'aide d'un diminutif, les Italiens expriment avec force une idée que souvent notre langue ne rendrait que faiblement avec plusieurs mots. Les langues espagnole et portugaise, qui ont tant d'affinité avec l'italienne, et qui dérivent, comme elle, du latin, jouissent aussi des mêmes avantages, relativement aux *augmentatifs* et aux *diminutifs*. Ils abondent également dans l'escuara (basque), l'arabe et les patois du midi de la France. Les langues du Nord, en général, offrent moins de ces charmantes combinaisons, qui diminuent la force d'un mot en l'allongeant de la manière la plus gracieuse et la plus musicale ; l'allemand néanmoins et surtout le russe possèdent la faculté de varier dans ce sens la terminaison de leurs noms ; et ils en font un usage heureux et fréquent. On peut regarder les *diminutifs* et les *augmentatifs* comme les superlatifs des substantifs. Tous les noms ne sont pas susceptibles d'être *diminutifs* ou *augmentatifs* ; il n'y a que ceux qui peuvent êtres à eux-mêmes un sujet de comparaison.

CHAMPAGNAC.

DIMINUTION, amoindrissement, retranchement d'une partie de quelque chose. Le *décroissement* diffère de la diminution en ce qu'il suppose une action continue, comme dans l'accroissement. En rhétorique, la *diminution* est une figure ainsi nommée par antiphrase : c'est une exagération ou augmentation de ce qu'on veut dire, en se servant néanmoins d'expressions qui semblent l'affaiblir et le diminuer : comme, par exemple, lorsqu'on dit d'une femme ou d'une étoffe, *qu'elle n'est pas laide*, pour faire entendre qu'elle est belle ; ou, d'un homme, *qu'il n'est pas petit* ou *léger*, pour marquer qu'il est grand ou pesant. On emploie quelquefois cette figure dans un sens propre et plus strict, pour exprimer quelque chose de moins que ce qu'on dit ; par exemple, dire à un militaire *vous n'êtes point propre au commandement*, c'est sous-entendre un reproche encore plus grand, et le soupçonner d'ignorance dans son métier ou de lâcheté.

DIMOERIE. Ce mot tout grec donne idée d'une subdivision des *optites* de la phalange grecque ; cette subdivision était commandée par un homme de rang, nommé *dimœrite*; il tenait la tête de sa troupe si elle était dimœrie antérieure, il en occupait la queue si elle était dimœrie postérieure. La dimœrie des anciennes milices grecques se formait de la réunion de deux énomoties (en prenant *énomotie* dans une acception athénienne) : ainsi, la dimœrie était un composé de huit hommes, et formait un demi-*lochos*. La milice byzantine avait conservé la dimœrie. Que l'on se figure une file de seize hommes, et que, par la pensée, on la partage en deux, les huit premiers hommes ou la première demi-file, et les huit derniers donneront idée de deux dimœries ; en tête de la première sera un *locague* ou *protostate* ; en queue de la seconde sera un *ouraque* ou *épistate*, comme nous l'apprend Léon.

Gal BARDIN.

DIMORPHISME ou **DIMORPHIE** (de δίς, deux fois, et μορφή, forme), propriété qu'on a remarquée chez certains corps qui, sans que leur composition chimique subisse la moindre altération, sont susceptibles de cristalliser sous plusieurs formes essentiellement différentes, c'est-à-dire telles qu'on ne peut les regarder comme dérivées d'une même forme primitive (*voyez* CRISTALLOGRAPHIE) : ainsi le soufre, suivant son mode de préparation, cristallise en octaèdres ou en prismes obliques à base rhombée, etc. Plus généralement, dans les corps *dimorphes*, les propriétés physiques sont seules altérées, tandis que les propriétés chimiques persistent, ce qui les distingue des corps *isomères*; en étendant ainsi cette définition, on peut ranger parmi les corps dimorphes les plus remarquables, le carbone, qui se présente tantôt à l'état de charbon, tantôt à celui de diamant.

L'identité des propriétés chimiques conservée dans le dimorphisme a conduit Mitscherlich à en faire un principe distinct de l'isomérie, et plusieurs chimistes se sont servis de ce principe et de celui de l'isomorphisme pour attaquer les lois posées par Haüy. Mais est-il bien certain que le dimorphisme soit complètement indépendant de l'isomérie ? Les défenseurs mêmes de cette opinion seraient fort embarrassés s'il fallait établir une limite bien tranchée entre les corps dimorphes et les corps isomères. La distinction que nous avons énoncée plus haut ne repose peut-être que sur ce que les rhéteurs appellent un *dénombrement incomplet*: de ce qu'on n'a trouvé aucune différence chimique dans les corps qu'on a nommés *dimorphes*, est-on en droit de conclure qu'il n'en existe aucun ? « Nous pensons, dit M. Delafosse, que le fait qu'on a voulu exprimer par ce mot de *dimorphisme* n'est le plus souvent, sinon toujours, qu'un cas particulier d'isomérie; qu'il s'explique parfaitement bien par une modification dans le type de la molécule, ou peut du moins s'expliquer ainsi, jusqu'à la preuve du fait contraire. Rien, parmi les données de la science, ne paraît justifier la supposition que des molécules de même nature puissent, sans subir aucun changement dans leur forme ou leur constitution, se prêter, selon les circonstances et les seules influences du dehors, à des lois de structure aussi essentiellement différentes que le sont celles qui caractérisent les systèmes cristallins connus. »

Le système cristallographique d'Haüy n'étant nullement infirmé par le principe de l'isomérie, on ne pourra donc lui opposer le dimorphisme que quand il sera démontré qu'il constitue véritablement un principe nouveau. E. MERLIEUX.

DINAN, ville de France, chef-lieu d'arrondissement dans le département des Côtes-du-Nord, à 54 kilomètres à l'est de Saint-Brieuc, à 20 kilomètres au sud de Saint-Malo, sur la rive gauche de la Rance, à 25 kilomètres de son embouchure et à l'origine du canal d'Ille-et-Rance, avec une population de 8,437 habitants, un collége, les sources ferrugineuses de la Coninate, situées à un kilomètre, et des bains très-fréquentés. L'industrie y est active ; on y fabrique des toiles à voiles et autres, des cotonnades et des lainages, de la clouterie, de la cordonnerie pour troupe et pacotilles, du sucre de betteraves ; on y trouve des ateliers pour la construction des navires, d'importantes et très-nombreuses tanneries et corroieries; des raffineries de sel, des fours à chaux, deux typographies. Il s'y fait un commerce important en chevaux, bestiaux, bois, grains, beurre, cidre, miel, peaux, chanvre, lin, fils et produits manufacturés. Le port n'est accessible jusqu'à présent aux gros bâtiments que dans les plus hautes marées seulement. Le cabotage y est actif et il existe des communications régulières par bateaux à vapeur avec Saint-Malo.

Cette ville, dont les abords sont escarpés de tous les côtés, est généralement mal bâtie, avec des rues étroites, tortueuses et obscures ; elle est entourée de hauts et épais remparts, couverts aujourd'hui de jardins ou transformés en belles promenades. Elle renferme plusieurs édifices remarquables, entre autres l'ancien château-fort des ducs de Bretagne, construit vers 1300 environ. Dans ce donjon qui élève encore ses deux tours au midi de la ville, on montre le fauteuil d'Anne de Bretagne ; et de ses créneaux on jouit d'une vue de toute beauté. De nos jours il sert de prison. Il existe à Dinan deux églises d'une haute antiquité. Saint-Sauveur est un charmant édifice gothique qui possède le cœur de Duguesclin. La statue du héros breton a été érigée, en 1823, à l'extrémité méridionale de la place même qui lui servit de champ clos, en 1359, pour le combat qu'il livra au chevalier anglais Cantorby. A 9 kilomètres de Dinan, sur les ruines de l'ancienne capitale des *Curiosolitæ*, mises à jour depuis 1802, se trouve le village de Corseult, près duquel on voit encore les ruines d'un temple de Mars, et où on découvre chaque jour des monnaies et autres débris de la puissance romaine.

Dinan est une ville très-ancienne. Elle était située sur le territoire des *Curiosolitæ* et portait, à ce qu'on croit, le nom de *Dinellum*. Plus tard elle obéit à des seigneurs particuliers ayant titre de vicomtes. La maison de Duguesclin était une branche cadette de ces seigneurs. Anne de Dinan, héritière de la branche aînée, porta cette vicomté à Robert de Vitré, et Gervaise de Dinan, sa petite fille, à Juhel de Mayenne. Marguerite, fille de ce dernier, ayant épousé, en 1237, Henri, baron d'Avangour, comte de Goello, de la maison de Bretagne, sa petite-fille vendit, en 1280, le comté de Dinan à Jean 1er, duc de Bretagne. Depuis il resta au domaine ducal. Dinan était autrefois une des places les plus fortes de la Bretagne. Duguesclin s'en empara en 1373, et Olivier de Clisson en 1379. Duguesclin la défendit ensuite vaillamment contre le duc de Lancastre, qui l'investit en 1389. Henri III la livra en 1585 au duc de Mercœur, chef de la ligue en Bretagne qui y transféra le présidial de Rennes et battit monnaie. Mais la ville se rendit en 1598 au maréchal de Brissac.

DINANT, l'une des plus anciennes villes de la Belgique, dans la province de Namur, sur la Meuse, avec une population de 6,700 habitants. Rien de pittoresque comme sa situation. Jetée entre les rochers escarpés dont le sommet est dominé par un château-fort, et resserrée par la Meuse, elle n'a qu'une seule rue fort étroite et ne s'élargissant un peu que dans un endroit qu'on décore du nom de place, et où se tient le marché. Tout le roc a été découpé en terrasses, et chaque maison a un jardin dans les différents étages de terrasses qui s'élèvent ainsi derrière elle. L'aspect de ces rochers couverts du haut en bas, et jusque sous les glacis de la forteresse, de fleurs et d'espaliers, est vraiment enchanteur. Les environs de Dinant abondent également en sites pittoresques, et on y trouve une foule de belles maisons de campagne. De magnifiques promenades plantées sur les rives de la Meuse conduisent au château de Walsin, à l'abbaye de Waulsord, à la grotte et au château de Freyr et au rocher Bayard.

Il y a à Dinant un grand nombre d'églises, dont la plus remarquable est la cathédrale, édifice de style gothique, et plusieurs hôpitaux. Cette ville possède une verrerie, une fabrique de papiers, des scieries de marbre, des huileries, des fabriques de quincaillerie, de chapeaux et d'étoffes de laine; et il s'y fait un commerce très-actif en grains, en pierres à bâtir, qu'on tire des carrières du voisinage, et en marbres. Le *pain d'épices de Dinant* est en grand renom.

Sous l'empire, Dinant était le chef-lieu du département de Sambre-et-Meuse. La citadelle actuelle fut contruite en 1815 pour remplacer l'ancien château que les Français avaient démantelé en 1690. L'histoire a conservé le souvenir des horribles dévastations commises à Dinant en 1466 par le duc Philippe de Bourgogne guerroyant contre Louis XI. En 1554, le duc de Nevers, au service de François II contre Charles-Quint, la prit d'assaut.

DINAR. *Voyez* DENIER.

DINARQUE était originaire de Corinthe : on croit qu'il naquit dans cette ville environ 460 ans avant notre ère. Il vint s'établir à Athènes à l'époque où Alexandre se disposait à passer en Asie pour envahir la Perse, et se fit disciple de Théophraste, successeur d'Aristote, à l'école du Lycée. Ayant contracté une étroite liaison avec Démétrius de Phalère, il s'attacha à sa fortune politique, dont il partagea les triomphes et les vicissitudes. Dépourvu peut-être des qualités physiques nécessaires à l'orateur, Dinarque n'aborda jamais la tribune, et se borna à composer des harangues et des plaidoyers qui l'enrichirent en le rendant célèbre. Antigone et Démétrius-Poliorcète, s'étant emparés du port de Munychie, rétablirent dans l'Attique la démocratie détruite par Antipater. Démétrius de Phalère fut proscrit avec un grand nombre de ses partisans ; Dinarque, signalé comme l'un des plus influents, se vit entraîné dans sa chute. Accusé d'avoir entretenu des intelligences avec Antipater et Cassandre, il n'attendit pas son jugement, et se réfugia à Chalcis en Eubée. Rappelé après quinze ans d'exil, il revint à Athènes chez l'un de ses amis nommé Proxène, qui le logea dans une maison de campagne, où il fut volé de 2 talents, de 85 statères d'or, et de sa vaisselle d'argent. Ayant conçu des soupçons contre son hôte, il lui intenta une action en restitution, et plaida lui-même sa cause, quoiqu'il n'eût jamais parlé en public, et qu'il fût âgé de soixante-dix ans. On ignore l'époque de sa mort. Quant à ses talents oratoires, ils ont été appréciés très-diversement. Un certain Démétrius de Magnésie, dans son traité *des homonymes*, assure que le style de Dinarque a quelque chose de mordant qui remue les passions, et que s'il est moins véhément que Démosthène, il ne lui est inférieur ni pour la persuasion ni pour l'à-propos. Loin de confirmer ces magnifiques éloges, Denys d'Halicarnasse affirme, au contraire, que Dinarque n'a point de manière qui lui soit propre, et qu'il n'a su qu'imiter servilement les grands orateurs de son temps, prenant pour modèle tantôt Lysias, tantôt Hypéride ou Démosthène. Sur 160 discours qui lui étaient attribués, il n'en reste plus que trois, lesquels ont été traduits par l'abbé Auger. Ils sont relatifs à Harpalus, satrape et trésorier d'Alexandre, qui s'était réfugié à Athènes pour éviter de rendre ses comptes. Possesseur de 28 millions, il avait trouvé des défenseurs, et Dinarque, dans l'un de ses discours, accuse Démosthène d'avoir reçu de l'argent d'Harpalus pour embrasser sa cause.   SAINT-PROSPER jeune.

DINAUX. *Voyez* BEUDIN.

DINDON, DINDE. Je commencerai d'abord par rejeter avec indignation l'épithète de *stupide* donnée au *dinde*, et celle de *colère* donnée au *dindon*. Le dinde a tout l'esprit qui lui est nécessaire pour veiller à sa conservation et à celle de sa famille; et s'il en avait davantage, cet excédant l'entraînerait probablement à faire beaucoup de sottises, ainsi qu'on le voit dans l'espèce voisine de la sienne. Le dindon a reçu d'une constitution essentiellement sanguine la vivacité et le zèle qui lui sont nécessaires pour repousser les attaques qu'on se permet contre sa personne ou contre sa postérité ; et j'estime cet emportement-là plus que l'indifférence de l'autruche et la fausse prudence de la faisane. Je soutiens ensuite que le dinde appartient à une race noble et pure, qu'il porte en lui un sang généreux et indépendant, que son espèce conserve sa liberté tout entière sur plus d'un quart de la terre habitable, depuis le lac des Illinois jusqu'au rivage des Amazones, tandis que le coq et la poule n'existent presque nulle part en état de nature, et qu'ils sont soumis partout à l'état d'esclavage.

C'est dans les antiques forêts qui bordent les fleuves du Saint-Laurent, du Mississipi, de la Delaware, qu'il faut voir cet oiseau dans sa beauté native, avec son manteau d'un noir d'ébène, relevé par des reflets d'améthyste et des teintes d'or bruni, avec sa cravate purpurine, avec ses caroncules, où brille le rubis sur un fond d'albâtre, avec ses ailes puissantes, qui lui servent à franchir les fleuves et les lacs. Cet oiseau, l'orgueil des forêts, pèse jusqu'à trente kilogrammes, tandis que, devenu chétif dans l'état domestique, son poids s'élève à six ou sept kilogrammes. Les dindes de nos basses-cours sont aux dindes sauvages ce que sont les misérables Juifs de l'époque présente aux anciens Israélites, maîtres dans Jérusalem. La terre promise aux dindes qui languissent dans l'esclavage de nos basses-cours, ce sont les immenses forêts qui couvrent le Nouveau-Monde. La preuve que l'état de servitude ne leur convient pas résulte du dépérissement et de la langueur dans laquelle ils tombent lorsqu'on les y soumet, de ce que l'homme n'a pu créer dans leur espèce aucune variété, et qu'il a pu tout au plus influer sur la couleur de leur plumage, tandis que le coq et la poule offrent plus de cent variétés dont sort notre ouvrage.

La constitution du dinde a donc un type plus ferme que celui des autres oiseaux domestiques, puisque tous les efforts des générations humaines n'ont pu la changer que pour l'amoindrir et la détériorer. De plus, le dinde, malgré son état de servitude, conserve encore quelques traces de son caractère primitif; car il n'entre en parlade que deux fois par an, comme dans l'état sauvage; et dans cet état, s'il étale en éventail les trésors de son plumage, c'est pour plaire et pour séduire, sans doute; mais il ne demande jamais à en recueillir le prix publiquement et à la lumière du jour; il conserve à l'amour ses mystères, il se cache pour obéir à la loi impérieuse de la nature ; et sa femelle n'est pas moins pudique que lui, car elle dérobe aux yeux les plus vigilants les lieux où elle se propose de pondre, comme une vierge séduite qui cache l'asile destiné à être le dépositaire des fruits de son amour. Pour appuyer encore par d'autres considérations la supériorité du dinde sur le coq, je dirai que l'incubation de la première espèce dure trente et un jours, tandis que celle de la seconde n'en dure que vingt et un, et qu'elle est conséquemment d'un tiers plus élevée que l'autre dans l'échelle des êtres animés, la durée de l'incubation dans les ovipares et celle de la gestation dans les vivipares étant toujours proportionnée à la supériorité de la race.

Tout ce que la main de l'homme a pu obtenir sur l'oiseau des Indes, c'est de faire varier sa couleur du noir au blanc. Mais la nature n'abandonne jamais entièrement ses droits, celle espèce toujours sur le dinde de plus blanc des taches qui attestent son origine, comme ces vierges des Antilles qui, malgré la blancheur de leur carnation et les lis de leur visage, portent toujours sur elles des signes qui annoncent qu'elles eurent parmi leurs ancêtres un homme de couleur. Autre considération. On compte plusieurs espèces voisines du coq et de la poule, telles que les perdrix, les gélinotes, les faisans, avec lesquelles elles s'harmonient par une suite non interrompue de gradations. Mais le dinde sort brusquement des rangs, il est solitaire, il est unique, il est original dans la place élevée qu'il occupe, et l'on ne peut placer à côté de lui que le hocco, le *crax alector*. Mais l'oiseau de Sinnamary ne porte pas comme lui un collier de corail, il ne pond que six œufs, il n'apporte aucune intelligence dans la composition de son nid; il manque d'attachement et d'affection pour sa famille, qui ne se compose que de trois ou quatre individus. C'est un de ces beaux indifférents dont on admire froidement la tournure quand il donne du mouvement à son aigrette, comme on admire un bellâtre qui arrange sa cravate ou son toupet, mais pour lequel on n'éprouve aucun mouvement sympathique.

On doit considérer l'espèce du dinde comme *poussin*, comme *dindonneau*, comme *dindon*, et enfin *dinde*, en d'autres termes, en état d'enfance, d'adolescence, de jeunesse et de maturité. Un coq-d'Inde parvenu à l'âge adulte suffit à douze poules, et il est probable qu'une seule intervention peut féconder la ponte entière, qui se compose de douze à vingt œufs, et qui se renouvelle deux fois par an. On reconnaît qu'une poule est en état de prégnation par l'inquiétude qu'elle témoigne, l'agitation qu'elle éprouve, l'intonation particulière de son gloussement, l'habitude qu'elle prend de s'arracher les plumes du ventre et de s'accroupir. Mais il y a un moyen plus simple et plus certain de s'assurer de son état, c'est de tâter toutes les poules avant de leur ouvrir le poulailler; et, lorsqu'on s'est assuré que les poules ont l'œuf, on les y retient prisonnières; on leur fait des nids commodes; on y place des œufs ou quelque chose qui leur ressemble; elles prennent l'habitude de s'y placer, elles y pondent, elles y couvent, et c'est ainsi qu'on les fait renoncer à l'instinct naturel qu'elles ont d'aller pondre et couver dans des lieux écartés. On doit chaque jour enlever les œufs du poudrir, les tenir dans un lieu frais, jusqu'à ce que, la ponte étant achevée, on puisse les placer tous sous l'aile des couveuses. Le mâle doit en être séparé. Il briserait l'œuf par sa maladresse et quelquefois par sa jalousie. Il n'y a nul inconvénient à placer toutes les couveuses en un même local, pourvu que le local soit propre, chaud, aéré, pur de toute odeur, et pourvu que chaque couveuse ait son nid à une certaine distance de celui de ses voisines. Mais il n'est point à craindre qu'elles se méprennent sur celui qui leur est destiné, chacune d'elles le retrouve sans se tromper jamais; et quoique ces oiseaux soient lourds et pesants, la mère tourne deux fois par jour ses œufs, en les ramenant de la circonférence au centre et du centre à la circonférence, tant l'amour maternel est ingénieux à trouver des ressources dans les besoins ou les dangers!

L'asile des couveuses doit être comme un sanctuaire impénétrable, et il ne doit être fréquenté qu'avec beaucoup de discrétion et par une personne qui soit toujours la même. Cette mère affectueuse couve tout ce qu'on veut lui donner, œufs de poule, œufs de canard, de dinde ou d'oie; et tel est son instinct incubateur qu'elle couve même les pierres lorsqu'elles ont une forme sphéroïde. Devant le poulailler des couveuses, il faut toujours une petite cour, afin qu'elles puissent y prendre l'air, ainsi que les jeunes familles auxquelles elles vont donner le jour. Quelquefois, pour attendrir la coquille et hâter la maturité, on place les œufs dans l'eau chaude, comme on place dans le bain une femme en travail d'enfant. D'autres fois, quand on voit le bec qui a déjà percé la coquille, on élargit l'ouverture avec l'ongle. Mais généralement il est préférable de laisser agir la nature, parce que les moyens artificiels lui sont souvent contraires. Dans cette affaire, comme dans beaucoup d'autres, on gâte tout parce qu'on veut tout faire. Dans un grand nombre de fermes, on est dans l'usage de plonger le nouveau-né dans l'eau froide (c'est ce qu'on appelle le baptême du poussin), et on lui enfonce un grain de poivre dans l'anus; mais de tels procédés ne doivent pas être fort utiles et sont souvent dangereux. Rien au monde n'est plus funeste que de manier sans cesse les poussins, et de les faire passer de main en main, de les engaver de nourriture, procédé durant lequel il arrive souvent qu'on leur casse le bec ou qu'on les tue par des indigestions. Le régime convenable à un poussin, le jour où il a brisé sa coquille, consiste en quelques gouttes de vin chaud. Les deux jours suivants on lui offre sur une patelle des miettes de pain humectées de vin. Deux jours après, on compose une pâtée avec des œufs durs, du fromage blanc, du persil et des orties-grièches, et on la dépose sur des pierres auprès du poussin, après avoir pris les mesures nécessaires pour qu'il ne s'y empêtre pas les pieds. Quelques jours plus tard, on forme de grosses boules avec des farines d'orge et de fèves de marais, et il arrive souvent que les poussins, déjà apprivoisés, viennent becqueter ces boules jusque dans la main de la fille de basse-cour. Quelques jours plus tard, on dépose ces boules dans une cage sous laquelle on a pratiqué des ouvertures suffisantes pour les poussins, insuffisantes pour les oiseaux plus volumineux. On ne doit jamais redouter que le poussin se laisse mourir de faim, alors même qu'il reste après sa naissance deux jours sans manger. Le troisième jour, il ne manque jamais de venir becqueter la pierre sur laquelle il aperçoit quelques menues denrées.

J'ai parlé de la nécessité d'une petite cour devant l'asile des couveuses. C'est surtout lorsque les poussins sont éclos qu'elle est nécessaire. Lorsque le soleil est chaud sans être trop ardent, ils ont besoin de venir s'essuyer à ses rayons. On voit leurs petites plumes se dresser et s'agiter quand le soleil les frappe; ils en éprouvent un plaisir qu'ils témoignent par des battements d'ailes. On peut et même on doit réunir plusieurs pontes, en composer une seule famille, et la placer sous la direction d'une seule mère, pourvu qu'on opère ces réunions durant la nuit, et que tous les poussins soient du même âge. La même poule les conduit comme s'ils étaient tous son ouvrage. On peut lui donner jusqu'à trente et quarante poussins, et tant qu'elle en peut couvrir de ses ailes. Alors, il faut voir comment elle les appelle, comment elle les défend, comment elle les nourrit. Il n'y a ni chien, ni oiseau de proie, ni enfant qui osât l'attaquer, elle sauterait aux yeux des agresseurs; et son œil est véritablement redoutable dans ce moment. Elle veille à la nourriture des poussins avec autant d'intelligence et d'assiduité qu'elle emploie de courage à les défendre. Il est bien reconnu que les couvées faites et conduites par des dindes réussissent toujours infiniment mieux que celles qui sont faites par des poules. Trois ou quatre dindes bonnes couveuses sont une véritable richesse dans la basse-cour. Dans la multitude des poussins, il est difficile de distinguer les mâles d'avec les femelles; cependant celles-ci semblent d'abord plus grosses; mais peu à peu le mâle prend des jambes plus hautes et un ergot sur le talon. La queue relevée en éventail est un autre caractère distinctif du mâle, mais il se manifeste plus tard.

Le poussin ne parvient à la dignité de dindonneau qu'après avoir subi une épreuve aussi rude que périlleuse. C'est à l'âge de deux mois, ou environ, que s'opère en lui la révolution du sang. Il porte sur la tête et autour du cou une suite de papilles, de vessies ou de mamelons, jusque-là ternes et sans couleur, et qui sont destinées à devenir dans son adolescence une parure de corail, un collier de pourpre, dont il rehausse l'éclat à l'époque où de nouveaux besoins révèlent en lui des inclinations nouvelles. Cette révolution a reçu le nom de la maladie du *rouge*. Elle est d'une nature fort grave; elle emporte plus de poussins que la petite vérole n'emportait d'enfants avant la découverte du vaccin. Un printemps froid, des gelées tardives, des pluies prolongées, leur sont funestes dans la crise qu'ils éprouvent. Tout consiste à favoriser et à développer l'éruption par un bon régime, une nourriture saine, consistant en jaunes d'œufs, fécules, chenevis et sarrasin mêlés avec du vin; à éviter la pluie, la rosée, l'ardeur du soleil, et à ne les tenir aux champs que depuis huit heures du matin jusqu'à dix, et depuis quatre jusqu'à six. Le poussin convalescent, et devenu dindonneau, étale sa queue en éventail, enfle ses caroncules, fait la roue, et fait entendre cette détonation sourde, qui est la proclamation officielle par laquelle il notifie à tous les habitants de la basse-cour qu'il vient d'atteindre sa majorité. Alors on réunit les dindons en troupeau, au nombre de soixante à quatre-vingts. Un seul enfant suffit à les garder, mais il faut qu'il y ait toujours une ou plusieurs mères marchant à leur tête, les avertissant et les rappelant autour d'elles, lorsqu'elles aperçoivent dans les airs l'oiseau de proie, ou sur la cime d'un arbre le quadrupède rusé qui les guette au passage. Parvenus à cet âge, ces oiseaux aiment beaucoup à voyager et à faire de longs voyages; ils ne coûtent presque plus rien pour leur nourriture; ils reviennent toujours le gésier rempli de glands, de faines, de grains, d'insectes de toute espèce. Ils sont essentiellement glaneurs de toute denrée échappée à la main des hommes, et chasseurs de toutes les petites proies qu'ils rencontrent dans les champs. On peut les nourrir ainsi quatre ou cinq mois, et les manger comme dindons.

On ne mutile pas les dindons comme on mutile les poulets pour en faire des chapons; on craindrait de débiliter leur tempérament, de manière qu'ils ne pussent plus supporter la maladie du rouge. Pour rendre la chair du dindon plus délicate, on assaisonne des légumes, des orties, des fenouils, des chicorées sauvages, des mille-feuilles avec du creton ou marc de suif, et c'est ainsi qu'on le prépare à passer de l'état de dindon à celui de dinde. On lui donne ce titre à l'âge de cinq ou six mois, lorsqu'il a acquis toute sa taille et qu'il ne lui manque que de l'embonpoint. On le renferme alors dans un lieu sec, obscur; on le nourrit d'orge gruée, de sarrasin écrasé et de farine de maïs. On a soin de tenir son couvert propre et d'enlever de sa table toute la desserte, ou pourrait, en lui donnant du dégoût, nuire à son appétit. On l'engraisse ainsi pendant vingt-cinq à trente jours, et durant les huit derniers on lui offre tous les soirs six boulettes composées de farine d'orge, pour subvenir aux besoins de la nuit. Dans le midi de la France, on lui fait avaler des noix entières avec leur coquille, et l'on aide l'introduction dans le gésier en passant légèrement la main le long de l'œsophage sur le corps introduit. On commence ce régime par une noix qu'on lui fait avaler le premier jour, et l'on va toujours en augmentant jusqu'à quarante. On a remarqué que la chair de l'oiseau contracte le goût de la nourriture, et que celle qui lui convient le mieux consiste en fécules et légumes aromatisés avec des anis, des orties et des mille-feuilles. Le dinde, qui vit dix ans dans les grandes forêts de l'Amérique septentrionale, vit à peine une année dans les basses-cours. Passé le mois de mars, les poussins éclos l'année précédente ont tous été consommés sous la forme de dindonneaux, de dindons. D'un troupeau de cent dindes, on ne conserve que quatre ou cinq poules et deux ou trois coqs pour avoir des œufs dans le printemps suivant.

Indépendamment de la maladie inévitable du rouge, les dindes sont sujets à beaucoup d'autres infirmités. La diarrhée leur est toujours funeste, à quelque âge qu'ils en soient atteints. Pour les en préserver, il faut les tenir sur des perchoirs plantés sous des hangars qui les abritent de la pluie. S'ils viennent à se mouiller, étant jeunes, il faut les sécher, les échauffer, leur souffler du vin chaud sur le dos et dans les ailes, et les nourrir avec les herbes aromatiques pour lesquelles ils marquent des préférences. La vesce, le pois carré, la grande digitale bleue, la jusquiame, la ciguë, leur sont mortels. On ne doit jamais les conduire dans les champs où ces herbes abondent. On ne doit leur donner la laitue qu'avec beaucoup de discrétion. Lorsque le poussin traîne l'aile, qu'il est triste et qu'il a les yeux blancs, il faut l'ôter de dessous l'aile de sa mère, le placer auprès du feu sur un berceau de duvet, lui faire boire du vin, lui donner un ou tout au plus deux grains de poivre, lui envelopper les jambes pour qu'il ne les becquette pas. On le rend à sa mère aussitôt qu'il est rétabli, et avec de telles attentions on est presque toujours sûr d'y réussir. Les dindonneaux sont, après le rouge, sujets à la maladie nommée *échauffure*. Les symptômes suivants caractérisent cette maladie : les extrémités des ailes blanchissantes, le plumage hérissé, les tuyaux des pennes du croupion pleins de sang. Le mal étant parvenu à ce période, on n'y connaît aucun remède. Après le rouge, il survient quelquefois encore des engorgements à la tête. On facilite l'écoulement de ces humeurs par les narines, avec des plantes errhines, introduites avec une liqueur onctueuse. Lorsqu'il survient des tumeurs et des bubons autour du cou, on les scarifie avec des caustiques. On nomme *claveau* les pustules qui viennent à côté du bec, sur la crête et dans le gosier. Cette maladie est mortelle, et, si l'on ne se hâte de séparer les pestiférés, elle a bientôt gagné tout le troupeau. La cautérisation avec un fer chaud, et les emplâtres de vinaigre et de vitriol sont les seuls remèdes qu'on essaie, quoiqu'ils ne réussissent presque jamais.

Cte FRANÇAIS (de Nantes), ancien Pair de France.

Les ornithologistes, qui ne se servent du mot *dinde* que pour désigner la femelle du dindon, placent le genre *dindon* dans l'ordre des gallinacés; il a reçu de Linné le nom scientifique de *meleagris*, qui, donné par les Grecs à la pintade, s'appliquerait mieux à ce dernier oiseau. L'espèce qui vient d'être décrite est le *meleagris gallo-pavo* des auteurs, dont la dénomination spécifique rappelle les traits de ressemblance avec le coq (*gallus*) et avec le paon (*pavo*). Ce nom même fait regarder par quelques auteurs le dindon comme le métis du paon et du coq, erreur que Buffon fut encore obligé de combattre dans son *Histoire des Oiseaux*.

Le genre *dindon* ne renferme que l'espèce qui vient d'être décrite et le *dindon ocellé* (*meleagris ocellata*, Cuvier) de la presqu'île de Honduras, qui se distingue par ses couleurs brillantes et par les larges taches circulaires bleues, entourées d'or et de rubis, que porte sa queue.

Chez nous, le mot *dindon* est devenu un sobriquet injurieux. Franklin avait une plus haute opinion de cet oiseau car il regrettait que les Américains, au lieu de prendre pour armes le pygargue, n'aient pas préféré le dindon. « Le pygargue, dit-il, est cruel et lâche; le petit kingbird (*tyrannus intrepidus*, Vieillot), qui n'est pas plus gros qu'un moineau, l'attaque résolument et le met en fuite... Le dindon est un oiseau beaucoup plus respectable, et de plus, originellement américain. On trouve des aigles partout; mais le dindon était propre à notre pays seulement. Il est, en outre, courageux (quoique un peu vain et orgueilleux, ce qui ne le rend pas moins propre à servir d'emblème), et il n'hésiterait pas à courir sus à un grenadier de la garde anglaise qui oserait attaquer sa ferme avec son habit rouge. » Ici Franklin fait allusion à l'aversion prononcée de cet oiseau pour le rouge, dont la vue le met en fureur.

DINDORF (GUILLAUME,) l'un des plus savants philologues et critiques de ce temps-ci, est né en 1802 à Leipzig, où son père, *Gottlieb-Immanuel* DINDORF, né en 1755, mort en 1812, était professeur des langues orientales. Il débuta dès l'année 1819 dans la carrière où il s'est fait depuis un nom si honorable, en entreprenant de donner la suite des commentaires et des scolies de l'édition d'Aristophane, d'Invernizzi, commencée par Beck. Peu de temps après, il donna une petite édition de ce même poète (Leipzig, 1820-1828), spécialement destinée aux écoles et aux collèges. Nommé, en 1828, professeur d'histoire de la littérature à l'Université de Leipzig, il avait commencé en 1830 un cours dont le succès était grand; mais, trois ans après, il l'interrompit volontairement, à l'effet de pouvoir se livrer complètement aux soins et aux études qu'exigeait de lui une nouvelle édition du *Thesaurus linguæ græcæ* de Henri Étienne, entreprise à Paris par la maison Didot, et dont il avait consenti à se charger, conjointement avec son frère cadet, *Louis* DINDORF, déjà connu par ses excellentes éditions critiques des œuvres de Xénophon et de celles de Diodore de Sicile, et avec M. Hase. Parmi les nombreux ouvrages dont on lui est en outre redevable, nous mentionnerons encore ses éditions d'Aristides, d'Athénée, de Thémistius, de Procope et de Syncelle, faites d'après de précieux manuscrits, et des scoliastes grecs d'Aristophane, de Démosthène et d'Eschyle (6 vol. Oxford, 1838-1851); les *Poetæ scenici græci*, avec les fragments (Leipzig et Londres, 1830; 2ᵉ édit. Oxford, 1851) contenant d'importants changements dans le texte et dans les fragments d'Eschyle, de Sophocle et d'Aristophane; ses curieux commentaires sur les tragiques grecs et sur Aristophane; enfin ses éditions de Sophocle, d'Aristophane, de Lucien, de Joseph dans la *Bibliothèque des classiques grecs* de MM. Didot. Malgré des travaux si nombreux et dont il existe tant de preuves, M. Dindorf n'a pas laissé que de prendre encore sa part tout comme un autre au mouvement de la vie active de notre société nouvelle : c'est ainsi qu'il est l'un des directeurs du chemin de fer saxon-bavarois.

DINER. L'art de dîner est déjà bien ancien : il a dû commencer au moment où l'homme a cessé de se nourrir de fruits et de boire de l'eau pure. Le premier qui a tué un animal et qui l'a apprêté pour le manger a ouvert la route aux plus grands cuisiniers de ce monde. Dès lors, le dîner n'est plus un hasard, c'est déjà un apprêt, c'est presque une étude; dès lors, l'homme trouve en lui-même cet axiome: *Il n'est pas bon que l'homme soit seul*, c'est-à-dire, *Il n'est pas bon que l'homme dîne seul*. Le pain et le sel deviennent les signes les plus certains d'un traité d'alliance, l'hospitalité commence, l'hospitalité est le commencement de toute civilisation. Au premier dîner remontent en même temps l'histoire et la politique, les mœurs de la famille et les mœurs du genre humain. Ce que la tour de Babel a fait de mal en jetant parmi les hommes la confusion des langues, le dîner l'a corrigé, ce mal : c'est là en effet que naît la confiance et la fraternité parmi les convives. Le dîner, aussi bien que le langage, est d'ailleurs la distinction de l'homme et de la bête. L'animal se nourrit, l'homme seul sait dîner; l'animal a faim, l'homme a des appétits. Le dîner, c'est le repos, c'est la douce joie, c'est l'intimité rieuse : il rend la souplesse aux membres fatigués, la chaleur aux visages décolorés, le regard et la vie à l'œil appesanti. Le dîner réunit toutes les passions opposées, il fait taire l'ambition, la haine, l'intrigue, toutes les passions mauvaises; il en suspend les tristes effets chaque jour pendant trois heures. Le dîner est le maître des beaux-arts. Pour orner les dîners, on inventa les riches ciselures, le beau linge damassé, le limpide cristal, les vases précieux chargés de fleurs, la musique pour charmer les convives, les poètes qui viennent les célébrer, les danses élégantes, ornement du dessert, les voûtes somptueuses, les plafonds de verdure, les eaux jaillissantes, les parfums descendant du plafond. A le bien prendre, le dîner a été le but unique, le commencement et le centre de tous les arts.

Belle histoire à faire celle-là! et surtout quelle histoire, si des accessoires du dîner vous passez aux mets qui le composent, si des festins d'Homère, si de la tente d'Achille, vous passez aux dîners du siècle passé! Que de mets variés depuis le premier verre de vin de Madère jusqu'au dernier verre de punch! Et aussi, que de règles, de préceptes, d'enseignements, de précautions, que de soins surtout pour bien dîner! Autant d'hommes, autant de façons de dîner! *Tot homines tot sententiæ*. Le nombre des convives ne soit pas moins de trois ni plus de neuf; il y en a qui disent qu'on peut le porter jusqu'à douze, mais nous croyons que c'est un mauvais nombre : *numero Deus impare gaudet*. Que vos convives soient choisis de manière à ce qu'ils puissent s'aimer et se le dire pendant trois heures. Des hommes d'esprit sans prétention, des femmes aimables sans coquetterie (point de distraction étrangère au dîner), des mets exquis sans trop de recherche, des vins de la meilleure qualité; passez du grave au doux, passez du sévère au plaisant; dînez lentement, en honnêtes gens qui n'ont plus qu'à bien dîner; café brûlant, salle à manger élégante, simple, propre, et l'atmosphère à la température de 14 à 16 degrés Réaumur; salon spacieux, thé léger; retraite, pas avant onze heures, pas après minuit, et avec cela un bon estomac : voilà le bonheur! Ainsi parlent les gastronomes. Et ne croyez pas que celui qui sait véritablement l'art de dîner ait besoin de ces recherches étouffantes et énervantes dont se composent les grands dîners du gourmand vulgaire. Oh! que non pas! c'est la qualité et non pas le nombre des plats, c'est le choix et non pas la quantité des vins, qui composent le repas d'un homme de goût; pas de viandes en monceaux, pas de verres remplis jusqu'au bord, pas d'étalage, pas de fracas, pas de recherche, pas de ces pâtisseries qui s'élèvent comme autant de tours, *mais de ces tours qui ne savent pas réparer leurs brèches*.

Le gastronome se contente de peu, pourvu que ce peu soit parfait, exquis, complet. Chaque repas de sa vie est une fête dans son souvenir, pourvu qu'il ait digéré son repas comme il l'a mangé, avec béatitude. Interrogez un pareil homme si heureux, il vous dira que ses meilleurs repas ont été les plus simples. Maintenant nous occuperonsnous, comme les professeurs émérites, des éléments divers de tous les plats et de toutes les boissons qui composent un dîner? Plût à Dieu que nous pussions écrire *ex professo* sur ces matières, à commencer par le potage et à finir par le café! Voici cependant quelques indications : le potage se compose de bon bouillon, de légumes, de pain ou de pâte. Pour avoir de bon bouillon, il faut que l'eau s'échauffe lentement, afin que l'albumine ne se coagule pas à l'intérieur; il faut que l'ébullition s'aperçoive à peine, afin que les diverses parties qui sont successivement dissoutes puissent s'unir intimement et sans trouble. Le bouilli est une nourriture ferme, mais peu restaurante, parce que la viande a perdu ses sucs alimentaires. On mange du bouilli par routine, par impatience, par inattention. Le gourmand ne mange jamais de bouilli : pour le gourmand, *c'est de la viande sans son jus*. La volaille est pour le dîner ce que la toile est pour la peinture, le fond indispensable : on la sert bouillie, rôtie, frite, chaude, ou froide, entière ou par partie, avec ou sans sauce, désossée, écorchée, farcie, et toujours avec un succès égal. Le pays de Caux, le Mans et la Bresse se disputent l'honneur de fournir les meilleures volailles; la Bresse est la reine des contrées pour les poulardes; en fait de chapon, celui qu'on mange est toujours le meilleur. Le dindon est, sinon le plus fin, du moins le plus savoureux des animaux domestiques. Paris dévore pour 720,000 fr. par an de dindes truffées. On entend par *gibier* les animaux bons à manger qui vivent dans les bois, la campagne, dans l'état de liberté naturelle. Il y a trois séries de gibier : les grives et les petits oiseaux, le râle de genêt, en remontant de la bécasse à la perdrix, au faisan, au lapin et au lièvre; enfin, la *venaison* : le sanglier et le chevreuil. Le gibier est une nourriture chaude, savoureuse, de bon goût, facile à digérer. Le becfigue est le premier des petits oiseaux; la caille est ce qu'il y a de plus mignon et de plus aimable; la bécasse est un oiseau très-distingué; le faisan est au-dessus de toute espèce de gibier quand il est cuit à point. *Rara avis*, un faisan cuit à point! Un faisan mangé dans la première huitaine de sa mort ne vaut ni une perdrix ni un poulet. Le poisson, moins nourrissant que la chair, plus succulent que les végétaux, est le seul juste milieu qui convient, dans un dîner, convienne à tous les tempéraments. Il y a un grand débat entre le poisson de mer et le poisson d'eau douce. Les huîtres peuvent se manger toujours. *Les truffes! la truffe est le diamant de la cuisine*. Les meilleures truffes de France viennent du Périgord et de la haute Provence. La truffe est un aliment aussi sain qu'agréable, et quoiqu'on dise qu'elle soit indigeste, prise avec modération *elle passe comme une lettre à la poste.* Le sucre ne fait mal qu'à la bourse. L'eau sucrée, les sirops, les glaces, les rôties au vin, les pâtisseries et les bonbons, les crèmes et les blancs-mangers, le café, les marmelades, les conserves, les candis, les liqueurs spiritueuses font merveille au déclin d'un dîner. Le sucre est le condiment de toutes ces choses; le sucre ne gâte rien. Plaignez nos pères! le sucre était à peine connu sous Louis XIII. Les Turcs, qui sont nos maîtres en fait de café, le pilent dans des mortiers avec des pilons de bois. La meilleure manière de faire le café, c'est la *cafetière à la Dubelloy.* Voltaire et Buffon en ont pris toute leur vie à forte dose.

Le premier dîner un peu splendide dont nous ayons lu la description est celui d'Achille : « Achille approche de la flamme un vase qui renferme les épaules d'une brebis et le large dos d'un porc succulent. Quand les viandes sont prêtes, Patrocle distribue le pain autour de la table. Mais Achille veut lui-même servir les viandes. Tous portentbientôt les mains vers les mets qu'on leur a préparés. » Les Grecs n'en restèrent pas à la cuisine des héros d'Homère : tous les arts brillaient à leurs dîners. Les Romains d'Auguste se livrèrent avec fureur à ce plaisir nouveau pour eux. Après Rome, il y eut cinq ou six siècles barbares pendant lesquels on ne sut pas dîner. Charlemagne, ce grand homme, donna assez de loisir au monde pour qu'on pût enfin mettre un peu d'ordre et de recherche dans ce repas. Les plus belles châtelaines se faisaient honneur de surveiller la table de leur maître et suzerain. Bientôt les croisés vont chercher l'échalotte aux plaines d'Ascalon; le persil est importé d'Italie. Déjà, sous Louis XI, les charcutiers forment une corporation puissante; sous Charles IX, les pâtissiers forment un corps considérable. Vers le milieu du dix-septième siècle, les Hollandais apportent le café en Europe; en même temps le sucre, l'eau-de-vie et le tabac. Les dîners de Louis XIV donnent à la cuisine française un éclat inaccoutumé. Chez le grand Condé, le grand Vatel se perce de son épée parce que la marée a manquer à son dîner, et Mme de Sévigné écrit l'oraison funèbre du cuisinier de la même plume qui a écrit l'oraison funèbre de Turenne. C'est pour Louis XIV vieillissant qu'on inventa les liqueurs au sucre et aux parfums. Vient la régence : le duc d'Orléans, ce joyeux homme d'esprit, ce très-aimable despote, sait servir à son dîner des piqués d'une finesse extrême, des matelottes appétissantes et les premières dindes truffées; mais ce ne fut vraiment que sous Louis XV qu'on arrêta définitivement les dispositions d'un dîner bien servi. Depuis lors, l'art du dîner a toujours été en progrès. La physique et la chimie ont été consultées avec fruit, la pâtisserie s'est divisée en plusieurs branches, le grand four et le petit four; les aliments, mieux connus, ont aussi été mieux conservés; l'horticulture n'a pas été non plus en retard : les melones, les melons, les fruits des tropiques, dans les serres chaudes, ont acquis un degré de perfection incroyable; en même temps, les vins de tous les pays de la terre sont entrés régulièrement dans le commerce; le vin de Madère, qui ouvre le repas, le vin de Bordeaux, vin de mitoy; les vins d'Espagne, qui terminent le dîner. Le temps n'est plus où l'on regardait le vin de Bordeaux comme *bon tout au plus pour les laquais.* Le dîner français a fait plusieurs conquêtes importantes dans les pays étrangers; le beef-steak et le kaïk. Le café est devenu populaire. On a même trouvé le nom de *gastronomie :* science nommée, science à moitié faite. Voilà le résultat des leçons de notre professeur à tous, feu Brillat-Savarin, relativement au dîner. Je voudrais avoir mieux résumé ses sages et savants préceptes; mais comment remplacer un si grand docteur en bons dîners? où donc trouver un homme mieux rempli de son sujet? J'ai fait ce que j'ai pu. Excusez les fautes de l'auteur.
Jules JANIN.

DINERS DU VAUDEVILLE. *Voyez* CAVEAU.

DING, en bas allemand THING. On appelait ainsi autrefois dans quelques endroits de l'Allemagne, et on nomme encore ainsi aujourd'hui dans une partie de la Scandinavie une assemblée populaire, une réunion de juges, et le tribunal même. Ce mot entre dans la composition de divers termes qui sont encore en usage de nos jours en Allemagne et dans le Nord, comme *Volksthing*, *Landding*, *Goding*, *Burgding*, etc.

Le lieu où se tenaient ces assemblées ou réunions était, dans les temps du paganisme, l'endroit où avaient lieu les sacrifices, sur une colline, en plein air, mais le plus ordinairement à l'abri d'un arbre considéré comme sacré. Plus tard, quand la signification qui s'y rattachait à l'origine se perdit ou tomba en désuétude, on le remplaça par les colonnes dites *de Roland* qui existent dans quelques villes. Là était situé le *Dingstuhl*, expression devenue par la suite synonyme des mots tribunal, cour de justice.

DINGÉ (ANTOINE), né à Orléans, mort à Paris des suites du choléra, en 1832, à l'âge de soixante-quatorze ans, homme de lettres d'un grand savoir, aujourd'hui tout à fait inconnu, n'ayant attaché son nom à aucun de ses ouvrages, mais honoré de l'amitié et de l'estime de Bernardin de Saint-Pierre, de La Harpe, de Chamfort, de Garat, d'Andrieux, etc. Il avait dû son éducation à son cousin Désormeaux, académicien, secrétaire du prince de Condé, historiographe des maisons de Bourbon et de Montmorency, qui lui fit avoir, au sortir du collège Mazarin, le titre de sous-bibliothécaire du prince aux appointements de 600 fr., une mansarde au Palais-Bourbon, et son couvert à la table du secrétaire. En échange, il composa pour ce bon parent les 4e et 5e vol. in-4° de l'*Histoire de la maison de Bourbon*, publiés en 1786 et 1788, et deux *Mémoires sur la noblesse*, qui figurent dans le recueil de l'Académie des Inscriptions; tandis qu'il préparait à huis clos, pour son propre compte, une *Histoire de la Religion*, les *Dialogues de quelques morts célèbres sur les états généraux*, quatre *Discours sur l'Histoire de France*, qui lui valurent les éloges de La Harpe, une *Histoire universelle des femmes*, une *Histoire de Charlemagne*, sans compter beaucoup d'autres écrits en prose et en vers, dont un fort petit nombre ont vu le jour, mais qu'en revanche, bien des amateurs se sont impudemment appropriés.

Désormeaux était mort en 1791, sans rien laisser à Dingé. Bernardin de Saint-Pierre lui fit avoir une place de 1,200 fr., au ministère des finances; il y devint sous-chef au bureau des oppositions et, après trente ans de service, fut mis à la retraite avec 2,700 francs de pension. A la création de l'Institut, l'auteur de *Paul et Virginie* désigna son ami pour la *classe d'histoire et de littérature*. Le commissaire de la Convention, Lakanal, étonné d'abord d'un suffrage si important donné à un inconnu, le trouva parfaitement justifié quand il eut lu son premier *Discours sur l'Histoire de France*; ce qui n'empêcha pas Legrand d'Aussy de lui être préféré.

DINO (DOROTHÉE DE COURLANDE, duchesse DE), fille de Pierre, dernier duc de Courlande de la maison de Biren-Sagan, naquit le 21 août 1793. Ayant perdu son père au sortir de l'enfance, elle reçut sous les yeux maternels une brillante éducation qui développa les heureuses dispositions dont la nature l'avait douée. Elle épousa, à l'âge de seize ans, un neveu du prince de Talleyrand, le comte Alexandre-Edmond de Talleyrand, qui fut créé *duc de Dino* par le roi des Deux-Siciles en 1817. Cette femme distinguée régna par son esprit, ses grâces et son amabilité, dans le salon de son oncle, sur l'esprit duquel elle exerçait un grand ascendant. Lorsque, quelque temps après la révolution de Juillet, le prince de Talleyrand fut envoyé en ambassade à Londres, la duchesse de Dino l'y accompagna, et se lia étroitement avec la princesse de Lieven. Ces deux femmes eurent une grande influence dans les négociations si difficiles de cette époque. L'Europe se tenait sur ses gardes en présence du mouvement de 1830. Les puissances, pour mieux s'étudier, évitaient d'entamer des conférences trop directes. Toute la diplomatie se rencontra à Londres dans les salons de la duchesse de Dino et de la princesse de Lieven, où l'on pouvait aller sans conséquence. Là, on se rapprocha, on s'entendit, et l'action de ces deux dames, lors des fameux protocoles des conférences de Londres, ne fut pas moins efficace que l'habileté et l'esprit de modération de notre grand diplomate. La duchesse de Dino, devenue duchesse de Talleyrand par la mort de son beau-père, en 1838, a fait passer le titre de duc de Dino à son fils cadet; l'aîné porte celui de duc de Valençay. Depuis longtemps elle habite son domaine de Sagan en Silésie, dont elle prend plutôt le nom que celui de son mari.

DINOCRATE. L'histoire de ce célèbre architecte grec, qui nous a été transmise par Vitruve dans son *Traité d'architecture*, est tellement singulière, qu'elle a besoin, pour être crue, de l'autorité d'un tel nom. Il était de Macédoine : se fiant sur les ressources de son esprit et sur ses grandes idées, il partit de cette ville pour se rendre à l'armée d'Alexandre, dans le dessein de se faire connaître de ce prince, et de lui proposer des vues qu'il pensait devoir s'accorder à son goût et à son génie. Avant de partir, il se munit de lettres de recommandation de ses parents et de ses amis pour les premiers et les plus qualifiés de la cour, afin d'avoir un accès plus facile auprès du roi. A son arrivée, il fut fort bien reçu de ceux à qui il s'adressa, et ils lui promirent de le présenter au plus tôt à Alexandre; mais, comme ils différaient de jour à autre, sous prétexte d'attendre une occasion favorable, il prit leurs remises pour une défaite, et résolut de se produire lui-même. Il était d'une haute stature; il avait le visage agréable et les manières nobles et distinguées. Comptant sur sa bonne mine, il se dépouilla de ses habits ordinaires, s'imprégna tout le corps d'huile, se couronna d'une branche de peuplier, couvrit son épaule gauche d'une peau de lion, prit une massue en sa main, et dans cet équipage s'approcha du trône sur lequel le roi était assis et rendait la justice. La nouveauté de ce spectacle ayant fait écarter la foule, il fut aperçu d'Alexandre, qui le fit approcher et lui demanda qui il était. Il lui répondit : « Je suis l'architecte Dinocrate, Macédonien, qui apporte à Alexandre des pensées et des desseins dignes de sa grandeur. » Le roi l'écouta. Dinocrate lui dit qu'il songeait à tailler le mont Athos, et à lui donner la forme d'un homme qui tiendrait en sa main gauche une grande ville, et sa droite une coupe qui recevrait les eaux de tous les fleuves qui découlent de cette montagne pour les verser dans la mer. Alexandre, goûtant ce dessein gigantesque, lui demanda s'il y avait des campagnes aux environs de cette ville qui pussent fournir des blés pour la faire subsister; et ayant reconnu qu'il en aurait fallu faire venir par mer, il dit qu'il louait la hardiesse de l'invention, mais qu'il ne pouvait approuver le choix du lieu où l'architecte prétendait l'exécuter. Il le retint toutefois auprès de lui, ajoutant qu'il ferait usage de son habileté pour d'autres entreprises.

En effet, Alexandre, dans le voyage qu'il fit en Égypte, y ayant découvert un port qui avait un fort bon abri et un abord facile, qui était environné d'une campagne fertile, et qui avait beaucoup de commodités à cause du voisinage du Nil, commanda à Dinocrate d'y bâtir une ville, qui fut, de son nom, appelée Alexandrie. L'art de l'architecte et la magnificence du prince concoururent à l'envi pour l'embellir, et semblèrent s'épuiser pour la rendre une des plus grandes et des plus magnifiques villes du monde.

Pline dit que Dinocrate acheva de rebâtir le temple de Diane à Éphèse, ruiné par l'incendie d'Érostrate, et qu'après avoir mis la dernière main à ce grand ouvrage, il passa à Alexandrie où Ptolémée Philadelphe, roi d'Égypte, lui ordonna de bâtir un temple pour être consacré à la mémoire de sa femme Arsinoé. Dans le dessin que cet architecte forma de ce bâtiment, il s'était proposé de mettre à la voûte du temple une grosse pierre d'aimant qui aurait suspendu en l'air la statue de cette princesse, laquelle aurait été toute de fer, afin d'obliger le peuple par cette merveille à avoir plus de vénération pour cette reine et à l'adorer comme une déesse; mais la mort du roi étant survenue, ce dessein ne fut point exécuté. Dinocrate lui-même mourut peu de temps après, vers l'an 247 avant J.-C.   Edme HÉREAU.

DINORNIS (de δεινός, grand, terrible, et ὄρνις, oiseau). Vers 1839, on découvrit à la Nouvelle-Zélande des ossements fossiles de ce bâtiment, il s'était proposé de mettre à la voûte paléontologiste anglais, donna le nom de *dinornis*, et qu'il plaça dans la famille des brévipennes. Depuis, on retrouva un grand nombre d'ossements fossiles d'individus analogues, qui parurent à M. Owen provenir d'espèces différentes du même genre. La plus remarquable par sa taille est le *dinornis giganteus*, dont la hauteur devait atteindre plus de quatre mètres. Ces oiseaux, tous tridactyles, se distinguent encore par leurs os privés de trous à air. « Les os du dinornis, dit M. Laurillard, contiennent encore une proportion si grande de gélatine, que l'on est presque forcé d'admettre que, s'ils n'existent plus, il y a peu de temps qu'ils ont disparu, et que, sous ce rapport, ils sont dans le cas du dodo (*voyez* DRONTE), dont le dernier individu a été vu il y a un siècle. » Les traditions locales semblent confirmer cette opinion.

DINOTHERIUM (de δεινός, grand, terrible, et θηρίον, animal), genre de mammifères fossiles que l'on rencontre dans les terrains pliocènes de divers bassins du centre de l'Europe. L'espèce la plus remarquable est le *dinotherium giganteus*, ainsi nommé en 1829 par M. Kaup, directeur du Musée de Darmstadt, qui venait d'en trouver une mâchoire inférieure dans les sablières d'Eppelsheim. Précédemment, Cuvier qui ne connaissait de cet animal que les dents molaires et un radius mutilé, en avait fait un *tapir gigantesque*.

Le dinotherium surpassait en grandeur et en force les plus grands éléphants, sa tête était non moins extraordinaire par sa grosseur et sa forme que celle de ces derniers animaux. Deux défenses, dont les pointes étaient dirigées vers la terre, lui sortaient aussi de la bouche, mais elles appartenaient à la mâchoire inférieure, qui à cet effet était recourbée en bas, en décrivant un quart de cercle immédiatement en avant des molaires, disposition qui ne se trouve dans aucun des animaux actuels connus.

La majorité des paléontologistes rangent le genre *dinotherium* parmi les pachydermes.

DIOCÈSE (du grec διοίκησις, administration). Au témoignage de Cicéron et de Strabon, ce nom fut originairement donné par les Romains aux circonscriptions territoriales des provinces d'Asie. Chaque province était partagée en plusieurs diocèses; chaque diocèse avait un tribunal, une administration particulière. Plus tard, l'empire romain fut divisé en quatorze diocèses, y compris celui de la capitale et des villes *suburbicaires*. Chaque diocèse comprenait plusieurs provinces, dont le chiffre général s'élevait à 120. Chaque diocèse était gouverné par un vicaire de l'empire.

Le régime ecclésiastique suivit le même mode de circonscription. Chaque diocèse avait pour chef un prélat, qui prenait le titre de primat. Après la dislocation de l'empire Romain, le régime ecclésiastique conserva l'ordre hiérarchique de ses juridictions. En France on distingua longtemps les *diocèses ordinaires*, territoires d'un évêque ou d'un archevêque considéré en tant qu'évêque seulement, et les *diocèses métropolitains*. La division des diocèses n'était point subordonnée à celles des provinces. Il y avait des diocèses dont le territoire était enclavé dans plusieurs provinces, et dont quelques parties ressortissaient d'un tribunal différent, et même d'un dominateur étranger. L'Assemblée constituante établit à cet égard un ordre de choses plus régulier et plus en harmonie avec le système général d'administration intérieure. On comptait auparavant en France 136 diocèses. La loi connue sous le titre de *Constitution civile du clergé* (12 juillet 1700) limita le nombre des diocèses à celui des 83 départements. La loi du 18 germinal an x, appelée communément loi organique du concordat de 1802, n'en rétablit que 60 pour tout l'empire français, nombre qui en 1815 se trouva réduit à 50. Une convention conclue en 1819 par Louis XVIII avec la cour de Rome, et sanctionnée en 1822 par les chambres, porta le nombre des diocèses à 80, dont la circonscription fut fixée par une bulle du pape, approuvée et rendue exécutoire en France par une ordonnance royale du 31 octobre 1822. Aucun changement ne peut être introduit dans la circonscription des diocèses qu'en observant les mêmes formes ; c'est du reste ce qui a eu lieu depuis cette époque à plusieurs reprises. Aujourd'hui donc on entend par diocèses, dans le culte catholique, le ressort d'un évêque particulier à qui sont soumises les églises qu'on appelle p a r o i s s e s : peu importe que ce diocèse forme un simple é v ê c h é suffragant ou soit le siége de l'a r c h e v ê q u e métropolitain. Les diocèses prennent le nom de la ville où est établi le siége de l'évêché, quoique cette ville ne soit pas toujours le chef-lieu du d é p a r t e m e n t : ainsi l'on dit le diocèse de Bayeux, de Cambray, etc. Le premier pasteur d'un diocèse est communément appelé l'évêque *diocésain* pour le distinguer des autres prélats qui peuvent s'y trouver ; on dit de même prêtres, conciles, statuts *diocésains*.

DIOCLÉTIEN (Caius-Valerius-Aurelius), empereur romain, naquit à Salone, ou près de Salone, en 245. L'histoire n'a pas donné le nom de son père, qui fut d'abord esclave dans la maison du sénateur Aurelianus, et qui, après son affranchissement, exerça le métier de scribe. Mais, dans un temps où le pouvoir était au plus hardi, l'ambition n'avait pas besoin de s'appuyer sur la naissance, et comme l'armée disposait de l'empire, le fils du scribe se jeta dans l'arène pour s'élever au rang suprême. Son premier nom fut *Doclès*, du nom de Doclia, village dalmate, où sa mère était née ; il s'appela plus tard *Dioclès*, et finalement *Dioclétien*. Il y ajouta les prénoms de Valerius et d'Aurelius, par une vanité d'autant plus ridicule qu'il semblait renier son propre mérite pour emprunter des illustrations dont il n'avait que faire. Mais tel fut dans tous les temps l'ascendant des préjugés aristocratiques, que les parvenus les plus illustres se sont toujours et partout débattus contre la manie des noms, et qu'aucun d'eux n'a eu le courage de se glorifier de la bassesse de son origine. Il est probable que Dioclétien fit ses premières armes sous l'un des trente ou des dix-neuf tyrans qui troublèrent le règne de Gallien. On le trouve dans les légions qui combattaient en Allemagne contre les Barbares, et c'est à Tongres qu'on lui fait prédire par une druidesse son avénement à l'empire après qu'il aurait tué un sanglier. Mais comme c'est sur la foi de Dioclétien lui-même que l'aïeul du conteur Vopiscus transmet cette anecdote à son petit-fils, il est probable que cette prophétie a été arrangée, comme beaucoup d'autres, par celui qui en était le héros. Son nom parut avec éclat dans les armées d'Aurélien, dans celle de Probus, qui lui confia le commandement des frontières de Mœsie. Il accompagna Carus dans les guerres de Perse, et reçut de lui les honneurs du consulat. Il commandait enfin les gardes de l'empereur, à la mort de N u m é r i e n, qu'Arrius Aper, son beau-père, assassina dans sa tente, dans l'espoir de lui succéder. Mais l'armée, rassemblée alors dans la plaine de Chalcédoine, nomma tout d'une voix Dioclétien, le 17 septembre 284, et lui ordonna de venger la mort du fils de Carus. Le nouvel empereur fit à la fois l'office de juge et de bourreau, en tuant Aper de sa propre main, et comme Aper veut dire *sanglier*, il est difficile de décider, sur la foi de Vopiscus, s'il commit ce meurtre pour justifier la prédiction de la druidesse, ou s'il inventa la prophétie pour se justifier de cet acte de cruauté.

Quoi qu'il en soit, il se montra digne de gouverner le monde. Il avait profondément étudié les hommes de son siècle, et savait habilement soumettre leurs passions à son intérêt. Sa franchise militaire n'était plus devenue qu'un masque pour couvrir sa dissimulation. Invariable dans son but, il changeait adroitement, suivant les circonstances, les moyens d'y parvenir. Ses qualités et ses défauts ne se manifestaient que suivant le profit qu'il pouvait en retirer, et, grâce à une prévoyance qui fut rarement trompée, il acquit un tel ascendant sur les plus grands caractères de son époque, qu'à leurs yeux toutes ses actions semblaient dictées par la justice et dirigées uniquement vers le bien public, quand l'ambition en était peut-être le seul mobile. Son premier soin fut de détruire le jeune Carinus, frère de Numérien, qui s'était fait couronner dans les Gaules, et qui s'avançait en Illyrie avec une puissante armée. Ce début ne fut pas heureux. Dioclétien fut battu près de Margus en Mœsiay par son rival ; mais les vices de Carinus étaient odieux à ses soldats. Ils le trahirent dans sa victoire, et, soit qu'il ait été massacré par un tribun dont il avait séduit la femme, ou tué, suivant Eutrope, par Dioclétien lui-même, celui-ci resta maître unique de l'empire, au moment même où il croyait l'avoir perdu. Lactance et autres auteurs chrétiens se fondent sans doute sur cette défaite pour accuser de poltronnerie le persécuteur de leur secte. Mais Dioclétien avait donné des preuves de son courage sous les quatre ou cinq empereurs dont il avait servi la fortune, et son éloignement des champs de bataille ne fut souvent qu'un calcul de sa politique. Il sut habilement profiter d'une victoire achetée par la trahison, et s'attacher les vaincus par la clémence, en confirmant dans leurs emplois les officiers mêmes de Carinus.

Forcé par l'immensité de son empire à se donner un collègue, il fit un choix dont l'histoire a eu quelque droit de s'étonner, en donnant la pourpre au barbare M a x i m i e n ; mais ce fut encore un calcul de sa part. Le nouvel Auguste se chargea des actes de violence que Dioclétien craignait d'exécuter lui-même, et celui-ci se réserva les honneurs de la clémence et de la modération. C'est Maximien qui repoussa vers le Rhin les attaques des Germains et des Bourguignons, et Dioclétien, qui n'avait pris aucune part à cette guerre, ne se para pas moins du titre de *Germanique*. Il fit plus, il avoua pour ainsi dire le rôle que l'un et l'autre auraient à jouer dans l'empire, en se faisant surnommer *Jovius*, et en appliquant à Maximien le surnom d'*Herculius*. De là vinrent plus tard les noms de *joviens* et d'*herculiens*, attribués aux gardes de leurs prétoires. La multiplicité des guerres qu'ils eurent à soutenir leur fit cependant sentir que deux Augustes ne pouvaient y suffire. Il en résulta la création de deux nouveaux Césars dans la personne de Galère, qui ne craignit pas de rappeler son premier état de berger, en adoptant le surnom d'*Armentarius*, et de C o n s t a n c e C h l o r e, qui, seul des quatre souverains du monde, réunit à la faveur des soldats une noblesse d'origine. Les deux Augustes les forcèrent à répudier leurs femmes, et chacun des deux Césars épousa la fille de l'empereur qui se l'associait. Dans ce partage de l'empire, Galère obtint les provinces du Danube ; Maximien gouverna l'Afrique et l'Italie ; Constance-Chlore, la Gaule, l'Espagne et la Bretagne, et Dioclétien se réserva l'Asie, la Thrace et l'Égypte, mais sans abandonner la suprématie, dont il était si jaloux. Il se porta malade dans la province confiée à Galère, et pénétra dans la Germanie jusqu'au Danube, tandis que Maximien avait couru jusqu'à Trèves pour repousser une nouvelle irruption des Francs, et établir sa supériorité sur le César Constance. C'est après cette guerre que les deux Augustes prirent les titres de *Francique* et d'*Allemanique* ; et, quand la révolte de Carausius en Bretagne eut été réprimée par

Constance, Dioclétien joignit encore à tant de titres celui de *Britannique*, quoiqu'il n'eût en rien contribué à cette victoire.

Il porta dès lors sa surveillance sur toutes les frontières de l'empire. Une ligne de camps fut établie depuis l'Égypte jusqu'à la Perse; les citadelles qui bordaient le Rhin et le Danube, celles qui s'élevaient entre les deux fleuves, furent réparées à grands frais, et de nouvelles forteresses y furent construites. Sa politique s'efforçait en même temps de diviser toutes ces nations guerrières, qui s'agitaient autour du grand empire, et ces peuples, se ruant les uns sur les autres, respectèrent pendant quelque temps le repos de l'empereur, qui avait rejeté la guerre civile dans leurs propres États. Les Quades et les Sarmates osèrent cependant pénétrer dans la Dacie; mais ils furent exterminés par Dioclétien lui-même, qui ne manqua point de s'appliquer encore le surnom de *Sarmatique*; et la valeur qu'il déploya dans cette guerre donna un nouveau démenti aux assertions calomnieuses de Lactance. Les Sarmates qui échappèrent à ce massacre furent répartis comme esclaves dans les provinces dépeuplées de la Gaule, et ce système, adopté précédemment par l'empereur Probus, fut suivi par Dioclétien à l'égard de tous les Barbares que la victoire jetait dans ses fers. La révolte des Égyptiens, des Maures et des B l e m m y e s le rappela en Afrique, vers l'an 296. Il mit le siège devant Alexandrie, et se vengea d'une résistance de huit mois par le massacre de ses habitants. Les villes de Coptos et de Butiros furent encore plus maltraitées. Pour assurer la paix sur cette frontière, il établit une colonie de Nubiens dans les environs de Syène et des cataractes du Nil, et des lois sages et protectrices réparèrent en peu d'années le mal qu'il avait fait à cette province. La guerre de Perse succéda bientôt à celle de l'Égypte. Le roi persan Narsès avait chassé du royaume d'Arménie Tiridate, fils de Chosroès, que Dioclétien y avait établi. Le prétexte de cette invasion était que Tiridate avait reçu dans ses États un prince scythe nommé Mamyo, vassal de l'empereur de la Chine, dont le nom se trouve mêlé pour la première fois à l'histoire de l'empire romain. Narsès s'était jeté sur l'Arménie, et Tiridate vaincu s'était réfugié à la cour de l'empereur. Dioclétien ordonna au César Galère d'aller venger la gloire de l'empire et le vit revenir bientôt sans soldats, défait par Narsès, après trois batailles, dans les plaines mêmes où Crassus avait péri avec ses légions. Dioclétien le reçut avec mépris et colère, l'humilia aux yeux de l'armée; mais il lui permit de réparer son honneur et celui de l'empire. Galère prit une revanche éclatante. Narsès fut défait à son tour et rejeté dans les déserts de la Médie. Dioclétien, qui comptait peu sur cette victoire, s'était avancé avec une forte réserve de Syriens pour soutenir son lieutenant, et le rejoignit à Nisibe que pour affermir cet avantage par une paix glorieuse. Les frontières du grand empire furent reculées jusqu'aux bords de l'Aboras, que Xénophon appelle l'Araxe. La Perse céda la Mésopotamie et cinq autres provinces situées au delà du Tigre, et donna quarante ans de repos à cette contrée, que Dioclétien couvrit de forteresses. Tiridate fut en même temps replacé sur le trône d'Arménie. Mais l'adroit empereur fut mécontent de l'attitude de Galère après le triomphe. Ce César s'était donné les titres pompeux de *Persique*, d'*Arméniaque*, de *Médique* et d'*Adrubénique*; et Dioclétien, blessé de tant d'orgueil, eut bientôt à se méfier d'un ambitieux, qui changea tout à coup de langage avec un empereur qu'il avait jusque-là regardé comme son maître. On assure que ce fut pour complaire à Galère que Dioclétien rendit à Nicomédie l'édit de persécution qui fit couler le sang chrétien à grands flots dans toutes les provinces de l'empire.

Ce massacre, appelé la dixième persécution, commença le 23 février 303, la dix-neuvième année du règne de cet empereur, et dura dix ans avec un acharnement inouï. Les tortures les plus raffinées, les supplices les plus horribles, les cruautés les plus épouvantables signalèrent cette époque d'un règne jusqu'alors glorieux; et une inscription démentie par le règne de Constantin attesta que Dioclétien et Galère s'étaient flattés d'avoir anéanti le nom et la secte des chrétiens. L'histoire, tout en flétrissant cet acte de cruauté, n'a point oublié les qualités éminentes et les actions glorieuses de cet empereur. Avant lui, le pouvoir était sans force; il sut le rétablir et le faire respecter, en le concentrant pour ainsi dire dans sa main; car, même après son abdication, Galère et Constance n'inscrivirent son nom dans les monnaies qu'en y ajoutant le titre de *Dominus noster*. Avant lui, les maîtres de l'empire détruisaient ou laissaient périr les monuments et les édifices : il sut les restaurer avec magnificence. Il fit bâtir des cirques, des temples, des théâtres, des arsenaux, des palais et de nombreuses forteresses. Si, après avoir vaincu les Perses, il voulut imiter la pompe de leurs rois, c'est qu'il sentit la nécessité d'imposer aux peuples et aux soldats par le déploiement d'une grandeur extérieure et d'une majesté éblouissante. Il donna à sa cour et à celles de ses trois collègues un appareil magnifique, et commença cette profusion de titres, d'emplois et de hiérarchies que Constantin poussa bientôt jusqu'à l'excès, mais qui prolongèrent peut-être l'existence de l'empire par le respect qu'ils imposaient à une soldatesque sans frein. Il paraît que jusqu'à cette époque Dioclétien n'avait point paru dans Rome. Antioche, Sirmium, Milan et surtout Nicomédie avaient été tour à tour ses résidences. Il avait même dédaigné les honneurs du triomphe, que le sénat lui avait décerné. Il se décida enfin à donner ce spectacle à l'Italie, et il invita Maximien à y prendre part. Ce fut le 20 novembre 303 que Rome jouit de la présence et du triomphe de ses deux Augustes. Il fut moins magnifique que ceux d'Aurélien et de Probus; mais il flatta davantage la vanité des Romains par la nature des trophées, qui représentaient les provinces les plus reculées de l'empire. Le Nil, le Tigre, l'Euphrate, le Rhin, le Danube, la Tamise et l'Afrique y figurèrent sous les chaînes de Rome; et, pour la première fois, les images des souverains de la Perse furent exposées et humiliées aux regards du peuple. Ce qui rend ce t r i o m p h e plus remarquable encore pour l'histoire, c'est que ce fut le dernier, et qu'il fut suivi peu de jours après par l'humiliation de ce même sénat qui l'avait décerné. Dioclétien, habitué aux hommages respectueux de ses troupes et de ses sujets d'Orient, ne put supporter l'orgueil et la familiarité du peuple de Rome. Il quitta cette ville treize jours après la cérémonie, et dédaigna de paraître, suivant l'usage, dans le sénat, avec la simple robe de consul.

Ce titre et tous ceux dont la réunion avait formé jusqu'alors la dignité impériale furent rejetés par sa politique. Il donna au titre d'empereur une signification nouvelle. Ce ne fut plus le général des armées romaines, ce fut, comme le remarque Gibbon, le maître du monde. Le sénat ne fut plus consulté sur rien. Le pouvoir législatif fut concentré dans les mains du souverain, et, de peur que cette usurpation ne causât des déchirements nouveaux, Dioclétien chargea l'exécuteur des œuvres de sa prévoyance d'assurer par la proscription des sénateurs la marche d'un despotisme dont il avait ouvertement manifesté la pensée en osant replacer sur sa tête le diadème qui, depuis Tarquin le Superbe, n'avait brillé sur celle d'aucun souverain de Rome. Maximien remplit avec sa relieuse accoutumée la mission qui lui était confiée. Des accusations imaginaires furent inventées pour perdre les sénateurs les plus illustres ou les plus redoutables. Les prétoriens furent licenciés et remplacés par les deux légions illyriennes, qui avaient reçu les noms de *joviens* et d'*herculiens*. Dioclétien daigna cependant prendre le titre de consul pour la neuvième fois en l'an 304. Mais la nature donna bientôt à l'orgueil une leçon terrible. Une maladie de langueur le saisit en route, et il ne rentra dans Nicomédie que dans un état de faiblesse qui fit craindre pour ses

DIOCLÉTIEN — DIODORE

jours. Renfermé dans son palais pendant une année entière, il y fut obsédé par l'ambitieux Galère, qui s'indignait du rôle subalterne où Dioclétien le retenait. Le bruit de sa mort répandu dans la ville et l'affliction du peuple rendirent quelque ressort à son âme. Il se montra au public, mais dans un tel état de souffrance qu'on peut peine à le reconnaître. Galère redoubla ses instances, le supplia, le pressa de résigner l'empire dans ses mains. Dioclétien voulut capituler avec lui, et lui proposa de l'associer au titre d'Auguste. Galère exigea davantage ; il avait déjà menacé Maximien d'une guerre civile, il fit les mêmes menaces à Dioclétien, qui céda enfin à tant de violence. Mais ce qu'on a peine à comprendre, c'est que cet empereur, si faible contre un César aussi importun qu'odieux, eut encore assez d'ascendant sur Maximien pour le déterminer à descendre comme lui du trône du monde.

Tel est le récit de Lactance ; mais Constantin, qui était alors à Nicomédie, et qui, dans ce cas, mérite plus de créance que l'ennemi de Dioclétien, assure que son abdication fut le résultat volontaire de ses propres réflexions. D'autres affirment que, le lendemain même de leur triomphe, les deux Augustes s'étaient engagés par serment à se dépouiller de l'autorité impériale. Aurelius Victor, qui raconte ce fait, témoigne de la libre volonté de l'empereur, et sa conduite postérieure en est une preuve irrécusable. Quoi qu'il en soit, le 1er mai 305, il parut dans la plaine de Nicomédie, en présence de l'armée, décerna le titre d'Auguste à Galère, créa César le jeune Dreza, fils de sa sœur, qui avait pris le nom de Maximin, se dépouilla de la pourpre, et, traversant immédiatement sa capitale, prit la route de la Dalmatie. Le même jour, Maximien résignait dans Milan le titre d'Auguste aux mains de Constance, et donnait à Sévère le titre de César. Dioclétien se retira à Salone, sur l'Adriatique, où le repos ne tarda point à lui rendre la santé. Il y bâtit un palais magnifique, qui fit longtemps après l'admiration de Constantin-Porphyrogénète, et dont les restes forment encore les deux tiers de la ville de Spalatro. L'un des quatre temples que renfermait cet immense palais sert actuellement de cathédrale. C'est là que vinrent l'assaillir les regrets et les supplications de l'ambitieux Maximien. Cet empereur détrôné le pressait de remonter avec lui sur le trône ; mais Dioclétien, qui prétendait n'avoir vécu, n'avoir joui de la beauté du soleil que dans sa retraite, lui répondit en l'invitant à venir voir ses jardins et les choux qu'il y avait plantés. Je suis sûr, ajoutait-il, que vous ne voudrez plus d'empire. « Le plus difficile de tous les arts, disait-il à ses familiers, est celui de régner. Séparé du genre humain par son rang, un souverain ne peut connaître la vérité que par des ministres qui se concertent pour le tromper, et les meilleurs des princes sont vendus à la corruption vénale de leurs flatteurs. » Les chagrins vinrent cependant l'assaillir dans sa solitude. Les quatre cours qu'avaient créées son système de gouvernement déployaient sur toute l'étendue du peuple, et les clameurs de ses anciens sujets retentissaient jusqu'à lui. La mort de Constance et de Sévère, l'élévation de Constantin, le rétablissement de Maximien, l'usurpation de son fils Maxence, la jalousie de Galère, livraient l'empire à tous les désordres de la guerre civile, et dans ses s'étaient à peine écoulés depuis son abdication. Sa philosophie surmonta tout, jusqu'aux malheurs de la femme Prisca et de sa fille Valérie. Constantin lui-même vint ajouter à ses peines en l'accusant faussement d'avoir fomenté la rébellion de Maxence, et en le menaçant de sa vengeance. L'historien Théophane prétend même que le sénat avait déjà prononcé l'arrêt de sa mort ; et Aurelius Victor assure qu'il s'empoisonna pour échapper au supplice.

Ces récits sont contredits par Lactance, qui attribue son suicide à son orgueil méprisé. La chronique d'Alexandrie et Eusèbe vont à leur tour jusqu'à repousser toute idée d'une mort volontaire. La première le fait mourir d'hydropisie, le second d'une maladie de langueur. Quoi qu'il en soit, Dioclétien termina sa carrière l'an 313, à l'âge de soixante-huit ans. L'incertitude de la chronologie de son règne vient de la destruction des monuments historiques où sa vie était plus amplement racontée. Son secrétaire Eusthenius avait écrit son histoire. Zozime et Ammien-Marcellin lui avaient consacré quelques chapitres. Ces documents sont perdus, et les chrétiens sont accusés de les avoir fait disparaître. D'autres écrivains fleurirent sous son règne, et eurent part à ses bienfaits. Ce sont le philosophe Porphyre, Trebellius Pollio, les poètes Calpurnius et Nemesianus, les six auteurs de l'histoire Auguste. Rien de ce qu'ils ont pu écrire sur Dioclétien n'est arrivé jusqu'à nous. Mais on en sait assez pour établir qu'il fut aussi grand politique qu'Auguste, et qu'il eût arrêté la décadence de l'empire, s'il avait été au pouvoir d'un homme de sauver un colosse attaqué de toutes parts, et travaillé au-dedans par tous les vices et les passions de l'humanité. L'histoire le loue avec raison d'avoir détesté les délateurs, et de les avoir livrés au bourreau toutes les fois qu'ils ne pouvaient prouver leurs accusations. Le mérite et la vertu trouvèrent en lui un rémunérateur éclairé, et quoiqu'il ait montré une vanité excessive, il est difficile de savoir si c'est à son caractère ou à sa politique qu'il faut l'attribuer. Ce qu'on doit remarquer à sa louange, c'est que l'intérieur de l'empire jouit d'une paix profonde pendant son règne, et que la guerre civile y rentra dès l'année même de son abdication.   VIENNET, de l'Académie Française.

DIODON (de δίς, deux, et ὀδούς, dent), genre de poissons de l'ordre des plectognathes, famille des gymnodontes. Ces poissons sont ainsi nommés parce qu'ils ont en effet en avant de la mâchoire deux pièces éburnées, une en haut et l'autre en bas. Ils sont tous des mers des pays chauds, et sont vulgairement appelés *orbes épineux, poissons boules, boursouflés, boursouflus, bourses,* etc. Partout on dédaigne les diodons, parce que leur chair ne peut être mangée ; on les redoute même, parce qu'ils font, avec les épines nombreuses dont leur peau est armée, des plaies très-difficiles à guérir ; on prétend même que plusieurs d'entre eux sont venimeux, et que si on les mange sans leur avoir enlevé le fiel, on s'expose à des accidents graves. Les espèces sont encore assez mal déterminées ; nous citerons parmi elles, *l'atinga* ou *attinga* (*diodon attinga*) qui vit dans les mers du Brésil, ainsi qu'au cap de Bonne-Espérance : il a 0m,48 de long, et peut acquérir assez de grosseur en se boursouflant comme un ballon. Ses piquants sont très-forts, et sa couleur générale est bleuâtre. Une autre espèce est le *guara*, qui fréquente les côtes du Japon et la mer Rouge, où il chasse les crustacés. On doit aussi connaître l'*orbe* ou *poisson armé* de l'Archipel, des Antilles et des Moluques, du Brésil, des côtes sud de l'Afrique, etc. L'espèce qui vit dans la Méditerranée est moins bien connue ; elle a été signalée par Rafinesque comme fréquentant les rivages de la Sicile.   P. GERVAIS.

DIODORE DE SICILE, historien, était né à Argyrium (aujourd'hui San-Filippo-d'Argironne), et consacra sa vie à la rédaction de son histoire universelle, dans la vue de s'instruire, il avait entrepris de fréquents voyages, et fit de longs séjours en divers endroits, notamment à Rome. Nous ne savons guère sur sa vie que les détails qu'il nous a transmis lui-même. Il faut qu'il ait vécu contemporain de Jules-César, puisqu'il dit avoir été en Égypte sous le règne de Ptolémée-Aulète. Il n'a écrit que sous Auguste. Son livre est célèbre sous le titre de *Bibliothèque*. Il se divisait en quarante livres, dont nous avons malheureusement perdu ceux qui nous auraient le mieux éclairés. Nous n'en possédons plus que quinze, et quelques fragments qui viennent la plupart des extraits de Photius et de Constantin-Porphyrogénète. Les trois premiers livres contiennent l'histoire de l'Égypte, de l'Assyrie et des autres peuples barbares ; le quatrième et le cinquième, l'histoire des temps héroïques de la Grèce. De là, jusqu'au onzième, il y a une lacune.

39.

L'expédition de Xercès commence le onzième, et le vingtième finit un peu avant la bataille d'Ipsus, où Antigone fut tué. Nous connaîtrions un peu mieux l'histoire des successeurs d'Alexandre, si les ravages des temps ne nous avaient privés des vingt livres suivants. Le principal mérite de Diodore est dans le soin avec lequel il marque les années des olympiades, les archontes d'Athènes et les consuls de Rome. Il n'est pas aussi exact sur la manière dont il fait accorder les faits avec les années. Du reste, il s'appuie souvent sans choix et sans critique sur des auteurs très-peu dignes de foi, tels que Ctésias, Éphore, Clitarque. P. DE GOLBÉRY.

DIŒCIE, DIOIQUE (de δίς, deux, et οἰκία, maison). Linné a donné le nom de *diœcie* à la vingt-deuxième classe de son système sexuel, qui comprend les végétaux dont les fleurs mâles sont séparées des fleurs femelles, c'est-à-dire se rencontrent sur des pieds différents : le chanvre, le saule, le peuplier, le pistachier, etc., sont des plantes *dioïques*. Il a partagé cette classe en douze ordres : les quatorze premiers, formés d'après le nombre des étamines, portent le nom des douze premières classes (*diœcie-monandrie, diœcie-diandrie*, etc. [*voyez* BOTANIQUE]); le treizième renferme les végétaux dioïques à étamines monadelphes (*diœcie-monadelphie*); le quatorzième est caractérisé par des étamines unies entre elles par les anthères (*diœcie-syngénésie*).

DIOGÈNE *d'Apollonie*, philosophe grec de l'école ionienne, naquit à Apollonie, en Crète. On le distingue aussi quelquefois des autres Diogène par le surnom de *Physicien*. Son père s'appelait Apollothémis, et la seule chose qu'on sache de sa vie, c'est qu'il vint à Athènes, et que ses jours y furent mis en péril par l'envie qu'il excita. Il est à présumer que ses opinions, comme celles d'Anaxagore, parurent contraires à la religion, et que telle fut la cause au moins apparente du danger qu'il courut. Périclès avait soulevé contre lui cette tourbe jalouse de tout mérite éclatant, plus nombreuse à Athènes que partout ailleurs. Mais, trop lâche pour s'attaquer franchement au grand homme qui conduisait avec tant d'habileté le vaisseau de l'État, elle se vengea de son impuissance en frappant ceux qu'il honorait de son estime et de son amitié; et Diogène d'Apollonie fut accusé d'impiété, bien moins pour avoir mis en doute l'existence des dieux que pour avoir mérité la faveur de Périclès. On ignore l'époque de sa naissance et celle de sa mort; mais son contemporain Anaxagore étant né en 500 et mort l'an 428 avant J.-C., on peut affirmer qu'il florissait vers le milieu du cinquième siècle avant l'ère chrétienne. Anaximène son maître avait rapporté l'air à l'origine de toutes choses; le disciple établit une sorte de moyen terme; il enseigna, comme lui, que l'air était la matière de toutes choses, mais que rien ne pouvait être produit de la matière sans la vertu divine inhérente à l'air.

DIOGÈNE, surnommé *le Cynique*, naquit à Sinope, ville de l'Asie Mineure. Il était fils d'un changeur! chose singulière. Celui qui le reste de sa vie se contenta pour toute richesse d'une besace et d'un bâton, fut convaincu d'avoir altéré la monnaie, de complicité avec son père, et obligé de prendre la fuite. Le malheur, qui fut son premier maître, lui apprit à mépriser les biens fragiles que poursuit le vulgaire et à chercher la vertu et l'indépendance dans la philosophie et la pauvreté. Il vint à Athènes, et contraignit une pauvre sorte Antisthène à le recevoir pour disciple, en l'étonnant par le courageuse fermeté. Ce philosophe refusait de l'admettre chez lui, et le menaçait même de son bâton : « Frappe, lui dit Diogène, mais tu ne trouveras pas de bâton assez dur pour m'éloigner de toi. » Antisthène, disciple de Socrate s'était comme lui exclusivement attaché à la philosophie pratique, et avait même outré la sévérité de ses principes en morale, au point que Socrate le blâmait de sa grossière austérité. Diogène enchérit encore sur son maître. Comme lui, il rejetait les spéculations de la philosophie théorique, et faisait consister toute la science dans la pratique de la vertu. Comme lui, il attaquait vivement la dépravation des mœurs de ses contemporains, leur ambition, leur cupidité, et toutes leurs passions aveugles; mais il porta beaucoup plus loin que lui le mépris des usages reçus et des convenances sociales, et traita ses semblables avec plus de dédain et d'ironie.

Doué d'une grande vivacité d'esprit, d'une puissante énergie de caractère, et naturellement ami de la contradiction, il jeta un défi à la société, dont il s'exagérait encore les préjugés et les erreurs; il voulut que sa vie fût un contraste avec celle de ses concitoyens; et, poussant tout à l'extrême, en cherchant à attaquer violemment les ridicules et les travers des hommes, il tomba lui-même, par un excès contraire, dans une autre espèce de travers et de ridicule. A force de vouloir prêcher la morale par l'exemple et donner de la publicité à toutes ses actions, il mena une vie de rues et de carrefours, se rapprocha de ces animaux dont on lui appliqua si justement le nom, et l'on peut dire qu'il compromit les doctrines de Socrate en les traînant dans les ruisseaux d'Athènes. Il voulut se montrer supérieur aux préjugés, apprendre à ne rougir que du mal, et il oublia les lois de la bienséance et de la pudeur. Il voulut réformer les mœurs, et il professa le mépris le plus profond pour les femmes, s'élevant contre le mariage et le poursuivant de ses sarcasmes amers. Il voulut prouver que la vertu consiste à se rendre indépendant de ses désirs, et à se soustraire à tous les besoins qui ne sont point indispensables ; et, en leur imposant de si étroites limites, il en retrancha un grand nombre dont la satisfaction est conforme à notre destination, mutila la nature humaine et la ravala jusqu'à celle de la brute. Il voulut enseigner le mépris des richesses, et il alla aller à une pauvreté plus capable d'inspirer le dégoût que le respect, et il ne craignit pas de s'abaisser jusqu'à tendre la main et à vivre d'aumônes. Il voulut donner l'exemple de l'indépendance, et il donna le scandale du vagabondage, n'ayant point d'habitation, couchant partout où il se trouvait. En un mot, Platon l'a défini d'une manière aussi juste que spirituelle, en le surnommant *Socrate en délire*.

Diogène avait trop de tact pour ne point sentir lui-même l'exagération où il avait porté ses principes. Aussi essayait-il de prévenir ce reproche en disant qu'il était comme les maîtres des chœurs, qui forcent le ton pour y ramener leurs élèves. Quelques traits de sa vie donneront une idée de cet esprit si bizarre et si excentrique. Tout son bien consistait dans une besace pour mettre sa nourriture et ses livres, un bâton, et un large manteau, qu'il fit doubler afin qu'il pût lui servir de vêtement le jour, et la nuit de lit et de couverture. Une écuelle faisait d'abord partie de son équipage ; mais il la brisa comme un meuble inutile, à la vue d'un enfant qui buvait dans le creux de sa main. Il laissait croître sa barbe et ses cheveux, marchait toujours les pieds nus, même quand la terre était couverte de neige, et le plus fort de l'été se roulait dans des sables brûlants. Ce qu'il obtenait de la charité des passants lui suffisait pour se procurer quelques aliments grossiers, les seuls dont il fît usage. Il voulut s'accoutumer à manger de la viande crue; mais il ne put en venir à bout. Il disait, en parlant du portique de Jupiter, où il prenait ses repas et où il couchait souvent, que les Athéniens avaient pris soin de lui élever là un magnifique palais. Quant au tonneau qui lui servait de gîte, Clavier n'ajoute aucune foi à ce que les anciens en racontent. Ce qui a pu donner lieu à cette fable, c'est qu'il passait quelquefois la nuit dans le tonneau qui était à la porte du temple de Cybèle ; mais ce n'était pas là son domicile habituel, et il était rare qu'il couchât deux fois de suite dans le même endroit. « Toutes les imprécations des tragiques, disait-il, se sont réalisées sur moi ; car je suis exilé, sans patrie, sans habitation, errant, mendiant mon pain et vivant au jour le jour; mais ma constance me met au-dessus des rigueurs de la fortune. » Il faisait un jour des efforts pour entrer au théâtre lorsque tout le monde en sortait. On lui demanda pourquoi il allait ainsi en sens contraire de la foule : « C'est, reprit-il, ce que j'ai résolu de faire toute ma vie. » On lui demandait à quel âge il convenait de se marier : « Quand on est jeune, répondit-il, il est trop tôt, quand on est plus âgé, il est trop tard. » Plein de mépris pour le genre humain, il se plaisait à refuser le nom d'homme à ses semblables. On le vit une fois parcourir le marché en plein jour, une lanterne à la main, et disant : « Je cherche un homme. » Il regardait la pudeur comme une faiblesse, prétendant qu'on ne doit rougir que de ce qui est mal, et ne craignait point de manquer aux lois de la décence, en faisant en public tout ce qu'il eût fait dans sa maison : « Si ce n'est point un mal de souper, disait-il, pourquoi ne pas souper au milieu du marché aussi bien que dans une chambre? »

Cette excessive liberté dans ses mœurs et dans ses discours l'ont fait accuser d'immoralité; et un écrivain a dit à ce sujet qu'il ne fallait pas trop regarder au fond de son tonneau. Ces imputations nous paraissent invraisemblables et calomnieuses. Diogène parlait trop souvent contre les vices des hommes, et avait trop d'amour-propre pour se donner ainsi un démenti public. D'ailleurs, il avait l'esprit élevé, et s'il outra le personnage de philosophe, ce fut chez lui le fait de la vanité et non de l'hypocrisie; plusieurs de ses actions et de ses paroles, que l'histoire nous a conservées, prouvent qu'il fut consciencieux dans son amour pour la vertu, et s'il n'eût pas joui d'une estime méritée, le roi de Macédoine n'eût jamais dit de lui : « Si je n'étais Alexandre, je voudrais être Diogène. » Fait prisonnier par des pirates, et vendu comme esclave, il fut acheté par Xéniades, riche Corinthien, qui sut l'apprécier, et lui confia l'éducation de ses fils. Diogène les accoutuma à tous les exercices propres à former le corps, mais seulement pour fortifier leur santé, développer en eux la vigueur et l'adresse, et non pour en faire des athlètes. Il les habitua à se passer de chaussures, à ne boire que de l'eau, à être simples dans leurs vêtements, silencieux et modestes dans leur maintien. Il leur fit apprendre par cœur les plus beaux morceaux des poètes et des écrivains, et composa pour eux un traité de morale et plusieurs ouvrages qui malheureusement ne sont point venus jusqu'à nous. Ses élèves le chérissaient, et Xéniades disait partout qu'il lui semblait qu'un bon génie était venu s'établir dans sa maison.

Diogène avait souvent à la bouche des maximes pleines de sens et d'une véritable philosophie. « Tout est commun, disait-il, entre le sage et ses amis. Il est au milieu d'eux comme l'être bienfaisant au milieu de ses créatures. — Il n'y a pas de société sans loi ; mais si les lois sont mauvaises, l'homme est le plus malheureux dans la société que dans la nature. — La gloire est l'appât de la sottise; la noblesse en est le masque. — Le triomphe de soi-même est la consommation de la philosophie. — Le médisant est la plus cruelle des bêtes farouches; le flatteur la plus dangereuse des bêtes apprivoisées. — Il faut résister à la fortune par le mépris, à la loi par la nature, aux passions par la raison. — On doit traiter les grands comme le feu : il faut être jamais ni trop loin ni trop près. » Zénon d'Élée essayait un jour de lui prouver que le mouvement est impossible; Diogène se mit à se promener devant lui : « Que fais-tu ? lui demanda Zénon ? Je réfute tes arguments, reprit Diogène. » Platon avait défini l'homme un animal à deux pieds sans plumes; Diogène pluma un coq, et, le jetant au milieu de son école : « Mes amis, dit-il, voilà l'homme de Platon. »

Ses bons mots contribuèrent autant que ses mœurs à la célébrité dont il a joui, et l'antiquité ne nous offre personne qui ait brillé autant que lui par la justesse de ses à-propos, la causticité de son esprit, la finesse et l'originalité de ses saillies. Un sophiste voulait un jour faire parade devant lui de sa subtilité : « Vous n'êtes pas ce que je suis, lui dit-il; or : je suis un homme, donc vous n'êtes pas un homme. — Ce raisonnement serait vrai, répondit Diogène, si tu avais commencé par dire que tu n'es pas ce que je suis; car tu aurais conclu que tu n'es pas un homme. » Il demandait une mine (90 fr.) à un jeune homme prodigue. « Pourquoi une somme si considérable, dit le passant, quand tu ne demandes aux autres qu'une obole ? — C'est, répliqua Diogène, parce que j'espère que les autres me donneront encore, tandis qu'il est fort douteux que tu me donnes une seconde fois. » — Le riche Midias lui donna un jour un soufflet lui disant : « Va te plaindre, et tu auras 3,000 drachmes d'amende. » Diogène, le lendemain, se munit d'un gantelet d'athlète, et donna un violent coup à Midias, et lui remit les 3,000 drachmes. — Il disait que l'or est de couleur pâle, parce qu'il a beaucoup d'envieux. — Étant entré dans un bain dont l'eau lui parut fort sale : « Après s'être baigné ici, demanda-t-il, où va-t-on se laver ? » — On le voyait un jour demander l'aumône à une statue : « Es-tu fou, Diogène? lui dit-on. — Non, reprit-il : ce que j'en fais est pour m'accoutumer aux refus. » — Apercevant le fils d'une courtisane qui jetait des pierres au milieu d'une troupe d'hommes : « Enfant, s'écria-t-il, prends garde de frapper ton père ! » — Un homme décrié avait fait placer sur sa maison cette inscription : « Qu'il n'entre rien de mauvais par cette porte! — Et le maître du logis, demanda Diogène, par où donc entrera-t-il ? »

Sur la fin de sa vie, Diogène passait l'hiver à Athènes, et l'été à Corinthe, et il disait qu'il était aussi heureux que le roi des Perses, qui partageait son temps entre Suse et Ecbatane. Lorsqu'il était à Corinthe, il se tenait ordinairement dans le Cranion, gymnase voisin de cette ville, où se rendaient ceux qui voulaient jouir de son entretien. C'est là qu'Alexandre, avant de partir pour l'Asie, eut avec lui cette entrevue si célèbre, où, après avoir admiré l'originalité de sa conversation, aussi facile que piquante, il lui dit de lui demander ce qu'il voudrait : « Retire-toi un peu de ce côté, répondit Diogène, tu me prives de mon soleil. » Ce fut dans ce même endroit qu'on le trouva mort, la quatre-vingt-dixième année de son âge. Il fut enterré près de la porte de Corinthe, sur la route qui conduisait au Cranion, et l'on plaça sur son tombeau un chien en marbre de Paros. On prétendit qu'il avait hâté sa fin en retenant sa respiration; mais cette supposition ne repose sur rien, et il est beaucoup plus probable qu'à un âge aussi avancé la respiration lui manqua d'elle-même. Par un rapprochement assez singulier, il mourut la même année qu'Alexandre. S'il nous est permis d'en faire un autre entre ces deux grands hommes d'un mérite si différent, qui plaçaient la gloire, l'un à vaincre les nations, l'autre à triompher de soi-même, et qui se croyaient chacun le premier des hommes, l'un parce qu'il était chargé de la dépouille des rois, l'autre parce qu'il était revêtu de haillons, c'est que tous deux eurent affaire à un ennemi commun qui fut plus fort que tous deux, qui les tint tous deux constamment asservis : cet ennemi, ce fut la vanité.
C. M. PAFFE.

DIOGÈNE, philosophe et biographe grec, surnommé *Laërce*, parce qu'il était de la ville de Laërte, en Cilicie, vivait, à ce qu'on croit, sous les empereurs Septime-Sévère et Caracalla, et nous a laissé un ouvrage précieux en dix livres, contenant la vie, les opinions et dits mémorables des anciens philosophes. Sa vie nous est absolument inconnue. On croit cependant qu'il appartenait à la secte d'Épicure. Nous n'entrerons pas dans l'examen critique de son ouvrage; mais, sans accorder une place distinguée à Diogène Laërce parmi les grands écrivains originaux de l'antiquité, sans chercher à défendre sa prose, et moins encore ses vers, nous n'hésiterons à le classer parmi les savants utiles et laborieux qui ont rendu le plus de services aux études philosophiques. Il nous a conservé un grand nombre de faits et de dogmes dont la perte eût laissé une lacune irréparable dans l'histoire des égarements de l'esprit humain. La première édition grecque de son ouvrage est de Bâle (1533, in-4°). Le dixième livre, contenant la vie et les dogmes d'Épicure, a mérité l'attention exclusive de Gassendi, qui l'a publié à part, et y a ajouté un commentaire étendu. Les deux lettres d'Épicure, extraites de ce travail et qui résument sa doctrine, ont été réimprimées en 1813, à Leipzig, par les soins du savant Schneider, qui y a joint d'excellentes notes critiques. Diogène a été traduit plusieurs fois dans notre langue.

DIOÏQUE. *Voyez* DIOECIE.

DIOIS (*Pagus Diensis*), pays de France, dans l'ancienne province du Dauphiné, dont Die était la capitale. Il s'étendait vers les montagnes, entre le Grésivaudan, le Gapençois et le Valentinois ; il avait environ cinq myriamètres de longueur sur autant de largeur. Le premier comte du Diois fut Guillaume (950) fils de Boson II, comte de Provence. A la mort d'Isarn (1116), qui avait commandé une partie de l'armée des croisés, le Diois fut réuni au marquisat de Provence, puis donné en 1189 à Aimar II de Poitiers, comte de Valentinois. Le Diois fut vendu en 1404 au roi Charles VI par Louis de Poitiers son dernier comte. Il est aujourd'hui compris dans le département de la Drôme.

DIOMÈDE, l'un des plus vaillants guerriers grecs au siége de Troie, et souverain d'une partie de l'Argolide, était fils de Tydée, qui avait épousé Déiphyle, fille d'Adraste, roi d'Argos, et qui fut tué au premier siége de Thèbes. Chaque personnage a dans l'*Iliade* son caractère distinctif. Il serait néanmoins difficile d'assigner à Diomède un rôle particulier ; cependant on le trouve presque toujours dans la société d'Ulysse, partageant ses votes, ses résolutions, ses tentatives délicates, soit que Diomède eût sa part naturelle de cette finesse répartie à Ulysse, soit que le rusé souverain de la petite île d'Ithaque eût trouvé le moyen de captiver et de dominer l'esprit de l'autre chef. Quoi qu'il en soit, leur liaison avait précédé l'expédition contre Troie. Pausanias attribue la mort du célèbre Palamède à un guet-apens de Diomède et d'Ulysse, qui le noyèrent dans une partie de pêche, selon les uns, et selon Dictys de Crète le précipitèrent dans un puits dont ils comblèrent l'orifice. Arrivés devant Troie, c'est Ulysse et Diomède qui s'introduisent la nuit dans le camp troyen, massacrent Rhésus et dérobent ses chevaux. Les deux mêmes guerriers sont choisis par le conseil des Grecs, pour aller chercher dans l'île de Lemnos Philoctète et ses précieuses flèches, héritage d'Hercule, sans lesquelles Troie ne pouvait être prise. Enfin, tous deux s'introduisent jusqu'au sein de la ville ennemie, déguisés en mendiants, et ravissent le palladium, cette statue de Minerve à laquelle étaient attachés les destins d'Ilium. Cependant Homère accorde à Diomède autant de bravoure et d'audace que d'empressement à seconder les ruses d'Ulysse. Le cinquième chant de l'*Iliade* porte pour épigraphe : *Les Exploits de Diomède* ; et en effet on le trouve rempli des prouesses de ce héros. Quintus de Smyrne, qui paraît avoir recueilli des détails de tradition omis dans l'*Iliade*, rapporte qu'après la mort des deux Ajax, et plusieurs terribles échecs essuyés par l'armée grecque, Agamemnon voulait lever le siége, mais que Diomède s'y opposa de toute son énergie, et entraîna le suffrage de l'armée.

Après la prise de Troie, les chefs grecs eurent des destins divers. Diomède retourna dans ses États. Mais on sait que le retour des vainqueurs d'Ilium fut suivi de nombreuses révoltes, d'usurpations et de migrations lointaines. Diomède, chassé de son petit royaume par une sédition, passa en Italie, et fonda dans cette partie méridionale appelée aujourd'hui la *Pouille*, la ville d'*Argos Hippium*, depuis *Argyrippe*, et ensuite *Arpi*. Cet aventurier célèbre donna son nom à deux îles de l'Adriatique, situées en face de l'Apulie ; et le champ de bataille même où Annibal défit les Romains, près de Cannes, s'appelait *Champs de Diomède* (*voyez* DAUNIE). Il faut que la domination de Diomède se soit encore étendue au delà de l'Adriatique, car Pline mentionne dans la Liburnie un promontoire de Diomède, qui n'aurait pas reçu cette appellation si les vaisseaux de ce prince n'en eussent fait une station comprise dans ses dépendances.   F. GAIL.

DIOMÈDE, fille de Phorbas, roi de Lesbos, amante d'Achille. Une autre Diomède, fille de Xuthus, fut l'épouse de Déion. C'est aussi le nom d'une fille de Lapithe, épouse d'Amyclès, dont elle eut Hyacinthe et Cynortas, et enfin de l'épouse de Pallas et de la mère d'Eurychus.

DIOMÈDE (Champs de). *Voyez* DAUNIE.

DIOMÈDES, fils d'Arès ou de Mars et de Cyrène, roi des Bistoniens, peuple de Thrace, nourrissait de chair humaine ses quatre chevaux appelés *Lampos*, *Deinos*, *Xanthos* et *Podargès*, en punition de quoi il fut, par ordre d'Eurysthée, mis à mort par Hercule.

DION, *de Syracuse*, fils d'Hipparynus, parent des deux tyrans Denys, était disciple et ami de Platon, qui lui reprochait souvent de gâter ses vertus naturelles par trop d'austérité et de persistance dans ses volontés. « Sachez, lui dit-il un jour, que dans la vie l'obstiné finit par rester seul. » Dion avait joui du plus grand crédit sous Denys l'*Ancien*, à qui il se rendait particulièrement utile par son habileté dans les négociations. Ce tyran, se sentant près de mourir, songeait à admettre à une portion de son héritage les enfants qu'il avait eus de la sœur de Dion, sa seconde femme ; mais Denys *le Jeune*, né de la première, prévint ce coup fatal à son ambition, en faisant administrer à son père un breuvage qui hâta sa dernière heure. Le nouveau tyran se lassa bientôt de l'austérité de Dion. Non content de le proscrire (an 360 av. J.-C.), et de lui ôter sa femme Arété pour la donner à un autre, il eut le corrupteur du fils de l'illustre banni. Il ordonna qu'on élevât ce jeune homme de manière que tout lui fût permis, et qu'il s'abreuvât des plus honteuses voluptés. Avant qu'il fût pubère, on lui amenait des courtisanes ; on le chargeait de viandes et de vin, on lui défendait la sobriété, comme à tout autre on défend l'intempérance. Et quand plus tard l'austère Dion, rappelé à Syracuse, voulut ramener son fils à des habitudes de modération et de décence, ce malheureux jeune homme, incapable de renoncer à ces jouissances, qui pour lui étaient devenus des besoins, préféra la mort. Il se précipita du haut de la maison.

Durant son exil, Dion parcourut la Grèce, où, au rapport de Plutarque, il attira les regards et se concilia l'admiration des peuples. Les Lacédémoniens lui conférèrent le titre de citoyen, malgré l'opposition du tyran Denys, leur allié. Nous avons déjà indiqué dans la notice sur DENYS *le Jeune*, le premier retour de Dion à Syracuse. Pendant que le tyran va chercher un asile chez les Locriens, Dion, reçu par les Syracusains comme un libérateur (an 359 av. J.-C.), aurait pu rendre durable et utile à ses concitoyens la révolution qu'il venait d'opérer, mais il repoussait les cœurs par un froid accueil et par la sévérité de son maintien. Et cependant Platon, son fidèle conseiller, lui écrivait alors que, pour être utile aux hommes, il faut commencer par leur être agréable. Dion trouva d'ailleurs à Syracuse un adversaire redoutable : c'était Héraclide, commandant de la flotte syracusaine. Après avoir d'abord secondé le mouvement révolutionnaire contre Denys, celui-ci laissa, au grand mécontentement du peuple, échapper le tyran. Pour se faire pardonner cette trahison, il proposa un partage des terres. Dion s'y opposa, et il n'en fallut pas davantage pour qu'Héraclide regagnât en popularité tout ce que perdait son rival. Les liens de parenté qui existaient entre Dion et le tyran déchu étaient de nature à le rendre suspect au peuple. Héraclide exploita habilement cette circonstance. Denys *le Jeune* avait écrit d'Italie à Dion une lettre insidieuse, dans laquelle il l'exhortait à garder le pouvoir qui lui était confié. Cette lettre, lue dans l'assemblée du peuple, accéléra le succès des intrigues d'Héraclide; et Dion, en butte à la haine publique, se retira chez les Léontins. Cependant les troupes de Denys, toujours maîtresses de la citadelle, fondent pendant la nuit sur la ville, massacrent et pillent les habitants. Les Syracusains rappelèrent Dion, qui mit en fuite les troupes de Denys et les força de se retirer dans la citadelle. Il en forme derechef le siége; mais un nouveau partage de terres qu'avaient provoqué en son absence ses adversaires politiques, et qu'il fit casser, l'expose encore une fois au ressentiment du peuple. Héraclide recommence ses cabales. Gésile de Lacédémone les réconcilie, et ils continuent de concert le siége de la citadelle, qui cède à leurs efforts réunis. Dion retrouva alors sa femme Arété; il ne lui fit aucun reproche, et lui rendit toute sa tendresse.

Dès ce moment, il vécut dans Syracuse avec la simplicité d'un homme privé, mais avec un pouvoir d'autant plus étendu qu'il n'était ni accordé, ni défini. Convaincu que sans de salutaires restrictions, la liberté qu'il venait de rendre à sa patrie dégénérerait en licence, et que de la licence Syracuse retomberait dans la tyrannie, il prétend modeler la constitution de sa patrie sur l'aristocratie modérée de Sparte. Héraclide s'oppose à ses desseins; Dion s'en irrite. Dans une contestation avec ce démagogue, il cite cette sentence d'Homère : *Que l'État ne peut être bien gouverné par plusieurs maîtres*. Ce mot le mit en butte à la haine publique : car Dion semblait avoir déclaré par là qu'il voulait être le seul maître. Il s'appliqua, non point à regagner les esprits par la complaisance, mais à comprimer toute opposition par la violence; il fit assassiner Héraclide. La fermentation devient générale. Dion veut conjurer l'orage en faisant des funérailles magnifiques à sa victime : ce fut en vain. Il espère aussi pouvoir anéantir les restes du parti qui lui était contraire, en distribuant aux soldats les biens de ceux qui avaient été contraints de s'exiler. Ces largesses rendirent ses satellites plus exigeants, et pour les contenter, Dion, après avoir épuisé sa fortune, se vit réduit à ne pouvoir plus dépouiller que ses partisans. Il perdit ainsi l'affection des grands en cherchant à gagner celle des soldats. Ceux-ci, à leur tour, murmurèrent lorsqu'il n'eut plus rien à leur donner, et le peuple, enhardi par leur exemple, ne cessait de répéter qu'il n'était plus possible de supporter tel maître. L'Athénien Callipe, sous le voile de l'amitié, conspire contre Dion au grand jour et du consentement de Dion lui-même. Il lui persuade que toutes les démarches qu'il fait en apparence contre lui n'ont d'autre but que de lui faire connaître ses adversaires, afin de pouvoir s'en délivrer. Dion, en se prêtant à cette lâche politique (trop suivie de nos jours avec d'autres conditions), mérita bien son sort. Callipe, ayant pu ainsi prendre toutes ses mesures, entoure de soldats la maison de Dion, qui succombe sous le fer d'un Syracusain, nommé Lycon (an 354 avant J.-C.).

Sa mort désarma les haines. Le peuple, qui de son vivant l'appelait sans cesse tyran, ne le nomma plus que le *libérateur de la patrie, le fléau des tyrans*, et lui fit faire de magnifiques obsèques. Dion avait cinquante-cinq ans; c'était la quatrième année depuis son retour du Péloponèse. La relation de Diodore relativement à ce Syracusain ne nous est parvenue que tronquée. Ne blâmons point Platon d'avoir, dans un traité spécial, présenté sous le jour le plus favorable et peint en beau Dion, qui avait été son disciple et son ami. Après lui Plutarque, le panégyriste des héros grecs, n'a pas manqué de déguiser les fautes de Dion. L'auteur d'*Anacharsis* a encore enchéri sur la partialité de Plutarque; il a fait de ce Syracusain le héros d'un roman historique, et a su dissimuler ses fictions sous l'appareil de citations matériellement vraies, mais dont il a exagéré le sens. Un biographe, Cornelius Nepos, avait cependant dit la vérité sur Dion.   Charles Du Rozoir.

DION (Cassius Cocceianus), historien, né à Nicée, vécut au troisième siècle; il écrivit l'histoire de Rome, depuis l'arrivée d'Énée en Italie jusqu'à l'année de son consulat, an 229 de J.-C. Son livre est, sans contestation, l'un des plus utiles, surtout à raison de la perte de beaucoup de livres de Tacite. Il vécut sous les empereurs Commode, Pertinax, Sévère, Caracalla, Macrin, Héliogabale et Alexandre. Par sa mère, il descendait de Dion Chrysostome; son père se nommait Cassius Apionanus, était sénateur romain, et gouverna la Dalmatie et la Cilicie. Dion Cassius lui-même avait été nommé par Macrin gouverneur de Pergame et de Smyrne; il avait commandé en Afrique et en Pannonie. Là il réprima avec fermeté une sédition des prétoriens, qui demandèrent ensuite vainement sa tête à Alexandre. Après son consulat, dans lequel il ne déploya pas moins de fermeté, il retourna en Bithynie, sa patrie, où il s'occupa de son histoire. D'abord, il avait composé un petit traité sur les présages qui avaient annoncé l'empire à Sévère, lequel lui en fit des remercîments dans une lettre. Cette lettre lui exalta l'esprit, au point que dans un songe il vit le Génie de l'histoire qui lui ordonnait d'écrire les annales de Rome. Dion · fut assez soigneux, et passa dix ans à ramasser les matériaux de son ouvrage, et douze à le composer. On le traite généralement avec beaucoup de sévérité; on lui refuse le discernement, l'esprit de critique; on l'accuse de n'être qu'un froid compilateur. Toutefois, il a pour lui une grave autorité, celle de Niebuhr, qui en rehausse beaucoup le mérite. Ce savant allemand a publié un fragment bien important de Dion, et l'a restitué avec un rare bonheur. L'histoire romaine avait 80 livres, qui allaient jusqu'à la septième année du règne d'Alexandre Sévère. Il nous manque les 34 premiers, presque tout le 35e et le commencement du 36e, et nous n'avons d'entier que les suivants, jusques et y compris le 54e. Les six suivants, qui vont jusqu'à la mort de Claude sont manifestement tronqués, et quant aux vingt derniers, on n'en a que des fragments. Heureusement que nous en avons un extrait dans le sommaire qu'en a fait Xiphilin, à partir du 32e livre. Trop souvent Dion se montre l'ennemi des plus grands hommes, tels que Cicéron, Brutus, Sénèque. C'est apparemment qu'il suivait des écrits contemporains comme ceux d'Asinius Pollion, où César et Cicéron n'étaient pas trop favorablement traités. Suidas dit qu'outre son histoire, il écrivit aussi la vie du philosophe Arrien, une partie des actions de Trajan, et quelques itinéraires. Au siècle dernier, Falconi fit grand bruit de la prétendue découverte des vingt-un premiers livres de Dion, mais on reconnut bientôt la fraude. Ce n'étaient que des extraits de Plutarque, combinés avec des extraits de Zonaras.   P. de Golbéry.

DION CHRYSOSTOME. Il est impossible d'indiquer avec exactitude la date de la naissance et celle de la mort de ce philosophe. Cependant toutes les probabilités placent ces deux événements dans les années 30 et 116 de notre ère. Pruse en Bithynie fut sa patrie. Ses ancêtres et particulièrement son père Poïcrate y avaient occupé la première magistrature, non sans un notable dommage pour la fortune de cette famille. Dion héritait en même temps de l'amour généreux de ses ancêtres pour leur ville natale, et de la confiance de ses concitoyens. Appelé par eux à l'administration de Pruse, il les servit avec le même zèle et la même libéralité. Son éducation lui ouvrait cependant une carrière plus lucrative et plus brillante, celle du barreau; l'étude de l'art oratoire avait été sa première occupation, et le désir des succès lui procura la première passion de sa jeunesse. L'art des rhéteurs l'avait séduit d'abord. Mais ses voyages en Égypte, l'étude de l'histoire, et surtout celle de la philosophie l'eurent bientôt rappelé au sentiment de la véritable éloquence. Platon et Démosthène devinrent et restèrent toute sa vie ses auteurs favoris. Injustement accusé dans une sédition causée à Pruse par la disette, menacé dans ses propriétés et dans sa vie même, il eut occasion de prouver dans un discours qu'il prononça pour son apologie, et qui nous est parvenu, combien il avait profité à l'école de ces grands hommes.

Dion se rendit à Rome, où il se lia avec des personnages considérables. En butte bientôt aux fureurs de Domitien, qui venait de faire périr un de ses amis, et qu'il avait bravé lui-même, notre orateur ne crut pouvoir se soustraire au péril que par la fuite. Consulté par lui, l'oracle de Delphes lui avait conseillé de continuer à voyager jusqu'à ce qu'il fût parvenu aux extrémités de la terre. Il obéit à l'oracle, et erra pendant de longues années, inconnu, pauvre, et déguisé sous des vêtements grossiers. Seul, sans argent et sans aucun appui, cet homme d'une constitution peu robuste et habitué à toutes les délicatesses de la vie, fut obligé, pour vivre, de se livrer aux plus rudes travaux, plantant des arbres, bêchant la terre et tirant de l'eau pour les bains ou pour le soin des jardins. Il n'avait emporté avec lui qu'un dialogue de Platon et une harangue de Démosthène. Ce furent là ses seules consolations, ses seuls soutiens pendant un long exil. Après avoir erré dans la Thrace, en Mysie et chez les Scythes, il pénétra dans le pays des Gètes, au milieu desquels il demeura longtemps, et dont il écrivit depuis l'histoire, malheureusement perdue pour nous. Souvent pris pour un mendiant ou un vagabond, son *mérite*, qu'il ne pouvait cacher comme son nom, réunissait souvent aussi autour de lui une multitude avide de l'entendre, et il cédait alors au désir d'être utile à ceux qui l'écoutaient.

La mort de Domitien (l'an 96) mit enfin un terme à l'exil de Dion. A la nouvelle de l'élection de Nerva, son ami, il accourut au camp romain le plus voisin, et voyant les soldats indécis et en tumulte : « Ulysse, quitte enfin ton vil déguisement ! » s'écria-t-il comme ce héros dans l'Odyssée, et, se faisant connaître, il les détermina par son éloquence à se prononcer pour le nouvel empereur. De retour à Rome, où il fut accueilli avec joie, Dion, retenu par une longue maladie, fruit des souffrances de l'exil, ne put profiter de la faveur de Nerva, dont le règne fut si court. Le grand et bon Trajan s'empressa de le dédommager par la sienne. Rendu à sa ville natale, notre orateur-philosophe n'eut rien plus à cœur que de consacrer à son embellissement ce qu'il put soustraire aux embarras de sa fortune. Mais d'avares concitoyens, peu jaloux de contribuer à une dépense publique, le calomnièrent. On alla jusqu'à l'accuser d'un crime de lèse-majesté. Heureusement, Pline le Jeune était proconsul en Bithynie, et Dion avait Trajan pour juge. L'empereur méprisa l'accusation. Mais l'ingrate patrie du philosophe ne cessant de lui susciter des dégoûts, il se retira à Rome. Trajan, charmé de son savoir, de son esprit et de son éloquence, le combla de distinctions et de témoignages d'amitié. « Je ne comprends pas tout dans ce que vous dites, lui disait un jour ce prince ; cependant vous m'enchantez, et je vous aime comme moi-même. » Lorsqu'il triompha des Daces, il voulut que Dion se plaçât à ses côtés sur son char, et il se plut à s'entretenir familièrement avec lui durant toute la cérémonie du triomphe.

Dion mourut dans un âge fort avancé, ne laissant après lui qu'un fils des enfants qu'il avait eus pendant son mariage. Peu de philosophes, même chrétiens, ont eu un sentiment plus vrai et plus profond d'humanité que Dion. On voit que sa droiture et ses malheurs lui avaient inspiré pour ses semblables une bienveillance et une compassion sincères ; ses écrits, comme sa vie, signalent en lui l'heureuse harmonie du courage avec la modération, la douceur et la bonté. Son éloquence et son style sont empreints de ces caractères. La vigueur, la chaleur et l'élévation ne lui manquent point quand l'occasion les requiert. Mais la grâce, ainsi qu'une noble et élégante simplicité, est sa qualité habituelle. Quoique l'on reconnaisse dans ses compositions le disciple et l'admirateur zélé de Platon et de Démosthène, sa manière se rapproche beaucoup plus de celle de Lysias que du génie de ces deux grands hommes.

Le temps nous a conservé quatre-vingts discours de Dion.

Peu d'écrits nous ont paru exhaler un parfum plus suave de grâce et de simplicité antiques que le tableau du bonheur de deux familles pauvres et solitaires, qui remplit la première partie du discours intitulé l'*Euboique*. C'est dans cette narration naïve que Fénelon, à qui les écrivains de l'antiquité étaient si familiers, nous paraît avoir puisé l'idée de sa charmante histoire d'*Aristonoüs*. Les quatre discours *sur la Royauté* ou *les devoirs d'un prince*, et surtout le premier, offrent, dans le tableau des vertus nécessaires à un bon roi, un panégyrique de Trajan présenté sous une forme heureuse. Dion repousse tout soupçon de flatterie, en rappelant qu'il n'avait pas craint d'attaquer ouvertement dans un de ses discours la tyrannie du farouche Domitien.

Nous ne citerons plus qu'un des discours de Dion : celui qu'il prononça à Troie, et dont le but est de réfuter l'opinion généralement reçue sur la prise de cette ville par les Grecs. Les faits rappelés par l'orateur et les inductions qu'il en tire nous ont paru un travail trop sérieux pour que nous puissions n'y voir en définitive qu'un simple jeu d'esprit. Son argumentation nous paraît si pressante, les faits, comme il les rétablit d'après un récit qu'il dit lui avoir été fait en Égypte, semblent si vraisemblables, et ses inductions si plausibles, qu'à peine si une notoriété admise depuis trois mille ans nous paraît suffire pour la faire rejeter. On lui doit en outre une dissertation pleine de goût, dans laquelle il examine et compare les trois tragédies composées par Eschyle, Sophocle et Euripide, et dont *Philoctète* est le héros.

AUBERT DE VITRY.

DIONÉE, fille de l'Océan et de Téthys, ou bien d'Uranus et de Géa, eut de Jupiter Aphrodite, qui porte aussi quelquefois ce nom. — Une autre Dionée, fille d'Atlas, eut, de Tantale, Pélops et Niobé.

DIONÉE (de διώνη, un des noms de Vénus), genre de la famille des droséracées, ne renfermant qu'une seule espèce, la *dionea muscipula*, vulgairement nommée *attrape-mouche*. Ce dernier nom indique que cette plante jouit d'une propriété analogue à celle de l'*apocynum androsæmifolium*. Mais les phénomènes d'irritabilité qui se manifestent dans les fleurs de l'apocyn ont pour siège les feuilles de la dionée. Ces feuilles, toutes radicales, étalées sur la terre, offrent un large pétiole aplati comme celui de l'oranger ; leurs deux lobes, bordés de longs cils, ont leur surface garnie d'une multitude de glandules rouges. Au moindre contact, ils se rapprochent ; si quelque insecte vient s'y reposer, il se trouve aussitôt renfermé dans une étroite prison, et plus il fait d'efforts pour s'échapper, plus les lobes irrités se resserrent. Cette curieuse propriété fait rechercher cette plante, que l'on n'élève que difficilement dans nos serres. Il lui faut une température humide constante, comme celle des lieux marécageux de la Caroline du sud, où elle croît naturellement.

Les autres caractères de la dionée sont : Calice persistant, à cinq folioles glanduleuses sur les bords ; corolle à cinq pétales obtus ; dix à quinze étamines ; anthères arrondies ; style court, cylindrique ; stigmate lobé ; capsule à une seule loge, renfermant vingt à trente graines noires, très-petites, luisantes, coniques. Les fleurs sont élégantes, assez grandes, blanches, et au nombre de dix environ disposées en corymbe au sommet d'une hampe, qui, comme les feuilles, sort d'une racine écailleuse.

Le surnom de Vénus qu'Ellis a choisi pour nommer cette plante, s'explique facilement quand on jette un regard sur les feuilles alternativement ouvertes et fermées de la dionée : c'est ainsi que les conchyliologistes avaient précédemment appliqué le nom de *Vénus* à certaines coquilles dont l'aspect offre les mêmes analogies.

DIONIS. Nom d'une famille qui s'est distinguée dans la médecine, dans la magistrature, dans les sciences et dans les lettres.

Pierre DIONIS, Parisien, l'un des plus célèbres chirurgiens du dix-huitième siècle, fut nommé par Louis XIV à la chaire d'anatomie et de chirurgie récemment fondée au Jardin du Roi, et devint successivement premier chirurgien de la reine, du dauphin, de la dauphine et des enfants de France. Il mourut à Paris le 11 décembre 1718, dans un âge très-avancé, laissant divers ouvrages, les suivants, entre autres, qui se recommandent par la vaste érudition, la pureté du style et l'excellence de la doctrine et de la méthode : un *Traité sur les opérations*, le plus ancien bon livre sur cette matière, guide des professeurs et des élèves pendant un siècle, et depuis recherché et consulté par les praticiens; une *Anatomie de l'homme suivant la circulation du sang*; un *Cours d'opérations de chirurgie au Jardin du Roi*; une *Dissertation sur la mort subite*; un *Traité général des accouchements*, etc. Tous les ouvrages de Dionis ont eu plusieurs éditions, et ont été traduits en diverses langues de l'Europe : le second l'a même été en tartare, par ordre de l'empereur Kang-hi, pour servir à l'instruction des médecins de la Chine.

Charles DIONIS, mort à Paris le 18 août 1776, docteur-médecin de la faculté de Paris, est auteur d'une *Dissertation sur le ténia ou ver solitaire, avec une lettre sur la poudre de sympathie, propre contre le rhumatisme*.

Louis-Achille DIONIS DU SÉJOUR, conseiller à la cour des aides de Paris, dont il était le doyen à l'époque de la révolution de 1789, mourut plus que nonagénaire, vivement regretté pour ses qualités aimables, son savoir et son intégrité. Il a laissé des *Mémoires sur l'histoire de la Cour des aides*, et quelques observations sur la physique, insérées dans l'histoire de l'Académie des sciences.

Achille-Pierre DIONIS DU SÉJOUR, son fils, né à Paris le 11 janvier 1734, fut reçu, en 1758, conseiller au parlement, et en 1765 associé libre de l'Académie des sciences, pour s'être livré avec succès à l'étude de la physique et des mathématiques, et avoir publié deux ouvrages de ces sciences avec Goudin, son ami et son compagnon d'études. Il en fit paraître successivement une foule d'autres, qui l'ont placé parmi les géomètres, les astronomes et les physiciens les plus distingués du dix-huitième siècle. Ils figurent tous honorablement dans les mémoires de l'Académie des sciences, dont il était devenu membre titulaire. Son *Traité analytique des mouvements apparents des corps célestes* a fait époque dans l'histoire de l'astronomie, malgré la longueur des formules trop chargées d'analyse. Dionis était membre des Académies de Stockholm, Gœttingue et de la Société royale de Londres. Sa passion pour les sciences ne l'empêchait pas de remplir ses fonctions de magistrat avec autant de zèle que d'activité, et de les honorer par des actes de bienfaisance et d'humanité. Aimable, gai, maniant la plaisanterie avec esprit et avec grâce, il aimait la société, la musique et les spectacles. Député de la noblesse à l'Assemblée constituante, en 1789, il y soutint les principes d'une sage liberté, et fit rendre au célèbre Lagrange la pension dont un décret général l'avait privé. Le chagrin que causèrent à Dionis les sanglants excès du gouvernement révolutionnaire et la triste fin de plusieurs de ses confrères au parlement, hâtèrent les progrès d'une maladie aiguë, qui l'enleva, le 22 août 1794, à Angerville, auprès de son vieux père, qui lui survécut quelques années. Un mémoire sur les équations, qu'il se proposait de publier, disparut après sa mort, et n'a pas été retrouvé.

Mlle DIONIS, probablement fille et petite-fille de Charles et de Pierre Dionis, dont il a été question ci-dessus, naquit à Paris vers 1759, et n'avait que dix-huit ans lorsqu'elle publia *l'Origine des grâces*, poème en cinq chants et en prose (Paris, 1777, in-8°), réimprimé en 1778, avec figures de Cochin et portrait de l'auteur sur le frontispice. Cette production, citée avec éloge dans les *Mémoires de Bachaumont*, se distingue par l'invention, le plan, la délicatesse et le naturel. Elle est suivie de quelques pièces anacréontiques en prose, dont la plus remarquable est l'idylle *le Bienfait rendu*. Mlle Dionis est morte en 1834. H. AUDIFFRET.

DIONYSIAQUE (Période) ou CYCLE DIONYSIEN. *Voyez* CYCLE.

DIONYSIAQUES ou **DIONYSIES**, fêtes champêtres en l'honneur de Bacchus, et qu'il ne faut pas confondre avec les Bacchanales. Elles se célébraient dans l'Attique, au mois posédion, à l'époque des vendanges. Au nombre des réjouissances auxquelles on s'y livrait, il faut citer les ascolies et certaines représentations dramatiques. Aux Dionysiaques succédaient les fêtes dites Haloées, puis les Lenœes, au mois de chamélion, lesquelles étaient particulières à la seule ville d'Athènes. On se réunissait en un grand festin pour lequel l'État fournissait la viande, et au sortir de table, une grande procession avait lieu à travers les principales rues. Après les Lenœes venaient les *Anthestéries*, célébrées les 11, 12 et 13 du mois anthesterion, et dans lesquelles on buvait pour la première fois du vin nouveau. Au banquet qui avait lieu le second jour, les convives, couronnés de fleurs, se portaient mutuellement des vœux au bruit des trompettes, et la femme de l'archonte-roi faisait un sacrifice au dieu pour la prospérité de l'État. Le troisième jour, on en offrait d'autres à Hermès-Chthonique et aux esprits des morts. Les grandes dyonisiaques ou dionysies urbaines clôturaient ces fêtes. On les célébrait au mois d'élaphobion; et l'on y représentait des comédies et des tragédies nouvelles.

Les *dionysiaques triatériques*, que des femmes et des filles fêtaient tous les deux ans, en plein hiver, durant la nuit, à la clarté des torches, sur la montagne, étaient originaires de Thrace, et on les attribuait généralement à Orphée. Il serait difficile de préciser l'époque de leur introduction dans la Grèce. On les trouve, d'abord en Béotie, puis à Thèbes. On y sacrifiait dans les derniers temps un taureau; mais il paraît qu'elles avaient été souillées de sacrifices humains dans le principe.

DIONYSIENS. *Voyez* BRISSOT, BRISSOTIENS.

DIONYSUS ou **DIONYSOS**, l'un des surnoms de Bacchus.

DIOPHANTE. On ne sait rien de positif sur la vie de ce mathématicien grec, ni sur l'époque où il a vécu; on croit généralement qu'il était d'Alexandrie. Il est du moins probable qu'il habitait cette ville, d'où lui est venu le surnom d'*Alexandrinus*. Quant à l'époque où il écrivait, ce dut être entre 200 avant J.-C. et 400 après. De tous les ouvrages qu'il publia, nous avons une partie seulement de son *Arithmétique*. Elle était divisée en treize livres; les six premiers nous sont parvenus, ainsi qu'un autre qui probablement était le dernier, et qui a pour titre : *De multangulis numeris* (des nombres polygones). Diophante est le premier des anciens qui ait mis au jour un système de méthodes algébriques dignes de notre attention. A l'aide de ce système, il résout avec une adresse tout à fait remarquable un grand nombre de problèmes dont il aurait pu difficilement trouver la solution par des moyens purement arithmétiques; il s'élève jusqu'aux équations du second degré, qu'il résout par une méthode différente des nôtres. En voici un exemple : trouver deux nombres dont la somme et le produit fassent une somme et un produit demandés. Soient 20 la somme et 96 le produit demandé. D'abord les nombres demandés ne sont pas égaux entre eux, car leur somme étant 20, ils seraient l'un et l'autre 10 et leur produit 100 : or, il doit être 96. Diophante suppose que la plus petit des deux nombres est $10-1$ et le plus grand $10+1$; leur somme est toujours 20 : multiplions $10+1$ par $10-1$: le produit est $10^2 - 1^2$ ou $100-1$; d'où l'on tire la conséquence que si du carré de la moitié de la somme on retranche le produit donné, le reste est égal au carré du nombre qu'il faut ajouter à 10 pour avoir l'une des parties. En appliquant cette règle générale, on a $100-96=4$, dont la racine carrée est 2. Les nombres cherchés sont donc $10+2=12$ et $10-2=8$; en effet $12+8=20$, et $12\times 8=96$.

Diophante connaissait les propriétés des quantités négatives. Il donne la règle de leur multiplication sans l'expliquer, ce qui a fait croire que cette règle était vulgairement connue quand Diophante écrivait son Arithmétique. Plusieurs savants prétendent avec quelque raison que notre arithméticien n'avait fait que mettre en ordre des méthodes dont le plus grand nombre n'étaient pas de son invention.

Un poëte grec a mis en vers la vie de Diophante sous la forme d'un problème, dont Bachet de Mézériac a donné une traduction latine. Ce problème se résume ainsi : Diophante passa le sixième de son âge dans la jeunesse, un douzième dans l'adolescence, un septième en mariage; cinq ans après il eut un enfant qui mourut quand il eut la moitié de l'âge de son père ; celui-ci lui survécut de quatre ans : quel était l'âge de Diophante lorsqu'il mourut? Il suffit de poser une équation du premier degré pour trouver qu'il avait alors 84 ans: il passa donc 14 ans dans la jeunesse, 7 ans dans l'adolescence, $12 + 5$ ou 17 en ménage sans avoir d'enfants; il avait 38 ans quand il fut père; son fils mourut à 42 : son père en avait alors 80, puisqu'il lui survécut de quatre ans.

L'*Arithmétique* de Diophante a été traduite en latin par Bachet de Mézériac; il y en a une belle édition en grec et en latin (1670), avec des éclaircissements de Fermat.

TEYSSÈDRE.

DIOPHILAX (JEAN), poëte latin du seizième siècle, complétement oublié, auteur d'un poëme unique en son genre. Ce chef d'œuvre de patience vaincue est intitulé : *Christomachia* ; il a pour sujet la mort de Jésus-Christ; l'auteur a formé de son œuvre une série d'acrostiches, c'est-à-dire que la réunion des premières lettres de chaque vers forme un sens complet ; en ajoutant aux premières lettres les unes aux autres, on y trouve tout l'Évangile de saint Jean : *In principio erat verbum*, etc. En outre, dans chacun des vers sont entrés successivement les mots qui composent dans le même évangéliste le récit de la passion : *Egressus est Jesus cum discipulis suis*, etc. Semblables tours de force continués durant plus de quarante pages attestent du moins une grande aptitude pour ces *nugæ difficiles* chères aux auteurs qui avaient plus de temps que d'inspiration réelle. Notre poëte était jeune ; le cloître lui faisait de longs loisirs; il était moine de l'ordre du mont Carmel. Il mourut en 1528, un an après la publication de son livre, imprimé à Lyon chez Jean de la Place, et devenu introuvable; il n'avait que vingt-six ans.

G. BRUNET.

DIOPTASE (de διά, à travers, et ὄπτομαι, voir), nom donné par Haüy au cuivre hydrosilicaté. Ce nom rappelle que les cristaux demi-transparents de la dioptase laissent voir à l'intérieur de leur masse leurs clivages par des reflets assez vifs, qui se montrent sur des plans parallèles aux arêtes culminantes. Ces cristaux, d'un vert pur, offrent la forme de prismes hexaèdres terminés par des sommets rhomboédriques. La dioptase est composée de 2 atomes de silice, 3 atomes d'oxyde de cuivre, et 3 atomes d'eau. On l'a trouvée dans une chaîne de montagnes, à l'ouest de l'Altaï.

DIOPTRIQUE (de διά, à travers, et ὄπτομαι, je vois). C'est la partie de l'optique qui traite de la réfraction de la lumière.

DIORAMA (de δίς, deux, et ὅραμα, vue), spectacle de l'invention de Daguerre et Bouton, ouvert à Paris au mois d'août 1822. Il consistait en une exposition de tableaux ou vues peintes sur toile, de grande dimension, qui, au lieu d'être circulaires comme celles des *panoramas*, sont tendues sur un plan vertical. Mais la spécialité principale du diorama consiste dans le jeu de la lumière habilement modifiée, de manière à varier les tons généraux et les tons locaux, et à produire, tantôt sur quelques points, tantôt sur le tableau entier, tous les effets lumineux naturels ou factices. Au diorama établi à Paris par Bouton et Daguerre, les toiles avaient 22 mètres de largeur sur 14 de hauteur, et leur distance des spectateurs variait de 15 à 20 mètres environ. De grands châssis vitrés étaient disposés pour les éclairer au besoin par derrière, et d'autres donnaient, par le comble, passage à une masse énorme de lumière naturelle que modifiaient des transparents de diverses couleurs, mus facilement à l'aide de cordages et de contre-poids. Par ce moyen, l'illusion était portée au plus haut degré. A l'éclat du soleil le plus pur succédait l'obscurité du brouillard le plus intense, le clair de lune, le reflet des flambeaux, les vapeurs des eaux, et mille accidents d'ombre et de clair-obscur, dépendant de l'heure du jour, de l'état de l'atmosphère ou des dispositions de la localité.

Peu de mots suffiront pour expliquer la combinaison à laquelle on doit les effets du diorama. Les tableaux sont peints des deux côtés sur une toile de percale ou de calicot, d'un tissu égal, et de la plus grande largeur possible, afin d'éviter les coutures. Après avoir enduit la toile de deux ou trois couches de colle de parchemin, on en peint le devant avec des couleurs broyées à l'huile, mais on se servant d'essence et d'un peu d'huile grasse pour les tons vigoureux. On n'emploie ni blanc, ni couleurs opaques, ni rien de ce qui pourrait détruire la transparence de la toile. Elle reçoit d'abord une couche de blanc transparent, comme le blanc de Clichy ; puis l'on trace les changements que l'on veut faire subir au premier tableau, dont les formes doivent être exactement suivies ou dissimulées avec habileté. Quand la toile est en place, si la lumière frappe le devant par réflexion pendant que la surface postérieure demeure dans l'obscurité, l'effet clair est seul visible. Si le jour descend par réfraction sur le derrière de la toile, le tableau antérieur est annulé, et les spectateurs n'aperçoivent plus que l'effet vigoureux.

Bouton et Daguerre exposèrent successivement des intérieurs d'églises et de cloîtres, des vues de Suisse et d'Écosse, des ports de mer, des forêts, etc. Chacune de ces exhibitions fut pour eux un nouveau triomphe, et il faudrait citer presque tous les tableaux qui se sont succédé à chaque semestre, à peu près, au diorama, si l'on voulait en signaler le chef-d'œuvre : il faudrait nommer la *Vallée de Sarnen*, l'*Abbaye de Cantorbéry*, l'*Incendie d'Édimbourg*, la *Forêt-Noire*, le *Campo-Santo*, l'île *Sainte-Hélène*, le *Mont-Blanc*, l'*Intérieur de l'église Saint-Étienne-du-Mont*, tel qu'il était avant les changements qu'a subis cette construction, etc. A l'époque où fut exposé ce dernier tableau, Bouton était depuis 1832 en Angleterre, où il importait le diorama. Il y était encore quand, au mois de mars 1839, le lendemain de la mi-carême, un incendie consuma le diorama parisien. Cette construction était remarquable par l'ingénieuse disposition de la salle réservée aux spectateurs. C'était une rotonde d'une construction légère, mobile, sur un fort pivot, et dont le plancher, supporté par des pieds-droits armés de galets, coulait circulairement sur un plan incliné vers le centre. Un mécanisme fort simple mettait un homme en état de pouvoir seul faire mouvoir l'appareil, qui tournait ainsi sur lui-même avec les spectateurs. Un cinquième de la circonférence de la rotonde formait une ouverture d'avant-scène de 7 mètres d'ouverture sur 6 de hauteur, qui, suivant les révolutions partielles de la salle, venait se raccorder avec deux parois verticales légèrement évasées, mais pas assez pour permettre à l'œil d'apercevoir les lignes extrêmes du tableau. Trois emplacements semblables avaient été ménagés dans la construction, suivant trois rayons du plan de la salle ; et pendant l'exposition simultanée de deux tableaux un troisième s'exécutait dans l'emplacement restant. L'escalier adhérait à la salle tournant avec elle, et on se trouvait plus ou moins loin dans le corridor circulaire qui régnait sous la salle, selon la position momentanée de celle-ci.

Cette salle était située rue Sanson, derrière le Château-d'Eau, sur l'enfoncement des jardins de l'hôtel qui appartint jadis au trésorier de la chambre des deniers, Sanson. Après son incendie, Bouton, de retour en France, rétablit le diorama dans une salle du boulevard Bonne-Nouvelle. Les perfectionnements qu'il avait apportés à cette invention le dispensèrent de construire une salle tournante. Mais un incendie vint de nouveau détruire son œuvre en 1849. En juin 1853 la mort est venue atteindre Bouton. Cependant il existe encore aux Champs-Élysées un établissement qui porte le nom d'*Ancien Diorama historique*.

DIORITE, roche amphibolique agrégée, d'origine ignée, essentiellement composée, à peu près également, d'amphibole verte et de feldspath compacte. Le feldspath n'y est pas rouge comme dans la syénite. Le contraste de la couleur rend les éléments faciles à distinguer : c'est ce qui a fait choisir par Haüy le nom de diorite, dérivé de διορῶ, je distingue.

Les géologues anglais connaissent la diorite sous le nom de *greenstone*. C'est le *diabase* de Brongniart, et en partie le *grünstein* de Werner. Les roches accessoires que l'on trouve dans les amas de diorite sont le mica, le grenat, la pyrite, le fer oxydulé et oligiste, le quartz, le diallage, la serpentine, l'épidote, etc. Ses variétés sont : le *diorite ordinaire* (*gemeiner grünstein*) à texture granitoïde, dont les deux éléments sont en proportions égales, et qui se trouve en Égypte, dans l'Inde, en France, en Saxe, en Piémont, au Harz, à Terre-Neuve; le *diorite schistoïde* (*schiefer grünstein*) à texture feuilletée, contenant de petits nids d'épidote, qui se rencontre en France, au Harz, dans le Massachusets, en Saxe; le *diorite porphyroïde* (*porphyrartiger grünstein*, *grüner porphyr*), qui présente des cristaux de feldspath disséminés dans une diorite granitoïde, et qui a ses gisements au Harz, en Suède, en Norvége; le *diorite orbiculaire*, ou vulgairement *granit de Corse*, renfermant des masses sphéroïdales de 3 à 5 centimètres de diamètre, composées de couches concentriques de feldspath et d'amphibole, alternant entre elles, et disséminées dans une pâte de diorite grenu; on le trouve en Corse, aux États-Unis, en Hongrie. Il faut encore citer la variété nommée *sélagite*, caractérisée par sa texture grenue; elle renferme du mica en assez grande abondance pour que souvent on en fasse une roche séparée des variétés de diorite; on la rencontre en Égypte, à Coutances, au Harz, dans la Hesse-Darmstadt.

Le gisement du diorite est dans les terrains intermédiaires et secondaires inférieurs; il y forme des collines et des terrains ou amas très-étendus, quelquefois stratifiés. La diorite ordinaire a été employé par les Égyptiens dans la construction de quelques monuments antiques. Aujourd'hui, le diorite orbiculaire est seul employé dans les arts. En Norvége, le fer oxydulé ou oligiste qu'il renferme est assez abondant pour donner lieu à une exploitation assez importante.

L. DUSSIEUX.

DIOSCORE, antipape. *Voyez* BONIFACE II.

DIOSCORE ou DIOSCURE, patriarche d'Alexandrie, succéda, l'an 445, à saint Cyrille. N'étant encore que diacre et apocrisiaire de cette église, il avait renouvelé la querelle de la primatie entre les patriarcats d'Antioche et d'Alexandrie. Théodoret, depuis évêque de Tyr, défendit avec succès contre lui les droits du siége d'Antioche dans un synode tenu à Constantinople en 439; et lors, Dioscore conçut contre lui une haine qui ne s'éteignit jamais. Cependant, il était renommé pour sa modestie, son humilité, et avait su se concilier les masses en prêtant de l'argent sans intérêt aux boulangers, bouchers et cabaretiers. Deux ans après son élection, il accusa Théodoret de diviser Jésus-Christ en deux fils dans le sermons qu'il prêchait à Antioche. En vain Théodoret essaya de se justifier : Dioscore cria anathème contre lui dans l'église d'Alexandrie, et envoya des évêques à Constantinople pour soutenir son accusation. Théodoret se défendit de nouveau en protestant de son attachement à la foi de Nicée.

Dioscore, cédant aux sollicitations de l'impératrice Eudoxie et de l'eunuque Chrysaphius, embrassa le parti d'Eutychès en 449. Il obtint la convocation du faux concile d'Éphèse, où il se rendit, comme les autres patriarches ou exarques, avec dix métropolitains et dix autres évêques de sa dépendance. L'empereur Théodose l'investit de la présidence de cette assemblée. Eutychès y exposa sa doctrine, et le concile, l'approuvant, lança l'anathème contre ceux qui voulaient deux natures. L'absolution de l'hérésiarque fut suivie, sur la demande de Dioscore, de la condamnation de saint Flavien, malgré les efforts du patriarche de Constantinople et des légats du pape. Les évêques, en grand nombre, s'y opposant aussi, Dioscore fit entrer Elpide, comte du consistoire, avec le proconsul, suivi de soldats et de moines, armés d'épées, de bâtons et de chaînes. Les récalcitrants écrivirent alors leur soumission, à l'exception de quelques-uns, qui, persistant dans leur refus, furent envoyés en exil. Les légats du pape eurent grand'peine à s'échapper.

Avec Flavien furent déposés Eusèbe de Dorylée, Théodoret, Domnus, patriarche d'Antioche, et d'autres, comme ayant altéré la foi de Nicée et du concile. Dioscore lança ensuite contre le pape saint Léon lui-même une excommunication qu'il fit souscrire par dix évêques, ses suffragants. Le schisme avait, dès lors, éclaté dans l'Église d'Orient : les évêques d'Égypte, de Thrace et de Palestine suivirent la doctrine de Dioscore; ceux de Pont et d'Asie restèrent fidèles à la communion de Flavien, qui mourut en exil.

Dioscore ne jouit pas longtemps du fruit de ses manœuvres : le concile de Chalcédoine assemblé en 451 se prononça contre lui. Le légat du pape lui ordonna de sortir s'il ne voulait pas que tous les assistants sortissent. Dioscore, forcé de quitter sa place, alla s'asseoir au milieu de l'assemblée. Il voulut se défendre; les Orientaux le traitèrent de meurtrier, de parjure, de faussaire, l'accusèrent de s'être approprié une grande quantité d'or légué aux monastères, aux hôpitaux, de l'avoir distribué à des danseurs et à des comédiens, d'avoir reçu dans son palais épiscopal et jusque dans son bain des femmes de mauvaise vie, etc., etc. Ainsi se termina la première session du concile. Ayant refusé de comparaître aux suivantes, quoique cité trois fois, Dioscore fut déposé et condamné le 3 octobre 451, et relégué, l'année suivante, à Gangres, en Paphlagonie. Protérius lui ayant succédé sur le siége d'Alexandrie, les partisans de Dioscore attaquèrent les magistrats, poursuivirent les soldats à coups de pierre, et en brûlèrent bon nombre tout vifs dans l'ancien temple de Sérapis. Dioscore expira dans son exil en 454.

DIOSCORIDE (PODANIUS), médecin, né à Anazarbe ou *Cæsarea Augusta*, en Cilicie, vers le commencement de l'ère chrétienne, nous a laissé un ouvrage fort remarquable sur la matière médicale, tirée des trois règnes de la nature. Nous n'avons d'autres détails sur sa vie privée qu'un passage de Suidas et quelques traits épars dans son propre ouvrage. S'il faut en croire Suidas, Dioscoride aurait vécu du temps de Cléopâtre et d'Antoine, et écrit vingt-quatre livres sur les plantes. Et lui-même nous apprend qu'entraîné dès sa jeunesse par le désir de s'instruire, il avait parcouru différentes régions pour étudier les diverses plantes qui servent à la médecine. Les vingt-quatre livres que Suidas prête à Dioscoride, et les cinq livres que nous possédons seulement de son traité, ont donné lieu à de savantes controverses. Nous nous contenterons de remarquer qu'à la renaissance des lettres, Dioscoride et Théophraste furent les seuls auteurs grecs qu'on adopta pour guides dans l'étude de la botanique. Dioscoride avait même un avantage précieux sur son rival, s'étant moins appliqué à faire connaître l'essence des plantes que leurs vertus médicales. Ce mérite pratique valut à son livre un nombre prodigieux d'éditions.

On attribue aussi à Dioscoride deux autres ouvrages : l'un est intitulé *Alexipharmaca*, et traite des substances vénéneuses des trois règnes et de leurs remèdes, de la rage, des morsures et des piqûres des animaux malfaisants. Le second porte le titre d'*Euphorista*, ou des remèdes faciles à se procurer. Il n'est pas bien avéré qu'il soit de notre médecin botaniste. L'un des plus anciens manuscrits de Dioscoride est celui que Busbeck rapporta de Constantinople à Vienne vers le milieu du sixième siècle. Il fut exécuté pour Julia Anicia, fille de l'empereur Olibrius, qui régna dans le sixième siècle. Outre les figures des plantes, il y a les portraits des plus célèbres médecins de l'antiquité. Celui de Dioscoride s'y trouve deux fois. La Bibliothèque impériale possède un autre manuscrit de Dioscoride avec des noms arabes et coptites, ce qui fait présumer, qu'il a été exécuté en Égypte vers le neuvième siècle. Plumier a donné en l'honneur de ce médecin botaniste le nom de *dioscorœa* à un genre qu'il a formé en Amérique de plusieurs plantes.

DIOSCURES (Διόσκουροι), fils de Jupiter, surnom collectif de **Castor** et **Pollux**. Tous deux, en effet, passaient pour être les enfants du maître des dieux, bien que le seul Pollux, par le don d'immortalité, dont ne jouissait pas son frère, attestât sa céleste origine, prérogative inouïe qu'il dut à l'adultère de L é d a, sa mère. Au rapport de Philostrate, ce fut Glaucus qui le premier les appela Dioscures, lorsque ce dieu marin apparut aux Argonautes dans la Propontide. Ces deux divinités inséparables présidaient aux barrières des stades et des hippodromes. Leur statue jumelle était à l'entrée du *dromos* à Sparte. Comme à Jupiter et à Minerve, la force et la sagesse, on leur attribuait la puissance de prolonger la vie de l'homme. C'est sous ce rapport et sous le surnom d'*Ambuli* (ceux qui prolongent) qu'ils avaient dans un quartier de cette ville un autel particulier. On leur sacrifiait des agneaux blancs, sans doute par opposition aux brebis noires que l'on immolait aux tempêtes, qu'ils calmaient. A Rome, on jurait par leur temple; les personnages dans Plaute ont souvent dans la bouche cette exclamation *Ædepol*, *Ædastor*, temple de Pollux, temple de Castor : le premier de ces mots était le serment des hommes, le second celui des femmes. Ces deux espèces de génies aimaient à apparaître aux humains : sous la figure de flammes légères, ils dansaient à l'extrémité des mâts et dans les vergues après la tourmente (*voyez* Feu Saint-Elme). Quelquefois, dit Pline, on les apercevait à la pointe des lances des soldats. Lorsque la flamme était double, c'était Castor et Pollux : alors elle était d'un bon augure ; quand elle était simple, c'était Hélène, leur perfide sœur : alors elle était d'un sinistre présage. Denne-Baron.

DIOSCURIES, jeux institués par le dictateur A. Posthumius, en mémoire d'une victoire remportée sur les bords du lac Régille l'an de Rome 257. On les célébrait le 8 avril, jour anniversaire de ce beau fait d'armes, prédit par Castor et Pollux. Le premier présidait aux courses de chevaux ; le second, à la lutte. Denys d'Halicarnasse nous en a conservé les détails. Les chevaliers romains, au nombre de plus de cinq mille, couronnés de branches d'olivier, partaient à cheval du temple de Mars et traversaient le Forum, en passant devant celui des Dioscures, élevé par le même Posthumius. La jeunesse et les chars destinés aux courses du cirque les suivaient en bel ordre ; les athlètes presque nus, les joueurs de flûte et d'autres instruments, les danseurs vêtus de tuniques écarlates et armés d'épées, et de courtes lances, venaient ensuite, partagés en trois bandes, les hommes faits, les jeunes gens et les enfants. Pendant qu'ils exécutaient des danses guerrières, telle que la pyrrhique, des troupes de satyres, dont le costume analogue au personnage se bornait à une peau de bouc et à des guirlandes de fleurs, les contrefaisaient d'une manière burlesque, afin d'exciter le rire des spectateurs. De nombreuses statues des dieux fermaient la marche. Les courses et les combats commençaient après les sacrifices. Les concurrents qui avaient fourni leur carrière dans les chars disputaient ensuite le prix de la course à pied et les Athéniens les appelaient *abbates* (descendus des chars). Les jeux de la course étaient suivis d'exercices gymniques, tels que la lutte, le pugilat, etc. Th. Delbare.

DIOU, en sanscrit DWIPA, c'est-à-dire *île*. Nom d'une petite île située près de la côte méridionale de la presqu'île de Guzerate, était, dans les anciens temps, très-célèbre par le magnifique temple de *Mahadeva* qui s'y trouvait, et qui fut pillé et détruit en l'an 1024 par le sultan Mahmoud de Ghasna. Peu de temps après que les Portugais eurent découvert la route des Grandes-Indes par le cap de Bonne-Espérance, ils reconnurent l'utilité de Diou comme point stratégique, et ils l'attaquèrent, mais inutilement, dès l'année 1515. Vingt ans plus tard, le sultan Bahadan, schah de Guzerate, à qui ils avaient prêté secours contre le grand Mogol de Delhi, leur permit de s'y établir et de s'y fortifier. Les princes indiens essayèrent en vain, plus tard, à diverses reprises, d'enlever ce poste important aux Portugais ; ceux-ci s'y maintinrent, et l'île de Diou devint peu à peu l'une des plus florissantes places commerciales des Indes orientales. Cependant, en 1670, les Arabes de Mascate réussirent à s'en rendre les maîtres à la suite d'un assaut meurtrier. A partir de cette époque, la puissance portugaise dans ces parages a toujours été tellement en décroissant, qu'aujourd'hui le commerce de Diou, autrefois si actif, est complètement mort, que sa population ne s'élève pas au delà de 4,000 âmes, et qu'on n'y voit guère que des couvents et des églises tombant en ruines, et des fortifications dans un état non moins déplorable. Mais, en raison de l'excellence de son port et de sa situation si favorable, Diou pourrait aisément recouvrer son importance d'autrefois.

DIPHALANGARCHIE ou **DIPHALANGIE**, mot tout grec, exprimant une des grandes agrégations d'oplites de la milice grecque. C'était une réunion de deux petites phalanges commandées par un diphalangarque, ou, comme dit le duc de Rohan, par un *diphalangarche* ; elle comprenait la moitié d'une armée grecque, ou une demi-*tétraphalangarchie* : ainsi, ce que les écrivains appellent *grande phalange* ou *phalange double* n'était réellement que la moitié de la très-grande *phalange*. La force numérique la plus élevée qui ait été donnée à la diphalangarchie a été de 8,192 hommes ; et si l'on se figure 512 files, 16 rangs et un intervalle de 16 mètres, séparant ce qu'on appelait *deux cornes*, on aura idée du parallélogramme que la diphalangarchie formait en ordre de bataille, et qui occupait un terrain de 528 mètres de front, sur 16 de profondeur. On appelait *diphalangie à double front*, ou *diphalangie antistôme*, comme dit Élien, l'accouplement de deux phalanges appuyées dos à dos ; et *diphalangie à front égal* la colonne en masse, la droite en tête, que formaient deux phalanges. La diphalangie, sous Alexandre le Grand, s'éleva, y compris la cavalerie et les combattants hors rangs ou armés à la légère, à 13,000 hommes ; ce fut le *maximum* de son accroissement. L'intervalle entre deux diphalangies se nommait *bouche de phalange*. On pourrait, à la lecture de Léon, donner une autre acception au mot *diphalangie*. Selon cet auteur, ce qu'on appelait *former la diphalangie*, c'était rompre en deux lignes ; le moyen consistait à commander aux huit premiers rangs de ne pas bouger, à faire faire le demi-tour aux huit derniers, et à les porter à la distance voulue par la circonstance, soit pour faire front à des aspects opposites, soit pour se mettre face en tête. Gal Bardin.

DIPHTONGUES ou **DIPHTHONGUES** (du grec δίς, deux fois, et φθέγγομαι, je résonne). On donne ce nom à la réunion de plusieurs voyelles qui renferme plusieurs sons en une seule syllabe, et se prononce par une seule émission de voix. Ainsi, *Dieu, ciel, loi, roi, lui*, renferment des *diphtongues*. Comme ces syllabes peuvent être formées par la jonction, ou d'une voyelle simple avec une voyelle simple, ou d'une voyelle simple avec une voyelle composée, ou d'une voyelle simple avec une voyelle nasale, on distingue, en français, trois sortes de diphtongues : les *diphtongues simples*, les *diphtongues composées* et les *diphtongues nasales*. Les premières sont au nombre de sept, *ia*, *ie*, *io*, *oe*, *oi*, *ue*, *ui*. Les mots *diable*, *lumière*, *fiole*, *moelle*, *emploi*, *situé*, *celui*, en offrent des exemples. Les secondes, au nombre de six, sont *iai*, *iau*, *ieu*, *iou*, *oue* et *oui*, comme dans les mots *biais*, *matériaux*, *milieu*, *chiourme*, *fouet*, *enfoui*. Quant aux troisièmes, on en compte six, *ian*, *ien*, *ion*, *oin*, *ouin* et *uin*, comme dans les mots *viande*, *patient*, *soutien*, *horion*, *besoin*, *marsouin*, *quinte*. Il faut observer aussi que l'*y*, dans la plupart des mots où il tient lieu de deux *ii*, fait partie d'une diphtongue avec la voyelle suivante, puisque dans les mots *voyage*, *envoyé*, *royaume*, *ennuyé*, *moyen*, *joyeux*, on prononce *voi-iage*, *envoi-ié*, *roi-iaume*, *ennui-ié*, *moi-ien*, *joi-ieux*.

Pour former une *diphtongue*, il ne suffit pas qu'une voyelle simple précède ou suive une autre voyelle, il faut encore que cette voyelle, avec celle qui la suit ou qui la précède, ne forme qu'une seule syllabe, et ne demande qu'une seule émission de voix. Ainsi, dans *prière*, *sanglier*, *géographie*, etc., *ié*, *éo*, ne sont pas des *diphtongues*, parce qu'on les prononce nécessairement en deux temps, et par conséquent en deux syllabes : *pri-ère*, *sangli-er*, *gé-ographie*. Beaucoup de *diphtongues* même que l'habitude a introduites dans le langage familier doivent disparaître dans le discours soutenu et se prononcer en deux syllabes. Dans la conversation, on ne fait pas difficulté de ne former qu'une seule syllabe d'une foule d'assemblages de voyelles qui expriment un double son. Ainsi, l'on prononce *biai-ser*, *ma-té-riaux*, *é-tu-diant*, *am-bi-tion*, *joueur*, et non *bi-ai-ser*, *ma té-ri-aux*, *é-tu-di-ant*, *am bi-ti-on*, *jou-eur*. Il y aurait même affectation ridicule à adopter cette dernière prononciation dans le discours familier. Mais la plupart de ces mêmes voyelles, qui ne forment qu'une syllabe dans la conversation, doivent nécessairement en former deux dans la poésie et dans le discours soutenu, et cessent pour cette raison d'y être regardées comme diphtongues. Ainsi, en prononçant un discours, en déclamant des vers, il est rigoureusement indispensable d'articuler de cette manière les mots : *ri-ol er*, *ru-i-ner*, *pré-ci-eux*, *con-di-ti-on*, et non pas *vio-ler*, *rui-ner*, *pré-cieux*, *con-di-tion*, comme on le ferait dans un simple entretien. Il n'est pas facile de déterminer par des règles générales quels sont les assemblages de voyelles exprimant un double son qui doivent se prononcer en une ou deux syllabes dans la poésie et dans le discours soutenu. Ce n'est que par l'usage et par la lecture attentive des vers et des compositions oratoires que l'on peut apprendre ces différences de prononciation. CHAMPAGNAC.

DIPLOÉ. Lorsqu'on scie un os large ou plat, perpendiculairement à ses surfaces, qui sont plus ou moins parallèles entre elles, on reconnaît, en observant la tranche de section, qu'il est composé d'un tissu spongieux, recouvert par deux lames ou couches de tissu osseux plus compacte, entre lesquels il est placé. C'est en raison de l'existence de ces deux lames qu'on a d'abord donné le nom de *diploé* (du grec διπλόος, double) à cette texture osseuse des os larges. Mais ensuite ce nom ou celui de *tissu diploïque* n'a plus été appliqué qu'au tissu spongieux renfermé entre les deux lames du tissu compacte. Les principaux os du corps humain dans lesquels le diploé ou tissu osseux diploïque existe, sont ceux qui forment la voûte du crâne et les parois de la poitrine (côtes, sternum) et celles du bassin (os iliaques). Il faut ici faire remarquer que dans tous les vertébrés, dont les deux lames des os craniens sont très-écartées, ou, pour ainsi dire dédoublées, à cause du grand développement des sinus frontaux et des cellules mastoïdiennes, le tissu spongieux diploïque n'existe plus, à cause de la raréfaction qu'il a éprouvée par l'écartement des deux lames. Ce tissu disparaît encore, 1° lorsque les deux lames se rapprochent par degrés et se confondent entre elles dans certains points, où les os plats sont très-minces et translucides; 2° lorsque les lames qui le renferment s'épaississent, compriment et effacent les cellules qui le constituent. Dans ce cas, les os larges sont devenus très-épais et très-opaques. Le diploé, ou le tissu diploïque, n'est qu'une variété du tissu spongieux ou celluleux des os. Les cellules, les vaisseaux, les filets nerveux, les membranes et les sucs médullaires ou graisseux, et en général tout ce qui a trait au *diploé*, sont désignés sous l'épithète de *diploïque*. L. LAURENT.

DIPLOMATIE. On emploie ce mot pour désigner tantôt l'art et la science des rapports internationaux et de l'application du droit des gens, tantôt les affaires et quelquefois les relations réciproques entre peuples et États. Il est d'origine toute moderne, mais la chose qu'il désigne est fort ancienne. Les républiques de l'antiquité, à l'époque progressive de leur développement politique, avaient déjà organisé des rapports réciproques entre peuples et États, et les avaient même portés à un assez haut degré de perfection. L'histoire de la guerre du Péloponèse et le temps même de la décadence de la Grèce, où un Pyrrhus, par exemple, essayait de triompher des Romains à l'aide de l'habileté et des artifices de Cinéas, diplomate consommé, en offrent de frappants exemples, comme aussi l'histoire des Romains, dont la politique ne fit peut-être pas un ton arrogant et dominateur que par une souplesse habile. Le moyen âge eut dans le clergé catholique une école de diplomates qui semblèrent avoir hérité d'une partie du génie de la Rome antique; et c'est dans les rangs du clergé que la féodalité alla prendre tous les hommes de cette époque qui firent preuve d'habileté comme diplomates. La décadence du moyen âge fut marquée par un plus actif développement des divers éléments du corps social, par l'indépendance politique qu'ils cherchaient à acquérir, par l'importance de plus en plus grande que prirent les intérêts particuliers; enfin on peut dire que de la confusion du moyen âge naquirent cette diversité et cette quantité d'États, devenue la base de l'ordre politique moderne. Dans les circonstances où se développa ce fait, il devint de plus en plus important d'être toujours très-exactement et très-complétement renseigné, aussi bien sur l'état intérieur des différents pays que sur leurs rapports mutuels. Le travail fort simple consistant à déchiffrer de vieux parchemins ou diplômes et à acquérir une connaissance exacte de la diplomatique (d'où vient le nom donné à la *diplomatie*) ne suffit plus; et la diplomatie se trouva appelée à agir sur un champ autrement vaste.

Dès le quinzième siècle, l'essor que prend la diplomatie correspond à celui de tous les intérêts en général, et ne frappe pas moins l'esprit de l'observateur. D'Italie, où la culture intellectuelle classique produisit ses puissants effets en premier lieu, on voit de nouvel art des négociations politiques se répandre au loin, faire école dans tout le continent et fleurir plus particulièrement dans le cercle dont Charles-Quint et sa politique furent le centre. Que si d'une part il existe alors une science de la diplomatie, contenant comme branches accessoires l'étude du droit politique et des gens, de la politique, de la statistique et de l'histoire, de l'autre la condition essentielle du succès en diplomatie, c'est désormais l'art d'atteindre son but, que jamais ne feront acquérir des études purement scientifiques. L'habile tactique psychologique qui sait gagner et diriger les hommes, la promptitude d'action et la persévérance, la souplesse et la ténacité ne s'apprennent pas; elles sont des dons naturels et qui se développent dans la vie même. Les formes roides et compassées, l'étiquette prétentieuse, les interminables difficultés et toutes les misères de la prééminence, qui coûtaient tant de peines et causaient tant de soucis aux diplomates du dix-septième siècle, et qui aujourd'hui rendent la diplomatie de ce temps-là ridicule à nos yeux, étaient, dans l'esprit des plus grands diplomates de l'époque, des moyens sûrs et excellents pour atteindre le but proposé. Le discrédit dont elles sont frappées aujourd'hui ne fut l'œuvre ni du congrès de Vienne, qui n'appliqua au mal qu'un expédient passager, ni les dernières décisions du congrès d'Aix-la-Chapelle relativement aux catégories à établir entre les ambassadeurs et envoyés. Il y avait déjà longtemps qu'un génie de la vie sociale plus indépendant et l'invention d'autres moyens d'arriver au même but en avaient fait justice, ou du moins les avaient réduites à ces minimes détails dont se préoccupent seuls les petits esprits.

C'est surtout l'époque de Frédéric II qui produisit un tel résultat, encore bien que la diplomatie n'ait pas précisément été alors le côté brillant de la Prusse. Par contre, beaucoup d'autres ressources auxquelles on avait déjà recours autrefois en certains cas, furent employées au dix-huitième siècle d'une manière de plus en plus patente et générale, et valurent à la diplomatie bien des reproches, bien des accusations. Elle eut désormais à servir une politique plus personnelle, vivant plus au jour le jour, au lieu d'avoir pour base de larges idées et des principes fermes. La manie des conquêtes et des agrandissements de territoire domina dans les états, et en fait de moyens à employer, on se soucia fort peu de consulter d'abord la morale. La diplomatie agit dans le même esprit. La révolution française introduisit dans les négociations diplomatiques un ton rude et arrogant, qui du reste fut aussi celui de la direction des affaires extérieures pendant toute la durée du règne de Napoléon, tandis que force est de reconnaître que la vieille école diplomatique réussit plus d'une fois à faire échec et mat le grand homme de guerre.

On admet sans difficulté que la diplomatie est essentiellement le propre des classes élevées de la société; et l'expérience a prouvé que ce n'est point là un préjugé. Déjà, parmi les états de la Grèce, l'aristocratique Sparte avait obtenu, dans la conduite de ses affaires extérieures, autant de succès que la démocratique Athènes en avait eu peu. De tous les autres états de l'antiquité, ce fut Rome qui réussit le mieux dans ses rapports avec les étrangers; mais c'est que le sénat était le centre de toute la politique extérieure de Rome. Nous retrouvons dans l'Italie du moyen âge la même différence entre Venise et Gênes que dans l'antiquité entre Sparte et Athènes. En Suisse, les patriciens de Berne et de Zurich ont, pendant des siècles, conservé dans la politique étrangère une considération que leurs successeurs n'ont pu obtenir. En Angleterre, les relations du pays avec les puissances étrangères sont la grande affaire de la chambre haute et de la pairie, comme les finances celle de la chambre des communes. Le plus grand diplomate de la France révolutionnaire fut aussi son dernier *grand seigneur*. Sur le continent, on vante encore beaucoup et à bon droit les diplomates russes et autrichiens, choisis pour la plupart dans l'aristocratie. Ceci n'a pas uniquement sa raison d'être dans ces artifices de la représentation extérieure, dans les mœurs élégantes, dans les manières sociales plus raffinées, qu'on acquiert plus facilement et plus sûrement dans de tels cercles; cela tient encore à la transmission héréditaire de certains principes, de certaines traditions, au sentiment d'une position élevée et indépendante, et à l'assurance que tous ces avantages donnent aux individus dans le grand monde. Il se peut cependant que ce privilège presque exclusif des hautes classes de la société contribue à l'impopularité qui est en général le lot de la diplomatie; toutefois, une grande partie de cette antipathie tient à ce que, dans beaucoup de cours du continent, le corps diplomatique est le refuge de la médiocrité et de l'oisiveté.

La mission du diplomate est aujourd'hui simplifiée à beaucoup d'égards, attendu que la politique ne traite plus aussi exclusivement qu'autrefois les affaires personnelles et les affaires de cour, parce que la publicité et les institutions parlementaires ont considérablement influé sur l'importance des relations diplomatiques. Mais, d'un autre côté, la tâche de la diplomatie est devenue et plus difficile et plus grave. Outre la connaissance du droit public, de la situation politique et des partis dans les états, on exige du diplomate qu'il soit très-versé dans l'économie politique, la statistique et autres sciences sociales. Aujourd'hui, il n'y a de diplomate distingué que celui qui sait se tenir à la hauteur des progrès de l'intelligence dans toutes les parties de son domaine; il doit être en mesure d'apprécier et de résoudre les plus graves questions de la politique intérieure, de l'économie politique et de la vie sociale, connaissances qu'il ne peut acquérir et appliquer qu'en se mêlant au grand mouvement de la vie du monde.

On a réuni dans un certain nombre d'ouvrages une partie des principes du droit des gens en ce qui concerne spécialement les ambassadeurs et envoyés, avec quelques notices sur les usages et les traditions, et quelques règles générales de prudence à observer. Nous citerons sur ces matières l'*Ambassadeur et ses fonctions* (Paris, 2 vol. 1764), de Wicquefort; le *Traité complet de Diplomatie par un ancien ministre* (3 vol. Paris, 1833), du comte de Garden; le *Système de la Diplomatie* (Berlin, 1830), de Winter; et surtout le *Guide diplomatique* (4ᵉ édition, Leipzig, 1851), de Martens, qu'il faut comparer avec les *Observations sur le Guide diplomatique* (Paris, 1833), de Pinheiro-Ferreira. Parmi les collections relatives aux actes de la diplomatie moderne, nous indiquerons surtout les *Causes célèbres du droit des gens* (2 vol. Leipzig, 1827); les *Nouvelles Causes célèbres* (2 vol. Leipzig, 1843), de Charles de Martens, ainsi que le *Recueil manuel et pratique des Traités* (5 vol. Leipzig, 1846-1849), par Charles de Martens et Ferd. de Cussy, dont le *Nouveau Recueil général de Traités* (tomes 1 à 7; Gœttingue, 1843-1849), de Murhardt, forme la continuation. On devra aussi consulter l'*Histoire générale et raisonnée de la Diplomatie française* (7 vol. 2ᵉ édit.; Paris, 1811), de Flassan, et l'ouvrage de Battur intitulé : *Traité de Droit public et de Diplomatie, appliqué à l'état actuel de la France et de l'Europe* (2 vol. Paris, 1822).

[On peut résumer à peu près ainsi les principaux devoirs du diplomate : Étudier le pays où l'on est envoyé, sous tous les rapports, physiques, moraux et politiques; ne négliger, ni l'étude de la langue, ni celle de la littérature; approfondir la forme et la tendance du gouvernement; méditer sur les lois fondamentales qui en sont la base, sur le bonheur ou le malheur public qui en a été la conséquence, sur les changements qu'elles ont subis ou qu'elles paraissent destinées à subir; se dégager, en faisant cet examen, des opinions, et, s'il le faut même, des lumières de son pays, car on ne juge bien chaque chose qu'à sa place; pénétrer le caractère du prince, savoir s'il gouverne ou s'il est gouverné, s'il aime la guerre ou le repos, s'il est prodigue ou économe, livré au faste et aux plaisirs, ou ami de la simplicité, s'il possède l'affection et la confiance des peuples, ou s'il les a perdues, et par quelles causes; pénétrer le caractère des conseillers du prince, mesurer leurs talents et leurs défauts, la confiance qu'ils obtiennent, la durée ou l'instabilité probable de l'influence qu'ils exercent; découvrir leur affection ou leur haine pour tel ou tel gouvernement étranger, et l'accès même que peuvent trouver auprès d'eux la séduction et la corruption; étendre cet examen à la composition de la cour et aux intrigues qui la divisent, aux qualités, aux passions, à la vénalité des courtisans, des domestiques et des maîtresses; scruter les objets de l'ambition et de la rivalité des grands et des chefs du clergé, les opinions des classes riches, les vœux, les sympathies et les préjugés même des populations; en communiquant à son gouvernement le résultat de ces diverses études, s'imposer la loi de revenir sur les mêmes sujets à des époques plus ou moins rapprochées, pour rectifier au besoin ou confirmer ses premières observations ; remettre fréquemment sous les yeux du gouvernement la situation et le *mouvement* de la *cité* ou du pays que l'on observe ; s'informer incessamment des actes et des pensées du gouvernement auprès duquel on est placé : négociations conclues ou en voie de l'être, ou simplement entamées, projets dont l'exécution se prépare ou se diffère, vues plus ou moins éloignées qui ne sont point encore des projets. Rien de tout cela ne doit échapper à l'œil de lynx du diplomate, non plus que les raisons solides, les passions et les préjugés qui peuvent modifier, seconder ou combattre ces vues et ces projets.

Pour parvenir à la connaissance de ce que l'on ignore, Machiavel prescrit aux diplomates d'appeler, d'entendre, et jusqu'à un certain point de s'attacher ces hommes qui dans toute les cours s'appliquent à découvrir ce qui se passe autour d'eux. Des banquets, des fêtes, des présents et même un jeu considérable sont, dit-il, des moyens sûrs d'attirer ces hommes et de les rendre plus familiers et moins discrets. La morale et la délicatesse, il faut l'avouer, répugnent à ce précepte ; mais l'expérience en politique est-elle toujours rigoureusement d'accord avec la délicatesse et la morale ? Pour achever de conquérir la confiance des hommes dont on attend des révélations, il n'est pas inutile de pouvoir quelquefois payer de la même monnaie les récits que l'on provoque : pour cela, il est bon d'obtenir la communication de tous les événements extérieurs dont le gouvernement que l'on sert a la connaissance certaine ou présumée ; d'écouter et de noter, non-seulement les renseignements que l'on reçoit, mais encore le jugement dont ils deviennent l'objet, et, dans cette masse confuse d'opinions et d'avis divers, de trier avec discernement ce qu'il y a de raisonnable, ce qu'il y a d'important. Les rapports que le diplomate reçoit de son gouvernement sur l'ensemble des relations extérieures, il les rapproche de ce qu'il voit par ses yeux ; il s'en sert pour juger plus sûrement de l'importance absolue ou relative de ce qui intéresse sa mission. Il est alors plus en état d'indiquer avec confiance les mesures que doit prendre son gouvernement, et d'en prévoir et d'en annoncer les conséquences. C'est surtout, croyons-nous, dans cette dernière partie de sa tâche que le diplomate doit suivre le conseil de Machiavel et mettre avec modestie son propre avis sur le compte de personnages éclairés et prudents avec qui il est censé conférer : l'usage des précautions doit commencer pour lui avec les gouvernants qui l'ont investi de leur confiance. Machiavel connaissait les hommes puissants de tous les temps et de tous les pays. Ainsi initié aux secrets de l'État et de l'intérieur de la cour qu'il surveille, éclairé par un aperçu souvent renouvelé de l'ensemble de la politique européenne, lisant dans les traités ou les protestations des princes leurs prétentions avouées, et trouvant dans la puissance ou la faiblesse de leurs voisins la mesure probable de leurs prétentions occultes, le diplomate peut, sans présomption, évaluer les chances de l'avenir et prétendre quelquefois à les diriger.

L'habileté personnelle du diplomate est presque toujours le garant le plus sûr de ses succès. Mais, il le faut avouer, une opinion presque générale présente communément sous un aspect peu moral cette qualité essentielle. « Avoir la réputation d'être véridique, l'habitude de la réserve, le talent de feindre ou de même de tromper (car il le faut, quand on veut réussir avec les hommes), telle est en abrégé la science de la politique. » Quand Bacon parlait ainsi, et pouvait croire que, sous le nom de politique, il définissait la diplomatie telle au moins que nous l'avons vu presque constamment pratiquer, et telle qu'il la présente aujourd'hui la réputation dont jouissent certains hommes d'État. Aussi, plus d'un observateur prétend-il reconnaître le commun des diplomates à la politesse mesurée, à l'expression méticuleuse qui les fait se tenir par habitude à côté de la vérité dans les choses même étrangères à leurs fonctions ; on n'admet d'exception à cette règle que pour les hommes qui, dans des places plus élevées, ont acquis assez de hauteur d'âme pour être vrais, ou assez d'effronterie pour être faux avec une égale hardiesse. Et dans la conversation familière, n'appelons-nous pas *faire de la diplomatie* s'envelopper dans un silence affecté, user des termes vagues ou peu susceptibles de prendre un sens positif, ne parler qu'avec un tel artifice que l'on puisse ensuite, sans invraisemblance, modifier essentiellement ou même nier d'une façon absolue ce qu'on a semblé vouloir dire ? Cependant, à notre avis, le diplomate habile n'est point obligé de déshonorer ses talents par le déguisement et le mensonge. La dextérité, le tact et la circonspection doivent lui suffire pour concilier la convenance et l'agrément dans les formes avec la persévérance et la fermeté pour tout ce qui touche au fond des affaires, la discrétion profonde avec l'aisance d'un homme qui n'a point de secrets, le respect dû à la vérité avec les ménagements que réclament les passions humaines, le soin des intérêts qu'il est chargé de soutenir avec des égards légitimes pour les intérêts d'autrui, l'art enfin de découvrir, dans une convention épineuse, des expédients propres à entraîner l'assentiment général, avec l'appréciation exacte des avantages que chaque partie est naturellement appelée à recueillir de la convention. Ce ne sont pas là, on le sent, des choses qui s'apprennent par la voie des préceptes : il faut que la nature ait fait beaucoup, presque tout même pour le diplomate. Et cela explique comment on voit des hommes étrangers à la diplomatie et obtenir du succès dès leurs premiers pas dans la carrière, tandis que des hommes vieillis dans la pratique ne sortent jamais de la médiocrité.

De l'examen des qualités que doit réunir le diplomate, on peut essayer d'induire quel peuple a, par son caractère national, le plus de chances pour réussir dans les négociations. Quelles que soient les qualités personnelles des agents qu'un gouvernement investit de sa confiance, le diplomate le plus sage, le plus ferme, le plus indépendant, est soumis à l'influence de l'opinion et des passions de sa cour ou de son pays, depuis la conception première de ses plans jusqu'au dernier détail de leur exécution. Ce serait une tâche instructive, mais beaucoup trop étendue, que de comparer les faits connus avec les diverses conjectures que fournirait ce mode d'appréciation : nous ne l'entreprendrons, en conséquence, que sous le point de vue le plus intéressant pour nous, l'histoire diplomatique de la France. Les Français n'entendent rien aux affaires d'État », disait un peu durement Machiavel au cardinal d'Amboise. « Vous autres Français, vous n'entendez rien en politique », disait, en 1811, à un officier de notre nation, le *wladika* de Montenegro, pontife et prince de ce pays demi-sauvage. » Autrefois la France, trop facile à se laisser surprendre par les artifices de ses voisins , autant qu'elle était heureuse et redoutable dans la guerre , paraît-pour être infortunée dans les accommodements. L'Espagne surtout, l'Espagne, son orgueilleuse ennemie, se vante de n'avoir jamais signé, même au plus fort de nos prospérités, que des traités avantageux, et d'avoir souvent regagné d'un trait de plume ce qu'elle avait perdu en plusieurs campagnes. » Voilà ce que, deux siècles après Machiavel, énonçait en public un académicien, qui sans doute avait reçu de Louis XIV l'autorisation et peut-être la mission de tenir ce langage. Le fait dont parlait Racine était-il seulement d'autrefois , et s'appliquait-il uniquement à l'Espagne ? Il est de tous les temps, il est vrai pour tous les pays avec lesquels a négocié la France, il est en conséquence peu évitable de notre caractère national, trop franc, trop généreux, trop confiant , et aussi, disons-le , beaucoup trop prompt et trop impatient d'en finir. Pour établir l'infériorité habituelle de la France dans les négociations, il n'est pas besoin de remonter aux Gaulois, déçus par la diplomatie de César, plus souvent que domptés par ses armes.

Eusèbe SALVERTE, ancien député.]

DIPLOMATIQUE. C'est ainsi qu'on appelle aujourd'hui la science des documents, chartes, ou diplômes, de leur authenticité et de leurs dates. Les plus anciens documents qu'on possède aujourd'hui ne remontent pas au delà du cinquième siècle de l'ère chrétienne. Mais ce n'est qu'à partir du dix-septième siècle que la diplomatique fut scientifiquement cultivée, et considérée comme une partie essentielle des sciences historiques accessoires.

En Allemagne ce furent les contestations entre princes immédiats de l'Empire sur des questions de frontières et de souveraineté qui provoquèrent les esprits à se livrer à l'étude de la diplomatique. Déjà Leuber, H. Conring et autres avaient posé quelques principes de diplomatique, quand en 1675 le jésuite Papebrock, d'Anvers, exposa une espèce de système de diplomatique en général, à l'occasion d'une discussion littéraire qu'il soutint contre les Bénédictins sur la question de savoir quel est le véritable auteur de l'ouvrage intitulé *De Imitatione Christi*. Il inspira ainsi à Dom Mabillon son célèbre ouvrage *De Re diplomatica* (Paris, 1681; et suppléments, 1704). Vint ensuite Maffei, avec son *Istoria diplomatica* (Mantoue, 1727). L'abbé Bessel de Gottweig mérita encore mieux de la diplomatique par la publication de son ouvrage intitulé *Chronicon Gottwicense*, où il traite à fond de tout ce qui a rapport aux diplômes des empereurs d'Allemagne. On en peut dire autant de Heumann de Teutschenbrunn, qui, dans ses *Commentarii de Re diplomaticâ* (2 vol., Nuremberg, 1745-1753), essaya le premier d'aborder scientifiquement la connaissance des diplômes. Les bénédictins Toustain et Tassin publièrent ensuite leur *Nouveau traité de diplomatique* (6 vol. avec 100 planches, Paris 1750-1760). Il faut citer encore les bénédictins Ruinart, Coustant, de Vaines et plusieurs autres de leurs collègues. Dans ses *Elementa artis diplomaticæ* (Gœttingue, 1765), Gatterer s'efforça de donner à la diplomatique une forme systématique; et l'on était peut-être en droit d'espérer que Schœnemann, dans son *Essai de système général de diplomatique* (en allemand, 2 vol., Hambourg, 1801), transformerait encore plus complétement la science; mais son ouvrage est malheureusement demeuré, inachevé par suite de la mort prématurée de l'auteur. Mentionnons encore la *Palæographia critica*, de Kopp (4 vol., Manheim, 1817-1829), et l'ouvrage de Pertz, intitulé *Schrifttafeln* (4 livr., Hanovre, 1846).

Les commotions politiques modernes, la dissolution de l'empire d'Allemagne, qui mit fin à toutes discussions relatives aux droits de souveraineté et aux rapports immédiats des princes avec l'empire, la suppression des couvents en France et en Allemagne, ont enlevé à la diplomatique presque toute importance réelle; en revanche, comme science accessoire de l'histoire, on s'est mis de nos jours à la cultiver avec une grande ardeur.

La connaissance exacte de la nature des actes, de leurs formules, de leur contexture; la connaissance des écritures, des formes extérieures, des coutumes propres à chaque siècle, à chaque nation, sont les objets de la diplomatique. Cette science intéresse donc à la fois l'histoire, la politique, la morale, les belles-lettres, la jurisprudence, la théologie; et la Restauration en comprit toute l'importance, quand elle fonda à Paris l'*École des Chartes*, dans laquelle sont enseignés les éléments de la paléographie et de la diplomatique, et qui est destinée à former des archivistes et des bibliothécaires.

DIPLÔME (*diploma*, du grec διπλόυς; qui signifie *plié en deux*, *double*). D'après cette étymologie, ce mot désignait une table à écrire à deux ventaux, ou composée de deux petites tablettes, dont on se servait en affaires pour écrire ou annoter; mais dans la langue juridique des Romains il s'appliquait en général à toute expédition authentique d'actes officiels, de ceux notamment qui émanaient de l'empereur et des hauts fonctionnaires de l'état. Au moyen âge, ce mot disparut complétement de la langue des affaires, car on désignait alors sous les noms divers de *charta, pagina, litteræ*, etc., les documents, à l'interprétation scientifique desquels la diplomatique dut plus tard son nom. Ce ne fut qu'à l'occasion des discussions qui s'élevèrent au dix-septième siècle, au sujet de l'authenticité de certains documents, que le mot *diplôme* revint en usage; après quoi, Mabillon, par son ouvrage intitulé *De Re diplomatica*, l'introduisit dans le langage scientifique.

Sous la dénomination de *diplômes*, dom Mabillon comprit toutes les expéditions d'actes authentiques et officielles, notamment de ceux qui se rapportent à une époque déjà reculée. Mais comme dans son ouvrage cet érudit n'a guère traité que des actes provenant des monarques, cette circonstance amena l'usage de réserver le nom de *diplomata* aux actes émanant des empereurs et des rois uniquement, et de désigner les expéditions et copies d'actes des papes sous le nom de *Bullæ*, tandis que le mot *litteræ* s'appliquait aux actes provenant de gens placés dans un rang secondaire, tant dans l'ordre civil que dans l'ordre ecclésiastique. Suivant une autre opinion, l'expression de *diplôme* ne s'appliquerait qu'aux actes munis d'un sceau public. Il y en a qui la réservent pour les documents écrits jusqu'à la fin du quinzième siècle; d'autres, enfin, prétendent qu'elle n'est applicable qu'aux actes écrits sur parchemin.

Enfin, dans un sens plus restreint, on emploie le mot *diplôme* pour désigner les lettres d'anoblissement, de même que les documents constatant l'obtention des titres académiques, la réception dans une société littéraire, etc.

DIPLOPIE (de διπλοος, double, et ωψ, vue). Les pathologistes désignent sous ce nom le trouble de la vue dans lequel deux sensations distinctes sont produites par le même objet. Il y a donc *vue double* d'un seul et même objet dans la diplopie. Il suffit de dévier légèrement l'axe visuel d'un œil, ou de regarder à travers un trou percé dans une carte, pour produire au même instant la diplopie : des larmes ou de la chassie attachées aux cils, et recouvrant la surface de l'œil, font aussi voir les objets doubles. Suivant l'opinion de quelques physiologistes, l'un des yeux étant toujours plus fort que l'autre, nous verrions constamment deux images d'un seul et même objet, c'est-à-dire l'image transmise par l'œil le plus faible, et celle pointée sur l'œil le plus fort, et l'habitude remédierait à cet inconvénient, en dirigeant l'attention sur la sensation la plus forte, et annulant celle de l'image la plus faible.

En outre de cette diplopie produite par la déviation de l'axe visuel d'un œil dans les animaux dont le champ de vision est plus ou moins commun aux deux yeux, on en a admis une autre sorte. Dans celle-ci, la vue serait double par l'action d'un seul œil, l'autre étant fermé; et si les deux yeux offraient le même phénomène, la vue serait quadruple. Cette deuxième sorte de diplopie ne serait explicable qu'en admettant que les humeurs transparentes du globe de l'œil possèdent la double réfraction, ou une sorte d'hallucination plus ou moins passagère.

La diplopie, ou vue double, qu'on observe le plus fréquemment chez l'homme, est produite par la déviation de l'axe visuel d'un œil. Cette déviation est l'effet de la compression du globe de l'œil, ou de la contraction irrégulière de quelques-uns de ses muscles, qui l'entraînent dans une direction vicieuse. Les affections nerveuses, hypochondriaques; la grossesse, les chagrins violents, les impressions très-vives de l'organe de la vue, les divers degrés et sortes d'ivresse, sont considérés, avec raison, comme causes de la diplopie. Les contusions très-fortes de la tête, un accès violent de colère, une frayeur très-vive, la produisent aussi quelquefois. La durée de ce trouble de la vue est relative à la nature de ces causes et à celles des maladies qu'il accompagne ou qu'il précède. Son diagnostic est souvent difficile; quelquefois il se termine par une amaurose ou cécité complète. Le plus souvent il est le symptôme d'un strabisme commençant.

La diplopie par déviation de l'œil disparaît si l'on ferme un œil, n'importe lequel, et la vue est simple au même instant ; la diplopie ayant son siège dans un seul ou dans chaque œil persiste après que l'un des deux yeux est fermé. Pour bien se guider dans le choix du traitement de cette affection, il importe de bien apprécier la nature des maladies cérébro-oculaires qu'elle précède ou accompagne ordinairement. Ce traitement consiste en application de ventouses scarifiées et de vésicatoires à la nuque, en cautérisation sincipitale, topiques aromatiques ou irritants appliqués instantanément sur les yeux ; on y joint les boissons antispasmodiques, et les révulsifs sur le canal intestinal ; mais, avant de remédier à ce trouble de la vue, il importe de traiter efficacement les diverses maladies indiquées ci-dessus, dont la diplopie n'est le plus souvent qu'un symptôme.

L. LAURENT.

DIPLOSTOME (de διπλόος, double, et στόμα, bouche, c'est-à-dire *à bouche double*). Rafinesque-Schmaltz, naturaliste auquel l'histoire naturelle doit un grand nombre de bonnes descriptions, a décrit sous le nom générique de *diplostome* deux espèces d'animaux de l'ordre des rongeurs, qui habitent les plaines de l'Amérique septentrionale, et que l'on a plus particulièrement rencontrés dans le bassin qu'arrose le Missouri. Ce qui caractérise ce genre entre tous les rongeurs, c'est l'ampleur énorme des abajoues, dont la cavité s'étend en arrière jusque vers les épaules, et qui s'ouvrent à l'extérieur sur les côtés de la face. Ce caractère leur est néanmoins commun avec quelques genres des mêmes contrées, dont ils ne sont peut-être pas encore parfaitement distingués, savoir : les *géomys*, les *cynomys*. Ils se rapprochent aussi des *hamsters* du nord de l'Europe et de l'Asie. Leurs dents incisives sont marquées de sillons ; leurs yeux, assez petits, sont cachés sous le poil ; leur corps est tout d'une venue, cylindrique ; ils sont dépourvus de queue et d'oreilles extérieures ; leurs lèvres sont garnies de moustaches assez longues. Leurs membres, assez courts, sont terminés par quatre doigts selon Rafinesque, et par cinq doigts selon Georges Cuvier. Des deux espèces, l'une le *diplostome brun*, atteint 0ᵐ,30 de longueur ; l'autre, le *diplostome blanc*, n'atteint que 0ᵐ,14 : celle-ci est parfaitement blanche. Comme ces deux espèces se trouvent à la fois dans les mêmes contrées, il peut y avoir lieu de présumer que l'espèce blanche se compose d'individus atteints d'albinisme. Toutefois, ces animaux vivent sous terre, se nourrissent de racines, et, si on en juge par l'existence des abajoues, on doit présumer qu'ils amassent des provisions dans leurs retraites souterraines.

BAUDRY DE BALZAC.

DIPNEUMONES. *Voyez* ARACHNIDES, t. I, p. 729.

DIPNOSOPHISTES. *Voyez* DEIPNON.

DIPODIE (des mots grecs δίς, deux fois, et ποδός, pied), terme de métrique de la poésie ancienne, s'appliquant à un mode de scander les vers. D'après la *monopodie* (des mots grecs μόνος, unique, et ποδός, pied), on compte chaque pied ou mesure isolément. La *dipodie*, au contraire, les accouple. Dans la première méthode, l'hexamètre a six pieds ; dans la seconde, il n'en a plus que trois, et devient un trimètre. La *dipodie* était encore une forme en usage à Sparte.

DIPOLIES ou DIIPOLIES. *Voyez* BUPHONIES.

DIPPEL (JEAN-CONRAD) rêveur enthousiaste, auquel on attribue communément l'invention du bleu de Berlin, ou tout au moins le mérite d'en avoir le premier fait théoriquement connaître la composition, né le 10 août 1673, au château de Frankenstein, près de Darmstadt, commença par étudier la théologie à Giessen ; mais, impatient des chaînes de l'orthodoxie, il ne tarda pas à l'abandonner pour la médecine et la jurisprudence. Plus tard, il erra dans diverses parties de l'Allemagne et de la Hollande, fit des cours publics à Strasbourg, et finit par s'en aller en Danemarck. Le peu de précautions qu'il y prit pour déguiser sa haine ardente contre les prêtres de toutes les communions, fut cause qu'on l'arrêta et qu'on le conduisit prisonnier à Bornholm Rendu à la liberté, il passa en Suède, où, par ses cures heureuses, il se fit une réputation telle, que, dans une maladie grave, le roi voulut le consulter, et l'appela à Stockholm. Mais les démarches actives du clergé suédois pour l'expulser de Suède finirent par être couronnées de succès. Il se retira alors à Berlebourg, et mourut subitement le 25 avril 1734, au château de Wittgenstein. C'est la lecture des écrits de Spener qui l'avait amené à se faire un système de religion particulier. Ainsi, suivant lui, la religion ne peut consister que dans l'amour et l'abnégation, et il rejetait comme indifférents ou tournait en ridicule la plupart des dogmes. C'était d'ailleurs un homme très-instruit et un excellent chimiste.

DIPSACÉES. Cette famille, qui tire son nom du genre *dipsacus* (*cardère*), ne renferme qu'un petit nombre de plantes, assez semblables aux synanthérées par leur port, et qui n'en diffèrent, à la rigueur, que par leurs anthères non soudées. Les espèces les plus remarquables appartiennent aux genres *scabieuse*, *cardère* (*voyez* CHARDON A FOULON), *morine*, etc. De Jussieu réunit les valérianes aux dipsacées ; mais Decandolle a proposé de les en retirer, pour en former une famille à part.

P. GERVAIS.

DIPTÈRE (*Architecture*), de δίς, deux, et πτερόν, aile ; proprement, *qui a deux ailes*. C'était le nom d'une espèce de temple chez les Grecs et chez les Romains ; mais il n'en faudrait pas conclure que ce temple n'eût qu'une aile de chaque côté : on donnait à ce dernier le nom assez impropre de *périptère* (περί, autour), puisque cette étymologie pouvait faire penser qu'il s'agit d'un monument environné d'ailes ou de colonnes tout autour. Quant au temple *diptère*, il avait une double aile de chaque côté. Le temple d'Apollon Dydiméen, près de Milet, était diptère.

DIPTÈRES (*Entomologie*). Ces insectes n'ont, comme l'indique leur nom, que deux ailes ; ils forment parmi les articulés à six pieds un ordre distinct et très-facile à caractériser. Leur corps est composé, à la manière de celui des autres insectes, de trois parties, tête, tronc et abdomen, sur lesquelles nous devons dire quelques mots. La première supporte les yeux composés, au nombre de deux, et lisses, toujours au nombre de trois, lorsqu'ils sont présents. Les antennes sont ordinairement insérées sur le front, et rapprochées par leur base ; elles varient en longueur et en forme. La bouche, qui n'est propre qu'à sucer, c'est à-dire à extraire les matières fluides, et les conduire dans l'œsophage, offre diverses parties sur lesquelles nous n'insisterons pas. Le thorax supporte les pattes, qui sont grêles, et les ailes, qui sont simplement veinées et le plus souvent horizontales, l'abdomen ne tient au thorax que très-faiblement ; il est composé de cinq à neuf anneaux apparents, et se termine ordinairement en pointe dans les femelles. Chez tous les diptères, on trouve au-dessous des ailes deux petits pédicules élargis à leur extrémité, et que l'on considère souvent comme les analogues des deux ailes qui manquent. Ces petits organes ont été nommés les *balanciers* : quelques espèces présentent d'autres pièces membraneuses, et l'on a appelés des *cuillerons*. C'est à l'ordre des diptères qu'appartiennent les *cousins*, les *tipules*, les *œstres*, les *stomoxes*, etc., qui incommodent tant notre espèce et celle des animaux domestiques par leurs piqûres, qu'ils font au moyen de leur trompe, pour humer le sang qui les nourrit ; d'autres cherchent à placer leurs larves dans nos tissus ou dans ceux des animaux, ou bien ils attaquent les viandes que nous conservons, et même les céréales, auxquelles ils font un tort considérable. Quelques-uns, par une sorte de compensation, détruisent les insectes nuisibles, consomment les matières animales et végétales en putréfaction, ou bien con-

DICT. DE LA CONVERS. — T. VII. 40

tribuent à dessécher les eaux stagnantes et fétides. La vie des diptères est ordinairement de courte durée; la plupart ont terminé toutes leurs métamorphoses en un ou deux mois, ou bien en quelques semaines seulement; presque tous sont de petite taille et abondent surtout dans les lieux humides, où leurs larves vivent le plus souvent. Celles-ci n'ont point de pattes; mais on observe dans quelques-unes des appendices qui les simulent : leur bouche est ordinairement munie de deux crochets, qui leur servent à arracher les matières alimentaires. Elles ont ordinairement les orifices de la respiration à l'extrémité postérieure du corps.

Latreille partage les diptères en deux sections principales, qui forment pour quelques auteurs anglais deux ordres distincts. La première comprend toutes les espèces dont les antennes ont plus de trois articles, et que l'on réunit sous le nom commun de *némocères* : tels sont les *cousins*, les *tipules*; la deuxième section (*brachocères*) est réservée à celles qui n'ont jamais plus de trois articles. Elle comprend quatre familles, celles des *tanystomes* (*asile*, *anthrax*), des *notacanthes* (*xylophage*, *sargie*), des *pupipares* (*hippobosque*, *mélophage*, *ornithomie*), et des *anthéricères* (*œstre*, *mouche*).
P. GERVAIS.

DIPTYQUE (du grec δίπτυχα, plié en deux). L'usage de ce mot a depuis longtemps cessé avec celui de l'objet qu'il était destiné à représenter, et dont il serait assez difficile aujourd'hui de déterminer exactement l'origine et toutes les attributions. Dans le sens le plus général, c'était une espèce de registre, formé de deux tablettes de bois ou d'ivoire (comme on pourrait s'en faire une idée par les deux parties rapprochées de la couverture d'un livre), sur lequel étaient inscrits dans l'état civil les noms des consuls et des premiers magistrats, et dans l'église ceux des vivants et des morts qu'on devait réciter pendant les offices. De là, les diptyques furent distingués en sacrés et profanes. Sur les premiers, les noms des vivants figuraient d'un côté, et ceux des morts de l'autre. Dans cette espèce de catalogue se trouvaient particulièrement compris les papes, les évêques, les martyrs, les fondateurs d'établissements religieux, et en général tous les bienfaiteurs du clergé. Le temps où le diacre lisait, pendant le sacrifice, les noms inscrits sur les deux feuillets ou tablettes s'appelait le temps des diptyques (*diptycorum tempus*). Parmi les diptyques profanes, il y en avait une espèce particulièrement affectée à la dignité consulaire : elle consistait, comme les précédents, en deux tablettes d'ivoire, sur lesquelles le consul était représenté en relief avec son nom, ses titres, et dans tout l'appareil de sa charge. On y gravait aussi les animaux, les gladiateurs, et tout ce qui devait faire partie des jeux que le nouveau dignitaire se proposait de donner au public en entrant en fonctions. Chaque consul, avant sa nomination, avait plusieurs de ces diptyques, qu'il distribuait à ses principaux officiers, à peu près comme des rois envoient leurs portraits aujourd'hui, de temps à autre, leurs portraits à des favoris privilégiés. Les princes recevaient même quelquefois en présent des diptyques, mais alors on avait soin de les faire dorer. On attachait cependant assez d'importance à cette politesse pour en limiter l'usage par des règlements. La loi 1re *De expens. ludor. C. Theod.*, défend de donner des diptyques à tous les magistrats d'un rang inférieur à celui de consul.

Il serait assez difficile de remonter à l'origine de cette espèce de tablettes. Quelques historiens ne la rapportent qu'au temps du Bas-Empire, ou vers l'époque à laquelle on commença à s'en servir dans les églises. Le diptyque, qui n'est qu'une espèce de registre, de calepin ou de portefeuille imparfait, semble, à quelques variantes près, dans son étendue ou sa forme, devoir être d'une origine plus ancienne, et avoir été employé à beaucoup plus d'usages que ceux que nous lui avons assignés. Papias le définit : *Tabellæ in quibus amores scribebantur*; et il semble, en effet, que dans les temps anciens comme aujourd'hui tout amoureux devait

avoir un confident, un dépositaire de ses pensées intimes. Quand la dépravation eut été portée au comble à Rome, les débauchés tiraient souvent gloire du grand nombre des agents de leurs turpitudes, et les enregistraient dans les tablettes du genre de celles dont nous parlons : c'est ce que fait entendre Juvénal dans un passage de la satire IX, v. 35. Que le *tabellæ* dont il est ici question fût composé de deux ou d'un plus grand nombre de tablettes ou feuillets pliés sur eux-mêmes, on ne peut dans aucun cas le confondre avec une ou plusieurs feuilles roulées (*volumina*), qui servaient à inscrire des séries de phrases ou des discours de longue haleine. Le mot de *tabellæ*, dans le sens dont nous parlons, ne se trouvant employé qu'au pluriel chez les Latins, c'est sans doute ce qui a fait penser à quelques auteurs que *diptyques* n'avait pas de singulier en français. C'est une erreur : l'Église seule, il est vrai, et l'on ne saurait trop dire pourquoi, ne l'admettait qu'au pluriel. Nous pensons avec Casaubon, dans ses *Observations sur Athénée*, liv. VI, ch. 14, que les chrétiens tenaient des Romains la coutume où ils étaient d'inscrire sur des tablettes et de réciter pendant l'office le nom de ceux pour qui il se célébrait. C'était une imitation de l'honneur rendu à quelques Romains dont on insérait les noms dans les vers des Saliens (*saliare carmen*), comme on le fit à Germanicus, et longtemps avant, sous la république, à Mamurius Veturius et à Lucia Volumnia, ainsi que l'attestent Tacite (liv. II), Ovide, Plutarque, etc. Ces imitations des mœurs, des coutumes, et même des lois et de la religion, sont plus fréquentes qu'on ne le pense entre des peuples qui se sont succédé directement, et qui ont dû nécessairement se mêler, lors de la transition de l'état ancien à l'état nouveau.

Nous terminerons par la description d'une moitié de diptyque consulaire qui fut trouvée le siècle dernier à Dijon. Elle était clouée derrière la porte d'un menuisier, où elle fut remarquée par un conseiller au parlement, Mre de La Marre, qui n'éprouva aucune difficulté à s'en rendre propriétaire. Le consul y figurait assis sur un trône d'ivoire, ou siège curule (*scella curulis*), particulièrement affecté à son haut rang. Il tenait d'une main le *scipio* (sceptre d'ivoire ou bâton de commandement), surmonté d'un aigle, et terminé par un buste représentant l'empereur alors régnant. Dans l'autre main se trouvait une espèce de rouleau (*mappa circensis*), avec lequel il donnait le signal de l'ouverture des jeux du cirque. Il portait la robe brodée (*toga picta*), recouverte de la tunique sans manches nommée *fascia consularis*, ou *colobium*, ou *subarmalis*. Il y avait près de lui deux figures, représentant probablement des officiers de marque. Huit autres personnages, hommes ou femmes, occupaient en bas une espèce d'amphithéâtre. D'après les lettres capitales qui s'y trouvaient gravées, on a présumé qu'il avait dû appartenir à Stilicon, lors de sa seconde nomination au consulat avec Flavius Anthemius, l'an 405.
BILLOT.

DIRE. En termes de pratique, ce mot se prend substantivement pour exprimer toute contestation, réquisition faite sur un procès-verbal par une partie ou son avoué.

A dire d'experts signifie suivant l'estimation des experts.

DIRECT, DIRECTE, DIRECTEMENT. On entend par direct ce qui est droit, ce qui ne fait aucun détour. On dit figurément : attaque directe, reproche direct, rapport direct, correspondance directe, action directe, pour indiquer ce qui est immédiat, ce qui a lieu, ce qui se fait sans intermédiaire.

Les contributions se divisent en *contributions directes* et en *contributions indirectes*.

On entend, en astronomie, par *mouvements directs*, ceux qui sont dirigés de l'Occident vers l'Orient, comme les mouvements de toutes les planètes et de leurs satellites dans le système solaire; en optique, le *rayon direct* est celui qui arrive directement d'un corps lumineux, sans avoir été dévié par la réflexion ; en mathématiques, la *raison directe de deux quantités* est le rapport de la première à la seconde, dans l'ordre direct où on les énonce, par opposition à la *raison inverse*, qui intervertit l'ordre suivi dans l'énoncé.

En généalogie, la *ligne directe*, est celle des ascendants et descendants, pour la distinguer de la ligne *collatérale* (on dit dans un sens analogue : *héritier direct*). Dans le droit féodal, on nommait *seigneur direct* le seigneur immédiat dont une terre relevait : la *seigneurie directe* était le droit du seigneur sur un héritage qui relevait directement de lui, et la *directe* simplement était l'étendue du fief du seigneur direct.

En grammaire, on appelle *construction directe*, celle qui place le nominatif, le verbe et le régime dans l'ordre de la relation grammaticale ; le *régime direct*, ou *complément direct*, est celui sur lequel tombe directement l'action du verbe, qui est l'objet immédiat de cette action. En logique, la *preuve directe* est celle qui résulte immédiatement d'un fait par opposition aux simples inductions ou conjectures ; *proposition directe* se dit de toute proposition considérée par opposition à celle qui résulte du renversement de ses termes et qu'on nomme pour cette raison *proposition inverse*.

Directement, au propre et au figuré, signifie tout droit, en ligne directe, sans faire de détour, sans intermédiaire.

DIRECTEUR, DIRECTRICE, celui ou celle qui dirige, qui a la direction des personnes ou des choses, qui a le maniement et la conduite des affaires d'une compagnie. L'Académie Française est présidée par un *directeur*. Il y a *directeurs des domaines*, *des études*, etc. Il y a aussi des *directeurs généraux* des ponts et chaussées, des douanes, des postes, etc., et des *directeurs de musique*, autrement nommés *maîtres de chapelle* et *chefs d'orchestre*. On emploie également ce mot comme qualificatif, et on l'applique alors aux choses : un rayon *directeur*, une ligne *directrice*, etc. (*voyez* DIRECTION).

DIRECTEUR DE CONSCIENCE. C'est, parmi les catholiques, celui qui dirige dans les voies spirituelles les fidèles qui se remettent volontairement sous sa conduite ; car les directeurs ne sont pas imposés par l'Église ; la direction est libre, et cela doit être : la confiance ne se commande pas, et le directeur a besoin de posséder tout entière celle des personnes qu'il dirige. Comme le malade qui consulte son médecin ne doit rien déguiser de sa maladie, mais s'efforcer au contraire de la lui montrer dans tous ses symptômes, ses accidents et ses progrès, afin de le mettre à même, en l'appréciant plus sûrement, de lui prescrire les remèdes et le régime le plus salutaire ; comme celui qui plaide, s'il veut être bien conseillé, ne doit rien taire de ce qui peut bien faire connaître sa cause à son avocat ; ainsi le chrétien qui a choisi un directeur, s'il veut en recevoir des conseils utiles, doit lui dévoiler toute son âme, et se montrer à lui tel qu'il se voit dans sa conscience et sa pensée. Autrefois le directeur était assez ordinairement distingué du confesseur ; aujourd'hui ils sont presque généralement confondus. Le prêtre qui confesse, lors même qu'il n'est pas consulté sur l'ensemble de la conduite et la voie à suivre dans certaines circonstances, est indistinctement appelé du nom de confesseur et de directeur. Cependant, la direction, comme cela se pratique, surtout dans les communautés religieuses, se fait souvent en dehors de la confession. Les directeurs exerçaient jadis une grande influence sur la société. Il est rare de rencontrer dans la vie un ami qui joigne à beaucoup de prudence assez de lumières, de vertu et de désintéressement pour qu'on puisse s'ouvrir à lui sans réserve, et lui demander avec confiance de ces conseils qui ne peuvent être donnés sans un grand effort de courage : or, cet ami si rare et si précieux, on est toujours sûr de le trouver dans un bon et sage directeur. Il se fera un devoir de vous prodiguer ces avis généreux que nul autre ne voudrait et ne pourrait même vous donner aussi bien. Le libertinage, l'impiété et la mauvaise foi ont beau oup exagéré les abus de la direction, et cet art, que saint Grégoire appelait l'art par excellence, sera toujours l'un des plus utiles à l'humanité. Combien qui, s'ils n'avaient pas cette ressource, ne trouvant dans leurs familles que de pernicieux exemples, seraient réduits à s'égarer presque nécessairement, et à se perdre sans retour. Si le directeur n'est pas un bon prêtre, s'il n'est pas sincèrement vertueux, s'il n'a pas cette expérience que donnent l'étude et la réflexion aussi bien que les années ; s'il n'a pas avant tout un ardent désir du bien, nous ne conseillerions à personne de se mettre sous sa conduite. Si, au contraire, il réunit toutes ces qualités, alors on n'a rien de mieux à faire que de profiter de ses conseils.
L'abbé J. BARTHÉLEMY.

DIRECTEURS DE SPECTACLES. Le célèbre maréchal de Saxe, menant dans ses campagnes une troupe de comédiens à la suite de son armée, trouvait qu'il était plus facile de diriger la seconde que la première. Molière, croyons-nous, ne lui eût pas donné un démenti : il avait su par expérience quels soucis, quelles contrariétés éprouve un directeur de théâtre, quand il lui faut discipliner les caprices et les amours-propres de ces dames et de ces messieurs. Nous ne manquons pas, cependant, par le temps qui court, de gens qui se croient doués de ce talent, puisque tant de concurrents se présentent chaque fois qu'il est question d'ouvrir un nouveau spectacle, ou de pourvoir à la vacance d'une direction ; mais, ainsi que dans bien d'autres carrières, les prétentions sont communes, et l'habileté est rare. Les théâtres des anciens n'avaient point de directeurs en titre. Les archontes et autres magistrats, dans les républiques grecques, et à Rome les édiles, présidaient à tout ce qui concernait l'administration de ces établissements, qui étaient des propriétés de l'état, pour la plus grande partie. Parmi les directeurs modernes, les fastes dramatiques nous ont conservé le nom de d'Hauterive, qui remplissait ces fonctions à Bruxelles dans le siècle dernier, et qui joignait des connaissances littéraires à une grande intelligence et à une rare probité. Dans une sphère moins élevée, deux autres directeurs firent, à la même époque, une brillante fortune, en fondant des spectacles qui subsistent encore dans la capitale : ce furent Nicolet, homme sans aucune instruction, mais non sans imagination et sans savoir faire, et Audinot, médiocre acteur de la Comédie-Italienne, un peu moins ignorant, puisqu'il avait coopéré à quelques petites pièces, et également pourvu de facilité, d'invention et d'activité. Un seul de nos grands théâtres avait alors un directeur, c'était l'Opéra, et sa tâche était facile, puisque le trésor royal se chargeait de combler le *déficit*, quel qu'il fût, des recettes de l'année. Quant aux deux autres scènes de première ligne, elles n'avaient point de directeurs nominaux, mais les sociétaires qui les gouvernaient étaient eux-mêmes soumis au pouvoir irresponsable de MM. les gentilshommes de la chambre du roi, despotes dramatiques, qui infligeaient les punitions, accordaient les faveurs, et souvent s'érigeaient en sultans à l'égard des jolies actrices et des fraîches débutantes. Aujourd'hui, convaincues des avantages de l'unité dirigeante, les sociétés oligarchiques du Théâtre-Français et de l'Opéra Comique ont elles-mêmes placé à leur tête des directeurs. A l'Opéra, la direction est devenue une sorte de propriété temporaire, secondée seulement par une subvention du gouvernement. On sait combien elle a prospéré dans les mains de M. Véron ; il est juste cependant de remarquer que les progrès du *dilettantisme*, et quelques autres causes, ont beaucoup contribué à ses succès. Aussi, tout en déployant un talent peut-être égal dans leur administration, plusieurs directeurs de nos scènes secondaires se sont-ils vus souvent obligés de compenser l'infériorité des moyens de réussite par

40.

les ressources d'un charlatanisme excusable. Les furets de coulisses et même les habitués des spectacles savent à quoi s'en tenir sur les articles complaisants des journaux, les *spectacles demandés*, les représentations *extraordinaires*, les *billets de faveur suspendus*, les applaudissements frénétiques, etc.; mais sur le gros du public cela produit toujours quelque effet.

Un des talents essentiels d'un directeur, c'est de savoir *faire l'affiche*, et nous avons à Paris de grands maîtres en ce genre. Près de chaque direction était établi, il y a peu d'années encore, un comité de lecture et de réception des pièces : quoiqu'en général ce comité opinât toujours du bonnet pour l'avis du directeur président, il a encore été trouvé trop gênant pour quelques-uns d'entre eux. Presque tous se sont faits autocrates, et n'ont plus voulu s'en rapporter qu'à eux-mêmes pour l'admission des ouvrages. Il ne paraît pas, au surplus, qu'ils s'en soient mal trouvés : conseillé par ses intérêts et par l'intérêt du théâtre, un directeur intelligent peut en effet mieux juger de l'effet d'une pièce qu'un aréopage littéraire. Ce qu'il y a de pire pour un spectacle, c'est un directeur qui cumule, c'est-à-dire qui est en même temps auteur dramatique, et, par conséquent, le fournisseur privilégié de son théâtre ; il pourrait faire inscrire sur le frontispice de la salle ce vers si connu, en y adaptant une légère variante :

Nul n'aura de l'esprit, hors *moi, puis mes amis*.

L'inconvénient est si patent que l'on ne confie guère une direction à un auteur dramatique, qu'en exigeant qu'il renonce à ce genre de travail; mais il en est peu qui tiennent scrupuleusement cette promesse. Le mal alors n'en devient que plus grand, par ce directeur favorise d'autant plus ses enfants anonymes, quel que soit souvent leur peu de mérite, que l'affiche ne révèle point officiellement sa paternité. Les directions des spectacles parisiens offrent déjà cependant, en principal et accessoires, d'assez brillants avantages. Il n'en est pas de même de celles des départements, où la désertion des théâtres, amenée par diverses causes, fait aujourd'hui de presque tous les privilèges de direction un brevet de ruine.

DIRECTION. Ce mot, dans son acception la plus ordinaire, indique la ligne suivant laquelle un corps se meut, ou la position dans laquelle se trouvent deux objets l'un par rapport à l'autre : *ce navire nous reste dans la direction du S.-O.* Il est pris aussi dans beaucoup d'autres acceptions : ainsi, l'on dit *la direction des personnes et des choses*, malgré l'opinion de quelques grammairiens, qui ont pensé qu'on ne pouvait employer ce mot que lorsqu'il y avait distribution de finances ou d'occupations. Cette proposition est vicieuse, puisque le mot de *direction*, indiquant un commandement, suppose nécessairement toujours des inférieurs recevant et exécutant les ordres d'un chef, ce qui permettrait d'en multiplier sans fin les acceptions. On dit, en architecture, la *direction d'un bâtiment, d'un édifice*, ce qui indique l'action de surveiller le travail, la construction de tout ce qui a été ordonné par l'architecte. Avoir la *direction des finances, des domaines, d'un spectacle*, veut dire avoir sous les ordres l'administration en chef, la surveillance de toutes ces choses. On nommait autrefois *direction des créanciers* une assemblée de créanciers chargée de régler les affaires d'une succession ou d'autres biens abandonnés, afin de payer les dettes. On désignait sous le nom de *direction des finances* des assemblées du conseil, ou de quelques commissaires nommés par le roi pour régler les affaires de finances : il y en avait une grande et une petite. Toutes deux rendaient également des arrêts. Le mot de *direction* était même en usage dans l'astrologie judiciaire : il voulait dire alors un calcul par lequel on prétendait trouver l'heure à laquelle devait arriver un accident bon ou mauvais, concernant une personne dont on tirait l'horoscope. On disait aussi la *direction de l'aimant*, en parlant de la ligne nord et sud, dans laquelle se place toujours, à la variation près, une aiguille aimantée, suspendue par un fil ou tournant sur un pivot. Les casuistes, enfin, nommaient *direction d'intention* une espèce d'arrière-pensée, d'opération de l'esprit, en vertu de laquelle une action mauvaise de sa nature devait être considérée comme bonne par la fin qu'on s'en proposait. Cette pratique leur venait des jésuites, qui avaient poussé si loin le système des restrictions mentales, qu'il leur servait à justifier toutes les immoralités possibles. BILLOT.

DIRECTOIRE. La pensée qui dirigea le Directoire fit quelque temps mouvoir toute la politique française. Née de cette anarchie que créent les révolutions, et qui leur survit longtemps encore, la Convention avait senti la nécessité de reconstituer le pouvoir. On peut condamner l'injustice, l'immoralité, l'horreur des moyens qu'elle mit en œuvre, mais le but qu'elle voulut atteindre était utile, nécessaire, fatal. Elle avait commencé par appartenir aux girondins, elle finit comme elle avait commencé : les débris de ce parti la dominèrent jusqu'à la fin. Les montagnards, impuissants à la tribune, cherchèrent dans l'émeute une force qui ne leur avait jamais failli. La victoire fut incertaine au 12 germinal, vivement disputée le 1ᵉʳ prairial; mais au 13 vendémiaire Bonaparte la leur enleva sans retour. La Montagne fut vaincue, la Terreur disparut, on s'achemina vers l'ordre; mais l'ordre ne saurait être où le pouvoir n'est pas, et le pouvoir ne peut exister sans unité. La puissance nouvelle allait apparaître sous une autre forme de gouvernement, et pour savoir ce que le Directoire pourrait faire, il faut apprécier la constitution de l'an III, d'où il tira son origine et sa puissance. Depuis le 9 thermidor, un parti était apparu sur la scène politique, celui des modérés, parti sage, mais pusillanime et peu éclairé, qui a toujours voulu le bien, et qui n'a jamais eu ni assez de lumières ni assez de force pour l'obtenir. Derrière lui s'était caché le parti royaliste, poussant à la destruction de la république et au retour de la royauté. L'un et l'autre, par des motifs divers, étaient également réactionnaires; l'un et l'autre avaient également pour devise : *haine et guerre au pouvoir révolutionnaire!* Pour revenir à l'ordre, il fallait, en effet, détruire l'anarchie; pour revenir à la liberté, il fallait, en effet, détruire le despotisme. On devait ainsi enlever au pouvoir tout ce qu'il avait de révolutionnaire. Mais pour que l'ordre et la liberté pussent fleurir encore, il fallait que le pouvoir restât debout avec toute sa force, son unité, son indivisibilité. Mais, parce qu'il avait été terrible, on crut qu'il était trop fort; on se hâta de l'affaiblir en le divisant; et, comme il avait été trop puissant pour le mal, on le rendit, par sa division, impuissant à faire le bien.

La constitution de l'an III prit pour modèle les constitutions des États-Unis; elle ne sut point tenir compte de la différence des temps, des lieux et des hommes, et, toutefois, succédant à une époque terrible, elle apparut comme un bienfait. Ainsi que les autres chartes, si elle n'est pas tombée par ce qu'elle avait de mauvais, mais parce qu'on a inexécuté, faussé, trahi ce qu'elle avait de bien. — La république est indivisible. — L'universalité des citoyens forme le souverain. — Tout Français âgé de vingt-un ans et payant un impôt de trois journées de travail est citoyen. — Tout citoyen a droit de voter dans les assemblées primaires. — Hors de ces assemblées nul ne peut exercer de droit politique. — Il y a une assemblée primaire par canton. — L'élection de ces assemblées se fait au scrutin secret. — Trois cents citoyens nomment un électeur. — L'électeur doit être âgé de vingt-cinq ans et payer un impôt de 200 journées de travail. — Il y a une assemblée électorale par département. Ces assemblées élisent les magistrats, les jurés, les administrateurs, les membres du Corps législatif. — Le Corps législatif se compose du Conseil des Cinq-Cents, qui propose les lois, et du Conseil des Anciens, qui les accepte. — Ils se renouvellent par tiers, se réunissent à jour fixe, dans la même ville, non dans la même salle. — Les séances sont publiques. — Le législateur ne peut l'être plus de six ans. — Il reçoit un salaire. — Il n'est que citoyen hors du lieu des séances. — Les Anciens, dans des circonstances graves peuvent seuls promulguer un décret. — Une garde de 1,500 hommes, élue par toutes les gardes nationales de France, veille à la sûreté du pouvoir législatif. — Le pouvoir exécutif est confié à un Directoire de cinq membres nommés par les deux Conseils. — Ils se renouvellent par cinquième, d'année en année. — On ne peut être réélu. — Les directeurs résident tous dans un même édifice et dans la même ville que les deux Conseils. — Ils nomment des ministres responsables, dont les Conseils déterminent les attributions et le nombre. — Le Directoire a une garde de 240 hommes. — Il nomme les généraux en chef, il propose la guerre, il fait les traités ; mais la guerre est déclarée par le Corps législatif, et les traités ne sont valables qu'après qu'il les a ratifiés. Il y a une haute cour de justice pour les accusations politiques. Chaque département nomme un juré pour assister à ces jugements. Le Conseil des Cinq-Cents dresse l'acte d'accusation.

Nous ne prendrons de cette constitution que les parties qui ont dû influer sur la vitalité, la force et la durée du gouvernement directorial. Ce qui concerne l'administration et la justice sort du cadre que nous nous sommes tracé. Mais, pour la première fois, la Convention s'était réservé le droit de choisir dans son sein et d'élire elle-même les deux tiers des membres des deux Conseils. Deux cent cinquante seulement furent directement nommés par le peuple. Tous se réunissent en corps législatif, et procèdent à la division en deux Conseils. Ils nomment le Directoire exécutif, qui se compose de La Revellière-Lépeaux, Letourneur, Rewbell, Barras, Carnot. Le Conseil des Cinq-Cents siège au Manège, les Anciens aux Tuileries, le Directoire au Luxembourg.

Un mot sur l'état où le Directoire trouva la France. La Convention avait mis en circulation 19 milliards d'assignats ; elle avait détruit ainsi le crédit par l'abus du signe, et la pensée féconde de Cambon. Le 14 juillet, elle avait ouvert un emprunt d'un milliard à 3 pour 100 d'intérêt ; à la bourse de Paris, le louis d'or de 24 livres coûtait 2,600 fr. de papier monnaie, et monta bientôt à plus de trois mille. Les fonctionnaires publics ne recevaient aucune espèce de salaire, les soldats plus de paie, les créanciers de l'État plus d'intérêts ; et le patriotisme, l'amour de la république, la peur de l'étranger précédé de la dévastation, la peur des Bourbons suivis de la vengeance, la peur de la Terreur accompagnée de l'échafaud, échauffaient l'ardeur de la gloire militaire, excitaient la colère républicaine, poussaient à l'enthousiasme ou maintenaient dans le devoir. La France n'offrait à l'ennemi qu'une barrière de fer : quatorze armées ceignaient la patrie d'une ardeur et d'un courage dont l'antiquité n'offre pas de modèle. Et ces malheureux triomphateurs étaient sans vêtements, sans chaussure, souvent sans vivres, toujours avec des aliments détestables ; ici sans armes, là sans munitions. A l'apparition du Directoire, les moyens de se vêtir, de s'alimenter, de se défendre, tout fut absorbé, dévoré par les plus infâmes des hommes, les fournisseurs, les spéculateurs, les spoliateurs, les hommes d'opprobre et de rapine, qui déshéritaient la gloire pour la fortune, qui cherchaient de l'or dans le sang, et que nous avons vu plus tard insulter de leurs richesses acquises par le crime le plus lâche, par le crime qui spécule sur l'honneur du pays et sur la vie du soldat, à ces guerriers mutilés qui mendiaient leur pain dans cette même France qu'ils avaient sauvée, qu'ils avaient agrandie, qu'ils avaient fait craindre de l'Europe, qu'ils avaient transmise à l'avenir plus belle, plus noble, plus puissante qu'elle ne le fut jamais. Ces ignobles déprédateurs, par leurs dilapidations, arrêtèrent souvent la victoire ; et leurs concussions, aidant à l'ineptie, à la lâcheté, à la trahison de quelques généraux, causèrent la plupart de nos défaites.

Le Directoire est à peine installé, et Clerfayt passe le Rhin près de Mayence, et Wurmser nous repousse près de Manheim, et l'armée de Rhin-et-Moselle se replie sur la rive gauche. Mais Hoche pacifie la Vendée, et les Anglais, abandonnant l'Ile-Dieu, cessent d'alimenter nos discordes civiles. Mais le capitaine que le soldat avait nommé *l'enfant chéri de la victoire*, Masséna, donne et gagne la bataille de Loano ; Sérurier, Augereau, Victor, Lannes, 36,000 Français, sans vivres, sans habits, culbutent 50,000 Austro-Sardes, qui laissent sur le champ de bataille 8,000 morts ou prisonniers. La rivière de Gênes est abandonnée ; le Milanais exposé, le chemin de l'Italie est ouvert à nos armes, Bernadotte et l'armée de Sambre-et-Meuse repoussent l'ennemi jusque sous le canon de Mayence. Toutefois, Manheim est pris par Wurmser. Ce n'est pas la victoire qui abandonne la France, c'est Pichegru qui trahit la patrie. Il ouvre des négociations mystérieuses avec le prince de Condé, et, comme il a besoin du temps pour auxiliaire, un armistice lui semble indispensable ; il le demande et l'obtient. Tandis que la Hollande se proclame république batave, la royauté succombe dans l'ouest de la France. La trahison et la haine terminent la guerre de la Vendée. Stofflet fait fusiller Marigny, et lui-même, abandonné par Charette, est pris et fusillé. Charette à son tour, qui avait fait massacrer les prisonniers républicains, livré par Laroberie, est arrêté couvert de blessures, et meurt de la mort de Stofflet. La prudente intrépidité de Hoche et la puissance de l'amnistie achèvent la pacification. Le courageux dévouement des Vendéens fait place aux cruels brigandages de la chouannerie. La France aidait alors à la séparation et à l'indépendance de la plus riche de ses colonies : Toussaint-Louverture élève le pavillon tricolore ; le drapeau de l'Espagne disparaît à Saint-Domingue, et les Anglais eux-mêmes ne conservent que le Môle.

Aux premiers jours du printemps de 1796, la France se trouve cernée par l'ennemi : l'Angleterre, le Portugal, tout l'empire germanique, l'Autriche, Naples, Rome et la Sardaigne, sont liguées contre la France, qui n'a pour auxiliaires que la Hollande et l'Espagne. Bonaparte, à vingt-six ans, prend le commandement de l'armée d'Italie. Cette faveur était le salaire du 13 vendémiaire. Une destinée inouïe allait commencer ; et, sous la tente et dans les palais, maître de l'Europe ou enchaîné sur le rocher de Sainte-Hélène, l'homme ne manquera jamais à sa grande destinée. Bonaparte a sous ses ordres Masséna, Berthier, Augereau, Lannes, Laharpe, Maynard, Joubert ; il a devant lui l'Autrichien Beaulieu et le Piémontais Colli. L'armée de Rhin-et-Moselle est commandée par Moreau, secondé par Desaix, Gouvion Saint-Cyr, Lecourbe, Dessolle. Jourdan commande celle de Sambre-et-Meuse ; il a Kléber pour lieutenant, Marceau, Lefebvre, Championnet, Bernadotte, Soult, Ney, pour adjudants. L'Italie est conquise ; partout nos troupes sont victorieuses ; mais, pour être juste, il n'en faut pas faire honneur au Directoire. Toute la gloire en revient à l'armée telle que la Convention l'avait faite, altérée de gloire, ivre de liberté, sans son ardeur républicaine, sa haine de l'étranger, son impatience d'un joug ennemi et sa folle ardeur de porter la république partout où elle trouvait l'hostilité.

Voyons maintenant dans l'intérieur la politique du Directoire. Les Conseils frappent du dernier coup le papier monnaie. Ils décrètent un emprunt d'un milliard ; les assignats ne peuvent être reçus que pour un centième. Cet emprunt est *forcé*, ce qui lui donne les caractères d'un impôt ; comme l'impôt, il est réparti sur la plus grande partie des citoyens et proportionné à la fortune de chacun d'eux. Par une contradiction bizarre, une autre loi déclare que ces assignats dont on ne voulait pas, seraient portés à une somme qui ne pourrait dépasser 40 milliards. Mais bientôt on s'aperçoit que la monnaie est un signe représentatif des valeurs; que, s'il y a plus de monnaie que de valeurs, une partie de ce signe ne représentera rien, et que la monnaie elle-même diminuera de valeur. On voit encore que le papier est un signe de crédit, qu'un citoyen ou un état ne peuvent en émettre au delà du crédit qu'ils possèdent, sous peine de le voir rejeter hors de la circulation. Le louis de 24 livres coûte 5,300 fr. en assignats ; c'est dire que les assignats ne valent plus rien ; ils ne représentent pas même les frais de fabrication : il y en a pour 45 milliards 581 millions en émission. L'abus du crédit a détruit le crédit, et une loi ordonne de briser tous les instruments qui ont servi à la confection des assignats. L'année 1796 s'ouvre par la création d'un ministère de la police. Cette institution politique deviendra le plus actif des ressorts du gouvernement; mais il a trois graves inconvénients : son immoralité commence par corrompre le pouvoir, continue par la corruption des citoyens, et finit par devenir une nécessité. Un pareil ministère est créé pour découvrir les conspirateurs ; et, pour prouver son utilité, il provoque aux conspirations. Alors le gouvernement s'effraye d'un danger souvent imaginaire ; et, comme on ne sait réprimer la licence qu'en mutilant la liberté, on finit par avoir les fauteurs de la licence pour ennemis et les amis de la liberté pour adversaires.

Le Directoire trouva la France résignée à tout pouvoir qui pourrait lui garantir une sécurité stable pour les personnes et les propriétés. Mais les nations prises en masse ne font pas, n'aident pas à faire ce qu'elles désirent ; il faut qu'on pense, qu'on parle et qu'on fasse pour elles. Elles reçoivent tout ce qu'on leur impose. La France a accepté tous les gouvernements : tous venus sans qu'elle les ait demandés, tous tombés sans qu'elle les ait regrettés. Ce n'est pas le pays qui doit embarrasser un pouvoir honnête et franc, mais les partis qui le divisent. Jetons un coup d'œil rapide sur l'état des partis en France en 1796. On voit d'abord les royalistes, vendéens, chouans, prêtres, gentilshommes, noblesse, haute bourgeoisie. Les périls de la religion, l'abolition des priviléges, la confiscation qui menaçait toutes les grosses propriétés, réunissaient toutes les sommités sociales dans une haine commune, parce que leur terreur était unanime. Ils avaient l'appui avoué ou mystérieux de toutes les puissances de l'Europe. A l'extrémité opposée se trouvaient les conventionnels qui avaient siégé sur la Montagne ou qui avaient prêté leur vote aux montagnards, les membres de la société des jacobins, des tribunaux révolutionnaires, tous les anarchistes, tous les hommes qui avaient à se reprocher des faits, des oppressions, des spoliations révolutionnaires. Tous les prolétaires de France leur venaient en aide. Entre ces deux extrêmes se plaçaient les partisans du système constitutionnel. Plusieurs regrettaient la constitution de 1791 ; mais ils ne croyaient pas qu'une forme de gouvernement valût une révolution nouvelle. Les autres avaient loyalement promulgué ou adopté la constitution de l'an III : c'étaient les patriotes de 89, les conventionnels du parti girondin, les acquéreurs de domaines nationaux ; c'était l'armée voulant un gouvernement qui pût apprécier sa gloire et rémunérer ses services ; c'était la nation même, la France entière, désirant un pouvoir stable qui assurât le développement de la prospérité agricole, industrielle, commerciale.

Ce dernier parti était incontestablement le seul qui pût garantir la longévité de la constitution de l'an III. Il pouvait ramener à lui les prêtres qui ne voulaient que la religion, la bourgeoisie et la noblesse qui ne voulaient que l'ordre. Il pouvait ramener à lui les jacobins qui ne voulaient que la république, et les patriotes qui ne voulaient que la liberté. Mais, dans ce parti qui avait vaincu, et qui seul pouvait conserver la victoire, il s'établit bientôt une déplorable scission. Les hommes du pouvoir, sans influence politique sur les Conseils, sans ascendant personnel sur les administrateurs subalternes, sans puissance sur les capitaux mobiles, imaginèrent de demander à la corruption ce qu'ils ne pouvaient obtenir de la vertu, du talent, du courage. Alors se créa un parti gouvernemental, ministériel, lâche, vil, ignoble, corrompu, qui, formant la majorité des Conseils et dominant le pays par le scrutin, perdit d'abord la liberté, vendit ensuite le pouvoir, déshérita la France de sa gloire militaire, et faillit la livrer sans défense à l'étranger. On sent que tous les hommes de cœur et d'honneur, que tous les hommes de sagesse et d'avenir, ne purent associer leurs principes, leur ascendant, leur renommée, à ces hideuses turpitudes. Quelque temps, ils balancèrent la majorité et tinrent la victoire indécise entre le vice et la vertu, le patriotisme et la vénalité. Mais les uns voulaient des emplois ; les autres, une part dans les entreprises financières ; ceux-ci, des secrets politiques pour se diriger dans leurs jeux de bourse ; ceux-là, des secrets militaires pour grossir leurs bénéfices dans les fournitures de l'armée. Il n'était intrigant, ambitieux, spéculateur, spoliateur, qui ne se pressât dans les salons de Barras ou dans l'antichambre des ministres ; chacun voulait être acheté ; toutes les consciences étaient à l'enchère ; tous voulaient ramasser de l'or dans la boue ; tous briguaient la servitude ; tous se précipitaient dans la corruption. Dès lors, le Directoire apparut comme un pouvoir existant et non comme un pouvoir durable, pouvoir de fait et non de droit, car sa corruption avait infecté déjà la légalité de son origine.

Du moment où un gouvernement chancelle, tous les partis s'organisent pour en hériter. Les royalistes fondent le club de Clichy ; les constitutionnels, le club de Salm ; les républicains, le club du Manége. Le Directoire reste entre les deux factions, avec ses intrigants et ses agioteurs. L'idée de gouverner une nation d'honnêtes gens avec une poignée de fripons remonte au 9 thermidor. Sous Robespierre, en face de ce génie soupçonneux et cruel, l'homme, quelque dépravé qu'il pût être, n'osait sacrifier à la fortune au pied de l'échafaud ; la rapacité ne s'assit que sur le tombeau de la Terreur. Barras hérite de toute l'immoralité des thermidoriens ; et chacun, autour de lui, veut dévorer sa part de la fortune publique. L'agiotage, trafiquant de toutes les valeurs décréditées de l'état, en exprime à son profit tout ce qu'elles valent encore ; l'agiotage spécule sur la subsistance des villes ; l'agiotage spécule sur les vêtements, les vivres, les munitions de l'armée ; l'agiotage s'acharne sur les créanciers de l'état, et complète une indigence que la banqueroute avait commencée. L'esprit de vol et de rapine plane sur la France. La fortune est la seule divinité à qui l'on sacrifie, et cette tourbe de dilapidateurs, de concussionnaires, de spoliateurs, s'appelle un gouvernement ! Les voleurs, les assassins, infestent les grandes routes. La dépravation enivre et flétrit tous les cœurs. Sortie du crime, la richesse va se perdre dans le vice. La prostitution ne peut suffire à cette soif d'argent ; et quelque multiplié qu'il puisse être, le divorce ne peut éteindre l'ardeur de l'adultère. Des costumes importés de l'Orient ou de l'antiquité font une loi des nudités les plus lascives. L'obscénité des paroles, des livres, des spectacles, maintient Paris dans une incessante orgie, et tous les vices semblent conviés à ces hideuses saturnales. La plus grande ennemie de la licence, c'est la liberté, et surtout la liberté de la presse. Et les tribunaux ne pouvant suffire à l'arbitraire légal, on eut peur aussi d'être tué par la légalité. Barras fit enlever Poncelin, le fit porter au Luxembourg : il y fut garrotté, mis à nu, et cruellement fustigé, que le malheureux journaliste paya de sa vie le droit et le courage d'oser dire la vérité en face de la tyrannie. Il fallut détruire tout ce qui pouvait servir de centre à la résistance ou à l'hostilité. Les quarante-huit sections et la commune de Paris, foyers éteints de toutes les insurrections révolutionnaires, furent remplacées par douze municipalités, créées sans puissance et restées sans dignité.

L'agiotage poursuivait son cours, et il avait si scandaleusement opéré sur les mandats, que le 25 janvier 1797 ils n'eurent cours forcé que pour un franc sur 100 fr. Un jeu de bourse suffit pour leur enlever encore cette valeur, et huit jours après, la circulation n'en fut plus contrainte, et elle cessa aussitôt qu'elle fut volontaire. L'athéisme rend tout gouvernement impossible : Robespierre l'avait éprouvé lorsqu'il voulut restaurer nous ne savons quel déisme vague et sans objet. La même pensée poussa La Revellière-Lépeaux à la théophilanthropie, espèce de déisme rendu sensible par une espèce de culte. Chacun sentait la nécessité d'imposer Dieu au monde, et personne ne voulait du Dieu que le monde s'était imposé. Dans la France chrétienne, on eût admis toutes les divinités, excepté celle des chrétiens. Mais la folie a son terme comme le crime; rien ne peut durer que ce qui est éternel, Dieu, la vertu, la liberté. Un tiers du Corps législatif est renouvelé. Les élections signalent une tendance contre-révolutionnaire. Camille Jordan la met à profit pour réclamer la tolérance religieuse : il suscite contre lui la fureur révolutionnaire et l'ironie voltairienne. L'opinion fut plus forte que le pouvoir, et deux mois après, la liberté des cultes fut proclamée. Toutes les mises hors la loi sont annulées; la garde nationale est rétablie ; les sociétés politiques sont dissoutes. Madame, fille de Louis XVI, sort du Temple ; elle est remise par des commissaires français à des commissaires autrichiens. Lafayette, en exécution du traité de Léoben, sort des cachots d'Olmutz. Barthélemy entre au Directoire par l'ascendant de Pichegru sur les Conseils. Talleyrand entre au ministère par l'ascendant des patriotes sur les directeurs. Les nombreux commissaires du Directoire le préviennent que derrière les hommes qui veulent reconstituer l'ordre, se cachent d'autres hommes qui veulent rétablir la monarchie ; il se réveille alors au milieu de ses dilapidations et de ses orgies. Il veut conserver par la violence un pouvoir qu'il ne peut fonder sur la moralité; il voit la Vendée qui s'émeut, une insurrection qui se prépare dans le Midi, des compagnies de Jésus et des compagnies du Soleil, 5,000 émigrés entrés à Paris depuis quelques mois, les Conseils sous l'ascendant de Pichegru vendu à Louis XVIII, Barthélemy, qui en Suisse, avait traité avec les émigrés, entré lui-même dans le Directoire, la fidélité de Moreau inspirant des doutes et des craintes; et le Directoire se hâte de s'assurer d'Augereau et de Bernadotte : Bonaparte même s'engage à venir à son secours.

Aussitôt la scission éclate entre la majorité du Directoire et la majorité des Conseils. Les Conseils n'osent ni décréter les directeurs, ni prendre l'offensive, ni se mettre en défense. Comme tous les corps délibérants, ils perdent le temps en de vains débats, lorsque le 4 septembre (18 fructidor), le canon d'alarme se fait entendre. Les salles du Corps législatif sont envahies; aucun député n'oppose aucune résistance; les fructidoriens se séparent des fructidorisés. Les vainqueurs vont siéger à l'Odéon et proclament une loi condamnant à la déportation Carnot, qui parvient à s'échapper, et Barthélemy, qui est arrêté. Cinquante-trois députés sont proscrits; mais la fureur exactionnelle était éteinte, et le pouvoir recula devant l'échafaud, qui pouvait soulever la France. Le climat de la Guyane fut le genre de mort inventé par les fructidoriens; car, en politique, la guerre entre les partis est toujours une guerre à mort : l'échafaud, un désert, un cachot, peu importe au vainqueur, pourvu que le vaincu périsse. Les satellites de la puissance trouvent des sophismes pour voiler le crime. Toute opposition détruite, le Directoire et les Conseils deviennent homogènes. Une lâche tyrannie commence : on abroge les lois qui rappelaient aux Conseils plusieurs représentants ; les émigrés doivent quitter la France, sous peine d'être fusillés ; les fugitifs de Toulon sont rejetés en Angleterre; nul ne peut être magistrat s'il ne jure haine à la royauté; tous les fonctionnaires de 49 départements sont révoqués; le Directoire usurpe la nomination aux places qui ne pouvaient être occupées que par l'élection ; on permet certaines sociétés politiques; on dissout les gardes nationales; on s'arroge le droit de mettre les villes en état de siège ; on asservit la presse à la police, et l'on finit par la confiscation des biens des proscrits. Un grand nombre d'écrivains et de citoyens sont frappés par le même arbitraire. Tout fait peur : on proscrit Carnot, parce qu'on n'aime pas la vertu ; on empoisonne Hoche, parce qu'on n'aime pas le courage; Moreau est réformé, Bernadotte enlevé à l'armée, Bonaparte jeté en Égypte.

On décrète la banqueroute des deux tiers ; on rétablit les loteries ; on ose proposer de chasser les nobles de France et de confisquer leurs biens, ceux des anoblis, des fonctionnaires de l'ancien régime. La pudeur publique fit justice de cette proposition. On fait saisir toutes les marchandises anglaises ; on décrète un emprunt de 80 millions, et les vainqueurs de fructidor proposent d'élever un monument à cette tyrannique journée. On procède aux élections : le Directoire les annule presque toutes. A l'intérieur, il détruit le système représentatif; à l'extérieur, il déchire tous les traités qu'il doit à la victoire : il va bientôt porter la peine de sa déloyauté. Les États-Unis suspendent toute relation avec la France ; un traité d'alliance offensive est conclu entre l'empereur et le roi des Deux-Siciles. La Porte déclare la guerre à la France : elle s'allie avec l'Angleterre et la Russie. Un autre traité se conclut entre la Russie et les Deux-Siciles ; un autre encore entre les Deux-Siciles et l'Angleterre ; un autre enfin entre l'Angleterre, la Russie et la Porte. Le Directoire éprouve à la fin qu'il a détruit cette admirable puissance que la constitution avait fondée en France, et la victoire à l'extérieur. L'arbitraire a ruiné le pouvoir, et c'est encore par la tyrannie qu'il veut sauver la tyrannie. Une loi autorise les visites domiciliaires ; une loi établit la conscription depuis vingt jusqu'à vingt-cinq ans ; une loi assimile aux émigrés les proscrits qui se soustrairaient à la déportation. Tout se fait par des lois. Quand les majorités appartiennent au pouvoir, il s'établit un despotisme législatif, un arbitraire légal, et l'on masque d'une hideuse légalité tous les caprices de la tyrannie. Mais le despotisme même a besoin d'un bras puissant, et les hommes de l'immoralité, de l'intrigue, de l'agiotage, sont trop énervés pour être despotes. Le Directoire ne fait pas même exécuter sa loi de conscription, qui pourrait protéger ses conquêtes ; et les hommes de fructidor n'osent pas annuler les élections de 1798, qui permettent au Corps législatif de renvoyer trois des cinq directeurs.

Un nouvel emprunt de cent millions est décrété. Les révolutionnaires dominent le club du Manège : là se trouvent les vieux jacobins et les jeunes patriotes. Contraste frappant entre les hommes de la terreur et les hommes de la corruption ! Les séides de Robespierre contraignent les roués de Barras à rougir devant le peuple. Ils osent professer les vieux principes de la probité; ils osent proférer des paroles austères de vertu ; ils s'élèvent contre les fonctionnaires déprédateurs, contre les agents concussionnaires, ils signalent les exacteurs les plus éhontés, les agioteurs les plus rapaces; ils dénoncent ainsi le gouvernement tout entier. Et tous ces gouvernants, enrichis de spoliations, saturés de volerie, crièrent à la démagogie, à la loi agraire, au système niveleur, parce que les hommes de courage osaient dire aux hommes d'argent qu'il fallait rendre au peuple ces fortunes honteuses qu'ils avaient volées au peuple. Ces dilapidateurs publics voulurent jouir par les lois des richesses qu'ils avaient acquises malgré les lois; ils bâillonnèrent la bouche qui s'élevait contre leurs spoliations, et le club du Manège fut fermé comme un repaire d'anarchie. Ce pouvoir, ennemi de tout courage, adversaire de toute vertu, éprouve à la fin qu'il règne sur un pays qui le réprouve; il n'a pour lui que les fonctionnaires et les agioteurs. Mais que peuvent les hommes de pouvoir et d'argent contre les jeunes patriotes au cœur pur, aux mains nettes, susceptibles d'un grand dévouement, capables d'un grand sacrifice? Que peuvent-ils contre ces vieux royalistes pour qui la monarchie fut un culte, la résistance un devoir, la restauration un intérêt? Que peuvent-ils même sur la masse inerte du pays, qui consent bien à se laisser gouverner par un pouvoir quel qu'il soit ; mais qui rougit d'un pouvoir qui se livre aux mains les plus impures; mais qui s'indigne de voir des hommes de violence et de rapine, sortis des rangs les plus ignobles, parvenus par les moyens les plus hideux, s'engraisser de la substance populaire, s'enrichir par la confiscation, la spoliation, l'agiotage : Cartouches pour acquérir, Harpagons pour conserver, et ce mélange obscène d'avarice et de rapacité s'offrait à la France avec son mauvais ton, ses mauvaises manières, son mauvais langage, comme le gouvernement d'un pays qui vient de faire trembler par les armes cette Europe que, depuis des siècles, il illustrait par les arts.

Des troubles éclatent à Bordeaux, à Lyon, à Lille, à Amiens : partout des murmures, des malédictions des apprêts de révolte. Les bandes de l'Ouest s'organisent de nouveau. Des mouvements de rébellion inquiètent les départements de Vaucluse, de l'Aube, des Ardennes. Une insurrection soulève les départements du Gers, du Tarn, de l'Aude, de la Haute-Garonne, de l'Ariége. Partout une tendance factieuse, un esprit conspirateur. Un génie de révolution pousse les masses, ici vers une république d'honnêtes gens, là vers la restauration de l'ancien régime. Le pays veut tout, excepté ce qui est. Le dégoût, le mépris a frappé d'anathème et d'impuissance ce gouvernement de corruption. Ce qu'on désire, ce qu'on appelle, c'est un libérateur. Mais les partis s'aveuglent dans leurs désirs. Les uns veulent la liberté, les autres la monarchie; tous troublent le pays ; et, du pied des Pyramides, Bonaparte viendra hériter seul de ces troubles opposés. On proclame la loi des otages; car un gouvernement, quelque détesté qu'il soit, veut toujours se maintenir; et le pouvoir à qui il n'est pas donné d'être cruel se vante de la douceur de sa quasi-violence. « La loi menace, elle n'atteint pas; le glaive est suspendu, il ne tombe point, dit le ministre. » On décrète le serment « de s'opposer au rétablissement de la royauté ou de toute espèce de tyrannie. » On étend la loi qui autorise les visites domiciliaires, on propose de déclarer la patrie en danger. Le danger était grand, en effet; mais, pour sauver la patrie, il eût fallu faire rendre gorge à tous les spoliateurs de la fortune publique, exciter en France l'enthousiasme de la gloire et l'ardeur de la liberté. Personne n'eut ce courage : chacun attendait en paix l'événement imprévu qui ferait tomber le pouvoir. Heureusement, Bonaparte, que l'Europe croyait perdu dans les déserts de l'Égypte, débarquera bientôt près de Fréjus, pour étonner Paris de son retour inattendu.

Ce n'est certes pas que parmi les directeurs, dans les conseils, dans les administrations, il ne se trouvât des hommes très-recommandables par leurs vertus, leurs talents, leurs services, des hommes qui désiraient, qui voulaient, qui faisaient le bien, dévoués à la France, amis de la liberté, partisans de la constitution; des hommes qui gémissaient des violences du pouvoir et des turpitudes de la corruption. Mais le gouvernement flétrissait la renommée de ceux dont il ne pouvait corrompre la conscience. Il signalait Carnot comme royaliste et Barthélemy comme fauteur d'anarchie; il proclamait réelle l'alliance impossible des républicains qui avaient tué un roi, et des monarchistes qui voulaient rétablir la royauté. Et les gens de bien, déconcertés, insultés, opprimés, craignant un jour fructidor ou un autre prairial, n'osèrent lutter, ni contre l'insurrection absolutiste, ni contre l'émeute révolutionnaire, ni contre l'intrigue et la corruption du pouvoir. On laissa les partis s'égorger les uns les autres, et le gouvernement s'avilir lui-même en avilissant tout le monde. De tous les courages, le plus difficile est celui de la vertu, puissance résignée plus que militante. Les honnêtes gens, dans le pouvoir et dans les partis, n'osant résister, se laissèrent conduire, et avaient ainsi l'air de participer à des excès que leur conscience déplorait, et que leur parole ne sut pas condamner hautement. Ils traversèrent cette longue époque où tout le monde faisait fortune, et on les reconnaît encore à la fortune qu'ils n'ont pas faite. L'estime leur reste à défaut des richesses, et ce trésor est meilleur que l'autre. Ceux-ci, surtout, attendaient un libérateur qui, rétablissant le pouvoir sur le grand principe de la moralité, mît un frein à cette spoliation de la fortune publique ; un libérateur qui permît à chacun de croire à Dieu et de l'adorer à sa manière; un libérateur qui rétablît une autorité protectrice, qui fît respecter le gouvernement par la France et la France par l'étranger, qui garantît la sûreté des personnes, la sécurité des propriétés, la prospérité de l'agriculture, de l'industrie, du commerce. Cet espoir semblait loin de se réaliser, et la France était placée entre les dévastations de l'anarchie intérieure et les menaces de l'occupation étrangère. Le Directoire avait proscrit tous ses généraux. Bonaparte seul continuait sa carrière de gloire dans cette Égypte où retentissaient encore les noms des Pharaon, d'Alexandre, de César et de saint Louis.

En Europe toutes nos conquêtes étaient perdues, et une campagne toute de défaites annonçait à la France sous quels sinistres auspices pouvait s'ouvrir la campagne suivante. Chacun sentait que le Directoire était impuissant à sauver le pays, et chacun cherchait d'où sortirait le salut commun. Le gouvernement avait commencé comme un parti luttant contre des partis. Mais il avait répudié tous les hommes d'énergie, de talent, de moralité. Tout ce qu'il y avait en France de vertu et de courage avait été contraint de se jeter dans les rangs ennemis. Les hommes d'ordre, de paix, qui conservaient leur foi religieuse et les traditions d'un gouvernement séculaire et protecteur, étaient devenus royalistes, publics ou secrets. La jeunesse et les hommes nouveaux, animés d'un esprit novateur, plaçant dans la révolution l'affranchissement et le bonheur de l'humanité, pleins de dévouement pour la liberté et d'enthousiasme pour la gloire, capables de grands sacrifices et d'une parfaite abnégation, se proclamaient hautement républicains. L'un et l'autre de ces partis eussent depuis long temps renversé le Directoire; mais l'étendard qu'ils avaient arboré effrayait la nation : pour elle, la république, c'était la Terreur; et, quelques jacobins forcenés mis à part, personne ne voulait de la Terreur. Pour elle, la monarchie était l'ancien régime; et, à l'exception des émigrés et de quelques vieux royalistes, momies embaumées de souvenirs surannés, personne ne voulait d'un monarque absolu, d'un clergé politique, d'une caste privilégiée et de la restitution des domaines nationaux. Les adversaires du gouvernement auraient depuis long temps triomphé si leur bannière n'avait épouvanté la France. Voilà pourquoi le Directoire se soutint au milieu du mépris public. Entouré qu'il était de fonctionnaires et d'agioteurs, il ne vit pas qu'il devait périr par ces agioteurs et ces fonctionnaires. Sans principe de vitalité, et affaibli par son existence même, il ne put protéger les seuls amis qui lui restaient. Les magistrats voulaient un gouvernement fort, qui pût garantir les places qu'ils occupaient; les agioteurs, qui avaient fait fortune par la rapine, voulaient un pouvoir ferme et moral qui garantît par les lois équitables les richesses qu'ils avaient volées. Il n'est point de fripons qui, leur fortune faite, n'éprouvent la nécessité sociale de la vertu. Il n'est point d'intrigants qui, après s'être emparés de la place des autres, n'éprouvent la nécessité politique des emplois viagers ou héréditaires. Le pouvoir était tombé si bas, qu'il ne pouvait rien pour personne.

Sieyès, esprit profond, mais paresseux, avait tâché de pousser le Directoire à une grande énergie de justice, à une prudente modération politique, à une juste observation de lois avouées par la justice. En donnant au pays cette liberté sage et cet ordre stable que les partis promettaient, il espérait désarmer tous les partis et ne leur laisser que cette exagération et cette folie que la France frappait à l'unanimité de réprobation. Le Directoire préféra l'intrigue et l'immoralité, et Sieyès se sépara du Directoire. Trop habile pour s'allier à la royauté des Bourbons, parce que personne ne voulait de l'ancien régime; trop prévoyant pour se réunir aux républicains parce que personne ne voulait de la Terreur, il imagina un gouvernement nouveau formé d'hommes nouveaux. Sa constitution offrait le principe monarchique dissimulé sous des formes républicaines. Il l'avait soumise à Moreau, esprit timide, sans vues politiques et sans courage civil. L'intrépidité de l'illustre général s'effraya du courage circonspect de l'abbé. Bernadotte, plus fin, plus ferme, plus habitué aux intrigues gouvernementales, n'osa rompre avec les républicains. Augereau ne put comprendre Sieyès, et celui-ci fut contraint d'ajourner la révolution qu'il méditait. Enfin, Bonaparte parut. Il admira le projet de Sieyès, parce qu'il y vit d'abord le consulat, et l'empire ensuite. Tous les mécontents se groupèrent autour du général. Les fonctionnaires que le Directoire avait placés promirent leur appui pour rendre leurs emplois plus durables et plus lucratifs. Les agioteurs dont le Directoire avait fait la fortune se réunirent en masse pour prêter une partie de cette fortune au général qui voulait culbuter le Directoire. Quand ils choisissent mal leurs appuis, tous les pouvoirs tombent par la faiblesse ou la trahison des appuis qu'ils choisissent. La conspiration s'ourdit prompte et puissante. Elle compte les directeurs Sieyès et Roger Ducos, les ministres Talleyrand et Fouché, la majorité du Conseil des Anciens, la grande minorité du Conseil des Cinq-Cents, les généraux Berthier, Lefebvre, Murat, Moncey, Moreau, Macdonald, Beurnonville, Sérurier, etc; les capitalistes Récamier, Séguin, Ouvrard, Vanlerberghe, et tous les agioteurs, les fournisseurs, les spéculateurs qui attendent des profits immenses des jeux de bourse, dont ce coup d'État leur livre le secret. Mais les révolutions sont aussi un jeu. La constitution de l'an III tombe, et le coup d'État du 18 brumaire est consommé. Le directoire cède la place au consulat, qui sera bientôt l'empire.

J.-P. PAGÈS (de l'Ariège).

Sous le Directoire exécutif la France comptait aussi des *directoires* de départements (*voyez* CONSEIL GÉNÉRAL.) et de districts (depuis arrondissements), remplacés plus tard par des préfets et des sous-préfets. D'autres *directoires* exécutifs, à l'instar de celui de la France, se formèrent en Suisse, en Italie, etc. Les articles organiques de 1802 ont donné enfin le même titre à l'autorité supérieure ecclésiastique de la confession d'Augsbourg en France.

DIRECTRICE (*Géométrie*). Certaines surfaces peuvent être considérées comme engendrées par une droite qui s'appuie sur une ligne et qui est en outre assujettie soit à passer constamment par un même point (*cônes*), soit à rester parallèle à une droite fixe (*cylindres*), soit à se mouvoir suivant toute autre condition. La ligne sur laquelle la droite *génératrice* s'appuie reçoit le nom de *directrice de la surface*.

Dans une section conique, on appelle *directrice* une droite telle que les distances d'un point quelconque de la courbe à cette droite et au foyer correspondant soient dans un rapport constant; ce rapport, égal à 1 dans la parabole, est plus petit dans l'ellipse et plus grand dans l'hyperbole. Ces deux dernières courbes ont chacune deux directrices; la parabole n'en a qu'une. Toutes ces directrices sont perpendiculaires aux axes sur lesquels se trouvent les foyers de ces différentes courbes. On démontre que ces droites sont les polaires des foyers auxquels elles correspondent.

MERLIEUX.

DIRES (*Diræ*). *Voyez* FURIES.

DIRICHLET (GUSTAVE LEJEUNE,), l'un des mathématiciens les plus distingués de notre époque, né le 11 février 1805 à Duren (Prusse), après avoir terminé ses études en 1822, se rendit à Paris à la demande du général Foy, qui le reçut dans sa maison, où il eut l'occasion d'avoir des rapports avec les mathématiciens français les plus célèbres, notamment avec Fourier. C'est là qu'il écrivit sa dissertation sur l'impossibilité de quelques équations indéterminées du 5e degré, qui attira tout aussitôt sur lui l'attention du monde savant. Nommé en 1827 répétiteur à l'université de Breslau, il fut appelé l'année suivante, avec le titre de professeur, à Berlin, où il n'a pas cessé d'enseigner depuis. En 1832, il a été nommé membre de l'Académie des sciences de cette ville. Ce savant s'est surtout occupé, d'une part, de l'étude de la théorie des équations différentielles partielles, des séries périodiques et des intégrales déterminées, si importantes pour la physique mathématique, et de l'autre, de la partie la plus abstraite et la plus élevée des mathématiques, la théorie des nombres. Les travaux dont il a enrichi la science se trouvent consignés soit dans les *Mémoires de l'Académie de Berlin*, soit dans le *Journal de Mathématiques de Crelle*. Dans une suite de recherches sur la théorie des nombres ayant pour base l'application des séries périodiques à cette théorie, M. Dirichlet, en rattachant ainsi ces deux parties des mathématiques jusqu'alors complètement séparées, a créé une science nouvelle qui témoigne et de la puissance de pensée de l'inventeur et du développement que les sciences mathématiques ont pris dans cette direction.

DIRIMANT (Empêchement). *Voyez* EMPÊCHEMENT.

DISCANT. *Voyez* DÉCHANT.

DISCERNEMENT, qualité de l'esprit par laquelle il aperçoit les différences qui distinguent une chose d'une autre, et les classe suivant leur valeur réciproque. Le discernement relatif aux objets purement matériels ne s'acquiert qu'à la suite de fréquentes comparaisons et de nombreux rapprochements : il suppose en général une longue expérience. Sans doute on rencontre quelquefois une justesse et une rapidité de coup d'œil et d'esprit qui devancent les années, mais c'est là l'exception. Par malheur, tout le monde y prétend, et l'on fait du discernement, qui est le résultat de l'observation, de l'étude, ou de la part plus ou moins grande que l'on a prise aux affaires, une sorte d'illumination subite dont chacun se gratifie avec générosité. On ne saurait trop le répéter, il importe, non-seulement pour agir, mais pour émettre un avis, d'avoir une connaissance exacte des faits. Cette marche est lente, sans doute, puisqu'elle exige du temps et de la pratique; mais, en retour, elle conduit droit et avec certitude au discernement.

Ce qui explique le petit nombre des grands hommes en politique, c'est que ceux qui ont le discernement pour l'ensemble, ne l'ont pas pour les détails : ils conçoivent bien et exécutent mal; d'autres saisissent le moment favorable, mais échouent dans le choix de leurs instruments. Il est un point que nous devrions nous efforcer de comprendre, c'est qu'il faut mesurer notre discernement à la grandeur des événements et des caractères au milieu desquels le sort nous jette. Sont-ils réellement au-dessus de notre portée, récusons-nous! Mais l'amour-propre nous donne un conseil tout opposé; nous le suivons, et nous commençons par être ridicules pour finir souvent par être odieux. Il y a des génies sans culture, mais qui ont été mêlés par la fortune à tant d'affaires qu'ils écartent de la main les sophismes pour aller droit à la vérité; ils la possèdent d'expérience. Quand ils joignent l'action à cette puissance de discernement, ils ne vivent que pour recueillir des avantages. Dans les relations ordinaires de la vie, comme dans les crises des révolutions, ils pénètrent mieux le fond des choses que ceux qui y participent chaque jour; ces derniers s'usent à faire et à défaire; les autres ont la mesure juste du tout : ils travaillent vite et sûrement à la fois. On compte cependant quelques hommes qui sont pleins de discernement, mais qui n'en tombent pas moins dans des fautes ; cela dépend de l'excès des qualités qu'ils possèdent, et qui les entraîne. Ainsi, au milieu des difficultés, des embarras de l'existence, l'adresse est quelquefois indispensable ; ces mêmes hommes la poussent jusqu'à une finesse continuelle, qui les fait échouer dans les grandes affaires. Le premier moyen qu'ils trouvent est bon ; mais, à force d'en vouloir découvrir un autre qui soit excellent et qui n'offre pour eux que des avantages, ils tâtonnent, on les prend sur le fait, et tout est rompu.

Le discernement des femmes est admirable pour deviner les coups qu'on veut leur porter, les trahisons qu'on médite contre elles ; elles vont au-devant de notre infidélité, et d'un seul regard dépistent une rivale. Maintenant, plaçons-les dans une tout autre position ; supposons qu'elles aient à se juger elles-mêmes. Comme elles se croient toujours jeunes, toujours jolies, et par conséquent toujours faites pour être aimées, le temps est sans puissance pour les vieillir. Semblez-vous à cet égard partager leur illusion, elles s'attacheront à vous d'une confiance que rien ne pourra détruire ; elles sentiront avec une si vive reconnaissance le bien que vous leur ferez qu'elles ne reconnaîtront plus en vous ni défaut ni imperfection : elles auront abdiqué tout espèce de discernement. Les hommes, à certaines époques de leur vie, sont en proie à des passions si violentes qu'ils ne trouvent ni assez de temps ni assez de force pour les satisfaire. Par moments, néanmoins, ils font des retours sur eux-mêmes, et tremblent devant les conseils que leur donne leur propre discernement ; il semble s'éteindre, il est vrai ; mais les années s'écoulent et il se réveille. Malheureusement il est trop tard ; les hommes épuisés par tant d'excès n'ont plus l'énergie du bien : ils voient le but, mais les forces leur manquent pour l'atteindre. Dans les rapports ordinaires de la société, il arrive à chaque instant qu'on plaide le faux pour savoir le vrai, ou qu'on prête à d'autres des discours qu'on n'oserait pas risquer soi-même : de cette manière, on vous attaque sans péril, et on espère vous mettre en hostilité avec des tiers. Le discernement alors consiste à peser ses paroles, à les mesurer à la position où à l'intérêt actuel de ceux qui vous les adressent : c'est une pierre de touche infaillible. Dans les gouvernements despotiques, où le caprice et le hasard appellent seuls aux fonctions les plus éminentes, le discernement n'est qu'un accident. SAINT-PROSPER.

DISCERNEMENT (*Droit*). Dans la langue juridique on entend par *discernement* l'intelligence légale qu'un individu est censé avoir de la criminalité de l'action qu'il a commise. La théorie de notre Code Pénal, relativement aux crimes et délits commis par des mineurs de moins de seize ans, est tout entière contenue dans les articles 66, 67, 68 et 69. Jusqu'à l'âge de seize ans l'accusé est présumé innocent, sauf examen du point de savoir s'il y a eu ou non discernement. Cette question doit préalablement être examinée et résolue soit par le jury, soit par le tribunal correctionnel. Alors même que l'accusé est reconnu avoir agi avec discernement, la peine se trouve encore atténuée, et la connaissance du crime même dont il est prévenu est attribuée au tribunal correctionnel.

La loi, qui s'est occupée du défaut de discernement provenant de l'extrême jeunesse, n'a pas spécialement prévu le cas où, par l'effet des années, l'intelligence de l'homme aurait éprouvé un affaiblissement susceptible de le rapprocher de l'enfance. Il était impossible de tracer à cet égard des règles sûres. Dans ce cas, les circonstances du fait influent seules sur les juges.

DISCIPLE, en latin *discipulus*, de *disciplina*, instruction, et dont le radical est *discere*, apprendre, signifie celui qui apprend d'un autre quelque science ou quelque art libéral. D'Alembert établit cette distinction entre les mots *élève*, *disciple*, *écolier* : « Un *élève* est celui qui prend des leçons de la bouche même du maître. Un *disciple* est celui qui prend des leçons en lisant ses ouvrages, ou qui s'attache à ses sentiments. *Écolier* ne se dit, lorsqu'il cest seul, que des enfants qui étudient dans des collèges ; il se dit aussi de ceux qui étudient sous un maître un art qui n'est pas mis au nombre des arts libéraux, comme la danse, l'escrime, etc. Un maître d'armes a des *écoliers*, un peintre a des *élèves*, Newton et Descartes ont eu des *disciples*, même après leur mort. » D'Alembert prétend ensuite que *disciple*, surtout en poésie, est moins noble qu'*élève*. Il ne se rappelait pas, sans doute, ces beaux vers de La Fontaine, au sujet de Malherbe et de Racan :

Ces deux rivaux d'Horace, héritiers de sa lyre,
Disciples d'Apollon, nos maîtres, pour mieux dire.

Ailleurs, le même poëte emploie ce mot dans un sens familier : en parlant du renard qui s'est mis en tête d'apprendre du loup à ravir les moutons, il dit :

Le *disciple* aussitôt droit au cou s'en alla,
Jetant bas sa robe de classe,
Oubliant les brebis, les leçons, le régent.

Disciples se dit aussi des femmes : *discipula*, a dit Horace. « Quelques disciples de la bienheureuse Angeline fondèrent, dit le *Dictionnaire de Trévoux*, de nouveaux monastères en diverses provinces. » *Disciple* désigne encore ceux de la même secte ou opinion, encore qu'ils ne soient pas du même temps. Sénèque était le *disciple* de Zénon, qui avait vécu plus de trois siècles avant lui. Il y a eu de tout temps beaucoup de *disciples d'Épicure*.

Disciple, dans l'Évangile et dans l'histoire ecclésiastique, est le nom qu'on a donné à ceux qui suivaient Jésus-Christ comme leur maître et leur docteur. Personne n'ignore qu'un très-grand nombre d'évangiles commencent par ces mots : « En ce temps-là, Jésus dit à ses disciples. » Outre les apôtres, saint Luc donne à Jésus-Christ soixante-douze disciples. Mais on voit par d'autres textes sacrés que le titre de *disciple* s'appliqua d'abord, en général, aux premiers chrétiens. Saint Pierre dit qu'immédiatement après la résurrection, les *disciples* étaient rassemblés au nombre de près de six vingts (*Actes des Apôtres*). Saint Paul nous assure que Jésus-Christ ressuscité s'est fait voir à plus de cinq cents disciples ou *frères* (1re *aux Corinthiens*). Saint Jean était le *disciple* bien-aimé de Jésus-Christ. Saint Jean-Baptiste avait aussi ses *disciples*. En parlant de ceux de Notre-Seigneur, on peut dire les *disciples* absolument, sans rien ajouter. Il n'est parlé nulle part des *disciples* de Moïse, mais on cite les *disciples* de Confucius. Saint Chrysostome fut *disciple* du fameux sophiste Libanius. Luther et Calvin ont eu des *disciples*. Enfin, si, durant notre première révolution, le directeur La Revellière-Lépeaux, fondateur de la religion des *théophilanthropes*, n'a pas manqué de *disciples*, pourquoi s'étonner que plus tard les abbés Châtel et Auzou, les Saint-Simoniens, les Fourriéristes aient fait quelques dupes sous le nom de *disciples*?

Charles Du Rozoir.

DISCIPLINE, mot formé, comme celui de *disciple*, du verbe *discere*, apprendre, signifie en général instruction qui se transmet, règle de vie qui s'applique, soit à une profession, soit à une association quelconque, religieuse, académique, maritime, militaire, judiciaire, etc., etc. C'est dans le sens d'instruction transmise et de règles scientifiques que La Mothe-le-Vayer a dit : « Que l'on estime tant qu'on voudra toutes les *disciplines* prises pour les sources du savoir humain ; qu'on respecte les cendres de ceux qui les possèdent..., pour moi, je remarque tous les jours tant de *fous lettrés*, et cette *stultitia litterata* me paraît si importune partout, qu'elle me donne un dégoût de la science, qui n'est pas une des moindres causes de mon chagrin. » On trouve dans Saint-Évremond ce trait plein de sens : « Le monde est une école et un lieu de *discipline*. » La dis-

cipline, appliquée à toute la société, s'appelle *police*. La *discipline* de l'église implique le même sens dans une acception restreinte. *Discipline* est encore synonyme de *direction*, *conduite* : « On a mis ce jeune homme sous la *discipline* d'un maître et d'un gouverneur qui le rendront savant et vertueux. On a dit que Bossuet tenait le dauphin sous une *discipline* tellement sévère, qu'il n'inspira à ce prince que le dégoût de toute instruction.

Charles Du Rozoir.

Le mot *discipline*, dans le sens de *flagellation*, désignait autrefois un genre de supplice commun dans les cloîtres. L'instrument qui servait à l'infliger portait le même nom. C'était un fouet fait avec des cordelettes garnies de nœuds, des crins, ou des bandes de parchemin tortillées. Les religieux s'imposaient la discipline pour se mortifier, ou ils la recevaient en plein chapitre, de la main de leurs confrères, en punition de quelques péchés (*Pœna aut imposita aut ultro suscepta*).

Ce ne fut qu'en 508 que saint Césaire d'Arles introduisit dans un cloître l'usage de la discipline comme moyen de corriger les moines indociles. Elle se répandit peu à peu dans les autres établissements religieux; mais elle n'y fut reçue que longtemps après comme châtiment volontaire. On a cru longtemps que le premier exemple en avait été donné par saint Dominique l'Encuirassé et Pierre Damien; mais, ainsi que le remarque Dom Mabillon, ils avaient été devancés par saint Gui, abbé de Pomposée, et par saint Poppon, abbé de Stavelles, morts en 1048. L'exemple de ces deux saints fut bientôt suivi dans la plupart des autres couvents. La flagellation volontaire ayant néanmoins rencontré quelques récalcitrants, Pierre Damien, pour en généraliser la pratique, en fit un pompeux éloge dans un gros livre, que Fleuri ne cite pas comme un modèle de jugement et de bon goût. En 1260, un certain Rainier, dominicain à Pérouse, avisa de se fouetter en public pour mettre un terme aux maux dont la querelle des Guelfes et des Gibelins désolait l'Italie. Cet exemple fut comme électrique, et Rainier eut aussitôt une foule d'imitateurs, qui formèrent sous le nom de *flagellants* une secte dont il fut le chef.

Sur la fin du siècle dernier, il y avait encore en Italie et en Provence des ordres de religieux obligés par leur constitution de se fouetter en public ou en particulier. Cette pratique, comme le remarque Fleury, est une de celles qui ont le plus contribué dans les cloîtres au relâchement des mœurs.

Billot.

DISCIPLINE (Conseil de). *Voyez* Conseil de Discipline.

DISCIPLINE (Compagnies de). Les corps et les compagnies de discipline ont été formés pour recevoir les militaires indisciplinés, sans conduite, ou de mauvaises mœurs, dont les fautes ne sont pas passibles des conseils de guerre. Elles se divisent aujourd'hui en deux classes; les compagnies de *fusiliers* et celles de *pionniers*. La première comprend les hommes qui, par la nature de leurs fautes, ou par leur bonne conduite dans les compagnies de pionniers, sont susceptibles d'être prochainement renvoyés dans les divers corps de l'armée ; la seconde, les hommes qui, par la nature de leurs fautes ou par leur mauvaise conduite dans les compagnies de fusiliers, doivent être soumis à un régime plus sévère. Le nombre de ces compagnies est actuellement (1854) de douze: 9 de fusiliers, tenant garnison, les 1re et 4e dans la province d'Oran, les 2e, 6e et 7e dans celle d'Alger, les 5e, 8e et 9e dans celle de Constantine et la 3e à l'île d'Oleron; trois de pionniers, tenant garnison, les 1re et 3e dans la province de Constantine, la 2e dans celle d'Alger. Les trois régiments d'infanterie de marine ont également une compagnie de discipline tenant garnison à Lorient. En 1849, la loi ôta aux soldats des compagnies de discipline le droit de voter dans les élections.

DISCIPLINE DE COLLÉGE. On entend par-là tout ce qui tient à la surveillance des élèves, à la distribution des exercices, aux sorties, aux promenades, aux punitions. Sous l'ancien régime, la *discipline* des collèges était sévère sans doute, mais, sous certains rapports, elle avait quelque chose de paternel, parce que, laissée à la discrétion du principal, elle pouvait fléchir selon le caractère de tel ou tel écolier. Il existait des punitions que l'esprit du siècle désavoue avec raison, parce qu'elles humiliaient de jeunes âmes. Nous voulons parler de la flagellation et autres punitions corporelles, dont certains maîtres faisaient un horrible abus. De nos jours, la discipline des lycées et collèges est soumise à des règlements généraux; les proviseurs et les principaux ne peuvent s'en écarter. Les arrêts (prison solitaire), la retenue (prison non solitaire), l'une et l'autre avec l'obligation de remplir une tâche extraordinaire; la privation de sortie, la petite table (pain et eau pour tout repas), les *pensums* (tâche extraordinaire, soit à copier, soit à apprendre par cœur), telles sont à peu près toutes les punitions. Ainsi le f o u e t, les férules, la mise à genoux, le bonnet d'âne, sont exclus du code pénitentiaire de nos collèges. Toutefois, si nous en croyons des hommes de la partie, il paraît que la *discipline* actuelle n'en est pas moins insupportable aux élèves, et nombre de familles la condamnent, sinon comme trop sévère, du moins comme étant administrée d'une manière trop peu paternelle. Le régime de nos lycées n'est, à les en croire, autre chose que la discipline militaire et monastique appliquée à l'éducation de la jeunesse. Tout y marche au son du tambour, qui a détrôné la modeste cloche; tout s'y fait avec un grand ensemble, avec un ordre extérieur inconnu autrefois dans les collèges; mais l'élève et les surveillants, depuis le dernier *visiteur* (garçon de salle) jusqu'au chef de la maison, vivent ensemble dans un état violent. S'il en était ainsi, il n'y aurait là en effet rien de paternel, rien pour former le cœur à des affections bienveillantes pour façonner l'esprit à des idées, à des convictions d'ordre et de véritable subordination. Serait-ce donc exclusivement la faute des maîtres et des élèves? Non, sans doute. Cela peut tenir à des causes extérieures, au monopole, à la centralisation universitaire, et surtout à l'état moral d'une société travaillée depuis soixante-cinq ans par tant de révolutions. Dans les lycées et collèges actuels, les chefs, étant regardés comme employés du gouvernement, peuvent, si telle est la tendance naturelle de leur caractère, se dispenser d'avoir avec leurs élèves, avec leurs collaborateurs et même avec les familles, ces formes de douceur, d'égalité, de paternité, qui faisaient jadis le lien moral des collèges. Dans les lycées, les professeurs n'ont aucune influence sur la direction de l'établissement : qu'ils fassent leur classe avec exactitude, et leur tâche est remplie. Tout le reste roule sur une seule tête, le chef de la maison, le proviseur, qui, pour comble de mal, peut être quelquefois un parvenu de la faveur ou même un homme politique. Ce chef n'a rien à commander impérieusement aux professeurs ; il n'a aucune observation à recevoir des familles, du moment qu'il ne dépasse point les prescriptions pénitentiaires du règlement. Il est de droit despote avec les maîtres d'étude et les surveillants ; et ceux-ci, rudement commandés par le chef, rendent la pareille à leurs écoliers ; ils croient faire du zèle en faisant de la sévérité ; et les élèves, de leur côté, ne négligent rien pour rendre la vie dure à ces infortunés subalternes. (*Voyez* Pions.)

DISCIPLINE DES RELIGIEUSES. *Voyez* Amarante.

DISCIPLINE ECCLÉSIASTIQUE. Les différentes sectes de philosophes avaient chacune leur discipline particulière qu'elles tenaient des divers sages qui les avaient fondées. L'Église a aussi la sienne, qu'elle tient des apôtres et de leurs successeurs. C'est l'ensemble des constitutions apostoliques et des divers règlements établis par les papes et les conciles pour la police extérieure et le gouvernement de ce grand corps. Tout ce qui est de pure discipline n'est pas de foi, et a pu varier selon les temps et les lieux, être pratiqué dans une église et non adopté dans une autre ; c'est ainsi que les liturgies des églises orientales n'ont jamais été entièrement conformes à celles de l'Occident ; c'est ainsi encore que, sans rompre le lien de l'unité, l'Eglise de France a pu recevoir le concile de Trente, sans se conformer à sa discipline. Un gouvernement qui embrasserait toutes les nations ne pourrait pas imposer à toutes les mêmes règlements de police et d'administration : excellents sous telle latitude, ils pourraient être absurdes sous une autre. Les Romains l'avaient bien compris, et l'Église, qui leur a succédé dans l'empire du monde, était trop sage pour ne pas imiter leur exemple.

Comme, dans les premiers temps, les simples conseils devaient être aussi rigoureusement observés que les préceptes, on conçoit que la discipline a dû perdre de sa sévérité lorsque le monde entier est devenu chrétien, et que l'église aurait tempéré sa première rigueur, lors même qu'elle n'y aurait pas été forcée par le relâchement universel. C'est ce qu'a fait l'Église dans tous les temps, c'est ce qu'elle fera encore, lorsqu'elle pourra s'assembler en concile pour examiner certains points de discipline mal observés de nos jours, et qu'elle jugera peut-être utile de supprimer, sauf à les remplacer par d'autres plus en harmonie avec la situation actuelle. Qu'on ne dise pas pour cela que la porte du ciel peut s'élargir au gré des papes et des conciles, car, s'il est vrai que les points de discipline tiennent au dogme et à la morale chrétienne, aucun d'eux cependant n'est de foi ni de nécessité pour le salut. Ainsi, jamais le pécheur n'a pu être sauvé sans la pénitence ; mais que cette pénitence soit publique ou privée, qu'elle consiste en telle ou telle pratique, c'est ce qui importe peu. Ce qui ne veut pas dire cependant que chacun soit libre d'observer ou de ne pas observer les abstinences prescrites, mais seulement que l'église, sans toucher au dogme et sans rien changer à son esprit, pourrait supprimer ou modifier ces abstinences, qu'elle n'a d'ailleurs imposées à ses enfants que pour leur procurer à tous des moyens faciles et pour ainsi dire inévitables d'observer la loi générale de la pénitence. Ainsi, l'Église pourrait modifier toutes les lois de sa discipline et en supprimer un grand nombre ; mais elle ne pourrait pas les abroger toutes, et encore moins renoncer au droit d'en imposer de nouvelles, parce que d'un côté elle trahirait sa mission, et que de l'autre elle dérogerait essentiellement au droit divin, ce qui dépasse son pouvoir et ses attributions.

Les protestants, qui trouvaient la discipline ecclésiastique un peu sévère, ont jugé à propos de la calomnier. Ils en ont fait une invention du quatrième siècle, dont on ne rencontrerait, selon eux, aucun vestige dans les temps apostoliques ; mais la critique n'a pas été de leur avis, et l'histoire a déposé contre eux. Un anglican, et par conséquent un auteur non suspect dans cette matière, le savant Béveridge, évêque de Saint-Asaph, a prouvé que les *canons apostoliques* remontent au deuxième et au troisième siècle, et sont antérieurs au premier concile de Nicée. Pourquoi donc ces intrépides défenseurs des coutumes primitives ont-ils rejeté ce que la tradition a transmis aux premières églises comme venant des disciples mêmes de Jésus-Christ? Vainement nous disent-ils que ces *canons* sont apocryphes, car, en montrant qu'ils n'ont pas été écrits par les apôtres, ce que personne ne conteste, ils ne prouvent pas que les dispositions qu'ils renferment n'ont pas été réglées par eux. Ce n'était point là-dessus que les protestants devaient incidenter ; ils avaient bien plus à faire, pour échapper aux conséquences de leurs principes, et lorsqu'ils se réunirent en consistoire pour régler ce qu'ils appellent leur *discipline*, ils auraient dû se demander sérieusement de quel droit ils allaient intimer des lois à ceux dont ils avaient si hautement proclamé l'indépendance. L'abbé J. BARTHÉLEMY.

Discipline des églises réformées de France. La discipline ecclésiastique est l'ensemble des ordonnances et règlements ayant rapport à l'organisation et à l'administration *extérieure* de la foi. Dans l'ordre religieux, la discipline est au dogme ce que la jurisprudence est à la législation dans l'ordre politique. Calvin classait toutes les questions de discipline, de police, de culte et de hiérarchie sous ce titre général, qui est celui du dixième livre de son *Institution chrétienne* : *Des moyens extérieurs ou aides à salut*. C'est dans cette division de son ouvrage que le réformateur discute, avec une grande force de logique, de style et d'érudition, tous les points si nombreux sur lesquels s'appuient encore aujourd'hui les vastes sectes presbytériennes éparses dans les deux mondes. Les points fondamentaux de cette discipline peuvent se réduire aux suivants : « La vocation d'un ministre ordonné par la parole de Dieu est telle, à savoir que celui qui est digne est créé avec consentement et approbation du peuple, et que les pasteurs doivent présider à l'élection, afin que le populaire n'y procède point par légèreté ou par brigues, ou par tumulte. La puissance de juridiction ecclésiastique ne doit point être entre les mains d'un homme seul, pour faire à sa guise tout ce qu'il lui plaît, mais il doit y avoir un conseil des anciens comme un sénat du conseil en une ville, et il ne faut rien faire sans le consentement du peuple. Quant à la discipline extérieure et aux cérémonies, Dieu ne nous a point ordonné ces choses en particulier, d'autant que cela dépend de la diversité des temps et qu'une même forme n'eût pas été propre ni utile à tous âges. »

Ces principes, dont les conséquences sont immenses, se montrent dans presque toutes les disciplines calvinistes qui existent aujourd'hui. Celle qui a régi l'église réformée de France pendant deux siècles et demi, et dont les dispositions sévères et compliquées n'ont pas cessé d'être maintenues, même au sein des plus âpres persécutions, est l'ouvrage des premiers fondateurs de l'église de Paris, sous le règne de Henri II. Vers la fin de 1558, le ministre de l'église de Paris, Antoine de Chandieu, fut envoyé par sa communauté à Poitiers, pour calmer quelques différents théologiques : la sainte cène, célébrée suivant les nouveaux rits, avait attiré dans cette dernière ville un concours considérable de fidèles et de pasteurs. L'assemblée donna charge au ministre de Chandieu de se concerter avec l'église de Paris pour aviser aux moyens de donner aux églises le bienfait d'une discipline uniforme. « Lors doncques, dit Théodore de Bèze, à çavoir le 26 de may, en 1559, s'assemblèrent à Paris les députés de toutes les églises établies jusqu'alors en France ; et là, d'un commun accord, fut escrite la confession de foi ; ensemble fut dressée la discipline ecclésiastique au plus près de l'institution des apôtres, et selon que la circonstance des temps portoit alors ; chose vraiment conduite par l'esprit de Dieu, pour maintenir l'union qui a toujours persévéré depuis. » Le résultat de cette première délibération, qui eut lieu en présence des bûchers, des échafauds et des poursuites de toute espèce, fut une série de 40 articles disciplinaires, qui ont servi de fondement à la discipline de l'église réformée de France, et qui, suivant les progrès de l'Église et les besoins des temps, se sont accrus et développés au point de former plus tard un code ecclésiastique bien complet, divisé en 14 sections, comprenant un total de 222 articles. Cette collection, dont les éditions, soit textuelles, soit avec notes marginales, soit avec commentaires, sont innombrables, constitue proprement la *discipline des églises réformées de France*. Rabaut le jeune en a donné une réimpression très-exacte dans son *Répertoire ecclésiastique* (Paris, 1807).

Ce fut au moment même où se tenait au parlement de Paris cette fameuse mercuriale qui se termina par le procès d'Anne Dubourg et des autres conseillers soupçonnés de pencher pour la réforme, que les ministres, présidés par François de Morel, s'assemblèrent à *Paris*, « non pour attribuer quelque prééminence ou dignité à cette église-là, dit de

Bèze, mais pour être lors la ville la plus commode pour recevoir secrètement beaucoup de ministres et d'anciens. » Aussi, le premier article qu'ils adoptèrent est-il devenu fondamental dans la discipline réformée française. Il est ainsi conçu : « Nulle église ne pourra prétendre principauté ou domination sur l'autre. » Le prodigieux accroissement que reçut la *discipline* s'explique de plusieurs manières. D'abord, à mesure que les synodes constataient l'existence de quelque abus ou de quelque désordre tendant à altérer la pureté de la foi, surtout s'ils discernaient quelque apparence de transaction ou de rapprochement vers l'Église romaine, à l'instant ils ajoutaient de nouvelles ordonnances. Il fallut régler l'établissement des ministres, les qualités qu'on exigeait d'eux, les devoirs qu'ils avaient à remplir, le mode des sacrements, les censures contre toute négligence et contre tout scandale ; il fallut adopter aussi des règlements particuliers pour les écoles ; il fallut déterminer les attributions, la composition et les pouvoirs des synodes, des consistoires, des diacres, et régler tout ce qui regarde le culte. Ce code de discipline et de conscience a constamment régi les protestants français depuis l'époque de la réforme jusqu'à la révolution française.

Le 21 août 1789, l'Assemblée constituante décréta, dans sa déclaration des droits, l'égalité absolue de tous les citoyens. Le 23 du même mois, un décret porte que « nul ne pourra être inquiété pour ses opinions, *même religieuses, pourvu que leur manifestation ne trouble point l'ordre public établi par la loi ;* » le 24 décembre, décret ordonnant l'éligibilité des non-catholiques à toutes fonctions publiques ; le 12 avril et 16 juin 1790, décrets portant que le culte catholique figurera *seul* dans les dépenses publiques ; le 10 juillet, décret portant que les biens des protestants, encore entre les mains de la régie seront rendus à tous ayant-droit. La Convention nationale rendit, à son tour, divers décrets tendant à assurer aux protestants la jouissance des biens confisqués, mais elle ne s'occupa pas de leur sort religieux. La constitution de l'an III consacra la liberté des cultes, et les protestants en profitèrent pour bâtir des temples. Enfin, la loi consulaire du 8 avril 1802 (8 germinal an x), élaborée et soutenue principalement par Portalis, devint le code administratif des protestants français. Cette loi gouverne leurs églises encore aujourd'hui, et elle a modifié la discipline en plusieurs dispositions très-graves. Elle fut faite, il faut l'avouer, sous l'impression, bien chimérique sans doute, du danger que présentait l'organisation démocratique de la discipline de Calvin. Le pouvoir se mit, pour ainsi dire, à la place de l'ancien synode national, et chercha à appliquer une espèce de centralisation aux affaires des églises. C'est là le caractère incontestable de la loi du premier consul. Mais, comme d'un côté cette administration a presque constamment été confiée à des mains protestantes, et que de l'autre côté le gouvernement a toujours eu, pour l'éclairer, l'avis des consistoires, il en résulte que cette direction a été juste et salutaire. Reconnaissons-le, même sous le gouvernement de la branche aînée des Bourbons, lorsqu'une certaine tendance théocratique effrayait les esprits, la loi organique des cultes protestants fut observée, et le nombre des églises, ainsi que celui des pasteurs, reçut un accroissement considérable. Enfin, la discipline ecclésiastique est tombée en désuétude en une foule d'articles de détail qui répugnent à nos mœurs, et qui portent l'empreinte profonde de l'intolérance des temps où ils furent rendus.

Le caractère général du culte protestant français, basé sur les principes de la réformation, est l'absence à peu près complète de tout symbolisme, excepté celui qui était en usage dans l'Église primitive, et dont les formes très-simples ont reçu le nom de *sacrements*. Chez presque tous les peuples, où le dogme réformé put prendre racine, il y eut un soulèvement aussi brusque qu'énergique contre les signes extérieurs. Images, sculptures, tableaux, décorations, pompes, tout parut entaché du vice d'idolâtrie, et souvent le marteau des réformateurs vint seconder leurs prédications. Une foule de monuments du moyen âge gardent encore la trace de ces violences, que la foi puissante de ces temps d'enthousiasme dogmatiques ne peut excuser, mais qu'elle laisse nettement concevoir. Sous ce rapport, le culte protestant n'a point dégénéré de la simplicité d'organisation que ses restaurateurs lui imprimèrent il y a trois siècles. L'Église anglicane, que le parti strictement presbytérien de la réforme ne regarde que comme *à demi réformée*, a seule fait exception à cette loi. Ses ministres ont hérité en Angleterre des superbes sanctuaires, des richesses et des pompes de leurs devanciers de l'Église romaine. Ils ont conservé surtout une hiérarchie ecclésiastique très-compliquée, et bien plus utile aux intérêts de ses membres qu'à ceux de la religion. Outre son primat, ses archevêques et ses évêques, l'Église anglicane a des archidiacres, des diacres, des doyens, des chanoines, des recteurs, des bénéficiers, des curés, des vicaires, des choristes, etc., etc., et tout ce personnel est rétribué avec une scandaleuse profusion. Toutes ces distinctions, qui changent l'Église chrétienne en un manoir d'aristocratie, sont inconnues dans l'Église réformée en général, et notamment dans l'Église française. Le culte y est partout simple et uniforme. Tout se réduit à des prières, à des exhortations, à des chants. Dans les assemblées, il se fait toujours une *quête pour les pauvres*, soit pendant, soit à l'issue de chaque service, mais jamais on ne quête *pour le culte* ; jamais les chaises ou bancs ne sont payés. Il ne faut pas se dissimuler toutefois que l'absence de toute cérémonie et de tout symbole esthétique donne au culte réformé quelque chose de froid et de nu qui répugne aux peuples chez lesquels l'imagination poétique est fort active. D'un autre côté, il est parfaitement certain qu'une trop forte dose de symbolisme dans un culte entraîne le peuple, par une pente nécessaire, au fétichisme, et même à la plus grossière idolâtrie.

Aussi, de toutes les formes esthétiques, la musique et le chant sont-elles les seules que la réformation n'ait point proscrites. Malheureusement, ces touchants et poétiques accompagnements de la foi laissent beaucoup à désirer dans l'Église réformée de France. Disons mieux : le chant des psaumes y est en général détestable. D'abord, les antiques versifications de Bèze et de Marot, bien qu'elles aient été retouchées en 1660 par Conrart et La Bastide, sont encore barbares, et souvent même peu convenables à l'édification chrétienne. Ensuite, il n'est rien de plus monotone, de plus lourd et de plus inexécutable aujourd'hui que les motifs écrits par Claude Goudimel et « autres gens doctes en l'art de musique » de la cour de Henri II et de Charles IX. Cet inconvénient est même devenu si grave, que l'on s'occupe, dans plusieurs églises, à améliorer le vieux chant, auquel il serait si facile de substituer des motifs choisis dans les compositions de Hændel, de Haydn, de Mozart, etc. C. COQUEREL.

DISCIPLINE JUDICIAIRE. Elle a pour objet les devoirs des magistrats envers le public et leurs compagnies, ceux des officiers ministériels envers les magistrats et le public.

L'ancienne magistrature française eut une discipline assez efficace, sans avoir cependant de règles bien spéciales pour la répression disciplinaire. Lorsqu'un magistrat méconnaissait ses devoirs ou compromettait la dignité de son caractère, l'appréciation de sa faute était considérée comme une affaire de famille pour laquelle il n'y avait même pas besoin de formes judiciaires. Le meilleur moyen de discipline était l'institution des mercuriales. Dans la nouvelle législation, c'est le sénatus-consulte du 16 thermidor an x qui a réglé le pouvoir disciplinaire dans l'ordre judiciaire. Il a décrété en principe que les juges seraient soumis à la surveillance du ministre de la justice et à la censure de la cour de cassation. Le décret du 30 mars 1808, la loi du 20 avril 1810, le décret du 1er mars 1852 n'en ont été que le développement.

Les juges et les officiers du ministère public qui s'absentent sans un congé régulier sont privés de leur traitement pendant le temps de leur absence, et si cette absence dure plus de six mois, ils peuvent être considérés comme démissionnaires et remplacés. Bien plus, et après un mois d'absence seulement, ils peuvent être requis par le procureur-général de se rendre à leur poste, et, faute par eux d'y revenir dans le mois, il en est fait rapport au ministre, qui peut proposer au chef de l'État de les remplacer comme démissionnaires.

Quant aux fautes qui peuvent compromettre la dignité du magistrat, la loi charge les présidents des cours et des tribunaux de donner aux juges des *avertissements*. Si l'avertissement reste sans effet, le juge est soumis, par forme de discipline, à l'une des peines suivantes : la censure simple, la censure avec réprimande, la suspension provisoire, la déchéance. La censure avec réprimande emporte, de droit, privation de traitement pendant un mois ; la suspension provisoire emporte privation de traitement pendant sa durée. Toutefois, les décisions des tribunaux de première instance ne peuvent recevoir leur exécution avant d'avoir été soumises aux cours impériales. L'application des peines ne doit être faite qu'en *chambre du conseil*, et l'on conçoit, en effet, que la publicité serait une sorte de dégradation ou tout au moins d'aggravation. S'il arrive que les tribunaux de première instance négligent d'exercer les droits de discipline qui leur sont accordés, les cours impériales doivent se les attribuer ; et dans ce cas, les cours impériales peuvent donner à ces tribunaux eux-mêmes un avertissement d'être plus exacts à l'avenir. Du reste, aucune décision ne peut être prise sans que le juge inculpé ait été entendu ou dûment appelé, et que le procureur impérial ou le procureur général impérial ait donné ses conclusions par écrit ; et dans tous les cas, il doit être rendu compte au ministre des décisions prises par les cours impériales.

Lorsqu'un magistrat inamovible de cour impériale ou de première instance a été frappé, par mesure disciplinaire, de la censure avec réprimande, la décision n'est mise à exécution qu'après avoir été approuvée par le ministre ; et aux termes de l'article 4 du décret du 1er mars 1852, dans le cas où la suspension provisoire est prononcée, la décision est encore transmise au ministre, qui dénonce, s'il y a lieu, le magistrat à la cour de cassation. Cette cour peut, selon la gravité des faits, et après avoir entendu le magistrat inculpé dans la chambre du conseil, le déclarer déchu de ses fonctions. L'article 82 du sénatus-consulte du 16 thermidor an x porte : la cour de cassation a droit de censure et de discipline sur les tribunaux d'appel et les tribunaux criminels ; elle peut, pour cause grave, suspendre les juges de leurs fonctions, les mander près d'elle pour rendre compte de leur conduite. En vertu de l'article 5 du décret de 1852, elle peut même prononcer la peine de la déchéance contre le magistrat traduit ainsi directement devant elle.

Tout juge qui se trouve sous les liens d'un mandat d'arrêt, de dépôt, d'une ordonnance de prise de corps ou d'une condamnation correctionnelle, même pendant l'appel, est suspendu provisoirement de ses fonctions. Tout jugement *même de simple police*, rendu contre un juge, doit être transmis au ministre de la justice, qui, après examen, doit dénoncer à la cour de cassation le magistrat condamné ; et là, ledit magistrat peut être déchu ou suspendu de ses fonctions, suivant la gravité des faits.

Quant aux officiers du ministère public, si leur conduite est répréhensible, ils doivent être rappelés à leur devoir par le procureur général impérial du ressort : il en est rendu compte au ministre, qui, suivant les cas, leur fait donner par le procureur général les injonctions qu'il juge nécessaires, ou les mande près de lui. Les cours elles-mêmes sont tenues d'instruire le ministre, toutes les fois que les officiers du ministère public exerçant leurs fonctions près de ces cours s'écartent du devoir de leur état, et qu'ils en compromettent l'honneur, la délicatesse et la dignité. De leur côté, les tribunaux de première instance doivent instruire le premier président et le procureur général impérial des reproches qu'ils se croient en droit de faire aux officiers du ministère public exerçant dans l'étendue de l'arrondissement, soit auprès de ces tribunaux, soit auprès des tribunaux de police. Enfin, les greffiers sont soumis à l'avertissement ou à la réprimande des présidents de leurs cours et tribunaux respectifs, et ils peuvent être dénoncés au ministre de la justice.

Au surplus, nous devons dire, à l'honneur de la magistrature française, que ces peines si sévères, et qui semblent émanées du régime militaire sous lequel elles ont été établies, n'ont dû que très-rarement, et par exception seulement, recevoir leur application.

Les avocats sont soumis à deux espèces de juridiction disciplinaire ; d'abord celle du conseil de discipline de leur ordre, qui prononce comme premier degré, et ensuite celle des cours ou tribunaux près desquels ils exercent. Si le fait qui motive une poursuite contre l'avocat s'était passé en dehors de l'audience, le procureur général impérial peut saisir le conseil de discipline, dans le cas où il ne se serait pas saisi d'office, ou renvoyer devant la cour impériale assemblée. Si le fait a eu lieu à l'audience, les tribunaux sont juges immédiats. Les notaires sont sous la surveillance immédiate de leurs *chambres de discipline* ; ils peuvent également être poursuivis devant les tribunaux civils. Les avoués, les commissaires-priseurs, les huissiers, etc., sont également soumis à la juridiction disciplinaire soit de leurs chambres de discipline, soit des tribunaux près desquels ils exercent.

DISCIPLINE MILITAIRE. On a reproché à la discipline moderne d'être moins perfectionnée que celle des anciens, tandis qu'elle demanderait, au contraire, à l'être davantage ; car, les anciens combattant par le choc et non par le feu, il arrivait un instant où la valeur faisait nécessairement fléchir la discipline et désunissait les rangs : c'était l'instant de la mêlée. Maintenant, au contraire, que les assauts, les charges, les escalades sont rares, il faut que, jusqu'au dernier moment du feu, la discipline se conserve ; son triomphe consisterait à mettre l'infanterie en état de couronner une charge à fond par des feux réglés. Comme branche de la justice, la discipline ne date que de l'époque de l'abolition des armées féodales, de l'extinction du cri de guerre, de l'institution des majors. La plus ancienne ordonnance qui en traite positivement, et qui a été longtemps suivie, fut rendue en 1550 par Coligny. Depuis les derniers lustres du 16e siècle, il est fulminé des édits, des déclarations (1597), des ordonnances (1574, 1588), dont la plupart ne sont que des paraphrases des bans que faisaient proclamer les colonels généraux de l'infanterie ; ces règlements unissaient l'atrocité à la bigoterie, n'envisageaient la discipline qu'à titre de haute pénalité, ne remédiaient à rien, et nous sont restés comme d'inutiles et grossiers monuments de notre vieille législation militaire. Quant à l'ordonnance de 1629, elle ne s'occupait que de la discipline des troupes en route.

Jusqu'à la mort de Mazarin, l'armée française est une anarchie ; Louis XIV cherche à y remédier sitôt qu'il règne par lui-même ; mais ses historiens, en cela comme en tout, se perdent en louanges mensongères. Sans doute, Louvois avait senti la haute importance de l'institution de l'étape et le besoin de faire obéir les gens de guerre aussi bien en route qu'en station, car, en tout temps, en tout lieu, régner sur l'armée, la dominer, est le premier vœu et le constant besoin du pouvoir souverain ; mais cette domination, cette centralisation, veulent des règles, une persévérance, une unité de vues que l'autorité absolue ne saurait observer longtemps. La discipline ne put se naturaliser en France, alors même que les débris de l'armée de Gustave-

Adolphe venaient se fondre dans l'armée française et y donnaient le spectacle d'une régularité inconnue. Il était impossible que l'esprit d'ordre animât des troupes gouvernées par des hommes de cour qui rivalisaient d'impertinence, désobéissaient impunément aux généraux, « et se jouaient de la surveillance que les commissaires des guerres avaient mission d'exercer sur les corps ; les colonels eux-mêmes ne laissaient aux administrateurs aucune autorité : ces grands seigneurs, officiers mutins et despotes, voulaient que la discipline ne portât que sur les soldats et non sur eux. Cette discipline créée, dit-on, par Louis XIV, et dont on a fait tant de bruit, existait moins dans la réalité que dans des ordonnances comminatoires, très-mal observées : l'histoire du duel en fournit mille preuves ; il n'y a pas de discipline possible au milieu des dissensions civiles, des prodigalités de la cour, des grades inutiles, surabondants ou mal réglés, et de tant de priviléges mal éclaircis, tels que l'étaient ceux des gardes françaises, de la maison militaire, de la gendarmerie, etc., qui ne voulaient obéir à personne. L'arrêt de 1651, une lettre du roi de 1652, l'ordonnance de 1654, témoignent des désordres que commettaient les troupes au sein ou aux avenues de la capitale, à Saint-Cloud, à Neuilly ; il n'est question dans ces documents que d'exactions, violences, ruptures de ponts, rançonnements, forcements de femmes, etc.

Il ne peut exister de discipline si on ne l'appuie sur l'égalité devant la loi et sur l'économie. Un roi qui confiait des armées à l'inepte et présomptueux Villeroi, tenait-il à faire fleurir la discipline ? N'avait-il pas jusque-là souffert que Turenne fît vivre ses troupes à discrétion ? N'avait-il pas donné l'exemple et toléré les abus d'une somptuosité inouïe, d'un luxe sans frein et du prodigieux accroissement des bagages ? Ses camps avaient été ouverts à des femmes perdues, ses armées agissantes avaient été recrutées comme on traque des chevaux sauvages ; il avait ordonné l'incendie et le pillage du Palatinat, et déshonoré, en 1685, ses dragons dans les Cévennes. Mme de Sévigné, toute portée qu'elle est à admirer le maître, nous montre, à l'époque de la plus grande gloire de Louis XIV, en 1675, les troupes françaises et la mission bottée, comme on appelait les dragons, portant la flamme et la désolation au milieu de la Bretagne. Feuquières déclare maintes fois que le plus grand relâchement régnait pendant la guerre de 1701, et on sait que Vendôme faisait plus de fond sur la valeur que sur la discipline de ses troupes. Le règlement de 1661, les ordonnances de 1701 et 1702, commencèrent cependant à proférer le mot discipline et à tempérer des usages dont on peut se faire une idée en relisant ce bizarre paragraphe d'une ordonnance de Louis XIV, que rapporte le colonel Carrion-Nisas : « Qu'aucun de mes gardes, lorsqu'ils seront dans un poste, ne maltraite personne sans sujet. » Ils étaient autorisés à maltraiter si, à leur avis, il y avait sujet. Que devient donc le prestige de cette discipline si vantée par l'adulation et si bien accueillie par la crédulité ? Il n'en est resté que de vaines ordonnances, qui n'ont pas même profité au siècle suivant, siècle fertile en essais et peu riche en résultats. Maurice de Saxe, écrivain désintéressé en cela, déclare que sous Louis XV il n'existait pas de discipline ; on ne peut douter de cette allégation, si l'on énumère la quantité de soldats français que nos prévots branchaient alors dans nos campagnes d'outre-Rhin, comme nous l'apprennent la correspondance de Grimm et les lettres écrites par Saint-Germain. Celui-ci disait en 1757 : « Je commande une bande de voleurs, d'assassins à rouer, toujours prêts à se révolter. Le roi a l'infanterie la plus indisciplinée. Le pays, à trente lieues à la ronde, est ruiné comme si le feu y avait passé. A peine nos maraudeurs ont-ils laissé subsister une maison ; ils ont pillé, tué, violé. »

Le maréchal de Broglie, cependant, si l'on en croit Turpin et Maizeroy, aurait été, dans la guerre de 1756, le régénérateur de la discipline d'une armée dont tous les ressorts étaient détendus ; mais ce que disent les écrivains de ces époques se rapporte surtout aux efforts qu'on faisait pour introduire dans l'armée française la discipline prussienne, convenable en Prusse, détestable ailleurs : ce fut une tentative sans fruit, parce que chaque colonel, n'ayant que sa volonté pour guide, faisait prévaloir dans son corps la discipline qui lui convenait. Il y eut néanmoins progrès depuis le ministère de Choiseul jusqu'à celui de Saint-Germain ; la discipline décrut alors à raison même de sa sévérité, encore que le régime militaire fût moins acerbe qu'on ne le supposerait à la lecture des ordonnances du temps ; mais l'introduction des coups à l'allemande révoltait les hommes qui étaient au service et glaçait la ferveur de ceux qui s'y destinaient. On ne voyait plus de ces volontaires animés en d'autres temps par des idées de gloire et par l'esprit d'aventure ; ils avaient horreur d'un régime qui « tenait à la fois de l'austérité des cloîtres et de l'avilissement des bagnes. » Le prince de Montbarrey, par un abus contraire, laissa s'amollir la discipline. Le conseil de la guerre, en 1788, s'égara sur les traces de Saint-Germain ; l'issue fâcheuse du camp de Saint-Omer le démontra. L'Assemblée constituante entra dans de meilleures voies ; mais les discussions infructueuses, quoique profondes, qui furent agitées dans son comité militaire, démontrent combien la matière est rebelle, combien le mieux est difficile à établir. On s'entendit sur l'avancement ; on constitua un code pénal, mais on améliora peu la discipline ; la définition même du mot resta à créer ; et si, de nos jours, dans des guerres célèbres, cette ancienne justice des prévôts, cette jurisprudence expéditive et brutale, n'eût été abolie, elle eût eu plus d'une fois l'occasion d'instrumenter encore ; car, soit faute de dispositions naturelles de la part des Français, soit malhabileté de la part de leurs chefs, la discipline est un fruit qui n'a jamais pu mûrir entièrement sur notre sol ; et il est facile s'expliquer cette circonstance en disant que dans un pays où il n'y a pas de lois, comme dans un pays où il y a trop de lois, il n'y a pas de discipline possible.

L'*Encyclopédie*, examinant les rapports qui existent entre la discipline et le général d'armée, considère l'une comme un outil, l'autre comme la main qui s'en sert ; elle regarde tous les succès comme dépendant de la bonté de l'outil et de la dextérité de l'ouvrier. Ce n'est pas par leur discipline que les troupes de Napoléon ont été célèbres ; seulement l'habileté de l'ouvrier pourvut à tout dans les armées où il se trouvait en personne ; mais les succès n'ont couronné que les entreprises où il assistait ; loin de ses yeux, les choses réussissaient moins bien, parce qu'il n'existait pas un fond de discipline capable de remédier au mal que causait son absence. Les généraux d'armée méprisaient l'autorité des rois de second ordre ; les maréchaux attachaient de l'orgueil à agir en sens inverse de leurs collègues ou à leur refuser secours ; les officiers généraux secouaient l'obéissance, s'ils le pouvaient impunément, et voyaient dans leurs chefs un obstacle à leur avancement ; la garde du souverain ne prêtait pas toujours la main aux compagnons d'armes moins favorisés qu'elle ; la force et le prestige qui commandent l'obéissance n'appartenaient qu'à une seule tête, toutes les autres étaient travaillées de la disposition de n'obéir qu'au chef suprême. L'armée était dans une position chaque jour plus fausse ; ainsi se fût renouvelée l'anarchie qui a dévoré les capitaines d'Alexandre le Grand.

Conformément à un examen plus positif des choses modernes, la *discipline* diffère de la *police* en ce que celle-ci est un acte, une précaution, une règle du gouvernement des armées, et s'exerce sur les hommes et sur les choses, tandis que la discipline est une action exercée, dans l'intérêt de la police, sur les hommes seulement ; voilà pourquoi, dans un code militaire pénal, la discipline doit tenir une place moins haute que la police. La discipline est devenue, depuis l'institution du conseil de la guerre de 1788, le mode de répression légale des fautes intérieures; elle agit sur l'armée ou sur une de ses portions quelconques, par la volonté personnelle, isolée et locale de ses chefs; elle est un ensemble de mesures auxiliaires de la police; ses effets sont comme le supplément de la justice militaire, et les droits que la discipline exerce sur les coupables commencent à partir du point où cessent les attributions du juge. On peut simplifier, à l'usage des soldats, ces définitions, en les traduisant ainsi : *Soumission aux règles, obéissance aux ordres* ; et l'on peut y ajouter à l'usage des officiers : *Poursuite des infractions qui violent ces ordres ou ces règles, si ces infractions ne sont que des fautes et non des délits.* La discipline diffère de la justice en ce que les arrêts de la première sont plus restreints, plus facultatifs, et sont prononcés par un militaire qui est à la fois juré, juge et censeur; mais plus le droit dont il est investi a d'étendue, plus l'application des punitions doit être modérée, car la force vitale de la discipline ne dépend pas de la nature des châtiments; mais son relâchement dépend de l'impunité des fautes ou des retards apportés à la répression : menacer de punir, et tolérer les infractions, c'est vouloir l'indiscipline. Des lois ont confondu *discipline* et *justice*, telle est la loi de 1790. Les règles de la discipline française sont tracées quelquefois par des lois, plus ordinairement par des ordonnances; celle de 1768 avait force de loi; les règlements de 1788 et de 1792 n'avaient, au contraire, qu'une action provisoire : ces documents sont les premiers qui aient classé et spécifié les fautes; ils ont été recopiés par les ordonnances de police et de discipline de 1816 et de 1818.

Le général d'armée, à ce que disent tous les auteurs du siècle précédent, doit établir la discipline de son armée. Cette proposition est une erreur que l'état de notre civilisation repousse; c'est au ministre à créer la discipline; le général la doit recevoir toute faite, toute prête et inviolable dans ses principes; l'arbitraire, l'anarchie, résulteraient d'une marche différente. Que le ministre donc soit seul livré au blâme si l'indiscipline règne, ou si la loi qui doit y pourvoir reste, en quelques points, muette ou obscure. Ce silence que notre législation garde à trop d'égards ou les incertitudes qu'elle laisse subsister seront ici l'occasion d'un reproche appuyé sur des preuves : combien de lacunes déparent la loi française! S'occupe-t-elle des domestiques d'officiers, de la conduite des bagages, de la police des équipages, des méthodes du campement, du système préférable d'administration et de fournitures à adopter en temps de guerre? Proscrit-elle suffisamment la passion du jeu et l'abus des dettes? Or, toutes ces lacunes sont autant de préjudices manifestes à la discipline. Aussi une circulaire ministérielle de 1832 témoignait-elle qu'elle n'était pas, encore arrivée à la perfection désirable. Des travaux incomplets, de nombreux oublis, expliqueraient pourquoi la discipline des armées n'est pas perfectionnée; il ne suffit pas de multiplier les décisions, les projets, les ordres du jour : ce sont autant de bulles de savon sur lesquelles le ministre à venir soufflera pour recommencer d'aussi passagères créations; d'ailleurs, les documents ministériels, fussent-ils de quelque durée, ne suffiraient pas à l'étude de la discipline; elle demande des écoles pratiques; ces écoles sont les larges camps d'instruction, les grands cantonnements, les rendez-vous périodiques; là seulement les troupes s'assouplissent à une discipline praticable le jour où il faudrait entrer en campagne. La discipline en temps de paix et dans l'intérieur laisse aussi beaucoup à désirer; tout est obscur ou vague dans les rapports entre les militaires et les bourgeois; pour établir ce genre d'harmonie, les ordonnances sont insuffisantes; il faut que la loi civile parle, puisque dans cet état, qu'on pourrait appeler intérêts composés, le ministre de la guerre n'a pas caractère pour décider seul. Il faut qu'il soit aidé par le magistrat. Voici à ce sujet quelques exemples de ce qui se fait ailleurs et de ce qui manque dans nos institutions.

Dans la milice hollandaise, la loi militaire punissait le soldat qui vendait ses effets; la loi civile recherchait et punissait le particulier qui les achetait; elle poursuivait de même le citoyen qui aurait fourni au soldat le déguisement à l'aide duquel il pouvait déserter. Depuis que la législation française a commencé à se débrouiller, aucun moyen d'établir une semblable harmonie n'a été médité. Quelquefois les limites de la discipline et de la justice se confondent : tel est le cas où le maraudage devient pillage, tel est le cas où il s'agit de la faute qu'on nomme *absence à la générale*. Cette absence, à la fois faute et délit, constitue, sous le point de vue de la discipline, un premier degré de culpabilité, dont les degrés ultérieurs sont du ressort de la justice. Cette remarque coïncide avec celle qui a été faite plus haut pour prouver la nécessité qu'en certains cas, la loi concourût avec les ordonnances et travaillât à compléter le dispositif de la discipline, puisque la loi seule peut tracer le cercle de la justice, tandis que les ordonnances ne tracent que celui de la discipline. Le corps de l'i n t e n d a n c e a eu l'intention de se ressaisir de la surveillance jadis déléguée aux commissaires des guerres et d'exercer, sinon par le fait, du moins par le droit, la discipline. Il appuyait ses prétentions sur des antécédents de peu d'autorité, parce que les vieux exemples qu'il citait appartenaient à des temps où le commissariat et l'inspection générale n'étaient pas des fonctions distinctes. A la création des inspecteurs généraux, la discipline était tombée dans leur juridiction et avait cessé de ressortir au commissariat. Pour restituer le droit de discipline au corps administrant, il eût fallu en dépouiller le corps inspectant. Dans la milice anglaise, il existe un usage, inconnu en France, qui centralise dans les mains de l'adjudant général les rapports faits et les comptes rendus au sujet de la discipline : cet officier est une espèce de surintendant de police militaire. Il y a aussi entre les deux pays cette différence que les principales dispositions de la discipline se rattachent en Angleterre à un corps de lois dont les dispositions sont annuellement révisées par le parlement, sous le nom de *mutiny-act*. Ce remaniement prévient le frottement des ressorts de la puissance militaire et de la puissance civile. Chez nous, les colonels ont le droit de prononcer en certains cas la commutation des peines de discipline, mais ils sont tenus d'adresser à leurs supérieurs des rapports périodiques sur la discipline de leur corps; ils ont aussi le droit d'exiger que tout ce qui a trait à la discipline soit porté à leur connaissance ou soumis à leur décision. Le lieutenant-colonel est l'intermédiaire des mesures et des ordres que prescrit à cet égard le colonel. L'ensemble de la discipline intérieure est sous la surveillance du capitaine de police ou de semaine, des adjudants-majors et des adjudants; elle est, en des cas particuliers, du ressort du chef de bataillon de semaine, de l'adjudant-major de semaine et de l'adjudant de semaine. En aucun cas, les conseils d'administration des régiments n'ont droit de s'y immiscer, et elle ne concerne plus le major, comme cela avait lieu, sous le premier empire. L'ensemble des détails de la discipline est annuellement l'objet de l'examen et des ordres de l'inspecteur général; en tout temps, le général de division y a la haute main. Gal BARDIN.

DISCIPLINE NAVALE. Nous avons à traiter une question extrêmement difficile et délicate, que personne encore n'a osé aborder. Nous marchons sans guide : car dans notre marine tout est à organiser; nous ne fondrons point la législation existante, il n'existe rien de bien légal à ce sujet ; les marins n'ont pour code qu'un chaos informe d'ordonnances, de décisions, de jugements rendus, de décrets si peu en harmonie avec les besoins du jour et tellement contradictoires, que presque tous sont aujourd'hui ridicules ou absurdes. Nous n'en voulons donner qu'un exemple : nous avons longtemps siégé comme juge dans un conseil de guerre maritime; chaque jour, nous prononçions sur une multitude de délits souvent des peines fort graves, et quelquefois infamantes; nos arrêts étaient exécutés, et cependant on pouvait nous contester notre existence, comme tribunal d'exception, comme contraire aux lois fondamentales du gouvernement d'alors. L'héritage des administrations antérieures est une friperie; les ordonnances de Louis XIV mériteraient peut-être une honorable distinction, mais elle ne vont plus à notre taille.

Quels sont les éléments que doit embrasser et coordonner notre discipline navale? On distingue dans la marine deux *castes* bien tranchées, les officiers et les matelots : nous nous servons du mot *caste*, car entre l'équipage et l'état-major la distance est si grande, la séparation tellement marquée, que c'est une rare exception quand un matelot parvient à la franchir. L'officier est une partie intégrante de l'âme active du navire ; le matelot n'est guère qu'une force mécanique ; de plus, la première *caste* est partagée en deux classes par les attributions spéciales et l'autorité singulière remises aux mains de l'officier commandant. Il existe donc deux disciplines, que l'on peut résumer ainsi : devoirs réciproques du commandant et de l'état-major, et devoir réciproques des officiers et de l'équipage. Les officiers généraux et supérieurs se plaignent de ce qu'un esprit d'indiscipline a gagné les jeunes officiers de la marine, et, il y a quelques années, le rapporteur d'un conseil de guerre eut la maladresse de baser une accusation sur l'existence présupposée de cet esprit : c'était former deux camps dans l'état-major, c'était le diviser en jeune et vieille marine. Comment se manifeste cette étrange scission? Les cas de désobéissance de la part des jeunes officiers sont très-rares; la responsabilité n'en peut être qu'individuelle; il faut donc en chercher la preuve dans le manque de respect. Le respect repose sur une base morale que la loi écrite ne peut fixer exactement : pour qu'un homme soit respecté, il faut qu'il soit respectable; car l'inférieur même, tout en obéissant ponctuellement, a mille manières insaisissables de faire sentir son mépris à son supérieur; mais le mépris doit être fondé, autrement il partirait d'un principe de folie. Un chef est respectable pour ses inférieurs, ou par son caractère personnel de bravoure et d'honneur, ou par la supériorité de ses capacités, ou enfin par son respect pour la justice et par les égards qu'il témoigne à ses subordonnés; et ces causes sont si puissantes et d'un effet tellement immédiat, que nous n'hésitons pas à déclarer que, dans tous les cas où l'esprit d'indiscipline a éclaté, le chef avait violé quelqu'une de ses obligations. Nous avons vu ces qualités adorées dans quelques chefs que la marine possède encore. Officiers et matelots ont pour eux une affection respectueuse qui éclate à chaque instant. C'est qu'à leur nom se rattachent des souvenirs de vaillance et de gloire, c'est que leurs talents, leur respect pour la justice et pour les hommes justifient la vénération étonnante dont ils sont l'objet.

Malheureusement, la marine du premier empire ne peut fournir qu'un petit nombre d'honorables exceptions, au milieu d'une foule de traits déplorables; les officiers formés à cette école ne peuvent donc que rarement avoir conquis une réputation de bravoure ou de haute capacité; mais, pour obtenir le respect des subordonnés, le supérieur a toujours à sa disposition l'infaillible moyen de la pratique de ses devoirs. Nous éprouvons quelque embarras à dire que les traditions de l'empire n'ont pas toujours pénétré les officiers de la marine de cette nécessité de justice et d'égards envers leurs inférieurs. Quelles traditions en effet, pouvait léguer une époque où un officier perdait sa carrière en refusant de conduire du fumier à la campagne de son commandant ?

Nous nous estimons heureux de n'avoir plus à consigner ici, grâce à leur abolition récente, les horreurs de la discipline particulière aux matelots. Cette discipline était sévère et dure; c'était, disait-on autrefois, une nécessité de condition; mais ce que rien ne pouvait justifier, c'est qu'elle était arbitraire, et que, trop souvent confiée à d'indignes mains, elle réduisait des hommes à un ilotisme dégradant. Les nouvelles lois du recrutement ont changé l'esprit des équipages; la force des choses impose la nécessité impérieuse de leur donner un nouveau code. Mais quelles mains le burinera, ce code? Th. PAGE, capitaine de vaisseau.

DISCOBOLES (des mots grecs δισκὸς, disque, et βάλλω, βεβόλα, je jette, je lance). C'est le nom que l'on donnait aux athlètes qui faisaient profession de l'exercice du *disque* et qui en disputaient le prix dans les jeux de la Grèce.

DISCOBOLES (*Zoologie*). Les discoboles ou *porte-écuelle*, que Gouan a nommés *lepadogaster*, sont des petits poissons malacoptérygiens, remarquables par leurs pectorales très-amples et descendant à la face inférieure du tronc, où elles se réunissent sous la gorge au moyen d'une membrane transverse. Leur corps est lisse et sans écailles, leur tête large et déprimée, leur museau saillant; ils n'ont qu'une seule nageoire dorsale, molle et placée au-dessus de l'anale; et de plus, ils manquent de vessie natatoire, ainsi que de cœcums pyloridiens. Ce sont des poissons littoraux qui ont assez de vivacité; Lacépède les a distingués, d'après la considération de quelques caractères, en *porte-écuelle* proprement dits, et *gobiésoces*. Plusieurs espèces se trouvent sur nos côtes. P. GERVAIS.

DISCOLITE. *Voyez* NUMMULITE.

DISCORD, désunion (du latin *discors*), s'emploie très-bien dans le style familier : *être en discord*. Il paraît que, dans le style soutenu, et surtout en poésie, ce mot avait déjà vieilli du temps de Louis XIV : « Les bons poëtes ne s'en servent plus, » dit le Père Bouhours. D'un autre côté, à peu près à la même époque, Ménage ajoute : « Le mot est beau ; les meilleurs poëtes de notre temps ne font pas difficulté de s'en servir. » En effet, on lit dans Corneille :

Par un heureux hymen étouffer ce *discord*,

et dans Racine :

Le trône pour vous deux avait trop peu de place.
Il fallait entre vous mettre un plus grand espace,
Et que le ciel vous mit, pour finir vos *discords*,
L'un parmi les vivans, l'autre parmi les morts.

Nous ne l'avons pas rencontré dans La Fontaine, et pourtant, il convient parfaitement du moins au style marotique ; et Malherbe l'a souvent employé. Il faut savoir gré à quelques-uns de nos poëtes du siècle dernier et du commencement de celui-ci d'avoir rendu à ce mot si gracieux son vieux droit de bourgeoisie. Charles DU ROZOIR.

DISCORD, DISCORDANT (*Musique*). Ces deux mots expriment l'état de discordance dans lequel se trouvent un ou plusieurs instruments, une ou plusieurs voix, lorsque les sons ne sont pas entre eux dans un rapport parfait d'intonation, mais ils diffèrent l'un de l'autre en ce sens que le premier s'applique de préférence aux instruments, et qu'il marque plus particulièrement l'état passif. Ainsi on dira : ce piano est *discord*, et non pas ce piano est *discordant*. Le second s'emploie plus ordinairement au pluriel : des *voix discordantes*, des *instruments discordants*, c'est-à-dire qui ne s'accordent pas entre eux. F. BENOIST.

DISCORDE. Voilà un de ces mots qui n'ont pas besoin de définition ; il produit chaque jour des conséquences si désastreuses, les faits le rendent si clair et si évident, qu'il est bien rare que chacun de nous ne sache pas à ses dépens ce qu'est la discorde, ou pour mieux dire ce qu'elle coûte. Passions, intérêts, sentiments, tout divise les hommes; puis arrivent ici les préventions, là les préjugés, ailleurs les fausses prétentions. La discorde se rencontre donc partout, au foyer domestique comme au sein de l'État : elle détache en un instant ce que les siècles ont eu quelquefois tant de peine à réunir. Quand on songe qu'il n'y a pas de gouvernement possible, ou même de grandes affaires réalisables sans le concours de plusieurs volontés, et qu'on récapitule tous les points par lesquels nous nous repoussons, il semble que le monde doit être une succession perpétuelle de ruines. Cependant, il n'en est pas ainsi. Pour bien juger la discorde, il ne faut pas la prendre comme un état habituel, ni la considérer exclusivement dans ce qu'elle a de plus extrême. La *discorde* est une crise; à ce titre, elle est une exception. Par sa nature, elle est en outre passagère; son premier feu jeté, elle se calme, s'apaise et disparaît; il faut si peu de temps pour que, de part et d'autre, on ait beaucoup à souffrir, qu'à moins d'une animosité extraordinaire on se résigne à un arrangement. S'il y a des sacrifices à subir, des démarches pénibles à faire, il se rencontre des sages qui ne reculent pas devant cette mission de paix, et le reste suit leur exemple.

Il n'y a pas de discorde plus pernicieuse que la discorde publique. On peut faire entendre raison à un petit nombre d'hommes : une fois bien éclairés, ils se soumettront à quelques règles de conduite, et éviteront de toucher à certains points qui produiraient une nouvelle irritation. Mais qu'attendre de cette multitude confuse appelée *parti* ? Sans doute, elle est d'abord dirigée par des intelligences supérieures; mais à quelle condition ? à condition que ceux qui ont les lumières obéiront à ceux qui ont les passions; on exige plus, il faut les flatter. Du moment où les chefs principaux, dégoûtés d'un rôle si dégradant, font halte, on leur passe sur le corps : les médiocrités ambitieuses leur succèdent, et elles sont remplacées à leur tour par la fange du parti, par ses enfants perdus; à heure fixe, ils arrivent à être les instruments d'une circonstance *donnée*; alors, tout est compromis, tout est perdu : la discorde se portent pour la réforme d'un léger abus, et elle produit tant de maux qu'on finit par se réfugier dans la servitude.

Depuis près de quatre siècles, de peuple à peuple, il n'y a pas d'isolement en Europe. Les ressources, comme les côtés par lesquels on est vulnérable, tout est connu, tout est divulgué; on se surveille, en conséquence, avec inquiétude et jalousie; ce n'est pas assez de prendre des précautions l'un à l'égard de l'autre; par ce moyen on ne parviendrait qu'à sa conservation propre, on aspire à plus : on veut accroître l'étendue de son territoire. La *discorde* éclate-t-elle chez un voisin, il se cherche pas à l'apaiser, on l'attise au contraire pour en tirer profit. Quand les deux partis qui d'origine ont enfanté la discorde se portent aux mesures les plus extrêmes, tantôt on se propose pour arbitre, tantôt on se déclare allié d'un de ces mêmes partis : on lui apporte des forces immenses, on lui donne la victoire, et bientôt on l'accable à son tour. A la première intervention, on s'adjuge une province; à la seconde, un peu plus, et l'on finit par détruire une *nationalité*, sans songer que c'est nuire à toute l'Europe, à laquelle on enlève ainsi une portion de ses forces, ou, pour mieux dire, qu'on blesse dans son indépendance. Cependant, la ruine de la Pologne s'est accomplie définitivement de nos jours, et elle a eu pour point de départ la *discorde* qui a éclaté chez ce malheureux peuple.

Les masses ne peuvent pas aspirer à l'honneur d'exercer une influence décisive sur les affaires publiques; à part de rares exceptions, elles ne sont en politique que des instruments; on ne saurait donc trop leur répéter que la vie de famille est pour elles le centre unique du bonheur. Entre proches parents, il faut bannir la discorde avec une persévérance que rien ne fatigue et n'abat; il faut réciproquement s'étudier dans ses défauts, les supporter, et même au besoin les excuser. Au lieu de nous heurter les uns contre les autres, que chacun à l'avance adoucisse les aspérités de son caractère, on ne se rencontrera alors que pour se rendre heureux et contents : les plus habiles aideront ceux qui ne savent pas encore bien; les plus forts donneront le bras aux plus faibles et les soutiendront. Les maux, les misères et les privations qui accablent les classes inférieures sont immenses, mais ce qui en augmente encore le poids, c'est qu'elles vivent divisées dans l'intérieur de la famille; puis, dans un premier mouvement de vivacité, elles vont divulguer aux tiers les causes de leur discorde. Le défaut d'éducation les laissant sans mesure, la sœur déblatère contre le frère; aux accusations qui peuvent être fondées on en ajoute à l'infini; l'épanchement n'est pas encore complètement fait, qu'on regrette les paroles qui sont échappées, mais c'est sans retour. Qu'arrive-t-il? c'est qu'on ne peut se défendre d'une sorte de mépris involontaire pour des parents qui se déchirent ainsi entre eux : qu'un malheur éclate, on ne donne aucun secours ni à l'accusé, ni à l'accusateur, on les enveloppe dans une même réprobation. La discorde entre mari et femme est beaucoup moins fréquente que ne voudraient le faire croire les faiseurs de pièces ou de romans. Comme ils ne visent qu'à des effets ou à des catastrophes, ils veulent faire juger le mariage sur quelques exceptions qu'il offre.

SAINT-PROSPER.

DISCORDE (*Mythologie*), en latin *Discordia*, *Contentio*, en grec Ἄτη, était une déesse à laquelle les hommes sacrifiaient pour détourner les maux qu'ils en craignaient. Elle était fille de la Nuit, selon Hésiode, et ce poëte lui donne pour enfants le douloureux et inutile travail, le Léthé ou l'oubli, la peste, les chagrins, les combats, les meurtres, les équivoques, le mépris des lois et le serment, qui est si funeste aux mortels quand ils se parjurent volontairement. Les peintres et les sculpteurs représentent ordinairement la Discorde coiffée de serpents au lieu de cheveux, tenant une torche ardente d'une main, une couleuvre ou un poignard de l'autre, le teint livide, le regard farouche, la bouche écumante, les mains ensanglantées, avec un habit en désordre et déchiré. Tous les poëtes ont suivi cette donnée dans leurs descriptions, mais aucun n'a approché de la hardiesse du portrait qu'en fait Pétrone dans son poëme de la guerre civile de César et de Pompée. On a feint que Jupiter chassa la Discorde du ciel, et que, se sentant offensée de ce qu'elle n'avait point été appelée aux noces de Pélée et de Thétis, où l'on avait invité tous les dieux et toutes les déesses de l'Olympe, elle jeta dans la salle du festin une pomme d'or, qui fut cause d'une infinité de malheurs. Près de 500 ans avant J.-C., Empédocle disait que l'univers connu, le *cosmos*, avait été mis dans l'état d'arrangement où nous le voyons par l'action opposée de deux forces en équilibre : l'Amour et la Discorde, termes poétiques, sous lesquels, par une bizarrerie alors de mode, il enveloppait son système plutôt qu'il ne l'exposait.

Edme HÉREAU.

DISCOURS. Dans son acception la plus générale, le mot *discours*, dérivé du verbe latin *discurrere*, *discursum*, s'emploie pour désigner tout exercice de la faculté de la parole. En ce sens, il s'applique également aux discours faits avec art et à ceux que le hasard et les circonstances font prononcer sans préparation. Mais, dans le domaine de l'éloquence, on entend par *discours* un assemblage de phrases et de raisonnements, réunis et disposés suivant les règles de l'art, dans le dessein de produire une impression quelconque sur le cœur ou sur l'esprit de ceux qui écoutent. Le discours, considéré sous ce rapport, prend aussi le nom de *discours oratoire*, dénomination générique qui embrasse toutes les différentes espèces de discours, tels que la harangue, l'oraison funèbre, l'éloge, le panégyrique, le plaidoyer, le sermon, lesquels ne diffèrent entre eux que par le but qu'ils se proposent et par le style qui est propre à chacun d'eux. Autrefois, les discours adressés à un prince, à une personne éminente, soit au nom d'une ville, soit en celui d'une corporation, portaient improprement le nom de *harangues*; aujourd'hui ce sont tout simplement des *discours*. Les *discours tumulaires* sont ceux que l'on prononce sur un cercueil près de descendre dans la tombe.

Toutes les compositions oratoires qui n'appartiennent à aucun des genres que nous venons de nommer et qui traitent de la littérature, de l'histoire, de la morale, de la physique ou de la métaphysique, n'ont pas d'autre dénomination que celle de *discours*. Ainsi l'on dit, le *Discours* de Bossuet *sur l'Histoire universelle*, les *Discours* de Fleury *sur l'Histoire ecclésiastique*, le *Discours* du Père Guinard *sur l'Esprit philosophique*, etc. La même dénomination appartient aux *discours de réception* prononcés dans le sein des académies. En général, ces discours académiques offrent une monotone et fade répétition les uns des autres. Le magnifique *Discours* de Buffon *sur le Style*, prononcé lors de la réception de ce grand écrivain à l'Académie française, fut le premier qui sortit honorablement du cercle de la routine pour s'élever à des considérations nouvelles et utiles; mais cet exemple a été rarement imité depuis. Assez généralement, ces *discours* de réception, dépourvus d'éloquence, n'offrent qu'un assemblage futile de périodes sonores et cadencées, de compliments où l'hyperbole est semée à pleines mains; on dirait un assaut de louanges et de cajoleries entre le modeste récipiendaire et le directeur chargé de parler au nom de la docte académie; heureux encore quand ils n'offensent pas la grammaire et cette pauvre langue confiée à leurs soins. Nous avons eu autrefois des discours de tribune. Ils étaient rarement éloquents, c'est vrai, et ne respectaient pas toujours le bon sens, mais enfin ils appelaient la lutte et éclairaient la politique. Les discours officiels nous suffisent aujourd'hui. La lumière ne jaillit plus du choc des idées; elle luit d'elle-même.

Plusieurs de nos poëtes, usant du légitime privilége du génie et du droit de tout oser que leur accorde Horace, ont composé des *discours en vers*. Voltaire a laissé des modèles en ce genre. Ses *discours sur l'homme* sont mis au nombre de nos plus beaux monuments poétiques. Ces discours, ou plutôt ces *poëmes*, n'ont pas sans doute l'étendue de plan ni la régularité que l'on admire dans les poésies philosophiques de Pope; mais on y trouve une raison plus intéressante, plus aimable, plus à notre portée, et l'alliance bien rare d'une philosophie consolante avec la plus belle poésie. Dans un genre moins grave, Rulhière a fait usage avec succès de la forme du discours en vers. Son *Discours sur les Disputes* est un chef-d'œuvre de badinage comique et d'ingénieuse raison.

Tout discours, quel que soit son genre, quelque sujet qu'il traite, est soumis à des règles déterminées, à une division exacte. Ces règles, cette division ont été établies par les anciens critiques grecs, et sont encore généralement observées par les rhéteurs modernes. Suivant ces règles, un discours doit se diviser en cinq parties: l'**exorde**, qui a pour objet d'éveiller l'attention des auditeurs; la **narration**, qui expose le sujet; la **confirmation**, qui prouve les faits avancés; la **réfutation**, qui oppose le raisonnement au raisonnement; la **péroraison**, enfin, qui récapitule tout ce qui a été dit. Mais, qu'on ne s'y trompe pas, l'orateur éloquent ne se dit pas, avant de parler: je vais faire un bel exorde, une narration élégante, une confirmation solide, une réfutation serrée, une péroraison victorieuse. Il fait mieux: il étudie son sujet, il le creuse, l'embrasse dans ses détails, dans son ensemble, et sous peine fait le reste; il ne s'est point occupé des parties de son discours, et cependant, chacune de ces parties, obéissant au principe générateur de la liaison des idées, est venu tout naturellement prendre sa place et se montrer dans son plus beau jour pour concourir au triomphe de l'orateur.

En grammaire, on appelle *parties du discours* les différentes espèces de mots dont se compose le matériel d'une langue.

DISCRASE. Les minéralogistes donnent ce nom à un antimoniure d'argent.

DISCRÉDIT. Ce mot signifie au propre comme au figuré *perte* ou *diminution de crédit*, et il s'applique également aux personnes et aux choses, tandis que le verbe *discréditer* ne s'emploie qu'en parlant des choses inanimées, et qu'on se sert pour les personnes du verbe *décréditer*.

L'introduction du mot *discrédit* dans le commerce date de 1719, époque où il en fut fait usage dans divers arrêts du conseil pour exprimer la perte qu'on faisait sur les actions de la compagnie des Indes, et le peu de confiance que le public avait en ces effets.

DISCRÉTION, qualité naturelle à quelques-uns, mais qui ne s'acquiert en général que par l'éducation ou l'usage du monde. La discrétion est plus que le charme de la société, elle en est la garantie continuelle. Qui de nous oserait se rendre à une réunion, composée même d'amis intimes, s'il avait à craindre que ses paroles, ses jugements précipités, ses épanchements, ses confidences, ne fussent répétés? La causerie de salon plaît, parce qu'elle ne doit pas laisser de traces. Donnez-lui des échos, et toutes les bouches seront muettes. Avoir de la discrétion dans le monde, c'est tout entendre, mais ne rien redire. Les gens qui ont des rapports très-élevés n'ont jamais de mémoire, du moins sur le moment: ce n'est qu'à la suite de longues années qu'ils retrouvent des souvenirs, et ils ne les communiquent ordinairement au public que lorsque tous les acteurs sont morts: alors le temps de la discrétion est passé, celui de l'histoire commence. Dans les capitales, la discrétion coûte peu: il faut des circonstances extraordinaires pour qu'on soit mêlé à ceux qu'on a entendus accuser: rarement les connaît-on de vue. Il n'en est pas ainsi dans les petites localités, où, à chaque instant, naissent propos et commérages: il est bien difficile de ne pas y prendre plus ou moins de part. On s'habitue insensiblement à dire à l'un ce que l'on a entendu dire à l'autre. De là à répéter ce qui vous a été confié avec la recommandation de garder le silence, ou même sous le sceau du secret, il n'y a qu'un pas; et tôt ou tard il est franchi. La discrétion est donc fort rare dans les petites villes: c'est ce qui explique en grande partie leurs tracasseries, leurs haines et leurs divisions continuelles. On y vit malheureux, parce que, en dépit de certaines formes cérémonieuses, on y est en réalité de fort mauvaise compagnie. Ce qui fait reconnaître la bonne, c'est la discrétion. Il ne faut pas croire cependant que ce qui constitue exclusivement cette qualité sociale, ce soit une sorte de silence obligé; elle exige plus, ou, pour mieux dire, ce qui la complète, c'est ce tact particulier qui, dans toute affaire de famille, où nous ne sommes pas partie intéressée, nous avertit de nous tenir à l'écart. Des intérêts sont-ils débattus en notre présence, dès l'instant où ils produisent une certaine chaleur qui amènera des révélations pénibles, la discrétion nous enseigne que nous devons nous retirer, car nous ne pouvons que gêner, et la discrétion devine tout ce qui touche au savoir-vivre.

Les gens froids, qui ne s'impressionnent qu'avec beaucoup de lenteur, possèdent une discrétion journalière; comme ils restent indifférents à ce qu'ils entendent, ils ne s'en font guère les trompettes. Sont-ils émus par une passion telle que l'amour, la révolution qu'ils éprouvent est si violente qu'ils ne savent plus tenir les rênes de leur propre volonté. Turenne, froid et réservé, s'est laissé surprendre, par les femmes qu'il aimait, le secret de l'État, tandis que le grand Condé, qui était l'impétuosité même, n'a jamais rien laissé échapper d'important devant ses maîtresses. Les femmes, dont les impressions sont si vives et si nombreuses, ont besoin d'en diminuer le poids par des confidences; elles ne possèdent donc pas, en général, le mérite de la discrétion; mais elles ne sont telles que dans le train de la vie ordinaire. Une révolution éclate-t-elle, des devoirs immenses leur sont imposés: un mot, un seul mot de trop, peut tout perdre. Dès lors, elles deviennent impénétrables, nulle puissance au monde ne les ferait parler. Dépositaires des secrets les plus importants, non-seulement elles les gardent avec une fidélité inviolable, mais, guidées par cette adresse du cœur qui leur est naturelle dans toutes les crises, elles font tomber des lèvres de ceux qu'elles ont besoin de pénétrer, ces demi-mots qui pour elles sont des sources de lumière, et des piéges qui leur sont tendus elles font souvent jaillir le salut commun. A cet égard, les femmes ont été sublimes dans notre première révolution. Il est juste d'ajouter qu'elles n'ont pas besoin de circonstances aussi rares pour devenir discrètes : il leur suffit d'avoir la paix à entretenir dans l'intérieur d'une famille remplie de divisions. Reproches, injures, calomnies, si elles deviennent confidentes de tout, c'est d'abord pour tenter une heureuse conciliation; ne réussissent-elles pas, elles ont bientôt tout oublié. On doit encore les citer comme modèles lorsque l'intérêt de leurs enfants commande la discrétion à leur tendresse. A quelque âge que vous les preniez, jamais dans ce genre elles ne seront en faute : il n'y a pas de leçon à leur faire, elles sentent par instinct la nécessité du silence.

Les hommes qui ont été longtemps mêlés aux intrigues de cour ou aux mouvements populaires possèdent une discrétion qui est de tempérament : ils vivent et vieillissent avec elle. A prix d'argent ou pour tout autre intérêt, ils peuvent révéler des secrets, mais jamais il ne leur en échappe. Il est cependant arrivé à celui qui, pendant quatorze années, a dirigé le dix-neuvième siècle de manquer maintes fois de discrétion : sa nature méridionale l'emportait. Il est vrai qu'il savait si bien vaincre qu'il devait se croire dispensé de se taire : il s'est trompé. Nulle parole, tombant d'aussi haut, n'était indifférente; recueillie avec soin, elle était bientôt répétée dans tous les cabinets de l'Europe, et cet homme prodigieux a vu se multiplier le nombre de ses ennemis pour avoir quelquefois parlé mal à propos. SAINT-PROSPER.

DISCRÉTIONNAIRE (Pouvoir). « La loi, dit D'Aguesseau, n'a pu tout prévoir, et elle a supposé que les magistrats feraient les diligences nécessaires pour le bien de la justice et pour la décharge de leur ministère. Cette pensée est la base du *pouvoir discrétionnaire*, faculté d'agir selon sa volonté accordée au président de la cour d'assises par le législateur dans l'intérêt commun de la société et du prévenu. En vertu de ce pouvoir, il peut ordonner tout ce qu'il croit utile à la découverte de la vérité. La loi charge son honneur et sa conscience d'employer tous ses efforts pour en faciliter la manifestation. Ainsi il peut, dans le cours des débats, appeler même par mandat d'amener et entendre toutes personnes, ou se faire apporter toutes nouvelles pièces qui lui paraîtraient, d'après les nouveaux développements donnés à l'audience, soit par les accusés, soit par les témoins, pouvoir répandre un jour utile sur le fait contesté. Cependant les déclarations des personnes ainsi appelées ne sont considérées que comme simples renseignements. En résumé, comme l'a dit M. Dupin aîné en jouant sur le mot, le pouvoir discrétionnaire n'est pas un pouvoir dont on peut user à *discrétion*, mais qu'on ne doit au contraire exercer qu'*avec discrétion*.

DISCURSIF, DISCURSION. Le premier de ces mots est un terme de logique, et s'entend de ce qui fait tirer une proposition d'une autre au moyen du raisonnement : l'homme a la *faculté discursive*. *Méthode discursive* se dit par suite quelquefois pour synthèse ou déduction. *Discursif*, dans le langage du quiétisme, se prenait pour errant, inconstant. On lit dans Fénelon : « La contemplation active est celle qui est encore mêlée d'actes empressés et discursifs. » Par analogie, le néologisme *discursion*, que l'Académie n'a pas encore admis, se prend pour course, écart.

DISCUSSION (du latin *discussio*, agitation, ébranlement, secousse). Ce mot, suivant son étymologie, exprimerait une opération de l'intelligence qui débarrasse un sujet de tout ce qui lui est étranger, l'*épluche*, le *nettoie*, afin de procéder ensuite avec ordre et sûreté aux recherches qui ont exigé ce travail préparatoire. Cette signification primitive a reçu plus d'étendue : on y comprend l'examen analytique du sujet même, ou plutôt l'exposition méthodique de cet examen et de ses résultats. Quelle qu'ait été la marche de l'intelligence pour arriver à son but, les lumières plus ou moins brillantes qui l'ont éclairée, le guide qu'elle a suivi, etc., tout cela est dans le domaine de la *philosophie*; mais, quand il s'agit de faire arriver au même but des auditeurs ou des lecteurs, c'est par la logique qu'il faut se laisser conduire. Lorsqu'une question législative, d'administration, etc., est renvoyée à un comité, le rapporteur doit en faire une discussion approfondie : mais le résumé d'une cause fait par le président d'un tribunal après la clôture des débats et des plaidoiries n'est pas dans le même cas : le magistrat n'est alors que l'historien de ce que la procédure a fait découvrir, et, s'il en fait une analyse exacte, claire, impartiale, son devoir est rempli.

Dans le discours ordinaire, *discussion* est quelquefois employé comme synonyme de *dispute*, *contestation* : cet emploi n'est pas toujours une faute. L'expression ne manque pas de justesse lorsque deux interlocuteurs également éclairés et de bonne foi soutiennent avec quelque chaleur des opinions différentes sur le même sujet. Leur entretien peut avoir l'apparence d'une dispute, quoique l'un et l'autre cherche sincèrement la vérité et s'empresse de la reconnaître dès qu'elle se montre à découvert. S'il est question d'intérêts, le débat prend quelquefois un nouveau degré de véhémence, sans excéder pourtant les limites d'une discussion : en général, dès que les deux adversaires n'ont point d'autre but que de s'éclairer et d'arriver à la vérité, ils *discutent* et ne disputent point. FERRY.

DISCUSSION (Bénéfice de). *Voyez* BÉNÉFICE.

DISERT (du verbe latin *disserere*, qui signifie discourir); celui qui parle bien, avec facilité. Ce qualificatif s'applique également aux choses : un *homme disert*, un *discours disert*; d'où a été fait l'adverbe *disertement*, qui est peu usité. Il y a loin de la qualité que ce terme exprime à celle que représente le mot éloquent. « Le *discours disert* est facile, clair, pur, élégant, et même brillant; mais il est faible et sans feu : le *discours éloquent* est vif, animé, persuasif, touchant; il émeut, il élève l'âme, il la maîtrise...... Supposez à un *homme disert* du nerf dans l'expression, de l'élévation dans la pensée, de la chaleur dans les mouvements, vous en ferez un *homme éloquent*. » On peut ajouter à cette distinction que l'étude et les qualités de l'esprit font l'homme et le discours *diserts*, tandis que les dons de la nature, la passion, l'amour de la vérité, toutes les qualités du cœur enfin, font l'homme et le discours *éloquents*. On peut être *disert* sans être ému, sans être convaincu; mais il faut l'être pour émouvoir et convaincre les autres; en un mot, on n'est point *éloquent* sans conviction. Edme HEREAU.

DISETTE. Lorsque les objets de consommation, et surtout les subsistances de première nécessité, deviennent moins abondants, leur prix s'élève toujours en raison directe de leur rareté, et cesse d'être en rapport avec les salaires. Il y a alors souffrance parmi les travailleurs, qui constituent la majorité des consommateurs. C'est cette rareté, cause du malaise d'une ville, d'une contrée, d'une nation, qu'on appelle *disette*. Nous envisagerons les disettes plus particulièrement sous le rapport des subsistances; les autres sont loin d'avoir la même importance et d'exciter le même intérêt. Car, il est, pour ainsi dire, mathématiquement démontré que l'abondance des subsistances accroît les populations, et que leur rareté, au contraire, est toujours cause d'un grand dépeuplement. La pomme de terre a presque triplé la population de l'Irlande, et on ne calcule pas sans effroi les funestes effets de l'absence du tubercule américain. On sait aussi que lorsque le poisson, par des causes inexplicables encore, s'éloigne des côtes de Norwège, la population de ce pays décroît, et qu'elle ne se rétablit que lorsqu'il revient. Mais, indépendamment des privations directes que la disette entraîne, elle en occasionne d'autres pour la classe indigente. Les sacrifices que les malheureux sont obligés de faire pour l'achat des vivres devenus plus chers absorbent tous leurs profits, et ils ne peuvent plus se procurer des vêtements, des médicaments, et les autres produits indispensables au maintien de la vie. L'économie politique a reçu la noble mission d'observer les maux de la société et d'y apporter remède. Ce n'est que par elle que les gouvernements pourront désormais éviter aux populations ces effroyables anxiétés, souvent causes de tant d'erreurs et de tant de crimes. Ils se soustrairont ainsi à la responsabilité terrible à laquelle sont toujours soumises les mesures que les circonstances les forcent à prendre dans ces temps de misère et d'irritation.

L'inégalité des saisons et une foule d'autres accidents atmosphériques exercent une très-grande influence sur les résultats des récoltes, qui sont la plupart du temps médiocres ou mauvaises. Dans ces deux derniers cas, cependant, la disette ne se fait sentir que dans un pays de peu d'étendue, puisqu'il n'y a jamais que des récoltes locales qui soient perdues ou détériorées. Les grandes commotions politiques, les guerres souvent insensées et toujours ruineuses qu'elles entraînent, causent des pertes bien plus générales; et, plus d'une fois on a vu la misère, partie d'un théâtre de pillage et de dévastation, répandre ses maux à une distance effrayante. Le manque de certaines voies de communication, le mauvais état de celles qui existent, ne concourent pas moins à l'invasion de ce dangereux fléau. Que dirons-nous des lois monstrueuses et barbares du fisc, qui neutralisent l'heureuse compensation que la sagesse divine a su répandre dans la nature?... Comment qualifier cette législation imprudente et criminelle qui s'étudie à multiplier les pernicieux effets des entraves que rencontre presque partout la libre circulation des grains. Le médecin qui voudrait s'opposer à la libre circulation du sang serait-il plus maladroit?

Les peuples ignorants, il faut le dire, gênent aussi à leur manière la libre circulation des grains. C'est ici le moment d'apprécier à leur juste valeur les reproches adressés aux *accapareurs*, qui spéculent légitimement et avec prudence sur les céréales, comme d'autres font sur les autres marchandises. En achetant à bas prix le grain là où il est abondant pour le transporter aux lieux où il est rare; en portant le pain de chez ceux qui en ont trop à ceux qui en manquent, ces *capitalistes* commettent-ils véritablement un crime? Méritent-ils bien cette flétrissure attachée aux mots d'*accapareurs*, d'*accaparement*, et les peuples qui les poursuivent de leurs fureurs et les massacrent ne sont-ils pas les artisans de leurs souffrances, et n'aggravent-ils pas eux-mêmes le mal qui les tourmente? Adam Smith a raison de soutenir que la fureur du peuple de notre temps contre les accapareurs ressemble exactement à la rage superstitieuse d'une autre époque contre les sorciers. En effet, le spéculateur en blé, l'accapareur, si on veut, ne gagne pas toujours. Quand il a compté sur une hausse qui n'arrive pas, il perd non-seulement sa peine, l'intérêt du capital et la dépense qu'occasionne toujours le soin de cette marchandise, mais encore la différence des prix d'achat à la baisse qui survient. Et puisqu'il évite une perte aux particuliers qu'il a empêchés de se fournir si cher, n'est-il pas juste que dans le cas contraire, il soit en bénéfice, puisqu'il a couru des chances équivalentes? Il est vrai qu'on pourrait citer quelques exemples d'accaparement criminel. On a vu des spéculateurs se réunir pour accaparer en entier les denrées d'une même espèce, entre autres les sucres et les blés, pour s'en réserver le monopole et les revendre ensuite à des prix exorbitants. Mais les citations qu'on pourrait faire sont rares, et on le comprendra sans peine, si on réfléchit que de pareilles tentatives exigent des capitaux immenses. Cependant les populations irritées confondent souvent les négociants honorables avec des agioteurs infâmes, et on se souvient encore avec effroi de l'indignation que soulevait ce mot d'*accapareurs* pendant les jours de détresse qu'eut à traverser la révolution de 93. L'aveuglement fut porté si loin que plus d'un fermier honnête citoyen trouva la mort en amenant des grains sur le marché public. Le *maximum*, que, sous les inspirations du terrible parti montagnard, et dans son zèle aveugle, mais louable, pour le peuple, la Convention voulut établir, contribua beaucoup à augmenter les horreurs de cette épouvantable disette.

Toutes les nations de l'Europe sont en disette permanente de certains produits que les douanes de leur gouvernement s'interceptent les unes aux autres. La France, pour ne parler que de nos plaies, est en disette de fer, de viande, de houille, etc., etc., etc., où bien, les Français sont obligés d'acheter à ceux de leurs compatriotes qui se sont érigés en grands seigneurs de l'industrie tous ces produits beaucoup plus cher que les étrangers ne les leur fourniraient. Les deux tiers de la population sont ainsi réduits à grelotter pendant l'hiver et à se nourrir de la chair malsaine de quelque animal malade qui coûterait trop à nourrir, et ceux d'entre eux qui exercent une industrie ne peuvent se procurer qu'à des prix fort élevés les instruments de travail qui rendent leurs produits trop chers et inaccessibles à la bourse du consommateur. Combien d'autres exemples ne pourrions-nous pas citer? Que d'objets de consommation et de nécessité quotidienne que le fisc renchérit ou repousse avec ses tarifs et ses prohibitions! Heureusement des décrets récents doivent faire changer la face des choses.

On est loin de s'accorder cependant sur les moyens capables d'empêcher le retour des disettes. Pour nous, nous le croyons, avec Adam Smith et son école, désormais impossibles telles que nos aïeux les ont plus d'une fois éprouvées. Déjà la crise de 1816 à 1817 était loin d'avoir l'intensité de celle de 89 à 94. Les découvertes de la science, les progrès de l'industrie, en rendront toujours de plus en plus les effets moins douloureux, et la civilisation et la raison viendront y joindre leur bienfaisante influence. Toutefois, avant de compléter notre opinion, nous allons exposer succinctement les opinions divergentes qui ont été émises sur cette matière. Les uns ont voulu qu'on empêchât par tous les moyens possibles l'exportation, et qu'on favorisât l'importation; les autres, que l'importation seule fût défendue à tout prix. Ceux qui continuent à émettre cette dernière opinion, ou qui ne consentent à l'importation qu'à l'abri de hauts tarifs, parlent toujours au nom de l'agriculture et des agriculteurs, qui seraient menacés d'une ruine complète dans le cas où l'on voudrait introduire dans la loi des dispositions contraires. Ce sont les grands propriétaires qui tiennent ce langage. Ils ont fait la loi et ils la croient bien faite, parce qu'elle leur assure la vente complète de leurs produits au taux qu'ils jugeront convenable de fixer. Adam Smith, Say, et bien d'autres économistes ont bien démontré, par des arguments sans réplique, que les meilleurs moyens de prévenir les disettes et les désastreux effets de celles que des circonstances inévitables pouvaient amener, c'était la disparition de toute entrave, de toute condition à la libre circulation des subsistances. En temps heureux, les cultivateurs français porteront leur superflu chez les voisins; dans les temps de rareté, au contraire, le gain fera affluer chez nous les approvisionnateurs étrangers. Le libre exercice de la profession de marchand de blé concourt à maintenir les prix pendant l'abondance, et à prévenir l'extrême cherté pendant la disette. On ne peut objecter que les cas de guerre générale; mais, outre que ces cas deviennent tous les jours plus rares, l'industrie nationale progresse, et bientôt la nécessité ferait triompher des obstacles, et la France se suffirait à elle-même. La science improvisa du salpêtre et des cuirs pour le triomphe de l'armée révolutionnaire; le génie français sut retrouver la canne à sucre dans nos campagnes, et la véritable agriculture n'a pas encore donné sa démission. Au reste, parce que nous pouvons tomber malades d'un moment à l'autre, est-ce à dire qu'il faille toujours nous tenir au régime ? — Joseph GARNIER.

DISEUR. Ce substantif, fait du verbe *dire*, ne s'emploie guère que dans ces façons de parler : *diseur de bons mots, diseur de nouvelles, diseur de bonne aventure, diseur de sornettes, de bagatelles, de riens.* On dit encore proverbialement : *l'entente est au diseur,* pour dire que celui qui parle entend bien ce qu'il veut dire, et qu'il y a sous son discours quelque chose de caché que lui seul entend. Enfin, on appelle un *beau diseur,* un *beau parleur,* un homme qui affecte de bien dire, de bien parler, qui s'écoute parler, qui calcule l'effet de ses paroles, et met de la prétention dans tout ce qu'il dit. Le *beau diseur* est cousin du *bel-esprit.* Saint-Évremont a dit :

> Le bon sens de l'esprit est le guide fidèle;
> Lui seul peut le conduire, et sait le ménager.
> Un *bel esprit,* si j'en sais bien juger,
> Est un *diseur de bagatelle.*

Et Molière :

> . . . . Non, je ne puis souffrir
> Ces obligeants *diseurs* d'inutiles paroles.

Ceux-ci ne sont souvent que ridicules ; les *diseurs de bons mots* sont parfois dangereux : « Diseurs de bons mots, dit La Bruyère, mauvais caractère ; je le dirais s'il n'avait été dit. Ceux qui nuisent à la réputation ou à la fortune des autres plutôt que de perdre un *bon mot* méritent une peine infamante : cela n'a pas été dit, et je l'ose dire. »
— Edme HÉREAU.

DISGRÂCE. Ce mot emporte avec lui la négation de la plupart des avantages exprimés par le mot *grâce*, considéré surtout comme synonyme 1° d'attrait, charme, perfection du corps ou de l'esprit ; 2° de faveur du prince, de la cour, d'une personne aimée ou révérée ; 3° de don de la fortune, de la nature ou de Dieu, qui contribue à notre bonheur, à notre bien-être. On dit qu'un homme est *disgracié de la nature,* soit lorsqu'il a quelque chose de difforme dans les traits de la figure, dans la conformation de la taille ou des membres, soit lorsqu'il est privé de ces facultés de l'esprit qui sont nécessaires au commerce de la vie et indispensables même au commun des hommes ; de là l'expression de *disgracieux,* synonyme de *désagréable.* En effet, l'attrait de la beauté est si généralement senti que les personnes qui en sont privées, qui sont *disgraciées de la nature,* sont pour les autres un objet de répulsion. Et quand nous disons la *beauté,* nous entendons ce mot dans son acception entière, dans le sens moral aussi bien que dans le sens physique, car, si le premier coup d'œil, si la première impression, est défavorable aux personnes privées des dons physiques de la nature, elles réussissent quelquefois par les qualités du cœur et de l'esprit à nous faire revenir de cette première impression, et même à nous captiver plus fortement que des belles personnes. Il y a plus : la *grâce* est quelquefois tellement distincte de la *beauté,* qu'il est des personnes à qui quelques défauts siéent bien, tandis que d'autres paraissent *disgraciées* et sont réellement *disgracieuses* avec de belles qualités. Il y aurait lieu, de la part des personnes *disgraciées de la nature,* à se plaindre de la fortune et du sort, qui les ont jetées ainsi dans la société pour être un objet de haine et de répulsion, et pour subir les inconvénients d'un état auquel elles n'ont contribué en rien par leur défaut ; mais les voies de la Providence sont tellement grandes, qu'il y aurait témérité à lui faire un reproche d'une imperfection, d'une injustice, souvent plus apparentes que réelles. D'ailleurs, il est peu de personnes complètement *disgraciées de la nature,*

et celles auxquelles les perfections physiques ont été refusées en sont quelquefois amplement dédommagées par les perfections de l'esprit et par les belles qualités du cœur.

Dans toutes ces acceptions, on se sert plus habituellement du qualificatif *disgracié* que du substantif *disgrâce,* que le *Dictionnaire de l'Académie* définit : « Mauvaise grâce dans le maintien, la démarche, la manière de parler. » Quant à la *disgrâce,* envisagée comme perte de la faveur et des bonnes grâces du souverain, ses effets sont d'autant plus à craindre qu'on y attache plus de prix. Hors du cercle de la cour, son influence n'est guère appréciable ; mais là, c'est tout autre chose, et, comme l'a dit La Bruyère, « La faveur y met l'homme au-dessus de ses égaux, et sa chute au-dessous. » Un autre effet de la *disgrâce,* qui peut servir en quelque sorte de compensation à celui qui l'éprouve, c'est qu'elle éteint les haines et les jalousies. « Celui là peut bien faire, dit le même moraliste, qui ne nous aigrit plus par une grande faveur ; il n'y a aucun mérite, il n'y a sorte de vertus qu'on ne lui pardonne ; il serait un héros impunément. Cependant, d'autre part, rien n'est bien d'un homme *disgracié* : vertu, mérite, tout est dédaigné, ou mal expliqué, ou imputé à vice ; qu'il ait un grand cœur, qu'il ne craigne ni le fer, ni le feu, qu'il aille d'aussi bonne grâce à l'ennemi que Bayard et Montrevel, c'est un bravache, on en plaisante ; il n'a plus de quoi être un héros. Je me contredis, il est vrai, mais accusez-en les hommes, dont je ne fais que rapporter les jugements. » La contradiction ici n'est qu'apparente ; il y a plus de suite et de logique qu'on ne le croirait d'abord dans ces jugements portés sur la *disgrâce* ; c'est bien à son double effet sur ceux qui en sont témoins : si elle débarrasse les uns d'un rival, d'un concurrent heureux ou redouté, aux yeux de ceux qui pouvaient fonder sur sa fortune l'espoir d'une protection utile, elle le dépouille non-seulement de tout le mérite qu'ils supposaient au favori, mais encore de celui qu'il peut avoir et qui désormais n'est plus propre à rien pour les autres, puisqu'il n'a pu servir à le soutenir lui-même.

Ce qui doit le plus étonner dans les mœurs de la *cour* et les tribulations du *courtisan,* c'est de voir des hommes d'un véritable mérite à venir disputer, avec tout ce qu'elle peut renfermer de gens oisifs ou corrompus, un coup d'œil du maître qui règne en despote sur ce troupeau d'esclaves ; c'est de voir, par exemple, le grand Racine mourir de chagrin par la seule appréhension d'une disgrâce à laquelle il pouvait trouver tant de dédommagement dans le libre exercice de son génie. Peu de gens de lettres, nous voulons parler de ces véritables gens de lettres qui comprennent toute la grandeur de leur mission, sont tombés toutefois dans de semblables faiblesses ; et, comme ils ne s'exposent point à la disgrâce, c'est auprès d'eux aussi qu'on peut trouver contre elle les consolations les plus réelles et les plus actives. « A la *disgrâce* du surintendant F o u q u e t, dit Duclos, les gens de lettres lui restèrent courageusement attachés. La F o n t a i n e, P é l i s s o n et Mlle de S c u d é r i allèrent jusqu'à s'exposer au ressentiment du roi et même de ses ministres. » La *disgrâce* a, du reste, souvent quelque chose de bon en soi ; elle sauve d'un trop grand amour de soi-même, d'une trop grande confiance en ses propres forces, et d'un aveuglement fatal à ses propres intérêts ; elle rend meilleur et plus indulgent pour les fautes d'autrui, plus sensible aux maux de ses semblables, et, par l'utile retour qu'elle fait faire sur soi-même, prépare à tirer un meilleur profit de celui de la fortune. Et ceci, nous le disons de toute *disgrâce* en général, de la *disgrâce* considérée comme synonyme d'accident fortuit et imprévu, d'infortune causée par la main des hommes ou par celle du sort, et à laquelle nous sommes tous tenus également de nous soumettre. « La véritable misère, a dit Maucroix, est de tomber dans la *disgrâce* du Dieu vivant. » Aux autres il ne faut pas ajouter trop d'importance.

« Les hommes, ajoute encore La Bruyère, que nous ne

saurions trop citer, semblent être nés pour l'infortune, la douleur et la pauvreté; peu en échappent; et, comme *toute disgrâce* peut leur arriver, ils devraient être préparés à toute disgrâce. »
Edme Héreau.

DISJONCTION (*Rhétorique*), figure de mots qui consiste à supprimer les particules copulatives, de telle sorte que les membres semblables ne soient plus liés que par leur rapprochement. Elle supprime aussi les transitions jugées ordinairement nécessaires entre les parties d'un dialogue, suppression qui a pour objet d'en rendre l'exposition plus vive. Dans les deux cas, la disjonction donne plus de rapidité au discours. Elle convient particulièrement au langage des passions fortes et profondes. Les maîtres de notre scène en offrent de fréquents exemples. Racine en fournit un beau modèle dans *Andromaque* : Hermione, exaspérée de la mort de Pyrrhus, s'emporte contre Oreste, qui n'a fait qu'exécuter son ordre, et lui dit :

Adieu, tu peux partir; je demeure en Épire :
Je renonce à la Grèce, à Sparte, à son empire,
A toute ma famille..........

Quant au second rôle de la *disjonction*, on en voit d'admirables exemples dans les fables de la Fontaine, notamment dans celle du *Bœuf et de la Grenouille*. Rien n'est comparable à la vivacité pressante produite dans le dialogue de ces deux animaux par l'effet de la disjonction mise en œuvre par le génie.
Champagnac.

DISJONCTION (*Droit*). On désigne sous ce nom la séparation de deux ou de plusieurs causes, instances, procès ou chefs de conclusions.

En matière civile, le principe de la disjonction a été admis par le législateur. Il y a lieu de prononcer la disjonction lorsque l'une des causes est disposée à recevoir jugement, tandis que l'autre n'est point encore suffisamment instruite. En matière de garantie, il n'y a aucune distinction à établir entre la garantie simple et la garantie formelle pour savoir si la disjonction peut être ordonnée. La disjonction s'obtient à l'audience sur requête ou par un simple acte de conclusions. Elle ne doit pas être prononcée d'office; mais le tribunal ne saurait la refuser, lorsqu'elle est requise et qu'en effet l'une des causes est en état. Le jugement qui intervient prend le nom de sentence ou arrêt *disjonctif*. Le même jugement doit statuer sur la disjonction et sur la cause qui est en état.

En matière criminelle, les accusés d'un même fait ne peuvent être séparés, parce que, comme il s'agit d'un crime unique, tout est commun, moyens de conviction, moyens de défense, moyens de jugement et que la société est intéressée à ce qu'il y ait unité dans la chose jugée. Ce principe ne fléchit pas même devant la considération que tous les prévenus d'un délit commun ne ressortiraient pas à la même juridiction. Ainsi la loi du 22 messidor an IV dispose que lorsque parmi prévenus d'un même délit il y a un ou plusieurs individus militaires et un ou plusieurs individus non militaires, la connaissance du délit appartient aux juges ordinaires.

Après le verdict rendu en 1836 par le jury de Strasbourg qui prononça l'acquittement des coaccusés de Louis-Napoléon Bonaparte, le colonel Vaudrey et consorts, malgré leurs propres aveux, — verdict qui porta une atteinte si grave à la discipline militaire, le gouvernement, voulant prévenir le retour de ces dénis de justice, présenta, le 24 janvier 1837 à la chambre des députés un projet de loi qui dérogeait au droit établi et attribuait la connaissance des crimes politiques reprochés à des militaires aux tribunaux militaires, et laissait aux juges ordinaires la juridiction sur les accusés des mêmes faits, appartenant à l'ordre civil. Cette séparation d'une même affaire en deux juridictions souleva les plus vifs débats au sein de la chambre; les grands orateurs et les jurisconsultes éminents qu'elle possédait y prirent une part importante; M. de Salvandy avait été le rapporteur du projet de loi; enfin après plusieurs jours de discussion, (séance du 7 mars 1837) la loi fut rejetée par 211 voix contre 209. Le rejet de la *loi de disjonction* fut regardé comme un événement politique, et, de fait, c'en était un ; mais le principal vice de la loi consistait dans l'impossibilité pratique de l'appliquer, dans la collision qui en serait résultée entre les deux juridictions, dans l'affaiblissement de l'autorité, etc., etc.

DISJONCTIVE. En termes de grammaire, on a donné ce nom à des *conjonctions* ou *particules* qui joignent ensemble les membres d'un discours; mais, pour faire distinguer les parties auxquelles elles servent de liaison, comme *ou*, *soit*, *ni*, on les a divisées en *alternatives*, *partitives* ou *distributives*, etc., jargon scolastique auquel nous ne nous arrêterons pas, parce qu'il n'est propre qu'à embarrasser, embrouiller la mémoire, sans rien laisser de positif dans l'esprit. On demande souvent si, quand plusieurs substantifs sont liés par des particules disjonctives, le verbe qui suit doit prendre le singulier ou le pluriel, et s'il faut dire, par exemple : la violence ou la trahison *sera-t-elle* employée pour le livrer à son ennemi, *ou seront-elles?* On conçoit bien que la disjonctive, dans ce cas, est exclusive de l'un des deux termes, et que ce n'est que l'une ou l'autre qui sera employée. On ne saurait néanmoins trop dire pourquoi l'oreille n'est pas plus choquée de la seconde manière de parler que de la première. Patru prétend qu'elles peuvent être admises toutes deux, et même qu'il faut dire : Si Titus ou Marius *étaient* à Paris, et non pas *était*. La honte, ou l'occasion, ou l'exemple, leur *donneront* un meilleur avis et non *donnera*. C'est toujours, dit-il, à l'oreille qu'il faut s'en rapporter. Il est au moins certain que cette difficulté, si on peut l'élever pour les disjonctives *ou* et *soit*, ne saurait exister pour la particule *ni*, dont le mode d'action sur les mots auxquels elle sert de liaison, est tout différent. *L'amour et la gloire*, *l'amour ni la gloire*, placés devant un verbe doivent y jouir des mêmes propriétés. La seule différence entre les propositions qui peuvent en résulter, est que l'une est affirmative et l'autre négative.

On appelle *proposition disjonctive* celle qui est composée de deux membres liés par une particule disjonctive. On nomme, par suite, *syllogisme disjonctif* celui où la majeure est séparée en deux ou plusieurs membres par le genre de conjonction dont nous parlons, exemple : « Nous sommes au printemps, ou en été, ou en automne, ou en hiver : Mais nous ne sommes ni au printemps, ni en été, ni en automne; Donc nous sommes en hiver. » Il suit de la définition d'un dilemme que la première proposition est toujours disjonctive.
Billot.

DISLOCATION, DISLOQUER. La dislocation, en général, est le déboîtement, la luxation d'un os. *Disloquer* c'est démettre, déboîter ; il se dit en parlant des pièces d'une machine, ou des sorties de leur place. *Dislocation*, dans le langage des tacticiens, exprime l'action de rompre un tout par parties. On *disloque* une armée en renvoyant les divers régiments qui la composaient dans leurs garnisons respectives. De même, des régiments, des bataillons, sont *disloqués* quand on les divise par compagnies pour les diriger dans ses cantonnements. Un régiment, après être entré en bon ordre dans une ville, se trouve *disloqué* par l'effet de la distribution des billets de logement. Enfin, la plus grande *dislocation* qu'une armée puisse subir, c'est le licenciement général, ainsi qu'il fut effectué en 1815, après le désastre de Waterloo.

DISPARATE. Ce mot se prend pour le contraire d'unité, d'harmonie. Il exprime un écart, une inégalité, un manque de suite dans les paroles, les pensées, les actions, etc.; c'est du moins ainsi que le définissent tous les dictionnaires. Mais cette définition laisse à désirer. *Disparate*, semblant destiné à exprimer le plus grand désaccord possible entre des objets ou les parties d'un même objet, sa définition devrait, pour être juste, renfermer cette idée comme étant attribut principal ; et cet état de choses étant le plus contraire possible à celui qu'observe la nature dans la formation du beau, une disparate devrait être toujours choquante. Il y aurait ainsi *disparate* dans les discours d'un homme qui s'interromprait brusquement au milieu d'une phrase sur l'antiquité de Rome, pour parler d'un tout autre sujet. Il y aurait *disparate* dans les parties constituant un être moitié homme, moitié cheval, mais un homme et un cheval, un âne et un chien, ne seraient nullement des *êtres disparates*. Dans ce système, le mot *différence* serait comme un *genre*, dont *disparate* et ce qu'on peut appeler ses synonymes seraient des *espèces* : tels sont les mots *disproportion*, *dissemblance*, *inégalité*, etc., exprimant tous des *différences* ou des *degrés de différence* entre les objets comparés. La définition de ces derniers en serait beaucoup plus facile : ainsi, *disproportion* ne s'appliquerait qu'aux parties mal ordonnées d'un même tout (il y a disproportion entre la tête de cet homme et le reste du corps), ou à des objets de même forme, des qualités ou propriétés de même espèce, comparées une à une, comme il y a une grande disproportion pour la taille entre un nain et un géant, entre la force de ces deux armées, le mérite de ces deux hommes, etc. *Dissemblance* ne devrait aussi s'appliquer qu'à des objets de même forme, de même nature, mais dont on comparerait à la fois tout l'ensemble, ou du moins une réunion de plusieurs qualités ou propriétés : ces deux jumeaux sont bien *dissemblables* ; être *dissemblable* à soi-même ; deux caractères *dissemblables*. Le mot *inégalité* semblerait d'abord ne devoir s'affecter qu'à l'ordre matériel des choses. Mais, puisqu'on le fait servir de terme de comparaison pour les êtres métaphysiques, il pourrait, dans ce cas, n'exprimer qu'un premier degré de l'état de choses que nous avons nommé *disparate* ; et il y a en effet une grande lacune à remplir entre l'ordre sain ou normal des choses et celui auquel on donne le nom de disparate, etc. On a si bien senti la nécessité de cette fixité de sens attaché aux mots, que plusieurs dictionnaires ont répété, d'après l'*Encyclopédie*, qu'il pouvait y avoir des inégalités sans disparate, mais pas de disparates sans inégalités.

Disparat, *disparate* s'emploie aussi comme adjectif pour désigner des choses qui n'ont entre elles nulle liaison, nul rapport.   Billot.

DISPARITÉ, défaut de suite, d'harmonie, entre des choses que l'on compare. Il doit s'entendre de l'absence la plus complète possible de rapports entre les objets comparés.

DISPARITION. Quand une personne disparaît et que sa disparition ne peut être attribuée à aucune cause déterminée, il y a lieu de suivre les diverses procédures relatives à l'absence. Lorsqu'elle est, au contraire, le résultat d'un dérangement notoire d'affaires, si la personne disparue était dans le commerce, elle est déclarée en faillite ; si elle n'était point commerçante, elle tombe en déconfiture, et il est de cette sorte suffisamment pourvu à tous les intérêts, sans qu'on ait besoin de recourir aux règles établies pour l'absence. Si des indices font soupçonner que la disparition d'une personne est le résultat d'un crime, des devoirs particuliers incombent au ministère public.

DISPENSAIRE. On donne ce nom à une espèce de *codex* ou recueil de formules employées dans le traitement des maladies et spécialement destiné à quelque hôpital ou autre établissement sanitaire. Cette dénomination s'applique également à l'établissement lui-même où viennent se faire traiter les malades. Il y a particulièrement en Angleterre plusieurs établissements de cette nature consacrés au traitement de certaines classes de maladies, comme celles de la peau, des yeux, etc., etc.

A Paris, on compte six dispensaires créés par la société philanthropique et destinés au traitement de toutes les maladies ; les malades sont admis dans ces établissements avec la recommandation des souscripteurs de cette société ; ils y sont traités gratuitement par les médecins attachés à chaque établissement, et quand les malades ne peuvent pas se transporter aux consultations, qui ont lieu deux fois par semaine, ils sont soignés dans leur domicile, et y reçoivent tous les médicaments prescrits, que les pharmaciens attachés aux dispensaires délivrent gratis,au malade sur le vu de l'ordonnance signée du médecin chargé de ce malade. Grâce à la nouvelle organisation des secours à domicile, ces établissements doivent devenir plus nombreux à Paris, et ce sera un grand avantage pour cette ville, où la population malaisée est aussi considérable que la population indigente. Les dispensaires en effet tiennent lieu des hôpitaux à un grand nombre d'individus que des malheurs passagers privent de ressources assez considérables pour se faire traiter chez eux, mais qui peuvent néanmoins y recevoir les soins les plus urgents de leur famille. De cette manière, ils ne quittent point leur domicile; les liens de famille ne souffrent point de l'absence, et le malade n'est point affligé du triste spectacle des autres malades qui succombent sous ses yeux ; les soins plus affectueux qu'il reçoit chez lui hâtent sa convalescence et réparent plus promptement ses forces, etc. Considérés sous un autre point de vue, les dispensaires diminuent de beaucoup les dépenses des hôpitaux, puisqu'on y traite des malades qui, sans ce genre de secours, seraient obligés d'aller chercher un refuge dans les établissements de charité.

Il existe en outre près la préfecture de police de Paris un établissement qui a pareillement reçu le nom de *dispensaire* ; il a pour objet de surveiller la santé des filles publiques, qui sont obligées de s'y faire examiner périodiquement par des médecins.   Dr Bricheteau.

DISPENSE. On nomme ainsi l'acte par lequel on apporte en faveur de quelqu'un une exception à la rigueur du droit. C'est un attribut de la puissance souveraine, car celui-là seul peut déroger à la loi qui fait la loi. On appelle *dispense d'âge* l'autorisation que la loi permet au gouvernement d'accorder à l'homme ou à la femme pour contracter mariage avant l'âge déterminé. Le gouvernement peut encore, pour des causes graves, dispenser de la loi commune l'oncle et la nièce, la tante et le neveu, et lever la prohibition légale qui les empêche de s'unir en mariage ; il peut aussi dispenser de la seconde des publications qui doivent précéder la célébration du mariage.

Il y a d'autres *dispenses d'âge* : ce sont celles que l'administration accorde aux candidats qui n'ont pas encore atteint l'âge prescrit pour remplir certains offices, recevoir certains grades.

Des dispenses sont nécessaires pour siéger dans une même cour ou dans un tribunal composé de huit juges et plus, à ceux qui sont parents ou alliés jusqu'au degré d'oncle et de neveu inclusivement, quand même la parenté ou l'alliance ne serait survenue qu'après leur nomination. En matière ecclésiastique on appelle *dispense* l'autorisation accordée par l'autorité compétente à des particuliers de ne point obéir à une loi ecclésiastique. Le pape s'est réservé l'octroi des dispenses dans les cas majeurs ; les évêques en jouissent également en certains cas. On n'accorde ordinairement de dispenses qu'à des particuliers sur leurs demandes ; cependant il y a d'assez nombreux exemples de dispenses accordées à une nation, à une masse d'individus. Pour la célébration du mariage, il faut souvent solliciter en cour de Rome les dispenses nécessaires pour lever les empêchements sans nombre que les anciens canons s'étaient plus à multiplier. L'évêque peut donner des dispenses pour le mariage dans des temps prohibés ou sans que les bans voulus aient été publiés. D'autres dispenses sont nécessaires pour l'inobservation des règles du jeûne et de l'abstinence imposées aux catholiques. L'évêque les accorde en général et le prêtre en particulier, ordinairement à charge d'aumônes. Tous les ans ces règles se relâchent au carême, et aussi dans les temps de calamité. Un évêque en fit un cadeau de bienvenue à un prince qui visitait sa ville épiscopale, dans la crainte de voir trop de transgressions au sixième commandement de l'église.

Dans les pays protestants, c'est au souverain qu'appartient le droit de dispense, s'il est protestant lui même ; et, s'il ne l'est pas, c'est à l'autorité par lui déléguée ; mais toutes les décisions de cette nature ne sont rendues qu'au nom du pouvoir souverain.

DISPERSION, DISPERSER (du latin *dispergere*, dont le simple est *spargere*, dérivé du grec διασπορα, dont la racine est πορα, je sème, je répands). Ces mots s'entendent, au propre comme au figuré, de l'action de répandre, en tous sens et à des distances plus ou moins éloignées, des parties dont l'assemblage formait un tout complet. Ils s'appliquent également aux personnes et aux choses, s'entendant plus particulièrement de ces dernières, dans le sens de répandre, jeter çà et là, avec quelque profusion, sans ordre et sans choix : *disperser de l'argent, des présents*, etc. Ils prennent aussi quelquefois l'acception de perte : c'est ainsi, par exemple, qu'opère la *dispersion des forces*, lorsqu'elle n'est pas le résultat d'un calcul, d'une détermination raisonnée. Employés avec les personnes, ils sont quelquefois synonymes des verbes *distribuer, séparer*, et des substantifs *séparation, distribution* : c'est ainsi qu'un général disperse des troupes, des soldats en divers lieux, soit pour leur faire prendre des cantonnements et rendre leur entretien moins à charge au pays, soit pour cacher le secret de ses forces et mieux tromper l'ennemi. Mais plus communément ils s'entendent de l'action de mettre les personnes en fuite, en désordre. L'Écriture dit, dans ce sens : « Je frapperai le pasteur, et les brebis seront *dispersées*. » Racine fait dire par Mithridate à Xipharès :

Tant de Romains sans vie en cent lieux *dispersés*
Suffisent à ma cendre et l'honorent assez.

Le mot *dispersion* marque à la fois l'action de *disperser* et ses effets : ainsi, la dispersion est une des peines dont Dieu menaça et punit les Juifs ; elle avait été prédite par les prophètes et par Jésus-Christ, et ils furent *dispersés* après la destruction du temple.   Edme Héreau.

DISPERSION (*Optique*). Quand un rayon de lumière traverse un prisme de matière transparente, il se réfracte, se divise en sept rayons principaux (*voyez* Spectre solaire). Ces rayons, à leur sortie du prisme, forment une sorte d'éventail, dont la largeur est comprise entre le rayon rouge et le rayon violet. Cet écartement des rayons entre eux s'appelle *dispersion*.

DISPONIBILITÉ. C'est en France la situation spéciale d'un officier qui, appartenant au cadre constitutif de l'armée, se trouve momentanément sans emploi. Cette situation n'est qu'une modification de l'état d'activité, et, sauf une réduction dans le traitement, elle ne suspend aucun des droits ni des avantages. L'officier en disponibilité ne cesse pas d'être sous les ordres et à la disposition du ministre de la guerre. Il ne peut résider hors de la France sans l'autorisation du gouvernement, et est soumis à des règlements particuliers en ce qui touche la discipline et la police militaire. La solde de disponibilité, comme celle d'activité, réglée suivant des tarifs approuvés par le chef de l'État.

Lorsque l'armée française eut été licenciée en 1815, puis reconstituée sur des bases infiniment moins larges, le nombre des *officiers en disponibilité*, improprement dits *à demi-solde*, devint considérable dans tous les départements, et forma bientôt un noyau redoutable de mécontents, hostile d'abord aux troupes alliées formant le corps d'occupation, puis au gouvernement de la Restauration lui-même. Dans leurs rangs les ventes de carbonari recrutaient fréquemment des adeptes, et les complots, des hommes d'action.

Quoique leur cadre fût bien restreint et que beaucoup eussent repris leur position dans l'armée, ou s'en fussent éloignés à jamais par des démissions volontaires, on en vit un grand nombre reparaître, ardents au combat pour la liberté, quand éclata la révolution de 1830. Malgré une longue interruption de service actif, tous ceux qui, dans les premières années du règne de Louis-Philippe, voulurent se rallier à leur vieux drapeau, furent accueillis sans difficulté par le nouveau gouvernement.

En France, de nos jours, on compte fort peu d'*officiers en disponibilité*. C'est une peine légère et temporaire imposée à ceux qui ne méritent pas par leur conduite qu'on les force à donner leur démission.

DISPONIBLE (Quotité). *Voyez* Quotité disponible.

DISPOS. Ce qualificatif est synonyme des mots *agile, léger*. C'est un de ces termes vagues, à trois ou quatre synonymes, et d'une définition trop incomplète pour en justifier l'usage, à plus forte raison l'étrangeté. Chez nous, en effet, avec un grand nombre de mots pour exprimer incomplètement les mêmes idées, il n'en existe pas souvent pour rendre d'autres idées non moins et souvent plus essentielles. Ainsi, nous n'en avons point pour exprimer cette espèce de mieux, de bien-être, qui ne va cependant pas jusqu'à la joie, et nous surprend quelquefois sans cause apparente au milieu des contrariétés de la vie ; état assez ordinaire aux convalescents qui recouvrent la santé, et dont la cause chez ceux qui l'éprouvent tient ordinairement à un exercice bien régulier de toutes les fonctions, ou à de certaines dispositions morales dont on se rendrait difficilement compte. C'est ce mode d'être qu'on paraît avoir voulu rendre d'abord par *dispos*, qui vient évidemment de *disposé*, bien ou mal *disposé*. Mais ce dernier terme, qui pourrait quelquefois s'appliquer à un commencement d'état maladif, sert mieux à exprimer les intentions dans lesquelles un homme peut se trouver par rapport à un autre, ou par rapport à une chose quelconque ; ainsi l'on dirait : cet homme, quoique à la légèreté, se matin, n'est pas *disposé* à sortir. L'agilité, la légèreté, seraient ordinairement chez un homme bien constitué l'effet de l'état qu'on appellerait *dispos*, mais ne lui seraient nullement indispensables, loin de le caractériser, puisqu'un homme privé de l'un de ses deux membres inférieurs pourrait très-bien être plus ou moins dispos. Quand on dit d'un vieillard qu'il est *gaillard et dispos*, qu'on ne peut être plus *dispos* pour son âge, on rentre dans notre définition, et c'est le seul cas où l'instinct du peuple, qui ne le trompe pas, lui fasse employer ce mot. Il veut dire que le vieillard étranger aux accidents de son âge éprouve cette apparence de vigueur, de contentement, de gaieté, si rare dans la morose vieillesse, et qui résulte le plus souvent de la nature du régime et d'une harmonie parfaite dans toutes les fonctions.   Billot.

DISPOSITIF. On appelle ainsi la partie de l'arrêt, ou du jugement qui contient la décision et qui est précédée des motifs déduits par le juge. Les motifs peuvent être erronés et incomplets, sans que le dispositif en reçoive la moindre atteinte. Le dispositif doit être écrit sur la feuille d'audience, tel qu'il a été prononcé, et signé par le président et le greffier dans les vingt-quatre heures. Une fois qu'il a été signé, il est hors des attributions du tribunal ou de la cour qui l'a rendu et il n'est plus possible d'y rien changer.

DISPOSITION. L'innombrable multiplicité des êtres naturels ou créés par notre activité intellectuelle ne saurait être conçue sans l'ordre qui préside à leur existence harmonique. Cet ordre, cet arrangement dans les parties d'un tout quelconque, envisagé dans l'état statique ou dynamique, est exactement exprimé par le mot *disposition*, qui marque la *position* combinée de différentes parties ou de divers objets qui doivent concourir au même but. Roubaud nous fait connaître l'emploi fréquent de ce nom uni à ses deux synonymes *situation* et *position*, dans les locutions suivantes : « On est dans une *situation* quelconque; on prend une *position* particulière pour dormir à l'aise; notre corps est, pour cet effet, dans une bonne ou mauvaise *disposition*. — Une armée est dans telle ou telle *situation*, selon les circonstances, et selon les rapports sous lesquels on la considère : elle cherche, elle choisit une *position* pour attaquer ou pour n'être point attaquée; elle est dans la *disposition* de se battre, elle fait pour cela ses *dispositions*. — On est dans une *situation* très-gênée quant à la fortune : on n'est pas dans une *position* à faire du bien aux autres; on est en vain dans la *disposition* d'esprit et de cœur de leur en faire. — Une maison est dans une *situation*, eu égard à ce qui l'environne; elle est dans telle *position*, eu égard à son *exposition*; elle a une telle *disposition*, eu égard à la distribution des parties qui la *composent*. » On dit usuellement : *disposition* des lieux, des troupes, de la bataille, d'un discours, etc.

Ce mot reçoit encore les acceptions suivantes : 1° action par laquelle on *dispose* de quelque chose, ou l'effet qui résulte de cette action : *disposition testamentaire*; 2° pouvoir de *disposer* : cela est ou n'est pas en ma *disposition*; 3° aptitude : *disposition* à ou pour tel art, telle science; 4° inclination, tendance : on a plus ou moins de *disposition* au bien ou au mal; 5° sentiments où l'on est à l'égard de quelqu'un : on a ou l'on n'a pas de très-bonnes *dispositions*, on est dans une *disposition* plus ou moins favorable pour telle personne; 6° dessein, résolution, intention : on est dans la *disposition* d'entreprendre ou de faire telle chose; 7° état de santé, être en bonne ou en mauvaise *disposition*, se porter bien ou mal.
L. LAURENT.

DISPOSITION (*Rhétorique*). C'est l'arrangement des parties du discours : elle consiste à mettre dans un ordre convenable les moyens de persuader fournis par l'invention. Il ne suffit pas d'avoir trouvé les choses qu'on doit dire, il faut encore établir entre elles l'ordre le plus naturel, le plus propre à les faire valoir, et en faire un ensemble régulier et méthodique. L'ordonnance du discours est de deux sortes : la première met à la place qui leur est indiquée par la nature, ou par la circonstance, l'exorde, la proposition la confirmation etc.; elle appartient plus spécialement aux *discours* proprement dits, à l'éloquence parlée. La seconde ordonnance, plus générale et plus fixe, exprime l'arrangement qu'ont entre elles les principales idées, les preuves essentielles. C'est cet ordre qu'on entend quand on parle du plan d'un discours; car, lorsqu'on demande quel plan tel orateur ou tel écrivain a suivi, on ne veut pas savoir s'il a fait un exorde, une confirmation, une péroraison; mais s'il a divisé la matière en plusieurs points; quels sont ces points? quel est celui qu'il a traité le premier, le second, etc.?

Cet ordre ne se dit pas seulement des discours, mais de tous les genres d'ouvrage. Pour peu qu'un sujet soit vaste ou compliqué, il est rare qu'on puisse l'embrasser d'un coup d'œil dans toute son étendue et saisir d'un seul et premier effort la filière de tous ses rapports; il faut avoir recours à la méthode; elle en fait la clarté; elle règle les mouvements du style et prévient les écarts de l'imagination. C'est faute de plan, c'est pour n'avoir pas assez mûrement réfléchi sur son objet, qu'un écrivain se trouve embarrassé et ne sait par où commencer à écrire. Il aperçoit, à la fois, un grand nombre d'idées; mais, comme il ne les a, ni comprises, ni subordonnées, rien ne le détermine à préférer les unes aux autres; il s'égare et s'abandonne au hasard. Mais, lorsqu'il aura médité son sujet, distingué et mis en ordre les preuves essentielles et les idées générales qui doivent lui servir de base, lorsqu'il se sera fait un plan, ses idées se succéderont sans peine, et son style sera naturel et facile. Cette distinction intelligente des matériaux du discours est peut-être la tâche la plus pénible de l'écrivain, et pourtant, il n'est guère possible de lui appliquer des préceptes positifs qui prévoient toutes les circonstances. C'est à l'écrivain ou à l'orateur à considérer, à cet égard, et le sujet qu'il traite, et la position où il se trouve, et le but qu'il se propose.

Dans la première manière d'ordonner le discours, le bon sens naturel avertit de ne pas entrer brusquement en matière, mais d'y préparer les esprits; d'exposer ensuite la chose dont il s'agit; puis, de la prouver en développant ses raisons; et enfin de conclure. Il suit de là qu'un discours contient le plus ordinairement un exorde, une proposition, une confirmation, et une péroraison. Les rhéteurs ont ajouté, pour certains sujets, la narration et la réfutation; mais dans le discours proprement dit, elles se confondent souvent, l'une avec la proposition qu'elle sert à développer, l'autre, avec la confirmation qui est spécialement destinée à faire valoir les bonnes raisons et, conséquemment aussi, à renverser les mauvaises.

Sans doute, chacune de ces parties ne se place pas toujours invariablement dans l'ordre que nous venons d'indiquer; elles n'entrent pas même nécessairement dans toute espèce de discours. C'est encore ici le cas de demander avis aux circonstances : elles sont l'*ultimatum* de l'art. Tantôt l'orateur aborde son sujet directement et sans introduction; tantôt il n'emploie ni exposition, ni division, et se contente de poser la question; tantôt il commence par réfuter les raisons de son adversaire; tantôt, enfin, il termine par une conclusion simple et précise.
Auguste HUSSON.

DISPOSITION (*Beaux-arts*). Une des parties essentielles de la composition d'un tableau ou d'un bas-relief, c'est l'art de placer les figures convenablement entre elles, et aussi de leur donner une pose qui offre quelques contrastes, sans jamais sortir de la grâce, et par conséquent sans rien offrir de disparate aux yeux du spectateur. Montabert, dans son *Traité de la Peinture*, regarde comme ridicules les anciens principes de l'école, qui consistaient à dire : « Aucun membre ne doit former un angle droit, et il ne faut pas que deux membres soient parallèles entre eux. Une main ne doit jamais se trouver exactement vis-à-vis de l'autre, et c'est mal faire que de mettre deux extrémités sur une ligne perpendiculaire ou horizontale. Il faut observer qu'aucune extrémité, soit tête, main ou pied, ne puisse former une figure régulière, comme triangle, carré, pentagone; que jamais il n'y ait une égale distance entre deux membres, ni que les deux bras ou les deux jambes d'une figure se trouvent dans le même raccourci; et enfin qu'il n'y ait aucune répétition dans la disposition des membres. Si, par exemple, on fait voir la partie de dessus de la main droite, il faut qu'on montre la paume de la main gauche. Toutes les fois que vous employez beaucoup de figures ou que vous vous réduisez à un petit nombre, qu'une partie du tableau se trouve pas vide, dépeuplée ou froide, tandis que l'autre, enrichie d'objets, offre un champ trop rempli; mais faites que toute votre ordonnance convienne tellement que si quelque corps s'élève dans un endroit, quelqu'autre le balance, en sorte que votre composition présente un juste équilibre dans ses différentes parties. Chaque groupe doit former une pyramide, et il faut en même temps que son relief ait, autant que possible, une forme ronde. »

Cet auteur pense qu'au lieu de s'étendre à l'infini en règles pour chacune desquelles souvent on trouve avec raison des exceptions, il n'y a qu'un seul et unique principe à émettre, c'est l'unité dans les lignes, les masses et les directions. Sans doute il a raison, mais il est bon pourtant de donner quelques détails pour faire comprendre que l'unité se trouverait rompue par la parité de deux mouvements, par un mouvement trop marquant dans une figure, et qui romprait la ligne générale de la composition, par un espace trop grand entre des figures, etc. Quant à la disposition pyramidale, longtemps recommandée et longtemps suivie dans l'école elle est, comme toutes les règles, sujette à recevoir, suivant les circonstances, des modifications qui sont toujours approuvées par le spectateur quand il trouve de la sagesse et de la grâce dans la disposition générale des figures. Poussin est de tous les peintres celui dont on peut étudier les tableaux avec le plus de fruit pour la belle disposition de ses figures et leur parfait accord ensemble. DUCHESNE aîné.

DISPOSITION (*Droit*). Ce mot signifie manifestation de la volonté du législateur, du juge ou de l'homme. C'est ainsi qu'on dit une *disposition* de la loi, les *dispositions* d'un jugement, *disposition* à titre onéreux ou gratuit, entre vifs ou de dernière volonté, suivant qu'il s'agit d'une convention, d'une donation ou d'un testament.

DISPOSITIONS. Employé avec la marque du pluriel, ce mot signifie l'aptitude que peut avoir un individu pour développer certaines idées, certains talents : l'un a des dispositions pour la poésie, un autre pour les mathématiques, tel autre pour les beaux-arts. Mais quelquefois on se trompe, et l'on prend un simple penchant, un goût passager pour de véritables dispositions ; de là vient que l'on voit des jeunes gens qui d'abord se sont fait remarquer par quelques succès dans leurs études ne pas continuer à donner les mêmes espérances, et même se déterminer à abandonner entièrement la carrière pour laquelle on avait cru leur voir des *dispositions*.

DISPROPORTION. Ce mot ne doit s'entendre que des parties mal ordonnées d'un même tout, comme : il y a disproportion entre les membres supérieurs et inférieurs de cet homme ; ou n'exprimer que le rapport en quelque sorte numérique de deux choses de même espèce, de deux qualités ou propriétés identiques : il y a une grande disproportion pour le volume entre un rat et un éléphant ; disproportion d'âge, de talents, de courage, etc. Dans un sens collectif : ce mariage ne peut se faire, il y a trop de disproportion entre les parties, c'est-à-dire entre les attributs de chacune d'elles, comparées isolément, tels que la richesse, le rang, l'âge, etc. BILLOT.

DISPUTE, débat suscité par des opinions divergentes, des intérêts opposés, des prétentions rivales, et, en général, par tout ce qui peut exciter les passions. Cependant, on se *dispute* souvent la possession d'un objet désiré, sans qu'il y ait aucune *dispute* : entre des rivaux, il s'agit du cœur d'une femme ; entre des compétiteurs, d'une fonction publique, d'un titre ; entre deux prétendants, d'un trône, etc. Quoique le mot *dispute* soit évidemment de même origine que le verbe *disputer*, le sens en est restreint à la définition que nous venons d'en donner, et plus spécialement encore aux débats dont la parole fait les principaux frais. Les disputes ne sont que trop fréquentes dans les rues, sur les places publiques ; elles sont rares entre les personnes dont l'éducation a poli les formes et réglé les habitudes : il y en eut beaucoup dans les écoles dites de philosophie ; il n'y en a point entre les sages. Lorsqu'elles n'ont pour objet que des matières scientifiques et que les disputeurs observent scrupuleusement les bienséances, lorsque le combat est une joûte où l'on ne fait usage que d'armes courtoises, on a regardé ces disputes comme une gymnastique propre à fortifier l'intelligence, à donner plus de promptitude à ses opérations, plus de justesse à son coup d'œil. Nous ne manquons point d'écrits où cette opinion est développée, étayée de raisonnements spécieux et d'autorités imposantes ; mais, tout ce qu'on y dit en faveur des disputes philosophiques, il faut le rapporter aux *discussions*. Quant aux luttes pour et contre de prétendues doctrines qui ne furent jamais comprises, ni par leurs défenseurs, ni par leurs adversaires, elles ont été plus funestes que les plus redoutables fléaux, et les maux qu'elles ont faits ne seront peut-être jamais réparés. On consentirait à leur pardonner le passé si l'on avait quelque garantie contre leur influence sur l'avenir ; on ne rappellerait point le douloureux souvenir des divisions qu'elles semèrent partout, des échafauds qu'elles firent dresser, des bûchers qu'elles allumèrent ; mais, comment aurons-nous la certitude que la contagion a cessé et ne reviendra point ? Sur les matières où rien ne peut faire découvrir ou corriger les erreurs du raisonnement, il n'y a point de discussion ; mais le champ de la dispute est illimité, ouvert à tous, et principalement aux esprits faux. Les philosophies que l'on enseigne ont quelque tendance à redevenir disputeuses comme celles des anciennes écoles, car elles accoutument l'esprit à prendre des mots pour des choses et à se contenter de cette espèce de *savoir*. Dès que cette habitude est contractée, aucun point de ralliement ne peut réunir les doctrines divergentes, car chacun est juge du sens qu'il attache à un mot, et personne ne peut s'arroger le droit exclusif de définition. Mais, comme on se passionne pour des chimères autant que pour des réalités, les controverses ne sont pas toujours paisibles. Par une suite de raisonnements en bonne forme, on prouva que Jérôme de Prague devait être brûlé, parce qu'il ne croyait pas à *l'universel de la part de la chose*. Sans revenir à ces atrocités, les *disputes de mots* peuvent encore troubler le monde : on ne les préviendra qu'en répandant la véritable instruction, celle des *choses*. FERRY.

DISQUE (du grec δίσκος, palet, tirant lui-même son étymologie du verbe δίκω, je jette, je lance). Ce jeu faisait partie de la gymnastique des Grecs, chez lesquels il prit son origine. Dans les siècles reculés, si l'on en croit la Fable, Apollon abandonnait l'Olympe et Delphes, sa ville chérie, pour venir dans la Laconie se délasser à cet exercice avec un jeune Spartiate, le bel Hyacinthe. Moins habile à ce jeu tout nouveau qu'à lancer des flèches, il atteignit de son palet cet infortuné, qui tomba mort sous le coup. Les poètes se sont emparés de ce sujet si touchant ; mais Ovide les a tous surpassés. Pausanias gratifie les temps héroïques de cette invention, qu'il attribue à Persée, fils de Danaé. Le prince, étant à Larisse, voulut y donner des preuves de son talent à ce jeu, mais il ne s'y montra ni plus adroit ni plus heureux que le dieu de la lumière : il frappa de son palet Acrise son aïeul, et de désespoir s'exila en Argolide. Cet exercice devint bientôt une fureur ; il développait surtout la force musculaire des bras ; c'était par des délassements de se fortifiaient celles qu'Ajax lançaient sur les bataillons ennemis des roches entières. Les soldats oisifs d'Achille, pendant l'inaction de ce héros, dit Homère, se livraient, sur les rivages de l'Hellespont, à cet amusement, qui servait en même temps de spectacle à l'armée grecque.

Que les antiquaires ne perdent point espoir, un jour peut-être on trouvera enfoui dans les sables de cette plage quelque disque monstrueux, tel que celui d'Éétion : c'était une masse informe de fonte, prise à la forge, et que le marteau n'avait point élaborée ; elle avait par son poids une valeur intrinsèque qui devenait le prix du vainqueur. Ce disque était de fer ou de cuivre, et s'appelait σόλος (compacte). « Qui possédera ce disque, dit Achille dans l'*Iliade*, pourra, pendant plus de cinq ans, fournir de fer ses laboureurs, de quelque étendue que soient les champs qu'ils auraient à cultiver. » A part cette exagération poétique, Homère, dans d'autres endroits, laisse à entendre par une épithète que ces espèces de palets ne pouvaient être apportés sur les lieux qu'à l'aide de l'épaule. Cet exercice, de son temps, avait déjà pénétré dans Corcyre (Corfou), royaume d'Alcinoüs : Ulysse l'y retrouva et y donna des preuves de sa supériorité dans ce jeu. Pindare parle de prix remportés par Castor et Pollux aux jeux isthmiques, dans ce genre de gymnastique. Les troubles de la Grèce ayant interrompu tous ces nobles délassements des héros, l'exercice du disque ne fut rétabli que longtemps après que ces jeux le furent eux-mêmes, vers la 18e olympiade. Alors il n'y eut plus de prix particulier, mais il existait collectivement avec celui du pentathle, ou les cinq combats : la lutte, la course, le saut, l'exercice du disque et du javelot, selon un vers de Simonide. Ces espèces de projectiles étaient de fer ou de cuivre, ou de pierre et même de bois, mais d'un bois lourd et com pacte. Avec le temps, la forme de cet instrument de gymnastique se perfectionna : ce ne fut plus un lingot brut; Lucien nous le dépeint comme un petit bouclier rond, d'une surface si polie qu'il glissait souvent de la main. Comme la prunelle de l'œil, il était bombé au milieu et s'amincissait vers les bords. Quelquefois percé au centre, il portait une corde au moyen de laquelle on lui imprimait un mouvement propre à le lancer plus loin.

On nommait discoboles les athlètes qui s'exerçaient à ce jeu. Quelquefois le discobole portait une ceinture autour des reins, mais le plus souvent, comme les autres athlètes, il était absolument nu. Une seule médaille de Marc-Aurèle le représente avec une tunique, mais c'est une exception, même en ces temps déjà modernes. D'abord, pour essayer ses forces, le discobole lançait le palet perpendiculairement, simple prélude, car c'était devant soi, et en lui faisant décrire une courbe plus ou moins alongée, qu'il fallait qu'il le lançat. Il n'y avait pas de but fixe; quand le palet était tombé sur le sable, on plantait une pique à cet endroit, et un autre antagoniste reprenait le même palet, car il n'y en avait qu'un pour tous; le vainqueur était celui qui l'avait lancé le plus loin. L'athlète dont le disque avait glissé des mains était mis hors de combat, et n'avait plus de droit au prix; aussi, avant de saisir le palet, prenait-il la précaution de l'imprégner, ainsi que ses mains, de sable ou de poussière. Pour donner de la souplesse à ses membres, le discobole les frottait d'huile. Ovide fait user Apollon et Hyacynthe de cette précaution. Avant de lancer son palet, l'athlète lui imprimait un mouvement de rotation pour lui donner de l'essor. Le jet du disque servait aussi à mesurer les distances; car, ainsi que nous disons, à un jet de pierre, à une portée de fusil de la ville, Homère dit que : « Les coursiers d'Antiloque devançaient ceux de Ménélas du jet d'un palet lancé par un jeune homme vigoureux. » Le disque avait 32 centimètres environ de diamètre, sur 3 et quelquefois 11 d'épaisseur au centre. Les médecins de l'antiquité conseillaient l'exercice du disque aux pléthoriques, et à ceux qui étaient sujets aux vertiges.

On appelait aussi *disque* une sorte de bouclier rond qu'on appendait dans les temples en l'honneur des héros.

En Languedoc, on appelle encore *disque* un grand panier d'osier fort large et peu profond. Certains ustensiles de ménage, des plats et des bassins, portaient aussi chez les anciens le nom de *disque* : les prêtres y déposaient ordinairement les entrailles des victimes.

On dit aussi *disque du soleil*, *de la lune*, d'une planète; la grandeur des étoiles n'étant pas appréciable, on ne peut se servir de cette expression à leur égard; le *disque* apparent du soleil et de la lune se divise en douze doigts ou parties : c'est par là qu'on mesure la grandeur de l'éclipse d'un de ces astres.

On dit encore le *disque d'une fleur* lorsqu'elle est radiée : c'est son centre circulaire environné de fleurons. Le mot *disque* désigne encore une partie de la coquille.

Le *disque* est enfin, dans l'Église grecque, une grande patène, sur laquelle on met le pain consacré. DENNE-BARON.

D'ISRAËLI (ISAAC), écrivain anglais de distinction, était le fils unique de Benjamin D'Israëli, négociant vénitien qui était venu s'établir en Angleterre en 1748 et descendait de l'une de ces familles juives qui, expulsées d'Espagne vers la fin du quinzième siècle par l'inquisition, avaient trouvé un asile sur les terres de la tolérante république de Venise. Né en 1766 et élevé à l'école d'Enfield, Isaac D'Israëli fut ensuite envoyé par son père à Amsterdam et à Leyde, où il étudia les langues et les littératures modernes, puis en 1786, vint en France se livrer à une étude toute particulière de notre langue et de nos écrivains classiques. A son retour en Angleterre, il écrivit quelques poésies pour le *Gentleman's Magazine*, et publia en 1791 un poème intitulé *Defence of the Poetry*, dont plus tard il retira de la circulation tous les exemplaires. Libre des préoccupations que causent toujours les affaires commerciales, possesseur d'une belle et indépendante fortune, il put consacrer exclusivement sa longue vie à la culture des lettres. Son étude favorite fut l'histoire littéraire, genre dans lequel il s'est fait une juste et durable réputation. Le premier volume de ses *Curiosities of Literature* parut en 1791, le second quelques années plus tard, et le troisième en 1817. A cet ouvrage se rattachent les *Literary Miscellanies*, *Quarrels of authors* et *Calamities of authors*, qui tous brillent par une exposition facile et amusante, rien moins que superficielle, et qui n'ont pas peu contribué à répandre en Angleterre le goût des recherches relatives à l'histoire littéraire. Pendant longtemps on attendit de lui une histoire de la littérature anglaise; mais il en fut empêché par l'étude toute spéciale qu'il fit de l'époque de Charles Ier, et qui lui fournit le sujet de ses *Commentaries of the life and reign of Charles I*. A l'occasion de cet ouvrage, l'université d'Oxford lui décerna le diplôme honorifique de docteur en droit. Il suppléa jusqu'à un certain point à l'exécution du plan auquel il renonça, en publiant ses *Amenities of Literature* (3 vol. Londres, 1841; 5e édition 1851), qu'il termina avec l'assistance de sa fille, quoique dans l'intervalle il eût perdu l'usage de la vue. C'est en 1839 que ce malheur lui était arrivé. Isaac D'Israëli mourut le 19 janvier 1848 dans son domaine de Bradenhamhouse, Buckinghamshire. Son fils a publié une édition de ses Œuvres complètes (Londres, 1849), précédées d'une esquisse sur sa vie.

D'ISRAËLI (BENJAMIN), fils du précédent, écrivain et homme d'État anglais, né en 1805, se fit d'abord connaître par son *Vivian Grey* (5 vol., 1826), roman brillamment écrit, qui annonçait une imagination vive mais déréglée et un talent peu commun pour la peinture des mœurs de ce qu'on appelle le monde *fashionable*. Le *Young Duke* (1830) était une œuvre moins importante; en revanche *Contarini Fleming, a psychological autobiography* (4 vol. 1832) prouva qu'il savait analyser et peindre les passions. C'est vers cette époque que la présentation du bill pour la réforme du parlement produisit dans toute l'Angleterre l'émotion la plus vive; et dès ce moment Benjamin D'Israëli se jeta avec ardeur dans la politique. Guidé par Hume, il se rattacha à la fraction la plus avancée du parti libéral, se mit sur les rangs en 1833 pour l'élection de Mary-le-Bone, et à cette occasion publia une brochure intitulée : *What is he?* (Qui est-ce?) où il professait les doctrines les plus avancées de la démocratie. Il échoua cependant dans sa candidature, et ce mécompte semble avoir amené une modification complète dans ses idées. En effet, quand en 1837 il réussit à se faire élire membre du parlement à Maidstone, il s'était déjà rapproché des conservateurs qui, sous la bannière de Peel, faisaient cause commune avec les whigs. A sa première apparition dans la chambre haute, toutefois il y fut accueilli d'une façon qui eût découragé un esprit moins résolu et surtout ayant moins de confiance en lui-même. En 1841, il fut nommé membre du parlement par la ville de Shrewsbury, et constitua alors avec lord John Manners, George Smythe et autres le parti qu'on appela *la Jeune Angleterre* et dont il développa les principes dans une série d'ouvrages qui excitèrent une grande sensation. On y remarqua surtout, indépendamment d'une apologie de l'état de la société au moyen âge, une glorification de la nation juive qui déjà avait été le sujet d'un de ses romans antérieurs intitulé : *The wondrous tale of Alroy*. Le plus important de ces ouvrages est *Coningsby, or the new generation* (3 vol. 1844). Dans ceux qui parurent ensuite, *Sybil, or the two nations* (1845) et *Tancred, or the new crusade* (1847), on retrouve les mêmes idées reproduites sous une autre forme.

Cependant M. D'Israëli, qui, en 1839, avait épousé la veuve de Wyndham Lewis, de Pantgwynlaw-Castle, venait d'être appelé par des circonstances imprévues à jouer un rôle politique important. Quand Peel eut renoncé au système des droits de douane protecteurs et arboré la bannière de la liberté commerciale, M. D'Israéli se fit chef du parti protectionniste, attaquant Peel lorsque, dans la session de 1846, il vint proposer l'abolition des droits d'entrée sur les grains provenant de l'étranger, avec sa dialectique vive et incisive, avec son esprit mordant, avec son amère ironie; et, malgré l'insuccès de ses efforts pour empêcher la mesure proposée par le gouvernement, il n'en réussit pas moins à sauver son parti d'une déroute et d'un anéantissement complets. Nommé représentant du comté de Buckingham, il continua la lutte dans les sessions suivantes. A la mort de lord Georges Bentinck (1848), les protectionnistes, qui, malgré leurs incontestables services, avaient toujours traité avec une froide réserve M. D'Israéli, homme sans aïeux et ne possédant point une grande fortune territoriale, se virent contraints de l'accepter et de le reconnaître pour leur chef. Dans cette position M. D'Israéli sut tenir tête tout à la fois aux whigs, aux *reformers* et aux *peelites*, admirablement secondé sous ce rapport, il est vrai, par les nombreuses fautes du ministère Russell. Dès la session de 1851, il parut à la veille d'obtenir le prix de ses efforts. Une motion qu'il présenta le 11 février pour engager le gouvernement à prendre des mesures propres à soulager la misère des populations agricoles ne fut repoussée qu'à la majorité de quatorze voix, 281 contre 267; et une autre défaite que le cabinet essuya encore bientôt après sur la question de la réforme le contraignit à se retirer. Cependant la tentative faite par lord Stanley (*voyez* DERBY), pour constituer un ministère protectionniste, échoua en partie par suite de la répugnance que témoigna la fraction aristocratique à accepter M. D'Israéli pour collègue; de sorte que les whigs reprirent leurs portefeuilles. Depuis ce moment, le zèle de M. D'Israéli pour le système protectionniste semble avoir faibli, autant du moins qu'on en peut juger par quelques-uns des discours qu'il eut occasion de prononcer ensuite au parlement. Cependant il mit à profit les vacances parlementaires pour élever un monument à la mémoire de son ami Bentinck (*Lord George Bentinck, a political biography*; Londres, 1851; 4ᵉ édition, 1852), ouvrage dans lequel il continuait à exposer le système protecteur sous le jour le plus favorable, mais où il se prononçait aussi en faveur de l'émancipation politique des Israélites, opinion qu'au grand déplaisir de son parti il défendit également dans le parlement. Enfin, quand en février 1852 le ministère whig se trouva en complète dissolution, le comte Derby, appelé à constituer une administration nouvelle, fut contraint, par la force même des choses, de rechercher l'appui de M. Benjamin D'Israéli et de lui faire une place dans le cabinet tory qui se forma alors, et dans lequel il eut le poste de chancelier de l'échiquier. On sait que quelques mois plus tard, en décembre 1852, cette administration succomba à son tour et faisait place à un nouveau cabinet dans lequel entra lord Aberdeen, lord Russell et lord Palmerston. M. B. D'Israéli néanmoins a profité de son court passage à la direction des affaires pour désavouer complètement les théories économiques qu'il défendait avec tant d'aigreur contre Robert Peel alors qu'il appartenait à l'opposition. Par une de ces brusques conversions dont les hommes d'État donnent si souvent l'exemple, le *protectionniste* était devenu tout à coup *libre échangiste* et proposait au parlement des réformes économiques bien autrement larges que celles dont les whigs prétendaient doter leur pays.

DISSECTION (en latin *dissectio*, fait du verbe *dissecare*, découper). L'étymologie latine de ce mot est la même que l'étymologie grecque du mot *anatomie*; cependant on rattache à chacun un sens bien différent : si l'anatomie est une science, une collection de faits, la dissection est un art ou collection de préceptes enseignant à mettre en évidence les organes ou parties d'organes qu'on veut étudier; la première est le but, la seconde le moyen.

Pour arriver à la connaissance des êtres organisés, il faut toujours avoir recours à la division partielle de leurs parties; la dissection prend des noms différents suivant les êtres sur lesquels elle est pratiquée; celle de l'homme est dite *anthropotomie*, celle des animaux *zootomie*, et l'on peut indiquer la dissection des plantes par le mot *phytotomie*.

L'histoire de la dissection se lie intimement à celle de l'anatomie; il est évident que toutes les fois que les moyens de cet art, qui n'a pas vaincu sans peine la superstition des religions anciennes, et qui fut étouffé pendant une longue suite de siècles par cet axiome des conciles : *Ecclesia abhorret a sanguine*. Il faut à l'homme une certaine force de raisonnement pour qu'il agisse contre ses penchants, et dans les premiers âges du monde il était trop dominé par des sentiments religieux pour oser porter le couteau sur les restes inanimés de son semblable. Bien plus, chaque famille mettait un grand prix à posséder la dépouille mortelle d'un parent ou d'un ami, et dans les combats l'acharnement était souvent plus grand pour arracher un mort à l'ennemi que pour lui enlever la victoire. Suivant les usages les cadavres étaient enterrés, embaumés ou brûlés; aussi la dissection ne fut-elle pratiquée d'abord que sur les animaux; et si Homère et Hippocrate ont fait preuve de quelques connaissances sur l'anatomie humaine, ils ne les avaient acquises que par induction ou par l'inspection des plaies. Quoique Aristote n'ait disséqué que des animaux, et qu'il ait dit avoir une grande horreur pour les dissections humaines (ce qui suppose qu'on les connaissait déjà de son temps), il opéra néanmoins une grande révolution dans la science de l'anatomie; ses disciples ne firent que répéter ce qu'il leur avait enseigné.

On ne doit pas s'étonner de ces préjugés chez les anciens, quand on les voit si fortement enracinés chez plusieurs peuples modernes. On sait que chez les Anglais, peuple très-civilisé d'ailleurs, il n'y a pas longtemps encore les médecins ne pouvaient disséquer que très secrètement, ce qui fait que les cadavres étaient fort chers, et que souvent des scélérats, généralement désignés sous le nom de *burkins* (*voyez* BURKE [William]), tuaient des hommes pour les vendre aux élèves. Heureusement, la civilisation étend ses ramifications dans toute la société; ces vaines superstitions disparaîtront; tous les peuples verront qu'il est de leur intérêt de ne pas refuser aux médecins une source d'instruction si féconde, l'ignorance ne luttera plus contre l'utilité générale. Mais revenons aux anciens.

Pour trouver un progrès sensible dans cette science, il nous faut arriver à Hérophile et à Érasistrate, qui allèrent en Égypte pour profiter de la permission dont on y jouissait de disséquer des morts; ils y firent de nombreuses découvertes, mais leurs écrits se sont perdus : il ne nous en est resté que quelques morceaux dans Celse et Galien. Celui-ci est le dernier qui, dans ces temps reculés, ait étudié avec goût l'anatomie. La science ne fit cependant pas que des progrès très lents, car les préjugés régnaient toujours avec force dans toute l'Europe. Pendant les neuf siècles de barbarie qui ont entravé la marche de la civilisation, une foule d'intéressants écrits sur l'anatomie se sont perdus; mais vers le quatorzième siècle on vit naître tout à coup une multitude d'anatomistes célèbres : Vésale, Sylvius, Fallope, Botal, etc., donnent leurs noms à de brillantes découvertes, et Ambroise Paré, l'honneur de la chirurgie française, ne doit ses succès qu'à ses connaissances profondes en anatomie. La prise de Constantinople, qui fut suivie de la fuite en Italie de nombreux savants, l'invention de l'imprimerie et de la gravure, aidèrent puissamment cette révolution scientifique. Le dix-septième siècle présente la même ardeur d'exploration suivie des mêmes succès; il serait trop long de citer les noms de tous ceux qui firent progresser l'art de disséquer et l'anatomie; nous dirons cependant que la découverte de la circulation du sang par Harvey aurait à elle seule suffi pour faire remarquer cette époque fertile. Les noms de Haller, Boerhaave, Vicq-d'Azyr, etc., si célèbres encore de nos jours, indiquent assez ce que l'on doit au dix-huitième siècle. Enfin, le dix-neuvième siècle a vu à son aurore apparaître et mourir un grand anatomiste, l'immortel Bichat, qui fut enlevé à trente-deux ans, après les plus brillantes conquêtes dans cette science; d'autres noms viennent glorieusement se ranger à côté de celui-ci : tels sont ceux de Cuvier, Béclard, Scarpa, Meckel, Duméril, etc. Et quoique chaque découverte rende plus difficile de nouvelles conquêtes, la jeunesse médicale se presse dans le champ d'exploration, et tout annonce que ses efforts seront encore couronnés des plus brillants succès.

Aujourd'hui, en effet, n'existe plus cette piété malentendue; tout ce qu'on a à vaincre, c'est la répugnance et les exhalaisons putrides qui pourraient modérer l'ardeur de l'anatomiste, s'il ne savait qu'après quelques jours de persévérance, il devient insensible à tous ces objets de dégoût, et qu'il voit se révéler sous le scapel tous les admirables mécanismes de l'organisation animale; il sait encore qu'en disséquant il acquerra cette dextérité si nécessaire pour les opérations de chirurgie; qu'il sera à même de juger sainement les diverses méthodes proposées par les auteurs; enfin, il sait qu'en étudiant dans leurs éléments les phénomènes vitaux, il pourra se rendre compte des phénomènes morbides.

En disséquant, avons-nous dit, on se propose d'isoler certains organes sans les intéresser; on ne coupe que ceux qui ne peuvent être conservés, en mettant les autres à découvert. On se sert principalement de *scalpels, ciseaux, érignes, pinces, rugines, scies*, etc. Il faut aussi avoir recours à des manœuvres diverses, suivant l'objet qu'on étudie : par exemple, pour bien suivre les vaisseaux, on doit les injecter de liquides colorés ou d'autres substances en fusion, au moyen de seringues ou de tubes; il faut faire macérer dans l'eau les cartilages et ligaments, bouillir les os et les faire tremper dans des acides; il faut faire macérer certains organes dans l'alcool, etc.

Il ne nous reste plus qu'à ajouter quelques mots sur les dangers et accidents auxquels exposent les dissections; ils sont de deux natures : ou bien ils tiennent à la putridité qu'engendrent les substances cadavéreuses, ou bien à l'action mal dirigée des instruments employés. Les premiers s'annoncent sous la forme de diverses maladies, auxquelles on résistera davantage si l'on fait usage d'une nourriture saine et mixte, de boissons légèrement vineuses et alcooliques, ou d'infusions théiformes amères : tel est le café sans sucre. Il est aussi indispensable d'assainir les salles par des aspersions de chlorure de chaux, qu'il faut renouveler chaque jour, surtout si la température est un peu élevée. Enfin, une bonne précaution est d'avoir un vêtement de toile, seulement destiné pour les travaux d'amphithéâtre. Les autres accidents, produits par les instruments dont se servent les anatomistes, sont quelquefois excessivement graves : à la suite de piqûres, on voit souvent survenir le désordre dans les idées, le découragement dans l'âme, l'engourdissement du membre blessé, des phlegmons, etc., un ensemble de symptômes qu'on ne saurait assez tôt prévenir. Ce qu'on a de mieux à faire quand on s'est coupé en disséquant, c'est de cautériser la plaie après l'avoir fait saigner et l'avoir bien lavée. Tous les étudiants ont avec eux un crayon de nitrate d'argent, excellent moyen pour opérer cette cautérisation. Il faut encore observer si l'on n'éprouve aucune altération dans les fonctions vitales, car, assez souvent, une piqûre de scalpel, qui pendant quelques semaines n'a produit aucun dérangement dans l'économie, sévit tout à coup avec une grande intensité, et peut en trois ou quatre jours faire périr le malade.

N. CLERMONT.

DISSEMBLABLE. Ce qualificatif ne doit pas se confondre avec *différent*, qui exprime dans un sens général toute espèce de différences entre toute espèce d'objets comparés. Il ne s'entend que d'êtres de même forme, de même nature, dont on compare à la fois tout l'ensemble, ou bien une réunion de qualités ou propriétés : ainsi, et une maison sont bien différents, mais ne peuvent être dissemblables. Ces deux jumeaux sont bien dissemblables, ce qui s'entend du caractère, des traits, des allures, etc. En géométrie, où le positif des idées a permis d'attacher un peu plus de fixité au sens des mots, des corps peuvent être semblables sans être égaux entre eux.

BILLOT.

DISSENSION (de *dissentire*). L'opposition des sentiments, des opinions, des intérêts, produit les *dissensions*. Dans la famille, elles ont pour accompagnement les discussions et les querelles, qui détruisent tout le bonheur domestique. Dans la grande famille, l'état, elles ont pour sœurs la discorde et la guerre civile, ou plutôt ces trois mots désignent le même fléau, la même cause, dont les effets sont les mêmes : le sang et les ruines.

Les républiques, où les opinions sont libres, la discussion ouverte, les ambitions sans cesse excitées, les rivalités toujours en présence, sont en proie à des *dissensions* continuelles. Il fallait bien que les *dissensions* ressortissent nécessairement de la forme républicaine, puisque Solon, afin que dans le choc des factions force restât au parti des honnêtes gens, établit, par une sage prévoyance, que tout citoyen resté indifférent dans une guerre intestine, sans se ranger d'un côté ou d'un autre, serait puni de mort. C'était supposer les honnêtes gens en majorité, et ôter à la durée des *dissensions* en ajoutant à leur violence. Nous ne discuterons pas le mérite de cette loi, mais nous affirmerons que toutes les républiques anciennes se sont usées et ont péri par les *dissensions* : les *dissensions* ont dévoré les successeurs d'Alexandre et son vaste empire; les *dissensions* ont perdu Carthage, cette puissance colossale, formée pendant plusieurs siècles par le commerce et la navigation. Montesquieu a prétendu que les *dissensions civiles* n'avaient pas peu contribué à la grandeur de la république romaine. Fondée par la guerre, et s'agrandissant par la guerre, il lui fallait des soldats intrépides, et les divisions entre le peuple et le sénat donnaient du ressort aux esprits et entretenaient cette hardiesse du courage qui ne connaît pas d'obstacles. Oui, mais Rome eut un sénat qui sut toujours jeter sur l'ennemi extérieur cette superfétation de forces. Et d'ailleurs, Montesquieu, aussi bien que Bossuet, reconnaît que les *dissensions* devinrent ensuite la cause la plus forte de décadence aussitôt que le sang des Gracques eut rougi les dalles du Forum. Les soldats dévoués à Marius, à Sylla, à Pompée, à César, à Octave, et non plus à la république, la déchirent de leurs propres mains, jusqu'à ce que Rome, haletante et fatiguée d'une liberté si orageuse, ou plutôt d'une tyrannie si multiple, se jette et se repose dans le despotisme d'un seul.

Les monarchies ont plus de chances de ne pas être troublées par les *dissensions*; elles jouissent ordinairement d'intervalles plus longs de repos; et cependant, sans sortir de notre pays et de notre histoire, les changements de dynasties, les passages d'un règne à un autre, les minorités ou les faiblesses des rois, le système féodal, le fanatisme religieux, et la fièvre de liberté qui nous a repris depuis soixante-cinq ans, ont excité bien des *dissensions* et causé bien des maux !

P.-Édouard BARNÉ.

DISSENTERS ou **DISSIDENTS**, nom que l'on donne en Angleterre à toutes les sectes qui ont cru devoir se séparer par motifs de conscience de l'établissement légal et officiel de l'Église anglicane. De pareilles résolutions supposent une foi très-vive, et l'indépendance religieuse qui les dicte se mêle, par une alliance nécessaire, aux idées de l'indépendance politique. Aussi, l'histoire des dissidents anglais et écossais est-elle en grande partie l'histoire religieuse et constitutionnelle du pays. Ce fut sous le règne de Charles Ier, lorsque les questions politiques de la prérogative royale et du droit populaire furent posées d'une manière très-sérieuse, que les dissidents anglais se montrèrent d'abord dans les deux grandes sociétés des *presbytériens* et des *indépendants*. Leur doctrine était en général celle de Calvin; elle s'éloignait peu de celle de l'Église de l'État; mais leur *discipline* s'en était entièrement séparée en abolissant l'épiscopat; sous ce rapport, il y avait entre eux et l'Église anglicane toute la distance qui sépare une monarchie féodale d'une république. Ces deux partis théologiques étaient ennemis l'un de l'autre, mais ils se coalisaient facilement contre les épiscopaux. Leur alliance fut la cause principale de l'agitation politique, qui se manifesta au sein des parlements de Charles Ier; car ces deux branches principales des dissidents possédaient une partie notable du sol, et presque tous les intérêts commerciaux et manufacturiers étaient entre leurs mains. Dans ce temps, et par la force des choses, la noblesse et le roi, appuyés par toute l'influence de la hiérarchie épiscopale, se trouvaient rangés contre les novateurs libéraux, représentés par le peuple et les communes. Le synode de Westminster de 1643 essaya vainement de concilier tous ces éléments hostiles. L'épiscopat y dominait sous l'influence violente de l'archevêque Laud, quoique cependant l'assemblée eût accueilli quelques hommes notables des presbytériens et même des indépendants. Tout alla tranquillement tant qu'on resta sur le domaine des questions de dogme; mais sur le terrain du gouvernement ecclésiastique, il fut impossible de s'entendre. Les intérêts personnels occupaient une trop grande place. Les partis se séparèrent plus ennemis que jamais, emportant les germes de cette révolution qui coûta la vie au roi Charles Ier.

Sous Cromwell, le parti presbytérien n'abusa pas outre mesure de sa victoire, parce que le Protecteur, avant tout homme d'État, visa toujours à faire vivre toutes les sectes en paix les unes avec les autres. Mais, dès les premières mesures de la restauration de Charles II, et avec l'exubérance des idées monarchiques qui suit toujours la crise d'une restauration, il était évident que les sociétés dissidentes allaient se trouver en face de l'épiscopat, fortifié de tout le pouvoir de la cour. Après les tentatives inutiles de Sion-College et des conférences de Savoy, on vit clairement que l'Église anglicane, liant sa cause à celle de la monarchie, refuserait de faire la moindre concession aux intérêts des dissidents. Ces grands partis religieux et populaires, auxquels l'Angleterre doit en grande partie sa liberté, se trouvèrent alors dans une position singulière, que les recherches des historiens modernes n'ont pas suffisamment éclaircie. On pense qu'alors Charles II, vaincu par les sollicitations de sa sœur Henriette, duchesse d'Orléans, et par les intrigues habiles de Louis XIV, avait secrètement abjuré la religion protestante, tandis que son frère, l'héritier présomptif, l'avait ouvertement abandonnée. On pense de plus que Charles II, pour ruiner lentement la réforme anglaise au moyen de ses discordes intestines, avait résolu de mettre aux prises d'une manière acharnée l'épiscopat et le presbytérianisme. La haute Église anglicane n'eut point de peine à persuader à une cour qui tendait à devenir absolue que ses ennemis naturels et perpétuels étaient les *puritains*. On confondait sous ce nom toutes les nuances de la dissidence religieuse. Leurs ennemis ne manquèrent pas de profiter de la frayeur qu'excitaient des complots réels ou supposés. Enfin, le parti dominant résolut de courber la nation entière sous le joug épiscopal. Mais dans l'Église même, au nombre des ministres qui la desservaient, il y avait une foule de pasteurs amis des dissidents, qui pensaient qu'on devait songer avant tout à une réunion générale, qu'il fallait modifier les serments d'adhésion dogmatique et les signatures exigées, et que peut-être les dignitaires de l'Église pourraient souffrir sans injustice quelque diminution dans la masse de leurs revenus annuels. Ce fut cette partie libérale et modérée du clergé anglican que la plus fâcheuse loi de Charles II frappa sans pitié. Par l'*Acte d'uniformité* de 1662, tous les membres du clergé, sans aucune exception, furent obligés, sous peine de destitution, de souscrire *ex animo* « tous les articles contenus dans le livre de la liturgie anglicane. » Ce serment, outrageant pour la conscience, n'avait jamais été exigé d'une manière aussi absolue.

Il fut pris à cette époque toute une série de mesures non moins oppressives pour le clergé dissident que pour les laïcs. En 1661, on avait rendu l'*Acte de corporation*, qui déclarait toute personne qui n'aurait pas au préalable communié dans l'Église anglicane incapable d'occuper une place quelconque dans une corporation municipale. Il fallut aussi songer à se pourvoir contre le culte des dissidents. On rendit, en 1663, et avec des additions aggravantes en 1670, l'*Acte des conventicules*, par lequel toute assemblée religieuse autre que celles de l'Église anglicane était prohibée. Le parlement, servile instrument de cette intolérance, ne craignit pas de troubler le sanctuaire du culte domestique; on adopta la disposition suivante : que le culte dissident était illégal et punissable dans les maisons privées, si cinq personnes en sus de la famille s'y trouvaient présentes. Toutes ces dispositions étaient appuyées par l'emprisonnement et les amendes, le tout appliqué par des commissaires, sans intervention d'un jury. L'*Acte d'Oxford*, de 1665, défendit à tous les ministres dissidents de résider à moins de cinq milles de distance de toute ville ou bourg à corporation envoyant des députés au parlement. On leur refusa aussi le privilége de tenir des écoles et d'instruire la jeunesse. Pour compléter l'indication de ces mesures fanatiques, prises surtout contre les dissidents anglais, il faut citer encore le trop fameux *Acte du test*, de 1665, obligeant indistinctement tous les fonctionnaires à communier, avant leur réception, selon le rite de l'Église épiscopale. Cette loi, dirigée contre les catholiques, atteignait aussi les Anglais dissidents; elle comprenait les grades militaires comme les fonctions civiles, plus d'une fois elle ferma aux dissidents l'accès des honneurs que méritaient leurs talents ou leur courage. On conçoit que toutes ces mesures de l'intolérance épiscopale durent avoir pour résultat de constituer fortement en corps d'Église le parti dissident, de lui faire perdre tout espoir de réconciliation, et de le porter à n'avoir plus foi qu'en lui-même, en son énergie consciencieuse et en ses propres ressources. Ce fut ce qui arriva, et les conséquences de ses résolutions se font sentir encore de nos jours en Angleterre.

Ce fut l'*Acte d'uniformité*, promulgué le 24 août 1662, qui, par ses dispositions et par ses conséquences intolérantes, constitua surtout en Angleterre les grandes divisions des sectes dissidentes. Environ deux mille ministres refusèrent de signer l'adhésion au strict dogme anglican, qui leur était imposé par cette loi, et, par suite de cette résistance, tous perdirent leurs bénéfices et leurs places. L'Église anglicane et ses hauts prélats, qui dominaient alors la cour et la chambre des lords, poursuivirent l'accomplissement de cette mesure avec une rigueur inouïe; on ne voulut entendre parler d'aucun adoucissement ni explication dans la signature demandée; il fallut que les ministres quittassent leurs places ou qu'ils adhérassent purement et simplement à l'engagement de l'intolérance des évêques leur avait imposé. On vit alors ce spectacle déplorable et étrange : deux mille prêtres protestants chassés arbitrairement de leurs places spirituelles par d'autres prêtres protestants. Le clergé épiscopal ne se contenta pas de cette victoire fanatique. Comme dans la carrière de l'intolérance on est toujours entraîné plus loin même qu'on ne se proposait de s'avancer, la résistance des dissidents fit prendre de nouvelles mesures d'oppression. Une foule de ministres de l'ancienne Église, devenus dissidents, ne voulurent pas abandonner leurs troupeaux, quoiqu'ils n'occupassent plus les places officielles.

Un grand nombre d'entre eux furent saisis, incarcérés et condamnés à des amendes excessives. On poursuivit aussi ceux de ces ministres qui osaient s'approcher à un certain rayon de leurs anciennes cures. Les chiffres de la persécution acharnée de l'Église anglicane contre ses anciens collègues que l'acte d'*Uniformité* avait trouvés inflexibles, sont effrayants et frappent de surprise. On a calculé que, dans l'intervalle qui s'écoula entre la restauration des Stuarts et leur exil définitif en 1688, plus de soixante mille dissidents, laïcs ou ministres, furent atteints par ce code de lois intolérantes.

Remarquons l'un des traits les plus singuliers de cette persécution. Il n'y avait point de différences de doctrine entre les évêques et les dissidents. De part et d'autre, on adoptait le calvinisme, avec quelques nuances plus ou moins mitigées. Ainsi les points de discipline seule avaient soulevé toutes ces haines. Il est vrai que ces points intéressaient l'existence politique de l'Église épiscopale, son influence sur le gouvernement et ses richesses. Tout ceci remplaçait et au delà les différends de pure théologie. En général, les ministres dissidents qui furent les victimes du bill intolérant de 1662 voulaient modifier la discipline et les liturgies de l'Église anglicane; ils voulaient diminuer les pompes et les dépenses du culte; ils voulaient porter la réforme plus loin en retranchant tout ce qui paraissait se rapprocher de l'Église catholique. Il est clair toutefois que ces prétentions, quelque modestes et sensées qu'elles fussent, ne s'accordaient pas avec l'établissement d'une prélature opulente. Les dissidents anglais modernes parlent encore avec fierté des vertus et du courage des démissionnaires de 1662. Leur démarche seule attestait leur probité. Les troupeaux les vénéraient à cause de la pureté de leur vie et de la constance de leur caractère. Aussi, dans la grande majorité des cas, la plus forte partie des troupeaux partagea la résolution du ministre, ne voulut pas l'abandonner, et sortit ouvertement du bercail de l'Église anglicane. Il se forma ainsi une foule de congrégations indépendantes sur toute la surface de l'Angleterre. Leur existence fut dans le commencement illégale; elles durent braver les lois, mais le zèle les fortifia. Elles renfermaient beaucoup d'hommes de la classe moyenne ou manufacturière; une foule de leurs membres possédaient de grands biens. Elles prirent donc la résolution de défrayer elles-mêmes leur culte et leurs ministres et de se bâtir des églises, que la simplicité de leur structure a fait dénommer en Angleterre *chapels*, en opposition aux *churches*, églises souvent magnifiques du clergé de l'État. Le *chapel* devint l'asile de la dissidence. Ces mesures inspirées par la résistance à l'oppression et par les droits de la conscience suivirent de très-près l'acte intolérant qui les avait rendues nécessaires. Ainsi, on cite une chapelle dissidente de Plymouth, où le culte est célébré encore aujourd'hui avec zèle, et dont le premier registre porte la date du 28 novembre 1662, trois mois après l'époque de la Saint-Barthélemi de Charles II. On voit que ces dissidents consciencieux savaient opposer sur-le-champ des églises nouvelles aux anciens sanctuaires de l'Église épiscopale officielle, d'où l'intolérance des prélats venait de les exiler.

Tels furent les événements qui donnèrent naissance aux grandes sociétés religieuses dissidentes de l'Angleterre, sociétés qui sont si ferventes, et on peut même dire si puissantes encore aujourd'hui. Dans l'origine, elles reçurent et acceptèrent le nom de *Sociétés des trois dénominations*, parce qu'elles comprenaient principalement les presbytériens, les indépendants, et les baptistes. Ces sociétés religieuses étaient dogmatiquement des sectes calvinistes, à l'exception de celle des baptistes, qui ne baptisent que les adultes, et qui refusent de baptiser les petits enfants; société encore aujourd'hui très-répandue en Angleterre et aux États-Unis. Les *indépendants* rejetaient le gouvernement synodal et toute la vigoureuse discipline instituée par Calvin. Selon leur rite disciplinaire, chaque Église est complétement souveraine chez elle. Les baptistes ont adopté cette même règle, qui est la véritable démocratie du protestantisme. Mais le chiffre de ces trois dénominations primitives n'a pas tardé à s'accroître par des séparations nouvelles de l'Église anglicane; de sorte qu'on appelle maintenant *dissenters* toutes les sociétés distinctes de l'Église légale, quel que soit leur dogme. Sans parler de la société religieuse des *amis* ou *quakers*, qui est entièrement dissidente, les plus fortes adjonctions à la cause générale des dissenters anglais sont résultées, depuis un siècle, de la naissance et de la réunion de toutes les anciennes sectes *ariennes* ou *sociniennes*, en un corps très-nombreux d'églises, qui tantôt se nomment *universalités*, et qui tantôt prennent le titre d'églises *unitaires*.

Les économistes les plus célèbres de l'Angleterre ont reconnu généralement l'influence profonde et durable que les dissidents ont exercée sur le développement industriel du pays. Comme ils ne pouvaient prétendre à parcourir avec éclat les carrières ecclésiastique, ou professorale, ou militaire, il est clair qu'ils durent se vouer surtout au commerce. Ils éprouvèrent sur une moindre échelle les exclusions et les restrictions que subirent les protestants français depuis la révocation de l'édit de Nantes, et, comme ceux-ci, ils ne purent être parfaitement tranquilles que dans la carrière industrielle. Ces causes réunies à beaucoup d'autres ont amené ce fait remarquable, que la plupart des grandes branches des manufactures anglaises ont prospéré entre les mains des presbytériens dissidents. En beaucoup de cas, elles furent même introduites dans les îles britanniques par des réfugiés religieux de leur secte. Des réfugiés de la Flandre, chassés par les atroces persécutions du duc d'Albe, vinrent perfectionner l'industrie des lainages et des draps en Angleterre; des réfugiés français, chassés par l'intolérance de Louis XIV, fondèrent ou perfectionnèrent l'industrie des soieries dans le même pays. Tous ces réfugiés se rattachaient aux dissidents, dont ils augmentaient le nombre et la richesse. Les résultats de cette fraternité industrielle des réfugiés d'Europe avec les dissidents anglais sont encore plus frappants en ce qui touche la branche immense de l'art de filer le coton. On pourrait en dire autant des manufactures de toiles et des branches importantes du fer, des poteries fines ou communes, et des aciers travaillés à Birmingham et à Sheffield. Dans ces arts divers comme dans la grande fabrication dirigée par Wedgwood et ses successeurs, la plupart des établissements sont entre les mains de riches industriels qui ne sont séparés, eux ou leurs pères, de l'Église de l'État. Il semble qu'il y ait une certaine affinité entre l'esprit dissident et l'esprit manufacturier de la Grande-Bretagne.

Toutes ces sectes réunies, qu'on estime aujourd'hui au quart de la population des trois royaumes, ont été pendant longtemps persécutées par l'Église établie; dans celles mêmes étaient soumises à des lois qui prononçaient contre elles des cas nombreux d'exclusion civile ou religieuse. En dépit de cette législation exceptionnelle, et peut-être à cause de ces vexations mêmes, le corps des dissidents a redoublé d'efforts pour trouver dans ses propres ressources les moyens que la loi lui ôtait. Ces sectes opprimées ont été l'un des instruments de la grandeur politique et manufacturière de l'Angleterre. Ce n'est que récemment, toutefois, qu'elles ont été enfin affranchies de toutes les entraves d'une législation intolérante. Après la révolution de 1688, Guillaume et Marie abolirent la plupart des lois cruelles que les Stuarts de la branche aînée avaient promulguées contre leurs sujets au dehors de l'Église officielle; ce fut le célèbre *tolération act* de 1689, par lequel le parlement effaça les dispositions pénales qui frappaient les dissidents; mais il est bien étrange qu'il faille descendre jusqu'à l'année 1829 pour trouver la révocation définitive par le parlement des bills de *corpora-*

tion et du *test*, qui offrirent si longtemps le tableau d'une législation fanatique dans la constitution anglaise. Dans ces dernières années, le ministère anglais a pris plusieurs mesures libérales dans le même sens. Le parlement a décidé par une loi spéciale (*the dissenting chapels bill*, 1844) qu'on ne troublerait pas les unitaires ou autres sectes quelconques dans la possession actuelle de leurs fondations religieuses, alors même que les premiers fondateurs eussent fait partie des sectes calvinistes et trinitaires. Enfin, on a pris des mesures pour valider les mariages non célébrés devant un ministre anglican. Quand le parlement anglais aura tout à fait aboli les lois oppressives et inégales qui existent encore contre les juifs, et quand il aura modifié profondément, sinon effacé, la vieille législation concernant le blasphème, alors on pourra dire que la liberté religieuse est aussi complète en Agleterre qu'elle l'est en France, et que les dernières traces d'une intolérance gothique ont disparu.

Les principes politiques des dissidents sont en général ceux des whigs, et dans les questions constitutionnelles pures, on les voit presque toujours du côté du peuple. Mais cette détermination chez eux est souvent obscurcie par des préjugés religieux. Comme ce sont en général des sectaires fervents et des hommes dogmatiques, ils sont presque incapables de suivre jusqu'au bout les conséquences de l'égalité de toutes les religions devant la loi. De là l'opposition étroite et tracassière que beaucoup d'entre eux ont montrée à la dotation du collége catholique de Maynooth, en Irlande. Il faut toutefois reconnaître que leur influence s'est exercée d'une manière et plus irrésistible et bien plus honorable par l'activité chrétienne qu'ils ont déployée dans l'affaire du bill pour l'abolition de l'esclavage colonial. Le principe fondamental de la discipline dissidente est de reconnaître Jésus-Christ pour seul chef de l'Église, sans aucune autorité ecclésiastique quelconque ayant droit de gouverner les âmes. Elle professe donc la séparation absolue de l'Église et de l'Etat. Quant au dogme, toutes les sociétés dissidentes, à l'exception de la grande branche socinienne ou unitaire, ont adopté quelqu'une des diverses nuances du calvinisme. Le réformateur de Genève fit consister son grand travail de l'*Institution chrétienne* dans la restauration savante du système théologique de saint Augustin. Sauf les points de controverse qui séparent toutes les sectes dissidentes anglaises de l'Église romaine, on peut dire que c'est l'augustinisme qui forme la base de la confession générale de ces sociétés ferventes. Elles ont des rapports nombreux avec les opinions du jansénisme. Sous ce point de vue, il est remarquable que le système ardent et sombre de l'évêque d'Hippone, retrempé sur la dure enclume de Calvin et des jansénistes, et fortement injecté d'idées démocratiques par ses luttes avec des monarchies absolues, constitue encore aujourd'hui la foi d'un si grand nombre des sociétés les plus pieuses et les plus puissantes du monde chrétien. Charles COQUEREL.

DISSERTATION. *Disserter*, c'est parler avec détail sur une matière quelconque, en observant une certaine suite dans ses raisonnements. La *dissertation* ne roule ordinairement que sur un point ou quelques points d'une question donnée; elle n'examine cette question ne sous quelques-unes de ses faces générales ou particulières, ce en quoi elle diffère du *traité*, qui embrasse, sans exclusion, tout ce qui a rapport à son objet. Ainsi, une dissertation sur la poésie n'envisagera l'art de faire des vers que dans quelques-unes de ses parties, l'invention, la composition et l'harmonie, par exemple, tandis qu'un traité de poésie se composera de tout ce qui appartient à cet art. Si l'on compose sur une matière quelconque autant de dissertations qu'il y a de différents points de vue principaux sous lesquels l'esprit peut la considérer; si chacune de ces dissertations est d'une étendue proportionnée à son objet particulier, et si elles sont toutes enchaînées par quelque ordre méthodique, comme les dissertations polémiques de Nicole, on aura un traité complet de cette matière. Le style de la dissertation doit être simple, clair, animé d'une douce chaleur, sans pourtant s'élever aux mouvements de l'éloquence. Son but doit être d'établir des conclusions logiques. La dissertation est verbeuse de sa nature; elle est rarement exempte de pédanterie; l'auteur y étale avec complaisance tout ce qu'il sait, au risque de fatiguer son lecteur. Du moins, ce dernier a la ressource de fermer le livre; mais il n'en est pas de même dans la société, lorsqu'il faut essuyer le flux calme et monotone d'une dissertation verbale. En général, les faiseurs de dissertations de ce genre sont regardés comme les tyrans de la conversation, et partant comme gens fort ennuyeux. DIDEROT.

DISSIDENTS. On appelle généralement ainsi les personnes dont les croyances sont différentes de celles que professe l'Église nationale d'un pays; mais ce terme trouve son emploi le plus fréquent dans l'application particulière qu'on en fait aux diverses sectes religieuses qui diffèrent de l'Église anglicane, soit sur des points de doctrine, soit sur des détails de discipline ou de forme extérieure (*voyez* DISSENTERS.)

Depuis 1736, les Polonais ont donné le nom de *dissidents* à tous ceux de leurs compatriotes qui, ne professant pas le catholicisme, avaient cependant obtenu que leur culte fût publiquement toléré, comme les protestants des deux communions, les grecs et les arméniens, les anabaptistes et les sociniens: les quakers proprement dits ne jouissaient par des mêmes droits.

DISSIMILITUDE, figure qui a quelque rapport avec l'*antithèse*. C'est un des lieux communs de la rhétorique propres à la preuve et aux passions, et qui sert à invoquer la *différence*, ou plutôt la *disproportion* existant entre deux ou plusieurs objets, soit que l'on compare ensemble dans leur état actuel, soit que l'on compare l'état présent d'un seul objet avec son état passé. Les anciens rhéteurs appelaient cette figure un argument *à dissimili*; tel est celui-ci, de Cicéron : *Si Barbarorum est in diem vivere, nostra consilia tempus spectare debent*. On dirait en français, dans le même sens : « S'il appartient au libertin de ne penser qu'au présent, l'homme sage doit s'occuper de l'avenir. » On trouve dans Catulle un argument *à dissimili*, d'une grande beauté :

Soles occidere et redire possunt,
Nobis cum semel occidit brevis lux,
Nox est perpetua una dormienda.

Voici maintenant deux exemples de *dissimilitude* empruntés à Racine, le premier dans *Mithridate*, le second dans *Esther* :

Enfin, après un an, tu me revois, Arbate,
Non plus, comme autrefois, cet heureux Mithridate,
Qui, de Rome toujours balançant le destin,
Tenais entre elle et moi l'univers incertain :
Je suis vaincu. Pompée a saisi l'avantage
D'une nuit qui laissait peu de place au courage.

Déplorable Sion ! qu'as-tu fait de ta gloire ?
..... Tout l'univers admirait ta splendeur :
Tu n'es plus que poussière, et de cette grandeur
Il ne nous reste plus que la triste mémoire.

On se sert de la *dissimilitude*, ou pour exciter les passions, ou pour ruiner ce que d'autres auraient voulu établir par des similitudes, comme on ruine l'argument qu'on tire d'un arrêt, en montrant qu'il a été rendu sur une autre point. Edme HÉREAU.

DISSIMULATION. C'est un des vices les plus bas qui dégradent notre espèce. En effet, qu'est-ce que l'homme? Une émanation de Dieu, source de toute vérité. Qu'est-ce que la dissimulation ? Le mensonge sans cesse en action. Or celui qui s'abandonne à la dissimulation fait donc plus que de se dépouiller de sa dignité; il renie sa propre nature; il déclare qu'il en est indigne. Tels sont les effets de la dissimulation relativement au principe religieux. Voyons maintenant ceux qu'elle produit dans la société civile. Ce qui en constitue la force et le nerf, c'est la confiance que les hommes parviennent à s'inspirer les uns aux autres : comme ils ne peuvent pas pénétrer au fond des cœurs, il y a nécessité pour eux de s'en rapporter à certaines manifestations extérieures, surtout lorsqu'elles sont spontanées et volontaires. Maintenant, voici le but de la dissimulation : c'est, non-seulement de cacher aux autres ce qu'ils devraient sur-le-champ apercevoir en nous, mais de leur faire croire précisément le contraire de nos pensées et de nos desseins. En résumé, après nous être détaché de Dieu, notre glorieuse origine, nous sommes dans un état de trahison perpétuelle avec nos semblables : telle est la dissimulation dans son ensemble. Et, comme un pareil vice ne pouvait être que le fruit d'une multitude d'autres, on use de la dissimulation au profit de ses penchants les plus vils : c'est pour amasser injustement des richesses, se gorger de voluptés, usurper le pouvoir, ou se venger, qu'on tombe aussi bas. Mais c'est ici, au reste, qu'il faut admirer la profondeur des vues de la Providence, et comme elle mesure la peine au délit; il n'y a pas de vice qui désole davantage ceux qui en sont possédés que la dissimulation : pleine d'inquiétudes et de soupçons, elle ne laisse ni trêve ni repos. Ce qui révèle la sociabilité de l'homme, c'est le besoin qu'il éprouve de s'épancher ; le bonheur, il ne le goûte qu'à moitié lorsqu'il le sent seul ; aux jours de l'infortune, il éprouve la même nécessité d'ouvrir son cœur : il est soulagé si même on paraît comprendre sa douleur. Celui, au contraire, qui spécule sur la dissimulation, est obligé de la convertir en habitude ; il faut, pour mieux dire, qu'elle l'envahisse en entier : ainsi, sentiments primitifs, épanchements, joies, rien ne doit l'étonnouvoir, rien ne doit lui échapper, rien ne doit l'entraîner; c'est en définitive torturer son existence pour satisfaire une passion qui, dans sa jouissance la plus vive, n'aura quelquefois que la durée d'une minute.

Une de nos plus nobles qualités, c'est le courage, qui nous fait mépriser le péril pour accomplir un devoir, rendre un service, ou renverser un obstacle. Quiconque sent battre son cœur, éprouve une répugnance invincible à se ravaler jusqu'à la dissimulation ; il préférera s'avouer vaincu et rendre les armes. L'homme qui sympathise avec la dissimulation jure la paix, en tient d'abord les conditions, mais c'est pour se laisser le temps d'épier l'occasion favorable où il frappera l'ennemi par derrière. Il y a toujours quelque chose de lâche dans la dissimulation ; aussi ne la trouve-t-on comme qualité dominante qu'aux plus tristes époques. C'est en Italie et au moyen âge qu'elle a acquis ses plus terribles développements. Alors, cette belle partie de l'Europe comptait dans son sein une foule de petites démocraties qui portaient si loin tous les excès de la liberté, que bientôt surgissait un tyran. Pour être obéi, c'est-à-dire pour ramener l'ordre, il devenait oppresseur ; le peuple incessant les tempêtes de son ancienne liberté, et de tous côtés éclataient des émeutes ou des conspirations. Le prince nouveau en triomphait par le sang; mais ce n'était pas là régner. Pour se maintenir, il s'armait de dissimulation, dévorait les injures, accablait de caresses et de dons ses ennemis, tant dans l'intérieur qu'à l'extérieur ; puis, ses mesures bien prises, il se vengeait par le fer ou par le poison. L'histoire a constaté que des dissimulations de ce genre n'ont eu des effets qu'au bout de vingt ou trente années, sans se démentir une seule fois dans ce long espace de temps. Il en est resté contre l'Italie des souvenirs d'immoralité et de mépris qui pèsent encore sur elle.

Un seul roi en France a poussé très-loin la dissimulation : c'est Louis XI. On a voulu lui faire de ce vice de caractère une source d'habileté ; on est tombé à cet égard dans une grossière erreur. La dissimulation n'est entrée pour rien dans les succès de Louis XI ; elle l'a seulement avili. C'est, après tout, une ressource si bornée dans son étendue, qu'on ne peut s'en servir qu'une ou deux fois, surtout lorsqu'on appartient à un rang élevé. La publicité s'attachant à toutes les actions, un prince qu'un fait isolé révèle comme plein de dissimulation perd toute confiance ; on épie ses pas, ses démarches ; on les rapproche de ses discours, de ses promesses, et désormais il se trompe lui-même en croyant tromper les autres. Il y a une très-grande différence entre être impénétrable et être dissimulé : dans les gouvernements despotiques, où une parole et quelquefois la simple expression de la physionomie peuvent faire envoyer à la mort, on est maître de soi : on garde une physionomie impassible en présence de ceux qui exercent le commandement suprême ; mais de combiner un plan de dissimulation, d'en exécuter toutes les parties dans une suite d'années plus ou moins longues, voilà ce dont on est incapable. On ne pourrait trouver une dissimulation aussi bien combinée que chez les principaux dépositaires du pouvoir ; mais ils ne le gardent pas assez longtemps pour cela ; ils songent plus à jouir qu'à dissimuler. Il n'y a pas que l'habitude des cours qui porte à la dissimulation : partout où les hommes sont réunis dans un petit espace, ils se trouvent, en retour, placés dans un certain tourbillon de passions, de sentiments et d'intérêts, contre lesquels ils ont à se défendre ; de là des mesures à concerter, des premiers mouvements à réprimer : on perd d'abord toute franchise pour ne pas se faire trop d'ennemis ; puis, on tombe dans la dissimulation pour s'assurer certains avantages.

Il y a des circonstances si graves dans la vie que, pour le salut général, ou même pour celui d'un être qui lui est cher, il faut qu'un homme d'honneur réprime l'expression de ses sentiments : il les soutient donc, sans mettre à leur place l'expression de sentiments opposés ; il s'arrête sur la lisière de la dissimulation, et il y meurt au besoin. C'est par exception que les jeunes filles ou les jeunes femmes recourent à la dissimulation : il ne faut rien moins pour les y décider que le besoin de se venger d'une injure faite à leur beauté, ou celui de punir une infidélité flagrante ; dans ces deux cas, qu'elles regardent comme des crimes contre nature, elles sont à craindre : leurs coups sont d'autant plus sûrs qu'on est sans méfiance ; elles choisissent alors le lieu et la place pour frapper. Au moment où nous écrivons, la dissimulation n'est guère à la mode : les uns ne comptant que sur la force, les autres que sur l'argent, les premiers prennent quand ils peuvent, les seconds achètent quand ils veulent. La dissimulation est devenue dès lors pour nous un vice inutile, et nous ne pratiquons que ceux qui rapportent.

SAINT-PROSPER.

DISSIPATEUR, celui qui dissipe son bien. Il existe une nuance bien distincte entre le *dissipateur* et le *prodigue* : le premier est en proie à une folie, à une fièvre non intermittente qui le pousse à répandre à pleines mains son or ; le second, dans ses profusions, dans sa libéralité, vertu inconnue à l'autre, se surprend des moments de réflexion et de retour sur lui-même : l'enfant prodigue est revenu à la maison paternelle ; rarement le dissipateur y revient. Il a fallu une puissance morale à Destouches pour corriger Cléon, son dissipateur, dans la comédie de ce nom, et cette puissance, c'est l'amour si vrai, si délicat, et surtout si désintéressé de Julie : de tels exemples sont rares. Dans sa préface, Destouches peint parfaitement le caractère du dissipateur, qu'il avait longtemps étudié : « Donner pour le seul plaisir de donner, dit-il, est un charme qui ne touche point ces sortes de gens : ils ne sont prodigues que pour leurs flatteurs ou pour les ministres de leurs plaisirs, au lieu qu'un homme vraiment généreux soumet son humeur bienfaisante et libérale à la justice, à la prudence et à la raison. » Ces vers que débite Cléon, donnent une idée juste du caractère du dissipateur :

A quoi servent les biens que pour s'en faire honneur ?
Le faste nous tient lieu d'une haute noblesse ;

Les plus fiers, les plus grands adorent la richesse :
Quiconque en fait usage avec eux va de pair,
Et pour paraître grand il faut prendre un grand air.

Il y a donc une différence bien marquée entre le dissipateur et le prodigue, et même le *magnifique*, car magnificence est vertu. C'est dans ce dernier caractère, et non dans les deux autres, qu'on doit ranger César, qui, ayant déjà 32 millions de dettes, et s'épuisant toujours en libéralités, répondit à ses amis qui lui disaient : « Eh ! que vous restera-t-il donc ? » — L'espérance ! » Et sa générosité dédaigneuse envers des brigands, lequel de ces trois caractères lui donner ? Des pirates ciliciens ayant pris ce grand homme dans son trajet de Rome à Rhodes, comme ceux-ci fixaient sa rançon à 20 talents : « Vous en aurez 60, » leur répliqua-t-il fièrement. Voilà de ces libéralités sublimes communes à César, à Louis XIV, à Napoléon. Louis XIV était prodigue, dit-on, mais de ces prodigalités il nous reste des palais magnifiques, un Louvre pour nos artistes, et les Invalides pour nos braves! Ce n'est point encore là un dissipateur. Nous ne mettrons pas, non plus, Lucullus au nombre de ces caractères : immensément riche, il n'était que *fastueux*. Mais le coryphée des dissipateurs est incontestablement ce Romain glouton, cet A p i c i u s, si fier d'avoir donné son nom à des gâteaux, et qui, au rapport de Sénèque, tenait une école de bonne chère, comme Platon une école de philosophie ; il y avait dépensé deux millions et demi ; et lorsqu'il vit qu'il ne possédait plus que 250,000 fr., il s'empoisonna de peur de mourir de faim.

Nous ne placerons pas encore parmi les dissipateurs cet Athénien devenu si pauvre, Timon, appelé depuis le *misanthrope*, qui s'enfuit dans une solitude profonde, en haine des hommes, auxquels il avait prodigué en bienfaits, en services, en devoirs hospitaliers, une grande fortune légitimement acquise. Étant parvenu à s'en créer une nouvelle, il devint aussi avare et aussi dur, dit-on, qu'il avait été d'abord libéral et généreux. Cet honnête homme, puisque Pline lui donne le nom de sage, n'eût point dû tomber dans cet excès : il eût dû regarder en pitié cette race humaine ainsi faite, et l'aider encore, comme ferait de nos jours le vrai chrétien. Timon est le sujet d'une comédie ou drame de Shakspeare : elle étincelle de beautés ; on ne la lit point assez. Enfin, pour peindre en deux traits le caractère du dissipateur et du prodigue, nous nous servirons de ces deux images : le dissipateur, dans un équipage doré, avec ses jeunes chevaux mordant leurs freins blancs d'écume, sa livrée insolente derrière lui, et sa maîtresse emplumée à son côté, passe en fredonnant et plein d'indifférence devant l'hôpital, où peut-être il ira mourir, tandis que le prodigue, avec un train non moins magnifique, fait quelquefois arrêter ses chevaux devant ces hospices de la vieillesse, du malheur et des infirmités humaines, et dote en pleurant, au-dessus de ses moyens mêmes, ces tristes maisons, où il n'a pas mérité de finir ses jours ! On fuit le dissipateur ruiné : ses héritiers déçus le laissent, tandis qu'ils flattent souvent l'avare, dans l'espérance de sa succession, et cependant, tous deux sont dans la même position : le dissipateur n'a rien parce qu'il a tout dissipé ; et l'avare, nous disons l'avare dans toute la force du terme, n'a rien, parce qu'il n'use aucunement de ses biens : « Qu'il mette une pierre à leur place, s'écrie le fabuliste, et l'en aura tout autant. » Au milieu de tous ces excès, appelons à notre secours le *Est modus in rebus*, d'Horace, la modération, et le *Rien de trop*, de La Fontaine. *Ordo ducit ad Deum*, l'ordre conduit à Dieu , a dit saint Augustin.

DENNE-BARON.

DISSIPATION D'ESPRIT. Nos facultés intellectuelles jouissent de deux propriétés contraires : ou elles peuvent se concentrer par la réflexion et la méditation sur un sujet soumis à leur examen, ou elles prennent un essor divagateur sur une foule d'objets, en y jetant un coup d'œil momentané à des pensées fugitives. Ce dernier état est celui de la dissipation et d'une sorte de légèreté ou de distraction variée de l'esprit, voltigeant, comme un mobile papillon, sur les fleurs. C'est aussi pourquoi les anciens ont représenté *Psyché* (où l'intelligence) avec des ailes de papillon. Il est évident qu'on ne saurait approfondir aucun sujet dans cet état d'évaporation ; c'est , au contraire, à l'aide d'une attention suivie , constante, et même d'une méditation plus ou moins concentrée, que l'esprit devient capable de pénétrer dans l'intérieur, de développer les viscères, de percer jusqu'à la moelle dans les questions les plus abstruses ou les plus énigmatiques. Ces deux états inverses de concentration et de dissipation résultent d'ordinaire de deux dispositions correspondantes de l'économie. Prenez un jeune homme, à cet âge heureux de la croissance, de la santé, de la joie, lorsque le printemps, les plaisirs, l'appellent aux champs ou l'entraînent dans ces réunions de fêtes et de bals parmi lesquels l'esprit erre et s'enivre de mille objets divers. Adieu les livres, les pensées laborieuses creusant un problème de mathématiques, adieu les écoles et le noir pédant frappant du *pensum* l'écolier inattentif à ses démonstrations ! Ainsi, tout ce qui épanouit au dehors les facultés vitales , jeunesse, chaleur, affections dilatantes, jeux, festins, danse, ivresse, chasse, voyages, guerre, etc., dissipe les esprits, disperse les idées, appelle distraction sur distraction.

Au contraire, représentez-vous l'homme arrivé à l'âge mûr, songeant avec souci à tous les soins d'une famille nombreuse, voisine de l'indigence, appréhendant le créancier, rempli de tristesse sur un menaçant avenir, méditant enfin quelque entreprise où il s'agit de sa réputation et de sa fortune : cet homme devient rêveur, préoccupé, sombre ; nuit et jour, il est obsédé, persécuté de ses réflexions, dont rien ne saurait le distraire. Pâle, concentré dans lui-même et fuyant la société , les plaisirs , toutes ses idées l'entourent, se ramassent comme en un foyer sur l'objet qui sollicite tous ses intérêts. On demandait à Newton comment il avait découvert le système du monde : *En y pensant toujours*, répondit-il. Aussi est-ce à l'œuvre du génie s'élaborant dans les entrailles fécondes du cerveau par la concentration, tandis que la dissipation sait à peine enfanter ces productions légères qui coûtaient tant de réflexions même à Horace, méditant gravement ses plus vives folies. Sans doute, cette vie de dissipation est une existence inutile ; ses jouissances s'évaporent avec sa fortune ; l'esprit demeure jeune et toujours puéril , mais on y peut prolonger davantage sa durée. En effet, la vie pensive et concentrée use davantage, et sa gravité s'accompagne de chagrins, parce qu'elle grossit, comme une sorte de microscope, les objets et les maux de la société. La dissipation est insouciante. On voit de vieux fous dissipateurs, riant sous leurs haillons, et cherchant de joyeux compagnons de leur délire ; ils n'ont d'autre peine que de s'empêcher de réfléchir ; ils s'étourdissent sur tout, et se jettant à travers le monde , car la solitude les effraie. Ainsi, les jeux ont été inventés pour nous délivrer de l'ennui de penser ; ainsi l'opium chez les Turcs, le haschisch chez les Arabes, la bangue chez les Persans, le vin et les spiritueux parmi les Européens, la fumée du tabac trouvée par les sauvages, sont des procédés de dissipation contre les idées noires et les réflexions amères ; cela console le nègre esclave, comme la musique délasse une odalisque enfermée dans son harem. Sans des rêves de béatitude céleste ou d'ambition mondaine, comment le moine eût-il trouvé des dissipations supportables entre les murs de son cloître ? Heureux les bénédictins, qui multipliaient leurs in-folio et copiant de vieilles chroniques ! La vie ne peut que s'engourdir dans une absolue uniformité ; il lui faut diversité , *dissipation*, son comme régime habituel, mais comme assaisonnement nécessaire.

J.-J. VIREY.

DISSOLUTION (*Chimie*). Ce mot signifie dans le langage du chimiste l'opération dans laquelle un liquide, sans perdre sa liquidité, forme avec un autre fluide, ou même avec un corps solide, un tout homogène. Le résultat s'appelle une *solution*, qui, selon la nature du véhicule, c'est-à-dire du *dissolvant*, prend l'épithète d'*aqueuse*, d'*alcoolique*, etc. Telles sont les eaux sucrées, salées, acides, etc., et les alcoolats résineux, alcalins, acides et autres. Cependant, si le corps *dissous* a changé de nature par l'action du véhicule, il n'y a plus *solution*, mais *dissolution*. C'est en ce sens que l'on dit la dissolution de l'argent dans l'acide nitrique, du zinc dans l'acide sulfurique, et en général des métaux dans les acides : effectivement, dans la première, l'argent se trouve à l'état de nitrate ; or, le nitrate d'argent se compose d'acide nitrique et d'oxyde d'argent ; dans la seconde se trouve le sulfate de zinc, formé d'acide sulfurique et d'oxyde de zinc. C'est donc parce que le zinc, l'argent et les métaux en général se combinent à l'oxygène avant de se dissoudre dans les acides que l'on donne le nom de *dissolutions métalliques* aux liquides qui résultent de l'action d'un acide sur un métal. COLIN.

DISSOLUTION (*Médecine*). Dans les sciences médicales, on a recours à ce mot du langage chimique, tantôt pour exprimer l'altération sous forme liquide des humeurs plastiques de l'organisme, et tantôt pour signifier l'état dans lequel ont dû se trouver les molécules très-solides de certaines parties du corps, qu'on voit disparaître complétement, soit dans l'état sain, soit dans celui de maladie. Dans les écrits des médecins humoristes et dans le langage vulgaire, on entend par *dissolution du sang* la diminution de sa consistance et non sa décomposition ni sa putréfaction.

En physiologie, il convient de constater la dissolution des substances salines et organiques dans l'eau, qui entre en proportions considérables dans la composition des fluides nutritifs circulants et de ceux qui en sont émanés. Sans cette dissolution préalable, on ne saurait concevoir la formation des solides vivants qui reçoivent les noms de *tissus* plus ou moins denses, plus ou moins charnus ou pulpeux, ni celle des *concrétions* calcaires ou cornées qui prennent les formes de *dents*, *plaques*, *dards*, *opercules*, *coquilles*, *test*, *poils*, *piquants*, *plumes*, *cornes*, *épidermes*, *écailles*, etc., ni celle encore de tous les *calculs* salivaires, biliaires, etc., etc. Les matériaux de toutes ces parties, ayant existé primitivement sous forme liquide, étaient nécessairement dissous dans des fluides plus ou moins spécialisés. Il faut de plus admettre une deuxième sorte de *dissolution* dans les humeurs de l'organisme. Celle-ci se manifeste lorsque la racine des dents de la première dentition, ou certaines parties du squelette situées au voisinage d'une tumeur anévrismale diminuent de volume et disparaissent entièrement. Dans ces deux cas, les molécules solides de la dent et des os sont préliminairement dissoutes dans des liquides et résorbées dans cet état.

La digestion stomacale, selon Spallanzani, résulte de la dissolution des aliments par un suc particulier auquel il a donné le nom de *suc gastrique*. L. LAURENT.

DISSOLUTION (*Morale*). Ce terme exprime un état de relâchement ou d'affaiblissement tel, au physique comme au moral, que le corps ou le caractère a perdu toute consistance, toute cohésion, dans ses parties, soit dans ses sentiments. En chimie, les sels se dissolvent dans l'eau, les résines dans l'alcool, les corps gras dans l'huile, etc. : tous disparaissent dans ces menstrues. En morale, ce sont non-seulement les organisations humaines qui s'énervent et se fondent par des jouissances dissolvantes, mais les délices portent leurs ravages jusque dans les âmes qui s'y abandonnent sans mesure, ou les préparent à toutes les corruptions. La cause première des dissolutions vient ainsi de la facile liberté de se précipiter dans tous les genres de voluptés auxquelles notre constitution plus sensible, plus nerveuse, plus expansive que celle des animaux, nous entraîne. Aussi l'homme se montre-t-il, parmi toutes les races d'êtres, le plus corruptible, le seul qui présente tant d'exemples honteux de dégradations physiques et morales, en même temps que des marques sublimes de sa supériorité et de son génie, comme l'a si bien signalé Pascal, en le qualifiant de *monstre incompréhensible*. Il ne faut pas considérer seulement l'effet de la dissolution par toutes les *débauches* comme abâtardissant, efféminant le corps, rompant les forces et le courage, mais surtout par le genre de dégradation intellectuelle et morale qui en est l'inévitable résultat. Il est évident, par exemple, que les romans les plus immoraux d'un marquis de Sade, et les épouvantables *dissolutions* d'un Tibère à Caprée, d'un Caligula, d'un Néron, d'un Héliogabale à Rome, ou de la famille Borgia, étaient accompagnés d'attentats infâmes et de cruautés infernales. Ce furent des fous, dit-on : nous savons que de notre temps on aime à mettre sur le seul compte des monomanies, des dérangements de l'organe cérébral toutes les turpitudes, toutes les atrocités, pour les soustraire à des jugements redoutables. Cependant, personne ne peut méconnaître combien la volonté, aidée dès l'enfance par les heureuses accoutumances d'une éducation sévère et vertueuse, devient capable de refréner les plus détestables penchants, et combien, au contraire, on ajoute à leur empire, en y cédant sans cesse, jusqu'à les rendre presque irrésistibles. Alors on accuse la nature lorsqu'on a été soi-même la cause de sa propre *dissolution*.

Parmi les causes spéciales de la dissolution individuelle, il faut compter en première ligne le *tempérament*, qui peut être plus ou moins luxurieux ou disposé aux abus de la volupté, surtout par l'ardeur du jeune âge. Ainsi, les complexions dites nerveuses, éminemment excitables, si la nature les a dotées d'immenses désirs ou de passions violentes, comme Mirabeau, seront transportées par la fougue de leur tempérament dans tous les excès. On a demandé si le sexe féminin était plus sujet aux débordements que les hommes, et on a cité les prostituées. On a dit qu'une fois que la femme a transgressé les limites de la pudeur, elle ne connaît plus de frein désormais à ses passions, et que, si le sexe n'était point retenu par les lois sévères de l'honneur, il se précipiterait beaucoup plus profondément dans toutes les immoralités que l'homme lui-même, puisque la femme a des nerfs plus sensibles et une raison moins rassise, moins résistante. Si ces exemples sont réels en effet pour certaines femmes, et s'il y a des Messalines, on ne saurait toutefois méconnaître que la plus grande partie des femmes, autant par la retenue que leur imposent les lois de la décence publique, que par la crainte d'avoir des enfants, témoins et victimes de leur déshonneur, et même par un tempérament froid chez beaucoup d'entre elles, se montrent moins vicieuses et moins profanatrices que l'homme, bien que la nature ne les ait point affranchies de vifs désirs. Cependant, la sorte de sagesse que consomment la plupart d'entre elles n'en devient que plus méritoire. Il faut ajouter que l'on se résigne davantage à la chasteté tant qu'on n'a point goûté encore les jouissances. D'ailleurs, la complexion humide, muqueuse, pâle, inerte, de beaucoup de jeunes filles élevées à l'ombre des pensionnats, loin des images enivrantes et luxurieuses que la société, les bals, les spectacles et les fêtes suscitent, les préservent de cette funeste provocation aux dissolutions, si fréquentes au contraire parmi les jeunes gens du grand monde. Mais ce n'est pas d'ordinaire la jeunesse qui incline le plus aux dissolutions. Satisfaite des plaisirs simples de la nature, elle peut multiplier ses jouissances sans la dégrader. C'est, au contraire, l'âge avancé qui aspire à s'affranchir, par tous les honteux suppléments de la dissolution, d'une impuissance souvent prématurée, résultant des abus du jeune âge :

Repperit obscaenas veneres vitiosa libido.

Il lui faut tous les excitants, tous les ragoûts nouveaux pour solliciter son ardeur éteinte. On remarque, de plus, que les individus efféminés et comme fondus dans la débauche, recherchent surtout les dissolutions nouvelles.

Viennent ensuite les *nourritures* qui favorisent plus ou moins le penchant aux dissolutions, car il y a des aliments de volupté ou qui enflamment les passions. Indépendamment des liqueurs spiritueuses, allumant les sens, il existe des préparations qui portent leur activité spéciale sur les fonctions de l'appareil reproducteur, et qui peuvent même attenter par une sorte de violence à la pudicité. Les Orientaux réclament ce genre de remède, contre leur énervation, de la science de tous les médecins d'Europe qui voyagent dans le Levant : ils paient au poids de l'or les aphrodisiaques et se restaurent des plus puissants analeptiques. Ils savent unir aux compositions d'opium les aromates et les stimulants les plus énergiques des insectes vésicans contre l'inertie de leurs organes flétris et indociles par épuisement.

Les *conditions humaines* de nos sociétés sont inégalement exposées aux causes de dissolution morale. Il est manifeste que le pauvre, dans son dénuement, obtenant à peine de quoi se substanter, obligé de gagner son pain quotidien par un travail opiniâtre, arrachant sa famille à la misère par la fatigue, ne possède ni les moyens ni le loisir de se corrompre dans les voluptés. L'opulent, au contraire, du sein de l'abondance et des superfluités, ne sait que faire de ses richesses et de ses loisirs ; par un penchant facile, il est enclin à en abuser pour ses jouissances ; il séduit sa servante ou son esclave, et convole sans cesse de conquêtes en conquêtes. La facilité, puis le dégoût de ses triomphes, devient bientôt une nouvelle cause de fureur abandon pour des erreurs plus vicieuses encore. Afin de reconquérir son maître inamusable, l'esclave aspire à inventer des jouissances plus raffinées, et ainsi la corruption gangrène plus profondément les âmes. Tel est encore l'effet de la polygamie, qu'il en résulte le dégoût même du sexe chez les peuples d'Orient et d'Asie. Partout où la femme devient marchandise achetable, elle perd de son prix moral, puisqu'on ne peut acquérir que son corps ; ce n'est plus, en quelque sorte, que l'union des cadavres, lorsque l'amour disparaît par l'absence des âmes. On cherche en vain le bonheur au milieu des dépravations les plus inouïes : le physique ou la matière ne saurait le donner. Ainsi, les dissolutions se ruinent elles-mêmes, car la félicité véritable ne peut être séparée de l'innocence et de la vertu.

D'ailleurs, si les hauts rangs de la société, par l'affluence des plaisirs dans lesquels ils sont souvent plongés, se sollicitent et s'énervent, les classes infimes qu'on a qualifiées de *prolétaires*, souvent entassées en des réduits obscurs, dans un pêle-mêle des différents sexes, réunies par une misère commune au sein des ateliers, des manufactures, ne trouvent pas d'autres jouissances qu'à s'abandonner sans frein, avec insouciance, à leurs instincts physiques. Il règne souvent entre eux cette promiscuité illimitée, dédommagement naturel et spontané de leur infortune. Voyez aussi quel triste ramas d'individus en sortent, également flétris par la dissolution la plus dégoûtante et par l'indigence ; ils manquent souvent de pain, et ils emploient leur pécule à l'ivresse ; les filles se livrent à la prostitution du premier venu, et souvent, mal nourries, mal défendues contre le froid, le chaud, sous des vêtements dégueniilés, sous la malpropreté, elles donnent le jour à de misérables avortons, rabougris, rachitiques, difformes, qui remplaceront un jour leurs parents sous le même joug de disette et de dépravation. Tels en à dépeint les *canuts* de Lyon, les ouvriers des filatures en Angleterre et toutes ces victimes de la glèbe industrielle moderne. Les chefs d'ateliers, nouveaux seigneurs féodaux, s'attribuent souvent le droit de cuissage et de jambette sur les serfs de leurs fiefs manufacturiers ; aussi les villes les plus commerçantes sont-elles les plus dissolues par le bon marché de ces sortes de jouissances. Mais si l'aristocratie, comme les derniers rangs de la démocratie, se perd dans l'abus des plaisirs, la première parce qu'elle en a trop, les derniers, parce qu'ils les mendient avec une avidité brutale, les classes moyennes se restreignent en de plus justes limites : d'ordinaire, on trouve le plus de vertus sociales et de moralité, de force, parmi elles. Le riche, s'il se marie, prend souvent encore des maîtresses ; le pauvre, restant célibataire faute de moyens de nourrir une famille, vit dans le concubinage ; ces circonstances deviennent ainsi des sources permanentes de dissolution.

Si nous passons maintenant aux causes générales de dissolution chez les nations, nous trouverons en première ligne les *climats chauds*. Un fait constant, manifesté sur tout le globe, est l'influence du climat sur la dépravation morale des peuples. Personne n'ignore que les saisons ardentes, même dans nos contrées, excitent davantage les sexes aux jouissances ; car les fastes judiciaires, par exemple, enregistrent un plus grand nombre de viols en été qu'en hiver, dans les campagnes. On a célébré de tous temps la renaissance du printemps et de la chaleur comme l'époque de la résurrection des amours chez tous les êtres, tandis que la froide saison des frimats engourdit la nature. Aussi les peuples des régions glaciales passent-ils pour tellement insensibles, que plusieurs, encore aujourd'hui, sous les cieux polaires et en Sibérie, n'ont pas de jalousie, et offrent même leurs filles ou leurs femmes aux voyageurs. Il n'en est pas ainsi des contrées ardentes de la zone torride, pays des sérails et harems, où les femmes gémissent enfermées par une sévère jalousie sous la garde des eunuques, et où cependant les fureurs de l'amour bravent tous les obstacles au péril de la vie. C'est aussi le pays de la polygamie, usage qui devient l'un des plus puissants obstacles à l'établissement du christianisme monogame ou donnant la liberté au sexe féminin. Dans les états au sein desquels les femmes sont le moins esclaves, comme en Chine et au Japon, on accorde une facile dissolution aux individus ; car ces états sont peuplés d'une infinité de prostituées qui arrêtent les hommes sur toutes les routes et dans toutes les rues ; les infortunés, produit de ce commerce impur, exposés chaque matin sur les places publiques, sont enlevés dans des tombereaux ou précipités dans les eaux, ou même dévorés par des troupes de corbeaux et de chiens immondes. En Afrique, les nègres vivent librement avec plusieurs femmes, comme celles-ci peuvent passer à d'autres maris ; on vend les enfants aux Européens pour la traite, et même les Yolofs, les Mandingos, s'imaginent que c'est pour les manger, ce qui ne les empêche nullement de s'en débarrasser au prix de quelques bouteilles de rhum. Toutefois, il faut l'avouer, le nègre s'abandonne avec transport aux plaisirs ; mais il ne les corrompt guère par des raffinements infâmes ; il n'en trafique point honteusement, et il se contente d'obéir à la nature.

Il est certainement des *religions* plus accessibles à la dissolution que d'autres. Les écrits des premiers Pères de l'Église et les livres des anciens philosophes moralistes ont assez fait retentir dans l'univers tous les débordements infâmes que le polythéisme ou l'idolâtrie permettait aux peuples vivant sous ce culte. La personnification de la puissance reproductrice de la nature sous les emblèmes de Vénus et de Cupidon, ou des plus obscènes encore, tous les mystères scandaleux de Cybèle et d'Astarté, toutes les fêtes saturnales, lupercales, dionysiaques, etc., où l'on promenait des symboles honteux, et que les anciennes romaines, autrefois si pudiques, étaient chargées de couronner publiquement ; lorsque la première fleur de la virginité devait être consacrée aux prêtres de ces impudiques divinités, est encore salué dans l'Inde et porté sur le front comme le caractère sacré du salut par les femmes, lorsque des bayadères ou *mongami*, à l'usage de tous les hommes, s'étalent sous les portiques des pagodes de Vishnou et de Siven dans l'Hindoustan, lorsque les Babyloniennes venaient gagner leur dot avec les étrangers dans les temples de l'Assyrie, lorsque la stérilité, le célibat, le veuvage étaient des vices, lorsque enfin des dévotes égyptiennes se prostituaient même au bouc sacré de Mendès, il est permis de croire que le polythéisme grec, égyptien, hindou, le sabéisme et le parsisme furent des religions de dissolution pour la race humaine. Le mahométisme, promettant un paradis de jouissances avec les houris, et accordant la pluralité des femmes, livre également les peuples à leurs penchants voluptueux. Il n'en est point ainsi du christianisme, religion de perfectibilité morale, rendant la monogamie indissoluble dans son lien; religion d'égalité entre les sexes, et ainsi de liberté, de respect mutuel des droits; c'est pourquoi elle est la seule qui condamne l'abus des jouissances, qui maintienne l'homme, au physique et au moral, dans sa vigueur première, dans la plénitude de ses facultés. Voilà, en effet, ce qui rend les nations chrétiennes plus pures, plus courageuses, plus entreprenantes, plus industrieuses, ce qui leur a fait conquérir le sceptre du pouvoir sur toutes les autres nations du globe, efféminées, abâtardies, avilies par cette énervation d'immoralité dès leur enfance.

Par la même cause, les nations les plus adonnées à la dissolution physique et morale deviennent lâches, faibles, timides, incapables de supporter le fort régime de la liberté. Ces antiques républiques si célèbres de la Grèce et de Rome, tant que la corruption des mœurs n'eut pas pénétré dans leurs institutions, conquirent le monde par leurs armes et par leur génie; mais bientôt, fondues dans le luxe et les vices les plus honteux, elles se virent subjuguer par une poignée de guerriers chastes et intrépides des races germaniques et hunnique du nord de l'Europe et de l'Asie. Par une réaction analogue, les gouvernements despotiques, enlevant aux peuples toute participation aux droits politiques, refoulent la vie des individus vers les jouissances matérielles. C'est ainsi qu'Alexandre, voulant asservir les peuples féroces, les convia aux habitudes du luxe. Toujours on a détourné vers les plaisirs, vers les spectacles, les repas, et surtout vers les dissolutions sexuelles, l'attention publique, quand on a voulu perdre la liberté; c'est ainsi qu'on donnait à la plèbe romaine *panem et circenses*; César enivra de ces plaisirs la populace. Telle est l'influence d'un gouvernement despotique que, même sous un climat froid, si favorable à la liberté comme à la pureté des mœurs, on a dit que la Russie était *pourrie avant d'être mûre*. Après le meurtre de Néron, le sénat romain mit en délibération s'il fallait rétablir la république: un avis unanime s'éleva pour constater que, dans l'immense corruption des mœurs et l'état de dissolution nationale de l'empire, il était désormais impossible de rassembler les éléments d'une solide liberté. En Amérique, les États-Unis se défendent contre l'envahissement de l'immoralité, et lors même qu'il n'y a plus de foi religieuse, subsiste le respect des mœurs évangéliques parmi les vieux puritains et les descendants du vénérable Penn; ils ne permettraient pas qu'on fît scandale de vices et mépris de la religion. Ceux-ci connaissent donc bien mal notre siècle et les nations *si avancées* (dirons-nous si démoralisées?) de l'Europe moderne, qui prétendent construire des républiques. Celles-ci ne peuvent subsister sans mœurs. Venise aristocratique, au milieu de ses voluptés, ne se maintenait que par la terreur de ses inquisiteurs d'état ou de son conseil des Dix. Qui pourrait donc repétrir des nations aujourd'hui privées de croyance morale et religieuse, qui n'ont d'autre dieu que l'or, avec le pouvoir et les jouissances? Comment faire respecter les lois de la morale et de la vertu au milieu de leur mépris universel? La force seule désormais devient le refuge de stabilité pour les sociétés, et toute dissolution est inhérente au despotisme. J.-J. VIREY.

DISSOLVANT. On donne généralement ce nom à un liquide capable de détruire la cohésion d'un corps, et de s'interposer entre ses molécules. Le dissolvant n'agit pas seul quand il fait partager sa liquidité à une autre substance solide; l'attraction est réciproque entre le corps dissous et le dissolvant.

En médecine, on emploie assez fréquemment des substances auxquelles on donne le nom de *fondants* ou de *dissolvants*; ce sont principalement des matières alcalines et caustiques, des oxydes, du savon, des sulfures alcalins et ferrugineux, des eaux imprégnées de gaz hydrogène sulfuré, etc. Ce n'est que par une analogie forcée qu'on leur donne le nom de *dissolvants*; car il est facile de voir que leur action, très-énergique, il est vrai, sur les corps organisés, n'est cependant pas celle qui se passe quand on met en contact de l'eau et un corps cristallisé, du sel ou du sucre par exemple. Ici, il y a union de molécule à molécule : là il y a excitation de l'action vitale, excitation poussée quelquefois si loin qu'elle va jusqu'à la destruction de la partie. Ainsi, sans attacher de l'importance à la dénomination de ces substances pharmaceutiques, le médecin fera bien de les étudier avec soin; car il peut en tirer très-bon parti pour faire disparaître des tumeurs, des engorgements des glandes lymphatiques ou des viscères abdominaux, tandis que leur administration intempestive peut être très-pernicieuse. Depuis une vingtaine d'années, on a introduit dans la thérapeutique une substance qui a produit de très-grands résultats dans le traitement de ces maladies : c'est l'iode, donné sous toutes les formes, et regardé par les médecins comme le moyen le plus propre à combattre ces engorgements, qui semblent tenir au manque d'activité de certains organes.

A cette époque où la chimie était encore entravée par toutes les idées chimériques des alchimistes, on a cherché avec une opiniâtreté merveilleuse des liquides capables de dissoudre, sans exception, tous les corps de la nature : tel était le problème du *dissolvant universel*. Paracelse le premier prétendit avoir trouvé la substance tant désirée et la nomma *alcahest*. Bientôt après, des hommes très-habiles d'ailleurs, tels que Van Helmont, Glauber, etc., eurent chacun un dissolvant universel. Les progrès de la chimie ont fait justice de toutes ces rêveries. N. CLERMONT.

DISSONANCE (*Musique*). Ce mot, formé de la particule grecque δίς, deux fois, et du verbe latin *sonare* sonner, résonner, signifie littéralement, qui sonne double ou deux fois. On l'emploie pour désigner, en général, tout intervalle désagréable à l'oreille, et particulièrement, en composition, les notes frappées sur un accord qui leur est étranger. Il est de rigueur dans l'école que toute dissonance pour être permise, doit être *préparée* et *résolue*, et non pas sauvée, ainsi qu'on le disait autrefois. Préparer une dissonance, c'est faire entendre la même note comme consonnance dans l'accord précédent; *résoudre* une dissonance, c'est la faire descendre diatoniquement sur une consonnance.

Exemples :

ut	ut	si		ut	ré	sol
6	7	3		3	2	6
mi	ré	sol		ut	ut	si

Les dissonances sont : la seconde, la quarte lorsqu'elle frappe contre la basse et qu'elle est accompagnée de la quinte (*voyez* CONSONNANCE), la septième et la neuvième. Celle-ci n'est pas le renversement de la seconde, ainsi que le dit J.-J. Rousseau : c'est le seul intervalle qui ne puisse se renverser. Au reste, il est un moyen facile de les distinguer l'une de l'autre. Quand la dissonance est à la partie supérieure, c'est une neuvième, lors même qu'elle serait rapprochée de la basse à un intervalle de seconde.

Exemple :

	ré	ré	ut
	3	9	8
	si	ut	ut

Au contraire, quand la dissonance est à la basse, c'est une seconde, lors même qu'elle serait à la distance d'une neuvième.

Exemple : *fa mi mi*
3 2 3
ré ré ut

Au surplus, si dans la musique moderne les dissonnances ne sont pas *préparées*, elles sont presque toujours *résolues*.
F. BENOIST.

DISSONANCE (*Grammaire, Rhétorique*). Ce terme est emprunté à l'échelle musicale, mais peu usité. On le dit d'un mot dur, ou plutôt de la réunion de plusieurs syllabes dures, qui sonnent mal ou faux à l'oreille, comme dans ce vers si ridiculement célèbre de Lemierre, où il est parlé de la lanterne magique :

Opéras à roulette et qu'on porte à dos d'homme.

Voilà une véritable dissonance ou *cacophonie*; mais il y a des cas où le poète, le prosateur même, ainsi qu'un habile symphoniste, *sauve* avec art une ou plusieurs dissonances dont il fait une beauté : tel est ce vers de Virgile, qui peint la dureté du fer et le bruit de la scie :

At ferri rigor atque argutæ lamina serræ.
Et la rigueur du fer et le cri de la scie

Les dissonances deviennent alors de vraies onomatopées. Il y a, en outre, des dissonances de style, comme il y en a de mots. Le style *dissonant* est celui qui ne peint pas les objets avec les couleurs convenables. Nos grands poètes français, à l'exemple des Grecs et des Latins, évitaient toutes dissonances avec un soin scrupuleux ; mais la nouvelle école poétique, loin de les fuir, les recherche : elle s'en fait même un trophée, oublieuse qu'elle est qu'en Grèce tout poète était musicien.
DENNE-BARON.

DISSYLLABE (du grec δίς, deux fois, et συλλαβη, syllabe). On appelle ainsi tout mot qui n'a que deux syllabes : *ver-tu* est dissyllabe. Dans la poésie grecque et dans la poésie latine, il y a des pieds dissyllabes : tels sont le *spondée*, l'*iambe*, le *trochée*, le *pyrrhique*.

DISSYLLABIQUE (de δίς, deux, et συλλαβη, syllabe), vers composé de deux syllabes ou dont tous les mots sont formés de deux syllabes.

DISTANCE. En géométrie, la distance de deux points est le plus court chemin de l'un de ces points à l'autre, c'est-à-dire la longueur de la portion de ligne droite dont ces points sont les extrémités. La distance d'un point à une ligne ou à une surface est mesurée par la normale abaissée de ce point sur cette ligne ou cette surface : c'est dont encore le plus court chemin. Si deux droites sont parallèles, comme tous les points de l'une sont à égale distance de l'autre, cette distance constante est regardée comme étant celle de deux parallèles. Quand deux droites sont concourantes, il n'y a pas lieu à considérer leur distance. Mais si l'on a deux droites non situées dans un même plan, on sait que l'on peut toujours leur mener une perpendiculaire commune et qu'on n'en peut mener qu'une seule ; la partie de cette perpendiculaire comprise entre les deux droites en est dite la *plus courte distance*. Ne serait-il pas plus logique de lui donner simplement le nom de *distance?*

La mesure des distances à la surface de la terre forme une des parties de la géodésie. Quand il s'agit de trouver la distance de points inaccessibles, on arrive au résultat à l'aide de formules trigonométriques. L'astronomie, s'appuyant en outre sur les lois de Képler, est parvenue à déterminer exactement les distances des différentes planètes au soleil : chacune de ces distances se distingue en *distance aphélie*, *distance périhélie* et *distance moyenne*; cette dernière est une moyenne arithmétique entre les deux autres.

La *distance apparente* de deux astres est l'arc de grand cercle compris entre eux sur la sphère céleste : elle reçoit aussi le nom de *distance angulaire*, parce que l'arc intercepté entre les deux astres mesure l'angle formé par les rayons visuels qui vont de l'œil de l'observateur à chacun d'eux.
E. MERLIEUX.

DISTANCE, DISTANCER. Ces termes, qu'on emploie souvent à l'occasion des courses de chevaux, nous semblent avoir besoin de quelques explications, le langage du *sport* n'étant pas à l'usage de tout le monde. On dit d'un cheval qu'il a été *distancé* dans une course, quand il arrive de manière à ne pas obtenir de numéro d'ordre dans la série des chevaux qui vont disputer le prix de la vitesse. Exemple : cinq chevaux courent : *Georgina*, *Albatros*, *Alphen*, arrivent les premiers, et reçoivent les numéros 1, 2, 3; *Eugène* et *Adolphine* n'arrivent qu'après; ils ont été *distancés* : on leur met un zéro. En Angleterre, un cheval est *distancé* selon l'espace. A quelque 30 mètres du poteau d'arrivée, on voit un *poteau de distance*. Tout cheval, non arrivé à ce poteau au moment où le premier cheval arrive au but, est *distancé*. Vu l'impossibilité où se trouve le juge de voir à la fois deux chevaux sur deux points différents, ce mode donne lieu de à fréquentes erreurs. Dans une course nombreuse, le juge désigne arbitrairement les chevaux qui méritent d'être classés parmi les concurrents, et *distance* les autres. De là tant de paris singuliers qui ont un si grand charme pour les *gentleman* de la Grande-Bretagne. En France, dans les courses, un cheval qui n'arrive pas au but moins de dix secondes après le premier, est *distancé*. Tout cheval *distancé* perd ses droits :
1° à concourir à la manche suivante dans les courses à plusieurs épreuves ; 2° à gagner le prix dans les cas où tous ceux qui arrivent avec un numéro seraient exclus de la lice pour fraude, disqualifications, perte de poids, etc. Tout cheval qui arrive sans un poids, qui heurte ou coupe un adversaire, etc., est *distancé* par le juge, c'est-à-dire qu'il est privé des droits attachés à un numéro d'arrivée.
CHAMPAGNAC.

DISTANCES SOCIALES. On peut étudier avec soin toutes les formes de gouvernement, rapprocher entre elles celles qui présentent le plus de contrastes, et l'on arrivera droit à cette conviction, que partout, entre citoyens d'un même État, règnent des distances à l'infini. On a cru trouver là une injustice, un mal auquel philosophes et législateurs ont à l'envi cherché un remède ; par suite, ils ont aussi réussi quelquefois à opérer une révolution qui, à son tour, a produit une anarchie générale, au milieu de laquelle toutes les distances ont disparu un instant. Mais, comme un pareil état ne peut durer, au retour de l'ordre les distances se sont recréées d'elles-mêmes, et ont repris insensiblement leur premier empire. Depuis soixante-cinq ans, on est tombé en France à diverses reprises dans une grossière erreur : on a voulu, par des institutions politiques ou des lois civiles, combler certaines distances. On tentait l'impossible, on a donc échoué. Les institutions politiques peuvent accorder des droits, les lois civiles régler des intérêts, mais il n'y a que la considération publique qui ait le pouvoir d'établir et de juger tout ce qui concerne les distances ; or, cette même considération est le résultat des mœurs d'une nation, et tient à une foule de circonstances qu'on ne peut pas toujours apprécier. Les événements, de leur côté, viennent sans cesse déranger l'équilibre que le raisonnement s'efforce d'établir ; et, en définitive, ce sont toujours les faits qui restent victorieux.

Quelle plus grande distance au monde que celle qui existe entre l'officier de marine et son matelot, l'officier de terre et son soldat! Voilà qui vous est odieux : coupez le mal à la racine, vous n'aurez plus ni marine ni armée ; on viendra vous attaquer dans votre indépendance ; vous ne serez plus un peuple ; on vous dépouillera de votre nationalité. Allons plus loin : les hommes seraient tous aussi moraux les uns que les autres, qu'ils seraient encore classés suivant l'étendue de leur intelligence. Promettre aux peuples de niveler les rangs, de faire disparaître les distances, c'est donc les tromper ; car, ne restât-il que la force physique, elle suffirait à elle seule, dans les moments de crise ou de péril, pour constituer une distance prodigieuse. C'est l'expérience, au reste, qui doit trancher une pareille question : eh bien ! l'histoire prouve que des distances ont toujours existé entre les citoyens d'une même patrie, et qu'elles n'ont quitté une forme que pour reparaître sous une autre : c'est la condition vitale de toute société ; sachons nous y résigner.

Maintenant, ce qui est juste, ce qui est raisonnable, c'est que toutes les distances puissent être franchies par le talent, et qu'il soit permis à chacun d'arriver aussi haut que le méritent ses services ; vouloir faire un pas de plus, c'est tomber dans l'absurde : le surplus, c'est-à-dire le règlement des distances, est, nous le répétons, affaire de considération publique et de mœurs. Mais en ceci, comme en toute autre chose, la mesure est de rigueur, et il importe de fuir les deux extrêmes. Ainsi, dans l'Inde, où toute la population est irrévocablement divisée en castes dont on ne peut jamais sortir, il y a une immobilité qui, datant d'un nombre infini de siècles, explique cette éternelle enfance où végètent les sectateurs de Brahma. Dans les pays, au contraire, où l'on veut combler toutes les distances, ce sont les troubles perpétuels au milieu desquel expire la civilisation : pour qu'elle fleurisse, il faut des stimulants à l'émulation générale ; et le plus énergique de tous, c'est la possibilité, en partant du bas de la société, de pouvoir atteindre à ce qu'elle a de plus haut. Sans doute, ce sera là un fait rare, une exception ; mais le principe en lui-même n'en sera pas moins reconnu, et, après tout, c'est l'essentiel.

A l'éducation seule est donné d'établir la plus prodigieuse des distances ; entre l'homme qui a été bien élevé et celui qui a été abandonné à lui-même, nul rapprochement n'est possible : l'un n'aborde ou ne touche l'autre que pour le faire souffrir ; sans mauvaise intention, il le blesse à chaque minute dans sa délicatesse personnelle ; puis, quel agrément trouver avec qui même ne peut nous comprendre? Donnez aux classes inférieures un commencement d'éducation, leurs manières s'adouciront, et tout doucement elles atteindront le niveau général. Il n'en est pas de même des classes intermédiaires, qui, sans être sur un pied complet d'égalité avec les classes supérieures, ont avec elles des rapports d'affaires ou d'agrément journaliers. Comme des deux côtés on a reçu la même éducation, les sensations sont identiques ; la sensibilité, la fierté, la susceptibilité sont absolument semblables. Dans une foule de circonstances, cependant, les distances se font sentir, et elles produisent un véritable déchirement de cœur, surtout pour les femmes. Ajoutons que celles qui ont de la naissance, mais qui sont dépourvues de beauté ou de fortune, ont toujours à leur disposition cette arme redoutable, et qu'elles peuvent s'en servir à volonté. Bref, ce sont des coups qui, répétés, rendent aux femmes la vie insupportable. Les écrivains et les artistes sont dans la même position : admis dans la plus haute société, il faut qu'ils se soumettent à l'empire des distances ; c'est un joug qu'ils portent avec impatience, et que ne peut briser tout le poids de leur gloire. L'irritation que les femmes, les écrivains et les artistes ont ressentie dans ce genre, a été un des véhicules les plus actifs de toutes les révolutions ; car, dans leur cause, ils ont eu bientôt enrôlé l'opinion publique, et c'est là qu'elle était souveraine. SAINT-PROSPER.

DISTELI (MARTIN), l'un des plus ingénieux caricaturistes de l'époque, est né en 1802 à Olten, dans le canton de Soleure. Destiné à la carrière administrative, il alla terminer à l'université de Iéna des études commencées à Lucerne ; et déjà il s'était rendu célèbre à cette époque par les piquantes caricatures qu'il avait composées à propos de ses relations personnelles ou des affaires publiques. Deux dessins de ce genre, qu'il exécuta sur les murs de la prison universitaire de Iéna, produisirent une telle sensation que, par ordre du grand-duc, la prison fut fermée, afin qu'on pût conserver ces admirables débauches d'esprit. Plus tard, il se distingua par des œuvres plus artistiques. C'est ainsi que les dessins qu'il a fournis pour une édition des Fables de Frœhlich sont remarquables par la gaieté la plus naïve, par l'*humour* tout artistique qui les anime. Plus tard, Disteli s'adonna plus particulièrement à la caricature politique, et il y trouva à exploiter une mine d'une richesse inépuisable. Toutefois, si son crayon hardi et spirituel excitait un rire franc, il lui suscita aussi bien des haines et bien des ressentiments, car il ne ménageait personne. Sous ce rapport, nous devons surtout mentionner l'*Almanach suisse illustré*, qu'il publia à partir de 1839 à Soleure. En 1841, il y donna 16 planches gravées pour l'édition des *Aventures du baron de Munchhausen*. Disteli mourut à la fleur de l'âge, le 18 mars 1844, à Soleure.

DISTENSION (en latin *distensio*, de *distendere*, composé de la particule augmentative *dis*, et de *tendere*, tendre). D'après cette étymologie, la distension serait l'action de tendre considérablement, ou l'état des corps qui éprouvent actuellement une tension violente. On l'a aussi définie, en langage usuel, action d'étendre quelque chose brusquement et avec beaucoup de force. On faisait jadis subir des tortures qui se donnaient par la *distension des membres*.

Ce mot était employé en médecine dans plusieurs acceptions : on s'en servait pour désigner souvent les pandiculations, c'est-à-dire les extensions, les tiraillements des membres, qui accompagnent fréquemment le bâillement. Lorsque, pour compliquer l'action nerveuse, on considérait les nerfs comme des cordes élastiques susceptibles de vibrations depuis leurs extrémités jusqu'à l'encéphale, on admettait que ces organes étaient plus ou moins tendus, et que dans les maladies douloureuses et convulsives il y avait *distension des nerfs*. Toutes les affections morbides chirurgicales ou médicales, caractérisées par l'afflux des humeurs qui déterminent le gonflement et la tuméfaction des tissus plus ou moins irrités, produisent la *tension*, la *tumeur* de ces tissus, et la distension des parties voisines, qui s'étendent, s'allongent en s'amincissant, pour se prêter à cette augmentation de volume, qui s'opère plus ou moins rapidement. Certaines poches ou cavités intestinales (estomacs, sacs pulmonaires, vessies urinaires, vésicule du fiel, matrice, vésicules séminales), étant destinées à se prêter au séjour des substances qui s'y accumulent, sont organisées de manière à pouvoir subir une dilatation normale favorable à cette accumulation. Lorsque cette accumulation est poussée trop loin et dure longtemps, les parois musculaires de ces cavités éprouvent une distension qui épuise leur contractilité. Cette distension se propage souvent dans les canaux qui communiquent avec ces poches. Toutes les cavités des membranes séreuses et synoviales de l'organisme animal, devenant le siège de collections liquides plus ou moins considérables, produisent aussi la distension de ces membranes et la compression des organes voisins, qui obligent de recourir à des ponctions ou paracenthèses pour évacuer le liquide et faire cesser la distension et la compression des organes les plus essentiels. Les diverses cavités osseuses du squelette peuvent être considérablement modifiées dans leur forme et leur étendue, lorsque les parties qu'elles renferment se gonflent sous diverses influences morbides et les distendent outre mesure.
L. LAURENT.

DISTHÈNE (de δις, deux fois, et σθενος, force). Ce minéral est ainsi nommé par allusion à sa double vertu électrique : le disthène, qui acquiert ordinairement par le frottement l'électricité vitrée, offre au contraire l'électricité résineuse sur les faces polies de certains de ses cristaux. Encore connu sous les noms de *cyanite*, *schorl bleu*, *sappare*, *rhétizite*, *talc bleu*, *béryl feuilleté*, le disthène est composé de 32 parties de silice et 68 d'alumine ; son poids

spécifique est 3,51. Ses fragments aigus rayent le verre; l'acier ne raye que les grandes faces de ses lames et nullement les faces latérales. Sa réfraction est simple. Il est infusible au chalumeau. Le disthène est toujours cristallisé; sa forme primitive est un prisme oblique quadrangulaire; ordinairement il se présente en prismes hexagones lamelliformes. Ses cristaux sont translucides et quelquefois transparents. L'éclat est vitreux, nacré. La cassure est lamelleuse; ses couleurs sont le bleu clair, le verdâtre, le jaunâtre et le blanc. Le disthène se distingue du mica, parce qu'il n'est pas élastique, et que le mica est fusible et rayé par le disthène; de l'actinote, parce que cette substance est fusible; du quartz bleu, qui n'est pas rayé par l'acier. On trouve le disthène au Saint-Gothard, dans le Tyrol, en Allemagne, en Espagne, en Russie, au îles Shetland, en Écosse, à Lyon, aux États-Unis, dans l'Amérique du sud, aux Indes; les roches qui le renferment sont le schiste talqueux, le schiste micacé et l'éclogite. Il est ordinairement accompagné de la staurotide et du grenat. Aux Indes, on le polit et on le vend sous le nom de *saphir commun*. En Europe, on ne l'emploie que pour faire des essais au chalumeau,
L. DUSSIEUX.

DISTILLATION, opération qui a pour but de séparer dans un composé les produits volatils de ceux qui ne le sont pas, ou qui le sont moins dans les mêmes circonstances. C'est ainsi que l'alcool se retire du vin, les essences des diverses substances aromatiques qui les contiennent, etc., etc. On donne aussi le nom de *distillation* au traitement par la chaleur, et à vaisseaux clos, d'un corps quelconque dont on retire des produits solides, liquides ou gazeux, alors même que ces produits n'étaient pas primitivement contenus dans le corps soumis à l'expérience, et qu'ils résultent de l'action de la chaleur. On peut offrir pour exemple de ce genre la distillation du bois, qui fournit de l'huile empyreumatique, de l'acide acétique et divers composés gazeux, qui prennent naissance dans l'opération même. Un autre exemple non moins habituel de ce genre de distillation est celui du gaz d'éclairage par le chauffage de la houille dans des cornues de fonte, ainsi que la distillation des résines et des huiles qu'on fait dans le même but. C'est ce que les Anglais ont très-bien caractérisé par l'épithète de *distillation destructive*. Les expressions latines de distillation *per ascensum*, *per descensum*, *per latus*, suivant que le produit volatil prenait issue par la partie supérieure, inférieure ou latérale de l'appareil employé, sont aujourd'hui hors d'usage, et ne nous offrent plus que le seul intérêt historique qui peut encore se rattacher aux recherches chimiques des anciens. Quant au mode de procéder dans l'application de la chaleur, ceci est important pour le succès des opérations : nous reconnaissons donc la distillation *à feu nu*, *à la vapeur*, *au bain-marie* et au *bain de sable*, *de cendres*, *de limaille*, etc.

Le *feu nu* jouit de l'avantage d'une plus grande promptitude dans sa marche, mais il n'est pas exempt, dans beaucoup de cas, de graves inconvénients; car, dans le procédé beaucoup de produits sont susceptibles de s'altérer d'une manière très-sensible : on sent qu'il doit en être ainsi à cause de l'inégale répartition de la chaleur et de la presque impossibilité de la modérer à volonté, et surtout de la rendre constante. Il arrive fréquemment aussi que le liquide se dessèche et se brûle sur les bords supérieurs de la chaudière, ou bien que quelques débris solides des corps soumis à la distillation viennent s'appliquer sur les parois, en facilitant en ce point l'accumulation de la chaleur, ce qui interrompt la communication avec le liquide qui en modérait et en régularisait l'élévation.

Le *bain-marie*, ou distillation par immersion de la cucurbite dans l'eau bouillante, permet d'éviter cette action destructive de la chaleur. Malheureusement, il n'est pas toujours permis d'avoir recours à ce mode si favorable à la bonne qualité des produits, car, à moins que le point d'ébullition du corps qu'on veut distiller ne soit notablement inférieur à celui du liquide du bain-marie, la transmission du calorique, toujours lente, se trouve insuffisante pour déterminer dans l'intérieur de la cucurbite une ébullition décidée, et la distillation marche si difficilement, qu'il devient extrêmement long et dispendieux de la pousser à bout : aussi, pour les travaux en grand ne se sert-on que bien rarement du bain-marie. A la vérité il serait possible, dans quelques circonstances, d'employer, au lieu d'eau pure, des solutions salines ou d'autres liquides moins vaporisables que l'eau, tels que l'huile, etc., etc. On produirait ainsi un degré de température supérieur à celui que demande le corps à distiller ; mais on perdrait un des principaux avantages du bain d'eau, qui consiste à pouvoir maintenir une température égale pendant tout le cours de l'opération; ce qui devient impossible avec des solutions salines, qui, en se concentrant sans cesse, reçoivent continuellement une accumulation de chaleur pour arriver à l'ébullition , et avec les huiles, qui croissent également en température jusqu'au moment d'éprouver une décomposition de leurs principes constituants.

Le *bain de sable* ou d'autres corps en poudre offre à peu près les mêmes inconvénients que le feu nu; mais on lui donne la préférence lorsqu'on doit se servir de vases de verre; surtout s'ils sont d'une certaine dimension, car autrement il serait très-difficile de garantir le vase distillatoire des impressions de l'air extérieur, et par conséquent d'en prévenir la rupture par les variations de température auxquelles il resterait exposé. D'ailleurs , le sable a l'avantage de donner de la stabilité à l'appareil, ce qui est fort essentiel; car il arrive souvent, quand on distille à feu nu, qu'un soubresaut, produit par une ébullition brusque, soulève la cornue, qui se brise en retombant sur son support.

L'application de la vapeur à la distillation, facile et avantageuse dans un grand nombre de cas, a fait de rapides progrès, qui ne peuvent manquer de s'étendre encore. C'est principalement pour obtenir les esprits aromatiques qu'il faut la préférer ; les produits sont plus suaves , par cela même qu'ils sont exempts de tout empyreume. Dans la midi de la France, les fabricants d'eau de fleur d'oranger distillent tous aujourd'hui à la vapeur. Voici le procédé pour les substances sèches. On substitue au bain-marie de l'alambic ordinaire un vase de même forme, mais bien moins profond, et dont toute la partie qui plonge dans l'intérieur de la cucurbite est faite en toile métallique plus ou moins serrée. On met de l'eau dans la cucurbite; mais de manière à ce qu'elle ne puisse atteindre le fond du vase supérieur, dans lequel on place le corps à distiller, et l'on dispose ensuite l'alambic comme de coutume. Cette substance ne peut donc jamais être atteinte que par la vapeur d'eau, et d'un autre côté elle ne peut se déposer au fond de la cucurbite, ni s'appliquer sur ses parois latérales, ce qui prévient toute espèce de détérioration.

Si nous appliquons les lois de la nature au phénomène de la distillation , nous voyons qu'il existe deux moyens de déterminer ce phénomène : 1° soit en augmentant par une accumulation de chaleur la répulsion des molécules des corps, jusqu'à ce que le plus volatil d'entre eux, c'est-à-dire celui qu'on veut éliminer, ait acquis assez de force répulsive pour que sa vapeur puisse vaincre la pression atmosphérique concourante avec l'attraction moléculaire; 2° ou bien en diminuant cette pression elle-même jusqu'à ce que le corps le plus expansible ne trouve plus un obstacle suffisant à sa volatilisation. Ce dernier moyen serait sans doute presque toujours employé de préférence à l'autre, et d'une manière toujours plus économique, si dans la pratique on ne rencontrait un inconvénient qui ne peut ordinairement être écarté qu'à grands frais d'appareils : quand on veut faire le vide dans la partie supérieure de la cucurbite aussitôt qu'il cesse d'y avoir équilibre entre la pression intérieure qui s'exerce sur les parois et la pression que le poids de l'atmosphère exerce sur les surfaces extérieures, les appareils ont à résister à une grande force de dépression, et il en résulte souvent de l'écartement dans les jointures, accident qui, indépendamment des frais de réparation qu'il nécessite, occasionne une perte de produits, et peut être suivi de conséquences plus funestes encore, telles que l'incendie, etc.

Les diverses substances qui constituent un composé quelconque soumis à l'action de la chaleur s'en pénètrent d'abord uniformément, tant qu'elles conservent le même état (solidité, liquidité, gazéité); mais, pour en changer, chacune d'elles en absorbe ensuite en combinaison réelle une quantité plus ou moins considérable, suivant sa capacité particulière pour le calorique, et le rend ce que l'on appelle *latent*; réciproquement, une vapeur qui reprend l'état de liquide, ou un liquide qui repasse à l'état de solide, abandonne, lors de cette transition et dans le même rapport, tout le calorique latent qui avait produit ce changement d'état. Appliquons ces données à l'acte de la distillation: pour volatiliser un liquide, il faudra donc non-seulement lui communiquer la chaleur exigée pour qu'il atteigne son point d'ébullition, mais il sera nécessaire en outre de lui en fournir toute la quantité voulue, comme calorique latent, pour sa transformation en vapeur. Ainsi, la proportion de combustible nécessaire à la distillation d'un liquide sera d'autant plus considérable, toutes circonstances d'ailleurs égales, que la capacité de sa vapeur pour le calorique sera plus grande; mais ensuite, un abaissement de température suffit pour coercer la vapeur et ramener ce corps à son état primitif, et dans ce retour, la vapeur se dépouillera, par sa condensation, de toute cette quantité de calorique libre et combiné qu'elle avait entraîné. Les anciens distillateurs étaient fort loin d'avoir une idée nette des conditions du phénomène, et leur art était resté stationnaire. L'antique a l a m b i c en usage chez nos pères atteste toute leur ignorance des causes, et est resté comme un témoin matériel de la fausseté de leur conception : il semble en effet réunir toutes les conditions qu'aurait pu rassembler la volonté de mal opérer, et d'opérer à grands frais. Les perfectionnements dans les appareils n'ont même commencé que tard et longtemps après que les théoriciens avaient indiqué l'opportunité des changements à faire dans ces constructions. Ce n'est que dans l'année 1780 qu'A r g a n d tenta de tirer parti des découvertes de la science : il conçut le premier l'idée de faire tourner au profit de la distillation elle-même la chaleur employée à la vaporisation du liquide; il interposa entre le serpentin et le chapiteau de l'ancien alambic une cuve qui renfermait un premier serpentin où venaient se dégager d'abord les vapeurs avant d'arriver au serpentin ordinaire. Cette cuve qu'on emplissait de vin, était placée assez haut pour qu'on pût à volonté la vider dans la cucurbite. Il arrivait donc que le vin de la cuve étant parvenu à un certain degré de température, les vapeurs mixtes d'eau et d'alcool subissaient une sorte de départ. Les plus alcooliques, y trouvant encore assez de chaleur pour se maintenir à l'état gazeux, passaient debout et allaient gagner le deuxième serpentin, tandis que l'abaissement de température subi par les vapeurs aqueuses était suffisant pour les condenser à l'état liquide, elles retournaient par le tuyau qui les avait amenées dans le *chauffevin*. Il résultait de cette disposition de l'appareil deux avantages bien marqués; le premier, d'employer la chaleur abandonnée par la condensation des vapeurs à l'échauffement du vin qui devait plus tard être soumis à la distillation ; le deuxième, de recueillir, dès la première opération, un produit beaucoup plus déphlegmé que celui qu'on obtenait auparavant. Édouard Adam vint ensuite, et renchérit sur ce premier perfectionnement ; il imagina d'appliquer l'appareil de Woolf à la distillation de l'alcool, et d'obtenir de prime-abord de l'alcool à tous les degrés demandés par le commerce. Cette première idée de l'auteur a été fécondée et est devenue la source d'une multitude de conceptions que les bornes de cet article ne nous permettent pas d'exposer. Nous nous bornerons à citer l'ingénieux appareil pour lequel MM. Cellier, Blumenthal et Charles Derosne avaient pris un brevet. Cet appareil offre à la fois la réunion et le complément de tous ceux qui l'avaient précédé. Les combinaisons en sont telles qu'on y met à profit, et sans aucune restriction, toute la chaleur émise par la condensation des vapeurs ; qu'il fournit aussi de premier jet de l'alcool aux divers degrés de concentration demandés par le commerce, et qu'il offre en outre le précieux avantage de la continuité de la distillation. Le vin est introduit dans cet appareil par un filet constant; il se dépouille, chemin faisant, de tout l'alcool qu'il contient et il se déverse dans le même rapport d'écoulement, par l'extrémité opposée de l'appareil.

En soustrayant de l'intérieur des appareils de distillation la pression atmosphérique, du moins en grande partie, on obtiendra un grand avantage ; car, dans ce cas, la volatilisation aura lieu à une température d'autant plus basse que la pression sera moindre, et ce qui est encore bien plus important, dans une multitude de circonstances on évitera l'altération si préjudiciable due à l'élévation de température. Parmi les moyens dont l'emploi semble le plus rationnel, celui auquel il est permis de s'arrêter avec espoir de succès, c'est l'intromission de la vapeur d'eau dans l'appareil pour en expulser l'air, laquelle vapeur condensée plus tard et retombant à l'état liquide dans la cucurbite ne serait ni embarrassante ni nuisible. M. Smithson Tennant a fait connaître en Angleterre, en 1814, un appareil avec lequel on double presque le produit d'une distillation. Ce physicien fait plonger le serpentin d'un alambic ordinaire dans un vase que l'on peut clore exactement au moyen de robinets, et qu'on emplit, de même que la cucurbite, de la liqueur à distiller. Ce vase porte une douille tout comme le chapiteau de l'alambic, et les vapeurs qui se dégagent par son issue vont, après s'être condensées dans un réfrigérant, se réunir dans un récipient également clos. On chauffe ces deux alambics en même temps, mais on a soin que le feu soit un peu plus vif sous le deuxième. Lorsque celui-ci est assez échauffé pour que la vapeur sorte à plein jet par le robinet supérieur, qu'on a eu soin de tenir ouvert, alors on ferme ce robinet, on cesse le feu et l'on enveloppe ce vase d'une flanelle, puis on continue de chauffer le premier vase. Par ce moyen, la liqueur du deuxième alambic peut être facilement entretenue bouillante par le seul effet de la condensation des vapeurs qui traversent le serpentin, parce qu'au moyen du vide formé, l'ébullition sera déterminée à une température fort inférieure au degré ordinaire. C'est un système d'appareil fort semblable à celui qui vient d'être décrit, que Howard a appliqué à la concentration des sirops pour la fabrication du sucre.

PELOUZE père.

DISTINCTION (en latin *distinctio*). La *distinction* ou *l'action de distinguer* a toujours pour but de mettre de la différence ou de faire une différence, soit par des points, soit par des couleurs, soit par tous les moyens imaginés dans les sciences, dans les arts et dans la hiérarchie sociale.

Lorsqu'on éprouve le besoin de jeter un coup d'œil sur le système général des connaissances humaines, la nécessité des distinctions se fait impérieusement sentir. Il nous faut, non-seulement discerner, démêler et distinguer méthodiquement tous les phénomènes apparents et latents du monde extérieur, tels que la science de l'époque où nous vivons les envisage et les explique, mais encore établir des distinctions nécessaires pour résumer la connaissance des explications théoriques données par les anciens. Nous sommes conduits ainsi à nous étudier nous-mêmes et à discerner et distinguer plus ou moins nettement les phénomènes qui se passent en nous. Que notre esprit s'exerce au dehors ou se replie sur lui-même, après avoir discerné, par l'observation extérieure ou intérieure, ce qui se passe dans ces deux mondes, nous établissons d'abord presque involontairement, ensuite avec dessein prémédité, des distinctions qui facilitent considérablement le travail intellectuel. Dans le langage usuel, le mot *distinction* se présente : 1° comme synonyme de *diversité* et de *séparation*. « Ces termes, dit Beauzée, supposent plusieurs objets et expriment une relation qui tient à cette pluralité. La *distinction* est opposée à l'*identité* : il n'y a point de *distinction* où il n'y a qu'un même être. La *diversité* est opposée à la *similitude* : il n'y a point de diversité entre les êtres absolument semblables. La *séparation* est opposée à l'*unité* : il n'y a point de séparation entre des êtres qui en constituent un seul; » 2° comme synonyme de *préférence*, égard, singularité avantageuse : *traiter avec ou sans distinction*; 3° comme équivalent de mérite, éclat de naissance, illustration : *homme*, *personne de distinction*, *charge et emploi de distinction*; 4° comme uni aux particules négatives : exemple *sans distinction de chapitres*, *de paragraphes*, il est synonyme de *division*. Enfin, il signifie quelquefois aussi l'explication des divers sens qu'une proposition peut recevoir.

Les scolastiques définissent la *distinction* ce par quoi une chose n'est pas une autre, ou la négation de l'identité. Ils établissent ensuite une *distinction réelle* et une *distinction rationnelle*. La première est dite majeure ou mineure, et la deuxième se subdivise en *distinction* avec ou sans fondements. Toutes ces nuances, considérées de nos jours comme par trop subtiles, étaient nécessaires dans le langage ontologique pour distinguer l'âme du corps et servir à l'explication de croyances religieuses. Les logiciens ont distingué à tort dans une idée la clarté d'avec la distinction, en les opposant à l'obscurité et à la confusion. Mais toute idée claire est nécessairement distincte, et réciproquement. La clarté est l'antithèse de l'obscurité, et la distinction celle de la confusion. L. LAURENT.

DISTINCTIONS. Elles diffèrent peu des *dignités* en ce que, ainsi que ces dernières, elles consistent ordinairement en places, décorations, priviléges, établissant une inégalité entre les individus. Cependant, les distinctions semblent être plutôt le résultat de quelque mérite personnel que les dignités, qui, pour la plupart, sont héréditaires, ou attachées à quelques postes importants. Le mot *distinction* provient du verbe *distinguer*, action qui marque l'examen d'abord, et le choix qui est suivi. *Distinction* n'est point alors synonyme de *dignité* ; une dignité est toujours une distinction, une distinction très-souvent n'est point une dignité. Les couronnes que décernaient les anciens étaient des distinctions ; il en est de même des prix qui se distribuent par les académies et dans les colléges. Les surnoms donnés à quelques héros de l'antiquité, tels que ceux d'*Africain* et d'*Asiatique*, accordés à deux Scipion, étaient des distinctions. Des rois aussi, à tort ou à raison, ont vu joindre à leur nom des épithètes louangeuses ou flétrissantes; on a dit Charles *le Mauvais*, *le Bel*, *le Sage* ; Pierre *le Cruel*, *le Justicier*; Louis *le Gros*, *le Hardi*, *le Juste*, *le Grand*, *le Désiré*, etc. Bien que les peuples aient rarement donné leur adhésion à ces sobriquets, ils sont demeurés des *distinctions*. Les *distinctions* fixent les yeux, arrêtent l'attention; quelque satisfaisantes qu'elles soient pour la vanité, il est rare qu'elles contribuent au bonheur : la vertu les mérite sans les désirer ; et quiconque aime le repos la redoute. Les *distinctions* sont d'autant plus honorables qu'on ne les a point sollicitées et qu'elles proviennent uniquement de l'opinion que l'on a donnée au public de ses talents, de sa conduite et de son caractère.
Ctesse DE BRADI.

DISTIQUE (du grec δίς, deux fois, et στίχος, vers), est, dans sa signification la plus générale, un assemblage de deux vers. Dans la poésie grecque et latine, il se compose d'un vers hexamètre et d'un vers pentamètre. Il y a chez les anciens une foule de poëmes tout en distiques. Dans ces poëmes, les Grecs ne se sont pas assujettis à compléter le sens de deux vers en deux vers, mais les Latins se sont imposé cette gêne; et il a fallu tout l'art d'Ovide, de Tibulle et de Properce, toute la souplesse de leur talent, pour ne pas être excessivement monotones dans un genre de poésie où, la période étant interdite, il reste si peu de moyens de varier les coupes des vers. L'allure un peu traînante de ce mode, son rhythme doux et mélancolique, l'ont fait choisir de préférence par les poëtes gnomiques et élégiaques; et c'est presque toujours en distiques que, chez les anciens, la morale a dicté ses préceptes, et que l'élégie a exhalé ses plaintes de deuil ou d'amour. F. DEHÈQUE.

DISTORSION (en latin *distorsio*, de *distorquere*, tordre, tourner avec violence). Conformément à son étymologie, ce mot indique une torsion plus ou moins violente des parties des corps organisés qui résistent ou cèdent plus ou moins à ce mouvement, en raison de leur nature flexible ou inextensible. Dans toutes les articulations des animaux à squelette intérieur ou extérieur toutes les conditions pour les diverses sortes de mobilité et de solidité ont été si bien observées et exécutées qu'on y trouve la disposition la plus favorable pour borner les mouvements nuisibles dans les circonstances ordinaires. Néanmoins, des causes insolites viennent imprimer à ces articulations des mouvements intempestifs, qui sont une exagération de leurs mouvements habituels, ou des mouvements en spirale qui tordent les parties molles et surtout les ligaments les plus forts, dont l'office est de brider et de résister efficacement à ces actions nuisibles. C'est dans ces cas, malheureusement trop nombreux dans la pratique chirurgicale, qu'on observe la *distorsion* des régions articulaires. On donne à cette maladie le nom d'*entorse*, qui est beaucoup plus usité.

On dit qu'il y a *distorsion des yeux*, lorsque le globe de l'œil est entraîné vers l'un des points de la circonférence de l'orbite par un état convulsif de ceux de ses muscles dont l'action prédomine sur celle des autres.

En admettant que le ramollissement presque général des tissus osseux du squelette, dont on cite quelques cas, coexistât avec des maladies convulsives, les courbures vicieuses, les distorsions, seraient encore plus prononcées que dans les cas ordinaires, où l'action des muscles prédominants produit plus ou moins lentement ces sortes de déviations. Les praticiens font remarquer avec raison que les courbures vicieuses de la colonne vertébrale (*voyez* DÉVIATION) et des membres reconnaissent pour cause principale le ramollissement des os, et ne sont point l'effet d'une distorsion. Bichat avait pensé que les ligaments articulaires qui sont insensibles lorsqu'on les coupe ou qu'on les irrite sur le vivant, sont le siège de douleurs très-vives lorsqu'on les tord. Quelques expériences faites sur des chiens, avec la précaution minutieuse de couper tous les nerfs et filets nerveux de la partie supérieure de l'articulation, ne permettent point d'admettre l'opinion de ce célèbre physiologiste. Les chiens sur lesquels on a fait cette expérience avec les précautions indiquées n'ont donné aucun signe de sensibilité pendant la distorsion des ligaments de l'articulation du pied, poussée jusqu'à la déchirure complète. L. LAURENT.

DISTRACTION (du latin *distrahere*, tirer de côté et d'autre). C'est, au physique, une séparation et disjonction d'un corps ou d'une partie, extrait d'un tout. Mais cette expression est surtout usitée pour un certain état de l'esprit qui s'absente ou s'isole de la conversation et de la suite ordinaire des idées ou des actions dans la vie sociale. Tout le monde connaît les singuliers effets, les *quiproquo* auxquels la distraction peut donner lieu. La Bruyère a peint le *distrait*, et la comédie s'est emparée du même portrait en action pour en retracer les bizarreries et leurs effets risibles. Mais peut-être le mécanisme des fonctions intellectuelles qui détermine cet état chez certaines personnes, ou dans quelques circonstances, n'a-t-il point été suffisamment examiné. La distraction est une sorte d'adhérence de l'esprit à une série de réflexions, ou d'idées internes, qu'il poursuit involontairement, en abandonnant par moments les sensations extérieures, en oubliant ce qui nous entoure. On voit les mathématiciens, les métaphysiciens, tous les hommes méditatifs, ou savants, ou imaginatifs, et des rêveurs (éveillés), atteints de fréquentes distractions. C'est, dit-on, le défaut des beaux esprits de n'être pas souvent attentifs à la conversation; ils ne portent guère intérêt à la plupart des choses futiles qui s'y débitent, mais se retirent alors en eux-mêmes. Quand on les interroge, ils ne savent que répondre, car, suivant le fil des idées qui les entraînent, ils lâchent des propos incohérents ou tout à fait étrangers aux sujets en question. On les prend pour des sots, des esprits de travers. L'illustre géomètre Lagrange était qualifié presque d'imbécile par ses contemporains les plus incapables de s'élever à toute la hauteur de son génie, à cause de ses continuelles distractions. Les seuls hommes en état de saisir la chaîne de ses sublimes déductions comprenaient la portée de ses réponses. Kant était si sujet à ces distractions que, dans le cours de ses leçons publiques, il fixait continuellement sa vue sur un point pour n'être pas détourné de sa marche intellectuelle : on raconte qu'un jour, l'auditeur habituel qui lui servait de point de mire ayant pris un gilet privé du bouton accoutumé de ses boutons, le philosophe de Kœnigsberg se trouva tellement distrait et dérangé, qu'il eut peine à rappeler l'ordre de ses idées et ne put achever sa leçon.

Ce ne sont pas les grands esprits seuls qui subissent ainsi l'entraînement des distractions, il y a tant de gens qui *ne pensent à rien*. Ces hommes se laissent engluer, comme Montaigne, ou plutôt empêtrer dans leurs propres idées, en sorte qu'ils songent à toute autre chose, à propos de tout, comme on le voit par les chapitres des *Essais* de ce philosophe. Il en résulte que les distraits oublient tout, font souvent tout à contre-temps, donnent une chose pour l'autre, une idée en échange d'une entièrement contraire. De là tant de singularités, d'incongruités, de fautes contre la civilité et les lois des convenances sociales, qu'on ne peut pas attribuer au mépris des règles et à l'oubli injurieux des personnes. Cependant, c'est un défaut dont le distrait doit et peut se corriger en redoublant d'attention. Les femmes sont beaucoup moins sujettes que les hommes aux distractions, parce qu'elles ont leurs sens plus délicats et plus impressionnables que les nôtres. Mais on devient distrait lorsqu'une forte passion ou une idée profonde absorbent l'esprit et le retirent dans l'intérieur. Ainsi, les pensées d'amour rendent très-distraites les jeunes personnes de l'un et l'autre sexe. Les craintes, les chagrins secrets, causent aussi de pénibles distractions et de soucieuses inquiétudes. J.-J. VIREY.

Parmi les distractions historiques, on cite celles de ce général de l'empire, député de la Restauration, qui allait souvent à la chambre en pantoufles brodées, et ne manquait jamais, après avoir achevé une page d'écriture, d'y verser le contenu de son encrier, en guise de poudre; celles de ce littérateur bien connu qui, logeant avec un ami décoré, quand il ne l'était pas encore, se promena, toute une journée, dans les murs de Paris, affublé de son habit qu'il avait endossé par mégarde, et recevant les félicitations de tous ceux qu'il rencontrait; celles enfin de ce négociant de Bordeaux qui oublia de se rendre à la mairie le jour de son mariage, et qui, à la naissance de son premier-né, signa sur les registres de l'état civil sa raison sociale : *un tel et compagnie*.

Distraction se dit encore de ce qui amuse, délasse ou distrait l'esprit : avoir besoin de distraction, procurer à quelqu'un toute espèce de distractions.

DISTRACTION (*Droit*). C'est l'action de démembrer, de séparer une partie d'avec son tout. *Faire distraction d'une somme en faveur de quelqu'un*. On appelle *demande en distraction*, celle qui a pour objet de revendiquer un objet qui a été mal à propos compris dans une saisie immobilière. La *distraction de dépens*, c'est l'action d'adjuger à un avoué les dépens qu'il affirme avoir avancés pour sa partie. La *distraction de juridiction* est l'action d'ôter à un juge la connaissance d'une affaire pour l'attribuer à un autre. D'après la charte de 1830 nul ne pouvait être distrait de ses juges naturels.

DISTRATS. *Voyez* CONTRE-LETTRE.

DISTRIBUTION (en latin *distributio*). Ce mot, qui est une espèce du genre *division*, a été pris dans tant d'acceptions différentes, et quelquefois si confusément, que la définition en est devenue très-difficile. On pourrait cependant la présenter ainsi : l'action de diviser une ou plusieurs choses en parties, dont la répartition remplisse ensuite un but déterminé, qui est souvent très-variable. Ainsi, le sang et les vaisseaux qui le charrient se divisent et se subdivisent pour *se distribuer* dans toutes les parties du corps et y entretenir l'admirable phénomène de la vie. Une somme d'argent, des vivres, ont été *distribués* entre un nombre plus ou moins grand de personnes. L'eau est *distribuée* au moyen de canaux dans les différents quartiers de la ville. Cet architecte a si mal *distribué* les parties de son plan que l'édifice est sans grâce. Il y a beaucoup d'harmonie et de variété dans la *distribution* des parties de ce jardin. Le *Digeste* est *distribué* en cinquante livres. Un drame est *distribué* en actes, les actes en scènes. On dit aussi la *distribution des parties d'un discours*, ce qu'il faut bien distinguer de la *division* en ces mêmes parties. L'orateur sent le besoin de ne pas confondre les parties de son sujet, de placer telle série de propositions dans un même cadre, telle autre série dans un autre; il les *divise* donc d'abord, et, concevant ensuite l'avantage de placer ces cadres dans tel ordre plutôt que dans tel autre, il procède à ce qu'on en appelle la *distribution des parties*. L'idée attachée au mot *répartition* semble renfermée dans celle de *distribution*. Lorsque ce qu'il s'agit de *distribuer* a été plus ou moins *divisé*, on procède à la *distribution* convenable des parties suivant le but qu'on se propose, ou plutôt à leur *répartition*. L'idée complexe du mot *distribution* resterait ainsi simplement formée de celle de *division* d'abord, puis de celle de *répartition*. BILLOT.

DISTRIBUTION (*Beaux-arts*). Ce mot a deux acceptions bien différentes, l'une relative à la peinture, et l'autre à l'architecture. La première est en quelque sorte le complément de la composition d'un tableau, puisque, lorsque le peintre a disposé ses groupes et ses figures, il doit encore chercher à s'assurer comment sera distribuée la lumière sur chacun d'eux, afin de produire un effet de clair-obscur à la fois juste et agréable. Le résultat fait dire que le peintre a adopté une bonne ou une mauvaise distribution de la lumière.

En architecture, on entend par *distribution* la manière dont sont disposées les pièces d'un appartement relativement au besoin du service; et souvent un grand appartement mal distribué est bien moins commode qu'un petit dont la distribution est bien entendue.

On emploie aussi le mot *distribution* dans l'art de la formation d'un jardin; elle consiste à savoir diriger les allées sur les points convenables, à établir des percées intéressantes, et surtout à ne point planter des arbres qui doivent devenir très-épaisses dans des endroits où ils pourraient gêner la vue. On donne encore le nom de *distribution* au partage des eaux d'un réservoir par des tuyaux de diverses dimensions pour donner l'eau plus ou moins abondamment, suivant le besoin de chaque partie. DUCHESNE aîné.

DISTRIBUTION (*Droit*). En termes de pratique, on nomme ainsi la répartition qui est faite, entre tous les créanciers d'un même débiteur, du prix provenant de la vente de ses biens meubles et immeubles (*voyez* CONTRIBUTION et ORDRE).

On dit aussi *distribuer la justice*, c'est-à-dire la dispenser à chacun suivant son droit; les tribunaux réguliers devraient avoir seuls la *justice distributive*, parce que seuls ils peuvent écrire en tête de leurs sentences cette devise de la vraie justice : *suum cuique tribuere*.

DISTRIBUTION, DISTRIBUER (*Typographie*). *Voyez* COMPOSITION.

DISTRIBUTIONS GRATUITES. L'usage de distribuer au peuple de l'argent ou des vivres a été plus ou moins répandu chez les peuples de l'antiquité. A Rome, les distributions de blé étaient une mesure fort ancienne; mais à l'origine, la république n'y avait recours que dans les moments de disette. Ainsi le procès de Coriolan et sa retraite chez les Volsques eurent pour cause son opposition à ce qu'on distribuât à bas prix du blé au peuple. En l'an 200 et en l'an 195, du blé envoyé d'Afrique et de Sicile fut distribué au peuple pour ainsi dire gratuitement. Cinq ans plus tard nous voyons Acilius Glabrion acquérir la faveur publique par de nombreuses distributions. Caius Gracchus lui-même fut obligé de porter une loi à ce sujet; c'était ériger en principe des aumônes qui n'avaient été jusqu'alors qu'accidentelles. Marius le comprit et s'opposa pendant son tribunat à ces largesses dont il prévoyait les résultats désastreux; mais la plèbe était déjà si bien habituée à recevoir ainsi sa substance, que Marius perdit en un instant sa popularité; et il ne fallut rien moins que ses victoires sur Jugurtha, sur les Cimbres et les Teutons, pour lui rattacher la populace, qu'il s'était aliénée. Plus tard même, lors de son sixième consulat, revenant sur ce qu'il avait fait, il appuya la loi de Saturninus qui rétablissait les distributions de Caius Gracchus et supprimait la légère redevance qu'il avait fixée. En politique habile, Sylla voulut porter remède à un pareil état de choses; il crut le trouver dans les lois somptuaires; mais elles ne furent jamais exécutées.

Ce blé qu'on distribuait au bas peuple, c'étaient l'Afrique, l'Égypte, la Sicile qui le fournissaient, car depuis longtemps l'Italie n'en produisait plus assez. Aussi Rome était-elle désolée par de terribles et périodiques famines lorsque les pirates interceptaient les convois; en proie à la faim et à la misère, elle se jetait dans les bras de l'homme assez riche ou assez habile pour satisfaire ses exigences; par une conséquence toute naturelle, les lois *frumentaires* conduisaient au pouvoir absolu. César trouva la multitude toute disposée à se vendre au plus offrant; dès lors il n'hésita point à dissiper son patrimoine et même à s'endetter pour acheter cette populace qui déjà, comme au temps de l'empire, ne demandait plus que du pain et des spectacles. Tous ceux qui jouissaient du droit romain, et qui étaient prolétaires, pouvaient participer aux distributions gratuites. Aussi le nombre en était-il considérable. Suétone nous apprend que de son temps il y avait 350,000 individus prenant part à ces libéralités, et que César réduisit ce nombre à 150,000. Il était de 200,000 sous Auguste. Ce prince régularisa le service de ces distributions; il établit les greniers publics, créa le service de l'*annone* et le *præfectus annonæ*, magistrat dont les fonctions avaient une grande importance, puisqu'il tenait le sort de Rome entre ses mains.

En outre des distributions régulières et légales, officielles pour ainsi dire, il y avait encore celles que faisait le souverain ou une personne de sa famille en son nom personnel, et celles des particuliers, qui n'étaient pas les moins importantes. Aux funérailles des grandes familles on donnait des repas publics. Dans les jeux de l'édilité, on allait jusqu'à distribuer de l'argent, des habits, des chars. Agrippa, quand il donnait des jeux, faisait jeter au milieu de la foule des billets de loterie qui donnaient droit à un objet de prix pour celui qui les ramassait au milieu de la lutte. Néron

suivit cet exemple; les lots qu'il fournissait étaient vraiment magnifiques; on pouvait gagner ou des oiseaux rares, ou un habit, ou de l'or, ou de l'argent, ou des chevaux, des diamants, des maisons, des terres, ou des vivres de toute espèce. De là l'affection du bas peuple pour les plus mauvais princes et notamment pour Néron.

A l'imitation de ce qui s'était pratiqué sous l'ancienne monarchie et plus tard encore sous le Directoire, Napoléon Ier, dans certaines circonstances solennelles, par exemple à l'occasion de son mariage avec Marie-Louise, de la naissance de son fils, permit à l'édilité parisienne de contrefaire les antiques largesses romaines. C'est ainsi qu'on vit plusieurs fois sous son règne la fontaine des Innocents verser sur le carreau des halles des torrents de vin au lieu d'eau. Pour la célébration des *Saint-Napoléon* ordinaires, du vin coulait aussi pendant une couple d'heures, le 15 août, d'un certain nombre de fontaines postiches élevées dans la grande avenue des Champs-Élysées, où elles alternaient avec des estrades du haut desquelles on lançait à la tête du *peuple-roi* du pain, des cervelas et des pâtés de huit sous, qu'une populace en haillons et déjà à moitié ivre se disputait avec la plus dégradante avidité. Il ne se pouvait imaginer de spectacle plus hideux et plus abject.

La Restauration suivit les mêmes errements pour la célébration des fêtes et des réjouissances publiques. Sous Louis-Philippe enfin, le pouvoir, faisant droit aux unanimes réclamations de la presse, organe de l'indignation publique, fit cesser ces avilissantes largesses à la plèbe, qu'on remplaça par des distributions régulières faites dans chaque arrondissement de Paris, dans chaque ville de France, aux familles indigentes.
W.-A. DUCKETT.

DISTRICT, subdivision territoriale formant le ressort, l'étendue d'une juridiction judiciaire ou administrative. *District*, en style féodal, avait la même acception et signifiait l'étendue de chaque *justice seigneuriale*. Casenueve, dans ses *Origines françaises*, fait dériver ce terme du vieux mot *distraindre*, juger, punir, traduit de *distringere*, expression de la latinité du moyen âge. L'usage du mot *district* est fort ancien, et il a passé dans la langue de plusieurs peuples : il est employé comme circonscription territoriale aux États-Unis et dans plusieurs contrées du nord de l'Europe.

On appela ainsi *districts* lors de la nouvelle division administrative de la France, la première subdivision des départements. Chaque district formait lui-même un certain nombre de cantons. L'administration de district, comme celle de département, s'appelait *directoire*. Le directoire du district se composait de quatre membres, le conseil de district de huit conseillers. Les districts établis par l'Assemblée constituante ont été conservés jusqu'à l'an VIII de la république. Le gouvernement révolutionnaire avait considérablement étendu leurs attributions. Leur administration n'était plus subordonnée à celle du département, du moins pour tous les actes essentiellement politiques et de police. La constitution de l'an III avait substitué aux districts les administrations municipales de canton. Enfin le gouvernement consulaire remplaça les districts par des arrondissements, administrés par un sous-préfet. Le mot *district* n'a plus été employé depuis en France. DUFEY (de l'Yonne).

DISTRICT FÉDÉRAL. *Voyez* COLUMBIA.

DISTRICTS DE PARIS. Lors de l'élection des députés aux états généraux de 1789, en vertu d'une ordonnance royale les citoyens de Paris appelés à choisir les électeurs furent divisés en soixante *districts*. Les deux premiers ordres, convoqués par le prévôt et le lieutenant civil, devaient s'assembler dans des lieux qui leur étaient spécialement réservés. Tout le tiers-état, convoqué par le prévôt des marchands et les échevins, se réunit dans les districts indiqués pour les subdivisions de chaque quartier. Ces assemblées étaient appelées à nommer les députés (on appelait ainsi les *électeurs*) et à concourir à la rédaction des caliers. Leurs opérations terminées, ces assemblées n'avaient plus d'existence légale. Mais le 12 juillet 1789 éclata l'insurrection parisienne, dont la charge de cavalerie du prince de Lambesc, dans le jardin des Tuileries, fut le signal. Paris était cerné par des troupes. Cette armée se composait de régiments étrangers à la solde de la France : *royal allemand, royal croate, suisse*, etc. Les magistrats préposés à l'administration intérieure, signalés comme des traîtres *vendus à la cour*, étaient sans autorité réelle. Dans ces circonstances si graves, si effrayantes, les électeurs se réunirent spontanément à l'Hôtel-de-Ville et se saisirent de l'autorité municipale. Les citoyens s'assemblèrent dans leurs districts, tels qu'ils avaient été organisés pour les élections. Chaque district nomma un ou plusieurs délégués, qui se réunirent à l'Hôtel-de-Ville; le nombre de ces délégués s'éleva successivement jusqu'à cinq pour chaque district. C'est ainsi que se forma l'assemblée municipale dite des *trois cents* (*voyez* COMMUNE DE PARIS). Rien n'avait été prévu. Les attributions spéciales de chaque district et celles de leurs délégués réunis aux électeurs à l'Hôtel-de-Ville, n'avaient pas été réglées et n'avaient pu l'être. Plusieurs districts, et notamment celui des Cordeliers, prétendaient que les décisions de l'assemblée de l'Hôtel-de-Ville ne pouvaient avoir d'effet qu'après avoir été soumises aux districts et avoir reçu leur approbation. Ces dissidences n'eurent heureusement pas de résultat fâcheux. Cette organisation improvisée fut maintenue, du moins en partie, par les lois qui fixèrent le nouveau régime municipal. Chaque district eut son bataillon de garde nationale, chaque bataillon sa compagnie d'artillerie, ses canons et son drapeau. Les anciennes dénominations des districts furent conservées jusqu'après le 10 août 1792 : elles rappelaient le lieu de réunion de chaque district. C'était pour la presque totalité celles des couvents récemment supprimés : elles étaient reproduites dans les devises des drapeaux. On lisait sur celui des bataillons du district Saint-Magloire : *Liberté fait ma gloire* ; sur celui du district des Minimes, au Marais : *Non virtute Minimi*. La loi du 21 mai 27 juin 1790 sur l'organisation municipale de la capitale changea la division de Paris en quarante-huit sections. DUFEY (de l'Yonne).

DIT. Ce substantif, qui a vieilli, signifie mot, propos, maxime, sentence, récit, fable. Un grand nombre de nos vieilles chroniques portent le titre de *Dicts notables*. Des fabliaux les plus curieux du moyen âge a pour titre : *le Dict des trois Commères*. Il s'est pris aussi dans le sens de discours, énumération, le *Dict des rues de Paris*. On dit proverbialement *avoir son dit et son dédit*, pour exprimer qu'un homme est sujet à se dédire, à se rétracter, à changer facilement d'avis. Dans une instance on connaît les *dits* et les *contredits* des parties en cause.

DITHMAR DE MERSEBOURG. *Voyez* DIETMAR.

DITHMARCHE ou **DITMARSE**, l'une des trois provinces dont se compose le duché de Holstein, et qui en forme l'extrémité sud-ouest, était, au temps des anciens Germains, une partie de la *Nordalbingie* ou de la *Saxe au delà de l'Elbe*; et elle offre encore aujourd'hui cela de remarquable que la tribu saxonne qui l'habitait dans ces temps primitifs n'a pas cessé de s'y maintenir. L'Elbe, la Marche de l'ouest et la mer du Nord lui servent de limites, et elle est de toutes parts protégée contre les inondations par de puissantes digues. On peut en évaluer la superficie carrée à environ 13 myriamètres et la population à 48,000 âmes. Le sol, généralement fertile, est plus propre, en raison de sa nature marécageuse, à l'élève des bestiaux qu'à la culture des céréales; de nombreux canaux creusés pour en opérer le desséchement le coupent en tous sens, et en rendent la défense stratégiquement facile. Elle est divisée en deux bailliages, celui de la *Dithmarche du Nord*, où est situé le chef-lieu de la province, et celui de la *Dithmarche du Sud*, dont Meldorf, Hemmingstædt et Brunnsbüttel sont les centres d'activité les plus importants.

La Dithmarche faisait autrefois partie du comté de Stade, qui, en l'an 1156, reçut de l'empereur Henri le Lion des comtes particuliers. En l'an 1474, l'empereur Frédéric III composa, des provinces de Holstein, de Stormarn et de Dithmarche, un duché dont il accorda l'investiture au roi de Danemark Christian Ier; toutefois, l'acte d'investiture impériale ne suffit pas pour soumettre les habitants de la Dithmarche à Christian Ier, car ils formaient depuis un temps immémorial, sous la protection de l'archevêque de Brême, une espèce de république dont les brigandages furent pendant longtemps l'effroi des populations voisines. Décidé à mettre un terme à cet état d'insoumission et à faire rentrer la Dithmarche sous ses lois, le fils de Christian Ier, le roi Jean, l'envahit, en l'an 1500, à la tête d'un corps de trente-mille mercenaires allemands, conquit aussi Meldorf et fit étrangler tous les habitants qui s'étaient montrés hostiles à ses projets. Irrités encore plus par ces barbaries, les habitants de la Dithmarche battirent en retraite devant l'armée royale, et se réfugièrent dans un camp retranché, où ils choisirent pour chef l'un des leurs, Wolf Isebrand, après avoir confié la garde de leur bannière à une jeune vierge appelée Else, et avoir juré de vaincre ou de périr. Le jour suivant, les troupes du roi Jean ayant essayé de donner l'assaut au camp retranché, elles s'y virent vigoureusement accueillies. Les paysans, dont le nombre augmentait à chaque instant, refoulèrent les assaillants dans les marais, et alors, ayant ouvert leurs écluses, ils inondèrent toute la contrée, de telle sorte que la plus grande partie de l'armée royale y périt. Vingt mille hommes environ furent victimes de ce désastre, auquel le roi Jean n'échappa que par une fuite rapide. Les habitants de la Dithmarche s'emparèrent alors de la bannière royale de Danemark, appelée le *Danebrog*, et la suspendirent triomphalement dans l'église du village où était née la vierge à l'appui de laquelle ils se croyaient redevables d'une victoire dont le résultat fut de leur assurer pendant longtemps encore la libre jouissance de leurs droits et de leurs privilèges. Mais quand, en 1559, Frédéric II monta sur le trône de Danemark, il conçut le projet d'une expédition destinée à les soumettre à son autorité. Il envahit donc leur territoire à la tête de forces considérables, tourna leurs retranchements, les trompa par de fausses attaques, réussit à jeter la division dans leurs rangs, et alors les battit en détail. La dernière bataille qu'il leur livra eut lieu à Heyde, où les habitants de la Dithmarche, commandés par un simple paysan appelé Rhode, combattirent encore avec leur valeur accoutumée, mais où ils durent succomber devant un ennemi par trop supérieur en forces et, par suite, se soumettre au roi de Danemark sans conditions.

Le pays de Dithmarche a une législation particulière, connue sous le nom de *Code de Dithmarche*. Il fut rédigé en l'an 1321 par une commission de quarante-huit juges, modifié en 1447, imprimé pour la première fois en 1497, amélioré en 1567, et enfin republié en 1711, à Gluckstadt.

DITHYRAMBE. Dès les premiers âges de la civilisation grecque, aux fêtes des vendanges, des chants furent inspirés par la religion et la reconnaissance; ces chants, en l'honneur de Bacchus, s'appelaient *dithyrambes*, du nom du dieu lui-même surnommé *Dithyrambus* (de δίς, deux fois, θύρα, porte, et ἀμϐαίνω, je passe), comme ayant passé deux fois les portes de la vie, d'abord en sortant du sein de Sémélé, et ensuite de la cuisse de Jupiter. Le fameux Arion de Méthymne est cité comme le plus ancien compositeur de dithyrambes; et Mélanippide, au jugement de Xénophon, s'y fit une réputation égale à celle d'Homère dans l'*épopée*. Nous n'avons plus que quelques fragments de poésies dithyrambiques, insuffisants pour nous faire apprécier le mérite des anciens dans ces compositions. C'est par tradition que nous savons les succès qu'y obtinrent Archiloque, Mélanippide, Pindare, Philoxène, etc.

Le caractère du dithyrambe fut primitivement religieux

comme une action de grâce; vif, rapide, pétillant et désordonné, comme la joie et l'ivresse d'une fête bachique. C'était un proverbe qu'*il n'y avait pas de dithyrambe pour un buveur d'eau*. Dans le feu de l'improvisation, les poëtes se permirent de réunir plusieurs mots en un seul, et il en résultait parfois des expressions si volumineuses et si bruyantes qu'elles fatiguaient l'oreille et l'imagination. Des métaphores exagérées, plus de pompe et de faste que de richesse, de l'enflure au lieu de force, altérèrent aussi les beautés primitives du dithyrambe. Les Latins eurent le bon esprit de ne pas emprunter aux Grecs ce genre de poésie. Chez les modernes, on a qualifié de *dithyrambe* l'ode portée au plus haut degré d'exaltation. Au siècle de Périclès, les poëtes dithyrambiques étaient déjà en butte aux railleries des Athéniens. Aristophane se plait à parodier leur style boursouflé, et son *scoliaste* nous apprend que l'extravagance des faiseurs de dithyrambes était devenue proverbiale. Cependant, pour être plus indulgent envers ce genre de poésie tout hellénique, n'oublions pas qu'il a été le précurseur de la tragédie; que l'art de Sophocle et d'Euripide doit son origine aux fêtes de Bacchus, et que les chœurs de leurs tragédies sont presque des chants dithyrambiques. F. DENÈQUE.

DITOME (de δίς, deux, et τομή section). *Voyez* BITOME.

DITTERS DE DITTERSDORF (CHARLES), l'un des auteurs d'opéras-comiques les plus justement goûtés du public allemand, musicien plein de gaieté, d'originalité, d'invention, de naïveté, et doué d'une admirable habileté à manier les effets lyriques, que le plus souvent il adaptait à un texte dont il avait lui-même écrit les paroles, naquit à Vienne en 1739, et dès sa plus tendre jeunesse se fit un nom dans le monde artistique par sa force peu commune sur le violon. A la recommandation du célèbre cor Huboczek, le prince Joseph de Saxe Hildburghausen l'admit au nombre de ses pages, et lui fit donner une solide instruction musicale. Plus tard, sa liaison avec Métastase lui valut une place dans l'orchestre du théâtre de Vienne. Il accompagna ensuite Gluck en Italie, et, au retour de ce voyage, il entra au service de l'évêque de Gross-Wardein, en Hongrie. Jusqu'alors il n'avait composé que de la musique instrumentale; à la sollicitation de Métastase, il mit en musique quatre de ses oratorios. Il commença aussi alors à composer pour un petit théâtre que l'évêque avait fait élever dans son palais. Dans un voyage qu'il fit en Allemagne, le comte de Schafgotsch, prince évêque de Breslau, ayant eu occasion d'apprécier ses talents, le nomma, en 1770, garde-général de ses forêts, et en 1773, il le fit anoblir par l'empereur.

Parmi ses œuvres théâtrales, celles qui obtinrent le plus de succès furent *le Docteur et l'Apothicaire*, le premier opéra-comique allemand écrit à la mode des Italiens, avec de longs finales, *Jérôme Kincker* et *le Petit Bonnet rouge*; on les représenta même en Italie, en les adaptant à des textes italiens. Mis à la retraite en 1797, Ditters mourut le 1er octobre 1799, dans un état voisin de la misère.

DITTMER (ADOLPHE). Voici un homme de talent, qui fut remarquable par sa modestie dans ce siècle de vanités ridicules; un fonctionnaire public qui fut d'une honnêteté modèle à cette époque de vénalité et de concussions. Il y a d'autant plus de plaisir à s'arrêter devant de pareils caractères, que de tels relais sont rares. La seule chose qu'un Français pût reprocher à Dittmer, c'est de s'être laissé naître à Londres. En 1795, ses parents ayant fait un voyage en Angleterre, furent obligés d'y séjourner plus de temps qu'ils ne l'auraient voulu, et Mme Dittmer y donna naissance à son fils. Mais on ne tarda pas à le transporter en France, dans le Forez, où sa famille faisait bonne figure, et qu'il quitta seulement pour aller faire son éducation à Paris. La carrière militaire tenta d'abord le jeune Dittmer; il entra dans un régiment de cuirassiers; mais, en 1825, quand la Restauration voulut humilier le sabre devant le goupillon, il quitta la cuirasse, qui allait fort bien à sa large poitrine et se livra avec ardeur à l'étude de la médecine et des sciences naturelles. La littérature occupait ses moments de trêve, et il se laissa enrôler dans des sociétés chantantes, où il se fit aimer par sa gaieté et son esprit. Alors le *Globe* se fonda et marqua aussitôt sa place parmi les journaux de l'opposition; Dittmer en fut un des rédacteurs les plus distingués et les plus modestes.

Dans le journalisme, comme dans les sociétés chantantes, il eut occasion de voir beaucoup d'auteurs dramatiques, et d'apprécier leur talent. Certes, tout dépourvu de vanité qu'il fût, il vit bien qu'il lui était donné de pouvoir les suivre et de briller à leur côté sur les planches; mais le théâtre était fermé aux matières politiques, et Dittmer, qui, sous l'aspect le plus rieur, cachait beaucoup de sérieux dans l'esprit, se créa, comme l'auteur de *Clara Gazul*, un théâtre à lui, où la censure absurde et déloyale de la Restauration ne put porter, ni son regard louche, ni ses ciseaux dévastateurs. On se souvient des *Soirées de Neuilly*; le public lettré a gardé un bon souvenir de ce digne M. de Fongeray, qui assuma sur la couverture la responsabilité des deux volumes. Eh bien! le véritable auteur de ces proverbes, ou, pour mieux dire, de ces scènes détachées, c'était Dittmer. Cavé y entra, il est vrai, pour quelque chose, pour la copie du manuscrit et les démarches chez les libraires. Ses amis ont prétendu que sa participation s'était étendue jusqu'à la correction des épreuves; c'est une diffamation : Cavé n'était point doué d'une orthographe et d'une ponctuation irréprochables; et Dittmer n'a pu jamais s'en rapporter à Cavé pour cela. Au reste, il suffit de s'être trouvé une seule fois en présence de Dittmer et de Cavé, pour n'avoir plus aucun doute sur la part qui revient à l'un et à l'autre. La rondeur militaire, la franchise gauloise, formaient les types caractéristiques du premier; le pédantisme rengorgé, la vanité ignorante dominaient dans le second; l'esprit le plus impromptu, le plus clair, le plus cascadé coulait comme de source vive dans la moindre conversation de Dittmer; celle de Cavé, au contraire, ne roulait que mots nuageux, que phrases vaseuses, que raisonnements fort peu limpides.

Dittmer était de la petite fraction des rédacteurs du *Globe* qui prirent franchement et sans arrière-pensée une part active à la révolution de juillet. Poussé, bientôt après, par ses anciens collaborateurs, qui s'étaient montrés moins modestes que lui et plus actifs à la curée, il entra dans les affaires sous le ministère Périer, et fut chargé de la mission diplomatique d'Ancône. Bien que son coup d'essai eût fait remarquer, il jugea à propos d'abandonner la carrière diplomatique, et, à la mort de Casimir Périer, il fut nommé inspecteur-général des haras. Plus tard, il devint directeur de cette administration et de celle de l'agriculture. Il occupait encore cette place lorsqu'il mourut le 10 mai 1846. N'eût été sa paresse naturelle, qui eût donné des points à celle de Figaro, et s'il avait laissé pénétrer un grain d'ambition dans son cœur, Dittmer eût pu occuper une des fonctions les plus importantes de l'État. Mais il semblait vouloir être une intelligence anonyme dans les affaires politiques, comme il avait voulu être un homme d'esprit heureusement anonyme dans la littérature; ses calculs avaient été deux fois déjoués.

Étienne ARAGO.

DIURÉTIQUE (de διουρέω, j'urine). On donne ce nom aux médicaments qui ont la propriété de stimuler les reins, et de favoriser la sécrétion de l'urine, tels que le nitrate de potasse, les asperges, la digitale, l'oseille, la racine de caïnça, les boissons acidules gazeuses, etc.

DIURNAL, livre d'office canonial qui renferme spécialement les heures du jour, par opposition au *Nocturnal* qui contient seulement les heures de la nuit. Le *Diurnal* n'est qu'un extrait du bréviaire, et on ne le publie à part que pour la plus grande commodité des ecclésiastiques soumis à la récitation de l'office divin. Remarquons en passant que le terme français *journal*, n'est autre chose que celui de *diurnal*.

DIURNE (*Astronomie*), du latin *diurnus*, journalier. Il signifie ce qui a rapport au jour, la durée d'un jour; le mot *nocturne* lui est opposé. La rotation de notre planète sur son axe, d'occident en orient, en 24 heures, est appelée *mouvement diurne* de la terre. C'est ce qu'on nomme le jour naturel; il comprend les heures de la nuit, ce qui lui fit donner le nom grec de *nycteméron* (nuit-jour). On dit aussi le mouvement diurne des astres ou des étoiles, qui n'est qu'une apparence due à la rotation de notre globe; il s'effectue aussi en 24 heures. Toutes ces étoiles, par une révolution uniforme, décrivent autour de nous des cercles obliques à notre horizon et parallèles entre eux : on a divisé la circonférence de 360° qu'elles parcourent en *arcs diurnes* et *semi-diurnes*. L'arc diurne est le nombre de degrés qu'un de ces astres décrit entre son lever et son coucher; l'arc semi-diurne est celui qu'un de ces astres décrit depuis son lever jusqu'à son passage au méridien, ou depuis son passage jusqu'à son coucher, le méridien coupant en deux parties égales l'arc diurne. Puisqu'il y a un arc diurne et un arc semi-diurne, il doit aussi y avoir un *cercle diurne*; c'est un cercle immobile parallèle à l'équateur dans lequel un astre se meut ou plutôt paraît se mouvoir par sa révolution diurne. Les comètes même, qui se meuvent dans toutes les directions, sont soumises au mouvement diurne, leurs courbes elliptiques n'étant visibles pour nous que lorsqu'elles sont dans la région du soleil.

En astrologie, on distinguait les planètes en *diurnes* et *nocturnes*; selon qu'elles sont douées de plus ou de moins de calorique, les astrologues leur appliquaient ces qualifications. Ainsi la lune, à cause de son influence humide ou froide, était appelée *nocturne*, et Jupiter, beaucoup plus chaud, selon eux, était appelé *diurne*. Ces planètes, et avec elles les signes du zodiaque, avaient d'autant plus de puissance qu'ils avaient plus de chaleur.

DENNE-BARON.

DIURNE (*Histoire naturelle*). En ornithologie, les deux nombreuses familles des vautours et des faucons sont dites *diurnes*, non parce qu'elles comprennent les seuls oiseaux qui volent au soleil, mais parce que l'autre famille du même ordre renferme des oiseaux de proie qui ne volent que la nuit, et que pour cette raison on nomme *nocturnes*.

Le célèbre entomologiste Latreille a réuni sous le nom de *diurnes* tous les insectes de l'ordre de lépidoptères qui volent pendant le jour. Ce groupe nombreux, que M. Duméril nomme *ropalocères* a pour caractères généraux : ailes toujours libres; les *quatre*, ou au moins les supérieures, élevées perpendiculairement lorsque l'animal est dans le repos; antennes grossissant sensiblement à la pointe, ou terminées en boutons dans quelques espèces, et quelquefois munies de petits crochets. Les chenilles ont seize pattes, et vivent toutes de feuilles à découvert. Les chrysalides, presque toujours nues ou sans coque, sont suspendues dans l'air par la queue ou par le milieu du corps; elles présentent le plus souvent des pointes et des éminences anguleuses. Les *diurnes*, communément désignés sous le nom de *papillons de jour*, sont partagés par Latreille en deux tribus : les *papillonides* et les *hespérides*.

Enfin, des fleurs qui ne s'ouvrent que pendant le jour (telle est la fleur du *souci des champs*, par exemple) reçoivent l'épithète de *diurnes* par opposition à celle de *nocturnes*, que l'on donne aux fleurs qui restent ouvertes pendant la nuit, comme la *belle de nuit* ou le *geranium triste*.

N. CLERMONT.

DIVA, mot italien signifiant *divine*, et dont les *dilettanti* se servent quelquefois pour qualifier les cantatrices excellentes. *La diva Grisi.*

DIVAGATION (de *divagari*, aller çà et là, courir de côté et d'autre, errer hors du sujet). Il ne faut pas confondre ce mot avec celui de *digression*. La digression est un écart volontaire, calculé; elle a son motif, son but, son utilité, tandis que la *divagation* n'obéit qu'au caprice de l'imagination, *la folle du logis*. Les esprits mous et indécis, qui n'ont pas la force de marcher droit et ferme dans leur voie, sont sujets aux divagations; ils partent sans savoir où ils arriveront; ils vont, tantôt à droite, tantôt à gauche; et quelquefois ils suivent la bonne route, ils le doivent au hasard. Aristophane, dans les *Nuées*, a bien injustement accusé Socrate de ce défaut; mais il le peint d'une manière vive et originale l'esprit qui divague; il le compare à un hanneton qui *vole, vole, vole*, et qu'un enfant retient par la patte au bout d'un fil. Il tourne de tous côtés, mais ne s'élève pas bien haut dans son vol, limité par la longueur du fil.

La stérilité ou l'abondance de l'imagination, deux causes opposées et contradictoires, produisent les mêmes résultats, *la divagation*. Si vous devez, en effet, entretenir des auditeurs pendant un temps donné, et si toutes les pensées convenables au sujet ne jaillissent pas de votre cerveau, il faut bien aller chercher des secours au dehors, afin de remplir les lacunes et de combler le silence; pour ne pas rester court, il faut bien suppléer aux idées et aux preuves par des paroles quelconques.

Avant la naissance du monde,
. . . . Avocat, passons au déluge.

Ce trait, dans la comédie des *Plaideurs*, et tout le plaidoyer de Petit-Jean, et la réplique de l'Intimé, sont une amusante satire des divagations des avocats. S'agit-il d'un livre, une imagination stérile, impuissante à donner tous les développements que réclame l'idée première, appelle encore bien vite à son aide les *divagations* pour atteindre la fin du volume et les 350 pages de rigueur. D'autre part, l'excès d'abondance, quand elle n'est pas réglée par un jugement vigoureux, donne lieu à des divagations infinies. Les organisations poétiques doivent surtout prendre garde aux divagations, auxquelles il leur est si facile de s'abandonner; la poésie, entraînée par l'inspiration, ne connaît ni frein, ni règle, et il est bien peu de poètes qui n'aient pas divagué :

Quandoque bonus dormitat Homerus.

Simonide, chargé par un athlète de chanter sa victoire aux jeux olympiques, se jette sur l'éloge de Castor et de Pollux. Le vainqueur ne veut payer que la moitié du prix convenu; quant à la divagation, que les dieux vous la payent, dit-il au poète; mais les dieux trouvent que l'éloge est une excellente digression, et, pour punir l'athlète de n'avoir pas été du même avis, ils lui renversent sa maison sur le dos. Les odes de Pindare ne sont que de sublimes divagations. Son génie est un coursier fougueux en liberté; il ne parvient jamais au but qu'après mille détours et mille circuits, mais toujours il y parvient. On l'a comparé encore à un vaisseau magnifique, manœuvrant avec grâce en vue du port, puis se perdant sous la brume jusqu'à ce que soudain sa voile reparaisse blanche et brillante au bout de l'horizon. Un journaliste en renom, remarquable par la poésie et la grâce coquette de son style, doit une grande partie de sa célébrité à l'originalité de ses divagations; lui seul a pu s'en faire un mérite; lui seul a pu, à propos des chevaux de Franconi, lancer d'éloquentes imprécations contre le suicide. Quelques orateurs et surtout des orateurs politiques, ont employé avec succès la divagation comme moyen oratoire. M. de Villèle, par exemple, grand homme d'État d'ailleurs, avait fréquemment recours à la divagation pour se dérober aux poursuites trop ardentes; il mettait ainsi en défaut les limiers de l'opposition. Lorsque votre adversaire croit vous saisir sur le terrain d'une discussion difficile, il y a une grande habileté à vous montrer ainsi tout à coup loin de lui et à l'entraîner à votre suite dans l'espace. Éblouissez-le comme un feu follet, et, quand vous l'aurez perdu dans les marécages et les fondrières, revenez triomphant continuer votre marche sur la route battue.

DIVAGATION — DIVERGENCE

Il y a encore une autre espèce de *divagations* fort dangereuses, ce sont le *rêvasseries*. Prenez garde de vous y laisser aller; cette disposition funeste, devenue un état habituel de l'esprit, en tue toutes les facultés. Incapable d'aucune application sérieuse, il bat sans cesse la campagne, courant après toutes les vaines et folles images, s'il n'est ramené à l'objet qui doit l'occuper par une vigilance continuelle et une volonté forte.   P.-É. BARRÉ.

DIVAN (du persan *div*, génie), nom donné au ministère ottoman, par opposition à la cour (*seraï*) du Grand-Seigneur. Suivant la tradition, un monarque persan, passant un jour devant son conseil assemblé, dit à l'un de ses familiers : *Inan divan end* (ceux-là sont les génies), donnant à entendre par là que le génie devait présider aux délibérations des hommes d'état. Depuis lors, le mot *divan* s'employa pour désigner le conseil des ministres dans la plupart des états musulmans.

On doit distinguer, en ce sens, le *divan* et la *Porte* ou *Sublime-Porte* : celle-ci est, à proprement parler, le palais du grand vizir, où siégent la grande chancellerie d'état et les bureaux de tous les ministères, excepté celui de la guerre, de la marine et la grande-maîtrise de l'artillerie. Comme c'est là que s'expédient toutes les affaires qui concernent, soit l'intérieur de l'empire, soit les relations avec le dehors, on dit ordinairement *la Porte*, ou la *Sublime-Porte*, comme on dit en Europe le *cabinet de Saint-James*, le *cabinet des Tuileries*, etc.

La composition du divan, de même que le mode de ses délibérations, a beaucoup varié depuis les premiers temps de la monarchie. Jadis il se tenait deux fois par semaine, sous la présidence du grand vizir, assisté du grand amiral, des deux cazi-askers (les deux plus grands dignitaires de la loi, après le mufti), du *nichandji*, chargé d'apposer le sceau ou chiffre impérial (*nichan*) sur les actes, et des trois *defterdars* ou intendants des finances.

D'après la nouvelle organisation de l'empire, le divan est composé, non-seulement des ministres et de tous les membres du conseil privé, à savoir : le grand vizir, le mufti ou cheikh-ul-islam, les ministres de la guerre, de la marine (capitan-pacha), de l'artillerie, des affaires étrangères, des finances, du commerce et des travaux publics, de la police, les ministres sans portefeuille, le président du conseil d'état, l'intendant général de l'hôtel des monnaies, l'intendant général des *vacoufs*, ou fondations pieuses, le conseiller du grand vizir, faisant les fonctions de ministre de l'intérieur. Deux autres hauts fonctionnaires sont attachés au divan, l'un avec le titre de grand référendaire, l'autre de grand interprète. Le conseil se réunit deux fois par semaine, en temps ordinaire, à la Sublime-Porte, sous la présidence du grand vizir, et délibère sur toutes les mesures d'intérêt général, soit au dedans, soit au dehors. Toutes les fois qu'il s'agit de prendre une décision d'une haute gravité, comme, par exemple, de déclarer la guerre, on appelle au divan tous les grands fonctionnaires civils et militaires, ainsi que les principaux *ulémas* (docteurs). Ce conseil prend alors le nom de *divan extraordinaire* (*aiak divan*).

Le grand vizir, les gouverneurs généraux des provinces, de même que les patriarches des quatre grandes communautés grecque, arménienne, arménienne unie et israélite à Constantinople, investis de certains droits de judicature à l'égard de leurs coreligionnaires, ont leurs divans particuliers qui se tiennent à jour fixe.   A. UBICINI.

Le *divan-khanè* n'est pas seulement la salle du conseil à Constantinople, et dans les capitales des divers états musulmans; c'est aussi le nom que l'on donne à toutes les grandes maisons à une vaste salle ou antichambre, autour de laquelle sont les portes des autres pièces de l'appartement. Cette salle est à l'entrée de la maison, et l'on y reçoit les visites de cérémonie. Comme elle est entourée de coussins sur lesquels on s'assied, le mot *divan* a passé dans notre langue pour signifier une estrade, une sorte de canapé sans dossier.

On donne encore le nom *divan*, *divany* ou *diwan*, en persan et en arabe, à des registres d'impôts, aux budgets et comptes publics, et surtout à des recueils de pièces en vers ou en prose, mais plus particulièrement à celles qu'on rassemble après la mort d'un auteur. Les Persans et les Turcs appellent aussi de ce nom la collection des œuvres de plusieurs poëtes. Gœthe s'en est autorisé pour intituler *divan occidental et oriental* un recueil de ses vers.

Le *divany* est une sorte de caractère d'écriture arabe, commune aux Turcs et aux Persans, et particulièrement usitée pour les lettres missives, les firmans et l'expédition des affaires des bureaux publics. On emploie aussi pour copier les poëmes, les pièces fugitives, etc., un autre caractère appelé *divany-neskhessy*. Le premier est un des plus usités dans toutes les classes de la nation othomane.   H. AUDIFFRET.

DIVARIQUÉ (de *divaricare*, écarter, élargir). Ce qualificatif s'applique aux rameaux qui s'écartent en tous sens les uns des autres, comme ceux de la chicorée sauvage, et forment des angles très-ouverts.

DIVERGENCE, DIVERGENT. On nomme *divergence* la disposition de deux ou plusieurs lignes qui, dans leur direction, partent d'un point commun et vont toujours en s'écartant de plus en plus les unes des autres à mesure qu'elles s'en éloignent. Les lignes *divergentes* deviennent *convergentes* dans la direction opposée à leur divergence.

La divergence a plusieurs acceptions, selon la science qui en fait usage; on l'emploie en algèbre pour désigner une suite ou série dont les termes vont toujours en croissant : 1, 2, 3, etc., est une *série divergente*. La géométrie donne le surnom de *divergentes* à celle des deux paraboles cubiques dont les deux branches ont des directions contraires.

En optique, on a nommé *divergence* la marche des rayons lumineux projetés par un corps éclairant et qui tendent continuellement à s'écarter les uns des autres, ou à *diverger*; en sorte qu'une surface éclairée représente un cône dont la base repose sur cette surface, et dont le sommet est au point de départ. L'expérience prouve ce fait. Si l'on fait pénétrer un rayon lumineux dans une chambre parfaitement obscure par un trou pratiqué dans un volet, il se formera un cône lumineux dont le sommet sera à la petite ouverture, et la base en est représentée sur la paroi intérieure de la chambre opposée à la lumière par une image arrondie.

On peut augmenter ou diminuer la divergence lumineuse en faisant passer les rayons de lumière à travers des corps plus réfringents que l'air, et dont la surface de séparation est une courbe. La construction des verres convexes ou concaves n'est qu'une application de cette théorie ; les effets de ces verres peuvent se rapporter tous à la construction de deux prismes triangulaires opposés par leurs bases, ce qui figure ici la convexité, ou opposés par leurs sommets pour former concavité. La propriété des premiers les a fait nommer *convergents* (*voyez* LENTILLE), et, par opposition, les verres concaves reçoivent aussi le nom de *divergents*.

Il est encore une divergence que l'on a observée dans la matière électrique. C'est un rayonnement assez analogue dans ses phénomènes à la divergence lumineuse. Si l'on place une personne sur un tabouret isolant, et si l'on la fasse communiquer avec une machine électrique en activité au moyen de la verge métallique, on voit dans l'obscurité s'échapper de l'extrémité des cheveux du patient des jets électriques qui forment comme une auréole lumineuse. Ce phénomène constitue la *divergence électrique*. E. RICHER.

On dit, en botanique, des tiges, des pédoncules, des rameaux, qui ont un point d'intersection commun, mais qui s'écartent dans leur prolongement, qu'ils sont *divergents*.

Le mot *divergence* a été transporté avec bonheur depuis quelques années dans la langue de la politique : la *divergence des opinions* s'entend de leur opposition ; il dit plus que *différence*.

DIVERSION. En stratégie, c'est l'action de porter la guerre ou de diriger une attaque sur un point où l'ennemi n'est pas préparé à la recevoir, ou du moins ne l'est que très-imparfaitement, afin de l'engager ainsi à détourner ses forces d'un autre point où l'on ne peut pas lui résister, ou du moins que très-difficilement. La diversion peut embrasser quelquefois un théâtre d'une grande échelle, nécessiter toutes les forces de celui qui la fait, constituer en un mot à elle seule toute la guerre de résistance. Telle fut celle qu'opéra en Afrique Scipion, avant la bataille de Zama, pour arracher Annibal des plaines de l'Italie. D'ordinaire, elle a lieu pendant, ou peu avant une affaire, afin d'amener l'ennemi, par la division ou la dispersion de ses forces, à opposer une moindre résistance sur le point jugé décisif par l'adversaire : telle fut celle par laquelle, à Montenotte, le général Bonaparte débuta dans sa grande carrière de gloire, en détachant La Harpe, avec quelques centaines d'hommes, dans la direction de Gênes, pour engager le général Beaulieu à étendre encore davantage une ligne de bataille déjà d'une longueur démesurée, stratagème qui, soutenu de quelques bruits captieux qu'on eut soin de faire répandre le jeune général, obtint un succès complet. Le but d'une diversion peut très bien être de faire lever le siège d'une place ; rien n'est même si commun dans les guerres de frontières, comme nous en avons tant vu d'exemples dans notre révolution, entre autres dans les tentatives si fréquentes et si infructueuses des impériaux pour faire lever le blocus de Mantoue ; mais il n'y a pas de gouvernement ou de général de bon sens qui entreprenne une diversion, comme le dit Folard dans ses notes sur Polybe, en vue de se dédommager par le résultat de ce que la guerre engagée lui aura fait perdre ; ce serait détourner tout à fait une opération de son but ; hasarder une perte beaucoup plus grande que le gain raisonnable qu'on pourrait espérer, et, dans le cas où l'on tenterait l'opération avec toutes chances de succès, ce qui supposerait au moins un équilibre de force, ce serait sacrifier les intérêts majeurs à de mesquins accessoires, compromettre sa fortune ou celle du pays pour de faibles avantages, que les chances si variées de la guerre pourraient encore rendre très-problématiques. On ne peut opposer à ceci la prise de Calais par les Espagnols pendant que Henri IV assiégeait La Fère. Calais était simplement une ville à leur convenance : ils avaient les moyens de s'en emparer, et ils le firent ; mais, loin que ce fût par diversion, ils s'estimèrent fort heureux que l'entêtement de Henri IV l'empêchât de venir les troubler pendant leur attaque sur cette clef du royaume.

D'après le grand principe des masses lancées à propos sur le point jugé décisif, système qui a valu tant de triomphes à l'empire, on peut admettre qu'il n'y a pas une bataille et même un combat un peu important sans diversion, puisqu'on peut toujours regarder comme telle l'espèce de rideau de soldats laissé en face de la ligne ennemie pour l'amuser, et à l'aide de laquelle un général cherche à cacher à son adversaire le point sur lequel il a résolu d'agir. Autant une diversion opérée à propos peut être profitable à celui qui l'ordonne, autant elle est nuisible lorsqu'elle est exécutée d'une manière intempestive et maladroite. À quoi peut servir une diversion si ce n'est à affaiblir en pure perte le corps principal, lorsque tout doit dépendre d'un choc décisif sur un autre point ? En cas de triomphe de son parti, le but qu'elle se proposait est atteint, et son rôle était inutile. En cas de défaite, il l'est bien plus encore ; mais les circonstances qui font qu'une diversion est opportune ou non sont d'un ordre trop relevé et n'entrent pas dans notre cadre, leur exposé se rattachant à l'ensemble des principes qui constituent toute la science de l'art militaire. BILLOT.

DIVERSITÉ (du latin *diversitas*). Ce mot s'entend de la *différence*, ou plutôt de la *variété* des formes, des qualités ou propriétés d'objets que l'on compare. C'est l'opposé d'*uniformité*, comme *collection* est celui de *distribution*, *disparité* celui d'*harmonie*, *division* celui d'*union*, etc. Les dictionnaires donnent généralement pour synonymes à ce mot tous ceux qui sont affectés à établir une différence quelconque entre des choses comparées. Rien n'est pourtant plus diamétralement opposé que la *diversité* et la *disparité*. Le dernier indique un désaccord complet, le plus grand défaut d'harmonie possible entre des objets comparés. L'état de choses auquel on peut appliquer le mot *disparité*, *disparate*, est toujours choquant, parce qu'il exprime absolument le contraire des lois que suit la nature dans la création du beau, lequel résulte toujours d'une diversité ou variété bien entendue entre les formes ou les propriétés des choses comparées : rien dans un parterre ne réjouit la vue comme la diversité des fleurs, la variété des compartiments ou des formes du terrain, dont l'ensemble constitue le jardin. Quand nous disons que la variété bien entendue constitue les règles ou les lois du beau, nous voulons dire ce qui plaît davantage, ce qui produit en nous des sensations plus agréables : ainsi, telle femme dont les traits n'ont rien de régulier, plaît beaucoup plus que telle autre dont l'ensemble parfaitement symétrique pourrait servir de terme de comparaison à ce qu'on nommerait la beauté idéale. BILLOT.

DIVERTISSEMENT, mot générique qui embrasse toutes les inventions destinées à distraire et à récréer l'esprit, à dilater le cœur par le sentiment de la joie : *jeux*, *fêtes*, *festins*, *réjouissances*, *spectacles*, *concerts*, *bals*, *promenades*, etc. Les amusements sont des plaisirs beaucoup plus calmes, beaucoup moins *en dehors*, plus individuels que les *divertissements* ; les beaux-arts ont été créés pour nos amusements ; les jeux d'exercice, la chasse, la paume, l'escrime, le tir, sont des amusements aussi bien que les jeux de salon, billard, échecs, trictrac, cartes ; et encore les voyages et la promenade, le plus insipide des plaisirs insipides, disait Voltaire. La *récréation* est la suspension d'un travail intellectuel, chère surtout aux écoliers. Les *jeux publics*, donnés pour le *divertissement* de la foule, ne sont pas inconnus des sociétés à leur berceau. La vie de chaque homme alors est un combat journalier contre les besoins positifs ; la satisfaction de ces besoins, l'eau pure des fontaines, le repos du corps, le sommeil sous l'ombrage, composent à l'homme primitif un bonheur matériel qui lui suffit. Mais, dès que l'association est devenue plus compacte, la sécurité s'établit, la vie est plus facile, mais aussi plus oisive ; il faut des lois pour maintenir cette sécurité et l'équilibre de l'association ; il faut des jeux pour occuper cette foule, qui n'est plus obligée chaque matin de chercher à travers les bois, les plaines et les montagnes, la nourriture du jour.

La plus simple des lois, la plus facile à établir, la plus puissante, c'est la *crainte des dieux* ; et l'établissement le plus naturel des jeux, c'est le *culte des dieux*. Aussi, ce culte fut-il chez tous les peuples l'origine des jeux. Les Hébreux, nation raide et sérieuse, chantent des cantiques et dansent devant l'arche sainte. Par toute la Grèce, *des jeux* sont institués en l'honneur de Jupiter, d'Apollon, de Neptune, de Bacchus ; les *fêtes* de ce dernier donnent naissance aux plus nobles divertissements, aux jeux scéniques, aux jeux illustrés par l'art des Eschyle, des Sophocle et des Euripide. Là se pressaient et venaient se passionner à la fois dans une même enceinte, sur les gradins d'un théâtre, 30,000 spectateurs ; le sentiment religieux s'éteignit peu à peu, il est vrai, à mesure que la civilisation avança ; à peine si Euripide et ses contemporains en ont conservé des traces. Quelques vieillards pieux poussent en vain ce cri de regret : Οὐδὲν πρὸς Διονυσον, plus rien pour Bacchus! Mais d'habiles législateurs ont remplacé le culte des dieux par le culte de la patrie. Les jeux sont devenus des institutions politiques; les jeux de la scène, l'école des nobles sentiments, un haut enseignement moral, comme les jeux à Olympie, à Corinthe, sont de grandes institutions où l'on couronne la force du corps et le courage physique. Rome naissante, plus guerrière encore que religieuse, eut ses jeux à elle : les jeux du champ de Mars, où, par forme de divertissement, elle s'exerçait à vaincre et à conquérir le monde. Et, la conquête une fois terminée, Rome emprunta bien à la Grèce son magnifique théâtre, mais sans en prendre l'esprit; la scène à Rome ne fut qu'un stérile divertissement, et fit tout au plus la guerre aux ridicules. Bientôt même ces jeux intellectuels furent abandonnés. Dans une cité où affluaient de tous les coins de la terre des Barbares vaincus, il fallut, pour plaire aux sens grossiers d'une population d'esclaves, des plaisirs plus matériels, les jeux du cirque, les combats de gladiateurs, les luttes sanglantes d'hommes et de bêtes féroces.

Le christianisme fit sortir de la société vieille et usée une société toute brillante de jeunesse, et le culte de Dieu préoccupa de nouveau les hommes, et leur fit abandonner ces divertissements matériels. L'invasion des hommes du Nord dans l'empire romain communiqua aux nations modernes l'esprit chevaleresque des Germains, et cet esprit donna naissance aux jeux guerriers, aux passes d'armes, aux tournois, aux carrousels, à tous les divertissements de la féodalité. Les *fêtes* (*festæ dies*), sont des jours consacrés par la religion, par l'état, par la tradition, à la célébration des jeux et aux divertissements. Il est de convention qu'au jour marqué, tous, foule, famille, individus, doivent s'y livrer. La *musique* fut un des plus puissants auxiliaires des jeux et des fêtes, avec la *danse*, dont elle régla les mouvements. La musique et la danse font encore, à elles seules, presque tous les frais de nos fêtes, sous une appellation commune, *bal*. C'est le divertissement le plus à la mode par toute la terre, sans en excepter le pays des lions et des Bédouins, où le bal a pénétré avec nos armes. Nous nous trompons, il y a un divertissement plus répandu encore et aussi vieux que la danse et la musique, c'est le banquet, le repas des jours de fêtes, le *festin*. De tout temps, à Athènes, à Rome, à Babylone, à Paris, à Londres, à Vienne, il y a eu des festins. Pour les riches, qui, dans nos grandes cités, ont à leur disposition, au gré de leurs caprices, tous les divertissements, jardins publics, concerts, bals, festins, spectacles, la vie est un long jour de fête quand ils n'ont pas la goutte. Leurs divertissements n'ont pas de jour fixe. Le peuple, lui, est scrupuleux observateur des jours fériés : jamais il ne s'émeut et ne se lève pour les divertissements qu'aux époques déterminées, à moins d'événements extraordinaires, naissance, mariage, etc. Et ses divertissements sont pas très-variés : tout se réduit à boire, à danser, à festiner le dimanche sous la tonnelle.

Moralistes, si vous voulez que les malheureux cessent d'acheter des plaisirs grossiers, et de payer un impôt aux vices, procurez-leur des divertissements plus délicats, des divertissements gratuits, vous les prendront l'habitude si vous savez les y attacher. Sans doute, les ouvriers préfèrent aujourd'hui un litre de mauvais vin à une représentation de l'Opéra, où ils attendraient trois heures avant d'entrer, et où, s'ils pouvaient entrer, ils payeraient du prix d'une journée de travail le déplaisir de comparer leur misère avec l'opulence en plumes et en gants jaunes. Mais l'état, qui sacrifie en subventions théâtrales un million chaque année pour les divertissements des riches, ne pourrait-il rien faire afin d'attirer le peuple vers les divertissements honnêtes, qui finiraient par le captiver, sans retour possible à l'abrutissement, et contribueraient à son éducation morale bien mieux que certains livres réputés utiles aux mœurs et qu'il ne lit pas! Hommes du gouvernement, lorsque vous avez donné des fêtes dont le trésor public paye les frais et que vous appelez des *réjouissances*, le public vous a-t-il jamais manqué? et cependant, vous lui offrez, à ce roi de l'époque, pour amphithéâtre la rue, pour gradins le pavé et les bornes, pour spectacles une *revue* monotone, des tréteaux en plein vent, des illuminations papillotantes qui lui brûlent les yeux, pour bouquet un feu d'artifice, qu'il doit attendre deux ou trois heures, le cou tendu, sans pouvoir tourner la tête, sous peine de perdre le prix de l'attente et de ne rien voir; le peuple admire deux minutes, le temps de crier : *ah!* et s'en retourne content, quoiqu'il risque chaque fois d'être étouffé au retour ; voilà les *divertissements* que vous offrez à l'avide *curiosité* du public; et cependant le peuple vous a-t-il jamais manqué à ces fêtes? La curiosité dans nos temps de scepticisme et d'indifférence est le seul sentiment violent qui puisse agiter les masses. Pour la curiosité, tout spectacle et divertissement : les cours judiciaires, où les accusés combattent pour l'honneur et la vie, sont des spectacles et des *divertissements*; et si la vue du sang n'est plus un *divertissement* aussi couru à Paris, c'est qu'on embarrasse et qu'on déroute la curiosité par l'éloignement et l'heure incertaine du supplice. Eh! la curiosité qui n'a pas d'aliment et se rue sur ces affreux spectacles dénature bien des âmes douces, qui souvent n'ont pas la force de supporter ces divertissements, et cependant s'y précipitent avec fureur. La curiosité conduit encore à Versailles et à Saint-Cloud la foule des bourgeois venant assister au jeu des eaux : c'est un divertissement fort innocent, convenable au caractère paisible des marchands.

Autrefois, on appelait *divertissements*, dans un opéra ou une pièce de théâtre, toutes les danses et tout ce qui occupait l'attention pendant les entr'actes des œuvres lyriques ou dramatiques.

Divertissement est aussi usité dans le même sens que *détournement : divertissement de fonds.*   P.-É. BARRÉ.

DIVES, les mêmes sans doute que les *dews*, dans la religion parse. Ce sont de mauvais génies opposés aux *péris*.

DIVIDENDE. Ce mot est susceptible de plusieurs acceptions différentes : tantôt il signifie le payement de l'intérêt des emprunts publics, tantôt la part qui revient à chaque créancier dans une faillite. C'est encore la part proportionnelle en dehors des intérêts revenant aux créanciers d'une entreprise sur les bénéfices de cette entreprise. Dans toutes les spéculations faites par actions, le mot *dividende* n'est pas entendu de la même manière : ainsi, il peut avoir le sens que nous venons de dire. En d'autres termes, le dividende et l'intérêt peuvent être choses distinctes. D'autres fois, le *dividende* et l'*intérêt* sont confondus : cette seconde manière d'entendre le dividende dans les entreprises par actions nous paraît préférable à la première, parce qu'elle est plus nette, plus franche. En effet, lorsqu'on sépare le dividende et l'intérêt imputables à chaque action, il arrive souvent que l'on prend sur le capital pour produire des intérêts factices, intérêts que l'on s'est engagé à livrer, quel que soit le succès de l'entreprise.   Aug. CHEVALIER.

DIVIDENDE (*Arithmétique*). Voyez DIVISION.

DIVIN (*divinus*), ce qui appartient à Dieu, qui a rapport à Dieu, qui provient de Dieu. Ainsi, l'on dit *la science divine, la divine Providence, la grâce divine*, etc. Ce mot s'emploie dans un sens figuré pour désigner quelque chose d'excellent, d'extraordinaire, qui semble surpasser les forces de la nature et la portée ordinaire de l'esprit humain. Il passe alors et à juste titre comme un superlatif, et c'est à tort que Boileau, dans son *Art poétique*, dit que sans la langue

. . . . . . L'auteur *le plus divin*,
Est toujours quoi qu'il fasse un méchant écrivain :

Ce qui est pécher à la fois contre la grammaire et contre la logique. C'est dans le même sens que le compas, le télescope, les horloges, l'imprimerie, etc, ont été quelquefois appelées des *inventions divines*. On a donné à Platon le

43.

surnom de *divin*, ou à cause de l'excellence de son génie, ou parce qu'il a parlé de la Divinité d'une manière plus noble et plus élevée que tous les philosophes païens. Quelques panégyristes ont aussi prodigué, assez mal à propos, selon nous, la même épithète à Sénèque. On a un peu plus de fondement à appeler Hippocrate le *divin vieillard* (*divinus senex*), à cause de la perfection à laquelle il porta un art infiniment plus utile que la philosophie spéculative. Les théologiens, en citant les saints Pères, les nomment *divus Augustinus*, *divus Thomas*, etc. Il y a beaucoup de passages qui prouvent que les anciens ont employé les termes de *divin* et de *sacré* pour marquer seulement la grandeur.   Edme Hérau.

Le *service divin* est l'ensemble des prières, du sacrifice, des cérémonies et des divers offices dont se compose le culte extérieur des chrétiens. C'est dans le même sens qu'on dit *culte divin*, *office divin*, etc.

Le *droit divin* s'entend de la loi qui est supposée nous venir de Dieu et sur laquelle se fondent une foule d'usurpations.

Les *honneurs divins* étaient ceux que l'on rendait aux hommes que la superstition divinisait. Les Romains rendaient des honneurs divins à leurs empereurs.

DIVINATION. C'est l'art de connaître l'avenir par des moyens superstitieux. De tout temps, une infatigable curiosité a poussé l'homme à jeter un regard avide sur ses secrets, à chercher à les pénétrer, d'abord par des réflexions sérieuses sur le passé, par sa comparaison avec le présent, par des inductions plus ou moins fondées sur ce qui devait ou pouvait advenir. Mais on ne s'arrêta pas là : dès l'antiquité la plus reculée, la divination devint une science qui eut ses règles, ses arcanes, qui s'unit souvent à la religion et usa de moyens plus ou moins ingénieux selon le degré de civilisation du peuple chez lequel on l'exerçait. Mais, de tout temps aussi, le désir de spéculer sur la crédulité fit prendre à l'imposture les dehors de la science. Si parfois les faiseurs de prédictions ont rencontré juste, soit par hasard, soit par l'effet de la connaissance des hommes et de l'habitude de calculer les chances probables de la vie ou de recueillir les circonstances les plus légères pour en tirer des indices, on a crié au miracle, au prodige, et l'on a attribué à des causes surnaturelles le résultat des ressources même les plus vulgaires de l'intelligence. Les esprits faibles, peu éclairés, les mauvaises passions surtout, ont l'avide curiosité de ce qui doit arriver; les âmes droites, au contraire, attendent avec fermeté le sort, elles n'espèrent rien de contraire à la loi rigoureuse du devoir.

La divination est artificielle et naturelle. La première est un pronostic ou une induction fondée sur des signes extérieurs liés avec des événements à venir. La seconde présage les choses futures par un mouvement purement intérieur, par une impulsion spontanée de l'esprit, indépendant de tout signe extérieur. La Chaldée, la Grèce, l'Égypte s'adonnèrent de bonne heure à ces pratiques superstitieuses. Les Étrusques les réduisirent en maximes et en règles, et la divination, chez les Romains, fut associée au gouvernement. Cependant, les hommes supérieurs de la république méprisaient ces moyens tout en les croyant utiles pour contenir le peuple. Caton, consulté sur ce qu'annonçaient des bottines mangées par des rats, répondit qu'il n'y avait rien de surprenant à cela, mais que c'eût été un prodige inouï si ces bottines avaient mangé les rats. Cicéron, qui a composé un traité exprès de la divination, et qui n'y ajoute point foi, dit que la Grèce n'a jamais envoyé de colonie et n'a entrepris de guerre sans avoir consulté les oracles; que le fondateur de Rome était un excellent augure, et que, si jamais plus grand intérêt n'avait agité les Romains que celui qui les divisait dans la querelle de César et de Pompée, jamais aussi on n'avait tant interrogé les dieux. Marc-Aurèle se montra lui-même zélé partisan de la divination.

Du reste, la divination chez les anciens ne se borna pas aux nations anciennes. Il est parlé dans l'Écriture de neuf espèces de divinations. Les Indiens, les Chinois, les Siamois, les Japonais, les Tonquinois, les peuples non civilisés de l'Asie, de l'Océanie, de l'Amérique, toutes les races connues, en un mot, employaient ou emploient encore des moyens plus ou moins ingénieux pour connaître l'avenir. Avec la corruption des mœurs, les croyances superstitieuses se répandirent chaque jour davantage; quelques-uns même crurent s'en faire un bouclier contre le christianisme, dont les conquêtes journalières les effrayaient. Elles se mêlèrent ensuite au culte grossier du moyen âge en se compliquant de toutes les traditions du Nord. Le concile de Leptines ou plutôt des Estines, célébré en 743, rédigea un catalogue des coutumes interdites aux fidèles, où l'on marqua expressément celles qui étaient relatives à la connaissance des choses futures. Cependant, la religion sanctionnait trop souvent ce qu'elle proscrivait ici, et on la vit fréquemment consulter l'avenir avec des cérémonies approuvées par l'Église. Il y a mieux, tandis que d'une main elle attise le feu qui doit brûler des sorciers laïques, de l'autre elle va prendre dans les monastères et les asiles de la piété les prophètes et les *devins* sacrés dont elle a besoin pour rendre ses oracles.

M. de l'Aulnaye a donné une liste presque complète des diverses espèces de divinations, au 3ᵉ volume de son édition in-8° de Rabelais. Alexandre Baumgärten en a publié une division scientifique, avec ses différentes branches, dans l'*Encyclopédie philosophique*, imprimée à Magdebourg en 1769. Presque toutes auront leur article spécial dans ce Dictionnaire. On peut y consulter encore pour la divination dans les temps anciens, au moyen âge et dans les temps modernes, les articles Astrologie, Auspices, Augures, Devins, Magie, Magiciens, Sorcellerie, Thaumaturge, Théurgie, etc.

DIVINITÉ, nature de Dieu; c'est aussi Dieu lui-même. Les Grecs l'appelaient *Théion* et les Latins *Numen*. C'est l'être nécessaire, existant de soi-même, qui gouverne le monde qu'il a créé. Chez les païens, la Divinité était prise collectivement pour tous ceux faux dieux ensemble; chez les Juifs, les chrétiens et les mahométans, elle est prise pour le Dieu unique. La Divinité est une dans les trois personnes divines de la Sainte-Trinité chrétienne. La Divinité est l'essence qui émane de Dieu dans l'univers entier; elle est à cet être, le seul infini, le seul plein de gloire, ce que sont les rayons du soleil qui divergent de son orbe immense sur tous les mondes qui l'entourent; c'est une auréole éternelle.

Cette Divinité, dont l'homme sent la présence, mais qu'il ne voit ni ne peut définir, fut, pendant plusieurs siècles, jusqu'à Cicéron, l'objet des méditations des véritables sages, ainsi que des prétendus sages de la Grèce. Théodore, surnommé l'Athée, niait qu'il existât des dieux. Anaximandre croyait que les mondes étaient autant de Divinités. La Divinité était l'air selon Anaximène. Anaxagore pensait qu'elle ne peut avoir de corps et qu'elle est une pure essence. Pythagore enseignait qu'elle est une âme répandue dans tous les êtres de la nature, et dont les âmes humaines sont tirées. Xénophane disait que Dieu est un tout infini, et il y ajoutait une intelligence. Parménide s'en figuré nous ne savons quoi de semblable à une couronne, un cercle tout lumineux qui environne la terre; et voilà ce qu'il appelle Dieu. Démocrite donnait la qualité de dieux aux images des objets qui nous frappent, et à la nature, qui fournit et envoie ces images, et aux idées dont elles nous remplissent l'esprit. Un reflet de ce système s'aperçoit dans quelques opinions du fameux Malebranche, auteur de la *Recherche de la vérité*. Platon ne douta pas que la Divinité ne fût incorporelle; il dit aussi, dans le *Timée* et dans les *Lois*, que le monde, le ciel, les astres, la terre, les âmes, les divinités que nous enseigne la religion de nos pères, que tout cela enfin est Dieu. Xénocrate ne comptait que huit divinités : les planètes connues jusqu'alors, qui en faisaient cinq ; les étoiles fixes, qui n'en faisaient qu'une toutes ensemble ; le soleil, qui faisait la septième, et la lune enfin, qui composait la huitième. Straton, surnommé le Physicien, avançait qu'il n'y a point d'autre dieu que la nature. Zénon et les stoïciens prétendaient que la source de l'intelligence et de toutes les âmes, c'est le feu réuni dans l'éther, feu intelligent, actif, vital, pénétrant tout l'univers, le vivifiant et le gouvernant avec sagesse, parce qu'il est le principe de toute sagesse, et que par conséquent il est Dieu.

Diviniser c'est *reconnaître pour divin* : diviniser une personne, c'est, dans le langage familier, la louer à l'excès. *Divinités*, au pluriel, signifie les *faux dieux* ; le mot *déités* n'est employé que pour les *dieux mythologiques* ; il est poétique et commun aux deux sexes, tandis que plus généralement on se sert du mot *divinités* quand on parle des déesses : aussi dit-on vulgairement d'une célèbre cantatrice, d'une habile danseuse : elle chante ou elle danse comme une divinité. Les amants, dans les romans de chevalerie, appellent ainsi leur maîtresse ; de nos jours, cette hyperbole est devenue à peu près ironique.

DENNE-BARON.

DIVISEUR. Dans l'opération de l'arithmétique qui a reçu le nom de *division*, le *diviseur* est le nombre par lequel on divise le dividende.

Dans la théorie de la divisibilité, un nombre qui en divise exactement un autre en est dit *diviseur* ou *sous-multiple* ou encore *facteur* : par exemple, 4, 6, 9, 12, etc., sont des diviseurs de 36. Pour déterminer tous les diviseurs d'un nombre, il faut d'abord le décomposer en *facteurs premiers*. Prenons le nombre 360 ; on reconnaît qu'il est égal à $2^3 \times 3^2 \times 5$; on écrit alors :

$$\begin{array}{ccc} 1 & 2 & 2^2 & 2^3 \\ 1 & 3 & 3^2 \\ 1 & 5 \end{array}$$

c'est-à-dire autant de lignes qu'il y a de facteurs différents, chacune de ces lignes commençant par l'unité et renfermant les puissances successives de l'un de ces facteurs jusqu'à celle dont il est affecté dans le nombre proposé. On multiplie ensuite chaque nombre de la première par chaque nombre de la seconde, chaque produit obtenu par chaque nombre de la troisième ligne, et ainsi de suite, s'il y avait un plus grand nombre de facteurs différents. Dans l'exemple qui nous occupe, on a pour résultats :

$1, 2, 2^2, 2^3, 3, 2 \times 3, 2^2 \times 3, 2^3 \times 3, 3^2, 2 \times 3^2, 2^2 \times 3^2,$
$2^3 \times 3^2, 5, 2 \times 5, 2^2 \times 5, 2^3 \times 5, 3 \times 5, 2 \times 3 \times 5,$
$2^2 \times 3 \times 5, 2^3 \times 3 \times 5, 3^2 \times 5, 2 \times 3^2 \times 5,$
$2^2 \times 3^2 \times 5, 2^3 \times 3^2 \times 5,$

on, en effectuant les produits indiqués et en les rangeant par ordre de grandeur,

1, 2, 3, 4, 5, 6, 8, 9, 10, 12, 15, 18, 20, 24, 30, 36, 40, 45, 60, 72, 90, 120, 180, 360,

en tout 24 diviseurs de 360 (en comprenant dans cette énumération 360 lui-même et l'unité). Du reste le nombre de ces diviseurs peut toujours être déterminé *à priori* ; pour cela il suffit de faire le produit des nombres que l'on obtient en ajoutant l'unité aux exposants des facteurs premiers du nombre proposé : dans notre exemple, les exposants respectifs des facteurs 2, 3 et 5, étant 3, 2 et 1, on a pour le nombre des diviseurs :

$$(3+1)(2+1)(1+1) = 4 \times 3 \times 2 = 24$$

comme nous l'avons déjà reconnu. Remarquons que le nombre des diviseurs est toujours impair lorsque le nombre proposé est un carré, et pair dans le cas contraire.

Lorsqu'un nombre en divise plusieurs autres, il en est un *diviseur commun* : 2, 4, 6, 12, sont des diviseurs communs à 60 et à 36 ; le *plus grand diviseur commun* de ces deux nombres est 12, c'est-à-dire qu'aucun nombre plus grand ne peut diviser exactement à la fois 60 et 36. La recherche du plus grand commun diviseur peut se faire de deux manières.

1re *Méthode.* Soient donnés les nombres 1400 et 720 dont on demande le plus grand commun diviseur. On les décompose d'abord en facteurs premiers :

$$1400 = 2^3 \times 5^2 \times 7 \qquad 720 = 2^4 \times 3^2 \times 5.$$

Il suffit ensuite de prendre les facteurs communs aux deux nombres donnés avec le plus faible exposant auquel ils se trouvent : on a ainsi pour plus grand commun diviseur $2^3 \times 5$ ou 40.

2e *Méthode.* Soient donnés les mêmes nombres. On dispose ainsi l'opération :

	1	1	17
1400	720	680	40
680	40	280	
		0	

On divise le plus grand nombre 1400 par le plus petit 720. Si la division se fait exactement, ce dernier nombre est le plus grand commun diviseur cherché. S'il en est autrement, comme cela a lieu dans l'exemple, on divise le diviseur 720 par le reste 680 ; cette division laissant encore un reste, on divise 680 par ce nouveau reste 40 ; et ainsi de suite jusqu'à ce qu'on arrive à un reste nul. Dans notre exemple, trois divisions suffisent pour trouver le plus grand commun diviseur 40. Dans tous les cas l'opération se termine ; mais quand l'avant-dernier reste est l'unité, les deux nombres sont *premiers entre eux*. Cette opération n'est autre chose qu'une suite de divisions qui n'offrent rien de particulier, si ce n'est la disposition du calcul, qui exige que l'on place les quotients au-dessus des diviseurs.

L'une et l'autre de ces méthodes s'étendent à la recherche du plus grand commun diviseur de plus de deux nombres.

E. MERLIEUX.

DIVISIBILITÉ (*Physique*), propriété en vertu de laquelle les molécules de matière sont dans tous les corps susceptibles d'être désunies ou séparées les unes des autres. De même qu'évidemment un corps quelconque est doué d'étendue, il est évident aussi qu'il est divisible. En effet, puisqu'il ne se peut faire que deux molécules de matière coexistent à la même place, il s'ensuit qu'elles sont réellement distinctes l'une de l'autre, seul résultat qu'on prétende d'ailleurs réellement désigner quand on dit qu'elles sont divisibles. C'est en ce sens qu'il faut admettre que la molécule la plus minime est encore susceptible d'être divisée, puisqu'elle se compose de parties qui doivent être réellement distinctes. Tout ce que l'on suppose sur la divisibilité de la grandeur se réduit à ceci, qu'une grandeur donnée peut être conçue divisible en un nombre de molécules égal à tout nombre donné ou proposé. Il est vrai que le nombre de molécules dans lequel on peut concevoir qu'une grandeur douée soit divisible ne saurait être ni fixe ni limité, attendu que, quelque grand que soit un nombre donné, on peut toujours en supposer un plus considérable ; mais il n'y a aucune nécessité de supposer ce nombre de molécules réellement infini. Il demeure établi que l'étendue peut être divisée en un nombre illimité de parties ; mais quant à ce qui est des limites de la divisibilité même de la matière, nous sommes forcés d'avouer l'ignorance la plus complète. Nous pouvons bien, à la vérité, diviser certains corps en parcelles tellement menues, tellement nombreuses que l'imagination en demeure confondue de surprise ; mais là encore nous sommes bien loin de l'infini. Ignorant la nature intime de la matière, nous ne pouvons, en effet, dire si elle est susceptible d'une division infinie, ou bien si, en dernière analyse, elle se compose de molécules d'une certaine grandeur et d'une dureté complète (*voyez* ATOMES).

Citons quelques exemples de la prodigieuse ténuité de certains corps, produits par l'art ou découverts à la suite d'observations microscopiques parmi les admirables œuvres de la nature. Le filage de la laine, de la soie, du coton et d'autres matières analogues, nous en offrira quelques preuves frappantes, puisque le fil qu'on en obtient dépasserait souvent par sa longueur toute créance, si les preuves les plus palpables n'étaient pas là pour confirmer la vérité d'assertions qui d'abord confondent l'imagination. Ainsi, avec moins d'un gramme et demi pesant de soie on a fabriqué un fil de plus de 400 mètres de longueur. Les filateurs de Manchester fabriquent avec une livre de laine 150,000 mètres de fil. Un gramme pesant de cuivre, dissous dans le sel ammoniaque, colore sensiblement 250 mètres cubes d'eau; et, d'après le calcul de Musschenbroek, il subit ainsi une division en 800 millions de molécules appréciables. L'extrême ductilité de l'or nous fournira encore un exemple non moins frappant de la grande ténuité à laquelle l'industrie de l'homme est parvenue à réduire certains corps. Un simple grain d'or a souvent été étendu sur une surface de 150 centimètres carrés. En divisant chacun de ces centimètres carrés en parcelles carrées du trois centième d'étendue, et toutes parfaitement visibles à l'œil nu, on aura *trois mille* de ces parcelles par centimètre carré, ou, en multipliant ce chiffre par 150, *quatre cent cinquante mille* parcelles parfaitement visibles à l'œil et résultant toutes de la division d'un simple grain d'or. Or, en observant une de ces parcelles avec un microscope un peu puissant, elle apparaîtra semblable à une large surface dont on pourrait encore parfaitement discerner la *dix millième* partie, si on opérait pour cette parcelle comme pour le grain. Le verre, le cuivre, l'argent, peuvent être filés aussi fin qu'un cheveu; mais, pour avoir un fil d'une finesse extrême, on prend un fil de platine d'un demi-millimètre de diamètre; on le fixe dans un moule cylindrique de 0,7 de millimètre de diamètre; on remplit ce moule d'argent fondu. Ayant réduit le tout au moyen de filières ce fil aussi menu que possible, on plonge un bout de ce fil dans de l'acide nitrique en ébullition : l'argent est dissous, et il reste un fil de platine dont le diamètre n'est plus que d'un 1,200° de millimètre.

On est parvenu à tracer sur une assiette de verre ou d'argent des lignes parallèles d'une finesse telle que dix mille de ces lignes occupassent l'espace de 27 millimètres; mais pour les distinguer, le secours d'un bon microscope est indispensable. Ces prodigieux résultats de l'industrie humaine ne sont cependant encore rien en comparaison de l'incroyable subtilité de matière qu'on peut observer parmi les œuvres de la nature. Le règne animal, le règne végétal et même le règne minéral nous en fournissent de nombreux exemples. Quelle ne doit pas être la ténuité extrême des parcelles odoriférantes du musc, puisqu'un morceau de cette matière aura en peu de temps rempli tout un appartement sans avoir perdu la moindre partie appréciable de son poids. Or, en supposant même qu'il eût perdu la millième partie d'un gramme, puisque cette si faible quantité se trouve divisée et dispersée entre toutes les parties de l'appartement, de manière à ne pas laisser un millimètre cube où le sens de l'odorat ne soit affecté par l'odeur de ces parcelles, à quelles minimes proportions ne doivent pas se trouver réduits le poids et la grandeur de ces parcelles?

Sans même s'aider de verres grossissants, l'œil de l'homme aperçoit souvent des insectes d'une petitesse telle que l'imagination en demeure confondue. La plus simple réflexion fait voir que les vaisseaux et les membres qui entrent dans l'organisation de ces insectes sont d'une ténuité bien autrement étonnante, et cependant le microscope nous donne des résultats qui laissent encore à une distance infinie ces faits qui confondent l'imagination. On a découvert, avec l'aide de cet admirable instrument, des insectes tellement petits qu'ils n'excèdent pas la *millième* partie d'un centimètre; d'où il suit que 1,000,000,000,000 (un *trillion*) de ces animaux tiendraient dans moins du cinquième d'un décimètre cube. Il est évident que chacun de ces animalcules est composé de parties adhérentes entre elles, qu'ils sont pourvus de vaisseaux, de fluides et des divers organes nécessaires pour qu'ils puissent se mouvoir, grandir, se propager. Ces divers organes doivent nécessairement être d'une ténuité extrême; or, il est évident qu'ils se composent d'une masse indéfinie de molécules bien autrement minimes, et par conséquent bien autrement éloignées de la perception de nos sens.

DIVISIBILITÉ (*Arithmétique*). La propriété dont jouissent certains nombres d'être exactement divisibles par d'autres a donné naissance à la théorie de la *divisibilité*. Cette théorie, l'une des plus fécondes de l'arithmétique, repose sur des principes d'une grande simplicité, et qui dérivent tous de suivants : Tout nombre entier qui en divise exactement deux autres, divise leur somme et leur différence; tout nombre entier qui en divise exactement un autre, divise les multiples de ce dernier; tout nombre entier qui divise exactement un produit de deux facteurs, et qui est premier avec l'un d'eux, divise nécessairement l'autre facteur; tout nombre premier qui divise exactement un produit, divise nécessairement l'un de ses facteurs; tout nombre divisible par plusieurs nombres premiers entre eux est divisible par leur produit.

De ces propositions dérivent une foule d'applications utiles : à la théorie de la divisibilité se rattachent la formation des tables de nombres premiers et l'étude de leurs propriétés, la décomposition des nombres en facteurs premiers et la recherche de leurs diviseurs, la théorie du plus grand commun diviseur dont dépend la réduction des fractions à leur plus simple expression, la théorie du plus petit multiple commun dont dérive la réduction des fractions au plus petit dénominateur commun, les principes fondamentaux des fractions décimales périodiques, etc.

Mais un sujet qui doit surtout attirer notre attention, c'est l'application de cette théorie à la recherche des *caractères de divisibilité* des nombres. Il existe des signes auxquels on peut reconnaître si un nombre est ou n'est pas divisible par un autre sans effectuer la division, ce qui est souvent utile dans la pratique. Ainsi, on sait qu'un nombre n'est divisible par 2 que quand son dernier chiffre à droite est *pair*; de même, pour qu'un nombre soit divisible par 5, il faut qu'il soit terminé par un 0 ou par un 5: cela résulte de ce que tout nombre peut être décomposé en dixaines et en unités; or, 10 étant le produit des facteurs 2 et 5, un nombre quelconque de dixaines est nécessairement un multiple de ces facteurs; donc, en vertu du premier principe énoncé plus haut, si le chiffre des unités d'un nombre est divisible par 2 ou par 5, ce nombre est lui-même divisible par 2 ou par 5. Le même raisonnement appliqué à 100, nous apprend que pour qu'un nombre soit divisible par 4 ou par 25 (2^2 ou 5^2), il faut et il suffit que l'ensemble des deux derniers chiffres soit divisible par 4 ou par 25; par exemple, pour reconnaître immédiatement si un nombre est ou n'est pas bissextile, on n'a qu'à se demander si l'ensemble des deux derniers chiffres de son millésime forme un multiple de 4; de même, on voit que tout nombre divisible par 25 est nécessairement terminé par 00, par 25, par 50, ou par 75. On étend ces considérations aux nombres 8 et 125 (2^3 et 5^3) dont le produit est égal à 1000; etc.

Recherchons maintenant les caractères de divisibilité d'un nombre quelconque par un facteur premier avec la base de notre système de numération. Prenons le diviseur 9 : si l'on désigne par m, 9 un multiple quelconque de 9, on voit immédiatement que d'un 10 = 9 + 1, 100 = m. 9 + 1, 1000 = m. 9 + 1, etc., c'est-à-dire que l'unité suivie d'un nombre quelconque de zéros représente un multiple de 9 augmenté de 1; donc tout chiffre suivi d'un nombre quelconque de zéros représente un multiple de 9 augmenté de la valeur absolue de ce chiffre. Mais tout nombre peut être considéré comme un assemblage d'unités, dixaines, centaines, etc ; le nombre 73548, par exemple, est égal à 8 + 40 + 500 + 3000 + 70000. Écrivons les égalités :

$$8 = 8$$
$$40 = m.9 + 4$$
$$500 = m.9 + 5$$
$$3000 = m.9 + 3$$
$$70000 = m.9 + 7$$

Il vient, en les ajoutant : $73548 = m.9 + 8 + 4 + 5 + 3 + 7 = m.9 + 27$; 27 étant divisible par 9, 73548 l'est aussi. En généralisant ce qui précède, on voit que lorsqu'un nombre est exactement divisible par 9, la somme des valeurs absolues de ses chiffres est divisible par 9, et que si la division ne se fait pas exactement, le reste est le même pour le nombre proposé et pour la somme de ses chiffres. C'est sur ce caractère de divisibilité, également applicable au diviseur 3, que sont fondées les preuves de la multiplication et de la division, dites *preuves par 9*.

Des considérations analogues conduisent aux caractères de divisibilité par 11 : en remarquant que $10 = 11 - 1$, $100 = m.11 + 1$, $1000 = m.11 - 1$, $10000 = m.11 + 1$, etc., et en établissant la généralité de la loi qui se manifeste dès ces premières égalités, on arrive à cette conclusion qu'un nombre quelconque est égal à un multiple de 11 plus la somme des valeurs absolues de ses chiffres de rang impair moins la somme de ses chiffres de rang pair. Ainsi $3267418 = m.11 + (8 + 4 + 6 + 3) - (1 + 7 + 2) = m.11 + 21 - 10 = m.11 + 11 = m.11$; donc 3267418 est exactement divisible par 11. Comme autre exemple, prenons $91826 = m.11 + (6 + 8 + 9) - (2 + 1) = m.11 + 23 - 3 = m.11 + 20 = m.11 + 9$; le reste de la division de 91826 par 11 est donc 9. Enfin l'exemple suivant offre le cas où la somme des chiffres de rang pair l'emporte sur celle des chiffres de rang impair : $628194 = m.11 + (4 + 1 + 2) - (9 + 8 + 6) = m.11 + 7 - 23 = m.11 - 16 = m.11 - 5$; ici on ne voit pas immédiatement le reste de la division; mais $m.11 - 5$ pouvant s'écrire $m.11 + 11 - 5$ ou $m.11 + 6$, on reconnaît que ce reste est 6, c'est-à-dire le complément de 5 à 11.

Les deux exemples que nous venons de donner au sujet des nombres 9 et 11 indiquent assez comment il faut agir pour établir les caractères de divisibilité par tout autre diviseur : il suffit de chercher les restes que laisse la division des puissances successives de 10 par ce diviseur. Parmi les résultats les plus remarquables auxquels conduit cette méthode, nous nous bornerons à citer ceux qui sont relatifs à 7, à 13 et à 37 : 1° Tout nombre divisé par 7 ou par 13 donne le même reste que la somme de ses tranches de trois chiffres soumises à la même opération ; 2° Relativement à 7, on peut encore opérer de la manière suivante : on multiplie chaque chiffre, savoir, le 1er à partir de la droite par 1, le 2e par 3, le 3e par 2, le 4e par 1, le 5e par 3, le 6e par 2, et ainsi de suite ; on ajoute les produits provenant des tranches de trois chiffres de rang impair ; on en retranche ceux des tranches de rang pair ; divisant la différence par 7, on obtient le reste cherché ; 3° Pour trouver le reste de la division d'un nombre par 37, on le sépare à partir de la droite en tranches alternativement composées de deux chiffres et d'un seul; on fait la somme des tranches de deux chiffres et on en retranche 11 fois celle des tranches d'un chiffre ; la différence obtenue étant soumise à la division par 37 donne le même reste que le nombre proposé.

Ajoutons que ces caractères de divisibilité, propres à notre système de numération, varient lorsqu'il s'agit de nombres écrits dans un autre système. Quant aux principes fondamentaux de la divisibilité, leur généralité est absolue.

E. MERLIEUX.

DIVISION, séparation réelle ou fictive, partage. Au propre, c'est l'action de séparer avec un instrument tranchant, ou de toute autre manière, un corps quelconque en deux ou plusieurs parties. C'est aussi l'état d'une chose ainsi séparée.

Ce mot se dit particulièrement, dans les assemblées délibérantes, de la séparation que l'on fait des propositions contenues dans une motion, dans une question, dans un amendement, etc., pour les discuter séparément et les adopter ou rejeter l'une après l'autre. En Angleterre un vote public porte le nom de *division*.

Division se dit encore, dans les grandes administrations, d'un certain nombre de bureaux placés sous la direction d'un commis principal qu'on nomme *chef de division* : la division du contentieux, la division du personnel.

Division, en termes d'imprimerie, est synonyme de *tiret*, ou trait-d'union, parce que le tiret sert à marquer, à la fin des lignes, qu'un mot est divisé.

Le mot *division* s'emploie encore dans une acception spéciale, en botanique et en chirurgie. On nomme *divisée* dans la première de ces sciences toute partie d'une plante qui est d'une seule pièce, mais plus ou moins profondément fendue. Ainsi le nombre et la grandeur des *divisions* d'une partie servent à faire des noms composés dont on trouve l'application à chaque instant dans les ouvrages de botanique. Ainsi les dénominations de *bifide*, *trifide*, *quinquefide*, ou de *biparti*, *triparti*, *quinqueparti*, ou encore de *bidenté*, *tridenté*, *quinquedenté*, s'appliquent à ce qui est divisé ou fendu dans une partie plus ou moins grande de sa longueur en deux, trois ou cinq parties.

La *division* s'entend, en chirurgie : 1° de la séparation accidentelle de parties qui doivent naturellement être unies : ce mot alors est synonyme de *plaie*, de *solution de continuité*; 2° de l'opération qui consiste à *diviser*, à couper certaines parties dans le but de remplir une indication thérapeutique (*voyez* DIÉRÈSE).

Pris au figuré, le mot *division* exprime les dissentiments des esprits, la discordance des volontés. C'est le principe le plus dissolvant des sociétés ; aucune ne peut résister à son action. Voyez l'association la plus simple, l'union de l'homme et de la femme, le *mariage* : dès que l'antipathie des humeurs, les blessures de l'amour-propre, l'entraînement des passions, l'oubli des devoirs, ont fait éclater des divisions, le *mariage* se brise par le *divorce* chez quelques peuples, ou bien ailleurs se dénoue par la *séparation de corps et de biens*. Les divisions du foyer domestique amènent souvent le mariage à une catastrophe. Mais toujours elles produisent des maux sans nombre : la négligence des affaires, la ruine de la fortune et de la réputation, l'éducation des enfants manquée, leurs intérêts abandonnés, enfin la perte de la tranquillité et du bonheur intérieur. Que le cercle d'association s'agrandisse dans les familles, et alors d'autres causes de divisions surgiront ; entre les frères, les oncles, les neveux et les cousins ce sera la différence et l'opposition des intérêts, les rivalités, les jalousies. Et que voulez-vous qu'il résulte de tout cela, si ce n'est des querelles, des haines, des procès et quelquefois du sang versé ?

Mais le cercle s'est élargi encore : il ne s'agit plus ni du foyer, ni de la famille, mais de l'État; il ne s'agit plus de *divisions intérieures* ou *domestiques*, mais de *divisions politiques*; celles-là sont plus sérieuses, les conséquences en sont plus graves. A côté de la famille divisée, vous trouverez une famille saintement unie, et l'équilibre social n'est pas perdu. Mais, si la division s'est glissée dans l'état, comme le figuier sauvage entre les pierres d'un édifice, l'état ou l'édifice est bien près de sa chute. Un pays est menacé d'une invasion ; il faut des mesures promptes pour arrêter le torrent, et la division règne parmi les gouvernants, on se querelle au lieu d'agir, et avant que l'accord soit rétabli, le pays est subjugué. Qu'une division s'élève entre deux généraux chargés de se concerter et d'opérer simultanément contre l'ennemi, combien de fois, pour le plaisir d'abaisser un rival, n'a-t-on pas vu sacrifier l'honneur et la patrie ? Enfin, et voilà le malheur le plus désastreux, la cité se divise en factions, s'attachant à un chef ou à un prince différent. Quelquefois la lutte est pacifique d'abord ; on se combat avec des paroles et des écrits avant de recourir à la violence. Puis, aux raisons et aux injures succèdent les coups et les meurtres, c'est la *guerre civile*. Malheur ! malheur au pays où les *divisions politiques* l'ont provoquée ! Là, toute vertu disparaît, l'humanité tombe dans la plus infime dégradation, jusqu'à ce que le peuple, épuisé par les divisions intestines, se jette haletant dans les bras du despotisme, ou tombe sous la domination étrangère.

Lorsque les *divisions* ont déjà pris un caractère alarmant, on ne leur connaît qu'un seul remède, la guerre extérieure, un mal pour un plus grand mal. Mais il faut des succès, car, après un revers, les partis se dévorent comme des bêtes féroces. Telle fut la politique du sénat de Rome pour arrêter les funestes conséquences de divisions élevées entre lui et le peuple. Non-seulement il fit servir à la grandeur romaine les *divisions* si fatales à tous les empires; mais encore, ayant conscience de la faiblesse qui résultait du défaut de cohésion, il introduisit les divisions partout où il voulut dominer. Ainsi, c'est une erreur de dire que c'est Machiavel qui a inventé cette maxime : *Diviser pour régner*. Il a mis seulement en relief un principe qui contribua beaucoup à donner le monde à un petit peuple de l'Italie, selon l'opinion de Polybe, Bossuet et Montesquieu. Le sénat avait un système organisé et des moyens variés pour semer la division chez les nations voisines. La première fois qu'il portait ses armes victorieuses dans une province à sa convenance, il ne l'agrégeait pas de vive force à son empire (l'union n'eût pas été durable) ; mais il imposait des tributs énormes, et le prince, forcé de les exiger, s'aliénait les cœurs de ses sujets. De là, la division entre les sujets et le prince, appel à la protection des Romains. Ils prenaient en otages des enfants de sang royal, ils envoyaient des sentiments romains dans leur pays se former un parti et revendiquer un pouvoir qu'ils restituaient à leurs protecteurs ou exerçaient sous leur patronage. Enfin, Rome, toujours pour rester fidèle à son système de division, imposait pas ses coutumes et ses mœurs aux nations vaincues, remarque Montesquieu ; elle n'imposait pas de lois générales ; les peuples n'avaient entre eux ni union, ni liaisons dangereuses, et sans être compatriotes, ils étaient tous Romains. Voilà l'*Iliade* dont Machiavel a été l'Aristote ; le fait dont il a tiré le précepte : *divide et impera*. Ce précepte a été depuis bien souvent mis en pratique. Nul n'en fit un plus fréquent usage que Louis XI pour abattre les grands vassaux de la couronne et triompher des ennemis du dehors.

Dans l'histoire contemporaine, l'Angleterre a eu longtemps la réputation d'appuyer sa politique sur la maxime de Machiavel. Non-seulement elle a souvent mis ses ennemis aux prises, peuple contre peuple; mais encore chez les nations ses rivales elle a excité, échauffé, entretenu tous les germes de divisions intérieures, fourni de l'argent, des munitions et des armes aux citoyens pour qu'ils voulussent bien égorger leurs concitoyens à son profit. Semer les *divisions* parmi les hommes de l'opinion adverse, entre aussi dans les rouéries des gouvernements constitutionnels ; et ce moyen, aidé de la corruption, a longtemps mieux réussi aux ministres que l'éloquence de leurs adeptes. P.-E. BARBÉ.

DIVISION (*Mathématiques*). Étant donné le produit de deux facteurs et l'un de ces facteurs, déterminer l'autre; tel est le but de la *division*. Cette opération tire son nom d'une de ses applications ; elle sert en effet à *diviser*, c'est-à-dire à partager un nombre appelé *dividende* en autant de parties égales qu'il y a d'unités dans un autre nombre appelé *diviseur* ; le résultat de l'opération reçoit le nom de *quotient* (de *quoties*, combien de fois?). Cet emploi de la division ne peut constituer une définition générale ; car cette opération s'applique aux fractions comme aux nombres entiers. Mais si pour un moment nous nous bornons à considérer la division des nombres entiers, nous pouvons dire que cette opération a pour but de chercher combien de fois un nombre donné (diviseur) est compris dans un autre nombre donné (dividende). De là il résulte que si l'on a à diviser par exemple 135 par 27, on peut trouver le quotient en retranchant 27 de 135 autant de fois que faire se pourra : on a $135 - 27 = 108$, $108 - 27 = 81$, $81 - 27 = 54$, $54 - 27 = 27$, $27 - 27 = 0$. Le nombre des soustractions, 5, est le quotient cherché; ce qui s'écrit ainsi : $\frac{135}{27} = 5$, ou $135 : 27 = 5$.

Ce mode d'opérer serait beaucoup trop long dans la plupart des cas ; on a dû lui en substituer un autre, comme on a remplacé l'addition de plusieurs nombres égaux par la multiplication.

Prenons pour exemple la division de 28334145 par 6735 :

```
28334145 | 6735
26940    | 4207
  1394 1
  1347 0
    47 145
    47 145
        0
```

La règle de la division, dont la démonstration se trouve dans tous les traités d'arithmétique, peut s'énoncer ainsi : On écrit le dividende et le diviseur sur une même ligne horizontale, en les séparant par un trait vertical ; on prend sur la gauche du dividende le nombre de chiffres nécessaires (28334) pour que la somme qu'ils représentent contienne le diviseur ; on divise cette partie du dividende par le diviseur, et on écrit au quotient le résultat, 4, de cette division partielle ; on multiplie ce chiffre 4 par le diviseur et on retranche le produit 26940 du dividende partiel ; à la droite du reste 1394 on abaisse le chiffre suivant 1 du dividende total, et on divise le nombre 13941 ainsi formé, par le diviseur ; le chiffre 2 que l'on obtient se place au quotient à la droite du 4 ; enfin on continue ce calcul jusqu'à ce que tous les chiffres du dividende soient épuisés. Si, dans le cours de l'opération, on rencontre un dividende partiel qui ne contienne pas le diviseur, on met un zéro au quotient, puis on abaisse le chiffre suivant du dividende. Remarquons que, dans la pratique, les produits du diviseur par les différents chiffres du quotient se retranchent des dividendes partiels en même temps qu'on les forme.

Lorsque la division ne se fait pas exactement, on trouve un reste nécessairement plus petit que le diviseur : ainsi 35 divisé par 8 donne pour quotient 4 et pour reste 3 ; 4 n'est alors que la partie entière du quotient ; pour le compléter, il faut y joindre le quotient de la division non effectuée de 3 par 8, c'est-à-dire la fraction $\frac{3}{8}$; le quotient complet est donc $4\frac{3}{8}$. Souvent on préfère évaluer ce quotient en décimales ; alors on continue la division en ajoutant au dividende autant de zéros que l'on veut avoir de décimales au quotient.

```
35  | 8
 30 | 4,375
  60
   40
    0
```

On trouve ainsi : $35 : 8 = 4,375$.

La division des nombres décimaux et des fractions décimales repose sur ce principe que le quotient ne change pas lorsqu'on multiplie ou qu'on divise le dividende et le diviseur par un même nombre. Soit 1324,55 à diviser par 67, 35 ; en supprimant la virgule de part et d'autre, on multiplie dividende et diviseur par 100 ; donc le quotient cherché est le même que celui de 132455 par 6735. Si le nombre de décimales n'était pas le même dans le dividende et le diviseur, on pourrait revenir au cas précédent en ajoutant des zéros en nombre suffisant à la droite de l'un des deux nombres donnés. Mais il est plus simple de supprimer la virgule en tenant compte au quotient de l'ordre des unités du dividende et du diviseur.

Pour compléter ce que nous avons à dire sur la division

DIVISION

considérée arithmétiquement, indiquons la règle de la *division abrégée*, où l'on se propose de trouver un quotient avec une approximation donnée. Soit, par exemple, à calculer le quotient de $3,1415926535....$ par $0,69314718....$ à moins de $0,001$. On dispose ainsi l'opération :

```
        314159 | 69314
         36903 |-------
          2248 | 4532 .
           169
            31
```

Ayant déterminé l'ordre de ses plus grandes unités, on voit de suite que le quotient aura 4 chiffres. On forme le diviseur 69314 dont on doit se servir en prenant à la gauche de celui qui est donné le plus petit nombre au-dessus de ce nombre 4 (ici c'est 6), à la droite duquel on écrit les 4 chiffres suivants (autant que le quotient doit en avoir); le premier dividende partiel 314159 s'obtient en prenant sur la gauche du dividende donné le plus petit nombre qui contienne le diviseur. Divisant 314159 par 69314, on trouve le chiffre 4 que l'on écrit au quotient, et le reste est 36903. On divise celui-ci par 6931, c'est-à-dire le diviseur moins son dernier chiffre à droite, ce qui donne 5 au quotient et 2248 pour reste ; on divise pareillement 2248 par le diviseur 693 qui renferme encore un chiffre de moins que le précédent, etc. On trouve ainsi 4532, ce qui nous apprend que $4,532$ est le quotient demandé à moins de $0,001$. Cette règle dérive de celle qu'Oughtred a établie pour la multiplication.

La *division algébrique* est basée sur quatre règles relatives aux signes, aux coefficients, aux lettres et aux exposants, et qui correspondent à celles de la multiplication dont elles se déduisent immédiatement. Si nous considérons d'abord la division des monomes, par exemple $-15 \, a^5 b^2 c : 5 \, a^2 b$, nous voyons que le quotient $-3 \, a^3 b \, c$ s'obtient immédiatement par l'application de ces quatres règles, savoir : 1° le quotient de deux termes est positif ou négatif suivant que ces deux termes sont de même signe ou de signe contraire; 2° le coefficient d'un quotient est égal au quotient du coefficient du dividende par celui du diviseur ; 3° lorsque la même lettre se trouve au dividende et au diviseur, on l'écrit au quotient en lui donnant pour exposant celui du dividende diminué de celui du diviseur; 4° les lettres qui ne se trouvent qu'au dividende s'écrivent au quotient sans altération aucune. Remarquons que s'il se trouve au diviseur des lettres étrangères au dividende, la division ne peut qu'être indiquée et non effectuée. Il en est de même quand une lettre appartient à la fois au dividende et au diviseur, mais se trouve affectée d'un plus fort exposant dans ce dernier terme. Quand une même lettre se trouve avec le même exposant au dividende et au diviseur, elle ne laisse aucune trace au quotient : par exemple $6 \, a^2 b^3 : 2 \, a^2 b = 3 \, b^2$.

La division des polynomes repose, en outre, sur le principe suivant : Lorsque deux polynomes sont ordonnés par rapport à une même lettre, leur produit est également ordonné par rapport à cette lettre ; de plus, le premier et le dernier terme de ce produit ordonné ne peuvent subir aucune réduction. Donc le premier terme d'un produit ordonné est le produit des premiers termes du multiplicande et du multiplicateur ordonnés par rapport à la même lettre. De là la règle suivante :

Soit à diviser $6 \, x^4 + 8 \, x^2 + 7 \, x - 13 \, x^3 - 20$ par $2 \, x^2 + 4 - 3 \, x$

```
 6x⁴ - 13x³ + 8x² + 7x - 20 | 2x² - 3x + 4
-6x⁴ + 9x³ - 12x²           |-------------
-----------------------------| 3x² - 2x - 5
      - 4x³ - 4x² + 7x - 20
      + 4x³ - 6x² + 8x
      -----------------------
             - 10x² + 15x - 20
             + 10x² - 15x + 20
```

On ordonne d'abord le dividende et le diviseur ; ensuite on divise le premier terme du dividende, $6 \, x^4$, par le premier terme du diviseur, $2 \, x^2$; on obtient $3 \, x^2$ que l'on écrit au quotient ; on multiplie le diviseur par ce terme $3 \, x^2$, et, pour retrancher le résultat du dividende, on l'écrit en changeant tous les signes, ce qui donne $-6 \, x^4 + 9 \, x^3 - 12 \, x^2$; le reste $-4 \, x^3 - 4 \, x^2 + 7 \, x - 20$ se trouvant naturellement ordonné, on divise son premier terme $-4 \, x^3$ par $2 \, x^2$; on a ainsi le second terme de quotient, $-2 \, x$, etc. On opérerait de même si les polynomes proposés renfermaient plusieurs lettres au lieu d'une seule.

E. Merlieux.

DIVISION (*Logique*). Le père Buffier, dans sa *Logique*, avait déjà remarqué combien il était important pour la clarté d'une discussion de *diviser* toute question en ses éléments, pour comparer un à un ceux qui sont identiques. Ainsi, si vous voulez savoir si tel peuple a été supérieur à tel autre, comparez-les successivement, l'histoire à la main, dans les diverses manières d'être qui constituent la supériorité, sous le rapport des armes, des sciences, des arts, de la morale, de la littérature, de la politique, etc., en ayant encore la précaution de *subdiviser* dans ses diverses parties chacune de ces dernières questions, pour peu qu'elles soient compliquées. Il est vrai que le principe de cette *divisibilité* de question complexe, en ses éléments, est quelquefois d'une application assez difficile. L'habitude de l'analyse peut seule la rendre familier. Toute question est conditionnelle et n'a pas de solution absolue. Il faut, pour la résoudre, la réduire à ses plus simples éléments. Il y en a peu qui ne renferment un nombre plus ou moins grand de solutions particulières, quelquefois très-opposées : le principal écueil contre lequel on échoue dans les discussions, est la manie de tout vouloir ramener à une seule, ce qui n'arriverait jamais si l'on avait le soin de décomposer convenablement son sujet. Puis, c'est dans la manière dont est posée une question que gît la plus ou moins grande difficulté de sa solution ; et il y a tel cas où celle-ci se complique beaucoup ou devient même impossible par suite de la manière vicieuse dont sont disposés les éléments d'où l'on doit la déduire.

Si l'usage des *divisions* dans le discours est l'unique moyen d'arriver à penser et à raisonner avec justesse, elles ne sont pas moins indispensables dans ce qu'on nomme science, art, littérature, etc. Ce n'est que par leur moyen qu'on est parvenu à établir en toutes choses un ordre qui permet de les embrasser d'un coup d'œil, de se faire une idée bien juste de toutes par la connaissance des détails. Bacon, D'Alembert, Ampère et d'autres ont *divisé* et distribué dans de grands tableaux tous les genres de connaissances humaines suivant l'ordre qui leur a semblé faire du tout l'ensemble le plus harmonique possible. Après cette première grande *classification*, les sciences, surtout celles dites *naturelles*, comme la botanique, ont été prises séparément et ont été soumises à des *divisions* et *subdivisions* qui seules en ont pu rendre l'étude possible et même facile. Les œuvres dramatiques sont *distribuées* en actes, les actes en scènes. Les poëmes le sont en chants; d'autres ouvrages en chapitres, en livres, etc. Il y a les *divisions alphabétiques*, *chronologiques*, etc. Tout corps enfin ou système de corps doit être *divisé* et *subdivisé* pour l'étude et l'intelligence de ses propriétés. Ainsi, le cercle est *divisé* en degrés et parties de degrés, la ligne en mètres, le franc en centimes, etc.

Billot.

DIVISION (*Rhétorique*). C'est le partage du discours en plusieurs points, et l'indication de l'ordre successif dans lequel on se propose de les traiter; elle est surtout nécessaire dans les matières compliquées, obscures et chargées d'incidents. Quelques rhéteurs ont blâmé l'usage des divisions, d'autres l'ont conseillé. Nous pensons que c'est la nature du sujet qui doit déterminer à cet égard l'orateur judicieux : il est des sujets simples dont les moyens n'ont nul besoin d'être décomposés, il en est d'autres qui doivent l'être. Quant aux matières compliquées, ne point les diviser du tout, c'est s'exposer peut-être à manquer de clarté ; d'un autre côté, diviser trop, c'est devenir subtil et minutieux ;

c'est ôter au discours la grâce et la beauté de ses formes; c'est fatiguer l'attention de ses auditeurs, au lieu de la soulager. Il est, en outre, des cas où la division doit être expliquée en termes formels, d'autres où il est mieux qu'elle soit déguisée et sentie plutôt que vue. Dans tous les cas, fuyons cette symétrie puérile qui, à force d'être sèchement exacte et minutieuse, devient ridicule. Évitons ces divisions et subdivisions numérotées qui scindent le discours, nuisent à la progression continue de l'intérêt, et dispensent l'orateur ou l'écrivain d'avoir le mérite d'enchaîner habilement ses idées. Les grands écrivains ne disent jamais : Je vais prouver, 1° ceci, 2° cela; ils le prouvent sans l'annoncer d'une manière triviale; ils *ordonnent* sans morceler; ils *divisent*, non avec des chiffres, mais avec des idées générales et des rapports bien établis; ils assemblent avec des transitions habiles et ménagées. Un plan ainsi conçu, ainsi exécuté, est aussi clair et beaucoup plus ingénieux; un sujet ainsi traité est toujours plus intéressant. Aug. Husson.

DIVISION (*Art militaire*). Selon une acception purement grammaticale, qui fut longtemps la seule en usage, ce mot signifiait une portion d'une armée, d'un régiment ou d'un bataillon : dans ces deux derniers cas, la signification était plus précise; dans la cavalerie, une division était formée de deux escadrons; dans l'infanterie, elle était de deux compagnies; mais une division d'armée était une portion indéterminée du tout, un fort détachement commandé par un officier général d'un grade supérieur. Tant que l'armée restait en ligne, elle ne formait qu'un seul corps, où les officiers généraux n'avaient point de commandement fixe, relativement aux troupes qui combattaient sous leurs ordres. Ce n'est que depuis la révolution de 1789 que l'expression *division d'armée* a pris une signification déterminée (*voyez* Corps d'armée). Aujourd'hui une division de cavalerie se compose ordinairement de quatre régiments en deux brigades; celles d'infanterie se composent de deux ou de trois brigades, et celles-ci, de deux ou trois régiments, selon la force à laquelle sont réduits les régiments. La règle ordinaire est de donner aux divisions une force qui leur permette d'agir isolément avec efficacité. Si les régiments étaient portés à un effectif de 3 à 4,000 hommes, ce qui est l'organisation la plus rationnelle, et même une économie, les divisions, étant alors de 12 à 15,000 hommes, pourraient plus souvent et plus utilement être employées isolément.

La même organisation en divisions a été employée pour la France territoriale qui comporte avec la Corse, 21 divisions, partagées en subdivisions, ordinairement départementales, sans égard au nombre de troupes stationnées dans chacune d'elles. Ces divisions militaires sont commandées par des généraux de division, et les subdivisions par des généraux de brigade sous leurs ordres.

Division se dit encore aujourd'hui de la réunion de deux ou plusieurs compagnies d'un bataillon quand elles marchent ou défilent de front, ou quand elles opèrent isolément : *former des divisions*, *rompre par divisions*, *défiler par divisions*. Le plus ancien capitaine commande la *division* et prend temporairement le titre de *capitaine divisionnaire*.

Gal G. de Vaudoncourt.

DIVISION (*Marine*). C'est tantôt, ainsi que son nom l'indique, une simple fraction d'un tout plus grand, d'une escadre ou d'une armée navale; tantôt elle forme à elle seule un petit corps d'armée indépendant. Chaque escadre se partage ordinairement en trois divisions : les *divisions* 1re, 2e et 3e sont signalées par la position des pavillons en tête du grand mât, du mât de misaine et du mât d'artimon. Une division navale, en chef ou en sous-ordre, peut être commandée par un vice-amiral, un contre-amiral ou un chef de division. Ce titre de *chef de division*, qui est conféré quelquefois aux capitaines de vaisseau par lettres closes, ne constitue pas un nouveau grade dans l'armée navale, c'est un titre temporaire qui donne seulement à l'officier qui occupe quelques distinctions ou priviléges particuliers, dont la durée expire avec celle de la commission : ainsi, le commandant en chef d'une division a le droit de porter un pavillon flottant à la poupe de son canot, et quelques autres prérogatives de cette espèce; cependant, on a attaché à cette distinction des avantages beaucoup plus importants, nous voulons dire un traitement élevé et des droits à un avancement plus rapide. Ainsi, pour qu'un capitaine de vaisseau puisse être promu au grade de contre-amiral, il suffit qu'il ait servi comme capitaine pendant trois ans, dont la moitié avec la commission de chef d'une division de trois bâtiments de guerre au moins, tandis qu'un capitaine de vaisseau sans ce titre n'acquiert le même droit qu'après huit années de grade. Théogène Page, *capitaine de vaisseau*.

DIVISION (Bénéfice de). *Voyez* Bénéfice.
DIVISION DES PROPRIÉTÉS. *Voyez* Propriété.
DIVISION DU TRAVAIL. Dans les sociétés naissantes, le travail n'est point divisé. Chaque famille pourvoit autant qu'elle le peut à tous ses besoins. La culture du champ nourricier, la fabrication des instruments du labour, des ustensiles du ménage, la façon des vêtements, de la chaussure, des armes pour la défense, tout se fait en commun autour du foyer. Cette situation se prolonge davantage partout où le crime de l'esclavage place l'homme sous la main d'un autre homme, comme un instrument. Le moment où les travaux se partagent est celui où la récolte des cultivateurs excédant les besoins des familles, leur fait trouver de l'avantage à échanger leur superflu, et où des ouvriers adroits et habiles s'aperçoivent du profit qu'ils auront à multiplier leurs travaux de fabrication, pour en troquer les produits contre des aliments ou d'autres objets. Voilà la première division du travail, celle qui, séparant les labeurs de l'agriculture et les opérations des arts, crée les échanges entre les professions diverses. Désormais la société se compose de cultivateurs, de pasteurs et d'artisans. L'accroissement des travaux et des produits, les progrès du goût pour les échanges, surtout auprès des fleuves et de la mer, donnent bientôt naissance à une nouvelle division des occupations sociales. Deux professions nouvelles, celle des commerçants et celle des navigateurs, se chargent du soin des échanges et des transports. Si la société est plus jalouse de son indépendance et de sa liberté que des jouissances de la vie au sein du repos, ses citoyens trouveront encore du loisir et du zèle pour les devoirs du sacerdoce et pour les exercices militaires. La religion et la patrie, objets sacrés pour eux, les trouveront toujours prêts et dévoués. Sinon deux autres professions s'empareront, l'une du culte divin, l'autre des armes destinées à la défense du pays, et si des lois sages n'arrêtent l'essor toujours imminent des usurpations, les castes des prêtres et des guerriers, la puissance morale et la puissance du glaive, auront bientôt courbé sous le joug la société entière.

En tout pays où la loi règne et sert de règle et de frein aux citoyens et au pouvoir, cette première division des professions, des travaux et des occupations sociales, constitue l'état le plus favorable à l'ordre et à la prospérité publique. Le travail assure à chaque famille une existence heureuse, des mœurs saines, des sentiments purs et élevés; l'amour de la patrie, la religion et l'humanité font vivre en paix chaque famille au sein de ses foyers. L'intelligence que développent la modération des désirs et les loisirs d'une aisance procurée par des travaux utiles ne s'exerce qu'au profit de la dignité de l'homme et de l'union sociale. Mais une nouvelle division se prépare dans le travail; le génie de l'homme a reconnu l'aptitude de divers produits de la nature et de l'agriculture à être façonnés pour notre usage; la laine, le chanvre, le lin, préparés et transformés par nos mains, embellis par des teintures variées, se changent en vêtements commodes et gracieux. Grâce à une ingénieuse industrie, l'argile, le bois les métaux, le marbre, le porphyre, deviennent des meubles, des vases, des ornements précieux. Pendant quelque temps encore, et tant qu'elles conservent une certaine simplicité, ces industries différentes se combinent avec les occupations de la culture et du commerce. Les arts de luxe et d'agrément se règlent sur des besoins modérés : la magnificence est réservée pour les dépenses publiques ; le statuaire ne s'arme du ciseau que pour offrir à la vénération des citoyens l'image d'une divinité, d'un grand législateur ou du héros sauveur de la patrie. Les colonnes de marbre ou de granit ne s'élèvent que pour décorer les temples, les palais et les tombeaux des chefs et des défenseurs de l'État. La séparation des travaux, limitée encore à un certain nombre d'arts et d'industries diverses, n'a point jusque-là porté atteinte aux mœurs ni aux salaires qui doivent assurer largement la subsistance des hommes voués aux labeurs pénibles. Un peu de plus, et bientôt se manifesteront les symptômes d'un désordre prochain.

Ce pas est franchi par l'amour et l'espoir d'un lucre sans bornes. C'est cette espérance qui, dédaignant les modiques avantages de l'industrie du foyer, crée les ateliers et les manufactures. On y appelle tous ceux que l'insuffisance ou la privation des autres moyens d'existence, ou bien encore une constitution dépourvue de vigueur, condamne à se contenter d'un salaire, et à chercher des travaux qui demandent plus de patience et d'adresse que de force. Tant que la certitude du débit entretient l'activité de l'atelier, et que le nombre des ouvriers n'excède pas les besoins du travail, un salaire assuré et suffisant pour chaque famille laborieuse leur tient lieu de propriété. Chaque art exigeant une certaine habileté et plusieurs même des combinaisons ingénieuses, leur intelligence, toujours en exercice, n'est point encore dégradée ; la plaie fatale ne les a pas encore atteints. C'est l'époque de ces corporations de métiers dont les drapeaux furent si souvent arborés des républiques d'Italie, à Florence, à Pise, à Sienne, et appelèrent fréquemment leurs combattants à des luttes sanglantes contre les nobles et les princes, dans les riches et industrieuses villes des Pays-Bas. C'est le temps de l'aisance et de l'opulence pour les populations bourgeoises et industrielles de ces cités italiennes et flamandes ; ces temps du moyen âge furent l'âge d'or de la division du travail, telle qu'elle existait alors.

Le premier abus qui corrompit cet ordre prospère, ce fut l'asservissement des ouvriers par l'institution des maîtrises et jurandes. Le travail, ce devoir, et en même temps ce droit naturel de l'homme, devint un privilége dont les princes, les seigneurs et les bourgeois même qui s'étaient saisis des maîtrises, s'arrogèrent la dispensation ; ce monopole du travail, hostile à tout progrès, condamna l'ouvrier à languir dans la pauvreté et dans la misère. De là ces émeutes et ces séditions si fréquentes et si funestes à l'industrie et à la société. Mais, le coup le plus fatal qui leur ait été porté, c'est l'excès et l'abus dans la division du travail. Ce que l'économie industrielle moderne n'a cessé de préconiser, ce qu'elle s'obstine encore à célébrer comme le plus grand des progrès, comme la source de prospérités illimitées, est précisément la plaie des sociétés actuelles. C'est un fléau qui ne peut produire que la misère, qu'un état de fermentation, de troubles continuels, que des discordes civiles, et finalement qu'un despotisme affreux ou des révolutions effroyables.

Xénophon, celui des écrivains de l'antiquité qui avait le mieux étudié l'économie matérielle des sociétés, signalait, il y a 2,500 ans, les heureux résultats de la répartition des travaux, pour la multiplication et le perfectionnement des produits. Adam Smith a démontré ces résultats par une analyse ingénieuse et complète des procédés du travail ainsi divisé. Il a rendu évidente la facilité de produire et d'améliorer les productions, en divisant les opérations qui y concourent. On sait que le tricot exercé par une ouvrière ne produisait par an que cent paires de bas, tandis que le métier en fabrique 10,000 paires dans le même temps. On sait encore que quand un ouvrier fabriquait une épingle entière, sa journée n'en procurait que 30, et que, depuis qu'on a divisé le travail de cette fabrication, on en obtient 48,000 par jour avec 14 ouvriers. Il est clair en effet que, borné à une seule opération, l'ouvrier l'exécute mieux et beaucoup plus vite : il parvient même bientôt à la faire ainsi sans aucune attention, et comme un agent mécanique. Mais il est clair aussi que cet ouvrier n'est plus à la lettre qu'une machine d'atelier ; c'est une intelligence humaine qu'on a dégradée et abrutie.

De ce moment, l'ouvrier est l'esclave de la fabrique, comme le captif courbé sous la chaîne chez les anciens, comme le serf polonais ou russe et le noir dans les pays à esclaves ; seulement, il peut pleurer en liberté sur sa misère et sur celle de sa famille, dans son grenier. Mais l'esclave en titre est nourri en tout temps chez son maître, et celui de l'ouvrier peut à chaque instant le chasser de l'atelier comme un automate inutile, et l'envoyer mourir de faim avec les siens, s'il n'a pas de travail à lui donner. Qu'importe? l'industrie, à l'aide des sueurs, des souffrances et aux dépens de la vie d'une foule de misérables, enfante merveilles sur merveilles, comme le conquérant traverse sans sourciller un champ de bataille jonché de blessés et de morts pour courir à de nouveaux massacres, qui lui vaudront de nouveaux triomphes. Multipliez sans pitié les victimes, prodiguez les sacrifices humains pour les triomphes de l'atelier, épuisez les ressources de la science et du génie dans l'invention de ces mécaniques, si habiles à suppléer la main de l'homme, et à jeter tout à coup sur le pavé des milliers d'artisans laborieux ; ce ne sont plus que des instruments embarrassants et coûteux ; mettez-les dehors. La production est-elle encore trop chère pour que vous puissiez en encombrer les marchés et entasser en un clin d'œil des monceaux d'or. Vite, une prime pour celui qui trouvera une nouvelle subdivision du travail, qui vous délivrera de mille ouvriers de plus. Qu'importe à la société ces essaims affamés de bouches inutiles? Leurs plaintes, leurs cris, troubleraient vos plaisirs. Que l'or s'accumule dans des mains habiles ! que l'intelligence et le génie mettent en usage toutes leurs facultés pour repaître les yeux des élus de tous les prodiges des arts, pour enivrer leurs sens et leur vanité des jouissances toujours nouvelles, pour leur aplanir les voies difficiles de la science, et en faire arriver à leur esprit les combinaisons et les résultats, dussent ces révélations n'aboutir souvent qu'à des spéculations oiseuses ou à de tristes et vains systèmes ; voilà les œuvres qu'il faut accomplir, sans s'inquiéter des moyens et des misères inévitables : malheur aux vaincus! disait Brennus aux Romains. Tant pis pour les misérables, quel qu'en soit le nombre! disent aussi nos savants économistes et leurs intrépides disciples ; il faut subir la loi de la nécessité. Voilà la divinité du dix-neuvième siècle, inflexible et impitoyable comme toutes les idoles.

Il y a toutefois pour la *division du travail* deux époques caractéristiques marquées chacune par des effets bien différents. Tant que la répartition des travaux fournit des salaires suffisants, ces résultats sont heureux, les produits se multiplient en se perfectionnant ; il y a pour la société, c'est-à-dire pour l'universalité ou la presque totalité de ses membres accroissement progressif et avantageux des échanges de l'industrie, du négoce et du commerce. C'est alors que la patrie prospère sans se corrompre ; alors les machines mêmes qui abrègent et facilitent les labeurs sont des inventions utiles ; elles favorisent les progrès de l'aisance générale, sans ravir aux salariés leur seule propriété, le travail, créateur de toutes les propriétés. A cette heureuse époque, l'industrie produit pour des besoins réels ; elle s'occupe de satisfaire à des demandes effectives. Enfin, et dans la langue de l'économie industrielle, *la demande excède la produc-*

tion. Dans le pays, l'aisance générale augmente sans cesse la consommation des denrées et des marchandises indigènes et étrangères, dont l'usage procure à chaque famille et dans sa juste mesure ce que les Anglais ont si bien qualifié le *comfortable*. Au dehors, l'étranger appelle nos blés, nos farines, nos vins, nos fers, nos étoffes, les œuvres de nos arts et de nos fabriques. Une activité perpétuelle met en mouvement la charrue, la pioche, la bêche, les outils de l'atelier, les bras de l'ouvrier, le métier de la manufacture, pour suffire à toutes les demandes ; les navires sont en construction sur les chantiers, ou sillonnent les mers pour transporter et rapporter les denrées dont le débit et l'emploi certains, accroissant la richesse du pays, la feront circuler dans tous les rangs. Calculée sur la réalité des besoins, favorisée par des taxes que modèrent le sage emploi et l'économie des revenus publics, combinée avec un degré d'élévation convenable pour les salaires, la *division du travail* n'exerce sur l'état de la société, dans toutes les classes, qu'une action bienfaisante. Tyr, Carthage, Athènes, la Massilie phocéenne, avant leur corruption et leurs revers, les villes hanséatiques, celles de la ligue rhénane, de la Flandre et de l'Italie, Venise, Gênes, la France sous Louis XII, Henri IV et Colbert, l'Angleterre sous Élisabeth et depuis le milieu du dix-septième siècle jusqu'à la seconde moitié du dix-huitième, ont connu, à un degré plus ou moins élevé, le bonheur de cette première époque dans la *division du travail*. L'aspect satisfaisant de cette heureuse situation se prolonge encore pour nous aux cantons de l'Helvétie, aux rives de la Delaware et de l'Ohio, dans les belles prairies de la Hollande, sur les bords du Pô et de l'Arno, et dans quelques contrées de l'Allemagne, de l'Écosse et de la France, comme pour nous prouver que toute prospérité n'est point exilée de la terre, et pour nous en signaler les voies par de consolants exemples.

Mais quel triste spectacle s'offre à nos yeux, et combien il diffère de ce beau tableau ! L'amour du luxe, des jouissances et de l'or, qui se multiplie à l'infini, a franchi toute limite; la passion du luxe est devenue, comme le goût des voluptés, une frénésie insatiable; la cupidité, la vanité, l'orgueil, nous dévorent et veulent satisfaction à tout prix ; des concurrences se sont élevées et menacent nos profits ; le démon des jalousies commerciales s'est éveillé : que de larmes et de sang il fera répandre ! Ce ne sont plus des besoins réels, des demandes effectives qu'il s'agit de contenter, il faut s'ingénier à créer de nouveaux besoins par des productions nouvelles, pour tenter l'inconstance et la variété des goûts. Parcourons les mers pour trouver des acheteurs, et en attendant accumulons les produits sans mesure, afin d'en avoir des masses toutes prêtes à jeter sur tous les marchés de l'univers. S'il ne se présente pas d'acheteurs on les donnera, ou on les précipitera dans la mer ; d'immenses capitaux seront perdus, de nombreuses fabriques seront ruinées : on fermera quantité d'ateliers, et une multitude d'ouvriers sans travail mourront de faim. Mais on aura prévenu des concurrences, et peut-être sur d'autres points sera-t-on plus heureux. Et ce ne sont pas là des suppositions gratuites, c'est l'histoire des entreprises et des exportations anglaises au Mexique, au Brésil et à Buénos-Ayres en 1825. Fermez donc à vos rivaux tous les débouchés, multipliez sans cesse les machines, réduisez tous les jours les salaires en augmentant les heures et les subdivisions du travail, afin de n'avoir à payer au plus bas prix que des mécaniques à face humaine ; car, il faut vendre partout, vendre au meilleur marché, et par conséquent diminuer constamment le taux de la main d'œuvre. De jour en jour expropriés d'une unique ressource, le travail, les ouvriers périssent de misère, ou vivent de la taxe des pauvres, quand leurs compatriotes sont assez humains pour leur restituer en aumônes prescrites par la loi ce qu'ils leur ont ravi sur leurs salaires. Mais ils ne peuvent leur rendre l'intelligence et la dignité de l'homme, dont la fureur des spéculations mercantiles les a dépouillés. Tels sont, à cette seconde et fatale époque, les effets de la division du travail poussée à ses dernières limites, et c'est là ce que nos économistes vantent comme l'œuvre incomparable de la science, comme la plus étonnante merveille de l'esprit humain, comme la source d'une prospérité inouïe ; opulence colossale pour un petit nombre, indigence et misère affreuse pour la multitude. Quelle félicité ! Que les anciens, si dédaignés aujourd'hui par notre prétendue sagesse, avaient une bien autre idée de la dignité humaine, de l'ordre et du bonheur publics ! Dans la seconde partie de son discours intitulé l'*Euboïque*, Dion Chrysostome s'attache à signaler toutes les ressources que le pauvre habitant d'une ville peut trouver contre le malheur, dans l'exercice d'un art ou d'une profession. Il les passe toutes en revue, en les caractérisant chacune par ses rapports avec l'ordre et la morale. Combien l'on s'étonnerait aujourd'hui du nombre de celles qu'il ne permet pas au pauvre de choisir, parce qu'il les juge indignes d'occuper un homme honnête.

Vaines déclamations ! diront sans doute ceux qui ne voient de praticable que ce qui se fait tous les jours; il est commode de qualifier ainsi tout ce qui peut troubler notre optimisme. Nous pouvons dans notre obscurité prendre en patience cette imputation faite à plus d'un grand homme. Rousseau aussi est encore souvent traité de *déclamateur*, procédé plus facile qu'une réfutation valable. A ceux qui nous demanderaient ce qu'il faut faire pour remédier aux maux dont nous nous plaignons, nous ne pourrions que répondre, à son exemple : « Précisément le contraire de ce que vous faites. » Le plus grand historien moderne, J. de Müller, ne sera sûrement pris par personne pour un écrivain déclamateur. Nul n'a pénétré plus avant que lui au fond des affaires publiques, n'a mieux connu les ressorts de la société. Une étude profonde de Smith l'avait initié aux doctrines de l'économie moderne. Or, que recommande aux nations cet homme si éclairé, dans son *Histoire universelle*, et surtout dans son éloquente préface? « La modération dans les désirs. » Qu'y augure-t-il de la situation actuelle des peuples de l'Europe? Désordre et malheurs sans remède, s'ils n'en reviennent point aux maximes qui font vivre les nations, et qui peuvent seules garantir leur prospérité.
AUBERT DE VITRY.

DIVITIAC. Cicéron, au livre 1er de *la Divination*, dit à son frère Quintus : « Les nations barbares elles-mêmes n'ont pas négligé la science de la divination. La Gaule a ses druides, parmi lesquels j'ai connu Divitiac l'Éduen, qui vous a eu pour hôte et faisait beaucoup d'éloges de vous. Il prétendait connaître les causes naturelles, science que les Grecs appellent *physiologie*, et prévoir l'avenir, partie par le vol des oiseaux, partie par conjecture. » Voici dans quelles circonstances Divitiac était venu à Rome, où il avait fait, selon toute apparence, un assez long séjour, et entretenu des relations avec les personnages les plus considérables. Divitiac était le chef religieux ou le *vergobret* des Éduens. Cette nation, l'une des plus puissantes de la Gaule, alliée et amie des Romains, s'adressa à ce dernier dans ses démêlés avec les Séquanes. Ceux-ci, ligués avec les Arvernes, s'adressèrent aux Germains. Quinze mille Suèves, commandés par Arioviste, franchirent le Rhin, et les Éduens furent accablés. Il suffit de deux combats pour les détruire. Ils y perdirent une partie de leur noblesse, leur sénat, toute leur cavalerie. Il fallut mettre bas les armes, livrer en otages aux Séquanes les enfants des premiers citoyens, avec serment de ne les redemander jamais, de ne point s'adresser aux Romains, et de rester à perpétuité sous la domination des Séquanes. Toute la nation se soumit à ces conditions, excepté le chef religieux, Divitiac, lequel ne voulut, ni livrer ses enfants, ni prêter les serments exigés. Il s'enfuit dans la province romaine, d'où il vint à Rome implorer pour sa patrie l'assistance du sénat. Admis dans la curie, on lui permit de s'asseoir ; mais il aima mieux rester debout, courbé sur son bouclier ; et, dans cette attitude, il exposa, par interprète, les malheurs de son pays. On écouta Divitiac; on lui donna l'hospitalité dans la *Græcostasie*, palais qui touchait au Comitium, et où la république logeait les ambassadeurs étrangers ; mais on ne fit rien pour les Éduens. Rome était alors trop occupée des troubles de l'Italie et des complots de Catilina, et Divitiac n'eut que trop le loisir de s'entretenir avec Cicéron des religions de son pays.

Dans l'intervalle, cependant, la condition des Séquanes était devenue pire que celle des Éduens. Arioviste, leur allié, avait exigé d'eux, pour prix de son secours, l'abandon d'une partie de leur territoire. En même temps, il attirait d'au delà du Rhin, sous différents prétextes, une multitude de ses compatriotes; par sorte qu'il eut bientôt autour de lui, au dire de César, environ cent vingt mille hommes. Les Séquanes, hors d'état de lui tenir tête, se réconcilièrent avec les Éduens. Les coalisés marchèrent contre Arioviste, lequel s'était retranché au fond de marécages formés par la Saône. Plusieurs mois se passèrent sans qu'on le pût faire sortir de cette retraite inabordable. A la fin, l'ennui et le découragement ayant mis le désordre dans leur armée, Arioviste profita de l'occasion, fondit sur eux brusquement et les tailla en pièces. Alors s'appesantit sur toutes les cités de cette partie de la Gaule le joug le plus tyrannique. Après avoir enlevé aux Séquanes, ses alliés, un tiers de leur territoire, à titre de solde, il exigea des mêmes Séquanes vaincus un nouveau tiers pour y transporter vingt-cinq mille Germains. Il leur défendit de restituer aux Éduens les otages qu'ils en avaient reçus, et lui-même s'en fit livrer des familles les plus nobles des deux nations. Rome avait laissé se consommer la ruine de ses frères ; elle se souvint d'eux lorsque, dans la guerre contre les Helvètes, elle eut besoin de l'assistance de la cité éduenne. Divitiac accompagnait César dans cette guerre si menaçante et si promptement terminée. Il vit et il aima, dans le proconsul romain, le libérateur de son pays. Il fut dès lors le premier et le plus consulté de ce cortège de personnages gaulois qui suivait César. Celui-ci, de son côté, portait de l'amitié à Divitiac, et, dès le commencement de la guerre des Helvètes, il lui en donna une marque où la politique n'eut, d'ailleurs, pas moins de part que la bienveillance. Il le rétablit dans tous ses honneurs, et lui rendit la première place dans son pays. Divitiac s'en montra reconnaissant.

Les Éduens avaient promis à César entrant en campagne des provisions de blé pour son armée. Quand les opérations du proconsul, en l'éloignant du Rhône, d'où il tirait ses subsistances, l'eurent engagé dans l'intérieur des terres, il pressa les Éduens de tenir leurs promesses. Mais ce fut en vain. Des prétextes de toute nature retardaient l'arrivée des convois On ne refusait rien, mais on n'envoyait rien. Ces lenteurs parurent suspectes à César. Déjà, dans un engagement qui avait eu lieu entre l'arrière-garde des Helvètes et les cavaliers éduens qui formaient son avant-garde, ceux-ci ayant tourné le dos, César avait dû attribuer cette déroute à la trahison. Justement irrité de la conduite des alliés, il fit appeler les chefs éduens dans sa tente et leur adressa de vifs reproches. « C'était en grande partie pour eux et à leur prière que la guerre avait été entreprise ; comment le laissaient-ils sans secours en présence de l'ennemi ? » Aucun n'osait ni justifier ni accuser son pays. A la fin, César apprit du *vergobret* en charge que ces lenteurs dans l'envoi des blés et cette fuite de la cavalerie éduenne étaient le fruit des intrigues de D u m n o r i x, frère de Divitiac. Dumnorix, engagé dans les projets d'ambition qui se rattachaient à l'émigration des Helvètes, marié avec la fille de l'un de leurs chefs, jaloux du crédit de son frère, Dumnorix, du camp de César où il commandait le corps éduen, excitait secrètement sa nation contre les Romains, et était l'unique instigateur de ces retards qui réduisaient le proconsul aux plus pressants besoins. César fut d'abord tenté, soit de punir lui-même Dumnorix, soit de le livrer à la rigueur des lois gauloises. La crainte de s'aliéner Divitiac l'arrêta. Avant donc de prendre aucune résolution, il manda celui-ci, et, par l'organe de l'un des principaux personnages de la province, Valerius Procillus, en qui il avait toute confiance, il lui fit connaître tout ce qu'il avait appris des intrigues de Dumnorix, l'engageant à ne se point offenser s'il punissait par ses mains ou s'il faisait juger par les Éduens eux-mêmes un homme qui le trahissait ouvertement. « Divitiac, dit l'auteur des *Commentaires*, tout en larmes, embrasse César et le supplie de ne prendre contre son frère aucune résolution rigoureuse. Il convient de la vérité des dénonciations, et personne n'en est plus affligé que lui; c'est par lui-même, et lui affirme, par sa considération entre ses concitoyens et dans le reste de la Gaule, que Dumnorix, trop jeune pour avoir du crédit, est devenu puissant ; il s'est depuis servi de ces avantages pour ruiner l'influence de son frère, et presque pour la perdre. Cependant, l'amour fraternel et la crainte de l'opinion ne laissent pas d'émouvoir Divitiac. Si César fait tomber sur son frère quelque châtiment sévère, tout le monde, connaissant l'amitié qui l'unit au proconsul, l'en regardera comme l'auteur, et cette croyance lui aliénera les cœurs des Gaulois. Les sanglots interrompaient sa parole. César lui prend la main, le rassure, l'engage à cesser ses prières, et lui affirme qu'il a assez de pouvoir sur lui-même pour sacrifier ses propres ressentiments et l'injure faite à la république. Il fait venir Dumnorix ; son frère présent, il lui dit ses griefs, ce qu'il lui soupçonne personnellement, ce dont l'accusent ses compatriotes ; il l'avertit d'éviter à l'avenir de se rendre suspect, et déclare lui pardonner, en considération de son frère Divitiac. Toutefois, il le fait garder à vue, afin de savoir ce qu'il fait et avec quels gens il parle.

La guerre des Helvètes terminée, les principaux de la Gaule vinrent implorer le secours de César contre Arioviste. Ce fut Divitiac qui porta la parole au nom des députés gaulois. Il raconta les querelles des Éduens et des Séquanes, l'intervention d'Arioviste, plus funeste aux vainqueurs qu'aux vaincus, la réconciliation des Séquanes avec les Éduens, et leurs efforts communs pour se délivrer d'Arioviste, leur défaite, les violences et les cruautés d'Arioviste. Si César ne vient à leur secours, il leur faudra fuir comme les Helvètes, et chercher, loin des Romains, une meilleure patrie. Quand Divitiac eut cessé de parler, les députés gaulois se mirent à supplier César avec larmes. Celui-ci les consola ; il leur promit de veiller sur eux, et, quelques jours après, il envoyait à Arioviste des députés, chargés de lui demander ce qu'il ignorait peu qu'Arioviste refuserait. On sait quelle fut l'issue de cette guerre. L'armée d'Arioviste fut détruite, et lui-même s'enfuit vers le Rhin, qu'il traversa dans une nacelle, avec un petit nombre des siens échappés au glaive de la cavalerie romaine.

Dans la campagne contre les Belges, laquelle eut lieu l'année suivante, Divitiac continua d'accompagner César. Il commandait sans doute le corps éduen ; car on le voit chargé par le proconsul de faire une irruption chez les Bellovaques (ceux de Beauvais), afin de les altérer sur leur territoire et de les détacher ainsi du gros de l'armée belge. Cette diversion réussit. A la nouvelle que Divitiac et les Éduens s'approchaient de leurs frontières, rien ne put persuader aux Bellovaques de rester plus longtemps, et les empêcher d'aller défendre leurs pays. C'est la dernière fois que Divitiac figure dans l'histoire de la Gaule conquise. Son nom même n'est pas prononcé une fois de plus par César. Que devint-il ? on l'ignore. Il est certain seulement qu'à l'époque de la cinquième campagne de César, c'est-à-dire trois ans après la guerre contre les Belges, Divitiac donnait l'hospitalité à Quintus C i c é r o n, alors lieutenant de César, se rendant chez les Éburons, et qui devait y soutenir un siège si honorable. Était-ce à Bibracte ? cela est vraisemblable, Quintus Cicéron n'ayant pu se rendre chez les Éburons sans passer par Bibracte. C'est à cette hospitalité que Cicéron fait allusion dans le passage cité au commencement de cet article. A partir de cette époque, il ne peut plus y avoir sur la vie de Divitiac que des suppositions gratuites. L'auteur de l'*Histoire des Gaulois*, M. Amédée Thierry, imagine qu'après la mort de son frère Dumnorix, voyant qu'il avait aimé dans César, non le libérateur, mais l'oppresseur de la Gaule, « détrompé par une expérience de trois années, mais ne se trouvant, ni assez de puissance pour réparer le mal déjà fait, ni assez de pureté peut-être pour servir encore la liberté, il alla cacher son repentir dans la solitude et pleurer en silence le malheur de sa famille, son crime involontaire et ses beaux rêves évanouis. »

Désiré NISARD, de l'Académie Française.

DIVONNE (Famille de). Le village de ce nom, peuplé aujourd'hui de 2,840 habitants, et situé dans le département de l'Ain, à 10 kilomètres de Gex, avait donné son nom à une maison d'ancienne chevalerie, éteinte depuis plusieurs siècles. De nos jours, ce nom a été repris par une famille à laquelle appartenait le *comte* DE DIVONNE, maréchal de camp, appelé à la pairie par M. de Villèle. Il fut écarté de la chambre héréditaire en 1830, et mourut en 1838. Son frère, colonel d'état-major de la place de Paris, commandait la force armée lors des troubles de la rue Saint-Denis, au mois de novembre 1827.

DIVORCE. Le mot latin *divortium* a été formé, s'il faut en croire Justinien, des deux mots *diversitas mentium*, dont le sens est assez exactement rendu par l'expression l'*incompatibilité d'humeur*, *Divortium*, comme *diversitas* (divergence), exprime littéralement l'action de deux personnes qui quittent une route qu'elles suivaient ensemble pour prendre deux chemins différents, où chaque pas les éloigne l'une de l'autre. Le mot *divorce* a en français un double sens : tantôt il exprime l'action même de la rupture du lien qui unissait deux époux, tantôt l'état de deux époux rendus ainsi à la liberté. Dans le premier sens, on dit que le divorce dissout le mariage; dans le second, que les enfants nés pendant le divorce n'ont pas pour père le mari divorcé.

Il y a, entre la nullité du mariage et sa dissolution par le divorce cette différence que la nullité n'est jamais prononcée que pour une cause antérieure au mariage, le divorce, au contraire, pour une cause postérieure; que le mariage déclaré nul n'est censé n'avoir jamais existé, tandis que sa dissolution par le divorce suppose, jusqu'au moment de cette dissolution, son existence régulière et valable.

Les nullités de mariage ont été admises par toutes les législations, et il n'en pouvait être autrement. Là où la loi civile consacre le mariage par certaines formes solennelles, il est impossible que la violation de ces formes, lorsqu'elle atteint un certain degré de gravité n'entraîne pas la nullité du mariage comme contrat civil. Là même où le contrat civil n'est parfait que par la consécration religieuse, la loi religieuse admet également les nullités qui vicient le mariage dès l'origine, et la constatation rétablit les époux dans leur liberté première, qu'ils sont censés n'avoir jamais perdue.

Mais la nullité ne peut être invoquée que contre le mariage qui a été vicié dès le principe, et dont l'existence n'a été à aucun instant régulière. Il n'y a là de remède que contre le vice antérieur au contrat, et il restait à prévoir le cas où le lien conjugal, valablement et régulièrement formé, devrait être brisé ou relâché par la loi. Ce cas a été prévu par toutes les législations religieuses ou civiles, et c'était une nécessité, car quel législateur eût osé dire aux époux : « Le lien qui vous unit, restera toujours, aussi étroitement serré qu'à l'instant du contrat, quelques changements qui surviennent dans vos relations réciproques. Alors même que le lit conjugal aura été souillé par les plus sales débauches, alors que le pain de vos enfants aura été prodigué pour alimenter l'adultère, alors que, dans le délire de la passion, l'un de vous aura attenté à la vie de l'autre, et que, saisi dans son crime par les ministres de la loi, il aura été flétri de l'infamie, ne me demandez pas une issue hors du domicile conjugal, je vous la refuserais! Ne me demandez pas d'allonger au moins votre chaîne pour laisser entre vous et le coupable la place de la haine et du mépris, je serais sans pitié ! Vainement vous me crieriez que votre cœur est flétri, votre vie empoisonnée; que la misère, le vice, les maladies viennent assiéger votre foyer! Je serais sourd ! » Aucune législation, disons-nous, n'a osé pousser jusqu'à cette excès le principe de l'inviolabilité du lien conjugal. Il n'en est pas une seule qui n'ait reculé devant l'idée de refuser tout remède au désordre, toute protection à la victime, et celles-là ont relâché le lien qui n'ont pas cru devoir le rompre. De là la *séparation de corps*, de là le *divorce*.

Tous les dogmes religieux, toutes les lois civiles, sont d'accord sur ce point, que par cela seul qu'il y a eu de la part d'une des parties violation de ses obligations, il y a nécessité de modifier le contrat primitif, et de relever l'autre partie de tout ou portion des engagements contractés par elle. Le dissentiment ne s'élève que sur la question de savoir si on laissera seulement à l'époux outragé le choix entre les tortures de la cohabitation conjugale et la séparation de corps, ou bien si on lui permettra d'opter entre la cohabitation, la séparation, et le divorce. C'est, en effet, dans ces termes que la question du divorce est aujourd'hui posée en France. Il ne s'agit plus d'opter entre deux institutions et de proscrire l'une en accueillant l'autre. Cette nécessité n'existe heureusement pas. Si la loi du 20 septembre 1792 a admis le divorce à l'exclusion de la séparation; si la loi du 8 mai 1816 a admis la séparation à l'exclusion du divorce, le Code civil, plus tolérant, a su concilier le respect dû à d'honorables scrupules religieux avec les droits de l'individu et les intérêts de la société; et il a laissé à la conscience de l'époux outragé le choix entre les deux issues qu'il lui ouvrait pour fuir la persécution et l'infamie.

Mais si les partisans du divorce sont d'accord aujourd'hui que la séparation de corps doit avoir sa place à côté de lui dans la loi, les partisans de la séparation se montrent plus exclusifs, et ne veulent pas que le législateur laisse à l'époux outragé d'autre refuge que la séparation. Le divorce est-il donc quelque chose d'impie, quelque chose d'impolitique, quelque chose d'immoral ? C'est, en effet, sous ce triple aspect, politique, moral et religieux, que se présente cette question du divorce, qui depuis tant de siècles divise les esprits; et, chose singulière! dans chacun de ces trois ordres d'idées le divorce a eu ses partisans et ses adversaires ; et il n'y a pas eu plus d'unanimité parmi les théologiens pour lui lancer l'anathème que parmi les philosophes pour le défendre et le préconiser.

Quoique, en droit, les époux simplement *séparés* puissent se réunir, à la différence des époux *divorcés*, qui, sous le Code civil, ne le pouvaient pas et qui le pourraient sous toute autre loi, en fait, il y a très-peu d'exemples de ces réunions après séparation ; aussi la seule différence radicale et profonde qui existe entre la séparation et le divorce, c'est la séparation interdit aux époux toute nouvelle union, tandis que le divorce leur permet de chercher le bonheur dans un nouveau mariage. On pourrait définir le divorce une séparation avec faculté de se remarier, et réciproquement la séparation un divorce avec interdiction de se remarier. C'est donc dans cette faculté de contracter une nouvelle union qu'est tout l'intérêt de la question du divorce, question dont nous ne sommes ici que les simples rapporteurs. Chez tous les peuples, on trouve au commencement de l'histoire du divorce le droit de répudiation de la femme par le mari. C'est en principe, fondé sur le droit despotique du mari dans le ménage, qui, chez les Juifs, chez les Grecs, chez les Romains, recèle le germe d'une réforme fondée sur l'idée de l'égalité de l'homme et de la femme. C'est Hérode chez les Juifs, c'est Solon en Grèce ; à Rome, c'est Domitien, qui, rendant à l'épouse son rang et sa dignité, lui attribuent le droit de demander la dissolution du mariage contre son mari, comme son mari a ce droit contre elle. Le divorce a été un progrès moral sur la répudiation. Mais il est remarquable que la répudiation est, comme le divorce, une rupture complète du lien conjugal, et que, pour passer de l'une à l'autre, le législateur n'a eu qu'à appeler la femme au partage des droits du mari pendant la durée du mariage, et non à créer à sa dissolution des conséquences que la répudiation entraîne aussi bien que le divorce.

Lorsque le christianisme commence à s'établir, les Pères de l'Église se partagent sur la question de l'indissolubilité du lien conjugal. Saint Épiphane et saint Ambroise admettent le divorce ; saint Augustin le repousse. Quand arrive la grande scission entre les Églises d'Orient et d'Occident, l'Église grecque tout entière se déclare pour l'opinion favorable au divorce, et aujourd'hui encore ses dogmes le reconnaissent et l'admettent. Les décisions de l'Église romaine à cet égard sont longtemps empreintes d'hésitation et d'incertitude. Elle autorise vingt de nos rois à répudier leurs femmes pour en épouser d'autres, et notre histoire nous offre presque autant de reines répudiées que de reines qui sont mortes avec leur couronne. Le dogme se fixe enfin, et interdit la répudiation et le divorce ; mais l'Église alors multiplie les causes de nullité au point de laisser croire qu'elle veut reproduire sous un autre nom cette institution qu'elle proscrit. La réforme adopte le divorce, et il est aujourd'hui consacré par les lois dans tous les pays protestants. Lorsqu'après la réforme religieuse accomplie vient le tour de la réforme politique, la loi du 20 septembre 1792 accorde plus même que le divorce, et donne aux époux une sorte de droit de répudiation réciproque, qu'elle appelle *incompatibilité d'humeur* ; et, dans sa haine contre le catholicisme, elle proscrit la séparation de corps, seule institution que le dogme catholique avoue. Le Code civil, en réintégrant dans la loi la séparation de corps, place à côté d'elle, non plus la répudiation réciproque de 1792, mais le divorce sévèrement restreint dans ses causes, et entouré des formes les plus lentes et les plus solennelles. Cependant l'institution du divorce, réduite à ces termes, n'a pu trouver grâce devant la réaction religieuse de 1816, et le 8 mai une loi est rendue qui efface le divorce du Code civil, et cette loi, malgré deux tentatives infructueuses faites en 1831 et 1832 pour l'abolir, est encore aujourd'hui celle qui régit la France.

Si la loi civile devait repousser le divorce par cette seule considération qu'il est proscrit par le dogme catholique, il est évident tout d'abord que le divorce ne devrait être interdit qu'à ceux-là seuls dont la croyance est incompatible avec lui ; car la loi civile n'aurait aucune raison de se montrer plus sévère pour les non-catholiques que leur loi religieuse. Parmi les catholiques eux-mêmes, ceux-là seulement seraient atteints par la prohibition de la loi religieuse dont l'union aurait été consacrée par la religion, car le sacrement seul rend le mariage indissoluble. Et si avant 1789 le sacrement était un élément essentiel du mariage, il n'en est plus de même aujourd'hui que le contrat civil est parfait par lui-même, et que la consécration religieuse n'ajoute rien, aux yeux de la loi, à sa force ni à sa sainteté. Et maintenant cette renonciation au divorce, réduite à ces termes, serait-ce autre chose qu'une question de conscience, une question de foi religieuse, une loi enfin que chacun peut bien s'imposer à soi-même, mais pour laquelle il ne peut exiger des autres la même obéissance, et que le législateur ne pourrait consacrer sans faire d'un acte de foi un devoir civil, d'une prescription religieuse une contrainte légale, sans violer le grand principe de la séparation du temporel et du spirituel, sans rompre cette belle unité de notre loi civile,

qui est la même pour tous les citoyens, quelle que soit leur croyance, parce qu'elle est faite pour tous les membres de l'État et non pour les sectes religieuses. C'est le Français qui contracte devant l'officier de l'état-civil ; c'est le croyant catholique qui demande au prêtre de bénir son union. Si les obligations que ce dernier impose sont plus rigoureuses que les obligations civiles, n'est-ce pas là le rôle de la religion, comme c'est celui de la morale? Leur empire ne se prolonge-t-il pas toujours bien au delà de la limite où s'arrête celui de la loi? Et puis, il le faut remarquer, dans aucune matière, le dogme catholique et la loi civile ne partent d'un principe plus diamétralement opposé. Pour l'un, le célibat est plus saint et plus parfait que le mariage ; l'autre encourage le mariage et tolère le célibat. L'un exige de l'homme qu'il lutte même contre les besoins de sa nature, et lui tient compte pour le ciel de chacune des privations qu'il s'impose ; l'autre met sa perfection à satisfaire tous les besoins de l'homme, et à mettre le moins souvent possible la passion individuelle aux prises avec l'ordre social. Aussi est-ce une objection à peu près abandonnée contre le divorce que celle de son incompatibilité avec le dogme catholique ; et la loi de 1816, votée sous l'influence de cette idée, n'est cependant aujourd'hui défendue que par des considérations empruntées, non à la religion, mais à la politique et à la morale. C'est sous ce seul point de vue que la question peut désormais être sérieusement traitée. L'intérêt des mœurs en général, l'intérêt de la femme, l'intérêt des enfants, tels sont les seuls éléments de la discussion.

Le divorce, par cela seul qu'il offre aux époux l'éventualité d'une dissolution du mariage avec faculté d'en former un nouveau, est un véritable encouragement aux désordres intérieurs. On ne se plie pas aux exigences d'un état qu'on peut changer, on ne se rend complice de notre penchant à l'inconstance quand elle dépouille l'union conjugale du caractère de la perpétuité ; elle fait naître le mal auquel elle veut remédier. Tel est l'argument capital contre le divorce, celui qui se reproduit sous diverses formes dans les discours, les écrits, qui ont eu pour but de le combattre. Cet argument n'est pas resté sans réponse. S'il est vrai, a-t-on dit, que l'époux souffrira moins patiemment le mal auquel il pourra se soustraire ; il faut bien reconnaître aussi que rien ne corrompt comme le pouvoir de faire le mal impunément ; que tel époux qui, certain de conserver sa victime sous la main, se jouera de tous ses engagements, de tous ses devoirs, les respectera davantage s'il sait que cette victime peut invoquer le secours de la loi et demander à un autre le bonheur légitime qu'il lui avait promis. Si donc, dans certains cas, le divorce doit rendre l'époux plus rebelle à la persécution domestique, dans d'autres aussi il préviendra cette persécution même. Et puis, à côté de l'inconvénient du divorce, il faut voir le danger de son absence, et se souvenir que rien ne nature sait toujours se venger du despotisme des lois, soit par le crime, qui est une réaction violente, soit par la corruption, qui est une sourde protestation. D'ailleurs, quels sont les caractères que la perspective d'un nouveau mariage portera à jeter le trouble au sein de la famille? Ce ne seront pas à coup sûr les caractères religieux et résignés : la passion seule ou l'immoralité pourraient se préoccuper de cet avenir de liberté. La passion? Mais elle ne sait pas calculer et combiner des chances légales ; elle est aveugle, et si elle ne l'était pas, elle se souviendrait que l'adultère, aux termes de la loi, sépare les deux complices par une barrière insurmontable, bien loin de les rapprocher. L'immoralité? Mais quel besoin peut-elle du divorce? La séparation lui offre tous les avantages que le divorce lui offrirait, et de plus, cette sécurité que les enfants qui naîtront pendant sa durée recevront un père de la loi.

Quant aux droits de la femme, les objections qu'on en tire partent de deux principes opposés. Les résultats du divorce, disent les uns, ne sont pas égaux pour les deux époux : l'homme sort du mariage avec son autorité et sa force, la femme n'en sort pas avec toute sa dignité ; et de tout ce qu'elle y a porté, pureté virginale, jeunesse, beauté, fécondité, fortune, elle ne retrouve que son argent. Est-ce une loi protectrice de l'ordre, disent les autres, que la loi qui, dans un acte aussi important que la dissolution du mariage, donne un droit égal, ou, pour mieux dire, une juridiction éventuelle à l'épouse, d'où naît inévitablement une prétention habituelle à l'égalité, et par conséquent l'anarchie domestique ? A la première de ces objections on peut répondre que si c'est la femme qui est exposée à perdre le plus par le divorce, c'est elle aussi qui a le plus besoin de ce secours de la loi. Le divorce ne rend pas à la femme sa virginité, sa pureté, cela est vrai ; il la jette dans le monde dans cette situation fausse qui n'est ni celle de la fille, ni celle de la femme ou de la veuve : eh bien ! c'est une garantie que la femme ne recourra pas à ce moyen extrême sans la plus impérieuse nécessité. A la seconde objection, la réponse est dans ces deux mots : La prééminence du mari sur la femme ne peut jamais être le droit d'oppression du fort sur le faible.

Reste l'intérêt des enfants. Ici nous devons rappeler que le désordre existe quand il s'agit d'y remédier ; que la famille est troublée ; que la question n'est pas entre la réconciliation et la rupture, mais entre un mode de rupture et un autre. L'intérêt des enfants est compromis dès que le désordre existe, leur intérêt moral par les mauvais exemples qu'ils reçoivent, leur intérêt de fortune par les dissipations que le déréglement entraîne d'ordinaire après lui. Si vous offrez le choix aux époux entre la séparation et le divorce, ce choix sera dicté par la croyance religieuse de chacun. Celui à qui sa foi défendra de contracter un nouveau mariage pendant la vie de son premier époux, celui-là seul optera pour la séparation, et c'est alors que la séparation sera vraiment empreinte de plus de piété, de plus de moralité même que le divorce. Car le célibat qu'elle impose sera un célibat volontaire, un sacrifice accepté. Mais si vous faites de la séparation la loi générale, la loi unique et inflexible, alors vous jetez pêle-mêle dans la séparation de corps, et les croyances qui acceptent le sacrifice, et les natures qui s'y refusent. Ne parlez plus de célibat volontaire, c'est d'autre chose qu'il est maintenant question, c'est de l'adultère public et permanent. Ce n'est plus alors la religion qui impose une privation à qui elle promet récompense, c'est la loi qui inflige une peine perpétuelle au malheur ; c'est elle qui légalise en quelque sorte le crime par l'excuse de la nécessité, et qui combine avec les causes générales de corruption les incompatibilités individuelles. Et alors, quel exemple pour les enfants ! Quelle influence sur leur éducation et leur avenir ! La loi a voulu empêcher l'introduction d'une marâtre dans la famille, et elle a ouvert la porte à une concubine. Elle a craint que l'éducation des enfants ne fût confiée à une sévérité trop inflexible, et elle leur met sous les yeux le spectacle de la dépravation et de l'immoralité. Et qu'on ne fasse pas valoir contre le divorce cette scission de la famille qui va séparer les enfants, soit du père, soit de la mère, qui va répartir des frères et des sœurs autour de deux foyers où ils ne recevront d'autres enseignements que ceux du ressentiment et de la haine. Ces maux, qui ne sont que trop réels, ce n'est pas le divorce qui les a créés ; ils existent presque tous au cas de secondes noces comme au cas de divorce, et la séparation n'y sait pas plus de remède que lui.

Au reste, une considération puissante domine toute cette question du divorce. Le divorce ne sera jamais réclamé que dans les pays où il aura un intérêt, et il n'a d'intérêt que là où le mariage est respecté. Dans les pays où le dogme religieux, constituant la loi elle-même, a établi de la manière la plus absolue l'indissolubilité du mariage, le mariage, par une réaction forcée de la nature contre le despotisme de la loi, est devenu à peu près purement nominal, et des unions illégitimes s'y sont emparées de ce que le mariage a de réel et de sérieux. Là, quel serait l'intérêt du divorce ? C'est le concubinage qui est devenu le véritable mariage, c'est-à-dire l'union des affections et des existences. On peut dire de ces pays ce qu'on a dit de la France du seizième siècle : ils ont traversé le divorce comme elle a traversé la réforme ; ne restent dans les liens du mariage indissoluble parce qu'ils ne pratiquent plus la sainteté du mariage, comme la France est restée nominalement catholique parce qu'elle n'a plus même assez de foi religieuse pour être protestante.

Ce qui serait déplorable, c'est que les mœurs pussent se façonner à cet état de choses, de telle manière qu'il n'y aurait plus dans les cœurs ni indignation ni réaction contre un tel désordre, tandis que si la loi, moins absolue, eût offert aux époux la possibilité d'échapper aux conséquences d'une union mal assortie, par le divorce et par de nouveaux mariages, le mariage eût peut-être recouvré la sainteté et le respect qui lui appartiennent, en recevant un peu de liberté. Le désordre que le divorce eût fait sortir du mariage y a été refoulé par son abolition. On a bien essayé en France de faire disparaître un des abus les plus révoltants des séparations, en abrogeant pour ce cas la présomption de paternité. Mais cette présomption de paternité est une conséquence inséparable de l'existence légale du mariage. Elle intéresse d'ailleurs le mari à surveiller la conduite de la femme séparée, et comme il a seul l'initiative de l'action en adultère, si la loi le désintéressait dans cette action, le désordre de la femme séparée serait toujours impuni, ce qui n'existe déjà que trop de fait, sans le consacrer par la loi.

Il nous reste à dire un mot des causes du divorce. Ces causes étaient multipliées jusqu'à l'excès dans la loi de 1792. Outre l'incompatibilité d'humeur, sur laquelle nous nous sommes déjà expliqué, elle reconnaissait encore de plus que le Code civil, comme causes de divorce, la démence du conjoint, le déréglement de mœurs notoire, l'abandon pendant deux ans, l'absence pendant cinq, et l'émigration. De toutes ces causes, le Code civil n'a retenu que les sévices et injures graves, l'adultère, la condamnation infamante, et le consentement mutuel, qu'il ne faut pas confondre avec la répudiation exercée par un seul des deux époux, et qui même, dans la plupart des cas, cachera une cause déterminée que l'époux outragé n'aura pas voulu livrer au scandale de la publicité. Au reste, le Code civil a entouré de précautions, de lenteurs et de sacrifices, la prononciation du divorce par consentement mutuel. Une persévérance de plus d'un an dans leur résolution, le sacrifice de la moitié de leur fortune à leurs enfants, l'ajournement à plus de quatre ans de tout espoir d'un nouveau mariage, sont de sûres garanties, non-seulement que toute affection n'est détruite, mais encore qu'il y a dans la vie commune tant de souffrances ou de dangers que la réconciliation est impossible et l'aversion irrémédiable. C'est entouré de toutes ces restrictions, c'est étayé de l'expérience, qui a démenti les prophéties dont on avait cherché à effrayer l'opinion, c'est enfin avec l'appui d'hommes purs et éclairés que le divorce demande aujourd'hui sa réintégration dans nos lois. Plusieurs fois il a échoué ; mais la question intéresse trop de souffrances pour n'être pas soulevée de nouveau.

ODILON-BARROT,
ancien ministre de la justice, président du conseil.

DIVULGATION, DIVULGUER. L'idée attachée au verbe *divulguer*, comme celle de la plupart des termes mal définis de notre langue, ne peut être bien rendue que par quelques exemples des principaux cas dans lesquels il est employé le plus communément. Pour la différencier toutefois de celle des mots qui offrent avec elle le plus d'analogie, nous observerons qu'elle doit toujours être prise en mauvaise part, et qu'elle suppose ordinairement, au moins une indiscrétion, sinon quelque chose de pire : ainsi, l'on répand un bruit, celui d'une nouvelle, par exemple, mais on *divulgue* un secret, et le degré de culpabilité de cet acte se mesure à l'importance de la chose *divulguée*, et aux circonstances dans lesquelles elle a été confiée à celui qui la rend publique. La médisance suppose toujours dans celui à qui on peut la reprocher la *divulgation* de quelque défaut, ou de quelque action répréhensible d'autrui, dont on aura été informé par sa propre observation, ou sous le sceau du secret. La calomnie offre ce caractère plus grave que la chose divulguée est de toute fausseté. L'une est le propre des caractères satiriques et méchants ; l'autre est l'arme du lâche, et suppose dans celui qui l'emploie tout ce que l'esprit humain peut comporter de turpitude et de bassesse. Quelques gouvernements faibles et sans moralité l'ont couverte en système, et organisée par le moyen d'agents secrets, chargés de *divulguer* les conceptions de leur police. Dans tout autre but, ils ont quelquefois poussé les conséquences de ce système à un tel point qu'elles sont, par l'excès même de leur infamie, une sauve-garde contre le soupçon de leur possibilité. Il y a une grande différence dans l'action de *divulguer* et de *révéler*. La dernière, à part le sens mystique que lui ont attaché les Saintes Écritures, s'entend aussi d'un ensemble de qualités ou de défauts dont l'existence est rendue manifeste par quelques signes extérieurs.

BILLOT.

DIVUS, DIVA. C'était le nom qu'on donnait autrefois aux hommes et aux femmes qui avaient été mis au nombre des dieux. Sur les médailles frappées pour la consécration des empereurs et des impératrices, on les gratifie des épithètes de *divus* et de *diva*: *divus Julius, divo Antonino Pio, divo Claudio, diva Faustina Aug.*, etc. Il y en a pourtant qui prétendent que le titre de *divus* ne se donna jamais qu'à des princes morts, joint non-seulement à celui de *pater patriæ*, mais encore à tous autres titres dont on avait coutume de charger les légendes des empereurs vivants. On sait que dans les historiens grecs Ἥρως répond au *divus* des Latins et Ἡρωΐνα à *diva* (*voyez* DIVIN). Dans les médailles que les Grecs frappèrent en l'honneur de l'infâme Antinoüs, pour marquer sa consécration, ils l'appellent indifféremment Ἥρα et Θεόν.

DIX (Conseil des). *Voyez* LIGUE et VENISE.
DIX AOÛT (Journée du). *Voyez* AOUT.
DIX-COVE. *Voyez* CÔTE D'OR.
DIX-HUIT BRUMAIRE (Journée du). *Voyez* BRUMAIRE.
DIX-HUIT FRUCTIDOR (Journée du). *Voyez* FRUCTIDOR.
DIXIÈME (Impôt du). C'est le nom que l'on donnait à un impôt que le roi de France levait autrefois dans les besoins pressants de l'État. Il frappait les biens-fonds et s'élevait au dixième de leur valeur. On l'établit pour la première fois en 1710, et on le supprima en 1749. On le remplaça par le vingtième.
DIX MILLE (Retraite des), nom donné à la suite de marches militaires qui ramena, du champ de bataille de Cunaxa jusque sur les bords du Pont-Euxin, les Grecs que Cyrus le Jeune avait pris à sa solde dans son expédition contre son frère. Cette retraite mémorable, où Xénophon joua longtemps le principal rôle, et dont il fut ensuite l'historien, cette retraite qui dura seize mois, et qui s'accomplit par une marche de 240 myriamètres à travers des obstacles de tout genre, les déserts, les montagnes, les fleuves, et malgré les attaques sans cesse renouvelées d'armées ou de peuplades ennemies, atteste hautement tout ce que les Grecs, malgré leurs guerres civiles, avaient conservé d'énergie et de force d'âme, tout ce qu'il y avait dans ce peuple d'intelligence, d'aptitude guerrière et d'esprit d'aventure. Nous essaierons d'en retracer les principaux événements, afin qu'il soit facile de voir combien sont peu fondés les étranges paradoxes par lesquels Voltaire, dans son *Dictionnaire philosophique* (article XÉNOPHON), s'est efforcé de renverser les idées généralement admises sur cette page si intéressante d'histoire militaire. Nous nous abstiendrons, au reste, de toute discussion géographique, renvoyant le lecteur que ces questions intéressent aux éclaircissements du major Rennel sur l'*Anabase* de Xénophon, et à l'article que M. Letronne a consacré à cet ouvrage dans le *Journal des Savants* (1818, page 3 et suivantes).

Le soir du jour où fut livrée la bataille de Cunaxa, les Grecs, sous la conduite du Spartiate Cléarque, poursuivaient encore les Barbares, qu'ils avaient mis en déroute, quand ils apprirent que l'armée du grand roi pillait leurs tentes. A cette nouvelle, ils font volte-face, et, renversant tout ce qui s'oppose à leur passage, reprennent leur camp et y passent la nuit. Le lendemain, on leur annonce que Cyrus a été tué en combattant, que la bataille est perdue, et que les chefs des troupes de l'Asie-Mineure, Ariée, les attend à quelque distance pour retourner avec eux en Ionie. Bientôt après, un Grec de Zacynthe, Phalynus, vient les inviter, au nom d'Artaxerxès, à reconnaître la loi du vainqueur et à lui rendre leurs armes. Qu'il vienne les prendre! lui répondent-ils, comme Léonidas aux Thermopyles, mais avec moins de concision ; car les temps sont déjà bien changés ; puis ils se mettent en marche, et, le soir même, ils rejoignent Ariée. Les deux corps d'armée réunis, les Grecs, Ariée et ses principaux officiers, jurèrent de ne se point trahir et de rester fidèles alliés. Les Barbares jurèrent de plus qu'ils guideraient loyalement. Le serment fut précédé du sacrifice d'un sanglier, d'un taureau, d'un loup, d'un bélier ; et les Grecs trempèrent leurs épées et les Barbares leurs piques dans un bouclier plein du sang des victimes. Ensuite, on délibéra sur la route que l'on suivrait pour regagner la mer. On arrêta d'abord qu'on ne reprendrait pas celle par laquelle en était venu, parce qu'elle traversait beaucoup de lieux inhabités où il serait impossible de se procurer des vivres, suivi, comme on le serait, par des ennemis en force. On décida donc que l'on se dirigerait vers la Paphlagonie, et aussitôt on se mit en marche, mais à petites journées, pour avoir le temps de rassembler des subsistances.

Artaxerxès, instruit de leur retraite, se hâta de les poursuivre accompagné de toutes ses forces. Il les eut bientôt rejoints. Mais, à la vue de soixante mille Asiatiques rangés en bataille, et soutenus par ces treize mille Grecs encore intacts qui, dans les longues luttes de la guerre du Péloponèse et dans les engagements auxquels ils avaient pris part, avaient acquis en science militaire une supériorité dont il avait déjà pu se convaincre, il crut qu'il serait peu prudent de tenter une seconde fois le sort des combats, et il entama des négociations. Les Grecs, par l'organe de Cléarque, répondirent à Tissapherne, qui vint leur demander, au nom d'Artaxerxès, pourquoi ils avaient pris les armes contre ce prince : « Nous ne nous sommes point réunis pour faire la guerre au roi, et ce n'est point contre lui que nous marchions ; mais Cyrus, tu le sais toi-même, n'épargnait différents prétextes pour nous amener jusqu'ici. Quand nous l'avons vu en danger, nous ne pouvions, sans rougir à la face des dieux et des hommes, songer à le trahir, nous qui nous étions laissé précédemment combler de ses bienfaits. Maintenant qu'il est mort, nous ne pensons pas qu'à retourner dans notre patrie, si personne ne nous inquiète ; mais, si l'on nous fait injure, nous saurons nous défendre, avec l'aide des dieux. Si l'on nous fait du bien, au contraire, nous ferons tout pour n'être pas vaincus en générosité. » A la suite de cette entrevue, une trêve de trois jours fut d'abord conclue, puis on convint des articles suivants : le roi s'engageait à laisser aux corps qui se retiraient un libre et tranquille passage dans ses États, à leur donner des guides pour les conduire jusqu'à la mer, et à leur fournir pendant la route des vivres à prix d'argent. De leur côté, Cléarque et Ariée, au nom de leurs s'engageaient à ne causer aucun dommage sur les terres qu'ils traverseraient.

Ces conditions stipulées, le roi ramena son armée dans Babylone, et les confédérés attendirent plus de vingt jours le retour de Tissapherne, qui devait venir les rejoindre pour les ramener en Grèce, et retourner lui-même dans le gouvernement de Cyrus, que le roi lui avait confié.

Ce n'était pas sans de vifs regrets qu'Artaxercès renonçait à se venger. Aussi Tissapherne, voyant combien était vif le ressentiment qu'il conservait contre les Grecs qui avaient favorisé les projets de son frère, lui promit de les faire tous périr, s'il lui était permis d'emmener des forces suffisantes, et de pardonner à Ariée, qu'il avait su gagner pendant les conférences, et dont il devait se servir pour surprendre les Grecs pendant leur marche. Le roi accueillit cette proposition avec joie, et Tissapherne vint rejoindre Cléarque. On partit. Ariée, suivi de l'armée barbare de Cyrus, accompagnait Tissapherne et campait avec lui; les Grecs, pleins d'une juste défiance, marchaient séparément sous la conduite de leurs guides. On arriva en trois marches au mur de Médie, que l'on franchit. On passa ensuite le Tigre, dont on suivit la rive orientale, puis le Physcus, et après, une longue marche dans les déserts de la Médie, on parvint au Zabate (le Lycus des Grecs), où l'on fit halte. Depuis plusieurs jours, des avis secrets donnés aux Grecs leur avaient inspiré des soupçons sur les intentions des Barbares : Cléarque crut devoir profiter de cet instant de repos pour faire, autant qu'il serait en lui, cesser un état de défiance qui pouvait dégénérer en une guerre ouverte. Il alla donc trouver Tissapherne. Trompé par le satrape, qui affecte les sentiments les plus généreux, il décide quatre autres généraux à le suivre dans le camp des Perses, accompagnés de vingt officiers et de deux cents hommes, qui les escorteront sous le prétexte d'aller acheter des vivres. Il veut que, convaincus des intentions pacifiques et de la bonne foi de leur guide, ils l'aident à rétablir la bonne harmonie entre les deux armées. A peine arrivés, les cinq généraux sont introduits auprès de Tissapherne. Peu après un drapeau rouge est élevé au-dessus de sa tente, et à ce signal, Cléarque et ses quatre collègues sont arrêtés, pendant que des assassins auxquels Tissapherne en avait donné l'ordre, égorgeaient les officiers restés en dehors, et que les soldats tombaient également sous les coups d'hommes apostés pour les tuer. Un seul échappa, et, tout blessé qu'il était, vint annoncer dans le camp grec ce qui se passait dans celui des Perses. A cette nouvelle, les soldats, frappés d'épouvante, courureut tous sans ordre prendre les armes. Ils présumaient que leur camp allait être assailli par tous les Barbares réunis. Mais ils ne virent venir que le traître Ariée et deux amis de Cyrus, Artaèze et Mithradate, à la tête d'environ trois cents Perses. Dès qu'il put se faire entendre, il leur annonça que Cléarque, convaincu d'avoir violé ses serments, avait subi le châtiment qu'il méritait, et leur enjoignit de livrer leurs armes au roi, puisqu'elles appartenaient à Cyrus, son esclave. Tissapherne espérait sans doute qu'une pareille démonstration suffirait auprès d'une armée prise au dépourvu et privée de ses chefs, mais cette tentative échoua. Cependant, les cinq généraux arrêtés avaient été chargés de chaînes et envoyés au roi. Artaxercès les fit tous mourir. L'histoire nous a conservé leur noms : c'étaient, indépendamment de Cléarque, Proxène de Béotie, Ménon de Thessalie, Agias d'Arcadie et Socrate d'Achaïe.

Privés de leurs principaux chefs, les Grecs se trouvaient dans un grand embarras : entourés de nations ennemies, sans vivres, sans guides, sans cavalerie, à plus de dix mille stades de la Grèce, ils ne savaient quel parti prendre. « Or, dit l'historien de cette retraite mémorable, il y avait à l'armée un Athénien nommé Xénophon, qui ne la suivait, ni comme général, ni comme officier, ni comme soldat. Proxène, à qui il tenait par les liens de l'hospitalité, l'avait engagé à venir le trouver, lui promettant de lui concilier les bonnes grâces de Cyrus. » Frappé des dangers qui menacent ses compagnons, il appelle d'abord les officiers de Proxène, et leur représente que le seul moyen de salut c'est de faire tête courageusement à l'orage. A sa voix, ils parcourent toute l'armée, appellent à haute voix les généraux qui restaient, et, à leur défaut, leurs lieutenants et les officiers qui n'avaient point péri ; et, quand ils sont réunis, Xénophon, invité à parler de nouveau, leur fait un tableau fidèle de leur situation, qui sans doute est difficile, mais qui n'est pas désespérée ; car ils ont pour eux leur courage, la justice de leur cause et les dieux vengeurs de la foi violée. Ces paroles raniment l'ardeur commune. On choisit de nouveaux chefs : Timasion le Dardanien succédera à Cléarque, Xanthiclès d'Achaïe à Socrate, Cléanor d'Orchomène à Agias, Philésius d'Achaïe à Ménon et Xénophon l'Athénien à Proxène. Ensuite, sur la proposition de Xénophon, on décide que Chirisophe, en sa qualité de Lacédémonien, commandera le front, que les deux flancs seront confiés aux deux plus anciens généraux, et que Timasion et Xénophon, comme plus jeunes, resteront à l'arrière-garde. « Maintenant, s'écrie l'ami de Proxène, partons et exécutons nos desseins. Que celui d'entre vous qui veut revoir sa famille, vienne combattre avec courage ; c'est le seul moyen. Que celui qui aime la vie tâche de vaincre : le vainqueur donne la mort, le vaincu la reçoit. » En parlant ainsi, il s'était couvert des armes les plus magnifiques qu'il eût pu se procurer.

Avant de se remettre en marche, on brûle les chariots, les tentes et tout le superflu des bagages. La vue de l'incendie avertit sans doute Tissapherne que les Grecs ont pris un parti désespéré ; il envoie Mithradate pour s'en instruire. « Nous avons résolu, lui répond Chirisophe au nom de ses collègues, nous avons résolu, si on ne nous laisse retourner dans notre patrie, de ménager le plus possible le pays que nous aurons à traverser, mais, si l'on s'oppose à notre marche, de nous ouvrir un passage les armes à la main. » Mithradate cherche à les dissuader, mais ils persistent, passent le Zabate, et se mettent en route, ayant placé les bêtes de somme et tout ce qui les accompagnait au centre du bataillon carré. Tissapherne les suit, sans oser les attaquer de front, redoutant le courage et la fureur aveugle que pouvaient lui opposer des hommes réduits au désespoir. Mais ils sont bientôt inquiétés par Mithradate, leur ancien ami, auquel Tissapherne veut sans doute faire acheter son pardon, et une première escarmouche, dans laquelle Xénophon se laisse emporter par son ardeur, fait comprendre au général athénien qu'il faut que l'armée ait des frondeurs et de la cavalerie. Il organise ces deux corps du mieux qu'il peut et en tire parti le jour même dans un nouvel engagement avec Mithradate, qu'il met en fuite. Ils arrivent ensuite sur les bords du Tigre, à Larisse, puis à Mespila, villes grandes, mais désertes, autrefois habitées par les Mèdes, et dont les murs ont cent pieds de hauteur, sur cinquante de largeur. Quelques jours après, ayant eu à traverser une plaine, suivis de Tissapherne, qui les harcelait sans cesse, ils durent changer l'ordre qu'ils avaient jusqu'alors suivi dans leur marche. Xénophon entre à ce sujet dans des détails qu'il est bon de reproduire ici, parce que, faute d'être bien compris, ils ont embarrassé des hommes du métier eux-mêmes.

Les Grecs, dit-il, purent se convaincre que le carré était un mauvais ordre de marche pour une armée qui avait l'ennemi sur ses traces, car, les ailes venant à se rapprocher, soit dans un chemin qui se rétrécit, soit dans une gorge de montagne, soit au passage d'un pont, il faut nécessairement que les hoplites se resserrent, et, marchant avec difficulté, se poussent, se confondent, de sorte qu'ayant perdu leur rang, ils ne peuvent rendre aucun service. Lorsqu'ensuite les ailes ainsi pressées s'écartent pour reprendre leurs distances, il est de toute nécessité que, par suite de ce mouvement contraire, un vide se fasse entre elles, et que le découragement s'empare des soldats qui se voient dans cette position ayant l'ennemi derrière eux. Enfin, lorsqu'il faut traverser un pont ou quelque défilé, chacun, se hâtant et voulant arriver le premier, offre une chance plus favorable aux charges de l'ennemi. Cet inconvénient reconnu, on se décida à marcher sur deux colonnes formant un carré long, et à organiser un corps particulier de six compagnies d'environ cent hommes chacune; chaque compagnie se composait de deux divisions de cinquante soldats, lesquelles, à leur tour, se dédoublaient en deux pelotons de vingt-cinq. Ces différents groupes reçurent des chefs particuliers portant les noms de *lochages*, de *pentécontères* et d'*énomotarques*. Quand les têtes de colonnes devaient se rapprocher, les six compagnies ne suivaient pas le mouvement, mais venaient se ranger en bataille en faisant face en arrière, afin de favoriser la manœuvre générale. Quand ensuite les deux colonnes, par un mouvement oblique, regagnaient leurs distances, cette arrière-garde venait remplir le vide qu'elles laissaient entre elles en se formant par compagnies, par divisions ou par pelotons, suivant que l'espace vide était plus ou moins considérable. Fallait-il passer un pont ou un défilé défendu par l'ennemi, tout désordre devenait impossible, les six compagnies composant alors l'avant-garde : elles franchissaient le passage tour à tour, et, s'il était besoin de se former en phalange, elles exécutaient immédiatement cette manœuvre pendant que le reste de l'armée opérait son mouvement.

Cinq jours plus tard, ils arrivèrent dans une contrée couverte d'une longue suite de collines élevées, d'où ils se virent obligés de débusquer successivement l'ennemi qui les y avait devancés, et qui de ces positions faisait pleuvoir sur eux une grêle de dards, de pierres et de flèches. Enfin, les Barbares, las de les poursuivre sans pouvoir les entamer, résolurent de tenter un dernier effort. Partis de nuit, ils font croire aux Grecs qu'ils ont renoncé à les poursuivre, et vont les attendre à deux journées de là sur la crête d'une montagne qui dominait la seule route par laquelle on descendait dans le bassin du Tigre. Xénophon les en chasse, et, dès lors, Tissapherne, abandonnant la partie, prend, avec ses troupes, le chemin de l'Ionie. Les Grecs étaient parvenus aux frontières du pays des Carduques, à l'endroit où la largeur et la profondeur du Tigre rendent le passage de ce fleuve impossible, et où l'on ne peut le longer, les montagnes des Carduques tombant à pic dans le fleuve. Ils se résolurent donc à faire route à travers les montagnes. Ils tenaient les prisonniers qu'après les avoir franchies, ils pourraient passer le Tigre à sa source, en Arménie, ou même le tourner, s'ils le préféraient ; mais ils savaient aussi que, d'une armée de cent vingt mille combattants qu'y avait naguère envoyée le grand roi, pas un seul homme n'était revenu. Ils mirent sept jours à traverser cette contrée difficile, et, pendant ce temps, ils eurent beaucoup à souffrir des habitants. Ces montagnards étaient à la vérité ennemis du roi, mais non moins jaloux de leur indépendance, exercés à la guerre, d'une force prodigieuse, habiles à se servir de la fronde pour lancer de très-grosses pierres et à manier des arcs d'une dimension extraordinaire. Avec le secours de ces armes, des hauteurs où ils se plaçaient, ils atteignaient les Grecs, leur tuaient ou leur blessaient beaucoup de monde ; car les flèches qu'ils leur envoyaient, plus de deux coudées de long, pénétraient à travers les boucliers et les cuirasses, et plus d'une fois, les soldats grecs s'en servirent comme de javelots après y avoir ajusté une courroie. Enfin, à la suite d'une route pénible, durant laquelle ils avaient eu sans cesse les armes à la main et avaient souffert plus de maux que toute la puissance du roi et la perfidie de Tissapherne n'avaient pu leur en causer, les Grecs atteignirent le fleuve Centrite, qu'ils passèrent à gué pour entrer en Arménie, mais ce ne fut pas sans avoir un dernier combat à livrer contre les Carduques, qui les prirent en queue, tandis que des Arméniens, des Mygdoniens et des Chaldéens les attaquaient de front pour s'opposer à leur passage.

Après trois marches, les Grecs arrivèrent au Téléboas, et pénétrèrent dans l'Arménie occidentale. Téribaze, satrape de cette province, les accueillit avec bienveillance et s'engagea par un traité à ne leur faire aucun mal, s'ils s'abstenaient de toute hostilité dans son gouvernement. Mais ils apprirent bientôt qu'il avait le projet de les attaquer dans un défilé qu'ils devaient nécessairement franchir. Ils le prévinrent, le mirent en fuite et pillèrent son camp. De là on marcha quelques jours dans le désert, le long de l'Euphrate, qu'on traversa ayant de l'eau jusqu'à mi-corps. On assurait que la source de ce fleuve n'était pas éloignée. En continuant leur route à travers les montagnes de l'Arménie, les Grecs se trouvèrent tellement enveloppés par la neige, qu'ils coururent risque de s'y perdre tous. Le vent s'étant élevé, elle tomba en si grande abondance qu'elle couvrit entièrement la contrée, et qu'il devint tout à fait impossible de reconnaître le chemin et la position des lieux. Une consternation générale s'empara alors de toute l'armée, qui ne pouvait retourner en arrière, dans la certitude où elle était de se perdre entièrement, et qui se voyait dans l'impossibilité presque absolue de pousser plus avant. Cependant, la tourmente augmentait, le vent devenait de plus en plus impétueux, la grêle tombait avec violence, et, frappant les Grecs dans la figure, les força enfin à s'arrêter. Dépourvues des objets les plus nécessaires, les troupes passèrent ainsi en plein air tout ce jour et la nuit qui le suivit, exposées à toutes les rigueurs de la température, et en proie à des souffrances de tout genre. La neige, qui était tombée sans discontinuer, couvrait entièrement les armes, et l'intensité du froid, que le ciel devenu serein rendait encore plus aigu, avait, pour ainsi dire, paralysé tous les corps. Dès que le jour parut, on trouva la plus grande partie des bêtes de somme mortes sur place, plusieurs hommes expirants, et un assez grand nombre qui jouissaient encore de leurs facultés intellectuelles, mais dont les corps perclus étaient incapables d'aucun mouvement; quelques-uns avaient aussi perdu la vue, aveuglés par le froid et l'éclat de la neige. Enfin, tous auraient certainement péri, si, après avoir marché encore vingt stades, ils ne fussent arrivés à quelques villages, où ils trouvèrent en abondance toutes les choses nécessaires à la vie.

Après avoir séjourné huit jours, les Grecs se remirent en marche et atteignirent les bords de la rivière du Phase. Ils s'y arrêtèrent pendant quatre autres jours, et dirigèrent ensuite leur route à travers le pays des Taones et des Phasiens. Ils y furent attaqués par les habitants de ces contrées ; mais, vainqueurs dans un combat, ils en tuèrent un grand nombre, s'emparèrent de leurs villages, où ils trouvèrent des provisions de tout genre, et y demeurèrent pendant quinze jours. De là, ils s'avancèrent dans la contrée habitée par les Chaldéens, peuple voisin des Chalybes, dont le pays porte encore aujourd'hui le nom de Keldir ou Cheldir, et arrivèrent sur les rives du fleuve Harpasus, large de plus de cent vingt mètres. Après l'avoir traversé, ils entrèrent chez les Scythins, à la suite d'une marche toujours en plaine, et là ils trouvèrent des ressources abondantes. En quittant cette fertile contrée, ils arrivèrent à Gymnias, grande ville riche et bien peuplée. Celui qui commandait dans cette province conclut un traité avec les Grecs, et leur donna des guides pour les conduire jusqu'à la mer ; munis de ce secours, ils arrivèrent, en cinq jours de chemin, à la montagne sacrée, nommée *Thechès*. Parvenus au sommet, les soldats qui étaient en tête de la colonne aperçurent le Pont-Euxin, et, dans leur joie, poussèrent de grands cris, qui furent entendus de l'arrière-garde, où l'on se figura qu'ils annonçaient quelque attaque inopinée de nouveaux ennemis. Cependant, les cris augmentent à mesure qu'on approche. Xénophon, croyant à un danger réel, monte à cheval, prend avec lui la cavalerie, longe le flanc de la colonne, et se hâte d'arriver là où il croit son secours nécessaire ; mais bientôt il entend les soldats crier : *la mer! la mer!* Et alors, arrière-garde, équipages, cavaliers, tout court au sommet de la montagne. Quand les Grecs y sont tous parvenus, ils s'embrassent les larmes aux yeux, sautant au cou de leurs officiers; et aussitôt, sans qu'on ait jamais su par l'ordre de qui, ils apportent des pierres qu'ils amoncellent, et dressent un trophée auquel ils suspendent les dépouilles enlevées par eux sur les Barbares, voulant laisser à la postérité un monument immortel de leurs fatigues et de leur courage. En même temps, ils donnent, de la masse commune, un cheval, une tasse d'argent et une robe persique au Barbare qui leur a servi de guide, et qui, avant de les quitter, leur indique la route qu'ils doivent prendre pour arriver chez les Macrons.

Parvenus chez ce peuple, ils firent un traité de paix avec lui, et, pour la ratification de ce traité, reçurent une lance fabriquée à la manière des Barbares, et en donnèrent une grecque, suivant l'usage antique que les Macrons tenaient de leurs ancêtres, et qui était pour eux la plus forte garantie de la foi jurée. Après avoir franchi les frontières de cette contrée, les Grecs arrivèrent dans le pays des Colchidiens, qui se réunirent en force pour les attaquer; mais ils furent vaincus dans une grande bataille où les Grecs déployèrent toutes les ressources de leur tactique, marchant, non pas sur quatre-vingts files de cent hommes chacune, comme quelques-uns paraissent l'avoir cru, mais répartis en quatre-vingts divisions, formées en colonnes, afin d'étendre suffisamment le front de bataille pour ne pas être débordés, et de franchir plus facilement les obstacles naturels de la montagne escarpée qu'ils devaient enlever d'assaut, soutenant du reste les ailes et le centre par trois corps d'archers et de soldats armés à la légère, au nombre d'environ six cents hommes chacun, et ayant soin de déborder la ligne ennemie. A la suite de ce succès, les vainqueurs s'emparèrent d'un plateau dont la position était très-forte, et de là se mirent à ravager les campagnes voisines. Ayant ainsi enlevé un riche butin, ils se reposèrent de leurs fatigues au sein de l'abondance.

Pendant leur séjour en Colchide, les Grecs trouvèrent, dans les environs du lieu où ils étaient cantonnés, beaucoup d'essaims d'abeilles et un grand nombre de gâteaux de miel. Tous ceux qui en mangèrent éprouvèrent d'étranges symptômes. Ils étaient pris de vertiges et de vomissements une suivait une défaillance si grande qu'ils ne pouvaient plus se tenir sur leurs pieds. N'avaient-ils fait qu'y goûter, ils avaient l'air de gens plongés dans l'ivresse; ceux qui en avaient pris davantage ressemblaient, les uns à des furieux, les autres à des mourants. Le nombre des gisants était si considérable qu'on eût cru voir un champ de bataille couvert de cadavres après une défaite. Durant toute une journée, l'armée consternée contemplait avec effroi la foule de ces malades qu'elle croyait perdus; mais, le lendemain, à la même heure où le mal les avait saisis, ils commencèrent à reprendre leurs sens et se levèrent fatigués comme le sont des hommes qui ont fait usage d'un remède violent. Lorsque tous furent rétablis, les Grecs continuèrent leur route et arrivèrent à Trapézonte, colonie de Sinope. Ils y séjournèrent trente jours, traités avec la plus magnifique hospitalité par les habitants, et y célébrèrent un grand sacrifice, ainsi que des jeux gymniques en l'honneur d'Hercule et de Jupiter sauveur. Après cette solennité, ils envoyèrent Chirisophe, leur général, à Byzance, pour en ramener des vaisseaux de transport et des trirèmes. Chirisophe était l'ami et le compatriote d'Anaxibius, qui commandait alors la flotte lacédémonienne stationnée à Byzance, et il pouvait mieux que tout autre remplir cette importante mission. Il partit donc sur un bâtiment léger, et, pendant son absence, les Grecs, s'étant procuré chez les Trapézontins deux embarcations à rames, se mirent à faire des excursions par terre et par mer sur les Barbares des environs. Ils attendirent ainsi pendant trente jours le retour de Chirisophe; mais, comme il tardait trop longtemps, et que les vivres commençaient à devenir rares,

ils quittèrent Trapézonte, et se rendirent à Cérasonte, autre colonie de Sinope. On y séjourna dix jours, et l'on y fit la revue et le dénombrement des soldats présents sous les armes. De plus de dix mille, il n'en restait plus que huit mille six cents.

De là, les Grecs entrèrent sur le territoire des Mosynèques. Attaqués par ces Barbares, ils les défirent dans un combat, et leur tuèrent beaucoup de monde. Les Mosynèques vaincus se réfugièrent dans une espèce de bourgade, où ils habitaient des tours de bois de sept étages; mais les Grecs les y poursuivirent, et, après quelques assauts successifs, s'en rendirent maîtres. Cette bourgade était la métropole de toutes les autres forteresses du même genre, et le roi des Mosynèques faisait sa demeure dans la plus élevée. Suivant l'usage qu'il tenait de ses pères, il devait habiter, toute sa vie, ce séjour, d'où il donnait ses ordres à ses peuples. Du reste, les soldats rapportaient qu'ils n'avaient pas encore rencontré dans leur route de nation plus barbare. Selon ce qu'ils en disaient tous, les enfants, dès leur plus jeune âge, étaient marqués sur le dos et sur la poitrine par des piqûres que le feu rendait ineffaçables, et qui formaient des dessins variés. Les Grecs employèrent sept jours à traverser cette contrée, et arrivèrent dans le pays adjacent, que l'on nomme la *Tibarène*. Ils suivirent cette dernière région pour atteindre Cotyore, colonie des Sinopéens. Partis depuis huit mois, ils avaient fait, en cent vingt-deux marches, dix-huit mille vingt stades, ou environ trois cent vingt-six myriamètres. Ils séjournèrent cinquante jours dans le voisinage de Cotyore, occupés à faire de continuelles excursions sur les confins de la Paphlagonie et sur les diverses peuplades barbares qui les habitaient, afin de s'y procurer des vivres, que les Cotyorites refusaient de leur fournir, même à prix d'argent. Xénophon, se voyant à la tête d'une armée qui s'était aguerrie par une longue expérience, et sur les bords du Pont-Euxin, où déjà tant de colonies helléniques avaient trouvé place et s'étaient enrichies par le commerce, pensa qu'il serait glorieux d'y fonder une ville et d'y augmenter encore la puissance des Grecs; mais l'égoïsme et la jalousie des autres chefs le força de renoncer à ce dessein.

Enfin les Héracléotes et les Sinopéens leur envoyèrent des bâtiments de transport, sur lesquels ils s'embarquèrent avec leurs bagages. Cependant, Chirisophe rejoignit l'armée à Sinope, sans avoir réussi dans sa mission. Du reste, les Sinopéens accueillirent les Grecs avec une extrême bienveillance, leur donnèrent l'hospitalité et leur assurèrent les moyens de se rendre par mer à Héraclée, où toute la flotte alla mouiller. De là ils continuèrent leur route, les uns par mer, les autres par la Bithynie, où ils éprouvèrent de grandes pertes en se défendant contre les attaques des naturels du pays, qui les harcelèrent pendant toute leur marche, et contre la cavalerie de Pharnabaze, qui était venu au secours des Bithyniens. Enfin ils gagnèrent avec peine Chrysopolis, ville de Chalcédoine, située en face de Byzance, où se trouvait alors Anaxibius. Pharnabaze, qui attachait une grande importance à ce que les Grecs sortir de l'Asie, parce qu'il craignait qu'ils n'entrassent dans son gouvernement, fit prier Anaxibius de les engager à passer en Europe, en leur offrant des conditions avantageuses. Anaxibius se prêta aux désirs du satrape, et l'armée, trompée par lui, passa à Byzance. Nous ne la suivrons pas dans la Thrace, où elle se mit à la solde de Seuthès, ni dans l'Asie-Mineure, où le désir de la vengeance l'attira sous les drapeaux de Thimbron, en guerre contre Tissapherne. Bornons-nous à dire que cette glorieuse retraite, exécutée par dix mille Grecs, depuis Babylone jusqu'au Pont-Euxin, malgré les attaques incessantes de l'innombrable armée des Barbares et des obstacles sans nombre qui s'opposèrent à leur marche, révéla au monde oriental la faiblesse de l'empire Perse, et fut comme le signal de sa chute.

Philippe LEBAS, de l'Institut.

DIZAIN, qu'on a écrit autrefois *Dixain*. Ce mot pourrait s'appliquer proprement à toute espèce d'entier dans lequel entre le nombre dix. C'est le nom que l'on donnait autrefois à un chapelet composé de dix grains ; mais il s'entend plus spécialement d'un couplet, ou d'une stance de dix vers, *decem versus, carmen decem versuum,* comme on appelle *quatrain* un couplet ou une strophe de quatre vers. Mme Deshoulières a dit :

Or est passé ce temps où d'un bon mot,
Stance ou *dizain*, on payait son écot.

Un Lyonnais, nommé Maurice Lève, contemporain de Pibrac, est le premier qui ait fait des dizains (c'est-à-dire des pièces de dix vers) ; il vivait sous le règne de Henri II. Mellin de Saint-Gelais, qui était contemporain de François 1er, et qui voulut se livrer à ce genre de composition, n'y fut pas heureux. Parmi les nombreux dizains qu'il a composés, à peine en trouverait-on un ou deux à citer.

DIZAINIER ou DIZENIER. Ce mot, qu'on écrit aussi *dizenier, dizeinier* ou *dizenier*, a la même acception que le *décurion* des Latins et signifie *chef de dix*, qui commande à *dix* personnes. Sous l'ancienne constitution de la France, les quartiers de Paris étaient divisés en *dixaines*, à chacune desquelles se trouvait attaché une espèce d'officier municipal, nommé *dizainier*. Ils étaient au nombre de 16 par quartiers, ce qui en faisait 266 pour les 16 quartiers de la ville. Il y en avait quatre sous chaque *cinquantenier*, de qui ils recevaient les ordres, qu'ils communiquaient ensuite aux dizaines. Le devoir des uns et des autres, ainsi que des *quarteniers* et des *bourgeois* ; était particulièrement de veiller à la police, à la recherche des crimes et d'en avertir aussitôt le commissaire du quartier, à qui ils étaient tenus de prêter main-forte au besoin. Cet ordre de choses a depuis longtemps cessé en France. Le nom de *dizainier* subsistait encore au commencement du siècle dernier, et était donné aux officiers municipaux de l'Hôtel-de-Ville de Paris, mais ce n'était plus qu'une charge sans exercice. En Angleterre, dix hommes pris d'une même famille formaient jadis une espèce de société, s'obligeant solidairement envers le roi d'observer la paix publique et de tenir une bonne conduite. Leur chef se nommait *décurion* ou *dizainier* (*tithingman*). Il y avait dans les armées des empereurs de Constantinople de petits officiers nommés *dizainiers* (*decanus*), commandant chacun à neuf hommes (*voyez* DÉCAN).

Le nom de *dizainier* ou *décurion* n'était pas encore seulement en usage dans les armées et dans le peuple de Rome, il se donnait aussi aux sénateurs des colonies romaines, qui formaient une cour de juges ou de conseillers représentant le sénat, dans les villes municipales, *civitatum patres curiales*. Leur chef s'appelait *curia decurionum* (*voyez* CURIE.)

Le mot *dizainier* remonte, en France, à l'origine de la monarchie. Lorsque Clovis eut achevé, en 486, la conquête des Gaules, il conserva dans ses nouveaux États toutes les divisions et subdivisions des Romains, ainsi que leurs lois et leur police, telle qu'elle avait été définitivement organisée par Auguste ; ce qui eut, entre autres avantages, celui de concilier au vainqueur l'esprit de ses nouveaux sujets, venus de Rome, pour la plupart. On donna aux capitaines, lieutenants et autres officiers subalternes qui s'étaient le plus distingués, les petites villes, bourgs et villages, le tout aux mêmes titres et conditions qu'en avaient joui les officiers romains, c'est-à-dire qu'ils devaient y maintenir le bon ordre et y administrer la justice. Ces derniers, ne trouvant pas assez de dignité dans les titres romains de juges pédanés, maîtres de village : *judices pedanei, magistri pagorum*, aimèrent mieux garder leurs anciens noms de *centeniers, cinquanteniers et dizainiers*, qu'ils avaient portés dans les armées. Cet ordre de choses se maintint jusqu'à la révolution de 987, dans laquelle les ducs, comtes, etc., se rendirent, par un soulèvement général, indépendants du monarque, et se déclarèrent, eux et leurs familles, possesseurs à perpétuité de terres qui ne leur avaient été concédées que pour un temps. Hugues Capet arrangea le tout par un compromis. Les ducs et comtes eurent à titre d'hérédité l'investiture de toutes les terres qu'ils possédaient, sous ces deux conditions qu'ils en feraient foi et hommage au roi et le serviraient en guerre, et qu'à défaut d'hoirs mâles, elles reviendraient à la couronne. Les mêmes seigneurs accordèrent de pareilles inféodations à ceux qui tenaient sous eux de petites villes, bourgs ou villages, en sorte que ces derniers, de simples officiers qu'ils étaient, devinrent seigneurs et propriétaires incommutables. Leurs titres changèrent avec leur fortune, et les noms de *dizainier*, *cinquantenier*, etc., ne servirent plus dans Paris et d'autres villes du royaume qu'à désigner une espèce d'officiers civils, spécialement attachés à l'exercice de la police.   BILLOT.

DIZÉ (MICHEL-JEAN-JÉRÔME), chimiste, ancien pharmacien en chef des hôpitaux militaires, ancien professeur d'histoire naturelle à l'école de pharmacie, ex-affineur national des monnaies, membre de l'Académie de médecine et du comité central de la société d'encouragement, s'est rendu recommandable comme fabricant de soude vers les commencements de la révolution française. Né à Aire (Landes) en 1764, il avait seize ans quand son père l'adressa à son compatriote, le savant D'Arcet. Il fut le préparateur du cours de ce professeur au Collège de France, en 1784, et en 1789 le préparateur du cours de physique de Lefèvre-Gineau ; en sorte qu'il put assister de très-près à la fameuse expérience publique concernant la décomposition et recomposition de l'eau, à l'instar de Lavoisier, expérience qui, faite sur un produit de 800 grammes, fixa pour toujours dans quelles proportions l'hydrogène s'unit à l'oxygène pour engendrer l'eau.

Avant la révolution, la France était tributaire de l'Espagne pour la soude, comme elle l'est encore aujourd'hui pour le mercure. L'ancienne Académie des sciences avait invité les manufacturiers à rechercher par quel moyen économique on pourrait extraire la soude du sel marin, notre sel commun d'aujourd'hui (hydrochlorate de soude). La France de cette époque dépensait annuellement pour 20 millions de francs de soude, produit qu'on ne savait où prendre que que l'Espagne et nous restions brouillés, ce qui arrivait avant Philippe V deux ou trois fois par siècle, et ce qu'on avons vu déjà deux fois dans ce siècle-ci, qui n'est encore qu'au milieu de sa course. Un nommé Leblanc, chirurgien peu consulté de la ville et de la cour, quoique attaché au duc d'Orléans (Philippe-Égalité), essaya d'abord vainement de fabriquer de la soude en incinérant du sulfate. Grâce à tout concours de Dizé et aux conseils de D'Arcet père, l'expérience réussit enfin, et la régularisa de plus en plus. Dès qu'on eut obtenu des cristaux de soude en quantité présentable, on les porta au duc d'Orléans, qui avait secondé de ses deniers les premières tentatives. Ce prince, qui aimait la chimie comme l'avait aimée le régent, prodit 200 mille francs pour sa part, et une association commerciale fut formée entre lesdits sieurs Leblanc et Dizé et S. A. S. le duc d'Orléans représenté en cet acte par un nommé Shée, ancien commandant de la citadelle de Blaye, alors secrétaire des commandements du prince, et qui, plus tard, devint conseiller d'État et préfet du Bas-Rhin. Le général Clarke, duc de Feltre, était le propre neveu de ce M. Shée, mandataire du duc d'Orléans et grand-père de l'ex-pair de France, M. d'Alton-Shée. Le prince associé voulait qu'on établit une manufacture de soude dans ses marais salants, près de Marseille ; mais, afin d'arriver plus tôt, on alla moins loin, et la fabrique, sous le nom de Leblanc, fut fondée à Saint-Denis, ville qui, à cette époque de bouleversement, se nommait *Franciade*. Dizé et Leblanc fabriquèrent jusqu'à la mort du duc d'Orléans près de 100 milliers de soude brute ;

mais ensuite le fisc révolutionnaire frappa d'un séquestre de douze années la fabrique naissante, prétextant des intérêts financiers du prince dont la nation s'attribuait l'héritage. Les deux principaux associés Leblanc et Dizé furent ainsi dépossédés, non-seulement de leur fabrique, des produits tout confectionnés et d'environ 30,000 francs en caisse, mais encore du brevet constatant l'invention et conférant un privilége d'exploitation pour quinze années : en effet, la Convention rendit public le procédé des inventeurs. A la vérité une indemnité de 150,000 fr. leur fut allouée sous le Directoire; mais cette indemnité, réduite à 110,000 francs sous le consulat, le caissier Defermon, quand vint l'empire, refusa de la solder sur les fonds du trésor.

Réduit ainsi à la plus profonde détresse, Leblanc, père de famille, se brûla la cervelle le 16 janvier 1806. Dizé, plus patient et mieux pourvu, attendit des temps plus calmes; et tandis qu'il composait une encre indélébile pour la loterie de France, tandis que, pour l'affinage de l'or et de l'argent, il substituait l'acide sulfurique à l'acide nitrique (beaucoup plus cher), ce qui rendit la fabrique de Saint-Denis, qu'il vendit convenablement à une société riche et puissante, et qu'ensuite il dirigea lui-même avec un grand succès. Enfin, si Dizé n'a pas touché l'indemnité que lui destinaient le préfet Frochot et le duc de Gaëte, ministre des finances, on l'en a du moins consolé, bien qu'un peu tardivement, en lui accordant, au mois de mai 1845, la croix de la Légion-d'honneur. Dizé mourut à Paris le 23 août 1852, âgé de quatre-vingt-huit ans, et sans autre maladie qu'une insomnie persévérante. On est injuste envers Dizé, quand on ne le met pas en partage avec Leblanc dans la découverte du secret de fabrication de la soude artificielle, invention dont s'honore la France. D' Isidore BOURDON.

DJAFAR ou GIAFAR. *Voyez* BARMÉCIDES.

DJAGARNAT, nom dont les Anglais ont fait *Juggurnaut*, ville de la province d'Orissa, dans l'Inde anglaise, sur l'un des bras du Mahanoudy, est célèbre par une grande pagode du dieu des Indiens, *Wishnou*, où l'on se rend en pèlerinage de tous les points de la presqu'île de l'Inde. On n'évalue pas à moins d'un million le nombre de pèlerins qui viennent chaque année aux grandes fêtes qu'on y célèbre au mois de mars et au mois de juillet. Autrefois on voyait force fanatiques se précipiter sur le passage de l'énorme char du dieu, qu'on promène solennellement à cette époque, convaincus que ce pieux suicide assurait leur félicité dans l'autre monde; mais ce zèle va toujours en se refroidissant, depuis que l'Inde est soumise à la domination anglaise.

La statue de Wishnou, renfermée dans le temple de Djagarnat, est un immense bloc de bois sculpté, avec un effroyable visage peint en noir et une bouche énorme toute grande ouverte, dont l'intérieur est peint du rouge le plus vif. Aux jours de grande solennité, on place le trône de l'idole sur une espèce de char, formé par une tour haute de 20 mètres, roulant sur des roues, et accompagné de deux autres statues : celle de Balaram, le frère blanc de Wishnou, et celle de Choubondra, sa sœur unique, qui sont placées sur des tours distinctes. Six immenses câbles sont attachés à la grande tour pour que le peuple puisse la faire mouvoir. Les prêtres et leurs acolytes, rangés autour du trône de l'idole, s'adressent de temps à autres aux adorateurs de Wishnou en proférant des chants lubriques, accompagnés de gestes obscènes. Les murs du temple, de même que le char, sont d'ailleurs recouverts d'images de la plus révoltante obscénité, toutes sculptées avec le plus grand soin.

On entretient dans l'intérieur du temple un grand nombre de femmes publiques, à l'usage des pèlerins, ainsi que plusieurs animaux sacrés, auxquels les fidèles offrent d'ordinaire des herbes pour nourriture.

DJAGATAI, second fils de Djinghiz-Khan, eut un partage à la mort de son père le pays des Ouigoures, la grande et la petite Boukharie, les contrées voisines du fleuve appelé l'Ili et celles qui sont situées entre le Djihoun et le Sihoun (*voyez* DJINGHIZ-KUANIDES). Tout le territoire, de même que le dialecte turc des Ouigouros, ont reçu de là le nom de *Djagataï*. Des ouvrages historiques fort remarquables ont été écrits dans ce dialecte, par exemple les Mémoires du premier grand-mogol Baber, l'Annuaire d'Aboulghasi, etc., etc. *Bijablich*, sur l'Ili, était le chef-lieu de ce Khanat.

DJAÏNAS, partisans de l'une des sectes religieuses de l'Inde.

DJAMI (MAULANA), dont le véritable nom était *Abdur-Rhaman-ebn-Achmed*, le plus célèbre poëte persan de son siècle, né en 1414, fut ainsi surnommé du lieu de sa naissance, *Djam*, situé dans la province de Khorassan. Le sulthan Abou-Saïd l'appela à sa cour à Hérat. Il y vécut longtemps, recherché des grands à cause de son esprit, respecté de tout le monde pour ses vertus religieuses et ses qualités morales, et fut plus tard comblé de faveurs par le sultan Hougain-Behadous-Khan, qui, lorsque ce grand poëte mourut, l'an 1492, fit les frais de ses funérailles, et le vizir Mir-Aly-Schyr, son ami, premier ministre du sulthan, prononça son éloge vingt jours après, en présence de ce prince et d'une assemblée aussi nombreuse que distinguée. Quoique Djami professât la doctrine des sofys et préférât la solitude, les méditations et les extases de la mysticité aux plaisirs du monde, il n'affectait ni l'austérité ni la misanthropie. On le voyait souvent sous le portique de la grande mosquée de Hérat causer familièrement avec les gens du peuple, qu'il instruisait des préceptes de la morale et de la religion, et qu'il séduisait par le charme de son entretien et par la douceur de son éloquence persuasive.

Djami est regardé comme le *Pétrarque* de la Perse et l'égal de Saady, sous les rapports du talent, du mérite et de la fécondité. Il a composé plus de quarante ouvrages, et sa réputation était si honorée, dans tous les États musulmans, comme poëte et comme docteur de la loi, que le fameux Mahomet II, le conquérant de Constantinople, accepta la dédicace de son livre intitulé *Erschad* (Instruction). Les principaux de ses autres ouvrages, la plupart écrits en style mystique, sont : l'*Histoire des amours de Yousouf et de Zuleïkha*, l'un des plus agréables de la langue persane, et dont l'Anglais Th. Law a publié des fragments dans les *Asiatic Miscellanies*, dont Chezy a donné une élégante traduction française; le *Beharistan* (Jardin du Printemps), traité de morale en prose et en vers, dans le genre du *Gulistan* de Saady, et remarquable par les grâces du style et par le choix des pensées. Les fables que ce livre contient ont été publiées par Inckann, dans l'*Anthologia persica* (Vienne 1778), dans la *Crestomathia persica*, de M. Wilken (Leipzig, 1805), et traduites en français par Langlès, qui n'a point publié ni même composé la traduction complète qu'il avait annoncée du Beharistan. Citons encore son *Subhat ul Abrar*, c'est-à-dire le Chapelet des Justes, poëme moral et didactique (Calcutta 1811), et un ouvrage du même genre *Tohsat ul Ahrar* (Cadeau du noble), publié par Falconer (Londres, 1848); l'épopée allégorique *Salaman et Absal* (publiée par Falconer (Londres, 1850); enfin les deux épopées romantiques *Chossân et Schirin* et le *Livre des hauts faits d'Alexandre*. Le plus célèbre de ses ouvrages est son histoire du mysticisme qui a pour titre, *Nasahat ul ins*, c'est-à-dire le Souffle de l'humanité, et qui contient, indépendamment de l'exposition systématique des doctrines du sofysme, la vie de plus de cent célèbres sofys. Sylvestre de Sacy en a cité des fragments dans ses *Notices et extraits* (t. 12). On estime aussi beaucoup les lettres de Djami (Calcutta, 1809). La Bibliothèque impériale possède plusieurs ouvrages de Djami, entre autres son commentaire sur la

Kafiah, grammaire arabe, imprimée à Constantinople il y a une cinquantaine d'années. H. Audiffret.

DJAUHER, *Voyez* Al-Moravides.

DJEDDAH ou GIDDAH, grande ville de commerce située sur la côte nord-ouest de la presqu'île d'Arabie, et qui longe le rivage de la mer sur une étendue d'environ 1 kilomètre 1/2. Sa population est évaluée entre 12 et 20,000 âmes. Djeddah n'offre en elle-même rien d'intéressant, et n'a d'importance que parce qu'elle sert de passage à de nombreux pèlerins se rendant à la Mecque. Elle manque d'un port capable de recevoir des navires d'une grande dimension; on n'y trouve ni jardins ni champs en culture, aucun article d'exportation et pas même de bonne eau potable. Mais elle est un lieu de réunion pour tous les musulmans fervents, depuis les îles Moluques et la Chine jusqu'aux petits États dont les côtes sont baignées par l'Océan Atlantique, depuis la Sibérie et la petite Boukharie jusqu'en Nubie et à Tombouctou. Il faut encore ajouter les marchands et les voyageurs qu'y amènent les navires à vapeur, des Indous et des Parses, des Arabes et des Anglais. Les pèlerins qui chaque année traversent Djeddah pour gagner la Mecque dépassent le chiffre de cent mille.

DJELÂL-ED-DIN-RUMI, le plus grand poète mystique de la Perse, naquit à Balouk en 1207. Son père, qui enseignait avec distinction la philosophie et la jurisprudence, fut expulsé de cette ville, et se retira alors à Komah, dans l'Asie-Mineure, où son fils lui succéda comme professeur (1233). Celui-ci continua d'y enseigner sans interruption jusqu'à sa mort, toujours entouré d'un grand nombre de disciples, et y fonda les *Mewlewis*, l'ordre de derviches qui jouit de plus de considération. La réputation de Djelâl-ed-din-Rumi a pour base son *Divan*, ou collection de ses poésies lyriques, qui sont du nombre des productions de la poésie orientale où l'on remarque le plus de verve et le plus de richesse d'idées. Son *Mesnewi*, c'est-à-dire poëme à doubles rimes, dénomination qui a été donnée depuis à un grand nombre d'autres poèmes composés de la même manière, est encore plus célèbre. Cet immense ouvrage, qui ne comprend pas moins de 40,000 strophes de deux lignes chacune, est divisé en six livres et traite alternativement de matières morales et ascétiques, allégoriques et mystiques, de sorte que les doctrines et les réflexions s'y mêlent aux légendes et aux récits. Tout mahométan instruit considère ce poëme comme le plus parfait des livres, de piété, comme un ouvrage qui procure la félicité suprême, c'est-à dire l'union intime avec Dieu, au cœur et à l'esprit de celui qui s'en nourrit. Considéré à ce point de vue national, on peut dire que les *Mesnewi* sont du nombre des créations les plus importantes du génie mahométan, quelque les occidentaux puissent à bon droit beaucoup critiquer dans sa forme et dans les idées qu'il contient. Une édition complète des *Mesnewi* avec traduction et commentaire en langue turque a paru à Boulacq (6 vol., 1836). Roser en a traduit en Allemand quelques fragments sous le titre de *Mesnewi*, *ou vers doubles du cheik Djelâl-ed-din-Rumi* (Leipzig, 1849).

DJEMALIS, nom d'une espèce de Derviches.

DJEMILAH, nom moderne d'une ancienne cité romaine située en Algérie, à l'ouest de Constantine, dans le département de ce nom, qui était comprise autrefois dans la Mauritanie sitifienne, intermédiaire à la Numidie et à la Mauritanie césarienne, sous le nom de *Cuiculitania colonia*, dont la table de Peutinger indique l'emplacement à 25 milles romains de *Sitifis Colonia* (Sétif). Cette ville, dont l'identité est établie de la manière la moins contestable par une foule d'inscriptions qui se trouvent encore parmi ses ruines, occupe, entre Sétif et Milah, une position dont les avantages sont depuis longtemps reconnus. Elle domine la vallée de l'Oued-Boussoiah, affluent du Rummel, et couvre Milah et tout le territoire entre la mer et la route de Constantine à Alger. Les abords en sont difficiles; on n'y rencontre aucun indice de voie romaine; c'est par des sentiers étroits et sur le flanc de pentes rapides qu'on y arrive. L'horizon y est borné de toutes parts par des montagnes de couleur sombre, souvent couvertes de neige pendant l'hiver. C'était, comme la plupart des villes de ces contrées, la résidence d'un évêque. On y trouve un théâtre presque complet; tout auprès, deux hautes murailles d'un temple quadrilatère; plus loin, des fûts de colonne d'une grande dimension, des chapiteaux, des autels de la victoire, des bas-reliefs, des mosaïques, etc., etc. Le monument le mieux conservé est un arc de triomphe, haut de 11 mètres et large de 11 mètres 50 centimètres; il est à une seule arcade de 6 mètres de hauteur sur 4 de largeur. Deux pilastres de chaque côté reposent sur un stylobate commun et encadrent les trumeaux, qui sont creusés chacun d'une niche, destinée sans doute à des statues. La frise est simple; l'attique présente une inscription gravée sur cinq pierres, dont la première est tombée et a été retrouvée encore sur le sol. La voûte du cintre s'est un peu déprimée, et la pierre qui en est la clef, retenue seulement par une de ses extrémités, demeure suspendue et semble menacer les curieux. Sur la face interne du pilier gauche de l'arcade, en cherchant avec soin, on découvre deux lettres : c'est le chiffre du duc d'Orléans, qu'il y grava lui-même lorsqu'il passa à Djemilah à la fin de 1839. Ce n'est pas par des dimensions gigantesques que ce monument fixe l'attention, mais sa conservation est presque miraculeuse après quinze siècles marqués par de si grandes révolutions et au milieu de peuplades si barbares. Le duc d'Orléans, après l'avoir admiré, exprima la pensée de le faire transporter à Paris comme un trophée de nos victoires; depuis la mort de ce prince, il n'a plus été question d'entreprendre cette laborieuse érection.

Djemilah n'est, à proprement parler, qu'un poste militaire. Ce n'a été qu'après deux années de combats quotidiens, après des représailles impitoyables, qu'on a pu y fixer notre autorité et forcer les indigènes à venir y saluer notre drapeau.

DJEMMÂA-GHAZAOUAH ou NEMOURS, port d'Algérie dans la province d'Oran, sur les bords de l'Oued-Téyma, à 60 kilomètres de Tlemcen, avec un poste fortifié sous le canons duquel une petite ville s'est rapidement élevée, grâce au commerce actif et important qui s'y est spontanément développé. Djemmâa-Ghazaouah doit sa création aux événements qui suivirent la bataille d'Isly; c'est une position naturelle très-forte; le poste s'élève sur une péninsule de la mer et la rivière environnent de trois côtés. Un monument a été élevé à Djemmâa-Ghazaouah à la mémoire des braves soldats qui avaient péri au marabout de Sidi-Brahim, situé à 15 kilomètres de la ville. Le nom de Djemmâa-Ghazaouah se rattache encore à un déplorable souvenir, le massacre des prisonniers français, en 1846, à la deïra d'Abd-el-Kader. On désignait en effet sous le nom de *prisonniers de Djemmâa-Ghazaouah* nos quelques malheureux compatriotes, qui, échappés à la mort à Sidi-Brahim, étaient tombés entre les mains de l'ennemi et le détachement envoyé au camp d'Aïn-Temouchen qui avait mis bas les armes devant une troupe d'arabes (*voyez* Algérie, t. 1er, p. 326), parce que ces deux endroits se trouvent dans les environs de Djemmâa-Ghazaouah. Voici en quels termes émouvants un homme miraculeusement échappé à cette boucherie, le clairon Guillaume Rolland, a raconté cet épouvantable événement :

« La deïra était campée à environ 12 kilomètres de la Molouïa. Les prisonniers, établis sur le bord de la rivière, occupaient une vingtaine de gourbis, au milieu du camp des fantassins réguliers. Ceux-ci, au nombre de cinq cents environ, étaient répartis dans des gourbis par bandes de cinq ou de six. Le camp était clos par une enceinte de broussailles fort élevées, dans lesquelles on avait ménagé deux passages pour rendre la garde plus facile. Le 27 avril 1846, vers deux ou trois heures de l'après-midi, il arriva une lettre d'Abd-el-Kader. Cette lettre contenait l'ordre barbare d'égorger les prisonniers français, à l'exception des gradés, attendu la misère où était réduite la deira. Aussitôt on emmena à la deira, les officiers, parmi lesquels se trouvait le lieutenant-colonel Courby de Cognord, sous prétexte de les faire assister à une fête chez la kalifa Mustapha-ben-Tami. Vers minuit les soldats d'Abd-el-Kader poussent un cri : c'était le signal; je sors le premier du gourbi, j'étais armé d'un couteau français que j'avais trouvé sur les bords de la Molouïa trois jours auparavant; je rencontre un régulier, je lui donne un coup de couteau dans la poitrine; il tombe, je saute dans l'enceinte de buissons, et je roule par terre. Pendant que j'étais à me débarrasser, des soldats arrivent cherchant à me prendre; mon pantalon était en mauvais état, il reste entre leurs mains, je m'échappe en chemise. Dans un ravin à 100 mètres du camp une embuscade tire sur moi, une balle me blesse légèrement à la jambe droite. Je continue à fuir, je monte sur une colline et je m'assieds pour voir si quelqu'un de nos camarades pourrait me rejoindre. En me tournant vers le camp, j'entendais les cris des prisonniers et des gens d'Abd-el-Kader; les coups de fusil ont duré plus d'une demi-heure; mes camarades ont dû se défendre, si j'en juge par le bruit que j'ai entendu. » Comme personne ne le rejoignait, le clairon Rolland franchit la Molouïa, s'éloigna en toute hâte et, après des souffrances inouïes, il arriva à Lalla-Maghrnia le 17 mai 1846.

Enfin c'est encore à Djemnâa-Ghazaouah que débarquèrent, le 27 novembre de la même année, les onze français épargnés par Abd-el-Kader. L'histoire de leur délivrance est curieuse. Voyant ses ressources épuisées, Abd-el-Kader se résolut à faire argent de ses prisonniers; mais ce ne fut pas aux autorités françaises qu'il s'adressa. Ce fut au gouverneur espagnol de Melila, et pour ménager sa réputation, qu'un pareil marché aurait pu compromettre, il essaya de donner le change, en simulant une conspiration tramée à son insu par des serviteurs cupides et infidèles de qui ces ouvertures passaient pour être l'œuvre. Personne ne fut dupe de cette comédie de l'émir. La France avertie s'empressa de racheter ses enfants; l'enseigne de vaisseau Durande fut chargé de cette mission, qu'il accomplit heureusement. Abd-el-Kader reçut vingt mille francs pour ses prisonniers.

DJEMSCHID, quatrième roi de la dynastie des Pischdadiens, la plus ancienne de celles qui ont régné sur la Perse, succéda, vers l'an 1800, et suivant d'autres, vers l'an 800 avant J.-C., à son oncle Tahmouras. L'histoire de ce prince, comme celle de tous les anciens rois de Perse, est mêlée de fables et d'allégories. Sur le modèle des quatre éléments, il divisa ses sujets en quatre classes : les prêtres, les militaires, les cultivateurs, les artisans; et il les distingua par un costume particulier. Il prescrivit la retraite aux premiers, il soumit les seconds à une sévère discipline, et donna aux deux autres des encouragements utiles. Il inventa ou perfectionna les armes et les instruments de guerre, en imitant la conformation particulière de quelques animaux. Il devina les secrets de la chimie, fit connaître les vertus des plantes, l'exploitation des mines, la valeur des métaux et des pierres précieuses; il perfectionna la navigation, découvrit plusieurs îles dans l'océan oriental, éleva de grands ponts sur les fleuves, fonda plusieurs villes, entre autres Thous, aujourd'hui Meschehd, et Hamadan (*Ecbatane*), et il agrandit Istakhar (*Persépolis*), qu'il choisit pour sa capitale. Les Orientaux lui attribuent de grandes connaissances astronomiques. Ébloui par l'éclat de sa gloire et de sa puissance, qui remplissaient tout l'Orient, ce monarque se crut l'égal de l'Être-Suprême; mais Dieu punit son orgueil et son impiété, en suscitant contre lui un de ses vassaux, Zohak, prince du sang et souverain de l'Arabie. Abandonné par ses sujets, trahi par ses troupes, Djemschid gagna, travesti, le Zaboulistan, où, après mille aventures et un mariage secret avec la fille du prince de la contrée, il s'enfuit aux Indes, et se cacha dans une île; mais il y fut découvert, arrêté et ramené à Istakhar, où le cruel Zohak le condamna à être scié par le milieu du corps.

Les Grecs changèrent le nom de *Djemschid* en celui d'*Achéménès*, et désignèrent sous le nom d'*Achéménides* les rois de Perses qu'ils considéraient comme ses descendants.
H. AUDIFFRET.

DJERID ou DJIRID, mot arabe qui signifie *palmier*, *dattier*, et aussi *datte*. Il entre dans la composition du nom de cette vaste contrée de l'Afrique septentrionale qu'on appelle *Belud-el-Djerid* (pays des dattiers ou des dattes), et que la plupart de nos géographes écrivent avec un peu d'altération *Biledulgérid*.

Les Orientaux ont aussi donné par extension le nom de *djerid* à une branche de palmier sèche et sans feuilles, arrangée en forme de bâton non ferré, d'environ un mètre de long sur $0^m,32$ à $0^m,40$ de circonférence. Ce bâton est la partie essentielle d'un jeu ou exercice fort en usage en Turquie, en Égypte, et dans tous les États barbaresques, plus qu'en Arabie et en Perse, et qui porte également le nom de *djerid*. Ce jeu s'exécute de deux manières : des cavaliers lancent fort loin le bâton ou dard, et leur adresse consiste à le poursuivre au grand galop, et à le ressaisir une, deux ou trois fois, avant qu'il soit tombé par terre; ou bien ils se lancent le djerid les uns contre les autres et tâchent de l'éviter ou de le parer. Le *djerid* ou dard dont les musulmans se servent à la guerre est ferré.

DJEZZAR, c'est-à-dire *boucher*, surnom sous lequel est principalement connu AHMED, pacha de Saint-Jean-d'Acre, et qui lui fut donné à cause de ses cruautés et du massacre qu'il fit de soixante-dix Arabes qui étaient venus négocier avec lui. On sait qu'avec l'appui des Anglais, il arrêta le cours des victoires de Bonaparte en Égypte et en Syrie. Il était né en Bosnie vers l'an 1720. Contraint, à l'âge de seize ans, de s'expatrier pour échapper aux suites d'un viol qu'il avait voulu commettre sur sa belle-sœur, il prit la route de Constantinople, se réfugia dans cette capitale, et y vécut quelque temps tranquille et inconnu. La misère ne tarda pas toutefois à l'obliger de se vendre à un marchand d'esclaves, qui lui-même le revendit bientôt à Ali Pacha-Hakym-Oglou, l'un des officiers de la Porte. A quelque temps de là, Hakym-Oglou, chargé d'une mission pour le Kaire, emmena Ahmed avec lui. Ce fut l'an de l'hégire 1171 (1755) que le futur pacha de Saint-Jean d'Acre, alors simple *y chagassy* (garde du corps, suivant armé), mit le pied en Égypte. A peine arrivé, Ahmed, embrasé d'une soudaine ferveur religieuse, manifesta le désir d'aller faire le pèlerinage de la Mecque. Non-seulement Hakym-Oglou le lui permit, mais il le recommanda aux soins de Saléh-Bey-Käsemy, *émir-hadjy* (chef des pèlerins) de la pieuse caravane. A son retour en Égypte, Ahmed, n'y trouva plus le pacha son maître, qui avait reçu de la Porte une nouvelle mission pour la Roumélie. Forcé de rester au Kaire, il entra, comme mamelouk (esclave), au service d'Abdallah-Bey-Ballou. Son séjour chez ce maître nouveau fut consacré par lui à se perfectionner dans les exercices qui formaient alors toute la science militaire des cavaliers mamelouks. Il ne tarda pas à se faire remarquer parmi les plus vigoureux et les plus adroits. Les ravages que commettaient alors les Bedouins dans les villages de la province de Bahyréh, obligèrent Aly-Bey, chef à cette époque de toute la milice mamelouke, et *cheyk-el-belad* (gouverneur général) de l'Égypte, à faire marcher contre eux Abdallah-Bey avec tous les cavaliers sous ses ordres. L'expédition ne fut pas heureuse : Abdallah-Bey fut tué. Ahmed revint alors au Kaire; il s'était distingué dans cette courte et malheureuse campagne; Aly-Bey le nomma bâcheff (commandant) de la province ravagée, et l'y envoya de nouveau, avec ordre de chercher, par tous les moyens, à s'emparer de vingt des principaux Arabes de la tribu qui avait choisi cette partie de la basse Égypte pour le théâtre de ses pillages. Arrivé à Damanhour, Ahmed-Kâchef entra en négociation avec les Arabes, et parvint, à force de mensonges et de promesses, à obtenir une entrevue avec soixante-dix d'entre eux, qu'il fit massacrer dans le lieu même de la réunion, d'où le surnom de djezzar, ou boucher, dont nous avons parlé.

Successivement commandant du Kaire et pacha d'Acre, sa fortune alla dès lors tellement en grandissant, que, de 1780 à 1785, il reçut les trois queues et le titre de vizir; puis le sultan lui confia le gouvernement de Damas, qui donnait à son possesseur la dignité d'émir-hadjy, et lui conférait la conduite et le commandement exclusifs jusqu'à la Mecque des caravanes annuelles de pèlerins se rendant aux cités saintes, fonctions qui furent pour lui la source de profits énormes. Il jouissait depuis plusieurs années de ce surcroît de territoire, de puissance et de richesses, affectant vis-à-vis de la Porte l'indépendance la plus absolue, et dominant toute la Syrie par la terreur, le meurtre et le pillage, lorsqu'en avril 1799 son pouvoir et son existence furent sérieusement menacés par la marche de Bonaparte sur Saint-Jean-d'Acre, à la tête de quelques divisions de l'armée d'Égypte. Le siège de cette ville par l'armée française a eu un long retentissement en Europe; sa place est marquée dans l'histoire; car ce furent ses murailles qui arrêtèrent en Orient la fortune de notre armée et celle de l'aventureux génie qui la conduisait. Secondé par l'émigré français Philippeaux, qui, comme ingénieur, dirigea parfaitement la défense de la ville, et appuyé surtout par sir Sidney-Smith, qui l'assista de plusieurs vaisseaux anglais, Djezzar put se vanter d'avoir forcé à la retraite l'homme qui n'avait marché jusque-là que de victoire en victoire. Il soutint encore plusieurs luttes sanglantes contre le grand-vizir et le pacha de Jaffa, et se maintint à son poste, où il exerça d'atroces cruautés, ce qui ne l'empêcha pas de mourir paisiblement dans son kiosque en 1804, à l'âge de quatre-vingts ans.

DJIDJELLY ou **DJIGELLI**, ville d'Algérie, située à l'est de la côte, dans le département de Constantine, et au delà de la baie de Bougie, à 48 kilom. environ de cette ville. Djidjelly est bâtie sur une langue de terre qui s'avance dans la mer, et forme un poste avantageux à cause de son double mouillage et de son petit fort, dans lequel les Turcs entretinrent autrefois une garnison qui suffisait à mettre ses habitants à l'abri des insultes des populations voisines. Djidjelly, dont quelques ruines rappellent au touriste et au savant la splendeur de l'antique *Igilgilis* des Romains, sert de station intermédiaire sur la côte, entre Bougie et Collo; elle est adossée à un pays montueux, habité par les Kabyles. Sa forme est celle d'un trapèze de 200 mètres de hauteur et 3,000 de base; elle occupe une presqu'île rocailleuse, réunie à la terre ferme par un isthme fort bas, dominé de près par des hauteurs, ce qui a forcé de porter la défense de la place à l'extérieur. Le pays environnant est très-peuplé et en grande partie cultivé par les indigènes. Le port de Djidjelly n'est sûr que pendant la belle saison. Il est défendu du vent du nord par une ligne de roches qui, malheureusement, ne sont pas assez rapprochées. On voit néanmoins la possibilité de remplir l'intervalle qui les sépare par des pierres perdues ou de grands blocs de béton, et d'acquérir ainsi un port dans lequel on pourrait passer l'hiver, qui ne serait peut-être pas assez grand, quoiqu'avec un fond suffisant, pour recevoir les bâtiments d'un fort tonnage. A l'ouest, il existe une petite crique bordée d'une plage, et dont l'ouverture est obstruée par des roches; c'est une cale où l'on construit beaucoup de vaisseaux caboteurs. Le chêne est le bois du pays; il a une grande réputation de durée et de force.

Louis XIV, qui voulait avoir un établissement militaire en Afrique, ayant jeté les yeux sur Djidjelly où déjà nous avions un comptoir, le duc de Beaufort s'en empara en 1664; il y jeta les fondements du fort qui existe aujourd'hui et que les indigènes appellent le *fort des Français*. On avait même commencé un retranchement qui, en se liant de chaque côté au rivage, devait isoler toute la presqu'île; mais les indigènes, profitant de l'absence de la flotte, se réunirent en si grand nombre et assaillirent si furieusement les troupes chargées de la garde et de la construction de cet ouvrage; qu'elles furent forcées de se rembarquer en abandonnant quatre cents hommes, qui furent presque tous tués ou réduits en esclavage; notre comptoir fut ruiné et ne fut jamais rétabli, car il devint dès lors impossible de renouer aucune relation commerciale avec les habitants. En 1665, le duc de Beaufort vengea la France de cet acte de perfidie et de trahison en battant deux fois sur mer les forces presque entières des Algériens.

Une première reconnaissance fut poussée dans la direction de Djidjelly au mois d'avril 1839, par le général Galbois, qui se mit en relations avec les chefs kabyles des Muley-Chorfa, Beni-Achouar et Azz-ed-Din. Le 13 mai suivant, un petit corps expéditionnaire partit de Philippeville avec la mission de s'emparer de Djidjelly. Le débarquement ne souffrit aucune opposition de la part des habitants, et l'armée prit possession de la place. Une ligne d'avant-postes fut établie sur les mamelons qui dominent la petite plaine au sud de la ville, et jusqu'en 1844, nos troupes ne franchirent pas cette limite. A l'exception de quelques habitants restés dans la ville ou qui y étaient rentrés depuis notre établissement, les seules relations que nous cussions avec les indigènes se bornaient à leur acheter les denrées qu'ils apportaient sur le marché, encore n'était-il fréquenté que par deux ou trois tribus des environs, les autres étant restées complètement hostiles. Toutefois, en 1848, la tribu des Beni-Kaid s'étant soumise et les relations commerciales ayant pris quelque importance, la population s'accrut sensiblement, malgré l'insalubrité produite par l'engorgement des canaux et le défaut d'écoulement des eaux. Des travaux d'assainissement détournèrent peu à peu le fléau.

Dans la nuit du 4 au 5 février 1841, la garnison française, commandée par le lieutenant-colonel Picouleau, fut attaquée à l'improviste par un parti considérable de Kabyles; mais cette tentative, exécutée avec autant de perfidie que d'audace, leur coûta cher; plus de 200 d'entre eux s'étant trouvés acculés dans une gorge étroite furent impitoyablement massacrés ou se noyèrent en se jetant à la mer : on n'en fit que trois prisonniers. Depuis cette époque la garnison n'eut plus à soutenir que quelques combats partiels. La population de Djidjelly monte à 1800 habitants, dont 240 Européens. Un hôpital, une mosquée, de belles fontaines, quelques rues à la française, de nombreux cafés, lui donnent un certain air d'animation et d'importance. Son marché est abondamment pourvu, par les tribus qui payent l'impôt, d'huiles, de fruits, de bestiaux, de volailles et de grains. Son commerce avec Constantine est à peu près nul; mais elle a conservé des rapports d'échange avec Philippeville, Bône, Bougie, Alger et Tunis. Son port possède une vingtaine de sandales, jaugeant ensemble 542 tonneaux.

A la suite de l'expédition du général Randon dans les Babors, en 1853, une route a été construite pour relier Djidjelly à Sétif par Djémilah et à Constantine par Milah.

DJIHED (*Al-*). *Voyez* AL-DJIHED.

DJIHOUN, AMOU, AMOU-DARIA. C'est l'*Oxus* des anciens, lequel formait de leur temps la limite des contrées dont la connaissance était a peu près certaine. Quoiqu'il ait été franchi par Alexandre, et qu'il se trouve fréquemment mentionné par les écrivains de la Grèce et de Rome, les géographes n'avaient sur une grande partie de son cours que des notions fort peu exactes. C'est aujourd'hui une des plus grandes rivières de l'Asie intérieure, qui a sa source par 69° 30′ de longitude est, et 38° 25′ de latitude nord; au Puschti-Kour, sur la limite de la Grande Tatarie et du

Turkestan, dans les hautes montagnes du Bolor-Tag, sous le nom de Zourab, reçoit le Katernihan, le Toupalak, le Golam, le Termedz-Roud ; traverse le Badakhchan, le territoire des Ousbeks, entre le Kunduz et l'Iskardo, à travers le khanat de Boukhara (*voyez* BOUKHARIE), et celui de Khiva ; traverse les villes de Termedz, Tchardjou, Khiva ; se divise ensuite en deux bras et en une multitude de canaux, et se perd dans le lac ou mer d'Aral, après un cours de 1700 kilomètres, à l'extrémité d'un bassin d'environ 440,000 kilomètres carrés. Le Djihoun, jusqu'à son confluent avec la Vaksch, porte aussi le nom de Pendj ; ses bords sont sablonneux et en partie couverts de forêts. Depuis Termedz, à l'embouchure du Zourab, jusqu'au khanat de Khiva, il coule dans un lit de 5 à 600 mètres de large, au milieu d'un désert. Les sables qu'il traverse, augmentés incessamment de ceux que charrient ses eaux, et que roulent les vents des steppes, ont arrêté ou dénaturé le cours de plusieurs rivières autrefois ses tributaires. Il paraît certain que le Djihoun lui-même se jetait autrefois, sinon en totalité, du moins en partie, au golfe de Balkan, dans la mer Caspienne, changement de direction attribué dans le pays à un tremblement de terre.

L'ancien *Pyrame*, dans l'Asie-Mineure (Adana), qui se perd dans le golfe de Scanderoun, après un cours de 200 kilomètres, se nomme aussi *Djihoun*.

DJINGHIZ-KHAN, célèbre conquérant, dont le nom, altéré suivant l'orthographe et la prononciation des diverses nations européennes, s'écrit aussi *Gengiscan*, *Zingiscan*, *Djenguyz-Khan*, *Tschinguis-Khan*, etc., était fils de Yesoukai ou Bisoukaï, chef d'une horde mongole ou mogole de 30 à 40,000 familles, mais tributaire de l'empire des Tatars Kin ou Nieu-Tché, qui comprenait la Tartarie orientale et la partie septentrionale de la Chine. Né vers l'an 1163 de J.-C., il fut appelé *Temoudjyn*, nom d'un prince que son père avait vaincu, et devint, à treize ans, héritier de la principauté paternelle. Ses vassaux croyant trouver dans son extrême jeunesse une heureuse circonstance pour s'affranchir de sa suzeraineté, il marcha contre eux, les vainquit, distribua le plus grand nombre des prisonniers, comme esclaves, à ses officiers et à ses soldats, mais se réserva les chefs, qu'il fit périr dans soixante-dix chaudières d'eau bouillante, préludant ainsi aux horribles cruautés qui signalèrent toutes ses expéditions et déshonorèrent ses exploits. Plusieurs autres tribus s'étant réunies contre ce barbare et dangereux voisin, il trouva un puissant défenseur dans le grand khan des Mogols-Kéraïtes, chrétien et prêtre nestorien, qui lui donna sa fille. Mais l'union de famille ne pouvaient durer entre un beau-père faible et soupçonneux, et un gendre ambitieux ; ils prirent les armes, et Oung-Khan, mis en déroute, fut tué dans sa fuite. Le khan des Mogols-Naïmans, devenu bientôt pour Temoudjyn un rival plus redoutable, éprouva le même sort, après avoir vu passer au fil de l'épée la plus grande partie de son armée. Cette journée assura au vainqueur la souveraineté d'une grande partie du Mogolistan et de Cara-Koroum, sa ville capitale. Il convoqua pour le printemps de 1204 un *kouriltaï*, ou cour plénière, et là, en présence des députés de toutes les hordes, du feutre où il était assis d'abord, il fut porté sur le trône, où il reçut, avec la couronne, le titre de *khagan*, ou grand khan, et le nom de Djinghiz-Khan, qui signifie *très-grand khan*.

Ce fut dans cette assemblée qu'il publia son code civil et militaire, qu'il fit rigoureusement observer, et qui est encore en usage dans une partie de l'Asie centrale : ce code, écrit en caractères oïgours, parce que les Mogols ne savaient pas écrire et n'avaient pas même de caractères particuliers, est fondé sur le monothéisme absolu et ne laisse point deviner quelle religion professait Djinghiz-Khan, ni quel culte il protégeait plus spécialement. En effet, ce conquérant accueillait tous les hommes de mérite sans distinction de croyance, surtout les religieux et les médecins ; mais, quoique Mirkhond et d'autres historiens musulmans aient avancé qu'il favorisait l'islamisme, sa conduite inhumaine et barbare envers les princes et les peuples mahométans de l'Asie occidentale prouva bien évidemment qu'il ne les épargnait pas plus que les nations idolâtres de l'Orient. On crut en Europe qu'il penchait pour le christianisme, mais il n'aurait pas plus ménagé les chrétiens que les autres, s'ils eussent été à la portée de ses coups : ce qui est plus certain, c'est qu'il choisit des lamas tibétains et oïgours pour instituteurs de ses fils, de ses petits-fils et des principaux seigneurs mogols.

En 1207, le conquérant devint maître du pays des Naïmans, par la défaite et la mort de leur nouveau khan, qui avait refusé de le reconnaître pour son souverain. La soumission volontaire du khan des Oïgours lui assujettit ce peuple, plus éclairé que guerrier. Le roi du Tangout conjura l'orage et devint l'allié de Djinghiz-Khan en lui donnant une de ses filles. Après avoir subjugué presque toutes les hordes de la Tatarie septentrionale et s'être assuré des dispositions du Carakhathaï, dont les chefs étaient les ennemis naturels des Nieu-Tché, qui les avaient chassés de la Chine, Djinghiz-Khan tourna ses armes contre ces derniers (1211), franchit la grande muraille, et commença la conquête de la Chine, dont il réduisit les provinces du Nord. La capitale, Khan-Balee ou Yeu-king, aujourd'hui Peking, fut prise et incendiée en 1215. Rappelé dans la Tatarie par des soulèvements, Djinghiz-Khan y rétablit la paix et se reposa quelque temps dans son palais, à Cara-Koroum, où il reçut et expédia des ambassadeurs. Ceux qu'il avait envoyés à Ala-Eddyn-Mohammed, sultan de Kharizme, pour lui proposer une alliance, ayant été reçus avec mépris et assassinés à Otrar, la vengeance de cette violation du droit des gens lui servit de prétexte pour envahir le Turkestan et les États plus occidentaux de l'Asie. Ce fut en 1218 qu'il entreprit cette grande expédition, à la tête de 700,000 combattants. Une victoire décisive qu'il remporta sur les Kharizmiens entraîna la prise ou la reddition d'Otrar, de Forganah, d'Ourkendj et des autres villes principales du Turkestan et du Kharizme. En 1220, il soumit la Transoxane. La résistance de Bokharah et de Samarkand attira sur ces deux cités célèbres et sur leurs infortunés habitants toutes les horreurs de la guerre. Ceux de la capitale du Kharizme furent tous massacrés après avoir eux-mêmes incendié leurs maisons. Placé sur une éminence, Djinghiz-Khan jouit de ce double spectacle, tandis que le malheureux sulthan, poursuivi, harcelé dans sa fuite par les Tatars, allait mourir de chagrin et de misère dans une île de la mer Caspienne.

Djinghiz-Khan avait partagé ses troupes. Pendant qu'il subjuguait en personne le Khoraçan, où il noyait dans le sang les villes de Balkh et de Merou, et faisait raser celle de Bamian, après avoir fait passer tous les habitants au fil de l'épée, éventrer les femmes, et jusqu'aux animaux, pour satisfaire les manes d'un de ses petits-fils tué au siège de cette place, ses fils, ses généraux, pénétraient vers l'ouest dans l'Irak-Adjemi, l'Adzerbaïdjan et l'Arménie, et du côté du sud s'avançaient dans le royaume de Ghaznah, vers les sources de l'Indus. Là, le nouveau sulthan du Kharizme, luttant contre sa mauvaise fortune, obtenait des avantages si marqués que le grand khan jugea sa présence nécessaire pour triompher de ce faible, mais vaillant ennemi ; il triompha en effet, mais pour voir le brave Djelal-Eddyn déployer en héros la victoire, n'abandonner le champ de bataille qu'après avoir perdu presque tous ses guerriers, précipiter les femmes de l'Indus et traverser le fleuve à la nage, en achevant de vider son carquois contre les Mogols. Djinghiz-Khan admira malgré lui ces prodiges de valeur, et défendit de poursuivre ce fier ennemi. Après tant de sanglants trophées, le conquérant laissa une partie de ses armées pour garder les pays récemment soumis à sa domination, envahir d'un côté le Kaptchak au nord du Caucase, et sur d'autres points les provinces de la Perse, plus ou moins soumises encore à l'empire des khalifes. Avant de retourner dans le Mogolistan, il tint dans le Khoraçan une diète, où, pour remédier à la disette de la soie et du riz dans ses provinces chinoises, il proposa froidement d'exterminer les cultivateurs, comme bouches inutiles pour la guerre, et de changer en pâturages les terres ensemencées. Un de ses conseillers eut le courage de lui inspirer des sentiments plus humains.

De retour à Cara Koroum, en 1224, il y apprit les succès de ses généraux en Chine; il donna un souverain au royaume de Leao-Tong et fit de grands préparatifs militaires contre le roi de Tangout, qui, ayant donné asile à deux ennemis déclarés des Mogols, refusait de les livrer. Djinghiz, dans cette guerre, commanda lui-même ses troupes divisées en dix corps ; elle se termina par une bataille décisive sur un lac glacé, où l'armée du roi de Tangout, forte de 500,000 hommes, en perdit 300,000. Ce prince survécut peu à sa défaite, et ses États passèrent sous la domination du vainqueur, en 1226. Pendant qu'il assiégeait la capitale, il envoya deux de ses fils pour continuer la conquête de la Chine. Ils échouèrent devant Kai-Fong-Fou, devenue la métropole de Nicu-Tché, depuis la perte de Peking, et Djinghiz se rendit lui-même dans la province de Chen-Si pour hâter la destruction de cette dynastie tatare en Chine. Mais la fin de cette grande entreprise était réservée à l'un de ses successeurs. Atteint d'une grave maladie, il mourut paisiblement le 24 août 1227, âgé de soixante-quatre ans, après en avoir régné vingt-deux comme grand khan. Suivant ses dernières volontés, on l'enterra au pied d'un grand arbre sous lequel il s'était reposé, et l'on y éleva depuis un mausolée que la foule des peuples vient visiter comme un lieu de pèlerinage. La nouvelle de sa mort fut tenue secrète ; et le nouveau roi de Tangout, auquel il avait pardonné, étant venu pour lui faire ses soumissions, fut égorgé sur sa tombe avec tous les gens de sa suite; mais, selon une autre version, ce prince avait été tué en sortant de sa capitale, qui, tombée au pouvoir des Mogols, fut le théâtre de cruautés inouïes. Pour en donner une idée en peu de mots, il suffit de dire que d'après les ordres sanguinaires de Djinghiz-Khan, la population du Tangout fut réduite au cinquantième.

Fondateur de l'empire le plus vaste qui ait existé, puisqu'il s'étendait depuis du Tigre et de l'Euphrate jusques aux côtes orientales de la Chine, il n'avait régné que sur des ruines, des esclaves et des cadavres, et n'avait fondé ni réparé aucune ville. Aussi, malgré son code, les Tatars et les Mogols restèrent dans leur ignorance et leur barbarie, conservèrent leurs usages, leur costume et leur nourriture habituelle, et ne firent aucun pas vers la civilisation. Au génie qui conçoit les hautes entreprises, Djinghiz-Khan joignait une prudence consommée pour les conduire, un courage et une patience à toute épreuve pour les exécuter. Un jugement sûr, une pénétration vive, lui faisaient découvrir le parti le plus sage dans les circonstances critiques. Son éloquence naturelle domptait les esprits qui auraient bravé son autorité. Le luxe de l'Asie, amoncelé autour de son trône, n'altéra jamais la simplicité de ses mœurs. Le plus puissant monarque de la terre vivait comme un pâtre. L'ordre régnait dans ses vastes États, dans ses armées, dans sa cour, dans sa famille. De cinq cents femmes ou concubines qu'il avait eues, et dont plusieurs avaient porté le titre d'impératrices, il ne laissa que neuf fils, qui contribuèrent à ses victoires, et qui eurent part à son gouvernement. Son fils aîné, Tous-chy-Khan, mourut peu de temps avant lui dans le Kaptchak qui lui avait été donné, et dont la conquête fut assurée par Batou-Khan, fils de ce dernier. Avant d'expirer, Djinghiz rassembla ses autres fils, leur adressa d'excellents avis, et les exhorta surtout à vivre dans une parfaite union, dont il leur offrit l'emblême dans le faisceau de flèches qu'on ne pouvaient rompre qu'en détail, apologue depuis devenu si fameux. Il désigna Oktaï-Khan, le troisième, pour son successeur, et comme ce prince était absent, ainsi que Djaga-taï-Khan, le deuxième, il confia la régence à Touly-Khan, le quatrième. Ces quatre fils étaient nés de la première de ses femmes. Le titre de khan et les immenses apanages dont ils jouissaient furent refusés à leurs autres frères. Mais telle était la force des institutions de Djinghiz-Khan, tel était le respect conservé pour sa mémoire et ses dernières volontés que nul trouble, nulle révolte n'éclata après sa mort, et que son empire, loin de subir aucune division, resta intact et s'agrandit encore sous ses premiers successeurs, singularité dont l'histoire des conquérants n'offre point d'exemple.

H. AUDIFFRET.

DJINGHIZ-KHANIDES. On a donné ce nom aux descendants de Djinghiz-Khan. L'empire fondé par le conquérant tatar n'eut pas le sort des empires éphémères d'Alexandre, de Charlemagne, de Tamerlan et de Napoléon. Loin d'être démembré ou dissous après sa mort, il continua longtemps à s'accroître et à s'affermir. Divisé ensuite en quatre monarchies, Oktaï mourut d'excès d'intempérance, en 1241, à la veille peut-être de subjuguer tout l'ancien monde. C'est à lui que le pape Innocent IV, alarmé des progrès dévastateurs des Mongols, envoya deux ambassades de moines pour l'engager à se faire chrétien ; mais ils n'arrivèrent à Kara-Koroum qu'après la mort d'Oktaï.

Ce prince avait désigné un de ses petits-fils pour son successeur. Mais sa veuve, Tourakina, femme habile et ambitieuse, s'empara de la régence, qu'elle exerça pendant quatre ans, et assura le trône à son fils *Kaïouk*, qui revint de l'armée de Hongrie pour être élu grand khan. Quoiqu'il eût reçu les ambassadeurs du pape avec plus d'égards que ceux du khalife et du prince des Assassins, il préparait contre l'Europe un armement formidable, lorsqu'il mourut en 1248, peu de temps après avoir perdu sa mère. Malgré ses qualités estimables et les succès qui signalèrent son court règne, malgré la régence déférée à sa veuve, aucun de ses trois fils n'occupa le trône, et l'empire passa dans la branche de *Touly-Khan*, quatrième fils de Djinghiz, par la renonciation que fit de ses droits *Batou-Khan*, issu de la branche aînée et souverain du Kaptchak.

Mangou-Khan, élu en 1250, eut à lutter contre les factions qui le regardaient, non sans raison, comme usurpateur : il en triompha; mais il abusa de la victoire en faisant mourir la dernière impératrice, une autre princesse et un grand nombre de princes. Mangou fut un monarque habile. Comme il avait bien accueilli Hayton, roi chrétien de la petite Arménie, saint Louis, roi de France, lui envoya une ambassade à la tête de laquelle était le moine Rubruquis, pour lui demander la permission de prêcher le christianisme dans son empire. Cette ambassade fut sans résultats. On ne put s'entendre. Le grand khan exhorta les Perses à suivre les lois et la religion de Djinghiz-Khan. Mangou subjugua par ses armées le Kachemire et le Thibet. Ayant chargé deux de ses frères, Houlagou et Koublaï d'achever de soumettre, l'un la Perse et les pays occidentaux, l'autre la Corée et la Chine, il amena en personne des secours à celui-ci, et fut tué au siége d'une place forte, en février 1259.

Koublaï succéda à son frère comme grand-khan de Tatarie ; il termina, en 1279, par la destruction de la dynastie des Song, la conquête de l'empire chinois, commencée depuis plus de soixante ans, et il y fonda la dynastie des Yuen, qui est comptée pour la 20ᵉ dans la chronologie des empereurs de la Chine, sur la liste desquels il figure sous le nom de *Chi-Tsou*. Koublaï fut un grand prince, et tous les autres souverains tatars et mongols, son frère Houlagou même, continuèrent à le respecter comme leur empereur. Mais à sa mort, en 1294, ils cessèrent de rendre hommage à ses successeurs, qui furent au nombre de neuf. Le dernier, *Chun-Hoam-Ti*, ou *Tocat-Mou-Khan*, pressé par les rebelles chinois et abandonné par les princes de sa famille, se retira, en 1368, sur la frontière septentrionale de la Chine, fonda en Tatarie la dynastie des Yuen du Nord, et y mourut en 1370. Ses descendants ont été connus sous le titre de khans des Kalkas, qu'ils portaient encore à la fin du dix-septième siècle.

Touschy-Khan, fils aîné de Djinghiz-Khan, et mort un an avant son père, avait reçu de lui les pays qu'il pourrait conquérir au nord de la mer Caspienne et du Caucase, ainsi qu'au nord et à l'ouest de la mer Noire : ces pays, qui comprenaient une grande partie de la Russie d'Europe et d'Asie, la partie méridionale de la Pologne, la Tauride et la Bulgarie, formèrent l'empire du Kaptchak, fondé par Batou-Khan, fils de Touschy. Les khans de Crimée, issus de ceux du Kaptchak, n'ont pris fin qu'en 1783.

Houlagou, frère de Mangou, extermina les Ismaéliens ou Assassins de Perse, prit Bagdad et détruisit le khalifat en 1258. La dynastie qu'il fonda régna sur la Perse, l'Arménie, et parfois sur la Syrie et l'Asie-Mineure. Ce prince protégea les chrétiens et persécuta les musulmans. Quoique barbare, il favorisa les sciences, et fonda un observatoire à Méragha, dans le voisinage de Tauris, dont il avait fait sa capitale. Il mourut en 1264. *Abaka*, son fils, moins heureux contre les mamelouks d'Égypte que contre les sultans seldjoukides d'Iconium, dans l'Asie-Mineure, envoya des ambassadeurs au concile de Lyon pour proposer au pape et aux princes chrétiens une alliance contre les musulmans. Après sa mort, en 1282, des guerres intestines et religieuses entre ses successeurs affaiblirent leur puissance. Le quatrième, *Kandjatou*, prince dissolu, fut assassiné ; il avait imaginé une monnaie de carton, sorte d'assignat, qui facilitait ses débauches et ses prodigalités. Le sixième, *Gazan-Khan*, embrassa l'islamisme par politique et prit le nom de *Mahmoud*. Les autres princes de sa race imitèrent son exemple. Des révoltes troublèrent le règne d'*Abousaïd*, qui mourut en 1335, neuvième prince de cette dynastie, et qu'on peut regarder comme le dernier, car ses successeurs obscurs ne furent que des mannequins, sous la tyrannie des *djoubanides*, qui leur avaient enlevé le nord de la Perse, et des *ilkhanides*, issus de Houlagou, qui s'étaient emparés de Bagdad et de l'Irak Arabi, puis de l'Adzerbaïdjan, après que les djoubanides eurent été détruits par le khan du Kaptchak. Les ilkhanides furent forcés à leur tour de fléchir devant la puissance de Tamerlan. Mais Ahmed, dernier sultan de cette race, après une carrière aventureuse et agitée, survécut cinq ans à ce conquérant et ne périt qu'en 1410, dépouillé par des princes turkomans.

Djagataï, deuxième fils de Djinghiz-Khan, reçut de lui en partage les pays nommés aujourd'hui Petite et Grande *Boukharie*. Il demeura attaché à son frère Oktaï, et mourut en 1248. L'histoire de ses nombreux successeurs est obscure et peu intéressante. La plupart furent réduits au simple titre de khan, par des émirs qui s'étaient arrogé une autorité absolue semblable à celle de nos maires du palais. Le dernier de ces khans commandait un corps de troupes dans l'armée de Tamerlan, son émir et son maître, et ce fut lui qui fit prisonnier le sulthan Bajazet, en 1402, à la bataille d'Ancyre.

Les khans de Sibérie, de Kasan et d'Astrakhan, détruits par les tsars de Russie, au dix-septième siècle, descendaient des khans du Kaptchak, ainsi que les *Ouzbeks*, qui ont regagné, en 1454, sur la postérité de Tamerlan, une partie de l'héritage de leurs ancêtres, et qui possèdent encore le Kharizme ou Khiva, Bokharah, Samarkand et autres territoires de la grande et de la petite Boukharie.   H. AUDIFFRET.

DJINNS ou **GINNES**. Ce sont, parmi les Arabes, des espèces de créatures à part, des génies. De la terre d'Ismaël ils passèrent dans la Perse sous le nom de *Djinnian*, et dans la Turquie sous celui de *Djinniler*. Les Persans leur assignèrent une contrée dont ces génies sont les seuls habitants ; ils l'appellent *Djinnistan*, ou *pays des djinns*. Chez eux et chez les Arabes, ce pays est aussi nommé le *désert des fées*, *des démons*, *des monstres*; les poètes orientaux le placent dans la région la plus occidentale de l'Afrique, vieille retraite des gorgones et des méduses : mais les romanciers donnaient la préférence à une île de la mer des Indes, ou océan occidental, appelée l'île des Serpents, et dont la brillante capitale était Anbar-Abad, ou ville d'Ambre-Gris, cité fabuleuse, qu'avait fondée Zein-Alzamon ou l'Ornement-du-Siècle, monarque qui aurait régné avant Adam. Depuis, elle fut ruinée par les géants. On y voyait une colonne étincelante, autour de laquelle étaient gravés les exploits de son fondateur. Dans l'origine, les djinns avaient été des Salomons ou Solimans, des monarques de la terre préadamite. Leur chef fut Djian, possesseur d'un bouclier merveilleux, qui donnait la victoire à qui le portait. Il avait été forgé sous l'influence des astres par un art talismanique. Les Arabes attribuent les pyramides d'Égypte à ce puissant Djian. Quelques-uns des docteurs orientaux veulent qu'Eblis ou Lucifer, de même nature que les djinns, fut leur chef, que Dieu les forma de flammes ardentes comme les séraphins, et que l'homme, formé d'argile, fut méprisé d'eux. D'autres veulent, et c'est l'opinion la plus commune, que Hareth (le Gardien), nommé depuis sa disgrâce Eblis (le Désespéré), ait été envoyé par Dieu sur la terre pour y détrôner après 7,000 ans de règne, les djinns, qui avaient violé la charte qu'il leur avait prescrite. Azazel, nom du bouc émissaire, et Ibba (le Réfractaire), étaient encore deux autres noms de ce génie redoutable, que les Hébreux nommèrent Satan (le Dénonciateur).

Les djinns, des créatures géantes, qui ne sont ni hommes, ni anges, ni diables, sont souvent confondus chez les Orientaux mêmes avec les *Dives*. Cette confusion vient de ce que les Persans appellent *dives* les djinns des Arabes. Parmi les djinns, la plupart laids et monstrueux, il se trouvait quelques follets, quelques lutins, quelques génies bons et officieux ; sylphes, gnomes et farfadets sont immédiatement de la famille des djinns. Le monstre Caliban, dans *la Tempête* de Shakspeare, est aussi de l'espèce des djinns, mais de l'espèce grossière. Nous avons une orientale merveilleuse de Victor Hugo, intitulée *les Djinns*, mais ce sont les djinns grondeurs, sévères, maîtres de l'atmosphère nocturne, qu'ils abandonnent par un *decrescendo* admirable. Il existe un livre arabe intitulé : *Pièces de corail amassées sur ce qui a rapport aux Djinns*.

Il faut bien se garder, comme quelques auteurs arabes et persans l'ont fait, trompés par l'existence simultanée des djinns et des dives avec les péris, qui régnèrent 2,000 ans après ces derniers, de les prendre pour les familles de ces génies, la plupart malfaisants. Les *péris* sont une espèce à part ; il y en a de mâles et de femelles. Les péris sont aux djinns et aux dives ce que sont les anges aux démons. Les dives et les plus laids et les plus difformes d'entre les djinns font à ces aimables créatures une guerre acharnée. Quand ces vilains monstres, selon la mythologie persane, faisaient prisonniers quelques péris, ils les enfermaient impitoyablement dans des cages de fer, qu'ils suspendaient, en riant grossièrement, dans les forêts, aux plus hauts palmiers qu'ils pouvaient trouver, et les abandonnaient. Comme les péris, ainsi que le merveilleux phénix de l'antique Éthiopie, ne vivaient que d'aromates et de fleurs, leurs gentils compagnons les venaient visiter souvent dans leur captivité, leur apportant du Bengale des roses toutes fraîches, de l'Arabie de la myrrhe, et de Serandib, l'île enchantée (Ceylan), de l'aloès, du cinnamome et des parfums sans prix. Alors, si par hasard quelques djinns moqueurs, génies dégoûtants et contrefaits, s'approchaient des arbres où étaient suspendues les cages des péris, pour les molester, l'haleine suave et embaumée de ces belles créatures jetait leurs ennemis dans une si morne tristesse, dans une si lourde stupeur qu'ils étaient forcés de se retirer. DENNE-BARON.

DJOLIBA. *Voyez* NIGER.

DJOUMNA, l'un des affluents les plus importants du Gange, prend sa source à 3,615 mètres au-dessus du niveau de la mer, au pied du Yamounavatari, l'un des pics principaux des monts Himalaya. Après avoir formé diverses cataractes et traversé une vallée profondément encaissée entre d'immenses blocs granitiques, il court parallèlement au Gange, dans lequel il finit par se jeter à Allahabad, après avoir baigné les murs de la ville impériale de Delhy, et traversé Mouttra, Sindabrend et Agra.

DJUNGLES. *Voyez* JUNGLES.

DLUGOSZ (JAN), en latin *Longinus*, historien polonais. Né en 1415 à Brzeznica, il fit ses études à l'académie de Cracovie, et, ayant embrassé l'état ecclésiastique, devint l'un des chanoines de la cathédrale de Cracovie. En cette qualité, il eut occasion de faire preuve de tant d'habileté dans certaines négociations politiques, que le roi Casimir IV lui confia diverses missions importantes, et, lorsqu'il mourut, en 1480, il venait d'être nommé archevêque de Lemberg. Ce fut son protecteur, l'évêque Zbignieff, qui lui conseilla d'entreprendre une *histoire de Pologne*. Les premiers livres de cet ouvrage, écrits sans critique, mais laborieusement extraits des historiens antérieurs, n'ont qu'une faible valeur historique. Il n'en est pas de même des trois derniers livres, qui comprennent la période de 1386 à 1480, et qui sont d'une valeur inappréciable. Dlugosz y a écrit l'histoire de son temps, tantôt d'après des documents contemporains, tantôt comme témoin oculaire ou comme acteur dans les événements qu'il raconte. Les six premiers livres de cette histoire de Pologne furent publiés pour la première fois en 1615 à Dobrowil par Herburt; Van Huyssen fit ensuite paraître l'ouvrage complet en 1712, à Leipzig.

DMITRIEFF (IVAN IVANOVITCH), ministre de la justice en Russie et poëte distingué de l'école de Karamsin, naquit en 1760, dans le gouvernement de Simbirsk. Jusqu'à l'âge de douze ans, son éducation se borna à l'instruction qu'il put recevoir dans des écoles particulières à Kasan qu'à Simbirsk. Mais les troubles occasionnés par l'insurrection de Pougatscheff ayant obligé son père à abandonner ses terres et à se réfugier à Saint-Pétersbourg, le jeune Dmitrieff, alors âgé de quatorze ans, fut placé à l'école du régiment des gardes de Séménoff. Peu de temps après, il entra dans le service actif, et avança, en passant par la filière de tous les grades inférieurs, jusqu'au grade de capitaine. A l'avénement au trône de l'empereur Paul, il reçut son congé avec le rang de colonel. Il remplit alors les fonctions de procureur général auprès du sénat; mais il ne tarda pas non plus à renoncer également à cette carrière. Il donna sa démission, et se retira avec le titre de conseiller privé. Sous le règne de l'empereur Alexandre, il fut appelé de nouveau à entrer dans le service civil, dont il parcourut toute l'échelle jusqu'aux fonctions de ministre de la justice, qu'il remplit pendant quatre années, au bout desquelles il se retira tout à fait dans la vie privée. Il mourut à Moscou le 15 octobre 1837, laissant une précieuse collection d'objets d'arts et une riche bibliothèque.

Dmitrieff est le créateur de la poésie légère et badine chez les Russes. Comme son ami Karamsin, il lutta contre les préjugés de la vieille école slave. Bon nombre de ses chansons sont devenues populaires; et nous devons une mention toute spéciale à son poëme épique et dramatique intitulé *Jermak*. On a aussi de lui des Fables imitées de celles de La Fontaine, et des Nouvelles. Depuis 1795, ses œuvres ont été réimprimées à Moscou à cinq reprises différentes. Une sixième édition en a été faite sous sa direction en 1823, à Saint-Pétersbourg. Il consacra presqu'exclusivement les dernières années de sa vie à la rédaction de ses mémoires; mais il n'en a encore été publié que quelques fragments dans le *Moskwitjanin*.

DMOCHOWSKI (FRANÇOIS-XAVIER), l'un des hommes qui contribuèrent le plus efficacement à faire refleurir la littérature polonaise à l'époque de Stanislas-Auguste, né en 1762, en Podlachie, entra de bonne heure dans l'ordre des Piaristes, dont le collège, régénéré par Kornarski, brillait alors d'un vif éclat, et qui le compta parmi ses professeurs les plus actifs. Plus tard cependant il abandonna l'ordre, et Kolontay réussit à le faire entrer dans le service administratif; mais, dès 1792, la confédération de Targowicz l'obligeait, ainsi qu'un grand nombre de patriotes polonais, à se réfugier à Dresde, où il publia, en société avec Potoki et Kolontay, une histoire de la constitution du 3 mai 1792 (Leipzig, 1793). L'insurrection des Polonais lui rouvrit les portes de sa patrie : il figura dans l'entourage de Kosciusko, devint membre du conseil d'État et rédacteur de la *Gazeta rzadowa*. Après le dernier partage de la Pologne, force lui fut encore une fois d'abandonner sa patrie, et il séjourna alors successivement en Allemagne, en Italie, et à Paris plus longtemps que partout ailleurs. Krasicki, archevêque de Guesen, obtint du roi de Prusse qu'il lui fût permis de revoir ses foyers, et Dmochowski fut alors chargé de la chaire de poésie et d'éloquence au collège des Nobles, à Varsovie. En matière de goût, aucun opinion avait force de loi, et peu de poëtes publiaient leurs œuvres sans le lui avoir préalablement soumises. En 1801, il fut l'un des fondateurs de la *Société des Amis des sciences*, et il mourut en 1808.

Ses œuvres se composent d'un poëme didactique sur la poésie : *Sztuka rytmotworcza* (Varsovie, 1788), d'après les préceptes d'Horace et de Boileau, d'une traduction en vers de l'*Iliade* et de l'*Odyssée*, travail qui dénote une ignorance complète de l'original; d'une traduction des *Nuits* d'Young, d'une traduction de l'*Énéide* de Virgile, des *Épîtres* d'Horace, de divers discours, et de réflexions morales. Comme poëte et comme critique, il professa toujours les principes de l'école classique française, qui domina dans la littérature polonaise jusqu'à la venue de Mickiewicz.

DNIEPER, ou DNEPR suivant l'orthographe russe, le *Borysthène* des anciens, appelé deux fois *Danapris*, après le Volga et le Danube le plus grand fleuve de l'Europe, et après le Volga le plus grand des cours d'eau, qu'il y ait en Russie, a sa source dans un marais boisé, au pied sud du plateau de la vallée de Wolchonski, dans le gouvernement de Smolensk. Cette source peu distante de celle du Volga, qui porte ses eaux à la mer Caspienne, et moins encore de celle de la Dwina, qui se décharge dans la Baltique; son cours supérieur est très-court. Dès Dorogobusch disparaît l'onduleuse configuration du sol qu'il prend naissance. Dans son cours central il coule jusqu'au-dessous de Smolensk, en se dirigeant à l'ouest, entre des rives fort élevées, puis, à partir d'Orsha et dans la direction sud, dans une vallée riche en pâturages, jusqu'au delà du Mohilew, et à travers des plaines à perte de vue, le grenier à blé de la Russie, jusqu'à Kief. Au-dessous de cette ville, son cours se dirige au sud-est, décrivant de nombreux zigzags, sur un lit rocailleux constamment bordé de rives hautes et escarpées, traverse le plateau aride et dénudé des steppes de l'Ukraine, en formant des rapides et des cataractes au-dessous de Kremenczug, et surtout de Iekaterinoslaff où se trouve douze cataractes ou *Porogi* (d'où les Kozaks *saporoges* tirent leur nom). Il y a là nécessité absolue de décharger les bateaux, et de recourir à un transport par terre d'environ 60 kilomètres jusqu'au-dessous des cataractes, où la navigation recommence. A partir d'Alexandrowsk, le Dnieper abandonne les plateaux granitiques de l'Ukraine, et, en se dirigeant au sud-ouest, traverse dans son cours inférieur les plaines basses des contrées riveraines de la mer Noire, dans un lit large, mais dont le cours devient moins rapide, embarrassé qu'il est par de nombreuses îles, sans qu'il en résulte de *delta*. A Kherson, où le gouvernement russe a placé une amirauté et des chantiers de construction, il s'élargit pour former un lac marécageux, ou, pour nous servir du terme employé par les habitants des côtes septentrionales de la mer Noire, un *liman* dont la largeur varie de 3/4 à 4 myriamètres, et, entre Oczakow et Kinburn, il se jette dans la mer Noire après un parcours d'environ 230 myriamètres. Il devient navigable dès Dorogobusch; mais sa navigation est rendue, par les cataractes, difficile en aval et impossible en amont, en même temps qu'elle est singulièrement entravée par les basses eaux du *liman*, qui, en été, n'ont souvent pas plus de 2 mètres de hauteur. Avec quelques travaux d'art, nul doute qu'on ne parvînt à rendre ce beau fleuve navigable dans tout son cours, au grand avantage de toutes les contrées comprises dans son bassin, du commerce général de la Russie, et par conséquent du gouvernement lui-même. Les sables entraînés par le fleuve forment des atterrissements à son embouchure, et forcent les eaux à se répandre sur ses deux rives : c'est ainsi que s'y forment des marais, source d'émanations insalubres.

Des services de bateaux à vapeur existent sur le Dnieper depuis 1838. D'importants affluents portent le bassin du Dnieper à 106,000 myriamètres carrés. Les plus importants sont, sur la rive droite, le Druc, la Bérézina, le Przypiec ou Pripetz, la Pina et l'Iasiolda, l'Inguletz et le Boug: sur la rive gauche, la Soza, la Desna dont le cours n'est pas de moins de 120 myriamètres, le Psiol et la Samara. Le Przypiec conduit au Dnieper l'énorme volume d'eau des marais de la Lithuanie, de ceux de Rokitno, etc., etc. Le *canal de la Bérézina*, qui passe par Lepel, établit une communication entre ce cours d'eau et l'Oula, l'un des affluents de la Duna. Le *canal d'Oginski* unit la Iasiolda à la Schtschara, et met aussi le Dnieper en communication avec le Niemen; enfin le *canal du Roi* relie la Pina à la Muchawica, affluent du Boug-Vistule. On voit par conséquent qu'il existe un système complet de communication entre le Dnieper et la Duna, le Niemen, la Vistule, la mer Noire et la Baltique. Après le Volga, le Dnieper est aussi le plus important des fleuves de la Russie, à cause du commerce actif dont lui et ses affluents sont le théâtre. Les villes les plus considérables dont il baigne les murs sont Smolensk, Kief et Kherson.

DNIESTER ou **DNESTER**, l'un des plus grands fleuves de la Russie d'Europe, le *Tyras* des anciens, prend sa source en Gallicie sur le versant nord des monts Karpathes et arrose jusqu'à Sambor une petite vallée transversale de ces montagnes, dont il brise les masses sur un point où elles ont le moins d'élévation, sans rencontrer ensuite d'autre obstacle dans une petite vallée qui s'est dès lors considérablement élargie. Après cela, il franchit d'un cours tranquille, et entre des rives élevées, la cime du plateau des Karpathes Ouralliens, traversant une contrée fertile et bien boisée jusqu'à Mohilef. C'est jusqu'à Dubossary il offre de nombreux rapides, et après avoir formé l'abrupte cataracte de Jampol, il creuse profondément son lit, maintenant encaissé entre deux rives escarpées et parsemé d'îles. Après avoir traversé ensuite lentement et sans plus rencontrer d'obstacles les steppes et les terres basses de la Russie méridionale, et avoir servi de délimitation à la Podolie et au gouvernement de Kherson du côté de la Bessarabie il vient se jeter dans la mer Noire à Akjerman, où, à son embouchure, il forme un petit *liman* ou lac marécageux de peu de profondeur.

Son bassin, rétréci singulièrement par les masses montagneuses de l'est et de l'ouest, dont nous avons parlé, ne comprend guère au-delà de 1,500 myriamètres carrés. Aussi, à l'exception du Stry, n'a-t-il que des affluents insignifiants. La navigation du Dniester est fort restreinte; ce n'est qu'à l'époque des grandes eaux que de petits navires employés au cabotage de la mer Noire peuvent le remonter jusqu'à Bender. Il est navigable en toutes saisons pour les petites barques; mais quand elles ont des dimensions plus considérables, il ne l'est qu'à partir de Sambor et seulement lorsque ses eaux sont hautes.

DO, syllabe qui est généralement adoptée en France depuis l'établissement du Conservatoire, et qui remplace dans l'étude du solfège celle d'*ut*, qui est plus sourde. Bononcini passe, auprès de quelques écrivains, pour être le premier qui en ait parlé. Cette opinion est fondée sur le passage suivant de son *Musico pratico*, publié en 1673 : *S'avverta che in voce della sillaba* ut, *i moderni si servano di do, per essere più risonante* (on remarquera qu'au lieu d'employer la syllabe *ut*, les modernes se servent de *do*, comme plus sonore). D'autres en attribuent l'invention à Doni, qui vivait en 1630.
F. BENOIST.

DOBBERAN (Bains de). Ces bains de mer, les plus fréquentés de la Baltique, et les plus anciens qu'il y ait en Allemagne, furent établis dans le grand-duché de Mecklenbourg-Schwerin, en 1793, par ordre du duc de Mecklenbourg, sous le prince Frédéric-François et sous la direction du médecin S. Vogel. Ils sont situés sur le bord même de la mer, près d'une digue très-élevée, appelée *Digue-Sainte*, s'étendant au loin dans la Baltique, et formée de pierres d'une coloration particulière et superposées avec art. La tradition locale porte qu'elle se serait formée en une nuit, à la suite d'un tremblement de terre qui l'aurait soulevée du fond même de la mer. A quelques pas de cette digue, une plage magnifique sur un fond de sable la plus fin offre aux baigneurs l'eau de mer la plus pure et la plus limpide qui se puisse voir, et que des pompes amènent aussi à l'établissement de bains construit à peu de distance, où on peut prendre des bains chauds et froids, se faire administrer des douches etc. Ce qui rend les bains de mer de Dobberan préférables à tous ceux qu'on peut prendre sur tel autre point que ce soit de la Baltique, c'est que cet établissement est situé loin de toute espèce de rivière dont l'embouchure aurait nécessairement pour résultat d'adoucir l'eau de cette mer, déjà si peu chargée de principes salins en comparaison des eaux de l'Océan. Un autre avantage, c'est qu'on y trouve aussi trois sources d'eaux minérales, l'une ferrugineuse et les deux autres sulfureuses, dont l'usage est souvent recommandé simultanément avec celui des bains de mer. La saison des bains, à Dobberan, commence à la mi-juillet et se prolonge jusqu'à la fin d'août.

Le bourg de Dobberan, situé à environ un kilomètre de l'établissement de bains, compte 2,400 habitants. On y voit un château appartenant au grand duc de Mecklenbourg, un théâtre, une salle de concert et plusieurs autres édifices consacrés au plaisir. L'église servait autrefois à la sépulture des ducs de Mecklenbourg. Quelques ruines informes rappellent seules le beau couvent de l'ordre de Cîteaux, fondé à Dobberan par Pribislas II et sécularisé en 1552, jadis but de nombreux pèlerinages, à cause d'une hostie sanglante que les fidèles venaient y adorer.

DOBLHOFF (ANTOINE, baron DE), homme d'État autrichien, né le 10 novembre 1800, était, avant la révolution de mars 1848, membre de l'assemblée des États de la Basse-Autriche, où on le regardait comme un des champions des idées de progrès et de liberté. Au mois de mai 1848, il entra dans le ministère Pillersdorff en qualité de ministre du commerce, et après la fuite de l'empereur à Inspruck, fut envoyé auprès de ce monarque pour le déterminer à revenir dans sa capitale. Le cabinet Pillersdorff s'étant dissous en juillet, M. de Doblhoff prit une part importante à la constitution d'un nouveau ministère, dans lequel il accepta le portefeuille de l'intérieur en même temps que l'*intérim* de l'instruction publique. Sa popularité à ce moment était immense, et de tous les ministres il était celui dans lequel le parti libéral avait le plus confiance. Dans la diète constituante, dont il fit partie en qualité de député de la ville de Vienne, sa conduite répondit de tous points à ce qu'on attendait de lui. C'est sur sa proposition que la diète vota une adresse à l'empereur pour le sommer d'avoir à revenir fixer son séjour à Vienne : et à ce propos, on l'entendit professer les opinions les plus libérales. Beaucoup de mots prononcés par lui, et qui répondaient tout à fait aux idées alors dominantes, eurent un grand retentissement, par exemple celui-ci : « Ce ne sont pas les ministères, non plus que les conférences, qui font la politique, mais bien l'esprit du siècle. » Mais le libéral baron de Doblhoff ne tarda pas à se sentir débordé par la marée montante de la démagogie, et dès les premiers jours de septembre c'était chez lui un parti bien arrêté que de résigner le pouvoir. Dans une déclaration officielle faite à la diète le 7 septembre 1848, tant en son nom qu'en celui de tous ses collègues, il repoussa l'accusation qui imputait au ministère des tendances réactionnaires avec tout autant d'énergie que celle suivant laquelle le cabinet aurait prêté la main aux menées des démagogues. Survint alors la crise d'octobre, provoquée principalement par les démêlés des Croates et des Hongrois. La diète, dont la majorité avait surtout confiance en M. de Doblhoff et en son collègue Krauss, les invita tous deux (séance du 7 octobre) à se charger provisoirement de la direction des affaires en l'absence de l'empereur. Mais M. de Doblhoff répondit qu'il ne s'en sentait pas la force, et persista dans la démission qu'il avait donnée dès le mois précédent : depuis ce moment, il s'effaça complétement de la scène politique. Indépendamment de ses vues vraiment et sagement libérales, l'opinion publique s'est toujours plue à rendre hommage aux talents et aux loyales intentions de M. de Doblhoff. On doit regretter seulement que les malheurs des temps les aient en grande partie rendus inutiles.

DOBOKA, comitat de Transylvanie, dans le pays des Hongrois, borné au nord par le comitat de Szolnok intérieur, à l'est par ceux de Kolosa et de Thorda, au sud par celui de Kolosa, à l'ouest par ceux de Krassna et de Szolnock du centre, traverse toute la Transylvanie, en formant une longue bande dont la largeur est sur quelques points de moins d'un myriamètre et ne dépasse jamais 22 kilomètres. Le sol en est partout montagneux, et le climat, qui varie à l'infini par suite de l'extrême étendue du territoire, est plus généralement froid. Aussi la culture de la vigne ne réussit-elle que dans un petit nombre de localités situées dans la partie méridionale du comitat. La nature même du sol est d'ailleurs un obstacle à ce qu'il soit partout cultivé avec succès : aussi l'élève du bétail constitue-t-elle la principale ressource de la population. Les rivières appelées *Szamos*, *Sajo*, *Egregy*, *Almas* et *Bestcrezc* sont très-poissonneuses, de même que le lac Hodos, le plus grand qu'il y ait en Transylvanie, qui n'a pas moins de 220 kilomètres carrés de superficie. Ce comitat produit beaucoup de fruits, et exporte notamment des cerises. Sa superficie est évaluée à 27 myriamètres carrés; on y trouve une ville chef-lieu de cercle, 159 villages et 12 *pussten*. La population est de 108,634 habitants, et, sous le rapport des cultes, on se divise comme suit : 85,000 Valaques, 21,000 Hongrois, 2,500 Saxons. En ce qui est des cultes, on y compte 70,400 grecs-catholiques, pour la plupart Valaques; 18,500 réformés : 14,700 grecs non-unis; et 400 juifs. Tous les Saxons professent le lutheranisme.

Le comitat de Doboka était autrefois divisé en deux districts : le *district supérieur*, et le *district inférieur*, subdivisés en huit cercles. Dans la nouvelle division politique et administrative des États autrichiens qui a été faite depuis la révolution de 1848, la moitié orientale de ce comitat a été incorporée au district civil de Réteg, et la moitié occidentale à celui de Klausenburg.

DOBROUDSCHA (la *Scythia minor* des anciens), partie nord-est de la Bulgarie turque dépendant de l'eyalet de Silistrie, que le Danube sépare d'un côté de la Russie et de l'autre de la Valachie, et qui à l'est confine à la mer Noire. Entre cette mer et le Danube, c'est un plateau élevé, en forme de presqu'île, et échancré de la manière la plus diverse par les premières assises des prolongements de la chaîne du Balkan au nord-est. Au-dessous de Silistrie, ce plateau détermine la direction septentrionale que prend alors le Danube, et est couvert tantôt de steppes, tantôt de plaines à blé. Le delta du Danube, qui appartient à la Russie depuis la paix d'Andrinople, forme son extrémité septentrionale. La population de cette contrée se compose en partie de Turcs bulgares (Turkomans) et en partie de Tatares originaires du Kiptschak, qui habitent des villages et se livrent à la culture des céréales ainsi qu'à l'élève des bestiaux et des abeilles, et encore d'Osmanlis, d'Arméniens, de Grecs et de Juifs, en possession de l'industrie, des pêches, de la préparation du sel, du commerce et de différents métiers. Les villes les plus considérables que l'on y trouve sont, au nord, *Babatagh*, et *Bahardschik*, place forte importante.

Par extension, on désigne également sous la dénomination de *Dobroudscha* la contrée située au delà du Balkan et s'étendant jusqu'à Aidos, comprenant dès lors les villes de *Schoumna*, *Paraway* et *Varna*.

DOBROWSKI (JOSEPH), que Gœthe a justement surnommé *le maître et l'oracle de la critique historique* pour tout ce qui se rattache à l'étude des langues slaves, né le 17 août 1753 à Gyermet, près de Raab, en Hongrie, mort à Brunn le 6 janvier 1829, entra en 1772 dans la maison professe des jésuites à Brunn ; mais après la suppression de la société, il revint à Prague continuer ses études théologiques. En 1776, il fut admis comme précepteur dans la famille de Nostitz, et peu de temps après parut son premier ouvrage, intitulé : *Fragmentum pragense evangelii sancti Marci, vulgo autographi* (Prague, in-4°, 1778) qui fit une profonde sensation en raison de l'immense érudition dont il y faisait preuve, et à l'aide de laquelle il démontrait la fausseté de ce prétendu manuscrit original de saint Marc. Après avoir exercé diverses fonctions ecclésiastiques, il apprécia tout le prix d'une existence indépendante d'un service public, et refusa, à partir de 1791, toutes les places qu'on lui offrit. En 1792, il alla visiter Stockholm, Abo, Pétersbourg et Moscou, à l'effet de s'y livrer dans les bibliothèques à des recherches relatives à des manuscrits d'un haut intérêt pour l'histoire de la Bohême : recherches qu'il continua encore en 1794 en Allemagne, en Italie et en Suisse. Au retour de ce voyage, il ressentit les premières atteintes d'une maladie mentale dont les progrès furent tels qu'on dut le placer en 1801 dans une maison d'aliénés. Il ne recouvra la santé qu'en 1803.

Parmi ses nombreux ouvrages, nous citerons, comme ayant été plus particulièrement utiles à la littérature slave, ses *Scriptores rerum Bohem. e bibliotheca ecclesiæ metropolitanæ Pragensis* (2 vol., Prague, 1783-1784); *Desacerdotum in Bohemiâ cœlibatu* (Prague, 1787); *Histoire de la langue et de l'antique littérature bohêmes* (Prague, 1792; 2ᵉ édition, 1818); *Formation de la langue slave* (Prague, 1799); l'*Introduction à son Dictionnaire allemand-bohême* (2 vol. in-4°, Prague, 1802-1821); *Slavanka*, recueil propre à faciliter l'étude de la littérature slave ancienne et moderne (Prague, 1814-1815); *Glagolitica*, essai sur la littérature glagolitique (Prague, 1807, 2ᵉ édition, revue par Hanka, 1832); *Système complet de la langue bohême* (Prague, 1809); *Plan d'un dictionnaire étymologique de la langue slave* (Prague, 1813; 2ᵉ édition par Hanka, 1833); *Institutiones linguæ slav. dialecti veteris* (Vienne, 1822); *Cyrille et Méthode, les apôtres slaves* (Prague, 1823); enfin son édition de l'*Historia de expeditione Frederici imperatoris, edita a quadam austriensi clerico, qui eidem interfuit nomine Ansbertus* (Prague, 1827).

Dobrowski a en outre fait paraître un grand nombre de dissertations dans le *Recueil de la Société royale des sciences de Bohême* et dans d'autres journaux scientifiques. On peut dire que le premier il eut le mérite de bien saisir et exposer le génie particulier des langues slaves, et notamment le rôle qu'y jouent les verbes, partie du mécanisme de ces langues restée jusqu'alors tout à fait ignorée, sans qu'on puisse dire toutefois qu'il ait complètement épuisé toutes les questions qui s'y rattachent.

DOCÈTES. On appelait ainsi dans la primitive Église tous les partisans des doctrines qui paraissaient porter atteinte à la réalité de l'apparition sensible et humaine de Jésus-Christ. La philosophie judaïque ou païenne ayant déjà expliqué les *théophanies* et les apparitions d'anges en disant que les êtres célestes ne prennent des corps que momentanément ou seulement en apparence, la gnose chrétienne appliqua d'autant plus volontiers ces idées à ce qui avait paru briller dans Jésus-Christ, qu'il était plus difficile d'admettre que cette partie divine fût en relation étroite et essentiellement avec un corps matériel, siège du mal. Il en résulta que le corps de Jésus-Christ ne fut plus regardé ni comme véritablement terrestre, ni comme n'appartenant point à son être, mais comme ayant été pris par lui temporairement (c'était la doctrine du docétisme raffiné), que, comme l'enseignaient les *simoniens*, comme n'étant qu'une apparence et une illusion, ou encore, suivant Valentin et Bardesane, comme un corps issu du ciel, formé de molécules éthérées, n'ayant qu'une apparence sensible. Tous les *gnostiques* hérétiques partageaient les doctrines plus ou moins épurées des docètes, à l'exception, bien entendu, de ceux qui, comme les Carpocratiens ne rangeaient le Christ que dans la catégorie des êtres humains; ou bien, comme Marcion, lui attribuaient un aspect historique et moral sur l'humanité. On trouve, du reste, des traces de *docétisme* même dans la gnose; et on cite, par exemple, au commencement du troisième siècle, un certain Julius Cassianus comme ayant fondé à Alexandrie une secte de docètes, qui cependant n'eut pas réellement ce caractère. D'ailleurs, par la suite, l'Église confondit sous le nom de *docètes* et ceux qui, comme Apollinaire, n'admettaient pas complètement l'humanité de Jésus-Christ, et ceux qui, à l'exemple d'Eutychès, la faisaient absorber par sa divinité. Les avis sont partagés sur la question de savoir si certains passages de saint Jean (*Évang.*, I, 4; 1ʳᵉ *Épit.*, I, 2; IV, 2; 2ᵉ *Épit.* I, 7), sont dirigés contre des erreurs docétistes, qui à la vérité ont pu circuler dès le temps des apôtres, ou simplement contre ceux qui niaient la mission divine de Jésus.

DOCÉTISME. *Voyez* DOCÈTES.

DOCHE (JOSEPH-DENIS), compositeur de musique, naquit à Paris en 1766, et mourut à Soissons en 1835. Ses dispositions pour l'art musical s'annoncèrent de bonne heure ; à l'âge de huit ans, il entrait comme enfant de chœur à la cathédrale de Meaux ; il y fit de tels progrès dans l'étude de la musique, qu'à dix-neuf ans, il était nommé maître de chapelle de la cathédrale de Coutances. Pendant la révolution, qui ferma les églises, il revint à Paris en 1794. En 1810, il entra, comme chef d'orchestre, au théâtre du Vaudeville, et occupa avec distinction cette place jusqu'en 1830. Chargé de l'arrangement des partitions de cette scène, il y a laissé, comme ouvrages applaudis, *Fanchon la Vielleuse*, *la Belle au bois dormant*, *Haine aux femmes*, *les deux Edmond*, *Lantara*, et de nombreux airs qui, devenus populaires, fondèrent sa réputation. Aussi, son souvenir est-il resté comme celui d'un de nos plus aimables et de nos plus gracieux compositeurs. Il a aussi fait représenter quelques opéras-comiques sur des théâtres de second ordre : entre autres, *Point de Biens*, joué en 1804 à la Porte-Saint-Martin. On a encore de lui quelques messes à grand orchestre : celle qu'il composa pour la fête de Sainte-Cécile, en 1809, et qui fut exécutée à l'église Saint-Eustache, atteste que son talent pouvait se prêter à des œuvres d'un caractère élevé.

DOCHE (PIERRE-ALEXANDRE-JOSEPH), fils du précédent, né à Paris, marcha dignement sur les traces de son père, dont il rappelait souvent l'heureuse facilité. Élève du Conservatoire, il eut Berton pour professeur, apprit le violon sous Baillot, et sut profiter des leçons de ses deux illustres maîtres. Après un séjour de deux ans à Londres, comme chef d'orchestre du théâtre français, il revint à Paris en 1827, pour succéder, au Vaudeville, à son père, qu'il secondait. Il a fait pour ce théâtre beaucoup d'airs qu'un succès populaire a consacrés et la musique entière de plusieurs vaudevilles, tels que les *Mémoires du diable*, l'*Extase de Satan*, etc. On lui doit en outre deux opéras comiques, *le Veuf du Malabar* et *Alix*. On n'a pas oublié la messe solennelle à grand orchestre qu'il fit exécuter pour l'inauguration de l'église Saint-Vincent-de-Paul, le 21 octobre 1844. Ses ouvrages participent de la légèreté correcte et gracieuse qui distinguait le talent de son père.

En 1848, Doche partit pour diriger l'orchestre du théâtre français à Saint-Pétersbourg : il mourut dans cette ville, d'une attaque de choléra, à la fin de juillet 1849.

DOCHE (EUGÉNIE PLUMKETT), femme du précédent. Actrice jeune et séduisante, entrée de bonne heure au Vaudeville, elle y obtint, dès son apparition, un succès de vogue, qu'elle dut bien plus à ses attraits qu'à son talent. Elle eut, pendant son séjour dans ce théâtre, une grande vogue de beauté qui lui attira les hommages de toute la galanterie fashionable. Puis, elle quitta le Vaudeville pour le Gymnase, où la suivit l'empressement dont elle était l'objet... Mᵐᵉ Doche, éblouie par l'éclat d'une position brillante et enivrée par ces triomphes, leur sacrifia tout... Elle ne fit rien pour remplacer par des avantages solides et durables des dons passagers et futiles; peu occupée de son art, elle refusa de donner à son jeu, à sa voix surtout, les qualités essentielles qui leur manquaient. Cependant, *la Dame aux Camélias* est venue lui fournir un long succès, sans que l'art lui en doive la moindre reconnaissance, non plus que pour la création de *Louise de Nanteuil*.

Eugène BRIFFAULT.

DOCILITÉ, vertu qui doit être l'apanage de la jeunesse, parce qu'elle renferme en général les garanties de son avenir. Après ce besoin spontané d'imitation qui caractérise nos premières années, et qui, sous le rapport physique, sert d'une manière si heureuse à notre développement, vient la nécessité pour nous d'être instruits, d'être enseignés. Et, comme cette faculté que l'on appelle le raisonnement ne se montre qu'assez tard chez l'espèce humaine, notre premier intérêt, c'est d'être pleins de docilité. Nous parvenons alors à acquérir un fonds de connaissances et de qualités pratiques qui nous guident à notre but dans la société. Enfin, possédons-nous une véritable expérience des hommes et des choses, nous agissons en vertu de notre libre arbitre; bref, nous faisons acte de souveraineté rationnelle. Il est à remarquer que les jeunes gens enclins à la docilité, commettent rarement dans le monde de grandes fautes; ils savent la route par cœur; à leurs observations personnelles ils joignent encore le résultat des méditations des hommes qui les ont plus élevés; ils entrent mûrs dans les difficultés de la vie. Les esprits qui ont toujours été indomptables continuent s'abandonner à leurs premières impressions: quelquefois, ils montent très-haut, mais c'est une exception, et c'est plutôt par leurs chutes qu'ils attirent l'attention. C'est une faute capitale, même dans les états libres, de ne pas habituer les jeunes gens à une certaine mesure de docilité; car la vie pour les masses n'est guère qu'une longue obéissance plus ou moins facile à supporter. Il y a un rapprochement singulier, et que nous ne pouvons passer sous silence : à l'époque où la loi civile nous déclare majeurs, c'est-à-dire s'en remet à nous, non seulement pour notre conduite personnelle, mais encore pour la direction de nos intérêts, enfin au jour où nous devenons libres arrive la loi militaire, qui, pendant de longues années, nous soumet à quelque chose de beaucoup plus dur que la docilité ordinaire, puisqu'elle nous commande l'abnégation la plus complète de nos sentiments et de nos affections. D'un autre côté, la jeunesse, dans l'intérieur de la famille, secoue le joug de la docilité de très bonne heure : rien ne la prépare donc à cette obéissance absolue des camps, et c'est ce qui explique la répugnance invincible qu'inspire trop souvent chez nous la vie militaire : sur ce point, il y a lutte entre les mœurs et les lois.

Le grand mérite des maîtres, comme celui des parents, c'est de rendre la docilité si aimable qu'on s'y attache pour elle-même; c'est d'en faire une habitude qui plaît tant qu'elle se reproduit sous toutes les formes. Mais il n'est donné qu'à un très-petit nombre de maîtres ou de parents de savoir comprendre la docilité : ils la commandent; il faut, au contraire, qu'ils l'insinuent. Il est sage, en outre, de ne pas se dissimuler que, passé certain âge, la docilité répugne à la nature humaine : l'apprentissage de la vie fait, chacun veut devenir maître à son tour. Des enfants à leurs parents, la docilité doit être de tous les instants; il faut encore qu'elle soit affectueuse; elle est pour les premiers une marque de reconnaissance; pour les seconds, la certitude d'une amélioration continuelle. Dans le mariage, la docilité d'une femme ne peut pas toujours être prompte : elle a droit de remontrance et même de temporisation. Il est des circonstances où les devoirs les plus sacrés lui commandent une vertueuse résistance : elle est tenue par l'amour qu'elle porte à ses enfants de refuser d'apposer sa signature à des actes dans lesquels un mari joueur voudrait la rendre partie solidaire. La docilité dans le mariage de la part de la femme doit se mesurer à l'intérêt commun. Sa condition, sans doute, c'est d'obéir, elle l'a promis, mais sous la réserve qu'on ne lui demandera que ce qui est juste et raisonnable.

La docilité, pour bien la définir en politique, est une vertu à *temps* : ceux auxquels elle est imposée veulent souvent la faire trop courte; ceux qui l'imposent veulent souvent la faire trop longue; il y a cependant un point précis. Lorsque le peuple, par exemple, dans une puissante oligarchie, n'est pas un instrument de victoires ou de richesses, mais se contente de la part que lui fait la classe supérieure, il peut vieillir du moins quelques années dans la docilité, puisque par elle il se sent heureux. Mais, dans les républiques, comme dans les monarchies, lorsque les classes inférieures ont du mouvement, de l'ardeur dans le caractère, elles arrivent un jour ou un autre à prendre part aux affaires. Enrichissant l'État par leur travail, ou le défendant par leur courage, elles se dégoûtent vite de la docilité, et, au prix de tous les sacrifices, elles finissent par faire ou dicter leur volonté.

SAINT-PROSPER.

DOCIMASIE (de δοκιμάζειν, essayer, éprouver). On est convenu de borner l'acception de ce mot au traitement qu'on fait subir aux seuls minerais métalliques, et qui a pour objet la détermination de la nature et des proportions des éléments qui les constituent. Cette épreuve peut comprendre, suivant les circonstances, 1° un traitement par le feu seulement, ou aidé de fondants divers et de flux désoxydants; 2° ou, dans d'autres cas, des procédés pour lesquels on a recours à l'agence de réactifs liquides, tels que les acides, les précipitants, etc. Le premier mode d'essai est dit par la *voie sèche*, et le deuxième par la *voie humide*; mais il est à noter que, dans la plupart des cas, le second mode est précédé de l'application du premier. Le minerai est alors fondu avec sa gangue dans un creuset, soit avec de la potasse, soit avec du borax, etc., et la matière obtenue de cette fusion est ensuite traitée par la voie humide.

PELOUZE père.

DOCIMASIE PULMONAIRE. Le mot *docimasie*, employé d'abord dans la métallurgie, fut plus tard appliqué par la médecine légale aux recherches qu'elle pratique sur les poumons dans le but d'en apprécier le poids spécifique. Les preuves qu'un enfant nouveau-né a respiré se déduisent non-seulement de l'état des poumons, mais encore de l'état dans lequel on trouve les parois thoraciques, les organes de la circulation et même ceux de la digestion. Aussi, Marc, M. Devergie et d'autres auteurs modernes ont eu l'idée de comprendre la réunion de toutes ces preuves sous le nom de *docimasie pulmonaire* ou *docimasie de la respiration*, et ont ainsi donné à la signification de ce mot une extension qu'il était loin d'avoir dans le principe, lorsqu'il ne s'appliquait qu'aux expériences hydrostatiques.

Très-anciennement connue, puisqu'elle est consignée dans les écrits de Galien, la *docimasie hydrostatique* repose sur les changements que l'introduction de l'air dans les poumons apporte à leur poids spécifique. Pour la pratiquer, on détache de la poitrine les poumons, le cœur, le thymus et la trachée artère, en ayant soin de lier les vaisseaux qui se rendent au cœur ou qui en partent. On plonge toute cette masse dans de l'eau pure à une température moyenne, et on observe si elle surnage ou si elle se précipite au fond du vase; si elle s'élève peu ou beaucoup au-dessus de la surface du liquide; si elle en gagne le fond avec lenteur ou rapidité, si elle y demeure suspendue et comme entre deux eaux : toutes circonstances également dignes d'attention. Cette expérience se répète sur chacun des poumons pris isolément; elle se répète encore pour chaque fragment de poumon, après qu'on l'a divisés tous deux et en un grand nombre de parties. Il convient en outre de presser entre les doigts et sous l'eau chaque fragment pour constater s'il plonge ou s'il surnage encore après ces pressions, s'il s'en est dégagé de l'air, et si, dans ce dernier cas, cet air s'échappait sous la forme d'une mousse à bulles très-divisées, ou sous la forme de bulles très-larges.

Les résultats de ces diverses expériences ayant été notés avec soin, voici quelles sont les conséquences qu'on en peut déduire. Lorsque la masse réunie des poumons et du cœur, ainsi qu'il a été dit pour la première expérience, se *précipite* en entier, il y a de fortes raisons de penser que les poumons ne renferment pas d'air : cette présomption prend le caractère d'une certitude quand à cette masse gagne rapidement le fond de l'eau, et surtout lorsque l'eau ayant été chauffée, l'expérience se produit dans les mêmes succès. Si la masse descend lentement et surtout dans une eau froide, il est probable que les poumons renferment de l'air; et ce n'est plus un doute quand ils surnagent malgré le poids du cœur et du thymus qui tendent à les précipiter. Un poumon qui surnage ou qui descend lentement contient indubitablement de l'air; mais s'il surnage incomplètement, c'est qu'il n'en contient que partiellement.

Lorsque tous les fragments d'un poumon se *précipitent*, ce poumon ne renferme pas d'air; mais si quelques parties surnagent tandis que les autres vont au fond, c'est une preuve que le poumon était incomplètement pénétré. Les fragments qui laissent échapper de l'air sous forme de bulles fines, quand on les presse sous l'eau, et qui surnagent encore après avoir été ainsi pressés, contenaient de l'air dans leurs vésicules. Ceux qui, sous l'influence de pressions semblables, dégagent de grosses bulles d'air et retombent ensuite au fond du vase, ne contenaient pas d'air dans leurs vésicules, mais ils en renfermaient dans le tissu cellulaire qui lie les vésicules ; ils étaient emphysémateux, et cet air était un produit de la putréfaction, et n'avait pas été introduit par la respiration. Enfin, si quelques-uns des fragments qu'on voyait d'abord se précipiter surnageant après avoir été pressés, il faut encore en conclure qu'ils contenaient de l'air; mais ils étaient également pénétrés de sang que les pressions ont chassé ; ils étaient hépatisés.

On le voit, la docimasie hydrostatique permet de constater si les poumons renfermaient de l'air; elle autorise même à conclure que cet air était combiné avec les vésicules, ou qu'il était simplement un produit de la putréfaction ; mais elle ne donne pas à l'expert la faculté d'affirmer aux jurés que l'enfant a respiré. Deux causes, en effet, président à l'introduction de l'air dans les poumons : le phénomène physiologique de la respiration, et *l'insufflation ;* l'insufflation qu'on pratique ordinairement dans le but d'appeler l'enfant à la vie, mais qui peut aussi avoir été pratiquée après la mort de l'enfant, dans une intention malveillante dirigée contre la mère. Les preuves de l'insufflation se déduisent de l'aspect des poumons, de leur volume, de leur densité, de leur poids comparé au poids du corps. Nous avons supposé, dans ces expériences, que les poumons étaient sains; on conçoit que les résultats varient un peu quand ces organes sont le siège de quelques lésions, comme de l'hépatisation, de l'œdème, de tubercules et d'indurations. Daniel en 1780 et Bernt en 1821, ont proposé d'autres méthodes de docimasie hydrostatique, mais elles sont peu usitées chez nous.
Dr FONDRETON.

DOCKS. Ce mot anglais a été francisé; on a voulu le faire venir du grec δέχομαι, qui signifie *recevoir*; mais *dock* est plutôt un mot celtique, dont la racine est probablement le verbe *dekken* (renfermer, contenir). Les *docks* sont de vastes enceintes de pierre dans lesquelles s'introduisent les eaux de la mer, par des portes ou écluses assez grandes pour permettre le passage des bâtiments.

Les *docks secs* (dry docks) ne sont autre chose que nos cales couvertes pour la construction de navires.

Les *docks de radoubage* (graving docks) sont des bassins aménagés de telle sorte que l'eau des marées ou celle d'un fleuve puisse y entrer à volonté, ou en être expulsée, par des machines d'épuisement. On y construit à sec des navires qu'on met ensuite à flot dans le dock même, en y laissant arriver l'eau. Les vaisseaux à radouber entrent dans le bassin, lorsqu'il est rempli d'eau; on le met alors à sec, puis on ouvre les portes lorsque le travail est terminé et que le navire doit sortir. On donne encore ce nom aux cales flottantes, appareils de radoubage composés d'une vaste coque en bois ancrée dans un bassin à flot ou dans le lit d'un fleuve. Cette coque est munie d'une large porte d'écluse et d'une machine d'épuisement, afin qu'elle puisse à volonté être immergée et former comme une enceinte ouverte au niveau de l'eau et dans laquelle entrent les bâtiments, puis asséchée et portant sur des étançons le navire en radoubage.

Mais la dénomination de *docks* a été plus spécialement conservée aux *docks à flot* (*wetdocks*). Les bâtiments y sont introduits aussi à marée haute, et maintenus à flot au moyen des écluses, qu'on ferme avant que les eaux se soient écoulées avec le reflux. Le but des premiers entrepreneurs était de faciliter le chargement et le déchargement des vaisseaux ; mais, avec les perfectionnements introduits par l'expérience, de nombreux avantages sont venus successivement se joindre à l'établissement des docks.

Avant 1800, aux époques de l'année surtout où les flottes du commerce ont coutume d'arriver, la Tamise était encombrée : l'insuffisance des quais, des magasins, étroits et rares, à issues difficiles, qui les bordaient, ne permettait à une partie des bâtiments de faire leur chargement et leur déchargement qu'au milieu de la rivière, et en employant des allèges et des pontons. On conçoit les inconvénients de pareils procédés et les frais de ces transbordements successifs, qui exposaient les cargaisons à une incroyable dilapidation. Il a été calculé qu'antérieurement à la construction des *docks* sur la Tamise, les avaries et les pertes dues au gaspillage, au désordre, au pillage même, inséparables d'un tel état de choses, pouvaient être évaluées à près de 500,000 liv. sterl. par an. Ce chiffre est probablement exagéré, mais il le paraîtra moins si on réfléchit à l'immensité du commerce de Londres, et si l'on fait entrer en ligne de compte la perte de temps qui résultait de la manière dont se faisait alors le service des bâtiments de commerce. On sait à combien d'avaries est exposé un bâtiment qui reste échoué, surtout quand il est chargé et que son volume dépasse une certaine dimension ; il fallait donc que les vaisseaux restassent constamment à flot : pour ne pas quitter le fond, ils devaient quitter le bord du quai en s'éloignant avec la marée descendante; et, de cette façon, le chargement et le déchargement ne pouvaient se faire que pendant un certain temps de chaque marée. Dans quelques ports, pour obvier à cet inconvénient, on a jeté des môles s'étendant à une distance plus ou moins grande dans la mer, et construits avec assez de profondeur sur leurs côtés pour que le bâtiment puisse être chargé et déchargé en suivant le reflux, le long du talus presque vertical de la jetée. Mais ce moyen exige la réunion de certaines conditions topographiques et de continuels changements de position très-favorables au désordre et au vol, ou très-dispendieux par les frais de surveillance qu'ils nécessitent sur une étendue qui peut être considérable.

Le problème restait donc sans solution. La question était de trouver un moyen qui présentât à la fois continuité, accélération du travail et économie; elle fut résolue pour la première fois, dans la Grande-Bretagne, par la construction du dock de Liverpool en 1708, en vertu d'un acte obtenu du parlement. Un second dock fut ouvert vers 1750; d'autres le furent plus tard; et Liverpool, ville autrefois sans importance, offrant dès lors des avantages qui faisaient largement oublier les difficultés de son port et les frais assez élevés de pilotage que son entrée exige, dut à ses *docks* le merveilleux développement de son commerce, de sa richesse, et par conséquent l'accroissement proportionnel de sa population. Malgré ce résultat, frappant d'évidence, ce ne fut qu'à la fin du siècle dernier que quelques négociants de la cité de Londres songèrent à doter de *docks* cette capitale. En 1793, le projet des *docks des Indes occidentales* (*West-India docks*), fut présenté au parlement; mais, comme toujours, il fallut lutter contre des intérêts particuliers pour l'intérêt général, il fallut combattre de hautes influences, et l'acte qui faisait à la compagnie une concession perpétuelle ne passa que six ans plus tard : la construction commencée en 1800 fut achevée en 1802. Les docks des Indes occidentales coupent l'isthme par lequel l'île des Chiens tient à la rive de la Tamise, du côté de Middlesex : ils ne consistaient dans l'origine qu'en deux bassins parallèles, le *dock d'importation* (*homeward dock*) et le *dock d'exportation* (*outward dock*) communiquant entre eux, et avec la Tamise par leurs deux extrémités, au moyen des bassins secondaires de Blackwall et de Limehouse. Une construction plus récente est le *Commercial dock*; il est spécialement destiné au commerce des bois, ainsi qu'une espèce de réservoir (*timber pond*), le seul qui soit situé sur la rive droite de la Tamise, et où se conservent les trains flottants. Tout navire portant en bois un sixième de sa cargaison devait y débarquer; depuis, le *Rothertice east country dock* est ouvert également aux provenances de la mer du nord et de la Baltique.

Aucune description ne saurait donner une idée exacte de ces vastes constructions où se trouvent réunis tous les produits commerciaux du monde. Toute la grandeur de l'industrie, toute la puissance du génie de l'homme, éclatent dans ces bassins artificiels, où se pressent les bâtiments qui ont parcouru toutes les mers du globe pour y prendre les matières que l'industrie doit mettre en œuvre, pour y porter celles qu'elle a déjà transformées. Leurs mâts s'élèvent dans les airs comme une forêt; d'immenses magasins reçoivent des marchandises dont la valeur ferait la fortune de plusieurs royaumes. Là se trouvent les denrées coloniales, les produits des tropiques: dans ces caves, qui forment comme une autre ville souterraine, les vins de France, d'Espagne, du Rhin, les rhums de la Jamaïque, sont rangés avec un ordre admirable, et semblent défier les efforts de toutes les *sociétés de tempérance*: des centaines d'ouvriers s'occupent incessamment à charger et décharger les bâtiments; des surveillants innombrables parcourent toutes les salles. Une activité qui ne connaît pas de nuits, et qui s'arrête à peine le dimanche devant le repos que commandent les habitudes religieuses, étonne le visiteur curieux: c'est là que se fait le travail commercial de la nation la plus industrieuse du monde; et l'on ne comprend bien l'étendue de ses opérations, le mouvement de ses affaires, sa richesse, son activité et ses ressources, qu'en parcourant ses *docks*. Mais si nous ne pouvons entrer dans ces détails, tâchons au moins de décrire le service des *docks* de manière à expliquer la part qu'ils ont eue dans les progrès immenses qui, de nos jours, ont porté si haut la Grande-Bretagne, héritière du Portugal dans l'Inde, de la fameuse ligue hanséatique sur la Baltique, et victorieuse rivale de la Hollande sur toutes les mers du globe.

Les *docks* sont entourés de longs magasins bordés eux-mêmes de vastes hangars. C'est sous ces hangars que les marchandises, au sortir des bâtiments, sont déposées et pesées. De là elles sont transportées, au moyen de grues nombreuses, dans les magasins. Si elles doivent être exportées ou livrées au commerce de détail, elles sont enlevées aussitôt que toutes les formalités nécessaires ont été remplies; dans le cas contraire, elles restent dans les magasins, où elles demeurent rangées et classées, car, le gouvernement, confiant dans les garanties qu'offrent ces grandes entreprises, a constitué tous les docks en *entrepôts*, et c'est dans cette utile concession, combinée avec le système des *warrants*, qu'est sans doute leur plus grand élément de prospérité.

Un règlement circonstancié, successivement modifié par l'expérience, a tout réglé, tout prévu: des dispositions précises régissent l'entrée des bâtiments, le débarquement sur le quai, la pesée, la vérification et l'estimation des avaries. Ces opérations sont débattues par les agents de la compagnie chargée des intérêts du commerce, et par ceux de la douane, qui exercent ainsi les uns sur les autres un contrôle réciproque. Le règlement punit de peines sévères la moindre infraction. Chaque employé reçoit sa partie de travail limitée, restreinte. Tous les rouages de cette immense machine marchent aujourd'hui comme ils marcheront demain, comme ils ont marché la veille, et on ne peut se défendre d'une véritable admiration devant cette harmonie du travail, devant cet ordre et ce silence, auxquels on serait tenté de donner l'épithète de *religieux*, si la présence des tonneaux et des colis ne rappelait qu'il s'agit d'intérêts très-positifs et très-matériels.

Lorsque les marchandises débarquées sont destinées à rester dans l'entrepôt des docks, la compagnie remet au propriétaire un *warrant* ou récépissé par lequel elle reconnaît les conserver pour son compte. Sur ce billet, la qualité et la quantité des marchandises sont spécifiées: il indique en outre le numéro de renvoi et la désignation des échantillons qui, au moment du pesage et de la vérification des colis, ont été pris, marqués et envoyés dans la cité à *Commercial house*. C'est une vaste maison appartenant aux docks, mais située au centre des affaires. Tous les échantillons des marchandises déposées dans les magasins de l'entrepôt y sont rangés et étiquetés. C'est sur leur vu que se font les échanges et les ventes, et lorsque l'on est convenu du prix, le *warrant* est remis à l'acquéreur par le propriétaire, qui l'endosse. Par ce fait seul la tradition est parfaite: le nouveau propriétaire peut l'endosser à son tour, et ainsi de suite; de sorte qu'après une série d'endossements réguliers, les valeurs sont remises au dernier acquéreur comme elles l'auraient été au propriétaire originaire. Les *warrants* portent, ou sur la totalité des objets emmagasinés, ou sur des lots. Lorsque la division adoptée n'est pas celle qui convient aux contractants, la compagnie, moyennant des droits très-faibles, en délivre de nouveaux dans les proportions désirées. En cas de perte d'un *warrant*, la compagnie doit en être immédiatement avertie, et indépendamment de l'insertion dans le *Public Ledger*, par lequel on doit prévenir le commerce, elle exige une promesse écrite ou engagement de la dédommager des pertes ou difficultés qui pourraient résulter pour elle de la délivrance d'un duplicata. Nous n'avons pas besoin d'insister sur les avantages de ce système. Au moyen des échantillons, les commerçants sont informés avec exactitude de la qualité de la denrée; au moyen des *warrants*, ils peuvent en disposer partout et à toute heure; les marchandises se trouvent ainsi jetées dans la circulation la plus illimitée, et l'on comprend toute l'activité que ces facilités doivent imprimer aux transactions commerciales.

Les docks des Indes occidentales, auxquels s'appliquent plus spécialement les détails qui précèdent, ont servi de modèles aux autres docks établis sur la Tamise à des dates plus récentes, ainsi qu'à ceux de Hull et Bristol, sauf quelques légères différences qui tiennent à la spécialité des lieux ou des destinations. Le *London dock*, situé dans le quartier de Wapping, aux magnifiques et spacieux magasins, les plus vastes du monde, a été ouvert en 1805, et est aujourd'hui encore principalement fréquenté par les bâtiments à tabac, quoique le privilège de vingt-un ans qui lui concédait le monopole de ce service soit expiré depuis 1826, et n'ait pas été renouvelé. Les *docks des Indes orientales* (*East India dock*), sont particulièrement destinés aux bâtiments de la compagnie de ce nom. Les *docks de Sainte-Catherine* (*Sainte-Catherine's dock*) livrés au commerce en 1828, sont situés au pied de la Tour, et par conséquent les plus voisins de la Cité. La compagnie des docks de Sainte-Catherine a su profiter de l'expérience de ses devancières: on lui doit beaucoup d'améliorations et les moyens mécaniques qu'elle emploie sont les plus perfectionnés.

P. BOIZÉE.

On compte aujourd'hui dans le Royaume-Uni jusqu'à 130 *docks* ou bassins à flot, distribués principalement à Londres, à Liverpool, à Hull, à Bristol, à Gloucester, à Sunderland, à Leith, etc. Cet ensemble d'entrepôts maritimes présente, en bassins à écluses, une superficie d'environ 405 hectares. D'autres docks, en ce moment projetés ou en construction, ajouteront à ce total près de 102 hectares. Dans le seul port de Londres, les 25 bassins éclusés qui relèvent des cinq grandes compagnies de docks dont nous avons déjà parlé, couvrent une surface de 96 hectares, et ont coûté 200 millions. Bientôt ils s'accroîtront des *docks Victoria*, dont la construction entraînera une dépense de 37 millions 500,000 fr. Ceux qui existent actuellement ont pu contenir à la fois, en 1850, 5,304 bâtiments, chargeant ou déchargeant leurs marchandises, qui représentaient un poids de 1 million 202,323 tonneaux, et ont produit une recette de 28 millions 250,000 francs. Quel visiteur à Londres n'a admiré dans le *London-Dock* les vastes caveaux où s'alignent dans un ordre parfait tant de milliers de pipes et de fûts de vins de tous les crûs du globe, et le fameux magasin au tabac, qui peut loger 18 à 20 millions de kilogrammes de cette denrée, et sa puissante et non moins fameuse cheminée, la *pipe de la reine*, où sont brûlés, avec toutes les formalités officielles et administratives, les tabacs avariés ou saisis en fraude? A Liverpool, on compte 50 docks et bassins de toutes sortes, dont la superficie d'eau est de 80 hectares 19 ares, et ayant coûté 250 millions. En 1851, les docks de Liverpool ont reçu dans leurs bassins près de 21,500 navires de 4 millions de tonneaux et fait sur le mouvement des marchandises, une perception de plus de 7 millions de francs. A Hull, 5 docks et 4 bassins à flot ont été successivement créés.

Rotterdam doit aussi à ses docks une partie de sa prospérité maritime; Trieste s'en est créé de considérables; Gênes doit en doter son port; Anvers se préoccupe aussi de cette question; la France reste en arrière, et sans vouloir contester l'utilité relative de la création de docks à Paris, on peut penser qu'un centre intérieur dont les magasins naturels, les vrais docks, sont Rouen et le Havre, d'où il tire en quelques heures ses approvisionnements à peu près au fur et à mesure de ses besoins, ne verra pas de sitôt ses docks s'élever à l'importance qu'auraient ceux d'un grand port, le Havre par exemple.

La situation de la France l'appelle à être le siége d'un transit énorme. Entre la Méditerranée et la mer du Nord, entre Marseille et le Havre ou Dunkerque, entre Marseille et Anvers ou Rotterdam, Marseille et la Suisse et l'Allemagne méridionale, le Havre et la Suisse et la même partie de l'Allemagne, il y a lieu à un transit des plus animés. De même, entre Bordeaux et Cette. Mais, pour cela, il faut que les navires trouvent chez nous les avantages qu'ils rencontrent dans d'autres contrées.

Les avantages des docks n'ont pas échappé au législateur français. Dès 1837 on s'occupa d'un dock à Marseille, et en 1844 d'un dock pour le Havre et pour Marseille. La loi du 5 août 1844, qui accorda 17 millions à Marseille et 20 millions au Havre, pourvut à l'établissement du bassin qui est l'organe essentiel du dock. En exécution de la loi, l'État acquit au Havre un terrain sur lequel doit être creusé le bassin et doit s'élever les magasins. Il a dépensé pour cet objet 2,250,000 fr.; et puis il s'est arrêté. Un traité vient d'être conclu (janvier 1854) entre l'état et la ville de Marseille afin de pourvoir à l'établissement de docks dans ce port.

A la Bourse de Paris, on est convenu d'appeler dock ce qui s'appelait naguère tout simplement un *entrepôt de douanes*, c'est-à-dire un établissement où les marchandises étrangères sont accueillies sans avoir à payer les droits de douanes, où elles ne les payent qu'en sortant. Ces *docks intérieurs* exercent en outre les attributions de maisons de prêts sur nantissement, par le moyen du certificat de dépôt ou *warrant*, qui est négociable avec un petit droit fixe d'enregistrement, qui lui-même est accepté par les banques publiques pour une fraction notable de sa valeur. Ce mécanisme, emprunté aux docks maritimes, doit dans certaines conditions données, s'appliquer avec succès à des centres intérieurs, où les besoins de la consommation, comme les habitudes et les nécessités du négoce et du crédit commercial appellent, concentrent telle ou telle nature de marchandises. Avant peu d'années, sans doute, il n'y aura pas une grande ligne de chemin de fer qui ne se termine par un dock, dépôt indispensable des denrées et des matières premières qu'elle ira puiser aux lieux de production, pour les concentrer, à l'avantage des producteurs comme des consommateurs, dans les principaux centres d'affaires et de négoce. Paris n'est-il pas, par exemple, le principal marché des grands produits de nos départements du Nord, des sucres de betterave, des huiles, des fontes, des lins, des toiles, et de vingt autres articles que fournissent aux provinces centrales de la France les industries du Nord, de l'Aisne, du Pas-de-Calais, de la Somme, de l'Oise, etc., articles qui, par leur importance et leur masse, peuvent constituer les éléments commerciaux et financiers d'un dock spécial? A ce point de vue, et sous ces conditions de spécialité, l'établissement des docks intérieurs, en contact direct avec les grandes lignes de chemins de fer, peut avoir de l'avenir.

Un décret du président de la république, daté de Roanne le 17 septembre 1852, a autorisé MM. Cusin, Legendre et Duchesne de Vère, à établir à Paris, sur les terrains qui leur appartiennent près la place de l'Europe, des magasins dans lesquels les négociants et industriels pourront, conformément au décret du 21 mars 1848, déposer les matières premières, les marchandises et objets fabriqués dont ils sont propriétaires. Les marchandises déposées dans lesdits magasins doivent toujours être considérées comme appartenant à des sujets neutres, quelle qu'en soit la provenance.

Ce nouvel établissement, qui a pris le titre pompeux de *Docks Napoléon*, et dont l'idée, comme le reconnaît le décret, est empruntée aux dispositions du décret du gouvernement provisoire du 21 mars 1848, doit être situé au milieu de ces terrains vagues qui existaient entre la rue du Rocher, et la rue de Clichy d'un côté, et de l'autre entre la rue Saint-Lazare et le chemin de ronde. Une somme de cinquante millions est affectée à la construction de ces vaste entrepôts. Le terrain sur lequel s'élèveront les magasins comprend une superficie de 65,000 mètres. Cet emplacement, de forme triangulaire, doit être occupé par un corps de bâtiment central, coupé transversalement par trois ailes d'inégale grandeur; 25,000 mètres de terrain seront couverts par les constructions, et au-devant d'immenses caves pratiquées au-dessous des magasins, doubleront l'étendue de la surface affectée au dépôt des marchandises. Des rails relieront entre elles les diverses parties de l'établissement, et des machines à vapeur, faisant mouvoir de puissants trucks, serviront à élever les chargements dans les huit étages de chaque bâtiment. Enfin pour prévenir toute chance d'incendie, le fer, la fonte, la pierre et la brique seront seuls employés dans la construction. L. LOUVET.

DOCTE (du latin *doctus*), s'emploie le plus souvent comme adjectif : ce prédicateur est fort *docte*; mais, ainsi que son synonyme *savant*, il est quelquefois pris substantivement : les *doctes* ne sont pas de cet avis. *Docte* se dit particulièrement de celui qui réunit dans sa mémoire un grand nombre de connaissances, et qui les possède avec intelligence. « *Docte*, qui a une instruction solide et étendue, » dit Rivarol. On peut être érudit et même savant, sans jouir de ce dernier avantage. Un homme *docte* a ordinairement trop de bon sens pour être pédant; on ne peut en dire autant du savant et de l'érudit. Boileau, avec une modestie toute poétique, n'a pas cru, sans doute, faire de lui-même un éloge médiocre lorsqu'il a dit :

J'ai su dans mes écrits, *docte*, enjoué, sublime,
Rassembler en moi Perse, Horace et Juvénal.

Ailleurs, s'adressant à l'abbé Renaudot, il débute ainsi dans sa douzième épître

Docte abbé, tu dis vrai, l'homme au crime attaché,
En vain, sans aimer Dieu, prétend sortir du péché.

Saint-Évremond a dit : « Ayons toujours plus de soin de nous montrer intelligibles que de paraître *doctes!* » *Docte* s'applique aussi aux choses : un livre *docte*, une *docte* dissertation, c'est-à-dire qui contient beaucoup de *doctrine*

Les faiseurs de synonymes ont fait assaut de subtilités à propos des mots habile, docte, savant, érudit, etc. L'un vous dira : « Les connaissances qui se réduisent en pratique rendent *habile*; celles qui ne demandent que de la spéculation font le *savant* ; celles qui remplissent la mémoire font l'homme *docte*. » On sent combien est fausse cette dernière observation, accueillie même dans l'édition des synonymes de M. Guizot. Un autre ajoutera, sans plus de justesse : « On dit du prédicateur et de l'avocat qu'ils sont *habiles* ; du philosophe et du mathématicien qu'ils sont *savants* ; de l'historien et du jurisconsulte, qu'ils sont *doctes*. »

Comme si un prédicateur nourri d'une forte et saine doctrine n'était pas *docte !* comme si un philosophe savant et judicieux n'était pas *docte !* comme si un historien tel que Thierry, Guizot ou Gibbon, n'était pas habile aussi bien que *docte !* Nous trouvons plus de justesse dans les deux observations suivantes : « L'*habile* est plus entendu, le *savant* plus profond, le *docte* plus universel. Nous devenons *habiles* par l'expérience, *savants* par la méditation, *doctes* par la lecture. » Et encore ne peut-on pas demander si, pour devenir *docte*, on peut se passer de méditer sur ce qu'on a lu? Voici encore d'autres déductions analogues. « L'*érudit* et le *docte savant* des faits dans tous les genres de littérature ; l'*érudit* en sait beaucoup, le *docte* en sait bien, le *docte* et le *savant* connaissent avec intelligence. » Jusque là nous ne trouvons rien à objecter, mais ici les distinctions deviennent moins justes. « Le *docte* connaît des faits de littérature qu'il sait appliquer, le *savant* connaît des principes dont il sait tirer des conséquences. » Nous demanderons encore si le *docte* peut, plus que le *savant*, se passer de remonter aux principes de ce qu'il sait, puisque le *docte* est essentiellement judicieux? Ailleurs, nous trouvons : « Une bonne mémoire et de la patience dans l'étude suffisent pour former un *érudit*. Ajoutez de l'intelligence et de la réflexion, vous aurez un homme *docte*. Appliquez celui-ci à des matières de spéculation et de sciences, et donnez-lui de la pénétration, vous en ferez un *savant*. »

En somme, *docte* ne peut jamais s'employer en mauvaise part. Dire d'un homme : ce n'est qu'un *savant*, ce n'est qu'un *érudit*, c'est lui refuser implicitement le mérite d'un esprit agréable et judicieux. Au contraire, *docte* emporte toujours une idée favorable. Il en est de même des choses : un *docte* commentaire veut dire un commentaire où l'érudition est employée avec discernement et intelligence. Appliquée à un livre, cette épithète indique un ouvrage à la fois savant et bien composé, tandis qu'un livre savant peut manquer du mérite de la forme. *Docte* en l'art de plaire se dit peu ; *savant* en l'art de plaire vaut mieux. De même, on dit d'un grand prince qu'il est *savant* (et non *docte*) en l'art de régner suivant la remarque de D'Alembert.

Charles Du Rozoir.

DOCTEUR. Ce mot, qui a la même étymologie que *d o c t e*, signifiait dans l'origine tout homme qui enseignait ; il ne marquait pas une dignité particulière ; mais depuis longtemps le titre de *docteur* s'applique à une personne qui, ayant passé par tous les degrés d'une faculté et subi les épreuves prescrites, a le droit d'enseigner et de pratiquer la science dont cette faculté fait profession. Le doctorat était, sous l'ancien régime, le premier des quatre degrés ou grades universitaires, qui étaient ceux de *maître ès arts, bachelier, licencié et docteur*. Dans notre nouvelle université, il n'y a, en tout, que trois grades, le *baccalauréat*, la *licence* et le *doctorat*. Ce fut vers le milieu du douzième siècle que furent institués et le *doctorat* et les degrés qui y conduisaient. La première installation solennelle de *docteur* se fit à l'université de Bologne, en la personne de Bulgarus, professeur en droit. Le savant Bolonais Irnerius, régénérateur du droit romain à cette époque, fit à cet égard un formulaire ou prospectus constamment suivi depuis, et qui donnait une grande solennité aux réceptions doctorales. L'université de Paris se hâta d'adopter cet usage. La première réception de *docteur* y eut lieu en 1145 en faveur de Pierre Lombard et de Gilbert de la Porrée, qui étaient les plus forts théologiens de l'époque. Selon une autre tradition, le titre de *docteur* avait commencé à être en usage dès l'an 1140, après la publication du livre des *Sentences* de Pierre Lombard ; car alors on appela *docteur* ceux qui expliquaient cet ouvrage à leurs écoliers. Ce titre fut à cette époque, substitué à celui de *maître* qui était, devenu trop commun et trop familier, et qui se conserva toujours dans les communautés religieuses, où l'on ne donnait pas d'autre titre aux *docteurs* en droit ou en théologie.

Le titre et le degré de *docteur* ne furent d'usage en Angleterre que sous le roi Jean, vers l'an 1207. En Allemagne, dans le moyen âge, un *docteur ès lois* était investi de priviléges qui le mettaient sur la même ligne que les chevaliers et les prélats. A la fameuse diète de Roncaglia, tenue en 1158, sous la présidence de l'empereur Frédéric Ier, quatre *docteurs* ou jurisconsultes bolonais élevèrent par leurs décisions l'autorité impériale bien au-dessus de celle des pontifes. Ils déclarèrent que l'empereur devait posséder en pleine liberté tous les droits régaliens. A cette sentence, qui était effectivement fondée sur les anciens usages, les quatre *docteurs* joignirent une maxime bien chère et presque toujours fatale aux rois : *tua voluntas jus esto* ; *cicuti dicitur, quidquid principi placuit legis habet vigorem* (que la volonté soit le droit ; en d'autre termes : tout ce qui plaît au prince a force de loi). Parmi les diciples des quatre jurisconsultes de Roncaglia, on distingue une foule de *docteurs* célèbres, entre autres A c c u r s e et B a r t o l o, surnommé le *soleil des jurisconsultes, le maître de la vérité, le guide des aveugles*. Au surplus, le moyen âge ne fut pas avare de ces qualifications, et ceux qui se signalaient par leur savoir, les recevaient avec le titre de *docteur* : ainsi A l e x a n d r e d e H a l e s est appelé le *docteur irréfragable*, saint T h o m a s d'A q u i n le *docteur angélique*, saint B o n a v e n t u r e le *docteur séraphique*, Jean D u n s ou Scot le *docteur subtil*, Raymond L u l l e le *docteur illuminé*, Roger Bacon le *docteur admirable*, Guillaume O c c a m le *docteur singulier*, Jean G e r s o n le *docteur chrétien*, Denys le Chartreux le *docteur extatique*, Alain de Lille le *docteur universel*.

Dès l'an 1139, la jurisprudence ayant pris place à côté de la théologie dans l'université de Paris, il y eut à la fois des *docteurs* en droit et en théologie. Plus tard, la médecine y eut ses *docteurs*; enfin, dès 1340, les quatre facultés s'y trouvèrent organisées. Dans le treizième siècle, l'académie de Toulouse eut ses *bacheliers* et des *docteurs ès lois d'amors* ou *dans les flours du gai savoir*. Mais, sans plus insister sur les souvenirs du moyen âge, revenons à ce qui existait en 1789. Il y avait dans les universités des *docteurs* en théologie, en droit, en médecine, ès arts. Aujourd'hui, les *docteurs ès arts* s'appellent *docteurs ès lettres* ; et le décret impérial de 1808, en établissant la nouvelle université, a institué des *docteurs ès sciences* et des *docteurs en théologie protestante*. Il en coûtait environ 600 livres pour acquérir le doctorat en médecine dans l'université de Paris, 800 livres pour la faculté de droit, 850 livres en théologie pour la maison des Cholets, et 1,200 livres si l'on voulait être de la maison de Sorbonne ou de Navarre. Les réguliers ne payaient que 300 livres. Presque toutes les épreuves, devenues dérisoires jusqu'au grade de licencié (sauf à la faculté de théologie, où l'on se montra toujours plus sévère), étaient plus rigides pour le *doctorat*. C'était avec la plus grande solennité qu'on procédait à la réception d'un *docteur en théologie*. Le bonnet doctoral lui était remis en grande pompe dans une des salles de l'archevêché. Les *docteurs* en théologie devaient toujours être prêtres. La considération attachée au titre de *docteur en Sorbonne*, de cette faculté théologique qu'on appelait le concile perpétuel de l'Église gallicane, était encore très-grande en 1789. Voltaire et les incrédules du dix-huitième siècle savaient bien ce qu'ils faisaient en attaquant par le ridicule les *docteurs* de Sorbonne. La fameuse thèse de l'abbé de Prades, le *Bélisaire* et maints autres livres philosophiques censurés dans le siècle dernier par les *docteurs* de Sorbonne, ont donné lieu à des écrits polémiques assez nombreux. Tout philosophe qu'il était, l'abbé M o r e l l e t s'enorgueillit, jusque dans ses derniers jours, du titre de *docteur de Sorbonne*. Depuis que la révolution de 1789 a détruit ce vénérable et docte séminaire dont la faculté de théologie actuelle de l'Académie de Paris n'est qu'une reproduction faible et sans vitalité, la mort a moissonné tous les anciens *docteurs*.

Dans les facultés de droit, on distinguait trois sortes de docteurs : des docteurs en *droit civil*, des docteurs en *droit canon*, et des docteurs *in utroque jure*, c'est-à-dire en droit civil et en droit canon. Mais depuis la révocation de l'édit de Nantes on n'était admis à prendre des degrés en droit civil seulement, quoiqu'on fût libre de les prendre en droit canon seulement.

Les docteurs, étant du corps de l'université, ont été longtemps sans pouvoir se marier; les docteurs en médecine furent les premiers qui jouirent de ce privilége.

Aujourd'hui les conditions pour être admis au degré de docteur sont réglées par l'ordonnance du 2 février 1823 pour la faculté de médecine; par le décret du 17 mars 1808 pour celles des lettres, des sciences et de théologie; et par l'ordonnance du 4 octobre 1820 pour celle de droit.

Mentionnons encore qu'à Oxford et à Cambridge, et tout récemment aussi dans quelques universités d'Allemagne, on a délivré des diplômes de *docteur en musique* ; enfin, qu'il est des exemples de ce titre décerné à des femmes. C'est ainsi qu'en 1787 l'université de Goettingue décerna le titre de *docteur en philosophie* à Dorothée Schlœsser; l'université de Giessen, en 1817, le titre de *docteur en médecine* à Mariane-Charlotte de Siebold; et l'université de Marbourg , en 1827, le titre de *docteur en philosophie* à Jeanne Wyttenbach.

Dans l'université de Paris, on appelait *docteur ubiquiste*, tout docteur en théologie qui n'appartenait pas aux maisons de Sorbonne, de Navarre ou des Cholets; *docteur-gérant*, celui qui remplissait activement une chaire, qui *enseignait utilement* , pour employer l'expression consacrée. *Docteur cathédralique* signifiait la même chose en Espagne. Pasquier, dans ses *Recherches sur la France*, dit que les *docteurs canonistes* (c'est-à-dire en droit canon) surpassaient les jurisconsultes en chicanes et en subtilités.

Docteur à la douzaine, docteur d'Asnières, docteur en soupe salée, autant d'expressions proverbiales auxquelles avaient donné lieu les réceptions scandaleusement faciles qui avaient lieu pour le *doctorat* à Asnières, village à une lieue de Dijon, célèbre par ses grottes et encore plus par une université où il se faisait plus de *docteurs* que dans toutes les autres ensemble.

L'histoire de la réforme et celle de la ligue en France indiquent que le zèle des *docteurs en théologie* n'était pas toujours selon la science. Le fameux intermède du *Malade imaginaire* , sans rien prouver contre la médecine, manifeste au moins que, du temps de Molière, les réceptions doctorales n'étaient pas à l'abri du ridicule. Nous avons connu dans notre première jeunesse de vieux praticiens qui avaient été reçus *docteurs en médecine* sans avoir jamais su le latin ni lu Hippocrate. Ils n'en avaient pas moins une brillante clientèle. Aujourd'hui du moins, les épreuves qu'on subit dans toutes les facultés, pour le *doctorat*, sont sérieuses : ce n'est plus seulement un sacrifice pécuniaire de la part du récipiendaire, une connivence vénale de la part des *docteurs-juges*.

Nos vieux auteurs sont remplis de traits qui font connaître combien le titre de *docteur* était tombé en discrédit. Villon, d'abord, avait dit :

Voilà ce qu'un *docteur*, abbé , te répondra,
Et que mieux qu'un *docteur* la raison t'apprendra.

Molière a débuté par deux ou trois pièces à canevas dont le héros, toujours honni, bafoué, était un *docteur*. Il n'en avait pas l'invention ; ces canevas étaient empruntés à l'Italie. Combien Boileau n'a-t-il pas rimé de boutades contre les hommes coiffés du bonnet ?

Furetière, dans son *Dictionnaire*, avait imprimé au mot oublier : « Un bachelier est un homme qui apprend ; un *docteur* est un homme qui oublie. » Après la mort de Furetière, Basnage, qui était *docteur*, fit disparaître cette épigramme dans une édition subséquente. Que de traits sur les *docteurs* dans La Fontaine! Et Le Sage avec son *docteur* Sangrado! Voltaire n'a pas manqué non plus de boutades, surtout contre les *docteurs* en théologie. L'abbé Desfontaines nommait les adeptes de la littérature facile (car il y en avait aussi de son temps) « des *docteurs* ignorants, ayant pris leur licence dans les cafés. »

Pour établir la différence qui existe entre *docte* et *docteur*, La Bruyère a tracé cet ingénieux tableau où la critique est toute en action. « Un homme à la cour, dit-il , et souvent à la ville, qui a un long manteau de soie ou de drap de Hollande, une ceinture large et placée haut sur l'estomac, le soulier de maroquin, la calotte de même d'un beau grain, un collet bien fait et bien empesé, les cheveux bien arrangés et le teint vermeil; qui avec cela se souvient de quelques distinctions métaphysiques, explique ce que c'est que la lumière de gloire , et sait précisément comment l'on voit Dieu, cela s'appelle un *docteur*. Une personne humble qui est ensevelie dans le cabinet, qui a médité, cherché, consulté, confronté , lu ou écrit pendant toute sa vie, est un homme *docte*. » Cette distinction a été adoptée par les faiseurs de dictionnaires. « Depuis quelque temps, dit l'un d'eux, le mot *docteur* dit moins que celui de *docte*, parce qu'il y a un grand nombre de *docteurs* qui ne sont pas doctes , et un grand nombre d'hommes *doctes* qui ne sont pas *docteurs*. » La science du monde vaut mieux que celle des *docteurs* pour la conduite de la vie civile. A peine savez-vous ce que les termes signifient, et cependant, vous parlez comme un *docteur*. Ce préjugé si répandu autrefois contre un titre originairement très-honorable, l'est beaucoup moins en France depuis que les récipiendaires sont soumis dans les diverses facultés à des épreuves sérieuses. Aussi les médecins ne peuvent-ils s'être flattés du titre de *docteur* que, d'un ton à la fois respectueux et familier, il est d'usage de leur donner aujourd'hui. A Hambourg, les gens de la basse classe qualifient de *docteurs* tous les étrangers.

Docteur de la loi se disait de temps immémorial chez les Juifs : c'était à la fois un titre de science et de dignité. Les *docteurs de la loi* ou *rabbins* étaient reçus avec le même apparat que nos *docteurs en théologie* : on investissait du rabbinisme en remettant au récipiendaire une clef et des tablettes. La clef était le symbole de la science enfermée dans le cœur; le *docteur* devait l'ouvrir pour en faire part à ses disciples. C'est dans ce sens que Jésus a dit : « Malheur à vous , *docteurs de la loi*, parce que vous avez pris la clef de la science, que vous n'y êtes pas entrés vous-mêmes, et que vous empêchez d'y entrer ceux qui se présentent (saint Luc, XI n°52). » Dans l'église grecque, *docteur* est le titre d'une dignité ecclésiastique très-respectée : c'est celui qui interprète les Évangiles. La qualité de *docteur* est si prisée chez les Arméniens qu'ils la donnent avec autant de cérémonies que les ordres. Ils disent que cette dignité est à l'instar de celle de Jésus-Christ, qu'ils appellent *rabbi*, c'est-à-dire *docteur* ou maître. Dans le bréviaire romain, l'office pour les *docteurs* vient immédiatement après celui pour les évêques. Le nom de *docteurs* a été donné à quelques-uns des Saints Pères, dont la doctrine et les opinions ont été le plus généralement suivies et autorisées par l'église. On compte ordinairement quatre *docteurs* de l'Église grecque et quatre de l'Église latine. Les premiers sont saint Athanase, saint Basile, saint Grégoire de Nazianze et saint Jean Chrysostome; les autres sont saint Augustin, saint Jérôme, saint Grégoire le Grand et saint Ambroise. Depuis, le pape Pie V a assigné à saint Thomas d'Aquin le cinquième rang parmi les *docteurs*, et Sixte-Quint a attribué le sixième à saint Bonaventure. On a appelé saint Paul le *docteur des nations*.

Docteur se dit également, au figuré, de ceux qui sont habiles en certaine profession, quoiqu'ils n'aient pas reçu les degrés. Il faut consulter cet homme-là, il est *docteur* en cet art. Cromwell faisait le *docteur* et le prophète, et mêlait ainsi mille personnages divers (Fléchier); Épicure est le *docteur* de la volupté (Saint-Évremond). Préférons la pauvreté dont Jésus-Christ fut le *docteur* et le modèle, etc. En religion, on appelle *docteur de la vérité* celui qui enseigne une doctrine vraie et orthodoxe; *docteurs du mensonge*, ceux qui enseignent une doctrine fausse et erronée. Ce mot s'emploie heureusement dans le style familier :

C'est le besoin, *docteur en stratagème.*

a dit La Fontaine. Ovide et Gentil-Bernard ont été *docteurs* en l'art de plaire; Voltaire, *docteur* en incrédulité; Brillat Savarin, après Grimod de la Reynière, *docteur* en gastronomie. *Docteur* est souvent synonyme de *pédant* : faire le *docteur* ne se prend jamais qu'en mauvaise part.

Impose à tous silence, et d'un ton de *docteur*,
Morbleu! dit-il, La Serre est un charmant auteur.
(BOILEAU.)

Ah! les femmes *docteurs* ne sont pas de mon goût.
(MOLIÈRE.)

Le mot *doctoresse* se disait autrefois d'une femme qui affectait l'érudition. Il ne se prenait qu'en mauvaise part. Mme Dacier, vrai *docteur* par la science, se montrait la plus intolérante *doctoresse* dans les disputes littéraires.

Charles DU ROZOIR.

DOCTORAL, qui appartient à un *docteur*. On donnait l'investiture de ce grade par le *bonnet doctoral*. Quand on dégradait un *docteur*, on lui enlevait son bonnet *doctoral*. Pour décider, dit Boileau,

Que l'homme, qu'un chrétien,
Est obligé d'aimer l'unique auteur du bien,
Le Dieu qui le nourrit, le Dieu qui le fait naître,
Qui nous vint par sa mort donner un second être,
Faut-il avoir reçu le *bonnet doctoral* ?

On dit au figuré : la vanité, la morgue *doctorales*, sont le ridicule de certains savants; dire des âneries d'un ton *doctoral*.
Charles DU ROZOIR.

DOCTORAT. *Voyez* DOCTEUR.

DOCTOR'S COMMONS. *Voyez* COURTS.

DOCTRINAIRES, ou PRÊTRES DE LA DOCTRINE CHRÉTIENNE, congrégation fondée en 1592, par César de Bus, chanoine et théologal de Cavaillon (Vaucluse), dans le but de catéchiser le peuple des campagnes et de l'instruire des mystères de la foi. Elle accepta depuis la direction de nombreux collèges, et eut des établissements florissants. En 1597, Clément VIII l'approuva par un bref qui porte qu'elle admettra des hommes de tout état et de toute condition, vivant dans le célibat; que les prêtres rempliront les fonctions de leur ministère sous l'autorité des ordinaires; et que les rétributions reçues par les uns et les revenus des autres seront mis en commun pour les besoins de tous. Louis XIII confirma ce bref par lettres patentes de 1616. La même année, le pape Paul V, par un nouveau bref, permit aux Doctrinaires de faire des vœux, et les unit aux Somasques. Cette union fut peu durable. Il y avait antipathie réciproque. La fusion fut déclarée irrégulière en 1646 par arrêt du conseil d'État, qui annula les lettres patentes de 1616. Déjà en 1619 une fraction des Doctrinaires, ne voulant pas s'astreindre à des vœux, s'étaient séparée de ses frères pour s'unir aux Oratoriens. Innocent X, par un bref de 1647, rétablit les Doctrinaires dans leur état primitif. En 1659, Alexandre VII leur permit de faire les trois vœux et un serment de stabilité. Le bref du pontife fut confirmé par lettres patentes dûment enregistrées. Cependant, la régularité des Doctrinaires, contestée par les évêques, confirmée par les papes, était une source continuelle de discussions, auxquelles coupèrent court enfin des lettres patentes de 1726, que le parlement enregistra le 15 octobre suivant. Elles déclarèrent la congrégation séculière soumise aux ordinaires et obligée à des vœux.

César de Bus avait aussi fondé une congrégation des *Filles de la Doctrine* (*voyez* URSULINES).

Les Doctrinaires eurent dès 1628 un établissement à Paris, créé par Jean-François de Gondy, premier archevêque de cette capitale, appelé *la Maison de saint Charles*, situé rue des Fossés-Saint-Victor et qui devint le chef-lieu de la congrégation. On y formait des séminaristes pour l'instruction des jeunes gens qui se destinaient au sacerdoce. Il y avait une belle bibliothèque, ouverte deux fois par semaine au public, et une église dédiée à saint Charles Borromée. Cet établissement, fermé le 5 avril 1792, est devenu une propriété particulière. Les collèges que la congrégation possédait en France, et dont le nombre s'était accru à la suite de la destruction des Jésuites, furent supprimés lors de la première révolution, comme tous les corps enseignants, et n'ont point été rétablis. Les Doctrinaires qui les dirigeaient avaient été sécularisés, de leurs vœux, quoique simples, quelque temps avant leur suppression. Bug. G. DE MONGLAVE.

DOCTRINAIRES. On a appelé ainsi une école ou plutôt une *coterie* philosophique et politique, dont l'influence n'a pas cessé de se faire sentir depuis les dernières années de l'empire, soit dans le monde des opinions et des idées, soit dans celui des affaires, c'est-à-dire dans le mouvement des partis et dans le gouvernement de la France. En politique, les *doctrinaires* furent toujours monarchiques; ils faisaient de plus parade autrefois de leur dévoûment à la *dynastie légitime*. Seulement, comme leur royalisme était conditionnel, et qu'ils y ajoutaient des exigences constitutionnelles, les absolutistes de 1815, incommodés du voisinage de ces alliés trop raisonneurs, voulurent les séparer d'eux en les distinguant par un *sobriquet* exprimant qu'ils tenaient plus par orgueil à certaines abstractions qu'ils n'étaient attachés par affection à l'ordre monarchique existant. Les libéraux adoptèrent avec empressement le *sobriquet*, parce qu'il leur servait aussi à tracer une ligne de démarcation entre les constitutionnels issus du parti national, et les constitutionnels sortis du parti de l'émigration.

Les doctrinaires furent donc les premiers constitutionnels du vieux royalisme, les libéraux spéculatifs de la contre-révolution. En conspirant pour la légitimité, ils ne la séparaient pas de la charte anglaise ou de quelque chose d'analogue, espérant remplacer parmi nous l'aristocratie féodale de la Grande-Bretagne par une aristocratie nouvelle, semi-nobiliaire et semi-bourgeoise. A vrai dire, pour trouver le berceau du doctrinarisme, il faudrait remonter jusqu'à ce premier *comité de constitution*, où siégeaient Mounier, Lally-Tollendal, Clermont-Tonnerre, Talleyrand, l'abbé de Montesquiou, etc., qui ne laissa pas s'exercer la haute influence du prince qui régna depuis sur la France sous le nom de Louis XVIII. La charte de 1814 avait été élaborée, pour ainsi dire, depuis vingt-cinq ans, dans ce comité, dont la plupart des membres, survivant à la république et à l'empire, figurèrent dans les conciliabules qui préparèrent la restauration et la façonnèrent à l'anglaise. Tout le monde sait en effet que, du fond de son exil, le chef de la branche aînée des Bourbons avait organisé dans Paris un *conseil royal*, chargé des intérêts de la légitimité. Quelques membres de l'ancien comité de constitution en faisaient partie, et entre autres l'abbé de Montesquiou. Autour de cet ex-constituant, dont Mirabeau avait dit : *Méfiez-vous de ce petit serpent, il vous séduira*, vinrent se grouper des hommes nouveaux, également attachés au culte de l'antique monarchie et portés à l'admiration et à l'imitation des doctrines et des institutions anglaises. Royer-Collard fut de ce nombre. Aux approches de la restauration, un jeune homme plein de savoir, de talent et d'ardeur, se fit aussi remarquer dans l'entourage de l'abbé de Montesquiou, dont il devint même plus tard le secrétaire-général au ministère de l'Intérieur; c'était M. Guizot.

Le succès des armes russes et prussiennes, produit bâtard du destin et de la trahison, amena le triomphe des doctrines anglaises. Le premier *comité de constitution* s'était retrouvé presque en entier au bivouac des alliés ou dans les salons du prince de Bénévent. L'anglomanie, saisissant le timon des affaires, avait placé Talleyrand aux relations extérieures avec la présidence du conseil, l'abbé de Montesquiou à l'intérieur, Royer-Collard à la direction générale de l'imprimerie et au conseil d'État, et M. Guizot était devenu le secrétaire, sinon le conseiller, du ministre dont la finesse avait paru dangereuse à Mirabeau. Pourquoi Necker n'avait-il pas vécu jusque-là? A son défaut, son illustre fille, Mme de Staël, se hâta de rentrer en France et d'apporter aux vainqueurs le secours de son nom et de son génie. Cette femme célèbre, aurait pu devenir pour les doctrinaires ce que Mme Rolland avait été pour les girondins, un centre d'attraction et un foyer d'inspiration, si la mort n'était venue la frapper trop tôt. Mais son fils et son gendre, dignes héritiers de son illustration comme de ses principes et de ses sympathies, tant en philosophie qu'en politique, marquèrent tout d'abord avec éclat, le duc de Broglie surtout, parmi les membres les plus distingués de l'école qui se constituait sous la vieille bannière de Necker, conservée en secret à Hartwell et déployée solennellement à Saint-Ouen.

A la première restauration, les doctrinaires restèrent à peu près inaperçus. A l'époque des Cent-Jours, la conduite des doctrinaires ne fut pas uniforme; une première distinction s'établit entre Royer-Collard et M. Guizot. Le maître resta en France, inébranlable dans sa chaire; le disciple fit *le fameux voyage de Belgique en temps prohibé*. Au retour de Gand, où il avait participé à la rédaction du *Moniteur* émigré, M. Guizot reprit sa position au ministère de l'Intérieur. Royer-Collard, Camille Jordan, de Serre, etc., entrèrent à la chambre des députés. Ce fut la plus belle époque de la vie politique de ces hommes. Perdus et presque imperceptibles au milieu d'une majorité compacte de réacteurs qui s'abattaient en furieux sur toutes les libertés et toutes les gloires de la France nouvelle, ils se trouvèrent placés aux avant-postes du parti constitutionnel, et ils remplirent dignement la tâche dont le malheur des temps les avait investis, défendant pied à pied les conquêtes légitimes de la révolution, protestant noblement au nom de la modération et de la justice contre les excès de l'ultra-royalisme, repoussant avec la double puissance du talent et du courage les proscriptions et toutes les mesures insensées et odieuses qui ont donné à la *chambre introuvable* une couleur ineffaçable. Il est regrettable pour M. Guizot que son heure parlementaire ne fût pas encore venue. Tandis que ses amis se couvraient de gloire dans les luttes solennelles de la tribune, il resta confiné dans la région obscure des bureaux, impuissant contre la réaction, qu'il eût été si heureux de combattre à la face du pays, et qu'on l'a accusé, au contraire, d'avoir servie par son inaction en son silence. Le duc de Broglie, quoique d'un âge voisin de celui de M. Guizot, et, comme lui, au début de sa carrière, fut mieux favorisé par les circonstances. Porté à la chambre des pairs, par l'illustration de son nom, il put profiter du privilège de sa naissance pour constater l'éminence de son mérite, en flétrissant avec indignation les exigences sanguinaires et les mesures liberticides d'une faction qui dominait le gouvernement, sous la protection des baïonnettes étrangères.

Après l'ordonnance du 5 septembre 1816, les doctrinaires parurent à la tête de la majorité parlementaire que les élections nouvelles donnèrent au parti constitutionnel. Cependant ils obtinrent plus d'estime que d'influence dans le sein de la chambre. Hommes de théories, ils se virent souvent abandonner, dans leurs idées particulières, par la majorité, qui trouvait beaucoup plus intelligible pour elle la politique routinière des praticiens du parti ministériel, tels que MM. Decazes, Pasquier, Lainé, Ravez, etc. Lors de la discussion de la nouvelle loi électorale, en 1817, ils présentèrent divers amendements qui furent presque toujours rejetés, et, entre autres, celui qui établissait contre les électeurs absents une peine semblable à celle qui frappe les jurés défaillants. Si, comme ils en avaient la prétention, ils se distinguaient réellement de la foule ministérielle par de fortes études et des connaissances spéciales en philosophie et en politique spéculative, ils mirent d'ailleurs tant d'affectation à marquer cette distinction, que la malignité et la jalousie, provoqués par leur vanité, les signalèrent bientôt sous le nom de *doctrinaires*, et comme ne formant qu'une petite coterie remplissant à peine *le canapé* sur lequel elle avait l'habitude de s'asseoir. Jusqu'en 1820, les doctrinaires marchèrent unis entre eux et avec le reste de la phalange ministérielle; mais, à cette époque, ils se divisèrent. Pour la seconde fois, le disciple se sépara du maître; M. Guizot suivit, avec M. de Serre, le mouvement rétrograde de M. Decazes, tandis que Royer-Collard et Camille Jordan restèrent fidèles à leur drapeau. Mais un événement imprévu les rapprocha. Le crime de Louvel renversa M. Decazes, et M. Guizot, entraîné dans la chute du favori, prit peu de temps après, dans l'opposition, le haut rang qu'il garda jusqu'en 1830, et qui lui rendit le ministère accessible dès les premiers jours de la révolution de juillet.

Les écrits de M. Guizot produisirent une vive sensation. Ils valurent à leur auteur, malgré ses antécédents, une popularité presque aussi grande que l'impopularité dont il a été frappé depuis. Mais ni M. Guizot ni aucun des royalistes constitutionnels et des hommes éminents qui avaient conseillé et servi la Restauration ne pouvaient rien changer aux projets et à la marche du gouvernement. L'esprit de vertige, avant-coureur de la chute des rois, continua d'égarer les meneurs de la contre-révolution, clercs ou nobles, sacristains ou châtelains, gens d'église ou de cour. Pour la seconde fois, depuis 1814, les doctrinaires se virent à la tête du parti constitutionnel; et, bien qu'ils eussent perdu quelques-uns de leurs plus beaux talents et de leurs plus nobles caractères, Camille Jordan et de Serre, ils combattirent le parti rétrograde avec autant de vigueur et de succès que si la mort n'avait pas dégarni leurs rangs, conservant toute leur gloire, à la tribune, par M. Royer-Collard, et dans la presse, par M. Guizot. Ces deux redoutables athlètes ne restèrent pas toutefois isolés sous leur tente. S'ils étaient privés des secours de quelques vieux compagnons d'armes, il leur arriva aussi de nouvelles milices pleines de jeunesse et d'ardeur. MM. Dubois (de la Loire-Inférieure), Jouffroy, Pierre Leroux, Duchâtel, Damiron, Duvergier de Hauranne fils, Lerminier, Sainte-Beuve, Rémusat, Jaubert, Vitet, etc., la plupart sortis de l'École normale, réorganisée par Royer-Collard, se groupèrent autour de M. Guizot, et participèrent à la fondation et à la rédaction du *Globe*, qui fut d'abord purement philosophique et littéraire, et qui devint ensuite politique à mesure que la Restauration approcha de l'abîme. Ces habiles et courageux écrivains formèrent la seconde génération des doctrinaires. Plus remuants que leurs devanciers, ils ne se contentèrent pas de parler et d'écrire, ils voulurent aussi agir, et ils fondèrent des associations puissantes pour diriger les élections. De la *Société de la Morale chrétienne*, institution purement philanthropique, et au sein de laquelle le duc de Broglie et M. Guizot exerçaient une suprême influence, les doctrinaires se jetèrent dans les réunions politiques, et ils donnèrent pour titre et pour devise à leur club électoral : *Aide-toi, le ciel t'aidera* ! Le ciel leur accorda, en effet, une assistance proportionnelle à leur propre activité. Aux élections de 1827, ils obtinrent sept nominations pour le Nestor du *canapé*, pour l'illustre et vénérable Royer-Collard, et ils amenèrent à la chambre des députés cette fameuse majorité des 221, devant laquelle devait se briser un jour la volonté immuable de Charles X. Martignac et ses amis formèrent un ministère. Les doctrinaires, comme l'on devait s'y attendre, devinrent ministériels. La plupart d'entre eux exigèrent expressément que leur nom cessât de figurer sur la liste des membres de la société *Aide-toi, le ciel t'aidera.* M. Guizot se montra plus circonspect et plus prévoyant. Laissant maintenir son nom sur le tableau des membres du club électoral, il se contenta d'une semi-défection en affectant de ne plus y paraître. Les événements ne tardèrent pas à justifier ses prévisions. Martignac tomba, Polignac parut; la société électorale reprit toute son activité, et l'on se fit de nouveau gloire d'en être. Les doctrinaires ne manquèrent pas de manœuvrer de manière à se trouver encore à la tête de l'opposition, qui avait la France derrière elle.

La dernière heure de la dynastie vint à sonner : ce fut le signal d'une nouvelle division parmi les doctrinaires. Royer-Collard resta légitimiste et libéral ; M. Guizot se fit quasi-légitimiste et quasi-libéral. Le maître refusa de servir le nouveau gouvernement, et on le laissa seul ; le disciple, devenu député, accepta un portefeuille, et la foule des adeptes l'entoura. Trois ou quatre rédacteurs du *Globe* seulement demeurèrent dans l'opposition. Les doctrinaires obtinrent deux ministères dans le cabinet qui se forma le lendemain de la révolution de Juillet : M. Guizot eut l'intérieur, M. de Broglie l'instruction publique.

« L'éclectisme, disait l'un de nos collaborateurs, c'est la Restauration moins les ordonnances. » M. Cousin avait dit à peu près la même chose en d'autres termes. La révolution de 1830 se bornant à supprimer les ordonnances, l'éclectisme triomphait donc, et la Restauration reprenait sa pureté primitive sous une nouvelle dynastie. Cependant, l'éclectisme politique de la branche aînée des Bourbons différait essentiellement de celui de la branche cadette. Le premier reposait sur le droit divin, le second avait sa base dans la souveraineté nationale. Cette différence fondamentale en produisait naturellement une autre dans la conduite des doctrinaires. Ils avaient été les modérateurs du principe monarchique sous Louis XVIII et Charles X ; ils devinrent les modérateurs du principe démocratique sous Louis-Philippe. De l'arrière-garde du parti libéral, ils passèrent à l'avant-garde du parti conservateur. Dans l'opposition, ils avaient combattu l'exagération royaliste et la violence gouvernementale, en s'appuyant sur les idées constitutionnelles, en invoquant la sagesse des lois et des institutions, en faisant parler la raison et la prudence. Dans le gouvernement, ils furent souvent réduits à opposer l'exagération à l'exagération, et, soumettant la monarchie tempérée au régime acerbe des lois spéciales et transitoires, ils justifièrent le mot de La Fayette, qui les avait appelés des *furieux de modération*. Les ordres *impitoyables* entrèrent dans le programme des éclectiques avec le redoutable cortège des mesures exceptionnelles. Il est juste de dire que le chef *honoraire* des doctrinaires, le patriarche de l'éclectisme, le vénérable Royer-Collard, demeura muet un son banc depuis 1830, rompit tout à coup le lien qu'il avait imposé à sa puissante parole, en signe de deuil, et protesta énergiquement contre les *lois de septembre.*

Les doctrinaires n'ont pas toutefois occupé constamment le ministère sous le gouvernement de Juillet. Laffitte les en fit sortir ; Casimir Périer les relégua dans une position secondaire ; M. Molé les rejeta dans l'opposition, dont ils devinrent même les champions les plus véhéments à l'époque de la coalition de 1839 ; et M. Thiers, réduisant M. Guizot à n'être que son porte-voix en Angleterre en 1840, lui enleva quelques-uns de ses principaux lieutenants. Cette dernière scission dans le camp des doctrinaires acheva de mettre en lumière les défauts d'unité de l'éclectisme, lequel, n'étant point une doctrine, mais un simple mélange de doctrines contraires, varie suivant la portée et le caprice des intelligences.   LAURENT (de l'Ardèche).

Le pouvoir était encore, en 1848, dans les mains de deux doctrinaires, MM. Guizot et Duchâtel, lorsque le trône s'écroula. M. de Broglie s'était retiré dans sa tente ; mais il aidait pourtant le ministère au besoin. Après la révolution de Février, on vit quelques doctrinaires reparaître dans les assemblées. Rêvant la restauration du régime constitutionnel, ils se réunirent à leurs anciens adversaires pour former cette majorité de coalition qui, *ne faisant rien, nuisait à qui voulait faire*. Les doctrinaires sont aujourd'hui sans pouvoir : il leur serait sans doute difficile de servir un système qui s'écarte quelque peu des formes parlementaires anglaises.

DOCTRINAL, se dit des sentiments, des avis que l'on donne en matière de doctrine religieuse ou philosophique, quand ce ne sont point des sentences judiciaires. On disait jugement *doctrinal* de la Sorbonne. On le dirait encore d'une sentence de la faculté de théologie ; mais on ne dirait plus : Horace a fait des odes *doctrinales*, pour dire morales.

DOCTRINE signifie, dans son acception primitive, science, savoir ; ce qu'on a appris en lisant, en voyant le monde ; ce professeur a un grand fonds de *doctrine* ; ce savant est un abîme, ou plutôt un chaos de *doctrine*, où toutes les sciences sont brouillées ensemble. *Doctrine* se dit aussi des connaissances qui sont contenues dans un livre : ce livre contient bien de la *doctrine* ; mais ce terme a vieilli dans cette acception, et *doctrine* ne se dit plus guère que pour exprimer un système de connaissances, une opinion scientifique, un système, une théorie. On suit ordinairement la *doctrine* de son maître. La *doctrine* de l'église est la seule que doivent professer les catholiques. Burke appelait une *doctrine armée* la philosophie du dix-huitième siècle, qui menaçait à la fois l'autel et le pouvoir monarchique.
    Charles Du Rozoir.

Doctrine n'est point tout à fait synonyme de *système*. Un système est un enchaînement d'idées destinées à représenter un ordre de faits quelconques, et liées entre elles par de tels rapports qu'elles concourent et aboutissent toutes à prouver la vérité d'une proposition qui en est la conclusion et comme la résultante. Ainsi, le système de Newton n'est autre chose qu'une série de propositions enchaînées l'une à l'autre, de manière à amener la preuve de cette proposition dernière. Les corps sont attirés entre eux en raison inverse du carré de leur distance. Le système de Condillac est de même une série de propositions dont chacune tend à prouver que toutes les idées et toutes les facultés ont pour origine la sensation. Une doctrine est nécessairement un système, car l'ensemble des idées d'un philosophe doit toujours former un tout dont les parties soient liées harmonieusement entre elles et aboutir à une vérité générale qui en est comme le faîte et le couronnement. Mais le mot *doctrine* ne s'emploie pas comme le mot *système* pour exprimer toute espèce d'enchaînement d'idées ; il est spécialement consacré à désigner les systèmes relatifs au monde moral et à la destinée humaine ; ainsi, on dira le *système* d'Épicure, parce que les idées de ce philosophe sont coordonnées entre elles de manière à prouver que la fin de l'homme ici-bas est le bonheur ; et l'on dira aussi la *doctrine* d'Épicure, parce que son système a pour objet de montrer à l'homme quelle est sa destinée et par quels moyens il peut l'accomplir. Mais on ne dira pas la *doctrine* de Newton, la *doctrine* de Linné, la *doctrine* de Cuvier, parce que les astres, les végétaux, les fossiles, ne font point partie du monde moral.

Pourquoi dit-on *les doctrines sociales, les doctrines religieuses ?* C'est parce que les questions relatives à la société et à la religion intéressent au plus haut point l'humanité, et que de la solution qu'on leur donne dépend l'avenir moral des individus et des nations. Pourquoi de notre temps a-t-on appliqué le nom de *doctrine* au système de certains hommes politiques qui ont voulu gouverner la société et en ordonner les éléments d'après les théories de leur école? Pourquoi dit-on les *doctrines saint-simoniennes*, en parlant des doctrines de Saint-Simon et de ses disciples? C'est parce que ces théories traitent d'organisation sociale, et envisagent sous un certain point de vue la loi et l'avenir de l'humanité. Ainsi, pour qu'un système puisse recevoir le nom de *doctrine*, il faut qu'il ait pour but spécial de résoudre les grandes questions de la morale, celles de la fin actuelle de l'homme ou de sa destinée ultérieure.

Il y a autant d'espèces de doctrines qu'il y a dans la science du monde moral de questions qui ont pour l'homme et son avenir un intérêt puissant et immédiat. Or, ces questions roulent ou sur la nature de Dieu, ou sur la nature humaine, ses facultés et sa destination, ou sur l'organisation des sociétés humaines, sur le mode de gouvernement qui doit leur être appliqué. De là trois principales espèces de doctrines, que j'appellerai *religieuses*, *psychologiques* et *sociales*. Ces doctrines, comme leurs objets, ont entre elles d'intimes relations, et elles sont tellement enchaînées que le système qu'on aura adopté pour l'une d'elles décidera nécessairement du système qu'on suivra pour les autres : ainsi, les rapports de l'homme avec la Divinité sont tels que les idées qu'on se sera faites de la nature divine détermineront les idées qu'on adoptera sur la destinée actuelle et future de l'homme. De même, les doctrines sociales ont toujours leur fondement dans les doctrines psychologiques; car l'état de société n'étant point le but définitif de l'humanité, mais un moyen de faciliter pour chaque individu l'accomplissement de sa fin, les théories sociales reposent sur la manière dont on envisage la nature humaine, et tendent à constituer la société en raison de cette nature et de ses besoins. Mais, quoique des liens étroits rattachent l'une à l'autre les doctrines philosophiques, et qu'elles aboutissent toutes au même point, la solution du grand problème de la destinée humaine, elles doivent être et ont toujours été distinctes, à cause de la différence de leurs objets et des développements spéciaux qu'exige l'étude de chacun d'eux. Ainsi, quoique les théories sociales découlent réellement des théories psychologiques ou théologiques, on les en distingue néanmoins comme une des branches les plus vastes et les plus importantes de la philosophie, formant à elle seule une immense question qui nécessite des travaux exclusifs et une étude approfondie de ce point de vue si intéressant de l'humanité.

C.-M. Paffe.

DOCTRINE CHRÉTIENNE (Frères de la). *Voyez* Frères des écoles chrétiennes.

DOCUMENTS. En général, on doit entendre par *documents*, dans la science du droit et dans la science historique, tout ce qui sert de preuve à un fait, à un événement, à une relation, à une histoire, à un mémoire, et par conséquent les titres, pièces et objets qui y sont relatifs, lorsqu'ils sont revêtus de l'authenticité exigible, lorsqu'ils portent le cachet de la vérité, de la certitude, ou au moins de la probabilité. S'il ne s'agissait toujours que de prouver le droit ou le fait dans des matières judiciaires, ou de faire valoir une cause, soit civile, soit politique, les documents de cette nature seraient indispensables. S'agit-il d'histoire, d'annales, de cosmogonie religieuse, il n'en est pas de même. S'il fallait des documents à l'appui de tout ce qu'on a rapporté depuis 4,000 ans, où en serait l'histoire? Dans ce cas, on serait bien en peine de retrouver un seul fait de l'histoire ancienne, soit dans sa généralité, soit dans ses détails, avec des documents, tels que pièces écrites, chroniques, lettres, mémoires, etc. etc. : on ne pourrait pas même trouver de témoignages à l'appui, ni apprécier le caractère réel de ce fait, ni en découvrir les véritables causes, ni en déduire les vraies conséquences, ni donner à un individu ou à une époque, etc., la physionomie qui lui appartient. Et combien de faits dont la certitude n'a été admise que sur le dire d'un seul témoin, lequel encore n'a ni vu ni entendu, mais à qui les choses ont été racontées par tels autres, les tenant de personnes qui les avaient entendu dire à d'autres! Vouloir, en histoire principalement, essayer de tout appuyer sur des documents certains, irrécusables, c'est tenter une œuvre impossible.

DODD (William), aussi célèbre par ses ouvrages que par des infortunes dont il ne dut accuser que lui-même, naquit à Bourn, dans le comté de Lincoln, où son père était ministre. Il étudia la théologie à l'université de Cambridge, et annonça tout d'abord de rares talents, mais aussi un penchant décidé pour les plaisirs et la dissipation. A l'âge de dix-huit ans, il s'était déjà fait connaître comme poëte et comme écrivain ; et en livrant ses premiers essais à la publicité, il avait eu tout autant en vue de satisfaire sa vanité que de trouver ainsi les moyens de subvenir aux dépenses d'une vie dissolue. En 1750, il abandonna Cambridge, et se rendit à Londres sans trop savoir ce qu'il y ferait, mais où il ne tarda pas à épouser la maîtresse d'un lord, moyennant une dot de 1,000 liv. st. que ce grand seigneur constitua à la femme dont il était fatigué. En 1751, son père, qu'une conduite si immorale affligeait vivement, lui fit obtenir le vicariat de Westham, près de Londres, où il obtint de grands succès par l'amabilité de son caractère ainsi que par sa touchante éloquence. Sa réputation grandit tellement que, dès l'année 1753, il était appelé à remplir les fonctions de prédicateur à Londres, tout en conservant son premier bénéfice. Une fois revenu dans cette grande ville, il y mena bientôt la vie la plus dissipée et la plus licencieuse. Dans l'espoir de parvenir à gagner l'argent dont il avait besoin pour payer les dettes considérables qu'il avait contractées, il ouvrit une maison d'éducation dans laquelle il se fût fait un sort prospère, si, à mesure que ses ressources s'accroissaient, il ne s'était pas de plus en plus livré à des excès de tout genre. Nommé en 1763, par le comte de Chesterfield, gouverneur de son fils adoptif, Philippe Stanhope, ses protecteurs lui firent obtenir, en 1765, une place de prédicateur à la cour. Il acheta ensuite le titre de docteur, et, après avoir renoncé à sa cure, il vint s'établir à Londres, théâtre de ses secrets débordements.

Le gain d'un lot à la loterie lui fournit alors les fonds nécessaires pour qu'il pût se faire construire une chapelle particulière. Il en loua même une seconde de compte à demi avec un autre individu, et réalisa avec son associé des bénéfices énormes par suite du concours extraordinaire d'auditeurs que ses sermons pleins d'onction attiraient autour de sa chaire, car chacun payait fort cher la place qu'il y occupait. En 1772, il acheta une prébende située dans le Buckinghamshire, et son ancien élève le nomma, en outre, chapelain de sa maison. Rien de tout cela ne réussit à améliorer sa situation financière. Poursuivi par ses créanciers, il écrivit à la femme du lord chancelier une lettre anonyme contenant promesse d'un pot de vin de 1,000 livres st. si elle lui faisait obtenir par l'entremise de son mari un bénéfice d'un rapport assez considérable. La découverte de cette action indigne lui coûta sa place de prédicateur à la cour en même temps qu'elle le perdit de réputation. Sa vie scandaleuse devint alors l'objet des entretiens publics ; et ses ennemis ne réussirent pas tout d'abord à lui enlever la faveur de la foule, ils le rendirent du moins un objet de raillerie. Le jeune lord Chesterfield, prenant en considération la position pénible dans laquelle se trouvait son ancien instituteur lui fit présent d'une somme considérable destinée à désintéresser ses créanciers ; mais, toujours incorrigible, William Dodd s'en alla sans plus de souci la manger en France. A son retour en Angleterre, il se trouva naturellement dans une gêne autrement grande encore, et il lui vint alors à l'idée de se tirer d'affaire en fabriquant une fausse lettre de change de 4,000 livres st. au nom de son ancien élève, ce même lord Chesterfield. Cette friponnerie fut bientôt découverte, et le faussaire n'eut pas la temps de prendre la fuite. Jeté en prison, il passa aux assises, et le jury, tout en le recommandant à la clémence royale, rendit contre lui un verdict de culpabilité entraînant, aux termes de la loi, la peine de mort. En vain des protecteurs nombreux et haut placés, beaucoup de ses collègues dans le ministère, son ancien élève, et la ville de Londres elle-même (par une pétition qui se couvrit de 23,000 signatures) intervinrent auprès de la couronne pour obtenir la grâce du coupable, ou tout au moins une commutation de peine; l'arrêt de mort, confirmé par le conseil privé, reçut son exécution le 27 juin 1777, jour où William Dodd fut pendu au gibet de Tyburn.

Parmi les nombreux ouvrages de ce moraliste étrange, ouvrages depuis longtemps oubliés, les *Méditations religieuses* qu'il écrivit en prison pendant l'instruction de son procès sont évidemment le meilleur. Une circonstance caractéristique qu'il faut pourtant citer à la décharge de la mémoire de William Dodd, c'est que, malgré les écarts scandaleux de sa vie privée, il se montra toujours charitable envers les malheureux, et ami aussi dévoué qu'actif de l'humanité.

DODD (ROBERT), peintre de marine anglais, né en 1748, peignit à la fin du siècle dernier un grand nombre de toiles remarquables. Les sujets en sont le plus souvent empruntés aux actions héroïques ou aux désastres de la marine anglaise de cette époque. On y remarque une exécution d'une fermeté rare, soit que l'artiste ait à peindre les détails pleins d'angoisses d'une tempête, soit qu'il essaie de représenter l'horreur d'une mêlée et le désespoir d'un naufrage, ou qu'il se borne à reproduire des scènes de la vie calme et réglée du soldat. Une toile immense qu'il peignit en 1796 a 110 pieds de large et représente la grande flotte anglaise mouillée le 1er mai 1795 devant Spithead, au moment où elle appareille précipitamment pour fuir le vaisseau de ligne *The Boyne*, que dévore un incendie. Un de ses derniers ouvrages, exposé en 1806, représente le commencement de la bataille de Trafalgar.

Dodd a aussi gravé au burin et à l'*aqua-tinta*; il reproduisit de la sorte ses tableaux les plus importants.

DODE DE LA BRUNERIE (GUILLAUME, vicomte), maréchal et pair de France, né le 30 avril 1775, à Saint-Geoire (Isère), entra en 1794, comme élève sous-lieutenant, à l'école du génie de Metz, en sortit lieutenant l'année suivante, fit avec distinction les campagnes de 1795 à 1804, aux armées du Rhin, d'Orient, d'Italie, et se signala à la bataille de Rastadt et à la défense du pont d'Huningue. Colonel en 1805, il se fit remarquer de nouveau dans les campagnes de 1806 à 1808 et reçut en 1809, après s'être bravement conduit au siège de Saragosse, le brevet de général de brigade et le titre de baron de l'empire. Resté jusqu'en 1810 dans la Péninsule hispanique, il fut alors chargé d'inspecter l'état de nos côtes depuis Brest jusqu'à la Loire, mission toute de confiance, car il fallait prévoir les facilités que tel ou tel point donné offrirait aux démonstrations de l'Angleterre pour tenter un débarquement ou essayer une diversion. Le général Dode de la Brunerie s'en acquitta avec une distinction telle, qu'à son retour l'empereur lui en témoigna hautement sa satisfaction. Les campagnes de 1812 et de 1813 lui fournirent de nouvelles occasions de faire preuve tout à la fois de zèle et de talent ; et le grade de général de division devint, vers la fin de 1813, la récompense de services dignement appréciés par Napoléon. Après les désastres de la campagne de Russie, il se jeta dans Glogau, répara habilement les fortifications de cette place, en fit élever de nouvelles, et ne la rendit qu'en 1814 ; sur l'invitation de Louis XVIII. Les épurations, alors si nombreuses dans l'armée, atteignirent peu les armes spéciales. Le nom de la Brunerie figura en 1815 parmi ceux des généraux en activité. Il fut l'un des commissaires chargés par ordonnance du 28 octobre d'examiner l'état de nos places fortes des Pyrénées, des Alpes, de la Méditerranée, et de diriger leurs opérations d'armement, ainsi que les réparations qu'exigeait leur état de délabrement. Faute d'argent, ce travail, comme tant d'autres, resta sur le papier. Dode fit la campagne d'Espagne de 1823 sur la demande du duc d'Angoulême. Par ses sages dispositions, par la rapidité et la sûreté de son coup d'œil, il contribua puissamment au succès de cette expédition, qui ne fut guère qu'une promenade militaire ; il en fut récompensé par son élévation à la pairie, par le titre de vicomte, par la croix de grand officier de la Légion-d'Honneur. Membre du comité du génie, il fut appelé en 1840, par Louis-Philippe, aux fonctions de directeur des fortifications de Paris; entreprise gigantesque exécutée avec rapidité, à laquelle il attacha son nom, et qui en 1847 lui valut le bâton de maréchal de France. Il mourut à Paris le 28 février 1851, laissant son titre de vicomte à son neveu, Guillaume Guzman-Lucien Dode.

DODÉCADIQUE (de δώδεκα, douze). Quelques auteurs ont donné le nom de *système dodécadique* au système duodécimal.

DODÉCAÈDRE (de δώδεκα, douze, et ἕδρα, base), polyèdre terminé par douze faces. Le *dodécaèdre régulier* est celui dont la surface est formée de douze pentagones égaux. C'est l'un des cinq polyèdres réguliers qu'il soit seul possible d'obtenir. Il peut être considéré comme formé de douze pyramides pentagonales ayant chacune même base et même hauteur, et dont les sommets sont réunis au centre de la sphère qu'on suppose inscrite au dodécaèdre. Pour avoir la solidité de ce corps, il suffit donc de trouver celle d'une des pyramides qui est égale au tiers de la base multipliée par la hauteur. Mais l'on ne connaît que l'un de ces deux derniers éléments, le côté du pentagone, qui donne aisément la base de la pyramide. Pour en déterminer la hauteur, il faut trouver l'inclinaison de deux faces adjacentes du polygone, et le rayon de la sphère inscrite, ce qui s'obtient, entre autres moyens, par des constructions géométriques fort simples. Ce dernier problème résolu, on a la hauteur de la pyramide, qui n'est autre que le rayon de la sphère inscrite.
BILLOT.

DODÉCAGONE (de δώδεκα, douze, et γωνία, angle), polygone de douze côtés. Le *dodécagone régulier* se construit en inscrivant d'abord dans un cercle un hexagone régulier et en divisant ensuite en deux parties égales chacun des arcs soutendus par les côtés de ce dernier polygone.

Par des procédés analogues à ceux qui ont été indiqués à l'article DÉCAGONE, la géométrie élémentaire conduit aux résultats suivants : Dans le dodécagone régulier, un angle quelconque est égal à $\frac{180° \times 10}{12}$ ou 150°; r désignant le rayon et c le côté, on a

$$c = r\sqrt{2 - \sqrt{3}} = r \times 0,51763....;$$

enfin, si l'on représente par S la surface de ce polygone, $S = 3c^2(2 + \sqrt{3}) = c^2 \times 11,196152...$, ou encore $S = 3r^2$. Cette dernière formule est surtout remarquable par sa simplicité : elle nous apprend que *la surface du dodécagone régulier est égale au triple du carré du rayon du cercle circonscrit*.
E. MERLIEUX.

DODÉCAGYNIE (de δώδεκα, douze, et γυνή, femme). Douze pistils, styles ou stigmates sessiles, tels sont les caractères de ce septième ordre de la onzième classe de Linné (*voyez* DODÉCANDRIE).

DODÉCANDRIE (de δώδεκα, douze, et ἀνήρ, ἀνδρός, homme). C'est la onzième classe du système de Linné (*voyez* BOTANIQUE). Aucune plante n'ayant encore été trouvée jusqu'ici contenir onze étamines libres, cette classe renferme toutes les fleurs hermaphrodites qui en ont de douze à dix-neuf. Elle se divise en sept ordres, résultant du nombre des pistils : ce sont la *monogynie*, la *digynie*, la *trigynie*, la *tétragynie*, la *pentagynie*, l'*hexagynie*, suivant que la fleur offre d'un à six pistils, et enfin, la *dodécagynie* quand elle en présente douze.

DODONE, ville d'Épire, dépendante de la Thesprotie d'abord, et ensuite de la Molosside, dans l'ancienne Pélasgie, était située au pied du mont Tomaros; et l'on croit reconnaître ses ruines sur l'emplacement du village de *Gardiki*, à quelques kilomètres au nord de Janina. Cette ville était fameuse par son temple de Jupiter, ses chênes prophétiques et ses sources singulières. Là se trouvait l'oracle le plus ancien de la Grèce, d'origine égyptienne, et, suivant Hérodote, fondé en même temps que celui de Jupiter-Ammon en Lybie. Les prêtres qui desservaient le temple s'appelaient *selles*, et les prêtresses d'un nom grec qui signifiait aussi colombe : ce qui donna lieu à la fable que des colombes étaient les prophétesses du temple de Dodone. Le temple de Jupiter et ses portiques étaient décorés de statues sans nombre et d'offrandes de presque tous les peuples de la terre. Non loin de là était une source qui tarissait à midi, et coulait à pleins bords à minuit, et, ce qui est plus merveilleux, éteignait les flambeaux allumés qu'on y apportait, ou allumait les flambeaux éteints qu'on en approchait à une certaine distance. Les réponses de Jupiter se révélaient aux prêtresses, dans la forêt sacrée, par le murmure des feuilles qu'agitait le zéphir, ou par le gémissement des branches que froissait la tempête, par le bruit d'une source qui jaillissait du pied d'un arbre fatidique, ou par le choc de bassins de cuivre suspendus autour du temple (*Voyez* CHAUDRONS DE DODONE). Attentives aux gradations et aux nuances des sons qui frappaient leurs oreilles, ces prêtresses prétendaient les interpréter suivant des règles dont elles avaient la mystérieuse intelligence. Il y avait, de plus, dans la forêt un hêtre ou un chêne d'où sortait la voix même de Jupiter. « L'oracle de Jupiter habite le creux du hêtre, » dit Hésiode : naïveté antique qui nous montre en quelque sorte le *selle* caché dans le creux de l'arbre séculaire. Les étrangers de tous les pays venaient y consulter l'avenir, firent la réputation et la richesse de Dodone. Son opulence, son existence même comme ville, cessèrent en même temps que la renommée de ses oracles. F. DENÈQUE.

DODWELL (HENRI), philologue anglais, né à Dublin en 1614, mort en 1711, fut, à partir de 1688, professeur d'histoire à Oxford. Mais en 1701, il fut obligé de résigner ses fonctions, parce qu'il refusa de prêter serment de fidélité au roi Guillaume III tant que vivrait le roi Jacques II ou sa descendance légitime; ce qui ne l'empêcha pas de renier bientôt ces honorables sentiments de fidélité, et même d'écrire contre le principe au maintien duquel il n'avait pas hésité à faire naguère le sacrifice de sa position. Au reste, en toutes circonstances, il se montra le champion inflexible de la puissance épiscopale. De ses nombreux ouvrages, les plus estimés sont ceux qui ont trait à la chronologie ; par exemple, *Dissertationes cyprianicæ* (Oxford, 1684); *Prælectiones academicæ in schola historices Camdeniana* (Oxford , 1692); *Annales Vellejani, Quinctilianei*, etc. (Oxford , 1698); *de Veteribus Græcorum Romanorumque cyclis* (Oxford, 1701), enfin, *Annales Thucydidei et Xenophontei* (Oxford, 1702). Brokesby a publié un extrait de ces différents ouvrages (Londres, 1723).

DODWELL (ÉDOUARD), archéologue anglais, né en 1767, parcourut, pendant les années 1801 à 1806, la Grèce, où il entreprit de nombreuses fouilles, et passa le reste de ses jours en Italie, où il mourut, le 16 mai 1832, à Rome. Son *Classical and topographical tour through Greece during the years 1801, 1805 and 1806* (2 vol., Londres, 1819), ainsi que la magnifique édition de ses *Views in Greece*, publiée d'après dessins originaux, sont d'une haute importance pour l'étude de l'antiquité. Sa veuve, qui fut longtemps citée parmi les beautés de Rome, épousa, en 1834, le comte Charles de Spaur, aujourd'hui envoyé de Bavière près le saint-siège. Elle est fille d'un comte Giraud, et avait été destinée à la vie cénobitique, dont elle s'affranchit en épousant Dodwell, qui avait alors trente ans de plus qu'elle.

En 1849, cette dame joua un rôle politique, par suite de ses relations avec la cour pontificale. Après l'assassinat du comte Rossi, c'est dans sa voiture que Pie IX put, à l'aide d'un déguisement, se réfugier à Gaëte. En 1852, elle a aussi publié un livre sur ce souverain pontife.

DOEBEREINER (JEAN-WOLFGANG), né à Hof en 1780, professeur de chimie à l'université d'Iéna depuis 1810, et mort en possession de cette chaire le 24 mars 1849, avait commencé, à l'âge de quinze ans, par entrer en apprentissage chez un apothicaire. Plus tard, éclairé par le commerce journalier de savants tels que Kœlreuter, Gmelin, etc., sur les lacunes de son éducation première, il se mit à étudier la philosophie, la botanique, la minéralogie et la chimie. Toutefois, en 1803, il entreprit un commerce ; mais, obligé d'y renoncer deux années après, il se consacra dès lors exclusivement à l'étude théorique et pratique de la chimie. Quand, à la recommandation de Gehler, il obtint la chaire de chimie de l'université d'Iéna, on vit le grand-duc de Weimar et Gœthe assister à ses cours avec un vif intérêt. Une de ses plus remarquables découvertes est celle de la propriété si curieuse que possède le platine, à l'état spongieux, d'enflammer l'hydrogène au contact de l'air ou de l'oxygène, propriété dont il fit d'ingénieuses applications à la fabrication de briquets, de veilleuses et d'eudiomètres. Ses premières recherches sont consignées en grande partie dans le *Journal de chimie, de physique et de minéralogie* de Gehler ; et les plus récentes dans le *Journal de chimie et de physique* de Schweigger, dans les *Archives de la pharmacie*, ou dans des publications originales, parmi lesquelles nous citerons ses *Essais de chimie pneumatique* (5 v., Iéna, 1821-23); ses dissertations *Sur les phénomènes chimiques de la fermentation* (Iéna, 1825), *Sur quelques propriétés nouvellement découvertes et très-remarquables du platine*, etc. (Iéna, 1825); ses *Essais de chimie physique* (2° édit., Iéna, 1819); *Essais sur les propriétés chimiques du platine* (1836). On doit aussi mentionner quelques-uns de ses traités didactiques, par exemple ses *Éléments de chimie pharmaceutique* (1819), ses *Éléments de chimie et de stœchiométrie* (3° édit., Iéna, 1826), son *Esquisse de chimie générale* (3° édit. 1826); ouvrage auquel il ajouta un supplément en 1827. Il a aussi publié, en société avec son fils, qui s'est fait connaître par quelques utiles compilations, un *Manuel du pharmacien allemand*.

DOEBRENTEY (GABRIEL), polygraphe et poète hongrois de mérite, né en 1786 à Nagyszœllœs, dans le comitat de Vesprim, mort en avril 1851 dans un petit domaine qu'il possédait aux environs d'Ofen, remplit divers emplois administratifs et s'occupa concurremment de la culture et du perfectionnement de la langue et de la littérature nationale. Les nombreux travaux historiques qu'il a publiés dans divers recueils périodiques, et ses ouvrages à l'usage de la jeunesse suffiraient à eux seuls pour sauver son nom de l'oubli. Ses poëmes, odes, épigrammes, élégies, publiés également dans des revues ou des journaux, sont du nombre des meilleures productions de la littérature hongroise, quoique péchant en général par trop d'enflure. Son *A Havas' Violaja* (*Violette des Alpes*; Pesth, 1822) a été traduit en allemand et en italien; son *Huzzardalok* (*Chant des Hussards*) l'a été en français, et Bowring l'a compris dans son choix de poëme hongrois. Longtemps directeur du théâtre national d'Ofen, Dœbrentey a donné une traduction hongroise des chefs-d'œuvre des théâtres étrangers (2 vol., Vienne, 1823) et de ceux de Shakspeare (Ofen, 1828).

DOELL (FRÉDÉRIC-GUILLAUME), sculpteur allemand dont les productions témoignent de l'étude la plus approfondie des chefs-d'œuvre de l'art antique, né en 1750 à Hildbourghausen, obtint, en 1770, de la libérale protection du duc Ernest de Saxe-Gotha, les moyens de venir à Paris se perfectionner dans son art sous la direction de Houdon, et d'aller plus tard passer huit années en Italie, notamment à

Rome, où il mérita d'exciter l'attention de Winckelmann. Le premier ouvrage de quelque importance qu'on eut de lui fut son monument de Winckelmann dans le Panthéon à Rome. A son retour d'Italie, il fut nommé conservateur de la galerie de Gotha et fonda dans cette ville une école qui, sous sa direction et ses inspirations, a produit une foule d'œuvres remarquables. Les principaux ouvrages dus au ciseau de cet habile artiste sont des bas-reliefs dans le manége de Dessau, un groupe représentant la Foi, l'Amour et l'Espérance, dans la cathédrale de Lunebourg, le monument de Leibnitz à Hanovre, et celui de Kepler à Ratisbonne. Dœll mourut avec le titre de professeur de sculpture, à Gotha, le 30 mars 1816.

DOELL (JEAN VEIT), l'un des meilleurs graveurs sur pierre des temps modernes, né en 1750 à Suhl en Thuringe, y mourut le 15 octobre 1835.

DOENHOFF, nom d'une noble et ancienne famille originaire de Westphalie, et qui, vers la fin du treizième siècle, prit part aux expéditions de l'ordre Teutonique en Livonie et en Courlande, d'où elle se répandit ensuite en Prusse et en Pologne. En 1630, une de ses lignes fut élevée au rang des comtes de l'Empire par l'empereur Ferdinand II, et une autre, sept années plus tard, obtint la dignité de prince de l'Empire; mais celle-ci s'est éteinte vers le milieu du dix-huitième siècle. De la première descend la famille de *Dœnhoff-Friedrichstein*, établie aujourd'hui dans la Prusse orientale.

DOENHOFF (AUGUSTE-HERMAN, comte de), ministre d'État prussien, aujourd'hui chef de la famille, est né à Potsdam en 1797. Attaché de bonne heure au corps diplomatique, il fut tour à tour secrétaire de légation et d'ambassade auprès de diverses cours, et plus tard appelé à remplir les fonctions de ministre plénipotentiaire. Il occupait ces fonctions auprès de la confédération germanique, en 1848, quand la révolution de mars vint bouleverser tout à coup l'Allemagne. Rappelé par le gouvernement prussien au mois de mai suivant, il se retira alors dans ses terres, mais consentit cependant, au mois de septembre, à prendre provisoirement le portefeuille des affaires étrangères dans le cabinet constitué à ce moment par M. de Pfuel. Ce ministère s'étant dissous dès le milieu de novembre suivant, le comte de Dœnhoff s'en revint dans ses terres sans vouloir participer davantage aux affaires. Élu en 1849 et 1850 membre de la première chambre, il vota dans cette assemblée avec la droite modérée qui reconnaissait Jordan pour chef.

DOERNBERG (FERDINAND-GUILLAUME-GASPARD, baron DE), connu par sa levée de boucliers en 1809, contre le roi de Westphalie, Jérôme Bonaparte, né le 14 avril 1768 à Hausen, près de Hersfeldt, descendait d'une ancienne famille de la Hesse, dont le chef avait toujours tenu à honneur de prendre le titre de *grand-maître héréditaire de la cuisine et de l'office* du landgrave. Il fut nommé colonel des chasseurs de la garde du roi Jérôme; mais, en dépit des protestations *d'inébranlable fidélité et d'inaltérable dévoûment* que sa position officielle le contraignait à prodiguer à un souverain *illégitime* et *intrus*, il s'associa bientôt aux menées et aux complots ténébreux qui se tramaient dès lors d'un bout à l'autre de l'Allemagne à l'effet de provoquer l'affranchissement de la patrie commune. Le 21 avril 1809, une révolte ayant éclaté à Walhausen contre l'autorité du roi Jérôme, ce prince ne crut pouvoir mieux faire que d'envoyer sur le théâtre du désordre le colonel Dœrnberg à la tête de son régiment. L'occasion sembla favorable à l'ex-*maître-queux héréditaire* du landgrave pour enfin lever le masque et témoigner au grand jour de son attachement *quand même* à la race auguste de ses anciens et *légitimes* souverains. Haranguant tout à coup les troupes sous ses ordres, il leur propose tout bonnement de faire volte-face et d'aller enlever dans son palais l'*usurpateur* Jérôme, dont la personne servira d'otage pour l'évacuation immédiate du territoire allemand par les troupes françaises. Officiers et soldats, personne dans ce régiment évidemment gangrené de principes français, ne comprit rien au *généreux* trait du colonel Dœrnberg, qui en fut pour ses frais d'éloquence et qui dut même s'estimer heureux, après cette belle équipée, de pouvoir s'échapper sans tambours ni trompettes, et, avec les plus compromis d'entre les mutins de Walhausen, se jeter dans les montagnes de la Bohême, où le duc de Brunswick-Œls les incorpora dans son petit corps de partisans.

Abandonné à lui-même, le régiment des chasseurs Dœrnberg comprima le mouvement de Walhausen, et puis s'en revint, comme si de rien n'était, à Cassel, où l'on eut le mauvais goût de voir un cas de haute trahison dans la conduite du baron de Dœrnberg, qui, en conséquence, fut condamné à mort par un conseil de guerre. Le contumax partagea alors les chances et les aventures du duc de Brunswick-Œls; puis, en 1812, il entra au service russe, et fut attaché au corps d'armée du général Wittgenstein, dans lequel il fit les campagnes contre la France. Au rétablissement de la paix et de la *légitimité*, le baron reçut du roi de Hanovre le titre de général-major, et plus tard celui de lieutenant-général. La duplicité dont il avait fait preuve sous le régime de l'*usurpateur* prouvant suffisamment qu'il était né diplomate, le gouvernement hanovrien l'attacha en outre à la légation qu'il entretient à Pétersbourg. En 1842, le baron devint même titulaire de ce poste important, qu'il conserva jusqu'en 1848. Il est mort à Cassel le 19 mars 1850.

DOES (JACQUES VAN DER), célèbre peintre hollandais, né à Amsterdam en 1623, s'était rendu à Rome pour compléter ses études, lorsqu'il s'y vit réduit à un dénuement tel que, pour subsister, il ne lui restait plus d'autre ressource que de s'engager dans les troupes pontificales. Heureusement quelques camarades, apprenant sa profonde détresse, vinrent à son secours, et bientôt après il fut admis dans une association d'artistes, dans laquelle il reçut le sobriquet de *Tambour*. Il peignait les animaux, et de préférence les moutons et les chèvres. Ses tableaux sont remarquables par une grande habileté dans le maniement du pinceau, par un cachet de vérité peu commun; mais on reproche à ses fonds quelque chose de sombre et de mélancolique. Il mourut en 1673. Son fils, *Simon* VAN DER DOES, né en 1653, mort en 1717, se distingua aussi comme peintre d'animaux et de paysages.

DOGE, DOGAT (du latin *dux*), titre et dignité des chefs des anciennes républiques de Venise et de Gênes.

Ce fut après deux siècles et demi de démocratie pure que Venise sentit le besoin de substituer aux tribuns, dont les élections annuelles étaient une source continuelle de troubles, un magistrat unique, élu à vie, et qu'on appela *doge*. Son pouvoir fut d'abord assez étendu. La formule *par la grâce de Dieu* sembla donner quelque temps en faire une véritable souveraineté. Mais il fut successivement restreint par les efforts réunis du peuple et de l'aristocratie, et constamment au profit de cette dernière. Tout dans ses attributions, jusqu'à la forme du bonnet ducal, qui rappelait le bonnet phrygien de la liberté, fut calculé pour l'avertir qu'il n'était que le *serviteur* de la république. Le droit de guerre et de paix, le commandement des armées, la nomination aux fonctions civiles et ecclésiastiques, avec 14,000 ducats de liste civile, tels étaient ses principaux privilèges, sans parler de celui de ne se découvrir devant personne et de la cérémonie bizarre de ses fiançailles avec l'Adriatique (*voyez* BUCENTAURE); mais il ne pouvait choisir une épouse hors de Venise; il lui fallait une permission pour en sortir et même pour rendre des visites; et tout ce qui l'approchait, depuis son fils jusqu'au dernier de ses domestiques, était exclu des fonctions publiques. Seul il délivrait aux ambassadeurs leurs lettres de créance, mais il ne pouvait ouvrir leurs dépêches qu'en présence des conseils, ni décacheter même une lettre à son adresse qu'en présence de deux sénateurs qui demeuraient avec lui dans le palais dogal; la monnaie était frappée en son nom, mais non à ses armes, qui, appendues au palais dogal, étaient, par exception à celles des autres patriciens, exclues du fronton de sa demeure patrimoniale. Nul à sa mort ne prenait le deuil, et souvent les inquisiteurs d'État faisaient le procès à sa mémoire. D'abord le peuple tout entier concourut à l'élection, puis le conseil des Quarante choisit un doge provisoire, dont la nomination fut ratifiée par le peuple; ratification dont on sut fort bien se passer dans la suite. Enfin, plus tard, on adopta un mode excessivement compliqué, se perdant dans un labyrinthe inextricable d'appels, de contre-appels, de votes, de scrutins, de ballottages, ayant pour but, en apparence, de prévenir la brigue et la corruption, mais ne visant en réalité à rien moins qu'à évincer le peuple, auquel il ne resta définitivement d'autre part dans l'élection du chef de l'État que le droit laissé aux ouvriers de l'arsenal de porter sur leurs vigoureuses épaules la chaise dogale, quand, à l'issue de son intronisation, on promenait ce magistrat suprême autour de la place Saint-Marc. Ce siége, du reste, n'était pas, à cette époque, moins sanglant que celui des sultans de Constantinople. Sur quarante-trois doges qui se succédèrent pendant trois siècles, la moitié à peine moururent de leur belle mort dans leur lit; cinq furent forcés d'abdiquer, trois assassinés, un condamné à mort et exécuté, neuf déposés, exilés ou privés de la vue. Insensiblement le dogat, vain simulacre de puissance, se traîna d'échec en échec jusqu'à l'époque où il tomba devant les baïonnettes démocratiques de la France. L'essai de république tenté en 1849 à Venise sous la présidence de Manin ne ressuscita point le titre suranné de *doge*.

Gênes aussi a eu les siens. Ce n'est toutefois qu'en 1359, à la suite du triomphe du parti populaire, qu'elle conféra pour la première fois cette dignité à Simon Boccanera. Le doge de Gênes fut d'abord élu à vie, et partagea volontairement ses pouvoirs illimités avec douze conseillers d'état (*Anziani*), dont une moitié était choisie parmi les bourgeois et l'autre dans la noblesse. On lui donnait dans les actes publics les titres de *magnifique*, *illustre*, *excellent*, mais, on lui adressant la parole, on ne l'appelait que *messire le doge*.

Les conflits de la république avec les puissances étrangères, les querelles intestines des grandes familles, la haine profonde existant entre le peuple et la noblesse, amenèrent pendant plusieurs siècles les changements les plus fréquents dans la puissance, la durée et l'importance des fonctions du doge. Cette dignité fut même à diverses reprises complétement abolie.

Ce fut seulement en 1528, quand le célèbre André Doria eut délivré Gênes de la domination de la France, qu'on fit une constitution déterminant la nature des fonctions de doge, laquelle subsista, avec de très-minimes modifications, jusqu'à la fin de la république. Aux termes de cette constitution, la durée de ses fonctions était fixée à deux ans; et, comme à Venise, l'élection du doge était entourée des plus minutieuses précautions. Il devait appartenir à l'ordre de la noblesse et avoir cinquante ans accomplis. Dans le grand-conseil, composé de trois cents membres, et dans le petit conseil, composé de cent, il était investi de la présidence, et pouvait opposer son *veto* aux décisions. Il exerçait, en outre, la puissance exécutive conjointement avec douze conseillers privés (*governadori*) et huit procurateurs, dont faisaient toujours partie les anciens doges. Pendant la durée de son administration, il habitait le palais de la république et était soumis aux mêmes cérémonies, aux mêmes entraves que le doge de Venise. En sortant de charge, il se rendait à l'assemblée des colléges convoquée pour recevoir sa démission : « *Vostra Serenita ha finito suo tempo*, lui disait le secrétaire de l'assemblée; *vostra Excellenza sene vada à casa* » Et sa Sérénité, redevenue simple Excellence, rentrait dans les rangs des sénateurs. Quand, en 1797, les Français s'emparèrent de Gênes, la dignité de doge fut abolie; en 1802, on la rétablit avec la république ligurienne; mais en 1804 elle disparut pour jamais avec cette forme de gouvernement.

Eug. G. DE MONGLAVE.

DOGMATIQUE. La dogmatique catholique est l'ensemble des dogmes, solennellement adoptés par cette Église, disposés systématiquement à l'aide des ressources de la science. La dogmatique de l'Église grecque n'est guère autre chose; seulement, elle se rattache à la confession de la foi orthodoxe de 1643, comme la première remonte aux décrets du concile de Trente. La dogmatique des communions protestantes fait, au contraire, abstraction de tous les dogmes professés dans l'intervalle qui s'est écoulé entre la rédaction de l'Apocalypse et l'origine de la réforme. Ne tenant compte des diverses confessions du seizième siècle qu'autant qu'il lui convient, elle s'attache exclusivement aux doctrines qui sont clairement enseignées dans la Bible. Il en résulte que la dogmatique est plus ecclésiastique chez les grecs et les catholiques, et plus biblique chez les protestants.

Ce mot *dogmatique*, qui remplace les anciennes expressions *loci theologici*, *theologia positiva* ou *thetica*, se trouve pour la première fois employé dans les œuvres de Samuel Maresius (1648); ce fut surtout Buddeus qui en rendit l'usage général à l'université d'Iéna. La dogmatique protestante ayant pour mission de puiser dans les livres saints les principes de la foi, de les mettre en ordre, de démontrer qu'ils ont leur base dans la conscience religieuse de l'homme, comme aussi de juger, d'apprécier le sens et la forme qu'ils ont pu prendre dans l'enseignement ecclésiastique, il va sans dire qu'elle a pour base l'*exégèse*, la philosophie, l'histoire de la foi, et la critique. On distingue, en général, la dogmatique ecclésiastique de la dogmatique biblique; et on appelle *théologie biblique* l'exposition des dogmes ou des doctrines des écrivains bibliques et des rapports qui existent entre les uns et les autres, tandis que la *théologie ecclésiastique* ou *symbolique* expose les dogmes d'après la direction des livres symboliques reconnus par l'Église comme devant servir de règle, et rattache à cette exposition les preuves bibliques à l'effet de démontrer l'accord existant entre le dogme et l'Écriture Sainte.

Ce fut Origène qui, au troisième siècle de notre ère, dans son ouvrage intitulé *de principiis*, dont la plus grande partie n'existe plus aujourd'hui, essaya le premier d'écrire une exposition complète des dogmes chrétiens. Saint Augustin, au quatrième siècle, en fit autant; et, sans donner comme Origène d'ordre scientifique à sa démonstration, il traita d'après un même principe tout le système ecclésiastique dans ceux de ses ouvrages qui ont pour titres : *De doctrina christiana*; *De fide ac symbolo*, et *Enchyridion ad Laurentium*.

On peut dire des ouvrages que publièrent, du cinquième au septième siècle, Gennadius de Marseille (*De dogmatibus ecclesiasticis*), l'évêque africain Junilius (*De partibus divinæ legis*) et Isidore de Séville (*Sententiæ, seu de summo bono*) que ce ne furent guère que des recueils de sentences. En Orient et au huitième siècle, saint Jean de Damascène exposa déjà dans la forme aristotélique les doctrines de l'Église grecque. Son travail est le premier essai de dogmatique systématiquement coordonné; il est divisé en trois parties : *De philosophia, de hæresibus et de orthodoxa fide*. Il ne dit pas un mot du Purgatoire. Son livre exerça sur l'Église grecque tout autant d'influence que celui de saint Augustin sur l'Église latine. C'est au onzième siècle, et avec les scolastiques, que se manifeste pour la première fois la prétention de tout systématiser, mais, en même temps aussi, la manie des vaines subtilités et des distinctions inutiles. Les premiers qui s'occupèrent de la dogmatique, à l'époque des scolastiques, furent Hildebert de Tours et Abélard. Pierre Lombard, Albert le Grand, Alexandre de Hales, Thomas d'Aquin, Duns Scot, Guillaume d'Occam et Gabriel Biel suivirent la même voie, et, d'après la méthode à laquelle ils eurent recours, ils furent surnommés *sententiaires*, sommistes ou *quodlibetæriens*.

A l'époque de la réformation, l'étude de la dogmatique prit une vie nouvelle, attendu qu'on revint à la théologie biblique et qu'on secoua les chaînes d'Aristote. Dans l'Église protestante, Melanchthon appliqua à la dogmatique l'expression de *loci communes*, dont se servirent également Strigelin et Chemnitz. Mais on peut dire à cet égard que Melanchthon, avec son ouvrage classique intitulé *Loci communes rerum theologicarum* (Wittemberg, 1521), Chemnitz et Gerhard; dans l'Église réformée, Zwingle et Calvin, et dans l'Église anglaise Cranmer, frayèrent la voie à une exposition plus libre et plus profonde de la dogmatique. Les querelles des diverses églises et des différents partis religieux, et la trop grande importance attachée aux livres symboliques, furent cause à la vérité, qu'au dix-septième siècle on recommença à traiter la dogmatique au point de vue aristotélicien et scolastique, comme on peut le voir par les ouvrages de Hutter, de Calov, de Quenstedt et de Beier, chez les protestants; de Wendelin, de Voetius et de Heidegger parmi les réformés; tendance contre laquelle Calixtus, abandonné à ses seules ressources, devait rester impuissant. Ce n'est qu'au dix-huitième siècle que Semler fonda, dans l'école protestante, la critique historique, Ernesti la critique exégétique, Wolf et Kant la critique philosophique; et alors naquit la dogmatique biblique, en opposition à la dogmatique symbolique. Il en résulta que la dogmatique redevint l'objet d'études et de travaux dans l'esprit des temps de la réformation, une exégèse approfondie ayant donné aux dogmes plus de simplicité. Cependant, on y put aussi remarquer une scission; les uns, tels que Spener, Michaëlis, Teller, etc., s'attachant avant tout à en développer l'élément pratique, tandis que d'autres, comme Mosheim et Heilmann, restaient enchaînés au dogme proprement dit.

La dogmatique devait être cultivée avec d'autant plus de succès parmi les réformés, au dix-neuvième siècle, que les recherches d'une philosophie toujours indépendante et une étude plus approfondie de l'exégèse et de l'histoire avaient alors réuni plus de matériaux. Les subtilités scolastiques accumulées sur certains dogmes furent reléguées dans l'histoire du dogme, et on n'exposa plus alors comme vérités de la foi proprement dite que les vérités signalées et démontrées par une libre explication historique et grammaticale de l'Écriture Sainte. Mais cet essor imprimé à la science donna naturellement naissance à des partis qui différèrent beaucoup entre eux dans la manière de traiter la dogmatique. Si les uns, comme Seiler, Storr, Reinhard, Knapp et Hahn, se rattachaient de plus en plus fortement aux doctrines symboliques, les autres, comme Dœderlein, Morus, Stœudlin et Cramer ne reconnaissaient, en fait de doctrines, que les paroles de la Bible, et trahissaient une certaine irrésolution dogmatique, pendant que d'autres encore, avec Hencke, Eckermann, Wegscheider, Schott, Tzschirner, Ammon et Bretschneider, soumettaient la doctrine de l'Écriture et des symboles à l'examen de la raison. Tout récemment on a vu des dogmatistes philosophes protestants formés à l'école philosophique de Jacobi et de Schelling, chercher à démontrer que leur dogmatique devait comprendre l'essence de la religion, qui a sa base dans l'esprit, et le christianisme comme la manifestation historique de cette même essence. C'est la direction suivie notamment par Schleiermacher, Daub, Marheineke, de Wette, Hase et Twestern. Peter Lange, auteur de la *dogmatique philosophique* (2 vol. Heidelberg, 1849-1851) est sans contredit le plus célèbre dogmatiste du protestantisme contemporain. La dogmatique écrite par D.-F. Strauss au point de vue de la philosophie de Hegel revient dans ses principaux résultats à la doctrine de Spinosa. Notons encore que, dans ces derniers temps, Nitzsch et Beck ont traité la morale et la dogmatique chrétiennes sans les séparer l'une de l'autre, alors que depuis Calixtus l'usage s'était établi de les traiter à part.

Plusieurs théologiens catholiques d'Allemagne ont aussi reconnu au dix-neuvième siècle que le système dogmatique ne pouvait que gagner à être systématiquement traité. Nous citerons plus particulièrement, en raison de leurs savants travaux sur cette matière, Immer, Klupfel, Oberthur, Dobmayer, Brenner, Hermes, Vogelsang, etc., tandis que Liebermann s'est particulièrement distingué comme défenseur des antiques méthodes.

DOGMATISME. Ce mot désigne par son étymologie même, une disposition de l'esprit à affirmer ou à croire, par opposition au scepticisme, qui est l'inclination au doute. Dans son acception ordinaire, *dogmatisme* implique encore une autre idée; il signifie la méthode généralement suivie par les philosophes qui, antérieurement à toute recherche, ont eu confiance dans l'esprit humain. L'école saint-simonienne avait distingué dans le développement de l'humanité des *époques critiques*, où l'on raisonnait avant de croire, et des *époques dogmatiques*, où l'on croyait sans raisonner. Par *dogmatisme* on entend aussi un enseignement rigoureusement scientifique, notamment celui dans lequel, comme dans les mathématiques, on part de principes donnés pour en déduire des théorèmes au moyen de preuves. En ce sens, on peut dire que toutes les investigations rigoureusement scientifiques tendent à se formuler *dogmatiquement*. Mais comme, dans les divers ordres d'investigations, les causes supérieures ou générales sont inconnues, et que force est alors, comme dans les sciences naturelles, de recourir à des hypothèses, ou que des discussions et des doutes s'élèvent, de même que dans la philosophie, sur la validité des principes; ou bien enfin, comme on est réduit à accepter sans examen pour base et pour principe quelque chose qu'on se saurait reconnaître pour tel, on emploie le mot *dogmatisme* pour désigner le procédé vicieux qui consiste à poser, sans examen ni preuves, de simples assertions comme des propositions certaines. C'est en ce sens que Kant a distingué le scepticisme et le criticisme du *dogmatisme* en tant qu'affirmation non justifiée qu'il existe une notion objective par les idées, non pas seulement de ce qui est le sujet de l'expérience, mais encore de ce qui est placé au-dessus de toute expérience. Le criticisme, en ce qu'il examine la nature et les limites de la faculté de compréhension existant chez l'homme préalablement à toute tentative faite pour parvenir à la notion, et en ce que dès lors il fait précéder toute notion d'une théorie de cette notion, lui semblait le juste milieu entre le dogmatisme et le scepticisme. Enfin, dans une dernière acception, on distingue le dogmatisme, révélant certaines notions dans l'ordre et la connexion qui leur sont propres, du *catéchétisme*, qui cherche, à l'aide de questions et de réponses, à faire arriver le disciple à posséder ces mêmes notions.

DOGME (du verbe δοκέω, *doceo*, j'enseigne). Un dogme, en effet, est inculqué par la voie de l'enseignement, comme une doctrine, un point de fait révélé à l'intelligence, et qu'elle doit admettre sans contradiction ni refus. Telles sont les bases sur lesquelles reposent les *religions positives* (autres que la religion naturelle), les *croyances philosophiques*, systématiques (apodictiques), et les *opinions* scientifiques, que l'histoire même, consacrées chez certains peuples et en différents siècles, comme avérées, incontestables.

Les peuples, ainsi que les individus, naissent également sous les conditions communes de l'ignorance et de la simplicité en toutes choses. Tous ont besoin d'instituteurs ou de maîtres pour la pensée comme pour la direction de la vie. Par quelles laborieuses études, par quelles longues routes de l'erreur ou des faux systèmes leur enfance ne doit-elle pas passer afin d'accomplir leur éducation sociale, politique et religieuse, s'ils sont abandonnés seuls à leurs propres efforts? C'est ainsi que croupissent pendant tant de siècles les misérables peuplades de l'Afrique ou du Nouveau-Monde, en l'absence de tout législateur, de tout *dogme* révélateur de vérités civilisatrices. L'*islamisme*, d'autre part, offre certes des dogmes de morale avec l'instruction du Coran ou de la langue arabe, comme moyens d'amélioration manifeste pour les tribus des Cafres et des nègres : et même, la législation de Manco-Capac avait su établir chez les Péruviens les premiers éléments de la sociabilité et d'un puissant empire. Ainsi, les dogmes religieux, formant le code primitif de la morale, deviennent les tuteurs des nations naissantes. Ils furent, durant les premiers âges du monde, imposés au nom de la Divinité protectrice du faible, par des génies supérieurs. Ce n'étaient pas des hommes vulgaires, les Zoroastre, les Moïse, les Mahomet, les Numa, et tous ces législateurs sacrés, qui firent descendre des cieux leurs lois et leurs cultes, pour l'éternelle civilisation du genre humain. Ils trompèrent leur siècle, direz-vous, ils mentirent à la face des peuples, ils soulevèrent l'imposture et la superstition, pour se créer un empire sacerdotal, s'arroger l'autorité, la richesse et la domination sur leurs semblables, en les menaçant par les terreurs des enfers, par des récits fabuleux de prodiges, par les prétendus secrets de l'avenir et d'une autre vie! Mais alors même que ces esprits sublimes auraient constitué un service immense rendu à notre espèce? N'auraient-ils point préparé son bonheur à venir? Le despotisme des lois n'est-il pas préférable à cette absence de toute loi qui permet tous les genres d'attentats?

Or, pour agir sur ces âmes féroces, endurcies, quel moyen emploierez-vous sinon celui d'une salutaire terreur, celle des dieux, de la mort, d'une toute-puissance invincible, redoutable, présente en tous lieux, frappant de haut sans qu'on puisse s'y soustraire, mais équitable, rémunératrice de la vertu, vengeresse du crime, inévitable même pour la scélératesse qui a su se dérober aux châtiments des hommes? Ce dogme, le premier, le plus indispensable pour fonder toute société, pour faire sommeiller en paix l'innocent à l'abri du meurtrier, établir la confiance entre les sexes et les membres de la même famille, ne serait-il qu'une erreur, il serait encore la plus impérieuse des nécessités, le nœud respectable, le pacte solennel de toute convention politique et civile parmi les humains. En effet, les masses populaires ne sauraient être de prime-abord élevées à une démonstration des vérités abstraites, soit de la morale, soit d'un culte religieux qui en est la sanction. Des esprits inattentifs ou grossiers, préoccupés de leurs intérêts, de plaisirs brutaux, de la satisfaction de leurs appétits sensuels, ne songent qu'à jouir aux dépens de tout le reste de la nature. Cela est si évident, que jamais on n'a pu civiliser les sauvages sans leur inculquer quelque dogme sacré, ou effrayant et dominateur, afin de les soumettre à la raison, au travail, au respect de leurs semblables, pour leur faire assurer l'avenir de leur propre espèce. L'unique moyen de donner tous les avantages de l'expérience à ces hommes ignorants, comme à l'enfance, c'est d'enseigner les vérités sous la forme de dogmes, avant que leur raison soit préparée à en saisir les preuves, et capable d'en suivre les développements. Il faut les nourrir d'une science toute faite. Telles sont les *croyances* dont on allaite notre jeunesse, comme le résumé de l'expérience des siècles passés. Nous ne pouvons, ni ne devons sans cesse recommencer par sa base l'édifice des sciences humaines; il faut bien que nous les acceptions d'abord à la manière d'axiomes éprouvés et mûris par l'assentiment universel, sauf à les soumettre plus tard au creuset de notre propre jugement. Si chacun eût été condamné à créer de lui seul toute la série expérimentale par laquelle le genre humain a dû gravir, à travers les siècles, jusqu'au point où nous sommes parvenus, jamais nous ne serions arrivés qu'à un cercle très-limité.

Il est clair, par exemple, qu'en médecine, les anciennes vérités observées par Hippocrate deviennent des axiomes utiles à recevoir comme dogmes, sans toutefois abdiquer l'usage de notre raison, ni les expériences ultérieures de la science. Nous resterions donc confinés, à la manière des brutes, entre les bornes d'un instinct non perfectible, en refusant d'hériter des acquisitions intellectuelles que l'industrie de nos devanciers nous avait transmises. Or, si nous recevons ces acquisitions, sans toutefois les vérifier toutes, et en les adoptant comme *dogmes, croyances, vérités,* c'est que nous les regardons comme constatées. De même, nous sommes obligés de nous en rapporter à l'histoire et à tout ce qui nous est légué sans possibilité de vérification. L'histoire, a-t-on dit, est un mensonge convenu. Sans doute, les philosophes ont établi des systèmes plus ou moins erronés, qu'ils présentent dogmatiquement à la croyance des hommes, comme autant de vérités; sans doute les sectaires formulent leurs doctrines, soit religieuses, soit politiques, soit scientifiques et littéraires, comme autant de religions ou d'églises (*ecclesiæ*) hors desquelles il n'y a point de salut selon eux. On a vu tour à tour déifier, même en médecine, des systèmes préconisés avec une sorte de fureur par leurs fondateurs, jusqu'à ce qu'ils s'écroulent avec fracas devant d'autres plus récents, ou rajeunis, et par là jouissant d'une faveur plus éclatante :

Il faut un nouveau culte, il faut de nouveaux fers,
Il faut un nouveau Dieu pour l'aveugle univers.

Sans doute encore, les dogmes les plus opposés, les hypothèses les plus divergentes, en se heurtant les uns contre les autres, se brisent et se ruinent : c'est pourquoi, ne pouvant pas supporter le dissolvant de la critique ou de la contradiction, les dogmatiques sont exclusifs et intolérants; ils détestent le doute comme un crime; ils imposent la soumission de l'esprit à leurs adeptes; ils divinisent, comme irréfutables et inébranlables, leurs principes établis. C'est un sacrilége que d'émettre la moindre incertitude ou l'incrédulité sur eux; car ils prononcent anathème contre toute idée de scepticisme.

Tout dogme resserre donc le système des connaissances qu'il révèle dans sa sphère étroite, hors de laquelle il ne consent à admettre nul autre principe de vérité et de certitude. Par cette exclusion de tout le reste, le dogmatiste concentre son horizon; il s'y complaît et s'y environne comme d'un panorama : ne voyant plus rien que ses propres croyances, il en constitue l'unique objet de ses convictions, les caresse comme les types du beau, du vrai, et en fait son culte. Telles sont, en politique, les chimères dont se coiffent des monomaniaques, fanatiques ardents jusqu'à sacrifier leur fortune, leur vie, pour soutenir, le fer à la main, comme Don Quichotte, l'honneur de leur Dulcinée, le royaliste la *légitimité* ou le *droit divin*, le républicain la *souveraineté du peuple* et les *droits de l'homme*. C'est comme un clou enfoncé dans la cervelle du mahométan qui le fait courir en aveugle au baptême de sang ou au meurtre. Plus les idées sont rétrécies, uniques, plus elles deviennent profondes, capables d'aspirer au martyre. Voilà pourquoi elles s'enflamment dans l'isolement des séminaires et des cloîtres, dans la solitude contemplative, d'où les ardents missionnaires, les apôtres et les disciples fervents de toute religion, s'élancent à la conquête du monde. Les dogmes sacrés ont changé la face de l'univers, élevé de nouveaux empires et renversé les peuples les uns sur les autres, l'épée au poing, non moins que par la puissance de la prédication par le glaive de la parole.

Pour inculquer cette énergie, il faut des âmes neuves, simples, remplies d'ardeur dans le jeune âge. Les esprits les plus ignorants, les cerveaux les plus étroits, les moins aptes aux idées étendues et multipliées, deviennent des instruments dociles pour s'imprégner d'un dogme, pour s'enivrer d'enthousiasme jusqu'à la fureur. On a conté dans nos anciennes chroniques des croisades, l'histoire vraie ou fabuleuse du scheik ou Vieux de la Montagne, *seigneur des Assassins*. Il prenait, dit-on, de jeunes mahométans, les endoctrinait fortement des dogmes de l'islamisme et de la haine contre les chrétiens, dans un isolement parfait de toute autre instruction, les enivrait de haschisch; et, au milieu de leur ivresse, après les avoir enflammés, d'un avant-goût des délices du paradis, avec des houris terrestres, il les lançait au meurtre des princes ses ennemis. Tel est aussi le dogme qui allume les feux de l'inquisition, crée les tortures, les guerres de religion, couronne les martyrs, suscite des héros parmi les missionnaires, les frères de la Rédemption, les anachorètes, fait monter au Malabar les *sutties* ou veuves sur un bûcher, etc. Les dogmes deviennent ainsi des mobiles d'action, aussi puissants pour le bien que terribles dans le mal, même avec de bons principes, car ils fanatisent. Mais, si l'on redoute leur autorité dans les siècles d'ignorance, s'ils compriment le libre essor de l'esprit humain, s'ils enchaînent les peuples dans d'étroites croyances, s'ils ont cimenté le despotisme en Orient, et fondé tant de religions atroces par leur intolérance, ne peut-on pas aussi déplorer la ruine de tout dogme, la destruction de tout frein salutaire de foi et de croyance chez les nations les plus éclairées, rongées par un scepticisme destructeur des institutions les plus sacrées, les plus nécessaires à la société?

En effet, si, à Rome, l'historien Polybe, dès le siècle des Scipions, montrait la ruine de la Grèce, sa patrie, consommée par la destruction des dogmes religieux, par l'incrédulité philosophique ou le scepticisme, s'il prédisait la chute fatale de Carthage par les mêmes causes, que dirait cet homme d'État si judicieux de la situation des sociétés modernes dans la partie de l'Europe la plus civilisée? Lorsqu'il n'y a plus de croyance religieuse chez un peuple, et que toute foi s'éteint, que toute probité chancelle, les serments n'ont plus de valeur; les contrats perdent leur sanction sacrée; les nœuds mêmes du sang et de la famille se rompent devant l'intérêt; le mari se défie de sa femme, le père de ses enfants. En vain quarante mille lois nous enlacent, la fraude et le crime s'en jouent; nulle fortune n'est assurée devant l'astuce et la chicane; l'amour effréné de l'or et des plaisirs gangrène toutes les âmes. Jouir de la vie est tout dans le présent, lorsqu'on ne reconnaît aucune existence à venir : après qu'on a tout dévoré, il faut finir par le suicide ou tenter les chances de nouvelles révolutions, comme Catilina. Athéisme, immortalité, épicurisme, scepticisme universel, voilà le monde sans dogmes, regardant cette vie comme une loterie dans laquelle il n'y a que les niais crédules qui perdent. Qu'importent dès lors les moyens, pourvu qu'on puisse atteindre la fortune, les jouissances sur cette terre? Dans les âges de révolution, l'audace, et sous les époques de tyrannie, la ruse ou la servilité : tout pour soi, puisqu'il n'y a plus rien à espérer au delà. Tels sont nos siècles dits *éclairés et savants*, soumettant au creuset du doute et de la critique toutes les notions des dogmes, soit religieux, soit philosophiques. L'amour lui-même, perdant les charmes ineffables de la pudeur et de la confiance, se réduit au niveau tout matériel de celui des brutes. Lorsque les cœurs sont desséchés à ce point qu'il n'existe plus de sentiments célestes de dévouement, de vertu, de sacrifice et d'espérance, la société se dissout, se putréfie en quelque sorte, et les nations n'ont plus pour se soutenir que la verge de fer du despotisme.

J.-J. VIREY.

Les théologiens donnent plus particulièrement le nom de *dogme* à une proposition qui ne demande pas à être prouvée, mais à être crue, ce qu'on appelle encore un *article de foi*. La philosophie chez les modernes n'a point de dogmes. Les anciens philosophes, témoin l'ouvrage de Diogène Laërce, se servaient même parfois de ce mot pour désigner des théories individuelles, reconnues ou non par l'opinion générale. On a dit que les Pères l'avaient emprunté aux philosophes de l'antiquité : c'est une erreur; ce ne sont pas les Pères, ce sont les apôtres qui l'ont employé les premiers, et ils l'ont emprunté, non aux philosophes ni aux écoles, mais aux assemblées délibérantes et aux souverains. Les écrivains du Nouveau Testament appellent *dogme* le décret de l'empereur sur le célèbre recensement, de même que les décisions des apôtres sur les premières institutions du culte. Dans ce sens, il n'y a *dogme* qu'autant qu'il y a eu révélation ou décision, mais aucune décision ne peut être rendue individuellement : quelle que soit dans l'Église l'autorité des Pères, ou la suprématie des chefs, nul d'entre eux n'a jamais prescrit de *dogmes*. Les dogmes sont tous réputés d'origine divine : l'Esprit-Saint, suivant l'Église, les a inspirés, soit aux apôtres, soit aux Pères des conciles. Aussi sont-ils invariables comme expression de la souveraine vérité. On peut en changer la forme; le fond jamais. Les dispositions modifiables, ayant trait à la discipline, sont des statuts et non des *dogmes*.

Mettre ces principes en question serait, de la part de l'Église catholique, se mettre en question elle-même. Il y a plus : quoique le Saint-Esprit, qui lui a inspiré ses premiers *dogmes*, ne cesse de l'inspirer, elle n'en crée pas; elle en énonce. Tous ceux qui peuvent être utiles à l'homme sont déposés dans la tradition, qui remonte aux premiers enseignements de Jésus-Christ, ou dans les livres du Nouveau Testament, postérieurs à la tradition. L'Église, dirigée par le Saint-Esprit et représentée par ses chefs dans les conciles, puise à ces deux sources les *dogmes* qu'elles contiennent en germe, toutes les fois que le besoin s'en fait sentir ou que des doutes s'élèvent; mais en développant ces germes, elle n'y ajoute rien. Les *dogmes* se distinguent pourtant en plusieurs classes : il y en a de purement *bibliques*; de traditionnels ou *ecclésiastiques*; de *purs*, fournis par la seule révélation; de *mixtes*, établis avec le concours de la révélation; de *principaux*, indispensables au salut; de *secondaires*, qui ne le sont pas.

L'Église protestante réduit ses *dogmes* aux croyances clairement énoncées dans la Bible; et, admettant sa propre faillibilité, elle s'attribue le droit de changer celles de ses opinions qu'une étude plus approfondie des Saintes Écritures lui montrent fausses.

« Il est certain, a dit M. S. de Sacy fils, que les *dogmes* du christianisme, même ceux qui choquent davantage la raison au premier abord, s'ils ne donnent pas une solution claire des grands problèmes de ce monde, écartent du moins du premier coup les solutions fausses et mauvaises que la raison serait tentée d'en donner. Si ces *dogmes* ne nous révèlent pas le secret de Dieu, ou ne nous révèlent que sous une forme profondément mystérieuse, ils nous font connaître le secret de l'homme, je veux dire ce qu'il y a au fond de notre cœur, les limites de notre nature, notre faiblesse et nos ressources, ce que nous pouvons et ce que nous ne pouvons pas. Un exemple expliquera ma pensée. Je ne crois pas que le *dogme* du péché originel éclaircisse la grande énigme de l'existence du bien et du mal; c'est un mystère de plus à croire; seulement ce mystère, une fois admis, coupe court à toutes les illusions que l'homme serait tenté de se faire sur lui-même. En nous imposant le devoir de combattre le mal, il nous ôte la folle espérance de le supprimer entièrement. Il nous apprend que la lutte sera toujours la condition nécessaire de la vie en ce monde, et qu'il n'y a pas quelque part un secret pour essuyer toutes les larmes, apaiser toutes les souffrances, changer la terre en un paradis, au coup de sifflet de je ne sais quel machiniste. Il apprend encore à l'homme que le mal est la peine de la faute, et que c'est surtout dans l'amélioration de notre cœur que nous devons chercher l'amélioration de notre sort. On pourrait prendre tous les *dogmes* du christianisme et les soumettre à la même épreuve; on trouverait toujours qu'ils s'adaptent merveilleusement à la nature humaine. Si cela ne prouve pas absolument qu'ils soient d'une origine divine, cela prouve du moins qu'ils ont une fin excellente et qu'ils possèdent ce degré de vérité relative dont les esprits raisonnables peuvent se contenter. Ce pas fait, c'est à la foi à consommer l'ouvrage de la conviction. »

L'histoire du *dogme* a pour objet d'exposer pragmatiquement l'origine et les développements, les modifications et les luttes de la doctrine chrétienne, et de montrer par conséquent ce qui, dans le cours des temps, a été reconnu et enseigné comme vérité de la religion chrétienne par l'Église, par les sectes et par les individus; de quelles sources ont jailli les différentes doctrines; à l'aide de quels arguments on les a, soit défendues, soit combattues; quels divers degrés d'importance elles ont eus à diverses époques; quelles circonstances ont déterminé les jugements et les appréciations dont elles ont été l'objet; enfin les formes et les rapprochements de doctrines qui ont été propres à chaque époque. L'histoire du *dogme*, qu'on ne traitait autrefois qu'incidemment et surtout à propos de l'histoire de l'Église (depuis Mosheim, on l'appelait *histoire intérieure de l'Église*), est devenue, dans ces derniers temps, grâce aux travaux de Range, une science à part. Ce sont les protestants qui l'ont surtout cultivée, beaucoup trop de catholiques croyant l'histoire du *dogme* dangereuse pour l'unité de la foi. A la suite des travaux préparatoires d'Ernesti, de Semler, de Beck, etc., parut d'abord le grand ouvrage de Munscher intitulé : *Manuel de l'histoire du dogme chrétien* (4 vol. Marbourg, 1797-1809), puis celui de Baumgarten-Crusius (Iéna, 1832).

DOGUE, famille appartenant au genre *chien*. Les dogues ont le museau plus ou moins raccourci, les sinus frontaux considérables, le crâne très-relevé, mais fort rapetissé, les condyles de la mâchoire inférieure placés au-dessus de la ligne des molaires supérieures. Ce sont des animaux bien moins intelligents que les épagneuls, et la pesanteur de leur intelligence semble se marquer par celle de leur corps.

Le *grand dogue* (*canis molossus* de Linné) est le plus gros et le plus fort de tous les chiens domestiques. On le reconnaît facilement à sa tête grosse et courte et à son épaisse corpulence; ses oreilles sont petites, à demi pendantes; ses lèvres épaisses tombent de chaque côté de la gueule; il a les jambes assez courtes et fortes, sa queue est recourbée en haut et généralement tordue; les narines sont souvent séparées l'une de l'autre par un sillon profond; le pelage est ordinairement ras, quelquefois composé de longs poils, tantôt de couleur fauve, tantôt à fond blanc varié de taches noires ou brunes. C'est un animal grossier et peu intelligent, mais docile et fidèle. Sa vie est courte, quoique sa croissance dure un an et demi. Il est bon pour la garde des maisons ou pour traîner de petites charrettes.

Le *boule-dogue*, bull-dog des Anglais (*canis fricator* de Linné), est semblable au précédent pour les formes et les proportions du corps, mais de taille plus petite; il n'a guère que 0^m,85 depuis le bout du museau jusqu'à l'origine de la queue. Son pelage est ras, de couleur fauve pâle. Le boule-dogue est peu intelligent, mais courageux et attaché à son maître. On l'emploie pour la garde des maisons, et on le dresse dans quelques pays pour les combats d'animaux.

Le *doguin* est une sous-variété plus petite du dogue. A la même famille appartient aussi le *carlin*.

Le *dogue anglais* paraît résulter du mélange du petit danois et du pyrame, a la même taille que le boule-dogue, la tête bombée, les yeux saillants, le museau assez pointu, la queue mince, en arc horizontal; le poil ras, les oreilles médiocres et à moitié relevées, la robe d'un noir foncé avec des marques de feu sur les yeux, le museau, la gorge et les jambes.

Le *chien turc* ou mieux *chien de Barbarie*, dont plusieurs auteurs forment, avec le *roquet*, une subdivision particulière, est de la taille du carlin; sa tête est grosse et arrondie, son museau assez fin, ses oreilles assez larges, droites à la base; ses membres grêles, sa peau presque nue, comme huileuse, noire ou couleur de chair obscure, et tachée de brun par grandes plaques. Il est originaire d'Afrique, et non pas de la Turquie. Le *chien turc à crinière* se distingue par une sorte de crinière formée de poils longs et raides. Ces animaux sont peu intelligents. Assez attachés à l'homme, ils souffrent beaucoup de la température de notre pays, où ils ne sont élevés que comme chiens d'appartement.   DÉMERIL.

DOHNA, ancienne famille noble de Prusse, originaire de la Saxe, et qui fait remonter sa généalogie à un certain comte *Aloys* d'URPACH, qui, au temps de Charlemagne, serait venu se fixer au milieu des Saxons nouvellement convertis à l'Évangile.

Elle tire son nom de la terre seigneuriale de *Dohna* ou *Donyn*, située au sud-est de Dresde, à peu de distance de Pirna. Un fait incontestable, c'est qu'il est question, dès les premières années du quatorzième siècle, des seigneurs de Dohna comme possédant en Saxe d'importantes propriétés, et que cette famille a eu de nombreuses branches établies sur divers points de l'Allemagne et de la Bohême.

La branche établie en Prusse ajoute à son nom celui de *Schlobitten*. Parmi ses membres les plus remarquables, nous citerons:

Frédéric, comte DE DOHNA, qui acheta en 1657 la terre de Coppet près de Genève et obtint le droit de bourgeoisie à Berne. Le célèbre Bayle fut le précepteur de ses trois fils.

L'un d'eux, *Christophe* de DOHNA-SCHLOBITTEN, né en 1665, mort en 1733, général d'infanterie, chef d'un régiment d'émigrés français formé lors de la guerre contre Louis XIV, est l'auteur des *Mémoires originaux sur le règne et la cour de Frédéric Ier, roi de Prusse* (Berlin, 1833).

Alexandre de DOHNA-SCHLOBITTEN, frère aîné du précédent, né en 1661 à Coppet, fut le précepteur du prince royal de Prusse, devenu plus tard le roi Frédéric-Guillaume Ier, par suite de l'extinction d'une branche de sa famille établie en Silésie, il hérita de la seigneurie de Wartenberg, que son fils vendit en 1733 au comte Biren de Courlande.

Frédéric-Ferdinand-Alexandre, burgrave et comte DE DOHNA-SCHLOBITTEN, ministre d'État prussien, né le 29 mars 1771, fit ses premières études à Hambourg, à Francfort et Gœttingue, et entra en 1790 dans l'administration. Investi en 1802, à Marienwerder, de fonctions analogues à celles de préfet, il fit preuve d'une grande énergie de caractère aux époques si fatales pour la Prusse, de 1806 et 1807. En 1808, il fut appelé à remplacer comme ministre de l'intérieur M. de Stein, dont Napoléon avait exigé l'éloignement des conseils du roi de Prusse; et dans ces fonctions, il rendit des services signalés à son pays en mettant à exécution diverses mesures depuis longtemps préparées par son prédécesseur. En 1810, il donna sa démission pour se retirer dans l'une de ses terres d'où les événements de 1812 purent seuls l'arracher. Il déploya alors un patriotisme plein d'ardeur, que son souverain reconnut en le nommant gouverneur-général des provinces situées entre la Vistule et les frontières russes. Mais, la paix une fois rétablie, en 1815, il renonça de nouveau aux affaires publiques pour vivre de la vie tranquille et heureuse du sage, dans son château de Schlobitten, où la mort vint le surprendre en 1831.

Charles-Frédéric-Émile, comte de DOHNA SCHLOBITTEN,

frère du précédent, général commandant en chef du second corps de l'armée prussienne, né en 1784, est aujourd'hui le chef de la famille. Élevé dans la maison de son père par le célèbre Schleiermacher, il entra de bonne heure au service, et, en passant successivement par tous les grades, prit une part glorieuse aux grandes luttes de la Prusse contre Napoléon, de 1806 à 1815.

DOIGT (en latin *digitus*). On désigne par ce mot du langage usuel les appendices séparés et mobiles qui terminent la main de l'homme et les pieds des animaux des classes les plus élevées. Ces mêmes appendices du pied de l'homme reçoivent le nom d'*orteils*. Les doigts de l'homme sont au nombre de cinq dans chaque main. On les distingue par des noms numériques, en comptant du plus gros vers le plus petit, ou par des termes spéciaux, savoir : le premier, *pouce*; le deuxième, *indicateur*, le troisième, *médius*, ou doigt du milieu ; le quatrième, *annulaire*, ou doigt de l'anneau nuptial ; et le cinquième, *auriculaire*, ou petit doigt. Ces dénominations servant à caractériser chaque doigt sont établies d'après leurs usages particuliers.

Chez l'homme, chaque doigt est composé de trois petits os qu'on appelle *phalanges* ; le pouce fait exception, et n'en présente que deux. Les phalanges supérieures, celles qui s'articulent avec les os du métacarpe, sont les plus fortes ; les moyennes ressemblent assez aux précédentes ; c'est la phalange de rang qui manque au pouce ; enfin les phalanges de l'extrémité des doigts ont une forme différente ; leur sommet est arrondi, inégal et plus large que le corps de l'os ; il est en rapport avec ce que l'on appelle la *pulpe du doigt*. Les phalanges sont maintenues articulées par un ligament antérieur et deux latéraux ; il existe en outre une membrane synoviale ; les tendons des muscles extérieurs et fléchisseurs, qui s'attachent aux deux dernières phalanges, contribuent à donner de la solidité à cette articulation. Ils sont également entourés d'une gaine aponévrotique très-résistante ; par-dessus se trouve un tissu cellulaire serré, épais et entremêlé de cloisons fibreuses. Ce tissu est surtout abondant à l'extrémité du doigt, où il forme une espèce de matelas élastique, dont la disposition était utile pour la perfection du tact : c'est là ce que l'on nomme *pulpe du doigt*. La peau de cette région est remarquable par le grand nombre de filets nerveux qui s'y distribuent et qui y forment des papilles disposées avec une admirable symétrie. Des nerfs et des vaisseaux nombreux arrivent en effet aux doigts. De là résulte leur grande sensibilité. Les extrémités des doigts sont protégées par les ongles.

Les usages des doigts sont si connus que l'énumération en serait inutile. Suivant M. Roux : « Les doigts ont été vraisemblablement les principaux organes au moyen desquels, dans les sociétés primitives, les hommes se sont communiqué leurs idées ; c'est également au moyen des doigts que les peuples qui parlent des langues diverses parviennent à se faire connaître leurs besoins ou leurs volontés (*voyez* DACTYLOLOGIE). Le mouvement répété par lequel on ramène rapidement les doigts vers le corps donne l'idée de rapprochement, de désir ; celui par lequel on les écarte exprime l'éloignement, le refus ; l'index seul, tenu dans l'extension, signifie choix, volonté spéciale, commandement ; les doigts fléchis, rassemblés (*voyez* POING), indiquent la menace, la colère ; étendus en supination, ils sont un gage de paix et d'amitié ; présentés dans l'extension, ils expriment : 1° *une mesure*, s'ils sont rapprochés et dirigés horizontalement ; 2° *un nombre*, s'ils sont écartés les uns des autres et dans la direction verticale. »

Les animaux pourvus de doigts appartiennent tous aux trois premières classes de l'embranchement des vertébrés : ce sont les mammifères (excepté les cétacés), les oiseaux et les reptiles (moins les ophidiens). Ces doigts, qui ne sont jamais au nombre de plus de cinq, sont d'une forme très-variable et diffèrent quelquefois en nombre dans les membres antérieurs et postérieurs. Il est à remarquer que le nombre de ces doigts diminue en passant d'une espèce à une autre suivant certaines lois fixes : c'est le pouce qui disparaît le premier, puis l'auriculaire, ensuite l'indicateur et enfin l'annulaire. Les doigts des mains, représentés chez les oiseaux, par les ailes, y sont totalement oblitérés. Ils se confondent pour former des nageoires, dans les cétacés et dans certaines tortues. Les doigts, depuis Aristote jusqu'à Linné, fournirent les principaux caractères de classification les animaux. On des divisait en *solipèdes* ou *monodactyles* ; en *pieds fourchus* à deux doigts ; en *fissipèdes*, où l'on en comptait de trois à cinq. Les divisions de Klein étaient à peu près les mêmes. Il appelait *ungulés* les doigts environnés de sabots ; *digités*, ceux où l'ongle n'entoure pas la dernière phalange. Les ungulés se partageaient en *monochiles* (le genre cheval) et *dichiles* les ruminants. Les ordres des digités s'établissaient par le nombre des doigts ; c'étaient les *didactyles*, les *tridactyles*, et les *tétradactyles*. Buffon adopta toutes ces divisions aristotéliennes, dans ses quadrupèdes vivipares. Linné fit jouer aux dents le premier rôle dans ses divisions systématiques, et les doigts varient trop en effet, même dans les espèces de genres très-voisins. Ainsi des singes réputés *quadrumanes*, manquent de pouce. Les doigts pris isolément chez les reptiles munis de membres ne peuvent fournir de caractères génériques suffisants, et il faut les associer à d'autres pour pouvoir bien isoler certains groupes. Les doigts chez les oiseaux sont au nombre de quatre, réunis dans les espèces aquatiques, par de larges membranes. L'autruche n'en a que deux, disposés à peu près comme ceux du chameau ; les perroquets et les pies en ont deux à l'avant et deux à l'arrière, conformation analogue à celle du caméléon, et qui facilite la préhension des corps cylindriques, des branches d'arbre. Parmi les variations des doigts chez les animaux, ceux des faucons et des chats sont armés de griffes qui les rendent terribles. Ceux des reinettes et des geckos sont munis de pelottes qui facilitent la course de ces animaux sur des surfaces polies.

On a vu dans l'espèce humaine des individus pourvus de six doigts à chaque main. Il paraît même que cette anomalie peut se transmettre de génération en génération, et l'on cite des familles entières de *sexdigitaires*. Le plus souvent, ce sixième doigt, qui presque toujours fait suite à l'auriculaire, n'est qu'un appendice non susceptible de mouvement et réuni à la main par un pédicule plus ou moins rétréci. On doit alors l'exciser peu de temps après la naissance : cette petite opération est sans danger.

Du reste, cette addition d'un sixième doigt à la main, peut n'être pas tellement gênante ou difforme, qu'on soit toujours obligé d'en demander la résection, témoin Anne de Boulen si célèbre en Angleterre sous Henri VIII, et qui, quoique sexdigitaire, n'en fut pas moins comptée parmi les plus séduisantes femmes de son temps.

Comme toutes les autres parties du système osseux, les phalanges peuvent être le siège de fractures, de luxations, de carie, etc. Mais il est une affection particulière aux doigts : on la connaît sous le nom de *panaris* ; le *mal d'aventure* en est une variété légère.

Quelques personnes font craquer à volonté les jointures de leurs doigts en les tirant d'une certaine manière ; c'est qu'alors ils allongent les ligaments élastiques des jointures, et séparent avec vitesse deux surfaces osseuses qui se touchaient immédiatement.

Les doigts, cet admirable système d'instruments organiques si déliés, si mobiles, si frêles, forment avec le don de la parole, l'unique et indispensable moyen de toute la puissance de l'homme. Les locutions figurées et familières que peut faire naître un objet, sont en raison de son importance, de la multiplicité de ses usages, et à ce titre, on ne peut s'étonner du grand nombre de celles auxquelles le mot *doigt* a donné lieu. On dit figurément et familièrement mon-

trer au doigt, c'est-à-dire se moquer de quelqu'un publiquement et en signe de mépris; chez les anciens Romains, c'était au contraire une marque d'estime. *Toucher à quelque chose du bout du doigt*, c'est en être bien proche; *être à deux doigts* (ou proche) de sa ruine, ou de la mort. *Donner sur les doigts à quelqu'un*, lui faire éprouver quelque dommage ou quelque confusion. *Se mordre les doigts de quelque chose*, c'est s'en repentir. *Mettre le doigt dessus*, c'est deviner ou trouver ce qu'on cherche. *Mon petit doigt me l'a dit*, équivaut à : j'ai su cela par une voix secrète et inconnue. On dit, 1° d'une chose dont on donne fort peu, qu'on *n'en a qu'à lèche-doigt*, 2° des bons morceaux, qu'on *s'en lèche les doigts*, c'est-à-dire qu'on mange tout et qu'on en veut encore. *Je voudrais qu'il m'en eût coûté un doigt*, s'emploie pour : je rachèterais cela de beaucoup. *Je n'en mettrais pas mon doigt au feu*, se dit pour : je me défie de la vérité de cela. *Savoir quelque chose sur le bout du doigt*, c'est le savoir par cœur. *Mettre le doigt entre le bois et l'écorce*, ou *entre l'enclume et le marteau*, c'est se trouver engagé entre deux puissances qui donnent sujet de craindre des deux côtés. *Il se gratte la tête du bout du doigt*, se dit de quelqu'un qui a du chagrin. *Il ne fait œuvre de ses dix doigts*, c'est dire : c'est un fainéant accompli. *Avoir de l'esprit au bout des doigts*, c'est être adroit de la main, tandis qu'*avoir de l'esprit jusqu'au bout des doigts*, signifie avoir beaucoup d'esprit, faire paraître de l'esprit jusque dans les plus petites choses. On dit de deux amis intimes, *ce sont les deux doigts de la main*. *Faire toucher au doigt et à l'œil*, c'est faire voir et toucher sensiblement la chose : une personne est *servie au doigt et à l'œil*, lorsqu'on en a un très-grand soin, et qu'elle ne manque de rien. *Les cinq doigts de la main ne se ressemblent point*, signifie qu'on ne doit point exiger une exacte ressemblance entre les personnes ou les choses. *Le doigt de Dieu*, c'est la puissance de Dieu : on se sert de cette locution lorsqu'un événement malheureux est considéré comme une preuve de la colère et de l'omnipotence de Dieu. *Compter sur ses doigts*, c'est compter à la manière de ceux qui ignorent le calcul. En reconnaissant l'usage très-fréquent que les divers peuples font de leurs doigts pour indiquer les premiers nombres de 1 à 5 ou à 10, on a été conduit à penser qu'on doit attribuer aux 10 doigts de l'homme la préférence qu'a obtenue la numération décimale sur toutes les autres numérations que les mathématiciens ont pu proposer. Et, en effet, cette numération est généralement adoptée et suivie chez tous les peuples de la terre, à quelques rares exceptions près.

Le mot *doigt* signifie encore : 1° petite mesure ou quantité de la grandeur ou travers de doigt : *un doigt de vin*; 2° ancienne mesure romaine équivalente à neuf lignes du pied de roi; 3° en termes d'astronomie, douzième partie du diamètre apparent du soleil ou de la lune; 4° en horlogerie, on appelle *doigts des quarts*, la pièce de la cadrature d'une montre ou d'une pendule à répétition, qui sert à faire sonner les quarts.

DOIGTÉ, DOIGTER. *Doigter*, c'est faire mouvoir les doigts d'une manière régulière et normale sur un instrument de musique à manche, à vent ou à clavier. Le *doigté* des instruments à cordes et à archet dépend des différentes positions de la main sur le manche, positions qui se comptent à partir du sillet. Lorsque Lulli obtint le privilège de l'Opéra, les violonistes ne connaissaient que la première position, qui, sur la chanterelle, ne va qu'au *si*, et le grand musicien était obligé de leur crier : gare à l'*ut*! quand par hasard il s'en trouvait un, parce que, pour y arriver, ils n'avaient que la ressource d'allonger le petit doigt. Il faut convenir que l'art a fait depuis ce temps-là quelques progrès.

Outre les diverses positions du manche, le violoncelliste a la faculté de placer le pouce sur les cordes, ce qui lui donne de nouvelles combinaisons de gammes et d'accords.

Parmi les instruments à vent, il en est trois qui ont un doigté à peu près semblable : ce sont la flûte, le hautbois et la clarinette. Les instruments de cuivre n'en ont point : l'acuité ou la gravité des sons dépend uniquement de l'embouchure et de la main droite placée dans le pavillon pour le cor, ou sur la coulisse pour le trombone.

Le doigté du piano et de l'orgue est fondé sur deux points principaux : 1° sur l'inégalité des touches et celle des doigts; c'est pourquoi on évite de placer les deux plus courts (le pouce et le cinquième) sur les touches noires, qui sont plus courtes que les blanches, pour ne pas être obligé d'avancer et de retirer les mains à chaque instant, ce qui serait aussi gauche que gênant; 2° sur la forme particulière du pouce qui donne la faculté de passer sous les autres doigts, et à ceux-ci la faculté de passer sur lui. C'est donc la conformation des mains qui nous indique que, pour ne pas interrompre une gamme exécutée par la main droite, il faut passer le pouce quand on monte, et le troisième ou le quatrième doigt lorsqu'on descend; et que, pour ne pas interrompre une gamme exécutée par la main gauche, il faut passer le troisième ou le quatrième doigt en montant, et le pouce en descendant. En suivant cette règle et celle précitée, de ne placer le pouce que sur les touches blanches, on peut logiquement se rendre compte sur un clavier du doigté de toutes les gammes.

Cependant la règle qui défend de placer le pouce et le cinquième doigt sur les touches noires a une exception : c'est que, lorsque la main frappe un accord, soit en arpèges, soit brisé, ou non, et composé de dièzes ou de bémols, il n'y a plus faute, parce que le pouce et le cinquième doigt se trouvent dans ce cas placés naturellement sur les touches noires. Cependant si l'accord brisé parcourt plusieurs gammes, on aura soin de placer le pouce sur les touches blanches.

C'est ici le lieu de dire un mot sur la manière d'être placé au piano. Les coudes seront un peu plus élevés que les poignets, afin que les mains soient naturellement placées sur le clavier; les doigts seront légèrement recourbés, pour ne frapper la touche ni avec les ongles ni avec le dessous des doigts. L'exécutant aura soin de ne pas tenir les coudes trop rapprochés ni trop éloignés du corps; il évitera enfin de se renverser sur le piano pour simuler l'enthousiasme et produire de l'effet.
F. BENOIST.

DOIRE (en italien *Dora*). C'est le nom de deux rivières des États sardes; l'une, dite la grande, ou *Doria Baltea*, née du Grand-Saint-Bernard, va se jeter dans le Pô, à quatre lieues nord-est de Turin, entre Crescentino et Brusaco, après avoir arrosé la belle vallée d'Aoste; l'autre, dite la petite et aussi *Doria Ripeira*, se jette également dans le Pô, mais à Turin même, après avoir traversé cette capitale. Elle prend sa source dans les Alpes Cottiennes, à peu de distance des frontières de France.

DOIT (*Comptabilité*). Voyez DÉBIT.

DOKÉTISME. Voyez DOCÉTISME.

DOL (du latin *dolus*). On appelle ainsi les manœuvres frauduleuses qu'une partie emploie pour déterminer un autre contractant à un acte préjudiciable à ses propres intérêts. Le dol a pour but et pour effet nécessaire de produire l'erreur dans l'esprit de celui contre lequel les manœuvres sont dirigées, et de surprendre ainsi son consentement; or un consentement qui est le fruit de l'erreur et du dol n'est pas valable et doit entraîner par conséquent la nullité de la convention.

On distingue plusieurs sortes de dol : 1° le *dol principal*, qui a pour effet de vicier le consentement, et qui est devenu la cause déterminante de la convention : 2° le *dol incident* ou *accidentel*, qui n'est relatif qu'à des accessoires de la convention, par exemple, à la qualité de la chose, au prix plus ou moins fort. Cette espèce de dol ne donne pas lieu à la nullité de la convention, mais seulement à des dommages intérêts ou à une diminution de prix; 3° enfin le *dol postérieur au contrat*, qui peut avoir lieu notamment à la suite d'actes simulés; par exemple, lorsque la personne au profit de qui l'acte simulé a été fait veut l'exécuter comme s'il était sérieux.

Trois conditions principales sont nécessaires pour constituer le dol : 1° l'intention de tromper; 2° un préjudice réellement causé; 3° qu'il émane de la partie même avec qui l'on traite, et non d'un tiers dont elle ne serait pas complice. Ce dernier seul serait passible de dommages et intérêts, et la convention devrait subsister. Quant au mode dont il peut être pratiqué, il n'est pas nécessaire que des manœuvres positives et directes aient été employées; de simples réticences frauduleuses peuvent le constituer.

Les lois romaines distinguaient deux sortes de dol : le *dol bon* (*dolus bonus*); le *dol mauvais* (*dolus malus*). On peut ranger dans la première classe toutes les simulations que les parties auraient adoptées sans avoir pour but de faire des actes nuisibles à des tiers ou prohibés par les lois. Le dol mauvais est celui qui tend à tromper et à causer un préjudice.

Du reste, le dol ne se présume pas, et doit être prouvé. C'est un principe admis en jurisprudence, que le dol peut être prouvé par témoins, quel que soit le montant de l'obligation attaquée. De simples présomptions, pourvu qu'elles soient graves, précises et concordantes, suffiraient même aux juges. Le dol n'annule pas de plein droit les conventions; il donne seulement lieu à une action en rescision.

L'action qui naît du dol doit être exercée dans les dix ans à partir du moment où il a été découvert.

En procédure, on nomme *dol personnel* celui qui est employé par l'une des parties en cause pour obtenir une décision judiciaire à l'aide de moyens frauduleux; c'est un moyen d'ouverture à requête civile.

DOL, ville de France, chef-lieu de canton dans le département d'Ille-et-Vilaine, à 22 kilomètres de Saint-Malo, avec une population de 4,181 habitants, un collège et une belle cathédrale gothique. Dol est situé au centre d'un territoire très-fertile, formé en partie de vastes marais desséchés depuis quelques années. On y exploite des marais salants; il s'y fait un grand commerce de grains, de chanvre et de cidre.

On attribue l'origine de cette ville à un monastère fondé par saint Samson au sixième siècle. Noël 1er, roi de l'Armorique, et plus tard Nomenoé, érigèrent Dol en métropole, séparant ainsi l'église de Bretagne de la juridiction de l'archevêque de Tours. Cette ville a eu des souverains particuliers, qui prenaient le titre de *comtes*; mais dès le treizième siècle, les évêques de Dol en étaient les seigneurs. Dol fut pris successivement par les Francs et par les Normands. Guillaume le Conquérant tenta à deux reprises de s'en rendre maître. Les Anglais lui firent ensuite subir de grands désastres. Sous la ligue, elle tomba au pouvoir du duc de Montpensier. En 1758 les Anglais, ayant débarqué à Cancale, se emparèrent sans rencontrer de résistance. En 1793, les républicains essuyèrent sous ses murs une sanglante défaite.

A un kilomètre et demi de Dol, on voit un monument druidique auquel on donne, dans le pays, le nom de *Pierre du champ dolent*. Cette pierre, autrefois de forme ovale, s'élève à 9m,75 au-dessus du sol, où elle se trouve enfoncée de 4m,85 à peu près.

DOLABELLA (Publius-Cornelius), patricien qui vivait en l'an 710 de Rome, aux dernières convulsions de la république, en proie aux luttes sanglantes engendrées par la rivalité de quelques ambitieux puissants. Ce fut un de ces hommes qui font voir ce que peuvent la cupidité et l'intrigue s'agitant dans un pays tourmenté par des révolutions. Dolabella se vendit d'abord à César, qui le fit tribun. Après la mort du dictateur, le tribun patricien répudia Tullie, dont il était le troisième mari, espérant remédier ainsi au désordre de sa fortune. Cicéron, père de Tullie, fut indigné de la conduite de son gendre; mais, sacrifiant ses ressentiments à ce qu'il croyait le bien de la patrie, il résolut de s'attacher Dolabella pour l'opposer à Antoine. L'ex-tribun ne fit pas difficulté de se vendre aux ennemis de son premier protecteur, et cette lâcheté lui valut le consulat. Il détruisit la colonne élevée par le peuple sur le lieu où avait été brûlé César, dont il poursuivit impitoyablement les partisans. Cependant, la fortune de Cicéron et de son parti commençant à décliner, Antoine, qui connaissait Dolabella, crut hâter son triomphe en achetant le consul, qui ne fit aucune difficulté pour conclure ce nouveau marché, dont le prix fut le gouvernement de la Syrie. Il s'éleva ainsi successivement d'infamie en dignité, et l'on peut voir par là combien les histoires de tous les temps et de tous les peuples se ressemblent. En se rendant à son gouvernement, il s'empara par surprise de Smyrne, où commandait Trebonius, qu'il fit décapiter après l'avoir fait torturer pendant deux jours. C'était l'un des meurtriers de César, et il portait le premier la peine de ce crime politique. Dolabella se rendit ensuite en Syrie devant Antioche, dont Cassius s'était emparé. N'ayant pu pénétrer dans cette place, il gagna Laodicée, qui lui ouvrit ses portes, mais où Cassius vint presqu'aussitôt l'investir par terre et par mer. La flotte de Dolabella ayant été détruite, le proconsul se tua pour ne pas tomber vivant entre les mains d'un ennemi dont il ne pouvait attendre que de terribles représailles, en réparation de la mort de Trebonius.

DOLARNY (Thomas), poëte anglais du temps d'Élisabeth, l'un des nombreux beaux esprits qui imitèrent l'*Arcadia* de Sidney et le *Fairy Queen* de Spenser. Leurs allégories insipides, leurs maîtresses imaginaires, leurs flammes glaciales, sont tombées dans le plus complet oubli, et, même de l'autre côté de la Manche, Dolarny n'est connu que de quelques explorateurs de la vieille histoire littéraire; mais il a l'heureux privilège de voir ses œuvres recherchées à prix d'or des amateurs de bouquins. Un poëme de Dolarny, *Primrose, or the passionate Hermit*, mince in-4°, daté de 1606, s'est adjugé, en vente publique, à 26 livres sterling (650 francs). G. Brunet.

DOLCE (et par abréviation *dol*), mot qui en italien signifie *doux*. Placé sous une phrase musicale, il indique qu'il faut l'exprimer avec douceur et délicatesse. Il diffère en cela du mot *piano*, qui exprime seulement l'opposé de *forte*, fort, sans nuances. F. Benoist.

DOLCI (Carlo), appelé aussi quelquefois Carlino Dolce, célèbre peintre de l'école florentine, né à Florence en 1616, fut l'un des élèves de Jacopo Vignali, et mourut dans sa ville natale en 1686. Ses œuvres, qui se composent pour la plus grande partie de madones et de saints, ont un caractère particulier de douceur et de placidité qui dégénère quelquefois en manque d'expression. Dans toutes ses toiles, on aperçoit visiblement des traces de la timidité qui était le fond du caractère de cet artiste, et qui le poursuivait toute sa vie. On lui reproche aussi de s'être beaucoup trop répété dans ses têtes de madones. Quant au fini de sa manière, on peut à bon droit le comparer à celui des peintres de l'école hollandaise. Ses tableaux, communs dans toute l'Europe, abondent surtout à Florence. Les plus justement renommés sont : à Rome, son *Saint Antoine*, et la *Conception de la Vierge*; à Dresde, sa *Sainte Cécile*, son *Christ bénissant le pain et le vin*, son *Hérodias portant la tête de saint Jean-Baptiste*. Le musée du Louvre possède un tableau de sa fille, *Agnese Dolci*, morte après 1686, et qui fut son élève. Ce tableau représente le *Sauveur du monde*; c'est la copie de la tête du Christ de Carlo Dolci qui se trouve à Dresde.

DÔLE, ville de France, chef-lieu d'arrondissement dans le département du Jura, à 46 kilomètres de Lons-le-Saulnier, sur la rive droite du Doubs et sur le canal du Rhône au Rhin, avec une population de 10,830 habitants. C'est la principale ville du département; elle possède des tribunaux de première instance et de commerce, un collège, une bibliothèque publique de 20,000 volumes, un musée qui renferme plusieurs bons tableaux. On trouve aux environs de belles carrières de marbre. Dôle est le siége d'une importante fabrication de boules d'indigo, de bonneterie, de poêles et fourneaux en fonte, d'instruments d'optique; on y compte de nombreuses tanneries et cireries, des forges à fer, des tuileries, deux typographies. Le commerce consiste en grains, farines, vins, fruits et bois; le commerce de transit est fort actif.

La ville est bâtie dans une situation charmante, sur le penchant d'une colline, au-dessus d'une vaste plaine arrosée par le canal du Rhône au Rhin. C'est le chemin de la Suisse, et il n'est personne qui, en regardant ces promenades, ces coteaux doucement ondulés, ces fraîches vallées qui entourent Dôle, ne croie avoir sous les yeux un des riants paysages du canton de Vaud.

Dôle est l'une des plus anciennes et opulentes cités de la Franche-Comté, dont elle fut la capitale jusqu'à la réunion de cette province à la France. C'est qu'était le célèbre collège de Jésuites, dit collège de l'Arc, et depuis 1442 le siége d'un parlement et d'une université qui, après la réunion, furent transférés à Besançon. Les maisons de la cité parlementaire ont conservé un aspect majestueux et imposant. Le collége abandonné par les Jésuites est encore intéressant à visiter. L'ancienne cathédrale est un beau monument gothique. Citons aussi le pont sur le Doubs, les ruines du château bâti par l'empereur Frédéric Barberousse au douzième siècle, des restes d'amphithéâtre, d'aqueducs et autres antiquités romaines.

Cette ville remonte à une haute antiquité; c'était, en effet, une station de la voie romaine qui conduisait aux rives du Rhin. Autrefois place très-forte et vainement assiégée par les Français en 1435 et 1477, elle fut prise en 1479 par Chaumont d'Amboise, lieutenant de Louis XI. Les habitants, surpris, se défendirent jusqu'à la mort plutôt que de se rendre; la ville fut incendiée et ne conserva que trois édifices : la tour de Vergy, qui sert aujourd'hui de prison; l'église des Cordeliers, où se réfugièrent les femmes, les enfants, les vieillards, et la maison de Jean de Vurry, trésorier des ducs de Bourgogne, où d'Amboise était logé. En 1530, Charles-Quint fit de nouveau fortifier Dôle, qu'en 1636 Henri II, prince de Condé, assiégea vainement. En 1668, Louis XIV vint l'assiéger en personne ; un commandant de la ville, le comte de Montrevel, la défendit, mais dut capituler devant l'immense supériorité des forces du roi. Enfin, en 1674, ce prince, à la tête de vingt-cinq mille hommes, vint de nouveau mettre le siége devant Dôle, qui avait été rendue à l'Espagne par la paix d'Aix-la-Chapelle. Vauban fut chargé de ce siége, qui dura sept jours. La place fut démantelée à cette époque.

DOLÉANCES (du latin *dolere*, souffrir, se plaindre). On appelait ainsi les demandes ou représentations contenues dans les cahiers des états généraux ou provinciaux. Les termes de *remontrances* ou de *plaintes* étaient réservés pour le clergé et la noblesse; le mot *doléances* s'appliquait spécialement aux cahiers du tiers-état : ce n'étaient que de simples supplies humblement déposées au pied du trône, et sur lesquelles l'orateur plébéien, qui ne pouvait parler qu'à genoux, appelait, dans les termes les plus révérencieux, l'attention paternelle du prince. Le mandat parlementaire des députés de chaque localité était consigné dans le cahier des doléances. Il y en avait de trois espèces. L'assemblée électorale de chaque localité rédigeait ses doléances. Ces cahiers partiels servaient de matériaux à ceux de la province, et le plus souvent ces cahiers provinciaux étaient ensuite résumés dans un cahier général pour chaque ordre. Souvent même ceux-ci étaient réunis dans un seul, qu'un orateur remettait au roi, au nom des états, après la séance et la harangue de clôture.

En l'absence d'une loi régulatrice qui fixât les droits des états et les prérogatives royales, les vœux de la généralité des Français, bien connus, bien clairement exprimés dans les cahiers de doléances, n'étaient que la manifestation d'un droit sans résultat utile. Sans influence sur le présent, ils étaient sans conséquence pour l'avenir. Cependant ils mériteraient d'être plus connus et plus étudiés, parce qu'ils résument admirablement l'état des mœurs politiques de chaque siècle, de chaque localité, de chaque classe de citoyens.

Les premiers cahiers de doléances rédigés par les assemblées d'élection ne datent que de la fin du seizième siècle; ceux des temps antérieurs n'ont été rédigés que par les assemblées des états généraux. Ils ne pouvaient être l'expression de la majorité des Français, puisque les villes murées avaient seules le droit d'envoyer des députés aux états généraux. Les villes non murées, les campagnes, furent pour la première fois représentées aux états convoqués sous la minorité de Charles VIII, en 1483 et 1484. Les cahiers furent rédigés par les trois ordres réunis : ce fut le premier exemple d'un seul cahier pour tous les ordres et pour toute la nation. Depuis que le droit de se faire représenter aux états généraux avait été étendu à toutes les communes, l'instruction avait fait trop peu de progrès pour que chaque localité remît d'avance son cahier de doléances aux députés qu'elle avait élus, pour que chaque assemblée d'élection pût s'occuper de la rédaction de son cahier de doléances. Aussi n'étaient-ils dignement formulés que dans l'assemblée même des états. Mais au seizième siècle on remarque déjà des cahiers rédigés par des assemblées de village. Ces cahiers particuliers étaient remis à l'assemblée électorale du bailliage, et formaient les matériaux du cahier général du ressort. Une seule citation suffira pour donner une juste idée des mœurs politiques à l'époque des états généraux de 1576. Le cahier de doléances de Blagny, village du bailliage de Troyes, commence en ces termes : « En cette convocation des états se sont proposées les doléances et plaintes d'un chacun, afin que, puisqu'il a plu à Dieu inspirer le roy à ouïr son peuple, il lui donne tel remède que le mal le requiert, parce que *le propre office du roy est faire jugement et justice, et régner avec le consentement de son peuple.* »

Voici comment d'ordinaire les cahiers particuliers étaient dressés : les habitants d'une paroisse, réunis au son de la cloche, un dimanche, à l'issue de la grand'messe, sur la place de l'église ou bien au lieu où se tenaient les plaids, proposaient leurs observations, qui étaient recueillies par deux personnes élues à cet effet. Ces cahiers de doléances étaient clos et signés par le juge du lieu ou le notaire, et par quelques notables, joints au procès-verbal et déposés au bailliage principal par des députés (électeurs du village) ou par ceux du bailliage du second ordre.

Dans ces tristes monuments des misères publiques, les plaintes qui reviennent le plus souvent sont relatives aux tailles, aux frais de justice, aux pilleries des gens de guerre. Parfois une hardiesse de langage qui nous étonne même aujourd'hui vient interrompre la monotonie de ces supplications. En 1614, Miron, président du tiers-état, après avoir peint les souffrances et les misères horribles du peuple, s'écrie : Tremblez que le pauvre paysan, porté au désespoir, *d'enclume qu'il est ne devienne marteau!* Cependant les subsides obtenus, les ministres ne s'occupaient plus des engagements de la couronne pour la réformation des abus, et les doléances des députés du commun état, renouvelées à chaque assemblée, n'étaient qu'une inutile manifestation des vœux de la France. On ne l'oublia pas en 1789 : les cahiers des bailliages des grandes cités, comme ceux des villages, défendirent à leurs députés de consentir aucun subside avant d'avoir établi la Constitution. Le mot de *doléances*, consacré dans les cahiers des siècles précédents, fut effacé du vocabulaire politique, et Camille Desmoulins, dans son *Discours de la lanterne*, put s'écrier : « Nous n'avons plus d'états généraux qui faisaient des *doléances* ; nous avons une assemblée nationale qui fait des *lois*. »

DUFEY (de l'Yonne).

DOLÉRITE, roche volcanique de la famille des roches pyroxéniques, composée essentiellement de pyroxène et de feldspath lamellaire, qui y sont distincts, ce qui la fait reconnaître sur le basalte. Le pyroxène domine généralement et enveloppe les cristaux de feldspath. Quelques minéraux y sont joints accessoirement, le mica, le fer titané, le péridot, etc. Cette roche d'agrégation est noirâtre, sa texture granitoïde. L'Écosse en présente une variété amygdalaire dont les cellulosités sont couvertes de calcaire, d'agate et de fer carbonaté fibreux. La dolérite forme des monticules au milieu des terrains d'épanchement, où elle est généralement subordonnée au basanite. On la trouve en Écosse, en Provence (volcan de Beaulieu), en Allemagne, où elle porte les noms de *Duckstein*, *Graustein*, et *Flatzgrünstein*, en Norvège, à la Guadeloupe, à Java, etc.

L. DUSSIEUX.

DOLES (JEAN-FRÉDÉRIC), fécond compositeur de musique sacrée, né en 1715, à Steinbach en Franconie, mort en 1797, chantre à l'école de Saint-Thomas, à Leipzig, fonctions qu'il avait exercées de 1744 à 1756 à Freyberg. Ses œuvres se composent d'un grand nombre de mottets, de psaumes, de cantates et de chœurs. Quoique l'élève de Sébastien Bach, son style diffère beaucoup de celui de ce maître sous le rapport de la pureté et de la précision de la phrase.

Son fils, qui portait les mêmes prénoms, né en 1746, mort en 1796, docteur en droit, a laissé aussi un nom comme compositeur et comme pianiste.

DOLET (ÉTIENNE) naquit à Orléans en 1509 : on dit qu'il était fils de François Iᵉʳ et d'une Orléanaise nommée *Cureau*. Mais rien ne prouve cette origine mystérieuse de l'auteur du *Second enfer*. Vif, ardent, porté aux extrêmes, il eut des amis très-louangeurs et des ennemis pleins d'acharnement. Voici comme un savant nous peint Dolet et raconte son histoire. « Tout à la fois imprimeur, poëte, orateur et humaniste, il était outré en tout, savant au delà de son âge, s'appliquant sans relâche au travail : d'ailleurs, orgueilleux, méprisant, vindicatif et inquiet. Avec un tel caractère, il ne pouvait que se faire des ennemis. On le mit en prison pour son irréligion. Le savant Castellan lui obtint sa liberté, dans l'espérance que cette correction l'aurait rendu plus sage. Il promit beaucoup, il ne tint rien, et fut brûlé comme athée à Paris, en 1546, à l'âge de trente-sept ans. » Si l'on en croit les apologies que Dolet a faites de sa conduite, les accusations portées contre lui ne forment qu'un tissu de calomnies : c'est un homme studieux, retiré, inoffensif. Avec son esprit juste et sans amour des lettres, il veut vivre en dehors de la politique et de la religion, il veut traduire, être tranquille et gardé du parlement. C'est son but, il s'est juré vingt fois de se tenir cet loin du public ; mais, au milieu de tous les abus qui l'entourent, il ne peut se taire, il publie ; on le met en prison. Il se défend, et bientôt des faits vrais ou supposés viennent lui fermer la bouche.

Sous le poids de graves accusations, il tourne de toutes parts les yeux, cherchant qui le sauvera : François Iᵉʳ pense au Milanais, les grands seigneurs font des vers d'amour ; en vain il leur adresse les demandes les plus humbles ; malgré lui, chacune d'elles contient encore du vrai, et la haine envieuse qu'il inspire s'accroît des efforts mêmes qu'il fait pour en démontrer l'injustice. L'esprit de ses épîtres, le ton triste à la fois et souriant de ses suppliques, irritent la vipère qui l'enlace, et le pauvre Étienne Dolet est brûlé vif en place Maubert, tandis que le roi fait des vers à Diane de Poitiers, et que le parlement se réjouit des dîners du quartier Latin. Quoi qu'il en soit des accusations portées contre Dolet, sa mort est une iniquité dont on ne saurait absoudre son siècle ; car, nous ne saurions trop le répéter, la pensée n'a que Dieu pour juge. Les poésies de Dolet ne manquent pas d'un certain charme ; il en a fait beaucoup et pour beaucoup de gens ; les savants s'en envoyaient alors comme aujourd'hui des cartes de visite, mais aucune occasion n'a monté sa lyre sur un ton plus abondant et plus touchant que la naissance de son fils. N'est-il pas déchirant de songer que tous ces vers où respirent la joie et le bonheur que Dolet avait d'être père aient précédé de si peu son supplice? Sa femme allaitait encore l'objet de tant d'odes louangeuses, quand le bûcher dévora l'imprudent traducteur de Platon. On a de Dolet : 1° *Commentarii linguæ latinæ* (2 vol. in-fol. ; Lyon, 1526-1528) ; 2° *Carminum libri IV*, in-4°, 1538) ; 3° *Formulæ latinarum locutionum* (Lyon, 1539, in-fol.) ; 4° *Second enfer* (1544, in-8°) ; 5° *De officio legati* (Lyon, 1538, in-4°) ; 6° *Francisci I fata*, en vers, (Lyon, 1539, in-4°) ; 7° les mêmes en français, 1540, en prose, sous le titre de *Gestes de François Iᵉʳ* (in-4°) ; 8° *De re navali* (Lyon 1537, in-4°) ; 9° un recueil de lettres en vers français.

G. OLIVIER.

DOLGOROUKI (Famille). Cette maison princière est l'une des plus anciennes de la noblesse russe, car elle fait remonter son origine jusqu'à Rourik.

Grégoire, prince DOLGOROUKI, s'illustra en 1608, par l'opiniâtre défense du couvent trinitaire de Saint-Serge, aux environs de Moscou, où les Polonais, commandés par Jean Sapieha, le tinrent assiégé pendant seize mois. Michel Féodorowitch, premier czar de la maison de Romanoff, épousa, en 1624, *Marie* DOLGOROUKI, qui mourut à la fleur de l'âge.

Georges DOLGOROUKI commanda l'artillerie sous le czar Alexis, et se distingua dans les guerres contre les Polonais. Son fils, *Michel* DOLGOROUKI, fut le ministre et l'ami du czar Féodor, frère aîné de Pierre Iᵉʳ. Ces deux Dolgorouki, le père et le fils, périrent dans l'un défendant Pierre Iᵉʳ contre les Strélitz révoltés. *Jacques* DOLGOROUKI fut sénateur sous Pierre Iᵉʳ, auprès duquel il jouit d'un grand crédit ; il fut du petit nombre de courtisans qui maintes fois surent modérer la fougue irascible du czar et le faire s'abstenir d'actes de violence et d'injustice.

Sous le règne de Pierre II, la famille Dolgorouki parvint au plus haut point du crédit et de la considération. *Ivan* DOLGOROUKI fut le favori déclaré du jeune czar, qui se fiança même, en 1729, avec sa sœur, *Catherine* DOLGOROUKI. Mais ce prince mourut précisément le jour qui avait été fixé pour la célébration de ce mariage, et Anne, qui monta sur le trône, se débarrassa violemment des entraves mises à l'exercice des droits de souveraineté de la couronne par le sénat, dont *Ivan* et *Basile* DOLGOROUKI étaient les chefs. La famille tout entière fut même alors exilée en Sibérie. Neuf ans plus tard, elle devint l'objet des sanglantes vengeances de Biren. Ivan et Basile furent alors écartelés à Novogorod. Cinq autres membres de la famille périrent du même supplice ; deux restèrent détenus dans la forteresse de Schlusselburg jusqu'à l'avénement d'Élisabeth, et Catherine Dolgorouki fut renfermée dans un couvent.

Sous le règne de Catherine II, *Basile* DOLGOROUKI, chargé d'un commandement supérieur dans l'armée russe, en 1774, s'empara en 15 jours de la Crimée, et reçut comme récompense le surnom de *krinski*. *Georges* DOLGOROUKI, général aussi sous le règne de Catherine II, se distingua par sa bravoure et son énergie dans les campagnes contre les Turcs et les Polonais. *Wladimir* DOLGOROUKI fut pendant vingt-cinq ans ambassadeur de Catherine II à la cour de Frédéric le Grand, dont il se concilia l'amitié. *Michel* DOLGOROUKI, non moins distingué par ses connaissances que par ses talents militaires, mourut dans la guerre de Finlande de 1808 avec le grade de général. *Ivan Michailovitch*

DOLGOROUKI, connu comme poête de l'école de Derzavine, est compté au nombre des classiques russes. Il publia lui-même en 1806, avec le plus grand soin, une dernière édition de ses œuvres poétiques, dont il a encore paru une nouvelle édition en deux volumes, en 1849, à Saint-Pétersbourg. *Alexis* DOLGOROUKI fut ministre de la justice pendant les premières années du règne d'Alexandre. *Nicolas* DOLGOROUKI, ancien gouverneur-général de la Lithuanie, puis de la Petite-Russie, est aujourd'hui grand échanson de l'empereur.

Élie et *Basile* DOLGOROUKI ont tous deux le grade de général dans l'armée russe. Un Dolgorouki a remplacé le prince Tchernitchef comme ministre de la guerre, le 19 septembre 1852. *Pierre* DOLGOROUKI, auteur d'une *Notice sur les principales familles de la Russie* (Bruxelles, 1843), s'est attiré par la publication de cet ouvrage la disgrâce de l'empereur Nicolas.

DOLIMAN, DOLMAN ou DOULAMAN, noms d'une partie de l'habillement des Turcs, qui portent la chemise sur le pantalon, et le *doliman* par-dessus la chemise. C'est une sorte de veste, de robe ou de soutane, qui descend jusqu'aux pieds, et qui est fixée sur la poitrine avec de petits boutons de soie, d'argent ou de cuivre doré, attachés par des ganses au lieu de boutonnières. Les manches en sont étroites, serrées et boutonnées sur les poignets de la même manière, et terminées par une pointe ou un rond qui couvre le dessus de la main. Dans l'été, le *doliman* est en mousseline, en indienne, en satin uni, broché d'or ou d'argent, ou en soierie légère. Dans l'hiver, il est en drap fin, en velours, en étoffe de soie ou de laine ouatée ou fourrée. Le doliman est serré autour des reins par une ceinture de soie de 10 à 12 pieds de long, sur un pied et demi ou deux pieds de large, ou par un long châle de Kachemire. On fait deux ou trois fois le tour du corps avec cette ceinture, dont les deux bouts noués pendent fort agréablement par devant. C'est sur le doliman que les Turcs portent en tout temps la pelisse ou *feradjé*, doublée en fourrure plus ou moins légère, plus ou moins chaude, suivant la saison, plus ou moins précieuse suivant le rang, la condition, la dignité, et non pas selon la fortune. En été, les Turcs quittent la feradjé à volonté; d'autres fois ils en laissent pendre les manches. La forme du *doliman* varie en raison des temps et des localités. Celui des Persans a toujours été moins long, moins ample que celui des Turcs. Les Mamelouks, les Tatars, les Maures l'ont porté ou le portent encore plus court. C'est celui-là qui semble avoir fourni en Europe la première idée de l'uniforme des hussards (*voyez* DOLMAN). Du reste le *doliman* a disparu avec les autres parties du costume oriental, du vestiaire des Othomans, ou du moins de ceux qui remplissent des fonctions publiques. Ceux-ci ont été forcés d'adopter la redingote européenne, pour se conformer à la manie réformatrice du sultan Mahmoud. H. AUDIFFRET.

DOLLAR, unité monétaire des États-Unis, qu'ont empruntée à l'ancienne piastre des Espagnols dont le dollar diffère peu. Jusque dans ces dernières années, il n'avait jamais été frappé de dollars qu'en argent; mais depuis que l'or de la Californie s'est répandu dans le monde commercial, on en frappe aussi aujourd'hui en ce métal. L'argent est jusqu'à présent demeuré la base du système monétaire des États-Unis. Aux termes d'une loi rendue en 1837, le dollar doit avoir 9/10 d'argent fin et peser 26 gr. 9294. Le dollar d'or est à 9/10 d'or fin et doit peser 1 gr. 6718.

Le dollar se subdivise en 100 cents; et il existe des pièces d'argent valant 1 2, 1/4, 1/10 et 1/20 de dollar, toutes au même titre que la pièce principale dont elles sont les subdivisions. Outre le simple dollar d'or, il existe aussi des pièces d'or de 10 dollars (appelées *aigles*), de 20, 5 et de 2 1/2 dollars. On frappe maintenant des 1/2 et des 1/4 de dollar en or. On a fait également des dollars en or en forme d'anneaux.

Les Américains et les Anglais désignent aussi par la dénomination de *dollars* les pièces d'Espagne et de l'Amérique espagnole qui ont à peu près la même valeur.

DOLLART, golfe de la mer du Nord, entre la Frise orientale et la province de Groningue (Hollande), à l'embouchure de l'Ems. Il a environ 18 kilomètres de long sur 11 kilomètres de large, et provient d'irruptions de la mer, qui eurent lieu en 1277 d'abord, mais surtout en 1287, sur une partie de territoire où s'élevaient alors une cinquantaine de villages plus ou moins importants, et de laquelle il ne reste plus aujourd'hui que la petite île de Nessa, ou ce qu'on appelle *Newerland*. L'industrie est parvenue depuis à arracher des portions considérables de terrains à la mer et de puissantes digues les ont mises à l'abri du retour de semblables catastrophes.

DOLLOND (JOHN), célèbre opticien, inventeur des télescopes achromatiques, naquit à Londres, le 10 juin 1706, de parents français qui avaient été forcés de s'expatrier à la suite de la révocation de l'édit de Nantes. Ayant perdu son père dans son bas-âge, il lui fallut embrasser une profession manuelle, encore bien qu'il annonçât de bonne heure les dispositions les plus grandes pour l'étude des sciences mathématiques. Retenu tout le long du jour près de son établi, il prenait la nuit quelques heures sur son sommeil pour les consacrer à des travaux qui avaient tant de charmes pour lui, et c'est de la sorte qu'il apprit tout seul les lois les plus importantes de l'optique et de l'astronomie. Ce résultat ne lui suffisant pas encore, il se livra ensuite à l'étude de sciences tout à fait étrangères au cercle de connaissances auquel il s'était restreint jusqu'alors. Il apprit donc l'anatomie, et même la théologie, et parvint à se familiariser assez avec les langues anciennes pour pouvoir traduire le Nouveau Testament du grec en latin. Son fils aîné, *Peter* DOLLOND, résolut de faire des applications toutes pratiques des connaissances en optique qu'il tenait de son père, et il fonda à cet effet un institut optique. En 1752, le père et le fils s'associèrent pour se livrer au perfectionnement des télescopes dioptriques, entreprise dans laquelle ils furent encouragés par les mathématiciens et les physiciens les plus distingués de l'époque. Après une série d'essais tentés avec la plus grande sagacité pendant les années 1757 et 1758, à la suite des belles expériences de Klingenstjerna, Dollond reconnut qu'il était possible de remédier à l'inégale dispersion des rayons colorés dans divers milieux réfringents, et il parvint à construire des télescopes dioptriques faisant apercevoir les objets dégagés de l'espèce de limbe irisé qui, dans les petits instruments d'optique, n'a pas grand inconvénient, mais qui, dans les grands, est d'une incommodité extrême pour les observations; résultat d'une immense importance, et que la Société royale de Londres récompensa en décernant au savant artiste la grande médaille de Copley. Peu de temps après, il réussit à fabriquer des objectifs composés de flint-glass et de crown-glass, à l'aide desquels on parvient à obvier à l'inégale réfrangibilité des rayons lumineux, et qui, pour ce motif, reçurent de Bevis la dénomination d'*achromatiques*, qui leur est restée. On ne saurait nier que, de tous les perfectionnements apportés dans la construction des télescopes depuis leur invention, celui-là fut le plus important. En 1761, Dollond fut nommé membre de la Société royale; mais dès le 30 novembre de la même année il succombait à une attaque d'apoplexie.

DOLMAN. Ce mot, francisé par les Hongrois qui vinrent servir sous Louis XIV, a été emprunté au nom du vêtement turc appelé dolman. Le dolman primitif est la robe de drap de Thessalonique que le sultan donnait aux janissaires à l'époque du Ramazan. L'inutile ceinture, composée de cordelières bigarrées, dans laquelle s'enferme le hussard, rappelle la corde dont les gardes de la Porte se servaient pour relever leur manteau et en faire un costume de guerre. Le *dolman*, comme jadis le *doliman*, est sans couture verticale au milieu. L'abondance de boutons sphériques, de tresses, de cordonnets, les sabots, les parements en pointe, tout cela est du Hongrois modifié. Qui comparerait aux modes actuelles le *dolman* flottant qui, au dix-septième siècle, tombait à mi-cuisse, et dont on a récemment affublé la garde nationale à cheval de Paris, n'y reconnaîtrait guère celui qui pince la taille de nos hussards, et qu'on essaie avec moins d'enjolivements à celle de nos chasseurs. L'armée autrichienne l'a supprimé depuis peu pour le remplacer par l'*attila*, espèce de cotte d'armes. Dans le principe, le *dolman* du hussard français affectait la même couleur que la pelisse et le pantalon large ou collant, ce dernier également garni de trèfles et de floritures. Cette couleur était habituellement la verte; mais la coquetterie des colonels nuança bientôt le costume entier de tant de couleurs tranchantes que nous ne finirions pas si nous essayions d'en raconter les ruineuses métamorphoses. Jadis le *dolman* scintillait d'autant d'étoiles que le cavalier qui l'endossait avait coupé de têtes. C'est un usage passé de mode depuis longtemps.

DOLMEN. Quelques pierres fichées en terre verticalement, de la hauteur de 1 mètre à 1^{m}30, au nombre de trois au moins et de quinze au plus, et supportant une autre pierre en forme de table, plus ou moins épaisse, plus ou moins régulière, représentent ces sortes de monuments d r u i d i q u e s, dont le nom vient du celte ou bas-breton *dol tol, taol*, tables, et *men*, pierre. Quelquefois ces tables sont légèrement inclinées, quelquefois elles reposent par une de leurs extrémités sur le sol, l'autre extrémité n'étant soutenue que par un pilier. Elles sont ordinairement creusées, et le bassin est lui-même percé de trous circulaires, communiquant les uns avec les autres par des rigoles. Ces rigoles servaient évidemment à l'écoulement du sang des victimes. On distingue en France les *dolmens* d'Épone, de la Frébauchère, de Saint-Nectaire et de Langeac. Là et ailleurs, ils sont désignés sous divers noms : on appelle *pierres levées, pierres levades, pierres couvertes, tables ou tuiles de fées, tables du diable, palais de Gargantua, tables de César*, etc.

Charles NISARD.

DOLOIRE. Ce mot est provenu du latin *dolabra*, outil emmanché, ou pioche en usage dans les sièges. L'infanterie des légions romaines s'en servait pour saper le pied des forteresses ; la colonne trajane donne l'image de cet instrument. Tite-Live nous montre, au siège de Sagonte, Annibal envoyant cinq cents hommes armés de doloires, pour renverser les murailles. *C'est par la doloire qu'il faut vaincre* était un proverbe romain; il équivalait au sens des mots : *plus fait patience que vaillance*. Dans le moyen âge, la doloire était une hache ou une arme pourfendante, dont le nom a été donné, par analogie, à un outil de tonnelier ; ou plutôt, c'était cet outil transformé lui même en instrument de guerre. La doloire est restée parmi les meubles de blason ; elle y a la forme d'un fer de hache dépourvu de son manche.

Gal BARDIN.

DOLOMIE, roche calcaire composée de 0,54 de carbonate de chaux, et de 0,46 de carbonate de magnésie. Cette roche d'agrégation est divisée en deux variétés, l'une *grenue*, l'autre *compacte*. La dolomie grenue se trouve dans la partie supérieure des terrains primaires, en couches intercalées avec les micaschistes et la serpentine. Au-dessus du grès houiller, et même dans les grès bigarrés on retrouve cette roche. La dolomie compacte est une portion aussi dans cette portion des terrains secondaires. En Angleterre, cette roche est très-abondante, et renferme un grand nombre de fossiles, débris de coquilles, madrépores, empreintes de poissons. La dolomie grenue a souvent un aspect nacré, qu'elle doit aux petits cristaux innombrables, nacrés eux-mêmes, qui la constituent. Elle contient quelquefois du talc, du mica et de l'amphibole. On sait que cette roche, appelée aussi *bitterspath* et quelquefois *calcaire alpin*, est l'équivalent du *Zeichstein*, et qu'elle le remplace souvent, notamment en Angleterre. Dans quelques localités, on trouve un *sable dolomitique* résultant de la destruction de la roche. L'Angleterre, la Thuringe, le Salzbourg, le Tyrol, la Hongrie, sont les contrées de l'Europe où cette roche se rencontre. Réduite en chaux par la calcination, et répandue dans les champs en guise d'engrais, elle les détériore au lieu de les améliorer, comme le font les autres calcaires. La dolomie compacte est connue dans le commerce sous le nom de *pierre du Levant* : on l'emploie pour aiguiser, et elle sert de *pierre à l'huile*.

L. DUSSIEUX.

DOLOMIEU (DÉODAT-GUY-SYLVAIN-TANCRÈDE DE GRATET DE), naturaliste, également célèbre par ses travaux géologiques et minéralogiques, et par les incidents malheureux dont sa vie fut traversée. Né en 1750, d'une famille noble, à Dolomieu en Dauphiné, il fut admis dès le berceau dans l'ordre de Malte, où il entra comme novice à dix-huit ans. A la suite d'une querelle grave qu'il eut pendant sa première campagne, avec l'un des officiers de sa galère, il se battit en duel à Gaëte, et tua son adversaire. Soustrait par son commandant à la juridiction napolitaine, il fut jugé et condamné à mort à Malte. Le grand-maître le gracia néanmoins à cause de sa jeunesse, mais le pape Clément XIII, qui devait confirmer cette grâce, s'y refusa formellement, par suite d'une vieille rancune contre l'ordre. Vainement plusieurs souverains intervinrent-ils dans cette affaire. Le cardinal Torrigiani finit cependant par obtenir du saint père ce qui avait été refusé à des têtes couronnées, et Dolomieu, après neuf mois de prison, fut réintégré dans tous ses droits. Il suivit à Metz un régiment de carabiniers, dont il était officier depuis l'âge de quinze ans, et continua dans cette ville l'étude de l'histoire naturelle, à laquelle il s'était livré avec beaucoup de goût et de succès pendant sa première détention. Nommé correspondant de l'Académie des sciences de Paris, par les soins de La Rochefoucault, avec qui il s'était lié à Metz, Dolomieu quitta le service pour s'adonner tout entier à l'étude, et fit divers voyages scientifiques en Portugal, aux Pyrénées, aux Alpes, aux Apennins, en Calabre, etc., faisant connaître dans des mémoires particuliers les résultats de toutes ces excursions. Il se montra d'abord l'un des plus enthousiastes partisans de la révolution de 1789, dont il n'entrevit que les bienfaits; mais lorsque ce grand mouvement populaire eut été dénaturé dans son action, il se vit proscrit lui-même, et ne reprendre le cours de ses travaux qu'après le 9 thermidor. Il fut alors nommé professeur à l'École des mines, et peu après, en 1796, membre de l'Institut, qui venait d'être créé.

Dolomieu suivit Bonaparte en Égypte ; mais il se vit contraint, pour cause de santé, de revenir en France en mars 1799. Le navire qu'il montait ayant été forcé, par suite d'avaries, de relâcher dans le golfe de Tarente, il fut arrêté et incarcéré avec une soixantaine de ses compatriotes, par les Calabrois en insurrection. Un émigré corse, nommé Bucca-Campo, parvint seul à les soustraire à la fureur d'une populace encore enhardie par le rappel de Macdonald dans la haute Italie. Dolomieu, dépouillé de ses manuscrits et de ses collections, fut transporté avec ses compagnons sur les côtes de la Sicile. Un émigré, ancien commandeur de Malte, et alors espion à Messine, le dénonça comme jacobin, traître à son ordre, et cause première de la reddition de Malte. Averti à temps, il eût pu fuir sur un petit navire maltais ancré près de celui qui l'avait amené, mais il s'y refusa, dans la crainte d'être forcé, en cas de résistance, de tuer une sentinelle. Enlevé le 6 juin de son navire, qui reporta les autres Français sur les côtes de leur pays, il fut jeté au secret dans un cachot, où il eut longtemps à souffrir les plus cruelles privations. « Je ne dois compte au roi que de tes os, » lui dit un jour son geôlier, à qui, dans un violent accès de fièvre, il demandait le secours d'un médecin. Sa détention fut enfin connue en France à l'arrivée d'un de ses élèves, le jeune Cordier, qui l'avait suivi en Égypte, et l'avait quitté sur la rade de Messine. On s'émeut, on s'empresse pour le faire rendre à la liberté. L'Institut, tous les corps savants de France et de l'Europe, le roi d'Espagne lui-même, témoignèrent alors, par l'activité de leurs démarches en faveur de ce naturaliste célèbre, combien était grand et universel l'intérêt qu'il avait inspiré. Tout fut vain. La cour de Naples sembla vouloir se venger sur Dolomieu des désastres qu'avait entraînés l'irruption des Français dans la presqu'île napolitaine. Un seul homme, M. Predbent ou Broadbent, consul général américain en Sicile, fut plus heureux. Il parvint, à force d'instances, sinon à effectuer la délivrance, au moins à adoucir le sort du prisonnier, en le faisant transporter dans une prison plus commode.

La paix entre la France et Naples fit enfin tomber les fers de Dolomieu. La remise de ce naturaliste au gouvernement consulaire fut un des premiers articles du traité. Il revit la France en mars 1801, après vingt et un mois de captivité. Il avait été, quoique absent, désigné dès l'année précédente pour remplacer le célèbre Daubenton. Il fit un cours de philosophie minéralogique, dont il avait conçu l'idée dans sa prison de Messine et écrit les principes généraux sur les marges d'un livre, à l'aide d'un petit morceau de bois noirci à la fumée de sa lampe. Ses talents et ses malheurs lui attirèrent une foule immense d'auditeurs. Ce cours terminé, il fit aux Alpes un nouveau voyage, qui fut le dernier. Il mourut à son retour, en novembre 1801, à l'âge de cinquante et un ans, d'une maladie dont il avait contracté le germe pendant sa dernière détention. Dolomieu a publié séparément ou dans des journaux un grand nombre de mémoires, notes ou observations, dont les plus remarquables portent pour titres : *Voyage aux îles de Lipari* (Paris, 1783, in-8°) ; *Sur le tremblement de terre de la Calabre* (Rome, 1784, in-8°) ; *Sur la nécessité d'unir les connaissances chimiques à celles du minéralogiste* (*Journal des Mines*, 1797) ; *la Philosophie minéralogique* (Paris, 1802, in-8°) ; etc. Le style de Dolomieu mérite des éloges, et ses observations sont pleines de justesse, quoique la marche progressive de la science leur ait peut-être fait perdre un peu du prix qu'elles pouvaient avoir lors de leur publication. On lui doit, entre autres descriptions nouvelles celle d'un genre de roche calcaire que les naturalistes, par reconnaissance, ont désigné sous le nom de *dolomie*.

BILLOT.

DOM et **DON**, titre d'honneur attribué primitivement au pape, qui le prit, dit-on, par humilité, réservant à Dieu l'appellation de *Dominus*, d'où le mot *dom* est tiré par contraction ou par abbréviation. A cette époque, les pontifes romains aspiraient à la domination temporelle ; mais, en maniant le pouvoir, ils évitaient d'en afficher les insignes, pour ne pas choquer trop vivement ni l'orgueil des princes, ni les préceptes de la religion. Des papes le *dom* passa aux évêques, aux abbés et autres dignitaires de l'église, puis enfin descendit aux moines, auxquels il resta. En France, les chartreux, les feuillants, les bénédictins avaient popularisé cette dénomination, surtout ces derniers. Par leurs immenses travaux dans le champ de l'érudition, les *dom* Poirier, les *dom* Lobineau, les *dom* Bouquet, et d'autres religieux du même ordre, ont rendu leur nom familier à tous ceux qui ont besoin de guides sûrs pour se diriger dans l'étude de l'histoire, dont ils ont aplani les routes et éclairci les obscurités.

En Portugal, le *dom* n'appartient qu'au souverain et aux membres de sa famille. Le *don* espagnol, qui en est l'équivalent, revenait jadis comme récompense aux grands services rendus à l'État ; une ordonnance de Philippe III, en date du 3 janvier 1611, l'attribue exclusivement aux évêques, aux comtes, aux femmes et aux filles des *hidalgos*, nobles de race pure, et aux fils des personnes titrées, quand même ils seraient bâtards. Aujourd'hui, dans ce pays, le *don* n'est plus qu'un titre de simple courtoisie, prodigué à tous ceux qui se distinguent du peuple par l'habillement ou la politesse des manières.

Les dames espagnoles ont suivi l'exemple des hommes, et le titre de *doña* est descendu chez elles jusqu'à la bourgeoisie. Contrairement à leurs maris, les dames portugaises s'en parent aussi à presque tous les degrés de l'échelle sociale. *Domna*, diminutif de *domina*, se trouve sur les médailles de Julia, femme de Septime-Sévère ; mais il parait démontré qu'au lieu d'être un titre consacré aux impératrices romaines, c'était seulement un surnom commun dans la Syrie, et que portait Julia, originaire de cette province.

SAINT-PROSPER jeune.

DOMAINE. Ce mot que Ménage dérive de *domanium*, corruption du latin *dominium*, signifie proprement *terre*, *propriété territoriale*, et s'entend également au figuré de tout ce qui constitue le droit ou l'appartenance des personnes.

Aux termes du Code Napoléon, les chemins, routes et rues *à la charge de l'État*, les fleuves et rivières navigables ou *flottables*, les rivages, lais et relais de la mer, les ports, les havres, les rades, et généralement toutes les portions du territoire français qui ne sont pas susceptibles d'une propriété privée, sont considérés comme des dépendances du *domaine public*.

Ainsi, le domaine public, selon l'énumération même des objets qui le composent, c'est ce qui sert à l'usage de tous. C'est donc dans cet usage que ce domaine puise le caractère qui lui est propre, et lorsque cet usage cesse, le caractère cesse aussi. Ainsi, qu'une route actuelle soit remplacée par une route nouvelle, la route ancienne ne fait plus partie du domaine public, et elle entre dans le domaine ordinaire de l'État, aliénable comme les propriétés privées. S'il existe sur le rivage de la mer des lais et relais susceptibles d'être endigués sans nuire à la navigation et aux autres besoins publics, ils peuvent être aliénés par le gouvernement, auquel l'article 41 de la loi du 16 septembre 1807 a donné l'autorisation nécessaire. De ce que quelques parties du domaine public sont susceptibles de devenir des propriétés privées, il s'est élevé la question de savoir si les usurpations commises sur ce domaine pourraient, par la possession, donner ouverture à la prescription. Cette question a été résolue affirmativement, et avec raison. La possession, dans le cas dont il s'agit, prouve déjà que l'objet usurpé n'était pas indispensable à l'utilité, à l'usage public ; car autrement l'usurpation aurait bientôt été réprimée.

Le *domaine de l'État* se compose de toutes les propriétés publiques qui ne sont pas consacrées à l'usage général et qu'il peut aliéner ; par exemple, les forêts, les domaines ordinaires d'ancienne et de nouvelle origine, les biens vacants et sans maître, ceux provenant de déshérence, etc. On comprend encore dans les domaines de l'État les édifices employés à un service public, les terrains des fortifications, etc. Lorsque l'usage cesse, l'édifice rentre dans les domaines aliénables, et il est vendu pour le compte du trésor.

Les biens d'*ancienne origine* sont ceux qui composaient le domaine de la couronne avant 1789, ou sur lesquels il avait des droits à exercer ; les biens *de nouvelle origine* sont ceux sur lesquels il y eut main-mise nationale par suite des lois rendues depuis 1789 : tels sont ceux du clergé, des émigrés, des fabriques, des communes, des hospices, etc. Les biens du clergé sont irrévocablement restés la propriété de l'État ; les émigrés ont été réintégrés, par la loi du 5 décembre 1814, dans la possession de ceux de leurs biens qui n'étaient pas alors vendus, et indemnisés de la valeur des autres par la loi du 27 avril 1825. Les fabriques ont obtenu, par le décret du 7 thermidor an XI, le droit de rentrer dans leurs biens non vendus ; il en a été de même des hospices, qui ont obtenu, en outre, des biens en remplacement de ceux qui avaient été vendus, quant aux communes dont l'État a pris deux fois les biens, autres que les communaux, la première fois sous la condition que l'État payerait leurs dettes, et la seconde qu'il leur donnerait en rentes un revenu égal à celui des biens dont il s'emparait, il est constant, en fait, qu'elles ont été spoliées. Au reste, cette spoliation s'explique par les époques auxquelles elle a eu lieu ; en 1793, comme en 1813, il fallait de l'argent pour soutenir la guerre, et les biens des communes offraient une grande ressource, qui a été utilisée. Deux lois réparatrices ont été rendues, l'une le 2 prairial an v, l'autre le 28 avril 1816 : la première a eu pour objet, quoique d'une manière peu précise, d'arrêter la vente des biens des communes ; la seconde a ordonné, comme cela avait eu lieu pour les fabriques, les hospices et les émigrés, la restitution des biens non vendus en exécution de la loi de 1813, mais c'est tout. Il est juste de dire, au reste, que, par suite de cette dernière loi, les communes ont obtenu, en rentes sur l'État, le revenu des biens vendus ; mais ce revenu était loin de représenter la valeur vénale de ces biens. A l'égard des créanciers des communes devenus les créanciers de l'État par suite de la loi du 24 août 1793, ceux qui furent liquidés en rentes éprouvèrent une réduction des deux tiers, et les autres furent forclos par les décrets relatifs à la liquidation des dettes de l'État. En définitive, ce fut une banqueroute.

Ce n'était pas, comme économie politique, une mauvaise mesure que la vente des biens des communes : ces biens, en général mal cultivés et mal loués, ont acquis une bien plus grande valeur en passant dans les mains de propriétaires qui avaient intérêt à en tirer tout le parti possible ; seulement, cette mesure fut empreinte d'un caractère de violence et de spoliation qui la rendrait difficile aujourd'hui, alors même que les communes devraient profiter de tout le prix.

Le *domaine de la couronne* est un démembrement du domaine de l'État, affecté par un sénatus-consulte à l'usage de l'empereur ; il se compose de la dotation immobilière et de la dotation mobilier de la couronne. Avant 1789, le domaine de la couronne comprenait tous les biens de l'État, quels que fussent leur caractère et la nature de leur affectation. L'un des premiers soins de l'assemblée constituante fut de changer cet état de choses ; d'un autre côté, il s'agissait de combler le déficit qui existait alors ; les richesses du clergé, objet de plaintes et sujet d'envie, formaient une ressource importante ; la loi du 21 décembre 1789, 2 janvier 1790, art. 10, restreignit le domaine de la couronne, et ordonna la vente du surplus de ce domaine, ainsi que d'une partie des biens du clergé. « Les domaines de la couronne, dit cet article, à l'exception des forêts et des maisons royales dont le roi voudra se réserver la jouissance, seront mis en vente, ainsi qu'une quantité de domaines ecclésiastiques suffisants pour former ensemble la valeur de 400 millions. » Les biens, châteaux, palais, etc., destinés à composer définitivement le domaine de la couronne, furent désignés par l'article 3 de la loi du 26 mai, 1er juin 1791 ; mais, en 1793, la royauté avait disparu ; un premier décret, du 1er février, ordonna la vente de tous les biens qui avaient été affectés à la liste civile : cette mesure fut reconnue impraticable, au moins pour la plupart de ces propriétés. Les grands édifices, comme Versailles, Saint-Cloud et autres, n'étaient pas susceptibles d'être vendus ; quelques autres avaient été employés à des établissements publics ; la Convention voulait cependant vendre le reste ; pour y parvenir, elle rendit un autre décret, en date des 1er et 4 avril de la même année, ainsi conçu : « Les châteaux ci-devant royaux qui ne seront pas réservés pour cause d'utilité publique........ *seront divisés et vendus par lots séparés*. » Tout cela fut inutile, il n'y eut de vendu que les fermes qui étaient enfermées dans la vaste enceinte du grand parc de Versailles, et d'autres domaines utiles ; enfin, la Convention elle-même s'arrêta, et, le 6 floréal an II, elle rendit un nouveau décret qui prouvait complètement que personne ne se souciait d'avoir des châteaux, alors que le cri du parti dominant était : guerre aux châteaux,

paix aux chaumières. « La Convention nationale, après avoir entendu le rapport du comité de salut public, décrète que les maisons et jardins de Saint-Cloud, Bellevue, Mousseaux, le Raincy, Versailles, Bagatelle, Sceaux, Isle-Adam, Vanvres, ne seront pas vendus, et seront conservés et entretenus aux frais de la république, *pour servir aux jouissances du peuple* et former des établissements utiles à l'agriculture et aux arts. » M a r l y avait déjà disparu à cette époque, et malgré l'affectation prononcée par ce décret, plusieurs autres châteaux, tels que Bellevue, Sceaux et autres, disparurent également, et furent la proie de la bande noire. Lorsque Napoléon fut monté sur le trône, on composa un nouveau domaine de la couronne, et l'on y fit entrer notamment tout ce qui restait de celui qui avait été affecté à Louis XVI. Ce nouveau domaine a passé successivement aux mains de Louis XVIII et de Charles X ; on en détacha plusieurs parties lorsque l'on forma celui de Louis-Philippe.

Les *domaines engagés* sont aussi un démembrement successif de l'ancien domaine de la couronne ; cette partie de notre histoire n'est pas la moins curieuse ni la moins importante.

Ces aliénations, sans y comprendre les a p a n a g e s, furent principalement de deux sortes : l'une au profit du clergé, l'autre au profit des grands du royaume. Les donations en faveur du clergé furent considérables ; que l'on consulte l'histoire des monastères, des abbayes, de tous les établissements religieux en France, et l'on sera étonné de la masse considérable de biens qui leur furent attribués par les rois. Plusieurs circonstances firent passer dans les mains des grandes familles une bonne partie du domaine public : les récompenses justement méritées, le besoin d'argent, l'obsession, et la prodigalité inspirée par des sentiments de plusieurs natures. C'est dans cette dernière catégorie qu'il faut placer le don fait par Louis XIV à Mlle de L a V a l l i è r e d'une terre située dans la Touraine, et qu'il érigea pour elle en duché-pairie. Les lettres-patentes qui conférèrent ce don portent qu'il n'a d'autre but de récompenser ladite dame *de ses bons et loyaux services*. Le besoin d'argent occasionné par les guerres et par les croisades obligea souvent les rois à engager leurs terres ; c'étaient des espèces de ventes à réméré, c'est-à-dire avec faculté de rachat ; quelquefois le rachat avait lieu ; plus souvent encore, le même domaine était revendu pour le compte du roi, sous la condition de rembourser les premiers prêteurs. Une grande quantité de domaines furent engagés avec simulation de finance, c'est-à-dire que l'engagiste recevait la quittance sans avoir versé dans le trésor royal le prix stipulé. Ce fut pour un décret spécial, un engagement de terres considérables fait à la famille Polignac ; d'autres fois, les rois, pour ne pas paraître aliéner les domaines de l'État, donnèrent des rentes par assiette sur des fonds domaniaux ; Louis XI employa ce moyen détourné, notamment envers Notre-Dame-de-Cléry et Notre-Dame d'Aix-la-Chapelle ; il fit plusieurs réunions, mais il fut, d'un autre côté, d'une extrême libéralité. C'est ce que prouve Philippe de Comines, lorsqu'il dit de lui : « De terres donna grande quantité aux gens d'église ; mais ce don de terres n'a point tenu : aussi ils en avaient trop. » Charles VIII révoqua toutes les aliénations faites par son père, et ordonna la recherche de tous les domaines aliénés ; mais cette mesure ne fut exécutée que d'une manière très-incomplète.

Charles VIII ne fut pas le premier qui voulut mettre un frein à la dilapidation toujours croissante du domaine de l'État ; quoique sous le règne de Charles VI, la France fût continuellement déchirée par les divisions intestines et les guerres étrangères, ce prince, l'un des premiers, rendit un édit, en 1401, tant pour la conservation des domaines que pour la révocation des aliénations qui en avaient été faites ;

son exemple fut suivi par un grand nombre des rois qui lui succédèrent ; c'est à Charles IX, notamment ou, pour mieux dire, au chancelier L'Hôpital, que l'on doit la célèbre ordonnance de 1566, qui a fixé d'une manière définitive le caractère du domaine public et le mérite des aliénations qui en avaient été faites. Par la suite, beaucoup d'édits de réunion furent rendus ; tous n'ont reçu qu'une exécution incomplète, et n'ont pas empêché les rois de faire de nouvelles aliénations. Le dernier arrêt de réunion fut rendu par Louis XVI le 14 janvier 1781. Dans son discours à l'ouverture des états généraux, Necker fut obligé de convenir que cet arrêt avait rencontré la plus vive opposition. L'assemblée constituante, forte de l'opinion publique, prit les mesures les plus vigoureuses. Les aliénations avec clauses de retour, même antérieures à 1566, date de l'ordonnance de Charles IX connue sous le nom d'*ordonnance de Moulins*, furent déclarées sujettes à rachat perpétuel ; celles postérieures à cette ordonnance furent réputées simples engagements, et, comme telles, perpétuellement sujettes à rachat, quoique la stipulation de retour n'eût pas été insérée au contrat, et nonobstant toute stipulation contraire ; mais tous les détenteurs ne pouvaient être dépossédés qu'après avoir préalablement reçu ou été mis en demeure de recevoir leur finance principale avec ses accessoires. Les dons à titre gratuit, avec clause de retour, à quelque époque qu'ils pussent remonter, et ceux postérieurs à 1566, quand même la clause de retour aurait été omise, étaient déclarés révocables à perpétuité. La Convention révoqua, en effet, toutes ces aliénations par les décrets des 3 septembre 1792, et 10 frimaire an II ; ordonna la reprise de possession de tous les domaines engagés par l'administration des domaines ; et renvoya les détenteurs à se faire liquider de leurs finances, deniers d'entrée, impenses, etc. La reprise de possession n'eut lieu que pour les engagistes émigrés, dont tous les biens passèrent sous la main de l'État ; mais les engagistes régnicoles restèrent presque tous en possession de leurs biens.

La résistance des détenteurs n'était pas sans fondement : en effet, si l'on considère l'ancienneté de la plus grande partie des aliénations révoquées, il sera facile de comprendre que la plupart des biens aliénés avaient dû passer dans un grand nombre de mains, que beaucoup de droits nouveaux avaient pu s'établir ; enfin, beaucoup de détenteurs actuels ne connaissaient même pas le vice primitif de la possession de leurs auteurs ; il y avait eu aussi beaucoup de sous-aliénation. En l'an VII, une loi plus sage fut rendue, les détenteurs furent admis à devenir propriétaires incommutables, en payant le quart de la valeur, et, en outre, lorsqu'il s'agissait des forêts, la valeur entière de la futaie. Cette dernière mesure était d'accord avec les anciennes ordonnances, notamment celle de 1669, qui ne permettaient pas aux engagistes de disposer des futaies. Cette loi exigeait que les détenteurs fissent une déclaration dans un délai déterminé ; passé ce délai, l'administration des domaines était autorisée à faire signifier les titres d'engagements, et à poursuivre la vente des biens, sauf remboursement des finances ; c'était une déchéance qui ne fut point opposée aux détenteurs qui se présentaient pour satisfaire aux conditions de la loi, mais enfin c'était une arme dont le domaine pouvait toujours se servir. Il résultait de là que beaucoup de propriétés en interdit, ce qui en diminuait la valeur et nuisait aux mutations. L'État était donc lui-même intéressé à mettre un parti définitif. La loi du 12 mars 1820, mit fin à cet état de choses : cette loi fixa un délai dans lequel le domaine devait faire signifier tous les titres qui lui étaient connus ; passé ce délai, et à défaut de signification, tout détenteur fut déclaré propriétaire incommutable, et la loi n'eut plus d'effet et de valeur qu'à l'égard de ceux auxquels les significations prescrites avaient été faites.

Ainsi a été close et terminée la grande affaire des anciennes aliénations du domaine de l'État ; les sommes rentrées au trésor sont bien loin de représenter la valeur des biens aliénés ; mais si l'on considère le laps de temps qui s'était écoulé, on reconnaîtra qu'il a fallu la puissance de la révolution pour les recouvrer. Maintenant, tout cela est de l'histoire, et le domaine de l'État ne peut plus être aliéné que selon les formes prescrites par les lois.

Il nous reste à dire quelques mots du *domaine extraordinaire* pour compléter l'histoire des domaines en France ; les articles 20 et 21 du sénatus-consulte du 30 janvier 1810 font connaître tout à la fois la nature et le but de cette création de l'empereur. « Le domaine extraordinaire se compose des domaines et biens mobiliers et immobiliers que l'empereur, exerçant le droit de paix et de guerre, acquiert par des conquêtes ou des traités, soit patents, soit secrets. L'empereur dispose de ce domaine extraordinaire : 1° pour subvenir aux dépenses de ses armées ; 2° pour récompenser ses soldats et les grands services civils ou militaires rendus à l'État ; 3° pour élever des monuments, faire faire des travaux publics, encourager les arts, et ajouter à la splendeur de l'empire. La réversion des biens donnés par S. M. sur le domaine extraordinaire sera toujours établie dans l'acte d'investiture. Toute disposition du domaine extraordinaire faite ou à faire par l'empereur est irrévocable. »

Cet emploi du fruit de la conquête était certainement une grande pensée ; car le domaine extraordinaire, riche de toutes les contributions extraordinaires imposées aux puissances vaincues, avait acquis des biens considérables en France ; beaucoup de dotations furent donc distribuées en Italie, en Allemagne, et même en France ; c'étaient de véritables fiefs militaires. Mais ce que la guerre nous avait donné, la guerre nous le ravit, et les désastres de 1814 et de 1815 dépouillèrent tous les donataires dont les dotations étaient situées hors du nouveau territoire de la France. Cette perte fut réparée, au moins en partie, pour les donataires dépossédés, par la loi du 26 juillet 1821, en vertu de laquelle ils furent inscrits au grand livre de la dette publique, mais pour des pensions inférieures à la quotité du revenu de leurs dotations ; la jouissance de ces pensions fut restreinte à la première descendance. Ceux dont les dotations étaient en France ont conservé leurs biens au même titre, c'est-à-dire avec la clause de réversibilité, en cas seulement d'extinction de la ligne masculine. Une loi antérieure, celle du 15 mai 1818, avait ordonné la vente au profit de l'État de tout ce qui restait du domaine extraordinaire. Comme la clause de retour a été soigneusement insérée dans les actes d'investiture, les biens qui composent les dotations situées en France reviendront au domaine de l'État, dans le cas prévu par ces actes, et les rentes inscrites en vertu de la loi du 26 juillet 1821, seront annulées au fur et à mesure de l'extinction des familles inscrites. P.-A. COUPIN.

DOMAINE CONGÉABLE (Bail à). *Voyez* CONGÉABLE.

DOMAT ou **DAUMAT** (JEAN), naquit à Clermont en Auvergne, le 30 novembre 1625. Les détails de sa vie sont peu connus ; on sait seulement qu'il s'était lié d'une vive amitié avec le grand Pascal, qui rendit le dernier soupir entre ses bras, et qui le fit dépositaire de tous ses papiers. Sa vie fut simple, modeste, consacrée tout entière au travail et à la vertu ; jamais il ne rechercha les hautes fonctions, et la seule place qu'il ait occupée est celle d'avocat du roi près le siège présidial de Clermont, où il paraît avoir été nommé en 1657 ; c'est du moins la date du premier discours qu'il prononça aux assises de ce siège. Ses travaux même n'étaient pas destinés à la publicité, il ne les avait entrepris que pour lui, dans l'intérêt de son instruction et pour remplir plus dignement ses devoirs de magistrat. Toutefois, il les communiquait volontiers aux plus habiles jurisconsultes, dont il recueillait les avis avec cette abnégation de soi-même qui est le vrai cachet des hommes vertueux. Cependant ces ouvrages firent du bruit dans la science ; d'Aguesseau, qui en avait entendu la lecture, s'en déclara l'admirateur, et Louis XIV, sur le rapport de Peltier, donna l'ordre à Domat de les publier, et lui accorda une pension de 2,000 livres. Enfin les *Lois civiles* parurent en 1689 ; elles furent pour les jurisconsultes un grand événement, car jamais la méthode n'avait jeté plus de clarté dans le chaos des lois de cette époque, jamais le langage austère du droit n'avait revêtu un style plus net et plus élégant ; jamais les principes de la législation n'avaient été rendus plus accessibles à l'intelligence la moins élevée. D'Aguesseau fait des *Lois civiles* ce bel éloge : « Personne, dit-il, n'a mieux approfondi que Domat le véritable principe des lois, et ne l'a expliqué d'une manière plus digne d'un philosophe, d'un jurisconsulte et d'un chrétien.... c'est le plan général de la société civile le mieux fait et le plus achevé qui ait jamais paru. » Pour bien apprécier l'œuvre de Domat, il ne faudrait pas le juger avec nos idées d'aujourd'hui : la partie du droit public surtout est bien éloignée des principes que nos mœurs et nos constitutions nouvelles ont introduits. Il ne faut pas oublier que ce jurisconsulte écrivait sous un roi qui était maître absolu, et qui exerçait sur son siècle un grand empire. Et pourtant, on trouve dans l'ouvrage de Domat sur les devoirs du souverain des idées qui témoignent d'une certaine indépendance, et par-dessus tout le sentiment de l'homme honnête et consciencieux. Sous le rapport de la méthode et de la philosophie, l'ouvrage de Domat est supérieur : l'influence du génie et de l'amitié de Pascal n'y serait-elle pas pour quelque chose ? Dans chaque chapitre, on le voit toujours remonter à la source des institutions de la justice, à Dieu, qui est le principe et la fin de tout.

Domat n'était pas seulement un grand jurisconsulte, il était encore un grand théologien. Les célèbres religieux de Port-Royal le consultaient avec une sorte de vénération. Il est facile au surplus d'apercevoir dans ses ouvrages cette tendance théologique sur laquelle alors la jurisprudence s'appuyait sans cesse. Indépendamment de ses *Lois civiles*, Domat a publié un petit ouvrage intitulé : *Legum delectus*. C'est un choix méthodique des lois romaines les plus utiles ; ce traité se trouve ordinairement à la suite des *Lois civiles*. L'édition la plus estimée des ouvrages de Domat est celle de 1777 ; on en a publié de nos jours quelques-unes qui ne sont qu'une réimpression textuelle de celle-ci. Domat mourut à Paris le 14 mars 1695. Pauvre lui-même, il demanda à être enterré avec les pauvres dans le cimetière de l'Église de Saint-Benoît, sa paroisse, voulant jusqu'au dernier moment conserver cette simplicité et cette vertu modeste qui avaient fait le caractère de sa laborieuse vie. E. DE CHABROL.

DOMBASLE (MATTHIEU DE). *Voyez* MATTHIEU DE DOMBASLE.

DOMBES (*Pagus Dumbensis*), ancienne principauté souveraine, bornée au nord, au sud et à l'est par la Bresse, au sud et sud-ouest par le Franc-Lyonnais et à l'ouest par la Saône, qui la séparait du Beaujolais et du Mâconnais. La superficie de ce pays peut être évaluée à 700 kilomètres carrés. Le climat en est sain et tempéré, et le sol abondant en grains, vignes, fruits, pâturages, étangs, bois, etc. Lors du dernier recensement sous Louis XV, on s'étonnait qu'un pays resserré dans des bornes si étroites pût contenir 23,000 âmes. Trévoux en était la capitale. On la divisait en *Haute* et *Basse Dombes* ; celle-ci, renfermée entre la Saône, le Franc-Lyonnais et les mandements de Villars, de Châtillon et de Pont-de-Veyle en Bresse ; la Haute-Dombes, enclavée dans la Bresse, et composée des châtellenies de Chalamont, Lent et Châtalar.

Du temps de César, ce pays était habité partie par les *Segusiani* et partie par les *Ambarri*. Il était compris sous Honorius dans la première Lyonnaise. Conquis sur les Romains par les Bourguignons, il fit successivement partie des deux royaumes de Bourgogne. Lors de la décadence du dernier et de sa réunion à l'empire, la plupart des grands feudataires s'étant constitués indépendants, particulièrement ceux dont les territoires se trouvaient à l'orient de la Saône et du Rhône, le pays de Dombes passa sous la suzeraineté des seigneurs de Baugé (Bresse) et de Villars. Les premiers possédaient la partie septentrionale comprise le long de la Saône depuis Montmerle jusqu'aux rivières de Veyle et d'Ain ; le reste était au pouvoir de la maison de Villars. Cette possession partielle occasionna de fréquentes guerres entre les deux maisons. Les sires de Beaujeu surent en profiter pour s'emparer sur les seigneurs de Villars d'une portion de la Dombes, à laquelle ils donnèrent le nom de Beaujolais, de la part de l'empire. Cette reconnaissance de la suzeraineté de l'empire n'était qu'un moyen pour la maison de Beaujeu de s'affermir dans la possession de ces terres usurpées. Cette maison succéda à la portion des sires de Baugé, comme celle de Thoire avait succédé à tous les biens des griels et des rivalités de leurs devanciers. Elles eurent fréquemment occasion d'en chercher le dénouement les armes à la main, intéressant à leur querelle les grands vassaux du voisinage. Enfin, en 1402, le pays de Dombes reprit son unité territoriale. Louis II, duc de Bourbon, donataire en 1400, d'Édouard II, dernier sire de Beaujeu, réunit à cette portion de la Dombes celle que lui vendit pour 30,000 fr. d'or Humbert VII, sire de Thoire et Villars. Cette souveraineté reçut dès lors une organisation régulière. Le prince eut son conseil souverain, ses tribunaux, sa chancellerie, un hôtel des monnaies ; en un mot, la Dombes jouit de toutes les institutions libres et entières dont jouissaient les autres États indépendants.

La confiscation de ce petit État sur le connétable de Bourbon ne lui fit pas perdre son caractère de franc-alleu. Louise de Savoie, mère de François 1er, en eut la jouissance. Il fut rendu avec le Beaujolais, en 1561, à Louis II de Bourbon, duc de Montpensier et à sa mère, Louise de Bourbon, sœur du connétable. Le duc François, son fils, mort en 1592, fut père de Henri de Bourbon, duc de Montpensier, prince de Dombes, qui se rendit recommandable par son dévouement à Henri IV, et qui racheta par sa valeur et sa probité l'écart d'un moment, échappé à son peu de pénétration des affaires politiques. Marie de Bourbon, sa fille unique, épousa, le 6 août 1626, Gaston, duc d'Orléans, frère de Louis XIII, et fut mère de la célèbre *Mademoiselle* (Anne-Marie-Louise d'Orléans), duchesse de Montpensier, princesse de Dombes, etc., qui, le 2 février 1681, fit don de la principauté de Dombes à Louis-Auguste, duc du Maine, l'un des fils légitimés de Louis XIV, dans le but d'obtenir la mise en liberté du comte de Lauzun, son amant. Louis-Charles de Bourbon, comte d'Eu, second fils du duc du Maine, et successeur en 1755, de son frère Louis-Auguste, prince de Dombes, échangea cette principauté contre le duché de Gisors, le 28 mars 1762. Ce fut à partir de cette époque que la Dombes fut réunie à la couronne. Avant la révolution, elle était incorporée à la Bresse, et faisait partie du gouvernement général de la Bourgogne, avec ressort au parlement de Dijon.

Telle a été dans la succession des temps la destinée de ce pays, qui a laissé peu de souvenirs pour l'histoire. Sa souveraineté avait été reconnue par Philippe le Bel en 1304, François 1er en 1532, Charles IX en 1561, Henri IV et Louis XIV. La déclaration de ce dernier monarque en faveur du duc du Maine (1682) porte : qu'il reconnaît et tient pour souveraineté sous sa protection la seigneurie de Dombes, en se réservant, comme ses prédécesseurs, la bouche et les mains (c'est-à-dire l'hommage), lequel devoir devait se faire comme d'un moindre souverain à un plus puissant, son protecteur, et non comme d'un sujet à son roi ou d'un rassal à son seigneur. Cette terre était l'un des derniers aleux qui furent réunis à la France; il fait aujourd'hui partie du département de l'Ain. LAINÉ.

DOMBROWSKI (JEAN-HENRI), fils de *Jean-Michel* DOMBROWSKI, colonel dans les armées de Saxe, naquit le 29 août 1755 à Pierschowitsé, dans le palatinat de Cracovie. L'armée de la Pologne étant, à cette époque, réduite presque à rien, il entra en 1770 comme sous-enseigne au quatrième des lanciers de Saxe, et fut ensuite aide de camp du général Bellegarde, commandant toute la cavalerie saxonne. En 1791, il quitta ce service, entra dans l'armée polonaise avec le grade de major, et fit la campagne de 1792 sous les ordres du prince Joseph Poniatowski. Les calomnies et les infâmes intrigues auxquelles le général russe Igölstrom sut habilement mêler le nom du vice-brigadier Dombrowski firent gravement soupçonner de connivence avec les ennemis de la patrie. Il se justifia, après l'insurrection de 1794, devant le conseil d'État, et prouva toute la fausseté de l'accusation qui pesait sur lui : néanmoins, l'opinion contraire était tellement accréditée que, sans la généreuse intervention de Mme Mokronowska, le peuple allait immoler à sa fureur l'un des plus grands hommes qu'eut jamais la Pologne. L'estime et la confiance de Kosciuszko le dédommagèrent de cette injustice populaire. La fortune s'étant déclarée contre les Polonais à la bataille de Maiciourié (10 octobre), Dombrowski signa la capitulation, le 18 novembre, rejeta les offres de Souvarof, qui voulait l'engager, se retira à Varsovie, et y vécut sur parole jusqu'au 4 février 1796, époque à laquelle il obtint la permission de se rendre à Berlin. De là il vint à Paris, et le gouvernement français l'ayant autorisé, le 9 vendémiaire an v, à former un corps polonais en Italie, il partit pour Milan, eut plusieurs conférences avec le général Bonaparte, et parvint par son secours à conclure une convention avec l'administration de Lombardie. Telle fut l'origine des célèbres légions polonaises, qui devaient relever la gloire de leur pays, que Dombrowski créa, et qu'il guida toujours sur le chemin de la victoire.

Nommé général de division dans les armées de la France, il passa, après la paix d'Amiens, au service de la république d'Italie, et ensuite à celui du royaume de Naples, où il contribua par ses talents et par ses conseils à l'organisation militaire du pays. Dès que les événements de 1806 laissèrent entrevoir la possibilité de la régénération de la Pologne, Dombrowski accourut à Posen, fit le 3 novembre un appel à ses compatriotes, et telle était la confiance qu'on avait en lui qu'en moins de deux mois une armée de 30,000 hommes fut levée et équipée par les habitants de la Grande Pologne. Blessé à Friedland, il le fut encore au passage de la Bérézina, pendant qu'il couvrait la triste retraite des Français. Il avait prévu ce désastre. Connaissant à fond la Russie, où Napoléon allait s'enfoncer en aventurier, Dombrowski avait proposé au prince Joseph Poniatowski, alors ministre de la guerre du duché de Varsovie, d'augmenter les dépôts de régiments dans une proportion convenable, et d'autoriser les garnisons sur la ligne à accueillir et à employer les réfugiés polonais de l'Autriche, de la Prusse et de la Russie; car, disait-il, si l'armée française doit, après tant de fatigues, revenir sur ses pas, les Polonais seuls pourraient défendre leur sol et protéger sa retraite. Poniatowski, tout en rendant justice aux bonnes intentions de Dombrowski, refusa d'y acquiescer, soit par crainte de déplaire à Napoléon, soit par trop de confiance dans la réussite de la campagne qui commençait sous les plus heureux auspices. On sait quelle en fut la fin et de quelle utilité aurait pu être alors une armée de réserve!

En 1813, l'empereur autorisa le général Dombrowski à former des troupes polonaises qu'il avait sous ses ordres une division, laquelle, pendant tout le reste de la campagne, fut complètement isolée des autres Polonais, et se distingua dans les affaires de Felltow, Insterbourg, Maizan, non moins que par l'intrépide défense du faubourg de Halle à la bataille de Leipzig. Après la mort de Poniatowski, Dombrowski réunit les débris de l'armée polonaise, les ramena en deçà du Rhin, et ce fut là le dernier acte de sa vie militaire. Alexandre le nomma général de cavalerie, sénateur palatin, et le décora du grand cordon de l'Aigle-Blanc. Malgré ces faveurs, le vétéran des libertés polonaises refusa de prendre part aux affaires du nouveau royaume, se retira dans sa terre de Winagora, dans le duché de Posen, où il mourut le 26 juin 1818. Quelques mois avant sa mort, jetant un regard inquiet sur les destinées de la Pologne, il ne cacha point ses craintes, communiqua à ses amis intimes son idée sur les moyens propres à conserver la nationalité, et posa ainsi les premiers fondements des sociétés patriotiques, qui douze ans plus tard effectuèrent la révolution de 1830.

Au milieu de sa vie orageuse, Dombrowski cultivait les sciences et les lettres. Son goût pour la littérature lui sauva même la vie à la Bataille de Novi, où une balle s'amortit dans les feuillets de l'*Histoire de la guerre de trente ans*, par Schiller, qu'il avait alors sous son uniforme. Il consacra les dernières années de sa vie à la rédaction de mémoires sur les campagnes d'Italie, de l'Allemagne et de Russie, qu'il légua à la société des *Amis des sciences* de Varsovie, de même que sa riche bibliothèque. Ce précieux dépôt se trouvait dans la *salle dite de Dombrowski*, et il tomba au pouvoir des Russes, lorsque l'empereur Nicolas fit, en 1832, transporter la bibliothèque de la société à Saint-Pétersbourg.
PITKIEWICZ.

Dombrowski a laissé une fille et un fils, *Bronislaf* DOMBROWSKI, qui, après avoir été élevé à Dresde, entra au service de Prusse en qualité d'officier de la Landwehr. En 1848, il figura dans l'insurrection de Posen; et il vit aujourd'hui retiré dans le domaine de ses pères.

DÔME (du latin *domus*, maison). Les Italiens ont adopté ce terme pour désigner la maison de Dieu; et l'église du lieu ou l'église principale, quand il y en a plusieurs, est ordinairement désignée sous le nom de *il duomo*, sans joindre aucune dénomination qui puisse faire connaître le saint sous l'invocation duquel l'église est consacrée. La plupart de ces églises étant surmontées d'une *coupole*, *dôme* en est devenu synonyme, et l'on dit le dôme de Saint-Pierre-de-Rome, celui de Saint-Paul à Londres, ceux des Invalides, du Val-de-Grâce, de l'Assomption et de Sainte-Geneviève à Paris. Cependant le mot *coupole* est plus convenable et plus usité dans le langage des artistes, tandis que le mot *dôme* est une locution plus populaire. On doit faire observer en outre que le terme *coupole* ne peut s'employer que pour des constructions hémisphériques, tandis qu'il y a des *dômes* carrés, tels que ceux du Louvre, des Tuileries et de l'École-Militaire. Il existe des dômes à pans, et des dômes surbaissés; enfin, dans les jardins, on faisait souvent autrefois des décorations avec des dômes en treillage.

On nomme aussi le nom de *dôme* à la partie supérieure des fourneaux à réverbère. Les orfèvres emploient également ce mot pour désigner la couverture d'une cassolette ou d'un encensoir.
DUCHESNE aîné.

DÔME (Puy de). *Voyez* PUY-DE-DÔME.
DOMENICHINO. *Voyez* DOMINIQUIN.
DOMENICO ou **DOMINIQUE.** *Voyez* BURCHIELLO.
DOMERGUE (FRANÇOIS-URBAIN) compte au nombre des meilleurs grammairiens de la fin du siècle dernier. Il naquit à Aubagne en 1745, entra bien jeune chez les Doctrinaires, et mit à profit l'éducation qu'il y reçut. Il ne tarda pas, en effet, à devenir l'un des meilleurs maîtres de leur ordre, et donna des leçons de belles-lettres dans différentes maisons de cet institut. Il débuta dans la carrière des lettres, en 1771, par un poëme, *Éléazar*, qui n'était pas de nature à lui faire une grande renommée. Mais, en 1778, il publia la première édition de sa *grammaire raisonnée*, qui obtint un légitime succès et le détermina à embrasser la car-

rière de philologue, qu'il parcourut longtemps avec honneur et succès. Il quitta le corps des Doctrinaires en 1784, et fit paraître à Lyon, où il s'était retiré, un *Journal de la langue française*, qui compta bientôt un assez grand nombre d'abonnés. Ce fut alors qu'il conçut le projet d'une société des *Amateurs et des régénérateurs de la langue française*. Il vint à Paris, où, grâce au secours et à l'appui que lui prêtèrent quelques hommes de lettres influents, entre autres Thurot, de l'Assemblée constituante, il réussit dans son projet. Domergue avait établi au siége de la société un conseil grammatical qui donnait réponse sur toutes les questions qu'on lui adressait. On payait pour chaque réponse une légère rétribution, ou bien un abonnement de quinze francs par année, si l'on voulait suivre toutes les discussions du conseil.

La société établie par Domergue, et le *Journal de la langue française*, qui en était l'organe, jouissaient d'une considération méritée au moment où l'Institut national de France, organisé en 1795, dans le but de remplacer les anciennes académies, vint rallier entre eux les littérateurs, les artistes et les savants. Domergue y fut admis dans la section des belles-lettres, parmi les membres qui s'occupaient de l'étude de la langue française. « Quelques différends qu'il eut avec le poète Lebrun, à dit son émule Boinvilliers, certaines innovations qu'il introduisit dans le système grammatical, et qui déplurent à beaucoup de personnes, lui suscitèrent des ennemis. Mais ce qui fit le plus grand tort à sa réputation de grammairien, ce fut la manie qu'il avait d'écrire en vers, lorsqu'il pouvait se faire un nom distingué dans la science utile à laquelle il avait consacré toutes ses veilles. » Lors de l'organisation des écoles centrales, Domergue fut nommé professeur de grammaire générale à l'école des Quatre-Nations, et, quand la nouvelle université de France reçut son organisation, il obtint la chaire de rhétorique au lycée Charlemagne; mais la faiblesse de sa santé ne lui permit pas d'en remplir avec assiduité les fonctions, et il mourut le 29 mai 1810.

Outre son poème d'*Eléazar* et sa *Grammaire raisonnée*, on a de lui une *Grammaire française simplifiée* (in-8°), l'ouvrage le plus important de l'auteur, quatre éditions ayant eu lieu de 1778 à 1792; le *Mémorial du jeune orthographiste* (1790, in-12); des *Exercices orthographiques* (1790 et 1810, in-12); les *Décisions revisées du Journal de la langue française*, de 1784 à 1791 (in-8°); la *Prononciation française déterminée par des signes invariables* (1796, in-8°); la *Grammaire générale analytique*, distribuée en différents mémoires lus et discutés à l'Institut national de France (1798, in-8°); le *Manuel des étrangers amateurs de la langue française* (1805, in-8°); *Solutions grammaticales*, recueil contenant les décisions du conseil grammatical (1808, in-8°). LE ROUX DE LINCY.

DOMESDAY-BOOK. C'est le nom qu'on donne en Angleterre au plus ancien recueil concernant les usages relatifs au service et aux obligations que devaient remplir les propriétaires de sol. Quelques chroniqueurs prétendaient le faire dater du règne d'Alfred le Grand; mais il est beaucoup plus certain qu'il fut rédigé après la conquête de l'Angleterre par les Normands, et suivant un passage de ce livre même on peut conclure qu'il fut terminé dans l'intervalle de 1086 à 1087.

Un passage de la chronique saxonne, sous l'année 1085, nous apprend dans quelles circonstances le *Domesday-Book* a été rédigé. Le chroniqueur raconte comment Guillaume le Conquérant, craignant une invasion de la part de Canut, roi de Danemark, passa de Normandie en Angleterre avec une armée plus considérable que toutes celles qu'il avait amenées auparavant; les habitants du pays souffrirent à cause de cela une multitude de maux. Le roi Guillaume, rassuré sur la possession de sa conquête, renvoya une partie de ses troupes en Normandie, mais il tint un conseil général, auquel assistèrent les principaux barons, pour savoir comment l'Angleterre serait occupée et par quelles personnes. C'est pourquoi il envoya dans chaque comté des serviteurs dévoués auxquels il donna l'ordre de mesurer l'étendue de la terre, de savoir ce qui appartenait au roi, et combien il devait y toucher de cens. Il voulut aussi que les possessions des évêques, des abbés, des comtes, fussent connues exactement; que l'on s'informât combien ces possessions avaient d'étendue, du nombre de bestiaux qu'elles nourrissaient, de la somme d'argent que leurs propriétaires en retiraient. Il voulut que ce dénombrement fût exécuté avec tant de soin, que pas un coin de terre, pas une vache, pas même un seul porc, n'échappât à l'examen des commissaires. De plus, il obligea tous les hommes libres, de quelque race qu'ils fussent, à lui faire le serment d'une obéissance absolue, à reconnaître qu'ils tenaient de lui leur terres, les titres, ou dignités auxquels elles leur donnaient droit, et qu'il s'engageassent à le défendre contre tous ses ennemis. Telle est la grande opération censitaire dont le *Domesday-Book* nous a conservé les détails.

« Ce livre précieux, dit, en parlant du *Domesday-Book*, M. Augustin Thierry, où la conquête fut enregistrée tout entière pour que le souvenir n'en pût s'en effacer, fut appelé par les Normands le *grand Rôle*, le *Rôle royal*, le *Rôle de Winchester*, parce qu'il était conservé dans le trésor de la cathédrale de Winchester. Les Saxons l'appelèrent d'un nom plus solennel, le livre du dernier jugement, *Domesday-Bo k*, parce qu'il contenait leur sentence d'expropriation irrévocable. Mais si ce livre fut un arrêt de dépossession pour la nation anglaise, il le fut aussi pour quelques-uns des usurpateurs étrangers. Leur chef s'en servit habilement pour opérer à son profit de nombreuses mutations de propriétés et légitimer ses prétentions personnelles sur beaucoup de terres envahies et occupées par d'autres. Il se prétendait propriétaire, par héritage, de tout ce qu'avaient possédé Edward, l'avant-dernier roi des Anglo-Saxons, Harold le dernier roi, et la famille entière d'Harold; et il revendiquait au même titre toutes les propriétés publiques et le haut domaine de toutes les villes, à moins qu'il ne les eût expressément aliénées, soit en entier, soit en partie, par diplôme authentique, par *lettre et saisine*, comme disaient les juristes normands. »

DOMESTICATION. On a employé ce terme comme exprimant l'art d'apprivoiser les bestiaux; leur *domesticité* en est le résultat. Celle-ci est un affaiblissement, une soumission à l'aide de l'énervation, de l'amollissement, d'individus farouches et même féroces, qu'il s'agit, non-seulement de réduire à l'obéissance, mais dont il faut obtenir aussi une sorte de confiance et d'attachement volontaire à ce joug.

Les espèces robustes, le taureau, le cheval, ont dû être soumis à la castration; personne n'ignore combien la pratique de l'eunuchisme, soit chez les hommes, soit parmi les races indomptables, assujettit les individus à la faiblesse; c'est sans doute par ce moyen que Martin, conducteur d'animaux féroces, réduisait les tigres, les panthères, les lions à une obéissance surprenante. La faim dompte l'éléphant sauvage; on contraint aussi de jeûner les herbivores pour les abattre, mais la faim exalte et irrite au contraire jusqu'à la rage les carnivores, et le rend plus intraitables; on n'en peut donc rien tirer par ce procédé. L'abondance et l'appât des nourritures devient pour ceux-ci l'un des meilleurs moyens d'apprivoisement. Le carnivore bien repu s'adoucit au point de n'être plus à redouter, tant qu'il digère et qu'il a l'estomac rempli. C'est par cette saturation bienveillante qu'il apprend à caresser la main nourricière de son maître. C'est par un choix d'aliments adoucissants, tempérants, humectants, qu'on se procure des races plus grasses, plus douces, plus molles, des bœufs, des moutons, des porcs, etc., et qu'on fabrique, en quelque manière, des chairs plus tendres et plus blanches, des toisons plus soyeuses, plus délicates. La vie sédentaire, à l'ombre, dans des étables, sous un air chaud, renfermé, avec le repos, contraint les bestiaux à dormir plus longtemps, affaiblit leurs muscles, les gonfle d'humeurs, les dispose à une sorte de cachexie graisseuse ou à la polysarcie, retarde la circulation du sang, procure un abâtardissement, une stupéfaction de leurs instincts violents; les individus s'étiolent, comme les plantes, sous cette molle et humide obscurité; ils perdent leur odeur native, leur énergie natale. Il en résulte une impuissance telle, que la brebis, aujourd'hui, ne pourrait se passer du secours de l'homme. En même temps, par cette richesse d'alimentation, les facultés génératives se développent davantage; le chien peut engendrer à toute époque; la chèvre, le renne, la vache, la poule, etc., multiplient la quantité de leur lait, de leurs œufs; le cochon se remplit de lard; tous aiment cette vie de relâchement et souvent de loisir; l'état sauvage apparaît trop rude, avec l'intempérie des saisons, la rareté des subsistances, la crainte d'être harcelé d'ennemis ou de chasseurs, dans les forêts, nuit et jour. La privation du sommeil est employée comme moyen efficace pour apprivoiser les faucons et autres oiseaux de proie. En les empêchant longtemps de dormir, ils perdent en quelque sorte l'esprit et se laissent dompter. C'est aussi en répétant nuit et jour des airs sur la serinette qu'on instruit les oiseaux chanteurs à les répéter.

Mais si la domesticité a pour résultat d'approprier les animaux à notre usage, si nous avons appris par elle à modifier leurs races, à les mélanger, les combiner, les tailler et pétrir, pour ainsi dire, à nos besoins, si nous faisons les chiens petits ou grands, intelligents, chasseurs, s'attelant à des voitures, des traîneaux, si nous créons des moutons et des chèvres pour telle sorte de laine et de poils, etc., nous soumettons aussi ces êtres dégénérés (*voyez* DÉGÉNÉRATION) à des maladies, parce qu'ils sortent, comme nous, de l'état robuste ou naturel. Participant à nos travaux, à nos biens ou jouissances, ils héritent des mêmes causes de ruine. Ils sont atteints de fréquentes épizooties, que rendent plus meurtrières leurs attroupements nombreux. Ils ont plus de dépravation de goût, plus d'énervation génitale; de là tant de monstruosités, de déformations de type et de races; de là tous les troubles des fonctions digestives. Respirant un air renfermé, ils subissent la phthisie des tubercules pulmonaires, etc. L'hérédité de leurs maux descend même à leur progéniture, comme un péché originel; ils s'impriment dans leurs races, non moins que les bonnes qualités; mais celles-ci ne servent, pour l'ordinaire, qu'à notre usage; et ce sont pour les animaux domestiques des gages d'un plus pesant esclavage, comme chez les chiens de bonne race. Plus ils nous deviennent utiles, plus leur servitude s'aggrave, plus on les assouplit, on les domine, on en modifie les variétés. Il serait aujourd'hui difficile de trouver la souche primordiale du chien, du pigeon, comme de plusieurs végétaux en quelque sorte factices de nos jardins. Ce sont des composés, des mélanges de races diverses, élaborés selon nos besoins ou nos caprices. Nous les mutilons, nous en faisons accroître certains organes aux dépens de ceux que nous retranchons, tels que les oreilles, la queue, les cornes, etc. L'homme domestique est lui-même déformé; l'emploi trop exclusif des mains chez les manœuvres, des pieds chez le danseur, etc., nuit au développement d'organes plus essentiels.

Ajoutons que les habitudes des palfreniers, des valets de meute, des bouviers, bergers, porchers, etc., font participer ces hommes aux qualités brutales de l'espèce qu'ils soignent, comme on l'a remarqué. Si les bêtes acquièrent chez nous une éducation plus intelligente (dans les chiens savants, les chevaux bien dressés, etc.), par réciprocité, le cheval rend brutal le Tatar, le renne ajoute sa timidité à celle du Lapon, la brebis sa simplicité à celle du berger, le bœuf et surtout le buffle leur rustique grossièreté au bouvier; la so-

briété du chameau se communique nécessairement au Bédouin des déserts par une sorte de confraternité d'habitation. C'est encore l'extension de l'adage commun: *Dis-moi qui tu hantes, je te dirai qui tu es*, et de la loi d'assimilation des êtres qui sympathisent entre eux.   J.-J. VIREY.

DOMESTICITÉ (de *domus*, maison), état de celui qui loue son temps et ses facultés à prix d'argent, et est attaché au service personnel d'un autre. La civilisation a transformé l'esclavage en domesticité. Chez les anciens, on laissait les travaux intérieurs de la maison à des ilotes, à des esclaves sans famille et sans nom, créatures vouées en naissant à l'avilissement d'une condition qui ne pouvait changer que par la volonté du maître. Nos domestiques sont des personnes libres qui ne s'abaissent à servir que dans un but d'utilité personnelle et par nécessité. Cette servitude, au reste, est une industrie, une sorte de profession à laquelle nous n'avons pas le droit de refuser notre estime si elle est exercée avec honneur et probité. C'est encore une conquête de la civilisation moderne sur les anciens, que l'on a si longtemps vantés en toutes choses, et dont l'ordre social était fondé pourtant sur une exécrable, une révoltante injustice, l'avilissement du plus grand nombre. Le christianisme vint opposer sa morale à celle des dieux de Virgile et d'Homère. Il fit comprendre à l'esclave sa dignité d'homme; et ce fut déjà un pas immense vers son affranchissement que de lui enseigner qu'il était l'égal de son maître devant Dieu. On dut enfin accorder un rang quelconque dans la société à ceux qui, ayant aussi leur place marquée au ciel, se vouaient par état au service de leurs semblables. Mais la religion du Christ faisait au pauvre un devoir d'endurer patiemment les caprices et la tyrannie des chefs. Aussi le moyen âge nous offre-t-il l'exemple de ces domestiques fidèles qui vieillissaient au service d'un maître, et qui, appartenant aux classes les plus inférieures, sortaient du château ennoblis par leur servitude. Alors l'égalité n'était qu'au ciel. Notre civilisation, en instruisant chacun de ses droits, l'a établie sur la terre. Enfin, ce dévouement bénévole, quelquefois stupide, du pauvre aux intérêts du riche, a disparu et le Caleb de Walter Scott, modèle de fidélité antique, d'attachement désintéressé, n'aura plus guère d'imitateurs. Et puis, comme l'humanité ne restejamais dans de justes bornes, après ces bons et humbles serviteurs du moyen âge sont venus les valets effrontés, véritables types de friponnerie et de libertinage: grands chasseurs à panaches verts dont on gage la paresse et la taille, grooms, jockeys et autres, que l'on voit dormir tout le jour dans l'antichambre des grands.

Dans nos opulentes maisons, chez nos somptueux banquiers, ces princes de l'époque, les valets ont tout l'égoïsme impitoyable de leurs maîtres. Ils ne manquent pas non plus de copier tous leurs travers, car ils se prennent de la civilisation que ses vices, et ils se les approprient avec une facilité déplorable. La distance qui sépare le riche du pauvre en état de domesticité est trop grande, elle fait trop vivement sentir au dernier son infériorité sociale pour qu'il soit ou fidèle ou dévoué. Les humiliations dont un maître opulent est prodigue à son égard lui font éprouver le besoin d'une vengeance. Il la trouve dans l'infidélité. Ne croyons pas cependant que la civilisation ait fait disparaître ce dévouement noble et touchant du domestique envers le maître. Elle a seulement rendu ce sentiment impossible là où l'injustice du hasard aigrit et révolte, là enfin où l'homme sent que sa dignité est avilie et blessée. Descendons dans ces classes modestes où l'aisance est le fruit légitime d'une honnête industrie. Nous y trouverons mille exemples d'attachement sincère et de fidélité sublime; nous y verrons l'humble servante veillant la nuit au chevet de son maître, à qui des malheurs ont enlevé fortune et santé; nous la verrons partager avec lui tout ce qu'elle possède. Mais aussi cette humble servante a eu sa part de l'aisance passée du maître; elle n'était pas considérée dans la maison comme une vile créature à qui on ne doit que des gages et du pain ; elle s'est assise avec la famille autour du foyer domestique. C'est en relevant ainsi ceux que la fortune abaisse qu'on les rend plus sociables et meilleurs; et, sous ce rapport, les grandes richesses mal exploitées seront toujours un élément d'immoralité (*voyez* DOMESTIQUE).   Théodore TRICOUT.

Domesticité de cour, Domesticité palatine, Domesticité titrée. Dans le moyen âge, la *domesticité* devint auprès des rois et des grands un privilége de noblesse. Les princes francs, selon la coutume germanique, se faisaient servir par des hommes d'une naissance illustre, par les fils de leurs parents, de leurs *leudes* ou fidèles ; ils employaient à l'agriculture et aux travaux mécaniques les esclaves romains, les Gaulois ; et les serviles emplois près de la personne du roi et des grands étaient réservés à des nobles. Un prince du sang tenait à honneur de passer la chemise ou de tenir la serviette au roi. Sous Louis XIII, il y eut, au sujet de la serviette, entre le prince de Condé et le comte de Soissons, un démêlé qui partagea toute la cour. Qu'on parcoure les almanachs royaux du siècle dernier, on verra que la principale noblesse de France s'était accaparé la haute *domesticité* du palais du roi et des princes, et que la bourgeoisie se faisait honneur de la basse *domesticité*. Le cardinal de Polignac ayant reçu du roi l'expectative d'une pension de 6,000 livres, lui en fit ses remerciments, et lui dit que, quoiqu'il fût comblé de ses grâces, il ne pourrait se croire parfaitement heureux que quand il aurait *l'honneur d'être son domestique.* On voit par là que le titre de *pensionnaire* et celui de *domestique* du roi étaient synonymes. Toute cette importance de servage tomba devant cette révolution dont les plus fougueux orateurs appelaient l'infortuné Louis XVI le premier *domestique* de la nation. Quand Napoléon s'entoura du faste des Césars, il rétablit la *domesticité palatine* dans tous ses honneurs. Les anciens nobles, qu'il décora de ces emplois empruntés à l'étiquette de la vieille monarchie, mettaient bien plus d'empressement et de grâce dans leur service que les parvenus titrés de l'empire : « Une madame de Montmorency, est-il dit dans le *Mémorial de Sainte-Hélène*, se serait précipitée pour renouer les souliers de l'impératrice, une chose nouvelle y eût répugné : celle-ci eût craint d'être prise pour une femme de chambre : Mme de Montmorency n'avait nullement cette crainte. » Quand Napoléon était tout-puissant, les souverains qui se trouvaient à Paris s'empressaient de faire quelquefois acte de *domesticité* à son égard, et même à l'égard des siens : « Je ne puis, dit-il un jour, laisser tomber mon mouchoir, sans qu'aussitôt six ou sept princes souverains ne se précipitent à terre pour me le ramasser : un sergent de nos armées attendrait que je lui en donnasse l'ordre, et peut-être même me ferait-il observer que ceci n'est point dans le protocole du service. »

Paul-Louis Courier, dans ses pamphlets, a rudement stigmatisé, à l'occasion de la souscription de Chambord, la *domesticité courtisanesque* de la Restauration. Pendant un temps, les journaux de l'opposition ont employé le terme de *domesticité du château* pour exprimer, non point les laquais en livrée qui servaient le roi et les princes, mais les courtisans qui, aux Tuileries, passaient pour avoir la confiance et l'oreille du maître. Sous le nouvel empire les anciens titres de cour ont reparu ; ils ne sont pas certainement aucun des personnages titrés ne croit appartenir à la domesticité.   Charles DU ROZOIR.

DOMESTICITÉ DES ANIMAUX. Un anatomiste, examinant la boîte étroite du cerveau d'un cheval, s'écria : « Je commence à croire que nous avons le droit de monter sur ton dos. » L'axiome de la subordination naturelle des êtres, par rapport à l'intelligence qui attribue à notre espèce le pouvoir de soumettre toutes les créatures inférieures, peut s'étendre très-loin. Si la nature, en effet, établit une hiérarchie de races pour servir d'esclaves à d'autres (comme on sait aujourd'hui, d'après les belles recherches d'Huber de Genève, qu'il y a des espèces de fourmis condamnées à travailler pour d'autres fourmis, et que parmi les abeilles, les unes ont été créées ouvrières et d'autres oisives, destinées seulement à la propagation), c'est un terrible argument contre les principes imprescriptibles de l'égalité naturelle. Je veux que le crétin à cerveau resserré reste égal *en droits* à l'homme de la plus haute capacité : ce n'est qu'une exception maladive; mais que dire de la race nègre, à front constamment aplati, et dont l'encéphale reste toujours étroit, *moins volumineux naturellement* que celui du blanc? Aussi, jamais l'homme blanc n'a été l'esclave du nègre, tandis que le contraire a eu lieu dans tous les siècles. Est-ce d'après ce même principe d'infériorité proportionnelle de l'appareil encéphalique que nous soumettons l'éléphant, le cheval, etc., par le droit de l'intelligence, qui fait également, et de tout temps, obéir le maçon à l'architecte, le vulgaire à l'homme de génie?

Quoi qu'il en soit, ce n'est pas la force matérielle du corps, c'est l'esprit qui doit régner dans le monde ; à ce seul titre, nous asservissons les b r u t e s, nous les appliquons à tous nos besoins avant de nous en nourrir ; double abus de l'habileté qui nous constitue les plus injustes, les plus cruels tyrans des animaux, êtres sensibles, victimes éternelles de cette iniquité établie pour notre avantage par l'enchaînement même du Créateur. A la vérité, nous succombons à notre tour sous d'autres nécessités ou d'autres misères, par l'enchaînement des destinées générales de cet univers ; en sorte que chacun paie sa dette à la nature. En effet, l'homme livré seul sur la terre à ses uniques efforts, sans auxiliaires de ses travaux, sans ces instruments animés et dociles, demeurerait toujours à l'état misérable de faiblesse et d'isolement des peuplades sauvages ; jamais il ne s'élèverait à une haute sociabilité, ne fertiliserait le sol et n'accroîtrait beaucoup les populations, éléments nécessaires d'industrie et d'une puissante force. Voyez les Américains aborigènes : avant que l'Europe leur apportât le cheval, le bœuf, le chien et nos autres animaux domestiques, ils étaient réduits au seul lama, incapable de grands services; aussi nulle part de vastes cultures, de fortes cités, de centres immenses de population, d'empires (même chez les Incas, les Mexicains), égaux à ceux de l'ancien monde ; c'étaient presque partout des tribus éparses, mal nourries, sans énergie, sauf celle de la barbarie. On ne pouvait entreprendre qu'à force de bras des monuments gigantesques. L'Amérique enfin, comme tout pays privé d'animaux domestiques, restait alors sans civilisation et sans splendeur; elle fut vaincue par une poignée d'aventuriers.

Comment, sans le cheval, le dromadaire ou le chameau, le renne, etc., communiquerait-on facilement à travers des déserts entre les nations? Qui transporterait, charrierait tous nos matériaux pour construire les cités, les ouvrages de défense, etc.? qui distribuerait les denrées de toute nature ? Et non seulement les bestiaux multiplient les subsistances par l'agriculture, mais ils sont la base de la nourriture la plus robuste, celle de chair, qui rend l'homme plus énergique, plus capable d'engendrer, d'exercer toute son activité sur le globe. Les peuples les plus débiles, les plus pauvres, sont ceux que la nature a privés de bestiaux ; au contraire, l'Arabe riche avec ses troupeaux, le Tatar est devenu conquérant et guerrier avec le cheval, le Lapon même et le Yakoute bravent les rigueurs affreuses de leurs hivers à l'aide du renne, du chien, qu'ils attellent à leurs traîneaux sur la neige, et dont la chair les substante. Sans ces acquisitions, l'homme ne pourrait soutenir sa vie sous des cieux aussi redoutables. Le cochon semble uniquement créé pour servir d'aliment à notre espèce, car il ne lui rend aucun autre service.

On peut dire que le premier coupable de l'asservissement

des animaux est le chien, devenu le serviteur, le commensal, le parasite de l'homme. C'est à l'aide de cet instrument de tyrannie, comme tous les flatteurs, que l'homme a su enchaîner d'autres races; il servit de satellite et d'alguazil contre elles, et c'est peut-être de cette bassesse d'un suide volontaire de notre despotisme que le loup, dans sa fière indépendance, se venge contre lui avec une rage plus acharnée. A l'égard des espèces libres, le chien est devenu un traître, un persécuteur atroce, faisant lâchement cause commune avec un despote, pour mendier son salaire aux dépens d'anciens compatriotes qu'il dénonce et déchire. Sans lui, tant de généreux et puissants quadrupèdes n'eussent pu être si facilement conquis et domptés : le fougueux taureau, le noble coursier, n'eussent pas accepté le frein et le fouet; l'éléphant n'eût pas appris à courber la tête devant le fer de son cornac.

Quoi qu'il en soit, nous voilà maîtres, puisque l'animal féroce qui résiste est détruit ou confiné dans les solitudes; le lion lui-même subit notre souverain empire. Nous avons cherché des alliés parmi les carnivores en les *apprivoisant*, afin d'augmenter le nombre de nos sujets, ou pour nous défendre des plus incommodes. Ainsi nous avons appelé dans nos maisons le chat pour nous garantir contre plusieurs petites races de rongeurs; comme l'ichneumon, la mangouste des Indes délivrent de reptiles les habitations dans les pays chauds. On se sert pour la chasse, outre les chiens, du guépard ou tigre chasseur, dans l'Inde orientale, et de la loutre noire, habile à la pêche, comme du furet poursuivant les lapins. De même, parmi les oiseaux rapaces ou de proie, l'art de la fauconnerie enseigne aux espèces les plus dociles, dites *nobles*, des éperviers, des gerfauts, hobereaux, émerillons, etc., à poursuivre le gibier et à le rapporter. Parmi les palmipèdes vorages, le cormoran peut être instruit également à pêcher pour son maître. Ce n'est pas, à proprement parler, la *domesticité* qu'on impose à tous ces animaux chasseurs, mais l'*apprivoisement*. Le chat lui-même n'est qu'apprivoisé; il conserve un reste d'indépendance et il peut la reprendre. En effet, nul carnivore (nous exceptons le chien, qui devient *omnivore* comme l'homme, et qui, par cette raison, peut l'accompagner en cosmopolite sous tous les climats), nul animal de proie n'abdique sa liberté absolue. Il conserve toujours le désir de la reprendre ou les moyens de la reconquérir dans l'état de nature; il possède des armes, l'instinct de la chasse, l'énergie de la domination et de la destruction; rongeant ses fers avec un immortel regret, il frémit à l'aspect d'un maître, et n'accepte qu'en grondant la pâture de sa main. On ne doit jamais se fier à sa reconnaissance, surtout à ces époques de frénésie du rut, où le besoin impérieux de la reproduction exalte la fureur même des races les plus paisibles.

Au contraire, nous appesantissons le joug sur ces êtres doux et timides que nous qualifions de *bestiaux*, comme s'ils étaient excellemment bêtes en se laissant écraser de coups, de travaux, puis tuer pour nous servir encore d'aliment journalier : comble de misère, nous les faisons naître pour en abuser et les assassiner! En effet, presque tous les herbivores, surtout les mammifères ruminants, et parmi les oiseaux les espèces lourdes des gallinacés, des palmipèdes, deviennent principalement nos domestiques; ils peuplent les étables et les basses-cours, sous la houlette du berger. Le puissant chameau, le rapide dromadaire, s'agenouillent humblement pour recevoir sur leur dos, avec de lourds fardeaux, l'Arabe et sa famille; ils les transportent, avec sobriété, au travers de longues fatigues et de sueurs qui les dessèchent, au travers des sables brûlants de la Nubie, contents d'un peu d'eau et d'herbes arides. L'éléphant, le cheval suivent à la guerre l'homme au milieu du feu des batailles, et périssent pour sa cause, sans intérêt pour eux-mêmes. Ils semblent fiers de leur esclavage et de leur parure dans les tournois et les fêtes, en y participant.

J.-J. Virey.

Une loi du 2 juillet 1850, rendue sur la proposition du général D. de Grammont, qui a eu l'honneur de lui laisser son nom, porte : Sont punis d'une amende de cinq à quinze francs et peuvent l'être d'un à cinq jours de prison, ceux qui auront exercé publiquement et abusivement de mauvais traitements envers les animaux domestiques. La peine de la prison doit toujours être appliquée en cas de récidive. En tous cas néanmoins, l'article 463 du Code Pénal, relatif à la réduction de peines pour circonstances atténuantes, est applicable.

DOMESTIQUE. Ce mot s'applique à tout ce qui tient à la maison, à tout ce qui a rapport à l'intérieur de la famille : *vertus domestiques, chagrins domestiques*, etc. Il s'étend de ceux des animaux que l'homme a soumis et rangés sous sa loi, et aussi aux hommes qui engagent leur temps et leurs services à un plus riche pour être, en échange, payés et nourris (*voyez* Domesticité). La qualité, prise peu à peu pour le sujet, a fait nommer *domestiques* tous ceux qui, renonçant à l'exercice de leur propre volonté, l'engagent conditionnellement à un maître; la loi laissant de part et d'autre l'entière liberté de rompre à volonté cette sorte de traité. Ce mot *domestique*, synonyme de *serviteur*, bien que son acception plus étendue soit moins positivement servile, désignait sous le Bas-Empire les premiers dignitaires de l'État. Les *grands domestiques* étaient à la cour de Constantinople ce que dans les cours modernes on appelle *grands-officiers*. Ce titre s'étendait à ce que nous nommons *départements* ou *ministères*, et même jusqu'aux *commandements militaires*, en ce sens que ces emplois étaient autant de délégations du prince aux gens de sa maison. Encore de nos jours, les personnes attachées à la cour de Portugal s'honorent du titre de *domestiques* (*criados*) du roi ou de la reine. Mais ici le mot est dans son juste sens : cette domesticité des palais ne diffère presque du celle de nos maisons que par la supériorité des rangs et des manières. Il est, d'ailleurs, des vices de position qu'il n'est donné qu'au petit nombre de surmonter entièrement. On peut dire cependant, à l'excuse du cœur humain, que, si la grande et la petite domesticité semblent également avilies par l'intérêt, elles sont l'une et l'autre souvent ennoblies par l'attachement et même par le dévouement.

Sans parler davantage de cette domesticité titrée et dorée, il en est encore deux sortes fort distinctes, celle de la campagne et celle de la ville. A la campagne, le domestique est, par la naissance, l'éducation et les habitudes, l'égal de son maître. Tous deux se livrent aux mêmes travaux, ils s'asseyent à la même table, c'est un compagnon plutôt qu'un serviteur, et, bien qu'il y ait commandement et obéissance, la distance qui les sépare ne provient que d'une seule inégalité : celle de la fortune. A la ville, le service, presque uniquement personnel, prend un caractère de sujétion. La distance tracée par la vanité du maître ou par les convenances de sa position s'accroît de toute celle que l'éducation met entre les hommes, et cette inégalité là ne tient point aux préjugés. Cependant, la domesticité, avilie par l'opinion, a aussi son orgueil et souvent son insolence, tant la vanité est active à chercher des aliments : elle en trouve même dans l'éclat d'une livrée! Le domestique, mieux vêtu, mieux nourri, mieux payé que l'ouvrier, prend vis-à-vis de lui un ton de supériorité qu'autorisent jusqu'à un certain point son langage plus châtié, ses manières plus polies, sa civilisation plus avancée. S'il revient dans son village, il y est appelé *monsieur*. Si plus tard il s'y retire avec quelques épargnes, il y prend un rang intermédiaire entre le *seigneur* et les habitants, il fait la partie du greffier ou du notaire. C'est que les lois sociales, bien que fondées en raison, demeurent sans pouvoir devant la supériorité de fait que donnent la bienséance des manières et une certaine connaissance des choses et des usages du monde.

DOMESTIQUE

« Aux vertus qu'on exige dans les domestiques, votre Excellence connaît-elle beaucoup de maîtres qui fussent dignes d'être valets ? » demande sérieusement au comte Almaviva le Figaro de Beaumarchais ; et, en effet, trop rarement on se met à la place de ceux que l'on juge. Celle de domestique chez les gens riches est entourée d'écueils. Témoin et parfois complice des profusions de l'opulence, des douceurs du repos, des faiblesses de la vanité, ou peut-être de fautes plus graves, cette créature, qu'une bonne éducation et de solides principes n'ont pas toujours prémunie, est entourée d'exemples qu'elle ne doit point suivre, de tentations qu'elle doit surmonter : sans cesse elle trouve sous sa main, soit des pièces de monnaie non comptées, soit de petits objets négligés, oubliés, qui seraient d'un grand prix pour elle, car, malgré les habits dont vous l'avez revêtu, ce domestique est pauvre, il l'est d'autant plus qu'il a perdu l'habitude de l'être. Il a de vieux parents à soutenir, de jeunes enfants à qui telle friandise, desservie de votre table, ferait grand plaisir. Vous lui avez appris, sans le vouloir, à devenir lui-même gourmand et paresseux, car vous vous levez tard et vous restez longtemps à table : ces goûts dont vous badinez, dont vous vous vantez presque, vous les lui reprochez avec raison, car ils deviennent pour le pauvre la source de tous les désordres.

Tel maître, tel valet, vieux proverbe d'une vérité profonde. L'homme vertueux répand autour de lui comme un parfum de bons exemples. Les anciennes mœurs, plus sévères et plus simples, offraient plus d'exemples de cette noble influence du maître sur ceux qui l'environnent. Chez nos pères, le serviteur, moins payé, était plus intimement attaché à la famille ; il s'attendait à une récompense, à des soins qui ne manquaient point à ses vieux jours ; comme l'affranchi de l'ancienne Rome, il prenait presque rang dans la famille. Honoré de la confiance du père, il suivait le jeune fils à sa première chasse, à sa première campagne ; la femme de charge, parée du clavier, emblème du ministère de confiance dont elle était revêtue, tenait sous sa responsabilité le linge, le sucre et les épices. Elle avait peut-être élevé les jeunes enfants, ou autrefois sa maîtresse elle-même. Tous ses intérêts se confondaient dans ceux de cette famille qui protégeait la sienne ; car la chambrière était ou sa fille ou sa nièce. Confidente intime des secrets de la toilette, celle-ci avait part aux conseils privés de sa maîtresse, qu'elle aidait dans le choix des étoffes et de la distribution des aumônes. De là ces personnages comiques de soubrettes et de valets familiers, qui ne sont plus dans nos mœurs. Elles ont changé ces mœurs, et depuis que l'égalité se proclame partout, le domestique reçoit en argent ce qu'on lui payait en bons procédés. Il travaille plus et s'attache moins : c'est une conséquence de l'esprit positif du siècle, où le fait tend à détruire l'idéal, où les choses se pèsent et ne s'estiment plus.   MAUSSION, née FOUCERET.

Il ne faut pas confondre les domestiques avec les gens de travail et journaliers.

Dans l'intérêt de la religion, il fut souvent interdit à certains maîtres d'avoir telles personnes pour domestiques ; par exemple aux juifs d'avoir des serviteurs chrétiens.

Les maîtres doivent faire représenter par les domestiques mâles qu'ils prennent à leur service leur certificat de libération du service militaire ; sans quoi ils pourraient s'exposer à être punis comme complices de recel de déserteurs.

Un arrêté des consuls du 12 messidor an VIII et surtout un décret impérial du 30 octobre 1810 avaient réglementé la profession de domesticité à Paris et dans les villes dont la population dépassait 50,000 âmes. Ce décret ne reçut jamais qu'une exécution insuffisante. Une ordonnance du préfet de police en date du 1ᵉʳ août 1853 est venue en rappeler les dispositions fondamentales. Aux termes de cette ordonnance, tous les individus de l'un et de l'autre sexe qui veulent se mettre en service dans la ville de Paris sont tenus de se munir d'un bulletin d'inscription ou livret, à peine d'une détention qui ne pourra excéder trois mois ni être moindre de huit jours. Ce livret comprend les noms, prénoms, âge, lieu de naissance de l'impétrant, ainsi que son signalement et son état civil. Il est délivré à la préfecture de police sur la production de documents propres à établir l'identité de l'impétrant, et sur le vu d'un certificat délivré par le commissaire de police de sa section. Il n'est permis de prendre à son service aucun domestique non pourvu d'un livret régulier. Ce livret reste entre les mains du maître, qui ne peut, sous aucun prétexte, le retenir à la sortie ; mais il doit le faire remettre, le jour même de la sortie, revêtu de son visa, au commissaire. Il ne doit y inscrire que le jour de l'entrée ou de la sortie, sans pouvoir y exprimer aucune mention de blâme ou de satisfaction. Il a seulement la faculté d'adresser séparément ses plaintes au commissaire. En cas de difficulté sur la remise ou le visa du livret, le commissaire de police prête son concours, s'il en est requis, et statue provisoirement. Le domestique sortant est tenu de se présenter, dans les quarante-huit heures, au bureau de police auquel a été adressé le livret, et d'y faire connaître s'il veut continuer à servir, à peine d'un emprisonnement de vingt-quatre heures à quatre jours. Le livret lui est rendu visé par le commissaire de police. En outre, les domestiques qui ne se conforment pas aux dispositions précédentes peuvent, suivant les circonstances, être expulsés du département de la Seine, conformément à la loi du 9 juillet 1852. Les domestiques qui sont depuis plus de cinq ans dans la même maison ont été exemptés de ces prescriptions.

Les maîtres sont responsables du dommage que leurs domestiques peuvent causer à autrui dans l'exercice des fonctions qui leur sont confiées. Le louage des domestiques se conclut presque toujours verbalement ; mais, d'après un usage qui paraît général, il faut que le domestique ait reçu un denier à Dieu qui ne s'impute pas sur le prix. La faculté de se quitter est réciproque entre le maître et le domestique, sauf pour les domestiques attachés à la culture des terres, qui sont en général engagés pour un an. On ne peut engager ses services qu'à temps ou pour une entreprise déterminée. En cas de contestation entre le maître et le domestique sur les conditions de l'engagement et le paiement des gages, aux termes de l'article 1781 du Code Civil, le maître doit être cru sur ses affirmations, pour la quotité des gages, pour le paiement du salaire de l'année échue et pour les à-compte donnés pour l'année courante. La connaissance de ces contestations appartient au juge de paix, qui prononce sans appel jusqu'à la valeur de 100 francs. L'action des domestiques qui se louent à l'année pour le paiement de leurs gages se prescrit par un an. Ils ont un privilège sur les meubles et sur les immeubles pour les salaires de l'année échue, et pour ce qui leur est dû sur l'année courante. Leur domicile est chez la personne qu'ils servent. La qualité de domestique est un motif légal de reproche contre le témoin produit en justice dans les matières civiles. Les domestiques sont capables de recevoir des donations de leurs maîtres, à part le cas de suggestion. Ils peuvent même recevoir des dispositions universelles, sans qu'elles puissent être réduites par le juge. Les legs qui leur sont faits ne sont pas censés entrer en compensation de leurs gages.

Enfin, pour certains délits et certains crimes tels que le vol, l'abus de confiance, l'attentat à la pudeur et le viol, la qualité de domestique est un cas d'aggravation de peine ; mais elle ne l'est plus pour l'adultère, comme cela avait lieu autrefois.

En Angleterre, un impôt somptuaire existe sur les domestiques ; les maîtres payent pour chaque domestique mâle, âgé de dix-huit ans et au-dessus, le droit annuel de une livre sterling (25 francs) et pour chacun de ceux qui sont audessons de cet âge, 10 shillings 6 deniers (13 fr. 50). En 1852, le droit sur les domestiques a rapporté 209,613 livres sterlings (5,240,325 fr.).

DOMESTIQUE (Grand-). Ce titre, en usage à la cour de Constantinople, pendant toute la dernière moitié de la durée du Bas-Empire, s'appliquait à une charge répondant presque entièrement à celle de connétable dans les cours d'Occident. Le *grand-domestique* (μεγαδομέστικος), portait l'épée de l'empereur; il commandait en chef toutes les troupes de l'empire, et représentait l'empereur en son absence. Les fils de l'empereur, quelles que fussent leurs dignités, ne venaient dans la hiérarchie militaire qu'après le *grand-domestique*, qui, dans les camps, avait le droit de déployer sa bannière avant que le signal en eût été donné par la bannière impériale, et de prendre dans le butin fait sur l'ennemi une part égale à celle de l'empereur.

Une dignité dont le titulaire était investi de priviléges tels qu'il semblait l'égal de l'empereur, devait nécessairement devenir le point de mire de toutes les ambitions; aussi plus d'une fois on vit le *grand-domestique* faire un empereur, et même ceindre à son tour la couronne impériale.

DOMICILE. Dans l'acception naturelle du mot, c'est d'ordinaire le lieu où l'on demeure : les lois romaines le définissaient : *ubi quis rerumque ac fortunarum suarum summam constituit*. Cette définition a été empruntée par le Code Civil, qui porte que c'est le lieu où l'on a son principal établissement. Sous l'ancienne jurisprudence française, quand chaque province avait ses coutumes et sa législation particulières, les questions de domicile étaient la source de difficultés nombreuses et compliquées; mais nos lois nouvelles, en établissant pour toute la France une législation uniforme, en ont fait disparaître la plus grande partie. Ces sortes de questions, toutefois, donnent encore lieu dans les tribunaux à bien des débats; car c'est de là que dépend la validité d'un grand nombre d'actes judiciaires. Le domicile se range en France sous deux catégories bien distinctes : le *domicile civil* et le *domicile politique*; il est d'ailleurs parfaitement distinct de la *demeure*. Le domicile civil, à son tour, se distingue en *domicile réel* et en *domicile élu*. Le premier est attaché à la principale habitation, et c'est à celui-là que s'applique surtout la définition légale que nous avons citée plus haut. Mais il est des personnes qui ont plusieurs habitations, il en est d'autres qui n'ont point d'habitation fixe; c'est alors aux tribunaux qu'il appartient d'apprécier les circonstances, lorsqu'il n'existe pas de déclaration expresse faite dans les formes légales, contenant une manifestation de volonté; et quand il y a doute, c'est en général le lieu d'origine qui obtient la préférence. Ajoutons que les fonctions inamovibles ou à vie entraînent de droit le domicile au lieu où on les exerce. Ainsi, les magistrats de l'ordre judiciaire ont leur domicile au siège du tribunal auquel ils appartiennent. Tous les fonctionnaires révocables conservent celui qu'ils avaient avant leurs fonctions. Le domicile *élu* n'est qu'une fiction du premier : c'est celui que l'on indique pour l'exécution d'un acte. Ainsi, deux personnes font un contrat, et pour éviter les difficultés d'exécution qui pourraient résulter de l'éloignement de leurs domiciles réels, elles conviennent d'en élire un spécial dans le lieu même où l'acte a été passé. Dans les contestations civiles, on élit toujours domicile chez l'avoué qui est chargé de les diriger. Quand on fait élection de domicile, on est censé reconnaître par avance la validité des actes d'exécution qui pourraient y être faits.

Le *domicile politique* est celui qui détermine l'exercice des droits politiques. En principe, il est établi dans le même lieu que le domicile réel; mais il peut aussi en être séparé; dans ce cas, la personne qui veut le transporter ailleurs doit en faire la déclaration formelle à la municipalité du lieu où elle entend désormais exercer ses droits politiques.

E. DE CHABROL.

DOMINANTE. C'est la cinquième note d'une gamme. Ainsi, dans la gamme d'*ut*, *sol* est la dominante; dans celle de *sol*, c'est *ré*; et ainsi de suite. Lorsque l'on fait résonner une note quelconque sur un instrument très-sonore, la dominante est la première con son nance qui se produit au moment où le son s'affaiblit.

La *dominante* détermine le ton; et la *tonique* n'est tonique que par son rapport avec elle; sans ce rapport, la tonique pourrait être tout aussi bien elle-même la dominante de la note qui lui fait quarte, par conséquent le milieu d'une gamme, et non plus son commencement.

La dominante est réellement le point sur lequel roule toute l'harmonie d'un ton. Elle couronne l'accord de tonique, forme avec elle la consonnance la plus parfaite, sert de base aux deux meilleurs accords dissonants du ton et demeure indispensable à la résolution de toutes les dissonances secondaires. Enfin, également nécessaire et aux cadences intermédiaires, où elle joue le rôle principal, et aux cadences finales, qu'elle peut seule préparer, la dominante justifie suffisamment, sans doute, par tous ces titres, le nom que les musiciens lui donnent. J. D'ORTIGUE.

DOMINATION. Il y a chez l'homme deux sentiments qui se combattent sans cesse : l'amour de la liberté, et l'esprit de domination; il réserve le premier pour lui; il tourne le second contre les autres; en termes plus précis, il ne veut que suivre sa volonté dans tout ce qui le concerne, en même temps qu'il ne respire que pour l'imposer à ceux qui l'entourent dans la vie privée, ou aux masses, s'il est revêtu d'un commandement suprême. En vain les lois civiles comme les lois politiques ont-elles épuisé leurs ressources pour étouffer l'esprit de domination, il s'est perpétué de siècle en siècle, et, s'il a changé quelquefois de forme, il est toujours resté le même au fond. En effet, il est inhérent à notre nature, et se trouve mêlé à ce qu'elle renferme de plus noble et de plus élevé : nous voulons dire les croyances religieuses et les doctrines politiques, qui ne sont si puissantes que parce qu'elles ont envahi notre conviction entière. Celle-ci, à son tour, éprouve le besoin de se répandre : il faut qu'elle fasse des prosélytes : c'est un devoir de conscience qu'il faut accomplir. Mais on se laisse tromper bientôt par la sincérité même de sa conviction; on croit lui obéir, tandis qu'on est entraîné par l'esprit de domination; aussi, a-t-on la force en main, on ne tarde pas à l'appeler à son secours, et l'on frappe ceux que l'on ne parvient pas à éclairer : telle est dans toutes les discussions, dans toutes les controverses la marche ordinaire. D'un autre côté, si l'homme ne sent pas avec une certaine vivacité, il tombe souvent dans une langueur, dans une indifférence qui, tôt ou tard, amènent la ruine de la société. Que conclure de ceci? que ce qui manque le plus à l'homme, c'est la mesure, c'est le discernement dans le *bien*; bref, faute de se connaître lui-même, il cède à l'esprit de domination, croyant ne remplir qu'un devoir.

A défaut de l'éducation, qui, parmi nous, n'est que littéraire et scientifique, les mœurs nationales devraient venir à notre secours; mais elles subissent plus ou moins l'influence des événements politiques; et comme de nos jours ceux-ci sont le résultat de luttes continuelles, où les partis sont tour à tour vainqueurs, jamais l'esprit de domination ne s'est montré plus étendu et plus exigeant qu'au dix-neuvième siècle. Au reste, c'est bien à tort que l'on pense que telle ou telle forme de gouvernement protège mieux contre l'esprit de domination que telle autre. Toujours et partout, les hommes du *statu quo*, forts de leur vieille expérience, et maîtres du pouvoir, opposent une vigoureuse résistance; sont-ils vaincus, leurs adversaires regardent sur-le-champ comme un attentat même tout avertissement de leur part. Entraînés par l'esprit de domination, les partisans de la liberté épuisent vite toutes les rigueurs de l'arbitraire, et se font parjures pour rester les maîtres, sans nulle opposition.

A notre sens, ce qui vaut mieux contre l'esprit de domination de tel ou tel parti que certaines formes de gouvernement, ce sont les traditions autour desquelles se groupent les mœurs et les intérêts d'un pays. Contre une pareille puissance, tout esprit de domination se brise. Si nous remontons à l'antiquité, nous voyons d'abord que, partout où la liberté a revêtu des formes démocratiques, elle a l'esclavage pour cortége, c'est-à-dire l'esprit de domination poussé à son point le plus extrême. Maintenant, examinons les républiques de la Grèce et de l'Italie : toutes les classes de la société, en proie à l'esprit de domination, s'exilent ou se proscrivent. L'industrie est regardée comme un véhicule de liberté. Eh bien ! de tous les peuples de l'Europe possédant des colonies, le maître le plus redoutable, c'était le Hollandais, négociant républicain. Les États-Unis présentent, en général, le spectacle de républiques sages et devenues florissantes par le travail ; sur plusieurs points de cette terre appelée libre, il y a cependant esclavage. Les habitudes de liberté n'excluent donc pas l'esprit de domination ; c'est un avantage dont on jouit avec trop de délices pour vouloir en faire part à d'autres.

L'esprit de domination dans la vie privée s'adoucit, mais ne s'efface pas : on échappe par la douceur, l'adresse et la patience à ce qu'il a de plus désolant ; on le retrouve néanmoins dans toutes les circonstances imprévues ; et par droit de surprise il se fait subir. Les femmes, surtout lorsqu'elles sont jeunes, et qu'elles exercent un commandement à l'égard d'autres femmes, se montrent envers elles insupportables : ce n'est pas qu'elles poussent toujours très-loin l'esprit de domination, mais elles le mêlent à chaque détail, et font alors de la vie intérieure une véritable guerre intestine. Quant à ceux qui par position nous obéissent, rendons-leur notre pouvoir doux et léger ; épargnons-leur cet esprit mesquin de domination qui ne se plait que dans les tracasseries : les hommes s'en fatiguent vite ; ils se résignent aux devoirs les plus pénibles quand ils en aperçoivent l'utilité, mais ils se révoltent contre les taquineries de l'esprit de domination ; s'il savent souffrir, ils ne consentent pas à être avilis, du moins quand ils ont une fois goûté de la civilisation.

SAINT-PROSPER.

DOMINATIONS (en latin *Dominationes*), anges du premier ordre de la seconde hiérarchie, ainsi nommés parce qu'on leur attribue une espèce d'autorité sur les anges inférieurs. Saint Paul dit dans son *Épître aux Colossiens* : « Par Jésus-Christ ont été créées toutes les choses qui sont dans les cieux et qui sont sur la terre, visibles et invisibles, les trônes, les *dominations*, les principautés, les puissances, etc. ; tout esprit subsiste en lui. » Les Pères de l'Église et les théologiens ont jugé que ce dénombrement devait s'entendre de divers chœurs des anges ; mais on manque de détails précis à cet égard.

DOMINICAINE (République), ou SAN-DOMINGO, État indépendant, formé de la partie méridionale de Saint-Domingue ou Haïti. A partir de 1625, les boucaniers français qui s'étaient établis sur les côtes de Saint-Domingue chassèrent insensiblement devant eux les Espagnols, premiers conquérants de l'île. En 1697, Louis XIV obtint de l'Espagne, par le traité de Ryswick, la cession régulière et définitive de la partie occidentale; et environ un siècle après, en 1776, la ligne de séparation entre les deux États fut régulièrement tracée. Lors de la révolution de 1789, pendant que les populations nègre et mulâtre de la partie française secouaient le joug de la métropole et proclamaient son indépendance, la partie espagnole subissait diverses vicissitudes. Ce gouvernement avait recueilli, non-seulement les émigrés blancs, mais encore les insurgés de couleur, afin de les encourager à combattre la république. Mais, le traité de Bâle ayant cédé cette partie de l'île à la France en 1795, les noirs et mulâtres vainqueurs n'avaient pas tardé à s'en rendre maîtres. Ils la gardèrent jusqu'en 1814, époque où elle fut restituée à la couronne d'Espagne par le traité de Paris. Enfin, dans le cours de 1822, elle se détacha tout à fait de sa métropole, et fut incorporée au territoire de la république d'Haïti. Vingt-deux ans après, le 27 février 1844, une nouvelle révolution y éclatait, dans le but de former, sous le nom de *République Dominicaine*, un État complétement distinct de la république, aujourd'hui empire d'Haïti. L'insurrection triomphante annonçait hautement l'intention de se placer sous le protectorat de la France. Haïti s'était vainement efforcé de comprimer ce mouvement, que le consul général de France et l'amiral de Moges, commandant la station navale de cette puissance dans les Antilles, étaient hautement accusés d'avoir provoqué. Aussi furent ils désavoués par leur gouvernement.

La nouvelle république élut pour son président le général Pedro Santa-Anna, qui battit le général nègre Soulouque, aujourd'hui Faustin Ier. Un président dominicain intrus, Ximenès, tenta ensuite une réaction pour son propre compte ; mais Santa-Anna, l'ayant assiégé dans San-Domingo, le força à mettre bas les armes, et le pouvoir présidentiel passa en 1849 à Bonaventure Baez. De nouvelles élections l'ont rendu en 1853 à Santa-Anna. L'État dominicain a été reconnu en 1848 par la France, et en 1850 par la Grande-Bretagne. Sa superficie est de plus de 800 myriamètres carrés ; mais sa population ne dépasse point 200,000 âmes. Il y a beaucoup moins de noirs et de mulâtres que dans l'empire d'Haïti ; l'instruction y est plus répandue, et la paresse moins générale ; aussi les terres y sont-elles beaucoup mieux cultivées, et les deux plaines de *los Llanos* et de *la Vega Real*, qui ont chacune 120 kilomètres de long sur 40 de large, se distinguent-elles par une fertilité qu'on chercherait vainement dans tout l'empire noir. La religion catholique est la dominante, et l'espagnol la langue usuelle de la république dominicaine.

San-Domingo, autrefois capitale de toute l'île et maintenant de ce dernier état, entrepôt considérable, à 240 kilom. E. de Port-au-Prince, siége du gouvernement, d'un tribunal civil, d'un tribunal de commerce et d'un archevêché, s'élève, entouré de fortifications, de la façon la plus pittoresque, sur une hauteur de la côte méridionale, couverte d'une puissante végétation, à l'embouchure de l'Ozama, fleuve navigable qui y forme un port, dont l'entrée est fort étroite. On a considérée longtemps comme la plus ancienne ville fondée par les Espagnols dans le Nouveau-Monde. Mais ce titre revient à Nueva-Isabella, bâtie en 1491 sur le littoral septentrional. Les rues de San-Domingo sont droites, et il y a plusieurs belles places publiques. La ville possède quelques beaux édifices, notamment une cathédrale, de style gothique (ce qui est fort rare dans ces contrées) avec une nef très-hardie. Dans son sein avaient été déposés, conformément à son désir, les restes mortels de Christophe Colomb, dont les descendants les firent transporter à la Havane lors de l'occupation de l'île entière en 1796 par les Français. L'arsenal, un des plus beaux de l'Amérique, et qui sert en même temps de caserne, pourrait aisément contenir 5,000 hommes. L'ancien collége des jésuites, remarquable par la coupole et le maitre autel de son église, sert maintenant de magasin militaire. San-Domingo est bien déchue de sa prospérité du seizième siècle. En 1586, elle fut prise, il est vrai, par les Anglais, qui la ravagèrent. Cependant elle était encore florissante et ne comptait pas moins de 20,000 habitants quand les Français s'en emparèrent en 1793. Elle en compte à peine aujourd'hui 10,000. Son université, jadis une des plus célèbres du Nouveau-Monde, a été remplacée par quelques établissements d'instruction publique sans importance.

La petite ville d'Higuey, située dans le voisinage, est célèbre par les miracles de sa madone, qui attirent un grand concours de pèlerins de toutes ces côtes, peuplées de dévots descendants des premiers conquérants espagnols.

DOMINICAINES, religieuses de l'ordre de Saint-Dominique, fondées en 1206 à Notre-Dame-de-la-Prouille, entre Toulouse et Carcassonne. Elles suivent, comme les dominicains, la règle de saint Augustin, dont elles sont redevables à saint Dominique. Leur costume est le même que celui des Pères : dans la maison, elles sont vêtues d'une robe blanche et d'un scapulaire de même couleur. Au chœur, elles portent, par-dessus, une chape noire et mettent un voile noir sur leur voile blanc. Sainte Catherine de Sienne réforma ces religieuses au quatorzième siècle. Elles ont diverses congrégations. Supprimées en France par la révolution de 1789, elles ont été rétablies, depuis lors, en plus grand nombre.

DOMINICAINS, ou **FRÈRES PRÊCHEURS**. Cet ordre, fondé par saint Dominique en 1215, principalement dans le but de ramener à la foi orthodoxe les hérétiques albigeois, fut, la même année, malgré quelques difficultés, approuvé par Innocent III ; et, après avoir choisi la règle de saint Augustin, en y ajoutant quelques autres constitutions, il fut confirmé par une bulle d'Honorius III. Son premier couvent s'éleva à Toulouse. Le second fut bâti à Paris en 1218, rue Saint-Jacques ; d'où ils prirent en France le nom de jacobins. Dès l'année 1218 à l'année 1221, où se tint le second chapitre général de l'ordre, un si grand nombre de maisons lui furent données, ou furent bâties pour lui, qu'elles s'élevaient déjà à soixante, et furent distribuées en huit provinces : Espagne, Toulouse, France, Lombardie, Rome, Provence, Allemagne et Angleterre. Dans le premier chapitre général, tenu à Bologne en 1220, saint Dominique, à l'imitation de saint François d'Assise, avait renoncé à toutes rentes et possessions. A sa mort, arrivée en 1221, il eut la satisfaction de voir les commencements florissants de l'institution dont il venait d'établir le centre à Rome dans le couvent de Sainte-Sabine, qui lui avait été donné par le pape. Plusieurs de ses compagnons étaient, selon son désir et l'esprit de l'institut, partis pour prêcher l'Évangile en Écosse, en Irlande, dans la Norwége et dans la Palestine. En 1228, sous le généralat de Jourdain de Saxe, son successeur, quatre nouvelles provinces, Grèce, Pologne, Danemark et Terre-Sainte, furent ajoutées aux huit premières, et les progrès de l'ordre furent si grands qu'au dix-huitième siècle, il était divisé en 45 provinces et 12 congrégations particulières. Cet ordre a donné à l'Église plusieurs papes, plus de soixante cardinaux, un très-grand nombre d'évêques, beaucoup de martyrs, de confesseurs et de vierges ; mais il est surtout célèbre par l'établissement de l'inquisition, tant celle qui, sous le nom de congrégation de l'*index*, s'exerce à Rome sur les livres, estampes, imprimeurs, graveurs, etc., que celle qui, plus odieuse encore, abolie depuis longtemps en Europe, n'a cessé que dans notre siècle de régner en Espagne. Cette prérogative leur était acquise depuis 1233, époque où Grégoire IX nomma deux des leurs inquisiteurs dans le Languedoc. Plusieurs réformes ont eu lieu parmi les dominicains et ont donné naissance aux congrégations de Lombardie, Toscane, Hollande, Gallicane, etc.

Il y a aussi dans cet ordre quelques congrégations de femmes ; entre autres, les religieuses du Saint-Sacrement, de Marseille, et les religieuses dominicaines, appelées en quelques lieux *prêcheresses*.

H. BOUCHITTÉ, recteur de l'Acad. d'Eure-et-Loir.

Les dominicains étaient astreints jadis par leur règle à des jeûnes rigoureux, à l'abstinence perpétuelle de la viande, et à la plus stricte pauvreté, sans qu'il leur fût néanmoins défendu d'avoir des biens, pourvu qu'ils fussent possédés en commun. Leur premier habit était celui des chanoines réguliers (soutane noire et rochet) ; ils y substituèrent, en 1219, une robe blanche, avec un scapulaire et un capuchon de même couleur. Hors de leurs maisons, ils mettaient par-dessus un manteau et un capuchon noirs. Le rosaire ou chapelet, suspendu à la ceinture, était leur marque distinctive, parce qu'ils en étaient les instituteurs et les propagateurs. L'office de *maître du sacré palais*, dont saint Dominique fut revêtu, est affecté à l'ordre des Dominicains. Celui qui le remplit est comme le théologien domestique du pape ; il assiste à tous les consistoires, confère le degré de docteur en théologie, approuve les thèses et les livres, et nomme les prédicateurs de la cour pontificale. Il existait jadis une grande rivalité entre les dominicains et les franciscains, si unis dans le principe. Les premiers avaient adopté la doctrine de saint Thomas d'Aquin ; les seconds, celle de Scot ; ceux-là croyaient que la Vierge Marie avait été conçue *dans le péché originel* ; ceux-ci, qu'elle avait été conçue sans péché. De là d'interminables discussions et des scènes scandaleuses. Les Jésuites ont accusé aussi les dominicains d'avoir préconisé encore plus qu'eux la doctrine du régicide et de leur avoir frayé le chemin qui y conduit. Leur attitude fut étrange après l'assassinat de Henri III par leur frère Jacques Clément ; et il fut question alors d'affecter la cuculle de saint Dominique pour marque distinctive à l'exécuteur des hautes œuvres.

Les dominicains ont reparu à Paris sous le règne de Louis-Philippe et ont pris possession de l'ancien couvent des Carmes, rue de Vaugirard. Ils ont conservé la robe blanche, avec le manteau noir, quand ils sortent en ville. Mais leur règle n'est plus aussi sévère qu'autrefois. Du reste, ils s'adonnent toujours à la prédication ; et un de leurs plus célèbres orateurs, le père Lacordaire, est allé s'asseoir, sous la dernière république, en habit de Dominicain, sur les bancs de l'Assemblée nationale. L'ordre se développe d'ailleurs, et compte maintenant en France des maisons à Toulouse, à Flavigny, à Nancy, et près de Grenoble. Les dominicains ont établi, en outre, en 1852, un tiers ordre régulier pour tenir un établissement d'instruction publique à Oullins.

Eug. G. DE MONCLAVE.

DOMINICALE, discours ou homélie qui explique l'évangile ou l'épître d'un dimanche ou d'une fête. En certaines églises, il y a un prêtre établi pour prêcher toutes les dominicales de l'année, et cela sans préjudice du prône, qui a lieu après l'évangile. Les dominicales se distinguent des autres sermons par leur objet même, ceux-ci n'étant presque toujours que le développement de quelques paroles de l'Écriture, que le prédicateur a prises pour texte.

DOMINICALE (Oraison). *Voyez* ORAISON.

DOMINICALES (Lettres). *Voyez* LETTRES DOMINICALES.

DOMINIQUE (La), l'une des petites Antilles, découverte, en 1493, par Christophe Colomb, un jour de dimanche (*dies dominica*, d'où lui vient son nom) ; située entre la Guadeloupe et la Martinique, en temps de guerre, elle gêne singulièrement les communications. Cette île, jadis française, d'une superficie totale d'environ 8 myriamètres carrés, appartient aujourd'hui à l'Angleterre, et dépend du gouvernement d'Antigoa ou des îles sous le Vent. Elle est traversée en tous sens par des montagnes volcaniques des flancs desquelles sourdent diverses rivières, et dont quelques pics lancent continuellement de la fumée, en même temps qu'on y exploite des mines de soufre fort productives. On y trouve aussi plusieurs sources d'eaux thermales. Le sol des vallées est d'une grande fertilité et produit en abondance toutes les plantes des tropiques, et notamment le café, la canne à sucre, l'indigo, le coton, les bananes, l'anis, le maïs, etc. Les ruisseaux nombreux que l'on y rencontre fournissent de fort bonne eau, où l'on pêche d'excellent poisson, et les coteaux d'où ils descendent produisent les plus beaux arbres des Indes occidentales. Les habitants, dont le nombre s'élève à peine à 23,000, sont, pour la plus grande partie, des esclaves émancipés, qui ont en général adopté les mœurs et la langue anglaises. Parmi le petit nombre de blancs qui habitent la Dominique existent encore quelques descendants des premiers colons espagnols : mais la population caraïbe aborigène a depuis longtemps disparu.

L'Angleterre et la France se disputèrent longtemps la possession de la Dominique, qui d'abord avait appartenu aux

Espagnols, et que le traité de Fontainebleau (1762) adjugea définitivement à l'Angleterre. Reprise sur cette puissance pendant la guerre de l'indépendance, en 1778, par le marquis de Bouillé, elle lui fut restituée en 1783. Cédée momentanément à la France à la suite du traité d'Amiens, l'Angleterre ne se donna même pas la peine de s'en dessaisir, et les traités de 1814 ont consacré la légitimité de sa possession.

De violents ouragans, en 1806, 1817 et 1825, et deux secousses de tremblement de terre arrivées, les 20 et 21 septembre 1833 y exercèrent les plus effroyables dévastations.

Les points les plus importants de la Dominique sont *Roseau* ou *Charlotteville*, sur la côte sud-ouest, avec un bon port et 6,000 habitants, chef-lieu de toute l'île, et centre d'un commerce fort actif ; et *Portsmouth*, sur la côte nord-ouest.

DOMINIQUE (Saint), fondateur de l'ordre des Frères prêcheurs ou Dominicains, et issu, selon quelques écrivains de la famille des Guzmans, naquit, en 1170, à Calahorra, dans la Vieille-Castille. Après avoir suivi avec succès des cours de rhétorique, de philosophie et de théologie, dans l'école publique de Palencia, il donna lui-même les leçons d'Écriture Sainte dans cette ville, et s'y fit en même temps remarquer par un talent extraordinaire pour la prédication. La réputation du jeune orateur engagea Diégo d'Azevedo, évêque d'Osma, à l'attirer dans le chapitre de sa cathédrale, qu'il venait de soumettre à la règle de saint Augustin, et à lui donner le titre de sous-prieur, première dignité après la sienne. Diégo, chargé par le roi de Castille, Alfonse IX, de négocier pour son fils un mariage avec la fille du comte de La Marche, vint en France, accompagné de Dominique. Les erreurs des albigeois, dont ils trouvèrent le Languedoc infecté, firent naître dans les deux voyageurs le désir de travailler à la conversion des hérétiques. Le but de leur voyage atteint, ils sollicitèrent et obtinrent du pape l'autorisation de faire des missions dans le pays. L'évêque d'Osma les dirigea pendant deux ans, au bout desquels il en remit la conduite à Dominique. Le premier soin des missionnaires fut d'entreprendre la réforme de tout ce qui avait servi de prétexte à l'hérésie : ils s'élevèrent avec force contre les scandales et les désordres du clergé, contre l'éclat fastueux des moines. Ils ouvrirent ensuite des conférences publiques, dans lesquelles ils poussèrent à bout leurs adversaires ; mais ce qui était plus difficile, c'était de les convertir, et les succès éclatants de Dominique furent moins le fruit de son éloquence que de son dévouement. Les violences qui suivirent le massacre du légat Pierre de Castelnau, allumèrent une guerre funeste, sanglante croisade, dont les atrocités vinrent paralyser les efforts du nouvel apôtre. C'est à tort qu'on a voulu reprocher à saint Dominique d'avoir conseillé et approuvé la guerre, d'avoir dicté les mesures de violence, d'avoir établi l'inquisition, etc. Les excès des croisés n'excitèrent pas moins son blâme que l'erreur des albigeois ; tous les écrivains du temps s'accordent à dire qu'il n'employa contre l'hérésie d'autres armes que la prière, la persuasion et l'exemple. Mort en 1221, il lui eût été difficile d'établir l'inquisition, dont le projet ne fut formé que huit ans après, dans le concile de Toulouse, et qui ne fut confiée aux dominicains qu'en 1233.

Ce n'était pas assez qu'il fût lui-même un modèle de vertu, il sentait le besoin de n'employer que des coopérateurs zélés, et capables, moins par leurs discours que par leur conduite, de guérir les plaies que les passions avaient faites ; il voulait qu'aux sciences ecclésiastiques nécessaires aux prédicateurs ils joignissent la régularité de la vie religieuse, afin que l'austérité de leurs mœurs secondât la puissance de leurs paroles. Tel fut le but de la règle qu'il établit, et qui donna naissance à l'institut des Frères prêcheurs proposé dans le quatrième concile de Latran, et approuvé en 1216 par le pape Honorius III. Dans le temps qu'il sollicitait l'approbation de sa règle, Dominique conseilla au pape d'établir dans son palais un maître des études pour l'instruction des ecclésiastiques de sa cour. Le pontife, ne trouvant personne plus capable que lui de remplir cette charge, créa pour lui l'office de *maître du sacré palais*, avec le droit d'assister aux consistoires, de conférer les grades, d'approuver les thèses, les livres, etc. Depuis leur fondateur, les dominicains sont demeurés en possession de cette dignité. Deux ans après, Dominique parvint à réunir en communauté une partie des religieuses non cloîtrées de Rome, auxquelles il donna la règle de son ordre, et qui devinrent par-là des *religieuses dominicaines*. Il avait déjà institué la dévotion au rosaire. On lui attribue aussi plusieurs miracles, entre autres la résurrection du jeune Napoléon, neveu d'un cardinal. Épuisé par les travaux du ministère, les fatigues des missions, les austérités de la vie monastique, le pieux fondateur succomba à Bologne le 6 août 1221. Il fut mis au nombre des saints par Grégoire IX, en 1234.
L'abbé C. BANDEVILLE.

DOMINIQUE, surnom sous lequel sont demeurés célèbres deux acteurs de la Comédie-Italienne, le père et le fils, dont le nom véritable était *Biancolelli*, et qui firent les délices de la bonne compagnie parisienne sous les règnes de Louis XIV et de Louis XV.

Le père, *Joseph-Dominique* BIANCOLELLI, né à Bologne en 1640, faisait partie de la troupe des comédiens italiens que le cardinal Mazarin manda à Paris en 1660, et jouait dans la perfection les rôles d'Arlequin. Au théâtre sous son masque, il se faisait admirer par les saillies, par l'originalité, le naturel et l'entrain de son jeu ; mais, hors du théâtre, le sémillant arlequin disparaissait, et les spectateurs que tout à l'heure il avait charmés par sa gaieté ne pouvaient plus le reconnaître dans cet homme au maintien sérieux, au caractère mélancolique, dont les manières et le ton ne permettaient guère de deviner le baladin en possession d'amuser la foule. Malgré le préjugé alors encore si général contre les hommes de sa profession, il fut considéré de tous les gens de bien, et compta parmi ses amis intimes plusieurs personnages de distinction, le poëte Santeul, entre autres. Ce fut lui qui fournit au théâtre de Dominique la devise *Castigat ridendo mores*, devenue depuis un lieu commun banal que les critiques novices ne manquent jamais de commenter à perte de vue dans leurs feuilletons, et que le théâtre moderne n'a guère le droit de prendre. La faveur dont la troupe italienne était l'objet dans le public excita la jalousie des comédiens français, qui prétendirent, en vertu de leur privilège, leur faire désormais défendre de jouer des pièces françaises. Le grand roi ne dédaigna pas de juger cette grave contestation, en premier et dernier ressort, dans ses petits appartements. Baron, acteur célèbre de la Comédie-Française, avait été chargé de soutenir les prétentions de ses camarades. Quand il eut achevé son plaidoyer, Dominique, dont le tour de parler était venu, dit au roi : « Sire, comment parlerai-je ? — *Parle comme tu voudras*, répondit Louis XIV, curieux d'entendre sa défense. Il n'en faut pas davantage, reprit bien vite Dominique, j'ai gagné ma cause ! » Équivoque ingénieuse qui, à ce qu'on assure, fut regardée comme une décision favorable aux comédiens italiens. Du moins, nous voyons qu'à partir de ce moment, ils ne furent plus troublés dans leurs représentations, et qu'ils continuèrent à jouer en français jusqu'en mai 1697, époque où un ordre du roi fit à l'improviste fermer leur salle. Cette fois, leurs torts étaient avérés : ils avaient été assez imprudents pour donner au public *La Fausse Prude*, pièce dans laquelle Mme de Maintenon s'était bien vite reconnue. Dominique ne fut pas témoin de l'éclatante disgrâce dans laquelle tombèrent ses camarades, non plus que de l'espèce de coup d'État qui les contraignit à repasser les monts. Il était mort le 5 août 1688, laissant une fortune évaluée à plus de 300,000 livres. Ses camarades, qui l'avaient fait enterrer à Saint-Eustache, derrière le chœur, avaient tenu, à cette occasion, leur théâtre fermé pendant un mois.

Son fils, *Louis* BIANCOLELLI, chevalier de Saint-Louis, directeur des fortifications de Provence, mourut à Toulon, le 5 décembre 1729, fort regretté. Il était à la veille d'être nommé brigadier à l'ancienneté, et avait eu pour parrain Louis XIV. On lui doit plusieurs comédies jouées au théâtre italien, telles qu'*Arlequin défenseur du beau sexe* ; *la Fausse Coquette*, *le Tombeau de maître André*, *Arlequin misanthrope*, *Pasquin et Marforio*, *les Contes de ma Mère l'Oie*, etc., etc., ces dernières en société avec Dufresny.

Pierre-François BIANCOLELLI, autre fils de Joseph Dominique, né à Paris en 1681, fut placé par les soins d'un avocat au parlement, son parrain, au collége des Jésuites, où il fit de très-bonnes études. Au sortir du collége, obéissant à une irrésistible vocation, il s'engagea dans une troupe de province, sous le nom de *Dominique*, déjà illustré par son père, et ne tarda pas à hériter de sa réputation dans les rôles et sous le masque d'Arlequin. En 1710, il revint à Paris et fit partie de la troupe foraine de l'Opéra-Comique jusqu'à l'époque où, peu de temps après la mort de Louis XIV, le régent s'empressa d'engager une nouvelle troupe de comédiens italiens, qui, comme la précédente, occupa l'*hôtel de Bourgogne*. Dominique, deuxième du nom, fit partie de cette compagnie, qui, malgré son titre officiel, ne jouait que des pièces françaises, le plus souvent mêlées d'ariettes. Il ne se contenta pas d'être, comme son père, un excellent comédien ; il écrivit encore plusieurs pièces de théâtre, dont le succès fut aussi réel que durable. *Œdipe travesti*, et *Agnès de Chaillot*, parodies ingénieuses de l'une des premières œuvres dramatiques de Voltaire et de l'*Inès de Castro* de Lamothe, firent courir tout Paris. A la vérité, Dominique eut, dans presque tous ses ouvrages, des collaborateurs, tels que Legrand, Romagnesi et les deux Riccoboni, dont le talent seconda puissamment le sien. Outre les rôles d'Arlequin, il se fit remarquer à la comédie italienne dans le personnage de *Trivelin*, valet rusé et fécond en ressources, le pendant de notre Scapin. Il mourut en 1733 emportant les regrets de ses camarades et ceux du public.

DOMINIQUIN (DOMENICO ZAMPIERI, *dit* Le), naquit le 21 octobre 1581, à Bologne, où son père exerçait la profession de cordonnier. Se sentant peu de penchant à remplir le vœu de sa famille, qui le destinait à l'étude des belles-lettres, Zampieri alla chez Denis Calvaert remplacer son frère aîné Gabriel, qui préférait embrasser la carrière pour laquelle Domenico ne se sentait aucune vocation. Les brutalités que le jeune élève essuya de la part du peintre flamand le forcèrent à quitter cette école pour passer dans celle de Louis Carrache, où, dès son début, il remporta l'un des prix d'encouragement que distribuait le professeur. C'est là que Zampieri reçut, à cause de la douceur de son caractère et de sa jeunesse, le surnom amical de *Domenichino*, consacré maintenant par la postérité.

Zampieri n'était pas doué de cette spontanéité de conception naturelle au génie des arts : une grande application, une observation soutenue, l'amour du travail et le désir ardent de réussir lui tinrent lieu de cette qualité native. Dès qu'il avait saisi le pinceau, c'était une contrainte seulement que l'on obtenait du peintre de s'arracher à sa palette pour goûter un instant de repos. Cette manière de procéder semblait provenir d'une extrême lourdeur d'intelligence, comme le prouve la qualification de *bœuf* donnée au Dominiquin par ses camarades ; mais Annibal Carrache, ayant eu l'occasion d'apprécier son disciple, le vengea de cette épithète injurieuse en assurant que le *bœuf* tracerait tellement son sillon qu'il fertiliserait le champ de la peinture. En effet, *la Mort d'Adonis*, exécutée à la galerie Farnèse, attira l'attention publique sur le débutant, et lui valut l'amitié de J.-B. Agucchi, frère du cardinal de ce nom ; c'est de ce moment aussi que surgirent contre l'auteur applaudi la jalousie de ses rivaux et les persécutions incessantes dont il fut depuis l'objet. Cependant, le *Saint Pierre en prison* éclaira le cardinal Agucchi sur le mérite injustement contesté de Zampieri ; ce prélat s'empressa d'utiliser l'élève du Carrache à la décoration de Saint-Onufre. Peu de temps après, le Dominiquin eut à diriger l'érection du tombeau de son protecteur. Il y sculpta de sa main quelques ornements, et peignit au-dessus, dans un ovale, le portrait de l'ami que la mort venait de lui ravir.

Le Dominiquin avait produit la *Suzanne*, le *Ravissement de saint Paul* (actuellement au Louvre), le *Saint François à genoux devant un crucifix*, et le *Saint Jérôme dans la grotte*. Il accepta la pension et le logement offerts par J.-B. Agucchi, devenu le majordome du cardinal Aldobrandini. C'est dans le palais de la *Villa Belvedere*, appartenant à ce prince, que le Dominiquin traça quelques épisodes de l'histoire d'Apollon. A la recommandation d'Annibal Carrache, le cardinal Odoart Farnèse chargea le Dominiquin de peindre divers miracles de saint Nil et de saint Barthélemy dans la chapelle de l'abbaye de la *Grotta-Ferrata*, et d'autres motifs religieux. C'est dans la *Visite de l'empereur Othon III* que le Dominiquin a placé les traits d'une jeune fille de Frascati qu'il aimait : les menaces des parents de ce gracieux modèle contraignirent l'amant indiscret à retourner à Rome. L'Albane, qu'une étroite amitié liait au Dominiquin, travaillait alors dans le château de Bassano pour le marquis de Justiani. Heureux d'être en position de servir son ancien camarade, l'Albane engagea le marquis à confier au Dominiquin une partie des peintures à traiter : l'habileté dont il fit preuve augmenta de beaucoup sa réputation, fondée sur de beaux ouvrages.

Le Dominiquin était instruit dans l'architecture : il eut la conduite de la décoration intérieure de la chapelle de Saint-André, dans l'église de Saint-Grégoire, où il a représenté la *Flagellation de saint André*, concurremment avec le Guide, dont la fresque offre le même saint agenouillé devant la croix. La première de ces compositions ne fut payée que 150 écus ; on en compta 400 pour la seconde, et cependant la postérité a classé le Guide après son émule, si mal jugé de son vivant.

Des contrariétés sans cesse renaissantes avaient épuisé la patiente résignation du Dominiquin : il allait retourner à Bologne, quand on lui commanda *la Communion de saint Jérôme*. Cette création admirable a été regardée par le Poussin comme l'une des trois chefs-d'œuvre de la peinture ; les deux autres, selon le grand maître, sont la *Transfiguration*, de Raphaël, et la *Descente de croix*, de Daniel de Volterre. Le Dominiquin ne toucha que 50 écus pour cette page sublime, qui lui attira de nouvelles persécutions : l'envie ne voulut y voir qu'un plagiat du même sujet par Augustin Carrache, et Lanfranc, l'un des plus ardents détracteurs de Zampieri, alla jusqu'à faire graver par Perrier, son élève, la peinture d'Augustin, dans laquelle on rencontre, il est vrai, quelque analogie avec celle du Dominiquin, mais qui lui est bien inférieure. L'auteur du *Saint Jérôme* n'avait que 33 ans. *Apollon conduisant son char*, l'*Histoire de Jacob et de Rachel*, pour le marquis Mattei, et surtout les fresques de la chapelle de Sainte-Cécile dans l'église de Saint-Louis, consolidèrent ce brillant succès. La *Vie de la Vierge* étant terminée sur les murs de la cathédrale de la ville de Fano, dans laquelle il était allé passer quelque temps, le Dominiquin éprouva le besoin de revoir Bologne, où résidait sa famille. C'est à cette époque et dans cet endroit qu'il exécuta les deux grands tableaux de la *Vierge du Rosaire* et du *Martyre de sainte Agnès*.

Grégoire XV, qui, avant de parvenir au trône pontifical, avait été parrain de l'un des fils du Dominiquin, nomma le grand peintre architecte du palais apostolique, fonction qu'il garda jusqu'à la mort du pape, survenue peu après sa nomination. Le Dominiquin venait de finir les quatre figures colossales des *Évangélistes* dans l'église de Saint-

André *Della Valle*; il avait même avancé les travaux de la coupole, lorsqu'il perdit tout le fruit de ses longues peines, Lanfranc s'étant fait attribuer cette importante mission. Pour le consoler de cette disgrâce imméritée, le cardinal Ottavio Bandini fit avoir d'autres entreprises au Dominiquin. Cet artiste infatigable peignit, dans l'église de Saint-Silvestre à Monte-Cavallo, *Esther devant Assuérus*; *Judith*; *David jouant de la harpe devant l'arche sainte* (aussi au Louvre), et *Salomon sur son trône*. Il enrichit de ses productions les églises de Sainte-Marie de la Victoire, de *San-Carlo de Catinari*, de Saint-Jean des Bolonais, et la basilique de Saint-Pierre, où parut *Le Martyre de saint Sébastien*, transporté depuis à Sainte-Marie-des-Anges.

Tant de titres à l'estime publique irritèrent de plus en plus l'envie attachée au talent supérieur de Zampieri, qui, sur de pressantes sollicitations, consentit à se rendre à Naples pour y peindre la chapelle du trésor. Il ne put mettre la dernière main à cette œuvre gigantesque, à l'exécution de laquelle il s'appliqua sans relâche, malgré les obstacles suscités par ses rivaux. Ainsi, l'on avait gagné l'ouvrier commis au soin de confectionner les enduits, et ce misérable ajoutait de la cendre à la chaux, de manière à sillonner le fond de gerçures. L'Espagnolet, particulièrement, fit tous ses efforts pour réduire au désespoir l'homme qu'il ne pouvait égaler. Enfin, excédé de tant de luttes, Le Dominiquin s'échappa; mais l'attachement qu'il portait à sa famille, restée en otage, le mit dans la triste nécessité d'aller prendre un train de vie qui le conduisit au tombeau. Le croira-t-on ? l'acharnement envers le créateur du *Saint Jérôme* fut tel, que dans les derniers instants de son existence torturée il se vit obligé de préparer lui-même ses aliments, pour ne pas être empoisonné par une main vendue à ses lâches bourreaux. Le Dominiquin mourut le 15 avril 1641, âgé de soixante ans. Ce ne fut point le terme des indignes traitements dirigés contre l'homme à qui l'on devait tant de conceptions remarquables : Lanfranc eut assez de crédit pour faire effacer les ouvrages commencés par Le Dominiquin, et y substituer ses propres dessins : on ne conserva que les angles et les morceaux placés au-dessous. Le vice-roi napolitain ne s'en tint pas à cet outrage à la mémoire du peintre, il exigea de la succession du Dominiquin le remboursement de la plus grande partie des à-comptes payés.

Le Dominiquin a laissé beaucoup de dessins, répandus maintenant dans plusieurs collections. Ils montrent, par l'indécision des linéaments primitifs, combien le compositeur était lent à fixer sa pensée; ses tableaux révèlent également, par la ténacité du pinceau, tout ce qu'il en coûtait au Dominiquin pour arriver à se contenter. Ce qui distingue principalement ce maître est la justesse et la vérité de ses expressions. Son coloris manque de fraîcheur, sa touche est pesante. Ses draperies ont souvent un aspect grandiose, par la manière dont elles sont disposées; mais dans tous les détails de la composition il est facile de constater que Le Dominiquin doit moins aux inspirations du génie qu'à une grande persévérance de méditation le haut rang qu'il occupe dans la peinture.   J.-B. DELESTRE.

DOMINIS (MARC-ANTOINE), né en 1561, appartenait à la famille du pape Grégoire X, et fut nommé, en 1602, évêque de Spalatro et primat de Dalmatie et de Croatie. Ses rapports avec des protestants finirent par lui faire partager leurs doctrines, et, mandé à Rome par Paul V, il s'enfuit en Angleterre, où il trouva un protecteur dans Jacques Ier. Il y embrassa le protestantisme, se fit ordonner prêtre anglican, puis, quelque temps après, ne se croyant pas suffisamment dédommagé des sacrifices qu'il avait faits à sa foi nouvelle, il en abjura ouvertement les principes. Expulsé du sol britannique, il se réfugia à Bruxelles, où il rentra dans le giron de l'Église catholique, en 1622. L'année d'après il entreprit le voyage de Rome, et fut bien accueilli par le pape; mais, s'étant de nouveau mêlé de discussions théologiques, il fut mis en prison, et y mourut, en 1625.

On lui a attribué le mérite d'avoir le premier, dans son ouvrage intitulé : *De Radiis Visus et Lucis* (1611), donné une explication satisfaisante du phénomène de l'arc-en-ciel; mais Tiraboschi, son compatriote, convient lui-même que l'honneur en revient à Descartes et à Newton.

DOMINO (*Costume*). C'est une particularité assez curieuse qu'un des accessoires du costume ecclésiastique ait fourni la forme et le nom d'un vêtement consacré à ces déguisements que l'Église réprouve. Le *camail*, que portent dans l'hiver les prêtres devant officier dans des édifices où ils sont exposés au froid, reçut le nom de *domino*, soit à cause du verset commençant le premier psaume de vêpres (*Dixit Dominus Domino meo*), soit comme désignant un objet servant au culte du Seigneur (*Dominus*). Plus tard, lorsque l'on adopta pour les bals masqués l'usage de ces sortes de robes enveloppant la personne entière, et surmontées d'un capuchon, les rapports que l'on trouva entre ce dernier et le camail clérical firent transporter dans le langage mondain cette expression de l'idiome de nos temples. Beaucoup d'hommes autrefois endossaient, comme les dames, le domino de bal. Aujourd'hui, l'usage réserve exclusivement à ces dernières ce genre de déguisement. Le bon ton voulait, en outre, jadis que ce domino fût de satin noir; maintenant il y en a de roses, de bleus, de blancs même, et d'autres couleurs; mais c'est toujours le noir qui domine.   OURRY.

DOMINOS (Jeu de). Les uns le disent renouvelé des Grecs, d'autres des Hébreux, ou encore des Chinois. Ce qui est certain, c'est que l'usage ne s'en répandit à Paris que vers le milieu du siècle dernier, et qu'il nous vint alors d'Italie. On le joue aujourd'hui dans tous les cafés de France, et il constitue le passe-temps par excellence des officiers dans les villes de garnison. Le vénérable *café de Foy*, au Palais-Royal, et tant le boulevard le fashionable *Tortoni* sont les seuls cafés de Paris où il n'ait pu encore parvenir à s'introduire. En revanche, il règne partout ailleurs despotiquement. Le *café de l'Opéra* se vanta longtemps de réunir les plus forts *joueurs de dominos* de France; prétention que Meiffred a chantée et défendue dans un poème assez spirituel intitulé *Le Café de l'Opéra* (Paris, 1832), mais que lui contestent avec énergie les villes de Rouen et de Poitiers, lesquelles revendiquent cette gloire pour leurs cafés respectifs. C'est là une discussion où il y aurait de notre part imprudence à vouloir intervenir comme arbitre.

Tout le monde connaît ces dés, fabriqués avec des os, et taillés en forme de carré long aplati. Un jeu ordinaire se compose de 28 *dominos*, sur chacun desquels figure une combinaison de deux nombres, exprimés par autant de gros points que l'on y compte d'unités. Chacun de ces nombres, depuis le 0 jusqu'à l'1, nommé *as*, s'y trouve en outre réuni tantôt à un nombre pareil, ce qui forme les *doubles*, tantôt à un *blanc*, absence de chiffre quelconque. La *pose*, c'est-à-dire l'avantage de placer le premier domino, se tire au sort, et appartient au joueur qui a celui où figurent le plus de points. L'autre ou les autres joueurs *posent* successivement à la suite du domino qui vient d'être placé un des dés offrant dans l'une de ses moitiés l'un des deux nombres que porte le précédent. La partie est gagnée par celui qui le premier a pu placer tous ses dominos; le perdant est celui auquel il reste dans les siens le plus haut nombre de points. On appelle *bouder* n'avoir dans son jeu aucun des deux nombres que présente le domino posé en dernier, et *pêcher* être tenu, jusqu'à ce que l'on en ait trouvé un qui remplisse cette condition, d'en reprendre dans ceux qui sont restés en réserve. Diverses autres combinaisons et formes de parties jettent quelque variété dans ce jeu, qui exige, quoiqu'à un moindre degré que les échecs et les dames, de la mémoire et du calcul.   OURRY.

Suivant Méry, le domino aurait été inventé dans les couvents :

> Le *domino* nous vient de là, ce jeu charmant
> Au Seigneur dédié par un moine allemand,
> Qui pour faire excuser son absence à matines
> Prononçait en jouant trois syllabes latines.

Nous ne pouvons affirmer que l'étymologie vaille mieux que les vers qui la renferment.

DOMINOTIERS. C'est ainsi qu'on nomma les graveurs sur bois jusque vers la fin du quinzième siècle. Dans les documents dont la date remonte à 1341, il est fait mention de *dominotiers* employés à graver des cartes à jouer ; et au siècle dernier on appelait encore *dominos* ces images représentant invariablement la Chasse de Saint-Hubert ou Geneviève de Brabant, dont nos paysans aiment à orner le dessus de leurs cheminées ; images où les dessins et les personnages sont imprimés avec des planches de bois grossièrement faites, et que l'on colorait à l'aide de patrons, comme cela se pratique pour les cartes à jouer. La ville de Rouen était autrefois le centre de la fabrication de ces gravures informes, aussi durement enluminées que mal dessinées. Vers la fin du quinzième siècle, les *dominotiers* prirent le nom de *tailleurs d'histoires et de figures*, et on les confondit avec les sculpteurs. Mais ce n'est guère qu'au siècle dernier que la dénomination de *graveur sur bois* finit par prévaloir. Le nom de *dominotiers* fut réservé aux marchands de *dominoterie*, *marbreurs de papier* ; ils avaient le droit d'avoir des presses, mais ils ne pouvaient s'en servir qu'en présence d'un maître imprimeur ou d'un compagnon envoyé par lui.

DOMITE. Le *domite* ou *trachyte terreux* est une roche volcanique composée d'une pâte d'argilolite, contenant du pyroxène, du feldspath vitreux, du mica, du fer oligiste, de l'amphibole, du fer titané, du titane silicio-calcaire, de l'acide hydrochlorique. Cette roche est grenue et terreuse ; ses couleurs sont le blanchâtre, le grisâtre, le rougeâtre et le jaunâtre. On la trouve en Auvergne, près de Weinheim, aux îles Ponce, à Popayan dans l'Amérique du Sud. Le domite forme quelques montagnes coniques dans les terrains trachytiques. Les Romains employaient cette roche pour faire des sarcophages. On assure que les cadavres s'y conservaient longtemps. L. Dussieux.

DOMITIEN (Titus Flavius Domitianus), fils de Vespasien, frère de Titus, son successeur à l'empire, monta sur le trône le 13 septembre de l'an 91 après J.-C., et fut assassiné, après quinze ans et cinq jours de règne, le 18 septembre 96, à l'âge de quarante-cinq ans.

> Le sénat mit aux voix cette affaire importante,
> Et le turbot fut mis à la sauce piquante....

Si à ce trait et à d'autres analogues s'était bornée la tyrannie de Domitien, ce serait un despote assez gai, et nous ne lui ferions pas un crime d'avoir traité avec un mépris si marqué l'aristocratie romaine ; car si les dernières classes de la société, si les masses populaires, ne sont pas toujours pour les tyrans un troupeau aussi commode à conduire qu'à exploiter, il n'en est pas de même des sénats. Jamais on ne vit leur concours servile manquer à la tyrannie. Les honneurs que le sénat de Rome rendait au cheval de Caligula, fait consul, l'avaient déjà prouvé ne l'être pas moins autant que la solennelle délibération sur le turbot de Domitien. Nous pardonnerions encore au frère de Titus d'avoir affectionné la chasse aux mouches, s'il se fût borné à cette puérile cruauté. Mais Domitien fut loin d'être un tyran pour rire. « L'instinct de la cruauté, joint à un égal degré de vanité nourrie par une sombre jalousie, le rendit, dit Heeren, l'ennemi de tous ceux qui se distinguaient par leurs exploits, leurs talents ou leurs richesses. » « Il fit voir, ajoute Montesquieu, un nouveau monstre, plus cruel, ou du moins plus implacable que tous ceux qui l'avaient précédé, parce qu'il était plus timide. » Suétone nous dépeint l'infamie de sa jeunesse, et nous montre les grands de Rome se disputant les nuits de celui qui plus tard devait faire asseoir avec lui sur le trône tous les raffinements de la corruption romaine. Domitien se trouvait à Rome au moment où Vespasien fut proclamé : Titus était en Orient. Avec un présomptueux empressement de s'attribuer le pouvoir, Domitien disposa de toutes les places, et fit des choix scandaleux. Vespasien, envers lequel il se montra peu respectueux, lui écrivit pour le remercier de n'avoir pas encore disposé du trône impérial. A la mort de son père, il prétendit partager l'empire avec son frère Titus ; il ne cessa de décrier le gouvernement de ce bon prince, et ne fut pas étranger à sa mort prématurée.

En montant sur un trône resplendissant encore des vertus de son père et de son frère, celui que l'on a appelé le Néron *chauve* sut, comme son modèle, masquer d'abord son affreux caractère. Il diminua les impôts, refusa les legs qu'on lui offrit, et affecta de l'horreur pour l'effusion du sang, jusqu'à défendre de sacrifier les animaux. Il éleva de superbes édifices, se montra sévère justicier, remit en vigueur les lois contre l'adultère, bannit les délateurs, proscrivit l'usage barbare de mutiler des enfants pour remplir d'eunuques le palais impérial. Il encouragea les lettres, rétablit les bibliothèques incendiées, institua des exercices publics dans lesquels des rhéteurs distingués discutaient sur des sujets donnés. Il réprima l'abus des satires et des libelles, flétrit les courtisanes, en les privant du droit d'hériter, et leur défendit de se montrer en char et en litière. Il adoucit les peines portées contre les vestales, et leur fit subir la mort qu'en cas de récidive. Les honnêtes gens ne pouvaient qu'applaudir à ces dispositions. Domitien charma la multitude en multipliant les combats de gladiateurs, et en faisant disputer à de jeunes filles le prix de la course. Dans sa passion désordonnée pour les spectacles, il fit naître deux nouvelles factions dans le Cirque, en ajoutant deux nouvelles couleurs pour distinguer les concurrents. Sous prétexte de favoriser en Italie la culture du blé, il ordonna d'arracher les vignes. Cette fatale mesure demeura heureusement sans exécution ; mais appliquée à la Gaule, elle ne fut que trop bien réalisée. Domitien, si l'on en croit Montesquieu, craignait que le produit des vignobles n'attirât les barbares dans cette province, comme elle avait autrefois attirés en Italie. Ce fut encore au début de son règne que Domitien, à l'exemple de Vespasien, son père, bannit de Rome les philosophes. Les docteurs, les Juifs et les chrétiens furent confondus dans ce décret. Tous les auteurs ont blâmé avec raison cette mesure, qui atteignit des hommes tels que Dion-Chrysostome et Épictète, sans parler de Musonius, de Pérégrin, de Démétrius le cynique, et d'autres philosophes non moins recommandables. Apollonius de Tyane osa braver face à face la cruauté ombrageuse du tyran ; il lui dit entendre le langage de la sagesse et de la vérité : cette hardiesse resta impunie, et les historiens contemporains n'ont pas hésité à expliquer ce résultat inattendu par un prodige. Selon eux, Apollonius disparut soudain aux yeux du prince, et fut vu le même jour à cinquante lieues de Rome.

Cependant, depuis la seconde année de son règne le monstre s'était affranchi de toute dissimulation ; il fit mettre à mort Flavius Sabinus, son oncle, parce que le crieur public l'avait par inadvertance proclamé empereur dans l'assemblée du peuple, au lieu de le proclamer consul. Le lâche Domitien eut l'ambition des conquêtes : il attaqua les Cattes, peuple belliqueux de la Germanie, ravagea leurs terres, fit prisonniers quelques paysans, et revint à Rome se faire décerner le triomphe. Une multitude d'esclaves qu'il fit habiller en Germains se pressaient autour de son char. Dès ce moment Domitien ne cessa de se décorer du titre d'*imperator* : il le prit vingt-deux fois pendant son règne. Malgré ces démonstrations de victoire, les guerres étrangères sous ce prince eurent cela de remarquable que ce furent les premières où les barbares attaquèrent avec succès l'empire romain. Son expédition ridicule contre les Cattes offrit la première preuve de sa vanité sans bornes, comme le rappel du vertueux Agricola (85 de J.-C.) en fut une de sa jalousie. La guerre de Domitien contre les Daces, qui, sous leur vaillant roi Décébale, attaquèrent les frontières romaines, occasionna d'autres hostilités avec les Marcomans, les Quades et les Iazyges, peuples de la Germanie orientale. Vaincu par les Daces, Domitien acheta d'eux la paix par un tribut annuel (an 90 de J.-C.). Il ne rougit point de se faire décerner pour cette honteuse capitulation les honneurs d'un double triomphe, avec les titres de *Germanique* et de *Dacique*. C'était bien là, selon la belle expression de Châteaubriand, se traîner dans la gloire. Pline le jeune observe à ce sujet que les triomphes de Domitien étaient les indices sûrs de quelques avantages notables remportés sur lui par les ennemis. Ces humiliations ne firent qu'aigrir l'affreux caractère du prince qui les subissait. Il fonda son despotisme sur la force militaire, et augmenta d'un quart la paye des soldats; mais pour ne point être obligé de la diminuer plus tard, il multiplia les accusations de lèse-majesté, afin de remédier par les confiscations à l'épuisement du fisc. C'est ainsi que tous ces mauvais empereurs battaient monnaie en faisant tomber des têtes.

Jamais les délateurs ne furent plus nombreux ni plus encouragés. L'esclave était l'espion de son maître, l'affranchi de son patron, l'ami de son ami. La popularité, tout comme l'obscurité, faisait ombrage à ce maître capricieux. Sous son règne les vertus étaient des arrêts de mort. Le plus léger prétexte suffisait pour faire périr les personnes les plus considérables : Salvius Cocceius avait célébré le jour de la naissance de l'empereur Othon, son oncle ; il fut mis à mort. Tout prétexte était bon au tyran pour s'emparer des biens. Vivant, on était accusé d'avoir parlé contre la majesté du prince; mort, de l'avoir désigné pour son héritier ; et Domitien s'adjugeait la fortune ou l'héritage. Il mettait du raffinement dans sa cruauté : il aimait à voir souffrir, à insulter ses victimes. Cruel jusque dans ses moments de belle humeur, il se plaisait à faire subir les angoisses de la mort à ceux qu'il épargnait. Un jour, il invita à un grand festin les principaux du sénat et de l'ordre équestre. La salle était tendue de noir; derrière chaque convive était placé un cercueil portant son nom. A la fin du repas, les portes s'ouvrent avec fracas ; des hommes nus et d'un aspect affreux entrent l'épée à la main : les convives se croient à leur dernière heure; mais ils en sont quittes pour la peur : leurs prétendus bourreaux, après avoir exécuté une danse diabolique, disparaissent, et l'empereur congédie ses conviés avec un présent. Ce n'était pas seulement dans Rome et dans l'Italie que ses agents exerçaient leur rapacité ; les provinces n'étaient pas épargnées. Dans la Gaule, les maisons s'écroulaient, les villes tombaient en ruines, les champs restaient sans culture. En Afrique, les Nasamons, ne pouvant supporter les exactions, prirent les armes, et furent exterminés par Flaccus, gouverneur de Numidie. Nouveau sujet de triomphe pour Domitien, qui prit alors le titre de *dieu*, et n'en voulut point d'autre. La révolte de Lucius Antonius, qui éclata dans la haute Germanie, et qui fut promptement réprimée, fut pour lui une occasion de se livrer sans mesure à ses fureurs sanguinaires. A cette occasion, il ordonna tant d'exécutions qu'il défendit qu'on en tînt registre, et il se dispensa d'écrire au sénat en envoyant les têtes qu'il faisait exposer au Forum auprès de celle d'Antonius.

Jusque alors, donnant à ses vengeances une apparence de légalité, il avait porté devant le sénat les accusations contre ceux dont il voulait faire ses victimes, et cette recommandation insidieuse : « On verra aujourd'hui si je suis cher ou indifférent au sénat, » n'avait jamais manqué de produire son effet. C'était pourtant sur les membres de cette compagnie que ses accusations et ses rigueurs tombaient de préférence. Ainsi, il fit condamner Helvidius Priscus le fils et Junius Rusticus : le premier, pour avoir composé un poëme allégorique dans lequel le tyran crut voir une satire personnelle ; le second, pour avoir, dans un livre d'histoire, fait l'éloge de Thraséas et d'Helvidius le père. La dernière année de son règne est marquée par la deuxième persécution contre les chrétiens (an 95 de J.-C.) ; elle fut motivée peut-être par le refus qu'ils firent de payer la capitation idolâtrique, imposée par l'empereur pour la reconstruction du Capitole. Les historiens ecclésiastiques rapportent que l'apôtre saint Jean, plongé dans une chaudière d'huile bouillante, en sortit sain et sauf, et fut relégué dans l'île de Pathmos. Flavius Clemens, neveu de Vespasien, et qui venait d'exercer le consulat, fut au nombre des martyrs. Domitien exila comme chrétienne sa parente Flavia Domitilla, épouse de Flavius Clemens. Ayant appris que deux chrétiens juifs se prétendaient issus de la race royale de David, il les fit venir à Rome. C'étaient les petits-fils de saint Jude, frère de Jésus-Christ par la chair. Questionnés sur leurs richesses, ils répondirent qu'ils possédaient 39 plèthres de terres (environ 7 arpents et demi), qu'ils payaient l'impôt et vivaient de leur champ : ils montrèrent leurs mains, endurcies par le travail. L'empereur leur demanda ce que c'était le royaume du Christ; ils répliquèrent qu'il n'était pas de ce monde. « Domitien, ajoute Fleury, les méprisant alors comme des personnes viles, les renvoya en liberté, et fit cesser la persécution en Judée. » Ces deux laboureurs étaient deux évêques; ils vivaient encore sous Trajan.

La chute de Domitien confirma cette observation, fondée sur l'expérience, qu'un tyran a moins à craindre du peuple que de ses entours. Ses affranchis les plus chers, et même sa femme, Domitia Longina, voyant qu'il était aussi dangereux dans ses amitiés que dans ses haines, et qu'il ne mettait aucune borne à ses défiances, l'assassinèrent dans son appartement. Il fut le dernier des douze Césars ; et sa vie termine l'ouvrage de Suétone, qui l'a très-heureusement peint dans ce peu de mots : *Inopia rapax, metu sævus* (rapace par besoin, cruel par peur). Il faut lire dans Suétone et Dion-Cassius le détail des débauches de Domitien. Lui qui punissait de mort l'adultère et la faiblesse d'une vestale, se plongeait dans l'inceste et dans les dissolutions les plus honteuses. Il se rendait aux bains publics suivi d'un cortège de courtisanes, et pourtant il fit mourir une femme dont le seul crime était de s'être déshabillée devant sa statue. Il n'était point dépourvu d'esprit : on citait de lui des mots heureux ; il n'était pas étranger à la poésie ; il aimait passionnément à faire bâtir. L'empire lui doit les routes, des canaux, des édifices, et surtout une infinité de temples : c'est ce qui a fait dire à Martial, dans une de ses épigrammes, que Jupiter ferait banqueroute s'il voulait payer à Domitien tous les temples qu'il lui avait érigés. Sous ce rapport Domitien ne s'était pas oublié lui-même : il s'était consacré maints temples et force statues. On a de lui de belles médailles, et les satires de Juvénal ont immortalisé le Néron *chauve*.

Charles Du Rozoir.

DOMITIUS, nom d'une famille romaine d'origine plébéienne, devenue plus tard l'une des plus considérables de la république, et qui se partagea en deux branches, dont l'une ajouta à son nom originaire celui de *Calvinus*, et l'autre celui d'*Ænobarbus* ou *Ahenobarbus*.

DOMITIUS (CNEIUS), l'auteur de cette dernière branche, revenant des champs, rencontra, dit une tradition, Castor et Pollux, qui, sous la figure de deux jeunes gens d'une beauté plus qu'humaine, lui ordonnèrent d'annoncer au peuple romain une victoire qui n'était pas encore connue; et comme Domitius paraissait n'y pas croire, ils lui touchèrent légèrement la barbe, et de noire la rendirent rousse : d'où lui vint le nom de *Barbe d'Airain* (Ahenobarbus). Ce Cneius Domitius fut successivement, de 551 à 561, questeur, tribun du peuple, édile, préteur et enfin consul avec L. Q. Flaminius.

DOMITIUS AHENOBARBUS (CNEIUS), de la même

famille, fut consul l'an de Rome 630 (122 avant J.-C.), et eut de brillants succès dans la Gaule transalpine. L'année de son consulat étant expirée, il conserva, en qualité de proconsul, l'armée qu'il commandait, pour faire tête aux Allobroges et aux Arvernes, leurs alliés. Il les vainquit après un long combat, dans lequel ses éléphants de guerre, animaux inconnus à l'ennemi, jetèrent l'épouvante et le désordre dans ses rangs. Les Romains tuèrent aux Gaulois vingt mille hommes, et leur firent trois mille prisonniers. Bituitus, chef des Arvernes, songea alors à demander la paix. Domitius, qui ambitionnait le titre de pacificateur des Gaules, l'attira dans son camp, et l'engagea à le suivre à Rome. Sur son refus, il le fit charger de fers, et l'expédia par mer en Italie. Quand il eut pacifié les Gaules, Domitius y fit construire une voie romaine, qui prit son nom, et élever un trophée en pierre, qu'il orna des dépouilles de l'ennemi. Puis il parcourut la contrée, monté sur un éléphant et entouré d'une nombreuse escorte. Élu censeur en 637, il exerça cette magistrature avec une rigueur peu commune.

[DOMITIUS AHENOBARBUS, un de ses descendants, débuta l'an 70 avant J.-C. comme témoin à charge dans le procès de Verrès. Cinq ans plus tard, il avait déjà assez de crédit pour que Cicéron refusât à son ami Atticus de plaider pour un certain Cœcilius, oncle de celui-ci, parce qu'il avait pour adversaire Satrius, ami de Domitius. Cicéron songeait alors au consulat, et voulait ménager Domitius, qu'il regardait, dit-il à Atticus, comme le principal appui de sa candidature. En l'année 61 Domitius était édile. Il se rendit populaire par des jeux où, selon le rapport de Pline, on vit cent lions de Numidie, conduits par leurs cornacs, et où pour la première fois les spectateurs furent obligés de quitter le cirque avant la fin des jeux pour aller manger. Élu préteur l'année qui précéda l'exil de Cicéron, il ne fit rien pour empêcher cet exil, quoique Cicéron l'eût servi dans sa candidature, et il ne proposa point son rappel au sénat, quoiqu'il l'eût promis. Beau-frère de Caton, adversaire des triumvirs, il attaqua les lois de César avec une hardiesse qui le rendit agréable au sénat ; mais l'influence croissante de César, alors dans les Gaules, fit avorter ses propositions. Lorsque, par suite des conférences que César eut à Lucques avec Pompée et Crassus, il leur eut promis, pour prix d'une prolongation de son gouvernement pendant cinq années, de les appuyer dans leur demande du consulat, Domitius, poussé par Caton, fut le seul qui ne se désista pas de sa candidature. Le jour des comices, il parut au Champ de Mars, accompagné de Caton et de ses autres amis, vers le coucher du soleil. Mais au lieu d'y trouver, comme ils l'espéraient, un peuple décidé à résister à la tyrannie des triumvirs, ils furent reçus par une bande armée qui assomma leurs porteurs de torches, et blessa Caton et plusieurs autres. Domitius voulait se retirer ; mais Caton le retint de force jusqu'à ce que la supériorité du nombre les força de prendre la fuite. Domitius finit cependant par être élu consul en 54. On s'attendait à ce qu'il se déclarât contre les actes de Pompée et de César ; mais rien d'éclatant ne signala son consulat. Il fit accuser C. Caton, le tribun de l'année 56 ; mais la protection de Pompée le fit absoudre. Il eût pu empêcher qu'on enterrât au Champ de Mars Julie, fille de César et femme de Pompée ; le lieu étant sacré, il fallait une loi spéciale ; il ne l'osa pas. Loin de servir les nobles dans son consulat, il les blessa par l'accusation qu'il encourut d'avoir honteusement trafiqué des emplois et des provinces avec son collègue Appius Claudius.

Sorti du consulat, il n'accepta aucun gouvernement, et se rapprocha de Pompée, la mort de Julie ayant amené un refroidissement entre le gendre et le beau-père. Il présida le procès de Milon, accusé du meurtre de Clodius. Resté l'ennemi de César, il affectait de diminuer ses victoires, et le bruit ayant couru qu'il avait été enveloppé par les Bellovaques, Domitius crut et voulut faire croire aux autres que l'armée du proconsul avait été détruite. Quand la guerre civile éclata, il y prit encore le rôle de l'adversaire le plus personnel de César. Comme pour le mettre directement aux prises avec le vainqueur des Gaules, le sénat lui avait donné le gouvernement de la Gaule ultérieure. César, en entrant en Italie, se vit barrer le passage par Domitius, lequel s'était jeté dans Corfinium, où il attendait des secours de Pompée. César mit le siège devant la place. Domitius écrivit à Pompée par des hommes du pays, qui parvinrent à passer à travers les lignes de César. Dans l'intervalle, il ne négligeait aucun préparatif de défense : il exhortait ses troupes, disposait ses machines sur le rempart, et ce qui peut donner une idée de ses prodigieuses richesses, il promettait à chaque soldat quatre arpents de ses propriétés, et autant à proportion aux centurions et aux vétérans. On comptait sur sa jonction avec Pompée. Là, pensait-on, était le salut de Rome. Il ne venait d'ailleurs à l'idée de personne que Pompée songeât à quitter l'Italie. Cependant, lorsque, jugeant impossible de défendre Rome en Italie, il tourna toutes ses pensées vers Brindes, d'où il méditait de passer en Grèce, il écrivit à Domitius de le venir joindre ; mais celui-ci, exhortant ses soldats à hâter les préparatifs de défense de Corfinium et leur promettant la prochaine arrivée de Pompée, faisait en même temps secrètement les siens pour s'enfuir. On devina son projet à sa contenance. Sur le soir, les soldats se rassemblent. Ils s'entretiennent avec leurs tribuns et leurs centurions. Puisque leur général les abandonne, disent-ils, c'est à eux à pourvoir à leur sûreté. Ils amènent Domitius sur la place, l'entourent, le surveillent, et envoient des députés à César pour l'instruire qu'ils sont prêts à lui ouvrir leurs portes et à lui livrer Domitius.

Le lendemain, dès la pointe du jour, César était maître de la place. Il manda près de lui tout ce qui s'y trouvait de personnages de marque ; il les préserva de toute insulte, et, se bornant à quelques plaintes sur l'ingratitude dont certains d'entre eux avaient payé ses bons offices, il les renvoya tous sans leur faire aucun mal. Il rendit même à Domitius six millions de sesterces que celui-ci avait apportés et déposés dans la caisse publique. Selon quelques historiens, Domitius, qui ne s'attendait pas à cette générosité, s'était fait donner du poison par l'esclave qui lui servait de médecin. Quand il apprit la clémence de César, il le regretta la vie. Fort heureusement, au lieu de poison, l'esclave ne lui avait fait boire qu'un soporifique. César, arrivé devant Marseille, qui s'était déclarée pour Pompée, y trouva encore Domitius chargé du commandement de la flotte. Tel avait été l'effet de ses premières mesures pour mettre la ville en un état de défense qu'après trente jours employés à préparer les moyens d'attaque, César dut renoncer à faire le siège en personne, et y laissa deux de ses lieutenants. Domitius combattit sans honneur, sinon sans courage, contre la flotte de Brutus. De retour d'Espagne, César vint achever le siège de Marseille. Épuisés à la fois par deux combats malheureux sur mer, par la disette et la peste, emprisonnés dans les formidables travaux de César, les Marseillais résolurent de se rendre. Domitius, ayant deviné leur projet, fit préparer trois navires, en donna deux à sa suite, monta lui-même le troisième, et s'échappa par un gros temps. Les vaisseaux que Brutus avait disposés à l'entrée du port l'aperçurent, levèrent l'ancre, et se mirent à sa poursuite. Celui de Domitius continua de fuir, et, grâce à la tempête, il disparut ; les deux autres, craignant d'être pris, rentrèrent dans le port.

On le trouve l'année suivante (48 avant J.-C.) dans l'armée de Pompée, disputant la succession de César à la charge de souverain pontife, et proposant qu'après la guerre une loi punît de mort les sénateurs demeurés à Rome pendant la lutte, et d'une amende ceux qui, ayant quitté Rome avec Pompée, n'auraient point combattu sous son drapeau. La bataille de Pharsale mit d'accord tous les prétendants. Domitius, qui commandait l'aile-gauche, fut tué par la cavalerie ennemie, comme il s'enfuyait du camp vers les montagnes. Désiré NISARD, de l'Académie Française.]

DOMITIUS AHENOBARBUS (CNEIUS), fils de Lucius Domitius, consulaire arrogant et farouche, et d'Antonia, fille d'Antoine le triumvir, épousa Agrippine seconde, qui lui donna Néron. Sa férocité ne connaissait pas de bornes. Jeune encore, s'il faut en croire Suétone, se trouvant dans l'Orient avec Caligula, il tua un de ses affranchis qui refusait de boire outre mesure. Un jour, sur la voie Appienne, il fit passer son char sur le corps d'un enfant qui gênait sa marche. Il arracha un œil à un chevalier qui élevait trop la voix en lui parlant. Après avoir été préteur et consul, il fut, sur la fin du règne de Tibère, accusé de haute trahison, d'adultère et d'inceste avec sa sœur Domitia Lepida, et n'échappa à une condamnation que grâce aux changements qui suivirent la mort de l'empereur. A ceux qui le félicitaient de la naissance de Néron, il répondit que d'Agrippine et de lui ne pouvait naître que quelque chose de détestable et de funeste. Il mourut d'hydropisie, sous le règne de Caligula, laissant veuve de bonne heure Agrippine, qui ayant épousé l'empereur Claude lui fit adopter son fils.

DOMITIUS AFER. *Voyez* AFER.

DOMMAGE. C'est le préjudice que l'on cause à autrui. Tout fait quelconque de l'homme qui cause à un autre un dommage oblige celui par la faute duquel il est arrivé à le réparer. On est responsable non-seulement du dommage qu'on a causé par son fait, mais encore de celui qu'on a causé par sa négligence ou son imprudence. Chacun est responsable de celui qui est causé par les personnes dont il doit répondre, par les animaux à son usage, etc. On distingue le cas où le dommage est peu important, où il a lieu par négligence ou par imprudence, de celui où il est grave et fait méchamment. Dans le premier cas, il est puni d'une amende qui est prononcée par le tribunal de simple police; dans le second cas, la connaissance en est attribuée aux tribunaux correctionnels, et il est puni de peines plus ou moins graves, suivant sa nature et la gravité du tort qu'il a causé; le tout indépendamment de l'indemnité qui est due à celui qui en a souffert. En droit, le mot *dommage* se prend souvent dans le sens de *dédommagement* (*voyez* DOMMAGES-INTÉRÊTS).

DOMMAGES-INTÉRÊTS. C'est l'indemnité de la perte que quelqu'un a faite ou du gain qu'il a manqué de faire. Il y a lieu à dommages-intérêts toutes les fois qu'un individu a éprouvé un *préjudice*, soit par suite d'un fait nuisible, indépendant de toute convention, soit par suite de l'inexécution d'une convention.

Le *débiteur* est condamné, s'il y a lieu, au payement de dommages-intérêts, soit à raison de l'inexécution de l'*obligation*, soit à raison du retard dans l'exécution, toutes les fois qu'il ne justifie pas que l'inexécution provient d'une cause étrangère qui ne peut lui être imputée, encore qu'il n'y ait aucune mauvaise foi de sa part. Mais pour qu'une obligation puisse donner lieu à des dommages-intérêts, il faut qu'elle soit valable et qu'elle ait une existence légale. Les dommages-intérêts ne sont dus que lorsque le débiteur est en *demeure* de remplir son obligation. Toutefois, il y a exception quand la chose que le débiteur s'était obligé de donner ou de faire ne pouvait être donnée ou faite que dans un certain temps qu'il a laissé passer. Dans les obligations de ne pas faire, le débiteur doit les dommages-intérêts par le seul fait de la contravention. Il n'y a lieu à dommage-intérêt lorsque, par suite d'une force majeure ou d'un *cas fortuit*, le débiteur a été empêché de donner ou de faire ce à quoi il était obligé, ou a fait ce qui lui était interdit.

Lorsqu'il y a lieu à dommages-intérêts, leur évaluation peut se trouver faite par la loi ou par la convention; à défaut de l'une ou de l'autre, cette évaluation est faite par le juge. Les dommages-intérêts dus à raison du retard apporté dans l'exécution d'une obligation ayant pour objet le payement d'une somme d'argent ne consistent jamais que dans la condamnation aux intérêts fixés par la loi, sauf les règles particulières au commerce et au *cautionnement*. Ils sont dus sans que le créancier ait à justifier d'aucune perte; mais ils ne le sont qu'à partir de la demande du créancier, excepté dans les cas où la loi les fait courir de plein droit. Afin de prévenir les incertitudes d'une évaluation judiciaire et de se soustraire aux difficultés de la preuve du dommage éprouvé ou du gain perdu, les parties peuvent convenir que celle qui manquera d'exécuter l'obligation payera à l'autre une certaine somme à titre de dommages-intérêts; les juges alors ne peuvent allouer une somme plus forte ou moindre. C'est ce que l'on nomme une *clause pénale*; le créancier ne peut demander en même temps le principal et la peine, à moins qu'elle n'ait été stipulée pour le simple retard. Mais si l'obligation avait été partiellement exécutée, le juge pourrait réduire les dommages-intérêts.

Pour fixer les dommages-intérêts, les juges doivent examiner le fait et évaluer les pertes qu'il a occasionnées. La difficulté de déterminer exactement l'étendue du préjudice souffert et l'absence de base matérielle peur en fixer le chiffre ne sont pas des motifs pour ne pas allouer des dommages-intérêts à celui qui y a droit. Dans ce cas le juge doit faire l'appréciation de ces dommages-intérêts suivant les règles de l'équité. Cependant le débiteur n'est tenu que des dommages-intérêts qui ont été prévus et qu'on a pu prévoir lors du contrat. Lorsque le débiteur s'est rendu coupable de dol, il répond des dommages prévus et imprévus. Mais comme il ne doit jamais que la réparation du dommage dont il est l'auteur, il ne peut dans aucun cas être tenu de ce qui n'est pas une suite immédiate et directe de l'inexécution de la convention.

En matière criminelle, tous les individus condamnés pour un même crime ou pour un même délit sont tenus solidairement des dommages-intérêts. En matière civile, la solidarité des dommages-intérêts peut être prononcée, quand ils sont alloués à raison d'un délit ou d'un quasi-délit.

Les demandes en dommages-intérêts sont portées devant diverses juridictions, selon la nature des faits qui y donnent lieu. On peut jusqu'au jugement définitif demander, par des conclusions additionnelles, des dommages-intérêts auxquels on n'avait conclu ni dans l'exploit introductif d'instance ni dans les actes postérieurs de l'instruction.

La *contrainte par corps* peut être prononcée par les juges pour dommages-intérêts en matière civile au-dessus de la somme de 300 francs.

Tout jugement qui condamne à des dommages-intérêts doit en contenir la liquidation ou ordonner qu'ils seront donnés par état ou par déclaration. Mais les délais nécessités par la force des choses ne peuvent cependant faire préjudice aux droits de la partie lésée, et dans ce dernier cas les juges peuvent accorder une provision au demandeur. La *déclaration des dommages-intérêts*, c'est-à-dire l'état des dommages-intérêts que la partie lésée est tenue de fournir, lorsqu'ils ne sont pas liquidés par le jugement de condamnation, est signifiée par un simple acte à l'avoué du défendeur, s'il en a été constitué un sur la demande principale et originaire. Les pièces sont communiquées sur récépissé ou par la voie du greffe. Le défendeur doit dans la quinzaine remettre les pièces communiquées, et huitaine après faire ses offres au demandeur, par acte d'avoué à avoué. Ces offres n'ont pas besoin d'être réelles. La cause est portée sur simple acte à l'audience, et le défendeur est condamné à payer le montant de la déclaration, si elle est trouvée juste.

DOM MIGUEL. *Voyez* MIGUEL.

DOMO D'OSSOLA, jolie petite ville du royaume de Sardaigne, située au nord du Piémont, dans le val d'Oscella, autrement appelé *vallée supérieure de l'Adige*, au pied du versant sud-est du Simpion, sur la rive droite de la Tosa ou Toccia; rivière qui va se jeter dans le lac Majeur, et qu'on y passe sur un long pont, compte 2,000 habitants, et est le centre d'un commerce des plus actifs. Le voyageur y jouit d'une vue admirable sur la magnifique vallée qui s'offre à lui, lorsqu'il descend la belle route construite à travers les rochers et les fondrières du Simplon, et il y est surtout frappé de l'aspect du *Calvaire*, montagne située tout près de la ville, et lieu de pèlerinage des plus fréquentés, sur les flancs de laquelle on a construit un grand nombre de petites chapelles. C'est à Domo d'Ossola que doivent aller s'établir ceux qui sont curieux de faire des excursions dans les belles vallées dont abonde cette contrée où la nature revêt des formes à la fois si imposantes et si pittoresques.

DOMPTE-VENIN, nom vulgaire d'une espèce du genre *cynanchum*, de la famille des asclépiadées.

DOMREMY-LA-PUCELLE, petit village de France, dans le département des Vosges, sur la rive gauche de la Meuse, à 9 kilomètres au nord de Neufchâteau, près de Vaucouleurs, avec 319 habitants. Ce village n'a rien de remarquable; mais c'est là que naquit Jeanne d'Arc, et l'on y voit encore, près de l'église, sa maison ou plutôt sa maisonnette, ainsi que l'appelle Montaigne. Le couronnement de la porte d'entrée contient trois écussons; le supérieur est aux armes de France; celui sur lequel on voit trois socs de charrue fait allusion à la profession des parents de Jeanne; le troisième est celui qui fut accordé à sa famille par Charles VII. On y lit aussi ces deux inscriptions : *Vive labeur*, et *vive le roi Loys* (Louis XI, auquel on doit sans doute la reconstruction en pierre de cette modeste demeure, qui était d'abord en bois). Sur la place du village s'élève une fontaine monumentale, surmontée d'un cippe portant le buste de l'héroïne. Elle fut construite en 1820, par ordre de Louis XVIII. On répara aussi à cette occasion l'habitation de Jeanne d'Arc, qui depuis lors a été convertie en école départementale de jeunes filles.

Le 9 mai 1843, le roi Louis-Philippe fit placer dans ce village une statue en bronze de la vierge inspirée, d'après la statue en marbre sculptée par la princesse Marie, sa fille. On y voit encore une autre statue de Jeanne d'Arc, qui a beaucoup souffert des injures du temps.

DON, DONA, titres usités en Espagne. *Voyez* DOM.

DON (en latin *donum*), ce que l'on donne à quelqu'un sans y être obligé. En général, le *présent* est moins important que le *don*, et se fait à des personnes moins considérables. Un prince fait des présents à ceux qui le servent, et dans les monarchies absolues les sujets font quelquefois des dons au prince : tels étaient les dons gratuits du clergé et des états. Les princes se font des présents les uns aux autres par leurs ambassadeurs. On dit, au figuré, les *dons de la terre*, pour les productions de la terre; les *dons de Flore*, les *dons de Cérès*, pour les fleurs, le blé. En général, tout ce qui vient de Dieu s'appelle *don de Dieu*; on dit aussi *don du ciel*, *don de la nature*, les *dons de la grâce*, les *dons du Saint-Esprit*.

Avoir le don de prophétie, le don des langues, les dons de la fortune, c'est pouvoir prophétiser, parler diverses langues, jouir d'une certaine richesse. On dit aussi *le don de la parole*, *le don de l'éloquence*, *le don de plaire*.

Le don, en tant que libéralité exercée par un individu en faveur d'un autre individu, peut avoir lieu par actes entre vifs ou par testament.

On appelle *don manuel*, par opposition aux donations constatées par écrit, le transport à titre gratuit d'objets mobiliers qui s'effectue par simple tradition. Tous les objets mobiliers ne sont pas susceptibles d'être transmis de cette manière; ainsi des créances, des billets autres que ceux au porteur, etc., ne peuvent être cédés qu'au moyen d'un transport régulier, d'un endossement, etc. Pour être valables, il faut que les dons manuels n'aient pas été faits en fraude de la loi; ceux qui auraient lieu au profit de personnes *incapables*, au préjudice d'héritiers en faveur de qui la loi a établi des réserves, pourraient être annulés ou réduits; et quel qu'en fût le montant, on serait toujours admis à en prouver l'existence par témoins. Les cohéritiers sont en droit de demander le rapport de ceux qui ont été reçus par quelques-uns d'entre eux.

Le *don mutuel* était une convention par laquelle, sous l'ancienne jurisprudence, des époux faisaient durant le mariage au survivant, et par un même acte notarié, donation de l'usufruit de la moitié des biens de la communauté, pour le cas où ils ne laisseraient ni enfants ni descendants. Le Code Civil déclare que les époux ne pourront pendant le mariage se faire, ni par acte entre vifs ni par testament, aucune donation mutuelle et réciproque par un seul et même acte.

DON, le *Tanaïs* des anciens, après le Volga et le Dnieper le plus grand des fleuves de la Russie d'Europe, et dont le bassin comprend une superficie d'environ 8,500 myriamètres carrés, sort du petit lac Ivanof, dans le gouvernement de Toula, traverse ceux de Riäzan, de Tambof, de Voronéje et le pays des Cosaques du Don. Son cours supérieur va jusqu'à Voronéje, et traverse une contrée basse et plate, entrecoupée de forêts et de terres à blé, formant l'un des greniers de la Russie centrale; de même que le minerai de fer qu'on rencontre en abondance dans cette partie du bassin du Don fait de ce pays le centre de la fabrication des fers, des aciers et des armes à feu de l'empire de Russie. Au-dessous de Voronéje, où un climat plus doux produit une flore méridionale et permet la culture de la vigne, il entre dans le plateau des basses steppes de la Russie méridionale, où il creuse profondément son lit entre des masses calcaires et crayeuses, qu'il ne franchit complètement qu'après s'être détourné un peu au sud-est, en se rapprochant du Volga, dont il ne se trouve séparé un moment que par une distance de 8 myriamètres, remplie par ce qu'on appelle la *montagne du Volga*. Son cours inférieur, dans la direction du sud-ouest, n'a guère plus de 18 myriamètres. Là ses eaux coulent fort lentement. Son lit se trouve au milieu de terres basses, que chaque année il inonde lors de ses débordements. Enfin, après un parcours total de mille werstes (environ 100 myriamètres), il vient se jeter par trois bras dans la mer d'Azof, en formant un *liman* qui devient de plus en plus marécageux, par suite de l'accumulation des sables que le fleuve entraîne dans son cours.

Pendant son trajet il reçoit plus de quatre-vingts cours d'eau, dont le plus considérable est le *Donets* ou le *Petit-Don*. Les eaux du Don sont troubles, calcaires, malsaines et à peine potables, à cause de leur peu de profondeur, qui en été ne dépasse pas dans plusieurs endroits 70 centimètres. La navigation du fleuve a lieu au moyen de bateaux plats, d'une forme particulière, qu'on nomme *cxaïki* : et encore se trouve-t-elle même souvent gênée par des bancs de sable et des bas-fonds (*porogui*). On en compte jusqu'à quatorze : le plus dangereux s'appelle *Niénachiniets*.

DON (Cosaques du). *Voyez* KOSAKS.

DONARIUM, métal découvert en 1851, par Bergmann, et, dont on rencontre l'oxyde dans l'orangite, minéral qui se trouve près Brevig, en Norvège, dans les terrains siliceux. Le donarium a été extrait de son oxyde au moyen du potassium; il se présente sous l'apparence d'une poudre aussi noire que du charbon, et qui frottée avec de l'agate montre un éclat métallique. L'oxyde de donarium a beaucoup de ressemblance avec celui du zirconium.

DONAT (en latin *Donatus*), nom de deux évêques schismatiques d'Afrique, dont les partisans prirent le nom de Donatistes. Le premier, qui excita le schisme, était évêque des Cases-Noires, en Numidie. Condamné par un concile composé des évêques d'Italie et des Gaules, réunis à Rome en 313, il en appela à l'empereur Constantin, qui en fit assembler un plus nombreux à Arles, lequel confirma la sentence. A son retour en Afrique, Donat reçut l'arrêt de déposition et d'excommunication fulminé derechef par le pape

Miltiade. Il n'est plus question de lui depuis lors, et l'on ignore l'époque de sa mort.

L'autre Donat fut élu évêque schismatique de Carthage en 316. C'était un homme instruit, éloquent, de mœurs pures, et d'un désintéressement à toute épreuve ; mais son orgueil ternit l'éclat de ses vertus. Il soutint le schisme par son autorité, par ses écrits, et devint l'idole de son parti. Il affectait de mépriser les magistrats et l'empereur lui-même. Constantin confisqua les églises de ces sectaires, et les réunit à ses domaines. Les donatistes, furieux, chassèrent les catholiques de leurs temples, et prirent les armes contre eux. L'empereur dut faire marcher des troupes pour les combattre. Ce second Donat, vaincu, mourut en exil, l'an 355.

DONAT (Ælius DONATUS), célèbre grammairien et commentateur latin, qui enseignait à Rome vers l'an 355 de l'ère chrétienne, est l'auteur d'un traité *De litteris, syllabis, pedibus et tonis*, d'un autre *De octo partibus orationis*, et enfin d'un troisième *De barbarismo, solœcismo, schematibus et tropis*. Ces divers ouvrages, dont la réunion forme des principes assez complets de grammaire latine, servirent de base aux premiers livres élémentaires, et furent pendant tout le moyen âge le seul guide pour l'enseignement de la langue latine : aussi disait-on alors *savoir son Donat*, comme on dit aujourd'hui *savoir son Lhomond*. Le *Donat* fut le premier livre imprimé à l'aide de caractères xylographiques : et les exemplaires de cette édition, même incomplets, qui existent encore aujourd'hui sont du nombre des plus rares curiosités bibliographiques. La Bibliothèque Impériale de Paris possède, entre autres richesses inappréciables, des lambeaux d'une édition de Donat où se retrouvent les mêmes caractères que ceux qui ont servi à imprimer la fameuse Bible dite *de Mayence*.

Il ne faut pas confondre Ælius Donatus avec un autre grammairien du même nom, *Tiberius Claudius* DONATUS, qui vécut beaucoup plus tard, auteur d'une biographie de Virgile et d'un commentaire sur *l'Énéide*, dont il ne reste plus que quelques fragments.

DONATELLO, dont le véritable nom était *Donato di Betto Bardi*, l'un des artistes qui contribuèrent le plus à la résurrection de la sculpture en Italie, né à Florence, en 1383, appartenait à cette famille *Donato* qui a compté parmi ses membres un grand nombre de savants, et qui à partir du seizième siècle a donné plusieurs doges à la république de Venise. *Donatello* était son nom d'enfant ; on le lui avait donné dans la maison Martelli, où il fut élevé. Le *saint Pierre* et le *saint Marc* qui ornent l'église de Saint-Michel, dans sa ville natale, furent ses deux premiers grands ouvrages en marbre, et son œuvre de prédilection était la statue d'un vieillard, en costume de sénateur, qu'on voit dans le clocher de cette église, et qui est si célèbre sous le nom de *Zuccone*, ce qui veut dire *tête chauve*. Il sculpta en bois pour l'église Saint-Jean une Madeleine repentante ; mais Brunelleschi, son ami et son élève, le surpassa en ce genre. Il fit avec lui le voyage de Rome, à l'effet de se perfectionner par l'étude des chefs-d'œuvre que renferme cette ville. A son retour à Venise, il exécuta, à la demande de ses protecteurs, Cosme et Laurent de Médicis, pour leur père et leur mère, un monument qui excita une vive admiration par son agréable ordonnance, son ingénieuse invention et la beauté de ses figures. Sa statue de *saint Georges* en marbre fait le plus bel ornement de l'église Saint-Michel. Tous ses élèves l'aimaient comme leur père, malgré sa sévérité. Les plus célèbres furent Desiderio de Settignano, Benedetto di Majano, Nanni d'Antonio, et Simone, le propre frère de Donatello. Cet artiste s'occupa aussi beaucoup de réparer les injures faites par le temps à d'antiques productions de la sculpture ; et, grâce à l'étude approfondie de l'antiquité à laquelle il s'était livré, il y réussit avec un rare bonheur. La direction particulière de son génie l'entraînait naturellement vers l'imitation de l'antique, tout en conservant beaucoup de spontanéité et d'indépendance dans sa manière. Il fixait à ses ouvrages des prix fort élevés ; et rien ne l'irritait tant que de se voir marchander par des amateurs. Il lui arriva souvent, en pareils cas, de briser ses plus beaux ouvrages ; ainsi il brisa lui-même un saint Jean-Baptiste qu'il avait exécuté pour la cathédrale de Sienne, en voyant qu'on trouvait exagéré le prix qu'il en demandait.

Donatello mourut à Florence, en 1466.

DONATION. La *donation*, comme l'indique l'étymologie même de son nom, *dono-datio*, est une aliénation faite à titre gratuit. Le *donateur* est celui qui donne, le *donataire* celui qui reçoit. On distingue deux grandes classes de donations : les *donations entre vifs*, ou donations proprement dites, et les *donations testamentaires*, ou testaments.

Toute personne privée de l'usage de sa raison, le mineur et le sourd-muet ne sachant pas écrire, sont absolument incapables de faire une donation entre vifs ; sont également incapables : l'interdit, quand même il jouirait de sa raison au moment où il dispose, la femme mariée non autorisée par son mari ou par la justice. Cependant dans ces deux cas l'acte, tout vicié qu'il est, ne se trouve pas nul de plein droit, mais seulement *annulable* ; et il peut devenir même pleinement valable, si l'on n'en provoque pas l'annulation dans les délais voulus.

Sont atteints d'une incapacité complète de recevoir par donation entre vifs : 1° les personnes qui ne sont pas encore conçues au moment de la disposition, ou qui étant conçues ne naîtraient pas viables ; 2° le tuteur et l'ex-tuteur qui n'a pas encore apuré son compte, pour toutes les libéralités qui lui seraient faites par son pupille ou ex-pupille ; 3° les médecins et ministres du culte qui ont traité ou assisté une personne dans la maladie dont elle est morte, pour les libéralités à eux faites par cette personne dans le cours de cette même maladie ; 4° les communes, établissements publics, etc., tant qu'ils n'ont pas été spécialement autorisés par le gouvernement ; 5° le sourd-muet ne sachant pas écrire, tant qu'il n'est pas assisté d'un curateur. Le pupille et l'interdit qui accepteraient eux-mêmes la libéralité, le mineur émancipé qui agirait sans l'assistance de son curateur et la femme mariée sans autorisation de son mari ou de la justice se trouveraient dans le cas précédemment exposé : on pourrait faire annuler la disposition.

Toutes les fois qu'une disposition faite en apparence à titre onéreux au profit d'une personne incapable de recevoir gratuitement ne pourrait être une donation, ou quand une libéralité ne s'adresse à une personne capable que pour être remise par celle-ci à une personne incapable, la disposition ainsi déguisée ou faite à personne interposée est nulle, du moment que la simulation ou l'interposition est prouvée. Il est même un cas où l'interposition des personnes est présumée de plein droit ; c'est quand le donataire se trouve être le père, la mère, le conjoint ou le descendant d'une personne incapable et actuellement vivante.

Le patrimoine de chaque personne est divisé par la loi en deux parties, dont l'une peut être donnée au gré du propriétaire, tandis que l'autre est soustraite à son droit de disposition gratuite ; la première se nomme *portion* ou *quotité disponible* ; la seconde s'appelle *portion réservée* ou simplement *réserve*. Le donateur est tenu de se renfermer dans la quotité disponible sous peine de *réduction*.

La donation peut être *onéreuse*, c'est-à-dire faite avec certaines charges, pourvu qu'elles n'égalent pas la valeur du bien transmis ; ou *rémunératoire*, c'est-à-dire faite pour récompenser des services rendus. Elle peut se faire sous condition ou à terme. Elle peut enfin être universelle, ou à titre universel, ou à titre particulier.

La donation entre vifs ne peut se faire en général que par acte notarié et avec minute ; et s'il s'agit de meubles, il faut de plus qu'un état estimatif de ces meubles se trouve dans l'acte ou y soit annexé. Mais les donations qui se font accessoirement à un acte à titre onéreux, ou qui sont elles-mêmes déguisées sous la forme de cet acte à titre onéreux, sont dispensées de la forme notariée; et aucun acte n'est nécessaire pour les dons manuels de meubles susceptibles de s'acquérir par la simple tradition.

L'acceptation d'une donation peut se faire séparément et postérieurement à l'offre du donateur, pourvu que ce soit aussi par acte notarié et avec minute. Le contrat n'est parfait à l'égard du donateur que par la notification à lui faite de l'acceptation; jusque là il conserve le droit de révoquer et de disposer à sa fantaisie. La loi permet l'acceptation par mandataire; mais il faut au mandataire un pouvoir spécial, sinon pour telle donation, au moins pour les donations : un pouvoir général de représenter la personne dans tous les actes qui peuvent l'intéresser ne suffirait pas; il faut en outre que ce pouvoir soit notarié et même qu'il soit reçu en minute.

Le tuteur, pour les donations faites aux pupilles ou aux interdits; le curateur nommé *ad hoc*, pour celles qui s'adressent à un sourd-muet ne sachant pas écrire; et les directeurs et administrateurs d'établissements publics, etc., sont dans l'obligation d'accepter les donations, et par conséquent responsables du défaut d'acceptation; défaut contre lequel il n'y a jamais lieu pour le donataire de se faire relever, alors même que ceux qui devaient accepter en son nom seraient insolvables et par suite hors d'état de l'indemniser.

Les donations entre vifs ne sont pas toujours soumises aux mêmes règles, et il faut distinguer : 1° les donations ordinaires, 2° celles qui sont faites à de futurs époux par leur contrat de mariage par des tiers, 3° enfin, celles que ces époux se font entre eux, soit par leur contrat, soit pendant le mariage.

Donations ordinaires. La donation entre vifs n'est en général valable qu'autant que son acceptation est faite en termes exprès et qu'elle opère un dessaisissement actuel et irrévocable du donateur : *actuel*, non pas en ce sens que le donataire obtienne la jouissance immédiate de la chose donnée (puisque la donation peut fort bien se faire à terme), mais en ce sens qu'elle doit au moins conférer un droit certain au donataire et lier le donateur; *irrévocable*, c'est-à-dire que la donation serait nulle si elle était faite de telle façon que le donateur pût arriver, directement ou indirectement, à la rendre sans effet, et à la reprendre, ne fût-ce que par équivalent, ce qu'il a donné. La donation, quand elle a pour objet la translation de droits réels, s'opère par le seul effet du consentement et sans qu'il soit besoin de tradition; toutefois, cette translation, en ce qui touche les biens susceptibles d'hypothèques, ne se réalise pas par l'effet du consentement d'une manière absolue. Elle s'accomplit bien ainsi entre le donataire et le donateur et même quelques autres personnes; mais elle n'existe absolument et vis-à-vis de tous que par la transcription de l'acte, c'est-à-dire par sa copie intégrale sur les registres du conservateur des hypothèques.

Toute donation doit avoir pour objet des biens présents, et serait nulle en tant qu'elle porterait sur des biens à venir; elle serait également nulle si elle était faite sous une condition dont le donateur pourrait procurer ou empêcher l'accomplissement, si elle était faite à la charge par le donataire d'acquitter des dettes ou autres sommes qui ne seraient pas actuellement déterminées, si le disposant n'avait donné les biens qu'en se réservant la faculté d'en disposer autrement plus tard.

Ce ne serait pas *donner et retenir* que de faire la donation en stipulant qu'elle sera résolue et que les biens reviendront au donateur s'il survit au donataire, ou au donataire mourant sans postérité, ou au donataire et à sa postérité : car il est évident que cette condition de survie ne dépend pas de la volonté du donateur. Aussi cette stipulation du *droit de retour* est-elle formellement permise par la loi; mais elle ne l'est qu'au profit du donateur seul, et ne pourrait pas s'étendre à ses héritiers. Quand le droit de retour vient à se réaliser, la donation se trouvant résolue et le donataire étant censé n'avoir jamais eu la propriété, il s'en suit que toutes les aliénations et concessions de droits réels qu'il aurait pu faire s'évanouissent à l'instant, sauf néanmoins l'hypothèque de la dot et des conventions matrimoniales, lorsque la donation a été faite dans le contrat de mariage du donataire et quand les autres biens du mari sont insuffisants.

La donation à laquelle des charges sont imposées peut être révoquée lorsqu'elles ne sont pas exécutées; et'alors l'action, étant purement pécuniaire, appartient aux héritiers et même aux créanciers du donateur : elle peut s'exercer pendant trente ans. La donation peut également être révoquée pour ingratitude du donataire, si celui-ci attente à la vie du donateur, s'il se rend coupable envers lui de délits d'injures ou de sévices graves, enfin s'il lui refuse des aliments quand il est dans le besoin, c'est-à-dire s'il n'a ni biens suffisants ni parents ou alliés légalement obligés de le secourir et en état de le faire. L'action ne dure qu'un an à partir du jour où le donateur a pu connaître le fait d'ingratitude; elle s'éteint aussi par son pardon. Dans ce cas, la révocation ne peut être demandée que par le donateur et contre le donataire; cependant les héritiers du donateur pourraient continuer l'action intentée par celui-ci, ou même l'intenter s'il était mort avant le délai d'un an. Comme la révocation est ici une peine, et que le donataire en doit seul souffrir, la loi maintient tous les droits, hypothèques, etc., que le donataire a pu conférer à des tiers sur les biens donnés. Et quoiqu'en principe tout jugement doive avoir un effet rétroactif au jour de la demande, ici cet effet rétroactif n'a lieu qu'à compter du jour où cette demande a été rendue publique par une inscription faite en marge de la transcription de la donation. Quand les biens ont été aliénés avant cette inscription, le donataire doit la valeur qu'ils auraient au jour de la demande, s'ils n'avaient pas été donnés. Il doit également les fruits à partir de cette même demande.

La loi excepte de la révocation pour ingratitude les donations faites par des tiers en faveur du mariage, parce qu'elles profitent à toute la famille, et qu'autrement on punirait de leurs fautes ceux qui en sont innocents; mais elle n'excepte pas les donations entre époux : il serait absurde et immoral d'accorder un tel privilège à l'époux qui reçoit de son conjoint et que sa qualité même de conjoint du donateur rend beaucoup plus coupable que tout autre.

Enfin, une dernière cause de révocation des donations est la survenance d'un enfant ou descendant légitime au donateur qui n'en avait pas au moment de la donation. La révocation aurait lieu encore bien que l'enfant du donateur fût conçu au temps de la donation. La légitimation d'un enfant naturel, pourvu qu'il ne fût pas né lors de la donation, donnerait encore lieu à révocation. Cette cause de révocation ne s'applique pas seulement aux donations ordinaires, elle s'étend aux donations en faveur du mariage, mais non aux donations faites entre époux, soit pendant le mariage soit par le contrat de mariage. Les donations ordinaires ou en faveur du mariage sont soumises à la révocation pour survenance d'enfant, lors même qu'elles sont mutuelles ou rémunératrices. Dans ce cas, à la différence de ce qui a lieu dans le cas d'inexécution des charges ou d'ingratitude, la révocation a lieu de plein droit, sans qu'il y ait à la faire prononcer par le juge. Par conséquent la donation ne saurait être validée postérieurement, par une ratification expresse, soit en gardant le silence pendant un temps plus ou moins long; encore faut-il en faire une nouvelle.

Toute clause ou convention par laquelle le donateur aurait renoncé à la révocation de la donation pour survenance d'enfant serait regardée comme nulle. Mais si le silence du donateur et de ses représentants, si longue qu'en soit la durée, ne peut jamais valider la donation, il pourrait conduire le donataire à l'acquisition du bien par prescription. La prescription, toutefois, a ceci de particulier dans ce cas, qu'au lieu de courir du jour où l'ayant-droit a pu agir, c'est-à-dire du jour même de la révocation, elle ne court que du jour de la naissance du dernier enfant du donateur; et qu'au lieu de s'accomplir par dix ou vingt ans au profit des tiers acquéreurs, elle s'accomplit pour eux, comme pour le donataire lui-même, que par trente ans. Les fruits ne sont dus par le possesseur qu'à compter de la notification régulière à lui faite de la naissance ou de la légitimation de l'enfant.

Donations faites en faveur du mariage. La donation par contrat de mariage peut se faire non-seulement comme donation ordinaire de biens présents, mais aussi comme donation de biens à venir, c'est-à-dire ayant pour objet les biens qui existeront au décès du disposant, comme donation cumulative de biens présents et à venir, et enfin comme donation de biens présents faite sous des conditions dépendant de la volonté du donateur.

Alors même qu'elle est faite comme simple donation ordinaire, la donation par contrat de mariage aux futurs par des tiers se trouve soustraite à trois des règles indiquées plus haut : elle n'a pas besoin d'être acceptée formellement; elle est toujours soumise à la condition tacite que le mariage se réalisera; enfin, elle n'est pas révocable pour l'ingratitude du donataire, comme nous l'avons déjà dit. Pour le surplus, elle suit toutes les règles ordinaires.

La donation de biens à venir faite à l'un des futurs époux ou à tous deux peut aussi, mais seulement pour le cas où les donataires mourraient avant le donateur, être étendue aux enfants et descendants à naître du mariage. Bien plus, cette vocation subsidiaire des enfants et descendants est présumée de plein droit dans le silence du donateur. La donation ainsi faite des biens qu'on laissera en mourant enlève au donateur la faculté de disposer ultérieurement à titre gratuit, si ce n'est pour des valeurs modiques, des biens compris dans la libéralité. Mais ce donateur conserve le droit d'en disposer à titre onéreux, et il ne pourrait pas s'interdire à lui-même par une clause formelle la faculté d'aliéner ou d'hypothéquer tout ou partie de ces biens. Cette convention tomberait sous le principe général qui prohibe toute stipulation sur des successions de personnes encore vivantes. Cette donation de biens à venir portait autrefois le nom d'*institution contractuelle.*

La donation cumulative de biens présents et à venir contient pour le donataire la faculté de la transformer, au décès du donateur, en une donation ordinaire des biens qui existaient au moment du contrat. Il faut de plus qu'on ait inséré dans l'acte, ou annexé à cet acte, un état des dettes dont le donataire était grevé au moment de la donation, afin que le donataire ne prenne les biens existants au jour de cette donation qu'en payant les dettes qui grevaient ces biens. A défaut de cet état, la disposition demeure donation de biens à venir, et doit être acceptée ou répudiée pour le tout.

La donation par contrat de mariage, même quand elle a pour objet des biens présents, peut se faire sous toutes conditions, soit suspensives, soit résolutoires, dépendant de la volonté du donateur. Ainsi, si elle est faite sous la condition de payer les dettes que le débiteur pourra laisser en mourant ou d'acquitter telles autres charges qu'il est libre de créer ou d'augmenter à son gré, la donation ne sera pas moins valable, et le donataire en aura le bénéfice, s'il consent à acquitter les dettes ou charges. De même, si le donateur, en se dépouillant actuellement, s'est réservé la faculté de disposer ultérieurement de tout ou partie des biens donnés ou d'une somme à prendre sur ces biens, la donation vaudra; et les biens pour lesquels le donateur n'aura pas usé de son droit de disposition resteront soit au donataire si le donateur est mort avant lui, soit à ses héritiers dans le cas contraire.

Donations entre époux. Les donations faites par deux époux l'un à l'autre suivent des règles différentes selon qu'elles se font dans le contrat de mariage ou dans le cours du mariage.

Par le contrat, les époux peuvent se faire les quatre espèces de donations ci-dessus énumérées; et ces donations suivent les mêmes règles, sauf qu'elles sont toujours, comme on l'a vu, révocables pour l'ingratitude du donataire, qu'elles ne le sont pas au contraire par survenance d'enfant, et qu'elles ne s'étendent pas aux enfants à naître, en cas de prédécès du donataire.

Tout mineur capable de contracter mariage est par cela même déclaré capable de faire à son futur conjoint toutes les donations qu'il juge à propos. Il doit seulement être assisté de ceux dont le consentement est nécessaire à son mariage même.

Les donations entre époux faites pendant le mariage, à cause de l'extrême influence des époux l'un sur l'autre, sont déclarées par la loi révocables au gré du disposant, malgré toute clause contraire, et la révocation peut en être faite par la femme sans aucun besoin d'autorisation. Ces donations peuvent être de biens à venir, ou de biens présents et à venir, ou faites sous des conditions dépendant de la volonté du donateur. Par cela même qu'elles sont toujours révocables au gré du disposant, elles ne sont pas révoquées par la survenance d'enfants. Enfin, les deux époux ne peuvent se faire pendant le mariage une donation mutuelle par un même acte.

Il y a encore d'autres espèces de donations ; ce sont celles qui contiennent une substitution ou présentent un partage d'ascendants. C'est à ces deux articles que nous en parlerons.

La *donation à cause de mort* était une sorte de donation usitée sous l'empire du droit romain et de l'ancienne jurisprudence française, faite en contemplation de la mort que quelque circonstance dans laquelle se trouvait le donateur pouvait lui faire redouter ; elle était essentiellement révocable. Elle différait du testament en ce qu'elle supposait l'acceptation du donataire et la tradition à son profit ; d'un autre côté, elle différait de la donation entre vifs puisque celle-ci était irrévocable et faite dans une idée de préférence du donataire au donateur lui-même, tandis que dans la donation à cause de mort le donateur préférait bien le donataire à son héritier, mais se préférait lui-même au donataire.

Aujourd'hui une disposition de dernière volonté, quoique qualifiée de *donation à cause de mort*, serait cependant valable pourvu qu'elle fût revêtue de toutes les formes exigées pour les testaments.

DONATISTES, DONATISME. Le nom de ce schisme du quatrième siècle et de ses partisans vint de celui de leur chef Donat. Dans la persécution de Dioclétien, il y eut un assez grand nombre de chrétiens faibles qui, pour échapper aux tourments ou à la mort, consentirent à livrer les Saintes Écritures. On les appela *traditeurs* (*traditores*). Selon les canons, ils devaient être soumis à la pénitence publique, et dégradés s'ils étaient dans les ordres. Toutefois, en plusieurs circonstances on pouvait relâcher quelque chose de cette sévérité. Mensurius, évêque de Carthage, craignant de rebuter par trop de rigueur des hommes que la faiblesse seule avait rendus coupables, préféra les ramener par la douceur, et mitigea pour eux la sévérité des canons. Cette modération déplut à certains ultra-rigoristes, et particulièrement à Donat, évêque des Cases-Noires, qui, prenant de là occasion de déclamer contre Mensurius et son diacre Cécilien, finit par refuser de communiquer avec eux. Ce prétendu zèle pour le maintien de la discipline trouva des partisans ; et quoique la conduite de l'évêque de Carthage eût été approuvée par un concile tenu à Cirtha, en 305, le schisme n'en éclata pas moins.

L'élection de Cécilien, après la mort de Mensurius (311), augmenta le désordre au lieu de l'apaiser. Le nouvel évêque eut contre lui non-seulement les partisans de Donat, mais encore le parti de deux prêtres ses compétiteurs à l'épiscopat, puis une femme, nommée Lucile, à laquelle il avait reproché certaines pratiques superstitieuses, et qui mit tout en œuvre pour lui susciter des ennemis. On dressa bientôt autel contre autel, on intrigua pour se faire des partisans, et, par une inconséquence assez ordinaire à l'esprit de parti, ceux qui condamnaient l'indulgence de Mensurius et de Cécilien pour les *traditeurs*, les flattèrent à leur tour afin de les attirer dans leurs rangs. Soixante-dix évêques d'Afrique se déclarèrent en leur faveur : dans une espèce de conciliabule à Cirtha, ils déposèrent Cécilien, et placèrent sur le siége de Carthage un de leurs adhérents, nommé Majorin. Une voix unanime s'éleva de toutes les églises pour désapprouver une telle conduite. Les donatistes en référèrent à l'empereur Constantin, qui renvoya l'affaire à une commission présidée par le pape Miltiade. Ce pontife, dans un concile qu'il tint à Rome, en 313, condamna les actes et les principes des donatistes ; cette décision fut confirmée l'année suivante par le concile d'Arles, et deux ans après par un édit de l'empereur. Les esprits étaient trop exaltés pour se soumettre à de telles sentences : ils n'en furent que plus opiniâtres. Cette poignée d'Africains, justifiant le schisme par l'hérésie, se mirent à débiter que l'Église catholique s'était souillée en communiquant avec les pécheurs, qu'elle n'était plus l'Église de Jésus-Christ, qu'eux seuls possédaient la vérité, que les pécheurs (les catholiques) avaient perdu tout pouvoir pour conférer les sacrements : ainsi, non-seulement l'ordination de Cécilien était nulle, mais encore celle de tous les évêques du monde. Il n'y avait plus de vrai baptême; aussi rebaptisaient-ils tous ceux qu'ils pouvaient gagner. Une semblable doctrine, annoncée avec une certaine assurance, était de nature à jeter l'alarme et le trouble dans les consciences peu éclairées ; cette considération réveilla la plume des docteurs catholiques : saint Optat de Milève et saint Augustin combattirent et réfutèrent avec toute la puissance de leur talent les arguments des sectaires; ils les réduisirent au silence dans plusieurs conférences publiques.

Mais on ne se borna pas toujours à ces froides disputes. Vers l'an 347, on vit se former dans les rangs des donatistes des bandes de fanatiques qui se mirent à courir les campagnes, avec des bâtons ou d'autres armes, sous prétexte de venger les injures, de redresser les torts, mais en effet pour commettre toutes sortes de crimes. On les nomma *circumcellions*, parce qu'ils rôdaient autour des maisons (*circum cellas*). Donat les appelait *chefs des saints* : il dirigeait leur fanatisme, et s'en servait pour exercer ses vengeances. Ceux des siens qui succombaient dans ces expéditions étaient honorés comme martyrs. Ce *martyre*, auquel on se préparait d'horribles profanations, était recherché avec fureur : on voyait des fanatiques, après avoir passé quelque temps à s'engraisser comme des victimes destinées au sacrifice, se précipiter du haut des rochers, se jeter dans les fleuves, exiger, sous peine de mort, qu'on les massacrât. D'autres, moins fanatisés sans doute, et c'était le plus grand nombre, se bornaient à piller les églises, à briser les vases sacrés pour en vendre les débris : ce qui a fait dire à saint Optat que le schisme avait eu pour mère la vengeance, pour nourrice l'ambition, pour protectrice la cupidité.

L'affaire des donatistes, au point où les choses en étaient venues, était tombée dans le domaine de la police : des édits sévères furent rendus contre les perturbateurs, et les magistrats durent employer la force pour arrêter leurs entreprises. Saint Augustin avait longtemps repoussé les mesures de rigueur dont on voulait user ; mais dès que l'ordre fut compromis, il ne les condamna plus ; il fut même obligé de recourir à l'autorité civile pour faire cesser les ravages que ces furieux exerçaient aux environs d'Hippone. Toutefois, quoiqu'il approuvât la répression des désordres, les voies de douceur lui parurent toujours préférables, et souvent il intercéda en faveur des coupables auprès des magistrats. « Nous ne les accusons pas, écrivait-il au comte Marcellin, en parlant de quelques-uns de ces fanatiques qui avaient égorgé un de ses prêtres et crevé les yeux à un autre; nous ne les poursuivons pas, et nous serions affligé que les souffrances des serviteurs de Dieu fussent vengées par la peine du talion. » Cependant des conférences se poursuivaient, malgré la répugnance des sectaires, qui s'y voyaient confondus. Celle de Carthage, en 411, porta un coup fatal au parti, déjà subdivisé en une multitude de sectes différentes. Ceux qui n'étaient qu'égarés ouvrirent enfin les yeux, et revinrent à l'unité catholique ; le reste se perdit dans l'irruption des Vandales.   L'abbé C. BANDEVILLE.

DONATIVUM. C'est le nom qu'on donnait aux libéralités en argent que les empereurs romains distribuaient aux soldats. Cet usage remontait aux présents que, dans les guerres civiles, les chefs des factions étaient dans l'usage de faire à leurs troupes; et à l'époque impériale, plus l'obtention du trône et sa conservation dépendirent de l'armée, plus ces libéralités devinrent fréquentes, en même temps qu'elles épuisaient davantage le trésor public.

Il ne faut pas confondre les *donativa* avec les *congiatires*, non plus qu'avec les distributions gratuites de vivres, et plus tard aussi d'argent, qui se faisaient parmi les classes pauvres de Rome, ou encore avec les libéralités en argent qu'après son triomphe l'*imperator* était dans l'habitude de distribuer aux soldats. Toutes ces distributions et libéralités avaient lieu déjà à l'époque de la république.

DONAUESCHINGEN, jolie petite ville du grand-duché de Bade, dans le landgraviat de Baar, propriété des princes de Furstenberg, au confluent de la Brége et de la Brigach. Le cours d'eau unique résultant de la jonction de ces deux ruisseaux, accru encore du Riesel, cours d'eau, qui a sa source dans le parc princier où il est recueilli d'abord dans un vaste bassin, qui y arrive ensuite par un canal souterrain de 33 mètres d'étendue, et qu'on regardait autrefois comme la véritable source du Danube, a reçu le nom de *Donau* (Danube). On remarque dans cette ville un beau château, appartenant à la famille de Furstenberg, contenant une bibliothèque de 30,000 volumes, une collection de tableaux et de gravures, de riches archives, et de charmantes promenades. Elle possède en outre une belle église paroissiale, un collége et une salle de spectacle. On y compte 3,500 habitants. Aux environs de Donaueschingen, on trouve les ruines du vieux castel de Furstenberg, manoir primitif de la famille de ce nom, laquelle acheta, en 1488, le fief d'Esclingen ou Donaueschingen, et l'a conservé depuis.

DONAUSTAUF, bourg de Bavière, cercle du Palatinat supérieur et de Ratisbonne, admirablement situé sur la rive gauche du Danube, à environ 8 kilomètres de Ratisbonne, propriété des princes de la Tour et Taxis, dont le château est bâti tout au bord du fleuve, compte environ 800 habitants. Les ruines de l'ancien manoir, appelé *Stauf* et détruit dans la guerre de Trente ans, couronnent la cime de la montagne granitique au pied de laquelle est bâti le bourg. Sur une hauteur voisine a été reconstruite, en 1842, dans le style byzantin, une chapelle, but de nombreux pèlerinages ; et sur un autre plateau, assez escarpé, qui n'en est séparé que par une étroite vallée et s'élève à 100 mètres au-dessus du niveau du Danube, qu'on aperçoit dans le lointain, l'ancien roi de Bavière, Louis Ier, a fait construire le monument connu sous le nom de Walhalla.

Donaustauf était autrefois un comté relevant immédiatement de l'Empire. En 1803 il fut adjugé avec Ratisbonne au prince primat de Dalberg. La paix conclue à Vienne en 1809 l'attribua à la Bavière ; en 1812 il fut concédé, sous la souveraineté de la Bavière, à la maison de la Tour et Taxis.

DONAUWOERTH, vieille ville de Bavière, dans le cercle de Souabe et de Neubourg, chef-lieu d'arrondissement, sur la rive gauche du Danube, qui y reçoit les eaux de la Wermitz, compte 3,000 habitants, dont l'industrie principale est le transport des marchandises sur le Danube. Le chemin de fer conduisant de Munich par Augsbourg à Nuremberg franchit ce fleuve à Donauwœrth. L'ancienne abbaye de bénédictins placée sous l'invocation de la Sainte-Croix a été transformée en un beau château, aujourd'hui propriété du prince Wallenstein.

Vers le milieu du treizième siècle, Donauwœrth était la résidence des ducs de la haute Bavière. C'est là que le duc Louis le Sévère, dans un accès de folle jalousie, fit décapiter sa femme, Marie de Brabant. Bourrelé de remords, il transféra plus tard sa résidence à M u n i c h. En mémoire de l'innocente victime, les habitants de Donauwœrth ont élevé en 1824, sur les débris du vieux manoir féodal qui fut témoin de ce drame sanglant, une simple croix dorée.

Érigée en ville impériale par Albert 1er, en 1308, Donauwœrth fut impuissante à se maintenir indépendante des ducs de Bavière. Elle eut aussi beaucoup à souffrir des ravages de la guerre de Trente ans, et plus tard de ceux de la guerre de la succession d'Espagne. Le 2 juillet 1704 les Français et les Bavarois y furent battus par les Impériaux, commandés par le prince Louis de Bade et par Marlborough. Le 6 octobre 1805 eut lieu sous ses murs, entre les Français commandés par Soult et les Autrichiens aux ordres de Mack, un engagement à la suite duquel ceux-ci furent rejetés sur l'autre rive du Danube.

DON CARLOS. *Voyez* CARLOS.

DONDI (JACQUES), appelé ordinairement *de Dondis*, né à Padoue, en 1298, mort en 1380, s'est rendu célèbre par l'invention d'une horloge qui marquait, indépendamment des heures, le cours annuel du soleil, suivant les douze signes du zodiaque, les révolutions des planètes, les phases de la lune, les mois et même les fêtes de l'année. Cette horloge, qui rappelle celle qu'on admire aujourd'hui dans la cathédrale de Strasbourg, fût exécutée par Antoine de Padoue, et placée en 1344 sur la tour du palais d'Ubertin de Carrare. Jacques *de Dondis*, philosophe, médecin et mathématicien distingué, composa quelques ouvrages, parmi lesquels on cite un traité latin *du flux et du reflux de la mer*, un livre intitulé *Promptuarium Medicinæ* (*Venet.*, 1481), et plus tard, *Aggregator*. Mais on connaît très-peu de détails sur sa vie; il n'en est pas de même de son fils, *Jean* DE DONDIS, qui mourut en 1380, et qui expliqua dans son *Planetarium* les diverses pièces de l'horloge de Padoue. Jean de Dondis, que l'on confond souvent avec son père, construisit lui-même une horloge très-curieuse, pour la bibliothèque de Jean Galéas Visconti, à Pavie, et mérita par ce travail le surnom d'*Horologius*, qui devait passer à ses descendants. Il est en effet question dans l'histoire d'Italie de plusieurs savants écrivains appelés *Horologii* ou *de Horologio*, et qui publièrent divers ouvrages, parmi lesquels nous mentionnerons une *Histoire des Guerres d'Italie depuis Charles VIII jusqu'en 1559*.   SÉDILLOT.

DONEGAL, l'un des comtés nord-ouest de la province d'Ulster, en Irlande, borné à l'est par les comtés de Londonderry et de Tyrone, au sud par le comté de Fermanagh et par la baie de Donegal, à l'ouest et au nord par l'océan Atlantique, qui, outre la baie que nous venons de nommer, forme encore une foule d'anses et de criques plus ou moins grandes, et entre autres celles de Swilly et de Foyle. Dans sa partie septentrionale, le comté de Donegal est montagneux et parcouru de la chaîne, aussi abrupte que sauvage, des monts Donegal, qu'interrompent de distance en distance de fertiles vallées et de vastes marais. On y trouve aussi des landes immenses et une foule de petits lacs. Parmi les vallées, celles d'Erne et de Dery sont les plus importantes; et les cours d'eau les plus considérables sont le Foyle, l'Erne, dont le cours est interrompu par une cataracte; le Fen, le Glen, l'Esk et le Salt, tout bordé de rochers et d'écueils. Le cap Malinhead forme son extrémité septentrionale. On évalue à environ 44 myriamètres carrés la superficie de ce comté, dont la population a diminué depuis dix ans de 14 pour 100 et n'était plus en 1851 que de 254,350 habitants. L'élève des bestiaux, la pêche, la fabrication des toiles, des bas de laine et de l'eau-de-vie, constituent leurs principales ressources.

Les villes les plus importantes sont *Donegal*, bâtie à l'embouchure de l'Esk, dans la baie de Donegal, avec un bon port, 4,000 habitants, une église anglicane, et où l'on voit encore les restes du vieux château des comtes d'Arran; *Ballyshannon*, à l'embouchure de l'Erne dans la baie du même nom, pourvue aussi d'un bon port, avec 3,700 habitants.

DONGOLA, l'une des provinces de la Nubie soumises à l'autorité du vice-roi d'Égypte. Elle est traversée, sur une longueur d'environ 40 myriamètres, par le Nil, dont le cours se dirige jusque là du sud au nord, et qui alors décrit une ligne oblique de l'est à l'ouest; elle se compose presque entièrement d'une partie de la vallée du Nil, qui s'y élargit considérablement. Dans les parties de cette province restées désertes parce que le sol y est rebelle à la culture, les hyènes, les lions et les gazelles abondent; le crocodile et l'hippopotame habitent les eaux du fleuve. Le cheval et le mouton sont les animaux domestiques les plus communs dans la contrée. Les habitants, Barabras d'origine pour la plupart, ou bien descendants de Mamelouks et de Turcs venus s'y établir postérieurement, s'adonnent à l'élève des bestiaux et à la culture de la terre, qui produit chaque année double récolte. Ils professent l'islamisme, et, malgré l'incomparable richesse de leur sol, ils croupissent dans la plus dégoûtante misère, opprimés qu'ils sont par le gouvernement égyptien aussi bien que par leurs propres *méliks* ou *kaschefs*. Au moyen âge, le Dongola était le centre de la civilisation et de la puissance de la Nubie; mais avec la suite des temps cette contrée a vu singulièrement décroître et ses limites politiques, et sa fertilité, et sa population. Au dix-huitième siècle, les habitants du Dongola furent ou subjugués ou expulsés par les Arabes Cheyghins, population habitant plus au sud, et fournissant les célèbres cavaliers montés sur des chevaux du Dongola. C'est là qu'en 1812 vinrent s'établir les Mamelouks chassés d'Égypte, et ils y fondèrent un État particulier. Mais dès 1820 Ibrahim-Pacha les en chassant encore, et les refoulait à l'ouest dans le désert, où depuis lors on n'a plus retrouvé leur trace. A cette même époque, la contrée se soumit au pacha d'Égypte.

Le chef-lieu de la province de Dongola est *Dongola-la-Nouvelle* ou *Marahha*, sur la rive gauche du Nil, siège d'un pacha, et défendue par un château fort, construit d'après les plans du professeur Ehrenberg qui en 1820 voyagea en Nubie. Cette ville fut d'ailleurs fondée par les Mamelouks, après qu'ils eurent abandonné *Dongola-Adjous* ou Dongola-la-Vieille, située à 16 myriamètres plus loin, sur la rive droite du Nil, jadis ville commerciale importante et capitale de la Nubie, qui n'est plus aujourd'hui qu'un misérable bourg. Non loin de *Dongola-la-Nouvelle* est située l'île d'Argo, où on a trouvé des ruines éthiopiennes ainsi que des statues colossales et autres monuments égyptiens.

DON GRATUIT. On appelait ainsi les subventions que le clergé et quelques-uns des pays d'états payaient au roi. *Dons gratuits des pays d'états*. Dans les états provinciaux, les dons gratuits tenaient lieu des impositions auxquelles étaient soumis les autres sujets du roi. Il y en avait de deux sortes : les *dons gratuits ordinaires*, qui étaient d'une somme fixe par an, et les *dons gratuits extraordinaires*, dont l'intendant faisait la demande aux états, sans compter les secours extraordinaires pour les guerres et autres besoins

48.

pressants du royaume. Voté par les représentants des trois ordres, ce subside, quelle que fût sa qualification, devait être à la charge de tous. Mais il n'en était pas ainsi. Le clergé, la noblesse, prétendaient que les revenus de l'Église et des familles titrées devaient en être exempts. La *taille*, qui était la branche la plus importante des contributions publiques, était considérée comme une servitude essentiellement roturière. Les états du Languedoc et de Bourgogne en allégèrent au moins la rigoureuse application ; mais il n'en fut pas de même en Provence et en Bretagne. Ce ne fut qu'à la dernière assemblée des états bretons que les représentants du tiers état opposèrent à cette prétention inique la plus énergique résistance, et cela fut la cause des déplorables événements dont la capitale de cette province fut le théâtre. Le 30 décembre 1788 les commissaires du roi demandèrent un don gratuit de deux millions, payables moitié en 1789, moitié en 1790. Cette demande fut accordée à l'unanimité par les chambres des trois ordres ; mais le mode de répartition et de perception ne pouvait être réglé que par une commission intermédiaire, composée des délégués spéciaux de chaque ordre. Les députés du tiers refusèrent de nommer leurs commissaires, et leur refus était fondé. Leur mandat leur prescrivait de voter le don gratuit, mais de ne participer à aucune délibération ultérieure avant que l'assemblée eût statué sur deux réclamations aussi justes qu'urgentes. Le tiers demandait une représentation égale à celle des deux autres ordres, et que le don gratuit et les autres subsides cessassent d'être à la charge des seuls roturiers et fussent répartis également sur les revenus de la noblesse et de l'Église. Mais les deux ordres privilégiés persistèrent dans leur résolution de nommer avant tout la commission intermédiaire. C'était ajourner indéfiniment la réclamation du tiers état. Ainsi, le vote du dernier don gratuit de la Bretagne n'était encore qu'un vote sans résultat utile, quand éclata la révolution de 1789.

En Provence, le don gratuit de 15 florins par feu, fut établi par délibération des états de cette province, en 1531. Une autre de 6 florins par feu fut aussi voté le 6 décembre de la même année, par une assemblée tenue à Marseille, et les biens nobles étaient affranchis du *fouage* (impôt par feu), en vertu d'une déclaration de 1466, qui maintenait cette exemption, déjà fort ancienne, et qui était encore observée en 1788. Ainsi dans ces deux provinces le don gratuit voté par les trois ordres n'était payé que par un seul ; la noblesse et le clergé dotaient le trésor royal d'un don gratuit exclusivement à la charge du tiers état.

Don gratuit du clergé. L'Église ne devait les biens immenses qu'elle possédait qu'à la pieuse libéralité des fidèles. Il était de toute justice que ces biens restassent grevés des mêmes impôts auxquels ils étaient assujettis avant la donation. Un capitulaire de l'empereur Charles le Chauve l'avait formellement décidé ainsi. En permettant aux sujets de vendre ou de consacrer leurs biens au service divin, le capitulaire de ce prince ajoutait : Pourvu que les droits royaux ne soient pas perdus. *Si quis de talibus Francis, tradere vel vendere voluerit, non prohibemus, tantum ut jus regium quod sibi debetur, sine ratione non perdat* (Cap. Carl.-Calv., an. 864, cap. 28). Sous les deux premières races, le clergé fut assujetti aux impôts publics, et il ne prétendit s'en affranchir que lorsqu'il se trouva possesseur de la meilleure partie des terres. Mais, forcé de céder aux exigences du monarque et aux besoins du trésor public, il prétendit au privilège de s'imposer lui-même ; et se crut quitte envers l'État en payant les *décimes*, ainsi appelés parce qu'ils étaient présumés être le dixième de ses revenus, et que d'ailleurs il évaluait sans contrôle. Les dons gratuits ne commencèrent à être distingués des décimes que depuis le contrat de Poissy passé, le 11 octobre 1561, entre le roi et le clergé. A dater de cette époque, outre les décimes, le clergé de France votait un don gratuit de cinq ans en

cinq ans. Telle était la fixation périodique de ses assemblées. Sénac de Meilhan, dans son ouvrage sur les mœurs, le gouvernement et les conditions en France avant la Révolution, évalue à onze millions ce que le clergé payait en décimes, don gratuit et intérêt de ses emprunts. En évaluant ses revenus à 140 millions, somme fort au-dessous de la réalité, il aurait dû payer en décimes 14 millions, plus 3 millions pour sa capitation dans la proportion des autres contribuables : total 17 millions. Il s'en fallait donc de 6 millions qu'il contribuât aux charges de l'État dans la proportion de ses facultés. Et cela durait déjà depuis plusieurs siècles. François 1er le savait bien. Aussi, pour toute réponse aux incessantes réclamations du clergé : « Je conseille au clergé, dit-il, de ne pas entrer en marchandise avec moi ; j'ai les moyens pour le réduire à la raison. » Il pouvait en 1789 fournir au roi de quoi combler le déficit par l'excédant de ses revenus. Il refusa. Quand il se vit menacé de la vente de ses biens, il offrit 400 millions : c'était plus que le double de ce que le roi avait demandé, mais il était trop tard.

Le don gratuit n'était onéreux que pour les curés. Fénelon abandonna 15,000 fr. de ses revenus pour les aider à supporter le fardeau de cet impôt, si lourd pour eux. L'exemple de Fénelon ne trouva point d'imitateurs. DUFEY (de l'Yonne).

DONIZETTI (GAETANO) naquit à Bergame, en 1797. Il eut d'abord pour maître de musique le célèbre Simon Mayer, et se rendit ensuite à Bologne, où il termina ses études, sous la direction de Pilotti et de Mattei, qui avait été aussi maître de Rossini. Donizetti ne tarda pas à se faire connaître par divers morceaux de musique instrumentale et de musique religieuse. Engagé malgré lui au service militaire, il ne tarda pas à prendre de plus en plus en dégoût cette carrière, peu compatible avec celle qu'il désirait ardemment de pouvoir parcourir, la carrière dramatique. Mais un heureux hasard, en lui permettant de composer un premier opéra et d'obtenir un premier succès sur la scène, lui fit accorder son congé. Libre désormais, il donna successivement, à Venise, *Enrico, conte di Borgogna* (1818), et *Il Falegname di Livonia* (1819); à Mantoue, *Le Nozze in Villa* (1820); à Rome, *Zoraide di Granata* (1822); à Naples, *La Zingara, La Lettera anonima* (1822). Le 22 octobre 1822, il fit représenter au théâtre de *La Scala*, à Milan, *Chiara e Serafina*. Donizetti s'élevait ainsi peu à peu au style sérieux d'*Anna Bolena*, d'*Il Castello di Kenilworth*, et de *L'Esule di Roma*. Il n'a pas moins bien réussi dans le genre bouffe. Les opéras de *L'Elisire d'Amore, Il Nuovo Pourceaugnac, I Pazzi per progetto, Dom Pasquale*, étincellent de verve, de traits spirituels et fins, et sont pleins de mélodies élégantes et gracieuses. Aux opéras déjà mentionnés de ce compositeur, il faut ajouter *Alfredo, L'Ajo nell' imbarrazzo, Olivo e Pasquale, La Regina di Golconda, Otto mesi in due ore, Gianni di Calais, Fausta, Il Furioso nell' isola di Santo-Domingo, Parisina, Ugo conte di Parigi, Alaor in Granata, Il Diluvio universale, Marino Faliero, Lucrezia di Borgia, Gemma di Vergi, Lucia di Lammermoor, Linda di Chamounix, Maria di Rohan, Caterina Cornaro*, et quelques autres encore, car l'œuvre de ce maître ne se compose pas de moins de soixante opéras. *Lucia* est celui de ses ouvrages où l'auteur a mis peut-être le plus de sensibilité et de pathétique. Donizetti a écrit aussi pour notre première scène *Les Martyrs, La Favorite* (1840), *Dom Sébastien* (1843); et notre Opéra-Comique *La Fille du Régiment* (1840). La musique religieuse lui doit également un *Miserere*.

Dans plusieurs de ses opéras, particulièrement dans *Anna Bolena, L'Esule di Roma, Lucia*, Donizetti s'est élevé à des beautés de premier ordre. Malheureusement, il a abusé trop souvent de sa prodigieuse facilité ; de là ces traits communs, ces imitations trop fréquentes de la manière rossinienne, ces morceaux tout entiers lâches et négligés qui se rencontrent souvent à côté des inspirations les plus heureuses et de quelques éclairs de génie. Donizetti n'a qu'à le vouloir, et sa phrase devient aussitôt abondante et nombreuse, son harmonie correcte, savante même, sans cesser d'être facile, son instrumentation soignée et piquante. Mais on l'a vu faire certains tours de force qui font plus d'honneur à cette facilité dont nous venons de parler qu'à sa conscience d'artiste. On l'a vu instrumenter en moins de deux jours un opéra tout entier. Aussi est-il rare que dans un ouvrage de quelque étendue une bonne moitié ne semble être le résultat d'une improvisation nonchalante.

Ancien professeur de contre-point au conservatoire de Naples, Donizetti reçut en 1842, de l'empereur d'Autriche, le titre de compositeur de la chambre et de maître de la chapelle impériale. En moins de trois ans (1842, 1843, 1844) il avait composé huit opéras pour les scènes de Milan, de Vienne, de Paris et de Naples, lorsqu'il fut atteint d'une paralysie partielle du cerveau. Après de longues souffrances, Donizetti, qui avait été chercher quelque soulagement dans sa ville natale, y mourut, le 8 avril 1848, laissant plusieurs opéras inédits, entre autres *Elisabeth*, que son auteur destinait à l'Opéra-Comique, et qui a été donné à la fin de 1853 au Théâtre Lyrique.   J. D'ORTIGUE.

DONJON. Dans les constructions du moyen âge, c'était la tour principale d'un château fort; c'était la partie la plus élevée, et le lieu où les assiégés se retiraient, comme dans un dernier retranchement, pour se défendre encore lorsque les autres parties du château étaient déjà occupées par l'ennemi. Depuis que les châteaux ont cessé d'être des lieux fortifiés pour devenir de simples habitations de luxe ou des maisons de plaisance, les donjons ont disparu; cependant, on donne encore ce nom soit à de petites tourelles élevées sur la plate-forme d'une tour, et servant de guérites pour les sentinelles, soit à de petits belvédères placés au-dessus du toit d'une habitation, et dans lesquels on va par plaisir prendre le frais ou jouir d'une vue plus ou moins étendue. On a beaucoup varié sur l'étymologie de ce mot; la plus naturelle est celle que rapporte Du Cange, qui le fait venir du mot celtique *dun*, signifiant *colline, hauteur*, et dont nous avons fait notre mot *dunes* pour indiquer les monticules des bords de la mer. Les auteurs de la basse latinité ont employé pour désigner des châteaux bâtis sur des lieux élevés les mots *dunio, dungeon* et *dougio*, dont on a facilement fait *donjon*. Un des donjons les plus célèbres, et le seul qui existe maintenant dans les environs de Paris, est celui du château de Vincennes.

DUCHESNE aîné.

DON JUAN, personnage qui, comme celui de Faust, tient tout à la fois du mythe et de la légende. Tous deux sont devenus la personnification de deux directions partant du même principe, celui de l'impureté et de l'incrédulité, se divinisant ou pour mieux dire s'abrutissant lui-même, le principe du subjectivisme et de l'égoïsme à sa dernière puissance. Faust, c'est l'idéalisme allemand, c'est le rationalisme protestant contre la foi; c'est la pensée en effervescence et en révolte. Don Juan, c'est le réalisme pratique de l'élément roman; c'est le sensualisme raffiné, c'est la foi aveugle du catholicisme dégénéré qui se transforme en impiété, et qui une fois qu'elle a perdu ce frein positif tombe de plus en plus profondément dans le cynisme, qui n'en vient pas seulement à nier l'existence de Dieu, mais même à nier l'existence de l'intelligence, qui ne reconnaît plus de réel que ce qui appartient aux sens, qui fait consister dans leur satisfaction le but suprême de la vie, qui méprise et conspue impudemment tout ce qui est en dehors de l'empire des sens, qui en nie l'existence, et qui alors s'abandonne au nihilisme, et invoque le démon pour anéantir toute notion morale et intérieure. Faust et Don Juan, en dépit de l'identité de leur point de départ et du but où ils arrivent, constamment attirés par des pôles opposés, se trouvant toujours en antagonisme, ont naturellement dû trouver une expression aussi bien en poésie qu'en musique. L'idéal dans la légende de Don Juan est la vie d'un débauché s'abandonnant sans retenue aucune à l'ivresse des sens, surtout à la satisfaction du plus impérieux des appétits sensuels, l'appétit charnel, n'admettant pas qu'il y ait rien au delà, perdant complètement la conscience de ce qui est en dehors et au delà du monde des sens, se riant de Dieu et de tout ce qui est idée morale jusqu'à se laisser entraîner au meurtre pour se débarrasser de ce qui met obstacle à la satisfaction de ses désirs sensuels, s'imaginant en avoir ainsi anéanti l'existence et alors, en partie par orgueil et par impudence, en partie aussi pour se rassurer complètement lui-même, sommant le principe intelligent de lui prouver qu'il existe, de le lui prouver de la seule manière qu'il puisse admettre comme vraie, c'est-à-dire par les sens. Puis, quand cette démonstration a eu lieu, quand l'esprit lui a prouvé son existence en animant et en faisant apparaître la statue de pierre de l'homme qu'il a tué et que, dans son impudence, il convie à venir prendre place à sa table, quand il se trouve contraint de reconnaître la puissance supérieure de l'esprit et l'infamie d'une existence impie, immorale et purement sensuelle, arrivé ainsi au bord de l'abîme, Don Juan fait alors un dernier effort pour se précipiter dans l'enfer, séjour de l'éternelle négation de l'élément divin.

C'est à bon droit que la légende a placé le théâtre de cette tradition idéale dans l'une des plus voluptueuses cités de l'ancienne monarchie universelle, à Séville, et qu'elle l'a personnifiée sous le nom d'une des plus anciennes races nobles de cette ville. Elle désigne, mais au total d'une manière assez vague, son héros comme l'un des membres de l'illustre famille *Tenorio*, et elle l'appelle Don Juan. Mais tantôt elle le fait vivre à l'époque de Pierre le Cruel, et tantôt elle fait de lui un contemporain de Charles-Quint qui s'est proposé, comme but de sa criminelle existence, d'enlever la fille d'un gouverneur ou commandeur de la ville de Séville, appartenant à la famille Ulloa, afin de la sacrifier à sa lubricité. Le père ayant voulu s'opposer à ce rapt, Don Juan le tue en duel, et pénètre même dans le caveau sépulcral de la famille de sa victime, situé dans le couvent de San-Francesco, où, avec des railleries impudentes adressées à la statue de pierre, érigée au commandeur sur son tombeau, il l'invite à être son hôte. La légende ajoute que la statue fut exacte au rendez-vous, et contraignit Don Juan à la suivre. Don Juan ayant enfin comblé la mesure de ses péchés, la statue de pierre l'aurait alors livré aux puissances infernales.

Par la suite, cette légende fut mêlée à celle d'un autre débauché de même espèce et portant le même nom, *Juan de Maraña*, qui se donna aussi au démon, mais qui finit cependant par se convertir et mourut même en odeur de sainteté après avoir passé le reste de sa vie dans la pénitence.

Le premier qui traita la véritable légende de Don Juan fut Gabriel Tellez (Tirso de Molina), dans son *El Burlador de Sevilla y convidado de piedra*. Ce drame, transporté vers l'an 1620 sur la scène italienne, fut introduit à Paris en même temps que le répertoire du théâtre italien, et ce fut De Villiers qui le traita le premier sur notre scène, sous le titre de : *Le Festin de pierre, ou le fils criminel* (1659). Vinrent ensuite *Don Juan, ou le festin de pierre* de Molière (1665), *Le Festin de pierre, ou l'athée foudroyé* (1669), de Dumesuil, dit Rosimon, puis la mise en vers de la pièce de Molière par Thomas Corneille. Sadwell adapta le sujet à la scène anglaise, dans son *Libertine* (1677). En Espagne même, vers la fin du dix-septième siècle, la pièce originale de Tellez fut arrangée et accommodée à la scène par Antonio de Zamora. C'est cette imitation qui est devenue plus tard le fond des libretti des opéras italiens et de celui de Mozart dont le héros est Don Juan. Dès les premières années du dix-huitième siècle, Goldoni avait composé son *Giovanni Tenorio, ossia il dissoluto punito*. Vers 1765,

Gluck en fit le sujet d'un ballet. Le premier compositeur qui en ait fait un opéra fut Vincenzo Righini, dont la pièce a pour titre : *Il Convitato di pietra, ossia il dissoluto* (1777). Le libretto de l'opéra de Mozart fut écrit par Lorenzo da Ponte (1787). C'est ce dernier ouvrage qui, plus que tous les autres, a popularisé la légende de Don Juan dans toute l'Europe, et en Allemagne plus qu'ailleurs peut-être, quoiqu'une pièce à spectacle faite sur le modèle de celle de Molière fit depuis longtemps dans ce pays partie du répertoire des théâtres de marionnettes. Dans ces derniers temps, il est peu de sujets qui aient été traités, en rivalité les uns des autres, par un si grand nombre d'auteurs. On a de M. Alexandre Dumas un *Don Juan de Maranna, ou la chute d'un ange* (1836); de M. Prosper Mérimée, *Les Ames du Purgatoire, ou les deux don Juan*; de M. Mallefille, un roman publié en feuilletons dans *la Presse*; de l'espagnol Zorilla : *Don Juan Tenorio* (Madrid, 1844). Cet écrivain a encore traité le même sujet dans son *El Desafio del diablo* et dans *Un Testigo de Bronce* (1845). Le *Don Juan* de Byron n'a guère de commun que le titre avec la légende que nous venons de raconter. En Allemagne, Grabbe, Braunthal, Wiese, Hauch, Lenau et Holtei ont aussi traité ce sujet depuis peu.

DON JUAN D'AUTRICHE. *Voyez* Juan d'Autriche.

DONNADIEU (Gabriel), ancien soldat des armées de la république et de l'empire, créé lieutenant général et *vicomte* par le gouvernement de la Restauration, en récompense des services de diverses natures qu'il lui rendit et du dévoûment exalté qu'il lui témoigna, était né à Nîmes, le 11 décembre 1777, d'une famille protestante. Il embrassa avec ardeur les principes de la Révolution, dont il fut l'un des premiers à aller, comme enrôlé volontaire, défendre la cause sur nos frontières, menacées par la coalition. Capitaine de dragons, il venait, en 1793, présenter à la Convention un drapeau qu'il avait enlevé aux Prussiens. Quelques autres actions d'éclat lui méritèrent un avancement assez rapide, et il fut longtemps attaché, comme officier supérieur, au corps d'armée de Moreau. On sait l'antagonisme violent qui s'établit bientôt entre Bonaparte et le vainqueur de Hohenlinden, dont les soldats épousèrent en grande partie les rancunes. C'est ainsi qu'en 1801 lui prince apprit au dans un banquet célébré à Paris, et auquel avaient assisté un grand nombre d'officiers de diverses armes, que des toasts avaient été publiquement portés au rétablissement de la république et à la mort du nouveau Cromwell, qu'on s'était promis de l'immoler à la première revue qu'il passerait dans la cour des Tuileries. Sans attacher à ces démonstrations politico-bachiques plus d'importance qu'elles n'en avaient réellement, le gouvernement consulaire fit arrêter et jeter au Temple quelques-uns des convives qui avaient montré le plus d'exaltation. De ce nombre étaient le colonel Fournier-Sarlovèse et le chef d'escadron Donnadieu. Celui-ci, transféré plus tard au château de Lourdes, dans les Hautes-Pyrénées, y subit quelques années de détention préventive. Amnistié en 1806, il vit encore les rangs de l'armée s'ouvrir pour lui, et fut employé dans le corps réuni alors sur nos côtes de l'ouest.

Promu au grade de colonel, il prit le commandement du 47ᵉ de ligne, et fit successivement les campagnes d'Autriche, de Prusse et de Portugal. Quoique pendant cette dernière campagne l'empereur, en le nommant commandant de la Légion d'Honneur (1809), eût témoigné au colonel Donnadieu sa satisfaction pour la manière dont il conduisait les troupes placées sous ses ordres, son avancement fut tout à coup interrompu, à la suite d'une tentative d'insurrection fomentée par l'or de l'Angleterre au sein de l'armée qui était alors campée sur les rives du Douro; tentative dans laquelle il eut le malheur de se trouver compromis. Le principal agent de cette trame criminelle fut un nommé Argenton, officier de dragons. Il ne se proposait pas moins que de faire déclarer l'armée de Portugal pour Moreau, qu'un vaisseau, disait-on, allait au premier jour ramener des Etats-Unis, et de la décider à agir désormais de concert avec l'armée britannique. Après s'être secrètement abouché avec les Anglais, il parvint à faire entrer quelques chefs de corps dans son complot; mais, s'étant trop imprudemment ouvert à un général, celui-ci, indigné des propositions qu'il osait lui faire, alla prévenir le maréchal Soult. Arrêté immédiatement, Argenton avoua tout; mais il tut soigneusement les noms de ceux qui avaient accueilli ses ouvertures, et compromit, au contraire, méchamment quelques officiers à qui évidemment il n'avait jamais pu songer à faire la moindre proposition. Ce misérable fut d'abord assez heureux pour s'échapper; mais, saisi un an plus tard, au moment où, après avoir quitté l'Angleterre, il tentait de s'introduire en France, il fut amené à Paris et fusillé.

Un ordre de l'empereur fit passer devant un conseil de guerre le colonel Donnadieu, impliqué à tort ou à raison dans cette triste affaire. Il fut acquitté, faute de preuves suffisantes; mais à l'issue de ce procès il ne s'en vit pas moins placé sous la surveillance de la haute police, et le gouvernement lui assigna la ville de Tours pour résidence. Les persécutions du régime impérial et surtout les circonstances dans lesquelles il en était devenu l'objet signalaient naturellement le colonel Donnadieu aux faveurs du gouvernement royal; mais il voulut les mériter encore davantage par l'exhibition du zèle monarchique le plus ardent, et il y réussit. Louis XVIII le nomma maréchal de camp, et l'appela au commandement du département d'Indre-et-Loire. L'année suivante, il essaya vainement de faire marcher contre Napoléon, revenant de l'île d'Elbe, les troupes placées sous ses ordres : un cri unanime de *vive l'empereur!* fut la réponse des soldats. Ainsi abandonné, le général Donnadieu courut à Bordeaux mettre son épée à la disposition de la duchesse d'Angoulême; puis, tout espoir de résistance à la révolution des *cent-jours* s'étant encore évanoui de ce côté, il rejoignit les princes à Gand, où le grade de lieutenant général lui fut décerné en récompense de sa fidélité.

Rentré en France avec les Bourbons, à la queue des armées anglaise et prussienne, après la fatale journée de Waterloo, il fut peu de temps après appelé au commandement de la 7ᵉ division militaire, dont le chef-lieu était alors Grenoble. Le nom du général Donnadieu a acquis une bien déplorable célébrité par suite des sanglants événements dont cette ville fut le théâtre au commencement de 1816. Une conspiration, dont tous les détails ne sont pas encore bien connus, mais dont le ministre de la police Decazes a été formellement accusé d'avoir longtemps à l'avance tenu tous les fils, si même la pensée première n'en est point partie de son cabinet, éclata parmi les populations des campagnes voisines de Grenoble. Quatre cents paysans environ descendirent de leurs montagnes au cri de *vive l'empereur!* et, réunis sous les ordres de Didier, marchèrent sur le chef-lieu de la 7ᵉ division, où les intelligences préalablement pratiquées par leur chef semblaient devoir les introduire sans effort. Accueillie à quelques centaines de pas de la ville par une décharge de mousqueterie partie des rangs de la force armée que le général commandant la division, à la première nouvelle de l'insurrection, avait dirigée contre les rebelles, cette bande désarmée et tumultueuse s'enfuit aussitôt dans toutes les directions; et un régiment de dragons, lancé à la poursuite des fuyards, ramassa dans les communes voisines tous ceux qu'on put supposer avoir pris part au mouvement. Ils furent immédiatement livrés à la cour prévôtale, qui dans sa première séance prononça vingt et une condamnations capitales..... On consulta par le télégraphe le ministre de la police sur ce qu'il fallait faire de ces malheureux, parmi lesquels se trouvaient un enfant de quinze ans et un vieillard de soixante-douze. *Fusillez-le tous sur-le-champ !* s'empressa de répondre par la même voie l'impitoyable Decazes.

Trente-huit ans se sont écoulés depuis ces horribles boucheries, et l'opinion publique n'a pu encore accorder aux bourreaux le bénéfice de la prescription. Les noms de *Decazes* et de *Donnadieu* sont condamnés irrémissiblement à perpétuer le souvenir de ce drame affreux, dans lequel le ministre et le général jouèrent les rôles principaux. Disons toutefois que si le ministre s'efforça de rejeter la responsabilité de ces actes sauvages sur son subordonné, celui-ci n'a pas cessé depuis de dire hautement et même de proclamer à la tribune que c'est M. Decazes en personne qui avait organisé la conspiration de Grenoble.... En agissant ainsi, quel put donc être le but véritable du favori de Louis XVIII? C'est là un de ces mystères que le temps finira sans doute par dévoiler.

Le général Donnadieu, coupable d'avoir exécuté à la lettre les ordres de M. Decazes, fut destitué; mais, soutenu par le parti ultra-monarchique, qui ne vit en lui que la victime d'un odieux favori, il fut bientôt après nommé député de Tarascon, et vint continuer à la chambre les révélations accusatrices qu'il avait déjà commencées par la voie de la presse. La guerre d'Espagne de 1823 et la chute du ministère Pasquier, continuateur plus ou moins fidèle du système de Decazes, rendirent au général Donnadieu les faveurs du pouvoir. Envoyé à l'armée de Catalogne, il perdit presque aussitôt son commandement, sur la demande formelle du maréchal Moncey, et il resta alors de nouveau sans emploi. On est autorisé à penser que cette disgrâce ne contribua pas peu à le ranger parmi les plus violents adversaires de M. de Villèle, quand on voit l'opposition furibonde qu'il fit d'abord dans la chambre des *trois cents*, où ses électeurs lui avaient de nouveau assuré un siège, se calmer tout à coup, puis passer au mutisme le plus absolu dès que le cabinet lui eut rendu un commandement. La révolution de Juillet fit rentrer Donnadieu dans l'obscurité; mais de temps à autre il menaçait encore M. Decazes de la publication prochaine de pièces officielles qui allaient dire enfin le mot de la terrible énigme restée si fameuse sous la dénomination *d'affaire de Grenoble*. Enfin, une brochure politique parut, qui fit condamner le général à la prison. Lorsqu'il eut recouvré sa liberté, il se retira aux environs de Paris, à Courbevoie, d'où il menaça encore M. Decazes de nouvelles révélations. La mort est venue le condamner au silence le 18 juin 1849.

DONNÉE. Ce mot dans l'art dramatique s'entend non pas du sujet que traite l'auteur d'une pièce, mais du point de vue sous lequel il considère le sujet dont il a fait choix. Le sujet est le fond principal, réel, positif, de l'action d'une tragédie, d'un drame ou d'une comédie. La *donnée*, c'est ce fond principal arrangé, modifié par l'auteur, selon qu'il juge à propos de le faire, surtout selon que le commandent les exigences de la scène. Deux auteurs peuvent traiter le même sujet, sans pour cela suivre la même *donnée dramatique*. Les deux *Électre* de Sophocle et d'Euripide aboutissent à la même action par des moyens tout à fait divers. Regnard a fait le *Joueur* en comédie, Saurin l'a fait en drame; de nos jours, MM. Goubeaux et Ducange l'ont fait en mélodrame. Le sujet est resté le même, les auteurs sont partis d'une *donnée dramatique* différente. Shakspeare a porté la jalousie sous les traits d'*Othello*; et vingt vaudevillistes ont recommencé le farouche Africain; personne n'a crié au plagiat. On nous a cité un fécond auteur du boulevard qui avait entrepris d'ajuster tout Molière à la taille de Debureau; déjà il s'était attaqué au *Misanthrope*, et il avait fait jouer le *Prolétaire mécontent de son sort*, pantomime en cinq tableaux. La mort du célèbre paillasse coupa court à ce gigantesque projet. L'auteur affirmait que c'était du Molière pur, sauf la *donnée dramatique*, qu'il avait modifiée.

Édouard Lemoine.

DONNÉES, terme d'un assez fréquent usage dans les ouvrages des mathématiciens. Ils désignent par ce mot certaines quantités connues, qui, par une voie analytique, les conduisent à en découvrir d'autres, comprises sous la dénomination d'*inconnues*, et qui font l'objet d'une question ou d'un problème. Tout problème ne renferme en général que deux sortes de grandeurs, les *données* et les *cherchées*, les connues et les *inconnues*. Il n'est pas de calcul praticable sans cette condition. L'esprit humain ne marche vers l'inconnu que par le connu. Celui-ci lui est indispensable, comme le levier à l'artisan qui veut soulever un bloc de pierre. Pour pratiquer une opération arithmétique, une soustraction par exemple, il est besoin de deux nombres, et c'est en retranchant une *donnée* de l'autre que l'on obtient l'excédant ou la quantité *cherchée*. En général, quels que soient les calculs à opérer, toute quantité faisant partie de l'énoncé d'un problème se nomme *donnée du problème*.

En géométrie, on dit qu'un cercle est *donné de grandeur* quand le diamètre seul en est donné. Le centre d'un cercle actuellement décrit sur un plan est *donné de position*. Trois points peuvent indiquer un triangle, comme on peut tracer un carré, un trapèze ou une losange, avec quatre points donnés; en pareil cas on dit que la figure est *donnée d'espèce*. Les quantités *données de proportion* sont celles dont les rapports respectifs sont connus. Euclide a fait un traité particulier sur les *données*, et il ne se sert de ce mot que pour désigner les espaces, les lignes, les angles, etc., qui étant connus de grandeur, servent à leur assigner des espaces, des lignes ou des angles égaux.

L'algèbre, dans les équations, distingue les quantités cherchées des données en figurant celles-ci, ou les connues par les premières lettres d'un alphabet, et les inconnues par les dernières.

Données n'est pas seulement un terme de mathématiques : il a été transporté dans le langage de plusieurs sciences ou arts, comme la philosophie, la médecine, la physique. Il sert dans ces sciences à désigner les choses que l'on prend pour accordées, sans avoir de preuves immédiates de leur certitude, mais reconnues comme axiomes pour servir de base aux démonstrations.

E. Richer.

DONNER (Georges-Raphael), l'un des premiers sculpteurs de son siècle, naquit en 1695, à Esslingen, dans la basse Autriche. Il commença par être orfèvre, et apprit les premiers éléments de l'art sous la direction de Giuliani, sculpteur qui demeurait à l'abbaye de Sainte-Croix, près de sa ville natale. Plus tard, il alla suivre les cours de l'académie de peinture et de sculpture récemment fondée à Vienne. Malgré un talent d'une incontestable supériorité, cet artiste eut pendant toute sa vie à lutter contre les plus poignantes misères, et on ne sut lui rendre justice qu'après sa mort, arrivée à Vienne, le 16 février 1741. Ses œuvres font aujourd'hui l'ornement de plusieurs églises et palais d'Autriche. On admire surtout les magnifiques statues qui embellissent la fontaine jaillissante du Marché-Neuf, ainsi que la statue de l'empereur Charles VI, qui se trouve dans le Belvédère, à Vienne.

Parmi ses élèves les plus distingués, il faut citer ses deux frères, *Matthias* Donner, mort à Vienne, vers l'année 1763, professeur à l'Académie et médailliste de la cour; *Sébastien* Donner, habile sculpteur; ensuite Œser, Rossier et les frères Moll.

DONOSO-CORTÈS (Don Juan) marquis DE VALDEGAMAS, célèbre publiciste et jurisconsulte espagnol, né en 1809, à El Valle, en Estramadure, étudia la philosophie à Salamanque et à Cacérès, et le droit à Séville. Dès l'année 1829 il avait été nommé professeur de belles-lettres au collége de Cacérès; mais ce ne fut qu'en 1833 qu'il atteignit l'âge exigé pour être admis dans l'ordre des avocats. Quand en 1832 le roi Ferdinand VII tomba gravement malade, et qu'il devint de plus en plus probable que les droits de sa fille seraient contestés, Donoso-Cortès courut à la Granja offrir ses services à Marie-Christine. Lors du changement de ministère qui eut lieu bientôt après, il présenta à la reine régente un mémoire dans lequel il s'efforçait de démontrer l'évidence du droit de succession d'Isabelle II; mais comme ce mémoire contenait des idées trop libérales, il ne fut point publié. Cependant, au mois de février 1833, on le nomma *official* au ministère des grâces et de la justice, et l'année d'après secrétaire des commandements de la reine. Au mois de septembre 1835 il fut chargé, conjointement avec le général Rodil, de ramener sous l'autorité de la reine la province d'Estramadure, alors révoltée, mission dans laquelle il réussit au-delà de toute espérance. En janvier 1836 il fut nommé chef de section au ministère des grâces et de la justice; au mois de mai suivant, secrétaire du conseil des ministres, poste que des motifs de délicatesse le portèrent bientôt à résigner. Quand, à la suite des événements de la Granja, le parti des *exaltados* arriva au pouvoir, Donoso le combattit dans ses actes, ses doctrines et ses hommes, et fut nommé par la province de Cadix député aux cortès qui se réunirent après les cortès constituantes; et plus tard il rédigea, avec Alcala Galiano, le journal *el Piloto*. Il fut ensuite pendant quelque temps directeur de *la Revista* de Madrid. Après avoir passé dans l'exil à l'étranger les années 1840 à 1843, Donoso-Cortès rentra en Espagne avec la reine Christine, et obtint la confiance de la reine Isabelle, qui le nomma son secrétaire particulier, lui octroya le titre de *marquis de Valdegamas*, et bientôt après le fit comprendre dans une fournée de sénateurs. Il ne devait pas s'arrêter là dans la carrière des honneurs, et ne tarda pas à être envoyé à Berlin en qualité de ministre plénipotentiaire. Rappelé à Madrid vers la fin de 1850, il vint y reprendre sa place au sénat, où, à propos d'une demande adressée à la législature par le gouvernement à l'effet d'être autorisé à continuer de lever les impôts, sans attendre le vote du budget, il prononça un discours qui eut un grand retentissement dans le monde politique et surtout dans celui des sacristies. Chargé comme rapporteur de résumer les discours, Donoso-Cortès en prit prétexte pour s'écarter, un peu trop peut-être, de la question et faire de la situation générale de l'Europe le plus effroyable tableau. Il termina cette déclamation, à laquelle prêtait si peu le sujet à l'ordre du jour, par des prévisions plus effrayantes encore; il montrait dans un avenir rapproché la guerre sociale éclatant avec toutes ses horreurs, les hordes slaves envahissant l'Europe, la barbarie débordant la civilisation et amenant les plus extrêmes catastrophes, enfin la société actuelle tout entière périssant dans un épouvantable cataclysme. L'orateur doutait qu'à moins d'un miracle spécial de la Providence, l'Europe pût échapper à cet avenir. Il ne craignait pas d'affirmer que l'esprit de discussion et les réformes économiques, qui ouvrent la porte au socialisme, ne pouvaient que précipiter cette ruine universelle. Selon lui, il n'y avait plus qu'un seul refuge ouvert à l'humanité, l'Église; qu'un seul remède efficace et possible, la soumission universelle et absolue à l'Église catholique, apostolique et romaine...

On voit que le libéral et le progressiste de 1833 avait dans l'intervalle singulièrement modifié ses premières convictions politiques. Cette conversion si éclatante, cette espèce de croisade prêchée dans le sein d'une assemblée délibérante, au profit du saint-siège et de la suprématie absolue de l'Église de Rome, furent exploitées avec autant d'empressement que d'habileté par les ultramontains et les absolutistes de tous les pays. Ils traduisirent et répandirent à l'envi le discours de Donoso-Cortès, où, il faut bien le reconnaître, se montrait un disciple exalté et éloquent des La Mennais, des de Maistre et des Bonald, tout aussi fort que ses maîtres, rivalisant de tous points avec eux pour l'éclat du style et le grandiose des images, et exposant franchement les doctrines de l'ultramontanisme dans un langage empreint de toute la pompe, nous allions dire de toute l'enflure castillane. C'était là, au reste, le chant du cygne. Nommé peu de temps après ambassadeur d'Espagne à Paris, le marquis de Valdegamas ne remplit guère ces fonctions que pendant deux années, et succomba le 3 mai 1853, à une suffocation provenant de la rupture de la crosse de l'aorte. Ses restes mortels furent transférés de Paris à Madrid, en même temps que ceux du célèbre poëte Moratin, qui reposaient depuis longtemps au cimetière du Père-la-Chaise. On les a inhumés depuis dans la chapelle royale de Saint-Isidore.

Parmi les écrits dont ce publiciste éminent a enrichi la littérature espagnole, nous citerons surtout ses *Consideraciones sobre la Diplomacia, y su influencia en el estado politico y social de Europa, desde la revolucion de Julio hasta el tratado de la cuadruple alianza* (Madrid, 1834); *La Ley electoral, considerada en su base y en su relacion con el espiritu de nuestras instituciones* (Madrid, 1835); *Lecciones de derecho politico* (Madrid, 1837). En 1850 il avait été publié une édition de ses œuvres complètes, comprenant ses discours aux cortès.

Donoso-Cortès fut incontestablement l'un des plus grands prosateurs de notre époque.

DON PATRIOTIQUE, offrande en argent, en effets précieux, armes, approvisionnements ou denrées, faite individuellement par les citoyens, ou collectivement par les communes, les provinces, les corporations, pour les besoins extraordinaires de la patrie. Le *mot* ne date que de 1789, mais les temps antérieurs de l'histoire de France offrent plusieurs exemples de la *chose*. Ces exemples se sont renouvelés à une époque très-rapprochée de la Révolution. Nos arsenaux maritimes étaient vides, le trésor royal épuisé, et la France avait une guerre à soutenir contre l'Angleterre, quand Choiseul fut appelé au ministère de la marine en 1761. Il lui suffit de faire un appel au patriotisme des pays d'états, des villes maritimes; et en peu de temps des vaisseaux de haut-bord furent construits et armés, tous les arsenaux abondamment approvisionnés, et il resta douze millions disponibles. Les pays d'états prirent encore l'initiative d'un aussi généreux dévouement lors de la guerre de l'indépendance américaine. La garde nationale de Versailles eut l'honneur de l'initiative des dons patriotiques de 1789 : elle ouvrit une souscription pour contribuer à la liquidation de la dette nationale; et dès le premier jour un citoyen déposa dans la caisse de l'association une année de son revenu, 26,000 francs. Une députation fut envoyée à l'Assemblée nationale, et fut honorablement accueillie le 22 août 1789. Les citoyens de Tours avaient à la même époque ouvert une souscription sur un plan plus vaste : 1° un don individuel de 3 fr. et au-dessus; 2° l'engagement de verser à l'instant et par anticipation le montant de ses contributions pour les six derniers mois de 1789, et dans le courant de décembre à janvier les dix premiers mois de 1790. Cette offre patriotique des Tourangeaux fut annoncée à l'Assemblée nationale le 26 août 1789, par deux députés de Tours. Le 27 septembre suivant parurent à la barre de l'assemblée les épouses des artistes les plus distingués de l'école française : Mmes Vien, Lagrenée, Fragonard, David, Monette, Vernet, etc. Mme Monette déposa sur le bureau une cassette renfermant le don patriotique; et portant la parole au nom de la députation : « Des femmes d'artistes, dit-elle, viennent offrir à l'auguste Assemblée nationale des bijoux qu'elles rougiraient de porter quand la patrie en réclame le sacrifice.... Notre offrande est de peu de valeur, mais dans les arts on cherche plus la gloire que la fortune; notre offrande est proportionnée à nos facultés, et non aux sentiments qui nous inspirent. » Ces dames étaient toutes en robes blanches, sans autre parure qu'une ceinture tricolore.

Leur exemple fut imité par toute la France. Chaque ville, chaque commune, chaque corporation, porta son tribut sur l'autel de la patrie; les pensionnaires des collèges, de tous les établissements d'éducation, les couvents, déposèrent leurs couverts, leurs timbales, leurs boucles de souliers en argent, et on ne porta plus que des boucles *à la nation* : elles étaient en cuivre poli. Le roi, les princes, les seigneurs de la cour, envoyèrent à la Monnaie leur argenterie. Le premier envoi de la vaisselle de la reine était de 3,607 marcs 9 onces 12 den. La liste des dons en vaisselle, bijoux, joyaux, offerts par les dames titrées n'a pas moins de 60 pages. Le trésor public s'enrichit d'une somme considérable, dont le chiffre exact n'a jamais été bien connu. Les joailiers et les orfèvres y trouvèrent leur compte et, quelques mois étaient à peine écoulés que les buffets et les toilettes avaient repris tout leur éclat. Le sacrifice patriotique ne s'étaitpas étendu jusqu'aux diamants; les dons de l'opulence comme ceux de la petite propriété ne consistaient qu'en vaisselle et en bijoux d'or. Beaucoup de rentiers, de pensionnaires, de créanciers de l'État, offrirent l'abandon de leurs droits. Les Français établis dans les colonies et dans les villes étrangères du continent déposèrent leurs offrandes aux chancelleries des ambassades et des consulats. Des sociétés *d'amis de la révolution* formées dans les États voisins de la France souscrivirent pour des sommes considérables. L'Assemblée nationale, en rendant hommage à leurs généreuses sympathies, crut devoir, par respect pour la dignité nationale, refuser leur souscription.

Les dons patriotiques se sont renouvelés à diverses époques, et notamment lors de l'invasion des troupes étrangères en 1792. Nous en avons eu un nouvel exemple lors des journées de juillet 1830. DUFEY (de l'Yonne).

En 1848, un décret du gouvernement provisoire nomma une commission pour les offrandes et les dons patriotiques. Cette commission, présidée par Lamennais et Béranger, s'établit au palais de l'Élysée national; chaque jour des corporations se rendaient à ce palais pour déposer le fruit de leurs épargnes et de leurs économies, qu'ils offraient à la république. Cette commission cessa de fonctionner après la réunion de l'Assemblée constituante.

DON PEDRO. *Voyez* PEDRO.

DONZELLE. Ce mot, qui est du style familier, et qui se prend toujours en mauvaise part, est une contraction du mot demoiselle. Il ne s'applique guère qu'aux filles et aux femmes de basse extraction et surtout de mœurs suspectes; mais il paraît qu'il n'en a pas toujours été de même, du moins en poésie.

DONZELLES, poissons marins, de la famille des anguilliformes. On connaît parmi elles plusieurs espèces, dont plusieurs sont propres à la Méditerranée et se mangent fréquemment. Ce sont : la *donzelle commune* (*ophidium barbatum*), et la *donzelle brune* (*ophidium Vassalii*); une troisième espèce fréquente la côte du Brésil : c'est l'*ophidium brevibarbe*, et Schneider en admet, sous le nom d'*ophidium flacodes*, une quatrième, de la mer du Sud. Cette dernière est beaucoup plus grande que la donzelle commune. dont la longueur totale ne dépasse pas 0ᵐ,33. P. GERVAIS.

DONZIOIS, petit pays de France, situé au nord du Nivernais, entre la Loire et l'Yonne, dont la ville de Donzy était la capitale. Il avait 48 kilomètres de longueur et 22 de largeur. Il comprenait en outre les villes d'Entrains, de Druye, de Cosne, etc.

DONZY, ville de France, chef-lieu de canton, dans le département de la Nièvre, dans l'arrondissement et à 15 kilomètres au sud-est de Cosne, sur la rive gauche du Nohain, avec une population de 4,563 habitants, une exploitation de marne, des forges et hauts fourneaux, un commerce de bois, fers, cidre et miel. On y voit les ruines d'un vieux château. Cette ville eut des seigneurs qui tinrent un rang distingué dans la hiérarchie féodale.

Le premier baron de Donzy est Geoffroi, fils de Geoffroi de Semur et de Mathilde de Châlons, lequel vivait au commencement du onzième siècle; il guerroya avec Eudes II, comte de Blois et de Champagne, contre le comte d'Anjou Foulques Nerra. Celui-ci s'étant emparé de sa personne par trahison, le fit étrangler dans le château de Loches, en 1037. En 1153, Louis le Jeune, roi de France, enleva à Geoffroi III les châteaux de Cosne et de Saint-Aignan. Le comte de Nevers, qui le poursuivait en même temps de ses attaques, détruisit quatre ans plus tard un autre de ses domaines, Châtel-Censoir. Son fils, Hervé III, s'étant brouillé avec Louis le Jeune, crut se mettre à l'abri de ses coups en se plaçant sous la protection d'Henri II, roi d'Angleterre; mais le roi de France, irrité, vint assiéger Donzy, et en rasa le château. La médiation d'Henri II fit conclure la paix. Hervé laissa trois fils, Guillaume Gouet, qui accompagna Philippe-Auguste à la Terre Sainte et fut tué au siège d'Acre, en 1191 ; Philippe, qui gouverna peu de temps la baronnie de Donzy, et mourut vers 1194, sans postérité, et Hervé IV. Celui-ci battit et fit prisonnier Pierre II de Courtenai, comte de Nevers, qui lui disputait la terre de Gien. Cependant il se réconcilia avec lui, par l'entremise de Philippe-Auguste, et obtint même la main de Mahaut, fille du comte de Nevers; mais il fut obligé de céder Gien au roi. On le vit à Bouvines, en 1214, commander une partie de l'armée flamande, tandis que Pierre de Courtenai se couvrait de gloire à la tête d'un corps de l'armée française. Pierre de Courtenai ayant été appelé au trône de Constantinople, en 1216, Hervé continua de gouverner comme comte de Nevers. Passé à la Terre Sainte en 1218, il se trouvait avec les croisés à l'attaque de Damiette ; mais il n'y fit pas admirer sa valeur. Il revint en France, et tenta de laver cette honte dans le sang des Albigeois; il obtint des succès dans cette guerre, mais il se souilla de nombreuses cruautés. Hervé mourut du poison, en 1222. Agnès, sa fille unique, avait été destinée par Philippe-Auguste au prince Philippe, son petit-fils. Mais ce jeune prince étant mort en 1217, avant l'âge de puberté, il la maria, en 1221, à Gui de Chastillon, comte de Saint-Pol. Gaucher de Chastillon, leur fils, baron de Donzy, mort à la Terre Sainte, en 1250, eut pour héritière sa sœur Yolande Iʳᵉ de Chastillon, baronne de Donzy, veuve depuis 1249 d'Archambaud X, sire de Bourbon. Mahaut de Bourbon, leur fille aînée, lui succéda dans les comtés de Nevers, d'Auxerre et de Tonnerre, ainsi que dans la baronnie de Donzy. Elle fut mariée à Eudes de Bourgogne, fils du duc Hugues IV, et eut pour fille aînée Yolande II de Bourgogne, comtesse de Nevers et baronne de Donzy, mariée 1° à Jean, *dit* Tristan, fils du roi saint Louis; 2°, en 1271, à Robert III, comte de Flandre, auquel elle porta le comté de Nevers et la baronnie de Donzy. A partir de cette époque, ces deux pays se trouvèrent réunis. Il y eut bien une division momentanée par un partage de 1525, mais la réunion définitive eut lieu en 1552. LAINÉ.

DOOLIN DE MAYENCE, héros célèbre dans les légendes, armé chevalier dès l'âge de huit ans, par Charlemagne, qui plus tard lui donna Mayence et son territoire à titre de fief. C'est au récit de ses prouesses et de ses amours qu'est consacré le poëme chevaleresque d'Alxinger, dont le sujet est en partie emprunté à un vieux roman français *La Fleur des Batailles de Doolin de Mayence* (Paris, 1501, in-fol.).

DORADE. Ce nom, fait du latin *deauratus*, doré, dont on dit quelques auteurs *daurade* : il est employé à peu près indifféremment par les marins pour désigner plusieurs espèces de poissons dont les couleurs brillantes, rouge, jaune, rose, etc., reflètent un éclat métallique. Ces espèces sont les *coryphènes hyppure* et *doradon*, le *spare dorade*, une espèce du genre *labre*, une autre du genre *pomacanthe*, et enfin la *dorade de la Chine*.

DORADE DE LA CHINE, CYPRIN DORÉ ou CARPE DORÉE (vulgairement, *poisson rouge*). C'est une variété de la carpe, importée en Europe au dix-septième siècle par les Hollandais, qui les vendaient infiniment cher, et en France, au dix-huitième siècle, par la marquise de Pompadour. Ce poisson, dont la longueur varie de 15 à 40 centimètres, ne le cède à aucun autre pour l'éclat de son vêtement; il brille parmi les habitants des eaux comme l'oiseau-mouche parmi ceux de l'air. D'abord noirâtre, il prend par degrés ce beau rouge doré qui lui a fait donner son nom, mais qui est souvent remplacé par un blanc d'argent ou par la réunion des couleurs les plus capricieuses, les plus tendres, à celles des plus précieux métaux. L'état de domesticité dans lequel l'homme tient depuis longtemps la dorade a produit ces combinaisons diverses de couleurs, cette différence de taille, et d'autres accidents, tels que l'énorme gonflement des yeux dans certains individus.

La dorade de la Chine s'est parfaitement naturalisée dans nos climats; elle résiste à la rigueur des hivers, pourvu qu'il y ait assez d'eau sous la croûte de glace. Il est rare qu'elle réussisse dans les marais, parce que sa couleur, trop apparente, l'expose aux attaques de tous les carnassiers aquatiques, contre lesquels elle n'a aucun moyen de défense; mais elle prospère dans les bassins de nos jardins, dont elle fait l'ornement; elle y trouve pour s'y nourrir assez d'animalcules, insectes, larves, infusoires. Comme il paraît avéré que les grosses dorades dévorent leur progéniture, il faut avoir soin, à l'époque du frai, de placer des branchages dans les bassins, et lorsque les mères y ont déposé leurs œufs, on les emporte pour les faire éclore ailleurs.

Les individus que l'on garde renfermés dans des bocaux doivent être nourris avec des parcelles de mie de pain, de petites oublies, des jaunes d'œuf durcis et brisés par fragments, des mouches, des vermisseaux. Il faut changer leur eau de deux jours l'un pendant l'été, et toutes les semaines en hiver. Ainsi emprisonnée, la carpe dorée se développe très-lentement, et même pas du tout, tandis que sa taille est plus grande, ses couleurs plus vives, quand elle est élevée dans les eaux limpides. Bory de Saint-Vincent dit qu'il en a vu de très-belles à Séville, dans un bassin de l'Alcazar : elles n'avaient pas moins de soixante ans, ce qui prouve qu'elles vivent très-longtemps; mais elles blanchissent avec l'âge.

Il paraît que les cyprins dorés sont très-sensibles à l'électricité atmosphérique; le tonnerre leur fait beaucoup de mal, et en tue fort souvent. Leur ouïe est tellement fine, qu'ils accourent au bord des lacs lorsque les Chinois les appellent avec de petits sifflets, afin de leur donner de la nourriture. N. CLERMONT.

DORAT (CLAUDE-JOSEPH) naquit à Paris, le 31 décembre 1734, de parents fort connus dans la robe. Il étudia d'abord le droit, et suivit la carrière du barreau. Dégoûté bientôt de la profession d'avocat, il jeta la robe aux orties pour endosser l'uniforme de mousquetaire. Les alarmes d'une vieille tante janséniste, qui tremblait pour le salut d'un neveu mousquetaire, le décidèrent à renoncer par condescendance à sa nouvelle profession; et dès lors Dorat, libre et jouissant d'une assez belle fortune, se voua tout entier au *culte des Muses* et à la pratique de cette philosophie facile et insouciante qu'il a consacrée dans ce quatrin :

Ce pauvre globe est ballotté
Entre l'amour et la folie :
Sentir l'un est ma volupté,
Rire avec l'autre est mon génie.

Il était encore fort jeune lorsqu'il débuta dans la carrière poétique, et ses premiers essais, qu'il publia sous le titre de *Fantaisies*, par M. D***, ci-devant mousquetaire, furent assez bien accueillis.

Dorat fut ce qu'on appelle aujourd'hui un *littérateur facile*. Il a eu des vers à sa disposition pour toutes les fêtes, pour tous les portraits, pour tous les salons où il fut admis, pour toutes les dames *qui se rendirent à sa foi*. La muse de Dorat ne connaît point de petite cause : elle saisit l'occasion par le cheveu le plus imperceptible. Peut-on se montrer exigeant envers un poète aussi facile à contenter? Si Dorat se fût borné à suivre les inspirations de sa verve facile, il eût pris place sans contestation au milieu des versificateurs du dix-septième et du dix-huitième siècle, dont on lit quelques vers une fois dans sa vie, et dont on retient les noms, sans retenir les productions. Mais ses premiers succès l'enhardirent; l'amour-propre s'en mêla, et Dorat se crut appelé à parcourir toutes les routes de la poésie : comédie, tragédie, poëme épique. Il eut le talent, assez commun alors, d'avoir des ennemis et de s'en créer lui-même. Il s'imagina que des cabales s'organisaient contre lui : l'affaire s'échauffa; son caractère fit volte-face dans la mêlée; la tranquillité de sa vie fut troublée, et, malgré le stoïcisme un peu épicurien qu'il affecta jusqu'à sa mort, ses dernières années furent aussi tristes et mécontentes que ses premières avaient été fêtées et glorieuses.

Au milieu du fatras de ses innombrables *mélanges*, on doit distinguer son poëme sur la *Déclamation*, la comédie de *La Feinte par Amour*, qui manque d'intrigue, mais dont la versification est facile et spirituelle. Il serait trop long d'émettre une opinion, quelque brève qu'elle fût, sur toutes les œuvres de Dorat; il suffit de les citer : six tragédies, *Zulica*, en cinq actes et en vers, 1760; *Théagène et Chariclée*, trois actes et en vers; *Régulus*, 1773; *Adélaïde*, 1774 : *Zoramis*, 1780; *Alceste*. Sept comédies : *La Feinte par Amour*, représentée le même jour que la tragédie de *Régulus*; *Le Célibataire*, 1775 ; *Le Malheureux imaginaire*, 1776 : *Le Chevalier français à Londres*, 1778 ; *Le Chevalier français à Turin*; *Roséide*, 1779 ; *Les Prôneurs*. Ajoutez à ce répertoire nombre d'héroïdes, genre de poésie bâtard, qu'il affectionnait; nombre d'idylles, des poëmes érotiques pour servir de complément à ses héroïdes, des fables, des odes, des contes, des discours préliminaires, cinq romans : *Volsidor et Zulménie*; *Les Malheurs de l'Inconstance, ou lettres de la marquise de Syrcé et du comte de Mirbelle*; *Floricourt*; *Point de Lendemain*; *L'Abailard supposé*, en société avec Fanny Beauharnais; *Les Sacrifices de l'Amour, ou lettres de la comtesse de Sénanges et du chevalier de Versenay*, titre que Grimm voulait changer par celui-ci : *Les sacrifices du bon sens de l'auteur à la pauvreté de son imagination*. Telle est, sauf oubli, la nomenclature des œuvres volumineuses de Dorat, dont l'impression ne laissa pas que d'ébrécher notablement sa fortune.

Jusqu'à sa mort, il affecta de mener de front ses plaisirs et ses travaux ; il ne démentit aucun des principes de cette vie d'homme à bonnes fortunes et d'homme de lettres qu'il s'était faite avec tant de soins. La veille de sa mort, le 28 avril 1780, il reçut la visite de son curé, qu'il accueillit avec politesse, mais en éconduisant avec habileté les offres de son saint ministère. Deux heures avant d'expirer, il voulut faire sa toilette comme de coutume, et c'est dans son fauteuil qu'il rendit l'âme, bien coiffé et bien poudré.   JONCIÈRES.

DORAT-CUBIÈRES. *Voyez* CUBIÈRES.

DORCHESTER, ville ancienne, mais bien bâtie, sur le Frome, est le chef-lieu du comté de Dorset et le siège d'un évêché. Sa population, qui ne s'élève guère qu'à 4,000 habitants, a presque complètement abandonné aujourd'hui la fabrication des étoffes de laine, jadis en grand renom à Dorchester, pour la fabrication de la bière, genre de produit dans lequel elle excelle depuis longtemps.

C'est au voisinage de Dorchester qu'est situé l'amphithéâtre romain le mieux conservé qui existe encore en Angleterre. On en attribue la construction à Agricola, et on estime que cet édifice, appelé aujourd'hui *Maumbury*, pouvait contenir de douze à treize mille spectateurs. Les environs de Dorchester abondent d'ailleurs en débris de monuments romains, et on y voit encore les traces d'un ancien camp breton entouré de remparts et de fossés.

Dorchester est aussi le nom d'une petite ville du comté d'Oxford, où l'on voit une église remarquable par ses beaux vitraux et par ses tombeaux sculptés. Lors de la domination anglo-saxonne, Dorchester était le siége d'un évêché.

Ce nom de *Dorchester* appartient en outre à plusieurs villes et comtés de l'Amérique septentrionale. C'est ainsi qu'il y a un comté de *Dorchester* dans l'État de Maryland, un autre dans le bas Canada, district de Québec; enfin, une ville de *Dorchester* dans l'État de Massachusets.

DORDOGNE (Département de la), ainsi nommé de la principale rivière qui traverse sa partie méridionale de l'est à l'ouest; formé de l'ancienne province du Périgord et d'une faible partie de l'Agénois, du Limousin, de l'Angoumois et de la Saintonge. Ses bornes sont : à l'est, les départements du Lot et de la Corrèze; à l'ouest, ceux de la Gironde, de la Charente et de la Charente-Inférieure; au nord, ceux de la Haute-Vienne et de la Charente; au sud, ceux du Lot, de Lot-et-Garonne et de la Gironde.

La superficie de son territoire est de 915,275 hectares, dont 348,292 en terres labourables; 167,641 en bois; 99,977 en landes, pâtis, bruyères; 98,551 en cultures diverses, châtaigneraies, etc.; 89,894 en vignes, 78,156 en prés; 4,396 en propriétés bâties; 3,719 en vergers, pépinières et jardins; 579 en étangs, abreuvoirs, mares, canaux d'irrigation; 78 en oseraies, aunaies, saussaies; 18,513 en routes, chemins, places publiques, rues; 5,230 en rivières, lacs, ruisseaux; 249 en cimetières, églises, presbytères, bâtiments publics. Le nombre des propriétés bâties est évaluée à 108,151, dont 106,249 consacrés à l'habitation, 1,413 moulins, 59 forges ou hauts fourneaux, et 430 manufactures, fabriques ou usines diverses. Il paye 2,128,055 francs d'impôt foncier.

Il se divise en 5 arrondissements, dont les chefs-lieux sont Nontron, Périgueux, Sarlat, Bergerac et Ribérac, qui forment ensemble 47 cantons, comprenant 558 communes; la population est de 505,789 individus. Il envoie quatre députés au corps législatif; fait partie de la 14e division militaire, dont il forme la 4e subdivision; de la 11e légion de gendarmerie; du 29e arrondissement forestier; ressortit à la cour impériale de Bordeaux; forme le diocèse de l'évêché de Périgueux. Son académie comprend 1 lycée, 2 colléges, 1 institution, 10 pensions, 2 écoles ecclésiastiques, 458 écoles primaires de garçons, 205 de filles.

Le territoire de ce département s'élève vers le nord en partant de la rive droite de la Dordogne, et vers le sud à partir de sa rive gauche. Le pays est généralement montueux; toutefois, ses plus hautes chaînes ne s'élèvent pas au-dessus de 200 mètres; elles se lient par leurs ramifications avec les derniers contre-forts des montagnes de l'Auvergne. Les plus élevées sont le *Brouillayré*, le *Tulgou*, le *Puy-d'Aumont* et le *Puy-de-la-Garde*. Ce département, qui fait partie du bassin de la Dordogne, est lui-même divisé en plusieurs bassins secondaires, dans lesquels coulent l'*Ille*, la *Vezère*, la *Dronne*, le *Haut-Vezère* et le *Dropt*, principales rivières, qui toutes suivent, plus ou moins directement, la pente de l'est à l'ouest, et, à l'exception du Dropt, qui va se jeter dans la Garonne, finissent par se réunir à la Dordogne, réservoir presque de toutes les eaux du département. La Dordogne prend sa source au Mont-Dore; elle entre dans le département au-dessus de Souillac, arrose la belle plaine de Saint-Cyprien, reçoit la Vezère à Limeuil, descend à Bergerac, en traversant les plaines de Maussac et de Lalinde, et sort du département entre Sainte-Foix et Castillon, au point où la marée cesse de s'y faire sentir. Sa navigation est souvent interrompue en été au-dessus de Couze, par le *saut de la Gratusse*, pas tristement célèbre par ses naufrages, qui forme au milieu de son lit un banc de roches à fleur d'eau, dans une longueur d'environ 1753 mètres. La Vezère est la seconde rivière du pays; elle prend sa source dans le département de la Corrèze. Outre ces cours d'eaux, le pays contient de nombreux étangs, et un grand nombre de sources curieuses, parmi lesquelles on distingue la fontaine de *Ladoux*, près du Bugue, celles de *Salibourne*, de *Fonta* et de *Sourzac*.

Le département est traversé par 15 routes impériales, 14 départementales, et 5,820 chemins vicinaux.

Le fer est le seul minéral qu'on exploite dans ce département. Sa qualité supérieure fut connue des Romains; les mines d'où on le retire, fouillées de temps immémorial, alimentent aujourd'hui un très-grand nombre de forges locales, et fournissent leur surplus de minerai aux départements environnants. Ce n'est que dans l'arrondissement de Nontron qu'on découvre quelques indices de mines de cuivre et de plomb; ce dernier minéral surtout s'y présente abondamment dans l'état de sulfure ou de galène à petites facettes. On trouve en abondance dans toutes les parties du département les schistes alumineux, tégulaire, calcaire, la craie, le carbonate de chaux bitumineux, le tuf proprement dit, diverses espèces de marbre, la tourbe, le charbon de terre, le charbon de bois fossile revêtu de pyrites, le grès, la pierre meulière, la pierre lithographique, l'ardoise, etc., etc. Outre les pétrifications nombreuses qu'offrent les bancs calcaires, le département renferme de belles cristallisations dans ses diverses grottes, dont les plus remarquables sont celles dites de Miremont, de Rochecaille et de Roffi. On y remarque aussi des fontaines intermittentes, ou qui ont la propriété d'incruster les corps qu'on y jette, et plusieurs sources minérales, entre autres celles de *Panassou*, près de Saint-Cyprien, et de *Bandicalet*, dans l'arrondissement de Bergerac.

Parmi les arbres qui croissent dans le département, le chêne, l'orme, le frêne, le châtaignier, le peuplier, le noyer, sont ceux qu'on y trouve en plus grand nombre, et qui dans certains cantons parviennent à une grosseur et à une élévation considérables. La vigne se plaît sur les collines; les céréales, les pommes de terre, la grosse rave et les légumes réussissent également bien dans les plaines, dans les vallons et sur les plateaux. Les champignons y sont très-communs, et parmi leurs espèces variées on distingue surtout l'*oronge*, une des plus belles productions du pays, et qui serait peut-être la meilleure, si l'on ne connaissait l'excellence de ses truffes, objet d'un commerce important, et dont les plus parfumées se déterrent dans le canton de Saint-Alvère.

Les animaux domestiques y prospèrent, mais la race bovine n'y est point assez multipliée pour les besoins de l'agriculture. On y élève un nombre considérable de porcs de haute taille, d'ânes et de mulets, de même que beaucoup de chèvres, et la rareté des vaches rend leur lait très-précieux. La volaille y abonde; nulle part on ne nourrit une plus grande quantité d'oies, dont la graisse supplée à l'absence presque totale de beurre. Le gibier est assez commun : on y trouve des lièvres, des perdrix rouges et grises, des cailles dans l'arrière-saison, et en hiver des bécasses, des nuées de canards et d'oies sauvages, de vanneaux et de pluviers. Enfin, les rivières, les ruisseaux et les étangs fournissent en abondance d'excellents poissons, parmi lesquels on préfère le barbeau, la carpe, le brochet, l'anguille, la lamproie, l'alose, la truite, la tanche, l'*assée*, le mulet, etc.; les meilleurs se pêchent dans la Vezère.

Les travaux agricoles y laissent beaucoup à désirer. Les biens, divisés en métairies de peu d'étendue, exploitées par des colons partiaires, ne produisent pas toujours ce qu'une culture mieux entendue ne manquerait pas de donner. Une des erreurs les plus funestes est celle qui perpétue dans cette contrée tempérée la culture du maïs. On n'y connaît presque point le système des jachères et des assolements. Néanmoins, outre le froment et le maïs, on y cultive du seigle, du huilgre, de l'orge, de l'avoine, un peu de sarrasin. La récolte des châtaignes et des pommes de terre est d'une grande ressource. Les fruits du noyer et de la vigne sont encore au nombre des richesses agricoles du département.

La métallurgie et la papeterie tiennent la principale place dans l'industrie commerciale du pays. Les forges plus les importantes sont celles de *Jomelières*, d'*Ans*, des *Eysies*, de *Monclar* et de *Lavaur*. Les papeteries de Couze et de Creisse, près Bergerac, fournissent un papier d'une pâte et d'une fabrication qui ne le cède en rien aux plus beaux papiers d'Angoulême. Le département renferme des fabriques de serges, d'étamines, de cadis ; des ateliers de teinturerie, un grand nombre de moulins à huile, des tanneries, des chapelleries, des coutelleries, des verreries, mais qui ne fournissent que du verre médiocre; des faïenceries, dont les produits sont généralement très-communs; ses distilleries sont connues.

Les principales villes du département sont : *Périgueux*, chef-lieu du département; *Bergerac*; *Nontron*; *Sarlat*, à 70 kilomètres au sud-est de Périgueux, sur le ruisseau de son nom, avec 5,990 habitants, des tribunaux de première instance et de commerce, un collège, un séminaire diocésain, une typographie. Autrefois siège d'évêché, on en fait remonter l'origine à un monastère de bénédictins, fondé sous Pepin le Bref. C'est une ville assez mal bâtie, dans un fond resserré de tous côtés par des collines arides, qui en rendent le séjour fort triste et assez malsain. *Ribérac*, à 30 kilomètres au nord-ouest de Périgueux, sur la rive gauche de la Dronne, avec une population de 3,010 habitants, un tribunal de première instance, des fabriques d'eau-de-vie et d'esprit, des minoteries, des tanneries, des filatures, des papeteries, une typographie. On y voit un grand château qui appartenait autrefois à la maison de Turenne. *Bourdeilles*, patrie de Brantôme, dont l'ancien château, qui existe encore presque entier, est célèbre par les différents sièges qu'il a soutenus, et surtout par sa longue résistance sous Charles VII à tous les efforts des Anglais. *Brantôme*, qui dut longtemps sa prospérité à son ancienne et riche abbaye, fondée par Charlemagne. On voit derrière cette abbaye de longues excavations, où l'on croit reconnaître un autel druide. *Excideuil*, assez bien bâtie et connue dès le sixième siècle. Son château, qui a soutenu plusieurs sièges, offre encore deux tours carrées qui étonnent par leur masse et par leur hauteur. On trouve près d'*Excideuil* des restes d'anciennes forges gauloises, et les fameuses pierres brunes (*peyras brunas*), roches plantées et alignées par la main des hommes, comme celles de Carnac en Bretagne. On y a élevé une statue au maréchal Bugeaud. *Terrasson*, le seul endroit du département où l'on élève des troupeaux de vaches, doit son origine à un pieux solitaire, qui vint au sixième siècle bâtir un ermitage dans cette solitude. *Domme*, fondée en 1280 par Philippe le Hardi, est remarquable par sa situation escarpée au-dessus de la Dordogne : cette ville eut autrefois ses consuls, et entre autres privilèges celui de battre monnaie; elle soutint plusieurs sièges, et eut beaucoup à souffrir lors des guerres de religion. *Montignac*, où les états de Périgord paraissent s'être assemblés, et dont le château, très-pittoresque, était déjà célèbre en 975, est bâti sur la Vezère. *Biron*, situé sur un des points les plus élevés du département, et dont le château fort domine au loin toute la contrée. *Cadoin*, endroit fameux par son abbaye, érigée en l'année 1116, et où l'on conservait dans un coffre de fer, suspendu par trois chaînes à la voûte de l'église, le saint-suaire, apporté, dit-on, de l'Orient par un prêtre du Périgord. *La Force*, célèbre par son ancien château, un des plus beaux monuments d'architecture du seizième siècle. *Paunac*, où l'on voit les restes d'une antique arène et d'une abbaye fondée par Charlemagne, détruite en 849 par les Normands. *Grignols*, autrefois ville murée, où l'on retrouve quelques débris de monuments gaulois. *Hautefort*, remarquable par son château, forteresse formidable due aux mains de Bertrand de Born; *Le Buque*; *Villefranche*, prise d'assaut par Montluc, en 1576; *Montpont*, *Mussidan*, *Marcuil*, *Thiviers*;

Saint-Cyprien, et enfin l'*ergt*, où l'on remarque des monuments gaulois, et des vestiges d'une voie romaine.

P. PELLISSIER.

DORDRECHT, ou DORTRECHT, et même, par abréviation DORT, riche ville commerciale du royaume des Pays-Bas, dans la Hollande méridionale, avec 22,000 habitants. Elle est bâtie dans une île, au milieu du *Biesbosch*, lac produit par la grande inondation de 1421, époque où la mer, rompant les digues de la Meuse, engloutit 72 villages et une population d'environ 100,000 âmes. Parmi les édifices publics dignes d'être vus qu'elle contient, nous citerons la cathédrale, longue de 100 mètres, large de 42, surmontée d'une tour au sommet de laquelle on n'arrive qu'en gravissant 365 marches, et bâtie en 1363 ; un magnifique hôtel de ville ; la Bourse ; l'église des Augustins, qui renferme de beaux tombeaux ; et différents hôpitaux. Des anciens ouvrages qui la défendaient autrefois, il ne reste plus aujourd'hui que quelques tours. Le port est très-spacieux, et, à l'aide de deux canaux, les marchandises peuvent être transportées par eau jusqu'aux magasins et entrepôts situés dans le milieu de la ville.

Dordrecht est le siège d'un commerce très-actif, dont les vins du Rhin et les bois de construction de l'Allemagne sont les objets principaux. Ces bois, apportés sur des radeaux, sont ou débités dans les scieries, ou expédiés bruts en Angleterre, en Espagne et en Portugal. Il y a à Dordrecht d'importants chantiers de navires, des fonderies, des blanchisseries, des manufactures de tabac, de sel, de sucre, de toile, etc. La pêche du saumon y est un élément de richesse. Cette ville a aussi une école d'artillerie et du génie, un collège et un hôtel des monnaies.

Sa fondation remonte à l'année 994 ; et on la considère comme la ville la plus ancienne de la Hollande, dont les comtes y résidaient autrefois. Au moyen âge, c'était la cité la plus riche et la plus importante de toute la contrée ; elle occupe une grande place dans son histoire, de même que dans celle de l'Église protestante. C'est là qu'en 1572 se tint la première assemblée des États libres de Hollande ; c'est là qu'un siècle plus tard Guillaume III d'Orange fut pour la première fois déclaré *Stathouder*, général en chef et grand amiral de Hollande à vie. Il s'y tint en outre du 13 novembre 1618 jusqu'à la fin de juin 1619, sous l'autorité des états généraux, un synode auquel assistèrent les plus célèbres théologiens de la Hollande et quelques théologiens étrangers. Les résolutions qui y furent adoptées ont encore aujourd'hui force de loi en Hollande pour l'Église réformée (*voyez* l'article suivant).

DORDRECHT (Synode ou Concile de). Célèbre et déplorable assemblée de théologiens protestants au commencement du dix-septième siècle, qui fournit une nouvelle preuve de l'impossibilité de décréter des articles de foi, et un exemple frappant des conséquences funestes où aboutit même le premier pas dans la voie de l'intolérance. La question de la *grâce* et de la *prédestination* divisait les protestants de Hollande en *arminiens* ou *remontrants* et *gomaristes* ou *contre-remontrants*, ainsi nommés de leurs chefs, Arminius et Gomar. Le prince Maurice, homme d'État et guerrier, assez indifférent sans doute au fond de toutes ces querelles, mais voyant que l'irritation faisait des progrès, prit parti pour les contre-remontrants, opposés à tout changement dans la religion comme dans le gouvernement. Les arminiens furent passés à être représentés par leurs ennemis comme des novateurs politiques ; et une sédition éclata contre eux en 1617 à Amsterdam. Il ne paraît pas douteux du reste que les partis républicain et arminien ne se fussent alliés pour opposer une résistance commune à l'orage. La prise d'armes des mécontents fut partout déjouée par l'activité de Maurice ; Olden Barneveldt, Hogerbeets et Grotius furent arrêtés. Bientôt se réunit à Dordrecht le fameux concile, où il était bien certain que les arminiens allaient être jugés, non par leurs pairs, mais par leurs ennemis (13 novembre 1618). On y vit figurer vingt-six théologiens des Provinces-Unies, vingt-huit des pays étrangers, cinq professeurs et seize laïques; les états consacrèrent cent mille florins aux dépenses, et cette somme fut loin de suffire. Les sièges réservés aux théologiens français restèrent vides, grâce aux défenses expresses que Louis XIII adressa aux ministres Pierre Dumoulin et André Rivet.

Dès la première séance le concile montra l'esprit qui l'animait en nommant président le farouche Jean Bogermann, ministre de Leuwarde, auteur d'un livre où il préconisait l'abominable doctrine de la justice de faire mourir les hérétiques. Après quelques délibérations sur des matières de détail, les treize ministres remontrants cités arrivèrent à Dordrecht, et parurent devant l'assemblée. Episcopius portait la parole, et dit qu'il était venu avec ses collègues pour *conférer* sur les points en litige; le concile répliqua qu'il était assemblé, non pour conférer, mais pour *juger* (6 décembre 1618). D'abord les remontrants y furent traités, non comme des égaux, mais comme des coupables. Ensuite il fallut que les remontrants d'Utrecht députés au concile, et qui par conséquent y siégeaient de droit, descendissent de leurs sièges pour grossir le nombre des remontrants accusés (10 décembre). Bientôt ils récusèrent tous ensemble un tribunal si évidemment partial; à quoi le concile répliqua que leur objection était « injuste et extravagante ». Cependant, du 13 au 29 décembre 1618, les remontrants exposèrent de vive voix leur doctrine, non sans être souvent interrompus par les clameurs de la majorité, dont quelques membres, entre autres David Heinsius, menaçaient du poing les orateurs dissidents. A partir de la session 57, on ne voulut plus accepter que des pièces manuscrites, et les remontrants furent chassés de l'assemblée. Episcopius ne prononça en se retirant que ces mots dédaigneux : « *Quel esclavage !* » Un autre ministre s'écria : « *J'en appelle de l'injustice du synode au trône de Jésus-Christ !* »

Le 6 février 1620 les remontrants firent parvenir au concile une défense en deux cent quatorze feuilles : il faut bien avouer que l'assemblée la fit lire en entier. Mais ce plaidoyer ne put ébranler une résolution prise d'avance. Dans les sessions 137 et suivantes, le concile déclara les remontrants *perturbateurs de leur patrie, obstinés, désobéissants, fauteurs de factions*, etc., et, comme tels, privés de toutes fonctions ecclésiastiques et académiques. Si les magistrats eussent voulu suivre sur ces indications charitables, les échafauds eussent pu réclamer de nombreuses victimes. Le 4 mai le professeur Conrad Vortius fut à son tour immolé aux fureurs théologiques du roi d'Angleterre, destitué de toute fonction, et banni. Après toutes ces utiles délibérations, le concile, bien persuadé qu'il avait fait un chef-d'œuvre infaillible et de concorde, remercia les théologiens étrangers, et se laissa haranguer par son président, qui lui dit « que son ouvrage était certainement miraculeux et faisait trembler l'enfer ». Ensuite tous les membres du synode dînèrent ensemble; ils furent régalés magnifiquement. Brandt pense que le concile a dû coûter dix tonnes d'or, environ 2,200,000 fr.

Le 5 juillet, les quatorze ministres remontrants furent bannis par ordre des états. Sur ces entrefaites, le peuple alliait encore plus loin dans ses intolérances. Une foule de villes virent les remontrants assaillis et leurs temples saccagés. Mais toute douleur parut mesquine et obscure au prix de celles que dut endurer le parti patriotique en voyant son vieux héros Barneveldt présenter à la hache une tête blanchie au service de la patrie. Ce grand homme fut en partie martyr de la haine théologique; car, suivant le calembour de Jean Diodati de Genève, « les *canons* du synode de Dordrecht avaient emporté la tête de l'avocat Barneveldt ». Grotius et Hogerbeets expièrent dans les cachots du château de Lowenstein leur dissidence religieuse et politique, et une foule d'intolérances individuelles furent exercées. Plus de soixante pasteurs arminiens furent déposés, et bientôt ce chiffre dépassa deux cents. Les partis religieux en vinrent aux mains, et il y eut des rencontres sanglantes. On arriva plus tard à ce degré de folie que deux voix de majorité du sénat de Rotterdam sauvèrent seules de la destruction la statue du grand Erasme, l'honneur de sa ville natale, et dont le fanatisme voulait proscrire la mémoire comme entachée de modérantisme (1622). Les plus célèbres bannis remontrants trouvèrent en France, chez les catholiques, une hospitalité que d'indignes protestants leur refusaient. Il est touchant de lire les détails des rapports de Jean Usselink, de Jean Uytenbogart, de Jean Episcopius avec le président Jeannin, le chancelier de Sillery, et même l'archevêque de Rouen. Cependant, tout ce nuage d'intolérance ne tarda pas à faire place à un jour plus pur. Après la mort du prince Maurice (1625), peu à peu les magistrats se relâchèrent de leurs rigueurs; on fit sortir secrètement les prisonniers; bientôt on tenta d'adoucir ce que les décrets de Dordrecht pouvaient avoir de trop âpre. Dès avant 1630 non-seulement les remontrants avaient repris paisiblement leur culte dans presque tous les endroits où ils avaient eu coutume de le célébrer, mais de plus ils purent ouvrir à Amsterdam même un séminaire, dont ils jouissent encore, et qui a cessé d'être pour eux une pépinière de ministres. En vain l'esprit intolérant du vieux calvinisme se déploya-t-il encore contre les arminiens par une lettre officielle des églises orthodoxes de Zurich, de Berne, de Bâle et de Schaffouse, du 23 mai 1630, les Provinces-Unies entrèrent sans retour dans la voie d'égalité religieuse pour toutes les sectes et de respect pour toutes les opinions, qui fit si longtemps leur gloire au milieu de l'Europe intolérante. Charles COQUEREL.

DORÉE. C'est un des noms vulgaires d'un poisson du genre *zée*.

DORIA, illustre et puissante famille de Gênes. Certains généalogistes prétendent que ce nom ne serait que l'abréviation des mots *enfants d'Oria*, et veulent que les Doria descendent d'Oria, femme d'Ardouin de Narbonne, qui vivait dans la première moitié du douzième siècle.

Antonio DORIA, élu consul en 1154 avec trois autres patriciens, porta à un haut degré de prospérité le commerce et la puissance maritime de Gênes. Il eut pour contemporains *André* DORIA, devenu par héritage souverain d'une partie de la Sicile, et *Nicola* DORIA, l'un des fidèles partisans de l'empereur Henri V. Sauf de rares exceptions, les Doria, dans les querelles des guelfes et des gibelins, prirent parti pour ces derniers, et furent dès lors de la part des Hohenstaufen l'objet de faveurs particulières. C'est à *Perceval* DORIA, gouverneur, en 1260, de la Marche d'Ancone, du duché de Spolète et de la Romagne, que le roi Mainfroi ou Manfred fut redevable de ses succès sur le pape.

Les Doria jouèrent un rôle des plus importants dans les diverses luttes des grandes familles de Gênes se disputant mutuellement la puissance suprême. Après la victoire qu'en se coalisant avec les Spinola ils remportèrent sur les Grimaldi et les Fieschi (*voyez* GÊNES), *Oberto* DORIA partagea avec un Spinola la puissance suprême, et jouit dans sa patrie d'une autorité sans bornes. Il fit de la marine génoise la première marine de son temps, et le 2 avril 1284, avec son fils *Corrado*, il anéantit la flotte des Pisans dans la meurtrière bataille de Meloria. Sous *Corrado* DORIA, qui, comme son père, partagea le pouvoir suprême avec un Spinola, *Lamba* DORIA porta un rude coup à la puissance navale des Vénitiens, commandés par Dandolo, dans un mémorable combat livré le 8 septembre 1297 devant l'île de Curzola. Dix galères génoises sombrèrent au commencement de l'action. Mais Lamba Doria ranima le courage de ses compatriotes; et à la fin de la journée quatre-vingt-sept galères vénitiennes étaient en son pouvoir. Dans l'impossibilité de ramener cette flotte entière, il brûla soixante-sept galères sur place, et conduisit le reste à Gênes avec 7,400 prisonniers parmi lesquels se trouvait Dandolo, qui expira de douleur à son arrivée.

Par suite de leurs nombreuses relations avec le parti gibelin, les Doria sortirent vainqueurs des sanglantes luttes qui à partir de 1306 éclatèrent entre eux et les Spinola. Cependant, en 1335 les Génois élurent de nouveau concurremment *Raphaël* Doria et un Spinola pour *capitaines*; en même temps qu'*Eduardo* Doria, appelé au commandement en chef de leur flotte, remportait de brillants avantages sur les forces du roi d'Aragon. Depuis ce moment les Doria restèrent constamment à la tête des forces navales de Gênes, et comme marins leur nom brilla sans interruption du plus vif éclat dans les quatorzième, quinzième et seizième siècles.

En 1350, tandis que *Filippo* Doria, guerroyant contre les Vénitiens, répandait la terreur sur les côtes de l'Adriatique, un Grimaldi se laissait battre dans la Méditerranée par ces mêmes Vénitiens unis aux Aragonais; et, par suite de ce désastre, Gênes était réduite à se placer sous la protection et la souveraineté de Milan. Mais l'illustre *Paganino* Doria parvint à secouer ce joug humiliant, et le 4 novembre 1354 il détruisit encore une fois la flotte vénitienne à Porto-Longo.

Filippo Doria rendit à la puissance maritime de Gênes toute sa force et tout son éclat. Il s'empara de tous les territoires que le roi d'Aragon possédait en Sicile; et la chasse qu'il donna sur la côte d'Afrique aux corsaires de Tripoli, lui valut des trésors immenses. *Lucien* Doria se rendit maître du port de Zara, et le 7 mai 1379 il livra au célèbre amiral Pisani une bataille dans laquelle les Vénitiens essuyèrent une défaite aussi complète que dans l'affaire qui eut lieu près de Pola. *Ambrosio* et *Pietro* Doria continuèrent la lutte contre Venise, et faillirent, par leurs entreprises aussi heureuses que hardies, amener la ruine complète de la rivale de leur patrie. *Ilario* Doria, en 1397, donna sa fille en mariage à l'empereur grec Emmanuel.

Dans les dissensions intestines qui vers la fin du quatorzième siècle bouleversèrent Gênes et eurent pour résultat de la faire passer sous la domination de la France, les Doria et les Fieschi furent ceux qui figurèrent au premier rang. En 1409 les Français furent chassés de Gênes, qui passa alors sous la domination milanaise; mais ces deux familles prirent les armes pour affranchir leur patrie, et leurs efforts communs furent couronnés de succès. *Ceva* Doria fut à ce moment placé à la tête du gouvernement de Gênes avec quelques autres patriciens; et le 14 août 1478 *Matteo* et *Ludovico* Doria, unis à d'autres membres de leur famille, livrèrent aux Milanais une sanglante bataille.

Le célèbre *André Doria* (*voyez* ci-après), fils de *Ceva* Doria, eut pour contemporains son cousin *Gianettino* Doria, qui se distingua par la bravoure dont il fit preuve contre les Corses, mais qui périt lors de la conjuration de Fiesque ou Fieschi, provoquée surtout par son arrogant orgueil, et, *Jeronimo* Doria, comte de Cremolini, politique aussi sage qu'habile, devenu plus tard cardinal et titulaire de divers évêchés.

Andrea Giovanni Doria, fils du Gianettino Doria, mort assassiné, fut élevé avec soin par ordre de son grand-oncle André, et tout jeune encore se signala sur terre et sur mer par les plus héroïques hauts faits. Dès l'année 1556 il fut chargé du commandement en chef de la flotte génoise entrée au service d'Espagne sous le règne de Philippe II.

En 1560 il commandait l'armée espagnole chargée d'assiéger Tripoli. Après avoir gagné en 1564 une bataille navale à la hauteur de la Corse, il commanda en 1570 la flotte espagnole qui fut envoyée aux Vénitiens à l'effet de secourir l'île de Chypre contre les Turcs. Mais les haines nationales empêchèrent les deux flottes d'agir de concert, et l'île succomba. L'année suivante Doria combattit avec la flotte espagnole commandée par don Juan d'Autriche; mais il laissa couper ses galères du principal corps d'armée,

et, grâce à cette fausse manœuvre, les Turcs faillirent un instant gagner la fameuse bataille de Lépante. En 1570 Doria hérita de son grand-oncle André la principauté de Melfi, la seigneurie de Tursi et beaucoup d'autres grands domaines situés sur les territoires génois, milanais et sarde. Il mourut en 1606, laissant deux fils, dont l'un, *Innocent*, mourut en 1642, avec le chapeau de cardinal, tandis qu'André, dernier rejeton de sa race, la continuait.

Filippo Doria fut au nombre des conjurés qui le 21 mai 1797 essayèrent de déposer le sénat et de s'emparer du gouvernement à l'aide d'un coup de main. L'insurrection éclata trop tôt. Doria périt avec un grand nombre de ses complices les armes à la main. Mais quelques jours plus tard, c'en était fait du sénat, et avec lui de l'antique constitution de Gênes.

La famille Doria est aujourd'hui divisée en un grand nombre de branches dont les possessions se trouvent disséminées sur tous les points de l'Italie. La plus importante et la plus riche de toutes est celle des *Doria Pamfili*, ducs de Valmontone, et princes de Melfi, à Rome.

Le magnifique palais d'André Doria à Gênes, situé à peu de distance de la mer et du phare, fut fortement endommagé à l'époque de la révolution de 1849, par les troupes qui assiégeaient la ville.

DORIA (André), le personnage le plus célèbre et le plus remarquable de son siècle, par l'élévation de son caractère ainsi que par ses talents comme homme de guerre et comme homme d'État, était le fils de l'illustre *Ceva* Doria, et naquit le 30 novembre 1468, à Carascosa, dans l'État de Gênes. Sa jeunesse coïncida avec l'époque où Gênes se trouva placée sous la domination de Milan. Désirant se préparer à parcourir la carrière des fonctions publiques, il se rendit à l'âge de dix-neuf ans auprès de son parent *Domenico* Doria, général au service du pape, puis à la cour du duc d'Urbino, alors le rendez-vous des hommes les plus distingués en tous genres, plus tard à Naples, où il entra au service du roi Ferdinand et où il se fit une réputation distinguée comme militaire. Au retour d'un pèlerinage à Jérusalem, il trouva sa patrie en proie à la guerre civile, et alors ne négligea rien pour rétablir le bon accord entre le peuple et la noblesse. Ses manières accortes et engageantes plurent si bien aux bourgeois de Gênes, qu'en 1513, après l'expulsion des Français, ils lui conférèrent le commandement des galères de la république. André Doria acheva de chasser les Français du territoire de Gênes, purgea le golfe de Gênes des pirates qui l'infestaient, et ne tarda point à jouir comme amiral d'une grande réputation. Quand Janus Fregoso changea encore une fois la constitution de Gênes et replaça cette ville sous l'autorité de la France, il fut secondé dans cette entreprise par André Doria, qui en agissant de la sorte crut obéir au véritable intérêt de la république). Il entra donc au service de François 1er avec la flotte génoise et avec les galères qui lui appartenaient en propre. Nommé alors au commandement en chef des deux flottes combinées, il fit essuyer aux Espagnols des pertes immenses. Malgré cela, les Français méconnurent les services d'André Doria; et le pape, pour empêcher ce grand capitaine de passer à la solde de l'empereur, le prit à son service. A quelques temps de là Doria se présentait avec six galères devant Gênes, occupée par les Espagnols. Il battit le vice-roi Lannoy, accourut au secours de la place; plus tard, malgré l'énorme disproportion des forces à sa disposition, il n'en défendit pas moins Civita-Vecchia contre tous les efforts des Impériaux. Enfin, à la suite du sac de Rome, Clément VII se trouvant désormais hors d'état d'entretenir une flotte, François 1er reprit à son service André Doria et ses huit galères, en lui promettant d'importants avantages pour Gênes, en même temps qu'il lui assurait le pouvoir exécutif dans sa patrie. Doria contribua à expulser complètement les Espagnols, mais ne s'en vit pas moins encore une fois trompé dans les espérances qu'il avait dû concevoir à la suite des promesses qu'on lui avait prodiguées. En janvier 1528 il avait envoyé son neveu, Filipo, avec dix galères, soutenir les Français devant Naples; et celui-ci non-seulement battit le vice-roi Moncada, mais encore fit prisonniers une foule de personnages de distinction, auxquels il promit de ne pas les livrer à la France. François Ier prétendit ne pas tenir compte d'un tel engagement. Doria, révolté du manque de foi de ce prince et menacé même dans sa propre liberté, passa alors subitement dans le parti de Charles-Quint, qui le prit à sa solde en s'engageant formellement à rendre à la ville de Gênes son antique indépendance. André Doria, après avoir forcé les Français à abandonner Naples, les chassa ensuite de Gênes.

Allié de Charles-Quint, possédant la flotte la plus redoutable de l'époque, il eût facilement pu s'arroger le pouvoir souverain à Gênes; mais il donna la preuve du plus noble désintéressement, en unissant ses efforts à ceux des bourgeois pour consolider l'existence de la république, et en dotant Gênes d'une nouvelle constitution, demeurée en vigueur jusqu'à la fin du siècle dernier, c'est-à-dire tant que Gênes conserva son indépendance. En se conduisant de la sorte, Doria acquit l'estime toute particulière de Charles-Quint, qui le nomma grand-amiral de ses flottes, grand-chancelier du royaume de Naples, et qui lui fit don en outre de la principauté de Melfi ainsi que de la seigneurie de Tursi.

André Doria s'occupa alors de châtier les pirates turcs, et en 1532 il remporta dans les mers de la Grèce une victoire signalée sur la flotte turque. En 1535 ce fut lui qui dirigea toutes les opérations par suite desquelles Tunis tomba au pouvoir de Charles-Quint; elles furent conduites avec tant d'habileté et de succès, que Khair-ed-Din *Barberousse* n'osa point se défendre; et quand, en 1542, contrairement à l'avis de Doria, Charles-Quint voulut tenter la même entreprise contre Alger, ce fut lui qui par son énergie et son activité sauva la flotte impériale d'une ruine complète. Doria y perdit lui-même une partie de ses propres galères ; mais dès l'année 1548 il avait si bien réparé ce désastre, qu'il put couper Barberousse de la flotte française devant Nice.

Devenu vieux, Doria prit son neveu *Gianettino* pour le seconder dans l'expédition des affaires, et celui-ci justifia complétement sa confiance comme chef militaire. Mais, héritier présomptif de la puissance et des dignités de son oncle, Gianettino irrita vivement par son orgueil et son arrogance la noblesse et le peuple de Gênes; et le 3 janvier 1547 éclata la célèbre conjuration de Fiesque, qui avait pour but d'égorger tous les Doria, dans laquelle il trouva la mort. André Doria, tout en déplorant la perte de son parent, fit preuve de la modération la plus noble dans la répression de cette conspiration; et il en fut encore de même d'un autre complot tramé par Jules Cibo.

Quoiqu'il fût parvenu à ce moment à un âge extrêmement avancé, il n'entreprit pas moins encore plusieurs expéditions par mer, et en 1554 il expulsa les Français de la Corse. Le fils de *Gianettino*, *Giovanni Andrea* Doria, qu'il avait institué son héritier et désigné pour son successeur, battit en 1560 le fameux pirate Dargut, qui en 1552 avait dispersé une partie de la flotte de Doria.

André Doria mourut à l'âge de quatre-vingt-treize ans, en 1560. Gênes lui érigea une statue, avec cette inscription : *Au père de la patrie!*

DORIDE, petite contrée montagneuse de la Grèce proprement dite, de la *Hellade*, entre la Phocide, l'Étolie, la Locride et la Thessalie, fut la première patrie des Doriens, qui de là émigrèrent dans le Péloponnèse. Avec leurs quatre villes, *Bœon*, *Cytinion*, *Erineos* et *Pindos*, ils formaient ce qu'on appelait la *Tétrapole dorienne*, qui à la longue fut complétement détruite par les Macédoniens, les Étoliens et autres peuplades, de sorte qu'à l'époque de la domination romaine il ne restait plus guère que quelques ruines de ces quatre cités.

La *Doride* était aussi une contrée de l'Asie Mineure, sur la côte de la Carie; elle tirait son nom des Doriens qui étaient venues s'y établir. Avec leurs six principales villes, ils constituaient une confédération dont l'histoire ne fait jamais mention comme ayant été indépendante, et qui paraît au contraire avoir toujours été soumise à quelque grande puissance. Sur le promontoire de Triopion, près de Cnide, les Doriens célébraient leur fête fédérale, où, indépendamment des jeux et des luttes d'usage, on délibérait aussi sur les intérêts politiques communs.

Dans la Grèce actuelle la *Doride* forme une éparchie du gouvernement de la Phocide, éparchie tout entourée de montagnes, traversée par le *Mauropotamo* et dont les principales villes sont *Lidonki* et l'antique *Ægidium*.

DORIEN (Mode), l'un des trois plus anciens modes de la musique des Grecs. Il était le plus bas ou le plus grave de tous ; mais c'était une gravité tempérée, ce qui rendait ce mode propre pour la guerre et pour les sujets de religion.

A Lacédémone on n'abandonna jamais le mode dorien, dont l'intonation plus basse et la modulation plus noble que celle des modes étrangers répondaient mieux à la gravité de la nation. Platon le jugeait aussi préférable à tous les autres modes, et le seul convenable à des hommes courageux et tempérants : c'est pourquoi il en avait permis l'usage dans sa *République*. Il était propre aux airs guerriers, et se refusait aux paroles d'une poésie licencieuse. Philoxène tenta vainement d'y accorder des pièces dithyrambiques; il échoua dans ce projet, à cause de l'incompatibilité d'une poésie outrée et guindée avec une musique incapable de pareils écarts, et la nature le ramena toujours malgré lui au mode phrygien. Ce que d'autres pourraient donc regarder dans l'harmonie dorienne comme un grand défaut, en faisait précisément le mérite aux yeux des Lacédémoniens.

Le mode dorien s'appelait ainsi parce qu'il avait été d'abord en usage chez les peuples de ce nom. On en attribue l'invention à Thamyris, de Thrace, qui, ayant eu le malheur de défier les Muses et d'être vaincu, fut privé par elles de sa lyre et de son mode.

DORIENS (Les), l'une des quatre principales peuplades de la Grèce, reçurent leur nom, suivant la tradition, de Dorus, fils d'Hellén. A l'époque la plus reculée, ils habitaient l'*Hestiæotis*, contrée de la Thessalie entre l'Olympe et le mont Ossa. Expulsés par les Perrhœbiens vers la Macédoine, ils passèrent ensuite en Crète, et ce fut parmi eux que naquit le célèbre législateur Minos. Ils allèrent ensuite s'établir dans la Doride, autrement appelée *Tetrapole dorienne*. Plus tard encore ils entrèrent avec les héraclides dans le Péloponnèse, où ils dominèrent à Athènes. Des colonies doriennes s'établirent en Italie, en Sicile et dans l'Asie Mineure.

Comme les quatre principales peuplades de la Grèce différaient infiniment les unes des autres sous le rapport de la langue, des mœurs et de la constitution, c'était entre les Doriens et les Ioniens qu'existaient à cet égard les différences les plus tranchées. La race dorienne conserva toujours quelque chose de la fermeté et de la gravité, mais aussi de la dureté et de la rudesse, qui la caractérisaient dès la plus haute antiquité. Aussi le dialecte dorien était-il dur et rude, tandis que le dialecte ionien était doux et efféminé. Mais, en raison de sa haute antiquité, on rattachait au premier quelque chose de vénérable : c'est pourquoi on l'employait dans les chants solennels, par exemple pour les hymnes, les chœurs, etc. L'influence du caractère dorien se manifesta surtout en philosophie, dans l'école pythagoricienne, qui toujours se montra favorable au gouvernement aristocratique. On la retrouve encore dans les œuvres de l'architecture et dans la musique.

DORIGNY (MICHEL), peintre et graveur français, élève de Simon Vouet, né en 1617, à Saint-Quentin, mort en 1665, professeur à l'Académie de Peinture de Paris, fit preuve dans ses travaux d'une exécution hardie et d'une habile entente des effets de lumière. Mais, comme à son maître, dont il a gravé l'œuvre, on lui reproche d'assez nombreuses fautes de dessin.

Son fils, *Louis Dorigny*, né en 1654, fut l'élève de Lebrun, alla ensuite en Italie, et s'établit à Vérone, où il mourut, en 1742.

Nicolas Dorigny, frère cadet du précédent, né à Paris, en 1658, surpassa de beaucoup comme graveur son père et son frère, et passa près de vingt-deux ans en Italie pour s'y perfectionner dans son art. En 1711 il fut appelé en Angleterre par le roi Georges Ier pour graver les cartons de Raphaël qui se trouvent à Hamptoncourt; et la supériorité avec laquelle il s'acquitta de ce travail fut récompensée par la collation du titre de chevalier. Revenu en France en 1724, il fut nommé l'année suivante membre de l'Académie, et mourut en 1746. Indépendamment des cartons dont nous venons de parler, il faut encore citer, parmi ses œuvres les plus remarquables, une *Transfiguration* d'après Raphaël, et l'*Apothéose de sainte Pétronille*, d'après le Guerchin.

DORIQUE (Ordre). *Voyez* Ordres d'Architecture, Chapiteau, Colonne, Métope, Triglyphe, etc.

DORMANTS (Les Sept). Parmi les légendes de l'histoire ecclésiastique, on remarque celle des *sept Dormants*, dont la date imaginaire correspond au règne de Théodose le jeune et à la conquête de l'Afrique par les Vandales. Durant la persécution de l'empereur Dèce contre les chrétiens, sept jeunes nobles d'Éphèse se cachèrent dans une caverne spacieuse, creusée dans le flanc d'une montagne voisine, dont l'entrée fut solidement bouchée avec de grosses pierres par ordre du tyran, qui voulait les y faire périr. Ces jeunes gens tombèrent aussitôt dans un profond sommeil, qui fut miraculeusement prolongé durant cent quatre-vingt-sept ans, sans produire chez eux aucune altération dans les principes de la vie. Au bout de ce temps, les esclaves d'un nommé Adolius, alors propriétaire de la montagne, enlevèrent les pierres pour les employer à la construction de quelque bâtiment rustique. Dès que les rayons du soleil pénétrèrent dans la caverne, les sept Dormants s'éveillèrent, persuadés que leur sommeil n'avait été que de quelques heures. Pressés par la faim, ils décidèrent que Jamblique, un d'eux, retournerait secrètement à la ville pour y acheter du pain. Le jeune homme, si on peut l'appeler ainsi, ne reconnut point son pays natal, et sa surprise augmenta quand il vit une grande croix sur la principale porte d'Éphèse. La singularité de ses vêtements, son vieux langage, l'antique médaille de Dèce qu'il offrait pour de la monnaie courante, parurent fort extraordinaires au boulanger; et soupçonné d'avoir trouvé un trésor, il fut traîné devant le juge. Leurs questions mutuelles découvrirent la miraculeuse aventure, et il parut constant qu'il s'était écoulé près de deux cents ans depuis que Jamblique et ses compagnons avaient échappé à la rage du persécuteur des chrétiens. L'évêque d'Éphèse, le clergé, les magistrats, le peuple et l'empereur Théodose lui-même, ce qu'on assure, s'empressèrent de visiter la caverne merveilleuse des sept Dormants, qui donnèrent leur bénédiction, racontèrent leur histoire, et expirèrent tranquillement aussitôt après.

On ne peut attribuer l'origine de cette fable à quelque fraude pieuse ou à la crédulité des Grecs modernes, puisqu'on retrouve les traces authentiques de cette tradition jusqu'à environ un demi siècle après l'événement. Jacques de Sarug, évêque de Syrie, né deux ans après la mort de Théodose le jeune, a fait l'éloge des Dormants d'Éphèse une des deux cent trente homélies qu'il a composées avant la fin du sixième siècle. Cette légende fut traduite du syriaque en latin par les soins de saint Grégoire de Tours. Les communions opposées de l'Orient en conservent la mémoire avec la même vénération, et les noms des Dormants sont honorablement inscrits dans les calendriers des Romains, des Russes et des Abyssins. Leur renommée a même franchi les limites du monde chrétien; et Mahomet a placé dans le Koran, comme une révélation divine, ce conte populaire, qu'il apprit sans doute en conduisant ses chameaux aux foires de la Syrie. Mais, avec un si beau champ pour l'invention, le chef de l'islamisme n'a montré ni goût ni intelligence : il a inventé, pour leur tenir compagnie, le chien des sept Dormants (*al rakim*). Il a prétendu que le soleil se dérangeait deux fois par jour de son cours ordinaire pour ne pas éclairer la caverne, et que Dieu lui-même retournait de temps en temps les dormeurs du côté droit sur le côté gauche, pour préserver leur corps de la putréfaction. L'histoire des sept Dormants d'Éphèse a été adoptée et embellie depuis le Bengale jusqu'à l'Afrique. On en découvre des vestiges jusque dans les extrémités les plus reculées de la Scandinavie. Paul, le diacre d'Aquilée (*De Gestis Longobardorum*), qui vivait sur la fin du huitième siècle, a placé dans une caverne, sous un rocher, sur les bords de l'Océan, les sept Dormants du Nord, dont le long sommeil fut respecté par les barbares. Leurs habits annonçaient qu'ils étaient romains, et le diacre suppose que la Providence les destinait à opérer la conversion de ces peuples incrédules.

Auguste Savagner.

DOROTHÉE, duchesse de *Courlande*. *Voyez* Biren.

DORPAT, Dœrpt ou Derpt (en russe, *Gourief*; en esthonien, *Tartolin*), située dans la partie esthonienne du gouvernement de Livonie, dont elle est la ville la plus considérable et la mieux bâtie, sur les bords de l'Embach, qu'on y traverse sur un pont en pierre et un pont en bois, joua autrefois un rôle important dans la confédération de la *Hanse*. Au commencement du siècle dernier sa décadence était complète; mais depuis lors elle s'est relevée de ses ruines, et, centre d'un commerce assez actif, que favorisent les services de bateaux à vapeur, elle compte aujourd'hui une population de 13,000 âmes. Ses rues sont belles, droites pour la plupart, et quelques-unes d'entre elles fort escarpées, tracées qu'elles sont sur des collines dont l'une n'a pas moins de 37 mètres d'élévation. On y compte trois églises, à l'usage des Allemands, des Russes et des Esthoniens. C'est à Dorpat qu'une grande partie de la noblesse de Livonie vient passer l'hiver; aussi y trouve-t-on bon nombre de belles et riches habitations.

De tous les établissements qu'on voit à Dorpat, le plus important est son université. En 1632, Gustave-Adolphe érigea en université le collége qu'il y avait fondé quelques années auparavant par un décret daté de Nuremberg. Vingt-quatre ans plus tard cette université fut transférée à Pernau d'abord, à Reval ensuite, puis ramenée à Dorpat, mais sans gagner grand'chose à tous ces changements. En 1710 elle cessa complètement d'exister. L'empereur Paul avait résolu de la reconstituer; mais ce fut son fils, l'empereur Alexandre, qui seul put réaliser ce projet (12 décembre 1802). Destinée par l'origine aux provinces russes baignées par la Baltique, elle reçut tout de suite un grand nombre d'étudiants venus de toutes les parties de l'empire, et même de l'étranger. Les Polonais notamment y sont très-nombreux. Le bâtiment de l'université occupe l'emplacement où s'élevait autrefois l'église suédoise de Notre-Dame; l'architecture en est noble et grandiose, et il est assez vaste pour contenir, indépendamment des amphithéâtres et autres salles de cours, la plus grande partie des collections scientifiques. Il n'y a que l'observatoire, l'amphithéâtre d'anatomie, le jardin botanique et les diverses cliniques, de même que la bibliothèque, auxquels on ait été obligé d'assigner des locaux à part dans la ville. La bibliothèque, riche de 80,000 volumes, a été placée dans les ruines de l'ancienne cathédrale, que des travaux de reconstruction ont appropriée à cette destination. L'observatoire possède le plus ancien des télescopes parallactiques ou réfracteurs de Frauenhofer, et le seul qu'il ait terminé lui-même. L'Institut professoral, jadis partie intégrante de l'université, a déjà fourni plus de soixante-dix professeurs aux autres universités de l'empire. C'est à l'excellent prince de Lieven, qui fut longtemps curateur de l'université de Dorpat, qu'elle est redevable de la plupart des améliorations et des perfectionnements qui y ont été effectués. Parmi les maîtres justement célèbres qui ont illustré les chaires de cette université, on peut citer Morgenstern, Parrot, Ewers, Dabelow, Struve, Blume, etc. Le nombre des professeurs titulaires est de 33; et tout le personnel enseignant forme un chiffre de 62 individus. On y compte environ 650 étudiants. Jusqu'en 1851 le recteur avait toujours été élu par les professeurs; mais depuis cette époque c'est là un droit que l'empereur s'est réservé. A l'exception des cours de droit russe, tous les autres sont faits en langue allemande.

Il existe depuis 1846 à Dorpat une école vétérinaire, à laquelle sont attachés trois professeurs et plusieurs autres maîtres; mais cet établissement est indépendant de l'université.

La fondation de Dorpat remonte à l'année 1030, et eut lieu par des Russes. En 1223 les chevaliers de l'ordre Teutonique enlevèrent cette ville aux Esthoniens. Elle devint alors le siège d'un évêque, dont le palais s'élevait sur l'emplacement occupé de nos jours par l'observatoire. Iwan IV, en 1558, prit Dorpat d'assaut. L'évêque fut alors emmené prisonnier en Russie, en même temps que tous les rapports de la ville avec la Hanse étaient brisés. En 1582 Dorpat, ainsi que la plus grande partie de la Livonie, tomba au pouvoir des Polonais, et en 1625 passa sous la domination des Suédois, qui d'ailleurs ne s'y maintinrent que très-difficilement; de là pour Dorpat toutes les calamités et toutes les misères, résultat inévitable d'un état continuel de lutte et de guerre. Quand Pierre Ier s'en rendit maître, il en fit même transférer toute la population dans l'intérieur de la Russie, et la ville resta complétement déserte pendant treize années. En 1777 un effroyable incendie la détruisit de fond en comble; mais, grâce aux secours accordés aux malheureux habitants par Catherine II, elle put encore une fois sortir de ses ruines.

DORSAL (de *dorsum*, dos). Cette épithète s'applique à toutes les parties, os, muscles, vaisseaux, nerfs, plumes, nageoires, crochets de coquilles, qui sont situées dans la *région dorsale* ou le dos; à toutes les maladies qui y ont leur siège, et même, en botanique, à toutes les parties qui naissent sur le dos d'un autre organe : *arête dorsale*.

DORSCH, nom vulgaire du *gadus callarias*, espèce du genre *morue*. Ce poisson, très-commun dans la mer Baltique, aime à se tenir dans le voisinage de l'embouchure des grands fleuves. Il a de 30 à 33 centimètres de longueur, et pèse rarement plus d'un kilogramme. Sa chair a beaucoup d'analogie avec celle du merlan et du cabillaud. Quoique généralement très-blanche, elle a quelquefois une teinte verdâtre, qu'on attribue au séjour fréquent que ce poisson fait près des rivages, au-dessous des espèces de prairies sous-marines formées par des algues.

DORSENNE (JEAN-MARIE-FRANÇOIS LEPAIGE, comte), dit *le beau Dorsenne*, naquit à Ardres (Pas-de-Calais) en 1773. Il était colonel du 61e de ligne, lorsqu'en janvier 1805 il fut donné pour major à ces colosses qu'on appelait les grenadiers à pied de la garde impériale. Digne en tous points de figurer à leur tête, il devait son surnom à sa taille élevée, à sa noble et gracieuse figure, à ses manières élégantes. Toujours mis avec une recherche exquise, il ne se parait jamais plus coquettement que la veille d'une bataille. Du reste, brave soldat, il avait répondu dès 1792 au premier appel de la France révolutionnaire, en s'enrôlant dans un bataillon de volontaires qui en avait fait un de ses capitaines. Il servit en Flandre, en Égypte, en Italie, à Austerlitz, à Essling, à Wagram, à Ratisbonne, payant chaque pas en avant d'une action d'éclat ou d'une blessure; choisi par Desaix pour l'un de ses aides de camp, prenant part, comme général de division, à la guerre d'Espagne, qu'il désapprouvait, et revenant mourir à Paris, le 24 juillet 1812, par suite de l'opération du trépan, âgé de trente-neuf ans à peine.

DORSET, comté méridional d'Angleterre, borné au sud par le canal Saint-Georges, qui y forme les presqu'îles de Purbek et de Portland, à l'ouest par les comtés de Devon et de Somerset, au nord par les comtés de Somerset et de Wilt, et à l'est par celui de Hamp, présente une superficie d'environ 44 myriamètres carrés, et compte 178,000 habitants, répartis en 271 paroisses. Le sol, généralement de nature crayeuse, est presque partout plat; mais il ne laisse pourtant pas que d'être traversé par des séries de petites montagnes appelées *Downs* et se prolongeant jusqu'à la mer, où elles forment des côtes assez escarpées. En fait de cours d'eau, on y trouve le Stour, le Frome ou Froom, le Piddle, le Wey et le Brit. Quoique certaines parties de ce comté soient très-fertiles et que le climat en soit des plus doux, on ne voit pas trop ce qui a pu lui valoir autrefois d'être surnommé *le Jardin de l'Angleterre*. Entre Blandford et le Hampshire s'étend une vaste forêt, et autour de Pool on trouve des marécages immenses. La culture des céréales, du lin et du chanvre, l'élève des bestiaux, la pêche, la fabrication des étoffes de laine et des toiles, et le commerce des divers produits du sol, sont les branches d'industrie auxquelles s'adonnent plus particulièrement les habitants du comté de Dorset, lequel a pour chef-lieu *Dorchester*. Les villes les plus importantes sont ensuite Pool et Weymouth, Shaftesbury, Sturminster, Wareham, Sherbourne Beaminster, Bridport et le port Lyme-Regis.

DORSET (Comtes et Ducs de). Dorset était autrefois le titre de la famille des *Beaufort*; plus tard il fut attribué avec la qualification de comte à la famille *Sackville*, laquelle descend de Hildebrand Sackville, l'un des chefs normands qui envahirent la Grande-Bretagne avec Guillaume le Conquérant.

Le premier comte de Dorset fut *Thomas Sackville*, né en 1536, nommé pair du royaume sous le titre de lord Buckhurst. Il joua un rôle important dans le procès du duc de Norfolk, ainsi que dans celui de l'infortunée Marie Stuart. Lord Leicester réussit à lui faire perdre momentanément les bonnes grâces d'Élisabeth; mais, à la mort de ce seigneur la reine, dont il était le parent, lui rendit toute sa faveur, le nomma chancelier de l'université d'Oxford, et en 1598 lui conféra le titre de grand-trésorier de la couronne. A la mort de cette princesse, il profita de sa haute position pour rendre à Jacques Ier des services que ce prince reconnut en l'élevant à la dignité de comte. Thomas Sackville, comte de Dorset, mourut en 1606. Il est l'auteur du célèbre *Mirrour of Magistrates* (1559), d'un poëme narratif, et de la première tragédie anglaise régulière, *Ferrex and Porrex*, réimprimée plusieurs fois depuis 1565, et notamment sous le titre de *Gorboduc* à partir de 1590.

Édouard Sackville, comte DE DORSET, petit-fils du précédent, né en 1590, fut employé, sous le règne de Jacques Ier, aux plus importantes négociations. Il est surtout célèbre pour avoir défendu le chancelier Bacon de Vérulam, accusé du crime de concussion par la chambre des communes. Lorsqu'en 1640 Charles Ier, qui faisait grand cas de lui, à cause de ses profondes connaissances en jurisprudence, partit pour l'Écosse, ce prince le nomma membre du conseil de régence. Dans la lutte qui s'engagea bientôt entre le roi et son peuple, le comte de Dorset s'efforça d'abord de jouer le rôle de conciliateur; plus tard il figura au nombre des défenseurs les plus dévoués du trône, menacé par les factions. L'exécution de Charles Ier lui porta un coup tel qu'il en mourut peu de temps après (1652).

Charles Sackville, comte DE DORSET, célèbre comme poëte et comme homme d'État, né le 24 janvier 1637, jouit d'une grande considération à la cour de Charles II, sans cependant y occuper d'emploi officiel. En 1665 il accompagna le duc d'York dans sa campagne contre les Hollandais. C'est avant la grande bataille navale livrée en cette occurrence qu'il composa la chanson *To all you ladies now at land*, demeurée populaire dans la marine anglaise. Sons Jacques II, il s'occupa avec ardeur des affaires publiques; mais à la cour de Guillaume III il ne brilla que comme bel esprit. Il mourut à Bath, en 1705. Ses poésies ont été réunies dans la collection des poëtes anglais de Johnson (Londres, 1794).

Lionel Cranfield, fils du précédent, fut créé *duc de Dorset* par le roi Georges 1er, en 1720.

Jean-Georges-Frédéric, duc DE DORSET, mort en 1815, transmit ses biens et ses titres à son cousin, *Charles-Germain*, vicomte de Sackville et baron Dolebrooke, né en 1767, grand écuyer sous les règnes de Georges IV et de Guillaume IV, et mort le 29 juillet 1843, sans héritiers directs, de sorte que le titre de *duc de Dorset* s'est éteint avec lui.

DORSIBRANCHES (de *dorsum*, dos, et *branchiæ*, branchies), nom donné par Cuvier à un groupe d'annélides qui constitue le second ordre de sa classification (*voyez* BRANCHIES).

DORTMUND, dans la régence d'Arnsberg, province de Westphalie (Prusse), autrefois ville libre impériale et hanséatique, compte près de 13,000 habitants, dont le trafic des céréales et des produits des mines constitue l'industrie principale. Elle est le siége d'une direction supérieure des mines. On y trouve la gare du chemin de fer de Minden à Cologne, desservant en même temps le chemin de fer de Berg à Mœrk, et l'un des plus vastes qui existent en Europe, ainsi qu'une usine où plus de 1,000 ouvriers sont employés à la fabrication de machines de tous genres, et une grande fonderie d'acier. Quinze puits d'extraction sont en activité dans le bassin houiller au dessus duquel se trouve Dortmund; et comme en 1850 il a été reconnu que les produits de ces mines contiennent beaucoup de minerai de fer, on ne tardera sans doute pas à y établir de hauts fourneaux. Les forges de Hermann, près de Hœrd, et de Westphalia sur la Lippe, toutes deux situées à peu de distance de Dortmund, n'occupent pas moins de 1500 ouvriers chacune.

Il est faux qu'au seizième siècle Dortmund renfermât 10,000 maisons et une population d'environ 50,000 âmes. Après la guerre de Trente ans, on y comptait au plus 3,000 bitants.

En 1803 cette ville fut adjugée au prince d'Orange; puis au mois d'octobre 1806 des troupes françaises vinrent en prendre possession, et le 1er mars 1803 Napoléon la céda au grand duc de Berg; après quoi elle devint le chef-lieu du département de la Roer. Par le traité du 31 mai 1815, le roi des Pays-Bas renonça à ses droits sur Dortmund en faveur du roi de Prusse. Les antiques archives de Dortmund contiennent une foule de documents et de manuscrits précieux, remontant à l'époque où le tribunal de la Sainte-Wehm y tenait encore ses séances, tribunal où, comme on sait, la procédure ne se faisait que par écrit.

DORURE. Pour leur donner une apparence plus agréable à l'œil, on dore fréquemment un certain nombre d'objets, comme des pendules, des candélabres, des vases, des chandeliers, etc. Outre les métaux, on dore le bois, le carton, le papier, le cuir, la porcelaine, le verre, etc. La dorure se pratique de diverses manières : l'argent, le cuivre et leurs alliages donnent lieu à trois procédés : *dorure au mercure, dorure au trempé, dorure galvanique.*

Dorure au mercure. Tous les alliages ne sont pas également bons pour cette dorure; il faut qu'ils soient facilement fusibles (sans cela ils prendraient mal les finesses du moule), qu'ils se tournent facilement, se polissent bien, et prennent le moins d'or possible (il faut pour cela qu'ils renferment 82 de cuivre, 14 de zinc, 3 d'étain, et 1,5 de plomb). Pour appliquer l'or sur le bronze, on le prend en feuilles minces, que l'on mêle avec du mercure, pour former un amalgame que l'on applique sur la pièce à dorer, en se servant d'une espèce de brosse, en fils métalliques, qui porte le nom de *gratte-bosse*. Mais l'amalgame ne pourrait adhérer aux parties qui seraient oxydées; il faut donc commencer par nettoyer parfaitement la surface de la pièce : pour cela, on la chauffe d'abord dans du charbon ou des mottes jusqu'à ce qu'elle soit bien uniformément rouge, et lorsqu'elle est refroidie, on la plonge dans de l'acide sulfurique ou nitrique faible; on la lave bien, et après avoir séché la pièce dans du son, on la passe dans de l'acide nitrique concentré, et enfin dans le même acide auquel on ajoute un peu de suie et de sel. La pièce étant lavée, séchée et bien polie, on l'imprègne d'acide nitrique, ou mieux de nitrate de mercure, qui facilite l'adhérence de l'or, et l'on passe ensuite dessus le gratte-bosse garni d'amalgame : on lave la pièce, on la sèche et on la fait chauffer sur le feu de charbon, doucement d'abord, en la frappant avec une brosse, pour y répandre l'or bien uniformément; on reporte de l'amalgame sur les parties qui pourraient en manquer. Au feu le mercure se volatilise, et l'or reste adhérent à la surface de la pièce. Si les pièces doivent être brunies, on les chauffe au rouge, et on les plonge dans de l'acide sulfurique faible; puis, après les avoir lavées et séchées, on les brunit avec des brunissoirs de sanguine mouillés d'eau et de vinaigre. Quand quelques parties doivent être *mates*, on les couvre avec un mélange de gomme, de sucre, et de blanc d'Espagne délayé dans l'eau. Pour donner le *mat*, on chauffe la pièce assez fortement pour brûler *l'épargne*; les parties qui en sont couvertes prennent une belle couleur d'or. On les couvre avec un mélange de sel marin, de nitrate de potasse et d'alun fondus dans leur eau de cristallisation; on chauffe jusqu'à ce que le mélange fonde, et on plonge subitement la pièce dans l'eau froide, ensuite dans l'acide nitrique étendu; on lave, et on sèche. On obtient *l'or moulu* en couvrant la pièce avec un mélange de sanguine, de sel marin et d'alun délayé dans du vinaigre; on fait chauffer jusqu'à ce que la matière commence à brunir; on plonge dans l'eau; on frotte avec du vinaigre si la pièce est unie, et avec de l'acide nitrique faible si elle est dépolie; on lave et on sèche. Pour obtenir *l'or rouge*, on passe la pièce dans un mélange de cire jaune, d'ocre rouge, de vert-de-gris et d'alun, et on chauffe vivement; quand la cire est brûlée, on plonge la pièce dans le vinaigre; on sèche, on lave, et on gratte-bosse au vinaigre ou à l'acide nitrique faible.

Dans toutes les opérations de la dorure au mercure, il se dégage ou des vapeurs mercurielles ou divers gaz très-dangereux, et qui occasionnent aux ouvriers des accidents graves et des maladies incurables et souvent mortelles. En 1818, M. Ravrio, fabricant de bronzes, légua en mourant une somme de 3,000 fr. pour un prix à décerner par l'Académie des Sciences à un procédé facile à exécuter, et propre à éviter aux dorcurs les accidents inhérents à leur travail. D'Arcet obtint ce prix, et rendit à l'art dont il s'était occupé un immense service. Son procédé, d'une extrême simplicité, consiste à exécuter toutes les opérations sous une hotte dont la ventilation est déterminée par un fourneau d'appel : ce moyen, qui ne change rien au travail ordinaire des ouvriers, toutes les vapeurs sont entraînées dans la cheminée, et si les ouvriers ont la précaution de garnir leurs mains de gants de peau, ils peuvent éviter toute espèce d'accident. Cependant ces précautions, trop souvent négligées, n'ont pas sensiblement diminué la mortalité parmi les doreurs au mercure : aussi a-t-on dû chercher d'autres procédés.   H. GAULTIER DE CLAUBRY.

[*Dorure au trempé.* La *dorure par immersion* ou *au trempé* n'est applicable qu'aux bijoux de cuivre. Ce procédé consiste à plonger ces bijoux, parfaitement décapés, dans une dissolution bouillante de chlorure d'or dans un carbonate alcalin. Cette immersion, qui dure rarement plus d'une demi-minute, suffit pour obtenir une belle dorure. Avec 150 grammes d'or on peut dorer au trempé 50 kilogrammes de bijoux, et encore le bain n'est pas épuisé; il y reste environ un tiers de l'or, qui ne s'y trouve plus en assez grande quantité pour se déposer en couche continue. Il se dépose donc au plus 2 grammes d'or par kilogramme de bijoux. Le prix de la dorure du kilogramme est de 20 fr. Par la dorure au mercure, il était de 50 fr. le kilogramme pour les objets estampés, et coûtait jusqu'à 120 fr. pour les objets délicats, qui exigeaient un grand nombre de précautions.]

Dorure galvanique. Les physiciens et les industriels cherchaient depuis longtemps à remplacer le mercure par un agent quelconque, lorsqu'à la suite des recherches de MM. Becquerel, Delarive et Faraday, sur les phénomènes de la pile et des actions électro-chimiques, il fut permis de croire qu'on pourrait appliquer les forces électriques à la dorure des métaux. Daniell en effet avait découvert un appareil électro-moteur capable de produire un courant continu et constant en vitesse et en quantité; le galvanomètre de Nobili, le voltamètre de Faraday, pouvaient d'ailleurs servir à déterminer la vitesse et le volume du courant. La découverte de ces instruments amena une ère toute nouvelle dans l'industrie métallurgique. La constatation de ce fait, que le pôle négatif d'une pile voltaïque possède la propriété de réduire les métaux de leur dissolution saline n'est pas nouvelle : Cruickshank se servait de cette propriété comme moyen de constater dans un liquide quelconque la présence de quantités infiniment petites d'une substance métallique; Brugnatelli tenta même quelques essais directs pour revêtir les métaux oxydables d'une couche protectrice d'or ou d'argent, et il indiquait déjà que la solution des oxydes métalliques dans les alcalis, et surtout dans l'ammoniaque, devait être préférée aux solutions acides. M. Becquerel se servit, à son tour, des forces électro-chimiques pour extraire des minerais d'or épuisés par les procédés ordinaires les dernières parcelles métalliques; M. Delarive enfin, s'emparant de l'idée de Brugnatelli, avait fait quelques importantes remarques sur la substitution de la dorure galvanique à la dorure par le mercure.

Les résultats obtenus jusque là ne pouvaient toutefois fournir à l'industrie des ressources bien précieuses; la pellicule d'or que l'on déposait sur les objets à dorer était en effet très mince, et si on augmentait son épaisseur, elle se détachait des objets dorés avec la plus grande facilité. Une observation précieuse de M. William Delarue vint bientôt mettre les chimistes sur la voie des applications industrielles. M. Delarue avait remarqué que la feuille de cuivre déposée sur la plaque de zinc d'une combinaison voltaïque, plongée dans une solution saturée de sulfate de cuivre, était tellement parfaite, qu'elle offrait le poli et la contre-épreuve des stries de la planche sur laquelle elle s'était déposée; ces résultats, confirmés et considérablement étendus par les belles expériences de MM. Golding-Bird Spencer et Jacobi, ne permettaient pas de douter que l'eau régale soixante parties d'or fin et douze parties de cuivre; puis on versait la tous les métaux galvanogènes ne fussent doués d'une grande plasticité. Il était dès lors facile de prévoir que l'insuccès des procédés essayés pour la dorure des métaux devait être attribué à la nature des dissolvants plutôt qu'à l'or lui-même, dont la ductilité et la malléabilité si grandes pouvaient faire prévoir une plasticité bien supérieure à celle du cuivre. Le problème de la dorure galvanique était donc simplifié jusqu'au point de ne plus exiger que l'essai des dissolvants sur les composés d'or et l'application des dissolutions nouvelles. Dans ces circonstances, des procédés nouveaux furent présentés à l'envi; nous décrirons ici ceux que donnèrent MM. de Ruolz et Elkington.

M. Elkington fait bouillir pendant une demi-heure dans quatre litres d'eau 31 grammes 25 centigrammes d'or converti en oxyde et 100 grammes de cyanure de potassium; on plonge dans cette dissolution les deux pôles d'une pile à courant constant, et l'objet à dorer étant suspendu au pôle négatif de la pile, l'or vient se déposer sur lui avec d'autant plus de rapidité que la liqueur est plus chaude. Il est facile de régler l'épaisseur de la couche d'or par la durée de l'immersion. M. de Ruolz a essayé une grande variété de solutions auriques : il s'est servi tour à tour en effet du cyanure d'or dissous dans le cyanure de potassium, dans le cyanure jaune et le cyanoferrure rouge du même métal; du chlorure d'or dissous dans les mêmes cyanures, du chlorure d'or et de sodium dissous dans la soude, du sulfure d'or dissous dans le sulfure neutre de potassium. Cette dernière solution paraît avoir donné les résultats les plus satisfaisants, sous le double rapport de l'art et de l'économie; M. de Ruolz emploie d'ailleurs dans son procédé les manipulations décrites dans le procédé de M. Elkington. Le mélange employé par M. de Ruolz à l'époque où son brevet lui a été délivré (juin 1841) consistait en cent parties d'eau, six parties de cyanure de potassium, une partie de cyanure d'or et vingt-cinq gouttes d'acide prussique. Quels que soient d'ailleurs la solution que l'on emploie et le procédé que l'on mette en œuvre, il est une condition indispensable au succès : c'est de nettoyer avec soin les objets que l'on veut dorer, à l'instant même de l'opération. Il faut éviter surtout que les pièces à dorer soient salies par des matières grasses.

Dr CASTELNAU.

Par l'application des mêmes principes, l'on pratique l'argenture, le platinage, le cuivrage, le zincage, le cobaltissage, etc., et généralement le dépôt en couche continue d'un métal quelconque sur un autre métal quelconque. De toutes ces opérations, c'est l'argenture qui offre le plus d'intérêt au point de vue industriel. L'argenture galvanique a peut-être encore plus d'importance que la dorure; elle tend à se substituer entièrement à l'argenture à l'amalgame, au poncé, etc., et au plaqué. Elle peut s'appliquer à tous les métaux, avantage que n'offraient pas les anciens procédés. On la pratique maintenant sur une échelle très-étendue pour recouvrir le maillechort. La préparation des pièces est la même pour l'argenture galvanique que pour la dorure. On prépare les bains de la même manière en remplaçant seulement le cyanure, l'oxyde ou le sel d'or par un cyanure, un oxyde ou un sel d'argent.

Les procédés de la dorure galvanique peuvent être employés pour dorer non-seulement l'argent, le bronze, le laiton, le maillechort, mais encore le fer, l'acier, le zinc, l'étain, le plomb, etc., qu'on n'avait pu jusqu'à cette découverte dorer d'une manière durable. Quand on veut dorer ces derniers métaux, il est préférable de les couvrir d'avance d'une couche de cuivre dont la présence augmente considérablement l'adhérence de l'or.

Dorure au bouchon. La dorure au mercure ne pouvant s'appliquer au fer et à l'acier, pour dorer ces métaux on avait recours, avant la découverte de la dorure galvanique, au procédé suivant : On dissolvait dans l'eau régale soixante parties d'or fin et douze parties de cuivre; puis on versait la dissolution sur des chiffons de toile, de telle sorte qu'elle fût entièrement absorbée; on brûlait ensuite les chiffons séchés, et on obtenait une cendre qu'on appliquait avec un bouchon sur les pièces dérochées, décapées et brunies; on brunissait de nouveau quand on trouvait la surface suffisamment recouverte.

D'autres procédés de dorure s'appliquent au bois, à la pierre, au plâtre, etc. : on les distingue en *dorure à l'huile* et *dorure en détrempe*. La dorure à l'huile se pratique surtout pour les dômes, les statues, les grilles, les balcons, les rampes d'escalier etc. On donne d'abord aux pièces à dorer quelques couches de blanc de céruse convenablement préparé; puis on leur applique un mordant composé par moitié d'huile cuite dégraissée et *d'or couleur* (reste des couleurs broyées et détrempées à l'huile qui se trouve dans le vase où les peintres nettoient leurs pinceaux et qu'ils nomment *pincelier*); quand le mordant est assez sec pour happer l'or en

49.

feuilles, on applique celui-ci soigneusement avec du coton. Quand ces sortes de dorures sont destinées aux intérieurs, on les vernit. Le procédé reçoit quelques modifications quand on l'applique aux équipages, aux meubles, aux cadres, etc. La dorure en détrempe, qui s'opère également avec de l'or en feuilles, demande un beaucoup plus grand nombre d'opérations différentes.

La *dorure des livres* et la *dorure sur cuir* offrent peu de particularités remarquables. La *dorure sur porcelaine* emploie l'or en coquille. Il en est de même de la *dorure sur verre*. Cependant on applique aussi l'or sur le verre en collant des feuilles d'or à l'aide d'un vernis d'ambre dissous dans de l'huile grasse et un peu de céruse.

DORURE DE PÂTISSERIE. Pour produire ce beau jaune d'or, si appétissant, qu'on aime à voir sur les gâteaux, voici la recette que mettent en pratique nos artistes culinaires. On bat ensemble des jaunes et des blancs d'œuf, comme si l'on voulait faire une omelette. Puis on se sert d'un léger pinceau pour appliquer sur le gâteau ce mélange d'où résulte à la cuisson, une coloration qui donne de la mine à la pâtisserie. Pour une forte dorure, on délaye un blanc d'œuf avec deux ou trois jaunes. Pour une dorure pâle, on ne prend absolument que le jaune des œufs, qu'il faut délayer avec un peu d'eau. L'artiste travaillant pour une collation de carême, un jour de jeûne, ou pour un dîner de la semaine sainte, pourra, à défaut des œufs, dont l'usage est interdit ces jours-là par l'Église, se servir avec succès d'une infusion de safran ou de fleurs de souci, dans laquelle il délayera un peu de sagou jaune, afin de donner à cette composition assez de corps pour qu'elle ne se perde point dans la pâte.

DORVAL (MARIE-AMÉLIE-THOMASE DELAUNAY), plus connue sous le nom de Mme., la Dumesnil du drame moderne, naquit à Lorient. Son père, qui avait servi avec quelque distinction dans l'armée vendéenne, se fit ensuite acteur, et alla mourir en Amérique. Sa mère, l'une des premières chanteuses de la province, était sœur du comique Bourdais et cousine des deux Baptiste, de la Comédie-Française. La *petite Bourdais* ou la *petite boulotte*, car on lui donnait tour à tour ces deux noms, joua d'abord des rôles d'enfant sur les théâtres de Bayonne et de Lille; puis, dans plusieurs autres villes de département, ceux d'amoureuse de comédie et de *jeunes Dugazons* d'Opéra-Comique. A quatorze ans elle épousa un acteur, du nom d'*Allan*, d'une bonne famille bourgeoise de Paris, qui s'était fait appeler *Dorval* en montant sur les planches. Sujet assez médiocre, il accepta un engagement pour la Russie, où il alla mourir.

Sa femme fut préparée par de longs et laborieux travaux aux bonnes traditions de la scène. Renonçant au chant, elle adopta, quoique très-jeune, sur les principaux théâtres de la province, les premiers rôles de la comédie, l'emploi de Mlle Mars, et y obtint des succès prononcés. Puis, un jour, elle quitta la scène des départements pour celle de la capitale; et ce fut de Strasbourg qu'elle se rendit à Paris. Il fallait l'entendre raconter comment, à son arrivée, le mélodrame l'avait étreinte dans ses serres de vautour et l'avait attachée à un rocher dont elle ne pouvait se détacher. Elle s'irritait contre ces fers qui l'enchaînaient, et, dans cette rude et longue captivité, elle regrettait amèrement la liberté perdue et les rêves de sa brûlante imagination, si fatalement comprimée. Mais l'heure de la délivrance approchait : *Trente Ans, ou la vie d'un joueur* mit en relief les qualités si profondément énergiques du talent de Mme Dorval. En même temps, le drame moderne se levait : il croyait faire une révolution, il ne faisait qu'une révolte; mais ce schisme de la scène fut colossal dans ses extravagantes proportions. A ces créations énormes il fallait des organisations puissantes, fougueuses, passionnées, belles et indomptées. Ces conditions étaient celles de la nature même de Mme Dorval; elles étaient en elle originelles et innées. On se rappelle quels furent les succès de Mme Dorval, qui d'ailleurs dans le mélodrame même avait su toujours s'élever jusqu'au drame, dont elle avait la conscience. Elle fut alors la personnification vivante du dogme impétueux qui faisait irruption ; elle le représenta sous toutes les formes qu'il lui plut de revêtir, et cela avec la plus merveilleuse souplesse des passions les plus diverses. Mme Dorval sut communiquer aux spectateurs, par les transports de son jeu, l'exaltation dont elle était elle-même possédée.

Au théâtre de la Porte-Saint-Martin, à celui de la Renaissance et à l'Odéon, quelle variété de rôles excessifs elle joua, quel tumulte d'émotions différentes elle souleva avec cette véhémence qui était dans les conditions mêmes du genre qu'on lui infligeait! Ce fut une grande fortune pour l'œuvre moderne que les admirables dispositions dont Mme Dorval était douée. A cet organe si expressif et si plein de sensibilité, que d'ouvrages durent un succès éclatant! que de pièces, maintenant obscures, lui durent d'échapper un instant à l'oubli! Est-il vrai que pour tant de bienfaits elle ne recueillit que l'ingratitude? Deux créations se montrent au-dessus de toutes les autres : *Antony* et *Chatterton*. Quels souvenirs touchants et délicieux s'attachent à cette suave figure de Ketti-Bell! quel amour pur et chaste joint à la charité! quelle tendre et ardente union de la passion et de la vertu! Oh! ce n'est pas seulement avec l'intelligence que l'on peut comprendre et que l'on peut rendre ces nuances, ces oppositions, ces contrastes et ces harmonies; c'est un secret qui vit au fond de certains cœurs ! A la scène aussi, les grandes impressions viennent du cœur.

Un jour Mme Dorval se trouva debout sur un monceau de ruines, et elle s'aperçut que de tant de bruit il ne restait que le silence et le vide. Alors elle ramena sa pensée vers les régions élevées et sereines qu'elle avait jadis visitées. On dut à ce retour Phèdre et Hermione sous un aspect nouveau et saisissant. *Une famille au temps de Luther* nous avait déjà révélé, sous une forme austère, la profondeur de sentiment de la poésie et de la tragédie. Et cette création immaculée de Lucrèce, avec quel charme étonnant Mme Dorval a su la présenter, inspirant à la fois la tendresse et le respect! Chez Mme Dorval, tête et cœur, âme et corps, esprit et intelligence, tout était artiste. E. BRIFFAULT.

Mme Dorval, née en 1792, mourut à Paris en 1849, à la suite d'une longue et douloureuse maladie. Elle avait épousé en secondes noces M. Merle, journaliste et auteur dramatique.

DORVIGNY. Est-ce un nom de guerre ou un nom véritable ? On l'ignore. On dit seulement que Dorvigny était né en 1734. Où fut élevé cet auteur? Comment vécut-il la première moitié de sa vie? On n'en sait rien. Les mystères qu'il n'éclairait jamais, quelques demi-indiscrétions échappées à sa vanité, fort mal placées, et une extrême ressemblance avec l'effigie de Louis XV, firent croire, non sans raison, que Dorvigny était un des fruits illégitimes de ce roi débauché. Il est probable que Dorvigny abusa de la bienfaisance de Louis XV, et qu'il dissipa son or et sa jeunesse dans une oisiveté orageuse. Nul biographe n'a remarqué encore la coïncidence qui existe entre la date de la mort de son protecteur naturel, le 10 mai 1774, et la première représentation de la première pièce de Dorvigny, *Roger-Bontemps et Javotte*, parodie d'*Orphée et Eurydice*, jouée à la Comédie Italienne, le 12 mai 1775 ; comme si Dorvigny eût voulu signaler ainsi la fin de son deuil, ou plutôt l'épuisement de sa bourse. Le mois suivant, peut-être pour se rappeler au souvenir de Louis XVI, dont il était l'oncle de la main gauche, il faisait représenter sur la même scène, *la Fête du Village*, à l'occasion du sacre du nouveau roi. A partir de cette époque il ne cessa de travailler pour les théâtres. Parodies, vaudevilles, opéras-comiques, comédies même, il s'exerçait dans tous les genres. Après la parodie de *Roland*, qu'il intitula *La Rage d'Amour*, donnée le 19 mars 1779, il fit jouer par les comédiens français et italiens La Comédie à l'Impromptu, ou les dupes, comédie en un acte (1780) ; puis Les Étrennes de l'Amitié, de l'Amour et de la Nature, comédie en un acte, en vers libres (1780) ; ensuite Les Noces hussardes, comédie en quatre actes, en prose (1780) ; enfin, Les Dédits, un acte en prose (1780).

Dorvigny n'avait pas visé au Théâtre-Français en composant ces quatre comédies ; mais elles furent réclamées par les acteurs ordinaires du roi, qui alors avaient droit de prise sur toutes les pièces qui leur paraissaient dignes de leur talent. Malgré le peu de succès qu'elles obtinrent, l'auteur se trouvait alors en passe de vivre noblement. Mais ses passions désordonnées, qui devinrent des vices crapuleux, le retinrent dans un monde aux mœurs plus que faciles, pour le faire vivre bientôt dans une indigence cynique et le faire mourir dans la plus affreuse misère. Voici comment s'exprime un des nombreux annotateurs dramatiques de cette époque, à propos de Dorvigny et de sa fameuse pièce : Janot, ou les battus payent l'amende : « Le spectacle du sieur L'Écluse, connu sous le titre de Variétés amusantes, est la fureur du jour. Un M. Dorvigny, pauvre diable d'auteur sifflé, hué aux relâche aux Italiens, s'est retourné du côté des boulevards, et a présenté au spectacle en question une niaiserie intitulée : Les battus payent l'amende, facétie misérable, que l'acteur Volange fait tellement valoir qu'elle est à sa quatre vingt-dixième représentation. » Cette note porte la date du 2 août 1779. Le succès ne s'arrêta pas là : les Mémoires secrets nous apprennent encore qu'après la 142ᵉ représentation de Janot, on l'avait interrompu, mais qu'il fallut y revenir pour satisfaire la curiosité, l'avidité, la rage du public. Les faubourgs avaient commencé la vogue de la pièce, la ville et la cour la continuèrent ; les grands seigneurs s'arrachaient les places, les magistrats allaient y rire au sortir des audiences, les évêques s'y blottissaient dans les loges grillées ; et comme le comte de Maurepas, qui aimait beaucoup les parades, s'était déclaré grand partisan de celle-ci, on lui attribua, bruit public qui peut-être ne fut pas étranger à la vogue inouïe de cette farce, dans laquelle la malignité vit une critique de la police de Paris. Tout le monde y riait ; la cour seule y bâilla à une représentation que la troupe de L'Écluse alla donner à Versailles : « N'est-ce que cela ? » avaient dit le roi et la reine ; mais le fameux : « C'en est ! » l'emporta sur la désapprobation royale, et les représentations atteignirent, assure-t-on, le chiffre de 400. L'Écluse fut obligé de faire jouer la pièce deux fois par jour, et il n'y avait pas de promenade, pas de grand salon, pas de boudoir, où l'on ne s'abordât en flairant sa manche et en se disant le C'en est ! de Janot. L'auteur ne manqua pas de donner des suites à sa fameuse pièce ; mais Janot chez le dégraisseur, et Ça n'en est pas, ne continuèrent point la vogue de leur aînée.

Plus de trois cents comédies, farces, folies, proverbes et parades, furent successivement sous le nom de Dorvigny ; les meilleures sont : Le Tu et le Toi, ou la parfaite égalité, en 1794 ; Jérôme le Rond ; L'Emprunt forcé ; Le fameux Désespoir de Jocrisse ; On fait ce qu'on peut, et non pas ce qu'on veut ; L'Intendant-Comédien ; et Les fausses Consultations. Dans ces tableaux populaires, on trouve toujours beaucoup d'esprit et un sentiment comique très-exact, très-fin, malgré la grossièreté des mœurs et des personnages qui y figurent. Dorvigny a publié aussi un assez grand nombre de romans, entre autres : Ma tante Geneviève, ou je l'ai échappé belle ! Le nouveau Roman comique, ou les aventures d'un souffleur, d'un perruquier et d'un costumier de spectacle ; Les Amants du faubourg Saint-Marceau, ou aventures de Madelon Friquet et de Colin Tampon ; Les Mille et un Guignons ; Le Ménage diabolique, etc. Il y a bien moins de talent dans tous les romans de Dorvigny que dans ses pièces de théâtre ; la cause en est toute naturelle : sans offrir plus de difficultés, les romans sont des œuvres de plus longue haleine, et Dorvigny, sans cesse au cabaret, ne pouvait apporter une grande suite dans ses compositions. Son cabinet de travail était tellement connu, qu'on disait qu'il était plus facile de trouver un trait d'esprit dans un mélodrame qu'un manuscrit de Dorvigny sans tache de vin.

Lorsque Volange, après avoir joué le rôle de Janot d'une manière supérieure, obtint un ordre de début pour la Comédie-Italienne, Dorvigny eut la prétention de le remplacer. Il joua en effet dans plusieurs de ses pièces ; mais son jeu était plutôt capable de leur nuire que de les faire valoir. Cette ressource lui ayant manqué, il s'enfonça plus avant dans la vie crapuleuse. Que de fois le poussant, il troqua plusieurs billets de spectacle contre un litre de vin ou deux petits verres d'eau-de-vie! Que de fois, mangeant son blé en herbe, il lui arriva, pour payer son écot au cabaret, d'envoyer à Nicolet une pièce composée à la hâte ! Le directeur de la Gaîté donnait le prix convenu, deux écus de six livres ; puis il jouait la pièce cent fois ; et le poëte revenait le lendemain au cabaret, la bourse vide, mais sans souci : Nicolet n'était-il pas là pour le tirer encore d'embarras à la fin du jour ? Totalement abruti par la boisson, Dorvigny, dans sa vieillesse, avait pris le ton et les manières d'un cocher de fiacre. Ceux qui avaient été à même d'apprécier son talent réel et sa facilité merveilleuse ne pouvaient s'empêcher de déplorer l'avilissement si complet d'un homme fait pour tenir un rang honorable. Sa mort couronna sa vie : il expira le 6 janvier 1812, à la suite d'une orgie bachique, âgé de soixante-dix-huit ans. Dorat-Cubières-Palmézeaux, dans une Épître aux mânes de Dorvigny, a cherché vainement à réhabiliter la mémoire de son ami.

Étienne Arago.

D'ORVILLE (Jacques-Philippe), critique et philologue hollandais, né en 1696, à Amsterdam, mort dans la même ville, en 1751, fut nommé professeur d'histoire, d'éloquence et de langue grecque à l'Athénæum de sa ville natale en 1730 ; place qu'il occupa jusqu'en 1742. On lui doit la première édition de Chariton, avec un commentaire (1750), et la continuation d'une collection déjà commencée par d'autres philologues et connue sous le titre de : Miscellaneæ observationes in auctores veteres et recentiores (10 vol., 1732-40), à laquelle il ajouta des Miscelleneæ observationes criticæ novæ (4 vol., 1740-51). Après sa mort, P. Burmann publia, sous le titre de Sicula (1760), son Voyage en Sicile, qui a surtout pour objet l'explication des anciens monuments de cette île. Ses poésies n'ont qu'une médiocre valeur. Sa fameuse Critica Vannus in inanes Pavonis paleas (1737) l'attira dans une dispute avec le célèbre de Pauw, qui, par ironie, le nomma Pappelait qu'Orbilius ou Orbiliotus.

DORYPHORE. Ce mot, qui était en usage dans la milice grecque, dérive des expressions δόρυ, lance et φέρω, je porte. C'était la dénomination des soldats porte-lance ou armés d'une demi-pique, comme le dit Procope. Il y avait des doryphores parmi les troupes formant la garde des souverains, comme on y voit des hallebardiers dans les temps modernes. Quinte-Curce appelle doryphores des soldats perses qui composaient une division de quinze mille hommes : c'était un corps célèbre par sa valeur, distingué par la richesse de son armement, et qui jouissait de plusieurs privilèges. Suivant Jahro, des doryphores portaient le manteau du roi de Perse en manière d'enseigne, et marchaient devant son char.

Gᵃˡ Bardin.

DOS (du bas latin dossum, substitué à dorsum, dos). La très-grande pluralité des animaux pairs et symétriques et un très-grand nombre d'animaux irréguliers en apparence, mais encore vraiment symétriques ou symétrisables, marchent sur un sol horizontal ou plus ou moins incliné sur l'horizon, de manière à ce qu'une portion de la surface de leur corps regarde le sol, tandis que l'autre portion de cette surface, diamétralement opposée à celle-ci, est tournée vers le ciel. C'est d'après cette donnée générale qu'on distingue, soit dans le langage usuel, soit dans celui de l'anatomie comparée, deux régions, qu'on désigne sous les noms de *dos* et de *ventre*; mais cette détermination n'est applicable qu'au corps, et non aux membres. Le dos ou la surface dorsale du corps est donc la région supérieure ou postérieure, ou intermédiaire entre ces deux directions, suivant que l'animal se meut horizontalement (quadrupèdes), ou verticalement (homme), ou obliquement (singes). La région dorsale s'étend d'un bout de l'animal à l'autre, c'est-à-dire de l'extrémité du nez, à l'extrémité de la queue. C'est ainsi que nous trouvons le *dos du nez*, le sommet ou *dos de la tête*, le *dos du cou* ou nuque, le dos proprement dit, le *dos lombaire* ou lombes, le *dos pelvien*, région sacrée ou croupe dans quelques animaux, enfin le dessus du *dos de la queue*. On dit aussi le *dos de la main* ou *du pied*, pour en indiquer la région où s'opère les mouvements d'extension.

Les formes, les couleurs, le nombre des parties qu'on observe dans la région dorsale ou le dos, dans toute la série des animaux pairs et symétriques ou symétrisables, sont extrêmement variées. Les deux extrêmes des dimensions du dos s'observent dans les animaux à corps déprimé ou aplati de haut en bas (raies, etc.), et ceux à corps comprimé ou aplati des deux côtés (leptosomes). Entre ces deux extrêmes, le dos des animaux dont le corps est plus ou moins cylindroïde ou polyédrique offre encore une foule de nuances; tantôt il est séparé de la région ventrale par une circonférence ou rebord plus ou moins saillant, et tantôt aussi deux lignes, l'une médio-dorsale, l'autre médio-ventrale, divisant l'animal en deux moitiés plus ou moins égales, le dos et le ventre, ont la forme d'une carène plus ou moins tranchante; tantôt, enfin, les régions dorsale et ventrale, d'étendue à peu près égale, sont séparées sur chaque côté par une région intermédiaire plus ou moins nettement circonscrite, qu'on appelle les *flancs* ou la *région latérale*.

Il est des animaux qui, nageant sur le dos, ont cette partie dirigée vers le sol : tels sont les *notonectes*; d'autres, dont la ligne médiodorsale est dans le plan de l'horizon : tels sont les *pleuronectes* ou animaux nageant sur le côté (soles, limandes, turbots). Dans tous les animaux pourvus d'un squelette intérieur ou extérieur (vertébrés et articulés), dans tous ceux protégés par une coquille (mollusques) ou par un test ambulacraire (oursins, étoiles de mer), l'organisation de la région dorsale ou supérieure offre toutes les parties nécessaires pour la solidité, les mouvements du corps, et pour la protection des organes plus ou moins importants situés dans cette région. Nous signalerons ici la carapace des tortues comme la région dorsale proprement dite, dont la forme et la solidité sont le plus favorablement adaptées à la protection de tout le corps, tandis que le dos des serpents offre, dans le grand nombre des vertèbres, dans la très-grande mobilité de leurs articulations, les conditions les plus avantageuses pour la reptation ou la locomotion à l'aide du corps, sans le secours de membres. Entre ces deux extrêmes de l'inflexibilité ou de la très-grande souplesse du dos sont une foule d'organisations intermédiaires.

Sous la région médio-dorsale sont situés : 1° l'axe nerveux cérébro-spinal des vertébrés; 2° l'axe vasculaire ou le vaisseau dorsal des animaux articulés; 3° le cœur et les organes respiratoires des mollusques.

Le mot *dos* a diverses acceptions dans le langage usuel : *tourner le dos*, c'est s'enfuir, quitter, abandonner : *la fortune lui a tourné le dos*; *s'attirer quelqu'un à dos*, l'avoir à dos, *se le mettre à dos*, l'avoir pour ennemi; *avoir quelqu'un sur son dos*, l'avoir à sa charge, en être chargé ; *le porter sur son dos*, en être fatigué; *mettre tout sur le dos de quelqu'un*, se décharger de tout sur lui; *se laisser tondre ou manger la laine sur le dos*, souffrir des injures sans y répondre; *n'avoir pas une chemise à mettre sur son dos*, être extrêmement pauvre; *mettre dos à dos*, c'est-à-dire ne pas donner dans un accommodement plus d'avantages à l'un qu'à l'autre; *être le dos au feu et le ventre à table*, c'est-à-dire se trouver fort à son aise; *battre dos et ventre*, *donner sur le dos et partout*, frapper avec excès; *avoir bon dos*, posséder les moyens de faire les frais de quelque entreprise qu'on veut nous faire supporter; *faire le gros dos*, c'est-à-dire faire l'important, le capable.

Dos se dit quelquefois des choses inanimées : *le dos d'un livre*; dans les manufactures de lainerie, le *dos* est la partie de l'étoffe opposée aux lisières, lorsque la pièce est pliée en deux dans sa longueur.

Dos d'âne se dit : 1° d'un corps qui a deux surfaces inclinées l'une vers l'autre, qui aboutissent à un angle; 2° d'une ouverture en forme de demi-cercle que l'on fait à quelques vaisseaux pour couvrir le passage de la manivelle.

En botanique, on appelle *dos* : 1° la partie relevée d'une strie; 2° celle des faces d'une graine comprimée, qui est tournée du côté des parois du péricarpe; 3° la portion de la feuille carpellaire opposée à la suture formée par le rapprochement des bords, et due elle-même à la nervure moyenne de la feuille.
L. LAURENT.

DOSE, quantité déterminée en poids ou en mesure de capacité d'une substance qui doit entrer dans la confection d'un médicament ou d'un aliment. La dose ne devrait jamais être déterminée par *poignée*, *pincée*, *prise*, etc., comme cela a lieu trop souvent, parce que, entre la poignée d'un individu et celle d'un autre, il y a souvent moitié de différence; et quoique cette méthode soit ordinairement employée pour déterminer la quantité d'une plante qui doit entrer dans la composition d'une tisane, il en est cependant qu'il faut bien se garder d'employer de cette manière. Nous citerons seulement l'*arnica* et la *digitale pourprée*, la première pour accélérer les mouvements circulatoires, la seconde pour les ralentir ; on doit user de l'une et de l'autre à des doses minimes et avec circonspection.

On entend aussi par *dose* la quantité d'un médicament ou de toute autre substance qu'une personne peut supporter ou doit prendre en une ou plusieurs fois dans les vingt-quatre heures. On peut encore se servir du mot *dose* dans un sens moins rigoureux, pour désigner la quantité de choses qui ne peuvent ni se peser ni se mesurer : ainsi, on dit une *dose de fluide électrique*, une dose d'esprit, de méchanceté, etc.

Doser, c'est mettre les doses dans la composition d'un aliment ou d'un médicament, ou bien calculer les quantités de chaque substance qu'il faut faire entrer dans la confection d'un composé, pour que, les parties qui le composent étant bien combinées entre elles, un poids déterminé contienne la dose nécessaire de chacune.

DOSITHÉE. *Voyez* DOSITHÉENS.

DOSITHÉE (*Magister* DOSITHEUS), grammairien qui vivait au commencement du troisième siècle, est l'auteur d'un manuel intitulé *Hermeneumata*, qui a une certaine importance pour l'histoire du droit, à cause d'un extrait d'un livre de jurisprudence que l'on y cite comme exercice propre à s'habituer à traduire du latin en grec. Il est question dans ce fragment de quelques-unes des divisions de la science du droit, des personnes et des affranchissements. Il a été publié pour la première fois en latin à Paris, par Pithou (1573), plus tard, avec le texte grec, à Leyde (1730), par Rœver, et en Allemagne, par Schilling (Leipzig, 1819).

DOSITHÉENS, sectateurs d'un Juif samaritain, nommé *Dosithée*, qui voulut se servir des prophéties et des superstitions de son temps pour jouer le rôle de Messie, pendant que la mission de Jésus-Christ s'accomplissait à Jérusalem. Il commença par étudier la magie, et par faire des tours de gobelet, que l'ignorance de ses compatriotes prenait pour des miracles ; et ces prétendus prodiges, exaltés par une certaine faconde à l'usage des charlatans, lui valurent un assez grand nombre de partisans et de disciples. Tous les Samaritains ne furent pourtant point de son avis. On douta de sa prétendue mission. On rapprocha ses actes et ses prédications du texte si varié des prophéties. On lui opposa celles qui lui étaient ouvertement contraires, et, personne n'étant disposé à se faire martyriser pour lui, on se mit à démolir sa divinité factice. Son audace et sa fourberie le soutinrent contre cette réaction. Il nia l'autorité de ces mêmes prophètes dont il s'était servi, et leur contesta l'inspiration divine que le peuple leur attribuait; mais le coup était porté. La grande majorité des Samaritains ne voulut pas reconnaître en lui le Messie qu'elle attendait comme tous les Juifs. Il ne resta au magicien Dosithée qu'une trentaine de disciples, qui suppléèrent au nombre par l'entêtement, et qui finirent par s'attirer quelque vénération par l'austérité de leur vie. Quant à leur chef, sentant venir le terme fatal, il voulut ajouter, par une fin extraordinaire, à l'effet de ses prédications : il s'enferma dans une caverne, et s'y laissa mourir, pour faire croire qu'il était monté au ciel ; et quelque compère, mis sans doute dans le secret de cette disparition, accrédita cette nouvelle fable.

Sa secte lui survécut. Les dosithéens, fidèles aux préceptes de leur maître, se distinguèrent, dit-on, par la rigidité de leurs mœurs. Ils gardaient leur virginité ; mais ils mêlaient à leurs doctrines des pratiques ridicules, comme de se tenir dans la même posture pendant toute la veille du sabbat. Le plus célèbre de cette secte fut le fameux Simon, surnommé le Magicien, qui défia dans Rome l'apôtre saint Pierre; mais si le premier n'a pas été calomnié par ses vainqueurs, il est difficile de concilier la chasteté de ce magicien et des dosithéens en général, avec la coopération de la courtisane Hélène ou Sélène, que les historiens modernes ont traduit par le sobriquet de *la Lune*, et qui se trouve mêlée à la vie de Dosithée et de son principal disciple. Cette secte a subsisté en Égypte jusqu'au sixième siècle de notre ère.

VIENNET, de l'Académie Française.

D'OSSAT. *Voyez* OSSAT.

DOSSERET. On appelle de ce nom un petit mur en saillie sur un autre, ou plutôt une espèce de pilastre appliqué sur un mur et servant de support, soit à l'embrasure d'une porte ou d'une croisée, soit à la naissance d'un arc doubleau.

DOSSI (Dosso), célèbre peintre italien, né en 1479 aux environs de Ferrare, compta parmi ses principaux protecteurs le duc Alphonse d'Este, et a été immortalisé dans l'*Orlando furioso*, par l'Arioste, dont il avait fait le portrait. Il mourut à Ferrare, en 1560. Il reproduisit avec un haut degré de perfection les caractères particuliers à l'ancienne école de Ferrare, et se rattacha aux préceptes posés par ses illustres contemporains. C'est ainsi qu'à certains égards il s'approche de la manière du Titien, avec qui il peignit quelques salles du palais d'Alphonse. Les peintures qu'il y exécuta représentent des scènes des bacchanales, des jeux de faunes, de satyres et de nymphes. Dans d'autres tableaux, il s'efforce d'imiter la manière de Raphaël. La galerie de Dresde possède huit tableaux de ce maître; bon nombre, celui qui représente une dispute de docteurs de l'Église, remarquable par l'exactitude du dessin, la force du coloris, et tout à fait dans le style du Titien, est un véritable chef-d'œuvre. Le musée du Louvre possède une sainte famille attribuée à Dosso Dossi.

Son frère, *Giovanni-Battista* Dossi, quoique moins célèbre que lui, n'en fut pas moins un bon peintre d'histoire et de paysage. Ces deux frères, malgré une antipathie mutuelle, vécurent toujours réunis : Battista, meilleur peintre de paysage que d'histoire, avait la prétention d'exécuter les figures des œuvres communes, et il en résultait parfois des querelles si vives que, forcés de travailler ensemble pour les ducs de Ferrare, Alphonse et Hercule d'Este, ils ne voulurent plus avoir de communications que par écrit.

DOSSIER, liasse ou assemblage de pièces, d'actes, de titres relatifs à une affaire judiciaire. Ces pièces sont souvent réunies sous une simple enveloppe de papier qu'on nomme *chemise* ; quelquefois on les met dans un portefeuille ou dans un carton. On inscrit sur chaque dossier le nom des parties, l'objet de l'instance et les phases successives qu'elle parcourt. Il faut que toutes les pièces y soient bien classées par ordre de dates et de matières, afin que l'avocat qui doit plaider la cause, le juge qui doit vérifier sur pièces, la partie adverse qui en demande communication, puissent en examiner facilement le contenu. Autrefois on renfermait les dossiers de procédure dans des *sacs*, et ils en prenaient le nom.

DOT. C'est ce que la femme apporte en mariage. Ce mot est aussi employé dans les décrétales et quelques anciennes coutumes pour exprimer le douaire que le mari constitue à sa femme. L'usage de doter les filles ne s'est introduit chez la plupart des peuples qu'avec les richesses et le luxe, et Montesquieu fait remarquer qu'elles ont dû être plus considérables dans les monarchies, afin que les maris pussent mieux soutenir leur rang. L'usage finit par passer dans les lois; Justinien le consacra dans les *Novelles*. Charlemagne, dans ses *Capitulaires*, imposa l'obligation de doter la femme, et le concile d'Arles défendit, par un décret formel, de célébrer un mariage sans dot. On conçoit toutefois qu'au milieu des variations politiques du moyen âge, cette matière a dû subir bien des changements ; l'esprit du temps et des localités exerça sur elle sa double influence ; chaque coutume eut à cet égard ses dispositions particulières. Il serait trop long de suivre ce principe à travers toutes les modifications qu'il a éprouvées ; nous nous bornerons à indiquer les dispositions générales de notre législation sur cet important sujet.

La dot est définie par la loi française : « le bien que la femme apporte au mari pour soutenir les charges du mariage. » On voit, d'après cette définition, que la dot a un caractère plus général que celui que les anciennes coutumes lui attribuaient, car la loi prend soin de déclarer que la définition qu'elle en donne s'applique aussi bien au régime de la communauté qu'au régime dotal. D'un autre côté, la loi ne fait pas aux père et mère une obligation de doter leurs enfants ; il n'existe à cet égard qu'une obligation naturelle, pour l'exécution de laquelle ces derniers n'ont pas d'action. Cependant, quoique le législateur ne prescrive pas aux parents de doter leurs enfants, il n'a pas laissé ignorer que la nature leur en imposait le devoir ; aussi a-t-il supposé que celui d'une cause quelconque a fait placer dans les liens de l'interdiction, et qui pour ce motif ne peut légalement exprimer sa volonté, ne manquerait pas, s'il était libre, de concourir à l'établissement de ses enfants. En conséquence, il autorise dans ce cas le conseil de famille à fixer, avec les autres conditions du mariage, la dot ou l'avancement d'hoirie convenable.

Lorsque les parents dotent un enfant, voici les principes suivant lesquels les sommes ou valeurs constituées en dot se répartissent entre eux. Si le contrat de mariage n'exprime pas la partie pour laquelle ils entendent y contribuer, ils sont censés avoir donné chacun pour moitié, soit que la dot ait été fournie ou promise en effets de la communauté, soit qu'elle l'ait été en biens personnels à l'un des deux époux. Dans ce dernier cas, l'époux dont l'immeuble ou l'effet personnel a été constitué en dot a sur les biens de l'autre une action en indemnité jusqu'à la moitié de la dot. La dot constituée par le mari seul en effets de la communauté est à la charge de la communauté, car il en est l'administrateur, et il peut en disposer gratuitement pour l'établissement des enfants communs. La dot ne peut être ni constituée ni augmentée pendant le mariage, car la loi déclare ces conventions immuables de leur nature ; de pareils changements en effet pourraient souvent devenir funestes aux tiers, qui, dans l'ignorance des modifications survenues, croiraient que tel bien est encore leur gage, tandis qu'une constitution nouvelle ou une augmentation de dot les aurait frappés d'inaliénabilité : cette disposition toutefois ne s'applique qu'au *régime dotal*, sous lequel la dot est inaliénable, car sous le régime de la communauté la loi n'a pas établi la même prohibition.

Il ne faut pas oublier que la dot n'est qu'une condition du mariage, et qu'elle n'est due qu'autant qu'il se réalise; ce n'est donc qu'après la célébration que le mari peut l'exiger. Mais après la célébration il doit en poursuivre le recouvrement, car la loi le déclare responsable de sa négligence, et à la dissolution du mariage, la femme ou les héritiers auraient le droit de la réclamer contre lui sans être obligés de prouver qu'il l'a reçue, à moins qu'il ne justifie que ses démarches ont été inutiles pour s'en procurer la remise. Le mari est l'administrateur des biens dotaux de sa femme; il en perçoit les revenus, mais, d'un autre côté, le droit que lui accorde la loi a dû faire exiger de lui des garanties suffisantes pour le remboursement de la dot en cas de dissolution du mariage. C'est pourquoi une hypothèque légale est accordée à la femme sur tous les biens du mari, à raison de la dot et des conventions matrimoniales, à compter du jour du mariage. E. DE CHABROL.

DOTAL (Régime). Avant la promulgation du Code Napoléon, le système du droit romain sur les dots des femmes formait de toute antiquité dans les provinces méridionales de la France, pays de droit écrit, le droit commun. Les pays coutumiers, au contraire, suivaient généralement les principes indigènes et vraiment nationaux de la communauté. Lors de la confection du Code, ces deux systèmes se trouvèrent en présence; après de longues et vives discussions, les législateurs finirent par donner la préférence à la communauté, et décidèrent qu'elle serait désormais le droit commun de la nation entière. Quant au régime dotal, ils ne crurent pas d'abord nécessaire d'en parler, l'article 1387 déclarant qu'il serait loisible aux époux de faire telles conventions qu'ils jugeraient à propos. Mais bientôt les partisans de ce système, croyant voir dans le silence gardé à son égard la pensée de l'anéantir, soulevèrent de vives réclamations; et on consacra un chapitre particulier au régime dotal.

Sous le régime dotal les biens de la femme se divisent en dotaux et en paraphernaux. Les biens paraphernaux ne présentent rien de particulier; ils sont purement et simplement dans la position de ceux de la femme mariée avec **séparation de biens**; les biens dotaux, au contraire, sont administrés par le mari et ordinairement inaliénables.

La dot, sous ce régime comme sous celui de la communauté modifiée ou non, est le bien que la femme apporte à son mari pour supporter les charges du mariage. Mais elle est soumise à des règles particulières. Bien plus : le régime dotal ne suppose pas nécessairement une constitution de dot; dans ce cas, la femme n'ayant que des paraphernaux se trouve à peu près dans la même position que si elle était séparée de biens.

Des biens ne peuvent être rendus dotaux que sous ces deux conditions : 1° que les époux déclarent expressément leur volonté d'adopter le régime dotal; 2° que ces biens soient constitués en dot à la femme.

Le mari seul est l'administrateur de tous les biens dotaux; lui seul a le droit d'en poursuivre les débiteurs et les détenteurs, d'en percevoir les intérêts et de recevoir le remboursement des capitaux. Son droit de jouissance sur les biens dotaux est réellement un **usufruit**; cependant, à la différence de l'usufruitier ordinaire, il n'est pas tenu de fournir caution par la réception de la dot, s'il n'y a pas été assujetti par le contrat de mariage, et les fruits, même naturels, s'acquièrent pour lui jour par jour. En outre, il est plusieurs de ces biens qui deviennent sa pleine et libre propriété, à la charge de rendre à la fin de l'usufruit, soit leur valeur, soit d'autres biens de même qualité, par exemple les choses qui se consomment par l'usage; les objets mobiliers, quand ils sont livrés sur estimation et sans qu'on ait déclaré que l'estimation n'en fait pas vente; les immeubles livrés aussi sur estimation, quand il est déclaré que l'estimation en vaut vente; enfin les immeubles qui viennent remplacer dans les mains du mari les deniers constitués sans condition d'emploi, ce qui a lieu lorsque le mari, sans y être obligé par le contrat, achète un immeuble avec la somme qui lui a été livrée en dot, ou quand celui qui avait promis une somme en dot se libère en donnant un immeuble.

Du reste, tout en conférant au mari, par l'adoption du régime dotal, l'administration et la jouissance de ses biens dotaux, la femme peut se réserver par son contrat de mariage la faculté de toucher directement et sur ses seules quittances une certaine portion de revenus.

L'usufruit du mari s'éteint par la dissolution du mariage ou la séparation soit de biens, soit de corps, qui viendrait à être prononcée. La cessation de l'usufruit ou de l'administration du mari donne lieu à la restitution de la dot; la créance de la femme mariée sous le régime dotal, comme celle de la femme mariée sous tout autre régime, est garantie par une hypothèque légale, mais elle n'est point privilégiée dans le sens particulier du mot.

C'est seulement aux immeubles dotaux que s'applique le principe de l'inaliénabilité; la loi interdit aussi formellement leur hypothèque.

Cependant la femme peut avec l'autorisation de son mari ou, sur son refus, avec permission de justice, donner ses biens dotaux pour l'établissement d'enfants qu'elle aurait d'un mariage antérieur; mais si elle n'est autorisée que par justice, elle doit en réserver la jouissance à son mari. Elle peut aussi, avec l'autorisation de son mari, donner ses biens dotaux pour l'établissement de leurs enfants communs. L'immeuble dotal est toujours aliénable et saisissable, pour la réparation des délits même purement civils de la femme; du reste, la nue propriété seule peut être poursuivie, l'usufruit du mari devant lui rester intact. Enfin, dans les cinq cas suivants, une impérieuse nécessité commandait d'autoriser l'aliénation : d'abord pour tirer de prison le mari ou la femme; pour fournir des aliments aux époux, aux enfants, ou aux parents, ou alliés, auxquels ils sont dus; pour payer les dettes, soit de la femme, soit de celui qui a constitué la dot, ayant une date certaine antérieure au contrat de mariage; pour faire de grosses réparations indispensables pour la conservation de l'immeuble dotal; enfin, lorsque cet immeuble se trouve indivis avec des tiers et qu'il est reconnu impartageable. Dans tous ces cas, il faut qu'un jugement permette la vente, que la vente soit faite après affiches et enchères et que toute somme produit de la vente et qui n'a pas été absorbée soit employée en acquisition d'un immeuble qui sera lui-même dotal et inaliénable.

L'immeuble dotal peut être échangé contre un autre immeuble qui sera dotal également, pourvu qu'on justifie de l'utilité de l'échange et que le nouvel immeuble présente au moins les quatre cinquièmes de la valeur de l'autre. Ce fait doit être constaté par des experts que nomme d'office le tribunal, qui doit aussi vérifier l'utilité de l'opération avant de l'autoriser. L'excédant du prix, s'il y en a, est dotal, et il en est fait remploi au profit de la femme.

Les immeubles dotaux non déclarés aliénables par le contrat de mariage sont imprescriptibles pendant le mariage, à moins que la prescription n'ait commencé auparavant; ils deviennent néanmoins prescriptibles après la séparation de biens, quelle que soit l'époque à laquelle la prescription a commencé.

Les époux sont libres de combiner le régime dotal avec le régime de communauté; ils peuvent aussi y ajouter une simple communauté d'acquêts.

DOTATION. On nomme ainsi le don fait à un établissement public pour supporter les charges qu'impose sa destination. On donne encore cette dénomination à la masse mobilière et immobilière des biens qui composent la liste civile, et qui est déterminée par un sénatus-consulte au commencement de chaque règne, sous le nom de *dotation de la couronne*. Le *douaire* attribué à l'impératrice survivante, en cas de décès de l'empereur, et les pensions annuelles accordées aux princes et princesses de la famille impériale, prennent aussi le nom de *dotation*. Le sénatus-consulte du 11 décembre 1852 a fixé la dotation de la couronne, pour toute la durée du règne, à la somme annuelle de 25 millions. Une dotation annuelle de 1,500,000 francs est affectée aux princes et princesses de la famille impériale. La dotation immobilière de la couronne comprend les palais impériaux, les manufactures et les forêts qui en dépendent. Ce sont les Tuileries, l'Élysée, le Palais-Royal, Versailles, Marly, Saint-Germain, Saint-Cloud, Meudon, Fontainebleau, Compiègne, Rambouillet, Pau et Strasbourg, avec les corps de ferme, terres, prairies et bois qui en dépendent; les manufactures de Sèvres, des Gobelins et de Beauvais; le bois de Vincennes, la forêt de Dourlan, la forêt de Sénart et la forêt de Laigue. Les biens particuliers possédés par l'empereur, au moment de son avènement au trône, ont été réunis au domaine de l'État. Ce sont les domaines de Lamothe-Beuvron, de Villeneuve-l'Étang et de la Grillière. La dotation mobilière de la couronne comprend le mobilier et les diamants de la couronne, les musées, les bibliothèques et autres monuments des arts.

Après le coup d'État du 2 décembre 1851, la dotation du président avait été fixée à 12 millions de francs. Sous le régime de la Constitution de 1848, cette dotation était de 600,000 fr.; mais l'Assemblée législative y ajouta une dotation supplémentaire de 600,000 fr, puis de 1,200,000 fr., qui fut ensuite refusée.

Sous Louis-Philippe la dotation de la couronne était de 12 millions de fr.; plus deux millions pour le prince royal après son mariage, dotation réduite à 1,300,000 fr. par la mort du duc d'Orléans. La dotation immobilière de la couronne était à peu près la même que celle de l'empereur, moins le Palais-Royal, dont le roi s'était réservé l'usufruit, le château et la forêt de Rambouillet, ainsi que le palais de Strasbourg, la forêt de Dourian et la forêt de Laigue. Elle comprenait en outre le bois de Boulogne, qui a été, comme on sait, cédé à la ville de Paris, à charge d'entretien.

La Restauration avait pour le roi, les princes et princesses de la famille royale, une dotation montant à 32 millions, mais elle entretenait une maison splendide et servait 8 millions de pensions.

Les dotations et dépenses des pouvoirs législatifs, c'est-à-dire de l'empereur, de la famille impériale, du sénat, du Corps législatif et du Conseil d'État, s'élèvent dans le budget provisoire de 1854 à 36,604,180 fr.

La dotation de l'Assemblée législative montait à un peu plus de 8 millions. Sous Louis-Philippe la dotation ou budget de la chambre des pairs s'élevait à 720,000 fr.; celle de la chambre des députés à 680,000 fr.

La caisse d'amortissement a aussi une dotation annuelle au budget pour achat de rentes.

On nomme encore *dotations* les biens de l'ancien domaine extraordinaire (*voyez* DOMAINE), avec lesquels on récompensait les services civils et militaires.

La dotation demandée par Louis-Philippe pour son fils le duc de Nemours fit grand bruit sous la monarchie de Juillet. La loi du 2 mars 1832, qui réglait la liste civile du roi, statuait, article 21, que des lois spéciales pourraient, dans la suite, accorder des dotations particulières aux fils puînés du roi, *en cas d'insuffisance du domaine privé*. En 1837 les ministres crurent que le moment était arrivé d'invoquer le bénéfice de cette loi équivoque, et ils demandèrent, en conséquence, une dotation de 500,000 francs pour le duc de Nemours; mais l'opinion, tant dans la chambre qu'au dehors, se montra si peu favorable à ce projet, qu'ils se hâtèrent de le retirer. En 1839 le ministère du 12 mai crut être plus heureux auprès d'une nouvelle chambre, et représenta le projet de 1837; mais la chambre des députés décida, à une grande majorité, qu'elle ne passerait pas à la discussion des articles; et cet échec décisif entraîna la dissolution du cabinet. Depuis cette époque, la question de la *dotation* ne discontinua pas de jouer un grand rôle dans la polémique des partis, et il n'y eut pas de session sans que le parti républicain, et à sa suite l'opposition, ne prêtassent formellement au ministère l'intention bien arrêtée d'en appeler de nouveau à la chambre mieux éclairée sur l'opportunité d'une mesure au succès de laquelle tout démontrait effectivement qu'on attachait *à la cour* la plus haute importance. La majorité resta d'ailleurs toujours divisée sur cette question, et le ministère du 29 octobre se contenta de rappeler l'utilité de la dotation dans les colonnes du *Moniteur*, sans oser en faire l'objet d'une proposition formelle à la chambre.

L. LOUVET.

DOTHINENTÉRIE ou DOTHINENTÉRITE. *Voyez* FIEVRE TYPHOÏDE.

DOUAI, ville de France, chef-lieu d'arrondissement dans le département du Nord, sur la Scarpe, à 230 kilomètres de Paris, avec une population de 20,521 habitants. Siège d'une cour impériale, dont le ressort comprend les départements du Nord et du Pas-de-Calais, chef-lieu du septième arrondissement forestier, comprenant les départements du Nord, du Pas-de-Calais et de la Somme, cette ville possède un lycée, une école normale primaire départementale, une école de peinture et de dessin, des cours de sciences appliquées et de botanique. C'est une station du chemin de fer du Nord. L'industrie y est active; il s'y fait une fabrication importante de dentelles, de tulles unis et brodés, et de toiles; on y trouve des filatures de coton, des forges et fonderies de fer, des fabriques de machines et mécaniques, des huileries et savonneries, des brosseries, des distilleries, des tanneries et corroieries, des raffineries de sel, des fabriques de sucre de betterave et cinq typographies. Le commerce, très actif, y est facilité par les canaux qui lient cette ville avec la Belgique et les principales villes du département. C'est l'un des grands entrepôts du commerce des lins de Flandre; les grains, les huiles et graines grasses, forment encore une branche importante du commerce de Douai.

Si l'on n'a pas cherché à donner à la ville de Douai une origine troyenne ou cimbrique, comme on l'a fait pour Beauvai et Cambrai, on a du moins voulu la rendre contemporaine de César, et l'on a prétendu que *Duacum* devait être la ville des *Aduatiques*, l'un des peuples belges qui se liguèrent contre César. Mais c'est une erreur. Le *Castrum Duactem* n'est nommé nulle part avant le septième siècle, et il est à croire qu'à cette époque ce n'était qu'une forteresse destinée à protéger Lombres, résidence royale, dont on ne sait pas au juste l'emplacement, comme aujourd'hui le fort de Scarpe protège Douai lui-même. On trouve dans des titres du onzième siècle les noms de quelques châtelains de Douai. En 1195 le roi Philippe-Auguste remet au comte de Flandre ses arrangements au sujet des *tours* de Douai; en 1209 la *vieille tour* de Douai est mentionnée comme faisant partie du douaire d'Agnès, fille du châtelain de Bapaume; elle est en outre investie de la châtellenie de cette ville; lequel office de châtelain, pour n'en plus parler, fut occupé en dernier lieu par Philippe d'Inchy, qui le vendit, en 1464, aux échevins de Douai. A l'époque de la bataille de Bouvines, Douai était renommé déjà pour son opulence, la force de ses armes et l'illustration de ses citoyens. C'est Guillaume le Breton, qui, dans sa *Philippide*, a dit :

. . . . Duacum
Dives et omnipotens et claro cive refertum.

Cette réputation, les Douaisiens l'avaient acquise depuis longtemps. Placés à l'entrée de cette Flandre, éternel sujet de discorde entre les rois, vaste et continuel champ de bataille, ils n'avaient eu que trop souvent occasion de s'exercer à la guerre. Au dixième siècle, ils résistèrent avec leurs seules ressources aux attaques combinées du roi de France, du comte de Bourgogne, du comte de Vermandois; vers 1071, ils osèrent prendre le parti de Richilde et d'Arnoul le *Malheureux*, légitime comte de Flandre, contre Robert le Frison, que la victoire favorisa, mais qui, sur l'injonction de son confesseur, se crut obligé, au retour de la croisade, de céder à Baudouin, comte de Hainaut, la châtellenie de Douai. Robert II, qui avait blâmé une telle concession, usa de ruse pour rentrer en possession de ce domaine : il offrit à Baudouin de lui faire épouser Adélaïde de Savoie, nièce de sa femme, et y mit pour condition l'abandon de la châtellenie de Douai. Baudouin, enchanté, promit ce qu'on voulait ; mais quand il eut vu la princesse, il la trouva si difforme qu'il aima mieux perdre Douai et ses dépendances que de l'épouser : du reste, Adélaïde de Savoie eut lieu de se consoler de cet affront, puisqu'elle devint reine de France. En 1107, l'empereur Henri V vint au secours de Baudouin pour reprendre Douai. Les bourgeois de Douai obtinrent, en 1175, la première institution de leur commune, et à cette occasion ils prirent des armoiries qui consistaient en un *écu de gueules*, *surmonté d'un D gothique d'or*. Après la bataille de Mons-en-Puelle, où ils se signalèrent en 1304, ils ajoutèrent à leur blason *une flèche d'or*, *qui*, *partant de l'angle dextre*, *venait frapper le cœur de l'écu d'où découlait six gouttes de sang*, en mémoire des 600 hommes qu'ils avaient perdus dans cette journée et dans celle de Pont à-Vendin. La bannière de Douai parut avec honneur dans les champs de Bouvines, et lorsqu'en 1225 un traité fut conclu pour la rançon du comte Ferrand, qui avait été fait prisonnier dans cette mémorable bataille, ce fut Douai qui y contribua pour la plus forte part, puisqu'elle fut mise pour dix ans *dans la main* du roi de France. Une charte donnée par la comtesse Marguerite, en 1268, constate qu'il y avait alors à Douai *guerres mortelles*, haines et autres discordes entre les bourgeois et les fils de bourgeois. Cette charte donne commission aux échevins de choisir sept prud'hommes, pour faire l'office d'*apaiseurs*, tant pour le cas présent que pour l'avenir. Robert de Béthune, comte de Flandre, qui était redevable à Philippe le Bel de 10,000 livres de monnaie pour sa rançon, s'acquitta le 11 juillet 1312, en cédant les villes de Lille, Béthune et Douai. En 1364, les échevins de Douai ayant condamné un homme à être pendu, le parlement de Paris fut, après l'exécution, saisi de l'affaire, cassa l'arrêt des échevins, et déclara la ville déchue de tous ses privilèges; mais, quatre ans après, le roi Charles V, considérant que lesdits échevins n'avaient point agi par corruption, par haine ou autre *mauvaistié quelconque*, rendit à la ville le plein exercice de ses droits et franchises. En 1420 les turlupins tenaient des réunions dans l'un des faubourgs de la ville; l'évêque d'Arras, le fameux Martin Porée, fit instruire leur procès, et on en brûla six sur la place de Douai. Des deux théâtres dressés pour les spectateurs de cette exécution, l'un s'écroula, et causa la mort de beaucoup de monde ; c'était celui qui portait les gens d'église.

Dans le siècle suivant, les calvinistes tentèrent vainement de pénétrer à Douai ; mais ils firent beaucoup de dégâts dans le pays. Pour opposer une digue à ce torrent de la réforme, on institua alors de nouveaux évêchés dans les Pays-Bas, et la création d'une seconde université fut considérée comme une mesure très-propre à assurer les mêmes résultats. On avait d'abord songé à la placer à Maubeuge; mais les échevins de Douai mirent tant d'activité dans leurs sollicitations auprès de Philippe II que l'université, créée par bulle du 6 janvier 1561, fut installée dans leur ville le 5 octobre 1562. Ce corps enseignant, pendant ses deux siècles d'existence, a joui d'une haute renommée, et a contribué à entretenir dans la ville de Douai le goût des études fortes et à lui donner une sorte de physionomie littéraire qu'elle a gardée depuis. Du reste, longtemps avant l'université, Douai avait en sa *Confrérie des clercs parisiens*, son *Banc poétique du Seigneur de Guiney*, les conférences littéraires de Michel d'Esne, qui de page du roi d'Espagne devint évêque de Tournai.

En 1667 Louis XIV se rendit maître de Douai, qui fut cédé l'année suivante à la France par le traité d'Aix-la-Chapelle. En 1710 les alliés la reprirent après cinquante-deux jours de tranchée. Mais deux ans plus tard Villars la leur enleva, et la paix d'Utrecht vint bientôt nous en assurer la possession définitive.

Au mois de juin 1714 le parlement de Flandre fut transféré à Douai, et continua d'y résider jusqu'à sa dissolution. Les établissements religieux étaient nombreux à Douai. On y comptait six paroisses, dont deux églises collégiales, Saint-Amé, fondé vers 674 à Merville, transféré à Douai deux siècles plus tard ; Saint-Pierre, dont on fait remonter l'origine au commencement du onzième siècle. On a compté en cette ville quinze monastères d'hommes et seize de filles. La ville possédait une trentaine d'hospices, hôpitaux ou fondations charitables, qui sont aujourd'hui fondues soit dans l'hôtel-Dieu, soit dans l'hospice et quelques annexes.

Sous le rapport militaire, la place de Douai est une des plus importantes du royaume. Quand Louis XIV s'en fut rendu maître, il y fit exécuter de grands travaux, sous la direction de Vauban; on a laissé subsister une vingtaine de tours qui avaient été construites depuis l'an 1405 sur divers points de l'enceinte de la place. Un arsenal, une fonderie de canons, une école d'artillerie, plusieurs belles casernes, une grande et belle citadelle, connue sous le nom de *fort de Scarpe*, tels sont les principaux établissements militaires disséminés sur une superficie de 245 hectares. Douai est bien bâti ; les rues en général y sont percées très-régulièrement ; les constructions particulières sont faites avec goût. Les édifices les plus remarquables sont l'église Saint-Pierre et l'Arsenal.

Le retour de la fête ou kermesse est un événement grave à Douai. Les représentations bizarres et gigantesques qui ont lieu à cette occasion et qui de temps immémorial sont en possession d'exciter les joies populaires, sont moins déraisonnables qu'on ne pense. Elles tiennent à des traditions plus ou moins dénaturées ; elles cachent même quelquefois un sens moral très-vrai et très-piquant : tels sont l'appareil des fêtes de Douai la *roue de fortune*, le procureur *qui plume la poule*, et cette satire aristophanique des *pinperlots*, qui le mercredi des cendres se promènent par la ville et s'arrêtent à la porte des mauvais ménages pour y débiter un sermon moral en vers dont le modeste auteur ne s'est jamais fait connaître. Edward LEGLAY.

DOUAIRE. Le douaire était sous l'ancienne législation ce que le contrat de mariage ou la coutume accordait, en cas de survie, à la femme sur les biens de son mari pour sa subsistance. Nous disons le contrat de mariage ou la coutume, parce qu'on distinguait le douaire *préfix* ou *conventionnel* et le douaire *coutumier*. Le douaire de la première espèce dépendait pour son étendue de la volonté des parties. Quant au second, il résultait des dispositions de la coutume. Bien qu'il ne fût pas uniforme, cependant il consistait communément dans l'usufruit de la moitié des héritages possédés par le mari au jour de l'union, et de ceux qui depuis lui étaient échus en ligne directe. Le douaire coutumier n'avait lieu qu'à défaut de douaire préfix, et pouvait être supprimé par une clause du contrat de mariage. L'effet du douaire coutumier était à peu près celui d'une donation entre vifs de biens présents avec condition de survie; car la femme s'en trouvait saisie de telle sorte que les biens ne pouvaient être aliénés par le mari au préjudice de celle-ci. Le douaire conventionnel, au contraire, laissait au mari, à moins de stipulation expresse, la libre et entière disposition de ce qui lui appartenait. Le douaire coutumier a cessé d'exister à la promulgation de la loi du 17 nivôse an II; et celui que le mari constituerait aujourd'hui au profit de la femme ne serait plus qu'une donation, soumise à ce titre à toutes les règles et formalités établies par les lois civiles pour ce genre de disposition.

La coutume de Paris et quelques autres accordaient également aux enfants un douaire qui n'était autre chose que la nue propriété des biens dont l'usufruit formait le douaire de la femme. Ce douaire, qu'on pouvait regarder comme une espèce de légitime, en différait en ce que 1° il n'était dû que par le père, tandis que la légitime est une dette commune au père et à la mère; 2° il grevait tous les immeubles appartenant au père à l'époque du mariage, ou qui lui étaient échus à titre de succession en ligne directe, tandis que la légitime ne s'applique qu'aux biens existants au décès; 3° il primait toutes les dettes postérieures au mariage, lesquelles devaient être payées avant la légitime. Pour recueillir le douaire, les enfants étaient tenus de renoncer à la succession. s'ils se portaient héritiers, ils n'avaient aucun droit. Le douaire différait encore à cet égard de la légitime, dont les enfants qui acceptaient la succession pouvaient seuls profiter.   E. DE CHABROL.

DOUAIRS. Ce mot, pluriel de Deira, a servi particulièrement à désigner une belliqueuse tribu algérienne des environs d'Oran, qui, après quelques hésitations, finit par se ranger parmi nos alliés les plus fidèles. Lors de l'occupation d'Oran par nos troupes, les Garabas entraînèrent plus d'une fois les Douairs et les Smélas contre la garnison française. Le général Boyer entama avec ces deux dernières tribus des négociations qui n'eurent pas alors de résultats. Abd-el-Kader parvint même à les entraîner contre nous en 1833, bien que quelque temps auparavant elles eussent demandé à se soumettre à la France; mais après les combats d'Aïn Beda et de Tannezouat (1er octobre et 3 décembre 1833), les Douairs et les Smélas quittèrent tout à fait la cause de l'émir, et s'attachèrent à la France. Leur chef, le vieux Mustapha-ben-Ismael, les mena même souvent au combat contre l'émir, et trouva la mort à leur tête.
     L. LOUVET.

DOUANES. On appelle ainsi une institution administrative dont le but principal et avoué est de protéger l'industrie et le commerce d'un pays contre la concurrence étrangère, mais qui en réalité n'a été que trop souvent un moyen de fiscalité pour les gouvernements, de privilège et de monopole pour certaines industries et pour certains intérêts. Le mode de cette protection a consisté jusque ici à interdire absolument l'entrée de l'objet qui fait ombrage, aux frontières : c'est ce qu'on appelle *prohiber*; ou à le frapper d'une taxe, d'un *droit*. L'ensemble des droits imposés dans un pays sur chaque article compose ce qu'on nomme le *tarif*. Comme ces droits restreignent l'industrie étrangère, et protègent au contraire l'industrie nationale, on dit indifféremment *droits restrictifs*, *droits protecteurs*, et l'on donne aux combinaisons de cette sorte le nom de *système prohibitif*, *régime des douanes*; enfin le corps chargé de l'exécution du tarif s'appelle *la douane*, *les douaniers*. Un autre mode de protection consiste à accorder une certaine somme à ceux qui exportent certaines marchandises : il est connu sous le nom de *prime d'encouragement*.

La douane est organisée presque sur le pied de guerre : institution mixte entre le civil et le militaire, ses employés sont des espèces de soldats. Revêtus d'un uniforme spécial, armés et soumis à une discipline sévère, ils sont incessamment sur le qui-vive, tout le long des frontières de chaque territoire européen, dans les campagnes, à l'entrée des villes qui les parsèment, et des côtes ou des ports de mer. En France, une direction générale réunie aujourd'hui dans une même administration avec la direction des contributions indirectes, préside au système des douanes et en concentre toutes les attributions : son siège est à Paris. Les *lignes de douanes* aux frontières sont divisées en un certain nombre de circonscriptions administrées par un directeur de second ordre, qui a sous lui des agents chargés de visiter les transports, de vérifier les marchandises, et d'exercer une active surveillance à l'égard des fraudeurs qui sillonnent nuitamment les défilés des frontières de terre et les bords des côtes ; de percevoir les droits prescrits par les tarifs, à peu près comme on perçoit les droits d'octroi à l'entrée de nos villes ; et enfin d'interdire absolument l'entrée aux articles que la loi *prohibe*.

L'organisation actuelle des douanes est à peu près telle que nous nous l'a léguée le régime essentiellement prohibitif de l'empire : aussi se ressent-elle de l'esprit despotique et militaire de l'administration napoléonienne.

Les déclarations que l'on doit faire aux bureaux de douanes se divisent en *déclarations d'entrée*, *déclarations de sortie* et *déclarations de circulation*. Toutes, elles doivent renfermer le détail complet des marchandises, leur poids, leur nombre, leur mesure et leur valeur; toute erreur doit être rectifiée dans le jour, sans quoi le délit serait réputé constant, car en ces matières on n'admet pas l'exception de bonne foi; on suppose toujours que l'erreur est le résultat d'une fraude, et il doit être dressé procès-verbal de contravention toutes les fois que les marchandises ne sont pas conformes à la déclaration; le défaut de déclaration constitue le délit de fraude.

Le *droit d'entrée et de sortie* s'établit tantôt d'après la *valeur*, tantôt d'après le *poids* de la marchandise introduite. La règle générale dans la fixation du *tarif* a été dans ces derniers temps d'affranchir presque entièrement de sortie de nos produits, de modérer par quelques droits l'exportation des matières qui peuvent être mises en œuvre ou utilisées par l'industrie nationale, de frapper d'une prohibition absolue la sortie des matières premières indigènes, rares ou lentes à produire, et même de défendre l'importation de certains produits dont on veut se réserver jalousement la jouissance exclusive, ou dans la production desquels on craint de voir l'étranger nous surpasser. Quant aux matières premières exotiques, elles ne supportent pour la plupart que de faibles droits à l'entrée ; mais les plus importants objets de consommation payent d'énormes taxes en faveur des industries ou des produits similaires qu'on veut faire prospérer, *quand même*, à l'intérieur. Sont ensuite plus ou moins atteints les produits qui ont déjà reçu une préparation, selon la concurrence qu'ils apportent à l'industrie nationale, ou selon qu'ils lui sont utiles ou contraires. Mais la prohibition est de règle pour tout ouvrage fini, surtout si les manufactures qui y rivalisé à l'intérieur sont nouvelles ou menacées de succomber dans la rivalité. Les denrées coloniales étrangères supportent des droits élevés, qui équivalent à un impôt de consommation. Il y a plus, les produits de nos propres colonies à leur arrivée en France, et ceux de la métropole à leur entrée aux colonies, et même à leur sortie de la frontière, sont taxés plus ou moins durement. Enfin, outre ces droits, il y a encore celui de la *navigation*, plus fort pour les navires étrangers que pour les nôtres; celui de *tonnage*, celui d'*expédition*, celui de *congé*, et ensuite celui qui frappe les marchandises contenues dans le bâtiment. Mais ce qui achève de caractériser cette institution et de mettre en saillie son esprit de fiscalité, c'est qu'une marchandise ne peut même point traverser le pays pour aller se vendre ailleurs, ni prendre pour ainsi dire un pied-à-terre dans quelqu'un de nos ports pour être réexportée, sans être pressurée au passage ou à l'entrepôt par un droit qu'on appelle dans le premier cas *droit de transit*, et dans le second, *droit d'entrepôt*. La douane a encore pour attribution spéciale la police des salines minérales et naturelles.

L'action de la douane est assurée partout en Europe par un régime pénal très-rigoureux. En France, toute marchandise prohibée ou chargée d'un droit qui est prise en fraude est confisquée avec le bâtiment, les chevaux ou la voiture qui les transportent; et les conducteurs ou possesseurs sont passibles d'une amende égale à la valeur de l'objet. Les délits de contrebande avec attroupements et ports d'armes, ceux de rébellion, sont punis de réclusion, de travaux forcés, et parfois de la mort. L'ancienne législation des douanes, dont les bases principales sont consignées dans l'ordonnance de 1687, n'était sans doute ni plus simple ni plus douce. Comment le commerce aurait-il pu faire un pas sans être rançonné ni retardé? comment l'industrie aurait-elle pu prospérer dans un empire dont chaque province était ceinte d'une ligne de douanes, car tel était alors l'état de la France. Il n'a fallu rien moins que la révolution de 1789 pour détruire ce régime. Depuis lors, les marchandises purent circuler librement d'une extrémité à l'autre du pays, et une nouvelle législation, qui avait au moins le mérite de l'uniformité, fut conquise; mais bientôt intervinrent une foule de lois, d'ordonnances, d'instructions ministérielles, qui, compliquant et simplifiant tour à tour la matière, en ont fait un dédale de contradictions et de confusion, d'où a surgi en définitive un esprit de fiscalité et de tyrannie administrative qui enserre les moindres mouvements de l'industrie et des travailleurs dans les lisières humiliantes d'un peuple enfant ou subjugué.

L'origine des douanes remonte aux temps de la féodalité suivant les uns, à Colbert suivant les autres. Ainsi, Smith en voit les premiers essais dans les impôts que les seigneurs levaient sur les profits des marchands au passage sur leurs domaines. Un premier sentiment, bien naturel à l'ignorance et à la grossièreté du moyen âge, c'est que la vente dans un pays ne devait appartenir qu'à ses propres habitants, et que l'étranger pour acquérir ce droit devait l'acheter au prix d'une forte taxe. Cette taxe paraissait d'autant plus légitime que les marchands de l'intérieur y étaient soumis en partie, grâce au mépris que l'intervention inspirait alors à la noblesse. Les douanes auraient donc leur prétexte ou leur raison dans cette déconsidération du commerce dans le passé. Il y avait là en effet, indépendamment de tant d'autres causes, une prédisposition infaillible pour toutes les entraves mises aux relations commerciales, intérieures et extérieures. Mais il est plus probable que l'établissement des corporations portait en lui l'institution des douanes, comme conséquence obligée. Créées d'abord pour faire obstacle à la concurrence du dedans, bien plus que pour fortifier l'industrie contre le brigandage des féodaux et de leurs gens, nous les voyons bientôt se liguer contre la concurrence étrangère et ériger en principe le monopole. Quoi qu'il en soit, quand parut Colbert, elles primaient et s'imposaient même au pouvoir. Il en fut dominé, lui et ses successeurs : plongé dans cette atmosphère, il s'inspira de la fameuse idée du *système mercantile*, qui consistait à faire du numéraire la mesure véritable de la richesse, et il voulut que la France exportât le plus et importât le moins possible. Il publia donc en 1662 un tarif en vertu duquel toutes les marchandises fabriquées à l'étranger furent interdites, et puis une foule de règlements et de droits, établis à la sollicitation des corporations qui le circonvenaient.

Bientôt, à l'exemple de Colbert, l'Europe entière crut à la balance du commerce, et comme lui elle voulut des prohibitions, des barrières de douanes : « Mais, dit Ganilh, à mesure que ce système s'introduisait, on s'aperçut qu'il se détruisait en se généralisant, et qu'arrivé à une certaine extension, il isolait les peuples, resserrait leurs relations commerciales, rendait inutiles leurs progrès et leurs supériorités dans tous les genres de productions, et les privait de tous les avantages qu'ils auraient recueillis de leurs échanges. » Tous ces maux dérivent en effet de l'hostilité permanente suscitée entre les peuples par les questions de douanes; et l'histoire nous montre que la plupart des guerres européennes ont eu pour cause ou pour résultat des *traités de commerce*, c'est-à-dire des transactions sur les douanes. La guerre de 1672 contre les Hollandais, qui dura six années, eut pour cause explicite la publication du tarif de 1667. « Les prohibitions prononcées à diverses époques, dit M. d'Argout, étaient l'effet des emportements du pouvoir, des représailles ou des moyens de guerre; après la cessation des causes qui les avaient produites, on ne croyait plus possible de les révoquer, parce qu'elles avaient donné naissance à des industries naissantes et avaient forcé le développement des anciennes. » La Convention, par sa loi de 1793, avait aussi prohibé une multitude d'articles en haine des puissances qui faisaient la guerre à la république. Vint ensuite le système continental de Napoléon, nouvelle pensée de guerre, conception hostile à l'Angleterre, par laquelle le grand homme voulait organiser une prohibition permanente des produits anglais depuis Lisbonne jusqu'à Saint-Pétersbourg.

Malgré de si funestes résultats, ce préjugé traditionnel est encore loin d'être déconcerté. En vain la science de l'économie politique a renversé la théorie de la balance du commerce, et proclamé le principe de la *liberté commerciale*, la routine, les inextricables conséquences qu'a entraînées l'application d'un principe faux ou exagéré, la nécessité des impôts et la difficulté de suppléer à ceux qu'on trouve dans le régime des douanes en vigueur, certains droits acquis à ménager, font de la solution de cette question une des difficultés sérieuses de notre époque.

Les partisans du régime des douanes partent de ce principe, que le gouvernement doit *protéger* l'industrie nationale. Les défenseurs de la liberté commerciale disent qu'il faut l'*encourager*, l'*aider* à se développer; et tandis que les premiers veulent lui réserver le marché national, et regardent les *droits* et les *prohibitions* absolues comme le seul moyen de cette protection, les autres mettent toute leur foi dans l'intervention directe du gouvernement, pour généraliser et activer les voies de communications, routes, canaux et chemins de fer; pour organiser l'éducation industrielle; pour encourager au perfectionnement, à l'invention ou à la naturalisation des procédés supérieurs. Toutefois, il ne s'agit point à leurs yeux d'une abrogation de régime instantanée : ils sont loin de méconnaître ce qu'il y a de légitime dans les droits acquis à l'ombre du principe *restrictif;* ils demandent un compromis successif avec ces intérêts, et désirent que la réforme s'effectue lentement, par un abaissement graduel de tous les droits de douanes; de manière pourtant à en faire disparaître les dernières traces dans un intervalle assez rapproché.

De leur côté, les *prohibitionnistes* font chaque jour des concessions au principe nouveau. Ils renoncent aux prohibitions et même aux droits en tant qu'ils auraient pour but seulement de se passer des étrangers. Il leur suffit de modérer ou d'interdire une concurrence qui pourrait tuer à l'intérieur une industrie naissante : ainsi, ils prohibent aujourd'hui à l'entrée les draps, les laines, les poteries, les verreries, les cristaux, le plaqué, les fils de coton, fabriqués hors de France; ainsi, ils frappent la houille, le fer, les bestiaux, etc., etc., de certains droits qui en élèvent le prix à leur entrée en France au taux où s'y vendent nos produits similaires. Les principaux représentants de ce principe surranné confessent même explicitement aujourd'hui qu'employé comme représailles ou comme funeste, que comme faveur il est abusif, comme encouragement à une industrie exotique, qui n'est pas importable, il est impuissant et inutile. *Employé pour protéger un produit qui a chance de réussir, il est bon temporairement*. On sait quel conflit d'intérêts souleva l'enquête commerciale ordonnée en 1833 par le ministre du commerce M. Duchâtel. Ce fut un témoignage bien propre à avancer la question. Presque toutes les industries vitales du pays s'y trouvèrent aux prises. Chacune étant appelée à faire valoir ses droits, à proposer ses moyens, on vit alors le scandale le plus affligeant de l'égoïsme le plus étroit. Les parties contendantes prouvèrent à l'envi qu'il fallait supprimer toutes prohibitions et toutes restrictions, moins celles qui favorisaient leur propre industrie. Disons-le donc : c'est cette manie d'*emmaillotter* pour ainsi dire toutes les industries qui nous a valu depuis si longtemps la bataille des producteurs et des consommateurs, les réclamations et griefs des maîtres de forges contre les propriétaires de forêts, des producteurs de machines, des agriculteurs, des armateurs contre les maîtres de forges, des fabricants de draps contre les producteurs de laine, des fabricants de tulle contre les filateurs de coton, de la métropole contre les colonies, des ouvriers contre les propriétaires, etc.

« Qu'est-ce qu'une institution (s'écrie un économiste contemporain, M. Stéphane Flachat) qui enseigne aux citoyens à compter pour s'enrichir sur autre chose que leurs talents, leur persévérance, leur économie; qui bâtit des fortunes sur un autre terrain que celui du travail, et constitue ainsi le gouvernement non pas le protecteur, mais le corrupteur de toutes les forces vives de la société? Est-ce là du droit? est-ce là de l'égalité? » L'enquête commerciale eut cela d'utile qu'elle confirma cette opinion, qu'il n'y allait dans cette question que du sort de quelques intérêts nés du monopole et de la faveur, mais nullement de la richesse et de la prospérité générales. Déjà, on peut prévoir le triomphe prochain et général du principe de la liberté commerciale. L'opinion s'en inspire chaque jour, et ce ne sont pas seulement les esprits purement spéculatifs qui fournissent la carrière : le commerce en masse de Bordeaux, celui du Hâvre et de plusieurs autres localités importantes, réclament vivement pour eux et pour tous; et, comme nous l'avons dit, par leurs égoïstes restrictions réciproques, les autres villes, telles que Lille, Roubaix, Turcoing, Tarare, Mulhouse, Rouen, etc., déposent plus victorieusement encore contre l'ancien système.

Quant aux objections puisées dans la pratique des peuples, nous opposerons l'expérience même du régime de liberté de la Saxe, qui n'ayant jamais connu le système restrictif a cependant fait son éducation industrielle sans tarifs de douanes, et s'est mise au premier rang des peuples manufacturiers; de la Suisse, qui sans ports, sans canaux, sans routes navigables importantes, et pourtant sans lois, sans prohibitions, a développé prodigieusement son industrie, et se présente comme le plus redoutable concurrent de Lyon; de Cuba, où une entière liberté de commerce a produit et une grande prospérité et une florissante industrie. Un autre fait bien significatif s'est récemment consommé en Allemagne. Là aussi des peuples singulièrement circonspects dans leur marche progressive ont cependant rendu hommage au principe nouveau en formant solennellement une association commerciale dont le premier résultat a été la destruction des barrières de douanes qui entouraient leurs territoires réciproques. En ce moment même l'Allemagne fait les plus puissants efforts pour élargir le cercle de son Zollverein. Si l'on considère les États-Unis d'Amérique, de toutes les nations du monde incontestablement celle qui gravite le plus rapidement vers la liberté, leurs progrès en civilisation et en richesse semblent même se mesurer à l'abaissement de leurs tarifs de douanes et à la décadence de l'esprit de prohibition parmi le peuple. On sait que ces anciennes provinces anglaises doivent leur indépendance, et par suite leur nationalité, à l'iniquité révoltante des tarifs de la métropole; et il y a quelques années, comme si la Providence avait voulu leur donner le salutaire avertissement que leur grandeur était attachée au principe de liberté universelle, l'Union faillit se rompre pour n'y avoir point obéi avec assez de promptitude et de bonne foi. Enfin, voici l'Angleterre qui vient à tout jamais de s'alléger par l'introduction de la liberté commerciale et l'abolition de l'acte de navigation.

L'institution des douanes ne serait que salutaire si les gouvernements à côté de leur sollicitude pour la prospérité future de telles ou telles industries mettaient un sentiment bien plus humain et plus positif, le respect du bien-être *actuel* des populations, et si surtout ils ne demandaient les sacrifices que réclame le développement industriel national qu'à ceux qui jouissent le plus des avantages sociaux. Ainsi comprises, les douanes permettraient d'attendre et même hâteraient l'époque de l'association des peuples, la seule où la liberté illimitée sera non-seulement possible, mais réelle.

C. PECQUEUR.

Avant la révolution de 1789, et malgré les efforts de Colbert et de ses successeurs pour établir un régime de douanes unitaire, la France était partagée en trois grandes divisions : la première embrassait les provinces qui avaient accepté le tarif de 1664, et qu'on désignait sous le nom de *provinces des cinq grosses fermes*; la seconde se composait des provinces qui, n'ayant pas voulu se soumettre au régime inauguré par Colbert, gardèrent leur ancien régime : on les appelait *provinces réputées étrangères*; enfin, la troisième division, désignée sous le nom de : *étranger effectif*, comprenait les Trois-Évêchés, la Lorraine et l'Alsace, parce qu'au moment de leur réunion à la couronne il avait été stipulé que les relations commerciales de ces provinces avec l'étranger demeureraient libres.

La loi du 5 novembre 1790 prononça l'abolition des droits de traite dans l'intérieur du royaume, à partir du 1er décembre de la même année, et leur remplacement par un tarif unique et uniforme. Le nouveau tarif fut établi trois mois après, par la loi du 15 mars 1791. Cette loi est donc devenue le point de départ du nouveau régime commercial de la France. Mais le tarif qu'elle décréta se ressentit bientôt des commotions politiques du pays. Pendant les guerres de la Révolution et de l'Empire, il servit aux besoins de la politique, et devint l'instrument le plus puissant du système connu sous le nom de *blocus continental*. Plus tard, et à mesure que le rétablissement de la paix tourna les forces du pays vers le développement de l'industrie et du commerce, le tarif des douanes dut se transformer de manière à être mieux approprié aux nouveaux besoins qui se manifestaient. De là les nombreux changements introduits dans notre législation douanière, et dont il est difficile de retrouver la trace au milieu des lois, décrets et ordonnances qui se sont succédé depuis soixante ans.

L'Assemblée constituante de 1789 avait, en 1791, adopté un tarif sagement combiné dans l'ensemble, qui affranchissait de droits les matières premières du travail et les denrées alimentaires de première nécessité, et qui soumettait les produits fabriqués à des droits qui s'élevaient à mesure qu'ils s'agissait davantage d'objets de luxe ou que la fabrication était plus complète. Il suffit d'énoncer la pensée fondamentale d'un pareil système pour en faire comprendre la convenance et l'équité. Mais au fort de la guerre contre l'Europe coalisée, le 10 brumaire an v, les passions belliqueuses qui se donnaient carrière dictaient une loi dont l'esprit est tout entier dans son titre : *Loi qui prohibe l'importation et la vente des marchandises anglaises*. L'article 5 de cette loi assimilait aux produits anglais, *quelle qu'en fût l'origine*, la presque totalité des articles manufacturés; et c'est ainsi que fut établie une prohibition absolue sur la presque totalité des objets qui peuvent sortir des fabriques.

La loi du 10 brumaire an v prohibait à nos frontières les étoffes de laine, de coton et de soie, les fils de laine, de coton et de soie, toute espèce de bonneterie de coton ou de laine; toutes sortes de plaqués, tous ouvrages de quincaillerie fine, de coutellerie, de tabletterie, d'horlogegie, et autres ouvrages en fer, en acier, en étain, cuivre, airain, fonte, tôle, fer blanc ou autres métaux polis ou non polis, purs ou mélangés; les cuirs tannés, corroyés ou apprêtés, ouvrés ou non ouvrés, les voitures montées ou non montées, les harnais et tous autres objets de sellerie; toutes sortes de peaux pour gants, culottes ou gilets, et ces mêmes objets fabriqués; toute espèce de verres et de cristaux autres que les verres servant à la lunetterie et à l'horlogerie; les sucres raffinés en pains et en poudre; toute espèce de faïence ou poterie fine autre que la porcelaine. Depuis lors on a aboli un petit nombre de prohibitions, mais néanmoins pour tous les articles que nous venons de citer on peut regarder la prohibition comme la loi générale. Ce sont seulement quelques variétés ou sous-variétés auxquelles on a ouvert la porte, et toujours sous la condition de droits très-élevés. Ainsi certains fils de coton peuvent entrer moyennant un droit de 40 à 50 pour 100; mais ce sont seulement ceux qui atteignent le numéro 143; on a fait une exception plus restreinte encore pour les laines filées. On a permis l'entrée des machines à vapeur et des métiers à filer: sur les premières le droit n'est pas très-fort, mais les métiers sont frappés de droits de 100 pour 100, et pour les pièces détachées de 200, de 300 et même de 400 pour 100. Mais si depuis l'an v on a fait un petit nombre de brèches à la prohibition, elle n'a pas été sans en obtenir la compensation. Les lois de 1820 et 1826 particulièrement trouvèrent de nouvelles exclusions à prononcer : une des plus curieuses est celle qui prohibe une multitude de produits chimiques employés dans les arts, en les érigeant en une grande catégorie, celle des produits chimiques non dénommés au tarif.

Les droits sur les matières premières et sur les denrées alimentaires datent de la Restauration. La première république et le premier empire avaient respecté les matières premières du travail et les subsistances. Sous la Restauration, dans la pensée légèrement conçue de susciter en France une aristocratie territoriale à l'instar de l'aristocratie anglaise, on frappa de droits les matières premières et les subsistances. L'aristocratie anglaise elle-même a renoncé à ces privilèges, et ne s'en trouve pas plus mal; l'aristocratie territoriale française n'a encore rien cédé. Des décrets récents, rendus à propos de la cherté de 1853, ont donné une liberté provisoire aux grains et à la viande. Pourra-t-on la rendre définitive?

Un décret impérial du 22 novembre 1853 a réduit d'une manière notable les droits d'importation pour la houille et pour les fers. La houille payait avec le décime 0 fr. 55 c. par 100 kilogrammes sur la majeure partie de notre frontière de mer, des sables d'Olonne à Dunkerque; sur le reste du littoral elle payait 0 fr. 33 c.; par la frontière de terre le droit était de 0 fr. 165, excepté par la rivière de Meuse et le département de la Moselle, où le droit n'était que de 0 fr. 11. Une petite zone, comprise de la mer à Halluin, subissait le droit plus élevé du littoral. Désormais la grande zone des sables d'Olonne à Dunkerque et de là par terre jusqu'à Halluin n'aura plus qu'un droit de 0 fr. 33 par navires français, et 0 fr. 88 par navires étrangers. Le reste de la frontière maritime, c'est-à-dire le littoral entier de la Méditerranée avec le littoral de l'Océan entre Bayonne et les sables d'Olonne, est assimilé à la masse principale de la frontière de terre, qui était faiblement taxée et pour laquelle il n'est fait aucun changement, c'est-à-dire 0 fr. 165 par navires français, et 0 fr. 715 par navires étrangers; le petit droit de 0 fr. 11 reste en vigueur pour l'importation par la rivière de Meuse et le département de la Moselle. Le coke était taxé au double de la houille; il ne payera plus que moitié en sus.

Les droits sur les fers étaient bien autrement exagérés encore que les droits sur les houilles. Ils étaient modérés sous l'ancien régime, ils l'étaient aussi sous la première république et sous le premier empire. En 1814 la fonte était exempte de droits; le gros fer en barres payait 4 fr. 40 par 100 kilogrammes, le fil de fer payait 6 fr. 60, la tôle 11 fr., l'acier de toute qualité 9 fr. 90. La loi du 21 décembre 1814 frappa la fonte d'un droit de 2 fr. 20. Pour le fer en grosses barres le droit fut porté à 16 fr. 50; sur le fer de moindre dimension il fut mis à 27 fr. 50 et 44 fr.; sur le fil de fer à 66 fr., sur la tôle à 44 fr., sur l'acier à 49 fr. 50. En présentant le projet de loi qui haussait ainsi les droits, le ministre des finances baron Louis avait eu le soin de dire que ces droits élevés devaient être considérés comme provisoires, et qu'à *une des prochaines sessions* le gouvernement espérait bien venir en proposer la réduction. Pourtant les droits de 1814 furent augmentés encore en 1822, et en 1853 ils étaient de 7 fr. 10 pour la fonte brute par mer, 4 fr. 40 pour la fonte belge, 16 fr. 50 pour le fer au bois en grosses barres; 20 fr. 60 pour le fer à la houille en grosses barres; jusqu'à 41 fr. 25 et 45 fr. 32 pour le fer en petites barres au bois et à la houille, 66 fr. pour le fil de fer, 44 fr. pour la tôle, 66 fr. pour l'acier naturel ou de cémentation, 132 fr. pour l'acier fondu; plus, des surtaxes quand l'importation avait lieu par navires étrangers. A partir du 1er janvier 1855, d'après le nouveau décret, toute distinction sera abolie entre le fer au bois et le fer à la houille; la fonte brute payera 4 fr. 40, le fer en grosses barres 11 fr., le fer en petites barres 15 fr. 40, la tôle 22 fr., l'acier 33 fr. Rien ne paraît changé pour le fil de fer. Il y a en outre une surtaxe d'un dixième par navires étrangers; jusqu'au 1er janvier 1855 la fonte payera 5 fr. 50, le fer en grosses barres et les rails de chemin de fer payeront 132 fr. La réduction la plus marquée est celle du droit sur l'acier.

Un décret du 18 août 1852 a permis la libre exportation des soies. L'introduction directe de coton débarqué d'Angleterre a été rendue possible; auparavant il devait passer par quelques ports du continent. Tels sont les principaux changements apportés au tarif des douanes dans ces derniers temps. Les droits à l'exportation sont maintenus, sans doute par amour de la statistique, car ils rapportent peu, et causent beaucoup d'ennuis et de formalités aux exportateurs; les journaux ont cité à cette occasion une curieuse quittance de droits accessoires de 61 centimes pour 1 centime de droit principal.

Chaque année l'administration des douanes publie le tableau du commerce de la France avec l'étranger et ses colonies. Une commission a été établie dans ces dernières années pour fixer annuellement le prix des marchandises soumises à des droits. Ces appréciations diffèrent énormément, on le pense bien, des anciennes valeurs officielles; ainsi la valeur officielle des marchandises importées et exportées en 1851 montait à 2,787,000,000 de fr. (1,158,000,000 à l'importation, 1,629,000,000 à l'exportation), et la valeur réelle fixée par la commission à 2 milliards 614 millions (1,094,000,000 à l'importation, 1,520,000,000 à l'exportation). Les droits de douanes avaient été de 35,800,000 fr. en 1815; 60,000,000 en 1818; 99,600,000 fr. en 1829; 100,800,000 fr. en 1832; 152,100,000 fr. en 1844.

En 1853 les droits de douanes se sont élevés à l'importation à 140,395,000 fr.; ils avaient été de 139,936,000 fr. en 1852. L'importation de la houille s'était élevée en 1853 à 2,824,555 tonnes de 1,000 kilogrammes; celle de la fonte brute avait été de 73,689 tonnes; l'importation des fers augmentait déjà au mois de décembre 1853. L'industrie du coton avait absorbé 75,090,000 kilogrammes de coton brut. Les graines grasses ont compté pour 485,000 quintaux métriques. Le total des animaux de race bovine et ovine introduits pour la consommation a été en 1853 de 243,790 têtes, contre 123,823 en 1852, et 127,540 en 1851, alors que les bœufs payaient un droit de 50 fr. par tête et la viande 18 fr. par quintal. En 1852 il était entré 251,061 quintaux métriques de grains; il en est entré 3,850,255 en 1853.

Dans ces dernières années, tous les peuples civilisés ont à

peu près complétement effacé de leurs tarifs la prohibition. L'Angleterre avait déjà fait la majeure partie de ce travail en 1824 et 1825, sous l'inspiration de Huskisson. De 1842 à 1846, elle a fait beaucoup plus, elle a modéré ou supprimé les droits qui par leur élévation étaient prohibitifs en ce sens qu'ils rendaient absolument impossible encore l'introduction des marchandises étrangères manufacturées. A l'exception de quelques droits exclusivement fiscaux réservés à quatre ou cinq denrées exotiques, elle n'a plus dans son tarif que de faibles taxes, et même elle a affranchi de tout droit les denrées alimentaires de première nécessité, ainsi que les matières premières de toutes sortes. Bien plus, en 1853 M. Gladstone a proposé une réduction de plus de moitié sur le thé, et une foule d'autres réductions sur les droits de douanes, le papier peint, les étoffes de laine et de coton, les soieries, le beurre, le fromage, le cacao, les pommes, les raisins secs, etc. De plus, il demandait l'abolition de tout droit additionnel et la suppression du droit *à la valeur*. Presque tous les gouvernements depuis 1846, s'ils n'ont pas tout à fait effacé la prohibition de leurs tarifs, ont du moins modéré un grand nombre de droits. Parmi les lois et décrets qui ont pour ainsi dire balayé la prohibition chez différents peuples, nous citerons seulement, en Angleterre, divers actes du parlement échelonnés de 1842 à 1849, notamment ceux du 9 juillet 1842, du 26 juin 1846 et du 26 juillet 1849 ; aux États-Unis, l'acte du congrès du 30 juillet 1846 ; en Espagne, la loi émanée des cortès du 17 juillet 1849 ; en Belgique, une suite de lois, de novembre 1848 à août 1849 ; en Russie, l'ukase du 25 octobre 1850 ; en Autriche, le tarif du 6 novembre 1851. Nous pourrions encore citer les modifications décrétées en Hollande, en Piémont, dans la péninsule scandinave, sans parler de la Prusse et des États du Zollverein, dont les tarifs, généralement modérés, n'ont jamais connu la prohibition. Le gouvernement français saisit en 1847 la chambre des députés d'un projet de loi conçu dans le même esprit ; ce projet était encore bien timide, néanmoins les démarches actives de quelques intérêts privés en empêchèrent la discussion. Survint la révolution de Février, et la protection n'y perdit rien. Les causes qui entravaient les derniers gouvernements ne peuvent plus arrêter le gouvernement actuel, puisque le soin de régler le tarif des douanes lui est particulièrement dévolu.

L. LOUVET.

DOUANES ALLEMANDES (Association des). *Voyez* ZOLLVEREIN.

DOUBLAGE DES VAISSEAUX. Tous les peuples qui ont fait usage de grands navires, de navires construits avec des pièces de bois superposées, et liées entre elles par des chevilles ou des clous, ont bientôt eu l'idée de couvrir d'une enveloppe les jointures des bois et les têtes des clous. L'antiquité, celle du moins dont nous nous prétendons les héritiers, et dont nous plaçons le berceau sur les bords de la Méditerranée, n'embrassait dans sa navigation que des climats tempérés, et ne songeait à préserver ses navires que des envahissements de l'eau à travers les fissures de la carène. D'abord, on employa des peaux d'animaux enduites de poix, puis des planches ou bordages peu épais, appliqués sur un mastic intermédiaire, enfin des feuilles de métal. Le cuivre laminé était rare et fort cher, le plomb commun et très-malléable : on se servit de ce dernier. La fameuse galère d'Hiéron était calfatée d'étoupe et enduite de poix ou de goudron à l'extérieur, comme le sont encore la plupart de nos navires marchands ; les trous de tarière par où l'on avait enfoncé les chevilles en cuivre qui servaient à lier entre elles les grosses pièces de construction étaient recouverts de lames de plomb et d'étoupe également enduites de poix. La carène en grand était doublée de ce métal ; mais ce qui semble extraordinaire, c'est que ce doublage était adapté à l'intérieur. Cependant, on agissait rationnellement ; car le seul but qu'on se proposait était de se garantir des infiltrations de l'eau de mer : le doublage intérieur pouvait être souvent et facilement visité, tandis qu'à l'extérieur il est exposé à se déchirer en frottant contre les rochers, et qu'il peut cacher de fortes avaries qui ne se révèlent que quand la gravité du danger les a rendues irréparables. Les Romains sacrifièrent ces avantages au désir d'obtenir une plus grande vitesse ; ils appliquèrent le doublage à l'extérieur. On a retrouvé une galère qu'on a prétendu avoir appartenu à Trajan : quoique ensevelie sous l'eau depuis plus de treize siècles, cette galère avait conservé son enveloppe en feuilles de plomb fixées avec des clous en cuivre. Dans l'Inde, avant la découverte du cap de Bonne-Espérance, les navires des habitants du pays étaient doublés en bois et en mastic fort durs.

La découverte de l'Amérique et l'exploration de toutes les mers du globe amenèrent de nouveaux besoins. Christophe Colomb n'avait que des caravelles (χαραβος, petite barque), enduites d'une simple couche de goudron ; quand il navigua dans les mers intertropicales, il trouva un insecte inconnu dans nos contrées, le *broma*, ver de mer ou tarière, qui trouva la carène de ses navires, l'exposa à de grands dangers, et, pour me servir de ses expressions pittoresques, « perça ses vaisseaux de plus de trous qu'un rayon de miel. » La nécessité fit inventer, ou plutôt renouveler, en Espagne et en Portugal, le doublage en plomb : quand Pedrarias-Davila partit pour la terre ferme, en 1514, on fondit en plaques trente-cinq quintaux de plomb pour doubler la caravelle latine *Santa-Catalina*, et le roi d'Espagne nomma un plombier des navires, auquel il donna une forte pension.

Ce ne fut qu'en 1761 qu'on commença à faire usage des feuilles de cuivre. L'Angleterre s'était élevée tout à coup au rang des premières puissances européennes, et l'industrie de ses habitants se portait vers les arts qui ont rapport à la marine. On s'aperçut bien vite de la supériorité que communique aux navires le doublage en cuivre. Le danger d'être percé par les bromas n'est pas le seul inconvénient auquel soit exposée la partie des vaisseaux qui plonge dans l'eau de mer : lorsqu'ils sont à l'eau depuis longtemps, la surface extérieure de la carène immergée se recouvre d'une couche épaisse d'herbes et de coquilles qui ralentit considérablement leur marche. Ces plantes et ces coquilles ne s'attachent que difficilement au cuivre, soit que les sels qui proviennent de la dissolution de ce métal dans l'eau de mer leur déplaisent ou les détruisent, soit qu'elles aient de la peine à s'accroître et à se maintenir sur sa surface polie. La France hésita longtemps à suivre cet exemple : un préjugé fortement enraciné dans notre marine militait contre cette innovation. Les premiers navires qu'on lança armés de ce doublage avaient été construits à la hâte ; on ne les visita qu'après de longues campagnes, et on les trouva tellement avariés que l'on conclut, presque sans examen, que l'enveloppe en cuivre hâtait la pourriture avec une effrayante rapidité. L'Angleterre, mieux éclairée, nous fit payer cher cette fâcheuse prévention pendant la guerre de 1778 : presque tous ses navires étaient doublés en cuivre, et ils avaient sur les nôtres une telle supériorité de vitesse qu'ils pouvaient refuser ou engager le combat à volonté. Le courage bouillant du célèbre bailli de Suffren n'eut que trop souvent à déplorer ce malheur.

Tous nos navires de guerre portent aujourd'hui cette espèce de doublage ; mais il augmente considérablement le prix de la construction, car l'action de l'eau de mer corrode rapidement les feuilles et les clous ; aussi l'industrie est-elle depuis longtemps à la recherche d'un procédé moins dispendieux. On a fait plusieurs tentatives sur l'emploi du zinc, mais ce métal n'est pas assez malléable, les secousses du navire en brisent les feuilles. On a essayé aussi de couvrir la carène d'une infinité de clous en fer à tête plate, très-rapprochés les uns des autres : ce doublage, qu'on nomme *mailletage*, retarde la marche du navire en altérant la continuité de courbure de la surface extérieure de la carène, et d'ailleurs il est bientôt envahi par les herbes et les coquilles, qui s'y fixent aisément. Un Anglais, appelé Ward, a imaginé une étoffe de poil feutrée qui garantit des vers, mais non des coquilles. On a fait aussi quelques modifications dans la nature du métal employé pour les clous. Enfin, on put croire un instant la question merveilleusement résolue par la proposition du célèbre chimiste Davy : il suffisait d'employer pour le doublage des plaques partie en zinc et partie en cuivre. Cette idée, basée sur une nouvelle découverte de la physique, qui nous apprend que le simple contact de deux métaux établit entre eux deux états opposés d'électricité, était séduisante, car on arrêtait subitement l'oxydation du cuivre, et par conséquent on devait la construction navale d'immenses économies, et la navigation d'une sécurité nouvelle. Malheureusement, l'expérience semble s'obstiner à prouver que cette belle conception du génie n'est qu'une brillante chimère. On a proposé encore de remplacer le cuivre par divers alliages ; mais tout cela n'a pas donné de résultat concluant. Th. PAGE, capitaine de vaisseau.

DOUBLE (*Monnaies*). Dans sa signification la plus générale, ce mot, qui est tout à la fois substantif et adjectif, s'entend des espèces monétisées au multiple 2 de certaines unités monétaires. Dans ce sens, il est la moitié du quadruple. Plusieurs sortes de monnaies ont été doublées : parmi les pièces d'or, nous citerons le louis de 40 fr. de France, ou *double louis*; parmi les pièces d'argent, la pièce de 2 fr. ou double franc, la pièce de 20 centimes ou double décime ; parmi les pièces de cuivre, le double centime. La *doppia* de Gênes, de la valeur de deux pistoles d'or, la *dobra* portugaise, espèce d'or d'environ 41 fr. 70 c., et la *dobla* espagnole, ne sont que des équivalents du mot *double*. Le peuple de quelques provinces de l'Espagne donnait le nom de *doubles* (*doblas*) aux vieux doublons frappés avant 1497. Le *double* ou *doubla* se trouve aussi au nombre des monnaies effectives et actuellement courantes de quelques États Barbaresques. Les comptes s'y tiennent en doubles ou *saime* de 50 aspres chacun, ce qui revient à une valeur de 3 francs environ de la monnaie française.

Enfin, on appelait anciennement *double* une petite monnaie de France, de cuivre ou billon, représentant 2 deniers en tournois et en parisis : elle commença d'être en usage vers l'an 1461, sous le règne de Louis XI. E. RICHER.

DOUBLE (*Théâtre*). Voyez DOUBLURE.

DOUBLE (FRANÇOIS-JOSEPH), né en 1776, à Verdun-sur-Garonne, fut l'un des médecins les plus répandus, les plus considérés, les plus sensés, les plus occupés et les plus érudits de notre âge. Il en était aussi un des plus obstinés et des moins progressifs, tant les vagues préceptes de la médecine antique lui paraissaient préférables à la science, plus analytique et en apparence plus positive, des médecins modernes. Fils de pharmacien, allié à un pharmacien célèbre (feu Pelletier), et d'abord pharmacien lui-même, à ses yeux la médecine se résumait en symptômes et en remèdes. Les rapides études qu'il fit à Montpellier sous le docteur Fouquet, commentateur et partisan passionné d'Hippocrate, lui persuadèrent que dans Hippocrate était la médecine tout entière, et que hors de là on ne devait rencontrer ni succès pour soi ni salut pour les malades. Il s'était fait de la médecine une sorte de religion, en laquelle il croyait fermement, et il se fondait sinon sur la révélation, du moins sur la tradition des siècles, ainsi que sur l'espérance et la foi. Son Évangile était dans Hippocrate, dans Galim, dans Baillou et dans Baglivi, et on lui voyait pour les physiologistes l'éloignement qu'ont les vrais croyants pour les philosophes. Au lieu donc d'étudier les organes et leurs fonctions, il n'avait d'attention que pour les propriétés de la vie, pour les forces de la vie ; et si quelquefois il tenait compte d'un acte vital, c'est qu'il croyait y voir un signe empirique pour reconnaître une maladie, pour en prévoir l'issue et en diriger le traitement. Tout le reste lui paraissait indifférent et sans valeur. Homme judicieux, il sut régler sa conduite et ses prétentions sur les tendances de son esprit, et jamais on ne le vit ni solliciter un service d'hôpital, ni briguer le professorat. Il ne fut non plus ni médecin de la cour, ni médecin des pauvres : autant il recherchait les hommes distingués seul à seul, autant il fuyait le public assemblé pour le consulter ou pour l'entendre. Il ne fit exception que pour les académies, où même il n'improvisa jamais sans s'y être mûrement préparé par la méditation.

Son éloignement des hôpitaux et son isolement de la jeunesse lui firent gagner du temps, et durent profiter à son érudition ; mais son expérience y perdit non moins que sa popularité. La science marcha sans qu'il s'en mêlât, souvent même sans qu'il pût la suivre : il resta arriéré, et sa pratique s'en ressentit, ses ouvrages en souffrirent. Appelant toujours à son secours les autorités consacrées, il ne put jamais alléguer assez d'observations personnelles. Sa *Sémiologie* (3 vol. in-8°) n'est pas assez riche de faits : aussi n'a-t-elle pas eu de lecteurs, bien qu'il ait mis douze ans à la faire. Sa pratique même différa beaucoup de celle des grands médecins de son époque. Heureusement pour lui , sa propre clientèle était vaste et composée de personnages haut placés ; mais les autres médecins, les jeunes docteurs principalement, réclamaient rarement ses conseils. Contrairement aux autres médecins de son rang, il faisait beaucoup plus de visites que de consultations, de sorte que ses cures avaient moins de retentissement dans la ville. Enfin personne ne le citait comme autorité, tant sa pratique était ignorée et ses principes peu adoptés. Cependant, il obtint de grands succès. Mais son mérite triompha surtout dans les académies. Il ne survenait aucune question épineuse ou importante dont il ne fût nommé juge rapporteur, et ses collègues adoptaient unanimement ses conclusions et ses doctrines. Si quelquefois, et cela arrivait souvent, une discussion se prolongeait outre mesure et finissait par se fourvoyer, Double paraissait se faire violence en prenant la parole à son tour, et toujours il ramenait la question à ses vrais termes et de manière à ne faire aucun mécontent, ce qui est un mérite bien rare. Quand il avait parlé, ordinairement la discussion était close et close de sa main, tant son esprit avait de mesure et de justesse. Nommé membre de l'Institut, où il l'emporta sur Broussais, Double fût devenu pair de France s'il eût consenti à renoncer à l'exercice de sa profession, condition blessante qu'il eut la noblesse de refuser. « Oh ! mon Dieu, disait-il, s'il faut pour la pairie des médecins sans malades, on peut choisir : les candidats abondent ! »

Double naquit d'une famille peu opulente, mais considérée. De ses trois frères, tous ses aînés, l'un, médecin militaire, mourut jeune à l'armée ; un autre devint un des riches banquiers de Marseille ; le troisième prit les ordres, et , après une vie exemplaire, fut mort évêque de Tarbes. Double eut pour précepteur et pour guide ce frère abbé, le seul qui lui ait survécu. Le chef de cette famille, nous l'avons dit, était pharmacien. Le jeune Double commença par apprendre la profession de son père, assez du moins pour se garantir des dangers de la réquisition républicaine, en s'enrôlant dans l'armée en qualité d'apothicaire subalterne. A partir du jour où il eut soutenu à Montpellier sa thèse *Sur l'imminence des maladies*, on ne sait trop ce qu'il devint. Plus tard, en novembre 1799, nous trouvons Double à Paris. Il avait apporté du midi une lettre de recommandation pour l'un des administrateurs des hôpitaux de Paris. C'en fut assez pour sa fortune. Son dénûment se changea bientôt en opulence. Le ministre Chaptal fut un de ceux qui influèrent le plus en sa faveur ; il en fut de même du maréchal Soult, à qui Double avait dédié son *Mémoire sur le Croup*, alors qu'il concourait avec 78 autres médecins pour le grand prix de 60,000 fr. offert par l'empereur à celui qui décrirait le mieux cette maladie ou trouverait le secret de la guérir. Double n'eut qu'une mention. Il publia aussi une nouvelle édition d'un petit ouvrage de

Klein, sur le diagnostic, intitulé *Interpres clinicus*, espèce de *Vade mecum* pour le médecin praticien; il y joignit une préface latine assez remarquable. Atteint de sa dernière maladie dans le jardin du maréchal Soult, pendant la trop longue attente du dîner de ce ministre, tardivement retenu aux chambres, Double mourut cinq jours après cette défaillance, le 14 juin 1842. Comme Descartes, il ne permit point qu'on le saignât.

Sa fille unique, devenue veuve, a convolé en secondes noces avec le trop célèbre Libri. Dr Isidore Bourdon.

DOUBLÉ (*Orfévrerie*). C'est le nom qu'on donnait dans les premiers temps à l'art qui aujourd'hui a pour objet le *plaqué*, et qui consiste à couvrir une surface de fer, d'acier ou de cuivre, d'une plaque d'argent ou d'or plus ou moins épaisse, plus ou moins étendue, opération à la fois mécanique et chimique, et qu'il ne faut pas confondre avec la dorure et l'argenture. *Doubleur* était le nom qu'on donnait à l'ouvrier chargé de la première opération.

Le *doublé d'or* et celui de *platine* s'exécutent par les mêmes procédés que le plaqué d'argent; il n'y a que la liqueur d'amorce qui diffère. V. DE MOLÉON.

DOUBLÉ ou DOUBLET. *Voyez* BILLARD.

DOUBLE CANON (*Imprimerie*). *Voyez* CARACTÈRE.

DOUBLE ÉCRIT ou ÉCRIT DOUBLE. C'est, disent les jurisconsultes, un acte sous-seings privés, dont il y a copie fidèlement transcrite, avec les mêmes signatures que sur l'original. Lorsqu'un acte est synallagmatique, il faut, pour sa validité, qu'il soit rédigé et signé en autant d'originaux qu'il y a de parties ayant un intérêt distinct. Chaque original doit contenir la mention du nombre des originaux qui en ont été faits, à peine de nullité. Néanmoins ce défaut de mention ne peut être opposé par celui qui a rempli pour sa part l'engagement contracté dans l'acte.

Il arrive fréquemment qu'une partie contractante se dispense d'apposer sa signature sur le double qui lui appartient, et cet usage est fondé sur cette réflexion assez naturelle, qu'il n'est pas nécessaire que le porteur d'un exemplaire signé de l'autre partie y mette sa propre signature, puisqu'il n'a pas besoin de s'engager envers lui-même. La jurisprudence de plusieurs parlements admettait cet usage; mais les plus graves auteurs le rejettent comme contraire aux véritables principes, et ils fondent leur opposition sur la distinction qui doit être faite en ce qui forme l'*essence* de l'obligation et ce qui doit en être la *preuve*. Sans doute, aussitôt que deux parties ont donné leur consentement l'obligation est formée; mais le défaut de preuve de ce consentement doit nécessairement former obstacle à son exécution.

Quelques exceptions à la rigueur du principe ont été établies par la jurisprudence et par les lois elles-mêmes; il serait trop long, et peut-être hors de propos d'établir ici les distinctions dont les auteurs ont hérissé la matière; mais nous ne pouvons nous dispenser de faire mention de l'art. 1318 du Code Napoléon, suivant lequel l'acte qui n'est point authentique par l'incapacité de l'officier ou par un défaut de forme (un acte notarié, par exemple), vaut comme écriture privée, s'il a été signé des parties. A ce sujet, on a demandé si cet acte, contenant des conventions synallagmatiques, ne doit pas être fait *double*, mais Tronchet, dans la discussion du conseil d'État, a répondu que, l'acte étant retenu dans un dépôt public, il n'y a plus de raison pour exiger qu'il soit double, puisqu'il n'est plus à la disposition d'une seule des parties. DUBARD.

DOUBLE EMPLOI. On exprime sous ce mot composé l'action d'employer deux fois une même somme dans un compte, soit en recette, soit en dépense. Il est évident que le débiteur qui a acquitté sa dette deux fois doit avoir une action pour réclamer ce qu'il a indûment payé. La loi en effet lui accorde ce droit, et les jurisconsultes romains désignaient l'action qui lui appartient sous le nom de *condictio indebiti*. Cette matière est entièrement régie par l'équité naturelle.

Le créancier contre lequel on se pourvoit en restitution ne doit pas payer les dépens de l'instance en restitution, lorsqu'il a reçu de bonne foi et qu'il restitue sans difficulté, parce que, s'il est vrai qu'il ne devait recevoir que ce qui lui était dû, à plus forte raison le débiteur devait-il connaître le montant de sa dette, s'assurer du paiement qu'il avait fait, et ne rien payer au delà de son obligation. Ajoutons que la représentation de deux quittances pour une même dette ne prouve pas toujours que le débiteur l'a payée deux fois. Il peut arriver qu'un débiteur, sous prétexte qu'il a perdu sa quittance, prie son créancier de lui en délivrer une seconde. Le juge peut alors déférer le serment au créancier; mais on prévient toutes difficultés en exprimant dans la seconde quittance qu'elle n'est donnée que pour *duplicata* et sans qu'elle puisse faire *double emploi* avec la première.

Le double emploi peut avoir lieu fréquemment en matière de succession : l'héritier, dans l'ignorance du remboursement fait par son auteur, acquitte une seconde fois la dette : rien, en ce cas, ne peut s'opposer à ce que, après avoir acquis la preuve du premier paiement, il ne réclame contre la mauvaise foi du créancier. DUBARD.

Dans le langage ordinaire, on qualifie de *double emploi* tout ce qui fait inutilement répétition.

DOUBLER. En marine, ce mot a plusieurs significations. *Doubler la carène d'un navire*, c'est lui appliquer un doublage. *Doubler un cap*, c'est le dépasser de manière que, du coquage côté que souffle le vent, on ne soit pas obligé de changer de route pour éviter le cap. La même expression désigne encore une des plus importantes évolutions de la tactique navale. *Doubler l'ennemi*, c'est mettre la flotte ennemie ou au moins une partie entre deux feux. La ligne de bataille d'une armée navale est une ligne droite; les premiers vaisseaux en forment la tête, les seconds la queue. Lorsque deux flottes se combattent en suivant deux lignes parallèles, si l'une d'elles parvient à faire passer une seconde ligne de vaisseaux qui aille attaquer l'ennemi du côté opposé à celui où le combat général est engagé, on dit qu'elle le *double*, ou par la tête, ou par la queue, selon le point de la ligne où la manœuvre a eu lieu. Autrefois, on s'efforçait de doubler l'ennemi par la queue : ce mode procure l'avantage de pouvoir recueillir les vaisseaux désemparés dans le combat; de nos jours, on donne la préférence à l'autre évolution, parce qu'on a en vue, avant tout, la destruction de l'ennemi, et que, si les vaisseaux qui doublent par la tête sont plus exposés, ils jettent aussi plus facilement le désordre dans toute l'étendue de la ligne ennemie. On conçoit donc combien il est important de ne pas se laisser doubler, surtout quand on est à l'ancre, embossé dans une rade. Nos annales fournissent un sanglant témoignage des désastres que peut amener une simple négligence à cet égard : nous voulons parler du combat naval d'Aboukir, si funeste à la réputation du vice-amiral Brueys. Théogène PAGE.

DOUBLE SENS. *Voyez* ÉQUIVOQUE.

DOUBLON (en espagnol *doblon*), monnaie d'or d'Espagne dont il y a plusieurs espèces. Les premiers doublons frappés à Madrid en 1497, à l'effigie des rois catholiques, ont, depuis cette époque, changé plusieurs fois de valeur. On peut cependant assurer que leur valeur commune, jusqu'en 1786, n'a pas excédé celle de 4 pesos, ou 21 fr. 64 c. de notre monnaie. Depuis 1786, le doublon, ayant subi quelques altérations dans le poids légal ou dans le degré de fin, ne se trouvait plus être qu'une monnaie de change de 20 fr. 37 c.; mais le *doublon d'Isabelle*, établi par la loi du 15 avril 1848, équivalant à 100 réaux, et représente 25 fr. 44 c. argent de France. Les autres monnaies comprises sous la dénomination de *doublon* n'étaient que des multiples, doubles ou quadruples du premier. Ainsi, le doublon dit *à cuatro* ou de quatre écus, valait 40 fr. 75 c., ou 2 pistoles d'or, et le doublon *à ocho*, de la valeur de 8-écus d'or ou de quatre pistoles, égalait 81 fr. 51 c. Il y avait même encore un doublon *à ciento*, valant 100 écus d'or et pesant 338 grammes.

DOUBLURE ou **DOUBLE**. Cette expression métaphorique désigne, dans la langue du théâtre, ces acteurs en sous-ordre engagés pour jouer, après les acteurs en première ligne, les rôles que ceux-ci ont créés, ou qui font partie de leur emploi. Ils sont la *doublure* de l'étoffe dramatique, et, pour justifier la comparaison, presque toujours inaperçus ou dédaignés, comme celle d'un riche vêtement. Dieu sait pourtant quelle pénible tâche est celle des *doublures* théâtrales, qui doivent toujours se tenir prêtes à suppléer leurs *chefs d'emploi*, en cas d'absence, de congé, de maladie, vraie ou supposée, etc., etc. Heureux encore les *doubles* si, en pareil cas, il ne sont pas accueillis, pour prix de leur zèle, par les murmures, ou quelque chose de pis, des spectateurs désappointés! Tout le monde n'a pas la présence d'esprit de ce *double* chantant, qui leur dit, dans une semblable occasion : « Quoi! vous voulez que pour 600 francs que je touche, je vous donne une voix de mille écus! » Il est vrai que, depuis l'invention et surtout depuis l'accroissement des *feux*, qui ont donné aux premiers sujets de la mémoire et de l'activité, ces messieurs et ces dames laissent au peu plus reposer leurs doublures; mais les mauvais rôles, ce qu'on appelle les *bouche-trous*, sont toujours là pour tenir les doubles en haleine. A l'*Académie impériale de musique*,

Où, jusqu'au *nom du lieu*, tout se dit *noblement*,

il serait du plus mauvais ton de parler de *doubles* ou de *doublures*; il n'y a que des *seconds sujets* et des *remplaçants*. Il est beaucoup de doubles que leur médiocrité condamne à rester, pendant toute leur carrière dramatique, dans cette humble position; il en est d'autres pour lesquels elle n'est, après leurs débuts, qu'un noviciat imposé par les règlements, mais dont leur talent sait bientôt les faire sortir. Talma fut d'abord le *double* de Larive, et Mlle Mars dut commencer par être une *doublure*.   OURRY.

DOUBS (Département du). Formé de l'ancien comté de Montbéliard et d'une partie de la Franche-Comté, il est borné au nord par les départements de la Haute-Saône et du Haut-Rhin, à l'est et au sud par la Suisse (cantons de Berne, de Neufchâtel et de Vaud), et à l'ouest par les départements de la Haute-Saône et du Jura.

Divisé en quatre arrondissements dont les chefs-lieux sont Besançon, Baume-les-Dames, Montbéliard, Pontarlier, 27 cantons, 640 communes, il compte 296,679 habitants. Il envoie deux députés au Corps législatif. Il forme la première subdivision de la 7e division militaire, fait partie du douzième arrondissement forestier, ressortit à la cour d'appel de Besançon et est compris dans le diocèse qui porte le nom de la même ville. Son Académie comprend une faculté des sciences, une faculté des lettres, une école préparatoire de médecine et de pharmacie, un lycée, trois collèges, une école normale primaire départementale, cinq pensions et neuf cents écoles primaires.

Sa superficie est de 525,212 hectares, dont 191,577 en terres labourables; 120,646 en bois; 101,088 en landes, pâtis, bruyères ; 79,892 en prés; 8,611 en vignes; 5,757 en vergers, pépinières et jardins; 1,576 en propriétés bâties ; 840 en étangs, abreuvoirs, mares, canaux d'irrigation; 50 en cultures diverses ; 5 en oseraies, aunaies, saussaies; 6,859 en routes, chemins, places publiques, rues, etc.; 4,220 en rivières, lacs, ruisseaux ; 3,952 en forêts, domaines non productifs; 139 en cimetières, églises, presbytères, bâtiments publics. Le nombre des propriétés bâties est de 47,980, dont 47,386 consacrées à l'habitation et 453 moulins. Il paye 1,219,747 francs d'impôt foncier.

Situé dans le bassin du Rhône, formé par la partie supérieure de la vallée du Doubs, auquel il doit son nom, et qui le parcourt deux fois dans toute sa longueur, il est encore arrosé par les affluents de cette rivière, la Dessoubre, la Loue et la Savoureuse, et par l'Ognon, affluent de la Saône.

Le pays est montagneux et très-élevé, couvert presque en totalité par les terrasses et les chaînes parallèles du Jura, au faîte duquel il s'appuie au sud-est. Les points culminants du département sont : le Chasseron, dans le faîte du Jura, haut de 1,610 mètres; et la vallée du Doubs à Pontarlier, qui atteint 887 mètres. Le sol est fertile dans la partie supérieure de la vallée du Doubs; ailleurs il est riche seulement en beaux pâturages et en forêts. La rivière du Doubs prend sa source dans le département même, au pied d'une montagne du Jura, nommée le *Rixon*, à 952 mètres au-dessus du niveau de la mer. Elle coule dans un lit très-resserré par les montagnes et à travers des rochers dans la plus grande partie de son cours. Elle forme dans sa partie supérieure le lac de Saint-Point et, au-dessous des Brennets, la belle cascade qu'on nomme le *saut du Doubs*, où elle tombe de plus de 27 mètres de hauteur.

On trouve dans ce département des chevreuils, des loups, des renards, des sangliers et même des ours dans les montagnes. La plupart des rivières et des lacs sont très-poissonneux. Les essences dominantes sont les chênes, les hêtres, les sapins, le frêne, le sycomore, le merisier, le poirier et le pommier sauvage, le cognassier, le houx et le genévrier. Les principaux produits minéraux exploités sont le fer, l'une des grandes richesses minérales du département; le sel provenant de sources salées, la houille, la tourbe, les pierres de taille, des schistes régulaires, du gypse, de la marne, des marbres, etc. Les eaux minérales les plus fréquentées sont les eaux sulfureuses de Guillon.

L'agriculture est arriérée, et les produits suffisent à peine à la consommation. On récolte surtout des céréales, des pommes de terre, des vins communs, dont les meilleurs, les rouges de Besançon et les blancs de Miserey, ne sont que de bons vins d'ordinaire. L'engrais des bestiaux et des porcs, et l'élève des chevaux, surtout des chevaux de grosse cavalerie, constituent, avec la fabrication des fromages, les principales sources de richesse des habitants des montagnes.

L'industrie est florissante et ses branches les plus renommées sont le travail du fer et la fabrication de l'horlogerie de Besançon. On fabrique aussi des tôles, des fers-blancs, du fil de fer, du cuivre en planches, des faux, scies, buses, outils aratoires et d'horlogerie, clous, chaudronnerie, etc. Mentionnons encore le sciage des planches, le tannage des cuirs, la préparation de l'eau-de-vie de marc, de la bière, des liqueurs et surtout de l'absinthe, du kirschenwasser, la fabrication des cotons, des toiles et des tapis de pied.

Cinq routes impériales, 21 routes départementales, 307 chemins vicinaux, 1 canal (celui du Rhône au Rhin) sillonnent ce département, dont le chef-lieu est *Besançon*. Les autres villes et endroits principaux sont : *Montbéliard*; *Pontarlier; Baume-les-Dames*, à 28 kilomètres au nord-est de Besançon, sur le canal du Rhône au Rhin, avec 2,587 habitants, un collège, une importante exploitation de gypse, une fabrication de papiers et de cuirs, une typographie, un commerce de bétail et de kirschenwasser. Cette ville tient son nom d'une abbaye célèbre de bénédictines, dont l'origine remonte au cinquième siècle. Saint Gontran, roi de Bourgogne, y reçut la sépulture. Charlemagne et Louis le Débonnaire y confiérent des richesses. Elle fut néanmoins plusieurs fois ravagée, et enfin détruite entièrement à la révolution. La ville eut aussi bien souvent à souffrir des désastres inséparables des guerres civiles. Maintenant, c'est une très-jolie petite ville, dans une situation riante, tout entourée de collines chargées de vignobles. Près d'elle coule le Doubs, encaissé dans un lit profond formé par des rochers. Elle est régulièrement bâtie, ornée de beaucoup de constructions modernes pleines d'élégance, et possède des promenades charmantes. L'église paroissiale est grande et bien décorée; l'hôpital est vaste et convenablement distribué *Clerval*, sur le Doubs, avec 1,312 habitants. Cette ville fut fondée par Othon, fils de l'empereur Barberousse, et fortifiée par les seigneurs comtois. Sa position lui fit commander longtemps tout le cours du Doubs. Le temps a détruit toutes ses fortifications, et il ne lui reste plus qu'un ancien pont en pierre plus remarquable par sa solidité que par son élégance. *Quingey*, sur la Loue, à 29 kilomètres au sud-ouest de Besançon, ne compte que 1,210 habitants. C'est une petite ville fort ancienne, située dans une position agréable, au milieu d'une vallée fertile. Elle était autrefois fortifiée, mais les siéges qu'elle eut plusieurs fois à soutenir et les incendies qui la dévastèrent laissent à peine quelques traces de son ancienne importance. Dans les environs se trouvent les curieuses grottes d'Osselle.

DOUC, espèce de singe asiatique, du genre *semnopithèque*. On le touve surtout en Cochinchine, mais il n'existe pas à Madagascar, comme l'avait dit Flaccourt. Il est très-remarquable par sa taille, qui s'élève à un mètre et même plus, ainsi que par la distribution de ses couleurs, qui ont assez d'éclat. Le pelage est, sur le corps, le dessus de la tête et les bras, d'un beau noir, tiqueté de gris; sur les cuisses, les doigts et une petite portion des mains, il est noir; les jambes et les tarses sont d'un roux vif; l'avant-bras, la gorge, les lombes, les fesses, ainsi que la queue, sont d'un blanc pur, et la gorge, de même teinte, est entourée d'un cercle plus ou moins complet de poils roux. Buffon et Daubenton, en parlant de ce singe, ont laissé dans leur description une erreur assez grave, relevée aujourd'hui, il est vrai, mais que les auteurs ont longtemps copiée, et que reproduisent encore un grand nombre d'ouvrages : ils ont donné le douc comme étant tout à fait dépourvu de callosités fessières, ce qui l'éloignerait de tous les autres singes de l'ancien monde, qui, à l'exception des seuls orangs-outangs, sont tous pourvus de ces caractères. Mais depuis que nos collections renferment un plus grand nombre de doucs, on sait que ces animaux ne diffèrent point, quant aux callosités, des autres semnopithèques; aussi les genres *pygathrix* et *lasiopyga* que Geoffroy et Illiger ont établis pour les recevoir doivent-ils être supprimés.
P. GERVAIS.

DOUCE-AMÈRE. On désigne sous ce nom et encore sous ceux de *loque*, de *vigne de Judée* et de *morelle grimpante*, un sous-arbrisseau classé dans la pentandrie monogynie de Linné, et dans la famille des solanées de Jussieu. Ses tiges sont sarmenteuses et colorées en gris-verdâtre; elles s'enlacent autour des végétaux qui les avoisinent, et, avec ce secours, elles atteignent une assez grande hauteur, et finissent par étouffer souvent leurs soutiens; c'est pourquoi on a surnommé la douce-amère *bourreau des arbres*, comme quelques autres plantes grimpantes. Les rameaux de cette plante sont déliés, faibles et pendants. Les feuilles sont alternes; les supérieures ont la forme d'un fer de pique, les inférieures sont ovales et souvent trilobées; les fleurs sont pédonculées, petites et disposées en bouquets; la couleur violette des pétales et le jaune-orange des anthères, réunis ensemble, leur donnent un aspect agréable. Il leur succède des baies oblongues, dont la couleur se rapproche, en mûrissant, de celle de la cerise. Il y a une variété dont les fleurs sont blanches. Vu dans son ensemble, ce végétal plait aux yeux, surtout quand il porte tout à la fois des fleurs et des fruits. Il contribue à varier agréablement les masses de verdure qui couvrent les terrains humides et argileux, où se trouvent les conditions les plus favorables à son existence. Les tiges et les feuilles ont une odeur désagréable. La partie ligneuse a une saveur douce, tandis que celle de l'écorce est amère : de là le nom donné à cette plante.

Aucune partie de ce végétal n'est vénéneuse : on pourrait même manger impunément ses fruits. On le considère comme doué de propriétés médicatrices, et différents médecins l'ont préconisé bien au-dessus de sa valeur. On l'a recommandé comme propre à guérir les rhumatismes, les maladies syphilitiques et les affections de la peau. Des recherches cliniques ont démontré que la douce-amère n'est point en effet à mépriser. On a reconnu qu'elle était peu active chez certains individus, mais que chez d'autres elle excitait les excrétions par les urines et par la peau : elle peut donc provoquer ainsi des crises salutaires. C'est principalement pour les affections cutanées qu'on fait aujourd'hui usage de cette substance. Quelques praticiens l'emploient comme la salsepareille. On ne se sert que de la tige, sous forme de décoction, d'extrait, de poudre et de sirop. La décoction se prépare en faisant infuser 30 grammes de tiges, incisées en long et en travers, dans un litre d'eau bouillante, et après deux heures d'attente, on réduit l'infusion à 75 centilitres par l'ébullition. On peut augmenter la quantité de douce-amère, si elle ne cause pas de nausées et de vomissements. L'extrait est moins actif. La meilleure préparation serait vraisemblablement la poudre, mais elle n'est point usitée; le sirop est également très-peu en usage. Enfin, on emploie les tiges de douce-amère pour préparer des bains; alors il faut charger fortement la décoction, car ce mode d'administration est moins actif que l'injection dans l'estomac.
D' CHARBONNIER.

DOUCET (CHARLES-CAMILLE), auteur dramatique contemporain, est né à Paris en 1812. Ayant commencé son droit trois mois après la révolution de juillet, il travailla chez un avoué, puis chez un notaire, et entra, sur la fin de 1837, à l'intendance de la liste civile, au bureau des secours de la maison du roi Louis-Philippe. Il perdit cette place à la révolution de 1848, et resta deux ans sans emploi. On le fit entrer, en 1850, comme attaché sans traitement, au ministère de l'Intérieur. Puis, M. de Guizard, directeur des beaux arts, le prit pour secrétaire. Il est aujourd'hui chef de section au ministère d'État, où il a les théâtres impériaux dans ses attributions.

Au théâtre, M. Doucet compte un grand nombre de succès. Il a donné en 1839, aux Variétés, *Léonce* comédie-vaudeville en trois actes, en collaboration avec Bayard; à l'Odéon, en 1841, *Un Jeune homme*; en 1842, *l'Avocat de sa cause*; en 1842, *le Baron Lafleur*, ou *les Derniers Valets*, pièce reprise au Théâtre-Français en 1851; en 1846, à ce dernier théâtre, *la Chasse aux Fripons*. Toutes ces pièces sont en vers, et la plupart en trois actes. En 1847, M. Doucet fit encore jouer à l'Odéon *le Dernier Banquet* de 1847, revue en vers. Ce fut presque un événement politique : le vent, alors, était aux banquets réformistes. L'Odéon fut envahi par les étudiants, qui voulaient empêcher la représentation; mais comme il n'y avait pas dans l'ouvrage un seul mot de politique, les dispositions changèrent, et la réaction fut favorable à M. Doucet, qui n'obtint jamais de succès plus bruyant. Deux pièces de lui ont encore été représentées à l'Odéon : *les Ennemis de la Maison* et *le Chant du Cygne*.

On a aussi de M. Doucet un volume de Poésies, une Biographie des quarante-huit premiers acteurs de Paris, et quelques essais sur l'histoire des guerres de l'empire.

DOUCEUR. Cette qualité s'applique également au physique et au moral. Les substances douces sont celles qui flattent agréablement les sens : ainsi, une surface polie, souple ou molle, une température qui n'est ni trop froide ni brûlante, des saveurs sucrées, oléagineuses ou mucilagineuses, des odeurs d'une suavité légère et enivrante, des sons harmonieux sans dissonance, etc., agitent doucement nos organes, y portent le calme, un état de bien-être, qui appellent le repos, le contentement et cette quiétude qui dispose au sommeil. Tels on nous représente ces heureux mortels entourés de tous les biens d'une nature opulente, sous les climats délicieux de l'Inde, s'abandonnant, au milieu des fleurs et des fruits, à une indolente vie. Cependant, du sein de ces affadissantes langueurs, l'apathie, l'ennui, s'élèvent pour en corrompre l'enchantement, dit l'épicurien Lucrèce :

......Medio de fonte leporum
Surgit amari aliquid in ipsi floribus angit.

Telle est, en effet, la constitution de notre système nerveux, que même la continuité du bien le fatigue et l'engourdit, puisqu'il faut assaisonner d'amertume les plus grandes douceurs, ou relever leur fadeur par un mélange piquant, dont le contraste fait plus vivement apprécier l'agrément. C'est ainsi que de légères dissonances font ressortir le charme de la plus tendre mélodie, et qu'en amour même, les roses de la beauté seraient dédaignées sans les épines. N'est-ce point d'après un pareil principe, qu'après la plus vive souffrance, la seule disparition de la douleur offre déjà d'inexprimables douceurs.

En général, les productions les plus douces du règne végétal et animal sont blanches, telles que le lait, le sucre, les fécules amilacées, les plantes *étiolées* ou adoucies et blanchies en croissant à l'ombre. La plupart des animaux blancs, les blafards et albinos, chiens, chats, chevaux, bœufs, chèvres, poules, pigeons, etc., soit par l'effet d'une longue domesticité, d'une vie débilitante, à l'abri de la vive lumière qui colore et brunit tous les êtres, soit par l'abâtardissement de leur race, soit par suite d'une trop chétive ou trop imparfaite alimentation, parmi les herbivores principalement, sont épuisés, faibles, timides, et, à cause de cela même, ils deviennent doux, souples, dociles, mais inertes, somnolents, paresseux. Telle est aussi l'une des causes qui rendent peu belliqueux et surtout faciles à dompter la plupart des quadrupèdes frugivores ou herbivores, dont nous avons fait nos serviteurs domestiques. On comprend que des aliments végétaux, la plupart fades, comme sont les herbes, les graminées, communiquent des humeurs plus douces à la brebis, à la génisse laitière, à la biche et autres ruminants, rendent leur chair plus inodores, moins sapides, leur lait plus sucré, la graisse et les œufs des oiseaux granivores moins disposés à la rancidité, etc. On a même dit que le cerf, le pigeon, etc., n'avaient point de fiel, ce qui est une erreur, mais ce qui prouve une croyance générale dans leur timidité et leur innocence. Au contraire, toute nourriture de chair et de sang aux animaux de proie, exalte la bile ou la colère dans de continuels combats, fortifie et durcit les muscles, mais rend leur chair fétide, âcre ou amère, avec un goût sauvage, et attribue un caractère féroce, indomptable, cruel, à ces espèces. Aussi ne peut-on tirer une nourriture habituelle de ces animaux ; il suffit qu'ils mangent les autres pour n'être pas mangeables, car la destruction pèse davantage sur les meilleurs par la douceur et la bonté, suivant l'axiome : *Faites-vous mouton, le loup vous croque*. Cela n'est, ni très-encourageant dans ce monde, ni très-rassurant pour la vertu, mais cela se voit par toute la terre, puisque les peuples conquérants, en général, sont carnivores, comme les Tatars du Nord, les Européens, qui ont envahi les Indes orientales et les Amériques. Les sauvages chasseurs et carnivores ont toujours été plus féroces et plus vaillants que les nations agricoles et frugivores, en quelque région du globe que ce soit. Les guerriers d'Homère sont de terribles mangeurs de viande ; les Scythes la dévoraient toute crue, dont ils font plusieurs cannibales et anthropophages ; mais il est impossible qu'une nourriture habituelle de fruits sucrés, de bananes (*musa sapientium*), de figues, de fruits à pain, de riz, de sagou, de patates et d'ignames, ou de tout autre végétal farineux, ne rendent pas très-doux et très-pusillanimes les Bramines et la plupart des Hindous, les Otahitiens, les Guaranis, Américains cultivateurs, comme les Incas avec le maïs et la pomme de terre. Aussi, de tout temps, ces dernières nations ont-elles été subjuguées sans effort.

C'est pour tempérer les caractères violents que les anciens législateurs ont prescrit, au nom du ciel, les carêmes et les jeûnes. Moïse les ordonne à son peuple de dure cervelle, *duræ cervicis*. Il y en a chez les mahométans, et surtout parmi les chrétiens du rit grec. L'abstinence de la chair et même des aliments, en général, est plus longtemps tolérable sous les cieux chauds de l'Orient, et en été, que sous des températures des saisons glacées. Aussi considère-t-on les peuples des climats rigoureux, qui sont en général carnivores, comme étant plus féroces, plus durs, que les habitants des contrées tempérées ou douces, naturellement plus civilisables, plus policés, moins voraces.

Cette influence des nourritures végétales pour adoucir et calmer les caractères est incontestable, si l'on considère encore combien sont simples et bons certains peuples de l'Europe gros mangeurs, s'engraissant de pâtes, de laitage et de légumes farineux, comme les flegmatiques Hollandais, Belges, Suisses, Allemands. Il semble que sous leurs chairs flasques circule lentement un sang glutineux, que leur cœur s'émeuve à peine sous l'aiguillon des passions ; une vie lourde et somnolente ne se prête point à la haine ni aux fureurs de la vengeance : ils sont débonnaires ou même regardés comme bonaces, niais, à côté de ces rusés et adroits méridionaux qui les dupent. Ceux-ci, plus sobres, plus minces et plus déliés, usent de chairs délicates, épicées, qui aiguisent leurs nerfs, et rendent leurs fibres plus mobiles, plus sensibles aux moindres impressions. De tout temps, on s'est méfié de la finesse, de la perfidie des Phéniciens, des Carthaginois et des Maures, de la cruauté Berbères et autres Africains vindicatifs et haineux. Ainsi, les lieux secs dessèchent, aigrissent les humeurs, comme la chaleur exalte l'appareil biliaire, comme les aliments excitants rendent le caractère acrimonieux et les passions acerbes ; des dispositions contraires aident à l'adoucissement des mœurs et à la bonté du tempérament.

Pour parvenir à corriger les malfaisantes habitudes, il n'est donc pas inutile d'employer ces moyens. Par exemple, les maisons pénitentiaires aux États-Unis font subir, par le régime végétal et adoucissant qu'on y impose aux prisonniers, une sensible amélioration à leurs caractères. Il est évident qu'en nourrissant, pendant des années, de légumes, de fécule, de laitage, sans liqueurs fortes, un féroce meurtrier, il n'aura plus autant de violence ; et si Sénèque eût pu soumettre à ce régime son impérieux élève Néron, il aurait tempéré l'atrocité de ce monstre. On a remarqué parmi les chartreux et autres religieux astreints dans leurs cloîtres étroits à un régime très affaiblissant, qu'ils tombaient dans une sorte de simplicité enfantine et idiote. Leur calme, leur résignation, les rendaient *parfaits* ou sans résistance, comme le sont aussi les crétins.

Une autre cause d'adoucissement, mise en pratique pour les bestiaux, est la castration. Rien, en effet, ne débilite davantage ces animaux et ne les rend plus propres à la domestication. Toute cause d'efféminement analogue ou d'énervation, enlevant la vigueur et le courage, oblige les individus soumis à cet affaiblissement à demander grâce, leurs muscles détendus, amollis, cèdent et fléchissent. Telle est la cause de la douceur plus grande que nous remarquons dans tous les êtres du sexe féminin, comparés à ceux du sexe mâle. Ce n'est pas une preuve toutefois que douceur soit inévitablement synonyme de bonté. Il est difficile que la faiblesse, en prenant les apparences qui lui concilient le mieux la faveur et la bienveillance de la force, consente à s'annihiler tout à fait. Au contraire, pour les courtisans, la douceur n'est rien moins qu'une vraie image de la fausseté et de la méchanceté, comme dans les feintes caresses d'un tyran : *factus natura velare odium fallacibus blanditiis*, dit Tacite. Méfiez-vous des flatteries du serpent et des *douceurs des amants*. Tout au rebours, la rudesse n'est souvent qu'une austère franchise, et l'on connaît les bourrus bienfaisants. Tels sont particulièrement les militaires, les marins, la plupart des hommes forts ; ils sont bons et ne sont pas doux, tandis qu'il faut des paroles mielleuses pour les faire tomber dans les filets de la cruauté, comme on met des appâts dans les pièges pour prendre les bêtes : *Nimiùm ne crede colori*. Nous jugerons de la vraie douceur par les caractères les plus candides (les individus blancs sont de cette nature pour l'ordinaire), les personnes grasses, les gros mangeurs, les frugivores, les cœurs simples; mais ni la politesse exquise des manières, ni l'urbanité du langage, ni toutes ces attentions flatteuses de notre état social, ne sont de véritables preuves de douceur. Trop d'intérêts obligent, dans ce siècle, à en simuler les apparences et à chercher des dupes. Mieux vaudrait la rustique sincérité de nos aïeux et les salutaires vérités du paysan du Danube. J.-J. Virey.

DOUCHE. Cette dénomination, traduite du mot italien *doccia*, sert à désigner une médication qui consiste à projeter sur un point déterminé du corps une colonne formée par un fluide à l'état de liquide ou de vapeur. Ce moyen thérapeutique, d'un usage commun, diffère sous plusieurs rapports. La douche la plus simple est une colonne d'eau commune et contenue dans un réservoir d'où elle s'écoule par un tube. On varie à l'infini la composition du liquide en y ajoutant des décoctions de plantes, des solutions salines, etc. Les eaux minérales naturelles ou artificielles sont souvent administrées selon ce mode. Sous le rapport de la direction, les douches sont *descendantes, ascendantes*, ou *latérales*. Dans le premier cas, la colonne, de douze à vingt-cinq millimètres de diamètre, a son point de départ de un à quatre mètres au-dessus de l'individu qui doit la recevoir; quelquefois on éparpille le jet au moyen d'une pomme d'arrosoir; alors le choc étant très-divisé, son action est beaucoup moins énergique. La douche est ascendante quand la colonne est projetée de bas en haut. Les injections qu'on pratique avec diverses seringues sont de ce genre. Quelquefois la colonne est appliquée de côté, et c'est dans ce cas que la douche est appelée *latérale* : ce mode est surtout employé pour diriger la vapeur sèche ou humide. On administre ordinairement les douches descendantes concurremment avec des bains.

La force de percussion modifie beaucoup l'action de cette médication : si le choc produit par la chute de la colonne est fort, il cause sur la partie frappée une sensation pénible et retentissant dans tout l'organisme. Les douches diffèrent encore beaucoup sous le rapport de la température.

Les douches descendantes sont les plus ordinairement employées dans le traitement des aliénations mentales. On les dirige sur le sommet de la tête, où elles déterminent une excitation qu'on croit propre à éteindre l'affection cérébrale qui cause la maladie (*voyez* Affusion). C'est le remède banal de la folie : on n'en retire pas cependant autant d'avantages qu'on le croit communément. La médication est néanmoins rationnelle, et elle pourra être plus profitable quand l'étude du trouble des fonctions du cerveau sera moins distraite de l'anatomie et de la physiologie. L'excitation produite ainsi sur la tête sert encore à remédier à la cécité appelée *goutte sereine*; elle cause un effet analogue aux cautérisations qu'on pratique quelquefois avec avantage sur cette partie. La chute d'un filet d'eau sur une tumeur herniaire peut encore contribuer à favoriser la réduction des organes déplacés. Les douches pratiquées avec de l'eau plus ou moins froide peuvent éteindre des foyers d'inflammation si on les continue avec constance; ce mode de traitement n'est pas assez usité.

Les douches ascendantes sont employées très-communément pour les affections de divers organes contenus dans l'abdomen, et on a rivalisé de zèle pour varier et perfectionner les instruments propres à les administrer.

Les douches de vapeur sont plus ou moins actives, non-seulement sous le rapport de la chaleur, mais encore sous celui des substances volatiles qu'on y associe, telles que le soufre, le camphre, etc. On s'en sert avec avantage dans diverses affections chroniques, telles que les névroses, les rhumatismes; des appareils ingénieux ont été aussi inventés en grand nombre pour pratiquer cette médication.

Dr Charbonnier.

DOUCHOBORTSES. C'est le nom d'une secte particulière à l'Église russe, et qui, en plaçant sur la même ligne les livres canoniques et les livres apocryphes de l'Écriture Sainte a été conduite à s'éloigner, sur une foule de points, des doctrines de l'Église dominante. C'est ainsi que non-seulement ils rejettent le culte des images, mais qu'ils n'en tolèrent même point dans les lieux qu'ils habitent. Ils n'ont ni églises ni prêtres, et, tout en suspendant leurs travaux aux fêtes chômées par l'Église russe, ils ne reconnaissent ni jours ni lieux privilégiés pour l'exercice du culte. Leur croyance leur interdit aussi le service militaire et les serments. Ces sectaires parurent, pour la première fois, sous le règne de l'impératrice Anne, à Moscou et dans d'autres villes de l'empire. Sous Catherine et sous Paul Ier, ils furent l'objet de quelques persécutions. L'empereur Alexandre ordonna qu'ils fussent l'objet d'une enquête conduite avec une douceur toute chrétienne. Le résultat de cette mesure fut de mieux faire connaître leurs croyances, qui depuis n'ont pas cessé d'être, de la part du gouvernement russe, l'objet d'une tolérance très-grande dont ils se sont d'ailleurs toujours montrés dignes par leur conduite. Ils habitent principalement les fertiles steppes situées en deçà du Don, où, en 1804, ils ont été déportés de divers gouvernements.

DOUCHY, village du département du Nord, dans l'arrondissement de Valenciennes, à 22 kilomètres au sud-est de Douai, sur la Selle, avec 1,558 habitants et une importante exploitation de houille. C'est une des concessions qui entourent les célèbres mines d'Anzin; elle a surtout la spécialité des charbons gras et se trouve dans un état de prospérité remarquable. Cette houillière produit environ 1,200 hectolitres par an et de 5 à 600,000 francs de bénéfice.

DOUCI. On entend par le *douci* un dégrossissement plus avancé; il exprime une espèce d'intermédiaire entre l'état brut d'un corps et celui où il a été amené par le *poli*. Cette acception est générale; mais, dans l'usage, le mot de *douci* n'est guère employé que dans l'industrie des glacesmiroirs, ou des verres d'optique. On le dit aussi des globes creux en verres placés comme garde-vues, et le douci est destiné à empêcher une action trop vive de la lumière sur l'organe de la vue.

Dans la fabrication des glaces, le douci se confond avec le *dégrossi*; l'opération se commence en dégrossi et se finit en douci, et cela s'exécute dans le même atelier, presque par les mêmes moyens, avec les mêmes instruments, et sur la même table. Au sortir de là, les glaces passent à l'atelier du poli ou polissage.

Pelouze père.

DOUCINE, espèce de cymaise, dont la concavité est en haut et la convexité en bas. C'est la moulure par laquelle on termine ordinairement les corniches. Quelques ouvriers lui donnent aussi, on ne sait trop pourquoi, le nom de *gueuledroite*.

DOUDEAUVILLE (Ambroise-Polycarpe de La Rochefoucauld, duc de), naquit à Paris le 22 avril 1765. Issu d'une maison qui prit sa place dans notre histoire nationale il y a sept cents ans, avec les fondateurs de la troisième dynastie, d'une maison qui compte parmi ses ancêtres les rois de Chypre et de Jérusalem, fils d'un lieutenant-général et petit-fils d'un chancelier de France, la fortune l'avait, dès le berceau, comblé de tels présents, qu'il eût pu s'abstenir, comme tant d'autres seigneurs, de rien mériter par lui-même, sans éviter par là d'arriver à tout. Mais il reçut de la nature, avec les dons de l'esprit, l'amour du travail, qui, dans le bonheur, justifie les prospérités, et qui, dans le malheur, sert à la fois de refuge, de remède et de consolation. Ses études furent précoces et brillantes. Dans un des meilleurs collèges de Paris, il achevait, dès l'âge de douze ans, l'étude de la langue latine; il acquérait l'élégance et la facilité d'un style qui, chez lui, resta toujours naturel, et fut remarquable par l'expression gracieuse des sentiments doux et généreux. A quatorze ans, lorsqu'il abordait à peine des études spéciales qui convinrent à sa carrière, suivant l'usage des grandes maisons, ses parents le fiancèrent, en attendant qu'il atteignît la virilité. Il obtint pour épouse la descendante et l'héritière de Le Tellier et de Louvois, ces ministres de Louis XIV dont les noms sont immortalisés, l'un par Bossuet, l'autre par l'histoire. A cette riche alliance, le jeune La Rochefoucauld dut le titre de *duc de Doudeauville* (ancienne seigneurie du Boulonnais, dans le Pas-de-Calais) et la grandesse d'Espagne, digne héritage des hommes d'État qui firent asseoir le petit-fils de Louis XIV sur le trône de Charles-Quint.

Le duc de Doudeauville émigra comme toutes les grandes familles nobiliaires; mais il ne voulut point porter les armes contre sa patrie. Il employa ses loisirs à visiter les États les plus policés de l'Europe, l'Allemagne, l'Angleterre, la Suisse et l'Italie. Il habitait cette dernière contrée, en 1798, au moment où l'armée française révolutionnait l'Helvétie, avant de faire oublier par une victoire immortelle à Zurich la violence des mesures qu'elle avait ordre d'imposer en comprimant la volonté des enfants de Guillaume-Tell, au nom de la liberté. Le duc de Doudeauville se trouvait au voisinage, sur le territoire contigu du Piémont, où le général de Grouchy conduisait une armée d'occupation. Sous un nom modeste, qui convenait au malheur, l'exilé dérobait aux yeux de l'étranger les souvenirs de sa maison. Mais, aussitôt que les couleurs républicaines flottèrent sur le lieu de son refuge, sa fierté pensa qu'il serait lâche à lui, proscrit, fugitif, de vivre protégé par le mensonge d'un surnom jusqu'alors innocent et sans honte. Il fit savoir au commandant français qu'un La Rochefoucauld, un Doudeauville, un duc, habitait sur le territoire où la république apportait, avec ses armes, la proscription et la mort des bannis. Jaloux de sa propre gloire, le général, depuis maréchal de France, prit sur lui de violer la loi barbare qui commandait de passer par les armes tout émigré, même désarmé que saisiraient les soldats de la république. Il remit de nuit au duc un sauf-conduit pour gagner des pays où l'application du supplice cessât d'être le droit, que disons-nous, le crime du plus fort contre le malheur, même inoffensif. Le consulat rouvrit au proscrit les portes de la France; sous ce régime et sous l'empire, il refusa tout emploi politique.

En 1814, son titre d'ancien duc et pair le plaça de droit dans les rangs de la nouvelle pairie. Il n'en continua pas moins de consacrer la plus grande partie de ses jours à des fonctions de bienfaisance. S'il accepte la décoration de simple membre dans l'ordre de Saint-Louis, c'est pour se mettre à la tête de l'institution charitable qui prendra sous sa tutelle les veuves et les orphelins des chevaliers. Loin d'épouser les haines funestes de la Restauration contre les institutions admirables sorties des précédents régimes, il vient au-devant des plus utiles, il se dévoue aux plus illustres. Il accepte de présider le conseil de perfectionnement de l'école Polytechnique; il défend cette école avec fermeté contre les énergumènes qui voulaient la détruire comme une digne conséquence de leurs réactions de 1815. Il apporte des soins plus empressés encore et plus actifs aux plus humbles degrés de l'instruction populaire. Il repousse à la fois, comme antichrétien et comme antinational, ce calcul intéressé des esprits rétrogrades, qui se prononçaient pour qu'on replongeât dans l'ignorance les enfants de l'ouvrier et du pauvre. Il s'honore d'accepter la direction du conseil d'enseignement primaire, créé pour le département de la Seine par un préfet bienfaisant, le comte de Chabrol de Volvic. Dans cette position, il protége avec un zèle éclairé les méthodes qui rendent plus faciles et plus prompies les notions de la lecture, de l'écriture et du calcul. Il se place au nombre des fondateurs d'une société peu favorisée d'abord et bientôt après traversée par un pouvoir ombrageux et jaloux, *la Société de l'instruction élémentaire*, où la liberté des suffrages élève à la présidence, au milieu des concurrents les plus populaires et les plus illustres. Il prend place parmi les administrateurs des Sourds-Muets, sous la direction de son ami Mathieu de Montmorency, que trop tôt, hélas! il remplacera, quand une mort prématurée aura fait perdre aux malheureux cet illustre protecteur. Tous deux siégent au conseil-général des hospices de Paris; pour sa part de surveillance, Doudeauville accepte l'hôpital de la Pitié, l'hôpital Necker et l'hospice de La Rochefoucauld, fondation touchante de sa mère en faveur des indigents et des infirmiers vieillis au service des malades pauvres. Il veut aussi prendre soin de l'hospice des enfants, comme s'il eût été dans sa destinée qu'il servît tour à tour la vieillesse, l'enfance et l'adolescence, dans leurs besoins, leurs infirmités et leurs souffrances, dans leurs plus humbles écoles et leurs plus hautes études. C'est encore Montmorency qu'il remplacera dans la direction de la société philanthropique, société qui méritait de porter un nom que le charlatanisme et l'hypocrisie n'eussent jamais prostitué. En effet, dans cette admirable société, l'on donne aux pauvres des secours au lieu de paroles, et l'on prodigue aux malades, au lieu d'exhortations à bien vivre, des aliments et des remèdes.

Il fut un des fondateurs de la société royale des prisons, qui, la première, porta le flambeau de l'humanité dans ces déplorables geôles que la révolution n'avait su que multiplier, au lieu de les assainir; de ces cachots hérités du moyen âge, lieux méphitiques, humides, infects, privés à la fois d'air, de lumière et de propreté. C'est là qu'il s'employa de toute son âme à faire cesser des souffrances que la loi ne saurait connaître, ni la justice prononcer. Il visita souvent, avec un zèle à toute épreuve, les prisons spéciales confiées à son inspection, et des améliorations importantes furent le prix qui paya de ce côté son zèle et sa charité. D'autres soins populaires le consolaient de ces lugubres et douloureuses fonctions; il aimait à suivre les travaux, à prendre part aux examens, à proposer des sujets de concours, à décerner des prix, si généreusement accordés à l'enfance, par *l'école royale et gratuite de mathématiques et de dessin*; à l'âge mûr, par *la société d'encouragement pour l'industrie nationale*. Les discours qu'il prononçait dans les réunions générales, respiraient cette aménité, cette bonté douce, et je dirai presque cette humanité bienveillante et délicate qui donne un nouveau prix aux récompenses, un nouveau charme à l'honneur. Nommé membre du jury central qui devait juger l'exposition des produits de l'industrie en 1823, ce jury, composé des savants et des artistes les plus célèbres, le choisit à l'unanimité pour le présider.

Après avoir été directeur général des postes, le duc de Doudeauville devint, sous Charles X, ministre de la maison du roi. Lorsqu'en 1827, la garde nationale de Paris fut dissoute, il donna sans hésiter sa démission. La lettre qu'il écrivit alors à Charles X honore à la fois ses sentiments et son esprit en quelque sorte prophétique. « Sire, dit-il au roi, moi aussi j'aime la force et la fermeté; mais il ne suffit pas de frapper fort, il faut frapper juste. Or, la mesure que vos ministres viennent de prendre est aussi fausse qu'elle est *violente*; d'ailleurs, elle en annonce et en amènera *d'autres de même nature*, qui pourront être funestes, et auxquelles je ne veux pas prendre part. N'est-il pas impolitique de faire perdre à Votre Majesté l'affection de la ville de Paris, qui, depuis quarante ans, a toujours décidé du sort du royaume? N'est-il pas imprudent de faire quarante mille mécontents auxquels on est obligé de laisser quarante mille fusils? N'est-il pas maladroit et coupable de faire croire à la France, à l'Europe, que Charles X, qui mérite si bien l'amour de ses sujets, et qui en a reçu hier tant de témoignages, n'en est point aimé? Pour moi, je lui suis trop dévoué pour vouloir partager une telle faute, pour vouloir y contribuer, et, quoiqu'il m'en coûte de m'éloigner d'un si bon roi, je le prie d'accepter ma démission ; j'espère qu'il verra dans ce sacrifice une preuve de plus de mon zèle, de mon attachement et de mon respect. »

Après la révolution de 1830, le duc de Doudeauville continua de siéger à la chambre des pairs. Lorsque la question de l'hérédité fut mise en discussion, il défendit ce grand principe ; puis il donna sa démission, qu'il avait annoncée d'avance, par cela même qu'il voulait défendre l'hérédité sans intérêt personnel. En 1841, il termina sa carrière, regretté par tous les gens de bien, pleuré par les pauvres, qu'il soulageait avec une bienfaisance inépuisable.

Baron Ch. Dupin,
Sénateur, membre de l'Académie des Sciences.

DOUDEAUVILLE (Sosthènes, d'abord vicomte DE LA ROCHEFOUCAULD, et depuis la mort de son père duc DE), fils du précédent et de Melle de Montmirail, petite-fille du marquis de Louvois, est né vers 1782. Il devint, en 1814, aide de camp du général Dessoles, puis du comte d'Artois, fonctions qu'il conserva lorsque ce prince monta sur le trône. La proposition qu'il fit le premier, et qu'il concourut à exécuter, d'abattre la statue érigée à l'empereur Napoléon sur la colonne de la place Vendôme, fut probablement le principal motif qui le fit excepter, durant les Cent-Jours, de l'amnistie accordée à tous ceux qui avaient pris part à la Restauration. Il accompagna, en conséquence, Louis XVIII à Gand, et fut nommé, à son retour, colonel de la cinquième légion de la garde nationale parisienne. Député à la chambre introuvable de 1815 par le département de la Marne, il y vota avec la majorité, proposa le premier les cérémonies expiatoires du 21 janvier, et prononça à cette occasion un discours qui fut accueilli avec enthousiasme par ses collègues ; l'année suivante, après la dissolution de cette chambre, son mandat ne fut pas renouvelé. Son père ayant été nommé ministre de la maison du roi en 1824, il obtint la direction des beaux-arts, fonctions dans lesquelles, malgré quelques améliorations incontestables, il ne put échapper au ridicule qu'attirèrent sur lui certaines mesures qui, suivant toutes les apparences, lui étaient imposées par la Congrégation. C'est ainsi, pour ne citer que deux exemples, que dans l'intention de rendre plus *morales* les représentations de l'Académie royale de musique, il ordonna aux danseuses d'allonger leurs robes, et qu'à l'exposition du Louvre, il eut grand soin de faire cacher par une feuille de vigne en papier la nudité des statues. De là force brocards dans tous les journaux et toutes les revues de l'époque. Parmi celles qui le poursuivaient le plus de leurs sarcasmes se distinguait le *Mercure*, alors rédigé par Henri de Latouche. M. le directeur des beaux-arts, fatigué de ces incessantes hostilités, lui fit un jour proposer par un tiers d'acheter pour un an son silence au prix modique de 1,500 francs. Le rédacteur, trouvant plaisant de faire concourir malgré lui le vicomte à une œuvre libérale, déposa l'argent dans la caisse de la souscription ouverte en faveur des Grecs qui combattaient pour leur indépendance, et imprima le lendemain dans sa revue un article intitulé : *M. le vicomte Sosthènes de la Rochefoucauld, philhellène malgré lui*, dans lequel il apprenait au public le secret de la négociation et renouvelait l'engagement de ne plus s'occuper pendant une année des *beaux-arts de la maison du Roi*. « Le public, » y était-il dit, « perdra sans doute à ce marché quelques plaisanteries, bonnes ou mauvaises, mais les Grecs y gagneront 1,500 francs. » Ce qu'il y eut de plus amusant dans cette affaire, ce fut le désappointement du négociateur, qui avait reçu le double de cette somme.

Aux élections de 1827, le département de la Marne porta de nouveau M. Sosthènes à la députation ; mais il ne se fit plus remarquer à la chambre que par son silence, et ne tarda pas à rentrer pour toujours dans la vie privée. Il a publié, depuis, ses *Mémoires* (5 vol. in-8°), son *Pèlerinage à Goritz*, un petit volume de *Pensées* (1835), dont plusieurs, dignes de l'auteur des *Maximes*, son ancêtre, sont pleines de sens et d'originalité, et une brochure politique sous le titre : *La vérité à tous* (1839). Le nouveau duc de Doudeauville a hérité de l'amour que l'ancien portait aux sciences, aux lettres et aux arts. Président, en 1854, de la *Société orientale et algérienne*, il a imprimé une vive impulsion aux travaux intérieurs et à la revue de cette association recommandable, dont les séances se tiennent dans ses salons.

DOUELLE. C'est le nom que l'on donne à la partie cintrée d'un voussoir ; il vient du latin *dolium*, tonneau.

Douelle se dit aussi de la courbure d'une voûte : on distingue la *douelle intérieure* ou *l'intrados*, et la *douelle extérieure* ou *l'extrados*.

DOUÉRA, ville d'Algérie, dans le département d'Alger, est située à 14 kilomètres de cette ville, sur la route qui mène à Blidah par le Sahel ; un mur de trois mètres de hauteur, percé de créneaux et flanqué de petites tourelles aux différents angles, forme sa défense. Son emplacement présente une superficie de 33 hectares. Cette position, choisie dans le principe pour former un grand établissement entre Alger et les villes de la plaine, dont l'occupation était prévue, devait recevoir la division de réserve destinée à se porter sur tous les points de l'ouest. C'est là que devaient être les magasins de toute espèce. Mais quand on eut construit le camp de Bouffarick, on reconnut que c'était sur ce point qu'étaient marqués la place de réserve et les magasins, et on se mit aussitôt à travailler dans cette direction. Une petite agrégation de maisons sans plan d'alignements, sans concessions régulières, s'était spontanément formée à Douéra, à l'abri des vastes établissements militaires qu'on y construisait. On pensa que, vu sa position centrale, sa salubrité, la vaste étendue des terres qui l'environnent, et l'existence d'un camp et d'un hôpital permanents, ce village serait appelé à devenir le chef-lieu administratif et commercial du Sahel. Aussi donna-t-on au plan du centre de population les dimensions d'une petite ville, et la distribution en fut faite de manière à recevoir trois cents familles. Une ville ne tarda pas à surgir d'un amas de baraques en planches et de cabarets ignobles, bâtis à la hâte autour du camp. Cette localité est une de celles qui ont présenté sur le sol africain la plus rapide progression développée sous la double influence des relations commerciales et de l'action administrative. Des lavoirs, abreuvoirs et fontaines, une église et son presbytère, une école, une halle, et une caserne de gendarmerie ont déjà été construits.

En novembre 1835, El-hadj-el-Seghir, bey de Milianah, lors de son incursion dans le Sahel, fit une tentative sur Douéra. Il se posta avec six cents cavaliers au marabout de Sidi-Abd-el-Moumen, non loin de Maëlma, et envoya sur le village la moitié de son monde, qui enleva les troupeaux et dépouilla les habitants. Une charge vigoureuse exécutée par un seul escadron de chasseurs d'Afrique et quelques spahis dispersa l'ennemi sans que l'infanterie eût à intervenir.

DOUGLAS, l'une des familles d'Écosse les plus célèbres et qui aient formé le plus grand nombre de branches. Elle descend, dit-on, d'un guerrier qui, en 770, décida du succès d'une bataille livrée par le roi des Scots, Solvathius, à Donald, roi des îles de l'Ouest, et qui, à cause de la teinte foncée de son visage, avait été surnommé en langue celte *Dhouglas* (l'homme noir). La valeur héroïque qu'il déploya dans cette journée fut récompensée par des terres dans le comté de Lanark. Suivant une autre opinion, la famille de Douglas, originaire de la Flandre, ne serait venue s'établir en Écosse qu'au douzième siècle.

Sir William Douglas, l'un des compagnons d'armes du brave Wallace, fut fait prisonnier par les Anglais en 1296, au siège de Berwick, et assista en 1297, à la bataille de Stirling. Son fils *James*, surnommé *le bon lord Douglas*, peut être regardé comme le véritable fondateur de la puissance de cette maison. En 1306, il se ligua avec Robert Bruce pour affranchir l'Écosse, et, par l'héroïsme dont il fit preuve dans la lutte de son pays contre l'Angleterre, mérita d'être regardé comme le plus brave guerrier de son temps. Après une suite d'exploits, il en vint même, en 1319, à oser tenter une invasion en Angleterre, où il pénétra jusque sous les murs d'York. Conformément aux dernières volontés de Robert Bruce, il quitta l'Écosse en 1329, pour aller porter en Palestine le cœur de ce prince. Mais en route, il débarqua à Séville, où le roi Alphonse était sur le point de livrer bataille aux Maures. Entraîné par un zèle tout chrétien en même temps que par l'ardeur guerrière qui lui était propre, Douglas prit place dans les rangs des Espagnols et périt dans un combat avec la plus grande partie de sa suite. Les services qu'il avait rendus à son pays avaient déterminé, en 1318, le parlement d'Écosse à accorder à sa famille la survivance du trône; récompense qui plus tard établit une rivalité funeste entre les Douglas et les Stuarts.

James Douglas ne laissa que deux fils naturels, dont l'aîné, Sir *William* Douglas, célèbre sous le nom de *chevalier de Liddesdale*, acquit également beaucoup de gloire dans les guerres contre l'Angleterre, mais qui la souilla par le meurtre de sir Alexandre Ramsay (*voyez* DALHOUSIE), ainsi que par les négociations qu'il ouvrit avec Édouard III à l'effet de livrer son pays à ce monarque; crime que son cousin William punit en l'assassinant en 1354 dans une partie de chasse. Le cadet, *John* Douglas (mort en 1350) fut la souche des comtes de Morton. *Archibald* Douglas, frère de James, hérita des domaines et des titres de la famille Douglas. Pendant la minorité du roi d'Écosse David Bruce, il fut nommé régent du royaume; mais il périt en 1333, à la bataille de Halidon-Hill.

Son successeur, *William*, premier comte de Douglas, se mesura glorieusement, pendant les campagnes de 1356 et 1357, avec le roi Édouard III, et accrut son influence et ses richesses en épousant l'une après l'autre les filles uniques et héritières des puissants comtes de Marr et d'Angus.

James, 2ᵉ comte de Douglas, fils du précédent et né de son premier mariage, éleva des prétentions au trône lors de la mort du roi David II, arrivée en 1371; mais il y renonça ensuite en faveur de Robert Stuart, qui l'en récompensa en lui faisant épouser sa fille Euphémie. Il fut tué le 19 août 1388, à la célèbre bataille d'Otterburne. C'est de son fils naturel, *William*, seigneur de Drumlaurig, que descendent les ducs et marquis de Queensberry. Il eut pour successeur, comme troisième comte de Douglas, son frère *Archibald* le furieux (*the Grim*), guerrier aussi courageux que barbare, mort en 1400.

Archibald, quatrième comte de Douglas, prit part à la conspiration tramée contre l'héritier du trône, le prince David, duc de Rothesay; conspiration dont l'assassinat de ce prince fut le résultat. En punition de ce crime, il fut si malheureux dans toutes ses entreprises, en dépit du courage particulier à sa race dont il donna constamment les preuves plus éclatantes, qu'on le surnomma *Tineman* (Le Perdant). En 1402, il fut fait prisonnier à la bataille de Homildon par Percy, avec lequel il se ligua bientôt après contre le roi d'Angleterre Henri IV; mais il ne réussit qu'à être de nouveau fait prisonnier, vers l'an 1403, à Shrewsbury. Par la suite, il amena au roi de France Charles VII un corps auxiliaire de cinq mille hommes; service que ce prince récompensa par l'octroi du duché de Touraine. Mais le 17 août 1424, il fut battu sous les murs de Verneuil par le régent anglais Bedford, et perdit la vie dans cette déroute.

Archibald, cinquième comte de Douglas, s'empara presque complétement de l'autorité royale pendant la longue minorité de Jacques II, et fut en réalité beaucoup plus puissant qu'un gouvernement affaibli dont il fut constamment indépendant. Il mourut en 1439.

William, sixième comte de Douglas, fut attiré traîtreusement en 1440 à Édimbourg par le chancelier Crichton, et y fut exécuté en même temps que son frère *David*. Il eut pour successeur dans ses titres, charges et domaines, son oncle *James le Gros*, septième comte de Douglas, homme qui n'avait rien du caractère remuant et entreprenant propre à toute cette famille, et qui dès lors ne chercha point à venger la mort de son neveu.

William, devenu huitième comte de Douglas, à la mort de son père arrivée en 1442, déploya en revanche une énergie extrême. Par le mariage qu'il contracta avec sa tante Marguerite, sœur de William Douglas, il hérita d'une grande partie des domaines de sa famille, qui étaient passés dans la branche féminine, et contraignit Jacques II à le nommer lieutenant général du royaume, charge qui réduisait à peu près à rien l'autorité du monarque. Fatigué d'être ainsi tenu en tutèle, Jacques, en 1452, l'invita à se rendre au château de Stirling où il le poignarda de sa propre main au milieu d'une fête. La puissance de sa famille alla dès lors toujours en diminuant. Son frère James, neuvième comte de Douglas, prit les armes et déclara au roi une guerre à outrance. Mais, vaincu en 1455, il fut forcé de se réfugier en Angleterre; et ses immenses domaines furent confisqués. En 1483, après un long exil, ayant tenté une invasion en Écosse, il fut pris et renfermé dans le monastère de Lindores où il mourut moine en 1488.

Le William, premier comte de Douglas, dont il a été fait mention plus haut, eut, de son second mariage avec Marguerite Stewart, sœur du comte d'Angus, un fils, *Georges* Douglas, qui en 1389 hérita du comté d'Angus et épousa Marie, fille du roi Robert III. Ses descendants demeurèrent attachés à la cause royale, et, lors du bannissement dont fut frappée la branche aînée de leur maison, obtinrent une partie de ses domaines; circonstance qui ne put qu'accroître encore leur crédit et leur influence.

Archibald Douglas, cinquième comte d'Angus, surnommé *Bell-the-Cat*, rappela par sa puissance et par sa grandeur les anciens Douglas. A leur exemple, il se révolta contre le roi Jacques III, dont, en 1480, il fit pendre le favori Cochrane, et contribua beaucoup au détrônement de ce prince. Deux de ses fils périrent en 1513 à la bataille de Flodden, catastrophe à laquelle il ne survécut pas longtemps. Son troisième fils, *Gavin* Douglas, évêque de Dunkeld, né en 1474, mort à Londres en 1522, est l'un des plus anciens poètes écossais. Ses ouvrages les plus connus ont pour titres : *Palace of honour* (1501), ou miroir du souverain, poème allégorique qu'il dédia au roi Jacques IV; et *King Hart*, peinture figurée de la vie humaine, qui fut publiée pour la première fois dans la collection d'anciennes poésies écossaises de Pinkerton (Londres, 1788). On a aussi de lui une traduction de l'*Énéide*, qu'il composa en 1513 (Londres, 1553; nouv. édit., précédée d'une vie de l'auteur, Édimbourg, 1710), et qui, quoiqu'elle ait bien vieilli aujourd'hui et soit souvent même incompréhensible, n'en passa pas moins pour un chef-d'œuvre. C'est le premier essai de traduction d'un classique latin qu'on ait tenté dans un dialecte anglais.

Archibald Douglas, son neveu, sixième comte d'Angus, petit-fils et successeur du cinquième, épousa en 1514 Marguerite d'Angleterre, veuve de Jacques IV, et jouit pendant longtemps d'une grande influence en Écosse; mais, en 1528, il se vit banni et forcé de se réfugier en Angleterre. De là, il tenta en 1542 une invasion de l'Écosse, et quoiqu'il eût été mis en déroute, il revint dans sa patrie en 1543, à la mort de son beau-fils Jacques V, et recouvra alors ses biens et ses titres. Il ne laissa qu'une fille, lady *Marguerite* Douglas, mariée au comte de Lennox, dont elle eut Darnley, époux de la reine Marie Stuart. Le titre de comte d'Angus passa alors à *David*, neveu d'Archibald.

James Douglas, frère de David, épousa Élisabeth, héritière des comtes de Morton, fut nommé chancelier du royaume par la reine Marie, et prit une part active à toutes les intrigues et à toutes les conspirations de cette calamiteuse époque. En 1572, il devint régent pendant la minorité de Jacques VI, et gouverna alors le royaume pendant huit années avec une autorité presque absolue ; mais, accusé d'avoir trempé dans le meurtre de Darnley, il fut condamné à mort, et exécuté le 2 juin 1581, à Édimbourg, à l'aide d'une espèce de guillotine dont il avait lui-même introduit l'usage pour les exécutions capitales.

Son neveu, *Archibald* Douglas, huitième comte d'Angus, lui succéda en qualité de comte de Morton, mais mourut en 1588 sans laisser d'enfants. Le comté de Morton passa alors aux Douglas de Lochleven, descendants du cinquième comte ; et celui d'Angus à son cousin, sir *William* Douglas de Glenbervie. Le fils de celui-ci, *William*, comte d'Angus, créé en 1633 *marquis de Douglas*, fut l'un des plus fidèles serviteurs des lords Charles Ier. Son arrière-petit-fils, *Archibald*, était encore enfant, lorsque, en considération de l'antique illustration de sa famille, il fut créé en 1703 *duc de Douglas*; mais il mourut en 1761 sans s'être marié. Le titre de *duc* s'éteignit alors dans la famille Douglas, dont le marquisat passa au duc de Hamilton, descendant de lord William Douglas, fils cadet du premier marquis (*voyez* HAMILTON).

Le neveu du duc de Douglas, *Archibald Stuart*, né en 1748, hérita des anciens domaines de la famille de Douglas, dont il prit le nom, et fut promu à la pairie en 1790, sous le nom de lord Douglas de *Douglas Castle*. Ses deux fils aînés, *Archibald* et *Charles*, moururent, l'un en 1844, l'autre en 1848, tous deux sans laisser d'enfants. Les titres et les biens de la famille passèrent alors à un frère puîné, *James*, né en 1787, aujourd'hui *lord Douglas*. Il est ministre de l'Église anglicane et a épousé la fille du général Murray, de la famille des lords Elibank; union restée stérile.

DOUHAULT (ADÉLAIDE-MARIE-ROGRES-LUSIGNAN DE CHAMPIGNELLES, marquise DE), née au château de Champignelles le 7 octobre 1761, devint boiteuse à l'âge de six mois, par l'imprudence de sa nourrice. Elle fut élevée au couvent des Bénédictines de Montargis, dont sa tante était la supérieure, et épousa, le 30 août 1784, un capitaine de cavalerie, le marquis de Douhault, âgé de 45 ans, qui était veuf. Ce mariage ne fut pas heureux ; le marquis de Douhault, sujet à des accès d'aliénation mentale, frappa un jour sa jeune femme d'un coup d'épée, qui lui fit une cicatrice au sein droit ; peu de temps après, il fut enfermé et mourut à Charenton, le 21 mars 1787. Veuve à 25 ans, la marquise ne survécut pas longtemps à son mari. Appelée à Fontainebleau par la célèbre duchesse de Polignac, elle se mit en route avec la demoiselle Périsse, sa femme de chambre, quelque temps après les fêtes de Noël, en 1787, et s'arrêta à Orléans jusqu'au 15 janvier suivant, chez Mme de La Roncière, sa parente. Le même jour, à la veille de partir pour Paris, après avoir fait une promenade en voiture avec Mme de La Roncière, elle éprouva tout à coup des étourdissements et tous les symptômes d'une attaque d'apoplexie. Les sinapismes et les vésicatoires dont on la couvrit furent impuissants pour la rappeler à la vie. Les scellés furent aussitôt apposés ; un acte de décès signé par de proches parents fut dressé. M. de Champignelles, sa mère, et les autres héritiers se mirent en possession des biens de la marquise, et en firent la liquidation par acte du 9 juin 1788.

A cela se réduiraient tous les détails de la vie et de la mort de la marquise de Douhault, et ils n'auraient certainement trouvé place dans aucune biographie, si l'on n'avait vu surgir une femme qui, pendant plus de trente années, a prétendu que le décès d'Orléans et les actes authentiques qui le constataient étaient le résultat d'un odieux complot de famille, et qu'elle seule était la véritable marquise de Douhault. La femme qui jouait ce rôle avait été enfermée à la Salpêtrière, elle en était sortie un peu avant le 14 juillet 1789,

le jour de l'incendie des barrières. Son premier soin fut d'aller trouver son prétendu frère, M. de Champignelles, qui refusa de la reconnaître ; elle ne fut pas mieux accueillie par son oncle, le commandeur. Elle fit des visites au duc de Brissac, ancien gouverneur de Paris, au comte de Montmorin, ministre des affaires étrangères, à la princesse de Lamballe, au duc de Penthièvre, à Mlle de Condé, à la marquise de Lafayette, à M. de Talleyrand-Périgord, archevêque de Reims, au cardinal de Rohan et à d'autres illustres personnages. Partout elle se présentait comme une morte ressuscitée, victime d'une lettre de cachet de l'ancien régime, et, s'il faut l'en croire, son histoire rencontra peu d'incrédules. Le marquis de Douhault lui-même avait été frappé d'une mesure de ce genre ; on n'aurait peut-être pas été beaucoup plus surpris de les voir reparaître ensemble. Cependant, elle ne voulut point faire d'éclat : il y allait de la tête de M. de Champignelles, de Mme de La Roncière et du comte du Lude ; elle attendit donc des temps meilleurs pour réclamer son patrimoine sans danger pour sa famille.

M. de Champignelles, amnistié comme émigré, par le premier consul, revint à Paris pour s'opposer aux prétentions de sa prétendue sœur, qui déjà avait échoué contre le domaine de l'État dans plusieurs tentatives pour recouvrer ses biens séquestrés. Elle produisait des actes de notoriété, signés d'une multitude de témoins ; mais une fin de non recevoir presque insurmontable s'élevait contre elle. Son système consistait à prétendre qu'elle avait été endormie à l'aide d'une prise de tabac injectée d'une substance narcotique, et qu'on avait enterré à sa place un cadavre acheté dans un hospice ; elle affirmait être entrée à la Salpêtrière au mois de janvier, non pas de l'année 1788, mais de l'année 1786, c'est-à-dire deux ans avant la mort vraie ou fausse de la marquise de Douhault. Le jour fixé par elle pour la date de son entrée à la Salpêtrière correspondait avec l'enregistrement de l'arrivée d'une femme de mauvaise vie, nommée ANNE BURETTE, mariée à un sieur Bourdin, tourneur de chaises. C'est pour cela que ses adversaires, dans leurs mémoires, l'ont constamment appelée Anne Burette, bien qu'ils n'aient pu constater son identité avec la femme du tourneur. La réclamante attribua, depuis, ce grossier anachronisme à un défaut de mémoire produit par l'effet du tabac empoisonné. Mais toutes les articulations qu'elle avait faites dans le cours des procédures péchaient par leur base, et le procureur-général Merlin y puisa, devant la chambre des requêtes de la cour de cassation, l'un de ses arguments principaux pour le rejet du pourvoi de la soi-disant marquise de Douhault contre l'arrêt de la cour impériale de Paris, présidée par Séguier, qui lui interdisait de prendre le nom de Champignelles, veuve de Douhault, sans indiquer le nom qu'elle devait porter.

Dans son infortune, la soi-disant marquise avait trouvé de dévoués et généreux protecteurs. La fille Périsse reconnaissait en elle sa maîtresse, et elle est restée près d'elle jusqu'à sa mort. Delorme, avocat à Bourges, fils d'un ancien régisseur des biens du marquis de Douhault, s'était montré d'abord un de ses adversaires les plus redoutables de la réclamante ; il s'avisa cependant, au milieu d'une enquête, de lui dire : « Madame, il s'est passé entre feu Mme de Douhault et mon père quelque chose de très-particulier, et il l'a confié à moi seul en mourant : si vous voulez bien m'accorder quelques minutes d'entretien secret, je vous interrogerai sur ce fait, et je saurai la vérité. » La conversation particulière fut acceptée ; Delorme en sortit les larmes aux yeux, et dit : « Je jure devant Dieu et devant les hommes que cette personne est bien réellement la marquise de Douhault ! » On donna à entendre que le père de Delorme pouvait bien avoir été pour quelque chose dans le coup d'épée porté par un mari jaloux, et qui avait laissé des traces ineffaçables. Depuis, Delorme ne perdit pas un seul instant de vue cette femme étrange ; il s'associa à Huart-Duparc, avocat à la cour de cassation, qui était aussi convaincu de l'identité, et plaidait toutes ses causes, au civil et au criminel, avec un rare désintéressement, car il supportait seul tous les frais : Delorme payait les dépenses considérables de consultations et de mémoires imprimés. Le vénérable comte Desèze, défenseur de Louis XVI, est mort dans la croyance que la réclamante était victime d'une longue série d'erreurs judiciaires, nées les unes des autres, et devenues ainsi irréparables.

Delorme et la demoiselle Périsse s'étaient logés avec leur ancienne maîtresse dans une maison de la rue du Bac, où elle recevait des secours mystérieux d'une main inconnue. Ces subventions cessèrent tout à coup à la mort d'un des membres de la famille, et alors la réclamante mourut dans la misère. Delorme fit dresser son acte de décès sous les noms de la marquise de Douhault, née de Champignelles, et lui-même expira peu de temps après avoir accompli ce dernier acte de piété et de dévouement.   Breton.

DOUILLE, sorte de tube supportant la lame de la baïonnette d'un fusil ou d'une carabine. Ce tube embrasse le canon de l'arme, et le serre au moyen d'un bourrelet tournant et mobile qui s'arrête contre un bouton placé à l'extrémité du canon.

On donne aussi le nom de *douille* à la partie creuse et cylindrique du fer d'une pique, d'une bêche, d'un outil, destinée à recevoir un manche.

DOULEUR MORALE. On désigne ainsi la souffrance qui résulte de l'état de l'âme, par opposition à celle qu'on nomme *douleur physique*, et qui résulte de l'état du corps. Le mot *douleur morale* a donc un sens beaucoup plus large qu'il ne paraît d'abord. Il ne s'agit pas seulement de la douleur causée par une action immorale dont on serait le témoin, l'auteur ou la victime, comme dans l'indignation, le remords ; le mot *moral* est ici opposé au mot *physique* : il s'agit par conséquent de toute espèce de douleur causée par la privation d'un bien qui intéresse l'âme sous quelque rapport que ce soit. La définition la plus exacte de la *douleur morale* est donc celle-ci : douleur qui vient du mal fait à l'âme. La douleur morale est un des principaux phénomènes et de la sensibilité. Le déplaisir, la souffrance sont produits en nous par des causes différentes. L'homme y est accessible par tous les points, par toutes les faces de son être. Or, que voyons-nous dans l'homme? C'est d'abord l'organisation dont il est doué, et qui lui est unie par les liens les plus intimes ; puis l'esprit, l'âme, qui est son essence, son principe constitutif, et dans l'âme nous distinguons l'élément affectif, l'élément actif et l'élément intellectuel. Eh bien ! ces différents éléments de la nature humaine sont pour nous autant de sources différentes des tous les maux que nous pouvons ressentir, selon que le bien-être de chacun d'eux se trouve compromis. Quand l'économie de l'un de nos organes vient à être troublée par un désordre quelconque, il en résulte pour l'âme un sentiment pénible qui a reçu spécialement le nom de *douleur*, qu'on a ensuite appelée *douleur physique*, pour la distinguer des affections pénibles produites par toute autre cause. On a ensuite désigné particulièrement du nom de *peine* les affections désagréables qui résultent d'une atteinte portée au bien-être des éléments constitutifs de l'âme. Enfin le mot *peine* est celui qui correspond exactement au mot *douleur physique* : toutes les fois que nous souffrons par l'âme, nous pouvons l'employer, comme nous pouvons employer le mot *douleur* toutes les fois que nous souffrons par le corps.

Douleur morale n'est pas synonyme de *peine*. Ce dernier terme est beaucoup plus général : nous n'éprouvons à proprement parler de douleur morale que quand l'affection pénible est devenue vive, intense, qu'elle s'empare de l'âme avec violence, attire tous les regards et la préoccupe exclusivement de la profonde et cuisante blessure qu'elle lui a portée. Ainsi, on ne pourra dire que la vue d'un site monotone,

d'un ouvrage d'art défectueux, d'une étoffe disgracieuse, nous cause de la douleur, quoique ces objets nous affectent désagréablement. Pour qu'il y ait *douleur*, il faut qu'il y ait une atteinte grave portée à l'un des éléments de notre nature morale, il faut que l'âme soit privée d'un bien qui lui était cher. Voilà ce qui caractérise la douleur morale. La même circonstance sera pour quelqu'un l'objet d'une peine, et pour un autre l'objet d'une vive douleur. Un homme habitué à vivre de la vie intellectuelle verra peut-être avec peine blanchir ses cheveux, mais n'en sera pas douloureusement affecté. Une femme coquette ressentira du même fait une cruelle douleur, en voyant échapper ses moyens de séduction et de puissance. Ce qui fait verser des pleurs à l'enfant effleure à peine notre âme à un âge plus avancé. Donc le propre de la douleur est d'être une affection pénible agissant sur l'âme avec intensité et énergie.

Ce qui a pu faire donner le nom de *douleur* aux peines morales profondément ressenties, c'est ce caractère d'âpreté et de vivacité qu'elles ont de commun avec la douleur physique. Elles ont encore avec elle cet autre rapport, qu'elles sont toujours accompagnées d'un phénomène physiologique qui devient lui-même cause d'une sensation plus ou moins douloureuse. Ainsi, la souffrance morale, portée à un très-haut degré, nous arrache des larmes, ou produit une constriction dans les voies respiratoires. Elle peut causer l'amaigrissement, agir sur les organes de la digestion en irritant les nerfs qui se trouvent réunis en grand nombre dans la région de l'estomac, etc., etc. Ces faits porteraient à croire que la douleur morale, tout en ayant pour cause efficiente un fait psychologique, a néanmoins aussi un fait physiologique pour condition de sa vivacité. Mais remarquons bien, pour qu'il n'y ait pas ici de confusion, que dans les deux espèces de douleur, la succession des phénomènes est toute différente, et a lieu en sens inverse. Dans la douleur physique, le phénomène organique commence, et le fait psychologique de souffrance vient après ; et ici l'impulsion va du corps à l'âme, et en quelque sorte du dehors au dedans. Dans la douleur morale, au contraire, c'est le fait psychologique qui paraît le premier, et le fait organique le suit. C'est le moral qui donne l'impulsion au physique, c'est l'âme qui réagit dans les organes : dans ce cas, l'influence va pour ainsi dire du dedans au dehors.

Si la vertu est le plus bel usage que nous puissions faire de notre activité, les joies de la conscience sont aussi la récompense la plus flatteuse de ses luttes et de ses efforts. La privation de ce bien doit donc être pour nous la source des maux le plus vivement sentis. Aussi les hommes ont-ils cru devoir donner un nom particulier à la douleur qui déchire le coupable ; ils l'ont appelée *remords*. C'est en effet une inconcevable souffrance que celle qui assiège sans relâche le cœur du criminel, veille avec lui le jour, la nuit veille encore avec lui, ou, s'il s'endort, se dresse comme un spectre menaçant devant sa pensée, s'assied à ses côtés au festin, empoisonne tous ses plaisirs, et, traversant avec lui l'espace, le poursuit encore au delà des mers.

A envisager les choses sous leur point de vue le plus général, on pourrait dire que toutes les jouissances, de quelque source qu'elles proviennent, sont les biens de la sensibilité, puisque sa fin est de nous procurer le bonheur, et que par conséquent toute privation de jouissance est un mal pour elle, une douleur qui se rapporte à elle. Cependant il est des joies qui lui appartiennent spécialement et constituent son bien propre ; ce sont celles qui ne résultent ni de l'action de l'intelligence, ni de l'exercice de l'activité, mais de l'action propre de l'élément affectif ; qui ne procèdent que du pouvoir de sentir, ne relèvent que de lui seul, sont le seul fait du cœur, ne peuvent être rapportées qu'à lui : c'est le les jouissances qui naissent des affections, aussi a-t-on nommées *jouissances du cœur*. Nous aurons donc par opposition les souffrances du cœur qui consistent dans la privation des objets de nos affections. Les joies que ces affections constituent sont d'une grande énergie; aussi les souffrances qui leur correspondent ne leur cèdent point en violence. S'est-on jamais servi d'une expression plus vraie que lorsqu'on a dit *les tourments* de l'amour? Ce sont en effet de cruels tourments que ceux d'un cœur aimant et passionné, lorsqu'une séparation soudaine vient lui enlever l'objet de sa tendresse; la crainte seule de le perdre, de le voir ravir par un autre, le déchire et le torture. Son supplice redouble si cette séparation est le fait de l'abandon ou de la perfidie. Parlerai-je des douleurs de l'ami à qui la mort vient de dérober son ami, de l'exilé qui s'arrache aux embrassements de sa famille en larmes, et dit adieu à la terre sacrée de la patrie? dirai-je les pleurs d'une mère à la vue du berceau vide et muet de son enfant qui n'est plus, les angoisses d'un amant au lit de mort d'une amante adorée?

Comme s'il ne nous suffisait pas de nos propres infortunes, la nature nous a rendus sensibles à d'autres infortunes encore. Non-seulement nous souffrons pour les biens dont nous sommes privés, nous souffrons aussi en voyant la perte de ces biens affliger nos semblables. Pour que l'homme trouvât dans la compassion de ses semblables secours et soulagements à ses misères, la nature a voulu que les peines fussent ressenties en commun comme les plaisirs. Il y a mieux; nous sommes plus souvent malheureux du malheur des autres que nous ne sommes heureux de leur bonheur. Les douleurs dont nous sommes témoins sont donc pour nous une source abondante de douleurs nouvelles. La vue des souffrances physiques détermine en nous une souffrance morale qui surpasse quelquefois en vivacité les maux qui l'ont excitée. Les pleurs nous arrachent des pleurs, souvent même avant que nous connaissions le sujet qui les a fait répandre. Pourquoi les malheurs de la patrie nous touchent-ils autant, lors même que nous n'en sommes pas atteints dans notre personne? C'est que tant d'infortunes ne peuvent manquer d'avoir un profond retentissement dans toute âme généreuse. Nous sentons se serrer notre cœur au seul récit d'un événement funeste qui s'est passé loin de nous, et dont les victimes nous étaient tout à fait inconnues. Si nous sommes témoins de la honte et de la confusion d'un autre, nous rougissons nous-mêmes, et souffrons autant que lui de sa pénible situation. Mais c'est surtout entre des personnes unies par les liens d'une tendre affection qu'existera cette communauté de souffrances. La plus légère peine que l'une vient à éprouver est ressentie par l'autre et double de vivacité en passant dans son âme. Les sentiments pénibles qui résultent de la sympathie n'occupent pas, comme on peut voir, une place médiocre parmi toutes les douleurs dont se trouve semé notre passage en cette vie. On a dit avec quelque raison que les personnes les plus sensibles sont aussi les plus malheureuses, et parce qu'elles sont plus vivement affectées de leurs propres maux, et aussi parce qu'elles souffrent des maux nombreux dont elles sont témoins, de sorte que leurs douleurs s'accroissent de toutes celles qui les entourent, et qui rayonnent pour ainsi dire de toute part dans leurs cœurs. Mais qui n'envierait ce privilège à la fois si funeste et si noble, puisqu'une vive sympathie est le propre des âmes les plus belles, les plus aimantes, les plus capables de générosité et de dévouement!

La douleur morale reçoit des noms différents, selon les circonstances qui viennent la modifier. Si nous sommes sur le point de nous voir ravir le bien dont la privation doit nous rendre malheureux, nous souffrons par avance du mal qui va nous atteindre; dans ce cas la douleur se nomme *crainte, terreur, épouvante*. La crainte en effet n'est autre chose qu'une anticipation de la douleur. Cette espèce de souffrance est souvent plus violente que celle que nous ressentons quand le mal est consommé : il faut attribuer ce fait à l'imagination, qui grossit à nos yeux tous les objets. Après que le mal qui nous menaçait nous a frappés, notre douleur se continue par la pensée du bien que nous avons perdu; elle prend alors le nom de *regret*. Le regret n'est que la continuation, et pour ainsi dire le prolongement de la douleur par le souvenir. Mais ici la souffrance, au lieu d'augmenter, s'affaiblit d'ordinaire avec le temps, et perd beaucoup de son intensité; car le sentiment est comme la couleur, il se dégrade pour ainsi dire par l'éloignement. Notre souffrance s'accroît et s'aigrit à l'aspect d'un de nos semblables qui jouit des biens dont nous sommes privés. Elle se présente alors sous les traits de l'*envie*. Si les maux que nous éprouvons ou que nous voyons éprouver aux autres sont le fait d'un agent libre, notre douleur s'augmente du sentiment pénible excité par l'idée de l'injustice dont nous sommes témoin ou victime; elle se confond alors avec l'*indignation*, et quand elle est portée à un haut point de violence, l'indignation devient la *colère*. Enfin, quand nous croyons avoir perdu sans retour le bien qui nous attachait à la vie, quand nous ne concevons aucun moyen de le reconquérir, quand il nous semble que tout nous abandonne, et que notre existence est vouée au malheur, le sentiment qui s'empare alors de notre âme se nomme *désespoir* : le désespoir est l'apogée de la douleur.

Nous ne voudrions pas pourtant qu'on regardât cette longue et triste énumération de nos souffrances comme un acte d'accusation dressé contre l'auteur de la nature. Car, si le champ de la douleur est vaste, il ne dépend que de nous de le resserrer dans de plus étroites limites. Or, nous saurons lui assigner des bornes si nous travaillons, comme il nous est ordonné par le devoir, à la conquête des biens : les plus solides, de ceux qu'il n'est en la puissance de personne de nous ravir; si nous voyons d'un œil indifférent ceux dont la fragilité nous préparerait tant de mécomptes, et dont la possession cause moins de joies que leur privation n'amène de souffrances; enfin, si aux malheurs que rien ne saurait prévenir ni réparer, nous opposons le courage d'une âme ferme, le calme de la résignation, et le consolant espoir d'un meilleur avenir.
C.-M. Paffe.

DOULEUR PHYSIQUE. « Dans le langage ordinaire, *douleur* se dit également des sensations désagréables du corps et des peines de l'esprit ou du cœur. La *douleur* est toujours l'opposé du *plaisir*, comme le *mal* l'est du *bien*. Mais les mots *douleur* et *mal* ne sont synonymes que dans le sens où ils marquent une sorte de sensation disgracieuse qui fait souffrir, et alors la *douleur* dit quelque chose de plus vif, qui s'adresse précisément à la sensibilité; le *mal* dit quelque chose de plus générique, qui s'adresse également à la sensibilité et à la santé. » Cette distinction fort judicieuse, faite par l'abbé Girard, doit être mise en saillie, puisqu'elle nous conduit à différencier les douleurs passagères plus ou moins fortes qui sont inévitables pendant l'exercice régulier de nos fonctions ou de celles qui constituent des maladies ou qui sont l'un de leurs symptômes caractéristiques.

De même que dans toute sensation quelconque, il faut pour qu'il y ait *douleur* qu'il y ait co-existence 1° de corps ou d'agents susceptibles d'irriter ou de produire des impressions, et 2° d'organismes, dont les divers points, plus ou moins irritables, reçoivent ces impressions, qui doivent être transmises à des centres ou foyers de vie destinés à percevoir et à les rendre définitivement des impressions douloureuses. Si, nonobstant la présence des corps les plus irritants, les points où se font les impressions, les nerfs qui les transmettent et les centres nerveux qui les perçoivent, sont frappés de paralysie ou lésés d'une manière quelconque qui s'oppose à l'exercice régulier de leurs fonctions; il ne peut y avoir douleur, dans le cas même où une seule de ces trois conditions existerait, et à plus forte raison s'il en existait deux ou trois. Il faut tout de suite se hâter de dire ici que la répétition fréquente d'un grand nombre d'impressions irritantes et très-pénibles d'abord, les transforme peu à peu en sensations agréables, et l'on peut ranger ici les impressions produites par le tabac, pris sous trois formes, les condiments très-forts et les liqueurs spiritueuses. On sait également que les sensations les plus voluptueuses touchent de bien près à la douleur, et qu'elles en revêtent le caractère, indépendamment des maladies nombreuses qu'elles provoquent lorsqu'on s'y livre immodérément. Il n'est donc pas possible de tracer en physiologie une ligne de démarcation exacte et rigoureuse entre le plaisir et la douleur.

En indiquant très-succinctement les conditions indispensables pour la manifestation de la douleur, nous y avons compris nécessairement, 1° les causes qui sont des agents physiques, chimiques et mécaniques, susceptibles de porter atteinte aux fonctions des appareils et des organes, de détruire la texture des solides vivants, et d'altérer la nature et les mouvements des fluides circulatoires et de tous les produits qui en émanent; 2° les effets produits par ces agents, qu'on distingue en phénomènes locaux et phénomènes généraux. Les phénomènes locaux ou observables dans les parties endolories sont une augmentation de la sensibilité, que le moindre contact offense, et un afflux plus ou moins considérable d'humeurs, qui influe plus ou moins sur la coloration de ces parties. Les phénomènes généraux sont caractérisés par la surexcitation du système vivificateur, qui comprend l'appareil circulatoire et l'appareil innervateur. Cette surexcitation consiste dans l'accélération, la fréquence du pouls, et dans le trouble des phénomènes nerveux intellectuels, sensoriaux, locomoteurs et viscéraux : parmi ces derniers, les spasmes sont les plus fréquents. Il faut noter encore ici que les grandes douleurs physiques survenues brusquement peuvent jeter tout le système nerveux dans la stupeur, produire la catalepsie, l'insensibilité apparente ou effective; et c'est encore le cas de faire remarquer que les extrêmes se touchent ici sous une autre forme. Ainsi, au physique comme au moral, les grandes douleurs sont muettes.

C'est avec raison qu'on a négligé d'établir les différences de la douleur d'après la diversité de nature des agents qui la produisent. On conçoit toutefois la variété des sensations douloureuses, suivant que nos parties sont simplement piquées, coupées, comprimées, déchirées, ou bien brûlées, désorganisées plus ou moins profondément, suivant la manière d'agir des causes inhérentes à l'organisme, que nous ne pouvons énumérer ici. En raison, 1° de ce que des agents de diverse nature produisent en général les mêmes douleurs sur les mêmes parties, à de légères différences près; 2° de ce que certains tissus sont très-sensibles aux impressions de divers irritants tandis que d'autres tissus se montrent insensibles à l'action de ces mêmes agents, les physiologistes ont dû analyser avec soin les phénomènes de la douleur plus ou moins vivement ressentie par les divers tissus sains. Cette analyse a donné lieu à de nombreux travaux d'expérimentation qui laissent encore beaucoup à désirer. Dans ces expériences, on a eu principalement en vue les diverses sensations douloureuses produites par l'action directe des irritants physiques, chimiques et mécaniques sur tous les tissus de l'organisme animal, soit de l'homme, soit des animaux domestiques, et l'on est parvenu à constater que, envisagés sous ce rapport dans leur état normal, un seul de ces tissus, celui de la pulpe nerveuse, est susceptible de sentir les impressions douloureuses, et que tous les autres tissus vivants qui se montrent également sensibles à ces impressions reçoivent un nombre plus ou moins considérable de filets nerveux, qui se terminent dans leurs fibres ou traversent leur trame. Ainsi donc, parmi les solides vivants simples, le tissu pulpeux, soit des cordons nerveux, soit des masses nerveuses centrales (ganglions, axe cérébro-spinal), est seul destiné à la réception, à la transmission et à la perception des impressions, soit agréables, soit douloureuses. Les autres tissus simples, formés, soit par la glu animale, qui se condense pour constituer les tissus cellulaires ou muqueux de Bordeu, et les tissus albuginés ou scléreux, soit par la chair qui persiste à l'état de mollesse dans les tissus musculaires, ou qui se condense pour revêtir les caractères des tissus élastiques, tous les solides vivants simples, dis-je, se montrent en général insensibles par eux-mêmes dans les expériences, et ne doivent leur propriété de sentir des impressions douloureuses qu'aux proportions diverses de filets nerveux et de rameaux vasculaires qui pénètrent dans leurs interstices ou dans leurs fibres.

Le système nerveux des animaux qui s'éloignent de plus en plus de l'homme éprouvant une dégradation progressive, jusqu'au point de disparaître, dit-on, complétement, on conçoit facilement comment Lamarck a été conduit à distinguer les animaux en 1° intelligents et sensibles; 2° sensibles; et 3° apathiques. Cette distinction suffirait pour admettre que le plaisir et la douleur sont le moins sentis et perçus par les animaux les plus inférieurs. Cependant, les tissus mous et déliés de plusieurs de ces animaux paraissent être si irritables que l'on a été conduit à penser que la substance nerveuse est disséminée dans toute la trame de ces animaux, ou que les propriétés physiques du tissu de leurs organes nerveux sont si semblables à celles des autres tissus, qu'il est impossible de les différencier et par conséquent de les distinguer. Enfin, lorsque l'inaptitude à sentir la douleur est évidente dans les êtres les plus inférieurs, l'animalité est considérée comme douteuse ou nulle, et quoique quelques physiologistes aient été portés à admettre la sensibilité dans les végétaux, du moment où l'on ne peut admettre des centres de perception, il n'est plus permis de croire à aucun sentiment distinct de plaisir ou de douleur. On est ainsi forcé d'admirer la sagesse de la nature, qui destinant un très-grand nombre de corps vivants à être les victimes de ceux qui sentent, a rendu les premiers de plus en plus insensibles aux douleurs.

Il est utile de tenir compte dans l'état de santé de toutes les affections agréables ou pénibles qui nous obligent à veiller à l'exercice régulier de nos fonctions. Nous distinguerons ces douleurs ou sentiments pénibles en trois groupes, savoir : 1° celles produites par les impressions irritantes sur les organes des sens; 2° celles déterminées par le retard à satisfaire les appétits d'incrétion ou d'excrétion, et 3° celles enfin causées par les besoins non satisfaits de repos ou d'activité de tous les organes et appareils, envisagés dans les deux sexes, dans la série des âges, des tempéraments et des conditions sociales. Il n'est pas nécessaire de noter ici toutes les douleurs passagères et fugaces qui se manifestent pendant l'exercice normal des organes des sens, ou par le retard ou pendant même la satisfaction de nos appétits et de nos besoins; mais nous pouvons signaler comme appartenant à la santé les douleurs de la parturition ou de l'accouchement.

Les médecins praticiens ont distingué les *douleurs morbides* ainsi qu'il suit. D'après la nature de la sensation, la douleur est dite *tensive, gravative, pulsative, pongitive* ou *lancinante*, c'est-à-dire avec sentiment de distension, de pesanteur, de battements d'artères, de piqûre ou d'élancement; *déchirante* ou *dilacérante*, c'est-à-dire avec sentiment de déchirure ou dilacération, et de perforation faite par une tarière; *pruritgineuse*, celle-ci est ou une démangeaison légère, ou un fourmillement ou un prurit violent, qui porte les malades à se gratter, à se déchirer même l'épiderme jusqu'au sang avec une sorte de délice, d'où le nom de *volupté dolorifique* (*dolorifica voluptas*); la douleur est *brûlante*, *froide* ou *algide*, lorsqu'elle consiste dans les sensations, d'ardeur, de cuisson, de brûlure, ou d'un froid douloureux se manifestant par le frisson, l'horripilation, le claquement des dents; *contusive, conquassante*, quand elle résulte d'un sentiment de froissement, de brisement; *corrosive* ou *rongeante*, lorsqu'il semble que des animaux affamés mordent et rongent les chairs des parties souffrantes. D'après le siége et les divers degrés de fixité ou de mobilité, la douleur est *universelle* ou *générale*, *partielle* ou *locale* (douleurs de tête, céphalalgie, douleurs d'estomac, des intestins, gastralgie, entéralgie, etc.), *fixe, vague* ou *erratique*. En ayant égard à la durée, on a distingué les douleurs morbides en *continues, rémittentes, intermittentes, aiguës* et *chroniques*. D'après ses relations avec d'autres maladies ou d'autres symptômes, la douleur a encore été dite *critique, sympathique, symptomatique* ou *diopathique*.

Les sensations douloureuses produisent en général les affections morales tristes. Dans les maladies de poitrine, les douleurs n'empêchent point les malades de rêver encore le bonheur et le retour à la santé. Les douleurs abdominales donnent toujours à nos idées une teinte sombre. Une très-grande susceptibilité nerveuse fait sentir très-vivement les douleurs physiques les plus légères. Une grande force morale ou l'exaltation du dévouement à la patrie et à la religion, ainsi que le fanatisme, enchaînent la douleur physique. Les douleurs les plus vives du corps, souffertes pour une cause noble ou sainte, semblent agir comme le feu sacré, qui avive et épure les âmes fortes (*voyez* DOULEUR MORALE).

L. LAURENT.

DOULLENS, ville de France, chef-lieu d'arrondissement dans le département de la Somme, à 28 kilomètres au nord d'Amiens, sur l'Authie, avec 4,357 habitants, et un tribunal de première instance. Place de guerre défendue par une citadelle, qui sert de maison de détention à des prisonniers politiques, cette ville est le centre d'une fabrication considérable de toiles d'emballage, de sucre de betterave; on y trouve des tanneries, des brasseries, une filature de coton, une papeterie, une typographie. Son commerce consiste en toiles d'emballage, grains, huiles de graines, chanvre, lin et bestiaux.

Un diplôme de Clotaire III sur la fondation de l'abbaye de Corbie est le premier acte où il soit fait mention de Doullens. En 931 Hugues le Grand s'empara du château de Doullens, que possédait Herbert II, comte de Vermandois, et le fit démolir cinq ans après. A la fin du dixième siècle la châtellenie de Doullens devint un fief des comtes de Ponthieu.

La vicomté de Doullens fut donnée à Louis VIII, par Marie, comtesse de Ponthieu, suivant contrat passé à Chinon en 1225. Louis X en gratifia en 1314 Guy IV, comte de Saint-Pol. Cette ville revint plus tard à la couronne (1365), et fut de nouveau aliénée et cédée à la Bourgogne par le traité d'Arras. En 1463 elle fut encore au nombre de celles que Louis XI racheta pour la somme de 400,000 écus d'or. Abandonnée de nouveau au duc de Bourgogne par le traité de Conflans, cette ville fut prise et démantelée par les Français en 1475. Cependant elle ne tarda pas à rentrer dans le parti de Bourgogne; mais à la mort de Charles le Téméraire elle se soumit au roi. En 1523, les Anglais s'en emparèrent et la livrèrent au pillage; en 1567, elle tomba au pouvoir des protestants, qui la rendirent l'année suivante, en vertu de l'édit de pacification. Les ligueurs y dominèrent pendant huit ans. En 1595, elle tomba au pouvoir des Espagnols, sous les ordres du comte de Fuentès, qui passèrent au fil de l'épée la garnison composée de 400 gentilshommes. Le traité de Vervins (1598) la laissa dans la possession de la France. Les Russes la prirent en 1814.

La citadelle de Doullens forme un pentagone irrégulier; augmentée successivement par Erard, le chevalier de Ville, et Vauban, elle passe avec raison pour l'une des plus belles de France. Elle se compose de deux parties : la première, appelée la *vieille citadelle*, est un carré bastionné qui date du temps de François Ier, la seconde est un ouvrage à trois bastions, commencé sous Henri IV et achevé sous Louis XIV.

DOURO, en Espagnol *Duero*, l'un des fleuves les plus importants de la péninsule pyrénéenne, prend sa source au pic d'Urbion, dans les montagnes de la Vieille-Castille, au nord-ouest de Soria, près de la Sierra de Cameros, et se jette à Oporto dans l'océan Atlantique. La longueur de son cours est d'environ 100 myriamètres, et son bassin en comprend à peu près 1,600. Il reçoit les eaux d'un grand nombre d'affluents; mais son lit rocailleux, ses nombreux tourbillons et son cours excessivement rapide, le rendent peu propre à la navigation. Ce n'est guère qu'à 16 myriamètres au-dessus d'Oporto qu'il devient navigable, et encore les vaisseaux ne peuvent-ils entrer à Oporto qu'avec la marée montante.

DOUTE. On définit communément le doute cet état de l'esprit qui consiste pour lui à différer de donner son adhésion à un jugement conçu ou énoncé, à ne point prononcer qu'il est vrai ou qu'il est faux, à rester à son égard suspendu pour ainsi dire entre l'affirmation et la négation. Or, l'esprit peut se trouver dans cet état pour plusieurs raisons. Nous doutons d'abord quand nous ne trouvons pas assez d'évidence dans la proposition soumise à notre examen, et que nous attendons pour l'admettre que ses termes soient éclairés d'une plus vive lumière. Ce motif de douter est raisonnable et légitime; c'est là le doute du sage, de l'ami de la vérité, qui ne se rend qu'à l'évidence, et qui, de peur d'adorer une idole, veut, avant de rendre hommage à la vérité, qu'elle se soit clairement manifestée à ses regards. Mais un autre motif peut déterminer l'esprit à demeurer dans le doute. Pour qu'il parvienne jusqu'à elle, la vérité exige de lui du travail, de la fatigue, de la persévérance; les difficultés, les contradictions l'arrêtent à chaque pas. Ici c'est une sorte d'indolence et de lâcheté intellectuelle qui lui conseillent de regarder le vrai comme insaisissable et au-dessus de tous ses efforts. Il essaie ainsi de trouver dans le doute une excuse pour son apathie et sa pusillanimité. Non contente d'effrayer le courage de l'homme, la recherche de la vérité lui inspire une autre crainte. Il redoute, s'il arrive à des convictions arrêtées, d'être forcé de rester conséquent avec elles, de leur subordonner ses actions et toute sa conduite, sous peine d'être en contradiction avec lui-même aux yeux de ses semblables et aux siens; il redoute d'être obligé de sacrifier ses passions, ses croyances; et, pour laisser les premières régner dans son cœur paisiblement et sans partage, il se garde d'interroger sa raison, il cherche à l'endormir, et comme elle veille toujours, il aime mieux supposer qu'il est incapable d'entendre sa voix et qu'elle parle pour lui un langage inintelligible. Le premier doute pouvait se traduire ainsi : *je ne sais pas encore* ; la traduction de ce dernier sera : *je ne sais pas et ne puis pas savoir*.

Ces deux faits importants de l'esprit humain ont, comme tous les autres, passé à l'état de système en tombant dans le domaine de la philosophie. Le premier, celui qui consiste à suspendre son assentiment jusqu'à ce que l'esprit soit suffisamment éclairé, s'est appelé *doute méthodique*, *doute philosophique* proprement dit, parce que, loin d'être dans le philosophe le fait du désespoir, il est au contraire pour lui un moyen plus sûr, une méthode plus rigoureuse de parvenir à la vérité. Mais il ne pouvait être conçu et arrêté comme système que lorsque l'esprit humain, après avoir fait d'immenses progrès, pouvait assez compter sur ses forces pour ne baser ses croyances que sur l'évidence, entrevoyait déjà sa lumière et avait de bonnes raisons pour penser qu'il sortirait bientôt de cet état de doute à l'égard des vérités les plus importantes, et qu'il possédait en lui les moyens nécessaires pour poser les véritables fondements de toute certitude. Cette espèce de doute, quoique la plus naturelle et la plus raisonnable, devait donc arriver la dernière dans le développement de la raison humaine. Et en effet, sa date est récente; elle n'a commencé qu'à Descartes. La seconde espèce de doute, qui consiste à regarder la vérité comme inaccessible à nos regards, et sa poursuite comme une chimère, a été appelée par les modernes *doute effectif*, *doute réel*, pour le distinguer du premier, qui n'est que provisoire; et le système de ceux qui l'avaient érigé en doctrine fut nommé par l'antiquité *scepticisme*, parce que ses partisans prétendaient que le rôle de l'homme doit se borner à rester spectateur de ce qui l'entoure, sans conclure ni rien affirmer. Le doute effectif a une date beaucoup plus ancienne que le doute méthodique, et il devait en effet arriver le premier dans l'ordre des temps et de la nature, puisqu'il est né de la difficulté que présentait la découverte de la vérité et des contradictions que l'esprit, dont les pas étaient encore si faibles, rencontrait dans ses recherches. C'est donc celui-là que nous envisagerons d'abord.

Le doute est un fait inhérent à la nature de l'intelligence lente de l'homme; il a dû commencer à douter du jour où il a commencé à réfléchir, par cela même qu'il ne voit point tout d'un coup la vérité, qu'il lui faut toute la patience de la réflexion, toute la rigueur de l'analyse, pour arriver à elle et asseoir ses jugements sur une base plus solide. Tant qu'il ne possède pas ces éléments d'évidence, qui ne sont point l'œuvre d'un jour, il doute et doit douter : cet état est pour lui inévitable. Car s'il ne doutait pas lorsque des nuages lui dérobent encore la lumière, lorsque ses idées ne sont point suffisamment nettes, il manquerait à sa véritable nature, qui est de ne croire qu'à ce qu'il conçoit clairement. Le doute a donc dû s'élever de bonne heure dans l'esprit humain, quand sa réflexion est entrée en exercice; et, quoique la philosophie ait commencé par être dogmatique, cependant, quand son horizon s'est étendu, quand des questions se sont compliquées pour elle, quand les systèmes se sont multipliés, quand elle s'est aperçue des erreurs où elle tombait, des contradictions qui éclataient de toutes parts, la fermeté des croyances a dû être ébranlée : d'ailleurs, la méthode philosophique n'existant pas encore, et la psychologie n'ayant point éclairé de son analyse les sources de la certitude et les principales questions de la philosophie, la raison ne se dessinait pas encore aux yeux du philosophe avec tous les éléments de foi et d'évidence.

Socrate, qui le premier parla sérieusement de morale, qui comprit avec l'instinct de la vertu et du génie ce qu'elle avait de réel et de beau, Socrate, qui dédaigna d'entrer en lice avec les sophistes, et se crut en droit de les condamner sans les entendre, Socrate n'avait que les croyances inspirées par le bon sens, qu'il appelait son *démon familier* (*voyez* DÉMON DE SOCRATE); il n'eut pas les convictions de la science, qui n'existait pas, et qu'il ne fit pas, quoiqu'il en ait deviné le fondement en posant le précepte *de se connaître soi-même*. Socrate condamna le dogmatisme, s'apercevant du danger qu'il y avait à ne s'en rapporter qu'aux démonstrations de la raison telle qu'elle s'exerçait alors; et, en laissant percer dans le fond de sa pensée comme insolubles par la raison les plus grands problèmes de la philosophie. Ainsi, le doute était au fond de la pensée de Socrate, qu'il le sût ou ne le sût pas; et, vu l'état de la science à cette époque, il n'en pouvait être autrement. Platon, qui recueillit son héritage, frappé lui-même du peu de valeur des raisonnements sur lesquels reposaient les théories philosophiques de ce temps, Platon, tout en reconnaissant des vérités certaines, n'admit la plupart des solutions que comme des probabilités, et crut que la philosophie ne pourrait jamais reposer sur de plus solides fondements. Son doute, comme celui de Socrate, était naïf, plein de bonne foi, tel que devait être celui d'un homme de bien et de génie, rempli d'amour pour la vérité, mais qui ne possédait pas les armes nécessaires pour en assurer la conquête. Il y avait en effet de fortes raisons pour douter, alors que l'ontologie, dédaignant l'appui de l'expérience, préférait même la nier plutôt que d'abandonner sa marche logique, qui lui paraissait rigoureuse; alors que l'imagination, faisant la plupart du temps le travail de l'observation, mettait des hypothèses à la place des faits, et bâtissait sur de pareils fondements des systèmes proclamés l'œuvre de la plus haute raison, et que réprouvait le bon sens. Le seul tort que l'on commit, ce fut de croire que parce qu'on ne s'était pas encore fait jour jusqu'à la vérité, elle était à jamais inaccessible, et que l'esprit humain avait déjà épuisé toutes ses forces, toutes ses ressources, et était arrivé à son maximum de clairvoyance.

Le doute prit un caractère plus sérieux dans l'*académie moyenne*, dont le chef fut Arcésilas, et dans la *nouvelle académie*. Elles posèrent en principe l'incertitude des connaissances humaines, et recommandèrent de baser ses pensées et ses actions sur la simple vraisemblance. La science, selon Carnéades, consistait à calculer les degrés de probabilité; selon lui, la vérité était environnée de nuages si épais qu'il était impossible à l'homme de la jamais connaître. Ici, voilà le doute érigé en système, voilà l'esprit humain condamné à des ténèbres éternelles et à l'impuissance absolue de posséder jamais autre chose que des apparences et des illusions. Mais ce système n'était pas arrivé à ses dernières conséquences : Pyrrhon se chargea de l'y conduire. Non-seulement il nia que la vérité fût accessible à l'homme, mais il présenta sa doctrine seulement comme une chose vraisemblable, et à laquelle il ne tenait lui-même nullement, n'étant pas sûr, lorsqu'il parlait, qu'il parlât réellement. Il fallait bien que le doute en vînt jusque-là, car du moment qu'on nie la solidité des bases de toute certitude, on ne doit pas être plus assuré de ses doctrines et même de son existence que de tout le reste. Ainsi, Pyrrhon professa le scepticisme absolu dans la théorie et l'indifférentisme dans la pratique. On ne peut pas supposer qu'il soit possible à l'homme de faire une abnégation plus complète de sa raison; aussi le doute universel est-il à bon droit regardé comme l'acte le plus formel de démence de la part de l'esprit humain. Remarquons seulement que, par une heureuse et inévitable inconséquence, ceux qui le professaient se démentirent eux-mêmes par leurs actions, et ne poussèrent jamais l'absurdité au point de conformer leur conduite aux principes d'indifférentisme qu'ils mettaient en avant. L'homme peut nier sa raison, mais la raison dans l'homme est plus forte que lui-même, et elle le préserve malgré lui des dangers où l'entraîneraient ses inconcevables erreurs. Aussi doit-on regarder comme inventé à plaisir tout ce qu'on raconte de Pyrrhon, que ses amis étaient, dit-on, obligés de suivre, parce qu'il marchait toujours devant lui sans se détourner ni reculer, même à la rencontre d'un chariot ou d'un précipice. De telles fables se réfutent d'elles-mêmes, et l'on conçoit que si Pyrrhon eût été conséquent dans la pratique avec ses doctrines, il n'aurait pas longtemps prolongé son existence : or, il mourut, dit-on, âgé de plus de quatre-vingt-dix ans.

On s'est beaucoup escrimé dans l'école contre le doute universel, et en vérité c'était se battre contre des moulins à vent. Peut-on en effet raisonner avec des hommes qui nient *à priori* la validité de tout raisonnement, et vous demandent de leur prouver auparavant les principes sur lesquels vous vous appuyez, principes dont vous seriez fort embarrassé de donner la preuve, puisqu'ils n'en ont pas et n'en ont pas besoin? Et ne voit-on pas d'ailleurs qu'une argumentation dans la bouche d'un sceptique n'est qu'un jeu d'esprit grossier et de mauvaise foi, puisque, du moment qu'ils raisonnent, ils admettent eux-mêmes la validité de la notion sur laquelle ils s'appuient, la validité de l'enchaînement logique de leurs propositions, enfin la validité de la conclusion qu'ils en tirent? Du moment qu'ils parlent, ils affirment quelque chose, car l'affirmation est renfermée dans toute parole, et ils ne peuvent prononcer une seule proposition sans se donner le démenti le plus formel, c'est-à-dire sans sous-entendre qu'ils croient ce qu'ils disent. Un pareil doute n'est donc pas chose dangereuse, car il ne peut avoir beaucoup de partisans; il est trop vite repoussé par le bon sens le plus vulgaire. Celui qui peut avoir de plus redoutables conséquences est ce doute moins absolu qui admet bien quelques certitudes, mais qui regarde en même temps comme impossible d'arriver à la vérité sur toutes les questions qui intéressent le plus vivement l'esprit humain, et qui, fier d'avoir à objecter quelques contradictions que la science rencontre sur un petit nombre de points, s'efforce de persuader à l'homme qu'elle n'est qu'un mot, une chimère ; que plus on l'approfondit, plus on en découvre le vide; que le parti le plus sage est de n'en adopter aucun, de rester paisiblement dans le vague de l'indécision, en un mot, que l'incertitude est le *plus doux oreiller*, suivant l'expression de Montaigne, sur lequel nous puissions dormir.

D'abord, je ne pense pas qu'un pareil oreiller soit bien doux, car le besoin d'une c r o y a n c e est dans la nature de l'homme, et tant que ce besoin n'est point satisfait chez lui, il a beau vouloir s'endormir dans le doute, il ne le peut, parce que sa nature est de chercher le vrai, qu'il le poursuit toujours, poussé par son irrésistible tendance et en proie à une agitation et à une anxiété continuelles, jusqu'à ce qu'il l'ait découvert ou cru le découvrir, et qu'il se soit attaché à une croyance fixe comme à un salutaire appui qui le défende contre les secousses de la tempête. Mais ce n'est pas seulement dans les angoisses du doute que se trouve le mal et le danger, c'est surtout dans les conséquences funestes qu'entraîne presque toujours avec lui un pareil état d'esprit dans la pratique de la vie. L'homme sans croyance n'est pas seulement à craindre, il est encore à redouter, car l'immoralité est la compagne ordinaire du scepticisme. Le propre du scepticisme est de dessecher l'âme, d'en exclure ces nobles sentiments, ces idées élevées qui ne prennent leur source que dans la vivacité des croyances morales, de la rendre incapable de générosité, facilement accessible à la corruption et aux basses suggestions de l'égoïsme ; car, puisqu'il faut que nous croyions toujours à quelque chose, nous croyons alors à ce qui nous touche le plus immédiatement, à notre intérêt et à nos passions ; enfin, à force de présenter la vie comme une énigme indéchiffrable, un insoluble problème, une grande inutilité, il la fait prendre en dégoût, répand sur elle l'amertume du désenchantement et du désespoir, et l'expérience de tous les jours nous apprend qu'il conseille à plus d'une de ses victimes de se défaire d'une existence aussi fatigante que vaine, et dont le but le plus évident est le malheur et la tombe.

Si le doute ainsi érigé en doctrine et devenu maladie incurable de l'âme a de si déplorables résultats, on ne peut nier cependant qu'il n'ait aussi un bon côté, et qu'il ne puisse être présenté sous un jour infiniment plus favorable quand on n'en fait point un si funeste abus, et qu'on lui impose les limites dans lesquelles toute chose doit être contenue. Le doute étant un fait inhérent à notre nature, une nécessité imposée à tout homme qui réfléchit, et à laquelle l'esprit le mieux organisé ne saurait se soustraire, il est impossible qu'il soit en tout point mauvais et pernicieux. L'intelligence humaine peut au contraire en retirer d'immenses avantages, et c'est ce qu'elle a fait quand elle a su mieux disposer des éléments de progrès qu'elle renferme. S'il est vrai que rien n'est plus funeste que l'indifférence de l'esprit à l'égard des croyances positives, il est vrai aussi qu'un dogmatisme exagéré est la source des plus fatales aberrations. Douter de tout est une folie, ne douter de rien est un excès d'aveuglement ; car si l'homme connaît la vérité sur quelques points, il s'en faut bien qu'il la connaisse sur tous ; sa science n'est point et ne sera jamais complète. Si donc il prononce que tout ce qu'il sait ou croit savoir est vrai, il déclare qu'il ne se trompe pas, il s'aveugle et se ferme ainsi le chemin à tout progrès. Un dogmatisme absolu est une barrière qu'il pose à son esprit ; c'est pour lui le cercle de Popilius, où il s'emprisonne à jamais, tandis que lui ordonne de marcher sans cesse. Si au contraire il est convaincu que ses connaissances sont imparfaites, qu'il lui reste beaucoup à découvrir, que les progrès de la science consistent à rectifier des erreurs, à mieux analyser des points mal observés, à démêler de nouveaux rapports, à compléter des théories défectueuses, alors il est dans la voie qui conduit aux découvertes et au développement de la science. Le doute bien compris, bien appliqué, le doute qui n'est point absolu, définitif, le doute qui espère, qui appelle la lumière, est donc le propre d'un esprit sage et une arme puissante entre ses mains ; car il provoque l'examen, et l'examen conduit à la vérité.

Descartes le premier aperçut l'influence éminemment bienfaitrice que pouvait avoir le doute sur la science, jusqu'alors obscure, encombrée d'erreurs et cependant si présomptueuse et si vaine ; et ce qui était pour l'esprit une cause d'égarement et de chute, il en fit un élément de progrès et de conquête. Indigné du despotisme de la philosophie scol a s t i q u e, qui courbait tous les esprits sous son joug et anéantissait toute activité intellectuelle, il résolut, avec cette force d'esprit dont il était doué, et qui semblait alors une étrange et coupable témérité, mais que nous admirons maintenant comme le fait du génie le plus courageux et de la pénétration la plus sublime, il résolut de renverser l'idole dont le culte superstitieux asservissait la pensée humaine, et, voulant refaire l'œuvre de la science, il commença par en détruire tout l'édifice, afin de le replacer ensuite sur des bases inébranlables. Or, c'est le doute dont il s'arma pour marcher à la destruction des vieilles erreurs ; il en fit une méthode, non pas la seule assurément, mais la première qui doive présider à toutes les recherches, et il partit de cette maxime fondamentale, que « pour atteindre à la vérité, il faut une fois dans sa vie se défaire de toutes les opinions qu'on a reçues et reconstruire de nouveau, et dès le fondement, tout le système de ses connaissances. » Il se dépouilla donc de toutes ses croyances, les regarda pour un moment comme des p r é j u g é s, des opinions mal formées, qui encombraient son esprit et ne méritaient aucune confiance, mais ce doute était loin d'être définitif et réel comme celui du sceptique : il n'était que provisoire et *fictif*, pour me servir de l'expression reçue. Descartes savait bien, au moment même où il doutait de tout, qu'il existe pour l'homme des connaissances certaines, qu'il peut les multiplier et en agrandir sans cesse la sphère, mais à la condition de porter une sévère investigation sur ses idées, de les soumettre au contrôle du doute et de l'examen, afin de n'admettre que celles qui seraient démontrées incontestables par l'expérience et la raison, et qui seraient marquées du sceau brillant de l'évidence.

Grâce à Descartes et à ceux qui ont suivi la route lumineuse tracée par son génie, nous n'avons plus besoin de douter comme lui et de faire table rase à l'égard de nos connaissances. La science maintenant se déroule à nos yeux avec un caractère d'évidence et de clarté qui triomphe bientôt du doute, dont les scrupules peuvent et doivent exister au fond de tout bon esprit. Mais si nous n'avons pas besoin comme lui de refaire l'édifice à neuf et de fond en comble, nous avons encore et nous aurons sans cesse besoin de ce doute éclairé et fécond qui sert à vérifier les théories les mieux faites et sur lesquelles on pourra toujours jeter de la lumière, à contrôler surtout les théories nouvelles, à nous tenir en garde contre ces systèmes ambitieux qu'on nous présente chaque jour comme absolument vrais, et qui renferment souvent, avec quelques éléments de vérité, de nombreuses et fatales erreurs ; enfin à nous tenir dans cette méfiance salutaire, le meilleur préservatif contre tant de conceptions folles ou hasardées, le palladium de la science et le gage assuré de ses progrès à venir.   C.-M. PAFFE.

DOUVAIN, DOUVE. Tout bois destiné à la fabrication des *douves*, dans l'art de la tonnellerie, prend le nom de *douvain* (voyez MERRAIN). Les *douves* sont ces petites planches planées, courbées, coupées suivant un certain *g ab a r i t*, que le t o n n e l i e r prépare, et qui sont destinées par leur assemblage, contenu par des cercles ou cerceaux, à former un tube creux plus ou moins droit, ou *bougeux*.

L'ensemble compose une futaille, une barrique, une feuillette, une pipe, une cuve, un seau, etc. Il y a les douves droites, qui, par leurs dimensions, déterminent la capacité de la pièce, et les douves de fond, qui la bordent. Les douves sont appelées en certains pays *douelles*. Le tonnelier appelle *douves à oreilles* les deux douves du milieu de la pièce qui se correspondent en vis-à-vis dans la fabrication des *tinettes*, et qui, plus longues que celles qui leur sont latérales, sont percées chacune d'un trou pour y passer un bâton, qui, se prolongeant en dehors de la tinette, sert à deux hommes à la porter, soit à bras ou sur les épaules.

On appelle encore *douve* une planche qui sert pour ratisser dessus les peaux de veaux, et en enlever les parcelles de tan qui y sont restées attachées.

En Basse-Normandie, le mot *douve* est synonyme de terrain baigné habituellement par les eaux plus ou moins stagnantes de la mer ou d'une rivière. PELOUZE père.

DOUVE (*Histoire naturelle*). Les *douves* ou *distomes* sont des vers intestinaux dont l'organisation rappelle parfaitement celle de certaines planaires, à côté desquelles elles mériteraient d'être placées si les naturalistes n'avaient point l'habitude de séparer des entozoaires de tous les autres animaux, par cela seul que leur séjour est intérieur. Les douves vivent dans plusieurs parties du corps et principalement dans le parenchyme du foie; une espèce vit aux dépens de l'espèce humaine, c'est le *distoma hepaticum* : elle est très-aplatie, ce qui lui a fait donner son nom vulgaire de *douve*; la dénomination de *distoma*, c'est-à-dire *deux bouches* ou plutôt *deux ouvertures*, provient de ce que ces animaux ont en effet à la partie inférieure du corps deux orifices, dont l'un, antérieur, est en communication immédiate avec les vaisseaux nourriciers, et l'autre, postérieur, représente une sorte de ventouse, au moyen de laquelle l'animal se fixe aux parties qu'il habite. Nous verrons à l'article DRACONNEAUX que des vers ordinairement extérieurs peuvent devenir intérieurs. Les douves offrent le fait contraire : pris dans les organes où ils se nourrissent, et placés à l'extérieur dans des conditions favorables, ces animaux peuvent continuer à vivre. M. Ch. Leblond en a conservé un pendant six semaines dans un vase d'eau, en ayant soin de le nourrir avec du mucus intestinal. C'est un fait de plus qui prouve que c'est plutôt à l'organisation des animaux qu'à la nature du milieu qu'ils habitent que l'on doit demander les caractères qui serviront à les classer. P. GERVAIS.

Douve est aussi le nom de deux espèces de *renoncules* qui croissent dans les prés humides, et dont les cultivateurs déplorent la présence trop fréquente; les bestiaux, et surtout les moutons, qui les broutent sans répugnance, en éprouvent souvent de funestes accidents. Dans ce cas d'empoisonnement, ils meurent d'enflure et semblent météorisés (*voyez* MÉTÉORISATION). PELOUZE père.

DOUVRES, en anglais DOVER, ville du comté de Kent, située vis-à-vis de la France, à l'endroit le plus resserré du détroit de Calais, est célèbre par son port, compris au nombre des *Cinque-Ports*, par ses fortifications et par ses bains de mer. Cette ville, bâtie à l'extrémité d'une pittoresque vallée tout entourée de masses calcaires, compte 16,000 habitants et même 29,000, si on comprend sa banlieue dans l'évaluation de sa population. Ses maisons généralement petites et enduites d'une peinture brunâtre ou verdâtre, avec des fenêtres à coulisses et des portes toujours exactement fermées, lui donnent un aspect assez triste. On y voit deux églises, celle de Saint-Jacques, patron des marins, vaste édifice construit en 1216, et l'église de la Vierge, dont la fondation remonte à l'invasion des Normands. Tous les *dissenters* y ont d'ailleurs des chapelles particulières. Parmi ses édifices publics, on remarque l'hôpital militaire, l'hôtel de ville, le théâtre et le casino. Le port s'avance jusqu'au milieu de la ville, mais est sujet à s'ensabler. Depuis le rétablissement de la paix, en 1814, entre la France et l'Angleterre, l'importance de Douvres a singulièrement augmenté, et une ligne de bateaux à vapeur établit des communications journalières et régulières entre cette ville et Calais. Depuis 1851 un télégraphe électrique sous-marin relie plus directement encore Douvres à Calais, et permet des communications instantanées entre la capitale de l'Angleterre et celle de la France. Un chemin de fer conduit de Douvres à Londres en passant par Folkstone et Ashford.

La couche calcaire qui entoure Douvres a une puissance de 250 mètres. Les hauteurs qui dominent et protégent cette ville sont de tous côtés hérissées de fortifications. Sur la hauteur située au nord de la ville, et dont l'altitude est de 150 à 160 mètres, s'élève le vieux château fort, originairement construit par les Romains, agrandi ensuite par les Normands, *Dover Castle*, avec le château bâti par Guillaume le Conquérant et deux vastes casernes de construction récente. Quand le temps est beau, on distingue à l'œil nu ou tout au moins avec la plus simple lunette, les vitraux des maisons de Calais. Au sud-ouest de la ville se trouvent le nouveau fort et le célèbre rocher de Shakspeare (*Shakspeare's Clif*), illustré par *le Roi Lear* de ce grand poëte. Depuis que Guillaume le Conquérant l'avait fait fortifier, le château de Douvres, *Dover-Castle*, passait pour imprenable; il ne perdit cette réputation que sous le règne de Charles Ier, époque où il fut pris par un faible détachement de l'armée parlementaire. Quand des plaines de Boulogne Napoléon menaçait l'Angleterre d'un débarquement, on sentit la nécessité de fortifier Douvres d'après les règles de l'art moderne; et depuis lors ses ouvrages dominent au loin tout le rivage. Le 29 mai 1653, les Hollandais commandés par l'amiral Tromp, perdirent une grande bataille navale dans les eaux de Douvres.

DOUZE-TABLES (Loi des). On appelle ainsi un recueil de lois, une sorte de code qui fut rédigé par les décemvirs et voté par les centuries l'an de Rome 303. Ces lois furent gravées sur dix tables d'airain et exposées au *Forum*; l'année suivante on y ajouta deux nouvelles tables de lois supplémentaires. Cette législation acquit, malgré la chute violente du gouvernement de ses auteurs, une grande autorité, et demeura, jusqu'à la chute de l'empire, la base sinon du droit public, du moins du droit civil et criminel des Romains.

En faisant porter la loi des Douze-Tables, malgré la résistance prolongée du sénat et des patriciens, les tribus plébéiennes avaient eu pour but non pas de se donner des lois écrites, mais d'établir l'unité du droit privé entre les deux ordres. C'est ce qui explique le laconisme de la plupart de ses dispositions, qui se contentent de consacrer, souvent par un seul mot, tel ou tel usage, telle ou telle institution, en se rapportant aux coutumes qui étaient maintenues toutes les fois qu'elles n'étaient pas formellement abrogées par la loi écrite ou inconciliables avec elle. Le droit plébéien qui était celui de l'immense majorité des citoyens dut nécessairement prendre la place la plus large dans la nouvelle loi; c'est ainsi qu'elle fit prévaloir la puissance paternelle des plébéiens et leurs modes particuliers de mariage, d'adoption, de testament et de succession.

Il ne nous est parvenu de la loi des Douze-Tables que des fragments épars dans les Pandectes de Justinien et dans ce que nous possédons des ouvrages de Gaius, d'Ulpien, de Cicéron, de Festus et de quelques autres historiens. Plusieurs auteurs, notamment Godefroy, et à nos jours MM. Haubold, Dirksen et Zell ont fait des recherches plus ou moins heureuses pour rétablir le texte primitif dans son ensemble. W.-A. DUCKETT.

FIN DU SEPTIÈME VOLUME.

www.ingramcontent.com/pod-product-compliance
Lightning Source LLC
Chambersburg PA
CBHW061730300426
44115CB00009B/1157